鄭泰綸·池元林敎授論文集

새봄을 여는 民法學

弘文社

鄭泰綸 敎授

池元林 敎授

인용방법: ○○○, 논문제목: 정태윤 · 지원림논문집, 2023, 면수

기념논문집을 내면서

민법교수 중에서 가장 나이 많은 정태윤 교수와 지원림 교수가 잇달아 정년을 맞습니다. 이 책은 두 분의 정년을 같이 축하하기 위함입니다.

두 분은 진짜, 법률용어로 바꾸면 진정(眞正)입니다. 정태윤 교수는 책과 산을 좋아하고 살포시 미소 지으며 남의 말에 귀 기울이는 은자형입니다. 지원림 교수는 사람과 즐겨 어울리는 활동가형입니다. 하지만 저는 두 분이 모두 넉넉한 덕으로 무장하고 누구보다 책상을 가까이하는 성실한 사람임을 압니다. 매번 거친 질문을 마주하여 쉽게 답하는 두 분이 저에게는 그저 경이로울 뿐입니다.

시작은 2022년 10월 말경이었습니다. 전통법학의 틀을 파괴하는 법학전문대학원제도가 개시된 2009년 이래 실무를 벗어난 순수법학을 더 이상 기대할 수 없고 학문후속세대가 없는 마당에 기념논문집도 상상하기 어렵습니다. 이로 인한 절실함은 민법으로 먹고사는 동료와 후학이 뭔가 하여야 한다는 위기의식으로 저에게 다가왔습니다. 주위의 민법학자들에게 알음알음으로 물어보니 이들도 마냥 손 놓고만 있을 수 없다는 속내를 밝혔습니다. 이것이 제가 감히 정태윤 · 지원림 기념논문집을 추진할 수 있도록 용기를 불어 준 힘입니다. 그 이후의 절차는, 누구나 알 수 있듯이, 덕 있는 두 분 교수의 명성을 업고 일사천리로 진행되었고 그 결실이 이 책입니다.

이 책은 '새봄을 여는 민법학'을 제목으로 합니다. 정년은 두 분 교수가 새로이 맞는 봄입니다. 하지만 처량하게 홀로 반겨야 하는 쓸쓸한 봄이 아니라 두 분이 함께 걷는 훈훈한 봄입니다. 저는 두 분 교수가 반노환동(返老還童)까지는 미치지 못하더라도 새로운 20년 동안 민법학계를 끌어가는 청년의 노익장(?)을 뽐내시기를 바랍니다. 여생을 위한 시간은 그 후에도 충분합니다.

이 책은 민법학계에도 새로운 봄입니다. 이 책을 만들면서 저는 번성하는 로우스쿨에 기세가 꺾여 나날이 기운을 잃고 말라가는 우리 민법학계에서 움튼 아주 작은 연두색의 새싹을 확인할 수 있었습니다. 이 책은 민법학계에 몸담은 많은 학자들이 자유의사로 함께 엮은 합작품입니다. 저는 우리의 뜻을 모은 이 책이 우리 민법학이 재도약하는 토대가 될 것으로 기대합니다.

이 책에는 정태윤 · 지원림 두 분 교수의 논문과 이 책의 취지에 선뜻 동참한 민법학자가 온갖 노력을 기울인 38편의 갓 태어난 논문이 담겨있습니다. 두 분 교수의 글을 ＜민법정년논문 I＞과 ＜민법정년논문 II＞를 제목으로 하여 조그만 책자로 발간합니다.

민법학자는 누구든지 그의 학문세계를 정리할 기회를 마땅히 가져야 하는 소중한 분입니다. 하지만 모든 민법학자가 기념논문집을 가질 수는 없다는 현실 앞에서, 우리 간행위원회는 정태윤 교수와 지원림 교수가 민법학에 관한 주제를 발표하는 학술대회(Colloquium)를 시작합니다. 여기에서 우리는 정년을 즈음한 노(?)민법학자의 최후진술을 듣고 장수를 비는 염원으로 가득 채워 이를 비판하려고 합니다. 앞으로도 최소한 논문을 수록한 소책자의 발행과 정년학술대회가 이어져 민법학계의 전통으로 자리 잡을 수 있기를 기도합니다.

많은 분들이 이 책의 발간을 도와주셨습니다. 먼저 연구성과에 쫓기는 가운데 귀한 시간을 쪼개어 정성이 가득한 글을 쓰시고 제출하신 선생님들께 고개 숙여 감사드립니다. 그리고 기꺼이 제자(題字)를 쓰신 권영설 선생님과 어느 누구보다 후배를 아끼는 따뜻한 축하의 말씀을 주신 정종휴, 하경효, 양창수, 백태승, 윤용석, 다섯 분의 선생님, 고맙습니다. 아울러 간행위원회를 함께 꾸리고 힘쓴 안경희, 이준형, 이상용과 신주희 선생님, 두 분 교수의 제자들, 그리고 이 책이 세상에 나올 수 있도록 명시적 · 묵시적으로 버팀목이 되어 주신 모든 분께 감사의 말씀을 전합니다. 마지막으로 이 책의 출판을 웃음으로 받아들이신 홍문사 임권규 대표님과 촉박한 기일에도 참을 한도를 넘는 저의 무분별한 지체를 인내하신 이경희 주간님께 감사드립니다.

저는 두 분과 함께 하면서 민법을 논하고 틈틈이 세상을 이야기하는 저녁의 한가한 여유로움을 즐깁니다. 이제 정년으로 여유가 생겼으니 정태윤 교수께서는 두 잔으로 주량을 늘리고 지원림 교수께서는 한 잔만 줄여서, 앞으로도 오래 환담을 나누는 자리를 가질 수 있기를 소원합니다. 두 분 교수님, 우리 옆에 계셔서 고맙습니다.

2023년 5월
이 진 기

축하의 말씀

정 종 휴

전남대학교 명예교수/전 주교황청 대사

평소 존경해 마지않는 정태윤 교수와 지원림 교수 두 분이 정년을 맞이하시게 되었다. 학계의 많은 동료와 후학들이 정성을 다하여 간행하는 이 기념논문집에 축하의 말씀을 드리게 되어 기쁘기 그지없다.

민사법 학계에서 정 교수와 지 교수의 知己를 얻은 것은 내게 큰 복이었다. 나에게 두 교수는 2008년 이후 자주 접촉한 동료 교수들에 속한다. 두 분은 2016년에 나온 나의 『停年紀念論文集 - 現代 民法學의 進路』에도 玉稿를 실어 주셨다. 정년하고부터는 주로 서울에 거주하게 된 나를 무료할 틈이 없을 정도로 자주 불러주어 좋은 말 상대가 되어 주셨음을 한없이 고맙게 생각한다.

우선 지원림 교수하면 '진지하게 파고드는 법학자'의 이미지이다. 『民法講義』는 법학도들에게는 일종의 '필수 도서'(must－read－book)가 된지 오래인 것같다. 그런데도 눈높이가 월등히 높은 지은이 지 교수에게는 『민법강의』에 탐탁치 않은 곳이 있었던 모양이다. 지 교수는 학계와 실무계의 공통재(Gemeingut)를 소재 삼아 현재의 민법은 "제대로, 어렵지 않게" 설명한다면서 근본을 살린다는 일념으로 『民法原論』을 저술하였다. 그 초판이 2017년에 나왔다. 지 교수는 이제 학생들이 눈치채고 『민법강의』에서 『민법원론』으로 갈아탈 것을 기대했던 모양이다. 그러나 학생들은 『원론』을 환영하면서도 『강의』를 버리지 못하였다. 그만큼 학생들의 환영을 받는 필수품이었던 것이다. 2023년 봄에 『민법강의』 제20판이 나왔으니 그 줄기찬 생명력에 나는 그저 감탄할 따름이다.

나는 지원림 교수에게 많은 빚을 지고 있다. 2008년 민사법학회의 모든 학술모임은 전적으로 지원림 교수의 치밀한 기획과 추진력의 결과였다. 특히 그 해 여름 부산대학교에서 열린 민사법학회 하계학술대회는 학계와 법무부에 민법 개정의 모멘텀을 제공한 대규모

행사였다. 무능한 나의 유일한 기여는 유능한 학회 총무이사 지원림 교수에게 모든 것을 맡기고 터치하지 않았다는 것이다. 학회와 법무부와의 소통이 잘 되어 법무부는 민법개정을 위한 예산을 신청했고 그 예산이 한 푼도 삭감되지 않고 전액 인정되었다. 마침내 대규모 '법무부 민법개정위원회'가 출범하게 되었고, 크고 작은 법무부 연구과제가 학회에 주어짐으로써 학회는 거의 단숨에 재정적으로 튼튼해졌다. 여기에는 단연코 지원림 교수의 공이 컸다.

나는 2016년 정년 후 어쩌다 로마에 체류할 기회를 얻었다. 대학과는 전혀 다른 별개의 임무를 수행하던 중 政局의 소용돌이로 2018년 1월 귀국하게 되었다. 그래도 나로 보자면 가톨릭 교회의 그야말로 광대무변한 信仰의 世界를 보다 깊게 접할 수 있었던 절호의 기회였다. 그런 가운데 지원림 교수 내외분과 이진기 교수 내외분을 로마에서 환영할 수 있었던 것은 짧은 체류중의 잊지 못할 아름다운 추억의 한 페이지이다.

정태윤 교수는 지원림 교수보다 6개월 먼저 태어난 분이다. 정태윤 교수하면 '단수가 높은 민법학자'의 이미지이다. 왠지 '단수가 높은 강의'를 할 것 같고 '단수가 높은 대학원 세미나'를 할 것 같은 카리스마를 느끼게 한다. 왠지 학생들과 적당히 타협하는 일도 없을 것 같은 이미지이다. 정 교수의 저작 목록을 보면, 부당이득과 불법행위 쪽이 많고, 프랑스 민법 관련이 많은 것 같다. 정 교수처럼 나도 민법학을 가르치고 연구했다고는 하나 나는 민법 중에서도 가장 만만한 대목의 가장 얇은 곳만 힘들이지 않고 뚫으려 하다가 정년을 맞았다고 한다면 정태윤 교수는 가장 단단한 대목의 가장 두꺼운 부분만 골라서 힘들여 뚫어 온 분이라 할 수 있을 것이다. 어쩌면 이렇게도 나태와 무능에 빠진 나와는 정반대인지 놀라워 할 뿐이다.

정태윤 교수와 친해진 것은 2008년 민사법학회 관련에서였다. 특히 2009년 법무부 민법개정위원회 회합에서는 크고 작은 안건에서 유구무언의 공감이 있었다. 회합이 끝나고 둘이서만 통하는 옅은 미소가 쌓임에 따라 공감대는 넓어져 갔다.

그런데 내가 진정으로 평가하는 것은 정태윤 교수의 인격이다. 특히 그는 두려움(timor, 畏敬)의 덕을 갖추고 있는 것으로 보인다. 정 교수는 학회 발표 때 여학교 교수답게(?) 참석자들이 아니라 천정을 둘러보는 일이 많은 것 같았다. 부끄러움을 타는 것이다. 부끄러움이란 매우 소중한 미덕이다. 많은 현대인들에게는 자신의 지위나 아집을 장식하는 사회생활상의 매너 정도로 약화되어 버린 것 같은 미덕이 정 교수에게는 몸에 배어 있는 것이다.

참된 부끄러움은 절대자에 대한 두려움으로 이어진다. 정 교수는 월간지에 실린 나의 코멘트를 읽고, 휴대전화 문자로 "지옥에서 느끼는 고통의 본질은 신을 잃는다는 것"이라고 핵심을 짚었다. "가슴을 쿵하게 치는" 이야기라면서 "평생 새기며 살겠다"고 했다. 그 말에 나는 충격을 받았다. 나는 정 교수와 신앙을 소재로 대화한 적이 없지만 정 교수의 이러한 말에 오히려 내 자신이 부끄러워진 것이다. 난 "천지의 창조주요 최고 목적이자 최고선"인 절대자에 대한 외경의 덕을 과연 얼마나 갖추고 있단 말인가.

정태윤 · 지원림 두 교수님의 학문적 업적은 마치 난향이 천리를 가듯 학계에 널리 풍미하고 있다. 두 분의 정년기념논문집의 발간을 진심으로 축하하며, 두 분 모두 현직이 구속에서 벗어나시니 더욱 건승하신 가운데 외화내빈의 척박한 한국의 법학계를 이끌어 주시기를 부탁드린다.

2023년 5월

축하의 말씀

하 경 효
고려대학교 명예교수

민사법학계에서 중추역할을 해오시던 정태윤 교수님과 지원림 교수님의 정년을 맞이하여 두 분의 교수와 학자로서의 노고와 성과에 경의를 표하면서, 두 분의 학문적 기여와 업적을 기린 정년기념논문집의 발간을 진심으로 축하드립니다.

두 분과 평소 자주 연락하면서 개인적으로 깊이 있는 교분을 나누지 못한 제가 두 분의 기념논문집에 축하의 글을 쓰는 것이 온당하거나 자연스럽지 않다는 생각이 적지 않았음에도 이렇게라도 축하의 마음을 전하고자 하는 욕심이 훨씬 더 컸기 때문에 용기를 내어 보았습니다. 두 분의 정년을 맞이한 소감과 평소 두 분에 대한 생각을 간략히 담아 보고자 합니다만, 의미가 남다른 이 기념논문집에 누가 되지 않을까 걱정입니다.

정 교수님과는 주로 학회활동을 통해, 그리고 지 교수님과는 같은 학교에서 재직하면서 알고 지내 온 사이로서 비록 개인적인 만남의 기회는 많지 않았지만 두 분에 대한 친밀감과 유대감은 남달랐다는 점은 숨길 수 없는 사실입니다. 특히, 두 분의 평소 온화하고 여유 있는 모습과는 달리 학문연구에서는 깊이 있는 통찰력으로 보다 타당한 해석과 합리적 입법을 위해 엄정한 입장을 취하면서 때로는 직설적인 비판도 마다하지 않는 학문적 자세와 학자적 풍모를 보면서, 더욱 두 분에 대한 호감을 가지게 되었습니다.

정 교수님의 연구활동은 민법 전반에 걸쳐 있으나, 특히 부당이득법과 불법행위 영역에서의 법리적, 비교법적 연구는 괄목할 연구성과로 평가받고 있습니다. 지 교수님의 저서인 '민법강의'는 법학도들의 필독서라는 점은 주지의 사실입니다. 현재의 20판에 이르기까지 새로운 판례와 입법내용을 토대로 보완개정작업을 꾸준히 해 나가는 중에도 민법의 교육, 연구 및 입법에 관련된 중요한 주제에 대해 무게 있는 논문도 발표하셨습니다. 또한 두 분 모두 민사법학회 회장을 비롯하여 관련학회의 회장을 역임하시면서 학회발전을 위해 헌신 봉사하셨습니다. 이러한 왕성한 연구와 학회활동을 통해 민법학의 발전을 위해 꾸준히 노력해 오신 두 분의 모습은 연구자들의 귀감이 아닐 수 없습니다.

지 교수님과 제가 같은 대학에서 동료교수로서 함께 재직하면서 경험한 바로는 지 교수님은 언제나 교육과 연구라는 교수와 학자로서의 직분에 충실하신 모습을 보여 주셨습니다. 어떤 자리에서도 어느 누구를 불편하게 하거나 안 좋게 얘기하는 것을 보거나 들은 기억은 전혀 없습니다. 회의에서도 말씀을 많이 하시는 편이 아니나 중요하고 꼭 짚어야 할 사항에 대하여는 차분하면서도 분명하게 의견을 개진하여 다른 분들로 하여금 자연히 경청하게 만듭니다. 정 교수님과는 주로 학회에서 만나 인사를 나누는 사이지만 언제나 환하고 밝은 얼굴로 대해 주시어 가깝게 느껴지고 반가운 마음이었습니다. 저에게 정 교수님은 인간적으로 매우 겸손하시면서도 학문적 자신감을 느낄 수 있는 묘한 매력을 지닌 분으로 기억되고 있습니다. 지 교수님과 정 교수님이 전공분야의 출중한 실력에 학자로서의 품위를 지닌 분들이기에 여러 대학에서의 초빙제안을 받은 것으로 압니다. 두 분의 학문적 능력과 성실성에 더해 훌륭한 인품에 대한 신뢰가 크게 작용했을 것으로 짐작되고, 정년기념논문집이 기획되어 많은 논문이 모아져 발간되게 된 점도 이를 증명해 준다고 생각됩니다. 오늘날 법학교육의 변화에 따라 학문으로서의 법학이 위축되어 가고 있는 법학계의 실정에 비추어 이 기념논문집의 간행이 지니는 의미는 특별하지 않을 수 없습니다. 기념논문집의 발간을 기획하고 주도한 이진기 교수님과 귀한 논문을 투고하여 논문집 발간을 가능하게 해 주신 집필자분들의 노고에 각별한 감사인사를 전하며, 이 기념논문집의 간행이 후학들에게 아름다운 선례가 되기를 기원합니다.

이제 두 분은 정년으로 대학교수로서의 의무와 책임을 마무리하게 됩니다. 정년에 이르기까지 학자의 외길로 법학발전과 민법연구를 위한 여정을 계속해 오신 그간의 노고에 감사의 경의를 표합니다. 아울러 학자로서의 연구활동에는 정년이 없다고 하니, 퇴임 이후에도 연구와 저술활동을 계속하시어 민법학의 발전에 기여해 주시기를 기대합니다.

다시 한 번 뜻깊고 특별한 이 기념논문집의 발간을 진심으로 축하드리며, 두 분의 건강과 행복을 기원합니다

2023년 5월

축하의 말씀

양 창 수
서울대학교 명예교수

이제 영예로운 『정년 기념 논문집』을 받으시는 정태윤 교수님 그리고 지원림 교수님에게 축하의 말씀을 올립니다.

두 분 교수님의 지난날을 간단하게 말씀드리려고 합니다. 이는 물론 이번 논문집의 「연보」란에 상세가 정리되어 있습니다마는, 여기 참석하신 분들을 위하여 그리고 저 자신을 위하여 살펴보는 것입니다.

정태윤 교수님은 1980년 2월에 서울대학교 법과대학을 졸업하시고, 1994년에 같은 대학교에서 법학박사의 학위를 취득하였습니다. 그리고 1995년 9월부터 1년 간 프랑스에 유학하여 파리제1대학교의 연구교수로 프랑스법 연구에 매진하였습니다. 교수님은 1988년 3월부터 줄곧 여러 대학교에서 민법 담당의 교수로서 교편을 잡으셨습니다. 교수님은 그 사이에 인제대학교, 중앙대학교에 정규의 교수로 일하였습니다만, 2001년 8월부터는 이화여자대학교로 옮기시어 지금까지 21년을 넘게 법과대학, 그리고 법학전문대학원에서 민법을 가르치시고 올해 2월 말로 정년을 맞으셨습니다. 그 사이에 교수님은 이화여대 법과대학의 교학부장, 법학과장 및 법학연구소의 소장을 지내셨습니다.

그리고 2012년 1월부터 2014년 8월까지 2년 반이라는 긴 세월 동안 프랑스민법연구회 회장을 지내시고, 2020년에는 한국민사법학회의 회장으로 민법학계의 발전을 위하여 진력하였습니다.

교수님은 그 사이에 많은 저작, 특히 논문을 발표하였습니다. 여기서 수많은 논문을 잠시 접어두고 그 저서만을 들기로 합니다. 저는 무엇보다도 2007년에 나온 교수님의 『프랑스 불법행위상의 제문제』를 들고 싶습니다만, 그 외에도 1998년의 『변호사책임론』,

2007년의 『공동불법행위』, 그리고 같은 해에 발간된 『의료책임의 제문제』도 우리 학계에서 오래 후학들의 지침으로 남을 좋은 연구 성과입니다.

여기서 강조하여 두지 않을 수 없는 것이 우리 민법학계에서 프랑스민법과 관련하여 교수님이 우리 민법학계에 남긴 여러 귀중한 발자취입니다. 교수님이 대학교수가 되신 1988년 즈음의 우리나라 민법학에서 프랑스는 그야말로 멀고도 먼 나라이었습니다. 학계에서는 우리 민법전은 독일민법 제1초안을 본뜬 일본민법을 '베낀' 것이라고 이해(또는 오해)되고 있었고, 프랑스민법을 공부하기 위하여 프랑스에 간 분은 가뭄에 콩 나듯 드물었습니다. 그런 중에 정 교수님은 프랑스민법에서의 여러 논의들, 예를 들면 cause이론(나아가 로마법상의 causa 등), 인격권, 동산의 선의취득, 제3자를 위한 계약, 신탁법, 부당이득, 비채변제, 전용물소권, 불법행위에서의 faute 개념, 공동불법행위, 제조물책임 등 재산법에 관련된 것은 물론이고, 동성혼이나 동거계약과 같은 친족법상의 법문제에 대한 것을 소개하고 그것이 우리 민법의 해석 · 운용에서 참고가 될 수 있는 바를 진지하게 모색하고 제안하였습니다.

비교적 최근의 것인 "프랑스에서의 공동불법행위"(재산법연구 제31권 4호(2015), 37면 이하)를 보면, 우선 공동불법행위에 관하여 명문의 규정이 없는 프랑스에서 그에 관한 프랑스의 해석론을 살펴보고 그 결과로 그것이 우리의 공동불법행위론, 특히 효과론(부진정연대채무)에 있어서 우리와 닮은 점이 많음을 지적합니다. 나아가 공동불법행위자가 왜 그와 같은 전부의무를 부담하는지에 대한 프랑스학설상의 논쟁을 소개하면서, 그 논쟁이 인과관계에 관한 논의와 연관됨을 밝히고 이를 바탕으로 우리 학설 · 판례의 이른바 객관적 관련공동설에 대하여 의문을 제기합니다. 프랑스에서의 공동불법행위법 자체도 매우 흥미롭거니와, 이와 관련하여 우리의 해석론 · 판례상의 태도를 비판적으로 음미하는 태도는 한마디로 학문의 재미를 알게 합니다.

한편 지원림 교수님은 1981년 2월에 서울대학교 법과대학을 졸업하시고, 1993년 8월에 같은 대학교에서 법학박사의 학위를 취득하였습니다. 그리고 1996년 10월부터 1998년 2월까지 독일에 유학하여 쾰른대학교 비교사법 및 국제사법연구소의 객원연구원으로 연구에 힘썼습니다. 또 교수님은 1985년 11월에 제27회 사법시험에 합격하여 1988년 2월에 사법연수원을 수료하고 잠시 변호사 개업을 하였습니다만, 바로 1989년 3월부터 줄곧 여러 대학교에서 민법 담당의 교수로서 교편을 잡으셨습니다. 교수님은 아주대학교, 한양대학교,

성균관대학교에 정규의 교수로 일하였고, 2007년 9월부터는 고려대학교로 옮겨서 지금까지 15년 이상을 법과대학과 법학전문대학원에서 민법을 가르치시고 올해 8월 말로 정년을 맞으시는 것입니다.

또한 교수님은 무엇보다도 2016년부터 1년간 한국민사법학회의 회장으로 일하면서 민법 연구를 위하여 보다 나은 환경을 만들기 위하여 진력하였습니다.

교수님께서도 많은 저작을 공간하였습니다. 여기서 수많은 논문을 잠시 접어두고 그 저서만을 들기로 합니다. 아마 학생들 사이에서 교수님의 『민법강의』를 모르는 사람은 없으리라고 생각됩니다. 그 책은 2002년에 처음 발간된 이래 오늘날까지 거의 해마다 새로운 판을 내서 금년에 제20판이 출간되었고, 그야말로 낙양의 지가를 올릴 만큼 널리 사랑을 받았습니다. 또한 『민법원론』이 2022년 9월에 제3판을, 『민법판례』가 2021년 3월에 각기 발간되었습니다. 그리고 우리나라에서 결코 흔하다고 할 수 없는 주해서(코멘타르)인 『민법주해』와 『주석 민법』을 분담 집필하여 우리에게 민법에 관한 귀중한 정보를 정리하여 제공하여 주셨습니다.

지원림 교수님은 여러분이 다 잘 알고 계시는 대로 그동안 특히 계약법에 많은 관심을 쏟았습니다. 교수님이 발표한 그 많은 논문에 대해서 여기서 다 말씀드릴 수는 없습니다. 그러나 예를 들어 2020년 9월의 『부동산법학』 제24집 제3호에 발표된 "저간의 부동산 임대차 법제에 관하여: 능력의 한계 아니면 「의도된 오조준」"이라는 논문이 교수님이 수행하시는 민법학의 어떠한 특징, 그리고 그 기본적인 시각의 면면을 용어법의 독자성과 함께 잘 보여준다고 생각합니다. 그러한 점을 잘 보여준다고 여겨지는 그 12면부터 13면까지를 여기서 띄엄띄엄 인용해 둡니다.

> "정치의 영역에서 법적 · 사회적 後果(입법자에게 직접적인 영향을 미치지는 않는다)보다 정치적 · 전략적 希求((기대효과)가 중시됨)에는 정치의 속성상 부득이한 측면도 있다. 그러나 이러한 —대개 개혁으로 포장된— 「의도된 오조준」이 상황해결과는 무관하게 인상조작을 노리는, 사태의 본질을 직시하지 못하거나 경우에 따라서는 현상을 왜곡/호도하려는 의도를 가졌기 때문에 반대의 효과를 가져 올 수도 있는 「邪視立法」으로 이어져서는 안 된다.
>
> 물론 입법이 입법자의 기대나 예상이 어긋날 수 있고 그러한 예는 허다하다. 그러나 법적 · 사회적 효과를 고려하는 것처럼 보이지만 실제로는 정치적 · 전략적 효과만을 바라보는 「사시

입법」에서 중요한 것은 국민의 시선을 쟁점사안에서 다른 곳으로 돌리려는 이른바 frame 전환이고, 그 결과 실효성 등 문제해결능력은 안중에 없고(희망과 전망의 혼동?) 국민들로 하여금 입법을 통하여 문제가 해결될 것이라는 착각에 빠지게 하거나 시선/국면의 전환(정치의 영역에서조차 바람직하다고 하기 어려운 frame 전환의 일환)을 통한 (일시적 또는 연기적) 면책을 목표로 한다는 점이다. … 그러나 유감스럽게도 이번 주택임대차법의 개정은 국면의 전환(아니면 호도)을 위하여 전세제도 내지 다주택 임대인을 희생양으로 하는 전형적인 「의도된 오조준」이자 「사시입법」이라 할 수 있다."

그러나 지 교수님은 이와 같이 신랄한 표현을 구사하여 근자의 어떠한 입법 경향을 신랄하게 비판만 하는 것은 아닙니다. 민법의 전통적인 소재, 하나의 쉬운 예를 들면 의사표시의 착오 또는 대리 등에 대하여도 매우 견실한 해석론을 설득력 있게 제시하고 있는 것입니다.

이제 두 분은 정년을 맞이하였습니다. 여기서 '정년'이란 두 분이 35년의 긴 세월 동안 학교에 몸을 두고 연구와 교육에 정성과 능력을 다하여 지금에 이르렀음을 웅변으로 말하여 주는 것입니다. 그러한 의미에서 두 분이 맞이하신 정년을 진심으로 축하드립니다.

그리고 두 분은 일생 동안 가꾸어 오신 학문에 대한 열정과 헌신으로 앞으로도 많은 업적을 이룩하여 후학의 귀감이 되기를 기원합니다. 그리고 나아가 사랑하는 가족과 함께 행복하고 보람 있는 나날을 지내시기를 진심으로 바랍니다.

축하의 말씀

백 태 승
연세대학교 명예교수

늘 장년의 모습으로 우리에게 온화한 미소와 함께 힘찬 악수를 청하던 지원림 교수님과 정태윤 교수님이 정년을 맞이하였다. 두 분의 정년을 맞이하여 동료 학자들과 후학들이 이를 기리는 공동기념논문집을 발간하여 주어 더욱 뜻깊다. 과문한지 모르지만 정년을 맞아 두 분의 공동 기념논문집 발간은 외국은 물론 국내에서도 아주 드문 일인데 그만큼 두 분의 인품과 학덕이 크고 깊다는 것을 말해준다.

저의 정년을 돌이켜보면 정년이 주는 말 지체는 한편으로는 홀가분하지만 기운찬 학생들을 다시 못 만난다는 섭섭함도 있었던 것이 솔직한 심정이었다. 정년 이후 새로이 전개되는 삶을 어떻게 보낼까 걱정하였는데 저는 다행히 법학과는 거리가 먼 금융계와 문화예술계에 몸담게 되었다. 새로운 지식과 사람들을 만난다는 것은 또 다른 큰 즐거움이었다. 두 분도 앞으로 민사법학계를 위하여 더 많은 기여를 하겠지만 다른 세계도 둘러보는 계기가 있다면 시야도 더 넓어지고 삶이 풍요로워지는 것을 제 경험에 비추어 권하고 싶다.

두 분을 민사법학회에서는 물론 더 가까이 친숙하게 지낼 수 있었던 것은 저에게는 행운이자 즐거움이었다. 우리는 좋아하는 것과 취미가 서로 같아 여행도 하고 운동을 같이 하였기 때문이다. 위로는 철원에서 부터 아래로는 강진, 순천, 여수, 거문도 · 백도를 같이 여행한 추억이 새롭다. 특히 가기 어렵다는 백도는 거문도에서 40분 배를 타고 들어가면 갑자기 천지개벽 하듯이 병풍처럼 둘러싸인 흰 돌섬이 나타나는 절경이다.

두 분은 나란히 서울대학교 법과대학을 졸업하고 앞서거니 뒤서거니 하면서 서울대에서 석사, 박사학위를 취득하였고 고향도 경상도인 점이 같다. 또 한국 민사법학회장으로서 민사법학계를 이끈 점도 같다.

지원림 교수님은 2009년 민법개정 작업에도 참여하여 합리적인 개정안을 지속적으로 발표하였고 특히 방대한 판례를 소화하여 수험생들의 필독서인 「민법강의」를 출간하였다. 이 책은 현재 20판을 거듭하고 있다.

정태윤 교수님는 민법 중 불법행위와 부당이득 연구에 주력하였다. 프랑스 법에 정통하여 국내에 프랑스 법 관련 논문을 다수 발표하여 비교법적 이해에 큰 도움을 주었다. 당시 생소하였던 전용물 소권에 대한 비교법적 논문을 발표하여 제도 이해에 큰 도움을 주었다.

앞으로 우리가 함께하였던 용평 버치힐에 늠름하게 뿌리박고 있는 늘 푸르른 소나무처럼 강건하고 학문적 정열이 如一 하기를 바라며 두 분의 가정에도 늘 만복이 충만하기를 기원한다. 다산 선생이 여러 글에서 되풀이해서 말했듯이 화끈한 '熱福'보다는 은근 건강하고 맑은 '淸福'을 두고두고 누리시기를 바란다.

연구와 강의에 바쁜 생활에도 불구하고 이진기 교수님이 주도한 공동 정년기념논문집 편집 기획에 찬동하시고 주옥같은 논문을 보내주신 필자 분들에게도 감사드리며, 이 공동논문집이 모범이 되고 이 논문집이 동료학자 및 후학들에게 두고두고 많이 참조되기를 기대한다.

2023년 5월

축하의 말씀

윤 용 석
부산대학교 명예교수

정태윤, 지원림 두 분 교수님의 정년을 맞으심에 마음 깊이 축하의 말씀을 드립니다.

두 분 교수님은 광대한 학문적 업적을 이루시어 동학 · 후학의 깊은 존경을 받는 우리 민법학계의 거목이십니다. 그에 비해 천학비재한 제가 축하의 인사를 드릴 기회를 갖게 됨은 그야말로 가문의 영광이라 아니할 수 없습니다. 또한 저는 두 분 교수님께 저의 정년을 기념하는 옥고를 얻는 큰 은혜를 가슴에 새기고는 있습니다만, 자그마한 보답도 하지 못하고 있는 차에 오히려 두 분의 기념논문집에 축하의 말씀을 쓰니 송구하기까지 합니다.

정태윤 교수님과 지원림 교수님의 공동기념논문집의 발간은 민법학계에 매우 신선하고도 아름다운 선례가 될 것으로 믿습니다. 두 분 다 각기 단독기념논문집을 발간할 수 있는 후학과 제자들의 깊은 신뢰와 존경을 받는 분임에도 불구하고, 공동논문집의 발간을 결심한 것은 뒤따르는 후학을 배려하고 제자들의 수고로움을 조금이라도 덜어드리려는 숭고한 뜻을 표한 것입니다.

평소 돈독한 우의를 자랑하는 두 대가의 공동논문집의 발간에 주저하지 않는 겸손한 모습은 후학들이 따라야 하고 또 기꺼이 따르게 될 모범이 될 것입니다. 그와 같은 아름다운 공동논문집의 발간을 기획하고 추진하신 발간위원장이신 이진기 교수님께도 경의를 표합니다.

정태윤 교수님은 1988년 부산의 인제대학교에 첫 부임하여 10년을 재직한 후에 중앙대학교를 거쳐, 2001년부터 정년에 이르기까지는 이화여자대학교에서 재직하시면서 오로지 학자의 길을 걸으셨던 분입니다. 프랑스민법 연구회장, 한국민사법회장을 역임하시면서 한국 민법학의 발전에 크게 기여하셨습니다.

정교수님은 프랑스민법학의 대가로서 독일법학이 지배적인 국내 연구풍토에서 프랑스민법과 이론에 관한 수많은 논문과 저서를 저술하셔서 국내 이론과 실무에 균형적인 감각을 갖게 하는데 크게 기여하셨습니다.

또한 정교수님은 특히 불법행위법과 부당이득법 분야에서 많은 업적을 내신 권위자로서 학계의 존경을 받고 있습니다만, 더욱 주목해야 할 점은 "프랑스와 독일민법에서의 원인론에 관한 연구", "민법상의 원인의 개념과 로마법에서의 카우사" 등의 논문에서 보듯이 민법학의 기초이론 연구의 중요성을 주시하고 있다는 점입니다. 누구든지 새로운 트렌드를 좇다 보면 기초적인 논리를 무시할 수 있다는 유혹에 빠질 수도 있는데, 어떤 상황에서도 그것에 대처하는 민법의 법리는 로마법학의 오랜 역사를 통해 형성된 기초적인 법리를 바탕으로 해야 한다는 사실을 정교수님은 직시하고, 또한 실천하고 계시다는 점을 우리는 깊이 새겨야 할 것으로 생각합니다.

정태윤 교수님은 그의 학문적 업적 외에도 존경하지 않을 수 없는 인품의 소유자이십니다. 정교수님과 저는 서로 떨어져 있다 보니 학회 등의 모임 외에 따로 뵐 기회는 많지 않았습니다만, 제가 뵐 때마다 어김없이 보여주시는 정교수님의 수줍은 듯한 어린 소년의 미소와 온화한 목소리 그리고 단정한 자세는 정교수님의 인품의 결정체입니다. '이 분은 도인이시다' 라고 저는 뵐 때 마다 생각합니다. 언제나 곁에 같이 있고 싶은 젊은 매력의 소유자이십니다. 정교수님을 좀 더 자주 만나서 교류를 했어야 한다는 미련이 이 글을 쓰는 지금 이 순간에도 남습니다.

정태윤 교수님이 벌써 정년을 맞이하셨다는 사실이 믿어지지 않습니다. 앞으로도 언제나 오래도록 그 미소를 간직하시기를 간절히 기원합니다.

지원림 교수님도 초기에 잠시 변호사를 하신 후 아주대, 한양대, 성균관대를 거쳐 고려대학교에서 정년을 맞이하면서, 일생을 학자의 길을 걸으신 분입니다. 그 사이 독일 Humboldt 재단의 지원을 받아 쾰른대학교 객원연구원으로서 연구하면서 독일이론의 깊이를 더 하셨습니다.

지교수님은 한국비교사법학회장, 한국민사법학회장을 맡으시면서 한국의 민사법학계를 리드하셨고, 두 학회가 재산법 분야에 치우친 점을 감안하여 2017년에는 한국상속법회를 창립하여, 후학들에게 민법의 전 분야에 대한 이론적 토대를 제공하는 데 기여하고 계십니다.

지교수님은 민법개정위원회 분과위원장을 맡아서 낙후된 한국민법의 개정을 위한 노력도 마다하지 않으셨습니다. 국회의 미온적 태도로 모두가 열망하는 민법의 개정이 이루지 않은 점은 지교수님께도 아쉬운 기억으로 남을 것입니다.

지교수님의 주요 연구업적을 살피면, “우리 시대 민법학자의 책무”, “민법개정: 이상과 현실”, “바람직한 민법학 교육방법” 등이 주목됩니다. 지교수님은 학계의 어른으로서 학자들이 마땅히 관심을 가져야 할 분야인 연구, 교육, 입법을 아우르는 통섭적 혜안을 보여주셨습니다. 이는 후학들이 본보기로 삼을 만한 큰 업적입니다.

지교수님이 학자로서 탁월한 업적을 남기신 점은 누구나 인정하는 바이지만, 복도 많으신 분입니다. 지교수님의 저서도 많지만 그 중에서도 불후의 명저인 2002년에 초간한 “민법강의”는 법학도 사이에서 소위 ‘지원림서’로 일컬어지며 20년이 넘는 세월 동안 필독서로 자리매김하고 있습니다. 앞으로도 오랫동안 그러할 것입니다.

중국의 孟子는 왕이 천하를 다스리는 일도 그 즐거움에는 미치지 못하는 君子의 三樂 가운데 세 번째 즐거움이 천하의 영재를 얻어 가르치는 일(得天下英才而敎育)이라고 하는데, 지교수님은 구름같이 모이는 천하의 영재를 저서 하나로 교육하시니 어찌 복 받으셨다 하지 않을 수 있겠습니까?

제가 멀리 있어서 자주 뵙지 못하는 중에도 가끔 뵐 때 지교수님께 받은 인상은 의관을 정제하고 말씀을 절제하는 단단한 선비의 모습입니다. 그다지 긴말을 하지 않고서도 본질을 적시하는 지교수님에게서 많은 교시를 받았습니다. 품격있는 선비의 모습을 앞으로도 계속 보여주시기를 기원합니다.

두 분 존경하는 교수님의 정년을 맞아 학자의 정년에 관한 간단한 제 소회를 말씀드리고자 합니다. 젊은 날 법학의 정교한 논리적 체계에 매료된 젊은 학자들은 마치 스님이 깨달음을 얻기 위해 초발심을 내듯이, ‘오랜 세월을 거쳐 정교하게 구축된 학문의 체계이지만 그래도 언뜻언뜻 결함이 보이는 논리적 체계를 내가 완전하게 구축하겠다’는 서원을 내고 학문의 세계로 뛰어듭니다. 학문이 주는 재미에 빠져서 밤을 새워서 연구하고 많은 성과를 내서 자부심을 느낍니다. 그러다가 어느덧 세월이 흘러 문득 뒤돌아보면 국내외의 선학들이 이미 쌓아 놓은 학문적 성과물이 너무 엄청나서 도저히 넘을 수 없는 벽으로 느껴지고 지금까지 내가 이룬 것은 사소해 보여서 한숨지을 때도 많습니다. 또 빠르게 변하는 세상에서 새롭게 나타나는 현상에 대해 제시해야 할 법리는 너무나 많아서 혼자서 해결할 수 있는 문제도 아니라는 점을 생각하면 앞으로의 노력이 아득하기만 합니다.

이것이 넓고 깊은 학문의 세계에 도전적으로 뛰어든 학자의 업입니다, 스스로 젊어진

짐입니다. 이 짐은 학문적 업적이 큰 학자일수록 더 크고 고단합니다. 학문적 연륜이 깊을수록 더 큰 고뇌로 다가옵니다. 학계의 칭송을 받을 정도의 업적을 쌓는데도 힘들었지만, 업적을 쌓은 후의 고뇌도 큽니다.

업적이 적으면 적어서 그 자체가 견딜 수 없는 부끄러움이며 고통이고, 또 업적이 많으면 많을수록 더 큰 목표를 달성하지 못하는 또는 달성할 수 없는 것이 번뇌이고 고통입니다. 그것이 학자라면 누구나 겪고 감내해야 할 숙명입니다.

한편 학자는 많은 사람들의 존경을 받고 또 영재를 길러내는 기쁨도 큽니다. 그것이 동력이 되어 오랜 세월 고단한 여정을 해 오고 있습니다.

오늘 두 분은 대학자의 길을 걸으신 분이기에 그 기쁨도 컸을 것이고 또 번민도 많았을 것입니다.

이제 정년을 맞이하신 두 분 교수님, 그동안의 여정에서 잠시 쉬면서 숨을 고르십시오. "그동안 수고 많았소"라고 자신에게 축하해 주십시오. 그리고 젊었던 날의 그 아름다웠던 모습을 되돌아보면서 두 번째의 발심을 하십시오. 그것이 무엇이든.

두 분 교수님은 이미 이룬 업적을 정리하고, 유지 · 발전시키는 데에도 남은 시간이 부족할 것입니다. 그렇게 결심하셔서 다시 힘을 내어 후학들에게 깨달음을 주는 더 큰 업적을 쌓으시기를 기원합니다.

혹시 지금까지의 길과 다른 길을 한 번 가 볼 수도 있지 않을까요?

두 분 교수님, 남은 인생의 여정에도 늘 건강하시고, 많은 결실이 있기를 간곡히 기원합니다.

두 분 교수님의 크나큰 업적에 비해 그것을 기리는 제 축사가 부족한 듯하여, 학자의 여정이 생각나는, 제가 좋아하는 시를 하나 바칩니다. 소납해 주시기를 앙망합니다.

가지 않는 길

– 로버트 프로스트 지음, 정현종 역

단풍 든 숲속에 두 갈래 길이 있더군요.
몸이 하나니 두 길을 다 가 볼 수는 없어
나는 서운한 마음으로 한참 서서

잣나무 숲 속으로 접어든 한쪽 길을
끝 간 데까지 바라보았습니다.

그러다가 또 하나의 길을 택했습니다. 먼저 길과 똑같이 아름답고,
아마 더 나은 듯도 했지요.
풀이 더 무성하고 사람을 부르는 듯했으니까요.
사람이 밟은 흔적은
먼저 길과 비슷하기는 했지만,

서리 내린 낙엽 위에는 아무 발자국도 없고
두 길은 그날 아침 똑같이 놓여 있었습니다.
아, 먼저 길은 다른 날 걸어보리라! 생각했지요.
인생길이 한번 가면 어떤지 알고 있으니
다시 보기 어려우리라 여기면서도.

오랜 세월이 흐른 다음
나는 한숨지으며 이야기하겠지요.
"두 갈래 길이 숲속으로 나 있었다. 그래서 나는—
사람이 덜 밟은 길을 택했고,
그것이 내 운명을 바꾸어 놓았다"라고

2023년 5월

정태윤 교수 주요 약력

1957년 9월 3일 경상남도 울주군 상북면 산전리 출생

학 력

1976년 경기고등학교 졸업

1980년 서울대학교 법학과 졸업

1986년 서울대학교 대학원 법학석사

1994년 서울대학교 대학원 법학박사

경 력

1988.03. ~ 1997.08.	인제대학교 사회과학대학 법학과 교수
1995.09. ~ 1996.08.	프랑스 파리 제1대학 연구교수
1997.09. ~ 2001.07.	중앙대학교 법과대학 법학과 교수
2001.08. ~ 2023.02.	이화여대 법과대학 법학과 및 법학전문대학원 교수
2023.03. ~ 현재	이화여대 명예교수
2010.02. ~ 2012.01.	이화여대 법학연구소 소장
2012.01. ~ 2014.08.	프랑스민법연구회 회장
2020.01. ~ 2020.12.	한국민사법학회 회장

주요 저서

- 변호사책임론, 1998 [5인 공저]
- 민법주해; 채권 (12) (공동불법행위편), 2005

주요 논문

- "과오배당과 부당이득 반환청구에 관한 비교법적 검토", 판례실무 XIII (2020)
- "급부부당이득에 대한 침해부당이득의 보충성": 민사법의 현실과 지향 (윤용석 교수 정년기념논문집), 2019)
- "일본 개정민법(채권관계) 중 주요 부분에 관한 개관", 민사법학 82 (2018)
- "부당이득과 선의취득－급부당사자에 관한 이해에 차이가 있는 경우를 중심으로－", 전남대학교 법학논총 36/1 (2016)

- “세무공무원이 과오납 환부 사유가 없음에도 있는 것처럼 서류를 작성하여 친척들 명의의 계좌로 송금하게 한 경우 그 송금액을 부당이득반환청구할 수 있는지 여부”, 민사판례연구 38 (2016)
- “‘가치이전형’ 공동불법행위에서 주모자가 피해자에게 전액을 배상한 후에 그 불법행위로 인한 이득을 모두 보유하고 있는 가담자에게 구상청구할 수 있는가?”, 이화여자대학교 법학논집 18/4 (2014)
- “독일에서의 지시취득”, 이화여자대학교 법학논집 18/3 (2014)
- “프랑스에서의 동산의 선의취득”, 이화여자대학교 법학논집 17/4 (2013)
- “프랑스 신탁법”, 비교사법 19/3 (2012)
- “프랑스의 부당이득법”, 재산법연구 29/2 (2012)
- “다수당사자 사이의 부당이득에 관한 최근의 판례의 검토”, 민사법학 52 (2010)
- “등기명의부당이득과 부당이득의 삼각관계”, 민사법학 51 (2010)
- “제3자에 대한 계약의 대항력: 프랑스에서의 해석론을 중심으로”, 이화여자대학교 법학논집 15/3 (2011)
- “프랑스와 독일민법에서의 원인론에 관한 연구”, 민사법학 42 (2008)
- “점유의 부당이득”, 민사법학38 (2007)
- “독일에서의 무인적 물권행위”, 이화여자대학교 법학논집 9/2 (2005)
- “로마법에서의 원인론에 관한 고찰”, 이화여자대학교 법학논집 9/1 (2005)
- “Wrongful Life에 관한 프랑스의 최근 판례와 입법”(2인 공저), 한국의료법학회지 10/1 (2002)
- “전용물소권에 관한 일고찰”, 비교사법 9/1 (2002)
- “군인등에 대한 국가배상책임의 제한과 공동불법행위자의 손해배상책임”, 민사판례연구 24 (2002)
- “공동불법행위의 구성요건과 과실에 의한 방조”, 민사법학 20 (2001)
- “기회상실의 손해에 관한 연구”, 비교사법 5/1 (1998)
- “부분적 인과관계론에 관한 一考察”: 民法學論叢·第二 (厚巖郭潤直先生古稀紀念), 1995
- “기왕증·병적 소인의 기여도 문제”, 판례월보 241 (1990)
- “프랑스 불법행위법상의 faute의 개념에 관하여”, 인제논총 4/2 (1988)

지원림 교수 주요 약력

1958년 3월 1일 경상북도 안동군 예안면 출생

학 력

1976년 경북고등학교 졸업

1981년 서울대학교 법학과 졸업

1984년 서울대학교 대학원 법학석사

1993년 서울대학교 대학원 법학박사

경 력

1989.03. ~ 1999.02. 아주대학교 사회과학대학 법학과 교수

1996.09. ~ 1998.02. 독일 쾰른대학교 국제사법 및 비교사법연구소 객원연구원

1999.03. ~ 2003.08. 한양대학교 법과대학 교수

2003.09. ~ 2007.08. 성균관대학교 법과대학 교수

2007.09. ~ 현재 고려대학교 법과대학 및 법학전문대학원 교수

2009.03. ~ 2013.02. 법무부 민법개정위원회 분과위원장

2013.03. ~ 2014.02. 한국비교사법학회 회장

2015.09. ~ 2018.06. 한국연구재단 비상임이사

2016.01. ~ 2016.12. 한국민사법학회 회장

2017.08. ~ 현재 한국상속법학회 회장

상 훈

2016.04. 홍조근정훈장

주요 저서

- 민법강의, 2002 ~ 현재 (제20판)
- 민법원론, 2002 ~ 현재 (제3판)
- 민법연습(공저), 2002 ~ 현재 (제4판)
- 민법판례, 2021
- Contract Law in South Korea(공저), 2019

주요 논문

- "배우자상속에 관한 연구", 민사법학 100 (2022)
- "우리 시대 민법학자의 책무", 민사법학 94 (2021)
- "민법개정: 이상과 현실", 민사법학 85 (2018)
- "지명채권양도에서 양수인의 지위", 비교사법 24/3 (2017)
- "계약금 분할지급약정의 효력", 민사법학 72 (2016)
- "위임의 임의해지와 손해배상", 법조 718 (2016)
- "지상건물의 건축과 법정지상권", 전남대학교 법학논총 36/1 (2016)
- "주택임차권 공시제도의 개선방안", 저스티스 150 (2015)
- "차임연체로 인한 상가건물 임대차계약의 즉시해지", 민사법학 70 (2015)
- "점유자와 회복자의 관계에 관한 관견", 비교사법 21/2 (2014)
- "민법의 사회상과 정보제공의무", 민사법학 62 (2013)
- "위약금에 관한 약간의 고찰", 인권과 정의 430 (2012)
- "바람직한 민법학 교육방법", 저스티스 132 (2012)
- "(근)저당권 설정비용의 부담자", 고려법학 66 (2012)
- "アジア契約法の統一について", 法律時報 1038 (2011)
- "법률행위: 지난 50년의 반성과 앞으로의 방향", 민사법학 52 (2010)
- "민법개정과 착오법리", 재산법연구 25/3 (2009)
- "부부공동입양에 관한 단상", 성균관법학 21/3 (2009)
- "사실혼에 관한 약간의 비판적 고찰", 가족법연구 22/3 (2008)
- "사해행위에 기한 저당권설정과 원상회복", 민사판례연구 30 (2008)
- "타인의 기망행위에 의하여 유발된 착오의 취소", 민사법학 32 (2006)
- "착오에 관한 약간의 문제제기", 재산법연구 22/2 (2005)
- "친권자·후견인의 대리권과 임의대리의 비교", 가족법연구 19/1 (2005)
- "계약교섭이 부당하게 파기된 경우의 법률관계", 민사판례연구 25 (2003)
- "채무구조론", 민사법학 21 (200)
- "대물변제약정의 효력", 민사판례연구 21 (1999)
- "자동화된 의사표시", 저스티스 31/3 (1998)
- "채무불이행의 유형에 관한 연구", 민사법학 15 (1997)
- "점유취득시효 완성 이후의 사정변경과 대상청구권", 민사판례연구 18 (1996)

차 례

제1부 정년논문

제2부 기념논문

정년논문

• 채무불이행에 관한 단상 지원림

채무불이행에 관한 단상

지 원 림

고려대학교 법학전문대학원

Ⅰ. 들어가며

(1) 법률행위론으로 학문의 세례를 받았기에, 그에 기한 법률관계의 비정상적 진전에 관심이 쏠림은 당연하다. 그리고 채무불이행에 관한 연구결과들 중 ―노력이나 성과와 무관하게― 필자의 애착이 가는 것으로 채무불이행의 유형에 관한 연구, 민사법학 15 (1997); 채무구조론, 민사법학 21 (2002); 민법주해 채권(2), 1995의 민법 제393조에 관한 분담집필 부분을 들 수 있다.[1)]

지금까지 채무불이행에 관하여 밝힌 필자의 입장은 「기본적으로」 그대로이지만, 이 글에서는 그 후의 사고의 진전(?) 및 사정의 변화를 고려하여 이를 보완한다.

(2) 아래에서는 계약관계를 염두에 두고[2)] 먼저 채무불이행의 (객관적) 유형에 관하여 살펴본 후 이행거절을 검토하고, 나아가 보호의무에 관하여 법교의학적 입장을 밝힌 후 이를 기초로 임차목적물의 화재로 인한 임차인의 책임에 관한 대법원 2017.5.18. 선고 2012다86895 · 86901 전원합의체 판결을 분석한다.

1) 그 밖에 착오취소에 있어서의 신뢰이익배상책임, 수원지방변호사회지 2 (1990); 시효완성으로 인한 등기청구권의 이행불능, 인권과 정의 190 (1992); 일시적인 급부장애와 이행불능의 성부, 김철수교수 화갑논문집, 1993; 대상청구권, 곽윤직교수 고희논문집, 1995; 점유취득시효 완성 이후의 사정변경과 대상청구권, 민사판례연구 18 (1996); 계약교섭이 부당하게 파기된 경우의 법률관계, 민사판례연구 25 (2003); 위약금에 관한 약간의 고찰, 인권과 정의 430 (2012); 차임 연체로 인한 상가건물 임대차계약의 즉시해지, 민사법학 70 (2015); 위임의 임의해지와 손해배상, 법조 718 (2016); 금전채무의 불이행, 하경효교수 정년논문집, 2017 등도 채무불이행과 관련된다.

2) 민법 제397조(이 글에서 민법의 조항은 법명 없이 소개한다) 때문에 채무불이행에 관한 논의는 계약불이행을 염두에 두고 전개되어도 무방할 것이다. 지원림, 민법강의 제20판, 2023, [3161] 참조.

Ⅱ. 채무불이행의 유형에 관하여

1. 일 반 론

가. 이른바 열린 유형론

우리 학설은 채무불이행에 관하여 종래 폐쇄적 3유형론을 따랐는데,[3] 이제는 「열린 유형론」이 대세로 자리잡았다.[4] 제390조의 단서는 귀책사유에 관한 규정으로, 이행불능만을 규율대상으로 하지는 않는다는 점에 대해서도 공감대가 형성된 것으로 보인다.[5]

그런데 채무불이행의 종개념으로서 객관적 유형을 어떤 기준에 따라 어떻게 분류할 것인지에 관하여 견해가 갈리는데, 유형화는 "채무의 내용에 좇은 이행"(제390조)에 실질적 의미를 부여할 수 있어야 할 뿐만 아니라 내적 연관성을 존중하며 당사자들의 실질적 요구의 만족 및 상반된 이해의 조정에 기여함으로써 분쟁의 해결 및 거래의 촉진에 도움이 되는 것이어야 한다. 나아가 법적 안정성을 위하여, 법정유형을 포함하는 기존의 「틀」을 유지하면서 거래계의 수요를 반영하는 것이 합목적적일 것이다. 이러한 전제에 채권법, 특히 계약법은 거래를 촉진하기 위한 적절한 이익조정의 지도상을 제시해야 한다는 점 및 계약의 효력근거는 1차적으로 당사자의 의사에 있다는 점 등을 더하면, 유형화는 「채권자의 의사/이익」을 중심으로 법률효과로서 구제수단을 종합하여 행하는 것이 합리적이라고 생각된다.

나. 유형화[6]의 소임과 법정유형

(1) 유형[7]은 법규에의 포섭규준을 설정하려는 구체화(사안들의 내적 관련성을 고려한 정형성의 모색)의 「수단이자 결과」로서,[8] 사안들에 대한 관찰(경험적 측면)과 가치에 대한 평가(규

3) 독일학설의 강력한 영향으로밖에 달리 설명할 방도가 없다. 학설계수, 특히 이중계수의 전형적인 예라는 이동진, 채무불이행법의 과거, 현재, 미래, 김증한교수 추모논문집, 2018, 451 주 13 등 참조.

4) 이 점에서 민법주해 채권(2), 1995, 224 이하(양창수 집필부분. 아래에서는 '주해/양창수'로 인용한다) 및 양창수, 독자적인 채무불이행유형으로서의 이행거절, 곽윤직교수 고희논문집, 1995, 162 이하(같은 내용의 민법연구 제4권, 1997, 121 이하에 의하여 인용한다)은 학설사적 의미를 가진다. 특히 양창수, 민법연구 4, 122: "본고는 요컨대 「독일민법학의 압도적인 영향」이라는 것으로써만 설명될 수 있는 「채무불이행의 객관적 유형의 폐쇄적 삼분론」을 돌파하려는 의도에서 씌어진 것이다."

5) 김형석, 우리 민법의 채무불이행 규율 체계에 대한 단상, 민사법학 96 (2021) 121: "제390조가 이행지체나 이행불능만을 규율하고 있는 것이 아니라 광의의 채무불이행을 요건으로 하여 배상책임을 명하는 일반규정이라는 점에 대해서는 이제 거의 이견이 없는 것으로 보인다."

6) 법학방법론으로서 유형이론에 관하여 우선 남기윤, 유형론적 방법론과 회사법의 신이론, 1999, 58 이하 참조.

7) 국립국어원 표준국어대사전에 의하면 유형이란 "성질이나 특징 따위가 공통적인 것끼리 묶은 하나의 틀. 또는 그 틀에 속하는 것" 또는 "유개념의 하나. 단순한 추상개념이 아니고 어떤 현상의 공통적 성질을 형상으로 나타내며, 추상적인 보편성과 개별적인 구체성이 통일되어 있는 것을 이른다."

법적 측면)를 통하여 다양한 개별성에 내재하는 공통의 특성을 발견/기술해야 한다. 그리고 유형은 법률관계의 본질을 확실하게 파악할 수 있게 하는, 바꾸어 말하면 적정한 규율을 위한 지도상(Leitbilder)을 제시하고, 개개의 사안에서 법적 안정성 내지 예측가능성을 획득할 수 있게 한다. 요컨대 (추상적) 법규와 (구체적) 사안 사이의 매개자 역할을 수행해야 하는데, 법률효과에의 연결고리라는 속성상 개방적이어야 한다.

(2) 이러한 관점에서 민법이 일반조항인 제390조에도 불구하고 법정하는[9] 이행지체와 이행불능을 살펴본다. ① 이행지체(제387조, 제392조, 제395조, 제544조 참조)는 일정한 시점의 경과라는 명확하면서도 객관적으로 쉽게 확인할 수 있는 사실을 요건으로 하는 「단순한」 불이행유형이라는 점에서 고유한 의미를 가진다.[10] 그런데 구제수단과 관련하여 강조되어야 할 것은 채권자가 급부를 강제적으로 실현할 수 있다는 점이다.[11] 그 밖에 채권자의 최고가 있어야 비로소 이행지체라는 불이행이 확정될 수 있다는 점에서 다른 유형의 불이행과 구별된다고도 한다.[12] ② 이행불능(제535조, 제538조, 제546조 참조)은 급부의 실현이 좌절된다는 점에서 가장 심각한 사태이지만,[13] 성질상 강제이행이 불가능하기 때문에 구제수단의 관점에서는 그 의미를 과장할 것은 아니다.[14]

다. 발상의 전환: 구제수단 중심의 접근

(1) 계약법은 사적자치의 실현에 더하여 거래의 촉진 및 분쟁의 해결/예방에 이바지하는 법역인데, 채무불이행법은 급부의 실현(대체적인 손해배상을 포함하여)을 원하는 채권자와 채무불이행에도 불구하고 면책을 바라는 채무자의 상반된 이해의 조절을 통하여 그러한 목적에 기여해야 한다. 여기서 계약의 本旨(계약의 내용 자체뿐만 아니라 계약체결의 동기와 경위 등 일체의 사정을 포함하는)가 존중되어야 함은 당연하다.

8) 유형화는 특히 일반조항(법관에 의한 보충이 예정된)/불확정개념과 관련하여 이익 충돌에 대한 평가(Bewertung)를 기초로 법규에 담긴 이념(입법자의 결단)을 구체화함으로써 법관법(Richterrecht)이 근거를 이루는 가치질서(사회적 승인을 얻은. 가령 K. Larenz, Methodenlehre, 6.Aufl., 1991, 421ff.의 법윤리적 원리 rechtsethisches Prinzip)를 정당화해야 한다.

9) 김형석, 민사법학 96 (2021) 138: "민법은 이행결과의 창출 가능성을 기준으로 불이행을 이행불능과 이행지체로 나누고 있"다.

10) 양창수, 민법연구 4, 144; 주해/양창수, 70.

11) 지원림, 민사법학 15 (1997) 387 참조.

12) 김상중, 채무불이행법 체계의 새로운 이해를 위한 시도, 비교사법 16/2 (2009) 23 참조.

13) 입법자가 채무자를 책임에서 해방시키는 모멘트로 「채무자의 책임 없는 이행불능」을 선택했다는 김형석, 민사법학 96 (2021) 124 참조(126면은 이행불능의 기능으로 채무자 면책기능과 전보배상으로의 전환기능을 들고 그 중 1차적이며 우선적인 것은 면책기능이라고 한다). 불능의 해방적 효력, 특히 독일의 영향에 관하여 김상중, 비교사법 16/2 (2009) 19 이하 및 2002년 독일민법 개정 후의 상황에 관한 주 67도 참조.

14) 관련하여 불능의 위상에 대한 독일에서의 자성에 관하여 김상중, 비교사법 16/2 (2009) 21 주 73도 참조. 나아가 불능에 관하여 별도로 규율하지 않는 CISG, 불능을 독자적으로 기술하지 않는 프랑스민법 그리고 채무로부터의 해방이 아닌 특정이행 배제사유의 하나로 언급함에 그치는 PECL 제9:102조 제2항 (a), PICC 제7.2.2조. (a) 등도 참조.

(2) 채무불이행에 관한 논의에서 지금까지 객관적인 발현형태에 착안하는 요건론적 접근(cause approach)이 주를 이루었지만, 구제수단 중심의 효과론적 접근(remedy approach)의 효용을 간과해서는 안 된다.[15] 사회공동체의 정의관념에 비추어 구제되어야 마땅한 당사자에게 그에 「합당한」[16] 구제수단을 주어야 하는데, 그저 공평하다는 느낌(equitas rudis)이 아니라 전체적으로 균형에 맞아야 한다(equitas constituta).[17] 유형을 포함하는 요건론은 결국 효과로서 일정한 구제수단과의 연결고리라는 점에서, 특히 구제수단의 관점에서 법수요자가 납득할 수 있는[18] 해석론을 전개해야 할 것이다.

이러한 입장에서 채무불이행에 대한 구제수단을 살펴본다. ① 강제이행(제389조)[19] 그리고 추완청구[20] 및 대용으로서 대금감액[21]이 인정되지만, 불능 및 인격관련성이 성질상의 한계를 이룬다.[22] ② 재산상 불이익의 전보를 위한 손해배상은 언제나(당연히 그 요건이 충족되면) 인정된다.[23] ③ 계약당사자에게 주어지는 구제수단으로서 해제[24]는 계약이익의

---

15) 이에 관하여 우선 김상중, 비교사법 16/2 (2009) 1 이하 참조. 요건론적 접근방법으로서 유형론은 법정되지 않은 유형의 제시라는 측면에서 유용할 수 있는데, 불이행의 모습/형태에 따라 다양한 법률관계 때문에 망라할 수 없다는 태생적 한계도 가진다. 관련하여 현재로서는 상상하기 어려운 채무불이행유형도 현재화되면 언제든지 포착할 수 있도록 개방되어 있다는 주해/양창수, 209－211도 참조.

16) 생뚱맞지만 우리가 가령 lex Talio의 시대사적 의미(어쩌면 여전히 기준으로서 유의미할 수 있는)를 간과하고 「야만적」이라고 치부하지는 않았는지 되돌아볼 필요가 있다.

17) 피터 스타인(김기창 역), 유럽 역사에서 본 로마법, 2021, 104.

18) 일반조항/불확정개념의 유형화가 지향하는 예견가능성 및 법적 안정성은 채권관계의 당사자의 입장에서 채무불이행에 따른 구제수단에 관한 것이다. 즉 급부의 실현이 좌절되거나 좌절될 상태에서 채권자에게는, 채무불이행이 어떤 유형에 속하는지(법정유형 외에 어떤 유형이 인정될 수 있고 인정되어야 하는지 그리고 그 포섭범위가 어디까지인지 등)가 아니라 어떤 구제수단이 주어지는지(강제이행이나 해제가 가능한지 그리고 손해배상은 어떤 요건 하에서 어느 범위에서 인정되는지 등)가 주된 관심사이다. 이러한 관점에서 도그마틱을 이해할 능력을 갖추지 못한 법수요자의 입장을 고려하여, 채무불이행의 객관적 유형에 집착할 것이 아니라 채권관계가 정상적으로 진전되지 않은 채무불이행에 대하여 그 효과로서 어떤 구제수단이 주어지는지를 제대로 알려주는 일도 (민)법학(계)의 중요한 소임의 하나이다. 특히 법정유형에 관해서조차 구제수단이 산재하는 상황 하에서 구제수단을 쉽게 찾을 수 있도록 하는 service가 제공되어야 한다.

19) 몰개성의 시장경제질서 하에서 강제이행의 유용성이 떨어질 수 있지만(현대 대량사회에서 채무자의 불이행에 대하여 채권자는 비용과 시간을 허비하는 이행강제의 방법보다는 대체거래의 기회활용을 위한 계약해제와 손해배상을 선호할 수밖에 없다는 김상중, 비교사법 16/2 [2009] 20 참조), 부동산거래 등 비대체적인 거래에서는 급부의 강제적 실현의 중요성이 여전하다.

20) 김형석, 민사법학 96 (2021) 137: "법률은 매매계약에서 불완전급부가 있는 경우 추완이 가능하다면 그 이행을 청구할 수 있는 것으로 정하며(제581조 제2항), 이러한 내용을 유상계약 일반에 대해서 확장하고 있다(제567조). 그러므로 적어도 유상계약이 불완전하게 이행된 경우 채무자의 귀책사유를 전제로 하지 않는 추완청구가 가능하다는 결론은 부정할 수가 없다."

21) 프랑스에서 대금감액이라는 제재는, 채무자의 이행을 기대하는 동시이행의 항변권과 계약의 구속력으로부터 벗어나는 해제권의 중간에 위치하는 제재로 이해함에 관하여 한불민사법학회, 개정 프랑스채권법 해제, 2021, 320(남효순 집필부분) 참조.

22) 관련하여 강제이행의 배제와 채무자의 면책을 동일시할 것은 아니라는 점을 지적해 둔다.

23) 귀책 및 면책의 구조에서 입법례에 따른 차이가 있지만, 손해배상이 구제수단의 기본값임은 다르지 않다.

24) 해제에 관하여 제544조를 일반조항으로 이해하는 김형석, 민사법학 96 (2021) 139 이하(주 71의 문헌들도 참조)에 대하여 의문이 없지 않다. 즉 조문의 표제가 가지는 의미는 차치하더라도, 불능에 관한 제546조와 대비할 때 최고의 면제라는 관점에서 분명한 차이가 있고 나아가 제544조는 제395조와 함께(양자가 기능적으로는 등가적이라는 김형석, 민사법학 96 [2021] 149 참조) 이행지체에서 최고를 질적 전환의 계기로 삼는다는 점도 고려해야 할 것이다.

확보와 반대방향으로 작동하는데, 채권자가 계약구속력으로부터 벗어나 자구책(특히 대체거래)을 강구하기 위한 구제수단(채무자의 불이행에 대한 제재로서 계약이익의 박탈이라는 측면도 있지만[25])이다. 구제수단들이 채무불이행의 발현형태에 따라 다양하게 결합될 수 있음은 물론이다.

(3) 접근방법의 전환에까지 이르지는 않더라도 채무불이행의 발현형태를 기초로 한 유형화의 성과를 구제수단의 관점에서 점검할 필요가 있다. 가령 불능은 채무자에게 과도한 희생을 입지 않도록 하는 항변사유이자 채권자에게는 계약구속력에서 벗어날 수 있도록 하는 해제의 요건[26]인데, 두 경우에 불능의 포섭범위가 같지 않다. 이처럼 「단일」한 채무불이행유형이라도 구제수단의 관점에서는 「다를」 수 있는데, 법정유형(으로서 불능)의 유형론적 지위를 과장할 것은 아니다. 그 밖에 부수의무 위반이라는 유형도 뒤에서 보는 것처럼 그 속성상 상황의존적일(kasuistisch) 수밖에 없다.

(4) 요건론적 접근과 구체수단 중심의 접근을 택일적인 관계로 볼 것은 아니고,[27] 상호간의 검증을 통하여 합리적이고 수긍할 수 있는 법리를 정립해 갈 필요가 있다. 즉 법정유형에 관해서는 요건론적 접근을 전제로 구제수단을 점검해야 한다. 반면 법정되지 않은 경우에 먼저 법정유형에 포섭될 수 있는지를 검토하고,[28] 그렇지 않다면 구제수단의 기본값으로서 손해배상의 관점에서 접근해야 하는데, 특히 불완전한 이행에서 보호의 대상으로서 급부이익과 완전성이익은 분별되어야 한다.

라. 소 결

법정유형에 포섭되지 않는 유형으로 지금까지 제시된 것은 불완전이행, 이행거절 및 부수의무 위반 정도이다.[29] 이 중 이행거절에 관해서는 뒤에서 따로 보기로 하고, 부수의무 위반은 주된 급부의무의 위반에 대한 구제수단으로 전보될 수 있(고 원칙적으로 해제권을 발생시키지 않는[30])다는 공통성(주된 급부의무에 종된 성질)을 가지지만, 사안에 따라 위반에 나

25) 해제권의 발생요건으로 채무자의 귀책사유가 요구되는지에 관한 논의는 이 두 측면 중 어디에 초점을 맞추는지와도 관련된다.

26) "채권자가 채무자의 이행의 실현을 기대할 수 없는 경우": 대판 2010.12.9. 2009다75321.

27) 관련하여 이행지체에서의 전보배상을 규정하는 제395조는 양날의 칼로 볼 수 있다. 즉 지체와 불능의 준별을 전제한다는 점에서 요건론적 접근에 유리한 반면, 지체의 경우에도 전보배상이 인정될 수 있다는 점에서 구제수단 중심의 접근에서는 다른 의미를 가진다.

28) 법정유형에 관한 요건과 효과가 「시침적 기능」을 수행한다는 주해/양창수, 224 참조.

29) 유형화의 모습으로 ① 채무자의 행동을 기준으로 채무자가 채무를 전혀 이행하지 않은 경우와 불완전하게 이행한 경우로 나누기도 하고, ② 법률효과(특히 제1차적 급부의무의 존속 여부)를 기준으로 이행불능이 발생하면 다른 유형의 불이행은 그에 흡수되어 문제될 여지가 없다는 점에서 이행불능과 그 밖의 채무불이행으로 분류하기도 하며, ③ 채무불이행의 발현형태, 특히 의무의 구조와 관련하여 주급부의무의 위반과 부수의무의 위반으로 나누고, 전자의 하부유형으로 이행불능, 이행지체, 불완전급부, 이행거절 등을 들기도 한다. 이에 관하여 우선 지원림, 민사법학 15 (1997) 383－384 참조.

른 법상황이 제각각이고(상가분양계약에서의 경업금지의무에서 보듯이 계약목적과의 관련성 또는 불이행의 중대성[31]을 고려해야 한다) 이러한 개별성이 공통성을 넘어서기 때문에 하나의 「틀」로서 자리잡기에 부족하다.

반면 불완전이행이라는 우산 아래 다양한 것들이 포함되고, 일반적인 언어관행에 따르면 채무의 내용에 좇은 이행이 이루어지지 않은 경우를 총칭하지만, 채무불이행의 객관적 유형으로서 불완전이행(또는 적극적 채권침해)에 할당되어야 하는 몫(기능)은 그보다 훨씬 좁다. 즉 이 유형의 채무불이행은 법정유형에 포섭되지 않는,[32] 불완전한 이행으로 인하여 채권자에게 급부이익을 초과하는 또는 그와 별도의 부가적인 손해가 발생한 경우에 한하여 독자적인 채무불이행유형으로 인정되어야 한다.[33]

따라서 —뒤에서 보는 것처럼 이행거절의 유형적 독립성을 부정한다면— 「현재로서는」 지체와 불능 외에 완전성이익에 대한 침해만을 포섭하는 불완전이행이 채무불이행의 객관적 유형으로 인정될 적격을 가진다고 할 것이다.

2. 이행거절

가. 개념 및 상황

(1) 이행거절이란 "채무자가 채무의 이행이 가능함에도 이를 행할 의사가 없음을 채권자에 대하여 진지하고 종국적으로 표시하여 객관적으로 보아 채권자로 하여금 채무자의 임의의 이행을 더 이상 기대할 수 없게 하는 행태"를 말한다.[34]

그런데 이행거절에 관한 논의가 동시이행의 항변권이나 유치권 등 이행거절권능의 부존재를 전제로 하고, 명문규정이 없는[35] 이행기 전의 거절을 중심으로 진행됨은 당연하다.

30) 대결 1997.4.7. 97마575 등.

31) 주된 급부의무와 부수의무의 구별기준으로 "불이행의 결과"를 드는 대판 2005.7.14. 2004다67011도 참조.

32) 요컨대 의무 위반이 불능, 지체 또는 담보책임에 관한 규정 등에 의하여 규율될 수 있는지를 먼저 검토해야 한다. 이행이 이루어졌지만 그것이 적절하지 못한 경우라도, 채무자의 급부가 양적으로 부족하고 그것의 추완이 가능한 경우(예: 작동법이 복잡한 기계의 사용설명서를 제때 교부하지 않은 경우)는 이행지체의 문제로 다루어져야 하고, 추완이 불가능하거나 질적으로 부족하다면 특별법으로서 담보책임이 적용되거나 일부불능으로서 전부불능의 성립 여부가 문제된다. 반면 이행이익을 초과하는 또는 그와 별도의 부가적 손해가 급부의 부적절함으로 「인하여」(즉 부적절한 급부와 부가적 손해 사이에 내적 · 사물적 관련성이 있어야 하며, 그렇지 않다면 일반불법행위의 문제로 검토되어야 한다) 발생하여야 비로소 제3의 유형이 독자적 의미를 가진다.

그리고 뒤에서 보는 것처럼 완전성이익이 침해된 경우에 특별한 사정이 없는 한 해제는 문제되지 않는다.

33) 이상은 "채무불이행의 유형에 관한 연구"에서 제안한 내용과 다르지 않은데, 다만 메아리 없는 외침에 그친 "이행가해"라는 명명은 이제 철회한다.

34) 양창수, 민법연구 4, 121.

35) 이행거절에 관한 명문규정인 제544조 단서는 이행기 후의 이행거절을 규율대상으로 삼는데, 제정과정에서 스위스채무법 제108조 제1호가 참조되었다. 민의원 민법안심의소위원회, 민법안심의록 상권, 1957, 316−317 참조. 입법상의 계보에 관하여 성승현, 이행거절법리에 관한 사념(思念), 전남대학교 법학논총 40/3 (2020) 38 이하 참조.

(2) 이행거절의 유형론상의 지위에 관하여 독자적 채무불이행유형으로서 공고한 지위를 확보하였다는 평가도 있지만,[36] 필자처럼 이행거절을 지체의 (하부)유형으로 파악하는 견해도 상존한다.[37] 한편 판례는 대법원 2005.8.19. 선고 2004다53173 판결[38] 이래 이행거절을 독자적인 채무불이행유형으로 인정하는 것으로 보인다.

나. 이행거절의 효과

(1) 이행거절의 체계적 지위에 관한 논의의 단초로, 이행거절에 직면한 채권자와 채무자의 이해의 충돌을 본다. ① 이행거절은 이행기가 도래하더라도 이행하지 않겠다는 의도의 선제적 표명(특별결합관계의 의도적 좌초를 초래하는)으로, 채무자의 입장에서 계약이익의 포기로 평가되어야 한다.[39] ② 이러한 상황에서 채권자는 당초의 계약관계에 따른 대응[40] 외에 그에 갈음하는 자구책을 미리 마련할 수 있어야 하는데,[41] 해제 및/또는 전보배상청구가 그것이다.

(2) 이행거절에서 법적 구속과 모순되는 상황을 자초하는 채무자의 입장을 고려할 필요는 없고, 채권자에게 어떤 구제수단이 주어져야 하는지가 중요하다. 이들을 개별적으로 본다.

① 이행기가 도래하기 전에는 —해제권이 행사되지 않는 한— 당초의 법률관계가 유지되어야 한다. 즉 채권자의 즉시이행청구에 대하여 채무자는 기한미도래의 항변을 할 수 있고,[42] 이행거절 후 급부가 불능으로 되면 불능법리가 적용되어야 한다.[43] 의사의 통지로서

참고로 제544조 단서의 뿌리인 스위스의 법상황을 보면, 가령 I. Schwenzer, OR AT, 4.Aufl., 2006, N.66.19는 이행거절을 지체의 일부로 다루고, OR 제108조 제1호(무용의 최고를 면제하는)가 이행기 전의 거절에도 적용되는지에 관하여 다툼이 있지만, BGE 94 Ⅱ 31ff., 69 Ⅱ 243은 이를 긍정한다.

36) 김형석, 민사법학 96 (2021) 122: "이제는 확고한 판례와 통설적 입장에도 불구하고 이행거절에 독자성이 인정될 수 있는지에 대해 회의를 표시하는 견해도 여전히 주장된다." 또한 양창수, 독자적인 채무불이행유형으로서의 이행거절 재론, 법조 700 (2015) 9: "'이행거절'은 이제 독자적인 채무불이행유형으로 인정되고 있고, 그에 관한 재판례도 상당수에 이른다."

37) 이에 관하여 우선 이동진, 채무불이행법의 과거, 현재, 미래, 453 주 21과 22 참조.

38) "계약상 채무자가 계약을 이행하지 아니할 의사를 명백히 표시한 경우에 채권자는 신의성실의 원칙상 이행기 전이라도 이행의 최고 없이 채무자의 이행거절을 이유로 계약을 해제하거나 채무자를 상대로 손해배상을 청구할 수 있고, 채무자가 계약을 이행하지 아니할 의사를 명백히 표시하였는지 여부는 계약 이행에 관한 당사자의 행동과 계약 전후의 구체적인 사정 등을 종합적으로 살펴서 판단하여야 한다." 대판 2011.2.10. 2010다77385; 대판 2021.7.15. 2018다214210도 동지.

39) 쌍무계약에서 반대급부의 취득이라는 계약이익이 유지되기를 원하더라도, 채권자의 입장에서 이러한 모순적인 의도를 존중할 필요는 없다.

40) 이행이 가능하므로 이행기 도래 후 강제이행을 통하여 급부를 실현할 수 있고(지연배상을 포함하여), 그에 더하여 제544조 단서와 제395조에 따라 무최고해제 및/또는 전보배상청구도 할 수 있다.

41) 「장래의」 정상적 진전을 염두에 두는 한 채무자가 기한미도래의 항변을 할 수 있지만, 「현재의」 당면한 상황에 대응하려는 채권자의 자구책(계약관계 자체의 해소를 포함하여 급부에 갈음하는 구제수단) 모색에 대하여 채무자가 기한을 주장할 수 없다고 해야 한다. 반대급부와의 견련관계도 마찬가지인데, 불안의 항변권에 관한 제536조 제2항에서 예견된 불이행이 객관적 사정을 의미한다면, 이행거절은 주관적 사정에 기한 등가물로 볼 수 있다.

이행거절이 철회 또는 취소[44]될 수 있을 뿐만 아니라 「채권자의 대응조치가 없는 이상」 채무자의 일방적인 의도만으로 기존의 법상황(계약에서 당사자 쌍방의 합의에 기한)이 바뀔 이유가 없기 때문이다. 다만 제536조 제2항의 유추(예견되는 불이행을 근거로 하는)에 의하여 채권자에게 선이행의 자기채무에 관한 이행거절권능이 발생한다.

② 「이행기가 도래한 후」에 강제이행을 통하여 계약의 본지를 관철할 수 있고 일반법리에 따른 지연배상도 가능하다. 기한의 정함이 없는 채무로서 지연배상의 기산점은 제387조에 따라야 한다. 그 밖에 제395조에 기하여 전보배상을 구할 수 있음은 당연하다.

③ 채권자는 —채무자의 반계약적 의도에 선제적으로 대응하기 위하여— 이행기 도래 전이라도 계약을 해제할 수 있다.[45] 이때 앞에서 본 것처럼 해제를 채무자의 계약이익 「포기」에 기한 채권자의 자구책(급부의 실현이 순조롭지 않을 경우에 대체거래를 통하여 자신의 피해를 줄이려는)으로 보아야 한다.[46] 그리고 계약이익을 스스로 포기한 채무자에게 추완이행의 기회를 부여함은 무의미하므로, 채권자의 이익을 위하여 최고가 생략될 수 있다(제544조 단서의 유추).[47] 나아가 채권자는 자기채무의 이행제공 없이[48] 해제할 수 있다.[49]

④ 채권자는 전보배상도 청구할 수 있다.[50] 전보배상의 청구가 해제와 함께 이루어질 수도 있지만, 제395조를 유추하여 해제하지 않은 채 「이행기 전」에 전보배상을 청구할 수 있다고 할 것이다. 즉 제395조는 채무자의 상황을 알 수 없는 채권자의 입장을 고려하여

---

42) 이러한 입장과 달리 채무자의 이행거절로 채권자의 즉시이행청구가 허용된다면, 채무자는 동시이행의 항변을 할 수 있어야 할 것이다.

43) 이행거절 후 당사자 쌍방에게 책임 없는 사유로 인하여 급부가 불능으로 되면 위험부담의 법리가 적용되어야 하고, 이 상태에서는 제392조의 적용도 부적절하다.

44) 착오에 의한 이행거절을 제109조에 기하여 취소할 수 있고, 이행거절을 전제로 한 채권자의 행동(해제나 전보배상의 청구)이 있기 전이라면 철회를 부정할 이유가 없다.

45) 이행기 전이라도 상대방의 채무불이행이 명백하게 예상되면 해제를 인정하는 입법례로 특히 독일민법은 제323조 제2항 제1호에서 최고(Fristsetzung)를 요하지 않는 경우로 이행거절을 들고, 제4항에서 해제의 요건이 충족될 것이 명확한(offensichtlich) 경우에 이행기 전에 해제할 수 있다. 그 밖에 CISG 제72조, PICC 제7.3.3조, PECL 제9:304조 등도 참조.

46) 대판 1980.5.13. 80다130처럼 이행거절을 "일방적 파기의사"의 표현으로 본다면 채권자의 해제권 행사를 채무자의 이행거절에 대한 응답, 즉 합의해제로 구성할 여지도 있다.

47) 상사매매에 관하여 상법 제68조는, 정기행위의 일종인 확정기매매의 이행지체에서 거래관계 조기종결의 필요성을 반영하여, 제545조가 최고를 요하지 않음에서 한 걸음 더 나아가 해제의 의사표시조차 요하지 않는다.

참고로 최고의 의미에 관하여 해제에서 추완이행기회의 부여이자 동시에 불이행의 중대성을 충족/증명한다는 한불민사법학회, 개정 프랑스채권법 해제, 329(김현진 집필부분) 및 손해배상에서 사실상의 지체를 법적인 지체로 전환시킨다는 341(남효순 집필부분)도 참조.

48) 즉 동시이행의 항변을 무력화하는데, 이행청구에서와 달리 채무자에게 동시이행의 항변권을 인정할 필요가 없을 뿐만 아니라 해제에서 이행의 제공은 이행지체가 성립하기 위하여 요구되는데 이행거절의사를 통하여 이행제공이 무의미하게 되었기 때문이다. 대판 1993.8.24. 93다7204 등 판례도 같은 입장이다. 이와 달리 이행을 제공할 수 있는 상태여야 한다는 견해로 양창수, 민법연구 4, 166.

49) 해제권 행사 후의 사정변경(예컨대 채무자에게 책임 없는 사유로 인한 불능)은 해제에 영향을 미치지 않는다고 해야 한다.

50) 해제에서와 마찬가지로 전보배상의 청구가 있은 후의 사정변경(예컨대 채무자에게 책임 없는 사유로 인한 불능)은 손해배상에 영향을 미치지 않는다고 해야 한다.

계약이익(의 소멸)과 최고의 등가성을 인정하는데, 채무자의 의도가 명확하게 된 이행거절에서도 —그 유추에 의하여— 채권자가 계약이익의 탈락(해제에 비견되는)을 주장하여 전보배상을 구할 수 있고, 이때 반대급부도 이행(또는 그 가액이 공제)되어야 한다.

전보배상액의 산정에 관하여 판례는 "이행거절 당시의 급부목적물의 시가"를 표준으로 한다는 입장인데,[51] 전보배상은 자기의 손해를 최소화하기 위한 채권자의 자구책이라는 점을 고려하여 「대응조치(해제 및/또는 전보배상청구)를 취할 수 있었던 때」[52]를 기준으로 산정해야 하고,[53] 이렇게 함으로써 손해경감의무를 포함하여 당사자들 사이의 이해를 적정하게 조절할 수 있다.[54]

한편 전보배상에 대한 지연이자에 관하여, 이행거절이라는 불이행유형이 주관적 불능과 유사한데 이행불능으로 인한 전보배상에서 이행불능 당시부터 지연이자를 구할 수 있다는 점 및 이행거절은 고의의 불법행위에 준하여 처리되어야 할 중대한 위법의 행태라는 점을 들어 이행거절시부터 법정이자 상당의 지연손해가 인정되어야 한다는 견해가 있고,[55] 그 결론에는 동의할 수 있다. 다만 이행거절의 경우에 채권자가 자구책을 강구할 수 있도록 하기 위하여 제544조나 제395조를 유추하고 그 결과로서의 법률관계가 이행불능에서와 유사하게 될 뿐임에도 역으로 이러한 사정이 이행거절의 체계적 지위를 정할 수 있는지 음미를 요하고(꼬리가 몸통을 흔드는 상황?), 이행거절의도를 표시했다고 하여 고의의 불법행위에 준하는 정도의 불이익을 입히는 것이 온당한지도 의문이다. 오히려 해제의 효과로 반대급부에 대하여 각 계약당사자는 원상회복의무를 지고 금전반환의 경우에 받은 날부터의 이자도 반환해야 한다는 제548조 제2항과의 균형(자구책으로서 계약을 해제하는 경우에 더 이상 계약이익은 의미를 가지지 않는다)에서 그 근거를 찾을 수 있을 것이다.[56]

다. 이행거절의 유형론적 지위

(1) 이행거절이라는 채무자의 반계약적 행태에 상응하여 채권자가 구제수단을 「미리」 행사할 수 있도록 해야 한다는 점에는 다툼이 없는데, 그 체계적 지위를 어떻게 파악할 것

51) 대판 2007.9.20. 2005다63337, 대판 2008.5.15. 2007다237221도 동지.

52) 대체로 판례가 정하는 기준시기와 다르지 않겠지만, 대응조치를 취할지 여부의 판단에 숙고기간이 필요한 경우에는 사정이 다를 수 있다.

53) 당연히 반대급부 또는 부당이득도 이 시점을 기준으로 산정되어야 한다.

54) 채권자가 해제 및/또는 전보배상청구를 하지 않았다고 하여 이행거절을 한 채무자가 손해의 경감을 주장하는 것은 적절하지 않은데(미리 대응조치를 취할 것인지 이행기를 기다릴 것인지는 채권자의 선택에 달려있다), 이행거절에 기하여 전보배상을 구하는 경우에 그 산정시기를 「대응조치를 취할 수 있었던 때」로 함으로써 그 후의 불이익을 채무자의 부담으로 돌리지 않는 방법이 소망스럽다.

55) 양창수, 법조 700 (2015) 39 이하.

56) 대개 계약해제와 함께 전보배상의 청구를 할 것이므로 지연이자에 대한 논의가 큰 의미를 가지지 않을 수 있다.

인지에 관하여 논의가 있다.

그런데 법정된 지체나 불능을 제외한 나머지 유형들에 관한 명문규정이 없으므로, 해석론으로 그들을 담(을 수 있)는 유형을 발견(창설?)할 수도 있지만, 또 다른 「허상」(완화된 불확정개념?)으로서 무의미하거나 무용의 것일 수 있을 뿐만 아니라 그 안에 담길 하부유형이 망라적일 수도 없다는 점에서 신중해야 한다. 한편 앞에서 본 것처럼 구제수단의 관점에서 이행거절은 —「이행기 전에 미리」 대응조치(구제수단)를 취할 수 있다는 점을 제외하면— 지체나 불능과 차별화되는 특색을 가지지 않는다는 점에서, 이행거절이 「독자적」 채무불이행유형으로서 이행지체나 이행불능에 버금가는 지위를 획득하였다고 보아도 되는지 의문이다.[57] 그리고 소여로서 법정유형에 포섭될 수 있다면 「내부세공」을 거쳐 귀착지를 찾는 것이 해석론의 정도일 것이다.[58]

(2) 생각건대 이행거절은 이행지체 또는 이행불능에 포섭되어야 하는 「낀」 유형 정도의 의미를 가진다고 할 것이다.[59] 즉 채무자의 반계약적 의도 때문에 채권 실현의 가능성이 종국적 · 불가회복적으로 좌절된다는 점에서 불능에 가까운 반면, 채권자의 입장에서 여전히 강제적으로 급부를 실현할 수 있다는 점에서 지체에 가깝게 된다. 그렇다면 이행지체로 취급할 여지가 있는 이행불능과 이행불능으로 취급할 여지가 있는 이행지체 중 어느 쪽으로 파악할 것인지가 관건인데, 구제수단의 관점에서 접근한다.

먼저 유력설은 급부의 객관적 좌절이라는 측면에서 「주관적 불능」과의 유사성을 강조하지만,[60] 할 수 없다는 것(주관적 불능에서 「객관화된」 주관적 사정)과 하지 않겠다는 것(이행거절에서는 채무자의 「주관적인」 의도에 머무를 뿐이다)의 분명한 차이 그리고 불능에서 인정되지 않는 강제이행(을 통한 급부의 실현)이라는 구제수단의 의미를 고려한다면[61] 선뜻 동의하기 어렵다. 즉 주관적인 의도의 표현을 급부의무로부터의 해방(불능항변을 통한)으로 귀결시키는 것은 채권자의 의사/이익에 명백히 반한다.

반면 이행지체는 강제이행이 가능하다는 점에서 이행불능과 준별되는데, 이행거절에

---

57) 다만 그런 입장으로 보이는 판례도 있다. 가령 "이행지체 등과 대등하게 채무불이행의 한 유형으로서 민법 제390조에 기하여 손해배상청구권 등을 발생시키는 요건으로서의 이행거절과 이미 이행지체 등에 빠진 채무자에 대하여 이행의 최고 없이 계약해제권이 발생하기 위한 요건으로서의 "미리 이행하지 아니할 의사를 표시한 경우"를 반드시 동일하게 볼 이유는 없"다고 한 대판 2009.3.12. 2008다29635.

58) 주해/양창수, 224: "비록 이행불능이나 이행지체에 해당하지 않는 채무불이행에 대하여도 그 책임의 내용에 관한 법률의 흠결을 보충함에 있어서는 1차적으로 민법이 이들 법정유형에 대하여 명정하고 있는 내용의 법이유(ratio legis)를 음미하여 그 유추나 계속형성(Fortbildung)을 도모하여야 할 것이다."

59) 지체나 불능과의 차이를 강조한다면 유형으로서의 독자성을 긍정할 수 있지만, 독자성이 지체나 불능과의 분리/절연을 의미한다면 동의하기 어렵다.

60) 이행거절은 채무자의 의사에 의한 이행의 객관적 좌절로서, 강제이행은 가능하지만 임의이행이 실현될 수 없다는 점에서 주관적 이행불능으로 보아야 한다는 양창수, 민법연구 4, 143-144. 주해/양창수, 326도 동지.

61) 특히 이행불능의 "채무자 면책기능"을 강조하는 김형석, 민사법학 96 (2021) 126 참조.

서 중요한 것은, 채무자의 주관적 의도에도 불구하고 급부의 실현이 여전히 가능하다는 점이다. 그에 더하여 이행기 「전」의 이행거절에 관한 명문규정이 없지만, 채무자의 이익(계약이익의 보유 또는 면책)과 채권자의 구제수단 사이의 긴장관계라는 관점에서 이행기의 「전후」 사이에 본질적 차이가 없음에 착안하여62) 제544조 단서의 유추로 충분히 대응할 수 있다.63) 방법론으로도 이행기 후의 이행거절에 관한 제544조 단서를 소여로 받아들인다면, 이러한 입법자의 결단을 존중하여 지체(의 하부유형으로)로 구성함이 적절할 것이다.

(3) 정리하자면, 이행기 「후」의 이행거절에 대한 제544조 단서가 指南으로 될 수 있고, 채무자가 「스스로 내세운」 주관적 장애물이 객관화되어 채권자에게까지 그 효력을 미칠 수는 없으며,64) 전보배상으로의 전환에 관한 제395조의 존재의의65)도 고려해야 한다. 이러한 법상황에 관하여 필자는 (소여로서) 제544조의 유추를 통하여66) 이행지체의 하부유형67) 또는 "선취된" 지체68)로 이론구성하였는데, 채권자가 미리 「대용권능」(Ersetzunfsbefugnis)69)을 행사할 수 있다는 의미로 이해하면 될 것이다. 즉 채권자로서 이행기를 기다려 이행지체에

62) 주관적 불능과의 유사성을 강조하는 양창수, 민법연구 4, 147은, 이행기 「후」의 이행거절은 많은 경우에 「이행지체」에 관한 규정(제395조, 제544조 등)을 합목적적으로 해석하여 이행불능의 법리에 근접시킴으로 적절하게 처리할 수도 있을 것이라고 하는데, 이행기의 「전후」가 이행거절의 체계적 지위를 달리할 정도의 질적 차이를 초래하는지 의문이다.

63) 이행기 후의 이행거절은 추완이행기회의 포기로, 채권자는 강제이행을 구할 수 있는 외에 제544조 단서에 따라 무최고해제 및 전보배상을 구할 수 있다. 그런데 이행기 전의 이행거절도 특히 쌍무계약에서 계약이익의 포기를 의미하고(자기채무의 이행을 거절하면서 반대급부를 얻을 수는 없다), 이 포기는 추완이행기회의 포기도 포함하므로, 계약관계의 좌초가 예견되는 상황에서 채권자는 자구책을 강구할 수 있어야 한다. 참고로 이동진, 채무불이행법의 과거, 현재, 미래, 453도, 이행거절이 "지체를 이유로 하는" 해제의 "제법 까다로운" 요건을 돌파하는 수단으로 활용된다는 입장이다.

64) 채무자의 의사에 기한 사적 규범의 정립이라는 실질을 가지는(프랑스민법 제1103조 참조) 계약에서 채권자가 채무자의 이행거절을 객관적인 급부장애와 등가물로 받아들이는 것은 무방하지만, 채무자가 불능항변을 통하여 급부의무로부터 해방됨은 받아들여질 수 없다.

65) 나아가 판례가 해제의 근거로 제546조가 아니라 신의칙 또는 제544조 단서의 유추를 든다는 점에도 일정한 함의가 있을 것이다.

66) 이와 달리 제544조 단서의 적용범위를 확장하는 방법으로 가령 그곳의 "미리"를 "이행기 「전」을 함께 포괄하는 의미로 해석해야 한다. 왜냐하면 채권자가 이행기까지 기다리라는 것이 무의미한 것은 이행기 후 최고기간 경과시까지 기다리는 것과 똑같이 무의미하기 때문"이라는 견해로 김형배, 채권각론[계약법], 2001, 262.

67) 지원림, 민사법학 15 (1997) 399.

68) 지원림, 민법강의, [3168].

참고로 2002년 개정 전의 독일민법에 관하여 이행거절을 (선취된) 지체로 파악하는 입장으로 D. Medicus, Schuldrecht Ⅰ. Allgemeiner Teil, 9.Aufl., 1996, Rn.418f.; ders, Bürgerliches Recht, 17.Aufl., 1995, Rn.293, 308; W. Fikentscher, Schuldrecht, 9.Aufl., 1997, Rn.311("qualifizierter Verzugsfall"), 367, 373. 나아가 K. Larenz, Lehrbuch des Schuldrechts, Bd. Ⅰ, 14.Aufl., 1987, 365 Fn.8은, 이행거절이 적극적 계약침해의 특수한 경우라고 하면서도 "선취된 계약위반"으로 부를 수 있다고 한다.

관련하여 이행을 불가능하게 하는 사정이 발생한 시점에 그 사정이 제거될 수 있는지 여부 또는 언제 제거될 수 있는지가 확실하지 않을 뿐만 아니라 그것이 명료해질 때까지 채권자가 수인할 것을 기대할 수 없는 경우에 일시적인 급부장애를 이행불능으로 보아야 하는 것도 「선취」라는 관점에서 이해될 수 있을 것이다(판례가 다소 엇갈리지만: 대판 1991.6.25. 90다14225와 대판 1990.12.11. 90다카27129 참조).

69) 대용권능은 원래 당사자의 의사 또는 법률의 규정에 의하여 주어지는 급부변경권인데, 여기서는 채권자가 미리(이행기 전에) 법상황을 변경시킬 수 있다는 의미를 가진다. 대용권능 행사의 後果에 관하여 지원림, 대물변제약정의 효력, 민사판례연구 21 (1999) 209 이하 및 그것을 요약한 지원림, 민법강의 [3127] 참조.

따르는 구제를 받을 수 있지만, 제544조 단서 및 제395조의 유추에 의하여 채권자에게 대용권능이 주어지고, 채권자는 예정된 수순에 갈음하여 해제 및/또는 전보배상을 구할 수 있으며, 대용권능이 행사된 후에는 원래의 급부가 불능으로 되었다는 사정이 해제 또는 전보배상청구에 영향을 미치지 않는다고 해야 한다. 요컨대 이행거절을 「대용권능이 붙은 이행지체」로 이해하면 족하고, 변경가능성이 지체(가능성)라는 본질을 바꾸지는 않으므로, 이행거절의 유형적 독자성의 의미를 과장할 것은 아니다.

Ⅲ. 보호의무에 관하여

1. 채무구조론

가. 보호의무의 체계적 지위

(1) 채권법분야에서 활발하게 논의되면서도 아직 명쾌하게 정리되지 않은 부분이 불완전이행(또는 적극적 채권침해)이라는 채무불이행유형이다.[70] 이 유형의 독자성이 인정되어야 함은 앞에서 보았는데, 그럼에도 남는 문제는 「계약상의」 의무로서 보호의무(Schutzpflichten)를 인정할 것인지, 인정할 수 있다면 어떤 이론구성에 의하여 어느 범위에서 인정할 것인지에 관한 것이다.[71] 이에 관한 필자의 입장은 다음과 같다.

(2) 채무의 이행으로 확보되어야 하는 채권자의 이익의 주된 것은 급부이익이지만, 그 밖에 현상유지 내지 완전성이익(Erhaltungs– od. Integritätsinteresse)도 있다. 이들은 채권자에게 주어지는 구제수단과 관련하여 상이한 의미를 가지는데, 그에 상응하여 채무자의 의무도 급부의무와 보호의무로 나뉜다.[72]

급부이익의 침해에 대한 구제수단으로, ① 이행청구 및 상대방의 이행청구에 대한 거절권능으로서 동시이행의 항변권, ② 이행을 전제로 양적 또는 질적 부족을 메우기 위한 담보책임 그리고 추완청구나 그에 갈음하는 대금감액, ③ 본지의 관철로서 강제이행 또는 대체거래를 가능하게 하는 자구책으로서 해제, ④ 손해배상[73]을 들 수 있다.

70) 불완전이행에 관한 발원지 독일에서의 논란에 관하여 우선 김상중, 비교사법 16/2 (2009) 24 주 84 참조.

71) 지원림, 민사법학 21 (2002) 557–558.

72) 그 밖에 부수의무도 인정되어야 하는데(지원림, 민법강의, [4094] 이하 참조. 이에 대한 의구심으로 김상중, 비교사법 16/2 [2009] 10 이하 및 12 주 47 참조), 앞에서 본 것처럼 구제수단의 관점에서 단일하지 않다. 그렇다면 계약의 본질적 내용에 해당하지 않지만 「급부이익」의 실현을 위하여 (묵시적) 약정이나 거래관행 등에 기하여 인정되는, 채무자가 부담하는 (부가적) 의무의 집합체를 의미한다고 이해하면 족할 것이다.

73) 특히 이행에 갈음하는 전보배상은 불능이라는 객관적 상황 또는 이익의 탈락이라는 주관적 사정(제395조 참조)을 전

반면 완전성이익이 침해된 경우에 손해배상만이 실천적인 의미를 가지고, 이행청구 또는 해제는 실제로 거의 문제되지 않는다.[74]

(3) 최근 보호의무를 불법행위의 영역으로 넘기려는 견해가 유력하다.[75] 독일에 특유한 법상황에 따른 계약책임의 확장이 보호의무의 단초를 이루었는데, 우리의 상황은 다를 수 있다는 점에서 경청할 만한 주장이다. 「계약상의」 보호의무를 인정하는 판례도 다수 있는데,[76] 가해자의 불법행위책임이 부정되거나 가해자를 찾을 수 없는 등의 사안에 직면하여 법원이 피해자와 계약에 기한 특별결합관계에 있는 이에게 보호의무의 위반을 이유로 손해배상책임을 인정하는 것으로 이해되기도 한다.[77]

그런데 귀책사유(고의 · 과실)에 관한 제390조와 제750조의 규정형식에 차이가 있다. 따라서 가해자에게 귀책사유가 있는지 여부가 불명한 경우에, 제750조에 의하면 피해자가, 제390조가 적용되면 가해자가 불이익을 감수해야 한다. 이러한 규정형식의 차이는 이른바 「危險」[78]을 배분할 때 중요한 기준을 제시한다. 그리고 채무가 적절하게 이행되지 않음에 따른 불이익뿐만 아니라 이행과정에서 불가피하게 상대방에게 발생한 손해도 계약이 제대로 이행될 것이라고 담보한, 따라서 「위험」을 자발적으로 인수한 채무자가 부담해야 한다.[79] 이것이 제750조와 구별되는 제390조의 취지라 할 것이다. 결국 계약관계에 있는 또는 그에 連接한[80](예컨대 중고차를 사기 전에 시운전을 하다가 정비불량으로 인한 사고로 다친 경우) 당사자 사이에서 완정성이익의 침해는 계약법리에 의하여 해결되어야 하고,[81] 이 한도에

제로 한다.

74) 김형석, 민사법학 96 (2021) 144: "우리 재판례에서 문제된 사안들에서 나타나듯, 보호의무 위반에서 해제가 문제되는 일은 거의 없으며 대개 손해배상으로 적절한 구제가 주어"진다.

75) 김규완, 채무불이행 체계의 재정립, 민사법학 43/2 (2008) 22 및 주 58과 59에 소개된 문헌들 참조. 보호의무를 계약상 의무로 구성함에 대하여 부정적인 최근의 문헌으로 이충훈, 판례가 인정하는 보호의무에 대한 비판적 고찰, 민사법학 90 (2020) 161 이하; 성대규, 보호의무(Schutzpflichten)에 관한 고찰, 민사법학 87 (2019) 111 이하 등.

76) 공중접객업자에 관한 대판 1997.10.10. 96다47302와 대판 1994.1.28. 93다43590; 여행업자에 관한 대판 1998.11.24. 98다25061; 정보통신서비스 제공자에 관한 대판 2015.2.12. 2013다43994 · 44003; 사용사업주에 관한 대판 2013.11.28. 2011다60247; 학교법인에 관한 대판 2018.12.28. 2016다33196 등.

77) 김규완, 민사법학 43/2 (2008) 23. 김상중, 비교사법 16/2 (2009) 6−7도 참조.

78) 일반적으로 사용되는 급부위험 내지 반대급부위험이 아니라, 여기서는 모든 계약에 내재하는, 당사자의 의도에 반하는 계약관계의 진개라고만 이해해 누기로 하자.

79) 악성재권관계에서 채무자는 채권자에게 채무내용에 좇은 이행이 있을 것을 약속하는 외에 묵시적으로라도 이행과 관련하여 채권자의 법익을 침해하지 않을 것을 보장한다고 보아야 한다.

80) 반대로 급부이익과 「절연」된 채권자의 법익은 불법행위의 보호내상일 뿐이다.

81) 계약상 급부의 불완전한 이행으로 인하여 채권자의 급부이익과 완전성이익이 모두 침해되었는데, 채무자에게 귀책사유가 있었는지 여부가 불명한 경우에, 급부이익을 침해한 부분은 제390조에 의하여 배상되지만, 완전성이익의 침해에 대해서는 책임을 지지 않는다는 결론은 상식적으로 납득하기 어렵다

반대의 입장으로 최준규, 임차목적물에 발생한 원인불명의 화재로 인한 임차인의 책임, 일감부동산법학 17 (2018) 90: "하나의 개관적 · 사변석 사건(자신의 지배 · 관리 영역에서 발생한 화재사고)에 관하여 임차인은 과실이 있기도 하고 그와 동시에 과실이 없기도 한 것"은 "법을 알지 못하는 일반인의 관점에서는 이상하게 느껴질 수 있지만, 채무불이행책임과 불법행위책임이 명확히 구분되고 두 책임이 병존할 수 있는 법체계 하에서는 자연스럽게 발생할 수 있

서 「계약상의」 의무로서 보호의무를 인정해야 한다.[82)]

나. 계약책임의 확장과 그 한계

계약관계가 언제나 보호의무를 수반하는 것은 아니고 決疑論이 작동한다. 즉 보호의무 그리고 그 보호대상으로서 완전성이익이 일반적으로 인정되지는 않고, 신의칙에 기하여 사안별로 판단되어야 한다. 이러한 관점에서 계약책임의 확장과 그 한계를 본다.

특히 독일에서 불법행위법의 경직성(한정적 열거주의)에 따른 한계 때문에 계약책임의 확장이 시도되었는데, 다른 한편에서 「계약법의 과잉」이 논의되기도 한다. 반면 우리나라에서는 불법행위법이 일반조항주의를 취함에 따라 손해배상과 관련되는 문제 거의 전부를 불법행위에 포섭할 수 있고 실제로 많은 사건들이 불법행위로 처리된다. 그렇지만 제391조가 이행보조자의 과실에 대한 「계약」책임을 규정하는 등 입법 자체는 열려있음에도 불구하고, 계약법리가 자제되고 나아가 당사자 의사가 경시된다는 인상을 준다. 그런데 특히 계약관계에 있는 당사자들 사이의 이해관계 조절에서 「보다 밀접한」 기준으로서 계약의 법리가 1차적인 기준으로 되어야 한다.

계약책임의 확장은 두 측면에서 이루어지는데, 필요성이 있어야 할 뿐만 아니라 그 근거로서 내적 관련성이 있어야 한다는 점에 확장의 한계가 있다. 먼저 「내용적 확장」으로 급부이익 외에 완전성이익을 계약의 보호범위에 포섭할 수 있는데, 앞에서 본 보호의무가 이에 속한다. 그런데 사항적으로 계약과 밀접한 관련을 가진 경우로 한정되어야 한다.[83)] 보호의무의 위반이 급부이익의 침해를 초래할 수도 있는데, 금전운용에 따른 특별수익[84)]이나 책임손해[85)]와 같이 급부이익 침해의 연장선상에서 파악될 수 있는 경우에는 손해배상범위의 문제일 뿐 계약책임의 확장과는 무관하다. 나아가 「시간적 확장」으로 계약체결상의 과실이나 餘後效 등을 들 수 있는데, 역시 급부이익과 연접하는 범위에서 인정되어야 한다.

는 현상이다."

82) 동지로 김형석, 민사법학 96 (2021) 142: "채권관계의 이행과정에서 일방 당사자가 불가피하게 상대방에게 자신의 생명 · 신체 · 소유권 등을 맡김으로써 상대방이 자신의 법익을 침해할 가능성과 위험을 창출하거나 증대시키는 경우, 상대방은 그 위험에 상응하여 이를 안전하게 보호할 의무를 채무로서 부담하는 것이 계약해석상 자연스럽다. 이는 채권자의 완전성이익의 보호가 급부의무의 핵심 내용과 밀접한 관련을 맺고 있는 경우로, 계약상 채권관계에서 일방 당사자가 계약을 통해 급부의무와 함께 인수한 계약상 채무라고 보아야 한다."

참고로 독일에서는 2002년 개정된 독일민법 제241조 제2항에 의하여 보호의무가 시민권을 획득하였다.

83) 가령 위험한 물건의 인도와 관련하여 위험의 고지가 계약의 본질적 내용에 해당하지는 않으므로 이행 자체를 부정할 수는 없지만, 그로 인한 확대손해/완전성이익의 침해의 귀책근거로 보호의무가 필요하고 유용할 것이다. 이러한 관점에서 「계약상의」 보호의무를 제한적으로 인정하는 판례의 방향성 자체에는 동의할 수 있지만, 일부의 평가처럼 불법행위의 성립을 인정하기 어려워서 계약책임으로 구성한다면 본말이 전도되지는 않는지 검토를 요한다.

84) 대판 1991.1.11. 90다카16006 참조.

85) 전매이익의 반대측면으로. 대판 1997.11.11. 97다26982 · 26999 참조.

다. 확대손해 구제의 모습

(1) 구제수단의 관점에서 「포괄적 · 일반적」 규정으로서 제390조가 불완전한 이행, 특히 급부이익을 초과하는 확대손해가 발생한 경우까지 포섭할 수 있다.86) 그렇지만 제390조는 급부이익의 전보(본지에 따른 이행을 전제로 하는)를 주된 규율대상으로 하고, 법정유형들에서도 마찬가지이다. 반면 불완전한 이행으로 인하여 급부이익의 침해와는 별도로 완전성이익의 침해에 따른 확대손해가 발생한 경우에, 비로소 보호의무가 등장한다. 그 체계적 지위를 어떻게 파악할 것인지에 관하여 논란이 있지만, 앞에서 본 것처럼 계약상의 의무로 인정되어야 한다. 그리고 계약상의 의무 위반에 대하여 과책 없음을 제390조 단서에 따라 채무자가 증명해야 한다.87) 그런데 급부이익 침해의 경우에 위법성이라는 별도의 요건을 요하지 않지만,88) 보호의무 위반에 따른 완전성이익 침해의 손해를 배상받기 위해서는 불법행위에 준하는 위법성을 갖추어야 한다. 그리고 보호의무의 존재89)와 그 위반사실 및 위법성90)에 대하여 채권자가 증명책임을 진다.

(2) 한편 대법원 2004.7.22. 선고 2002다51586 판결91)은 채무불이행책임과 담보책임이 경합할 수 있다는 입장을 분명하게 밝혔는데, 여기서는 보호의무 위반으로 인한 하자확대손해가 문제되었다. 그런데 "매매목적물의 하자로 인한 확대손해에 대하여 매도인에게 배상책임을 지우기 위해서는 하자 없는 목적물을 인도하지 못한 의무 위반사실 외에 그러한 의무 위반에 대하여 매도인에게 귀책사유가 있어야 한다."92) 역시 매매의 목적인 토지에 매립된 폐기물의 처리비용이 문제된 사안에서 대판 2021.4.8. 2017다202050은 "매매의 목적물에 하자가 있는 경우 매도인의 하자담보책임과 채무불이행책임은 별개의 권원에 의하여 경합적으로 인정된다. 이 경우 특별한 사정이 없는 한 하자를 보수하기 위한 비용은 매도인의 하자담보책임과 채무불이행책임에서 말하는 손해에 해당한다. 따라서 매매목적물

86) 지원림, 민법강의, [3243]. 김형석, 민사법학 96 (2021) 128, 138도 동지.

87) 보호의무가 대개 수단채무이고 채무불이행과 귀책사유가 분리되지 않지만, 급부와 연접하여 채권자의 절대적 법익이 침해되었다면 채무불이행(귀책을 포함하는)의 증명에 어려움이 없을 것이다.

88) 지원림, 민법강의, [3252] 참조.

89) 보호의무를 발생시키는 특수한 상황으로 치환될 수 있다.

90) 「일반적으로」 급부이익을 넘어서까지 계약상대방을 배려할 의무가 없기 때문이다. 다만 급부이익에 연접한 완전성이익에 대해서는 제3자의 채권침해에 유비하여 위법성이 인정될 수 있고, 특히 채권자의 절대적 법익이 침해되었다면 위법성이 추정된다고 할 것이다.

91) "매도인이 성토작업을 기화로 다량의 폐기물을 은밀히 매립하고 그 위에 토사를 덮은 다음 도시계획사업을 시행하는 공공사업시행자와 사이에서 정상적인 토지임을 전제로 협의취득절차를 진행하여 이를 매도함으로써 매수자로 하여금 그 토지의 폐기물처리비용 상당의 손해를 입게 하였다면 매도인은 이른바 불완전이행으로서 채무불이행으로 인한 손해배상책임을 부담하고, 이는 하자 있는 토지의 매매로 인한 민법 제580조 소정의 하자담보책임과 경합적으로 인정된다."

수급인의 담보책임에 관한 대판 2004.8.20. 2001다70337도 참조.

92) 대판 2003.7.22. 2002다35676.

인 토지에 폐기물이 매립되어 있고 매수인이 폐기물을 처리하기 위해 비용이 발생한다면 매수인은 그 비용을 민법 제390조에 따라 채무불이행으로 인한 손해배상으로 청구할 수도 있고, 민법 제580조 제1항에 따라 하자담보책임으로 인한 손해배상으로 청구할 수도 있다"고 하였는데,[93] 추완을 담보책임의 내용으로 규정하는 종류물매매(제581조 제2항의 완전물급부의무)나 도급(제667조 제1항의 하자의 보수)에서라면 모를까, 특정물매매에서까지 하자보수비용(이 사건에서는 매매대금을 초과하는 폐기물처리비용)이 담보책임(유상계약에서 등가성을 유지하기 위하여 「급부이익」만을 포섭하는)에 의하여 전보될 수 있는 것인지와 관련하여 검토를 요한다.[94]

2. 임차목적물의 화재로 인한 임차인의 책임: 대법원 2017.5.18. 선고 2012다86895 · 86901 전원합의체 판결

가. 사실관계 및 대법원의 판단

원고(임대인)는 피고(임차인)에게 원고 소유 2층 건물 중 1층 일부(이하 '임차건물부분'이라 한다)를 임대하였다. 그런데 임대차기간 중 임차건물부분에서 화재가 발생하였고, 임차건물부분 외의 부분(이하 '임차 외 건물부분'이라 한다)에도 불이 옮겨붙어 임차건물 전체가 소훼되었다.

대법원의 다수의견은 임차건물부분에서 화재가 발생하여 임차 외 건물부분까지 불에 탄 경우에, 두 부분이 구조상 불가분일체를 이룬다면 임차 외 건물부분에 대한 손해배상책임이 성립한다고 한 종래의 입장[95]을 변경하고, 임차 외 건물부분에 대해서도 제390조, 제393조에 따라 손해배상책임의 범위를 정하면 충분하다고 판시했다. 나아가 임차 외 건물부

93) A가 국가로부터 토지를 매수하여 건물을 신축하기 위해 건축허가를 받고 지목을 '田'에서 '대지'로 변경하였는데, 위 토지에서 굴착공사를 하다가 폐합성수지와 폐콘크리트 등 폐기물이 매립되어 있어서 이를 처리하기 위한 비용을 지출한 사안에서, 매립된 폐기물의 내용, 수량, 위치와 처리비용 등을 고려하면 토지에 위와 같은 폐기물이 매립되어 있는 것은 매매목적물이 통상 갖출 것으로 기대되는 품질이나 상태를 갖추지 못한 하자에 해당하고, 토지의 지목을 '전'에서 '대지'로 변경하였다는 사정으로 폐기물이 매립되어 있는 객관적 상태를 달리 평가할 수 없으므로, 국가는 A에게 하자담보책임으로 인한 손해배상으로 폐기물 처리비용을 지급할 의무가 있다고 본 사례.

94) 한편 「보호의 범위」에 관한 본문의 논의 외에 「보호의 요건」과 관련하여 대판 1993.11.23. 93다37328은 "타인의 권리를 매매의 목적으로 한 경우에 있어서 그 권리를 취득하여 매수인에게 이전하여야 할 매도인의 의무가 매도인의 귀책사유로 인하여 이행불능이 되었다면 매수인이 매도인의 담보책임에 관한 민법 제570조 단서의 규정에 의해 손해배상을 청구할 수 없다 하더라도 채무불이행 일반의 규정(민법 제546조, 제390조)에 좇아서 계약을 해제하고 손해배상을 청구할 수 있다"고 하였다. 그리고 매수인이 악의인 경우에 관하여 대판 1970.12.29. 70다2449는 "매매계약 당시 그 토지의 소유권이 매도인에 속하지 아니함을 알고 있던 매수인은 매도인에 대하여 그 이행불능을 원인으로 손해배상을 청구할 수 없고 다만 그 이행불능이 매도인의 귀책사유로 인하여 이루어진 것인 때에 한하여 그 손해배상을 청구할 수 있는 것이므로 그 이행불능이 매도인의 귀책사유로 인한 것인가는 매수인이 입증해야 한다."고 했는데, 귀책사유에 대한 증명책임을 채권자인 매수인에게 지운 점은 제390조 단서에 비추어 의문이다.

95) 대판 1986.10.28. 86다카1066 등.

분에 발생한 손해에 대한 책임은 채무불이행책임이지만, 임대인이 임차인의 계약상 의무 위반, 그 의무 위반과 손해 사이의 상당인과관계, 제393조에 따른 손해범위에 대하여 주장 · 증명해야 한다고 판시했는데,96) 이에 대하여 두 개의 별개의견과 한 개의 반대의견이 있다.97)

나. 검 토

(1) 번저 임대차에서 의무들 사이의 관계를 본다. 임대인은 임차목적물의 인도의무 외에 사용 · 수익에 적합한 상태를 유지할 의무(제623조)를 진다. 한편 임대차가 종료하면 임차인은 임차목적물 반환의무를 지는데, 이는 임대차기간 중의 선관보존의무와 별개의 것으로 이해되어야 한다.98) 그리고 임차인의 선관보존의무와 임대인의 사용 · 수익에 적합한

96) "임차 외 건물부분이 구조상 불가분의 일체를 이루는 관계에 있는 부분이라 하더라도, 그 부분에 발생한 손해에 대하여 임대인이 임차인을 상대로 채무불이행을 원인으로 하는 배상을 구하려면, 임차인이 보존 · 관리의무를 위반하여 화재가 발생한 원인을 제공하는 등 화재 발생과 관련된 임차인의 계약상 의무 위반이 있었고, 그러한 의무 위반과 임차 외 건물부분의 손해 사이에 상당인과관계가 있으며, 임차 외 건물부분의 손해가 의무 위반에 따라 민법 제393조에 의하여 배상하여야 할 손해의 범위 내에 있다는 점에 대하여 임대인이 주장 · 증명하여야 한다."

97) [별개의견 1] 임차인이 임대인 소유 건물의 일부를 임차하여 사용 · 수익하던 중 임차한 부분에서 화재가 발생하여 임차 외 건물부분까지 불에 타 그로 인해 임대인에게 재산상 손해가 발생한 경우에, 다른 특별한 사정이 없는 한 임차 외 건물부분에 발생한 재산상 손해에 관하여는 불법행위책임만이 성립한다고 보아야 한다. 그러므로 임대인이 임차인을 상대로 임차 외 건물부분에 발생한 손해의 배상을 구하는 경우에는 불법행위에 있어서의 증명책임의 일반원칙에 따라 손해 발생에 관하여 임차인에게 귀책사유가 있다는 점에 관한 증명책임은 피해자인 임대인에게 있다고 보아야 한다. 그리고 이는 '건물의 규모와 구조로 볼 때 건물 중 임차한 부분과 그 밖의 부분이 상호 유지 · 존립에 있어 불가분의 일체를 이루는 관계'라 하더라도 달리 볼 것은 아니다.

[반대의견] 임차인이 임대인 소유 건물의 일부를 임차하여 사용 · 수익하던 중 임차한 부분에서 화재가 발생한 경우에 민법 제390조에 따라 임차인의 손해배상책임이 성립하는지 여부를 판단한 다음, 임차물이든 그 밖의 부분이든 불에 탄 부분이 민법 제393조에 따라 손해배상의 범위에 포함되는지 여부를 판단하는 것으로 충분하다. 화재로 불에 탄 부분이 임차물 자체인지 임차물 이외의 부분인지에 따라 손해배상책임의 성립요건이나 증명책임을 달리 보아야 할 이유가 없다. 임차물과 임차 외 건물부분으로 구분하여 채무불이행이나 불법행위에 기한 손해배상의 성립요건을 별도로 판단하는 것은 손해배상의 범위에서 판단해야 할 사항을 손해배상책임의 성립 여부에서 판단하는 것이라서 받아들일 수 없다.

[별개의견 2] 임차인이 건물의 일부를 임차한 경우에 임대차기간 중 화재가 발생하여 임차건물부분과 함께 임대인 소유의 임차 외 건물부분까지 불에 탔을 때 임차인의 의무 위반으로 인한 채무불이행책임의 성립 및 임차인의 채무불이행이 성립하는 경우에 배상하여야 할 손해배상의 범위에 관하여는 반대의견과 견해를 같이한다.

그런데 임차인이 임대인 소유 건물의 일부를 임차하여 사용 · 수익하던 중 임차건물부분에서 화재가 발생하여 임차 외 건물부분까지 불에 타 그로 인해 임대인에게 재산상 손해가 발생한 경우에 화재의 원인이나 귀책사유가 명확하게 밝혀지지 않은 때에는, 임차건물부분의 손해뿐만 아니라 임차 외 건물부분의 손해까지 임차인이 전부 책임지는 것은 임차인에게 가혹할 수 있고, 이와 달리 임차인이 임차 외 건물부분의 손해에 대하여 전혀 책임지지 않고 그 부분 손해를 임대인이 모두 감수하도록 하는 것 또한 구체적 타당성에 어긋날 위험이 있다. 따라서 이와 같은 경우에 법원은 임차 외 건물부분의 손해에 대하여 임차인의 배상책임을 긍정하되, 책임에 대한 제한을 통하여 임대인과 임차인이 임차 외 건물부분의 손해를 합리적으로 분담하도록 하여야 한다.

98) 제374조와 제462조의 관계에 관하여 「利益附與型」 인도의무와 「收益終結型」 인도의무가 구분되어야 하는데, 전자에 속하는 임대인의 임차목적물 인도의무는 인도 전의 선관주의의무를 포섭하는 반면, 수익종결형인 임차인의 임차목적물 반환의무는 임대차의 종료에 따른 법률관계 청산이 의미를 가지므로, 이행기의 현상대로 인도함으로써 반환의무를 면하고, 임차인의 선관보존의무 위반은 별개의 문제이다. 지원림, 민법강의, [3050] 참조.

"민법 제374조와 제462조의 규정이 매매목적물에 하자가 있음에도 매도인이 이행기의 현상대로 인도한 것만으로써 모든 책임을 면한다는 취지가 아니라고" 본 원심의 판단을 긍정한 대판(전) 2016.5.19. 2009다66549도 참조.

상태를 유지할 의무는 공히 수단채무인데, 임차목적물이 인도되어 임차인의 지배가 성립한 후에는 임차인의 선관「보존」의무(제374조)가 전면으로 등장하고, 사용 · 수익에 적합한 상태를 유지할 임대인의 의무는 수선의무의 형태로 바뀐다. 이 상태에서 발생한 화재에 대하여 —뒤에서 보는 영역설에 따라— 임차인의 과실이 추정된다고 할 것이다.[99)]

⑵ 이러한 이해에 기하여 임차부분에서의 발화를 전제로 임차인의 선관보존의무를 본다.

① 손해배상책임 성립의 측면에서 위반된 주의의무의 본질/속성이 논의된 후 손해배상의 범위에 관한 제393조가 적용되어야 한다.[100)] 이 점에서 [반대의견] 및 [별개의견 2]에 동의하기 어렵다. 임차 외 건물부분에 관하여 임차인의 어떤 의무 위반이 있었는지의 검토는 손해배상책임의 성립 여부에 관한 것으로 배상범위의 판단에 앞서 검토되어야 하기 때문이다.

② 수단채무에서 급부결과의 발생 여부와 관계없이 거래상 요구되는 주의를 다하지 않았음이 채무의 불이행을 의미하므로 채무불이행사실에 과책이 포함되고, 따라서 채권자는 채무자가 필요한 주의를 다하지 않았음을 증명해야 한다. 그런데 채무불이행과 귀책사유의 증명이 분리되지 않는 통상의 경우와 달리, 失火의 경우에 임차인이 선관보존의무를 다하였는지 여부의 판단이 쉽지 않은 속성 때문에 영역설[101)]에 따라 누구의 지배영역에서 화재가 발생하였는지를 기준으로 과책을 추정할 수밖에 없다.[102)]

③ 임차인의 지배에 속하던 「임차건물부분」이 멸실되거나 훼손된 경우에 영역설에 따라 임차인의 선관보존의무 위반이 추정될 수 있고 추정되어야 한다. 다만 임차인은 화재

99) 결과에서 동지로 권영준, 2017년 민법 판례 동향, 서울대학교 법학 59/1 (2018) 503: "위험은 지배와 밀접하게 관련된다. 위험원(危險源)을 지배하는 자는 그 위험원으로부터 발생하는 위험도 인수한다. 지배의 권능으로부터 위험 회피의 책임이 도출되기 때문이다. 위험원을 지배하는 자는 최소비용회피자이기도 하므로, 그에게 책임을 부과하는 것은 효율성의 측면에서도 정당화된다."

100) 지원림, 민법강의, [3279] 참조. 이선희, 임차목적물의 화재로 인한 임차인의 채무불이행책임, 한양대학교 법학논총 35/2 (2018) 330도 동지.

101) 화재의 발생원인인 하자의 지배 · 관리영역을 임차인의 선관주의의무 위반의 판단기준으로 삼은 대판 2006.1.13. 2005다51013 · 51020(임차건물이 건물구조의 일부인 전기배선의 이상으로 인한 화재로 소훼되어 임차인의 임차목적물 반환채무가 이행불능이 되었더라도, 당해 임대차가 장기간 계속되었고 화재의 원인이 된 전기배선을 임차인이 직접 하였으며 임차인이 전기배선의 이상을 미리 알았거나 알 수 있었던 경우에는, 당해 전기배선에 대한 관리는 임차인의 지배관리영역 내에 있었다 할 것이므로, 위와 같은 전기배선의 하자로 인한 화재는 특별한 사정이 없는 한 임차인이 임차목적물의 보존에 관한 선량한 관리자의 주의의무를 다하지 아니한 결과 발생한 것으로 보아야 한다는 이유로 임차인의 손해배상책임을 인정한 사례) 참조.

특히 화재사고에서 원인이 불상인 경우가 빈번하므로 위험배분의 관점에서도 영역설(임차인의 과실 또는 무과실을 일응 추정하는)이 타당할 수 있다.

102) 발화지점 자체가 누구의 지배 · 관리영역에 속하는지가 불명한 경우에, 수단채무인 선관보존의무 위반과 관련하여 임차인의 채무불이행사실 자체가 증명되지 않아서 임대인은 손해배상을 청구하지 못하고, 이를 기초로 임차인이 임차목적물 반환의무의 불능에 대하여 임차인이 무과실항변을 할 수 있을 것이다. 결과에서 동지로 권영준, 서울대학교 법학 59/1 (2018) 503－504.

원인이 임차인의 지배영역 밖에 있다거나(전기배선의 불량으로 인한 발화) 선관보존의무를 다하였다는(임차물 자체의 하자에 기인하는 손해) 등의 무과실항변을 통하여 책임을 면할 수 있다. 즉 귀책사유에 관한 증명책임은 임차인의 몫이다.

④ 「임차 외 건물부분」에 관해서는 부가적인 확대손해에 대하여 수단채무로서 선관보존의무(임차목적물의 적정하게 보존 · 관리함으로써 임대인의 완전성이익이 침해되지 않도록 할 의무)가 논의되어야 하고,[103] 그 법적 성질은 보호의무라고 해야 한다.[104] 그리고 수단채무에서 채무불이행사실을 채권자가 증명해야 하지만, 앞에서 본 것처럼 화재의 특성 때문에 임차부분에서 발화된 사실이 인정되는 이상 과실이 추정되어야 한다(영역설). 이러한 태도를 취해야 하나의 사건으로 인한 책임이 분리되는, 건전한 상식에 반하는 결과를 피할 수 있다.[105] 이 점에서 임차 외 건물부분에 대하여 채무불이행책임이라 하면서도 임대인에게 증명책임을 지우는 [다수의견]에도 또한 불법행위책임만이 성립한다는 [별개의견 1]에도 동의하기 어렵다.

임차 외 건물부분의 손해에 대한 배상범위는 제393조가 적용되어야 하는데, 특히 제3이 임차인이 입은 손해에 대해서도 임대인은 이른바 책임손해[106](제623조에 따라 제3의 임차인에 대하여 지는 책임/부담)로서 임차인에게 그 배상을 구할 수 있다. 한편 임차 외 건물부분이 제3자 소유인 경우에 실화책임법에 의하여 책임이 제한되지만, 채무불이행책임에 실화책임법이 적용되지 않는다는 것이 일반적인 견해인데,[107] 그 근거로 임대인과 임차인 사이의 특별결합관계의 범위 내에서는 일반책임인 불법행위의 법리가 배제된다고 봄이 타당하기 때문이라고 한다.[108]

---

103) 대상판결이 임차건물부분과 불가분일체를 이루는 임차 외 건물부분까지 소훼된 경우에 이른바 불가분일체라는 구성에 기하여 임차목적물 반환의무의 불이행으로 본 종래의 재판례를 변경한 것은, 앞에서 본 수익종결형 인도의무의 속성상 임차목적물 반환의무와 선관보존의무가 분별되어야 한다는 점에서도 적절하다고 평가된다.

104) 많은 견해가 지적하는 것처럼 임대차에서 계약당사자들이 상대방의 안전 등을 배려할 의무를 「일반적으로」 부담하지는 않지만, 일시사용을 위한 임대차에서 임대인의 보호의무에 조응하여 건물 일부의 임대차에서 건물 전부에 대한 임대인의 완전성이익을 위한 임차인의 보호의무를 인정할 여지가 있을 것이다. 한편 권영준, 서울대학교 법학 59/1 (2018) 499 주 205는 "임차 목적물 외 부분에까지 임차인에게 보호의무를 일반적으로 부담시키는 것은 신의칙을 빌미로 계약상 채무를 무리하게 넓히는 해석론"이라고 하면서도, 500은 "손해가 계약의 목적물 자체에 발생한 것이 아니더라도 그것이 민법 제393조의 요건을 충족하는 한 채무불이행으로 인한 손해로서 배상되어야 한다"는 입장인데, 급부이익을 넘어서는 확대손해를 제390조에 포섭하기 위해서는 불이행한 채무자의 의무가 무엇인지를 먼저 밝혀야 할 것이다.

105) 권영준, 서울대학교 법학 59/1 (2018) 505: "하나의 사태로 인한 손해인데도 그 손해의 물리적 발생 부분에 따라 증명책임을 달리하거나 배상책임의 성격을 달리하는 것은 부자연스럽다."

106) 채무불이행 때문에 채권자가 제3자에 대하여 손해배상책임을 부담함으로 인하여 입는 손해 가령 대판 1997.11.11. 97나26982 · 26999에서 매수인이 전득자에게 지급해야 한 손해배상액.

107) 창고업자가 실화로 임치물을 소실케 한 경우에 상법 제160조가 적용되고 실화책임법이 적용되지 않는다고 한 대판 1967.10.23. 67다1919도 참조.

108) 민법주해 채권(11), 2005, 200－201(이상훈 집필부분) 참조. 임차 외 건물부분에 대한 책임을 불법행위책임으로 구성하는 [별개의견 1]을 따른다면 실화책임법이 적용될 수 있을 것이다.

이와 달리 대상판결에서 실화책임법의 유추를 책임제한방안으로 생각해 볼 수 있다는 입장으로 권영준, 505면.

(3) 이상의 논의를 발화원인의 관점에서 점검한다. ① 발화원인이 밝혀진 경우에 그에 따른 위험의 배분이 이루어져야 함은 당연하고, 특히 임차부분에서 발화되지 않았음이 밝혀진 경우에 임차인이 책임을 질 이유는 없다. ② 발화원인이 불명이지만 발화지점이 임차인의 지배영역에 속하는 경우에, 임차건물부분뿐만 아니라 임차 외 건물부분의 손해에 대해서도 발화 자체가 선관보존의무의 위반을 의미하므로 임차인에게 귀책되어야 한다.[109] ③ 임대인의 지배영역에 속하거나 누구의 지배영역에 속하는지가 불명인 경우에, 역으로 임차인의 무과실이 추정되므로 임차건물부분뿐만 아니라 임차 외 건물부분의 손해에 대해서도 면책되어야 한다.

Ⅳ. 결론에 갈음하여

(민)법학은 변화하는 사회환경에 대한 법의 대응을 이끌기 위한 보편적 법칙을 탐구해야 하고, 그 과정에서 실무를 선도해야 하고 미래상을 제시하는 단계로 나아가야 한다. 그러나 로스쿨체제가 도입된 후 우리의 실상을 돌아보면 (민)법학이 실무(종속)법학의 나락으로 떨어지고 있는(보다 솔직하게는 이미 떨어진) 것은 아닌지 하는 의구심을 지우기 어렵다. 법학자의 각성이 요구되는 대목이다.

다른 한편 문화의 일부로서 법(학)을 다룸에 있어서 외국(법)에 대한 지식은 우리 (민)법학이 시골뜨기신세를 면함에 필수적이고, 인류 공통의 보편적 정의와 풍토에 따른 지역적 정의(형평?)를 직시하고 양자의 조화를 모색해야 한다.[110] 그리고 최근 민법개정의 요청(또는 자가발전?) 때문에 외국법(학)에의 관점이 우리 민법학의 뚜렷한 경향의 하나로 보인다. 그런데 외국법(학)의 수용에서 중요한 것은 맥락[111]과 연혁[112]을 감안한 적확한 이해 그리

109) 위험원에 대한 현실적 지배주체로서 임차인이 원인불명의 화재에 대한 위험을 떠안아야 한다는 권영준, 503면도 참조,

110) 민법(학)에서 외국법(학)에 관하여 지원림, 우리 시대 민법학자의 책무, 민사법학 94 (2021) 13 이하 참조.

111) 맥락을 오해한 대표적인 예로 신뢰이익의 손해와 지출비용/추상적 손해산정을 들 수 있다. ① 계약이 이행되리라 믿고 채권자가 자발적으로 지출한 돈은, 계약이 이행되면 埋沒될 것이라는 점에서 「비용」에 해당하므로 채무자에게 그 배상을 구하지 못하지만, 불이행으로 인하여 그 지출이 무용의 것으로 되면 「손해」로 바뀌어 배상의 대상으로 된다. 이러한 지출비용의 배상은 이행이익의 증명이 곤란한 경우에 지출비용만이라도 배상받게 한다는 점에서 추상적 손해산정의 한 모습으로 볼 수 있는데, 수익이 비용을 초과할 것이라는 「수익성의 추정」에 의하여 근거 지워질 수 있다. 참고로 2002년 개정된 독일민법 제284조는 무익하게 지출된 비용의 배상에 관하여 “채권자가 급부의 획득을 신뢰하여 비용을 지출하고 또 그 지출이 상당한 것인 경우에, 그는 급부에 갈음하는 손해배상 대신 그 비용의 배상을 청구할 수 있다. 다만 채무자의 의무 위반이 없더라도 급부의 목적이 달성될 수 없었을 때에는 그러하지 아니하다”라고 규정한다. 이에 관하여 이진기, 민법개정안 채무불이행법에 관한 검토, 민사법학 68 (2015) 173: “수익의 추정과 연계함이 없이 지출비용의 배상청구를 일반화하고, 그 비용을 계약의 결렬에 대하여 책임이 있는 당사자의 부담으로 한다.” ② 지출한 무용의 비용을 배상받기 위해서는 지출 자체가 상대방의 이행을 신뢰한 상태에서 이

고 풍토의 차이를 감안한 운용임을 잊어서는 안 된다.

루어져야 할 뿐만 아니라 거래관념에 비추어 상당한 것이어야 하고, 나아가 배상되어야 하는 액 역시 그러한 비용지출에서 통상적인 범위로 한정되어야 한다. 참고로 대판 1992.4.28. 91다29972는, 캐나다의 X가 한국의 Y로부터 면제품을 수입하였다가 제품의 하자로 인하여 계약을 해제하고, 캐나다에서 고용한 판매사원의 월급 상당액의 손해배상을 구한 사안에서 "계약의 일방당사자가 상대방의 이행을 믿고 지출한 비용도 그러한 지출사실을 상대방이 알았거나 알 수 있었고 또 그것이 통상적인 지출비용의 범위 내에 속한다면 그에 대하여도 이행이익의 한도 내에서는 배상을 청구할 수 있으며 다만 이러한 비용 상당의 손해를 일실이익 상당의 손해와 같이 청구하는 경우에는 중복배상을 방지하기 위하여 일실이익은 제반 비용을 공제한 순이익에 한정된다고 보아야 한다"고 했다. 그리고 수익성의 추정에 근거한 지출비용의 배상은 이행이익의 증명이 곤란한 경우에 증명을 용이하게 하기 위하여 인정되는데(채권자의 손해증명의무를 경감하는 기능을 수행한다는 이진기, 민사법학 68 (2015) 177. 관련하여 민사소송법 제202조의2도 참조), 이행이익의 범위를 넘을 수 없다(이행이익의 증명이 어렵다는 사정에 비추어 채무자로서 이행이익을 초과한다는 항변은 이론상의 것에 불과할 것이어서, 지출의 계기 또는 범위에서의 합리성을 끌어들여야 채권자의 청구를 배척할 수 있을 것이다). 따라서 채권자가 계약의 이행으로 얻을 수 있는 이익이 인정되지 않는 경우라면, 채권자에게 배상해야 할 손해가 발생하였다고 볼 수 없으므로, 당연히 지출비용의 배상을 청구할 수 없다(대판 2017.2.15. 2015다235766). ③ 계약해제에서 주로 문제되는 이러한 비용의 배상을 판례는 당초 이행이익의 배상이라고 하였으나(대판 1983.5.24. 82다카1667 등), 앞의 91다29972 판결(신뢰이익의 배상에 관하여 물꼬를 텄다고 평가할 수 있는) 이래 「신뢰이익의 배상」이라는 판시가 지속되었다(이동진, 채무불이행법의 과거, 현재, 미래, 473은 "계약의 일방당사자가 상대방의 이행을 믿고 지출한 비용인 이른바 신뢰이익의 손해도 그러한 지출사실을 상대방이 알았거나 알 수 있었고 또 그것이 통상적인 지출비용의 범위 내에 속한다면 그에 대하여도 이행이익의 한도 내에서 배상을 청구할 수 있다"고 한 대판 1999.7.21. 99다13621이 이에 관한 일반법리를 정립하였다고 평가한다). 그런데 이러한 맥락에서 언급되는 신뢰이익은 영미계약법상의 개념이다. 즉 영미계약법에서 계약 위반으로 침해되는 이익은 ㉠ 기대이익(expectation interest)과 ㉡ 신뢰이익(reliance interest) 및 ㉢ 원상회복의 이익(restitution interest)으로 나뉘는데(엄동섭, 미국계약법 Ⅱ, 2012, 221 이하 참조), 여기서의 신뢰이익은 제535조가 규정하는 개념(즉 계약이 무효임에도 불구하고 유효라고 믿음에 따른 손해)과 요건 및 외연을 달리한다. 즉 이들은 손해의 종류가 아니라 손해산정의 문제인데, ㉠과 ㉡이 모두 손해종류로서는 이행이익에 속한다. 참고로 대판 2016.5.27. 2014다67614는 "영국법상 계약위반으로 인한 손해배상은 계약이 정상적으로 이행되었더라면 당사자가 있어야 할 상태로 만들어 주는 계약당사자의 이행이익을 보호하는 것이 원칙으로, 이는 계약이 이행되었더라면 채권자가 장래에 얻을 수 있었던 기대이익의 상실로 인한 손해의 배상 및 채무자의 계약위반의 결과 채권자가 실제로 입게 된 현실적인 손해의 배상을 포함한다. 그리고 계약이 이행되었더라면 채권자가 얻을 수 있었던 장래의 기대이익이 상실되지 않았거나 상실된 이익을 증명할 수 없는 경우에는, 채권자가 계약을 준비 · 이행하면서 지출한, 채무자의 계약위반으로 '낭비된 비용(wasted expenditure)'을 기대이익의 상실로 인한 손해액으로 배상받을 수 있다"고 하는데, 여기서의 낭비된 비용이 앞의 ㉡에 해당한다. 그래서인지 판례는 최근 「지출비용의 배상」이라는 용어를 사용한다(대판 2016.4.15. 2015다59115 등). ④ 이러한 신뢰이익 내지 지출비용을 증명도의 완화로 해결할 수 있으므로 인정할 필요가 없다는 견해(가령 김규완, 손해배상과 비용배상, 재산법연구 21/1 (2004) 194 이하; 김재형, 계약의 해제와 손해배상의 범위, 인권과 정의 320 (2003) 91 이하. 그 밖에 이동진, 채무불이행법의 과거, 현재, 미래, 473도 참조)도 있으나, 이 개념은 손해산정의 방법에 관한 것으로 그 유용성을 인정할 수 있다.

112) 연혁과 관련하여 손해배상의 범위에 관한 제393조를 준용하는 제763조는 학설계수의 결과로 적절치 않다고 판단된다. ① 제393조가 예견가능성을 기초로 손해배상범위를 제한하는데, 이러한 태도는 영국의 판례 *Hadley v. Baxendale* ([1854] 23 LJ Ex 179, 9 Exch 341)에 기인함에도 제393조를 상당인과관계설에 입각한 규정으로 이해하는 지배적 입장은 일본의 이른바 학설계수의 영향으로밖에 달리 설명할 방도가 없다(지원림, 민법강의, [5279] 참조). 한 걸음 더 나아가 의용민법은 손해배상의 범위에 관한 규정을 불법행위에 준용하지 않았으나, 일본의 학설과 판례는 제393조에 상응하는 일본민법 제416조가 불법행위에 유추된다는 입장이었고, 제763조가 제393조를 준용하는 것도 그 결과로 짐작된다(채무불이행에 관한 제380조를 불법행위에 준용한 만주민법 제743조 참조). ② 예견가능성은 채무자 보호기능을 수행한다. 그렇지만 적어도 고의의 불법행위에서 예견가능성으로 손해배상의 범위를 제한하는 것은 적절하지 않다. 법은 사회의 건전한 상식(사회구성원의 동의)에 터 잡아야 하기 때문이다. 참고로 프랑스민법 제1231-3조와 제1231-4조는 채무불이행에 관해서조차 불이행이 중대한 과책 또는 의도적인 과책으로 인한 것인 경우에 예견가능성에 기한 배상범위의 제한이 인정되지 않고 그 불이행으로 인한 즉각적이고 직접적인 손해까지 배상하도록 한다. 한불민사법학회, 개정 프랑스채권법 해제, 343-5(남효순 집필부분) 참조.

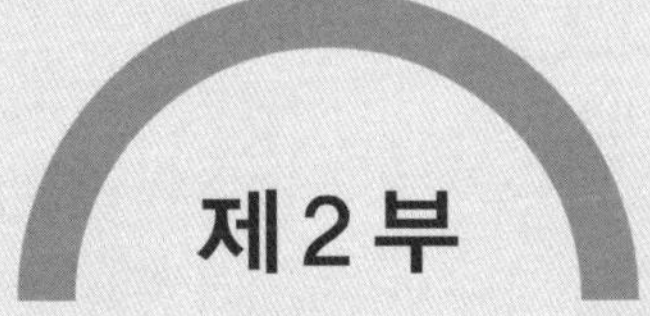

제 2 부

기념논문

민법상 전형계약의 일종으로 중개계약의 신설방안에 관한 연구

고 형 석

한국해양대학교 해사법학부 교수

Ⅰ. 서 론

인간이 생을 영위하기 위해서는 수많은 재화 또는 용역을 필요로 하며, 그 대다수는 타인으로부터 구입한다. 이를 위해서는 상대방과의 계약이 필요하며, 그 계약을 체결하기 위해 당사자는 상대방을 선택하여야 한다. 물론 당사자는 계약의 상대방이 될 자를 직접 찾아야 하지만, 정보의 불충분성으로 인해 적절한 상대방을 찾기 어렵다. 또한 상대방을 찾기 위해 많은 시간이 소요되며, 목적물에 대한 정보의 부재, 그 적합성 등을 판단할 수 있는 전문지식의 부족을 비롯하여 거래의 안전 또는 생명 등에 대한 위험의 우려 등으로 인해 타인의 조력을 통해 거래상대방을 찾는 것이 특정 거래에서는 일반화되고 있다.[1] 이와 같이 당사자가 제3자를 통해 거래상대방을 소개받고, 그 자의 조력을 통해 상대방과 계약을 체결하는 것을 일반적으로 중개라고 한다.

이러한 중개는 인간의 중요한 재산인 부동산, 중고자동차, 금융자산 등을 거래하거나 혼인의 상대방을 정함에 있어 일반화되었으며, 특히 부동산 거래의 경우에 중개 없이 거래하는 것은 거의 곤란하다고 할 수 있다.[2] 또한 중개는 비대면거래인 통신판매 분야에서 점

1) 경찰청 전세사기 특별단속 2달… 348명 검거 · 34명 구속(아시아경제, 2022년 9월 26일 기사) 등.

2) 모든 거래에 대해 중개가 허용되는 것은 아니며, 의료법 등에서는 일정한 중개행위를 금지하고 있다. 즉, 누구든지 「국민건강보험법」이나 「의료급여법」에 따른 본인부담금을 면제하거나 할인하는 행위, 금품 등을 제공하거나 불특정 다수인에게 교통편의를 제공하는 행위 등 영리를 목적으로 환자를 의료기관이나 의료인에게 소개 · 알선 · 유인하는 행위 및 이를 사주하는 행위를 하여서는 아니 된다. 다만, 환자의 경제적 사정 등을 이유로 개별적으로 관할 시장 · 군수 · 구청장의 사전승인을 받아 환자를 유치하는 행위 또는 「국민건강보험법」 제109조에 따른 가입자나 피부양자가 아닌 외국인(보건복지부령으로 정하는 바에 따라 국내에 거주하는 외국인은 제외한다)환자를 유치하기 위한 행위는 할 수 있다. 또한 제3항 제2호에도 불구하고 「보험업법」 제2조에 따른 보험회사, 상호회사, 보험설계사, 보험대리점 또는 보험중개사는 외국인환자를 유치하기 위한 행위를 하여서는 아니 된다(의료법 제27조 제3항, 제4항).

차적으로 일반화되고 있다.[3] 즉, 통신판매는 비대면거래이기 때문에 기존 현실공간에서 인지도를 갖춘 사업자이거나 이미 온라인 시장에서 인지도를 갖춘 사업자에 대해 소비자 등은 신뢰하지만, 그 외의 사업자에 대해서는 신뢰성을 부여하기란 쉽지 않다. 이러한 점은 2000년대 초반에 발생한 다수의 소비자사기피해 때문이라고 할 수 있으며,[4] 소비자사기피해는 지속적으로 발생하고 있다. 최근에서는 개인간 전자거래가 활성화되고 있으며, 이러한 거래에서도 사기피해는 계속 발생하고 있다. 따라서 온라인 시장에서 상대방에 대한 신뢰성을 확보할 수 있는 방안이 요구되었으며, 당사자는 거래상대방과 직접 거래하기 보다는 신뢰할 수 있는 자를 통해 상대방과 거래하는 방식을 선호하게 되었다. 이로 인해 통신판매중개(온라인 중개 플랫폼)가 등장하였으며, 현재는 전자상거래 시장의 약 50%를 차지하고 있다.

이처럼 중개가 거래에 있어 일반화되고 있지만, 민법상 전형계약에는 포함되어 있지 않으며, 상법을 비롯한 각종 업법에서 이를 규율하고 있다. 따라서 중개를 민법상 전형계약으로 포섭하여야 한다는 주장이 종전부터 지속적으로 제기되어 왔으며, 2차례의 민법개정위원회에서 전형계약으로 중개를 신설하는 것으로 제안하였다. 그러나 법무부는 민법개정안을 발의함에 있어 중개를 포함시키지 않았기 때문에 국회에서의 논의는 이루어지지 않았다.

그렇다면 중개를 민법상 전형계약의 일종으로 인정할 필요성이 있는가? 이는 이 연구의 출발점이기도 하지만, 이를 부정한다면 종착점이라고도 할 수 있다. 이를 위해서는 중개가 무엇인지, 그리고 중개가 이루어지는 영역은 어디이며, 그러한 영역에서 중개에 대해 적절하게 규율하고 있는지에 대한 검토가 필요하다. 이를 기초로 중개를 민법상 전형계약의 일종으로 인정하여야 하는지에 대한 검토를 기초로 이를 긍정할 경우에 민법에서 어떠한 내용을 담아야 하는지를 살펴본다.

3) 통계청에 따르면 온라인 쇼핑몰 거래액은 2010년 25.2조원에서 2020년에 161.1조원으로 증가하였으며, 한국온라인쇼핑몰협회에 따르면 온라인 플랫폼 시장의 비중은 2017년 33.2%에서 2019년 44.9%로 증가하였다(공정거래위원회, 보도자료: 공정위, 「전자상거래 소비자보호법」 전부개정안 입법예고, 2021년 3월 8일, 2면).

4) 2000년 초반에 전자상거래를 빙자한 소비자사기 피해로는 하프 플라자 사건, 와우북 사건 등이 있었으며, 비대면거래의 특성상 소비자사기 피해가 쉽게 발생할 수 있다. 따라서 소비자사기피해를 방지하고자 2005년 전자상거래 등에서의 소비자보호에 관한 법률을 개정하여 결제대금예치제도를 도입하였다. 즉, 결제대금예치제도는 소비자가 대금을 거래상대방인 사업자에게 직접 지급하는 것이 아닌 신뢰성을 갖춘 제3자에게 이를 예치하고, 물건을 공급받은 후에 그 대금을 사업자에게 지급하는 것이다(전자상거래법 제13조).

Ⅱ. 중개의 정의 및 법적 성질

1. 중개의 정의

가. 상법 등에서의 정의

민법 외에 다른 법에서는 중개라는 용어를 사용하고 있지만, 중개의 의미에 대해 법적 정의를 규정하고 있는 법과 규정하지 않은 법으로 구분된다.

(1) 공인중개사법 등에서의 정의

"중개"라 함은 제3조에 따른 중개대상물에 대하여 거래당사자간의 매매 · 교환 · 임대차 그 밖의 권리의 득실변경에 관한 행위를 알선하는 것을 말한다(공인중개사법 제2조 제1호). 또한 "결혼중개"란 결혼을 위한 상담 및 알선 등의 행위를 말한다(결혼중개업의 관리에 관한 법률 제2조 제1호).

(2) 중개 또는 알선이라는 용어만을 사용하고 있는 법

상법에서는 중개가 아닌 중개인에 대한 정의를 하고 있으며, 타인간의 상행위의 중개를 영업으로 하는 자를 중개인으로 규정하고 있다(상법 제93조). 의료법에서는 누구든지 국민건강보험법이나 의료급여법에 따른 본인부담금을 면제하거나 할인하는 행위, 금품 등을 제공하거나 불특정 다수인에게 교통편의를 제공하는 행위 등 영리를 목적으로 환자를 의료기관이나 의료인에게 소개 · 알선 · 유인하는 행위 및 이를 사주하는 행위를 금지하고 있다(동법 제27조 제3항). 변호사법에서도 사전에 금품·향응 또는 그 밖의 이익을 받거나 받기로 약속하고 당사자 또는 그 밖의 관계인을 특정한 변호사나 그 사무직원에게 소개·알선 또는 유인하는 행위 또는 당사자 또는 그 밖의 관계인을 특정한 변호사나 그 사무직원에게 소개·알선 또는 유인한 후 그 대가로 금품·향응 또는 그 밖의 이익을 받거나 요구하는 행위를 금지하고 있다(동법 제34조 제1항). 자동차관리법에서는 자동차매매업을 자동차[신조차(新造車)와 이륜자동차는 제외한다]의 매매 또는 매매 알선 및 그 등록 신청의 대행을 업(業)으로 하는 것으로 정의하고 있다(동법 제2조 제7호). 전자상거래법에서는 통신판매중개를 사이버몰(컴퓨터 등과 정보통신설비를 이용하여 재화등을 거래할 수 있도록 설정된 가상의 영업장을 말한다. 이하 같다)의 이용을 허락하거나 그 밖에 총리령으로 정하는 방법[5]으로 거래 당사자 간의 통신판매를 알선하는 행위로 정의하고 있다(동법 제2조 제4호).

5) 자신의 명의로 통신판매를 위한 광고수단을 제공하거나 그 광고수단에 자신의 이름을 표시하여 통신판매에 관한 정보의 제공이나 청약의 접수 등 통신판매의 일부를 수행하는 것을 말한다(동 시행규칙 제3조).

나. 학설에서의 정의

중개란 타인간 계약의 체결을 진력하는 사실행위를 말하며, 계약의 중개와 계약체결의 기회를 제공하는 것도 포함한다.[6] 중개라 함은 타인간의 법률행위의 체결에 힘쓰는 사실행위이다.[7] 중개는 양 당사자 사이의 법률행위의 성립을 위하여 노력하는 사실행위를 말한다.[8]

다. 판례에서의 정의

구 대부업 등의 등록 및 금융이용자 보호에 관한 법률(2015. 7. 24. 법률 제13445호로 개정되기 전의 것, 이하 '대부업법'이라 한다)은 대부업에 관하여 '금전의 대부(어음할인·양도담보, 그 밖에 이와 비슷한 방법을 통한 금전의 교부를 포함한다)를 업으로 하거나, 등록한 대부업자 또는 여신금융기관으로부터 대부계약에 따른 채권을 양도받아 이를 추심하는 것을 업으로 하는 것'이라고 정의하고(제2조 제1호), 대부중개업에 관하여 '대부중개를 업으로 하는 것'이라고 정의하고 있으나(제2조 제2호), 대부중개 자체에 관해서는 그 의미를 정의하거나 그 범위를 제한하는 규정을 두고 있지 않다. 위와 같은 대부업법 규정과 '제3자로서 두 당사자 사이에 서서 일을 주선하는 것'이라는 중개의 사전적 의미 등을 고려하면, 대부업법 제2조 제2호에서 말하는 '대부중개'는 거래당사자 사이에서 금전의 대부를 주선('알선'이라고도 한다)하는 행위를 뜻하고, 금전의 대부를 주선하는 행위에 해당하는 이상 이자율 등 대부조건이 확정되지 않은 상태에서 한 행위도 대부중개의 범위에 포함될 수 있다고 봄이 타당하다.[9]

구 변호사법(2000. 1. 28. 법률 제6207호로 전문 개정되기 전의 것) 제90조 제2호 후단에서 말하는 알선이라 함은 법률사건의 당사자와 그 사건에 관하여 대리 등의 법률사무를 취급하는 상대방 사이에서 양자간에 법률사건이나 법률사무에 관한 위임계약 등의 체결을 중개하거나 그 편의를 도모하는 행위를 말하고, 따라서 현실적으로 위임계약 등이 성립하지 않아도 무방하며, 그 대가로서의 보수를 알선을 의뢰하는 자뿐만 아니라 그 상대방 또는 쌍방으로부터 지급받는 경우도 포함하고, 비변호사가 법률사건의 대리를 다른 비변호사에게 알선하는 경우는 물론 변호사에게 알선하는 경우도 이에 해당하는바 이러한 법리는 변호사에게 법률사건의 수임을 알선하고 그 대가로 금품을 받는 행위에 대하여 같은 법 제90조 제3호, 제27조 제1항에서 따로 처벌하고 있다고 하여 달리 볼 것도 아니므로, 비변호사인

6) 최기원/김동민, 상법학신론(상), 2014, 297.
7) 정찬형, 상법강의(상), 2004, 272.
8) 안강현, 상법총칙 · 상행위법, 2017, 276.
9) 대법원 2021.11.25. 선고 2017도641 판결.

경찰관, 법원 · 검찰의 직원 등이 변호사인 피고인에게 소송사건의 대리를 알선하고 그 대가로 금품을 받은 행위는 같은 법 제90조 제2호 후단 소정의 알선에 해당하고, 따라서 변호사인 피고인이 그러한 사정을 알면서 비변호사들로부터 법률사건의 수임을 알선받은 행위는 같은 법 제90조 제3호, 제27조 제2항, 제90조 제2호 위반죄를 구성한다.10)

풍속영업의 규제에 관한 법률(이하 '풍속영업규제법'이라고 한다) 제3조 제2호는 풍속영업을 하는 자에 대하여 '음란행위를 알선하는 행위'를 금지하고 있다. 여기에서 음란행위를 '알선'하였다고 함은 풍속영업을 하는 자가 음란행위를 하려는 당사자 사이에 서서 이를 중개하거나 편의를 도모하는 것을 의미한다. 따라서 음란행위의 '알선'이 되기 위하여 반드시 그 알선에 의하여 음란행위를 하려는 당사자가 실제로 음란행위를 하여야만 하는 것은 아니고, 음란행위를 하려는 당사자들의 의사를 연결하여 더 이상 알선자의 개입이 없더라도 당사자 사이에 음란행위에 이를 수 있을 정도의 주선행위만 있으면 족하다.11)

의료법 제25조 제3항상의 '소개 · 알선'이라고 함은 환자와 특정 의료기관 또는 의료인 사이에서 치료위임계약의 성립을 중개하거나 편의를 도모하는 행위를 말하고, '유인'이라 함은 기망 또는 유혹을 수단으로 환자로 하여금 특정 의료기관 또는 의료인과 치료위임계약을 체결하도록 유도하는 행위를 말하며, '이를 사주하는 행위'라고 함은 타인으로 하여금 영리를 목적으로 환자를 특정 의료기관 또는 의료인에게 소개 · 알선 · 유인할 것을 결의하도록 유혹하는 행위를 말하는 것으로서 어떠한 행위가 사주행위에 해당하는가의 판단은 일반인을 기준으로 당해 행위의 결과 영리를 목적으로 환자를 특정 의료기관 또는 의료인에게 소개 · 알선 · 유인할 것을 결의하도록 할 정도의 행위인지의 여부에 의하여야 할 것이다. 또한 사주행위가 범죄행위를 교사하는 행위와 유사하나 이를 별개의 구성요건으로 규정하고 있는 이상 당해 행위가 일반인을 기준으로 영리를 목적으로 환자를 의료기관에 소개 · 알선 · 유인할 것을 결의하도록 할 정도의 행위이기만 하면 범죄가 성립하고, 그 결과 사주받은 자가 실제로 소개 · 알선 · 유인행위를 결의하였거나 실제로 소개 · 알선 · 유인행위를 행할 것까지 요구되는 것은 아니라 할 것이다.12)

라. 법무부 민법개정위원회의 민법개정안에서의 징의(2013년)

법무부 민법개정위원회에서 중개계약의 신설을 제안하였으며, 개정시안에서는 중개에 대해 당사자 일방이 상대방에 대하여 계약체결의 기회를 소개하거나 계약체결을 알선할

10) 대법원 2000.6.15. 선고 98도3697 전원합의체 판결.
11) 대법원 2020.4.29. 선고 2017도16995 판결.
12) 대법원 1998.5.29. 선고 97도1126 판결.

것을 의뢰하고 상대방이 이를 승낙함으로써 그 효력이 생긴다고 규정하였다(개정시안 제692조의7).[13]

마. 소 결

중개에 대해서는 다수의 법에서 규정하고 있지만, 그 정의에 대해 일반적으로 규정하고 있는 법은 존재하지 않는다. 가장 포괄적으로 적용될 수 있는 법은 상법이지만, 상법에서는 중개가 아닌 중개인에 대해 정의하고 있을 뿐이다. 다만, 공인중개사법 등에서 중개에 대해 당사자간 법률행위에 대한 알선이라고 규정하고 있으며, 판례는 알선의 의미에 대해 중개 또는 소개로 설명하고 있다. 또한 민법개정위원회의 정의에서는 소개와 알선을 포함하는 개념으로 중개를 규정하였다. 이와 같이 중개의 정의에 있어 일부 차이는 있지만, 공통적인 내용은 당사자가 계약을 체결할 수 있도록 소개하거나 알선하는 것이라고 정의할 수 있다. 그러나 소개가 중개에 포함되는 것인가에 대해서는 광고와의 구분이 필요할 것이다. 즉, 소개는 당사자가 계약을 체결할 수 있도록 상대방에게 그 정보를 제공하거나 일정한 장을 마련하는 행위를 말한다고 할 수 있다. 광고는 사업자등이 상품 등에 관한 사항을 「신문 등의 진흥에 관한 법률」 제2조 제1호 및 제2호에 따른 신문 · 인터넷신문, 「잡지 등 정기간행물의 진흥에 관한 법률」 제2조 제1호에 따른 정기간행물, 「방송법」 제2조제1호에 따른 방송, 「전기통신기본법」 제2조 제1호에 따른 전기통신, 그 밖에 대통령령으로 정하는 방법으로 소비자에게 널리 알리거나 제시하는 것을 말한다(표시광고법 제2조 제2호).[14] 이러한 광고를 광고매체(대행)사가 하는 경우에 이는 광고주와의 계약체결을 소개하는 것으로 볼 수 있다. 그렇다고 한다면 소개와 광고를 구분하기 곤란하게 되며, 이에 따라 광고매체(대행)사는 중개인이 될 수 있다. 물론 광고와 중개는 구별되는 개념이며, 중개의 일 형태가 소개라고 하더라도 소개의 의미를 좁게 해석하여 광고를 배제한 것으로 해석한다면 이러한 문제는 어느 정도 해소될 수 있을 것이다. 그렇다고 한다면 민법개정안에서 제시한 중개의 정의는 적절하다고 평가할 수 있다.

---

13) 법무부 민법개정자료발간팀 편, 2013년 법무부 민법개정시안(채권편 下), 2013, 333. 2004년에 민법개정 입법예고안도 '중개는 당사자 일방이 상대방에 대하여 계약체결의 소개 또는 주선을 의뢰하고 상대방이 이를 승낙함으로써 그 효력이 생긴다'고 규정하였다. 2013년 개정안과의 차이점은 주선과 알선이다(김상현, 중개계약에 관한 일고, 청주법학 32/1 [2010] 116).

14) 표시광고법에서는 광고주에 대해 사업자 또는 사업자단체로 규정하고 있지만, 반드시 사업자등만이 광고를 할 수 있는 것은 아니며, 일반 개인도 광고를 할 수 있다(현상광고 등). 다만, 표시광고법은 사업자등을 규율하기 위한 법이기 때문에 그 수범자를 사업자등으로 규정한 것이다.

2. 중개의 법적 성질

가. 논의의 필요성

중개의 법적 성질을 논할 가장 큰 실익은 중개를 전형계약의 일종으로 인정하고 있지 않기 때문에 계약에서 정하지 않는 사항이 발생하였을 경우에 전형계약 중 어느 계약의 규정을 유추적용할 것인가의 문제를 해결할 수 있다는 점이다. 이는 해석론의 문제이지만, 입법론에 있어서도 동일하다. 즉, 중개를 신설할 경우에 중개의 특성을 감안하여 개별규정을 신설하여야 하겠지만, 다른 계약의 규정을 준용할 경우에 어느 계약의 규정을 준용할 것인가의 문제 역시 이와 동일하기 때문이다.

나. 학설의 입장

(1) 유사위임계약설

중개계약에서 위임인의 보수지급의무에 대응한 중개인의 주된 급부의무는 계약체결 기회의 소개나 계약체결을 위한 주선의 사무(노무)를 처리하는 것이므로 위임에 가깝다고 보아야 할 것이다. 물론 위임계약과는 차이가 있는데 첫째로 중개인은 계약을 통하여 계약상의 주된 급부인 중개할 법적 의무를 부담하지 않는다는 것이고, 둘째로 보수청구권이 계약체결과 동시에 발생하는 것이 아니고 계약체결이라는 결과가 발생해야만 인정된다는 것이며, 셋째로 중개인의 사무처리 결과에 위임인이 구속되지 않는다는 것이다.15)

중개계약신설조항의 위치와 위임계약의 준용규정을 보면 그 법적 성질을 과연 위임계약과 달리 볼 수 있는지 의문이다. 중개계약에서 의뢰인의 보수지급의무에 대응한 중개인의 주된 급부의무는 계약체결의 기회의 소개나 계약체결을 위한 주선의 사무를 처리하는 것이므로 위임계약으로 보아야 할 것이다. 따라서 개정안에 대한 찬성을 전제로 한다면 위임계약의 한 종류로 규정하는 것이 불필요한 논쟁을 없앨 수 있는 방안이 될 수 있을 것이다.16)

(2) 유사도급계약설

부동산중개계약은 부동산거래계약의 체결이라는 부동산중개의 완성을 결과로 하여 보수를 지급한다는 측면에서는 민법상 도급계약과 유사한 면이 있다.17)

---

15) 전경운, 민법상 중개계약 입법안에 관한 소고, 부동산법학 12 (2005) 31.
16) 김상현, 청주법학 32/1 (2010) 118.
17) 소성규, 부동산중개계약에 관한 고찰, 부동산학연구 4 (1998) 359.

(3) 비전형 계약설

중개계약(Mäklervertrag)은 계약체결을 매개하거나 계약체결의 기회를 제공한 것에 대하여 중개료를 지급하기로 하는 중개인과 의뢰인사이의 계약을 말한다. 이 때문에 중개의 중심이 되는 알선이나 중개 등의 활동과 보수청구권의 발생과의 사이에 견련관계가 인정된다. 중개계약은 고유의 계약유형이 그 특징이기 때문에 유사계약과는 다음과 같이 구별된다. 중개인의 행위가 유상인 것으로부터 위임과 구별되고, 중개인이 소정의 성과를 얻었을 때에만 보수를 청구할 수 있다는 점에서 고용계약과 구별된다. 또한 중개인은 거래에 대해서 일정한 권한이 주어지고 있지만, 원칙적으로 거래를 완성(계약의 성립)시키는 의무를 지지 않는 것에서 도급계약과 구별된다. 그러므로 중개계약은 위임계약과 일치하는 것은 아니지만 위임계약에 가까운 계약으로 볼 수 있다.18)

민사중개에 해당하는 부동산거래, 예컨대 부동산중개계약에서 중개업자는 중개계약을 체결하였다고 하더라도 매매, 임대차 등 거래를 성립시킬 적극적인 의무를 부담하지 않는다. 즉, 중개할 자격은 부여되지만, 채무로서 중개를 하여야 한다는 의무는 생기지 않고, 의뢰인의 상대방을 구하기 위하여 적극적으로 노력할 의무가 없다. 중개업자가 적당한 상대방을 발견하였을 때 이를 소개하고 그 결과 계약의 성립을 위하여 양당사자 간에 공정하고 성실하게 알선하고 주선하는 것으로 족하다. 이러한 점에서 통상 위임, 고용, 도급과는 다르다고 할 수 있다.19)

다. 판례의 입장

부동산중개업자와 중개의뢰인과의 법률관계는 민법상의 위임관계와 같으므로 중개업자는 중개의뢰의 본지에 따라 선량한 관리자의 주의로 의뢰받은 중개업무를 처리할 의무가 있을 뿐 아니라 법 제16조에 의하여 신의와 성실로 공정하게 중개행위를 할 의무가 있고, 공인중개사법 제17조 제1항은 중개의뢰를 받은 중개업자는 중개대상물의 권리관계, 법령의 규정에 의한 거래 또는 이용제한사항 등을 확인하여 중개의뢰인에게 설명할 의무가 있음을 명시하고 있고 위 권리관계에는 중개대상물의 권리자에 관한 사항도 포함된다고 할 것이므로, 중개업자는 선량한 관리자의 주의와 신의성실로써 매도 등 처분을 하려는 자가 진정한 권리자인지 여부를 조사 · 확인할 의무가 있다.20)

18) 백태승, 판례상의 이른바 신종계약의 유형 및 민법에의 편입여부, 연세대학교 법학연구 21/3 (2011) 70.
19) 김영국, 민법상 '중개계약'규정신설에 관한 법정책적 소고, 법과 정책연구 14/4 (2014) 1822.
20) 대법원 1993.5.11. 선고 92다55350 판결; 대법원 2007.11.15. 선고 2007다44156 판결 등.

라. 소 결

민법에서 전형계약의 일종으로 중개를 인정하고 있지 않기 때문에 중개의 법적 성질에 대해 다양한 학설이 존재한다. 그러나 중개는 민법상 전형계약이 아니기 때문에 전형계약 중 어느 계약에 해당할 것인가에 대해 규명한다는 것은 적절하지 않으며, 전형계약 중 어느 하나에 해당한다면 중개를 신설할 의미는 사실상 없다고 할 것이다. 보다 구체적으로 중개는 위임과 달리 보수지급을 약정하였다고 하더라도 중개행위만으로 보수청구권이 발생하지 않으며, 일의 완성인 본 계약의 체결 역시 전적으로 중개인에 의해 결정되는 것도 아니다. 또한 중개인은 의뢰인과 독립하여 중개사무를 처리하기 때문에 고용과도 차이가 있다. 물론 당사자가 계약을 체결할 수 있도록 조력을 한다는 점과 별도의 특약이 없는 한 본 계약이 체결되어야 만이 보수를 청구할 수 있다는 점에서 위임 및 도급과 유사한 점은 있지만, 전적으로 위임 또는 도급에 해당하는 것은 아니다.

3. 중개계약의 유형

가. 민사중개와 상사중개

일반적으로 중개를 구분하는 대표적인 방식이 민사중개와 상사중개이다. 이는 본 계약이 민사계약 또는 상사계약에 해당하는가에 따른 구분이라고 할 수 있다. 즉, 당사자 중 일방 또는 쌍방이 상인이며, 상행위에 관한 중개라고 한다면 이는 상사중개에 해당한다. 반면에 당사자 쌍방이 상인이 아니라면 그 중개는 민사중개에 해당한다. 또한 상인이 아닌 사업자가 일방 또는 쌍방인 경우에도 상행위에 대한 중개가 아니기 때문에 민사중개에 해당한다. 이와 같은 구분은 상사중개에 대해서 상법이 적용되고, 민사중개에 대해서는 상법이 적용되지 않기 때문이라고 할 수 있다. 그러나 이러한 방식에 의한 민사중개와 상사중개의 구분은 다음과 같은 점에서 한계가 있다. 즉, 본 계약의 양 당사자가 상인이 아니지만, 그 중개를 하는 자가 상인인 경우에 본 계약에 대해서는 상법이 적용되지 않을지라도 중개계약에 대해서는 상법이 적용된다. 이는 중개를 상행위의 일종으로 규정하고 있기 때문에 중개를 영업으로 하는 경우에 그 중개인은 상인이기 때문이다(상법 제4조, 제46조 제11호). 그렇다고 한다면 민사중개, 즉 상법이 아닌 민법이 적용되는 중개는 상인이 아닌 자가 상행위가 아닌 법률행위를 중개하는 경우로 한정된다. 물론 중개업자가 상행위가 아닌 법률행위를 중개한 경우에 상법에서는 별도로 규정하고 있지 않지만, 상행위의 유상성 등에 관한 규정은 이에 적용된다(상법 제61조).

나. 일방중개와 쌍방중개

이는 본 계약의 당사자 모두와 중개계약을 체결한 경우와 그 중 일방과 중개계약을 체결한 경우에 따른 분류이다. 특히, 쌍방중개의 경우는 대리와의 가장 큰 차이점이라고 할 수 있다. 즉, 쌍방대리의 경우에 원칙적으로 금지되지만, 본인의 허락이 있는 경우에 한해 허용된다. 반면에 중개는 의뢰인의 허락이 없다고 하더라도 쌍방중개는 허용된다.[21)]

다. 일반중개와 전속중개

공인중개사법에서는 중개를 일반중개와 전속중개로 구분하고 있다. 양자의 차이점은 의뢰인이 중개계약을 체결한 공인중개사 외의 다른 공인중개사와 중개계약을 체결할 수 있는가의 여부에 있다. 일반중개의 경우에는 제한이 없지만, 전속중개의 경우에는 다른 공인중개사와 중개계약을 체결할 수 없다.[22)] 또한 의뢰인이 공인중개사의 중개없이 계약을 체결한 경우(반 사회질서 위반행위에 해당하는 경우를 제외), 일반중개의 경우에 공인중개사는 위약금을 청구할 수 없지만, 전속중개의 경우에 위약금으로 보수를 청구할 수 있다고 한다. 그리고 일반중개의 경우에 중개의무가 발생하지 않지만, 전속중개의 경우에 중개의무가 발생한다.[23)]

4. 중개계약의 신설 필요성

가. 긍 정 설

거래실생활에서 부동산 중개업자, 혼인중개인, 보험중개인 등 중개인이 활동하고 있는바 규율의 필요성이 커지고 있다. 독일, 스위스도 중개계약에 관하여 민법전에 규정하고 있다. 그리고 거래현실에서 그 독자성과 정형성을 갖추고 있는 중개계약의 일반원칙을 민

---

21) 공인중개사법은 '중개'의 개념에 관하여 제2조 제1호에서 "제3조의 규정에 의한 중개대상물에 대하여 거래당사자 간의 매매 · 교환 · 임대차 기타 권리의 득실 · 변경에 관한 행위를 알선하는 것"이라고 정하고 있다. 이러한 중개에는 중개업자가 거래의 쌍방 당사자로부터 중개 의뢰를 받은 경우뿐만 아니라 일방 당사자의 의뢰로 중개대상물의 매매 등을 알선하는 경우도 포함된다(대법원 2021.7.29. 선고 2017다243723 판결).

22) 여기에서 체결할 수 없다는 의미는 전속중개인 외의 중개인과 체결한 중개계약이 무효라는 의미가 아니라 전속중개 위반에 따른 손해배상책임을 부담한다는 것을 말한다. 다만, 의뢰인이 직접 거래 상대방을 찾아 계약을 체결한 경우에도 전속중개위반에 해당하는가에 대해 공인중개사법 시행규칙에서 정한 전속중개계약서에서 이러한 경우도 전속중개 위반으로 인정하면서 중개보수의 50%에 해당하는 금액의 범위에서 을이 중개행위를 할 때 소요되는 비용을 지급하도록 규정하고 있다. 그러나 지출하지 않은 비용을 지급하도록 하는 것은 타당하지 않을 뿐만 아니라 이러한 행위를 전속중개 위반이라고 규정하는 것은 타당하지 않다.

23) 이는 공인중개사법 시행규칙 서식 제15 전속중개계약서에서 정하고 있는 규정하고 있는 사항이다. 즉, 전속중개의 경우에 공인중개사는 의뢰인에게 계약체결 후 2주일에 1회 이상 중개업무 처리상황을 문서로 통지하여야 하며, 이는 공인중개사에게 중개의무를 부과한 것이다.

법 계약편에 신설함이 바람직하다고 한다.24)

나. 부 정 설

2004년 개정안 제안 당시 중개계약의 신설에 대해서 법원행정처는 상징성 이상의 의의를 찾을 수 없고, 민법에서 입법화하는 것은 바람직하지 않는 의견을 제시한 바가 있다.25)

다. 소 결

중개는 긍정설에서 주장하는 바와 같이 다수의 거래를 위해 이용되고 있는 것이 현실이며, 특히 부동산거래 등의 경우에는 중개를 통하지 않고 거래하는 것이 사실상 곤란할 정도이다. 또한 전자상거래 시장의 경우에 판매업자와의 직거래방식에서 통신판매중개업자(온라인 중개 플랫폼 운영자)를 통한 중개방식이 점차적으로 확대되고 있으며, 조만간 후자의 비율이 더 커질 것으로 예상된다. 이는 중개가 실생활에서 활용되는 경우가 일반화되고 있음을 의미한다. 그렇다고 하더라도 중개계약을 전형계약으로 신설하여야 할 당위요건으로는 충분하지 않다고 할 수 있다. 즉, 중개를 이용하는 수가 증가하더라도 반드시 이를 규율하여야 하며, 규율하더라도 민법상 전형계약의 일종으로 인정하여야 하는가의 문제는 별개라고 할 수 있다. 이에 대해 검토하면 다음과 같다.

첫째, 중개에 대해 법적 규율이 필요한가의 문제이다. 중개를 이용하는 경우가 증가하고 있으며, 특정 분야(부동산 거래 등)에서는 거의 필수적이라고 하더라도 과언은 아니다. 그렇다면 현행법으로 중개와 관련하여 발생하는 다양한 문제를 해결할 수 없는가? 민법개정위원회가 제시하고 있는 분야는 부동산 중개업자, 혼인중개인, 보험중개인 등이다. 그러나 부동산중개의 경우에는 공인중개사법에서, 혼인중개에 대해서는 결혼중개업의 관리에 관한 법률에서, 보험중개에 대해서는 보험업법에서, 금융상품거래의 중개에 대해서는 자본시장법 및 금융소비자보호법 등에서, 자동차거래의 중개에 대해서는 자동차관리법에서 규율하고 있다. 또한 통신판매중개에 대해서는 전자상거래법에서 규율하고 있다. 그 결과, 민법개정위원회에서 제시한 분야의 대다수는 이미 업법 또는 특별법에서 중개에 관한 사항을 규정하고 있기 때문에 이 분야에서의 중개를 규율하기 위해 민법에 전형계약으로 중개를 신설할 필요가 있다는 점은 적절하지 않다. 다만, 업법 또는 특별법에서 규정하고 있는 중개에 관한 규정은 해당 거래의 특성을 감안하여 중개의 법률관계를 규율하고 있기 때문에 중개에 관한 일반적인 법률관계를 규율하고 있지 못한 한계점은 있다. 즉, 중개계약에 따른

24) 2013년 법무부 민법개정시안(채권편 하), 331.
25) 2013년 법무부 민법개정시안(채권편 하), 337 참조.

중개인의 의무가 무엇이며, 그 위반에 따른 책임을 어떻게 구성하여야 하는지 그리고 중개계약에 대해 임의적 해지권을 부여할 것인지 중개인의 보수청구권의 발생요건을 어떻게 구성할 것인지, 마지막으로 본 계약이 해소되었을 경우에 보수에 대한 반환청구권을 인정할 것인지의 문제에 대해서는 일반적으로 규정하고 있는 법이 없기 때문에 이를 규정할 필요성은 있다.[26)]

둘째, 중개를 신설하더라도 그 법을 민법, 상법 또는 특별법으로 할 것인가의 문제가 있다. 즉, 민법 또는 특별법에서 규정하는 것은 본 계약의 당사자, 그리고 중개인의 지위와 관계없이 모두를 포섭할 수 있는 장점이 있다. 반면에 상법에서 규정할 경우에는 중개업자의 상행위 중개에 국한되기 때문에 중개업자가 아닌 자의 상행위 중개 또는 중개업자가 아닌 자의 상행위가 아닌 법률행위의 중개에 대해서는 여전히 법적 공백이 존재한다는 한계가 있다. 또한 민법에 편입할 경우에는 개정에 있어 경직성이 있기 때문에 급격히 변화하고 있는 거래환경을 즉각적으로 반영할 수 없다는 단점이 있다. 이러한 점을 고려한다면 중개에 관한 특별법을 제정하여 규율하는 것도 고려할 필요가 있다. 다만, 특별법 제정의 방식은 민법의 형해화를 가속화한다는 점에서 민법학의 입장에서는 바람직하지 않지만, 중개를 이용하는 자의 입장 등을 고려하여 민법 또는 특별법에서 규율할 것인가를 정할 필요가 있다.[27)]

셋째, 현행 민법상 전형계약에 관한 규정으로 중개에서 발생하는 문제를 해결할 수 없는가이다. 형법과 달리 민법은 유추적용이 가능하다. 따라서 비전형계약에서 발생하는 문제도 전형계약의 규정을 유추적용하여 해결할 수 있으며, 종국적으로는 조리에 의해서도 해결이 가능하다. 그러나 유추적용을 통해 해결하기 위해서는 다른 전형계약에서 이에 관한 사항을 규정하고 있어야 하지만, 중개계약에서 발생하는 특유한 문제들에 대해서는 다른 전형계약에 관한 규정에서 정하고 있지 않기 때문에 유추적용을 통한 해결은 불가능하다. 또한 조리를 통한 해결은 조리라는 것이 매우 추상적이기 때문에 결국은 판례를 통해 확인할 수밖에 없으며, 이를 위해서는 많은 시간이 소요된다. 그로 인해 민법은 법률 전문가를 위한 법으로 전락하게 된다.

그렇다면 중개계약에서 발생하는 문제를 해결하고, 일반인을 위한 법으로서 민법이

26) 2013년 민법개정위원회에서는 신설하는 중개계약에 관한 규정으로 중개의 의의, 보수청구권 등, 보수청구권 및 비용상환청구권의 상실, 준용규정만을 제시하였다. 준용규정으로는 제691조(선관주의의무), 제682조(복임권의 제한), 제683조(보고의무), 제689조(상호해지의 자유), 제690조(사망 등과 위임의 종료), 제691조(긴급처리) 및 제692조(종료의 대항요건)이기 때문에 사실상 신설되는 규정은 10개 조문이라고 할 수 있다. 그러나 본문에서 제시한 문제 중 일부는 신설된 규정으로 해결되지 않는다.

27) 이 논문은 중개계약에 대해 민법상 전형계약의 일종으로 신설하는 방안을 제안하는 것이므로 민법전에의 편입을 중심으로 논의를 전개한다. 다만, 특별법 제정을 통해 해결하는 것도 하나의 방안임을 전제로 한다.

그 역할을 충실히 하기 위해서는 중개를 전형계약의 일종으로 신설하는 것이 바람직할 것이다.

Ⅲ. 민법의 전형계약으로 신설할 경우에 규정할 사항

1. 중개인의 의무

가. 중개인의 지위 및 의뢰인의 신원정보 제공의무

중개는 당사자가 상대방과 계약을 체결할 수 있도록 조력하는 행위이기 때문에 중개인은 계약당사자가 아니다. 이러한 점은 대리와 유사하다고 할 수 있다. 그러나 대리인은 본인을 위하여 본인의 법률행위를 대신하며, 상대방과의 관계에서 당사자가 아닌 제3자에 해당하지 않는다는 점에서 제3자의 지위를 갖는 중개인과는 차이가 있다. 다만, 일방 중개의 경우에 상대방은 중개인이 제3자의 지위에 있는 중개인인지 아니면 계약의 당사자인지를 쉽게 알 수 없으며, 설령 중개인의 지위를 갖는다고 하더라도 계약의 당사자에 관한 정보를 제공하지 않는다면 상대방은 중개인을 계약의 상대방으로 오인하게 되거나 피해를 입더라도 구제를 받을 수 없게 된다. 이러한 점을 감안하여 상법에서는 중개의뢰인의 신원정보를 제공할 의무를 간접적으로 규정하고 있으며, 이를 이행하지 않은 경우에 이행책임을 중개인에게 부과하고 있다(상법 제99조). 또한 전자상거래법에서는 통신판매중개자의 지위 및 통신판매중개를 의뢰한 자의 신원에 관한 정보를 제공하지 않은 경우에 그로 인해 발생한 재산상 손해에 대해 연대책임을 부과하고 있다(동법 제20조의2 제1항, 제2항).

이처럼 중개인의 지위에 관한 정보를 제공하도록 규정한 전자상거래법은 비대면거래라는 점을 감안한 것이다. 그렇다면 대면거래의 중개에서는 이러한 지위에 관한 정보제공의무가 불필요한 것인가? 중개 중 중개인이 대리권을 수여받아 상대방과 계약을 체결한 경우에 그 상대방은 중개인을 계약의 당사자로 오인할 수 있다. 이 문제에 대해서는 현명주의로 해결할 수 있으며, 현명주의가 적용되지 않는 상사대리의 경우에 상대방이 본인을 위한 것임을 알지 못한 경우에 대리인인 중개인에게 이행을 청구할 수 있기 때문에 문제가 없다고 할 수 있다. 다만, 일반인이 중개에 관한 규정을 통해 이러한 문제를 해결할 수 있도록 자세히 규정할 필요가 있다는 점에서 제안한 것이지만, 민법의 다른 규정을 통해 충분히 해결할 수 있으므로 이에 대해서는 규정하지 않는 것이 바람직하다고 할 수도 있다.

나. 중개의무

민법개정위원회에서는 중개를 계약체결의 기회를 소개하거나 계약체결을 알선할 것을 의뢰하고, 상대방이 이를 승낙하는 것으로 정의하고 있다. 이와 유사하게 중개를 파악하는 학설은 중개인이 중개의무를 부담하는 것에 대해 부정하고 있다.[28] 그러나 중개계약에서 중개인이 중개의무를 부담하지 않는다는 것은 논리적으로 타당하지 않다. 즉, 중개의 정의에서 중개인의 소개 또는 알선을 규정하고 있으며, 이는 중개인의 의무이다.[29] 또한 이를 편무계약으로 규정하였다는 점은 중개인이 소개 또는 알선의무를 부담한다는 것을 의미한다고 할 수 있다. 이러한 점은 중개의뢰인의 의사와 합치한다. 즉, 중개계약을 체결한 의뢰인은 중개인이 본 계약의 체결을 위해 노력할 것이라고 기대함에도 불구하고, 중개의무가 없다고 한다면 이러한 기대는 법적으로 보호받지 못하게 된다. 따라서 중개인은 중개계약에 따라 당사자가 계약을 체결할 수 있도록 소개 또는 알선의무를 부담하며, 이를 이행하지 않은 경우에 중개의뢰인은 중개인에게 채무불이행을 이유로 손해배상을 청구할 수 있어야 할 것이다. 다만, 이와 같이 중개의무와 그 불이행에 따른 손해배상책임을 인정할 경우에 어느 정도 중개를 하여야 중개인이 채무를 이행한 것으로 인정될 것인가에 대한 문제는 발생한다.

다. 중개인의 설명의무 또는 정보제공의무

중개인이 중개한다는 것은 당사자가 본 계약을 체결할 수 있도록 조력한다는 것을 말한다. 그렇다면 무엇을 조력하는 것인가? 공인중개사법 또는 결혼중개업법 등에서는 중개인에게 설명의무를 부과하고 있다.[30] 이는 부동산 또는 상대방에 관한 정보를 제공하여 자신의 의사에 적합한 것인지를 사전에 판단할 수 있는 기초를 제공하는 것이며, 불필요한

---

28) 김상현, 청주법학 32/1 (2010) 120-121.

29) 중개인은 중개계약이 체결되면 신의칙상 중개활동을 개시하여야 할 것이며, 이와 같이 계약성사를 위한 중개행위를 하는 경우에도 선관주의의무를 지지 않는다고 하면 타당하지 않기 때문이다(김학환, 중개계약의 전형계약화에 대한 검토, 부동산중개학회지 5 [2012] 18).

30) 공인중개사는 자기가 조사 · 확인하여 설명할 의무가 없는 사항이라도 중개의뢰인이 계약을 맺을지를 결정하는 데 중요한 것이라면 그에 관해 그릇된 정보를 제공해서는 안 되고, 그 정보가 진실인 것처럼 그대로 전달하여 중개의뢰인이 이를 믿고 계약을 체결하도록 했다면 선량한 관리자의 주의로 신의를 지켜 성실하게 중개해야 할 의무를 위반한 것이 된다(대법원 2022.6.30. 선고 2022다212594 판결). 부동산 거래당사자가 중개업자에게 부동산거래의 중개를 위임한 경우, 중개업자는 위임 취지에 따라 중개대상물의 권리관계를 조사 · 확인할 의무가 있고 그 주의의무를 위반할 경우 그로 인한 손해를 배상할 책임을 부담하게 되지만, 그로써 중개를 위임한 거래당사자 본인이 본래 부담하는 거래관계에 대한 조사 · 확인 책임이 중개업자에게 전적으로 귀속되고 거래당사자는 그 책임에서 벗어난다고 볼 것은 아니다. 따라서 중개업자가 부동산거래를 중개하면서 진정한 권리자인지 여부 등을 조사 · 확인할 의무를 다하지 못함으로써 중개의뢰인에게 발생한 손해에 대한 배상의 범위를 정하는 경우, 중개의뢰인에게 거래관계를 조사 · 확인할 책임을 게을리한 부주의가 인정되고 그것이 손해 발생 및 확대의 원인이 되었다면, 피해자인 중개의뢰인에게 과실이 있는 것으로 보아 과실상계를 할 수 있다고 보아야 하고, 이것이 손해의 공평부담이라는 손해배상제도의 기본원리에 비추어 볼 때에도 타당하다(대법원 2012.11.29. 선고 2012다69654 판결).

계약교섭과정을 거치지 않도록 하기 위함이다. 이러한 점은 타당하다고 할 수 있지만, 이를 일반화하는 것이 적절한 것인지에 대한 검토가 필요하다.

중개인을 통해 거래를 한다는 것은 불필요한 계약체결을 위한 교섭을 방지하고자 하는 점도 존재한다. 즉, 자신이 원하지 않는 계약을 체결하도록 소개 또는 알선하는 것은 중개계약을 체결한 취지와 일치하지 않는다. 그렇다고 한다면 중개의뢰자가 이를 판단할 수 있도록 중개인은 이와 관련된 정보를 제공하여야 하지만, 이를 위해서는 중개의뢰인(본 계약의 상대방)으로부터 정보를 제공받아야 한다. 따라서 중개의뢰인의 정보제공이 선행되어야 하며, 제공받은 정보를 상대방에게 제공할 의무를 인정하는 것은 어느 정도 합리적이라고 할 것이다. 따라서 이 내용에 대해서는 적극적으로 규정하기 보다는 중개의뢰인으로부터 받은 정보를 상대방에게 제공할 의무로 규정하는 것이 현실적이라고 할 수 있다.

2. 중개의뢰인의 의무

가. 정보제공의무

중개의뢰인이 중개인과 중개계약을 체결할 경우에 중개인이 상대방 또는 다른 중개의뢰인에게 중개를 할 때에 그 자에게 제공하기 위해 자신의 신원정보 및 목적물 등에 관한 정보를 제공할 필요가 있다. 그 방식은 적극적인 방식 또는 소극적인 방식으로 규정할 수 있다. 전자의 방식으로는 '중개의뢰인은 자신의 신원정보와 중개인이 중개를 위해 상대방에게 제공하는 정보를 제공하여야 한다'고 규정하는 것이다. 후자의 방식은 '중개의뢰인은 중개에 필요한 정보를 제공하지 않은 경우에 그로 인해 발생한 손해에 대해 중개인에게 배상을 청구할 수 없다. 다만, 중개인이 이미 알고 있는 경우에는 그러하지 아니하다'고 규정하는 방식이다.

나. 보수 및 비용지급의무

민법개정위원회의 논의 사항 중 하나는 중개계약을 유상계약으로 할 것인가 아니면 무상계약으로 할 것인가의 문제였지만, 상법이 아닌 민법에서 규정한다는 점에서 무상계약으로 규정하였다.[31] 이는 임의규정이기 때문에 반대의 합의를 통해 유상계약으로 정할 수 있음을 전제로 한다. 또한 보수청구권과 비용상환청구권에 대해서는 분리하여 규정하고, 보수청구권에 대해서는 약정한 경우에도 계약이 성립된 경우로 한정하였다. 그리고

---

31) 2013년 법무부 민법개정시안(채권편 하), 339.

비용상환청구권은 특별한 약정이 있는 경우에 한해 계약의 성립 여부와 관계없이 인정하였다.

이러한 논의과정 속에서 혼인중개의 경우에 혼인의 성립과 관계없이 소개만으로 보수를 받는 경우가 있다는 점이 제기되었지만, 이는 임의규정이기 때문에 반대의 특약을 통해 달리 정할 수 있다는 의견이 있어 계약이 성립한 때에 보수를 청구할 수 있는 것으로 규정하였다. 그러나 이를 명확히 임의규정으로 볼 수 있도록 하기 위해서는 개정시안의 문구(소개 또는 알선에 의하여 계약이 성립한 때에만 보수를 청구할 수 있다)를 수정할 필요가 있다. 즉, '계약이 성립한 때에만'으로 규정하였기 때문에 반대의 특약이 배제될 수 있는 여지를 부여하고 있기 때문이며, '계약이 성립한 때에'로 규정하였다면 약간의 논란의 여지도 배제하는 방안이라고 할 수 있다. 이와 같이 민법개정위원회에서는 중개계약의 기본형태를 무상계약으로 정하였으며, 이는 상법과의 관계를 고려한 것이라고 할 수 있다. 그러나 이러한 점은 상인이 아닌 자간의 계약이라고 하더라도 사실상 무상계약이 아닌 유상계약이 일반화되고 있다는 점을 고려할 때 민법이 그대로 적용되는 것이 아닌 당사자에게 다른 특약을 요구하는 결과를 유발한다. 즉, 위임 등의 경우에 무상이지만, 당사자는 대가의 지급을 계약내용으로 정하고 있다. 따라서 민법상 무상성은 사실상 적용되는 경우가 매우 적다. 그렇다고 한다면 민법의 규정이 그대로 적용되는 것이 아닌 당사자의 특약이 적용됨에도 불구하고 상법이 아닌 민법이라는 점을 고려하여 무상계약으로 규정하는 것은 거래의 현실에 부합한다고 할 수 없다. 또한 민법이라고 하여 반드시 무상이어야 하는 것은 아니다. 도급 또는 임대차 등의 경우에 민법상 계약이지만, 반대급부를 요건으로 하고 있다. 이러한 점을 고려할 때, 중개를 무상계약으로 규정하기 보다는 거래의 현실을 감안하여 유상계약을 원칙으로 하고, 당사자가 반대의 합의를 통해 무상으로 정할 수 있음으로 규정하는 것이 보다 적절한 방안이라고 할 것이다.

또한 개정안에서는 비용상환청구권에 대해서는 위임과 다르게 규정하였다. 즉, 위임에서는 원칙적으로 비용상환청구권을 인정하고 있지만, 중개의 경우에 비용상환에 대해 합의가 있는 경우에 한해 청구할 수 있도록 한 것이다. 이와 같이 규정한 취지에 대해서는 설명자료에 기술되어 있지 않기 때문에 파악하기 곤란하다. 다만, 중개인의 중개의무를 인정하고 있다는 점과 보수와 비용은 상이하다는 점을 감안한다면 비용상환청구권을 원칙적으로 인정하는 것이 타당할 것이다. 또한 개정시안에서의 '특별한 약정이 있는 경우에 한하여' 중 특별한 약정은 비용상환청구에 대한 약정을 의미한다고 설명하고 있지만,[32] '계약의

32) 2013년 법무부 민법개정시안(채권편 하), 342.

성립 여부와 관계없이'에 대한 약정으로 해석될 여지가 있다. 즉, 개정시안 제692조의8 제2항은 계약의 성립 여부에 관한 사항과 비용의 상환에 관한 사항을 규정하고 있으며, '특별한 약정이 있는 경우에'는 문장의 앞부분에 있기 때문에 양자 중 어느 사항에 적용되는지 아니면 양자 모두에 적용되는지에 대한 해석상 논란이 발생할 수 있다. 민법개정위원회의 해석과 같이 비용상환청구권에 대해서만 적용된다고 한다면 계약이 성립된 경우에만 비용상환청구권을 인정하는 약정은 포함되지 않는가라는 논란이 발생할 수 있다. 이러한 문제점은 위임과 다르게 비용상환청구권을 약정한 경우로 한정하였기 때문이며, 이와 반대로 비용상환청구권을 원칙적으로 인정하면서 위임에 관한 규정(민법 제688조 제1항)을 준용하는 방식을 취하는 것이 더 바람직하다고 생각된다.

다. 보수 등의 지급의무 면제

민법개정위원회의 개정시안에서는 중개인이 계약의 취지에 반하여 의뢰인의 상대방을 위하여 행위를 한 경우에는 중개인은 의뢰인에 대하여 보수나 비용상환을 청구할 수 없음을 규정하고 있다(개정시안 제692조의9). 이는 중개인이 신의칙을 위반하여 중개를 하였을 경우에 보수 등의 청구권 발생을 부정하는 것이며, 신의칙 위반의 효과를 중개에 대해 구체화시킨 것이기 때문에 타당하다고 할 수 있다. 다만, 다음의 점에 대해서는 검토 또는 보완이 필요하다고 판단된다.

첫째, 민법 제2조 제1항에서는 신의성실의 원칙을 인정하고 있지만, 그 위반의 효과에 대해서는 직접 규정하고 있지 않다. 물론 친권상실 등과 같이 개별 규정 또는 법률에서 그 효과를 규정하고 있는 경우에는 그에 따라 해결될 것이다. 다만, 판례는 신의칙 위반이라고 하더라도 권리상실에 대해서는 매우 엄격하게 적용하고 있다. 즉, 신의칙 위반의 정도가 심각하여 그 권리를 부여하는 것이 허용될 수 없는 경우에 한해 권리를 상실시키고 있다. 그러나 개정시안에서의 보수 등의 청구권 소멸사유에 있어서는 '중개인이 계약의 취지에 반하여 의뢰인의 상대방을 위하여 행위를 한 경우'로 규정하고 있기 때문에 이 자체만으로는 신의칙 위반의 정도가 현저한 경우로 한정되지 않는다. 따라서 그 위반의 정도가 현저하지 않더라도 보수 등의 청구권이 부정되는 것으로 해석될 수 있다. 그러나 현저하지 않은 위반의 경우까지 보수 등의 청구권을 부정하는 것은 과도하다고 할 것이다. 그렇다고 한다면 신의칙 위반의 정도에 따라 보수 등의 감액 또는 면제를 정할 수 있도록 하는 것이 필요하다.

둘째, 신의칙 위반은 단지 중개인에 의해서만 이루어지는 것이 아닌 의뢰인에 의해서도 발생할 수 있다. 즉, 중개인의 중개행위에 따라 계약을 체결할 경우에 보수 등을 지급하여야 하기 때문에 중개인을 배제하고, 당사자가 계약을 체결하는 경우이다. 물론 이는 신의칙에 반하여 조건성취를 방해한 것이기 때문에 민법 제150조에 따라 조건성취로 인정되어 중개인은 의뢰인에 대해 보수 등을 청구할 수 있음은 당연하다.33) 다만, 신의칙 위반에 대해 중개인의 신의칙만을 규정하기 보다는 의뢰인의 신의칙 위반행위에 대해서도 함께 규정을 한다면 일반인이 보다 쉽기 그 내용을 파악할 수 있으며, 이를 통해 그 위반행위를 예방하는 효과와 이러한 경우에 있어 효과적인 분쟁해결을 도모할 수 있는 장점이 있다고 할 것이다.

3. 중개계약의 해소

가. 중개계약의 임의 해지

민법개정위원회의 개정시안에서는 위임에 관한 일부 규정을 준용하고 있으며,34) 그 중 하나가 임의해지에 관한 규정(제689조 제1항)이다. 그 이유에 대해서는 제시하고 있지 않지만, 중개를 위임에 유사한 것으로 파악하였기 때문에 위임에서의 임의해지를 중개에도 준용한 것으로 판단된다. 또한 전속중개가 아닌 일반중개가 일반적이라고 할 수 있으며, 중개계약을 체결한 이후에도 당사자가 직접 계약을 체결할 수 있다는 점을 고려한 것이라고 할 수 있다. 이러한 점은 일정 부분에 있어 타당하다고 할 수 있다. 그러나 임의해지의 인정은 중개계약에 따라 중개인이 중개의무를 부담한다는 점과 중개인의 보수청구권에 대한 기대를 부정한다는 점을 감안할 때 적절하다고 볼 수 없다. 특히, '계약은 준수되어야 한다'는 계약의 기본원칙에 비추어볼 때 적절하다고 할 수 없다.35) 따라서 이에 대해서는 기간

33) 관계 법령의 규정을 종합적으로 해석해 보면, 부동산중개행위는 중개업자가 중개대상물에 대하여 거래당사자 간의 매매 · 교환 · 임대차 기타 권리의 득실 · 변경에 관한 행위를 알선하는 것으로서 원칙적으로 중개업자는 중개대상물에 대한 계약서의 작성업무 등 계약 체결까지 완료되어야 비로소 중개의뢰인에게 중개수수료를 청구할 수 있는 것이나, 다만 중개업자가 계약의 성립에 결정적인 역할을 하였음에도 중개업자의 중개행위가 중개업자의 책임 없는 사유로 중단되어 중개업자가 최종적인 계약서 작성 등에 관여하지 못하였다는 등의 특별한 사정이 있는 경우에는 민법 제686조 제3항, 상법 제61조의 규정 취지나 신의성실의 원칙 등에 비추어 볼 때 그 중개업자는 중개의뢰인에 대하여 이미 이루어진 중개행위의 정도에 상응하는 중개수수료를 청구할 권한이 있다 할 것이다(부산지방법원 2007.1.25. 선고 2005나10743 판결). 결론에 있어서는 동일하지만, 그 근거에 대해 다르게 접근하는 견해도 있다. 즉, 중개의뢰인이 개업공인중개사를 배제하고 직접 또는 제3의 개업공인중개사를 개입시켜 부동산매매 등의 계약을 체결한 경우에는 개업공인중개사의 중개활동과 부동산매매 등의 계약체결과의 사이에 상당인과관계를 인정하여 중개의뢰인에 대한 개업공인중개사의 중개보수청구권을 인정하여야 한다는 주장이 일본에서 제기되었으며(島田礼介, "不動産取引業者をめぐって", 「現代實務法の課題」, 有信堂, 1976, 85; 이재웅 · 김영규, 중개의뢰인의 개업공인중개사 배제에 따른 중개보수청구권에 대한 고찰, 단국대학교 법학논총 42/2 267에서 재인용), 국내에서도 이를 찬성하는 견해도 있다(이재웅 · 김영규, 270).

34) 민법개정위원회에서는 위임에 관한 규정의 다수를 중개에 준용하고 있다. 그러나 그 규정의 방식에 있어 '내지는'이라는 용어를 사용하고 있지만, 이를 '제00조부터 제00조까지'로 사용하고 있다는 점을 감안하여 수정할 필요가 있다.

35) 이러한 점은 위임의 경우에도 동일하다. 즉, 위임은 무상이라는 점 등을 기초로 해지의 자유를 인정하고 있지만, 무상이라고 하여 임의적으로 계약을 해소할 수 있도록 하는 것이 계약준수라는 계약법의 기본원칙과 일치한 것인가에 대

을 정한 경우와 기간을 정하지 않은 경우로 구분하여 전자에 대해서는 부득이한 사정(의뢰인이 직접 상대방을 찾아 계약을 체결하거나 다른 중개인을 통해 계약을 체결한 경우 등)이 있는 경우에 한해 임의해지를 인정하고, 후자에 대해서만 언제든지 해지할 수 있도록 함과 더불어 제689조 제2항을 준용하는 것이 적절하다고 판단된다.[36]

나. 계약의 해소와 보수청구권 또는 반환청구권

중개에 있어 보수청구권은 별도의 약정이 없는 한 당사자간 계약이 체결되었을 때 발생하며, 그 효력은 무관하다. 따라서 당사자간 계약이 무효, 취소 또는 해제되더라도 중개인의 보수청구권은 인정되며, 보수를 지급한 후 계약이 실효되더라도 지급한 보수의 반환청구권은 인정되지 않는다. 그러나 그 계약의 실효가 중개인에 의해 발생한 경우에도 이와 같이 인정하여야 하는가에 대해서는 검토가 필요하다. 이에 대해서는 공인중개사법[37]에서만 규정하고 있을 뿐 상법 등에서는 이를 규정하고 있지 않기 때문에 분쟁발생의 원인이 될 수 있다. 이에 대해 무효, 취소, 해제 및 청약철회로 구분하여 살펴본다.

(1) 계약의 무효와 보수청구권 등

중개인의 중개에 의한 체결된 계약이 무효로 된 경우는 다양하지만, 대표적인 경우를 제시하면 반사회질서 위반행위, 상대방이 악의인 비진의 의사표시, 통정허위 표시, 추인을 받지 못한 무권대리행위(무권대리인이 미성년자인 경우) 등이 있다.

이러한 계약이 체결되었으며, 중개인이 그 사실을 알지 못하였다면 이는 전적으로 당사자의 문제일 뿐 중개인의 보수청구권과는 관련이 없다. 따라서 그 계약이 무효라고 하더라도 중개인은 의뢰인에게 보수를 청구할 수 있으며, 지급받은 경우에 이를 반환할 필요가 없다. 또한 그 원인이 민법 제103조 위반이라고 하더라도 불법인원급여에 해당하기 때문에 급부의 반환이 부정되며, 중개계약이 유효하기 때문이다. 반면에 무효사유가 중개인의 사유에 의해 발생한 경우라고 한다면 보수청구권은 부정되어야 할 것이며, 지급한 보수의 반

해 의문이다. 특히, 반대의 합의를 통해 유상계약이 일반화되고 있음에도 불구하고, 무상계약을 전제로 한 규정을 그대로 유지하는 것이 타당한 것인지는 의문이다. 또한 임의해지에 관한 규정은 임의규정이기 때문에 반대의 합의를 통해 임의해지권을 배제할 수 있으므로 이를 통해 해결할 수 있다고 주장할 수 있다. 그러나 거래의 현실에서는 보수에 대해서는 합의를 하고, 존속기간을 정하지만, 임의해지권에 대해서는 별도로 합의를 하지 않고 있다. 따라서 존속기간이 존재함에도 불구하고, 민법에 의해 임의해지가 인정됨으로 인해 존속기간 동안 사무를 처리하고 그에 대한 대가를 받을 수 있다는 기대는 보호되지 못하는 결과가 발생한다. 따라서 위임에 있어 임의해지에 관한 규정은 근본적인 재고가 필요하다.

36) 상법에서는 대리상에 있어 임의해지권을 인정하고 있지만, 그 경우는 계약의 존속기간을 정하지 않은 경우로 한정된다. 다만, 부득이한 사유가 있는 경우에 한해 존속기간을 정한 경우에도 해지할 수 있다(상법 제92조).

37) 개업공인중개사는 중개업무에 관하여 중개의뢰인으로부터 소정의 보수를 받는다. 다만, 개업공인중개사의 고의 또는 과실로 인하여 중개의뢰인간의 거래행위가 무효·취소 또는 해제된 경우에는 그러하지 아니하다(공인중개사법 제32조).

환문제는 부당이득반환(제741조)에 해당하는지 아니면 불법원인급여(제746조)의 본문 또는 단서에 해당하는지의 여부에 따라 결정되어야 한다. 다만, 중개인이 무효사유를 알면서 중개한 경우에도 보수청구권을 부정하여야 하는가의 문제는 중개인의 선관주의의무 위반의 문제로 접근하는 것이 바람직할 것이다. 즉, 중개는 당사자가 계약을 체결할 수 있도록 조력하는 것이지만, 유효한 계약체결을 전제로 한다. 따라서 중개인은 당사자가 유효한 계약을 체결할 수 있도록 조력할 의무를 부담함에도 불구하고, 무효사유를 알면서 중개하였다면 이를 알지 못하고 계약을 체결한 의뢰인에게 보수청구권을 행사할 수 없으며, 지급받은 보수는 부당이득으로 반환하여야 할 것이다. 또한 이에 대해서는 신의칙에 반하여 조건(본계약의 체결)성취로 인정하여 보수청구권을 부정하는 방안도 제시될 수 있다.

(2) 계약의 취소와 보수청구권 등

계약의 취소사유는 제한능력자가 단독으로 할 수 없는 계약을 체결한 경우, 사기 또는 강박에 의해 계약을 체결한 경우, 착오에 의해 계약을 체결한 경우이다. 첫째, 당사자 중 일방이 제한능력자를 이유로 본 계약을 취소한 경우에 보수청구권 인정문제이다. 물론 의뢰인이 제한능력자이며, 이를 이유로 중개계약을 취소하였다면 중개인은 보수를 청구할 수 없다. 그러나 의뢰인인 상대방에 대한 보수청구권은 다음과 같이 세분하여 살펴보아야 할 것이다. 먼저, 중개인이 의뢰인의 제한능력자라는 사실을 알지 못하였다면 상대방의 선의 또는 악의와 관계없이 보수청구권은 인정되어야 할 것이다. 다만, 중개인이 악의이지만, 그 사실을 상대방에게 고지하였다면 이 경우에도 보수청구권은 인정되어야 할 것이다. 또한 중개인이 선의이지만, 과실이 있는 경우에도 보수청구권은 인정되어야 할 것이다. 이 경우에 의뢰인이 손해를 입었다면 중개인의 과실(선관주의의무 위반)로 인한 손해이기 때문에 손해배상을 청구할 수 있다고 할 것이다. 반면에 중개인이 악의이지만, 이를 상대방에게 고지하지 않은 경우에 이는 신의칙 위반에 의한 조건 성취로 보아 보수청구권을 부정하여야 할 것이다. 둘째, 사기 또는 강박에 의한 경우이다. 물론 중개인이 의뢰인을 기망하거나 협박하여 의뢰인이 상대방과 계약을 체결하였다면 보수청구권은 당연히 부정되어야 한다. 다만, 일방의 사기 또는 강박의 경우에 중개인이 그 사실을 알지 못하였다면 보수청구권은 인정되어야 할 것이며, 피해자는 그 보수에 대해 상대방에게 손해배상으로 청구할 수 있다고 할 것이다. 문제는 중개인이 그 사실을 알면서 이를 상대방에게 고지하지 않은 경우이다. 이 문제도 신의칙 위반에 의한 조건 성취로 보아 보수청구권을 부정하여야 할 것이다. 마지막으로 착오에 의한 취소의 경우에 원칙적으로 보수청구권은 인정되어야 할 것이다. 다만, 그 착오가 중개인에 의해 발생한 경우에 있어서는 보수청구권은 부정되어야 할 것이다. 이 문제도 신의칙 위반에 의한 조건 성취로 보는 것이 합당하기 때문이다.

(3) 계약의 해제와 보수청구권 등

계약의 해제에 있이 보수청구권 등의 인정문제는 직접효과설에 국한된다고 할 수 있다. 즉, 청산관계설에 따르면 소급효가 없고, 장래효만 인정되며, 해제시까지의 계약의 효력은 인정되므로 논리적으로 중개인의 보수청구권은 문제가 되지 않다.[38] 따라서 직접효과설을 전제로 그 효과를 설명하면 다음과 같다.

첫째, 약정해제의 경우에는 중개인과 무관하기 때문에 보수청구권과는 전혀 무관하다. 따라서 약정해제사유에 따라 계약이 해제되었다고 하더라도 중개인은 보수청구권을 행사할 수 있으며, 지급받은 보수는 반환할 필요가 없다. 둘째, 법정 해제의 경우에 채무불이행과 담보책임으로 구분하여 살펴보면 다음과 같다. 먼저, 담보책임의 경우에 중개인이 목직물의 하자 등을 일면서 이를 고지하지 않았고, 이로 인해 신의의 의뢰인이 계약의 목적을 달성할 수 없다면 보수청구권은 부정되어야 할 것이다. 그 다음으로 채무불이행의 경우에 이는 당사자의 문제이기 때문에 중개인의 보수청구권과는 무관하다. 따라서 당사자의 채무불이행으로 인해 계약이 해제되었다고 하더라도 중개인은 보수를 청구할 수 있으며, 지급받은 보수를 반환할 필요가 없다. 또한 직접효과설에 따라 계약이 소급무효가 된다고 하더라도 중개계약은 유효하며, 보수청구권은 계약의 체결로 인해 발생하는 것이기 때문이다.

(4) 청약철회와 보수청구권 등

민법에서는 청약의 임의적 철회를 부정하고 있지만(민법 제527조), 할부거래법, 방문판매법, 전자상거래법, 금융소비자보호법, 콘텐츠산업진흥법 등에서는 청약철회를 인정하고 있다. 또한 이러한 법들에서 인정하고 있는 청약철회는 그 발생요건에 있어 제한이 없기 때문에 소비자 등의 단순구매의사변경의 경우에도 인정된다. 또한 청약철회에 관한 규정은 편면적 강행규정이기 때문에 당사자의 합의로 이를 배제할 수 없다. 그렇다고 한다면 청약철회에 의한 계약해소의 경우에도 제한능력자의 취소와 동일하게 중개인의 보수청구권 문제를 해결하는 것이 적절한 것인가? 그러나 근본적인 차이점은 제한능력자의 경우에 상대방이 계약 체결 여부를 선택할 수 있지만, 소비자 등과의 거래는 상대방이 이를 선택할 수 없다는 점에 있다. 즉, 특수거래방식으로 재화 등을 판매하는 사업자는 청약철회를 하고자

38) 예외적인 경우에는 청산관계설에 의해서도 문제가 될 수 있다. 즉, 담보책임 중 원시적 불능의 경우에 계약 해제권이 인정되며, 중개인이 그 사실을 알고 의뢰인이게 고지하지 않았다면 이는 신의칙 위반에 따른 조건 성취에 해당할 수 있다. 이러한 경우에 중개인은 의뢰인에게 보수를 청구할 수 없으며, 받은 보수는 반환하여야 할 것이다.

하는 소비자와 이를 하지 않은 소비자로 구분하고, 후자의 소비자에 대해서만 계약을 체결할 수 없다. 또한 약관 등에서 소비자의 청약철회를 배제하더라도 이를 전자상거래법 등에 따라 무효가 되기 때문에 소비자는 청약철회를 할 수 있다. 따라서 특수거래의 경우에 사업자는 청약철회를 하지 않을 소비자와 계약을 체결할 수 없다는 점에서 제한능력자와의 계약과 차이가 있다. 이러한 점을 고려할 때, 청약철회에서의 보수청구권 문제는 제한능력자의 취소와 다르게 접근하여야 한다.

이에 대해서는 다음의 두 가지로 접근할 수 있다. 보수청구권을 인정하는 입장에서 본다면, 보수청구권의 발생요건에 있어 본 계약의 실효는 중개인과 무관하기 때문에 중개에 따라 계약이 체결되었다면 중개인의 보수청구권은 인정되어야 한다고 주장할 수 있다. 즉, 청약철회는 특수거래분야에서 소비자보호를 위해 인정되는 것이며, 그로 인해 발생하는 손실에 대해서는 계약당사자인 판매업자가 부담하여야 한다. 따라서 별도의 약정이 없는 한 소비자의 청약철회에 따른 손실은 이와 무관한 중개인에게 전가하여서는 아니 되며, 중개인의 중개는 완료되었기 때문에 보수청구권은 인정되어야 한다. 반면에 청약철회는 법에서 인정하는 것이고, 중개인의 중개행위를 인정되기 때문에 현행법 체계하에서는 보수청구권을 부정할 근거는 없다. 다만, 중개인도 청약철회에 따라 계약이 해소될 수 있음을 알고 있으며, 그 기간이 다른 계약해소권과 달리 단기간이라는 점을 감안한다면 그에 따른 손실을 합리적으로 분산할 필요가 있다. 즉, 사업자는 소비자의 청약철회에 따라 손실을 입게 되며, 계약이 해소되었음에도 불구하고 보수까지 지급하여야 한다면 통신판매중개 시장에서 판매업자만이 손실을 부담하게 된다. 따라서 소비자보호를 위해 인정된 청약철회로 인해 발생한 손실의 합리적인 배분이 필요하며, 이를 위해서는 소비자가 청약을 철회한 경우에 보수청구권을 부정하는 것이 필요하다.

이와 같이 청약철회에 따른 보수청구권의 인정 문제에 대해 두 가지의 접근방법을 제시할 수 있지만, 청약철회를 인정한 취지 및 손실의 공평한 분담을 고려한다면 후자의 방안으로 해결하는 것이 필요하다.[39] 다만, 이에 대해서는 명문의 규정이 없기 때문에 약정이 없는 경우에 분쟁이 발생할 수 있으므로 입법적으로 해결하는 것이 필요하다. 이는 할부거래법과 같이 청약철회의 발생요건이 단일인 경우[40]를 전제로 하며, 방문판매법 및 전자상거래법과 달리 사업자의 채무불이행에 따른 청약철회의 경우는 판매업자의 책임있는 사유에 의한 계약해소이기 때문에 이러한 방식이 아닌 보수청구권을 인정하여야 할 것이다.

---

39) 고형석, 디지털콘텐츠거래와 청약철회권, 우리시스템, 2020, 161-162.

40) 할부거래법상 후불식 할부계약의 경우에 청약철회의 발생요건은 무제한이기 때문에 소비자의 단순구매의사변경 또는 사업자의 채무불이행 등과 같이 그 사유에 있어 제한이 없다. 다만, 여기에서 말하는 요건은 사업자의 채무이행에도 불구하고 소비자가 단순구매의사변경 등을 이유로 청약을 철회한 경우를 전제로 한다.

Ⅳ. 결 론

타인이 상대방과 계약을 체결할 수 있도록 조력하는 중개는 우리의 일상생활에서 주로 사용되는 계약이지만, 민법에서는 전형계약이 일종으로 인정하고 있지 않다. 물론 상법을 비롯한 공인중개사법, 전자상거래법 등에서 중개에 관한 법률관계를 규율하고 있지만, 이러한 법들은 해당 법률관계를 규율하기 위함이기 때문에 중개에 관한 일반적인 사항을 규율하고 있지 않다. 이로 인해 중개에 따라 발생하는 다양한 법률문제에 대해 위임 등의 규정을 유추적용하여 해결하고 있지만, 이러한 방식이 중개로 인해 발생하는 문제에 대한 적절한 해결방법인가에 대해 의문이 제기되고 있다. 또한 상법 등에서 규정하고 있는 내용은 완전한 것이 아니기 때문에 그 외의 법률관계에서 발생하는 문제를 해결함에 있어 한계가 존재한다. 이러한 측면에서 중개를 민법상 전형계약의 일종으로 신설하여야 한다는 주장이 지속적으로 제기되었으며, 2004년 및 2013년 민법 개정위원회에서도 중개를 전형계약으로 신설하는 민법 개정안을 제시하였다. 그러나 중개를 신설하는 것을 내용으로 하는 민법개정안은 국회에 발의되지 않았으며, 이로 인해 중개는 여전히 민법상 전형계약이 아닌 비전형계약으로 인정되고 있다. 따라서 중개로 인해 발생하는 다양한 문제를 해결함에 있어 민법은 그 역할을 충실히 수행하지 못하고 있기 때문에 민법이 계약에 관한 일반법으로서의 역할을 다하기 위해서는 중개를 전형계약의 일종으로 신설할 필요가 있다.

이와 같이 중개를 민법상 전형계약의 일종으로 인정한다면 그 내용은 다음과 같이 규정할 필요가 있다. 첫째, 중개의 정의에 있어 거래의 현실을 반영하여 유상계약을 원칙으로 하고, 다른 합의를 통해 무상계약으로 체결할 수 있음으로 규정할 필요가 있다. 둘째, 중개인의 중개의무를 명시할 필요가 있다. 셋째, 중개인의 보수청구권에 대해서는 중개에 따라 당사자가 계약을 체결한 경우에 한해 인정할 필요가 있지만, 비용상환청구권에 대해서는 이로 한정할 필요는 없다고 할 것이다. 넷째, 중개계약의 해지에 대해 위임에 관한 규정을 적용하는 것이 아닌 상법상 중개상에 관한 규정을 적용하는 것이 보다 합리적이라고 할 것이다. 마지막으로 중개인의 보수청구권과 관련하여 당사자의 계약이 무효, 취소, 해제 또는 청약철회된 경우에 중개인이 보수청구권을 행사할 수 있는 경우 또는 지급한 보수에 대한 반환청구권의 인정문제에 대해서는 중개인의 책임있는 사유 또는 익의 등을 기준으로 하여 그 인정 여부를 결정하여야 할 것이다.

▌별첨▌ 2004년 및 2013년 민법개정시안(중개)

2004년 민법개정시안(중개)[41]	2013년 민법개정시안(중개)[42]
제692조의2(중개의 의의) 중개는 당사자 일방이 상대방에 대하여 계약체결의 소개 또는 주선을 의뢰하고 상대방이 이를 승낙함으로써 그 효력이 생긴다.	**제692조의7(중개의 의의)** 중개는 당사자 일방이 상대방에 대하여 계약체결의 기회를 소개하거나 계약체결을 알선할 것을 의뢰하고 상대방이 이를 승낙함으로써 그 효력이 생긴다.
제692조의3(보수청구권 등) ① 중개에 관하여 보수를 약정한 경우에는 중개인은 그 소개 또는 주선에 의하여 계약이 성립한 경우에만 보수를 청구할 수 있다. ② 중개인이 중개에 관하여 지출한 비용은 특별한 약정이 있는 경우에 한하여 계약의 성립 여부에 관계없이 그 상환을 청구할 수 있다.	**제692조의8(보수청구권 등)** ① 중개에 관하여 보수를 약정한 경우에는 중개인은 그 소개 또는 알선에 의하여 계약이 성립한 때에만 보수를 청구할 수 있다. ② 중개인은 특별한 약정이 있는 경우에 한하여 계약의 성립 여부에 관계없이 중개에 관하여 지출한 비용의 상환을 청구할 수 있다.
제692조의4(보수청구권의 감액 및 상실) ① 중개에 관하여 약정한 보수가 부당하게 과다한 경우에는 법원은 적당히 감액할 수 있다. ② 중개인이 계약에 위반하여 의뢰인의 상대방을 위하여 행위하거나 신의성실에 반하여 그 상대방과 보수를 약정한 경우에는 중개인은 의뢰인에 대하여 보수나 비용상환을 청구할 수 없다.	**제692조의9(보수청구권 및 비용상환청구권의 상실)** 중개인이 계약의 취지에 반하여 의뢰인의 상대방을 위하여 행위를 한 경우에는 중개인은 의뢰인에 대하여 보수나 비용상환을 청구할 수 없다.
제692조의5(준용규정) 제681조 내지 제683조 및 제689조 내지 제692조의 규정은 중개에 준용한다.	**제692조의10(준용규정)** 제681조 내지 제683조 및 제689조 내지 제692조의 규정은 중개에 준용한다.

41) 김상현, 청주법학 32/1 (2010) 116-117.
42) 2013년 법무부 민법개정시안(채권편 하), 333-334.

2022년 민법 일부 개정안에 관한 단상
- 인격권과 디지털콘텐츠계약에 관한 개정안을 중심으로 -

권 영 준
서울대학교 법학전문대학원 교수

Ⅰ. 들어가며

2022년 12월 법무부는 두 건의 민법 일부개정법률(안)을 입법예고하였다. 하나는 2022. 12. 1.자로 입법예고된 디지털계약 관련 민법 일부개정법률(안)(이하 '디지털계약 개정안'이라고 한다)이다. 다른 하나는 2022. 12. 26.자로 입법예고된 인격표지영리권 관련 민법 일부개정법률(안)이다. 법무부는 그에 앞서 2022. 4. 5.자로 인격권 근거 규정 신설을 내용으로 하는 인격권 관련 민법 일부개정법률(안)도 입법예고한 바 있다. 인격표지영리권 관련 민법 일부개정법률(안)은 인격권 근거 규정 신설에 관한 민법 일부개정법률(안)의 연장선상에 있는 개정안이다(이하 인격권에 관한 두 가지 개정안을 합쳐서 '인격권 개정안'이라고 한다). 이 글은 이 개정안들을 소재로 작성되었다.

이 개정안들은 입법예고 및 그 후 부처 간 협의 과정이나 법제처 심사, 국회 심사를 거치면서 추가적인 수정이 이루어질 가능성이 크다. 이처럼 개정안들의 내용이 아직 최종 확정되지 않았으므로 이를 본격적으로 해설하거나 분석하기에는 다소 이른 측면도 있다. 또한 이 개정안들이 실제로 국회에 제출될지, 또한 국회에 제출되더라도 심의와 표결을 거쳐 종국적으로 개정까지 이어질지는 미지수이다. 실제로 그동안 수많은 민법 개정안들은 아예 제출되지 않거나 제출된 이후에도 국회에서 제대로 심의되지도 못한 채 임기 만료로 폐기되는 운명을 맞이하였다. 민법(재산법) 전면 개정을 담은 법무부의 2004년 민법 개정안과 2014년 민법 개정안이 대표적 사례이다. 이러한 불투명성에 비추어 이번 개정안들이 추구하는 입법 과제는 아직 미완성이자 현재 진행형이다.

그런데 이 개정안들이 실제 개정으로 이어질지와는 무관하게 이와 같은 입법적인 노력 자체는 민법학자들에게 흥미로운 일이다. 이러한 입법적인 노력을 기울이는 과정에서 이루어지는 세부 작업은 다음과 같은 의미에서 민법학에도 신선한 자극을 줄 수 있다. 법을 만들려면 현상에 대한 진단이 필요하다. 법이 다루고자 하는 주제에 관한 사회의 현실을 알아야 한다. 그러한 현실에 현존하는 법이 어떻게 수용되고 적용되는지도 알아야 한다. 이는 우리가 처한 현재에 대한 냉철한 진단을 요구한다. 즉 입법은 미래지향적인 작업이지만 한편으로는 현존하는 법을 성찰하는 작업을 필수적으로 수반한다. 아울러 법을 통해 이러한 현상을 개선하는 방법을 모색하는 과정에서 외국의 관련 입법례들을 수집, 분석하게 된다. 이는 학문적으로 보자면 비교법적 지평을 확장할 좋은 기회이다. 나아가 민법과 국민들의 일상적 삶의 상관관계에 대해서도 고민할 좋은 기회이다. 그러므로 위 개정안들의 향후 운명과 무관하게 위 개정안에 이르기까지의 논의를 되짚어 보는 것 자체도 의미 있는 일이다.

필자는 법무부 법무자문위원장으로 이 개정안들의 작성에 관여하였다. 그 외에 여러 민법 교수들이 법무부 법무자문위원 또는 연구용역 수행자의 자격으로 이 개정안들의 작성에 기여하였다. 이 개정안들은 비교적 짧은 시간 내에 입안되었다. 종전의 민법 전면 개정 작업처럼 수많은 개정위원들이 관여하여 여러 층위의 의사결정단계를 거쳐 마련한 것이 아니다. 또한 이 개정안들에 관하여 입법자료라고 공개할 만한 것도 별로 없다. 이는 우리나라의 입법자료 공개 및 축적 시스템의 불충분성과도 관련 있는 문제이다. 그러므로 주관적 관점에서나마 이 개정안들의 배경과 추진 과정, 주요 논의 내용을 자료로 남겨놓는 것은 의미가 없지 않다고 생각하였다.

이 글은 성격상 학술논문이라기보다는 개인적 경험에 기초하여 작성한 간략한 입법자료 내지 비망록에 가깝다. 따라서 일반적인 학술논문처럼 해당 주제에 관한 기존 판례와 학설, 외국 사례들을 망라하여 정리한다거나 공식적인 법안 해설서처럼 입법예고안의 조항들을 하나씩 상세하게 축조해설하지는 않았다. 이러한 작업은 이미 충분히 행해졌거나(판례와 학설, 비교법적 정리) 앞으로도 행해지리라 기대한다(조항들의 상세한 해설). 필자가 관여한 범위 내에서 관찰하고 기록한 자료이므로 불가피하게 어느 정도 주관적인 성격을 띠게 되는 점도 미리 밝혀둔다.

Ⅱ. 추진 경과

1. 법무자문위원회의 구성

법무부 법무자문위원회는 1971년에 대통령령인 「법무자문위원회규정」을 근거로 설립된 법무부 최고(最古)의 위원회이다. 이 규정에 따르면 법무자문위원회는 ① 법무 관계 법령의 개선 및 운영에 관한 사항, ② 국내외의 법률 · 학설 및 판례의 조사 · 연구에 관한 사항, ③ 기타 법무부장관이 필요하다고 인정하는 사항을 심의한다(규정 제3조). 이 사항을 효율적으로 심의하기 위하여 위원회에 분과위원회를 둘 수 있다(제4조 제1항). 위원회에는 총 12명 이내의 전문위원 또는 연구위원을 둔다(규정 제7조 제1항). 법무자문위원회규정의 시행에 관한 상세한 사항은 법무부령인 「법무자문위원회 운영규칙」에서 규정하고 있다.

2021. 10. 13. 새로 구성된 법무부 법무자문위원회는 「미래시민법 포럼」이라는 별도 명칭을 부가하여 운영되었다.[1] 이 명칭에 걸맞게 이번 법무자문위원회는 '미래'와 '기본법으로서의 민법'의 만남을 화두로 삼았다. 다양한 관점에 기한 색깔 있는 논의를 위해 법학교수나 변호사 등 법률가 외에도 미래학자, 철학자, 경제학자, 과학자, 공학자, SF 작가, 미래산업종사자 등 여러 분야의 전문가 20명으로 구성되었다. 20명 중 법학교수 및 법률가는 모두 10명이었는데, 그중 민법 교수는 위원장인 필자를 포함하여 고려대학교 김상중 교수, 이화여자대학교 권태상 교수, 서울대학교 이동진 교수, 한국외국어대학교 장보은 교수, 연세대학교 조인영 교수 등 모두 6명이었다.

2. 개정의 방향성과 방법론

법무자문위원회의 자문 대상 법령에 민법이 포함됨은 물론이다. 또한 그 구성에서 알 수 있듯이 법무자문위원회는 민법 중 개정 포인트를 발굴하여 부분적인 민법 개정을 시도하는 과정에서 자문하였다. 이를 위해 민법 중 시민들의 삶에 영향을 미치면서도 동시에 시민들의 관심(좀 더 노골적으로 말하면 이들을 대표하는 국회의원들의 관심)을 끌 만하고 동시에 미래지향적이라고 할 만한 주제 선정 작업이 선행되었다. 필자는 법무부 관계자들과 주제를 물색하는 과정에서 '인격권', '데이터', '소비자'라는 세 가지 키워드를 제시하였다. 이러한 키워드는 한편으로는 현재 한국 사회의 첨예한 관심사이면서 다른 한편으로는 민법학의

1) 보도자료는 https://www.moj.go.kr/bbs/moj/182/552788/artclView.do 참조.

차원에서도 중요한 화두라고 생각했기 때문이다. 상세한 이유는 다음과 같다.

'인격권'은 민법에서의 비중과 시민의 삶에서의 비중 사이에 가장 비대칭성이 강한 주제 중 하나이다. 현대 사회는 유형적 가치로부터 무형적 가치로 관심의 무게중심이 이동해가는 양상을 목도하고 있다. 그런데 시민의 기본법인 민법에는 인격권을 정면으로 규정한 조항이 없다. 민법이 이러한 기본법의 위상과 생명력을 유지하려면 추상적인 형태로라도 인격권에 관한 조항을 두는 것이 바람직하다. 아울러 현대 사회의 초관심사인 프라이버시와 개인보호, 딥페이크(deep fake)나 아바타(avatar) 문제는 물론이고 직장 내 괴롭힘 등 이른바 갑질 논란은 모두 인격권과 밀접한 관련성이 있다. 이는 인격권이라는 개념은 추상적이고 고고하나 그 개념이 담아내는 현실은 바로 국민들의 실생활에서 쉽게 접하는 현실임을 보여준다.

'데이터'는 이른바 제4차 산업혁명이 부각되면서 주된 입법 관심사 중 하나가 되었다. 21대 국회에 제출된 의안 중 '데이터'라는 단어를 품고 있는 의안은 2022. 12. 31. 기준으로 11건이다. 그중 사법(私法)과 밀접한 관련성을 가지는 의안도 있다. 예컨대 박성중 의원 등 11인이 2021. 4. 13. 발의한 「데이터재산권의 보호 등에 관한 법률안」이 그러하다. 그 외에 데이터와 유사한 단어 — 예컨대 디지털(15건), 개인정보(51건) — 로 시선을 넓히면 의안 수는 더욱 늘어난다. 외국에서도 이와 관련된 입법이 활발하게 이루어지고 있다. 그런데 우리 민법에는 아직 '데이터', '디지털', '정보' 등을 다루는 조항이 없다. 이와 관련하여 민법에서 규율할 만한 성격이면서 이러한 데이터 사회의 흐름과도 연결될 만한 입법 과제를 찾을 필요가 있다.

'소비자'는 국민은 물론이고 국회의원들의 관심을 상대적으로 쉽게 끌어낼 수 있는 주제이다. 물론 소비자 보호에 관하여는 다양한 특별법들이 이미 존재한다. 소비자 보호에 관한 기본법으로는 소비자기본법이 있고, 계약과 관련하여서는 「약관의 규제 등에 관한 법률」이나 「할부거래에 관한 법률」, 「방문판매 등에 관한 법률」, 「전자상거래 등에서의 소비자보호에 관한 법률」, 「금융소비자 보호에 관한 법률」 등이 있다. 제조물 책임법은 소비자 보호를 정면으로 추구하지는 않지만, 실제로는 소비자 보호에 관한 불법행위 특별법으로 기능하고 있다. 그런데 이처럼 소비자가 관련된 이른바 비대칭 계약이 일반화되면서 소비자에 관한 문제를 좀 더 상위 차원의 기본법인 민법에서 규율해야 한다는 논의가 이루어져 왔다.

법무부는 그중 '인격권'과 '데이터'에 대한 민법 개정안을 우선적으로 마련하기로 하였다. '인격권'과 관련해서는 이른바 퍼블리시티권도 논의의 범위에 포함시키고 '데이터'와 관련해서는 디지털계약에 관하여 논의하기로 하였다. '소비자'에 관하여는 당장 민법 개정안을 마련하기보다는 외국 입법례 또는 소비자계약법 제정에 대한 연구용역 발주 등을 통하여 민법 개정안 마련의 당위성 및 방향성, 내용에 대해 중장기적으로 숙고하는 토대를 마련하기로 하였다. '소비자'라는 개념을 민법에 도입할 것인가는 민법이 상정하는 인간상에 심대한 변화를 초래하므로 이에 대한 공감대 형성이 선행되어야 할 뿐만 아니라 공정거래위원회 등 소비자 보호 관련 법령의 소관 부처들과의 협의가 선행되지 않으면 입법을 추진하기가 현실적으로 어렵기 때문이다. 다만 디지털계약에 관한 논의가 실질적으로는 소비자 보호와 밀접한 관련성을 맺는 입법이 되리라 기대하였다.

이러한 민법 개정안에 대한 원활한 검토와 논의를 위해 법무부 법무자문위원회에 인격권 분과와 디지털계약 분과를 두기로 하였다. 인격권 분과위원장은 권태상 교수가, 디지털계약 분과위원장은 김상중 교수가 각각 맡고, 법무자문위원들을 두 분과위원회에 적절하게 배정하였다. 민법 교수들 중 정보은 교수와 조인영 교수는 인격권 분과에, 이동진 교수는 디지털계약 분과에 각각 배정되었다. 다만 민법 교수들의 경우 실제 운영에 있어서는 소속 분과와 무관하게 양 개정안에 대해 의견을 개진하고 논의에 참여할 기회를 가졌다.

Ⅲ. 인격권 관련 입법예고안

1. 입법예고안

입법예고된 인격권 개정안은 다음과 같다. 이해의 편의를 위해 현행 민법과의 비교표와 2014년 민법 개정안과의 비교표를 각각 작성하였다. 밑줄친 부분은 현행 민법과 달라진 부분이다

[표 1] 인격권 개정안(현행 민법과의 비교)

현행	개정안
<신 설>	제3조의2(인격권) ① 사람은 생명, 신체, 건강, 자유, 명예, 사생활, 성명, 초상, 개인정보, 그 밖의 인격적 이익에 대한 권리를 가진다. ② 사람은 그 인격권을 침해한 자에 대하여 침해를 배제하고 침해된 이익을 회복하는 데 적당한 조치를 할 것을 청구할 수 있고, 침해할 염려가 있는 행위를 하는 자에 대하여 그 예방이나 손해배상의 담보를 청구할 수 있다.

<신 설>	제3조의3(인격표지영리권) ① 사람은 자신의 성명, 초상, 음성 그 밖의 인격표지를 영리적으로 이용할 권리를 가진다. ② 제1항의 인격표지영리권은 양도할 수 없다. ③ 인격표지영리권자는 다른 사람에게 자신의 인격표지의 영리적 이용을 허락할 수 있다. 다만, 신념에 반하는 등 중대한 사유가 있는 때에는 허락을 철회할 수 있다. ④ 다른 사람의 인격표지 이용에 정당한 이익이 있는 사람은 인격표지영리권자의 허락 없이도 합리적인 범위에서 인격표지를 영리적으로 이용할 수 있다. ⑤ 제1항의 권리는 본인이 사망한 후 상속되어 30년 동안 존속한다. ⑥ 제3조의2의 제2항, 제3항의 규정은 인격표지영리권에 준용한다.
<신 설>	제34조의2(법인의 인격권) 제3조의2는 그 성질에 반하지 아니하는 범위 안에서 법인에 준용한다.

[표 2] 인격권 개정안(2014년 개정안과의 비교)

2014년 개정안	인격권 개정안
제3조의2(인격권) 사람은 생명, 자유, 신체, 건강, 명예, 사생활의 비밀과 자유, 성명, 초상(肖像), 개인정보, 그 밖의 인격적 이익에 대한 권리를 가진다. 제766조의2(금지청구) ① 타인의 위법행위로 인하여 손해를 입거나 입을 염려가 있는 자는 손해배상에 의하여 손해를 충분히 회복할 수 없고 손해의 발생을 중지 또는 예방함이 적당한 경우에는 그 행위의 금지를 청구할 수 있다. ② 제1항의 금지를 위하여 필요한 경우에는 손해를 입거나 입을 염려가 있는 자는 우법행위에 사용되는 물건의 폐기 또는 그 밖에 적절한 조치를 청구할 수 있다.	제3조의2(인격권) ① 사람은 생명, 신체, 건강, 자유, 명예, 사생활, 성명, 초상, 개인정보, 그 밖의 인격적 이익에 대한 권리를 가진다. ② 사람은 그 인격권을 침해한 자에 대하여 침해를 배제하고 침해된 이익을 회복하는 데 적당한 조치를 할 것을 청구할 수 있고, 침해할 염려가 있는 행위를 하는 자에 대하여 그 예방이나 손해배상의 담보를 청구할 수 있다.
<신 설>	제3조의3(인격표지영리권) ① 사람은 자신의 성명, 초상, 음성 그 밖의 인격표지를 영리적으로 이용할 권리를 가진다. ② 제1항의 인격표지영리권은 양도할 수 없다. ③ 인격표지영리권자는 다른 사람에게 자신의 인격표지의 영리적 이용을 허락할 수 있다. 다만, 신념에 반하는 등 중대한 사유가 있는 때에는 허

	락을 철회할 수 있다. ④ 다른 사람의 인격표지 이용에 정당한 이익이 있는 사람은 인격표지영리권자의 허락 없이도 합리적인 범위에서 인격표지를 영리적으로 이용할 수 있다. ⑤ 제1항의 권리는 본인이 사망한 후 상속되어 30년 동안 존속한다. ⑥ 제3조의2의 제2항, 제3항의 규정은 인격표지영리권에 준용한다.
<신 설>	제34조의2(법인의 인격권) 제3조의2는 그 성질에 반하지 아니하는 범위 안에서 법인에 준용한다.

2. 논의 과정 및 주요 내용

인격권 개정안은 인격권에 관한 근거 규정으로 제3조의2(인격권), 제3조의3(종래 법무부 민법개정위원회에서 마련하였던 개정안을 검토하는 것으로부터 시작하였다. 법무부 민법개정위원회는 2004년 개정안에 인격권에 관한 근거 규정을 포함시켰다. "사람의 인격권은 보호된다"는 2004년 개정안 제1조의2 제2항이 그것이다. 당시 논의 과정에서 제750조의2(인격권의 경우의 특칙)를 신설하여 인격권 침해에 대한 구제 방법을 규율하자는 논의도 있었으나 결국 그에 대한 조항은 개정안에서 제외되었다. 조항의 내용에서 알 수 있듯이 2004년 개정안의 인격권 근거 조항인 제1조의2 제2항은 고도로 추상적이고 선언적인 조항이다. 그런데 이 규정을 포함한 2004년 개정안은 국회에 제출되기는 하였으나 심의 내지 표결을 거치지 못한 채 국회 임기 만료로 폐기되었다. 한편 법무부 민법개정위원회는 2014년 개정안에도 인격권에 관한 근거 규정을 마련하였다. 2014년 개정안은 이번 인격권 개정안을 작성하는 과정에서 중요한 참고 모델이 되었다. 2014년 개정안의 상세한 내용은 이번 인격권 개정안과 비교하면서 위 [표 2]에 담았다.[2] 이번 인격권 개정안을 마련하는 과정에서는 주로 다음 사항들이 논의되었다.

가. 조문 위치

인격권 개정안은 인격권 관련 조항을 제3조의2와 제3조의3에 각각 두고 있다. 이 조항들은 민법 제1편 총칙-제2장 인-제1절 능력 아래에 위치한다. 제1절 능력 아래에는 권리

2) 해당 내용은 권영준, 2014년 법무부 민법 개정시안 해설 -민법총칙 · 물권편, 27-36 참조.

능력에 관한 조항(제3조), 성년에 관한 조항(제4조), 제한능력자에 관한 조항들(제5조 내지 제17조)이 있다. 2014년 민법 개정안에서도 제3조의2에 인격권에 관한 조항을 신설하였다. 이번 인격권 개정안에서도 이러한 위치를 유지하였다.

이와 관련하여 능력이라는 절의 제목을 재검토해야 한다는 지적이 있었다. 개정안에 따르면 인격권 조항은 제2장 인-제1절 능력 아래에 위치하는데 인격권은 능력과는 구별되는 문제이기 때문이다. 이와 관련하여 제1절의 표제를 '능력' 대신 '능력과 인격권'으로 고쳐야 한다는 구체적인 제안도 있었다. 하지만 서로 관련이 없는 두 개념을 병렬적으로 연결하여 절의 제목을 정하는 것이 부자연스럽다는 의견이 더 많았다. 이처럼 절의 제목에 대한 의견이 하나로 모아지지 않음에 따라 절의 제목은 고치지 않았다.

한편 인격권을 자연인에 관한 장(제2장)에 둠으로써 법인의 인격권은 부정된다는 오해를 불러일으킬 수 있다는 점도 논의되었다. 주지하다시피 인격권은 본래 자연인을 상정하여 형성된 권리이지만 필요한 범위에서는 법인의 인격권을 인정하는 것이 확립된 학설과 판례의 태도이다.[3] 따라서 제2장에 인격권 근거 규정을 신설한다고 하여 법인의 인격권을 부정하는 것으로 해석될 여지는 거의 없다는 데에 의견이 일치하였다. 그런데 개정안에 관한 법무부 내부의 최종 결재 과정에서 법인의 인격권에 관한 제34조의2가 추가되었다.

나. 인격적 이익의 예시

인격권의 대상이 되는 인격적 이익을 어떻게 예시할 것인가는 중요한 논의 대상이었다. 이에 대한 논의 역시 2014년 개정안 제3조의2에서 출발하였다.

우선 '자유'의 위치를 조정하였다. 생명, 신체, 건강은 모두 인간의 존재 토대로서의 신체적 요소를 다루고 있으므로 이를 하나로 묶어 예시하는 것이 좋겠다는 이유 때문이었다. 이에 따라 2014년 개정안 제3조의2에서는 '생명, 자유, 신체, 건강'의 순서로 되어 있던 것을 '생명, 신체, 건강, 자유'의 순서로 변경하였다.

'사생활의 비밀과 자유'는 '사생활'로 변경하였다. 실체적인 내용의 변경을 의도한 것은 아니다. '사생활의 비밀과 자유'는 현행 헌법에서 사용되는 표현이다.[4] 이에 따라 이 표현은 다양한 장면에서 널리 사용되고 있다. 그러나 '사생활의 비밀'이라는 표현은 내밀하고 비밀로 유지되어야 할 사생활만 보호된다는 오해를 불러일으킬 수 있다. 또한 '사생활의 … 자유'라는 표현은 앞서 등장하는 '자유'와 중복되는 부분이 있다. 이에 따라 '사생활'이라고만 표현하기로 하였다. '프라이버시'라는 표현을 사용할 가능성도 논의하였으나 가급적 외

3) 예컨대 대법원 1997.10.24. 선고 96다17851 판결.
4) 헌법 제17조는 "모든 국민은 사생활의 비밀과 자유를 침해받지 아니한다"라고 규정한다.

래어는 사용하지 않는 쪽이 바람직하다는 의견이 우세하였다.

2014년 개정안에 예시되었던 '개인정보'를 삭제할 것인지도 논의하였다. 2014년 민법 개정안에 '개인정보'가 들어갔던 이유는 개인정보에 대한 권리, 즉 개인정보자기결정권이 인격권이라는 점이 판례로 확립되어 있고, 개인정보에 대한 관심과 보호 필요성이 높아졌기 때문이다. 그런데 이번 논의 과정에서는 개인정보가 생명, 자유 등과 같은 민사법의 기본적인 보호법익과는 성질이 다르고, 개인정보의 재산적 가치가 주목을 받고 있는 시점에 이를 인격권의 한 유형으로 못박는 것이 타당한가 하는 우려가 있었다. 그러나 개인정보는 현대 사회에 가장 의미 있는 인격적 보호 대상 중 하나라는 점, 개인정보를 인격권의 대상으로 예시한다고 하여 개인정보가 가지는 재산적 가치를 부정하는 것은 아니라는 점 등을 고려하여 개인정보에 대한 예시는 그대로 두었다.

초상(肖像)은 인격권의 대상 중 하나임에 틀림없는데 제3조의3에 인격표지영리권을 두는 것과의 관계에서 다소간의 중복이 있다는 우려도 있었다. 그러나 초상이 영리적으로 이용되지 않는 경우에도 인격적 이익의 대상이 된다는 점을 분명히 할 필요가 있어 이를 개정안 제3조의2에 그대로 두었다. 초상 외에 음성과 대화를 추가할 것인지에 대해서도 논의가 있었다. 대법원 판결 중에는 인격권으로서의 음성권을 정면으로 인정한 것이 없으나, 관련 하급심 판결들은 있다.[5] 다만 음성과 대화에 대한 인격권에 관한 판례가 아직 축적되지 않은 점, 개정안 제3조의2에 기재된 인격적 이익은 예시에 불과하므로 여기에 예시되지 않았다고 하여 인격권으로 보호받지 못하게 되는 것은 아닌 점 등을 고려하여 음성, 대화를 인격적 이익의 예시로 추가하는 것은 유보하였다.

다. 금지청구

인격권 개정안에서는 인격권 침해에 대한 금지청구 조항을 신설하였다. 본래는 인격권과 별노로 2014년 개정안 제766조의2로 규정되었던 불법행위에 대한 금지청구 조항을 신설하려는 것이 법무부의 의도였다. 그런데 논의 과정에서 인격권 조항과 불법행위 금지청구 조항이 함께 제출될 경우 법안의 초점이 흐려져 심의가 지연되거나 통과 가능성이 낮아진다는 우려가 제기되었다. 갑질 논란이나 딥페이크 등 인격권에 관한 사회적 관심이 높아지던 상황을 감안하여 인격권에만 집중하기로 정리하였다.

한편 사람은 인격권을 가진다는 조항 외에도 인격권의 침해에 대한 구제수단을 함께 명시하는 것이 더욱 완결성 높은 인격권 개정안이 된다는 시각 아래 인격권 침해에 대한

5) 예컨대 서울고등법원 2015.8.28. 선고 2014나2050805 판결; 서울중앙지방법원 2019.7.10. 선고 2018나68748 판결; 서울중앙지방법원 2021.5.11. 선고 2020가단5115890 판결 등.

금지청구 등에 관한 제3조의2 제2항을 신설하기로 하였다. 인격권 침해행위에 대해서는 “침해를 배제하고 침해된 이익을 회복하는 데 적당한 조치를 할 것”을, 인격권을 침해할 염려가 있는 행위에 대해서는 “예방이나 손해배상의 담보”를 각각 청구할 수 있도록 규정하였다.

논의 과정에서는 금지청구 외에도 손해배상청구를 할 수 있다는 초안이 마련되기도 하였으나, 이는 불법행위를 원인으로 하는 손해배상청구에 관한 민법 제750조에 의하여 규율하면 충분하다는 의견이 강하여 손해배상청구 부분은 삭제하였다. 또한 민법 제764조는 명예훼손에 대해 “명예회복에 적당한 처분”을 명할 수 있다고 규정하고 있어 그 범위 내에서는 중복되는 면도 있으나, 이는 명예훼손이라는 특정한 인격권 침해 유형에 국한된 특칙에 불과하므로 어느 정도의 중복을 무릅쓰고 인격권 침해 전반에 대한 금지청구 조항을 두기로 하였다.

라. 인격표지영리권

이번 인격권 개정안의 가장 큰 특징은 인격표지영리권(이른바 퍼블리시티권)에 관한 내용이 포함되었다는 점이다. 인격표지영리권에 대한 논의는 훨씬 복잡하고 논쟁적이었다. 인격권 일반에 대한 법리는 이미 탄탄하게 구축되어 있고, 그 중요성과 비중에 비추어 민법에 인격권 관련 조항을 둘 필요가 있다는 점에 대해서도 오래전부터 공감대가 형성되어 왔다. 2014년 개정안에 인격권에 관한 조항이 마련되어 있었으므로 이를 출발점으로 삼아 약간의 변형을 가하는 정도로도 이번 개정안을 작성하는 데 큰 어려움이 없었다. 하지만 인격표지영리권에 관하여는 그 인정 여부, 법적 성격, 내용, 입법 필요성 등에 대한 논란이 지속되어 왔다.[6] 또한 입법 필요성이 인정되더라도 이를 민법에 두는 것이 타당한가에 대해서도 논란이 있었다.

법무자문위원회가 인격권 관련 조항을 논의하던 초기에도 인격표지영리권에 관한 내용을 추가하는 방향에 대하여 검토하였다. 그 초안은 인격표지영리권을 가진다는 간단한 내용의 규정을 담고 있었다. 그런데 일반적인 인격권과는 달리 인격표지영리권에 관한 법리는 아직 정립된 상태라고 할 수 없다. 따라서 이러한 일반적인 내용을 간략하게 규정하는 것은 해당 주제의 규율에 별 도움이 되지 않을 뿐만 아니라 오히려 혼란을 야기하는 원인이 될 수 있다는 지적이 있었다. 아울러 인격표지영리권에 관한 구체적인 내용을 담을 것이라면 이는 차라리 민법이 아니라 특별법으로 제정하는 것이 낫다는 의견도 있었다. 이

6) 이에 대해서는 매우 많은 논문이 있으나 일단 최근 문헌으로는 김수정, 인격권으로서의 퍼블리시티권, 법조 71/5 (2022) 126-169가 있음을 언급해 둔다. 김수정 교수는 이번 개정안과 관련된 법무부 연구용역에도 참여하였다.

러한 배경에서 2022. 4. 5.자로 입법예고된 인격권 관련 민법 일부개정법률(안)에는 인격표지영리권에 관한 내용이 빠져 있었다.

그런데 그 이후 인격표지영리권에 관한 규율 필요성이 지속적으로 논의된 결과 구체적인 내용을 좀 더 담아 민법에 규정을 신설하는 방향으로 의견을 모았다. 인격표지영리권에 관한 제3조의3은 그 조문 위치나 명칭, 내용에서도 알 수 있듯이 인격표지영리권이 인격권의 일종이라는 전제에 서 있다. 인격표지영리권, 즉 퍼블리시티권의 법적 성격이 재산권인가 인격권인가는 치열한 논쟁의 대상이었다. 하지만 법무자문위원회 내에서는 이 권리가 가지는 재산권적 성격을 인정하더라도 그것이 이 권리를 인격권의 일종으로 파악하는 데 지장이 되지 않는다는 공감대가 쉽게 형성되었다. 아무래도 민법학계에서는 독일의 영향 아래 이러한 시각이 큰 힘을 얻고 있다는 점, 법무자문위원회가 주로 민법 교수들로 구성되어 있다는 점, 판례도 그러한 태도로 이해되는 점[7]과도 관련이 있었을 것이다.[8]

이 권리를 어떤 명칭으로 부를 것인가에 대해서는 여러 가지 논의가 있었으나 한글로 표기할 수 있다면 퍼블리시티권이라는 외래어의 사용은 가급적 피해야 한다는 점, 인격권 근거 규정인 제3조의2와의 관계에서나 권리의 성격에 비추어 이 권리가 인격권의 일종임이 명칭에 나타나는 것이 바람직하다는 점, 종전에도 '인격표지'라는 개념이 등장한 적이 있다는 점,[9] 이 권리는 인격표지를 '영리적'으로 이용할 수 있다는 점을 권리의 핵심 속성으로 삼고 있다는 점 등을 고려하여 '인격표지영리권'이라는 명칭을 사용하기로 하였다. 인격표지영리권은 사람이 자신의 인격표지를 영리적으로 이용할 권리이다. 논의 과정에서는 "상업적으로 이용"이라는 표현도 고려되었으나, 이러한 표현은 자칫 잘못하면 상인에게만 인정된다는 느낌을 줄 수도 있어 사용하지 않기로 하였다.[10]

개정안 제3조의3에서는 인격표지영리권의 양도는 허용하지 않되(제2항), 이용허락의 방법으로 권리를 행사할 수 있도록 하였다(제3항). 허락의 철회(제3항 단서)에 대해서는 좀 더 복잡한 논의가 있었다. 허락을 언제든지 철회할 수 있도록 하면 인격표지를 영리적으로 이용하고자 하는 상대방의 신뢰가 침해될 수 있다. 하지만 그렇다고 허락의 철회를 언제든지 금지한다면 인격표지의 영리적 이용으로 인격권의 본질적 부분이 침해되는 상황을 감수

7) 대법원은 인격권의 일종인 초상권의 내용 중 하나로 초상이 영리적으로 이용되지 않을 권리를 들고 있다. 대법원 2006.10.13. 선고 2004다16280 판결; 대법원 2021.4.29. 선고 2020다227455 판결 참조.

8) 이는 일본 최고재판소의 태도((最高裁判所 2012.2.2, 판결, 民集 第66巻2号89頁)이자 중국 민법의 태도(제4편 인격권 제4장 초상권 제1018조 이하)이기도 하다.

9) 법무부 연구용역보고서, 퍼블리시티권 입법화에 관한 연구(연구책임자 : 권영준), 2016 중 "인격표지의 이용에 관한 법률(안)" 중 인격표지영리권에 관한 부분.

10) 초상이 "영리적으로 이용"되지 않을 권리에 관한 대법원 2006.10.13. 선고 2004다16280 판결; 대법원 2021.4.29. 선고 2020다227455 판결도 참조.

해야 하는 문제가 발생할 수 있다. 허락 철회 금지와 허용 사이의 경계선을 문언으로 나타내는 데에는 상당한 어려움이 있었다. 이에 "신념에 반하는 등 중대한 사유"라는 다소 추상적인 기준을 제시하였다. 이는 저작물 이용허락에 관하여 변경된 신념을 이유로 하는 철회권을 인정하는 독일 저작권법 제42조 및 이를 인격표지의 이용허락에 유추하는 독일 학설[11]을 참고한 것이다. 가령 자신의 초상을 향후 3년간 특정제품의 광고에 이용하도록 허락하였으나, 그 광고가 자신의 신념이나 가치관에 반하는 형태나 내용으로 자신의 초상을 이용함으로써 인격권을 침해하는 경우에는 이를 철회할 수 있다.

한편 개정안 제3조의3에서는 저작권법의 공정이용 조항에 비견할 수 있는 조항으로서, 제3자가 정당한 이익을 가진 경우에는 인격영리표지권자의 허락 없이도 합리적인 범위에서 인격표지를 영리적으로 이용할 수 있는 예외를 허용하였다(제4항). 참고로 후술하듯이 2021. 1. 15. 발의된 저작권법 전부개정법률안[12] 제126조에서도 초상등재산권을 인정하는데 이에 대해서는 제127조에서 초상등재산권에도 저작재산권의 제한에 관한 조항들을 준용함으로써 공공의 관점에서 초상등재산권에 일정한 제한을 가하고 있다.

인격영리표지권의 상속은 허용하기로 하였다(제3항). 이 권리가 주로 논의되어 온 독일이나 미국에서도 상속성은 인정하는 것이 주류적 견해이다. 다만 인격표지영리권이 무제한 존속하도록 하는 것은 사회에 지나친 부담을 줄 수 있기 때문에 존속기간을 정하는 것으로 하였다. 외국의 입법례나 국내외의 논의상으로도 인격영리표지권의 사후 존속기간을 제한하는 것이 대세이다. 인격표지영리권의 존속기간은 논의를 거쳐 한 세대를 표상하는 30년으로 의견을 모았다.

개정안 제3조의3 제6항에서는 "제3조의2의 제2항, 제3항의 규정은 인격표지영리권에 준용한다"라고 규정한다. 법무자문위원회에서는 인격권 침해에 대한 구제수단으로서의 금지청구권 등이 인격표지영리권자에게도 인정되어야 한다는 데에 의견을 모았다. 또한 인격표지영리권도 인격권의 일종이므로 금지청구 등에 관한 제3조의2 제2항이 인격표지영리권에도 당연히 적용된다고 해석할 수는 있으나, 이를 더욱 명확하게 확인하는 의미에서 인격표지영리권에도 이 조항이 준용된다는 점을 규정할 필요가 있다고 보았다. 그런데 법무부 내부의 최종적인 검토 및 결재 과정에서는 "제3조의2 제3항"까지 준용하는 것으로 되었다. 하지만 제3조의2에는 제3항이 존재하지 않는다. 편집상 오류가 아닌가 생각된다. 향후 수정되어야 할 부분이다.

11) Heinrich Hubmann, Das Persönlichkeitsrecht, 2. Aufl. 1967, 59.
12) 의안번호 7440(도종환 의원 대표발의).

3. 단 상

인격권은 이론적으로는 물론이고 현실에서도 매우 중요한 권리로 자리 잡고 있다. 시민의 기본법인 민법이 생명력을 유지한다는 의미에서 민법에 인격권에 관한 조항을 두는 것은 의미가 있다. 물론 이러한 조항이 신설된다고 하여 현실적으로 큰 변화가 초래되리라 생각하지는 않는다. 이미 이러한 조항이 없이도 인격권은 공고하게 인정되어 왔고 인격권 침해로 인한 송사는 민법 규정 없이도 아무런 문제 없이 진행되어 왔기 때문이다. 그러한 점에서는 입법 과정에서 입법의 실익 논쟁이 재연될 우려도 있다. 이처럼 '개정하지 않아도 아무런 문제가 없다' 식의 논쟁은 크게 보면 인격권뿐만 아니라 종래 민법 전면 개정 과정에서 발생하였고 앞으로도 발생할 것이다. 민법이 개정되지 않아도 이미 판례나 재판실무의 운용을 통하여 처리되고 있는 법 문제들이 많기 때문이다. 그러나 어떤 권리나 그 권리가 기초한 원리가 판례나 학설에 의하여 인정되는 것과 성문법의 명문 규정으로 인정되는 것은 그 무게나 접근성, 상징성에 있어서 같지 않다. 한편 '이러한 일반적이고 추상적인 조항만으로는 별 도움이 되지 않는다'는 식의 비판에 대해서도 마찬가지 생각을 할 수 있다. 물론 구체적이고 상세한 내용을 담은 조항이 필요하고 적절한 경우도 많다. 하지만 입법기술상 한계 또는 입법전략의 차원이나 민법의 다른 조항들의 스타일과의 관계에서 불가피하게 일반적이고 추상적인 조항을 두어야 하는 경우도 있다. 아울러 일반성, 추상성은 정도의 문제일 뿐 수많은 법률 조항에 존재하나, 그 법률 조항을 통해 제시하는 방향성은 그 법률 조항에 기초한 법리의 발전 과정에서 여전히 중요한 가이드라인이 될 수 있다.

한편 인격표지영리권에 관한 근거 규정은 일반적인 인격권의 경우와 달리 아직 판례나 학설로 정리되지 않은 사항을 입법으로 정리한다는 점에서 훨씬 큰 실천적 의미를 가진다. 이른바 퍼블리시티권에 대해서는 그동안 경쟁적인 입법 시도가 이루어져 왔다. 2021. 12. 7. 법률 제18548호로 개정되어 2022. 4. 20.부터 시행된 「부정경쟁방지 및 영업비밀보호에 관한 법률」(이하 '부정경쟁방지법'이라고 한다) 제2조 제1호 타목은 "국내에 널리 인식되고 경제적 가치를 가지는 타인의 성명, 초상, 음성, 서명 등 그 타인을 식별할 수 있는 표지를 공정한 상거래 관행이나 경쟁질서에 반하는 방법으로 자신의 영업을 위하여 무단으로 사용함으로써 타인의 경제적 이익을 침해하는 행위"를 부정경쟁행위의 새로운 유형으로 추가하였다. 이른바 퍼블리시티권에 관한 최초의 입법이다. 또한 2021. 1. 15. 발의된 저작권법 전부개정법률안[13]에서는 제2조 제22호에서 '초상등'을 "사람의 성명 · 초상 · 목소리 또는 그 밖에 이와 유사한 것으로 그 사람을 특정할 수 있는 것"이라고 정의한 뒤, 제126조에서

13) 의안번호 7440(도종환 의원 대표발의).

"초상등이 특정하는 사람은 자신의 초상등을 상업적 목적을 위하여 일반 공중에게 널리 인식되도록 하는 방법으로 이용할 수 있는 권리", 즉 '초상등재산권'을 인정하고 있다.

다만 부정경쟁방지법은 "국내에 널리 인식되고 경제적 가치를 가지는 타인"만을 보호 대상으로 삼고 있어 이러한 범주에 속하지 않는 일반인의 인격표지영리권을 보호 대상에서 제외한다는 한계를 지니고 있다. 저작권법 개정안은 보호 대상을 한정하지 않고 권리의 내용도 구체적으로 규정하고 있다는 점[14)]에서 부정경쟁방지법보다 그 적용 범위가 포괄적이고 실천적인 의미도 크지만, 사람의 초상에 대한 권리가 과연 저작권과 어떤 관계가 있는지, 저작권법에서 이 권리를 규정하고 규율하는 것이 타당한지에 대해 근본적인 의문이 제기된다. 이번 인격권 개정안은 인격권의 연장선상에서 인격표지영리권을 인정함으로써 이 권리를 유명인이 아닌 모든 사람의 보편적 권리로 격상시키고 있고, 저작권법 개정안이 다루지 않는 상속 가능성 및 존속기간의 문제를 포함하여 인격표지영리권의 내용과 한계도 구체적으로 규정하고 있다는 점에서 기존 법률 또는 개정안과는 차별성을 가진다. 다만 인격표지영리권에 관하여는 지금까지도 그러했고 향후 입법 과정에서도 정부나 국회 내 또는 학계에서 수많은 이견이 표출될 것으로 예상된다. 이러한 이견이 얼마나 잘 타협되고 절충될 수 있는가가 입법 실현 가능성의 관건이 될 것이다.

Ⅳ. 디지털계약 관련 입법예고안

1. 입법예고안

[표 3] 디지털계약 개정안(현행 민법과의 비교)

현행	개정안
<신 설>	제16절 디지털제품 제공계약
<신 설>	제733조의2(디지털제품 제공계약의 의의) 디지털제품 제공계약은 당사자 일방이 상대방에게 디지털 형태로 제작·공급되는 콘텐츠 또는 그 콘텐츠의 제작·처리·저장·접근·유통에 관한 서비스(이하 "디지털제품"이라고 한다)를 제공하고 상대방이 그 이용에 대해 대가를 지급하기로 약정

14) 저작권법 개정안은 초상등재산권의 일신전속성, 양도나 압류 및 담보제공 가능성의 부정(이상 안 제128조), 이용허락 가능성 및 이에 따른 이용의 한계(안 제129조), 초상등재산권의 제한(제127조)에 관하여 규정한다.

	함으로써 효력이 생긴다.
<신 설>	제733조의3(제공자의 의무) ① 제공자는 계약 또는 거래관념상 합리적으로 기대되는 기능과 품질을 갖춘 디지털제품을 이용자에게 제공하여야 한다. ② 제공자는 이용자에게 다음과 같은 방법으로 디지털제품을 제공한다. 1. 디지털콘텐츠의 제공자는 이용자에게 디지털콘텐츠의 저장매체를 인도하거나, 디지털콘텐츠에 접근하거나 이를 다운로드할 수 있도록 하여야 한다. 2. 디지털서비스의 제공자는 이용자에게 디지털서비스의 접속 내지 이용에 필요한 방법을 제공하여야 한다. ③ 제공자는 이용자에게 디지털제품을 제공한 후에도 다음 각호의 기간 동안 제1항의 기능과 품질을 유지하기 위하여 필요한 합리적인 보완조치를 취하여야 한다. 1. 디지털제품의 계속적 제공을 목적으로 하는 경우에는 그 제공기간 2. 일회적 제공의 경우에는 디지털제품의 성질과 용도 등을 고려한 상당한 기간
<신 설>	제733조의4(제공자의 하자담보 책임) ① 제공된 디지털제품에 하자가 있는 경우 이용자는 제공자에게 하자의 시정을 청구할 수 있다. ② 제공자가 정당한 이유 없이 하자의 시정을 거절하거나 하자의 시정에 지나치게 많은 비용이 들거나 그 밖에 시정을 합리적으로 기대할 수 없는 경우에는 이용자는 제공자에 대해 대금감액을 청구하거나 계약을 해제 또는 해지할 수 있다. 다만, 하자가 중대하지 않은 때에는 이용자는 대금감액만을 청구할 수 있다. ③ 제1항 및 제2항에 따른 권리는 다음 각 호의 때로부터 2년 내에 행사하여야 한다. 1. 계속적 제공을 목적으로 하는 경우에는 그 제공기간이 종료한 때 2. 일회적 제공의 경우에는 디지털제품이 제공된 때 3. 제733조의3제3항에 따른 보완조치 의무를 위반하여 하자가 있는 경우에는 그 의무의

	존속기간이 종료한 때 ④ 제3항의 기간은 디지털제품 제공에 관하여 민법상 다른 전형계약의 규정이 적용되는 경우에도 적용된다.
<신 설>	제733조의5(계약 종료에 따른 법률관계) ① 이용자는 계약 종료 이후 디지털제품을 계속 이용하지 못한다. ② 계약 종료 후에 제공자는 이용자가 디지털제품을 이용하는 과정에서 생성한 콘텐츠를 더 이상 이용할 수 없다. 다만, 제공자가 계약 종료 후에도 이용자가 생성한 콘텐츠를 사용하는 데 대해 이용자가 동의하거나 그 외 제공자 또는 제3자가 그 이용에 정당한 이익을 갖는 경우에는 그러하지 아니하다.
<신 설>	제733조의6(계속적 제공계약에서 디지털제품의 변경) ① 디지털제품에 대한 계속적 제공계약의 경우 제공자는 다음 각 호의 요건을 갖추어 디지털제품을 변경하여 제공할 수 있다. 1. 계약 당시에 제공자의 변경가능성을 유보하였을 것 2. 디지털제품을 변경하지 않으면 해당 제품의 목적 달성이 곤란해지거나 어느 한 당사자의 이익이 부당하게 침해되는 경우 등 제품의 변경에 합리적 이유가 있을 것 3. 변경에 앞서 상당한 기간 전에 이용자에게 변경의 취지와 내용을 통지할 것 ② 이용자는 제1항에 따른 제품의 변경으로 인하여 디지털제품의 이용이익을 침해받게 되는 경우에는 상당한 기간 내에 계약을 해지할 수 있다.

2. 논의 과정 및 주요 내용

디지털계약 개정안은 법무부가 민법의 현대화를 염두에 두고 마련한 법안이다. 디지털기술 발전과 IT 인프라 확산으로 인하여 전 세계적으로 디지털콘텐츠와 관련 서비스의 제공과 소비가 급증하고 있다. 그러나 이를 대상으로 하는 제공자와 이용자 간 계약을 규율하는 규범은 충분히 마련되어 있지 않은 상황이다. 디지털콘텐츠나 데이터는 복제가 용이하고 배타성이 없어서 통상의 물건으로 취급되기 어렵기 때문에 주로 물건을 사고파는 계약을 전제로 만들어진 민법의 계약 규정들도 그대로 적용하기 어렵다. 이에 계약의 기본법인 민법에 디지털콘텐츠계약을 규율할 수 있는 별도의 종합적 규정을 임의규정으로 신설하여 디지털콘텐츠계약의 전범을 제시하고, 당사자들의 자율성을 존중하면서도 이용자의 권익을 보호하고 거래의 편의와 효율을 높이려는 것이 이 개정안의 목적이다.[15)]

디지털계약 개정안은 2019년 EU의 「디지털콘텐츠 및 디지털서비스 공급의 계약법적 측면에 관한 입법지침」(이하 'EU 디지털지침'이라고 한다)[16)] 지침을 중요한 소재로 삼았다. 다만 개정안은 EU 디지털지침과 달리 사업자-소비자 간의 관계만 규율 대상으로 하지 않는다. 따라서 소비자가 아닌 당사자도 디지털계약의 '상대방'이 될 수 있다. 이를 소비자계약의 일종으로 보는 경우 민법에 소비자 개념을 도입할 필요가 있는데 이는 이번 개정안에서 다루기에는 너무 큰 주제였다. 물론 실제로는 개정안은 사업자-소비자 간의 관계에 주로 활용될 가능성이 크다. 이는 마치 약관법이 그 적용 범위를 소비자 거래에 국한하지 않지만 실제로는 소비자 보호의 기능을 상당 부분 수행하는 것과 마찬가지이다.

논의 과정에서는 EU 디지털지침에 있는 80여개 조항 중 우리 민법에 들어올 필요가 있는 조항들을 선별하고 이를 소재로 조항의 구체적인 내용을 구상하는 작업이 진행되었다. 해당 분과위원장인 김상중 교수와 해당 분과위원인 이동진 교수가 각각 초안을 만들었고, 내부 논의를 거쳐 김상중 교수가 이를 하나의 초안으로 통합하였다. 이를 출발점으로 삼아 법무자문위원회의 논의를 거쳐 현재의 개정안에 이르게 되었다. 새로운 조항들로 구성되어 있는 만큼 비교적 짧은 기간 동안 상당히 많은 쟁점들에 대하여 논의가 이루어졌는데, 주된 논의 사항들과 개정안에 이르게 된 경위는 아래와 같다.

가. 조문 위치

우선 해당 조항들을 민법에 둘 것인지, 아니면 이를 규율하는 특별법을 제정할 것인지가 논점이 되었다. 이 논점은 해당 내용을 B2C로 국한할 것인지, 아니면 B2B에도 적용 가능성을 열어 놓을 것인지, 얼마나 많은 조항들을 둘 것인지, 그 조항의 내용을 얼마나 구체적으로 규정할 것인지, 임의규정과 강행규정 중 어느 성격의 규정을 기본으로 삼을 것인지, 실제 개정 가능성이 어떠한지 등 여러 가지 세부 논점들과 관련되어 있다. 여러 갈래의 의견이 있었으나 결국 민법에 두는 쪽으로 의견을 모았다. 특별법 제정안도 충분히 합리적

15) 이상 입법예고에 기재된 제안이유 참조.

16) Directive (EU) 2019/770 of the European Parliament and of the Council of 20 May 2019 on certain aspects concerning contracts for the supply of digital content and digital service.

인 안이지만 결국은 현실적인 고려가 영향을 미쳤다. 민법은 법무부의 소관 법령임에 의심의 여지가 없는 반면, 디지털콘텐츠나 디지털서비스의 계약관계를 규율하는 새로운 법률이 과연 그러한가에 대해서는 부처 간 이견의 여지가 큰 상황이었다. 이러한 상황에서 새로운 법률을 제정하려는 입법 시도는 추진 단계에서부터 어려움을 겪을 가능성이 컸다. 개인적으로는 인격표지영리권도 마찬가지이지만 디지털계약에 관하여서도 특별법을 제정하는 방법이 이상적이라고 생각하였으나, 이 문제를 성문법으로 규율하기 위한 현실적이고 전략적인 선택으로서 민법에 관련 조항들을 두는 것도 불가능하지 않다고 생각하였다.

이에 관한 규율을 특별법이 아닌 민법에 둔다면 어느 위치에 둘 것인지도 어려운 문제였다. 크게는 이를 모든 계약 유형을 아우르는 총론적 규정으로 둘 것인지, 아니면 전형계약에 관한 각론적 규정으로 둘 것인지가 논쟁의 대상이었다. EU 디지털지침을 국내법으로 수용한 독일의 경우 이를 민법전에 편입하면서 제2편 “채권관계법”, 제3장 ”계약에서 발생하는 채권관계“ 중 제2절의a ”디지털제품에 관한 계약“을 신설함으로써 계약 총칙에 관련 규정들을 두었다. 이론적으로는 기존의 전형계약이 채권채무의 내용(재산권 이전? 재산권 대차? 노무 제공? 유상 또는 무상? 등)에 기초하여 분류되는 반면 디지털계약은 채권채무의 목적물(디지털콘텐츠) 및 내용(디지털서비스)에 기초하여 유형화된 계약이므로 유형화의 기준에서 차원을 달리한다는 문제가 있었다. 이는 디지털계약이 다른 전형계약 유형과 결합될 가능성으로도 이어진다. 예컨대 디지털계약은 매매와 유사한 성질을 띨 수도 있고 위임이나 도급과 유사한 성질을 띨 수도 있다. 이러한 경우 디지털계약 조항들이 기존 전형계약 조항들과 어떤 관계에 있는가 하는 복잡한 문제가 발생하게 된다.

그러나 채권총론 또는 계약각론에 디지털계약에 관한 총론적 규정들을 두는 것이 입법기술상 상당히 어렵다는 문제도 지적되었다. 결국 해당 규정들을 통하여 규율하고자 하는 것은 디지털콘텐츠나 디지털서비스를 제공하는 계약에서 당사자가 어떠한 권리의무관계에 있게 되는가, 업데이트와 관련해서는 어떤 조치가 필요한가, 디지털제품에 하자가 있을 때 어떤 책임을 지게 되는가, 유동적인 속성을 가지는 디지털제품의 변경은 법적으로 어떻게 규율되는가 등의 문제인데, 이는 디지털계약에 국한되거나 디지털계약에서 특히 빈번하게 발생하는 문제이지 모든 계약 또는 모든 채권채무관계에 공통적으로 발생하는 문제가 아니다. 그 점에서는 계약각론에 계약유형의 일종으로서의 디지털계약에 관한 절을 신설하여 해당 조항들을 두는 것이 더 적합한 면도 있다. 아울러 계약자유의 원칙 아래 인정되는 각종 혼합계약이나 혼성계약을 떠올려 보면 전형계약의 분류에 너무 도그마틱한 의미를 부여할 필요는 없다는 점, 다른 전형계약 조항들과의 관계는 이를 조정하거나 해결하는 조항을 두면 충분하다는 점 등도 고려하였다. 이에 디지털계약에 관한 절은 제15절 화해 다음의 제16절로 하고, 조항은 화해의 마지막 조항인 제733조에 이어 가지번호를 붙어 제733조의2부터 제733조의6까지 다섯 개 조항을 두었다.

나. 디지털제품 제공계약의 의의

디지털계약 개정안 제733조의2에서는 디지털제품 제공계약을 "당사자 일방이 상대방에게 디지털 형태로 제작 · 공급되는 콘텐츠 또는 그 콘텐츠의 제작 · 처리 · 저장 · 접근 · 유통에 관한 서비스(이하 "디지털제품"이라고 한다)를 제공하고 상대방이 그 이용에 대해 대가를 지급하기로 약정함으로써 효력이 생기는 계약"으로 정의한다. 이러한 정의 과정에서도 상당히 많은 쟁점들이 떠올랐다.

디지털계약은 디지털콘텐츠와 이에 관한 서비스를 제공하는 계약이다. 이와 관련하여 콘텐츠 또는 디지털콘텐츠의 개념 정의를 별도로 둘 것인가가 논의되었다. 하지만 개념 정의를 별노로 누지 않는 것이 현행 민법의 기조라는 점, 콘텐츠산업 진흥법 등 콘텐츠에 대한 개념 정의가 다른 법률에서 이루어지고 있다는 점, 향후 해석론을 통해 더욱 정확한 개념 정의가 가능하다는 점 등을 고려하여 콘텐츠의 개념 정의 조항은 별도로 두지 않았다. '디지털', '콘텐츠', '서비스'와 같은 외래어 사용에 따른 이질감에 대한 우려도 있었으나, 이러한 용어들은 이미 법률[17] 또는 일상생활에 자리 잡고 있다는 점을 고려하여 이를 그대로 사용하였다. 디지털콘텐츠와 디지털서비스를 아우르는 개념으로 '디지털제품'[18]을 선택하였다. 독일민법 제327조 등이 이러한 개념(digitale Produkte)을 사용하고 있다.

한편 디지털계약은 유상 · 쌍무계약으로 상정되었다. 이에 따라 제공자는 디지털콘텐츠 내지 디지털서비스를 제공하고 상대방이 그 이용에 대해 대가를 지급하기로 약정함으로써 효력이 생긴다. 여기에서 '대가'는 주로 대금의 형태를 상정한 것이고 실제로도 그러할 것이다. 하지만 대금 외의 대가 제공 가능성을 굳이 배제하지는 않았다. 이는 개인정보도 대가 내지 반대급부로 제공될 수 있는가라는 논쟁적인 주제와도 관련된다.[19] 논의 과정에서는 개인정보가 반대급부로 제공될 수 있다는 점을 명시하자는 제안도 있었다. 그러나 개인정보가 반대급부가 될 수 있는가에 관하여는 여전히 논란이 많다는 이유로 반대의견도 강하였다. EU의 디지털지침 제3조도 소비자가 사업자에게 개인정보를 제공하거나 그 제공

17) 예컨대 「디지털 기반의 원격교육 활성화 기본법」, 「산업 디지털 전환 촉진법」, 「콘텐츠산업 진흥법」, 「건축서비스 산업 진흥법」, 「사회서비스 이용 및 이용권 관리에 관한 법률」' 등 참조.

18) 제품이라는 표현이 유체물만을 포함하는 것으로 생각될 여지도 있다. 다만 금융상품, 서비스상품 등의 용례에서 알 수 있듯이 제품도 무체적인 콘텐츠나 서비스를 포함하는 용어로 사용하지 못할 이유가 없다. 그 점에서 '제품'과 '제조물'은 구별된다.

19) 이 점에 관한 독일 등 외국의 논의 동향에 관하여는 김진우, 대가로서의 디지털 개인정보: 데이터의 개인정보보호법 및 계약법적 의의, 비교사법 24/4 (2017) 1521-1558 참조.

을 약속하는 경우에도 이 지침이 적용될 수 있다고 규정하나,[20] 이러한 규정으로부터 개인정보가 반대급부에 해당한다는 점이 곧바로 도출되지는 않는다. 결론적으로 개인정보의 반대급부성에 대한 명문의 규정은 두지 않게 되었다.

다. 제공자의 의무

개정안 제733조의3은 제공자의 의무를 규정하고 있다. 제1항은 하자 없는 디지털제품의 제공의무를 규정하고 있다. 물론 이 의무는 디지털계약의 가장 전형적이고 기본적인 의무[21]일 뿐이므로 계약에서 정하는 바에 따라 다른 형태의 의무가 추가될 수도 있다.

초기 단계에서는 EU 디지털지침을 참조하여 기능성, 호환성, 상호운용성, 통합성 등 디지털제품이 갖추어야 할 속성을 명시하는 초안을 마련하였다. 그러나 해당 속성에 대한 정의 조항 없이는 그 의미에 대한 이해 가능성이 떨어진다는 점, 그렇다고 하나씩 정의할 경우 조항이 지나치게 길어진다는 점, 민법의 다른 하자 관련 조항들도 하자의 구체적 판단 기준을 제시하고 있지는 않은 점, 호환성이나 상호운용성은 해석하기에 따라서는 디지털제품 제공자에게 불투명한 비용과 부담을 요구하는 속성이 될 수도 있어 관련 산업계에 큰 혼란을 초래할 수 있다는 점 등을 고려하여 그 초안은 폐기하였다. 디지털제품에 합리적으로 기대되는 기능과 품질은 1차적으로는 계약, 2차적으로는 거래 관념에 따라 정하는 것으로 하였다.[22]

디지털제품의 경우 기존의 물건 또는 용역과는 다른 양태로 제공되는 점을 고려하여 개정안 제733조의2 제2항에서는 저장매체의 인도, 접근 및 다운로드(디지털콘텐츠), 접속 등(디지털서비스) 제공의 내용을 예시하였다. 개정안 제733조의3 제3항은 이른바 업데이트 관련 의무를 규정한 조항이다. 디지털제품이 계속적으로 제공되어야 하는 경우와 1회적으로 제공되면 충분한 경우를 나누어 전자의 경우에는 그 제공기간 동안, 후자의 경우에는 디지털제품의 성질과 용도 등을 고려한 상당한 기간 동안 "제1항의 기능과 품질을 유지하기 위하여 필요한 합리적인 보완조치"를 취할 의무를 부과하였다. 업데이트 또는 업그레이드와 같은 용어의 사용도 고려되었으나 해당 용어의 법률적인 의미가 완전히 명확하지 않은데다가 업데이트 또는 업그레이드는 엄밀히 말하면 이용자의 몫인 경우가 많다는 점 때문에 "합리적인 보완조치"라는 표현을 사용하게 되었다.

---

20) 독일 민법 제312조도 이와 유사한 내용을 규정한다.

21) 이 점에 착안하여 초기 단계에서는 개정안 제733조의3의 표제를 '제공자의 기본의무'라고 하였으나, '기본의무'라는 개념이 생소하고 어색하다는 이유로 '제공자의 의무'로 변경되었다.

22) 개정안 제733조의3은 그 순서를 명시하지 않고 있으나 일반적으로 이러한 순서에 따라 하자 여부를 판단한다는 점에 대해서는 공감대가 형성되어 있다. 이 조항은 이러한 공감대를 전제로 만든 조항이다.

라. 제공자의 담보책임

개정안 제733조의4는 제공자의 담보책임에 관한 규정이다. 민법 제567조에 따라 매매의 담보책임에 관한 규정은 매매 이외의 유상계약에도 준용된다. 디지털계약은 그 준용 대상인 유상계약의 일종이다. 하지만 물건과 권리를 전제로 한 매매의 담보책임 규정이 디지털계약에 언제나 그대로 준용될 수는 없다. 따라서 디지털계약에 특유한 담보책임 규정을 별도로 둔 것이다. 개정안 제733조의4에 따르면 디지털제품에 하자가 있는 경우 이용자가 제공자에게 하자시정을 청구할 수 있는 권리(하자시정청구권)를 가진다(제1항). 제공자가 정당한 이유 없이 하자의 시정을 거절하거나, 하자의 시정에 지나치게 많은 비용이 들거나, 그 밖에 시정을 합리적으로 기대할 수 없는 경우 제공자에게 대금감액을 청구하거나, 해제 · 해지를 할 수 있는 권리를 가진다(제2항). 이와 별도로 채무불이행을 이유로 손해배상 청구를 할 수 있음은 물론이다. 한편 디지털제품에 적용되는 하자담보책임의 존속기간을 2년으로 설정하는 한편, 다른 전형계약상 담보책임의 존속기간과의 중첩에 관한 규정을 두었다(안 제733조의4 제3항, 제4항).

국제적 추세나 국내에도 채택된 유엔국제물품매매협약(CISG)[23]을 고려하여 하자 대신 계약 부적합이라는 표현을 사용하자는 의견도 있었으나, 민법의 다른 조항들에서 엄연히 '하자'라는 개념을 사용하고 있는 이상 일단 여기에서도 그 개념을 사용하기로 하였다. 이러한 표현의 변경은 민법을 전면 개정할 때 고려할 수 있을 것이다. 한편 담보책임 존속기간을 2년으로 정한 것은 EU 디지털 지침 제11조 제2항 등 외국 법제를 참고한 결과이다. 이 기간은 제척기간의 성격을 띤다. 권리행사의 기산점은 계속적 제공의 경우는 그 제공기간 종료 시, 일회적 제공의 경우는 제공 시, 사후 보완조치(업데이트)의 경우는 그 의무의 존속기간 종료 시이다. 사후 보완조치의 경우 그 의무의 존속기간 종료 시가 제척기간의 기산점이라고 하여 그 존속기간 중에 권리를 행사할 수 없는 것은 아니다.

개정안 제733조의4 제4항은 디지털제품 제공에 관하여 민법상 다른 전형계약의 규정이 병존적으로 적용될 수 있음을 고려하여 하자담보책임의 존속기간에 관한 적용 법조를 정한 조항이다. 가령 디지털콘텐츠가 유체물에 내장되어 매매의 대상이 되는 경우에는 디지털콘텐츠 제공이라는 측면에서는 디지털계약의 성격을 띠지만 유체물의 이전이라는 측면에서는 매매계약의 성격을 띤다. 또한 디지털콘텐츠의 제작을 목적으로 하는 서비스 제공계약이 도급의 성격을 띠는 경우도 있다. 이 경우 매매 또는 도급의 담보책임 규정도 적용될 수 있는데 이용자는 어떤 구제수단에 의거하여 자신의 권리를 행사할지를 선택할 수

23) CISG 제35조는 하자라는 개념 대신 계약 부적합이라는 개념을 사용한다.

있다. 만약 매매 또는 도급의 담보책임에 관한 제척기간이 경과하였더라도 디지털계약의 담보책임에 관한 제척기간이 남아 있다면 디지털계약의 담보책임을 물을 수 있다.

마. 계약의 종료에 따른 법률관계

개정안 제733조의5는 디지털제품이 지닌 비배타성, 복제 및 사후 활용이 용이한 특수성으로 인하여 디지털콘텐츠계약이 종료된 후에 문제될 수 있는 법률관계를 규율하는 조항이다. 이용자는 계약 종료 이후 디지털제품을 계속 이용하거나 제3자에게 제공할 수 없음을 명문화하였다(제1항). 또한 제공자는 이용자가 디지털제품을 이용하는 과정에서 생성한 콘텐츠를 더 이상 이용할 수 없음을 원칙으로 하되, 이용자가 동의하는 경우 또는 제공자나 제3자가 그 이용에 정당한 이익을 가지는 경우에는 이용을 허용하는 예외를 두었다(제2항). 초기에 마련된 개정안에서는 디지털제품의 반환 및 삭제의무에 대한 언급도 있었으나, 디지털제품의 반환이나 삭제가 항상 필요하지 않을 뿐만 아니라[24] 이는 일반적인 원상회복 또는 부당이득 반환의 법리나 관련 약관 규정 또는 기술적 조치로 충분히 규율할 수 있다는 점을 고려하여 이러한 부분에 대한 규율은 두지 않았다.

바. 디지털제품의 변경

개정안 제733조의6에서 규정하는 디지털제품의 변경은 이른바 급부변경권에 관한 조항이다. 이는 계속적 제공계약의 제공기간 중 디지털제품의 내용이나 조건이 변경되는 경우가 종종 발생하는데 그 변경의 요건과 한계를 정하기 위한 것이다. 변경가능성 유보(제1항 제1호), 변경의 합리적 필요성(제1항 제2호), 사전 통지(제1항 제3호)가 그 요건이다. 계약에 변경가능성을 유보해야 변경할 수 있다는 요건에 대하여는, 이 조항은 계약에서 변경가능성을 유보하지 않은 경우에도 디지털제품의 유동적인 속성에 비추어 변경을 허용하는 데 실익이 있으므로 계약 유보 요건은 굳이 필요하지 않다는 의견도 있었다. 하지만 EU 디지털지침 제19조는 소비자 보호의 차원에서 이러한 요건을 규정하고 있다. 개정안의 디지털계약 관련 조항들도 사실상 사업자-소비자 거래에 의미 있게 적용되는 경우가 많을 것이므로 이러한 요건을 두기로 하였다. 이 조항은 계약에 변경 가능성을 유보하는 경우에도 그 외에 합리적 필요성 요건(제2호), 사전 통지 요건(제3호)를 추가로 갖추어야 변경이 가능하다는 점을 분명히 하는 의미가 있다. 한편 이처럼 변경 요건을 모두 갖춘 경우라도 이용자는 이러한 제품 변경으로 디지털제품의 이용이익을 침해받게 되는 경우에는 상당한 기간 내에

24) 예컨대 요즘 대세를 이루고 있는 스트리밍 방식의 디지털계약에서는 반환이나 삭제의 문제가 발생하지 않는다.

계약을 해지함으로써 계약의 구속력에서 벗어날 수 있도록 길을 열어 놓았다.

3. 단 상

디지털계약에 관한 개정안에서 가장 중요한 갈림길은 이를 소비자계약의 일종으로 그 성격을 제한하여 규율할 것인가였다. 앞서 살펴보았듯이 EU는 이를 사업자-소비자 간의 계약에 국한하여 규율하기로 결정하였다. 이는 EU가 그동안 방문판매지침(85/577/EEC), 불공정조항지침(93/13/EEC), 통신판매지침(97/7/EC), 소비자매매지침(1999/44/EC) 등 소비자보호를 위한 다양한 개별 법제를 마련해 왔고, 그 토대 위에 소비자권리지침(2011/83/EU)을 제정하는 등 소비자계약에 국한하여 관련 규범들을 마련하여 왔다는 점, 이번 EU 디지털지침도 이러한 연장선상에 있다는 점, 이러한 지침의 흐름 아래 독일과 같은 개별 국가에서도 민법에서 소비자 보호 문제를 규율하여 왔다는 점을 배경으로 한다. 이처럼 소비자계약으로 국한할 경우 그 내용에 있어서도 소비자보호를 위한 상세한 규정들을 두게 되고, 그 규정들은 대체로 강행규정의 속성을 가지게 된다. 이 경우 이러한 규정들은 소비자보호를 위한 특별법의 형태로 담는 것이 더 자연스럽다.

이러한 방향성에도 충분한 합리성과 설득력이 있음은 물론이다. 또한 향후 논의의 전개 방향에 따라서는 이러한 방향성으로 선회할 가능성도 있고, 또 그렇게 되더라도 그 방향 전환에는 충분한 이유가 있다고 생각한다. 다만 입법 방향은 입법이 행해지는 국가에 존재하는 수많은 현실적 변수들에 의해 결정되어야 하는 것이므로 그 국가 밖에 있는 특정 지역 또는 특정 국가의 특정 규범을 따라야 하는 것은 아니다. 학계에서는 이 주제와 관련하여 유럽 또는 독일의 논의에 치중하고 있으나, 디지털 시장은 글로벌 시장이므로 아시아나 대양주, 미국 등 다른 국가들의 법제까지 고려한다면 유럽의 모델이 절대적으로 따라야 하는 모델이 될 수는 없다. 우리나라 민법은 소비자 개념을 규정하거나 소비자 보호 문제를 정면으로 규율하고 있지 않다. 이러한 상황에서 적용대상인 디지털거래를 소비자거래로만 제한하여 이 문제를 규율하는 것은 부자연스럽다. 아울러 유럽 모델은 디지털제품 제공자가 사실상 강자의 지위에 있다는 것을 은연중에 전제하나, 디지털제품 제공자 중에는 개인이나 스타트업 등 중소 콘텐츠제공자들도 상당히 있으므로 이를 그렇게 파악할 수만은 없다. 또한 어떤 내용을 민법과 특별법 중 어디에 규율할 것인가는 디지털계약에 관한 규율의 일반성과 포괄성의 추구 정도, 소관 부처 및 통과 가능성 등을 고려하지 않고서는 현실적인 결정을 내리기 어려운 측면이 있다.

그렇게 본다면 민법에 이 내용을 담기로 하면서 디지털거래를 소비자거래로만 국한하지 않은 개정안의 태도는 현재 민법의 스타일이나 방향성과도 일치한다. 여행계약이나 약관의 예에서도 알 수 있듯이 꼭 해당 계약의 성격을 소비자계약으로 규정하지 않더라도 사실상 소비자를 보호하기 위한 목적을 포함한 규정들을 두는 것이 가능하다. 한편 이러한 규정들에 강행규정의 성격을 부여할 것인가는 여전히 논의의 가치가 충분한 논제이다. 현행 개정안은 해당 규정들이 임의규정임을 전제하고 있다. 다만 디지털거래가 소비자와의 관계에서 이루어지는 경우 대부분 약관이 사용될 것이고, 이 경우 약관규제법의 불공정성 심사 내지 판단과 결합하면 사실상 강행규정과 유사한 효과를 가질 수 있을 것이다.

민법에 해당 내용을 담는 과정에서 조항의 추상성과 일반성, 포괄성의 정도가 높아진 것은 개정안의 한계이다. 하지만 다른 한편 디지털계약을 둘러싼 환경의 가변성이나 변동성을 생각할 때 지나치게 구체적이고 세부적인 조항을 두는 것은 오히려 이러한 환경 변화에 신축적으로 대응하는 것을 어렵게 만드는 측면도 있다. 세부 조항들을 입안하는 과정에서 결국은 초안보다 더 일반적이고 포괄적인 형태의 개념이나 내용으로 전환된 점(예컨대 디지털제품이 마땅히 갖추어야 할 속성에 대한 정의와 이에 관한 의무 부과, 업데이트에 관한 의무 부과 등)도 이러한 이유 때문이다.

Ⅴ. 마무리 - 보다 체계적인 입법을 위하여

지금까지 2022년 민법 개정안의 추진 경위와 내용을 간단하게 소개하고 필자의 단상을 덧붙였다. 돌이켜 보면 법무부의 시간표에 맞추어 비교적 단기간 내에 추진하다 보니 논의의 심도와 빈도가 다소 부족했다는 생각도 든다. 그러나 민법이 시민법으로서 가지는 생명력과 실효성을 유지한다는 차원에서 현재 한국 사회에서 중요한 의미를 가지는 법적 쟁점들에 대해 민법에 의한 규율을 시도하였다는 점에서 가치가 있다고 생각한다. 이번 개정안이 앞으로 어떤 운명을 맞이하게 될지 알기는 어렵다. 현재 국회에 처리되지 못한 법안들이 엄청난 숫자로 쌓여 있다는 점, 이번 개정안이 정치적 관점에서 우선순위를 차지하기도 어렵다는 점에서도 그러하다. 또한 법무부는 2023년 업무계획을 통해 금년에 민법(재산법) 전면 개정작업을 다시 추진하겠다는 계획을 밝힌 바 있는데, 이번 개정안이 이러한 작업과 어떤 관계를 가지게 될지도 불투명하다. 하지만 서두에서 밝혔듯이 이번 개정안의 운명과 무관하게 이에 관한 입법적인 노력 자체가 가지는 의미를 부정할 수는 없다. 이 글을 마무리하면서 기본법을 둘러싼 우리의 입법 현실에 관하여 가지게 되는 아쉬움을 몇 글자 적고자 한다.

이상적으로 말하자면 법제, 특히 기본법제는 긴 호흡으로 지속적이고 정기적인 검토와 성찰을 거쳐 체계적으로 개선해 나갈 필요가 있다. 그러나 현실은 그렇지 않다. 국회의원들은 정치적인 임팩트가 있는 원포인트 개정을 선호하는 듯하다. 기본법제에 대한 체계적이고 정합성 있는 검토와 개정은 정치적인 가성비가 떨어지기 때문이다. 입법의 문화와 동기부여 시스템이 바뀌지 않는 이상 이러한 정치적인 이해관계를 따지지 않고 중장기적 관점에서 가장 바람직한 기본법제를 설계하고 구축하는 노력을 현재의 입법부에 기대하기는 어렵다. 그나마 정부의 유관 부처(가령 민법의 경우는 법무부)가 그 점에서는 좀 더 나은 지위에 있기는 하나, 정부 부처도 입법 실적 차원에서 가성비를 따지지 않을 수 없다. 즉 국회에서의 통과 가능성, 다른 정부 부처와의 원만한 협의 가능성, 대통령 또는 장관의 관심도, 여론의 반응 등에서 완전히 자유로울 수는 없다. 이러한 이해관계를 초월하여 보다 긴 관점에서 꾸준히 입법적인 노력을 기울일 수 있는 난제도 달리 발견되지 않는다. 학자들이 목소리를 내야 하고, 또 실제로도 여기저기서 꾸준히 목소리를 내긴 하였지만, 여전히 해석론이나 비교법적인 법제 분석이 학계의 대종을 차지할 뿐만 아니라 우리나라 입법에 대한 목소리는 충분히 조직되지 않은 상태로 간헐적으로 메아리칠 뿐이다. 결국 법제, 특히 기본법제에 대하여 정치적 환경과 무관하게 긴 호흡에서의 검토와 개선 작업을 담보할 수 있는 지속 가능한 시스템이 필요하다.

이 점에서 영국의 법률위원회(Law Commission)는 참고할 만한 모델이다. 법률위원회는 1965년 법률위원회법(Law Commissions Act 1965)에 의하여 설립된 기구이다. 법무부(Ministry of Justice)의 지원을 받지만 업무 수행에 있어서는 독립성을 유지한다. 이 위원회는 영국과 웨일즈의 법제를 지속적으로 검토하고 그 개선을 통하여 공정하고 현대적이며 단순하고 효율적인 법제를 설계한다. 위원회가 검토 주제를 선정하여 의견 수렴 및 연구를 진행하고, 보고서를 통해 의회에 법제 개선을 제안한다. 위원회의 최고 의사결정기구인 이사회는 의장(chair)과 4명의 위원(commissioner), 최고 행정책임자(Chief Executive), 3명 이내의 비상임이사(Non-executive board members), 법률서비스 팀장(Head of Legal Services), 법인서비스 팀장(Head of Corporate Services)으로 구성된다. 현재 법률위원회 위원장은 전직 법학교수이자 현직 항소법원 판사인 Nicholas Green 판사, 위원은 Sarah Green 교수(상거래법, 보통법 담당), Nicholas Hopkins 교수(재산법, 가족법, 신탁법 담당), Penney Lewis 교수(형사법 담당), Nicholas Paines 판사(공법, 웨일즈법 담당)가 각각 맡고 있다. 법률위원회는 관련 부처의 장관 및 의회 자문관들과도 긴밀하게 협의하며 입법의 씽크탱크(think-tank) 역할을 수행하고 있다. 법률위원회의 제안이 구속력을 가지는 것은 아니지만 사실상 큰 무게로 받아들여진다. 법률위원회는 단기의 정치적 이해관계나 여론에 휘둘리지 않고 긴 호흡으로 끊임없이 영국 입법의 현실을 살펴보고 그 나아갈 바를 체계적이고 정합성 있게 제시하고 있다. 입법은 특정 분야에만 치우치지 않는데 최근 발간된 보고서 중 민법의 관점에서 눈여겨 볼 만한 것으로 2021년 소비자매매계약(Consumer sales contracts), 2022년 자율주행자동차(Automated Vehicles),[25] 전자거래문서(Electronic trade documents)[26]에 관한 보고서가 있다.

일본 법무성 법제심의회(法制審議会)[27]도 참고할 만한 모델이다. 법제심의회는 일본 법무성 산하의 상설 위원회로서 주제를 지속적으로 선정해 가며 법제 개선 작업을 수행한다. 법제심의회는 총회(総会)와 부회(部会)로 구성되어 있고, 부회는 각 주제별로 법제에 대한 연구, 검토 및 제안 작업을 진행한다. 2023. 2. 현재 법제심의회는 9개 부회로 구성되어 있다.[28] 각 부회의 부회장은 일반적으로 법학교수가 맡고, 부회 위원들은 학계와 실무계, 관계 인사들이 맡으며, 부회 간사는 소관 부처의 참사관이나 과장들이 맡는다. 예컨대 담보법제부회는 도가우치 히로토(道垣内弘人) 교수가 부회장(部会長)을 맡았다. 부회 위원은 학계(교수) 7명, 실무가(판사, 변호사, 사법서사 등) 4명, 금융 등 관련 업계 4명, 관료(국장 또는 심의관급) 4명 등 총 19명으로 구성되었다. 부회 간사는 학계(교수) 6명, 관료(심의관, 관리관, 참사관 또는 과장급) 8명, 변호사 1명 등 총 15명으로 구성되었다. 최근에는 담보법제 개선에 관한 중간시안을 발표하기도 하였다. 각 부회는 수년 간 지속되며 부회에서 제안된 내용은 법안의 형태로 제출되는 경우가 많다. 우리나라와 달리 이러한 경우 법안의 통과 가능성은 매우 높다고 한다.

영국이나 일본은 모두 의원내각제 국가라는 점에서 우리나라와 입법 환경이 동일하지는 않다. 그러나 일정한 독립성을 갖춘 기구 내지 위원회의 존재, 전문가들의 주도적 참여, 그때그때의 정치적 이슈와 이해관계에 얽매이지 않는 체계적이고 지속적인 법제 검토, 검토 단계에서 행정부와 입법부의 참여, 그 성과물에 대한 존중 등의 요소는 우리나라에서도 반영될 수 있다. 아울러 기본법제(특히 私法 분야)에 대한 입법작업은 아무래도 정치적인 이해관계나 관심도와는 동떨어질 수 있으나 전체 법제의 체계성과 방향성을 높인다는 관점에서는 중요한 의미를 가질 수 있다. 그러므로 이를 그때그때 제출되는 법안에 대한 국회의원 개개인의 관심도에 운명을 맡기기보다는 이를 일정한 기한 내에 처리하도록 하는 국회법 개정 등 시스템 차원에서의 구축도 고민해 보아야 하지 않을까?

---

25) Automated vehicles [2022] EWLC 404 (January 2022).

26) Electronic trade documents [2022] EWLC 405 (March 2022).

27) https://www.moj.go.jp/shingikai_index.html.

28) 가족법제부회, 형사법(성범죄관계)부회, 호적법부회, 상법(선하증권등관계)부회, 생식보조의료 관련 친자법제부회, 담보법제부회, 형사법(정보통신기술관계) 부회, 민사집행 · 민사보전 · 도산 및 가사사건등에 관한 절차(IT화관계) 부회, 구분소유법제부회가 설치되어 있다.

퍼블리시티권과 부정경쟁방지법
- 대법원 2020.3.26.자 2019마6525 결정 -

권 태 상

이화여자대학교 법학전문대학원 교수, 변호사

[사실관계와 결정]

1. 사실관계

(1) 채권자 주식회사 빅히트엔터테인먼트는 연예인 매니지먼트, 음반 제작, 공연 기획 등 엔터테인먼트 사업을 하는 회사이다. 채권자는 2011년경 오디션을 통해 7명을 선발하여 '방탄소년단(영문명: BTS)'이라는 이름의 그룹을 결성하게 하였다.

(2) 채권자는 2012. 6. 12.경 이 사건 그룹의 구성원들과 각 전속계약을 체결하였는데, 그 주요 내용은 아래와 같다.[1)]

> 제2조(매니지먼트 권한의 부여 등)
>
> ① 을(방탄소년단의 각 구성원, 이하 같다)은 갑(채권자, 이하 같다)에게 제4조에서 정하는 대중문화예술인으로서의 활동('연예활동')에 대한 독점적인 매니지먼트 권한을 위임하고, 갑은 이러한 매니지먼트 권한을 위임받아 행사한다. 다만 을이 갑에게 위 독점적인 매니지먼트 권한의 일부를 위임하는 것을 유보하기로 양 당사자가 합의하는 경우에는 그러하지 아니하다.
>
> 제8조(상표권 등)
>
> 갑은 계약기간 중 본명, 예명, 애칭을 포함하여 을의 모든 성명, 사진, 초상, 필적, 기타 을의 동일성(identity)을 나타내는 일체의 것을 사용하여 상표나 디자인 기타 유사한 지적재산권을 개발하고, 갑의 이름으로 이를 등록하거나 을의 연예활동 또는 갑의 업무와 관련하여 이용(제3자에 대한 라이선스 포함)할 수 있는 권리를 갖는다. 다만 계약기간이 종료된 이후에는 모든 권리를 을에게 이전하며, 갑이 지적재산권 개발에 상당한 비용을 투자하는 등 특별한 기여를 한 경우에는 을에게 정당한 대가를 요구할 수 있다.

1) 이 계약의 내용은 공정거래위원회의 "대중문화예술인(가수중심) 표준전속계약서(표준약관 제10062호, 2014. 9. 19. 개정)"를 따른 것으로 보인다.

제9조(퍼블리시티권 등)

① 갑은 계약기간에 한하여 본명, 예명, 애칭을 포함하여 을의 모든 성명, 사진, 초상, 필적, 음성, 기타 을의 동일성(identity)을 나타내는 일체의 것을 을의 연예활동 또는 갑의 업무와 관련하여 이용할 수 있는 권한을 가지며, 계약기간이 종료되면 그 이용권한은 즉시 소멸된다.

제10조(콘텐츠 귀속 등)

① 계약기간 중에 을과 관련하여 갑이 개발 · 제작한 콘텐츠(이 계약에서 '콘텐츠'라 함은 을의 연예활동과 관련하여 제4조 제2항의 매체를 통해 개발 · 제작된 결과물을 말한다)는 갑에게 귀속되며, 을의 실연이 포함된 콘텐츠의 이용을 위하여 필요한 권리는 발생과 동시에 자동적으로 갑에게 부여된다.

제11조(권리 침해에 대한 대응)

제3자가 제8조 내지 제10조에 규정된 권리를 침해하는 경우, 갑은 갑의 책임과 비용으로 그 침해를 배제하기 위한 조치를 취할 수 있으며 을은 이와 같은 갑의 침해배제조치에 협력한다.

(3) 채권자는 위와 같은 전속계약을 체결한 후 방탄소년단(BTS) 구성원 전체의 공연과 광고 촬영 및 방송 출연을 비롯한 대중문화예술인으로서의 활동 전반을 기획해왔다.

방탄소년단(BTS)은 2018. 5.경까지 합계 약 730만 장의 앨범을 판매하였고, 그 수록곡이 국내외의 주요 음반 순위에서 1위를 기록하기도 하였으며, 그 뮤직비디오는 유튜브(youtube.com)에서 1억 회 이상 재생되는 등 국내외에서 수요자들에게 널리 알려져 왔다.

채권자는 방탄소년단(BTS)의 앨범, 공식 화보집, DVD를 상업적으로 제작 · 판매하고 있고, 방탄소년단(BTS)의 인기를 바탕으로 다수의 기업들과 방탄소년단(BTS)이 출연하는 광고계약을 체결하였다.

(4) 채무자 주식회사 엠지엠미디어는 '스타포커스'라는 제호로 주로 연예인의 활동에 관한 정보를 제공하는 월간 연예잡지를 발행하고 있다. 채무자는 2018. 11. 22. 채무자의 홈페이지에 '2018. 12. 3. 방탄소년단(BTS) 데뷔 2,000일을 기념하여 <BTS History 심층취재판>을 발행할 예정이고 여기에는 2013년 방탄소년단(BTS)의 풋풋한 데뷔 쇼케이스 현장부터 각종 행사와 무대, 비하인드 컷들이 다양하게 수록될 예정'이라는 취지의 소개글을 게시하였다. 채무자는 그 무렵 <BTS History 심층취재판>에 관한 상품소개서를 영문판으로도 제작 · 배포하였다.

(5) 채권자는 2018. 11. 24. 채무자를 상대로 서울남부지방법원 2018카합20578호로 도서출판금지 등 가처분 신청을 하였다. 서울남부지방법원은 2018. 11. 30. 채무자는 채권자의 동의 없이 화보집의 제작, 판매 등을 하거나, 방탄소년단(BTS) 멤버의 초상, 예명 등을 이용하여 상품의 제작, 판매 등을 하여서는 아니 된다는 내용의 가처분 결정을 하였다. 이 가처분 결정에는 채무자가 명령을 위반하면 채무자는 채권자에게 위반행위가 행해지는 1일단 20,000,000원씩을 지급하라는 내용도 포함되었다.

(6) 채무자는 2019. 1. 초경 '스타포커스 특별판[스타포커스 스페셜 매거진]'을 발행하였다. 이 잡지에는 'BTS Special in Depth'라는 화보집과 57분 분량의 DVD 영상집, 방탄소년단(BTS) 구성원들의 사진이 포함된 포토카드 등(이하 '이 사건 특별 부록'이라 한다)이 특별 부록으로 제공되었다. 이에 채권자는 2019. 1. 10. 위 가처분 결정에 대한 집행문부여를 신청하여 같은 날 집행문을 발급받았다. 그러자 채무자는 2019. 1. 17.경부터 기존의 'BTS Special in Depth' 화보집에 다른 그룹 화보를 일부 추가하여 발행·판매하였다.

채무자가 2019. 1. 발행한 스타포커스 잡지의 판매가는 15,000원으로 평상시 판매가격과 비슷한데, 이 사건 특별 부록이 포함된 '스타포커스 특별판'의 판매가는 43,000원이다.

2. 당사자의 주장

가. 채권자의 주장

방탄소년단(BTS) 이미지와 명성은 신청인의 상당한 투자와 노력으로 만들어진 것인데, 피신청인은 정당한 권원 없이 방탄소년단(BTS) 명칭과 그 구성원의 이름(예명, 본명, 영문명을 포함하여 지칭한다.), 사진을 사용하여 이 사건 특별 부록을 발행하였다. 이는 통상적인 잡지의 보도 범위를 벗어나는 것이고, 공정한 상거래 관행이나 경쟁질서에 반하는 방법으로 신청인의 경제적 이익을 침해하는 행위로서 「부정경쟁방지 및 영업비밀보호에 관한 법률」(이하 '부정경쟁방지법'이라 한다) 제2조 제1호 (카)목의 부정경쟁행위 또는 민법상 불법행위에 해당한다. 따라서 이 사건 가처분 결정의 인가를 구한다.

나. 채무자의 주장

이 사건 특별 부록을 발행하는 것은 단순한 상업적인 화보집이 아니라 대중의 알 권리를 충족시키기 위한 언론보도에 해당하고, 공정한 상거래 관행이나 경쟁질서에 반하는 방법으로 채권자의 경제적 이익을 침해하는 행위로 볼 수 없다. 재산권으로서의 퍼블리시티권은 인정될 수 없어 채무자가 이 사건 특별 부록에서 방탄소년단(BTS) 명칭과 그 구성원의 이름, 사진을 사용한 것으로 인하여 채권자에게 어떠한 재산적 손해가 발생하였다고 보기 어렵다. 따라서 이 사건 특별 부록 제작 등을 금지한 가처분 결정을 취소하고 가처분 신청을 기각할 것을 구한다.

3. 1심 결정[2)]

가. 피보전권리, 보전의 필요성을 긍정하여 가처분 결정을 인가함

1심 결정은 신청인의 피보전권리, 즉 부정경쟁행위의 금지 · 예방청구권이 소명된다고 하였다. 그리고 피신청인이 가처분 결정에도 불구하고 이 사건 특별 부록을 발행하여 판매하고 있으므로 보전의 필요성도 소명된다고 하였다. 그 결과 가처분 결정이 정당하다고 판단하고 이를 인가하였다.

1심 결정이 피보전권리를 인정한 내용을 살펴보면 다음과 같다. 우선 1심 결정은 방탄소년단(BTS)의 명칭, 그 구성원의 이름, 사진 등이 상품의 판매, 광고계약 등과 관련하여 가지는 고객흡인력은 상당한 투자나 노력으로 얻은 성과이고, 따라서 방탄소년단(BTS)의 명칭, 그 구성원의 이름, 사진 등의 상업적 이용과 관련하여 법률상 보호할 가치 있는 경제적 이익이 있다고 하였다. 그러므로 누군가가 방탄소년단(BTS)의 명칭, 그 구성원의 이름, 사진 등을 공정한 상거래 관행이나 경쟁질서에 반하는 방법으로 무단으로 사용함으로써 그 경제적 이익을 침해하면 이는 부정경쟁방지법 제2조 제1호 (카)목에서 정한 부정경쟁행위에 해당한다고 하였다.

그리고 1심 결정은, 이 사건 특별 부록이 방탄소년단(BTS)의 공식 화보집 또는 채권자가 발행을 허락한 상품으로 오인 · 혼동될 가능성이 높을 뿐만 아니라 방탄소년단(BTS)의 공식 화보집 등에 대한 수요를 대체할 수 있다고 봄이 타당하다고 하였다. 따라서 채무자가 채권자의 동의를 받지 않고 방탄소년단(BTS)의 명칭, 그 구성원의 이름, 사진을 사용하여 이 사건 특별 부록을 발행 · 판매하는 것은 '공정한 상거래 관행이나 경쟁질서에 반하는 방법으로 무단으로 사용함으로써 신청인의 경제적 이익을 침해하는 행위'에 해당한다고 봄이 타당하다고 하였다.

나. 퍼블리시티권에 대한 판단

1심 결정은 퍼블리시티권에 대해서도 판단하였다. 우선 채권자의 피보전권리가 부정경쟁방지법 제4조 제1항에 근거한 부정경쟁행위의 금지 · 예방청구권이므로 이 사건 가처분 결정이 방탄소년단(BTS) 명칭과 그 구성원의 이름, 사진에 대한 퍼블리시티권을 인정한 전제에서 발령되었다는 채무자의 주장은 이유 없다고 하였다.

그리고 1심 결정은 가처분 신청을 한 채권자의 지위에 대해 판단하면서 다음과 같이

2) 서울남부지방법원 2019.5.2.자 2019카합20050 결정.

설시하였다.

> 채권자가 '방탄소년단(BTS)'의 연예활동과 관련하여 이 사건 전속계약에 따라 상당한 투자와 노력을 하였더라도, '방탄소년단(BTS)'의 명칭, 그 구성원의 이름, 사진 등에 부가된 신용이나 명성, 고객흡인력은 '방탄소년단(BTS)'의 구성원에게 귀속되는 것으로 보아야 한다. 채권자가 '방탄소년단(BTS)'의 브랜드 이미지 등에 대해 독자적으로 주장할 수 있는 권리나 경제적 이익을 가진다고 보기는 어렵다.
>
> 다만, 채권자는 이 사건 전속계약에 따라 계약 기간 동안 '방탄소년단(BTS)'의 구성원들의 성명, 사진, 초상, 기타 동일성을 나타내는 일체의 것을 업무와 관련하여 이용할 수 있는 독점적 권한을 가지고 있고(제2조, 제9조 제1항), 그로부터 계약 기간 동안 '방탄소년단(BTS)'의 명칭, 구성원의 성명, 사진을 이용한 화보집, 기타 상품을 제작 · 판매하거나 이를 허가할 독점적 권리가 있다. 채권자는 이러한 독점적 권리에 근거하여 자신의 영업상의 이익이 침해되는 것을 막기 위해 부정경쟁행위의 금지를 청구할 수 있다. 채권자가 '방탄소년단(BTS)'의 구성원으로부터 성명, 사진 등을 독점적으로 이용하도록 허락을 받은 자의 지위에서 이 사건 신청을 한 것으로 선해한다.

4. 2심 결정[3)]

1심 결정에 대하여 채무자가 항고하였다. 2심 결정은 1심 결정의 내용을 대부분 그대로 유지하였다. 다만 2심 결정은 향후 채무자가 제작 · 판매할 일체의 상품에 대해서는 피보전권리 내지 보전의 필요성을 인정할 수 없다고 하면서, 가처분결정을 변경하여 인가하였다.

즉 2심 결정은, 채무자가 연예인의 사진, 기사 등을 이용하여 연예인의 활동에 대한 정보를 제공하는 잡지를 발행 · 판매하는 자로서 통상적인 잡지의 보도 범위 내지 언론 · 출판 및 표현의 자유의 보호 범위 내에서는 연예인의 초상, 이름 등이 포함된 상품을 부록으로 제공할 수 있고, 방탄소년단(BTS)의 명칭, 그 구성원의 이름, 초상, 사진 등도 위와 같은 통상적인 보도 범위 내에서는 그 이용이 허용된다고 볼 수 있다고 하였다. 그런데 채권자가 제출한 소명자료만으로는 채무자가 향후 제작 · 판매할 일체의 상품이 위와 같은 통상적인 보도 범위를 넘을 것이라고 단정하기 어려우므로, 채권자의 이 부분 신청에 한해서는 피보전권리 내지 보전의 필요성을 인정할 수 없다고 하였다.

5. 대상 결정

2심 결정에 대하여 채권자와 채무자가 모두 재항고하였다. 대법원은 2심 결정이 정당

3) 서울고등법원 2019.9.18.자 2019라20535 결정.

하다고 하면서, 채권자와 채무자의 재항고를 모두 기각하였다.

대법원은 우선 부정경쟁방지법 (카)목에 대한 법리를 설시하였는데, 그 내용은 다음과 같다.

> (카)목은 그 보호대상인 '성과 등'의 유형에 제한을 두고 있지 않으므로, 유형물뿐만 아니라 무형물도 이에 포함되고, 종래 지식재산권법에 의해 보호받기 어려웠던 새로운 형태의 결과물도 포함될 수 있다. '성과 등'을 판단할 때에는 위와 같은 결과물이 갖게 된 명성이나 경제적 가치, 결과물에 화체된 고객흡인력, 해당 사업 분야에서 결과물이 차지하는 비중과 경쟁력 등을 종합적으로 고려해야 한다.
>
> 이러한 성과 등이 '상당한 투자나 노력으로 만들어진' 것인지 여부는 권리자가 투입한 투자나 노력의 내용과 정도를 그 성과 등이 속한 산업분야의 관행이나 실태에 비추어 구체적, 개별적으로 판단하되, 성과 등을 무단으로 사용함으로써 침해된 경제적 이익이 누구나 자유롭게 이용할 수 있는 공공영역(public domain)에 속하지 않는다고 평가할 수 있어야 한다. 또한 (카)목이 규정하는 '공정한 상거래 관행이나 경쟁질서에 반하는 방법으로 자신의 영업을 위하여 무단으로 사용'한 경우에 해당하기 위해서는 권리자와 침해자가 경쟁관계에 있거나 가까운 장래에 경쟁관계에 놓일 가능성이 있는지, 권리자가 주장하는 성과 등이 포함된 산업분야의 상거래 관행이나 경쟁질서의 내용과 그 내용이 공정한지 여부, 위와 같은 성과 등이 침해자의 상품이나 서비스에 의해 시장에서 대체될 가능성, 수요자나 거래자들에게 성과 등이 어느 정도 알려졌는지, 수요자나 거래자들의 혼동가능성 등을 종합적으로 고려해야 한다.

이어서 대법원은 해당 사안에서 채무자의 행위가 부정경쟁방지법 (카)목 위반에 해당한다는 취지로 다음과 같이 설시하였다.

> 채권자는 방탄소년단(BTS)이라는 이름의 그룹을 결성하기로 하고, 구성원을 선발하여 전속계약을 체결한 후, 훈련을 통해 구성원들의 능력을 향상시켰다. 채권자는 이 사건 전속계약에 따라 방탄소년단(BTS)의 음악, 공연, 방송, 출연 등을 기획하고, 음원, 영상 등의 콘텐츠를 제작 · 유통시키는 등 방탄소년단(BTS)의 활동에 상당한 투자와 노력을 하였다. 그로 인해 방탄소년단(BTS)과 관련하여 쌓인 명성 · 신용 · 고객흡인력이 상당한 수준에 이르렀다. 이는 '상당한 투자나 노력으로 만들어진 성과 등'으로 평가할 수 있고, 누구나 자유롭게 이용할 수 있는 공공영역에 속한다고 볼 수 없으므로, 타인이 무단으로 위의 표지를 사용하면 채권자의 경제적 이익을 침해하게 된다.
>
> 연예인의 이름과 사진 등을 상품이나 광고 등에 사용하기 위해서는 연예인이나 그 소속사의 허락을 받거나 일정한 대가를 지급하는 것이 엔터테인먼트 산업분야의 상거래 관행인 점을 감안해 보면, 통상적인 정보제공의 범위를 넘어 특정 연예인에 대한 특집 기사나 사진을 대량으로 수록한 별도의 책자나 DVD 등을 제작하면서 연예인이나 소속사의 허락을 받지 않거나 대가를 지급하지 않는다면, 상거래 관행이나 공정한 거래질서에 반한다고 볼 수 있다. 채무자가 발매한 이 사건 특별 부록은 채권자가 발행하는 방탄소년단(BTS)의 화보집과 관계에서 상대적으로 가격이 낮은 편이고 수요자도 일부 중복되며, 위 화보집의 수요를 대체할 가능성이 충분하므로, 채권자와의 관계에서 경쟁관계를 인정할 수 있다. 따라서 채무자가 이 사건 특별 부록을 제작 · 판매하는 행위는 공정한 상거래 관행이나 경쟁질서에 반하는 방법으로 자신의 영업을 위하여 채권자의 성과 등을 무단으로 사용하는 행위에 해당한다.

[평 석]

Ⅰ. 서 론

현대 사회에서 사람의 초상, 성명 등이 상업적으로 이용되는 현상이 증가하면서, 사람의 동일성이 갖는 재산적 이익을 법적으로 어떻게 보호해야 하는지 문제되고 있다. 이와 관련하여 미국에서는 퍼블리시티권(the right of publicity)이라는 새로운 권리를 인정하는데, 퍼블리시티권의 법적 성격은 일반적으로 재산권으로 인정된다. 반면에 독일에서는 사람의 동일성이 갖는 재산적 이익을 인격권에 의해 보호한다.

이 문제에 대하여 우리나라에서도 여러 해결책이 제시되어 왔다. 학설은 ① 독립된 재산권인 퍼블리시티권에 의한 보호를 주장하는 견해, ② 부정경쟁방지법에 의한 보호를 주장하는 견해, ③ 인격권에 의한 보호를 주장하는 견해 등으로 나눌 수 있다. 그리고 이에 관한 판례의 입장은 일치되어 있지 않다.

대상 결정에서는 유명한 가수 그룹 방탄소년단(BTS)의 화보집, 영상, 포토 카드 등을 월간 연예잡지의 특별 부록으로 제공한 것이 문제되었다. 대상 결정은 이러한 특별 부록의 제작, 판매 등을 금지한 가처분결정이 정당하다고 하였다. 그리고 그 근거로 당시의 「부정경쟁방지 및 영업비밀보호에 관한 법률」(이하 '부정경쟁방지법'이라 한다) 제2조 제1호 (카)목[4] 위반을 들었다.

대상 결정에 의해 대법원은 사람의 동일성이 갖는 재산적 이익을 부정경쟁방지법에 의해 보호하는 입장을 취한 것이라고 볼 수 있을까? 나아가 대상 결정 이후 부정경쟁방지법이 개정되어, 현행 부정경쟁방지법 제2조 제1호 (타)목[5]은 국내에 널리 인식되고 경제적 가치를 가지는 타인의 성명, 초상, 음성, 서명 등을 무단으로 사용하는 행위를 부정경쟁행위로 규정하고 있다. 그렇다면 이제 사람의 동일성이 갖는 재산적 이익의 보호에 대한 입법까지 완료되었다고 할 수 있을까?

이 글에서는 대상 결정을 계기로 하여 사람의 동일성이 갖는 재산적 이익을 부정경쟁방지법에 의해 보호하는 방법이 타당한지 검토한다. 이 글의 구조는 다음과 같다. 첫째 사람의 동일성이 갖는 재산적 이익의 보호에 관해 우리나라의 판례와 학설이 어떤 입장을 취

4) 현행 부정경쟁방지법 제2조 제1호 (파)목에 해당한다. 이하 현행법에 따라 서술한다.

5) "국내에 널리 인식되고 경제적 가치를 가지는 타인의 성명, 초상, 음성, 서명 등 그 타인을 식별할 수 있는 표지를 공정한 상거래 관행이나 경쟁질서에 반하는 방법으로 자신의 영업을 위하여 무단으로 사용함으로써 타인의 경제적 이익을 침해하는 행위"

해 왔는지 간략히 살펴본다. 둘째 대상 결정에서 언급한 현행 부정경쟁방지법 제2조 제1호 (파)목에 의한 보호방법이 타당한지 검토한다. 특히 "상당한 투자나 노력으로 만들어진 성과" 요건, 사람의 동일성이 갖는 재산적 이익에 대한 권리의 귀속 주체 등을 살펴본다. 셋째 신설된 부정경쟁방지법 제2조 제1호 (타)목에 의한 보호방법이 타당한지 검토한다. 이를 위하여 "국내에 널리 인식되고 경제적 가치를 가지는" 요건, 타인의 표지를 무단으로 사용하는 사람과 그 표지의 주체가 경쟁관계에 있는지 여부, 부정경쟁방지법 제2조 제1호 (타)목이 권리를 인정한 것인지 여부 등을 살펴본다.

Ⅱ. 사람의 동일성의 재산적 이익 보호에 관한 판례와 학설

1. 사람의 동일성의 재산적 이익 보호에 관한 판례

가. 퍼블리시티권의 인정 여부와 관련하여

우리나라에서 퍼블리시티권은 서울지방법원 1995.6.23. 선고 94카합9230 판결(이휘소 사건)에서 처음으로 언급되었고, 이후 2000년까지 선고된 판결들에 의하여 퍼블리시티권의 내용이 점차 형성되었다.

그러나 서울고등법원 2002.4.16 선고 2000나42061 판결(제임스딘 사건)은 "성문법주의를 취하고 있는 우리나라에서 법률, 조약 등 실정법이나 확립된 관습법 등의 근거 없이 필요성이 있다는 사정만으로 물권과 유사한 독점 · 배타적 재산권인 퍼블리시티권을 인정하기는 어렵다"고 하면서, "퍼블리시티권의 성립요건, 양도 · 상속성, 보호대상과 존속기간, 침해가 있는 경우의 구제수단 등을 구체적으로 규정하는 법률적인 근거가 마련되어야만 비로소 원고가 주장하는 바와 같은 퍼블리시티권을 인정할 수 있을 것"이라고 하였다.

반면에 서울고등법원 2005.6.22. 선고 2005나9168 판결(이영애 사건)은 "원고의 성명, 초상 등에 대하여 형성된 경제적 가치가 이미 광고업 등 관련 업계에서 널리 인정되고 있는 이상 이를 침해하는 행위는 원고 본인에 대한 관계에서는 명백히 민법상의 불법행위를 구성한다" 하면서, "이와 같이 보호되는 한도 내에서 원고가 자신의 성명, 초상 등의 상업적 이용에 대하여 배타적으로 지배할 수 있는 권리를 퍼블리시티권으로 파악하기에 충분하다"고 하였다. 그리고 "이는 원고의 인격으로부터 파생된 것이기는 하나 원고의 인격권과는 독립된 별개의 재산권으로 보아야 할 것"이라고 하였다.[6)]

이후 하급심에서는 2002년 서울고등법원 판결에 따라 우리나라에서 독립된 재산권으로서의 퍼블리시티권을 인정할 수 없다는 입장을 취한 판결들과 2005년 서울고등법원 판결에 따라 독립된 재산권으로서의 퍼블리시티권을 인정할 수 있다는 입장을 취한 판결들이 모두 존재한다.

나. 초상권 등 인격권에 의한 보호를 인정한 판결

사람의 동일성의 재산적 이익 보호와 관련하여, 초상권 등 인격권에 의한 보호를 인정한 판결은 퍼블리시티권에 의한 보호를 인정한 판결보다 시간적으로 먼저 존재하였다. 즉, 1995년 이전의 판결들은 초상권 등 인격권에 의해 사람의 동일성의 재산적 이익을 보호할 수 있다는 입장을 취하였다.

그리고 서울고등법원 2015.1.30. 선고 2014나2006129 판결(키워드 검색광고 사건)은, 성명을 상업적으로 이용하고 통제할 수 있는 권리는 성명권에 당연히 포함되므로 별도로 퍼블리시티권이라는 개념을 인정할 필요가 없다고 하였다. 이 판결은 다음과 같이 설시하였다. "성명권은 헌법상의 행복추구권과 인격권의 한 내용을 이룬다. 성명권은 일반적으로 자신의 성명을 타인의 방해를 받지 않고 사용할 수 있는 권리, 자신의 성명이 타인에 의하여 모용되거나 무단으로 사용되지 않을 권리를 내용으로 한다. 자신의 성명을 상업적으로 이용하고 통제할 수 있는 권리는 위에서 본 성명권에 당연히 포함되고, 별도로 퍼블리시티권이라는 개념을 인정할 필요가 없다."[7]

또한 서울고등법원 2017.6.9. 선고 2016나2057657 판결(이민호 사건)은, 성문법 국가로서 물권법정주의를 채택하고 있는 우리나라에서 법률, 조약 등 실정법이나 확립된 관습법 등의 근거 없이 그 필요성이 있다는 사정만으로 물권과 유사한 독점 · 배타적 재산권인 퍼블리시티권이라는 개념을 인정하기는 어렵다고 하였다. 그러나 피고들이 무단으로 원고의 초상을 상업적으로 이용하여 '초상을 상업적으로 이용할 권리'로서의 초상권을 침해하였다고 하면서, 피고들이 침해행위의 금지를 구한 원고의 청구를 인용하고, 또한 초상권 침해로 인하여 원고가 입은 정신적 손해뿐 아니라 재산상 손해에 대하여도 피고들이 배상할 책임이 있다고 하였다.[8]

---

6) 서울고등법원 2010.2.9. 선고 2009나47458 판결도 유사하게 판단하였다.

7) 이와 유사하게, 서울고등법원 2015.1.9. 선고 2014나6802 판결은 "자신의 성명, 초상 등을 상업적으로 이용하고 통제할 수 있는 권리는 위에서 본 성명권, 초상권에 당연히 포함되고, 별도로 퍼블리시티권이라는 개념을 인정할 필요가 없다"고 하였다.

8) 이후 서울고등법원 2019.12.18. 선고 2019나2037296 판결(왕석현 사건)은 '성명 · 초상을 상업적으로 이용할 권리'로서의 성명권 · 초상권이 침해되었다고 하면서 재산상 손해에 대하여 배상할 책임이 있다고 하였다. 또한 성명권 · 초상권로 인한 정신적 고통에 대한 위자료 지급 의무도 인정하였다.

2. 사람의 동일성의 재산적 이익 보호에 관한 학설

가. 독립된 재산권인 퍼블리시티권에 의한 보호를 주장하는 견해

퍼블리시티권을 독립된 재산권으로 인정해야 한다는 견해가 있다. 이 견해는 인격권을 사람의 관념적 이익만을 보호하는 소극적 방어권으로 인식하고 퍼블리시티권을 이와 구별되는 개념으로 파악하며,[9] 양도성이 있는 재산권적 성격의 퍼블리시티권을 인정해야 충분한 보호가 가능하고 성명과 초상이 가지는 경제적 가치에 대한 충분한 대가를 받을 수 있다고 설명한다.[10] 문화산업의 발전을 뒷받침하기 위한 제도적 장치라는 측면에서 퍼블리시티권의 입법화를 요구하기도 한다.[11] 다만 구체적으로 퍼블리시티권의 양도성, 상속성을 인정할 수 있는지에 대해서는 이 견해 내에서도 의견이 일치되어 있지 않다.

나. 부정경쟁방지법리에 의한 보호를 주장하는 견해

퍼블리시티 보호를 부정경쟁방지법의 일환으로 보아야 한다고 주장하는 견해도 있다. 즉, 퍼블리시티권을 인정하는 취지는 수요자의 기망이나 혼동을 방지하고 저명인으로 하여금 보다 사회적으로 유익한 활동을 하도록 유인하는 경제적 인센티브를 주기 위한 것이라고 하면서, 퍼블리시티 보호를 부정경쟁방지법의 일환으로 볼 때에 그 권리의 본질에 대한 정확한 이해와 그 양도, 이용허락, 상속과 구제수단에 이르는 모든 이론구성이 일관되고 설득력을 가지게 된다고 한다.[12]

이와 관련하여 여러 입법론이 제기되었는데,[13] 현행 부정경쟁방지법 제2조 제1호 (파)목이 신설된 이후에는 이 조항이 퍼블리시티권의 근거가 될 수 있다고 주장되기도 하였다.[14]

---

9) 이한주, 퍼블리시티권에 관하여, 사법논집 39 (2004) 358은, 인격권은 성명 · 초상 등 인격적 속성이 함부로 공개당하지 않을 권리라고 하면서, 퍼블리시티권은 적극적으로 사람의 인적 속성을 상업적으로 이용할 수 있는 권리이므로 기본적으로 인격권과는 별도의 독립된 재산권으로 보아야 할 것이라고 한다.

10) 한위수, 퍼블리시티권의 침해와 민사책임(상), 인권과 정의 242 (1996) 36-37.

11) 남형두, 세계시장 관점에서 본 퍼블리시티권, 저스티스 86 (2005) 89. 한류의 상품화 즉 재산권화는 필연적으로 인격권의 재산권화가 수반된다고 설명한다.

12) 정상조, 지적재산권법, 2004, 638.

13) 박준우, 부정경쟁방지법에 의한 퍼블리시티의 보호, 산업재산권 22 (2007) 190은 부정경쟁방지법에 '부정이득법리를 통한 유사물이용금지' 규정을 추가할 것을 제안하였다. 그리고 박준석, 퍼블리시티권의 법적 성격-저작권과 상표 관련 권리 중 무엇에 더 가까운가?, 산업재산권 30 (2009) 327은 퍼블리시티권을 저작권법의 일부로 포섭하는 것이 부당하다고 하면서, 퍼블리시티권의 법적 성격이 저작권의 법리보다는 부정경쟁방지법의 법리에 가깝다고 하였다.

14) 박준우, 퍼블리시티권의 이해, 2015, 83; 박준석, 인격권과 구별된 퍼블리시티권을 인정할지에 관한 고찰 — 최근의 비판론에 대한 논리적 재반박을 중심으로 —, 서울대학교 법학 56/4 (2015) 91-102 등.

다. 인격권에 의한 보호를 주장하는 견해[15]

퍼블리시티권을 독립된 재산권으로 인정하는 것에 반대하고 인격권에 의한 보호를 주장하는 견해도 있다. 이 견해는, 인격권이 사람의 관념적 이익은 물론 재산적 이익도 보호한다는 것을 긍정한다.[16] 이와 유사하게, 대법원 판결[17]도 초상권을 헌법상 보장된 권리로 인정하면서 그 경제적, 재산적 측면까지 함께 파악하고 있는데 새삼스럽게 퍼블리시티권을 인정할 필요가 있는지 의문이라고 지적한다.[18]

그리고 이 견해는 퍼블리시티권을 인정하는 것이 바람직하지 않은 결과를 초래할 위험성을 갖고 있다고 지적한다. 즉, 퍼블리시티권은 인격재를 순수한 재산권에 복속시킴으로써 그 안에 내재되어 있는 정신적 가치가 경제적 고려만에 의해 무시되어질 위험성을 내포하고 있으며,[19] 퍼블리시티권은 인격의 상품화를 상례화하고 인간 자체의 상품화까지 허용하는 극단으로까지 치달을 위험성을 내포하고 있다고 비판한다.[20]

Ⅲ. 현행 부정경쟁방지법 제2조 제1호 (파)목에 의한 보호방법 검토

1. 현행 부정경쟁방지법 제2조 제1호 (파)목의 법적 성격

현행 부정경쟁방지법 제2조 제1호 (파)목과 관련하여 우선 대법원 2010. 8. 25.자 2008마1541 결정을 살펴볼 필요가 있다. 이 사건에서는, A회사가 제공한 프로그램을 설치한 인터넷 사용자들이 네이버를 방문하면 그 화면에 네이버의 광고 대신 A회사의 광고가 대체 혹은 삽입된 형태로 나타나는 것이 문제되었다.[21] 대법원은 "경쟁자가 상당한 노력과

---

15) 필자도 이러한 입장에 찬성하고 있다. 이에 대해서는 권태상, 퍼블리시티권의 이론적 구성, 2013, 283-292 참조.

16) 박성호, 인격권의 변용, 한양대학교 법학논총 23/2 (2006) 15는 유명인의 성명이나 초상이 영리적 이용이라는 측면은 인격권 침해에 의해 발생하는 재산적 손해라고 파악할 수 있을 것이라고 한다.

17) 대법원 2006.10.13. 선고 2004다16280 판결은, 초상권에 대하여 "사람은 누구나 자신의 얼굴 기타 사회통념상 특정인임을 식별할 수 있는 신체적 특징에 관하여 함부로 촬영 또는 그림묘사되거나 공표되지 아니하며 영리적으로 이용당하지 않을 권리"라고 판단하였다.

18) 정경석, 초상권의 침해요건과 구제방법, 저스티스 98 (2007) 144-145

19) 안병하, 인격권의 재산권적 성격, 민사법학 45-1 (2009) 114. 또한 동일성표지가 상업적으로 이용되는 과정에서 그것이 오로지 상품으로만 파악되어 그 재산적 가치 이외 다른 비재산적 가치들이 외면되어 버린다면, 이러한 상품화의 실은 인간존엄에 대한 위험을 내포하고 있는 것으로 보인다고 한다. 안병하, 무형의 인격표지의 상업적 이용에 내재된 위험성, 연세대학교 법학연구 19/3 (2009) 258.

20) 박성호, 유명인의 목소리에 대한 퍼블리시티권의 보호, 지적재산권 18 (2007) 306.

21) A회사가 제공한 프로그램을 설치한 인터넷 사용자들이 네이버를 방문하면 그 화면에 네이버의 광고 대신 같은 크기의 A회사의 배너광고가 나타나거나(대체광고 방식), 화면의 여백에 A회사의 배너광고가 나타나거나(여백광고 방식), 검색창에 키워드를 입력하면 검색결과 화면의 최상단에 위치한 검색창과 키워드광고 사이에 A회사의 키워드광고가 나타났다(키워드삽입광고 방식).

투자에 의하여 구축한 성과물을 상도덕이나 공정한 경쟁질서에 반하여 자신의 영업을 위하여 무단으로 이용함으로써 경쟁자의 노력과 투자에 편승하여 부당하게 이익을 얻고 경쟁자의 법률상 보호할 가치가 있는 이익을 침해하는 행위는 부정한 경쟁행위로서 민법상 불법행위에 해당하는바, 위와 같은 무단이용 상태가 계속되어 금전배상을 명하는 것만으로는 피해자 구제의 실효성을 기대하기 어렵고 무단이용의 금지로 인하여 보호되는 피해자의 이익과 그로 인한 가해자의 불이익을 비교·교량할 때 피해자의 이익이 더 큰 경우에는 그 행위의 금지 또는 예방을 청구할 수 있다고 할 것이다"고 하면서, 위 프로그램을 이용한 광고행위를 하는 것의 금지 또는 예방을 청구할 피보전권리와 보전의 필요성이 소명되었다고 판단하였다.

이후 2013. 7. 30. 법률 제11963호로 개정된 부정경쟁방지법[22]은 위 결정의 취지를 반영하여 부정경쟁방지법 제2조 제1호 (차)목에 부정경쟁행위의 하나로 "그 밖에 타인의 상당한 투자나 노력으로 만들어진 성과 등을 공정한 상거래 관행이나 경쟁질서에 반하는 방법으로 자신의 영업을 위하여 무단으로 사용함으로써 타인의 경제적 이익을 침해하는 행위"를 추가하여 규정하였다.[23] 그리고 이후의 개정에 의해 (차)목은 현재 (파)목으로 변경되어 있다.

현행 부정경쟁방지법 제2조 제1호 (파)목은 부정경쟁행위에 관한 보충적 일반조항으로 이해되고 있다.[24] 대상 결정도 다음과 같이 설시하였다. "기존 부정경쟁방지법의 적용범위에 포함되지 않았던 새로운 유형의 부정경쟁행위에 관한 규정을 신설한 것으로, 새로이 등장하는 경제적 가치를 지닌 무형의 성과를 보호하고, 입법자가 부정경쟁행위의 모든 행위를 규정하지 못한 점을 보완하여 법원이 새로운 유형의 부정경쟁행위를 좀 더 명확하게 판단할 수 있도록 함으로써, 변화하는 거래관념을 적시에 반영하여 부정경쟁행위를 규율하기 위한 보충적 일반조항이다."

그런데 이 조항은 신중하게 적용되어야 한다고 지적된다. 즉 자유로운 영역에 있어야 할 많은 성과물의 이용이 위축되고 위법 여부에 대한 예견가능성이 확보되지 못할 우려가 있으므로 이 조항의 적용범위의 해석에 신중을 요하고, 관련 지식재산권법의 요건과 취지

22) 2014. 1. 31.부터 시행되었다.

23) 정상조 편, 부정경쟁방지법 주해, 2020, 10 각주40)(정상조 집필부분)은, 대법원이 원고와 피고의 이익을 비교형량하여 침해금지 여부를 결정하는 법원의 재량과 융통성 있는 판단의 여지를 분명히 하고 있지만, 개정 부정경쟁방지법은 침해금지에 관한 규정을 종전과 동일한 상태로 두었기 때문에 법원의 재량과 융통성을 인정할 수 없고 부정경쟁행위가 인정되면 언제나 침해금지를 해야 하는 결과로 되었다고 비판한다.

24) 박준석, 서울대학교 법학 56/4 (2015) 92('그 밖에…'라는 방식으로 규정한 문구로 보거나 또는 국회 입법자료의 설명을 보더라도 그 입법취지가 보충적 일반조항을 신설하려는 것임은 분명하다고 설명함); 부정경쟁방지법 주해, 214(문선영 집필부분) 등.

를 고려하여 해당 지식재산권법을 형해화하지 않는 범위 내에서 부정경쟁방지법의 목적을 고려하여 신중히 판단해야 할 것이라고 지적된다.[25)]

2. "타인의 상당한 투자나 노력으로 만들어진 성과 등" 요건에 대하여

우선 사람의 동일성이 갖는 재산적 이익을 부정경쟁방지법 제2조 제1호 (파)목에 규정된 "상당한 투자나 노력으로 만들어진 성과 등"으로 파악할 수 있는지 문제된다.[26)]

대상결정은, 채권자가 방탄소년단(BTS) 그룹을 결성시키고, 훈련을 통해 구성원들의 능력을 향상시켰으며, 음악, 공연, 방송, 출연 등을 기획하고, 음원, 영상 등의 콘텐츠를 제작 · 유통시키는 등 상당한 투자와 노력을 하였다는 사실을 지적하고, 그 결과 방탄소년단(BTS)과 관련하여 쌓인 명성 · 신용 · 고객흡인력을 '상당한 투자나 노력으로 만들어진 성과 등'으로 평가할 수 있다고 판단하였다.

본 사안에서 가처분을 신청한 채권자는 방탄소년단(BTS) 그룹의 소속사였고, 방탄소년단(BTS)은 소속사에 의해 결성된 가수 그룹으로 소속사의 기획에 따라 음악 활동을 하였다. 이러한 특수한 사실관계의 경우 소속사는 "상당한 투자나 노력으로 만들어진 성과 등" 요건이 충족되었다고 주장할 수 있을 것이다.[27)]

그러나 사람의 동일성이 갖는 재산적 이익이 문제되는 다른 사안에서 이러한 요건이 충족되는 것은 쉽지 않아 보인다. 이는 퍼블리시티권이 문제되었던 우리나라의 과거 판결들을 보아도 쉽게 알 수 있다. 예컨대 유명한 물리학자(이휘소),[28)] 미국 프로야구선수(박찬호),[29)] 유명 헤어디자이너(비달사순)[30)]의 경우, 그들이 했던 물리학 연구, 야구 연습, 헤어디자인 연구 등이 부정경쟁방지법상 '상당한 투자나 노력'에 해당한다고 보는 것은 어색하다. 그들은 각자의 분야에서 자신이 일을 잘 하기 위해 노력했던 것이고, 본 사안과 같이 대중의 인기를 얻기 위해 투자나 노력을 한 것이 아니기 때문이다.[31)]

---

25) 부정경쟁방지법 주해, 215-216(문선영 집필부분) 등.

26) 이와 관련하여 다음과 같은 판결들 참조. 대법원 2020.3.26. 선고 2016다276467 판결(골프코스를 실제로 골프장 부지에 조성함으로써 외부로 표현되는 지형, 경관, 조경요소, 설치물 등이 결합된 골프장의 종합적인 이미지는 골프장을 조성 · 운영하는 원고들의 상당한 투자나 노력으로 만들어진 성과에 해당함); 대법원 2020.7.9. 선고 2017다217847 판결(켈리 백과 버킨 백의 형태는 상당한 투자나 노력으로 만든 성과에 해당함) 등.

27) 박준우, 이른바 '퍼블리시티권'에서 부정경쟁방지법 일반조항으로(上) — 대법원 2020.3.26.자 2019마6525 결정의 '성과' 요건을 중심으로 —, 산업재산권 65 (2020) 288은 대상 결정에 의해 대법원이 '유명인의 동일성(이 가진 고객흡인력)을 이용한 행위는 부정경쟁방지법 일반조항에 해당한다'고 결정하였다고 평가한다. 그러나 대상 결정의 내용을 사람의 동일성이 갖는 재산적 이익이 문제되는 모든 사안에 일반화하여 적용하기는 어려울 것이다.

28) 서울지방법원 1995.6.23. 선고 94카합9230 판결.

29) 서울고등법원 1998.9.29.자 98라35 결정.

30) 서울고등법원 2000.2.2. 선고 99나26339 판결.

31) 한지영, 부정경쟁방지법에 의한 퍼블리시티권 보호방안에 대한 비판적 검토 — 제2조 제1호 차목을 중심으로 —, 홍익

유명인이 아닌 일반인의 퍼블리시티권이 문제되는 경우 이러한 점이 더 명확하게 나타난다. 서울동부지방법원 2004.2.12. 선고 2002가합3370 판결에서는, TV 프로그램에서 다이어트로 체중감량에 성공한 사례로 방송된 B라는 사람의 퍼블리시티권이 문제되었다. 이러한 사안의 경우 B라는 일반인이 다이어트를 위해 노력한 것을 부정경쟁방지법상 "상당한 투자나 노력"으로 보기는 쉽지 않을 것이다.[32] 이와 관련하여, 상당한 투자를 하지 않은 경우에도 성명, 초상 등에 재산적 가치가 있는 경우에는 이를 퍼블리시티권으로 보호하지 않을 이유가 없다고 지적된다.[33]

나아가 미국의 2007년 캘리포니아주 항소심법원의 판결[34]에서는, 모델인 원고의 사진을 권한 없이 인스턴트 커피 제품의 라벨 등에 이용한 것이 문제되었다. 1심 판결은 원고에게 $15,305,850라는 거액의 이익반환청구를 인정하였다. 그러나 이 판결은, 원고의 외형이 이용되기 전과 후에도 잘생긴 남자의 이미지가 이용된 점 등을 근거로, 단지 커피 라벨에 맛을 보는 사람의 모습을 나타내는 것으로 발생하는 이익은 원고에게 기인하는 것이 아니라고 하여 1심 판결을 파기하였다.[35] 이 사안에서는 원고의 명성이 이용된 것이 아니라 단지 일반적으로 잘생겼다고 평가되는 원고의 외모가 이용된 것이었다. 이 경우 그 사람이 "상당한 투자나 노력"을 했다고 보기는 더욱 어려울 것이다.

미국에서도 퍼블리시티권은 사람이 갖는 고유한(inherent) 권리로 인정되고 있지,[36] 어떠한 성과에 대한 보호로 인정되고 있지 않다.[37] 미국의 학설 다수[38]와 판례[39]는 성과와 아무런 관련이 없는 비유명인의 퍼블리시티권을 긍정한다. 또한 미국의 학설 다수[40]와 판

법학 17/3 (2016) 656은 연예인과 같은 유명인이 오랜 기간의 경력 관리를 통해 자신의 초상이나 성명 등에 특정한 이미지를 만들어내 고객흡입력을 획득한 경우에는 초상이나 성명을 스스로 만들어낸 성과라고 볼 수도 있겠으나, 이는 오히려 예외적인 경우라고 설명한다.

32) 박준석, 서울대학교 법학 56/4 (2015) 95는 현행 부정경쟁방지법 제2조 제1호 (파)목의 문구가 "… 등"이라고 되어 있어 설령 '상당한 투자나 노력'의 성과가 아니라도 그것에 가깝거나 준하는 것들까지 적용될 수 있다고 설명한다. 그러나 "… 등"이라는 요건을 지나치게 넓게 해석하면 '상당한 투자나 노력으로 만들어진 성과'라는 요건 자체가 의미를 잃게 될 것이다.

33) 한지영, 홍익법학 17/3 (2016) 656.

34) Christoff v. Nestle USA, Inc., 62 Cal. Rptr. 3d 122, 35 Media L. Rep. 2002 (Cal. App. 2d Dist. 2007).

35) 다만, 원고의 이미지의 "일반적" 성격이 피고가 "일반적" 소비자들에게 매력을 형성하고 소비자들이 피고 제품을 구매하도록 유도하는데 도움을 주었을 수도 있으나, 이러한 근거로 이익의 반환을 청구하기 위해서는 원고가 이를 입증해야 한다고 하였다.

36) J. Thomas McCarthy, The Rights of Publicity and Privacy, 2015, Vol. 1, 4.

37) 다만 1995년에 미국 법조 협회가 발간한 부정경쟁에 관한 리스테이트먼트가 퍼블리시티권을 규정한 사실이 있다. Restatement Third, Unfair Competition § 46 (1995).

38) Melville B. Nimmer, The Right of Publicity, 19 Law & Contemp. Probs 203, 217 (1954); McCarthy, The Rights of Publicity and Privacy, Vol. 1, 219-221.

39) Dora v. Frontline Video, Inc., 15 Cal. App. 4th 536, 18 Cal. Rptr. 2d 790, 21 Media L. Rep. 1398, 26 U.S.P.Q.2D (BNA) 1705 (2d Dist. 1993); Onassis v. Christian Dior-New York, Inc., 122 Misc.2d 603, 472 N.Y.S.2d 254, 10 Media L. Rep. 1859 (Sup 1984); Cohen v. Herbal Concepts, Inc., 100 A.D.2d 175, 473 N.Y.S.2d 426, 10 Media L. Rep. 1561 (1st Dep't 1984).

례[41]는 법인 등 단체의 퍼블리시티권을 부정하는데, 그 주된 이유는 퍼블리시티권을 사람 즉 자연인이 갖는 고유한 권리로 보기 때문이다.[42] 만일 퍼블리시티권을 성과에 대한 보호로 파악한다면, 법인 등 단체의 퍼블리시티권을 부정할 이유가 없었을 것이다.

3. 연예인의 동일성이 갖는 재산적 이익에 대한 권리는 소속사에게 귀속되는가?

본 사안의 1심 결정은 "방탄소년단(BTS)의 명칭, 그 구성원의 이름, 사진 등에 부가된 신용이나 명성, 고객흡인력은 방탄소년단(BTS)의 구성원에게 귀속되는 것으로 보아야 한다"고 하면서, 다만 소속사는 전속계약에 따라 계약 기간 동안 방탄소년단(BTS)의 구성원들의 성명, 사진, 초상, 기타 동일성을 나타내는 일체의 것을 업무와 관련하여 이용할 수 있는 독점적 권한을 가지고 있으므로, 소속사는 이러한 독점적 권리에 근거하여 자신의 영업상의 이익이 침해되는 것을 막기 위해 부정경쟁행위의 금지를 청구할 수 있다고 하였다.

그런데 대상 결정은, 방탄소년단(BTS)과 관련하여 쌓인 명성 · 신용 · 고객흡인력은 (채권자의) 상당한 투자나 노력으로 만들어진 성과 등으로 평가할 수 있다고 한 다음, 채무자가 발매한 이 사건 특별 부록이 채권자와의 관계에서 경쟁관계를 인정할 수 있다고 하면서, 채무자가 이 사건 특별 부록을 제작 · 판매하는 행위는 공정한 상거래 관행이나 경쟁질서에 반하는 방법으로 자신의 영업을 위하여 "채권자의 성과 등"을 무단으로 사용하는 행위에 해당한다고 하였다.

즉 대상 결정은 방탄소년단(BTS)과 관련하여 상당한 투자나 노력으로 만들어진 성과를 "채권자의 성과"로 보았다. 그렇다면 연예인의 동일성이 갖는 재산적 이익에 대한 권리는 그 소속사에게 귀속되는 것일까?

이와 관련하여, 대상 결정이 내용을 문언 자체로만 받아들이면, 방탄소년단(BTS) 각 멤버의 소속사가 변경되는 경우 방탄소년단(BTS) 각 멤버는 더 이상 자신의 성명이나 초상에 대하여 퍼블리시티권을 행사할 수 없고 오로지 종전 소속사만이 그 권한을 행사할 수 있다는 오해가 발생할 위험성이 있다고 지적된다.[43]

---

40) McCarthy, The Rights of Publicity and Privacy, Vol. 1, 271-273.

41) University of Notre Dame Du Lac v. Twentieth Century-Fox Film Corp., 22 A.D.2d 452, 256 N.Y.S.2d 301, 144 U.S.P.Q. (BNA) 454 (1st Dep't 1965).

42) Restatement Third, Unfair Competition § 46, comment d (1995)는 퍼블리시티권의 기초가 개인의 존엄과 자율이라고 하였다. 또한 McCarthy, The Rights of Publicity and Privacy, Vol. 1, 272는 퍼블리시티권이 인정되는 기초적 논거는 인간의 동일성이 갖는 독특함이라고 하였다.

43) 신지혜, 부정경쟁방지법에 의한 퍼블리시티권의 규율 — 대법원 2020.3.26.자 2019마6525 결정 —, 민사법학 94

사람의 동일성이 갖는 재산적 이익에 대한 권리는 그 사람에게 귀속된다고 보아야 할 것이다.[44] 이 권리가 다른 사람에게 귀속되면, 원래의 권리 주체가 자신의 동일성표지의 상업적 이용에 대한 권리를 완전히 상실하는 부당한 결과를 초래한다.[45] 본 사안에서 방탄소년단(BTS) 구성원들과 채권자가 체결한 전속계약서 제9조에서도 소속사가 계약기간에 한하여 방탄소년단(BTS) 구성원들의 동일성(identity)을 나타내는 것을 이용할 수 있는 권한을 가진다고 되어 있을 뿐이며, 이러한 권리 자체를 소속사에게 귀속시키고 있지는 않다.

대상 결정은, 소속사에 의해 가수 그룹이 결성되고 그 소속사의 기획에 따라 음악 활동을 하는 특수한 사실관계의 경우 그 소속사가 부정경쟁방지법 제2조 제1항 (파)목을 주장할 수 있다는 의미로 이해해야 할 것이다. 이러한 보호방법은 다른 사람의 동일성을 상업적으로 이용할 권한을 갖는 자를 보호하는 방법으로 유용하다.[46] 그러나 이를 넘어서 연예인의 동일성이 갖는 재산적 이익에 대한 권리가 그 연예인이 아니라 소속사에게 귀속된다는 취지로 잘못 이해해서는 안 될 것이다.

4. 소 결

본 사안과 같이 소속사에 의해 가수 그룹이 결성되고 소속사의 기획에 따라 음악 활동을 하는 특수한 사실관계의 경우, 소속사는 부정경쟁방지법 제2조 제1호 (파)목에 규정된 "상당한 투자나 노력으로 만들어진 성과 등" 요건이 충족되었다고 주장할 수 있을 것이다.

그러나 사람의 동일성이 갖는 재산적 이익을 "상당한 투자나 노력으로 만들어진 성과 등"으로 보기는 어렵다. 퍼블리시티권이 문제되었던 우리나라의 과거 판결들을 보면, 그 원고들은 각자 자신의 분야에서 자신의 일을 잘 하기 위해 노력했던 것이고, 본 사안과 같이 대중의 인기를 얻기 위해 노력했던 것이 아니었다. 유명인이 아닌 일반인의 퍼블리시티권이 문제되거나 단지 일반적으로 잘생겼다고 평가되는 외모가 이용된 경우 그 사람이 "상당

(2021) 350.

44) 신지혜, 민사법학 94 (2021) 351도 대상결정에서 말하는 "방탄소년단(BTS)과 관련하여 쌓인 명성 · 신용 · 고객흡인력"이라는 것은 결론적으로 방탄소년단(BTS)의 퍼블리시티권으로, 방탄소년단(BTS) 각 멤버 개인에게 귀속하는 것이며 채권자의 권리는 아니라고 비판한다.

45) 이는 퍼블리시티권의 양도성을 인정하는 경우 발생하는 문제점과 유사하다. 이에 대한 상세한 논의는 권태상, 퍼블리시티권의 이론적 구성, 317-320 참조.

46) 문선영, 상표법제에 의한 퍼블리시티권의 보호와 한계 — 성명 · 초상 상표를 중심으로 —, 아주법학 12/4 (2019) 145는 부정경쟁방지법에 의한 보호의 경우 퍼블리시티권의 양도성이 부정되더라도 퍼블리시티권의 이용허락을 받은 자가 제3자의 침해행위에 대하여 부정경쟁행위 위반을 주장하여 구제를 받을 여지가 생긴다는 장점이 있다고 지적한다.

한 투자나 노력"을 했다고 보기는 더욱 어렵다. 미국에서도 퍼블리시티권은 사람이 갖는 고유한 권리로 인정되고 있지, 어떠한 성과에 대한 보호로 인정되고 있지 않다.

그리고 사람의 동일성이 갖는 재산적 이익에 대한 권리는 그 사람에게 귀속된다고 보아야 할 것이다. 이 권리가 다른 사람에게 귀속되면, 원래의 권리 주체가 자신의 동일성표지의 상업적 이용에 대한 권리를 완전히 상실하는 부당한 결과를 초래한다. 대상 결정은, 소속사에 의해 가수 그룹이 결성되고 소속사의 기획에 따라 음악 활동을 하는 특수한 사실관계의 경우 소속사가 부정경쟁방지법 제2조 제1항 (파)목을 주장할 수 있다는 의미로 이해해야 할 것이다.

Ⅳ. 현행 부정경쟁방지법 제2조 제1호 (타)목에 의한 보호방법 검토

1. 현행 부정경쟁방지법 제2조 제1호 (타)목의 신설

2021. 12. 7. 법률 제18548호로 개정된 부정경쟁방지법[47]은 성명, 초상 등의 보호에 대한 직접적인 규정을 두었다. 부정경쟁방지법 제2조 제1호 (타)목은 부정경쟁행위의 하나로 "국내에 널리 인식되고 경제적 가치를 가지는 타인의 성명, 초상, 음성, 서명 등 그 타인을 식별할 수 있는 표지를 공정한 상거래 관행이나 경쟁질서에 반하는 방법으로 자신의 영업을 위하여 무단으로 사용함으로써 타인의 경제적 이익을 침해하는 행위"를 추가하여 규정하였다.

2. "국내에 널리 인식되고 경제적 가치를 가지는" 요건에 대하여

부정경쟁방지법 제2조 제1호 (다)목과 관련하여 우선 "국내에 널리 인식되고 경제적 가치를 가지는"이라는 요건이 눈에 띈다. 이에 의하면 이른바 유명인만 보호받을 수 있고, 비유명인은 보호 범위에서 배제될 것이다.

미국에서 학설의 다수와 판례는 비유명인의 퍼블리시티권을 긍정한다. Nimmer는, 모든 사람이 퍼블리시티권을 가져야 하고 다만 퍼블리시티권의 침해에 대하여 청구할 수 있는 손해배상액이 도용된 공표가치에 따라 결정해야 한다고 주장하였다.[48] McCarthy도, 비

47) 2022. 4. 20.부터 시행되었으나, 제2조 제1항 (타)목은 공포 후 6개월이 경과한 날로부터 시행하는 것으로 하였다.
48) Nimmer, 19 Law & Contemp. Probs 217 (1954).

유명인의 동일성을 피고가 이용한 사실로부터 그 경제적 가치가 추정되고, 이전에 원고가 자신의 동일성을 이용하지 않았다는 것은 아무 관련이 없으며, 비유명인이 광고출연에 대하여 보수를 지급받고 있는 시장에서의 관습도 비유명인의 동일성이 경제적 가치 있다는 견해를 뒷받침한다고 설명한다.[49]

퍼블리시티권을 규율하는 주(State)의 법률과 판례도 동일한 입장을 취하고 있다. 캘리포니아주의 경우 California Civil Code § 3344[50]는 "다른 사람(another)"이라고 규정하는데, 법원은 문언에 따라 이 법률이 유명인에게 제한되지 않는다고 해석하였다.[51] 뉴욕주의 경우도 N.Y. Civil Rights Law § 51[52]는 "어떠한 사람이든(Any Person)"이라고 규정한다. 1984년 뉴욕주 1심 법원 판결[53]은, 상대적으로 알려지지 않은 사람부터 세계적으로 유명한 사람에 이르는 모든 지위의 사람이 탐욕스러운 상업적 이용으로부터 보호되어야 한다는 것이 이 법률과 이를 해석한 판결들에 나타나는 원칙이라고 하였다.

우리나라의 부정경쟁방지법 제2조 제1호의 (가)목, (나)목, (다)목, (아)목 등은 "국내에 널리 인식된"이라는 요건을 요구하고 있다.[54] 부정경쟁방지법 제2조 제1호 (타)목은 이러한 항목들과의 연장선에서 "국내에 널리 인식되고 경제적 가치를 가지는" 요건을 규정한 것으로 보인다.[55] 그러나 이에 의하면 사람의 동일성이 갖는 재산적 이익을 유명인의 경우만 보호하고 비유명인은 보호 범위에서 배제되는데, 이러한 결과를 바람직하다고 평가하기는 어렵다. 나아가 현대사회에서 인터넷, 유튜브, SNS 등이 일상화되고 있으며 이를 통해 즉각적으로 많은 사람의 주목을 받게 될 수 있는 점을 고려하면, 유명인과 비유명인을 구분하는 것이 쉽지 않을 수도 있다.

---

49) McCarthy, The Rights of Publicity and Privacy, Vol. 1, 214-216.

50) 이 조항의 내용은, 누구든지 다른 사람의 이름, 목소리, 서명, 사진 또는 외형을 사전 동의 없이 고의적으로 생산품 등에 사용하거나 광고나 판매 등의 목적으로 사용한 경우 그로 인한 손해배상책임을 부담해야 한다는 것이다.

51) KNB Enterprises v. Matthews, 78 Cal. App. 4th 362, 92 Cal. Rptr. 2d 713, 28 Media L. Rep. 1435, 53 U.S.P.Q.2D (BNA) 1885 (2d Dist. 2000); Christoff v. Nestle USA, Inc., 62 Cal. Rptr. 3d 122, 35 Media L. Rep. 2002 (Cal. App. 2d Dist. 2007) 등. 한편 캘리포니아주에서는 보통법에 의한 퍼블리시티권도 인정되는데, 판례는 비유명인의 퍼블리시티권도 긍정한다. Dora v. Frontline Video, Inc., 15 Cal. App. 4th 536, 18 Cal. Rptr. 2d 790, 21 Media L. Rep. 1398, 26 U.S.P.Q.2D (BNA) 1705 (2d Dist. 1993).

52) 이 조항의 내용은, 다른 사람의 이름, 초상(portrait) 또는 영상(picture)을 서면 동의 없이 광고 목적이나 영업 목적으로 사용하는 것은 경범죄와 불법행위에 해당한다는 것이다.

53) Onassis v. Christian Dior-New York, Inc., 122 Misc.2d 603, 472 N.Y.S.2d 254, 10 Media L. Rep. 1859 (Sup 1984).

54) 예컨대 부정경쟁방지법 제2조 제1호 (가)목은 다음과 같다. "국내에 널리 인식된 타인의 성명, 상호, 상표, 상품의 용기 · 포장, 그 밖에 타인의 상품임을 표시한 표지(標識)와 동일하거나 유사한 것을 사용하거나 이러한 것을 사용한 상품을 판매 · 반포(頒布) 또는 수입 · 수출하여 타인의 상품과 혼동하게 하는 행위"

55) 강명수, 2021년 부정경쟁방지법 개정의 체계 적합성과 해석론에 대한 일고찰 — 행위규제형 부정경쟁방지법의 본질적 특징을 중심으로 —, 부산대학교 법학연구 63/4 (2022) 210은 "국내에 널리 인식된"의 의미를 상품주체 및 영업주체에 대한 혼동초래행위에서의 주지성과 같은 의미로 볼 수 있다고 한다.

3. 타인의 표지를 무단으로 사용하는 사람과 그 표지의 주체는 경쟁관계에 있는가?

더욱 본질적인 문제는, 타인을 식별할 수 있는 표지를 무단으로 사용하는 사람과 그 표지의 주체가 경쟁관계에 있는지 여부이다.

부정경쟁방지법 제1조는 다음과 같이 규정한다. "이 법은 국내에 널리 알려진 타인의 상표 · 상호(商號) 등을 부정하게 사용하는 등의 부정경쟁행위와 타인의 영업비밀을 침해하는 행위를 방지하여 건전한 거래질서를 유지함을 목적으로 한다." 즉 부정경쟁방지법은 어떠한 경쟁관계가 있음을 전제로 하여, 그 경쟁이 부정한 방법으로 행해지는 경우 이를 규제하려는 것이다.

그런데 타인을 식별할 수 있는 표지를 무단으로 사용하는 사람과 그 표지의 주체가 경쟁관계에 있다고 볼 수 있는지 의문이 든다. 대상 결정의 경우는 채권자가 연예인의 기획사로서 그 연예인의 화보집, DVD 등을 제작하여 판매하고 있었다. 따라서 잡지의 특별부록으로 동일한 연예인의 화보집, DVD 영상집 등을 제공하는 채무자와 경쟁관계를 인정할 수 있었다.[56] 그러나 기획사가 아니라 성명, 초상, 음성, 서명 등의 주체인 사람과 그 표지를 무단으로 사용하는 사람 사이에는 경쟁관계를 인정하기 쉽지 않다. 이들이 동일하거나 유사한 상품을 판매하는 관계에 있거나 동일하거나 유사한 영업을 하는 관계에 있을 가능성은 크지 않기 때문이다.

앞에서 살펴본 부정경쟁방지법 제2조 제1호 (파)목과 관련하여, 초상 주체가 제3자에게 초상의 사용을 허락하고 대체관계에 있는 상품을 판매한 성과에 따라 퍼블리시티권 사용료의 금액이 영향을 받는 관계에 있는 경우라면, 그 초상을 특정 상품에 임의로 사용한 행위가 널리 경쟁관계에 있는 퍼블리시티권자를 해한 행위라고 말할 수 있다는 견해[57]도 있다.

그러나 이러한 논리는 초상 주체가 제3자와 계약을 한 것을 전제로 하는데, 실제 사안에서는 위와 같은 내용으로 제3자와 계약을 체결한 경우가 많지 않다. 그리고 만일 이러한 계약을 체결할 가능성이 있다는 사실만으로 경쟁관계를 넓게 인정한다면, 부정경쟁방지법에서 전제하는 경쟁관계는 별다른 의미를 갖지 못하게 된다.

초상 등의 주체가 제3자와의 계약을 하지 않겠다는 의사를 적극적으로 밝힌 경우는

56) 대상 결정은 "채무자가 발매한 이 사건 특별 부록은 채권자가 발행하는 방탄소년단(BTS)의 화보집과 관계에서 상대적으로 가격이 낮은 편이고 수요자도 일부 중복되며, 위 화보집의 수요를 대체할 가능성이 충분하므로, 채권자와의 관계에서 경쟁관계를 인정할 수 있다"고 하였다.

57) 박준석, 서울대학교 법학 56/4 (2015) 96.

더욱 문제된다. 미국의 1992년 연방 제9고등법원의 Tom Waits 판결[58]의 사안이 이러한 경우이다. 이 사건에서는 가수인 원고의 노래를 다른 사람이 흉내내어 부른 것을 콘칩 라디오 광고에서 사용한 것이 문제되었는데, 원고는 평소 상품에 대한 보증을 하지 않는다는 입장을 취해 왔던 가수였다. 이처럼 원고가 자신의 표지를 상업적으로 이용하는 것에 반대하는 입장을 명시적으로 취하고 있는 경우, 부정경쟁방지법에서 전제하는 경쟁관계를 인정하기는 더욱 어려울 것이다.

나아가 독일에서는 원고가 피고의 행위를 허용했을 것으로 인정되지 않는 경우 부당이득반환청구, 손해배상청구를 할 수 있는지 여부가 논의되었다.[59] 독일연방대법원 1958. 2. 14. 판결[60]에서는, 원고가 경기에 참가하여 말을 타고 있는 사진을 피고가 성적 흥분제 광고에 이용한 것이 문제되었다. 독일연방대법원은 원고가 재산법적 손해를 입지 않았으며, 이용허락 계약의 체결을 의제하는 방법으로 손해를 산정할 수 없다고 하였다. 이러한 판례의 태도에 대해서는 많은 비판이 제기되었다. 이후 독일 판례도 이러한 비판을 받아들여, 현재는 원고가 사용을 허락했을지 여부와 무관하게 부당이득반환청구, 손해배상청구를 할 수 있다는 입장을 취하고 있다.[61] 이처럼 초상 등의 주체가 그 표지의 이용을 허락할 가능성이 없는 상품에 초상 등이 이용된 경우, 부정경쟁방지법에서 전제하는 경쟁관계를 인정하기는 더욱 어려울 것이다.

4. 부정경쟁방지법 제2조 제1호 (타)목은 권리를 인정한 것인가?

다음으로 문제되는 점은 부정경쟁방지법 제2조 제1호 (타)목이 초상 등의 주체에게 어떤 권리를 인정한 것이라고 볼 수 있는지 여부이다.

이것은 부정경쟁방지법이 어떠한 권리를 부여하는 것이 아니라 부정경쟁행위를 규제하는 행위규제형 입법이기 때문에 발생하는 문제이다. 헌법재판소 2001. 9. 27. 선고 99헌바77 결정은 부정경쟁방지법과 상표법의 차이를 다음과 같이 설명하였다. “부정경쟁방지법은 유통시장에서 널리 알려진 상표 · 서비스표 · 상호 등의 영업표지와 혼동이 생길 염려가 있는 행위를 개별 · 구체적 사안에 따라 금지하여 공정한 경업질서를 유지하고자 하는 행

---

58) Waits v. Frito-Lay, Inc., 978 F.2d 1093 (9th Cir. 1992).

59) 이에 대한 상세한 논의는 권태상, 퍼블리시티권의 이론적 구성, 171-174, 178-180 참조.

60) BGH GRUR 1958, 408-Herrenreiter.

61) BGH GRUR 1981, 846-Rennsportgemeinschaft (피고가 요청했다면 원고가 이름의 사용을 허락했을지 여부는 중요하지 않으며, 부당이득반환청구권은 피해자 측면의 재산 감소가 아니라 침해자 측면의 법적 근거 없는 재산 증가를 조정해야 함); BGH GRUR 2007, 139-Oskar Lafontaine (피해자에게 독점적으로 속하는 처분권한의 위법한 침해에 대한 조정) 등.

위규제형 입법인데 비해, 상표법은 상품 및 서비스에 관한 상표 또는 서비스표의 등록이라고 하는 절차적 수단을 통해 독점적인 사권을 창설함으로써 1차적으로 등록상표권자의 사익을 보호하는 권리부여형 입법이라는 차이가 있으며, 이러한 차이는 양법의 보호대상 및 방법에 관한 차이를 수반한다."

부정경쟁방지법 제1조는 부정경쟁행위를 방지하여 건전한 거래질서를 유지하는 것을 목적으로 하고 있다. 그리고 부정경쟁방지법 제5조를 살펴보면, 부정경쟁행위로 인해 어떠한 권리가 침해된 경우가 아니라 "영업상 이익"이 침해되어 손해를 입은 경우 손해배상을 청구할 수 있다고 규정한다.

부정경쟁방지법은 권리가 아니라 법률상 보호할 가치가 있는 이익을 그 보호대상으로 하는 법률로서 불법행위법과 유사한 법제라고 설명된다.[62] 또한 부정경쟁방지법의 가장 본질적인 특징은 보호대상인 권리가 특정되어 있지 않다는 것이며, 침해자의 행위 자체가 건전한 거래질서를 저해하는 것인지 여부가 규제의 중심이 되는 것이라고 설명된다.[63]

저작권 · 상표권과 같이 배타적인 독점권을 적극적으로 부여하고자 설계된 저작권법 · 상표법 등과 달리, 부정경쟁방지법은 부정경쟁행위를 객관적으로 규제하려는 주된 목적을 달성하려는 과정에서 개인의 권리보호는 소극적으로 주어질 뿐인 특징을 갖고 있으며, 이런 성격을 중시하여 부정경쟁방지법은 독점권을 부여하는 법률이 아니라는 주장이 우리나라와 일본에서 상당히 유력하다고 한다.[64]

이러한 점을 고려하면, 부정경쟁방지법 제2조 제1호 (타)목은 사람의 동일성이 갖는 재산적 이익을 보호하는 의미를 가지는 것이지만, 이를 넘어서 사람의 동일성이 갖는 재산적 이익에 대해 어떠한 권리가 인정되는지에 대해서는 규율하지 않았다고 할 수 있다.[65] 이는 대상 결정의 근거가 된 부정경쟁방지법 제2조 제1호 (파)목도 마찬가지이다.[66]

---

62) 박성호, 저작권법에 의한 보호가 부정되는 경우 부정경쟁방지 및 영업비밀보호에 관한 법률 제2조 제1호 (차)목의 적용범위, 한양법학 29/1 (2018) 93.

63) 강명수, 부산대학교 법학연구 63/4 (2022) 197, 199-200. 따라서 부정경쟁행위 해당성을 판단할 때 권리자 측의 요소보다는 침해행위 자체를 금지시키는 것이 필요한 행위인지 관점에서 판단할 필요가 있다고 한다.

64) 박준석, 서울대학교 법학 56/4 (2015) 96-97. 다만 이 견해는 부정경쟁행위를 규제하기 위해 소극적으로 주어진 보호가 대세적인 효력을 갖는 지위라고 하면서, 이런 대세적인 지위는 물권, 절대권에 가까운 것이라고 주장한다.

65) 강명수, 부산대학교 법학연구 63/4 (2022) 211(타인의 식별표지 자체의 보호가 아닌 그러한 표지를 공정한 상거래 관행이나 경쟁질서에 반하는 방법으로 자신의 영업을 위하여 무단으로 사용함으로써 타인의 경제적 이익을 침해하는 행위를 규제하는 것이라고 함)과 213(부정경쟁방지법에 의해 퍼블리시티권을 재산권으로 보호하는 것에 한계가 있으며, 퍼블리시티권 보호가 미흡하게 된다면 별도의 법률로 규율해야 한다고 함); 손승우, BTS 퍼블리시티권 사건과 입법적 발전, 지재법 분쟁해결의 최전선: 珖峰尹宣熙敎授 停年記念判例評釋集, 2022, 310-311(부정경쟁방지법은 경쟁원리에 따른 행위 규제를 원칙으로 하므로 퍼블리시티권과 같은 배타적 권리를 부여하지는 않는다고 함) 등.

66) 이지영, 골프존 판결, BTS 결정으로 살펴본 부정경쟁방지 및 영업비밀보호 등에 관한 법률 제2조 제1호 (카)목의 적용 실무 — 대법원 2020.3.26.자 2016다276467 판결, 같은 일자 2019마6525 결정 —, 판례연구(부산판례연구회) 33 (2022) 624는 부정경쟁방지법 (카)목에 기한 손해배상과 금지청구는 그 본질이 민법상 불법행위로 채권적 권리에 불과하며, 대상 결정은 미국식 퍼블리시티권의 권리 내용 중 일부와 같은 결과를 도출한 것이지 대법원이 퍼블리시티권

설령 부정경쟁방지법 제2조 제1호 (타)목에 의해 권리가 인정되는 것으로 본다 하더라도, 그 권리의 양도성, 상속성이 인정되는지 등의 문제는 여전히 미해결의 상태로 남아있게 된다.[67)]

앞에서 살펴본 부정경쟁방지법 제2조 제1호 (파)목과 관련하여, 미등록의 주지저명한 상품표지가 최소한 당해 권리자의 지위 이전과 더불어 당해 표지에 대한 권리를 양도할 수 있다고 지적하면서, (파)목에 근거하여 퍼블리시티권을 인정하면 이는 그 양도성이 더 높을 것이라고 주장하는 견해[68)]도 있다.

그러나 사람의 동일성이 갖는 재산적 이익에 대한 권리의 양도를 인정하는 경우 원래의 권리 주체가 자신의 동일성표지의 이용에 대한 권리를 완전히 상실하는 문제가 발생한다.[69)][70)] 따라서 그 양도성을 명확한 법적 근거 없이 쉽게 인정하기 어렵다.[71)] 이런 관점에서 보면, 앞에서 살펴본 서울고등법원 2002.4.16. 선고 2000나42061 판결 등이 퍼블리시티권의 양도 · 상속성을 구체적으로 규정하는 법률적인 근거가 마련되어야 한다고 지적한 것은 타당하다고 할 수 있다.

또한 위에서 살펴본 견해는 미등록의 주지저명한 상품표지에 대한 권리를 당해 권리자의 지위 이전과 더불어 양도할 수 있다고 하는데, 이러한 논리에 의하면 초상 등의 주체가 자신에 대한 지위 자체를 양도할 수 있는 경우만 초상 등에 대한 권리를 더불어 양도할 수 있을 것이다. 그러나 사람이 자신에 대해 갖는 권리 자체를 타인에게 양도하는 것은 허용된다고 보기 어렵다.[72)]

5. 소 결

부정경쟁방지법 제2조 제1호 (타)목의 "국내에 널리 인식되고 경제적 가치를 가지는"

을 사실상 인정한 것이라고 보기는 어렵다고 한다.

67) 한지영, 홍익법학 17/3 (2016) 657도 부정경쟁방지법은 권리 창설적 효력이 없기 때문에 권리의 범위, 양도성, 상속성, 존속기간 등 퍼블리시티권과 관련해 제기되어 왔던 많은 문제들이 여전히 남아있게 된다고 지적한다. 문선영, 아주법학 12/4 (2019) 145도 같은 취지이다.

68) 박준석, 서울대학교 법학 56/4 (2015) 100.

69) 이에 대한 상세한 논의는 권태상, 퍼블리시티권의 이론적 구성, 317-320 참조.

70) 한편 조형찬, 소속 연예인 이미지의 무단 활용행위에 대한 연예기획사의 권리구제 방법: 부정경쟁방지법 (카)목의 활용—퍼블리시티권 관점에서의 대법원 2019마6525 결정 분석과 퍼블리시티권 양도성 인정 여부 논의로의 확장 가능성—, 부산대학교 법학연구 62/1 (2021) 15는 퍼블리시티권의 양도성을 쉽게 인정할 경우 징표로서의 특성이 매우 희석되거나 심지어 상실할 우려가 있다고 지적한다.

71) 부정경쟁방지법 주해, 289(박성호 집필부분)은 우리나라에서 체결되는 연예인이나 운동선수와 관련된 매니지먼트계약을 보면 퍼블리시티권의 양도계약이라기보다는 관리위임 내지 이용허락계약이라고 볼 수 있는 경우가 대부분이라고 하면서, 독점적 이용허락계약의 경우 그 이용권자는 본인을 대위하여 소송을 제기할 수 있을 것이라고 한다.

72) 인격권은 일신전속적이고 양도불가능한 권리로 이해되고 있다.

요건에 의하면, 이른바 유명인만 보호받을 수 있고 비유명인은 보호 범위에서 배제되는데, 이러한 결과를 바람직하다고 평가하기는 어렵다. 나아가 현대사회에서 유명인과 비유명인을 구분하는 것이 쉽지 않을 수도 있다. 미국에서 학설의 다수와 판례는 비유명인의 퍼블리시티권을 긍정하며, 퍼블리시티권을 규율하는 주(State)의 법률과 판례도 동일한 입장을 취하고 있다.

그리고 성명, 초상, 음성, 서명 등의 주체인 사람과 그 표지를 무단으로 사용하는 사람 사이에는 경쟁관계를 인정하기 쉽지 않다. 이들이 동일하거나 유사한 상품을 판매하는 관계에 있거나 동일하거나 유사한 영업을 하는 관계에 있을 가능성은 크지 않기 때문이다. 초상 등의 주체가 자신의 표지를 상업적으로 이용하는 것에 반대하는 입장을 명시적으로 취하고 있는 경우, 초상 등의 주체가 그 표지의 이용을 허락할 가능성이 없는 상품에 초상 등이 이용된 경우는 부정경쟁방지법에서 전제하는 경쟁관계를 인정하기는 더욱 어려울 것이다.

또한 부정경쟁방지법은 어떠한 권리를 부여하는 것이 아니라 부정경쟁행위를 규제하는 행위규제형 입법이기 때문에 사람의 동일성이 갖는 재산적 이익에 대해 어떠한 권리가 인정되는지에 대해서는 규율하지 않았다고 할 수 있다. 설령 부정경쟁방지법 제2조 제1호 (타)목에 의해 권리가 인정되는 것으로 본다 하더라도, 그 권리의 양도성, 상속성이 인정되는지 등의 문제는 여전히 미해결의 상태로 남아 있게 된다.

V. 결 론

이 글에서는 사람의 동일성이 갖는 재산적 이익을 부정경쟁방지법에 의해 보호하는 방법이 타당한지 검토하였다. 그 내용은 다음과 같다.

(1) 본 사안과 같이 소속사에 의해 가수 그룹이 결성되고 소속사의 기획에 따라 음악 활동을 하는 특수한 사실관계의 경우, 소속사는 부정경쟁방지법 제2조 제1호 (파)목에 규정된 "상당한 투자나 노력으로 만들어진 성과 등" 요건이 충족되었다고 주장할 수 있을 것이다.

그러나 사람의 동일성이 갖는 재산적 이익을 "상당한 투자나 노력으로 만들어진 성과 등"으로 보기는 어렵다. 퍼블리시티권이 문제되었던 우리나라의 과거 판결들을 보면, 그 원고들은 각자 자신의 분야에서 자신의 일을 잘 하기 위해 노력했던 것이고, 본 사안과 같이 대중의 인기를 얻기 위해 노력했던 것이 아니었다. 유명인이 아닌 일반인의 퍼블리시티권이 문제되거나 단지 일반적으로 잘생겼다고 평가되는 외모가 이용된 경우 그 사람이 "상당한 투자나 노력"을 했다고 보기는 더욱 어렵다. 미국에서도 퍼블리시티권은 사람이 갖는 고유한 권리로 인정되고 있지, 어떠한 성과에 대한 보호로 인정되고 있지 않다.

그리고 사람의 동일성이 갖는 재산적 이익에 대한 권리는 그 사람에게 귀속된다고 보아야 할 것이다. 이 권리가 다른 사람에게 귀속되면, 원래의 권리 주체가 자신의 동일성표지의 상업적 이용에 대한 권리를 완전히 상실하는 부당한 결과를 초래한다. 대상 결정은, 소속사에 의해 가수 그룹이 결성되고 소속사의 기획에 따라 음악 활동을 하는 특수한 사실관계의 경우 소속사가 부정경쟁방지법 제2조 제1항 (파)목을 주장할 수 있다는 의미로 이해해야 할 것이다.

(2) 부정경쟁방지법 제2조 제1호 (타)목의 "국내에 널리 인식되고 경제적 가치를 가지는" 요건에 의하면, 이른바 유명인만 보호받을 수 있고 비유명인은 보호 범위에서 배제되는데, 이러한 결과를 바람직하다고 평가하기는 어렵다. 나아가 현대사회에서 유명인과 비유명인을 구분하는 것이 쉽지 않을 수도 있다. 미국에서 학설의 다수와 판례는 비유명인의 퍼블리시티권을 긍정하며, 퍼블리시티권을 규율하는 주(State)의 법률과 판례도 동일한 입장을 취하고 있다.

그리고 성명, 초상, 음성, 서명 등의 주체인 사람과 그 표지를 무단으로 사용하는 사람 사이에는 경쟁관계를 인정하기 쉽지 않다. 이들이 동일하거나 유사한 상품을 판매하는 관계에 있거나 동일하거나 유사한 영업을 하는 관계에 있을 가능성은 크지 않기 때문이다. 초상 등의 주체가 자신의 표지를 상업적으로 이용하는 것에 반대하는 입장을 명시적으로 취하고 있는 경우, 초상 등의 주체가 그 표지의 이용을 허락할 가능성이 없는 상품에 초상 등이 이용된 경우는 부정경쟁방지법에서 전제하는 경쟁관계를 인정하기는 더욱 어려울 것이다.

또한 부정경쟁방지법은 어떠한 권리를 부여하는 것이 아니라 부정경쟁행위를 규제하는 행위규제형 입법이기 때문에 사람의 동일성이 갖는 재산적 이익에 대해 어떠한 권리가 인정되는지에 대해서는 규율하지 않았다고 할 수 있다. 설령 부정경쟁방지법 제2조 제1호 (타)목에 의해 권리가 인정되는 것으로 본다 하더라도, 그 권리의 양도성, 상속성이 인정되는지 등의 문제는 여전히 미해결의 상태로 남아 있게 된다.

수리온 헬기 연구개발 대법원 판결에 대한 비판적 소고 - 대법원 2017.11.9. 선고 2015다215526 판결 -

김 백 진

법무관, 육군사관학교 법무실장

[대상 판결: 대법원 2017.11.9. 선고 2015다215526 판결]

1. 사실관계

피고(대한민국)는 한국형 기동헬기를 국내 연구개발을 통하여 획득하기 위해서 2005년경부터 한국형헬기 개발사업(Korea Helicopter Program, KHP), 이른바 수리온 연구개발 사업을 하였다.

이 사업에 원고(KAI), 국방과학연구소(ADD), 한국항공우주연구원 등이 공동으로 개발주관사업자로 참여하였다. 이에 원고는 2006. 6. 7. 피고(방위사업청)의 한국형헬기 민군겸용 핵심구성품 개발에 관한 물품 및 용역 협약을 체결하였고, 그 협약금액은 1,330억원(정부출연 1,060억원, 업체투자 266억원)이며, 납품일자는 2008. 10. 30.부터 2012. 6. 30.까지로 하였다.

원고는 이 사건 협약에 따른 핵심구성품 및 체계개발결과를 2012. 6. 30.경 피고에게 납품하였다. 그러나 원고는 환율상승 등으로 인한 초과비용의 발생하였다며, 피고를 상대로 126.5억원의 지급을 구하는 민사소송을 제기하였다.

2. 협약특수조건

〈협약특수조건〉

제2조(협약의 목적) 본 협약의 목적은 KHP사업 공동규정(산업자원부 및 방위사업청 공동훈령) 등에 의거 원고가 그 하도급업체들과 함께 한국형헬기 민 · 군 겸용 핵심구성품을 연구 · 개발하여 납품하는데 있으며, 피고는 원고에게 그 대가를 지급한다.

제4조(협약문서의 생략)

다음 사항은 협약서에 첨부되지 않더라도 본 협약의 일부로서 효력을 가진다. 다만 본 협약과 상충시 본 협약조건이 우선한다.

1. KHP사업 공동규정(산업자원부 및 방위사업청 공동훈령)
1. 한국형헬기 민 · 군 겸용 구성품 구성품 개발사업 관리지침

제9조(사업비의 확정 및 정산)

① 협약체결 시의 협약금액 이외의 초과비용은 인정하지 않는다. 다만 계약목적물 및 개발계획의 변경에 따른 초과비용이나 개발계획서 상의 물가상승, 환율변동, 기술변경, 소요변경 등의 차이에 의한 초과비용 등은 피고와 협의하여 사업비 증가에 따른 협약변경을 할 수 있으며, 피고(사업단)의 승인분에 한한다.

제15조(지체상금)

① 납품지체사항 발생시 지체상금부과 및 면제기준은 국가를 당사자로 하는 계약에 관한 법령 및 물품구매협약일반조건, 기술용역협약일반조건, 방위사업청의 관리규정 등을 적용한다.
② 지체상금은 지체된 품목의 협약금액에 지체일수 및 지체상금율을 곱하여 산출하며, 지체상금율은 해당 업무성격에 따라 제조 · 구매(1.5/1,000) 및 용역(2.5/1,000) 기준을 각각 적용한다.

제32조(기술의 권리귀속 및 사용권)

① 본 개발 협약에 의해 획득 발생된 기술(소프트웨어 포함)에 대한 권리(원천기술 제외) 및 사용권은 방위사업청에 있으며, 협약기간 중 방위사업청은 원고에게 기술자료의 보관, 관리 및 기술사용권을 본 사업 목적에 한하여 허여한다. 단, 방위사업청의 원리 및 사용권을 원고에게 이전하거나, 원고가 사업목적 이외에 사용하고자 할 경우의 세부 절차는 관련 법령 및 규정에 따른다

제44조(재판관할)

원고와 피고간에 분쟁이 발생하여 30일 이내에 협약당사자간의 합의가 이루어지지 아니한 때에는 소송에 의하여 해결하되, 그 관할법원은 서울중앙지방법원으로 한다.

3. 대법원 판단

가. 1심 판결(원고 전부 승소)

서울중앙지방법원은 협약특수조건(이하 "이 사건 협약"이라 한다). 제9조 제1항에서의 승인은 초과비용의 발생가능성 및 피고의 보전의무를 인정하되, 국가기관과의 협약이라는 특수성에 비추어 절차적인 과정으로서의 승인이 필요하다는 의미로 해석함이 타당하고, 피고

가 지속적으로 초과비용 정산을 하려는 의사를 표시한 점에서 묵시적인 승인이 있었으므로 원고가 지출한 초과비용은 정산해줄 의무가 있다며, 원고 전부승소판결을 하였다.[1)]

나. 2심 판결(원고 일부 승소)

2심에서 피고는 이 사건 협약은 계약이 아니라, 항공우주산업법 제4조 제1항 제2호, 같은 조 제3항 및 연구개발규정 제2조 제1호, 제9조 제1항에 근거한 "협약"으로서, 공법상 법률관계에 해당하고, 이 협약에서 승인은 별도의 행정행위라며 행정소송법상 당사자소송에 의하여야 하므로, 민사소송으로 제기된 이 사건 소는 부적법하다고 본안전 항변하였다.

그러나, 서울고등법원은 공공계약은 사법상의 계약이고, 이 사건 협약 제44조에서도 관할법원을 서울중앙지법으로 명시하고 있는 점을 근거로 피고의 본안전 항변을 기각하였다. 다만 초과비용 중 업체투자금 20% 부분을 제외한 나머지 정부출연금 80% 상당만을 인정하면서, 원고 일부승소판결을 하였다.[2)]

다. 3심 판결(파기 이송 → 서울행정법원 이송)

대법원은 이 사건 협약의 법률관계는 공법관계라고 판단하여 전속관할에 관한 규정을 위반하였으므로 직권으로 제1심판결을 취소하여 사건을 관할법원(서울행정법원)으로 이송하였다.

〈대법원 2017.11.9. 선고 2015다215526 판결〉

각 법령의 입법 취지 및 규정 내용과 함께 이 사건 협약 제2조에서 피고는 원고에게 '그 대가'를 지급한다고 규정하고 있으나 이는 국가연구개발사업규정[3)]에 근거하여 피고가 원고에게 연구경비로 지급하는 출연금을 지칭하는 데 다름 아니라는 점, 이 사건 협약에 정한 협약금액은 정부의 연구개발비 출연금과 참여기업의 투자금 등으로 구성되어 있는데 이 사건 협약 특수조건 제9조 제1항에 의하여 참여기업이 물가상승 등을 이유로 피고에게 협약금액의 증액을 내용으로 하는 협약변경을 구하는 것은 실질적으로는 이 사건 KHP사업에 대한 정부출연금의 증액을 요구하는 것으로서 이에 대하여는 피고의 승인을 얻도록 되어 있는 점, 이 사건 협약은 정부와 민간이 공동으로 한국형헬기 민·군 겸용 핵심구성품을 개발하여 그 기술에 대한 권리는 방위사업이라는 점을 감안하여 국가에 귀속시키되 장차 그 기술사용권을 원고에게 이전하여 군용헬기를 제작·납품하게 하거나 또는 민간 헬기의 독자적 생산기반을 확보하려는 데 있는 점, 이 사건 KHP사업의 참여기업인 원고로서도 민·군 겸용 핵심구성품 개발사업에 참여하여 기술력을 확보함으로써 향후 군용 헬기 양산 또는 민간 헬기 생산에서 유리한 지위를 확보할 수 있게 된다는 점 등을 종합하여 살펴보면, 국가연구개발사업규정에 근거하여 피고 산하

---

1) 서울중앙지법 2014.1.10. 선고 2013가합518172 판결
2) 서울고등법원 2015.4.1. 선고 2014나2002868 판결
3) 구 과학기술기본법 제11조, 구 국가연구개발사업의 관리 등에 관한 규정(2010.8.11. 대통령령 제22328호로 전부 개정되기 전의 것, 이하 '국가연구개발사업규정'이라 한다.).

중앙행정기관의 장과 참여기업인 원고 사이에 체결된 이 사건 협약의 법률관계는 공법관계라고 보아야 하고(대법원 1997.5.30. 선고 95다28960판결; 대법원 2014.12.11. 선고 2012두28704 판결; 대법원 2015.12.24. 선고 2015두264 판결 등 참조), 이 사건 협약 특수조건 제7조에서 협약보증금의 반환, 국고귀속등에 대하여, 제15조에서 지체상금에 대하여 각기 국가계약법의 관련 조항을 준용하도록 정하고 있다거나 나아가 제44조에서 원고와 피고 간의 분쟁에 관하여 관할법원을 서울중앙지방법원으로 정하였다고 하여 달리 볼 것은 아니다. 그러므로 원심판결을 파기하고, 직권으로 제1심판결을 취소하여 사건을 관할법원으로 이송하기로 하여 관여 대법관의 일치된 의견으로 주문과 같이 판결한다.

라. 파기 이송심 선고(피고 승소)[4)]

파기 이송법원인 서울행정법원은 이 사건 협약은 공법상 계약에 해당하므로 국가계약법은 적용되지 않고, 이 사건 협약 제9조 제1항은 물가변동 등으로 인한 피고의 계약금액 조정을 규정한 국가계약법 제19조의 적용을 배제하기로 하는 합의로 보아서 초과비용을 인정할 수 없다며 판단하였다. 또한 원고가 신뢰보호의 원칙과 비례의원칙 위반을 주장하였으나, 원고의 청구를 기각하였다.

마. 파기 이송 후 항소심(피고 승소)[5)]

원고는 협약상 의무불이행을 원인으로 한 손해배상청구를 예비적 청구로 추가하였다. 또한 원고는 새로운 주장을 하였다. 이 사업에서 피고(방위사업청)가 국방과학연구소와 출연금 예산을 이용하는 내용의 협약을 체결하였는데, 피고는 위 협약에 따라 국과연 및 관련 협력업체에 대하여 환율변동에 따른 초과비용을 지급하였으므로, 원고에게도 초과비용을 지급해야 한다고 주장하였다.

그러나 서울고등법원은 원고의 주위적 및 예비적 청구를 모두 기각하였다. 피고와 국방과학연구소의 협약은 군(軍)전용 부품개발 사업으로 그 법적 근거가 국가계약법 및 방위사업법이고, 피고가 국과연과 대등한 지위에서 물품을 구매하는 국가조달계약의 성격을 가지고 있는 것으로 사법계약이고, 이 사건 사업은 공법계약으로 다르다며, 원고의 주장을 배척하였다.

바. 파기 이송 후 상고심 판결(상고기각, 피고승소)[6)]

대법원은 원심의 판단에 법리오해가 없다며, 원고의 상고를 기각하였다.

---

4) 서울행정법원 2018.7.20. 2017구합86125 판결
5) 서울고등법원 2019.11.6. 2018누64827 판결
6) 대법원 2020.10.15. 2019두62376 판결

Ⅰ. 들어가며

방위사업은 국가안전보장을 위한 방위력 개선, 방위산업육성, 군수품조달을 위한 활동을 말한다(방위사업법 제1조 참조). 방위사업계약은 방위력개선사업 또는 군수품 획득[7]에 관한 계약을 말한다(동법 제6조 제1항 6호). 여기서 방위력 개선 사업은 군사력을 개선하기 무기체계 구매 및 신규개발성능개량 등을 포함한 연구개발과 이에 수반되는 시설의 설치 등을 행하는 사업을 말한다(방위사업법 제3조 제1호).

방위력개선사업을 하는 이유는 국가의 국방력을 유지하기 위해서 최상의 성능을 가진 국산화된 무기체계가 필요하기 때문이다. 효율성과 경제성이 중요한 일반 물품과는 다른 것이다. 효율성보다는 성능과 안정이 중요한 것이다. 방위력개선사업에서 중요한 사업방식이 바로 연구개발 사업이다. 연구개발이 완료된 후에 양산이 되고 이후부터는 구매방식으로 획득하는 것이다.

방위사업에서 연구개발 방식에는 비용부담에 따라 정부투자, 업체투자, 공동투자 연구개발이 있다.[8] 대상판결의 수리온 연구개발 사업은 정부와 업체(KAI)의 공동투자 연구개발 사업에 해당한다.

수리온 연구개발 사건에서 무기체계 연구개발사업이 공법계약인지, 사법계약인지 쟁점이 되었다. 대상판결은 무기체계연구개발 사업에 대한 성격이 무엇인지를 판단한 대표적인 판례이다.

원고는 연구개발 과정에서 초과비용이 발생하여, 협약특수조건(이하 "이사건 협약"이라 한다.)에 따라 126.5억원의 초과비용을 청구하는 민사소송을 제기하였다. 이 사건 협약을 보면, 관할법원을 서울중앙지방법원으로 하고, 국가를 당사자로 하는 계약에 관한 법률을 준용하도록 하는 등 모두 사법관계의 실질을 가지고 있었다. 그러나 대상판결은 수리온 연구개발 사업이 국가연구개발사업규정에 근거한 것으로 보고 공법관계로 판단하였다. 이와 같이 법령을 근거로 해서 형식적으로 공법과 사법을 구별하는 것이 맞는지 의문이다.

이와 더불어 연구개발 사업이 공법관계라면 원고 초과 비용에 대한 피고의 승인행위

---

7) 여기서 획득은 군수품을 구매(임차를 포함한다. 이하 같다)하여 조달하거나 연구개발·생산하여 조달하는 것을 말한다(방위사업법 제3조 제5호).

8) 전력발전업무훈령(국방부 훈령 제2426호) 제54조(연구개발 구분)
① 연구개발은 형태에 따라 다음 각 호와 같이 구분한다. 연구개발 추진 시 국제기술협력을 포함하여 추진할 수 있다.
1. 국외기관 참여 여부에 따른 국내연구개발 또는 국제공동연구개발
2. 비용분담에 따른 정부투자 또는 업체투자 연구개발 및 정부 · 업체 공동투자 연구개발
3. 연구개발을 수행하는 주관기관에 따른 국과연 주관 연구개발 또는 방산업체 등 주관 연구개발

가 재량행위의 이탈남용이 쟁점이 될 것이다. 사법관계라면 국가를 당사자로 하는 계약에 관한 법률(이하 국가계약법이라 한다) 제19조(물가변동 등에 따른 계약금액 조정)이 적용되는지, 피고가 초과분을 승인하도록 하는 것이 부당한 특약인지 문제가 된다.

대상판결은 공사법 판단이 달라지면서 원고의 초과비용 청구가 가능한지 결론이 달라지게 되었다. 이하에서 대상판결의 쟁점에 대해서 살펴보기로 하자.

Ⅱ. 수리온 연구개발 법적 성격

1. 무기체계 연구개발 성격

공사법 구별에 대해서 권력관계의 경우에는 공법관계로 보는 권력설, 공익보호와 관련 있으면 공법으로 보는 이익설, 공권력의 담당자의 지위를 갖는 자에게만 권리 또는 의무를 귀속시키는 법률관계는 공법이라는 귀속설이 있고, 이들을 모두 종합적으로 고려하여 공사법을 구별하는 복수기준설이 다수견해이다.[9)]

먼저 공공조달계약에 대해서 먼저 살펴볼 필요가 있다. 공공조달계약은 국가, 지방자치단체, 기타 행정주체(공공기관 등)가 행정 수요의 충족을 위해 사인(私人)과 체결하는 공사 · 용역 · 물품에 관한 도급계약을 말한다.[10)]

이러한 공공조달계약의 성격에 대해서 공익적 목적이 있고, 국가재정을 통한 사업이라는 점에서 공법상 계약으로 보는 견해가 있으나,[11)] 공공조달계약은 국가계약법에 따라 대등성의 원칙에 따라 체결되고(제5조), 국가가 사경제의 주체로서 행하는 것으로 사법 계약으로 보는 것이 통설이다.[12)] 판례도 "공공계약은 국가 등이 사경제의 주체로서 상대방과

9) 김동희, 행정법, 2001, 68-70; 박균성, 행정법강의, 2011, 343.

10) 박정훈, 행정법의 체계와 방법론, 2005, 170; 행정조달계약, 공공계약, 정부조달계약과 같은 용어도 사용되고 있다. 행정조달계약이라는 용어는 공익실현 활동의 충분히 드려내지 못하고 있고(강지웅, 독일 공공조달법의 역사와 체계, 행정법연구 52 [2018] 106), 각 행정주체가 당사자가 되는지, 행정관서가 당사자가 되는 지 용어자체가 주는 주체상의 혼동도 있고, 공공계약은 공공기관 사이의 계약, 국가간 조약까지 포함하는 것으로 비칠 수 있고, 정부조달계약은 국가계약법 제2조에서 사용되고 있으나, 지방자치단체 및 공법인은 제외되는 개념이다(박성완, 공공조달계약 체결상의 법적 쟁점과 구제방안에 관한 연구 — 입찰절차를 중심으로 —, 2016 [고려대학교 박사학위논문], 20-22.). 따라서 본고에서는 공공조달계약이라는 용어를 사용하고자 한다.

11) 김대인, 정부조달계약에 있어서 구속력의 한계, 행정법연구 15 (2006) 113; 박정훈, 행정조달계약의 법적 성격: 행정법의 체계와 방법론, 2005, 173-200; 정호경/선지원, 공공조달계약의 법적 성격과 통제에 관한 연구 — 공법상 계약이론을 중심으로 —, 법제연구 46 (2014) 188; 장윤순, 공공조달계약과 조달청의 나라장터 종합쇼핑몰 거래정지 조치에 관한 소고, 전남대학교 법학논총 41/1 (2021) 195. 또한 사인을 경제적 이익을 추구하는 성격도 있어 이를 공사법 혼합계약으로 보는 견해도 있다(김판기, 행정계약법의 체계 정립을 위한 기본적 법문제, 공법연구 44/4 [2016] 217).

12) 박균성, 행정법강의, 2020. 59; 박성완, 실시설계 기술제안입찰상 예정가격 작성의 효력 범위, 사법 53 (2020) 283.

대등한 지위에서 체결하는 사법상의 계약으로서 본질적인 내용은 사인 간의 계약과 다를 바가 없다"라고 보고 있다.[13)]

이 사건 협약은 무기체계 연구개발을 위한 협약에 해당한다. 무기체계 연구개발은 방위사업법에 따른 방위사업계약에 해당한다(방위사업법 제6조 제1항 6호, 제3조 제1호). 방위사업법 제4조에서 방위사업에 관한 계약이 특별한 규정이 없는 한 방위사업법이 정하는 바에 따르도록 하고 있고, 방위사업계약도 국가계약법이 일반법으로 적용된다.[14)]

판례도 방위사업계약에 대한 사건에서 국가계약법과 같이 사법관계로 판단하고 있다. 즉 지체상금,[15)] 계약보증금,[16)] 부당이득금 환수[17)] 모두 사법관계를 전제로 하였다. 다만, 입찰참가자격 제한 처분,[18)] 방산물자지정취소송[19)]은 공법관계로 보고 있다.

여기서 주의할 점은 무기체계 연구개발사업의 경우에는 사법관계이지만, 국가연구개발사업은 같은 성격을 가진 경우에는 공법관계로 보고 있다. 국가연구개발사업은 중앙행정기관이 법령에 근거하여 연구개발을 위하여 예산 또는 기금으로 지원하는 사업을 말한다(국가연구개발혁신법 제2조 제1호).[20)] 이는 행정행위로 보고, 연구실패의 경우 향후 연구참여제한, 연구비환수가 이루어지고 있다(동법 제35조).[21)] 국가연구개발은 협약의 형식으로 이루어지고 있다(동법 제11조).

국가연구개발의 경우에는 연구개발이 실패하더라도 업체는 지체상금부과나 부정당업자 제재 처분이 없다. 방산업체도 고도의 연구개발이 필요한 무기체계 분야에 대해서 국가연구개발혁신법과 같은 협약에 따른 연구개발이 필요성이 제기되어, 2020. 3. 31. 「국방과학기술촉진법」(법률 제17163호)이 제정되었다.

「국방과학기술촉진법」은 일반적인 무기체계 연구개발은 계약으로 체결하고, 핵심연구기술 · 미래도전국방기술 · 그 밖에 신기술을 활용한 연구개발 등 방위사업청장이 정하는

---

13) 대법원 2017.12.21. 선고 2012다74076 전원합의체 판결; 대법원 2001.12.11. 선고 2001다33604 판결; 대법원 2006.6.19.자 2006마117 결정; 대법원 1996.12.20. 선고 96누14708 판결.

14) 박성완, 공공조달계약 체결상의 법적 쟁점과 구제방안에 관한 연구, 10.

15) 대법원 2002.9.4. 선고 2001다1386 판결; 서울중앙지법 2007.9.5. 선고 2007가합7497 판결.

16) 대법원 2004.12.10. 선고 2002다3852 판결; 대법원 1997.3.28. 선고 95다48117.

17) 대법원 2016.7.14. 선고 2013다82944, 82951 판결.

18) 원고가 리튬전지를 방위사업청에 납품하는 계약을 체결하였으나, 피고는 원고가 국방규격에 적합하지 아니한 하자가 있는 리튬전지를 공급하였다는 사유로 입찰참가 자격제한 처분 15개월을 한 사안에서, 서울행정법원은 피고의 국방규격에 따른 시험이 신뢰할 수 없다며, 피고의 부정당업자제재처분은 취소하였다(서울행정법원 200.10.16. 선고 2006구합29256 판결).

19) 서울행정법원 2020.7.24. 2019구합58292 판결; 대법원 2009.12.24. 선고 2009두12853 판결.

20) 중앙행정기관별로 다르게 운용되고 있는 국가연구개발사업이 통합적 · 체계적으로 운영될 수 있게 할 수 있도록 국가연구개발혁신법을 제정하면서(법률 제17343호, 2020. 6. 9.). 과학기술기본법에서 연구개발관련 내용은 국가연구개발혁신법으로 편입되면서, 관련 조문이 삭제되었다.

21) 김부년, 국방과학기술혁신 촉진법안 방위사업법 일부개정법률안(이철희 의원발의) 검토보고, 국회국방위원회 (2018. 11), 21, 22.

연구개발은 협약의 형태로 하도록 하고 있다(동법 제8조). 본 법에서 계약은 사법상 계약을, 연구개발은 공법상 계약이라는 취지로 제정된 것이다.[22)]

2. 이 사건 협약의 성격

대상판결은 「국방과학기술촉진법」 제정이전의 사안이다.[23)] 이 사건 협약체결 당시에는 방위사업계약에서 「국방과학기술촉진법」은 적용되지 않았고, 「구 과학기술기본법(現 국가연구개발혁신법)」만이 존재하고 있었다.

파기이송 전 원심법원은 이 사건 협약은 실질적으로 연구개발 납품에 대한 대가를 지급하는 것이고, 피고가 우월한 공권력의 주체로서가 아니라 사경제의 주체로 원고와 대등한 입장에서 합의한 점, 관할법원을 서울중앙지방법원으로 한다고 명시한 점에서 이를 사법상 계약으로 보았다.[24)]

그러나 대법원은 원심법원과 달리 이 사건 개발협약을 공법상 계약으로 보았다. 대법원은 피고가 원고에게 지급하는 대가는 「구 국가연구개발사업의 관리 등에 관한 규정(2010. 8. 11. 대통령령 제22328호로 전부 개정되기 전의 것)」(이하 「구 국가연구개발사업규정」으로 한다)에 근거한 출연금을 지칭하는 것으로서,[25)] 피고에게 협약금액 증액을 요청하는 것은 정부출연금의 증액을 요구하는 것이고, 협약은 정부와 민간이 공동으로 한국형헬기 민 · 군 겸용 핵심구성품을 개발하여 그 기술에 대한 권리는 방위사업이라는 점 등을 고려하여 이 사건 협약의 법률관계는 공법관계라고 보았다.[26)]

이러한 대법원의 판단에 대해서 긍정하는 견해가 있다. 대법원이 「구 과학기술기본법」, 「구 국가연구개발사업규정」에 근거하여 추진되는 한국형 헬기개발을 위한 공익성과 출연금 증액에 국가의 승인을 얻도록 하고, 협약을 위반할 경우 국가연구개발사업에의 참

---

22) 김종필/설광윤, [최신법령해설] 「국방과학기술혁신촉진법」 시행 안내, lawnb, <https://www.lawnb.com/Info/ContentView?sid=P0115E6F10B97846>(2022.1.1.확인).

23) 제정은 2020. 3. 31.이고, 시행은 2021. 4. 1.이다.

24) 서울고법 2015.4.1. 선고 2014나2002868 판결.

25) 구 국가연구개발사업의 관리 등에 관한 규정(2010.8.11. 대통령령 제22328호로 전부 개정되기 전의 것, 이하 '국가연구개발사업규정'이라 한다

국가연구개발사업의 관리 등에 관한 규정(대통령령 제31297호)는 2021. 1. 1. 폐지되었다. 국가연구개발혁신법((법률 제17343호, 2020. 6. 9. 공포, 2021. 1. 1. 시행)이 제정되면서, 과학기술기본법 및 국가연구개발사업의 관리 등에 규정의 국가연구개발사업내용이 국가연구개발혁신법으로 통합체계화 되었다.

구 국가연구개발사업의 관리 등에 관한 규정 제2조(정의) 이 영에서 사용하는 용어의 뜻은 다음과 같다.

1. "국가연구개발사업"이란 중앙행정기관이 법령에 근거하여 연구개발과제를 특정하여 그 연구개발비의 전부 또는 일부를 출연하거나 공공기금 등으로 지원하는 과학기술 분야의 연구개발사업을 말한다.

10. "출연금"이란 국가연구개발사업의 목적을 달성하기 위하여 국가 등이 반대급부 없이 예산이나 기금 등에서 연구수행기관에 지급하는 연구경비를 말한다.

26) 대법원 2020.10.15. 2019.두62376 판결 참조.

여를 제한할 수 있는 공권력 행사성을 모두 고려한 것으로 계약의 대상을 기준으로 공법상 계약여부를 판단하는 통설에 따른 것으로 평가하고 있다. 또한 기존에도 국가연구개발사업에 대해서 공법관계로 보는 기존 판례에 근거한 것이라는 것이다.[27]

그러나, 이 견해는 대상판결이 공법상 계약으로 판단한 것은 긍정하면서도 대법원이 국가계약법만이 적용되는 계약에 대해서는 사법상 계약으로 보고, 국가계약법 이외에 과학기술법과 같은 개별법령이 중첩적으로 적용되는 경우에 해당 개별법령의 내용을 검토하여 공법상 계약으로서의 성격을 인정하는 2원론에 해당하는 것으로 소송당사자로 하여금 재판관할 판단만을 가중시킨다는 어려움이 있다는 지적하였다.[28]

이 사건 협약을 살펴보면, 이 사건 협약 제7조에서 협약보증금의 반환, 국고귀속 등에 대하여, 제15조에서 지체상금에 대하여 각각 국가계약법의 관련 조항을 준용하도록 정하고 있고, 제44조에서 원고와 피고 간의 분쟁에 관하여 관할법원을 서울중앙지방법원으로 정하고 있어, 계약당사자들은 사법상 계약으로 계약을 체결하였다.

또한 대법원은 원고가 이 사업의 연구개발을 통해서 향후 유리한 위치(기술사용, 차후 사업참여 기회)를 가지게 되었다는 사실[29]은 과연 권리도 아닌 기대에 불과한데 이를 국가가 원고에게 주는 수혜적인 지위를 주였다고 판단하였다.

그러나 이는 무리한 해석이다. 왜냐면 이 사건 협약 제32조[30]에서 기술의 권리귀속은 방위사업청에 이전되는 것이고, 피고가 원고에게 기술사용권을 주는 것은 의무가 아니고, 피고의 권한이다. 따라서 원고가 얻는 기술개발 노하우는 반사이익에 불과하다 하고, 차후

27) 김대인, 국가연구개발협약과 공 · 사법 구별 — 대법원 2017.11.9. 선고 2015다215526 판결에 대한 평석 —, 서울법학 26/2 (2018) 232; 과학기술연구개발을 위한 과제협약은 과학기술 발전을 위한 기반을 조성하여 과학기술을 혁신하고 국가경쟁력을 강화하기 위한 수단으로서 과학기술 연구개발사업 시행이라는 공법적 효과를 달성하기 위한 것으로 공법적 계약인 것이다(홍동희, 과학기술 연구개발 행정법론, 2012, 308); 대법원도 국가연구개발사업의 관리 등에 관한 규정에 따른 협약을 체결한 원고가 평가결과 절대평가 점수 미달성으로 연구개발중단 조치 및 연구비집행중지를 한 사안에서도 연구비는 환수 또는 반환 대상이 되므로, 각 조치는 甲 회사 등의 권리 · 의무에 직접적인 영향을 미치는 행위로서 항고소송의 대상이 되는 행정처분에 해당한다고 판시한바 있다(대법원 2015.12.24. 선고 2015두264 판결).

28) 이 사건 협약에서도 협약의 일방당사자가 국가가 되기 때문에 국가계약법의 적용을 배제하는 것이 아니고, 국가계약법 제3조에 따라 과학기술기본법, 항공우주산업개발촉진법 등이 적용된다고 하여도 이들 법률에서 달리 규정된 것을 제외하고는 국가계약법이 적용되기 때문이다고 한다(김대인, 서울법학 26/2 [2018] 233).

29) 대상판결에서 "이 사건 협약은 정부와 민간이 공동으로 한국형헬기 민 · 군 겸용 핵심구성품을 개발하여 그 기술에 대한 권리는 방위사업이라는 점을 감안하여 국가에 귀속시키되 상자 그 기술사용권을 원고에게 이전하여 군용헬기를 제작 · 납품하게 하거나 또는 민간 헬기의 독자적 생산기반을 확보하려는 데 있는 점, 이 사건 KHP사업의 참여기업인 원고로서도 민 · 군 겸용 핵심구성품 개발사업에 참여하여 기술력을 확보함으로써 향후 군용 헬기 양산 또는 민간 헬기 생산에서 유리한 지위를 확보할 수 있게 된다는 점 등을 종합하여 살펴보면, 국가연구개발사업규정에 근거하여 피고 산하 중앙행정기관인 방위사업청과 참여기업인 원고 사이에 체결된 이 사건 협약의 법률관계는 공법관계라고 보아야 하고"라고 판시한 바 있다(대법원 2017.11.9. 선고 2015다215526 판결).

30) 협약 특수조건 제32조(기술의 권리귀속 및 사용권)
① 본 개발협약에 의해 획득 발생된 기술(소프트웨어 포함)에 대한 권리(원천기술 제외) 및 사용권은 원고에게 있으며, 협약기간 중 원고는 피고에게 기술자료의 보관, 관리 및 기술사용권을 본 사업 목적에 한하여 허여한다. 단, 원고의 권리 및 사용권을 피고에게 이전하거나, 피고가 사업목적외에 사용하고자 할 경우의 세부절차는 관련법령 및 규정에 따른다.

사업참여 기회도 사실상 기회일 뿐이라는 점에서 대법원이 원고에게 사업참여 이익을 주었다는 전제는 타당하지 않다.

대상판결은 해당 협약의 법적인 근거를 찾아서 원고와 피고간의 이 사건 협약은 「구 국가연구개발사업규정」에 근거한 것이라는 점을 들며, 초과비용 지급을 출연금 증액으로 판단하며, 공법관계로 판단하였다.

그러나 이 사건 협약에서는 「구 국가연구개발사업규정」이 효력을 가진다고 협약에 명시하지 않았다. 협약에서는 「KHP사업 공동규정(산업자원부 및 방위사업부 공동훈령)」이 본협약의 일부로서 효력을 가진다고 명시하고 있다(협약 제4조[31]). 여기서 말하는 공동훈령은 「한국형헬기사업(KHP) 공동규정(산업자원부훈령 제98호, 2006. 4. 28.)」으로 보이는 데, 사업자원부와 방위사업청의 예산분담과 절차를 정한 것으로 「구 국가연구개발사업규정」에 근거한다는 것이 명시되어 있지 않다.

단지 협약체결 당시 「구 국가연구개발사업규정」 제7조에서 중앙행정기관의 장이 주관연구기관의 장과 협약을 체결하도록 하고 있고, 이 사건 합의가 협약형식으로 되어 있으니, 그 형식만 본다면 공법관계로 추측할 수 있다.

설령 법적 근거가 「구 국가연구개발사업규정」에 의했고, 형식이 “협약”이라고 이유로, 초과비용 지급이 반대급부 없이 지급하는 출연금[32] 성격으로 보는 것은 형식적인 결론으로 보인다. 이런 형식논리는 대상판결이 공법상 견해라는 것을 긍정하는 견해에서도 비판을 받고 있다. 즉, 대상판결이 국가계약법이 적용되면 사법으로, 다른 개별법령이 적용되는 경우에는 공법상 계약으로서의 성격을 인정하는 2원론에 해당하는 것으로 소송당사자로 하여금 재판관할 판단에 어려움만 야기한다는 것이다.[33]

이 사건 협약의 목적과 내용을 보면, 이 사건 협약은 원고가 핵심구성품을 연구개발하여 납품하고, 피고가 이에 대가를 지급하는 것이 목적이고, 원고가 연구개발하여 납품하는 핵심구성품 및 기술에 대한 모든 권리가 피고에게 귀속되어 있고, 원고는 납품을 하지 못할 경우 지체상금을 부담하고, 품질이 상이할 경우 대체납품 및 물품대금 반환 청구권,

---

31) 이 사건 협약 제4조(협약문서의 생략) 다음 사항은 협약서에 첨부되지 않더라도 본 협약의 일부로서 효력을 가진다. 다만 본 협약과 상충시 본 협약조건이 우선한다.
   1. KHP사업 공동규정(산업자원부 및 방위사업청 공동훈령)
   1. 한국형헬기 민·군 겸용 구성품 구성품 개발사업 관리지침

32) 구 국가연구개발사업의 관리 등에 관한 규정 제2조(정의) 이 영에서 사용하는 용어의 뜻은 다음과 같다.
   10. “출연금”이란 국가연구개발사업의 목적을 달성하기 위하여 국가 등이 <u>반대급부 없이</u> 예산이나 기금 등에서 연구수행기관에 지급하는 연구경비를 말한다.

33) 이 사건 협약에서도 협약의 일방당사자가 국가가 되기 때문에 국가계약법의 적용을 배제하는 것이 아니고, 국가계약법 제3조에 따라 과학기술기본법, 항공우주산업개발촉진법 등이 적용된다고 하여도 이들 법률에서 달리 규정된 것을 제외하고는 국가계약법이 적용되기 때문이다고 한다(김대인서울법학 26/2 [2018] 233).

손해배상청구권이 인정되고 있고, 국가계약법에 따른 이행보증금을 부담한다는 점, 협약에 정부출연금이 명시되어 있지만, 원고는 정부출연금을 가지고 협약대금을 원고에게 지급한다고 명시하고 있는 것을 볼 때,[34] 이 사건 협약은 실질적으로는 연구개발 용역이라는 도급성격의 계약으로 보이므로 사법관계로 보아야 한다.

이 점에서 원심판결이 명칭이 형식적으로 협약 형태로 체결되었더라도 실질적으로 원고가 핵심구성품을 연구개발하여 납품하고 피고가 원고에게 그 대가를 지급하는 관계로 판단한 것은 타당하다.[35] 따라서 이 사건 협약은 사법관계로 보아야 한다.

〈서울고법 2015. 4. 1. 선고 2014나2002868 판결〉

이 사건 협약은 산업자원부로부터 출연금 예산을 지원받아 이루어지는 과정에서 형식적으로는 연구개발규정 등에 근거한 "협약"의 형태로 체결되었지만, 실질적으로는 원고가 피고에게 한국형헬기의 민·군 겸용 핵심구성품을 연구·개발하여 납품하고, 피고가 원고에게 그 대가를 지급하는 것을 주된 내용으로 하는 특수한 형태의 혼합계약으로 봄이 상당하므로, 국가계약법의 적용을 받는 국가를 당사자로 하는 "사법상 계약"에 해당한다고 할 것이다.

Ⅲ. 초과비용 지급 여부

1. 피고의 승인행위 성격

이 사건은 원고가 초과한 비용을 청구하는 것이다. 초과비용에 대해서 이 사건 협약 제9조에서 "초과비용 등은 피고와 협의하여 사업비 증가에 따른 협약변경을 할 수 있으며, 피고(사업단)의 승인분에 한한다"라고 정하고 있었다.

이 사건 협약을 공법상 계약으로 본다면, 피고의 승인은 행정행위 중 재량행위로 평가된다. 피고 초과비용에 대해서 불승인을 하는 것은 불이익한 처분이 되는 것이고, 이에 대해서는 행정의 법률적합성이 원칙에 따라, 법적인 근거가 있어야 하는 것이고, 행정법의 원리인 비례의 원칙에도 맞아야 한다. 수리온 기술 개발이라는 공적인 목적을 수행하기 위해서 원고가 수행한 연구개발로 인한 초과비용을 모두 부담하도록 하는 것은 과도한 재산권의 침해에 해당한다.

이 사건 협약이 공법상 계약이라고 하여도 도급계약 성실을 가지고 있으므로 초과분

---

34) 이 사건 협약 제8조(정부출연금의 지급 및 관리) ⑩ 원고와 그 하도급업체들이 개발비를 분담(20%)하여 투자함에 따라 협약서에 명시된 정부출연금과 업체 투자금액 구분에 의거 피고는 원고에게 업체투자금을 제외한 정부출연금만을 협약대금으로 지급한다.

35) 서울고법 2015.4.1. 선고 2014나2002868 판결.

이 있을 경우 대가를 지급해야 하고, 초과분 승인을 거부하는 것은 재량의 한계를 벗어난 것으로도 볼 수 있다.36)

그러나 대상판결 이후 법원은(파기 이송심(서울행정법원), 파기 이송 후 항소심, 파기 이송 후 상고심)에서 피고의 승인에 상당한 재량이 있다며,37) 비례의 원칙에 반하지 않다고 판단한 것은 납득하기 힘들어 보인다. 공법관계로 인정한 이후에는 초과분을 반대급부 없는 출연금으로만 보고 형식적으로 판단한 결과로 보인다.

설령 원고의 초과비용 지급이 과도하다면, 적정한 액수에 대해서 판단을 하여 감액을 했어야 한다. 사법관계로 보았던 원심판결에서는 원고와 피고의 투자비율(원고투자 20%, 피고투자 80%)에 따라, 부담을 조정(초과분 80%)하는 것은 상호 형평을 고려한 것으로 타당한 것이다.38)

2. 국가계약법 제19조(계약금액조정) 적용 여부

국가계약법 제19조에서 "각 중앙관서의 장 또는 계약담당공무원은 공사계약 · 제조계약 · 용역계약 또는 그 밖에 국고의 부담이 되는 계약을 체결한 다음 물가변동, 설계변경, 그 밖에 계약내용의 변경(천재지변, 전쟁 등 불가항력적 사유에 따른 경우를 포함한다)으로 인하여 계약금액을 조정(調整)할 필요가 있을 때에는 대통령령으로 정하는 바에 따라 그 계약금액을 조정한다"라고 규정하고 있다.

대상판결은 국가계약법 계약금액조정 준수여부에 대해서 이 사건 협약을 공법상 계약으로 보면서, 협약특수조건 제9조에서 물가변동 등에 대한 계약금액조정을 위하여 피고의 승인이 필요하다고 한 것은 국가계약법 제19조 적용을 배제한 것으로 이를 유효한 것으로 판단하였다.39)

---

36) 이 사건에서 원고측에서 제시한 의견서에 다음과 같은 내용이 있다. 협약특수조건 제2조에서 "본 협약의 목적은 KHP 사업 공동규정(산업자원부 및 방위사업청 공동훈령) 등에 의거 원고가 그 하도급업체들과 함께 한국형헬기 민 · 군겸용 핵심구성품을 연구 · 개발하여 납품하는데 있으며, 피고는 원고에게 그 대가를 지급한다"라고 규정되어, 그 납품대가를 지급한다고 규정하고 있고, 협약 제1조 제3호에서도 하도급업체가 규정되어 있어 이 협약은 도급계약의 계약형태를 가지고 있다는 것에 근거한다(2018. 10. 1.자 이 사건 의견서, 25면).

37) 이 사건 협약의 근거가 된 국가연구개발사업규정은 연구개발비를 지원할지 여부, 지원한다면 그 지원액의 결정, 협약의 내용을 변경할지 여부에 관하여 행정청에 상당한 재량을 부여하고 있는 점 및 이에 더하여 이 사건 협약의 총 협약금액, 원고의 부담비율, 원고가 이 사건에서 주장하고 있는 초과비용액을 종합적으로 고려할 때, 피고가 이 사건 협약 특수조건 제9조 제1항을 근거로 초과비용의 지급을 거절하는 것이 이로써 달성하고자 하는 공익에 비하여 침해되는 원고의 사익이 현저히 커서 비례의 원칙에 위반되는 것으로는 보이지 않는다. 따라서 비례의 원칙 위반에 관한 원고의 주장은 이유 없다(서울행정법원 2018. 7. 20. 2017구합86125 판결).

38) 서울고법 2015.4.1. 선고 2014나2002868 판결.

39) 서울행정법원 2018.7.20. 2017구합86125 판결; 서울고법 2019.11.6. 2018누64827 판결; 대법원 2020.10.15. 2019두62376 판결 참조.

여기서 국가계약법상 계약금액조정규정은 강행규정인가?

이에 대해서 공공조달계약을 사법관계로 보는 대법원은 국가계약법이 내부사무지침에 불과하다는 취지에서 국가계약법과 다른 특수조건을 부가하는 것을 금지하지 않는다며 임의규정으로 해석하고 있다.[40] 대상판결도 계약금액조정을 배제하고 있는 이 사건 협약을 유효하다고 판시하고 있는 것이다.

그러나, 국가계약법령은 계약금액 조정에 대해서 국가계약법 제18조에서는 법문상 “계약금을 조정한다”라고 규정하고 있다.[41] 계약금액조정 조항은 계약상대방을 보호하기 위해서 마련된 법률조항으로 계약상대자의 이를 보호하는 조항인데, 강행규정이 아니라고 하는 것은 계약상대방을 보호하고자 하는 취지에 반한다.[42]

따라서 국가계약법 제19조 계약금액조정은 강행규정으로 보는 것이 타당하고, 초과비용 지급에 대해서 피고가 승인하는 것이 타당하다.

3. 국가계약법 제5조 제3항, 약관법 제6조 적용 여부

국가계약법 제5조 제3항은 계약상대자의 계약상 이익을 부당하게 제한하는 특약 또는 조건을 정하지 않도록 하고 있다.[43] 또한 약관의 규제에 관한 법률(이하 약관법) 제6조에서도 고객에게 부당하게 불리한 조항은 무효라고 하고 있다.

이 사건 협약을 공법상 계약을 볼 경우에도 국가계약법 제5조 제3항, 약관법 제6조(일반원칙)는 적용되고, 다만 공익과 사익의 형량이라는 측면에서 다른 기준에 의해서 판단하는 것이 필요하다.[44] 즉 공법상 계약이 그 속성상 공익적 목적을 위해서 계약상대방의 이익을 부당하게 제한하고 있는지에 대해서 비례의 원칙 위반 여부로 판단해야 한다.[45]

그러나 이 사건에서 법원은 명시적으로 국가계약법 제5조 제3항과 약관법에 따라 부당성을 판단하지는 않고, 총 협약금액, 원고의 부담비율, 초과비용액을 종합적으로 고려하

40) 대법원 2017. 12. 21. 선고 2012다74076 판결.

41) 물가변동으로 인한 계약금액조정에 대해서 국가계약법시행령 제64조 제1항, 제6항, 제7항 및 설계변경으로 인한 계약금액조정에 관한 시행령 제65조 제1항은 “계약금액을 조정한다”라고 명시되어 있다

42) 정태학 · 오정학 · 장현철 · 유병수, 국가계약법, 2020, 233; 권영직, 국가계약법령상 물가변동에 따른 계약금액 조정규정의 적용을 배제하는 합의의 효력, 민법판례연구 I , 2019, 229.

43) 2020. 3. 31. 개정 국가를 당사자로 하는 계약에 관한 법률(법률 제17133호)에서 같은 내용의 조항이 동법시행령 제4조에 규정되어 있었다. 시행령 제4조를 삭제하고, 법률로 상향시킨 것이다. 이 사건 당시에는 시행령 제4조가 문제가 되었다. 국가를 당사자로 하는 계약에 관한 법률(법률 제17133호, 2020. 3. 31. 일부개정) 제5조(계약의 원칙) ③ 각 중앙관서의 장 또는 계약담당공무원은 계약을 체결할 때 이 법 및 관계 법령에 규정된 계약상대자의 계약상 이익을 부당하게 제한하는 특약 또는 조건(이하 "부당한 특약등"이라 한다)을 정해서는 아니 된다.

44) 김대인, 서울법학 26/2 (2018) 242.

45) 김대인, 서울법학 26/2 (2018) 239.

여 비례의 원칙에 위반되지 않는다고 판단하였다.46)

그러나 이러한 판단은 부당하다. 공법관계로 보는 대상판결의 취지에 맞게 공법관계에서 인정되는 비례의 원칙을 적용해서, 국가계약법 제5조 제3항, 약관법 제6조에 따라서 부당한 협약으로 보는 것이 타당하다. 원고는 수리온 사업을 통해서 125억원의 초과비용이 발생하였다.

파기 이송후 항소심47)에서는 원고가 피고는 같은 공동개발주체인 국방과학연구소에 대해서는 초과금을 지급하면서, 원고에게는 초과비용을 지급하지 않은 것은 부당하다고 다투었으나, 파기 이송후 항소심은 "국과연 및 관련 협력업체에 지급된 정산금액은 협약금액의 1%에 못 미치는 금액이 추가로 지급되었음에 불과한 반면, 원고가 피고에게 청구하는 금액은 협약금액의 약 10%로 그 비용이 과다한 점"이라는 근거를 들어서, 피고에게 초과비용 전액을 지급할 의무가 없다고 판시하였다.

그러나 국방과학연구소보다 초과비용이 더 많이 발생한 원고가 받는 침익이 더 크고 상당한데, 적게 초과비용이 발생한 국방과학연구소에게는 지급의무가 있고, 원고에게는 지급의무가 없다는 것은 형평에 반하는 논리이다. 원고가 비용을 과다 부담하는지 판단하려면, 업체 투자분을 기준으로 판단해야 할 것이다. 그런데 법원은 전체 협약금액인 1330억을 기준으로 판단하였다(협약금액의 10% 초과). 그러나 업체 투자분 266억원을 기준으로 하면, 126억 초과비용 발생하였으므로 47%를 초과 부담하는 것이다.

협약서에 초과비용 지급 여부 판단을 오직 피고에게만 권한을 인정하고 있다. 이는 물가와 환율변동에 대한 위험을 원고에게 모두 부담하도록 전가한 것이다. 연구개발업체인 원고에게 초과비용 125억 원을 전부 부담하도록 하는 것은 비용을 전가한 것으로 피고가 부당이득을 한 것에 해당한다.

그렇다면 이는 원고에게 부당한 불리한 조항으로 보아서, 초과비용 환수를 금지한 이 사건 협약은 무효라고 보아야 한다.

46) 원고는 이 사건 협약의 이행을 통해 단순히 대가를 받는 것에 그치는 것이 아니라, 개발과정에서의 확보한 기술력을 바탕으로 향후 군수용 헬기 양산과정이나 민수용 헬기 개발과정에서 우월적 지위를 확보하게 되는바 그와 같은 고려가 특수조건의 내용 결정에 반영되었을 것으로 보이는 점, 반면 이 사건 협약은 한국형 헬기를 개발하여 군의 수요를 충족하는 것과 함께 항공방산업체로 하여금 헬기 자체 개발 능력을 확보하여 가격 경쟁력 있는 민수용 헬기를 공급하고 이를 차세대 성장 동력산업으로 육성시키고자 하는 것에 있어 그 궁극적인 목적에 공익성이 높은 점, 이 사건 협약의 근거가 된 국가연구개발사업규정은 연구개발비를 지원할지 여부, 지원한다면 그 지원액의 결정, 협약의 내용을 변경할지 여부에 관하여 행정청에 상당한 재량을 부여하고 있는 점 및 이에 더하여 이 사건 협약의 총 협약금액, 원고의 부담비율, 원고가 이 사건에서 주장하고 있는 초과비용액을 종합적으로 고려할 때, 피고가 이 사건 협약 특수조건 제9조 제1항을 근거로 초과비용의 지급을 거절하는 것이 이로써 달성하고자 하는 공익에 비하여 침해되는 원고의 사익이 현저히 커서 비례의 원칙에 위반되는 것으로는 보이지 않는다. 따라서 비례의 원칙 위반에 관한 원고의 주장은 이유 없다(서울행정법원 2018.7.20. 2017구합86125 판결).

47) 서울고법 2019.11.6. 2018누64827 판결.

Ⅳ. 소송 경제 문제

전속관할은 합의관할이나 변론관할이 적용되지 아니하므로, 관할이 없을 경우에는 법원은 이를 관할법원으로 이송해야 한다(민사소송법 제31조).[48] 대상판결은 관할법원을 당사자들이 서울중앙지방법원으로 정하였다고 하여도 전속관할을 위반하였으므로, 직권으로 1심판결을 파기하고 사건을 서울행정법원으로 이송하였다.

그러나 대상판결은 다음과 같은 문제가 있다.

대상판결은 1심인 서울행정법원으로 파기 이송할 것이 아니라, 서울고등법원으로 이송해야 했다. 이 사건이 행정소송일 경우 제1심, 항소심 재판의 관할도 동시에 가지므로 서울고등법원은 관할권을 가지고 있다. 기존에 대법원은 원고가 행정소송을 제기해야 할 것을 민사소송으로 제기한 경우 법원이 석명권을 행사하여 행정소송법이 정하는 절차에 따라 심리 · 판단을 해야 함에도 이를 하지 않고 본안판단에 나아간 경우, 원심법원(서울고법)에 환송하여왔다.[49]

대상판결이 파기전 서울중앙지법원과 서울고등법원의 구체적 심리내용을 보고, 2심으로 할 경우 당사자들이 1심에서 다툴 수 있는 심급 기회를 부여하지 않아 불이익이 발생할 수 있다고 판단한 것으로 보이지만, 이 사건은 소제기 이후 무려 7년이 소요되는 등 소송경제상 매우 불합리한 결과가 야기되었다.[50]

이러한 문제를 해결하기 위해서 입법론적 개선이 필요하다는 견해가 있다.[51] 1심 법원의 상급심인 고등법원(행정부)에서 이 사건이 행정사건인지, 민사사건인지에 대해서 미리 판단받을 수 있도록 하자는 것이다. 고등법원에서도 이에 대해서 다툼이 있다면 즉시항고

48) 민사소송법 34조(관할위반 또는 재량에 따른 이송) ① 법원은 소송의 전부 또는 일부에 대하여 관할권이 없다고 인정하는 경우에는 결정으로 이를 관할법원에 이송한다.

49) 대법원 2020.1.16. 2019다264700(원고가 피고 대한민국에게 연구개발확인서발급이행의 청구를 대전지방법원에 민사소송을 제기한 사안에서, 대법원은 이 사건에서 피고의 거부회신은 항고소송의 대상인 거부처분에 해당한다며, 원심을 파기하고 대전고등법원에 환송하였다), 대법원 2018.11.29. 선고 2015누52395 판결(甲 주식회사가 조달청과 물품구매계약을 체결하고 국가종합전자조달시스템인 나라장터 종합쇼핑몰 인터넷 홈페이지를 통해 요구받은 제품을 수요기관에 납품하였는데, 조달청이 계약이행내역 점검 결과 일부 제품이 계약 규격과 다르다는 이유로 물품구매계약 추가특수조건 규정에 따라 甲 회사에 대하여 6개월의 나라장터 종합쇼핑몰 거래정지 조치를 한 사안에서, 위 거래정지 조치는 항고소송의 대상이 되는 행정처분에 해당하는데도 이와 달리 보아 소를 각하한 원심판결에 법리를 오해한 잘못이 있다고 한 사례에서도, 대법원은 원심판결을 파기하고 서울고등법원에 환송하였다.)

50) 대법원이 서울고등법원으로 이송시키지 않는 것은 파기전 서울중앙지법원과 서울고등법원의 구체적 심리내용을 보고, 2심으로 할 경우 당사자들이 1심에서 다툴 수 있는 심급 기회를 부여하지 않아 불이익이 발생할 수 있다고 판단한 것으로 보인다.

51) 프랑스 관할재판소에서는 민사사건에 친밀도가 높은 법관과 행정사건의 친밀도가 높은 법관 각 4명씩 구성하여 8명의 재판관으로 구성되어 있다고 한다. 이를 우리 법원에 도입하기는 어려우므로 1심에서 재판권 문제가 발생할 경우 직근 상급법원인 고등법원 행정재판부에서 이 사건을 전담하도록 하고, 즉시항고를 허용하여 대법원에서 통일적인 법령해석을 받자는 견해가 있다(김대인, 서울법학 26/2 [2018] 249, 250).

하여 대법원에서 최종적으로 판단하면 되므로, 신속하고 통일적인 판단이 가능하게 될 것이다.

Ⅴ. 마치며

그동안 공공조달계약에서 공법관계를 주장했던 이유는 권력관계에서 야기되는 상대방의 불리한 지위를 보호하기 위해서 공법원리를 적용하기 위한 것이 아니었는가? 국가가 법률유보 원칙과 같은 공법적 제한을 피할 목적으로 국가가 "사법으로 도피(Flucht in das privatrecht)"하고 있다고 국가가 사법영역에 들어오는 것을 경계하였다.[52)]

그러나, 공법취지와 달리 대상판결과 파기이송이후 판결들을 보면 공법관계로 인정된 이후 원고가 초과비용을 인정받지 못해 대상판결 전과 후 정반대의 결과가 나왔다. 사법으로 도피가 도리어 국가에 불리했고 사인에게는 유리했던 것 아닌가? 공사법 구별을 형식적인 논리로 하다 보니, 그 실질을 도외시하는 결과가 나오는 것으로 보인다.

방위사업계약을 사법상 계약으로 본다고 하여 국가가 권력적 지위를 남용하거나 형평에 반하는 결과가 초래되는 것은 아니다. 방위사업계약에서 사적자치로서 계약자유가 보장되어도,[53)] 계약정의(契約正義)[54)]에 반할 경우에는 계약 자유를 제한할 수 있다.

우리 민법은 주로 민사특별법을 제정하여, 사회적 불평등과 같은 사회적 衡平이 필요한 경우에 계약정의를 실현하고 있다.[55)] 국가계약법은 국가계약의 계약자유에 대한 특별법인 성격을 가지는 것이다. 공공조달계약의 공공성으로 인한 후견적 개입을 국가계약법을 통해서 하는 것이다. 또한 사법 일반원칙과 사법의 다양한 전형계약(매매, 도급, 위임 등) 법리가 공공조달계약을 합리적으로 해석하고 적용하는데 기여할 수 있는 것이다.

무엇보다도 대상판결은 소송경제에 반하는 문제가 발생하여, 공 · 사법구별 논란이 과

---

52) 한수웅, 헌법학, 제11판, 2021. 410; Fleiner, Institutionen des deutschen VerwR, 8.Aufl., 1928. 336(정하중, 사법행정의 기본권귀속, 고시연구, 2000. 20에서 재인용).

53) 지방자치단체가 일방 당사자가 되는 이른바 공공계약이 사경제의 주체로서 상대방과 대등한 위치에서 체결하는 사법상 계약에 해당하는 경우 그에 관한 법령에 특별한 정함이 있는 경우를 제외하고는 사적자치와 계약자유의 원칙 등 사법의 원리가 그대로 적용된다(대법원 2018.2.13. 선고 2014두11328 판결).

54) 여기서 계약정의는 형식적 · 절차적 정의와 실질적 · 내용적 정의가 있다. 형식적 · 절차적 정의는 주관적 의미의 것으로서 당사자들 사이에서 각자 이익의 상호교량을 통해서 이른바 정당한 중도를 추구하며, 주관적으로 계약내용에 만족한다면 형식적 절차적 정의는 충족된다고 본다. 그러나 실질적 · 내용적 정의라는 객관적 정의에 따라 당사자들이 결정한 계약의 내용을 부정하는 것은 신중해야 한다. 즉 당사자들이 자의적으로 형성한 것에 대해서 의사를 존중하되, 급부와 반대급부의 현저한 불균형이 있는 경우에 한해서 예외적으로 실질적내용적 정의의 관점에서 간섭을 해야 할 것이다(지원림, 계약정의에 관한 연구 — 계약자유와의 관계를 중심으로, 비교사법 12 (2002) 11).

55) 지원림, 민법강의, 제16판, 2019, 22.

연 건설적인지 의문을 제기하게 한다.[56] 이러한 문제를 해결하기 위해서, 고등법원에서 미리 소송관할을 판단할 수 있도록 입법개선하자는 의견은 수긍할 만하다.

앞으로 공공조달계약에서 공공성과 형평성이 조화되도록 다양한 사법이론[57] 연구가 우리 민법 학계에서 계속되길 기원해본다.

56) 똑같은 원인에 의한 무기체계연구개발 실패나 물품하자 발생할 경우 업체는 계약불이행이 되어 연구개발업체가 지체책임과 입찰참가제한처분을 받는 경우가 있다. 이때 지체책임 관련 계약금지급청구소송(부당이득금청구소송)은 민사소송으로, 입찰참가제한처분취소소송은 행정소송에서 같은 쟁점(하자유무, 불가항력)에 대해서 각각 다른 법원에서 소송에서 판단받게 되어, 소송경제적으로 불합리하다.

57) 계약정의, 신의성실의 원칙, 관계적 계약이론, 동적계약론 등.

장 도마(Jean Domat)의 『자연질서에서의 민사법』의 불법행위 - 도마전집의 제2권 제8장(번역)을 중심으로 -

김 성 수

국립경찰대학 법학과 교수

Ⅰ. 들어가며

이 글은 프랑스 고법학자 중 한 사람으로 1804년의 프랑스민법전의 체계와 내용에 많은 영향을 준 장 도마의 민사법 중 불법행위를 중심으로 그 유일한 체계적 저작인 『자연질서에서의 민사법』(Loix civiles dans leur ordre naturel)에 나온 '불법행위'에 관한 부분의 일부(제2편 제8장)를 우리말로 옮긴 것이다. 특히 제2권 합의 없이 성립되는 의무 중에서 불법행위에 관한 가장 직접적인 서술인 제8장의 것을 그 대상으로 하였다. 국내의 프랑스민법의 연구가 지나치게 개정법을 중심으로 기우는 것에 대하여 프랑스 민법전의 원래의 모습을 국내에 소개하기 위한 기초연구로 필자가 계획하고 있는 것을 구체적으로 실현하기 위한 것이다. 특히 외국의 유명한 법학고전의 번역 소개할 기회가 많지 않아 향후 이러한 것을 현행법의 연구와 함께 병행해나가고자 한다.

프랑스민법전의 체계와 조문내용을 체계적으로 기초한 장 도마(Jean Domat)와 뽀띠에(Robert Joseph Pothier)는 국내에서 그 소개나 저작에 대하여 직접적으로 연구된 것은 아직 거의 없다. 우리 민법전의 채권법의 체계가 채무불이행(제390조)과 불법행위(제750조)의 일반조항을 통하여 구체적인 유형을 포섭하는 것을 프랑스민법전에서 유래한 것이다.[1][2][3] 따

1) 이런 점에서 불법행위법의 유형화하여 제시하는 독일민법전과 다르다. 채무불이행도 원래의 독일민법전은 지체와 불능을 중심으로 유형화하여 규정하고 학설과 판례가 불완전이행과 이행거절 등을 인정하던 것을 2002년 민법전 개정으로 채무불이행에서는 의무위반(Pflichtverletzung)이라는 일반유형을 도입하고 그에 다시 이행거절 등의 구체적인 유형과 손해배상과 계약의 해제에서도 이러한 것을 반영하여 새롭게 규정하고 있다. 이런 점에서 독일도 채무불이행에서는 일반규정을 가지고 있다.

2) 정확히는 일본의 메이지민법의 채무불이행(제415조)과 불법행위(제709조)가 우리 민법의 제390조와 제750조로 일부

라서 우리 민법의 불법행위법의 일반규정이 가지는 원래의 취지를 살피려면 프랑스민법전의 조문의 입법과정을 살펴보아야 한다. 프랑스민법전의 체계와 내용은 도마와 뽀띠에의 저작을 통하여 나온 것으로 알려져 있다.[4] 도마와 뽀띠에는 프랑스민법전의 고법학자로서 로마법대전을 기초로 한 로마법과 당시의 관습법을 반영하여 프랑스 민법전이 제정되기 전 프랑스의 '민법학'의 체계와 내용에 절대적인 영향을 미쳤다.[5] 2016년 프랑스민법전의 채권법 대개정과 그 후 개정으로 현행 프랑스민법전의 체계와 내용을 변경되기는 하였지만 그 기본적인 체계와 내용은 여전히 유형하고 이를 정확히 파악하기 위하여도 1804년 제정된 프랑스 민법전(Code civil des Français)의 것을 알아야만 한다. 이처럼 프랑스민법전의 체계와 내용은 그 제정 전 '민법'의 연구를 통하여 심화되어야 하는데 우리나라의 연구는 주로 현행 프랑스 민법전의 개정내용을 중심으로 주로 소개에 그쳐 아쉬움이 있고 프랑스 민법전이 가지는 구체적 제도의 '깊이'를 느낄 수 없는 경우가 많다. 프랑스민법전의 내용을 바로 이해하기 위하여는 이러한 프랑스민법전 이전의 법제사 연구를 통하여 프랑스 현행법의 내용을 이해할 필요가 있다. 이 글은 이러한 생각에서 프랑스 민법전의 기초자료의 하나로서 필자가 연구하는 작업의 일환으로 마련된 것이다.

문구를 변경하여 계수된 것이다. 다만 일본민법은 平成29年의 채권법개정으로 제415조가 대폭 개정되었다. 이 조문은 일본 구민법 재산편 제381조, 제383조, 제384조를 통하여 프랑스민법전(제1142조, 제1146조-제1148조)를 참조한 것이다. 메이지민법 수정안 이유서(제414조): 本條ハ既成法典財産編第三百八十三條ニ聊カ修正ヲ加ヘタリ [···]. 廣中俊雄編著, 民法修正案(前三編)の理由書, 1987, 405(원문은 345); 불법행위에 관하여도 일본 메이지민법 제719조는 구민법 재산편 제370조 제1항을 참조한 것이고, 이는 프랑스민법전 제1382조, 제1384조를 참조한 것이다. 이러한 점은 메이지민법 수정안 이유서(제708조): 本條ハ不法行爲ニ本ツク損害賠償ノ責任ニ關スル原則ヲ定ムルモノニシテ既成法典財産編第三百七十條第一項ニ相當シ同條第二項及ヒ第三項ハ本案ノ認メサル犯罪及ヒ準犯罪ナルモノノ意義及ヒ其責任ニ關スル說明ニ過キサレハ共ニ之ヲ刪除セリ [···]. 廣中俊雄編著, 앞의 책, 669(원문은 609); 따라서 우리 민법의 채무불이행과 불법행위에 관한 일반조항의 규정은 프랑스민법전에서 온 것이다.

3) 일본 구민법 재산편의 조문은 프랑스학자 브와쏘나드가 1879년부터 기초를 시작한 일본민법전 초안(Projet de code civil pour l'Empire du Japon)이 인사편 등을 제외하고는 거의 그대로 메이지민법전이 된 것이다. 이러한 프랑스민법전과 일본 구민법 초안의 관계에 대하여는 아리치 토오루(有地亨), 旧民法の編纂過程にあらわれた諸草案-旧民法とフランス民法との比較検討の準備作業として, 法政研究(九州大) 39/2, 4 (1973) 127-158 등 참조; 다만 일본에서도 이러한 연구는 일반론과 개별적인 조문의 비교연구에 그치고 있고 채권법의 중요한 조문에 대한 체계적 연구는 아직도 많지 않다. 필자는 우리 민법전이 비교법적 계보와 주된 것은 일본의 메이지민법-일본 구민법-프랑스민법전의 것과 이러한 계보를 따르지 않는 메이지민법-독일민법전 등의 조문계수를 통한 비교법적 연구가 필요하다고 생각된다. 우리나라의 경우에는 스위스민법이나 만주민법, 중화민국민법[대만민법] 등을 통한 계수나 우리 입법자의 독자적인 조문도 소수이지만 있다. 특히 일본 구민법에 대한 연구도 국내에서는 거의 이루어지지 않고 있는데 이러한 분야의 연구도 필요하다.

4) 이러한 프랑스민법전의 계수는 우선 André-Jean Arnaud, *Les origines doctrinales du Code civil français*, Librairie générale de droit et de jurisprudence, 1969; André-Jean Arnaud, *Essai d'analyse structurale du Code civil français: la règle du jeu dans la paix bourgeoise*, 1973. 이러한 일반론의 서술과 달리 불법행위에 대한 구체적인 연구로는 Olivier Descamps, *Les origines de la responsabilité pour faute personnelle dans le Code civil de 1804*, 2005; 같은 Olivier Descamps, *La responsabilité dans le Code civil*, *Histoire de la Justice*, no 19, 2009, 291-310 등 참조.

5) 이들의 로마법대전에 대한 연구는 우선 뽀띠에는 이미 그 채무론 등의 프랑스민법의 단행본을 쓰기 전에 로마법대전을 자기 나름대로 재편집하여 출판(Pandectes De Justinien)하였고 도마도 도마전집 마지막에 로마법대전 전부 중 중요한 것을 선집의 형태로 추려내고 있다.

이 글은 장 도마(1625년–1696년)의 불법행위에 관한 논의를 그의 유일한 저작인『자연질서에서의 민사법』(Loix civiles dans leur ordre naturel)의 해당 개소를 우리말로 옮긴 것이다. 이러한 작업을 위하여 여기서는 레미(Joseph Rémy)판의 '도마 전집'(1835년)에 나오는 불법행위에 해당하는 부분(제2편 제8장)을 그 내용을 우리말로 옮기고자 한다.

이를 위하여 우선 도마 저작의 전체적인 체계를 통하여 도마의 불법행위에 관한 서술이 어디에서 서술되는가를 간략하게 살펴본다(II). 이어서 구체적으로 '불법행위'에 해당하는 부분을 우리말로 옮긴다(III). 마지막에는 간략한 소감을 덧붙이고자 한다(IV).

Ⅱ. 도마 전집의 체계와 내용 일반[6][7]

도마는 그의 민사법을 '자연질서에서의 민사법'(Loix civiles dans leur ordre naturel)이라는 단 한 권의 저작에 저술하였고 이것은 당시에 많은 인기를 얻어 여러 판을 거듭하였다. 그 후 이 민사법 부분은 그 외에 저술인 법 일반과 공법, 그의 법원의 공식행사에서 한 연설문과 로마법대전의 법문선집을 포함하여 도마 전집으로 재구성되었다. 그의 자연질서에서의 민사법은 초판은 3권으로 되어 있고 제1권이 1689년, 제2권이 1691년, 제3권이 1694년에 각각 발행되었고 3권으로 된 제2판이 각권마다 각각 순차적으로 발간되었다.[8] 불법행위에 관한 내용은 초판과 2판에서는 제2권에서 이를 다루고 있다. 도마 저작의 최종판이라고 할 수 있는『장 도마 전집』(Oeuvres complètes de J. Domat) 신판(Nouvelle édition)에서는 제1권에서 이를 다루고 있다.[9] 이 글은 이 레미(Joseph Rémy)가 편집한 1835년의 신판 제1권을 저

6) 장 도마 선집에 대한 국내 소개로는 우선 김성수, 장 도마(Jean Domat)의『자연질서에서의 민사법』(Loix civiles dans leur ordre naturel) 연구 서설(1)-(11)-조제프 레미(Joseph Rémy)의 전집(Oeuvres complètes) 신판(1835년)을 중심으로 한 자료소개, 사법행정 2021.4.-2021.10., 2022.2.-5. 특히 여기서는 도마 전집의 모든 목차를 차례로 소개하고 있다.

7) 장 도마의『자연질서에서의 민사법』의 구체적인 조문내용에 대한 국내의 번역으로 김성수, 장 도마의 '자연질서에서의 민사법'의 의무(engagements)(1): 자율과 정의의 민법학(양창수교수 고희기념논문집), 2021, 1259 이하; 김성수, 장 도마의「자연질서에서의 민사법」의 의무(2)-무효, 해제(제1장 제5절, 제6절)와 약정의 하자(제18장)(번역)을 중심으로, 한국민법과 프랑스민법 연구(남효순교수 정년기념논문집), 2021, 843 이하 참조.

8) 제1권의 제2판이 1691년 발간되었고 1695년-1697년에 3권이 2판의 이름으로 시리즈로 발간되기도 하였다. 본 글은 불법행위에 관한 부분은 3권 중 2권에 담고 있는데 이 글에서는 이 중 제2판의 것을 기초로 하여 초판과 그후의 판(예를 들어 1777년 판 등)과 그 이후의 판(예를 들어 1777년 판 등)을 참조하였다: Jean Domat, *Les loix civiles dans leur ordre naturel*, 2. ed., tome II, Chez Pierre Auboüin, Libraire de Messeigneurs les Enfans de France, Pierre Emery & Charles Clouzier, Quay des Augustins à l'Ecu de France, 1697, 113-137. 이 책은 2012년에 HACHETTE livre et la BNF에 의하여 복각되었다. 향후 여러 판본을 비교하여 소개하고자 한다.

9) 도마 생전에『자연질서에서의 민사법』이라는 저작은 1689년 최초로 출간된 후 많은 판본으로 인쇄되었다. 도마에 대한 연구에 의하면 이 책은 적어도 64개 본(éditon)이 있다고 하기도 한다. 다만 이 저작은 사후에 출간된 공법 및 연설문, 로마법문 선집을 통합하여 도마 전집으로 출간되었다.

본으로 하여 필요한 경우에는 초판과 제2판 등의 여러 판본을 비교하여 특히 각주의 내용을 취사선택하였다.10)

1835년 레미(Joseph Rémy)가 편집한 레미판 도마전집 제1권은 법론과 자연법질서에서의 민사법의 제1부의 전반부로 되어 있다.

'법 일반론'(Traité des Lois)은 다시 14개 장을 두어 법의 일반원칙(일반이론)을 설명한다. 다음으로 자연법질서에서의 민사법의 본문으로 먼저 서편을 두고 이어서 2개의 부(partie)를 둔다.

자연법질서에서의 민사법은 서편과 제1부 의무 제2부 상속으로 되어 있다. 이 중에서 제1부 의무는 서편인 법론, 제1편은 약정 일반과 제2편 약정 없이 성립되는 의무로 되어 있다.

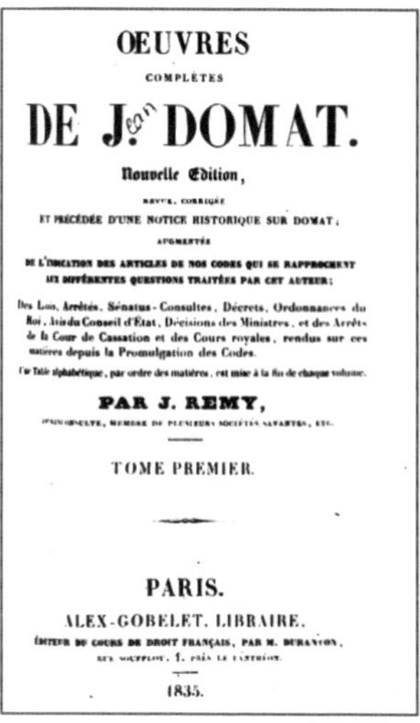
OEUVRES

COMPLÈTES

DE J. DOMAT.

Nouvelle Édition,

REVUE, CORRIGÉE

ET PRÉCÉDÉE D'UNE NOTICE HISTORIQUE SUR DOMAT;

AUGMENTÉE

DE L'INDICATION DES ARTICLES DE NOS CODES QUI SE RAPPROCHENT DES DIFFÉRENTES QUESTIONS TRAITÉES PAR CET AUTEUR;

Des Lois, Arrêtés, Sénatus-Consultes, Décrets, Ordonnances du Roi, Avis du Conseil d'État, Décisions des Ministres, et des Arrêts de la Cour de Cassation et des Cours royales, rendus sur ces matières depuis la Promulgation des Codes.

Une Table alphabétique, par ordre des matières, est mise à la fin de chaque volume.

PAR J. REMY,

TOME PREMIER.

PARIS.

ALEX-GOBELET, LIBRAIRE.

1835.

【도마전집 제1권의 표지】

제1편은 다시 의무에 관한 장(제1장)과 매매계약을 시작으로 하는 전형계약에 대하여 차례로 설명한다(제2장–제17장). 마지막으로 약정의 하자(제18장)를 두고 있다. 이에 대하여 제2편은 약정 없이 성립되는 의무를 다루는데 후견인, 성년후견인, 사무관리, 상린관계, 과실의 불법행위로 인한 손해(제8장), 우연한 사고로 인한 의무(제9장), 채권자의 사기(채권자취소)(제10장) 등을 각각 규정한다. 제2부는 상속에 관한 것으로 전문에 이어 5개 편으로 되어 있다. 각각의 편은 상속 일반(제1편), 법정상속 또는 유언 없는 상속(제2편), 유언에 의한 상속(제3편), 유증과 사망을 원인으로 한 그 밖의 처분(제4편)과 유언지정과 신탁유증(제5편)이다.

이를 포함한 도마전집의 내용을 주요한 내용을 중심으로 정리하면 다음 표와 같다.

법론(法論)
【원문】 TRAITÉ DES LOIS

자연법질서에서의 민사법
【원문】 LES LOIS CIVILES DANS LEUR ORDRE NATUREL

서편 법원칙 일반, 사람과 물건에 관하여 취급하는 편

10) 번역의 저본이 된 것으로는 Joseph Rémy, *Oeuvres complètes de J. Domat*, Nouvelle édtion, tome premier, 1835이다. 이에 대한 소개는 필자, 앞의 사법행정의 글 (1), 27 이하 참조.

【원문】 LIVRE PRÉLIMINAIRE, où il est traité des règles du droit en général, des personnes et des choses.

제1장 법원칙 일반에 관하여

【원문】 Titres PREMIER. Des règles du droit en général.

제2장 사람(人)

【원문】 TITRES II. Des personnes.

제3장 물건

【원문】 TITRES III. Des choses.

제1부 의무

【원문】 PREMIER PARTIE. DES ENGAGEMENTS.

제1편 약정에 의한 의사에 의하고 상호적인 의무

【원문】 LIVRE PREMIER. Des engagements volontaires et mutuels par les conventions.

제1장 약정 일반11)

【원문】 TITRE PREMIÈRE. Des conventions en général.

제1절 약정의 성질과 그 약정이 성립하는 방법

【원문】 SECTION PREMIÈRE De la nature de conventions, et des manières don't elles se forment.

제2절 약정의 성질에 의한 원칙 및 그를 해석하기 위한 원칙

【원문】 SECTION II. Des principes qui suivent de la nature des conventions, et des règles pour les interpréter.

제3절 명시되지 아니하더라도 약정에 당연히 따르는 의무

【원문】 SECTION III. Des engagements qui suivent naturellement des conventions, quoiqu'ils n'y soient pas exprimés.

제4절 합의에 추가할 수 있는 다양한 종류의 약정, 특히 조건

【원문】 SECTION IV. Des diverses sortes de pactes qu'on peut ajouter qux conventions, et particulièrement des conditions.

제5절 원시적으로 무효인 약정

【원문】 SECTION V. Des conventions qui sont nulles dans leur origine.

제6절 무효가 아닌 약정의 해제

【원문】 SECTION VI. De la résolution des conventions qui n'étaient pas nulles.

제2장 매매계약

【원문】 TITRE II. Du contrat de vente.

제3장 교환

【원문】 TITRE III. De l'échange.

제4장 임대차 및 다양한 종류의 대차

【원문】 TITRE IV. Du louage, et des diverses espèces de baux.

제5장 사용대차와 일시임대차

【원문】 TITRE V. Du prêt à usage et du précaire.

제6장 대차와 고리
【원문】 TITRE VI. Du prêt et de l'usure.
제7장 임치와 계쟁물 임치
【원문】 TITRE VII. Du dépôts et du séquestre.
제8장 조합
【원문】 TITRE VIII. De la société.
제9장 혼인지참재산
【원문】 TITRE IX. Des dots.
제10장 생존자 사이의 증여
【원문】 TITRE X. Des donations entre-vifs.
제11장 용익권
【원문】 TITRE XI. De l'usufruit.
제12장 [지]역권
【원문】 TITRE XII. Des servitudes.
제13장 화해
【원문】 TITRE XIII. Des transactions.
제14장 중재
【원문】 TITRE XIV. Des compromis.
제15장 대리권수여, 위임과 위탁매매
【원문】 TITRE XV. Des procurations, mandements et commissions.
제16장 공공거래를 하는 사람과 그 위탁자 또는 그 밖의 피용자 및 환어음
【원문】 TITRE XVI Des personnes qui exercent un commerce publics; et de leurs commis ou autres préposés, et des lettres de change.
제17장 중매인 또는 중개인
【원문】 TITRE XVII Des proxenètes ou entremeteurs.

제18장 약정의 하자
【원문】 TITRE XVIII Des vices des conventions.

제2편 약정 없이 성립되는 의무12)
【원문】 Livre II. Des engagements qui se forment sans convention.

제1장 후견인
【원문】 TITRE PREMIER. Des tuteurs.
제2장 성년후견인13)
【원문】 TITRE II. Des curateurs.
제3장 단체와 공동체의 조합, 장(長)과 그 밖의 관리인
【원문】 TITRE III. Des syndics, directeurs et autres administrateurs des corps et communautés
제4장 알지 못하고 다른 사람의 사무를 한 사람
【원문】 TITRE IV. De ceux qui font les affaires des autres à leur insu.
제5장 약정 없이 그들 사이에 공동의 어느 것을 가지게 된 사람
【원문】 Titre V. De ceux qui se trouvent avoir quelque chose de commun entre eux sans convention.

제6장 인접한 부동산을 가진 사람

【원문】 Titre VI. De ceux qui ont des héritages joignants.

제7장 그에게 의무를 부담하지 않는 것을 수령하거나 약정 없이 다른 사람의 물건을 가지게 된 사람

【원문】 TITRE VII. De ceux qui reçoivent ce qui ne leur est pas dû ou qui se trouvent avoir la chose d'autrui sans convention.

제1절 이 장의 내용이 되고 불법이 전혀 없는 경우의 몇 가지 예

【원문】 SECTION PREMIÈRE. Quelques exemples des cas qui font la matière de ce titre, et qui n'ont rien d'illicité.

제2절 불법행위의 경우에 있는 동일한 내용의 그 밖의 예

【원문】 SECTION II. Autres exemples de la même matière dans des cas de faits illicites.

제3절 약정 없이 다른 사람의 어느 물건을 가진 사람의 의무

【원문】 SECTION III. Des engagemensde celui qui a quelque chose d'une autre personne, sans convention.

제4절 물건의 주인의 의무

【원문】 SECTION IV. Des engagemens du maître de la chose.

제8장 과실에 의하여 발생된 중죄도 경죄가 되지 아니하는 손해14)

【원문】 Titre VIII. Des Dommages causés par une faute et qui ne vont pas à un crime ni à un délit.

제1절 집에서 던지거나 그로부터 넘어져 손해를 야기한 것

【원문】 SECTION PREMIÈRE. De ce qui est jeté d'une maison, ou qui en peut tomber et causer du dommage

제2절 동물에 의하여 발생된 손해

【원문】 SECTION II. Des dommages causés par des animaux.

제3절 건물이나 어느 새로운 공사의 붕괴로 발생될 수 있는 손해

【원문】 SECTION III. Du dommage qui peut arriver de la chute d'un bâtiment ou de quelque nouvel oeuvre.

제4절 과실에 의하여 발생된 중죄나 경죄 없는 그 밖의 종류의 손해

【원문】 SECTION IV. Des autres espèces de dommages causés par des fautes, sans crime ni délit.15)

제9장 우연한 사고에 의하여 성립되는 의무

【원문】 Titre IX. Des Engagements qui se forment par des cas fortuits.

제1절 우연한 사고에서 발생된 의무는 어떻게 성립되는가

【원문】 SECTION PREMIÈRE. Comment se forment les engagemens quinaissent des cas fortuits.

제2절 우연한 사고에서 발생되는 의무의 결과

【원문】 SECTION II. Des suites des engagemens qui naissent des cas fortuits.

제10장 채권자의 사기로 되는 것

【원문】 Titre X. De ce qui se fait en fraude des créanciers.

제1절 채권자를 해하게 하는 다양한 종류의 사기

【원문】 SECTION PREMIÈRE. Des diverses sortes de fraudes qui se font au préjudice des créanciers.

제2절 이 사기가 있는 사람과 거기에 참가한 사람의 의무

【원문】 SECTION II. Des engagemens de ceux qui font ces fraudes ou quiy participent.

제3편 의무에 추가되거나 이를 강화하는 결과

【원문】 Livre Troisième. Des suites qui ajoutent aux engagements ou qui les affermissent.

제1장 질권, 저당권과 채권자의 우선특권

【원문】 Titre Premier. Des gages, hypothèques et privilèges des créanciers.

제2장 피상속인의 재산과 상속인의 재산의 그 채권자 사이에서의 분리

【원문】 Titre II. De la séparation des biens du défunt et de ceux de l'héritier entre les créanciers.

제3장 2인의 채무자 사이와 2인 또는 수인의 채권자 사이의 연대

【원문】 Titre III. De la Solidité[16] entre deux débiteurs et entre deux ou plusieurs créanciers.

제4장 보증인 또는 신의담보인

【원문】 Titre IV. Des cautions ou fidéjusseurs.

제5장 이자, 손해배상과 과실의 반환

【원문】 Titre V. Des Intérêts, dommages et intérêts et restitution de fruits.

제6장 증거, 추정과 선서

【원문】 Titre VI. Des Preuves, présomptions et du serment.

제7장 점유와 시효

【원문】 Titre VII. De la Possession et des prescriptions.

제4편 의무를 무효가 되게 하거나 감소하게 하는 결과

【원문】 LIVRE IV. Des suites qui anéantissent ou diminuent les engagements.

제1장 변제

【원문】 TITRE PREMIER. Des paiemens.

제2장 상계

【원문】 TITRE II. Des compensations.

제3장 경개

【원문】 TITRE III. Des Novations.

제4장 채무위임(Délégations)

【원문】 TITRE IV. Des Délégations.

제5장 재산의 양도와 채무과다

【원문】 TITRE V. De la cession des biens, et de la deconfiture.

제6장 취소와 전부에 대한 원상회복

【원문】 Titre VI. Des récisions et restitutions en entier.

제2부 상속

제1편 상속 일반

【원문】

제2편 법정 상속 또는 유언 없는 상속

【원문】

제3편 유언상속

【원문】 LIVRE III. Des successions testamentaires.

제4편 유증과 그 밖의 사망을 원인으로 한 처분

【원문】 LIVRE IV. Des legs et autres dispositions à cause de mort.

공법, 자연질서에서의 민사법의 후속
【원문】 LE DROIT PUBLIC, SUITE DES LOIS CIVILES DANS LEUR ORDRE NATUREL.
제1편 통치와 국가의 경찰 일반
【원문】 LIVRE PREMIER. Du Gouvernement, et de la Police générale d'un État.
제2편 관리와 공무에 참여하는 그 밖의 사람
【원문】 LIVRE II. Des officiers et autres personnes, qui participent aux fonctions publiques.
제3편 중죄와 경죄[17)]
【원문】 LIVRE III. Des crimes et délits.
제1장 중죄와 경죄[18)]
【원문】 TITRE PREMIER. Des crimes el délits.
제4편 소송과 분쟁을 종결하는 2가지 방법과 사법질서
【원문】 LIVRE IV. Deux manières de terminer les procès et les différends, et de l'ordre judiciaire.
연설모음집
【원문】 Harangues
학교와 법정에서 사용하기 위한 로마법대전의 학설휘찬과 칙법휘찬 법문선집 (제1권-제50권)
【원문】 Legum delectus, ex libris digestorum et codicis ad usum scholae et fori.

도마의 '자연질서에서의 민사법'의 각 부(Partie)는 편(livre), 장(Titre), 절(Section)로 나눈다. 각 절은 절마다 아라비아 숫자(예를 들어 1. 2. 3. 등)로 차례로 두고 해당 내용을 개조식으로 설명하는데 도마를 이를 조(article)라고 한다.[19)] 절의 앞부분이나 중간에 새로운 제도를 설명할 때에는 조를 붙이지 않은 문단을 두기도 한다.

이 글은 도마의 민사법에 관한 내용 중 불법행위에 해당하는 제2편 약정 없이 성립되는 의무 중의 전문과 구체적인 설명인 제8장 과실에 의하여 발생된 중죄도 경죄가 되지 아니하는 손해를 우리말로 완역한 것이다.

---

11) 본 글에서 표로 된 부분 중 고딕체가 아닌 부분은 종전에 이미 우리말로 역출한 것이다.
12) 이에 대한 소개와 내용의 번역은 필자의 선행연구 참조.
13) 종래 국내의 선행연구는 이 용어를 일본법에서 사용하는 '보좌인'으로 한다. 우리 법의 용어례를 참조하여 '성년후견인'으로 한다.
14) 이 제8장의 부분이 이 글에서 다루는 내용이다.
15) (2) V. sur cette matière la sect. 2 du tit. des Intérêts, Dommages et Intérêts.
16) 이전 판에서는 다음과 같은 표제를 두기도 하였다: Titre III. De la Solidité (act. « solidarité ») entre deux débiteurs et entre deux ou plusieurs créanciers(연대채권관계[2인의 채무자 사이와 2인 또는 수인의 채권자 사이의 연대(연대 '채권관계')]).
17) 종래 국내번역은 crimes을 '범죄', délits를 '경죄'라고 하기도 한다. 하지만 프랑스형법전에서의 범죄분류는 중죄, 경죄와 위경죄(違警罪)(경범죄)(contravention)의 3가지로 분류되므로 '중죄'와 '경죄' 및 '경범죄'로 하여야 한다. 도마의 저작과 형법의 관계에 대한 글로는 우선 François Pierrard, L'apport méconnu de Jean Domat (1625—1696) au droit pénal, *Dix—septième siècle*, n° 287, 2020, 237—254.
18) 제3편에는 편에 1개 장만 두고 있다.
19) 각 절은 별도의 절이나 조문표시가 없는 몇 개의 문단으로 된 서칙(序則)을 두기도 한다.

도마는 불법행위에 대하여 '불법행위'라는 용어는 사용하지 않고[20] '과실에 의하여 발생한 손해로서 형사범죄인 중죄나 경죄가 되지 않는 것'이라고 하여 이를 서술한다. 특히 집에서 투기하거나 넘어진 손해, 동물에 의한 손해, 건물이나 새로운 공사의 붕괴로 인한 손해의 유형과 그 외의 과실로 인한 손해로 차례로 서술하고 있다.[21] 구체적인 차례는 집에서 던지거나 그로부터 넘어져 손해를 야기한 것(제1절), 동물에 의하여 발생된 손해(제2절), 건물이나 어느 새로운 공사의 붕괴로 발생될 수 있는 손해(제3절)와 과실에 의하여 발생된 중죄나 경죄 없는 그 밖의 종류의 손해(제4절)이다.

이에 따라 아래에서 우리말로 번역한 부분은 다음과 같다.

> 제2편 약정 없이 성립되는 의무
> 제8장 과실에 의하여 발생된 중죄도 경죄가 되지 아니하는 손해
> 제1절 집에서 던지거나 그로부터 넘어져 손해를 야기한 것
> 제2절 동물에 의하여 발생된 손해
> 제3절 건물이나 어느 새로운 공사의 붕괴로 발생될 수 있는 손해
> 제4절 과실에 의하여 발생된 중죄나 경죄 없는 그 밖의 종류의 손해

Ⅲ. 『자연질서에서의 민사법』의 불법행위(제2편 제8장)[22]

제2편 합의 없이 성립되는 의무【399쪽】

【원문】 LIVRE II. Des engagemens qui se forment sans convention.

법 일반론[23](Traité)[24]에서 하나님(Dieu)이 사람들 사이에서 그들의 사회(société)[25]에

---

20) 도마의 민사법에서 불법행위(faits illicites)라는 용어가 사용되기는 한다. 가령 제1부 의무, 제2편 제7장 제2절: 제2절 불법행위의 경우에 있는 동일한 내용의 그 밖의 예(SECTION II. Autres exemples de la même matière dans des cas de faits illicites) 참조. 그 외에 이 장의 제1절에서는 불법(illicité)이라는 용어가 사용되기도 한다. 그러나 정작 불법행위에 관한 유형과 책임을 정하는 부분에서는 이에 관한 용어를 '적극적으로' 사용하지는 아니한다.

21) 이외에 불법행위의 책임을 면하는 사유를 제8장에 이어서 제9장(우연한 사고에 의하여 성립되는 의무)로 규정하고 있다. 불법행위의 내용으로서 그 유형이나 성립요건 이외에 면책사유도 같이 다루어야 하지만 분량상 이는 다음 기회에 미룬다.

22) 번역은 이후의 연구의 편의를 위하여 원문을 같이 병기하고 원문의 수는 각주에 각주번호를 ( )로 하여 표시하였고 【 】은 레미판의 쪽수를 말한다; 도마전집의 신판을 편집한 레미가 당시의 프랑스민법전의 조문과 이를 적용한 판결 등을 판시사항과 함께 인용한 것은 관련 사항만 적시하고 구체적인 내용은 생략하였다. 또한 레미판은 이전 판에는 붙이는 각 조문의 제목을 붙이지 않고 있어 여기서는 일단 생략하였다.

23) 법 일반론(Traité des lois)를 말한다. 이에 대하여는 II의 도마전집의 목차 참조. 이에 포함된 내용에 대하여는 필자, 앞의 글(사법행정)(1)의 법 일반론('법론'으로 하고 있음) 목차 참조.

24) (3) 제1장 n° 8, 제2장 n° 3, 제3장 n° 4. 법 일반론에서는 각 장을 Chapitre라고 한다.

25) 사회와의 관계는 국가나 정부의 관리도 관련된다. 이러한 점에서 도마전집의 공법에 관한 서술에서도 이러한 사회의

조화(assortir)하기 위하여 창출(naître)하게 한 다양한 종류의 의무(engagemens)의 기원과 본질(성질)을 설명하였다. 그리고 사람들은 이러한 원천에서 이 의무와 관계가 있는 법(lois)의 원칙과 취지를 발견하기 위하여 노력하였다. 왜냐하면 두 번째 법(loi)에 의하여 그들에게 명령한 서로 사랑할 의무를 사람들이 적용하는데 하나님이 그 성질에서 사람들의 사회가 그 성질에서 필수적인 것이 되게 하였기 때문에 하나님이 각 사람에게 명하기(prescrire)를 원하는 개인의 의무에 대하여 각자에게 정하는 것이 바로 그가 그것을 두신 그 의무에 의한 것이다. 그리하여 이러한 다른 의무의 성질에서 그 의무의 다양한 원칙(règles)을 알아보아야 하고 특히 민사법의 내용이 되는 원칙을 알아보아야 한다.

【원문】 On a expliqué, dans le traité des lois(3),[26] l'origine et la nature des diverses sortes d'engagemens que Dieu fait naître entre les hommes pour assortir leur société; et on a tâché de découvrir dans ces sources les principes et l'esprit des lois qui regardent ces engagemens. Car, comme Dieu a rendu la société des hommes essentielle à leur nature, pour les appliquer aux devoirs de l'amour mutuel qu'il leur commande par la seconde loi, c'est par les engagemens où il les met qu'il détermine chacun aux devoirs particuliers qu'il veut lui prescrire; de sorte que c'est dans la nature de ces différens engagemens qu'il faut reconnaître leurs diverses règles, et en particulier les règles de ceux qui font les matières des lois civiles.

민사법의 이러한 내용의 자세한 것을 깊이 탐구(descendre)하기 위하여[400쪽] 우리는 그 차례(plan)을 세웠고[27] 거기서 2가지 종류의 의무를 구별하는 것으로 하였다. 그 첫째는 약정(conventions)으로 2인 이상의 사람의 상호의 의사에 의하여 성립되는 의무이다. 또한 이러한 종류의 의무를 제1편(livre)의 내용으로 하는 것으로 하였다. 그리고 다른 하나는 상호의 의사가 없지만 그 행위로 그에게 책임을 지는 사람의 참여 없이 책임을 부담하는 사람의 행위만으로 또는 당사자의 일방이나 상대방의 어느 일방의 의사도 없이 신성한 명령(ordre divin)만의 효과로 성립되는 것이다. 또한 약정 없는 이러한 두 번째 종류의 의무가 제2편에서 내용으로 삼는 것이다.

【원문】 Pour descendre dans le détail de ces matières des lois civiles, [400] on en a fait un plan(1),[28] où l'on a distingué deux espèces d'engagemens: l'une de ceux qui se forment par la volonte mutuelle de deux ou plusieurs personnes dans les conventions; et c'est cette espèce qui a fait la matière du premier livre, et l'autre de ceux qui se forment sans une volonté mutuelle, mais, ou seulement par le fait de celui qui s'engage sans la participation de la personne envers qui il est engagé, ou même sans la volonté de l'un ni de l'autre, et par un pur effet de l'ordre divin; et c'est

---

공동재산(bien commun de société)가 논해지기도 한다. 이러한 점은 David Gilles, Jean Domat et les fondements du droit public, *Revue d'histoire des facultés de droit et de la culture juridique, du monde des juristes et du livre juridique*, n° 25-26, 2006, 93-110; 더 일반적인 논의로는 Bouchené-Lefer, Le droit administratif par Domat, *Revue Pratique de droit français*, 1863 (éd. Maresq Ainé), 358-421 등.

26) (3) Chap. 1, n. 8, ch. 2, n. 3, ch. 3, n. 4.

27) (1) 법 일반론 제14장에서 (다룬다).

28) (1) Au Traité des lois, ch. 14.

cette seconde espèce d'engagemens sans convention qui fera la matière de ce second livre.

한 사람의 의사에 의하여 성립되는 의무와 하나님이 당사자의 일방이나 그 상대방의 의사와는 무관하게 발생하게 한 의무를 이 편의 장의 목차를 읽는 것만으로 쉽게 구분할 것이다.

【원문】 On distinguera facilement, par la seule lecture de la table des titres de ce livre, les engagemens qui se forment par la volonté d'un seul, et ceux que Dieu fait naître indépendamment de la volonté de l'un et de l'autre.

의무를 부담하는 사람 단독의 의사로 성립되는 의무는 약정에 의해 이루어진 의무와 이 점(cela)을 공통으로 하고, 사람들은 서로 그들의 의사를 원인으로 가지므로 거기에 정당하지 못한 것과 법(lois)과 선량한 풍속을 해하는 것이 있을 수 있고 이런 것에 어느 사람이 거기에 가한 해악(mal)을 배상할 채무 외에 다른 것을 부담하게 하지 아니한다.29) 그러나 후견, 공적 부담(charges publiques) 및 우연한 사고(cas fortuits)와 하나님이 우리의 참가 없이 그러한 경우를 발생하게 하는 사건과 같은, 신성한 명령만을 원인으로 하고 우리들의 의사와 무관한 의무는 정당하지 아니한 어떤 것도 있을 수 없을 것이다. 그리고 그것을 성립하게 하면서 무엇에 그가 책임을 부담하는지를 각자에게 보여주는 것은 하나님의 손(main de Dieu)이다. 따라서 대다수가 이 의무가 고통스럽고 이익은 없는 것일 경우에 힘들고 과중하고 그들의 이해관계와 좋아하는 것에 반하는 멍에로 이를 생각하면서 그들은 이를 처벌 없이 이를 할 수 있는 정도로만 그것들을 소홀히 하는 반면에 우리는 거기에서 우리에게 하나의 법(loi)인 이러한 하나님의 명령을 인정하고 그가 명령한 것을 우리는 부담하는데 경건하고 정확하게 이를 이행하여야 할 것이다.

【원문】 Les engagemens qui se forment par la volonté de la personne seule qui s'engage, ont cela de commun avec les engagemens qui se font par les conventions, que les uns et les autres ayant pour cause la volonté des personnes, il peut y en avoir qui ne soient pas justes, et qui blessent les lois ou les bonnes mœurs, et en ceux-ci on ne contracte pas d'autre obligation que celle de réparer le mal qu'on y fait(2).30) Mais les engagemens qui n'ont pour cause que l'ordre divin, et qui sont indépendans de nos volontés, comme sont les tutelles, les charges publiques et ceux qui se forment par des cas fortuits et par des événemens dont Dieu fait naître les occasions sans notre participation, ne sauraient avoir rien qui ne soit juste; et c'est la main de Dieu qui, les formant, marque en chacun à quoi il oblige. Ainsi, au lieu que la plupart, ne regardant ces engagemens, lorsqu'ils sont pénibles et sans profit, que comme un joug dur, pesant et contraire à leurs intérêts et à leurs inclinations, les abandonnent autant qu'ils le peuvent impunément, on doit au contraire

29) (2) 약정의 하자에 관한 장[제1편 제18장을 말한다: 역자 주]의 전문(préamble)과 같은 장의 제4절을 볼 것; 도마의 책에서 그 장이나 절을 별도로 표시하지 아니하고 장(titre)의 제목과 절(section) 사이에서 간단한 설명을 하는 것이 있고 이를 préamble이라고 하고 있다. '서칙'이라고 하기도 하지만 총칙이나 일반규정까지는 아니지만 간단하게 앞으로의 내용을 요약하는 점에서 일단 '전문'(前文)이라고 한다.

30) (2) V. le préamb. du tit. des Vices des convent., et les sect. 3 et 4 du même titre.

y reconnaître cet ordre de Dieu qui nous est une loi, et s'en acquitter avec la fidélité et l'exactitude que nous devons à ce qu'il commande.

약정 없이 성립되는 모든 의무 중에서, 가장 중요한 것은 아주 많은 의무를 포함하면서 아주 중대한 충실을 요구하는 것으로 후견인의 의무이고 이는 풍부한 내용의 민사법(lois civiles)을 이룬다. 그것에 대하여 의무를 부담하는 것이 이 제2편의 첫 번째 장이 되고 이어서 순서에 따라 기타의 것을 설명한다.31)

【원문】 Parmi tous les engagemens qui se forment sans convention, le plus important, qui renferme un plus grand nombre de devoirs, et qui demande une plus grande fidélité, est celui des tuteurs, et il fait une ample matière des lois civiles; ce qui a obligé d'en faire le premier titre de ce second livre, et on expliquera ensuite les autres dans leur ordre.

제8장 중죄나 경죄32)가 되지 아니하는 과실에 의하여 발생된 손해

【원문】 TITRE VIII. Des dommages causés par des fautes qui ne vont pas à un crime, ni à un délit.

어떤 손해를 발생(arriver)하게 할 수 있는 3가지 종류의 과실(fautes)을 구별할 수 있다. 즉, 중죄(crime)가 되거나 경죄(délit)가 되는 과실, 매매목적물을 인도(délivre)하지 아니한 매도인, 그에게 책임이 있는(tenu) 배상을 하지 아니한 임차인과 같이 약정에 의한 의무의 이행을 하지 않은 사람의 과실 및 경솔(légèreté)하게 어떤 것을 창문을 통하여 던져 옷을 못쓰게 하는 경우, 잘못 관리된 동물이 어떤 손해를 가한 경우, 부주의(imprudence)로 화재를 일으킨 경우, 붕괴의 위험(menace)이 있는 건물이 수리되지 아니하여 다른 사람 위로 넘어져 그에게 손해를 가한 경우와 같이 약정과 관계도 없고 중죄나 경죄가 되지도 아니한 과실이 그것이다.

【원문】 On peut distinguer trois sortes de fautes dont il peut arriver quelque dommage: celles qui vont à un crime ou à un délit; celles des personnes qui manquent aux engagemens des conventions, comme un vendeur qui ne délivre pas la chose vendue, un locataire qui ne fait pas les réparations dont il est tenu; et celles qui n'ont point de rapport aux conventions, et qui ne vont pas à un crime ni à un délit, comme si par légèreté on jette quelque chose par une fenêtre qui gâte un habit: si des animaux mal gardés font quelque dommage; si on cause un incendie par une imprudence, si un bâtiment qui menace ruine, n'étant pas réparé, tombe sur un autre, et y fait du dommage.

이 3가지 종류의 과실 중에서 마지막 종류의 것만 이 장의 내용(matière)으로 한다. 왜

31) 이에 따라 도마는 제1장 후견인을 설명하고 이어서 제2장부터 제7장에서 그 밖의 것을 설명한다. 이에 대하여는 II의 도마전집의 목차 참조; 이 글은 이러한 것에 이은 도마의 불법행위에 관한 부분인 제8장의 것의 내용을 대상으로 한다.

32) 원문은 여기서 형사범죄인 crime과 délit와 구별되는 과실에 의한 손해배상을 불법행위로서 규정한다. 즉, 과실에 의한 손해배상은 형사범죄인 중죄와 경죄를 구별한다. 다만 도마는 불법행위라는 용어를 명시적인 개념으로 사용하지는 아니한다. 도마는 특히 중죄와 경죄를 공법의 부분에서 별도로 서술한다. 이러한 점은 II의 목차 부분 참조.

냐하면 중죄나 경죄가 민사의 내용과 혼재되어서는 안 되고 약정과 관련되는 것은 모두 제1권에서 설명되었기 때문이다.

【원문】 De ces trois sortes de fautes, il n'y a que celles de la dernière espèce qui soient la matière de ce titre; car les crimes et les délits ne doivent pas être mêlés avec les matières civiles, et tout ce qui regarde les conventions, a été expliqué dans le premier livre.

이 장의 내용에 관하여는 '이자와 손해배상의 장'(celui des intérêts et dommages et intérêts)[33]을 참조할 수 있다.

【원문】 On peut voir sur la matière de ce titre celui des intérêts et dommages et intérêts.

제1절 건물에서 투하되거나 그것에서 낙하되어 손해를 야기할 수 있는 것

【원문】 SECTION PREMIÈRE. De ce qui est jeté d'une maison, ou qui en peut tomber et causer du dommage.

1. 건물에 거주하고 있는 사람은, 소유자이거나 임차인이거나 그 밖의 자이든지, 주간이나 야간에 이 건물의 어느 곳에서 투하되거나 유출된 것이 야기할 수 있는 손해에 책임(tenu)이 있다. 또한 투하한 사람이 그 자신이거나 그의 가족이나 그의 하인(domestiques) 중 누구이든지 무관하게 그는 손해를 입을 사람에게 그 책임(répondre)을 부담하여야 한다. 이는 그가 부재이거나 그가 알지 못한 경우에도 그러하다[34][35](프랑스민법전 제1384조[36]).

【원문】 1. Celui qui habite une maison, soit le propriétaire, locataire ou autre, est tenu du dommage

33) 제3편 제5장을 말한다. 이에 대하여는 II의 목차 참조.

34) (2) 로마법대전의 법문(L.1. ff. de his qui effud. vel dejec.)은 오늘날의 로마법대전 인용법으로는 D.9.3.1pr.을 말한다. D.9.3.은 유출하거나 투하한 사람에 관하여(De his, qui effuderint vel deiecerint)의 개소이다; 로마법대전 법문(L.6, §2, eod.)는 같은 부분에 있는 법문으로 D.9.3.6.2를 말한다. Insc. dom. Dict. leg. 1.은 도마 제2권 제2판에서는 Insciente domino d.l.1.이라고도 하고 이후에도 이러한 약칭이 나오는데 구체적으로 무엇을 말하는 것인지 아직 알지 못하였다. 추후에 보완하고자 한다; 로마법대전의 법문(L.6, §1, eod.)는 위와 같은 부분에 있는 법문으로 D.9.3.6.1을 말한다.

35) 레미판 도마의 책에서는 로마법대전의 법문개소만 제시한다. 그러나 도마의 이전 판의 책에서는 모두 로마법대전의 해당 개소와 함께 그 법문의 전체 또는 일부를 같이 제시하고 있다. 이에 따라 도마가 참조한 로마법대전의 내용을 정확히 알기 위하여 이전 판의 라틴어 법문의 내용을 제시하였다. 이를 위하여 초판 제2권(초판은 3권으로 되어 있고 1689, 1691년, 1694년에 각각 발행)과 제2판의 제2권(3권으로 되어 있고 제2권은 1697년 발행)을 참조하였다. 라틴어 원문은 제2판의 것을 기초로 하여 초판과 그후의 판(예를 들어 1777년 판 등)과 그 이후의 판(예를 들어 1777년 판 등)을 참조하였다. Jean Domat, *Les loix civiles dans leur ordre naturel*, Seconde édition, tome II, Chez Pierre Auboüin, Libraire de Messeigneurs les Enfans de France, Pierre Emery & Charles Clouzier, Quay des Augustins à l'Ecu de France, 1697, 113-137; 로마법대전의 원문은 로마법대전과 도마의 책의 인용부분을 중심으로 비교하였다. 도마의 법문은 로마법대전의 법문을 전부 인용하거나 일부분을 인용한 경우가 있는데 인용된 내용도 같이 설명하였다. 도마에게 loix civiles(민사법[률])은 아직 프랑스에 민법전이 제정되기 경우에 따라 도마의 책에 대한 소개 부분에서 […]만 있거나 […(필자 생략)…]은 필자가 긴 원문을 필자가 생략한 것이고 […(원 저자 생략)…]은 도마가 원문을 생략한 것을 말한다. 레미판의 도마전집은 로마법대전의 개소만 종래의 인용방법으로 제시하는 것도 이 글에서는 오늘날의 인용방법에 따른 개소를 같이 병기하였다.

36) 1804년 프랑스민법전의 조문을 말한다. 이 조문은 도마의 저작에 대한 편집자인 레미가 추가한 것이다; 2016년 민법의 채권법 개정으로 현재는 제1242조를 말한다. 조문내용은 같다.

que peut causer ce qui est jeté, ou répandu de quelque endroit de cette maison, soit de jour ou de nuit; et il en doit répondre à celui qui aura souffert le dommage, soit que ce fût lui-même qui eût jeté, ou quelqu'un de sa famille, ou de ses domestiques, même en son absence ou à son insu (2)[37](C. civ. 1384).

2. 투하하거나 유출한 것의 항변은 손해가 발생될 수 있는 곳의 안전과 관계되므로 이들은 도로, 광장과 그 밖의 공공장소로 제한되지 아니하고 오히려 이 부주의로 어떤 손해가 뒤따르게 될 수 있는 모든 장소로 확대된다[38](프랑스 민법전 제1382조[39])[40]

【원문】 2. Comme les défenses de jeter ou de répandre regardent la sûreté des lieux où le dommage peut arriver, elles ne sont pas bornées aux rues, aux places et autres lieux publics, mais elles s'étendent à tous les lieux où cette imprudence pourrait être suivie de quelque dommage(1)(C. civ. 1382).

3. 투하되었거나 유출될된 것이 야기할 수 있을 해악(mal)의 배상(dédommagement) 외에 그 건물을 소지(tient)하는 사람은 사정에 따라 경찰이 규율할 수 있거나[41][42] 법관이 명할 수 있는 벌금(amende)에 처해진다.[43]

【원문】 3. Outre le dédommagement du mal qu'aura pu causer ce qui aura été jeté ou répandu, celui qui tient la maison sera condamné à l'amende que la police peut avoir réglé(10),[44] ou à telle autre qui sera ordonnée par le juge, selon les circonstances.

4. 투하된 것이 어떤 사람의 사망이나 어떤 상해를 야기한 경우에 그 원인이 있는 사람에 대하여는 공소(procès)가 제기될 것이고 그는 행위의 성질에 의하여 처벌되고 민사 이익(intérêt civil)도 책임을 부담할 것이다. 또한 그 집을 소지하는 사람은, 벌금 및 사정에 따

---

37) (2) L. 1. ff. de his qui effud. vel dejec. L. 6, § 2, eod. Insc. dom. Dict. leg. 1. L. 6, § 1, eod.
(1) L. 65, § 5, ff. de condict. ind. L. 46, ff. de usur. V. l'art. 11 de la sect. 3 des Intérêts.

38) (1) 로마법대전의 법문(L.1, §1 et 2, ff. de his qui effud. vel dejec.)은 오늘날의 인용법으로는 D.9.3.1.1과 D.9.3.1.2이다. D.9.3.은 유출하거나 투하한 사람에 관하여(De his, qui effuderint vel deiecerint)의 부분이다; Dict. leg. 1.은 d.l.1(제2권 제2판 114)이라고도 하는데 제2판에서는 학설휘찬의 D.9.3.1pr.의 첫 문장의 일부를 구체적 내용(밑줄 부분)으로 제시한다: Praetor ait de his, qui deiecerint vel effuderint: "unde in eum locum, quo volgo iter fiet vel in quo consistetur, […]." 앞의 각주와 같이 도마의 책에 나오는 약칭의 의미는 아직 알지 못한다.

39) 1804년 프랑스민법전의 것이고 현행법은 2016년 개정으로 제1240조이다.

40) 도마의 책 원문의 각주2-각주9에는 관련 주제에 대한 프랑스 민법전에서의 지방법원과 파기원이 판결요지와 1812년 6월 24일 법률명령(Décret) 제92조가 있다. 이하 이 부분은 도마의 원문이 아니므로 이를 모두 생략한다. 각각의 주는 다음과 같다: (2) Caen, 13 déc. 1816. (3) Rouen, 24 fév. 1821. (4) Décret, 24 juin 1812, art. 92. V. rejet, 5 juin 1822. (5) Décret, 12 déc. 1806. (6) Cass. 1er thermidor an 10. (7) Cass. 23 messidor an 12. (8) Cass. 10 mars 1808. (9) Cass. 16 avril 1806.

41) (10) 로마법대전의 법문(L. 1, ff. de his qui effud. vel dejec.)에 대하여 도마의 책은 레미판에서는 법문의 내용이 없으나 이전 판은 각주에 라틴어 원문의 해당부분을 적고 있다. 도마의 책 제2권 제2판(318)에 의하면 D.9.3.1pr.의 첫째 문장의 말미(밑줄 부분)이다: Praetor ait […] qui ibi habitaverit, in duplum iudicium dabo. si eo ictu homo liber perisse dicetur, […].

42) (10) 로마법 법문(L.1, ff. de his qui effud. vel dejec.)은 D.9.3.1pr.의 두번째 문장이다: si eo ictu homo liber perisse dicetur, quinquaginta aureorum iudicium dabo.

43) 제2권 제2판(318)에는 각주(d)로 다음 내용이 있다: 형벌은 프랑스에서는 재량(arbitraires)이다.

44) (10) L. 1, §1 et 2, ff. de his qui effud. vel dejec. Dict. leg. 1.

라 그가 받아야 할 만할 수 있을 그러한 손해배상이나 그 밖의 형벌에 대하여도 책임이 있을 것이다[45](프랑스민법전 제1382조).

【원문】 4. Si ce qui aura été jeté cause la mort de quelque personne ou quelque blessure, le procès sera fait à celui qui s'en trouvera la cause, et il sera puni selon la qualité du fait, et tenu de l'intérêt civil. Et celui qui tient la maison sera aussi tenu, et de l'amende, et de tel dédommagement ou autre peine qu'il pourra mériter selon les circonstances(1)(C. civ. 1382).

5. 어느 물건이 투하되거나 유출된 동일한 곳에 여러 사람이 살고 있는 경우에 주인이나 또는 각자가 그에 대하여 책임을 부담하여야 하는 사람 중 누가 그것을 야기하였는가를 알 수 있지 않으면 각자는 손해 전부에 연대하여 책임이 있을 것이다. 그러나 그들의 주거가 분리되어 있는 경우에는 각자는 그가 점거(occupe)하는 곳에서 투하된 것에만 책임이 있을 것이다.[46]

【원문】 5. Si plusieurs habitent le même lieu d'où quelque chose ait été jetée ou répandue, chacun sera tenu solidairement de tout le dommage, si ce n'est qu'on pût connaître qui l'aurait causé, ou des maîtres, ou des personnes dont chacun doit répondre. Mais si leur habitation est séparée, chacun ne sera tenu que de ce qui sera jeté des lieux qu'il occupe(4).[47]

6. 건물의 소유자나 주된 임차인이 더 작은 부분만 점거한다고 하더라도 그가 그 방을 임대하거나 그 친구 중 1인이 어느 것을 받은 경우에, 그는 그 집을 수령한 사람의 행위에 대하여 책임을 부담할 것이다. 그런데 어느 방에서 그것이 던져진 것처럼 보인 경우에는 그 방을 점거한 사람에게 또는 그 집을 소지하는 사람에게 소를 제기할 수 있을 것이다.[48] 그리고 이 후자는 다른 사람에게 구상을 받게 될 것이다.

【원문】 6. Quoique le propriétaire ou le principal locataire d'une maison n'en occupe que la moindre partie, s'il en loue des chambres, ou s'il reçoit en quelqu'une un de ses amis, il sera tenu du fait de celui qu'il reçoit dans cette maison. Que s'il paraît de quelle chambre il a été jeté, on pourra agir contre celui qui l'occupe, ou contre celui qui tient la maison(5).[49] Et celui ci aura son recours contre l'autre.

그 집을 소지한 사람들에게 마을의 경찰은 고지한다. 여기서 다루는 경찰의 행위와

---

45) (1) L. 1, ff. de his qui effud. vel. dejec.

46) (4) 로마법대전의 법문 중 첫째 것(L.1, § ult. L. 2 et L. 3, ff. de his qui effud. vel dejec.)은 D. 9.3.1.10와 D.9.3.2를 말한다. 둘째 것(L. 5, eod.)은 D.9.3.5pr.를 말한다. 이외에 제2권 제2편(115)의 각주(f)에는 다음의 문언이 있다: 다음 조문 참조; 도마가 인용하는 로마법대전의 법문과 현행법의 법문의 인용 개소에 차이가 있는 경우가 있다. 도마의 책의 여러 판본에서 인용하는 로마법대전의 인용개소는 모두 같다. 이는 참조하는 로마법대전의 판본의 차이로 보인다. 향후 도마가 참조한 판본도 검토할 필요가 있다.

47) (4) L.1, § ult. L. 2 et L. 3, ff. de his qui effud. vel dejec. L. 5, eod.

48) (5) 로마법대전의 법문(L.5, §1 et 2, ff. de his qui effud, vel dejec.)은 D.9.3.5.1의 두 번째 문장 이후와 D.9.3.5.2을 말한다. 이외에 제2권 제2판(116)의 각주(g)에는 다음의 문언이 있다: 다음 조문 참조.

49) (5) L.5, §1 et 2, ff. de his qui effud, vel dejec.

관련된 것에 대하여는 그들의 집에 그들이 받아들인 사람에 대하여 일반인에게 책임을 부담하는 거주자로 그 사람들을 볼 것이기 때문이다.

【원문】 La police des villes s'addese à ceux qui tiennent les maisons, parce qu'on les considère comme habitans qui répondent au public des personnes qu'ils reçoivent chez eux pour ce qui regarde le fait de police dont on trate ici.

7. 학교장, 장인 및 학생, 도제나 어떤 기술, 어떤 제작 또는 어떤 상거래를 위하여 다른 사람을 그들의 집에 받아들인 그 밖의 사람은 그 사람들의 행위에 책임이 있다[50](프랑스 민법전 제1384조).

【원문】 7. Les maîtres d'école, les artisans et autres qui reçoivent dans leurs maisons des écoliers, apprentis, ou d'autres personnes pour quelque art, quelque manufacture on quelque commerce, sont tenus du fait de ces personnes(6)[51](C. civ. 1384).

8. 위에서 말한 모든 조문은 어떠한 의사도 없이 부주의(mégarde)로 투하되었거나 유출된 것으로 이해된다. 의사가 있다면 경죄나 중죄인 상해가 행위의 성질과 사정에 따라 더욱 중한 형벌에 의하여 처벌될 것이다.[52]

【원문】 8. Tous les articles précédens s'entendent de ce qui a été jeté ou répandu par mégarde et sans aucun dessein. Que s'il y a du dessein, l'injure, le délit ou le crime serait réprimé par de plus griéves peines, selon la qualité du fait et les circonstances(7).[53][54]

9. 그 추락(chute)으로 어떤 해악(mal)이나 어떤 손해를 야기하는 어떤 것이 지붕, 창문이나 그 밖의 장소에 매달려 있는 경우에, 이 곳을 소지(tient)하는 사람은[473쪽] 사정에 따라 경찰에 의하여 규율되거나 법관에 의하여 재량이 인정될 그러한 벌금에 처해질(condamné) 것이다. 이는 그 물건이 추락조차 되지 않았고 그것이 그에 의해서가 아니라 다른 사람에 의하여 이 곳에 놓였다고 하더라도 그러하다. 왜냐하면 이러한 성질의 사고에서 위험 없이 안전하게 지나가는 것이 공공의 이익(intérêt public)에 적합한 것이기 때문이다[55](프랑스 민법전 제1386조[56]).

50) (6) 로마법 법문(L.5, §3, ff. de his qui effud, vel dejec.)는 D.9.3.5.3을 말한다.

51) (6) L. 5, § 3, ff. de his qui effud, vel dejec.

52) (7) 로마법대전의 법문(L.1, ff. de injur.)은 D.47.10.1pr.의 일부분(두번째 문장)이다: interdum iniuriae appellatione damnum culpa datum significatur, ut in lege aquilia dicere solemus; D.47.10.은 인격침해와 문서에 의한 명예훼손에 관하여(De iniuriis et famosis libellis)이다.

53) (7) L. 1, ff. de injur.

54) (1) L. 1, ff. de his qui effud. vel. dejec.

55) (1) 로마법대전의 법문 중 L.5, §6, ff. de his qui effud. vel dejec.은 D.9.3.1pr.의 첫째 문장 부분이다. 법문 Dict. leg.[=판본에 따라 d.l.로도 약칭] 5, §7, 8, 10 et 11)은 D.9.3.5.7, D.9.3.5.8, D.9.3.5.10과 D.9.3.5.11의 첫째와 둘째 문장 전반부이다.

56) 레미판은 다음 문구가 추가되어 있다: 479 §4.

【원문】 9. S'il y a quelque chose de suspendu d'un toit, d'une fenêtre ou d'un autre endroit, d'où la chute puisse causer quelque mal ou quelque dommage, celui qui tient ce lieu sera condamné à[473] une amende telle qu'elle aura été réglée par la police, ou qu'elle sera arbitrée par le juge, selon les circonstances, quand même la chose ne serait pas tombée, et qu'elle aurait été mise en ce lieu par un autre que par lui. Car il est de l'intérêt public qu'on aille sans péril et en sûreté des accidens de cette nature(1)[57](C. civ. 1386, p. 479, § 4.).

10. 매달려 있는 물건이 낙하하여 어떤 해악을 야기한 경우에 그 건물에 살고 있는 사람은 그가 부담해야 할 벌금형 외에 손해에도 책임이 있다. 이는 그것으로부터 어떤 사고도 발생되지 않은 때에도 그러하다.[58]

【원문】 10. Si la chose suspendue vient à tomber et cause quelque mal, celui qui habite la maison sera tenu du dommage, outre la peine de l'amende qu'il devrait, quand il n'en serait arrivé aucun accident(2).[59]

11. 타일이 좋은 상태에 있는 지붕에서 떨어진 것이 태풍으루 인한 결과일 뿐인 경우에 그것에서 발생될 수 있는 손해는 그 소유자나 임차인이 책임을 부담할 수 없는 우연한 사고(cas fortuit)이다. 그러나 지붕이 나쁜 상태에 있었던 경우에는 이에 대비하여야 했던 사람은 사정에 따라 발생된 손해의 배상책임을 부담할 수 있다.[60]

【원문】 11. Si des tuiles tombent d'un toit qui fût en bon état, et par le seul effet d'un orage, le dommage qui peut en arriver est un cas fortuit, dont le propriétaire ou le locataire ne peut être tenu. Mais si le toit était en mauvais état, celui qui devait y pourvoir pourra être tenu du dommage arrivé selon les circonstances(3).[61]

이 조문에 관하여 인용된 법(lois)이 위험을 방지하기 위하여 대비하였던 이웃의 경우를 위한 것이기는 하지만 소유자나 임차인이 그러한 사고가 뒤따른 부주의에 대하여 처벌되는 것이 정당하지 않을까(신명기 22장 8절[62])을 볼 것)?

【원문】 Quoique les lois citées sur cet article soient dans le cas d'un voisin qui s'était pourvu pour prévenir le péril, ne serait-il pas juste qu'un proprietaire ou locataire fût puni d'une négligence qui aurait été suivie d'un tel accident?(V. Deuteron, cap. 22, 8.)

57) (1) L. 5, § 6, ff. de his qui effud. vel dejec. Dict. leg. 5, § 7, 8, 10 et 11.

58) (2) 로마법대전의 법문(L.5, §11, ff. de his qui effud. vel dejec.)은 D.9.3.5.11이 마지막 문장을 말한다.

59) (2) L. 5, § 11, ff. de his qui effud. vel dejec.

60) (3) 로마법대전의 법문(L.24, §4. L.43, ff. de dama. inf.)는 D.39.2.24.4을 밀안나, D.39.2는 미발생손해에 관하여와 서마 및 놀출부에 관하여(de damno infecto et de suggrundis et proiectionibus)이다. 이 개소에 대하여는 최병조, 로마법상의 미발생손해 담보문답계약, D.39.2의 대역, 서울대학교 법학 36/3 · 4 (1995) 215 이하.

61) (3) L. 24, § 4. L. 43, ff. de dama. inf.

62) 성경 신명기 22장 8절의 내용(개역개정판)은 다음과 같다: 네가 새 집을 지을 때에 지붕에 난간을 만들어 사람이 떨어지지 않게 하라 그 피가 네 집에 돌아갈까 하노라. 라틴어 성경의 본문은 다음과 같다: 8 Cum aedificaveris domum novam, facies murum tecto tuo per circuitum, ne adducas sanguinem super domum tuam et sis reus, labente aliquo in praeceps ruente.

제2절 동물에 의하여 야기된 손해

【원문】 SECTION II. Des dommages causés par des animaux.

사람을 사회(lie)와 결합하게 하는 질서는 그들이 그들 자신에 의하여 어떤 사람에게든 아무런 해를 가하지 않을 의무를 부담하게 할 뿐만 아니라 각자가 누구도 해악이나 손해를 받지 않을 그러한 상태로 그가 점유하는 모든 것을 지켜야(tenir) 할 의무도 부담하게 한다. 이는 그가 그 점유를 가지고 있는 동물을 자제할 의무가 포함된다. 그리하여 다른 사람을 해할 수도 없고 그들의 재산에 어떤 멸실이나 어떤 손해를 야기할 수 없다.

【원문】 L'ordre qui lie les hommes en société, ne les oblige pas seulement à ne nuire en rien par eux-mêmes à qui que ce soit, mais il oblige aussi chacun à tenir tout ce qu'il possède en un tel état que personne n'en reçoive ni mal, ni dommage; ce qui renferme le devoir de contenir les animaux qu'on a en sa possession, de sorte qu'ils ne puissent ni nuire aux personnes, ni causer dans leurs biens quelque perte ou quelque dommage.

동물이 야기하는 가장 빈번한 손해는 시골에서 방목하거나 그 권리가 없을 때에 그곳에 있는 짐승들이 가하는 것이다. 이러한 종류의 손해와 관련된 것은 로마법(Droit romain)에 의한 것보다도 여러 관습에 의하여 다르게 규율되는 것이므로 여기서는 일반적으로 사용되는 일반원칙만을 제시하고 관습에 반하는 이 로마법에 있는 것은 제시하지 않고 관습이 특수한 것도 제시하지 아니한다. 따라서 예를 들어 로마법에 의하여 어떤 손해를 야기하였던 짐승을 가두는 것은 로마법에 의하여 허용되지 아니하였다.63) 그러나 어떤 관습들은 이를 허용하고 손해의 증명을 위하여 그것들을 일정한 기간 동안 관리(garder)하는 것을 허용하고 또한 그 짐승의 주인이나 점유에게 벌금까지 부과한다. 이는[474쪽] 그 손해가 그 관리를 벗어난 짐승에 의하여서만 된 것인 경우에도 그러하다.

【원문】 Le dommage le plus fréquent que causent les animaux, est celui que font les bestiaux de la campagne, en pacageant dans des lieux, ou dans des temps où l'on n'a pas ce droit. Comme ce qui regarde ces sortes de dommages est autrement réglé par plusieurs coutumes que par le droit romain, on ne mettra ici que quelques règles générales d'un usage commun, et non ce qu'il y a dans ce droit de contraire aux coutumes, ni ce que les coutumes ont de particulier. Ainsi, par exemple, il n'était pas permis par le droit romain de renfermer les bestiaux qui avaient causé quelque dommage(4)64); mais quelques coutumes le permettent, et de les garder pendant quelque temps pour preuve du dommage, et condamnent même à l'amende les maîtres ou possesseurs du [474] bétail, quoique le dommage n'ait été fait que par du bétail échappé de sa garde.

---

63) (4) 로마법대전의 법문(L.39, §1, ff. ad legem Aquil.)은 D.9.2.39.1에 해당한다. D.9.2는 아퀼리우스 법에 관하여(ad legem aquiliam)이다. 이는 경작지에 침입한 타인의 가축을 감금하는 것은 로마법에서 불법으로 인정한 것이다. 이러한 점은 최병조, D.9.1 "四足動物의 加害가 주장되는 경우" — 대역 및 주석 —, 서울대학교 법학 41/1 (2000) 77 참조.

64) (4) L. 39, § 1, ff. ad legem Aquil.

1. 관리되거나 도망한 어느 짐승이 그 짐승의 주인이 그 권리가 없는 곳에서 또는 방목이 허용되지 아니한 때에 방목한 경우에 그는 그 동물이 야기할 수 있을 손해에 책임이 있을 것이다.65)

【원문】 1. Si quelque bétail gardé ou échappé, a pacagé dans un lieu où le maître du bétail n'en avait pas le droit, ou en un temps auquel le pacage n'était pas permis, il sera tenu du dommage que son bétail aura pu causer(1).66)

2. 그에 대한 이유가 없는 곳에서 또는 방목이 중단되어야 하는 때에 동물의 방목을 하게 한 경우에 그 동물의 주인이나 그 밖의 점유자는 손해에 책임이 있을 뿐만 아니라 사정에 따라 행위에 받아야 할 그런 벌금도 부과된다.67)

【원문】 2. Si on fait pacager du bétail dans un lieu qui n'y soit point sujet, ou en un temps que le pâcage doive cesser, le maître ou autre possesseur du bétail sera, non-seulement tenu du dommage, mais condamné à une amende telle que le fait pourra mériter, selon les circonstances(2).68)

3. 관리되거나 또는 관리되지 않은 짐승이, 나무를 부러뜨리거나 손해를 가한 경우와 같이 방목하는 것이 다른 어떤 손해를 가한 경우에 그 주인이나 점유자는 그에 대하여 책임이 있고 필요한 경우에는 벌금까지도 [부과될]69) 책임이 있다.70)

【원문】 3. Si du bétail gardé, ou non gardé, fait quelque autre dommage qu'en pacageant, comme s'il rompt ou endommage des arbres, le maître ou possesseur en sera tenu, et même à une amende s'il y en a lieu(3).71)

---

65) (1) 로마법대전의 첫째 법문(L.1, ff. si quadr. paup. fec. dic.)은 D.9.1.1pr.이다. 도마의 책은 이 중에서 첫째 문장만을 인용한다. D.9.1은 네 발 동물이 가해하였다고 말하는 경우(si quadrupes pauperiem fecisse dicatur)를 말한다. 이에 관하여는 최병조, 서울대학교 법학 41/1 (2000) 80 참조; 둘째 법문(L. ult. C. de leg. Aquil.)은 칙법휘찬(Codex)의 C.3.35.6를 말한다. C.3.35는 신칙법 중에서 아퀼리우스 법에 관하여(De lege Aquilia)이다. ult.는 '앞의, 전술한'을 말한다; 셋째 법문(L.39, §1, ff. ad leg. Aquil.)은 D.9.2.39.1이다. 도마의 책은 이중 첫째 문장의 말미를 인용한다(si suum deprehendisset, quoniam si quid ex ea re damnum cepit, habet proprias actiones); 성경 출애굽기 [2]2장 5절 참조. 레미판 도마 전집은 2장으로 되어 있으나 이전 판본(제2권 제2판 119)은 22장으로 되어 있다. 성경 출애굽기 22장 5절은 나음과 같다: 개역개정 5 사람이 밭에서나 포도원에서 짐승을 먹이다가 자기의 짐승을 놓아 남의 밭에서 먹게 하면 자기 밭의 가장 좋은 것과 자기 포도원의 가장 좋은 것으로 배상할지니라; 공동번역 5 불이 나서 가시덤불에 당겨 남의 낟가리나 베지 않은 곡식이나 남의 밭을 태웠을 경우에는, 불을 낸 자가 그것을 모두 배상해야 한다; 라틴어 성경은 다음과 같다: 5 Si egressus ignis invenerit spinas et comprehenderit acervos frugum sive stantes segetes sive agrum, reddet damnum, qui ignem succenderit.

66) (1) L.1, ff. si quadr. paup. fec. dic. L. ult. C. de leg. Aquil. L.39, §1, ff. ad leg. Aquil. v. Exod. [2]2.5.

67) (2) 로마법대전의 첫째 법문(L.1. C. de fund. et salt. rei dom.)은 C.11.67.1을 말한다. 도마의 책은 이 중 첫째 문장만을 인용한다. 둘째 법문(L.2. C. de pasc. publ. et privat. L. ult. eod.)은 C.11.61.2를 말한다. C.11.61은 공적목장과 사적 목장에 관하여(De pascuis publicis vel privatis)이다. 도마의 책은 이 중 첫째와 둘째 문장만을 인용한다.

68) (2) L. 1. C. de fund. et salt. rei dom. L. 2. C. de pasc. publ. et privat. L. ult. eod.

69) 도마의 책 제2권 제2판(119)에서는 tenu와 et même 사이에 et가 없고 대신에 ', & condamné'가 있다. [ ]로 옮겼다.

70) (3) 로마법대전의 법문(L. 39, § 1, ff. ad leg. Aquil.)은 D.9.2.39.1를 말한다. 도마의 책은 이 중에서 첫째 문장의 후반부만을 일부 인용한다(si quid ex ea re damnum cepit, habet proprias actiones). D.9.2는 아퀼리우스 법에 관하여(ad legem aquiliam)이다.

71) (3) L. 39, § 1, ff. ad leg. Aquil.

4. 그 부동산(héritage)에서 방목하거나 어떤 다른 손해를 가하는 다른 사람의 짐승을 놀라게 할 사람은 그 짐승에 해를 가하는 폭력을 사용할 수 없고 그가 그 자신의 것에 하였을 것과 다르게 쫓아낼 수도 없다. 또한 이 짐승에 대하여 어떤 손해를 야기한 경우에 그는 그에 대하여 책임이 있다.[72)]

【원문】 4. Celui qui aura surpris dans son héritage le bétail d'un autre y pacageant, ou faisant quelque autre dommage, ne pourra user de voie de fait qui nuise au bétail, ni le détourner autrement qu'il ferait du sien propre. Et s'il cause quelque dommage à ce bétail, il en sera tenu (4).[73)]

5. 동물에 의하여 야기될 수 있는 모든 다른 손해에 대하여 그것의 주인이거나 그에 대하여 적재(charger)를 한 사람은, 해악을 예방할 수 있거나 예방하여야 하는 경우에 그에 대한 책임이 있다. 따라서 난폭한 말 또는 놀라 날뛰는 노새를 붙잡을 힘이나 재주가 없는 노새를 부리는 사람, 짐수레꾼 또는 그 밖의 마차업자는 그 동물로부터 발생된 손해에 책임이 있다. 왜냐하면 그가 알지 못하였거나 알 수 없었던 것을 맡아서는 안되기 때문이다. 따라서 말이나 그 밖의 짐승을 너무 과도하게 적재하였기 때문에 또는 위험한 발걸음을 회피하지 않았기 때문에 또는 그 밖의 어떤 과실에 의하여 어느 행인에게 손해를 야기하는 추락(chute)의 이유가 되는 사람은 이 행위에 대하여 책임이 있다. 이 모든 경우에 손해를 입은 사람은 그 마차업자에게 또는 그를 고용한 사람에 대하여 소를 제기할 것이다.[74)]

【원문】 5. De tout autre dommage qui peut être causé par des animaux, celui qui en est le maître, ou qui en est chargé, en sera tenu, s'il pouvait ou devait prévenir le mal. Ainsi, un muletier, charretier ou autre voiturier, qui n'a pas la force ou l'adresse de retenir un cheval fougueux, ou une mule qui s'effarouche, sera tenu du dommage qui en arrivera: car il ne devait point entreprendre ce qu'il ne savait ou ne pouvait faire. Ainsi celui qui, pour trop charger un cheval ou autre bête, ou pour ne pas éviter un pas dangereux, ou par quelque autre faute, donne sujet à une chute qui cause du dommage à quelque passant, répondra de ce fait. Et dans tous ces cas, celui qui aura souffert le dommage, aura son action contre ce voiturier, ou contre celui qui l'avait employé(5).[75)]

6. 황소가 뿔로 들이받는 습관이 있고 어떤 사람에게 상해를 입히거나 어떤 다른 손해를 야기한 경우에 이 황소를 가두거나 붙잡지 않거나 그것을 회피할 수 있도록 경고하지 않은 주인은 그것으로 발생할 해악에 책임이 있을 것이다.[76)]

---

72) (4) 로마법대전의 법문(L.39, ff. ad leg. Aquil.)은 D.9.2.39pr.와 D.9.2.39.1를 말한다. 도마의 책은 이 두 법문을 인용한다; 어떤 관습에 따라서는 절의 모두(préambule)에서 본 것처럼 명시적으로 손해를 야기하는 짐승을 쫓아내는 것이 허용된다.

73) (4) L. 39, ff. ad leg. Aquil. Par quelques coutumes il est expressement permis de renfermer le bétail qui cause du dommage, comme il a été remarqué dans le preambule.

74) (5) 로마법대전의 첫째 법문(L.8, §1, ff. ad leg. Aquil.)은 D.9.2.8를 말한다. 도마의 책은 이 법문의 둘째 문장 이후의 전부를 인용한다; 둘째 법문(L.1, §4, ff. si quadr. paup. fec. dic.)은 D.9.1.1.4를 말한다. 도마의 책은 이 법문의 둘째 문장의 두 번째 단어(si)부터 나머지를 인용한다.

75) (5) L. 8, § 1, ff. ad leg. Aquil. L. 1, § 4, ff. si quadr. paup. fec. dic.

76) (6) 로마법대전의 법문(L.32, §3, ff. ad leg. Aquil.)은 D.9.2.52.3를 말한다. 도마의 책은 이 개소의 첫째 문장 전부를

【원문】 6. Si un bœuf a coutume de frapper de la corne, et qu'il blesse quelqu'un, ou cause quelqu'autre dommage, le maître qui n'aura pas renfermé ou retenù ce bœuf, ou averti de sorte qu'on pût l'éviter, sera tenu du mal qui en arrivera(6).[77)]

7. 뒷발질하거나 물어뜯는 말이나 노새를 가진 사람은 위험한 상황의 상황(occasions)을 방지하기 위하여 그에 대하여 경고(avertir)하거나 그것을 관리(garder)하게 하여야 한다. 그렇지 않으면 그들은 그것에서 발생할 수 있는 손해에 책임을 부담할 것이다.[78)]

【원문】 7. Ceux qui ont des chevaux ou des mules qui ruent ou mordent, doivent en avertir, ou les faire garder, pour prévenir les occasions du péril; autrement ils seraient tenus du dommage qui en pourra arriver (7).[79)]

이 마지막 법문(texte)에 관하여는, 사고가 자신에게 일어날 수 있는 그 사람의 부주의가 가져올 수 있는 사고를 쉽게 말이나 그 밖의 짐승의 주인에게 귀속하지 않도록 주의하여야 한다. 따라서 예를 들어 말이 발로 뒷발질하는 것을 모르는 사람이 필요 없이 너무 가까이 다가가 그 엉덩이 위에 손을 얹어 그 뒷발질의 범위에 인접한다면, 이것이 바로 부주의가 된다. 왜냐하면 스스로 조심하여야 하기 때문이다. 그리고 이 부주의는 어떤 것도 말의 주인에게 귀속될 수 없는 상황에서 말의 발길의 타격을 가져올 수 있기 때문이다.

【원문】 Il faut prendre garde, sur ce dernier texte, de ne pas imputer facilement au maître du cheval ou d'une autre bête les accidens que peut attirer l'imprudence de ceux à qui ils arrivent. Ainsi, par exemple, si une personne qui ignore qu'un cheval rue, s'en approche trop sans nécessité, et lui met la main sur la croupe, se tenant à la portée d'une ruade, c'est une imprudence, car on doit se défier; et cette imprudence peut attirer un coup de pied d'un cheval dans des circonstances où rien ne pourrait être imputé au maître du cheval.

8. 물어뜯는 버릇이 있는 개 한 마리를 붙잡지 아니한 경우 또는 관리가 잘 되지 않아서 그것이 도망하여 어떤 사람을 가해하는 경우에 개의 주인은 책임이 있을 것이다. 그리

인용한다; 성경 출애굽기 21장 29, 36절 참조. 성경본문은 다음과 같다: 29 소가 본래 받는 버릇이 있고 그 임자는 그로 말미암아 경고를 받았으되 단속하지 아니하여 남녀를 막론하고 받아 죽이면 그 소는 돌로 쳐죽일 것이고 임자도 죽일 것이며 36 그 소가 본래 받는 버릇이 있는 줄을 알고도 그 임자가 단속하지 아니하였으면 그는 소로 소를 갚을 것이요 죽은 것은 그가 차지할지니라; 공동번역 29 만일 그 황소가 본래 받는 버릇이 있어 그 임자에게 주의를 주었는데도 잘 지키지 않았기 때문에 남자든 여자든 사람을 받아 죽였을 경우에는 황소만 돌로 쳐 죽일 것이 아니라 그 임자도 죽여야 한다. 36 만일 임자가 잘 지키지 않았을 경우에는 산 황소를 대신 주고 죽은 황소를 가져야 한다; 라틴어 성경은 다음과 같다: 29 Quod si bos cornupeta fuerit ab heri et nudiustertius, et contestati sunt dominum eius, nec recluserit eum, occideritque virum aut mulierem: et bos lapidibus obruetur, et dominum illius occident. 36 Sin autem notum erat quod bos cornupeta esset ab heri et nudiustertius, et non custodivit eum dominus suus, reddet bovem pro bove et cadaver integrum accipiet.

77) (6) L. 32, § 3, ff. ad leg. Aquil. V. Exod. 21, 29, 36.

78) (7) 로마법대전의 첫째 법문(L. 1, § 4, ff. si quadr. paup. fec. dic.)은 D.9.1.1.4을 말한다. 도마의 책은 이 개소의 첫째 문장만을 인용한다; 둘째 법문(L. ult. eod.)은 D.9.1.5을 말한다. 도마의 책은 이 중 첫째와 둘째 문장만 인용한다. 셋째 법문(L. 1, § 7, eod.)은 D.9.1.1.7을 말한다. 도마의 책은 이 중에서 세 번째 문장의 두 번째 단어(si)부터 끝까지만 인용한다.

79) (7) L. 1, § 4, ff. si quadr. paup. fec. dic. L. ult. eod. L. 1, § 7, eod.

고 목줄을 하여야 하였고 어떤 부주의에 의하여 가까이 다가갈 수 있었을 사람에게 가해할 상태 밖에는 없는 개인 경우에는 더욱 더 그러하다.[80)]

【원문】 8. Si un chien qui a coutume de mordre n'est pas retenu, ou s'il échappe, faute de bonne garde, et blesse quelqu'un, le maître du chien en sera tenu. Et à plus forte raison si c'était un chien qu'on dût enchaîner, et qui ne fût pas mis hors d'état de nuire à ceux qui pourraient s'en approcher par quelque mégarde(1).[81)]

9. 사자, 호랑이 곰과 그 밖의 유사한 것과 같은 야생동물을 가지고 있는 사람은 그것들이 가해할 수 없도록 붙잡아 두어야(tenir) 한다. 그리고 그들은 관리를 잘하지 못하여 발생된 손해에 책임을 져야 할 것이다.[82)]

【원문】 9. Ceux qui ont des bêtes farouches, comme des lions, des tigres, des ours et autres semblables, doivent les tenir de sorte qu'elles ne puissent nuire; et ils répondront des dommages arrivés faute de bonne garde(5).[83)]

이 곰의 주인의 면책(impunité)를 정당화하기 위하여는, 주인에게 어떤 것도 귀속될 수 없게 어느 누가 악의(malice)로 그것을 자유롭게 한 것과 같이, 곰이 도망된 것이 그의 과실 없이 된 것이라는 것이 전제되어야 할 것이다. 왜냐하면 그의 과실에 의한 경우에는 그가 이러한 결과의 과실에 책임을 지는 것이 형평과 공공의 이익(intérêt public)에 맞기 때문이다. 그리고 그가 이 짐승에서 할 수 있었던 사용으로 이익을 얻고 그가 그것의 주인이었고 그가 그것의 소유물 반환청구까지도 할 수 있기 때문에 금전의 대가나 그의 일로 그것을 취득하고 어떤 이익을 거기서 얻어내기 위한 그의 시간과 그 노고를 집어넣어서 그는 그것에 대하여 책임을 부담하여야 한다.

【원문】 Pour rendre juste l'impunité du maître de cet ours, il faudrait supposer que ce fût sans sa faute que l'ours se fût échappé, com omme si quelqu'un par malice l'avait mis en liberté sans qu'on pût rien imputer au maître. Car, si c'est par sa faute, il est de l'équité et de l'intérêt public qu'il réponde d'une faute de cette conséquence. Et comme il profite de l'usage qu'il pouvait faire de cette bête, qu'il en était le maître, et qu'il peut même la vendiquer, se l'étant acquise, ou à prix d'argent, ou par son industrie, et ayant mis son temps et sa peine pour en tirer quelque profit, il doit en répondre.

10. 개나 그 밖의 동물이 물어뜯지도 어떤 다른 손해를 가하지도 아니한 경우에 그가

80) (1) 로마법대전의 첫째 법문(L.1, §5, ff. si quadr. fec. dic.)은 D.9.1.1.5을 말한다. 도마의 책은 이 법문을 모두 인용한다. 둘째 법문(L. 2, § 1, eod.)은 D.9.1.2.1을 말한다. 도마의 책은 이 법문을 모두 인용한다.

81) (1) L. 1, § 5, ff. si quadr. fec. dic. L. 2, § 1, eod.

82) (5) 로마법대전의 법문(L.1, §10, si quadr. paup. fec. dic.)은 D.9.1.1.10을 말한다. 도마의 책은 이 법문을 모두 인용한다; 도마의 책의 다른 판(제2권 제2판 122)에는 다음의 서술이 로마법 법문 앞에 추가되어 있다: 이것은 앞 조의 결과이다(C'est une suite de l'artice precedent).

83) (5) L. 1, § 10, si quadr. paup. fec. dic.

유인을 받았거나 놀라게 되었기 때문인 경우에는 발생된 해악에 이유가 될 수 있는 사람은 그에 대하여 책임이 있고 그 사람이 이것을 허용한 것이라면 그에게 이것이 귀속되어야 한다.[84)]

【원문】 10. Si un chien ou autre animal ne mord ou ne fait quelque autre dommage, que parce qu'il a été agacé ou effarouché, celui qui aura donné sujet au mal arrivé, en sera tenu, et si c'est le même qui l'a souffert, il doit se l'imputer(6).[85)]

11. 손해를 야기할 짐승이 다른 어떤 짐승에 의하여 놀라게 된 경우에 그 후자의 주인은 그에 대하여 책임이 있을 것이다.[86)]

【원문】 11. Si la bête qui aura causé le dommage avait été effarouchée par quelque autre bête, le maître de celle-ci en sera tenu(7).[87)]

12. 두 사람의 주인에게 속하는 양 두 마리 또는 황소 두 마리가 서로 부딪쳐서 어느 한 마리가 다른 것을 죽인 경우에 처음에 덤빈 양이나 황소의 주인은 손해를 야기한 짐승을 포기하거나 손해배상을 할 책임이 있다.[88)]

【원문】 12. Si deux beliers ou deux bœufs appartenant à deux maîtres viennent à s'entrechoquer, et que l'un tue l'autre, le maître du boeuf ou belier qui aura le premier frappé sera tenu, ou d'abandonner la bête qui aura causé le dommage, ou de dédommager(1).[89)]

제3절 건물이나 어떤 새로운 공사의 붕괴로 발생될 수 있는 손해

【원문】 SECTION III. Du dommage qui peut arriver de la chute d'un bâtiment ou de quelque nouvel œuvre.

우리 관행은 이러한 내용(matière)에서는 로마법의 처리와 다르고 우리는 무너질 위험에 있던 다른 건물의 붕괴에 의하여 그 건물이 손해를 입을 수 있는 사람이 그 소유자가 우려가 있었던 손해에 대하여 담보를 그에게 제공하지 않았다면 이 이웃 부동산의 점유에 놓이는 것을 인정하는 원칙만을 고찰하기 때문에[90)] 그것에 관련될 수 있는 것에 이하여,

84) (6) L.11, §5, ff. ad leg. Aquil.)은 D.9.2.11.5를 말한다. 도마의 책은 이 중에서 첫째 문장의 첫부분만 인용한다. 둘째 법문(L.1, §6, ff. si quadr. paup. fec. dic.)은 D.9.1.1.6을 말한다. 도마의 책은 이 법문의 개소만을 인용한다. 셋째 법문(Dict. leg. §7) 참조; 이는 판본에 따라서는 d.l. §7이라고도 하는데 앞의 인용개소와의 관계를 고려하면 D.9.1.1.7로 보인다.

85) (6) L. 11, § 5, ff. ad leg. Aquil. L. 1, § 6, ff. si quadr. paup. fec. dic. V. Dict. leg. § 7.

86) (7) 로마법대전의 첫째 법문(L.1, §8, ff. si quadr. paup. fec. dic.)은 D.9.1.1.8을 말한다. 도마의 책은 이 법문의 개소를 모두 인용한다; 둘째 법문(Dict. leg. §7) 참조. 이는 판본에 따라서는 d.l. §8이라고도 하는데 앞의 인용개소와의 관계를 고려하면 D.9.1.1.8로 보인다.

87) (7) L. 1, § 8, ff. si quadr. paup. fec. dic. V. Dict. leg. § 7.

88) (1) 로마법대전의 법문(L.1, §11, ff. si quadr. paup. fec. dic.)은 D.9.1.1.11를 말한다. 도마의 책은 이 법문 전체를 인용한다.

89) (1) L. 1, § 11, ff. si quadr. paup. fec. dic.

로마법의 원칙을 우리 관행으로 전용하여 수용하려고 노력하였다.

【원문】 Comme dans cette matière notre usage est différent de la disposition du droit romain, et que nous n'observons pas la règle qui voulait que celui dont le bâtiment pouvait être endommagé par la chute d'un autre qui était en péril de ruine, fût mis en possession de cet héritage voisin, si le propriétaire ne lui donnait des sûretés pour le dommage qui était à craindre(2),[91] on a tâché de tourner et accommoder à notre usage les règles du droit romain, selon qu'elles peuvent s'y rapporter.

1. 건물이 무너질 위험이 있는 경우에 자신의 건물이 다른 사람의 것의 붕괴로 손해를 이을 위험이 있는 것을 보는 그 건물이나 그 밖의 이웃 부동산의 소유자는 그것의 소유자에게 그것을 허물거나 그것을 수선할 것을 최고(sommer)하여 그 위험을 중지하게 할 수 있다.[92] 그리고 다가 올 해악이 언제든지 발생할 수 있고 그에 즉시 만족을 주지 않는다면 경고해야 할 것이므로 다음에 나오는 원칙에 따라 그에 대비하게 해야 할 것이다(프랑스민법전 제1386조[93]).

【원문】 1. Si un bâtiment est en péril de ruine, le propriétaire du bâtiment, ou autre héritage voisin, qui voit le sien en danger d'être endommagé par la chute de l'autre, peut sommer celui qui en est le propriétaire de le démolir, ou le réparer, de sorte qu'il fasse cesser le péril(3).[94] Et comme c'est un mal à venir qui peut arriver à chaque moment, et qu'il faut prévenir, s'il n'y satisfait promptement, il y sera pourvu selon les règles qui suivent(C. civ. 1386).

2. 최고나 재판상 통지(assignation en justice) 후에 그 붕괴로 이웃을 해할 수 있는 건물의 소유자가 그에 대하여 대비하는 것을 소홀히 한 경우에 다른 건물의 무너짐으로 자기 부동산이 위험에 있는 것을 본 사람은 임시로 그가 자신에게 이 건물의 붕괴를 예방(prévenir)하기 위하여 전문가 필요하다고 판단한 것을, 필요한 경우에는 그것을 보완하거나 허물면서, 그 자신이 할 것을 허용해 줄 것을 청구할 수 있고 그는 소유자에게 그가 지출한 비용을 지급받을 것이다[95](프랑스민법전 제1386조).

---

90) (2) 로마법대전의 법문(L.4, §1, ff. de damn. inf.)은 D.39.2.4.1를 말한다. 도마의 책은 이 법문의 첫째 문장만을 인용한다.

91) (2) L. 4, § 1, ff. de damn. inf.

92) (3) 로마법대전의 첫째 법문(L.2, ff. de damn. inf.)은 D.39.2.2을 말한다. 도마의 책은 이 법문 전체를 인용한다; 로마법대전의 둘째 법문(L.7, §1, eod.)은 D.39.2.7.1를 말한다. 도마의 책은 이 법문의 첫째 문장의 전반부 6단어만 인용한다; 로마법대전의 셋째 법문(Dict. leg. 7.)(d. l.7이라고도 함)은 D.39.2.7pr.를 말한다. 도마의 책은 이 법문의 첫 문장 10단어만 인용한다; 로마법대전의 넷째 법문(L.1, eod.)는 D.39.2.1을 말한다. 도마의 책은 이 법문의 첫문장 9단어만 인용한다; 로마법대전의 넷째 법문(L.7, §1, eod)은 D.39.2.7.1을 말한다. 도마의 책은 이 법문의 첫째 문장 6단어만을 인용한다. 로마법대전의 다섯째 법문(L. 2, eod.)은 D.39.2.7.2를 말한다. 도마의 책은 법문의 구체적 내용은 인용하지 아니한다.

93) 1804년의 프랑스민법전을 말하고 2016년 민법의 채권법 개정으로 현행법은 제1244조가 되었다. 조문내용은 같다: Art. 1386. Le propriétaire d'un bâtiment est responsable du dommage causé par sa ruine, lorsqu'elle est arrivée par une suite du défaut d'entretien ou par le vice de sa construction.

94) (3) L. 2, ff. de damn. inf. L. 7, § 1, eod. Dict. leg. 7. L. 1, eod. L. 7, § 1, eod. L. 2, eod.

95) (4) 로마법대전의 첫째 법문(L.7, ff. de damn. inf.)은 D.39.2.7pr.를 말한다. 도마의 책은 이 법문 5번째 문장만을 인

【원문】 2. Si après la sommation ou assignation en justice, le propriétaire du bâtiment dont la chute peut nuire au voisin, néglige d'y pourvoir, celui qui voit son héritage en danger par la ruine de l'autre, peut demander, par provision, qu'il lui soit permis de faire lui-même ce que les experts jugeront nécessaire pour prévenir la chute de ce bâtiment, soit en l'appuyant ou démolissant, s'il en est besoin, et il recouvrera contre le propriétaire la dépense qu'il aura faite (4)[96](C. civ. 1386).

3. 그 건물을 허물거나 보완하는 것을 인용하거나 최고를 받은 소유자가 지체하는 동안에 그 붕괴가 발생된 경우에는 사정에 따라 손배배상의 책임을 부담하게 될 것이다.[97]

【원문】 3. Si pendant le retardement du propriétaire condamné ou sommé de démolir ou appuyer son bâtiment, la chute en arrive, il sera tenu des dommages et intérêts selon les circonstances (5).[98]

건물의 붕괴의 위험이나 그 발생된 붕괴가 이웃 집에 야기할 수 있을 손해로 인하여 이 집의 소유자나 임차인이 그 주거를 떠나야 할 것이 강제되었고 이 집이 넘어졌거나 거주할 수 없는 상태에 있지 아니한 경우에 그 넘어진 건물의 소유자는 이 건물의 붕괴나 악화의 손해배상[477쪽] 뿐만 아니라 그 임차료의 상실의 손해도 배상하여야 하는가? 또한 이 손해배상은 모두 그것이 만나게 될 수 있는 다양한 사정에 구별 없이 모든 종류의 경우에 인정되어야 하는가? 또한 예를 들어 무너질 위험이 있는 집의 소유자가 오랫동안 부재중에 있거나 그 집을 수리하거나 이를 보완할 수단이 없어서 거기에 만족하게 할 수 없다는 최고에 대하여 답변을 하면서 그 자신이 이 건물을 보완하거나 그것에 필요한 수리를 할 적절한 사람인 그 이웃에게 그 집 자체의 출연으로 그 담보를 자기에게 제공할 것을 요청하였고 이 이웃이 그에 대하여 어떤 것도 하기를 원하지 아니하였고 그 집이 무너진 것이 발생한 경우라면 어떠한가? 이러한 상황에서 그 손해배상을 감경하거나 그 소유자를 이로부터 면책까지도 하는 것이 형평에 맞지 않은 것인가? 그러나 소유자가 부유하고 태만하였고 그가 그 건물을 보완할 것이 최고된 후에 가난한 이웃의 집에 그것이 넘어지게 하였던 것을 가정한다면 이러한 태만(négligence)은 손해 전부와 그 건물의 멸실 및 임료까지도 처벌되어야 하지 않을까?

【원문】 Si à cause du danger de la chute de ce bâtiment, ou du dommage que sa chute arrivée peut avoir causé à une maison voisine, le propriétaire ou des locataires de cette maison ont été contraints de quitter leur logement, et que cette maison soit tombée ou hors d'état de pouvoir être

용한다; 둘째 법문(L.28, eod.)은 D.39.2.28을 말한다. 도마의 책은 이 법문의 둘째 문장을 셋째 단어부터만 인용한다. 셋째 법문(L.15, §34, eod.)는 D.39.2.15.34를 말한다. 도마의 책은 본문 없이 법문의 개소만 인용한다.

96) (4) L. 7, ff. de damn. inf. L. 28, eod. L. 15, § 34, eod.

97) (5) 로마법대전의 첫째 법문(L.7, ff. de damn. inf.)은 D.39.2.7pr.를 말한다. 도마의 책은 이 법문 6번째 문장만 인용한다; 둘째 법문(L.28, eod.)은 D.39.2.28를 말한다. 도마의 책은 이 법문의 첫째 문장만 인용한다. 셋째 법문(Dict. leg.28.)(=d.l.28이라고도 함)은 D.39.2.28을 말한다. 도마의 책은 이 법문의 셋째 문장(in eadem causa […] est)만 인용한다. 넷째 법문(L.29. eod.)은 D.39.2.29을 말한다. 도마의 책은 이 법문 전체를 인용한다.

98) (5) L. 7, ff. de damn. inf. L. 28, eod. Dict. leg. 28. L. 29. eod.

habitée, le propriétaire du bâtiment tombé devra-t-il, nonseulement les dommages et intérêts de la chute ou des détériorations [477] de cette maison, mais aussi le dédommagement de la perte de ces loyers? Et tous ces dédommagemens seront-ils dûs en toute sorte de cas, sans distinction des différentes circonstances qui peuvent s'y rencontrer? Et s'il arrivait, par exemple, que le propriétaire de la maison qui menaçait ruine fût dans une longue absence, ou que, n'ayant pas le moyen de réparer sa maison, ni de l'appuyer, il eût répondu à la sommation que, ne pouvant y satisfaire, il priait son voisin, qui était une personne accommodée, d'appuyer lui-même ce bâtiment, ou d'y faire les réparations nécessaires, lui offrant sa sûreté par l'affectation de la maison même, et que ce voisin n'en voulant rien faire, la maison fût tombée; ne serait-il pas de l'équité, dans ces circonstances, de modérer le dédommagement, ou même d'en décharger ce propriétaire? Mais si on suppose un propriétaire riche et négligent, qui, sommé d'appuyer son bâtiment, l'ait laissé tomber sur la maison d'un voisin pauvre, cette négligence ne devra-t-elle pas être punie d'un entier dédommagement, et de la perte du bâtiment et aussi des loyers?

4. 건물이 소유자에 대한 통지(dénonciation)가 있기 전에 무너진 경우에 그는 자기가 그 장소와 자재를 포기하고자 한다면 그 손해에 책임이 없을 것이다. 또한 이 경우에 그것을 제거할 의무까지도 없을 것이다. 왜냐하면 손해를 입은(souffert) 사람은 그가 알 수 있었던 위험에 충분히 일찍 대비하지 않은 것이 자신에게 귀속되어야 하기 때문이다. 그러나 이 소유자가 그 자재를 되돌려 받거나 그 장소를 관리하기를 원하면 그는 그 건물의 붕괴에 의하여 야기된 손해 전부에 책임을 부담하게 될 것이다. 이는 그가 붕괴에 앞서 경고가 없었던 경우에도 그러하다. 또한 이 경우에 그는 사용할 수 있는 재료뿐만 아니라 모든 쓸모없는 것도 모두 철거할 책임이 있을 것이다.[99]

【원문】 4. Si le bâtiment tombe avant qu'il y eût une dénonciation au propriétaire, il ne sera pas tenu du dommage s'il veut abandonner, et la place et les matériaux; et il ne sera pas même obligé en ce cas de les enlever: car celui qui a souffert le dommage doit s'imputer de n'avoir pas assez tôt pourvu au danger qu'il pouvait connaître. Mais si ce propriétaire veut reprendre ses matériaux ou garder sa place, il sera tenu de tout le dommage causé par la chute de son bâtiment, quoiqu'il n'y eût pas de dénonciation qui eût précédé la chute. Et il sera aussi tenu en ce cas d'enlever, non-seulement les matériaux qui peuvent servir, mais tout l'inutile(1).[100]

5. 다른 사람의 건물을 넘어뜨린 건물의 붕괴에 의하여 손해가 있고 그 건물의 붕괴로 넘어뜨린 그림, 조각이나 그 장소에서의 즐거움만을 위한 그 밖의 장식물이 있었던 경우라고 하자. 그 과도한 사용은 그러한 멸실로 되어서는 안되는 그러한 성질의 물건에 대하여 정확한 평가가 되지 못할 것이다. 그런데 이러한 평가는 조정(modérément)이 되고 정

99) (1) 로마법대전의 법문(L.10, §1, ff. de neg. gest.)은 D.3.5.9.1을 말한다. 도마의 책은 이 개소 중 넷째 문장의 중간부분(cum unicuique […] derelinquere)만 인용한다. D.3.5는 사무관리에 관하여(de negotiis gestis)이다; 둘째 법문(L.6. ff. de damn. inf.)은 D.39.2.6를 말한다. 도마의 책은 이 법문 전체를 인용한다; 셋째 법문과 넷째 법문(L.7, §1 et 2, ff. eod.)은 D.39.2.7.1과 D.39.2.7.2의 법문 전체를 인용한다; 우연한 사고에 의하여 성립되지 않은 의무(Engagemens qui se forment par des cas fortuits)의 장의 제2절의 제4조와 제5조 참조.

100) (1) L. 10, § 1, ff. de neg. gest. L. 6. ff. de damn. inf. L. 7, § 1 et 2, ff. eod. V. les art. 4 et 5 de la sect. 2 du tit. des Engagemens qui se forment par des cas fortuit.

의와 사람(humanité)에 의하여 완화가 되면서 손해에 이유가 되었을 행위의 성질, 사람의 성질과 그것을 청구할 수 있는 그 밖의 사정에 의하여 될 것이다.101)

【원문】 5. Si par la chute d'un bâtiment qui en aurait abattu un autre, il y a lieu de dommages et intérêts, et qu'il y eût des peintures, des sculptures, ou d'autres ornemens pour le seul plaisir dans le lieu que la ruine de ce bâtiment aurait abattu; il ne se ferait pas une estimation exacte des choses de cette nature, dont l'usage superflu ne doit pas tourner à une telle perte. Mais cette estimation se ferait modérément, et avec un tempérament de justice et d'humanité, selon la qualité du fait qui aurait donné sujet an dommage, celle des personnes et les autres circonstances qui pourraient le demander (2).102)

이 경우와 지역권(Servitudes)의 제4절 제4조의 경우 사이의 차이를 주의하여야 한다. 후자는 그것을 지역권의 사용에 충분하게 하기 위하여 공동소유하는 담을 허문 사람은 이 담 위에 그 이웃이 가진 그림의 가치에 대하여 아무런 의무도 없다. 왜냐하면 이 제4조의 경우에 소유자 각자는 지역권의 사용의 필요에 따라 그것이 요청되는 것에 의하여 공동소유인 담을 허물거나 개축할 권리가 있고 따라서 어떠한 손해배상을 할 의무도 없다. 또한 이에 과도한 비용을 지출한 사람은 그 사[478쪽]고에 그것을 들인 것을 스스로가 책임을 귀속하게 하여야 한다. 반대로 여기서는 그 건물이 상대방의 것을 넘어뜨린 것은 이웃의 과실에 의한 것이다.

【원문】 Il faut remarquer la différence entre ce cas et celui de l'art. 4 de la sect. 4 des Servitudes, où celui qui démolit le mur mitoyen pour le rendre suffisant à l'usage de la servitude, ne doit rien pour la valeur des peintures que son voisin avait sur ce mur. Car dans le cas de cet article 4, chaque propriétaire a droit de démolir et refaire le mur mitoyen selon que le demande l'usage de la servitude, et il ne doit par conséquent aucuns dommages et intérêts. Et celui qui avait fait ces dépenses superflues doit s'imputer de les avoir exposées à cet événe[478]ment. Ici, au contraire, c'est par la faute du voisin que son bâtiment a abattu l'autre.

6. 붕괴될 위험이 있고 이웃이 그 붕괴에 대하여 이웃이 경고한 건물이, 뒤이어 홍수나 강력한 바람에 의한 경우와 같이 우연한 사고에 의하여 붕괴되고 그 붕괴로 이웃의 건물이 넘어진 경우에, 그 붕괴로 다른 건물을 넘어지게 한 건물의 소유자는, 그 건물이 처하였던 나쁜 상태를 원인으로 해서만 홍수나 강풍이 그것을 무너지게 한 것이 아니라면 우연한 사고에 대하여 책임이 없을 것이다.103)

【원문】 6. Si une maison qui menaçait ruine, et pour laquelle le voisin avait dénoncé, est ensuite abattue par un cas fortuit, comme par un débordement, ou par la violence des vens, et que sa chute abatte la maison voisine, le propriétaire de la maison dont la chute a abattu l'autre, ne sera

101) (2) 로마법대전의 법문(L. 40, ff. de damn. inf.)은 D.39.2.40pr.을 말한다. 도마의 책은 이 법문 전체를 인용한다.

102) (2) L. 40, ff. de damn. inf.

103) (1) 로마법대전의 법문(L.24, §10, ff. de damn. inf.)은 D.39.2.24.10를 말한다. 도마의 책은 이 법문의 첫째 문장만 인용한다.

pas tenu de ce cas fortuit, si ce n'est que le débordement ou l'orage ne l'ait abattue, qu'à cause du mauvais état où elle se trouvait(1).104)

7. 그 붕괴로 어떤 손해가 야기된 건물이 여러 명의 주인에게 속한 경우에 그들은 그에 대하여 연대하여 책임을 부담하지는 아니하고 각자가 넘어진 건물에 대하여 자기가 가진 부분에 비례하여 각자 책임을 부담하게 될 것이다.105)

【원문】 7. Si le bâtiment, dont la chute a causé quelque dommage, appartient à plusieurs maîtres, ils n'en seront pas tenus solidairement, mais chacun à proportion de la part qu'il avait au bâtiment tombé(2).106)

8. 어떤 새로운 공사(œuvre)를 한 사람, 즉, 도시나 시골의 부동산에 대하여 또는 개인이 소유한 곳이나 공공이 사용하는 곳에서 장소의 현상에 어떤 변경을 한 사람107)은, 그들이 하고자 한다고 하는 변경에 이해관계가 있는 다른 사람의 권리에 어떤 가해도 하지 아니하도록 조정되도록 하여야 한다.108) 왜냐하면 어느 사람이 그가 필요한 변경을 그 자신의 것에서 할 수 있기는 하지만 다음 조에서 설명되는 것처럼 종종 다른 사람을 가해하는 것이기도 되기 때문이다. 어떤 사람은 다른 사람이 방해할 권리가 있을 수 있는 그러한 것을 하지 못한다. 따라서 어느 사람이 그의 집을 높여서 그것에 의하여 그로부터 조망을 제거된 사람에게 해를 가할 수 있기는 한다. 그 건물을 높이지 않을 지역권의 제한을 받은 사람은 그 지역권이 그 편익을 가질 수 있다고는 하더라도 이러한 자유를 더 이상 가지지 못한다.109) 따라서 그가 그 부동산에 가진 샘물을 위하여 또는 그의 토지(fonds)를 가로질러 흐르는 시냇물을 위하여 거기에 자연적으로 주어져야 할 이런 물의 흐름과 같은 배수를 그에 하게 할 수 있었던 사람은 어느 곳에서 조정된 배수로 그 물을 취할 수 있었던 이웃의 권리에 의하여 이 자유를 상실할 것이다.110) 그리고 이 경우에 그 토지의 소유자가 거기에 이웃에게 또는 그 자신의 것과 분리된 부동산을 가졌으나 그에게 그것을 방해할 권리를 가졌을 다른 사람에게까지도 해를 가하는 어떤 새로운 공사를 하는 경우를 보자. 그는 과거

104) (1) L. 24, § 10, ff. de damn. inf.

105) (2) 로마법대전의 첫째 법문(L.40, §3, ff. de damn. inf.)은 D.39.2.40.3을 말한다. 도마의 책은 이 법문의 2번째 단어부터 전부를 인용한다. 둘째 법문(L.5, §1, eod.)은 D.39.2.5.1을 말하고 도마의 책은 법문의 개소만 인용한다.

106) (2) L. 40, § 3, ff. de damn. inf. L. 5, § 1, eod.

107) (3) 로마법대전의 법문(L.1, §11, ff. de oper. nov. nunt.)는 D.39.1.1.11을 말한다. 도마의 책은 이 법문 전체를 인용한다. D.39.1은 신축공사의 통지에 관하여(de operis novi nuntiatione)이다.

108) (4) 로마법대전의 첫째 법문(L.1, §4, ff. de aqua. et aq. pluv. arc.)은 D.39.3.1.4를 말한다. 도마의 책은 이 법문 중 다음의 개소를 인용한다: sic debet meliorem suum agrum facere, nevicini deteriorem faciat라고 한다. 오늘날은 이와 달리 sic enim debere quem meliorem agrum suum facere, ne vicini deteriorem faciat라고 한다. D.39.3은 물과 빗물의 저지에 관하여(de aqua et aquae pluviae arcendae)이다; 둘째 법문(Dict. leg. 11)(d. l. §11이라고도 함)은 D.39.3.1.11를 말한다. 도마의 책은 prodesse [enim] sibi unusquisque, dum alii non nocet, non prohibetur의 부분을 인용한다. [ ]은 오늘날 이를 추가하여 인정된다.

109) (5) 역권의 제2절의 제9조, 같은 장이 제6절의 제4조 참조.

110) (6) 역권의 제3절 제3조와 같은 장의 제4절 제1조 참조.

의 상태로 그 물건을 되돌려놓고 그의 침해가 야기할 수 있을 손해를 배상할 의무가 있을 것이다.[111)]

【원문】 8. Ceux qui font quelque nouvel œuvre, c'est-à-dire ceux qui font quelque changement d'état des lieux(3),[112)] soit dans des héritages de la ville ou de la campagne, soit dans des lieux particuliers, ou qui soient d'un usage public, doivent s'accommoder de sorte qu'ils ne blessent en rien le droit d'autres personnes intéressées au changement qu'ils prétendaient faire(4).[113)] Car encore qu'on puisse faire chez soi les changemens dont on a besoin, et souvent même encore qu'ils nuisent à d'autres personnes, ainsi qu'il sera expliqué dans l'article suivant; on ne peut faire ceux qu'un autre peut avoir le droit d'empêcher. Ainsi, quoiqu'on puisse élever sa maison, et par-là nuire à ceux de qui on ôte la vue; celui qui est assujetti à la servitude de ne point hausser son bâtiment, n'a plus cette liberté, tandis que la servitude peut avoir son usage(5).[114)] Ainsi celui qui, pour une source qu'il avait dans son héritage, ou pour un ruisseau qui coulait à travers son fonds, pouvait en laisser la décharge telle que le cours de cette eau devait y donner naturellement, aurait perdu cette liberté par le droit d'un voisin qui pourrait prendre cette eau par une décharge réglée en un certain lieu (6).[115)] Et si dans ces cas le propriétaire d'un fonds y fait quelque nouvel oeuvre qui nuise ou au voisin, ou à d'autres même qui ont des héritages séparés du sien, mais qui auraient droit de l'en empêcher; il sera tenu de remettre les choses dans l'ancien état, et de reparer le dommage que son entreprise aura pu causer (7).[116)]

9. 그의 부동산에 새로운 공사를 하면서 법률이나 관행, 권원(titre)이나 그의 이웃에 대하여 그에 따르게 할 수 있는 점유에 해를 가하지 않고 그 권리를 행사(use)하는 사람은 자기 자신을 위하여 사용하지 않고 다른 사람에게 해를 가하기 위하여만 이 변[479쪽]경을 하는 것이 아니라면, 그것에서 발생될 수 있는 손해에 의무를 부담하지 아니한다. 왜냐하면 이 경우에 형평이 허용하지 아니하는 악의(malice)일 것이기 때문이다. 그러나 그가 급류나 강의 범람에 대하여 방어하기 위하여 그 부동산에서 수리를 하였고 이웃 부동산이 거기에 더 많이 위험에 처(exposé)하였거나 어떤 다른 불편을 받은 경우와 같이 그 일(ouvrage)이 그에게 유용한 것이었다면, 그는 그에 대하여 의무가 없을 수 있다. 따라서 거기서 물을 찾기 위하여 그의 부동산에 웅덩이를 파면서, 그의 이웃의 우물이나 샘물의 것을 고갈되게 하였다면 그에 대하여 책임이 없을 것이다.[117)] 왜냐하면 이 경우와 그 밖의

111) (7) 로마법대전의 첫째 법문(L.20, ff. de op. nov. nunt.)은 D.39.1.20pr.을 말한다. 도마의 책은 이 법문을 셋째 단어부터 모두 인용한다; 둘째 법문(L.21, §4, eod.)은 D.39.1.21.4를 말한다. 도마의 책은 이 법문 중 quod si […] dabit) 부분만 인용한다; 셋째 법문(L.8, eod.)은 D.39.1.8pr.를 말한다. 도마의 책은 이 법문 전체를 인용한다; 넷째 법문(Dict. leg. 1, §14, eod.)은 D.39.1.1.14를 말한다. 도마의 책은 이 법문 전체를 인용한다.

112) (3) L. 1, § 11, ff. de oper. nov. nunt.

113) (4) L. 1, § 4, ff. de aqua. et aq. pluv. arc. Dict. leg. 11

114) (5) V. l'art. 9 de la sect, 2 des Servitudes, et l'art. 4 de la sect. 6 du même titre.

115) (6) V. l'art. 3 de la sect. 3 des Servitudes, et l'art. 1 de la sect. 4 du même titre.

116) (7) L. 20, ff. de op. nov. nunt. L. 21, § 4, eod. L. 8, eod. Dict. leg. 1, § 14, eod.

117) (1) 로마법대전의 첫째 법문(L.1, §12, ff. de aq. et aq. pluv. arc.)은 D.39.3.1.12를 말한다. 도마의 책은 이 법문 전체를 인용한다; 둘째 법문(L.21, eod.)은 D.39.3.21을 말한다. 도마의 책은 법문의 개소만 인용한다; 셋째 법문(L.24, §12, ff. de damn. inf.)은 D.39.2.24.12을 말한다. 도마의 책은 이 개소의 둘째 문장을 셋째 단어부터 전체를 인용한다; [지]역권의 제2절 제9조를 참조; 넷째 법문(L.2, §9, ff. de aq. et aq. pluv. arc.)은 D.39.3.2.9를 말한다.

다른 유사한 경우에 이 사고는 우연한 사건(cas fortuits)이고 변경을 한 사람이 그 물건을 놓을 권리가 있었던 상태의 자연적 효과이기 때문이다. 또한 손해를 발생하게 한 것은 그의 행위가 아니다.

【원문】 9. Celui qui faisant un nouvel œuvre dans son héritage use de son droit, sans blesser ni loi, ni usage, ni titre, ni possession qui pourraient l'assujettir envers ses voisins, n'est pas tenu du dommage qui pourra en arriver, si ce n'est qu'il ne fit ce change[479]ment que pour nuire aux autres sans usage pour soi. Car, en ce cas, ce serait une malice que l'équité ne souffrirait point. Mais si l'ouvrage lui était utile, comme s'il faisait dans son héritage une réparation permise, pour le défendre contre les débordemens d'un torrent ou d'une rivière, et que l'héritage voisin y fût plus exposé, ou en reçût quelque autre incommodité, il ne pourrait en être tenu. Ainsi celui qui, creusant dans son héritage pour y trouver de l'eau, ferait tarir celle d'un puits ou d'une source de son voisin, n'en serait pas tenu(1).[118] Car dans ces cas, et les autres semblables, ces événemens sont des cas fortuits, et des effets naturels de l'état où celui qui fait les changemens a eu droit de mettre les choses. Et ce n'est pas son fait qui cause le dommage.

10. 소유자가 그의 그의 토지에서 한 일(ouvrage)이 [어떤 법률이나 어떤 관행에] 해를 가하거나 [그것이 권원에 반하는 침해[119]이거나][120] 그로부터 어떤 손해를 입을 수 있는 이웃을 해하는 점유인 경우에, 그는 그것을 방해하고 그가 입었을 손해배상까지도 받을 수 있을 것이다. 따라서 그의 토지에서 규정된 거리를 넘어 웅덩이를 파서 그의 이웃의 건물의 기초를 위험하게 한 사람은 그에 대하여 책임이 있을 것이다.[121]

【원문】 10. Si l'ouvrage qu'un propriétaire ferait dans son fonds blessait 【ou quelque Usage, ou si c'était une entreprise contre un titre】,[122] ou une possession au préjudice d'un voisin qui pourrait en souffrir quelque dommage, il pourrait l'empêcher et recouvrer même les dommages et intérêts qu'il aurait soufferts. Ainsi celui qui, creusant dans son fonds au-delà de la distance réglée, mettrait en péril les fondemens du bâtiment de son voisin, en serait tenu(2).[123]

11. 빗물이나 그 밖의 것이 장소의 성질에 의하여 또는 어떤 규정에 의하여 또는 권원에 의하여 또는 종전의 점유에 의하여 어느 부동산으로부터 다른 사람의 부동산으로 조정된 흐름을 가진 경우에 이 부동산의 소유자는 원래의 흐름에 새로운 어떤 것을 창출할

도마의 책은 이 개소 전체를 인용한다; 다섯째 법문(L.38, ff. de rei vind.)은 D.6.1.38을 말한다. 도마의 책은 이 개소 중간의 neque malitiis indulgendum est만을 인용한다. D.6.1는 소유물반환청구에 관하여(de rei vindicatione)이다.

118) (1) L. 1, § 12, ff. de aq. et aq. pluv. arc. L. 21, eod. L. 24, § 12, ff. de damn. inf. V. l'art. 9 de la Sect. 2. des Servitudes. L. 2, § 9, ff. de aq. et aq. pluv. arc. L. 38, ff. de rei vind.

119) entreprise는 계획, 포르젝트, 회사, 기업, 사업 등의 의미이지만 '침해, 공격'이라는 뜻도 있다. 여기서 'contre'에 착안하여 '침해'로 하였다. entreprise contre(sur)] la liberté는 자유에 대한 침해라는 의미이다.

120) [ ]은 도마 신판에 없는 것을 이전 판을 참조하여 보완한 것이다. 관련 보충된 문구는 아래의 원문 참조.

121) (2) 로마법대전의 법문(L.24, §12, ff. de damn. inf.)은 D.39.2.24.12를 말한다. 도마의 책은 이 법문의 마지막 문장만을 인용한다: si [tamen] tam [···] committetur(오늘날의 로마법대전에는 [ ]안의 단어가 추가되어 있다).

122) 도마 신판에는 없으나 이전 판, 예를 들어 제2권 제2판(129)에는 【 】에 해당하는 문구가 있다. 누락된 것으로 판단하여 이를 보완하였다.

123) (2) L.24, §12, ff. de damn. inf.

수 없다. 따라서 높은 곳의 부동산을 가진 사람은 그 흐름을 돌리거나 이를 더 급하게 하거나 거기에 다른 변경을 가하여 낮은 곳에 있는 부동산의 주인에게 손해를 가하면서 그 물의 흐름을 변경할 수 없다. 또한 아래에 있는 부동산을 가진 사람도 그가 받아야 할 물을 그 부동산이 받지 못하는 도록, 그것도 조정이 된 방법으로 더 이상 방해할 수 없다[124](프랑스민법전 제641조 이하). 그러나 사람의 행위 없이 자연적으로 발생하고 이웃 중 한 사람에게 이익을 주면서 다른 사람에게 어떤 멸실을 야기하는 변경은 다음 장[125]에서 설명될 원칙에 의하여 허용되거나 배상되어야 한다.[126]

【원문】 11. Si les eaux des pluies ou autres ont leurs cours réglé d'un héritage à un autre, soit par la nature du lieu, ou par quelque réglement, ou par un titre, ou par une ancienne possession, les propriétaires de ces héritages ne peuvent rien innover à cet ancien cours. Ainsi celui qui a l'héritage d'en haut ne peut changer le cours de l'eau, soit en le détournant, ou le rendant plus rapide ou y faisant d'autres changemens, au préjudice du maître de l'héritage qui est au-dessous; et celui qui a l'héritage de dessous, ne peut non plus empêcher que son héritage ne reçoive l'eau qu'il doit recevoir, et de la manière qui était réglée(3[127])(C. civ. 641, s.). Mais les changemens qui arrivent naturellement sans le fait des hommes, et qui causent quelque perte à l'un des voisins, l'autre en profitant, doivent être, ou soufferts, ou réparés, selon les règles qui seront expliquées dans le titre suivant(4).[128]

12. 다른 사람이 착수하는 새로운 공사가 그에게 손해를 가하였다고 주장하는 사람은 그 일이 허용될 것인지 금지될 것인지를 그가 판단할 때까지 그 일을 개시하거나 시작한 것을 계속하는 것을 금지(défenses)하게 할 수 있는 법관에게 소를 제기하여야 한다. 또한 이 금지는 임시로 새로운 착수에 대한 이의제기에 대하여만 그것이 해를 줄 수 있는가에 의문이 있는 경우에는 명해질 수 있다.[129]

【원문】 12. Celui qui prétend qu'un nouvel œuvre qu'un autre entreprend lui fait préjudice, doit se pourvoir au juge qui pourra faire défenses, ou de commencer l'ouvrage, ou de continuer ce qui est commencé, jusqu'à ce qu'il soit jugé si l'ouvrage sera permis ou défendu. Et ces défenses peuvent être ordonnées par provision, sur la seule plainte de la nouvelle entreprise, s'il y a eu du doute qu'elle puisse nuire(5).[130]

---

124) (3) 다음 장의 제1절의 제5조와 제6조 참조.

125) 제9장 우연한 사고에 의하여 성립되는 의무를 말한다.

126) (4) 로마법대전의 첫째 법문(L.2, ff. de aq. et aq. pluv. arc.)은 D.39.3.2pr.를 말한다. 도마의 책은 이 법문 전체를 인용한다; 둘째 법문(L.1, §13, eod.)은 D.39.3.1.13를 말한다. 도마의 책은 이 법문 전체를 인용한다; 셋째 법문(L.1, §1, ff. de aq. et aq. pluv. arc.)은 D.39.3.1.1은 말한다. 도마의 책은 첫 번째 문장의 다음 이하를 모두 인용한다: toties[오늘날의 로마법대전은 totiensque] locum habet, (haec actio) quotiens […] effecit(괄호는 도마의 책에 추가되어 있다); 넷째 법문(Dict. §1, in fin.)(이는 d.§1, in f.라고도 한)은 D.39.3.1.1을 말한다. 도마의 책은 이 법문의 마지막 문장 전체를 인용한다; 다섯째 법문(L.1, §10, ff. de aq. et aq. pluv. arc.)은 D.39.3.1.10을 말한다. 도마의 책은 이 법문 전체를 인용한다. 레미판의 도마전집은 §1로 하고 있으나 이전 판(제2권 제2판 130)은 §10으로 하고 이에 관한 로마법대전을 인용한다. 이에 따랐다.

127) (3) V. les art. 5 et 6 de la sect. 1 du tit. suiv.

128) (4) L. 2, ff. de aq. et aq. pluv. arc. L. 1, § 13, eod. L. 1, § 1, ff. de aq. et aq. pluv. arc. Dict. § 1, in fin. L. 1, § 1[0], ff. de aq. et aq. pluv. arc.

129) (5) 로마법대전의 법문(L.1, ff. de oper. nov. nunt.)은 D.39.1.1pr.을 말한다. 도마의 책은 이 법문 전체를 인용한다.

13. 공공장소에서 새로운 일의 시도(entreprises)는 금지되고, 개인이 소유하는 장소에서 된 것보다 더욱 더 그러하다. 또한 그러한 것은 행위의 성질이나 사정에 따라 벌금이나 그 밖의 형벌에 의하여 더 가중하여 처벌된다.131)

【원문】 13. Les entreprises des nouveaux ouvrages dans les lieux publics sont défendues, à plus forte raison que celles qui se font dans les lieux particuliers. Et elles sont de plus réprimées par les amendes, ou d'autres peines, selon la qualité du fait et les circonstances(1).132)

제4절 중죄도 경죄133)도 없는 과실에 의하여 야기된 그 밖의 종류의 손해134)

【원문】 SECTION IV. Des autres espèces de dommages causés par des fautes, sans crime ni délit(2).135)

1. 어느 사람의 행위에 의하여 발생될 수 있는 모든 손실(pertes)과 모든 손해는 부주의(imprudence), 경솔(légèreté), 알아야 할 것에 대한 선의(ignorance) 또는 그 밖의 유사한 과실(fautes)로 인한 어떤 사람의 행위에 의하여, 그것들이 가벼운 것일 수 있더라도, 배상되어야 한다. 왜냐하면 그가 한 것은 그가 해할 가할 의사(intention)가 없었다고 하더라도, 잘못(tort)된 것이기 때문이다. 따라서 보행자에게 그것이 위험이 될 수 있는 곳에서 구슬망치놀이(mail136))를 부주의하게 하면서 어떤 사람을 다치게 한 사람은 그가 일으킨 해악에 책임을 부담하게 될 것이다.137)

---

130) (5) L. 1, ff. de oper. nov. nunt.

131) (1) 로마법대전의 첫째 법문(L.1, §14, de oper. nov. nunt.)은 D.39.1.1.14를 말한다. 도마의 책은 이 법문의 nuntiatio [···] fiat만 인용한다; 둘째 법문(d. l.1, §16.)은 D.39.1.1.16을 말한다. 도마의 책은 이 법문의 후반부인 publici iuris tuendi gratia만 인용한다; 셋째 법문(d.l. §17.)은 D.39.1.1.17을 말한다. 도마의 책은 Nuntiamus autem, [···(원문이 생략한 것임)···] si quid [···(필자가 편의상 생략)···] proponuntur만을 인용한다.

132) (1) L. 1, § 14, de oper. nov. nunt. d. l.1, § 16. d. l. § 17.

133) 원문의 중죄와 경죄는 각각 crime과 délit이다.

134) (2) 이 내용(matière)에 관하여는 이자, 손해배상(Intérêts, Dommages et Intérêts)에 관한 장의 제2절 참조.

135) (2) V. sur cette matière la sect. 2 du tit. des Intérêts, Dommages et Intérêts.

136) 구슬망치 놀이는 '죄드 마이유'(Jeu de mail)라고 하는 것으로 1400년대부터 1700년대에 프랑스에서 유행한 골프와 유사한 놀이이다. 치는 방법은 오늘날의 골프와 같지만 나무 채의 머리부분이 다르다. 골프는 머리 앞면으로 치는데, 이 구슬망치 놀이는 망치처럼 둥글고 좁은 옆면으로 나무로 만든 공을 친다. 단단한 박달나무 등으로 만든 채로 치면 볼은 수백 야드는 충분히 날아가기도 하였다. 놀이방법은 지방에 따라 차이가 있었는데 망치로 구슬을 쳐서 구멍에 넣는 것으로 펠멜놀이라고 하기도 한다. mail는 이 공을 치는 망치를 말하고 이 단어는 망치나 추골(槌骨)을 뜻하는 라틴어 malleus(m., genitive malleī, 2변화 명사), 프랑스어의 maillet에서 왔다. 펠멜 놀이(pail-mail 또는 pale-mail)라고도 하는데 이는 공이나 지구를 뜻하는 pila(f., 2격 pilae, 제1변화 명사)와 mail이 결합되었다. 이 놀이에 대하여는 <https://en.wikipedia.org/wiki/Jeu_de_mail>.

137) (3) 로마법대전의 첫째 법문(L.1, ff. de injur.)은 D.47.10.1pr.을 말한다. 도마의 책은 이 법문 셋째 문장의 전반부 interdum [···] solemus만을 인용한다. 둘째 법문(L. 5, § 1, ff. ad 1[eg]. Aquil.)은 D.9.2.5.1를 말한다. 도마의 책은 이 법문 중에서 Iniuriam [···(필자 생략)···] ius, [···(원 저자 생략)···] igitur [···(필자 생략···) noluit만 인용한다. 이 개소에 대하여 레미판은 ad l. Auil.로 하고 있으나 이전 판본은 ad leg. Aquil로 하고 있고 앞의 용례로 보아 이것이 타당하다고 보인다; 셋째 법문(L.9, §ult. eod.)은 D.9.2.9.4를 말한다. 도마의 책은 이 개소 중 si per lusum [이전 판은 여기에 a를 추가한다] iaculantibus [···] est만 인용한다; 셋째 법문(L.10, eod.)은 D.9.2.10를 말한다. 도마의 책은 이 법문 전체를 인용한다; 넷째 법문(L.44, eod.)은 D.9.2.44pr.를 말한다. 도마의 책은 이 법문 전체를 인용한다.

【원문】 1. Toutes les pertes et tous les dommages qui peuvent arriver par le fait de quelque personne, soit imprudence, légèreté, ignorance de ce qu'on doit savoir, ou autres fautes semblables, si légères qu'elles puissent être, doivent être réparées par celui dont l'imprudence ou autre faute y a donné lieu. Car c'est un tort qu'il a fait, quand même il n'aurait pas eu intention de nuire. Ainsi, celui qui jouant imprudemment au mail dans un lieu où il pouvait y avoir du péril pour les passans, vient à blesser quelqu'un, sera tenu du mal qu'il aura causé (3).138)

2. 의무(engagement)를 변제하지 않은 것(défaut de s'acquitter)도 그에 대하여 책임이 있는 손해배상에 대한 원인을 줄 수 있는 과실이다. 따라서 그가 매도한 것의 이전을 지체한 매도인, 임치물의 반환을 지체하는 수치인, 유증물을 유치하고 있는 상속인과 그들이 인도하여야 하는 물건을 점유하면서 거절하거나 지체하는 사람은 모두 그들의 지체로 발생할 수 있는 손해배상뿐만 아니라 그들이 그것의 반환을 지체한 후에 그것이 멸실한 경우에는 물건의 가액 자체에 대하여도 책임이 있다. 이는 그것이 우연한 사고에 의한 것이라도 그러하다. 왜냐하면 이 사건은 주인의 손 안에 있었으면 발생되지 않을 수 있었거나 그는 그 물건이 멸실하기 전에 이를 처분할 수 있었을 것이기 때문이다.139)

【원문】 2. Le défaut de s'acquitter d'un engagement, est aussi une faute qui peut donner occasion à des dommages et intérêts dont on sera tenu. Ainsi, un vendeur qui est en demeure de délivrer ce qu'il a vendu, un dépositaire qui diffère de rendre le dépôt, un héritier qui retient une chose léguée, et tous ceux qui, ayant en leur possession une chose qu'ils doivent délivrer, refusent ou diffèrent, sont tenus, non-seulement des dommages et intérêts que leur retardement aura pu causer, mais de la valeur mème de la chose, si elle périt après qu'ils auront été en demeure de la rendre, quand même ce serait par un cas fortuit. Car cet événement pouvait ne pas arriver entre les mains du maître, ou il aurait pu disposer de la chose avant qu'elle pérît (4).140)

3. 어떤 손해가 잘못이 없는(innocent) 행위의 예견하지 못한 결과에 의하여 발생하고 이 행위의 가해자에게 과실이 귀속되지 아니하면 그는 그러한 결과에 책임이 없을 것이다. 왜냐하면 이 사건(événement)은 이 행위에 부가된 어떤 다른 원인으로 손해를 입었을 사람의 부주의 또는 어떤 우연한 사고를 가질 것이기 때문이다. 그리고 손해가 귀속되어야 하는 것은 이 부주의나 이 우연한 사고이다. 따라서 예를 들어 어떤 사람이 사람들이 구슬망치 놀이141)를 하는 동안에 그 공개된 놀이터를 지나가려고 하는데 이미 던진 구슬이 그에게 해를 가한 경우에는, 이것이 구슬망치놀이라는 것을 그가 알 수 없었다면 그것이 그에

138) (3) L. 1, ff. de injur. L. 5, § 1, ff. ad 1[eg]. Aquil. L. 9, § ult. eod. L. 10, eod. L. 44, eod.

139) (4) 로마법대전의 법문(L.5, ff. de reb. cred.)는 D.12.1.5를 말한다. 도마의 책은 이 법문 중에서 첫째 문장만 인용한다. D.12.1는 특정물이 청구된 경우 채권목적물과 부당이득반환청구에 관하여(de rebus creditis si certum petetur et de condictione)이다; 매매계약의 제7절의 제2조와 제3조 및 임치의 제3절의 제10조 참조.

140) (4) L. 5, ff. de reb. cred. V. l'art. 17 de la sect. 2, et l'art. 3 de la sect. 7 du contrat de vente, et l'art. 10 de la sect. 3 du Dépôt.

141) 이에 대하여는 앞의 주 139의 본문 참조.

게 발생된 사람의 부주의로[481쪽] 또는 그 행위를 그가 알지 못하였고 사람들이 그 놀이를 한 사람의 부주의로 귀속할 수 없었다면 우연한 사고로 귀속하게 하여야 할 사건에 대하여 그 구슬을 친 사람의 잘못이 없는 행위로 그를 유책한 것으로 만들지 못한다.142)

【원문】 3. S'il arrive quelque dommage par une suite imprévue d'un fait innocent sans qu'on puisse imputer de faute à l'auteur de ce fait, il ne sera pas tenu d'une telle suite. Car cet événement aura quelque autre cause jointe à ce fait, soit l'imprudence de celui qui aura souffert le dommage, ou quelque cas fortuit. Et c'est, ou à cette imprudence, ou à ce cas fortuit que le dommage doit être imputé. Ainsi, par exemple, si quelqu'un va traverser un jeu de mail public pendant qu'on y joue, et que la boule déja jetée vienne à le blesser, le fait innocent de celui qui a poussé la boule ne le rend pas responsable d'un événement qu'on doit imputer,[481] ou à l'imprudence de celui à qui il est arrivé, s'il ne pouvait ignorer que ce fût un jeu de mail, ou à un cas fortuit, si ce fait lui était inconnu, et qu'on ne pût imputer d'imprudence à celui qui jouait(1).143)

4. 어떤 손해가 그로부터 다른 사람에게 뒤따를 수 있는 일이나 노무를 한 사람들은 그들이 그것을 예방하기 위하여 필요한 주의를 기울이지 아니 한 경우에는 그에 대하여 책임을 부담하게 될 것이다. 예를 들어 기계로 재료를 올리는 석공, 목수와 그 밖의 사람이 그러하다. 나무 위에서 가지를 자르거나 쳐서 떨어뜨리는 사람은 그들의 일이 위험에 빠뜨릴 수 있는 사람에 대하여 주의(avertir)하여야 한다. 그리고 그들이 이를 하지 않으면 적절한 때에 그들은 그로부터 발생될 손해에 책임을 부담할 것이고 사정에 따라서는 그 밖의 형벌의 책임까지도 부담하게 될 것이다. 예를 들어 길에서나 그 밖의 곳에서 그것에 대한 권리가 없이 구덩이를 파는 사냥꾼이나 그 밖의 사람들은 그로부터 뒤따를 수 있는 손해에 책임을 질 것이다(répondront).144)

【원문】 4. Ceux qui font quelques ouvrages ou quelques travaux, d'où il peut suivre quelque dommage à d'autres personnes, en seront tenus, s'ils n'ont usé des précautions nécessaires pour les prévenir. Ainsi les maçons, les charpentiers et autres, qui par des machines élèvent des matériaux; ceux qui du haut d'un arbre en coupent et abattent les branches, doivent avertir les personnes que leur ouvrage pourrait mettre en péril: et s'ils ne le font, et à temps, ils seront tenus du dommage qui en arrivera, et même d'autres peines, selon les circonstances. Ainsi, les chasseurs ou autres qui font des fosses dans des chemins, ou en d'autres lieux sans en avoir le droit, répondront du dommage qui en pourra suivre(2).145)

5. 그가 알아야만 하는 물건을 알지 못하여 발생하는 사람도 과실에 의하여 야기된

142) (1) 로마법대전의 첫째 법문(L.9, §ult. ff. ad leg. Aquil.)은 D.9.2.9.4를 말한다. 도마의 책은 이 법문 중 첫째 문장의 si … facere의 부분만 인용한다; 둘째 법문(L.11, eod.)은 D.9.2.11pr.를 말한다. 도마의 책은 이 법문 전체를 인용한다.

143) (1) L. 9, § ult. ff. ad leg. Aquil. L. 11, eod.

144) (2) 로마법대전의 첫째 법문(L.31, ff. ad leg. Aquil.)은 D.9.2.31을 말한다. 도마의 책은 이 법문 전체를 인용한다; 둘째 법문(L.7. §8, ff. quod vi aut clam.)은 D.43.24.7.8을 말한다. 도마의 책은 이 법문 전체를 인용한다; 셋째 법문(L.28, ff. ad leg. Aquil.)은 D.9.2.28pr.을 말한다. 도마의 책은 이 법문의 전체를 인용한다.

145) (2) L. 31, ff. ad leg. Aquil. L. 7. § 8, ff. quod vi aut clam. L. 28, ff. ad leg. Aquil.

손해의 수에 포함하여야 한다. 예를 들어 어느 장인이 그의 직업에 속하는 것을 알지 못하여 어떤 손해를 야기하는 과실을 범한 경우에 그는 그에 대하여 책임을 부담한다. 예를 들어 마차를 모는 사람이 마차 위에 돌을 잘못 적재하였고 돌의 낙하로 어떤 해악을 가한 경우에 그는 그에 대하여 책임이 있다.[146]

【원문】 5. Il faut mettre au nombre des dommages causés par des fautes, ceux qui arrivent par l'ignorance des choses que l'on doit savoir. Ainsi lorsqu'un artisan, pour ne pas savoir ce qui est de sa profession, fait une faute qui cause quelque dommage, il en sera tenu. Ainsi s'il arrive qu'un charretier ayant mal rangé des pierres sur une charrette, la chute d'une pierre cause quelque mal, il en répondra.[147]

6. 화재가 적어도 부주의나 태만(négligence)[148][149]에 의하고 어떤 과실(faute)에 의하지 않고는 거의 좀처럼 발생하지 않으므로 그 과실이 가벼운 것일 수 있더라도 화재를 야

146) (3) 로마법대전의 첫째 법문(L.9, §5, ff. locati.)는 D.19.2.9.5를 말한다. 도마의 책은 이 법문 전체를 인용한다. D.19.2는 임대차(임약)(locati conducti)을 말한다; 둘째 법문(§7, inst. de leg. Aquil.)은 법학제요로 I.4.3.7을 말한다. 도마의 책은 이 개소 전체를 인용한다; 셋째 법문(L.7. §ult.)은 D.9.2.7을 말하는데 그 구체적인 개소는 명확하지 않다. 넷째 법문(L.8, ff. ad leg. Aquil.)은 D.9.2.8을 말한다. 도마의 책은 셋째와 넷째 법문은 개소만 인용한다; 다섯째 법문(L.27, §33, eod.)은 D.9.2.27.33를 말한다. 도마의 책은 이 법문 전체를 인용한다; 제2절의 제5조 참조.

147) (3) L. 9, § 5, ff. locati. § 7, inst. de leg. Aquil. L. 7. § ult. L. 8, ff. ad leg. Aquil. L. 27, § 33, eod. V. l'art. 5 de la sect. 2.

148) 1804년 프랑스민법전에서는 고의와 과실을 포함하는 광범위한 개념으로 유책사유에 해당하는 것으로 faute(제13982조)를 사용하고 과실에 해당하는 것으로 négligence와 imprudence(제1382조)를 사용하였다. Art. 1382. Tout fait quelconque de l'homme, qui cause à autrui un dommage, oblige celui par la faute duquel il est arrivé, à le réparer. Art. 1383. Chacun est responsable du dommage qu'il a causé non-seulement par son fait, mais encore par sa négligence ou par son imprudence. 메이지민법 제정 당시 일본 입법자는 이 조문을 번역하면서 faute를 과실(過失)로 하고 négligence는 해태(懈怠)로, imprudence는 소홀(疎忽), 부주의(不注意) 또는 소실(疎失)로 각각 옮겼다; 프랑스의 2016년 민법전 중 채권법 개정에는 이러한 불법행위법은 개정이 포함되지 않았다; 일본 구민법 재산편(제370조)에서는 이 두 조문을 통합하면서 이러한 용어례를 약간 수정하여 사용한다. 즉, faute를 과실(過失)로 하고 négligence는 해태(懈怠)로 한다. 일본 구민법 재산편 제370조: 第三百七十条 [1] 過失又ハ懈怠ニ因リテ他人ニ損害ヲ加ヘタル者ハ其賠償ヲ為ス責ニ任ス [2] 此損害ノ所為カ有意ニ出テタルトキハ其所為ハ民事ノ犯罪ヲ成シ無意ニ出テタルトキハ准犯罪ヲ成ス [3] 犯罪及ヒ准犯罪ノ責任ノ広狭ハ合意ノ履行ニ於ケル詐欺及ヒ過失ノ責任ニ関スル次章第二節ノ規定ニ従フ; Art. 370. [1] Celui qui cause à autrui un dommage, par sa faute ou sa négligence, est tenu de le réparer. [2] Si le fait dommageable est volontaire, il constitue un délit civil; s'il est involontaire, il n'est qu'un quasi-délit. [3] L'étendue de la responsabilité des délits et des quasi-délits se règle comme celle du dol et des fautes commises dans l'exécution des conventions, ainsi qu'il est dit au Chapitre suivant, Section IIe(조문의 [ ]는 프랑스민법이나 일본 구민법에는 없는 항의 표시를 위하여 필자가 추가한 것이다). 중국이나 대만의 프랑스민법전의 번역에서는 faute를 过错(過錯)이라고 하고 négligence는 懈怠로, imprudence는 疏忽로 옮긴다; 우리 법에서는 고의나 과실을 포함하는 개념으로 유책사유(귀책사유)나 과책이라는 용어도 있지만 '과실'이 이를 포함하기도 하므로 faute는 과실로 하고, négligence는 태만으로, imprudence는 부주의로 한다; 프랑스민법전의 영향을 받은 일본 구민법 재산편의 과실이나 해태의 용어례에 대한 메이지민법의 입법자는 이에 대하여 다음과 같이 평가한다; 1. 본조에서 권리침해의 행위는 고의 또는 과실로 인한 것이고 기성법전은 이를 과실 또는 해태로 인한 것이라고 하는 것은 문학적인 수정에 그친 것이고 그 취지에서 다른 바 없다(一´ 本條ニ於テ權利侵害ノ行爲ハ故意又ハ過失ニ因ルトシ既成法典ハ之ヲ過失又ハ懈怠ニ因ルト爲スハ單ニ文學上ノ修正ニ止マリ其趣旨ニ於テ異ナル所ナシ). 이러한 점은 廣中俊雄編著, 民法修正案(前三編)の理由書, 1987, 670(원문은 610).

149) 이러한 현행 프랑스민법의 용어의 구별은 이미 도마의 저작에서 나타나다. 다만 이러한 용어례가 도마의 것인지 도마 이전의 고법학자가 이미 인정한 것인지는 좀더 연구가 필요하다. 프랑스에서 이에 대한 연구로는 우선 각주 4의 Olivier Descamps의 저작의 논의(Les origines de la responsabilité pour faute personnelle dans le Code civil de 1804)의 논의 참조.

기한 사람은 그에 대하여 책임을 부담할 것이다(프랑스 민법전 제1733조, 제1734조).[150]

【원문】 6. Les incendies n'arrivent presque jamais que par quelque faute, au moins d'imprudence ou de négligence, et ceux de qui la faute, si légère qu'elle puisse être, cause un incendie, en seront tenus(4)[151](C. civ. 1733, 1734.)

7. 어떤 고의에 의한 행위(fait volontaire)[152]가 손해를 야기하지만 그 원인인 사람이 책임을 부담하지 않는 경우가 경우에 따라 발생한다. 따라서 예를 [482쪽] 들어 한 차례의 바람이 배를 다른 배의 닻 줄이나 어부의 그물로 떠밀고 바람에 의하여 떠밀린 배의 주인은 종종 달리 벗어날 수 없어서 그 줄이나 그 그물을 절단하게 한 경우에 그는 이 우연한 사고가 필연적으로 발생하게 한 손해에 책임을 부담하지 않을 것이다(상법전[Co.] 제407조). 그리고 화재로 불이 붙고 있는 집을 구할 수 없어서 다른 것을 구하기 위하여 그 무너뜨린 사람의 경우에도 같다. 왜냐하면 이러한 종류의 사건에서는 손실을 야기한 것은 우연한 사고이고 각자는 그것과 관련된 것을 받아들일 것이기 때문이다.[153]

【원문】 7. Il arrive quelquefois qu'un fait volontaire cause du dommage, sans que celui qui le cause en soit responsable. Ainsi, par[482] exemple, si un coup de vent jette un vaisseau sur les cordes des ancres d'un autre vaisseau, ou sur des filets de pêcheurs, et que le maître du vaisseau jeté par le vent, ne pouvant souvent se dégager autrement, fasse couper ces cordes ou ces filets, il ne sera pas

150) (4) 로마법대전의 법문(L.3, §1, ff. de off. præf. vig.)은 D.1.15.3.1를 말한다. 도마의 책은 둘째 문장 전반부를 인용한다(plerumque incendia culpa fiunt inhabitantium). D.1.15는 치안총감[경찰장관]의 직무(de officio praefecti vigilum). praefectus vigilum는 치안장관, 야경총감이라고 옮기기도 한다. 현재 우리나라에서도 치안총감이라는 경찰계급이 이런 용어를 사용한다); L. 9, ff. de incend.)은 D.47.9.9를 말한다. 도마의 책은 이중에서 첫째와 둘째문장을 인용한다; 로마법 법문(L.44, ff. ad leg. Aquil.)는 D.9.2.44pr.를 말하고 도마의 책은 이 개소 전부를 인용한다; 로마법 법문(L.27, §9, ff. ad leg. Aquil.)는 D.9.2.27.9를 말하고 도마의 책은 이 개소 전체를 인용한다.

151) (4) L. 3, § 1, ff. de off. præf. vig. L. 9, ff. de incend. L. 44, ff. ad leg. Aquil. L. 27, § 9, ff. ad leg. Aquil.

152) 원문은 fait volontaire를 옮긴 것이다. 의사에 의한 행위(임의적 행위)라고 할 수도 있다. 일본 메이지민법의 불법행위에 관한 규정(제709조)의 프랑스어 공식번역은 '고의로'를 volontairement으로 하고 있다: 第709条 故意又ハ過失ニ因リテ他人ノ権利ヲ侵害シタル者ハ之ニ因リテ生シタル損害ヲ賠償スル責ニ任ス; ART. 709. Quiconque a, volontairement ou par faute, porté atteinte au droit d'autrui est tenu de réparer le dommage qui en résulte. 이는 일본 구민법의 재산편(제370조 제2항)에서도 같다: 第三百七十条 [2] 此損害ノ所為カ有意ニ出テタルトキハ其所為ハ民事ノ犯罪ヲ成シ無意ニ出テタルトキハ准犯罪ヲ成ス Art. 370. [2] Si le fait dommageable est volontaire, il constitue un délit civil; s'il est involontaire, il n'est qu'un quasi-délit. 다만 일본 구민법에서는 고의 대신에 '有意'라고 하고 있다; 우리 법률용어의 유래는 민법 계수에서 온 것으로 메이지민법의 용어를 대부분 가지고 온 것이고 이러한 용어의 연혁을 밝히는 작업이 있어야 하고 일본용어와 같은 것과 다른 것도 주의할 필요가 있다. 일본의 법률용어에 대한 일반적 연구는 많이 있으나 민법의 용어의 유래를 추적한 것은 많지 않다. 특히 일본 민법의 제정과정에서는 일본 구민법이 브와소나드(Boissonade)라는 프랑스 학자가 기초한 초안과 당시에 막 번역한 프랑스민법의 용어가 기초를 이루고 있다. 따라서 프랑스민법과 일본 구민법과 메이지민법의 상호관계는 우리 민법의 이해에도 꼭 필요한 작업이라고 생각된다. 이러한 작업도 개별 주제로 연구된 것은 있으나 전체적으로 이를 다룬 것은 많지 않다. 아쉽게 생각하고 본 논문도 이러한 문제의식에서 프랑스민법전의 조문의 원류의 하나인 도마의 저작을 원문으로 살펴보는 것이다. 향후 뽀띠에의 저작과 함께 프랑스민법전의 기원을 규명하고 이를 기초로 일본 구민법의 내용도 같이 비교해보고자 한다.

153) (1) 로마법대전의 첫째 법문(L.29, §3, ff. ad leg. Aquil.)은 D.9.2.29.3를 말한다. 도마의 책은 이 법문의 첫째와 둘째 문장을 인용한다; 둘째 법문(L.49, §1, eod.)는 D.9.2.49를 말한다. 도마의 책은 이 법문 전체를 인용한다; L.3, §7, ff. de incend.(현행 인용으로는 D.47.9.3.7)을 볼 것. D.47.9는 화재, 멸실, 해난, 탈취된 배와 선박에 관하여(de incendio ruina naufragio rate nave expugnata)이다; 로마법 법문(L.7, §4, ff. quod vi aut clam.)는 D.43.24.7.4를 말한다. D.43.24는 폭력이나 은비(에 의한 특시명령)(quod vi aut clam)을 말한다; 이자에 관한 제2절의 제2조를 참조.

tenu de ce dommage que ce cas fortuit a rendu nécessaire. (Co. 407.) Et il en est de même de ceux qui, dans un incendie, ne pouvant sauver une maison où le feu va prendre, abattent cette maison pour sauver les autres. Car dans ces sortes d'événemens, c'est le cas fortuit qui cause la perte, et chacun en souffre ce qui le regarde(1).154)

화재의 경우에 대하여 이 법(loi)이 들고 있는, 자기의 집과 이웃한 집을 무너뜨린 개인의 예를 이 조문에 두지는 아니하였다. 왜냐하면 이러한 자유(licence)는 개인이 그 판단자가 되어서는 안 되는 공물(bien public)에 대한 필요를 전제로 하기 때문이다. 그러나 이 경우에 경찰공무원이나, 위험을 보면서 그에 대하여 대비할 권리를 가진 일반인에 의하여 그에 대하여 대비된다.

【원문】 On n'a pas mis dans cet article, pour le cas de l'incendie, l'exemple que donne cette loi, d'un particulier qui démolit la maison voisine de la sienne; car cette licence suppose une nécessité pour le bien public, dont un particulier ne doit pas être le juge. Mais dans ce cas il y est pourvu par les officiers de la police, ou par la multitude, qui, voyant le péril, a droit d'y pourvoir.

8. 손해를 방지(empêcher)할 수 있으면서 어떤 의무가 그들에게 예방할 것을 강제되는 사람이 이를 하지 않으면 사정에 따라 그에 대하여 책임을 부담할 수 있다. 예를 들어 그 손해를 방지할 수 있으면서 그 하인이 가한 손해를 보면서도 받아들인 주인은 그 손해에 대하여 책임이 있다.155)

【원문】 8. Ceux qui, pouvant empêcher un dommage, que quelque devoir les engageait de prévenir, y auront manqué, pourront en être tenus selon les circonstances. Ainsi, un maître qui voit et souffre le dommage que fait son domestique, pouvant l'empêcher, en est responsable(2).156)

9. 어떤 손실이나 어떤 손해가 우연한 사고로부터 나오고 거기에 혼재되어 있는 어떤 사람의 행위가 이 사건의 원인 또는 계기(occasion)이었던 경우에는, 바로 이 행위의 성질에 의하여와 발생된 것에 대하여 그것이 가질 수 있는 관계에 의하여 그 사람이 그것에 책임을 부담하여야 하는지 또는 그가 그것으로부터 면책되어야 하는지가 판단되어야 한다. 따라서 이 절의 제1조와 제4조의 경우에는 그의 행위로부터 어떤 손해가 뒤따른 사람에게 그 사건이 귀속된다. 따라서 제3조와 제7조의 경우에는 반대로 그 사건은 귀속되지 아니한다.157) 따라서 이 모든 조문들과 다른 그 밖의 경우에 다른 사람의 사무를 그가 알지 못하

154) (1) L. 29, § 3, ff. ad leg. Aquil. L. 49, § 1, eod. V. L. 3, § 7, ff. de incend. L. 7, § 4, ff. quod vi aut clam. V. l'art. 2 de la sect. 2 des Intérêts.

155) (2) 로마법대전의 첫째 법문(L.44, §1)과 둘째 법문(L.45, ff. ad leg. Aquil.)에서 전자는 D.9.2.44.1와 D.9.2.45pr.를 말하고 도마의 책은 두 법문 모두를 인용한다; 셋째 법문(L.4. C. de nox, act.)는 C.3.41을 말한다. C.3.41.는 가해자위부소권에 관하여(De noxalibus actionibus)이다. 도마의 책은 법문 개소만 인용한다.

156) (2) L. 44, § 1, et L. 45, ff. ad leg. Aquil. L. 4. C. de nox, act.

157) 제2권 제2판(1697년), 135에는 다음의 각주가 있다. 제2판은 각주 번호를 I로 하고 있다: [i] 이 절의 제1조와 제4조, 제3조와 제7조를 볼 것.

게 처리하는 사람 또는 후견인(tuteur), 보좌인(curateur)이나 그 밖의 관리인이 그 사무가 그의 관리를 받은(en ses mains) 사람을 위하여 금전을 수령하면서 그 관리로 그에게 이행이 강제되는 의무를 다른 채권자에게 또는 그가 이러한 채권자의 수에 들어가면 그 자신에게 변제할 수까지도 있는데, 이 금전을 사용하지 않으면서 이를 일정한 기간 동안 유보하였는데 그 금전이 도둑에 의하여 도취되거나 화재에 의하여 멸실되거나 그 화폐의 가치가 감소되는 것이 발생한 경우에 그가 이 돈을 보관할 어떤 이유도 없는데 그것을 사용하지 아니한 그런 과실이 있거나 또는 그의 변제로 그것을 취하거나 그 다른 채무자들을 【483쪽】 면책하게 하거나 그것을 다른 용도로 쓴다면 그 손실은 이 사람에게 부과될 수 있을 것이다. 그렇지만158) 어떤 원인이 그 사용을 지체하게 한 경우에는 그 손실은 그를 위하여 금전이 수령된 그 사람과 관련될 수 있을 것이다. 이 사람이 준수하였는가는 그 행위의 성질에 의할 것이고 이 손실에 책임을 부담하게 하거나 그를 그로부터 면책하게 할 수 있는 것은 그 밖의 사정에 의할 것이다.159)

【원문】 9. Lorsque quelque perte ou quelque dommage suit d'un cas fortuit, et que le fait de quelque personne qui s'y trouve mêlé a été, ou la cause, ou l'occasion de cet événement, c'est par la qualité de ce fait, et par la liaison qu'il peut avoir à ce qui est arrivé, qu'on doit juger si cette personne en devra répondre, ou si elle devra en être déchargée. Ainsi, dans le cas du premier article de cette section et du quatrième, l'événement est imputé à celui de qui le fait est suivi de quelque dommage. Ainsi, au contraire, dans le cas de l'article 3 et de l'article 7, l'événement n'est point imputé. Ainsi, pour un autre cas différent de ceux de tous ces articles, si une personne qui ferait les affaires d'une autre à son insu, ou un tuteur, curateur ou autre administrateur, ayant reçu une somme d'argent pour la personne de qui les affaires seraient en ses mains, mettait cet argent en réserve pendant quelque temps, sans en faire d'emploi, pouvant même payer des dettes que son administration l'obligeait d'acquitter, soit à d'autres créanciers, ou à soi-même, s'il était de ce nombre, et qu'il arrive que cet argent soit enlevé par des voleurs, ou périsse par un incendie, ou que la valeur des espèces soit diminuée, cette perte pourrait tomber sur cette personne, s'il n'y avait eu aucun sujet de garder cet argent, et qu'il y eût de sa faute de ne l'avoir pas employé, ou en le prenant pour son paiement, ou en acquittant 【483】 d'autres créanciers, ou le mettant à d'autres usages où la perte pourrait regarder les personnes pour qui l'argent avait été reçu, si quelque cause en avait fait différer l'emploi. Ce qui dépendrait de la qualité de la conduite que cette personne aurait tenue, et des autres circonstances qui pourraient, ou obliger à répondre de cette perte, ou l'en décharger (1).160)

이 조문에는, 그의 곡식 그루터기를 불로 태운 사람이 그가 취하여야 하였을 주의를 취한 경우에 갑작스런 바람에 의하여 발생된 화재의 책임을 부담하지 아니하는 것을 인정

158) 원문(483)은 où이라고 하고 있으나 제2권 제2판 136에서는 ou로 되어 있다. 문장의 구조와 의무를 고려하여 후자를 따랐다. ou는 '또는'의 뜻도 있으나 접속사로 '그런데, 그렇기는 하지만'도 있다.

159) (1) 로마법대전의 첫째 법문(L.13, ff. de negot. gest.)은 D.3.5.12를 말한다. 도마의 책은 이 개소 전체를 인용한다. 그런데 이 법문의 개소는 오늘날의 학설휘찬의 본문에 따르면 제13법문이 아니라 제12법문으로 정확한 개소는 D.3.5.12이다. D.3.5.는 사무관리에 관하여(De negotiis gestis)이다; 둘째 법문(L.30, §3, ff. ad leg. Aquil.)은 D.9.2.30.3를 말한다. 도마의 책은 이 법문의 2번째 문장 si quis부터 인용한다.

160) (1) L. 13, ff. de negot. gest. L. 30, § 3, ff. ad leg. Aquil.

하는 아퀼리아 법의 [D.]9.2.30 법문161)162)에서 다룬 경우를 두지는 아니하였다. 왜냐하면 이 사건은 예견되었어야 하고 이웃의 수확물을 추가될 수 있는 모든 것을 광범위하게 뽑거나 수확한 후까지 그 그루터기를 불태우는 것까지도 연기하면서 그것을 예방까지도 할 수 있었을 것처럼 보이기 때문이다. 또한 다른 사람들이 그것을 겪을 수 있을 손해를 예방하기 위하여 필요한 조치를 취하지 않고는 의무를 부담(s'engager)할 수 없는 그러한 경우에 사람들은 손해를 야기할 수 있는 것을 하지 않거나 사람이 거기에서 위험에 처하게 되면 그 사건에 대하여 책임을 지어야만 할 것처럼 보이기 때문이다. 그리고 신성한 법(loi divine)도 이 경우에는 구별하지 않고 불을 지른 사람에게 그에 뒤따를 손해를 배상할 의무(obliger)가 있는 것으로 하는 것으로 보인다(성경 출애굽기 제2[2]163)장 제6절).

【원문】 On n'a pas mis dans cet article le cas rapporté dans cette loi 30, § 3, ff. ad leg. Aquil., qui veut que si celui qui faisait brûler son chaume avait pris les précautions qu'il fallait prendre, il ne soit pas tenu de l'incendie arrivé par un vent subit. Car il semble que cet événement devait être prévu, et qu'on pouvait même le prévenir, arrachant au large tout ce qui pouvait joindre la moisson voisine, ou remettant même de brûler ce chaume jusqu'après la récolte; et, qu'en de pareils cas, où l'on ne peut s'engager sans prendre les précautions nécessaires pour prévenir le dommage que d'autres personnes en pourraient souffrir, on doit, ou s'abstenir de ce qui peut causer du dommage, ou se charger de l'événement si on s'y expose. Et aussi la loi divine semble dans ce cas obliger indistinctement celui qui a mis le feu, à réparer le dommage qui en sera suivi(Exod. cap. 2[2], 6).

10. 우연한 사고가 불법행위(fait illicite)의 결과이고 어떤 손해가 그로부터 발생된 경우에 그 행위로 그것이 발생하게 된 사람이 그에 대하여 책임을 부담할 것이고, 제4조의 경우에서와 같이 우연한 사고가 어떤 부주의의 결과일 뿐이었다면, 더욱 더 그러하다. 따라서 예를 들면 채권자가 재판의 효력(autorité de justice) 없이 거기에 동의하지 아니한 그 채무자

161) 로마법의 법문(Loi 30, § 3, ff. ad leg. Aquil.)은 D.9.2.30.3의 법문(loi)을 말한다. 원문은 법문 3 이하(§ 3, ff.)로 하고 있으나 화재로 인한 책임은 법문3만 해당한다. D.9.2.30.(Loi 30 ad leg. Aquil.)은 pr.와 4개의 법문으로 되어 있다. 법문4는 다음과 같다: 4. Si vulneratus fuerit servus non mortifere, neglegentia autem perierit, de vulnerato actio erit, non de occiso(노예가 상해를 입었으나 치명상은 아니었으나 과실로 사망된 경우에는 상해 소권이 있고 살인소권은 없다).

162) 이는 9.2.0. Ad legem Aquiliam; D.9.2.30. Paulus libro 22 ad edictum을 말한다. 구체적인 내용은 다음과 같다: D.9.2.30.3. In hac quoque actione, quae ex hoc capitulo oritur, dolus et culpa punitur: ideoque si quis in stipulam suam vel spinam comburendae eius causa ignem immiserit et ulterius evagatus et progressus ignis alienam segetem vel vineam laeserit, requiramus, num imperitia eius aut neglegentia id accidit. Nam si die ventoso id fecit, culpae reus est (nam et qui occasionem praestat, damnum fecisse videtur): in eodem crimine est et qui non observavit, ne ignis longius procederet. At si omnia quae oportuit observavit vel subita vis venti longius ignem produxit, caret culpa.

163) 원문은 출애굽기 2장 6절로 되어 있으나 다른 판(제2권 제2판 137)에 의하면 22장 6절이다. 개역개정판 출애굽기 22장 6절은 다음과 같다: 6. 불이 나서 가시나무에 댕겨 낟가리나 거두지 못한 곡식이나 밭을 태우면 불 놓은 자가 반드시 배상할지니라. 공동번역: 5 불이 나서 가시덤불에 당겨 남의 낟가리나 베지 않은 곡식이나 남의 밭을 태웠을 경우에는, 불을 낸 자가 그것을 모두 배상해야 한다. 이러한 취지의 라틴어 성경도 22장 5절이다: 원문은 5 Si egressus ignis invenerit spinas et comprehenderit acervos frugum sive stantes segetes sive agrum, reddet damnum, qui ignem succenderit.

의 질물(gage)을 취하고 이 질물이 위 채권자의 손에서 우연한 사고로 멸실하게 된 경우에는 그 채권자는 그에 대하여 책임이 있을 것이다.[164)]

【원문】 10. Si le cas fortuit est une suite d'un fait illicite, et qu'il en arrive quelque dommage, celui dont le fait y a donné lieu en sera tenu, à plus forte raison que si le cas fortuit n'était que la suite de quelque imprudence, comme dans le cas de l'article quatrième. Ainsi, par exemple, si un créancier prend, sans autorité de justice, un gage de son débiteur qui n'y consente point, et que ce gage vienne à périr par un cas fortuit entre les mains de ce créancier, il en sera tenu(2).[165)]

Ⅳ. 나가며

이상에서 프랑스의 고법학자 장 도마의 『자연법질서에서의 민사법』 중 불법행위에 관한 부분(제1부 제2편 제8장)에 대한 부분을 우리말로 옮겨보았다.[166)] 1804년 프랑스민법 제1382조와 제1384조의 불법행위와 준불법행위 및 제1384조의 특수불법행위의 체계는 도마와 뽀띠에의 불법행위에 대한 서술에서 온 것이다.[167)] 향후 도마의 불법행위의 나머지 부분인 책임면제사유로서의 우연한 사고(제9장)의 서술과 뽀띠에의 불법행위법에 대한 서술을 살펴본 후에 구체적인 프랑스민법전의 제정과정의 입법자료와 그 전후의 논의 등을 통하여 일반규정으로서의 프랑스민법전의 불법행위법이 가지는 체계와 내용을 살펴보고자 한다.

원래는 도마의 불법행위 전체에 대한 것을 원전의 내용을 충실하게 번역하여 이를 뽀띠에의 것과 비교하면서 도마의 불법행위법이 가지는 의미를 검토하고 그것이 프랑스민법의 체계와 내용에 대한 영향을 프랑스 등의 학설의 논의를 통하여 살펴보려는 것이었으나 현재로서는 도마저작의 일부만을 번역하였다. 향후에 이 작업을 시작으로 도마의 불법행위

164) (2) 로마법 법문(L.30, ff. de pign. act.)은 D.13.7.30을 말한다. 도마의 책은 이 법문의 첫째, 둘째 문장 전체와 셋째 문장의 전반부를 담고 있다; D.13.7은 질권소권 또는 반대소권에 관하여(de pigneraticia actione vel contra)이다.

165) (2) L. 30, ff. de pign. act.

166) 도마의 불법행위를 포함한 민사책임에 관한 논의로는 野田良之, ジャン・ドマとフランス民法典-特に民事責任の規定を中心として, 比較法雜誌 3/2 (1956) 1 이하 참조. 간단한 도마와 뽀띠에를 포함한 법학자와 프랑스 불법행위법의 입법에 관한 언급으로는 Alan Watson. *The evolution of Western private law(Expanded edition)*, 2001, 138 이하(제5장 Legislation and Jurists, French Délit); Guido Alpa, Unjust Damage and the Role of Negligence: Historical Profile, *Tulane European and Civil Law Forum*, Vol.9, 1994, 155 이하. 도마와 프랑스법의 대항요건주의(당사자의 합의에 의한 물권변동)에 대하여는 Marc-Philippe Weller, "Das Vertrags-und Konsensprinzip Vom Naturrecht über Domat und Pothier zum Code Civil(1804)", Roland Michael Beckmann, Heinz-Peter Mansel, Annemarie Matusche-Beckmann(Hrsg.), *Weitsicht in Versicherung und Wirtschaft*(Gedächtnisschrift für Ulrich Hübner), Müller, 2012, 450 이하<http://www.ub.uni-heidelberg.de/archiv/17932>.

167) 제1382조와 제1383조의 불법행위와 준불법행위의 2유형의 구별은 뽀띠에의 영향이 강하다. 이러한 점은 Watson. *The evolution of Western private law*, 288, 주42: 뽀띠에의 채권법을 편집한 뷔네(J.J. Bugnet)가 그 각주에서 이 점을 지적하고 있다; 이에 대하여 도마는 불법행위라는 용어는 이를 특히 사용하지는 아니하였고 특수불법행위에 대한 제1384조 이하 등에 영향을 주었고 이 유형은 도마와 뽀띠에의 영향이 강하다.

론, 채무불이행론과 채무론(의무론)의 평가를 통하여 채무불이행과 불법행위의 민사책임의 통합이라는 최근의 프랑스민법의 입법동향에 대한 시사점을 생각해보고자 한다.

우리 민법전의 불법행위법도 프랑스민법전과 같이 불법행위법의 체계에서 과실책임의 원칙에 따른 일반불법행위와 이에 대한 예외로서의 특수불법행위를 규정하고 있다. 그런데 오늘날에도 이러한 불법행위법의 체계가 타당한지 아니면 새로운 체계를 모색해야 하는지에 대한 진지한 검토가 필요하다. 일반불법행위로서의 인격권, 특수불법행위 중 무과실책임의 유형의 민법전의 편입과 기타 불법행위의 효과로서의 민사책임 등이 이제 새로운 개정을 준비하는 우리 민법학계에 주어진 체계의 숙제라고 할 수 있다. 이러한 작업은 향후 비교법적 성과[168]를 받아들이면서 우리 민법전에 맞는 체계와 구체적 내용을 고민해야 하고 무엇보다도 불법행위법을 채무불이행책임과 통합하여 민사책임으로 할 것인지 양자를 별개의 것으로 할 것인지에 대한 진지한 고민이 필요하다.

보잘 것 없이 보이는 기초연구이지만 오래 전부터 생각해온 작업을 존경하는 정태윤 교수님과 지원림 교수님의 정년을 축하하는 자리에서 계속 추진할 수 있어 기쁘게 생각한다.

168) 독일에서는 민법전의 불법행위법(유형론)에 대한 개정논의가 없으나 프랑스민법에서는 최근에 민사책임의 개정 논의가 활발하다. 2016년 채권법개정에서는 불법행위법의 기본규정은 조문번호만 수정되었다. Sous-titre II: La responsabilité extracontractuelle(제1240조-제1252조), Chapitre 1er: La responsabilité extracontractuelle en général (제1240조-제1244조). 다음으로 제조물책임법(Chapitre II: La responsabilité du fait des produits défectueux)(제1245조-제1245조의17)과 생태손해의 배상(Chapitre III: La réparation du préjudice écologique)(제1246조-제1252조)가 신설되었다. 이에 대하여 종래의 민사책임법 초안 이외에 상원의 민사책임법 개정 제안(proposition de loi portant réforme de la responsabilité civile, 2020) 등이 나오는 등 다양한 논의가 전개되고 있다. 이러한 점에 대하여는 김성수, 프랑스민법전의 불법행위법의 최근 개정동향과 우리민법의 시사점 -불법행위법 개정안의 주요내용과 그 비교법적 연구를 중심으로-, 법학연구 26/1 (2015) 167-236 참조. 아직 개정으로는 나아가지는 못하였다. 오히려 1804년 프랑스민법전을 사용하던 벨기에 민법전이 10편의 새로운 체계로 하면서 채권법(Livre 5. Les obligations)과 별개로 계약외책임(Livre 6. La responsabilité extracontractuelle)으로 하여 편별체계를 새롭게 하여 신민법전의 각 편을 제정하고 있다. 벨기에에서는 채권편(제5편)(제5편 제5.1조-제5.270조)(271개조)은 2022년 새로 제정되어 2022년 3월부터 시행되고 있다; 계약외 책임(제6편)은 개정초안(avant-projet de loi portant insertion des dispositions relatives à la responsabilité extracontractuelle)이 마련되어 있다. 조문은 제5.141조-제5.211조(71개조)로 되어 있다; 룩셈부르크도 2021년 3월부터 룩셈부르크 민법전(Code civil luxembourgeois) 개정안을 위한 입법작업이 진행 중이고 개정위원회(Le Comité de pilotage)가 2022년 7월 설치되었다.

민법에서의 대위법리

김 세 준

경기대학교 법학과 부교수, 법학박사

Ⅰ. 들어가며

우리민법에는 “일정한 사람에게 귀속된 재산가치가 그 기초에 존재하는 경제적 관계에 비추어 볼 때 그에게 속하여야 할 것이 아니고 실제로는 다른 권리자에게 속하여야 할 경우에는 그 재산가치는 후자에게 이전되어야 한다”는 소위 대위법리(Surrogationsprinzip)에 관한 명문규정을 곳곳에 두고 있다.[1] 이때 대위란 권리의 주체 또는 객체인 지위에 대신한다는 의미로 쓰인다. 전자의 의미로 규정된 것으로는 제368조[2] 제2항 ‘공동저당에서의 차순위자의 대위’, 제399조 ‘손해배상자의 대위’, 제404조 및 제405조 ‘채권자대위권’, 제480조 내지 제486조 ‘변제자 대위’, 제593조 ‘환매권의 대위행사’가 있다. 후자의 의미로 규정된 것으로는 제342조 ‘물상대위’, 제1083조 및 제1084조 ‘유증의 물상대위성’이 있다.[3]

그런데 대위법리는 명문으로 규정하고 있는 영역에서만 적용되는 것이 아니라, 다른 영역에서도 확장되어 활용되거나 요건이 완화되는 경향을 보이고 있다.[4] 대위법리는 정당한 이익의 귀속을 가능하게 하고 법률관계를 간명하게 할 수 있다는 점에서 활용도가 높다. 민법상 명문규정을 두고 있지 않은 대상청구권을 학설과 판례가 일반적으로 인정하고 있다는 점을 고려하면,[5] 대위법리가 폭넓게 활용될 수 있는 가능성 역시 충분하다. 다만 대위법리가 지나치게 확장되는 경우 그 대위의 객체에 고유한 이익을 가지고 있는 자의 권리가 침해될 위험 역시 존재한다.

1) RGZ 120, 351; 곽윤직 편집대표, 민법주해 IX 채권 (2), 2013, 290-291(양창수 집필부분).
2) 이하에서 「민법」의 경우에는 법명을 생략한다.
3) 상법 제681조 및 제682조의 ‘보험대위’와 같이 상법상 대위규정도 존재한다. 다만 이 논문에서는 민법에서의 대위로 논의의 범위를 제한하고자 한다.
4) 예컨대 특정채권의 보전을 목적으로 하는 채권자대위권 행사를 허용하는 대법원 1992.10.27. 선고 91다483 판결 등.
5) 지원림, 민법강의, 제19판, 2022, 1084.

이 논문에서는 민법에서 규정하고 있는 대위법리를 거시적인 관점에서 각각 간략하게 정리하고(II), 판례에 의하여 확장되어 적용되고 있는 대표적인 사례들을 검토하고자 한다(III). 이로써 민법상 대위법리가 인정되는 영역을 전체적으로 조망함과 동시에 그 활용가능성을 고찰한다.

Ⅱ. 대위에 관한 민법의 규정

1. 권리의 주체인 지위에 대신하는 경우

대위에 관한 각 규정별로 그 취지와 효과(필요한 경우에는 요건도 함께)를 중심으로 하여, 법조문상의 순서에 따라 살펴본다.

가. 공동저당에서의 차순위자의 대위(제368조 제2항)

(1) 규정의 취지

공동저당 목적부동산 중 일부의 경매대가를 먼저 배당하는 경우 공동저당권자는 그 대가에서 채권 전부의 변제를 받을 수 있는데, 이때 그 경매한 부동산의 차순위 저당권자는 선순위저당권자가 다른 부동산의 경매대가에서 변제를 받을 수 있는 금액의 한도에서 선순위자를 대위하여 저당권을 행사할 수 있다(제368조 제2항). 이 규정은 공동저당권자의 실행선택권과 우선변제권을 해하지 않는 범위 내에서 차순위 권리자들의 이해관계를 조정하여 잉여담보가치를 활용하고자 하는 데 목적이 있다.[6] 판례는 이 규정이 "대위제도를 규정하여 공동저당권의 목적 부동산 중 일부의 경매대가를 먼저 배당하는 이시배당의 경우에도 최종적인 배당의 결과가 동시배당의 경우와 같게 함으로써 공동저당권자의 실행선택권 행사로 인하여 불이익을 입은 차순위 저당권자를 보호하는 데 그 취지가 있는바, 위 조항들은 공동근저당권의 경우에도 적용되고, 또한 공동근저당권자 스스로 경매를 실행하는 경우는 물론 타인이 실행한 경매에서 우선배당을 받는 경우에도 적용된다"고 한다.[7]

(2) 차순위자의 대위

여기에서의 대위는 선순위 저당권자의 다른 부동산에 대한 미실행 저당권이 이미 경

6) 지원림, 민법강의, 840.
7) 대법원 2006.10.27. 선고 2005다14502 판결.

매된 부동산의 차순위 저당권자에게 법률상 당연히 이전하는 것을 의미한다. 이는 저당권의 부종성에 대한 예외로서 피담보채권은 이전하지 않으면서 저당권만 이전하는 경우이다.[8] 그 결과 차순위 저당권자는 선순위 저당권자의 저당권을 실행하는 것이 아니라 이전받은 자신의 저당권을 실행하는 것이 된다.

다만 이러한 학설의 일반적 입장에 대해서는 담보물권의 부종성이라는 원칙의 예외를 인정하는 것은 신중하여야 한다는 주장이 있다.[9] 즉 변제자 대위에서 변제로 소멸한 채권의 존속이 의제되는 것과 마찬가지로 차순위자 역시 실제 변제한 제3자와 동일하게 다루어야 한다는 입장이다. 그런데 부종성의 예외를 인정하든 그러하지 않든 저당권이 이전하는 것에는 차이가 없다.

한편 판례는 "공동저당에 제공된 채무자 소유의 부동산과 물상보증인 소유의 부동산 가운데 물상보증인 소유의 부동산이 먼저 경매되어 매각대금에서 선순위공동저당권자가 변제를 받은 때에는 물상보증인은 채무자에 대하여 구상권을 취득함과 동시에 변제자대위에 의하여 채무자 소유의 부동산에 대한 선순위공동저당권을 대위취득한다. 물상보증인 소유의 부동산에 대한 후순위저당권자는 물상보증인이 대위취득한 채무자 소유의 부동산에 대한 선순위공동저당권에 대하여 물상대위를 할 수 있다"고 하여 '대위취득'이라는 용어를 사용하고 있다.[10]

나 손해배상자의 대위(제399조)

(1) 규정의 취지

채무불이행을 이유로 채권자가 채무자로부터 채권의 목적인 물건 또는 권리의 가액에 대한 손해배상을 받았음에도 불구하고 채권자에게 그 물건 또는 권리가 남아있게 되면 채권자는 이중의 이득을 얻게 된다. 이 경우 부당이득의 반환이 가능하지만 그때 채권자가 무자력인 경우 또는 반환범위가 현존이익에 한정되는 경우 등을 예상할 수 있다. 따라서 채권자가 손해배상을 받은 이상 채권의 목적인 물건 또는 권리가 채무자에게 당연히 이전하는 것으로 하여 손해배상자를 보호하려는 것이 이 규정의 취지이다.[11] 불법행위를 이유로 한 손해배상에도 준용된다(제763조).[12]

8) 지원림, 민법강의, 841.
9) 이진기, 물권법, 2020, 570.
10) 대법원 2017.4.26. 선고 2014다221777 · 221784 판결.
11) 곽윤직 편집대표, 민법주해 IX 채권 (2), 690(김황식 집필부분).
12) 곽윤직 편집대표, 민법주해 IX 채권 (2), 691(김황식 집필부분).

(2) 당연대위

비교법적으로 독일민법 제255조가 손해배상자에게 그 권리를 양도할 의무를 부담하는 것과 달리 제399조는 배상자의 당연대위를 규정하고 있다는 점에서 특징이 있다. 그러므로 채권의 목적인 물건 또는 권리의 이전에 필요한 양도행위 등을 갖출 필요가 없다. 즉 등기나 인도, 채권양도의 통지나 승낙 등은 불필요하다.13) 그 물건이나 권리의 이전이 법률행위에 의하는 것이 아니라 법률의 규정에 의하는 것이기 때문이다.14)

다. 채권자대위권(제404조 및 제405조)

(1) 규정의 취지

채권자대위권은 채권자가 자기의 채권을 보전하고자 채무자의 권리를 대신 행사할 수 있는 실체법상의 권리이다. 채권자가 자기의 이름으로 채무자의 권리를 행사하는 것이므로 대리권이 아니라 일종의 법정재산관리권으로 보아야 한다.15)

본래 채권은 상대권이므로 제3자를 위한 계약과 같이 특별한 규정이 존재하는 경우를 제외하고는 제3자에게 영향을 미칠 수 없다. 그러나 채무자가 채무를 변제할 충분한 자력이 없음에도 스스로 제3자에 대한 권리를 실현하려고 하지 않는 경우와 같이 채권자를 보호할 필요성이 있는 때에 채무자의 책임재산을 확보 및 보전할 수 있는 권리를 채권자에게 보장하고자 하는 것이 이 규정의 목적이다.16)

(2) 연혁 및 비교법적 검토

로마법에서는 대물집행절차로서 재산매각이 인정되었다. 그 절차에서는 채권자가 법무관(praetor)의 재결을 받아 채무자 소유재산의 부여(missio in bona)를 받으면 그것을 일정기간 공고한 후 다른 채권자들로 하여금 참가할 수 있도록 함으로써 집단적 절차가 되었는데, 채권자들의 단체가 임명한 재산관리인이 채무자의 전 재산을 매각하여 그 대금으로 채권을 변제할 때까지 채무자의 재산을 보존 및 관리하며, 필요한 경우 채무자의 제3자에 대한 권리나 소권을 행사할 수도 있었다.17)

이와 달리 프랑스 고대법에서는 파산과 같은 집단적 청산절차가 상인에 한해서만 인

13) 대법원 1977.7.12. 선고 76다408 판결.
14) 곽윤직 편집대표, 민법주해 IX 채권 (2), 693(김능환 집필부분)
15) 지원림, 민법강의, 1161-1162. 법정재산관리권설에 의하면 채권자대위권은 채권자가 법률의 규정에 의하여 사실상 또는 법률상의 행위를 통해 채무자의 재산을 관리할 수 있는 권리를 의미하며, 보존행위뿐만 아니라 처분행위도 할 수 있다. 이상 곽윤직 편집대표(김능환 집필부분), 앞의 책, 747-748면.
16) 곽윤직 편집대표, 민법주해 IX 채권 (2), 741-742(김능환 집필부분).
17) 현승종, 로마법원론, 1977, 162.

정되었기 때문에, 채무자가 상인이 아닌 경우의 채권자들에 대한 보호책으로서 채무자가 행사를 게을리 한 권리나 소권을 각 채권자가 채무자에 갈음하여 행사하는 것이 인정되었다. 그러나 그와 같이 채권자에 의하여 실현된 이익은 그 채권자가 스스로 누릴 수는 없고 채무자의 총재산에 흡수되어 모든 채권자의 이익으로 돌아가는 것이 인정되었다.[18]

다만 이 규정은 직접적으로는 프랑스 고대법에서 발전한 프랑스민법 제1166조[19]를 계수한 구민법을 그대로 수용한 것이다.[20]

그럼에도 불구하고 민법상 채권자대위권과 프랑스민법 제1166조는 다음과 같은 점에서 차이가 있다. 우선 프랑스민법에서는 채권자대위권이 채무자의 책임재산의 유지 · 보존을 위한 성질과 강제이행을 위한 준비로서의 성질을 함께 가지는 것으로 파악한다. 그 결과 요건으로, 채무자가 자신의 권리행사를 게을리 하고 있을 것, 채무자가 무자력일 것, 채권자의 채권의 존재 및 가액이 확정적일 것, 변제기가 도래하였을 것 등을 요구한다. 그리고 효과로서, 채권자가 대위권을 행사하더라도 채무자 자신이 그 권리나 소권을 행사하는 것을 방해하지 않는다. 또한 채권자대위소송의 판결의 기판력은 채무자에게 미치지 않고, 채권자대위권의 행사에 따라 실현된 이익은 모든 채권자를 위한 채무자의 책임재산의 일부를 이루게 된다. 이러한 특징은 프랑스법상 집행절차가 완비되어 있지 않음에 따라 그 보완수단으로서 발전해온 제도라는 점에서 기인한다. 나아가 채권자대위권의 행사를 광범위하게 허용하는 경우에는 채무자의 거래관계를 부당하게 간섭하거나 처분의 자유를 침해하는 결과가 될 수 있다는 점을 고려한 것이다.[21] 결정적으로 채권자대위권은 특정한 경우에 채권자가 채무자의 제3채무자에 대한 권리를 직접 행사할 수 있는 직접소권(action directe)과 구별된다는 점에서 간접소권(action indirecte)이라고 할 수 있다.[22]

이와 달리 민법의 경우 채권자대위권은 실체법상의 권리이다. 또한 채무자가 권리를 행사하지 않을 것을 요건으로 하고 있기는 하지만 그것을 게을리 하여야 할 필요는 없으며, 예외적으로 법원의 허가가 있는 경우 또는 보존행위의 경우에는 채권자의 채권이 이행기에 도래하기 전이라도 행사할 수 있다(제404조 제2항). 특정채권 또는 비금전채권의 보전을 위해서도 채권자대위권을 행사할 수 있으므로 채권자의 채권이 금전채권인 경우와 달리 특정채권이나 비금전채권인 경우에는 채무자의 무자력을 요구하지 않는다. 그리고 채권자대위권의 행사사실이 채무자에게 통지된 이후에는 채무자의 처분권이 제한될 뿐만 아니라

18) 곽윤직 편집대표, 민법주해 IX 채권 (2), 742(김능환 집필부분).
19) "채권자는 채무자의 일신에 전속된 것을 제외하고, 채무자에게 속한 모든 권리 및 소권을 행사할 수 있다."
20) 민법안심의록 상권, 1957, 241. 이에 의하면 채권자대위권 규정은 구민법 제423조와 동일하며, 외국입법례로서 프랑스민법 제1166조, 중화민국민법 제232조 및 243조, 구만주국민법 제391조 초안을 제시하고 있다.
21) 곽윤직 편집대표, 민법주해 IX 채권 (2), 743(김능환 집필부분).
22) 곽윤직 편집대표, 민법주해 IX 채권 (2), 743(김능환 집필부분),

(제405조 제2항) 채권자대위소송의 기판력은 일정한 경우 채무자에게도 미친다. 종래 채권자대위권을 간접소권이라고 한 바가 없는 것은 아니지만,[23] 그것을 실체법상 권리로 보는 이상 그와 같이 칭할 수는 없다.[24]

(3) 요 건

다음 요건을 전부 만족하는 경우에 채권자대위권을 행사할 수 있다.

첫째, 피보전채권에 관한 요건을 만족하여야 한다. 우선 채권자대위권의 행사에 의하여 보전되어야 할 채권이 유효하게 존재하여야 하는데, 이때 보전될 채권은 발생원인이 무엇이든 널리 청구권인 경우가 해당된다. 그리고 채권자취소권과 달리 채권자의 채권이 채무자의 제3채무자에 대한 권리보다 먼저 성립하여야 하는 것은 아니다. 피보전채권은 확정되거나 확정될 수 있어야 한다.[25] 또한 채권보전의 필요성이 있어야 하는데, 채무자의 권리를 채권자가 대신 행사하지 않으면 채무자의 재산이 감소하거나 증가하지 않아서 채권의 변제를 받을 수 없게 된 우려가 있는 경우가 해당된다.[26] 앞서 서술한 바와 같이 금전채권의 경우에는 채무자의 무자력이 요구되며,[27] 특정채권 등의 경우에는 그러하지 아니하다.[28] 나아가 피보전채권의 이행기가 도래하여야 하는데, 이에 대해서는 두 가지 예외가 있음을 앞서 언급하였다.

둘째, 대위의 객체에 관해서도 일정한 요건을 갖추어야 한다. 재산권은 원칙적으로 대위행사의 목적인 권리에 해당한다. 채권의 공동담보에 적합한 권리이기 때문이다. 그러나 비재산권은 대위의 객체가 될 수 없다. 다만 예외적으로 재산권의 경우에도 행사상의 일신전속권이나 압류금지채권 등은 대위행사가 불가능하다.[29]

셋째, 채무자의 권리불행사이다. 즉 법률상 장애가 없음에도 불구하고 채무자가 스스로 자기의 권리를 행사하지 않아야 하는데, 만일 그 권리행사에 착수한 이상 그 결과의 무관하게 채권자대위권을 행사할 수 없다.[30]

---

23) 김기선, 한국채권법총론, 1987, 174.
24) 곽윤직 편집대표, 민법주해 IX 채권 (2), 744(김능환 집필부분).
25) 대법원 1999.4.9. 선고 98다58016 판결. "이혼으로 인한 재산분할청구권은 협의 또는 심판에 의하여 그 구체적 내용이 형성되기까지는 그 범위 및 내용이 불명확 · 불확정하기 때문에 구체적으로 권리가 발생하였다고 할 수 없으므로 이를 보전하기 위하여 채권자대위권을 행사할 수 없다."
26) 지원림, 민법강의, 1164.
27) 대법원 1969.11.25. 선고 69다1665 판결.
28) 특정채권의 보전을 위한 채권자대위권의 행사여부에 관해서는 이하의 III.에서 다시 논한다.
29) 지원림, 민법강의, 1169.
30) 지원림, 민법강의, 1171.

(4) 효 과

1) 채무자의 처분권 제한

채권자대위권의 행사 사실이 채무자에게 통지된 이후에는 채무자가 그 권리를 처분하지 못한다(제405조 제2항).

2) 효과의 귀속

채권자대위권 행사의 효과는 채무자에게 귀속된다. 따라서 모든 채권자를 위한 공동담보가 된다. 다만 그 대위권을 행사하면서 반드시 채무자에게 급부하도록 하여야 하는 것은 아니며 채권자 자신에게 직접 급부하도록 요구하는 것도 가능하다.[31]

3) 재판상 대위의 기판력

판례는 "채권자대위권에 의한 소송이 제기된 사실을 채무자가 알았을 때에는 그 판결의 효력이 채무자에게 미친다"는 입장이다.[32] 또한 "채무자에게도 기판력이 미친다는 의미는 채권자대위소송의 소송물인 피대위채권의 존부에 관하여 채무자에게도 기판력이 인정된다는 것이고, 채권자대위소송의 소송요건인 피보전채권의 존부에 관하여 당해 소송의 당사자가 아닌 채무자에게 기판력이 인정된다는 것은 아니"므로, "채권자가 채권자대위권을 행사하는 방법으로 제3채무자를 상대로 소송을 제기하였다가 채무자를 대위할 피보전채권이 인정되지 않는다는 이유로 소각하 판결을 받아 확정된 경우 그 판결의 기판력이 채권자가 채무자를 상대로 피보전채권의 이행을 구하는 소송에 미치는 것은 아니"라고 한다.[33]

그러나 채무자가 소송이 제기된 사실을 알았는지 여부가 기판력이 미치는 것을 판단하는 기준으로 적합한가에 관해서는 의문이 제기되기도 하는데,[34] 채무자가 알았는지 여부와 무관하게 전부 기판력이 미친다고 하여야 한다.[35] 그 이유는 다음과 같다.

첫째, 다른 사람을 위하여 원고나 피고가 된 사람에 대한 확정판결은 그 다른 사람에 대하여도 효력이 미친다(민사소송법 제218조 제3항). 이러한 원칙에 기초한다면 채권자대위권을 행사한 채권자에게 대한 기판력 역시 마찬가지 결론에 이르러야 한다. 즉 채무자가 그 소송이 제기된 사실을 안 경우에만 기판력이 미친다고 보아야 할 법률상의 근거는 존재하지 않는다.[36]

둘째, 기판력은 본질적으로 분쟁의 종식에 따른 법적 안정성의 확보에 그 기능이 있

31) 대법원 1962.1.11. 선고 4294민상195.
32) 대법원 1975.5.13. 선고 74다1664 전원합의체 판결; 대법원 2014.1.23. 선고 2011다108095 판결.
33) 대법원 2014.1.23. 선고 2011다108095 판결.
34) 지원림, 민법강의, 1176.
35) 정다영, 채권자대위권의 기능 및 행사의 효과, 재산법연구 34/2 (2017) 24-25도 역시 같은 취지.
36) 대법원 1975.5.13. 선고 74다1664 전원합의체 판결의 반대의견.

다. 그런데 채무자가 소송이 제기된 사실은 알았는지 여부와 같이 증명하기 곤란한 주관적 사정에 따라 기판력의 존부가 달라진다면 법적 안정성의 요구에 반하는 결과가 된다.[37)]

셋째, 대위소송은 법정재산관리권에 의한 것이기 때문에 제3자의 소송담당에 해당하는데 기판력이 채무자에게 미치지 않는다고 하면 제3채무자로서는 채권자의 대위소송과 채무자의 소송에 중복적으로 대응하여야 하는 불편함이 있고 경우에 따라서는 각 판결의 결과가 서로 달라질 수도 있어서 당사자 사이의 법률관계가 지나치게 복잡하게 될 우려가 있다.[38)]

넷째, 대위소송에서 채권자 또는 제3채무자가 형성권 등을 행사하는 경우도 생각해볼 수 있는데, 이때 그 실체법상 효과는 채무자에게 미치면서 절차법상의 효과인 판결의 효력은 미치지 않는다고 하는 것은 균형이 맞지 않는다는 문제도 있다.[39)]

라. 변제자 대위(제480조 이하)

(1) 규정의 취지

채무자를 위하여 변제한 자는 변제와 동시에 채권자의 승낙을 얻어 채권자를 대위할 수 있으며(제480조 제1항), 변제할 정당한 이익이 있는 자는 변제로 당연히 채권자를 대위한다(제481조).

제3자의 출연에 의해 채무가 소멸되어 구상권이 발생하더라도 채무자가 무자력인 경우에는 구상이 무의미해진다. 이에 구상을 가능하게 그리고 용이하게 하기 위해서는 일정 요건 하에 변제로 소멸한 채권자의 채권 및 담보권 등 부속된 권리가 대위변제자에게 이전되도록 할 필요가 있는데,[40)] 이것이 변제자 대위에 관한 규정의 기본 취지이다.

(2) 성 질

변제자 대위는 변제받은 채권자의 채권 및 담보권 등 부속된 권리가 법률의 규정에 의하여 당연히 대위변제자에게 이전하는 것이다. 따라서 계약에 의한 이전이 아니며 채권양도에 관한 규정이 적용되지 않는다.[41)] 물론 법률상의 요건을 갖추어야 함을 전제로 하지만, 적어도 이러한 성질 자체는 제399조에서 규정하는 손해배상자의 대위와 동일하다.

37) 대법원 1975.5.13. 선고 74다1664 전원합의체 판결의 반대의견.
38) 곽윤직 편집대표, 민법주해 IX 채권 (2), 782(김능환 집필부분).
39) 곽윤직 편집대표, 민법주해 IX 채권 (2), 782(김능환 집필부분).
40) 지원림, 민법강의, 995.
41) 지원림, 민법강의, 996.

(3) 기본 효과

대위변제자는 종래 채권자가 가지던 채권 및 담보권 등 권리를 행사할 수 있다. 물론 이는 자기의 권리에 의하여 구상할 수 있는 범위 내에서만 가능하다.[42] 즉 이행청구권, 채권자대위권, 채권자취소권 등 그 채권에 기하여 존재하던 채권자의 권리 및 그 채권에 대한 보증채무, 연대채무 등의 인적담보, 그리고 질권, 저당권과 같은 물적담보가 대위변제자에게 이전한다.[43]

다만 일부대위의 경우에 채무불이행을 원인으로 하는 계약의 해지 또는 해제는 채권자만이 할 수 있고 만일 채권자가 계약을 해지 또는 해제한 경우에는 대위변제자에게 그 변제한 가액과 이자를 상환하여야 하는데(제483조 제2항), 이는 전부대위의 경우에도 동일하게 적용하여야 할 것이다. 계약의 해지 및 해제는 계약당사자만 할 수 있다고 보아야 하기 때문이다.[44]

마. 환매권의 대위행사(제593조)

환매권은 원칙적으로 채권자대위권의 객체가 될 수 있다. 다만 채권자의 만족 및 매수인 보호의 차원에서 제593조는 환매권의 대위행사에 관한 특칙을 규정하고 있다.

바. 비 교

구분	대위행사의 주체	내용
공동저당에서의 차순위자의 대위 (제368조 제2항)	차순위 공동저당권자	저당권의 이전
손해배상자의 대위(제399조)	채무자	권리 및 물건의 이전
채권자대위권 (제404조 및 제405조)	채권자	채무자의 채권 행사
변제자 대위(제480조 이하)	변제자	권리의 이전
환매권의 대위행사(제593조)	채권자	채무자의 환매권 행사 (효과에 관해서는 특칙)

대위가 권리의 주체인 지위에 대신하는 경우로서 이루어지는 다섯 가지 명문 규정을 살펴본 결과 위와 같이 정리 및 비교해볼 수 있다. 이에 따르면 대위의 법리는 적어도 그

42) 대법원 2020.2.6. 선고 2019다270217 판결.
43) 지원림, 민법강의, 999.
44) 지원림, 민법강의, 1001.

내용이나 효과 차원에서는 크게 두 가지로 구분된다.

하나는 대위에 의하여 피대위자의 권리 등이 대위자에게 이전하는 경우이다. 공동저당에서의 차순위자의 대위(제368조 제2항), 손해배상자의 대위(제399조), 변제자 대위(제480조 이하)가 그러하다. 이 경우 대위자는 대위에 의하여 자신의 고유한 권리를 취득하게 된다.[45)]

다른 하나는 권리가 이전되는 것이 아니라 피대위자의 권리를 대위자가 대신 행사하는 경우이다. 채권자대위권(제404조 및 제405조) 및 환매권의 대위행사(제593조)가 여기에 속한다.

2. 권리의 객체인 지위에 대신하는 경우

가. 담보물권의 물상대위성(제342조)

어떠한 권리객체가 가지는 가치가 다른 권리의 객체에 그대로 인정되어야 하는 경우가 있다. 가장 대표적인 필요성은 가치권으로서의 성질을 가지는 담보물권의 객체에 존재한다. 담보물권은 그 객체의 교환가치를 파악하고자 하는 권리이기 때문이다. 따라서 기존의 권리객체에 존재하였던 가치는 그 지위를 대신하는 다른 객체에서도 유지되어야 한다. 물상대위성은 질권에 관한 제342조에서 규정하고 있으며 저당권에 준용된다(제370조).

그런데 물상대위성에 관해서는 다음과 같은 설명도 있다. 담보물권에서도 다른 권리와 마찬가지로 특정된 물건이나 권리를 객체로 하는 소위 특정의 원칙이 적용되는데,[46)] 물상대위성은 이러한 특정성의 연장선상에서 인정된다는 것이다.[47)] 즉 물상대위성은 담보물권으로서 질권 및 저당권에 내재된 특정의 원칙이 반영된 결과인데, 이와 같은 권리들은 특정물을 목적으로 하며 그 특정물의 가치적 변형물에도 특정성은 존재하는 것이어서 그 특정성이 유지되는 동안에는 계속해서 그 가치적 변형물이 질권이나 저당권의 객체로 남으며 또한 남아 있어야 한다고 본다.[48)] 이러한 설명은 특정성을 통해 객체의 대위를 가능하게 한다는 점에서는 합당한 설명으로 이해된다.

---

45) 물론 이전되는 권리는 각각의 경우에 차이가 있다.

46) 이진기, 물권법, 408.

47) 이진기, 물권법, 423은 그러한 이유에서 유치권은 점유의 상실로 인하여 소멸하고 추급효가 없기 때문에 특정성의 연장으로 인정되는 물상대위와 친하지 않다고 한다.

48) 이진기, 물권법, 468-469.

나. 유증의 물상대위성(제1083조 및 제1084조)

특정물의 유증에 관하여 유증자가 유증목적물의 멸실, 훼손 또는 점유의 침해로 인하여 제3자에게 손해배상을 청구할 권리가 있는 때에는 그 권리를 유증의 목적으로 한 것으로 본다(제1083조). 이는 일종의 대상청구를 의미한다.[49]

채권을 유증의 목적으로 한 경우에는, 유언자가 그 채권의 변제로 받을 물건이 상속재산 중에 있는 때에는 그 물건을 유증의 목적으로 한 것으로 보며(제1084조 제1항), 그 채권이 금전을 목적으로 한 경우에는 그 변제받은 채권액에 상당하는 금전이 상속재산 중에 없는 때에도 그 금액을 유증의 목적으로 한 것으로 본다(제1084조 제2항).

Ⅲ. 대위법리의 확장적용

앞서 살펴본 바와 같이 대위법리는 상당히 다양한 영역에서 여러 가지의 역할로서 기능하고 있다. 이는 이미 민법이 권리자의 이익을 실현시켜주는 방안으로 무엇이 가장 효과적일지에 관해 대위를 그 수단으로 고려하고 있다는 의미이기도 할 것이다. 가령 집행절차가 마련되어 있는 우리법제에서도 채권자대위권이 그 고유의 활용성을 가지고 있다는 점이 그 예시이다.

이와 같은 관점에서 대위법리는 더욱 확장하여 적용될 수 있다. 이하에서는 대위법리가 적용되고 있는 몇 가지의 판례를 살펴보고 각각의 의미를 고찰해보고자 한다.

1. 소유권이전등기청구권 등 특정채권의 보전을 위한 대위

가. 대법원 1992.10.27. 선고 91다483 판결

대상판결은 “채권자는 자기의 채무자에 대한 부동산의 소유권이전등기청구권 등 특정채권을 보전하기 위하여 채무자가 방치하고 있는 그 부동산에 관한 특정권리를 대위하여 행사할 수 있고 그 경우에는 채무자의 무자력을 요건으로 하지 아니”한다고 판시하였다.

나. 검 토

특정채권의 보전을 위한 대위행사를 허용할 것인지에 대하여 구민법 당시의 판례는

49) 지원림, 민법강의, 2227.

부정적이었다. 그 이유는 채권자대위권의 목적은 전체 채권자의 공동담보를 유지, 즉 채무자의 책임재산이 감소하는 것을 방지하는데 있다고 보았기 때문이다. 그러나 판례는 태도를 바꾸어 채권자대위권을 다른 목적을 위하여 전용하는 것을 인정하고 있다.[50] 그리고 이때 채무자의 무자력이라는 요건을 요구하지 않는다. 그렇다고 하더라도 대위를 통하여 채권자의 채권이 보전되는 관계는 존재하여야 한다. 따라서 "채권자대위권은 채무자의 채권을 대위행사함으로써 채권자의 채권이 보전되는 관계가 존재하는 경우에 한하여 이를 행사할 수 있으므로 특정물에 관한 채권자는 채권을 보전하기 위하여 채무자의 제3채무자에 대한 그 특정물에 관한 권리만을 대위행사할 수 있다."[51]

다만 이것을 채권자대위권의 '전용'으로 보는 것이 옳은지에 관해서는 의문이 있다. 채권자대위권의 목적이 책임재산을 보전하는 것에 있다면, 특정채권의 보전을 위한 채권자대위권을 허용하는 것은 논리적으로 받아들이기 어렵다. 채무자의 무자력을 요건으로 하지 않으면서 대위행사를 인정할 필요성은 분명히 존재하지만, 그렇다고 하여 그 근거를 반드시 채권자대위권에서 찾아야 하는 것은 아니다. 민법이 대위의 개념을 여러 영역에서 수용하고 있다는 것은 보편적인 대위의 법리를 탐구할 가능성이 존재한다는 뜻이기도 하다. 특정채권에 관한 대위의 가능성 역시 이러한 측면에서 접근하여야 할 것이다.

2. 법정지상권 있는 건물의 양수인의 지상권설정등기 대위

가. 대법원 1985.4.9. 선고 84다카1131,1132 전원합의체 판결

대상 판결의 쟁점은, "법정지상권을 가진 건물소유자로부터 건물을 양수하면서 지상권까지 양도받기로 한 자에 대한 대지소유자의 건물철거청구"가 허용될 수 있는지 여부이다.

이에 관하여 다수의견은 "법정지상권을 가진 건물소유자로부터 건물을 양수하면서 법정지상권까지 양도받기로 한 자는 채권자대위의 법리에 따라 전건물소유자 및 대지소유자에 대하여 차례로 지상권의 설정등기 및 이전등기절차이행을 구할 수 있다 할 것이므로 이러한 법정지상권을 취득할 지위에 있는 자에 대하여 대지소유자가 소유권에 기하여 건물철거를 구함은 지상권의 부담을 용인하고 그 설정등기절차를 이행할 의무있는 자가 그 권리자를 상대로 한 청구라 할 것이어서 신의성실의 원칙상 허용될 수 없다"고 한다.

---

50) 지원림, 민법강의, 1165.
51) 대법원 1993.4.23. 선고 93다289 판결.

나. 검 토

대상판결의 다수의견은 건물의 양수인은 양도인의 법정지상권까지 양도받기로 하는 채권적 효력을 주장할 수 있을 뿐인데, 그 등기청구권을 보전하기 위하여 양도인이 토지소유자에 대하여 가지는 지상권설정등기청구권을 대위행사 할 수 있다는 입장이다. 그리고 이에서 더 나아가 대위행사의 상대방인 토지소유자는 양도인(건물의 전소유자) 외에 양수인(건물의 현소유자)에게 직접 등기의무를 부담하기 때문에 신의칙상 건물의 철거청구가 불가능하다는 입장이다. 이 역시 앞서 본 바와 같이 특정채권에 대한 대위행사의 가능성을 전제로 하는 사고로서, 직접적인 채권채무관계가 없는 당사자 간에도 권리의 대위행사의 반대편에 존재하는 의무를 인정함과 동시에 신의칙위반까지 인정한다는 점에 의미가 있다.

다만 이에 대해서는 다음과 같은 반대의견이 있다. "토지소유자는 법정지상권을 가진 당초의 건물소유자에 대하여는 자기의 토지용익권을 주장할 수 없지만 아직 법정지상권을 취득하지 못한 건물양수인에 대하여는 신의칙 위반이나 권리남용과 같은 특단의 사정이 없는 한 자기의 토지용익권을 주장하지 못할 이유가 없으며, 이와 달리 일단 법정지상권이 설정된 이상 그 권리의 존속기간 중에는 토지소유자는 어느 누구에 대해서도 토지의 용익권을 주장하지 못한다고 볼 것이 아니다. 신의성실의 원칙의 적용을 주장하는 다수의견도 위와 같은 법리에는 원칙적으로 이론이 없을 것으로 생각된다(왜냐하면 건물양수인이 전소유자의 법정지상권을 가지고 자기에 대한 토지소유자의 토지용익권 주장에 당연히 대항할 수 있는 것이라면 구태여 신의성실의 원칙을 이끌어 쓸 필요가 없기 때문이다)." 그런데 반대의견이 건물양수인의 대위행사를 인정하고 있는지는 불분명하다. 반대의견은 토지소유자가 토지의 용익권을 주장할 수 있는 이상 신의칙 위반이 성립할 수 없다는 것이며, 건물양수인의 지상권설정등기청구권 대위행사가 토지소유자의 용익권 주장에 대항할 수 있는지는 적극적으로 판단하지 않고 있기 때문이다.

그런데 이 경우에는 물권의 변동에 관한 성립요건주의로 인하여 물권(여기에서는 지상권)의 최종적인 귀속자가 되어야 하는 양수인이 그 물권을 취득하지 못하게 되므로 양수인이 그 물권을 취득할 수 있는 기회를 보장할 필요성이 분명히 존재한다. 그 결과 피보전채권으로서 양수인이 양도인에 대하여 가지는 등기청구권과 피대위권리인 양도인의 토지소유자에 대한 등기청구권은 밀접한 견련성을 가진다. 즉 양수인이 양도인의 토지소유자에 대한 등기청구권을 대위행사하는 것을 부정하는 경우에는 물권변동 자체가 부정되는 결과가 되며, 피대위권리인 등기청구권의 실현은 양수인의 채권을 만족시키고 궁극적으로 물권변동을 완성하는 것의 필연적인 전제가 된다.[52)]

이러한 결과는 채권자의 책임재산을 보전하는 것과 관련이 없기 때문에 본질적인 의미의 채권자대위권의 행사라고 볼 수는 없다. 다만 그 법리만을 차용하여 요건을 완화(채무자의 무자력을 요구하지 않음)함으로써 법률행위의 당사자가 지상권의 취득이라는 본래의 법률효과를 정당하게 누릴 수 있도록 하는 데 기여한다.53)

3. 물권적 청구권의 대위

가. 대법원 2007.5.10. 선고 2006다82700,82717 판결

대상판결은 다음과 같이 판시한다. "채권자는 채무자에 대한 채권을 보전하기 위하여 채무자를 대위해서 채무자의 권리를 행사할 수 있는바, 채권자가 보전하려는 권리와 대위하여 행사하려는 채무자의 권리가 밀접하게 관련되어 있고 채권자가 채무자의 권리를 대위하여 행사하지 않으면 자기 채권의 완전한 만족을 얻을 수 없게 될 위험이 있어 채무자의 권리를 대위하여 행사하는 것이 자기 채권의 현실적 이행을 유효 · 적절하게 확보하기 위하여 필요한 경우에는 채권자대위권의 행사가 채무자의 자유로운 재산관리행위에 대한 부당한 간섭이 된다는 등의 특별한 사정이 없는 한 채권자는 채무자의 권리를 대위하여 행사할 수 있어야 하고, 피보전채권이 특정채권이라 하여 반드시 순차매도 또는 임대차에 있어 소유권이전등기청구권이나 인도청구권 등의 보전을 위한 경우에만 한하여 채권자대위권이 인정되는 것은 아니며, 물권적 청구권에 대하여도 채권자대위권에 관한 민법 제404조의 규정과 위와 같은 법리가 적용될 수 있다."

나. 검 토

이 경우의 대위행사 역시 인정되어야 한다. 다음과 같은 이유에서 그러하다.

우선, 제404조 제1항에서 채권보전의 필요성을 요구하는 이유는 채권자가 채무자를

52) 이준현, 채권자대위권의 전용현상에 대한 검토, 토지법학 32/1 (2016) 342; 여하윤, 특정채권을 보전하기 위한 채권자대위권에 관한 판례의 정리 –프랑스 민법상의 간접소권에 관한 재판례와의 비교를 중심으로–, 민사법학 39/1 (2007) 143.

53) 이에 대하여 채권보전의 필요성 요건은 만족하여야 한다는 입장이 있다(여하윤, 민사법학 39/1 (2007) 149-150). 다만 이 입장은 채권보전의 필요성을 넓게 이해한다. 즉 채권보전의 필요성 요건을 채무자가 무자력으로 파악하는 것은 피보전채권과 대위채권 간에 아무런 관련이 없는 경우 채권자가 채무자의 재산관리행위에 개입하는 행위를 정당화할 일종의 매개체가 필요하기 때문이라는 것이다. 그러나 이미 피보전채권과 대위채권 사이에 일정한 관련이 존재하는 경우 그 속에 이미 채권자의 채무자에 대한 개입을 정당화하는 매개체가 존재하므로, 채권보전의 필요성 요건은 '채권자의 채무자에 대한 부당한 간섭을 방지한다는 취지가 관철될 수 있다는 것을 전제로' 다양하게 해석될 수 있어야 한다고 주장한다. 이는 채권자대위권의 전용에서도 채권자의 채권이 보전되는 관계는 존재하여야 한다는 점에서 타당한 주장이다.

부당하게 간섭하는 것을 방지하고자 하기 위함이다. 한편 임대인은 임차인에 대하여 제623조에 따르는 의무를 부담하는데, 그럼에도 불구하고 제3채무자에 대한 목적물인도청구권 행사를 게을리 하며 그 의무를 이행하지 않는 경우에는 그가 무자력 상태가 아니더라도 채권자인 임차인이 방해배제청구권을 대위행사하는 것을 채무자에 대한 부당한 간섭으로 볼 수 없다.[54)]

다음으로, 피보전채권인 임차권과 대위채권인 방해배제청구권은 견련관계에 있다. 임대인의 제3채무자에 대한 방해배제청구권은 임차인이 임차권을 실현하기 위한 직접적인 전제가 되며, 그 결과 임대인이 그 권리를 행사하지 않는 경우 임차인은 임차권을 실현할 수 없게 된다.[55)] 이는 바로 위 2.에서 살펴본 견련관계와도 유사하다.

또한 대상판결에서도 전제하고 있는 바와 같이, 판례는 부동산의 매도인이 그 매매목적물에 대해 제3자에게 가지는 방해배제청구권 역시 매수인이 대위행사 할 수 있다고 한다.[56)] 더 나아가 "지하도상가의 운영을 목적으로 한 도로점용 허가를 받은 자로서 그 상가의 소유자 겸 관리주체인 시에 대하여 그 상가 내 각 점포의 사용을 청구할 수 있는 권리를 가지는 자는, 시에 대한 위 각 점포사용청구권을 보전하기 위하여 그 점포들의 소유자인 시가 불법점유자들에 대하여 가지는 명도청구권을 대위행사할 수 있고, 이러한 경우 불법점유자들에 대하여 직접 자기에게 그 점포들을 명도할 것을 청구할 수도 있다"고 한 사례도 있다.[57)] 이 역시 위와 같은 이유에서 타당하다.

4. 특정채권에 대한 대위법리의 적용확대를 인정한 판례

가. 대법원 2001.5.8. 선고 99다38699 판결

대상판결은 "채권자는 채무자에 대한 채권을 보전하기 위하여 채무자를 대위해서 채무자의 권리를 행사할 수 있는바, 채권자가 보전하려는 권리와 대위하여 행사하려는 채무자의 권리가 밀접하게 관련되어 있고 채권자가 채무자의 권리를 대위하여 행사하지 않으면 자기 채권의 완전한 만족을 얻을 수 없게 될 위험이 있어 채무자의 권리를 대위하여 행사하는 것이 자기 채권의 현실적 이행을 유효·적절하게 확보하기 위하여 필요한 경우에는 채권자대위권의 행사가 채무자의 자유로운 재산관리행위에 대한 부당한 간섭이 된다는 등

54) 여하윤, 민사법학 39/1 (2007) 141-142.
55) 여하윤, 민사법학 39/1 (2007) 142.
56) 대법원 1966.9.27. 선고 66다1149 판결; 대법원 1973.7.24. 선고 73다114 판결 등.
57) 대법원 1995.5.12. 선고 93다59502 판결.

의 특별한 사정이 없는 한 채권자는 채무자의 권리를 대위하여 행사할 수 있어야 하고, 피보전채권이 특정채권이라 하여 반드시 순차매도 또는 임대차에 있어 소유권이전등기청구권이나 명도청구권 등의 보전을 위한 경우에만 한하여 채권자대위권이 인정되는 것은 아니"라고 한다.

나. 검 토

대상판결은 앞서 본 등기청구권이나 명도청구권 외에도 특정채권의 보전을 위한 대위법리의 적용이 가능함을 인정하고 있다는 점에서 의미가 있다. 또한 그러한 확대적용이 가능하기 위한 요건을 제시한다는 점에서도 주목할 만하다.

그 요건으로는 첫째, "채권자가 보전하려는 권리와 대위하여 행사하려는 채무자의 권리가 밀접하게 관련"되어 있어야 한다. 앞서 다른 판례에서도 요구하고 있던 견련관계의 존재가 대표적인 예시가 될 수 있다.

둘째, "채권자가 채무자의 권리를 대위하여 행사하지 않으면 자기 채권의 완전한 만족을 얻을 수 없게 될 위험이 있어 채무자의 권리를 대위하여 행사하는 것이 자기 채권의 현실적 이행을 유효 · 적절하게 확보하기 위하여 필요한 경우"이어야 한다. 이는 채권보전의 필요성 개념을 확장한 것이라고 이해할 수 있다.

셋째, "채권자대위권의 행사가 채무자의 자유로운 재산관리행위에 대한 부당한 간섭이 된다는 등의 특별한 사정이 없는" 경우여야 한다.

다만 이러한 대위법리의 확장가능성이 과연 채권자대위권 규정의 확대해석 또는 확대적용 차원에서 인정되어야 하는지는 역시 의문이다.

Ⅳ. 나오며

민법에서의 대위가 권리주체의 지위를 대신하는 것에 적용되는 경우, 그 효과는 대위자에게 직접 권리가 귀속되는 것과 대위자가 채무자의 권리를 대위행사할 수 있는 것으로 구분된다. 이때 전자인 권리의 귀속에 관해서는 명시적인 법률규정상의 근거가 필요하다. 그러나 후자에 있어서는 대위법리의 확장된 고려가 가능하다. 그에 관한 대표적인 사례를 통해 가능성을 고찰해보았다.

다만 대위법리의 확장과 채권자대위권 규정의 유추적용은 구별할 필요가 있다. 판례는 등기청구권이나 명도청구권 외에도 특정채권의 보전을 위한 대위법리의 적용이 가능하다고 하면서도 역시 그 근거는 채권자대위권의 전용에서 찾고 있다. 그런데 채권자대위권은 민법의 대위에 관한 일반규정이라고 할 수 없다. 그 제도는 책임재산의 보전 수단으로서 규정되어 있으며 그것이 해당 제도의 본질적인 목적이라는 점에는 변함이 없기 때문이다. 그 결과 대위법리를 적용하고자 제404조를 유추하는 것은 한계에 마주치기 마련이다. 판례가 대위행사에 관하여 제시하고 있는 요건을 참작하여 민법의 해석상 일반적인 대위법리를 도출할 수 있는지 탐구하여야 하는바, 이를 대위법리의 확장으로 이해하는 태도가 바람직하다.

계약의 공정성에 관한 소고
- 미국법상 비양심성 법리를 소재로 -

김 현 수

부산대학교 법학전문대학원 교수

Ⅰ. 들어가며

근대 사회는 개인에 대한 국가적 후견을 배제하면서 자유의 관념에 기초하여 개인의 자유를 최대한으로 보장하는 것에 중점을 두었다. 따라서 개인의 의사가 법률관계를 형성하는 중심적인 수단으로서 작용하게 된다. 특히, 이러한 법률관계의 형성은 개인의 자유로운 의사의 합치인 계약에서 가장 빈번하게 나타나기 때문에 계약자유의 원칙은 근대 민법의 중요한 원리 중 하나로 평가된다. 계약자유의 원칙은 국가의 후견에 의한 간섭보다는 개인의 자유의사에 의한 법률관계의 형성이 사회를 조화롭게 한다는 관념이 그 밑바탕을 이루고 있다. 그러나 계약을 둘러싼 현실적인 교섭력의 불균형과 같은 실질적인 불평등이 문제가 되면서 계약의 교섭이나 내용에 관한 규율 문제가 계약의 공정성(contractual fairness)의 관점에서 다루어져 왔다.[1)]

우리나라에서 계약의 공정성에 관한 기본저 규정은 민법 제104조라고 할 수 있다. 민법은 제104조를 두어 계약의 일방 당사자가 약자적인 지위에 있는 다른 당사자의 궁박, 경솔 또는 무경험을 이용하여 폭리를 취하는 것을 막기 위하여 폭리행위를 무효로 규정하고 있다.[2)] 민법 제104조 이외에도 계약의 공정성은 약관의 규제에 관한 법률(이하 "약관규제

1) 김증한, 민법총칙, 제10판, 2013, 37-41; 곽윤직 · 김재형, 민법총칙, 2015, 42-44; E. Allan Farnsworth, Contracts 19-26 (4th ed., 2004); Hein Kötz, European Contract Law 11-15 (1998); Florian Rödl, *Contractual Freedom, Contractual Justice, and Contract Law (Theory)*, 76 Law & Contemp. Probs 57 (2013); Hanoch Dagan & Avihay Dorfman, *Justice in Contracts*, 67 Am. J. Juris. 1 (2022) 참조.

2) 대법원 1994.11.8. 선고 94다31969 판결("민법 제104조에 규정된 불공정한 법률행위는 객관적으로 급부와 반대급부 사이에 현저한 불균형이 존재하고, 주관적으로 위와 같이 균형을 잃은 거래가 피해당사자의 궁박, 경솔, 또는 무경험을 이용하여 이루어진 경우에 한하여 성립하는 것으로서 약자적 지위에 있는 자의 궁박, 경솔 또는 무경험을 이용한 폭리행위를 규제하려는 데에 그 목적이 있다.").

법"), 이자제한법, 독점규제 및 공정거래에 관한 법률(이하 "공정거래법")을 비롯하여 전자상거래 등에서의 소비자보호에 관한 법률, 할부거래에 관한 법률, 방문판매 등에 관한 법률과 같은 특별법에서도 다루어지고 있다. 종래 계약의 공정성에 관한 문제는 약관규제법이나 공정거래법상 불공정거래행위의 규제에 초점을 맞추어 많은 논의가 진행되었다.[3)] 한편, 계약의 공정성이나 계약 정의(contractual justice)에 관한 이론적 근거나 비교법적 논의는 그리 성숙되지 않은 것으로 평가되고 있다.[4)] 그러나 주지하는 바와 같이, 계약의 공정성에 관한 문제는 현대 사회에서도 하도급계약, 가맹점계약, 중개계약, 분양계약, 전속계약 등 다양한 영역에서 지속적으로 문제되고 있다.[5)]

이 글은 이와 같은 배경에서 미국 계약법상 비양심성 법리(doctrine of unconscionability)에 관하여 살펴보고자 한다. 대륙법계 국가와는 달리 미국의 보통법에서는 불공정한 계약을 규율하는 명백한 법리가 발전되지 않았다. 그러나 표준서식계약(standard form contract)의 활용이 일반화되면서 교섭력의 불균형이 심화되고 전통적인 형평법 또는 보통법상 구제 수단에 한계가 노정되었다.[6)] 비양심성 법리는 이러한 문제를 극복하고 불공정 계약을 규율하기 위해 등장한 것으로 현대 미국 계약법상 가장 많은 논의가 이루어진 법리 중 하나라고 할 수 있다. 동 법리는 계약 또는 계약조항이 비양심적인 경우 해당 계약의 구속력을 전부 또는 일부 부정하거나 그 적용을 제한하는 것을 말한다. 1952년 미국 통일상법전(Uniform Commercial Code, U.C.C.) 제2편 제302조에 규정된 것으로 현재 미국의 대부분의 주에서 이에 관한 규정을 두고 있다.[7)] 종래 비양심성 법리는 일반조항이 가지는 추상성을 해결하는

3) 남윤봉, 이자의 새로운 법적 규제, 한양대학교 법학논총 24/2 (2007); 홍대식, 사법적 관점에서 본 불공정 거래 행위, 경쟁법연구 18 (2008); 서희석, 약관규제와 계약법, 외법논집 41/3 (2017); 이병준, 약관규제법에 의한 내용통제의 판단기준, 법조 69/1 (2020). 2004년 민법개정 논의에서 불공정한 법률행위를 규정한 민법 제104조에 대해서도 개정의견이 제시되어 그 의견이 검토되었다. 그러나 개정의견은 '경솔'이라는 요건의 적절성 여부에 대해서만 제한적으로 이루어졌다. 법무부, 2004년 법무부 민법 개정안: 총칙 · 물권편, 2012, 163-166.

4) 지원림, 계약정의에 관한 연구 — 계약자유와의 관계를 중심으로 —, 비교사법 9/2 (2002) 103("우리 나라에서는 근대를 거치지 않고 곧바로 현대로 이행되었기 때문에 계약자유와 계약정의가 동시에 실현되어야 함에도 불구하고, 외국에서의 계약정의에 대한(보다 일반적으로는 사적자치 자체의 제한에 대한) 검토에 터잡은 논의가 여과되지 않은 채 도입되고 있다."); 김재형 외, 계약의 공정성 확보 방안 연구, 2014년 법무부 연구용역과제, 2014, 1 참조. 2004년 민법개정 논의에서 불공정한 법률행위를 규정한 민법 제104조에 대해서도 개정의견이 제시되어 그 의견이 검토되었다. 그러나 개정의견은 '경솔'이라는 요건의 적절성 여부에 대해서만 제한적으로 이루어졌다. 법무부, 2004년 법무부 민법 개정안: 총칙 · 물권편, 2012, 163-166.

5) 장재옥 · 박귀련, 프로야구 선수계약에서의 불공정성 문제, 스포츠엔터테인먼트와 법 10/3 (2007); 고형석, 하도급계약의 공정거래에 관한 연구, 가천법학 8/4 (2015); 박정인 · 박민제, 방송스태프 계약의 불공정성에 관한 연구 — 근로자성 도입의 필요성을 중심으로 —, 법학논총 34/1 (2014); 최병규, 부킹닷컴 '환불불가 상품 조항'의 불공정 약관 여부 — 서울고법 2020.5.20. 선고 2019누38018 판결에 대한 평석을 중심으로 —, 경제법연구 19/2 (2020) 등 참조.

6) 형평법 법원을 통한 특정이행(specific perfomance)이나 다른 형평법상 구제를 거부함으로써 당사자를 보호하거나 보통법 법원에서 약인(consieration), 상호동의(mutual consent), 계약의 작성자에게 불리하게 해석하는 원칙 등을 활용하였다. Joseph Perillo, Calamari and Perillo on Contracts 332-334 (6th ed. 2009) 참조.

7) 1952년에 처음 출판된 통일상법전은 미국의 모든 주를 비롯한 관할에서 동 법전을 채택함으로써 미국 전역의 매매 기타 상사거래(commercial transactions)에 관한 조화를 목표로 만들어진 통일법(uniform act) 중 하나이다. 통일상법전은 미국 대부분의 관할에서 채택되었지만, 루이지애나주나 푸에르토리코와 같은 일부 관할에서는 통일상법전의 모

관점에서 주된 논의가 이루어져 왔으며, 현재에도 디지털 환경에서 동 법리의 적용 가능성 등을 비롯한 다양한 관점에서 이를 둘러싼 논의가 지속적으로 이루어지고 있다.[8] 이하에서는 비양심성 법리의 역사적 발전, 통일상법전의 규정을 둘러싼 판결례와 학설의 전개를 살펴본다. 이를 통하여 추후 우리나라에서 계약의 공정성을 둘러싼 발전적 논의를 위한 이론적, 비교법적 기초자료를 확보하는 동시에 우리 법에 대한 시사점 및 향후 연구의 방향성을 탐색하고자 한다.

Ⅱ. 비양심성 법리의 전개

1 영국과 미국에서의 형평법리

전통적으로 영미법계 국가에서 계약자유의 원칙은 계약법을 관통하는 일반원칙으로서 중요성을 가지고 있다. 그럼에도 불구하고 일정한 경우 불공정한 것으로 인정되는 계약이나 계약조항에 대해서는 형평법상 그 구속력이 부정되었다.[9] 영국의 보통법 법원(common law court)에서는 계약의 실체적인 불공정성에 대한 판단을 꺼린 반면, 형평법 법원(equity court)에서는 "법원의 양심[10]에 충격(shock the conscience of the court)"을 줄 정도로 불공정한 계약이나 계약조항에 대한 구속력을 인정하지 않았다. 영국에서 비양심성 법리의 개념이 발생한 것으로 평가받는 17세기 Berney v. Pitt 사건[11]에서 법원은 곤경에 처한 원고에게 250%의 이자율을 부과한 채무는 부패하고 사기적인 것으로, 이와 같은 경우에 법원의 구제는 확장되어야 한다고 선언하면서 "비양심적인 거래(unconscionable bargain)"라고 하는 관념을 형성하였다.[12] 이후 18세기까지 영국의 형평법 법원은 귀족의 부동산권(estate)[13]이나 노골

든 조항을 채택하지는 않았다. 그리고 통일상법전의 내용 역시 이를 채택한 개별 주에 따라 해당 주의 고유한 법적 환경에 따라 차이가 있다.

8) Brian M. McCall, *Demystifying Unconscionability: A Historical and Empirical Analysis*, 65 Vill. L. Rev. 773 (2020); Jacob Hale Russell, *Unconscionability's Greatly Exaggerated Death*, 53 U.C. Davis L. Rev. 965 (2019) 참조.

9) Melvin Aron Eisenberg, *The Role of Fault in Contract Law: Unconscionability, Unexpected Circumstances, Interpretation, Mistake, and Nonperformance*, 107 Mich. L. Rev. 1413, 1415 (2009).

10) 영국에서는 14세기 이후 보통법 법원에서 충분한 법적 구제를 받지 못한 경우, 국왕이 아닌 대법관(Chancellor)에 대해 직접 청원이 이루어져 개별적이고 시혜적으로 구제를 해 주기 시작하였다. 여기에서 선례가 집적되어 발전된 것이 형평법(equity)이다. Court of Chancery에서 대법관은 그 '양심'에 기초하여 재량으로 구제의 여부를 결정하였기 때문에 '양심의 법원'이라고 불렸다.

11) Berney v. Pitt (1686) 23 Eng. Rep. 620 (Ch), 2 Vern. 14.

12) Allen R. Kamp, *Uptown Act: A History of the Uniform Commercial Code: 1940−49*, 51 Smu L. Rev. 275, 309-310 (1998).

13) 미국법상 부동산권(estate)에 대한 개념, 연혁 및 분류에 관한 상세는 김현수, 미국 재산법의 기초개념에 관한 소고,

적이며 기만적인 거래와 관련된 사안에서 주로 이 법리를 적용해 왔다. 영국의 형평법 법원이 형성한 비양심성 법리는 오늘날 미국법상 비양심성 법리의 토대를 마련한 것으로 평가할 수 있다. 그러나 영국 형평법상 비양심성 법리의 대상이 된 사안들은 대체로 불평등한 교섭력을 가진 당사자 간의 매우 감정적인 상황에서 발생하는 거래들이었기 때문에 상업적 맥락에서 일반적으로 이 법리를 적용하는 데는 한계가 있었다.

비양심성 법리는 고전적인 계약 원리, 즉 "거래(bargain)는 공정성에 관계없이 계약의 내용대로 강제할 수 있다"고 하는 개념과 충돌하였다.[14] 따라서 역사적으로 형평성에 국한된 영국의 판례법(case law)에서 파생된 비양심성 법리는 미국의 초기 계약법 학자들에 의해서는 거의 인용되지 않았다. 그러나 19세기 초 Marshall 대법원장에 의해 비양심성 법리가 형평법상 구제수단으로 소환된 이래,[15] 미국 내에서도 비양심성 법리는 계약의 한 원리로 인정되었다. 비록 비양심성 법리를 적용한 형평법상 법적 구제를 위한 기준은 명확하지는 않았지만, 계약의 기본원리를 지키기 위하여 계약의 실체적인 공정성(substantive fairness)이 구제를 위한 유일한 기준이 될 수 없다는 점이 받아들여지게 되었다. 비양심성 법리를 적용하기 위해서 형평법 법원은 계약체결시에 계약이 실체적인 불공정성 이상의 무엇인가에 의해 영향을 받았을 것을 요구하였다. 여기서 언급한 그 이상의 것은 일반적으로 무능력 수준에 까지는 이르지 않는 교섭력의 부재 또는 부실표시, 강박, 또는 부당위압(undue influence)에 해당하지 않는 교섭과정의 남용과 같은 것이었다. 비양심성 법리는 형평법 법원으로 하여금 엄격하게 정의된 계약상 항변과 단순한 교섭상 어리숙함 또는 미숙함 사이의 빈 공간을 메워 계약의 일방 당사자를 구제할 수 있도록 하였다. 법원은 '양심에 충격을 주는' 다양한 상황에 적용할 수 있는 유연한 기준으로 이를 활용하였다.[16]

민사법의 현실과 지향(윤용석 교수 정년기념논문집), 2019, 485-492 참조.

14) Melvin Aron Eisenberg, The Bargain Principle and Its Limits, 95 Harv. L. Rev. 741 (1982) 참조. 약속으로서의 계약이론을 주장한 Charles Fried 교수는 비양심성 법리를 사적자치를 일관적으로 나타내고 있는 계약법에 가장 직접적으로 도전하고 있는 법리들 중 하나로 파악한다. Charles Fried, Contract as Promise: A Theory of Contractual Obligation 74 (1981). Fried 교수의 약속이론에 관한 상세는 김현수, 약속으로서의 계약이론 — Charles Fried 이론의 학설사적 지위와 논지를 중심으로 —, 재산법연구 34/2 (2017) 참조.

15) Cathcart v. Robinson, 30 U.S. 264, 276-77 (1831)("Excess of price over value, if the contract be free from imposition, is not of itself sufficient to prevent a decree for a specific performance. But though it will not, standing alone, prevent a court of chancery enforcing a contract, it is an ingredient, which associated with others will contribute to prevent the interference of a court of equity. … If to any unfairness a great inequality between the price and value be added, a court of chancery will not afford its aid.").

16) Michael J. Phillips, *Unconscionability and Article 2 Implied Warranty Disclaimers*, 62 Chi.-Kent L. Rev. 199, 212 n.99 (1985).

2. 표준서식(약관)에 의한 계약

현대 사회에 접어들면서 대등한 계약 당사자 사이에 교섭을 통하여 계약내용을 확정한다고 하는 전통적인 계약 모델에 변화가 나타났다. 미국에서도 기술의 발전에 따라 물품의 대량생산에 의하여 생산자와 소비자 간 이루어지는 계약에서는 계약자가 사전에 마련한 표준서식(약관)[17]의 활용이 보편화되었다. 표준서식에 의한 계약은 계약의 교섭에 요구되는 비용이 감소하고, 동일한 조건으로 거래가 이루어지기 때문에 거래에 수반되는 위험에 대한 계산이 용이한 것과 같은 장점이 존재한다. 반면, 표준서식을 사용하는 계약에서는 전통적인 계약 모델에서와는 구별되는 다음과 같은 문제점이 있다. 즉, 표준서식을 준비하는 매도인의 경우 전문가의 조력에 기초하여 충분한 검토 후 표준서식의 조건을 마련하기 때문에 표준서식이 장문화되는 동시에 전문화된다. 표준서식의 장문화나 전문화는 결국 계약의 상대방인 일반인으로서의 당사자에게 계약의 내용을 적확히 파악하는데 어려움을 야기한다. 또한, 표준서식에 의하는 경우 계약의 내용에 대하여 당사자 간 교섭의 가능성이 거의 존재하지 않게 되어 사실상 계약의 체결 여부만을 매수인이 결정할 수 있게 되는 부합계약(adhesion contract)으로서의 성질을 가지게 된다.[18] 미국 법원은 문서의 뒷면에 인쇄된 작은 문자의 내용이 계약 당사자의 청약의 내용의 일부가 되는 것으로 볼 수 없다고 하거나, 계약의 작성자에게 불리하게 해석하는 원칙에 따라 표준서식에 있는 면책조항을 한정적으로 해석하고 계약서에 기재되어 있는 사항에 대해서만 면책을 인정하면서 문제가 된 사건은 이에 해당하지 않는다고 해석하는 등의 방안으로 표준서식의 사용에 관한 문제에 대처하였다. 그러나 이와 같은 법원의 대응은 계약의 내용에 대한 공정성을 판단한 것이 아니라 사실상 계약 체결과정의 하자에 대해서만 판단하는 것이었다. 따라서 표준서식을 작성하는 매도인의 입장에서는 이러한 하자에 유의하여 그것을 스스로 치유하는 경우, 법원의 판단을 피할 수 있게 되는 문제점이 여전히 남게 되었다.

이후 미국 법원에서는 형평법 법리를 통하여 계약의 내용에 대한 불공정성을 규율하고자 하는 움직임이 나타났다. 이에 관한 대표적인 예가 Campbell Soup Co. v. Wentz 판결이다.[19] 이 판결의 사실관계는 다음과 같다. 1947년 6월 21일, 뉴저지 기업인 원고

17) 표준서식에 의한 계약을 미국에서는 통상 standard form contract이라 하며, a contract of adhesion, a take-it-or-leave-it contract 또는 a boilerplate contract이라고도 한다.

18) Russell Korobkin, *Bounded Rationality, Standard Form Contracts, and Unconscionability*, 70 U. Chi. L. Rev. 1203, 1204 (2003)(Such forms are often referred to as "contracts of adhesion," as one party presents the terms to the other on a take-it-or-leave-it basis with no opportunity for negotiation, although form terms are not necessarily adhesive and not all adhesive terms are presented on a pre-printed form.).

19) Campbell Soup Co. v. Wentz, 172 F.2d 80 (3d Cir. 1948).

(Campbell)는 피고(펜실베니아 농부 George B. Wentz 및 Harry T. Wentz)와의 사이에 피고가 1947년 시즌 동안 피고의 15에이커의 농장면적에서 재배할 특정 품종의 당근을 전량 구매하는 서면계약을 체결하였다. 계약서에 명시된 가격은 인도 시점에 따라 톤당 23달러에서 30달러 사이였다. 1948년 1월의 계약 가격은 톤당 30달러였다. 그러나 1948년 1월 당근 가격은 톤당 최소 90달러로 폭등했으며, 계약의 목적물인 특정 품종의 당근은 사실상 시장에서 구할 수 없었다. 피고는 약 100톤의 당근을 수확했지만, 1948년 1월 초 원고에게 이행거절을 통지하고 이웃 농부에게 수확한 당근 약 62톤을 매도하였다. 이에 원고는 피고를 상대로 하여 당근의 추가적인 매도를 금지하는 한편 계약의 특정이행(specific performance)을 청구하였다.[20] 제1심은 특정이행 등 형평법상의 구제를 인정하지 않았고 이에 원고는 항소하였다. 법원은 다음과 같은 이유를 들어 원고의 청구를 기각했다. 우선, 계약에 사용된 표준서식은 매수인인 원고의 이익을 위하여 전문가가 작성한 것으로 계약 자체가 양심의 법원에서 원고에게 구제를 부여하기에는 너무나 어려운 거래이고 일방적인 합의라는 점을 지적하였다. 특히, 가장 문제가 된 것은 면책조항이었는데, 원고는 특정한 상황에서는 피고와의 거래의무를 면제받지만, 그 경우에도 피고는 제3자에게 당근을 매도하지 못하도록 하여 계약의 내용이 일방적으로 원고에게 유리한 것이었다. 법원은 비양심적인 거래를 강제하지 않는다는 형평법리는 잘 정립되어 있기 때문에, 이와 같이 어려운 합의를 제안하고 성공한 계약의 일방 당사자가 계약의 강제를 위해서 법원의 도움을 구할 수는 없다고 판시하였다.[21] 동 판결에서 법원은 계약내용에 대하여 공정성에 관한 형평법상 기준을 적용하였지만, 여전히 법리 적용 여부에 대한 불투명성으로 인한 예측가능성의 결여, 형평법이 미치는 범위의 제한[22]과 같은 한계는 존재할 수밖에 없었다.[23]

3. 통일상법전의 비양심성 법리

비양심성 법리는 통일상법전을 통하여 보통법상 계약의 공정성에 관한 일반적 기준

20) 172 F.2d 80, 81 (3d Cir. 1948)

21) 172 F.2d 80, 82-83 (3d Cir. 1948)("We do think, however, that a party who has offered and succeeded in getting an agreement as tough as this one is, should not come to a chancellor and ask court help in the enforcement of its terms. That equity does not enforce unconscionable bargains is too well established to require elaborate citation.").

22) 계약의 당사자가 형평법상 구제수단인 특정이행을 구하는 경우가 아닌 보통법상 손해배상을 청구하는 경우에는 형평법이 적용되지 않는 것이 원칙이다.

23) K. N. Llewellyn, *The Standardization of Commercial Contracts in English and Continental Law by O. Prausnitz. London: Sweet & Maxwell. 1937. Pp. Xix, 155. 10s. 6d*, 52 Harv. L. Rev. 700, 703 (1939)("Covert tools are never reliable tools").

이 되었다. 1952년에 공표된 통일상법전에서는 제2편 제302조(§2-302)에서 비양심성 법리를 명시적으로 규정하였다. 동 규정은 법원으로 하여금 비양심적이라고 인정한 계약 또는 계약조항에 대해서 그 이행을 거부하거나 비양심성 조항을 제외한 부분만을 이행할 수 있도록 하였다. 통일상법전은 현재 루이지애나주를 제외한 모든 주에서 채택되어 있다. 통일상법전 §2-302의 내용은 다음과 같다.

> (1) 법원이 법률문제로서 계약체결시에 계약 또는 계약조항[24]이 비양심적이라고 인정한 경우, 법원은 당해 계약의 강제를 거부하거나 비양심적 조항을 제외한 계약의 잔존 부분을 강제할 수 있거나, 또는 비양심적인 결과를 회피하기 위하여 비양심적인 조항의 적용을 제한할 수 있다.
> (2) 법원에 계약 또는 계약조항이 비양심적일 수 있다고 주장되는 경우, 또는 법원이 비양심성을 인정하는 경우 계약의 당사자들은 법원이 그러한 결정을 내리는 것을 돕기 위하여 당해 계약의 거래상 배경(commercial setting), 목적 및 효과에 관한 증거를 제출할 합리적인 기회를 부여받아야 한다.

통일상법전에 비양심성 법리가 규정됨에 따라 법원은 계약 또는 계약조항의 비양심성에 대하여 직접 법적인 판단이 가능하게 되었다.[25] 동 조에 따라 법원은 계약이 비양심적인 경우 재량으로 전체적으로 해당 계약의 강제를 거부하거나 비양심적이거나 합의의 본질적 목적에 반하는 하나의 조항 또는 복수의 조항을 무효로 할 수 있다. 또한 비양심적인 결과를 피하기 위하여 비양심적인 조항의 강제를 제한할 수 있다.[26] 제2항에서는 비양심성 문제를 결정하는 것은 배심에 의하는 것이 아니라 "법률문제로서(as a matter of law)" 법원에 의하여 이루어지는 것이라는 점을 명시하고 있다. 즉, 제2항에서 규정된 거래상 증거(commercial evidence)는 배심이 아닌 법원이 조사하는 것으로 법원을 거친 합의만이 사실인정자 일반(general triers of the facts)에게 제출되어야 한다.[27] 비양심성에 대한 입증책임은 이를 주장하는 자에게 있다.[28]

비양심성 법리가 통일상법전에 명시적으로 규정되면서 동 법리는 더 이상 형평법상

24) 1952년 통일상법전의 'clause'라는 용어에 대하여 2003년 개정안에서는 Restatement (Second) of Contracts § 208 (1981)에서와 같이 'term'으로 수정할 것이 제안되었다. § 2-302. Unconscionable Contract or Term. (Amended 2003, Withdrawn 2011), Unif. Commercial Code § 2-302. 'term'은 특정 문제와 관련된 계약의 일부("a portion of an agreement that relates to a particular matter")를 의미한다. Unif. Commercial Code § 1-201.

25) Unif. Commercial Code § 2-302, cmt 1.("In the past such policing has been accomplished by adverse construction of language, by manipulation of the rules of offer and acceptance or by determinations that the clause is contrary to public policy or to the dominant purpose of the contract. This section is intended to allow the court to pass directly on the unconscionability of the contract or particular clause therein and to make a conclusion of law as to its unconscionability.").

26) Unif. Commercial Code § 2-302, cmt 2.

27) Unif. Commercial Code § 2-302, cmt 3.

28) Zapatha v. Dairy Mart, 408 N.E.2d 1370 (Mass. 1980).

구제를 위한 법리에 머무르지 않고 보통법상 소송에서도 인정될 수 있는 제정법상의 법리가 되었다. 그럼에도 불구하고 동 법리의 실질적 적용을 위해서는 해결해야 할 문제들이 여전히 남아 있었다. 우선, 비양심성 법리가 규정된 통일상법전 제2편은 동산매매(sales of goods)편으로 원칙적으로 동산매매에서의 계약만을 적용대상으로 한다. 따라서 동산매매가 아닌 경우 통일상법전 §2-302에 규정된 비양심성 법리가 적용될 수 있는지 여부가 문제되었다.29) 그러나 실제의 판결례에서 동산매매에 대하여 단순한 제정법적인 적용을 넘어서 공정성이 가지는 사회적 태도를 구현한다는 근거로 동 법리를 유추적용하거나 예외를 인정하는 경우가 많았다.30) 또한, 제2차 계약법 리스테이트먼트 §208(비양심적인 계약 또는 조항)31)에 비양심성 법리가 도입되면서 일반적인 계약법리로 인정되어 동산매매 이외의 경우에도 동 법리의 적용은 더 이상 문제되지 않게 되었다.32)

다음으로 문제된 것은 통일상법전에 규정된 비양심성 법리가 일반조항의 형식을 가지고 있다는 점이었다. 통일상법전 §2-302에서는 단순히 '계약 또는 계약조항이 비양심인 경우'에 적용된다고 규정되어 있다. 그러나 여기서 '비양심적'이라고 하는 것은 전술한 바와 같이 형평법 법원이 계약의 공정성을 판단하는 경우 사용된 기준이기 때문에 도덕이나 사회통념과 같은 의미를 가지는 것으로도 볼 수 있다. 이에 대해 통일상법전의 주석(comment)에는 비양심성 판단을 위한 기본적인 기준에 대하여 일반적인 거래상 배경, 특정한 거래, 사안의 거래상 필요성에 비추어 계약의 해당 조항이 계약체결시의 사정에서 비양심적이라고 할 수 있을 정도로 일방적인 것인가 여부라는 간단한 설명과 함께 관련된 일련의 판결례들만을 제시하고 있다.33) 그리고 이 법리가 억압 또는 불공정한 기습(unfair surprise)을 억지하기 위한 것이고, 계약 당사자 중 일방의 우월적인 교섭능력을 이유로 하는 위험배분의 사후적인 변경을 위한 것은 아니라는 점을 밝히고 있다.34) 그러나 이와 같은 추상적인 문

29) Farnsworth, Contracts, 298 (2004).

30) 예를 들어, Williams v. Walker−Thomas Furniture Co., 350 F.2d 445 (D.C. Cir. 1965); Seabrook v. Commuter Housing Co., 72 Misc.2d 6, 338 N.Y.S.2d 67 (Civ.Ct.1972)(아파트 리스계약); Kugler v. Romain, 58 N.J. 522, 279 A.2d 640 (1971)(소비자 사기 소송) 참조.

31) Restatement (Second) of Contracts § 208 (1981)("계약체결시에 계약 또는 계약조항이 비양적인 경우 법원은 그 계약의 강제를 거부하거나 비양심적인 계약조항이 없는 해당 계약의 잔존 부분을 강제하거나 또는 비양심적인 결과를 회피하기 위하여 비양심적인 계약조항의 적용을 제한할 수 있다").

32) Restatement (Second) of Contracts § 208 cmt. a (1981).

33) 예를 들어, Hardy v. General Motors Acceptance Corporation, 38 Ga.App. 463, 144 S.E. 327 (1928)(보증면책조항은 명시적 보증에만 적용되기 때문에 공정한 묵시적 보증을 허용한다고 판단); New Prague Flouring Mill Co. v. G. A. Spears, 194 Iowa 417, 189 N.W. 815 (1922)(매수인이 배송지시를 하지 않은 경우 매도인이 취소, 배송, 또는 배송 날짜를 한 번에 30일 동안 무기한 연기할 수 있도록 허용하는 조항은 매도인의 이익을 위하여 매수인의 해당 위반에 대한 손해배상 산정일을 무기한 연기할 수 있도록 허용하는 것은 아니라고 판단); Austin Co. v. J. H. Tillman Co., 104 Or. 541, 209 P. 131 (1922)(판매자가 계약의 내용을 합리적으로 충족하는 건설 작업에 필요한 기계를 납품한 경우에만 반품에 대한 매수인 구제를 제한하는 조항이 적용된다고 판단). Unif. Commercial Code § 2-302, cmt 1.

34) Unif. Commercial Code § 2-302, cmt 1.

언에 의한 설명으로는 구체적인 개별 사안에서 법원이 비양심성을 판단하는 데 필요한 지침이나 기준으로 작용하지는 못한다는 문제가 지적되었다.35)

이후 1967년 Williams v. Walker-Thomas Furniture Co. 판결36)은 비양심성을 판단하는 기준을 제시한 것으로 평가된다. 동 판결에서 법원은 일방 당사자가 계약의 조건을 정하는데 "의미있는 선택(meaningful choice)"이 존재하지 않고 그러한 조건이 상대방에게 "비합리적으로 유리(unreasonably favorable)"한 경우 비양심성이 인정된다고 판시하였다.37) 동 판결은 비양심성을 판단하는 요소로서 '의미있는 선택'과 '합리성'이라고 하는 두 가지 요소를 제시하면서 관련 내용에 대한 추가적인 설명을 하고 있다. 우선 '의미있는 선택'의 유무에 관해서는 계약을 둘러싼 모든 상황을 고려해야만 결정할 수 있다고 하면서 다수의 사례에서 교섭력의 현저한 불균형이 있는 경우 의미있는 선택이 없는 것으로 인정되었다고 보았다.38) 아울러 계약이 체결된 방식 역시 이러한 고려사항과 관련이 있다고 강조하고 있다. 일반적으로 계약의 조건이나 내용을 완전히 알지 못한 채 계약에 서명하는 사람은 일방적인 내용의 거래에 스스로 들어간 위험을 감수해야 한다. 그러나 교섭력이 거의 없어 실질적으로 선택권이 없는 당사자가 계약 조건에 대한 지식이 거의 또는 전혀 없는 상태에서 비합리적인 계약에 서명하는 경우, 그의 동의나 동의의 객관적인 표시가 모든 계약 조건에 대하여 이루어졌을 가능성은 당연히 거의 존재하지 않는다고 보아야 한다. 따라서 이와 같은 경우 법원은 계약 조건에 의문을 제기할 수 없다는 일반적인 원칙을 포기해야 하고, 계약 조건이 지나치게 불공평하여 그 강제를 보류해야 하는지 여부를 고려해야 한다고 설명하고 있다.39) 다음으로 계약의 '합리성(reasonableness)'이라고 하는 계약 내용의 판단은 기계적으로 적용할 수는 없는 것으로 계약이 체결된 당시의 상황에 비추어 존재했던 여러 가지 사정에 비추어 판단해야 한다. 특히, 그 조건은 일반적인 거래의 배경과 특정한 거래나 사안에서의 사업적 필요의 관점에서 고려되어야 한다고 한다.40)

35) Arthur Allen Leff, *Unconscionability and the Code—the Emperor's New Clause*, 115 U. Pa. L. Rev. 485, 487-488 (1967).

36) Williams v. Walker-Thomas Furniture Co., 350 F.2d 445 (D.C. Cir. 1965).

37) 350 F.2d 445, 449 (D.C. Cir. 1965)("Unconscionability has generally been recognized to include an absence of meaningful choice on the part of one of the parties together with contract terms which are unreasonably favorable to the other party.").

38) 350 F.2d 445, 449 (D.C. Cir. 1965).

39) 350 F.2d 445, 450 (D.C. Cir. 1965).

40) 350 F.2d 445, 450 (D.C. Cir. 1965).

Ⅲ. 비양심성의 판단기준

Williams v. Walker-Thomas Furniture Co. 판결에서 제시된 두 가지 판단요소는 Arthur Allen Leff 교수에 의하여 "절차적 비양심성(procedural unconscionability)" 및 "실체적 비양심성(substantive unconscionability)"으로 재분류되어 제시되었다.[41] 이후 학자들의 논의는 이들 기준에 관해 집중되었고, 법원의 판단 역시 Leff 교수가 제시한 '절차적 비양심성'과 '실체적 비양심성'이라고 하는 기준들을 기초로 이루어졌다.

1. 비양심성 판단을 위한 기준: 절차적 요건과 실체적 요건

가. 절차적 요건

절차적 비양심성은 일반적으로 계약의 체결과정에 초점을 둔 것으로 그 과정에서의 부적절(naughtiness) 또는 하자를 의미한다.[42] 미국 법원은 종종 '의미있는 선택의 부재'나 '부당 또는 불공정한 기습'을 기준으로 하여 계약의 체결과정에서 모든 사정을 고려하여 계약의 절차적 비양심성을 판단하였다.[43] 대표적인 예로는 기만적 거래 관행을 채택[44]하거나 계약의 조항이 작은 글씨로 작성되어 잘 드러나지 않는 경우[45]를 들 수 있다. 그렇지만 경제적 지위가 강한 당사자가 작성한 인쇄된 표준서식 계약서를 사용하여 계약 내용에 관한 교섭가능성이 없는 경우나 장문의 계약서 중에 중요한 조항을 숨겨두고 있는 경우 등 교섭력이 약한 입장의 일방 당사자에게 의미를 가질 수 있는 내용에 대한 교섭의 기회가 부여되지 않는 경우[46]나, 이해력의 부족[47]도 포함되었다.[48] 따라서 절차적 비양심성은 같은 조항이라고 하더라도 계약의 일방 당사자가 가지는 경험이나 거래에 관한 지식, 교섭능력, 교육 수준 등에 따라 법리의 적용이 달라질 수 있다. 그러나 비양심성 법리는 일방 당사자의 우월적인 거래능력을 이유로 하는 위험배분의 사후적인 변경을 위한 것이 아니기

41) Leff, 115 U. Pa. L. Rev. 485, 487-488 (1967).
42) Leff, 115 U. Pa. L. Rev. 485, 487 (1967).
43) Melissa T. Lonegrass, *Finding Room for Fairness in Formalism—the Sliding Scale Approach to Unconscionability*, 44 Loy. U. Chi. L.J. 1, 9 (2012).
44) Unif. Commercial Code § 2-302, cmt 1 참조.
45) John Deere Leasing Co. v. Blubaugh, 636 F. Supp. 1569 (D. Kan. 1986)(계약의 내용 중 일부가 계약서 이면에 옅은 색상의 글씨로 되어 있었던 경우).
46) Martin v. Joseph Harris Co., 767 F.2d 296 (6th Cir. 1985).
47) Weaver v. American Oil Co., 276 N.e.2d 144 (1971)(고등학교를 중퇴한 주유소 운영자가 관련 법과 기술적인 계약 내용의 이해하기에는 어렵다고 한 판단).
48) Robert A. Hillman, Principles of Contract Law 214-216 (2004); Farnsworth, Contracts, 302-303 (2004); Perillo, Calamari and Perillo on Contracts 338-341 (2009); Eric A. Posner, Contract Law and Theory 92-94 (2011).

때문에 교섭력의 불균형만으로는 비양심성이라고 판단하기에는 불충분하고 교섭력의 불균형이 당사자의 선택을 변경할 정도의 중대한 것이어야 한다.[49] 예를 들어, 법원은 상인과 소비자의 협상력 차이로 인하여 소비자의 교섭 기회의 부재를 인식하면서 부합계약인지 여부를 절차적 비양심성 판단을 위한 하나의 요소로 고려한다. 그러나 교섭력이 불균형하고, 표준서식을 사용하며, 교섭 기회가 부족한 것을 인식하면서도 대부분의 법원에서는 표준서식을 사용한 소비자계약이 그 자체만으로 절차적으로 비양심적이라고는 판단하지 않는다. 대신 표준서식에 의한 계약은 법원이 절차적 비양심성을 고려하는 많은 요소 중 하나로 취급되었다. 절차적 비양심성에 대한 추가적인 증거를 요구함으로써 종래의 접근법에서는 표준서식에 의한 소비자계약의 실질적인 유용성과 보편성을 고려하여 표준서식에 의한 소비자계약의 강제가능성을 묵시적으로 추정한다.[50] 절차적 비양심성이 독자적으로 부실표시, 강박, 부당위압 수준에 이르는 경우 해당 계약은 실체적 비양심성에 관계없이 취소할 수 있게 된다.

나. 실체적 요건

실체적 비양심성은 계약 내용의 공정성에 관한 문제로, 계약의 내용이 참을 수 없을 정도로 일방 당사자에게 유리하거나 일방적인가에 관한 것이 기준이 된다. 구체적인 사례를 살펴보면, 과도하거나 폭리적인 가격을 포함한 계약 전체에서의 급부의 균형을 문제로 하는 경우가 많았다. 주택의 창과 문의 제공 및 설치에 관한 할부계약을 기초로 매도인이 지급청구 소송을 제기한 사안에서 법원은 상품과 서비스의 시장 가격은 959달러인데 반해 피고가 실제로 부담한 금액은 1,750달러라는 점을 주목하였다.[51] 그리고 이는 피고에게 불공정한 부담을 주는 과도한 것으로 비양심적이라고 판시하였다. 동 판결은 계약의 체결과정이나 교섭력의 차이와 관련한 부분에 대해서는 언급하지 않고 있고 시장 가격과 과도한 차이가 있는 계약의 실체적 비양심성만으로 계약의 비양심성을 인정한 판결로 알려져 있다. 또한, 스페인어만 구사할 수 있는 소비자에게 판매자가 영어로 작성된 할부판매계약서의 내용을 번역하거나 설명해 주지 않으면서 냉장고를 1,145달러로 매도한 사안에서, 법원은 판매자에게 소요되는 비용은 348달러이며 현금매도가격은 900달러인 냉장고를 1,145달러로 판매한 것은 양심에 충격을 주는 것으로 비양심적인 것으로 보았다.[52]

49) Unif. Commercial Code § 2-302 cmt. 1.

50) Robert A. Hillman & Jeffrey J. *Rachlinski*, *Standard−Form Contracting in the Electronic Age*, 77 N.Y.U. L. Rev. 429, 461 (2002)("The law presumes the general enforceability of standard terms, while negating terms that are procured unfairly, are unreasonable or indecent, or are reasonably unexpected.").

51) American Home Improvement, Inc. v. MacIver, 105 N.H. 435, 201 A.2d 886 (1964).

52) Frostifresh Corp. v. Reynoso, 52 Misc. 2d 26, 274 N.Y.S.2d 757 (Dist. Ct., Nassau Co. 1966), rev'd on other

또한, 판결례에서는 책임제한이나 면책조항과 같이 법적 구제를 제한하는 조항이나, 중재조항, 준거법 조항, 관할지 조항 등 구제실현수단을 지정하는 조항이 문제되는 경우가 많았다.[53] 예를 들어, 고용상 차별에 관한 소 제기와 관련하여 원고가 고용의 조건으로서 서명한 중재합의가 문제된 사안에서, 원고는 중재합의에서 변호사 비용 부담 및 180일의 기간 제한에는 실체적 비양심성이 있다고 주장하였고, 이에 대해 법원은 실체적 비양심성 기준 단독으로 비양심성 법리를 적용하였다.[54]

2. 판결례의 경향 및 학설

가. 판결례의 경향

미국 법원이 비양심성을 판단하는 때에는 Leff 교수가 제시했던 절차적 비양심성과 실체적 비양심성이라는 기준을 요건으로 활용하였다.[55] 계약이 비양심적이어서 강제할 수 없다는 주장을 하는 당사자는 구체적인 사안에서 해당 계약이 절차적 비양심성과 실체적 비양심성을 증명해야 한다. 하지만 구체적인 사안에서 절차적 비양심성과 실체적 비양심성이라는 요건이 모두 필요한가에 관해서는 관할에 따라 판결례의 입장에 차이가 있었다.[56]

이에 대해 다수의 관할에서는 두 가지 요건 모두가 갖추어지지 않으면 비양심적이라고 할 수 없다고 하는 입장을 보였다.[57] 그러나 계약이 비양심적이 되기 위해서 절차적 요

grounds, 54 Misc. 2d 119, 281 N.Y.S.2d 964 (App. Term, 2d Dep't 1967).

53) Robert A. Hillman, Principles of Contract Law 216-217 (2004); Perillo, Calamari and Perillo on Contracts 338-341 (2009); Eric A. Posner, Contract Law and Theory 94-99 (2011); Melissa T. Lonegrass, *Finding Room for Fairness in Formalism—the Sliding Scale Approach to Unconscionability*, 44 Loy. U. Chi. L.J. 1, 11 (2012). 이와 관련하여 통일상법전 §2-791에서는 계약에 의해 구제를 사전에 수정 · 한정하는 것을 인정하고 있다. 이 중 확대손해를 제한 · 배제하는 것을 인정하는 §2-791(3)은 그러한 한정 · 배제가 비양심적이지 않다는 것을 명시적으로 요구하고 있다. 그럼에도 불구하고 소비자가 개인 · 가정용으로 사용하거나 구입한 동산에 대해서 인신손해에 대한 손해를 한정하는 것은 비양심적인 것으로 추정된다.

54) Adler v. Fred Lind Manor, 153 Wash. 2d 331, 346-47, 103 P.3d 773, 782 (2004)("we now hold that substantive unconscionability alone can support a finding of unconscionability."). 이 사안에서 법원은 절차적 비양심성에 대한 판단은 유보하였다.

55) 다만, 비양심성 법리의 적용에 관해서 사실상 교섭력이 대등한 경우는 드물고 거래의 신속한 체결과 이행이 필요하다는 현실을 인정하는 한편, 법원은 부의 불균형한 배분의 문제를 다룰 수 있는 능력이 부족하다는 점을 인정하면서 비양심성 법리의 적용에 신중하다고 평가하는 입장이 있다. Farnsworth, Contracts, 302 (2004).

56) 우리 민법 제104조에서 법률행위가 폭리행위로서 무효라고 주장하는 자는 궁박 · 경솔 또는 무경험의 상태에 있었다는 사실, 상대방이 이를 인식하고 있었다는 사실, 급부와 반대급부가 현저하게 불균형한 사실을 모두 증명하여야 한다. 대법원 1991.5.28. 선고 90다19770 판결("매도인측에서 매매계약이 불공정한 법률행위로서 무효라고 하려면 객관적으로 매매가격이 실제가격에 비하여 현저하게 헐값이고 주관적으로 매도인이 궁박, 경솔, 무경험 등의 상태에 있었으며, 매수인측에서 위와 같은 사실을 인식하고 있었다는 점을 주장입증하여야 한다").

57) Farnsworth, Contracts, 301 (2004); Margaret Jane Radin, *An Analytical Framework for Legal Evaluation of Boilerplate*, *in* Philosophical Foundations of Contract Law 223 (Gregory Klass et al. eds., 2014). 예를 들어, Clark v. DaimlerChrysler Corp., 268 Mich. App. 138, 143, 706 N.W.2d 471, 474 (2005) ("In order for a contract or contract provision to be considered unconscionable, both procedural and substantive unconscionability must be

건과 실체적 요건을 모두 증명해야 한다는 것은 절차적 비양심성이 거의 존재하지 않는 경우(예를 들어, 교섭력이 거의 대등한 경우)에는 실체적 비양심성이 큰 경우에도 법원은 비양심성을 이유로 계약의 강제를 거부할 수 없게 된다. 이러한 점을 이유로 일부 관할에서는 절차적 요건과 실체적 요건을 상관적으로 파악하는 방식인 소위 '슬라이딩 스케일(sliding scale) 접근법' 또는 '밸런싱(balancing) 접근법'을 택했다.58) 따라서 절차적 비양심성이 약한 경우에도 실체적 비양심성이 강한 경우에는 해당 계약이나 조항의 비양심성이 인정된다. 예를 들어, 900채에 가까운 아파트 임대업을 운영하는 임대인이 표준서식을 사용하여 체결한 임대차계약 조항의 비양심성이 문제된 판결례59)에서 뉴욕주 법원은 계약의 양심성 여부에 관해서 개별 사안의 구체적 사실관계에 기초하여 판단할 필요가 있지만, 일반적으로는 절차적 비양심성과 실체적 비양심성의 양자의 증명이 필요하고 이때 절차적 비양심성과 실체적 비양심성에 관한 슬라이딩 접근법이 가능하다고 설시했다.60) 슬라이딩 스케일 접근법에서는 두 가지 요건을 동시에 보기 때문에 사실관계와 이를 둘러싼 상황이 전체적으로 법원의 개입이 필요로 하다고 판단되는 경우 비양심성을 판단할 수 있다.61)

이와는 대조적으로 판결례 중에는 두 요건 중 어느 한 가지만을 충족하면 비양심적이라고 판단할 수 있다는 입장도 존재한다. 그러나 한 가지 요건만으로 충분하다고 하는 경우에는 대부분 절차적 요건에 비하여 실체적 요건을 중시하는 경향이 있다.62) 이러한 경향은 표준서식의 활용이 보편화되면서 부합계약의 활용이 일상화되는 것과 관련이 있는 것으로도 볼 수 있다. 즉, 교섭의 기회가 주어지지 않는 부합계약은 이를 사용하는 것 자체에서 절차적 비양심성이 인정될 수 있기 때문이다. 부합계약이 보편화되고 계약의 효율화에 이바지하는 점을 고려하여 공익(public interests)에 반하는 수준에 이르기까지 실체적 비양심성이 인정되지 않는 경우 계약의 비양심성을 인정할 수 없다고 판단한 사례63)도 존재한다.64)

---

present.") 참소.

58) 이에 관한 상세는 Melissa T. Lonegrass, *Finding Room for Fairness in Formalism—the Sliding Scale Approach to Unconscionability*, 44 Loy. U. Chi. L.J. 1 (2012) 참조.

59) State v. Wolowitz, 96 A.D.2d 47, 48, 468 N.Y.S.2d 131 (1983).

60) State v. Wolowitz, 96 A.D.2d 47, 68, 468 N.Y.S.2d 131, 145 (1983)("However, in general, it can be said that procedural and substantive unconscionability operate on a "sliding scale"; the more questionable the meaningfulness of choice, the less imbalance in a contract's terms should be tolerated and vice versa").

61) Melissa T. Lonegrass, *Finding Room for Fairness in Formalism—the Sliding Scale Approach to Unconscionability*, 44 Loy. U. Chi. L.J. 1, 12 (2012).

62) American Home Improvement, Inc. v. MacIver, 105 N.H. 435, 201 A.2d 886 (1964) 참조.

63) Muhammad v. Cnty. Bank of Rehoboth Beach, Delaware, 189 N.J. 1, 19, 912 A.2d 88, 99 (2006)("That said, adhesive consumer contracts, which are ordinarily enforceable, nonetheless may rise to the level of unconscionability when substantive contractual terms and conditions impact "public interests" adversely.").

64) Farnsworth 교수는 실체적 비양심성의 증명만으로 비양심성 법리의 적용을 인정하는 판결례가 존재한다는 점을 인정하면서도 계약자유의 원칙과 긴장관계가 있기 때문에 이 경우는 매우 예외적인 것이라는 점을 강조하고 있다. Farnsworth, Contracts, 303 (2004).

이러한 점을 고려할 때 미국 법원에서는 절차적 비양심성에 비하여 상대적으로 실체적 비양심성 기준을 중시하는 경향이 있다고 평가된다. 그러나 실체적 비양심성을 판단하는 범위나 기준에 대해서는 시대에 따른 변화가 있었다. 비양심성 법리가 보통법상 명문화되고 발전되기 시작한 초기에는 가격의 공정성 문제가 판결례에서 많이 다루어졌으나 점차 이에 대한 판결례의 수는 줄어들었다. 그 배경에는 통일소비자매매관행법(Uniform Consumer Sales Practice Act, UCSPA)과 통일소비자신용법(Uniform Consumer Credit Code, UCCC) 등 소비자보호법을 통해 개별 주들에서 공정한 가격에 관한 규정을 제정법으로 마련함으로써 일반법리인 비양심성 법리보다는 제정법을 통하여 가격의 공정성 여부에 대한 판단을 하게 된 것도 일정 부분 영향을 미쳤다고 할 수 있다.[65] 1980년대 이후에는 면책조항, 담보조항에 대한 판결례가 많이 등장하였고 2000년대에 접어들면서는 중재조항에 관한 문제가 많이 다루어지고 있다.[66]

나. 학 설

비양심성 법리에 관한 판결례를 둘러싸고 학설은 다양한 쟁점에 대하여 논의해 왔다. 초기의 학설은 통일상법전 §2-302가 제정된 이후부터 해당 규정의 문언이 가지는 추상성을 극복하고 개별 사안에서 법원의 구체적 판단을 위한 분석틀을 제공하는데 초점이 맞추어졌다. 특히 학설에서 많은 논의가 이루어진 쟁점은 개별 사안을 판단하는 때에 절차적 비양심성과 실체적 비양심성이라는 요건이 어떻게 다루어져야 하는가에 관한 것이다. 이에 대해서 학설은 다소 견해가 나뉜다.

우선 비양심성을 판단하는 데는 절차적 요건과 실체적 요건이 모두 필요하다고 하는 견해로 현재 다수설이라고 할 수 있다. 이는 통일상법전 §2-302의 초안 작업에서 비양심성 개념과 관련한 절차 및 실체라고 하는 구분의 필요성과 중요성에 대한 충분한 평가가 이루어지지 못하였기 때문에 통일상법전 §2-302의 최종적인 규정과 공식 주석이 동 법리를 이해할 수 있도록 충분한 정보를 제공하지 못하고 있다고 전제한다.[67] 이러한 입장을 취하는 견해 중에는 비양심성의 판단을 위해서는 원칙적으로 절차적 비양심성과 실체적 비양심성이 모두 필요하지만, 하나의 요건이 강한 경우 다른 요건은 상대적으로 비양심성이 강하지 않아도 좋다고 하는 상관적인 관계에 있다고 하는 것이 있다.[68] 이에 따르면 절차적 비양

65) 통일소비자매매관행법은 1972년 이후 유타주, 캔서스주, 오하이오주에서 입법되었다. 그리고 통일소비자신용법은 1974년 이후 콜로라도주, 아이다호주, 인디애나주, 아이오와주, 메인주, 오클라호마, 사우스 캐롤라이나, 유타주, 위스콘신주, 와이오밍주에서 입법되었다.

66) 법원은 비양심성 법리를 통해 특히 중재합의에 서명하도록 강요된 피용인들을 배려하고자 노력해 왔다. Farnsworth, Contracts, 304 (2004).

67) Leff, 115 U. Pa. L. Rev. 485, 487-488 (1967).

심성의 정도가 부실표시, 강박, 부당위압의 정도에 이르는 경우에는 해당 계약은 실체적 비양심성을 고려하지 않고 취소할 수 있다. 그러나 단지 부합계약이라는 사실만으로는 비양심성의 결정적 요인이 되지 않으며, 당사자가 교섭을 하지 않거나 계약의 내용을 읽지 않고 동의하는 현실적 요소를 고려하여 법원이 실체적인 비양심성 없이 절차적 비양심성만의 경우에 이 법리를 적용하는 것을 꺼리고 있다고 지적한다.69) 그리고 그 이면에는 부실표시, 강박, 부당위압이라고 하는 법적인 구제수단의 존재를 고려하면 절차적 비양심성이 강한 경우에는 이들 법리가 적용될 수 있기 때문에, 비양심성 법리에서 절차적 요건을 중시할 필요성은 그다지 크지 않다는 점을 고려한다. 따라서 비양심성 법리는 부실표시 등과 비교하여 절차적 비양심적 요소가 약한 경우에도 계약의 상대방을 보호할 수 있는 기회나 범위를 확장하지만, 이와 같은 특징 때문에 실체적 비양심성이 보완적인 요소로서 필요하게 된 것이다.

절차적 비양심성과 실체적 비양심성이라는 요건이 모두 필요하다는 입장에서도 해당 사안에서 절차적 비양심성을 발견할 수 있다고 하는 기술적 태도를 가진 견해도 있다. 이 견해에 따르면 비양심적이라고 인정된 계약은 대부분의 경우 계약의 교섭과정에서 어떠한 부적절성을 수반하기 때문에 종합적으로 상황을 분석하는 접근법이 필요하다고 한다.70) 최근에는 비양심성 법리에 관하여 새로운 관점에서 접근하고 있는 견해도 존재한다. 이 견해에 따르면 비양심성 법리를 적용한 판결례들이 절차적 비양심성만으로는 계약이나 계약조항이 무효라고 판단할 수 없고 실체적 비양심성 기준이 중시되는 경향이 대부분이라는 것에 초점을 맞춘다. 이를 기초로 비양심성의 핵심부분은 실체적 비양심성이며 비양심성 법리는 사실상 "실체적 비양심성 법리(doctrine of substantive unconscionability)"라고 한다.71)

3. 소 결

영국의 형평법으로부터 출발한 미국법상 비양심성 법리는 계약자유의 원칙과는 충돌되는 법리로 인식되어 초기 미국 사회에서는 그다지 큰 영향을 미치지 못했다. 그러나 표준서식에 의한 계약의 시대에 접어들면서 미국 법원은 형평법 법리인 비양심성 법리를 할

---

68) Farnsworth, Contracts, 302-303 (2004).

69) Farnsworth, Contracts, 302-303 (2004).

70) Perillo, Calamari and Perillo on Contracts 339-340 (2009).

71) 이 견해는 비양심성 법리를 일방 당사자의 계약상 의무를 면제하는 법리로 이해할 것이 아니라, 원고가 피고에 대하여 채무불이행책임을 묻는 경우 자신이 어떠한 나쁜 행위를 상대방에게 했다면 그 스스로가 불만을 제기할 위치에 있지 않다는 점을 법적으로 인정하는 것으로 이해하여야 한다고 한다. Nicolas Cornell, *A Complainant-Oriented Approach to Unconscionability and Contract Law*, 164 U. Pa. L. Rev. 1131, 1134 (2016).

용하여 불공정한 계약에서 특정이행과 같은 형평법상 구제를 거부하는 동시에 계약의 불공정성을 규율하기 시작했다. 이후 통일상법전 §2-302에 규정된 비양심적 법리는 통일상법전 전체를 통틀어 가장 혁신적이고 가치있는 조문으로 평가된다. 통일상법전에 명시적 근거를 두게 된 것을 계기로 비양심심성 법리는 미국 계약법상 일반법리로 자리잡게 되었다. 이로써 종래의 형평법 법리에 비하여 적용 범위가 확대되는 한편 그 적용 및 효과에 대한 예측가능성도 높아지게 되었다. 그러나 '비양심성'이라고 하는 표지가 명확한 요건을 제시하지 못하는 추상성을 극복해야 하는 문제에 직면하였다. 이러한 이유로 미국에서는 비양심성 법리를 둘러싸고 이 법리의 존재의의, 비양심성의 개념, 이를 판단하는 기준 내지 요건을 둘러싸고 다양한 논의가 이루어졌다. 1980년대 이후에는 법경제학적 관점에서도 비양심성 법리의 유용성에 관하여 비판적 입장을 제시한 것을 시작으로 다양한 논의가 전개되었다.[72] 이러한 과정을 거치면서 개별 사안에서 비양심성을 판단하는 절차적 요건과 실체적 요건에 관한 분석틀에 대해서 판결례와 학설은 체계화되었다고 평가할 수 있다.

그간의 비양심성 법리에 관한 판례 법리는 최근 그 내용이 확정된 소비자계약법 리스테이트먼트에서도 확인할 수 있다.[73] 디지털 경제가 가속화되면서 점차 일반화되고 있는 소프트웨어 라이선스 계약이나 온라인 계약과 같은 소비자계약에서도 비양심성 법리는 중요한 역할을 해 왔다.[74] 이에 따라 최근 최종적인 내용이 확정된 소비자계약법 리스테이트먼트 제5조[75]에서도 그간 소비자계약에서 비양심성 법리가 적용된 판결례와 학설을 검토하고 확인하여 체계화하였다. 소비자계약법 리스테이트먼트 제5조 (b)에서는 비양심성을 판단하는 때에 절차적 요건과 실체적 요건 모두를 필요로 하며, 실체적인 비양심성을 "근본적으로 불공정하고 비합리적으로 편파적인 경우", 절차적 비양심성을 "절차적으로 그것이 불공정한 기습을 야기하거나 소비자측의 의미있는 선택이 존재하지 않아 발생한 경우"로 구체화하고 있다. 그리고 계약 또는 계약조항의 비양심성을 판단하는 때에 슬라이딩 스케일 접근법을 명시적으로 채용하였다. 이와 함께 제5조 (c)(1)은 사업자에게 책임이 있는 사망이나 인신 손해(personal injury), 또는 고의나 과실 또는 사업자의 부작위를 원인으로 한 소비자의 손해에 대한 사업자의 책임을 배제하거나 제한하는 경우, 그리고 소비자의 구제를 비합리적으로 제한하는 경우에 해당 조항을 비양심적으로 보아 계약의 구속력을 부정한다. 아울러 소비자의 책임과 사업자의 구제 또는 사업자의 강제력(enforcement power)을 비

72) Richard Posner, *Duress, Form Contracts, Bargaining Power, and Unconscionability*, *in* Economic Analysis of Law 143-148 (2011) 참조.

73) 이에 관한 상세는 김현수. 미국 「소비자계약법 리스테이트먼트(초안)」에 관한 고찰, 소비자문제연구 51/1 (2020) 참조.

74) Restatement of the Law, Consumer Contracts § 1 cmt. 10 (Am. Law. Inst., Tentative Draft 2019).

75) Restatement of the Law, Consumer Contracts § 5 (Am. Law. Inst., Tentative Draft 2019) 참조.

합리적으로 확대하는 경우와 법적 권리를 강제할 수 있는 소비자의 권리를 비합리적으로 제한하는 경우 역시 비양심적인 것으로 그 효력을 부정하고 있다.

미국 법원은 통일상법전 §2-302의 유연성을 확대하면서 불공정한 계약으로 인한 피해자를 적극적으로 보호해 왔다. 이를 통하여 교섭력의 불균형을 원인으로 불공정한 계약의 당사자였던 소비자 뿐 아니라 중소기업들에게도 법원을 통한 보호의 기회가 확대되었다. 또한, 비양심적으로 판단된 계약에 대해서는 계약 전체를 강제하지 않거나 개별 조항이 강제되지 않도록 하여 계약의 유효한 존속을 허용하는 것을 넘어서 계약에서 정한 가격이나 이율을 낮추는 등 계약의 내용에 대한 조정을 하기도 하였다.[76] 비양심성 법리은 여전히 동산매매, 부동산 매매, 소비자계약, 소비자금융, 가족관계 등 다양한 분야에서 활용되고 있다.[77] 그리고 시대와 환경의 변화에 따라 비양심성 법리의 적용 가능성을 확대하기 위한 발전적 논의 역시 지속적으로 이루어지고 있다.[78]

Ⅳ. 나오며

[1] 약속으로서의 계약(Contract as Promise) 이론으로 유명한 Charles Fried 교수에 의하면, '공정성'을 근거로 계약 당사자 간에 체결된 합의의 내용을 뒤집을 수 있는 비양심성 법리는 계약 당사자가 자신이 한 행위의 의미와 그에 따른 위험을 충분히 인식하면서 할 수 있는 자유로운 선택을 제한하는 법리라고 한다. 이는 당사자의 명시적인 합의가 존재한다고 해도 그 계약의 내용이 어떠해야 하는지를 판단하는 기준은 당사자 간 이루어진 합의에 따라 결정되는 것이 아니라 공정성이라고 하는 외부적 기준이라는 점을 지적한 것이다. 다만, Fried 교수는 시장의 실패나 사회질서의 붕괴와 같은 상황에서는 부당하게 이득을 얻는 자를 법원이 조력하지 않을 수 있다고 하면서 비양심성 법리의 존재 의의를 인정하고 있다.[79] 이러한 의미에서 비양심성 법리는 계약자유의 원칙을 제한하는 원칙이지만, 그 실질적인 기능은 계약자유의 원칙을 지키면서도 형평이나 구체적 타당성의 관점에서 발생할 수 있는 결함을 교정하는 역할을 하는 것으로 이해할 수 있다. 이러한 입장은 불공정한 조

76) Perillo, Calamari and Perillo on Contracts 336-338 (2009).

77) Jacob Hale Russell, *Unconscionability's Greatly Exaggerated Death*, 53 U.C. Davis L. Rev. 965 (2019) 참조.

78) Elizabeth Knuppel, *"A Mortgage on A Man's Brain": The Unconscionability of Overly Broad Intellectual Property Assignment Clauses in Employment Contracts*, 100 Tex. L. Rev. 971 (2022); Amit Elazari Bar On, *Unconscionability 2.0 and the IP Boilerplate: A Revised Doctrine of Unconscionability for the Information Age*, 34 Berkeley Tech. L.J. 567 (2019) 참조.

79) Fried, Contract as Promise 75-110 (1981).

건에 관한 조항들이 계약의 자유를 보호한다는 관념에 기초를 둔 것이라고 설명하는 공통참조기준안에서도 찾아볼 수 있다.80) 아울러 우리나라 대법원 판결의 다수의견에서도 "사유재산제도와 경제활동에 관한 사적자치의 원칙에 입각한 시장경제질서를 기본으로 하는 우리나라에서는 원칙적으로 사업자들에게 계약체결 여부의 결정, 거래상대방 선택, 거래내용의 결정 등을 포괄하는 계약의 자유가 인정되지만, 시장의 지배와 경제력의 남용이 우려되는 경우에는 그러한 계약의 자유가 제한될 수 있다 할 것이고, 이러한 제한 내지 규제는 계약자유의 원칙이라는 시민법 원리를 수정한 것이기는 하나 시민법 원리 그 자체를 부정하는 것은 아니며, 시민법 원리의 결함을 교정함으로써 그것이 가지고 있던 본래의 기능을 회복시키기 위한 것"으로81) 계약의 자유와 그 제한에 대한 관계를 이해하고 있다.

[2] 미국법상 비양심성 법리는 계약 체결과정에서의 문제점을 규율하는 부실표시, 강박, 부당위압 법리나 계약 내용에서의 불법성을 규율하는 공서양속(public policy) 법리와는 달리, 계약과정에서의 절차적 측면과 계약 내용의 실체적 측면을 모두 고려하여 불공정성이 인정되는 경우 계약의 구속력을 부정하는 것이다. 이 법리에 대응하는 우리 민법의 규정은 불공정한 법률행위를 규정하고 있는 제104조라고 할 수 있다. 민법 제104조는 당사자의 궁박, 경솔 또는 무경험으로 인하여 현저하게 공정을 잃은 법률행위는 무효로 한다. 동조의 입법 취지는 계약자유의 원칙을 지키면서도 사회경제적으로 우월한 지위에 있는 자가 열등한 지위에 있는 자의 궁박, 경솔 혹은 무경험을 이용하여 부당한 이득을 얻는 행위를 막아 사회경제적으로 약자에 있는 자를 보호하려는 것이다.82) 그리고 법리의 적용을 위해서 궁박, 경솔, 무경험이라는 법률행위 성립과정에서의 절차적 측면(주관적 요건)과 현저한 불균형이라는 법률행위 내용의 실체적 측면(객관적 요건)을 요건으로 하고 있다.

이처럼 입법취지와 법리를 적용하는 구조에서 비양심성 법리와 민법 제104조는 유사점을 공유한다. 이를 고려하면, 민법 제104조의 적용이나 그 효과와 관련하여 몇 가지 비교법적 시사점을 발견할 수 있다. 우선, 민법 제104조의 불공정한 법률행위가 성립하기 위해서는 객관적 요건과 주관적 요건의 두 요건이 갖추어져야 한다.83) 한편, 미국법상 비양심

80) Principles, Definitions and Model Rules of European Private Law: Draft Common Frame of Reference(DCFR) Full Edition 42 (Christian von Bar & Eric Clive eds. 2009)("The provisions on unfair terms are thus based on notions of preserving freedom of contract......") 참조.

81) 대법원 2007.11.22. 선고 2002두8626 전원합의체 판결. 이에 대하여 반대의견들도 존재한다(밑줄은 저자가 표시).

82) 곽윤직 편집대표, 민법주해 [Ⅱ], 2010, 241-242(민일영 집필부분).

83) 대법원 2008.3.14. 선고 2007다11996 판결("민법 제104조에 규정된 불공정한 법률행위는 객관적으로 급부와 반대급부 사이에 현저한 불균형이 존재하고, 주관적으로 그와 같이 균형을 잃은 거래가 피해 당사자의 궁박, 경솔 또는 무경험을 이용하여 이루어진 경우에 성립하는 것으로서, 약자적 지위에 있는 자의 궁박, 경솔 또는 무경험을 이용한 폭리행위를 규제하려는 데에 그 목적이 있고, 불공정한 법률행위가 성립하기 위한 요건인 궁박, 경솔, 무경험은 모두 구비되어야 하는 요건이 아니라 그 중 일부만 갖추어져도 충분…").

성 법리에서는 비양심성 판단을 위해서 절차적 비양심성과 실체적 비양심성이라는 두 요건을 모두 요구하는 것에 더해서, 슬라이딩 스케일 접근법을 채택하여 상관적으로 이들을 판단한다는 기준을 구체적으로 발전시켜 왔다. 민법 제104조의 요건들을 이해하고 적용하는 데에도 이와 같은 상관적인 관점은 유용할 것으로 생각한다.[84)]

둘째, 민법 제104조의 적용범위와 관련하여 우리나라 판례는 증여나 기부행위와 같이 아무런 대가 없이 당사자 일방이 상대방에게 일방적인 급부를 하는 법률행위는 그 공정성을 논의할 수 있는 성질의 법률행위가 아니라고 판다.[85)] 그러나 비양심성 법리에서와 같이 상관적으로 절차적 요건과 실체적 요건을 적용하는 경우, 급부의 현저한 불균형과 같은 실체적 비양심성이 약한 경우에도 교섭력의 불균형, 무경험 등과 같은 절차적 비양심성이 강한 경우 비양심성이 인정될 여지가 있다. 이와 같은 관점을 채택하게 되면 민법 제104조의 적용범위를 유상행위에 한정할 필요는 없다는 주장도 가능하다.

셋째, 민법 제104조 효과와 관련하여 법률행위가 불공정한 법률행위의 요건을 모두 갖추면 원칙적으로 전부 무효가 된다.[86)] 반면, 앞서 살펴본 바와 같이 미국법상 비양심적으로 인정한 계약에 대해서 법원은 계약 전체 혹은 개별 조항을 강제하지 않거나 계약의 내용을 수정하기도 한다. 유럽계약법원칙 제4:109조 제2항 및 제3항[87)] 그리고 공통참조기준안 II-7:207 제2항 및 제3항[88)]에서도 유사한 입장을 취하고 있다. 불공정한 계약으로 인한 불이익을 입은 계약의 당사자가 계약이 변경된 채로 지속하기를 바라는 경우도 있을 수 있고, 이익을 입은 당사자 역시 계약 전체의 취소로 또 다른 방식의 불공정성으로 피해를 입을 수 있다는 점을 고려하면 사적 자치를 훼손하지 않는 범위 내[89)]에서 그 내용을 수정

84) 곽윤직 · 김재형, 민법총칙, 제9판, 2013, 290에서도 불공정한 법률행위에 해당하기 위한 요건들은 상관적(相關的)으로 작용하며 "급부간의 불균형이 심각한 경우에는 궁박 등의 요건이 쉽게 충족될 수 있고, 그렇지 않은 경우에는 궁박 등에 관하여 좀 더 엄격한 요건을 요구한다"고 지적하고 있다.

85) 대법원 1993.3.23. 선고 92다52238 판결("민법 제104조가 규정하는 현저히 공정을 잃은 법률행위라 함은 자기의 급부에 비하여 현저하게 균형을 잃은 반대급부를 하게 하여 부당한 재산적 이익을 얻는 행위를 의미하는 것이므로 기부행위와 같이 아무런 대가관계 없이 당사자 일방이 상대방에게 일방적인 급부를 하는 법률행위는 그 공정성 여부를 운위할 수 있는 성질의 법률행위가 아니다").

86) 김용덕 편집대표, 주석민법, 제5판, 2019, §104, 527(이동진 집필부분).

87) 제4:109조 과도한 이익 또는 불공정한 이익 "(2) 취소권이 있는 당사자의 청구에 의하여, 법원은 그것이 적절한 경우에 신의성실과 공정거래의 요건이 충족되었다면 합의하였을 바에 부합하도록 하기 위하여 계약을 수정할 수 있다. (3) 과도한 이익 또는 불공정한 이익을 이유로 취소의 통지를 받은 당사자가, 그 통지를 받은 후 바로, 또한 통지를 한 당사자가 그 통지를 신뢰하여 행위를 하기 전에, 그에게 고지한 경우에, 법원은 통지를 받은 당사자의 청구에 의하여 위와 유사하게 계약을 수정할 수 있다." 본조의 번역은 올란도 · 휴빌 편/김재형 역, 유럽계약법원칙 제1 · 2부, 2013, 396을 따랐다.

88) II.-7:207. "(2) 취소할 수 있는 당사자의 요구가 있으면, 법원은 적절한 경우 계약이 신의성실이 지켜졌더라면 합의되었을 바에 부합하도록 계약을 변경할 수 있다. (3) 마찬가지로, 법원은 불공정한 착취로 인한 취소의 통지를 받은 당사자의 요구가 있으면 그 계약을 변경할 수 있다. 다만, 그 당사자는 그 통지를 한 당사자에게 통지를 수령한 후에 그리고 그 당사자가 통지에 기하여 행위하기 전에 지체없이 알려야 한다." 본조의 번역은 Christian von Bar 외 10인 편저/안태용 역, 유럽 민사법의 공통 기준안(DCFR) 제1권~제4권, 2012, 245를 따랐다.

89) 지원림, 비교사법 9/2 (2002) 122("법이 당사자들의 사적인 관계에 개입하여야 하는 예외적인 경우에......계약정의의

할 수 있는 방안도 입법적으로 검토할 필요도 있다.

[3] 이 글에서는 사회 현상으로서 새로운 형태의 불공정 계약 유형이 지속적으로 등장하면서 계약의 공정성에 관한 이론적, 비교법적 논의의 필요성에 공감하여, 그간 상대적으로 관심이 낮았던 미국법상 비양심성 법리에 대하여 소개하고 우리 법에 대한 시사점과 함께 향후의 연구 방향을 탐색하고자 하였다. 이 법리에 대해서는 유럽과 일본에서도 민법, 소비자계약법 등의 제 · 개정이나 관련 연구 분야에서 비교법적 검토의 대상이 되고 있다.[90] 미국법상 비양심성 법리는 현대 미국 계약법상 법리 중 가장 활발한 논의가 이루어진 것 중 하나로 이를 둘러싼 수많은 판결례와 이론적 결과물들이 축적되어 있다. 이러한 이유로 하나의 짧은 글에서 이에 대해 충분히 소개하고 분석하는 것에는 한계가 있다. 향후 이 글에서 충분히 소개하지 못했던 중요 판결례의 사실관계나 학자들의 주장과 그 논거를 비롯하여 이 법리를 기초로 이루어진 다수의 입법례를 상세히 소개하고 그 함의를 탐색하는 작업이 필요할 것이다. 아울러 사회 환경의 변화에 따라 우리 법상 새롭게 다루어야 불공정한 계약에 대하여도 미국법상 비양심성 법리의 변용을 주장하는 이론을 기초로 그 논의와 기능적 관점에 관하여 비교법적 시각에서 검토하는 것이 필요할 것이다.

실현은 계약자유의 폐해는 막되, 계약자유의 본질을 침해하지 않는 한도에서 이루어져야 한다").

90) Unconscionability in European Private Financial Transactions: Protecting the Vulnerable (Mel Kenny et al. eds, 2010); Anne-Lise Sibony, *European Unfairness and American Unconscionability: A Letter From a European Lawyer to American Friends*, 15(2) European Rev. Contract L. 195 (2019); 大村 敦志, 契約法から消費者法へ, 1999 참조.

프랑스법상 담보목적의 채권양도

김 현 진

인하대학교 법학전문대학원 교수

Ⅰ. 들어가며

2021년 9월 15일 오르도낭스1)에 의해 이루어진 개정 프랑스 담보법은2) '담보목적의 채권양도(De la cession de créance à titre de garantie)'를 명문화하였다.3) 2015년 봄 Michel Grimaldi 교수를 위원장으로 하는 담보법개정위원회가 꾸려졌고,4) 프랑스 정부는 담보법

1) 2019년 5월 22일 법률 n° 2019-486의 제60조(la loi PACTE du 22 mai 2019, l'article 60 de la loi n° 2019-486 du 22 mai 2019 relative à la croissance et la transformation des entreprises)의 권한부여를 받은 정부는 2021년 9월 15일 오르도낭스(l'ordonnance n° 2021-1192 du 15 septembre 2021)를 공표하였다.

2) 2006년 개정 후 15년 만에 재개정이 이루어진 담보법은 장기간의 숙고의 산물이다. 2017년 앙리까삐탕 협회(Association Henri Capitant)가 개정 초안을 제시하였고, 2019년과 2021년 경제계, 실무가 및 학계의 의견조회를 거쳤다. 2022년 1월 1일부터 시행되고 있다.

3) [표: 프랑스민법전 내 채권질권과 담보목적의 채권양도의 위치]

<table>
<tr><td rowspan="9">제4권 담보</td><td colspan="5">제1편 인적담보(Des sûretés personnelles)</td></tr>
<tr><td rowspan="8">제2편 물적담보 (Des sûretés réelles)</td><td rowspan="7">제2부속편 동산담보 (Des sûretés sur les meubles)</td><td colspan="3">제1장 동산우선특권(Des sûretés sur les meubles)</td></tr>
<tr><td colspan="3">제2장 유체동산질권(Des privilèges mobiliers)</td></tr>
<tr><td colspan="3">제3장 무체동산질권(Du gage de meubles corporels)</td></tr>
<tr><td rowspan="4">제4장 담보목적의 소유권유보 및 재산권양도</td><td colspan="2">제1절 담보목적의 소유권유보(De la propriété retenue à titre de garantie)</td></tr>
<tr><td rowspan="3">제2절 담보목적의 재산권양도</td><td>제1부속절 담보목적 담보신탁(De la fiducie à titre de garantie)</td></tr>
<tr><td>제2부속절 담보목적의 채권양도(De la cession de créance à titre de garantie)</td></tr>
<tr><td>제3부속절 담보목적의 현금양도 (De la cession de somme d'argent à titre de garantie)</td></tr>
<tr><td colspan="4">제3부속편 부동산담보(Des sûretés sur les immeubles)</td></tr>
</table>

4) Philippe Simler교수는 보증(le cautionnement)을, Laurent Aynès교수는 유체동산질권(le gage)을, Hervé Synvet교수는 무체동산질권(le nantissement)을, Pierre Crocq교수는 재산권담보(les sûretés-propriétés), Michel Grimaldi교수는 저당권(l'hypothèque). 더 일반적으로는 부동산담보물권(les sûretés immobilières)을, Maxime Julienne 교수는 질권 특히 금융자산 (nantissement, spécialement sur actifs financiers) 영역을, Charles Gijsbers 교수는 담보물권(sûretés réelles)과 위원장 업무의 보조를 맡아주었다.

을 단순화하고 그 실효성을 강화하기 위해 채권자, 담보권자, 채무자 및 보증인의 이익 사이의 균형을 보장하는, 오르도낭스로 법률의 범위에 해당하는 조치를 택할 권한을 부여받았다.[5] 위원회에서 Pierre Crocq교수는 재산권담보(les sûretés-propriétés)[6]를 맡아,[7] “담보목적의 채권양도를 민법에 명문화 할” 임무를 수행한 것이다.[8] 일찍이 시장의 요청에 따라 실무상 인정되어 온 채권의 양도담보는, 채권을 담보목적으로 양도하는 것으로 채권의 진정한 양도와 구별되고, 채권을 질권의 목적으로 하는 채권질권과도 구별된다. 담보로 제공할 부동산이 없는 중소기업은 향후 수령할 매출채권이나 차임채권 등의 장래채권, 나아가 집합채권 등을 담보목적으로 양도하고 대출을 받기를 원한다. 재산권인 채권은 양도될 수 있으나, 일반적으로 담보 대상이 되는 채권은 지명채권으로서 금전채권이다. 그런데 담보 대상으로서의 채권은 장래 발생할 채권, 집합채권, 저당권부 채권, 인적보증이 붙은 채권 등 고려해야 할 요소가 많고, 양도인이나 양수인이 도산절차에 들어간 경우를 둘러싼 법률관계가 복잡하다. 이러한 채권의 고유한 특징은 채권의 진정한 양도, 담보목적의 채권양도 나아가 채권질권설정이라는 세 거래 유형에서 동일하게 문제된다.

채권양도는 채권법에서, 채권질권은 물권법에서 규율된다. 1804년 나폴레옹민법전은 채권양도를 ‘매매계약’에서 ‘채권의 이전’으로 규정하였으나, 2016년 채권법 개정에 이르러 ‘채권양도(La cession de créance)’라는 별도의 장으로 독립되어 ‘채권의 거래행위’로서 규정되었다. 한편 채권질권은 1804년 민법에서는 ‘동산질권의 일부’로 다루어지다가, 2006년 담보법 개정에서 ‘유체동산질권’과 구별되는 ‘무체동산질권’으로 일반화되었다.[9] 마지막으로 물

5) Rapport au Président de la République relatif à l’ordonnance n° 2021-1192 du 15 septembre 2021 portant réforme du droit des sûretés.

6) les sûretés-propriétés의 번역과 관련하여, propriétés는 소유권만이 아닌 채권도 포함한다는 점에서 “담보목적 권리양도”(남효순, 프랑스민법상 무체동산질권, 서울대학교 법학, 55/3 [2014] 163-220), “소유권을 매개로 한 담보제도”(모로 뷔사니, 미셸 그리말디(박수곤 역), “Les sûretés-propriétés: un aperçu du droit continental(소유권을 매개로 한 담보제도: 대륙법제에 대한 일견),” 저스티스 142 (2014) 215-246)로 번역되기도 한다. 그런데 propriété intellectuelle을 지적재산권으로 번역할 수 있고, 프랑스민법에서 sûretés-propriétés는 채권, 금전을 포함하여 부동산, 동산을 모두 그 대상으로 한다는 점에서(P. Crocq, *Les sûretés fondées sur le droit de propriété, in Quelle réforme pour le droit des sûretés?*, Coll. Clermont-Ferrand, ss dir. Y. Blandin et V. Mazeaud: Dalloz, 2019, spéc) “재산권담보”라고 번역하겠다.

7) 프랑스법상 sûretés-propriétés는 담보목적의 소유권유보(De la propriété retenue à titre de garantie)와 담보목적의 소유권양도(De la propriété cédée à titre de garantie)로 나뉜다. 우선 소유권유보에 대해서는 담보 편에 규정되어 있기는 하지만 성질상 매우 다른 특성을 갖고 있어 본고에서는 다루지 않는다. 프랑스의 소유권유보 제도에 관하여 2006년 개정 전·후로 나뉘어 자세히 소개하고 있는 국내문헌으로, 김은아, 「소유권유보에 관한 연구」, 2021, 47-171 참조.

8) 그 외 담보신탁(De la fiducie à titre de garantie)의 설정 및 실행에 관한 규정을 완화하며, 담보목적의 금전양도(De la cession de somme d'argent à titre de garantie)를 민법에 도입할 권한도 부여받았다. 프랑스의 fiducie(담보신탁)에 대해서는 정태윤, 프랑스신탁법, 비교사법 제19권3호, 2012, 941-1104 참조.

9) Rapport au Président de la République relatif à l’ordonnance n° 2006-346 du 23 mars 2006 relative aux sûretés, JO du 24 mars 2006 texte n° 28[NOR: JUSX0600032P]. http://www.legifrance.gouv.fr/affichTexte.do?cidTexte=JORFTEXT000000456743&dateTexte

권법정주의(*numerus clausus*)에 따라 2021년 개정 담보법이 담보목적의 채권양도, 즉 채권의 양도담보를 명문화한 것이다.10)

담보란 일반적으로 "채권자의 채권을 실현시켜 주거나 이를 용이하게 하는 어떤 수단11)"으로, "담보란 하나의 개념이 아니라 이름표에 불과하고 다종다양함을 감수할 수밖에 없다.12)" 채권의 궁극적 만족은 채무자의 이행을 통하여 실현되는 것이고 특히 금전채권의 경우 채무자에게 충분한 책임재산이 있느냐의 여부가 채권의 실질적 가치를 결정하게 된다.13) 그리하여 고유한 의미에서 담보수단을 예정하고 있는 법제도 측면에서 보면, 담보는 좀 더 좁은 의미로 책임재산의 범위를 인적으로 확대함으로써 채권의 가치실현을 보장하는 '인적담보'와, 특정재산을 직접 배타적으로 지배하여 우선적으로 특정 채권의 만족에 충당하는 '물적담보'로 구성된다. 그런 점에서, 1804년 나폴레옹 민법전은 대륙법의 전통에 좇아서 '담보(sûreté)'라는 단일한 제도를 알지 못하였으나, 2006년 담보법을 개정하면서, 「담보(Des sûretés)」라는 제목의 제4편을 추가하여 제1장 "인적담보(Des sûretés personnelles)"와 제2장 "물적담보(Des sûretés réelles)"로 새롭게 구성한 것은 바람직하다고 하겠다. 담보는 피담보채무의 불이행시 담보권의 실행에 있어서 담보목적물의 현금화절차가 용이하여 시간과 비용이 적게 들어야 하는데, '채권의 양도담보'는 담보목적물의 매각절차가 따로 필요하지 않고 이미 담보물의 소유권이 채권자에게 이전되어 있다는 점에서 매력이 있다. 여기서 문제는 오히려 채무자의 보호 내지는 채무자의 채권자와의 관계에서 균형을 이루고 있는지이다.

본고에서는 프랑스민법에 신설된 '담보목적의 채권양도'를 소개하기에 앞서, 먼저 2021년 개정 전 프랑스의 '채권양도,' '채권질권' 및 통화금융법전상 '다이이 양도', 판례상 채권의 양도담보의 인정 여부를 검토하여 그 법률관계를 분석한다(Ⅱ). 다음으로 개정 프랑스법에서 다루는 담보목적의 채권양도를 소개하고 분석한다(Ⅲ). 담보목적의 채권양도와 다른 제도, 특히 도산법과의 긴장관계는 없는지 검토한 뒤(Ⅳ), 우리 법상 채권의 양도담보와 비교하면서 우리 법에의 시사점을 언급하며 결론에 갈음한다(Ⅴ).

---

10) Philippe Simler, "Fasc. 738 : Réforme du droit des sûretés (Ord. n° 2021-1192 et n° 2021-1193, 15 sept. 2021" JurisClasseur Banque 2022. 1. 2. n° 83; A. Aynès, *Gage-espèces et cession civile à titre de garantie dans la réforme des sûretés : JCP N* 2021, n° 47, 1334.

11) L. Aynès, P. Crocq, et A. Aynès, *Droit des sûretés*, 15e éd. LGDJ, 2021, n° 1, p.13.

12) M. Cabrillac, C. Mouly, S. Cabrillac et P. Pétel, *Droit des sûretés*, 8e éd., Litec, 2007, n° 2, p. 2.

13) 곽윤직 편, 민법주해(X), 채권(3), 박영사, 2004, 161면(박병대 집필부분).

Ⅱ. 2021년 개정 전 프랑스 법 상황

1. 민법상 채권양도

담보목적의 채권양도를 살피기에 앞서 먼저 일반적인 채권양도를 프랑스 민법이 어떻게 규율하고 있었는지 연혁을 간단히 살펴보자.

가. 채권의 매매

모든 권리는 원칙적으로 양도성을 가지므로 지명채권도 독립된 채권으로서 일반적으로 양도성을 가진다. 1804년 프랑스민법전은 특이하게도 채권양도를 제3권 '소유권을 취득하는 여러 형태', 제6편 '매매(De la vente),' 제8장 '채권 및 기타 무체동산권리의 이전(Du transport des créances et autre droit incorporels)'어 제1689조부터 제1701조까지에서 규율하고 있다. 이러한 입법방식은 채권양도를 매매계약을 통한 "권리의 이전"의 관점에서 파악하는 것으로 '채권의 매매'라는 유상의 거래행위임을 보여준다.[14] 그러나 민법전이 양도를 매매의 일종으로 하고 있음에도 채권양도가 무상으로 행하여짐을 방해하는 것은 아니어서, 채권양도가 증여나 유증과 같은 무상양여에 의해 이루어질 수 있었다.[15] 양도인과 양수인 사이에서 채권의 이전(Du transport des créances)은, 채권에 관하여 작성된 증서를 교부함으로써 이루어진 반면(구 프랑스민법 제1689조),[16] 양수인이 제3자에게 대항하기 위하여는 채권양도의 통지가 집행관(huissier)에 의하여 채무자에게 송달되거나 공정증서로 작성된 승낙을 요구하였다(동법 제1690조). 즉 채권양도에 관하여 대항요건주의를 취하였다. 그리하여 채무가 확정되지 아니한 장래채권의 양도는 이러한 대항요건을 구비할 수 없어 불가능하였고 그리하여 금융목적으로 채권양도를 이용하는 경우는 드물었다.[17] 다른 한편, 채권양도가 무상으로 행하여진 경우에는 증여에 관한 규정이 적용되었다.

나. 채권양도의 일반화

2016년 채권법 개정[18]으로, 채권양도(La cession de créance)는 채권에 관한 제3권 '채권

---

14) H. Roland et L. Boyer, *Droit civil, Obligations 2. Contrat et quasi-contrat Régime général*, 2e édit. Litec, 1986. n°. 1859, p. 657.

15) H. Roland et L. Boyer, *op. cit.*, n°. 1860, p. 657.

16) Code civil ancienne Art. 1689. Dans le transport d'une créance, d'un dorit ou d'une action sur un tiers, le délivrance s'opere entre le cédant et le céssionnaire par la remise du titre.

17) Sigman/Kieninger, *Cross-border Security over Receivables*, Seillier 2008.

18) Ordonnance n° 2016-131 du 10 février 2016 portant réforme du droit des contrats, du régime général et de la

관계의 발생연원', 제4편 '채권관계의 일반적 규율', 제2장 '채권관계에 관한 거래(Les opérations sur obligations)'의 첫 절에 위치하게 되었다.[19] 채권양도는 프랑스 민법 제1321조부터 제1326조까지에서 규율된다. 채권양도란 "양도인이 채무자에 대한 자신의 채권 전부 또는 일부를 양수인이라고 불리는 제3자에게 이전하는 계약(민법 제1321조 제1항)"이라고 정의된다. 즉 채권양도는 채권관계의 이전을 목적으로 하는 의사의 합치, 즉 계약(contrat)인 것이다.[20]

개정 프랑스 민법전은 채권의 양도는 서면으로 확인되어야 하고 그렇지 아니하면 효력이 없다(민법 제1322조)라고 규정하여, 채권양도를 요식계약으로 하고 있다.[21] 채권양도는 현재 또는 장래의, 확정되었거나 확정될 수 있는, 하나 또는 수 개의 채권을 대상으로 한다(제1321조 제2항). 한편, 양도인의 통지와 채무자의 승낙이라는 대항요건에 관한 프랑스 민법 제1690조는 더 이상 채권양도에 적용되지 않고,[22] 개정 프랑스민법 제1323조에 의하여 채권양도는 당사자 사이에서 증서의 작성일에 채권이 이전될 뿐만 아니라(제1323조 제1항) 제3자에 대하여도 그 때부터 대항할 수 있게다(동조 제2항). 이와 같이 대항요건을 폐지한 이유는 양수인에게 과중한 부담이 되기 때문이다. 다만 장래채권의 양도는 당사자 사이에서 뿐만 아니라 제3자에 대하여도 그 발생일자에 이르러서야 이루어진다(동조 제3항)고 하여 그 예외를 인정하고 있다. 나아가 하나의 채권에 대하여 연속된 양수인 사이에 경합이 있는 경우 그 순위를 정하는 규정을 두어(제1325조), 이 경우 양도일자가 앞선 자가 우선하고, 그리하여 그는 채무자로부터 이미 변제를 받은 자에 대하여 상환청구권을 가진다. 이는 이미 판례에 의해 정립된 입장[23]을 조문에 반영한 것이다. 또한 채권의 하자 또는 채무자의 자력에 대하여 양도인이 양수인에 대하여 부담하여야 할 담보책임(제1326조) 및 채무자에 대한 대항사유 등에 대하여도 규정을 두어 이를 규율하고 있다(제1324조).

---

preuve des obligations.

19) 제2절은 채무양도(La cession de dette), 제3절은 경개(La novation), 제4절은 채무참가(délégation)이다. 자세한 내용은 한불민사법학회, 「개정 프랑스채권법 해제」, 2021, 503 이하 참조; 김은아, "개정 프랑스민법전에서의 채권양도," 「아주법학」 12/3 (2018) 참조

20) G. Chantepie et M. Latina, *La réforme du droit des obligations*, 2018, n° 853 (775).

21) O. Deshayes, Th. Genicon et Y.-M. Laithier, *Réforme du droit des contrats, du régime général et de la preuve des obligations, 2018*, 736.

22) 다만, 채권양도의 대항요건에 관하여 적용되던 제1690조가 삭제된 것은 아니고, 지명채권 양도에만 적용이 배제될 뿐, 민사회사의 지분의 양도(제1865조), 채권에 관한 공유합의(제1873-2조), 합자회사의 지분의 양도(프랑스상법전 제L.221-14조), 유한회사의 지분의 양도(프랑스 상법전 제L.223-17조) 등 제1690조가 적용되는 규정들이 여전히 존재한다. O. Deshayes, Th. Genicon et Y.-M. Laithier, *op. cit.*, 727.

23) Com. 19. mai, *Bull. civ.*, IV. n°. 190.

2. 민법상 채권질권의 설정

가. 동산질권의 일종

1804년 나폴레옹 민법전은 재산(bien) 또는 물건(chose)을 두 가지로 구별하였다(*summa division rei*). 프랑스 민법전 제516조는 "모든 재산은 동산 또는 부동산이다"라고 규정하는바, 동산 또는 부동산이 아닌 재산 또는 물건은 존재하지 않는 것이다. 그리고 부동산의 개념에 대하여는 엄격하게 그리고 제한적으로 정하고 있어 부동산이 아닌 것은 모두 동산이 된다.[24] 그리하여 채권도 동산으로서 1804년 프랑스민법전은 제3권 제17편 질권(du nantissement) 제1장 동산질권(du gage)에서, (권리질권에 관하여 별도로 규정하지 않고) 무체동산인 채권질권을 유체동산질권과 함께 규율하면서 단지 두 조문만을 두어 차별화하였다. 그리하여 채권을 포함한 무체동산질권에 대하여도 유체동산질권에 관한 법리가 동일하게 적용되어 채권질권에 있어 질물에 대한 점유의 이전을 요구하였다. 그런데 채권 기타 무체동산의 경우에는 점유이전이 사실상 불가능하다.

채권질권의 설정은 적법하게 등록된 공정증서 또는 사서증서를 채무자에게 송달하여야 했다(구 프랑스민법전 제2075조). 그리고 판례에 의해[25] 집행관의 채무자에 대한 통지가 제3자에게 대항하기 위하여 요구되었을 뿐만 아니라 당사자들 간에 질권설정의 성립요건이 되었다, 채권질권의 효력으로서 질물인 채권의 이자에 관하여 채권이 이자부인 경우에는 질권자는 이를 자신의 피담보채권의 이자로 충당할 수 있고, 이자부가 아닌 경우에는 원본에 충당할 수 있다(구 프랑스 민법전 제2081조)는 한 개의 조문만 있었다. 즉 질권설정자의 수령권을 배제하지 않은 상태에서 질권자에게도 수령권을 인정하였다.

한편, 채권질권의 실행에 있어 유체동산을 위한 경매나 감정인의 평가에 의한 재판상 분배(제2078조 제1항)는 채권에 무의미하였다. 또 질권자가 채무자에 대하여 직접 변제를 받는 것은 유질계약금지원칙에 반하여, 실제 거래계에서는 질권자가 질권설정자로부터 위임을 받아 채무자에게 이행을 청구하는 방법이 활용되었다. 그러나 이는 변제기 이후 채무자가 파산을 당한 경우나 질물채권의 변제기가 피담보채권의 변제기가 앞선 경우 문제가 있었다. 그리하여 이러한 문제점이 장애로 작용하여 채권질권의 설정은 그리 활발하게 이용되지 않았다.

---

24) 프랑스민법상 동산과 부동산의 구별을 소개하는 국내문헌으로, 박수곤, "프랑스민법상 물건의 개념-동산과 부동산의 구별", 「민사법학」 제63-2호(2013.6), 15-44 참조.

25) CA. Paris. 10. oct 1964, D. 1965, 125, *JCP G* 1964.II.13926.

나. 무체동산질권의 일반적 인정

프랑스 민법전은 2006년 3월 23일자 오르도낭스[26]에 의하여 무체동산(meubles incorporels)에 대한 질권의 설정을 일반적으로 인정하였다(민법 제2355조). 명칭도 무체동산을 대상으로 하는 질권은 “nantissement”이라고 하여 유체동산을 대상으로 하는 질권인 “gage”과 분리하여 별도로 규율되는 체제를 갖추었고 무체동산질권의 독자성을 인정하였다.[27] 그리하여 목적물에 대한 점유의 이전이 불가능하였던 채권, 계좌채권, 회사지분 등에 대하여 질권이 설정될 수 있게 되었다. 민법상 무체동산질권은 프랑스민법전 제2355조부터 제2366조까지 규율되고, 특별한 무체동산에 대한 질권은 상법전,[28] 지적재산권법전, 및 영화법전 등에서 규율된다.[29] 무체동산질권이란 “현존하는 것이나 장래의 것을 불문하고 1개 또는 집합의 무체동산에 대하여 채권의 담보로 충당하는 것(프랑스민법전 제2355조 제1항)”이라고 규정하여 장래채권과 집합채권에 대하여 질권을 설정할 수 있음을 명백히 하였다.

2006년 개정 담보법은 한편으로는 채권질권 설정방식에 따른 지나치게 엄격한 방식주의 때문에, 다른 한편으로는 무체동산[30]에 적합하지 않은 실행방법 때문에 고통을 받아왔다는 반성에서 채권질권제도를 현실화하였다고 긍정적으로 평가된다. 채권질권은 무형의 동산으로서 유형의 동산과는 구별되고, 채권은 채권자와 채무자 사이의 관계이므로 채권질권이 설정되면 채권질권자를 포함한 3자간의 관계를 규율하여야 한다는 점이 고려되어야 한다. 무체동산질권의 전형인 채권질권에 있어서 채권질권자는 피담보채무자 이외의 자에게 변제를 청구할 수 있다는 점에서 인적 담보의 면모를 갖고 있다고 평가된다.[31] 채권질권에는 재판상질권(nantissement judiciaire[32])과 약정질권(nantissement conventionnel)이 존재하고, 약정질권으로서 채권질권의 설정은 서면으로 하여야 하므로(제2356조 제1항), 채권질권설정계약의 요식계약성(contrat solennel)은 개정 전과 동일하나. 개정 전에 요구하였던 공정증

26) Ordonnance n° 2006-346 du 23 mars 2006 relative aux sûretés. 용어의 의미가 변화하여 다소 혼란스러운데 2006년 개정 전에는 nantissement을 질권으로 번역하고 그 아래 gage 동산질권과 antichrese 부동산질권으로 나뉘어 졌으나, 2006년 개정으로 nantissement은 무체동산질권만을, gage는 유체동산질권을 의미하는 것으로 개념자체가 변화되었음에 주의를 요한다.

27) 프랑스의 무체동산질권을 소개한 국내문헌으로 남효순, “프랑스민법상 무체동산질권”, 서울대학교 「법학」 55/3 (2014) 163-220 참조.

28) 재고질권, 영업질권 등으로 이에 대한 국내문헌으로, 조인영, “프랑스민법상 재고질권 및 영업질권제도,” 「한국민법과 프랑스민법연구」, 남효순교수 정년기념논문집, 2021. 564면 이하 참조.

29) 특별한 무체동산에 대한 담보물권을 소개하고 있는 문헌으로, 알랭 구리오(남효순 역), “무체재산에 대한 담보물권(새로운 재산)”, 「저스티스」 통권 제141호(2014.4), 232-260 참조.

30) 프랑스법상 무체동산에는 동산점용권, 동산반환청구권의 소권, 계약상 또는 불법행위에 기한 손해배상청구권의 소권과 같은 ‘객체에 의한 동산’과 금전 또는 동산을 목적으로 하는 채권과 같은 ‘법률규정에 의한 동산’이 있다.

31) L. Aynès, P. Crocq et A. Aynès, *Droit des sûretés*, LGDJ, 2021. n° 341, p. 354.

32) 재판상질권은 주식, 회사지분과 유가증권을 대상으로 하며, 일종의 법정질권으로서 민사집행법전이 민사집행절차에 관한 규정(제L.531-1WH 이하의 규정)이 적용된다(제2355조 제3항).

서나 사서증서의 작성이라는 엄격한 방식은 요구되지 않는다.

서면 작성에는 질물인 채권과 피담보채권이 적시되어야 한다. 만약 입질채권이 장래채권이라면, 개별적으로 특정하거나 채무자, 변제장소, 채권총액 또는 그 평가방법과 기한과 같은 요소를 포함하여 특정할 수 있으면 된다(제2365조 제3항). 장래채권에 대하여 질권을 설정할 경우 질권자는 채권의 성립과 동시에 권리를 취득하지만(제2357조), 제3자에 대한 대항력은 채권질권설정서면의 일자에 발생한다(제2361조). 그리하여 채권질권의 성립에는 채무자에 대한 통지가 요구되지 않고 채권증서의 교부도 필요하지 않다. 그러나 채권질권설정서면의 일자에 의해 제3채무자에게 대항하기 위해서는 채무자에게 통지하거나 제3채무자가 통지에 관여하여야 한다. 이러한 통지가 있기 전에는 설정자만이 유효하게 변제를 수령할 수 있고, 통지가 있은 후에는 질권자에게 변제하여야만 한다(제2362조).

채권질권의 효력과 관련하여 질권자가 채무자에게 질권설정을 통지한 경우 질권자만이 그 원본과 이자를 수령할 수 있다(제2363조 제1항). 질물인 채권으로서 변제된 금전은 피담보채권의 변제기가 도래한 경우 그 변제에 충당된다(제2364조). 개정 프랑스 민법은 채권질권의 고유한 효력으로서 채권질권의 실행은 질권이 설정된 채권에 대하여 행해진 집행절차에서 그 이행을 청구할 수 있고(제2362조 제2항), 유질계약도 가능하므로 채권을 자신에게 귀속되게 하거나(제2365조 제1항), 변제기를 기다려 변제를 수령할 수도 있다(동조 제2항). 만약 질권자에게 피담보채무액을 초과하여 변제가 된 경우 채권자는 그 차액을 설정자에게 반환하여야 한다(제2366조). 채권에 의미가 없는 경매를 폐지하고 재판상 분배에서 감정인의 평가도 요구하지 않게 되었다. 다만 채권질권자와 다른 권리자의 경합 여부에 대하여는 침묵하고 있는바, 채권질권자는 우선권자로 규정하지 않고 있다. 그리하여 이 문제는 결국 채권질권자만이 변제를 받을 수 있다고 규정한 제2363조 제1항의 해석론의 문제도, 학자들 간에 견해의 대립이 있다.[33)]

3. 특별법상 다이이양도

1970년대에 이르러 프랑스의 경제가 발달하자 거래 실무에서는 채권을 금융목적으로 널리 활용하고자 하는 요구가 발생하였으나, 프랑스민법전상 채권질권의 법체계가 불완전하고 거래의 필요에 부응하지 못하였다. 그리하여 제한적이기는 하지만 채권의 양도담보를 허용하는, 기업의 신용을 용이하게 하기 위한 1981년 1월 2일 법률(Loi n° 81-1 du 2 janvier

33) 이에 대하여는, 남효순, 앞의 논문, 186 참조.

1981 facilitant le crédit aux entreprises)이 제정되기에 이르렀다.34) 위 법률은 담보목적의 직업채권의 양도 내지 질권설정행위(Des actes de cession ou de nantissement de créances professionnelles)를 규율하였고, 동 법률은 1984년에 수정되어 현재 통화금융법전 제L.313-23조 내지 제L.313-35조로 편입되었다. 위 법률을 제안한 상원의원의 이름을 따서 위 법률에 의한 담보목적의 채권양도를 통상 *Dailly*(다이이)양도라고 부른다. 다이이양도는 직업채권의 양도 등이 기재된 양도증서인 *borderau*(보데로)를 금융기관에 교부함으로서 이루어지는 채권의 양도담보이다.35)

가. 적용범위

다이이양도는 인적 및 물적 범위의 제한이 있는바, 다이이양도에서 양수인의 자격은 프랑스에서 인가를 받은 금융기관이나 재정회사에 한정되고, 양도인은 사법상 법인이어야 하고 만약 자연인이라면 그 채권이 직업활동과정에서 발생하여야 한다. 양도되는 채권은 현재 존재하든, 장래 발생하든 계속적 이행채권이든 모두 가능하다. 판례는 "채권의 다이이양도의 효력은 채권의 변제기가 도산절차 개시 후에 도래한다고 하더라도 위 절차개시에 영향을 받지 않는다"고 하였다.

나. 보데로의 작성과 대항력

다이이양도는 *bordereau*(보데로)라고 불리는 양도증서에 6가지의 필수사항이 기재되어야 효력이 발생한다. 양도증서에는 "직업채권의 양도행위"라는 명칭, 양도행위가 통화금융법전 제L.313-2조에서부터 제L.313-34조까지 규정에 따른다는 언급, 양수인인 금융기관의 상호, 양도되는 채권의 지정, 양도인의 서명 및 양도날짜가 기재되어야 한다. 양도증서가 작성되면 채권의 발생일, 이행기, 청구가능일에 관계없이 작성일부터 당사자 사이는 물론 제3자에 대하여도 대항할 수 있고(통화금융법전 제L.313-27조), 다른 공시수단이나 등록은 필요하지 않다. 프랑스민법상 채권질권이 공정증서나 사서증서를 입질채권의 채무자에게 송달하거나 채무자의 승낙을 받아야 대항력이 발생하는 것과는 달리, 다이이양도는 담보권 설정의 형식적 요건을 완화하여 채권의 담보로서의 활용을 용이하게 하였다. 양도증서의 작성일에 양수인에게 채권이전의 효력이 발생하는데, 채권뿐만 아니라 그 부속된 권리도

34) https://www.legifrance.gouv.fr/loda/id/JORFTEXT000000705348/

35) 다이이 양도에 관하여는, M. Cabrillac, C. Mouly, S. Cabrillac et P. Pétel, *Droit des sûretés*, 8e éd., 2007; D. Legeais, *Sûretés et Garanties du crédit*, 5e éd., 2006; Jean-Baptiste Seube, *Droit des sûretés*, 2022; Ph. Simler et Ph. Delebecque, *Droit Civil, Les sûretés*, 2009; P. Théry et C. Gijsbers, *Droit des sûretés*, 2022, nos 566 (395) et suiv 참조.

함께 이전한다. 이 때 양수인은 담보목적을 위하여 채권자가 될 뿐이다.

다. 다이이양도의 효력

다이이양도의 효력은, 양수인과 채무자 사이에서는 채무자에 대하여 변제금지 통지 또는 채무자가 채무를 부담하기로 승낙하였는지 여부에 따라 달리 발생한다. 먼저, 채무자에 대하여 변제금지 통지가 없는 경우 양도채무자는 양도인에게 변제하면 채무로부터 해방되고, 양수인은 채무자에게 양도증서를 제시하여야만 변제를 받을 수 있다. 채무자가 선의라면 양도인에 대한 변제를 가지고 양수인인 금융기관에 대항할 수 있다. 다음으로, 양수인은 채무자에게 요구하여 직접 변제할 의무를 부담하게 할 수 있는데 이는 양도에 대한 채무자의 승낙에 해당한다. 다이이양도의 효력은, 제3자에 대한 관계에서도 양도증서에 기재된 일자에 효력이 발생하고. 채무자에 대한 통지를 필요로 하지 않는다. 만약 동일한 채권에 대하여 연속적으로 행해진 이중양수인 사이의 권리가 경합할 경우 시간에 앞선 제1양수인이 제2양수인에게 우선한다. 따라서 만약 제2양수인이 양도통지를 하여 채무의 변제를 받았다고 하더라도 제1양수인은 제2양수인으로부터 그가 수령한 변제를 반환받을 수 있다. 피담보채권이 소멸하면 다른 절차 없이 자동적으로 채권은 양도인에게 복귀한다.

라. 특 징

다이이양도는 일반적인 채권양도와 비교하여 다음과 같은 특징을 갖는다. 우선, 양도인은 양도일에 채권의 존재뿐만 아니라 채무자에 의한 변제를 담보하여 양수인이 채무자로부터 변제를 받지 못할 경우 양수인으로 하여금 양도인에게 소구할 수 있는 권한을 부여한다. 다음으로, 양도인은 양수인이 채무자에 대하여 양도통지를 하지 않는 한 채권의 변제를 수령할 권한을 보유하는데, 이는 통화금융법전 제L.313-28조의 반대 해석에 근거하고, 통지가 없는 한 채무자는 양도인에게 변제하면 채무로부터 해방된다. 만약 양도통지가 있다면 양수인에 의한 양도인에의 위임이 철회되므로, 채무자는 양수인에게만 변제하여야 한다. 마지막으로, 프랑스 민법상 채권양도가 제3자와의 관계에서 양수인이 집행관에 의한 통지를 통하여 채무자에게 채권이전을 통지하거나 채무자가 공정증서로서 양수인에 대하여 승낙을 하여야 대항할 수 있었던 것과는 달리(2016년 개정 전 프랑스 민법 제1690조), 다이이양도는 제3자에게 대항하기 위하여 양도를 통지하거나 송달할 필요가 없다.

4. 판례상 채권의 신탁적 양도의 부정

2006년 개정 담보법은 담보목적의 채권양도에 대해서는 침묵하였다. 그리하여 다이 이 양도 외에 일반적으로 담보목적으로 채권의 소유권을 신탁적으로 양도할 수 있을지에 대한 논의가 분분하였다. 그런데 실무상 이미 이러한 담보가 행해져 왔는데, 2006. 12. 19. 파기원은 그 효력에 대하여 부정적 입장을 분명히 하였다.[36)]

가. 사실관계

A 회사는 1992. 1. 7. B 은행으로부터 대출을 받아 쇼핑센터를 매수하면서 위 대여금 채권에 대한 담보로 A가 임차인 D를 포함하여 쇼핑센터의 임차인들로부터 받을 차임채권을 위 B 은행에게 양도하기로 하였다. 한편 C 금고는 1997. 5. 30. B 은행으로부터 A에 대한 여신으로부터 발생한 채권을 양도받기로 하고 A에게 통지하였다. A에 대하여 1995. 6. 27 재판상 회생절차(redressement judiciaire)가 개시되었다.

나. 판 결

원심은 1992. 1. 7. 대여금 채권을 담보하기 위하여 B를 수익자로 하는 차임채권의 신탁적 양도계약이 체결되어 B는 이 날 차임채권의 소유권을 취득하였으므로, 위 채권은 1997. 5. 30. C에게 적법하게 양도되었다고 판단하여, D에 대하여 C에게 차임 125000유로 및 이에 대한 이자를 지급하라고 명하였다. 그러나 파기원은 법률의 규정에 의하지 않고 채무자가 담보목적으로 채권을 채권자에게 양도하기로 한 약정은 채권질권을 구성하므로 원심은 유질계약의 금지규정(민법 제2075조 및 제2078조)을 위반한 위법이 있다고 보아 이를 파기하였다.

나. 평 가

파기원은 담보목적의 채권양도를 인정하지 않음을 분명히 하였다. 당사자 간에 담보목적으로 채권을 양도하기로 하는 약정이 있음에도 불구하고 단순한 채권질권으로 그 성격을 결정하여, 위 차임채권의 소유권이 여전히 임대인 A에게 남아있으므로 A의 재판상 회생절차개시에 따라 A와 D의 법률관계가 진행되고, 1997. 5. 30. C 금고에 양도된 채권에는 이 차임채권은 포함되지 않는다고 본 것이다. 만약 이를 신탁적 채권양도로 본다면 차임채

36) Com, 19, déc. 2006, D. 2007. 344, note Ch. Larroumet e 319, obs. R. Dammann et G. Podeur 76, obs. X. Delpech.

권은 A의 재산으로부터 분리되어 B에게 귀속된 이상 이후 개시된 A의 회생절차의 영향을 받지 않아 위 차임채권은 1997. 5. 30. C에게 양도될 것이고, 그렇다면 위 차임채권의 채무자인 D는 계속하여 C에게 차임을 지급하여야 할 것이다. 이 판결에 대해서는, fiducie를 도입하는 2007년 개정법이 국회에 계류 중인 시기여서, 파기원은 판도라의 상자를 열어 입법자의 권한을 침해하지 않고 조심스러운 태도를 지향했다고 평가되었다.[37]

Ⅲ. 프랑스 민법상 담보목적의 채권양도

2021년 개정에 의해 프랑스 민법은 담보목적의 채권양도(De la cession de créance à titre de garantie)를 제2372조에서 제2373-3조까지 4조문에 걸쳐 규정하고 있다.[38]

1. 적용 범위

담보목적의 채권양도를 인정한 민법전 제4편의 규정들은 적용범위에 대하여는 침묵하고 있다. 프랑스민법 제2373조는 채권양도의 일반법[39]에 따른다고 규정하고 있을 뿐이다.[40] 그런데 채권양도에 관한 일반법은 양도될 수 있는 채권의 유형이나 양도인 또는 양수인의 자격에 대해 어떠한 제한을 두고 있지 않다. 일반적으로 모든 채권은 양도가능하므로, 채권이 가분이거나 일부이더라도, 기한부이거나 조건부 채권이라도 양도될 수 있다.

민법상 담보목적의 채권양도는 모든 유형의 채권에 적용되는데, 만약 다이이 양도의 요건이 충족되는 경우, 즉 양수인이 신용기관의 자격을 갖추고 담보목적물이 직업채권인 경우에도 민법상 담보목적의 채권양도가 사용될 수 있을까? 만약 긍정된다면, 다이이 법에 의해 부과된 엄격한 형식요건으로부터 벗어날 수 있다는 이점이 있을 것이다.[41]

---

37) Com, 19, déc. 2006, *D.* 2007. 76, obs. X. Delpech.

38) 이하의 설명은 L. Aynès, P. Crocq, et A. Aynès, *op. cit.*, n°s 462, pp. 483 et suiv를 참조하였다.

39) 2016년 오르도낭스에 의한 채권법의 개정에 따른 채권양도 규정의 체제로는, 한불민사법학회, 앞의 책, 504 이하 참조; 김은아, 앞의 논문, 105-136.

40) 프랑스민법 제2373조 채권의 소유권은 제1321조부터 제1326조에 따라 체결된 계약의 효력에 의해 채무에 대한 담보목적으로 양도될 수 있다.

41) Jean-Baptiste Seube, *Droit des sûretés*, 2022; P. Théry et C. Gijsbers, *op. cit.*,, n° 584 (407) 참조.

2. 성 립

가. 서면주의

채권양도는 서면으로 확인되어야 하고 그러하지 아니하면 무효라는 채권양도의 일반법(제1322조)에 좇아, 담보목적의 채권양도가 유효하려면 서면으로 작성될 것을 요한다(제2373조). 다른 물적 담보와 마찬가지로, 요식계약으로, 서면은 사서증서든 공정증서일 수 있다.[42] 당사자 사이에서 채권의 이전은 증서의 일자에 의해 이루어지므로, 서면일자는 당사자 사이에서는 유효성을 증명하고 제3자에 대한 관계에서는 대항력의 기준이 된다는 점에서 중요한 의미를 갖는다. 다만 장래채권의 이전은 당사자 사이에서뿐만 아니라 제3자에 대하여도 그 발생일자에 이르러서야 이루어진다(제1323조 제3항).

서면에는 양도된 채권과 피담보채권을 지정되어야 한다. 채권이 장래채권이라면 증서는 개별화를 허용하거나 채무자의 표시, 변제장소, 채권액 또는 그 평가, 그리고 필요한 경우 변제일과 같이 개별화를 허용하는 요소를 포함해야 한다(제2373-1조). 다른 기재는 요구되지 아니하므로 이는 민법상 양도를 다이이양도와 구별시킨다. 별도의 규정은 없으나, 당사자의 신원, 법률행위의 성질, 당사자의 서명 및 작성일자가 필요하다고 해석된다.

나. 대 항 력

신탁적 양도는, 특별한 규정이 없다면, 2016년 오르도낭스에 의해 단순화되었던 일반법의 방식에 따라 제3자에게 대항할 수 있다. 즉 제3자에 대하여, 채권의 신탁적 양도는 양도일로부터 다른 형식 없이 대항가능하다(제1323조). 그러나 제2양수인이나 질권채권자와 같이 신탁적 양도와 경합하는 권리를 갖는다고 주장하는 제3자와 충돌하는 경우, 그 권리의 앞섬과 행위일을 증명하여야 한다. 동일한 채권에 대한 제2양수인 또는 질권채권자가 충돌하는 경우 증서일자가 앞선 자가 우선한다(제1325조). 이러한 증명은 모든 수단에 의해 이루어질 수 있으나 실무상 공정증서나 등록된 사서증서, 특정된 일에 취득한 증서에 의지하는 것이 용이할 것이나.

양수인은 양도증서를 취득한 후(가령 양도행위에 참여하면서) 또는 통지(수령을 충분히 교지한 등기우편)된 후에야만 양도된 채무자에게 대항할 수 있다(제1324조). 이러한 형식요건이 충족되지 않는다면, 채무자는 양도를 무시하고 계속하여 유효하게 양도인에게 변제할 수

---

42) 다만 2016년 개정에 의해 증거에 관한 규정도 개정되어, 증거는 법률이 규정하는 이외에는 원칙적으로 모든 방법에 의해 제출될 수 있게 되었지만, 1,500유로를 초과하는 법률행위에 대해서는 여전히 사서증서 또는 공정증서에 의해서만 증명될 수 있어(제1359조), 1,500유로를 초과하는 금액의 채권을 양도하기 위해서는 사서증서 내지 공정증서가 필요하다.

있다.

무효, 동시이행의 항변권, 해제, 상계와 같은 채무에 고유한 항변은 구별없이 그에게 대항할 수 있지만, 양도인과 양수인의 인적관계의 항변은 그러한 항변이 양도가 채무자에게 대항할 수 있게 되기 전에 발생한 경우에만 대항할 수 있다(제1324조).

3. 효 력

가. 권리의 이전

채권양도가 담보목적으로 행해졌더라도, 채권의 소유권은 양수인에게 이전된다. 신탁적 소유권은, 잠정적으로 임시적이지만, 변제기에 피담보채권의 변제가 있으면 양도인에게 반환될 운명이다. 그러나 양수인은 양도인의 재산의 일부인 양도된 채권의 소유권자가 된다. 양수인은 양도된 채권에 대하여 배타적인 권리를 가지므로 양수인만이 소유권자의 자격으로 변제를 받을 권리를 갖는다. 다음으로, 채권이 양도인의 재산으로부터 나왔지만, 그 채권이 양도인에 대한 도산절차 개시 결정보다 먼저 발생한 경우 도산절차는 양수인의 권리에 영향을 미치지 않는다. 그 재산은 도산절차의 물권적 효과로부터 벗어난다. 양수인은 양도된 채권의 변제를 받아 그에게 지불되어야 할 금액에 충당할 권리를 보유한다.

나. 양도된 채권의 변제

양수인이 피담보채권의 변제를 받았다면, 수령한 금액은 피담보채권을 청구할 수 있었는지 여부에 따라 그 효력이 달라진다. 피담보채권을 청구할 수 있다면 양수인에게 지급되어야 할 채권에 충당된다(제2373-2조).[43] 즉 양수인이 자유로운 처분권을 갖는다면, 피담보채권은 수령한 금액의 가치에 상응하는 만큼 소멸한다. 만약 수령한 금액이 변제되어야 할 채무를 초과한다면, 양도인에게 초과분을 반환하여야 하고, 수령한 금액이 양수인에게 변제되어야 할 채무보다 적다면, 잉여분은 채권자에게 남는다.

양도된 채권의 변제시 피담보채권이 청구될 수 없다면, 양수인은 수령한 금액을 현금담보 명목으로 보유한다(제2373-2조 제2항). 유사한 경우, 채권의 금액으로의 변형은 담보성질의 변경을 수반한다. 현금담보로서의 채권의 신탁적 양도. 이 날짜로부터, 다른 신탁적 담보 규정이 적용된다.

43) 프랑스민법 제2373-2조 ① 양도된 채권을 위하여 양수인에게 변제된 금액은 이행기가 도래한 경우 피담보채무에서 충당된다. ② (이행기가 도래하지 않은) 반대의 경우, 양수인은 제2374-3조부터 제2374-6조에 규정된 조건에 따라 이 금액을 보존한다.

다. 피담보채권의 소멸

변제, 무효화, 시효 등 그 원인 무엇이든, 피담보채권이 소멸한 경우, 그 양도는 목적이 없게 된다. 양도된 채권은 양도인에게 복귀한다. 다이이 양도에서와 마찬가지로, 피담보채권이 소멸하면 특별한 절차 없이 자동적으로 채권은 양도인의 계산으로 복귀한다(제2373-3조).44)

양도된 채권이 피담보채권이 청구될 수 없게 되기 전에 변제되었고, 담보채권이 변제기에 변제될 경우, 현금담보 목적으로 양수인에 의해 보존된, 수령한 금액은 양도인에게 반환되어야 할 것이다(제2374-6조).

4. 소 결

실무의 필요에 의해 발생한 채권양도담보에 대하여 판례가 인정하지 않다가 2021년 전격적으로 입법화되었다는 점에서 특징이 있다. 우리나라 민법상 명문의 규정으로 인정하지는 않고 있으나 실무상 인정되고 있는 채권의 양도담보와 유사하다. 다만 차이점은 우리나라의 채권양도담보에 있어 양도의 효력은 양도의 합의만으로 발생하되, 다만 채무자에 대하여는 통지나 승낙으로, 제3자에 대하여는 확정일자 있는 서면으로 통지되어야 대항할 수 있는 반면, 프랑스의 채권양도담보는 요식계약으로 반드시 서면으로 체결되어야 효력이 있고 증서작성일부터 대항력을 갖춘다는 점이다.

Ⅳ. 양도담보와 도산절차의 관계

도산절차는 담보권의 존재가치가 무엇인가를 증명하는 시금석이다.45) 헤겔의 미네르바의 올빼미는 땅거미가 지기 시작한 후에만 비상하는 것과 같이, 담보권이 어떠한 가치를 갖는지는 담보권설정자의 운명이 쇠퇴하여 도산절차에 들어간 후에야 비로소 알게 된다.46) 담보의 기능은 여신에 대한 채무불이행의 위험을 최소화하는 것이고 이러한 위험은 담보권설정자의 도산시 담보권을 어떻게 취급하느냐에 달려 있다. 따라서 담보법과 도산법은 매

44) 프랑스민법 제2373-3조 양도된 채권이 변제되기 전에 피담보채권이 전부 변제된 경우, 양도인은 당연히 양도된 채권의 소유권을 회복한다.

45) P.Théry et C.Gijsbers, *op. cit.*, n° 668 (471).

46) Horst Eidenmüller, *Secured Creditors in Insolvency Proceedings, The Future of Secured Credit in Europe*(eds. by Eidenmüller/Kieninger), 2007, 273.

우 밀접한 관계에 있고, 담보권의 규율은 도산법에서 하나의 핵심축을 형성한다. 이하에서는 담보목적의 채권양도가 프랑스의 도산법에서 어떻게 취급되는지를 우리나라의 채권의 양도담보와 비교하여 분석해 본다.

1. 우리나라 도산절차에서 장래채권 양도담보의 취급

'양도담보를 도산절차에서 어떻게 취급할 것인가'에 관하여, '소유권의 이전'이라는 법 형식을 중시하여 양도담보권자에게 목적물에 대한 환취권을 인정할 것인지, 아니면 '채권담보'의 실질을 중시하여 회사정리법상의 정리담보권자(현재의 회생담보권자)로만 취급할 것인지를 중심으로 많은 논의가 있어 왔다. 우리나라는 양도담보를 정리담보권에 준하여 취급하여야 한다는 실무계의 주류적 견해와 판례를 반영하여 1998년 회사정리법 개정 시에 명문으로 양도담보권을 정리담보권으로 인정함으로써 입법적으로 이를 해결하였고, 그러한 태도가 현재의 채무자회생법에까지 이어졌다.

따라서 양도담보권자는 다른 담보권자와 마찬가지로 회생절차에 참가하여야만 그 권리를 행사할 수 있고, 양도담보 목적물이 부동산, 동산, 채권이든 상관없이 양도담보권은 회생담보권으로 취급된다.47) 따라서 채권양도담보의 경우에는 담보의 목적인 채권이 금전채권인 때에는 회생절차개시 이후 변제기가 도래하더라도 양도담보권자는 그것을 추심하여 변제에 충당할 수 없고, 제3채무자로 하여금 변제액을 공탁하게 하고(채권질권에 관한 민법 제353조 제2항 유추적용) 그 공탁금상에 담보권이 존속한다고 해석된다. 나아가 회생절차개시 후 발생한 채권에 대하여는 채무자가 아닌 관리인의 지위에 기한 행위로 인하여 발생하는 것으로서 채권양도담보의 목적물에 포함되지 않고 그러한 채권에 대해서는 양도담보권의 효력이 미치지 않는다고 판시하였다.48)

또한, 채권양도담보계약 이후 채무자에 대한 회생절차가 개시된 경우, 양도담보권자가 제3채무자를 상대로 이행의 소를 제기하는 것은 회생절차개시결정에 의해 금지되는 '양

47) 대법원 2011.5.26. 선고 2009다90146 판결과 대법원 2015.5.28. 선고 2015다203790 판결을 비롯한 다수 대법원판결 역시, 채권양도담보권자를 회생담보권자로 취급하여 법리를 형성하여 왔다.

48) 대법원 2013.3.28. 선고 2010다63836 판결에서, 대법원은 甲이 乙은행으로부터 대출을 받으면서 甲의 국민건강보험공단에 대한 향후 의료비 등 채권을 담보목적물로 한 채권양도 담보계약을 체결하였는데, 乙은행이 담보목적물 중 일부인 그 당시 현존 의료비 등 채권에 대하여 담보권을 실행하여 공단으로부터 채권 일부를 회수한 후 甲에 대하여 회생절차가 개시된 사안에서 장래 발생하는 채권이 담보목적으로 양도된 후 채권양도인에 대하여 회생절차가 개시되었을 경우, 회생절차 개시결정으로 채무자의 업무의 수행과 재산의 관리 및 처분 권한은 모두 관리인에게 전속하게 되며(「채무자 회생 및 파산에 관한 법률」 제56조 제1항), 관리인은 채무자나 그의 기관 또는 대표자가 아니고 채무자와 그 채권자 등으로 구성되는 이른바 이해관계인 단체의 관리자로서 일종의 공적 수탁자에 해당하기 때문에 회생절차가 개시된 후 발생하는 채권은 채무자가 아닌 관리인의 지위에 기한 행위로 인하여 발생하는 것으로서 채권양도담보의 목적물에 포함되지 않고 이에 따라 그러한 채권에 대해서는 담보권의 효력이 미치지 아니한다고 판시하였다.

도담보권의 실행행위'에 해당한다고 판시하였다.49)

2. 프랑스 도산절차에서 담보목적의 채권양도의 취급

최근 파기원 상사부는, 담보목적의 채권양도에 있어서, "다이이 양도가 담보된 채권이 변제되는 경우 양도된 권리의 반환을 포함할지라도, 그 양도는 양도증서에 기재된 날에 권리자의 잠정적 양도에 효력을 발생하여, 양도인의 재산으로부터 나와 합의된 담보물이 고갈될 때까지, 그 변제는 이 날짜 이후 양도인의 도산절차개시에 의해 영향받지 않는다"고 판시하였다.50) 일단 채권이 양도된 이상, 도산절차가 개시된 이후 양도인은 그 변제를 청구할 수 없다.51) 나아가 다이이양도에 있어 양수인은, 양도인의 파산 절차를 개시하는 판결에도 불구하고 장래채권에 대한 선험적 권리를 갖는다. 이와 같이 다이이 양도의 경우 담보권의 범위 확대 금지에서 벗어난다. 다이이 양도의 경우 채권의 변제기가 도산절차 개시 후에 도래한다고 하더라도 위 절차개시에 영향을 받지 않는다. 판례는 다이이 양도에서 어떠한 제한도 두지 않고, 잠복상태의 채무와 아직 발생하지 않았거나 심지어 불확실한 채무를 구별하지 않는 것으로 보인다.52)

그런데 입법자는 다르게 중재할 수 있었음에도, 채권질권과 담보목적의 채권양도의 유사성을 인정하고, 다이이 양도만을 성역화하였다(프랑스 상법 제L.632-21, 6O조). 즉 담보목적의 채권양도의 경우, 채권질권과 마찬가지로,53) 담보권의 범위를 확대하지 않는다(상법 제L.622-21조). 그리하여 장래채권의 양도담보의 경우, 목적물이 채무자에게 있는 양수인은 그 권리를 실행할 수 있을지라도 그 채권신고를 게을리하거나 반환을 청구하지 않아야 할

---

49) 대법원 2020.12.10. 선고 2017다256439, 256446 판결. 회생절차개시결정이 있는 때에 금지되는 채무자회생법 제58조 제2항 제2호의 '회생담보권에 기한 강제집행 등'에는 양도담보권의 실행행위도 포함된다(대법원 2011.5.26. 선고 2009다90146 판결 참조). 양도담보권의 실행행위는 종국적으로 채권자가 제3채무자에 대해 추심권을 행사하여 변제를 받는다는 의미이다. 특히 양도담보권의 목적물이 금전채권인 경우 피담보채권의 만족을 얻기 위해 금전채권을 환가하는 등의 별도의 절차가 필요 없고, 만약 양도담보권자가 제3채무자를 상대로 채무의 이행을 구하는 소를 제기하여 승소판결을 얻는다면 제3채무자가 양도담보권자에게 임의로 변제하는 것을 막을 방법이 없다. 따라서 채권이 담보 목적으로 양도된 후 채권양도인인 채무자에 대하여 회생절차가 개시되었을 경우 채권양수인인 양도담보권자가 제3채무자를 상대로 그 채권의 지급을 구하는 이행의 소를 제기하는 행위는 회생절차개시결정으로 인해 금지되는 양도담보권의 실행행위에 해당한다. 이와 같이 해석하는 것이 채무자의 효율적 회생을 위해 회생절차개시결정 이후 채권자의 개별적 권리행사를 제한하는 한편 양도담보권도 회생담보권에 포함된다고 규정한 채무자회생법의 내용에도 부합한다.

50) Cass com 9 décembre 2020, n° 19-13014.

51) Cass civ 3ème 16 mars 2022, n° 20-22037.

52) Cass com 7 décembre 2004, n° 02-20732.

53) 프랑스의 도산절차에서 채권질권자에게 인정된 유치권은 질권설정자에 대하여 구제(sauvegarde), 회생(redressement), 파산(liquidation) 등 도산절차가 개시된 경우 절차 개시시 발생한 채권에 질권의 효력을 강화한다. 질권을 실행할 가능성이 없더라도, 단순히 우선변제권만을 가진 채권자와는 달리, 유치권이 붙은 담보권자는 도산절차에서 다른 채권자들보다 우선하고 상법 제L.643-8조의 재판상 청산의 경우 채권자 그룹에 속하지 않는다.

것이다.[54] 그리하여 향후 프랑스 판례가 도산절차와 관련하여 담보목적의 채권양도를 어떻게 취급할 것인지 귀추가 주목된다.

V. 나가며

이상 프랑스민법에 신설된 '담보목적의 채권양도'에 대하여 살펴보았다, 채권질권설정 외에 판례가 부정하였던 담보목적의 채권양도를 민법전에 전면적으로 인정하였다는 점에서 의의가 크다. 물권법정주의에 따라 채권의 양도담보를 담보법에서 전면적으로 하나의 담보권으로 인정하고 그 내용을 규율하고 있는 것이다.

우리나라의 채권의 양도담보와 비교해 보면, 첫 번째 우리 민법은 채권의 양도담보를 명문으로 규정하고 있지 않다. 다만 실무상 오래 전부터 채권의 양도담보가 인정되어 장래채권의 담보, 집합채권의 담보를 둘러싼 문제들이 판례에 의해 규율되어 왔다. 그리고 "동산 · 채권의 담보 등에 관한 법률(이하 "동산채권담보법"이라 한다)"은 채권담보권의 정의규정에서 "양도담보 등 명칭을 불문하고"라고 하여 채권담보등기를 하면 명칭이 채권의 양도담보인 경우에도 채권담보권으로 인정하여 동법에 따른 규율을 받도록 하고 있다. 다만, 채권담보권을 설정할 수 있는 자는 법인이나 사업자등록을 한 자연인이라는 인적범위의 제한이 있다(동산채권담보법 제2항). 그리고 채권담보권의 공시방법은 담보등기이고(동산채권담보법 제35조 제1항), 담보등기는 채권담보권의 제3자에 대한 대항요건이다. 한편, 민법상 채권의 양도에 따른 채권의 양도담보의 경우 양도의 효력은 양도의 합의만으로 발생하되, 다만 채무자에 대하여는 통지나 승낙으로, 제3자에 대하여는 확정일자 있는 서면으로 통지되어야 대항할 수 있다(민법 제450조). 이와 같이 동산채권담보법상 등기된 채권담보권과 판례상 인정되는 채권양도담보는 설정방식이나 대항력 취득방법이 달라 통일되어 있지 않다.[55] 그리하여 채권의 양도(담보)와 채권담보권 사이의 우열관계가 문제되었고 이에 대하여 판례가 정리한 바 있다.[56]

이에 대해 프랑스민법상 채권의 양도담보는 당당히 민법상 담보제도로 들어왔고, 양도담보의 설정행위는 요식계약으로 반드시 서면으로 체결되어야 효력이 있고 증서작성일

54) P.Théry et C.Gijsbers, *op. cit.*, n° 672 (474).

55) 향후 민법을 개정하면서 담보에 관한 특별법이 민법전에 편입되어야 한다고 생각한다(김현진, "담보법 개정에 관한 단상 — 특별법상 담보제도의 민법전 편입을 중심으로 —", 「민사법학」 100 (2022) 351-388).

56) 대법원 2016.7.14. 선고 2015다71856, 71863 판결. 이에 대한 평석으로, 김현진, "동산 · 채권담보법상 채권담보권과 채권양도의 법률관계", 한양대학교 「법학논총」, 34/3 (2017) 435 이하 참조.

부터 대항력을 갖춘다는 점에서 차이가 있다. 다만 기존에 통화금융법전에 존재하는 다이이양도와의 관계가 명확하지 않아 향후 판례의 추이를 지켜보면서 관계를 정립해 나가야 할 것이다. 나아가 양도금지특약이 있는 채권을 어떻게 취급할 것인지도 해결해야 할 과제이고, 양도인이나 양수인에게 도산절차가 개시된 경우의 법률관계도 주시해야 할 것이다. 한 술 밥에 배부를 수는 없다. 프랑스에서 채권의 양도담보가 민법상 담보제도로 인정되었고, 앞으로 어떻게 더 잘 활용되고 다른 담보제도와 조화를 이루는지 살펴보는 작업은 향후 우리나라 민법을 개정함에 있어 좋은 참고자료가 될 수 있을 것이다.

양도금지특약의 효력에 관한 논의
- 법학방법론적 논평 -

김 형 석
서울대학교 법학전문대학원 교수

실천(practice)*의 논리는 논리적인 것이 실천적이기를 그치는 지점까지만 논리적이다.**

Ⅰ. 들어가며

비교적 최근의 대법원 재판례 중에서 법학방법론의 관점에서 문제적이라고 생각되는 것을 하나 들어야 한다면, 필자는 큰 주저 없이 양도금지특약의 효력에 대한 대법원 전원합의체 판결[1)]을 선택할 것이다. 민법 제449조 제2항의 적용이 문제되고 있는 이 사건의 사실관계는 비교적 간단하게 요약할 수 있다. 양도금지특약이 있는 채권을 그에 대해 악의 또는 중과실[2)]인 양수인에게 양도한 양도인이 파산한 다음 파산관재인이 채무자를 상대로 해당 채권의 이행을 청구하자 채무자가 채권이 양도되었음을 주장하는 경우, 파산관재인의 청구는 인용되어야 하는가 아니면 기각되어야 하는가?

대법원은, 다수의견 그리고 소수의견 모두, 이 질문에 대한 대답을 양도금지특약의 효력에 대한 법률구성으로부터 구한다. 법정의견인 다수의견은 종래 판례[3)]를 승계하여 "양도금지특약을 위반하여 이루어진 채권양도는 원칙적으로 효력이 없다는 것이 통설이고, 이와 견해를 같이하는 상당수의 대법원판결이 선고되어 재판실무가 안정적으로 운영되고 있"으며, 이러한 판례 법리는 여러 이유에서 유지되어야 한다고 한다. 따라서 이른바 물권적 효력설에 따라 악의 또는 중과실인 양수인에 대한 양도는 효력이 없으므로, 파산관재인은 채무자를 상대로 이행을 청구할 수 있다는 것이다. 반대로 소수의견은 여러 근거를 들면서,

* Bourdieu, "Codification", *In Other Words*, tr. by Adamson, 1990, 79.

1) 대판(전) 2019.12.19., 2016다24284, 공보 2020, 301.

2) 대판 1996.6.28., 96다18281, 집 44-1, 665.

3) 예컨대 대판 2009.10.29., 2009다47685, 공보 2009, 1996.

채권자가 양도금지특약을 위반하면 채무불이행책임을 지는 것은 당연하지만, “이것을 넘어서서 양도인과 양수인 사이의 채권양도에 따른 법률효과까지 부정할 근거가 없”으며 “채권양도에 따라 채권은 양도인으로부터 양수인에게 이전하는 것이고, 채권양도의 당사자가 아닌 채무자의 의사에 따라 채권양도의 효력이 좌우되지는 않는다”고 한다. 따라서 이른바 채권적 효력설의 관점에서 이 사안에서는 양수인이 악의 또는 중과실이더라도 어쨌든 채권자이고, 채무자가 양수인을 상대로 “이행거절의 항변권을 행사하지 않고 채권의 양도를 이유로 양도인의 청구를 거절하는 경우에는 양도금지특약에도 불구하고 채권양도가 유효함을 전제로 양수인에게 채무를 이행하겠다는 의사표시로 해석”되므로, 파산관재인의 청구는 타당할 수 없다는 것이다. 그 과정에서 다수의견은 ① 제449조 제2항의 문언이 물권적 효력설에 가깝고 채권적 효력설을 전제로 한다면 그러한 규정이 필요 없다는 것, ② 채무자는 채권관계의 대항사유를 양수인에게 대항할 수 있고(민법 제451조 참조) 이는 채권의 속성이 된 양도금지의 취지도 마찬가지라는 것, ③ 물권적 효력설에 의할 때 법률관계가 간명해진다는 것, ④ 양도금지채권의 압류가 가능한 것은 법률에 규정에 의한 결과라는 것 등을 근거로 들고 있고, 소수의견은 ① 채권양도의 자유를 강조하면서, ② 양도금지특약 같은 채권적 합의가 대세적 효력을 가질 수 없다는 것, ③ 제449조 제2항의 문헌은 내부적 의무만을 말한다는 것, ④ 현재 채권양도 거래의 실정상 채권적 효력설이 보다 적절하다는 것, ⑤ 악의 · 중과실의 입증책임이 채무자에게 있다는 판례는 채권적 효력설과 부합한다는 것, ⑥ 양도금지채권을 압류할 수 있다는 것 등을 근거로 들고 있다. 이 판결에 대한 학설의 논의 역시 대체로 이러한 다수의견과 소수의견의 논거와 결론을 바탕으로 그에 찬성하거나 반대하는 모습으로 행해지고 있다.[4] 여기서는 그 상세한 내용에 대해 새삼 서술하지 **않는다**. 그 대신 양도금지특약의 효력에 관한 전원합의체 판결이 제기하는 법학방법론적인 쟁점을 간단히 살펴보고자 한다.

Ⅱ.

1. 대상판결에서 다수의견 그리고 소수의견이 논리를 전개해 결론에 이르는 과정을 살펴보며 받는 현저한 인상은 두 의견 모두 매우 **전형적인 개념법학적인 논변**을 구사하고 있다는 것이다. 즉 두 의견 모두 양도금지특약의 효력을 설명하는 법률구성(juristische

4) 우선 전거와 함께 그 개관으로 지선경, 채권양도금지특약과 이를 위반한 채권양도의 효력, 민사판례연구 43 (2021) 309 이하 참조.

Konstruktion)에서 논의를 시작하여, 어느 법률구성이 민법의 해석으로 타당한지 논쟁한 다음, 그렇게 채택된 법률구성에 따라 해당 사건의 결론을 도출한다. 그래서 물권적 효력설이 타당하다면 파산관재인의 청구는 받아들여져야 하지만, 채권적 효력설이 타당하다면 파산관재인의 청구는 배척되어야 한다. 즉 채택된 "올바른" 법률구성으로부터 종래 판단되지 않았던 새로운 쟁점에 대한 결론이 도출되고 있는 것이다. 반면 그 과정에서 이 사안유형에서 당사자들의 이익상황 그리고 민법 제449조 제2항에 반영된 가치평가에 대해서는 상대적으로 큰 주의가 기울여지지 않는다. 마찬가지로 양도인에 대한 파산절차가 혹 당사자들의 법률관계에 어떤 영향을 미칠 수 있을지 여부도 검토되지 않는다. 기본적으로 양수인이 악의인 경우 채권이 과연 양수인에게 이전되는지 아니면 양도인에게 남아 있는지 라는 일반 · 추상적인 문제에 대한 해답이 논의의 중심에 자리하고 있으며, 과연 그러한 "이전"이 민법의 규정과 합치하는지 여부가 진지하게 논의되고 있는 것이다.

그러나 이렇게 새로운 미지의 쟁점에 대한 해답을 기존의 법률구성으로부터 연역하는 해석이 이른바 개념법학적인 논증으로 사실은 순환논법이라는 인식은 19세기 후반 예링의 각성과 20세기 초반 이익법학의 비판 이후 이제 일반적으로 받아들여지고 있는 바이다.[5] 법률구성은 기존에 해석으로 획득된 결과들을 법률 개념 그리고 강학상 개념을 동원하여 체계적으로 조직한 설명틀이다.[6] 이러한 법률구성은 기존의 해석 결과들을 논리적인 연관하에서 쉽게 설명 · 전달하게 하는 동시에, 새로 획득된 결론이 있으면 이를 그 설명틀에 포함시켜 재구성함으로써 법적 안정성을 확보한다.[7] 그런데 이러한 법률구성은 기존의 해석 결과들을 전제로 구축된 설명틀이기 때문에, 새로운 쟁점에 대한 결론을 그로부터 도출하는 경우 — 일응의 발견법적(heuristic) 의미가 없지는 않겠지만 — 논리적으로는 정당성을 확보할 수는 없으며 해석자의 암묵적 전제에 따른 순환논법으로 귀결할 위험성에 노출된다.[8] 왜냐하면 개념을 사용하는 삼단논법에서는 추론자가 그 전제에 포함시킨 내용만이 도출될 수 있기 때문이다.[9] 실제로 대상판결을 다시 한 번 상기해 보자. 다수의견은 "채권이 이전되지 않음"으로부터 원고의 청구가 타당하다고 도출했고, 소수의견은 "채권이 이전되었음"으로부터 원고의 청구가 부당하다고 도출하였다. 그런데 채권 이행청구의 정당성은

5) 크라머, 법학방법론, 최준규 역, 2022, 157 이하 참조.
6) 우선 Larenz/Canaris, *Methodenlehre der Rechtswissenschaft*, 3. Aufl., 1995, 267f. 참조.
7) 김형석, 법발견에서 원리의 기능과 법학방법론, 서울대 법학 57/1 (2016) 37 이하 참조.
8) 예컨대 Larenz/Canaris, *Methodenlehre*, 268: "법발견이라는 과제에 대해 법률구성이 가지는 가치는 의문스럽다."; Esser, Zur Methodenlehre des Zivilrechts, *Wege der Recvhtsgewinnung*, 1990, 309("자기기만"); 크라머, 법학방법론, 162-163("가장논리") 등.
9) Esser, Zur Methodenlehre des Zivilrechts, 309. 이미 상세하게 Heck, *Begriffsbildung und Interessenjurisprudenz*, 1932, 96ff.

일차적으로 채권의 귀속에서 출발하기 때문에, 채권의 이전 여부를 논의의 전제로 삼는 순간 그 결론은 예단되어 있었다고 말하지 않을 수 없다. 그렇기에 대상판결에서 양도금지특약의 법률구성에서 논의를 시작하는 논증은 전형적인 개념법학적인 오류 가능성에 노출되어 있다고 해야 한다. 물권적 효력설 또는 채권적 효력설 중 어떤 것이 타당한지에 따라 원고의 청구의 당부가 결정될 수는 없다. 오히려 그 의미와 목적을 고려한 법률의 적용으로 원고의 청구가 정당한지 아닌지 여부가 확인될 때, 바로 그때 비로소 그 결과에 비추어 물권적 효력설과 채권적 효력설 중 어느 것이 법률구성으로서 보다 정당한지 그리고 기존 법률구성에 수정이 필요한지 등이 판단되는 것이다. 이미 오래전에 파울루스가 적절히 지적한 대로, 규칙 즉 도그마틱의 명제는 대상과 사태를 간략하게 종합해 전달하는 수단에 그치므로 "규칙에서 법이 도출되는 것이 아니라, 존재하는 법으로부터 규칙이 발생하는 것"이고, 따라서 일정한 사안에서 잘못 사용되는 경우 "그 타당성을 상실하는 것"(perdit officium suum)이다.[10)]

2. 그런데 물권적 효력설과 채권적 효력설이 민법의 해석 결과들을 전제로 사후적으로 종합되는 법률구성이라고 한다면, 두 견해 모두 민법 제449조 제2항의 가치평가를 정당하게 존중하는 이상 법률구성의 작용에 따라 서로 다른 결론에 도달할 것이라고는 생각되지 않는다.[11)]

민법 제449조 제2항의 취지는 양도금지특약의 존재를 알고 있었거나 중과실로 알지 못한 양수인에 대한 관계에서는 채무자가 양도인과 사이에서 법률관계를 청산할 계약상 이익을 존중하여 양도금지특약이 부여하는 이익을 채무자에게 부여하지만, 양수인이 특약의 존재에 대해 선의인 때에는 거래의 안전을 고려해 양도금지특약의 효력을 제한함으로써 채무자가 양도인과 사이에서 법률관계를 청산할 계약상 이익을 부여하지 않는다는 것이다. 그러므로 채무자가 악의의 양수인의 청구에 대하여 양도금지특약을 원용해 이행을 거부하는 경우, 법률관계는 민법 제449조 제2항 단서에 따라 규율되고 물권적 효력설과 채권적 효력설은 법률구성 차원의 설명 방법 이외에는 큰 차이를 가져오지 않는다. 물권적 효력설에 따르면 악의의 양수인은 채권자가 아니었던 것이고, 채권적 효력설에 따르면 양수인은 채권자이기는 하지만 민법 제449조 제2항 단서에 근거를 가지는 지급 거절의 영구적 항변권이 행사된 것이다. 반면 양수인이 선의인 경우 그는 채무자를 상대로 이행을 청구할 수 있을 것인데, 물권적 효력설에 따르면 일종의 선의취득 유사의 효과가 발생

10) Paulus D. 50, 17, 1.
11) 곽윤직 편집대표, 민법주해 X, 1995, 567 주 38(이상훈)도 참조.

하는 것으로, 채권적 효력설에 따르면 양수인의 채권이 제약 없이 행사되는 것으로 설명된다.

그렇다면 대상판결과 같이 채무자가 악의 또는 중과실의 양수인의 존재에도 불구하고 채권양도를 이유로 양도인의 청구에 응하지 아니하는 사안에서는 어떠한가? 앞서 보았지만, 이는 바로 민법이 채무자에게 양도금지특약을 원용할 수 있도록 정한 경우이다. 그런데 특약에 따른 이익은 채무자를 위한 것이고 채무자에게 굳이 강제할 성질은 아니기에, 채무자가 개별적으로 양도를 승인하고 양도를 전제로 법률관계를 전개할 가능성을 부정할 합리적인 이유는 없다. 그렇기 때문에 물권적 효력설이든 채권적 효력설이든 이러한 법률의 가치평가를 받아들인다면 결과에서 차이가 발생할 수가 없다. 채무자가 양도를 승인하여 양수인에게 이행한다면, 그러한 변제는 유효한 것으로 취급되어야 한다. 민법의 가치평가에 따른 이러한 결과는 각 법률구성에서 그 체계 내에서 사용되는 개념으로 표현된다. 즉 채권적 효력설에 따를 때, 채무자가 양도인의 청구를 다투면서 악의의 양수인에 대한 이행을 선택한다면, 이는 민법 제449조 제2항이 부여하는 항변권을 포기하면서 이미 이전된 채권을 적법하게 변제하는 것이다. 반면 물권적 효력설에서 채무자가 양도인의 청구를 다투면서 악의의 양수인에 대한 이행을 선택한다면, 그는 양도금지채권의 양도를 묵시적으로 추인한 것이므로[12] 그 시점에 채권은 양도된 것으로 효력을 가져야 한다. 민법 제449조 제2항의 가치평가를 존중하는 이상, 두 법률구성은 모두 동일한 결과에 도달하며 이를 각 체계에서 나름대로 설명할 수 있다.[13]

그러나 대상판결의 사안에서는 한 단계 더 고려할 사항이 존재한다. 여기서는 양도인에 대해 파산절차가 개시하였으므로, 그러한 항변권의 포기나 양도의 추인이 파산채권자에 대한 관계에서 그대로 효력을 가질 수 있는지 여부를 검토해 보아야 하는 것이다. 이는 바로 채무자회생 및 파산에 관한 법률 제330조에 따라 채권이 양수인에게 귀속하는 결과가 부정되고 오히려 파산재단에 속하는 것으로 취급해야 하는 것 아닌지의 의문이다. 보다 상세한 논의가 필요할 것이나, 파산절차에 대한 관계에서 채무자의 그러한 항변권 포기나 양도 추인은 효력을 가질 수 없다고 생각된다. 물권적 효력설에 따를 때, 채무자는 파산절차가 개시된 이후에 장래효만을 가지는 추인을 행하여 양수인에게 채권을 귀속시키는 행위를 하였으므로, 양수인은 파산재산에 대해 파산자에 행위에 의하지 않은 권리를 취득하게 되는 것이어서 파산채권자에 대항할 수 없다.[14] 그리고 이는 도산법의 가치평가를 존중한다

12) 대판 2009.10.29., 2009다47685, 공보 2009, 1996.

13) 같은 취지로 이동진, 양도금지특약에 반하는 채권양도, 회생절차와 민법 제434조, 법조 69/5 (2020) 467-468, 474.

14) 절대적 효력설이 전제되어 있는 독일 민법 제399조 및 채무자회생 및 파산에 관한 법률 제330조에 그대로 상응하는 독일 도산법 제91조의 해석과 관련해 Sternal in K. Schmidt, *Insolvenzordnung*, 18. Aufl., 2013, § 91 Rn. 37; Mock

면 채권적 효력설에서도 다를 바 없다. 채권적 효력설에 따르더라도, 파산절차가 개시한 이후 채무자가 양수인에 대한 항변권을 포기함으로써 양도인으로부터 (채권 그 자체는 아니더라도) 채권의 이행을 청구하여 수령 · 보유할 수 있는 지위를 박탈하여 양수인에게 이전하는 결과는 도산법의 관점에서 허용되지 않는다고 보아야 하기 때문이다. 실제로 파산절차 개시 전 채권양도가 있었고 절차가 개시한 다음 채무자가 채권양도를 승낙한 경우(민법 제450조 제1항) 채권을 양수받은 양수인의 권리 주장이 파산채권자에 대한 관계에서 대항할 수 없어야 한다면,[15] 거의 동일한 이익상황이 문제되는 대상판결의 사안에서 다른 결과가 인정되는 것은 타당하지 않다.

그렇다면 대상판결에서 다수의견은 추인 가능성을 고려하지는 않았지만 파산의 법률관계를 고려하지 않음으로써 결과적으로는 타당한 결론에 도달하였다. 그러나 소수의견에 따르더라도 파산이 개시되었다는 사정을 고려하였다면 마찬가지로 정당한 결론에 이르렀을 것이다. 물론 어떤 사정 때문에 다수의견이 추인 가능성을 고려하지 않았는지, 그리고 왜 다수의견 및 소수의견 모두 채무자회생 및 파산에 관한 법률 제330조의 적용을 떠올리지 않았는지는 알 수 없다. 어쩌면 법률구성 논쟁에 집중함으로써 정작 개별 사건의 해결에 필요한 요소들에 대해 충분한 관심과 주의를 기울이지 못하였을 가능성도 아예 터무니없다고 배척할 수만은 없을 것이다.

3. 대상판결을 중심으로 살펴보았지만, 다른 쟁점에서도 민법 제449조 제2항의 가치평가를 존중하는 이상 법률구성 차원에서 물권적 효력설과 채권적 효력설이 과연 다른 결과에 도달할 것인지는 의문이다.

예를 들어 문헌에서는 특약에 위반하여 양도된 채권이 누구의 책임재산에 속하는지 여부, 특히 양도한 다음 양도인에게 도산절차가 개시한 경우 변제금의 귀속과 관련해 두 학설의 차이가 발생한다고 지적되기도 한다.[16] 예컨대 양수인이 중과실인 경우 채무자가 양도인에게 변제하고 양도인이 도산하였다면, 변제금은 양도인이 아니라 양수인에게 귀속하는 것이 타당하다는 것이다. 그러나 어느 견해에 따르더라도 결과에서 심중한 차이는 발생하지 않는다고 보아야 한다. 이 경우 채권적 효력설에 따르더라도, 민법 제449조 제2항에 따라 채무자에게 양도인과 사이에서 법률관계를 정산할 이익이 보장되는 이상, 채무자

in Uhlenbruck, *Insolvenzordnung*, 14. Aufl., 2015, § 91 Rn. 27; Breuer/Flöther in *Münchener Kommentar zur Insolvenzordnung*, Band 2, 4. Aufl., 2019, § 91 Rn. 55 등 참조. 반면 이동진 (주 13), 474는 도산에도 불구하고 그러한 추인이 가능하다고 설명하나, 채무자회생 및 파산에 관한 법률 제330조의 규범목적과 적용례에 비추어 의문이다.

15) 斎藤秀夫 · 麻上正信 · 林屋礼二 編, 注解 破産法, 上巻, 第三版, 1998, 266면 참조.

16) 예컨대 전원열, 채권양도금지 특약의 효력, 민사법학 75 (2016) 172-173; 권영준, 민법판례연구 II, 2021, 138.

의 양도인에 대한 변제로서 양수인의 채무자에 대한 채권은 소멸하거나 관철될 수 없게 되고, 그에 따라 양수인은 양도인을 상대로 부당이득 반환청구권(민법 제741조)을 도산채권으로 주장할 수밖에 없다. 그런데 이는 물권적 효력설에 따르더라도 실질적 결과에서 다르지 않다. 여기서는 양도인에 대한 변제로 채권이 소멸하므로 채권양도의 원인행위에 있어서 양도인은 이행불능의 상태에 있게 된다. 그러므로 양수인은 원인행위의 이행불능에 기해 양도인에게 변제금의 반환을 구하는 대상청구권을 도산채권으로 가지며, 이 청구권은 그 성질에서 부당이득적 특징을 가진다.[17] 이 결과는 자연스러운 것인데, 대상청구권은 권리귀속의 효과를 당사자들 사이에서 채권법적으로 달성하는 법적 수단이기 때문이다.[18] 따라서 이 쟁점에서도 법률의 동일한 가치평가를 존중하는 이상 결과는 동일할 수밖에 없으며, 다만 그 결과가 각 법률구성 내에서 나름의 개념으로 표현될 뿐이다. 여기서도 결론은 적용되어야 할 법률의 의미와 목적에서 도출된다. 만일 이때 법률구성이 결과를 좌우한다면, 이는 개념법학적 논증이 잘못 구사된 현상에 지나지 않을 것이다.

이러한 관점에서 살펴보면, 물권적 효력설을 채택하는 경우 "양수인이 양도금지특약의 존재를 인식하기 쉽지 않고 그로 하여금 일일이 원래의 계약 내용을 확인하도록 하는 것은 불가피하게 불필요한 거래비용을 증가시킨다"는 소수의견의 지적은 법률구성의 의미를 과도하게 고평가하는 것이다. 동일한 법률 규정을 적용하여 동일한 결론에 도달하는데, 어느 법률구성에 따른다는 사정만으로 당사자에게 거래비용이 달리 발생하는 일은 있을 수 없다. 우리 입법자가 채택하여 양수인의 지위가 그의 선의 · 악의 여부에 따라 결정되도록 하는 민법 제449조 제2항의 존재를 전제로 할 때, 어느 견해에 따르더라도 양수인에게 거래비용이 감소한다. 선의인 양수인은 단순 과실이 있더라도 채권을 취득할 수 있으므로,[19] 양수인은 양도금지특약에 대해 조사하지 않을 뿐만 아니라 특약의 단서가 보이더라도 중과실에 이르지 않는 범위에서는 이를 도외시해도 무방하고 또 그렇게 하는 것이 합리적이기 때문이다. 정해진 규범으로부터 발생하는 당사자들의 지위와 상태가 법률관계를 표현하는 학술적 법률구성에 의해 달라질 수 있다는 발상은, 나중의 개정을 염두에 둔 지적이 아니라면, 적어도 필자에게는 매우 생경하게 느껴진다.

---

17) 김형석, 대상청구권, 서울대 법학 55/4 (2014) 111-114, 122-123.
18) 김형석, 서울대 법학 55/4 (2014) 111-114, 122-123.
19) 대판 1996.6.28., 96다1828, 공보 1996, 2364.

Ⅲ.

이상의 내용을 정리한다면, 동일한 법률 규정에서 표현된 동일한 가치평가를 존중하는 이상, 물권적 효력설과 채권적 효력설은 같은 결과에 도달한다. 다만 법률구성차원에서 사용되는 개념과 설명의 체계가 달라질 뿐이다.[20] 그러한 법률구성의 차이가 발생하는 이유는 일찍이 헤크가 지적한 대로 법률이 내리는 명령 중 어떤 것을 원칙으로 파악하고 어떤 것을 예외로 파악할 것인지의 선택이 존재하기 때문이다.[21] 물권적 효력설은 민법 제449조 제2항에서 양도금지특약이 효력을 발휘하는 사안을 원칙으로 삼고 그에 따라 양수인이 선의인 경우 예외적으로 양도 효력을 인정하기에, 원칙적으로 채권이 이전되지 않지만 예외적으로 이전된다는 표현으로 사태를 지시한다. 반면 채권적 효력설은 양도금지특약 있는 채권이 이전되는 사안을 원칙으로 삼고 양수인이 악의 또는 중과실인 경우를 예외로 파악하기에, 원칙적으로 채권은 이전되고 예외적으로 그 작용이 저지되는 것으로 설명한다. 그러나 두 학설 모두 민법 제449조 제2항이 명하는 바의 가치평가를 충실히 이행하여 당사자들에게 법률이 부여하는 이익을 제공하는 이상 서로 다른 결과에 도달할 이유가 없다. 두 법률구성은 **등가적**이다.[22]

그러므로 우리 민법의 해석에 따른 설명 방법으로 사실은 어느 것을 채택해도 무방하다. 다만 굳이 하나를 선택해야 한다면, 필자는 물권적 효력설로 기운다.

첫째, 같은 결과에 도달한다면, 기존 판례 · 통설의 설명과의 연속성이라는 관점을 굳이 경시할 수 이유는 없다. 기존 판례집과 교과서의 내용을 변경하는 잉크를 새삼 추가로 소비할 필요가 있겠는가?

둘째, 현대 경제에서 채권양도가 가지는 의미에 비추어 채권적 효력설이 의도하는 효과도 충분히 공감할 만한 점이 있으나, 이는 입법론으로서 의미를 가질 뿐이다. 앞서 보았지만, 민법 제449조 제2항이 규범으로 존재하는 이상 그 적용 결과에서 차이가 발생할 수는 없다. 그런데 민법 제449조 제2항이 물권적 효력설의 관점에서 입법화된 규정이라는 사실은 연혁과 문언("양도하지 못한다")에 비추어 부정하기 쉽지 않다. 학설에서는 이 규정이 연

20) 물론 본문의 서술이 모든 법률구성이 동일한 결과에 도달한다는 의미로 오해되어서는 안 된다. 동일한 규정에 반영된 가치평가를 동일한 방식으로 존중해 적용하는 법률구성이라면 동일한 결과에 도달한다는 의미이다. 반면 법률에 반영된 상충하는 가치와 입법목적 중에서 어떤 것을 우선할 것인지부터 다투어지는 경우라면, 법률의 적용으로부터 다른 결과가 나올 수밖에 없고, 당연히 이렇게 다른 결과를 반영하는 이론과 법률구성도 구체적인 귀결에서 차이를 보일 수밖에 없다. 예컨대 소멸시효 완성의 법률관계에서 강조하는 이익이 서로 다르기 때문에, 절대적 소멸설과 상대적 소멸설은 다른 결과를 전제하는 설명틀로서 대립하는 것이다.

21) 선구적으로 Heck, *Begriffsbildung und Interessenjurisprudenz*, 189ff. 참조.

22) 같은 취지로 이동진, 법조 69/5 (2020) 469.

혁적으로 물권적 효력설에 입각한 것이라는 사실에 대해 의문을 제기하기도 한다.[23] 그러나 이는 그렇지 않다. 우리 민법 제449조 제2항은 의용민법 제466조 제2항을 그대로 받아들인 것인데,[24] 의용민법의 입법관여자들은 동항에서 양도금지특약이 있는 채권을 "불양여물"(不讓与物)로 표현하면서, 그렇게 규정하면 압류도 불가능하다는 의문에 대해 양도할 수 없는 물건은 압류할 수 없다는 규정을 두지 않는 이상 문제가 발생하지 않는다고 지적하고 있는 것이다.[25] 물론 이는 의용 민법 입법관여자들의 견해이며, 우리 입법자의 의사를 알 수 있는 직접적인 사료는 아직 발견되지 않는다. 그러나 민법 제449조 제2항의 문언이 물권적 효력설을 전제로 이를 표현하기 위해 성안된 것이고, 우리 입법자가 이 문언을 그대로 채택했다는 사실은 부인하기 쉽지 않다. 게다가 민법 제정 당시 외국의 동향에 비추어 채권적 효력설을 염두에 두었을 가능성은 높지 않다고 추측된다.[26]

셋째, 예컨대 대상판결의 사안에서 관계인의 이익상황을 살펴본다. 결론부터 말한다면, 양도인, 양도인의 파산채권자, 양수인 모두 보호가치 있는 이익을 인정하기 어렵다. 스스로 양도금지특약을 먼저 어긴 양도인을 보호할 이유가 부족하다는 점은 명백하다. 물론 대상판결의 사안처럼 양도인의 채권자가 파산채권자로서 환가를 주장하는 경우에는 양도인의 채권자의 이익도 문제될 수 있지만, 어떤 채권이 자신의 채무자인 양도인의 책임재산에 계속 머물러 있을 것이라는 기대는 법률이 보호하지 않는 막연한 기대에 불과하다. 마찬가지로 양도금지채권의 양수인도 딱히 보호가치가 있다고 말하기는 어렵다. 양도금지특약에 위반하는 양도에 악의 또는 중과실로 가담하면서 채무자의 항변권 불행사에 대해 불확실한 기대를 가지는 것 역시 법률에 의해 보호된다고 말하기는 어렵기 때문이다. 어느 당사자도 보호가치 있는 이익을 인정하기 어렵다. 그런데 이 경우에 민법 제449조 제2항은 양도금지특약의 효력이 채무자에게 부여하는 이익을 그대로 보장하는 규율을 채택한다. 그렇다면 채무자가 양도인을 자신의 채권자로 선택할 때, 양도인은 채무자를 상대로 채권을 행사할 수 있고 수령한 급부를 종국적으로 보유할 수 있어야 한다. 이때 채권의 양도를 전제로 채무자에게 항변권을 부여하는 설명보다는, 채권이 양도인에게 그대로 머무른다는 설명이 보다 간단하지 않겠는가?[27] 채권적 효력설의 입장에서는 이러한 사태를 설명하기 위해 여러 보조 명제들을 추가적으로 동원해야 한다.[28] 예컨대 양도인의 지위를 채무자에 대한 관계에서는 적어도 상대적인 채권자로 취급해야 한다.[29] 그러

23) 최수정, 지명채권의 양도금지특약 재고, 민사법학 38 (2007) 146-147; 권영준, 민법판례연구 II, 143.

24) 민의원 법사위 민법안소위, 민법안심의록, 상권, 1957, 265.

25) 未定稿本 民法修正案理由書, 서울대 도서관 소장본, 387-388.

26) 이창현, 채권양도금지특약의 효력, 서울대 법학 61/4 (2020) 261-262.

27) 이동진, 법조 69/5 (2020) 469도 "설명의 경제성"을 기준으로 언급한다.

28) 지선경, 민사판례연구 43 (2021) 334-335.

나 법률에 명시적인 근거 없이 상대적인 관계를 인정하는 것은 복잡한 설명을 수반해 법률구성으로서 장점을 감퇴시킨다. 법률구성은 간명할수록 바람직하기 때문이다(오컴의 면도날!).

넷째, 셋째와 마찬가지의 이유인데, 채권적 효력설을 전제하더라도 대상판결에서 소수의견이 인정하는 것과 같은 결과가 쉽게 도출되는 것도 아니다. 그러한 결론을 유지하기 위해서는 마찬가지로 해석론적으로 추가적인 보조 명제들이 동원되어야 한다. 원래 항변권은 그 개념상 청구권자의 청구가 있을 때 그 효력을 저지하기 위해 청구권자를 상대로 하여 행사되는 권리이다. 그렇다면 양도인이 악의의 양수인보다 먼저 청구할 때 채무자는 이제 양수인이 자신의 채권자라는 이유로 변제를 거절할 수 있겠지만, 이후 악의의 양수인의 청구에 대해서는 제449조 제2항 단서의 항변권을 행사해 지급을 거절할 수도 있게 된다. 이 문제가 채권적 효력설의 약점으로 받아들여지고 있음은 주지하는 바이다.30) 이 문제에 대해 소수의견은 "피고가 이행거절의 항변권을 행사하지 않고 채권의 양도를 이유로 양도인의 청구를 거절하는 경우에는 양도금지특약에도 불구하고 채권양도가 유효함을 전제로 양수인에게 채무를 이행하겠다는 의사표시로 해석해야 한다"고 한다. 그러나 양도인을 상대로 하는 그러한 "의사표시"는 원칙적으로는 항변권의 포기에 아무런 의미를 가지지 않는다고 보아야 한다. 항변권의 포기가 어떻게 행해져야 하는지에 대해서는 종래 우리 문헌에 논의가 많지 않으므로 독일의 학설을 참조해 본다면, 항변권의 행사는 형성권의 행사와 유사한 측면을 가지므로31) 취소의 의사표시에 관한 규정이 유추된다고 해석되고 있다.32) 그렇다면 양도인에 대한 청구를 거절하였다고 하여 채무자가 양수인에 대한 항변권을 포기하였다고 볼 수는 없다. 오히려 민법 제143조 제2항의 유추에 따라 항변권의 포기는 확정한 권리의 상대방 즉 양수인을 상대로 하는 의사표시에 의해야 한다. 상식적으로도 이 해석이 납득이 되는데, 특정인의 청구권을 상대로 행사되는 항변권의 포기가 상대방 없는 의사표시 또는 청구권자 아닌 자에 대한 의사표시로 가능하다는 설명은 불합리하게 느껴지기 때문이다. 그러므로 대상판결의 사안에서 채무자가 양도인에 대해 어떠한 태도를 취하든 (양도인이 양수인의 사자나 대리인이 아닌 이상) 채무자가 양수인에 대해 가지는 급부 거절 항변권의 존부에 어떤 영향을 줄 수는 없다고 말해야 한다. 양도인을 상대로 지급을 거절한 다음 양수인을 상대로 항변권을 행사하는 것이므로 선행행위

29) 전원열, 민사법학 75 (2016) 194; 권영준, 민법판례연구 II, 142 참조.

30) 지선경, 민사판례연구 43 (2021) 334 참조.

31) 김증한 · 김학동, 민법총칙, 제10판, 2013, 63면; 곽윤직 · 김재형, 민법총칙, 제9판, 2013, 66면 등은 특수한 형성권이라고 한다.

32) 전거와 함께 Roth, *Die Einrede des Bürgerlichebn Rechts*, 1988, 148 참조.

와 모순되는 행태 금지(민법 제2조 참조)에 해당한다고 말할 수도 없다. 게다가 항변권은 사실심 변론종결시까지만 또는 관점에서 따라서는 청구권이 관철되는 시점까지만 행사하면 되므로[33] 양수인을 상대로 하는 포기가 없는 이상 현재 항변권을 단순 불행사하고 있다는 사정만 가지고 장래에도 불행사될 것이라고 예단할 수도 없다. 더 나아가 채무자가 악의의 양수인에 지급 거절의 항변권을 제기하였다면, 이후 양도인은 당연히 다시 채무자에게 청구할 수 있게 되는가? 그렇게 단정하기도 쉽지 않다. 항변권을 행사해도 채권은 효력이 저지됨에 그치며, 당사자들이 나중에 법률행위로 청구권의 관철가능성을 회복시킬 이익을 가지고 있음을 부정할 수는 없기 때문이다.[34] 심지어 항변권 행사 이후에 일방적으로 포기하는 것도 가능하다는 견해도 유력하다.[35] 채권적 효력설은 항변권의 존재를 상정함으로써 이렇게 법률관계를 불안정하게 하는 대답하기 쉽지 않은 쟁점을 수반한다. 채권적 효력설이 이 불확정한 영역을 제거하기 위해서는 청구권자 아닌 자에 대한 의사표시 또는 상대방 없는 의사표시로 항변권을 포기할 수 있다는 결과를 인정해야 하는데, 항변권에 관한 일반이론의 차원에서 어려운 이론적 설명을 요구하게 한다. 그렇다면 이렇게 해석론적으로 불확정한 영역을 남겨두는 법률구성이 보다 장점이 있다고 보기는 어렵다고 생각된다.

다섯째, 물권적 효력설에 대한 의문으로는 증명책임에 관한 판례가 언급된다. 소수의견은 민법 제449조 제2항의 문언에 비추어 양수인 악의 또는 중과실의 증명책임을 채무자가 부담한다는 판례[36]는 물권적 효력설과 잘 부합하지 않으며, 채권적 효력설에 따를 때보다 자연스럽게 설명된다고 지적한다. 그러나 이러한 비판이 결정적이라고는 생각되지 않는다. 물권적 효력설에 의할 때 민법 제449조 제2항은 일종의 선의취득적 성질을 가지는 규정이 되므로, 다른 선의취득과의 체계적 연관 하에 양수인의 선의를 추정하는 해석이 무리라고 할 수는 없기 때문이다.[37] 이 쟁점 역시 민법 제449조 제2항의 취지를 어떻게 이해하는지에 따라 증명책임 분배가 결정되는 것이지, 법률구성의 차원에서 그 결론이 예단될 수는 없는 것이다.

---

33) 예컨대 판례는 한정승인의 영구적 항변권 행사를 청구권에 기판력이 발생한 이후인 집행단계에서도 허용한다. 대판 2006.10.13., 2006다23138, 공보 2006, 1910.

34) Roth, *Die Einrede des Bürgerlichebn Rechts*, 148f.

35) Roth, *Die Einrede des Bürgerlichebn Rechts*, 149; von Tuhr, *Der Allgemeine Teil des Deutschen Bürgerlichen Rechts*, 1. Band, 1910, 296 등.

36) 대판 1999.12.28., 99다8834, 공보 2000, 362; 2010.5.13., 2010다8310, 공보 2010, 1123.

37) 이동진, 법조 69/5 (2020) 469; 이창현, 서울대 법학 61/4 (2020) 261.

Ⅳ.

본문의 내용을 요약하면 다음과 같다.

1. 양도금지특약의 효력과 관련해 이른바 물권적 효력설과 채권적 효력설의 대립으로부터 개별 결론을 도출하는 추론은 개념법학적인 논증으로서 법학방법론적으로 바람직하지 않다. 민법 제449조 제2항에 반영된 동일한 가치평가를 존중하는 이상, 물권적 효력설과 채권적 효력설은 동일한 결론에 도달한다. 두 법률구성은 등가적이다.

2. 이상의 내용은 양도금지특약에 관한 대법원 전원합의체 판결의 사안에서도 마찬가지로, 어느 학설에 따르더라도 원고의 청구는 인용되어야 한다. 특히 그 과정에서 채무자회생 및 파산에 관한 법률 제330조의 적용 여부도 검토되어야 한다.

3. 민법의 설명으로 물권적 효과설과 채권적 효과설 어느 것을 채택하여도 무방하나, 굳이 선택을 한다면 물권적 효과설이 장점이 있다. 규정의 문언과 연혁에 부합하며, 여러 쟁점에서 보다 간명한 설명 방법을 제공하기 때문이다.

플랫폼 규제에 관한 비교법적 고찰

박 수 곤

경희대학교 법학전문대학원 교수

Ⅰ. 들어가며

1. '플랫폼'의 개념정의에 관한 근거의 존재 여부

플랫폼의 개념정의와 관련하여 한국에서는 현행법상 「온라인투자연계금융법」에서 금융플랫폼을 정의하고 있는 것이 유일하다.[1] 그리고 각국의 사정을 고려할 때, '플랫폼'이라는 용어와 관련하여 단일한 의미로서 세계 각국이 공유할 수 있는 법적 정의의 도출은 힘든 것으로 보인다. 그 이유는 크게 나누어 다음의 세 가지로 요약할 수 있다.

우선, 다양한 국가의 법률들에서 플랫폼이라는 해당 용어를 모두 사용하고 있는 상황이 아니다. 환언하면, 플랫폼이라는 용어를 사용하는 경우도 없지 않으나, 때로는 이보다 더 좁거나 넓은 의미를 가지는 유사한 용어를 사용하고 있는 것으로 평가할 수 있다.

다음으로, 플랫폼이라는 용어를 사용하는 국가들의 법령을 비교할 경우, 각 국가들에서 포섭하고 있는 플랫폼에 대한 개념정의가 동일한 것은 아니라고 평가할 수 있다.

또한 한 나라의 법체계 내에서도, 플랫폼이라는 용어가 사용되는 법령의 유형에 따라 그 의미를 달리하고 있는 것으로 평가되는 사정이 발견된다. 그뿐만 아니라 다른 학문분야(경제학, 경영학 등)에서 이해하고 있는 플랫폼의 개념 또한 상당히 다양한 것으로 평가된다. 이와 같은 사정으로 인하여 플랫폼이라는 개념은 상당히 모호한 개념으로 남아 있다.

1) 「온라인투자연계금융업 및 이용자 보호에 관한 법률」 제2조 (정의) 8. "온라인플랫폼"이란 온라인투자연계금융업자가 연계대출계약 및 연계투자계약의 체결, 연계대출채권 및 원리금수취권의 관리, 각종 정보 공시 등 제5조에 따라 등록한 온라인투자연계금융업의 제반 업무에 이용하는 인터넷 홈페이지, 모바일 응용프로그램 및 이에 준하는 전자적 시스템을 말한다.

2. 개념의 모호성과 각 국가의 선택

위에서 설명한 바와 같이, 플랫폼의 개념 자체가 상당히 모호한 면이 있기는 하나, 적어도 각국에서 이해하는 플랫폼의 개념과 관련한 공통점은 발견할 수 있다. 즉, 플랫폼이란 무엇인가라는 질문과 관련하여 다음과 같은 인식의 공유가 발견된다.

우선, 엄격한 의미에서의 플랫폼의 개념은 "① '상품 또는 서비스의 공급' 또는 ② '콘텐츠의 공유'를 목적으로 디지털 방식을 통해 사람들이 연계되는 활동 또는 연결행위"라고 정의할 수 있다. 그리고 이러한 정의는 종종 문제들을 야기하는 'OS 또는 클라우드'[2]와 같은 '혁신플랫폼(plateformes d'innovation)'이 아니라, Cusumano, Gawer, Yoffie가 '거래플랫폼(plateformes de transaction)'이라고 명칭을 부여하였던 대상들을 포함한다.[3]

그런데 엄격한 의미에서의 플랫폼에 대한 개념 정의는 플랫폼이 '네트워크 효과(effets de réseau)'를 상조하시는 않는다. 즉, 플랫폼에 새로이 참가하는 모든 자들이 다른 자들을 위하여 플랫폼의 가치에 영향을 미친다고 평가할 수 있기 때문이다. 환언하면, 이러한 네트워크 효과는 실제로 무엇인가의 구성적 요소라기보다는 일종의 특성이나 특징에 가깝다고 할 수 있기 때문이다.[4]

3. 플랫폼 개념 정의에서 고려되어야 할 3가지 요소

우선, 플랫폼을 통한 '연결' 또는 '연계'는 적어도 '적극적 접근'을 전제로 하여야 한다.[5] 즉, 플랫폼은 이용자 등의 연결에 있어서 스스로 관여하여야 한다는 것이다. 예컨대 현실세계에서, 주말 시장을 운영하는 회사에게 주말마다 공공 공간을 제공하는 지방자치단체는 시장의 운영 자체에 대해 적극적 관여가 있다고 볼 수 없을 것이다. 그러나 만약 모든 플랫폼이 그 개입의 정도와 관련하여 일정한 임계점을 넘어 이용자 사이의 연결에 지나치게 적극적으로 관여한다면, 해당 플랫폼은 '호스트의 지위(statut d'hébergeur)'를 주장할 수

2) 상호 보완적인 제품 또는 서비스(운영시스템 또는 클라우드시스템)를 생성할 수 있는 회사 및 생태계의 파트너가 공유하는 일련의 기술모듈(Ensemble de modules technologiques partagés par l'entreprise et les partenaires de son écosystème à partir desquels on peut créer des produits ou des services complémentaires [systèmes d'exploitation ou de cloud]).

3) Michael A. Cusumano/Annabelle Gawer/David B. Yoffie, The Business of Platforms: Strategy in the Age of Digital Competition, Innovation, and Power, 2019. 이들 플랫폼은 정보교환을 용이하게 한다는 점에서 콘텐츠공유 플랫폼에 포함된다. 그러나 엄격한 의미에서의 교환이 이루어지고 있지 않으며 일정한 이용자들은 아무것도 교환하지 않는다는 점에서 일종의 언어의 편의에 불과하다고 평가할 수도 있다.

4) 다만, 경쟁법의 영역에서는 네트워크 효과가 고려의 대상일 수도 있을 것이다.

5) "*A platform is an entity that brings together economic agents and actively manages network effects between them*", P. Belleflamme & M. Peitz, *The Economics of Platforms*, 2021.

없을 것이다.

다음으로, 플랫폼은 '디지털의 방식(par voie numérique)'을 통한 연결활동을 수행한다. 다만, 현실세계에서 이루어지는 일정한 행위자들의 다양한 행위나 활동은 디지털 세계에서 이루어지는 플랫폼의 행위와 동일시 될 수도 있다. 즉, 디지털의 방식 또는 디지털의 채널이 개념정의에 있어서의 기준이 되지 않는다면, 현실세계에서도 플랫폼이 발견될 수 있다는 것이다. 따라서 일부 경제학자들은 다중 브랜드 유통업체가 플랫폼과 같이 활동한다고 간주하기도 한다. 그러나 법률분야에서는, 플랫폼이 특별법이나 특별한 원칙에 의한 규율의 대상이 된다고 하더라도, 이는 플랫폼이 디지털의 영역에서 활동하고 있기 때문이다.

마지막으로, 플랫폼을 통한 연결 또는 연계는 '상품이나 서비스의 공급' 또는 '콘텐츠의 공유'(기반콘텐츠의 공유)를 목적으로 한다는 점에서 특징이 있다. 즉, 원칙적으로 어떠한 경제활동도 플랫폼의 활동범위를 벗어나지 않으며, 플랫폼은 모든 종류의 재화(상품, 서비스, 콘텐츠 등)에 대한 교환 또는 공유를 허용한다.

Ⅱ. 플랫폼이 시장에 미치는 영향

1. 플랫폼의 분열적 효과

플랫폼은 분열적 효과를 수반하는 것으로 평가할 수 있다.

우선, 기존 사업자와 신사업자 사이의 분열을 초래한다는 것이다. 플랫폼의 시장에 대한 부정적 영향으로서 운송업이나 임대숙박업에서 발견할 수 있는 상황의 하나를 예로 들 수 있다. 즉, 플랫폼을 통하여 시장에 새로이 진입하고자 하는 사업자가 관련 법령에 의한 규제를 받지 않으려는 의도를 가지고 일정한 사업을 개발하였으나, 플랫폼을 통하지 않고 현실에서 이루어지는 기존의 유사 사업은 관련 법령에 의해 다양한 규제의 대상이 되고 있으며, 더 나아가 전통적인 행위자들 또는 기존 사업자의 입장에서는 플랫폼을 통하여 새로이 시장에 진입한 사업자의 행위가 불공정한 것으로 인식될 수 있는 경쟁체제를 갖추고 있는 경우에는 사업자들 상호간의 분열 현상이 야기될 수 있다.[6)]

6) 즉, 전통적 행위자들이 온라인 플랫폼을 통한 신사업자의 시장 진입에 저항하는 것은 일반적인 현상이다. 한국의 경우, 다음과 같은 사례들이 실제로 존재하였다. ① "타다"의 서비스에 대한 기존 택시기사들의 저항, ② "로톡"의 변호사 연계 서비스에 대해, 대한변호사협회 차원에서의 광고 금지와 징계, ③ 의약품 구입 플랫폼인 "닥터나우" 및 미용의료정보플랫폼인 "강남언니"에 대한 서울시 의사회 등의 소송 제기, ④ 부동산 중개 플랫폼(프롭테크)인 "다윈중개"에 대한 한국공인중개사협회의 공인중개사법 위반 명목의 고발 등.

다음으로, 공급업자에 대한 경제적 종속성이 강화될 수 있다. 즉, 독점 또는 과점 플랫폼의 출현으로 인하여 다수의 공급업자들이 소수의 특정 플랫폼을 이용하지 않고는 영업을 할 수 없는 상황에 놓이게 된다. 그리고 운송업자나 차량의 운전자와 같이 일정한 서비스를 제공하는 자의 상황이 불안정하게 될 수도 있다. 이상과 같은 사정으로 인하여 공급업자들의 플랫폼에 대한 경제적 의존도가 증가하게 된다.

다음으로, 이용자에 대한 담보책임이 경감될 수도 있다. 사업자가 아닌 자 또는 익명의 사업자가 예컨대, 마켓플레이스에서 제공하는 서비스가 개발됨으로 인하여 플랫폼 이용자에 대한 보호의 정도가 약화될 수 있다는 것이다.

다음으로, 위법한 콘텐츠의 유포 가능성도 배제할 수 없다. 즉, 공급자가 익명화되거나 플랫폼의 네트워크 효과로 인하여 불법적인 콘텐츠의 유포가 가속화될 수 있다는 것이다. 특히, 증오적 표현이나 위 · 변조 및 모조품의 유통이 증가될 수 있다.

2. 문제의 노정

플랫폼으로 인한 시장의 변화는 해결하여야 할 다양한 다음과 같은 문제를 노정하고 있다. 우선, 기반 서비스(service sous-jacent)에의 접근이나 실행을 위하여 요구되는 조건들이 있는 경우,[7] 플랫폼도 이와 같은 규정의 적용을 받게 할 것인지가 문제된다. 또한, 플랫폼상에서 발견될 수 있는 콘텐츠를 이유로 플랫폼이 책임의 주체가 될 수 있는지의 여부, 기반 서비스 공급자의 보호와 관련하여, 이들을 플랫폼을 통한 신사업자와의 관계에서 공평하고 투명하게 다루어야 하는지의 여부와 이들에 대해 일정한 사회적 보호조치를 수혜할 수 있게 하여야 하는지의 여부, 기반 서비스 이용자의 보호와 관련하여, 플랫폼이 기반서비스의 성실한 이행에 관하여 보증인의 지위를 가져야 하는지의 여부, 현재 유럽연합이나 도미니카공화국에서 진행 중인 논의에서 발견할 수 있는 바와 같이, 플랫폼을 통한 수익에 대한 탈세 또는 조세회피의 방지를 위하여 어떠한 조치를 취할 수 있을 것인지의 여부 등이 해결되어야 할 과제라고 할 수 있다.

7) 여기에는 조세회피에 대한 규제와 이용자들에게 과세규칙에 관한 정보를 제공하는 것을 포함한다.

Ⅲ. 플랫폼에 관한 법 정책

1. 전환기적 상황

종래 플랫폼은 별다른 제약 없이 순조로운 방향으로 각자의 활동을 수행하여 왔다. 즉, 공급자 상호간의 경쟁을 자극하였으며, 이를 통하여 가격의 인하와 서비스의 개선을 촉발하였던 것도 사실이다. 아울러, 거래비용을 절감시키고, 취약계층에 대한 일자리를 창출하는 효과도 유발하였음을 부인할 수 없다.

그러나 오늘날에는 플랫폼의 사업수행과 관련하여 부정적인 모습들이 부각되고 있으며, 이로 인하여 플랫폼을 통한 사업과 관련하여서도 전환기를 맞이하고 있다.[8)]

2. 플랫폼에 대한 일반적인 저항 배경과 각국의 법 정책

오늘날 대부분의 국가에서 이루어지고 있는 플랫폼에 관한 입법의 배경에는 플랫폼에 대한 불신, 특히 미국 플랫폼에 대한 불신이 기저에 깔려 있다. 이러한 사정으로 인하여, 대부분의 국가들에서는 특정 영역에 있어서 관련 입법을 하거나 일정한 영역에 대한 제한 없이 플랫폼에 대한 일반적인 규제를 목적으로 하는 입법활동을 전개하고 있다. 경우에 따라서는 플랫폼에 의해 훼손되고 있는 다양한 이익을 보호하고자 법원의 과감한 판단이 내려지기도 한다. 그리고 그와 같은 이익으로는 ① 일반적 이익 또는 공익, ② 기반서비스 제공자의 이익, ③ 기반서비스 이용자의 이익, ④ 행위자들의 이익, ⑤ 제3자의 이익을 들 수 있다. 다만, 이러한 이익들이 언제나 수렴되는 것은 아니다. 예컨대, 터키에서의 Booking.com의 활동 중단은 여행사의 이익을 위한 조치였으나 많은 숙박업자들의 불만을 자아내기도 하였다.

한편, 일반적 이익 또는 공익을 위한 입법의 사례로는 독일에서의 「'Airbnb'법률」을 들 수 있다. 그리고 전통적 행위자들의 이익을 보호하는 입법의 예시로는 독일에서의 「'우버'법」 및 한국에서의 「'반-타다'법률」을 들 수 있다. 제3자의 이익을 보호하는 입법의 예시로는 ① 중국에서의 지적재산권자를 보호하기 위한 입법으로서 2018년의 「중화인민공화국 전자상거래법」(이하, 중국의 「전자상거래법」(2018))이라든가, ② 유럽연합에서의 저작권자를 보호하기 위한 입법으로서 2019년의 '디지털 단일시장에서의 저작권 및 저작인접권에 관한

8) Cusumano/Gawer/Yoffie, The Business of Platforms, 2019. 특히, 2017년에는 뉴욕타임즈가 이미 GAFAM(오늘날에는 MAAMA)에 대해 'Frightful Fives'라고 언급하기도 하였다.

지침'[9] 또는 ③ "관광 목적의 부동산을 임대하는 경우 공동소유자의 이익이 어떻게 보호되어야 하는지"에 관하여 판단한 2019년의 브라질 고등법원의 판결[10]을 들 수 있다.

한편, 유럽연합의 법률에 따른 입법을 제외하고, 룩셈부르크는 플랫폼과 관련하여 어떠한 개별적 규정을 두고 있지 않은데, 이로 인하여 많은 플랫폼 사업자가 룩셈부르크에 본사를 두고 있으며, 아마존은 룩셈부르크에서 8번째로 큰 고용주로 자리매김하고 있다. 그렇다면 유럽연합 내에서 룩셈부르크는 이와 같은 플랫폼에 대한 국제적인 불신의 경향에도 불구하고 예외로 인정되어야 하는지가 문제되고 있다. 아무튼, 현 정부의 연정 협정에서는 "공유 경제의 새로운 비즈니스 모델(예를 들어, Uber, Airbnb)에 대한 명확한 법적 규제가 만들어질 것이며, 이는 기존의 전통적 기업들에 대한 불공정한 경쟁 및 이들 기업의 근로자 보호를 포함하여 생태적, 사회적 표준의 잠탈을 방지"하기 위함임을 목표로 하고 있으므로, 향후의 상황은 변할 수도 있다.[11] 또한, 마다가스카르에서는 공화국 대통령이 "(i) 새로운 정보 및 통신 기술에 기반한 활동의 수행을 자유롭게 하고 (ii) 디지털 소셜 네트워크 및 인터넷상에서의, 비공식적 경영 활동의 일환으로 발생하는 다양한 활동으로 인한 소득과 관련하여 세무당국에 신고할 의무가 없다"라고 선언하였다. 요컨대, 그와 같은 활동에 대해서는 무규제, 무제한, 무과세를 천명한 것이다.

Ⅳ. 플랫폼을 둘러싼 이중적 과제

1. 문제의 소재: 플랫폼의 창의성 결여와 역동성

플랫폼은 한편으로는 창의성이 결여되었다고 평가할 수 있다. 이는 플랫폼이 무언가를 창조하거나 개발하지는 않았다는 점에서 그와 같은 평가가 가능하다. 즉, 플랫폼의 주된 역할은 사람들을 연결하는 것에 있다는 것이다. 그러나 다른 한편으로는 플랫폼이 기존의 것들을 거의 모든 면에서 바꾸었다는 점에서 역동성이 있는 것으로 평가할 수 있다. 즉, 플랫폼은 기반서비스에 참여한다는 점에서 단순한 연결고리 이상의 역할을 수행하고 있다. 그리고 이러한 변화는 국경 없는 세계에서 이루어지고 있는 디지털 서비스라는 점에서 그

9) La Directive n° 2019/790 du 17 avril 2019 *sur le droit d'auteur et les droits voisins dans le marché unique numérique.*

10) RECURSO ESPECIAL No 1.819.075 - RS (2019/0060633-3).

11) 이에 대해서는, https://gouvernement.lu/dam-assets/fr/publications/accord-coalition/2018-2023/Accord-de-coalition-2018-2023.pdf.

중요성이 크다고 할 것이다. 따라서 이하에서는 플랫폼의 두 가지 특징이라고 할 수 있는 ① 인적 연결과 ② 기반 서비스에의 참여에 대해 고찰할 필요가 있다.

2. 인적 연결

플랫폼은 상품 및 서비스 유통이나 콘텐츠의 공유를 목적으로 사람들을 연결한다. 그러나 대부분의 플랫폼은 일종의 하이브리드에 해당하는 것으로 평가할 수 있다. 예컨대, 유통 플랫폼에서도 '고객의 소리'와 같은 콘텐츠를 공유하기도 하기 때문이다.

따라서 플랫폼 자체를 구분하기 보다는 플랫폼의 활동을 구분하는 것이 바람직하다고 할 것이다. 즉, 플랫폼의 활동이 상품과 서비스의 유통을 주된 내용으로 하는지(가) 아니면 콘텐츠의 공유를 주된 내용으로 하는지(나)에 따라 플랫폼의 유형을 구별할 필요가 있다.

가. 상품 및 서비스의 유통

(1) 플랫폼과 기반 서비스 공급자 또는 이용자 사이의 관계

공급자와 이용자를 연결하는 플랫폼의 활동은 두 종류의 관계를 구별하게 한다. 즉, 플랫폼과 기반 서비스 공급자/이용자 사이의 관계를 구별하는 한편, 기반 서비스 공급자와 이용자의 관계를 구별할 필요가 있다.

1) 중개(courtage)? 부합 중개(courtage d'adhésion)?

대부분의 참가국가들에서의 보고서에서 지적하고 있듯이, 유통 플랫폼의 가장 핵심적인 역할은 중개인의 역할이라고 할 수 있다. 특히, 프랑스[12]와 룩셈부르크[13]를 포함한 다수의 법원의 결정에서도 이를 명시적으로 인정하고 있다. 한편, 중개의 성질결정은 유용성이 크지 않다. 왜냐하면, 일반적으로 모든 중개업에 공통적으로 적용될 수 있는 원칙에 관한 규정은 많지 않기 때문이다.[14] 즉, 중개와 관련하여서는 보험중개나 혼인중개 등의 예에서 보는 바와 같이, 영역별로 나누어 적용될 수 있는 규칙들이 정해져 있다. 따라서 중개에 대한 규제는 기본계약의 성격에 따라 결론이 달라질 수 있다. 예컨대, 보험중개와 혼인중개를 동일한 방식으로 규제하지는 않고 있다. 그리고 이러한 사정은 플랫폼을

12) Cass. civ. 1re, 19 févr. 2013, n° 11-23287.

13) TA Lux., ordonnance, 15 juillet 2019, n° 1007/09.

14) 다만, 아르헨티나에서는 민법전과 상법전에서 10여 개의 조문을 할애하여 중개에 관해 규정하고 있는 점은 주목할 만하다.

특별히 규제하는 대부분의 규칙들이 영역별로 정해져 있는 이유를 잘 설명하는 근거로 작용할 수 있다.

한편, 플랫폼과 기반 서비스 공급자/이용자 간의 관계는 플랫폼의 일반 이용 약관에 기반하고 전자적으로 체결되는 부합계약(contrat d'adhésion)[15]의 적용을 받게 되는 것이 일반적이다. 대부분의 경우, 국내법에서는 일반적 보호에 관한 규칙들을 갖추고 있으며, 따라서 이러한 규칙들이 플랫폼에 그대로 적용되기에는 부적절한 경우들이 다수이다. 즉, 민법상의 규정이나 B2C 및 B2B 사이의 불공정한 활동에 관한 규제들이 플랫폼에서의 활동에 대한 규제에 적합하지 않는 경우들이 다수라는 것이다. 그러나 때로는 시간이 지남에 따라, 중첩되는 특정적 보호의 필요성이 대두되기도 한다. 즉, 기반 서비스 공급자의 보호와 관련하여, 다수 국가의 법률에서 시장 집중 및 플랫폼의 불가피한 특성으로 인하여 초래될 수 있는 공급자의 플랫폼에 대한 경제적 의존도를 고려한 특수한 규칙들이 입법되기도 하였다. 기반 서비스 이용자의 보호와 관련하여서는, 다수 국가의 법률에서 플랫폼 활동의 정확한 특성 및 공급자의 신원과 관련하여 정보를 강화하기 위한 특수한 규칙들이 입법되기도 하였다.

2) 기반 서비스 공급자 보호

① 기반 서비스 공급자의 보호와 통상적 플랫폼에 대한 규제

많은 국가에서는 통상의 플랫폼이 기반 서비스 공급자를 공정하고 평등하게 취급하도록 규제하는 조치들을 도입하였다. 우선, 유럽연합(EU)에서는 2019년에 '온라인 중개 서비스 사용기업의 공정성과 투명성 촉진 규칙[16](소위, Platform to Business)'을 제정하여, 플랫폼으로 하여금 "(i) 특정 정보(특히 분류 방법 및 고객의 데이터에 대한 접근 가부에 관한)를 포함하여 명료하게 작성된 일반 약관에 대한 접근 권한을 공급자에게 보장할 것, (ii) 계정을 정지하거나 해지하는 경우 사전에 고지하며 대심 절차를 거칠 것, (iii) 내부 민원 처리 시스템 및 중재 시스템을 제공할 것(다만, 소기업이 있는 플랫폼은 제외함)"과 같은 조치를 취하도록 하였다.

② 기반 서비스 공급자의 보호와 거대 플랫폼에 대한 규제

일부 국가에서는 '거대 플랫폼 업체'에 대한 보다 강제적인 조치가 채택되기도 하였다. 유럽연합(EU)에서는 「디지털시장법(Digital Market Act)」을 통해 게이트키퍼(gatekeepers)로부터 공급자들의 보호를 항상 최우선으로 하고 있다. 유럽연합 집행위원회는 일정한 기준

15) '약관의 형식으로 체결되는 계약'을 프랑스에서는 '부합계약'이라 칭한다.
16) Réglement 2019.1150 du 20 juin 2019 promouvant l'équité et la transparence pour les entreprises utilisatrices de services d'intermédiation en ligne.

에 의거하여 사전(事前)에 게이트키퍼의 지위를 부여하며, 게이트키퍼는 '성실 요구'(exigence de loyauté)나[17] '시장의 경합성 목적'(objectif de contestabilité du marché)[18]에 해당하는 의무를 부담한다.

일본의 경우, 거대 플랫폼 업체에 대한 공급자들의 보호는 「디지털 플랫폼의 투명성과 공정성 제고를 위한 법률」(TFDPA 2020)에 의해 행해지고 있다. 일본에서도 해당 플랫폼은 경제부(경제성)에 의해 사전에 정해진다. 그리고 현재까지 5개의 플랫폼 업체가 대상이 되고 있다(Amazon, Rakuten, Yahoo, Apple Inc. iTunes, Google LLC). 위 법률에서는 해당 플랫폼 업체에 다음의 사항을 요구하고 있다. (i) 약관 변경의 경우에 사전 예고를 할 것, (ii) 이용자들로부터 취득한 데이터의 활용 조건을 공표할 것, (iii) 공정 거래를 보장하기 위한 시스템을 개발할 것, (iv) 세무상의 각 이행에 관한 채택 조치를 명시한 자체 평가서를 제출할 것 등이 그것이다. 그밖에 일본 경제부는 공급자들을 지원할 목적으로 상담창구를 설치하였다. 이 창구는 주로 플랫폼 업체에 대하여 이들이 적절한 대응을 할 수 있도록 조언하고 지원하거나 반복되는 문제들을 분별하는 임무를 수행한다.

③ 기반 서비스 공급자의 보호와 특수 플랫폼

일부 플랫폼 업체의 특수 활동을 고려하여, 공급자 보호조치는 때에 따라 상황에 맞추어 구성된다. 프랑스에서는 호텔 예약플랫폼에서의 요금 동일 조항과 관련하여 이를 '여행법전'(Code du tourisme)에서 금지하고 있다. 즉, "숙박업자는 고객에 대하여, 그 성질이 무엇이든, 요금 상의 모든 할인이나 이득에 동의할 자유를 가진다."[19]

3) 기반 서비스 이용자의 보호: 정보제공의 강화

중개플랫폼 이용자의 보호는 특히 플랫폼 업체의 정보제공 강화를 통해 행해진다.[20] 즉, 이용자들은 플랫폼의 기능을 이해할 수 있어야 한다(예컨대, 공급업자들의 분류 방식 또는 온라인 의견의 처리 방식 등). 그리고 이용자들은 누가 기반 서비스를 제공하는지를 알아야 한다(플랫폼 업체인지 아니면 제3자인지의 여부). 아울러, 이용자들은 기반 서비스 공급에 관련된 의무의 채무자에 관한 정보와 그 결과를 알아야 한다.

이와 관련한 각국의 규제내용으로서, 중국의 「전자상거래법」(2018), 유럽연합의 소비자 권리에 관한 지침(2011)[21] 및 역내 시장에서 소비자에 대한 불성실 상행위에 관한

17) '성실 요구'의 예로는 관련 기업의 활동에 의해 발생한 데이터의 활용을 금지하거나, 자신의 활동에 의해 생산된 데이터를 관련 기업에 무상으로 제공하는 것 등을 들 수 있다.

18) '시장의 경합성 목적'의 예로는 순위 지정에 있어서의 자사우대행위(auto-préférence)를 금지하거나, 게이트키퍼가 제공한 프로그램과 앱(App.)의 제거 가능성, '메시지 제공 업체'(services de messagerie)들 간의 상호호환성 등을 들 수 있다.

19) 프랑스 여행법전 제L.311-5-1조.

20) 플랫폼 업체가 숨겨진 서비스에 참여할 경우, 보호는 더욱 엄격해진다.

지침(2005),[22] 프랑스의 소비자법전, 일본에서의 「디지털 플랫폼의 투명성과 공정성 제고를 위한 법률」(단 거대 플랫폼의 경우에만), 폴란드에서의 여행 분야에 관한 규제를 예로 들 수 있다.

특히, 프랑스에서는 (매월 5백만명이 넘는 방문을 관리하는) 거대 플랫폼에 대하여 특별한 의무를 부과하고 있다. 즉, 이들 플랫폼은 "명백성 의무, 투명성 의무, 성실 의무를 강화하기 위한 모범 상행위"를 개발하고 이를 소비자들에게 알려야 한다.

(2) 공급자와 기반 서비스 이용자의 관계

1) 부합계약(contrat d'adhésion)?

공급자와 이용자가 플랫폼을 거쳐서 체결한 계약을 흔히 부합계약이라고 부르기도 한다. 그러나 공급자와 이용자 사이에 체결된 계약의 내용이 플랫폼에 의해 결정된 것이라면, 이를 공급자와 이용자 사이의 부합계약이라 말할 수 있는가? 만약, 그렇다고 이해한다면 다음과 같은 의문이 발생할 수 있다. 우선, 부합자는 누구인가? 계약상의 일정 조항으로부터 이익을 취하는 당사자에게, 그가 그 조항의 작성과는 무관함에도, 불공정 조항으로 인한 책임을 부과할 수 있는가? 불분명한 조항은 누구의 이익을 위하여 또는 누구에 반하여 해석되어야 하는가?[23]

2) 공급자의 자격

공급자가 사업자이고 이용자가 비사업자인 모든 경우에 소비자법이 적용될 수 있다. 그러나 공급자의 자격을 정함에 있어서 다음과 같은 어려움이 있을 수 있다. 즉 공급자들의 일부를 분명한 사업자로, 그 외의 자들을 비사업자로만 분류한다면, 플랫폼에서의 활동이 고유의 사업은 아니지만, 사업 못지않은 활동을 하는 자('prosumer')를 어떻게 분류해야 하는지가 문제 된다. 브라질법원에서는 거래량의 빈도에 따라 사업자와 비사업자가 결정된다고 한다.[24] 그리고 유럽연합[25]과 일본의 경우, 단서결합기술(la technique du faisceau d'indices)[26]이 원용되기도 한다.

---

21) Directive *relative aux droits des consommateurs* (2011).

22) Directive *relative aux pratiques commerciales déloyales des entreprises vis-à-vis des consommateurs dans le marché intérieur* (2005).

23) Cf. Cass. civ. 1re, 3 févr. 2011, 08-14.402.

24) Recours spécial 1654221/SP, Troisième Chambre, jugé le 22/10/2019, Dje 28/10/2019; Recours spécial 1880344/SP, Troisième Chambre, jugé le 09/03/2021.

25) Orientations *concernant l'interprétation et l'application de la directive 2005/29/CE relative aux pratiques commerciales déloyales des entreprises vis-à-vis des consommateurs dans le marché intérieur*, Communication intitulée « Un agenda européen pour l'Economie collaborative » (2016); CJ, *Kamenova* (2018).

26) '단서결합기술'이란 관련된 모든 단서들을 종합적으로 고려하여 법적 사실을 판단하는 기술을 말한다(Un faisceau d'indices est un ensemble d'indices qui, par leur convergence, permettent de prouver un fait juridique ou un acte juridique. La convergence des différents éléments du faisceau accrédite l'existence de ce que l'on veut

한편, 유럽사법재판소(CJ)는, 플랫폼에서 신제품과 중고품 8개의 판매를 제안했던 한 사람에 관한 Kamenova 사례에서, 다음과 같은 판결을 내리고 있다.[27] 즉, 유럽사법재판소는 한 사람이 동시에 여러 개의 청약을 하나의 플랫폼에 공지하고 영리 목적을 추구하였다는 단순한 사실만으로는 그를 사업자로 인정하기에 충분하지 않다고 한다. 유럽사법재판소는 법관으로 하여금 '단서결합'을 원용하고 다음의 사실들을 확인하도록 하였다. 즉, 사업자의 지위를 판단함에 있어서는 (i) 온라인 플랫폼에서의 판매가 조직적인 방식으로 행해졌는지의 여부, (ii) 이러한 판매가 영리 목적을 가졌는지의 여부, (iii) 판매자가 자신이 판매하고자 하는 제조물에 관한 정보와 기술적 역량을 가졌는지(소비자라면 이러한 정보와 지식을 갖출 필요는 없음)의 여부, (iv) 판매자가 상행위를 할 수 있는 법적 지위를 가졌는지의 여부, (v) 어떠한 기준에서 온라인 매매가 판매자의 상업적 또는 직업적 활동과 연계되는지, (vi) 판매자가 부가가치세를 부담하는지의 여부, (vii) 특정 사업자의 명의로 또는 그의 이익으로 또는 그의 이름과 이익으로 나서는 다른 사람의 중개를 통해 활동하는 판매자가 수당이나 이익분배를 받는지의 여부, (viii) 판매자가 재판매의 목적으로 신제품 내지 중고품을 구입하는지의 여부, 즉 그의 상업적 또는 직업적 활동과 관련하여 이러한 활동을 규칙적이고 다발적으로 또는 수시로 행하는지를 살피면서, 판매되는 제조물이 모두 동일 물품인지 또는 동일한 가치를 가지는지의 여부, 특히 판매 제안이 제한된 수의 제조물에 집중되었는지의 여부 등이 고려되어야 한다고 하였다.

나. 콘텐츠 공유

(1) 플랫폼의 역할과 책임

콘텐츠 공유는 플랫폼의 주된 기능으로서 하나의 공동체나 네트워크(사회적 네트워크)를 창설하는데 기여하며, 부수적으로는 (고객의 의견을 공개하면서) 유통 활동에도 기여한다. 이러한 콘텐츠에 관한 플랫폼의 역할과 책임은 플랫폼의 의사나 법률의 규정에 따른다.

1) 플랫폼의 역할: 플랫폼 자신에 의한 결정

① 호스트 역할

본래 플랫폼의 역할은 플랫폼이 자신에게 부여하는 것이다. 먼저, 소극적 역할로서

démontrer. Et l'on en voit ici tout l'intérêt pour le juriste: le faisceau d'indices concordants permet d'approcher la vérité lorsque celle-ci n'apparaît pas clairement ou ne peut être constatée de façon flagrante. En l'absence de flagrance, la concordance des différents éléments du faisceau est décisive. Car des indices discordants auraient du mal à constituer un faisceau crédible et on peinerait à leur attribuer une quelconque valeur probatoire.) https://actu.dalloz-etudiant.fr/focus-sur/article/retour-sur-le-faisceau-dindices/h/19afd01fdfae5dceec691f499d6aaa21.html 참조.

27) CJ 4 oct. 2018, aff. 105/17.

플랫폼은 호스트의 기능을 수행하며, 그에 따라 책임도 경감된다. 즉, 일정한 조건에 따라 불법 콘텐츠를 삭제하여야 한다.(« notice and takedown ») 콜롬비아의 헌법재판소는, "중개 인터넷은 이용자들에 의해 공표된 콘텐츠에 대한 책임을 부담하지 않는다. 왜냐하면 이러한 책임을 설정하는 것은 사상의 전파를 제한하는 결과를 야기하며 네트워크에서의 정보 흐름을 통제하는 권한을 플랫폼에 부여할 것이기 때문이다"[28]라고 판시하고 있다.

한편, 호스트로서의 플랫폼의 지위와 관련하여 유럽사법재판소는 "온라인 시장에서의 일정 영역의 경영자가 관련 판매에 관한 청약의 제시를 최적화하기 위하여 또는 이를 제고시키기 위하여 조력자를 구하는 경우, 이러한 청약에 관한 데이터의 지식 또는 통제권을 그에게 부여하는 경우에 그 경영자는 적극적 역할을 수행하고 있다"[29]라고 판시하였다.

② 플랫폼의 역할과 책임: 의사(意思)

프랑스는 다음에서 열거하는 플랫폼에 대해 호스트 자격을 부여하는 것을 거절하였고, 해당 플랫폼은 콘텐츠 통제 의무를 부담한다고 하였다. 우선, Ebay가 네트워크 밖에서의 재판매 금지를 위반한 것에 대하여 책임을 진다고 판시하였다(파기원, 2012). 다음으로, Airbnb가 재임대의 금지를 위반한 것에 대해서도 책임을 물었다(민사지방법원, 2020). 그러나 유럽사법재판소는 '회사의 정보제공 서비스'의 성질을 인정하기도 하였다(후술).

한편, 호스트의 책임 요건과 관련하여, 유럽연합의 전자상거래 지침(2000)은 호스트가 콘텐츠의 불법성을 알고 있고 신속히 이를 제거하려 하지 않거나 접근 차단을 하지 않은 경우에 그 콘텐츠에 대하여 호스트에게 책임을 부과한다. 동 지침은 또한 법관이나 행정기관에게 호스트로 하여금 이러한 불법 콘텐츠를 제거하거나 접근을 차단하도록 명령할 수 있는 권한을 부여하고 있다. 브라질에서는 「Marco civil da Internet 법률」(2014)이 다음의 두 경우를 구분하고 있다. 우선, '인터넷 응용프로그램 공급자'가 자신의 서비스의 기술적 한계와 주어진 기간 내에서 법관의 결정으로 불법으로 정한 콘텐츠를 차단하지 않은 경우, 그리고 콘텐츠 작성자가 이용 불가 결정에 대해 통지를 받고 관련 공급업체와 이를 논의할 수 있는 상황을 알고 있는 경우에만 '인터넷 응용프로그램 공급자'의 책임을 인정한다.[30] 다음으로, 과노한 노출 또는 성행위에 관한 요소를 포함하는 등 개인정보를 침해하는 콘텐츠를 제공하게 된 '인터넷 응용프로그램 공급자'가 침해자로부터 그에 관한 통지를 받은 후에, '서비스의 기술적 한계 내에서' 해당 콘텐츠를 차단하지 않은 경우에 그의 책임을 인정하고 있다.[31] 그리고 튀르키에서의 「인터넷 방송 규제 및 범죄 예방에 관한 법률」(2007)은

28) SU420/19, https://www.corteconstitutional.gov.co/relatoria/2019/SU420-19.htm.
29) CJ, Ebay (2011), v. déjà CJ, *Google* (2010).
30) 동법 제19조와 제20조.
31) 동법 제21조.

모두 법관의 결정을 전제로 하는 4개의 절차[32])를 규정하고 있다((i) 이들 절차는 형사소송에 부수적으로 시행되거나 단독으로 시행됨, (ii) 액세스 차단 또는 콘텐츠 제거를 정당화하는 관련 이익이 있을 것, (iii) 법관, 검사, 정보통신기술청, 장관, 대통령 또는 누구든지 이들 절차를 개시할 수 있음, (iv) 법원의 결정에는 항소 가능함/ 모든 경우에, 법원의 결정에 따르지 않는 플랫폼은 형사 책임을 부담함).

2) 플랫폼의 역할: 법률에 의한 결정

예외적으로, 플랫폼이 호스트인지의 여부에 관계없이, 플랫폼의 책임 경감이 법률에 의해 금지되는 경우가 있다.

우선, 유럽연합은 저작권에 관하여 특칙을 두고 있다. 위에서도 언급한 '디지털 단일 시장에서의 저작권 및 저작인접권에 관한 지침'(2019)은 이제 저작권에 의해 보호되는 저작물이나 기타 보호 대상인 작품들이 존재하는 플랫폼은 '대중과의 소통' 행위를 실현하며 더 이상 과거와 같이 호스트들의 책임 경감이라는 혜택을 누리지 못함을 명시하고 있다(CJ, YouTube et Cyando(2021)[33])).

따라서 온라인 콘텐츠 공유 서비스 제공자는 권리의 보유자로부터 승인을 받아야 하며 아무런 승인도 받지 못한 경우에 플랫폼은 대중과의 승인되지 않은 소통 행위에 대한 책임을 부담한다. 다만, 플랫폼은 승인을 얻기 위해 그리고 저작물의 비가용성을 보장하기 위해 최선의 노력을 기울였으며, 어떠한 경우에서도, 저작물에 대한 접근을 차단하거나 해당 웹사이트에서 해당 저작물을 제거하기 위해 즉시 조치를 취하였음을 증명하는 경우에는 책임을 부담하지 않는다.

다음으로, 유럽연합에서는 아동 포르노 및 테러와의 전쟁과 관련하여 혐오스럽거나 충격적인 일정 유형의 콘텐츠에 대한 특칙을 두고 있다. 구체적으로는, 아동의 성적 학대 및 성적 착취에 대한 지침 2011/93, 테러와의 전쟁에 관한 지침 2017/541, 테러에 관련된 콘텐츠의 온라인 확산 방지에 관한 규정 2021/784을 예로 들 수 있다.

다음으로, 프랑스에서는 증오 또는 공격적인 언어에 대항하려는 시도가 위헌으로 선언되었다. 즉, 「인터넷상의 증오성 콘텐츠 퇴치를 목적으로 하는 법률」(2020)[34])은 일정 규모의 플랫폼에 인간의 존엄성을 훼손하는 행위(예: 인종, 종교, 성적 취향을 이유로 차별, 증오 또는 폭력을 선동하는 행위 등)로서 형사적 침해를 구성하는 일정한 언어로 구성된 모든 콘텐츠를, 1인 또는 수인에 의한 통지 후 24시간 이내에, 삭제해야 하는 의무를 부과하고 있으며,

---

32) 제8조, 제8조A, 제9조, 제9조A.

33) CJ, *YouTube et Cyando*, 22 juin 2021, la CJ (aff. 682/18 et 683/18) v. DJ, 23 mars 2010, Google/Vuitton, aff. 236-238/08: 호스팅 활동은 "순전히 기술적이고 자동적이며 소극적인 성격"을 가지며, 필연적으로 서비스 제공자는 "전송되거나 저장된 정보에 대해 알지 못하고 통제도 못한다."; CJ, 12 juill. 2011, L'Oréal/eBay, aff. 324/09.

34) La loi *visant à lutter contre les contenus haineux sur internet* (2020).

이를 위반하면 형사 처벌의 대상이 된다. 그런데 프랑스 헌법위원회는 2020년의 결정[35]을 통해 이 조항이 DDHC[36] 제11조에 근거한 표현과 의사소통의 자유에 반한다고 선언하였다. 즉, "공공질서와 제3자의 권리를 침해하는 표현의 자유 행사의 남용을 종식시키는 것"이라는 목적은 정당하나, 다음의 이유에서 불균형이 있었다는 것이다. "(i) 플랫폼은 검토되어야 할 엄청난 양의 신고에 직면할 수 있으며, 이와 관련한 검토를 하지 않으면 형사상 처벌을 받게 되고, (ii) 검토는 법에 따라 기술적으로 행해져야 했으며, (iii) 응해야 하는 시간은 매우 짧았다"라는 것이다. 표현의 자유와 의사소통의 자유에 대한 침해는 부당한 언어의 삭제로 인한 것이 아니라, 분석의 어려움과 제재에 대한 우려와 더불어 한 번의 신고가 있었다는 이유만으로 적법한 언어를 삭제할 수 있는 점에서 발생할 수 있다는 것이다('과대평가'의 문제).

3. 기반 서비스에의 참여: 단순하지 않은 중개자

플랫폼은 기반 서비스의 자산을 보유하지 않는다. 플랫폼은 판매된 상품이나 서비스를 제공하는 데 사용되는 상품의 소유자에 해당하지 않는다(Uber와 Airbnb는 어떠한 자동차도 주거용 건물도 보유하고 있지 않음). 그러나 플랫폼은 다음과 같이 기반 서비스의 공급에 개입하기 때문에 단순한 중개업자가 아니다. 즉, 플랫폼은 기반 서비스를 촉진하거나 활성화하는 서비스를 제공하며(예: 사람 수송 플랫폼), 중간 서비스에 추가되는 서비스를 제공(예: 배달 플랫폼)할 뿐만 아니라, 중개 계약 당사자 중 일인의 적절한 이행을 이러저러한 방법으로 보장한다(예: 상품 판매 또는 부동산 임대를 위한 플랫폼).

따라서 다음과 같은 의문이 생길 수 있다. 기반 서비스에 대한 접근 또는 실행과 관련하여 플랫폼을 제한하여야 하는가?(가) 기반 서비스 공급자에게 부과되는 계약상의 의무를 플랫폼이 보장해야 하는가?(나) 특정의 경우(특히 모빌리티 플랫폼), 기반 서비스사업자가 서비스를 제공하는 플랫폼에 통합되는 것을 고려해야 하는가?(다)

가. 기반 서비스에 대한 접근 또는 실행과 관련한 플랫폼에 대한 제한

(1) 기업경영의 자유에 대한 제한

세계 어디에서나 기업경영의 자유가 절대적인 곳은 없으며, 일정한 활동에 대한 접근과 실행이 규제되는 것이 사실이다. 문제는 플랫폼이 기반 서비스에 대한 접근 및 실행을

35) Décision n° 2020-801 DC du 18 juin 2020.

36) 1789년 인권선언(Déclaration des Droits de l'Homme et du Citoyen de 1789).

제어하는 법규의 적용을 받아야 하는지의 여부를 결정하는 것이라고 할 수 있다.

첫 번째의 예로서, 한국의 「'반-타다' 법률」은 모빌리티 플랫폼에 본질적으로 전통적인 운송업자가 부담하는 것과 동일한 의무를 부과하고 있다. 두 번째의 사례로, 콜롬비아 산업통상자원부는 Uber를 단순한 중개업체가 아닌 운송업체로 보았고, Uber가 직업상의 접근 및 행사 요건을 준수하지 않았다고 결정하였다. 세 번째의 사례로, 유럽연합 역내 시장의 특수한 맥락에서 제기되는 문제는, 플랫폼이 "정보사회의 서비스에 대한 접근 및 그 제공을 관리하는 규칙(2000년의 전자상거래에 관한 지침)"[37]이나 "정보화 사회 서비스[38]에 관한 기술 규정 및 규칙 분야에서의 정보제공 절차에 관한 지침(2015)",[39] 기반 서비스에 대한 접근 및 실행을 제어하는 별도의 규칙(역내 시장의 서비스 지침(2006)[40])의 적용 대상인지의 여부를 결정하는 것이다.

(2) 원 칙

플랫폼에서 제공하는 서비스는, 정보사회 서비스로서, 기반 서비스와는 구별된다.[41] 따라서 원칙상, 분석 프레임은 전자상거래 지침에 따른다. 그러나 다음의 사항을 주의해야 한다. 국내법의 규정이 EU법에 대한 적합성을 검토하는 것과 관련되는 경우, EU법은 단지 디지털 분야의 주체뿐만 아니라 관련 분야의 모든 주체들에게 공통되는 요구사항을 제기하고 있기 때문에, 분석 프레임은 관련 분야의 프레임에 의하여야 한다는 것이다. 예컨대, Star app Taxi 사례에서, 유럽사법재판소(CJ)는 '배차' 활동에 대한 사전 승인의 일반적인 요구사항(택시와 고객 연결)은 정보사회 서비스에만 국한되지 않고 운송 부문의 모든 주체와 관련되며, 따라서 이러한 요구사항은 서비스 지침에 비추어 검토되어야 한다는 것이다(무선으로 수업을 전송해야 하는 의무와 같은 특정 전제 조건은 "관련 서비스에 적합하지 않다"는 점에서 준수되지 않을 수 있다는 것이다).

(3) 예 외

유럽사법재판소에 의하면, "중개 서비스가 다른 법적 자격에 따른 서비스를 주요 요소로 하는 글로벌 서비스의 필수적인 부분"인 경우, 플랫폼 서비스는 정보사회 서비스로 취급될 수 없다고 한다.[42] 예컨대, Uber Espagne와 Uber France 사례와 관련하여, 자신의

37) Directive sur le commerce électronique (2000).
38) 원격으로 전자적 수단에 의해 그리고 서비스 수령인의 개별 요청에 따라 통상 보수 없이 제공되는 서비스를 말한다.
39) Directive prévoyant une procédure d'information dans le domaine des réglementations techniques et des règles relatives aux services de la société de l'information (2015).
40) Directive *relative aux services dans le marché intérieur*, la Directive « Services » (2006).
41) CJ, 12 juillet 2011, *L'Oreal/eBay*, aff.324/09 ;CJ, 3 décembre 2020, *Star Taxi app*, aff.62/19.
42) CJ, 20 déc. 2017, aff.434/15, *AsociacionProfesionalElite Taxi (Uber Espagne)*; CJ, 10 avril 2018, aff.320/16, *Uber*

차량을 활용하는 비사업적 운전자와 시내에서의 이동을 원하는 사람을 연결해주는 중개 서비스는, 원칙적으로 차량을 이용하여 사람이나 물건을 한 장소에서 다른 장소로 이동시키는 물리적 행위로 구성된 운송 서비스와 구별되는 서비스라고 한다. 그러나 Uber의 경우, 이 플랫폼은 도시 교통 서비스의 제공을 창안했으며, 결과적으로 해당 서비스는 운송 서비스와 불가분적으로 연결되어 있으므로 "운송 분야 서비스"의 자격을 갖춘 것으로 간주되어야 한다는 것이다. 다음으로, Airbnb 사례와 관련하여, 임대인과 임차인의 이익을 위해 구조화된 숙박 장소 목록을 만드는 것은 Airbnb에서 관리하는 전자 플랫폼의 필수 기능이라고 할 수 있다. 다만, 임대인과 임차인이 이용할 수 있는 다른 채널이 많기 때문에 제공되는 서비스가 숙박 서비스 제공에 필수적인 것은 아니며, 더욱이 Airbnb는 숙박 시설을 선택하지 않을 뿐만 아니라 가격을 정하거나 가격상한을 두지 않으므로 유럽사법재판소는 그 기본 임대 서비스와 분리될 수 있는 중개 서비스가 존재할 수 있음을 인정하면서 Airbnb는 정보사회의 서비스를 제공하는 것으로 판단하였다.

요컨대 EU에서는 (i) 기반 서비스의 존재가 플랫폼의 작업 결과인 경우 및 (ii) 플랫폼이 기본계약의 필수 요소(예: 물건 및 가격)의 틀을 제공하는 경우에 플랫폼 서비스는 더 이상 기반 서비스와 분리될 수 없다고 평가할 수 있다.

나. 기반 서비스 공급자에게 부과되는 계약상의 의무를 플랫폼이 보장하는 것

(1) 자발적 이행보장 v. 강제적 이행보장

플랫폼은 다양한 계약 기술(지급보증, 연대 채무자 등)을 사용하여 기본계약의 적절한 이행 보장을 꾀하고 있다. 이는 다수의 고객 대 고객 플랫폼(예: AirBnb, Blablacar)뿐만 아니라 회사 대 고객 플랫폼, 특히 공급업체의 정확한 신원을 알 수 없거나 신원이 잘 알려지지 않은 경우(예: Amazon)에서의 일을 성사시키기 때문이다. 튀르키에에서는 중개 서비스 제공자가 재화 또는 서비스 제공과 관련하여 자발적으로 특정 조치를 취하는 경우에 공공 기관으로부터 신뢰 스탬프를 받는다.

그러나 그러한 이행의 보증이 강제될 수 있는가? 이와 관련하여, 플랫폼이 기반 서비스에 참여하는 경우에는 이행의 보증이 강제될 수 있다(예: CJ, JP Uber). 이와 별개로 이 문제에 대해서는 여러 국가가 다양한 대응을 하고 있다. 플랫폼의 부담으로 기반 서비스에 참여하는 의무를 부과하는 것은 법률 또는 그 외관에 따른 결과가 될 수 있다. 첫 번째의 예시로, 중국의 「전자상거래법」(2018)은, 공급자가 사람과 상품의 안전을 보장하기 위한 요

pop (Uber France); CJ, 19 déc. 2019, aff.390/18 *Airbnb*; CJ, 3 déc. 2020, aff.62/19, *Star Taxi app*.

구사항을 준수하지 않는 상품을 판매하거나 서비스를 제공하고 있거나 기타 소비자의 권리 및 정당한 이익을 침해할 우려가 있는 행위를 하는 것을 플랫폼이 알았거나 알았어야 하는 경우, 플랫폼은 원칙적으로 공급자와 연대책임을 지는 것으로 규정하고 있다(제38조). 두 번째의 예시로, 포르투갈의 「플랫폼을 매개로 하지 않은 차량을 통한 개별 유상 승객 운송 활동을 규율하기 위한 법률」(2018)에 따르면 플랫폼 전자 장치의 운영자는 그 이용자에게 계약으로 인한 의무의 적시 이행에 대하여 연대책임이 있는 것으로 규정하고 있다. 세 번째의 예시로, 콜롬비아 산업통상청의 결의에 의하면, 특정 조건이 충족될 경우, 중개플랫폼은 실제에 있어서 제품의 공급자로 간주되어야 한다고 한다(Mercadolibre v. Rappi 사건). 네 번째의 예시로, 유럽연합의 Wathelet 판결(2016)에서 유럽사법재판소는 소비재의 판매 및 보증의 특정 측면에서 1999년 5월 25일 지침의 의미상 판매자의 개념에는 판매된 상품의 소유자가 개인이라는 사실을 소비자인 구매자에게 제대로 알리지 않은 개인을 대신하여 중개자 역할을 하는 자도 판매자로 포함된다고 해석하였다.43) 다섯 번째의 예시로, 일본은 상품에 관한 온라인 구매 및 정보 산업에 관한 비강제 규칙(연성법)(경제 산업성 규칙)에 따라 플랫폼이 스스로 판매자인 것으로 보이는 외관을 방치하였고 구매자가 정당한 이유로 이를 착각한 경우에 그 중개로 체결된 판매에 대해 플랫폼이 책임을 진다고 규정하고 있다(슈퍼마켓 코너에 관한 일본의 판례를 유추적용한 것임).

다. 기반 서비스 공급자의 플랫폼으로의 통합

플랫폼이 기반 서비스에 참여할 때 이 서비스를 제공하기 위해 플랫폼이 의존하는 공급자에게는 어떤 지위를 부여해야 하는지가 의문일 수 있다. 즉, 공급자에게는 일정한 행동의 자유가 인정되기에 이들을 피용자로 보기 어려운 면이 있으나, 반면에 대부분의 공급자는 변수가 많은 경제적 상황에 의존하고 있기 때문에 경우에 따라서는 일정한 보호를 받을 수 있으므로 이들을 피용자 또는 근로자로 볼 것인지 아니면 자영업자로 볼 것인지가 문제될 수 있다는 것이다. 그러나 기반 서비스 공급자를 플랫폼에서 노무를 제공하는 근로자로서의 지위를 인정할 수도 있으며, 또한 플랫폼에 경제적으로 의존하는 노동자로서 일정한 보호의 대상이 될 수도 있을 것이다.

---

43) CJ, 9 nov. 2016, Wathlet, aff. 149/15. "상품 판매 계약과 관련된 일부 측면에 관한 지침(2019)에서 플랫폼 제공자들이 자신의 고유한 활동과 관련된 목적을 위해 행동하고 상품 판매를 위해 소비자의 직접적인 계약 상대방으로 행동하는 경우 이 지침에서의 판매자로 간주될 수 있다고 규정하고 있기 때문에 이 판례를 플랫폼에는 더 이상 적용할 수 없는 것으로 판단된다. 그러나 이 지침에 의해 법적 규율이 일반적으로 변경되었다는 외관만 가지고 이 판례의 내용을 모든 경우에 더 이상 적용할 수 없다고 할 수는 없고 회원국은 이 지침상 판매자로 간주될 수 있는 기준을 충족하지 않는 플랫폼 판매자에게 이 지침을 적용할 수 있는지에 대하여 재량을 가질 수 있어야 한다."

(1) 급여를 받는 공급자: 이중적 접근

여러 국가에서 플랫폼을 위해 작동하는 서비스를 제공하는 자는 플랫폼의 근로자로 간주되기도 한다. 특히, 운송 또는 배달 플랫폼의 근로자와 관련하여 근로자 자신(유급 고용의 장점을 활용하기 위한 조치) 또는 해당 분야의 전통적 참여자(불공정한 조치 경쟁) 또는 비회사 조직에 의하여 새로운 평가가 이루어지기도 하였다. 즉, 전통적으로 근로계약서는 반드시 증명되어야 하나, 일부의 입법례에서는 혁신적인 접근 방식을 채택하여 일정한 조건 하에서 근로계약이 있는 것으로 추정하기도 한다.

1) 전통적인 접근

① 법적 종속성 내에서

대부분의 모든 국가에서 고용은 단순한 경제적 의존이 아니라 법적 종속을 전제로 한다. 그런데 플랫폼의 영역에서 법적 종속은 어떻게 정의되는가라는 문제가 제기된다. 원칙적으로 법적 종속성은 일반적인 내용과 다르게 정의하지는 않는다.

첫 번째의 예시로, 유럽연합 내에서 노동법은 주로 유럽연합 회원국의 문제이기는 하나, 유럽차원에서의 최소한의 기준(근로시간 조정, 집단해고, 평등한 처우 등에 관한 지침)이 작성되어 있다.[44] 따라서, 유럽사법재판소(Yodel Delivery, 2020)[45]는 "노동 시간 조정의 특정 측면에 관한 지침(2003)"의 의미 내에서 배달원은 (i) 하청업체 또는 대체인력의 사용 여부, (ii) 그에게 제공된 다양한 작업의 수락 여부, (iii) 직접적인 경쟁자를 포함한 제3자에게 서비스를 제공할 것인지의 여부, (iv) 특정 조건에서 자신의 근무 시간을 확정할 것인지의 여부를 결정할 수 있으므로 근로자가 아니라고 한다.

두 번째의 예시로, 프랑스 파기원(2020, Uber)은 Uber가 운전자에게 지시를 한 뒤 그 이행을 확인하고 위반 시에 제재 권한을 행사했을 때 Uber와 운전자 사이에 고용 계약이 존재한다고 판결하였다.[46] 즉, 프랑스 파기원은 운전자에게 Uber와 연결할 의무가 없고, 그 기간의 장단에 상관없이 Uber와 연결이 되지 않은 경우에 제재가 없다는 사실은 별로 중요하지 않으며, 자영업의 특징은 자신만의 고객을 확보할 수 있는 가능성이 있고, 가격을 책정할 자유가 있으며, 서비스 제공 이행 조건을 설정할 수 있는 자유가 있다는 요소에 의해 결정된다고 하였다. 그리고 우루과이 판례에서도 마찬가지의 해결방안을 채택하였다.[47] 반면, 브라질 대법원은 Uber와 운전자 사이의 소송에서 운전자가 일정을 정하고 승차를 수

44) 예컨대, 로마조약(Traité sur le fonctionnement de l'Union Européenne) 제153조 참조.

45) CJ, 21 fév. 2013, N. c/ *Styrelsen for Videregâende og Uddqnnelsessto*, aff. 46/12.

46) Cass. soc. 4 mars 2020, n° 19-13316, pub. 그러나 이 판결의 취지에 반하는 하급심 판결로는 CA Lyon, 15 janvier 2021, n° 19/08056.

47) Tribunal de Apelaciones del Trabajo de 1er. Turno, sentencia 89/2020.

락하는 자율성이 있으므로 법적 종속성 없다고 판단하였다.48)

② 법적 종속을 넘어서

예외적으로 일부 국가에서는 근로자 개념에 특정 종속 근로자, 특히 특정 플랫폼 근로자를 포함하도록 근로자의 개념이 확대되었다.

첫 번째의 사례로서, 퀘벡주의 「근로기준법」에 의하면, 근로자는 "사용자를 위해 일하고 급여를 받을 자격이 있는 사람"이라고 규정하지만 다른 한편 "해당 용례는 다음과 같은 근로계약의 당사자를 포함한다: (i) 그 사람이 결정한 방법에 따라 그 틀 내에서 결정된 근로를 이행할 의무를 부여하는 경우, (ii) 계약 이행을 위해 그 사람이 선택한 재료, 장비, 원자재 또는 상품을 제공하고 그가 지시하는 방식으로 그것을 사용할 의무를 부여하는 경우, (iii) 이 계약의 이행 비용을 공제한 후 계약에 따라 수령한 금액 중 그에게 남아 있는 금액을 보수로서 보유하는 경우"라고 규정하고 있다.

두 번째의 사례로서, 이탈리아의 「근로계약 규율에 관한 법령」(2015)은 그 적용범위에 관하여 "그 이행 방법이 위임인에 의하여 조직되는, 특히 서비스의 이행 방식이 디지털 플랫폼을 포함한 플랫폼을 통해 구성되는 경우, 주로 개인적이고 지속적인 작업의 형태를 취하는 협력 관계"에 이 법령을 적용하도록 규정하고 있다.

---

48) Soc. 13 qvr. 2022, n° 20-14870, pub. ("플랫폼에 의해 일방적으로 결정된 조건에 따라 조직된 서비스 내에서 이루어진 작업 수행"이라는 것과 "플랫폼이 택시 운전자가 작업지침을 준수하는지 감시하고 준수하지 않을 경우 제재할 수 있는 권한이 있다는 점"을 충분히 밝히고 확인하지 못하였다는 이유로 원심을 파기하였음: 원심 법원은 (i) 운전자가 차량을 자유롭게 선택할 수 없으며, (ii) 임대 계약과 플랫폼 가입 계약이 결부되어 있고, (iii) GPS를 통해 회사는 실시간으로 각 차량의 위치를 파악하여 승객을 태우고 이동하는 시간 측면에서 최적화되고 효율적인 분배를 수행하고 운전자 활동을 확실히 통제할 수 있으며, (iv) 회사는 운전자의 이름과 계정에 운행량을 정하였고 운행요금을 일정에 따라 일방적으로 수정하였으며 (v) 회사는 승객의 의견 제시 시스템을 통해 운전자에게 제재를 할 권한을 가졌다고 설시함.); Com. 12 janv. 2022, n° 20-11139, pub. (택시 회사는 불공정 경쟁을 이유로 Transopcone 회사에 대하여 소제기를 하였는데, 특히 Transopcone 회사가 이용한 운전자에게 급여를 지불하지 않은 것에 대해 문제를 제기함. 원심은 고용 계약이 아니라고 판단하여 청구를 기각하였는데 대법원은 이에 대하여 법적 근거가 부족하다는 이유로 파기하였음: 택시 회사의 청구를 기각한 원심판결은 Transopcone 회사가 운전자에게 보수를 지급하지 않지만 청구서 발행에 따라 서비스 제공자를 대신하여 서비스 제공자의 이름으로 고객에게 청구하는 금액의 20%를 수수료로 가져가고, Transopcone 회사는 사업 운영에 필요한 운전자를 선택하지 않으며 활동 영역이나 시간을 제한하지 않으며, 운전자는 자유롭게 앱에 로그인할 수 있고 승객의 예약요청을 자유롭게 승낙할 수 있고 경로 또한 자유롭게 정할 수 있으며, 자신의 고유한 서비스를 제안할 수 있고 다른 플랫폼을 위해 일하는 것도 가능하다는 점을 제시하였음. 이로써 그는 이러한 요소는 종속관계의 존재를 보여주지 못한다고 판단함. 이에 대해 택시 회사는 다음과 같은 주장을 하였음. 운전자가 플랫폼 앱을 통해 얻은 고객과의 운행 시간 외 접촉하는 것이 금지되었고, 운전자는 차량에 영구적으로 위치하며, 연락을 받기 위해 차량에 있어야 하며, 운행을 실현하기 위하여 따라야 하는 절차는 유효한 '운행명령'에 해당하며, 운전자는 자유롭게 서비스 이행 조건을 결정할 수 없고, 운행의 분배는 전산 프로그램을 통해 이루어지고 그에 따라 운전자는 대부분 승객이 탑승하기 전에는 목적지를 알지 못하며 운행 시간과 노동의 일정을 결정하거나 통제할 수 없으며, 최소한의 운행 횟수와 보너스 조건이 부여되고 자신만의 승객을 탐색하는 것이 금지되며, 이러한 서비스 계약에서 전통적인 제재를 뛰어넘는 엄격한 제재를 부여받으며, 그로 인해 이 서비스는 단순히 전산의 관계에 그치지 않고 운전자의 모든 자유를 흡수하는 포괄적 운송서비스를 구성하며 운전자는 종속관계에 놓여 있음. 대법원은 원심이 운전자가 활동을 수행한 실제 상황을 구체적으로 분석하지 않은 채 판결을 하였으므로 법적 근거가 결여되었다고 판단함).

2) 혁신적 접근: 노동계약의 추정

일부 국가에서는 기존의 접근 방식을 넘어 경제적 의존성을 기반으로 한 고용 추정 시스템을 유지하고 있다.

첫 번째의 예시로 벨기에의 2006. 12. 27.자 법률(「근로관계의 본질에 관한 법률」)에서는 민감한 경제 부문(건설, 감시, 청소, 운송, 농업 및 원예)에서 특정 기준의 절반 이상을 충족하는 경우 급여를 받는 근로로 추정한다. 다만, 이러한 추정은 모든 수단에 의해 번복될 수 있다.

두 번째의 예시로, 유럽연합의 「플랫폼을 통한 근로에서의 근로 조건 개선에 관한 지침」(2021) 초안[49]에는 벨기에의 방안과 유사하지만 플랫폼에만 적용되는 방안을 마련하고 있다. 즉, 급여 근로의 추정이 그것인데, 이 또한 국내법상의 의미에서 노동계약의 결여가 증명되면 번복될 수 있다.

(2) 임시 지위에 의해 보호되는 공급자: 의존적인 독립자

다수의 국가에서 플랫폼 근로자를 위한 임시적 보호조치를 두고 있다. 다만, 폴란드에서는 현재 이러한 시스템이 미비한 상태이기는 하나 폴란드 옴부즈만은 2021년 플랫폼 근로자의 보호조치를 요청하였다. 이러한 조치는 근로자의 자유가 결여되어 있음을 기초로 하여 근로자를 보호하거나, 때로는 특정한 영역의 자유를 재설정하여 근로자를 보호하기도 한다. 전자의 경우에 그 조치는 일반적으로 근로계약으로서의 계약의 성격을 재설정하는 것을 배제하지 않지만, 후자의 경우에는 근로자에게 부여된 자유로 인하여 계약의 성격을 재설정하게 된다.

첫 번째의 예시로, 유럽연합의 「플랫폼을 통한 근로에서의 근로 조건 개선에 관한 지침」(2021) 초안은, 근로자가 자영업자이든 급여노동자이든 상관없이, 모든 플랫폼 근로자가 자신의 작업의 '알고리즘 관리'와 관련된 특정 조치의 혜택을 받을 수 있도록 규정하고 있다. 즉, 플랫폼은 그 계정을 제한, 정지 또는 삭제하는 것에 관한 자동화된 결정을 하는 경우, 그 이유를 근로자에게 알려야 한다. 그리고 플랫폼은 근로자에게 과도한 압력을 가하거나 근로자의 신체적, 정신적 건강을 위협할 수 있는 자동화된 감시 및 의사 결정 시스템을 사용해서는 안 된다.

두 번째의 예시로, 스페인에서는 입법자가 임시 지위를 설정하고 있다('경제적으로 의존하는 독립 근로자'를 위한 '거래'에 관한 법률(2007)). 이러한 지위는 어느 근로자가 경제적으로 의

49) Le projet de Directive relative à l'amélioration des conditions de travail dans le cadre du travail via une plateforme (2021).

존하는 특정 고객을 위해 일상적으로 자신의 직접적인 노력으로, 자신의 소득의 75%를 얻는 활동을 수행하는 경우에 인정된다. 그리고 이를 위해서는 "(i) 근로자가 급여도 없고 하청업체도 없이 자신이 직접 일을 수행할 것, (ii) 근로자가 급여를 받는 근로자와 다른 조건에서 일할 것, (iii) 근로자가 자신의 작업을 수행할 수단을 가지고 있을 것, (iv) 근로자가 자신의 일을 자유롭게 구성할 수 있을 것, 그리고 (v) 근로자가 자신의 활동 결과에 따라 보수를 받을 것."이라는 요건이 충족되어야 한다.

세 번째의 예시로, 이탈리아의 「근로계약 규율에 관한 법령」(2015년)은 영역별 접근 방식을 취하면서도 "(i) 가격 및 계약 이행 조건의 결정, (ii) 보수의 결정(이행된 배송 건수에만 기초할 수 없고 시간당 최저 임금 이상이어야 함), (iii) 작업 중 사고 및 직업상 발생하는 병에 대한 의무 보험 가입의 결정, (iv) 서면 계약에 대한 권리의 결정 등."의 사항에 대한 결정과 관련하여서는 배달 플랫폼 부문의 근로자를 위하여 최소한의 보호 기반을 제공하고 있다.

네 번째의 예시로, 프랑스에서는 일반적인 접근 방식과 영역별 접근 방식이라는 이중적 접근 방식이 채택되고 있다. 일반적인 접근 방식으로, 노동법전은 플랫폼이 스스로 급부(서비스)의 특성과 가격 결정에 영향을 주는 경우 다음과 같은 특별한 '사회적 책임'을 지도록 요구하고 있다. 즉, 작업 과정에서 또는 직업 연수 과정에서 발생하는 위험에 대한 보험료를 일정한 요건 하에서 플랫폼이 부담하고 노동조합 활동에 참여할 권리를 보장하여야 한다. 특히 모빌리티(운송 및 배송) 플랫폼과 관련하여서는 다음의 사항을 요구한다. (i) 운송법전에서는 일정한 정보 및 자유(목적지, 거리, 보장된 최저 가격에 대한 정보; 근로자가 서비스를 수행할 것인지 여부를 수락할 자유; 다른 중개자 또는 근로자 자신을 위해 일할 수 있는 자유; 작업 도구, 근무 시간을 선택할 자유; 연결을 끊을 권리 등)를 근로자에게 보다 많이 부여할 것을 요구하고 있다. (ii) 노동법전에서는 모빌리티 플랫폼과 근로자들 사이에 사회적 대화 원칙을 확립하고 있다. 그리고 이를 위하여 근로자의 대표와 플랫폼의 대표를 조직하고, 단체 협약 체결시 고용 플랫폼의 사회적 관계를 담당하는 행정청(ARPE)이라는 임시기구의 승인을 받을 수 있도록 규정하고 있다. (iii) 노동법전에서는 "사회적 책임의 틀에서 플랫폼이 자신의 사회적 책임을 이행하기 위한 조건과 방법을 결정하고, 플랫폼 자신의 권리와 의무뿐만 아니라 플랫폼을 통해 일하는 근로자의 권리와 의무까지를 정의하는 규약을 '만들 수 있다'."라고 규정하고 있다. 그리고 이러한 제도를 채택함에 있어서의 이슈는 이 규약이 ARPE에 의해 승인되는 경우, 그로 인하여 이러한 내용이 노동계약을 체결하도록 함에 있어서 장애가 될 수 있는 것이 아닌가 하는 것이었다. 그러나 본래 근로계약을 정의하는 것은 헌법에 따른 입법자의 직무에 속하는 것인데, 해당 제도는 플랫폼이 근로계약을 정의할 수 있도록 하는 것이다. 이러한 사유로 해당 제도는 헌법위원회에 의해 위헌 결정을 받았다(2020).

한편, 루마니아는 여객 운송 부문에서 플랫폼이 운전자의 고용을 회피한다는 문제 제기에 대하여 보다 직접적인 방법을 채택하고 있다. 즉, 프리랜서만이 플랫폼을 통한 여객 운송 서비스를 제공할 수 있도록 하였다.

Ⅴ. 결론 및 우리 법에의 시사점

현재 국내외에서 확인되고 있는 플랫폼을 중심으로 한 경제상황을 고려할 때, 플랫폼의 영향력으로 인하여 전통적인 사업들에 적지 않은 충격이 가해지고 있는 실정이다. 플랫폼이 시장에 미치는 영향으로는, 관련 법령에 의한 규제를 받지 않으려는 의도를 가지고 일정한 활동을 개발하고 있으나 실은 관련 법령에 의해 규제의 대상이 되고 있는 활동과 경쟁의 대상이 되는 활동을 개발하거나 발전시키는 한편, 전통적인 행위자들의 입장에서는 불공정한 것으로 인식될 수 있는 경쟁체제를 개발함으로써 사업자 상호간의 분열을 야기할 수 있다. 아울러, 공급업자에 대한 경제적 종속성을 강화하거나 이용자에 대한 서비스 품질의 보장이 약화되기도 한다. 뿐만 아니라, 위법한 콘텐츠의 유포가능성도 커지고 있다. 따라서 이러한 현 상황을 고려할 때, 플랫폼에 대한 규제가 필요하다고 할 수 있음에도 불구하고 플랫폼에 대해서는 각국에서의 개념정의조차 제대로 이루어지고 있지 않거나 공통적인 개념정의를 도출하기 어려운 실정이다. 아울러, 플랫폼에 대한 법적 규제의 방식과 관련하여서도, 일반법에 의한 규제가 용이하지 않을 뿐만 아니라 특별법에 의한다고 하더라도 플랫폼이 디지털의 영역에서 활동하고 있다는 점에서 구체적인 입법에 있어서 고려하여야 할 사항들이 다수라고 할 것이다. 따라서 플랫폼을 통한 연계나 연결은 '상품이나 서비스의 공급' 또는 '콘텐츠의 공유'(기반콘텐츠의 공유)를 목적으로 한다는 점에서 특징이 있다는 점을 고려하여 관련 분야에서의 규제방안을 모색할 필요가 있을 것이다.

한편, 콘텐츠 플랫폼은 콘텐츠의 내용설정에 있어서 점점 더 많이 관여하고 있는 사정이 발견된다. 아울러, 비록 일부 공급자는 플랫폼에 통합되어 그 특성을 상실하기도 하나, 플랫폼 덕분에 활동이 가능하게 된 공급업체는 기존의 어려움에서 해방되기도 한다. 따라서 이러한 플랫폼의 기능적 측면을 고려하면, 플랫폼에 대한 규제에 있어서는 그 정당성이 확보될 필요도 있다. 이와 관련하여, 현행 우리 법에서는 플랫폼에 관한 직접적인 규제를 하고 있지 않은 것으로 평가할 수 있으며, 현재까지는 업계의 자율규제에 방점을 두고 있는 것으로 평가할 수 있다. 외국의 입법례 중 일부에서는 플랫폼에 대한 규제를 업계의 영역별로 나누어 실시하고 있는 사정이 발견되며, 대표적으로는 유럽에서의 사례가 그러하다고 할 것이다. 다만, 이러한 유럽에서의 움직임은 미국계 플랫폼의 진입에 대한 견제심리에서 촉발된 것으로 보고되고 있다. 우리나라에서는 네이버나 카카오와 같은 플랫폼 사업자가 미국계 플랫폼과 비교하여 역량이 크게 뒤처지는 상황은 아니라고 할 수 있으며, 지금까지 국내에서의 논의도 이러한 사정을 고려하여 플랫폼에 대한 규제에 소극적인 입장을 취한 것으로 평가할 수 있다. 다만, 비교적 최근의 카카오 사건에서 보는 바와 같이, 플랫폼에 대한 규제의 필요성이 나날이 증폭되는 것은 사실이라고 할 것이며, 유럽에서의 플랫폼에 대한 규제의 태도와 마찬가지로 영역별로 플랫폼 사업자에 대한 규제방안을 도입할 필요가 있다고 할 것이다. 아울러, 이와 같은 규제수단들이 혁신적 신산업의 개발과 발전에 저해가 되는 방향으로 설계될 수 있는 부분들에 대해서는 경계가 필요하다고 할 것이며, 그렇다고 하여 도미니크 공화국에서의 정부태도와 같이 극단적인 자유주의를 방임할 필요도 없을 것이다.

유엔장애인권리협약 제12조와 성년후견제도의 개혁과제

박 인 환
인하대학교 법학전문대학원 교수

Ⅰ. 서 론

2013년 7월 1일 개정 민법의 시행으로 새로운 성년후견제도가 도입된 지 올해로 만 10년이 되었다. 사법연감에 따르면, 시행 다음 해인 2014년 성년후견개시신청 건수 2,006건, 한정후견개시신청 건수 236건, 특정후견개시신청 건수 355건, 후견계약등기건수 8건이었던 데에 비하여, 2021년에는 성년후견개시신청 건수가 8,605건, 한정후견 838건, 특정후견 938건, 후견계약등기 28건이고, 2021년 기준 누적 성년후견감독사건은 20,180건, 한정후견감독사건 2,316건, 특정후견감독사건 2,957건, 임의후견감독인 선임된 후견계약이 20건에 이르렀다.1) 제도 시행 10년 만에 연간 이용건수가 3배 정도로 크게 증가하였음을 알 수 있다.

그러나 인구학적 관점에서의 잠재적 수요에 비하면 여전히 매우 낮은 이용률에 머물고 있다.2) 무엇보다도 무권대리와 같은 법적 불안정성에도 불구하고 가족주의적 관념에 좇아 가족에 의한 사무처리가 여전하고 부득이 한 사정이 없는 한 성년후견을 이용하려고 하지 않는다.3) 이용의 질적 측면에서도 종래 금치산자 · 한정치산자제도와의 연속성이 강한

1) 2013-2021 통계로 알아보는 우리나라 후견(감독)사건의 현황 — 일본 성년후견 관계 사건의 현황 포함 —, 한국성년후견지원본부, 2022.11., 30, 27.

2) 성년후견이용이 활성화된 독일의 경우, 2021년 기준 누적 125 만 건의 성년후견 이용건수와 530만 건 이상의 장래대리권(Vorsoregevollmacht, 예방적 대리권) 등 사전처분문서가 등록되어 있다(Dagma Brosey[박인환 역], 독일 성년후견법 개정의 개관, 후견 2, 58, 59). 이러한 격차는 법문화가 상이하다는 점을 고려하더라도 현행 성년후견제도가 제도의 잠재적 수요에 충분히 대응하지 못하고 있음을 보여준다.

3) 사건본인의 재산관리와 관련하여 친족이 부동산 매각, 보험금 수령, 예금 인출, 인감증명서 발급 등의 사무를 사건본인의 명의로 하려고 하다가, 상대방이 사건본인의 정신적 제약을 의심하여 사무처리에 지장이 발생함으로써 부득이 성년후견 등 심판을 청구하는 경우가 많은 것으로 보고되었다. 김성우, 성년후견제도의 현황과 과제, 가족법연구 30/3 (2016) 416.

성년후견유형의 이용률이 압도적으로 높고, 보다 유연하고 개입의 정도가 낮은 한정후견이나 특정후견은 이용률이 낮다. 특히 본인의 자기결정 존중의 관점에서 큰 기대를 모았던 후견계약의 이용은 극단적으로 저조하다.[4] 성년후견유형 중심의 제도 이용은 제도 이용의 주된 동기가 재산관리의 필요에서 비롯된다는 사정과 관련이 있다.[5] 재산관리를 위해서는 포괄적 권한이 부여되는 성년후견유형의 편의성이 크기 때문이다.[6]

이러한 제도 시행 경과에 비추어 2013년부터 개정민법에 의하여 시행된 새로운 성년후견제도가 당초의 입법목적을 충분히 실현하고 있다고는 말하기 어렵다.[7]

종래 금치산 · 한정치산 제도는 획일적으로 행위능력을 제한하고 포괄적 법정대리권을 부여하여 피후견인의 자기결정권을 과도하게 제한한다는 점, 거래의 안전에 중점을 두고 주로 재산관리에 대하여 규율할 뿐 정작 본인 보호에 필수적인 신상보호에 대해서는 소홀하다는 점, 결과적으로 고령화, 질병, 사고 등으로 인한 정신적 장애인의 증가에도 불구하고 재산관리를 둘러싼 가족간 분쟁이 발생하는 등 부득이한 사정이 없는 한 제도가 잘 이용되지 않는다[8]는 점 등이 비판을 받았다.[9]

이에 대하여 새로운 성년후견제도에 대해서는 요보호 성년자의 잔존능력을 최대한 존중하고, 요보호 성년자의 정신능력을 범주화하지 않고 개별적 보호를 제공하며, 국가의 개입은 최소화하여 필요한 경우에 한하여 개입하여 필요한 보호를 제공할 뿐 아니라, 그때에도 정신능력의 상실 정도에 비례하여 보호조치를 제공할 수 있도록 하여야 한다는 원칙이 제시되었다. 그리고 그에 따른 개정방향으로 신상보호 기능의 도입, 자기결정권의 최대한의 존중과 보호유형과 보호조치의 선택에 있어서 본인 의사 존중, 잔존능력의 최대한의

4) 후견계약 이용 저조의 원인에 대해서는 후견계약에 대한 대국민 홍보 내지 전문가에 대한 주지의 부족, 제도적으로는 공정증서 작성, 법원의 개입, 임의후견감독인 선임 등 절차비용이 높다는 점이 지적되고 있다. 제철웅, 개정민법상 후견계약의 특징, 문제점 그리고 개선방향: 후견대체제도의 관점을 중심으로, 민사법학 66 (2014) 99 이하, 119.

5) 2016년까지 서울가정법원 신청건수에 대한 전수조사에 따르면 청구의 동기로는 부동산 관리 또는 처분(증여 포함)이 32.2%로 가장 많고, 다음으로 예금관리(15.2%), 신상보호(13.3%), 보험금수령(10.8%) 등의 순서이다. 김성우, 가족법연구 30/3 (2016) 416.

6) 박인환, 사적자치의 원칙과 의사결정지원 제도화의 모색, 민사법학 95 (2021) 3 이하, 4.

7) 새 제도 시행 과정의 문제점에 대한 진단과 분석으로서 박인환, 성년후견제도 시행 4년의 평가와 과제, 법조 722 (2017) 5 이하, 24 이하 참조.

8) 가족에 의한 사실상 후견이라고도 불러도 좋을 이러한 관행은 새 제도 시행 이후에도 크게 달라지지 않은 것으로 보인다. 근대적 사법제도의 계수라는 관점에서 보면 우리나라는 유럽대륙법전으로부터 근대적 사법체계의 일부로서 금치산자 한정치산자에 관한 제도를 계수(reception)하기는 하였지만 이에 대해서 본격적인 법의 동화(assimilation)는 일어나지 않았다고 평가할 만하다. 이에 대해서는 박인환, 법조 722 (2017) 10 이하.

9) 박인환, 새로운 성년후견제 도입을 위한 민법개정안의 검토, 가족법연구 24/1 (2010) 31 이하, 34 이하. 박인환, 법조 722 (2017) 13 이하, 그 밖에 당시 종래 제도의 문제점을 비판하고 새 제도 도입의 필요성과 방향을 제시하는 논문들로서, 신영호, 고령사회에 있어서의 후견제도, 가족법연구 11 (1997) 366 이하; 백승흠, 성년후견제도의 입법방향, 민사법학 18 (2000) 156 이하; 백승흠, 현행 성년자보호를 위한 제도의 문제점과 대안으로서의 성년후견제도, 민사법학 24 (2003) 407 이하; 제철웅 · 박주영, 성년후견제도의 도입논의와 영국의 정신능력법의 시사점, 가족법연구 21/3 (2007) 275 이하; 제철웅, 성년후견제도의 개정방향, 민사법학 42 (2008) 111 이하 등.

존중관점에서 보호조치의 개별화, 의료동의 등에 대한 본인의사 존중을 위한 절차의 도입, 임의후견제도의 도입, 가족 이외의 제3자 전문직 후견인의 도입, 법문화적 연속성의 보장 등이 제시되었다.[10)]

이러한 원칙과 방향하에 새로운 성년후견제도는 다음과 같은 특징을 갖게 되었다.[11)]

첫째, 자기결정권 및 본인의사 존중의 관점에서 보호유형과 보호조치를 탄력적으로 적용할 수 있도록 함으로써 과잉개입을 배제하여 적어도 스스로 결정할 수 있는 사항에 대해서는 자기결정권의 행사가능성을 제공하였다.[12)]

둘째, 나아가 필요최소개입의 원칙에 따라 후견에 의한 사무처리가 필요한 사항이나 일정 기간만 후견을 이용할 수 있도록 특정후견을 도입하고(민법 제959조의11), 본인 스스로 현재 또는 장래의 후견사무처리에 대비하여 스스로 후견인을 선정하여 후견사무와 그 처리에 필요한 권한을 부여할 수 있도록 임의후견제도를 도입하였다(민법 제959조의14).

셋째, 가정법원이 후견인에게 피후견인의 신상에 관한 결정권한을 부여할 수 있도록 함으로써(민법 제947조의2) 피후견인의 신상보호가 본격적으로 후견사무 내지 후견인의 임무로 인정되었다.[13)]

넷째, 후견인이 피후견인의 신상보호 기능과 권한을 갖게 됨에 따라 피후견인의 취약성에서 비롯된 착취, 학대, 폭력, 성폭력으로부터의 보호가 중요한 임무가 되고 후견인은 피후견인의 인권보호를 위한 권익옹호자로서의 역할을 요구받게 되었다.[14)]

다섯째, 성년후견등 신청권자로서 새로이 시장 · 군수 · 구청장을 규정함으로써(민법 제9조 등) 핵가족화와 그에 따른 가족기능의 퇴화에 대응하기 위한 후견 사회화의 법적 근거를 마련하였다.[15)]

여섯째, 후견사회화의 필요성과 후견인의 권익 · 인권옹호기능 강화와 함께, 사회보장급부 전달체계에 있어서 급부의 신청과 제공된 급부의 수령과 이용에 있어서 자기결정권의 중요성이 부가되면서 수요자 중심 사회보장전달체계의 구축이라는 관점에서 일종의 사회서비스로서 성년후견서비스의 제공이 요청되게 되었다.[16)] 이러한 요청에 부응하여 보선복

---

10) 제철웅, 민사법학 42 (2008) 138 이하.

11) 이하에 대해서는 박인환, 민사법학 95 (2021) 5 이하 및 박인환, 법조 722 (2017) 17 이하 참조.

12) 성년후견유형에서도 일용품거래의 취소를 제한하고(민법 제10조 제4항) 그밖에 취소할 수 없는 행위의 범위를 정하거나(민법 제10조 제2항) 후견인의 대리권의 범위를 제한할 수 있도록 한 것(민법 제938조 제2항), 한정후견의 경우에는 처음부터 보호의 필요성이 있는 사항에 대해서만 동의유보의 결정(민법 제13조 제1항)이나 한정된 범위의 대리권을 부여하도록 한 것(민법 제959조의4 제1항)이 그러하다.

13) 박인환, 새로운 성년후견제도에 있어서 신상보호 — 신상결정의 대행과 그 한계 —, 가족법연구 25/2 (2011) 147 이하.

14) 이에 대해서는 박인환, 법조 722 (2017) 20 이하 참조.

15) 그 개념과 실천적 과제에 대해서는 우선 岩志和一郞 외, "成年後見制度の社会化の促進に向けて", 成年後見法研究 2 (2005) 77 이하, 税所真也, 成年後見の社会学, 2020; 菅田理一, 成年後見制度の社会化－被後見人の自己決定 · 自己選択の支援をめぐって, ライフデザイン学研究 9 (2013) 191 이하 등 참조.

지부와 지방자치단체가 연계한 발달장애인, 치매환자, 정신장애인을 위한 공공후견사업이 전개되고 있다.[17] 이는 향후 성년후견제도의 새로운 발전 가능성을 보여주는 흐름으로 주목된다.[18]

이와 같이 2013년 시행 개정민법의 개혁적 구상을 실현하기 위한 노력과 성과, 문제점이 교차하는 와중에 새로운 성년후견제도는 그간의 개혁성과를 무색하게 하는 새로운 도전에 직면하고 있다. 즉, 2008년 유엔장애인권리협약(The Convention on the Rights of Persons with Disabilities, CRPD, 이하 협약이라고도 한다)의 성립 이래 성년후견제도가 동 협약 제12조와 충돌한다[19]는 비판이 지속적으로 제기되고 있는 것이다. 동 협약 제12조는 장애인의 법적 능력의 향유와 의사결정지원의 원칙과 방법에 대하여 규정하고 있다. 우리나라는 2008년 동 협약의 성립과 동시에 이에 가입, 비준하였다.[20] 그러나 2011년 새로운 성년후견제도 도입을 위한 민법 개정 당시 동 협약과의 정합성(整合性)에 대해서는 본격적 논의가 이루어지지 못했다. 그 결과 이미 개정 민법 시행에 즈음하여 일부 장애단체로부터 새로운 성년후견제도 역시 동 협약의 취지에 부합하지 않는다는 비판이 제기되었다. 무엇보다도 유엔장애인권리협약의 국내적 이행을 위한 유엔장애인권리위원회의 각국 정부보고서 심의과정

16) 장애인권리옹호제도와 성년후견제도의 유기적 결합과 사회서비스로서의 후견서비스 제공의 필요성에 대해서는 제철웅, 장애인 인권 보호를 위한 입법적 과제, 전북대학교 법학연구 44 (2015) 178 및 제철웅, 발달장애인 공공후견지원사업의 방향성, 입법과 정책 9/1 (2017) 305 이하.

17) 공공후견지원사업은 새로운 성년후견제 시행에 즈음하여 후견사회화에 대응하는 사회서비스의 일환으로 각각 발달장애인의 권리보장 및 지원에 관한 법률 제9조(성년후견제 이용지원), 치매관리법 제12조의3(성년후견제 이용지원), 정신건강증진 및 정신질환자 복지서비스 지원에 관한 법률 등에 의거하여 시행되고 있다. 장애유형별로 각각 장애인개발원, 국립중앙치매센타, 국립정신건강복지센타를 주관기관으로 하며, 지정 후견법인 등에 의한 성년후견인 양성교육, 후견인에 대한 활동보수의 지급(건당 15만 원, 최대 40만 원), 양성교육기관을 통한 상담과 조언, 후견인 지원 등을 주된 내용으로 한다. 공공후견지원사업에서는 발달장애인지원센타, 치매안심센타, 정신건강복지센타에 의한 피후견인 발굴과 후견인 후보자 매칭, 시장 · 군수 · 구청장의 후견개시청구, 양성교육을 받은 비직업적 후견인의 특정후견인 선임, 시장 · 군수 · 구청장의 후견감독인 선임 등의 구조로 진행된다. 공공후견지원사업에 의하여 후견법인 등의 추천으로 선임된 후견인을 공공후견인이라고 통칭하는데, 유엔장애인권리협약 제12조와 충돌 문제를 회피하기 위하여 특정후견인 선임을 원칙으로 한다. 단, 정신장애인에 대한 공공후견인은 입 · 퇴원 절차상 보호의무자로서 동의권 행사의 필요성 때문에 정신장애인 복지법인 등을 한정후견인으로 선임하고 있다. 이에 관한 상세한 현황에 대해서는 우선, 강상경 · 하경희, 정신장애인 공공후견제도: 성과와 한계 및 발전방향, 비판사회정책 63 (2019); 권오형, 발달장애인 공공후견지원사업의 성과와 과제, 서울특별시 주최 정책토론회 발달장애인 권리보장을 위한 공공후견지원 현황과 과제 자료집, 2016.11.28; 박인환, 법조 722 (2017); 신권철, 정신장애인 공공후견의 쟁점과 전망(정신질환자를 위한 공공후견사업 보고대회 자료집). 2018; 전창훈, 정신요양시설 공공후견 심판청구 현황, 한국 후견신탁연구센타 주관, 보건복지부 등 후원 정신장애인을 위한 공공후견사업 보고대회 자료집(2017.12.4.); 주 16) 제철웅, 입법과 정책 9/1 (2017) 4 등 참조.

18) 공공후견사업의 현황과 앞으로의 발전방향(입법제안 포함)에 대해서는 박인환, 공공후견 및 의사결정지원 촉진을 위한 입법방향, 법조 747 (2021) 참조.

19) 동 협약의 취지와 성년후견제도와의 관련성에 대해서는 제철웅, 유엔 장애인권리협약이 관점에서 본 한국 성년후견제도의 현재와 미래, 가족법연구 28/2 (2013) 211 이하; 박인환, UN장애인권리협약과 성년후견 패러다임의 전환 ― 의사결정대행에서 의사결정지원으로 ―, 가족법연구 28/3 (2014) 171 이하; 박인환, 장애인권리협약과 의사결정지원 제도화를 위한 국제적 모색, 인하대학교 법학연구 22/2 (2019) 25 이하 등 참조.

20) 협약의 성립 경위와 배경 및 각 조항의 규범적 내용에 대하여는 국가인권위원회, 장애인권리협약해설집, 한학문화, 2007. 그 밖에 협약의 시행에 따른 국내법적 과제를 포함한 최근의 문헌으로 김형식 외, 유엔장애인권리협약해설: 복지에서 인권으로, 2019. 참조.

에서 성년후견제도의 패러다임을 근본적으로 전환할 것을 요청받게 되었다. 우리나라는 협약 성립과 동시에 이를 가입, 비준한 당사국으로서 그리고 전세계 160개국 이상이 가입 비준한 확립된 국제법이라는 점에서 동 협약을 준수하여야 할 국제법적 책무를 지고 있다. 그리고 그 국내적 이행과 관련하여 매 4년마다 동 협약에 의하여 설치된 전문가위원회인 유엔장애인권리위원회에 보고서를 제출하고 그에 대한 논평과 권고를 받아야 한다(협약 제34조[21]) 이 과정에서 우리나라는 2014년 10월 최초의 국가보고서의 심의에 관한 최종견해 및 2022년 9월 제2=3차 병합보고서의 심의에 관한 최종견해에서 거듭하여 현행의 성년후견제도가 동 협약 제12조에 합치하지 않으며 의사결정지원 제도로 전환하라는 강력한 권고를 받았다. 한편 이러한 성년후견제도를 의사결정지원 제도로 전환하라는 권고는 비단 우리나라에만 한정된 것이 아니라 근대민법 이래 행위능력의 제한과 법정대리인의 선임을 기조로 하는 성년후견법제를 가지고 있는 거의 모든 나라들에 대하여 이루어졌다. 이에 전세계 각국에 있어서 기존의 후견제도를 의사결정지원제도로 전환하려는 제도적 모색이 이어지고 있다.[22]

이에 우리나라에 있어서도 성년후견제도를 협약 제12조의 취지에 합치하는 의사결정지원 제도로 전환하여야 할 제도 개혁을 어떻게 실현할 것인가라는 과제에 직면하고 있다. 본고에서는 유엔장애인권리협약에 따른 성년후견제도의 패러다임 전환과 그에 따른 의사결정지원의 제도화에 대한 일련의 탐색적 연구의 연속선상에서 최신의 국제적 동향 특히 독일에서의 입법례를 참고로 하여 협약 제12조의 요청에 따른 성년후견제도 패러다임에 합치하는 민법 개정의 방향을 모색해 보고자 한다.

---

21) 장애인권리협약의 당사국은 보고 의무를 준수하기 위해서 최초 보고서를 해당 협약 비준 후 2년 내에 제출하여야 하며, 이후 최소 4년마다 본 협약 이행을 위한 후속조치에 대해 정기적으로 보고서를 제출하여야 한다. 보고서는 동 협약의 각 조항들을 이행하기 위해 국가가 취한 법적, 행정적, 사법적 조치 및 조약상 권리의 실현을 저해하는 장애요소와 어려움을 기술해야 한다. 장애인권리협약해설집(주 20), 169 참조.

22) 이에 대해서는 우선, 박인환, 가족법연구 28/3 (2014) 및 박인환, 민사법학 95 (2021), 그 밖에 각국의 의사결정지원 제도화에 대한 동향을 소개한 것으로, 오호철, 장애인권리협약과 의사결정지원 고찰 — 영국의 Mental Capacity Act 2005를 중심으로 —, 한국법학회 법학연구 60 (2015) 133; 특히, 영국에서 의료, 요양, 복지 서비스와 관련하여 신상보호에 관한 의사결정지원에 대하여는 제철웅 · 정민아, 신상보호 영역에서의 지원의사결정 제도 — 영국 정신능력법상의 제도를 중심으로 —, 의생명과학과 법 28 (2020) 6; 장애인 환자의 연명의료결정에 있어서 의사결정 조력에 방안을 검토한 것으로 유수정 · 박소연, 장애인 환자의 연명의료결정 시 자기결정권 존중과 의사결정 조력, 한국의료윤리학회지 20/1 (2017) 91 이하; 잉글랜드와 스코틀랜드의 사례 검토를 포함한 것으로 김효정 외, 치매국가책임제와 의사결정지원제도, 의생명과학과 법 21 (2019) 81 이하; 캐나다 브리티시 콜롬비아주의 의사결정지원체계에 대하여는 제철웅, 캐나다 브리티시 콜롬비아주의 의사결정능력장애인의 사법상의 권리 실현 보장체계에 관한 연구, 비교사법 21/4 (2014) 1561 이하; 호주의 예로서, 말콤 샤이벤스, 호주 뉴사우스웨일즈의 의사결정능력 장애인과 의사결정지원, 후견과신탁 1/1 (2018) 25 이하; 최근 의사결정지원제도로의 전환 동향을 포함하여 제철웅 · 박현정, 성년후견제도의 미래: 후주 뉴사우스웨일즈 주의 후견제도로부터의 시사점, 의생명과학과 법 24 (2020) 61 이하. 최신의 동향으로 이지은, 치매와 의사결정지원 — 미국의 의사결정지원법(Supported Decision Making Law)의 검토를 중심으로 —, 숭실대학교 법학논총 54 (2022) 231 이하; 안경희, 2021년 개정 독일 성년후견법의 주요 내용 — 제1814조 내지 제1834조를 중심으로 —, 중앙법학 23/2 (2021) 105 이하 참조.

Ⅱ. 유엔장애인권리협약 제12조와 의사결정지원 요청

1. 협약 제12조의 의의

협약 가운데 성년후견제도와 직접 관련된 조항은 '법 앞의 평등'이라는 표제 아래 장애인의 평등한 법적능력의 향유와 그 행사에 대한 지원을 규정하고 있는 협약 제12조이다.

협약 제12조는 다음과 같다.23)

협약 제12조(법 앞에서 평등하게 인정받을 권리)

1. 당사국은 장애인이 어디에서나 법 앞에 인간으로서 인정받을 권리가 있음을 재확인한다.
2. 당사국은 장애인들이 삶의 모든 영역에서 다른 사람들과 평등한 조건에서 법적능력(legal capacity)을 누려야 함을 인정한다.
3. 당사국은 장애인들이 그들의 법적능력을 행사하는 데 필요한 지원에 접근할 수 있도록 적절한 입법 및 기타 조치를 취한다.
4. 당사국은 법적능력 행사와 관련이 있는 모든 입법 또는 기타 조치들이 국제인권법에 따라 남용을 막기 위한 적절하고 효과적인 안전장치(safeguards)를 제공하도록 보장하여야 한다. 그러한 안전장치들은 법적능력 행사와 관련이 있는 조치들이 개인의 권리(rights), 의지(will), 선호(preferences)를 존중하고, 이해충돌과 부당한 영향이 없고 당사자가 처한 환경에 맞추어 그에 비례하여야 하며, 가능한 최단기간에 적용하고 권한이 있고 독립적이며 공정한 기관 또는 사법기관에 의한 정기적 심사의 대상이 되도록 보장해야 한다. 안전장치는 그러한 조치들이 개인의 권리와 이익에 미치는 영향의 정도에 비례해야 한다.
5. 당사국은 본 조항 규정에 따라 장애인이 재산을 소유, 상속하고 자신의 재산을 관리하며, 은행대출, 주택융자 기타 금융신용에 평등하게 접근할 수 있도록 보장하고, 그들의 재산이 자의적으로 빼앗기지 않도록 보장하는 모든 적절하고 효과적인 조치를 취하여야 한다.

협약 제12조에서는 모든 장애인의 법 앞의 평등한 인정을 전제로 다른 사람들과 평등한 조건에서 법적능력의 향유와 그 행사를 지원하는 조치를 취할 것과 그 조치가 갖추어야 하는 안전장치(safeguards)들을 규정하고 있다. 즉, 협약 제12조는 '법 앞에 평등한 인정'이라는 표제하에 제1항에서 장애인이 '법 앞에서 인간으로서 인정받을 권리'가 있음을 재확인한다. 법 앞에 인간으로서 인정받을 권리는 천부적(天賦的)인 자유권의 하나로 이미 시민적 정치적 권리에 관한 국제조약(International Covenant on the Civil and Political Rights) 제16조에서 인정하고 있는 바이다. 협약 제12조 제1항 장애인의 법 앞에서 인간으로서 인정받을 권리(제1항)는 제2항 모든 장애인이 다른 사람과 평등한 조건에서 법적능력(legal capacity)을 향유하는 것을 인정하기 위한 전제이다. 법 앞에 평등하게 인정받을 권리는 법적능력이 인간성

23) 장애인권리협약해설집(주 20) 70의 역어에 기초하여 적의 수정함.

에 기초한 모든 인간의 보편적인 천부적 속성으로서 장애가 있는 사람도 비장애인과 평등한 기초 위에서 인정되어야 한다는 것을 함축하고 있기 때문이다. 다른 한편으로 평등과 차별금지에 관한 협약 제5조에서는 "당사국은 모든 사람은 법 앞에서 그리고 법 아래에서 평등하며 아무런 차별 없이 법의 평등한 보호와 혜택을 받을 자격이 있음을 인정한다"고 규정하고 있다(동 제1항). 따라서 법 앞에서 인간으로서 평등하게 인정받을 권리는 자유권이자, 평등권의 속성을 갖게 된다. 권리능력이나 행위능력이 제한되는 경우에는 협약 제12조의 자유권의 침해가 문제되는 데 반하여 장애가 있는 사람이 권리능력이나 행위능력에 관하여 다른 사람과 다르게 차별적으로 취급된다면, 협약 제12조의 차별금지와 충돌하게 된다.[24] 따라서 협약 제12조에 규정된 장애인의 권리는 자유와 평등에 관한 권리로서 당사국은 협약 제12조에서 규정한 조치들을 즉시 실현하지 않으면 안된다.[25] 즉, 협약에 규정된 당사국의 의무는 즉각적으로 이행하여야 할 의무와 점진적으로 실현하여야 할 의무로 나누어지고, 경제적, 사회적, 문화적 권리에 대해서는 당사국에게 가용자원이 허용하는 최대한의 조치를 점진적으로 달성할 의무가 있으나(협약 제4조 제2항), 그 밖에 자유와 평등에 관한 시민적 정치적 권리는 즉각적으로 실현하여야 할 의무가 발생한다.[26]

2. 협약 제12조에 관한 유엔장애인권리위원회의 일반평석 제1호

가. 일반평석 제1호의 규범적 의의

장애인권리협약의 이행 등을 모니터링하기 위하여 협약 제34조에 의하여 유엔에 설치된 전문가 위원회인 유엔장애인권리위원회(Committee on the Rights of Persons with Disabilities)는 협약 제12조의 해석, 특히 법적능력(legal capacity)의 개념에 행위능력이 포함되는가, 대체의사결정(substitute decision-making)과 의사결정지원(supported decision-making)의 구별에 대한 체약국에서의 논란과 이견을 극복하기 위하여 협약 제12조에 관한 해석을 발표하였다.[27] 협약의 해석에 대하여는 1969년 국제조약에 관한 비엔나협약(Vienna Convention on the Law of Treaties)에 따라 당사국에 최종적 해석 권한이 유보되어 있으므로 유엔장애인권리위원회의 해석에 국제법적 구속력이 있는 것은 아니다. 그러나 유엔장애인권리위원회는

24) Volker Lipp, *Erwachsenenschutz, gesetzliche Vertertung und Artikel 12 UN-BRK*, Valentine Aichele (Hrsg.), Das Menschenrecht auf gleiche Anerkennung vor dem Recht, Nomos, 2013, S. 331.

25) General comment No. 1 Article 12(주 27), para. 34.

26) 이상에 대하여 보다 상세히는 박인환, 민사법학 95 (2021) 9 이하 참조.

27) General comment No. 1 Article 12: Equal recognition before the law (Committee on the Rights of Persons with Disabilities, Eleventh session 31 March-11 April 2014) <https://tbinternet.ohchr.org/_layouts/15/treatybodyexternal/Download.aspx?symbolno=CRPD/C/GC/1&Lang=en>, para. 30. 박인환, 민사법학 95 (2021) 12.

협약에 근거하여 각국을 대표하여 선출된 전문가 위원회로서 권위가 인정되고, 무엇보다도 국가보고서 심의를 통하여 그 해석에 따른 협약의 이행이 정기적으로 모니터링 된다는 점에서 협약의 해석에 관한 한 국제사회에서 실질적 영향력을 가진다는 점에 유의하여야 한다.[28] 이하에서는 협약 제12조에 관한 일반평석 제1호의 해석을 살펴본다.

나. 법적능력의 향유에 대하여

먼저 법적능력의 향유에 대하여 일반평석 제1호는 다음과 같이 설명하고 있다.[29]

> 법적능력(legal capacity)은 시민적, 정치적, 경제적, 사회적, 문화적 권리의 행사에 불가결하며 … 법적능력의 부인은 많은 경우에 투표할 권리, 혼인할 권리, 가족을 만들 권리, 출산에 관한 권리, 부모로서의 권리, 친밀한 관계와 의료적 처치에 관하여 동의할 권리를 포함하는, 많은 중요한 권리들을 박탈하는 결과를 초래한다(para. 8). 위원회는 어떤 사람의 장애인이라는 지위 또는 손상(육체적 인지적 손상)의 존재가 법적능력이나 협약 제12조가 규정하는 권리를 부인하는 근거가 될 수 없다는 것을 다시 확인한다(para. 9). 협약 제12조 제2항은 장애가 있는 사람이 생활의 모든 영역에서 비장애인과 동등한 기초 위에서 법적능력을 향유하는 것을 인정한다. 법적능력에는 권리의 보유자(주체)가 될 수 있는 능력과 법 아래에서 행위자가 될 능력을 모두 포함한다(para. 12).
>
> 법적능력과 정신능력(mental capacity)은 서로 별개의 개념이다. 법적능력은 권리와 의무를 보유하고(legal standing, 법적 지위) 이들 권리와 의무를 행사하는 능력(legal agency, 법적 행위자)이다. 이것은 의미 있는 사회 참여에 접근할 수 있는 열쇠이다. 정신능력은 어떤 사람의 의사결정기능(decision-making skills)을 의미하며 당연히 사람마다 다르고, 같은 사람이라도 환경이나 사회적 요소를 포함하는 많은 요인들에 따라 달라질 수 있다. … 협약 제12조는 정신의 이상이나 다른 차별적 라벨(label)이 법적능력(법적지위와 법적 행위자)을 부인하는 정당한 이유가 되지 않는다는 것을 분명히 하였다. 협약 제12조에 의하면 정신능력에 결함이 있거나 있다고 간주된 것이 법적능력의 부인을 정당화하는 데에 이용될 수 없다(para. 13).
>
> 법적능력은 장애가 있는 사람을 포함하여 모든 사람에게 부여된 생래적 권리이다. 위에서 언급한 바와 같이 법적능력은 두 가지 요소로 구성된다. 첫째는 권리를 보유하고 법 앞에 법적 인간으로 인정받을 법적 지위이다. … 둘째는 그 권리에 기하여 행위하고 그러한 행위를 법에 의하여 인정받는 법적 행위자로서의 지위이다. 후자가 장애가 있는 사람에게 부인되거나 제한을 받았던 요소이다. … 법적능력은 장애가 있는 사람을 포함하여 모든 사람이 오직 인류라는 사실만으로 법적 주체가 되고 법적 행위자가 된다는 것을 의미한다. 그러므로 법적 능력의 두 기둥은 법적능력에 관한 권리가 실현되기 위해서는 모두 인정되어야 하며 분리될 수 없다. … 정신능력은 일반적으로 제시되는 것처럼 객관적이고 과학적이며 자연적으로 발생하는 현상이 아니다. 정신능력은, 정신능력의 평가에 있어서 지배적 역할을 하는 분야, 직업, 관행이 그러하듯이 사회적 정치적 맥락에 좌우된다(para. 14).
>
> 지금까지 위원회가 심사해 온 바에 따르면 대부분의 당사국 보고서에서는 정신능력과 법적능력의 개념을 동일시하여 인지장애나 사회심리적 장애를 이유로 의사결정기능이 손상되었다

28) 박인환, 민사법학 95 (2021) 14 주) 36.
29) 박인환, 민사법학 95 (2021) 14 이하.

고 간주된 사람은 결과적으로 특정 결정을 할 법적능력이 배제되었다. 이것은 단지 어떤 손상(상태적 접근)의 진단에 기초하거나 어떤 사람이 부정적인 결과를 초래한다고 간주되는 결정을 하는 경우(결과적 접근) 또는 어떤 사람의 의사결정기능에 결함이 있다고 간주되는 경우(기능적 접근)에 결정된다. … 이러한 접근법들은 모두 어떤 사람의 장애 그리고/또는 의사결정기능을 그의 법적능력을 부인하고 그의 법 앞에 인간으로서의 지위를 강등하는 합법적 근거로 사용하는 것이다. 협약 제12조는 그러한 차별적 방법으로 법적능력을 부인하는 것을 허용하지 않으며 반대로 법적능력의 행사에 지원을 제공할 것을 요구하는 것이다(para. 15).

전통적 성년후견제도는 정신적 제약이 있다고 간주되는 사람에 대하여 후견의 개시 또는 법원의 결정으로 행위능력을 박탈 또는 제한하는 조치를 포함하고 있다. 우리 민법에 있어서도 성년후견개심판이 있는 경우 대가가 과도하지 않은 일용품의 거래와 가정법원이 취소할 수 없는 행위의 범위를 정하지 않는 한 피성년후견인이 한 법률행위 그리고 한정후견에 있어서 동의유보의 결정이 된 사항에 대하여 후견인(한정후견인의 경우 대리권이 부여되어 있는 경우에 한함. 민법 제140조 참조)이 취소권의 행사를 통하여 피후견인의 법률행위의 효력을 부인함으로써 피후견인의 행위능력을 제한할 수 있다는 점에서 행위능력제한을 성년후견제도의 한 축으로 포함하고 있다. 이는 후견인이 취소권을 행사할 때까지 피후견인의 법률행위는 유동적 유효라는 점에서 처음부터 효력을 인정하지 않거나 후견인의 동의가 있을 때까지 효력을 인정하지 않는 유동적 무효의 법상태를 인정하는 것{가령 개정독일민법 제1825조(구 제1903조) 동의유보의 경우}과는 차이가 있으나 타자인 후견인의 결정에 의하여 피후견인의 법률행위의 효력이 좌우된다는 점에서 행위능력 제한으로서의 본질은 다르지 않다.

협약 제12조의 성안 과정에서 행위능력을 법적능력의 개념으로부터 제외하려는 일부 당사국의 견해 및 그 이후의 해석상의 논란에도 불구하고 유엔장애인권리위원회는 행위능력의 제한이 법적능력의 제한에 해당한다는 점을 분명히 한 것이다.

본래 행위능력의 제한은 피후견인이 불이익한 법률행위의 구속에서 벗어나도록 하는 구제수단의 하나로서 피후견인의 이익을 보호하기 위한 선의에서 출발한 것이다. 그러나 자신의 생활관계를 스스로 형성할 수 있는 법적 자격을 제한한다는 점 그리고 이것이 다른 모든 권리 행사의 기초가 된다는 점에서 피후견인의 자유권에 대한 결정적 침해이고 그것이 피후견인의 의사결정능력상의 장애를 이유로 한다는 점에서는 평등권을 침해하는 것으로서 장애인권의 관점에서 더 이상 허용될 수 없다는 것이다. Paternalism을 배경으로 하는 보호주의에서 장애인 인권의 관점에서 본인의 자율성 존중으로의 일대 관점의 전환이 일어난 것이라고 할 수 있다.

한편 오늘날 법적능력의 행사는 법률행위나 재산관리에 한정되지 않는다. 의료행위에 대한 결정이나 주거의 결정 등 기타 신상에 관한 결정을 포함한다.[30] 이와 관련하여 오늘날 각국의 정신보건법제는 정신질환자를 자상 · 타해의 임박한 위험으로부터 보호하기 위하여 가족이나 후견인의 동의로 정신질환자를 본인의 의사에 반해서도 정신병원에 입원시키거나 본인에 대한 설명 후 동의(informed consent) 없이 치료를 허용하는 제도를 가지고 있다.[31] 이에 대하여도 위원회는 비자발적 또는 동의 없는 치료, 요양, 병원 또는 시설 입원에 관하여 당사자가 결정할 법적능력을 부인하는 것으로 협약 제14조뿐만 아니라 협약 제12조에 위반한 것이라며, 당사국에 대하여 비자의입원제도의 전면 철폐를 요청하고 있다.[32]

다른 한편으로 법적능력을 행사할 만한 정신능력(mental capacity)이 없어 스스로 법률관계를 형성할 수 없거나(의사능력의 결여) 혹은 정신능력의 부족으로 이해득실에 관한 적실한 판단을 할 수 없어서 불이익한 법률관계를 형성할 우려가 있는 의사결정능력 장애인(persons with impaired decision-making abilities)을 어떻게 보호할 것인가가 문제가 된다. 이에 대하여 협약 제12조 제3항은 장애 때문에 스스로 법적능력을 행사하기 어려운 사람에 대하여 법적능력을 행사할 수 있도록 지원할 것을 요청하고 있다. 즉, 협약 제12조는 의사결정능력의 장애로 인하여 적절한 법적능력을 행사할 수 없는 경우, 법적능력 행사에 대한 권리를 제한하고 본인 보호를 위하여 타인의 결정에 복종시키는 것이 아니라, 의사결정능력의 장애에도 불구하고 가능한 한 생활의 모든 영역에서 스스로 결정할 수 있도록 지원하라는 것이다.[33]

다. 의사결정지원에 대하여

의사결정지원에 관하여 일반평석 제1호에서는 다음과 같이 설명한다.[34]

> 법적능력의 행사에 있어서 지원은 장애가 있는 사람의 권리(rights), 의사(will), 선호(preferences)를 존중하여야 하고 결코 대체의사결정(substitute decision-making)에 해당하는 것이어서는 안 된다. … 지원은 폭넓은 개념으로 다양한 유형과 강도의 공식, 비공식의 지원에 관한 합의를 포함한다. 예를 들면 장애가 있는 사람은 신뢰하는 지원인(들)을 정하여 일정한 유형의 결정을 하기 위한 법적능력의 행사에 있어서 조력을 받을 수 있고, 동료지원(peer

30) 박인환, 민사법학 95 (2021) 17.

31) 우리나라의 경우, 정신건강증진 및 정신질환자 복지서비스 지원에 관한 법률 제43조 이하 참조.

32) 2015년 9월 위원회는 장애인에 대한 비자의입원제도의 전면 철폐를 요구하는 가이드라인(Committee on the Rights of Persons with Disabilities, Guidelines on article 14 of the Convention on the Rights of Persons with Disabilities: The right to liberty and security of persons with disabilities, Adopted during the Committee's 14th session, held in September 2015)을 공표하였다.

33) 박인환, 민사법학 95 (2021) 18.

34) 박인환, 민사법학 95 (2021) 19 이하.

support), 권익옹호(advocacy, 자기옹호의 지원 포함) 또는 의사소통에 관한 조력 등을 요청할 수 있다. … 보편적 디자인과 접근성(universal design[35] and accessibility) …에 관련된 조치들을 포함할 수 있다. … 장애를 가진 모든 사람은 사전지시(advance directive)를 할 수 있는 권리가 있고 다른 사람과 평등한 기초 위에서 그렇게 할 기회가 제공되어야 한다(para. 17). 장애가 있는 사람 가운데에는 … 지원을 받을 권리의 행사를 원하지 않을 수도 있다(para. 19).

당사국은 법적능력의 행사를 위한 적절하고 효과적인 안전장치(safeguards)를 마련하여야 한다. 이러한 안전장치의 주된 목적은 당사자의 권리, 의사, 선호의 존중을 보장하기 위한 것이다. 이를 실현하기 위해서 안전장치는 비장애인과 평등한 기초 위에서 남용으로부터의 보호를 제공하여야 한다(para. 20). 모든 사람은 '부당한 영향(부당 위압, undue influence)'을 받을 위험이 있다. 결정을 하기 위하여 다른 사람의 지원을 받아야 하는 사람에게 있어서는 이러한 사정이 더욱 악화된다. … 법적능력의 행사를 위한 안전장치는 부당한 영향으로부터의 보호를 포함하여야 한다. 그러나 그 보호는 위험을 감수하거나 잘못을 할 권리를 포함하여 그 사람의 권리나, 의사, 선호를 존중하여야 한다(para. 22).

(의사결정지원을 위하여) 상당한 노력을 경주(傾注)한 후에도 개인의 의사나 선호를 결정하는 것이 실현 불가능할 경우 '최선의 이익(best interest)' 대신에 '의사와 선호에 대한 최선의 해석(best interpretation of will and preferences)'을 하여야 한다. 이것이 협약 제12조 제4항에 합치하여 개인의 권리, 의사, 선호를 존중하는 것이다. 최선의 이익 원칙은 성년자에 관한 협약 제12조에 합치하는 안전장치가 아니다. 장애가 있는 사람이 비장애인과 평등한 기초 위에서 법적능력에 관한 권리를 향유하기 위해서는 의사와 선호 패러다임이 최선의 이익 패러다임을 대체하여야 한다(para. 21). 제12조 제3항에 있는 법적 능력의 행사를 위한 지원에 대한 접근을 제공한다는 체약국의 의무는 법률 앞에 평등한 승인을 위한 시민적 및 정치적 권리의 실현에 필요한 체약국의 의무로서, 점진적 실현(제4조 제2항)은 제12조에는 적용되지 않는다. 체약국은 비준 시에 제12조에 있는 권리 실현을 위한 조치를 즉시 실시하여야 한다(para. 30).

이와 같이 위원회는 우선 대체의사결정에 해당하는 것은 협약 제12조 제3항에서 요청하는 법적능력의 행사를 지원하는 것이 될 수 없다는 점을 명확히 밝히고 있다. 이어서 법적능력의 행사에 대한 지원은 다양한 강도의 공식 · 비공식 조치를 포함한다고 하면서 본인이 선임한 지원인, 동료지원(peer support), 권리옹호(advocacy), 보편적 디자인과 접근성(universal design & accessibility), 사전지시(advance directives) 등을 열거한다. 그러나 동시에 본인이 지원을 원하지 않을 가능성을 인정하고 있음에도 유의하여야 한다. 그리고 개인의 권리, 의사, 선호를 존중하고 지원조치의 남용이나 부당한 영향으로부터 본인을 보호하기 위

35) 보편적 설계는 장애인의 인권증진을 위하여 실현하여야 할 당사국의 일반의무의 하나로서(협약 제4조 [f]), 특별한 변형이나 조정, 또는 특수 설계를 필요로 하지 않고 최대한으로 장애인, 노약자 등 취약자를 포함하는 모든 사람들이 사용할 수 있도록 고안된 재화, 환경, 프로그램 및 서비스를 의미한다. 우리 주변의 대부분의 환경은 장애가 없거나, 젊거나, 병이 없는 사람들이 활동하는 데 편리하게 만들어져 왔기 때문에 장애인 혹은 노약자들은 사회 · 문화적 활동에서 제약을 받거나 제외되어 왔다. 따라서 이들도 다양한 영역의 활동에 참여할 수 있도록 신체적 · 행동적 특성을 고려하여 특별히 배려가 이루어진, 장애인 혹은 노약자 전용이라는 이분법적인 특수 디자인이 마련되었다. 보편적 설계란 이러한 이분법적인 디자인을 반대하는 것으로 점차 통합지향, 자립으로 변화되어가는 장애의 개념을 반영하는 것이라 할 수 있다. 가령, 모든 생활영역에 있어서 가능한 한 이해하기 쉽게 쓰여진 생활정보는 지적장애나 인지장애가 있는 노인뿐 아니라 외국인, 어린이, 청소년, 사회경험이 부족한 비장애인의 사회 참여와 통합에도 기여할 수 있다.

한 안전장치를 마련할 것을 요구하면서도 위험을 무릅쓰거나 잘못을 할 수 있는 권리를 포함하여 본인의 의사나 선호를 존중할 것을 요청한다. 나아가 상당한 지원에도 불구하고 스스로 결정할 수 없는 경우에 '최선의 이익(best interest)' 원칙이 아니라 '최선의 해석(best interpretation)' 원칙에 따라야 함을 밝히고 있다. 특히, 상당한 지원을 다한 후에도 스스로 결정할 수 없는 경우에는 최후의 수단으로서 '최선의 이익'에 기초한 대체의사결정 대신에 본인의 의사와 선호에 대한 최선의 해석원칙이 적용되어야 함을 밝히고 있다.

이어서 위원회는 대체의사결정(substitute decision-making)을 본인의 자율(autonomy), 의사(will), 선호(preferences)를 존중하는 의사결정지원(supported decision-making)으로 대체하는 법과 정책을 발전시키기 위한 조치를 취하여야 한다는 점을 강조하면서, 대체의사결정의 특징으로 ① 법적능력의 박탈(특정 결정에서만 박탈 포함), ② 본인 이외의 사람에 의한 대체의사결정자의 선임, ③ 본인의 의사나 선호에 반하더라도 객관적으로 본인의 최선의 이익이라고 믿는 바에 의거하여 결정하는 것을 열거하고(para. 27), 이어서 당사자국의 의무는 대체의사결정의 폐지와 의사결정지원의 대안 개발을 모두 포함하며, 대체의사결정제도를 유지하면서 의사결정지원 제도를 개발하는 것은 협약 제12조를 준수하는 데에 불충분하다고 밝히고 있다(para. 28).36)

나아가 위원회는 의사결정지원제도가 갖추어야 할 요건으로 다음과 같은 기준을 제시한다.37)

> (a) 의사결정지원은 모든 사람들에게 이용되어야 한다. 지원이 필요한 정도는, 특히 그 정도가 높은 경우, 의사결정에 필요한 지원을 얻는 데에 장벽이 되어서는 안 된다. (b) 법적능력의 행사에 있어서 모든 형태의 지원은 — 더 강한 형태의 지원을 포함하여 — 본인의 의사와 선호에 기초하여야 하고 객관적으로 그의 최선의 이익이라고 간주된 것에 기초해서는 안 된다. (c) 개인의 의사소통형태는 의사결정의 지원을 얻는 데에 장벽이 되어서는 안 된다. 의사소통방식이 통상적이지 않아 소수의 사람만이 이해할 수 있는 경우에도 마찬가지이다. (d) 개인에 의해 공식적으로 선임된 지원자(들)의 법적 승인이 이용 가능하고 접근할 수 있어야 한다. 국가는, 특히 지역사회에서 자연발생적인 지원에 접근하지 못하고 고립되어 있는 사람들을 위한 지원 창출을 촉진할 의무를 진다. 이것은 … 제3자가, 지원자가 본인의 의사나 선호에 따라 행동하지 않는다고 생각할 경우에는 그 지원자의 행동에 이의를 제기할 수 있는 메커니즘을 포함하여야 한다. (e) 당사국은 … 장애가 있는 사람이 적은 비용이나 무상으로 지원을 이용할 수 있도록 하고 경제적 곤궁이 법적능력의 행사에 필요한 지원에 접근하는 데에 장벽이 되지 않도록 보장하여야 한다. (f) 의사결정의 지원은 장애가 있는 사람의 다른 기본적 권리들, 특히 투표할 권리, 혼인할 권리, 파트너십을 맺을 권리, 가족을 형성할 권리, 재생산에 관한 권리, 부모로서의 권리, 친밀한 관계와 의료적 처치에 대하여 동의할 권리 그리고 자유에 관한 권리 등에 대

36) 박인환, 민사법학 95 (2021) 20.
37) 박인환, 민사법학 95 (2021) 21 이하.

한 제한을 정당화하는 데에 사용되어서는 안 된다. (g) 모든 사람에게 언제든지 지원을 거절하고 지원관계를 종료, 변경할 권리가 있어야 한다. (h) 안전장치는 법적능력과 법적능력의 행사에 대한 지원에 관한 모든 과정에 대하여 마련되어야 한다. 안전장치의 목적은 개인의 의사와 선호가 존중되도록 보장하는 것이다. (i) 법적능력의 행사에 대한 지원의 제공은 정신능력의 평가에 좌우되어서는 안 된다. 법적능력의 행사에 대한 지원의 제공에 있어서는 지원의 필요에 대한 새로운 비차별적인 표지가 필요하다(para. 29).

이는 근대민법의 행위능력제한제도와는 근본적인 발상을 달리하는 것이다. 종래 행위무능력제도가 법적능력의 행사(의사결정)에 필요한 합리적 판단능력(이성)이 부족한 사람의 의사결정을 획일적으로 법적 무가치로 판단하여 이들의 '자기결정을 배제 제한함으로써 보호'하고자 하였다면, 협약은 본인의 합리적 판단을 지원하여 법적능력의 행사, 즉 '자기결정을 지원함으로써 보호, 아니 존중'을 하라는 취지이다. 특히, 합리적 판단능력의 부족으로 의사결정에 장애가 있는 사람에 대하여 의사결정에 필요한 지원을 하지 않고 본인의 행위능력을 제한하는 것은 장애를 이유로 하는 차별에 다름 아니라는 점에 주목하지 않으면 안 된다. 이와 관련하여 협약 제5조[38]는 장애인의 평등과 차별금지 그리고 장애인의 평등을 촉진하기 위한 '합리적 편의(reasonable Accommodation)'의 제공(혹은 국내법상으로는 '정당한 편의'의 제공으로 불리운다[39])과 그러한 조치들이 도리어 차별로 간주되어서는 안 된다는 점을 분명히 밝히고 있다. 가령, 합리적 편의의 제공으로 휠체어 장애인에게 경사로가 제공되어야 하듯, 시각장애인에게 점자 정보제공이 요청되고 청각장애인에게 수어 정보가 제공되어야 하는 것과 마찬가지로 정신적 제약이 있는 의사결정능력 장애인에게는 의사결정에 관한 지원과 조력이 제공되어야 한다는 것이다.[40] 그러나 협약 제5조에 근거하여 법적능력의 행사에 대하여 합리적인 배려를 받을 권리는 협약 제12조 제3항의 법적능력의 행사에 대하여 지원을 받을 권리와는 다른 성질의 것이며 이를 보완하는 것이라고 한다. 특히 협약 제12조 제3항의 법적능력의 행사에 대하여 지원을 받을 권리는 협약 제5조의 합리적 배려를 받을 권리와는 달리 불균형이나 지나친 부담(a disproportionate or undue burden)의 항변이 허용되지 않는다는 점에서 중요한 차이가 있다.[41] 이것은 무엇보다도 법적능력의 행사가 장애인의 법 앞의 평등을 실현하기 위한 출발점으로서 나아가 인간의 존엄과 가치를 실현하기 위한 중요한 전제가 되기 때문이다. 이는 유엔인권규약에서 보장하는 보편적 시민적 권리

38) 제5조 1. 당사국은 모든 사람은 법 앞에서 그리고 법 아래에서 평등하며 아무런 차별 없이 법의 동등한 보호와 혜택을 받을 자격이 있음을 인정한다. 2. 당사국은 장애로 인한 모든 차별을 금지하고, 모든 유형의 차별에 대하여 동등하고 효과적인 법적 보호를 장애인들에게 보장한다. 3. 당사국은 차별을 철폐하고 평등을 증진하기 위하여 '합리적 편의(reasonable accommodation)'가 제공되도록 보장하는 모든 적절한 조치를 취한다. 4. 장애인의 사실상의 평등을 촉진시키거나 성취하기 위해 필요한 구체적인 조치들은 이 협약의 조항 하에서 차별로 간주되지 않는다.

39) 장애인차별금지 및 권리구제 등에 관한 법률 제4조.

40) 박인환, 의사결정지원을 위한 성년후견제도의 평가와 모색, 비교사법 22/2 (2015) 737.

41) General comment No. 1(2014), para. 34.

의 하나로서 장애인에게 있어서 어떤 유보도 없이 즉각 보장 실현되어야 할 권리라는 인식에 의하여 뒷받침되고 있다.42)

3. 유엔장애인권리위원회의 권고

장애인권리협약의 당사국은 보고 의무를 준수하기 위해서 최초 보고서를 해당 협약 비준 후 2년 내에 제출하여야 하며, 이후 최소 4년마다 본 협약 이행을 위한 후속조치에 대해 정기적으로 보고서를 제출하여야 한다.43) 우리나라 정부는 2011년 6월 27일 협약 체결 후 협약의 이행에 관한 최초의 국가보고서를 유엔장애인권리위원회에 제출하였다. 한국 정부는 동 국가보고서에서 2011년 개정된 새로운 성년후견제도를 장애인권리협약에 합치하는 법적 조치들 중 하나로 열거하였다. 이에 대하여 유엔장애인권리위원회는 2014년 9월부터 10월에 걸쳐 한국 정부보고서와 국내 장애단체 등이 작성한 비정부(NGO)보고서를 함께 검토하여 공표한 최종 견해(concluding observation)에서 새로운 성년후견제도에 관하여 다음과 같이 대체의사결정에서 의사결정지원으로의 전환을 권고하였다.44)

> "위원회는 2013.7. 시행된 새로운 성년후견제도가 질병, 장애, 고령으로 인한 정신적 제약으로 사무를 처리할 능력이 지속적으로 결여되었다(persistently incapable of)고 간주되는 사람들의 신상이나 재산에 관하여 후견인으로 하여금 결정하도록 허용하는 것에 대하여 우려를 표한다. 위원회는 그러한 제도는 의사결정의 지원 대신에 대체의사결정을 계속해서 촉진하는 것으로서 일반평석 제1호에서 상세히 설명된 바와 같이 협약 제12조의 규정에 반하는 것이라는 점에 주목한다. 위원회는 한국 정부(당사국)가 대체의사결정에서 개인의 자율과 의사, 선호를 존중할 뿐 아니라 의학적 치료에 대한 동의 여부, 사법(司法), 혼인, 직업 및 주거의 선택에 대한 그들 자신의 개인적인 권리를 존중하도록 하고 있는 일반평석 제1호와 협약 제12조에 완전히 합치하는 의사결정지원으로의 수정을 권고한다. 나아가 위원회는 한국정부(당사국)가 장애인과 그들을 대표하는 조직과의 협의와 협력하에 의사결정지원 메카니즘과 장애인의 법적능력(legal capacity)의 인정에 관하여 공무원, 판사, 사회복지사들에게 교육을 제공할 것으로 권고한다."

이와 같은 위원회의 최종견해에 대하여 당사국들은 이를 이행하기 위한 후속조치를 하여야 하고, 이러한 후속조치에 대한 내용은 다음의 국가보고서에 기재가 되어야 한다. 이

42) 박인환, 인하대학교 법학연구 22/2 (2019) 36 이하.

43) 각국 정부보고서와 유엔장애인권리위원회의 최종견해는 이하의 유엔 사이트에서 검색 다운로드 가능하다. <https://www.ohchr.org/EN/HRBodies/CRPD/Pages/CRPDIndex.aspx>

44) The Concluding observations on the initial report of the Republic of Korea adopted by the Committee at its twelfth session (15 September-3 October 2014), para.21, 22. [http://tbinternet.ohchr.org/_layouts/treatybodyexternal/Download.aspx?symbolno=CRPD%2fC%2f KOR%2fCO%2f1&Lang=en] 한국정부보고서 제출과 심의 경과에 대해서는 박인환, 인하대학교 법학연구 22/2 (2019) 181 이하.

로써 협약상의 의무의 이행에 관하여 체약국은 지속적인 감독을 받게 된다. 따라서 협약의 당사국으로서 우리나라는 유엔장애인권리위원회의 최종견해와 협약 제12조의 규정 취지에 좇아 의사결정에 관하여 장애가 있는 사람들을 보호하기 위한 입법과 조치에 있어서, 그 법적능력의 향유를 인정하고 의사결정능력 장애인이 비장애인과 마찬가지로 이를 행사할 수 있도록 의사결정에 필요한 지원을 하여야 할 국제법상의 책무를 지고 있다.

제1차 보고서 심의 이후 간소화 절차에 따라 2019년에 2, 3차 국가보고서를 병합 심사하기로 하고 2018년 3월 쟁점질의목록을 채택하였는바, 우리 정부는 이에 대한 답변을 담아 2019. 3. 8. 제2 · 3차 국가보고서가 유엔장애인권리위원회에 제출되었다.[45] 제2 · 3차 국가보고서에서 우리 정부는 협약 제12조와 관련하여 "… 다만 성년후견제도를 즉각적으로 전면 폐지하면, 오히려 사무처리능력이 완전히 결여되거나 극히 미약한 장애인의 권리보호에 공백이 생길 수 있다는 점도 고려할 필요가 있는바, 현재로서 성년후견제도는 장애인의 사실상 평등을 촉진하고 달성하기 위해 필요한 현실적 조치에 해당한다는 것이 당사국의 의견이다. 오히려 즉각적 폐지 시 의사결정지원이 필요한 장애인의 권리보장을 저해할 우려가 있고, 스스로 사무처리를 할 수 없는 성년자를 위해 의사결정의 지원이 유효적절하게 이루어질 필요가 있다.[46]"고 하여 협약 제12조를 둘러싼 국제적인 흐름과는 거리를 두었다. 그리고 그 근거에 대한 기술도 제1차 국가보고서 심의 이전에 이미 시행되고 있던 성년후견제도에 대한 특징을 열거하고 있는 등 제1차 보고서의 기술과 별반 차이가 없어 국제사회에서 장애인권리협약 이행에 대한 한국정부의 태도가 성실하지 못하다는 비판을 받을 우려가 있었다.[47]

유엔의 장애인권리위원회(Committee on the Rights of Persons with Disabilities, 이하 위원회)는 2022년 8월 24일, 25일 스위스 제네바에서 개최된 제598회, 제599회 회의에서 장애인권리협약의 국내적 이행에 관한 한국정부의 제2 · 3차 병합보고서에 대한 심의를 마치고, 9월 5일 개최된 제614차 회의에서 한국 정부의 협약 이행에 대한 평가와 권고를 담은 최종견해(concluding observations)를 공표하였다. 여기서 유엔장애인권리위원회는 제1차 보고서에 대한 최종견해에 대하여 한국정부가 아무런 적극적 조치를 취하지 않은 것에 대하여 깊은 유려를 표하며 다음과 같이 다시 한 번 의사결정지원제도로의 전환을 촉구하는 권고를 하였다.[40]

---

45) 보건복지부 장애인권익지원과, 유엔장애인권리협약 제2 · 3차 병합국가보고서<https://korea.kr/archive/expDocView.do?docId=38489>

46) 제2 · 3차 병합국가보고서(주 45), 63문단.

47) 박인환, 법조 722 (2017) 23 주) 46.

48) Committee on the Rights of Persons with Disabilities, Concluding observations on the combined second and third reports of the Republic of Korea(adopted by the Committee at its twenty-seventh session (15 August-9

"27. 위원회는 심리사회적 및/또는 지적장애를 이유로 장애인의 능력을 제한하는 후견 및 대체의사결정제도를 폐지하기 위한 진전이 없고, 이 제도를 의사결정지원제도로 완전히 대체할 수 있는 시간계획이 제시되지 않았다는 점에 대하여 깊이 우려한다. 또한 위원회는 장애인과 그 가족의 이해를 높이기 위하여 접근 가능한 형태로 의사결정지원에 관한 정보제공이 이루어지고 있지 않다는 점에 대해서도 우려한다.

28. 위원회는 이전의 권고(제1차 보고서에 대한 최종견해 para. 22)를 다시 반복하며 동등한 법 앞의 인정에 관한 일반평석 제1호(2014)에 따라서, 당사국은,

(a) 후견과 기타 보호조치(wardship)를 포함하는 대체의사결정을, 장애를 가진 사람의 자율성, 의사, 선호를 존중하고 개별화된 지원의 제공을 보장하는 의사결정지원으로 전환하고,

(b) 장애를 가진 사람들이 그들을 대표하는 단체를 통하여, 장애를 가진 사람의 법적능력의 인정과 의사결정지원 메카니즘에 관한 개혁 과정과 관계자들에 대한 훈련에 효과적이고 독립적으로 참여할 수 있도록 보장하며,

(c) 점자, 수어, 쉬운 표현(Easy Read)과 같이 접근 가능한 형태로 의사결정지원이 무엇인지에 관한 정보를 개발하기 위한 준비 및 재원을 마련하고 이를 장애를 가진 사람과 그 가족들에게 널리 제공하여야 한다."

행위능력 제한과 법정대리를 골간으로 하는 전통적 성년후견제도를 보유하고 있는 전 세계 대부분의 나라들에 대하여, 위원회는 협약의 이행에 관한 각국 국가보고서 심의 후 공표한 최종견해에서, 협약 제12조의 이행과 관련하여 반복적으로 전통적 성년후견제도를 대체의사결정으로 규정하고 이를 의사결정지원으로 전환할 것을 권고하였다. 그리고 협약 제12조에 관한 일반평석 제1호를 공표하여, 의사결정지원제도에 관한 위원회의 견해를 체계적 논리적으로 뒷받침하였다. 이러한 협약 제12조 및 위원회의 동향에 영향을 받아 몇몇 나라는 다른 나라보다 먼저 입법적 조치를 통하여 의사결정지원제도로의 전환을 시도하였다.[49)]

이하에서는 그 중에서 성년후견제도와 협약 제12조와의 정합성을 확보하기 위한 주

September 2022).

49) 최근의 주목할 만한 해외 동향을 다룬 것으로, 우선 박인환, 인하대학교 법학연구 22/2 (2019) 참조, 이 글에서는 국제적으로 협약 제12조의 기준에 부합하는 최초의 입법례로서 평가받고 있는 2018년 남미 페루의 민법과 민사소송법, 2015년 시행된 아르헨티나의 민상법전 그리고 영미법적 전통에서 의사결정지원에 관한 가장 최근 입법례로서 2015년 아일랜드의 조력의사결정(능력)법(The Assisted Decision-Making [Capacity] Act)을 소개하였다. 그 밖에 일본에서는 자국의 성년후견제도가 협약 제12조에 반하지 않는다는 것을 전제로 하면서도 현행 성년후견제도의 틀 안에서 제도의 운용과 실천 레벨(level)에서 의사결정원칙을 실현하기 위하여 후견사무에 관한 의사결정지원 가이드라인을 공표하였다. 근년 일본의 성년후견제도 이용촉진을 위한 법과 정책 및 후견사무에 관한 의사결정지원 가이드라인을 소개한 것으로 박인환, 일본의 성년후견제도이용촉진법 시행동향과 의사결정지원 가이드라인으로부터의 시사, 중앙법학 23/2 (2021) 49 이하, 특히, 의사결정지원 가이드라인에 대해서는 78 이하. 그 밖에 각국의 의사결정지원 제도화에 대한 동향을 소개한 것으로, 오호철, 한국법학회 법학연구 60 (2015) 133; 특히, 영국에서 의료, 요양, 복지 서비스와 관련하여 신상보호에 관한 의사결정지원에 대하여는 제철웅 · 정민아, 의생명과학과 법 28 (2020) 6; 장애인 환자의 연명의료결정에 있어서 의사결정 조력에 방안을 검토한 것으로 유수정 · 박소연, 한국의료윤리학회지 20/1 (2017) 91 이하; 잉글랜드와 스코틀랜드의 사례 검토를 포함한 것으로 김효정 외, 의생명과학과 법 21 (2019) 81 이하; 캐나다 브리티시 콜롬비아주의 의사결정지원체계에 대하여는 제철웅, 비교사법 21/4 (2014) 1561 이하; 호주의 예로서, 말콤 샤이벤스, 후견과신탁 1/1 (2018) 25 이하; 최근 의사결정지원제도로의 전환 동향을 포함하여 제철웅 · 박현정, 의생명과학과 법 24 (2020) 61 이하 등 참조. 이상 박인환, 민사법학 95 (2021) 23 주) 46.

요 입법례로서 독일의 2021년 개정민법(2023. 1. 1. 시행)을 살펴본다.

Ⅲ. 협약 제12조와 개정독일민법(2023. 1. 1. 시행)

1. 협약 제12조와 독일민법 개정의 배경

처음에 독일정부는 후견에 관한 독일법이 협약에 합치하므로 원칙적으로 입법적 조치를 취할 필요가 없다는 입장을 취하였다.[50)]

독일학계에서도 다음과 같이 이를 뒷받침하였다.

즉, 당조 협약이 전 세계적으로 이용되고 있는 성년사보호제도를 명시적으로 부정하지 않았다는 점에서 협약에 위반된다는 점에 대해서는 이를 비판하는 쪽에 입증책임이 있으며, 1969년 국제조약에 관한 비엔나협약(Vienna Convention on the Law of Treaties)에 따라 각국은 (자국에 유리하게) 조약을 해석할 권한을 갖고, 실질적으로 보더라도 당사자가 영구적 식물인간상태(PVS)에 있는 경우, 실제 스스로 의사결정을 할 수 없으므로 이때에는 본인을 대신하여 의사결정을 하는 것이야말로 협약 제12조에 적합한 지원이 된다. 다만 이것이 특정 국가의 성년후견법이 당연히 협약에 합치한다는 것을 의미하는 것은 아니며, 어떤 성년후견제도가 협약에 합치하는지 여부는 특정 제도가 협약의 요건을 충족하였는지 여부에 의하여 결정되며, … 이와 같은 관점에서 능력의 제한은 법적능력의 행사에 관련된 조치에 관한 협약 제12조 제4항의 기준을 충족하여야 하고 … 협약 제12조에 의하면 후견인의 선임에 기한 자동적 능력 제한은 허용되지 않지만, 제4항에서 정하고 있는 엄격한 기준에 부합하는 한 법적능력의 제한은 여전히 허용된다.[51)]

그러나 이러한 견해는 독일의 NGO와 일부 학자들에게서 다음과 같이 비판을 받았다. 즉, 협약 제12조는 당사자의 법적능력의 행사에 대한 지원(support)만을 허용하며, 성년후견인에 의한 법정대리는 장애를 가진 사람의 자율적인 권리 행사를 배제하는 것으로 허용되지 않는다. 법정대리에 의하여 회일적으로 행위능력이 제한되든, 독일에 있어서와 같이 법원의 특정 명령(가령, 동의유보, 개정독일민법 제1825조)에 의하여 행위능력이 제한되든 협

50) 독일정부의 유엔장애인권리협약의 국내적 이행에 관한 최초의 국가보고서(Initial reports of States parties of Germany submitted according to Article 35 of the CRPD, 2011. 9. 19) para. 96-103.

51) Volker Lipp, *Guardianship and Autonomy: Foes or Friends?*, Volker Lipp(Hrsg.), Adult guardianship law for the 21st century: proceeding of the First World Congress on Adult Guardianship Law 2010, Nomos, 2013. p. 106 이하. 박인환, 민사법학 95 (2021) 24 이하.

약은 모든 법적능력의 제한을 금지한다. 2004년에서 2006년 사이의 협약에 대한 심의와 이 시기에 토의된 협약 제12조에 대한 다양한 제안들은 권리능력과 행위능력 행사에 대한 지원(supported decision-making)은 부수적, 조력적 조치이어야 한다는 점을 분명히 하였다는 것이다.52)

그러나 독일의 성년후견제도가 협약 제12조에 합치한다는 독일 학계의 견해는 유엔 장애인권리위원회가 협약 제12조에 관한 일반평석 제1호를 공표한 이후에도 유지되었다.

즉, 1992년 성년후견법 개혁에 따라 행위능력박탈(Entmündigung) 제도가 폐지되었고, 장애를 가진 사람이 장래대리권(Vorsorgevollmacht)을 수여하거나 성년후견인(Betreuer)이 선임되더라도 행위능력에는 영향이 없다는 점을 지적하며, 무엇보다도 대리 또는 법정대리와 대체의사결정 개념을 혼동해서는 안 된다는 점을 강조하였다. 즉, 대체의사결정제도 여부는 행위능력이 박탈되는지 및 본인의 의사에 초점을 맞추고 있는지가 중요한데, 이 점에 있어서 독일법은, 행위능력의 박탈과 전통적 후견을 규정하고, 능력 평가(capacity assessments)를 통하여 행위무능력(Handlungsunfähigkeit)을 확정해버리는 전 세계 대부분 나라들과 본질적으로 차이가 있다고 주장한다. 대체의사결정의 특징은 개별 결정에 있어서 실제의 능력이나 이를 가능하게 할 수 있는 자원(Resource)을 고려하지 않고 결과적으로 장애를 가진 사람의 법적 행위무능력(rechtliche Handlungsunfähigkeit)을 의제적으로 결정(법적능력의 부인)하는 것이고 또 다른 특징은 지원하는 사람의 선택과 보호조치의 종료에 관한 본인의 의사를 고려할 의무가 없으며, 대체의사결정자가 결정할 때의 척도는 객관적 복리(best interest)이거나 심지어는 제3자의 이익이라는 점인 데 반하여 독일 성년후견법에서 성년후견인의 선임은 장애가 있는 사람이 법적 사무의 처리에 지원의 필요가 있다는 것을 말해줄 뿐으로서 성년후견이 곧 법정대리가 아니고 법정대리는 법률에 따른 의무가 수반된 (성년후견인) 임무 수행의 수단에 지나지 않는다는 것이다. 성년후견은 피후견인의 사무를 법적으로 처리하는 데에 필요한 모든 활동을 포함하며, 그러한 활동으로 장애가 있는 사람의 능력에 따라 다양한 지원의 형태, 설명, 상담, 동반(Begleitung)이 고려되고, 필요한 경우 장애인의 의사에 대하여 유효하게 귀속될 수 있는 행동을 취하기 위하여 대리라는 수단도 이용될 수 있다. 여기서 대리는 일차적으로 결정에 있어서의 대리가 아니라 장애를 가진 사람의 결정을 발견하고 전달할 가능성으로 사용될 수 있으며, 성년후견인은 피후견인의 희망

52) Lachwitz, Klaus, *Das Betreuungsrecht und Recht der Geschäftsfähigkeit gehören auf den Prüfstand! Die Antwort der Bundesregierungzur Reform des Betreuungsrechts(BT−Drs. 17/5323) über zeugt nicht!*, Rechtsdienst der Lebenshilfe 2011. 2, S. 53ff; Buchner, Tobias, *Meine Wünsche sollen ernst genommen werden!<< Sachwalterschaft und Selbstbestimmung im Spiegel der Wahrnehmung von Klientinnen mit intellekueller Behinderung*, Interdisziplinäre Zeitschrift für Familienrecht 2009(2), S. 122. 박인환, 민사법학 95 (2021) 25 이하.

과 능력을 고려할 법적의무를 진다(독일민법 제1901조 제2항, 제3항). 이와 같이 의사를 지원하고 대표하는 것으로 이해된 성년후견은 그 개인과 능력에 맞춘 결정 과정에서 의사와 선호를 고려하고 필요한 경우에는 선호를 구체화하여 결정을 가능하게 할 의무를 부과한다는 것이다.[53)]

독일학계의 이러한 해명에도 불구하고 2015년 유엔장애인권리위원회(CRPD)는 장애단체 등의 비판에 동조하여 독일 정부보고서에 대한 '최종견해(Conclusion Observation)'에서 독일의 성년후견제도가 협약 제12조에 합치하지 않는다고 확인하였다.[54)]

> "25. 위원회는 독일민법에 의해 규정되어 규율되는 성년후견("rechtlich Betreuung")이라는 수단이 협약에 합치하지 않는다는 점에 관하여 우려한다. 26. 위원회는 당사국(독일)에게 다음과 같이 권고한다. (a) 모든 형태의 대체의사결정(substituted decision-making)을 폐지하고 그것을 일반평석 제1호에 따른 의사결정지원(supported decision-making) 제도로 대체할 것, (b) 의사결정지원 메커니즘의 전문적 질적 기준을 개발할 것, (c) 장애를 가진 사람들과 긴밀히 협력하여 연방, 지방, 지역 차원에서 공무원, 법관, 사회복지사, 의료 및 사회서비스 전문가 그리고 더 넓은 지역사회를 포함하는 모든 관계자들을 위하여 위원회의 일반평석 제1호에 의거하여 협약 제12조에 관한 교육을 제공할 것."[55)]

이에 독일정부는 2015년과 2017년에 성년후견법 개정에 필요한 2개의 연구용역을 진행했다. 그 결과 협약 제12조의 의미에서 장애를 가진 사람의 자기결정권의 최대한의 보장이라는 요청이 독일 성년후견제도 안에 그리고 그 전단계에서 일관되고 만족스럽게 관철되고 있지 못하며, 법적 원칙들이 실무에서 실행되는 데에 있어서 질적 결함이 있다는 것이 밝혀졌다. 무엇보다도 그 적용 실무에 있어서 피후견인의 희망(Wunsch)을 다루는 데에 있어서 객관적 보호의 관점을 앞세우고 주관적 복리(Wohl)는 충분히 고려되지 못하며, 구 후견(Vormundschaft)과 행위무능력(Entmündigung)이 폐지되었음에도 불구하고 피성년후견인의 자기결정권 보장을 위해서는 개선이 필요하다는 것이다.[56)]

이를 토대로 하여 독일의 연방법무 · 소비자보호부는 2014년부터 '성년후견법의 현대화' 작업에 착수하여 2020년 9월에 개정법률안을 연방의회에 제출하였고 동 개정안이 연방의회에서 약간의 수정을 거친 후 연방참의원의 동의를 받아 2021년 5월 4일에 「미성년후견법 및 성년후견법의 개정을 위한 법률」로 확정되었고 이 개정법은 2023년 1월 1일부터

53) Dagmar Brosey, *Der General Comment No.1 zu Art.12 der UN−BRK und die Umsetzung im deutschen Recht*, BtPrax, 5/2014, 211 이하. 박인환, 민사법학 95 (2021) 26 이하.

54) Committee on the Rights of Persons with Disabilities, Concluding observations on the initial report of Germany, 2015. 5. 13. {CRPD/C/DEU/CO/1}, para. 25-26. <https://documents-dds-ny. un.org/doc/UNDOC/GEN/G15/096/31/PDF/G1509631.pdf?OpenElement>

55) 워딩(wording)이 있어서 우리나라 정부의 제1차 보고서에 대한 최종견해와 유사한 것을 알 수 있다.

56) Dagma Brosey, 후견 2 (2022) 55 이하, 60.

시행되었다.[57)]

2. 개정 독일 민법의 주요내용

협약 제12조와 정합성을 높이기 위한 독일 민법 개정의 주요 골자는 다음과 같다.[58)]

가. 성년후견을 회피하기 대체적 지원수단의 강화

첫째로 법원에 의한 성년후견인(Betreuer)의 선임을 회피하기 위한 수단의 하나로 배우자가 의식불명인 경우 타방 배우자에게 6개월 기한부 의료요양에 관한 대리권을 부여하는 제도가 새롭게 도입되었다. 즉, 배우자가 의식불명이나 질병으로 의료요양에 관한 사무를 법적으로 처리할 수 없는 경우, 다른 쪽 배우자는 그 배우자를 위하여 검사, 치료행위, 의료적 침습과 관련한 일정한 법률행위, 즉 그러한 행위나 자유박탈적 조치에 대한 동의, 치료계약 또는 청구권을 행사할 권한이 있다. 대리권이 있는 배우자는 별거, 법적 대리권의 거부 또는 다른 내용의 수권과 같은 배제사유가 없다는 것을 증명하여야 한다. 대리권을 가진 배우자는 대리권의 행사에 있어서 사전의료결정과 성년후견법상의 희망(Wunsch)의 존중에 관한 규정(개정독일민법 제1358조 제6항)을 준수하여야 한다. 그 최장 존속기간은 6개월이다.[59)]

둘째로 개정법에서는 성년후견을 적용하기 전단계에서 특히 사회복지법과의 접점에서 필요성 원칙의 효과적 실현을 위하여 새롭게 성년후견조직법(BtOG)에서의 지원수단이 확장되었다. 성년후견청은 성년후견인을 추천하기 앞서 성년후견인의 선임을 피할 수 있고 본인에 대한 관청의 법적 대리를 필요로 하지 않는 모든 수단을 제공하여야 한다(BtoG 제8조 제2항). 확장된 지원의 시행은 가능한 한 최저의 지원으로 본인이 자신의 사무를 자기 책임으로 처리할 수 있고 따라서 성년후견을 회피할 수 있는 경우에 대하여 규정되었다.[60)]

이러한 맥락에서 사회법전 총칙 제17조 제4호의 새로운 규정은 사회서비스제공자에게 성년후견의 회피를 위한 적절한 도움을 연계하기 위하여 성년후견청과 협력할 의무를 부과하고 있다. 나아가 사회권은 개정독일민법 제1814조 제1항에 따른 성년후견인이 선임되었거나 선임될 수 있다는 것을 이유로 거부・부정당하거나 제한되어서는 안 된다는 점

57) 독일 민법의 개정 경위와 주요 개정 내용에 대해서는 안경희, 중앙법학 23/2 (2021) 105 이하.

58) Dagma Brosey, 후견 2 (2022) 61 참조, 개정 독일민법의 조문체계의 변경에 대해서는 안경희, 중앙법학 23/2 (2021) 112 이하 참조.

59) Dagma Brosey, 후견 2 (2022) 61 좌단.

60) Dagma Brosey, 후견 2 (2022) 61 우단.

을 분명히 하였다.

나. 성년후견인 선임절차의 정비

첫째, 성년후견청은 성년후견인의 선정과 임명을 위한 법원 결정의 준비단계에서 계속해서 중요한 역할이 부여되었다. 즉, 성년후견조직법 제11조에서는 성년후견청의 임무로서 사회조사보고를 성년후견의 필요성과 실제 후견의 수요가 있는지 여부를 심사하는 데 가장 핵심적인 자료로 정의하고 그 내용을 규정하였다. 이어서 동법 제12조에서는 성년후견인 추천의무가 사회조사보고에 도입되었다.

둘째, 후견인에 대한 지원과 감독의 강화라는 측면에서 친지 등의 무보수 명예후견인에 대해서도 승인된 후견사단 또는 관할 관청과의 사이에 지도와 지원에 관한 약정이 체결될 수 있다(성년후견조직법 제22조). 그리고 모든 직업적 후견인들은 앞으로 등록절차를 밟아야 되고 그 과정에서 자신들의 (후견인으로서의) 인적 적합성과 신뢰성 그리고 전문지식을 증명하여야 한다. 이는 성년후견청의 소관사항이다. 필요한 전문지식은 1. 성년후견과 수용(收容)에 관한 법(Betreuungs-und Unterbringungsrecht), 및 그와 관련된 절차법 그리고 신상보호 및 재산관리 분야에 관한 지식, 2. 사회복지법상의 지원체계에 대한 지식, 3. 질병이나 장애를 가진 사람과의 의사소통 및 의사결정지원 방법에 관한 지식을 포함한다. 그리고 직업적 후견인등록에 관한 법령(BtRegV)이 2022. 7. 21. 연방관보(Bundesgesetzblatt)에 공포되었고, 2023. 1. 1.부터 시행되었다.

후견법원(Betreuungsgericht)에 의한 성년후견인 선임절차도 협약 제12조의 취지에 따라 개혁되었다. 먼저 이전과 마찬가지로 앞으로 본인의 자유의사에 반하는 경우에는 성년후견인을 선임할 수 없다(개정독일민법 제1814조 제2항). 필요성의 원칙에 합치하지 않는 경우에도 성년후견인을 선임할 수 없다(개정독일민법 제1814조 제3항). 그리고 임의대리인이 존재하여 본인의 사무를 동등하게 처리할 수 있거나 앞서 이미 언급한 법정대리인이 선임되지 않는 다른 조력수단으로, 특히 사회복지법이나 기타 다른 규정에 근거한 지원으로 본인의 사무가 동등하게 처리될 수 있는 경우에도 성년후견인의 선임은 배제된다.[61)]

후견법원은 후견인선임절자에서 일관되게 후견인의 선임 여부 및 어떻게 선임할 것인지 그리고 성년후견인의 선정에 있어서 본인의 희망(Wunsch)을 탐색하여 이를 고려하여야 한다. 따라서 본인의 절차법적 지위가 전반적으로 강화되었다. 가사소송 및 비송사건절차법 제275조 제2항에 따라 사건본인이 그 절차에서 자신의 권리를 주장하는 데에 최대한

61) Dagma Brosey, 후견 2 (2022) 63 좌단.

자기결정을 할 수 있도록 해주기 위하여 절차가 개시되면 곧바로 적법한 통지의 방법으로 성년후견인의 직무와 절차가 어떻게 진행될 것인지, 비용은 어느 정도인지에 대하여 안내를 한다. 나아가 성년후견이 필요한 범위에 대하여도 개정독일민법 제1815조의 개정이 있었다. 그에 따르면 앞으로 성년후견인의 직무범위는 단일 또는 복수의 직무범위로 구성된다. 따라서 앞으로 "모든 사무에 대하여" 성년후견인을 선임하는 것은 허용되지 않는다. 여기서 자유박탈이나 교제(交際)의 결정(Umgangbestimmung)과 같이 몇몇 침해의 가능성이 있는 영역에서는 명시적인 명령이 있는 경우에만 가능하다. 그리고 본인의 거부한다는 희망에도 주의를 기울임으로써(개정독일민법 제1816조 제2항) 본인의 희망을 이전보다 더 강하게 고려하게 되었다.[62)]

다. 피성년후견인의 자기결정 강화와 성년후견인의 의무

이번 개정에서의 핵심적인 관심사는 성년후견이 진행되는 동안 피후견인의 자기결정을 강화하는 것이다. 따라서 앞으로는 다음의 사항들에 대해서도 명시적으로 규율된다. 성년후견인은 피후견인이 스스로 자기의 사무를 법적으로 처리하는 것을 지원하고, 대리권은 개정독일민법 제1823조에 따라 필요한 경우에만 행사한다. 피후견인에 있어서 성년후견은 협약 제12조 제3항으로부터 도출되는 지원의 원칙에 따라서 본인이 자신의 법적 행위능력을 행사하는 것을 지원하는 수단으로서 협약 제12조 제4항의 원칙들을 고려한 것이다. 피후견 상태의 사람은 스스로 자기 고유의 결정을 하고 그것을 자기 자신의 행위에 의하여 외부적으로도 실현하는 데에 있어서 성년후견인의 지원을 받는다. 성년후견인이 피후견인을 위하여 대리행위를 하거나 의사를 표명하는 경우에 대하여 성년후견인이 따라야 할 행동 척도로서 피후견인의 희망(Wunsch) 우선을 명확히 규정하였다.[63)]

〈개정독일민법 제1821조〉

제1항 성년후견인(Betreuer)은 피후견인(Betreute)의 사무를 법적으로 처리하는 데에 필요한 모든 활동을 한다. 성년후견인은 피후견인이 자신의 사무를 스스로 법적으로 처리하도록 지원하고 필요한 경우에 한하여 제1823조에 기한 대리권을 행사한다.

제2항 성년후견인은 피후견인이 그가 가능한 범위에서 자신의 희망(Wunsch)에 따라 생활관계를 형성할 수 있도록 피후견인의 사무를 처리하여야 한다. 이를 위하여 성년후견인은 피후견인의 희망을 확인하여야 한다. 성년후견인은 제3항에 따라서 피후견인의 희망에 따라 이를 실현하는 데에 있어서 피후견인을 법적으로 지원하여야 한다. 이는 피후견인이 그 희망을 유지하고 있지 않다는 것이 분명한 경우가 아닌 한 성년후견인 선임 전에 피후견인이 표시한 희망에도 적용된다.

62) Dagma Brosey, 후견 2 (2022) 63 우단.
63) Dagma Brosey, 후견 2 (2022) 64.

제3항 성년후견인은 다음과 같은 경우에는 피후견인의 희망에 따를 필요가 없다.
1. 그로 인하여 피후견인의 신상 또는 재산에 현저한 위험이 발생할 우려가 있고, 피후견인이 질병 또는 장애로 인하여 이 위험을 인식할 수 없거나 그러한 인식에 따라 행동할 수 없는 경우 또는
2. 이를 성년후견인에게 요구할 수 없는 경우

제4항 성년후견인이 피후견인의 희망을 확인할 수 없을 때 또는 제3항 제1호에 따라 성년후견인이 피후견인의 희망에 따를 수 없을 때에는 성년후견인은 구체적인 근거에 따라 피후견인의 추정적 의사를 파악하여 그에 법적인 효력을 부여하여야 한다. 이러한 경우 특히 피후견인의 과거 표시한 의사, 윤리적 또는 종교적 신념 및 기타 개인적 가치관을 고려하여야 한다. 추정적 의사를 확인할 때에는 피후견인의 친족 및 기타 신뢰하는 인물에 대하여 의견 표시의 기회가 주어져야 한다.

제5항 성년후견인은 피후견인과 필요한 개인적 접촉을 유지하고 정기적으로 피후견인의 개인적인 인상을 얻고 그 사무에 대하여 피후견인과 협의하여야 한다.

제6항 성년후견인은 그 직무범위에서 자기 사무를 처리하기 위한 피후견인의 능력을 회복하거나 개선할 기회가 활용될 수 있도록 노력하여야 한다.

여기서 성년후견인이 따라야 할 행동척도로서 피후견인의 희망은 폭넓은 의미를 가지며, 자유의사에 기한 표시뿐 아니라 (더 이상) 자유의사에 기하지 않은 표시도 포함한다[64]는 점에 유의하여야 한다. 정부의 개정초안은 이에 대하여 분명히 밝히고 있다. "오히려 피후견인의 희망이 결정적인 목표이다. 그 희망(Wunsch)이 이성적으로 뒷받침되는 것인지의 여부, 피후견인이 행위능력이 있는 여부 그러한 희망이 객관적 관점에서 합리적인지 여부는 중요하지 않다"고 한다.[65]

그리고 이 척도는 준용 규정을 통하여 성년후견인의 행위, 성년후견인의 적합성, 법원의 감독 수행, 특히 재산관리와 법원의 허가절차에 있어서도 동등하게 적용됨으로써 피후견인의 마그나 카르타(Magna Charta)로서 성년후견법의 일반원칙으로서 확립되었다.

그리고 이러한 척도들이 성년후견인 활동과정에서 잘 실현되는지 라는 관점에서 후견법원의 감독도 피후견인의 희망을 찾아내는 데에 더 중점을 두고 감독이 수단은 특히 피후견인의 자기결정을 침해하는 성년후견인의 의무 위반이 더 잘 인정되고 제재가 가해질 수 있도록 선명해졌다. 성년후견인에 의한 재산관리의 수행에 대하여는 개정독일민법 제1838조 제1항 제1문 및 제1862조 제2문에서 설명한 바와 같이 피후견인의 희망에 따라야 한다는 점과 피후견인을 위한 성년후견인의 활동은 투명하여야 한다는 점을 규정하고 있다. 가령, 재산목록의 개시(開示)(개정독일민법 제1835조 제6항). 개정독일민법 제1861조 이하 후견법원에 의한 감독과 조언에 관한 조항들도 이러한 법원칙에 맞추어져 있다. 특히 개정

64) RegE, BT-Drucksache 19/ 24445, 250.
65) Dagma Brosey, 후견 2 (2022) 65 좌단.

독일민법 제1861조에서 감독을 위한 고유한 수단으로 상담이 강화되었다.[66)]

Ⅳ. 성년후견법의 개혁방향

가. 성년후견법에 있어서 의사결정지원 원칙의 확립

먼저 자기결정권의 존중과 그 실현을 위한 의사결정지원의 관점에서 본인의 의사에 근거하지 않은 외부적 개입으로서 법원에 의한 법정후견의 개시는 필요 최소한의 경우로 제한되어야 한다. 아무리 정신적 제약이 있더라도 장애인을 둘러싼 지역사회의 공적 · 사적인 인적 네트워크에 의한 조력, 기타 후견대체적 조력수단[67)]으로 원만히 생활관계를 형성해 갈 수 있다면 굳이 외부적 간섭인 — 그것이 본인의 법적능력의 행사를 지원하는 것이라도 — 법정대리를 수반하는 법정후견을 개시할 필요는 없다.

우리 민법의 입법과정에서도 이러한 원칙이 제시되었으나 민법상 명문화되지 않아 법원실무에 있어서 분명하게 실현되고 있지 않다. 가령 이와 대조적인 태도가 피후견인의 의사결정능력의 손상, 즉 정신적 제약의 정도에 중점을 두고 보호유형과 보호조치의 경중을 판단하는 것이다. 후견개시심판의 과정에서는 사회조사보고서에 기초하여 본인의 정신적 제약의 정도뿐만 아니라 본인의 생활조건이나 환경에 비추어 필요한 지원이 무엇이고 어느 범위에서 필요한가가 확인되어야 한다.

다음으로 이와 같은 통상의 조력 수단으로 본인을 보호하고 법적능력의 행사를 지원하는 데에 충분하지 않은 경우, 대리권과 같이 대외적으로 본인을 대표하는 권한을 가진 지원인이 필요하다. 본인 스스로 이러한 경우에 대비하여 후견계약의 체결에 의한 임의후견인 또는 일상생활의 지원을 위한 임의대리인을 선임하여 둔 경우가 아니라면 법정대리권을 갖는 후견인의 선임이 필요하다. 이때 후견의 개시 및 누구를 후견인으로 할 것인가 또는 누가 후견인이 되어서는 안 되는가에 대하여 본인의 의사가 존중되어야 한다. 여기서 본인의 의사는 엄격한 의미의 법적 의사일 필요는 없을 것이다. 의사결정지원의 일반원칙에 따라 본인이 의사결정지원을 받을 것인지 여부를 결정할 수 있기 때문이다. 본인의 의사에 의하지 않은 법정후견인의 선임은 본인이 그에 관한 의사의 표시가 불가능하거나 그로 인하

66) Dagma Brosey, 후견 2 (2022) 66 좌단.

67) 근래 다양한 형태의 후견대체제도의 활용이 모색되고 있는 점은 법정후견 이외의 의사결정지원 수단으로서의 활용가능성 때문이다. 민법 내에서도 법정후견에 대한 후견계약이나 전통적 지속적 후견인 성년후견, 한정후견에 대한 특정후견이 그러하고, 일상생활의 지원에 한정된 지속적 대리, 의료요양에 관한 사전지시, 재산관리에 관한 후견 수요에 대응할 수 있는 신탁계약 등도 법정후견의 개시를 회피할 수 있다는 점에서 중요하다.

여 본인 또는 타인의 재산이나 신상에 중대한 위험이 있는 경우로 한정되어야 한다.

나아가 후견인이 선임된 경우, 후견인은 의사결정지원인으로서 다음과 같은 행위의무 내지 주의의무를 갖는다. 즉, ① 후견인은 법정대리권을 행사하기에 앞서 먼저 의사결정능력의 장애에도 불구하고 본인 스스로 결정할 수 있도록 지원할 의무를 이행하여야 한다. 현실적으로 실행 가능한 조력을 다하지 않는 한 법정대리에 의한 결정 권한의 행사는 정당화되지 않는다. ② 현실적으로 가능한 모든 조력에도 불구하고 본인이 스스로 결정할 수 없는 경우에야 비로소 법정대리가 허용될 수 있다. 나아가 법정대리에 의하여 결정을 하는 경우에도 본인의 실제 또는 추정된 의사에 따라 대리권을 행사할 법적 의무가 있다. ③ 본인의 의사를 추정할 수 없는 경우에는 객관적 합리적 관점에서 평가된 본인의 최선의 이익(best interest)이 아니라 본인의 희망이나 선호에 대한 최선의 해석(best interpretation)에 따라 대리권 등을 행사하여야 할 의무가 있다.[68] 이러한 지침들이 준수된 경우에만 법정대리는 의사결정지원 수단으로서 적법한 권한의 행사로 인정될 수 있을 것이다.

나. 행위능력제한의 폐지와 그 대안

협약 제12조와 위원회의 견해(일반평석 제1호)에 따르면 본인 보호의 필요성이 인정되는 경우에도 정신능력의 저하를 이유로 법적능력을 행사하는 권리(행위능력)를 제한 박탈하는 것은 허용되지 않는다. 따라서 성년후견인에게 부여되었던 고유한 취소권은 이를 폐지하여야 한다.

그러나 행위 당시에 의사결정능력의 부족으로 자신의 사정에 적합한 이해득실의 판단을 그르쳐서 법률행위를 하였더라도 사후에 그 불이익을 깨닫고 그것이 진정으로 자신이 바라는 법률행위가 아님을 알고서 그러한 구속으로부터 벗어나고자 하는 경우, 취소권은 여전히 유용한 구제수단일 수 있다. 문제는 후견인 등 타인의 취소권 행사가 행위능력 제한으로 연결된다는 점이다. 따라서 취소권을 본인에게만 귀속시키고, 타인은 취소권 행사와 관련한 의사결정을 지원한다면, 행위능력 제한과 관계없이 온전히 본인 보호를 위한 취소권이 될 수 있다. 이러한 취소권의 부여는 취약한 의사결정능력에서 비롯된 의사표시의 결함에서 그 근거를 구할 수 있다. 의사결정능력의 장애로 인하여 그 거래가 자신에게 미치는 영향(이해득실)을 적절히 판단할 수 없었던 사람에게 사후적으로 그 거래관계의 구속으로부터 벗어날 수 있는 구제수단을 제공하는 것은 민법 또는 다른 법률에서 규정하는 구제 제도(착오, 소비자철회권 등)들과의 균형에서도 허용될 수 있다. 나아가 의사결정능력상의

68) 박인환, 민사법학 95 (2021) 37 이하.

장애로 인한 불이익으로부터 벗어날 수 있는 사후적 구제수단으로서 취소권을 인정하는 것은 장애를 이유로 제공되는 적극적 우대조치(affirmative action)로서 장애인을 위한 '합리적 편의의 제공'의 하나로도 정당화될 수 있다(협약 제5조 제3항, 제4항). 이러한 우대조치는 의사결정능력 장애를 이유로 하는 것이므로 성년후견과 같은 법정 의사결정지원제도의 이용과는 무관하게 제공되어야 한다. 다만, 법정 의사결정지원제도의 보호를 받지 않는 장애인이라면 거래행위시의 의사결정능력 장애에 대하여 스스로 증명할 책임을 부담하여야 한다.

이러한 취소권은 의사결정능력 장애로 인하여 이해득실에 대하여 스스로 적절한 판단을 할 수 없었다는 것을 전제로 한다. 따라서 적절한 의사결정지원을 받아 이러한 장애가 제거되었다면 이러한 취소권은 소멸한다. 따라서 거래의 상대방은 표의자의 의사결정능력 장애를 제거하기 위하여 스스로 의사결정을 지원하거나 다른 제3자에 의하여 적절한 의사결정지원이 이루어졌다는 사실을 증명함으로써 의사결정능력장애인의 취소권을 배제할 수 있어야 한다.

그럼에도 불구하고 이러한 취소권의 행사는 거래관계의 불안정을 초래할 수 있다. 이러한 위험은 법적으로 의사결정을 지원할 권한이 있는 사람에게 동의권을 부여하는 방법으로 해결할 수 있다. 여기서 동의유보는 타인에 의한 취소권 행사의 전제가 아니라 본인과의 관계에서는 의사결정지원의 권한과 의무를 부여하고, 대외적으로는 동의라는 사실을 외부에 표시함으로써 본인에게 적절한 의사결정지원이 이루어진 사실을 증명하는 기능을 하게 된다.

따라서 의사결정능력 장애로 인하여 결함 있는 의사결정을 하고 그러한 법률행위의 효력이 본인에게 불이익한 경우에는 의사결정지원을 통하여 그 불이익을 사후에라도 인식하게 함으로써 취소권의 행사를 지원할 수 있다. 그러나 그러한 조력에도 불구하고 본인이 그 법률행위의 효력을 유지하고자 하는 경우, 원칙적으로 본인의 의사가 존중되어야 함으로 물론이다. 그것이 객관적 합리적으로 보아 본인에게 불이익한 경우에도 마찬가지이다.

그러나 법률행위 이후에 본인이 취소권을 행사할 의사를 형성할 능력을 상실하였거나 법률행위를 유지하는 것이 본인에게 돌이킬 수 없는 불이익이 되고 본인이 의사결정능력의 장애 때문에 그 불이익을 인식할 수 없는 경우, 그에 관한 대리권이 있는 지원인은 장애가 없었더라면 본인의 가졌을 의사를 추정하거나 또는 본인의 희망이나 선호에 대한 최선의 해석을 근거로 본인의 취소권을 대행 행사할 수 있다. 최후의 지원수단으로 본인의 추정적 의사 또는 본인의 희망과 선호에 대한 최선의 해석에 기한 법정대리의 방법으로 의사결정을 대행하는 것이 허용되는 한 그 대리권 행사의 객체에는 취소권도 포함되기 때문이다. 다만, 의사결정능력에 장애가 있는 표의자의 자연적 의사에 반하여 취소권을 법정대리에 의하여 행사하고자 하는 경우에는 대체의사결정의 위험을 배제하기 위한 안전장치로서 가정법원의 허가를 받도록 하는 것도 고려해 볼 수 있다.69)

다. 의사결정지원의 제도화 모델

앞서 살펴 본 바와 같이 의사결정지원의 원칙상 본격적인 법정(法定) 의사결정지원이 개시되기 전에 법정 제도 이외의 방법에 의한 의사결정지원이 요청된다. 비장애인들이 그러한 것처럼 의사결정능력장애인들도 가족이나 친구, 친지, 이웃 등 주변 사람들과의 인적 관계와 교류를 통하여 중요한 의사결정에 관한 정보를 제공받거나 조언이나 상담을 받아 의사결정을 할 수 있다.

그 밖에 법정 의사결정지원제도를 이용하기 전에 본인의 자기결정에 근거한 대안적 제도로서 의사결정지원을 위한 수권계약(후견계약), 의료요양에 관한 사전지시, 일상생활지원에 한정된 임의대리권의 수여, 신탁계약 등의 이용이 장려될 필요가 있다. 다른 공적 · 사적 지원만으로는 법적능력의 행사에 충분한 도움을 받지 못한 경우에만 그리고 지원이 필요한 기간과 범위 내에서만 법정 의사결정지원이 개시될 수 있다(필요최소개입의 원칙).

법정 의사결정지원은 법원 등 공적기관이 본인을 위하여 의사결정지원의 권한과 의무가 있는 자를 선임하여 그로 하여금 본인의 법적능력의 행사에 관한 의사결정을 지원하도록 하는 제도이다. 본인이 의사결정능력의 장애 때문에 법적능력의 행사에 지장이 있고 그로 인하여 불이익이 발생하거나 발생할 염려가 있음에도 불구하고 다른 공적 · 사적 조력 방법으로는 그러한 불이익을 회피할 수 없는 경우에 비로소 법정 의사결정지원에 의한 개입이 정당화된다. 법정 의사결정지원인의 선임은 원칙적으로 본인의 의사 또는 동의에 의거하여야 한다. 의사결정능력의 장애 때문에 법정 의사결정지원의 필요성을 인식할 수 없는 경우에만 본인의 동의 없이 법정의사결정지원인의 선임이 허용된다.

법정 의사결정지원인은 본인의 법적능력의 행사와 관련하여 지원이 필요한 범위 내에서 본인의 법률행위 또는 기타 의사결정을 지원할 권한과 의무가 있다. 이러한 행위의무는 본인의 의사결정을 단순히 소극하는 데에 그칠 수도 있고 본인의 의사형성과정에서 적극적으로 참여하는 방법으로 이행될 수도 있다. 나아가 법정 의사결정지원인이 그 상황에서 알 수 있는 지원을 다하였음에도 불구하고 본인이 스스로 결정할 수 없는 경우에는 법정대리의 방식으로 본인의 의사결정을 대행할 수 있다. 이때 법정 의사결정지원인은 본인의 현재 또는 과거에 표시되었거나 추정된 의사를 존중하고 만약 이를 알 수 없는 경우에

69) 박인환, 민사법학 95 (2021) 38.

는 본인의 희망, 선호에 대한 최선의 해석(best interpretation)에 의거하여 행동할 주의의무를 진다.

이와 같은 관점에서 의사결정지원에 관하여 다음 세 가지 강도의 지원방법에 대하여 규정할 필요가 있다.

첫째는 법정 의사결정지원인이 의사결정에 필요한 정보의 수집, 분석, 평가 혹은 그 표시, 전달 등에 있어서 의사결정능력장애인에게 필요한 지원과 조력을 제공함으로써 최종적으로 의사결정능력 장애인이 자신의 생각과 선호에 따라 스스로 결정하도록 하는 방법이다(조력에 의한 의사결정지원). 의사결정 그 자체는 독립적인 본인에게 온전히 맡겨져 있다는 점에서 '동의에 기반한 공동의사결정 방식의 의사결정지원'과 구별된다. 이 단계에서의 조력은 법정 의사결정지원인에게는 법적 의무로서 요청되는 것이지만, 그와 같이 권한이나 의무 있는 자에 의해서만 가능한 것은 아니다. 그러한 법적 권한이나 의무가 없더라도 본인의 가까운 가족과 친구, 친지는 그에게 의사결정에 필요한 조력을 할 수 있다. 이러한 조력은 의사결정능력의 장애가 있는지와 관계없이 모든 사람들이 일상생활 속에서 상호작용을 하고 있는 바로 그러한 조력과 차이가 없다. 다만, 의사결정능력이 취약한 경우에는 다른 사람으로부터 부당한 영향을 받을 위험이 항상 존재하므로 이를 배제할 수 있는 안전장치를 고려할 필요가 있다. 그러한 안전장치의 하나로 패널(panel)형 상담, 자문, 조언을 통하여 조력자를 일상적으로 지원(감독)하고 모니터링하는 공적서비스를 제공하는 체계를 구축할 필요가 있다.

둘째는 법정 의사결정지원인이 위와 같은 조력을 다하더라도 의사결정능력 장애인이 자신의 의사와 희망, 선호에 맞는 결정을 스스로 할 수 없는 경우, 지원인이 의사결정능력 장애인의 의사형성 과정에 적극적으로 개입하여 공동으로 의사를 형성해 가는 방식이다. 공동의사결정 방식의 의사결정지원은 이미 캐나다의 여러 주에서 채택되었던 것으로[70] 최근에는 아일랜드에서도 도입하였다.[71]

그러나 여기서의 공동의사결정의 지원인이 자신의 고유한 가치판단을 가지고 본인의 의사결정과정에 개입하는 것이고 그것이 동의권에 의하여 본인에게 강제되는 것이라면 그 한도에서는 본인의 법적능력의 행사를 제약하는 것이므로 의사결정지원 원칙에 합치한다고 보기 어렵다. 따라서 지원인이 본인의 의사형성과정에 적극적으로 개입하여 함께 의사를 형성, 결정해 간다는 점에서는 공동의사결정이지만, 여기서 지원인의 역할은 본인이 의

70) 앨버타 주의 성년후견 및 수탁법(Adult Guardianship and Trusteeship Act, AGTA), 사스캐처완 주의 성년후견 및 공동의사결정법(The Adult Guardianship and Co-decision-making Act), 유콘 주의 의사결정지원 및 성년자 보호법(Decision Making Support and Protection to Adult Act)

71) 2015년 아일랜드의 조력의사결정(능력)법(2015 The Assisted Decision-Making [Capacity] Act).

사결정능력 장애 때문에 인식하지 못하거나 비교형량을 하지 못하는 것에 대하여 이를 깨닫고 비교 평가할 수 있도록 의사소통의 상호작용을 통하여 지원하는 데에 있을 뿐 지원인 자신이 고유의 가치판단을 가지고 개입할 것을 요청하는 것은 아니라는 점을 분명히 할 필요가 있다. 요컨대 공동의사결정에 있어서 지원인의 역할은 자신의 판단을 가지고 대등하게 의사결정과정에 개입하는 것이 아니라 어디까지나 본인을 중심에 두고 그의 의사결정을 지원하고 촉진하는 데에 있다는 점에 유의하여야 한다. 다른 한편으로 조력의사결정이 본인의 의사결정 프로세스 외부에서의 지원인 데 반하여 공동결정 방식의 의사결정지원은 의사결정 프로세스의 내적 과정에 개입하는 것이므로 지원을 빙자한 의사의 조종이나 지배가 나타날 위험이 더욱 크다. 이점에 있어서 공동의사결정의 경우에는 결정의 대외적 신뢰와 그 책임을 명확히 한다는 점에서 공동의사결정인의 동의를 요구할 필요가 있다(동의에 기반한 공동결정 방식의 의사결정지원).

셋째, 첫째나 둘째의 방법에 의한 지원과 조력을 다하였음에도 불구하고 의사결정능력장애인이 본인의 의사를 형성, 결정할 수 없는 경우, 지원인은 수여 받은 권한의 범위에서 법정대리 등의 방법으로 의사결정능력장애인의 의사결정을 대행할 수 있다. 이때 지원인은 본인이 의사결정능력에 장애가 없었더라면 형성하였을 (추정적) 의사나 희망, 선호에 의거하여 의사결정을 대행할 법적의무를 지게 된다. 셋째의 방법은 현행 법제도 하에서는 법정대리나 신상결정을 대행하는 방식으로 이루어진다. 그러나 대리인이나 대행결정자로서의 지위에서 지원인이 본인의 복리에 대한 객관적 판단(best interest)에 의거하는 것이 아니라 본인의 실제 또는 과거에 표명되었던 의사 또는 그의 생각, 희망, 선호를 고려하여 그가 진정으로 원하는 것이 무엇인가에 대한 최선의 해석(best interpretation)의 결과를 실현하고자 한다는 점에서 대체의사결정제도와 구별된다(의사의 추정에 의한 의사결정의 대행). 지원인은 본인의 추정적 의사에 대한 해석과 이를 대외적으로 유효하게 실행할 권한과 의무를 갖는 것이다. 그러나 본인의 의사나 선호를 파악하는 것이 언제나 용이한 것은 아니다. 따라서 가능한 한 본인이 사전에 본인의 의사 또는 희망과 선호를 사전지시(advance directives)의 형태로 명확히 밝혀 두는 것이 바람직하다. 다른 한편으로 의사결정지원 과정에서 본인의 의사가 왜곡되거나 지원인이 권한을 남용하였다고 의심할 만한 상당한 이유가 있는 경우에는 그 의사결정에 관하여 법원에 이의를 제기할 수 있는 권한이 일정한 범위의 친족이나 감독기관에 유보될 필요가 있다(안전장치).[72]

---

72) 박인환, 민사법학 95 (2021) 44 이하.

V. 결 론

유엔장애인권리협약의 국내법적 이행과정에서 전세계 대부분의 나라들이 유엔장애인권리위원회로부터 전통적 후견제도를 의사결정지원제도로 전환할 것을 요구받고 있다. 이에 대응하여 전세계 여러 나라들에서 협약 제12조의 취지에 좇아 전통적 후견제도를 의사결정지원제도로 전환하는 입법개혁에 나서고 있다. 앞서 살펴본 2023년 시행 개정독일민법뿐만 아니라 가령, 전통적 후견제도를 유지하면서 협약 제12조의 취지에 따라 새로운 의사결정지원제도를 도입한 개정 아르헨티나민상법전(2015 시행), 장애를 이유로 하는 모든 법적능력을 부인하고(약물이나 알콜중독이나 의식불명등에 능력제한은 유지) 장애와 관계없이 법적능력을 행사하는 모든 성인들이 지원받을 수 있는 다양한 지원수단을 규정하고, 의식불명 등 모든 지원에도 불구하고 의사표시를 할 수 없는 예외적인 경우에만 최선의 해석원칙에 기초한 사법적 지원을 규정함으로써 국제적 장애인권운동가들로부터 협약 제12조에 합치하는 개혁으로 인정받는 2018년 페루 민법 및 민사소송법, 협약의 비준에 있어서 의사결정대행의 유지를 유보하면서 장애인의 의사결정을 지원할 수 있는 단계적이고 다양한 지원방안(조력의사결정, 공동의사결정, 지속적 대리권, 사전의료요양지시 등)을 강구한 2015 시행 아일랜드의 조력의사결정(능력)법이 그러하다.

본고는 이러한 흐름의 연속선상에서 협약 제12조와의 정합성을 높이기 위하여 성년후견인의 행동척도를 피후견인의 복리(Wohl)에서 그의 희망(Wunsch)으로 전환하여 성년후견인의 의사결정지원의무를 명확히 한 개정독일민법의 2023년 1월 1일 시행을 계기로, 그간 선행논문에서 필자가 주장해 온 논점을 재정리한 것이다. 유엔장애인권리협약 이래 대체의사결정으로서의 성년후견제도를 의사결정지원 제도로 전환하라는 요구는 우리 사회가 더 이상 미룰 수 없는 당면 과제라는 점이 본고를 통하여 더 많은 분들에게 인식되는 계기가 될 수 있기를 바란다.

권리 전부의 하자에 대한 담보책임

백 경 일

숙명여자대학교 법과대학 교수

Ⅰ. 서 론

'권리의 하자(Rechtsmangel)'란 매매목적물에 관한 권리가 흠결되어 있는 것을 말한다. 예를 들어 매매목적물에 소유권 또는 담보물권을 갖는 제3자가 있어 매수인이 그 매매목적물을 결국 취득할 수 없게 되는 경우 권리에 하자가 있다고 말한다.

고대 로마법에서는 매매목적물에 이렇듯 권리가 흠결되어 있을 때, 매수인이 매도인에 대하여 손해배상 또는 매매대금반환을 청구하게 했다.[1] 매도인의 과실 여부는 묻지 않았다. 예를 들어 주인에게서 도망친 노예임을 알지 못하고 그 노예를 매도한 자는 나중에 매수인에 대하여 손해배상을 해야 했다.

그 후 1804년에 제정된 프랑스법은 이러한 로마법의 전통을 계승하여 권리의 하자 때문에 매매목적물을 추탈[2]당한 매수인은 매도인에 대하여 이행이익의 손해배상을 청구하거나, 대금의 반환 또는 감액을 청구할 수 있다고 하였다.[3] 예를 들어 주택을 매수했는데, 주택의 진정한 소유권자가 나타나 매수인에게 주택반환을 청구할 경우, 매수인은 제3자에게 주택을 반환하면서 매도인에게 담보책임을 물을 수 있게 한 것이다.

반면 1900년에 제정된 독일 민법은 이러한 권리의 하자에 대하여 물건의 하자와 달리 매도인이 기본적으로 일반규정에 따른 채무불이행책임을 부담한다고 규정하였다. 프랑스법과 달리 타인권리의 매매를 인정한 독일 민법에서[4] 대부분의 추탈 사인은, 매도인이 원소

1) 이에 관해서는 현승종/조규창, 로마법, 1996, 741 이하 참조.

2) 추탈(追奪)이란 매수인이 매매목적물의 소유권을 일단 취득하였는데, 그 후에 매수인의 의사에 반하여 그 소유권을 제3자에게 빼앗기는 경우를 말한다. 예를 들어 진정한 소유권자가 매수인에 대해서 제기한 소유물반환청구소송에서 매수인이 패소한 때 이러한 추탈이 일어났다고 본다. 이에 관해서는 Bénabent, Droit des contrats spéciaux civils et commerciaux, 10e édition, 2013, no 342; 김학동, 타인의 권리의 매매에서의 담보책임에 관한 고찰, 저스티스 66 (2002) 101 참조.

3) 프랑스 민법 제1582조, 제1610조 이하, 제1626조 이하 참조.

유자에 대한 대금 지급을 지체하여 소유권 이전을 끝내 받지 못해 이행이 불능하게 된 경우에 발생하였기 때문이다.[5] 게다가 독일 민법은 부동산등기부에 공신력을 부여하였고(제892조) 동산과 부동산 모두에 선의취득을 인정하였기 때문에, 부동산등기부에서 매도인 소유 부동산임을 확인하고 매수한 자가 제3자에 의해 매매목적 부동산을 추탈 당하는 일은 거의 있을 수 없었다. 따라서 매수인이 목적물의 추탈에 관하여 귀책사유 없는 매도인에게 추탈담보책임을 묻도록 독일 민법에 규정할 실익은 존재하지 않았다.

한편 독일 민법처럼 타인권리의 매매를 인정하고 있지만(우리 민법 제569조), 독일 민법과는 달리 부동산등기부의 공신력을 인정하지는 않고 있으며, 프랑스법처럼 부동산등기부의 공신력을 부정하고 있지만, 프랑스법과는 달리 타인권리의 매매를 인정하고 있는 우리 민법은 독일법과 프랑스법 사이의 애매한 중간에 끼어 있다. 우리 민법의 규정을 보면, 권리의 하자로서 크게 다섯 가지의 유형을 두고 있고 이에 관해 여덟 개의 규정을 두고 있는데,[6] 이 중에서도 특히 주목할 만한 규정은 권리 전부의 하자(éviction totale)에 관한 제570조와 제571조 담보책임규정이다.[7]

우리 민법 제570조는 매도인이 그 권리를 취득하여 매수인에게 이전할 수 없는 때, 매수인은 계약을 해제할 수 있다고 규정하고 있다. 그러나 제570조는 그 단서에서 매수인이 계약 당시 그 권리가 매도인에게 속하지 아니함을 안 때에는 손해배상을 청구하지 못한다고 규정하고 있다. 뒤집어서 해석하자면, 제570조는 매수인이 계약 당시 그 권리가 매도인에게 속하지 아니함을 몰랐을 때만 매도인에 대하여 손해배상을 청구할 수 있다고 규정하는 것이다 그런데 제570조는 매도인의 귀책사유 여부에 대해서 침묵하고 있기 때문에, 악의의 매수인은, 심지어 매도인에게 귀책사유 있는 때에도, 매도인에 대하여 손해배상을

---

4) 독일 민법은 우리 민법과 달리 타인권리매매의 유효성을 명문으로 인정하고 있지 않지만, 제433조가 매도인에게 소유권이전의무(Eigentumsverschafftungspflicht)를 부과하고 있는 이상, 당연히 타인권리매매의 유효성을 인정하고 있는 것으로 본다.

5) 이 경우 매도인과 매수인 모두는 어차피 그 매매가 타인권리의 매매임을 알고 있는 게 보통이다. 매도인은 원소유자에게서 그 물건을 매수하였지만, 아직 소유권을 취득하지는 못한 상태에서, 양도차익 등을 바라고 매수인에게 그 물건을 매도하였으며, 매수인은 그 물건이 제3자 소유임을 알고 있지만, 이미 그 물건을 매수한 매도인을 신뢰하고서 매매계약을 체결한 것이다.

6) ① 권리의 전부가 타인에게 속하는데 매도인이 이를 취득하여 이전할 수 없게 된 경우(제570조, 제571조), ② 권리의 일부가 타인에게 속하는데 매도인이 이를 취득하여 이전할 수 없게 된 경우(제572조), ③ 권리의 대상인 특정물의 수량이 원래부터 부족했거나 일부 멸실이 있었는데 매도인이 이를 완전하게 만들어줄 수 없는 경우(제574조), ④ 권리가 타인의 용익권(用益權)에 의해 제한을 받는데 매도인이 이러한 제한을 없애줄 수 없는 경우(제575조), ⑤ 제3자가 저당권 또는 전세권을 행사함으로써 매수인이 소유권을 취득할 수 없거나 상실하게 된 경우(제576조, 제577조) 등이다.

7) 본디 추탈(追奪)이란 권리 전부에 대해서만 일어나는 것이 아니라 권리 일부에 대해서도 일어날 수 있다. 권리 전부의 하자(éviction totale)만이 아니라 권리 일부의 하자(éviction partielle)도 얼마든지 발생할 수 있다는 뜻이다 (이에 관해서는 Bénabent, Droit des contrats spéciaux civils et commerciaux, no 342). 하지만 본고는 우리 민법 제570조와 제571조의 해석문제만을 다루려 하기 때문에, 권리 일부의 하자는 논의의 범위에서 제외하기로 한다.

청구하지 못하는 것처럼 해석될 여지가 있다. 그러나 이러한 제570조 단서의 규정은 타인권리매매의 유효성을 인정하고 있는 우리 매매법 체계에 맞지 않는 것이다.[8)]

그리고 우리 민법 제571조 규정은 제1항에서 매도인이 계약 당시에 매매의 목적이 된 권리가 자기에게 속하지 아니함을 알지 못한 경우에 그 권리를 취득하여 매수인에게 이전할 수 없는 때에는 매도인이 자진하여 매수인에게 손해를 배상하고 계약을 해제할 수 있다고 하고 있다. 다른 나라 민법에서 비슷한 예를 찾아보기 힘든 규정인데, 이때 매도인이 매수인에게 배상하는 손해가 무엇인지, 이행이익인지 아니면 신뢰이익인지에 관하여 우리 판례와 학설은 대체로 이행이익설을 취하고 있는 것처럼 보인다.[9)] 다시 말해 제570조에 따라 매도인이 매수인에게 배상하여야 하는 손해도 이행이익, 제571조 1항에 따라 매도인이 계약을 해제하는 대신 배상하여야 하는 손해도 이행이익이라 보는 것이다. 하지만 매도인조차 매매목적물이 타인 소유임을 알지 못한 우리 민법 제571조의 사안을 진정한 의미에서 '타인권리의 매매'로 볼 수 있는지는 의문이며, 이러한 점에서 우리 민법 제571조가 매매계약의 완전한 유효를 전제로 매도인에게 이행이익의 배상책임을 인정하는 것은 가혹하다고 생각된다.

이에 본고는 제570조 단서의 문언과는 달리 아무리 타인권리의 매수인이 악의라 하더라도, 매도인에게 귀책사유 있을 때는 매도인에게 손해배상책임이 발생한다는 결론, 그리고 제570조에 따라 악의의 매도인이 배상하여야 하는 손해는 이행이익의 손해이지만, 제571조 1항에 따라 선의의 매도인이 배상하여야 하는 손해는 신뢰이익의 손해라는 결론을 도출할 것이다. 그리고 아래에서는 이러한 본고의 주장을 뒷받침하기 위한 여러 근거를 덧붙일 것이다. 일찍이 Rabel도 그렇게 말했듯이, 본디 하자담보책임은 역사적 연혁을 통해서만 설명될 수 있는 것이므로,[10)] 일단은 연혁적 고찰에서부터 논의를 시작하기로 하겠다.

8) 심지어 일부 견해(송덕수, 채권법각론, 제4판, 2019, 188)는 이때 과실 없는 매도인이 매수인에게 배상하여야 하는 손해가 신뢰이익이라고 주장한다. 그러나 우리 민법에서 타인권리의 매매가 유효하다는 점을 감안한다면, 설령 매도인에게 급부불능에 관한 귀책사유가 없다 하더라도, 매도인은 이행이익의 손해를 배상하여야 하는 게 맞다고 생각한다.

9) 판례는 이전불능이 된 때, 특히 원권리자의 권리회복에 대하여 매수인 패소판결이 확정된 때의 시가를 기준으로 전보배상액을 산정하되, 계약이 해제된 때에는 해제 당시의 시가를 기준으로 손해액을 산정하여야 한다고 하고 있다. 이에 관해서는 대판 1967.5.18, 66다2618; 대판 1973.3.13, 72다2207; 대판 1975.5.13, 75다21; 대판 1976.4.27, 75다2322; 대판 1980.3.11, 80다78,117; 대판 1981.7.7, 80다3122 등 참조.

10) Rabel, Das Recht des Warenkaufs, Bd. II, 1958, 132.

Ⅱ. 연혁적 고찰

1. 고대 로마법

하자담보책임은 이미 고대 로마에서부터 인정되어온 채권법의 고전적 제도에 속한다. 특히 권리의 하자에 관하여 로마인들은 매도인이 문답계약(stipulatio)으로 매수인에게 자기가 매도한 목적물의 소유권이전을 보장한다고 보았다. 만약 그 목적물의 소유권자나 담보권자의 소송상 추탈에 의하여 매수인이 매매목적물을 소유할 수 없게 되거나 점유 또는 사용할 수 없게 될 경우, 매도인은 그 소송에 참가함으로써 매수인을 보호하여야 했다. 따라서 만약 매도인이 소송참가를 거절 또는 게을리하였고, 그로 인해 매수인이 패소하여 목적물을 상실한 경우, 매도인은 목적물 2배액(stipulatio duplae)을 매수인에게 배상해야 했다.[11]

그러다가 공화정 후기에 이르러서는 노예와 가축의 매매에 고위안찰관(aediles curules)[12]의 고시규정이 적용되기 시작하면서[13] 담보책임의 성립을 위해 위와 같은 추탈담보문답계약조차 필요하지 않게 되었다. 매도인이 고위안찰관의 고시규정에 위반하여 매매목적물인 노예 또는 가축의 하자(예를 들어 노예가 도망노예라는 사실)를 고지하지 않았을 때, 매수인은 매도인에 대하여 해제소권(actio redhibitoria)과 대금감액소권(actio quanti minoris)을 행사할 수 있게 되었고, 이는 매도인이 목적물의 하자를 알지 못한 경우에도 적용되었다.[14]

이후에는 법무관에 의해 매수인소권(actio emptoris)이 창설되었는데, 이에 따라 매매목적물에 하자가 있을 경우 법무관은 추탈담보문답계약의 유무를 묻지 않고 매수인소권을 매

11) 매도인은 이러한 약정추탈담보책임 외에 법정추탈담보책임(actio auctoritatis)도 부담하였다. 매도인은 소송에 참가하여(litem denunciare, auctorem laudare) 피고인 매수인을 보조하여 소송을 방어하여야 했으며(litis subsistere), 매도인이 이를 거절하여(auctoritatem defugere) 피고가 패소한 경우(auctoritas nomine vinci) 매수인은 매도인에 대해 2배액의 담보소권(actio auctoritatis)을 행사할 수 있었다. 이에 관해서는 Paulus, 2, 17, 1-3; D. 21, 2, 39; D. 45, 1, 139; C. 8, 44(45), 8. 현승종/조규창, 로마법, 742-743.

12) 안찰관(aediles)은 로마에서 처음에 평민의 재산보호 및 치안 경찰업무와 평민금고(aerarium plebis)의 관리, 호민관의 보조역할 등을 위해 처음 창설된 하위관리직이었다. 시민법 시대에는 1인의 안찰관을 두었으나, 그 후 평민의 지위향상을 위한 개혁투쟁의 결과 2명의 안찰관직이 창설되었으며, 이어서 4명으로 증원되었다. 그러자 귀족계급은 이러한 평민안찰관(aediles plebis)을 정무관으로 인정하는 조건으로 4명의 안찰관 가운데 3명을 귀족 출신의 고위안찰관(aediles curules)으로 충원하고 이들을 고위정무관급으로 승인하도록 요구하였다. 이에 귀족과 평민 간의 타협이 성립하여 2명의 귀족 출신을 고위안찰관으로 충원하게 되었는데, 이 중에서 고위안찰관은 상사재판업무까지 담당하게 되었다.

13) 고위안찰관은 노예와 가축매매에서 물건의 통상적인 사용에 지장을 줄 일정한 하자들을 고시규정(edictum)에 열거하고, 만일 매도인이 그러한 하자를 모르고 고지하지 않았거나, 그러한 하자가 없다고 매수인에게 적극적으로 주장하였거나, 문답계약을 통하여 보증하였거나, 악의(dolus malus)를 가지고 행동한 때 매수인은 매도인에 대하여 담보책임을 물을 수 있게 된다고 규정하였다. 이에 관해서는 Kaser, Römisches Privatrecht, 10. Aufl., 1977, § 41, VI. 4.

14) 이때 매도인이 부담하는 담보책임은 매도인의 급부와 매수인의 반대급부 사이에 등가관계를 유지시켜줄 목적으로 도입된 구제수단이었기 때문이다. 물론 로마시대에도 매도인의 하자담보책임은 당사자 특약으로 면제될 수 있었다. 예를 들어 매도인이 고위안찰관의 고시규정에 의한 하자담보책임을 면제받고 싶으면, 매수인과 하자담보면제특약(venditio simplaria)을 체결하여 면책될 수 있었다. 이에 관해서는 이상광, 하자담보책임론, 1999, 16.

수인에게 부여하게 되었다. 이로써 매수인은 문답계약이 아니라 신의성실(bona fides)의 원칙에 근거하여 매도인에 대해 담보책임을 묻게 되었다.[15] 특히 악의의 매도인이 부담하는 담보책임은 유스티니아누스 대제 시절에 이르러 그 내용이 광범해져 매매목적물 자체의 하자에 대해서만이 아니라 그 목적물 하자로 인하여 결과적으로 발생한 손해까지 포괄하게 되었다. 물론 매도인이 권리 하자에 관해 선의였다 하더라도, 진정한 소유권자의 소유물반환청구(rei vindicatio)에 의해 매매목적물을 상실한 매수인은 매수인소권에 기하여 선의의 매도인에게 대금반환을 청구하거나 원상회복을 청구할 수 있었다.

유스티니아누스 대제 시절에는 고위안찰관의 고시규정에 기한 담보책임과 법무관의 매수인소권에 기한 담보책임이 통합되었으며,[16] 하자담보책임은 노예 또는 가축의 매매에 국한되지 않고 모든 동산과 부동산의 매매에까지 확장되었다. 매수인은 매도인이 악의였던 경우만이 아니라 매도인이 선의인에 과실이 있었던 경우에도 매도인에 대하여 손해배상을 청구할 수 있게 되었다.[17] 예전에는 매수인이 매도인에게 신뢰이익에 대해서만 배상청구를 할 수 있었으나, 유스티니아누스 대제 이후에는 이행이익 및 그 후속손해에 대해서도 배상청구를 할 수 있게 되었다.[18]

2. 프랑스법

1804년에 제정된 프랑스민법은 로마법의 전통을 따라 매매계약 당시 담보약정(stipulation sur la garantie)이 없었던 경우에도 매도인은 매매목적물의 추탈(l'éviction) 등에 대하여 담보책임을 부담한다고 규정하였다(프랑스 민법 제1626조). 물론 이러한 규정을 고려하지 않더라도, 만약 물건이 인도되지 않거나 제3자에게 추탈되었는데 이에 관해 매도인의 과실이 있으면, 매도인은 매수인에게 채무불이행에 기하여 이행이익 배상책임을 부담한다(프랑스 민법 제1610조 이하, 제1639조). 프랑스법상 매도인은 어차피 매수인에게 물건인도의무

---

15) 매수인이 목적물을 추탈당하였음에도 담보계약이 없었다는 이유로 매도인에게 책임을 추궁하지 못하게 하는 것은 형평의 관념과 신의칙에 기초한 성의계약인 매매의 본질에 반한다고 보았기 때문이었다. 이에 관해서는 현승종/조규창, 로마법, 743.

16) 고위안찰관의 고시규정에 기한 담보책임과 법무관의 매수인소권에 기한 담보책임의 차이는, 전자의 경우 만민법에 근거한 제도였던 반면, 후자는 시민법에 근거한 제도였다는 데 있었다. 그리고 전자는 매도인의 하자고지의무, 보증의무에 기초를 둔 무과실책임으로서 매도인의 선의 또는 악의 여부에 따라 책임의 내용이 달라지지 않았던 반면, 후자는 매도인의 선의 또는 악의 여부에 따라 담보책임의 내용이 달라졌다는 점에서도, 양자의 차이는 존재하였다. 이에 관해서는 이상광, 하자담보책임론, 16.

17) 물론 매도인의 악의 또는 과실 여부에 대한 증명책임은 매수인이 부담하였다. 이에 관해서는 이상광, 하자담보책임론, 18.

18) 고전기에는 매도인의 담보약정에 관한 매수인의 신뢰가 담보책임의 근거였다. 하지만 유스티니아누스 대제 이후에는 매매계약 그 자체가 담보책임을 근거짓게 되었기에, 배상책임의 범위 역시 신뢰이익에서 이행이익으로 확장되었다. 이에 관해서는 Flume, Eigenschaftsirrtum und Kauf, 1948, S. 63 ff.

를 부담하기 때문이다(프랑스 민법 제1582조).[19]

설령 매매목적물의 추탈에 관하여 매도인에게 과실이 없다 하더라도, 매수인은 매도인에 대하여 계약의 무효(annulation du contrat)를 주장함으로써 구제받을 수 있다. 프랑스법상 타인권리의 매매(la vente de la chose d'autrui)는 무효이기 때문이다(프랑스 민법 제1599조 1문). 설령 그 목적물이 제3자 소유라는 사실을 매수인이 알고 있었다 하더라도, 매수인은 매도인에 대하여 매매계약 무효를 주장하고 매매대금의 반환을 받을 수 있다. 어차피 매수인이 악의라고 해서 타인권리매매계약이 유효가 되는 것은 아니기 때문이다.[20] 만약 매수인이 타인권리매매임을 몰랐다면, 매수인은 매도인에 대하여 손해배상 역시 청구할 수 있다(프랑스 민법 제1599조 2문).

물론 제1599조에 근거할 경우 매수인은 매도인에 대하여 이행이익이 아니라 신뢰이익의 배상만을 청구할 수 있을 뿐이다. 만약 매수인이 매도인에 대하여 이행이익의 배상을 청구하고자 한다면, 제1626조 이하의 추탈담보책임을 물어야 한다. 다만 매도인이 타인권리매매임을 주장·증명하고 문제된 매매계약을 무효화할 경우, 매도인은 추탈담보책임, 다시 말해 이행이익 배상책임을 부담하지 않게 된다.[21]

프랑스법상 매매목적물, 특히 부동산이 제3자에 의해 추탈되는 경우는 실제로 많지 않은 편이다. 물권변동에 관하여 의사주의를 취하는 프랑스법에서는 물권변동에 있어서 공시방법을 갖추지 않아도 계약의 효력에 의하여(solo consensu) 물권변동이 일어나며, 공시방법은 대항요건에 지나지 않기 때문이다.[22] 이렇듯 부동산거래에서 공시가 불완전하다보니, 프랑스는 부동산매매에 공증을 요하고,[23] 공증인은 부동산의 소유관계를 꼼꼼히 살펴서 매매계약상 권리의 하자문제가 거의 발생하지 않게 한다.[24]

---

19) 프랑스민법 제1625조에 'responsabilités'라는 용어 대신에 'garanties'라는 용어가 사용되었다는 점을 주목하여야 한다. 이는 채무자에게 귀책사유가 없는 경우에도 채무자에게 일정한 책임이 인정된다는 의미이다. Bénabent, Droit des contrats spéciaux civils et commerciaux, no 340.

20) 물론 매수인이 만약 선의였다면 매수인은 착오를 근거로 하여 계약의 무효를 주장할 수도 있다. Bénabent, Droit des contrats spéciaux civils et commerciaux, no 341.

21) Bénabent, Droit des contrats spéciaux civils et commerciaux, no 343, 347.

22) 예를 들어 매매계약이 체결되면 그 즉시 매매목적물의 소유권이 매수인에게 이전되도록 하는 것이다. 이를 가리켜 프랑스법의 의사주의 또는 낙성주의(consensualisme)라고 한다. 물론 이렇게 할 경우 그 공시방법을 신뢰한 제3자에게 불측의 손해가 발생할 수 있기 때문에, 프랑스법은 동산물권에 관하여 공신의 원칙을 인정하고, 부동산물권에 관해서는 등기가 있어야 제3자에게 대항하도록 하고 있다. 이러한 프랑스법의 태도를 가리켜 대항요건주의(opposabilité)라 한다. 이에 관해서는 백경일, 알기 쉽게 풀어 쓴 계약법, 제2판, 2021, 135 참조.

23) 물론 그 공증 전에는 쌍방이 쌍무예약(avant-contrat)을 체결하며, 그 전에는 소유자가 구매희망자에게 일방예약(promesse de vente)을 하는 관행이 존재한다. 이에 관해서는 백경일, 계약법, 135 참조.

24) 다만 프랑스 실무에서 추탈담보책임이 전혀 문제되지 않는 것은 아니다. 프랑스법에서 부동산등기부는 공신력을 갖지 않기 때문에, 설령 등기부를 신뢰하고 부동산을 매수하였다 하더라도, 제3자가 먼저 매수하였다거나 증여받았다는 권원(titre)을 증명하면 소유권의 추탈이 일어날 수 있다.

3. 독 일 법

독일법에서 오늘날의 '담보책임(Gewährleistungshaftung)' 비슷한 개념이 처음 나온 것은 1756년 바이에른 민법전(Codex Maximiliancus Bavaricus Civilis)의 'Gewehrschaft'가 처음이었다. 그 후 1794년 프로이센 일반란트법에서는 권리의 추탈 또는 이전불능 그리고 물건의 하자를 방지한다는 의미로 'Gewährleistung'이라는 개념이 매매뿐 아니라 증여, 채권양도 등에서 광범하게 사용되기 시작했다.25)

1900년에 제정된 독일 민법에서는 소유권이전(Eigentumsverschaffung)에 관한 매도인의 의무가 제433조에서 바로 도출된다고 하였다. 타인권리의 매매는 그 유효성을 인정받았으며, 목적물이 제3자 소유임을 매도인이 알았든 몰랐든, 매도인은 이행기까지 목적물의 소유권을 매수인에게 이전해야 했다. 만약 매도인이 매수인에게 매매목적물의 소유권을 이전하지 않았다면, 매도인이 불가항력을 증명하지 않는 한, 그 의무위반은 곧 채무불이행(Nichterfüllung)에 해당하게 되었다. 매도인이 불가항력을 증명하더라도, 매도인은 매수인에게 대금을 반환하여야 했다. '권리의 하자(Rechtsmangel)'는 독일 민법 제435조에서 규정되었는데, 여기서 '권리의 하자'는 우리가 통상 생각하는 권리 전부의 하자가 아니었다. 매수인에게 소유권이 일단 이전된 상태에서 그 매매목적물을 매수인이 이용하는 것이 방해되는 경우만을 말하였다.26)

이러한 독일 민법에서 매매목적물이 추탈되는 사례는 그렇게 많지 않게 되었다. 프랑스 민법과 달리 독일 민법은 부동산등기부에 공신력을 부여하였기 때문이다(독일민법 제892조). 이에 따라 매수인이 부동산등기부를 신뢰하고 매수하였으며 그에 관해 중대한 과실이 없었다면, 그 매매목적 부동산에 관하여 진정한 권리자가 나타나 반환청구를 하더라도, 매수인은 그 진정한 권리자에게 소유물반환의무를 부담하지 않게 되었다. 다시 말해 부동산 소유권을 선의취득한 매수인은 매매목적물을 그대로 보유하므로, 매도인은 매수인에 대하여 추탈담보책임을 부담하지 않아도 되었다.

---

25) 물론 프로이센 일반란트법에서 하자담보책임이란 오늘날 계약체결상의 과실책임까지 포괄하는 개념이었다(ALR I, 4 § 79.). 참고로 독일어에서 'Gewähr leisten'이란 라틴어의 'praestare'를 번역한 말이라고 보는데, 본디 라틴어 'praestare'는 '급부하다' '제공하다' '보장하다' 등 여러 의미로 쓰이므로, 'Gewähr leisten'이 'praestare'를 직역한 말이라고 볼 수는 없다. 이에 관해서는 Heumann/Seckel, Handlexikon zu den Quellen des römischen Rechts, 1907; Windscheid, Pandekten, Bd. II, § 252, Fn. 4.

26) MünchKomm/Westermann, BGB § 435, 8. Auflage 2019, Rn. 1.

Ⅲ. 민법 제570조의 해석

1. 권리 전부 하자의 실제적 예

우리 민법상 권리 전부의 하자는 대략 다음과 같은 경우에 발생한다: ① 매매목적물의 소유자가 매도인에게 그 목적물의 소유권 또는 처분권한을 이전 또는 부여하기로 약속해놓고 이를 위반한 경우,27) ② 매도인이 실질적으로 자기 소유에 속하는 부동산을 매도하였으나 그 부동산의 형식적 등기명의인이 반대하여 그 소유권등기를 매수인에게 이전해줄 수 없는 경우, ③ 매도인이 그 물건의 소유자에게서 처분권 이전을 약속받지 않았으면서도 그 취득을 장담하며 그 물건을 매수인에게 미리 전매하였으나 결국 처분권을 취득하지 못한 경우,28) ④ 부동산매도인이 자기 명의의 소유권등기를 매수인에게 이전했는데 진정한 소유자가 나타나 매수인에 대해 소유물반환 및 등기말소의 청구를 하여 매수인이 그 소유를 추탈당한 경우29) 등을 예로 들 수 있다. 이 경우 매수인은 제570조에 기해 매도인에 대하여 일정한 권리를 행사할 수 있게 된다.

①②③④ 모든 경우에 있어서 매도인은 매매목적물이 제3자 소유임을 알고도 악의로 매매계약을 체결할 수 있다. 프랑스민법 및 일본민법과는 달리 우리 민법은 물권변동에 관하여 형식주의를 취하고 있기 때문이다. 다시 말해 우리 민법상 매도인은 설령 계약체결 당시 매수인에게 소유권을 이전해줄 수 있는 물권적 지위에 있지 않았다 하더라도, 이행기까지 그 상황을 극복하고 물권을 취득하여 매수인에게 소유권 이전 가능한 지위에 오를 수 있다. 그러므로 이러한 사안에서 매도인이 악의라는 것은 그 자체로 비난받을 일이 아니다. 더구나 ①의 경우처럼 매도인이 이미 제3자에게서 매매목적물을 매수한 상황이었다면, 매도인은 적어도 채권적으로는 타인권리의 매매를 충분히 체결할 수 있는 지위에 있었다고 봐야 한다.30) 이 경우 급부불능이 발생한다면, 이는 매도인의 과실이 아니라 제3자의 과실

27) 프랑스 민법에서는 이 경우 매매계약 자체가 아예 무효가 된다. 따라서 매도인이 타인권리매매임을 주장·증명하고 계약을 무효화하면 권리하자의 담보책임 문제 자체가 발생하지 않는다. 하지만 우리 민법의 경우 타인권리의 매매가 유효하기에(제569조), 이 경우에도 권리하자의 담보책임 문제가 발생한다.

28) 이 경우 매수인이 만약 선의였다면, 착오(제109조) 또는 사기(제110조)에 기한 계약취소의 문제가 발생할 수 있다(대판 1973.10.23, 73다268). 애초에 매매목적물의 소유자가 처분권을 이전해줄 수 없는 상황이었다면, 계약의 무효 및 계약체결상의 과실책임(제535조)이 문제될 수 있다. 하지만 매매목적물의 소유자가 매도인에게 처분권을 이전해줄 수 있었음에도, 불가항력적 사유로 매도인이 이를 이전받지 못하였다면, 하자담보책임이 문제될 수 있다.

29) 부동산매도인이 타인 소유 부동산을 횡령했을 수도 있고, 부동산매도인이 횡령된 부동산을 선의로 매수하여 이를 다시 매수인에게 전매했을 수도 있다. 참고로 이러한 경우 독일민법은 부동산등기부의 공신력을 인정하므로, 하자담보책임이 문제될 여지가 없다. 횡령된 부동산임을 알지 못했던 매수인은 등기이전을 통해 부동산소유권을 즉시 선의취득할 것이기 때문이다. 물론 부동산의 원소유자가 제한능력(제5조 2항) 또는 무권대리(제130조)를 근거로 소유물반환을 청구할 수도 있다. 이 경우에는 독일민법에서도 선의의 매수인이 보호되지 않을 수 있으며, 하자담보책임 규정을 적용할 실익이 있게 된다.

로 말미암은 것이다(éviction par un tiers). 물론 ③의 경우 급부불능이 발생한다면, 이는 제3자의 과실이 아니라 매도인의 과실로 말미암은 것이다. 따라서 굳이 하자담보책임을 원용하지 않더라도, 채무불이행책임에 관한 일반규정에 기해 매도인은 책임을 부담하게 될 것이다. ④의 경우에도 매도인이 만약 진정한 소유자의 존재에 관해 악의였다면, 채무불이행책임을 부담하게 되는 것은 마찬가지라 할 것이다.

2. 제570조에 기한 매수인의 계약해제권

매수인은 위에 예시한 ①②③④ 모든 경우에 있어서 제570조에 기하여 매매계약을 해제하고 매도인에 대하여 원상회복을 구할 수 있다. 계약의 목적달성이 불가능하기 때문이다.[31] 물론 ③의 경우에는 굳이 제570조를 적용하지 않더라도 제546조에 기해 매수인은 매도인에 대하여 계약해제권을 행사할 수 있다. ④의 경우에도 매도인이 만약 진정한 소유자의 존재에 관해 악의였다면, 제546조에 기해 매수인은 매도인에 대하여 계약해제권을 행사할 수 있게 된다.

가. 계약해제의 요건

매수인은 ① 계약체결 전후에 계약목적물인 권리의 전부가 타인에게 속한다는 사정을 알았고 몰랐고에 관계없이, 그리고 ② 그 이전불능에 대해 매도인에게 과실이 있고 없고에 관계없이,[32] ③ 권리 전부가 타인에게 속한다는 이유로 ④ 매도인한테서 그 권리를 이전받지 못하게 되거나 보유하지 못하게 되었을 때, 매도인에 대하여 계약해제권을 행사할 수 있다. 참고로 이러한 이전불능(移轉不能)은 객관적 불능의 정도까지 이를 필요는 없고, 그 이전가능 여부가 불분명해지거나 이전이 용이하지 않게 된 것만으로 충분하다고 본다.[33]

나. 규정의 취지

물론 제570조에 기해 악의의 매수인이 무과실의 매도인에 대해서도 계약해제권을 행

---

30) 참고로 대법원 판결 중에는 이러한 경우 매도인은 사실상 처분할 수 있을 뿐 아니라 법률상으로도 처분할 수 있는 권원에 의하여 매도한 것이므로, 제569조에서 말하는 타인권리매매라고 할 수 없다는 것들이 있다(대판 1972.11.28, 72다092; 대판 1996.4.12., 95다55245). 그러나 이와 같은 경우에 타인권리매매로 보아야 한다는 판결들도 있다(대판 1979.6.26, 79다564; 대판 1982.1.26, 81다528; 대판 1993.11.23., 93다37328). 이러한 경우에 타인권리의 매매가 성립한다는 견해로는 양창수/김재형, 계약법, 제3판, 2020, 543.

31) 지원림, 민법강의, 제19판, 2021, 1465.

32) 대판 1964.7.23, 64다196.

33) 대판 1977.10.11., 77다1283. 이에 관한 반대견해로는 양창수/김재형, 계약법, 544.

사할 수 있다는 데 대해서는 너무 심하다는 생각을 가질 수도 있다. 권리의 하자를 알고서 매매계약을 체결한 매수인이라면, 그 계약의 사후적 불능 여부와 상관없이 계약에 구속되도록 하는 것이 정당한 듯 여겨질 수도 있기 때문이다. 그러나 여기서 매수인의 '악의'란 매도인에 의해 고지된 타인권리매매의 위험성을 일정 부분 감수하고 매도인과의 자유로운 합의로 계약을 체결하였다는 의미에 지나지 않는다. 다시 말해 이 사안에서 매수인의 '악의'란 그 '이전불능'을 미리 알고 있었던 게 아니라 그 '불능위험'을 미리 알고서 감수했다는 의미로 해석된다. 그리고 여기서 매도인의 '무과실'이란, 매매목적물의 소유자가 제3자임을 매도인이 모른 데 대하여 과실 없었다는 뜻이 아니라, 매도인이 이를 알고 물건을 팔았는데 소유주의 변심 · 배신을 통제하지 못하였다는 의미로 해석해야 한다. 다시 말해, 매도인이 '무과실'이라는 것은 매매목적물의 소유자가 매도인에게 그 목적물의 소유권 또는 처분권한을 이전 또는 부여하기로 약속해놓고 이를 위반했기에 매도인도 이를 어쩔 수 없었다는 의미이다. 그리고 이러한 사안에서는 매수인과 마찬가지로 매도인 역시 '악의(매매목적물이 타인 소유라는 사실의 인지)'로서 타인권리매매의 위험성을 일정부분 감수했던 것으로 봐야 한다. 매도인과 매수인 쌍방 모두 목적물 소유자가 제3자임에 관해 '악의'였던 이상, 사후적 전부불능의 경우 계약의 구속에서 함께 벗어나고 그에 따른 급부위험은 매도인이 부담하기로 암묵적 합의를 했다고 볼 수 있는 것이다. 물론 매도인이 만약 선의라면, 이러한 전제 자체가 성립하지 않으므로, 제570조가 적용되기는 어렵다고 봐야 할 것이다.

다. 계약해제의 효과

계약을 해제한 매수인은 매도인으로부터 그 매매대금(대개의 경우 계약금과 중도금)을 반환받고 손해를 최소화할 수 있게 된다(제570조 본문). 이러한 매매대금반환은 부당이득반환(제748조)이라기보다 원상회복(제548조)에 속하기 때문에, 설령 매도인이 그 물건을 자기 소유로 알았고 그 대금이 매도인에게 현존하지 않는다 하더라도, 매수인은 매도인에 대하여 이미 지급한 매매대금 전액은 물론이고 그 이자까지 반환을 청구할 수 있다.[34] 다만 매수인이 매도인으로부터 목적물의 점유를 이미 인도받았다가 매도인한테 반환한다면, 매수인은 선의의 점유자라 할지라도 매도인에게 그 목적물과 함께 그 과실과 사용이익 역시 반환하여야 한다.[35] 매수인은 어차피 매도인한테서 그 대금과 함께 이자 역시 반환받을 것이며, 해제의 특수성에 따라 이러한 원상회복에는 상환적 등가성이 유지되어야 하기 때문이다. 물론 매수인이 그 목적물의 점유를 원소유자에게 추탈당하면서 과실과 사용이익을 지켰다면

34) 제548조 2항에 기하여 제748조 1항의 적용이 배제되는 것이다.

35) 제548조 1항 본문이 적용되는 대신 제201조 1항의 적용은 배제되는 것이다. 대판 2017.5.31, 2016다240 참조.

(제201조), 매도인에 대하여 그에 상응하는 만큼의 매매대금 이자를 청구하지 못하게 된다.

3. 제570조에 기한 매수인의 손해배상청구권

만약 매수인이 선의라면 계약해제에 더해서 매도인에게 손해배상까지 청구할 수 있다(제570조 단서의 반대해석). 이 경우 매수인이 만약 선의였다면, 매도인과 매수인이 모두 타인권리매매임을 알고서 그 불능위험을 감수한 채 매매계약을 체결한 사안이라고 볼 수 없기 때문이다. 이 경우 매도인 역시 선의였다면 모를까, 매도인이 만약 악의였다면 그는 매수인에게 불능위험에 관한 고지를 게을리하였다고 볼 수 있다. 설령 매도인에게 급부불능 자체에 관한 과실이 없다 하더라도 그러하다. 매도인은 최소한 그 불능위험에 관하여 매수인에게 고지하는 것을 게을리했다는 점에서 비난받을 부분이 있다. 그러므로 이 경우 악의의 매도인이 선의의 매수인에 대하여 손해배상책임을 부담하도록 하는 것은 충분히 정당하다.

가. 손해배상청구 요건

매수인은 ① 계약체결 전후에 권리 전부가 타인에게 속한다는 사정을 알았던 것으로 증명되지 않는다면, ② 그 이전불능에 대해 매도인에게 과실이 있고 없고에 관계없이, ③ 권리 전부가 타인에게 속한다는 이유로 ④ 매도인한테서 그 권리를 이전받지 못하게 되거나 보유하지 못하게 되었을 때, 매도인에 대해 손해배상청구권을 행사할 수 있게 된다. 다시 말해 이러한 손해배상청구에 대해서 매도인은 귀책사유 없음을 증명함으로써 책임을 면할 수 없다(제390조 단서의 적용배제). 이때의 손해배상청구는 제390조의 채무불이행 일반규정에 기한 것이 아니라 담보책임에 관한 제570조의 특별규정에 의한 것이기 때문이다.

나. 손해배상청구의 범위

판례는 이때 매도인이 매수인에 대하여 배상하는 손해의 범위를 이행이익(급부불능 당시의 매매목적물 시가)으로 보았다.[36] 즉 매도인의 손해배상범위는 '계약이 완전히 이행된 것과 동일한 경제적 이익'에 미친다고 판시한 것인데, 그 이유는 타인의 권리를 매매했다 하더라도 그 계약 자체가 유효하다는 전제하에서(제569조) 매도인의 매매목적물 소유권이전의무 불이행이 그 성질상 급부의 후발적 불능이라 보았던 데 있다고 여겨진다. 일부 견해는

---

36) 대판 1967.5.18., 66다2618 참조. 통설도 이와 같은 견해이다. 예를 들면 지원림, 민법강의, 1466; 양창수/김재형, 계약법, 545.

이 경우 매도인이 급부불능에 관해 과실 없음을 전제로 손해의 범위가 신뢰이익으로 국한된다고 보는데,[37] 계약이 유효하다는 점과 매도인이 불능위험에 관하여 악의였음에도 매수인에게 고지하지 않았다는 점을 전제로 한다면, 손해의 범위를 이행이익으로 보는 것이 타당하다고 여겨진다.

다. 채무불이행에 기한 손해배상청구와의 관계

매수인이 매도인에 대해 제390조가 아니라 제570조에 기하여 손해배상을 청구할 경우, 손해배상의 범위는 급부목적물의 가치에 국한된다. 따라서 만약 그 이상의 파생손해[38]가 발생했다면, 매수인은 제570조가 아니라 제390조에 기하여 손해배상을 청구해야 하게 된다. 그런데 매수인이 제390조에 기해 파생손해까지 배상을 청구하려면, 매도인의 귀책사유를 증명하여야 한다(제390조 단서). 타인권리의 매매에서 매도인의 권리이전의무는 결과채무가 아니라 수단채무로서, 그 불이행의 귀책사유는 매수인이 증명하여야 하기 때문이다.[39] 만약 매수인이 악의라면 매도인에 대해 제570조에 기한 손해배상청구권을 행사할 수는 없으므로(제570조 단서), 일반규정인 제390조에 기해서만 손해배상을 청구해야 한다.[40] 따라서 매도인의 과실을 증명하지 못한 매수인이 타인권리매매에 관하여 악의였던 경우, 제570조에 기해서든, 제390조에 기해서든, 매도인에게 손해배상을 청구하지 못하고 단지 해제만 할 수 있게 된다.

라. 규정의 공평성

제570조 단서에 대해서는, 매수인이 아무리 선의였다 하더라도, 급부불능 자체에 관해서는 무과실인 매도인에 대해서 이행이익의 손해배상까지 청구하게 하는 것은 가혹하다는 이의가 제기될 수도 있다. 그러나 선의인 매도인을 위해서는 제571조의 규정이 별도로 마련되어 있음을 감안하면, 이 사안에서 매도인은 악의의 매도인으로 봐야 할 것이고, 만약 매도인이 악의인데 매수인이 선의라면, 매도인은 그 매매가 타인권리매매라는 것에 대해 매수인을 속였거나 최소한 은폐했던 것으로 보지 않을 수 없다. 게다가 우리 민법이 타인권리매매를 유효하다고 보는 이상, 그러한 타인권리매매의 불능위험에 관하여 매수인에게 고지하는 것을 게을리한 매도인에게 신뢰이익이 아닌 이행이익의 손해배상책임을 부담하게 하는 것은 충분히 정당하다고 생각된다.

---

37) 송덕수, 채권법각론, 188.

38) 예를 들어 그 매매목적물을 제3자에게 전매해서 얻었을 이익이 급부불능으로 인해 사라진 것이 그와 같다.

39) 대판 1970.12.29, 70다2449 참조. 이에 관한 반대견해는 양창수/김재형, 계약법, 545면.

40) 대판 1970.12.29, 70다2449 참조.

그리고 그와 반대로, 매수인이 단순히 악의였다는 이유로 매도인에 대하여 손해배상 청구권을 행사하지 못하게 된다는 데 대해서는, 아무리 매도인이 무과실이라 하더라도 매수인과 똑같이 악의였던 경우 부적절하다는 이의가 제기될 수도 있을 것이다. 그러나 여기서 악의였던 매수인은 타인권리매매의 위험성을 일정부분 감수했던 것으로 봐야 함이 간과되지 말아야 할 것이다. 게다가 매수인이 아무리 악의였다 하더라도, 그에게는 어쨌든 해제권이 보장되어 매매대금 원금과 이자는 반환된다는 사실을 감안해야 한다. 이를 고려한다면, 악의인 매수인이 무과실인 매도인에 대하여 해제권 이상의 권리를 행사하도록 하기는 곤란하다 할 것이다.

Ⅳ. 민법 제571조의 해석

1. 선의 매도인의 계약해제권

매도인이 선의였을 때, 매도인은 매수인에게 권리의 하자로 인한 손해를 배상하고 자기가 먼저 계약해제권을 행사할 수 있다(제571조 제1항). 이러한 해제의 효과에 대하여 특별한 규정이 없으나, 일반규정에 따라 매도인은 그 현존 여부와 상관없이 매매대금 전액을 매수인에게 반환하여야 할 것이다.41)

가. 매도인에게 해제권을 부여한 취지

우리 민법상 타인권리의 매매는 유효이다. 프랑스법상 타인권리의 매매(la vente de la chose d'autrui)가 무효인 것과는 다르다. 물론 프랑스법에서도 매도인은 권리 전부의 하자에 대해 담보책임을 부담한다. 다만 프랑스법에서 매도인은 그 매매가 타인권리의 매매로서 무효임을 증명하고 이러한 권리 하자 담보책임에서 벗어날 가능성을 갖는다.42) 그런데 우리 민법에서는 매도인에게 이러한 가능성이 부여되어 있지 않다. 그래서 우리 민법에서도 프랑스법에서와 같이 매도인에게 계약 무효화의 가능성을 부여하기 위해 이러한 해제권을 규정한 것으로 생각된다.

---

41) 지원림, 민법강의, 1466; 송덕수, 채권법각론, 189. 물론 매수인도 목적물 전부를 반환해야 하며, 만약 목적물을 사용하였으면 그 사용이익 역시 반환하여야 한다. 이에 관해서는 대판 1995.4.9, 92다25946.

42) Bénabent, Droit des contrats spéciaux civils et commerciaux, no 343.

나. 매도인의 선의

여기서 매도인이 선의라는 것은 매도인이 계약 당시에 매매의 목적이 된 권리가 자기에게 속하지 아니함을 알지 못했다는 의미이다. 매도인이 선의이기만 하면 선의임에 과실이 있다 하더라도 무방하다.[43] 그 물건의 소유자가 매도인 자신인 줄 알고 선의로 점유하다가 매수인한테 팔았는데, 나중에 진정한 소유자가 나타나 매수인에 대하여 소유물반환 및 등기말소를 청구하여, 결국 매수인이 매도인한테 제570조의 담보책임을 묻게 된 사안이 제571조 제1항의 전형적 사안이라 할 수 있다.[44]

물론 악의의 매도인에게는 이러한 해제권이 인정되지 않는다. 악의의 매도인은 자신에게 권리 없음을 이미 다 알고서 계약을 체결한 자에 해당하므로, 그 계약상의 구속으로부터 스스로 벗어나게 해서는 안 된다고 보는 셈이다. 따라서 악의의 매도인은 설령 급부불능 자체에 귀책사유가 없다 하더라도, 매수인의 제570조에 기한 해제, 손해배상청구에 앞서서 선제대응으로써 자기 피해를 최소화하지 못하게 된다.

나. 손해배상의 범위

이때 선의 매도인이 계약을 먼저 해제하면서 매수인에게 배상해야 하는 손해는 이행이익의 손해가 아니라 신뢰손해(信賴損害)로 봐야 한다. 설령 매도인에게 이때 과실이 있었다 하더라도, 매도인이 자신의 권리 없음에 대해 선의였다면, 이 과실은 채무이행을 잘못한 게 아니라 계약체결 자체를 잘못한 것, 즉 사실상 불능계약을 체결하였음에 있기 때문이다. 만약 이러한 불능계약 체결이 과실이라면 이는 계약이행상의 과실이 아니라 계약체결상의 과실(제535조)이라 봐야 한다. 만약 이 경우 매도인이 불능계약임을 알래야 알 수 없었다고 한다면, 매도인에게 제535조에 기한 책임은 없는 것이지만, 우리 민법 제571조 제1항은 이 경우에 매도인에게 과실이 없었음에도 특별규정으로서 계약체결상의 과실책임을 부과했다고 볼 수 있다.

물론 우리 판례는 이 경우 매도인이 이행이익의 손해배상을 해야 한다고 본다.[45] 그러나 만약 이 경우 선의 매도인이 타인권리매매를 했다는 이유로 매수인에 대하여 이행이익의 손해배상을 하게 한다고 하면, 이는 선의 매도인에게 너무 가혹한 책임이 돼버린다.

---

43) 송덕수, 채권법각론, 189.

44) 부동산매도인이 횡령된 부동산을 선의로 매수하여 이를 다시 매수인에게 전매한 사안이 대표적이다. 물론 부동산의 원소유자가 제한능력(제5조 2항)임에도 또는 무권대리(제130조) 때문에 부동산을 처분했는데, 매도인은 그러한 사정을 전혀 몰랐을 수도 있다.

45) 이에 관해서는 대판 1967.5.18, 66다2618; 대판 1973.3.13, 72다2207; 대판 1975.5.13, 75다21; 대판 1976.4.27, 75다2322; 대판 1980.3.11, 80다78,117; 대판 1981.7.7, 80다3122 등 참조.

선의 매도인은 계약체결 당시 타인권리매매의 위험을 알고 이를 감수한 적이 없으며, 이를 모르고서 계약을 체결하였기 때문이다. 그리고 어차피 계약체결 당시 그 매매계약은 원시적으로 불능계약이었던 것이나 마찬가지였다. 그러므로 이 경우 매도인이 매수인한테 이행이익까지 배상하게 하는 것은 논리적으로 무리라고 할 수 있다.

그 근거는 제571조 제2항이 원권리자의 배신, 즉 채무불이행을 전제로 하고 있는 반면, 제571조 제1항은 원권리자의 권리회복이라는 우리 민법 제201조~제203조의 상황을 전제로 하고 있다는 데 있다. 후자의 경우 매매계약은 그 체결 당시부터 불능계약의 성질을 갖게 된다. 물론 이러한 불능계약이라는 사정은 매수인뿐 아니라 매도인 역시 알 수가 없었던 이상, 매도인은 계약체결상의 과실책임(제535조)을 부담하지 않게 된다. 그러나 우리 민법은 제571조 제1항의 담보책임규정을 통하여 매도인이 매매계약의 원시적 불능사실을 알 수 없었음에도 특별히 계약체결상의 과실책임을 부담하도록 한 것이라는 게 본고의 주장이다.

다. 매수인이 악의였던 경우

매도인은 선의였으나 매수인은 악의였던 경우, 다시 말해 계약 당시 그 권리가 매도인에게 속하지 아니함을 매도인은 몰랐으나 매수인은 안 때, 매도인은 매수인에 대하여 신뢰손해의 배상책임조차 부담하지 않게 된다. 따라서 매도인은 매수인에 대하여 그 권리를 이전할 수 없음을 통지하고 계약을 해제할 수 있게 된다(제571조 제2항). 하지만 현실적으로 매도인은 선의였으나 매수인은 악의였던 경우가 존재하기는 어렵다 할 것이다.

V. 결 론

되풀이 말하지만, 제570조 단서에서 매도인이 매수인에 대하여 이행이익의 배상책임을 부담하는 근거는 매도인이 타인권리매매임을 미리 알았다는 데 있다. 매도인이 급부불능 자체에 관해서는 과실이 없었다 하더라도 마찬가지이다. 이 경우 타인권리매매임을 미리 알았던 매도인이 타인권리매매임을 몰랐던 매수인에 대하여 그 불능위험을 고지하지 않았다는 것은 충분히 비난가능하다. 물론 매도인은 매수인에게 알리지 않고 자기 선에서 계약이행을 가능하게 만들려고 노력했을 것이다. 하지만 매도인의 과실 여부와 상관없이 계약이행은 좌절되었고, 우리 민법상 타인권리매매는 유효이다. 그리고 이 경우 선의 매수인을 보호할 필요성까지 감안해야 한다. 이러한 모든 점을 고려한다면, 이 경우 매도인이 무과실임에도 이행이익 배상책임을 부담하도록 하는 것은 정당하다고 여겨진다. 물론 매도인이 선의일 수도 있다는 반론이 가능하나, 선의인 매도인을 위해서는 제571조의 규정이 별도로 마련되어 있으므로, 이 사안에서 이행이익 배상책임을 부담하는 매도인은 악의의 매도인으로 봐야 할 것이다.

이러한 전제를 받아들인다면, 제570조에 따라 악의의 매도인이 배상하여야 하는 손해와, 제571조 1항에 따라 선의의 매도인이 배상하여야 하는 손해는 성질상 서로 다른 것이라고 할 수 있다. 전자의 경우 매도인은 물건의 처분권한이 타인에게 있음을 알았고, 따라서 타인권리매매의 위험성을 일정부분 감수했던 것으로 봐야 한다. 그러므로 이 경우 매도인은 이행이익의 손해를 배상하더라도 불합리할 것이 없다. 하지만 후자의 경우 매도인은 타인권리매매의 위험성을 감수했던 적이 없다. 이 경우 매매계약은 사실상 불능계약이 된다. 따라서 이 경우 매도인은 이행이익이 아니라 신뢰이익의 손해만을 배상하게 하면 족하다.

"우리 민법상 권리하자 담보책임 규정은 독일법과 프랑스법의 기묘한 혼합이라고 할 수 있다. 타인권리의 매매를 유효하게 보는 입법태도는 독일법을 따랐고, '권리의 하자'라는 용어 역시 독일법에서 가져왔다. 하지만 우리 법상 '권리의 하자' 개념내용은 사실 프랑스법상 '추탈'의 개념내용이며, 독일법상 '권리의 하자'와는 개념이 다른 것을 알 수 있다. 우리 민법은 독일민법이 인정하지 않는 권리하자의 담보책임을 인정하고 있다는 점에서 프랑스민법이 추탈담보책임을 인정하고 있는 것과 유사한 구조를 갖추고 있다. 그런데 프랑스민법은 이른바 '제3자에 의한 추탈' 사안에서 당사자가 매매계약을 무효화할 수 있게 하고 있으므로, 우리 민법은 이를 본받아 선의 매도인을 보호하기 위한 제571조의 규정을 마련하여 선의 매도인에게 계약해제권을 부여하고 있다. 물론 우리 민법 제571조는 이 경우에도 매수인이 선의인 경우 선의 매도인에게 손해배상책임을 부과한다. 그러나 이때 선의 매도인이 선의 매수인에게 부담하는 손해배상책임은 유효한 매매계약에서 매도인측의 사유로 추탈이 되었을 때 매도인이 매수인에게 부담하는 손해배상책임과는 성질을 달리한다. 다시 말해 이때 선의 매도인이 부담하는 손해배상책임은 사실상 매매계약의 무효를 전제로 하는 것이므로, 프랑스법에서와 같이 매도인은 이때 신뢰이익의 배상책임만 부담하는 것으로 족하다고 생각한다."

부양의무위반(망은행위)과 증여해제

서 종 희

연세대학교 법학전문대학원 교수

Ⅰ. 들어가는 말

최근 직계비속이 사망한 경우에 직계존속의 직계비속에 대한 부양의무 위반(특히 '제1차적 부양의무', 소위 '콩 한 쪽도 나누어 먹는 부양의무' 위반)을 이유로 직계존속의 상속권 상실이 필요하다는 사회적인 공감대가 형성되었다. 이는 결국 민법의 개정이 필요하다는 주장으로 이어졌으며,[1] 이에 정부는 2021. 1. 17. 입법예고한 후 2021. 6. 18. 정부는 상속권 상실 제도의 도입을 내용으로 하는 「민법 일부개정법률안, 의안번호 2110864」(이하 '정부안')을 국회에 제출하였다(표 1 참조).[2]

---

1) 헌법재판소 2018.2.22. 선고 2017헌바59 결정은 "심판대상조항은 일정한 형사상의 범죄행위와 유언의 자유를 침해하는 부정행위 등 5가지를 상속결격 사유로 한정적으로 열거하고 있다. 이는 극히 예외적인 경우를 제외하고는 상속인의 상속권을 보호하고 상속결격 여부를 둘러싼 분쟁을 방지하고, 상속으로 인한 법률관계를 조속히 확정시키기 위함이다. 부양의무의 이행과 상속은 서로 대응하는 개념이 아니어서, 법정상속인이 피상속인에 대한 부양의무를 이행하지 않았다고 하여 상속인의 지위를 박탈당하는 것도 아니고, 반대로 법정상속인이 아닌 사람이 피상속인을 부양하였다고 하여 상속인이 되는 것도 아니다. 만약 직계존속이 피상속인에 대한 부양의무를 이행하지 않은 경우를 상속결격사유로 본다면, 과연 어느 경우에 상속결격인지 여부를 명확하게 판단하기 어려워 이에 관한 다툼으로 상속을 둘러싼 법적 분쟁이 빈번하게 발생할 가능성이 높고, 그로 인하여 상속관계에 관한 법적 안정성이 심각하게 저해된다. 나아가 민법은 유언이나 기여분제도를 통하여 피상속인의 의사나 피상속인에 대한 부양의무 이행 여부 등을 구체적인 상속분 산정에서 고려할 수 있는 장치를 이미 마련하고 있는 점들을 고려하면, 심판대상조항이 피상속인에 대한 부양의무를 이행하지 않은 직계존속의 경우를 상속결격사유로 규정하지 않았다고 하더라도 이것이 입법형성권의 한계를 일탈하여 다른 상속인인 청구인의 재산권을 침해한다고 보기 어렵다(밑줄은 필자가 첨가)."고 판단하였다.

2) 이번 정부안이 나오기 전에 이미 20대 국회 및 제21대 국회에서 여러 차례 유사한 법률안이 발의되었다. 이에 대한 구체적인 논의는 현소혜, 상속권 상실 선고 제도에 대한 입법론적 검토, 가족법연구 35/3 (2021) 3 이하 참조. 참고로 국회는 2020. 12. 1. 순직한 공무원에 대해 양육의무를 다하지 않은 유족은 퇴직유족·재해유족급여 전부 혹은 일부를 못 받도록 제한하는 내용의 공무원연금법 및 공무원재해보상법 개정안(일명 '공무원 구하라법')을 통과시켰다.

[표 1] 정부안

민법 제1004조의2(상속권상실선고)[3)]

① 다음 각 호의 어느 하나에 해당하는 사유가 있는 경우에는 가정법원은 피상속인의 청구에 따라 상속인이 될 사람의 상속권 상실을 선고할 수 있다.

1. **상속인이 될 사람이 피상속인에 대한 부양의무를 중대하게 위반한 경우**
2. 상속인이 될 사람이 피상속인 또는 그 배우자나 직계혈족에 대한 중대한 범죄행위, 학대 그 밖의 심히 부당한 대우를 한 경우

② 피상속인이 공정증서에 의한 유언으로 상속권 상실의 의사를 표시한 때에는 유언집행자가 제1항에 따른 상속권 상실의 소를 제기하여야 한다.

③ 상속인에게 제1항 각 호 사유가 있는 경우에는 제1000조제1항의 각 호 중 어느 하나에 해당하는 자가 상대방이 상속인이 되었음을 안 날로부터 6개월 내에 가정법원에 그의 상속권 상실을 청구할 수 있다.

④ 가정법원은 상속권 상실 사유의 경위 및 정도, 상속인과 피상속인과의 관계, 상속재산의 규모 및 형성과정, 그 밖의 사정을 고려하여 상속권 상실이 적당하지 아니하다고 인정하는 경우에는 제1항부터 제3항의 청구를 기각할 수 있다.

⑤ 상속개시 후에 상속권 상실의 선고가 확정된 때에는 상속이 개시된 때에 소급하여 상속권을 상실한다. 그러나 제3자의 권리를 해하지 못한다.

⑥ 가정법원은 이해관계인 또는 검사의 청구에 의하여 상속재산관리인 선임, 그 밖의 상속재산의 보존 및 관리에 관하여 필요한 처분을 명할 수 있다. 법원이 상속재산관리인을 선임한 경우에는 제24조 내지 제26조의 규정을 준용한다.

제1004조의3(용서)

① **피상속인이 상속인이 될 자를 용서한 때에는 그 사유로 인한 상속권 상실의 선고를 청구하지 못하고,** 상속권 상실의 선고는 효력을 잃는다.

② 제1항의 용서는 공증인의 인증을 받은 서면 내지 공정증서에 의한 유언으로 하여야 한다.

위 정부안이 입법예고된 이후에 학계에서도 정부안에 대한 찬반 논쟁이 첨예하게 대립되었으며,[4)] 정부안에 대한 대안을 제시하는 견해도 등장하였다.[5)] 정부안과 관련하여 가장 첨예하게 대립된 부분은 첫째, 상속이 개시되기 전에 상속권을 상실시킬 수 있는지, 둘째, 유류분[6)]을 상실시키는 것과 상속권을 상실시키는 것이 같은 의미를 가지는 것인지, 셋

3) 이하 법명 없이 조문만을 적시하는 경우에는 특별한 언급이 없는 한 우리민법을 의미한다.

4) 김상용 · 박인환, 상속권상실선고에 관한 법무부 개정안의 문제점, 중앙법학 23/1 (2021) 7 이하; 김상용 · 박인환, 상속권상실선고의 문제점에 대한 재론 — 법무부 개정안에 대한 비판과 반론 —, 중앙법학 24/1 (2022) 7 이하; 김원태, 상속권상실선고 제도의 절차법적 관점에서의 몇 가지 검토 과제, 민사소송 25/2 (2021) 173 이하; 윤진수, 상속권 상실에 관한 정부의 민법개정안, 비교사법 28/3 (2021) 241 이하; 이동진, 상속결격 · 상속권 상실과 대습상속 — 민법 개정안 비판, 가족법연구 35/2 (2021) 93 이하; 이혜진, 상속인의 범위와 자격 등에 관한 제문제, 동아법학 90 (2021) 37 이하; 현소혜, 가족법연구 35/3 (2021) 1 이하 등.

5) 대표적으로 김상용 · 박인환, 중앙법학 24/1 (2022) 참조.

6) 헌법재판소는 유류분을 "피상속인의 재산처분 행위로부터 유족들의 생존권을 보호하고, 상속재산 형성에 대한 기여, 상속재산에 대한 기대를 보장"하기 위한 제도로 이해하는 것으로 판단된다. 헌법재판소 2010.4.29. 선고 2007헌바144 결정; 헌법재판소 2010.12.28. 선고 2009헌바20 결정 참조.

째, 계약으로 상속개시 전에 유류분 등을 포기하는 것과 피상속인의 일방적 의사표시로 인한 판결로 상속권을 상실시키는 것을 동일하게 평가할 수 있는지, 마지막으로 판결에 의해 상속권을 상실시켰음에도 불구하고 “용서”라는 의사에 의해 판결을 번복시킬 수 있는지 등이다. 특히 상속권이나 유류분의 전면적인 박탈은 헌법재판소에 의해 보호되는 기본권(또는 제도적 보장)침해라는 ‘다모클레스의 칼(Sword of Damocles)’이 항상 고려될 수밖에 없다는 점에서 이는 매우 어려운 문제라고 할 수 있다.[7)]

한편으로 우리 사회에서는 직계존속이 직계비속에게 생전에 증여를 하였는데 직계비속이 증여자인 직계존속에 대한 부양의무(제2차적 부양의무)를 위반한 경우 또는 망은행위를 한 경우에 그러한 자에 대한 증여를 해제할 수 있도록 해야 한다는 주장이 강하게 제기되었다. 이는 고령화사회의 사적 부양을 해결하기 위한 입법적인 결단이 필요하다는 사회적인 공감대를 반영한 주장이다. 보통 65세 이상인 인구의 비율이 전체 인구의 7% 이상 14% 미만이면 고령화사회(aging society), 14% 이상 20% 미만이면 고령사회(aged society), 그 이상이면 후기고령사회 또는 초고령사회(post−aged or super−aged society)라고 한다.[8)] 아시아는 세계에서 고령화가 가장 빠르게 진행되고 있는 지역이다.[9)] 우리나라도 이미 2000년에 노령인구의 비율이 전체인구의 7.2%를 차지하며 고령화 사회(aging society)에 접어들었다. 그러나 우리나라는 그로부터 불과 18년 뒤인 2018년에 고령사회(aged society)에 진입하여 고령화 속도가 유례없이 빠르다는 평가를 받고 있다.[10)] 2025년에는 초고령사회에 진입할 것이라고 전망되고 있어, 사회가 매우 빠른 속도로 고령화되고 있다.[11)] 또한 2015년을 기준으로 가구주 연령이 65세 이상인 가구가 전체가구의 20.6%를 자치하였으며, 2035년에는 40.5%까지 증가할 것으로 전망된다.[12)] 노인에 대한 부양은 현재보다 미래에 더 심각한 사

---

7) 생각건대 민법 제999조의 위헌에 대한 논의는 계속될 것이지만, 최소한 우리 입법자의 의사는 민법 제999조에서 상속회복청구권의 권리행사기간을 제소기간으로 제한하고 있다는 점에서 이미 상속에 의해 얻어진 권리를 절대적인 권리로서 보장하겠다는 것은 아니라고 판단된다. 피상속인의 생전에 상속인의 지위가 아닌 상속권 자체를 상실시킬 것인지에 대한 고르디우스의 매듭(Gordian Knot)은 헌법재판소의 결정에 의해서 (해결이 아닌) 해소되기 전까지는 풀리지 않을 것이다.

8) 서구 선진국 대부분이 20세기에 초고령화사회 또는 고령사회에 진입하였다.

9) 아시아는 세계에서 가장 빠른 고령화 지역이라고 할 수 있다. 2000년에서 2050년 사이에 아시아의 노인 인구는 1950년부터 2000년 사이의 기간보다 5배가 증가할 것으로 예측된다. Claudis Martin/ Diego Rodriquez-Pinson/Bethany Brown, Human Rights of Older People: Universal and Regional Legal Perspectives, Springer, 2015, 331.

10) UN은 2019년부터 2050년까지 사이에 가장 빨리 고령화될 것으로 추정되는 나라로 대한민국을 꼽고 있는데, 그 추정치는 23%로, 가장 고령화가 많이 진행된 북미와 유럽이 150년에 걸쳐 도달한 수준에 불과 50년 만에 이르는 것이 된다. 이동진, 고령사회에서 의료법의 과제 — 원격의료, 공동결정, 자원투입제한 —, 서울대 법학 61/4, (2020) 38. 다른 통계는 그보다 훨씬 빠른 고령화를 예상하고 있다. 조정은 · 노미리, 고령소비자 보호정책의 현황과 과제, 소비자법연구 5/3 (2019) 68.

11) 통계청, 2022 고령자 통계 참조. https://kostat.go.kr/portal/korea/kor_nw/1/1/index.board?bmode=read&aSeq=420896(2022. 12. 9. 최종 확인).

12) 통계청(2015) 고령자 통계 참조, 보도자료 31.

회적 문제로 부각될 것이다. 그러나 급증한 노인인구 중 상당수는 특별한 노후대책을 마련하지 못하고 있고, 실제 OECD의 통계에 의하면, 2021년 우리나라의 노인빈곤인구율은 43.4%로, OECD 국가 평균인 13.1%를 훨씬 초과하여 1위를 차지한다.13) 그런데 부모의 노후 돌봄을 가족이 해야 한다는 인식은 2008년의 40.7%에 비해 2018년에는 26.7%로 14% 이상 낮아졌으며, 부모가 스스로 해야 한다거나, 정부 · 사회가 해야 한다는 인식은 계속 증가하고 있다.14) 노후를 준비하고 있다는 고령자 중 대부분은 국민연금(48.4%)이나 직역연금(11%) 등 연금제도를 노후대책으로 생각하나,15) 우리나라에서 전국민에 대한 연금제도가 시행된 것은 1999. 4. 1.로, 현재 연금 체계상 공적 연금에만 의지하여 생활하기에는 그 액수가 부족할 수밖에 없다.

니체(Nietzsche, Friedrich Wilhelm)의 최후의 인간(The Last Man)이 신의 죽음 이후 건강을 새로운 여신으로 선포한 것처럼16) 현대사회에서 건강은 인간의 중요한 숭배의 대상이 되었다. 그러나 실질적으로 현대사회의 노인(고령자)은 건강하지 않은 상태로 장기간 생존할 뿐, 법의 보호 바깥에 놓인 자에 불과할 수도 있으며 누구보다 외롭고 고독한 존재라고 할 수 있다. 이러한 모습은 우리에게 조나단 스위프트(Jonathan Swift)의 소설 걸리버 여행기(Gulliver's Travels)에 등장하는 스트룰드부르그(Struldbrug)17)와 조르조 아감벤(Giorgio Agamben)이 주장하는 로마시대의 호모사케르(Homo Sacer)를 떠올리게 한다.18) 우리 사회는 이들을

13) Pensions at a Glance 2021-OECD and G20 Indicators, OECD Publishing (2021), 187.

14) 통계청, 한국의 사회동향 2018 보도자료(https://kostat.go.kr/sri/srikor/srikor_ntc/1/index.board?bmode=read&aSeq=372007. 2022. 12. 9. 최종검색); 김유경, 중 · 장년층의 이중부양 부담과 정책과제, 보건복지포럼 271 (2019) 78.

15) 통계청, 주1) 참조.

16) "[…] 사람들은 건강을 숭배한다. '우리는 건강을 발명했다.' 최후의 인간들은 이렇게 말하고 눈을 깜빡거린다." Friedrich Nietzsche, Also sprach Zaratbustra, Kritische Gesamtausgabe, Abt.6, Bd.1, 1989, 14.

17) 작가 Swift는 걸리버가 라프타(Laputa)의 여행에서 만나는 Struldbrug를 통해서 인간에게 있어서 가장 큰 공포인 늙음과 죽음으로부터 벗어나는 것에 대해 의문을 제기하고 불사의 존재가 되고자 하는 인간적인 열망을 다룬다. 영원히 생존할 수 있다는 Struldbrug의 이야기를 들은 걸리버는 흥분하여 불사의 존재들이 행복할 것이라고 생각한다. 그러나 이들은 축척된 인간의 지혜를 가지고 있으며 초월적인 세계관을 가지고는 있지만 사회에서 부러움이나 존경의 대상과는 거리가 멀다. 즉 오히려 Laputa에서 Struldbrug는 멸시의 대상이 될 뿐이다. 그들은 죽지는 않지만 계속 늙어가는 존재이며, 이로 인하여 치매 및 만성질환의 병을 가진 존재로서 사회적인 짐으로 취급된다. 더 나아가 이들은 일정 나이가 되면(80세), 죽은 것으로 간주되어 80세 이후에는 어떠한 법적 거래(신용거래, 토지매입, 임대차 등)를 할 수 없으며 법의 보호대상에서 제외된다(the status of an accursed outsider). 또한 부부 모두가 80세 이상에 되는 시점에 이들의 혼인은 종료된다. 요컨대 이 불사의 존재들은 스스로 행복하지도 않고, 사회에 유익하지도 않다. 그들은 인간적인 공포와 질병에서 해방된 존재가 아니며, 아무리 오래 살아도 자유로운 정신을 소유하지는 못하고 오히려 사회에 짐이 될 뿐이다. Tuveson, Earnest(ed.), Swift: A Collection of Critical Essays, Englewood Cliffs, N.J., Prentice-Hall, 1964, 21 ff.

18) 즉 현대사회를 건강하지 못한 모습과 외롭게 살아가는 노인은 살아있지만 죽은 자로 간주되어 법과 제도에 의해 인격권 등이 보장되지 못하는 존재('현대판 좀비(Zombie)')라 할 수 있다. Struldbrug에 대한 부정적인 묘사를 통해서 Swift는 영생을 꿈꾸는 인간적인 열망조차도 자신의 한계를 망각한 오만이라고 공격한다. 이들에 대한 Swift의 묘사는 너무나도 음울하고 부정적이며, 걸리버의 소박한 기대가 좌절되는 과정에서 발견되는 정서는 매우 염세적이다(the grotesque ironies of education of Sade's Juliette or the ingenue mademoiselle in Sade's Philosophy of the Boudoi). Edward Colless, Black Economy, Prova: Humanities Research Forum Journal, Royal College of Art, 2013, 65.

어떻게 보호할 것이며, 궁극적으로 이들은 누가 부양해야 하는가?

일반적으로 부양이란 자기의 자력으로 생계를 유지할 수 없거나 교육을 받을 수 없는 자에 대한 경제적 급여를 말하는데,[19] 이는 공적 부양과 사적 부양으로 구별된다.[20] 사적 부양은 자력으로 생계를 유지할 수 없는 자에 대하여 부양의무자가 금전적 · 물질적 지원을 하는 것을 말한다.[21] 우리 민법은 사적 부양을 부부간의 부양의무(제826조 제1항),[22] 친족 간의 부양의무(제974조), 부모의 미성년의 子에 대한 부양의무[23] 등 세 측면에서 파악하고 있다.[24] 특히 부부는 자기의 생활수준을 유지하면서 여유가 있을 때 상대방의 최저한도의 생활을 보장하는 2차적 부양[25]이 아닌 1차적 부양의무를 진다.[26] 이에 반해 자녀가 부모를 부양할 2차적 부양의로서의 사적의무의 강제성은 상당히 약하다고 할 수 있다. 따라서 공적부양을 통해 노인복지문제를 해결할 수밖에 없으나 이 또한 국가 재정 등의 한계 때문에 현실적으로 매우 어려운 상황이다. 특히 베이비붐 세대(1955~1963년생)와 그들의 자녀세대(1979~1992년생), 즉 에코(echo)세대라고 불리는 세대간의 갈등, 부유층과 빈곤

19) 이경희, 자(子)에 대한 부모의 부양의무의 법적 근거, 법학연구 24/1 (2014) 201; 조은희. 부부간 부양의무에 대한 소고 — 과거의 부양료청구를 중심으로 —, 법과 정책 21/3 (2015) 372.

20) 사적 부양이 원칙이고 공적 부양은 보충적이라는 견해가 지배적이다. 김상용 · 김주수, 주석민법 친족(3)(이하 '주석민법 친족(3)'으로 인용하기로 함), 2010, 650.

21) 생계를 유지하는 데 필요한 비용이란 대체로 식생활, 의복, 주거 및 그에 필요한 비용, 당사자의 사회적 · 경제적 수준에 상당하는 문화적 생활 및 그에 소요되는 비용(교통비 등), 인간적 교류의 유지 및 그 수단에 소요되는 비용(전화비, 우편료 등), 직업을 구하거나 직업활동을 수행하는 데 필요한 교육비 및 그에 수반되는 비용, 자유롭게 사용할 수 있는 얼마간의 용돈 등에 충당하기 위하여 직접 돌보거나 지출하는 금전을 총칭하는 비용이라고 정의할 수 있을 것이다. 이경희, 법학연구 24/1 [2014] 201 이하.

22) 아래에서 법명의 지시 없이 인용되는 조문은 우리 민법의 조문이다. 민법의 규정을 차치하더라도 일반적으로 배우자 간의 부양의무는 부부관계(혼인)의 본질로부터 요청되는 의무로 본다. 대법원 2009.12.24, 2009므2413 판결; 이동진, 혼인관념, 인적 혼인의무 및 그 위반에 대한 제재, 서울대학교 법학 53/3 (2012) 490; 이홍민, 이혼급부에 대한 검토, 가족법연구 24/2 (2010) 50 등. 일본 또한 '혼인의 본질'로부터 부부간의 부양의무 등을 도출해 낸다. 青山道夫＝有地享編(黒木三朗 執筆), 『新版注釈民法 (21)』, 有斐閣, 1989, 338. 부부간의 부양의무는 특별한 사정이 없는 한 이혼으로 소멸된다. 大村敦志/河上正二/窪田充見/水野紀子, 『比較家族法研究: 離婚 · 親子 · 親権を中心に』, 商事法務, 2012, 109.

23) 부모의 미성년 자녀에 대한 부양의무의 근거에 대해 학설은 제974조를 보는 견해(이경희, 법학연구 24/1 [2014] 208; 이동진, 부모 일방의 타방에 대한 과거의 양육비 상환청구와 소멸시효", 가족법연구 26/2 [2012] 142), 제913조(동조를 제974조의 특별규정으로 이해)로 보는 견해(이승우, 노친부양소고, 가족법연구 14 [2000], 189), 입법적 불비로 보는 견해(김주수 · 김상용, 친족상속법, 2013, 528)로 나뉜다.

24) 참고로 川善之助, 「親族的扶養義務の本質」, 法學新報 38巻 6号 · 7号(1928)에서는 부양의무를 생활보전적 부양과 생활부조적 부양으로 나누고, 전자는 자기생활의 정도와 균일하게 하고 생활의 전면적 보존유지이어야 하고, 후자는 자기생활을 희생하지 않고 급부할 수 있는 생활필요비만으로 충분하다고 본다. 이러한 입장은 일본학설에 지대한 영향을 미쳤다(五十嵐清/遠藤 浩/川井 健/島津一郎 編集, 民法學の基礎知識(3), 1975, 751). 국내 학설 또한 이견은 있으나(이경희, 법학연구 24/1 [2014] 208) 일반적으로 국생활유지의무를 1차적 부양의무로, 생활부조의무를 2차적 부양의무로 이해한다(박동섭, 친족상속법, 2013, 422 이하; 김주수 · 김상용, 친족상속법, 528; 민유숙 편집대표, 주석민법 친족 2, 제6판, 2020, 866 등 참조). 한편 1차적 부양의무는 2차적 부양의무에 우선하게 되며, 2차적 부양의무자가 부양한 경우에는 1차적 부양의무자에게 구상할 수 있다. 대법원 2012.12. 27. 선고 2011다96932 판결 및 김승정, 배우자 사이의 부양의무와 직계혈족 사이의 부양의무의 우선순위, 대법원판례해설 제93호, 2012, 216 참조.

25) 친족 간의 부양의무를 2차적 부양(제974조 이하)으로 본다. 학설 중에는 1차적 부양의무와 2차적 부양의무를 나누는 것에 대해 부정적인 입장이 있으나(이경희, 법학연구 24/1 [2014] 207), 판례는 양자를 명확히 구분한다. 대법원 2013.8.30.자 2013스96 결정; 대법원 2012.12.27. 선고 2011다96932 판결 등 참조.

26) 이는 미성년의 자(子)에 대한 부모의 부양의무와 같은 수준이다. 주석민법 친족(3), 651 이하.

층의 경제적 갈등, 그리고 아동복지와 노인복지의 우선순위와 관련된 사회적 갈등이 산재되어 있다. 베이비붐 세대 중 다수는 은퇴자금과 자녀의 결혼 자금 등도 마련할 여력이 없고 에코세대는 부모로부터 독립할 여력이 없어 세대교체가 불가능해진 시점에서 우리 사회는 어떻게 이를 극복할 수 있을 것인가? 더욱이 베이비붐 세대의 계층격차와 그들의 자녀 세대의 계층격차가 심화되면서 증폭된 세대교체의 양극화는 미증유(未曾有)에 빠졌다고 할 수 있다. 특히 한국사회는 부모세대가 증여를 통해 자녀세대에게 경제력을 지원하고 자식이 본인을 향후에 부양할 것을 기대하는 정서가 아직도 강하게 남아있다. 그러나 증여받은 자식이 부모보다 먼저 사망하거나 부양을 거부하는 일이 발생하면서 노인부양의 문제가 더 심각해지고 있다. 법적인 부양의무를 강하게 하는 것도 하나의 방법일 것이나 그 방법보다는 민법을 개정하여 증여의 의도 및 목적이 실현될 수 있도록 돕는 것을 통해 해결하는 것이 실현가능성이 더 클 것이다.[27] 본고는 그 일환으로 증여계약의 해제사유 등에 대한 재검토를 해보고자 한다. 이에 먼저 현행법의 한계를 판례를 통해 확인하고(II. 1, 2), 2013년의 법무부 개정시안의 의미를 분석해 보고자 한다(II. 3). 다음으로 비교법적인 검토로서 독일, 일본에 대한 분석을 통해(III)[28] 나름의 개정방향을 도출하면서 글을 마치고자 한다(IV).

Ⅱ. 민법 제558조의 개정논의

우리 민법은 증여에 특유한 해제원인으로 세 가지를 규정하고 있으나(제555조 내지 제557조), 이러한 해제는 이미 이행된 급부의무에는 영향을 미치지 않는다(제558조). 먼저 증여자 또는 그 배우자나 직계혈족에 대한 범죄행위가 있는 때(제556조 제1항 제1호), 또는 증여자에 대하여 부양의무 있는 경우에 이를 이행하지 아니하는 때(제556조 제1항 제2호)에는 증여자는 증여계약을 해제할 수 있다. 제556조 제1항 제2호의 부양의무는 제974조에 규정되어 있는 직계혈족 및 그 배우자 또는 생계를 같이 하는 친족간의 부양의무를 가리키는 것으로서, 친족간이 아닌 당사자사이의 약정에 의한 부양의무는 이에 해당하지 아니하여 제556조 제2항이나 제558조가 적용되지 않는다. 즉, 우리 판례는 대법원 1996.1.26. 선고 95

27) 즉 무상계약의 전형으로서 증여에 관한 실정법의 개정은 무상계약의 법리 형성에 매우 중요한 역할을 할 것이다.

28) 비교법적인 검토는 최봉경, 증여계약에 관한 민법개정안 연구, 서울대학교 법학 55/4 (2014) 65 이하 및 윤진수, 증여계약의 해제에 관한 민법개정안, 민사재판의 제문제 제21권, 2012, 686 이하에서 하고 있으므로 본고에서는 선행연구를 보충할 필요가 있는 부분과 국내에서 다루지 않았던 일본민법 개정과정에서의 "망은행위에 의한 증여해제"에 대한 논의를 상세하게 소개해 보고자 한다.

다43358 판결 등에서 "부담부 증여에 있어서는 쌍무계약에 관한 규정이 준용되어 부담의무 있는 상대방이 자신의 의무를 이행하지 아니할 때에는 비록 증여계약이 이행되어 있다 하더라도 그 계약을 해제할 수 있고, 민법 제556조 제1항 제2호에 규정되어 있는 "부양의무"라 함은 민법 제974조에 규정되어 있는 직계혈족 및 그 배우자 또는 생계를 같이하는 친족간의 부양의무를 가리키는 것으로서, 이 사건과 같이 위와 같은 친족간이 아닌 당사자 사이의 약정에 의한 부양의무는 이에 해당하지 아니하여 이 사건 부담부 증여에는 민법 제556조 제2항이나 민법 제558조가 적용되지 않는다"고 설시하고 있다.[29] 한편 증여계약을 체결한 후에 증여자의 재산상태가 현저히 악화되고 그 이행으로 인하여 생계에 중대한 영향을 미칠 경우, 증여자는 증여계약을 해제할 수 있다(제557조). 이는 우리 민법상 사정변경의 원칙을 명문화한 대표적인 규정이라 할 수 있다. 즉 증여자의 증여 당시의 재산상태가 증여 후의 그것과 비교하여 현저히 변경되어 증여 목적 부동산의 소유권을 수증자에게 이전하게 되면 생계에 중대한 영향을 미치게 될 것이라는 등의 요건이 구비되면, 증여자는 제557조에 의해 증여계약을 해제할 수 있다.[30] 그러나 그 경우에도 이미 이행한 부분에 대해서는 해제할 수 없다(제558조).

반면에 부담부 증여의 경우에는 쌍무계약에 관한 규정을 적용한다(민법 제561조). 따라서 부담부 증여계약은 부양의무를 이행하지 않았다면 증여계약이 이미 이행되었더라도 그 계약을 해제할 수 있다.[31] 대표적으로 대법원 2007.7.26. 선고 2007다24602 판결은 "상대방 부담있는 증여의 증여자는 부담채무의 내용과 이행여부에 관계없이 수증자가 민법 제556조 제1항 소정의 망은행위를 한 경우 이를 이유로 증여계약을 해제할 수 있으나, 이로 인한 해제는 민법 제556조 제2항과 제558조 소정의 제한을 받게 되는 한편, 부담채무 자체의 불이행을 내세워서도 증여계약을 해제할 수 있음은 물론 이 때의 해제는 민법 제561조에 의하여 쌍무계약에 관한 규정이 준용되어 민법 제556조 제2항과 제558조가 적용되지 아니한다"고 본다.

결국 증여자는 수증자가 제974조에 의해 부양의무를 부담하는 경우에는 특별한 사정이 없는 한 부담부증여라고 보기 어려워 이미 이행한 부분에 대해서는 망은행위 등을 이유로 증여를 해제할 수 없다(제558조). 이러한 이유에서 종종 하급심 판결에서도 제558조에 대한 개정의 필요성이 제기된다. 이하에서는 대표적으로 서울고등법원 2016.12.14. 선고 2015나2011258(본소) · 2015나2011265(반소) 판결을 살펴보고자 한다.

---

29) 대법원 1997.7.8. 선고 97다2177 판결 등 참조.

30) 대법원 1996.10.11. 선고 95다37759 판결; 대법원 1991.4.12. 선고 90다17491 판결.

31) 대법원 2015.12.10 선고 2015다236141 판결.

1. 서울고등법원 2016.12.14. 선고 2015나2011258(본소) · 2015나2011265 (반소) 판결

대상판결은 수증자인 원고가 증여계약에 따라 이행할 것을 요청한 것에 대하여 증여자가 망은행위를 이유로 증여계약을 해제한 사안이다. 먼저 원고는 “피고는 1990. 12. 25. 부터 이 사건 토지 및 건물을 원고들에게 증여할 의사를 표시하였고, 원고들은 이를 승낙하였다. 피고는 위 증여의사를 1992. 1.경에도 이 사건 증여증서를 작성하여 주면서 재확인하였고, 1992. 4. 14. 이 사건 증여계약서에 따라 이 사건 건물에 관한 소유권이전등기를 원고 앞으로 마쳐주었다. 그러므로 피고는 이 사건 증여증서에 따라 이 사건 토지에 관하여도 증여를 원인으로 한 소유권이전등기를 경료할 의무가 있다”고 주장하였다(본소). 이에 대해 피고는 “원고들의 행태는 민법 제556조 제1항 제1호에 해당하는 망은행위에 해당하므로, 이를 이유로 이 사건 증여증서에 의한 증여계약을 해제한다”고 주장하였다. 그러면서 피고는 원고에게 피고가 기이행한 이 사건 건물에 관한 소유권이전등기를 말소할 것을 주장하였다(반소). 법원은 미이행된 부분에 대한 증여계약은 망은행위를 이유로 해제하였으나 기이행된 부분과 관련해서는 ‘민법 제558조가 가지는 문제점을 지적하면서도 해석의 한계로 인하여 이행한 부분에 대해서는 증여계약을 해제할 수 없다’고 판단하였으나, 민법 개정의 필요성을 설시하고 있다.

> “피고는 원고들의 망은행위를 원인으로 기이행한 이 사건 건물에 관한 소유권이전등기의 말소등기를 청구하고 있다. 민법 제558조는 “전3조의 규정에 의한 계약의 해제는 이미 이행한 부분에 대하여는 영향을 미치지 아니한다”라고 규정하고 있는바, 2004년 이를 삭제하는 민법개정안이 발의되기도 하였으나, 소급적인 해제를 인정할 경우 복잡한 문제가 발생할 가능성이 있다는 이유로 심의과정에서 제외되었다. 그러나 이에 대하여는 망은행위에 의한 해제를 규정한 입법 취지나 해제의 소급효를 일반적으로 인정하는 다른 규정과의 관계에서 타당하지 않다는 비판이 계속 제기되고 있다. 비교법적으로 각국 입법례를 보더라도 일본을 제외하고 대부분의 나라에서 이미 이행한 부분에 대해서도 반환을 청구할 수 있도록 규정하고 있고, 다만 그 범위에 대해서는 독일, 오스트리아, 스위스는 현존이익에 한정하고 있으나 프랑스 민법은 받은 이익 전부를 반환하도록 하고 있어 다소 차이가 있을 뿐이다. 최근 국회에서 발의된 민법 일부 개정안(일명 불효자방지법)은 민법 제558조를 삭제하고 있으며, 현재 국회에 계류 중이다. …(중략)… <u>이 재판부는 입법적으로 민법 제558조를 개정하는 것이 바람직하다고 판단하지만, 현행법이 엄연히 존재하는 이상, 망은행위를 이유로 이미 이행한 부분에 대하여까지 그 해제의 효과를 인정하여 원상회복을 명할 수는 없으므로, 이미 이행된 부분의 말소를 구하는 피고의 이 부분 주장은 이유 없다(밑줄은 필자가 첨가)</u>.”

위 하급심 판결례를 살펴보면 증여자를 보호하기 위해서는 수증자의 망은행위시에는 기이행된 증여 또한 해제할 수 있도록 할 필요가 있다는 점을 확인할 수 있다. 망은행위를 이유로 한 증여의 해제에 대한 부분은 입법자에게 광범위한 입법재량이 인정된다고 할 것이다. 입법자는 증여의 본질이나 변화된 증여문화, 망은행위의 현저한 증가 및 그에 대한 국민적인 법인식 변화 등을 고려해야 할 것이다. 생각건대 수증자가 망은행위를 한 경우 이미 이행된 부분에 대하여도 원상으로 회복하는 것이 바람직하다는 방향으로 사회적인 공감대가 형성되었다고 판단된다. 또한 공적부양으로 노인의 빈곤을 해결할 수 없다는 점, 부모 · 자식 등 가족들 사이에서 유감스럽게도 적지 않은 반인륜적 작태가 반복되고 있다는 점 등을 고려하면 제558조의 개정은 법의식이나 증여제도의 본질에 부합한다. 이에 입법자는 결단을 통해서 이러한 시대정신에 답해야 할 것이다.

2. 2013년 법무부 개정시안 분석

가. 경 위

2013년 법무부 민법개정위원회에서는 제556조와 제558조의 개정의 기대효과로서 "수증자의 망은행위로 인한 증여계약 해제시 기이행부분에 대한 수증자의 반환의무를 신설함으로써 부양의무자의 이행을 간접적으로 촉진하게 될 것으로 예상"한다.[32)]

이미 2004년에 법무부가 국회에 제출한 민법개정안의 논의과정에서도 다룬 바가 있다. 당시 법무부 민법개정위원회에서 수증자의 망은행위 및 증여자의 사정변경에 따른 계약해제의 효과를 조정해야 한다는 의견이 있었으나, 망은행위가 존재하는 경우에도 그 행위의 동기는 다양하기 마련이고 망은행위로 이미 행해진 증여를 다시 찾아온다는 것은 복잡한 문제를 야기하므로 개정안에 포함하지 않고 그냥 두더라도 별다른 문제가 없다는 주장이 설득력을 얻은바 개정안에서는 제외되었다.[33)]

2009년에 다시 설치된 법무부 민법개정위원회에서 증여계약을 담당한 것은 2010년 제2기 제4분과(분과위원장 백태승 교수)였는데, 이 제4분과에서 작성한 개정안에서는 제558조에 관한 개정안이 따로 제출되지 않았다. 다만 망은행위에 관한 제556조 제2항 제1호의 문언을 "증여자 또는 그 배우자나 직계혈족에 대한 범죄행위가 있는 때"에서 "증여자 또는 그 배우자나 직계혈족에 대하여 범죄행위, 학대 그 밖에 현저하게 부당한 대우를 한 때"로 수정하였을 뿐이었다. 그럼에도 불구하고 실무위원회[34)]에서는 제556조, 제557조에 의한

32) 법무부 민법개정자료발간팀 편, 2013년 법무부 민법개정시안, 채권편下, 민법개정총서 10, 법무부, 2013, 23.
33) 법무부, 민법(재산편) 개정 자료집, 2004, 847.
34) 윤진수 교수(위원장, 서울대학교 법학전문대학원), 윤용섭 변호사(법무법인 율촌), 이태종 부장판사(서울고등법원), 권영준 교수(서울대학교 법학전문대학원).

해제는 이미 이행한 부분에 대해서도 영향을 미치도록 해야 한다고 보아, 그와 같은 내용의 개정안을 제출하였다. 이에 위원장단 회의에서 실무위원회의 의견을 대체로 받아들이면서, 다소의 수정을 거쳐 전체회의에 회부하였다. 이로써 전체회의에서는 2011년 11월 28일과 2012년 2월 13일, 그리고 2014년 2월 17일 세 차례의 전체회의를 통해 위원장단안이 개정시안으로 확정하였다. 이 과정에서 이루어진 세부적인 논의 경과를 정리하면 다음과 같다.

(1) 제2기 민법개정위원회 4분과 제12차 회의(2010. 8. 20.)

증여계약의 해제사유인 배신행위의 범위를 확대하고자 다음과 같이 논의하였다.[35)]

현행	개정시안(김학준 위원)	논의결과
제556조(수증자의 행위와 증여의 해제) ① 수증자가 증여자에 대하여 다음 각호의 사유가 있는 때에는 증여자는 그 증여를 해제할 수 있다. 1. 증여자 또는 그 배우자나 직계혈족에 대한 범죄행위가 있는 때	제556조(수증자의 행위와 증여의 해제) ① 수증자에게 증여자에 대하여 다음 각호의 사유가 있는 때에는 증여자는 그 증여를 해제할 수 있다. 1. 증여자 또는 그 배우자나 직계혈족에 대하여 범죄행위 및 학대, 그 밖에 현저하게 부당한 대우를 한 때	제556조(수증자의 행위와 증여의 해제) ① 수증자에게 증여자에 대하여 다음 각호의 사유가 있는 때에는 증여자는 그 증여를 해제할 수 있다. 1. 증여자 또는 그 배우자나 직계혈족에 대하여 범죄행위, 학대 그 밖에 현저하게 부당한 대우를 한 때
2. 증여자에 대하여 부양의무있는 경우에 이를 이행하지 아니하는 때	2. (현행과 같음)	2. (현행과 같음)
② 전항의 해제권은 해제원인있음을 안 날로부터 6월을 경과하거나 증여자가 수증자에 대하여 용서의 의사를 표시한 때에는 소멸한다.	② (현행과 같음)	② (현행과 같음)

(2) 제2기 민법개정위원회 4분과 제18차 회의(2010. 11. 26.) 및 제19차 회의(2010. 12. 10.)

제556조의 개정에 관해서는 제12차 회의에서의 개정시안에 대하여 별다른 의견이 개진되지 않았다. 다만 제18차 회의의 개정시안에서는 “증여자 또는 그 배우자나 직계혈족에 대하여 범죄행위, 학대, 그 밖에 현저하게 부당한 대우를 한 때”로 제12차 논의결과와 문언상의 차이가 존재하였다. 이에 관해 제19차 회의에서 다시 논의한 결과, 제12차 회의에서

35) 2013년 법무부 민법개정시안, 채권편下, 35-37.

의 개정시안과 동일한 문언으로 정리되었다.36)

(3) 제2기 민법개정위원회 제3차 전체회의(2010. 12. 29.)

제556조의 개정에 관해 윤진수 실무위원장은, 망은행위로 인한 해제의 경우 이미 이행된 부분에 효력을 미치지 않는데, 최소한 제556조 배신행위의 경우만이라도 이미 이행된 부분에 대한 반환을 청구할 수 있도록 해야 할 필요성이 있다고 볼 수도 있는데, 이러한 점에 관해 검토가 이루어졌는지 질의하였다. 이에 백태승 제4분과위원장은 개정의 필요성이 있으나 법률관계가 너무 복잡해질 우려가 있어서 분과위원회에서 채택하지 않았다고 답변하였다.37)

(4) 제3기 민법개정위원회 제2차 실무위원회 회의(2011. 4. 25.)

윤진수 위원장의 다음과 같은 수정제안이 있었고, 망은행위에 따른 증여계약의 해제에 대해서는 위원장단 회의에 상정하기로 하였다.38)

개정시안	윤진수 위원장 수정제안
제556조(수증자의 행위와 증여의 해제) ① 수증자에게 증여자에 대하여 다음 각호의 사유가 있는 때에는 증여자는 그 증여를 해제할 수 있다. 1. 증여자 또는 그 배우자나 직계혈족에 대하여 범죄행위, 학대 그 밖에 현저하게 부당한 대우를 한 때 2. (현행과 같음) ② (현행과 같음)	제556조(수증자의 행위와 증여의 해제) ① 수증자에게 다음 각 호의 사유가 있는 때에는 증여자는 그 증여를 해제하고 증여된 물건 또는 권리의 반환을 청구할 수 있다. 1. 증여자 또는 그 배우자나 직계혈족에 대하여 범죄행위, 학대 그 밖에 현저하게 부당한 대우를 한 때 2. (현행과 같음) ② (현행과 같음)

(5) 제3기 민법개정위원회 제3차 실무위원회 회의(2011. 5. 9.)

이 제안에 관해 윤진수 위원장은 다음과 같이 의견을 제시하였다. 대다수의 입법례에서 이미 이행한 부분의 반환을 청구할 수 있음을 규정하고 있으며, 다만 그 반환 범위에 관해 달리 규정할 뿐이다. 독일, 스위스, 오스트리아는 현존이익에 한정하고 있고, DCFR과 프랑스민법은 현존이익으로 한정하지 않고 있다. 행사기간에 관해서는 독일과 스위스의 경우 증여자가 망은행위를 안 날로부터 1년으로 한정하고 있고, DCFR은 증여자가 관련 사실

36) 2013년 법무부 민법개정시안, 채권편下, 41.
37) 2013년 법무부 민법개정시안, 채권편下, 42.
38) 2013년 법무부 민법개정시안, 채권편下, 44.

을 알았거나 알았을 것으로 합리적으로 기대될 수 있는 때로부터 최소한 1년으로 규정하고 있다. 프랑스는 망은행위가 있던 날 또는 증여자가 망은행위를 알 수 있었던 날로부터 1년 내에 행사하도록 규정한다. 망은행위에 따른 해제에 있어서도 이미 이행된 것을 반환하도록 하는 것에는 의견이 일치한다. 그러나 반환범위 및 시기에 관해 고려가 필요하며, 현행 6개월을 1년으로 변경할 것을 제안하였다.[39)]

개정시안	제안
第556조(수증자의 행위와 증여의 해제) ① 수증자에게 증여자에 대하여 다음 각호의 사유가 있는 때에는 증여자는 그 증여를 해제할 수 있다. 1. 증여자 또는 그 배우자나 직계혈족에 대하여 범죄행위, 학대 그 밖에 현저하게 부당한 대우를 한 때 2. (현행과 같음) ② (현행과 같음)	第556조(수증자의 행위와 증여의 해제) ① 수증자에게 다음 각 호의 사유가 있는 때에는 증여자는 그 증여를 해제하고 증여된 재산의 반환을 청구할 수 있다. 1. 증여자 또는 그 배우자나 직계혈족에 대하여 범죄행위, 학대 그 밖에 현저하게 부당한 대우를 한 때 2. (현행과 같음) ② 제1항의 해제권은 해제원인 있음을 안 날로부터 1년을 경과하거나 증여자가 수증자에 대하여 용서의 의사를 표시한 때에는 소멸한다.

(6) 제3기 민법개정위원회 제4차 실무위원회 회의(2011. 5. 23.) 및 제5차 위원장단 회의(2011. 7. 4.)

제4차 실무위원회 회의에서는 제3차 실무위원회에서 제안된 안을 위원장단 회의에 상정하기로 하였다.[40)] 제5차 위원장단 회의에서는 실무위원회안을 채택하되, 과실에 대한 규정을 보완할 필요가 있다고 보았고, 조문의 표현에 관해서도 다음 회의에서 계속 논의하기로 하였다. 그리고 제558조를 삭제하고 제555조 제2항으로 규정하였다.[41)]

(7) 제3기 민법개정위원회 제6차 위원장단 회의(2011. 8. 22.)

제6차 위원장단 회의에서는 다음과 같은 안을 전체회의에 상정하였다.

제5차 위원장단	제6차 위원장단
第556조(수증자의 행위와 증여의 해제) ① 수증자에게 다음 각 호의 사유가 있는 때에	第556조(수증자의 행위와 증여의 해제) ① 수증자에게 다음 각 호의 사유가 있는 때에

39) 2013년 법무부 민법개정시안, 채권편下, 48.
40) 2013년 법무부 민법개정시안, 채권편下, 51.
41) 2013년 법무부 민법개정시안, 채권편下, 57-58.

는 증여자는 그 증여를 해제하고 증여된 재산의 반환을 청구할 수 있다. 1. 증여자 또는 그 배우자나 직계혈족에 대하여 범죄행위, 학대 그 밖에 현저하게 부당한 대우를 한 때 2. (현행과 같음) ② 제1항의 해제권은 해제원인 있음을 안 날로부터 1년을 경과하거나 증여자가 수증자에 대하여 용서의 의사를 표시한 때에는 소멸한다.	는 증여자는 그 증여를 해제할 수 있다. 1. 증여자 또는 그 배우자나 직계혈족에 대하여 범죄행위, 학대 그 밖에 현저하게 부당한 대우를 한 때 2. (현행과 같음) ② 제1항의 규정에 의하여 증여가 해제된 때에는 수증자는 증여된 재산과 해제 후에 수취한 과실(果實)을 반환하여야 한다. 수증자가 과실(果實)을 소비하였거나 과실(過失)로 인하여 훼손하였거나 수취하지 못한 경우에는 그 대가를 보상하여야 한다. ③ 제1항의 해제권은 해제원인 있음을 안 날로부터 1년을 경과하거나 증여자가 수증자에 대하여 용서의 의사를 표시한 때에는 소멸한다.
제558조 <삭제>	제558조 <삭제>

제1항에 관해서는 재산의 반환을 명시함으로써 과실의 반환여부가 불분명하다는 문제제기가 있었으므로 그 부분을 삭제하고 “해제할 수 있다”로 제안하였다. 해제사유는 제5차 위원장단 제안과 동일하며, “반환을 청구할 수 있다”는 제2항으로 옮겼다. 또한 제2항 단서는 제201조의 표현을 따른 것이다.[42]

(8) 제3기 민법개정위원회 제2차 전체회의(2011. 11. 28.)

제556조 상정안에 관해서는 찬성 12명, 반대 5명, 기권 8명으로, 위원장단 회의에서 재검토 후 차회 전체회의에 상정하기로 하였다. 제556조와 연결된 제558조 삭제에 관한 상정안 역시 마찬가지로 위원장단 회의를 거쳐 차회 전체회의에 상정하기로 하였다.[43]

(9) 이후의 경과

2012년 2월 13일 전체회의에서는 위원장단안을 개정시안으로 확정하였으며, 개정시안 제556조 제2항의 반환범위에 관해서는 다시 2014년 2월 17일 전체회의에서 개정시안이 확정되었다.

42) 2013년 법무부 민법개정시안, 채권편下, 63.
43) 2013년 법무부 민법개정시안, 채권편下, 71-73.

나. 검 토

이상 살펴본 바와 같이 2013년 민법개정위원회의 개정시안은 현대적인 차원의 증여법 원리에 부합하는 안으로 평가된다. 정리하자면 다음과 같은 측면에서 의미를 가진다. 첫째, 해제의 대상이 되는 망은행위의 범위를 확대하였다. 해제의 원인을 반드시 형법상 범죄행위로 제한할 필요가 없으며, 망은행위의 예방과 같은 입법목적을 달성하기 위해서도 적절한 수단이 되기 때문이다. 둘째, 제558조를 삭제함으로써 망은행위에 따른 해제에 있어서 이미 이행된 부분 역시 반환이 가능하도록 하였다.[44] 이때 반환범위가 문제되는 바, 개정시안은 원물(금전인 경우 포함)의 반환범위를 현존이익에 한정하지 않고 있는데, 즉 선의·악의를 구분하지 않고 원물은 모두 반환하도록 하고 있는데 이는 타당하다. 해제의 원인이 전적으로 수증자에게 존재하는 이상 그를 특별히 보호할 필요가 없기 때문이다. 반면에 원물이외의 과실(이자)의 반환에 관하여는, 해제된 날까지 수취한 것은 반환할 필요가 없다고 하여 수증자를 배려하고 있는데, 증여자 보호와 수증자 보호의 중용을 모색한 것으로 평가할 수 있다. 마지막으로, 해제권 행사기간을 1년으로 늘리는 것 역시 증여자의 해제권 보장에 유리하다는 점에서 긍정적이다. 망은행위에 관해서는 신속한 법률관계의 확정보다 증여자의 보호가 더욱 중요하다는 점에서도 그러하다. 나아가 증여자의 상속인에게도 해제권을 행사할 수 있는 예외를 인정하는 점 역시 해제권의 합리적인 행사를 가능하게 하며 입법취지에도 부합한다.

Ⅲ. 비교법적 고찰

1. 독 일

독일민법 제516조 이하에서는 증여에 대해 규정하고 있다.[45] 우선 그 구조를 보면 증여의 개념에 대해 정의하고 있는 제516조, 증여에 포섭되지 않는 재산의 불취득에 대해 규정하고 있는 제517조, 증여의 방식에 대해 규정하고 있는 제518조를 비롯하여 총 20개의 조문으로 구성되어 있다. 우선 증여는 "어떤 사람이 자신의 재산으로 타인에게 이득을 얻게 하는 출연에 대하여 양 당사자가 그것이 무상으로 이루어지는 것으로 의사가 합치한 때

44) 일본을 제외하고 대부분의 나라에서 이미 이행한 부분에 대해서도 반환을 청구할 수 있도록 규정하고 있고, 다만 그 범위에 대해서는 독일, 오스트리아, 스위스는 현존이익에 한정하고 있으나 프랑스 민법은 받은 이익 전부를 반환하도록 하고 있어 다소 차이가 있을 뿐이다.

45) 이하 조문에 별도의 표기가 없으면 독일민법(BGBl. I 3515)을 칭한다.

에, 그 출연"이라고 정의하고 있다(제516조 제1항).[46] 흥미로운 점은 우리의 규정과 달리 급부를 증여로 약속하는 계약이 유효하기 위해서는 약속에 관하여 공정증서를 요구한다는 점이다(제518조 제1항 제1문). 이는 제516조가 증여자와 수증자 사이에 이루어진 약정과 이에 따른 이행이 시간적으로 동시에 이루어지는 상황(Handschenkung)을 상정한 반면, 제518조는 약정과 이행이 시간적으로 분리된 경우(Versprechensschenkung)에 증여자를 보호하기 위한 규정으로 이해된다. 뿐만 아니라 독일민법은 증여자를 보호하기 위한 여러 규정을 두고 있다. 예를 들어 증여자가 곤궁하게 된 경우 항변권을 규정하고 있는 제519조, 증여의 객체인 물권과 권리의 하자의 경우 증여자가 부담하게 되는 책임을 제한하고 있는 제523조 및 제524조 등이 그것이다.

이와 더불어 이미 증여자가 수증자에게 증여한 것에 대한 반환을 가능하게 하는 근거를 마련하고 있는데, 독일민법 제528조와 제530조의 규정이 대표적이다. 제528조에 따르면 "증여자가 증여의 실행 후에 자신의 적절한 생계를 유지할 수 없고 또 혈족, 배우자, 생활동반자 또는 종전의 배우자나 생활동반자에 대하여 법률에 의하여 부담하는 부양의무를 이행할 수 없게 된 한도에서 증여자는 수증자에게 부당이득의 반환에 관한 규정에 따라 증여물의 반환을 청구"할 수 있도록 규정하였다(제528조 제1항 제1문). 다만 용역의 주제와 가장 관련성이 큰 내용은 다음과 같은 제530조 이하에서 규정하고 있는 증여의 철회와 관련된 내용이다.[47]

이하에서는 우리민법 제557조와 유사한 제530조 이하의 규정이 갖는 의미와 역할 그리고 관련된 판례들을 소개하고자 한다. 증여라는 법률행위의 특성상 원칙적으로 수증자는 증여자에게 법적으로 의무를 부담하지 않는다. 그러나 제530조는 증여자에게 수증자가 행한 망은행위를 근거로 자신의 증여를 철회할 수 있는 가능성을 열어두고 있다.

기. 망은행위로 인한 증여의 철회

제530조는 예시규정을 갖고 있지 않기 때문에, 그 적용에 있어 법관에게 일정한 재량권이 부여된다.[48] 또한 다수설에 따르면 제530조는 증여자 또는 수증자가 법인인 경우 직

---

46) 민법전의 번역은 대체적으로 양창수 교수가 번역한 독일민법전(양창수, 독일민법전, 2021)의 내용을 따른다.

47) 제530조 [증여의 철회] (1) 수증자가 증여자 또는 그의 근친에 대한 현저한 비행(schwere Verfehlung)으로 인하여 중대한 배은(grober Undank)의 비난을 받아야 하는 경우, 증여자는 증여를 철회할 수 있다. (2) 증여자의 상속인은 수증자가 고의로 위법하게 증여자를 살해하였거나 철회를 방해한 때에 한하여 철회권을 갖는다.
제531조 [철회의 의사표시] (1) 철회는 수증자에 대한 의사표시로 한다. (2) 증여가 철회된 때에는 부당이득의 반환에 관한 규정에 따라 증여물의 반환을 청구할 수 있다.
제532조 [철회의 배제] 증여자가 수증자를 용서한 경우 또는 철회권자가 그 권리의 요건발생을 안 때로부터 1년이 경과한 경우 철회는 배제된다. 수증자의 사망 후 철회는 더 이상 허용되지 않는다.
제533조 [철회권의 포기] 철회권은 철회권자가 배은을 안 때에 비로소 이를 포기할 수 있다.

용되지 않는다.[49] 제530조 이하의 규정은 망은행위로 인한 증여의 철회권을 행사하는 구체적 방식을 규정하고 있는데, 예를 들어 제531조는 철회권의 행사방식과 범위에 대해 규정하고 있으며, 제533조는 철회권의 사전포기를 금지하도록 규정하고 있다. 주의해야 하는 점은 이러한 제530조 이하의 규정과 별개로 계약에서 정하는 바에 따라 증여자에게 별도의 철회권이 허용될 수 있다는 점이다.[50] 망은행위로 인한 증여의 철회는 약정과 이행이 시간적으로 분리되었는지 여부에 영향을 받지 않으며, 일부의 이행만이 이루어진 경우 혹은 부담부 증여의 경우에도 철회가 가능하다는 것이 독일연방대법원의 판단이다.[51]

망은행위를 근거로 증여를 철회하기 위해서는 주관적 요건과 객관적 요건의 입증이 있어야 한다. 증여자가 입증해야 하는 중대한 배은(背恩)은 증여자 또는 증여자의 근친에 대한 현저한 비행으로 인한 것이어야 한다. 이러한 중대한 배은의 존재는 앞서 확인한 바와 같이 객관적 요건과 주관적 요건이 충족되는 경우에만 인정될 수 있다. 객관적 요건은 현저한 수증자의 비행의 존재이며, 신의칙상 의무가 부과된 경우 그 의무를 이행하지 않은 경우에도 수증자의 비행이 인정될 수 있다. 수증자의 비행을 증여자가 기대할 수 있는 정도의 사은(謝恩)이 상당한 정도로 상실시키는 수증자의 의사로 볼 수 있는 경우에는 주관적 요건이 충족된 것으로 볼 수 있다.[52] 특히 후자는 비난가능성과 동일한 기준으로 평가될 수 있는데, 이러한 평가를 함에 있어 여러 상황들, 예를 들어 증여의 동기, 유형, 범위 및 비행행위의 종류 및 원인 등이 고려되어야 한다.[53] 특히 증여자에 의한 비행이 있다면, 이는 수증자의 행동에 대한 위법성을 판단함에 있어 상당한 고려의 사유가 될 수 있다.[54] 근친에 대한 범위는 명확하지 않다. 오히려 판단에 있어 중요한 것은 근친에 대한 비행이 결국 증여자에 대한 중대한 망은행위로 볼 수 있는지 여부이다.[55] 이와 관련하여 판례를 통해 확인된 대표적인 망은행위 등을 정리하면 다음과 같다.

1) 생명의 위협 또는 신체적 학대[56]

2) 심각한 모욕[57]

3) 수증자의 어떠한 이익에도 기여하지 않는 근거 없는 형사고소[58]

---

48) BeckOK BGB/Gehrlein(2021) BGB § 530 Rn. 3.

49) BeckOK BGB/Gehrlein(2021) BGB § 530 Rn. 3.

50) BeckOK BGB/Gehrlein(2021) BGB § 530 Rn. 1.

51) BGH, 18.05.1966-IV ZR 105/6; BGH, 23.05.1959-V ZR 140/58; BGH, 19.01.1999-X ZR 60/97; BGH, 02.10.1951-V ZR 77/50.

52) BGH, 07.04.2005-I ZB 2/05.

53) BGH, 25.03.2014-X ZR 94/12.

54) BGH, 24.03.1983-IX ZR 62/82.

55) BeckOK BGB/Gehrlein(2021) BGB § 530 Rn. 3.

56) BGH, 22.10.2019-X ZR 48/17.

57) BGH, 07.04.1989-V ZR 252/87.

4) 증언을 거부할 권리가 있음에도 행한 유죄 취지의 증언[59]

5) 성적학대에 대한 거짓된 고발[60]

6) 증여자에 대한 근거 없는 후견신청[61]

7) 배우자 사이에서 발생한 간통[62]

나. 철회권의 행사

망은행위로 인한 증여의 철회권은 그 특성상 양도할 수 없으며, 상속도 가능하지 않다. 다만 수증자가 증여자를 위법하게 살해하였거나 철회를 방해한 경우, 증여자의 상속인이 증여자의 증여를 철회할 수 있지만 이는 상속인이 갖는 독립적인 철회권이다. 다만 증여자가 자신이 한 증여를 철회한 후 사망하였다면, 이에 대한 효과를 상속인이 받게 되는 것은 상속법의 법리에 따라 자명하다.

증여자의 철회권의 행사는 상대방에 대한 의사표시를 통해 이루어지며, 이를 위한 의사표시는 형식에 구애를 받지 않는다. 다만 유언을 통해 철회의 의사표시를 하는 경우 유언에 요구되는 요건을 갖추어야 한다. 또한 망은행위로 인한 증여의 철회는 포괄적인 법적 정당성을 요구하지도 않는다. 그렇기 때문에 철회의 의사표시에는 수증자가 여타의 사실관계와 구분할 수 있는 철회의 의사표시의 근거가 되는 상황을 적시하는 것으로 충분하다. 철회의 의사표시가 이루어지면 제812조에 따른 부당이득의 반환에 관한 규정에 따라 증여물의 반환을 청구할 수 있다. 증여물의 반환이 불가능한 경우, 가액반환이 이루어져야 하며, 의사표시가 이루어진 때부터는 제819조 제1항 및 제820조에 따라 이자의 반환의무도 부담하게 된다.[63]

망은행위로 인한 증여의 철회는 1년이라는 제척기간에 걸리게 된다. 또한 증여자가 중대한 배은에 관하여 수증자를 용서한 경우, 증여자는 더 이상 철회권을 행사할 수 없다. 이에 대한 입증책임은 수증자가 부담한다. 다만 용서의 경우, 수증자에게 반드시 표시될 필요가 없지만 외부로는 드러나야 한다. 주의해야 하는 것은 화해의 시도는 용서와 동일시할 수 없다는 점이다. 또한 용서가 외부로 이루어진 경우, 증여자가 내적으로 용서를 유보했다는 등의 주장은 허용되지 않는다. 만일 용서 전에 철회가 이루어졌다면, 철회 후에 이

58) BGH, 28.09.1990-V ZR 109/89.

59) BGH, 30.01.1970-V ZR 41/67.

60) OLG Koblenz, 07.03.2002-5 U 1591/01.

61) BGH, 05.02.1993-V ZR 181/91.

62) BGH, 08.11.1984-IX ZR 108/83.

63) BeckOK BGB/Gehrlein(2021) BGB § 531 Rn. 2.

루어진 용서에 의해 철회의 효과는 영향을 받지 않는다.64) 증여자는 망은행위로 인한 증여의 철회를 포기할 수 있는데, 이러한 포기는 상대방인 수증자에 대한 의사표시로 이루어지게 되고, 이는 상대방 있는 단독행위의 일종이다.65)

2. 일 본

가. 개 요

일본민법은 증여계약을 낙성계약으로 정하고(제549조),66) 서면에 의하지 않는 증여는 각 당사자가 해제67)할 수 있으나(제550조 본문), 이행이 끝난 부분에 대해서는 그러하지 않다고 정하고 있다(동조 단서). 또한, 증여자의 인도의무 등에 대하여 증여자는 증여의 목적인 물건 또는 권리를 증여의 목적으로 특정한 때의 상태로 인도하거나 이전할 것을 약속한 것으로 추정하며(제551조 제1항), 부담부증여에 대해 증여자는 그 부담의 한도에서 매도인과 동일한 담보책임을 진다(동조 제2항). 그 밖에 정기증여, 부담부증여, 사인증여에 관한 내용은 우리 민법과 유사하다.68)

한편, 서면에 의한 증여가 된 경우나 제550조 단서의 의미에서 이미 이행이 행해진 이후에 수증자가 증여자의 은의(恩意)에 반하는 행동을 하거나 증여자의 재산상태가 악화된 때에 수증자의 배신행위나 망은행위 등을 이유로 하여 증여자에게 계약의 철회나 해제 등을 인정하는 규정은 두고 있지 않다.69)

부아소나드 민법(일본의 구민법)의 구상 당시 프랑스민법과 같이 조건의 불이행

64) BGH, 19.01.1999-X ZR 42/97.

65) BGH, 19.01.1999-X ZR 42/97.

66) 이하(III. 2)에서 조문에 별도의 표기가 없으면 현행일본민법을 칭한다.

67) 2017년 채권관계 개정 전 일본민법은 제550조 본문에서 '서면에 의하지 않은 증여는 각 당사자가 철회할 수 있다.'고 규정하고 있었으나, 이는 2004년 민법의 현대어화 작업으로 인해 '취소'에서 '철회'로 한차례 개정된 것이다. 개정이유는 당시 학설상의 일반적인 이해에 따른 것이고, 구체적으로는 의사표시에 하자가 있는 것을 이유로 하여 효력을 소멸시키는 것에 대해서는 '취소'라는 용어를 사용하고, 그 이외의 이유에 의해 효력을 소멸시키는 것에 대해서는 '철회'라는 용어를 사용하기로 하였다고 한다. 이러한 2004년 개정의 결과, 의사표시에 하자가 있는 것을 이유로 하지 않으면서 계약의 효력을 소멸시키는 행위를 의미하는 용어로 '해제'와 '철회'가 병존하게 되었으나, 동조 이외에 '철회'를 사용하는 조문이 존재하지 않으므로 2017년 개정에서 '해제'로 용어를 통일하게 되었다고 한다. 部会資料84−3—民法(債権関係)改正に関する要綱案の原案(その1)補充説明, 15 참조. 이러한 용어 사용에 대하여 각 개정 전후로 학설의 대립이 있고, 법제심의 논의 중에도 철회 · 해제라는 표현을 병기하지만, 이하에서는 개정된 현행 일본민법상의 표현에 따라 '해제' 혹은 '해제 등'으로 표기한다.

68) 제552조(정기증여) 정기의 급부를 목적으로 하는 증여는 증여자 또는 수증자의 사망에 의해 그 효력을 잃는다. 제553조(부담부증여) 부담부증여에 대해서는 이 절에 정하는 것 이외에 그 성질에 반하지 않는 한 쌍무계약의 규정을 준용한다. 제554조(사인증여) 증여자의 사망에 의해 효력이 발생하는 증여에 대해서는 그 성질에 반하지 않는 한 유증에 관한 규정을 준용한다.

69) 부부 간 증여에 대하여는 제754조(부부간의 계약의 취소권: 부부간에 한 계약은 혼인 중 언제라도 부부의 일방이 이를 취소할 수 있다. 다만, 제3자의 권리를 해할 수는 없다.) 참조.

(inexécution des conditions), 망은(ingratitude), 자녀의 사후출생(survenance d'enfants)의 세 가지 경우가 증여의 철회 원인으로 규정되어 있었으나, 최종적으로 '조건의 불이행'만이 채용되었다고 기록되어 있을 뿐 다른 두 가지 경우가 채용되지 않은 경위는 알려져 있지 않다.[70] 메이지 민법의 기초자는 법률상 능력이 있고 경험도 있는 자가 장래의 재산상태의 변동을 고려하여 행한 증여에 대해서 이후에 발생한 사실을 이유로 철회를 허용하는 것은 바람직하지 아니하므로 반환청구를 배척하고, 망은행위에 대해서는 은혜를 저버리면 되돌려도 좋다는 규정을 두게 되면 사실상 증여가 타인에게 은혜를 매도하는 것과 다르지 않게 되므로 도리상 적절치 않다는 이유로 입법화 하지 않았다.[71]

그런데 학설은 수증자의 망은행위나 배신행위 등에 대하여 증여가 당사자간의 애정이나 신뢰관계 등을 기초로 하는 경우가 많으므로 철회나 해제를 인정해야 한다는 견해가 지배적이나, 그 근거로 삼는 법률구성이 다양하게 전개되어 왔다. 판례 역시 증여계약에 따른 이행 후 수증자의 망은행위 등을 이유로 그 효력을 부정하는 경우가 적지 않으나, 사안에 따라 다양한 법률구성을 취하고 있다. 이에 대하여, 2017년 일본민법(채권관계) 개정 당시 법제심의회에서는 구체적인 요건 및 효과에 대해 논의하여 명문화를 꾀하였으나 그 내용에 대한 공감대가 형성되지 않았다는 이유로 좌절되었다. 그러나 일본민법의 규율은 우리민법상 증여제도와 유사한 적용상 해석상의 문제를 안고 있으므로 그 세부적인 논의사항을 검토해 볼 실익이 있다. 이하에서는 일본법상 망은행위로 인한 증여계약의 해제 및 철회와 관련된 학설 및 판례를 소개하고, 2017년 민법(채권관계) 개정 당시의 논의사항에 대하여 살펴보고자 한다.

나. 학 설

망은행위란 수증자에 의해 증여자에 내한 생명침해, 학대, 중대한 모욕 등을 의미하고 있으나, 일부 견해는 망은행위라는 개념의 광범성에 대한 비판도 있다.[72] 그러나 망은이라는 언어를 사용하지 않는다 하더라도 수증자의 배신성이 강한 중대한 비행 등이 있는 경우에는 증여의 해제 등을 인정하는 것이 상당하다고 생각되는 경우에 어떠한 법률구성으로 그것을 인정할 것인가가 문제된다. 종래 학설은 증여가 아직 이행되지 않은 경우를 중심으로 그 해제 등을 인정해 왔고, 채무가 이미 이행된 경우에도 그 반환청구를 인정해야 한다는 견해가 다수이며 이러한 견해들 역시 그 근거로 다양한 법률구성을 제시하고 있

70) 平井一雄, 贈与物の返還請求が認められた事例, 獨協法学 6 (1975) 173.
71) 法典調査会民法議事速記録25巻, 137丁裏, 138丁表; 平井一雄, 獨協法学 6 (1975) 173.
72) 山野目章夫, 民法概論4-債権各論, 2020, 91.

다.[73] 또한 망은행위 등에 의한 해제에 있어서는 서면에 의한 증여였는지 아닌지 역시 특별히 문제삼지 않는다. 따라서 망은행위 등에 의한 증여계약의 해제를 인정하는 법률구성에 대해서는 그 이행여부 및 서면의 존부를 기준으로 구분하여 살펴볼 실익이 특별히 없다고 생각되므로,[74] 이하에서는 이행여부 및 서면의 존부를 불문하고 각 법률구성별 내용을 간단히 소개하기로 한다.

먼저 부담부증여 혹은 해제조건부증여로의 구성하는 견해이다. 이러한 견해는 계약의 해석에 의하여 증여의 기초로 되는 원인을 고려하여 증여계약의 내용을 확정한다는 것을 전제로 한다. 즉, 부담부증여계약에 있어서 부담에 대한 해석을 통하여 수증자의 채무불이행을 이유로 한 증여계약의 해제를 인정하거나,[75] 수증자의 중대한 비행이 있는 경우 증여의 효력을 잃는다고 하는 해제조건부증여로 구성하여 조건성취에 의한 계약해제를 인정할 수 있다고 한다.[76]

둘째, 수유결격, 상속폐제 사유의 유추하는 견해이다. 이 견해는 유증과 같은 취지로 된 증여(유증에 비견할만한 증여)에 있어서 망은행위가 문제로 되는 경우에는 수증자격의 규정(제965조,[77] 제891조 참조[78]))이나 폐제(廃除)사유 규정(제892조 참조[79]))을 유추적용하여 또는 참조하여 증여계약이 해제를 인정해야 한다고 본다.[80]

셋째, 신의칙 위반으로 구성하는 견해이다. 이 견해는 수유결격사유의 유추적용 혹은 사정변경의 원칙에 의한 해제는 그에 해당하는 경우가 너무 좁기 때문에 신의칙(혹은 권리남용)의 법리에 의해 그 외연을 넓힐 필요가 있다고 본다.[81]

---

73) 柚木馨/高木多喜男編, 新版註釈民法(14)債権(5), 1993, 35-37.

74) 2017년 일본 민법(채권관계)개정 법제심의회의 「部会資料15-2」 86 이하에서는 처음 이 논점에 대한 검토대상을 설정할 당시 증여의 이행여부를 기준으로 논의를 구분짓지 않았으나, 이후 법제심에서 이행전후로 나누어 배신성을 판단해야하는 것이 아닌가 하는 의견이 제기되기도 하였다. 이에 대하여, 이행을 받은 수증자의 지위의 안정에 배려해야한다는 것은 당연하다고 하더라도, 이행기전인지 이행기후인지에 의해 어떠한 요건에 차이를 둘지 검토하는 것은 입법제안의 단계에서부터 나타나 있지 않은 것 등에도 비추어 곤란하므로 이 점은 후술하는 망은행위 및 배신행위 등에 의한 해제의 기간제한의 부분에서 고려하면 된다고 언급된 바 있다(「部会資料44」, 17).

75) 柚木馨/高木多喜男編, 註釈民法(14)債権(5), 36.

76) 中川淳, 判例批評, 判例評論 165, 22.

77) 제965조(상속인에 관한 규정의 준용) 제886조(상속에 관한 태아의 권리능력) 및 제891조(상속인의 결격사유)의 규정은 수유자에 대해서 준용한다.

78) 제891조(상속인의 결격사유)에 의해 고의로 피상속인 또는 상속인에 대해서 선순위 혹은 동순위에 있는 자를 사망에 이르게 하거나 이르게 하고자 하였기 때문에 범죄자가 된 자, 피상속인이 살해된 것을 알고 그것을 고발하지 아니하거나 고소하지 않은 자(다만 그 자에게 시비의 변별이 없는 때 또는 살해자가 자기의 배우자 혹은 직계혈족이었던 때는 그러하지 아니하다) 등은 상속인이 될 수 없다.

79) 제892조(추정상속인의 폐제) 유류분을 가진 추정상속인(상속이 개시된 경우에 상속인이 될 자를 말한다.이하 같다.) 이 피상속인에 대하여 학대를 하거나 이에 중대한 모욕을 가한 때 또는 추정상속인에게 그 밖의 현저한 비행이 있는 때에는 피상속인은 그 추정상속인의 폐제를 가정재판소에 청구할 수 있다.

80) 広中俊雄, 債権各論講義, 第6版, 1994, 32; 鈴木禄弥, 債権法講義, 四訂版, 2001, 332; 内田貴, 民法Ⅱ債権各論, 第3版, 2012, 169.

81) 我妻栄, 債権各論中巻一, 1952, 231; 石田穣, 民法V(契約法), 1982, 63; 渡辺博之, 信義誠実の原則の構造的考察(一)(二・完), 民商 91/4, 473 이하 등 참조.

넷째, 부양의무의 불이행으로서 구성하는 견해이다. 이 견해는 증여자에 대해 제877조 제1항에 의해 법률상의 부양의무를 지는 수증자가 경제적으로 곤궁한 증여자로부터의 부양청구를 받았으나 부양의무의 이행을 거절한 경우에 증여자에 의한 증여계약의 해제를 인정한다.[82]

다섯째, 목적부도달 이론에 의한 구성하는 견해이다. 이 견해는 프랑스민법상 원인(causa) 개념을 참고로 하여, 증여의 목적(내용으로서는 중요한 동기)을 판단하여 그것이 상실된 경우에는 증여는 그 기초를 잃는다고 본다.[83] 이것은 유상계약에 있어서 상대방의 반대급부가 상실된 경우에는 그 기초를 잃어 계약은 실효한다는 것과 대비하여 생각할 수 있다고 한다.[84]

마지막으로, 일부견해는 부담부증여, 해제조건부증여, 수유결격 · 폐제사유의 유추적용 등에 의한 해제의 구성방법은 상호배타적인 것이 아니라 해당 증여의 특질, 증여에 이른 경위 등을 고려하여 각각의 가능성이 같이 모색되어야 한다고 본다(소위 '종합적 고려설').[85]

다. 판 례

(1) 부담부증여계약의 불이행을 이유로 증여계약의 해제를 인정한 판결(最判 昭和 53(1978)年 2月 17日, 判タ360号 143頁)[86]

"1. A로부터의 증여분은 그의 재산의 거의 전부를 점하는 것으로 A의 생활의 장소 및 경제적 기반을 이루는 것이었으므로, 그 증여는 A와 Y의 특별한 정의(情宜)관계 및 양친자의 신분관계에 기초해 A의 그 이후의 생활에 곤란을 생기게 하지 않는 것을 조건으로 하는 것이고 Y도 위의 취지는 충분히 알고 있었던 것이어서, Y가 노령에 달한 A를 부양하고 원만한 양친자관계를 유지하며 동인으로부터 받은 은애에 배신하지 않는 것을 위 증여에 수반된 Y의 의무로 하는 소위 부담부증여계약이라고 인정하는 것이 상당하다.

2. <u>부담부증여에 있어서 수증자가 그 부담인 의무의 이행을 해태한 때는 민법 541</u>

82) 民法(債権法)改正検討委員会編, 詳解 · 再建法改正の基本方針IV, 2010, 182.

83) 大村敦志, 新基本民法5—契約編, 2016, 191.

84) 大村敦志, 契約編, 191.

85) 潮見佳男, 新契約各論I, 2021, 56; 中田裕康, 契約法, 新版, 2021, 280.

86) 사건의 개요는 다음과 같다. A는 남편D과의 사이에 자식이 없었으므로 B의 동생Y(피고)를 가문의 후계자로 생각하여 어린시절부터 양육하여 장성하여 의사로 개업하기까지 물심양면 지원하였다. 이후 B가 사망하여 유산분할이 이루어지지 않던 중 Y가 양자 신청을 하였고 A는 Y의 인격을 깊이 신뢰하고 있다는 점에서 자신의 노후를 부탁하기 위해 자신의 상속분 전부를 Y에게 증여하고 본건 토지의 소유권이전등기가 경료되었다(다만 위 증여는 상속재산에 대한 유산분할이 미료된 상태였으므로 A가 그 심정을 밝혀 Y이외의 모든 상속인들이 상속포기를 하는 형식으로 이루어졌다). 그런데 Y는 상기 증여 이후 갑자기 태도를 일변하여 망은행위를 하였고 이로 인해 파양되었다. 이후, A의 상기 증여계약을 철회하고 본건 토지소유권의 이전등기를 구하였다(A가 1심 계속 중에 사망하여 포괄수유자X가 소송을 승계함).

조, 542조의 규정을 준용하여 증여자는 증여계약의 해제를 할 수 있는 것으로 해석해야 한다. 그리하여 증여자가 수증자에 대한 부담의 이행을 최고하였다 해도 수증자가 그에 응하지 않음이 명백한 사정이 있는 경우에는, 증여자는 사전의 최고를 하는 것이 아니라 즉시 증여계약을 해제할 수 있는 것으로 해석해야 한다. 본건에 있어서 A가 본건 부담부 증여계약상의 부양의무 및 양로를 다할 의무의 부담의무 불이행을 이유로 Y에 대하여 본건 소장에 의해서 위 증여계약을 해제하는 뜻의 의사표시를 한 것은 기록상 명백하다. 이상의 사실에 의하면, Y는 A측에 각별한 책임이 없음에도 본소가 제기되었던 당시에 있어서 양자로서 양부모에 대해 해야할 최소한의 부양을 하지 않고, 또한 어린 시절부터 은혜를 받아온 A에 대하여 정의를 다하여야 하나 그를 적대시하고 곤궁에 빠지게 하였으므로 A의 Y에 대한 전기 증여에 붙여진 부담, 즉 A를 부양하고 평온한 노후를 보장하며 원만한 양친자관계를 유지하여 동인으로부터 받은 은애를 배반하지 않을 의무의 이행을 해태하고 있는 상태에 있고, 그 원인이 Y의 책임으로 귀속된다고 인정되며, Y와 A와의 사이의 양친자로서의 관계도 본소제기당시에 회복할 수 없는 정도로 파탄하였고, 그 후의 경과로 보아도 A가 Y에 대하여 위 의무의 이행을 최고하였다고 해도 Y가 이를 이행할 의사가 없음이 용이하게 추인된다. 결국 본건 부담부증여는 Y의 책임에 속하는 채무불이행이므로 A의 본건 소장을 가지고 행한 해제의 의사표시에 의해 실효한 것이라고 하지 않으면 안된다(밑줄은 필자가 첨가).”

(2) 수유결격에 준하는 사유가 있는 경우에 한하여 증여의 취소를 인정한다고 한 판결(札幌地判 昭和34(1959)年 8月 24日, 下民集 10巻 8号 1768頁)[87]

“인정된 사실에 따르면, A는 양자인 Y에게 토지를 증여하기 위하여 우측 제3자를 위한 계약을 체결한 것으로 인정되고, Y가 B로부터 이전등기를 받음으로써 A와 Y의 관계에서는 증여의 이행이 끝난 것으로 보아야 한다. 따라서 Y의 상기 주장의 당부는 증여의 이행이 끝난 후에 증여자에게 불신행위를 한 수증자는 수증자로서의 보호가 박탈되는가의 문제와 관련된 것이다. 민법 제550조 단서는 이행을 받은 수증자로부터는 어떠한 경우에도 수증자로서의 보호를 빼앗을 수 없는 취지의 규정으로 해석해서는 안된다. 그렇다고 해서 단순히 불신행위가 있었다고 하는 것만으로 당연히 수증자는 증여의 효과를 잃는 것으로 해석하기는 어렵다. 이 문제에 대해서는 이른바 수유결격(민법제955조 · 제891조)에 준하는 사

87) 사건의 개요는 다음과 같다. Y(피고)에게 증여할 것을 목적으로 한 양부A(요약자)와 매도인 B(낙약자)간의 제3자를 위한 매매계약을 통하여 B로부터 본건 토지의 등기를 경유받은 Y는, 혼인 후 A의 돈을 훔쳐 정부와 가출을 하는 등 A에 대한 불신행위를 지속하여 재판상 파양이 되었다. A의 사망 이후, Y가 본건 토지의 증여 및 이전등기에 협력한 적이 없음에도 A의 상속인인 X(원고)의 명의로 소유권이전등기가 경료되어 있어, 본건 소유권이전등기말소를 청구하였다.

유가 있는 경우에 한하여, 증여자(살해된 때에는 그 상속인)가 그 증여를 취소할 수 있다고 해석하는 것이 상당하다(밑줄은 필자가 첨가)."

(3) 신의칙 위반을 이유로 증여계약의 해제 · 철회를 인정한 판결(新潟地方裁判所 昭和46(1971)年 11月 12日, 判時664号 70頁[88] 및 大阪地判 平成 元年(1989) 4月 20日, 判時1326号 139頁)

1) 新潟地方裁判所 昭和46(1971)年 11月 12日[89]

"**1. 증여의 철회에 대하여**: 위 증여에 기초한 본건 토지의 소유권이전등기가 행해진 것은 상술한 대로이며, 이러한 사실에 의하면 해당 증여의 청약은 이미 승낙된 것이므로 원고의 주장과 같은 이유로 철회할 수는 없다. **2. 증여의 해제에 대하여**: 원고가 피고에게 본건 토지를 증여한 것은 원/피고가 생을 마감할 때까지 양친자관계를 유지하고 피고가 양자로서 원고의 노후의 부양을 해줄 것을 기대한 것임이 인정된다. 그러나 그러한 기대는 입양을 한 이상 당연한 것으로 양친이 위와 같은 기대에 근거하여 양자에게 물건을 증여하였다고 하여 위 기대가 증여의 부담으로 되는 것은 아니다. 그러므로 본건 토지의 증여가 부담부라고 하는 것을 전제로 하는 해제의 주장은 이유가 없다. 그러나 원고는 본건 토지의 증여가 피고의 입양을 계기로 하여 양친자로서의 공동생활을 행할 것을 전제로 한 것임에도 불구하고 원/피고는 한 번도 동거한 적이 없고 양친자로서의 실질이 완전히 형성되지 않은 채 파탄되기에 이르렀기 때문에 상기 증여를 해제한다고 하는 것이다. 생각건대, 증여가 친족 간의 정의관계에 기초하여 완전한 무상의 은애행위로서 행해졌음에도 불구하고 해당 정의관계가 증여자의 책임에 기한 사유에 의하지 않고 파탄 · 소멸하고, 위 증여의 효력을 그대로 유지존속시키는 것이 제반사정에 비추어 신의형평의 원칙상 부당하다고 해석되는 때에는 제외국의 입법례와 같이 증여자의 증여물반환청구를 인정함이 상당하다."

---

88) 판결에 대한 평석으로는 加藤永一, 贈与に信義則を適用して贈与者の返還請求をみとめた事例, 法学(東北大学法学会) 37/1, 163, 上野雅和, 信義則により贈与者からの受贈者に対する贈与の撤回が認められるとされた事例, 判時1340, 208; 廣峰正了, 信義則再考—わが国の最高裁判例にみる信義則の役割, 立命 305, 99 이하 참조.

89) 사건의 개요는 다음과 같다. X(원고)는 외동아들이 2차 세계대전에서 전사하고 처와 함께 생활하는 가운데 고령으로 인해 일상생활이 불안해서 반형의 손녀인 Y(피고)의 친권자인 Z의 대락을 받아 Y를 입양하였다. X는 교환계약에 기초하여 토지의 소유권이전등기를 받을 필요가 있었는데, 양친자관계가 계속된다면 언젠가 Y가 당해 토지를 상속할 것이므로 편의상 Y의 명의로 소유권이전등기를 경료하였다(중간생략등기). Y 및 그의 친부모 역시 위 증여는 Y가 X의 남은 생에 걸쳐 양친자관계를 유지하고 그를 부양한다는 부담하에 이루어진 것이라는 점을 충분히 인지하고 있었다. X는 Y의 입양 후 친자로서의 정을 붙이기 위해 동거를 할 것을 Y와 그 친부모에게 몇 번이고 부탁을 하였으나 Y는 계속해서 친부모에게 양육되어 왔다. 이후 Y가 결혼하였고 X는 노령으로 인해 더 이상 일을 할 수 없게 되었으며 수입도 끊긴 와중에, Y가 X의 주택부지를 무단으로 다른 곳에 매각하려 하거나 수해(주택침수)방지를 위해 X가 동 부지의 일부에 건물을 건축하려고 한 것에 대한 건축금지 가처분을 하기도 하였다. 나아가 Y는 X에 대하여 파양을 구하는 소송을 제기하고 앞으로도 X를 부양할 의사가 없을 뿐만 아니라 X와의 양친자관계를 유지할 의사도 없음을 명확하게 하였다. 이러한 사정으로 인해 X는 Y에 대한 본건 토지의 증여를 철회하고 Y가 부담을 이행하지 않으므로 증여를 해제하고 본건 토지의 소유권이전등기를 청구하였다.

2) 大阪地判 平成 元年(1989) 4月 20日[90]

"증여가 친족간의 정의관계에 기초하여 이루어졌음에도 불구하고 그 관계가 증여자의 귀책사유에 의하지 않은 이유로 파탄소멸하여 위 증여의 효과를 그대로 유지존속시키는 것이 제반 사정으로 보아 신의칙상 부당하다고 인정되는 경우에는 증여의 철회를 할 수 있다고 해석하는 것이 상당하다. 본건에 비추어 볼 때, 증여의 기초가 되었던 정의관계가 피고의 일방적인 배신행위에 의해 완전히 파탄 · 소멸되었으므로 본건 증여의 효력을 그대로 존속시키는 것은 신의칙상 인정할 수 없고 원고에게 증여의 철회권을 부여해야 한다. 본건에서 증여된 금원은 모두 생활비 내지 학비에 소비된 것이므로, 그 전액이 현존이익이라고 생각되므로, Y는 본건 증여를 받은 금원(부당이득) 및 철회권 행사일 다음 날부터 지급이 완료될 때까지 민법 소정의 연 5%의 비율에 따른 지연손해금을 지급할 의무를 진다. 그리고 소유권에 근거한 본건 물건의 반환 또는 반환의 집행이 불능인 때에는 현재 가격으로 대상금을 지급할 의무가 있고 집행불능일로부터 지급이 완료될 때까지 민법 소정의 연5%의 비율에 따른 지연손해금을 지급할 의무를 진다(밑줄은 필자가 첨가)."

(4) 동기의 착오를 이유로 증여계약을 무효[91]로 본 판결(福岡地判 昭和46(1971)年 1月 29日, 判時 643号 79頁)[92]

"위 인정에 의하면, 전기 A가 본건증여계약을 체결함에 있어서 선조의 제사를 X에게 시키는 것이 정당하고 필요하므로 그렇게 하기 위해서는 그 지위에 걸맞는 재산을 X에게 수여할 필요가 있다고 한 동기의 착오가 있었고, 그러한 동기는 본건 증여계약서에 표시되어 있어 X 역시 충분히 이를 인지하고 있었던 것이 인정되므로, 본건 증여계약은 소위 동기의 착오에 의해 무효라고 하지 않을 수 없다. 따라서 Y의 본건 증여계약은 무효라는 항변은 이유가 있다. 그렇다면 위 토지는 A의 상속재산 중에 포함되어 있고 Y가 상속에 의하여 그 소유권을 취득한 것이므로 X명의의 소유권이전등기는 실체상의 권리를 수반하지 않

---

90) 사건의 개요는 다음과 같다. X(원고)는 사위(피고)인 Y에게 정의관계에 기초하여 치과대학에 합격하여 졸업까지 6년간 생활비의 일부를 지원해 왔으며, 치과의사가 된 후에는 딸을 행복하게 해주기를 기대하여 한 것임을 Y도 알고 있었다. 그러나 Y가 치과의사 국가시험에 합격한 직후에 대학 동급생과의 부정한 사실을 알리고 상대 여성이 임신하였으므로 이혼해 달라는 의사를 밝혀 일방적으로 부부관계를 파기하고자 하였다. 때문에 X는 Y의 망은행위로 인해 정의관계가 파괴되었음을 이유로 지급한 금전 및 물건의 반환청구 등을 하였다.

91) 참고로 2017년 개정전 일본민법 제95조는 착오의 의사표시에 대한 효과를 취소사유가 아닌 무효사유로 규정하였다.

92) 사건의 개요는 다음과 같다. 친자가 없는 A는 혈연관계가 없는 Y(피고)를 입양한 바 있으나, 가계를 승계할 후계자로서 혈연관계가 있는 X(원고)를 입양하였다. 이후 Y와 혼인한 Z역시 A의 양자가 되어 본건 가옥 및 토지에서 성실히 농업에 종사하고 있었으나, A는 혈연관계 있는 자에게 가문을 승계시킨다는 사상에 따라 X에게 본건 가옥 및 부지를 증여하였다. 본 증여계약은 서면으로 이루어졌으며 위 증여의 동기 역시 증여계약증서상 표시되었다. 그러나 선조의 제사는 실질적으로 본건 증여계약 당시부터 A의 사망당시까지 Y와 Z가 행해왔고, X는 타지에서 생활하고 있어 선조의 제사를 맡는 것은 사실상 불가능한 상태였다. X가 소유권에 기한 가옥명도 등을 구한 사안에서 Y가 증여계약의 무효를 주장하며 반소하였다.

는 무효의 것이라 하지 않을 수 없다. 따라서 위 토지에 대하여 실체적 소유권을 가진 Y가 X에 대하여 그 실체적 권리관계를 등기부에 부합시키기 위하여 그 소유권이전등기절차를 요구하는 반소청구는 이유가 있다(밑줄은 필자가 첨가)."

라. 2017년 민법(채권관계) 개정 당시의 논의사항[93]

2017년 일본민법(채권관계)의 개정 당시 법제심위회에서 상술한 바와 같이 학설 및 판례상 수증자의 증여자에 대한 망은행위나 배신행위 등을 이유로 한 증여의 효력을 부정할 수 있다는 기본적인 방향성은 지지되고 있으나, 그 법률구성이 다양하게 펼쳐지고 있기 때문에 증여의 효력이 부정되는 범위가 부정확하고, 법적으로 안정되어 있다고 말하기는 어려운 상황에 있다는 점이 지적되었다. 따라서 법적 안정성의 확보라는 관점에서 이에 관한 명문규정을 두어야 하는지, 또한 만일 그러한 규정을 둔다면 구체적인 요건 및 효과 등을 어떻게 설정할 것인지에 관한 입법제안이 행해졌다. 더 나아가, 증여자의 상속인에 의한 해제권의 행사 가부, 무상계약에의 준용여부 및 망은행위 이외의 사유에 의한 해제권을 인정할 것인지 여부도 논의되었다.[94]

한편, 이러한 규정을 신설하는 것에 대해서는 냉철한 계산에 기초한 경제 거래관계에 애정이나 신뢰관계를 기초로 하는 규정을 적용하는 것이 되므로 반대하는 의견이 제기되기도 하였다.[95] 이에 대하여는 망은행위 · 배신행위 등을 이유로 하는 해제의 규정은 상속법과 증여를 관련짓는다는 관점에서 주로 상속대체적인 증여에 적용하는 것을 상정하여 논의하고 있으므로, 적용범위를 한정하자는 의견 등이 제시되었다.[96]

이하에서는 당시 법제심에서 다루어진 논의 중, 망은행위 및 배신행위[97]와 관련된 해제 규정의 도입시 고려되어야 할 구체적 요건의 설정, 상속인에 의한 해제의 행사가부, 원

93) 해당 자료들은 일본 법무성 홈페이지 법제심의회-민법(채권관계) 부회 사이트(https://www.moj.go.jp/shingi1/shingikai_saiken.html) 참고.

94) 「部会資料15-2」, 86 이하; 民法(債権関係)改正に関する中間的な論点整理の補足説明, 320 이하.

95) 이에 대하여 「部会資料44」, 17은 '입법제안에서 나타나고 있는 요건설정을 보는 한, 기업간 거래를 시작으로 한 경제거래의 일환으로서 행해지는 증여에 대해서 배신행위등에 의한 해제가 문제로 될 여지는 거의 없다고 생각되며, 요건을 한정적인 것으로 하는 것에 대해서는 사안별 유연한 해결을 방해할 우려가 있다는 비판이 상정되나, 배신행위 등에 의한 해제를 명문화 하는 것은 배신행위 등을 부담부증여의 불이행으로 보아 증여계약의 해제를 인정한다고 하는 등의 재판실무에 있어서 현재 채용하고 있는 해결방법을 부정하는 것은 아니다라고 서술하고 있다.

96) 民法(債権関係)改正に関する中間的な論点整理の補足説明, 321. 이에 내해 「部会資料33-6」, 271-281을 참조. 최고재판소는 규정을 두는 것이라면 요건을 명확하게 하는 것이 타당하다고 하는 의견, 규정을 두는 것이 오히려 분쟁을 증대시켜 심리의 곤란화를 초래할 우려가 있다는 의견을 제출하였다(특히 「部会資料33-6」, 281).

97) 民法(債権関係)の改正に関する中間的な論点整理の補足説明, 321에 의하면, '망은행위'라는 용어사용에 대하여, 증여계약의 법적효과가 은혜를 잊어버린다고 하는 윤리적 정서적 사정에 의하여 동요된다고 하는 인상을 주는 등, 논의를 혼란시켜 오해를 생기게 할 우려가 있기 때문에 사용하지 않는 것이 좋다는 의견이 있었다. 그 때문인지 법제심 부회자료에는 망은행위라는 용어보다 '배신행위 등'이라는 용어가 빈번히 사용되고 있었다. 이하에서는 그러한 의미에서 '배신행위 등'이라는 부회자료의 용어를 그대로 차용한다.

상회복의무의 특칙, 기간제한에 관한 내용을 중심으로 소개하고자 한다.

(1) 구체적 요건의 설정

만일 배신행위나 망은행위 등에 의한 해제 등의 규정을 둔다고 하는 경우에 구체적인 요건설정에 관한 기본적인 견해로, 요건이 애매하거나 과도히 광범하면 당사자 간의 법률관계가 불안정하게 될 뿐 아니라 배신행위 등이 특히 문제되는 가족간의 재산증여에 관하여 증여자가 이미 이행한 증여의 해제가능성을 이용하여 수증자를 지배할 우려가 있기 때문에 명확하고 한정적인 요건을 설정해야 한다는 지적이 있었다.[98] 그 구체적인 입법제안으로는 수유결격사유(제985조, 제891조)나 상속인폐제사유(제892조)를 참고로 하자는 의견과 타국의 입법례를 참고로 증여자의 경제상황과 수증자의 부양의무의 이행거절 등을 사유로 하자는 의견이 주장되었다.[99] 먼저 전자는 "수증자가 증여자에 대해 학대, 중대한 모욕 기타 현저한 비행을 행한 때, 수증자가 사기 또는 강박에 의해 서면에 의하지 않은 증여의 해제를 방해한 때, 수증자가 증여자 또는 그 친족에 대한 현저한 비행에 의하여 중대한 망은행위를 행한 때"를, 후자는 "현행민법 제877조1항[100]에 의해 법률상의 부양의무를 지는 수증자가 경제적으로 곤궁한 증여자로부터의 부양청구를 받았으나 부양의무의 이행을 거절한 때"를 증여의 해제사유로 제시한다. 이러한 주장은 결국 중간시안에서 다음과 같은 내용으로 제안되었다.

[중간시안[101]-제안1] 증여계약의 후에 수증자가 증여자에 대해서 학대를 하거나 중대한 모욕을 가한 때 또는 수증자에게 기타 현저한 비행이 있었던 때에 증여자는 증여계약을 해제를 할 수 있다.

상기 [제안1]은 수증자에게 추정상속인의 폐제사유(제892조)에 해당할 수 있는 증여자에 대하여 현저한 비행이 있었던 경우에 증여자가 증여계약을 해제할 수 있다고 하는 규율을 신설하고자 하였다. '현저한 비행'의 내용은 그 전에 예시로 든 증여자에 대한 '학대'나 '중대한 모욕'을 단서로 한 해석론에 맡기나, 이때에 추정상속인의 폐제사유에 관한 해석론이 참조될 것으로 생각된다.[102] 한편, 본문과 같이 추정상속인의 폐제사유에 상당하는 정도로까지 요건을 한정하는 것에 대해서는 다소 지나치다는 지적이 있었으나 이에 해당하지

98) 部会資料15-2, 88.
99) 部会資料15-2, 88-89.
100) 제877조 제1항 "직계혈족 및 형제자매는 상호간에 부양할 의무가 있다."
101) 民法(債権関係)の改正に関する中間試案, 60.
102) 民法(債権関係)の改正に関する中間試案の補足説明, 439.

않는다 하더라도 배신행위 등을 부담부증여의 부담 불이행으로 보고 증여계약의 해제를 인정하는 등 재판 실무에서 현재 채택되고 있는 해결방법에 의하는 것도 가능하므로 사안의 유연한 해결이 곤란하게 될 우려는 없다[103]고 설명한다.

생각건대 중간시안은 수증자가 증여계약의 기초로 하는 인간관계를 파괴하고 증여자의 신분 또는 인격 등을 현저히 유린하는 것과 같은 경우에는 증여자를 계약으로 구속하는 것은 타당하지 않으므로 그 해소를 인정해야 한다고 하는 견해가 다수설의 학설이라는 점, 다수의 재판례에서도 그러한 경우에 부담부증여의 부담의 해석 기타 법적 구성에 의해 증여자의 구제를 도모한 예가 존재한다는 점 등을 고려한 것으로 보인다.

(2) 상속인에 의한 해제의 행사가부

증여자가 사망한 경우 그 상속인이 배신행위 등을 이유로 해제할 수 있는지에 대해서는 다툼이 있다. 먼저, 이러한 해제권은 증여자와 수증자간의 인적 신뢰관계에 기초한 일신전속적인 권리이므로 부정하는 견해가 있다. 그 중에서도 수증자의 부양의무의 이행거절 등에 의한 해제는 특히 부정해야 한다고 하는 견해가 있다.[104] 이는 법률상의 부양청구권에 기초한 것으로 일신전속성이 강한 것이나 상속인간의 유산분할의 해결을 복잡화할 가능성 등을 고려한 것으로 생각된다.[105] 나아가, 배신행위 등을 이유로 한 해제에 대해서만 상속인에 의한 행사가부에 관한 규정을 두는 것은 무용한 해석상의 의문을 초래할 우려가 있으므로, 해제권의 상속이라는 일반론에 맡기면 될 뿐이므로 규정을 둘 필요는 없다는 견해도 제시되었다.[106]

[중간시안-제안2] 상기1의 해제권은 증여자의 일신에 전속하는 것으로 한다. 다만, 수증자가 상기1에 해당하는 행위에 의해 증여자를 사망시킨 때는 그러하지 아니하다.

한편, 증여자가 학대에 의해 중증 장애를 입은 경우에는 해제할 수 있는데, 사망하면 불가능하다는 것은 불균형이 있다고 하여 이를 긍정하는 의견 등이 제시되었다.[107] 이러한 논의는 중간시안에서 다음과 같은 내용으로 제안되었다.

---

103) 民法(債権関係)の改正に関する中間試案の補足説明, 440.

104) 部会資料15-2, 89.

105) 비교법적으로는 상속인에 의한 행사를 원칙적으로 부정하면서 수증자가 증여자를 살해한 경우 및 철회를 방해한 경우에 한해 행사를 인정하는 것(독일민법 제530조2항)이나, 증여자가 배신행위가 있었던 해에 사망한 경우에 한해 행사를 인정하는 것(프랑스민법 957조2항) 등, 예외적으로 상속인에 의한 행사를 인정하는 경우가 있다는 점도 고려되었다. 部会資料15-2, 89.

106) 部会資料15-2, 89.

107) 部会資料15-2, 89.

[제안2] 제1문은 [제안1]의 해제권이 증여자와 수증자의 인간관계의 파탄 등을 근거로 한 것이라는 점과 증여자가 일부러 행사하지 않은 경우에 그 상속인에게 해제권을 행사시키는 것은 상당하지 않다는 점을 고려하여, 그 해제권은 증여자의 일신에 전속하고 원칙적으로 상속의 대상이 되지 않는다는 것을 정한 것이다.

제2문은 수증자가 1에 해당하는 행위에 의해 수증자를 사망시킨 경우에는 제1문의 예외로 상속인에 의한 해제권의 행사를 인정하는 것이다. 이러한 경우에는 해제를 할지 말지를 증여자 자신이 의사결정할 기회가 수증자의 행위에 의해 빼앗긴 것이므로 해제권 행사여부의 판단을 증여자의 상속인에게 맡기는 것이 상당하다고 한다.[108] 부회에서는 제1문에 해당하는 학대행위에 의해 의사결정을 결한 상태에 빠진 경우에 대해서도 예외에 포함해야한다는 지적이 있었으나, 그러한 경우에 대해서는 사안의 구체적 사정을 파악하여 판단할 필요가 있으므로 본 규율의 유추적용이라는 해석론에 맡기기로 하였다.[109]

(3) 원상회복의무의 특칙

먼저, 계약의 해제에 의한 원상회복청구권의 범위에 대해서는 계약의 해제 부분에서 검토되고 있었고, 무상계약인 증여계약이 해제된 경우의 수증자의 원상회복의무에 대하여 쌍무계약을 염두에 둔 룰을 수정해야 한다는 견해가 제기되어 있었다. 즉, 증여채무와 대가관계에 서는 채무를 지지 않는 수증자에 대한 매매의 매수인 등과 동일한 가격반환의무를 지우는 것은 타당하지 않으므로(특히 부담부증여계약에서 수증자는 본래 부담을 이행하는 것만으로 목적물을 취득할 수 있는 것이었으므로), 수증자는 원칙적으로 해제시 현존이익의 한도에서 가격반환의무를 진다는 특칙을 두어야 한다는 것이다.[110] 또한, 해제권 행사 후의 목적물의 멸실 또는 손상에 대해서는 수증자의 목적물의 보관의무위반의 문제로 다루면 족하고 그 위반이 없으면 수증자는 가격반환의무 및 손해배상의무를 부담하지 않는다고 한다.[111]

반면에 수증자의 배신행위 등에 의해 해제가 된 경우에는 그러한 특수성을 고려하여 원상회복의무의 내용을 결정해야 한다는 의견이 있었다. 즉, 배신행위 등을 행한 수증자는 그때부터 증여자에 의한 해제를 각오해야 하므로, '배신행위 등의 해제원인이 생긴 때에 받고 있었던 이익의 한도'에서 반환의무를 부담해야 한다는 것이다.[112] 이러한 논의는 중간시안에서 다음과 같은 내용으로 제안되었다.

108) 民法(債権関係)の改正に関する中間試案の補足説明, 440.
109) 民法(債権関係)の改正に関する中間試案の補足説明, 440.
110) 部会資料15-2, 94; 部会資料44, 20-21.
111) 部会資料15-2, 94.
112) 部会資料44, 20.

[중간시안-제안3] 상기1의 해제가 있었던 때는 수증자는 상기1의 해제의 원인이 생긴 때에 현존하는 이익의 한도에서 반환의 의무를 진다.

이는 해제에 의한 원상회복의무의 특칙으로서 증여계약의 해제에 의한 원상회복의무의 내용 중, [제안1]에 의한 해제의 경우에 대한 규정을 마련한 것이다. 원칙적으로 수증자는 본래 무상으로 이익을 받을 것을 전제로 하여 계약을 한 것이므로, 일반원칙과 동일한 가격반환의무를 지게 하는 것은 수증자에게 과대한 부담을 과하는 것이 되고, 수증자는 해제가 되기까지는 목적물을 자유로이 처분할 수 있는 권한을 가지고 있었기 때문에 수증자의 해제 후의 반환의무의 범위는 해제시의 현존이익의 한도에 그쳐야 한다. 그러나 중간시안은 현저한 배신행위 등에 의해 증여계약의 해제원인을 스스로 초래한 수증자는 그 시점에서 가지고 있던 이익의 한도에서 반환의무를 부담하는 것을 각오해야 하므로 '해제의 원인이 생긴 시점에서 현존하는 이익의 한도'에서 반환의무를 부담하는 것으로 정하였다.113) 여기서 해제의 원인이 생긴 시점이 명확하지 않은 경우가 있다는 지적이 있을 수 있는데, 이에 대해서는 목적물의 가치는 시간과 함께 감가상각 되어 이득이 소멸하는 것이 통상적이므로, 생각할 수 있는 가장 늦은 시점(그것이 해제의 의사표시의 때일 수도 있음)을 해제의 원인이 생긴 시점으로서 법률관계를 처리하는 것이 충분히 가능하다고 설명한다.114)

(4) 기간제한

배신행위 등을 이유로 하는 해제에 대해서는 법률관계를 조기에 안정시킬 필요가 있는 점, 증여자가 배신행위 등의 존재를 알았음에도 해제를 하지 않는 경우에 수증자 등 이해관계인은 증여자가 수증자를 용서하였다고 이해할 가능성이 있고, 그 기대를 보호할 필요성이 있으므로 단기간의 기간제한을 두어야 한다고 하는 견해가 제시되었다.115) 또한, 비교법적으로도 이러한 경우 단기의 기간제한을 두는 것이 많다는 점 역시 고려되었다.

구체적인 입법제안으로 '증여자 또는 그 상속인이 해제권을 행사할 수 있는 때로부터 1년'으로 하는 견해나 '증여자에 대해서는 배신행위 등을 안 때부터 1년, 수증자가 증여자를 살해한 경우에는 상속인이 살해 및 증여의 사실을 안 때부터 3년'으로 하는 견해가 있다. 이 제안에 대해서는 학대 등의 비행의 유무에 대해 어느 정도 폭이 있는 기간을 설정하여 평가할 필요가 있는 경우도 있으므로, 이 경우에는 '사실을 안 때'라는 기산점이 어울리지 않는다는 비판이 상정되었다.116)

113) 民法(債権関係)の改正に関する中間試案の補足説明, 440.
114) 民法(債権関係)の改正に関する中間試案の補足説明, 440-441.
115) 部会資料15-2, 94.

한편 증여 후 장시간 경과한 시점에 있어서 배신행위 등을 이유로 해제를 인정하면 법적인 불안정성이 증가한다고 하는 이유로 이러한 단기 기간제한에 추가하여 '증여의 이행이 된 때부터 10년(취소권의 소멸시효기간에서 모방한 것)이 경과한 후는 이미 이행부분은 해제할 수 없다'라는 뜻의 규정을 두어야 한다고 하는 견해도 있었다. 이 제안의 취지는 계속적인 학대 등의 경우를 염두에 두고 주관적 기산점의 확정에 있어서 증여자에 의한 해제권행사의 기대가능성도 고려하여, 그에 의해 생길 수 있는 불안정성을 장기의 기간제한으로 대처한다고 설명되고 있다.[117] 이러한 논의는 중간시안에서 다음과 같은 내용으로 제안되었다.

[중간시안-제안4] 상기1의 해제권은 증여의 이행이 끝난 때부터 10년을 경과한 때는 그 부분에 대해서 행사할 수 없는 것으로 한다.

[제안1]의 해제권에 대해 소멸시효와는 별도로 이행이 끝났을 때를 기산점으로 하는 기간제한을 두는 것이다. 인간관계의 파탄을 계기로 하는 분쟁에 대해서는 조기에 법률관계를 안정화할 필요가 있고, 증여의 이행으로부터 시간이 경과한 것에 의해 증여와 배신행위와의 관련성과 정당성이 일반적으로는 희박해진다는 것이 그 이유이다.[118] 그 기간에 대해서는 현행민법상 채권에 대한 원칙적인 시효기간(제167조 제1항)을 참조로 하여 10년을 제안하고 있다. 물론 해제권의 행사기간의 일반원칙도 함께 적용되는 것을 전제로 하고 있다.[119]

마. 검 토

중간시안의 발표 이후 각계 전문가 개인 및 집단을 중심으로 퍼블릭코멘트를 제출받아 검토한 결과, 결론적으로 위와 같은 입법제안은 지지를 얻지 못하여 수증자에게 현저한 비행이 있었던 경우에 증여계약을 해제할 수 있도록 하는 조문화는 단념되었다.[120] 그 이유를 정리하면 다음과 같다.[121]

> "첫째, 어떠한 구체적인 경우에 해제를 인정해야 하는가의 공통이해가 충분하지 않다. 둘째, 증여계약은 친족간에 있어서만 되는 것이 아님에도 상속법의 규정인 민법 제892조에 준거하는

116) 部会資料44, 18.
117) 部会資料44, 18.
118) 民法(債権関係)の改正に関する中間試案の補足説明, 441.
119) 民法(債権関係)の改正に関する中間試案の補足説明, 441.
120) 部会資料81-3, 11.
121) 潮見佳男, 新契約各論I, 58-59.

것은 합리적인 이유가 아니다. 셋째, 해제제도는 기본적으로 친족간에 한정되지 않는 개인적인 신뢰관계의 파괴를 기초로 하는 제도로 해야 하는 것이나, 증여 일반에 있어서 신뢰관계의 파탄이 어떠한 관점에서 어느 정도 있으면 좋은지에 대해서 이를 설시한 판례도 없고, 하급심 재판례의 축적도 부족하므로 제892조에 의거하는 것도 곤란하며 그에 대체할 적절한 요건을 정립하는 것도 용이하지 않다. 넷째, 해제권에 일신전속성을 인정해야하는가(특히 증여자가 수증자의 행위에 의해 의사능력을 상실하는 상황에 빠져 있는 경우의 해제권행사를 어떻게 인정해야 하는가)에 대해서는 의문이 있다. 또한 그 해제가 제재적 의미를 가지는 것이라고 하면 현존이익의 한도에서 반환의무를 지면 족하다는 정리는 문제가 있다. 마지막으로, 해제권의 기간제한에 대해서도 그 해제권이 문제로 되는 인간관계의 파탄을 계기로 하는 분쟁에 대해서는 조기에 법률관계를 안정화할 필요가 있다고 생각하는 견해에 대해서는 이견이 존재한다."

일본에서 학설 및 판례가 망은행위 등을 이유로 증여를 해제할 수 있도록 한 것은 서면에 의한 증여계약에 기한 채무의 이행 이후에도 해제 등을 인정하였다는 점에서 큰 의미를 가진다. 즉 학설 및 판례가 법률의 흠결을 보충한 것이라 평가할 수 있다. 2017년 일본 민법(채권관계)개정 당시 제안된 중간시안에서 망은행위 등을 이유로 한 증여계약의 해제에 해당하는 사유를 매우 한정적으로 정하는 한편, 그 요건에 해당하지 않는 경우라 하더라도 부담부증여 등의 법률구성을 통하여 간극을 메꿀 수 있다고 보충설명되어 있었다는 점을 고려하면 명문화 이후에도 종래의 판례법리를 그대로 활용할 것이 상정되어 있었다고 할 것이다. 그러나 아쉽게도 이러한 논의는 중간시안에 대한 퍼블릭코멘트를 수렴 및 검토한 결과 입법화에 이르지 못하였으나 상속인에 의한 해제권 행사가부, 원상회복의무의 범위 및 기산점, 기간제한에 관련된 논의는 우리 민법의 개정을 위한 2013년 법무부 개정시안 등과 비교하여 시사하는 바가 크다고 생각된다.

Ⅳ. 맺 음 말

우리의 경우에는 기이행된 증여에 대해서는 망은행위 등의 해제사유가 발생하는 경우에도 민법 제558조에 의해 해제가 불가능하게 된다. 그런데 이는 종국적으로 증여자의 증여의사를 몰각시킬 수 있으며, 증여자의 증여에 강한 장애요인으로 작용한다. 하급심 판결례를 분석하면서 확인한 것처럼 이러한 결과는 증여자에게 지나치게 큰 희생을 강요한다. 더 나아가 수증자에 의한 망은행위로부터 보호해야 할 증여자를 위해서는 현행법은 냉정하게 평가되어 개정이 이루어져야 할 것이다. 이러한 이유 때문에 몇 차례의 개정움직임에서 기이행된 증여를 해제할 수 없다는 규정을 삭제하자는 주장이 제기된 것이다. 먼저 2004년에 법무부 민법개정위원회에서 수증자의 망은행위 및 증여자의 사정변경에 따른 계약해제의 효과를 조정해야 한다는 의견이 있었으나, 망은행위로 이미 행해진 증여를 다시 찾아온다는 것은 복잡한 문제를 야기한다는 이유로 법무부가 국회에 제출한 민법개정안에서는 제외되었다. 2013년 법무부「민법」개정시안에서는 현행법 제558조를 삭제함으로써 망은행위에 따른 해제에 있어서 이미 이행된 부분 역시 반환이 가능하도록 하였는데 이 또한 입법으로 반영되는 것은 실패하였다. 물론 기이행된 부분에 대해서 해제를 인정하고 원상회복(부당이득)을 하게 하면 수증자의 지위에 불안정하게 할 수 있다는 비판을 받을 수 있으나 원상회복청구는 증여자와 수증자 사이에서의 회복에 그칠 뿐이며 원물반환이 불가능한 경우에는 수증자가 가액으로 반환하면 되므로 법정 안정성에 큰 침해를 가져온다고 보기도 어려울 것이다. 더 나아가 수증자의 망은행위 때문에 증여계약이 해제되었다는 점에 초점을 맞추면 수증자에게 부담을 가지게 하는 것 또한 충분히 가능하며 그러한 부담감을 통해 망은행위를 억지할 수 있다면 그 또한 실질적으로 큰 의미를 가진다고 할 수 있다.

일본과 같이 다양한 해석으로 증여가 이행된 이후에도 증여를 해제하는 방안을 모색해 볼 수도 있으나 우리는 일본과 다른 조문을 가진다. **즉 우리는 망은행위를 해제할 수 있다고 하면서도 명시적으로 이행한 부분에 대해서는 해제할 수 없다고 규정하고 있다.** 반면에 일본은 서면에 의한 증여의 경우에 이행한 부분에 대해서는 해제할 수 없다고 규정한 것 뿐이다. **요컨대 우리의 경우는 입법적 불비가 아니라 입법자가 기이행된 부분에 대해서는 망은행위 위반을 이유로 해제를 인정하지 않겠다고 결단한 것이다. 따라서 해석으로 제558조를 적용배제하는 것은 해석의 한계를 넘는다. 따라서 우리의 경우에는 일본에 비해 입법적 결단을 내릴 유인이 크다. 따라서 이하에서는 법무부 2013년 개정시안의 방향에 동의하면서도 약간 다른 개정시안을 제시하고자 한다.**

첫째, 증여이후에 수증자가 망은행위를 하는 경우에는 증여계약에 따른 이행이 완료된 이후에도 증여계약을 해제할 수 있도록 해야 할 것이다. 둘째, 그 경우에 반환범위 또한 수증자의 망은행위에 초점을 맞추어 원물(원물이 금전이 경우 포함)부분에 대해서는 선의·악의를 따지지 않고 반환해야 할 것이다. 다만 원물이외의 과실(이자)부분은 해제 이후의 것만 반환하도록 해야 될 것이다. 마지막으로, 망은행위에 관해서는 신속한 법률관계의 확정보다 증여자의 보호가 더욱 중요하다는 점에서도 해제권 행사기간을 1년으로 해야 할 것이다.

현행	개정시안
제556조(수증자의 행위와 증여의 해제) ① 수증자가 증여자에 대하여 다음 각호의 사유가 있는 때에는 증여자는 그 증여를 해제할 수 있다. 1. 증여자 또는 그 배우자나 직계혈족에 대한 범죄행위가 있는 때 2. 증여자에 대하여 부양의무있는 경우에 이를 이행하지 아니하는 때 ② 전항의 해제권은 해제원인있음을 안 날로부터 6월을 경과하거나 증여자가 수증자에 대하여 용서의 의사를 표시한 때에는 소멸한다.	제556조(수증자의 행위와 증여의 해제) ① 수증자에게 다음 각호의 사유가 있는 때에는 증여자는 그 증여를 해제할 수 있다. 1. 증여자 또는 그 배우자나 직계혈족에 대하여 범죄행위, 학대 그 밖에 현저하게 부당한 대우를 한 때 2. 증여자에 대하여 부양의무있는 경우에 이를 이행하지 아니하는 때 ② 제1항에 따라 증여가 해제된 경우에는 수증자는 원물을 반환하면 될 뿐, 해제된 날까지 수취한 과실 또는 이익을 반환할 의무가 없다. 증여받은 금전을 반환하여야 할 경우에 해제된 날까지의 이자도 이와 같다. ③ 제1항의 해제권은 해제권자가 해제원인 있음을 안 날부터 1년을 경과하거나 증여자가 수증자에 대하여 용서의 의사를 표시한 때에는 소멸한다.
제558조(해제와 이행완료부분) 전3조의 규정에 의한 계약의 해제는 이미 이행한 부분에 대하여는 영향을 미치지 아니한다.	<삭제>

일본 개정민법상 “계약의 성립”에 관한 규율 -“청약과 승낙에 의한 계약의 성립”을 중심으로-

서 희 석
부산대학교 법학전문대학원 교수

Ⅰ. 서 론

1. 일본 민법의 개정에 따른 계약의 성립에 관한 규율의 변경

일본의 개정 전 민법은 계약총칙(제3편 채권 제2장 계약 제1절 총칙)에 계약의 성립, 계약의 효력, 계약의 해제에 관한 3개의 관(款)을 두고 있었다(이것은 한국민법도 마찬가지이다). 이 중에서 “계약의 성립”의 관(제1관)에는 청약과 승낙에 의한 계약의 성립에 관한 다수의 조문을 두고 있었다(제521조~제528조).[1] 이들 조문은 청약과 승낙의 의사표시의 발신과 도달이라는 시간적 순서에 따른 계약성립의 룰을 정한 것이지만, 기본적으로는 격지자 간의 계약의 성립시기(=승낙의 효력발생시기)에 관하여 발신주의를 원칙으로 하면서(제526조제1항) 그로부터 파생되는 이해관계의 조정에 관한 부수적 규정들이 중심이 되는 구조였다고 할 것이다. 한편 같은 관에는 청약과 승낙에 의한 계약의 성립에 관한 조문 외에 ‘현상광고’에 관한 조문도 함께 두고 있었다(제529조~제532조).[2]

이에 대해 2017년 6월 2일 공포되어 2021년 4월부터 시행되고 있는 일본의 개정민법[3]은 청약과 승낙에 의한 계약의 성립의 관에서 몇 가지 중요한 변화를 실현하였다. 먼저 개정 전 민법에는 규정이 없었던 ‘계약자유의 원칙’에 관하여 계약체결의 자유, 계약내용(결

1) 제521조(승낙기간을 정한 청약), 제522조(승낙통지의 연착), 제523조(지연한 승낙의 효력), 제524조(승낙기간을 정하지 아니한 청약), 제525조(청약자의 사망 또는 행위능력의 상실), 제526조(격지자간의 계약의 성립시기), 제527조(청약의 철회통지의 연착), 제528조(청약에 변경을 가한 승낙),

2) 제529(현상광고), 제530조(현상광고의 철회), 제531조(현상광고의 보수를 받을 권리), 제532조(우등현상광고).

3) 일본의 최근의 민법개정의 경위에 대해서는 졸고, 일본 민법(채권법) 주요 개정사항 개관 — 민법총칙을 중심으로 —, 비교사법 24/3 (2017)(이하 서희석, 일본 민법(채권법) 주요 개정사항 개관으로 인용), 1070 이하를 참조.

정)의 자유, 계약방식의 자유에 관하여 신설하고(개정민법 제521조, 동 제522 제2항), 또한 계약은 청약과 승낙의 의사표시의 합치에 의해 성립한다는 ‘계약성립에 관한 기본원칙’을 신설하였다(제522조제1항). 나아가 개정민법은 격지자 간의 계약의 성립시기(＝승낙의 효력발생시기)에 관하여 발신주의에서 도달주의로 변경을 가하였고(개정 전 민법 제526조제1항 삭제, 개정민법 제97조제1항). 발신주의를 전제로 하는 이해관계의 조정에 관한 일부 부수적 규정(승낙통지가 연착한 경우의 청약자의 연착통지의무에 관한 개정 전 민법 제522조, 청약의 철회의 통지가 연착한 경우의 승낙자의 연착통지의무에 관한 개정 전 민법 제527조)도 함께 삭제하였다. 또한 청약의 구속력에 관한 예외규정을 신설하였고, 개정 전 민법에는 특별히 정함이 없었던 대화자 간의 계약에서 청약의 구속력과 승낙적격에 관한 특칙이 신설되었다(개정민법 제525조제2항 · 제3항). 한편 현상광고에 관하여도 몇 가지 개정을 실현하였다.4)

2. 본고의 목적

본고는 청약과 승낙에 의한 계약의 성립에 관한 일본 개정민법의 입법취지를 검토하기 위한 것이다. 아래에서는 청약과 승낙에 의한 계약의 성립에 관한 개정민법의 규율내용을 4가지 관점 내지 주제 — ① 계약자유의 원칙의 명문화, ② 계약의 성립에 관한 기본원칙의 신설, ③ 청약의 효력에 관한 규율의 수정, ④ 계약의 성립시기에 관한 도달주의의 채택 — 로 나누어 차례대로 검토한다. 한편, 계약의 성립의 관에 함께 규율되어 있는 ‘현상광고’의 개정에 관하여는 지면 관계상 검토를 생략한다.

Ⅱ. 계약자유의 원칙의 명문화

1. 개 관

개정 전 민법은 계약총칙(또는 민법총칙이나 채권총칙)에 계약에 관한 기본원칙인 ‘계약자유의 원칙’을 명문으로 규정하고 있지는 않았다. 이것은 개정 전 민법(메이지민법) 제정 시에 자명한 것은 규정하지 않는다는 입법의 방침에 따른 것이었다.5)

4) 개정이 있는 조문은 제529조(현상광고), 제529조의2(지정한 행위를 하는 기간의 정함이 있는 현상광고＝신설), 제529조의3(지정한 행위를 하는 기간의 정함이 없는 현상광고＝신설), 제530조(현상광고의 철회). 개정조문의 구체적 내용은, 졸고, 일본 민법(채권법) 개정조문 시역(試譯), 민사법학 79 (2017) 123 이하를 참조.

5) 潮見佳男 · 千葉恵美子 · 片山直也 · 山野目章夫編, 詳解 改正民法, 商事法務, 2018(이하 潮見外編, 詳解 改正民法으로

이에 대해 개정민법의 입법과정에서는 시민사회의 기본법인 민법은 시민에게 이해하기 쉬운 것이어야 한다는 관점에서 기본원칙을 명시적으로 규정한다는 방침에 따라 개정작업이 진행되었다.[6] 그 결과로서 개정민법에서는 계약의 성립에 관한 관의 첫 번째 조문(제521조)과 두 번째 조문(제522조)에서 계약자유의 원칙을 신설하게 되었다.[7]

개정민법은 계약자유의 원칙을 3개의 조항으로 나누어 규정하였는데, ① 계약체결의 자유(제521조제1항), ② 계약내용의 자유(동 제2항), ③ 계약방식의 자유(제522조제2항)가 그것이다. 다만, 계약자유의 원칙에는 종래부터 ①~③에 덧붙여 ④ 상대방선택의 자유도 포함된다고 이해하는 것이 일반적이었는데, 이번 개정에서는 이 원칙은 명문화되지 않았다. ④는 ①에 포함되는 것으로 볼 수 있다는 점 외에, ④를 명문화할 경우 이른바 '차별금지의 원칙'과의 관계가 문제될 수 있다는 점 등이 고려된 결과이다(이에 대해서는 2에서 후술).

한편, 계약당사자의 지위의 대등성 · 호환성이 당연히 전제되어 있다고 할 수 없는 현대사회에서 이들 자유가 무제한으로 인정되는 것은 아니라는 점에서 위 신설규정들에서는 계약자유의 원칙에 대한 제한도 함께 명시되었다.[8] 이들 계약자유의 원칙과 그 제한에 관한 규정의 신설은 종래부터 異論이 없는 것을 명문화한 것이다.[9]

이하 계약자유의 원칙에 관한 신설조문의 내용과 그 입법취지를 검토한다.

2. 계약체결의 자유(제521조제1항)

개정 전 민법	개정민법
(신설)	**제3편 채권** **제2장 계약** **제1절 총칙** **제1관 계약의 성립** **제521조(계약의 체결 및 내용의 자유)** ① 누구든지, 법령에 특별한 규정이 있는 경우를 제외하고, 계약을 할 것인지의 여부를 자유롭게 결정할 수 있다.

인용) 376(曽野裕夫 집필).

6) 潮見外編, 詳解 改正民法, 376(曽野 집필).

7) 개정 전 민법에 명문이 없는 계약에 관한 기본원칙으로서는 ① 계약은 지켜져야 한다는 원칙(계약구속력의 원칙), ② 계약자유의 원칙, ③ 의사능력에 관한 원칙 등을 들 수 있다. 이들은 모두 민법개정 과정에서 명문화가 검토되었지만(①에 대해서는 법률행위 일반의 기본원칙으로서 검토되었다. 중간시안 제1, 1(1)), 개정민법에서 명문화가 실현된 것은 ②(제521조, 제522조 제2항)와 ③(제3조의2)이다. 이상 潮見外編, 詳解 改正民法, 376(曽野 집필)을 참조.

8) 潮見外編, 詳解 改正民法, 377(曽野 집필).

9) 潮見外編, 詳解 改正民法, 377(曽野 집필).

가. 원칙 - 계약체결의 자유

개정민법은 누구든지 원칙적으로(법령에 특별한 규정이 있는 경우를 제외하고) 계약을 할 것인지 말 것인지를 자유롭게 결정할 수 있다는 취지를 새롭게 규정하였다(제521조제1항). 이것은 의사에 반한 계약체결(또는 그 거절)은 원칙적으로 강제되지 않음을 의미하는 것이다. 또한 계약교섭을 개시하였으나 계약체결에 이르지 않았다 하더라도 원칙적으로 손해배상책임이 발생하지는 않는다.[10)]

그런데 종래 계약자유의 원칙의 하나로서 계약체결의 자유(①)와는 구별되어 인정되어 온 '상대방선택의 자유'(④)에 대해서는 개정민법에서는 명문의 규정을 두지 않았다. 그 이유는, 상대방선택의 자유는 "특정의 상대방과의 사이에 그 상대방과 계약을 체결할 것인지의 여부를 결정할 자유"로 이해할 수 있기 때문에 (넓게) 계약체결의 자유에 포섭되는 것으로 해석할 수 있다는 점[11)] 외에, 상대방선택의 자유를 명문화하는 것은 국적 · 연령 · 성별 등에 의한 차별적인 계약체결(가령, 임대차에서 외국인이나 고령자에 대한 차별, 고용에서 남녀차별 등)이 허용된다는 잘못된 메시지를 사회에 줄 수 있다는 점 및 차별적인 계약체결 거절의 경우에 (판례법리로 인정되는) 손해배상책임이 인정되기 어렵게 된다는 점 등을 반영하였기 때문이다.[12)] 상대방선택의 자유는 근년 계약법의 제약원리로서 부각되고 있는 '차별금지의 원칙'과 긴장관계에 있다는 점에서 개정민법은 상대방선택의 자유를 명문화하는 것에는 신중한 입장을 나타낸 것으로 이해된다.[13)]

나. 계약체결의 자유의 제한

계약체결의 자유는 "법령에 특별한 규정이 있는 경우"에는 제한된다(제521조제1항). 법령에서 계약체결의 자유를 제한하는 것은 계약체결이 법령에서 강제되는 경우라고 할 수 있는데, 그러한 경우를 흔히 '체약강제(締約强制)'라 한다.

체약강제는 私法상 체약강제와 공법상 체약강제로 나누어 파악할 수 있다. 전자의 예로서는 (민법상 임대차에 관한 특별법인) 「차지차가법(借地借家法)」 상의 법정갱신제도(제6조, 제28조)나 건물매수청구권(제13조) 등을 들 수 있다. 이들은 일정한 요건 하에 계약갱신이 법에 의해 의제되거나(법정갱신), 건물에 대한 계약체결을 사법상 강제하는 경우(건물매수청구

10) 潮見外編, 詳解 改正民法, 377(曽野 집필).

11) 이를 명문으로 인정하는 문헌으로서 가령, 中田裕康, 契約法, 新版, 有斐閣, 2021(이하 中田, 契約法으로 인용) 24이 있다.

12) 潮見外編, 詳解 改正民法, 377~378(曽野 집필).

13) 松岡久和 · 松本恒雄 · 鹿野菜穂子 · 中井康之編, 改正債権法コンメンタール, 法律文化社, 2020(이하 松岡外編, 改正債権法コンメンタール로 인용) 596(横山美夏 집필).

권)라 할 수 있다. 이들이 개정민법상 "법령에 특별한 규정이 있는 경우"에 해당함은 물론이다.

다음으로 공법상 체약강제의 예로서는 공급자에게 계약체결을 강제하는 경우(전기·수도·가스 등 공익사업에서의 공급자의 공급의무, 의사 등의 계약체결의무 등)와 수요자에게 계약체결을 강제하는 경우(방송법상 NHK수신계약체결의무)가 있고, 거래거절이 '불공정한 거래방법'으로서 금지되는 경우도 있다(독점금지법 제19조). 다만 이들 공법(행정법)상 체약강제에서는 대부분의 경우 계약체결 거절에 대해 행정제재나 형사제재를 부과하는 데 머물러 있고 사법상으로도 계약체결이 강제되는 효과가 발생하는지 여부는 개별적으로 판단할 수밖에 없다. 판례에서 계약체결 강제를 인정하는 취지로 판단한 계약의 예로서 '어업협동조합가입계약'(수산업협동조합법 제25조), '급수계약'(수도법 제15조제1항), 'NHK수신계약'(방송법 제64조제1항) 등이 있다. 이와 같이 사법상으로도 계약체결이 강제되는 경우는 개정민법 제521조 제1항에서 규정하는 "법령에 특별한 규정이 있는 경우"에 해당하는 것으로 해석하게 될 것이다.[14)]

한편 계약체결의 자유가 '법령'에 의해 제한되는 경우는 아니지만, 판례법리에 따라 계약체결의 자유가 제한된다고 해석되는 경우가 있다. 이른바 '계약교섭의 부당파기책임'과 '차별적인 계약체결 거절'에 따른 손해배상책임에 관한 판례법리가 그것이다. 계약교섭의 부당파기책임의 경우 계약교섭의 일방적 파기가 신의칙상 의무위반으로 평가되어 불법행위에 따른 손해배상책임이 발생한다는 것으로,[15)] 중간시안 단계에서는 이 판례법리를 명문화하는 안이 검토되었다.[16)] 그러나 최종적으로는 요건 설정이 용이하지 않다는 이유에서 민법개정에 이르지는 못했는데,[17)] 종래의 판례법리가 부정된 것은 아니다.[18)] 한편 '차별적인 계약체결 거절'을 이유로 한 불법행위에 따른 손해배상책임이 인정된 하급심판례로서 '외국인 상점(보석상)출입거부사건'[19)]과 '외국인 공중목욕탕입욕거부사건'[20)]이 있다. 이들 하급심판례는 특히 '상대방선택의 자유'가 입법화되지 않은 근거의 하나로 설명된다.[21)]

---

14) 潮見外編, 詳解 改正民法, 378(曽野 집필).
15) 最判昭和59(1984)·9·18 判時1137号51頁 등.
16) 중간시안 제27, 1.
17) 부회자료 80B, 11; 부회자료 81-3, 30.
18) 潮見外編, 詳解 改正民法, 378~379(曽野 집필).
19) 静岡地浜松支判平成11[1999]·10·12 判時1718号92頁.
20) 札幌地判平成14[2002]·11·11 判時1806号64頁.
21) 潮見外編, 詳解 改正民法, 379(曽野 집필).

3. 계약내용의 자유(제521조제2항)

현행법	개정법
(신설)	**제521조(계약의 체결 및 내용의 자유)** ② 계약의 당사자는 법령의 제한 내에서 계약의 내용을 자유롭게 결정할 수 있다.

가. 원칙 - 계약내용의 자유

개정민법은 제521조에서 계약체결의 자유(제1항)에 이어 계약내용 (결정)의 자유를 규정한다(제2항).[22] 이에 따르면 계약의 당사자는 법령의 제한 내에서 계약의 내용을 자유롭게 결정할 수 있다. 이것은 당사자가 어떠한 내용의 계약을 체결할지를 자유롭게 결정할 수 있다는 것과 아울러 그 자유는 법령의 제한 내에서만 인정된다는 취지를 규정한 것이다.

한편 법률행위 일반에서 당사자의 의사표시가 임의규정에 우선한다는 취지를 정하는 민법 제91조[23]와 계약내용(결정)의 자유를 정하는 개정민법 제521조 제2항의 관계가 문제된다. 계약에 한정한다면 제91조는 당사자의 의사표시의 내용이 임의규정과 다른 경우에는 계약상 권리의무의 내용은 의사표사의 내용에 기초하여 결정된다는 것을 의미하는 것인바, 그 점에서 계약내용의 자유와의 중복이 발생하게 되기 때문이다. 이 점에 관하여는 개정민법 제521조 제2항에서 계약내용의 자유를 명문화한 것은 계약법의 기초가 되는 근본적인 원리라는 점에서 계약에 관한 부분에서 이 원리를 별도로 규정하는 것은 의미가 있기 때문으로 설명된다.[24] 다만 양자의 관계에 대해서는 더욱 검토할 필요가 있다는 점도 지적되고 있는데,[25] 이에 대해서는 제91조에 따라 당사자가 임의규정과 다른 내용의 계약을 합의한다 하더라도 그것은 제521조 제2항에 따라 “법령의 제한 내”에서 이루어져야 함을 의미하는 것이라는 견해가 있다.[26]

22) 이와 같이 계약체결의 자유와 계약내용결정의 자유를 함께 규정하는 모델법 내지 규범으로서 UNIDROIT 국제상사계약원칙(2004) 1.1조와 PECL 1:102조1항 본문이 있다. 「채권법개정의 기본방침」에서는 이러한 예에 따라 “당사자는 자유롭게 계약을 체결하고 그 내용을 결정할 수 있다”고 규정하고 있었다(【3.1.1.01】 계약자유의 원칙), 民法 (債権法) 改正検討委員会編, 詳解 債権法改正の基本方針Ⅱ(契約および債権一般(1), 商事法務, 2009(이하 詳解 債権法改正の基本方針Ⅱ로 인용) 3~5 참조.

23) **제91조(임의규정과 다른 의사표시)** 법률행위의 당사자가 법령 중의 사회질서(公의 질서)에 관계없는 규정과 다른 의사를 표시한 때에는 그 의사에 의한다.

24) 商事法務編, 民法(債権関係)の改正に関する中間試案の補足説明, 商事法務, 2013(이하 中間試案の補足説明으로 인용) 322~323.

25) 中間試案の補足説明, 323.

26) 潮見外編, 詳解 改正民法, 379(曽野 집필).

나. 계약내용의 자유의 제한

당사자는 계약내용을 자유롭게 결정할 수 있지만, 그것은 "법령의 제한 내"에서의 자유이다. 여기서 법령의 제한이란 공서양속(민법 제90조)과 (기타) 강행규정(私法법규인 강행규정 및 행정법규 중의 효력규정)에 반하지 않아야 함을 의미한다.[27]

계약에 관한 私法상의 강행규정의 예로서는 민법 내에서 개정민법 제465조의2 제2항(개인근보증에서의 최고액의 규정),[28] 동 제548조의2 제2항(정형약관의 내용규제),[29] 동 제572조(담보책임면제특약의 효력)[30] 등을 들 수 있고, 특별법에서 소비자계약법 제8조~제10조(소비자계약조항의 내용규제), 이자제한법 제1조(고리의 제한), 차지차가법 제9조 · 제30조(차지인이나 차가인에게 불리한 일정한 특약의 무효), 할부판매법 제5 · 제6조 및 특정상거래법 제10조(해제와 손해배상액의 제한) 등을 들 수 있다.

또한 계약내용규제에 관한 행정법규 중에서도 그 위반이 사법상의 효과(무효)로 연결되는 경우(=효력규정)는 여기서 말하는 '법령'에 해당하지만, 어떠한 행정법규가 효력규정인지 아닌지([단순한] 단속규정인지)의 판단은 판례 · 학설에 맡겨진다.[31]

---

27) 潮見外編, 詳解 改正民法, 379(曽野 집필); 中間試案の補足說明, 323.

28) **제465조의2(개인근보증계약의 보증인의 책임등)** ① 일정 범위에 속하는 불특정의 채무를 주된 채무로 하는 보증계약(이하 「근보증계약」이라 한다)으로서 보증인이 법인이 아닌 경우(이하 「개인근보증계약」이라 한다)의 보증인은, 주된 채무의 원본, 주된 채무에 관한 이자, 위약금, 손해배상 기타 그 채무에 종된 모든 것 및 그 보증채무에 대해서 약정된 위약금 또는 손해배상액에 관하여 그 전부에 관한 최고액을 한도로 하여 그 이행을 할 책임을 진다. ② 개인근보증계약은 전항에 규정하는 최고액을 정하지 않으면 그 효력이 발생하지 않는다.

29) **제548조의2(정형약관의 합의)** ① 정형거래(어느 특정의 자가 불특정 다수의 자를 상대방으로 하여 행하는 거래로서, 그 내용의 전부 또는 일부가 획일적인 것이 그 쌍방에게 합리적인 것을 말한다. 이하 같다)를 한다는 합의(다음 조에서 「정형거래합의」라 한다)를 한 자는 다음의 경우에는 정형약관(정형거래에서, 계약의 내용으로 할 것을 목적으로 하여 그 특정의 자에 의해 준비된 조항의 총체를 말한다. 이하 같다)의 개별 조항에 대해서도 합의를 한 것으로 간주한다.
1. 정형약관을 계약의 내용으로 한다는 취지의 합의를 한 때
2. 정형약관을 준비한 자(이하 「정형약관준비자」라 한다)가 미리 그 정형약관을 계약의 내용으로 한다는 취지를 상대방에 표시하였을 때
② 전항의 규정에 불구하고 동항의 조항 중에 상대방의 권리를 제한하거나 상대방의 의무를 가중하는 조항으로서, 그 정형거래의 태양 및 그 실정, 거래상의 사회통념에 비추어 민법 제1조 제2항에 규정하는 기본원칙에 반하여 상대방의 이익을 일방적으로 해한다고 인정되는 것에 대해서는 합의를 하지 않은 것으로 간주한다.

30) **제572조(담보책임을 부담하지 않는다는 특약)** 매도인은 제562조 제1항 본문 또는 제565조에 규정하는 담보책임을 지지 않는다는 취지의 특약을 한 경우에도 알면서 고지하지 아니한 사실 및 스스로 제3자를 위하여 설정하거나 제3자에게 양도한 권리에 대해서는 그 책임을 면할 수 없다.

31) 潮見外編, 詳解 改正民法, 379(曽野 집필); 中間試案の補足說明, 324.

4. 계약방식의 자유(제522조제2항)

현행법	개정법
(신설)	**제522조(계약의 성립과 방식)** ② 계약의 성립에는 법령에 특별히 정함이 있는 경우를 제외하고, 서면의 작성 기타 방식을 구비할 것을 요하지 않는다.

가. 원칙 - 계약방식의 자유

개정민법은 계약의 성립에는 서면의 작성 기타 방식의 구비가 필요하지 않다는 취지, 즉 계약자유의 원칙 중 '방식의 자유'를 규정한다(제522조제2항). 다만 그러한 방식의 자유도 법령에 특별한 규정이 있는 경우에는 인정되지 않는다(제522조제2항).

이와 같이 제522조 제2항은 계약자유의 원칙의 하위원칙 중 방식의 자유와 그 제한을 명기한 것이고, 그 결과로서 제521조와 함께 계약자유의 원칙 중 3개의 하위원칙[체결의 자유(상대방선택의 자유를 포함), 내용의 자유, 방식의 자유]이 3개 조항으로 나뉘어 규정된 것[32]으로 이해할 수 있지만, 그 규정의 위치 및 구조에 관하여는 검토가 필요하다. 즉, 계약자유의 원칙에 관하여는 제521조에서 체결의 자유와 내용의 자유를 규정하고 있음에 반해 '방식의 자유'에 관하여는 이를 '계약의 성립과 방식'이라는 표제 하에 제522조 제2항에서 별도로 규정하고 있고, 또한 동조 제2항은 청약과 승낙의 의사표시의 합치에 의한 '계약의 성립'에 관한 제1항(후술)을 논리적 전제로 하는 구조로 되어 있기 때문이다.

이러한 규정의 위치와 구조로부터 "방식의 자유는 '계약의 성립'에 관한 원칙이기 때문에 '계약의 성립'에 관한 개정민법 제522조에 규정된 것"[33]으로 설명하는 견해가 있다. 이 견해에 의하면 방식의 자유는 계약성립의 요건을 정한 제522조 제1항과의 관련 속에서 이해되어야 하는바, (후술하는 것처럼) 계약의 성립에는 청약과 승낙의 의사표시의 합치가 필요하고(제1항) 그 외에 다른 방식은 필요하지 않은 것(제2항)으로 해석하게 될 것이다. 이것은 다시 말하면 계약은 원칙적으로 청약과 승낙의 의사표시의 합치만에 의해 성립한다(방식 등은 필요하지 않다)는 취지를 정한 것이다. 이러한 계약성립의 원칙을 '낙성(諾成)주의'라 하고 그러한 계약을 '낙성계약'이라 한다면, 결국 제522조는 전체적으로 낙성주의 내지 낙성계약의 원칙을 정한 것이라 이해할 수 있게 된다.[34] 이와 같은 해석은 낙성주의의 원칙을

32) 潮見佳男, 民法 (債権関係) 改正法案の概要, 金融財政事情研究会, 2015(이하 潮見, 概要로 인용), 194~195; 筒井健夫・村松秀樹編著, 一問一答 民法(債権関係)改正, 商事法務, 2018(이하 筒井外編, 一問一答으로 인용), 216.

33) 松岡外編, 改正債権法コンメンタール, 598(滝沢昌彦 집필).

계약자유의 원칙(체결의 자유와 내용의 자유)에 이어서 계약의 기본원칙으로 명문화할 것을 제안하였던 「채권법개정의 기본방침(債権法改正の基本方針)」의 규정태도와도 일치하는 것이다.[35)]

요컨대 개정민법 제522조 제2항은 계약의 성립에는 특별한 방식을 요하지 않는다는 취지를 규정함으로써 그 자체만으로는 계약자유의 원칙 중 방식의 자유를 규정한 것이지만, 동 제1항과의 관련 속에서 전체적으로 이해할 경우에는, 계약은 원칙적으로 청약과 승낙의 의사표시의 합치만에 의해 성립하고 특별한 방식을 요하지 않는다는 취지, 즉 낙성주의 내지 낙성계약의 원칙을 정한 것으로 해석할 수 있다. 그렇다면 개정 전 민법에서 '요물계약'으로 규정되어 있었던 사용대차와 기탁(寄託, 한국민법상 임치)이 개정민법에서는 낙성계약으로 규정된 것(제593조, 제657조)도 낙성계약의 원칙을 정한 제522조와의 관련 속에서 체계적으로 이해할 수 있게 된다.[36)37)]

나. 계약방식의 자유의 제한

민법상 계약은 낙성계약을 원칙으로 하고 특별한 방식은 요구되지 않지만, 방식의 자유는 "법령에 특별한 정함이 있는 경우"에는 보장되지 않는다(개정민법 제522조제2항).

그와 같은 제한의 예로서 민법 등의 법령에서 '서면'에 의하지 아니하면 계약이 성립하지 않거나 그 효력이 발생하지 않는 '요식계약'으로 하는 경우를 들 수 있다. 그 이유는 법률관계의 명확화나 분쟁예방의 필요성 또는 계약체결에 신중을 기하도록 할 필요성 때문이다.[38)] 가령 보증계약(민법 제446조제2항), 개인근보증에서 최고액의 약정(개정민법 제465조의2 제3항), (요물계약으로 하는 경우 외의) 소비대차계약(개정민법 제587조의2), 철거예정건물의 임대차에서 철거사유의 약정(차지차가법 제39조) 등이 그 예이다. '서면'에서 나아가 '공정증서'의

34) 같은 취지, 潮見外編, 詳解 改正民法, 380(曽野 집필). 이 견해는 '제522조제2항'은 의사표시의 합치(합의)만에 의해 계약이 성립한다는 '낙성계약(諾成契約)'이 민법상 계약의 원칙이라는 것과 그 합의를 서면 등의 방식에 의해 할 필요는 없다는 것을 규정한 것이라고 설명한다.

35) 「채권법개정의 기본방침」에서는 계약의 기본원칙으로 '계약자유의 원칙'과 '낙성주의의 원칙'에 관한 규정을 신설할 것을 제안하고 있었다(그밖에 '채권채무관계에서의 신의칙'에 관한 규정의 신설도 제안되었다). 즉 계약자유의 원칙(【3.1.1.01】)은 체결의 자유와 내용의 자유를 의미하는 것으로 규정되었고, 낙성주의의 원칙(【3.1.1.02】)은 "계약은 당사자의 합의만으로 성립한다. 다만 법령에 이와 다른 정함이 있는 때 또는 당사자의 반대의 약정이 있는 때에는 그러하지 아니하다"는 내용으로 규정되어 있었다.

36) 潮見外編, 詳解 改正民法, 380(曽野 집필).

37) 다만 사용대차와 기탁 외에 요물계약으로 규정되어 있었던 소비대차의 경우에는 개정 전 민법(제587조)을 유지하되, 낙성계약을 원칙으로 하여야 한다는 실무와 학설의 생각을 받아들여 요물계약 원칙을 따르지 않는 경우에는 서면으로 소비대차계약을 체결하여야 효력이 발생한다는 취지의 조문을 신설하는 것으로 결착되었다(개정민법 제587조의2). 이것은 '요식계약'으로서의 소비대차계약을 인정한 것이다.

38) 潮見外編, 詳解 改正民法, 382(曽野 집필); 鎌田薫 · 潮見佳男 · 渡辺達徳編, 新基本法コンメンタール:債権2, 日本評論社, 2020(이하, 鎌田外編, 新基本法コンメンタール:債権2로 인용한다) 20(後藤巻則 집필).

작성을 요구하는 경우도 있는데, 사업관련 채무에 대한 보증계약(개정민법 제465조의6 이하), 임의후견계약(임의후견계약에 관한 법률 제3조), 정기차지(定期借地) · 정기차가(定期借家)에서 불갱신특약(차지차가법 제22조 · 제38조) 등이 그 예이다.

그 밖에 요식계약으로 규정된 것은 아니지만 서면으로 체결할 경우에 계약의 구속력이 강화되는 경우도 있는데, 가령 서면에 의한 증여와 사용대차에서 그러하다. 서면에 의한 증여의 경우 각 당사자는 (서면에 의하지 아니한 증여와 달리) 계약의 이행 전이라도 계약을 해제할 수 없고(개정민법 제550조),[39] 서면에 의한 사용대차에서 대주는 (서면에 의하지 아니한 사용대차와 달리) 차주가 차용물(借用物)을 수취하기 전이라도 계약을 해제할 수 없다(개정민법 593조의2).[40]

한편 행정법규의 경우 서면교부의무(할부판매법 제4조, 특정상거래법 제5조, 택건업법 제37조 등)나 서면작성의무(회계법 제29조의8, 농지법 제21조 등)를 규정하는 경우도 있는데, 이들은 계약의 성립이나 효력발생에 관한 규정은 아니다. 다만 서면교부가 철회권의 행사(クーリングオフ)와 관련하여 철회기간의 기산점으로 인정되는 경우(할부판매법 제35조의3의10, 특정상거래법 제9조, 택건업법 제37조의2 등)에는 사법상의 효과가 발생한다는 점에서 널리 방식의 자유에 대한 제한(서면주의)이라고 할 것이다.

Ⅲ. 계약의 성립에 관한 기본원칙의 신설

1. 개 관

개정 전 민법은 '계약의 성립'의 관(제1관)에서 청약과 승낙에 의한 계약의 성립에 관한 다수의 조문을 두고 있었지만(제521조~제528조), 청약과 승낙의 관계를 명확히 하고 어떠한 경우에 계약이 성립하는지를 이해할 수 있는 기본적인 규정은 두고 있지 않았다. 이에 따라 규율 전체의 이해가 반드시 용이한 것은 아니었다.

개정민법은 전술한 바와 같이 계약의 성립의 관(제1관)의 모두에서 '계약자유의 원칙'을 신설하고(개정민법 제521조, 동 제522조제2항), 또한 '계약의 성립에 관한 기본원칙'을 신설하였다(개정민법 제522조제1항). 즉 계약은 청약과 승낙의 의사표시의 합치에 의해 성립한다는

39) **개정민법 제550조(서면에 의하지 아니한 증여의 해제)** 서면에 의하지 아니한 증여는 각 당사자가 해제[개정 전에는 '철회']를 할 수 있다. 다만 이행이 완료된 부분에 대해서는 그러하지 아니하다.

40) **개정민법 제593조의2(차용물 수취 전의 대주에 의한 사용대차의 해제)** 대주는 차주가 차용물을 수취할 때까지 계약의 해제를 할 수 있다. 다만, 서면에 의한 사용대차는 그러하지 아니하다.

점을 명시하면서, 나아가 계약성립을 위한 '청약'은 계약성립을 인정할 수 있을 정도로 확정적인 내용이어야 하며(내용의 확정성) 또한 청약에 대한 승낙으로 바로 계약을 성립시킬 의사가 표명되어야 한다는 점(의사의 종국성)을 규정하였다. 이로써 그 이하의 조문에서 '청약' 및 '승낙'의 효력에 관한 개별규정의 의미를 보다 체계적으로 규율하고 이해할 수 있는 구조가 구축되었다.

반면에 개정민법이 청약과 승낙에 의한 계약의 성립만을 인정하는 것은 아니다. 개정 전 민법 하에서도 인정되던 '의사실현에 의한 계약성립'이 (조문만 바꾸어) 그대로 유지되고 있기 때문이다. 다만 (후술하는 바와 같이) 개정민법 하에서는 격지자 간의 계약의 성립시기에 관하여 발신주의를 도달주의로 전환하고 있기 때문에 (계약성립이 인정되는 범위가 축소될 가능성이 있고, 그 반대되는 측면에서) 의사실현에 의한 계약성립의 적용범위가 발신주의 하에서보다 확대될 가능성도 제기되고 있다.

이하에서는 이와 같은 점을 배경으로 하여 계약의 성립에 관한 기본원칙을 정하는 개정민법 제522조 제1항을 검토하고, 나아가 그 예외로서 인정되는 의사실현에 의한 계약성립에 관한 개정민법 제527조를 검토한다.

2. 청약과 승낙에 의한 계약의 성립

현행법	개정법
(신설)	**제522조(계약의 성립과 방식)** ① 계약은 계약의 내용을 제시하여 그 체결을 청하는 의사표시(이하 「청약」이라 한다)에 대해서 상대방이 승낙을 한 때에 성립한다.

개정 전 민법에서는 청약과 승낙에 관한 다수의 조문을 두고 있었지만, 대부분은 격지자간의 의사표시의 연착(지연도달)이나 불착(부도달), 의사표시의 발신 후 도달까지 일정한 사유가 발생한 경우와 같이 정상적이지 않은 사태가 발생한 경우의 취급에 관하여 규정하는 것으로서, 청약과 승낙의 관계를 명확히 하고 어떠한 경우에 계약이 성립하는지를 이해할 수 있는 기본적인 규정은 존재하지 않았다.[41]

개정민법 제522조 제1항은 민법이 암묵의 전제로 하고 있는 기본원칙 내지 법리를 명시하는 것으로서,[42] 계약은 청약에 대한 승낙의 의사표시가 있으면 성립한다는 점을 명확

41) 中間試案の補足說明, 347.
42) 中間試案の補足說明, 346.

히 함과 동시에 그 전제로서 어느 경우에 청약으로 인정되는지, 즉 청약의 정의(定義) 내지 요건에 관하여 규정한다. 이에 따르면 청약이란 "계약의 내용을 제시하여 그 체결을 청하는 의사표시"로 정의되는바, 청약이란 적어도 그에 대한 승낙이 있으면 계약을 성립시킬 정도의 확정적인 내용을 담고 있어야 하고 그 의사는 종국적이어야 한다(3.에서 후술). 또한 전술한 바와 같이 계약의 성립에는 청약과 승낙의 의사표시 외에 서면의 작성 등 특별한 방식을 요하지 않는(제522조제2항) 이른바 낙성주의를 원칙으로 한다.

이와 같이 개정민법은 청약과 승낙의 의사표시의 합치에 의하여 계약이 성립한다는 기본적인 법리(이른바 '청약=승낙 모델')를 명문화하고 있지만, 입법논의 중에는 청약=승낙 모델에 입각하여 계약의 성립을 설명하는 것에 의문을 제시하는 견해도 있었다.[43] 즉, 오늘날 거래의 현실에서는 가령, 계약의 성립까지 교섭이 이루어지고 교섭을 통해서 계약내용이 서서히 형성되어 가는 경우(이른바 '교섭형 모델')와 같이 청약=승낙 모델에 따라 계약의 성립을 설명하는 것이 반드시 적절하다고는 할 수 없는 경우도 있다는 것이다. 이러한 생각에 입각할 경우에는 선행하는 교섭 중의 당사자의 행동을 청약과 승낙으로 분해해서 계약의 성립을 설명하는 것이 반드시 적절하다고 할 수는 없고, 따라서 청약과 승낙에 관한 규정을 정비하는 것보다는 오히려 어떠한 합의가 있으면 계약이 성립하였다고 할 수 있을지에 관한 규정을 정비하는 것이 더 적절하다고 할 것이다.[44]

그러나 개정민법은 오늘날에 있어서도 청약과 승낙에 의한 계약성립이 반드시 소수라고는 할 수 없고(오히려 일반적이라고 할 수 있고) 기업간 거래에 있어서도 청약과 승낙에 따라 계약의 성립을 인정하는 실무(가령, 주문서를 송부하고 이에 대해 이를 그대로 받아들인다는 확인서를 발송함으로써 계약을 성립시키는 경우)가 널리 인정되고 있다는 점에서,[45] 위와 같은 생각은 받아들이지 않고 청약=승낙 모델에 입각한 계약성립의 일반요건을 명문으로 인정하게 되었다. 다만, 이로써 청약과 승낙의 합치 이외의 방법에 의한 계약의 성립이 부정되는 것은 아니다(가령 4.에서 후술하는 바와 같이 개정민법 제527조는 '의사실현에 의한 계약성립'을 인정한다).[46]

한편 계약의 성립에 관한 민법의 조문은 전술한 바와 같이 격지자 간의 의사표시의 연착이나 불착, 의사표시의 발신 후 도달까지 일정한 사유가 발생한 경우의 취급 등이 규정의 중심이 되어 있다. 이에 대해 입법논의 과정 중에는 통신수단의 발달에 따라 의사표시의 발신에서 도달까지에 시간을 요하지 않는 경우가 증가하고 있는 오늘날에 있어서는

43) 中間試案の補足説明, 347.
44) 中間試案の補足説明, 347.
45) 中間試案の補足説明, 347 참조.
46) 中田, 契約法, 94.

이러한 규정의 필요성이 반드시 높다고는 할 수 없다는 지적도 있었다.47) 그러나 통신수단이 발달한 오늘날에 있어서도 우편으로 의사표시를 보내는 방법이 여전히 활용되고 있고, 전자적인 의사표시와 같이 발신과 도달의 시간적 간격이 지극히 짧은 경우에도 불착이나 연착의 리스크는 여전히 존재한다. 이러한 점에서 청약과 승낙에 관한 규정의 필요성이 상실되었다고 할 수는 없고, 다만 계약성립시기에 관한 발신주의를 삭제하는 것에 수반하여 발신주의를 전제로 하는 일부규정을 정비할 필요성은 여전히 존재한다고 할 것이다. 따라서 개정민법은 청약과 승낙에 관한 기존 규정을 도달주의의 원칙에 맞게 정비하되, 그 전제로서 계약의 성립에 관한 기본원칙을 명문화한 것으로 이해할 수 있을 것이다.

3. 청약의 정의(定義) · 요건

계약은 청약의 의사표시에 대하여 상대방의 승낙의 의사표시가 있을 때 성립한다(개정민법 제522조제1항). 이것은 청약에 대하여 (그에 동의한다는) 승낙이 있으면 바로 계약성립이 인정된다는 의미이기 때문에, 계약성립에 관하여는 청약이 무엇인지(청약의 정의) 또는 청약으로서 인정되기(효력을 발생하기) 위한 요건이 무엇인지(청약의 요건)가 중요하다.

이에 대해 개정민법은 "계약의 내용을 제시하여 그 체결을 청하는(申し入れる) 의사표시"를 '청약'이라고 정의하고 있다(개정민법 제522조제1항). 이에 따르면 청약은, ⅰ) 계약을 성립시키는 정도의 내용을 갖추어 제시되어야 하며(내용의 확정성), ⅱ) 그에 대한 상대방의 승낙에 의해 바로 계약이 체결된다는(승낙에 청약자가 구속된다는) 의사의 표명이 있어야(의사의 종국성) 그 효력발생이 인정된다.48)

먼저 내용의 확정성은 계약을 성립시킬 정도의 확정적인 내용을 갖추고 있어야 청약으로서 인정된다는 의미이다. 계약을 성립시킬 정도의 확정성을 갖추었는지 여부는 민법의 각 전형계약의 모두규정(정의규정)에서 정해진다. 가령 매매라면 재산권이전과 대금지급의 의사표시의 합치에 의해 계약이 성립하므로(일본민법 제555조), 최소한 재산권의 객체인 목적물과 대금액(또는 그 결정방법)이 확정되어야 매매계약의 청약이라 할 수 있다.49) 다만, 부동산매매와 같이 고가(高價)이고 계약조건이 복잡한 계약 등의 경우에는 청약자가 그밖의 계약조건(대금의 지급방법, 등기이전의 시기 등)에 대해서도 청약으로 제시하는 경우도 흔하다. 이러한 경우에는 원칙적으로 목적물과 대금액뿐만 아니라 그밖의 계약조건을 계약내용으로

47) 中間試案の補足説明, 347.
48) 中田, 契約法, 80; 鎌田外編, 新基本法コンメンタール:債権2, 18(後藤 집필).
49) 松岡外編, 改正債権法コンメンタール, 598(滝沢 집필).

하는 청약이 제시된 것이고, 따라서 그 밖의 계약조건까지 모두 합치되어야 계약이 성립한다고 해석하게 될 것이다.[50)]

다음으로 의사의 종국성은 (계약의 내용을 제시하여) "그 체결을 청하는" 의사표시여야 청약으로 인정될 수 있다는 의미이다. 다시 말하면 상대방이 승낙하면 계약이 성립해도 좋다. 즉 승낙에 구속된다는 청약자의 의사의 (명시적 또는 묵시적인) 표명이 있어야 한다는 의미이다.[51)] 청약에 대한 승낙이 있으면 바로 계약체결이 인정되기 때문에 청약자의 의사는 종국적인 것이라 할 수 있다. 이에 대해 구인광고와 같이 상대방이 응한다고 하더라도 즉시 계약이 체결되는 것이 아니라 표의자(청약자)에게 상대방과의 계약체결 여부의 자유를 유보하고 있는 경우나, 당사자 간에 더욱 협의할 것을 예정하고 있는 경우에는 당초에 확정적인 계약내용의 제시가 있다고 하여 이를 청약이라 할 수는 없다. 이와 같이 계약내용의 제시가 단지 상대방에게 청약을 하게 하려는 권유행위에 그치는 경우를 '청약의 유인'이라고 한다.[52)] 청약의 유인은 청약에서 의사의 종국성의 요건을 결하는 경우라 할 수 있다.

이상을 요컨대 청약은 그에 대한 승낙이 있으면 계약이 바로 성립할 수 있을 정도로 확정적인 내용을 갖추어야 하며 또한 계약을 성립시키고자 하는 종국적인 의사가 표명된 것이어야 한다. 이러한 청약의 의사표시에 대해 상대방이 승낙을 하면 계약이 성립한다(개정민법 제522조). 다만 이것은 청약과 승낙에 의해 계약이 성립한다는 기본원칙 내지 계약성립의 일반적 요건을 정한 것으로, 계약의 성립시기를 구체적으로 정한 것은 아니다. 개정민법에서 계약의 성립시기는 의사표시의 효력발생시기인 도달주의의 원칙(제97조제1항)에 따라 규율된다. 따라서 계약은 승낙의 의사표시가 청약자에게 도달한 때에 성립한다(Ⅴ.에서 후술).

4. 청약과 승낙에 의한 계약성립의 예외

가. 의사실현에 의한 계약성립(개정민법 제527조)

전술한 바와 같이 개정민법 제522조 제1항은 계약성립의 원칙으로서 청약과 승낙의 의사표시의 합치가 필요하다는 점을 명시하였지만, 이것이 다른 계약성립의 유형을 부정하는 것으로 해석할 수는 없다.[53)] 실제로 개정민법은 개정 전 민법 제526조 제2항에서 규정

50) 鎌田外編, 新基本法コンメンタール:債権2, 18~19(後藤 집필). 이에 대해 그밖의 계약조건까지 합치되어야 계약성립을 인정한다는 결론에 있어서는 같지만, 그밖의 계약조건을 정한 청약을 후술하는 '의사의 종국성'의 문제로 파악하는 견해도 있다. 松岡外編, 改正債権法コンメンタール, 598(滝沢 집필).

51) 中田, 契約法, 80; 松岡外編, 改正債権法コンメンタール, 598~599(滝沢 집필).

52) 鎌田外編, 新基本法コンメンタール:債権2, 19(後藤 집필).

하고 있던 '의사실현에 의한 계약성립'의 내용을 유지하고 있다(조문번호는 제527조로 변경). 이에 의하면 "청약자의 의사표시 또는 거래상의 관습에 의해 승낙의 통지를 필요로 하지 않는 경우에는 계약은 승낙의 의사표시로 인정되는 사실이 있었던 때에 성립한다."(개정민법 제527조)

'의사실현'에 의한 계약성립이란 승낙의 통지 없이 "승낙의 의사표시로 인정되는 사실"(행위)에 의하여 계약성립이 인정되는 경우를 의미한다. "승낙의 의사표시로 인정되는 사실" 의 전형례로서 개정 전 민법 하의 통설에서 거론되었던 것으로, ①계약에 의해 취득하는 권리의 실행행위(가령, 청약과 함께 송부된 상품을 소비하는 행위)와 ②계약이행의 준비행위(가령, 호텔이 주문에 따라 특정 호실을 청소하는 행위)를 들 수 있다. 반면에 통설은 ③상품의 주문을 받은 자가 승낙을 하지 않고 상품의 발송을 하는 행위는 (묵시의) 승낙의 의사표시로 해석할 수 있다는 점에서 의사실현에 의한 계약성립에 해당하지 않는다고 해석하였다.[54] 여기서 계약에 의해 취득하는 권리의 실행행위(①)나 계약이행의 준비행위(②)에는 승낙을 통지한다는 의미는 없기 때문에 '의사표시'라고 할 수 없지만, 이러한 경우에도 계약의 성립을 인정할 수 있는바 이를 "의사실현에 의한 계약성립"이라 부른 것이다.[55]

의사실현에 의한 계약성립을 규정하는 개정민법 제527조는 계약성립의 기본원칙을 의사표시의 합치에서 구하는 개정민법 제522조 제1항의 예외를 설정하는 것이다.[56] 다만 개정 전 민법에서는 계약성립의 기본원칙이 명문으로 인정되는 것은 아니었기 때문에 개정민법 하에서 원칙에 대한 예외라는 점이 보다 명확해졌다고 할 것이다.

그런데 개정 전 민법과 개정민법은 모두 조문 상으로는 의사실현에 의한 계약성립을 '계약의 성립시기'의 문제로 규정하고 있다는 점에 특징이 있다. 즉 개정 전 민법 제526조는 '격지자 간의 계약의 성립시기'라는 표제 하에 제1항에서 발신주의를 규정하고, 제2항에서 의사실현에 의한 계약의 성립(및 그 시기)에 관하여 규정하였다. 또한 개정민법은 개정 전 민법 제526조 제1항의 발신주의를 삭제하고 동 제2항의 내용을 그대로 유지하면서 (제527조에서) 그 표제를 '승낙의 통지를 필요로 하지 않는 경우의 계약의 성립시기'로 수정하고 있다. 이와 같은 규정태도 등으로부터 개정민법 제527조의 의의는 계약성립의 기본원칙에 대한 예외를 설정한 것이라는 점보다는 "승낙의 통지가 도달하지 아니한 경우에도 널리 계약성립을 인정하여야 할 경우를 담는 규정"으로 활용될 것이라는 점에서 찾아야 한다는 견해가 유력하게 주장되고 있다.[57] 이것은 도달주의의 채택에 따른, 의사실현에 의한 계약

53) 中田, 契約法, 94.
54) 鎌田外編, 新基本法コンメンタール:債権2, 23(滝沢 집필)을 참조.
55) 鎌田外編, 新基本法コンメンタール:債権2, 23(滝沢 집필).
56) 中田, 契約法, 92.

성립에 대한 해석론의 변화로 이해하여야 할 것이다(Ⅴ.4.에서 후술).

나. 교차청약(입법제외)

한편 청약과 승낙에 의한 계약성립의 예외로서 이른바 ‘교차청약’에 의한 계약성립이 문제된다. 개정 전 민법에는 규정이 없었으나 통설은 이를 인정하고 있었다.58) 즉, 같은 내용의 청약만이 2개 있고 승낙은 없는 것이지만 계약을 성립시키려는 당사자의 의사표시의 내용은 합치하고 있으므로 (두 번째 청약의 도달시점에) 계약성립을 인정해도 좋다는 것이다.

그러나 이에 대해서는 ‘이론적’으로 우연히 의사표시가 합치한 경우에 그것만으로 계약을 성립시키는 의사표시의 합치가 있었다고 할 수 있을지 의문이고, ‘실제적’으로도 청약을 받은 당사자가 그것으로 계약이 성립했다고 생각할 수 있을지 의문이며, 통신수단이 발달한 현대사회에서는 당사사 중 누군가가 재차 승낙한 시점에 계약성립을 인정해도 특별히 문제는 없다는 점에서, 또한 비교법적으로도 인정례가 거의 없다는 점에서 교차청약에 의한 계약성립을 부정하는 견해도 있었다.59)

교차청약에 관하여는 개정논의의 초기단계60)부터 이 부정설에 입각하여 입법제안이 이루어지지 않았다.61) 이후에도 개정논의는 없었고 결국 교차청약은 입법에서 제외되었다.

Ⅳ. 청약의 효력에 관한 규율의 수정

1. 개 관

청약의 효력에 관하여는 수신 (상대방에 도달하여 효력이 발생한) 청약을 철회할 수 있는지 여부 즉 청약의 철회의 가능성(=‘청약의 구속력’)과, 청약에 대해 승낙을 함으로써 계약이 성립하는 효력(=‘승낙적격’) 또는 그 존속기간이 문제된다. 또한 청약을 발신한 후에 청약자가 사망하거나 행위능력이 상실(제한)되는 등의 사실이 발생한 경우에 그 청약이 효력을 유지하는지 여부도 문제된다.

개정 전 민법은 청약의 구속력 및 승낙적격의 문제에 관하여는 ‘승낙기간을 정한 청

57) 松岡外編, 改正債権法コンメンタール, 609(滝沢 집필).
58) 中田, 契約法, 94을 참조. 한국민법은 제533조에서 교차청약에 의한 계약성립을 인정한다.
59) 詳解 債権法改正の基本方針Ⅱ, 72~73; 中田, 契約法, 94~95.
60) 채권법개정의 기본방침【3.1.1.21】(승낙)
61) 詳解 債権法改正の基本方針Ⅱ, 72.

약'(제521조)과 '승낙기간을 정하지 아니한 청약'(제524조)으로 나누어 규율하고 있었다. 다만, 전자에서는 청약의 구속력과 승낙적격의 문제를 모두 다루지만, 후자에서는 청약의 구속력의 문제만 다루고 승낙적격의 문제는 다루지 않는다. 또한 대화자 간의 계약에 관하여는 특별한 규정이 존재하지 않기 때문에 민법의 규정은 이른바 격지자 간의 계약을 전제로 하는 것이라고 이해하는 것이 일반적이었다. 한편 청약자의 사망 등이 발생한 경우의 청약의 효력에 관하여는 격지자에 대한 의사표시 일반(민법총칙)에서 그러한 경우에 청약의 효력에 영향이 없다(유효하다)는 원칙을 정하면서(제97조제2항), 계약의 성립에 관한 관에서는 그 원칙이 적용되지 않는 예외사유를 규정하는 구조를 취하고 있었다(제525조).

이에 대해 개정민법은 청약의 구속력 및 승낙적격의 문제에 관하여는 개정 전 민법과 마찬가지로 승낙기간을 정한 청약(개정민법 제523조)과 승낙기간을 정하지 아니한 청약(동 제525조)으로 나누어 규율하는 기본 틀을 유지하면서, 양자에서 청약의 구속력에 관하여 일정한 예외를 추가하였고, 나아가 후자에서 대화자 간의 계약에 관한 특칙을 신설하였다(동 제525조제2항·제3항). 이로써 대화자간의 계약에 있어서도 민법의 규율이 일반적으로 타당하다는 취지가 명확하게 되었다. 한편 청약자의 사망 등이 발생한 경우의 청약의 효력에 관하여는 개정 전 민법이 격지자에 대한 의사표시의 효력에 관한 규정의 예외사유를 규정하는 구조였기 때문에 이해가 쉽지 않다는 점을 고려하여 이해가 쉽도록 표현을 조정하였다(동 제526조).

이하에서는 먼저 청약의 구속력과 승낙적격에 관한 규율을 검토하고, 이어서 청약자의 사망 등이 발생한 경우의 청약의 효력에 관한 규율을 검토한다. 전자의 경우 개정민법은 개정 전 민법과 마찬가지로 승낙기간을 정한 청약과 승낙기간을 정하지 아니한 청약으로 나누어 규율하고 있기 때문에 아래에서도 이 체제에 따라 기술한다.

2. 청약의 구속력 · 승낙적격 ①: "승낙기간을 정한 청약"의 경우

현행법	개정법
제521조 (승낙기간을 정한 청약) ① 승낙의 기간을 정하고 한 계약의 청약은 철회할 수 없다.	**제523조 (승낙기간을 정한 청약)** ① 승낙의 기간을 정하고 한 청약은 철회할 수 없다. 다만, 청약자가 철회할 권리를 유보한 때에는 그러하지 아니하다.
② 청약자가 전항의 청약에 대해 동항의 기간 내에 승낙의 통지를 받지 못한 때에는 그 청약은 효력을 잃는다.	② (좌동)

개정 전 민법 제521조는 승낙기간을 정한 청약에 관하여 청약의 구속력(철회할 수 없는 효력)을 인정하면서(제1항), 나아가 그 기간(승낙기간) 내에 승낙의 통지를 받지 못하면 청약은 승낙적격을 상실하여 그 효력을 잃는다(계약은 성립하지 않는다)고 규정하고 있었다(제2항). 이에 대해 개정민법은 제523조에서 개정 전 민법 제521조의 규율을 유지하면서, 다만 승낙기간을 정한 청약의 구속력에 대해 그 예외를 인정하는 조문을 신설하였다(제1항 단서). 즉 승낙기간을 정한 청약은 구속력이 인정되어 원칙적으로 철회할 수 없지만, 청약자가 철회할 권리를 유보한 때에는 청약은 예외적으로 철회할 수 있게 되었다. 이것은 개정논의의 초기단계[62]와 중간시안 단계[63]에서의 개정제안을 그대로 유지한 것이다. 즉, 승낙기간을 정한 경우에 청약의 구속력은 인정되지만 청약자가 청약을 철회할 권리를 유보한 경우에는 청약의 구속력의 예외(=청약의 철회)를 인정해도 상대방에게 부당한 손해를 끼칠 염려가 없다고 생각되는바,[64] 개정민법은 그와 같은 일반적인 해석론을 명문화한 것이다.

또한 승낙기간을 정한 청약의 구속력과 승낙적격에 관하여 규정한 개정 전 민법 제521조는 '격지자' 간에만 적용되는 준칙으로 이해되는 것이 일반적이었지만, 동 제524조(승낙기간을 정하지 아니한 청약)와 달리 동 제521조에서는 '격지자'에 대한 의사표시로 한정하는 표현을 사용하고 있지 않다는 점에서 대화자 간에도 적용되는 준칙으로 해석하는 것이 타당하다.[65] 대화자 간에 있어서도 승낙기간을 정하여 청약을 하였다면 상대방은 승낙기간이 경과할 때까지 승낙하면 계약은 성립한다고 기대하는 것이 통상이어서 대화자 간의 계약을 격지지 간의 계약과 구별할 이유가 없기 때문이다.[66] 이러한 해석론은 개정민법에서도 타당하다. 따라서 승낙기간을 정한 대화자 간의 계약에서도 청약은 원칙적으로는 철회할 수 없지만 청약자가 철회할 권리를 유보하였다면 철회할 수 있고(개정민법 제523조제1항), 또한 청약자가 승낙기간 내에 승낙의 통지를 받지 못한 때에는 청약은 승낙적격을 상실하여 그 효력을 잃는다고 해석할 것이다(동 제2항).

요컨대 개정민법 제523조는 승낙기간을 정한 청약에 대하여 철회할 권리를 유보한 경우에 철회가 가능하다는 취지, 즉 청약의 구속력에 대한 예외를 신설하였고(제1항 단서), 나아가 승낙기간을 정한 청약의 구속력과 승낙적격에 관한 규율은 대화자 간의 계약에도 적용된다는 점이 (해석론상) 명확하게 되었다.

62) 채권법개정의 기본방침 【3.1.1.13】 기간의 정함이 있는 청약의 철회 · 실효
63) 중간시안 제28 계약의 성립, 2 승낙기간의 정함이 있는 청약 (1)
64) 中間試案の補足説明, 348.
65) 詳解 債権法改正の基本方針Ⅱ, 53; 中間試案の補足説明, 351.
66) 詳解 債権法改正の基本方針Ⅱ, 53.

3. 청약의 구속력 · 승낙적격 ②: "승낙기간을 정하지 아니한 청약"의 경우

현행법	개정법
제524조(승낙기간을 정하지 아니한 청약) 승낙의 기간을 정하지 않고 격지자에 대하여서 한 청약은, 청약자가 승낙의 통지를 받는데 상당한 기간을 경과할 때까지는 철회할 수 없다.	**제525조(승낙기간을 정하지 아니한 청약)** ① 승낙의 기간을 정하지 않고 한 청약은, 청약자가 승낙의 통지를 받는데 상당한 기간을 경과할 때까지는 철회할 수 없다. 다만, 청약자가 철회를 할 권리를 유보한 때에는 그러하지 아니하다.
(신설)	② 대화자에 대해서 한 전항의 청약은, 동항의 규정에 관계없이 그 대화가 계속되고 있는 동안은 언제라도 철회할 수 있다.
(신설)	③ 대화자에 대해서 한 제1항의 청약에 대하여 대화가 계속되고 있는 동안에 청약자가 승낙의 통지를 받지 못한 때에는 그 청약은 효력을 잃는다. 다만, 청약자가 대화의 종료 후에도 그 청약이 효력을 잃지 않는다는 취지를 표시한 때에는 그러하지 아니하다.

가. 승낙기간을 정하지 아니한 청약의 효력 일반(제525조제1항)

(1) 청약의 구속력

개정 전 민법 제524조는 승낙의 기간을 정하지 않고 "격지자에 대하여서"(하선부분) 한 청약은, 청약자가 승낙의 통지를 받는데 상당한 기간을 경과할 때까지는 철회할 수 없다고 규정한다. 이것은 승낙기간을 정하지 아니하고 격지자에 대하여서 한 청약에 있어서도 청약을 받은 자의 신뢰와 거래의 안전을 보호할 필요가 있기 때문에, 승낙 통지를 받는데 상당한 기간이 경과할 때까지는 그 청약의 구속력이 인정된다는 취지를 규정한 것이다.[67] 다만 여기서는 언제까지 승낙을 하면 계약이 성립하는지, 즉 이른바 승낙적격(의 존속기간)에 대한 규율은 존재하지 않는다.

이에 대해 개정민법 제525조는 제1항에서 개정 전 민법 제524조의 규율을 유지하여 청약의 구속력을 인정하되 이에 대한 예외규정을 신설하였다. 즉, 승낙기간을 정하지 아니한 청약은 승낙의 통지를 받기까지 상당한 기간 동안은 철회할 수 없는 것이 원칙이지만, 예외적으로 청약자가 청약을 철회할 권리를 유보한 때에는 철회할 수 있도록 한 것이다. 이것은 승낙기간을 정한 청약에서와 마찬가지로 승낙기간을 정하지 아니한 경우에도 청약자가 청약을 철회할 권리를 유보한 경우에는 청약의 구속력의 예외(=청약의 철회)를 인정해

67) 詳解 債權法改正の基本方針Ⅱ, 58.

도 상대방에게 부당한 손해를 끼칠 염려가 없다고 생각되기 때문이다.[68]

또한 개정민법 제525조 제1항은 개정 전 민법 상의 "격지자에 대하여서 (한 청약)"이라는 표현을 삭제함으로써 동항의 적용범위가 격지자 간의 계약에 한정되지 않는다는 취지를 명확히 하였다, '격지자'란 "의사표시의 발신에서 도달까지 시간적 간격이 있는 자"로 이해되는 것이 일반적인데, 승낙기간을 정하지 않은 청약의 효력에 관한 규율이 반드시 의사표시의 발신에서 도달까지 시간적 간격을 요하는 경우에만 타당한 것은 아니기 때문이다. 가령 대화자에 대하여 청약이 이루어진 경우에도 상대방에게 승낙할 것인지 말 것인지를 판단하는데 어느 정도의 시간적 여유가 주어지는 것이 타당한 상황도 있을 수 있기 때문에, 개정민법에서는 격지자에 대한 한정을 삭제하여 대화자 간에서도 상당한 기간 동안은 원칙적으로 청약을 철회할 수 없도록 한 것이다(다만, 이 경우에도 개정민법 제525조 제2항 및 제3항의 특칙이 적용될 수 있다).[69]

개정민법 제525조 제1항과 관련하여는 '상당한 기간'의 의미도 문제된다. 개정 전 민법에서는 격지자 간의 의사표시의 통신(왕복)에 필요한 시간 외에 승낙할지 말지를 고려하는데 필요한 시간도 포함된다고 해석하는 것이 통설이었다.[70] 이에 대해 '격지자'에 대한 청약이라는 한정이 삭제된 개정민법 하에서도 이러한 해석은 기본적으로 유지되고 있다.[71] 나아가 이 경우 특히 '거래의 성질'이 상당성을 판단하는 중요한 고려요소가 되어야 한다는 견해도 제시되고 있다.[72] 가령, 대화자 간의 거래이지만 중대한 거래로서 신중한 조사나 판단이 필요하여 대화에서 즉시 반응하기가 곤란한 경우 등에는 상당한 기간의 판단에 위와 같은 거래의 성질이 고려되어야 한다고 한다.

(2) 승낙적격

한편 개정민법 제525조 제1항은 승낙기간은 정하지 아니한 청약이 구속력에 대한 규정이지만, 청약의 승낙적격(의 존속기간)에 대해서는 개정 전 민법과 마찬가지로 명문의 규정이 없다. 따라서 청약의 구속력이 소멸한 후라도 청약은 유효한 것(이에 대해 승낙하면 계약이 성립하는 것)으로 해석될 여지가 있다. 이에 대해 일본 상법은 상인 간에 격지자에 대한 청약이 이루어진 경우에는 청약을 받은 자가 상당한 기간 내에 승낙의 통지를 발송하지 아니한 때에는 청약은 실효된다는 취지를 규정한다(제508조).[73] 이 규정은 상인 간의 거래의

68) 中間試案の補足説明, 349.
69) 中間試案の補足説明, 349; 松岡外編, 改正債権法コンメンタール, 602(滝沢 집필).
70) 松岡外編, 改正債権法コンメンタール, 602(滝沢 집필)을 참조.
71) 中田, 契約法, 86.
72) 松岡外編, 改正債権法コンメンタール, 602~603(滝沢 집필).
73) 한국 상법 제52조는 '격지자간의 청약의 구속력'이라는 표제 하에 일본 상법 제508조와 같은 취지를 규정하고 있었는

신속성을 고려한 것이지만, 그 외의 거래에서도 청약의 효력이 언제까지나 존속한다고 해석할 수는 없기 때문에 상법이 적용되지 않는 경우에도 거래관행 및 신의칙에 따라 상당한 기간이 경과하면 청약의 효력(승낙적격)은 소멸하는 것으로 해석하는 것이 유력하였다.[74] 이러한 해석은 개정민법 하에서도 기본적으로 타당하다.[75]

다만 여기서의 '상당한 기간'은 청약의 구속력이 유지되는 기간인 "승낙의 통지를 받는데 상당한 기간"(개정민법 제525조제1항)보다는 다소 긴 것으로 해석해야 할 것이다.[76] 청약자는 승낙기간을 정하지 않고 청약을 한 것이기 때문에 그 철회가 인정되지 않는 기간을 경과한 후라도 승낙자 측에서 승낙의 의사표시를 하는 것은 가능하다고 해석되기 때문이다.[77] 이에 대해 중간시안에서는 청약 후에 "청약의 상대방이 승낙할 일은 없다고 합리적으로 생각되는 기간"을 승낙적격의 존속기간으로 규정할 것이 제안되었다.[78] 즉, 위 기간이 경과하면 청약은 효력을 상실하게 된다. 그러나 청약의 구속력의 유지에 관한 '상당한 기간'과 승낙적격의 존속기간에 관한 '상당한 기간'을 문언상 명확하게 구별하는 것이 곤란하다는 이유로 위 제안은 채택되지 않았다.[79] 따라서 승낙기간을 정하지 아니한 청약의 승낙적격의 존속기간은 개정 전과 마찬가지로 상법의 유추적용 등 해석론에 의해 규율하게 될 것이다.

나. 승낙기간을 정하지 아니한 대화자에 대한 청약의 효력(제525조제2항 · 제3항)

개정 전 민법에는 대화자에 대한 청약에 관한 규정은 없었고, 해석론으로서도 충분한 논의가 있었던 것은 아니다.[80] 이에 대해 개정민법 제525조는 전술한 바와 같이 제1항에서 승낙기간을 정하지 아니한 청약의 구속력에 관하여 (대화자에 대한 청약에도 적용되는) 일반적인 규정이 되도록 그 적용범위를 확대하면서('격지자'에 대한 한정의 삭제), 나아가 제2항과 제3항을 신설하여 승낙기간을 정하지 않은 대화자에 대한 청약의 구속력과 승낙적격에 관한 특칙을 신설하였다.

데("격지자간의 계약의 청약은 승낙기간이 없으면 상대방이 상당한 기간 내에 승낙의 통지를 발송하지 아니한 때에는 그 효력을 잃는다"), 2010년 상법개정에서 동조는 삭제되었다. 승낙기간을 정하지 아니한 계약의 청약의 '승낙적격'에 관한 한국민법 제529조와의 저촉("~승낙의 통지를 받지 못한 때에는~")을 해소하기 위한 때문으로 이해된다. 나아가 청약의 구속력과 승낙적격의 문제를 혼동하고 있다는 점에서도 삭제된 상법규정은 문제였다.

74) 中田, 契約法, 88~89; 鎌田外編, 新基本法コンメンタール:債権2, 22(滝沢 집필).

75) 中田, 契約法, 88~89; 鎌田外編, 新基本法コンメンタール:債権2, 22(滝沢 집필).

76) 中田, 契約法, 89; 中間試案の補足説明, 349.

77) 中間試案の補足説明, 349.

78) 중간시안 제28 계약의 성립, 3 승낙기간의 정함이 없는 청약 (2).

79) 부회자료 67A, 46면.

80) 松岡外編, 改正債権法コンメンタール, 602(滝沢 집필).

(1) 청약의 구속력

먼저 청약의 구속력에 관하여 개정민법 제525조 제2항은, 승낙기간을 정하지 아니하고 대화자에 대하여서 한 청약은, 청약의 구속력에 관한 제1항의 규정에 관계없이 “그 대화가 계속되고 있는 동안”(면담이나 전화로 이야기 하고 있는 동안 등)은 언제라도 철회할 수 있다고 규정한다. 대화가 계속되고 있는 동안은 상대방의 반응을 보고 즉시 다른 계약조건을 제시하여 교섭할 수 있도록 하는 것이 타당하며, 또한 대화가 계속 중이라면 청약에 응하여 상대방이 계약체결을 위한 준비를 한다는 것도 생각할 수 없기 때문에 청약의 철회를 인정해도 상대방의 이익을 부당히 해할 염려는 없기 때문이다.[81]

다만 대화자 간의 계약이라도 거래의 성질에 따라서는 신중한 조사와 판단이 필요하여 즉시 반응하는 것이 곤란한 거래라면 어느 정도의 시간적 여유가 필요하다고 해석하는 것이 타당한바, 이 경우에는 (대화의 계속 유무와는 관계없이) 개정민법 제525조 제1항이 적용되어 상당한 기간 동안은 청약은 원칙적으로 철회할 수 없는 것으로 해석하여야 한다는 견해가 있다.[82] 한편 청약의 구속력과 관련하여 대화자 간에 승낙기간을 정하여 청약이 이루어졌다면 개정민법 제523조 제1항이 적용되어 그 승낙기간 내에는 철회할 수 없는 것이 원칙이라는 점은 전술하였다.

(2) 승낙적격

다음으로 승낙적격(의 존속기간)에 관하여 개정민법 제525조 제3항은, 승낙기간을 정하지 아니하고 대화자에 대하여서 한 청약에 대하여 대화가 계속되고 있는 동안에 청약자가 승낙의 통지를 받지 못한 때에는 그 청약은 승낙적격을 상실하여 효력을 잃고, 다만 청약자가 대화의 종료 후에도 그 청약이 효력을 잃지 않는다는 취지를 표시한 때에는 그러하지 아니하다고 규정한다. 즉, 승낙기간을 정하지 아니하고 대화자에 대하여서 한 청약의 승낙적격은 청약자가 다른 의사를 표시하지 않는 한 대화기간 동안에만 존속한다. 대화자 간의 청약의 승낙적격에 대하여는 일본 민법에는 규정이 없고 다만 일본 상법 제507조에서 “상인인 대화자 간에 계약의 청약을 받은 자가 즉시 승낙을 하지 않은 때에는 그 청약은 효력을 잃는다”고 규정하고 있을 뿐이었다. 판례는 위 상법의 규정이 다만 상사거래에만 적용되는 것이 아니라 민법의 원칙으로서도 타당하다는 취지를 설시한 것이 있고,[83] 통설도 대체로 같은 취지이다(다만, “즉시 승낙을 하여야 한다”는 취지에 관하여는 “대화관계의 종료에 의해 청약은 승낙적격을 상실한다”고 해석하고 있었다).[84] 개정민법 제525조 제3항은 위 통설의 생각을 받

81) 詳解 債権法改正の基本方針Ⅱ, 64; 松岡外編, 改正債権法コンメンタール, 605(滝沢 집필).
82) 松岡外編, 改正債権法コンメンタール, 605(滝沢 집필).
83) 大判明治39(1906)・11・2民録12輯1413頁.

아들여 원칙적으로 상대방은 대화가 계속되는 동안 승낙할 수 있지만 대화가 종료되면 청약은 승낙적격을 상실하여 실효되고 그 이후에 승낙을 하더라고 계약은 성립하지 않는 것으로 한 것이다.[85] 대화자 간의 청약의 승낙적격에 관한 개정민법의 입법에 따라 위 상법 제507조는 삭제되었다(민법개정에 따른 관련법률의 정비법).

이상을 요컨대, 승낙기간을 정하지 아니하고 대화자에 대하여서 한 청약의 승낙적격은 대화기간 동안에만 존속하는 것이 원칙이고, 다만 청약자가 대화의 종료 후에도 청약이 유효하다는 표시를 한 경우에는 예외적으로 청약은 실효하지 않는다(개정민법 제525조제3항). 다만 이에 대해서는 '거래의 성질' 등으로부터 객관적으로 판단할 때 신중한 조사와 판단이 필요하여 즉시 반응하는 것이 곤란한 대화자 간의 거래라면 (청약자의 별도의 의사표시가 있는지 여부와 무관하게) 거래관행이나 신의칙에 따라 정해지는 상당한 기간 동안은 청약의 승낙적격은 유지되는 것으로 해석하는 것이 타당하다는 견해가 있다.[86] 한편 승낙적격과 관련하여 대화자 간에 승낙기간을 정하여 청약이 이루어졌다면 개정민법 제523조 제2항이 적용되어 그 승낙기간이 경과하면 청약은 실효한다는 점은 전술하였다.

4. 청약자의 사망 등이 발생한 경우의 청약의 효력

현행법	개정법
제525조(청약자의 사망 또는 행위능력의 상실) 제97조제2항의 규정은 청약자가 반대의 의사를 표시한 경우 또는 그 상대방이 청약자의 사망 또는 행위능력의 상실의 사실을 알고 있었던 경우에는 적용하지 않는다. ※ **제97조(격지자에 대한 의사표시)** (2) 격지자에 대한 의사표시는 표의자가 통지를 발송한 후 사망하거나 행위능력을 상실한 경우에도 그 효력이 있다.	**제526조(청약자의 사망 등)** 청약자가 청약의 통지를 발송한 후에 사망하거나 의사능력을 상시 갖지 않는 상황이 된 경우 또는 행위능력의 제한을 받은 경우에, 청약자가 그 사실이 발생했다고 하면 그 청약은 효력이 없다는 취지의 의사를 표시하고 있었던 때 또는 그 상대방이 승낙의 통지를 발송할 때까지 그 사실이 발생한 것을 안 때에는, 그 청약은 효력이 없다.

84) 松岡外編, 改正債権法コンメンタール, 604(滝沢 집필).
85) 松岡外編, 改正債権法コンメンタール, 604(滝沢 집필).
86) 松岡外編, 改正債権法コンメンタール, 605(滝沢 집필).

가. 규율의 기본 구조

개정 전 민법 제525조는 개정 전 민법 제97조 제2항의 예외를 정하는 것이다. 즉 개정 전 민법 제97조 제2항에 의하면 "격지자에 대한 의사표시는 표의자가 통지를 발송한 후 사망하거나 행위능력을 상실한 경우에도 그 효력이 있다"고 규정하는데, 이것은 격지자에 대한 의사표시의 효력발생시기에 관하여 도달주의의 원칙을 정하는 개정 전 민법 제97조 제1항과는 별도로 표의자가 의사표시를 발신한 이후에 사망하거나 행위능력을 상실한 경우에도 그 의사표시의 효력에 영향이 없다는 취지를 규정하는 것이다. 그런데 개정 전 민법 제525조는 ① 청약자가 반대의 의사를 표시한 경우, 또는 ② 청약의 상대방이 청약자의 사망 또는 행위능력의 상실의 사실을 알고 있었던 경우에는 동 제97조 제2항의 예외로서 청약의 효력이 없다는 취지를 정한 것이다. ① 청약자가 반대의 의사를 표시한 경우(즉, 사망이나 행위능력의 상실로 청약의 효력도 영향을 받는다는 취지를 표시한 경우)는 개정 전 민법 제525조가 임의규정이라는 점에서 당연한 규정이라 할 수 있고, ② 청약의 상대방이 청약자의 사망 또는 행위능력의 상실의 사실을 알고 있었던 경우라면, 상대방도 계약을 기대하지 않고 있다고 생각되고 또한 그러한 경우에 청약의 효력을 인정하는 것이 타당한 것인지 의문이기 때문이다.87)

개정민법 제526조는 개정 전 민법 제525조를 크게 변경하는 것은 아니고 개정 전 민법 제525조가 동 제97조 제2항의 예외라는 구조이기 때문에 이해가 어려웠던 점을 보다 이해가 쉽게 개정한 것이다.88) 한편 ②와 관련하여 청약자에게 사망 등의 사실이 발생한 것을 상대방이 몰랐던 경우에는 (개정민법의 취지상) 그 청약의 효력에 영향이 없다. 그 점에서는 개정민법 제526조는 상대방이 사망 등의 사실을 알고 있어야 적용되는 구조인바, 그 반대되는 측면으로 개정민법 제526조는 '선의자 보호'의 역할을 담당한다고도 할 수 있다.89) 다만 그 자체만으로는 잠정적인 효력밖에 없는 의사표시인 청약에 대하여 애초에 이와 같은 강력한 효력을 인정할 필요가 있을까에 대해서 비판적인 견해도 있다.90)

나. 개정민법의 요건과 효과

개정민법의 요건과 관련하여 주의할 점은 다음과 같다. 첫째, "의사능력을 상시 갖지 않는 상황"이 된 경우가 요건으로 추가되었다. 이것은 의사능력에 관한 조문이 신설된 것

87) 松岡外編, 改正債権法コンメンタール, 606(滝沢 집필).
88) 松岡外編, 改正債権法コンメンタール, 606(滝沢 집필).
89) 松岡外編, 改正債権法コンメンタール, 606(滝沢 집필).
90) 松岡外編, 改正債権法コンメンタール, 606(滝沢 집필).

(개정민법 제3조의2)에 보조를 맞춘 것이다.[91] "의사능력을 상시 갖지 않는 상황(意思能力を有しない常況)"이어야 하므로 명정(酩酊) 등의 일시적 상실은 제외된다.[92] 둘째, "청약자가 반대의 의사를 표시한 경우"는 "청약자가 그 사실이 발생했다고 하면 그 청약은 효력이 없다는 취지의 의사를 표시하고 있었던 때"로 구체화되었다. 이것은 '반대의 의사'와 같은 추상적 표현보다는 구체적으로 의사의 내용을 규정하는 것이 바람직하다는 판단 때문이다.[93] 셋째, 청약자의 사망 등의 시기에 관하여 개정 전 민법에서는 청약자가 "청약을 발신하고 도달하기 전까지" 사망 등의 사실이 발생한 경우로 해석하는 것이 통설이었다. 그러나 개정민법 제526조는 이것은 현실적이지 않다는 점에서 "청약의 도달 후에" 사망 등의 사실이 발생한 경우라도 개정민법의 적용범위에 포함되는 것으로 하되, 다만 "승낙자가 승낙의 통지를 발송할 때까지 (그 사실이 발생한 것을 안 때)"로 그 요건을 조정하였다.[94]

한편 개정민법의 효과와 관련하여서 주의할 점은 다음과 같다. 즉 청약의 발신 후에 청약자가 행위능력의 제한을 받았고 승낙자도 그 사실을 알고 있었던 경우, 개정 전 민법에 의하면 청약자는 그 청약의 의사표시를 (행위능력의 제한을 이유로) 취소할 수 있는 것으로 해석되었다. 그러나 개정민법에서는 그 경우 청약은 (취소할 수 있는 것이 아니라) 무효라는 점이 명시되었다.[95]

V. 계약의 성립시기에 관한 도달주의의 채택

1. 개 관

개정 전 민법은 격지자에 대한 의사표시의 효력발생시기에 관하여 도달주의를 채택하면서(제97조제1항), 격지자 간의 계약의 성립시기(승낙의 효력발생시기)에 관하여는 그 예외로서 발신주의를 인정하고 있었다(제526조제1항). 이에 대해 개정민법은 의사표시의 효력발생시기에 관하여 '격지자'에 의한 한정을 삭제함으로써 도달주의가 의사표시의 효력발생시기에 관한 원칙이라는 점을 규정하고(제97조제1항), 이어서 격지자 간의 계약의 성립시기에 관한 개정 전 민법 제526조 제1항을 삭제함으로써 계약의 성립시기도 의사표시의 효력발생시기에 관

91) 松岡外編, 改正債権法コンメンタール, 606(滝沢 집필). 의사능력에 관한 조문의 신설에 대해서는 서희석, 일본 민법(채권법) 주요 개정사항 개관, 1078 이하를 참조.
92) 中間試案の補足説明, 352.
93) 松岡外編, 改正債権法コンメンタール, 606(滝沢 집필).
94) 中間試案の補足説明, 354; 松岡外編, 改正債権法コンメンタール, 606(滝沢 집필).
95) 松岡外編, 改正債権法コンメンタール, 607(滝沢 집필).

한 도달주의의 원칙(제97조제1항)에 의해 규율된다는 점을 명확히 하였다.

나아가 개정민법은 격지자 간의 계약의 성립시기에 관한 발신주의를 전제로 당사자 간의 이해관계의 조정을 꾀하기 위한 일부 부수적 규정도 삭제하였다. 즉, (승낙기간을 정한 청약에서) 승낙통지의 연착에 관한 개정 전 민법 제522조와 (승낙기간을 정하지 아니한 청약에서) 청약의 철회 통지의 연착에 관한 개정 전 민법 제527조가 그것이다. 도달주의의 원칙에 따라 의사표시의 연착은 표의자의 리스크로 규율하면 충분하고, 두 개의 의사표시의 우열은 도달의 선후에 따라 판단하면 족하기 때문이다.

한편 개정민법은 ‘격지자 간의 계약의 성립시기’에 관하여 발신주의를 정하는 개정 전 민법 제526조 제1항을 삭제하면서 동 제2항에서 정하는 ‘의사실현에 의한 계약의 성립’에 관한 규율은 이를 유지하되(조문은 제527조) 표제를 ‘승낙의 통지를 필요로 하지 않는 경우의 계약의 성립시기’로 변경하였다. 의사실현에 의한 계약성립은 청약과 승낙의 의사표시의 합치를 계약성립의 기본원칙으로 하는 개정민법 제522조 제1항에 대한 예외에 해당하지만, 계약의 성립시기가 도달주의로 일원화됨에 따라 개정민법 제527조의 해석론에도 변화가 예상되고 있다.

이하 차례로 검토한다.

2. 격지자 간의 계약의 성립시기에 관한 발신주의 규정의 삭제: 도달주의 원칙으로의 전환

계약은 청약과 승낙의 의사표시의 합치에 의해 성립하는바(개정민법 제522조), 계약의 성립시기는 승낙의 의사표시의 효력발생시기와 같다. 이에 대해 개정 전 민법 제526조 제1항은 격지자 간의 계약의 성립시기에 관하여 “격지자 간의 계약은 승낙의 통지를 발송한 때에 성립한다”고 규정함으로써 발신주의를 채택하고 있었다. 이것은 “격지자에 대한 의사표시는 그 통지가 상대방에 도달한 때부터 그 효력이 발생한다”고 규정함으로써 격지자 간의 의사표시의 효력발생시기에 관해 도달주의의 원칙을 채택하는 개정 전 민법 제97조 제1항에 대한 예외를 설정하는 것이었다.

이에 대해 개정민법은 도달주의에 대한 예외를 설정하는 제526조 제1항을 삭제하였다. 이로써 격지자 간의 계약의 성립시기는 승낙의 의사표시의 효력발생시기에 관한 일반원칙(=도달주의)에 따라 규율되게 되었다. 그런데 개정민법 제97조 제1항은 개정 전 민법 제97조 제1항에서 “격지자에 대한 (의시표시)”라는 한정을 삭제하여 도달주의 원칙의 적용범위를 의사표시 일반으로 확장하였기 때문에,[96] 개정민법 하에서 계약의 성립시기는 격

지자 간의 계약이든 아니든 상관없이 도달주의로 일원화되었다.97)

격지자 간의 계약의 성립시기를 발신주의에서 도달주의로 변경한 이유는 도달주의에 대한 예외(=발신주의)를 유지할 필요성이 상실되었기 때문이다. 승낙의 통지에 대해 발신주의를 인정한 이유는 거래의 원활과 신속에 있었다. 즉 승낙자는 승낙의 통지를 발송한 후에 이행의 준비에 착수하는바, 승낙자의 그러한 신뢰를 보호하여 원활하고 신속한 거래가 유지되도록 할 필요가 있었기 때문이다.98) 그러나 통신수단이 고도로 발달한 현대사회에서는 격지자 간의 의사표시라 하더라도 발신에서 도달까지의 시간은 상당 정도 단축되었고 도달주의를 채용한다 하더라도 거래의 원활과 신속에 문제가 있다고는 할 수 없게 되었다.99) 또한 발신주의를 채택할 경우 승낙 통지가 불착하는 경우 등의 해석론 상의 문제점이 발생할 여지도 있었다.100) 나아가 비교법적으로 압도적으로 많은 입법례가 승낙의 효력발생시기에 관하여 도달주의를 채용하고 있다는 점도 고려되었다.101)

이러한 이유에서 개정제안의 초기단계102)부터 중간시안 단계103)까지 계약의 성립시기에 관하여 별다른 이견 없이 발신주의를 채택하는 개정 전 민법 제526조 제1항의 삭제가 제안되었고,104) 개정민법도 이를 수용하였다. 이에 따라 개정민법상 계약의 성립시기는 도달주의의 원칙으로 일원화되었다.

3. 발신주의를 전제로 한 부수적 규정의 삭제

계약의 성립시기(승낙의 효력발생시기)에 관한 원칙이 도달주의로 일원화됨에 따라 발신주의를 전제로 한 일부 부수적 규정에도 조정이 이루어지게 되었다. 다음 세 가지 측면에서 그러하다.

---

96) 이에 대해서는 서희석, 일본 민법(채권법) 주요 개정사항 개관, 1091-1092을 참조.
97) 潮見, 概要, 198; 筒井外編, 一問一答, 221.
98) 潮見外編, 詳解 改正民法, 388(池田清治 집필).
99) 詳解 債権法改正の基本方針Ⅱ, 74~75; 中間試案の補足説明, 354.
100) 詳解 債権法改正の基本方針Ⅱ, 75.
101) 詳解 債権法改正の基本方針Ⅱ, 75~76. 승낙의 효력발생시기에 관하여 발신주의를 채용하는 주요 입법례는 스위스 채무법 제10조 제1항 정도이다(위 76면).
102) 채권법개정의 기본방침 【3.1.1.22】
103) 중간시안 제28 계약의 성립, 6 계약의 성립시기 (1)
104) 다만, 채권법개정의 기본방침에서는 계약의 성립시기에 관하여 개정 전 민법 제526조 제1항을 삭제하여 의사표시의 효력발생시기에 관한 일반원칙(제97조제1항)에 따라 규율되도록 하는 것보다는, 발신주의에서 도달주의로 전환하는 것은 커다란 변경이므로 "계약은 승낙이 청약자에게 도달한 시점에 성립한다"는 취지를 명문화할 것을 제안하고 있었다(【3.1.1.22】). 그러나 중간시안에서는 개정 전 민법 제526조 제1항을 삭제하는 안으로 선회되었고(제28 계약의 성립, 6 계약의 성립시기 (1)), 이것이 그대로 개정민법이 되었다.

가. 승낙 통지의 연착에 관한 개정 전 민법 제522조의 삭제

개정 전 민법 제522조는 "제521조 제1항의 청약[승낙기간을 정하고 한 계약의 청약]에 대한 승낙의 통지가 동항의 기간[승낙기간]의 경과 후에 도달한 경우라도 통상의 경우에는 그 기간 내에 도달하였을 발송이라는 것을 알 수 있을 때에는, 청약자는 지체없이 상대방에 대하여서 그 연착의 통지를 발송하여야 한다. 다만, 그 도달 전에 지연의 통지를 발송한 때에는 그러하지 아니하다"(제1항)고 하면서 "청약자가 전항 본문의 연착의 통지를 해태한 때에는 승낙의 통지는 전조 제1항의 기간[승낙기간] 내에 도달한 것으로 본다"(제2항)고 규정하고 있었다.

이 조문은 승낙의 효력발생시기에 관하여 발신주의를 채택하는 것을 전제로 승낙 통지가 승낙기간을 도과하여 연착하는 사태를 상정하여 당사자의 이해관계의 조정을 꾀한 것이다.[105] 즉, 승낙의 효력발생시기에 관한 발신주의 하에서는 승낙의 효력은 그 발신 시에 발생하고, 불확정한 상태이긴 하지만 그때에 당사자간에 의사의 합치가 존재한다고 할 수 있다. 이에 개정 전 민법(메이지민법)의 기초자는 연착한 승낙 통지가 통상이라면 승낙기간 내에 도달할 수 있었음을 청약자가 승낙 통지의 우편소인(消印) 등으로부터 알 수 있었음에도 불구하고 아무것도 하지 않아도 좋다고 한다면 거래의 안전을 유지하기에 충분하다고 할 수 없다는 생각에서 개정 전 민법 제522조를 입법한 것이다.[106]

이에 대해 개정민법은 격지자 간의 계약의 성립시기(=승낙의 효력발생시기)에 관하여 도달주의로의 전환을 전제로 하고 있기 때문에 발신주의를 전제로 하여 당사자간의 이해관계의 조정을 꾀한 개정 전 민법의 태도가 반드시 필요한 것인지에 관하여 부정적인 생각에 입각해 있다. 즉 승낙의 효력발생시기에 관한 도달주의 하에서 의사표시를 한 자가 도달지연(연착) 또는 부도달(불착)의 리스크를 부담하게 되는 것은 의사표시 일반의 경우와 마찬가지이다. 따라서 승낙에 대해서만 연착을 상정한 특별한 규정을 둘 이유는 없다.[107] 또한 개정 전 민법 제522조에 대해서는 청약자가 연착의 통지를 '발송'하였지만 승낙자에게 '도달'하지 아니한 경우의 처리가 불명확하다는 점, "통상의 경우에는 승낙기간 내에 도달하였을 발송"이었는지의 판단이 청약자에게 반드시 용이한 것은 아니라는 점에서 개정 전 민법 제522조가 승낙이 연착한 경우의 규율로서 반드시 타당하다고 할 수는 없다는 비판도 있었다.[108] 이러한 이유에서 개정제안의 초기단계[109]부터 중간시안 단계[110]까지 일관되게 개

105) 한국민법 제528조 제2항 · 제3항과 같은 취지이다.
106) 詳解 債権法改正の基本方針Ⅱ, 54.
107) 詳解 債権法改正の基本方針Ⅱ, 55; 中間試案の補足説明, 348.
108) 中間試案の補足説明, 348.
109) 채권법개정의 기본방침【3.1.1.14】

정 전 민법 제522조의 삭제가 제안되었고, 개정민법도 이 제안을 받아들여 동조는 삭제되었다.

이와 같이 승낙의 효력발생시기에 관하여 도달주의가 채택되고 개정 전 민법 제522조도 삭제됨에 따라 승낙 통지의 연착의 리스크는 승낙자가 부담하는 것으로 된다.[111] 다만 이에 대해서는 청약자가 승낙자에게 승낙의 연착사실을 알리지 않은 경우, 청약자에게 신의칙상의 의무위반이 인정될 가능성도 있다는 견해[112]도 있다.

나. 청약의 철회 통지의 연착에 관한 개정 전 민법 제527의 삭제

개정 전 민법 제527조는 청약의 철회 통지의 연착에 관하여 "청약의 철회 통지가 승낙의 통지를 발송한 후에 도달한 경우라도 통상의 경우에는 그 전에 도달하였을 발송이라는 것을 알 수 있을 때에는, 승낙자는 지체 없이 청약자에 대하여서 그 연착의 통지를 발송하여야 한다"(제1항)고 하면서, "승낙자가 전항의 연착의 통지를 해태한 때에는 계약은 성립하지 아니한 것으로 본다"(제2항)고 규정하고 있었다.

이 조문은 "승낙기간을 정하지 아니한 청약"[113]의 철회 통지가 연착한 경우에 연착하였다는 사실을 통지하여야 할 부담을 승낙자에게 부담시키는 규정이다.[114] 승낙에 대해 발신주의를 취하는 개정 전 민법 하에서는 확실히 승낙자가 청약의 철회 통지의 도착과 승낙의 발신 중에서 어느 쪽이 먼저 이루어졌는지를 알 수 있기 때문에 승낙자에 대하여 청약의 철회가 연착되었다는 사실을 통지하게 하는 부담을 지우는 것에는 이유가 있었다.[115]

이에 대해 승낙에 대해 도달주의를 채택하는 개정민법 하에서는 '승낙'의 청약자에의 도달과 '청약의 철회'의 승낙자에의 도달의 선후를 판명하는 것이 양 당사자 모두에게 용이한 일은 아니다. 따라서 개정 전 민법에서와 같이 승낙자에게 청약의 철회가 연착되었다는 사실을 통지하게 할 의의는 존재하지 않는바, 의사표시의 효력발생시기의 일반원칙에 따라 승낙과 청약의 철회 중 어느 의사표시가 먼저 도달하였는지에 따라 계약성립의 여부를 결정하도록 하는 것이 타당하다.[116] 또한 도달주의 하에서 개정 전 민법 제527조를 적용하면 승낙 통지가 도달하기 전에 청약이 철회되었고 그것이 연착된 경우 연착의 사실을 통지하

---

110) 중간시안 제28 계약의 성립, 2 승낙기간을 정한 청약 (2)

111) 潮見外編, 詳解 改正民法, 393(池田 집필).

112) 潮見外編, 詳解 改正民法, 394(池田 집필).

113) 개정 전 민법 하에서는 "승낙기간을 정한 청약"은 청약기간 내에는 철회를 할 수 없고(구속력), 승낙기간이 경과하면 실효하므로(승낙적격)(이상 제521조) 청약의 철회는 의미가 없다. 따라서 개정 전 민법 제527조에서 정하는 '청약의 철회'는 "승낙기간을 정하지 아니한 청약"을 전제로 하는 것으로 해석하아야 한다.

114) 한국민법에는 해당 규정이 없다.

115) 詳解 債権法改正の基本方針Ⅱ, 77.

116) 詳解 債権法改正の基本方針Ⅱ, 77.

면 계약은 성립하는 것으로 해석될 여지가 생기게 되는바, 이러한 결과가 타당하다고 할 수는 없다.[117]

이러한 이유에서 개정 전 민법 제527조는 개정제안의 초기단계[118]부터 중간시안 단계[119]까지 일관되게 삭제가 제안되었고, 개정민법도 이 제안을 받아들여 동조는 삭제되었다. 따라서 개정민법 하에서는 (승낙기간을 정한 청약인지 승낙기간을 정하지 아니한 청약인지를 묻지 않고) 청약의 철회 통지와 승낙 통지가 모두 발송된 경우의 계약의 성립 여부는, (해석론에 의하여) 도달주의의 원칙에 따라 청약의 철회 통지의 도달과 승낙 통지의 도달의 선후에 따라 결정하게 된다.[120]

다. 전자승낙통지에 관한 특례규정의 삭제

개정 전 민법상 계약성립에 관한 발신주의(제526조제1항) 및 청약의 철회 통지의 연착에 관한 규정(제527)에 대하여는 전자계약에 관한 민법의 특별법에 그 적용을 제외하는 특칙이 규정되어 있었다. 즉, 2001년에 제정된 「전자소비자계약 및 전자승낙통지에 관한 민법의 특례에 관한 법률(電子消費者契約及び電子承諾通知に関する民法の特例に関する法律)」은 그 제4조에서 '전자승낙통지에 관한 민법의 특례'로서 "민법 제526조 제1항 및 제527조의 규정은 격지자 간의 계약에서 전자승낙통지를 발송하는 경우에는 적용하지 않는다"고 규정하고 있었다.

여기서 '전자승낙통지'란 요컨대 전자적인 방법으로 행하는 승낙의 통지로서,[121] 위 특례는 격지자 간에 전자승낙통지를 발송하는 경우에는 개정 전 민법상 승낙의 효력발생시기에 관한 발신주의에 관한 규정(제526조제1항)과 청약의 철회 통지의 연착에 관한 규정(제527조)은 적용되지 않도록 하는 것이었다. 전자승낙통지에 관한 특례를 둔 이유는 전자계약에서 발신주의를 채택할 이유가 없다는 점 및 도달주의를 채택하는 한 발신주의를 전제로 하는 규정인 제527조도 유지할 이유가 없다는 것이었다(이것은 개정민법에서 개정 전 민법 제526조 제1항과 제527조의 삭제에 대한 논거와 같은 것이다). 따라서 개정 전 민법과 위 특례법 하에서는 사업자와 소비자 간에 전자계약이 체결되는 경우(전자소비자계약) 계약의 성립시기는

117) 中間試案の補足説明, 355.
118) 채권법개정의 기본방침 【3.1.1.23】
119) 중간시안 제28 계약의 성립, 6 계약의 성립시기 (2).
120) 潮見外編, 詳解 改正民法, 394(池田 집필).
121) 전자승낙통지란 "계약의 청약에 대한 승낙의 통지로서, 전자적 방법 중 계약의 청약에 대한 승낙을 하려는 자가 사용하는 전자계산기등(전자계산기, 팩시밀리장치, 텔렉스 또는 전화기를 말한다. 이하 같음)과 당해 계약의 청약을 한 자가 사용하는 전자계산기등을 접속하는 전기통신회선을 통해 송신하는 방법으로 행하는 것"으로 정의된다(동법 제2조제4항).

도달주의의 원칙(개정 전 민법 제97조제1항)에 따라 규율되며, 청약의 철회 통지가 연착된 경우에 승낙자가 민법 제527조에 따른 연착된 사실의 통지의무를 부담하는 일은 없었다.

이와 같이 개정 전 민법 하에서도 '전자소비자계약'에서는 계약의 성립시기(승낙의 효력발생시기)는 도달주의의 원칙에 따라 규율되었고, 발신주의를 전제로 한 규정인 제527조는 이미 적용이 배제되고 있었다. 그런데 개정민법에서는 개정 전 민법 제526조 제1항이 삭제되어 격지자 간의 계약의 성립시기(승낙의 효력발생시기)에 관하여 도달주의 원칙으로의 전환이 이루어졌고 나아가 발신주의를 전제로 하는 규정인 개정 전 민법 제527조도 삭제되었기 때문에 더 이상 「전자소비자계약 및 전자승낙통지에 관한 민법의 특례법」상 전자승낙통지에 관한 특례규정(제4조)을 존속시킬 이유도 없어지게 되었다. 따라서 민법개정에 따른 관련법률의 정비법(「민법의 일부를 개정하는 법률의 시행에 따른 관계법률의 정비 등에 관한 법률」)에 따라 위 특례법상 전자승낙통지에 관한 특례규정(제4조)은 삭제되었고, 위 특례법은 「전자소비자계약에 관한 민법의 특례에 관한 법률」로 개명되었다.[122)]

4. 의사실현에 의한 계약의 성립시기에 관한 규율(제527조): 도달주의에 따른 의미의 변화

개정민법 제527조는 '승낙의 통지를 필요로 하지 않는 경우의 계약의 성립시기'라는 표제 하에 "청약자의 의사표시 또는 거래상의 관습에 의해 승낙의 통지를 필요로 하지 않는 경우에는 계약은 승낙의 의사표시로 인정되는 사실이 있는 때에 성립한다"고 규정한다. 이것은 '격지자 간의 계약의 성립시기'에 관한 개정 전 민법 제526조에서 발신주의에 관한 제1항을 삭제하고, 제2항을 내용의 변경 없이 그대로 계승한 것이다(전술한 Ⅲ.4.를 참조). 내용의 변경이 없다는 점에서 개정민법 제527조가 의사실현에 의한 계약의 성립(시기)에 관하여 어떠한 변경을 의도한 것은 아니다. 그러나 격지자 간의 계약의 성립시기에 관한 원칙이 도달주의로 전환됨에 따라 개정민법 제527조의 의미에도 해석론상 변화가 생기고 있다는 점을 지적하는 견해가 등장하고 있다.[123)]

이 견해는 특히 「국제물품매매계약에 관한 유엔협약(CISG)」 제18조 제3항이 "물품의

---

122) 大村敦志=道垣内弘人編, 解説・民法改正のポイント, 有斐閣, 2017, 372(吉政知広 집필). 제4조가 삭제됨에 따라 이 특례법은 실체규정으로 전자소비자계약에서 민법의 착오에 관한 규정의 특례(사업자가 전자적인 의사표시의 확인조치를 취하지 않는 경우 등에 민법상 중대한 과실에 의한 착오취소의 예외규정이 적용되지 않음)를 정하는 제3조만이 남게 되었다. 제3조의 의의에 관하여는 졸고, 전자거래에서의 착오의 문제 서설, 재산법연구 24/2 (2007) 13 이하를 참조.

123) 松岡外編, 改正債権法コンメンタール, 607~610(滝沢 집필); 鎌田外編, 新基本法コンメンタール:債権2, 23~24(滝沢 집필); 中田, 契約法, 92~93.

발송 또는 대금의 지급과 같은 행위를 함으로써 동의를 표시할 수 있는 경우에는, 승낙은 그 행위가 이루어진 시점에 효력이 발생한다”고 규정하고 있는 것을 참고하여, 종래의 통설과는 다른 해석론을 전개한다.124) 즉, 발신주의를 취하는 개정 전 민법 하에서는 상품의 주문을 받은 자가 승낙을 하지 않고 상품의 발송을 하는 행위(Ⅲ.4.에서 ③)는 (묵시의) 승낙의 의사표시로 해석하는 것이 통설이었는데, 위 행위를 의사표시로 해석하든 의사실현으로 해석하든 상품을 발송한 때에 계약이 성립한다는 결론에서는 차이가 없었다. 그러나 도달주의 하에서는 상품의 발송행위를 (종래의 통설과 같이) 승낙의 의사표시로 해석하는 한 상품이 도달하지 않는 한 계약은 성립하지 않는 것이 되는바, 이것은 (청약자의 의사표시나 거래상의 관습에 비추어) 타당한 해석이라고 할 수는 없다.125) 따라서 위와 같은 경우(③)도 개정민법 하에서는 의사실현에 의한 계약성립에 관한 제527조의 적용범위에 포함되는 것으로 해석하여야 한다는 것이다.126) 이 경우 상품이 도달하지 않았다면 (계약은 이미 성립한 것이므로) 채무불이행이나 위험부담의 법리에 따라 해결하게 된다.127) 다만 이 견해에 의하면 매도인이 일방적으로 상품을 발송하고 계약성립을 주장하는 경우도 발생할 수 있는데, 이러한 경우에는 개정민법 제527조의 요건(청약자의 의사표시 또는 거래상의 관습에 의해 승낙의 통지를 필요로 하지 않는 경우)의 해석론에 의해 그 주장을 배척할 수 있다고 한다.128)

이 견해는 이러한 점을 전제로 개정민법 제527조는 향후 “승낙의 통지가 도달하지 아니한 경우에도 널리 계약성립을 인정하여야 할 경우를 담는 규정”으로 활용될 것이라고 예상한다.129)

Ⅵ. 결론에 갈음하여: 요약 및 전망

1. 요 약

이상 계약의 성립에 관한 개정민법의 규율을 4가지 주제로 나누어 검토해왔다. 이상의 검토로부터 개정내용 및 그에 따른 주요 변화를 요약하면 다음과 같이 될 것이다.

첫째, 계약자유의 원칙에 관하여 계약체결의 자유(상대방선택의 자유를 포함), 계약내용

124) 松岡外編, 改正債権法コンメンタール, 608(滝沢 집필).
125) 鎌田外編, 新基本法コンメンタール:債権2, 24(滝沢 집필).
126) 鎌田外編, 新基本法コンメンタール:債権2, 24(滝沢 집필).
127) 鎌田外編, 新基本法コンメンタール:債権2, 24(滝沢 집필).
128) 鎌田外編, 新基本法コンメンタール:債権2, 24(滝沢 집필).
129) 松岡外編, 改正債権法コンメンタール, 609(滝沢 집필); 中田, 契約法, 93.

의 자유, 계약방식의 자유를 3개 조항으로 나누어 신설하면서 각각의 경우에 그 제한도 함께 명시하였다(제521조제1항·제2항, 제522조제2항). 계약자유의 원칙과 그 제한에 관한 규정의 신설은 종래부터 異論이 없는 것을 명문화한 것이다.

둘째, 계약의 성립에 관한 기본원칙을 신설하였다. 즉 계약은 청약과 승낙의 의사표시의 합치에 의해 성립한다는 점을 명시하면서, 나아가 '청약'을 계약의 내용을 제시하여 그 체결을 청하는 의사표시로 정의하였다. 계약성립의 기본원칙이 신설됨으로써 그 이하의 조문에서 '청약' 및 '승낙'의 효력에 관한 개별규정의 의미를 보다 체계적으로 규율하고 이해할 수 있는 구조가 구축되었다(제522조제1항).

셋째, '승낙기간을 정한 청약'과 '승낙기간을 정하지 아니한 청약' 모두에서 청약의 구속력에 대한 예외를 설정하였다. 이로써 청약자는 청약을 철회할 권리를 유보한 때에는 청약을 철회할 수 있게 되었다(제523조제1항, 제525조제1항). 나아가 청약의 구속력과 승낙적격에 관한 규율은 대화자 간의 계약에도 적용된다는 점이 (해석론상) 명확하게 되었다.

넷째, 승낙기간을 정하지 아니한 청약의 경우에 대화자에 대한 청약의 구속력과 승낙적격에 관한 특칙을 신설하였다. 즉, 승낙기간을 정하지 아니한 대화자에 대한 청약은 그 대화가 계속되고 있는 동안은 언제라도 철회할 수 있다는 취지가 신설되었다(제525조제2항). 또한 이 경우 대화가 계속되고 있는 동안에 청약자가 승낙의 통지를 받지 않았을 때에는 청약자가 다른 의사를 표시하지 않는 한 그 청약은 승낙적격을 상실하여 효력을 잃는다는 취지가 신설되었다(제525조제3항).

다섯째, 격지자 간의 계약의 성립시기에 관한 발신주의를 정하는 개정 전 민법 제526조 제1항을 삭제함으로써 계약의 성립시기도 (격지자 간의 계약인지 여부를 불문하고) 의사표시의 효력발생시기에 관한 도달주의의 원칙(제97조제1항)에 의해 규율된다는 점이 명확하게 되었다.

여섯째, 계약의 성립시기에 관한 도달주의의 채택으로 발신주의를 전제로 하는 두 개의 조문, 즉 (승낙기간을 정한 청약에서) 승낙 통지가 연착한 경우의 청약자의 연착통지의무에 관한 규정과 (승낙기간을 정하지 아니한 청약에서) 청약의 철회 통지가 연착한 경우의 승낙자의 연착통지의무에 관한 규정이 삭제되었다. 도달주의 하에서는 의사표시의 연착은 표의자의 리스크로 규율하면 충분하고, 두 개의 의사표시의 우열은 도달의 선후에 따라 판단하면 족하기 때문이다.

일곱째, 청약과 승낙에 의한 계약의 성립에 대한 예외로 '의사실현에 의한 계약성립'은 (조문만 바꾸어) 그대로 유지되었지만, 계약의 성립시기에 관하여 도달주의가 채택됨에 따라 향후에는 의사실현에 의한 계약성립의 적용범위가 발신주의 하에서보다 확대될 가능성이 유력하게 제기되고 있다(제527조).

2. 전 망

이상 7가지 주요 개정내용 중, ① 첫째와 둘째는 종래부터 이론 · 실무에서 당연히 인정되어 오던 계약에 관한 원칙(계약자유의 원칙, 계약성립의 기본원칙)을 명문화한 것이어서 이론적인 체계화라는 측면이 강한 반면 실무에 미치는 영향이 크다고는 할 수 없다.[130) 반면에 그 이하의 개정내용은, ② 청약의 효력(구속력, 승낙적격)에 관한 기존 규율을 보완하고(셋째와 넷째), 나아가 ③ 계약의 성립시기를 도달주의로 일원화하고 그에 따른 조정을 꾀하기 위한 것(다섯째~일곱째)이라는 점에서, 적어도 이론 및 실무에 미치는 심리적 파급력은 상당할 것으로 생각된다. 개정민법이 향후에 일본의 이론과 실무에 어떠한 영향을 미칠지 주목할 일이다.

한편 본고는 지면관계상 한국민법과의 비교를 적극적으로 시도하지는 않았다. 그러나 사용하는 용어나 구성체계, 규율내용 등의 유사성이라는 관점에서 일본 민법의 개정은 우리 민법에도 시사하는 바가 적지 않을 것으로 생각한다. 본고의 검토가 향후 한국민법의 해석론과 입법론에 조금이라도 참고가 된다면 큰 기쁨이겠다.

130) 日本弁護士連合会編, 実務解説 改正債権法, 弘文堂, 2017, 344 참조.

미래세대 관점에서 친권, 양육권, 면접교섭권의 개선 제안*
- 대상판례: 대법원 2020.5.14. 선고 2018므15534 판결 -

송 재 일

명지대학교 법학과 교수

Ⅰ. 대상판결의 소개1)

1. 사실관계

원고(X녀, 함)와 **피고**(Y남)는 2016. 12. 27. 혼인신고를 한 법률상 부부로, 그 사이에 사건본인을 자녀로 두고 있다. 원고는 사건본인을 출산한 후 **사건본인**(S, 2017년생)과 함께 2017. 7. 8. 친정으로 왔다(굵은 글씨와 밑줄 등은 강조를 위해 저자자 임의로 표기한 것임. 이하 동일).

원고는 피고와의 혼인 전부터 **길고양이 8마리**를 집으로 데려와 키우고 있었다. 원고와 피고는 길고양이들을 계속하여 사건본인과 함께 키울 것인지에 관하여 심하게 다투었는데, <u>피고는 사건본인의 건강한 양육환경을 위하여 길고양이들을 원고의 부모님이 운영하는 원룸으로 옮기고, 피고가 원고의 부모님에게 임대료를 지급하겠다</u>고 하였으나, <u>원고는 길고양이들을 버릴 수 없으니 피고가 사건본인을 데리고 집에서 나갈 것을 요구</u>하였다.

다툼 끝에 2017. 7. 9. 피고는 사건본인을 데리고 ○○에 있는 본가로 가기 위해 피고

---

* 이 논문은 2021.9.25. 서울대학교에서 개최된 (사)한국민사법학회 판례연구회에서 발표한 글을 수정 · 보완하였습니다. 당시 유익한 지적을 해주신 좌장 남효순 교수님(서울대학교)과 토론자 이소은 교수님(영남대학교), 참여자 여러분에게 깊이 감사드립니다. 특히 글 작성과정에서 도움을 주신 조광국 판사님께 감사드립니다.

1) 대상판결문의 원문을 되도록 그대로 싣되, 학술적 목적에 필요한 최소한도로 공개하고 당사자와 소외인의 실명, 지명 등은 대부분 원고, 피고, 이니셜 등으로 바꾸어 소개한다.

의 부모님에게 연락하였고, 피고의 연락을 받고 온 피고의 어머니는 원고로부터 다음과 같은 내용의 각서를 받은 후 피고와 사건본인을 데리고 본가로 갔다(당시 피고가 사건본인을 데리고 가는 것에 대하여 원고도 서면으로 동의하였다).

> (날짜 2 생략) 날짜로 사건본인을 ○○집으로 보냅니다.
> 사건본인 엄마인 원고는 이에 동의하여 각서를 씁니다.

이후 원고와 피고는 현재까지 별거 중이고, 사건본인은 피고가 양육하고 있다. 원고는 2017. 7. 28. 피고에게 "이혼서류 준비해 놨다. 도장 찍어"라고 문자를 보냈고, 2017. 8. 22. 이혼 등을 구하는 이 사건 소를 제기하였다.

원고는 2017. 9. 12. 열린 제1심법원의 사전처분 심문기일 및 제1회 변론기일에서 원고가 사건본인과 길고양이들을 함께 키우는 것이 **사건본인의 복리를 위하여 바람직하지 않다**는 취지의 지적을 받자, 길고양이들을 원고의 부모님이 운영하는 원룸으로 옮겨 놓았다.

원고는 2017. 9. 21.부터 2017. 9. 27.까지는 평일 2시간씩, 2017. 10.경부터 2017. 11.경까지는 주 3회 2시간씩 시댁을 방문하여 사건본인에 대한 **면접교섭**을 실시하였고, 이후 제1심법원 가사조사관의 권고에 따라 2017. 12. 26.경부터는 매주 1박 2일 동안 자신의 주거지에서 사건본인에 대한 면접교섭을 실시하였다.

피고는 2017. 9. 29.경 사건본인과 함께하는 시간을 늘리기 위해 자신이 운영하는 △△시 소재 노래연습장 근처 아파트로 이사하였고, **보조양육자**인 어머니의 도움을 받아 제1심판결 선고 시까지 사건본인을 양육하였다.

2. 1심[2)]

1심법원은 "피고도 원고의 이혼청구에 동의하고 있는 점 등을 보태어보면, 원고와 피고의 혼인관계는 더 이상 회복하기 어려울 정도로 **파탄**에 이르게 된 것으로 보이고, 이는 민법 제840조 제6호에서 정한 재판상 이혼 사유에 해당하므로 원고의 이혼 청구는 이유 있다"고 보고, 원고를 단독 친권자 및 단독 양육자로 지정하고 피고에게는 아동인도, 양육비 지급, 면접교섭권 인정 등을 내용으로 다음과 같이 판시하였다.

2) 인천가정법원 2018.2.20. 선고 2017드단109885 판결[이혼][미간행]-미등록.

1. 원고와 피고는 이혼한다.
2. 사건본인의 **친권자 및 양육자로 원고를 지정한다.**
3. 피고는 원고에게 사건본인을 인도하라.
4. 피고는 원고에게 사건본인의 **양육비**로 사건본인을 인도한 다음날부터 사건본인이 성년이 되기 전날까지 월 60만 원씩을 매월 말일 지급하라.
5. 피고는 사건본인을 다음과 같이 **면접교섭할 수 있다.**
   가. 일정: 매주 금요일 17시부터 일요일 17시까지
   나. 방법: 피고가 사건본인의 주거지에서 사건본인을 데리고 갔다가 면접교섭을 마친 후 다시 같은 장소로 데려다 주는 방법
   다. 면접교섭의 구체적인 일정과 방법은 원고와 피고가 협의하여 조정할 수 있다.
   라. 원고는 피고의 면접교섭이 원만하게 실시될 수 있도록 적극 협조하여야 하며 이를 방해하여서는 안 된다.
6. 소송비용은 각자 부담한다.
7. 제3, 4항은 가집행할 수 있다.

3. 1심 이후 사실관계[3)]

제1심법원이 2018. 2. 20. 사건본인의 친권자 및 양육자로 원고를 지정하고, 피고가 원고에게 사건본인을 인도할 것 등을 명하는 내용의 판결을 선고하자, 피고는 제1심판결에 따라 원고에게 사건본인을 인도한 후 다음과 같은 내용의 편지를 썼고, **사건본인의 음식섭취, 수면상태 등을 메모하여 원고와 공유하며** 제1심판결에서 정한 바에 따라 사건본인에 대한 면접교섭을 진행하였다.

(중략)
내가 내린 결론은, 너와 나, 사건본인까지 더 이상 혼란스럽고 힘들일 만들지 않으려고 해. 이렇게 결정할 수 있는 이유는 단 한가지야. 너를 믿어
내가 알고 있는 너, 내가 그동안 봐왔던 너가 사건본인을 얼마나 아끼고 사랑해줄지.
너가 사랑하는 사람에게 얼마나 큰 사랑을, 어떤 사랑을 줄지 알기에 사건본인에게 내가 아무리 노력해도 줄 수 없는 '엄마'라는 존재가 되어줄 것이고, 이 모든 걸 믿기에 지금 이 상황을 받아드리려 해.
(중략)
더불어 이제는 사건본인의 양육자로서 너까지도 존중할게 내가 사건본인을 보는 시간동안 내 마음대로 하지 않을게. 사건본인과 어디를 가게 되던, 새로운 무언가를 하게 되던, 너와 상의하고 의논한 후 할게.

3) 이 부분의 출처는 원심판결문의 사실관계 해당 부분이다.

너가 사건본인을 양육하는 방식을 존중하고, 그 방식의 연장선상에서 벗어나지 않게 사건본인을 보도록 할게.
(이하 생략)

반면 원고는 제1심판결에 따라 피고로부터 사건본인을 인도 받은 후 사건본인이 밤에 잠을 자주 깨는 모습을 보이자, 피고에게 당분간 제1심법원에서 정한 **숙박면접교섭**을 하지 말 것을 제안하는 한편 다음과 같은 내용의 문자메시지를 보내기도 하였다.

(중략)
나는 재혼 빨리 할 거야 사건본인 반쪽 인생 만들게 하기 싫어. 한 살이라도 어리고 모를 때 아빠 만들어줘서 세 식구 알콩달콩 살 거야. (중략)
나는 사건본인 커서도 너 얘기 안 할 거고 모르게 할 거야 상처주기 싫어. (중략)
아빠로써 최선을 다한다? 웃기지 말라 그래. 그래봤자 결론은 사건본인은 한 부모 가정이 된 거고 결손가정이 된 거고 애비 없는 새끼된 거야. 이제 이렇게 되니까 속 시원하니?? (중략)
사건본인 크면 다 얘기해 줄 거야. 니 아빠가 우리 버렸다구. 우리 세 식구 찍은 사진 한 장 없다구…(중략)
너가 사건본인 아빠라는 건 변함없는 건 맞지..동시에 아빠라면서 무책임하게 가정 안 지킨 것도 맞고. 사건본인 커서도 그냥 말 안 하는 게 상처 안 받고 더 나을 거 같은데? 재혼해서 새 아빠를 아빠라고 알려 주는 게 서로 좋지 않을까? 아니면 너의 존재랑 우리 사실들을 다 알려주는 게 낫다면 그렇게 하구. 너 친아빠가 우리 가정 버렸다구. 우리 세 식구 사진 찍은 것도 한 장도 없다구 다 말할게 엄마는 엄마 아빠 사랑 동시에 주고 싶고 가정을 지키고 싶어 새 아빠 만난 거라구 얘기하면 되고…(이하 생략)

한편 <u>원고는 현재 특별한 직업이 없고</u>, <u>피고는 제1심법원 가사조사관의 가사조사 시 노래연습장을 운영하여 월 400~500만 원 상당의 수입</u>이 있다고 진술하였다.[4)]

4. 원　심[5)]

원고와 피고 모두 각기 항소하였는데, 원고는 제1심판결 중 양육비 청구 및 면접교섭 부분을 다음과 같이 변경할 것을 구하였다

1) 피고는 원고에게 사건본인의 **양육비**로 사건본인을 인도한 다음날부터 사건본인이 성년이 되기 전날까지 <u>**월 100만 원씩**</u>을 매월 말일에 지급하라.

4) [인정근거] 갑 1 내지 3, 10, 15, 16, 을 1, 3, 5, 11, 12, 16, 18 내지 23의 각 기재, 갑 17의 음성, 제1심법원 가사조사관의 가사조사보고서, 변론 전체의 취지.
5) 인천가정법원 2018.10.26. 선고 2018르10768 판결[이혼][미간행].

2) 피고는 사건본인을 다음과 같이 면접교섭할 수 있다.

가) 사건본인이 24개월이 되는 2019. 6. 22.까지

(1) 일정: 매주 토요일 12시부터 17시까지

(2) 방법: 사건본인의 주거지 내지 주거지 인근의 장소

나) 사건본인이 24개월이 된 이후부터 성년이 될 때까지

(1) 일정: 매월 둘째, 넷째 주 토요일 12시부터 그 다음날인 일요일 17시까지

(2) 방법: 피고가 사건본인의 주거지에서 사건본인을 데리고 갔다가 면접교섭을 마친 후 다시 같은 장소로 데려다 주는 방법

다) 면접교섭의 구체적인 일정과 방법은 원고와 피고가 협의하여 조정할 수 있다.

라) 원고는 피고의 면접교섭이 원만하게 실시될 수 있도록 적극 협조하여야 하며 이를 방해하여서는 아니 된다.

반면, 피고는 제1심판결 중 이혼 청구 부분을 제외한 나머지 부분에 관한 피고 패소 부분을 취소하고, 그 취소 부분에 해당하는 원고의 청구를 기각할 것을 구하였다.

이에 대하여 원심 법원은 1심 판단과 달리, **피고도 공동친권자 및 공동양육자로 지정**하는 등 다음과 같이 판단하였다.

1. 제1심판결의 주문 제2 내지 5항 각 기재 친권자 및 양육비 지정 청구, 사건본인 인도 청구, 양육비 청구, 면접교섭 부분을 아래 제2 내지 5항 각 기재와 같이 변경한다.
2. 사건본인의 **친권자 및 양육자로 원고와 피고를 공동으로 지정한다.**
3. 공동양육의 방법으로,
   가. 원고는 매주 일요일 17:00부터 금요일 17:00까지, 피고는 매주 금요일 17:00부터 일요일 17:00까지 사건본인을 각 양육한다.
   나. 사건본인의 인도방법은, 피고가 매주 금요일 17:00에 원고의 주거지 앞에서 사건본인을 데려가고, 원고가 매주 일요일 17:00에 피고의 주거지 앞에서 사건본인을 데려가는 방법에 의한다.
   다. 원고와 피고는 사건본인의 성장 등 사정 변경에 따라 추후 협의하여 위 공동양육 방법을 변경할 수 있고, 위 공동양육 방법을 변경할 경우 **사건본인의 의사를 최대한 존중하여 반영하여야** 한다.
4. 원고와 피고는 **공동명의 계좌**를 개설한 후, 사건본인의 양육비로 2018. 10. 31.부터 사건본인이 성년에 이르기 전날까지 원고는 월 30만 원씩을, 피고는 월 90만 원씩을 매월 말일에 위 계좌에 각 입금하며, 원고와 피고는 위 계좌에 각 입금된 금원을 사건본인의 양육비로 사용

한다.
5. 원고의 사건본인에 대한 **인도 청구 및 양육비 청구를 각 기각한다.**
6. 소송총비용은 각자 부담한다.

원심법원은 친권자 및 양육자 지정 청구, 사건본인 인도 청구, 양육비 청구, 면접교섭에 관하여 각각 판단하였는데, 그 이유는 다음과 같다.

가. 친권자 및 양육자 지정에 관한 판단

자의 양육을 포함한 친권은 부모의 권리이자 의무로서 미성년인 자의 복지에 직접적인 영향을 미치는 것이므로 부모가 이혼하는 경우에 부모 중 누구를 미성년인 자의 친권을 행사할 사 및 양육자로 지정할 것인가를 정함에 있어서는, 미성년인 자의 성별과 연령, 그에 대한 부모의 애정과 양육의사의 유무는 물론, 양육에 필요한 경제적 능력의 유무, 부 또는 모와 미성년인 자 사이의 친밀도, 미성년인 자의 의사 등의 모든 요소를 종합적으로 고려하여 미성년인 자의 성장과 복지에 가장 도움이 되고 적합한 방향으로 판단하여야 한다(대법원 2008.5.8. 선고 2008므380 판결; 대법원 2009.4.9. 선고 2008므3105 판결 등 참조).

위 인정사실 및 증거들과 변론 전체의 취지를 통하여 알 수 있는 다음과 같은 사정들을 종합하면, 사건본인의 친권자 및 양육자로 원고 또는 피고 일방을 지정하기보다는 원고와 피고를 공동친권자 및 공동양육자로 지정하여 사건본인이 어느 한 쪽에 치우치지 않은 채 모성과 부성을 충분히 느끼면서 건강하고 균형적으로 성장할 수 있도록 하는 것이 바람직해 보인다.

① 피고는 사건본인이 태어나 약 3주 가량 지난 때부터 제1심판결 선고 시까지 약 8개월 농안 사건본인의 양육을 전담하였는데, 위 기간 동안 사건본인의 복리를 저해하였다고 볼 만한 사정이 보이지 않는다.

② 피고는 현재도 사건본인에 대한 양육의지가 대단히 높고, 원고에 비하여 많은 수입과 사건본인의 양육에 적합한 환경을 갖추고 있으며, 제1심판결에서 정한 바에 따라 면접교섭권을 행사하는 과정에서 사건본인의 음식섭취, 수면상태 등을 꼼꼼히 메모하여 원고와 공유하는 등 원고와의 갈등상황에서도 사건본인의 복리를 최우선으로 삼아 원고와 협력하는 모습을 보였다.

③ 원고는 제1심판결 선고 후 현재까지 사건본인을 양육하고 있고, 위 기간 동안 사건본인의 복리를 저해하였다고 볼 만한 특별한 사정은 보이지 않으며, 임대업을 하는 부모님의 도움으로 본인이 경제활동을 하지 않더라도 큰 어려움 없이 사건본인의 양육에 전념

하였다.

④ 그러나 원고는 사건본인과 길고양이들 사이에서 길고양이들을 선택하여 태어난 지 한 달이 되지 않은 사건본인의 양육을 스스로 포기하는 모습을 보였고, 제1심판결 선고 후에는 혼인생활 파탄의 책임을 전적으로 피고에게 돌리며, 향후 사건본인을 단독으로 양육하는 과정에서 피고를 배제시키고, 사건본인에게 피고에 대한 부정적인 인식을 주입시키겠다는 취지의 문자메시지를 피고에게 지속적으로 보냈다.

이러한 사정들과 앞서 살펴본 이 사건 분쟁의 발생원인 및 진행과정 등에 비추어 보면, 사건본인에 대한 친권자 및 양육자로 원고가 단독으로 지정될 경우, 원고는 또다시 길고양이들을 집에 들여 놓는 등 사건본인에게 부적절한 양육환경을 제공할 위험이 있어 보이고, 사건본인을 양육하는 과정에서 피고를 배제시키고, 사건본인에게 피고에 대한 부정적인 편견을 주입하여 사건본인과 피고가 정상적인 부자관계를 형성하는 것을 방해할 우려가 있어 보인다.

⑤ 이혼하는 부모를 그 자녀의 공동친권자 및 공동양육자로 지정할 경우, 자녀가 부모의 주거지를 주기적으로 왔다 갔다 하는 관계로 경제적, 시간적으로 손실이 있고, 부모의 갈등을 심할 경우 그 사이에 있는 자녀가 정서적 혼란을 겪을 수 있는 점 등의 문제가 있기는 하다.

그러나 피고는 제1심판결 선고 전까지 사건본인을 양육하였고, 제1심판결 선고 후에는 주말 동안 사건본인에 대한 면접교섭권을 행사하였는바, 이 법원에서 공동양육 방법에 관하여 다음과 같이 정할 경우 사건본인의 실질적인 양육환경 변화는 크지 않은 점, 더욱이 사건본인이 아직 만 1세에 불과하여 환경 변화에 따른 혼란은 크지 않을 것으로 보이고, 장차 학교에 진학하고 교우관계를 형성하기까지 상당한 시간이 남아 있는 점, 원고와 피고가 사건본인의 양육에 관하여는 서로 정보를 공유하며 협력하는 등 긍정적인 태도를 보이고 있는 점 등을 고려하면, 원고와 피고가 향후 사건본인의 공동양육을 진행하는 과정에서 필요한 사항을 충분히 협의함으로써 위와 같은 문제를 해결할 수 있을 것으로 보인다.

나. 공동양육 방법에 관한 판단(직권 판단)

원고는 별다른 직업이 없어 사건본인을 양육함에 있어 시간적 제약이 없는 반면, 피고는 노래연습장을 운영하는 관계로 사건본인을 양육하는데 시간적 제약이 있고, 보조양육자인 어머니의 도움이 필요한 점, 현재도 제1심판결에서 정한 바에 따라 주중에는 원고가 사건본인을 양육하고 있고, 주말에는 피고가 사건본인에 대한 면접교섭권을 행사하고 있는

바, 사건본인의 혼란을 방지하기 위해 위와 같은 기준을 유지할 필요가 있는 점 등을 고려하여 공동양육 방법에 관하여는 주문 제3항과 같이 정한다.

다. 양육비 청구에 관한 판단

1) 사건본인의 친권자 및 양육자로 원고와 피고를 공동으로 지정하는 이상 사건본인의 친권자 및 양육자로 원고가 지정될 것을 전제로 한 원고의 양육비 청구는 이유 없다.

2) 다만, 원고와 피고가 사건본인을 공동양육함에 있어 각자 부담하여야 할 양육비를 정할 필요가 있는바, 원고와 피고의 직업, 소득, 재산, 사건본인의 나이, 양육환경, 양육기간, 서울가정법원이 공표한 양육비산정기준표 등 이 사건 변론에 나타난 제반사정과 공동양육의 취지를 고려하여 원고와 피고의 양육비에 관하여 다음과 같이 직권으로 정한다.

3) 원고와 피고는 공동명의로 된 예금계좌를 만들고, 사건본인의 양육비로 2018. 10. 31.부터 사건본인이 성년에 이르기 전날까지 원고는 월 30만 원씩을, 피고는 월 90만 원씩을 매월 말일에 위 계좌에 각 입금하며, 원고와 피고는 위 계좌에 입금된 양육비로 사건본인을 양육한다.

라. 유아인도 청구에 대한 판단

사건본인의 친권자 및 양육자로 원고와 피고를 공동으로 지정하는 이상 사건본인의 친권자 및 양육자로 원고가 지정될 것을 전제로 한 원고의 피고에 대한 유아인도 청구는 이유 없다.

마. 면접교섭 부분에 관한 판단

사건본인의 친권자 및 양육자로 원고와 피고를 공동으로 지정하였으므로, 비양육자에 대한 면접교섭 부분에 관하여 따로 판단하지 않는다.

5. 대법원 판결[6)]

가. 결 론

원심판결을 파기하고, 사건을 다시 심리 · 판단하도록 원심법원에 환송하였다.

6) 대법원 2020.5.14. 선고 2018므15534 판결 [이혼] 〈이혼과 함께 자녀의 친권자 및 양육자의 지정을 구하는 사건〉 [공2020하,1102].

나. 이 유

(1) 판결요지

[1] 자녀의 양육은 부모의 권리이자 의무로서 미성년인 자녀의 복지에 직접적인 영향을 미친다. 따라서 부모가 이혼하는 경우에 미성년인 자녀의 양육자를 정할 때에는, 미성년인 자녀의 성별과 연령, 그에 대한 부모의 애정과 양육의사의 유무는 물론, 양육에 필요한 경제적 능력의 유무, 부와 모가 제공하려는 양육방식의 내용과 합리성 · 적합성 및 상호 간의 조화 가능성, 부 또는 모와 미성년인 자녀 사이의 친밀도, 미성년인 자녀의 의사 등의 모든 요소를 종합적으로 고려하여, 미성년인 자녀의 성장과 복지에 가장 도움이 되고 적합한 방향으로 판단하여야 한다.[7)]

[2] 재판상 이혼의 경우 부모 모두를 자녀의 공동양육자로 지정하는 것은 부모가 공동양육을 받아들일 준비가 되어 있고 양육에 대한 가치관에서 현저한 차이가 없는지, 부모가 서로 가까운 곳에 살고 있고 양육환경이 비슷하여 자녀에게 경제적 · 시간적 손실이 적고 환경 적응에 문제가 없는지, 자녀가 공동양육의 상황을 받아들일 이성적 · 정서적 대응능력을 갖추었는지 등을 종합적으로 고려하여 공동양육을 위한 여건이 갖추어졌다고 볼 수 있는 경우에만 가능하다고 보아야 한다.

[3] 재판상 이혼을 하는 갑과 을 중 누구를 그들의 자녀인 병의 양육자로 지정할 것인지 문제 된 사안에서, 갑과 을은 계속하여 공동양육이 아니라 자신을 단독 친권자 및 양육자로 지정하여 줄 것을 청구하였고, 현재로서는 갑과 을이 가까운 장래에 서로 의견을 조율하여 공동양육과 그 방법에 대하여 서로 원만하게 협력할 것을 기대하기는 어려워 보이며, 설령 갑과 을이 향후 병을 공동양육하는 과정에서 필요한 사항을 충분히 협의할 수 있게 되더라도 이것이 공동양육을 통하여 갑과 을의 거주지를 오가면서 부모 각각의 양육에 대한 결정에 따르게 되고 서로 다른 물리적 환경에 처하게 될 병의 경제적·시간적 손실과 정서적 불안정을 감소시키는 데 크게 기여할 것으로 보이지도 않을 뿐만 아니라, 오히려 일방에 대한 양육자 지정과 상대방에 대한 면접교섭을 통해서도 공동양육자 지정을 통해 달성하고자 한 목적을 대부분 달성할 수 있을 것으로 보이는데도, 갑과 을을 병의 공동양육자로 지정하고 공동양육의 방법을 정한 원심의 판단에는 양육자 지정에 관한 법리오해 등 잘못이 있다.

7) 대법원 2008.5.8. 선고 2008므380 판결; 대법원 2013.12.26. 선고 2013므3383, 3390 판결 등 참조.

(2) 사안에의 적용

1) 공동양육에 관한 상고이유에 대한 판단

민법 제837조, 제909조 제4항 및 제5항, 가사소송법 제2조 제1항 제2호 (나)목의 3) 및 5) 등에 따르면, 부모가 이혼하는 경우 법원이 친권자를 정하거나 양육자를 정할 때 반드시 단독의 친권자나 양육자를 정하도록 한 것은 아니므로 이혼하는 부모 모두를 공동양육자로 지정하는 것도 가능하다. 그러나 재판상 이혼에서 이혼하는 부모 모두를 공동양육자로 정할 때에는 그 부모가 부정행위, 유기, 부당한 대우 등 첨예한 갈등이나 혼인을 계속하기 어려운 사유로 이혼하게 된 것이라는 점을 고려하여 그 허용 여부는 신중하게 판단할 필요가 있다. 게다가 공동양육의 경우 자녀가 부모의 주거지를 주기적으로 옮겨 다녀야 하는 불편함이 있고, 자녀는 두 가정을 오가면서 두 명의 양육자 아래에서 생활하게 되어 자칫 가치관의 혼란을 겪거나 안정적인 생활을 하지 못하게 될 우려가 있으며(특히 자녀가 교육기관 등에 다니게 되면 거주지를 주기적으로 옮기는 것은 자녀에게 상당한 부담이 될 것이다), 부모 사이에 양육방법을 둘러싸고 갈등이 계속되는 경우에는 공동양육을 통해 달성하고자 하는 긍정적인 효과보다는 그 갈등이 자녀에게 미칠 부정적 영향이 크다는 점에서 보더라도 그러하다. 따라서 재판상 이혼의 경우 부모 모두를 자녀의 공동양육자로 지정하는 것은 부모가 공동양육을 받아들일 준비가 되어 있고 양육에 대한 가치관에서 현저한 차이가 없는지, 부모가 서로 가까운 곳에 살고 있고 양육환경이 비슷하여 자녀에게 경제적 · 시간적 손실이 적고 환경 적응에 문제가 없는지, 자녀가 공동양육의 상황을 받아들일 이성적 · 정서적 대응능력을 갖추었는지 등을 종합적으로 고려하여 공동양육을 위한 여건이 갖추어졌다고 볼 수 있는 경우에만 가능하다고 보아야 한다.

원심은 이혼하는 부모를 공동양육자로 지정할 경우 경제적 · 시간적 손실이나 자녀에게 미칠 부정적인 영향 등의 문제가 있다는 점을 인정하면서도 사건본인의 친권자 및 양육자로 원고 또는 피고 일방을 지정하는 것보다는 원고와 피고를 공동친권자 및 공동양육자로 지정하여 사건본인이 어느 한쪽에 치우치지 않은 채 모성과 부성을 충분히 느끼면서 건강하고 균형적으로 성장할 수 있도록 하는 것이 바람직해 보인다고 판단하였다. 이에 따라 원심은 공동양육 방법으로 원고가 매주 일요일 17:00부터 금요일 17:00까지, 피고가 매주 금요일 17:00부터 일요일 17:00까지 사건본인을 양육하도록 정하였다.

그러나 원심이 확정한 사실관계를 앞서 본 법리와 이 사건 기록에 비추어 살펴보면, 원고와 피고는 계속하여 공동양육이 아니라 자신을 단독 친권자 및 양육자로 지정하여 줄 것을 청구하였고, 현재로서는 원고와 피고가 가까운 장래에 서로 의견을 조율하여 공동양육과 그 방법에 대하여 서로 원만하게 협력할 것을 기대하기는 어려워 보인다. 설령 원심이 의도한 바대로 원고와 피고가 향후 사건본인을 공동양육하는 과정에서 필요한 사항을 충분히 협의할 수 있게 되더라도 이것이 공동양육을 통하여 원고와 피고의 거주지를 오가면서 부모 각각의 양육에 대한 결정에 따르게 되고 서로 다른 물리적 환경에 처하게 될 사건본인의 경제적 · 시간적 손실과 정서적 불안정을 감소시키는 데 크게 기여할 것으로 보이지도 않는다. 오히려 일방에 대한 양육자 지정과 상대방에 대한 면접교섭을 통해서도 원심이 공동양육자 지정을 통해 달성하고자 한 목적을 대부분 달성할 수 있을 것으로 보인다.

그런데도 원심은 원고와 피고를 사건본인의 공동양육자로 지정하고 공동양육 방법을 정하였으므로, 이러한 원심의 판단에는 양육자 지정에 관한 법리를 오해하는 등으로 판결에 영향을 미친 잘못이 있다. 이 점을 지적하는 취지의 상고이유 주장은 이유 있다.

2) 원고와 피고 공동명의의 예금계좌 개설에 관한 상고이유에 대한 판단

원심은 원고와 피고가 사건본인을 공동양육함에 따라 각자 부담하여야 할 양육비와 관련하여 원고와 피고에게 공동명의로 된 예금계좌를 개설할 것과 사건본인이 성년에 이르기 전날까지 원고는 월 30만 원, 피고는 월 90만 원씩을 매월 말일에 위 계좌에 입금하고 위 계좌에 입금된 돈을 사건본인의 양육비로 사용하도록 하였다.

원심이 위와 같이 공동명의의 예금계좌 개설을 명한 것은 공동양육의 취지 등을 고려한 결과로 보인다. 그러나 공동양육에 관한 원심의 판단을 유지하기 어려운 이상, 사건본인의 양육비를 위하여 원고와 피고 공동명의의 예금계좌 개설을 명한 부분도 다시 심리하여 사건본인에 대한 양육자 지정 등 양육방법에 알맞은 양육비 부담방법을 결정할 필요가 있다. 다만 공동명의의 예금계좌 개설 등 양육비의 부담과 사용에 관한 구체적인 방법을 법원이 직접 명하고자 할 경우에는 그러한 방법이 실무나 제도상 가능하고 어려운 점이 없는지도 확인할 필요가 있음을 지적하여 둔다.

한편 원고와 피고가 재판상 이혼과정을 통하여 상호 적대적인 감정을 가지고 있고 공동양육을 받아들일 준비가 되어 있지 않을 뿐만 아니라 양육방법에 관하여 전혀 합의가 되지 않은 상황에서 공동명의의 계좌를 개설하여 양육비로 사용하도록 하는 것은 원고와 피고 사이에 양육비의 사용과 관련하여 계속적인 분쟁의 원인이 될 가능성이 크다는 점에서도 원심의 판단은 수긍하기 어렵다.

그런데도 원심은 위와 같이 양육비 지급과 사용에 관한 방법을 정하였으므로, 이러한 원심의 판단에는 양육비용의 부담에 관한 법리를 오해하여 필요한 심리를 다하지 않아 판결에 영향을 미친 잘못이 있다. 이 점을 지적하는 취지의 상고이유 주장은 이유 있다.

6. 그 후의 경과

그 이후 파기환송심(인천가정법원 2021.2.17. 선고 2020르10679 판결[이혼][미간행])에서는 다음과 같은 내용으로 판결하였다.

1. 제1심 판결 중 친권자 및 양육자 지정 청구, 사건본인 인도 청구, 양육비 청구, 면접교섭에 관한 부분을 다음과 같이 변경한다.
   가. 사건본인의 **친권자 및 양육자로 원고를 지정한다.**
   나. 피고는 원고에게 사건본인을 인도하라.
   다. 피고는 원고에게 사건본인의 양육비로 2021. 2. 1.부터 사건본인이 성년이 되기 전날까지 **월 700,000원씩을 매월 말일 지급하라.**
   라. 피고는 다음과 같이 사건본인을 면접교섭할 수 있다.
      1) 일시: ① 매월 첫째, 셋째, 다섯째 주 토요일 10:00부터 일요일 17:00까지
      ② 사건본인의 여름, 겨울 방학 중 피고가 정하는 각 3박 4일
      ③ <u>매 홀수 해의 설 연휴기간, 어린이날 및 사건본인의 생일</u>
      <u>매 짝수 해의 추석 연휴기간 및 크리스마스</u>
      2) 방법: 피고가 사건본인의 주거지에서 사건본인을 데려가고 면접교섭을 마친 후 사건본인을 주거지로 데려다 준다.
      3) 원고는 피고의 면접교섭권 행사에 적극 협조하여야 하고, 이를 방해하여서는 아니된다.
2. 소송총비용은 각자 부담한다.
3. 제1의 나, 다항은 각 가집행할 수 있다.

Ⅱ. 미래세대 관점에서 문제의 제기

최근에 재판상 이혼 시 자녀의 양육에 관하여 공동양육을 명할 수 있는 기준에 관한 대법원 판결(대상판결)[8]이 나왔다. 원심과 대법원이 공통된 판단 이유로 들고 있듯이, "자녀의 양육은 부모의 권리이자 의무로서 미성년인 자녀의 복지에 직접적인 영향을 미친다. 따라서 부모가 이혼하는 경우에 미성년인 자녀의 양육자를 정할 때에는 미성년인 자녀의 성별과 연령, 그에 대한 부모의 애정과 양육의사의 유무는 물론 양육에 필요한 경제적 능력의 유무, 부와 모가 제공하려는 양육방식의 내용과 합리성 · 적합성 및 상호 간의 조화 가능성, 부 또는 모와 미성년인 자녀 사이의 친밀도, 미성년인 자녀의 의사 등의 모든 요소를 종합적으로 고려하여 **미성년인 자녀의 성장과 복지에 가장 도움이 되고 적합한 방향으로**

---

8) 대법원 2020.5.14. 선고 2018므15534 판결.

판단하여야 한다." 하지만 결론은 정반대이다.

원심의 결론인 공동(**친권 및 공동**)**양육 판단**은 현행 민법 제837조, 제909조 제4항 및 제5항, 가사소송법 제2조 제1항 제2호 나목의 3) 및 5) 등에 따라 부모가 이혼하는 경우 법원이 친권자를 정하거나 양육자를 정할 때 반드시 단독의 친권자나 양육자를 정하도록 한 것은 아니므로 이혼하는 부모 모두를 공동양육자로 지정하는 것도 가능하다는 논리 위에서 있다.

반면 대법원은 공동친권의 문제는 별도로 논하지 않은 반면, 공동양육에 관하여만, (1) 재판상 이혼의 경우 부모 모두를 자녀의 공동양육자로 지정하는 것은 부모가 공동양육을 받아들일 준비가 되어 있고 (2) 양육에 대한 가치관에서 현저한 차이가 없는지, (3) 부모가 서로 가까운 곳에 살고 있고 (4) 양육환경이 비슷하여 자녀에게 경제적 · 시간적 손실이 적고 환경 적응에 문제가 없는지, (5) 자녀가 공동양육의 상황을 받아들일 이성적 · 정서적 대응능력을 갖추었는지 등을 종합적으로 고려하여 공동양육을 위한 여건이 갖추어졌다고 볼 수 있는 경우에만 가능하다고 보았다. 원고와 피고는 불행히도 이러한 여건을 갖추지 못하여 공동양육이 부당하다는 것이다. 즉 대상판결은 부모가 이혼하는 경우 미성년자인 자녀의 양육자를 정하는 기준을 다시 한 번 확인함과 동시에 부모 모두를 공동양육자로 지정하는 것도 가능한 점을 판시하였다. 그러면서도 이 사건에서는 부모가 가까운 장래에 공동양육과 방법에 대하여 서로 원만하게 협력할 것을 기대하기는 어려워 보이기에 향후 자녀를 공동양육하는 과정에서 필요한 사항을 충분히 협의할 수 있게 되더라도 공동양육을 통하여 부모 각자의 거주지를 오갈 자녀의 경제적 · 시간적 손실과 정서적 불안정 가능성에 우려를 표시하면서 오히려 일방에 대한 양육자 지정과 상대방에 대한 면접교섭을 통해서도 공동양육자 지정을 통해 달성하고자 한 목적을 대부분 달성할 수 있을 것으로 보인다고 하여, 부모를 공동양육자로 지정하고 공동양육의 방법을 정한 원심을 파기하였다. 이에 대하여 "현재의 **유책주의 이혼법제**에서는 당사자가 부정행위, 유기, 부당한 대우 등 첨예한 갈등이나 혼인을 계속하기 어려운 사유로 이혼하게 되는 사정을 주장 입증하여야 하고 부모와 자녀가 공동양육의 상황을 받아들일 이성적·정서적 대응능력을 갖추기 어려워 **실제로 공동양육이 허용되기는 쉽지 않을 것**이"라는 견해[9]가 있다. 우리나라에서 공동양육은 하급심[10]에서는 인정되었지만, 대상판례처럼 번번이 대법원에 의해 부정되어 실제 허용된 사례는 아직까지 없다고 한다.[11]

---

9) 배인구, 2020 분야별 중요판례 중 7. 가족법, 법률신문 2021. 3. 4. 자. https://www.lawtimes.co.kr/Legal-Info/Precedent-Analysis-View.aspx?serial=168144

10) 서울가정법원 2008.2.1 선고 2007드단45701 판결 등.

11) 전보성, 친권자 지정 · 변경에 관한 판례의 최근 경향, 민사판례연구회 하계심포지엄 자료집, 2015, 205에서는 그 이

가족법의 발전은 **헌법상 기본권**과 관련하여 개정이 주로 이루어졌으며, 그 중에서도 평등(헌법 제11조), 혼인과 가족생활(헌법 제36조), 상위 기본권 우선(헌법 제37조) 등에 토대를 두어 처음에는 **남녀평등** 관점에서 1977년 개정에서는 처의 상속분 가산, 부부 공유재산 추정, 부부친권이 신설되었고, 1990년 개정에서는 상속에서 남녀평등, 재산분할청구권, 면접교섭권이 신설되었다. 그러다가 **2005년** 개정 이후에는 **자녀복리**(The Best Interest of Child)가 전면적으로 부각되어 친권행사나 친양자제도 등이 신설되었고, 2007년 개정에서는 아동의 면접교섭권, 이혼숙려기간 등이, 2009년 개정에서는 이혼시 양육비 부담 규정이, 2012년 개정에서는 미성년자의 입양에 법원의 허가를 받도록 하고, 2014년 개정에서는 자녀의 복리를 위해 친권의 일부 정지, 제한 및 친권자의 동의를 갈음하는 재판제도가 신설되었고, 2017년 개정에서는 가정법원의 허가에 의한 친생부인과 인지 제도가 마련되었다. 아직까지 자녀를 위한 최선의 복리가 무엇인가에 대하여는 확정개념이 아니어서 논란이 있지만, 그러한 방향으로 가족법을 인식하는 것은 올바른 것이며, 이는 우리 법률공동체의 지속가능성을 담보하고, 미래세대를 위한 약속이자 결단인 것이다. 민법이 시민사회의 계약이자 의사결정인 것과 같다.

이 글에서는 자칫 어른들의 관점으로만 재단할 때 놓치기 쉬운 아이들, 즉 미래세대의 관점에서 이혼 후 친권, 양육자 지정, 면접교섭권 등을 둘러싼 대상판결의 쟁점을 음미하고 미래세대를 위한 최선의 복리를 실현할 수 있는 제안을 하고자 한다. 미래세대란 용어는 미래학이나 미래입법학에서는 중요한 개념이며, 최고 법규범인 헌법에서도 헌법 제정이나 개정에 투표한 세대뿐만 아니라 그 이후 태어난 미래세대도 그 법규범을 따라야만 하는 근거가 된다. 예컨대 우리 헌법도 "우리들과 **우리들의 자손**의 안전과 자유와 행복을 영원히 확보할 것을 다짐하면서 1948년 7월 12일에 제정되고 8차에 걸쳐 개정된 헌법을 이제 국회의 의결을 거쳐 국민투표에 의하여 개정한다"고 되어 있으며, 미국 등 여러 나라 헌법에서도 비슷한 논리구조를 가지고 있다.12)

이 글은 미래세대를 위해 대상판결에서 나타난 쟁점으로 범위를 좁혀 먼저 미래세대 관점에서 이혼 후 친권, 양육권, 면접교섭권의 의미와 상호관계를 재검토하고(제3장), 이혼

유로 다음과 같이 들었다. "공동양육자가 지정되는 사례가 전혀 관찰되지 않은 이유는 이를 부정적으로 보는 대법원 판례의 영향 외에도 공동양육으로 인하여 부부 사이의 갈등이 심화되고 그 결과 종국적으로 미성년 자녀에게 악영향을 미치게 된다는 점을 고려한 것으로 분석할 수 있다."

12) 예를 들어 미국헌법(The Constitution of the United States of America) 전문(preamble)도 참조: "We the People of the United States, in Order to form a more perfect Union, establish Justice, insure domestic Tranquility, provide for the common defense, promote the general Welfare, and secure the Blessings of Liberty to ourselves and **our Posterity**, do ordain and establish this Constitution for the United States of America.(우리 합중국 인민은, 더욱 더 완벽한 연방을 형성하고, 정의를 수립하고, 국내의 평온을 지키고 국방을 제공하여 보편적 복지를 증진하고, 우리와 **우리 후손들에게** 자유가 가져 오는 혜택을 확보하고자 하는 목적을 가지고, 미합중국을 위한 이 헌법을 제정한다.)"

후 친권자 및 양육자의 결정에서 단독양육-공동양육의 이분법적 논의를 넘어선 대안을 모색한 다음(제4장), 글을 맺고자 한다(제5장).

Ⅲ. 이혼 후 친권, 양육, 면접교섭의 쟁점

1. 부모의 이혼 후 아동의 최선의 복리

부모의 이혼은 아동에게는 큰 충격으로 다가온다. 사실 아동은 아무런 잘못이 없다. 따라서 부모의 이혼 후 아동의 최선의 복리라는 개념은 논리모순이다. 아동의 최선의 복리를 생각한다면 부모는 이혼을 선택하지 않아야 한다. 다만 이는 최선이 아닌 차선으로서 이혼에 따른 법적 효과를 생각할 때 아동의 부양, 양육이란 문제에서 적어도 어른의 관점이 아닌 아이의 관점에서 아동이 가장 행복해할 수 있는 방법을 생각해야 한다는 의미일 것이다. 이제까지 논의는 주로 어른의 시각에서 접근했지만, 이제부터는 논의를 아이의 관점에서 미래세대를 보호, 교양한다는 목적으로 전환하여 살펴볼 필요가 있다.

과학기술의 발달로 친생추정이나 친자관계의 존부 문제는 유전자검사의 결과에 따라 재판결과가 좌우되므로, 최근 친자법의 주된 관심은 혈연관계의 확정보다는 친권으로 매개되는 부모와 미성년 자식 사이의 법률관계에 집중되고 있다. 대법원의 표현을 그대로 따오자면 "자의 양육을 포함한 친권은 부모의 권리이자 의무로서 미성년인 자의 복지에 직접적인 영향을 미치"기 때문에 친자법을 해석, 적용함에 있어서 자녀의 복리를 우선적으로 고려하여야 하는 것이다. 즉, **우리 민법상 친자법을 관통하는 최고의 이념은 '子의 복리'라는 것이다.**

우리나라가 가입하여 1991. 12. 20.부터 발효된 '유엔 아동의 권리에 관한 협약(United Nations Convention on the Rights of the Child)'(이하 '아동권리협약'이라고 한다)도 협약의 최고가치로 '아동의 최선의 이익(the best interests of the child)'을 표명하고 있다. 이에 따라 아동복지법이 2000. 1. 12. 법률 제6151호로 전부 개정되면서 그 기본이념으로 '아동에 관한 모든 활동에 있어서 아동의 이익이 최우선적으로 고려되어야 한다.'(아동복지법 제3조 제3항)는 규정을 신설함으로써 아동권리협약의 이념이 국내 규범화되었다고 말할 수 있다.[13]

13) 물론 대한민국에서 아동권리협약이 비준됨으로써 이미 국내법적 효력도 발생하였다.

2. 친권(親權)

가. 개 념

친권이란 미성년 자녀를 보호하고 교양(教養)하기 위하여 그 부모에게 인정되는 권리와 의무의 **총체**를 말한다(민법 제913조).

친권은 그 개념뿐만 아니라 권리귀속주체를 둘러싸고 상당한 변화가 있었다. 1977년 이전에는 친권을 부모의 권리로만 보았고, 그것도 원칙적으로 父만이 친권자였고 예외적으로 母도 친권자가 되었다. 1977년 개정민법으로 부모가 공동으로 친권을 행사하되 부모의 의견이 일치하지 않는 경우 父가 단독으로 친권 행사하도록 되었다가, 1990년 개정민법으로 가정법원이 정하**도록 하고, 적모와 계모의 친권을 삭제하였다. 2005년 개정민법에서는** 자녀의 복리를 위해 친권자 지정이나 친권자 변경에서 **가정법원의 직권주의**를 강화하고, '친권에 복종한다'는 규정을 '**친권에 따른다**'로 바꾸었다. 또한 제912조에서는 친권을 행사함에 있어서는 자녀의 복리를 우선적으로 고려하여야 하고, 친권자 지정에서도 법원이 자녀의 복리를 우선적으로 고려하여야 할 것을 규정하여 더 이상 친권이 부모의 지배적인 권리가 아님을 분명히 하였다. 이는 친권이 실제로 부모 자신의 이익을 위한 권리처럼 보이지만, 그 실질은 자녀의 이익을 위한 것이고, 부모로서는 권리보다는 의무로서의 성격이 강하기 때문이었다.[14] 이는 이미 **1989년에 체결된 UN 아동권리협약**에도 드러난 친권의 본질이었다. 국제사회는 아동의 복리를 최우선, 아동의 일반적 인권과 아동 고유권을 보장할 것과 아동 고유권으로서 부모를 알고 부모의 보호를 받을 권리, 부모와 별거당하지 않을 권리, 의사표명권리, 1차적으로 부모 양육을 받고 국가로부터 후원받을 권리, 부모 등의 학대로부터 보호, 가족이 없는 아동의 보호 등이 열거되어 있다. 우리나라는 1991년에 UN 아동권리협약을 비준하였는데, 협약당사국은 국내입법 의무가 있기에, 위와 같은 민법개정이 이루어진 것이다.

친권에는 자녀의 양육과 재산에 관한 사항이 포함된다. 민법에 규정된 친권의 효력(민법 제913조 내지 제923조) 중 양육과 관련된 조문으로는 자녀의 보호·교양의무(민법 제913조)[15] 및 위 규정에서 파생되는 자녀의 거소지정권(민법 제914조)이 있다. 그리고 신분행위의 대리(법정대리)와 동의권(약혼이나 혼인, 입양에 대한 동의) 재산에 관한 사항으로는 자의 재산관리권, 법정대리권 및 동의권(민법 제916조, 제920조) 등이 있다. 이밖에 판례상 부모가 이

14) 대법원 1993.3.4.자 93스3결정; 독일에서도 과거 부모의 권한이라는 의미의 eltelriche Gewalt라고 표현하다가 1979년 민법개정으로 부모의 돌보기라는 의미의 elterliche Sorge로, 영미법에서는 parental responsibility라는 말도 쓰인다고 한다. 윤진수, 친족상속법강의, 2020, 237.

15) 비용은 부모공동부담, 자의 불법행위에 대한 책임(근거: 제750조).

혼하고 모가 자를 양육하고 있으나 父에게 친권이 있는 경우 자녀 인도청구권(引渡請求權)이 있다. 2021년 민법개정으로 징계권((懲戒權), 제915조)은 삭제되었다.16)

한편 재산적 사항에 대한 친권으로는 子의 특유재산에 대한 재산관리권(제916조 이하), 재산상 행위의 대리와 동의 및 허가권(제911, 920조), 친권자의 재산수익권(財産受益權)(제923조) 등이 있다.

나. 친권자의 지정

현행 민법에 따르면, 혼인중의 자에 대한 친권자는 부모가 공동친권자가 됨이 원칙이고, 부모의 의견이 일치하지 아니하는 경우에는 당사자의 청구에 의하여 가정법원이 정한다. 또한, 부모의 일방이 친권을 행사할 수 없는 때에는 다른 일방이 이를 행사한다.

대상판결에서 문제가 된 협의이혼의 경우에 이혼신고서에 친권을 행사할 자가 이미 정해진 때에는 이를 기재하고(가족등록법 제74조 3호), 이혼 후 단독친권자가 사망한 경우에는 인지 후 단독친권자의 사망과 마찬가지로 해석하여 생존친이 자동으로 친권자가 된다. 한편 혼인의 취소, 재판상 이혼 또는 인지청구의 소의 경우에는 자녀의 복리를 위하여 가정법원이 직권으로 친권자를 정한다.

친권자변경은 자녀의 복리를 위해 가정법원의 직권 또는 심판에 의하여만 가능한데, 가정법원은 자의 복리를 위하여 필요하다고 인정되는 경우에는 자녀의 4촌 이내의 친족의 청구에 의하여 정하여진 친권자를 다른 일방으로 변경할 수 있다.

참고로 미국의 통일혼인이혼법(UMDA, Uniform Marriage and Divorce Act) 제402조에 따르면, 다음과 같이 친권자(양육자)를 결정한다.

> 법원은 아동의 최선의 이익(best interests of child)에 따라 친권자(양육자)를 결정하여야 한다. 법원은 다음과 같은 모든 관련 요소를 고려하여야 한다.
> (1) 자녀 양육에 관한 父母 일방 또는 쌍방의 희망.
> (2) 양육자에 관한 자녀의 희망.
> (3) 父母 일방 또는 쌍방, 형제자매, 아동의 최선의 이익에 중대한 영향을 미칠 수 있는 다른 사람과의 상호작용과 상호관계.
> (4) 가족, 학교, 사회에 대한 아동의 적응력.
> (5) 관련된 모든 사람의 정신적, 육체적 건강.
> 법원은 자녀와의 관계에 영향을 미치지 않는 양육자의 행위에 대하여는 고려하지 않아야 한다.

---

16) 징계는 한계를 넘으면 친권상실사유(제924조)이 되고 아동학대죄 등 형사범죄에 해당한다. 민법이 가지는 상징성 등을 고려하여 징계권 조항을 삭제한 것이라고 한다.

다. 소 결

따라서 친권자의 결정에서 자녀의 복리를 우선 고려하여 단독친권이나 공동친권의 문제를 해결하여야 한다. 나아가 자녀의 복리는 친권행사의 기준, 이혼이나 혼외자의 인지 후 친권자 지정 기준, 양육이나 면접교섭권의 배제나 제한시 판단 기준이라 할 것이다.

3. 양육권(養育權)

가. 개 념

친권이 미성년 자녀를 보호하고 교양(敎養)하기 위하여 그 부모에게 인정되는 권리와 의무의 **총체**이기에(민법 제913조), 친권에는 당연히 양육에 관한 사항도 들어간다. 그럼에도 제837조(이혼과 자이 양육책임)에서 친권은 놓아두고 양육에 관하여만 따로 정한 것은 연혁상의 이유가 있다.[17] 즉 제정민법 제837조에서 협의이혼 시 자녀의 양육은 원칙적으로 부부의 협정에 의하도록 하고 협정이 이루어지지 않았을 때에는 그 양육의 책임이 부에게 있다고 규정하였으며, 이를 재판상 이혼에 준용하였는데(제843조), 실제로는 이혼 후 모가 단독양육하는 경우가 적지 않아 이러한 사실상의 양육자에게 법적 지위를 부여할 필요가 있었기 때문이다.

양육(養育)은 흔히 미성년자가 성년에 이르기까지 그의 정신적 · 육체적 성장을 돕는 일련의 활동으로 설명된다. 그런데 우리 민법은 법조문에서 '양육권'이라는 용어를 사용하지 않고 통일된 용어 없이 각 조문마다 양육자, 양육비용, 양육상황, 양육능력이라는 표현을 할 뿐이다. 이러한 민법의 태도는 친권을 권리의 관점에서 규정한 것과 대비되어 양육을 책임의 성격으로 보는 것 같다. 이와 같이 양육자 결정이 필요한 개별 상황에서 '양육책임'이라는 용어를 사용하는 민법의 문언, 책임이라는 용어의 의미가 가지는 의무로서의 성격 등에 비추어 볼 때, 위 각 규정에 의한 **'양육자'**는 자녀에 대한 신상 및 재산에 대한 권리와 의무의 총칭인 친권과는 독립적인 **사실상의 행위**, 즉 자녀를 먹이고 입히고 기르는 행위를 하는 사람을 의미하는 하는 것으로 보는 것이 자연스럽다. 또한 '현재 사실상의 양육을 하고 있는 사람'의 의미보다는 당사자의 협의나 가정법원의 결정에 의해 지정된 **'양육을 하여야 할 책임이 있는 사람'**의 의미로 파악될 수 있을 것이다.

'양육권'의 용어를 명시적으로 사용하지 않고 있는 민법의 규율 태도와 달리, 상당수의 대법원 판결들[18]은 **양육권**이라는 용어를 사용하고 있고 학설도 일반적으로 양육권이라

17) 윤진수 편집대표, 주해친족법 제1권, 2015, 340면 이하(이동진 집필부분).

는 용어를 사용한다.[19] 헌법재판소 결정[20]도 마찬가지이다.

'양육'의 민법상 의미가 분명한 것은 아니나, 양육권은 자녀에 대한 '양육'을 행하고 그러한 책임을 부담하는 사람의 상태가 법적 권리로서 보호받는 것이라 할 수 있겠다. 즉 양육책임자로 결정된 자는 대외적으로는 자녀 양육을 침탈하는 타인에게 그 배제를 청구할 수 있고 대내적으로 양육 상대방인 자녀에게 그 권리 범위 내에서 일정한 행위를 하도록 할 수 있는 권능을 가진다. 양육책임자는 자녀에 대하여 사실상의 양육행위, 예를 들어 같이 거주하고 음식을 제공하며 성장에 필요한 교육을 시키는 것뿐만 아니라, 양육을 하여야 할 책임의 범위 내에서는 친권자와 마찬가지로 자녀의 보호, 교양을 위한 일련의 활동, 거소지정 등을 할 수 있고 자녀로 하여금 이에 따르도록 할 수 있으며, 대외적으로는 부당하게 자녀를 억류하는 자에 대한 인도청구, 방해배제청구 등을 할 수 있어야 한다.[21]

나. 양육자의 지정

우리나라의 경우 제정민법 제837조는 협의이혼 시 자녀의 양육은 원칙적으로 부부의 협정에 의하도록 하고 협정이 이루어지지 않았을 때에는 그 양육의 책임이 부에게 있다고 규정하였으며,[22] 이를 재판상 이혼에 준용하였다(제843조). 이후 민법개정을 통해 우선 부부의 협의로 양육자를 지정하고, 협의가 이루어지지 않을 경우 가정법원이 결정하는 것으로 변화되었다. 양육자의 지정 기준은 앞서 본 친권자의 지정과 비슷하다.[23]

다. 소 결

우리 민법은 친권과 실제로 자녀를 기르는 양육을 분리하여 규정하고 있다(제837, 909조 등). 따라서 친권자이기는 하지만 양육자가 아닌 경우도 있다. 가정법원은 부모가 공동으로 친권을 행사할 수 있도록 명할 수 있으며, 이혼 후 자녀에 대한 양육권이 부모 중 일방

---

18) 대법원은 대법원 1987.4.14.선고 86므57판결 이래 다수의 판결과 결정에서 '양육권'이라는 용어를 사용하고 있다. 양육권이라는 용어를 사용한 예로는 대법원 2006.4.17. 선고 2005스18 결정; 대법원 2008.11.24. 선고 2008스104 결정; 대법원 2012.4.13. 선고 2011므4719 판결; 대법원 2015.6.23. 선고 2013므2397 판결; 대법원 2015.9.15. 선고 2013므568전원합의체 판결 등이 있다.

19) '양육권'의 용어를 사용하고 있는 문헌으로는 김상용 · 김주수, 친족 · 상속법, 2007, 213; 윤진수 편집대표, 주해친족법 제1권, 341(이동진 집필부분), 659(권재문 집필부분); 윤진수 편집대표, 주해친족법 제2권, 2015, 997, 1002(권재문 집필 부분); 이화숙, 현행 친권법상 자녀의 이익과 부모의 책임: 가족, 사회와 가족법, 2012, 532 등

20) 헌법재판소 2008.10.30.선고 2005헌마1156 결정.

21) 김주수 · 김상용, 친족 · 상속법, 206; 대법원 1985.2.26. 선고 84므86 판결.

22) 제정민법 제837조(離婚과 子의 養育責任)
① 當事者間에 그 子의 養育에 關한 事項을 協定하지 아니한 때에는 그 養育의 責任은 父에게 있다.

23) 우리나라 판례는 여러 가지 사정을 종합적으로 고려하여 미성년인 자녀의 성장과 복지에 가장 도움이 되고 적합한 방향으로 판단되어야 한다고 한다. 학설은 양육적합성, 유대관계 존중, 자녀의 의사, 계속성의 원칙 등 여러 학설이 있다.

에, 친권이 다른 일방에 귀속하는 것으로 정하는 것도 허용된다(대법원 2012.4.13. 선고 2011므4719 판결).

이에 대하여 적어도 부모인 양육자는 특별한 사정이 없는 한 친권을 가져야 할 것인데, **친권 없는 양육은 자녀의 복리를 해칠 우려**가 있기 때문이라는 견해[24]가 있다. 친권과 양육은 같이 가야 한다는 측면에서 타당하다고 본다.

대상판결의 경우, 단독친권, 단독양육으로 가느냐 아니면 공동친권, 공동양육으로 가느냐의 문제로 간결하게 정리할 수 있겠다.

4. 면접교섭권

가. 개 념

면접교섭권은 일반적으로 양육자가 아니어서 현실적으로 자녀를 양육하고 있지 아니한 부모 일방과 그 자녀가 직접 면접 교섭할 수 있는 권리를 말한다(제837조 및 제837조의2).

면접교섭권은 제정민법에는 없다가 1990년 개정으로 신설되었다. 당시 입법자료를 보면, 민법 제정 당시 가부장적 가족질서, 대가족제도가 핵가족이 늘어나 사회가 변화되었고, **이혼한 모의 면접교섭**에 대하여 양성평등, 자연권설에 입각하여 인정할 필요가 생겼으며, 실무상으로도 제837조의 '양육에 관한 처분'의 일종으로 면접교섭을 보았고, 실제로 조정 · 화해 조항에 이를 넣는 방법으로 면접교섭권을 부여해왔는데 이를 1990년에 이혼 후 **자녀에 대한 양육책임의 하나**로 실정화한 것이라고 한다. 1990년 도입 당시에는 이혼 후 비양육친에게만 인정된 권리였다가 2007년에는 자녀에게도, 2017년에는 일정한 조건 하에 비양육친의 직계존속(예, 조부모)에게도 인정되게 되었다.

면접교섭권이 누구의 권리인가와 관련하여 종래에는 전적으로 부모의 권리로 인식되었으나, 점차 자녀의 권리라는 시각도 커졌고, 심지어 선석으로 자녀의 권리라는 견해[25]도 있다. 이러한 논거로는 UN 아동권리협약에서도 면접교섭권을 자녀의 권리로 규정하고 있었는데, 우리나라가 이 조항을 유보하고 가입하였으므로, 이후 유보철회를 위해 2007년 민법개정에서 면접교섭권의 주체로 부모 이외에 자녀를 추가하였다고 한다.

생각건대, 면접교섭권은 자녀의 복리를 위해 판단되어야 하므로 기본적으로 자녀를 위한 권리이며, 자녀의 올바른 양육을 위해 부모에게도 보조적으로 인정되는 권리라고 보아야 할 것이다.

---

24) 윤진수, 친족상속법강의, 240.
25) 김상용, 친족상속법, 1999, 244 이하; 이경희, 가족법, 2017, 125~126; 윤진수, 친족상속법강의, 323 이하.

나. 면접교섭권의 판단기준

미성년 자녀를 두고 벌어지는 면접교섭권의 협의는 실무상 분쟁이 많이 발생하므로 구체적으로 면접교섭권의 내용과 행사방법을 정하여야 한다.

먼저 내용으로 면접교섭은 주로 자녀와 직접 만나는 방법으로 이루어지지만, 그 이외에 서신의 교환, 전화, 선물의 전달 등도 포함된다. 나아가 자녀의 양육, 교육에 관한 정보를 제공받을 권리도 그 내용에 포함된다.

다음 행사방법으로 면접교섭을 일정한 시기, 기간으로 제한하거나(시간적 제한), 장소를 양육친의 주거지 등으로 제한하거나(장소적 제한), 서신왕래 및 전화통화만 허용하고 직접적인 면접교섭을 금지할 수 있다(방법적 제한).

무엇보다 본질적으로 면접교섭을 언제 어디에서 어떻게 허용할 것인가, 아니면 제한 또는 배제할 것인가 판단함에 있어서 원칙적으로 **자녀의 복리**를 기준으로 판단하여야 한다. 우리 민법도 1990년 면접교섭권이 도입된 이래, 2005년 민법개정으로 가정법원은 자녀의 복리를 위하여 필요한 때에는 당사자의 청구 또는 직권에 의하여 면접교섭을 제한하거나 배제할 수 있다고 규정하여, 면접교섭의 제한 및 배제를 할 수 있는 요건으로 '자녀의 복리'라는 개념을 처음으로 사용하였다.

따라서 이혼에 유책사유가 있다거나 부모 일방이 재혼했다는 사정이 있다고 하여 면접교섭을 바로 제한 · 배제할 수는 없으며, 자녀의 복리에 미치는 영향을 파악하여 면접교섭을 제한 배제하는 데 참작할 수 있다. 심지어 친권상실사유가 있다면 면접교섭권을 전면제한 또는 배제해야 한다는 견해[26]도 있으나, 친권상실사유가 자녀의 복리에 미치는 영향을 고려하여 결정하여야 할 것이다.

다. 소 결

대상판결에서 원심은 공동양육을, 대법원은 단독양육을 할 것으로 판단하였다. 대법원의 결론에 따라 파기환송심에서도 단독양육으로 결론이 났다. 이럴 경우 비양육친인 피고에게는 면접교섭권이 문제된다. 하지만 이하에서 살펴볼 공동양육으로 간다면, 자녀의 복리 측면에서 면접교섭권이 갖는 한계를 극복할 수 있을 것이다.

---

26) 최달곤, 이혼 후의 자녀보호, 가족법연구 10 (1996) 193 이하.

Ⅳ. 자녀의 복리를 위한 대안의 제시

1. 공동친권, 공동양육

가. 공동친권, 공동양육의 장점

친권은 자녀와 부모를 연결시켜 주는 법적인 끈이므로 부모가 이혼하는 경우라도 이 끈을 단절시키는 것은 자녀에게 위해가 되는 것이 일반적이고, 부모의 관점에서 보더라도 자녀에 대한 부모의 기본권을 상실시키는 것으로 볼 수 있기 때문에 단독친권의 결정은 신중을 기하여야 한다. 심리학이나 사회학적 관점에서 공동친권에 대한 찬반양론이 있는 것은 사실이나 그것은 공동양육을 포함하는 경우에 있어서 주로 문제되는 것이며 공동양육을 포함하지 않는 공동친권은 자녀에게 위해를 줄 우려는 거의 없다. 아주 특별한 사정이 없는 이상, 이혼 후에도 친권은 부모가 공동으로 행사하도록 하는 것이 타당하므로 입법정책적인 면에서는 공동친권을 원칙으로 하는 것이 바람직하다. 이혼당사자들의 다툼이 되는 것은 친권의 행사 자체가 아니라 누가 자녀를 맡아 키울 것인가에 있고 그것이 다툼의 핵심을 이루고 있다. 따라서 이 문제는 제837조의 규정에 의하여 양육자(양육에 관한 사항)를 정하는 문제로 해결하는 것이 다툼의 본질을 바로 파악하는 것이며 단독친권의 원칙으로 문제를 해결하려는 것은 당사자의 다툼의 핵심을 비켜가는 것이다. 이러한 관점에서 볼 때 이혼후의 공동친권을 원칙으로 하는 것이 큰 문제가 되는 양 주장하는 것은 과대포장일 뿐이다.

따라서 공동친권과 함께 공동양육(일정한 기간씩 부모가 나누어 맡아 기르는 형태)까지 가능한 경우라면 구체적인 사례에 따라서는 자녀의 복리에 도움이 될 수 있다(물론 자녀의 안정성에 문제가 생기는 경우가 있을 수 있지만). 면접교섭에 의한 부모와의 접촉과 한 집에 같이 살면서 접촉하는 것과는 질적인 면에서 큰 차이가 있다. 면접교섭에 의한 단편적인 접촉을 통하여, 함께 살면서 접촉하는 것과 같은 정도의 친자관계의 형성은 기대할 수 없기 때문이다. 다만 공동양육은 여러 가지 전제조건이 충족될 때 가능하므로 개개의 사례에서 이것을 선택할 수 있는 경우는 많지 않을 것이다. 이와 같이 면접교섭은 공동양육에 비하여 한계를 갖고 있으므로 공동양육을 할 수 없는 경우에는 면접교섭의 방법을 체류면접교섭(예컨대 방학기간동안 비양육친의 집에 머물면서 이루어지는 면접교섭)을 포함하여 정하는 것이 바람직하다.

비교법적으로 살펴보면, 단독양육이 원칙이고 공동양육은 예외라는 흐름에서 공동양육이 원칙이고 단독양육은 예외라는 흐름으로 가고 있음을 알 수 있다. 그 배경에는 자녀의 복리 우선이 있다.

먼저 **미국**을 보면, 과거에는 부모가 이혼을 한 후 단독으로 양육을 하고, 다른 일방에게는 면접교섭권을 인정하는 것이 일반적이었다. 특히, 대부분의 경우 모에게 단독양육권이 인정되었는데, 그 이유는 어린 자녀는 부보다 모의 보살핌, 사랑, 훈육이 더 필요하다고 생각했기 때문이었다. 그러나 이혼 후 부모 일방의 단독 양육이나 일방 부모에 의한 양육 및 타방 부모의 면접교섭이라는 전통적 형태가 자녀의 심리학적 · 감정적 욕구를 충족시키기에는 부족했고, 이러한 문제를 해결하기 위해 1970년대 중반부터 **Joint Custody**가 대안으로 제시되었다.[27] 이후 공동양육(Joint Custody)이 대안으로 나오는데, 먼저 공동양육의 정의는 통상 부모 이혼 후 자녀들이 양측 부모 모두와 동등한 시간을 보내거나, 부모 중 일방과 거주하더라도 타방 부모와 상당한 양의 시간(substantial amounts of time)을 보내는 것을 의미한다. 오늘날 미국은 모든 주정부에서 자녀의 공동양육 합의를 허락하고 있으며, 과반의 주정부가 공동양육을 인정하는 규정을 두고 있거나, 공동양육제도를 선호하고 있다.[28]

그리고 **영국**에서도 과거에는 양육권을 지정함에 있어서 이혼의 유책성이 깊이 결부되어 있었으나, 1970년에 이르러서는 유책성을 떠나서 자녀의 복리의 절대적 보편성이 재판상 확립되게 되었다. 또한 1970년대 이후 부(父)의 권리운동이 일어났는데, 이혼으로 인한 자녀의 적응문제 등으로 인하여 이혼 전과 동일한 친자관계를 유지시키는 것이 자녀의 복리를 위해서 바람직하다 하여 모에 의한 단독양육보다는 부모의 공동양육이 논의되었다. 이후 1989년 아동법(Children Act 1989)에서는 양육권이라는 용어 대신 부모의 책임이라는 용어로 대체되어 양육에 대한 부모의 책임을 강조하고 있다.[29]

독일에서도 독일민법은 부모의 이혼 시 자녀양육은 단독양육이 기본원칙이었고(제1671조 제4항 제1문) 예외적일 때 공동양육을 인정하였다. 그러나 1982년 11월 3일 독일 헌법재판소의 단독양육이 위헌임을 결정하자,[30] 가정법원은 이혼 시 양쪽 부모 모두가 양육권을 행사할 수 있도록 하였다. 그 후 1998년 7월 친자법의 개정으로 부부의 이혼 시 자녀에 관한 양육은 일반적으로 양쪽 부모에게 그대로 존속되도록 하여 공동양육을 원칙으로 하고, 다만 예외적으로 이혼절차과정에서 단독양육이 법원에 제출될 수 있으며, 이에 그럴만한 중요한 이유가 전제된 경우라면 단독양육이 가능하도록 하였다.[31] 관련된 통계가

27) 공동양육 및 미국사례에 관하여는 정진아, 이혼 시 친권자 및 양육자 결정 — 代案으로서의 共同養育 검토 —, 2016 (서울대학교 법학석사논문), 8; 이충은, 이혼 후 공동양육제도에 관한 연구. 법학연구, 14/2 (2011) 211-232.

28) Nancy Levit and Robert R.M. Verchick, Feminist legal theory, 2006, 175 (이충은. 법학연구, 14/2 [2011] 211-232에서 재인용).

29) 이은정, 비친권자의 양육권, 가족법연구 21/1 (2007) 177.

30) BVerfG NJW 1983, 101f.. = FamRZ 1982, 1182 ff.

31) 독일사례에 관하여는 조은희, 이혼시 친권자 및 양육자 지정과 자의 복리, 외법논집 36/2 (2012) 97-113.

2000년도에 발표되었는데, 그 내용에 따르면 이혼하는 가족의 69.32%가 공동양육이었으며, 단독으로 양육하게 되는 경우 모는 21.62%, 부는 1.52%였다고 한다.32)

나. 우리나라의 사례

대법원 2012.4.13. 선고 2011므4665 판결은 "무엇보다도 원고는 이혼 후 다시는 피고를 보지 않겠다는 의사를 여러 번 표시하는 등 피고에 대한 강한 적대감을 가지고 있는데 이러한 상황에서 사건본인에 대한 친권행사나 양육과 관련하여 원고와 피고가 서로 원만히 협력하기는 쉽지 않아 보이고 이에 관한 갈등은 결국 사건본인의 정서적 안정이나 복지에 나쁜 영향을 미칠 것으로 예상되는 점"을 들어 '원고를 피고와 함께 공동의 친권행사자 및 양육자로 지정'한 원심을 파기하였다.

또한 대법원 2013.12.26. 선고 2013므3383, 3390 판결은 "원 · 피고 사이에 사건본인들의 양육방식에 관한 의사나 가치관에 현저한 차이가 있어 서로 첨예하게 대립하고 있고 현재로서는 가까운 장래에 쌍방의 의견을 조율하여 사건본인들의 양육방식에 대한 의사 합치가 이루어질 가능성이 전혀 불투명하여 원심이 의도한 대로의 실현 가능성이 쉽지 아니할 것으로 보이는 이 사건에서, 비록 원심이 주된 양육자와 보조 양육자로 구분하고 있기는 하지만, 원 · 피고가 서로 양육자임을 주장하여 각기 다른 방식과 가치관을 내세워 사건본인들을 양육하려고 할 경우에 예상되는 원 · 피고 사이의 심각한 분쟁 상황 및 이에 따라 사건본인들에게 초래될 정신적 혼란이나 갈등 등을 고려하여 보면, 원심의 위와 같은 공동양육자 지정 등의 조치가 이 사건에서 사건 본인들의 성장과 복지에 가장 도움이 되고 적합한 것이라고 보기에 충분하지 않다"며 원고를 (피고와 함께) 사건본인의 공동 친권행사자 및 평일 양육자로 지정한 원심을 파기하였다.

위 판결들의 태도에 비추어 볼 때, 우리 대법원은 이혼 부모의 자녀 공동양육이 가능하기 위해서는 부모의 상호 협력 및 갈등의 부재를 최우선적 요소로 고려하고 있는 것으로 보인다. 이혼 부모의 갈등이 계속되는 경우 자녀를 부모 갈등의 수단으로 삼을 수 있어 오히려 자녀의 복리를 저해할 우려가 크다는 입장에 서 있기 때문이다.

그런데 우리 대법원 판결들의 실시를 살펴보면, 부모 이혼 후에도 존속되는 부모-자녀의 관계에 대해 사실행위적 양육론의 기반 위에 서서, 먹이고 입히고 기르는 현실적 양육을 공동으로 하려면 부모의 원만한 관계에 기초한 구체적인 협력이 필수적인 요소라고 보는 것 같다. 또한 대법원은 이혼으로 인해 부모의 동거의무를 기반으로 한 혼인공동체가

32) Proksch, Rechtstatsächliche Untersuchung zur Reform des Kindschaftsrechts, 2003, 51f. (조은희, 외법논집 36/2 [2012] 100에서 재인용).

붕괴되면 부모-자녀 관계를 포함한 가족공동체 전체의 관계가 재편되어야 하고, 부모-자녀와의 관계도 양육친을 중심으로 한 현실적 주거공동체를 중심으로 다시 규율되어야 한다는 입장인 것 같다. 이러한 입장은 자녀의 복리를 위해서는 부모 중 일방과 안정적인 양육 관계가 유지되는 것이 바람직하다는 애착론적 근거에 서 있는 것으로 이해되기도 한다.

대법원 2013.12.26. 선고 2013므3383, 3390 판결의 환송전 원심은 당해 사건에서 자녀의 복리를 위하여 왜 공동양육이 필요한가를 자세히 설시하였다. 원심은 인정된 사실관계를 바탕으로, 자녀가 스스로 종교를 선택할 기회나 판단능력을 보유하기도 전에 양육을 담당하는 부모의 일방적인 종교관에 지배될 개연성이 매우 높은데, 이는 '자녀의 건전한 성장과 복지'를 해할 우려가 있는 것이라 판단하여 양육친에 의한 자녀들의 종교 편향을 저지하기 위하여 부모 공동양육을 명한 것이었다. 당해 사안은 부와 모의 거주지도 같은 지역(성남시)이어서 부모가 공동양육을 하더라도 자녀들의 생활상 불편이 그렇게 크지 않다고 볼 수도 있다. 그럼에도 대법원은 부모의 갈등이 상존하는 때에는 공동양육이 '자녀의 건전한 성장과 복지'에 가장 도움이 되거나 적합한 것은 아니라고 보았다.

결국 대법원이 주안점을 두었던 '부모의 불화로 인한 자녀 복리 위해의 우려'와 원심이 주안점을 두었던 '일방 부모의 편향적인 종교관으로 인해 야기될 자녀 복리 위해의 우려' 중 어떤 요소가 더 자녀의 복리에 직접적으로 관련이 있는지를 살펴서 판단하는 수밖에 없다. 생각건대 부모 공동양육 결정을 한 원심판결을 파기한 대법원 판결은, 대법원이 기본적으로 이혼 부모의 자녀 공동양육에 대해 부정적인 시각을 가지고 있는 것은 아닌가 하는 인상을 준다.

2. 기능주의적 접근: 사실상 부모

이혼 분쟁에서 친권, 양육권, 면접교섭권은 어찌 보면 어른들의 권리를 위한 다툼이나 의무의 방기에 지나지 않을 수 있다. 자녀를 위한 복리의 관점에서는 자녀를 잘 돌봐줄 부모 역할이 필요한 것이다. 이러한 관점에서 미국의 사실상 부모 개념을 소개한 견해[33]가 있는데, 주목할 필요가 있다.

사실상 부모 개념은 전통적인 가족관념 또는 가족형태가 붕괴하고 다변화된 가족관계의 현상을 맞이하면서 발전되어 왔다. 여기에 가족 분야 법제도를 선도한 자녀복리의 가치 역시 사실상 부모 법리의 발전을 견인하였다고 볼 수 있다. 즉, 전통적 가족관념에 기댄

33) 미국의 사실상 부모 개념에 관하여는 진도왕, 미국의 '사실상 부모(De Facto Parent)'법리에 관한 고찰, 경북대학교 법학논고 71 (2020) 273-300 참고.

부모 지위의 독점성 및 절대성이 힘을 잃게 되고, **부모의 권리는 자녀복리의 측면에서 재설정**되어야 하는데, 사실상 부모 법리는 그 과정에서 산출된 결과물이라고 할 수 있다. 앞서 살펴본 바와 같이, 사실상 부모 법리는 — 미국 내 각주마다 다소 차이가 있지만 — 대체적으로 부모 아닌 자에게 양육권이나 면접교섭권을 부여하기 위한 기초로서 활용되고 있다. 물론 여기에는 부모의 권리와 자녀의 복리가 첨예하게 충돌하는 지점이 존재하지만, 논리법칙과 경험칙을 바탕으로 부모의 권리가 정당한 이유 없이 침해되지 않도록 사실상 부모의 성립요건을 정제(精製)함으로써 양자 간 균형을 맞추고 있다.

사실상부모 법리를 이해함에 있어서 눈여겨보아야 할 점은 미국의 친자관계에 관한 법제가 가리키는 방향이다. 미국법상 친자관계의 성립기준 또는 부모 지위의 결정기준은 방대한 양의 판례들이 축적되어 법리로서 정립되었다.

거기에는 다양한 기준들이 존재하지만, 대체적으로 ① 혈연적 또는 생물학적 연관성, ② 실질적인 양육의 이행 여부(사회적 친자관계), ③ 계약을 통해 부모가 될 의사를 표시하였는지 여부, ④ 자녀의 복리로 요약할 수 있다. 그런데 이러한 기준들은 모두 직 · 간접적으로 자녀 복리와 연결되어 있고, 무엇보다 그 주된 쟁점이 누가 부모인지를 밝히기보다는 누구에게 부모의 권리 · 의무를 부여해야 하는지(누가 부모의 권리·의무를 적절히 수행할 수 있는지)에 관심을 두고 있다. 즉, 부모의 지위 그 자체를 결정하는 것은 잠시 유보하고, 부모 권리 · 의무의 귀속주체를 결정하는 것에 집중한다.

이는 우리 민법이 부모의 지위를 결정하는 규정(제4장 제1절(친생자) 및 제2절(양자))을 앞에 두고, 이어서 부모의 권리의무에 관한 규정을 뒤에 배치하고 있는 것과 사뭇 다르다. 실제로 우리 민법은 부모의 지위결정에 있어서는 자녀복리의 가치를 반영하지 않으면서(가령 제844조), 그 권리의무의 내용과 행사를 설정함에 있어서는 자녀복리의 가치를 투영시킨다. 이러한 단절된 구조 하에서는 부모의 지위결정에 처음부터 자녀 복리의 가치를 반영하기 힘들고, 그로 인해 발생한 문제를 친권의 제한 및 상실(제924조 내지 제925조의2) 또는 미성년 후견인의 선임(제909조의2) 등을 통해 후속적으로 수습하게 된다.

반면 미국법이 취하고 있는 접근은 애조부터 자녀복리에 입각하여 부모의 권리 · 의무 귀속주체를 염두에 두고 이를 다시 부모의 지위결정에 반영하는 것이므로, 양자는 상호 유기적이고 연동적인 구조를 보이게 된다. 물론 미국법의 경우에도 법적부모(친생부모와 양부모) 외의 제3자에게 부모의 지위를 부여하는 데에 엄격한 심사요건을 적용하므로 그[부모-자녀]관계가 외부에 무차별적으로 개방되어 있진 않다. 하지만 위와 같은 사고나 접근방식은 부모의 지위결정에 있어서 자녀복리의 가치를 좀 더 수월히 담아낼 수 있게 하고, 그에 따라 부모의 지위를 유연화 · 실질화시킴으로써 부모 아닌 자에게 부모의 권리를 부여하는 데에 친화적인 환경을 조성한다.

생각건대 부모의 지위결정은 매우 중요한 문제이지만 그 자체가 목적일 수는 없을 것이다. 부모의 지위 그 자체가 자녀복리의 실현을 절대적으로 보장해 주는 것은 아니기 때문이다. 그러므로 부모의 지위결정에 있어서 누가 부모의 권리 · 의무를 행사할 수 있는 자인지를 선행적 또는 동시적으로 고려할 수 있다면 부모의 지위를 좀 더 유연화 · 실질화시킴으로써 자녀복리의 가치에 더 가까이 접근할 수도 있다. 이런 점에서 사실상 부모 법리의 의의를 찾을 수 있다고 생각한다.

3. 경제적 지원: 신탁제도의 활용

대상판결에서는 양육비가 또한 문제되고 있다. 공동계좌에 비율을 정해 양육비를 매달 입금하는 방식도 있지만, 소득이 전혀 없는 모의 경우 실제 시행이 쉽지 않을 것이다. 이의 대안으로 미성년 자녀를 위한 신탁제도를 활용하자는 견해[34)]가 있는데, 좋은 해결방법이라고 생각하여 소개한다.

한국 사회에서는 2008년 유명인의 죽음[35)]을 계기로 미성년 자녀를 좀 더 안정적으로 보호, 양육할 수 있는 친권제도, 후견인제도에 관한 논의가 촉발되었다. 부모가 사망한 경우에 미성년 자녀는 그들을 보호 · 양육하고, 상속재산을 관리해 줄 법정대리인이 필요하다. 이를 위해 우리 민법은 미성년자를 위한 친권제도 및 후견인제도를 두고 있다. 통상 친권자인 부모가 미성년 자녀의 재산을 관리하는 것이 일반적으로 자녀의 양육과 보호에 만족스러운 결과를 가져올 것이다. 그러나 부모의 이혼 후 양육을 전담하던 단독친권자가 사망한 경우에 이미 새로운 가정을 꾸린 다른 부 또는 모가 미성년자의 재산을 관리하게 되는 경우라면 과연 미성년 자녀의 재산이 온전히 그들의 양육 및 보호라는 목적을 위하여 사용될까라는 의구심이 생긴다. 그러나 이러한 경우 친권자의 미성년 자녀에 대한 재산관리권을 견제하고 감독할 효과적인 법적 장치가 없는 것이 현실이다.

34) 정소민, 신탁제도를 통한 미성년자 보호에 관한 연구, 외법논집 36/2 (2012) 115-134.

35) 한국의 유명 여배우(이하 'A')가 2008년 10월 사망한 사건이 발생하였다. A는 2004년 남편인 B와 이혼하고, 사망 당시 B와의 사이에서 태어난 두 명의 아이들(미성년자)과 C(A의 어머니)와 함께 살고 있었다. A는 이혼 당시 B와의 합의에 따라 자녀들의 단독친권자로 지정되었다. A의 사망으로 두 명의 자녀가 A의 공동상속인이 되었는데, 이혼 후 약 5년간 따로 생활해오던 B가 친권자로서 아이들을 양육하고 상속재산을 관리하겠다고 주장하자 아이들을 양육해오던 할머니 C가 크게 반발하여 B의 '친권자 자격 여부'를 확인하기 위한 소송을 준비하였다. 이 사건을 계기로 한국사회에서는 이혼 후 자녀에 대한 친권문제, 미성년자의 재산권과 행복권 등에 관한 논의가 크게 사회문제화되었다. 그 후, 자녀를 양육하던 단독친권자가 사망하였을 때 이혼 후 자녀에게 책임과 의무를 하지 않던 부 또는 모에게 자동적으로 친권이 부활되는 것이 과연 타당한 것인가에 관한 논의가 진행되었고, 민법 제909조의2가 신설되는 결과를 가져오게 되었다.

한편, 친권자인 부모가 모두 사망한 경우에는 통상 가까운 친족이 후견인이 되어 미성년자의 재산을 관리하게 된다. 그런데 현행 후견제도 하에서 친족회와 법원의 후견인에 대한 감독이 형식적으로 이루어져 후견인의 자의적인 재산관리행위를 제대로 감독하지 못한다는 문제점이 지적되고 있다. 이러한 문제점을 개선하기 위하여 2011년 3월 우리나라의 후견제도가 개정되어 후견인에 대한 실질적인 감독기능을 수행하지 못하는 친족회를 전면적으로 폐지하고[36] 후견감독인제도를 도입하는 등 후견인에 대한 감독기능을 강화하고자 하였다. 그러나 후견감독인의 선임이 필수적으로 이루어져야 하는 것이 아니라 임의기관으로서의 성격을 가지고 있고, 미성년후견의 경우에 현행 후견제도와 동일하게 후견인 1인에게 피후견인인 미성년자의 재산을 관리할 광범위한 권한을 부여하고 있다는 점에서 새로운 후견제도 하에서도 미성년후견인이 사익(私益)을 위해 미성년자의 재산을 낭비 · 탕진할 수 있는 위험은 여전히 존재한다.

따라서 피후견인의 재산관리 영역을 보완하는 제도로서 미국에서 활용되고 있는 **부양신탁**의 이용을 고려할 필요가 있다. 우리나라에서 부양신탁을 활용하기 위하여 새로운 법의 제정이나 개정이 필요한 것도 아니다. 부모가 계약 또는 유언으로 부양신탁을 설정하고 부모가 사망하게 되면 신탁재산은 부모가 지정한 수탁자에 의하여 부모가 정해놓은 구체적인 재산관리 방법에 따라 수익자인 미성년 자녀를 위해 관리 · 운용되게 된다. 통상 미성년자를 위한 신탁에서는 이들이 성년이 될 때까지 안정적으로 양육될 수 있는 금전을 신탁 수익으로 지급받게 되고, 성년 또는 일정한 나이가 되었을 때 신탁 원본을 지급받을 수 있다. 부모의 사후에 부모가 지정한 방법에 의해서 미성년 자녀의 재산이 관리될 수 있다는 점, 전문적인 재산관리를 할 수 있는 자와 가정상황을 잘 아는 친구 등을 공동수탁자로 선정하여 미성년 자녀의 성장에 따라 부양에 필요한 금원을 탄력적으로 유연하게 지급하게 할 수 있다는 점 등은 신탁제도의 큰 장점이라고 하겠다. 따라서 미성년자의 재산관리 측면에서 신탁제도는 후견인제도를 보완하여 미성년자를 한층 더 보호해 줄 수 있는 제도라고 평가된다.

우리나라에서는 2012년 7월부터 전면 개정된 새로운 신탁법이, 2013년에는 새로운 후견인제도가 시행되었다. 새로운 신탁제도의 도입으로 신탁제도가 더 이상 영미법상의 낯선 제도가 아니라 우리 사회에서도 재산관리의 수단으로 높은 활용도가 있다는 점이 인정되면 피후견인을 위한 재산관리기능을 보완하는 방안으로서 부양신탁 등 복지형신탁의 이용도 늘어날 것으로 판단된다.

36) 민법개정안은 현행 민법상 친족회에 관한 규정(민법 제960조 내지 973조)을 모두 삭제하였다.

4. 가정법원의 후견적 역할과 공동양육을 위한 환경 조성

이혼 후 친권, 양육권, 면접교섭권에서 자녀의 복리가 강화되어야 하고 이에 비례하여 부모의 책임이 강조된다고 하였지만, 이를 궁극적으로 실행하고 세심하게 관리할 가정법원의 후견적 역할과 공동양육을 위한 환경 조성 또한 중요하다.

먼저 대법원은 친권자 및 양육자 지정에 관한 사안에서 개별사건의 해결에 필요한 한도에서 단편적인 법리를 나타내기는 하였지만 양육자 지정에 관한 일반적인 법리를 설시하지는 않았다. 그런데 대법원 2008.5.8. 선고 2008므380 판결(미공간)은 친권자 및 양육자를 지정하는 기준에 관하여 "자의 양육을 포함한 친권은 부모의 권리이자 의무로서 미성년인 자의 복지에 직접적인 영향을 미치는 것이므로 부모가 이혼하는 경우에 부모 중 누구를 미성년인 자의 친권을 행사할 자 및 양육자로 지정할 것인가를 정함에 있어서는, 미성년인 자의 성별과 연령, 그에 대한 부모의 애정과 양육의사의 유무는 물론, 양육에 필요한 경제적 능력의 유무, 부 또는 모와 미성년인 자 사이의 친밀도, 미성년인 자의 의사 등의 모든 요소를 종합적으로 고려하여 미성년인 자의 성장과 복지에 가장 도움이 되고 적합한 방향으로 판단하여야 한다"고 최초로 판시하였다. 이후 대법원은 친권자 및 양육자 지정에 관한 기준을 제시하면서 친권에 관한 법리를 정립하고 있다.

따라서 부모의 권리와 국가의 공적 개입이 충돌하는 친자법에서 법원의 후견적 역할이 친자법에서는 아주 중요하다. 왜냐하면 인간도 다음 세대의 지속가능한 생산으로 이어주어야 의미가 있다. 1명이라도 더 후속세대를 키우는 것이 가족법 친자법의 역할이라고 본다. 미성년자녀는 성년자녀에 비하여 아주 취약하기 때문이다.

다음으로 미성년 자녀를 둔 이혼 당사자로 하여금 이혼 문제보다 이혼 후 남겨지는 자녀들의 문제에 관심을 돌리게 함으로써 이혼, 위자료 및 재산분할 문제와는 별도로 친권자 및 양육자 지정, 면접교섭에 관하여는 부모로서의 역할을 계속하고 협조 관계를 유지하도록 도와주는 실무관행이 필요하다. 예컨대 미성년 자녀를 둔 협의상 이혼 당사자를 대상으로 한 **의무 상담 제도**의 실시, 미성년 자녀를 둔 이혼 당사자를 대상으로 한 **자녀 양육 안내**, 이혼 청구와 친권자 및 양육자 지정 청구가 병합된 경우 쌍방이 이혼에 동의하는 경우에는 사건을 분리하여 조정으로 이혼을 성립시키고 남겨진 친권자 및 양육자 지정에 관해서만 심리하는 것 등을 예로 들 수 있다.[37)]

그리고 단순히 누가 더 나은 양육자인가 지정하는 데에서 그치지 말고, 공동양육을

37) 친자의 복리를 위한 법원의 실무관행에 관하여는 전보성, 친권자 지정 · 변경에 관한 판례의 최근 경향, 민사판례연구회 하계심포지엄 자료집, 2015, 197 이하 참고.

위한 환경을 조성하는 적극적인 노력도 있어야 한다. 이혼으로 성년인 부모의 부부로서의 역할은 끝났겠지만, 자녀에 대한 부모의 역할은 끝난 것이 아니다. 이혼을 협의하거나 재판 청구하는 단계에서부터 미성년 자녀를 위한 **아동보호당국의 상담**이 함께 있어야 하며, 이혼조정과 함께 친권, 양육과 관련된 조정에 중점을 맞춰 법원의 실무가 이루어져야 한다. 또한 전문가의 의견 청취나 이를 반영한 법원의 지시가 수반되어야 할 것이다. 공동양육에서도 **주된 양육자와 보조적 양육자**가 있기 마련인데, 이 경우 보조적 양육자는 주된 양육자에게 양육책임의 일정 부분을 보상해주어야 할 것이다. 미국 등 선진국에서 실시하고 있는, 편안하고 잘 갖추어진 **면접교섭센터**(Family Visitation Center, FVC)[38]는 공동양육에서도 단독양육에서도 꼭 필요한 시설이라고 본다.

V. 맺으며

대법원이 공동양육을 인정한 하급심판결에 대해 신중한 접근이 필요하다며 파기환송했다. 그간 우리 법원은 대체로 부모 양쪽이 양육권을 갖는 '공동 양육'보다는 어느 한쪽이 자녀 양육을 전담하는 '단독 양육'이 아이의 성장에 도움이 된다는 판결 경향을 보여왔다. 대상판결은 공동 양육이 무조건 자녀의 복리에 반(反)한다고 단정하기는 어렵다는 시각도 있어서 판사들 사이에서도 뜨거운 논쟁이 벌어진 사건이기도 하다. 위 판결을 계기로 향후 공동양육에 대한 논의가 본격화될 것으로 보인다.

생각건대 대상판결에서는 길고양이로 인한 갈등으로 이혼에 이른 점과 이후 길고양이를 미성년 자녀보다 우선시한 모의 선택, 미성년 자녀에 대한 부의 양육이 안정적으로 이루어진 점, 당사자 모두 양육을 희망한 점, 그러나 모의 부녀관계 단절을 암시하는 태도 등으로 미루어볼 때, 대법원이 결론보다는 원심의 결론이 좀 더 타당한 결론이라고 생각한다. 오히려 부의 단독양육도 충분히 가능하다고 보았다. 그리고 공동양육으로 간다 하더라도, 주된 양육자로는 부가, 보조적 양육자로는 모가 되는 것이 합리적이었을 것이다.

이 글에서는 대상판결을 분석하고 자녀의 복리 관점을 최우선시하여야 한다는 관점에서 친권과 양육권은 함께 가는 것이 좋다는 점, 공동친권이나 공동양육이 갖는 장점, 그리고 미성년자녀를 잘 돌봐줄 사실상 부모도 필요하다는 점, 양육비 문제의 대안으로 신탁제도를 활용할 것 그리고 가정법원의 후견적 역할 강화와 공동양육 환경 조성 등을 제안하였다.

38) 미국의 면접교섭센터에 관하여는 김현진, 양육비이행과 면접교섭권 행사의 긴장관계 — 양육비이행확보를 위한 개선방안에 관한 연구 —, 인하대학교 법학연구 23/1 (2020) 291-324.

사해신탁취소권에 관한 비교법적 고찰
- 일본 신탁법 제11조와의 비교를 중심으로 -

신 주 희
법학박사

Ⅰ. 들어가며

우리 신탁법은 채무자가 채권자를 해함을 알면서 신탁을 설정한 경우 민법 제406조 제1항의 취소 및 원상회복을 청구할 수 있도록 하여 사해신탁에 관해 신탁법에서 특별히 규정하고 있다(신탁법 제8조). 이러한 규율방식을 취하고 있는 입법례로는 우리나라와 일본, 중국, 대만 정도를 들 수 있고 신탁제도가 기원하고 발전한 영국과 미국의 경우에는 일반 사해행위에 관한 법률로 사해신탁행위를 규율하고 있다. 1961년 제정된 우리의 구신탁법은 1922년 제정된 일본 신탁법을 계수한 것으로 신탁법 제정 당시부터 사해신탁취소권을 규정하고 있었다는 점에서 이러한 규율방식의 근저를 살펴보기 위해서는 일본 신탁법의 제정 배경을 참고하지 않을 수 없다. 또한 사해신탁취소에 관한 우리의 구신탁법 제8조와 일본 구신탁법 제12조는 그 내용이 동일하고, 이후 개정된 신탁법 제8조와 일본 신신탁법 제11조는 구체적인 내용에서는 다소간 차이점이 있으나 전체적으로 비슷한 체계를 갖추고 있으며, 우리보다 먼저 신탁법 제·개정이 이루어진 일본에서는 사해신탁취소권에 관한 논의가 비교적 집적되어 있다. 따라서 사해신탁취소권에 관한 일본 신탁법 규정을 제·개정 과정에서부터 면밀히 살펴보고 이를 우리 신탁법 규정과 비교해 보는 것은 우리 법의 해석에 많은 시사점을 가져다 줄 것으로 생각한다.

Ⅱ. 일본 신탁법 제11조의 개정 경위와 내용

1. 신탁법 제정 배경과 구신탁법 제12조의 문제점

가. 신탁법 제정 배경

신탁제도를 일본에 본격적으로 도입한 법률은 1905년 '담보부사채신탁법'(1905년 법률 52호)이다. 동법은 러일전쟁 이후의 경제부흥에 필요한 외화 투자 유치를 위해 당시의 국제 금융시장의 중심인 영국을 본떠, 사채에 담보를 붙여 발행하는 제도를 창설하였다. 이후 부동산 중개, 고리대금, 투자 등 여러 가지 잡다한 영업활동이 모두 신탁이라는 이름 하에 행해지는 이른바 신탁 개념의 남용 사태가 발생하였고, 이러한 신탁업계의 규제를 위해 1922년 신탁법(1922년 법률 62호)과 신탁업법(1922년 법률 65호)이 제정되었다.[1] 이러한 일본의 신탁법제는 성문법전인 미국의 캘리포니아 민법전(California Civil Code, 1872)과 인도신탁법(The India Trust Act, 1882)[2]을 모법으로 하여 초안된 것으로[3] 이 초안은 그 후 일본 사법체계에 맞추어 개개의 조문에 있어서는 영미 신탁법을 그대로 따르지 않고 일본 민법과 조화를 이루도록 여러 차례 수정되어, 일본 민법의 특별법이라는 위치에서 최종안이 채택되었다.[4]

나. 구신탁법 제12조와 문제점

(1) 구신탁법 제12조의 내용

제정 신탁법에서는 사해신탁취소에 관한 규정을 특별히 마련하여 동법 제12조에서는 채무자가 채권자를 해함을 알고 신탁을 설정한 경우 채권자는 수탁자의 주관적 요건을 묻지 않고 일본민법 제424조 제1항의 취소권을 행사할 수 있다고 규정하였는데,[5] 이러한 구

1) 1922년의 신탁법과 신탁업법은 그 입법과정에서 의도적으로 한 세트의 형태로 진행되었다. 그리고 당시 입법의 핵심은 어디까지나 본래 각론적인 성격을 지녀야 할 법인 신탁업법에 있었고 본래 기본으로 여겨져야 할 일반법인 신탁법은 오히려 보충적인 위치에 있었다. 이것은 1922년 2개 법률의 입법이 어떻게 신탁업자를 규제하고 단속해 나갈 것인가 하는 발상에서 시작되었기 때문이다(新井誠, 信託法 제4판, 2020, 19). 한편, 제2차 세계대전 전후로 경영이 악화된 신탁회사가 일제히 은행업무와 신탁업무를 겸영하는 신탁은행으로 그 형태를 전환하여, 전업 신탁회사는 소멸하고 신탁법법은 사실상 사문화되기에 이르렀다. 이에 1943년에는 '금융기관의 신탁업무의 겸영 등에 관한 법률'(1943년 법률 43호)이 제정되었고 전후의 신탁업무는 전적으로 신탁은행이 담당하게 되어 신탁법은 일반에게 생소한 법률로 인식되었다. 이렇게 초기 일본의 신탁제도는 영미법상 신탁제도의 고유한 의미에서의 재산관리기능보다는 신탁은행의 금융기능, 전형적으로는 대출신탁이 주로 활용되었다.

2) 인도신탁법(The India Trust Act, 1882)은 영국 신탁법이 당시 영국령이었던 인도에 이식된 것이다.

3) 山田昭, 信託立法 過程研究, 1981, 96-97. 이 글에서는 후자의 영국법이 초안에 보다 많은 영향을 끼쳤다고 하면서, 초안 단계에서는 양 법을 모법으로 기안되었지만 입법자가 최종안으로 의거한 것은 영국의 판례와 학설이라고 한다.

4) 山田昭, 信託立法 過程研究, 97.

5) 일본 구신탁법 제12조 ① 채무자가 채권자를 해함을 알고 신탁을 설정한 경우에는 채권자는 수탁자가 선의일지라도 민법 제424조 제1항의 취소권을 행사할 수 있다.

신탁법 제12조의 입법취지는 “재산은닉을 위해 신탁을 남용하는 것을 방지”하기 위해 “민법 제424조의 취소권을 확장하여 사해적 신탁의 취소를 용이하게 한 것”으로 설명되었다.[6)]

구신탁법에 의하면 수탁자와 수익자의 주관적 태양을 묻지 않고 사해신탁취소권을 행사할 수 있었는데(구신탁법 제12조 제1항) 이는 신탁 설정에 매우 엄격한 제한을 가한 것을 의미하였다.[7)] 다만 수익자가 이미 실제 급부를 받았고, 그 실제 급부를 받았을 때 사해신탁행위에 대하여 선의, 무중과실이었던 경우에는 이미 받은 이익에 대하여 취소의 효과가 미치지 않는 것으로 하였다(동법 동조 제2항). 수익자가 변제를 받은 때에 그 채권의 이행기가 도래하지 아니한 경우와 수익자가 아직 급부를 받지 아니한 경우에는 수익자의 주관적 요건에 관계없이 취소가 인정되었다. 따라서 수익자가 급부를 받은 때에 그의 채권이 이행기가 도래하였고 수익자가 급부를 받을 당시에 사해신탁행위에 대해 악의 또는 중과실이었다면 비록 수익권 취득 시에 선의 또는 무중과실이었다고 해도 그 급부에 대하여 취소의 효력이 미쳐서 기이행 급부의 반환이 인정되었다.

구신탁법 제12조가 수탁자나 수익자의 주관적 태양을 묻지 않고 취소권을 행사할 수 있도록 규정한 것에 관해서는, 수탁자는 신탁재산의 대가를 지급하고 소유권을 취득하는 것이 아니고 형식상의 소유자로서 명의자 또는 관리자에 불과하기 때문에 취소로 인하여 재산을 반환하더라도 대가적 이익을 침해받는 것이 없고,[8)] 수익자는 수익권을 무상으로 취득하므로 취소로 인하여 수익권자의 이익을 해치는 일도 적고 오히려 신탁의 악용을 피한다고 설명되었다.[9)] 그리고 수익자의 악의 · 중과실의 증명책임은 채권자에게 있다고 해석되었다.[10)] 구신탁법상 사해신탁취소권의 효과에 대하여는, 채무자인 위탁자와 취소의 상대방인 수탁자 또는 수익자와의 관계에서 신탁재산이전행위를 취소시키는 “상대적 취소”라고 해석[11)]하는 견해가 있는 한편, 수탁자를 상대로 취소권을 행사한 경우 그 효과는 수익자에게도 미친다고 보아 사해행위취소의 효과와 달리 보는 견해[12)]가 있었다.

---

② 전항의 규정에 의한 취소는 수익자가 이미 받은 이익에 영향을 미치지 아니한다. 단, 수익자의 채권이 변제기가 도래하지 아니한 채권의 변제를 받은 경우 또는 수익자가 그 이익을 받은 당시에 채권자를 해함을 알았거나 중대한 과실로 이를 알지 못한 경우에는 예외로 한다.

6) 信託会社協会(編), 信託法案説明書, 1922, 92; 山田昭(編), 信託法 · 信託業法(日本立法資料全集２), 1991, 251.

7) 能見善久, 現代信託法, 2004, 38.

8) 四宮和夫, 信託法, 新版, 1989, 148.

9) 角紀代恵, 詐害信託に関する一考察, 財団法人トラスト60, 1996, 51-53.

10) 四宮和夫, 信託法, 149; 中野正俊, 信託法講義, 2005, 69.

11) 四宮和夫, 信託法, 149.

12) 이 견해에서는 신탁재산은 수탁자와 수익자로 분속된 상태에 있는 것으로 보아, 사해신탁취소에서 수탁자와 수익자는 양자가 함께 사해행위취소권에서의 수익자의 지위에 있는 것으로 본다. 따라서 수탁자에 대한 사해신탁취소의 효과는 수익자에게도 미치고, 따라서 수탁자뿐만 아니라 수익자에 대해서도 재산 반환을 청구할 수 있으며, 수탁자는 수익자에게 신탁재산을 지급한 경우 신탁재산의 가격배상의무를 지지 않고 수익자에게 지급된 분에 관하여는 구신탁법 제12조 제2항에 따라 수익자에게 반환을 청구하여야 한다고 한다(角紀代恵, 詐害信託に関する一考察, 50-51).

(2) 구신탁 제12조의 문제점

그런데 이후에 이러한 구신탁법에 대하여는 이하의 문제점이 지적되었다.[13]

먼저, 수탁자와 수익자의 주관적 요건을 불문한 점에 대하여는, 이러한 취급은 증여의 경우의 취급(민법 제424조에 의해 수증자가 선의라면 사해행위취소권을 행사할 수 없다)과 균형을 잃는다는 비판이 있었다.

수탁자가 스스로 신탁의 이익을 누리는 자가 아니기 때문에 그 주관적 요건을 문제삼지 않는다면, 실제로 신탁의 이익을 향유하는 수익자의 경우에는 그 수익권취득시의 주관적 요건을 반영해야 한다는 지적이 있었다.

또한 수익권은 신탁재산에 대하여 강제집행 등에 대한 이의신청(구신탁법 제16조 제2항), 수탁자의 권한위반행위의 취소(동법 제31조) 등의 물권적인 주장을 할 수 있는 권리로서 그러한 권리를 선의로 취득한 자를 보호할 필요성은 일반적으로 민법 제424조 제1항에서 '선의의 수익자'를 보호할 필요성과 동일한 정도로 인정되는 것이고, 구신탁법상 신탁수익자가 수익권 취득시에 선의라도 보호되지 않는 것은 민법상 수익자에 대한 취급과 비교하여 균형을 잃은 것이라는 비판이 있었다.[14]

다음으로, 실무적인 관점에서는 예를 들어 신탁의 수익자가 수익권을 담보로 하는 대출채권을 기초자산으로 하여 자산유동화거래를 하는 경우 수익자가 자산유동화거래 당시에 사해신탁행위에 대해 선의였다고 하더라도 그 후 해당 신탁이 사해신탁이라는 이유로 언제든지 수익권 및 그에 기하여 이미 받은 급부가 취소될 위험이 있으므로 자산유동화거래가 안정적으로 유지된다는 보장이 없고 투자가에게도 예측하지 못한 손해를 발생시킬 수 있음이 지적되었다.[15]

2. 구신탁법 제12조의 개정 과정

신탁제도에 대한 경제 · 사회적 요구가 나타나게 됨에 따라 이루어진 신탁법 전면개정 작업으로 사해신탁취소에 관한 구신탁법 제12조도 변화를 맞이하게 되었는데,[16] 이상

---

13) 이하의 문제점을 정리한 자료로는, 法務省民事局参事官室, 信託法改正要綱試案 補足説明, 2005, 6-7.

14) 한편, 민법과 신탁법의 균형이라는 관점에서는 민법 제424조 제1항이 수익자의 선의를 요건으로 하는데 반해 구신탁법 제12조 제2항이 수익자의 선의 및 무중과실을 요건으로 하는 점도 문제되었다. 이에 대하여는 신탁법규가 민법법규의 특별법이라면 양자의 요건 · 효과에 차이가 있는 것 자체만으로 균형을 잃는다고 평가할 수는 없고, 그러한 차이가 신탁법규정의 특별법규성의 근거가 되는 법이론이나 법정책에 합치하고 있는지 여부에 비추어 균형성 여부를 평가하여야 한다는 견해로, 米倉彰(編), 信託法の新展開: その第一歩をめざして, 2008, 86(松尾弘 집필부분).

15) 寺本昌広, 逐条解説 新しい信託法, 補訂版, 2008, 58.

16) 이러한 개정작업을 위해 법제심의회에 신탁법부회(信託法部会)가 설치되어 2004년 10월부터 심의가 개시되었고 동 부회는 2005년 7월 18회의 심의를 거쳐 「신탁법개정요강시안(信託法改正要綱試案)」을 결정하였다. 이것은 법무성 민

에서 살펴본 구신탁법 제12조의 문제점을 바탕으로 법제심의회 산하 신탁법부회(이하 '신탁법부회'라 한다)에서 작성한 「신탁법제연구회보고서」에서는 갑안과 을안이 제안되었고[17] 을안의 요건을 보완한 「신탁법 개정에 관한 검토 과제」[18]를 토대로 「신탁법개정요강시안」이 마련되었다.

가. 「신탁법개정요강시안」

2005년 7월 15일 신탁법부회가 마련한 「신탁법개정요강시안」(이하 '요강시안'이라 한다)를 요약하면,[19] '요강시안'에서는 수탁자를 상대로 한 취소청구, 수익자를 상대로 한 지급

사국 참사관실이 작성한 「신탁법개정요강시안보충설명(信託法改正要綱試案補足説明)」과 함께 공표되었고, 이에 대한 의견을 반영하여 11차례 더 심의를 거듭한 뒤 2006년 1월 제30차 회의에서 「신탁법 개정요강안(信託法改正要綱案)」이 만장일치로 결정되었다. 동 요강에 기초하여 작성된 「신탁법안(信託法案)」은 같은 해 12월 일부 부칙만 수정하여 가결되어 12월 15일 공포되었고, 개정 신탁법 및 신탁업법은 2007년 9월 30일에 시행되기에 이르렀다. 이렇게 개정된 신탁법은 1922년 신탁법을 제정한 이후 80여년 만에 이루어진 실질적인 개정으로 75개 조문에 불과했던 구신탁법을 271개 조문으로 전면개정하여 폭넓은 내용을 담고 있다. 이하에서는 2006년 전면개정된 일본 신탁법을 일본 '신신탁법'으로 그 이전의 일본 신탁법을 일본 '구신탁법'으로 칭하기로 한다.

17) **신탁법제연구회보고서**[갑안] 채무자가 그 채권자를 해하는 것을 알고 신탁을 설정한 경우에는 채권자는 수탁자 또는 수익자 중 어느 하나의 자가 악의일 때에는 「민법」 제424조 제1항에 규정하는 취소권을 행사할 수 있는 것으로 한다.

2. 1에 의한 취소가 이루어진 경우에 수익자가 반환하여야 할 이익의 범위에 대해서는 현행법 제12조 제2항 규정의 취지를 유지한다.

[을안] 채무자가 그 채권자를 해하는 것을 알고 신탁을 설정한 경우에는 채권자는 수익자가 선의일 때에는 민법 제424조 제1항에서 규정하는 취소권을 행사할 수 없는 것으로 한다(「信託法制研究会報告書」, 信託法制研究会, 2004.9.).

18) **제4 사해신탁에 대하여**

1. 사해신탁의 취소 채무자가 채권자를 해함을 알고 신탁을 설정하기 위해 재산을 처분한 경우에, 채권자는 수탁자가, 채무자가 채권자를 해함을 알고 신탁을 설정하기 위해 재산을 처분한 것을 알지 못하였다 하여도 민법 제424조의 취소권을 행사할 수 있는 것으로 하고 있다. 다만, 수익자의 전부 또는 일부가 수익권을 취득한 당시에 채무자가 채권자를 해함을 알고 신탁을 설정하기 위해 재산을 처분한 것을 알지 못한 때에는 그러하지 아니하다.

(주)수익자가 신탁설정 당시에 존재하지 않는 경우에는 수익자로 되는 자가 수익권을 취득한 당시에 선의인가 아닌가를 결정하는 것으로 하고, 가령 이른바 목적신탁을 허용하는 경우, 채권자는 채무자에게 사해의사가 있는 한 항상 취소할 수 있는 것으로 한다.

2. 악의의 수익자에 대한 반환청구 사해신탁의 취소가 되지 않는 경우에, 채권자는 채무자가 채권자를 해함을 알고 신탁을 설정하기 위해 재산을 처분한 것을 수익권을 취득한 당시에 알고 있는 수익자에 대하여, 이미 취득한 재산의 위탁자에게 반환또는 수익권의 수익자에게 양도를 청구할 수 있는 것으로 한다(「信託法の見直しに関する検討課題」, 法務省民事局, 2004.10.).

19) **신탁법개정요강시안 제3 사해신탁에 대하여**

1. 사해행위취소의 특칙 (1) 수탁자가 가지고 있는 신탁재산의 회수 위탁자가 그 채권자를 해하는 것을 알고 신탁을 설정한 경우에는 채권자는 수탁자가 그 채권자를 해하는 것을 알고 신탁을 설정한 사실을 알지 못한 때에도 민법 제424조 제1항의 취소권을 행사할 수 있다. 다만, 수익자의 전부 또는 일부가 수익자로서 지정된 것을 안 당시, 위탁자가 그 채권자를 해하는 것을 알고 신탁을 설정한 사실을 중대한 과실에 의하지 아니하고 알지 못한 때에는 그러하지 아니하다.

(2) 수익자에게 급부된 신탁재산의 회수 (1)의 경우 수익자가 신탁재산의 지급을 받은 때에는 채권자는 「민법」 제424조 제1항의 취소권을 행사할 수 있는 것으로 한다. 다만, 수익자가 수익자로서 지정된 것을 안 당시 위탁자가 그 채권자를 해하는 것을 알고 신탁을 설정한 사실을 중대한 과실에 의하지 아니하고 알지 못한 때에는 그러하지 아니하다.

2. 악의의 수익자에 대한 수익권의 양도청구 위탁자가 그 채권자를 해한다는 것을 알고 신탁을 설정한 경우에는 채권자는 수익자에 대하여 수익을 위탁자에게 양도할 것을 청구할 수 있다. 다만, 수익자가 수익자로서 지정된 사실을

된 취소청구, 수익자에 대한 수익권양도청구의 3가지 유형을 제시하였다. 구체적으로는 취소의 요건으로 수탁자의 주관적 요건을 따지지 않는 것에 대해서는 구법을 유지하되, 수익자의 악의 또는 중과실을 요건으로 하면서 수익자가 복수인 경우에는 그 중 1인이라도 선의거나 무중과실인 경우 수탁자에 대한 사해신탁취소청구권 행사가 불가하도록 하였다. 그리고 이 때 수익자의 악의 또는 중과실에 대해서는 수탁자 측이 그 증명책임을 지는 것으로 하였다. 그 이유는 수탁자의 선관주의의무의 일환이라고 설명되고 있으나 실질적으로는 수익자와 위탁자의 채권자 간 이익 균형을 도모하는 기능을 가지는 것으로 해석된다.[20] 한편, 수익자에 대한 취소청구의 경우 수익자의 선의 또는 무중과실의 증명책임은 수익자 자신이 지도록 하였다. 더불어 수익자의 주관적 요건의 판정시기를 수익자로 '지정된 것을 안 당시'로 명확히 하였다.

나. 「신탁법개정요강」

2006년 2월 8일 신탁법부회가 마련한 「신탁법개정요강」(이하 '요강'이라 한다)은 '요강시안'에서 약간의 변경이 있었는데 이를 요약하면,[21] 먼저 수익자의 주관적 요건과 관련하여

안 당시, 위탁자가 그 채권자를 해하는 것을 알고 신탁을 설정한 사실을 중대한 과실에 의하지 아니하고 알지 못한 때에는 그러하지 아니하다.

(주)수익자로 지정된 자가 아직 수익권을 취득하지 아니한 경우와 말하는 목적신탁(제69참조) 및 공익신탁(제70참조)의 경우에는 채권자는 위탁자에게 사해의사가 있는 한 항상 취소가 가능하다(「信託法改正要綱試案」, 法制審議会信託法部会, 2005.7.15.)

(상기의 밑줄은 필자가 한 것이다)

20) 米倉彰(編), 信託法の新展開, 90(松尾弘 집필부분).

21) **신탁법개정요강 제3 사해신탁취소에 대해**

1. 사해행위 취소특칙 (1) 수탁자가 가지고 있는 신탁재산의 회수 가. 위탁자가 그 채권자를 해한다는 것을 알고 신탁을 한 경우에는 수탁자가 그 채권자를 해한다는 것을 알고 신탁을 한 사실을 알지 못한 때에도 채권자는 수탁자에 대하여 민법 제424조 제1항의 취소권을 행사할 수 있는 것으로 한다. 다만 수익자가 실제로 존재하는 경우, 수익자의 전부 또는 일부가 사해행위의 규정에 따라 수익자로 지정된 것을 알았거나 수익권을 양수한 때 채권자를 해할 사실을 알지 못한 때에는 그러하지 아니하다.

나. 가의 경우, 「민법」 제424조 제1항의 취소판결이 확정된 때에는 신탁재산으로 충당하는 채무(수탁자가 신탁재산에 속하는 재산으로써 이행할 책임을 지는 채무를 말한다. 이하 같다)과 관련된 채권자가 해당 채무와 관련된 채권을 취득한 때, 위탁자의 채권자를 해하는 사실을 알지 못한 때에 한하여, 위탁자는 해당 채무와 관련된 채권자에 대하여 해당 채무에 관하여 변제의 책임을 진다. 단, 수탁자로부터 위탁자에게 이전하는 재산의 가액을 한도로 하는 것으로 한다.

(2) 수익자에게 급부된 신탁재산의 회수 (1) 가목의 경우, 수익자가 수탁자로부터 신탁재산에 속하는 재산을 지급 받은 때에는 채권자는 해당 수익자에 대하여 「민법」 제424조 제1항의 취소권을 행사할 수 있는 것으로 한다. 다만, 수익자가 신탁행위의 규정에 의하여 수익자로 지정된 사실을 알았거나 수익권을 양도받은 때에 이르러 채권자를 해하여야 하는 사실을 알지 못한 때에는 그러하지 아니하다.

2. 악의의 수익자에 대한 수익권의 양도청구 위탁자가 그 채권자를 해한다는 것을 알고 신탁을 한 경우에는 채권자는 수익자에 대하여 수익권을 위탁자에게 양도할 것을 청구할 수 있다. 다만, 수익자가 신탁행위의 규정에 의하여 수유자로 지정된 사실을 알았거나 수익권을 양수한 때에 채권자를 해할 사실'을 알지 못한 때에는 그러하지 아니하다.

3. 선의자를 무상으로 수익자로서 지정하는 것 또는 수익권을 선의자에게 무상으로 양도하는 것의 남용에 대한 대처 (1) 수익자를 지정하거나 수익권을 양도함에 있어서는 1 (1) 가 본문, 1 (2) 본문 또는 2 본문의 적용을 부당하게 면할 목적으로 채권자를 해할 사실을 알지 못하는 자(이하 "선의자"라 한다)를 무상(무상과 동일시해야 하는 유상인 경우 포함. 이하 동일)으로 수익자로 지정하거나 수익권을 선의자에게 무상으로 양도해서는 안 된다.

‘선의 · 무중과실’의 요건을 대신하여 ‘선의’를 요건으로 하는 것으로 수정하였다.[22] 또한 수익자의 주관적 요건의 판단기준시로 ‘수익자로 지정된 것을 안 때’에 부가하여 ‘수익권을 양수한 때’를 규정함으로써 수익권 양도시 수익자의 선의 요건의 판단기준시를 명확히 하였다. 한편, ‘요강’에서는 사해신탁취소판결이 확정된 경우 신탁채권자에 대한 배려로, 신탁채권자가 선의인 경우 위탁자는 수탁자로부터 위탁자에게 이전하는 재산의 가액을 한도로 신탁채권자에 대하여 변제의 책임을 지도록 규정하였다. 또한 선의의 수익자를 이용하여 사해신탁을 설정할 경우를 대비하여, 선의자를 무상(무상과 동일시할 수 있는 유상을 포함)으로 수익자로 지정하거나 선의자에게 수익권을 무상으로 양도할 경우 사해신탁취소 청구가 가능하도록 규정하였다.

다. 「신탁법안」 및 신신탁법 제11조

위와 같은 개정작업을 거쳐 2006년 3월 13일 마련된 「신탁법안」은 기본적으로 ‘요강’의 입장을 유지하면서, 약간의 문구를 수정하였다. 먼저, 사해신탁취소청구의 상대방에 관하여 “…을 피고로 하여”라고 규정하여 이를 명확히 하고, 수익권양도청구권의 행사방법으로 “…소로써 청구할 수 있다”고 규정하여 소송에 따를 것을 명문으로 규정하였다. 그리고 ‘요강시안’이나 ‘요강’에서와 같은 “수탁자 밑에 있는 신탁재산의 환수”, “수익자에게 급부된 신탁재산의 환수”와 같은 표현은 조문에서 삭제하였다. 한편, 사해신탁의 부인에 관한 규정도 신설(법안 제12조)되어 신탁법안 제11조 및 제12조는 별도의 수정 없이 같은 해 12월 신탁법 제11조 및 제12조로 성립되었다.

구법과 비교하여 신신탁법 제11조의 사해신탁취소청구권은 선의의 수익자를 보호하면서도 그 증명책임에서 채권자와의 이익조정을 하고 있다고 평가할 수 있다. 구신탁법상 수익자의 주관적 요건은 위탁자의 채권자가 증명하는 것으로 해석되었으나, 신신탁법상으로는 수탁자가 선관주의의무의 일환으로 수익자의 선의에 대한 증명책임을 부담하는 것으로 해석되기 때문이다.[23] 또한, 구신탁법과는 달리 신탁실무를 반영하여 신탁채권자 보호

---

(2) (1)을 위반하여 선의자가 무상으로 수익자로 지정되거나 수권이 선의자에게 무상으로 양도된 때에는 1 (1)가 단서, 1 (2) 단서 및 2 단서는 적용하지 아니한다.

(주1) 사해신탁 부인 등에 관한 규율을 정비한다.

(주2) 목적신탁(제68 참조) 및 공익신탁(제69 참조)의 경우에는 위탁자에게 사해의사가 있는 한 위탁자의 채권자는 항상 사해신탁취소권의 행사가 가능한 것으로 한다(「信託法改正要綱」, 法制審議会信託法部会, 2006.2.8.)

(상기의 밑줄은 필자가 한 것이다)

22) 이렇게 수정한 것에 대하여는, 민법 제424조와의 균형을 잡기 위해서라는 견해로 道垣内弘人(編), 条解信託法, 2017, 67(大村敦志 집필부분).

23) 이 때 수탁자는 수익자에 대하여 소송고지를 함으로써 선관주의의무위반에 대한 위험을 경감하고, 수익자도 취소소송에 보조참가함으로써 권리보전을 도모할 수 있다고 한다(寺本昌広, 逐条解説 新しい信託法, 59).

를 위한 규정도 마련한 점에 특색이 있다. 요컨대, 개정신탁법은 단 두 개의 조문만을 두었던 구법과 비교하여 구체적인 규정을 두고 선의의 수익자의 이익보호에 중점을 두면서 수탁자와 거래한 신탁채권자의 이익도 보호하고 있다.

3. 2017년 민법(채권법) 개정과 신탁법 제11조의 수정

한편, 2017년 일본 민법 채권편의 전면개정에 따라 사해행위취소권 규정이 개정되었다. 개정된 부분을 간략히 살펴보면, 먼저 사해행위취소의 소의 피고를 명문으로 규정하였다(일본 민법 제424조의7). 다음으로 전득자에 대한 사해행위취소청구의 경우, 수익자로부터 전득한 자인 경우와 다른 전득자로부터 전득한 자인 경우를 나누어, 해당 전득자 뿐만 아니라 수익자와 그 이전의 모든 전득자의 악의를 사해행위취소권의 성립요건으로 규정하였다(동법 제424조의5).[24] 그리고 개정 민법에서는 전득자에 대한 요건을 분리하여 규정함으로써 전득자에 대하여는 채권자가 전득자의 악의를 증명하여야 하는 것으로 변경하였다. 또한 사해행위로 이전한 재산의 반환이 곤란한 경우 예외적으로 가액상환이 가능할 것인지에 대하여 종전에는 해석으로 인정하였던 부분을 명문으로 규정하였다(동법 제424조의6). 그리고 사해행위취소의 효력이 채무자 및 모든 채권자에게 미치도록 하여(동법 제425조), 그 취소청구의 소를 제기한 경우 채무자에 대한 소송고지 규정을 신설하였다(동법 제424조의7).

이러한 사해행위취소권 규정의 개정에 따라 이를 반영하여 사해신탁의 취소에 관한 일본 신탁법 제11조도 수정되었다. 개정된 부분은 동조 제1항, 제2항, 제4항, 제7항으로 제1항 단서, 제4항 단서를 제외하면, 다른 것은 표현상의 형식적인 수정이다. 개정 채권법에 따라 개정된 주요 부분은, 먼저 수탁자를 상대로 한 사해신탁취소청구의 경우, 수익자 전부와 수익권을 양수한 자가 있는 경우에는 해당 수익자와 그 전에 수익권을 양도한 모든 자의 악의를 요건으로 하고, 수익자를 상대로 한 사해신탁취소청구의 경우, 해당 수익자가 수익권을 양수한 자인 경우에는 해당 수익자와 그 전에 수익권을 양도한 모든 자의 악의를 요건으로 규정한 것이다. 또한 개정 전에는 수익자의 주관적 요건을 소극적 요건으로 규정한 반면 개정 후에는 이를 적극적 요건으로 규정하여 수익자의 주관적 요건에 대한 증명책임을 채권자에게 전환하고 있다.

한편 위와 같이 사해행위취소에 관한 민법 규정의 개정의 내용이 일부 반영되었음에도 불구하고 양자 간의 관계에서 몇 가지 해석상 어려움이 발생할 것으로 생각한다.[25] 먼

24) 이에 관한 개정심의 과정상의 논의는 民法(債権関係)部会資料 71-3, 「民法(債権関係)の改正に関する中間試案」に対して寄せられた意見, 117-118 참고.

저, 사해신탁취소가 문제된 사건이라고 하더라도 신탁수익자로부터 전득한 자에 대하여는 사해행위취소권을 행사하여야 하는데 일본 개정 민법 제424조의5는 그 요건으로 전득자 이전의 모든 자의 악의를 규정하고 있으므로 수탁자 또한 악의여야 하는지가 문제 될 수 있다.[26] 다음으로 일본 개정 민법 제425조는 사해행위취소의 효과에 관해 기존의 판례의 입장인 상대적 효력설을 폐기하고 절대적 효력설을 도입한 것으로 해석되는데, 일본 신탁법 제11조는 이를 명시적으로 준용하고 있지 않지만 앞으로 사해행위취소판결의 효력과 관련하여 사해신탁취소판결의 효력을 어떻게 해석할 것인지 문제될 수 있다.

Ⅲ. 우리나라 신탁법 제8조의 개정 경위와 내용

1. 신탁법 제정 배경과 구신탁법 제8조의 문제점

우리나라에서 신탁에 관한 법률은 1920년 조선총독부령으로 담보부사채신탁법을 의용하고, 1931년 조선총독부령으로 일본신탁법을 의용하면서 조선신탁업령을 제정함으로써 처음으로 등장하게 되었다. 당시 일본 총독부가 위와 같은 신탁제도를 도입한 것은 부동산 신탁제도를 통하여 우리나라 토지에 일본인들이 쉽게 투자할 수 있도록 하기 위한 목적이었다.[27] 의용신탁법은 해방 이후에도 상당히 오랫동안 계속되어 오다가 5 · 16 혁명 이후 구법의 정리작업에 따라 1961년 12월 30일 법률 제900호로 신탁법이 제정되기에 이르렀다. 이렇게 제정된 신탁법은 1922년 제정된 일본신탁법을 계수한 것으로 그 내용이 대동소이하였다. 동년 동월 31일 법률 제945호로 제정된 신탁업법도 조선신탁업령을 부분적으로 수정한 것이었다.

한편, 이러한 구신탁법에서는 사해신탁취소권에 관해 특별히 규정하였는데(구신탁법 제8조) 그 내용은 일본 구신탁법 제12조와 동일하였고,[28] 일본의 경우와 마찬가지의 문제점

25) 이는 우리 법의 해석과는 직접적인 관계가 없는 내용으로 본고에서는 이에 관한 구체적인 논의는 생략한다.

26) 이에 관하여는 사해신탁취소에서 수탁자의 선의 여부를 묻지 않는다는 규율(신탁11조 1항)의 취지상 수탁자가 선의인 것은 사해행위취소권 행사에 지장이 되지 않는다고 보는 견해가 있다(道垣内弘人(編), 信託法, 有斐閣, 2017, 128면).

27) 의용신탁법은 1931년 12월 1일부터 시행되었고 전문 73개조와 부칙으로 구성되어 있었다(한국신탁은행, 한국신탁은행 5년사, 1976, 263). 같은 시기에 제정된 조선신탁업령은 전문 40개조와 부칙으로 이루어져 있었다(홍유석, 신탁법, 전정판, 법문사, 1999, 491).

28) 구신탁법 제8조(사해신탁) ① 채무자가 채권자를 해함을 알고 신탁을 설정한 경우에는 채권자는 수탁자가 선의일지라도 민법 제406조 제1항의 취소 및 원상회복을 청구할 수 있다.
② 전항의 규정에 의한 취소와 원상회복은 수익자가 이미 받은 이익에 영향을 미치지 아니한다. 단, 수익자가 변제기가 도래하지 아니한 채권의 변제를 받은 경우 또는 수익자가 그 이익을 받은 당시에 채권자를 해함을 알았거나 중대한 과실로 이를 알지 못한 경우에는 예외로 한다.

이 지적되었다. 즉, 수탁자와 수익자의 주관적 요건을 고려하지 않는 것은 자산유동화구조를 안정적으로 유지할 수 없게 하고, 민법상 채권자취소권에서의 수익자 또는 전득자에 비해 수탁자 또는 수익자의 보호가 부족하다는 점이다. 따라서 이들과 위탁자의 채권자와 신탁의 보호를 적절하게 조화시킬 필요가 있다는 점이 지적되었다.29)

2. 구신탁법 제8조의 개정 과정

가. 신탁법개정안

변화된 경제현실과 국제환경에 발맞추어 신탁법제의 활성화를 위해 2008년 신탁법 전면개정을 위한 준비작업이 시작되었고30) 이에 따라 사해신탁취소권에 관한 구신탁법 제8조도 개정안이 마련되게 되었다. 2010. 2. 24 제출된 신탁법개정안을 살펴보면,31) 먼지 수탁자의 경우 유상으로 신탁을 인수할 때 선의인 경우에는 사해신탁취소청구권을 행사할 수 없도록 하였다. 구법에 의하면, 유상으로 신탁을 인수한 수탁자의 경우, 사해신탁취소로 인해 이미 받은 보수와 장래에 받을 보수를 상실하게 되고, 신탁재산의 원본을 선의의 수익자에게 모두 양도하여 신탁재산을 보유하고 있지 않음에도 수탁자에 대한 사해신탁취소청구권 행사와 그에 기한 원상회복청구권이 가능한 부당한 사안이 발생할 수 있다는 고려에서였다. 또한 개정안에서는 무상으로 수익권을 취득한 경우에는 사해신탁이 취소되더라도 그 이익의 침해가 크지 않으므로 수익자의 선의 · 악의와 상관없이 사해신탁의 취소를 인정하고, 대가를 제공하고 수익권을 취득한 유상수익자 또는 유상수익권을 유상으로 전득

29) 법무부, 신탁법 개정안 해설, 2012, 76.

30) 2008년 1월 법무부는 신탁법 개정 특별분과위원회를 구성하여 모두 24차례의 회의를 통해 개정시안을 마련하였고, 200년 9월 25일 공청회와 부처협의를 거쳐 2009년 10월 27일 신탁법 전면개정안을 입법예고하였다. 이후 전면 개정된 신탁법은 2011. 7. 25. 법률 제10924호로 제정되어 2012. 7. 26. 시행되었다. 이는 신탁법 제정 이후 처음으로 이루어진 실질적인 내용 전반의 개정으로 개정 신탁법은 신탁법제의 활성화를 위해 불필요한 규제를 완화하고 개인과 기업이 신탁을 통해 편리하게 자산관리를 할 수 있도록 유한책임신탁, 수익증권발행신탁 등 새로운 신탁제도를 도입하였다. 이하에서는 2011년 전면 개정된 신탁법을 '개정 신탁법'으로 칭하기로 한다.

31) **신탁법전부개정법률안 중 제8조(사해신탁)** ① 채무자가 채권자를 해함을 알면서 신탁을 설정한 경우 채권자는 수탁자나 수익자에게 민법 제406조 제1항의 취소 및 원상회복을 청구할 수 있다. 다만, 수탁자가 유상으로 신탁을 인수하거나 수익자가 유상으로 수익권을 취득할 당시 채권자를 해함을 알지 못한 경우에는 그러하지 아니하다.
② 신탁이 취소되어 신탁재산이 원상회복된 경우 위탁자는 취소된 신탁과 관련하여 그 신탁이 수탁자와 거래한 선의의 제3자에 대하여 원상회복된 신탁재산의 한도 내에서 책임을 진다.
③ 선의의 수탁자가 유상으로 신탁을 인수하여 신탁이 취소되지 못한 경우 채권자는 악의의 수익자나 수익권의 무상취득자에게 그가 취득한 수익권 및 그 밖의 이익을 위탁자에게 양도할 것을 청구할 수 있다.
④ 선의의 수익자가 유상으로 수익권을 취득하여 신탁이 취소되지 못한 경우 채권자는 악의의 수탁자에게 그가 받은 보수 및 그 밖의 이익을 위탁자에게 양도할 것을 청구할 수 있다.
⑤ 제3항 또는 제4항의 경우 위탁자와 사해신탁의 설정을 공모하거나 위탁자에게 사해신탁의 설정을 교사 · 방조한 수익자 또는 수탁자는 위탁자와 연대하여 이로 인하여 채권자가 받은 손해를 배상할 책임을 진다.
(상기의 밑줄은 필자가 한 것으로, 국회심의과정에서 달라지게 된 부분이다.)

한 수익자가 사해신탁에 대하여 선의인 경우에는 예측할 수 없는 손해를 방지하기 위해 사해신탁취소권을 인정하지 않는 것으로 규정하였다. 한편, 개정안에서는 선의의 수탁자가 유상으로 신탁을 인수하여 이러한 수탁자를 상대로 사해신탁취소권 행사를 할 수 없는 경우 악의의 수익자나 수익권의 무상취득자에게 수익권양도청구를 할 수 있도록 규정하는 한편(개정안 제8조 제3항), 선의의 수익자가 유상으로 수익권을 취득하여 수익자를 상대로 사해신탁취소권 행사를 할 수 없는 경우 악의의 수탁자에게 그가 받은 이익을 양도할 것을 청구할 수 있도록 규정하였다(개정안 제8조 제4항). 나아가 위탁자와 사해신탁의 설정을 공모, 교사 또는 방조한 수익자 또는 수탁자는 위탁자의 채권자에 대하여 취소에 따른 원상회복 책임 이외에 위탁자와 연대하여 채권자에 대한 손해배상책임을 지도록 하는 규정을 마련하였다(개정안 제8조 제6항).

나. 개정 신탁법 제8조

이러한 개정안은 국회심의과정에서 원안과는 상당히 다른 내용의 것이 되었는데, 심의과정에서 달라진 부분은 수탁자와 수익자의 주관적 요건에 대한 부분과 이것을 전제로 한 수익권양도청구권에 대한 부분이다. 먼저 수탁자가 유상으로 신탁을 인수할 때 선의인 경우에는 사해신탁취소청구권을 행사할 수 없도록 한 것에 대하여는, 수탁자는 신탁의 이익을 향수하는 자가 아니므로 민법 제406조에서 말하는 '이익을 받은 자'에 해당하지 않기에 그 선의 · 악의가 문제될 여지가 없고, 비교법적으로도 수탁자의 주관적 요건에 따라 사해신탁의 취소여부를 달리보는 입법례는 없으며, 수익자의 선의 또는 악의를 기준으로 취소 여부를 가리면 충분하다는 반론32)이 있었다. 또한 수탁자가 신탁의 인수로 단지 보수를 취득할 뿐이라면 사해신탁취소에 해당하여 보수청구권을 상실하게 된다고 하더라도 그것은 수탁자의 사해행위의 당연한 결과이며, 수탁자가 대가를 지급하고 신탁을 인수한 경우라면 '사해성'유무의 판단에 따라 사해신탁취소권의 행사 여부가 달라지게 될 것이므로 결과적으로 부당한 상황이 초래되지 않을 것이고, 수탁자가 신탁을 인수한 대가가 신탁재산에 비하여 현저히 균형을 잃을 정도로 미약한 경우에도 유상인수로 보아 취소대상에서 배제하는 것은 타당하지 않다는 반론33)도 있었다. 결론적으로 개정법에서는 수탁자의 선의 여부와 무관하게 사해신탁취소청구권을 행사할 수 있는 것으로 하되(신탁법 제8조 제1항 전단), 선의의 수탁자에 대하여는 수탁자에게 현존하는 신탁재산의 범위 내에서만 원상회복을 청구할 수 있다고 규정(동법 동조 제3항)하였다. 이렇게 선의의 수탁자의 원상회복 범위를

32) 법원행정처 의견(법무부, 신탁법해설, 2012, 82).
33) 서울지방변호사회 의견(법무부, 신탁법해설, 84).

제한한 것은, 사해신탁취소권 규정에서 비슷한 체계를 가지고 있는 일본과 비교하여 우리만 가지고 있는 특별한 규정이다. 다음으로 무상으로 수익권을 취득한 자에 대하여는 수익자의 주관적 태양과 상관없이 사해신탁취소를 인정하고 유상으로 수익권을 취득한 선의의 수익자에 대하여는 사해신탁취소를 할 수 없도록 개정안에 대하여는, 수탁자의 경우와 마찬가지로 수익자가 수익권의 취득을 위하여 대가를 지급한 경우라고 하더라도 그 대가가 신탁재산과 비교하여 현저히 미약한 경우에도 유상취득으로 보아 취소대상에서 배제하는 것은 타당하지 않다는 반론[34]이 있었다. 결론적으로 개정법은 수익권 취득의 유 · 무상 여부를 구분하지 않고 선의의 수익자를 보호하는 것으로 정부안을 수정하였다. 그리하여 수익자의 사해행위에 대한 악의를 사해신탁취소청구권 행사의 요건으로 규정하고(동법 동조 제1항 후단), 여러 명의 수익자 중 일부가 수익권을 취득할 당시 채권자를 해함을 알지 못한 경우에는 악의의 수익자만을 상대로 취소권을 행사할 수 있도록 규정하였다(동법 동조 제2항). 또한 개정 신탁법에서는 사해신탁취소권의 요건 중 유 · 무상 구분에 따른 요건을 삭제하게 되면서 그것을 전제로 한 개정안 상의 수익권양도청구권의 내용도 달라지게 되었다. 즉 개정안에서 수익권양도청구권에 관한 규정은 유상으로 신탁을 인수한 선의의 수탁자나 유상으로 수익권을 취득한 선의의 수익자를 상대로 한 사해신탁취소청구를 할 수 없는 경우를 대비한 규정이었는데, 개정 신탁법은 이러한 유 · 무상의 구분에 따른 요건을 삭제하면서도 악의의 수익자에 대한 수익권양도청구권 규정은 남겨두면서, 애초의 개정안과는 다소 다른 형태의 것으로 규정(동법 동조 제5항)하고 있다. 나아가 개정 신탁법은 개정안의 내용 중에는 포함되어 있지 않았던 선의의 신탁채권자를 보호하기 위한 규정을 새롭게 마련하였다(동법 동조 제4항). 수탁자와 거래한 신탁채권자는 신탁재산을 책임재산으로 하는 신탁채권을 가지고 있는데 사해신탁이 취소되어 원상회복되면 신탁채권자로서는 예측할 수 없는 손해를 입을 수 있다는 고려에서 동 규정을 마련하되[35] 이에 따른 위탁자의 이행책임은 '원상회복된 신탁재산의 한도 내'로 한정하고 있다. 한편 개정안 상 특별한 손해배상책임(개정안 제8조 제5항)은 개정법에서도 그대로 유지되었다(신탁법 제8조 제6항).

사해신탁취소에 관한 개정 신탁법의 특성을 요약하면, 구신탁법이나 민법상 채권자취소권보다 구체적으로 규정하고 있다는 점, 구법이 취소채권자 보호에 치중해 있던 반면 개정법은 취소채권자 보호와 선의의 이해관계인 보호와의 균형을 꾀하고 있다는 점을 들 수 있다. 이를 구체적으로 살펴보면, 개정 신탁법 제8조는 사해신탁취소권과 관련하여 단 두 개의 조항만을 두고 있던 구법과 비교할 때, 6개 항으로 보다 구체적으로 규정하여 그 요

34) 서울지방변호사회 의견(법무부, 신탁법해설, 84).
35) 법무부, 신탁법 해설, 90.

건을 명확히 하고 있다. 또한 개정 신탁법에서는 수탁자의 주관적 요건을 묻지 않고 사해신탁취소권을 행사할 수 있도록 하고(개정신탁법 제8조 1항) 악의의 수익자에 대한 수익권양도청구권을 규정(동법 동조 제2항), 사해신탁행위를 공모 또는 채무자인 위탁자를 교사 · 방조한 수탁자 및 수익자에 대한 손해배상책임을 규정(동법 동조 제6항)하여 취소채권자를 보호하면서도 선의의 수탁자의 원상회복 범위의 제한 규정(제3항), 선의의 신탁채권자 보호규정(동법 동조 제4항)으로 선의의 이해관계인의 보호하고 있다. 이 중 제3항과 제6항 규정은 일본과 비교하여 우리만의 특유한 규정이다.

Ⅳ. 일본 신탁법 제11조와의 비교 및 시사점

일본은 대륙법 체계를 따르면서도 영미법상 신탁제도를 비교적 일찍 받아들였는데 이러한 제도 도입의 최초의 유인은 경제 부흥에 필요한 투자책 마련이었다.[36] 즉, 대륙법계 체계로는 영미법에서 유래한 신탁제도가 친숙해지기 어려운 제도이지만 제도 활용의 필요성이 신탁제도를 받아들이지 않을 수 없는 유인책으로 작용한 것이다. 한편 이렇게 영미법상 신탁제도를 받아들였음에도 불구하고 사해신탁에 관하여는 신탁법 안에서 특별하게 규율하고 있는 체계를 갖추고 있는데 앞서 서두에서 밝혔듯이 이는 사해신탁을 별도로 규율하지 않고 일반 사해행위에 관한 법으로 의율하는 영국이나 미국의 규율방식과 다른 독특한 규율방식이라고 할 수 있다. 이러한 규율방식은 먼저 신탁법 제정의 배경에서 기인한 것으로 보인다. 즉, 일본 신탁법과 신탁업법은 신탁제도 남용 사태에 대응하여 신탁업계를 규제하기 위한 목적으로 제정된 배경을 가지고 있기 때문에 채무면탈을 목적으로 한 신탁에 관하여도 일반적인 사해행위취소와 비교하여 보다 엄격한 규율이 필요하다는 인식이 있었던 것으로 생각한다. 또한 신탁제도는 대륙법계인 우리의 법 관념에는 매우 이질적인 제도라는 점 또한 사해신탁취소를 특별히 규율하고 있는 방식에 영향을 주었다고 할 수 있다. 신탁행위와 일반적인 법률행위는 다르고 신탁법을 제정하게 된 이상 사해적 신탁행위도 일반적인 사해행위와는 별도로 규율하여야 한다는 인식이 있었다고 볼 수 있다. 우리의 제정 신탁법은 신탁제도에 대한 충분한 이해나 검토없이 이러한 일본 제정 신탁법을 그대로 계수하였기 때문에 사해신탁취소에 관해 일본과 동일한 규율방식을 취하고 있다. 신탁

36) 최근 대륙법계 국가인 프랑스에서도 담보신탁을 중심으로 신탁제도를 받아들이고 있는데(프랑스의 신탁제도 도입과정과 프랑스 신탁법의 주요 내용은 정태윤, 프랑스 신탁법, 비교사법 19/3 [2012] 941-1004 참고) 그 배경으로는 국제적인 금융거래에서의 신탁 활용의 흐름이었다고 하니 일본의 경우와 공통적으로 발견되는 점이 있다.

법 전면개정 과정을 거치면서 사해신탁취소권의 구체적인 내용은 달라지게 되었지만 보다 근본적으로는 이러한 규율방식이 적합한 것인지에 대한 검토가 선행되어야 한다. 생각건대 우리의 민법상 채권자취소권에 관한 규정은 단 두 개 조문으로 매우 단순하여 그 요건과 효과에 관한 복잡한 문제는 대부분 학설과 판례에 의지하고 있는 실정으로 이러한 학설과 판례에 의하더라도 우리의 법 관념으로는 상당히 이질적인 신탁제도 상의 사해신탁의 문제를 민법상 채권자취소권 규정으로 해석하는 것은 무리가 있다. 따라서 이러한 현재 우리의 실정으로는 사해신탁을 특별히 규정하고 있는 현행 방식이 적합하다고 생각한다.

한편 일본의 구신탁법에서 신신탁법에 이르기까지의 사해신탁취소권 규정에 관한 논의는 우리나라 신탁법 제8조의 개정과정에 많은 영향을 미쳤다. 우리의 구신탁법이 1922년 제정된 일본 구신탁법을 계수한 것이고 사해신탁취소에 관한 구신탁법 제8조의 내용이 일본 구신탁법 12조와 동일하였기 때문에 먼저 개정작업이 이루어진 일본에서의 논의가 우리의 개정작업에 지대한 영향을 미칠 수밖에 없었다. 그럼에도 불구하고 우리의 신탁법개정안 중 사해신탁취소권에 관한 부분은 일본 신신탁법 제11조와는 상당히 다른 내용을 포함하고 있었는데 유 · 무상의 요건 부가나 특별한 손해배상책임을 규정한 것이 바로 그것이다. 사해신탁취소에 관한 개정 신탁법은 국회심의과정을 통해 결과적으로는 일본 신신탁법 제11조와 거의 비슷한 체계를 갖추게 되었지만 수탁자에 대한 요건 중 유 · 무상의 구분을 삭제하는 대신 선의의 수탁자를 보호하는 규정을 두는 한편 개정안 중 특별한 손해배상책임 규정의 내용을 그대로 유지하게 된 것을 보면 개정과정에서 일본과는 다른 독자적인 규정을 마련하고자 노력한 점을 엿볼 수 있다.

사해신탁취소에 관한 개정 과정상 흐름을 비교해보면 일본 신탁법이나 우리 신탁법 신탁관계인을 보호하는 방향으로 개정이 이루어졌다는 점에서 공통점을 가지고 있는데 구체적으로는 선의의 수익자를 보호하는 규정을 두는 한편 선의의 신탁채권자를 보호하는 규정을 두고 있다. 신탁 실무를 살펴보면 사해신탁취소에서 신탁수익자가 보호되는 것과 마찬가지로 신탁채권자를 보호할 필요성은 있지만 엄연히 신탁설정 이후에 신탁재산에 대한 채권을 취득한 신탁채권자로 하여금 사해신탁취소로 원상회복된 신탁재산으로부터 채권의 만족을 얻을 수 있도록 한다는 것은 채권자취소권과의 체계정합성의 관점에서 부적절하고 또한 이러한 방식의 규율이 신탁채권자 보호에 실질적인 도움이 되지도 않을 것으로 생각한다. 원상회복된 신탁재산은 신탁채권자를 위한 배타적인 책임재산이 되는 것이 아니기 때문에 위탁자의 채권자와 함께 해당재산에서 변제를 청구하게 되고 결과적으로는 안분변제하게 될 것인데, 통상적으로 해당재산은 양자의 채권총액을 만족시키기에 충분치 않을 것이기 때문이다. 이렇게 선의의 신탁채권자 보호 규정이 미흡하다는 점에 대하여는 우리 신탁법은 물론 일본 신탁법상으로도 지적되고 있는 부분이다.[37] 생각건대 신탁채권자 보호가 문제되는 신탁 유형은 신탁재산만으로 책임을 지는 신탁의 유형[38]에 있고 이러한 유형에서의 신탁채권자 보호의 문제는 단순히 신탁법 제8조 제4항의 문제로 해결하려고 할 것이 아니라 보다 근본적으로 별도의 규율 방식을 취하여야 한다고 생각한다.[39]

한편 구체적인 내용에서는 우리와 비교하여 일본 신탁법 제11조의 내용이 보다 구체적이고 정교한 부분이 있는데 이를 간략히 살펴보면 먼저 우리 신탁법의 규정으로는 수익자가 선의인 때 수탁자에게 사해신탁취소권을 행사할 수 없는지가 명확하지 않은 것과 비교하여[40] 일본 신탁법은 수탁자에 대한 취소 청구의 요건으로 존재하는 수익자 전부의 선의를 요건으로 규정하여 이를 명확히 하고 있는 점을 들 수 있다(일본 신탁법 제11조 제1항 단서). 다음으로 우리 신탁법상으로는 수익자의 주관적 요건의 판단 기준시에 관해 수익자가 수익권을 '취득할 당시'로 규정하여(신탁법 제8조 제2항) 수익권을 취득할 당시에는 선의였던 수익자가 수익권을 취득하게 된 것을 알게 된 때에는 악의였던 경우에도 보호받게 되는 문제점이 있는데,[41] 이와 비교하여 일본 신탁법은 수익자로서의 '지정을 받은 사실을 안 때', 수익권을 양수한 자는 수익권을 '양수한 때'로 규정하여 수익자의 주관적 요건의 판단기준시를 명확히 하고 있다(일본 신탁법 제11조 제1항 및 제4항). 또한 선의의 신탁채권자 보호 규정과 관련하여 이상에서 살펴본 문제점은 별론으로 하고, 우리의 경우 '수탁자와 거래한' 선의의 제3자를 보호받을 수 있는 신탁채권자로 규정하여(신탁법 제8조 제4항) 비용상환청구권을 가지는 수탁자를 보호할 수 없는 반면 일본 신탁법은 이러한 수탁자를 신탁채권자 보호 규정으로 보호하고 있다(일본 신탁법 제11조 제3항).[42] 나아가 수익권양도청구와 관련하여 우리 신탁법은 단순히 '양도할 것을 청구할 수 있다'고 규정하고 민법 제406조 제2항을 준용

37) 이러한 관점에서 신탁법 제8조 제4항에 대한 비판으로는 한민, 사해신탁의 취소와 부인 — 채무자회생법 개정안에 관한 주요 논점을 중심으로 —, BFL 53 (2012) 15. 일본 신탁법 제8조 제2항의 비판으로는 米倉明(編), 信託法の新展開, 99-100(松尾弘 집필부분).

38) 책임재산한정특약이 없는 신탁이거나 유한책임신탁이 아닌 경우에는 신탁채권자는 여전히 수탁자의 고유재산에 권리를 행사할 수 있다.

39) 이에 관한 자세한 논의로는 신주희, 사해신탁취소권에 관한 연구, 2023 (이화여자대학교 박사학위논문), 160-162 참고.

40) 신탁법 제8조 제1항 본문과 단서의 해석론으로는 수익자가 선의인 경우는 물론, 복수의 수익자 중 일부가 선의일 때에도 수탁자에 대하여는 사해신탁의 취소권을 행사할 수 없다고 보는 것이 통설이다(광장신탁법연구회, 주석신탁법, 2013, 70; 김태진, 사해신탁취소권에 관한 개정 신탁법의 해석과 재구성, 선진상사법률연구 59 [2012] 196; 오창석, 개정 신탁법상 사해신탁취소제도의 개관, *金融法硏究* 6/2 [2009] 35; 정순섭 · 노혁준, 신탁법의 쟁점, 2015, 85; 최수정, 채권자취소권의 관점에서 본 신탁법상의 취소제도, 저스티스 155 [2016] 24; 한상곤, 사해신탁취소권의 행사에 관한 법적 고찰, *慶熙法學* 49/3 [2014] 84).

41) 이에 관해서는 입법론적 개선이 필요하다는 견해로 최수정, 저스티스 155 (2016) 19; 김태진, 선진상사법률연구 59 (2012) 203; 한민, BFL 53 (2012) 12.

42) 일본 신탁법은 제11조 제3항에서 수탁자의 비용상환 · 선급에 관하여 가지는 권리(일본 신탁법 제49조 제1항)를 금전채권으로 간주하여 동법 동조 제2항의 신탁채권자와 마찬가지로 보호하고 있다.

하고 있을 뿐이어서(신탁법 제8조 제5항) 수익권양도청구권을 재판상 청구여야 하는지에 관한 학설이 대립하고 있는 반면43) 일본 신탁법은 수익권을 위탁자에게 양도할 것을 '소로써 청구할 수 있다'고 규정하여 수익권양도청구권은 재판상 청구하여야 함을 분명히 하고 있다(일본 신탁법 제8조 제5항).

우리 신탁법상 독자적인 규정인 선의의 수탁자 보호 규정(신탁법 제8조 제3항)과 손해배상책임 규정(동법 동조 제6항)에 관하여도 일본 신탁법상 논의는 참고할 만하다. 먼저 선의의 수탁자 보호에 관하여는 수익자 또는 전득자에게 신탁재산이 양도되어 수탁자에게 남아있는 신탁재산이 없는 경우에도 수탁자의 주관적 태양을 묻지 않고 수탁자 고유재산에 의한 가액배상을 인정하는 것은 부당하다는 점이 지적되고 있고 나아가 사해신탁취소에 수탁자의 주관적 태양을 묻지 않는다면 수탁자의 원상회복책임도 신탁재산으로 한정하여야 하는 것이 아닌지에 대한 의문이 제기되고 있다.44) 또한 일본 내에서도 사해신탁을 설정한 위탁자와 수탁자에게 일반 불법행위책임을 추궁할 수 있다는 견해가 있는데 이러한 견해에서도 사해신탁설정을 '공모' 또는 '교사'한 경우에 그러한 불법행위책임을 인정할 수 있다는 점에 비추어45) '방조'의 유형까지 포함하고 있는 우리 신탁법상 규정을 재검토할 필요가 있다. 이상의 논의를 토대로 생각건대 사해신탁취소권과 관련하여 선의의 수탁자 보호나 손해배상 책임을 특별히 규정할 필요성이 있는지에 관해 의문이다. 먼저, 제3항 문제는 수탁자의 가액배상을 전제한 규정이라고 할 수 있는데 신탁관계의 특징을 고려하면 수탁자가 고유재산으로 책임을 지는 형태의 가액배상은 인정할 수 없다고 보아야 한다. 또한 제6항의 문제는 채권자취소권과의 정합성의 관점에서 문제가 있고 이는 제3자의 채권침해에 따른 불법행위의 문제로 다룰 수 있으므로 삭제하는 것이 타당하다는 생각이다.

Ⅴ. 나오며

신탁법은 사해신탁취소를 규정하는 한편 개정 신탁법에서 신탁선언에 의한 신탁설정을 명문으로 인정하면서(신탁법 제3조 제1항 제3호) 집행면탈을 목적으로 한 신탁선언에 의한 신탁설정을 억제하기 위한 규정 또한 두고 있다(동법 동조 제3항). 이에 의하면 집행면탈 그 밖의 부정한 목적으로 신탁선언에 의한 신탁을 설정한 경우 이해관계인은 법원에 신탁의

43) 일본은 개정신탁법 제11조 제5항에서 "소로써 청구할 수 있다"고 규정하여 수익권양도청구권은 재판상 청구하여야 함을 분명히 하였다.

44) 能見善久 · 道垣内弘人(編), 信託法セミナー(1)-信託の設定 · 信託財産, 2013, 144(道垣内弘人 발언 부분) 참고.

45) 寺本昌広, 逐条解説 新しい信託法, 61-62 주 2).

종료를 청구할 수 있도록 하고 있어 이러한 신탁의 사해성이 인정되면 채권자는 이해관계인으로서 법원에 신탁 종료를 청구할 수도 있고 사해신탁취소권을 행사할 수도 있다. 일본 신탁법에도 이러한 신탁선언에 의한 사해신탁설정에 관한 특칙을 두고 있는데, 채권자를 해할 목적으로 자기신탁을 설정한 경우에 채권자는 사해신탁취소소송을 거치지 않고 신탁재산에 대하여 바로 강제집행 등을 할 수 있도록 규정하여 우리보다 엄격한 제한을 가하고 있다(일본 신탁법 제23조 제2항).[46] 이와 더불어 사해신탁취소의 규율형태는 우리와 일본 신탁법상의 특유한 것으로 그러한 제도적 도입의 취지가 규제적 관점에 입각한 것이었음은 이상에서 살펴본 바와 같다. 이러한 우리 신탁법과 일본 신탁법상 사해신탁에 관한 규율을 살펴보면 과연 오늘날에도 이러한 규제적 관점에서의 입법이 타당한 것인지에 대하여는 다시 생각해 볼만한 시점이다. 생각건대 앞서 언급하였듯이 우리의 법체계상 이질적인 제도라고 할 수 있는 신탁제도 상의 사해신탁취소의 문제를 채권자취소권에 관한 민법상의 단 두 개의 조문과 이에 관한 학설과 판례에 의지하여 해결하고자 하는 것은 시기상조이다. 그러나 이상에서 살펴본 바와 같이 사해신탁취소권에 관한 신탁법 제8조의 규정에서 선의의 수탁자 보호 규정(제3항)이나 선의의 신탁채권자 보호 규정(제4항), 손해배상책임 규정(제6항)은 신탁관계의 특수성이나 채권자취소권과의 정합성, 구체적 실익의 관점에서 특별히 규정할 필요가 없다고 생각한다. 또한 수익권양도청구권 규정(제5항)은 수익자를 상대로 사해신탁이 취소된 경우 수익자가 이미 수령한 수익급부 부분뿐만 아니라 수익권에 대한 원상회복청구가 가능하다고 보는 필자의 견지에서는 특별히 규정할 실익이 없다고 본다.[47] 결과적으로 사해신탁취소권에 관해 채권자취소권 규정과 별도로 신탁법 제8조를 규정한 의의는 취소의 상대방과 그 주관적 태양을 규정한 동법 동조 제1항과 제2항이라고 할 것인데 이 또한 신탁관계와 신탁수익권에 대한 이해가 충분히 쌓인다면 민법상 채권자취소권 규정을 바탕으로 그 법리를 변용하여 해결할 수 있는 시기가 오지 않을까 생각한다.

46) 일본에서는 신탁선언 방식의 신탁의 형태를 '자기신탁'으로 명명하고 있다(일본 신탁법 부칙 제2조 제목 참조).
47) 이에 관한 자세한 논의로는 신주희, 사해신탁취소권에 관한 연구, 2023 (이화여자대학교 박사학위논문), 131－133 참고.

소년보호사건의 현황과 문제점

안 경 희
국민대학교 법과대학 교수

Ⅰ. 머 리 말

근래 최고의 화두는 단연 학교폭력, 비행사건, 촉법소년 등인데, 사법적으로 볼 때 이러한 이슈들은 모두 소년보호사건에 포섭된다. 주지하는 바와 같이 소년보호사건은 반사회성이 있는 비행소년(범죄소년, 촉법소년, 우범소년)을 대상으로 이들의 건전한 성장을 돕기 위하여 환경 조정과 품행 교정을 위한 보호처분 등의 필요한 조치를 취하는 사건을 말한다. 이처럼 소년보호사건은 목적, 적용대상, 처분의 내용 등에 있어서 일반 형사사건과는 다른 특성을 가지고 있으므로 이를 특별히 규율하기 위하여 「소년법」,[1)]「보호소년 등의 처우에 관한 법률(이하 '보호소년법')」[2)] 등이 제정되어 있다. 또한 이러한 법률에서 위임된 사항과 그 시행에 필요한 사항을 규정하기 위하여「소년심판규칙(이하 '심판규칙')」,[3)] 「보호소년 등의 처우에 관한 법률 시행규칙(이하 '보호소년법 규칙')[4)]도 마련되어 있다.

소년보호사건은 가정법원(지원) 소년부 또는 — 가정법원(지원)이 설치되지 않은 지역에서는 — 지방법원(지원) 소년부(이하 '소년부')의 관할에 속하고, 소년부 단독판사가 이러한 사건의 심리와 처분 결정을 한다(소년법 제3조 제2항, 제3항). 소년보호사건의 처리절차는 크게 비행소년의 발견 → 접수(소년부에의 송치 또는 통고) → 조사와 심리 → 처분 결정 → 집행 및 감독으로 세분된다. 가령 범죄소년의 경우, 14세 이상 19세 미만의 범죄소년을 발견한 경찰서장이 수사를 거쳐서 사건을 검찰로 송치하면, 검사가 당해 사안을 검토하여 형사법원에 공소를 제기할 것인지, 소년부로 송치할 것인지를 결정하게 된다(검사선의주의). 사건이 소년부로 송치되면 소년부 판사는 송치서, 통고서, 조사관의 조사 결과와 의견 등을 고려하

1) 법률 제17505호, 2020년 10월 20일 타법개정.
2) 법률 제18425호, 2021년 8월 17일 타법개정.
3) 대법원규칙 제2696호, 2016년 11월 29일 일부개정.
4) 법무부령 제1022호, 2022년 2월 7일 타법개정.

여 심리를 개시 여부를 결정하고, 보호처분 등의 처분을 내리게 된다. 나아가 통상의 민사재판절차와는 달리 소년부 판사는 보호처분을 내린 후에도 당해 처분이 종료될 때까지 민간 집행기관의 조사 · 보고 등을 통하여 당해 기관에서 보호처분이 제대로 집행되고 있는지를 점검하고 직권 또는 신청으로 보호처분을 변경할 수 있으며, 보호관찰소 등과 같은 국가기관에서 보호처분을 집행하는 경우에는 보호관찰소장 등의 신청에 따라 처분변경 등을 하게 된다.

본고에서는 우선 이러한 소년보호사건 절차 가운데 소년부에서 본격적으로 절차가 진행되는 접수 단계(제1단계), 조사와 심리 단계(제2단계), 처분 결정 단계(제3단계)에 포커스를 맞춰서 「사법연감(법원행정처)」, 「범죄분석(대검찰청)」, 「국가통계포털(통계청)」 등에 수록되어 있는 통계자료를 재구성[5]하여 2010년부터 2020년까지의 현황을 분석하고자 한다. 아울러 이러한 통계분석을 바탕으로 각 단계별 문제점에 대하여 상론하고자 한다.

Ⅱ. 제1단계: 접수(송치 또는 통고)

1. 현 황

<소년인구/소년보호사건/소년범죄 현황>에 잘 나타나 있는 것처럼 2010년부터 2020년까지 소년인구는 꾸준히 감소하고 있고, 이에 따라 소년법원에 보호사건으로 접수된 소년의 숫자 및 형사법원에서 소년범으로 처분받는 소년의 숫자도 감소하고 있다. 소년보호사건의 추이를 살펴보려면 이들의 구성비[6]를 분석해야 하는데, 지난 11년 동안 소년인구 가운데 보호소년/소년범이 차지하는 구성비는 각각 0.6%-0.8%와 1.2-1.6%로 비교적 안정적인 편이고, 보호소년 구성비의 2배에 해당하는 소년들이 소년범으로 처벌받고 있다.

보호소년의 구성비는 2010년 0.6%로 시작해서 매년 0.1%씩 증가하여 2012년에 0.8%에 달했다가 2013년부터 다소 감소했으나(2013년: 0.7% / 2013년−2018년: 0.6%) 2017년부터 소폭 증가하여 2020년에는 다시 2012년과 마찬가지의 구성비를 보였다. 이에 비하여 소년범 비율은 2010년 0.6%로 시작해서 2012년에 최고치(1.6%)에 달한 후 감소하는 추세이다(1.2%−1.4%).

---

5) 백분율은 소수점 아래 둘째 자리에서 반올림을 원칙으로 하되, 총계가 100이 되지 않는 경우에는 일부 반올림의 기준을 조정했고, 통계표에서 부호 '-'는 해당 항목이 존재하지 않음을 의미한다.

6) 백분율은 소수점 아래 둘째 자리에서 반올림을 원칙으로 하되, 총계가 100이 되지 않는 경우에는 일부 반올림의 기준을 조정했음.

소년인구/소년보호사건/소년범죄 현황(단위: 명)

연도/구분	소년인구*			소년보호사건 접수 현황**	소년범죄 처분 결과***
	합계	10세-14세	15세-19세		
2010	6,810,008	3,290,668	3,519,340	44,200	89,776
	100%	48.3%	51.7%	0.6%	1.3%
2011	6,736,526	3,191,849	3,544,677	46,497	83,060
	100%	47.4%	52.6%	0.7%	1.2%
2012	6,548,280	3,039,416	3,508,864	53,536	107,490
	100%	46.4%	53.4%	0.8%	1.6%
2013	6,323,752	2,877,382	3,446,370	43,035	91,633
	100%	45.5%	54.5%	0.7%	1.4%
2014	6,095,822	2,731,443	3,364,379	34,165	77,594
	100%	44.8%	55.2%	0.6%	1.3%
2015	5,840,085	2,557,069	3,283,016	34,075	71,035
	100%	43.8%	562%	0.6%	1.2%
2016	5,586,214	2,400,660	3,185,554	33,738	76,000
	100%	43.0%	57.0%	0.6%	1.4%
2017	5,380,328	2,346,220	3,034,108	34,110	72,759
	100%	43.6%	56.4%	0.6%	1.4%
2018	5,206,213	2,334,187	2,872,026	33,301	66,142
	100%	44.8%*	55.2%	0.6%	1.3%
2019	5,034,224	2,308,929	2,725,295	36,576	66,247
	100%	45.9%	54.1%	0.7%	1.3%
2020	4,865,997	2,314,984	2,551,013	38,590	64,480
	100%	47.6%	52.4%	0.8%	1.3%

* 출처: 통계청, 국가통계포털,[7] 주민등록인구(연앙인구), 2010-2020에서 재구성.
** 출처: 법원행정처, 사법연감, 2011-2021에서 재구성.
*** 출처: 대검찰청, 범죄분석, 2011-2021에서 재구성.

소년보호사건은 송치사건과 통고사건으로 대별된다. 송치사건은 검사, 형사법원, 경찰서장이 관할 소년부로 송치한 사건을, 통고사건은 보호자, 경찰서장 등이 검찰을 거치지

7) https://kosis.kr/search/search.do <최종방문일: 2022년 5월 30일>.

않고 관할 소년부에 직접 통고한 사건을 말한다. <소년보호사건 접수 현황>을 보면 소년 인구의 감소 등으로 소년보호사건 건수도 2010년 44,200건에서 2020년 38,590건으로 감소했다. 송치사건 가운데에는 검사송치가 가장 높은 비중을 차지하고 있으나 그 비율은 다소 감소하는 추세이고 특히 2019년부터는 65%를 하회하고 있다. 법원송치, 즉 형사법원에서

소년보호사건 접수 현황(단위: 건)

연도/구분	전체	법원송치	검사송치	경찰서장 송치	타법원 소년부에서 이송 등	소년법 제4조 제3항에 의한 통고
2010	44,200	2,212	31,715	9,213	1,026	34
	100%	5.0%	71.8%	20.8%	2.3%	0.0%
2011	46,497	2,417	32,803	9,401	1,818	58
	100%	12.8%	71.7%	15.4%	0.1%	0.0%
2012	53,536	2,848	36,133	12,799	1,588	168
	100%	5.3%	67.5%	23.9%	3.0%	0.3%
2013	43,035	2,695	29,284	9,500	1,368	188
	100%	6.3%	68.0%	22.1%	3.2%	0.4%
2014	34,165	1,610	24,110	7,104	1,146	195
	100%	4.7%	70.6%	20.8%	3.4%	0.6%
2015	34,075	1,494	24,527	6,756	989	309
	100%	4.4%	72.0%	19.8%	2.9%	0.9%
2016	33,738	1,357	24,319	6,788	915	359
	100%	4.0%	72.1%	20.1%	2.7%	1.1%
2017	34,110	1,124	24,014	7,743	876	353
	100%	3.3%	70.4%	22.7%	2.6%	1.0%
2018	33,301	954	22,578	8,335	1,027	407
	100%	2.9%	67.8%	25.0%	3.1%	1.2%
2019	36,576	876	23,511	10,460	1,285	444
	100%	2.4%	64.3%	28.6%	3.5%	1.2%
2020	38,590	1,023	24,872	11,063	1,362	270
	100%	2.7%	64.5%	28.6%	3.5%	0.7%

출처: 법원행정처, 사법연감, 2011-2021에서 재구성.

소년부로 송치된 건수도 2010년 2,212건(5.0%)에서 2020년 1,023건(2.7%)으로 감소했다. 이에 비하여 경찰서장 송치는 2010년 9,213건(20.8%)에서 2020년 11,063건(28.6%)으로 8% 이상 증가했다.

통고 사건의 경우에는 2010년 34건(0.0%)에서 2020년 270건(0.7%)으로 증가했다. 연도별 통계수치를 보면 초반에는 통고제도가 거의 활용되지 않았으나, 2012년부터 그 수치가 급격하게 증가했는데, 이는 학교폭력사건의 증가와 어느 정도 연관성이 있는 것으로 보인다. 물론 그 이전에도 폭력사건들은 있었지만, 2011년 12월에 발생했던 대구 중학생 집단 따돌림 자살사건[8]을 계기로 학교폭력 문제가 사회적 화두가 되면서 피해학생의 보호자, 학교장 등이 이러한 문제에 대하여 적극적으로 법적인 조치를 취했던 것으로 짐작된다. 피해학생 보호자의 입장에서는 —경찰 또는 검찰을 거치지 않고— 소년부에 곧바로 통고하는 제도를 활용하는 것이 이 문제를 보다 '신속하게' 해결할 수 있는 방안이었을 것이다. 이와 더불어 2012년 4월에 법원행정처에서 「소년통고 실무」를 발간하여[9] 교육부와 각 시도교육청에 배포하고, 가정법원에서 교원들을 대상으로 한 통고제도 강연회[10] · 연수회[11] · 간담회[12] 등을 통하여 적극적으로 통고제도를 홍보했던 것도 통고제도 활성화에 일조했던 것으로 판단된다. 그러고 보면 가정법원의 역할 및 조직 확대라는 측면에서 통고제도의 의미가 점점 강조되는 시점에 이르렀다고 할 수 있다.

2. 송 치

가. 송치의 의의 및 송치권자

송치라 함은 소년법상 송치기관인 경찰서장, 검사, 법원이 소년사건을 관할 소년부에 보내서 보호사건에 계속시키는 행위를 말한다(소년법 제4조 제2항, 제49조 제1항, 제50조). 법문상으로는 '송치하여야 한다'라고 규정되어 있으나(송치강제주의), 가령 경찰서장은 촉법소년의 선도를 위하여 적절한 조치를 취할 수도 있고, 검사는 범죄소년을 형사법원에 기소할

8) https://namu.wiki/w/2011%EB%85%84%20%EB%8C%80%EA%B5%AC%20%EC%A4%91%ED%95%99%EC%83%9D%20%EC%A7%91%EB%8B%A8%EA%B4%B4%EB%A1%AD%ED%9E%98%20%EC%9E%90%EC%82%B4%EC%82%AC%EA%B1%B4 <최종방문일: 2022년 5월 30일>

9) 2018년에 「2018년 소년통고 실무(개정판) 개요와 사례 Q&A」도 발간되었다.

10) https://cheongju.scourt.go.kr/dcboard/new/DcNewsViewAction.work?seqnum=746 <최종방문일: 2022년 5월 30일>.

11) http://www.ihopenews.com/news/articleView.html?idxno=110146 <최종방문일: 2022년 5월 30일>.

12) 다만 이날 간담회에 참석한 한 중학교 교장은 "통고 제도를 이전부터 알고 있지만, 법원에 제자를 보내면 소년원에 갈 수도 있는데 교장으로서 그럴 수 있느냐는 사회적 정서도 부담스럽다"고 말했다고 한다: https://www.lawtimes.co.kr/Legal-News/Legal-News-View?serial=63951 <최종방문일: 2022년 5월 30일>.

수도 있고 불기소 · 기소유예할 수도 있으며, 법원은 선고유예 또는 집행유예를 선고할 수도 있어서 송치가 강제되는 것은 아니다.

촉법소년과 우범소년에 대해서는 경찰서장이 송치권자이다(소년법 제4조 제2항). 범죄소년에 대해서는 경찰서장이 사건을 곧바로 소년부에 송치할 수 없기 때문에, 경찰이 범죄소년을 발견하게 되면 수사를 거쳐서 검사에게 송치해야 하고, 송치받은 검사가 소년에 대한 피의사건을 수사한 결과 보호처분에 해당하는 사유가 있다고 인정한 경우('보호처분 상당성')에 비로소 이 사건을 소년부에 송치하게 된다(소년법 제49조 제1항). 그 밖에 형사법원도 소년에 대한 피고사건을 심리한 결과 보호처분에 해당하는 사유가 있다고 인정한 때에는 당해 사건을 소년부에 송치한다(소년법 제50조).

나. 문 제 점

제정 소년법에서는 '벌금이하의 형에 처할 범죄의 혐의있거나 보호처분에 해당하는 사유있다고 인정한 때'가 송치요건이었으나, 2007년 개정 소년법 이래 검사 및 법원의 송치 요건이 모두 '보호처분 상당성'으로 일원화되었다. 송치요건으로 객관적 기준(벌금이하의 형)과 해석을 요하는 규범적 기준(보호처분 상당성)이 제시되었을 때에는 —비록 보호처분상당성에 대한 판단은 피의사건과 피고사건을 담당하는 검사 또는 판사의 재량행위라 하더라도— '벌금이하의 형'이라는 객관적 기준이 제시되어 있어서 검사나 판사의 재량의 정도는 그리 크지 않았으리라는 생각이다. 그런데 2007년 개정에서 송치요건으로 보호처분상당성만을 남겨두었기 때문에 소년부로의 송치 여부가 담당 검사 또는 판사의 재량에 맡겨지게 되어 피의자/피고인인 소년의 입장에서는 수사 또는 심리가 진행되는 동안 다소 불확정한 상태에 놓이게 되었다. 따라서 불확정개념인 보호처분상당성의 판단기준을 정형화할 필요가 있다.

문헌에서는 상당성의 판단대상은 소년의 성행, 지능, 환경, 피해자와의 관계는 물론 학교생활, 교우관계, 나이, 보호처분 경력, 범죄 정상의 경중, 범행 후의 정상, 과형에 의한 폐해, 공범자와의 처우의 균형 등이고, 상당성을 인정하기 위해서는 해당 사건의 형사절차에서 과해질 것이 예상되는 구체적 형벌(기소유예, 벌금형) 보다 송치 후 보호절차에서 예상되는 구체적 처분(보호관찰, 소년보호시설 감호위탁, 소년원 송치 등)이 소년의 개선을 위하여 유효해야 한다고 한다.[13)]

이러한 판단기준에 따르면 보호처분상당성이 인정되려면 소년의 주변환경은 물론이

---

13) 법원행정처, (법원실무제요) 소년, 2014, 104.

고 형벌과 보호처분을 '교량'해야 한다. <검찰의 소년범 처분 결과>를 보면 소년보호송치와 기소유예가 차지하는 비율이 전체의 65%를 상회하는데, 이 통계수치를 보호처분상당성과 연동하여 해석하면, 우선 그동안 소년사건을 담당했던 검사들이 그들에게 주어진 또 다른 선택지인 '기소'보다는 소년보호송치나 기소유예를 선호했음을 알 수 있다. 다만, 2010년에 6.1%에 불과하던 기소율이 2015년에 처음으로 10%대에 진입한 이래 계속해서 두 자

검찰의 소년범 처분 결과(단위: 명)

연도/구분	전체	기소	소년보호 송치	가정보호 송치	성매매보호 송치	아동보호 송치	기소유예
2010	89,776	5,443	30,143	9	11	-	42,021
	100%	6.1%	33.6%	0.0%	0.0%	-	46.8%
2011	83,060	4,691	30,587	10	7	-	36,582
	100%	5.6%	36.8%	0.0%	0.0%	-	44.0%
2012	102,871	7,877	36,478	21	-	-	43,013
	100%	7.7%	35.5%	0.0%	-	-	41.8%
2013	88,062	8,758	29,641	35	2	-	34,914
	100%	9.9%	33.7%	0.0%	0.0%	-	39.6%
2014	72,964	7,038	23,743	50	4	-	27,601
	100%	9.6%	32.5%	0.1%	0.0%	-	37.8%
2015	56,050	6,252	18,216	119	-	-	19,623
	100%	11.2%	32.5%	0.2%	-	-	35.0%
2016	60,669	6,113	20,579	147	-	4	21,044
	100%	10.1%	33.9%	0.2%	-	0.0%	34.7%
2017	58,218	5,833	20,578	136	-	2	20,108
	100%	10.0%	35.3%	0.2%	-	0.0%	34.5%
2018	52,278	6,168	19,648	131	11	3	15,939
	100%	11.8%	37.6%	0.3%	0.0%	0.0%	30.5%
2019	52,973	6,498	20,885	177	-	4	15,129
	100%	12.3%	39.4%	0.3%	-	0.0%	28.6%
2020	52,062	7,349	22,053	180	-	-	13,032
	100%	14.1%	42.4%	0.3%	-	-	25.0%

출처: 대검찰청, 범죄분석, 2011-2021에서 재구성.

리 숫자를 유지하고 있고 2020년에는 최고치(14.1%)를 기록했다는 점은 보호처분을 통한 개선을 기대하기 어려운 소년의 숫자가 증가했다는 것을 의미하기도 한다. 아울러 소년보호송치와 기소유예 가운데에서는 전자의 비율이 점점 높아지고 있는데, 이는 소년보호송치를 하여 보호처분을 받도록 하는 것이 기소유예를 하는 것보다 소년의 개선에 유익하다는 검사들의 선택 결과라고 볼 수 있다. 그런데 2007년 개정 때 성문화된 이른바 '선도조건부 기소유예', 즉 검사가 피의자인 소년으로 하여금 범죄예방자원봉사위원의 선도, 소년의 선도 · 교육과 관련된 단체 · 시설에서의 상담 · 교육 · 활동 등을 받게 하고 피의사건에 대한 공소 제기를 유예하는 경우(소년법 제49조의3)와 소년부 판사가 보호처분을 내리는 경우 가운데 어떠한 처분이 소년의 성장에 유익한 것인지, 다시 말하면 보호처분상당성이 있는지에 대하여는 단언하기 어려워 보인다. 따라서 보호처분상당성이라는 송치요건 및 검사선의주의라는 시스템을 감안한다면 향후 가정법원과 법무부가 소년들에게 동일 유사한 프로그램을 운영하고 있는지, 아니면 법원에서 법무부와는 차별화된 프로그램을 진행하고 있는지에 대한 비교는 물론이고, 이러한 프로그램을 이수한 소년들의 재범률 등에 대해서도 분석할 필요가 있다. 그래야 현행법상 검사 또는 판사의 재량에 일임되어 있는 상당성이라는 기준에 보다 '객관적인' 지표를 제공하게 될 것이고, 종국에는 소년들의 건전한 육성 지원이라는 소년법의 목적 달성에도 일조할 것이다.

3. 통 고

가. 통고의 의의 및 통고권자

통고란 비행소년을 발견한 보호자 또는 학교장, 사회복리시설의 장, 보호관찰소장/보호관찰지소장이 관할 소년부에 사건을 서면 또는 구술로 접수시키는 절차를 말한다(소년법 제4조 제3항, 심판규칙 제6조 제1항). 이 통고제도를 이용하면 ―수사기관에서의 수사 · 심리 단계를 거치지 않기 때문에― 수사기록과 전과기록이 남지 않는다는 장점이 있다. 또한 소년부 판사가 통고서, 참고자료 등을 검토한 후 심리필요성을 인정하여 수리하면 곧바로 소년보호사건으로 진행되는바(소년법 제11조 제2항), 소년의 비행에 대하여 신속하게 조치를 취할 수 있게 된다. 특히 비행초기 단계(경미한 절도 등)에 있는 소년에게 통고를 통해 교육이나 상담 등 보호처분을 조기에 명하면 확실히 그 예후가 좋은 편이라고 한다.[14]

통고권자는 비행소년을 발견한 보호자[15] 또는 학교장, 사회복리시설(보육시설, 소규모

14) 심재광, 소년을 위한 재판, 2019, 164.

15) 가령 소년이 보호처분을 받은 후에도 계속해서 불량한 친구들과 다니면서 비행을 저지르고 있는데 보호자가 더 이상

그룹홈 등)의 장, 보호관찰소장 · 지소장이다(소년법 제4조 제3항).[16] 법문에 열거된 통고권자들은 모두 소년의 비행사실을 비교적 빨리 발견할 수 있는 지위에 있으므로, 이들이 비행 발견 즉시 소년부에 통고한다면 절차가 신속하게 진행될 수 있어서 비행소년의 조기 발견 및 적절한 처우가 가능하게 된다.

나. 문 제 점

2009년에 통고제도가 범죄행위에 대하여 경찰과 검찰의 수사를 거치도록 하고 있는 사법체계와 배치되고, 그동안 이 제도가 거의 활용되지 않아 사문화되었으며 낙인효과 방지를 위한 실질적 소년보호에 역행할 우려가 있다는 점을 들어 통고제도 폐지를 주요골자로 하는 소년법 일부 개정안(2009년 10월 28일 우윤근 의원 대표발의; 의안번호 1806369)[17]이 발의되었으나, 18대 국회 임기만료로 폐기된 바 있다.

이러한 개정안이 발의되었던 것은 통고제도가 가지는 문제점이 적지 않다는 방증이기도 하므로, 개정안에서 폐지이유로 언급되었던 논점을 중심으로 통고제도에 대하여 검토하고자 한다. 먼저 전술한 바와 같이 이 개정안이 발의되었던 2009년은 물론 2010년에도 통고건수가 미미했으나, 2012년부터 그 수치가 증가하고 있어서 이 규정이 사문화되었다는 논거는 더 이상 설득력이 없다. 그리고 낙인효과 방지를 위한 실질적 소년보호에 역행할 우려가 있다는 점도 수사기관에서 수사를 받는다는 사실 자체로부터 범죄자라는 낙인이 찍히기도 하기 때문에 통고제도 폐지에 대한 설득력 있는 논거가 되지는 않는 것 같다.

이에 비하여 첫 번째 논거는 시스템의 문제이기 때문에 2022년 현재에도 검토를 요한다. 주지하는 바와 같이 소년법은 범죄행위(범죄소년)에 대하여는 경찰과 검찰의 수사를 거치도록 하고 있고 검사선의주의를 취하고 있는데, 통고제도를 활용하게 되면 이러한 사법절차를 생략하게 되기 때문에, 범죄소년을 통고대상에 포함시킨 것이 소년형사법 체계에 부합하지 않는다는 의구심이 들 수 있다. 그러나 제정 소년법 및 2007년 개정법상 목적 규정(제1조)에서 반사회성이 있는 소년의 건전한 육성(성장을 돕는 것)을 위하여 형법에 대한 특별법으로서 소년법을 제정(개정)한다는 점을 분명히 밝히고 있는 점에 비추어 볼 때 경찰과 검찰의 수사를 거치지 않아도 되는 '간이한 절차'를 두는 것이 '소년의 건전한 육성' 또는 '건강한 성장 도움'이라는 목적에 부합한다고 입법자들이 결단을 내렸다고 볼 수 있다. 따라서 통고제도가 형사법 체계에 배치된다고 해석할 것이 아니라, 소년법의 목적에 부합하

소년을 통제할 수 없는 경우에 보호자가 관할 소년부에 소년을 통고할 수 있을 것이다.

16) 이들 중 비교적 사례가 많은 것은 사회복리시설장에 의한 통고라고 한다: 심재광, 소년을 위한 재판, 167.

17) http://likms.assembly.go.kr/bill/billDetail.do?billId=PRC_T0R9Q1T0B2V8G1X5K5G2C5L7M2V4B8&ageFrom=18&ageTo=18 <최종방문일: 2022년 5월 20일>.

게 형사법 체계에 대한 '예외'를 인정했다고 보아야 할 것이다.

또한 연혁적으로 볼 때 조선민사령에서는 보호처분의 대상이 되는 소년(촉법소년과 우범소년)이 있음을 인지한 사람은 누구나 소년심판소에 통고할 수 있었고(제17조), 16세 이상의 범죄소년은 재판소 또는 검사에게 송치받은 경우를 제외하고는 소년심판소의 심판대상이 되지 않았었다(제15조 제2호). 그 후 1958년에 제정된 소년법에서는 통고제도에 대한 명문규정 자체가 없었고 1963년에 가정법원 설립과 맞물려서 소년법이 개정될 때 다시 통고제도가 도입되면서 범죄소년 · 촉법소년 · 우범소년을 발견한 보호자 등이 소년부에 통고할 수 있게 되었다(제4조 제3항). 이러한 역사적 발전과정에 비추어 보면 통고제도는 '가정법원의 역할'과 밀접한 관련이 있어 보인다. 당시 국가재건최고회의에 가사심판제도 · 가정법원의 도입을 적극적으로 주장했던 여성단체들의 주요 논거는 가정문제의 해결을 위해서는 법정에 의한 판결보다는 인간의 도리와 경험에 호소하면서 교육학자, 심리학자 등의 관여 하에 조정과 화해로써 처리할 수 있는 가정법원 관할의 가사심판제도가 이상적이라는 것이었다.[18] 이러한 가사심판제도 · 가정법원의 도입 배경이 소년법 개정에도 영향을 미쳤다면 검사선의주의에도 불구하고 통고제도를 통하여 가정법원이 소년보호사건에 보다 신속하게 개입하여 후견인적인 입장에서 소년의 성장을 돕는 적극적인 역할을 담당해야 한다는 것이 입법자의 의도였다고 해석된다.

아울러 보호사건의 대상이 되는 소년을 발견한 보호자나 학교장, 사회복리시설의 장(2007년 개정에서 보호관찰소장·지소장이 부가됨)이 소년부에 직접 통고할 수 있도록 한 것은 1963년 소년법 개정의 이유(소년보호를 교육적·과학적으로 발전시켜서 처우의 결정과 집행에 있어서 사회와 가정 및 국가기관 상호간에 유기적인 협조가 이루어질 수 있도록 함)와도 부합한다. 다만, 이러한 이원적인 시스템의 실효성에 대하여는 다소 의문이다. 물론 보호대상아동(아동복지법)임과 동시에 우범소년(소년법)이기도 한 소년을 보호하는 사람의 입장에서는 —사법기관과 행정기관의 도움을 모두 받을 수 있다는 점에서— 이러한 이원적인 시스템이 나쁘지만은 않을 수도 있다. 그렇지만 이러한 소년의 건전한 성장 또는 최상의 이익을 위해서 가정법원과 행정기관(시·도지사 등)이 상호 역할을 분담한다거나 업무협조를 하는 시스템을 마련할 필요가 있어 보인다. 만일 현행대로 이원적인 체계를 견지한다면 최소한 보호자 등에게 —「소년통고 실무」와 유사한 가이드북 등을 제작하여— 소년법상 통지제도와 아동복지법상 보호조치 의뢰제도에 대하여 상세하게 안내를 해 주어야 할 것이다.

18) 이러한 역사적 발전과정에 대해서는 안경희, 가족법 개정사와 여성운동: 1950년대부터 1980년대까지를 중심으로—, 이화젠더법학 6/2 (2014) 93 참조.

Ⅲ. 제2단계: 조사와 심리

1. 현 황

전술한 <소년보호사건 접수 현황>에서 살펴본 바와 같이 소년부에 접수된 사건의 95%이상이 송치사건이고 통고사건과 타법원 소년부에서 이송된 사건은 각각 3%, 1% 안팎이다. 송치, 이송, 통고에 의하여 소년부에 사건이 접수되면 이제 가정법원에서 본격적으로 절차가 진행된다. 2010년-2020년까지 14개 가정법원(지방법원 포함)별 소년보호사건 평균 접수 현황을 보면 수도권 또는 지역거점도시에 위치한 법원에 접수된 사건들이 압도적으로 많았다. 가령 상위 3위에 속하는 가정법원들이 모두 수도권에 있었고(서울가정법원: 6,891명, 수원가정법원: 6,065명, 인천가정법원: 4,225명), 연간 3,000건 이상의 사건이 접수된 법원도 모두 지역거점도시에 있는 가정법원이었다(대구가정법원: 3,677명, 부산가정법원: 3,674명, 대전가정법원: 3,052명). 법원별로 소년보호사건이 접수된 편차도 커서 서울가정법원(6,891명)에 접수된 소년보호사건의 건수는 제주지방법원(545건)에 접수된 사건건수 보다 12배 이상이나 많았다.

법원별 소년보호사건 접수 현황(단위: 명)

연도 / 구분	전체	서울 가정 법원	의정부 지방 법원	인천 가정 법원	수원 가정 법원	춘천 지방 법원	대전 가정 법원	청주 지방 법원	대구 가정 법원	부산 가정 법원	울산 가정 법원	창원 지방 법원	광주 가정 법원	전주 지방 법원	제주 지방 법원
2010	44,200	8,755	2,381	4,026	6,600	1,299	2,681	1,044	3,833	5,688	-	2,260	3,302	1,529	802
2011	46,497	8,962	2,686	5,345	6,216	1,389	2,622	1,153	4,566	5,450	-	2,419	3,502	1,564	623
2012	53,536	9,407	3,878	5,377	8,075	1,612	3,747	1,137	5,355	5,892	-	2,263	4,470	1,777	546
2013	43,035	8,099	2,004	4,360	6,480	1,147	3,468	1,098	4,449	4,438	-	1,986	3,428	1,416	662
2014	34,165	5,944	1,859	3,227	5,261	1,175	2,656	967	3,474	3,316	385	1,531	2,558	1,352	460
2015	34,075	5,583	1,877	3,567	5,331	913	3,259	1,055	3,054	2,760	1,223	1,583	2,325	1,087	458
2016	33,738	5,559	1,938	4,152	5,241	861	3,348	926	3,267	2,435	990	1,488	2,229	936	368
2017	34,110	5,752	1,748	4,135	5,525	864	2,909	962	3,215	2,839	933	1,471	2,387	841	529
2018	33,301	5,708	2,406	3,961	5,123	764	2,643	989	2,891	2,770	1,035	1,078	2,406	1,103	424
2019	36,576	6,081	2,842	4,265	6,309	751	3,116	1,309	3,103	2,521	933	1,605	2,394	900	447
2020	38,590	5,948	3,145	4,065	6,552	975	3,128	1,493	3,238	2,309	1,119	1,802	2,898	1,246	672
평균	39,257	6,891	2,433	4,226	6,065	1,068	3,052	1,103	3,677	3,674	602	1,771	2,900	1,250	545

출처: 법원행정처, 사법연감, 2011-2021에서 재구성.

다만 울산가정법원은 다른 법원과는 달리 2014년부터의 자료만 공간되어 있는데, 울산가정법원이 2018년 3월에 개원한 점에 비추어 볼 때 2014년부터 2017년까지의 접수건수는 울산지방법원에 접수되었던 사건의 통계인 것으로 보인다.

2. 조사와 심리

가. 조사, 심리의 의의

소년부에서 보호사건을 심리하는 절차는 크게 조사단계와 심리단계로 구분된다. 조사는 조사관 등이 소년의 비행사실, 심신상태 등에 대한 자료를 수집, 분석하는 것이고, 심리는 조사된 자료를 기초로 소년에 대한 보호필요성의 존부를 판단하고 적절한 보호처분을 결정하는 것이다. 이하에서는 조사를 중심으로 제2단계를 기술하기로 한다.

소년보호사건에는 직권주의가 적용되어 소년부 판사가 심리에 필요한 자료를 수집해야 하므로, 이른바 사법보호 케이스워크(casework)를 진행할 수 있는 전문가의 도움을 받는 것이 바람직하다. 이러한 의미에서 조사를 할 때에는 —1963년 소년법 개정 때 신설된 조사방침에 따라— 의학 · 심리학 · 교육학 · 사회학이나 그 밖의 전문적인 지식을 활용하여 소년과 보호자 또는 참고인의 품행, 경력, 가정상황, 그 밖의 환경 등을 밝히도록 노력해야 한다(소년법 제9조). 다만, 소년부에 접수된 모든 사건들이 조사의 대상이 되는 것은 아니다. 가령 소년부 판사가 송치서 등 소년부에 송부된 기록만으로도 충분히 사건을 판단할 수 있는 경우, 소년의 비행사실 개연성이 결여된 경우 등에는 조사를 거치지 않고 곧바로 심리불개시결정(소년법 제19조 제1항 제1문)을 내릴 수 있다. 그렇지만 통고 사건의 경우에는 수사과정을 거치지 않아서 비행에 관한 기록이나 자료 등이 부족한 경우가 많기 때문에, 통고된 소년에 대한 심리필요성이 인정[19]되면 판사는 조사를 명해야 한다(소년법 제11조 제2항).

나. 조사의 종류

조사는 법원 내부의 기관이 조사업무를 담당하는지의 여부를 기준으로 '법원의 조사'와 '법원 외의 조사'로 구분된다. '법원의 조사'에는 조사관의 조사(소년법 제11조), 전문가의 진단(소년법 제12조) 등이 있고, '법원 외의 조사'에는 소년분류심사원의 상담조사(소년법 제12조, 보호소년법 제3조 제2항 제3호), 보호관찰소의 결정 전 조사(소년법 제12조, 보호관찰법 제19조의

19) 물론 통고서만으로도 소년이 사회복리시설 내에서 다른 소년들의 안전에 심각한 위해를 가해 즉각적인 분리조치가 필요한 정황을 충분히 알 수 있는 경우라면 긴급동행영장발부, 소년분류심사원 위탁 등 신속한 조치가 가능하다: 심재광, 소년을 위한 재판, 171.

2 제1항) 등이 있다.

3. 법원의 조사

가. 소년사건 조사관의 조사

1963년에 가정법원 설립과 함께 소년법도 개정하면서 제정 소년법 제9조("소년사건을 조사하기 위하여 소년부에 소년보호관을 둔다는 규정")을 삭제하는 대신에 조사방침 규정이 신설되었고, '소년보호관'이었던 명칭이 '조사관'으로 변경되었다. 종래의 소년보호사(조선민사령), 소년보호관(제정 소년법)은 국가후견적인 입장에서 소년을 보호하기 위하여 소년의 품행 등을 조사하는 사람이라는 측면을 강조하는 용어였다면, 조사관은 조사방침에 따라서 조사를 하고 판사의 처우 결정에 유기적으로 협조하는 전문가라는 의미를 담고 있어서, 조사관이라는 용어가 이 제도를 둔 취지에 보다 더 부합한다. 다만 조사관이라는 명칭은 너무 포괄적이어서 '소년보호사건'을 담당하는 조사관이라는 의미를 강조할 필요가 있는바, 이하에서는 '소년사건 조사관'이라고 일컫기로 한다. 가정법원 조사관은 특별채용된 전문직 조사관, 전문직 조사관 가운데 소년 · 아동 · 가정 등 특정 분야만 전담하는 전담조사관 및 —사무과장이나 민 · 형사과장 또는 참여사무관이 조사관 겸임 발령을 받아 조사업무를 담당하는— 일반조사관으로 구성되어 있다. 다만 현재 서울가정법원에만 소년보호사건 전담조사관 5명이 배치되어 있고, 다른 법원에서는 전문직 조사관이라 하더라도 소년보호사건뿐만 아니라 아동보호사건 등 다양한 분야의 사건을 담당하고 있다.

소년부 판사는 조사관에게 사건본인, 보호자 또는 참고인의 심문이나 그 밖에 필요한 사항을 조사(일종의 '생활환경조사')하도록 명할 수 있다(소년법 제11조 제1항). 이 조사명령에 따른 조사관 조사는 소년이 어리거나 비행성이 심화되지 않아 분류심사원, 보호관찰소 등 시설 내에서의 조사가 부적절한 경우, 심리불안 등 정신적인 어려움이 있어 전문가 진단이나 심리상담이 필요한 경우, 초등학생이 성 비행 사건을 저지른 경우 등에 활용한다고 한다.[20]

나. 전문가의 진단

소년부 판사는 조사 또는 심리를 할 때에 정신건강의학과의사 · 심리학자 · 사회사업가 · 교육자나 그 밖의 전문가의 진단, 소년분류심사원의 분류심사 결과와 의견, 보호관찰소의 조사결과와 의견 등을 고려해야 한다(소년법 제12조). 이 규정에 따라서 소년부 판사가

20) 심재광, 소년을 위한 재판, 180-181.

전문가에게 진단을 의뢰하면 전문가가 소년을 진단한 후 '전문가 진단 의견서'를 판사에게 제출하게 된다. 만일 진단을 위하여 필요한 경우에는 전문가는 소년부 판사에게 병원 위탁 등 임시조치를 요청할 수 있고, 소년부 판사가 소년의 감호에 관한 결정으로써 임시조치를 하거나 이를 변경할 수 있다(소년법 제18조 제1항, 심판규칙 제13조).

다. 심리상담조사

심리상담조사는 명문의 근거규정은 없으나 소년법 제11조, 제12조 등을 유추적용하여 운용되는 제도로, 일정기간 동안 심리상담 전문가를 통해 소년 등에게 심리상담을 실시하여 소년이 변화하도록 이끌고 소년조사관이 이 과정을 점검하여 이를 소년의 처분에 대한 의견에 반영하는 제도를 말한다. 전문가 진단의 일환으로 심리상담조사를 실시하는 경우도 있지만 이와는 별개의 조사절차로 운용되기도 한다고 한다.[21]

4. 법원 외의 조사

가. 소년분류심사원(청소년비행예방센터)의 상담조사

2004년에 성문화된 상담조사[22]는 —전문가 진단(소년법 제12조)의 일환으로— 법무부 산하의 소년분류심사원이나 이 심사원 소속기관인 청소년비행예방센터(청소년꿈키움센터; 현재 18개가 있음)에서 진행된다. 절차는 소년부에서 소년분류심사원에 특정 소년의 상담을 의뢰하면 심사원에서 소년의 상담과 조사를 실시(보호소년법 제3조 제2항 제3호)한 후 이를 토대로 '상담조사보고서'를 작성하여 소년부에 제출하고, 소년부 판사가 이를 심리의 자료로 활용하게 된다.

주로 경미한 범죄로 인하여 불구속 상태에서 소년부에 송치되는 범죄소년 가운데 비교적 엄격한 교육을 통하여 경각심을 고취할 필요가 있는 소년에 대하여 상담조사를 진행한다고 한다.[23] 이 상담조사는 —임시조치로서 소년분류심사원 위탁과는 달리— 소년이 4－6일간(주간에만) 소년분류심사원이나 청소년비행예방센터에 출석해서 교육과 상담을 받으면 되기 때문에, 소년의 입장에서는 입원의 부담이 없고, 특히 재학생의 경우에는 상담조

21) 법원행정처, (법원실무제요) 소년, 189.
22) 2004년에 소년원법을 개정(법률 제7076호, 2004년 1월 20일 일부개정)하면서 2003년 7월부터 법무부(소년분류심사원)에서 대법원(법원행정처)과 협의를 거쳐 청소년 비행 예방과 재범방지를 위해 구속송치 대상자 위주로 시행해 오던 분류심사제도를 불구속 송치자를 포함한 모든 소년보호사건 대상자로 확대하기 위하여 실시해 오던 '보호소년 상담조사제'를 성문화한 것이다.
23) 법원행정처, (법원실무제요) 소년, 195; 심재광, 소년을 위한 재판, 178.

사 기간이 학교 출석으로 인정되는 등의 장점이 있다. 법원의 입장에서는 분류심사관이나 상담조사관이 상담이나 각종 심리검사 등을 통하여 비행원인을 과학적으로 규명하고, —소년사건 조사관 조사와는 달리— 교육적인 측면을 강조하여 준법교육, 보호자교육 등[24]을 실시한 후에 상담조사보고서를 법원에 제출하기 때문에 '신뢰도가 높은' 심리자료를 얻게 되는 이점이 있다.[25]

나. 보호관찰소의 결정 전 조사

2007년 소년법 개정 때[26] 조사의 실질성을 확보하고 심리의 충실을 기하기 위하여 보호관찰소의 조사를 전문가 진단(제12조) 중에 추가하여 소년범의 성행, 환경 조사의 일환으로 결정전 조사를 명문화했다.[27] 이 결정 전 조사는 소년의 거주지가 소년분류심사원과 멀리 떨어져 있는 경우, 이미 보호관찰 중인 소년이 다시 비행을 저지른 경우, 소년의 비행이 심화되거나 보호자의 보호능력이 지극히 미약한 경우, 소년의 소재가 불분명한 경우, 소년이 정당한 이유 없이 소환에 응하지 않는 경우 등에 활용된다고 한다.[28]

법원은 보호사건에 대한 조사 · 심리를 위하여 필요하다고 인정하면 그 법원의 소재지 또는 소년의 주거지를 관할하는 보호관찰소의 장에게 소년의 품행, 경력, 가정상황, 그 밖의 환경 등 필요한 사항에 관한 조사를 의뢰할 수 있다(소년법 제12조, 보호관찰법 제19조의2 제1항). 의뢰를 받은 보호관찰소의 장은 지체 없이 조사를 진행해야 하고 조사를 위하여 필요한 경우에는 소년 또는 관계인을 소환하여 심문하거나 소속 보호관찰관으로 하여금 필요한 사항을 조사하게 할 수 있다(보호관찰법 제19조의2 제2항).

현재 보호관찰 중이거나 과거에 보호관찰처분을 받았던 소년이 다시 비행을 저지른 경우라든가 소년이 소년사건 조사관의 조사에 응하지 않는 경우 등에는 이 분야의 전문가[29]로서 보호소년들을 지도, 감독해 온 보호관찰관에게 조사를 의뢰하는 것이 합리적일 것이다. 모든 조사가 마무리되면 보호관찰소의 장이 서면으로 조사결과와 의견 등을 법원에 통보해야 하고, 소년부 판사는 이러한 문건을 고려하여 심리를 한다(소년법 제12조).

24) https://www.cppb.go.kr/cppb/595/subview.do?enc=Zm5jdDF8QEB8JTJGYmJzJTJGY3BwYiUyRjMyJTJGMzY4NDM2JTJGYXJ0Y2xWaWV3LmRvJTNG <최종방문일: 2022년 5월 30일>.

25) 소년부 판사들은 이 조사결과를 매우 높게 신뢰한다고 한다. 심재광, 소년을 위한 재판, 176; 한국소년법학회(편), 소년법, 232.

26) 종래에는 해석상 제12조를 유추적용하여 보호관찰소의 결정 전 조사를 실시했었다.

27) 서울가정법원 가사소년제도개혁위원회, 가사소년제도개혁위원회 자료집(I) — 가사소년제도개혁위원회 백서 —, 서울가정법원, 2005, 154.

28) 법원행정처, (법원실무제요) 소년, 196.

29) 보호관찰관은 형사정책학, 행형학, 범죄학, 사회사업학, 교육학, 심리학, 그 밖에 보호관찰에 필요한 전문적 지식을 갖춘 사람이어야 한다(보호관찰법 제16조 제2항).

5. 문 제 점

가. 소년사건 조사관의 조사

소년보호사건의 심리와 처분 결정은 소년부 단독판사가 하지만(소년법 제3조 제3항), 조사관의 서면보고와 의견진술이 심리 및 처분의 기초자료, 교정의 참고자료가 된다는 점에서 조사관 제도는 1963년 소년법의 개정이유인 '국가기관 상호간의 유기적인 협조'에 부합한다. 아울러 소년사건 조사관은 법원 소속이기 때문에 조사를 진행하는 도중에 특정한 조치가 필요하면 신속하게 처리할 수도 있고 법원 내 다른 기관과의 협업도 진행할 수 있다는 장점이 있다.

다만 소년부 판사의 조사명령이 있어야만 조사가 개시되므로, 조사관이 조사를 하는 사건은 접수된 사건의 일부에 불과하다. 2005년에 서울가정법원 가사소년제도개혁위원회 특별분과위원회에서 김상규판사가 '가정법원의 장기적 발전방안'에 대하여 발표하면서 첨부했던 [참고자료 9]에 따르면 기준기간(2003년 9월 1일－2004년 8월 31일) 동안 서울가정법원에 접수된 소년보호사건 건수는 5,501건, 조사명령건수는 267건(조사명령비율: 4.9%), 당시 전문조사관(2명) 1인당 연 배당건수는 133.5건(월: 11.1건)이었다고 하는데, 간담회 등을 통하여 개진된 의견을 종합할 때 접수사건대비 적정 조사명령비율은 10%였고, 조사관들이 체감하는 적정업무량은 조사관 1인당 월평균 배당건수 14-15건이었다고 한다.[30] 조사명령건수에 대하여는 공간된 자료가 없어서 2005년에 가사소년제도개혁위원회 특별분과위원회에서 제안했던 바와 같이 조사명령건수가 접수건수의 10%라는 가정 하에 서울가정법원의 조사관 상황을 살펴보면 일단 현재 조사관은 총 48명이고, 이 가운데 전문조사관은 38명, 소년사건 전담조사관은 5명이다. 서울가정법원의 2010-2020년 평균 접수건수를 기준으로 조사명령건수 및 전담조사관 1인에게 배당되고 있는 조사건수를 산정하면 다음과 같다(소수점 이하에서 반올림했음). 이 수치를 놓고 보면 적어도 서울가정법원의 경우에는 소년보호사건에 특화된 전담조사관이 적정수치의 조사업무를 수행하고 있다고 볼 수 있다.

서울가정법원 소년사건 전담조사관 1인당 조사배당건수

접수건수	조사명령건수	전담조사관수	전담조사관 1인당 연배당건수	전담조사관 1인당 월배당건수
6,891	689	5	138	12

30) 김상규, 가정법원의 장기적 발전방안 — 인적 · 물적 구성을 중심으로 —, 가사소년제도개혁위원회 자료집(II) — 전체위원회, 제1 · 2 · 3 · 특별분과위원회 회의결과 및 회의자료 —, 2005, 941-942.

가정법원별 조사관 현황(2022년)

구분	소년보호사건 접수건수 (평균)	조사관 (전체)	전문 조사관	소년사건 전담조사관	적정 조사명령 건수	적정 전담조사관수
서울가정법원	6,891	48	38	5	689	5
의정부지방법원	2,433	8	8	-	243	2
인천가정법원	4,226	15	14	-	422	3
수원가정법원	6,065	18	16	-	607	4
춘천지방법원	1,068	2	1	-	107	1
대전가정법원	3,052	11	10	-	305	2
청주지방법원	1,103	4.5	3.5	-	110	1
대구가정법원	3,677	14	13	-	368	3
부산가정법원	3,674	16	14	-	367	3
울산가정법원	602	4	4	-	60	0.4
창원지방법원	1,771	4.5	3.5	-	177	1
광주가정법원	2,900	12	10	-	290	2
전주지방법원	1,250	4	3	-	125	1
제주지방법원	545	3	2	-	55	0.4
기타(지원)	-	45	45	-	-	-
합계	39,257	209	185	5	-	-

출처: 법원행정처, 사법연감, 2021에서 재구성.
조사관 숫자는 법률신문 기사[31])에서 재구성.

<가정법원별 조사관 현황>에서 보듯이 2022년 현재 전체 조사관의 88.5%가 전문조사관으로 이루어져 있는데, 소년사건 전담조사관을 두고 있는 곳은 서울가정법원밖에 없다.[32]) 전술한 바와 같이 가정법원별로 소년보호사건 접수건수가 상이하고, 서울가정법원을 제외하고는 전문조사관 가운데 일부가 다른 사건들과 함께 소년사건의 조사도 담당하고 있기 때문에 서울가정법원에서와 같은 정량적인 수치를 산정하기는 곤란하다. 그럼에도 불구하고 중소도시에 거주하는 소년들에게 '양질의 사법서비스'를 제공하기 위하여 다른 가정법원/지방법원에서도 전담조사관제를 도입할 필요가 있으며, 최소한 서울가정법원에 준하

31) https://www.lawtimes.co.kr/Legal-News/Legal-News-View?serial=179376 <최종방문일: 2022년 7월 7일>.
32) https://www.lawtimes.co.kr/Legal-News/Legal-News-View?serial=179376 <최종방문일: 2022년 7월 7일>.

는 정도의 전담조사관을 두는 것이 바람직하다. 사실 접수건수라는 것은 당해 지역에 거주하는 소년인구수에 거의 비례하므로 서울 등 대도시에 있는 가정법원에 사건이 많이 접수되는 구조일 수밖에 없고, 접수건수에 상응하게 법원의 인적 · 물적 인프라가 구축되는 것은 어쩌면 당연한 일인지도 모른다. 그렇지만 '소년의 건전한 육성 지원'이라는 소년법의 목적에 비추어 볼 때 지역별 또는 가정법원별로 사법서비스가 불균형을 이루는 것은 지양되어야 한다. 이러한 의미에서 서울가정법원의 사례에 준하여 적정조사명령건수를 접수건수의 10%로 하고, 전담조사관의 연배당건수 138건으로 상정했을 때 다른 가정법원에서 적정한 전담조사관 숫자는 [가정법원별 조사관 현황(2022년)]과 같다(소수점 이하에서 반올림했음).

나. 소년분류심사원(청소년비행예방센터)의 상담조사

소년분류심사원에서는 소년부로부터 위탁된 소년의 수용과 분류심사는 물론이고 보호관찰법 제42조 제1항에 따라 유치된 소년의 수용과 분류심사, 그 밖에 소년원장이나 보호관찰소장이 의뢰한 소년의 분류심사 등도 진행한다. 「범죄백서」에는 이 모든 분류심사의 합계가 수록되어 있는데 이 통계자료에 따르면 2010년부터 2020년까지 11년 동안 소년분류심사원에 위탁되어 진행되었던 분류심사의 평균은 57.7%이고, 이 가운데 일반분류심사는 39.2%, 특수분류심사는 18.5%이다. 이러한 통계수치에 비추어 볼 때 소년보호사건의 경우에도 일반분류심사와 특수분류심사의 비율이 대략 2:1 정도가 될 것으로 보인다.

그런가 하면 연평균 42.3%가 — 소년분류심사원에 위탁되지 않은 상태에서 — 상담조사 등이 진행된 점에 비추어 볼 때 소년분류심사원의 업무 가운데 상담조사가 차지하는 비율이 상당히 높음을 알 수 있다. 물론 이 상담조사에는 소년부 판사의 의뢰에 의한 조사뿐만이 아니라 '검사의 결정전 조사'의 일환으로 진행된 조사도 포함되어 있기는 하지만, 전자가 차지하는 비중이 상당히 높을 것으로 추측된다. 왜냐하면 소년분류심사원 또는 청소년비행예방센터에서의 상담조사는 소년부 판사들에게 신뢰도가 높아서 상담조사 건수가 센터에서 감당하기 어려울 정도로 많은 편이라고 하기 때문이다.[33] 이처럼 상담조사가 차지하는 비율이 40%를 초과하는 점에 비추어 볼 때 향후 청소년비행예방센터에 대한 지원을 더 확대하여 비행소년을 전담하는 전문기관으로 성장시키는 것이 바람직하다.

33) 심재광, 소년을 위한 재판, 179.

분류심사 및 상담조사 현황(단위: 명)

연도/구분	합계	분류심사			상담조사 등
		소계	일반분류심사	특수분류심사	
2010	11,024	5,723	4,380	1,343	5,301
	100%	51.9%	39.7%	12.2%	48.1%
2011	11,429	6,007	4,634	1,373	5,422
	100%	52.6%	40.6%	12.0%	47.4%
2012	10,590	5,435	4,008	1,427	5,155
	100%	51.3%	37.8%	13.5%	48.7%
2013	10,739	6,357	4,160	2,197	4,382
	100%	59.2%	38.7%	20.5%	40.8%
2014	9,805	5,544	3,468	2,076	4,261
	100%	56.5%	35.3%	21.2%	43.5%
2015	9,924	5,805	3,478	2,327	4,119
	100%	58.5%	35.0%	23.5%	41.5%
2016	9,134	5,116	2,969	2,147	4,018
	100%	56.1%	32.5%	23.6%	43.9%
2017	9,793	5,614	3,905	1,709	4,179
	100%	57.3%	39.9%	17.5%	42.7%
2018	8,609	5,385	3,853	1,532	3,224
	100%	62.6%	44.8%	17.8%	37.4%
2019	7,176	4,755	3,235	1,520	2,421
	100%	66.3%	45.1%	21.2%	33.7%
2020	6,856	4,267	2,853	1,414	2,589
	100%	62.2%	41.6%	20.6%	37.8%
평균		57.7%	39.2%	18.5%	42.3%

출처: 법무연수원, 범죄백서, 2011-2021에서 재구성.

다. 보호관찰소의 결정 전 조사

「범죄백서」에 따르면 2010년부터 2020년까지 보호관찰소에서 실시했던 전체 조사건수 가운데 법원결정전조사가 차지하는 비율은 평균 44.2%였고, 2015년부터는 이 연평균비율을 초과하여 이러한 조사가 이루어졌으며, 특히 2016/17년을 제외하고는 50%를 상회했다. 물론 이 수치에는 소년보호사건뿐만 아니라 가정보호사건 등에 대한 조사도 포함되어 있어서 소년보호사건에 따른 결정전조사 비율을 정확하게 알 수는 없다.

이처럼 법원의 결정전조사가 보호관찰소에서 담당하는 조사건수의 거의 1/2을 차지하고 있다는 점은 가정법원과 법무부(보호관찰소)가 협업을 잘하고 있다는 방증이 되기도 하

보호관찰소 조사 현황(단위: 명)

연도/구분	합계	법원결정전 조사
2010	25,578	6,398
	100%	25.0%
2011	25,771	9,242
	100%	35.9%
2012	31,569	12,719
	100%	40.3%
2013	30,487	12,141
	100%	39.8%
2014	31,132	12,373
	100%	39.7%
2015	33,919	17,678
	100%	52.1%
2016	35,359	16,931
	100%	47.9%
2017	34,845	16,606
	100%	47.7%
2018	35,897	19,597
	100%	54.6%
2019	36,429	19,007
	100%	52.2%
2020	35,131	17,813
	100%	50.7%
평균		44.2%

출처: 법무연수원, 범죄백서, 2011-2021에서 재구성.

지만, 보호관찰소에 지나치게 많은 부담을 지우는 것은 아닌가 하는 의구심이 들기도 한다. 아울러 소년사건 조사관, 소년분류심사원 및 보호관찰소가 성질상 거의 유사한 조사업무를 담당하고 있다는 점에 비추어 볼 때 이들 기관에서 중첩되는 업무가 있다면 이를 일원화한다거나 중복되는 조사항목이 있다면 다른 기관에서는 이를 생략할 수 있도록 하는 등의 조치를 취할 필요도 있다.

Ⅳ. 제3단계: 처분 결정

1. 현 황

전술한 심리결과에 따라 소년부판사는 불처분(소년법 제29조 제1항), 보호처분(소년법 제32조 제1항), 검사에의 송치(소년법 제7조 제1항, 제49조 제2항), 법원으로의 이송(소년법 제51조) 등의 결정을 하게 된다. <소년보호사건 처분 현황>을 살펴보면 보호처분(평균 70.7%)과 심리불개시(평균 17.2%)가 차지하는 비율이 전체의 87.9%를 차지했다. 이 두 처분의 전체적인 추이를 보면 보호처분 비율은 66.8%-72.1%의 범위에서 증감을 반복하다가 2019년부터는 70%를 하회했으며 특히 2020년에는 최저치(66.8%)를 보였다. 이에 비하여 심리불개시의 경우에는 15.9%-20.7%의 범위에서 역시 증감을 반복하다가 2014년-2018년 구간에서는 평균치를 하회했고 2019년부터 평균치를 상회했으며, 특히 2020년에는 최고치(20.7%)를 나타냈다. 이하에서는 처분 가운데 가장 비중이 높은 보호처분을 중심으로 제3단계를 기술하기로 한다.

소년보호사건 처분 현황(단위: 건)

연도/처분	합계	심리불개시	보호처분	불처분	검사에게 송치	기타
2010	45,090	7,338	32,416	3,105	391	1,840
	100%	16.3%	71.9%	6.9%	0.8%	4.1%
2011	48,713	7,905	35,072	2,579	621	2,532
	100%	16.2%	72.0%	5.3%	1.3%	5.2%
2012	50,771	9,209	36,150	2,278	693	2,441
	100%	18.1%	71.2%	4.5%	1.4%	4.8%

2013	45,393	8,065	31,952	2,663	534	2,179
	100%	17.8%	70.4%	5.8%	1.2%	4.8%
2014	34,600	5,669	24,529	2,543	456	1,403
	100%	16.4%	70.9%	7.3%	1.3%	4.1 %
2015	35,920	5,703	25,911	2,763	450	1,093
	100%	15.9%	72.1%	7.7%	1.3%	3.0%
2016	33,142	5,547	23,526	2,650	313	1,106
	100%	16.7%	71.0%	8.0%	0.9%	3.4%
2017	34,474	5,676	24,383	2,985	370	1,060
	100%	16.5%	70.7%	8.6%	1.1%	3.1%
2018	34,276	5,590	24,494	2,805	305	1,082
	100%	16.3%	71.4%	8.2%	0.9%	3.2%
2019	34,890	6,556	24,131	2,557	351	1,295
	100%	18.8%	69.2%	7.3%	1.0%	3.7%
2020	38,293	7,948	25,579	2,886	364	1,516
	100%	20.7%	66.8%	7.5%	1.0%	4.0%
평균		17.2%	70.7%			

출처: 법원행정처, 사법연감, 2011-2021에서 재구성.

2. 보호처분

가. 보호처분의 의의 및 종류

보호처분이란 비행소년의 환경을 바꾸고 소년의 성격과 행동을 교정하기 위하여 필요한 처분을 일컫는다. 소년부 판사가 보호처분의 결정을 고지할 때에는 소년 및 출석한 보호자에 대하여 보호처분의 취지를 이해할 수 있도록 친절히 설명해야 하고(심판규칙 제31조 제1항), 소년부는 소년을 인도하면서 소년의 교정에 필요한 참고자료(소년사건 조사관 보고서 등)를 위탁받는 자나 처분을 집행하는 자에게 넘겨야 한다(소년법 제32조 제5항). 이러한 소년의 보호처분은 그 소년의 장래 신상에 어떠한 영향도 미치지 않는다(소년법 제32조 제6항). 소년법 제32조 제1항 제1호 내지 제10호에 열거되어 있는 보호처분의 종류, 적용연령 및 기간은 아래와 같다.

보호처분의 종류, 적용연령 및 기간

종류	내용	대상 연령	기간 또는 시간 제한(연장)
1호	보호자 또는 보호자를 대신하여 소년을 보호할 수 있는 자에게 감호 위탁	10세 이상	6개월 (6개월의 범위에서 1회 연장 가능)
2호	수강명령	12세 이상	100시간 이내
3호	사회봉사명령	14세 이상	200시간 이내
4호	보호관찰관의 단기 보호관찰	10세 이상	1년
5호	보호관찰관의 장기 보호관찰	10세 이상	2년 (1년의 범위에서 1회 연장 가능)
6호	아동복지법에 따른 아동복지시설이나 그 밖의 소년보호시설에 감호 위탁	10세 이상	6개월 (6개월의 범위에서 1회 연장 가능)
7호	병원, 요양소 또는 보호소년법에 따른 의료재활소년원에 위탁(* 병합 불가)	10세 이상	6개월 (6개월의 범위에서 1회 연장 가능)
8호	1개월 이내의 소년원 송치	10세 이상	1개월 이내
9호	단기 소년원 송치(* 병합 불가)	10세 이상	6개월 이내
10호	장기 소년원 송치	12세 이상	2년 이내

이러한 보호처분을 전부 또는 일부 병합할 수도 있다. 가령 1호, 2호, 3호, 4호 처분 상호 간에는 그 전부 또는 일부를 병합할 수 있고, 1호, 2호, 3호, 5호 처분도 병합할 수 있으며(소년법 제32조 제2항 제1호, 제2호), 4호 처분과 6호 처분, 5호 처분과 4호 처분, 5호 처분과 8호 처분[34])도 병합할 수 있다(소년법 제32조 제2항 제3호, 제4호, 제5호).

나. 부가처분

소년부 판사는 가정상황 등을 고려하여 필요하다고 판단되면 부가처분으로 —특별교육을 받을 보호자, 특별교육을 받을 기간, 특별교육을 받을 기간 및 총 시간을 지정하여— 보호자에게 소년원 · 소년분류심사원 또는 보호관찰소 등에서 실시하는 소년의 보호를 위한 특별교육[35])을 받을 것을 명할 수 있다(소년법 제32조의2 제3항, 심판규칙 제31조 제5항). 그리고 4호 또는 5호 처분을 할 때에는 역시 부가처분으로 —소년이 대안교육 또는 상담 · 교육을 받을 대안교육기관, 단체 또는 시설, 대안교육 또는 상담 · 교육을 받을 기간 및 총 시간

34) 소년부 판사가 제8호 처분과 제5호 처분을 병합하는 경우에 필요하다고 인정하는 때에는 소년이 입원해야 할 소년원과 입원 연월일을 지정할 수 있다(심판규칙 제31조 제3항).

35) 보호소년법 제42조의3 제1항에 따라서 소년원과 소년분류심사원에서 「소년법」 제32조의2 제3항에 따라 교육명령을 받은 보호자 또는 보호소년등의 보호자를 대상으로 역할개선 중심의 보호자교육과정을 운영하고 있다.

을 지정하여— 대안교육 또는 상담 · 교육, 야간외출제한(1년 이내의 기간)을 명할 수도 있다(소년법 제32조의2 제1항, 제2항, 심판규칙 제31조 제54).36)

다. 보호처분 현황

2010년부터 2020년까지의 전체 소년보호사건 처분에서 보호처분이 차지하는 비율(평균)은 70.7%였고, 이 가운데 단독처분은 15.2%, 병합처분은 55.5%였다. 보다 세부적으로 <보호처분 현황(단독)>을 살펴보면 단독 처분에서는 1호 처분이 압도적으로 많이 활용되었고(평균 9.0%), 연도별 구성비는 8.0%에서 10.5% 사이에서 증가와 감소를 반복하고 있기는 하지만, 2015년에 최고치에 달한 후 감소하는 추세에 있으며 2020년에는 최저치를 나타냈다.

두 번째로 많이 활용된 처분은 9호와 10호인데 두 처분 모두 평균 2.3%, 최저치(1.8%) 및 최고치(2.8%)가 동일하다. 다만 그 추이를 보면 9호 처분의 경우에는 2010년 1.9%로 시작해서 증감을 반복하다가 2017년에 최고치에 도달한 후 계속 수치가 감소했고, 10호 처분의 경우에는 2010년 1.8%로 시작해서 수치가 증가하다가 2013년에 최고치를 보인 후 계속 감소했는바, 전반적으로 9호와 10호 처분은 하향국면에 있는 것으로 보인다.

기타의 보호처분은 모두 평균 1% 미만의 활용도를 보였다. 7호 처분을 한 경우는 평균 0.5%인데, 그 추이를 보면 2010년 0.2%로 시작해서 증감을 반복하다가 2017년부터는 평균 이상의 수치를 보이고 있으며 특히 2019년에는 0.8%까지 수치가 상승했었다. 4호 또는 5호 처분을 한 경우도 적었으나(4호: 평균 0.4%, 5호: 평균 0.1%), 1호 처분과 병합한 경우는 비교적 많았다(가령 1·2·4호 처분: 평균 9.4%, 1·2·3·4호 처분: 평균 3.9%). 그리고 4호 처분은 6호 처분과 5호 처분은 6호 또는 8호 처분과 병합할 수 있는데(소년법 제32조 제2항 제3호, 제4호, 제5호), 4 · 6호 처분은 평균 0.1%에 불과했지만, 5 · 6호 처분(평균 2.8%)과 5 · 8호 처분(평균 3.6%)은 비교적 많이 활용되었다.

2호와 3호 처분은 종전에는 보호관찰에만 병합하도록 되어 있던 부가처분이었는데, 2007년 소년법 개정으로 단독처분이 되었음에도 불구하고 2010년부터 2020년까지 단독으로 2호 또는 3호의 처분을 한 경우는 흔치 않았고(평균 0.3%), 다른 처분, 특히 1호 처분과 병합한 경우가 많았다. 6호와 8호 처분은 평균 0%로 활용도가 특히 저조했다. 지난 11년 동안 6호 처분을 받은 소년은 총 146명이었는데, 2010년에 73명으로 시작해서 2011년부터

36) 법원장은 이를 위하여 소년이 대안교육 또는 상담 · 교육을 받을 대안교육기관, 단체 또는 시설이나 보호자가 특별교육을 받을 기관을 지정할 수 있고(심판규칙 제34조 제4항), 이러한 기관 등은 소년에 대한 환경의 조정과 품행의 교정이나 보호자에 대한 특별교육에 적당한 곳이어야 하고, 법원장이 위탁기관을 지정할 때에는 미리 그 시설의 운영자와 협의해야 한다(심판규칙 제34조 제5항).

보호처분 현황(단위: 명)

연도/구분		전체 처리 사건*	보호처분(단독)										
			합계	1호	2호	3호	4호	5호	6호	7호	8호	9호	10호
				보호자 등에 감호 위탁	수강 명령	사회 봉사 명령	단기보 호관찰	장기보 호관찰	소년보호 시설등에 감호위탁	병원·요양소 위탁	1개월 이내 소년원 송치	단기 소년원 송치	장기 소년원 송치
2010		45,090	32,416	4,527	37	116	34	13	73	81	11	861	806
		100%	71.9%	10.0%	0.1%	0.3%	0.1%	0.0%	0.2%	0.2%	0.0%	1.9%	1.8%
2011		48,713	35,072	4,021	18	53	77	28	9	150	15	883	1,019
		100%	72.0%	8.3%	0.0%	0.1%	0.1%	0.1%	0.0%	0.3%	0.0%	1.8%	2.1%
2012		50,771	36,150	4,222	51	104	103	71	14	195	7	1,206	1,169
		100%	71.2%	8.3%	0.1%	0.2%	0.2%	0.1%	0.0%	0.4%	0.0%	2.4%	2.3%
2013		45,393	31,952	3,822	107	125	91	41	13	149	3	1,153	1,252
		100%	70.4%	8.4%	0.2%	0.3%	0.2%	0.1%	0.0%	0.3%	0.0%	2.5%	2.8%
2014		34,600	24,529	2,960	70	92	63	32	9	183	-	812	813
		100%	70.9%	8.6%	0.2%	0.3%	0.2%	0.1%	0.0%	0.5%	-	2.3%	2.3%
2015		35,920	25,911	3,771	16	49	40	19	2	141	5	794	866
		100%	72.1%	10.5%	0.0%	0.1%	0.1%	0.1%	0.0%	0.4%	0.0%	2.2%	2.4%
2016		33,142	23,526	3,142	59	87	154	27	5	105	3	770	770
		100%	71.0%	9.5%	0.2%	0.3%	0.5%	0.1%	0.0%	0.3%	0.0%	2.3%	2.3%
2017		34,474	24,383	3,135	159	67	270	80	7	198	-	972	756
		100%	70.7%	9.1%	0.5%	0.2%	0.8%	0.2%	0.0%	0.6%	-	2.8%	2.2%
2018		34,276	24,494	3,104	274	175	279	81	5	230	9	842	779
		100%	71.4%	9.1%	0.8%	0.5%	0.8%	0.2%	0.0%	0.7%	0.0%	2.5%	2.3%
2019		34,890	24,131	3,103	187	200	231	109	5	269	25	821	780
		100%	69.2%	8.9%	0.5%	0.6%	0.7%	0.3%	0.0%	0.8%	0.1%	2.4%	2.2%
2020		38,293	25,579	3,054	294	208	264	81	4	189	6	750	823
		100%	66.8%	8.0%	0.8%	0.5%	0.7%	0.2%	0.0%	0.5%	0.0%	2.0%	2.2%
평균			70.7%	9.0%	0.3%	0.3%	0.4%	0.1%	0.0%	0.5%	0.0%	2.3%	2.3%

* 불처분결정, 심리불개시, 타법원에 이송, 검사에게 송치, 항고가 포함된 수치임.
출처: 법원행정처, 사법연감, 2011-2021에서 재구성.

급격하게 숫자가 감소하여 2012-2013년에만 13-14명이었을 따름이고 나머지 연도에는 모두 10명 이하였다. 이 기간 동안 8호 처분을 받은 소년의 숫자는 더 적어서 84명에 불과했고, 2014년과 2017년에는 단 한 명도 없었다.

<보호처분(병합) 현황>을 보면 병합처분은 보호처분의 50% 이상을 차지했고, 평균치가 3.0%인 9개의 처분 가운데 8개가 병합처분이었다: 1 · 2 · 4호 처분(9.4%), 1 · 2호 처분(8.2%), 1 · 4호 처분(5.9%), 1 · 2 · 3 · 5호 처분(3.9%), 1 · 3 · 4호 처분(3.9%), 1 · 2 · 3 · 4호 처분(3.7%), 5 · 8호 처분(3.6%), 1 · 3 · 5호 처분(3.0%). 보다 구체적으로 병합처분 현황을 살펴보면 가장 많이 활용된 1 · 2 · 4호 처분(9.4%)의 연도별 구성비는 8.2%에서 10.3% 사이에서 증감을 반복했는데, 2015년에 최고치(10.3%)에 달한 후 2019년까지 꾸준히 감소(8.2%)하다가 2020년에 다소 수치(8.8%)가 상승했다. 그에 비하여 두 번째로 많이 활용된 처분인 1 · 2호 처분은 2010년에 9.4%로 시작해서 2013년-2017년까지는 꾸준히 감소했다가 2018년부터는 다시 증가하는 추세를 보였다. 이 평균 3% 이상에 해당하는 병합처분 가운데 5호, 8호 처분을 제외하고는 모두 1호 처분과 병합되었다는 점도 주목할 만하다. 1호 처분은 단독처분으로도 평균 9.0%를 나타냈으므로, 보호처분 가운데 가장 많이 활용되고 있는 처분은 단연 1호 처분이라고 하겠다.

단독처분의 경우 1호 처분을 제외하고는 평균치가 3% 미만이었는데, 이 구간대에 해당하는 병합처분은 1 · 2 · 5호 처분(2.8%), 2 · 8호 처분(2.8%), 1 · 3호 처분(2.7%), 1 · 2 · 3호 처분(1.7%), 1 · 5호 처분(1.7%), 4 · 6호 처분(0.1%)이다.

보호처분 현황(단위: 명)

연도/구분	보호처분(병합)														
	1·2호	1·2·3호	1·2·4호	1·2·5호	1·2·3·4호	1·2·3·5호	1·3호	1·3·4호	1·3·5호	1·4호	1·5호	4·6호	5·6호	5·8호	병과처분기타
2010	4,251	615	4,473	1,309	1,777	1,288	1,399	2,182	1,482	3,593	880	104	747	1,689	68
	9.4%	1.4%	9.9%	2.9%	3.9%	2.9%	3.1%	4.8%	3.3%	8.0%	2.0%	0.2%	1.7%	3.7%	0.2%
2011	4,123	874	4,998	1,393	2,420	1,990	1,629	2,418	1,352	3,689	808	146	922	1,915	122
	8.5%	1.8%	10.3%	2.9%	5.0%	4.1%	3.3%	5.0%	2.8%	7.6%	1.7%	0.3%	1.9%	3.9%	0.3%
2012	4,518	1,040	5,180	1,118	2,266	1,831	1,405	2,087	1,560	3,054	637	56	1,164	2,607	485
	8.9%	2.0%	10.2%	2.2%	4.5%	3.6%	2.8%	4.1%	3.1%	6.0%	1.3%	0.1%	2.3%	5.1%	1.0%
2013	3,522	646	4,020	1,496	1,557	1,901	1,297	1,868	1,843	2,746	900	22	1,150	1,879	349
	7.6%	1.4%	8.9%	3.3%	3.4%	4.2%	2.9%	4.1%	4.1%	6.4%	2.0%	0.0%	2.5%	4.1%	0.8%

2014	2,420	445	3,163	1,026	1,160	1,541	982	1,844	1,535	2,354	742	39	834	1,257	153
	7.0%	1.3%	9.1%	3.0%	3.4%	4.5%	2.8%	5.3%	4.4%	6.8%	2.1%	0.1%	2.4%	3.6%	0.4%
2015	2,609	581	3,696	803	1,627	1,571	1,133	1,832	1,082	2,299	647	46	883	1,316	83
	7.3%	1.6%	10.3%	2.2%	4.5%	4.4%	3.2%	5.1%	3.0%	6.4%	1.8%	0.1%	2.5%	3.7%	0.2%
2016	2,554	557	3,255	1,009	1,272	1,413	851	1,194	891	1,923	522	33	1,063	1,012	855
	7.7%	1.7%	9.8%	3.0%	3.8%	4.3%	2.6%	3.6%	2.7%	5.8%	1.6%	0.1%	3.2%	3.1%	2.6%
2017	2,504	727	3,025	969	1,393	1,519	851	1,086	802	1,508	505	41	986	1,099	1,724
	7.3%	2.1%	8.8%	2.8%	4.0%	4.4%	2.5%	3.2%	2.3%	4.4%	1.5%	0.1%	2.9%	3.2%	5.0%
2018	2,963	776	3,022	886	1,262	1,238	754	958	754	1,447	443	32	1,229	1,194	1,758
	8.6%	2.3%	8.8%	2.6%	3.7%	3.6%	2.2%	2.8%	2.2%	4.2%	1.3%	0.1%	3.6%	3.5%	5.1%
2019	3,143	574	2,844	1,048	838	1,269	759	915	847	1,517	627	52	1,440	1,036	1,492
	9.0%	1.6%	8.2%	3.0%	2.4%	3.6%	2.2%	2.6%	2.4%	4.4%	1.8%	0.1%	4.1%	3.0%	4.3%
2020	3,531	776	3,361	1,293	940	1,432	743	940	859	1,769	467	102	1,508	1,005	1,180
	9.2%	2.0%	8.8%	3.4%	2.5%	3.7%	1.9%	2.5%	2.2%	4.6%	1.2%	0.3%	3.9%	2.6%	3.1%
평균	8.2%	1.7%	9.4%	2.8%	3.7%	3.9%	2.7%	3.9%	3.0%	5.9%	1.7%	0.1%	2.8%	3.6%	2.1%

출처: 법원행정처, 사법연감, 2011-2021에서 재구성.

보호처분 운용 순위(2010-2020)

순위	구성비(평균)	보호처분의 내용
1	9.4%	1·2·4호 처분
2	9.0%	1호 처분
3	8.2%	1·2호 처분
4	5.9%	1·4호 처분
5	3.9%	1·2·3·5호 처분
	3.9%	1·3·4호 처분
7	3.7%	1·2·3·4호 처분
8	3.6%	5·8호 처분
9	3.0%	1·3·5호 처분
10	2.8%	1·2·5호 처분
	2.8%	5·6호 처분
12	2.7%	1·3호 처분

13	2.3%	9호 처분
	2.3%	10호 처분
15	2.1%	병과처분 기타
16	1.7%	1·2·3호 처분
	1.7%	1·5호 처분
18	0.5%	7호 처분
19	0.4%	4호 처분
20	0.3%	2호 처분
	0.3%	3호 처분
22	0.1%	5호 처분
	0.1%	4·6호 처분
24	0.0%	6호 처분
	0.0%	8호 처분

단독처분 가운데 가장 활용도가 낮았던 6호, 8호 처분(모두 평균 0%)이 병합된 경우를 보면 4 · 6호 처분(0.1%), 5 · 6호 처분(2.8%)은 하위권에 있고 5 · 8호 처분(3.6%)은 중위권에 랭크되어 있다. 이 6호 처분과 8호 처분은 '시설내 처분'이라는 점이라는 공통점을 가지고 있다. <사회내 처분과 시설내 처분 현황>을 보면 보호처분 중에서 '사회내 처분' 비율은 평균 83.6%이고 '시설내 처분' 비율은 16.4%에 불과해서 전반적으로 시설내 처분(6호, 7호, 8호, 9호, 10호, 4·6호, 5·6호, 5·8호 처분)의 활용도가 저조했다. 시설내 처분의 연도별 구성비는 13.3%에서 18.3% 사이에서 증감을 반복했는데, 가령 2010-2013년에는 상승, 2014-2015년에는 감소, 2016-2019년에는 다시 상승, 2020년에는 다시 하락했으나 2017년부터는 평균치를 상회했다.

6호 처분과 8호 처분은 모두 '시설내 처분'이기는 하지만, 6호 처분은 민간시설에, 8호 처분은 소년원이라는 국가시설에 소년이 위탁된다는 점에서 상이하다. 그러고 보면 6호 처분(평균 0%), 4 · 6호 처분(평균 0.1%), 5 · 6호 처분(2.8%)의 활용도가 저조한 것은 소년을 위탁받아서 감호하는 소년보호시설의 숫자가 적다는 점에서 비롯된 것으로 보인다. 왜냐하면 아동복지법에서 정하는 기준을 갖춰서 아동보호시설로 인 · 허가를 받는 것도 쉽지 않고 이러한 시설을 운영하는 것도 어렵기 때문이다. 8호 처분도 단독처분으로는 거의 활용되고 있지 않은데(평균 0%), 이는 1개월 이내의 기간 동안 소년원에서 생활하면서 준법교육 등을 받으면 물론 각성효과는 있겠지만 기간이 지나치게 단기여서 보호처분의 실효성을 담보하기가 어렵다는 의구심 때문이라는 생각이다. 그렇지만 1개월 동안 이른바 쇼크구금을 하고 난 후 5호 처분을 병합하면 이러한 문제점이 보완되기 때문에 8호 처분과 5호 처분을 병합한 경우가 비교적 많은 것 같다(평균 3.6%).

사회내 처분과 시설내 처분 현황(단위: 명)

연도/구분	전체 보호처분	사회내 처분	시설내 처분
2010	32,416	28,044	4,372
	100%	86.5%	13.5%
2011	35,072	30,013	5,059
	100%	85.6%	14.4%
2012	36,150	29,732	6,418
	100%	82.2%	17.8%
2013	31,952	26,331	5,621
	100%	82.4%	17.6%
2014	24,529	20,582	3,947
	100%	83.9%	16.1%
2015	25,911	21,858	4,053
	100%	84.4%	15.6%
2016	23,526	19,765	3,761
	100%	84.0%	16.0%
2017	24,383	20,324	4,059
	100%	83.4%	16.6%
2018	24,494	20,174	4,320
	100%	82.4%	17.6%
2019	24,131	19,703	4,428
	100%	81.7%	18.3%
2020	25,579	21,192	4,387
	100%	82.9%	17.1%
평균		83.6%	16.4%

라. 보호처분의 문제점

(1) 1호 처분

1호 처분은 보호자 또는 보호자를 대신하여 소년을 보호할 수 있는 자에게 소년을 감호 위탁하는 것으로 2010년부터 2020년까지 가장 많이 활용되었던 보호처분이다. 통상 저연령의 초범인 소년으로서 보호자의 보호능력이 있다고 판단되고 비행내용이 가벼운 경우에 보호자[37]에게 감호를 위탁한다고 한다.[38] 그런데 부모에게 비행소년의 감호를 맡긴다는 것은 소년을 종래의 (비행)환경에 그대로 노출시키는 것이어서, 보호처분으로서의 의미가 반감된다는 의구심이 들 수 있고, 특히 소년의 감호를 맡게 된 부모의 인식개선 및 감호능력이 수반되지 않는 한 감호 및 재비행 예방을 담보하기가 어렵다. 이러한 점 때문에 2007년 개정 때 보호자특별교육명령제도가 도입되어, 부모에게 자녀교육상 문제가 있는 경우에는 보호자특별교육명령을 부가할 수 있도록 했고(소년법 제32조의2 제3항), 부모가 이러한 교육을 거부하면 300만원 이하의 과태료에 처할 수 있게 되었다(소년법 제71조 제2호).

소년에게 법률상 · 사실상 보호자가 없거나 보호자가 있다 하더라도 —조사 · 심리 결과— 보호능력이 부족하다고 인정되는 경우에는 그 대안으로 보호자를 대신하여 소년을 보호할 수 있는 자('위탁보호위원')에게 감호 위탁하게 된다. 법원장은 정신과 의사, 심리학자, 사회사업가, —심판규칙 제34조 제1항에 따라 소년의 감호를 위탁받는 기관으로 지정된— 청소년복지지원법 제31조 제4호에 정한 청소년회복지원시설[39](가출청소년을 위한 쉼터, 미혼모쉼터, 성매매여성을 위한 쉼터, 공동생활가정, 사법형그룹홈 등)의 종사자 가운데 시설장의 자격기준을 충족하는 사람 또는 학식과 덕망이 있는 사람 중에서 위탁보호위원을 위촉한다(심판규칙 제33조 제1항).[40]

청소년회복지원시설의 장이 신병인수 위탁보호위원으로 위촉되어 소년의 신병을 인수하는 경우는 주로 비행 죄질 자체로는 중하지 않은데 경제적 · 정서적으로 지원을 해주면 성행이 개선될 것으로 보이는 소년들을 대상으로 한다고 한다.[41] 이러한 처분을 받은 보호소년은 6개월 동안 시설에서 생활해야 하므로 일응 6호 처분과 유사하지만, 외출(학교

---

37) 여기서 '보호자'란 법률상 소년에 대하여 감호교육을 할 의무가 있는 자(법률상 보호자; 친권자, 미성년후견인 등) 또는 현재 소년을 감호하는 자(사실상 보호자; 친권자를 대신하여 소년을 보호 · 감독하는 친족 소년에게 숙식을 제공하는 고용주 등)를 말한다(소년법 제2조 후단).

38) 법원행정처, (법원실무제요) 소년, 326.

39) 소년법 제32조 제1항 제1호에 따른 감호 위탁 처분을 받은 청소년에 대하여 보호자를 대신하여 그 청소년을 보호할 수 있는 자가 상담 · 주거 · 학업 · 자립 등 서비스를 제공하는 시설을 의미한다.

40) 이때 법원장은 소년의 신병을 인수하여 감호할 위탁보호위원('신병인수 위탁보호위원')과 소년의 신병을 인수하지 않고 감호할 위탁보호위원('신병불인수 위탁보호위원')을 구분하여 위촉할 수 있는데(소년보호절차예규 제9조 제1항), 신병불인수 위탁보호위원이 대부분이라고 한다: 법원행정처, (법원실무제요) 소년, 327.

41) 심재광, 소년을 위한 재판, 219.

나 직업교육을 받으러 다니는 등)이 가능하고 주말에는 집으로 돌아가서 지낼 수도 있다는 점에서 제6호 처분과 상이하다. 그런데 가령 가출청소년을 위한 쉼터에 결원이 있어서 보호처분을 받은 소년을 수용하는 경우에는 일반소년과 보호처분을 받은 소년이 혼거하게 되어 이른바 악풍의 감염이 우려되기도 한다. 이러한 문제점을 해결하기 위하여 2010년 11월에 창원지방법원에서 천종호판사의 주도로 보호소년을 위한 그룹홈인 청소년회복센터(이른바 '사법형 그룹홈')가 개설된 이래 전국에 약 20여개소의 사법형그룹홈이 운영되고 있으며[42] 2022년 5월 9일에도 부산가정법원에서 남자청소년회복센터 '위드(With)' 개소식을 열면서 부산가정법원장이 센터장을 신병인수 위탁보호위원에 위촉한 바 있다.[43]

나아가 1호 처분을 받은 소년의 보호자는 위탁보호위원에게 그 감호에 관한 비용의 전부 또는 일부를 지급해야 한다(소년법 제41조 본문). 다만 소년부 판사는, 보호자가 없는 경우 또는 보호자가 월 평균수입이 100만 원 미만인 경우 등에는 신병인수 위탁보호위원에게는 소년 1인당 월 60만 원의 범위 내에서, 신병불인수 위탁보호위원에게는 소년 1인당 월 5만 원의 범위 내에서 그 감호에 관한 비용을 지급할 수 있다(소년보호절차예규 제9조 제2항, 제3항). 이처럼 규정상으로는 보호자가 감호비용을 부담하는 것을 원칙으로 하고 있으나, 실제 사례에서는 예외에 해당하는 경우가 많아서 법원에서 위탁보호위원들에게 감호비용으로 일정액을 지급하는 것으로 보인다. 이러한 점이 특히 청소년회복센터의 재정 및 운영에 부정적으로 작용하는 것 같다. 더욱이 종래에는 청소년회복센터가 국가에서 지정하는 청소년복지시설에 포함되어 있지 않았기 때문에 센터들이 대부분 법원으로부터 지원받는 비용과 일부 후원금으로 운영비를 충당해 왔다고 한다. 그러다가 2016년에 1호 처분을 받은 청소년을 위한 청소년회복지원시설을 별도의 법정 보호시설로 규정하여 감호 위탁 처분을 받은 청소년을 보호 지원함으로써 해당 청소년들에게 체계적인 서비스를 제공하고(제31조 제4호), 청소년자립지원관을 청소년쉼터뿐만 아니라 청소년회복지원시설에서 퇴소한 후에도 복귀할 곳이 없을 때 지원하는 시설로 규정(제31조 제2호)하여 재범을 방지하고 건강한 성장을 지원하기 위하여[44] 청소년복지지원법(법률 제14237호, 2016년 5. 29., 일부개정])의 개정되었다. 이처럼 청소년회복센터가 청소년복지지원법상 청소년복지시설에 포함된 후 2019년부터는 센터가 인건비, 운영비, 교육비 명목으로 정부예산의 지원도 받고 있다. 그럼에도 불구하고 여전히 청소년회복센터의 운영은 어려워서 가령 경상남도의 경우, 2020년 초반에는 6곳의 시설이 운영되었으나, 운영상 어려움으로 2곳이 휴 · 폐업을 하여 2021년 5월 현

42) https://www.joongang.co.kr/article/25060857 <최종방문일: 2022년 5월 30일>.

43) https://www.lawtimes.co.kr/Legal-News/Legal-News-View?serial=178628 <최종방문일: 2022년 5월 30일>.

44) https://www.law.go.kr/lsInfoP.do?lsiSeq=183670&ancYd=20160529&ancNo=14237&efYd=20161130&nwJoYnInfo=N&efGubun=Y&chrClsCd=010202&ancYnChk=0#0000 <최종방문일: 2022년 5월 30일>

재 4곳(샬롬, 소망, 새빛, 연지청소년회복지원시설)만 운영되고 있다고 한다. 바로 이러한 점 때문에 청소년복지지원법의 개정에 큰 역할을 담당했던 천종호 부장판사는 청소년회복지원시설이 안정적으로 자리를 잡기 위해서는 ―여성가족부가 민간 위탁 형태로 운영하는― '청소년 쉼터' 수준의 시설과 인력 · 예산 지원이 필요하다고 말한다.45) 사실 청소년회복지원시설은 국가시설(소년원 등)에 비하여 경비와 효율 면에서 경제적일 뿐만 아니라, 이러한 시설이 활성화되면 보호관찰관의 부담이 완화되고 소년원의 과밀수용도 일부 억제되어 국가의 부담이 경감되는바, 장기적으로 볼 때에는 청소년회복지원시설을 확충하고 지원하는 것이 오히려 국가의 재정에 도움이 될 수 있을 것이다.

(2) 6호 처분

6호 처분은 가정에서 제대로 돌봄을 받지 못하는 소년들을 주된 대상으로 이들을 특정시설에 수용시키는 것이어서 1호 내지 5호 처분과 상이하고, '사적인 시설'에 수용된다는 점에서는 8호 내지 10호 처분과도 다르다. 이러한 점에서 6호 처분은 순수한 사회내 처우와 소년원 송치 처분의 중간쯤에 위치하는 '중간처우'라고 부르기도 한다.46) 소년부 판사들은 6호 처분을 선호한다고 하는데, 그 이유는 소년원 송치 처분은 보호처분 이후 판사가 개입할 여지가 별로 없지만, 6호 처분의 경우에는 판사가 직권으로 집행감독을 실시하는 등 보호처분 이후에도 개입할 수 있는 소년법상 근거규정이 마련되어 있기 때문이라고 한다.47) 그럼에도 불구하고 전술한 바와 같이 6호 처분이 단독처분(평균 0%)으로도, 병합처분(4·6호 처분; 평균 0.1%, 5·6호 처분: 평균 2.8%)으로도 활용도가 낮은 것은 6호 시설의 숫자가 많지 않을 뿐만 아니라 이러한 시설이 ―지역적으로― 서울 등 대도시에 편중되어 있다는 점에서 비롯된다고 보아야 할 것이다. 따라서 판사들에게 선호도가 높은 6호 처분이 활성화되려면 일단 가정법원마다 위탁기관을 확보하고 있어야 한다. 물론 적정한 수준을 갖춘 위탁기관을 확보하려면 전술한 청소년회복지원시설의 운영 및 지원에서 언급한 바와 같은 지원도 이루어져야 할 것이다.

그런가 하면 가정과 같은 분위기에서 소년을 감호하려면 수용인원이 최대 15명 내외로 제한되어야 하는데, 현재 6호 처분 시설들은 대부분 수용인원이 최소 32명에서 최대 115명에 이르는 상황이어서, 소년원과 다를 바 없는 엄격한 규율이 적용되고 있다는 점이 문제점으로 지적되기도 한다.48) 또한 시설 내에서 발생하는 고참문화형성, 괴롭힘 등으로

45) 청소년 쉼터는 2019년 기준 전국에 135개소가 운영되고 있고, 총 161억 7천만원의 예산이 지원되었다: http://www.knnews.co.kr/news/articleView.php?idxno=1351325 <최종방문일: 2022년 5월 30일>.

46) 법원행정처, (법원실무제요) 소년, 350.

47) 심재광, 소년을 위한 재판, 249.

48) 한영선/현지현/이영면, 소년법강의, 260.

소년들이 이탈을 시도하고 이탈 이후 후속조치로 법원에 보고를 하지 않는 점[49]도 문제가 되고 있으므로 6호 처분 시설에 대한 집행감독을 철저히 할 필요가 있다.

(3) 8, 9, 10호 처분

8, 9, 10호 처분은 모두 보호소년을 일정기간 소년원에 입원시킨 상태에서 준법교육, 체험교육, 인성교육 등을 시키는 처분이다. 8호 처분은 주로 수용경험(분류심사원 입원은 제외)이 없고 경미한 범죄를 반복하여 저지르는 소년을 대상으로 한다고 한다.[50] 전술한 바와 같이 2010년부터 2020년까지 단독으로 8호의 처분을 했던 경우는 거의 없었지만(평균 0%), 장기보호관찰 처분을 병합한 경우는 비교적 많았다(평균 3.6%). 이렇게 보호관찰을 함께 부과하는 이유는 소년원을 퇴원한 후에도 보호관찰관이 소년들의 생활을 지속적으로 지도·감독할 수 있고, 소년들이 보호관찰에 태만하거나 재비행을 하는 경우에는 보호처분변경 신청으로 신속하게 대응할 수 있기 때문이라고 한다.[51] 9호 처분은 제6호 처분이나 제8호 처분을 받았는데도 재비행을 하는 경우 또는 가정의 보호력과 상관없이 중한 죄질의 비행을 저지른 경우에 고려되고, 제10호 처분은 제6호, 제8호, 제9호 처분을 이미 거쳤는데도 재비행이 계속되는 경우, 장기간에 걸쳐서 비행이 이루어지고 비행 횟수도 지나치게 많은 경우 등에 활용된다고 한다.[52]

이에 비하여 9호와 10호 처분은 보호관찰 처분을 부가할 수 없고, 또 소년원 송치 후에는 소년원장이 소년의 개선 정도를 확인한 후 퇴원신청을 하고 보호관찰심사위원회를 거쳐 법무부장관의 허가로 퇴원함으로써 실제 집행기간이 정해지기 때문에, 이러한 처분을 한 후에는 더 이상 법원과 소년부 판사가 개입할 여지가 없다. 전술한 바와 같이 2010년부터 2020년까지 9호 처분과 10호 처분은 중간 정도의 활용률을 보였고(모두 평균 2.3%) 전반적으로 다소 감소하는 추세이며, 특히 2020년의 경우 9호 처분은 2.0%, 10호 처분은 2.2%를 나타냈다. 그런데 소년보호재판 절차에 익숙한 소년들은 제6호 처분보다 제9호 처분을 더 선호한다고 하는데, 그 이유는 소년원에서 조금만 버티면 귀찮은 보호관찰 없이 보호처분이 금방 끝나기 때문이라고 한다. 특히 제9호 처분에 관해서는 보호관찰을 함께 부과할 수 있도록 소년법을 개정하는 것이 필요하다.[53]

신설하는 소년원 및 소년분류심사원은 수용정원이 150명 이내의 규모가 되도록 하여야 하는데(보호소년법 제6조 제1항 본문), 현재의 소년원은 각 소년원마다 200–300명 단위로

49) 법원행정처, (법원실무제요) 소년, 357.
50) 법원행정처, (법원실무제요) 소년, 363; 심재광, 소년을 위한 재판, 273.
51) 심재광, 소년을 위한 재판, 273.
52) 심재광, 소년을 위한 재판, 275-276.
53) 심재광, 소년을 위한 재판, 215, 239.

비교적 대규모로 운영되고 있다. 그런데 지난 2022년 7월 18일에 대법원이 출소자들이 혼거실 등에 과밀수용되어 정신적, 육체적 고통을 겪었다고 주장하며 국가를 상대로 위자료 지급을 구한 사건[54]에서 —원심법원[55]과 마찬가지로— 1인당 수용거실 면적이 인간으로서의 기본 욕구에 따른 생활조차 어렵게 할 만큼 지나치게 협소하다면, 그 자체만으로도 이미 국가형벌권 행사의 한계를 넘어 헌법에 보장된 인간의 존엄과 가치를 침해하는 것으로 보아야 하고, 성인 남성인 경우 1인당 수용거실 면적이 2㎡에 미달한 경우에는 해당 기간 동안의 수용행위는 수인한도를 초과하여 위법한 것으로 판단한 바 있다. 이처럼 과밀수용이 인간의 존엄성을 침해하고 1인당 수용거실면적이 지나치게 협소한 경우에는 수인한도를 초과한다는 대법원의 '기본입장'은 성인들을 수용하는 교정시설뿐만 아니라 소년원에도 적용되어야 한다. 물론 대법원이 수인한도의 기준으로 성인 남성 1인당 수용거실 면적 2㎡를 제시했으므로, 소년의 경우에는 이보다는 좁은 기준이 적용될 것이다. 따라서 향후에는 소년원의 과밀수용 문제에 대해서도 적극적으로 대처하여 보다 소규모로 소년원이 운영될 필요가 있다.

V. 맺 음 말

소년보호사건의 적용대상에는 죄를 범한 19세 미만의 소년(범죄소년)은 물론이고, 형벌법령에 저촉되는 행위를 한 10세 이상 14세 미만의 소년(촉법소년) 및 집단적으로 몰려다니며 주위 사람들에게 불안감을 조성하는 성벽이 있는 등의 사유가 있고 성격 또는 환경에 비추어 장래 형벌법령에 저촉되는 행위를 할 우려가 있는 10세 이상인 소년(우범소년)도 포함된다. 이처럼 소년보호사건의 적용대상이 범죄소년에 한정된 것은 아니기 때문에 범죄인에 대한 응보, 일반예방 등의 시각으로 이 문제에 접근하는 것은 바람직하지 않다. 특히 2007년에 소년법을 개정하면서 '처벌 위주에서 교화 및 선도 중심으로' 소년법의 패러다임이 전환되었으므로, 소년법상 보호처분도 소년이 우리 사회의 일원으로 건전하게 성장할 수 있도록 '도와주는' 장치이어야 한다. 이러한 관점에서 본다면 비행소년에 대한 보호처분은 —형사법이 아니라— 민사법적 측면에서 접근해야 하며, 특히 가정법원이 '후견인적 지위'에서 보호소년의 건전한 육성을 적극적으로 돕는 역할을 담당해야 할 것이다.[56]

54) 대법원 2022.7.14. 선고 2017다266771 판결.
55) 부산고법 2017.8.31. 선고 2014나50975 판결.
56) 이러한 의미에서 촉법소년 및 우범소년에 대한 보호처분은 부모의 양육역량의 범위를 벗어나 있는 아동에 대한 양육지원의 방식으로 볼 수 있다는 견해는 경청할만하다: 제철웅, 국친사상의 변화와 소년법 보호처분절차의 개선방향,

이러한 입장에서 보면 소년보호사건의 경우에는 소년부 판사가 제1호 내지 제10호 처분 가운데 적정한 보호처분을 내리는 것뿐만 아니라, 이러한 처분의 집행을 통하여 보호소년의 재활, 회복, 재비행방지, 사회복귀 등에 도움을 주는 것이 매우 중요하다. 특히 보호처분의 집행이 유관기관 및 집행담당자들에게 위임된다는 점에 비추어 볼 때 이들 기관 등에 대한 소년부 판사 · 가정법원의 지휘 · 감독의 중요성이 강조될 수밖에 없다. 그래서 소년법에서도 소년부 판사가 보호처분이 종료될 때까지 집행담당자들(조사관, 보호관찰관, 수탁기관의 직원 등)의 조사 · 보고 등을 통하여 보호소년의 성행 개선 여부를 계속해서 점검하고, 문제가 발생하면 적절한 조치를 촉구하거나 필요한 경우에는 —직권 또는 신청에 따라— 보호처분을 변경할 수 있도록 법정하고 있다(동법 제37조). 다만 현행법상 가정법원, 법무부, 보호관찰소, 지자체의 아동복지 담당부서 등과의 유기적 협력관계를 규율하는 규정은 없는바, 보다 효율적이고 체계적으로 보호처분을 집행 · 감독하기 위하여 소년법 등에 이에 대한 근거규정을 마련할 필요가 있다.

비교사법 29/4 (2022) 326 이하.

민법사례의 효율적 풀이를 위한 각론적 제시 - 2023년도 제12회 변호사시험 민사법(사례형) 제2문을 대상으로 하여 -

안 병 하

강원대학교 법학전문대학원 교수, Dr.iur.

Ⅰ. 들어가며

이 글의 주된 목표는 2011년 필자가 강원법학 제33권에 발표한 "민법사례의 효율적 풀이를 위한 일 제언"에서 추상적으로 서술한 것을 올해 2023년 1월에 치러진 제12회 변호사시험의 민사법사례 중 순수 민법 사례인 제2문을 대상으로 하여 구체화하는 것이다. 오로지 사례문제의 풀이 과정에 초점을 맞춘 극히 실용적인 글일 뿐 어떠한 학술적 담론을 내포하고 있는 것은 아니다. 기념논문집이라는 지면의 자유로움을 십분 활용하여 가능한 한 독자들에게 올바른 사례풀이 과정을 보여주려는 시도이다. 그간 축적된 수많은 변호사시험 기출문제나 변호사시험 모의시험 기출문제들을 도외시하고 최근 시행된 제12회 변호사시험 문제만을 이러한 시도의 대상으로 삼은 이유는 올해 처음으로 변호사시험 문제에 대한 현직 로스쿨 교수들의 해설이 공간되었고1) 이에 따라 비로소 필자가 제안하였던 사례풀이 방식과 전통적으로 행해지고 있는 방식을 대비해 볼 수 있는 여건이 마련되었다는 데에 있다. 비록 법률신문의 해설이 법무부의 공식적인 모범답안이 아니라 하더라도2) 최소

1) "법률신문 변호사시험 해설 특집", 법률신문 2023. 1. 30. 월요판 제5053호 참조. 이중 민법사례의 해설은 서종희 교수가 담당하였으며 해당 특집호 4쪽에 게재되어 있다. 이하 이를 '법률신문의 해설'이라 칭한다.

2) 법무부는 변호사시험 사례형과 기록형에 대한 채점기준표를 밝히지 않고 있는데, 이것은 출제된 문제와 그것에 대해 내부적으로 제시된 채점기준표에 대한 자신감의 결여로밖에 해석되지 않는다. 이러한 태도는 변호사시험에 대한 공신력을 떨어뜨릴 뿐만 아니라 시험이라는 제도가 가지는 교육적 측면에서도 바람직하지 않으므로 신속히 개선될 필요가 있다. 유사한 취지의 비판으로 이진기, 사법시험과 변호사시험 민법 사례형의 예시적 분석과 평가, 민사법학 76 (2016) 271 참조.

한 현재 로스쿨에서 교육을 담당하고 있는 교수의 글이니만큼,[3] 그 안에는 국내 로스쿨에서 사례문제 풀이가 어떻게 가르쳐지고 있는지 그 一斷面이 여실히 담겨져 있을 것이라 생각된다. 따라서 이것과 대비되는 필자의 풀이방법을 구체적으로 제시해 보는 것은 사례풀이에 관한 필자의 핵심논지를 독자들에게 전달하는 가장 효율적인 방법이 될 것으로 생각한다.

자연과학과 달리 법학의 문제에 대해서는 절대적으로 참인 해답을 제시하는 것이 쉽지 않다. 규범적 평가에는 개개의 복잡한 事情과 다양한 價値觀이 종합적으로 영향을 미칠 수밖에 없기 때문이다. 바로 이 점에서 적절한 결론에 이르게 해주는 객관적 법학 방법론의 중요성이 드러나는데, 이는 사례풀이에서도 마찬가지이다. 물론 사례의 해결에 이르는 길은 여러 갈래가 있을 것이기에 이 글에서 제안하는 것이 유일한 王道라는 생각은 언감생심 하지도 않는다. 하물며 비교의 대상이 된 법률신문의 해설을 폄하할 의도도 전혀 없다.[4] 이 글은 단지 학생들이 반복을 통하여 사례유형을 외워서 사례문제를 풀고, 그래서 아직 기초개념도 정립하지 못한 로스쿨 1학년생들이[5] 변호사시험 기출문제집을 들고서 그 해설의 암기나 필사를 시작하는 것이 너무나 당연한 것으로 치부되며, 그럼에도 불구하고 로스쿨 3학년이 되어서도 눈에 익지 않은 문제에 부닥치면 그 풀이를 어디서부터 어떻게 시작해야 할지 어려워하는, 마치 시시포스(Sysiphus)의 형벌과 같은 노역을 반복하고 있는 서글픈 로스쿨의 현실을 조금이나마 개선하기 위한 노력의 일환일 뿐이다.[6] 사례풀이가 단순한 암기과목이 아니라 법학을 효율적 · 체계적으로 배울 수 있는 유용한 수단이며 그 과정에서 이루어지는 논리적, 체계적, 합목적적 사고의 훈련이 결국에는 법률전문가를 만들어 주는 요체라는 인식을 분명히 하면서 그 위상에 상응하는 풀이를 시작하기로 한다.

3) 특히 이번에 치러진 제12회 변호사시험 민사법과 관련해서는 예전과 달리 학원 강사들의 모범답안이 전혀 제공되지 않고 있는 상태였기에 현직 교수들이 작성한 법률신문의 해설은 이미 시험을 치른 학생들을 포함하여 로스쿨 학생들에게 지대한 영향을 미칠 것으로 보인다.

4) 오히려 비교의 대상이 될 법률신문의 해설은 논점을 명확히 제시해주고 있으며 결론도 명쾌하다. 필자의 사례 풀이 방법론적 관점에서 아쉬운 점이 없진 않지만, 법률신문이라는 지면의 한정, 실제 답안의 작성이 아닌 그 해설이라는 점 등을 고려한다면 그러한 서술방식과 내용은 이해할 만하다.

5) 심지어 로스쿨 입학 전 학생들도.

6) 이러한 학생들의 민법사례 공부를 보고 있노라면, 마치 영어라는 언어조차 상황별로, 또 시험문제의 유형별로 외워서 공부하여 토플이나 토익점수는 높지만 실제 영어 실력이 그 점수에 상응할 만큼 좋은 학생은 그리 많지 않은 우리나라의 영어학습의 문제점이 떠오른다. 영어를 말과 글이라는 언어 그 자체로 인식하지 않고 시험공부의 대상으로만 파악하는 것이 그러한 문제점의 시발일 것이다.

Ⅱ. 제12회 변호사시험 민법사례 풀이

1. 제2문의 1-1 풀이

가. 문 제[7)]

[기초적 사실관계]

甲은 2022. 2. 1. A로부터 A 소유의 X토지 및 Y토지를 대금 각 1억 원에 매수하고, 위 대금을 모두 지급하였다. 이어서 甲은 2022. 3. 31. 「부동산등기법」에 따라 ① X토지에 관하여는 甲 명의의 소유권이전등기의 등기신청정보를 전산정보처리조직에 저장하였고, ② Y토지에 관하여는 그 등기 명의만을 乙로 하기로 하는 乙과의 합의 및 이에 대한 A의 협조하에 乙 명의의 소유권이전등기의 등기신청정보를 전산정보처리조직에 저장하였다. 이에 따라 등기관은 2022. 4. 4. 전산정보처리조직을 이용하여 각 등기부에 위 소유권이전등기에 관한 등기사항을 기록함으로써 등기사무를 처리한 뒤 나머지 후속절차까지 모두 마쳤다.

[문제]

1. 위 각 토지에 관한 등기가 모두 마쳐진 상태에서, 2022. 4. 1.을 기준으로 X토지 및 Y토지의 각 소유자는 누구인가? (10점)

나. 답안 작성을 위한 事前 思考의 展開

(1) 위 문제는 현재 X토지 및 Y토지의 소유자가 누구인가를 묻고 있는 것으로 문제의 핵심은 원래 A 소유였던 토지들에 관한 물권변동이 사안의 각 단계에서 발생하였는지 여부에 있다. 법률신문의 해설처럼 부동산등기법 제6조에 대한 이해나 부동산실명법 제4조에 대한 이해만을 묻고 있는 것이 아니라 그보다 더 근본적인 부동산물권변동의 법리를 묻고 있는 것으로 봄이 옳다. 법률신문의 해설이 위와 같은 두 개의 논점을 서두에 내세우는 것은 마치 논점의 정리부터 답안을 시작해야 할 것 같은 뉘앙스를 풍긴다.

하지만 문제를 풀기도 전에 직관적으로 논점을 추출하여 답안의 서두에 적도록 하는 것은 체계적 · 논리적 사고의 함양에 전혀 도움이 되지 않을 뿐만 아니라 심지어 해로운 것이다.[8)] 여러 조문과 그 해석이 유기적으로 연결되어 문제가 해결되는 과정에서 도대체 무엇이 논점이고 쟁점이라는 말인가? 문제 풀이와 관련하여 도대체 어느 정도의 중요성을 가져야만 그러한 명칭으로 불리는 영광을 누릴 수 있는 것이고, 어느 정도로 작은 기여도를

---

7) 비록 지면을 많이 차지하지만 독자들의 편의를 위해 사실관계와 문제를 轉載한다.

8) 안병하, 민법사례의 효율적 풀이를 위한 일 제언, 강원법학 33 (2011) 283-286; 백경일, 우리나라의 현행 민법사례문제풀이 방법론에 대한 비판적 검토, 안암법학 54 (2017) 179-182 참조.

보여야만 거기서 제외되어도 상관없다는 말인가? 제기된 논점이나 정리된 쟁점만으로 진정 문제가 온전히 풀리는가? 이러한 의문에 명확한 답을 제시할 수 없다면 더는 학생들에게 논점이나 쟁점의 정리라는 무의미한 작업을 강요해서는 안 될 것이다.

(2) 사안의 마지막에서 구체적으로 묻고 있는 문제는 각 토지의 소유자가 누구인가이다. 이렇게 특정 물건에 대한 소유권이 현재 누구에게 있는지를 묻고 있는 문제에 부딪혔을 때에는 우선 최초의 소유자가 누구인지를 확정한 후 사안에 서술된 사실의 흐름에 따라 각 단계마다 소유권 이전이 발생했는지 여부를 각 물건별로 살펴보는 것이 논리적이다. 이를 역사적 방법이라고 칭한다는 것은 이미 언급한 바 있다.[9] 이러한 논리를 번거로운 것이라 여겨 너무 당연하다 싶은 것은 건너뛰고 소위 중요하다고 생각되는 논점만을 가려서 언급하는 태도는 해답만을 알고 싶은 성급한 마음에는 부합할 수 있겠으나, 경우에 따라서는 사례문제의 출제나 해설에서 어처구니없는 오류를 발생시킬 위험성이 다분하다. 대표적 예로 법학전문대학원 협의회 2019년 제1차 모의고사 제1문의 5, 문제 2를 들 수 있다.

[기초적 사실관계]

甲 은행은 2017. 2. 9. 乙과 乙 소유의 X토지에 채무자 乙, 채권최고액 1억 3,000만 원, 근저당권자 甲 은행으로 한 근저당권설정계약을 체결하여 甲 은행 앞으로 근저당권설정등기를 마쳤고, 이어서 乙과 乙 소유의 X토지에 지료 없이 존속기간 2017. 2. 9.부터 만 10년으로 한 지상권설정계약을 체결하여 甲 은행 명의의 지상권설정등기를 마쳤다. 甲 은행은 2017. 2. 10. 乙에게 이율 연 5%, 변제기 2020. 2. 10.로 정하여 1억 원을 대출하였다.

[문제]

2. 丙은 2019. 2. 15. 乙과 X토지에 대한 사용대차계약을 체결한 후 X토지에 사과나무를 식재하였다. 甲 은행은 乙이 대출금에 대한 이자를 연체하자, 담보권 실행을 위한 경매를 신청하였고, 丁은 2019. 6. 5. 경매절차에서 최고가매수인으로 X토지에 대한 매각대금을 완납하였다. 사과나무의 소유권 귀속에 관하여 설명하시오.

이 문제에 대한 사례집의 해설[10]은 사과나무가 X토지에 부합되었는지 여부, 그래서 甲 은행이 보유한 근저당권의 효력이 해당 사과나무에까지 미치는지 여부에 집중되어 있다. 그리고 이에 답하기 위해서 X토지에 사과나무를 식재한 丙에게 X토지 사용·수익의 권원이 있는지 여부, 그 논리적 전제로서 담보지상권 설정자인 乙에게 X토지의 사용·수익권이 있는지 여부를 검토한다. 그 후 최종 결론으로 乙과 丙에게 X토지에 대한 적법한 사용·수익권이 인정되기에 丙이 식재한 사과나무는 민법 제256조[11] 단서에 따라 X토지에

9) 안병하, 강원법학 33 (2011) 292-293 참조.

10) 예컨대 곽낙규(편저), 진도별 변시 · 사시 기출 민법사례연습, 2022, 569-570 참조. 물론 다른 사례집의 해설도 이와 다르지 아니하다.

부합되지 않고, 따라서 甲 은행의 근저당권 효력도 이에 미치지 않는 것으로 되어 해당 근저당권 실행경매의 최고가매수인인 丁은 위 사과나무의 소유권을 취득하지 못하고 결국 丙이 사과나무의 소유권자라는 결론에 이른다.

그런데, 위 사안에서 왜 丙이 사과나무의 소유자인지 그 법적 근거를 전혀 찾을 수 없다. 사과나무가 X토지에 부합하지 않고 그래서 결과적으로 丁이 경매를 원인으로 그 소유권을 취득하지 못한다는 사정으로부터 丙이 사과나무의 소유자라는 결론이 도출될 수는 없다. 丙이 사과나무를 X토지에 식재하였다는 사정으로부터도 마찬가지이다. 나무의 식재가 나무 소유권의 취득사유라는 법리는 존재하지 않는다. 그러므로 丙이 사과나무의 소유자라는 것은 결코 위 문제에 대한 정확한 답이 될 수 없다. 결국 제시된 사안만으로는 사과나무의 소유권 귀속에 대해 알 수 없다는 쪽으로 결론이 날 수밖에 없을 텐데[12] 아쉽게도 이러한 입장을 취하는 해설을 본 기억이 없다.

이와 같은 문제점은 애초에 사과나무의 소유자가 누구이고, 丙이 어떠한 사유로 그 사과나무의 점유를 취득하여 이를 X토지에 식재하였는지에 관한 사실관계가 제시되지 않았고, 또 이러한 출제에 대해 아무도 是非를 가리지 않았다는 데서 비롯된 것이다. 앞서 말한 물권변동에 관한 역사적 방법에 익숙해져 있었다면 출제나 해설에서 이렇게 치명적인 오류를 피할 수 있었을 것임은 多言을 요하지 않는다.

(3) 다시 원래의 대상문제로 돌아오면, 앞서 언급한 바와 같이 우선 X토지 및 Y토지는 애초에 A의 소유였다는 점을 확인할 필요가 있다. 그 후에야 X토지와 Y토지에 관한 소유권의 이전이 甲이나 乙에게로 이루어졌는지 개별적으로 검토하여야 할 것이다.

1) 먼저 X토지에 대해 살펴보자. 주지하다시피 민법상 법률행위에 기한[13] 부동산 물권의 변동은 제186조에 따라 유효한 물권행위[14](사안에서는 소유권이전의 합의)와 등기를 요건으로 한다.

우선 물권행위는 처분행위이므로 그것이 유효하기 위해서는 원칙적으로 그 행위 당시 행위자에게 처분권[15]이 있어야 한다. 또한 오랫동안 계속된 판례를 통해 이제 관습법상의 법리로 승화되었다고 볼 수 있는 물권행위의 有因性論에 따라 해당 물권행위가 채권행위(원인행위)의 이행행위로 행해지는 한 그것이 유효하기 위해서는 유효한 채권행위의 존재

11) 이하 본문 중 법명 없이 언급되는 법조문은 민법의 그것이다.
12) 丁도 해당 경매를 통해서 사과나무의 소유권을 취득하지 않는다는 것뿐이지 다른 경로로 이미 사과나무의 소유권을 취득했을 가능성을 배제할 수 없다.
13) 사안에서 법률에 기한 부동산 물권 변동 사유는 보이지 아니하므로 이에 관해서는 언급하지 않기로 한다.
14) 제186조의 법률행위를 물권행위로 파악하는 것이 다수의 견해이다. 지원림, 민법강의, 제19판, 2022, 467-468 참조.
15) 여기서 처분권이라는 용어는 처분권능과 처분권한을 포괄하는 것으로서 두 가지 중 어느 하나만 있으면 처분권이 인정된다.

도 필요하다. 사안에서 甲과 A는 2022. 2. 1. 매매계약(채권행위)을 체결하였고, 그 불성립이나 실효의 사유가 보이지 아니하며, 물권행위는 통상 채권행위와 합체되어 행해진다고 봄이 일반적이고,[16] 마지막으로 매도인 A가 X토지 처분의 권능을 가진 소유자이므로 물권행위는 유효하게 이루어졌다고 하겠다.

다음으로 등기를 살펴보면, X토지와 관련해서는 등기의 절차적, 실체적 하자를 논할 계기가 사안에서 보이지 아니하므로, 단지 등기가 매수인인 甲 명의로 행해졌는지 여부 및 그 등기가 문제에서 제시된 기준일인 2022. 4. 1. 이전에 마쳐졌는지 아니면 그 후에 마쳐졌는지 여부만 파악하면 될 것이다. 이와 관련하여 비로소 법률신문의 해설에서 논점으로 제시된 부동산등기법 제6조의 해석이 필요하다.

> **부동산등기법 제6조(등기신청의 접수시기 및 등기의 효력발생시기)** ① 등기신청은 대법원규칙으로 정하는 등기신청정보가 전산정보처리조직에 저장된 때 접수된 것으로 본다.
> ② 제11조제1항에 따른 등기관이 등기를 마친 경우 그 등기는 접수한 때부터 효력을 발생한다.

동법 동조 제1항은 등기신청의 접수시기를 정하고 있고, 그 제2항은 등기관이 등기를 행한 때 등기신청의 접수시로 등기의 효력이 소급하여 발생함을 규정하고 있다. 이를 염두에 두고 사안을 살펴보면 X토지의 등기신청은 2022. 3. 31. 접수되었고, 이에 따라 등기관이 소유권이전등기를 마친 것은 2022. 4. 4.임을 알 수 있다. 그렇다면 위 규정에 따라 X토지에 관한 甲에게로의 소유권이전등기는 2022. 3. 31. 그 효력이 발생하였다.

결국 甲은 문제에서 제시한 2022. 4. 1. 이전에 X토지의 소유권 이전에 관한 모든 요건을 구비하였으므로 해당 기준일에 X토지의 소유권은 甲에게 속하는 것으로 된다.

2) 다음으로 Y토지에 대해 살펴보자. 소유권이전의 요건은 X토지와 관련해서 언급한 것과 마찬가지로 제186조에 따라 유효한 물권행위와 등기이다. 그런데 X토지와는 달리 Y토지와 관련해서는 등장인물이 3명이다. 그러므로 이들 모두를 시간적 순서에 따라 아우르는 검토가 필요하다.[17]

① 먼저 매수인 甲은 2022. 2. 1. A와 A 소유의 Y토지에 대한 매매계약을 체결하고 1억 원의 대금을 모두 지급하였다. 그리고 이들 간의 매매계약에는 불성립이나 실효의 사유가 보이지 아니한다. 이러한 사실로부터 Y토지에 대한 유효한 물권행위(사안에서는 소유권

16) 지원림, 민법강의, 465 참조.

17) 법률신문의 해설에서는 논의를 곧바로 중간생략형 명의신탁(=3자간 등기명의신탁)으로 이끌어 가는데 이는 너무 성급한 것으로 보인다. 해답(결론)만을 제시하는 것은 학생들에게 아무런 교육적 효과를 주지 못한다.

이전의 합의)가 甲과 A사이에 행해졌다는 사실이 일단 도출된다. 하지만 아직 나머지 요건인 등기가 甲에게로 마쳐지지 않아 甲은 아직 Y토지의 소유권을 취득하지 못하였다.

② 그런데 Y토지의 미등기매수인인 甲은 乙과 이른바 명의신탁약정(3자간 등기명의신탁약정)을 체결한 후 매도인 A의 협조를 얻어 A로부터 직접 乙 명의로 소유권이전등기가 행해지도록 하였다. 이 등기는 그 신청이 2022. 3. 31. 접수되어, 2022. 4. 4. 등기관에 의해 마쳐짐으로써 형식적으로는 2022. 3. 31. 효력이 발생한 것처럼 보인다. 그러면 이를 통해 乙이 Y토지의 소유권을 취득하게 되는가? 이와 관련하여서는 다음 두 가지 사항을 검토하여야 한다.

우선 Y토지의 소유권이 A에게서 직접 乙에게로 넘어갔는가? 이들 간에 유효한 물권행위가 행해진 적이 없으므로 이러한 법률효과의 발생은 불가능하다. 그러므로 설사 乙 명의로 마쳐진 등기가 유효하다고 하더라도 乙은 Y토지의 소유권을 A로부터 직접 취득할 수는 없다.

그렇다면 혹시 Y토지의 소유권이 A로부터 甲을 통해 乙에게로 이전되었는지 살펴보아야 한다. 앞서 보았듯이 甲은 자신 명의로 소유권이전등기를 하지 않았으므로 Y토지의 소유권을 취득한 적이 없다. 하지만 우리 학설과 판례는 이른바 중간생략등기가 이미 행해져서 현재의 권리 상태를 올바르게 공시하고 있다면 그러한 등기의 유효성을 인정하고 있다.[18] 실체관계에 부합한다는 것을 그 이유로 한다. 그러므로 이러한 중간생략등기가 행해진 경우에는 그 유효성 여부를 판단하기 위해 무엇보다 등기와 실체관계의 부합, 즉 최종 등기명의인이 종국적으로 소유권을 취득할 자인지 여부가 가장 중요한 문제로 대두된다. 통상의 미등기 전매의 경우에는 중간자와 최종 매수인 사이에 행해진 매매계약은 유효하지만 그에 합체되어 행해진 물권행위는 중간자의 처분권 결여로 무효로 된다.[19] 하지만 최초 매도인이 중간자에게 협조하여 그의 뜻에 따라 최종 매수인에게 이전해 주는 것이 동시에 무권리자인 중간자의 처분행위에 대한 묵시적 추인으로 해석될 수 있기에 결국 최종 매수

18) 대법원 2005.9.29. 선고 2003다40651 판결: “부동산 등기는 현재의 진실한 권리상태를 공시하면 그에 이른 과정이나 태양을 그대로 반영하지 아니하였어도 유효한 것으로서, 등기명의자가 전 소유자로부터 부동산을 취득함에 있어 등기부상 기재된 등기원인에 의하지 아니하고 다른 원인으로 적법하게 취득하였다고 하면서 등기원인 행위의 태양이나 과정을 다소 다르게 주장한다고 하여 이러한 주장만 가지고 그 등기의 추정력이 깨어진다고 할 수는 없다. … 최종 양수인이 중간생략등기의 합의를 이유로 최초 양도인에게 직접 중간생략등기를 청구하기 위하여는 관계 당사자 전원의 의사합치가 필요하지만, 당사자 사이에 적법한 원인행위가 성립되어 일단 중간생략등기가 이루어진 이상 중간생략등기에 관한 합의가 없었다는 이유만으로는 중간생략등기가 무효라고 할 수는 없다.” 중간생략등기에 관해 보다 자세한 것은 제2문의 3-1 부분 참조.

19) 최초 매도인과 중간자 사이에 행해진 물권행위가 중간자에 대한 처분권 수여의 의미를 띠기에 중간자는 처분권을 가진다는 견해도 존재한다(곽윤직, 물권법, 제7판, 2008, 91 참조). 그러나 물권행위가 채권행위와 합체되어 행해지는 것이 통상이라고 해석하는 우리나라에서 이러한 견해는 매매계약만으로 매수인의 대금지급 여부와 상관없이 처분수권을 인정하는 결과로 되기에 선뜻 동의하기 어렵다.

인은 유효한 물권행위와 실체관계에 부합하는 등기라는 소유권취득의 요건을 모두 구비한 것으로 된다.[20]

위 사안에서도 마찬가지의 이론구성을 시도해 볼 수 있다. 다만, 중간자인 甲과 최종 등기명의인 乙 사이에 행해진 명의신탁약정에 합체되어 있는 물권행위의 내용은 대외적 소유권의 이전만을 의미하는 것으로 제한될 뿐이다. 그래서 명의신탁을 민법학상의 신탁행위로 보는 기존의 판례법리에 따르면[21] 乙은 대외적으로만 소유권을 취득하게 된다. 이러한 이해를 전제로 할 때에야 비로소 부동산 실권리자명의 등기에 관한 법률의 진정한 의미를 알게 된다. 즉 동법 제4조 제1항이 甲과 乙 사이에 행해진 명의신탁약정을 무효로 하는 것으로 인해 대외적 소유권의 이전을 내용으로 하는 물권행위의 원인행위가 실효되고 따라서 유인성 이론에 의해 물권행위도 함께 무효로 되며, 더불어 이미 행해진 乙 명의의 등기도 실체관계에 부합하지 않게 되어 무효등기로 되는 것이다. 결국 명의수탁자인 乙은 물권행위와 그에 상응하는 등기라는 소유권취득의 요건을 갖추지 못하게 되어 Y토지에 관해 어떠한 소유권도 취득하지 못하게 되는 것이다. 동법 제4조 제2항이 명의신탁약정에 따른 등기로 이루어진 부동산 물권변동은 무효라고 선언하고 있는 것은 원칙적으로 이를 확인함에 다름 아니다.

(4) 사고 전개의 메모

답안을 작성하기 위해 앞서와 같은 사고를 진행하였다면, 이를 최대한 압축하여 간결하게 답안에 현출하여야 한다. 이를 위해서 위와 같은 사고를 할 때 그 전개를 다음과 같이 메모해 두는 것이 좋다.

Ⅰ. X토지의 소유권
  1. 애초 A의 소유
  2. 甲에게로 이전? (§ 186)
    (1) 유효한 물권행위: 처분권, 유효한 원인행위 (O)
    (2) 등기 (O)
    (3) 등기의 효력발생일: 2022. 3. 31.
  3. 2022. 4. 1. 기준 甲의 소유

Ⅱ. Y토지의 소유권
  1. 애초 A의 소유

20) 중간생략등기에 관한 이와 같은 설명은 필자의 개인적 견해임을 밝혀 둔다. 기존 학설들에 대해 자세한 것은 송덕수, 물권법, 제6판, 2023, 152-153 참조.

21) 명의신탁에 관한 기존의 판례법리에 대해 자세한 것은 지원림, 민법강의, 671-678 참조.

2. 甲에게로 이전? (§ 186)
 (1) 유효한 물권행위: 처분권, 유효한 원인행위 (O)
 (2) 등기 (X)
 (3) 甲의 소유권 취득 불가
3. 乙에게로 이전?
 (1) A로부터 직접 이전? (§ 186)
  ① 유효한 물권행위 (X)
  ② A로부터 직접 취득 불가
 (2) 甲을 통하여 이전? (§ 186)
  ① 유효한 물권행위(X): 처분권 - A의 묵시적 추인 (O), 유효한 원인행위 (X) - 부실법 제4조 제1항
  ② 실체관계에 부합하는 등기 (X)
  ③ 甲을 통해서도 취득 불가
4. 2022. 4. 1. 기준 A의 소유

다. 예시답안

이제 위 메모에 따라 답안을 간결하게 작성하면 된다. 위에서 서술한 사전 작업 없이 시험문제를 받고서 사안을 읽자마자 논점이나 쟁점의 정리부터 답안을 작성하기 시작하는 것은 너무나도 위험한 것으로, 마치 기초공사 없이 건물을 세우는 것과 같다. 초반의 속도는 빠를 수 있으나 답안 작성 도중에 새로운 논점이 떠오르게 되면 최악의 경우 그동안 썼던 것을 모두 지워야만 할 수도 있다. 최소한 시험시간의 1/4이나 1/3 정도를 위와 같은 사고의 전개와 그 메모에 할애하는 것이 필요하다.

Ⅰ. X토지의 소유권자

1. 사안에서 X토지는 애초에 A의 소유였음이 나타나 있다.

2. 그런데 그 소유권이 甲에게 이전되었을 수 있다. 이를 위해서는 민법 제186조에 따라 A와 甲 사이에 소유권이전의 합의를 내용으로 하는 물권행위가 행해졌어야 하며 또 甲 명의로 소유권이전등기가 마쳐졌어야 한다.

(1) 물권행위가 유효하기 위해서는 그것이 처분권 있는 자에 의해 행해질 것과 그 원인행위가 유효하게 존재할 것이 요구된다. 사안에서 A와 甲 사이에 X토지에 관한 매매계약이 2022. 2. 1. 체결되었으므로 물권행위는 그것과 함께 행해진 것으로 볼 수 있다. 그리고 소유자인 A가 행한 것이므로 처분권의 흠결이 보이지 않으며, 함께 행해진 매매계약에 불성립이나 실효의 사유도 보이지 않는다. 따라서 A와 甲 사이에 행해진 물권행위는 유효하다.

(2) 부동산등기법 제6조에 따르면 등기신청정보가 전산정보처리조직에 저장된 때 등기신청이 접수된 것으로 간주되고, 그 후에 등기관이 등기를 마치면 그 등기의 효력은 소급하여 접수한

때로부터 발생한다. 사안에서 甲은 2022. 3. 31. 소유권이전등기의 신청을 접수하였고, 그 후 등기관이 2022. 4. 4. 등기를 마쳤으므로 결국 甲 명의의 소유권이전등기는 2022. 3. 31.부터 그 효력을 갖는다. 그리고 앞서 본 바와 같이 A와 甲 사이에 X토지에 관한 매매계약과 물권행위가 행해졌으므로 이 등기는 실체관계에 부합한다.

(3) 이상 살펴본 바에 따르면 甲은 A로부터 X토지의 소유권을 이전받기 위한 모든 요건을 2022. 3. 31.에 갖추었다. 그러므로 문제에서 묻고 있는 2022. 4. 1. 기준 X토지의 소유권은 甲에게 속한다.

Ⅱ. Y토지의 소유권자

1. 사안에서 Y토지는 애초에 A의 소유였음이 나타나 있다.

2. 그런데 그 소유권이 甲에게 이전되었을 수 있다. 이를 위해서는 민법 제186조에 따라 A와 甲 사이에 소유권이전의 합의를 내용으로 하는 물권행위가 행해졌어야 하며 또 甲 명의로 소유권이전등기가 마쳐졌어야 한다.

(1) X토지와 관련해서 언급한 것과 마찬가지로 A와 甲 사이에는 2022. 2. 1. Y토지에 관한 매매계약이 체결되었다. 이로써 Y토지의 소유권이전을 내용으로 하는 물권행위도 함께 행해진 것으로 볼 수 있으며, 이 물권행위는 처분권 및 원인행위의 존재와 관련하여 아무런 흠결이 없어 유효하다.

(2) 하지만, Y토지에 관한 소유권이전등기가 甲에게로 행해지지 않고 그와 명의신탁약정을 맺은 乙에게로 행해졌다.

(3) 그러므로 甲은 제186조에서 요구하는 등기를 결여하여 Y토지의 소유권을 취득하지 못한다.

3. 사안을 보면 소유권이전등기가 A로부터 乙에게로 마쳐졌으므로 혹시 乙이 Y토지의 소유권을 취득했는지 여부를 검토할 필요가 있다.

(1) 먼저 乙은 A로부터 직접 Y토지의 소유권을 취득하였을 수 있다. 그러기 위해서는 민법 제186조에 따라 A와 乙 사이에 유효한 소유권이전의 합의(물권행위)가 존재하여야 하며 또 乙 명의로 소유권이전등기가 유효하게 행해져야 한다. 사안에서 A와 乙 사이에는 어떠한 법률행위도 행해지지 않았으므로 그들 사이에 유효한 물권행위는 존재하지 않는다. 따라서 비록 사안에 나타난 바와 같이 A로부터 직접 乙에게로 소유권이전등기가 마쳐졌다고 하더라도 그것의 유·무효를 분문하고 A로부터 직접 乙에게로 소유권이 이전되지 않았다.

(2) 다음으로 乙은 甲을 통하여 Y토지의 소유권을 취득하였을 수 있다. 이를 위해서는 甲과 乙 사이에 Y토지에 관한 유효한 물권행위가 행해져야 하고 또 乙 명의로 등기가 마쳐져야 한다. 그런데 甲과 乙 사이에 체결된 약정은 Y토지에 관한 등기명의만을 乙로 하고 실제로 소유권은 甲이 보유하기로 하는 명의신탁약정이다. 이러한 약정은 부동산 실권리자명의 등기에 관한 법률 제4조 제1항에 따라 무효이므로, 설사 그들 간의 명의신탁약정에 외부적 소유권을 乙에게 양도하기로 하는 물권행위가 합체되어 있었다고 하더라도 물권행위 유인성 이론에 따라 그러한 물권행위 또한 무효로 된다. 따라서 甲에게 명의신탁 약정 당시 처분권이 없었다는 점 및 A가 직접 乙에게로 이전등기를 해준 것을 무권리자 처분에 대한 묵시적 추인으로 볼 수 있다는 점과는 상관없이 甲과 乙 사이에 행해진 물권행위는 무효이다. 이에 따라 A로부터 직접 乙에게로 행해진 등기 또한 실체관계에 부합하지 않는 것으로 되어 무효로 된다. 결국 乙은 甲으로부터도 Y부동산의 소유권을 취득할 수 없다.

4. 사안에 나타난 甲과 乙 모두 Y토지의 소유권을 취득하지 못하였으므로 그 소유권은 여전히

애초의 소유자인 A에게 머물러 있다.

Ⅲ. 결 론

2022. 4. 1. 기준 X토지의 소유자는 甲이고 Y토지의 소유자는 A이다.

2. 제2문의 1-2 풀이

가. 문 제

[추가적 사실관계]

甲의 대여금 채권자 丙은 2022. 6. 1. 대여금채권의 변제에 갈음하여 甲으로부터 Y토지의 소유권을 이전받기로 약정하고, 같은 날 乙로부터 직접 丙 명의의 소유권이전등기를 마쳤다. 그 후 갑자기 Y토지의 시가가 폭등하자, Y토지에 관한 乙 명의의 소유권이전등기 과정을 잘 알고 있던 A는 Y토지를 되찾아올 목적으로, 丙을 상대로 Y토지에 관하여 진정명의회복을 원인으로 한 소유권이전등기청구의 소를 제기하였다.

[문제]

2. A의 丙에 대한 위 소유권이전등기청구 소송에서, 丙은 ① 자신은 「부동산 실권리자명의 등기에 관한 법률」 제4조 제3항의 '제3자'에 해당하고, ② 자신 명의의 소유권이전등기는 실체관계에 부합한다고 항변하였다. A의 丙에 대한 청구는 인용될 수 있는가?

나. 답안 작성을 위한 事前 思考의 展開

(1) 문제는 A의 丙에 대한 청구가 인용될 수 있는지 여부를 묻고 있다. 그러면서 A의 청구를 무력화시킬 수 있는 丙의 항변 두 가지를 제시해 주고 있다. 출제자의 의도는 아마도 이러한 항변을 고려하면서 A의 丙에 대한 청구가 관철될 수 있을지 검토해 보라는 데 있을 것이다. 그런데 법률신문의 해설은 A의 丙에 대한 청구는 도외시하고 오로지 丙이 행한 항변의 당부에 대해서만 초점을 맞추어 설명하고 있다. 많은 수험생들의 답안지 또한 크게 다르지 않으리라 추측된다. 이것이 바로 필자가 우려하였던 쟁점식 사고의 폐단이다. 항변은 그 자체로는 아무런 존재의의를 가지지 않고 청구의 존재를 전제로 한다. 그러므로 논리적으로 본다면 문제 풀이도 청구부터 시작하여야 한다. 항변은 청구의 당부를 판단하기 위해 그 요건을 검토하는 과정에 자연스럽게 녹아들어 고려되는 것이 타당하다.

(2) A가 丙에 대해 행사한 Y토지에 관한 진정명의회복을 원인으로 한 소유권이전등기청구는 바로 제214조에 규정된 소유물방해제거청구권의 행사이다. 그러므로 사안에서 일단 제214조의 요건이 구비되었는지 여부를 검토하는 것이 사례 해결을 위한 첫걸음이다.

한 가지 주의할 것은 실체관계에 부합하지 아니하는 등기를 시정하기 위해서는 주로 말소등기청구권의 형식으로 소유물방해제거청구권이 행사되는데 여기서는 이와 달리 진정명의회복을 원인으로 한 소유권이전등기가 청구되고 있다는 점이다. 비록 두 청구권이 이름을 달리하여도 모두 제214조에 근거한 것으로 그 본질은 같은 것이다. 다만 진정명의회복을 위한 이전등기를 청구하는 자는 그 '회복'이라는 용어에서 알 수 있듯이 이미 자신의 이름으로 (소유권을 표상하는) 등기가 되었던 적이 있거나 아니면 법률에 의하여 소유권을 (등기 없이) 취득한 자에 한정됨을 주의하여야 한다.[22)]

(3) 민법 제214조의 요건은 다음 3가지로 구성된다. (i) 청구자가 현재 소유자일 것, (ii) 청구의 상대방이 방해자일 것, (iii) 그 방해가 위법할 것이 그것이다. 그러므로 사안에서 이들 요건이 충족되는지 여부를 살펴보아야 할 것이다.

1) 먼저 청구자 A가 Y토지의 소유자인지가 문제된다.[23)] 이와 관련하여 비로소 丙의 첫 번째 항변이 의미를 가지게 되며 따라서 함께 고찰의 대상이 되어야 한다. 앞에서 이미 살펴본 제2문의 1-1에서 결론 내렸듯이 2022. 4. 1. 기준으로 Y토지는 A의 소유에 속하였다. 그러므로 그 이후에 Y토지에 관한 소유권의 변동이 발생하였는지 여부를 일단 살펴보아야 할 것인데, 여기서는 추가적 사실관계에 언급되어 있는 甲과 丙 사이의 대물변제 약정 및 乙로부터 丙에게로 행해진 소유권이전등기가 혹 소유권변동의 요건으로 인정될 수 있는지 문제로 된다.

① 원래 대물변제란 그것을 요물계약으로 보든, 아니면 변제와 동일한 채권소멸의 법률요건으로 보든[24)] 원래의 급부를 다른 것으로 대체하기로 하는 당사자간의 약정과 이에 따라 변경된 급부가 실제로 채권자에게 행해지는 것으로 이루어진다. 추가적 사실관계에서 甲과 丙은 Y토지의 소유권이전으로써 원래의 급부인 금전의 지급에 갈음하기로 약정하였다. 이러한 약정이 등기와 같은 날 행해진 것을 보면 이 약정은 Y토지의 소유권 이전에 관해 행해진 채권행위뿐만 아니라 물권행위까지 포함하고 있는 것으로 이해되어야 할 것이다. 그런데 앞서 이미 언급했듯이 물권행위는 처분행위로서 처분권 있는 자만이 유효하게

---

22) 대법원 2001.9.20. 선고 99다37894 전원합의체 판결: "진정한 등기명의의 회복을 위한 소유권이전등기청구는 이미 자기 앞으로 소유권을 표상하는 등기가 되어 있었거나 법률에 의하여 소유권을 취득한 자가 진정한 등기명의를 회복하기 위한 방법으로 현재의 등기명의인을 상대로 그 등기의 말소를 구하는 것에 갈음하여 허용되는 것인데, 말소등기에 갈음하여 허용되는 진정명의회복을 원인으로 한 소유권이전등기청구권과 무효등기의 말소청구권은 어느 것이나 진정한 소유자의 등기명의를 회복하기 위한 것으로서 실질적으로 그 목적이 동일하고, 두 청구권 모두 소유권에 기한 방해배제청구권으로서 그 법적 근거와 성질이 동일하므로, 비록 전자는 이전등기, 후자는 말소등기의 형식을 취하고 있다고 하더라도 그 소송물은 실질상 동일한 것으로 보아야 하고, 따라서 소유권이전등기말소청구소송에서 패소확정판결을 받았다면 그 기판력은 그 후 제기된 진정명의회복을 원인으로 한 소유권이전등기청구소송에도 미친다."

23) 이에 더하여 진정명의회복을 위한 소유권이전등기를 청구하는 자에게 요구되는, 앞서 언급한 특유의 요건도 당연히 함께 고찰되어야 할 것이다.

24) 대물변제의 성질에 관한 논란에 관해서는 지원림, 민법강의, 1015-1017 참조.

행할 수 있는데, 甲은 Y토지에 관해 매매대금을 완납한 미등기매수인의 지위에 있는 자일 뿐 그 소유권을 처분할 권능이나 권한을 가지고 있지 못하므로 甲과 丙 사이에 행해진 물권행위로서의 소유권이전 합의는 무효이다. 그리고 이에 질적으로 부합하지 않는 乙로부터 丙으로의 등기도 물권변동의 요건으로 기능할 수 없다. 따라서 Y토지의 소유권이 제186조에 기해 A로부터 丙으로 이전되지는 않았고, 여전히 A가 그 소유자이다. 등기를 직접 넘겨준 乙과의 관계에서도 丙이 그와 물권행위를 한 적이 없으므로 결론은 마찬가지이다.

② 그런데 丙은 「부동산 실권리자명의 등기에 관한 법률」 제4조 제3항의 제3자에 자신이 해당함을 항변하고 있는데, 이것은 앞서 살펴본 甲과 乙 사이에 행해진 3자간 등기명의신탁약정 및 그에 따른 물권변동의 무효를 그 누구도 자신에게는 주장할 수 없기에 자신에 대해서는 甲이 Y토지의 대내적 소유자, 乙이 Y토지의 대외적 소유자이고, 따라서 대내적 소유자인 甲과 소유권이전의 합의를 하고, 대외적 소유자인 乙로부터 소유권이전등기를 받은 자신은 유효하게 Y토지의 소유권을 취득하였다고 주장하는 것이다. 만약 이러한 주장이 타당하다면 A는 그 반사효로 Y토지의 소유권을 상실하게 되어 더 이상 그것의 소유자가 아니다.

하지만 동법 제4조 제3항의 취지는 명의신탁에 의해 마쳐진 수탁자 명의의 등기를 기초로 하여 법률상 이해관계를 맺은 제3자를 보호하려는 것이다. 이 규정이 제3자의 선 · 악의를 불문한다는 점에 비추어 보면, 단순히 등기에 공신력이 인정되는 것과 같은 효력을 부여하려는 취지를 뛰어넘는 것으로, 아마도 법이 금지하는 등기를 스스로 행한 명의신탁자(3자간 등기명의신탁이나 계약명의신탁에서는 (악의의) 매도인도 포함)가 그러한 등기에 내포되어 있는 본질적 위험(명의수탁자의 배신으로 인한 제3자의 취득)이 실현되어 버리자 이제는 이를 회피하기 위해 스스로 그 등기의 효력을 부정하는 것을 막으려는 데 그 취지가 있는 것으로 보인다. 그러므로 사안과 같이 명의수탁자의 등기와 상관없이 명의신탁자인 甲을 명의신탁부동산의 소유자로 생각하여 직접 그와 법률상 이해관계를 맺은 丙은 위 조항의 제3자에 해당하지 않는다고 해석함이 옳다.[25]

그렇다면 丙에 대해서도 甲과 乙사이의 명의신탁약정 및 그에 따른 물권변동은 무효로 되며, 그 결과 甲과 丙이 행한 Y토지에 관한 물권행위도 처분권 결여로 무효로 된다. 따라서 丙은 Y토지의 소유권을 취득하지 못하였다.

---

25) 대법원 2021.11.11. 선고 2019다272725 판결: "부동산 실권리자명의 등기에 관한 법률 제4조 제3항에 의하면 명의신탁약정 및 이에 따른 등기로 이루어진 부동산에 관한 물권변동의 무효는 제3자에게 대항하지 못한다. 여기서 '제3자'는 명의신탁약정의 당사자 및 포괄승계인 이외의 자로서 명의수탁자가 물권자임을 기초로 그와 사이에 직접 새로운 이해관계를 맺은 사람으로서 소유권이나 저당권 등 물권을 취득한 자뿐만 아니라 압류 또는 가압류채권자도 포함하고 그의 선의 · 악의를 묻지 않는다."

③ 이상 살펴본 바에 따르면 2022. 4. 1. 이후 Y토지의 소유권이 변동된 사실이 사안에서 발견되지 않기에 A는 여전히 Y토지의 소유권자이다. 그리고 기초적 사실관계에서 Y토지에 관해 A로부터 乙에게로 소유권이전등기가 자연스럽게 행해진 것으로 미루어 보아 이미 A 명의의 소유권 등기가 존재했었음을 알 수 있다. 결론적으로 A는 제214조에 기해 행해지는 진정명의회복을 위한 소유권이전등기청구의 청구권자 요건을 충족한다.

2) 다음으로 청구의 상대방인 丙은 방해자이어야 한다. 즉 현재의 방해행위나 방해상태를 지배하고 있기에 그것을 종료할 수 있는 자이어야 하는 것이다.

① 우선 제214조에서 말하는 방해란 타인의 개입으로 말미암아 소유자가 자신의 사용, 수익, 처분권을 자신의 의사대로 실행하지 못하고 있는 상태를 일컫는 것이다. 다만 점유의 박탈로 인한 방해는 제213조의 소유물반환청구권으로 대응하는 것이 예정되어 있으므로 제214조의 방해에서는 제외된다. 사안에서 Y토지의 소유자는 A임에도 丙이 소유자로서 등기를 마치고 그 명의를 가지고 있다. 이러한 상태가 A의 Y토지에 대한 소유권행사에 방해가 될 것임은 不問可知의 사실이다.

② 소유물방해제거청구권이 행사되기 위해서 방해는 현재 계속되고 있어야 한다. 방해가 이미 종료되었다면 더 이상 방해제거를 청구할 실익이 없기 때문이다. 이때에는 방해로 인한 손해배상을 청구하는 것으로 족하다. 사안에서 丙은 현재 Y토지의 소유자로 등기되어 있기에 그 방해는 계속되고 있다.

③ 그러면 丙이 방해자인가? 부동산등기법 제22조 제1항에서는 당사자의 신청 또는 관공서의 촉탁에 따라 등기가 행해지도록 하고 있으며, 동법 제23조 제1항에서는 등기가 당사자의 신청에 따라 행해지는 경우 원칙적으로 등기권리자와 등기의무자가 공동으로 신청을 하도록 하고 있다. 사안의 丙은 자신 명의의 등기로써 A의 소유권 행사를 방해하고 있는 자이고, 그와 같이 잘못된 등기를 바로잡기 위한 말소등기나 이전등기와 관련하여 등기의무자가 되는 자이므로 그러한 등기의 신청을 통해 자신 명의의 등기를 제거할 수 있는 지위에 있다. 따라서 丙은 방해자에 해당한다.

3) 마지막 요건으로 丙의 방해는 위법하여야 한다. 丙의 고의나 과실은 요구되지 않지만, 그의 방해가 법질서에 의해 허용되지 않는 것이어야 제거의 대상으로 되는 것이다. 원래 소유자 아닌 자가 소유자의 의사에 의하지 아니하고서 해당 부동산의 소유자로 등기되어 있는 것은 특별한 사유가 없는 한 위법하다. 여기서 바로 丙이 행한 두 번째 항변, 즉 실체관계에 부합하는 등기의 항변이 가진 의미가 드러나는데, 이 항변은 자신 명의의 등기가 결과적으로 위법하지 않음을 주장하는 것이다.

우리 판례는 등기라는 부동산 공시방법이 해당 부동산의 물권변동과정을 정확히 보여주지 못하더라도, 현재의 실체적 권리관계를 정확하게 나타내어 준다면 그 기능을 충족하는 것으로 유효하다는 법리를 오랜 기간 발전시켜 왔는데 이를 이른바 실체관계에 부합하는 등기의 법리라 한다.[26] 등기의 공신력이 인정되지 않는 우리나라에서, 이미 행해진 등기의 효력을 가능한 한 유지시켜 거래의 안전을 보호하고자 함에 그 주된 취지가 있을 것으로 보인다. 다른 한편으로는 어차피 결과적으로 행해질 등기라면 등기절차의 하자를 문제 삼아 이를 일단 말소한 후 다시 절차를 밟아 동일한 내용의 등기를 하도록 하는 것이 경제성의 원칙에 비추어 효율적이지 못하다는 사고도 그 근거로 한 몫을 하였을 것이라 짐작된다.[27]

사안에서 甲은 A로부터 Y토지를 매수하고 그 대금을 모두 완납한 자로서 Y토지에 관하여 그 소유자인 A에게 소유권이전등기를 청구할 수 있는 지위에 있는 자이다. 甲이 매매대금을 모두 완납하였기에 A는 甲의 그러한 청구에 대해 동시이행의 항변권으로 맞서지 못한다. 그리고 제404조 제1항에 따라 甲은 A에 대한 이러한 등기청구권을 피보전권리로 하여 A가 명의수탁자인 乙에 대해 가지고 있는 소유권이전등기 말소등기청구권을 대위행사할 수도 있다. 그런데 丙은 이러한 법적 지위에 있는 甲과 대물변제약정이라는 유효한 채권계약을 체결하였고, 이에 따라 甲에게 Y토지에 관한 소유권이전등기청구권을 가진다. 이러한 관계를 종합해보면 결국 丙은 甲에 대해 가지는 자신의 이전등기청구권을 피대위권리로 하여 甲이 乙에 대해 행사할 수 있는 채권자대위권 및 甲이 A에 대해 행사할 수 있는 이전등기청구권을 순차적으로 대위행사할 수 있으며, 이러한 권리행사가 순조롭게 실현되면 결국 그는 소유자로 등기될 것이다. 그러므로 결과적인 측면에서 보면 丙이 Y토지의 소유자로 등기되어 있는 것이 실체관계에 부합하는 것으로 되고, 이를 무효등기라하여 丙으로부터 그 등기명의를 박탈하는 것은 어차피 실현될 결과를 잠시 보류시키는 것에 불과하여 無用할 뿐이다.[28] 따라서 丙의 두 번째 항변인 실체관계에 부합하는 등기의 항변은 타당한 것으로 판단되어 그가 행하고 있는 방해에 위법성이 없는 것으로 된다.

---

26) 이에 관해 자세한 것은 양창수/권영준, 권리의 변동과 구제, 제4판, 2021, 109-110 참조.

27) 사실 실체관계에 부합하는 등기라는 이유로 절차적 하자가 있는 등기를 유효로 하는 것은 모든 당사자의 이익을 고려한 깊은 단계의 규범적 평가를 요하는 것이며, 일반 원칙처럼 다루어질 성질의 것은 아니다. 그러므로 이러한 주제를 사례형 문제로 내는 것이 바람직한지는 의문이다.

28) 대법원도 유사한 사안에서 동일한 입장을 취하고 있다. 대법원 2022.9.29. 선고 2022다228933 판결: "이른바 3자간 등기명의신탁의 경우 명의신탁약정과 그에 기한 등기는 무효로 되고[부동산 실권리자명의 등기에 관한 법률(이하 '부동산실명법'이라 한다) 제4조 제1항, 제2항], 그 결과 명의신탁된 부동산은 매도인 소유로 복귀하므로 매도인은 명의수탁자에게 무효인 그 명의 등기의 말소를 구할 수 있게 된다. 한편 부동산실명법은 매도인과 명의신탁자 사이의 매매계약의 효력을 부정하는 규정을 두고 있지 아니하므로 매도인과 명의신탁자 사이의 매매계약은 여전히 유효하고, 명의신탁자는 매도인에 대하여 매매계약에 기한 소유권이전등기를 청구하거나 그 소유권이전등기청구권을 보전하기 위하여 매도인을 대위하여 명의수탁자에게 무효인 그 명의 등기의 말소를 구할 수 있다. 그러므로 이러한 지위에 있는 명의신탁자가 제3자와 사이에 부동산 처분에 관한 약정을 맺고 그 약정에 기하여 명의수탁자에서 제3자 앞으로 마쳐준 소유권이전등기는 다른 특별한 사정이 없는 한 실체관계에 부합하는 등기로서 유효하다고 보아야 한다."

4) 이상 검토한 바를 참작하면 A가 제214조에 기하여 丙에게 행사한 Y토지에 관한 진정명의회복을 원인으로 한 소유권이전등기청구의 소는 그 마지막 요건인 방해의 위법성을 결여하여 기각되어야 한다.

(4) 사고 전개의 메모

문제풀이를 위한 이상의 사고를 다음과 같이 간략하게 메모할 수 있다.

I. 진정명의 회복을 원인으로 한 소유권이전등기청구의 근거: 민법 제214조
  1. A는 현재 Y토지 소유자? (O)
    (1) 丙이 민법 제186조에 기하여 甲으로부터 또는 乙로부터 Y토지 소유권 취득? (X)
      - 甲은 미등기매수인일 뿐 Y토지에 대한 처분권 없음, 甲과 丙간의 대물변제약정에 포함되어 있는 물권행위는 처분권 결어로 인해 무효임
      - 乙로부터 소유권이전등기가 마쳐졌지만 丙은 그와 물권행위를 하지 않았음
    (2) 丙은 부실법 제4조 제3항의 제3자? (X)
    (3) A는 Y토지의 소유자로서 등기되었던 적이 있었던 자? (O)
  2. 丙은 방해자? (O)
    (1) 현재의 방해? (O)
      - 소유자 아니면서 등기명의 갖고 있음
    (2) 방해종료 가능? (O)
      - 丙은 등기의무자로 등기권리자인 A의 신청에 협력하여 자신의 등기명의 제거 가능
  3. 방해의 위법성? (X)
      - 실체관계에 부합하는 등기의 법리

Ⅱ. 결론 - 청구기각

다. 예시답안

이제 실제 답안을 작성해 보면 다음과 같다. 강조하지만 이러한 답안은 하나의 예시일 뿐이다.

Ⅰ. A의 丙에 대한 청구의 근거

1. A가 丙을 상대로 행한 Y토지에 관한 진정명의회복을 원인으로 한 소유권이전등기청구는 판례에 의해 소유권말소등기청구의 변형으로 인정되고 있는 것으로 그 근거는 소유물방해제거청구권을 규정하고 있는 민법 제214조이다.

2. 민법 제214조는 (i) 청구자가 소유자일 것, (ii) 상대방이 방해자일 것, (iii) 그 방해가 위법할 것을 요건으로 하기에 이의 충족 여부를 사안과 관련하여 살펴보기로 한다. 한 가지 주의할

것은 진정명의회복을 위한 소유권이전등기청구를 하기 위해서는 그러한 청구의 본질상 청구자가 현재 소유자일 뿐만 아니라 이미 자신의 이름으로 소유권 등기가 되었던 적이 있거나 아니면 법률에 의하여 소유권을 취득한 자일 것이 요구된다.

(1) 먼저 A가 현재 Y토지의 소유자인지를 살펴보자.

① 앞서 2022. 4. 1. 기준 Y토지의 소유자가 A라는 사실을 밝혔다.

② 그런데 혹시 2022. 6. 1. 甲과 丙 사이에 행해진 대물변제의 약정과 이에 따른 乙로부터 丙으로의 소유권이전등기를 통해 Y토지의 소유권이 丙에게로 이전되었을 수도 있다. 법률행위에 기한 부동산물권변동의 요건은 민법 제186조에 따라 유효한 물권행위와 그에 상응하는 등기인데 사안에서 甲은 대금을 완납한 미등기매수인일 뿐 Y토지에 대해 처분권을 가지고 있는 자가 아니므로 스스로 처분행위를 유효하게 할 수 있는 자가 아니다. 따라서 甲과 丙 사이에 행해진 물권행위는 甲의 처분권 결여로 인해 무효이다. 그리고 乙로부터 丙으로의 소유권이전등기는 이러한 물권행위에 부합하지 않는 것으로 결국 Y토지의 소유권은 丙에게로 이전되지 않았고 여전히 A에게 머물러 있다.

③ 乙로부터 등기를 넘겨받았지만 丙은 그와 물권행위를 한 적이 없으므로 乙을 통해 소유권을 이전받지도 못했다.

④ 만약 丙의 항변과 같이 丙이 부동산실권리자 명의등기에 관한 법률 제4조 제3항의 제3자에 해당한다면 해당 규정에 따라 Y토지의 소유권을 취득할 수 있고, 그 반사적 효과로 A는 Y토지의 소유권을 잃게 된다. 하지만 위 법규정에서 말하는 제3자란 명의수탁자인 乙에게 등기에 상응하는 권리가 있음을 기초로 하여 새로운 이해관계를 맺은 자를 일컫는 것이기에 사안에서 丙은 이에 해당하지 않는다. 그는 명의수탁자인 乙이 아니라 명의신탁자인 甲의 소유권을 기초로 그와 대물변제약정을 맺은 자이기 때문이다. 그렇다면 Y토지의 소유권은 여전히 A에게 귀속되어 있다.

⑤ 기초적 사실관계에 Y토지에 관해 A로부터 乙로 소유권이전등기가 행해졌다는 사실이 적시되어 있으므로 이로부터 A 명의로 소유권 등기가 되어 있었던 적이 있음을 알 수 있다.

⑤ 결국 A는 진정명의회복을 원인으로 소유권이전등기청구를 할 수 있는 소유자에 해당한다.

(2) 다음으로 丙이 방해자인지 여부에 대해 검토한다.

① 여기서 방해자란 현재의 방해상태를 지배하고 있는 자, 다른 말로 하면 현재의 방해상태를 종료시킬 수 있는 자를 의미한다. 그리고 방해란 소유자가 자신의 사용, 수익, 처분 권능을 임의로 행사하는 데에 장애가 되는 행위나 상태를 의미한다. 이러한 방해는 현재 계속되고 있어야 한다. 이미 종료한 방해에 대해서는 방해제거청구권이 아니라 그로 인한 손해배상청구권이 구제수단으로 등장한다.

② 사안에서 丙은 소유자가 아님에도 소유자로 등기되어 외부에서 보기에 마치 소유자로 오인할 수 있는 등기명의를 갖고 있으므로 A의 소유권 행사를 현재 방해하고 있고, 또 등기의무자로서 A의 청구에 협조하여 그 등기명의를 제거할 수 있는 지위에 있으므로 방해자라 할 수 있다.

(3) 마지막 요건으로 丙의 방해가 위법한 것인지 살펴보자.

① 소유자 아닌 자가 소유자로 등기되어 있는 것은 원칙적으로 법질서에 반하여 위법하다.

② 다만, 우리 판례는 비록 절차상의 문제가 있더라도 등기가 현재의 권리관계를 정확하게 나타내어 주는 것이라면 그러한 등기는 유효하다는 입장이다. 이를 실체관계에 부합하는 등기의 법리라 하는데 불필요한 반복을 피함으로써 효율성을 도모함과 동시에 이미 행해진 등기를 되도록 유효한 것으로 인정함으로써 거래의 안전을 보호하기 위한 취지에서 인정된다. 그러므로 丙의 항변과 같이 만약 丙 명의의 소유권이전등기가 실체관계에 부합하는 등기라고 인정된다면 더

이상 丙 명의의 등기가 위법한 것으로 평가되지 않게 된다.

③ 사안에서 甲은 진정한 소유자인 A에게 매매계약에 기한 소유권이전등기청구권을 가지며, 甲이 이미 대금을 완납하였기에 A는 동시이행의 항변권으로써 이 청구권을 저지할 수도 없다. 그런데 丙은 바로 이러한 甲과 유효한 대물변제 약정을 체결한 자로 이 약정에 기해 甲에게 Y토지에 관한 소유권이전등기청구권을 가진다. 따라서 A의 청구에 따라 A가 丙으로부터 등기명의를 회복하더라도 종국적으로는 A로부터 甲을 거쳐 다시 丙 명의의 등기가 행해지게 될 것이기에 결국 丙 명의의 현재 등기는 실체관계에 부합하는 등기라 할 수 있다.

④ 따라서 현재 병 명의의 등기는 위법한 것이 아니다.

(4) 제214조의 요건 중 마지막 요건이 충족되지 않았으므로 A는 丙을 상대로 제214조에 기하여 진정명의회복을 원인으로 한 소유권이전등기청구권을 행사할 수 없다.

Ⅱ. 결론

A의 청구는 기각되어야 한다.

3. 제2문의 2 풀이

가. 문 제

A는 2022. 4. 1. 甲에게 1억 원을 변제기 2022. 4. 30.로 정하여 대여하였고, 甲의 부탁을 받은 乙은 같은 날 A와 사이에 甲의 A에 대한 위 대여금채무를 위한 보증계약을 체결하였다. 한편 乙은 2022. 5. 2. 甲에게 乙 소유의 X토지를 1억 원에 매도하면서 X토지의 인도 및 소유권이전등기 소요서류의 교부는 2022. 7. 1. 이행하기로 하였고, 대금은 계약 당일 전액 수령하였다. 그런데 甲은 2022. 5. 30. 乙에게 착오를 이유로 위 매매계약을 취소하였고, 위 취소의 의사표시는 2022. 5. 31. 을에게 도달하여 매매계약은 적법하게 취소되었다.

위 상태에서 甲에 대한 1억 원의 대여금 채권자 丙은 2022. 6. 2. 관할 법원에 甲을 채무자, 乙을 제3채무자로 하여 甲의 乙에 대한 위 부당이득반환채권에 대해 압류 및 추심명령을 신청하였고, 법원은 2022. 6. 10. 압류 및 추심명령을 발령하였다. 위 압류 및 추심명령은 2022. 6. 20. 甲과 乙에게 송달되었고, 丙은 2022. 6. 21. 乙을 상대로 위 추심명령에 따른 추심금 청구의 소를 제기하였다. 한편 乙은 2022. 7. 20. A에게 甲의 A에 대한 2022. 4. 1.자 대여금 채무 전액을 변제하였다.

[문제]

丙의 乙에 대한 위 추심금청구 소송에서, 乙은 甲에 대한 사전구상권과 사후구상권을 자동채권으로, 甲의 乙에 대한 부당이득반환채권을 수동채권으로 하여 상계하였다. 乙의 각 상계주장은 타당한가? (이자나 지연손해배상 기타 부수 청구는 고려하지 말 것) (30점)

나. 답안 작성을 위한 事前 思考의 전개

(1) 문제는 이미 구체적으로 乙의 각 상계주장이 타당한지 여부만을 묻고 있으니, 이에 대해서만 답을 하면 된다. 문제가 묻고 있는 범위가 좁은 만큼 그 범위 내에서는 필요한 모든 요건들을 검토하여야 한다. 예컨대 문제되는 상계의 자동채권으로 기능하는 사전구상권과 사후구상권의 요건이 충족되어 乙에게 실제로 발생했는지 여부는 반드시 검토되어야 한다. 아쉽게도 법률신문의 해설에는 이 부분이 빠져 있다.

(2) 상계의 일반요건부터 살펴보는 것부터 물꼬를 터야 한다. 상계의 요건은 크게 나누어 상계적상과 상계의 의사표시(상계표시)이다. 사안에서 乙이 상계표시를 한 것은 분명히 나타나 있으므로 여기서는 상계적상이 발생했는지 여부만 살펴보면 된다.

1) 상계적상의 요건

상계를 하려는 자가 그 의사를 표시하기만 하면 상계가 될 수 있는 상태를 상계적상이라고 하는데 제492조에 규정된 그 요건은 다음과 같다. (i) 서로 대립하는 동종의 채권이 존재할 것, (ii) 두 채권, 특히 자동채권이 변제기에 있고, 그에 항변권이 붙어 있지 않아 소구 및 집행이 가능할 것,[29] (iii) 채권의 성질상(부작위 채무나 하는 채무의 경우 상계불가), 당사자의 약정상, 법률의 규정상(제496조 내지 제498조[30]) 상계금지 사유가 없을 것. 그러므로 乙이 표시한 상계와 관련하여 각 이들 요건이 충족되어 상계적상이 성립되었는지 여부를 검토하는 것이 바로 문제의 해결이 된다.[31]

2) 사전구상권 관련 상계적상 발생 여부

① 문제는 乙이 甲에 대한 사전구상권과 사후구상권을 자동채권으로 하여 한 상계의 당부를 묻고 있으므로 특별한 사정이 없는 한 출제자가 묻는 순서대로 답을 하는 것이 좋다. 법률신문의 해설에서는 특별한 이유도 없이 사후구상권에 의한 상계항변부터 검토하고 있는데 출제자가 정한 순서를 굳이 외면할 필요는 없을 것으로 보인다. 그러므로 여기서는 사전구상권에 의한 상계항변부터 검토한다.

---

29) 통상 두 채권, 특히 자동채권의 변제기가 도래할 것을 상계적상의 요건으로 언급하고 있으나(예컨대 송덕수, 채권법총론, 제6판, 2021, 508 참조), 변제기 도래를 요구하는 근본적 취지는 상계제도가 일종의 私的 執行手段으로서 기능함에 비추어 자동채권의 소구 및 집행가능성이 필요하기 때문이다. 이러한 이해로 지원림, 민법강의, 1041-1044 참조.

30) 엄격한 의미에서 보면 제496조 및 제497조의 의미와는 달리 제498조는 상계금지사유가 아닌 상계로 대항할 수 없는 사유이다. 제496조 및 제497조에서는 대항할 수 없는 상대방이 바로 상계의 상대방이기 때문에 여기서는 대항할 수 없다는 의미가 상계할 수 없다는 뜻을 가질 수 있지만, 제498조에서는 대항할 수 없는 상대방은 (가)압류채권자로서 상계의 상대방과 구별되므로 여기서는 대항할 수 없다는 의미가 상계할 수 없다는 의미로 읽히지 않기 때문이다. 이와 관련하여 자세한 것은 이진기, 읽기 쉬운 민법, 2022, 180 참조.

31) 법률신문의 해설은 이 요건들을 일일이 검토하지 않은 채 쟁점 위주의 사고방식에 입각하여 단지 압류된 채권을 수동채권으로 하는 상계와 관련된 판례입장만을 설명하면서 문제에서 묻고 있는 상계의 타당성 여부를 판단하고 있는데 이러한 해설의 태도는 법학 교육의 측면에서 아주 부적절하다.

② 전술한 바와 같이 서로 대립하는 동종의 채권이 먼저 존재하여야 하는데, 乙은 이러한 채권으로 자신이 甲에 대해 가진 사전구상채권과 甲이 자신에 대해 가진 부당이득반환채권을 자동채권과 수동채권으로 주장하고 있다.

먼저 자동채권인 乙의 甲에 대한 사전구상채권이 존재하는지 여부를 살펴보면 이러한 권리는 제442조에 의해 성립하는데, 乙은 甲의 부탁을 받아 그의 A에 대한 대여금채무를 보증해 준 자이므로 수탁보증인에 해당하고, 그 주채무의 이행기(2022. 4. 30.)가 상계표시 당시(빨라도 2022. 7. 20. 이후) 이미 도래한 상태였으므로 동조 제1항 제4호에 의해 성립해 있다고 하겠다.

혹시 사안에 나타난 바와 같이 보증인 乙이 실제로 보증채무를 이행하여 주채무를 소멸시켰다면 제441조 제1항에 기하여 주채무자인 甲에게 사후구상권을 취득하게 되는데, 이로 말미암아 사전구상권이 소멸하는 것은 아닌지 의문이 생길 수도 있다. 그러나 두 구상권은 제도의 취지가 서로 다른 것으로 그 발생원인 또한 서로 다르므로 각기 별개의 독립적인 권리로 봄이 옳다. 따라서 하나가 목적을 달성해서 두 개 모두 소멸하기 전까지 양자는 병존할 수 있다. 판례도 같은 입장이다.[32] 이렇게 성립한 사전구상권의 내용은 주채무액에 상응하는 1억 원의 지급이다.

다른 한편 수동채권인 甲의 乙에 대한 부당이득반환채권은 甲과 乙 사이의 X토지에 관한 매매계약이 적법하게 취소된 때인 2022. 5. 31. 제741조에 따라 성립하였으며, 그 내용은 甲이 계약 당일 乙에게 지급한 매매대금 1억 원의 반환이다.

이상의 사실을 종합하면 甲과 乙 사이에는 서로 대립하는 금전채권이 존재하고 있음을 알 수 있다.

③ 이렇게 자동채권과 수동채권의 존재가 인정되면 이제 두 채권 중 적어도 자동채권의 변제기가 도래했는지 여부 및 그 채권에 대해 상대방이 항변권을 가지고 있는 것은 아닌지 살펴보아야 한다. 자동채권인 乙의 甲에 대한 사전구상권은 앞서 살펴보았듯이 주채무의 변제기인 2022. 4. 30. 성립함과 동시에 변제기에 이르렀으며, 수동채권인 甲의 乙에 대한 부당이득반환채권 또한 상계표시가 행해지기 전인 2022. 5. 31. 성립함과 동시에 변제기에 이르렀다. 그러므로 변제기와 관련하여서는 두 채권간의 상계에 문제가 생길 여지가 없다.

32) 대법원 2019.2.14. 선고 2017다274703 판결: "수탁보증인의 사전구상권과 사후구상권은 종국적 목적과 사회적 효용을 같이하는 공통성을 가지고 있으나, 사후구상권은 보증인이 채무자에 갈음하여 변제 등 자신의 출연으로 채무를 소멸시켰다고 하는 사실에 의하여 발생하는 것이고, 이에 대하여 사전구상권은 그 외의 민법 제442조 제1항 소정의 사유나 약정으로 정한 일정한 사실에 의하여 발생하는 등 발생원인을 달리하고 법적 성질도 달리하는 별개의 독립된 권리이므로, 사후구상권이 발생한 이후에도 사전구상권은 소멸하지 아니하고 병존하며, 다만 목적달성으로 일방이 소멸하면 타방도 소멸하는 관계에 있을 뿐이다."

다만 제443조에 따라 자동채권에 대하여 상대방인 甲이 이른바 면책 또는 담보제공의 항변권을 가지기에 이 항변권을 소멸시키지 않는 한 乙은 甲에 대한 사전구상권을 자동채권으로 하여 상계를 할 수 없다. 이 경우 상계를 허용하게 되면 甲의 항변권이 무의미하게 되기 때문이다. 사안에서 甲이 가진 면책 또는 담보제공의 항변권은 乙이 보증채무를 이행하여 주채무를 소멸시킨 2022. 7. 20. 비로소 소멸하게 된다. 그렇다면 상계적상의 두 번째 요건은 2022. 7. 20.에야 비로소 충족되었다고 하겠다.

④ 상계적상의 마지막 요건으로 살펴볼 것은 특별한 상계금지사유가 존재하는지 여부이다. 자동채권과 수동채권 모두 금전채권이기에 성질상 상계가 금지될 이유는 없으며, 당사자간에 상계금지특약이 체결되었다는 사정도 보이지 않는다. 또한 수동채권인 甲의 乙에 대한 부당이득반환채권이 고의의 불법행위로 인한 손해배상채권도 아니며, 압류금지채권에도 속하지 아니한다. 다만 사안에서 수동채권은 甲의 채권자 丙에 의해 압류되어 그 지급금지의 효력이 2022. 6. 20. 발생하였기에 혹시 제498조에 의해 상계가 금지되는 것은 아닌지 살펴볼 필요가 있다.

동조에 의하면 자동채권이 수동채권 압류의 효력발생 후에 취득된 경우 상계는 불가하다. 이를 반대해석하면 자동채권이 수동채권의 압류 이전에 취득되었다면 언제나 상계가 가능한 것으로 된다. 그러나 이러한 해석은 압류채권자의 기대에 부응하지 못하는 것으로 평가되기에 자동채권자의 상계에 대한 기대와 압류채권자의 집행에 대한 기대 모두를 조화롭게 보호하기 위하여 판례는 제498조의 반대해석을 제한적으로 행하고 있다. 이에 따르면 수동채권의 압류 이전에 이미 상계적상이 발생했다면 상계권자의 기대가 우선적으로 보호된다. 하지만 압류 이전에 자동채권이 성립하기는 했지만 아직 상계적상에 이르지 못한 경우라면 이른바 변제기 선도래설을 취하여 "(압류의 효력발생) 당시 반대채권(자동채권)의 변제기가 도래하지 아니한 경우에는 그것이 피압류채권(수동채권)의 변제기와 동시에 또는 그보다 먼저 도래하여야" 상계가 허용된다고 하였다.[33] 수동채권인 피압류채권의 변제기가 이미 도래하였음에도 그 이행을 지체하면서 사후적으로 상계적상을 창출하는 폐해를 막기 위한 것으로 보인다.

사안에서 자동채권은 수동채권 압류의 효력발생일 이전인 2022. 4. 30. 성립하여 변제기에 이르렀지만, 자동채권에 대한 상대방인 甲의 항변권으로 말미암아 압류의 효력발생일 이전에 상계적상에 있지는 못하였다. 이러한 경우 판례는 자신이 취하고 있는 이른바 변제기 선도래설을 유추적용하여 자동채권에 대한 항변이 소멸되어 상계가 가능하게 된 때

33) 대법원 2012.2.16. 선고 2011다45521 전원합의체 판결.

(상계적상시)가 수동채권(피압류채권)의 변제기보다 이른 경우에 한하여 상계를 허용하고 있다.[34] 사안에서 자동채권에 대한 甲의 항변권은 2022. 7. 20. 비로소 소멸하였는데, 수동채권의 변제기는 그보다 일찍인 2022. 5. 31. 도래하였으므로 전술한 판례의 입장에 따를 때 乙은 사전구상권을 자동채권으로 하여 甲의 자신에 대한 부당이득반환채권과 상계하지 못하게 된다.

3) 사후구상권 관련 상계적상 발생 여부

① 사후구상권을 자동채권으로 하는 상계의 가부를 검토할 때에는 바로 앞서 검토한 사전구상권을 자동채권으로 하는 상계의 가부에 관한 내용의 일부 반복이 불가피하다. 그렇다고 반복되는 부분을 완전히 생략하여서는 아니 되며, 단지 이미 언급한 것을 참조하라고 간단히 지시하는 것으로 족하다.

② 먼저 서로 대립하는 동종의 채권이 먼저 존재하여야 하는데, 乙은 이러한 채권으로 자신이 甲에 대해 가진 사후구상채권과 甲이 자신에 대해 가진 부당이득반환채권을 자동채권과 수동채권으로 주장하고 있다.

먼저 자동채권인 乙의 甲에 대한 사후구상채권이 존재하는지 여부를 살펴보면 수탁보증인인 乙이 2022. 7. 20. 자신이 보증하였던 甲의 A에 대한 대여금 채무액을 변제하였고, 이러한 변제에 보증인의 과실이 보이지 아니하므로 같은 날 乙은 주채무자인 甲에 대해 제441조에 따라 구상권을 취득하였다. 그 내용은 이자 등을 무시하라는 문제의 지시에 따를 때에 乙이 출재한 1억 원의 지급이다. 다른 한편 수동채권인 甲의 乙에 대한 부당이득반환채권은 2022. 5. 31. 매매대금 1억 원의 반환이라는 내용으로 제741조에 기해 성립함을 이미 살펴보았다.

이상의 사실에 비추어 보면 甲과 乙 사이에는 서로 대립하는 금전채권이 존재하고 있음을 알 수 있다.

③ 다음 요건으로 자동채권과 수동채권 모두 변제기가 도래했거나 아니면 최소한 자

34) 대법원 2019.2.14. 선고 2017다274703 판결: "채권압류명령을 받은 제3채무자가 압류채무자에 대한 반대채권을 가지고 있는 경우에 상계로써 압류채권자에게 대항하기 위하여는, 압류의 효력 발생 당시에 대립하는 양 채권이 상계적상에 있거나, 그 당시 반대채권(자동채권)의 변제기가 도래하지 아니한 경우에는 그것이 피압류채권(수동채권)의 변제기와 동시에 또는 그보다 먼저 도래하여야 한다(대법원 2012.2.16. 선고 2011다45521 전원합의체 판결 등 참조). 이러한 법리는 채권압류명령을 받은 제3채무자이자 보증채무자인 사람이 압류 이후 보증채무를 변제함으로써 담보제공청구의 항변권을 소멸시킨 다음, 압류채무자에 대하여 압류 이전에 취득한 사전구상권으로 피압류채권과 상계하려는 경우에도 적용된다고 봄이 타당하다. 결국 제3채무자가 압류채무자에 대한 사전구상권을 가지고 있는 경우에 상계로써 압류채권자에게 대항하기 위해서는, ① 압류의 효력 발생 당시 사전구상권에 부착된 담보제공청구의 항변권이 소멸하여 사전구상권과 피압류채권이 상계적상에 있거나, ② 압류 당시 여전히 사전구상권에 담보제공청구의 항변권이 부착되어 있는 경우에는 제3채무자의 면책행위 등으로 인해 위 항변권을 소멸시켜 사전구상권을 통한 상계가 가능하게 된 때가 피압류채권의 변제기보다 먼저 도래하여야 한다." 판례문구에서는 빠졌지만 동시에 도래한 경우도 포함된다고 봄이 옳을 것이다.

동채권의 변제기가 도래했어야 하고 또 자동채권에 대한 상대방의 항변권이 존재하지 않아야 한다. 사안에서 자동채권인 사후구상채권의 변제기는 2022. 7. 20. 도래하였고, 수동채권의 변제기도 2022. 5. 31. 도래하였으므로 乙의 상계표시 때에는 양 채권 모두 변제기가 도래한 상태였다. 그리고 乙의 사후구상권에 대한 주채무자 甲의 항변권도 존재하지 아니한다.

④ 마지막으로 상계가 성질상, 약정상, 법률상 금지되는 것은 아닌지 살펴보아야 하는데, 앞서 검토한 사전구상권을 자동채권으로 한 상계의 경우와 마찬가지로 성질상, 약정상의 금지사유는 보이지 아니하며 법률상 금지사유 중 수동채권에 대한 丙의 압류로 인하여 제498조가 문제될 뿐이다. 압류의 효력발생시인 2022. 6. 20. 당시 자동채권인 乙의 甲에 대한 구상권은 성립조차 하지 않았기 때문에 제498조의 법문에 따라 乙은 수동채권의 압류 이후에 취득한 구상채권을 자동채권으로 하여 상계할 수 없다. 백번 양보하여 구상채권의 기초가 보증계약시인 2022. 4. 1. 성립했다고 보더라도 수동채권의 압류 이후 도래한 자동채권의 변제기가 수동채권의 변제기보다 늦으므로 앞서 본 변제기 선도래설에 따라 乙의 상계는 불가하다.

(3) 사고 전개의 메모

이상의 사고를 간략히 메모하면 다음과 같다.

Ⅰ. 상계의 요건: 상계적상+상계의 의사표시(상계표시)
1. 상계표시 (O)
2. 상계적상?
(1) 상계적상의 요건: ① 서로 대립하는 동종의 채권, ② 최소한 자동채권이 변제기에 있고 그것에 대한 상대방의 항변권이 없을 것, ③ 성질상, 약정상, 법률상 상계금지사유가 존재하지 않을 것
(2) 사전구상권을 자동채권으로 하는 상계 관련 (X)
① 민법 제442조 제1항 제4호에 기한 乙의 甲에 대한 사전구상채권(금전채권) ↔ 민법 제741조에 기한 甲의 乙에 대한 부당이득반환채권(금전채권), 사후구상권이 생기더라도 사전구상권이 소멸하는 것은 아님 (O)
② 자동채권의 변제기는 2022. 4. 30. 도래하였으나 이 채권에 대해 채무자 甲은 민법 제443조에 기해 면책 또는 담보제공의 항변권 가짐, 그런데 이 항변권은 상계표시 이전인 2022. 7. 20. 소멸 (O)
③ 丙의 수동채권 압류로 민법 제498조가 문제됨 → 자동채권은 압류의 효력 발생일인 2022. 6. 20. 이전인 2022. 4. 30. 성립하여 동시에 변제기 도래했으므로 제498조 문언상으로는 별 문제 없음 → 다만 그 반대해석과 관련하여 판례가 취하는 이른바 변제기 선도래설의 취지상 자동채권에 대한 甲의 항변권의 소멸시점이 문제로 됨 → 항변

권 소멸시점이 2022. 7. 20.이고 수동채권의 변제기는 2022. 5. 31.이므로 상계적상 발생 이전에 수동채권의 변제기가 먼저 도래하여 乙의 상계는 불가 (X)

(3) 사후구상권을 자동채권으로 하는 상계 관련 (X)

① 민법 제443조에 기한 乙의 甲에 대한 사후구상채권(금전채권) ↔ 민법 제741조에 기한 甲의 乙에 대한 부당이득반환채권(금전채권) (O)

② 자동채권의 변제기는 상계표시 이전인 2022. 7. 20. 도래하였음 (O)

③ 丙의 수동채권 압류로 민법 제498조가 문제됨 → 자동채권은 압류의 효력 발생일인 2022. 6. 20. 이후인 2022. 7. 20. 성립하였으므로 동조의 문언상 乙의 상계는 불가, 이러한 결론은 구상금채권의 성립기초가 보증계약체결시인 2022. 4. 1.에 놓여졌다고 보더라도 그 변제기가 압류시 아직 도래하지 않았으며 또 수동채권의 변제기보다 늦게 도래하므로 마찬가지 (X)

Ⅱ. 결론

乙의 상계 모두 불가

다. 예시답안

이상의 사고를 집약하여 예시답안을 만들어 보면 다음과 같다. 앞의 메모에 약간의 살을 붙여 서술하는 것으로 족할 것이다.

Ⅰ. 각 상계주장의 타당성 검토

1. 상계는 상계적상과 상계의 의사표시를 요건으로 하는데, 사안에서 乙의 상계표시는 소송 중 행해졌음이 확실하므로 상계적상의 발생 여부가 문제로 된다.

2. 상계적상의 요건은 (i) 서로 대립하는 동종의 채권이 존재할 것, (ii) 두 채권, 특히 자동채권이 변제기에 있고, 그에 항변권이 붙어 있지 않아 그 행사 즉 소구 및 집행이 가능할 것, (iii) 채권의 성질상, 당사자의 약정상, 법률의 규정상 상계금지 사유가 없을 것이다. 乙이 주장하는 두 가지 상계와 관련하여 이들 요건이 충족되었는지 살펴보기로 하자.

(1) 사전구상권을 자동채권으로 하는 상계와 관련하여

① 먼저 乙이 자동채권으로 주장하는 甲에 대한 사전구상채권은 민법 제442조 제1항 제4호에 기해 발생할 수 있는데 그 요건은 乙이 甲의 수탁보증인이어야 하고, 또 주채무의 변제기가 도래해야 한다. 사안에서 乙은 甲의 부탁을 받아 보증인이 된 수탁보증인임이 나타나 있고, 또 주채무의 이행기인 2022. 4. 30.에 이르기까지 주채무자가 변제를 하지 않았으므로 이때 乙은 이 요건들을 충족하여 사전구상채권을 취득하였다. 그 채권의 내용은 주채무에 상응하는 금전의 지급이므로 금전채권이다. 甲의 乙에 대한 수동채권은 2022. 5. 2.자 매매계약의 취소로 인해 취소의 효과가 발생한 2022. 5. 31. 甲이 乙에 대해 취득한 매매대금 상당액의 부당이득반환채권이다. 이 역시 금전채권이다. 그러므로 甲과 乙 사이에는 서로 대립하는 동종의 채권이 존재한다. 혹시 뒤에서 언급할 사후구상권이 성립되면 乙의 사전구상권이 소멸하는 것은 아닌지 의문이 들 수 있으나, 양 구상권은 그 발생근거가 서로 다른 독립적인 권리이므로 하나의 목적이 달성되어

모두 소멸할 때까지 병존가능하다는 것이 판례의 태도이다.

② 자동채권은 2022. 4. 30. 발생하여 동시에 변제기에 이르렀고, 수동채권은 2022. 5. 31. 성립과 동시에 변제기에 이르렀다. 그러므로 乙의 상계 의사표시 당시에 두 채권은 모두 변제기에 있었다. 다만, 자동채권에는 채무자 甲의 면책 또는 담보제공의 항변권이 붙어 있었는데, 이러한 항변권을 보호하기 위해서는 항변권이 소멸된 이후에야 위 자동채권으로써 상계할 수 있다고 해야 한다. 사안에서 乙이 실제로 보증채무를 이행한 때에 비로소 주채무자가 면책됨으로써 비로소 甲의 항변권은 소멸되었으므로 2022. 7. 20. 자동채권은 실행가능한 상태에 이르렀다.

③ 마지막으로 상계금지 사유가 있는지를 살펴보면 금전채권은 성질상 상계가 가능하며, 乙과 甲 사이에 상계금지특약도 보이지 아니한다. 다만 사안에서 수동채권이 甲의 채권자 丙에 의해 압류되었다고 하므로 법률상 금지사유로 민법 제498조에 주의를 기울일 필요가 있다. 동조에 따르면 압류된 채권의 제3채무자는 그 압류 후에 취득한 채권을 자동채권으로 하여 상계함으로써 압류채권자에게 대항할 수 없다. 따라서 그러한 법문에 따르면 乙의 사전구상채권은 최소한 압류 이전에 취득되었어야 한다. 압류의 효력발생시기가 2022. 6. 20.이고 乙은 사전구상채권을 2022. 4. 30.에 취득하였으므로 형식적으로 보면 민법 제498조의 반대해석에 의해 乙은 사전구상채권을 자동채권으로 하는 상계로써 丙에게 대항할 수 있는 것으로 보인다. 하지만, 우리 학설과 판례는 제498조의 반대해석을 제한적으로 인정하여, 압류 이전에 이미 상계적상이 발생한 것이 아닌 한, 압류 이전에 자동채권이 취득되었다는 사정을 넘어 그 변제기가 수동채권의 그것보다 앞설 것을 요구하고 있다(이른바 변제기 선도래설). 이것은 수동채권의 변제기가 먼저 도래했음에도 자동채권의 변제기까지 이행하지 않은 채 기다리다가 상계로 해결하는 폐해를 피하기 위한 취지이다. 사안에서 자동채권의 변제기는 2022. 4. 30.이고, 수동채권의 그것은 2022. 5. 31.이지만, 자동채권은 갑이 가진 면책 또는 담보제공의 항변권 때문에 변제기 도래만으로 그 실행이 가능한 상태가 아니다. 판례는 이와 같은 경우 자동채권의 변제기가 아니라 그에 대한 항변권이 소멸된 날을 수동채권의 변제기와 비교하여 그 선후를 판단한다. 사안에서 2022. 7. 20. 자동채권에 대한 甲의 항변권이 소멸하였고, 수동채권의 변제기는 앞서 본 바와 같이 2022. 5. 31.이기에 변제기 선도래설의 유추적용에 따르면 乙은 사전구상채권을 자동채권으로 하여 그보다 더 빨리 실행가능하게 된 수동채권과 상계하지 못한다.

(2) 사후구상권을 자동채권으로 하는 상계와 관련하여

① 먼저 乙이 자동채권으로 주장하는 甲에 대한 사후구상채권은 민법 제441조에 기한 것인데 그 요건은 수탁보증인이 과실 없이 자신의 출재로 주채무를 소멸시켜야 한다. 사안에서 수탁보증인 乙이 별다른 과실 없이 2022. 7. 20. 보증채무를 이행함으로써 주채무를 소멸시킨 것으로 나타나 있으므로 乙이 甲에 대해 2022. 7. 20. 사후구상채권을 취득했음에는 의문이 없다. 그 내용은 자신의 출재액의 반환을 구하는 것으로 금전채권이다. 그리고 이미 보았듯이 甲은 乙에 대해 매매대금에 관한 부당이득반환채권(금전채권)을 가지므로 상계적상의 첫 번째 요건은 충족되었다.

② 자동채권의 변제기는 2022. 7. 20. 성립과 함께 도래하였고, 수동채권의 변제기 또한 2022. 5. 31. 성립과 함께 도래하였으며, 자동채권에 별다른 항변사유가 보이지 아니하므로 상계의 의사표시 당시 자동채권은 이미 실행할 수 있는 상태였다.

③ 상계금지사유와 관련해서 여기서도 수동채권의 압류가 문제이기에 민법 제498조를 검토하여야 한다. 사안에서 乙은 압류효력발생시인 2022. 6. 20. 이후인 2022. 7. 20.에서야 자동채권을 취득하였으므로 동조의 법문에 따라 상계할 수 없다. 설사 보증계약체결시인 2022. 4. 1. 이미 자동채권의 기초가 성립되었다고 인정하더라도 압류 전에 상계적상이 발생하지 않았기에 변제

기 선도래설에 의해야 하는데, 자동채권의 변제기인 2022. 7. 20.은 수동채권의 그것인 2022. 5. 31.보다 뒤에 도래한다. 결국 乙은 사후구상권을 자동채권으로 하여서도 상계할 수 없다.

Ⅱ. 결론
을의 각 상계주장은 타당하지 않다.

4. 제2문의 3-1 풀이

가. 문 제

[기초적 사실관계]
甲(남편)과 乙(부인[35]))은 2020. 1.경 혼인신고를 마친 부부이다.
乙은 2022. 4. 1. 甲을 대리하여 丙으로부터 丙 소유의 X토지를 매매대금 3억 원에 매수하면서, 잔금[36]) 지급과 토지인도 및 소유권이전등기 소요서류의 교부는 2022. 6. 30. 동시에 이행하기로 약정하였다(이하 '제1매매계약' 이라 한다).
이후 乙은 2022. 8. 1. 甲을 대리하여 丁에게 X토지를 매매대금 3억 5,000만 원에 매도하면서, 잔금 지급과 토지인도 및 소유권이전등기 소요서류의 교부는 2022. 10. 31. 동시에 이행하기로 약정하였다(이하 '제2매매계약' 이라 한다).
[※ 이하의 추가적 사실관계 1, 2는 각각 독립적인 별개의 사실관계임]

[추가적 사실관계 1]
제1, 2매매계약은 적법하게 체결되었고 그 이행기도 모두 경과하였으나, 위 각 매매계약에 따른 잔금 지급과 소유권이전등기는 이루어지지 않고 있었다. 그러던 중 甲, 丙, 丁 3인은 '丙은 甲을 거치지 아니하고 곧바로 丁에게 X토지에 관한 소유권이전등기를 마쳐 주기로 한다'는 내용의 합의서를 작성하였다. 그러나 위 합의에도 불구하고 丙이 소유권이전등기를 계속 미루자 丁은 丙을 상대로 X토지에 관하여 직접 소유권이전등기를 구하는 소를 제기하였다. 위 소송에서 丙은 '위 합의서 작성 이후 甲과 사이에 제1매매계약에 따른 미지급 잔대금 2억 원을 2억 3,000만 원으로 증액하기로 약정하였으므로, 위 2억 3,000만 원을 지급받을 때까지는 丁의 청구에 응할 수 없다'고 항변하였다.

[문제]
1. 법원은 어떠한 판단을 하여야 하는지 ① 결론(소 각하/청구 기각/청구 인용/청구 일부 인용 - 일부 인용의 경우 인용 범위를 특정할 것)과 ② 논거를 서술하시오.[37]) (10점)

---

35) 남편의 대칭어로는 "부인"이 아닌 "아내"가 맞다.
36) 앞서 계약금이나 중도금 등이 언급되지 않았는데 잔금이라는 용어가 곧바로 나오는 것은 부자연스럽다. 이어지는 문장에서도 마찬가지 문제가 발견된다.
37) 이러한 형식의 문제가 로스쿨 들어서고 난 뒤 변호사시험이나 변호사시험 모의시험에서 자주 보인다. 그러나 결론부터 쓰고 근거를 쓰는 것은 이른바 판결문 양식으로 판사들에게나 적합한 아주 권위적인 글쓰기이다. 그래서 법원의 산하 기관으로 있던 사법연수원의 시험 형식으로 애용되기도 하였다. 하지만 이러한 글쓰기를 법조인이 되기 위해 공

나. 답안 작성을 위한 事前 思考의 전개

(1) 사안에서 丁이 丙에게 소유권이전등기를 청구하고 있으며, 丙은 이에 대해 동시이행의 항변권으로 맞서고 있다. 그러므로 우선 丁이 丙에게 소유권이전등기를 청구하고 있는 법적 근거부터 검토하는 것이 순서이다. 법률신문의 해설은 단지 관련 판례 두 개만을 언급함으로써 이 문제를 해결하고 있는데, 다시 한 번 강조하지만[38] 우리나라는 판례법 국가가 아니다. 비록 판례에 의한 법리가 중요한 의미를 갖는 경우라 하더라도 반드시 합당한 법리적 논거를 제시해야 하는 것이 수험생의 임무이다.

(2) 丁의 丙에 대한 소유권이전등기청구권 여부

1) 丁이 丙에게 소유권이전등기를 청구하고 있는 근거는 아마도 甲, 丙, 丁 3인 사이에 체결된 중간생략등기의 합의가 될 것이다. X토지의 최초 매도인 丙이 그로부터 이를 매수한 甲에게 소유권이전등기를 하지 않고, 대신 중간자이자 미등기매수인인 甲으로부터 X토지를 매수한 최종매수인 丁에게 직접 소유권이전등기를 마쳐주기로 한다는 3자 간의 약정에는 무권리자 甲이 丁에게 X토지를 처분한 것에 대한 丙의 묵시적 추인이 들어 있을 뿐만 아니라, 丙의 甲에 대한 매매계약상 급부이행의 방법 및 甲의 丁에 대한 매매계약상 급부이행의 방법에 관한 약정까지 들어 있는 것이다.

2) 혹시 앞서 언급한 3자 간의 약정이 부동산등기 특별조치법 제2조 제2항 및 제3항에 위반되는 것으로 무효인 것은 아닌지 의문이다. 앞서 실체관계에 부합하는 등기의 법리와 관련하여 우리 판례는 부동산의 공시가 물권변동의 모든 과정까지 빠짐없이 행해지는 것을 요구하는 것이 아니라 현재의 권리관계를 잘 표상하고 있기만 하면 된다는 입장에 있다고 하였다. 이러한 입장에서 보면 비록 특정 목적 하의 위 법규정 위반행위에 대해 형벌까지 예정되어 있다고 하더라도(동법 제8조 제1호), 중간생략등기 약정에 따른 등기가 결과적으로 실체관계에 부합하는 것이라면 그러한 약정을 무효라고 보기는 어렵다. 판례도 위 법규정들을 효력규정이 아닌 단속규정으로 보고 있다.[39]

3) 丙과 甲, 甲과 丁 사이의 매매계약에 별다른 하자가 없기에 결국 丁에게로의 소유권이전등기는 실체관계에 부합하는 것으로 되어 甲, 丙, 丁 사이의 중간생략등기 약정도 유

부하고 있는 학생들에게 강요하는 것은 옳지 않다. 이들에게는 한 걸음, 한 걸음씩 근거를 밝히면서 결론을 향해 나아가는 길을 찾는 연습을 시켜야 하기 때문이다. 합리적이고 빈틈없는 결론은 항상 맨 처음이 아니라 맨 마지막에 나오는 것이다.

38) 안병하, 강원법학 33 (2011) 285 참조.

39) 대법원 1993.1.26. 선고 92다39112 판결: "부동산등기특별조치법상 조세포탈과 부동산투기 등을 방지하기 위하여 위 법률 제2조 제2항 및 제8조 제1호에서 등기하지 아니하고 제3자에게 전매하는 행위를 일정 목적범위 내에서 형사처벌하도록 되어 있으나 이로써 순차매도한 당사자 사이의 중간생략등기합의에 관한 사법상 효력까지 무효로 한다는 취지는 아니다."

효하며 丁은 바로 이 약정에 기하여 丙에게 소유권이전등기를 청구할 수 있다. 판례도 당사자 전원의 합의가 있는 경우에 한해 최종매수인이 최초매도인에게 직접 소유권이전등기 청구권을 행사할 수 있다고 한다.40)

(3) 丙이 행한 동시이행항변의 당부

1) 丙이 주장하는 동시이행항변권의 법적 근거는 甲과 체결한 동시이행의 약정이다. 물론 이 약정이 없더라도 특별한 사정이 없는 한 丙은 제536조에 근거하여 甲에게 동시이행의 항변권을 행사할 수 있을 것이다. 문제는 사안에서 丙이 매매계약의 상대방인 甲이 아닌 丁에게 동시이행의 항변권을 행사하고 있다는 점이다. 이러한 항변권은 상대권으로서 제3자에게는 주장할 수 없는 것이 원칙이기 때문에 이러한 丙의 항변이 타당한 것인지 문제 된다.

2) 이에 대한 해답은 甲, 丙, 丁 사이에 맺어진 중간생략등기 약정의 해석 및 중간생략등기 행위의 의미에 달려 있다. 우선 중간생략등기의 약정은 전술한 바와 같이 단지 3자 간에 급부이행을 어떠한 방법으로 할 것인가에 관한 약정으로 丙과 甲 그리고 甲과 丁 사이에 존재하는 동시이행항변권과는 아무런 관련이 없기에 당연히 이를 포기한다는 의미도 갖지 않는다. 사안에서도 丙이 甲의 자신에 대한 급부 여부와 상관없이 丁에게 소유권이전등기를 해주겠다는 약정을 한 것으로 볼 아무런 이유가 없다. 다른 한편 丙이 자신의 매매계약 상대방인 甲이 아닌 丁에게 직접 소유권이전등기를 해주는 행위에는 丙의 甲에 대한 이행행위와 甲의 丁에 대한 이행행위가 포함되어 있다.41) 즉 丁에게로의 소유권이전등기를 통하여 丙의 甲에 대한 급부도 함께 행해지는 셈으로 되기 때문에 丙은 甲에 대해 가지는 동시이행의 항변권으로써 丁에게로의 소유권이전등기를 거부할 수 있다고 하여야 한다.

3) 丙, 甲, 丁 사이에 행해진 중간생략등기 약정을 이렇게 단지 급부방법에 대한 형시적 약정으로 본다면, 그러한 약정을 무의미한 것으로 만드는 것이 아닌 한 丙과 甲 그리고 甲과 丁은 자신들 사이에 행해진 각 매매계약의 실질적 내용을 얼마든지 변경할 수 있다. 즉 위 3자 간의 약정 이후에도 각 매매계약의 당사자들은 위 약정에 위배되어 중간생략등기가 불가능한 것으로 되지 않는 한도 내라면 얼마든지 해당 매매계약의 내용을 변경할 수 있다는 것이다. 사안에서 丙과 甲은 3자 간의 합의 이후에 매매대금을 3,000만 원 증액하

40) 대법원 1995.8.22. 선고 95다15575 판결: "부동산이 전전 양도된 경우에 중간생략등기의 합의가 없는 한 그 최종 양수인은 최초 양도인에 대하여 직접 자기 명의로의 소유권이전등기를 청구할 수는 없다고 할 것이고, 부동산의 양도계약이 순차 이루어져 최종 양수인이 중간생략등기의 합의를 이유로 최초 양도인에게 직접 그 소유권이전등기청구권을 행사하기 위하여는 관계 당사자 전원의 의사합치, 즉 중간생략등기에 대한 최초 양도인과 중간자의 동의가 있는 외에 최초 양도인과 최종 양수인 사이에도 그 중간등기 생략의 합의가 있었음이 요구된다는 것이 당원의 확립된 견해이므로(당원 1983.12.13. 선고 83다카881 판결; 1991.4.23. 선고 91다5761 판결; 1994.5.24. 선고 93다47738 판결 등 참조) …."

41) 유사한 취지로 양창수/권영준, 권리의 변동과 구제, 125 참조.

기로 약정하였는데 이러한 약정은 당사자 사이에 당연히 유효하며, 丙은 증액된 매매대금을 모두 받기 전까지 甲에 대한 이행을 포함하는 丁에게로의 소유권이전등기를 거부할 수 있는 것이다. 결론에서는 판례도 다르지 않다.42)

4) 결국 사안에 나타난 丙의 丁에 대한 동시이행항변권 행사는 정당한 것이므로 법원은 상환이행판결(=일부 인용 판결)을 하여야 한다. 그 내용은 丙은 甲으로부터 증액된 잔대금을 지급받음과 동시에 丁에게 소유권이전등기를 마쳐주라는 취지일 것이다.

(4) 사고 전개의 메모

이상 생각한 바를 간략히 정리하면 다음과 같다.

Ⅰ. 丁 청구의 당부
1. 청구권의 근거: 3자 간의 약정
2. 위 약정은 유효? (O)
(1) 위 약정은 각각의 매매계약 당사자들 전원이 체결한 이행방법에 관한 약정임
(2) 부동산등기 특별조치법 제2조 제2항 및 제3항이 이를 금하고 있으나 이것은 단속규정
(3) 위 약정에 따라 행해질 丁 명의의 등기는 실체관계에 부합함
(4) 판례도 전원의 합의가 있으면 최종매수인의 중간생략등기청구권 인정함

Ⅱ. 丙 항변의 당부
1. 항변권의 근거: 甲과의 매매계약상 약정
2. 甲이 아닌 丁에게 행사 가능? (O)
(1) 중간생략등기의 약정으로써 丙이 甲에 대해 가지는 동시이행항변권 포기한 것 아님
(2) 丙이 직접 丁에게 소유권이전등기 마쳐주는 것에는 丙의 甲에 대한 급부도 포함되어 있음
(3) 중간생략등기의 약정은 오로지 급부방법에 관한 약정으로 그 약정에 위배되지 않는 한, 즉 중간생략등기가 불가능하게 되지 않는 한 각 매매계약의 당사자들은 해당 매매계약의 실질적 내용을 변경할 수 있으며 이렇게 변경된 내용을 기준으로 동시이행항변권 행사 가능

Ⅲ. 결론
상환이행판결=청구 일부 인용

42) 대법원 2005.4.29. 선고 2003다66431 판결: "중간생략등기의 합의란 부동산이 전전 매도된 경우 각 매매계약이 유효하게 성립함을 전제로 그 이행의 편의상 최초의 매도인으로부터 최종의 매수인 앞으로 소유권이전등기를 경료하기로 한다는 당사자 사이의 합의에 불과할 뿐이므로, 이러한 합의가 있다고 하여 최초의 매도인이 자신이 당사자가 된 매매계약상의 매수인인 중간자에 대하여 갖고 있는 매매대금청구권의 행사가 제한되는 것은 아니라고 할 것인바(대법원 1979.2.27. 선고 78다2446 판결; 1980.5.13. 선고 79다932 판결; 1996.6.28. 선고 96다3982 판결 등 참조), 이러한 법리에 비추어 보면, 이 사건 토지에 관하여 자신들 소유 명의로 등기가 되어 있는 피고들로서는 매수인인 소외 회사 명의로 소유권이전등기를 경료해 줄 의무의 이행과 동시에 소외 회사에 대하여 위와 같이 인상된 매매대금의 지급을 구하는 내용의 동시이행의 항변권을 보유하고 있다고 보아야 할 것이므로, 피고들은 위와 같이 인상된 매매대금이 지급되지 아니하였음을 이유로 원고 명의로의 소유권이전등기의무의 이행을 거절할 수 있다고 할 것이다."

다. 예시답안

이러한 정리를 기초로 답안을 작성해 보자. 비록 부당하지만 시험의 답안은 출제자의 지시에 철저히 따라야 하므로 여기서는 결론부터 서술하도록 하겠다.

Ⅰ. 결론

청구 일부 인용: 丙은 甲으로부터 2억 3,000만 원을 지급받음과 동시에 丁에게 소유권이전등기를 마쳐주어라는 취지의 판결

Ⅱ. 근거

1. 丁의 丙에 대한 소유권이전등기청구의 당부

(1) 丁의 이러한 청구는 丙, 甲, 丁 3자간에 행해진 중간생략등기의 합의에 그 근거를 두고 있다.

(2) 따라서 그러한 3자간의 합의가 과연 유효한 것인지 여부에 대해 살펴보아야 한다.

① 3자간 합의의 내용은 丙과 甲, 甲과 丁 사이에 X토지를 대상으로 순차적으로 행해진 매매계약상 각 매도인이 부담하는 소유권이전등기를 마쳐줄 채무의 이행을 어떠한 방법으로 할 것인가에 대한 것이다. 급부의 방법은 원칙적으로 당사자들의 약정으로 자유롭게 정할 수 있다.

② 이러한 중간생략등기의 약정이 혹시 부동산등기 특별조치법 제2조 제2항 및 제3항에 반하여 무효로 되는 것은 아닌지 의문이 제기될 수 있으나, 등기가 부동산 물권변동의 전 과정을 빠짐없이 보여줄 필요는 없고, 현재의 권리관계만을 정확하게 표상하면 된다는 학설과 판례의 입장에서 볼 때 위 규정은 효력규정이 아닌 단순한 단속규정으로 보는 것이 옳다. 판례도 같은 태도이다.

③ 위 약정에 따라 마쳐지게 될 丁 명의의 등기는 또한 실체관계에 부합하는 것으로 어차피 종국적으로 행해질 것이므로 이러한 약정을 무효로 할 이유는 없다.

(3) 따라서 위 3자 간의 약정은 유효하며, 이에 근거한 丁의 청구도 타당하다. 판례는 최종매수인이 중간자가 아닌 최초매도인에게 직접 이전등기청구를 하기 위해서는 전원의 합의가 있어야 한다고 하는데 이 요건도 사안에서 충족된다.

2. 丙의 동시이행항변권 행사의 당부

(1) 사안에서 丙은 甲과의 매매계약 당시 동시이행의 약정을 하였으므로 이에 따라 동시이행의 항변을 할 수 있다.

(2) 그런데 이러한 동시이행 항변권은 상대권인데, 甲이 아닌 丁에게도 이로써 맞설 수 있는지 문제된다.

① 3자 간의 중간생략등기 약정은 그야말로 급부의 방법에 관한 것으로 이 약정으로써 丙이 甲에 대한 동시이행항변권을 포기한 것은 아니다.

② 위 약정에 따라 丙이 직접 丁에게 소유권이전등기를 마쳐주는 행위는 자신의 甲에 대한 급부와 甲이 丁에 대한 급부를 모두 포함하고 있다. 이처럼 丁이 丙에게 청구하는 내용에는 丙의 甲에 대한 급부도 포함되어 있으므로 丙은 그 청구에 대해서 甲에 대한 동시이행의 항변권으로 맞설 수 있다.

③ 이러한 결론은 위 3자간의 약정 뒤 丙과 甲 사이에 매매대금 증액의 약정이 행해졌더라도 마찬가지이다. 중간생략등기의 약정은 오로지 급부의 방법에 관한 것이므로 그러한 약정에 정면

으로 위배되어 중간생략등기를 불가능하게 만드는 것이 아닌 한 각 매매계약의 당사자는 그들 사이에서 계약의 내용을 변경할 수 있으며, 이때 그들 간에 인정되는 동시이행의 항변권은 변경된 내용을 기준으로 한다. 그러므로 사안에서 丙도 甲과 행한 유효한 매매대금 증액 약정을 기초로 하여 동시이행의 항변권을 행사할 수 있는 것이다.

5. 제2문의 3-2 풀이

가. 문 제

[추가적 사실관계 2]

제1매매계약은 乙이 부동산 매매를 통한 시세차익을 얻기 위해 타지에 출장 중인 甲과 상의 없이 집에 보관 중이던 甲의 인감도장을 사용하여 체결된 것으로, 乙은 제1매매계약에 따른 매매대금을 지급하고 2022. 6. 30. X토지에 관하여 甲 명의로 소유권이전등기를 마쳤다. 甲은 2022. 7. 중순경 乙로부터 X토지의 소유권취득 경위를 듣게 되었으나 이에 대해 별다른 이의를 제기하지 않았다.

이후 X토지의 시세가 하락할 것이라는 소문이 돌자, 乙은 甲에게 알리지 않고 甲의 인감도장을 사용하여 甲 명의의 위임장을 작성한 다음, 2022. 8. 1. 甲을 대리하여 丁에게 X토지를 매도하는 제2매매계약을 체결하였다. 丁은 위 계약체결 당시 乙과 부동산중개인을 만나 '乙은 甲의 배우자로 출장 중인 남편 甲을 대리하여 X토지를 매수하였다가 바로 전매하는 것이다. 甲이 매매계약을 체결하라고 인감도장과 서류도 乙에게 맡기고 갔다'는 설명을 들었고, 乙이 甲의 인감도장과 X토지의 등기필정보를 소지하고 있음을 확인하였다.

출장에서 돌아온 甲은 2022. 8. 중순경 乙로부터 제2매매계약의 체결 사실을 듣고 X토지의 시세를 확인해 보니, 소문과 달리 X토지의 시세가 상승한 것을 확인하였다. 이에 甲은 즉시 丁에게 '제2매매계약은 乙이 무단으로 체결한 것이므로 무효' 라고 주장하며 丁에 대한 소유권이전등기절차를 이행하지 아니할 의사를 밝혔다.

[문제]

2. 丁은 ① 乙이 배우자로서 X토지의 처분에 관한 대리권이 있었고, 그렇지 않다 하더라도 ② 정으로서는 乙에게 그러한 대리권이 있는 것으로 믿을 수밖에 없었으므로, 甲은 제2매매계약에 따른 소유권이전등기의무가 있다고 주장한다. 丁의 주장은 타당한가?

나. 답안 작성을 위한 事前 思考의 전개

(1) 丁의 甲에 대한 소유권이전등기청구권 행사의 근거 - 甲과의 매매계약

문제는 丁의 주장이 타당한지 여부만 묻고 있으므로 이에 대해서만 답을 하면 된다. 丁은 甲과의 매매계약(사안에서 제2매매계약)이 유효하게 체결되었다는 이유로 甲에게 그 목적물인 X토지에 관한 소유권이전등기의무가 있다고 주장하고, 甲은 제2매매계약이 무효라고 주장하며 그 이행을 거절하고 있다. 소유권이전등기의무는 채권행위인 매매계약으로부터 발생하는 것이기에 丁 및 甲 주장의 타당성 여부를 살펴보기 위해 굳이 제1매매계약이 유효한지, 그래서 X토지가 甲의 소유에 속하는지 여부를 검토할 필요성은 크지 않다.[43] 타인 소유의 토지에 관해 행해진 매매계약도 유효하며 그와 같은 계약으로부터도 소유권이전등기에 관한 채권 · 채무가 발생할 수 있기 때문이다. 그러므로 위 사안의 문제는 결국 제2매매계약이 유효하게 성립하였는지 여부만을 묻고 있는 것으로 이해되어야 한다.

(2) 丁의 첫 번째 주장

사안에서 丁에 의해 매도인으로 지명된 자는 甲이다. 그런데 그가 직접 매매계약을 체결하지 않았고, 그의 아내인 乙이 그의 대리인으로서 현명과 함께 丁과 X토지에 관한 매매계약을 체결하였다. 현명의 요건을 갖추었기에 乙이 행한 법률행위의 효력이 甲에게 귀속되기 위해서는 乙에게 甲을 위한 대리권이 필요하다. 문제에서 丁의 첫 번째 주장은 이 점에 초점을 맞추고 있다. 대리권에는 임의대리권과 법정대리권이 있으므로 이를 나누어 살펴보기로 한다.[44]

1) 乙의 임의대리권 보유 여부

임의대리권은 대리권 수여를 내용으로 하는 법률행위, 즉 수권행위라는 본인의 단독행위에 의해 발생한다. 사안에서 甲이 대리인 乙에게 X토지의 매도에 관해 대리권을 수여했다는 사정은 보이지 아니한다. 혹시 乙이 대리권 없이 甲을 대리하여 X토지를 매입한 행위(제1매매계약)를 甲이 추인했다는 사정[45]으로부터 해당 토지의 매도에 관한 대리권 수여를 도출하려는 무리한 시도가 행해질 수도 있으나, 이는 타당하지 않다. 추인은 무권대리행위의 법률효과를 본인 자신에게 소급적으로 귀속시키는 단독행위일 뿐 사후적 수권행위가 아니다. 그렇다면 추인의 직접 대상이 된 제1매매계약에 관해서조차 수권행위로 기능하지 못하는 추인이 하물며 제2매매계약에 관한 수권행위로 기능할 수는 없는 것이다. 결국 甲이 乙에게 X토지의 매도에 관해 대리권을 수여한 적은 없다.

---

43) 그러므로 법률신문의 해설에서 "乙에게 X토지에 대한 처분에 관한 대리권이 존재하는지를 확인"하기 위해서 "선행조건으로 X토지에 대한 처분권한을 甲이 가지는지를 확인"하는 것은 불요불급한 것이라 생각된다.

44) 법률신문의 해설에서는 丁의 첫 번째 주장과 관련하여 임의대리권의 수여 여부만 검토하고 있을 뿐이다.

45) 법률신문의 해설에서는 "甲이 2022. 7. 중순경 乙로부터 X토지의 소유권취득 경위를 듣고 난 후 별다른 이의를 제기하지 않은" 것으로부터 곧바로 X토지의 매입과 관련된 乙의 무권대리행위에 대한 甲의 묵시적 추인을 끌어내고 있으나, 이러한 결론은 성급한 것이다. 만약 아내의 무권대리행위가 추인되지 않았을 때에 아내가 겪을 여러 문제점 등을 고려하기 위해서라도 甲은 어느 정도 판단의 시간이 필요할 뿐만 아니라, 무권대리행위를 알고서 본인이 침묵한다고 하여 이로부터 추인이 인정되는 것은 아니라는 것이 판례의 태도이기 때문이다(예컨대 대법원 1990.3.27. 선고 88다카181 판결 참조). 제1매매계약이 가져다준 경제적 효과 등 어떠한 구체적 사정도 나타나 있지 않은 사안에서 甲의 침묵을 곧바로 묵시적 추인으로 연결하는 것은 무리가 아닐 수 없다. 제1매매계약에 대한 甲의 추인은 따라서 그 사실을 듣고서도 별다른 이의를 제기하지 않은 것으로부터가 아니라, 오히려 X토지의 가격상승으로 인한 이익을 소유자로서 향유하기 위해 제2매매계약이 무권대리행위로 무효라고 주장하는 행위로부터 도출될 수 있을 것이다.

2) 乙의 법정대리권 보유 여부

乙은 남편인 甲의 수권행위가 없더라도 제827조 제1항에 따라 일상의 가사에 속하는 법률행위에 관해서는 甲을 대리할 수 있다. 이를 부부간의 일상가사대리권이라고 하는데, 그 범위는 획일적인 것이 아니라 해당 부부가 생활하는 구체적 사정 및 가사처리자의 주관적 의도 등을 종합하여 사회통념에 따라 개별적으로 결정된다. 하지만 일상가사대리권은 그 명칭으로부터 알 수 있듯이 이미 일상가사의 범위 내라는 추상적 범위의 제한을 본질적으로 내포하고 있다. 부부별산제를 취하고 있는 우리나라에서, 더군다나 부동산이 한 가정의 총재산에서 차지하는 비중이 너무나도 큰 대한민국에서 남편 소유의 부동산을 아내가 무단으로 처분하는 것을 일상가사에 속하는 행위로 보기는 어려울 것이다.[46] 결국 乙에게는 X토지의 매도에 관한 법정대리권도 인정되지 않는다.

(3) 丁의 두 번째 주장 - 제126조의 표현대리

1) 협의의 무권대리

이상 살펴본 바에 따르면 아내 乙에게는 남편 甲의 토지를 매도할 아무런 대리권이 없다. 그러므로 乙이 丁에게 X토지를 매도한 행위는 무권대리행위가 된다. 이미 甲이 추인거절의 의사를 표명하였기에 제2매매계약은 확정적으로 무효가 되며 이때 상대방인 丁은 요건이 충족되는 한 제135조에 따라 무권대리인인 乙에게 계약이행의 책임을 물을 수 있을 뿐이다. 그러나 이것은 애초 계약을 체결할 당시 丁이 의도했던 바가 아니므로, 丁의 입장에서는 표현대리의 성립 여부를 검토할 필요가 있는데, 문제에 나타난 丁의 두 번째 주장이 바로 표현대리의 성립을 주장하는 것이다.

2) 제126조의 표현대리[47]

① 민법에서 인정되고 있는 3개의 표현대리 중 사안에서 성립가능한 것은 제126조의 그것이다. 甲이 아내 乙에게 대리권을 수여한다거나 아니면 이미 수여했다는 사실을 상대방에게 표시한 적도 없고, 아내 乙에게 임의대리권을 수여하여 그것이 소멸한 적도 없기 때문이다. 따라서 표현대리 성립의 유일한 가능성은 앞서 언급한 일상가사대리권을 기본대리권으로 하는 권한을 넘은 표현대리에 있다.

② 제126조는 (i) 기본대리권의 존재, (ii) 기본대리권의 범위를 넘는 대리행위(월권행위), (iii) 상대방이 대리인의 월권행위에 대리권이 있다고 믿을 만한 정당한 이유를 성립요

---

46) 대법원 1966.7.19. 선고 66다863 판결: "부부간의 일상가사대리권은 그 동거생활을 추지하기 위하여 각각 필요한 범위내의 법률행위에 국한되어야 할 것이고 아내가 남편 소유의 부동산을 매각하는 것과 같은 처분행위는 일상가사의 대리권에는 속하지 아니한다."

47) 법률신문의 해설에서는 제125조의 표현대리도 언급하고 있으나, 사안에서 이를 검토할 어떠한 계기도 발견되지 않는다.

건으로 하고 있다. 사안에서 乙에게는 일상가사대리권이라는 기본대리권이 존재하고, 을은 이 법정대리권의 범위를 유월하여 甲 소유 부동산을 매도하였으므로 위 첫 번째와 두 번째 요건은 별 어려움 없이 충족된다. 문제로 되는 것은 상대방인 丁이 乙에게 X토지를 매도할 대리권이 있다고 믿을 만한 정당한 이유가 있는지 여부이다. 제125조 및 제129조와는 달리 제126조의 표현대리는 본인의 적극적 행위가 아닌 기본대리권 그 자체에 대한 신뢰를 보호의 단초로 삼는 것인데, 사안에서 등장한 기본대리권은 본질적으로 그 범위가 한정된 일상가사대리권에 불과하므로 더더욱 상대방이 가진 신뢰의 범위가 좁을 수밖에 없다. 그리하여 추상적 일상가사의 범위를 벗어나는 행위에 대해서는 일상가사대리권을 기본대리권으로 하는 제126조의 표현대리가 성립할 여지가 없다는 견해까지 주장되고 있는 실정이다.[48] 다수설과 판례는 일상가사대리권을 기본대리권으로 하는 제126조의 표현대리 성립 여부와 관련하여, 상대방이 대리인의 월권행위를 일상가사의 범위 내에 속한다고 정당하게 신뢰하였는지 여부에 초점을 맞추지 않고, 본인이 대리인에게 월권행위에 관한 대리권을 별도로 수여했다고 정당하게 믿었는지 여부에 초점을 맞추어 이것이 인정된다면 표현대리 성립을 인정하고 있다.[49] 이러한 다수설과 판례의 태도는 엄격하게 말하면 기본대리권의 존재로부터 발생하는 신뢰가치를 근거로 하는 제126조의 표현대리제도와 부합하지 않는 것이지만 이미 오랜 세월 계속되어 이제는 정착된 해석으로 인정할 수밖에 없는 상황이다. 이러한 견지에 서면, 甲이 乙에게 자신의 X토지를 매도할 대리권을 별도로 수여했다고 丁이 믿을 만한 정당한 이유가 존재하는지 여부가 문제의 핵심으로 떠오르게 되는데, 사안을 살펴보면 그러한 사유가 丁에게 존재한다고 보기는 어렵다고 판단된다. 부부간에는 서로의 인감도장이나 권리서류에 접근하기가 너무나 용이할 뿐만 아니라, 인감증명서가 수반하지 않는 인감도장만으로는 어떠한 확인의 효과도 생길 수 없기 때문이다. 또한 甲이 출장 중이라고 사안에 나타나 있지만 그것이 국내출장인지 아니면 해외출장인지도 불분명하고 설사 해외출장이라고 하더라도 오늘날의 뛰어난 통신기술을 통해 본인인 甲에게 매도의사나 대리권 수여 여부에 대해 확인할 수 있었을 터인데 丁은 단순히 부동산중개인의 말만 믿고서 그러한 시도를 하지 않았다. 이러한 사정을 종합해 볼 때 丁에게 제126조에서 요구하는 정당한 사유가 인정되기는 어려울 것이다.

(4) 사고 전개의 메모

이상의 생각을 간단히 정리하면 다음과 같다.

48) 김주수/김상용, 친족 · 상속법, 제17판, 2020, 153 참조.
49) 이에 관해서는 지원림, 민법강의, 314 참조.

Ⅰ. 丁의 소유권이전등기청구의 근거: 제2매매계약
이에 대해 甲은 乙의 무권대리행위를 근거로 무효 주장

Ⅱ. 丁의 첫 번째 주장의 당부 (X)
1. 乙에게 X토지 매도에 관한 임의대리권 존재? (X)
- 제1매매 추인한 것이 제2매매에 대한 대리권 수여로 되지 않음
2. 乙에게 X토지 매도에 관한 법정대리권 존재? (X)
- 민법 제827조 제1항에 기한 일상가사대리권의 범위 넘음

Ⅲ. 丁의 두 번째 주장의 당부 (X)
1. 甲의 추인 거절로 인한 표현대리 성립 검토의 필요성
2. 민법 제125조 및 제129조의 표현대리는 언급될 계기가 보이지 않음
3. 민법 제126조는 일상가사대리권을 기본대리권으로 하여 성립할 수 있으므로 그 요건 검토 요
(1) 기본대리권의 존재 (O)
(2) 월권행위 (O)
(3) 상대방 신뢰의 정당한 이유- 특히 일상가사대리권이 기본대리권인 경우 월권행위에 관한 별도의 대리권 수여가 있었다고 믿을 만한 정당한 이유 요구됨 (X)
- 부부간의 특별한 관계로 권리외관 형성의 용이성
- 인감증명서 없는 인감도장만 등장
- 丁이 甲의 의사 확인하려 시도한 적 없음

다. 예시답안

위 메모에 따라 다음과 같이 답안을 작성해 볼 수 있을 것이다.

Ⅰ. 甲과 丁의 주장

丁의 甲에 대한 소유권이전등기청구권의 근거는 X토지에 관한 제2매매계약인데, 甲은 乙의 무권대리를 이유로 하여 위 매매계약의 무효를 주장하고 있다. 이에 丁은 다시 乙에게 대리권이 있었다거나 최소한 표현대리가 성립함을 주장하고 있기에 그 당부를 살펴보기로 한다.

Ⅱ. 丁 주장의 당부

1. 丁은 우선 甲의 대리인으로 자신과 매매계약을 체결한 乙에게 X토지를 매도할 대리권이 있었음을 주장하고 있는데, 임의대리권과 법정대리권으로 나누어 이를 검토하기로 한다.

(1) 사안을 보면 甲이 乙에게 명시적으로 X토지의 매도에 관한 대리권을 수여한 적이 없다. 설사 X토지의 시세 상승으로 인한 이익을 향유하고자 제2매매계약의 무효를 주장하는 甲의 행위에서 역시 乙의 무권대리행위로 체결된 제1매매계약에 대한 묵시적 추인이 도출될 수 있다고 하더라도, 그러한 추인은 제1매매계약의 효력을 자신에게 귀속시키겠다는 의미를 가질 뿐, 제2매매계약에 대한 대리권 수여로 해석될 수는 없다.

(2) 민법 제827조 제1항에 따라 乙은 甲을 위한 일상가사대리권을 가지지만, 이 대리권의 범위는 일상가사에 속하는 행위로 한정되기에, 한 가정의 자산에서 가장 큰 비중을 차지하는 부동

산, 그것도 남편 단독 소유의 부동산을 처분하는 행위는 그러한 일상가사대리권의 범위 내에 있는 것으로 인정되지 않는다.

(3) 결국, 丁의 주장과는 달리 乙에게는 X토지의 매도에 관한 대리권이 없었다.

2. 그렇다면 乙의 행위는 무권대리행위로 되어 제2매매계약은 甲의 추인을 얻지 못하는 한 확정적 무효로 되는데 甲은 명시적으로 추인을 거절하고 있다. 이에 丁은 표현대리의 성립으로써 맞서고 있는데 그 당부를 검토해 본다.

(1) 사안과 관련하여 검토가 필요한 표현대리는 제126조의 표현대리이다. 제125조의 표현대리에 필요한 대리권 수여의 표시나 제129조의 표현대리에 필요한 유효한 대리권의 소멸이 사안에서는 보이지 않기 때문이다.

(2) 제126조의 표현대리는 (i) 기본대리권의 존재, (ii) 월권행위, (iii) 대리인이 그 행위를 할 권한이 있다고 믿을 만한 정당한 이유가 상대방에게 존재할 것을 성립요건으로 한다.

① 乙에게는 일상가사대리권이라는 기본대리권이 있다.

② 乙은 그러한 기본대리권의 범위를 넘어서는, X토지의 매도행위를 하였다.

③ 세 번째 요건과 관련하여 丁은 스스로 乙에게 X토지의 매도행위에 관한 대리권이 있는 것으로 믿을 수밖에 없었다고 주장한다. 본질적으로 범위가 제한되어 있는 일상가사대리권을 기본대리권으로 하는 경우, 다수설과 판례는 상대방이 대리인이 행한 월권행위에 관하여 대리인에게 별도의 수권행위가 행해졌다는 것을 정당하게 신뢰한 경우에만 제126조의 표현대리를 인정하는데, 사안에서 상대방인 丁의 신뢰에 정당한 이유가 있는지는 의문이다. 위조된 위임장, 乙이 소지하고 있는 인감도장과 등기필정보, 부동산중개인의 그릇된 말만으로 그러한 이유를 긍정하기는 어려울 것이다. 부부간에는 서로의 인감도장과 권리서류에 접근하기가 용이하다는 점, 인감증명서 없는 인감도장만으로는 아무런 확인의 효력이 없다는 점, 통신수단으로 甲의 의사를 확인하는 것에 어려운 사정이 보이지 않음에도 이를 시도하지 않았다는 점 등을 고려한다면 丁의 신뢰가 그렇게 보호할 만한 가치가 있는 것으로 판단되지 않는다.

(3) 그렇다면 제126조의 표현대리는 성립하지 않는다.

Ⅲ. 결론

丁의 두 가지 항변은 타당하지 않아 乙의 행위는 무권대리행위로 되며, 이에 대해 甲이 추인을 거절하였기에 제2매매계약은 확정적으로 무효이다. 따라서 위 매매계약에 기한 丁의 甲에 대한 소유권이전등기청구는 이유가 없다.

Ⅲ. 글을 맺으며

이상 필자가 일찍이 주장하였던 사례 풀이방법에 입각하여 2023년도 제12회 변호사시험 민사법(사례형) 제2문 전부를 풀어보았다. 비교적 평이하고 예전보다 문제수도 줄었다고 평가받는 출제였지만, 이를 풀기 위해 학생들이 생각하고 고민해야 하는 사항들의 양이 적지 아니하다는 것을 바로 이 글의 양이 보여준다. 물론 중복되는 부분들이 많지만, 서론을 제외한 본론만 헤아려도 30쪽을 넘는다. 이 많은 사고를 법전 외에는 아무런 참고문헌의 도움 없이 체계적으로 정리하여 답안지에 요령 있게 현출하는 것은 결코 녹록한 것이 아니다. 그런데도 출제자는 이러한 학생들의 사정에 일말의 자비도 베풀지 않고, 과도하게 많은 사안들과 문제들을 지금까지 마구 던져왔다. 여기서 진지하게 한번 물어보고 싶다. 현재의 변호사시험이, 사안에 나타난 모든 사정과 주장들을 꼼꼼히 살피고 법률규정을 면밀히 검토하며 학설과 판례의 견해를 참조하여 학생들이 그간 공부하며 익혀왔던 규범적 평가 능력을 보여달라고 하는 시험이 맞는지 말이다. 터무니없이 부족한 시간임을 알면서 과도하게 많은 문제들을 내는 것은 오히려 시험장에서는 생각을 하지 말고 그저 외운 판례의 결론만을 그대로 뱉어내라고 하는 무언의 강요가 아닐까? 단시간 내에 문제를 빨리 해결하는 것이 법조실무에서 그리도 요구되는 중요한 능력인가?[50] 이와 같은 현재의 시험출제 관행을 과감히 벗어나지 못하는 한 로스쿨 태동시 내걸었던 기치는 모두 허울로만 남을 것이 분명하다는 사실은 로스쿨 교육과 관련된 모든 사람들이 알고 있을 것이라 생각한다. 그럼에도 도대체 왜 무엇 때문에 이러한 관행은 바뀌지 않는 것일까? 사례문제 풀이가 왜 법학교육 과정에 있어야 하고, 변호사시험이 왜 사례형을 반드시 포함해야 하는지 그 이유를 생각해 보면 답은 분명히 보인다. 관성으로부터 벗어나 과감하게 방향을 바꿀 용기와 의지가 필요할 뿐이다.

법학교육에 인생의 대부분을 헌신하셨던 두 분 선생님의 정년을 바라보며 괜히 아쉽고 서운한 마음에 넋두리를 해보았다. 두 분께서 지향하셨던 뜻을 후학으로서 잘 이어가겠다는 다짐으로 善解해 주시길 부탁드린다.

50) 필자가 경험했던 독일 법과대학에서의 시험은 위에서 본 제2문의 1, 제2문의 2, 제2문의 3과 같은 정도의 문제가 출제되는 경우, 각 문제마다 최소한 2시간에서 2시간 30분 정도의 시간을 학생들에게 준다. 물론 필자와 같은 외국인 LL.M. 과정 학생들은 법전 외 원어로 된 독일어 사전을 지참할 수 있었으며 시간도 1시간 더 부여받았다.

종중의 과거, 현재, 미래
- 법학적인 관점을 중심으로 -

엄 동 섭

서강대학교 법학전문대학원 명예교수

Ⅰ. 들어가는 말

최근의 신문 기사에 의하면 오랫동안 반목을 거듭해 오던 두 종중이 화해했다고 한다.[1] 현행 판례에 따르면 당연히 이 종중의 구성원인 서울 거주 22세 여대생 윤모양에게 이 기사는 과연 어떤 의미를 가지고 다가 왔을까? 나아가 50년 후에도 이런 기사가 신문에 실릴 수 있을까?

하지만 우리나라 특유의 혈연공동체[2]인 종중은 적어도 현시점에서는 우리 사회에 엄연히 존재하고 있으며, 그 부산물로서 각종 대내외적인 분쟁과 이에 따른 판례를 여전히 생산해내고 있다.[3] 그리고 이에 대한 우리 법학계의 대응은 크게 다음과 같은 세 가지 측

1) "'400년 갈등' 기호학파 통합의 씨앗 뿌렸다 — 파평 윤씨-은진 송씨 종회 화합의 장 행사 개최"(충청뉴스, 2022년 2월 12일 자); "尹 종친 파평 윤씨와 얽힌 은진 송씨 병자호란 350년 갈등 풀다"(중앙일보 2022년 2월 19일 자). 그 밖에 서애 유성룡 문중과 학봉 김성일 문중 간의 화해를 다룬 기사로, "400년 가문의 전쟁 … 안동 유성룡 · 김성일 갈등 끝났다"(조선일보, 2020년 11월 19일 자), "퇴계 옆 2인자 자리 놓고 다툰 두 가문, 400년 만에 '화해'"(한국일보, 2020년 11월22일 자).

2) 우리나라의 종중과 유사한 현존하는 공동체로는 오키나와의 '門中'(일본 발음으로는 몬쮸이지만 오키나와 방언으로는 문쮸라고 함)을 들 수 있다. 이 '문쮸'는 1609년 일본 사쓰마 번의 오키나와 침공 이후 들어온 신분제도의 확립과 함께 발달한 것으로 추측된다고 한다: 이정희, 오키나와의 「토오토메」 승계에 관한 일고찰, 법사학연구 21 (2000) 5-29, 14. 이는 우리나라의 종중 역시 임진왜란 이후의 신분질서 재편기에 본격적으로 형성되었다는 사실과 연결시켜 볼 때, 종중이나 '문쮸'는 단순히 중국의 종법제도의 영향이라기 보다는 신분질서의 확립과 밀접한 관련이 있음을 시사해 주는 것이라고 생각한다. 그리고 '문쮸'에 관한 일본 판례로는, 日最高裁 1980.2.8. 판결(民集 34 · 2 · 138, 判例時報 제961호)이 있다. 이 판결은 자연발생설을 따르는 우리 판례와는 달리, '문쮸'(=오키나와의 蔡氏門中)를 비법인사단으로 인정한 요건과 관련하여 비교적 높은 정도의 조직과 활동(구성원의 범위의 특정가능성, 대표기관과 업무집행기관의 존재, 문중재산의 소유, 그 수익에 의한 제사 등의 행사, 門中模合=契, 기타 상호부조사업 등)을 설시하고 있는 점에서 흥미롭다: 이 판결에 관해서는 일본 新版 注釋民法 (2)/森泉章, 77 참조. 한편 대만의 '祭祀公業'도 우리나라의 종중과 유사한 기능을 담담하고 있는 것으로 보인다. 일본학자(後藤武秀)의 연구에 의하면, 이 '祭祀公業' 역시 우리나라의 종중과 마찬가지로 일본의 식민통치 하에서 근대법의 개념과 모순 충돌하였으며, 중화민국이 대만을 통치한 이후부터는 재단법인으로 모습을 바꾸었으나 여전히 대만 사회에 존속하면서 동족결합의 기능을 유지하고 있다고 한다: https://kaken.nii.ac.jp/ja/grant/KAKENHI-PROJECT-12620011/

면에서 이루어져 왔다.[4)]

첫째, 前근대적 존재로서의 종중을 근대법 질서에 편입시키는 과정에서 이루어진 朝鮮高等法院의 판례와 이를 답습하는 우리 대법원의 입장(이른바 자연발생설, 명의신탁법리 등) 및 우리 민법상의 총유제도에 대한 비판과 그 밖의 실무상의 문제점들에 대한 지적이다.

둘째, 대법원 2005.7.21. 선고 2002다1178 전원합의체 판결(이하 2005년 전원합의체 판결)을 계기로, 그동안 적어도 판례상으로는 당연시되었던 종중 구성원의 문제 및 이와 밀접한 관련을 맺고 있는 종중의 자율성에 관한 논의이다. 요컨대 위 판결이 성년남자만 종중구성원이 될 수 있다는 기존의 관습법은 변화된 법질서에 부합하지 아니하여 폐기되었다고 본 것은 타당하다고 하더라도, 종래의 자연발생설을 유지하면서 성년이면 누구든 자신의 의사와 관계없이 부계 성씨의 종중(대법원 판례에 따르면 망인에게 두 사람 이상의 성년자인 후손만 있으면 종중이 성립하므로 결과적으로 무수히 많은 종중들)에 당연가입된다고 하는 결론을 취한 것이 사법상의 단체의 자율성이나 헌법상의 결사의 (소극적) 자유와 조화를 이룰 수 있는지를 중심으로 하는 문제이다.

셋째, 종중 관련 입법의 불비로 인한 문제점을 해결하고 향후 종중을 지속가능한 존재로 만들기 위한 특별입법의 제안이나 종중운영의 합리적 개선방안과 관련된 논의이다. 나아가 도시화 · 국제화 · 핵가족화 등 법외적인 환경은 차치하고라도, 가족법 · 葬事法 · 농지법 등 관련법령의 개정에 따라 미래의 종중이 과연 오늘날과 같은 모습으로 존속할 수 있을지에 관한 검토도 최근 부분적으로나마 이루어지고 있다. 나아가 종중의 본질 및 존속이라는 관점에서 볼 때, 최근 빈번하게 이루어지고 종중재산의 수용에 따른 분배를 허용할 수 있을지에 관한 논의이다. 요컨대 이는 종중의 미래에 관한 논의라고 할 수 있다.

이 글은 위의 세 측면을 중심으로 법학적 관점에서 종중의 과거, 현재, 미래를 살펴보기로 한다.

---

3) 후술하는 대법원 2005.7.21. 선고 2002다1178 전원합의체 판결 이후의 종중 관련 대법원 민사판결 만으로도 170여 건(년 평균 약 10건)이 검색된다. 그리고 뒤(주96)에서 보는 것처럼 최근에는 母의 성과 본으로 변경한 원고가 母가 속한 종중을 상대로 종중원 지위 확인을 구하는 소송까지 제기되고 있다.

4) 법학 이외의 분야에서 조선 중후기 종중의 형성 및 변천과정에 관한 최근의 연구로, 김문택, 16~17 C 안동 진성 이씨가의 族契와 門中 조직의 형성과정, 조선시대사학보 32 (2005) 5-51; 김문택, 17C 안동 眞城 李氏家 遠祖 墓所의 推尋과 문중 조직의 강화, 경기사학 8 (2004) 333-369; 김문택, 한국적 종중의 형성과 역사적 변천과정, 한국계보연구 4 (2013) 161-194; 이근호, 조선후기 潘南 朴氏 西溪 가문의 종중 운영, 장서각 34 (2015) 168-196; 백옥경, 조선후기 牛峰 김씨 가문의 문중형성과 宗稧, 역사민속학 46 (2014) 271-310 등이 있다. 그리고 이덕승, 종중의 변화에 관한 일고찰, 법사학연구 15 (1994) 16-46은 법학논문이기는 하지만 안동지역 40여개 문중의 실태조사(방문 및 설문지)를 토대로 작성된 것이서, 비록 안동지방에 국한되기는 하지만 비교적 최근의 종중의 실제 모습을 잘 보여 주고 있다. 이밖에 법학 이외의 분야에서 종중에 관한 개괄적으로 다루고 있는 문헌으로 김두헌, 한국가족제도연구, 초판, 1948, 再版 1969; 이광규, 한국의 가족과 종족, 1990 등이 있다.

Ⅱ. 종중의 근대법 질서로의 편입[5)]

1. 자연발생설

가. 1940. 3. 30.자 中樞院議長回答

1940. 3. 30. 일제치하 조선총독부 中樞院議長은 1940. 2. 7.자 大邱覆審法院의 질의[6)]에 대해 다음과 같이 회답하고 있다[7)]: 一. 한국의 종중 또는 문중은 奉祀할 各先祖 단위로 성립하며 그 代數에 限定이 없다. 문중은 종중과 同義이다. 二. 종중 또는 문중은 先祖祭祀에 관한 관습상 당연히 성립하는 것이며 조직행위로 인하여 발생하는 것이 아니다. 三. 동일인에게 자손이 二人 이상 있을 때에는 그 者의 사망과 동시에 그 자손에 의하여 종중이 성립한다.[8)]

이는 종중의 자연발생설의 기원을 이루는 것으로서 뒤에서 살펴볼 이른바 당연가입론의 토대가 될 뿐만 아니라 종중에 관한 우리 판례 법리 전반을 관통하고 있는 논리라고 할 수 있다. 대표적으로, 종중은 그 성립을 위하여 특별한 조직행위를 필요로 하지 않으므로 특별한 명칭의 사용 및 서면화된 종중규약이 있어야 하거나 대표자가 선임되어 있는 등 조직을 갖추어야 종중이 성립하는 것은 아니며,[9)][10)] 종중은 그 선조의 사망과 동시에 그 자손에 의하여 성립하는 것으로서 그 代數에 제한이 없다[11)][12)]는 대법원 판례의 입장은 모

5) 일제하에서 형성된 종중법리(조선고등법원 판례, 조선총독부 중추원장 등의 회답, 관습조사보고서 등) 전반에 관해서는 정긍식, 한국근대법史攷, 2002, 제4장 '종중재산의 법적 문제 — 조선고등법원판결을 중심으로 —; 김찬우 외, 종중재산의 관리 및 운용, 2019, 제2장 제3절 이하 참조.

6) 질의는 다음과 같이 구성되어 있다: 一. 한국의 종중 또는 문중이라 함은 五代祖 이상을 공동시조로 하여 祭祀하는 경우에 한하여 성립하는지. 二. 右종중 또는 문중의 성립에는 조직행위 즉 출자 祭祀繼續 기타 조직에 관한 협의를 요하며 이러한 협의가 없을 때에는 종중 또는 문중은 성립하지 않는 것인지. 三. 동일인에게 자손이 二人 이상 있을 때에는 그 者의 사망과 동시에 그 자손에 의하여 당연히 종중 또는 문중이 성립하는 것인지.

7) 司法協會雜誌 19/5, 49 (번역은 정광현, 한국가족법연구, 1967, 172에 의함).

8) 1941.7.10.자 광주지방법원의 질의에 대한 1941.8.4.자 中樞院議長의 답변 역시 종중의 자연발생을 전제로 하고 있다. 상세한 것은 정광현, 위 책 175-7면 참조. 그리고 이 자연발생설의 원형은 1939년 발간된 野村調太郎, 朝鮮祭祀相續法論序說(조선총독부 중추원), 512에서 이미 발견된다: 상세한 것은 심희기, 조선후기 종중의 단체성과 소유형태, 법사학연구 10 (1989) 1-42, 11 참조.

9) 대법원 1983.2.22., 81다584 판결; 대법원 1985.10.22., 83다카2396 · 2397 판결; 대법원 1997.11.14., 96다25715 판결 등.

10) 다만 일부 판례(예컨대 대법원 1991.8.27., 91다16525 판결)는 종중의 성립에는 특별한 조직행위가 필요하지 않다고 하면서도, 규약이나 관습에 따라 선출된 대표자 등에 의하여 대표되는 정도로 조직을 갖추고 지속적인 활동을 하고 있다면 비법인 사단으로서의 단체성이 있다고 판시함으로써, 자연적 단체로서의 종중의 성립과 비법인사단으로서의 종중의 성립을 구별하는 입장을 취하고 있다: 同旨, 김재형, 단체로서의 종중, 민법론 III, 2005, 20-21.

11) 대법원 1992.7.24., 91다42081 판결; 대법원 1994.11.11., 94다17772 판결 등

12) 따라서 종중 안에 다시 수많은 소종중이 있을 수 있으며, 판례에 따르면 상위 종중과 하위종중은 별개의 종중이므로 소 제기 당시의 소송당사자인 종중의 공동선조를 변경하는 것은 소송법상 당사자 변경에 해당하며(대법원 2002.5.10., 2002다4863 판결), 하위종중의 종중원이 모두 사망하고 후사가 없다고 하여 그 재산이 상위종중에 귀속하는 것은 아니라(대법원 1999.2.23., 98다56782 판결)고 한다.

두 이 회답에 기원을 둔 자연발생설에 뿌리를 둔 것이다. 나아가 이 자연발생설에 따르면 종중은 후손이 아무도 없게 된 때에만 소멸하며, 설사 종중재산이 없고 공동선조에 대한 제사를 봉행하지도 아니하는 등 외형적으로 아무런 활동을 하지 않고 있더라도 후손이 있는 한 종중은 존재, 존속한다[13]는 결론에 이르게 된다.[14]

그리고 판례는 이러한 자연발생적 존재로서의 종중을 '고유한 의미의 종중'이라고 하면서, 공동선조의 후손 중 특정지역 거주자나 특정범위내의 자들로 구성된 종족집단은 사회조직체로서 성립하여 고유의 재산을 소유 · 관리하면서 독자적인 활동을 하고 있더라도 이는 종중 유사의 권리능력 없는 사단이라고 보아, 이른바 유사종중과 고유한 의미의 종중을 구별한다.[15] 그러나 판례는 이와 같이 고유한 의미의 종중과 유사종중을 구별하면서도, '종중에 유사한 비법인사단은 반드시 총회를 열어 성문화된 규약을 만들고 정식의 조직체계를 갖추어야만 비로소 단체로서 성립하는 것이 아니고, 실질적으로 공동의 목적을 달성하기 위하여 공동의 재산을 형성하고 일을 주도하는 사람을 중심으로 계속적으로 사회적인 활동을 하여 온 경우에는, 이미 그 무렵부터 단체로서의 실체가 존재한다'[16]고 판시함으로써, 유사종중에 대해서도 일반적인 비법인사단과는 달리 그 성립요건을 완화하는 입장을 취하고 있다.

나. 비판: 인위적 단체설

자연적 단체설에 대한 비판은 출생을 통해 성립하는 단순한 혈연관계와 단체로서의 종중은 구별하여야 한다는 점에서 출발한다. 즉 종중이 법적인 의미의 단체가 되기 위해서는 최소한의 의식적인 조직행위와 실행행위가 필요하므로 종중은 인위적 단체로 파악하여야 한다는 것이다. 우선 법학분야에서 본격적으로 이를 주장한[17] 심희기 교수는 일제하의

13) 허규 외 2인, 종중 · 종중재산에 관한 제고찰, 사법논집, 제4권, 11 이하, 17-18.

14) 한편 대법원 2010.5.13., 2009다101251 판결은 '법인격 없는 사단의 일종인 종중의 경우에도 종원이 남아 있거나 총회에서 해산결의가 이루어지지 않은 이상 종중이 사실상 운영되지 않고 있다는 이유만으로 종중의 성립요건을 결하였다고 볼 수 없는바'라고 판시함으로써, 총회의 해산결의에 의해 종중이 소멸할 수도 있다는 해석의 여지를 남기고 있다. 그리고 대법원 1990.11.13., 90다카28542 판결은 종중총회 소집권이 없는 자의 주도하에 이루어진 종중 및 종회의 해산결의에 대해 절차상의 하자를 이유로 그 결의를 무효로 판단하고 있다. 그 밖에 대법원 1990.2.27., 89도2172 판결은 유사종중(○○○씨△△△파 전주종중)에 대해서는 해산결의에 의한 소멸을 인정하고 있다.

15) 대법원 1982.11.23., 81다372 판결; 대법원 1989.6.27., 87다카1915 · 1916 판결 등.

16) 대법원 1996.3.12., 94다56401 판결; 대법원 2010.4.29., 2010다1166 판결 등.

17) 법학 이외의 분야에서는 이미 그 이전에 김두헌, 한국가족제도연구, 91에서, "대저 종중은 공동선조의 제사에 의하여 맺어진 자손의 一團이므로 그것은 자연적이라 하겠지만, 그 一團의 종족의 의식으로써 구성되는 한, 그것은 인위적이라고 할 수 있을 것이다. (중략) 종중이란 것은 역시 일정한 혈족의 사이에 의식적으로 구성되는 일종의 사회집단이다. 종중이 인위적 一面을 갖고 있다는 所以이다"라는 서술이 이루어지고 있다. 그리고 법학분야에서는 정귀호, 종중법에 관하여, 민법학논총(곽윤직교수 화갑기념논문집), 1985, 78-94에서 필자가 조사한 바로는 최초로, 자연발생설을 따르는 판례법리에 대한 의문이 제기되고 있다.

자연적 발생설이란 종중을 원시적인 종족공동체의 잔존형태로 파악하고자 한 일본인들 특히 和田一郎의 저술[18]에 뿌리를 두고 있음을 지적한 다음, 조선 후기 종중들에 대한 실증적 고찰을 통해 종중이 실재하는 공동체가 되려면 의식적인 조직행위와 그 실행행위가 필요했음을 논증하고 있다.[19] 그 밖에 이른바 '속된 의미의 종중'과 '법적인 의미의 종중'을 구별하여, 전자는 특정공동선조의 후손들의 집단이 있기만 하면 그 존재를 인정할 수 있지만, 후자는 전자의 구성원들이 그 종중을 종족단체로 만들어서 단체활동을 한 사실이 있어야만 그 존재를 인정할 수 있다는 견해[20] 역시 같은 맥락에 있다고 할 수 있다.

이러한 인위적 단체설은 현재 법학계에서는 압도적 다수설[21]이라고 할 수 있지만, 종래의 자연발생설은 종중의 존재에 관한 입증을 용이하게 하고 사원명부작성의무를 면제(족보에 의한 대체)하며 참칭종중을 배제(종원자격의 박탈이나 제한의 금지)하는 긍정적 측면이 있었다[22]는 지적도 이루어지고 있다. 나아가 종중을 자연발생적 단체로 인성하는 입장은 현대의 단체 법리에 부합하지 아니한다는 학계의 비판은 종중의 자연발생론이 사실과 규범의 차원을 아우르는 양면이 있음을 이해하지 못하고 종중의 자연발생론의 사실명제의 면에만 주목하여 비판하는 것이기에 다소 일방적이고 성급한 면이 있다[23]는 견해도 있다.

생각건대 종중의 자연발생설은 인위적 단체설의 지적대로 비록 잘못된 사실명제에서 출발한 것이라 하더라도 종래 판례를 통한 법(강행적 관습법)적용의 토대를 이루고 있었기

---

18) 和田一郎, 朝鮮土地制度及地稅制度調査報告書, 1920.

19) 심희기, 법사학연구 10 (1989) 11-33. 그 밖에 이 논문은 일제하 자연발생설이 종중과 宗契나 宗約을 구별한 것은 잘못임을 지적하고 있다(20-1면). 일제하에서의 종계나 종약에 관한 판례에 관해서는 정긍식, 한국근대법사고, 284-285 참조.

20) 이재성, 우리나라 舊來의 관습에 의한 종중의 성립시기, 변호사 25 (1995) 163 이하. 아울러 이 논문은 판례의 입장과는 달리, 5대 이상의 조상에 대해 時祭를 지내는 종중과 4대조 이하의 조상에 대한 제사를 지내는 堂內間은 구별되어야 한다고 한다.

21) 정긍식, 한국근대법사고, 285-286; 김재형, 민법론 III, 17 이하; 윤진수, 변화하는 사회와 종중에 관한 관습, 민법논고 VI, 2007, 39-67, 62 이하; 이우석, 종중의 '자연발생적 단체설'에 대한 소고, 재산법연구 24/1 (2007) 29-56, 41면 이하 등. 한편 배병일, 대법원 판례에서의 유사종중, 가족법연구 20/2 (2006) 233-261, 237 이하는 단체로서의 활동과 조직행위를 구별하면서, "후손들이 분묘수호와 세사봉행 및 종중원 상호간의 친목도모를 목적으로 모여서 조상의 분묘를 위한 임야를 취득하고, 제수를 준비하여 조상의 분묘에 시제를 지내고, 벌초를 하는 등 임야를 관리하는 등 단체적 활동을 하게 되면 그것만으로 고유한 의미의 종중이 성립되었다고 보아야 한다. 따라서 고유한 의미의 종중은 명칭사용이나 종중규약의 제정, 대표자선출 등의 특별한 조직행위가 필요하지 않는 자연발생적 단체라고 보아야 한다"고 주장한다. 그러나 이는 종래의 자연발생설과는 달리 종중의 성립에는 최소한 종중의 단체적 활동을 요건으로 한다는 점에서 인위적 단체설로 보아야 할 것이다.

22) 이우석, 재산법연구 24/1 (2007) 40-41; 박해선, 종중재산 관리의 합리화 방안에 관한 연구, 2020(고려대학교 박사논문), 30 주105). 반면 이창현, 종중의 자율권과 그 한계, 가족법연구 24/1 (2010) 75 이하, 79에 의하면 판례의 자연발생적 단체설은 조직활동 이전 단계의 종중을 보호하고 종중원의 범위 제한을 방지하는 목적을 갖고 있었지만, 이는 조직활동의 개념을 넓게 해석하고 종중원의 범위를 제한하는 규약의 효력을 부정함으로써 목적 달성이 가능하므로 굳이 이를 이유로 자연발생적 단체설을 고수할 필요는 없다고 한다.

23) 송민경, 종중법리의 딜레마, 저스티스 137 (2013) 126-164, 136 이하. 이 견해에 의하면 종중의 자연발생론은 종중 성립시기에 관한 사실인정의 문제를 넘어, 영속적인 제사공동체로서 당연히 지녀야 할 본질과 이념을 강행의 관습법이라는 형식으로 파악하여 포착하는 규범정립의 문제와 직결된다는 점을 이해할 때 비로소 종중의 자연발생론으로부터 시발되는 종중 법리에 대한 온전하고도 근본적인 비판이 가능할 것이라고 한다.

때문에, 위의 견해가 지적하는 것처럼 자연발생설의 규범적 측면을 무시할 수는 없다. 그리고 이는 이른바 종원의 당연가입론의 타당성 여부로 직결된다. 따라서 이에 관해서는 아래의 Ⅲ.에서 검토하기로 한다.

2. 권리능력

1912년의 조선민사령에 의해 한반도에는 일본민법(이하 의용민법)이 적용되게 되었으며,[24] 그 당시의 의용민법은 비영리법인의 설립에 대해서는 법률준칙주의(관습법에 의한 법인설립의 부정)와 함께 허가주의를 취하고 있었다.[25] 한편 의용민법과 함께 동 민사령(제1조 7호)에 의해 적용되게 된 일본 민법시행법 제19조는 민법 시행 전부터 존재한 이른바 관습상의 법인에 대해서는 인가주의 채택하고 있었으며,[26] 이 민법시행법 제19조에 의해 일본의 경우에는 촌락, 신사, 사원 등이 법인격을 인정받았다.[27]

그러나 종래 우리 관습상 권리 의무의 주체로 인정되어 왔던[28] 우리나라의 종중은 일제 당국에 의해 애당초 관습상의 법인으로 인정받지 못했으며[29] 의용민법 제34조에 따라 주무관청의 허가를 얻는 등 법인 설립절차를 갖출 경우에만 권리능력을 가질 수 있게 되었다.[30] 이에 따라 거의 모든 종중은 권리능력을 갖지 못하는 존재에 머무르게 되었으며, 그 결과 종중재산 역시 종중 명의로는 등기가 불가능하였기 때문에 종중원 전원의 명의에 의한 등기[31]가 이루어지지 않는 이상 종손이나 종중 대표자 등의 개인 명의로 이른바 명의신탁 등기가 이루어질 수밖에 없었다.[32]

---

24) 다만 일본민법 가운데 능력, 친족 및 상속에 관한 규정은 적용되지 않고 관습이 적용되었다(동령 제11조).

25) 일본 민법 제33조: 법인은 본법 기타 법률의 규정에 의하지 않으면 성립할 수 없다. 제34조: 제사, 종교, 자선, 학술, 기예 기타 공익에 관한 사단 또는 재단이면서 영리를 목적으로 하지 않는 것은 주무관청의 허가를 얻어 이를 법인으로 할 수 있다.

26) 일본 민법시행법 제19조: "민법 시행 전부터 독립의 재산을 가지는 사단 또는 재단이면서 민법 제34조에 게재한 목적을 가지는 것은 이를 법인으로 한다. 전항의 법인의 대표자는 민법 제37조 또는 제39조에 게재한 사항 기타 사원 또는 기부자가 정한 사항을 기재한 서면을 작성하여 민법시행일부터 3개월 내에 이를 주무관청에 差出하여 그 인가를 請함을 요한다. (이하 생략)"

27) 이에 관해서는 判例體系 民法總則 1, 173-176; 新判例體系, 民法總則, 20의 43-47 참조.

28) 이에 관해서는 이호규, 한국 전통사회에 있어서의 단체적 소유 — 특히 종중의 경우를 중심으로 —, 1987(서울대학교 석사학위논문), 43-51 참조.

29) 1910~12년에 걸쳐 조선총독부가 발간한 관습조사보고서에는 종래 관습상 법인격이 인정된 존재로 국가, 왕실과 부락(洞, 里), 寺院, 학교(성균관, 학교 등), 射亭, 상속인부존재의 유산 등이 열거되는 반면, 종중은 누락되어 있다. 그 대신 관습조사보고서는 종중을 법적으로 조합의 성격을 갖는 일종의 契(宗契, 文契)로 파악하고 있다: 한국법제연구원, 국역 관습조사보고서, 1992, 106-113, 306.

30) 이러한 태도는 현행 민법으로 이어져 현행 민법의 기초자들은 "제사상속을 인정하지 않는 이상 이에 수반되는 종중, 족보, 祭位土 역시 특별한 신분법적 효과를 발생하는 것은 아니겠으므로 이를 규정하지 않기로"(민의원 법제사법위원회 민법안심의소위원회, 민법안심의자료집, 2) 하였다: 이호규, 한국 전통사회에 있어서의 단체적 소유, 96-97 참조.

31) 아래의 4.에서 보는 것처럼 1927년의 조선고등법원 연합부 판결이 나오기 이전까지는 종중재산은 종중원의 '공유'로 취급되고 있었다.

그 뒤 이러한 실체관계와 등기명의 간의 불일치로 인한 분쟁이 빈번하게 발생하게 되자 조선총독부는 1930년 조선부동산등기령을 개정하여 종중 명의의 등기가 가능하도록 하였고[33)][34)] 이는 현행 우리 부동산등기법 제26조로 이어지고 있다. 그러나 이미 명의신탁등기가 이루어진 종중재산의 경우에는 이를 다시 종중 명의로 이전등기하는 일은 매우 드물었으며, 이에 따라 거의 100년이 경과한 현시점에서도 상당수의 종중재산은 명의신탁의 형태로 등기되어 있다.[35)] 그리고 1995년부터 시행된 부동산실명법은 이러한 현실을 고려하여 종중의 부동산명의신탁에 대해서는 예외적으로 그 유효성을 인정하고 있다(제8조 1호).

3. 명의신탁

일제하에서의 종중 부동산의 명의신탁에 대한 판례 법리는 매우 이른 시기에 이미 확립되었다. 우선 그 당시 한반도의 최고법원이었던 조선고등법원은 양도담보의 목적물을 채권자가 제3자에게 처분한 경우 이른바 '신탁행위'의 법리를 원용하여, "구한국의 법률에 의하면, 신탁행위에 의하여 수탁자는 신탁자 이외의 자에 대하여 신탁자의 승낙을 얻지 아니하면 목적물을 처분할 수 없는 채무부담 하에 소유권을 취득하고 그 후 위 채무에 위배하여 목적물을 제3자에게 양도하는 경우에 있어서도 양수인이 선의인 때에는 완전히 그 소유권을 취득한다"[36)]고 판시하였다.

곧 이어 조선고등법원은 종중원 명의로 등기된 종중재산이 제3자에게 처분된 사안과 관련하여, 종중이 종중원을 소유명의자로 한 행위가 "신탁행위에 터 잡은 때에는 신탁자와 수탁자의 내부관계에서는 소유권이전의 효과가 생기지 않더라도, 제3자에 대한 외부관계에서는 표면상의 소유자는 진정한 소유자로 간주하여야 하기 때문에 제3자가 그와 매매를 한

32) 그 밖에 이미 토지조사사업 등의 단계에서 종중재산에 대하여는 개인 명의로 신고할 수 있도록 하면서 신고자 이름 옆에 괄호를 하여 종중재산이라고 부기하도록 한 것도 명의신탁을 촉발시킨 원인으로 생각된다. 이에 관하여는 배병일, 일제하 토지조사사업에 관한 법적 연구, 2021, 163-165 참조.

33) 조선부동산등기령 제2조의 4: ① 종중, 문중, 기타 법인에 속하지 아니하는 사단 또는 재단으로 조선총독이 정하는 것에 속하는 부동산의 등기에 대하여는 그 사단 또는 재단을 등기권리자 또는 등기의무자로 본다. ② 전항의 등기는 그 사단 또는 재단의 이름으로 그 대표자 또는 관리인이 신청하여야 한다. 그 밖에 1929년 일본 민사소송법의 개정에 의해 권리능력 없는 사단과 재단에 대해 당사자능력이 인정되었으며, 이는 현행 우리 민사소송법 제52조로 이어지고 있다.

34) 반면 일본의 경우에는 그 당시는 물론 지금까지도 권리능력 없는 사단이나 재단 명의의 부동산등기를 인정하는 규정을 두고 있지 않다. 따라서 조선부동산등기령이 제2조의 4와 같은 규정을 신설한 것은 그 당시 이미 종중재산의 명의신탁으로 인한 분쟁이 빈번하게 발생했음을 보여주는 것이라고 할 수 있다.

35) 1994년 당시 경북 안동지방의 50개 종중에 대한 실태조사에 의하면, 종중부동산의 등기명의가 종손 명의로 되어 있는 것이 15건, 종중 대표자들의 連名이 18건, 종중 자체 명의가 15건, 虛無人 명의가 2건이라고 한다: 이덕승, 법사학연구 15 (1994) 35.

36) 조선고등법원 1912.10.29. 판결(조선고등법원판결록: 이하 판결록, 제2권 43): 이 판결에 관해 상세한 것은, 김상수, 명의신탁의 연혁에 관하여, 토지법학 26/2 (2010) 79-102, 85 참조.

경우에는 그 매매는 유효하다”[37]고 판시하였으며, 이는 종중의 명의신탁[38]에 관한 최초의 판결이었다. 그 뒤 조선고등법원은 제3자의 선의, 악의를 불문하고 명의신탁된 종중부동산의 처분행위의 유효성을 인정[39]하는 등 오늘날 명의신탁 법리의 원형에 해당하는 일련의 판결[40]을 선고했으며, 이는 우리 대법원의 판결로 이어졌다.[41]

이러한 종중부동산의 명의신탁 법리에 대해서는 제3자의 선 · 악의를 불문하고 수탁자의 처분행위의 유효성을 인정함으로써 일제가 종중재산의 붕괴를 가속화시켰다는 비판[42]을 비롯하여, 애당초 명의신탁 자체가 독일 민법학상의 ‘신탁행위’ 개념과는 무관한 통정허위표시에 불과하므로 대법원 판례의 입장과는 정반대로 이를 무효로 보아야 한다는 견해[43] 등이 제기되어 왔다. 반면. 처음에 조선고등법원이 종중의 소유형태를 공유로 해석한 것은 지금의 시점에서는 문제가 있다고도 할 수 있지만, 당시의 상황에서는 부득이한 선택이었으며, 직접적으로 종중을 당시의 일본 민법에서 규정하는 권리능력을 갖는 법인으로 인정하는 것도 곤란하였을 것이므로, 결국 종중재산에 대한 종중원 1인에 의한 등기에 대하여 그 당시에는 최첨단이론이었던 신탁적 양도라는 이론구성을 동원한 것은 나름대로 일리가 있다는 견해[44]도 있다. 나아가 이 견해에 의하면 신탁적 양도의 대부분의 케이스는 타인명의로 토지소유권의 査定을 받고 등기를 한 것인데, 그러한 등기를 개별적 케이스에 따라 유효 · 무효로 구분한다는 것은 등기제도의 시작에 있어서 취하기 힘든 태도였을 것이므로, 결국 명의신탁 법리는 등기제도의 정착, 査定의 효력의 유지 나아가 종중의 소유권 인정을 위한 부득이한 선택으로 이해하는 것이 온당할 것[45]이라고 한다.[46]

---

37) 조선고등법원 1913.9.9. 판결(판결록, 제2권 315면): 이 판결에 관해 상세한 것은 김상수, 토지법학 26/2 (2010) 85-86 참조.

38) 다만 이 판결은 아직 제3자의 선 · 악의에 관해서는 특별히 언급하지 않고 있다. 그리고 이 판결을 비롯하여 이후 조선고등법원의 판결에서는 ‘명의신탁’이라는 용어가 직접 사용되지는 않고 있다. 따라서 ‘명의신탁’이라는 용어는 우리 대법원이 당시까지 일반적으로 법조계에서 통용되고 있던 용어를 판결에서 사용하기 시작한 것이라고 한다: 김상수, 토지법학 26/2 (2010) 80.

39) 조선고등법원 1917.11.13. 판결(판결록 제4권, 956).

40) 이에 관해서는 김상수, 토지법학 26/2 (2010) 86-87 참조.

41) 종중재산의 명의신탁에 관한 우리 대법원 판례 전반에 관하여는 주석민법 제4판 총칙(2), 91-97(송호영).

42) 예컨대 배병일, 일제하 토지조사사업에 관한 법적 연구, 175. 나아가 김상용, 명의신탁, 민사법학 11 · 12 (1995) 270에 의하면, (戰後)일본에서는 명의신탁을 통정허위표시로서 무효로 취급하는 것에 비추어 보면, 명의신탁제도는 그 시작이 우리나라의 공동체조직의 파괴에 있었으며, 명의신탁을 통하여 종중내부의 분쟁을 촉진하고자 하였던 것으로 평가된다고 한다.

43) 대표적으로 곽윤직, 명의신탁에 관한 판례이론의 연구, 서울대학교 법학 15/2 (1974) 5-24.

44) 김상수, 토지법학 26/2 (2010) 97.

45) 김상수, 토지법학 26/2 (2010) 97-98.

46) 그 밖에 종중의 명의신탁을 넘어서서 명의신탁 자체와 관련하여, 자기가 사실상 그 이익을 전적으로 향유하는 부동산을 다른 사람의 소유로 하는 것은 각자의 자유에 속하는 문제이므로 명의신탁 자체를 ‘그 성질상 당연히’ 위법하다고는 할 수 없으며, 대법원이 오랜 동안 명의신탁을 사법적으로 유효하다는 태도를 취한 것은 단지 일제 때의 판례를 답습한 것이 아니라, 이러한 명의신탁의 본질을 제대로 파악한 것에 기초한 것이라는 지적도 있다: 양창수, 명의신탁에 관한 규율 再考, 민법연구 제6권, 2001, 151 이하, 176.

4. 총 유

우선 조선고등법원은 位土, 墓山 등이 종중재산인지 종손 개인의 소유인지 여부는 사실문제에 속한다는 입장47)을 취한 다음, 종중재산으로 판단할 경우에는 이를 종중원의 공유로 파악하여 의용민법 제249조 내지 제263조(현행 우리 민법 제262－270조)의 '지분적 공유'의 법리를 적용하였다.48) 그러나 1921년 종중재산인 위토에 대해서는 종중원의 분할청구와 지분양도가 허용되지 않는다는 일제 당국의 회답49)이 있은 이후, 1927년 조선고등법원은 이른바 '합유설'로 입장을 바꾸었다.

먼저 조선고등법원은 1927.4.19.의 이른바 侍天教 판결50)에서 최초로, 지분적 공유와는 성격을 달리하는 '합유'의 법리를 인정하였는데 그 요지는 다음과 같다: 1. 단일한 소유권이 불가분하게 복수 주체로 귀속되는 상태는 총유(總有) 또는 합유(合有)라고 칭해지는 바 보통 공유와 그 성질을 달리 하는 것으로 한다. 2. 합유는 통상 그 권리주체의 총원으로부터 이루어지는 바 공동주체의 이익을 위해 공동사업의 경영 수행을 가능하게 함을 목적으로 하는 것이므로 각원(各員) 개유(個有)의 지분이 존재하지 않는다. 따라서 각원이 독립하여 그 가진 권리를 양도하고 담보로 제공하는 등의 처분을 할 수 없음은 물론 각원 개개의 이익을 위해 목적물을 사용하는 권리를 가지지 않는 것으로 한다. 3. 합유에 속하는 물건 또는 권리의 관리 및 처분에 관해서 특별한 규정이 없을 때는 일반 관습 기타 단체 내에서 행해지는 규약 등에 따라 이를 결정하는 것으로 한다. 4. 조선에 있어서 시천교 단체는 종교유사의 사항에 관한 사단(社團)인 것이 현저한 사실이다. 5. 시천교 단체의 목적 수행에 제공되는 것으로 교도 전원을 권리주체로 한 부동산은 그 합유(合有)에 속하는 것으로 보는 것이 지당하다.51)

곧이어 조선고등법원 1927.9.23. 연합부 판결52)은, 피고 명의로 査定과 소유권보존등기가 이루어진 종중 소유 부동산에 대해 종중원인 원고들이 명의신탁계약을 해지하고 원고들 각자 명의로 지분에 따른 소유권이전등기를 청구한 사안에서, 위에서 제시된 '합유'의

47) 이에 관해 상세한 것은 정긍식, 한국근대법사고, 291-295 참조.

48) 이러한 조선고등법원의 판결례에 관해서는 정긍식, 한국근대법사고, 295-296 참조.

49) 1921.2.15. 정무총감 회답: 조선총독부 중추원, 민사관습회답휘집, 1933, 390. 이는 1922년 '祭位土ノ總有性ニ就テ'(사법협회잡지 제1권 제3호)라는 논문을 발표한 多田吉鍾가 당시 판사로 재직하고 있던 해주지방법원의 질의에 따른 것이다. 이에 관해 상세한 것은, 정긍식, 한국근대법사고, 297 주61) 참조.
한편 종중을 일종의 契로 파악하고 있던 관습조사보고서는 계원은 다른 계원 과반수의 승낙이 없으면 원칙적으로 지분을 처분할 수 없다고 기술하고 있다: 국역 관습조사보고서, 307.

50) 판결록, 제14권, 122. 이 판결의 사실관계에 관해 상세한 것은 양창수, 공동소유, 민법연구 제6권, 2001, 107 이하, 113 주19) 참조.

51) 대법원 제공, 국역 조선고등법원 판결록: http://khd.scourt.go.kr/JO/main/index.jsp

52) 판결록 제14권 321.

법리를 종중에 대해서도 그대로 적용하여 다음과 같이 판시하면서 원고들의 청구를 기각하였다: 1. 2인 이상이 한 개의 물건을 공동소유하는 경우에는 하나의 소유권이 분수적(分數的) 할합(割合)에 의해 여러 사람에게 속하는 상태와 완전히 단일하게 불가분한 것으로서 포괄적으로 여러 사람에게 속하는 상태가 있는데 전자는 공유에 후자는 이른바 합유(合有)에 속한다. 2. 합유는 공유자 전원이 공동의 목적을 수행하기 위해 생기는 것으로 공유와 다른 목적물에 대해 각인 각개의 지분으로 존재하지 않고 그 목적물에 대해 각인 각개의 권리는 이를 임의로 처분할 수 없다. 3. 조선에서 문중 또는 그 일파가 선조의 묘지 또는 제위토(祭位土)를 공동소유하는 경우에 있어서는 관습상 이른바 합유의 법률관계로서 공유의 법률관계는 존재하지 않는다.[53)]

그 뒤 이러한 '합유'의 법리는 조선고등법원의 판례를 통해 보다 구체적인 내용을 획득하여 갔는데,[54)] 요약하면 '합유'물에 대한 공동소유자의 지분 및 개인적인 사용수익권은 인정되지 아니하며, '합유'물의 처분은 권리자 전원의 승낙 또는 규약이나 관습에 따른 결의에 의해서만 가능하다는 점에서, 이는 현행 우리 민법상의 합유가 아니라 '총유'에 해당한다고 할 수 있다.[55)] 그리고 이러한 '합유'의 법리는 현행 민법의 제정과정에서 권리능력 없는 사단 일반의 공동소유형태인 '총유'로서 민법에 규정되게 되었다.[56)]

이러한 총유규정(민법 제257~259조)의 타당성에 대해서는 다양한 비판이 제기되고 있지만, 그 핵심은 현대적인 권리능력 없는 사단의 소유관계를 전근대적인 총유제도로 일률적으로 파악하는 것은 잘못이며, 실제로도 대부분의 경우 권리능력 없는 사단의 소유관계는 민법 제276조에 따라 처리되지 아니하고 제275조 2항에 의해 사단의 정관이나 규약에 의하여 처리되고 있을 것이므로 결과적으로는 사단법인의 경우와 같아지게 된다[57)]는 것이다. 반면 민법 제275조 이하의 총유규정이 있기 때문에 권리능력의 개념에 변화를 주지 않으면서도 법인 아닌 사단에 관한 소유관계가 잘 설명된다는 견해[58)]도 있다.

---

53) 대법원 제공, 국역 조선고등법원 판결록.

54) 이에 관해 보다 상세한 것은 양창수, 민법연구 제6권, 116 참조.

55) 참고로 의용민법이었던 일본민법은 그 당시는 물론 지금까지도 조문상으로는 합유나 총유라는 용어를 사용하지 않으며(예컨대 조합의 경우에 일본 민법 제668조는 조합원의 공동소유를 공유라고 표현하면서도 제676조에서 지분처분을 제한하고 조합재산의 분할청구를 금지함으로써 우리 민법의 합유에 가깝게 규정하고 있다), 합유 및 총유의 개념은 강학상으로만 인정되고 있다. 그리고 양창수, 민법연구 제6권, 117에 의하면 본문의 조선고등법원 판결들은 그 이후 학설이 구분하여 말하게 된 바의 합유인지 총유인지에 대해 명확한 태도를 밝힌 바가 없었으며, 아예 이러한 문제 자체를 의식하지 못했다고 말하는 것이 보다 정확할지 모른다고 한다.

56) 그 과정에 관해 상세한 것은 양창수, 민법연구 제6권, 117 참조.

57) 대표적으로 이호정, 우리 민법상의 공동소유제도에 대한 약간의 의문, 서울대학교 법학 24/2 · 3 (1983) 102-118.

58) 임상혁, 법인 아닌 사단의 민사법상 지위에 관한 고찰, 서울대학교 법학 54/3 (2013) 189-209.

5. 규율상의 문제점

종중에 대한 규율상의 문제점은 여러 측면에서 지적될 수 있지만,[59] 가장 핵심적인 부분은 판례가 인정하는 종중의 자연발생적 단체성에서 비롯된다. 즉 종중은 반드시 서면으로 된 규약을 갖추지 않아도 성립할 뿐 아니라, 종래 판례에 따르면 공동선조의 후손으로 성과 본을 같이하는 성년 남자(2005년 전원합의체 판결 이후에는 모든 성년자)는 모두 종중원이 되므로 특정 시점에서의 종중원의 확정이 어렵다. 그리고 이는 필연적으로 종중총회 등 종중의 의사결정의 적법성 여부로 연결된다. 나아가 외부에서는 종중의 대표자 및 그 권한을 확인하기가 쉽지 않으므로 종중과의 거래에 있어서의 안전성도 문제된다.

가. 종중원의 확정

종중의 의사결정의 정당성 확보를 위해서는 의사결정 시점에서 전체 종중원을 구체적으로 확정하는 것이 필요하지만 이는 사실상 불가능하므로, 판례는 특별한 사정이 없는 한 족보를 기준으로 종중총회의 소집통지의 대상이 되는 종중원의 범위를 확정토록 한다.[60] 그러나 족보는 비용 등의 문제로 인해 상당한 시간적 간격을 두고 발간되기 때문에 경우에 따라서는 실제 종중원과 소집통지 대상자 사이에 상당한 간극이 발생할 수 있으며, 이는 총회결의의 적법성 문제로 연결된다. 최근의 한 대법원 판결[61]은 이러한 사정을 고려하여, '특별한 사정이 없는 한 세보에 기재된 종원은 물론, 기타 세보에 기재되지 아니한 종원이 있으면 이 역시 포함시켜 소집통지대상이 되는 종원의 범위를 확정한 후 소재가 분명하여 연락가능한 종원에게 개별적으로 소집통지를 하여야 하고 원고 종중의 세보의 발간시로부터 총회의 개최시까지 20여 년 정도밖에 경과되지 아니한 점을 고려하여 볼 때, 원고 종중이 종원을 확정하고 그 소재를 파악함에 있어서는 세보의 발간시에 기울였던 노력에 상당한 정도의 노력을 기울여야 마땅하고, 그것이 불가능하였다면 그에 대한 합리적인 이유가 뒷받침되어야 한다'고 판시하면서, 이를 결여한 종중총회결의는 무효라고 판단하였다.

---

59) 이에 관해서는 우선, 이동명, 종중에 대한 법적 규율, 민사판례연구 19 (1997) 549 이하, 559-562 참조.

60) 이에 관해서는 주석민법 제4판 총칙(2), 136(송호영) 참조.

61) 대법원 2000.7.6., 2000다17582 판결. 이 판결의 사안에서는 원고 종중이 세보를 기준으로 1998. 8. 9.자 총회를 소집하면서 당시 연락가능한 종원 458명 중 451명에 대하여 개별적으로 통지를 하여, 위 통지에 따라 1998. 8. 9. 종원 중 93명이 출석하고 42명이 서면위임장을 제출하여 총회가 개최되었으며, 이 총회에서 이루어진 결의에 대해 원심은 유효로 판단하였다. 그러나 대법원은 이 사건의 경우, 1977년에 발간된 원고 종중의 세보에는 1940년 이후에 출생한 남자의 수가 4,800여 명에 이르고, 그 이외에 1940년 이전에 출생한 남자와 1977년 이후에 출생하여 성인이 된 남자의 수를 고려하여 보면 원고 종중의 종원은 그 이상에 이를 것으로 보이며, 원고측 증인에 의하더라도 원고 종중의 종원은 8,000여 명에 이르고 세보에 기재되지 아니하였으나 원고 종중의 종원으로 등록된 자도 70여 명에 이른다는 점 등을 지적하면서, 본문의 판시와 같은 이유로 원심판결을 파기하였다.

나. 종중의 의사결정

종중 규약의 제 · 개정, 종중재산의 관리 · 처분, 기타 종중원의 권리의무와 관련되는 중요한 사항은 특별한 규약이나 관행이 없는 한 종중의 유일한 의사결정 기구인 종중총회(종회)의 의결을 거쳐야 한다. 종중총회는 규약이나 관행에 따라 매년 일정한 일시와 장소(통상 공동선조의 時祭에 맞추어 時祭 직후에 개최)에서 열리는 정기총회와 임시총회로 나뉘며, 판례에 따르면 정기총회는 따로 소집통지를 하거나 안건을 종원에게 미리 알려 줄 필요가 없다[62]고 한다. 반면 임시총회는 소집절차를 요하여, 소집권자는 종중의 대표자이지만 대표자가 없는 경우에는 판례[63]에 따르면 종장이나 문장이 소집권자가 된다. 그리고 소집통지 대상자는 판례에 따르면 앞서 본 것처럼 특별한 사정이 없으면 족보를 기준으로 정하고, 통지는 반드시 서면으로 할 필요는 없으며 다른 종중원이나 세대주를 통하여도 무방하다고 한다.[64]

종중총회 결의의 정족수에 관해서는 권리능력 없는 사단에 유추적용되는 민법 제75조 1항에 따르면 종원 과반수의 출석과 출석종원 과반수의 찬성을 요하지만,[65] 판례의 주류적 태도는 의사정족수에는 제한을 두지 아니하고 단순히 출석 종원 과반수의 찬성으로 의결하는 것이 관습이라고 한다.[66] 나아가 판례는 의결정족수 산정에 있어서의 출석 종원이란 총회에 참석한 모든 종원이 아니라 의결 당시 회의장에 있었던 종원만을 의미한다고 한다.[67] 이는 엄격한 의사정족수와 의결정족수를 요구할 경우 종중총회가 결의가 사실상 이루어지기 어렵다는 점을 고려한 것이지만,[68] 앞서 본 것처럼 종중원 확정의 어려움으로 인해 실제의 종중원과 소집통지 대상자 사이에 이미 상당한 간극이 발생한다는 점을 생각해 보면, 결국 종중의 의사결정은 소수의 전횡으로 흐를 위험을 항상 내포하고 있으며, 이는 궁극적으로 총회결의 무효, 대표자 직무집행정지 가처분 등 법적 분쟁으로 발전하게 된다.

---

62) 이에 관해서는 주석민법 제4판 총칙(2), 135(송호영) 주147)의 판례 참조.

63) 이에 관해서는 주석민법 제4판 총칙(2), 135(송호영) 주150)의 판례 참조. 그리고 이러한 판례에 의하면 종중이나 문장이 정해져 있지 않은 경우에는 항고연장자가 종장이나 문장이 되는 것이 일반관습이라고 한다.

64) 이에 관해서는 주석민법 제4판 총칙(2), 137(송호영) 주158)의 판례 참조.

65) 이를 따르는 판결로 대법원 1994.11.22., 93다40089 판결이 있음.

66) 이에 관해서는 주석민법 제4판 총칙(2), 138(송호영) 주165)의 판례 참조. 다만 종중원 과반수의 출석을 요하지 않으면서도, 출석 종원이 전체 종원에 비해 극소수인 경우에는 판례는 그 결의를 무효로 판단한다.

67) 대법원 2001.7.27., 2000다56037 판결.

68) 송민경, 저스티스 137 (2013) 152에 의하면, 이는 대법원이 종중의 구성과 법적 운명에 관하여는 종중 관습의 고유성(=타율성)을 강하게 관철하는 한편, 종중의 일상적인 운영과 재산처분행위에 관하여는 단체의 자율성을 크게 존중하고 나아가 거래상대방까지 보호하려는 양면전략적 해석을 구사하고 있다고 평가할 수 있는데, 이러한 태도는 어느 한쪽의 논리나 요구에 치우치지 않은 채 구체적 타당성을 도모하며 사안을 해결하고자 하는 최고 법원 특유의 현실적인 정의감을 반영한 것이라고 한다.

한편 최근 대법원은 종중의 대의원회가 종중총회를 대체할 수 있다고 규정한 종중규약의 유효성 여부가 다투어진 사안에서, 종중규약은 종원이 가지는 고유하고 기본적인 권리의 본질적인 내용을 침해하는 등 종중의 본질이나 설립 목적에 크게 위배되지 않는 한 그 유효성을 인정하여야 한다는 이유로, 그러한 규약을 유효하다고 판단하였다.[69] 이 역시 앞서 본 것처럼 엄격한 의사정족수와 의결정족수를 요구할 경우 종중총회의 성립 및 의결이 사실상 매우 어렵다는 점을 고려한 것으로 볼 수 있으나, 대의원 선정방식과 절차의 공정성이 담보되지 않으면 소수 종원에 의해 종중의 의사결정이 좌우될 가능성이 매우 높다고 생각한다.

다. 대표권의 유무 및 범위

우선 종중과의 거래를 위해서는 누가 종중의 대표자인지 확인하여야 하는데 외부에서는 이를 확인하기가 용이하지 않다. 종중 명의로 등기된 부동산의 경우에는 부동산등기법 제48조 3항에 의해 대표자의 인적 사항도 등기부에 표시되게 되고 이와 아울러 부동산등기용 등록번호(동법 제48조 2항)를 부여받는 과정에서 행정관청의 등록부(이른바 종중등록부)에 대표자가 등록되기는 하지만, 그 뒤 대표자가 변경되면 변경등기가 이루어지지 않는 이상 등기부나 종중등록부를 통해 종중의 대표자를 확인할 수 있는 방법은 없다. 나아가 종중재산의 관리 및 처분행위에는 종중규약에서 정한 바가 없는 이상 민법 제276조 1항에 따라 종중총회의 결의가 필요하며 이를 갖추지 못한 경우에는 판례[70]에 의하면 그 법률행위는 절대적으로 무효인데, 결의의 존재 여부에 관해 외부에서 확인하기 용이하지 않을 뿐 아니라 앞서 본 것처럼 종중총회 결의의 효력이 절차상의 하자를 이유로 다투어질 소지가 많은 점을 감안하면 종중재산 거래에 있어서의 법적 안정성은 매우 낮다고 할 수 있다.

뿐만 아니라 종중재산의 보존행위에 관하여도 판례는 "총유재산에 관한 소송은 법인 아닌 사단이 그 명의로 사원총회의 결의를 거쳐 하거나 또는 그 구성원 전원이 당사자가 되어 필수적 공동소송의 형태로 할 수 있을 뿐 그 사단의 구성원은 설령 그가 사단의 대표자라거나 사원총회의 결의를 거쳤다 하더라도 그 소송의 당사자가 될 수 없고, 이러한 법

69) 대법원 2022.8.25., 2018다261605 판결. 반면 원심판결인 수원지방법원 2018.7.19., 2018나54491 판결은 사단에는 반드시 원칙적 · 최종적 의사결정기관으로 사원총회를 두고 연 1회 이상 통상총회를 소집하여야 하고, 정관으로 이사 등 임원에게 사무처리를 위임할 수는 있으나 그 위임은 특정한 업무에 관하여 개별적으로 이루어져야 하며, 사원총회를 두지 않거나 이를 두더라도 사원총회 아닌 다른 회의체나 이사 등 임원에게 사단의 사무 전반에 관하여 포괄적으로 그 의사결정과 처리를 위임할 수 없으므로, 만약 정관이 이에 위반한 경우 그 정관은 강행법규나 법인 제도의 본령에 어긋나 무효라고 판시하였다(이에 따라 이 사건 종중이 그 규약을 근거로 대의원회 결의를 거쳐 제기한 소송을 부적법하다고 보아 이를 각하함).

70) 대법원 1992.10.13., 92다27034 판결; 대법원 2000.10.27., 2000다22881 판결 외 다수.

리는 총유재산의 보존행위로서 소를 제기하는 경우에도 마찬가지라 할 것"이라고 판시하여[71] 종중원 개인은 물론 종중 대표자의 보존행위도 허용하지 않고 있다.

Ⅲ. 종중의 자율성

1. 종중의 구성원(종원, 종중원)

종중의 구성원은 일반적으로 종원 또는 종중원(이하 종원)이라 불리며, 2005년 전원합의체 판결에 따르면 공동선조의 후손으로 성과 본을 같이하는 모든 성년자(그 이전에는 그 가운데 성년 남자[72])는 본인의 의사와는 무관하게 종원이 된다(이른바 당연가입). 그리고 이 종원이 종중이라는 비법인 사단의 사원으로서 사원총회인 종중총회의 구성원이 된다. 문헌[73]에 따라서는 종원과 종회원을 구별하여 전자는 공동선조의 모든 후손을 가리키는 것이며 후자는 종중총회의 구성원을 의미하는 것이라고 한다. 그러나 곧 이어 살펴보는 것처럼 공동선조의 후손이기만 하면 종중에 당연가입된다는 결론이 헌법상의 결사의 자유에 배치된다는 점을 감안하면 굳이 이러한 당연가입의 범위를 미성년자인 후손에까지 확대하는 것은 바람직하지 못할 뿐 아니라, 비법인 사단인 종중의 구성원과 종중총회의 구성원을 구별하는 것은 사단의 법리에도 배치된다고 볼 수 있다.[74]

이와 같이 판례에 의하면 공동선조의 후손으로서 성년자이기만 하면 당연히 종중의 구성원이 되므로 임의로 종원이 종중으로부터 탈퇴하는 것이 허용되지 않을 뿐 아니라[75] 종중이 징계처분으로써 종원의 자격을 박탈하는 이른바 割宗도 허용되지 않는다[76]고 한다. 그리고 반대로 종원이 될 수 없는 자에게 종원 자격을 부여하거나 그 자를 대표자로 선임하는 결의도 무효이다.[77]

---

71) 대법원 2005.9.15., 2004다44971 전원합의체 판결; 대법원 2010.2.11., 2009다83650 판결.

72) 일제시대에는 이 가운데 호주만이 종회에 참석할 수 있었으나, 해방 직후 대법원 1946.5.14., 4279 민상3 판결에 의해 성년남자로 확대되었다. 이에 관해서는 김재형, 민법론 III, 25-26 참조.

73) 이러한 문헌들에 관해서는 김재형, 민법론 III, 22 주38) 참조.

74) 판례 역시 대부분 종원이라는 용어를 종중총회의 구성원이라는 의미로 사용하고 있다, 단 일부 판례(예컨대 대법원 1997.2.28., 95다44986 판결)는 '종중원 중 성년 이상의 남자'를 대상으로 종중총회의 소집통지를 하여야 한다고 함으로써 종중원과 종중총회의 구성원은 별개라는 전제를 하고 있다. 그러나 이 판결도 곧이어 '소집통지 대상이 되는 종중원의 범위를 확정한 후 소재가 분명한 모든 종중원에게 개별적으로 소집통지를 하여야 한다'고 함으로써 종원=종중총회의 구성원이라는 결론에 도달하고 있다.

75) 대법원 1983.2.8., 80다1194 판결; 대법원 1998.2.27., 97도1993 판결.

76) 대법원 1983.2.8., 80다1194 판결.

77) 대법원 1992.12.11., 92다30153 판결; 대법원 1994.11.22., 93다40089 판결 등.

나아가 판례는 종중규약이나 종중총회의 결의로 일부 종원의 자격을 제한하거나 종중총회에서의 의결권을 제한하는 것은 종중의 성격과 법적 성질에 비추어 볼 때 그 구성원인 종원이 가지는 고유하고 기본적인 권리의 본질적인 내용을 침해하는 것으로 무효라고 한다.[78][79] 그리고 이에 따라 대법원 2007.9.6., 2007다34982 판결은 2005년 전원합의체 판결 이후에 某 종중이 2005. 11. 21.자 임시총회의 결의로써 종중 규약을 개정하면서 '女孫 본인이 종원 자격을 원할 경우에 한하여 준종원 자격을 주며, 준종원은 총회에서의 의결권을 인정하지 않는다.'고 한 것과 2005. 12. 18.자 임시총회의 결의로 종중 소유의 부동산에 관한 수용보상금의 처리방법을 정하면서 '남자 종원에 한하여 일정금액을 대여한다.'고 정한 것은 모두 여성의 종원으로서의 자격 자체를 부정하는 전제하에서 한 처분이어서 종원으로서 가지는 고유하고 기본적인 권리의 본질적인 내용을 침해하는 것이므로 무효라고 판단하였다.

그리고 최근의 대법원 2021.11.11., 2021다238902 판결은, 공동선조의 후손들로 구성된 원고 종중의 회칙에는 구성원의 자격을 '남자'로 한정하는 내용이 없었는데, 2005년 전원합의체 판결이 있은 후 원고 종중이 자신의 실체를 고유 의미의 종중이 아니라 종중 유사의 권리능력 없는 사단이라고 표방하면서 구성원의 자격을 공동선조의 후손 중 남자로 제한하는 내용의 회칙을 마련한 다음, 위 회칙에 따라 남자들에게만 소집통지를 하여 개최한 총회에서 대표자로 선출된 사람이 원고 종중을 대표하여 소송을 제기한 사안에서, 원고 종중은 실체가 고유 의미의 종중임에도 총회를 개최하면서 남자 종중원들에게만 소집통지를 하고 여자 종중원들에게는 소집통지를 하지 않은 것으로 보이므로, 위 총회에서 이루어진 대표자 선출결의는 무효이고, 따라서 위 소는 적법한 대표자에 의해 제기된 것이 아니어서 부적법하다고 볼 여지가 상당하므로, 대표권의 적법성에 관한 심리, 조사 없이 본안으로 나아간 원심의 판단에는 법리오해 등 잘못이 있다고 판시하였다.

2. 2005년 전원합의체 판결[80]

가. 사실관계

피고 종중은 종중 소유 부동산을 매각하고 그 대금 중 다른 토지를 매수하고 남은 돈

78) 이러한 판례들에 대해서는 주석민법 제4판 총칙(2), 126(송호영) 주106) 참조.

79) 다만 판례에 의하면 이는 자연발생적 단체인 고유한 의미의 종중에 한정되며 이른바 '유사종중'의 경우에는 종중원의 자격을 거주지역 등 일정범위로 제한하는 것이 가능하다고 본다. 이에 관해서는 앞의 주15) 참조.

80) 이 판결의 사실관계, 원심판결 등에 관해 보다 상세한 것은 윤진수, 민법논고 VI, 44-46; 김재형, 민법론 III, 1-3 참조.

을 종원들에게 성별, 연령에 따라 차등 배분하면서, 공동선조의 후손 가운데 기혼 여성인 원고들은 아예 배분에서 제외하였다. 그런데 피고 종중의 규약은 '공동선조의 후손으로서 성년이 되면 회원 자격을 가진다'라고만 규정하고 있었다. 이에 원고들은 주위적으로는 이 규약을 근거로 피고 종중의 종원 자격을 주장하고, 예비적으로 피고종중은 이른바 유사종중에 해당한다고 주장하면서, 피고 종회의 회원(종원)임을 확인하는 소를 제기하였다.

나. 1심 판결 및 원심 판결

1심 판결[81]은 종래 판례의 입장에 따르면 성년 남자만이 종원이 될 수 있으며 종중의 구성원이 될 수 없는 자에게 종원의 자격을 부여한 규약은 종중의 본질에 반하여 부적법하므로, 피고 종중의 규약이 명시적으로 성년 남자로 제한하고 있지는 않지만 이로 인해 성년 여자도 종원 자격을 갖는다고 할 수는 없다고 판단하였다. 나아가 1심 판결은 피고 종중이 유사 종중에 해당한다는 원고들의 예비적 주장에 대해서는, 피고 종중이 종중 규약을 통해 유사 종중으로 변경하려는 의사를 인정할 수 없다고 판단하였다.

원심 판결[82]은 1심 판결의 이유를 그대로 인용하면서, 성년남자만을 종원으로 하는 종래의 관습이 헌법상 남녀평등의 원칙과 조화를 이루지 못한다고 하더라도 헌법상의 기본권은 사법의 일반원칙을 통해 간접적으로만 사인관계에 적용될 뿐 아니라, 종래의 이러한 관습이 선량한 풍속 기타 사회질서에 반한다고 보기 어렵다는 판단을 추가하였다.[83]

다. 전원합의체 판결의 요지[84]

(1) 다수의견

(가) 성년 남자만을 종원으로 하는 종래의 관습법은 변화된 우리의 전체 법질서에 부합하지 아니하여 정당성과 합리성이 있다고 할 수 없으므로, 더 이상 법적 효력을 가질 수 없게 되었다.

(나) 종중이란 공동선조의 분묘수호와 제사 및 종원 상호간의 친목 등을 목적으로 하여 구성되는 자연발생적인 종족집단이므로, 종중의 이러한 목적과 본질에 비추어 볼 때 공동선조와 성과 본을 같이 하는 후손은 성별의 구별 없이 성년이 되면 당연히 그 구성원이

81) 수원지방법원 2001.3.23., 2000가합5711 판결.
82) 서울고등법원 2001.12.11., 2001나19594 판결.
83) 이는 원고들이 상고이유에서 헌법상의 기본권은 사인 간에도 적용되어야 한다고 주장하였기 때문이며, 그 밖에도 원고들은 공동선조의 후손으로 구성되는 종중과 그 가운데서 성년 남자로 구성되는 종회는 구별되어야 한다고 주장하였다.
84) 전원합의체 판결은 관습법과 헌법을 비롯한 전체 법질서의 관계, 판례 변경과 소급효 문제 등 여러 가지 쟁점에 대해 판단하고 있으나, 이 글에서는 종중원의 자격과 당연가입 여부에 대한 판결요지만 소개하기로 한다.

된다고 보는 것이 조리에 합당하다.

(2) 별개의견

(가) 고유한 의미의 종중에 있어서 묘산의 수호, 제사에 소요되는 물자의 조달 · 부담 등 종원의 주된 의무는 법률적으로 강제되는 것이 아니고 도덕적 · 윤리적 의무에 불과하여 그들의 권리가 실질적으로 침해되는 바가 없었으므로 법률이 간섭하지 않더라도 무방하다고 보기 때문에 종래의 관습법상 성년 남자는 그 의사와 관계없이 종중 구성원이 된다고 하는 부분은 현재로서는 문제될 것이 없고, 결국 관습법과 전통의 힘에 의하여 종래의 종중관습법 중 아직까지는 용인되는 부분이 있을 수 있으므로, 그러한 바탕 없이 새롭게 창설되는 법률관계에 대하여서까지 다수의견이 남녀평등의 원칙을 문자 그대로 관철하려는 것은 너무 기계적이어서 찬성할 수 없다.

(나) 일반적으로 어떤 사적 자치 단체의 구성원의 자격을 인정함에 있어서 구성원으로 포괄되는 자의 신념이나 의사에 관계없이 인위적 · 강제적으로 누구든지 구성원으로 편입되어야 한다는 조리는 존재할 수 없으며 존재하여서도 안 되는데, 특히 종중과 같이 개인의 양심의 자유 · 종교의 자유가 보장되어야 할 사법적 결사에 있어서는 더욱 그러하다는 점 등에서 공동선조와 성과 본을 같이 하는 후손은 성별의 구별 없이 성년이 되면 조리에 따라 당연히 그 구성원이 된다고 보는 다수의견의 견해에는 반대하고, 성년 여자가 종중에의 가입의사를 표명한 경우 그 성년 여자가 당해 종중 시조의 후손이 아니라는 등 그 가입을 거부할 정당하고 합리적인 이유가 없는 이상 가입의사를 표명함으로써 종중 구성원이 된다고 보아야 한다.

(다) 종원 자격과 종중재산의 분배의 문제는 전혀 별개의 문제로 보아야 할 것이다. 대법원은 종중을 비법인사단으로 보면서 종중재산은 종중원들의 총유라고 판시하여 왔는바, 종중재산의 형성과정, 목적, 관리 · 처분관계를 종합적으로 고려하면 여기에서는 일종의 신탁유사의 관계가 성립한다고 보는 것이 합리적이다. 즉, 종중의 재산은 제사의 봉행 및 공동선조의 후손 전체의 이익을 위해 종중에게 신탁된 것으로 보아, 종중은 신탁목적에 맞게 종중재산을 관리 · 처분하여야 한다고 해석되므로, 종중재산을 처분하여 이를 개인에게 귀속시킴에 있어서는 신탁의 법리를 유추하여 성년 여자뿐만 아니라 미성년자들을 포함한 전체 후손 전원에게 합리적 기준에 따라 배분하여야 하며, 종원에게만 분배하는 것은 허용될 수 없다고 해석하여야 할 것이다.

3. 당연가입론과 종중의 자율성

2005년 전원합의체 판결에 대한 법학계의 반응[85]은 헌법과 관습법의 관계, 기본권의 제3자적(對 私人 간) 효력, 판례변경의 소급효 문제 등 다양한 이론적 쟁점에 걸쳐 이루어지고 있지만, 종중의 미래와 관련하여 실천적인 관점에서 가장 중요한 부분은 이 판결에 의해서도 그대로 유지되고 있는 종래 판례법상의 당연가입론에 대한 비판이라고 할 수 있다.[86] 즉 2005년 전원합의체 판결의 다수의견은 성년 남성뿐 아니라 성년 여성도 당연히 종원이 된다고 함으로써 당연가입의 대상이 되는 범위를 오히려 확장하였으며, 별개의견 역시 성년 여성의 경우에는 가입의사를 문제 삼으면서도 성년 남성의 당연가입은 그대로 유지함으로써, 사법상의 단체에 대해 일반적으로 인정되어야 할 자율성 또는 사적 자치의 원칙, 나아가 헌법상 결사의 (소극적) 자유와의 관계에서 큰 문제점을 드러내고 있다는 것이다.

이러한 비판적 견해는 우선, 앞서 소개한 인위적 단체설의 입장에 서서 당연가입론의 전제인 종중의 자연발생설을 부정하고, 종중이 자연발생적이라는 의미는 공동선조의 후손이면 누구든 원하기만 하면 종원이 될 수 있는 자격을 가지고 있다는 의미일 뿐 본인의 의사와 관계없이 당연히 종원이 된다는 의미는 아니라고 한다. 그리고 과거에는 시제 등에 참석하는 것이 종원으로서의 중요한 활동이었으므로 이러한 행사에 참여하면 특별한 가입절차 없이 종원으로 취급되었지만, 종중을 권리능력 없는 사단이라는 근대법으로 개념으로 파악하는 이상 누구 종원인가 하는 문제 역시 근대법적 관점에서 재해석되어야 하므로 헌법상의 결사의 자유에 따라 종원이 되기 위해서는 본인의 가입의사가 필요하다고 보아야 하며 종중으로부터 탈퇴할 자유 역시 보장되어야 한다고 한다.[87] 그 밖에 사적 자치의 원칙 및 개인의 자기결정권의 침해라는 관점에서 판례의 당연가입론에 대한 비판[88]도 이루어지고 있다.

---

85) 이 판결에 대한 본격적인 평석으로는 윤진수, 민법논고 VI, 김재형, 민법론 III, 이창현, 가족법연구 24/1 (2010), 송민경, 저스티스 137 (2013) 이외에, 김제완, 단체 법리의 재조명, 민사법학 31 (2006) 93 이하; 박찬주, 대법원에 의한 관습법의 폐지, 법조 55/7 (2006) 19 이하 등이 있다. 그리고 이러한 평석은 모두 성년여성을 성년남성과 동일하게 취급하여야 한다는 점에 대해서는 이의를 제기하지 않는다. 반면 이 판결 이전에 나온 문헌 가운데는, 종중의 제사공동체로서의 성격과 종중재산의 본질에 비추어 성년여성은 출가하면 종원 자격을 잃는다고 보아야 한다는 견해도 있다: 이진기, 종중재산의 법리에 관한 판례 이론의 검토, 가족법연구 15/2 (2001) 314-315.

86) 2005년 전원합의체 판결 이전에도 당연가입론에 대한 의문이 제기되기는 하였지만(예컨대 정귀호, 곽윤직교수 화갑기념논문집, 78 이하, 91-92; 정긍식, 한국근대법사고, 286), 본격적인 비판이 이루어진 것은 이 판결 이후라고 할 수 있다.

87) 윤진수, 민법논고 VI, 62-65; 같은 취지로 김재형, 민법론 III, 28-29. 그 밖에 2015년 전원합의체 판결의 다수의견이 성년여성도 당연히 종원이 된다고 봄이 조리라고 판시한 것에 대해, 위에서 소개한 것처럼 별개의견은 결사의 자유를 근거로 이를 비판하고 있다.

88) 김재형, 민법론 III, 27.

이와 같이 종원의 당연가입을 부정하고 종중의 자율성을 강조한다면 종원의 자격이나 가입절차 등은 종중규약에서 정하여야 한다.[89] 여기서 우선 종중규약을 통해 종원의 당연가입을 규정하는 것이 가능한지 여부가 문제될 수 있다. 이러한 규약은 성년후손의 결사의 자유, 양심의 자유, 종교의 자유 등을 침해하는 것으로 볼 수 있으나 판례와 달리 탈퇴의 자유를 인정한다면 성년후손의 자유권 등에 대한 침해의 정도가 비교적 약하므로 종중의 특성에 비추어 유효다고 보아도 무방할 것이다.[90] 그리고 종원 자격자를 대상으로 다시 가입절차를 거치도록 규정하는 종중규약은 대상자의 파악이 어렵다는 점 등의 현실적인 이유로 실제로는 제정되기 어려울 것이다.[91]

그 밖에 공동후손의 자녀 가운데 미성년자, 출계자 및 그 후손,[92] 출가여성의 자녀(외손), 사위, 며느리 등도 종원에 포함시키는 규약은 종중의 자율권을 존중하는 이상 그 유효성을 부정할 이유가 없을 것이다. 다만 성년여성을 종원자격에서 적극적으로 배제하는 규약은 헌법상의 남녀평등의 원칙과 민법 제103조에 따라 무효로 판단될 것이다.

나아가 징계를 통한 종원에 대한 제재나 회비납부 등 종회에서의 의결권 행사 요건을 정한 규약 역시 합리성 결하지 않은 이상 자율성을 존중하는 측면에서 유효성을 인정할 수 있을 것이다. 다만 징계의 일종으로 제명(割宗)을 규정하는 규약은 종중의 혈연단체성을 고려할 때 피징계자에 대한 과도한 처벌이라는 점에서, 유효성을 인정받기 힘들다고 생각한다.[93]

89) 이창현, 가족법연구 24/1 (2010) 92는 2005년 전원합의체 판결이 종래의 관습법의 법적 효력을 부정한 이상, 조리에 의해 문제를 해결할 것이 아니라 종중의 자율권을 존중하여 자치법규인 종중규약을 적용했어야 한다고 한다.

90) 동지: 이창현, 가족법연구 24/1 (2010) 92.

91) 예컨대 같은 비법인사단으로 분류되는 동창회의 경우에도 대부분 회칙상 일정한 요건만 갖추면 특별한 가입절차 없이 구성원이 되는 것으로 규정하고 있다

92) 종래 판례(대표적으로 대법원 1983.2.22., 81다584 판결)는 종중이 공동선조의 제사봉행을 주목적으로 하는 점과 양자제도의 목적 등에 비추어 보면, 타가에 출계한 자와 그 자손은 친가의 생부를 공동선조로 하는 종중에는 속하지 않는다고 판시하고 있다. 그리고 학설에 따라서는 이러한 결론이 민법이 추구하는 완전양자 내지 친양자제도의 취지에 비추어 타당하다는 견해(배병일, 대법원판례에서의 유사종중, 가족법연구 20/2 [2006] 238; 한삼인, 종중에 관한 판례분석, 인권과 정의 369 [2007] 158)도 있다. 반면 최근의 한 하급심 판결(서울고등법원 2009.9.17., 2009나4000 판결)은 타가에 출계한 자 및 그 후손들도 엄연히 '생가의 공동선조의 성과 본을 같이 하는 후손'인 이상 성년이 되면 당연히 그 공동선조의 분묘수호와 제사 및 종중원 상호 간의 친목 등을 목적으로 하여 구성되는 자연발생적인 종족집단의 구성원이 된다고 판시하였다.

93) 판례(주76)는 앞서 본 것처럼 종원의 당연가입론에 따라 할종을 무효로 판단하고 있다.

Ⅳ. 종중의 미래

1. 관련 법령의 개정에 따른 종중의 미래

가. 민 법

2006년 개정 전 민법에 의하면 출생자는 父의 성과 본을 따르고, 예외적으로 인지를 받지 못한 혼외자와 父가 외국인인 경우에만 母의 성과 본을 따르도록 되어 있었다. 그러나 2006년 개정 민법은 그 이외에도 부모가 혼인신고시 母의 성과 본을 따르기로 협의한 경우에는 母의 성과 본을 따르도록 규정하고 있다(제781조 단서). 그리고 개정 전 민법은 혼외자가 인지된 경우에만 성과 본의 변경을 허용하였으나, 현행 민법은 그 이외에도 많은 경우 성과 본의 변경을 허용하고 있다. 즉 子의 복리를 위하여 성과 본을 변경할 필요가 있다[94]고 인정되어 법원의 허가를 얻은 경우(제781조 6항)와 친양자의 경우(제908조의 3)에는 성과 본의 변경이 허용된다.[95]

여기서 현행 판례상 당연히 종중원이 되는 '공동선조의 후손으로서 성과 본을 같이 하는 성년자'를 어떻게 해석할 것인지가 문제된다. 이에 관해 아직 본격적으로 판례가 형성되지는 않고 있으나, 우선 처음부터 母의 성과 본을 따른 경우와 父의 성에서 母의 성으로 변경한 경우에는 2005년 전원합의체판결이 성년여성도 당연히 종원이 된다고 판시하고 있는 이상, 母가 속한 종중의 종원이 된다고 보아야 할 것이다.[96] 그리고 친양자는 민법상 양부모의 친생자로 의제되며 친생부모와의 친족관계가 단절된다는 점에서 더 이상 친가의 종원이 아니며 양가의 종원이 된다고 해석할 수 있다. 그러나 일반입양에서 양부의 성으로

94) 이혼시 양육권자로 지정된 母의 성으로 변경하고자 하는 경우, 이혼모가 재혼하여 가봉자가 계부의 성으로 변경하고자 하는 경우, 일반 입양의 경우에 양부의 성으로 변경하고자 하는 경우가 주로 여기에 해당한다.

95) 성과 본의 변경을 허용하는 개정 민법이 시행된 후 2008년 한 해 동안 성과 본의 변경신청 사건수는 14,566건에 달하며, 친양자 입양은 1,799건이라고 한다: 김종국, 성과 본의 변경에 따른 소속 종중의 변경 여부에 관한 소고, 가족법연구 23/3 (2009) 6.

96) 최근 대법원 2022.5.26., 2017다260940 판결은 母의 성과 본으로 변경한 원고가 母가 구성원으로 있는 피고 종중을 상대로 종원 지위의 확인을 구한 소송에서, (1) 2005년 전원합의체 판결의 취지에 비추어 볼 때 공동선조와 성과 본을 같이 하는 성년 여성의 후손이 모계혈족이라는 이유만으로 종중의 구성원이 될 수 없다는 관습도 법적 규범으로서 효력을 가진 관습법으로 남아 있다고 보기 어렵고 (2) 개정 민법이 부계혈족과 모계혈족을 차별하지 않고 친족의 범위를 규정하고 있으며, 자녀의 복리를 위해 자녀의 성과 본을 변경할 필요가 있을 때에는 법원의 허가를 받아 이를 변경할 수 있도록 한 점 등을 보면 母의 성 · 본을 따라 종중의 공동선조와 성 · 본을 같이 하게 된 후손의 종원 자격을 父의 성 · 본을 따른 후손과 달리 판단할 수는 없으며 (3) 출생 시부터 母의 성 · 본을 따르게 된 경우 자녀는 母가 속한 종중의 구성원이 된다고 보아야 하므로 출생 후 자녀의 복리를 위해 성 · 본을 변경할 필요가 있어 법원의 허가를 받아 변경한 경우에도 달리 볼 이유가 없고 (4) 법원의 허가를 받아 母의 성과 본으로 변경된 자녀는 父가 속한 종중에서 탈퇴하게 되므로 출생 후 母의 성 · 본으로 변경된 경우에 母가 속한 종중의 구성원이 될 수 없다고 본다면 종중의 구성원 자격을 박탈하는 것이 되어 헌법상 평등의 원칙에 반하며 (5) 종래 관습법에서도 입양된 양자는 양부가 속한 종중의 종원이 되는 등 종중 구성원의 변경이 허용되었다는 점 등을 이유로 설시하면서, 원고는 성과 본의 변경에 의해 피고 종중의 공동선조와 성과 본을 같이 하는 후손이 되었으므로 당연히 피고 종중의 구성원이라고 판시하였다.

변경한 異姓 양자와 계부의 성으로 변경한 가봉자는 양부 또는 계부와 성과 본은 같이 하지만 '공동선조의 후손'에는 해당하지 않기 때문에 이들을 양가나 계부가 속한 종중의 종원으로 해석할 수 있을지는 논란의 여지가 있다.97)

나. 농지법 · 葬事法

현행 농지법에 의하면 농지는 이를 자신의 농업경영에 이용하는 자가 아니면 소유하지 못하므로(동법 제6조 1항), 위토로 이용하기 위해 종중명의로 농지를 취득하는 것은 불가능하다. 다만 종원 등의 명의로 과거 명의신탁되었던 농지에 대해서는 종중이 명의신탁계약을 해지하고 종중 명의로 소유권이전등기를 할 수 있다. 그러나 이 경우에도 위토대장98) 소관청 발급의 증명서를 첨부해야만 소유권이전등기가 가능하다(등기예규 제920호).

한편 구 매장 및 묘지 등에 관한 법률을 대체하여 2000년 제정된 장사 등에 관한 법률(이하 장사법)은 분묘의 설치기간에 대한 제한99)을 규정하고 있다. 그리고 현행 장사법은 이 설치기간의 제한을 동법 시행 이전에 설치된 분묘에 대해서는 소급적용하지 않고 있지만(동법 부칙 제2조), 국토의 효율적 이용과 환경보전을 위해 설치기간을 소급적용하도록 동법을 개정해야 한다는 의견100)도 제시되고 있다.

이와 같이 농지법과 장사법 등에 의해 위토 소유 및 분묘설치가 제한되므로 적어도 과거와 같은 형태의 종중이 새로이 설립되는 것은 사실상 불가능하게 되었다.101) 나아가 분묘의 설치기간 제한을 소급 적용하는 입법이 이루어질 경우에는 기존 종중 역시 새로운 활동방향을 모색해야 할 것이다.

2. 종중재산의 분배

종중재산의 핵심을 이루는 墓山, 位土, 齋室 등은 공동선조의 분묘수호 및 봉제사라는 종중의 목적 달성을 위한 기본재산으로서 과거에는 이를 처분하거나 분배할 수 없는 것으로 인식되어 왔다. 그러나 최근 국토개발 사업으로 인하여 종중 부동산이 수용되는 사례

97) 김종국, 가족법연구 23/3 (2009) 12은 민법상 양친자관계는 법정친자관계에 해당한다는 이유만으로 일반입양의 이성양자로서 성을 변경한 자도 양가의 종중에 속한다고 보고 있으나, '공동선조의 후손'은 아니라는 점에서 의문의 여지가 있다.

98) 구 농지개혁법은 위토는 국가의 매수대상에서 제외하고 이를 위토대장에 등재하도록 하였다(동법 제6조 7호).

99) 30년이며 1회에 한해 허가를 얻어 연장 가능하므로 최대 60년(동법 제19조). 그리고 이에 대해서는 외국의 입법례를 참고하여 20-30년으로 단축하거나, 10-20년 마다 최장기간 60년을 10년씩 단계적으로 감축하는 방안이 제시되고 있다. 김성욱, 묘지의 설치 및 관리와 관련한 문제점과 개선방안, 경희법학 50/2 (2015) 282; 이은기, 묘지 · 장사행정 규제법제의 개선방안에 관한 소고, 행정법연구 48 (2017) 203.

100) 이은기, 행정법연구 48 (2017) 203.

101) 그 밖에 매장으로부터 화장으로의 급격한 장례문화의 변화 역시 신규 종중의 성립을 불가능하게 할 것이다.

가 빈번하게 발생함에 따라 그 수용보상금을 종원에게 분배하는 것이 타당한지가 문제되게 되었다. 이에 관해 학계에서는 사단법인의 기본재산의 처분 및 잔여재산의 분배에 관한 규정을 유추적용하거나, 종중이 재단적 성격도 함께 가지고 있음에 비추어 보상금 등 재산의 분배를 허용하지 않아야 한다는 견해가 강하게 주장되고 있다.[102]

그러나 판례는 종중 토지의 수용보상금 역시 종원의 총유에 속하고 그 분배는 총유물의 처분에 해당하므로 정관 기타 규약에 다른 정함이 없는 한 종중총회의 결의에 의해 이를 분배할 수 있다[103]는 입장을 취하고 있다. 그리고 분배 비율과 방법, 내용 역시 판례에 의하면 종중총회가 자율적으로 이를 결정할 수 있으며, 다만 그 내용이 현저하게 불공정하거나 선량한 풍속 기타 사회질서에 반하는 경우 또는 종원의 고유하고 기본적인 권리의 본질적인 내용을 침해하는 경우 그 결의는 무효이고, 여기서 종중재산의 분배에 관한 종중총회의 결의 내용이 현저하게 불공정한 것인지 여부는 종중재산의 조성 경위, 종중재산의 유지·관리에 대한 기여도, 종중행사 참여도를 포함한 종중에 대한 기여도, 종중재산의 분배 경위, 전체 종원의 수와 구성, 분배 비율과 그 차등의 정도, 과거의 재산분배 선례 등 제반 사정을 고려하여 판단하여야 한다[104]고 한다.

이와 같이 적어도 판례에 의하면 종중재산의 처분 및 분배는 원칙적으로 허용되며, 그 결과 종중의 기본재산이라고 할 수 있는 위토 등의 처분대금이 종원에게 분배되고 나면 더 이상 종중의 존속을 기대하기 어려운 상태가 발생할 수 있다. 나아가 판례가 제시하는 분배기준 역시 매우 추상적일 뿐 아니라 2005년 전원합의체 판결에 의해 성년여성도 모두 종원에 포함되므로, 분배결의의 효력과 관련된 분쟁이 갈수록 격화되리라는 점도 충분히 예측할 수 있다.

3. 종중관련 특별입법의 제안

앞서 본 종중에 대한 규율상의 문제점을 해결하기 위해 종중관련 특별입법을 제정하여야 한다는 주장도 비교적 일찍부터 제기되어 왔다.[105] 그 가운데서 제시된 구체적인 입법안(가칭 종중관리법안)의 주된 내용을 소개하면, 우선 이 안은 등기종중과 비등기종중의 능

102) 대표적으로 김제완, 민사법학 31 (2006) 121-126. 반면 이진기, 가족법연구 15/2 (2001) 322-326은 종중재산은 실정법상 불융통물이 아니므로 그 처분을 금지할 수는 없으며, 다만 처분에 필요한 종중총회의 결의요건을 강화함으로써 처분대금이 장학재단이나 기금 설립 등에 사용되도록 해야 한다고 주장한다.

103) 대법원 2010.9.30., 2007다74775 판결 등. 그러나 아직 종중총회의 분배결의가 없으면 종원이 종중에 대해 직접 분배청구를 할 수는 없다고 한다(대법원 1994.4.26., 93다32446 판결 등).

104) 대법원 2010.9.9., 2007다42310,42327 판결 등.

105) 정귀호, 곽윤직교수 화갑기념논문집, 93-95; 이동명, 민사판례연구 19 (1997) 563 이하.

력에 차등을 둠으로써[106] 종중등기 및 이를 통한 법인화를 유도하고자 한다. 그리고 종중의 규모에 따라 특별종중[107]과 일반종중으로 나누어 전자에 대해서는 종중총회를 없애고 이사회로 대체하며, 후자의 경우에도 종중총회는 유지하되 이사회의 권한을 강화하는 방안을 제시한다. 그 밖에도 이 안은 종중재산의 처분에 대한 허가제의 도입, 종중에 대한 주무관청의 감독과 의무부과 및 벌칙규정, 종중총회의 결의 하자와 관련된 소송절차에 관한 규정 등을 그 내용으로 하고 있다.[108]

그 밖에 부동산등기법상 종중소유 토지에 관해서는 간소화된 등기회복절차 규정을 두어야 하며 종중이 위토로 이용할 목적으로 농지를 취득하는 것은 耕者有田의 원칙에 반한다고 보기 힘드므로 농지법에 종중을 위한 예외규정을 두어야 한다는 주장, 나아가 특별한 수익을 거두지 못하는 종중 토지에 대해서는 토지보유세를 완화하는 세제상의 혜택을 주어야 한다는 주장 등도 제기되고 있다.[109]

4. 종중운영의 합리적 개선 방안

전통적으로 종중은 농촌에 기반을 둔 농업경제사회에서 출발하였으나 현대자본주의 하에서 종중을 구성하는 구성원들은 대부분 도시에 거주하므로, 이로 인해 발생하는 참여율의 지속적인 저하 등 종중운영상의 어려움과 불합리성을 해결하고 종중을 미래에도 지속가능한 단체로 만들기 위한 종중운영의 합리적 개선방안도 제시되고 있다. 그 가운데 몇 가지만 소개하면 종중재산의 토지로부터 수익형 자산(임대용 건물이나금융자산)으로의 전환이나, 신탁제도의 활용 또는 신용협동조합 제도로의 편입 등을 들 수 있다. 그 밖에 종중 고유의 정신적 가치를 문화적 콘텐츠로 활용하여 미래세대와 소통하는 방안도 제시되고 있다.[110]

V. 맺 음 말

조선 중후기 이후 우리 사회의 중요한 혈연공동체였던 종중은 근대화를 통해 근대법

106) 등기종중 만이 원고로서의 소송행위, 등기권리자로서의 등기신청행위, 공탁금출급청구행위를 할 수 있도록 한다. 다만 미등기 종중에 대해서도 피고로서의 소송행위와 등기의무자로서의 등기신청행위, 피공탁당사자능력은 인정한다: 이동명, 민사판례연구 19 (1997) 565.

107) 원칙적으로 8대손 이상의 후손으로 구성된 종중.

108) 그러나 이러한 입법안에 대해서는, 현행 민법이 종중에게 법인화의 길을 열어두고 있음에도 불구하고 이를 선택하지 않은 종중의 의사결정을 침해하는 결과가 된다는 등의 이유로 이를 반대하는 견해도 있다: 이진기, 가족법연구 15/2 (2001) 327 이하.

109) 박해선, 종중재산 관리의 합리화 방안에 관한 연구, 161 이하.

110) 김찬우 외, 종중재산의 관리 및 운용, 176 이하.

상의 단체로 편입되는 과정에서 많은 어려움을 겪었으며, 이로 인한 규율상의 문제점(Ⅱ. 5.)은 앞서 본 것처럼 오늘날에까지 이어지고 있다. 그리고 이러한 문제들은 이른바 종중의 자연발생설 및 이를 전제로 하는 종중 구성원의 당연가입론으로부터 시작되었으며, 이는 일제치하 일본인 판사들의 종중에 대한 잘못된 이해에서 비롯된 것이라고 종래 지적되어왔다. 그러나 앞서 언급한 것처럼 종래의 자연발생설은 종중의 존재에 관한 입증을 용이하게 하고 사원명부작성의무를 면제(족보에 의한 대체)하며 참칭종중을 배제(종원자격의 박탈이나 제한의 금지)하는 긍정적 측면도 있었음을 부정할 수 없다. 요컨대 이는, 자율성을 전제로 하는 근대법의 순수한 의미의 사단 개념으로 근대 이전의 단체인 종중을 파악할 경우 법적 규율이 곤란하다는 점을 고려하여, 종중에 대해 법원이 일종의 후견적 역할을 해 왔던 것이라고 볼 수도 있다.

나아가 2005년 전원합의체 판결 이후 종중에 관한 논의는 판례상의 당연가입론에 대한 비판 및 종중의 자율성 문제에 주로 초점이 맞추어져 있다. 그러나 역시 앞서 지적한 것처럼 당연가입론을 부정하고 종중의 자율성을 강조하여 종원의 자격과 가입절차를 종중규약에서 정하게 하더라도, 실제로는 종원 자격자를 대상으로 다시 가입절차를 거치도록 규정하는 종중규약은 대상자의 파악이 어렵다는 점 등의 현실적인 이유로 제정되기 어려울 것이다. 따라서 대부분의 종중이 종중규약에서 종원의 당연가입을 규정할 경우, 앞서 본 종중에 대한 규율상의 문제점은 여전히 해소되지 않을 뿐 아니라, 2005년 전원합의체 판결을 통해 종중원의 범위가 확대됨으로 인해 종중 관련 분쟁은 더욱 격화될 소지가 크다. 여기서 혈연단체로서의 종중의 특수성과 그 규모를 고려한 특별법의 제정이 요청되며, 특별법이 제정되기 이전 단계에서는 최소한 국가에 의한 표준적인 종중규약의 제공이라도 할 필요가 있다. 요컨대 과거 법원이 담당해 왔던 종중에 대한 후견적 역할을 이제 입법이나 행정이 담당해야 할 시점이 되었다고 할 수 있다.

뿐만 아니라 오늘날 종중은 관련 법제의 제개정과 도시화 및 장례문화의 변경 등 주위 환경의 변화로 인해, 향후 지속가능한 단체로서의 존재성에 대한 위협을 받고 있다. 따라서 이러한 위협에 대응하기 위해서는 종중 스스로에 의해 기존의 종중과는 다른 모습을 취할 필요가 있다. 그 밖에 종중재산의 처분 및 분배를 통한 종중의 소멸을 방지하기 위해 최소한 문화유산을 보유하고 있는 종중에 대해서는 국가적 차원에서 이를 재단법인으로 전환하는 입법을 고려해 볼 필요가 있다. 그리고 이를 위해서는 2차 대전 이후 우리의 종중과 유사한 단체를 재단법인화한 외국(대만)의 사례(주2)를 향후 연구해 볼 필요도 있다고 생각한다.

미혼모지원 공익신탁*

오 영 걸

서울대학교 법학전문대학원 부교수

Ⅰ. 서 론

통계청의 출생통계자료에 따르면 2019년 우리나라 출생아 수는 30만2천7백명이다. 여성1명이 평생 동안 낳을 것으로 예상되는 수치, 즉 합계출산율(TFR)로 따지면 0.92명이다. 이는 1970년대 이후 최저를 기록하였다. 다시 말해서 이제 여성 한 명당 1인의 자녀도 낳지 않은 심한 저출산 시대가 도래한 것이다. 이를 개선하기 위한 출산장려정책도 중요하지만 그에 못지않게 중요한 과제가 있다. 바로 기존에 태어난 생명, 즉 아동들이 올바르고 건강하며 무엇보다 '자신감'을 가지고 이 땅에서 성장할 수 있도록 다양한 시책을 펴야 한다는 것이다. 이 중 간과해선 안 될 부분이 바로 미혼모 · 부(Single parent)[1] 및 그들의 자녀의 복지 문제이다. 왜냐하면 혼인한 부모와 함께 성장하는 아동들에 비해서 미혼모 및 그 자녀는 현실적으로 더욱 심한 사회적 · 경제적 어려움을 겪으며 생활해야 하기 때문이다. 이에 더 나아가 미혼모가 미성년자라면 상황은 더욱 악화된다. 왜냐하면 학생신분인 본인도 무직인 경우가 많을 뿐만 아니라 설사 직장이 있다 하더라도 대부분 저임금 일자리이기 때문이다.

물론 우리에게는 현재 「한부모가족지원법」[2]이 있다. 그러나 그 지원은 최저생계의 수준을 유지하는 데에 머물러 있다고 해도 과언이 아니다. 경제적 어려움에 봉착하여 생계가 어려우면 정시적 · 심리적 불안이 뒤따른다. 이는 미혼모뿐만 아니라 고스란히 그 밑에서 성장하는 자녀에게도 전달된다. 나아가 경제적 어려움을 극복하지 못하여 안타깝게 아이를 입양 보내는 경우도 다반사다. 핵심은 경제적 지원에 있다. 물론 이것이 모든 문제를

* 이 논문은 서울대학교 금융경제연구원의 지원(교내 연구과제 연구계발계획: 과제번호: 666A－20210008)을 받아 작성되었음을 밝힌다.

1) 이하에서는 논의의 편의상 '미혼모'라고 통칭한다.

2) 이하 '한부모가족법'이라고 한다.

해결해주지는 않는다. 그러나 상황이 다소 호전될 수 있는 계기를 마련해 줄 수 있음은 분명하다. 그럼 그러한 경제적 지원을 어떤 방식으로 할 것인가? 물론 국가의 행정적 지원정책의 개선[3] 등 다양한 방법을 검토할 수 있겠지만, 이번 글에서는 신탁제도를 이용한 경제적 지원을 기획해보고자 한다.

신탁은 안전하고 효율적이며 유용한 자산보관 내지 관리 도구이다. 이러한 신탁제도를 이용하여 복지신탁의 일종으로서 "미혼모 및 그 아동을 위한 신탁설정"의 가능성을 모색하고자 한다. 이는 성질상 공익신탁에 속하므로 「공익신탁법」이 적용된다. 그 기본적 구조는 민간자본을 유치하여 그것을 신탁재산으로 묶어두고 미혼모 및 그 자녀를 위한 공익복지사업을 위해서 관리 내지 운용하는 것이다. 한편, 미혼모 및 그 자녀를 위한 공익복지신탁은 그 나름의 특수성을 갖는다. 공익신탁법이 그 구체적 내용까지 규율해줄 수는 없다. 따라서 수탁기관의 선정, 신탁가능재산의 범위, 운용방식, 수탁자의 의무, 지급되는 이익의 종류 등 그 특성을 고려한 연구가 요청된다. 신탁전문가와 이 분야의 복지 전문가의 의견을 수렴하여 개별 신탁마다 그 요구에 상응하는 설계가 필요한 이유다. 이 보고서에서는 일단 이러한 복지목적의 공익신탁을 논하고자 한다. 이러한 연구 작업 그리고 그것을 바탕으로 하여 이루어지는 실무적 집행을 통해서 우리 사회의 미혼모 및 그 자녀들 마음 한켠에 (비록 어려운 환경이지만) 그래도 이 사회로부터 소외되지 않고 여전히 '관심'을 받고 있다는 심리적 위로를 얻을 수 있으면 한다. 이러한 작은 행복이 한 개인에게 주는 희망은 매우 크기 때문이다 — 이것이 살아가는 힘이 된다.

이하에서는 우선 현행 한부모가족법 등 미혼모를 지원하는 법률의 내용을 살펴본다(아래 II). 이를 통하여 국가가 아닌 민간에서 이루어지는 지원통로가 필요함을 알 수 있다. 그다음 민간에서 이용할 수 있는 지원방법으로서 공익신탁제도를 제시하고 이에 관한 내용을 개관한다(아래 III.). 한편 민간지원의 수단으로 공익법인이라는 제도가 있는 공익신탁제도가 공익재단법인에 비하여 어떠한 면에서 장점을 가지고 있는지 살펴보도록 한다(아래 IV.). 마지막 부분에서는 전체 내용을 개괄하며 결론을 맺는다(아래 V.).

---

3) 이에 관하여는, 변수정 등(공저), 미혼모가족의 출산 및 양육 특성과 정책과제, 2019 참조.

Ⅱ. 미혼모지원 법제의 현황

1. 한부모가족법상의 대상자

이 절에서는 한부모가정을 지원하는 관련 법률의 현황을 살펴본다. 아래에서도 살펴보겠지만 미혼모가 지원을 받을 수 있는 근거법률은 매우 다양하게 마련되어 있다. 어떤 법률은 그 수혜주체가 반드시 한부모가정인 경우이고 어떤 경우에는 일정 수입 이하의 당사자에게만 혜택이 주어지는 경우도 있다. 자세한 것은 아래 관련 부분에서 살펴보기로 한다. 이들 법률의 지원영역은 넓게 보아 다음과 같은 유형으로 구분될 수 있다. 첫째, 임신 및 출산에 대한 지원, 둘째, 양육에 대한 지원, 셋째, 순수 경제적 지원, 넷째, 주거에 대한 지원이 그것들이다. 이들 법률 중 미혼모를 지원하는 가장 대표적인 법률이 바로 한부모가족법이다.

한부모가족법에 따르면 지원을 받을 수 있는 적격대상자는 일단 부 또는 모이어야 하는데 동법 제4조 제1호에 따르면 "부 또는 모란 다음 각 목의 어느 하나에 해당하는 자로서 아동인 자녀를 양육하는 자를 말한다"라고 규정되어 있다. 그 각 목의 내용은 다음과 같다. 첫째, 배우자와 사별 또는 이혼하거나 배우자로부터 유기된 자(가목), 둘째, 정신이나 신체의 장애로 장기간 노동능력을 상실한 배우자를 가진 자, 셋째, 교정시설이나 치료감호시설에 입소한 배우자 또는 병역복무 중인 배우자를 가진 사람(다목), 넷째, 미혼자로서 사실혼 관계에 있지 않은 자(라목). 따라서 본고의 검토대상인 미혼모는 마지막 라목에 해당한다. 여기서 알 수 있듯이, 한부모라는 개념은 미혼모를 포괄하는 상위개념인 것이다.

한편 미혼모 중에는 청소년한부모라고 불리는 그룹이 있다. 청소년이라고 하면 보통 미성년자를 뜻한다. 그러나 한부모가족법상의 청소년한부모의 개념은 다소 다르다는 점에 유의할 필요가 있다. 즉 한부모가족법 제4조 제1의2호에서는 청소년 한부모를 24세 이하의 모든 모 또는 부라고 정의내리고 있다. 보호의 범위를 확대하였다는 점에서 긍정적으로 평가할 수 있다. 나아가 동법에서는 아동의 개념도 다소 달리 규정하고 있다. 보통 아동이라 하면 12세 전후의 어린이를 가리키나 한부모가족법상 아동은 만18세 미만의 자를 일컫는다. 이러한 개념상의 차이는 특히 한부모가족법의 적용을 검토함에 있어서 주의를 요한다.

지원대상자 관련하여 한부모가족법은 일정한 특례를 마련하고 있다. 원래의 규정에 따르면 (i) 혼인관계에 있지 아니한 자로서 출산 전 임신부와 (ii) 출산 후 아동을 양육하지 않는 모는 한부모가족법의 지원대상에 포함되지 않는다. 전자의 경우에는 아직 한부모가정을 이룬 상태가 아니고 후자의 경우에는 아동을 양육하지 않기 때문이다. 그러나 이들도 보호필요성이 있다. 그러나 모든 경우에 보호를 해줄 수는 없다. 따라서 한부모가족법 제5조의2 제1항에서는 특례를 두어 이들이 미혼모자가족복지시설[4]을 이용할 때에는 지원대상자에 포함될 수 있도록 하였다. 나아가 일정한 경우 조부 또는 조모 및 그들의 보호 아래 있는 손주로서의 아동에게도 한부모가족법이 적용된다. 즉 한부모가족법 제5조의2 제2항에 따르면 (i) 부모가 사망하거나 생사가 분명하지 않은 아동, (ii) 부모가 정신 또는 신체의 자애나 질병으로 장기간 노동능력을 상실한 아동, (iii) 부모의 장기복역 등으로 부양을 받을 수 없는 아동, (iv) 부모가 이혼하거나 유기하여 부양을 받을 수 없는 아동 등의 경우에 그 아동을 양육하는 조부 또는 조모는 한가족지원법상의 지원대상자가 될 수 있다.

한편 한부모가족 또는 청소년한부모가족에 해당한다고 하여 무조건 지원을 받을 수 있는 것은 아니다. 만일 당해 한부모에게 충분한 경제력이 있다면 굳이 국가의 지원은 필요하지 않을 것이다. 따라서 특히 경제적 취약계층에 속하는 한부모와 청소년한부모에게만 지원이 주어진다. 여성가족부의 고시상의 2021년도 한부모가족지원대상자의 범위[5]에 따르면 한부모가족이 되기 위해서는 해당 지원대상자의 소득인정액이 기준중위소득 60% 이하인 경우이어야 한다. 그리고 청소년한부모가족이 되기 위해서는 해당 지원대상자의 소득인정액이 기준중위소득의 72% 이하이어야 한다.[6] 결국 월소득수준이 매우 낮은 최저 계층의 한부모 내지 청소년 한부모가정만 지원을 받을 수 있게 된다.

한부모가족법상 지원대상의 범위는 위탁자가 미혼모지원 공익신탁의 지원대상자의 범위를 검토함에 있어서도 시사해주는 바가 크다. 한편, 후술하듯이 위탁자의 의사가 중요한 미혼모지원신탁에서 미혼모의 연령과 범위(즉, 임신 중인 경우 또는 조모 등을 포함할지 여부)의 결정은 전적으로 위탁자의 의사에 달린 문제다.

---

4) 제19조(한부모가족복지시설) ① 한부모가족복지시설은 다음 각 호의 시설로 한다.
  3. 미혼모자가족복지시설: 미혼모자가족과 출산 미혼모 등에게 다음 각 목의 어느 하나 이상의 편의를 제공하는 시설
    가. 기본생활지원: 미혼 여성의 임신 · 출산 시 안전 분만 및 심신의 건강 회복과 출산 후의 아동의 양육 지원을 위하여 일정 기간 동안 주거와 생계를 지원(제5조에 따른 지원대상자 중 미혼이 아닌 여성의 임신 · 출산 시 안전 분만과 출산 후 양육 지원을 포함한다)
    나. 공동생활지원: 출산 후 해당 아동을 양육하지 아니하는 미혼모 또는 미혼모와 그 출산 아동으로 구성된 미혼모자가족에게 일정 기간 동안 공동생활을 통하여 자립을 준비할 수 있도록 주거 등을 지원
  4. 일시지원복지시설: 배우자(사실혼 관계에 있는 사람을 포함한다)가 있으나 배우자의 물리적 · 정신적 학대로 아동의 건전한 양육이나 모의 건강에 지장을 초래할 우려가 있을 경우 일시적 또는 일정 기간 동안 모와 아동 또는 모에게 주거와 생계를 지원하는 시설
  5. 한부모가족복지상담소: 한부모가족에 대한 위기 · 자립 상담 또는 문제해결 지원 등을 목적으로 하는 시설

5) 여성가족부고시 제2020-56호.

6) 중위기준소득은 국민기초생활보장법 제2조 제11호에 따라 보건복지부의 고시로 정한다. 2022년도 기준중위소득에 관하여는 다음 보건복지부 홈페이지 참조: http://www.mohw.go.kr/react/gm/sgm0701vw.jsp?PAR_MENU_ID=13&MENU_ID=1304080801&CONT_SEQ=366908

2. 임신 및 출산 진료비에 대한 지원

임신 및 출산 진료비에 대한 지원은 미혼모에게만 해당하는 것은 아니다. 국민건강보험에 가입된 자로서 임신이나 출산한 자 또는 피부양자 혹은 (출산한 가입자 또는 피부양자가 사망한 경우에 있어서) 2세 미만인 가입자 또는 피부양자(즉 2세 미만의 영유아)의 법정대리인은[7] 출산일로부터 2년이 되는 날까지 하나의 태아를 임신 내지 출산할 경우에는 100만원 그리고 둘 이상의 태아를 임신 내지 출산한 경우에는 140만원을 상한으로 하여 지원받을 수 있다.[8] 한편 청소년산모의 경우에는 출산예정일 기준으로 1년 내의 범위에서 120만원의 의료비 진료를 받을 수 있다.[9] 그다음 만12세 이하의 어린이에게는 17종의 영유아무료예방접종에 대한 지원이 이루어진다.[10] 나아가 한부모가족의 경우에는 영아(0~24개월)에게 기저귀(월 6만4천원)와 분유(월 8만6천원)에 대한 지원이 이루어진다.[11]

3. 양육에 대한 지원

양육에 대한 지원으로는 다음의 것들이 있다.[12] 첫째, 0~86개월의 아동에게 연령에 따라 10~20만원의 가정양육수당이 제공된다. 둘째, 어린이집을 이용하는 0~5세의 아동이 있는 경우에는 월 26~48만원의 보육료 지원이 이루어진다. 셋째, 중고등 학생 자녀의 경우에는 월 8만3천원의 학용품비 지원이 제공된다. 그러나 이는 보호자의 소득인정액이 기준중위소득 52% 이하인 경우에만 제공된다. 넷째, 소득인정액이 기준중위소득 52% 이하인 한부모가족에게는 월20만원, 그리고 소득인정액이 기준중위소득 60% 이하인 청소년한부모가족에게는 월35만원의 아동양육비가 지원된다.

4. 순수 경제적 지원

한부모가족에게 제공되는 경제적 지원으로는 생활보조금과 자립촉진수당이 있다.[13] 전자는 한부모가족의 소득인정액이 기준 중위소득 52% 이하이며 한부모가족복지시설에 입

7) 국민건강보험법 제50조 및 동법 시행령 제23조 제1항, 제2항.
8) 국민건강보험법 제23조 제7항.
9) 모자보건법 제3조; 보건복지부 2021년 모자보건사업 안내, 29-30면. 한편 여기서 청소년은 만19세 이하의 청소년사모를 말한다.
10) 질병관리본부 예방접종도우미 홈페이지 참조: https://nip.kdca.go.kr/irgd/introduce.do?MnLv1=3
11) 저출산 · 고령화 사회기본법 제4조, 제10조; 보건복지부, 2021년 모자보건사업 안내, 323, 327, 332.
12) 자세한 내용은 여성가족부 홈페이지 참조: http://www.mogef.go.kr/cs/opf/cs_opf_f924.do
13) 한부모가족법 제12조 및 여성가족부고시 제2020-56호.

소한 가족[14]에게만 지급되며 지급금액은 가구당 월5만원이다. 그리고 후자의 경우에는 당해 한부모가족의 소득인정액이 기준 중위소득 60% 이하이며 부 또는 모가 학업이나 취업활동을 하는 경우에만 지급되는데 그 지급금액은 가구당 월10만원이다. 한편 한부모가족 지원대상자가 다른 법령(예컨대, 국민기초생활보장법상의 생계급여, 긴급복지지원법에 의한 생계지원 등)에 따라 유사한 성격의 지원을 받고 있는 경우에는 중복적으로 지원되지 않는다.[15]

5. 주거에 대한 지원

시설 유형		시설 수	입소대상 및 기능	입소기간(연장가능 기간)	입소 정원
모자가족복지시설(46)	기본생활지원	42	만 18세 미만의 자녀를 양육하는 무주택 저소득 모자가족	3년(2년)	939 세대
	공동생활지원	2	독립적인 가정생활이 어렵고 일정기간 공동으로 가정을 이루어 생활하면서 자립을 준비하고자 하는 모자가족	2년(1년)	20 세대
	자립생활지원	2	만 18세 미만의 자녀를 양육하는 무주택 저소득 모자가족, 기본생활지원형에서 퇴소한 모자세대로서 자립준비가 미흡한 모자가족	3년(2년)	31 세대
부자가족복지시설(3)	기본생활지원	2	만 18세 미만의 자녀를 양육하는 무주택 저소득 부자가족	3년(2년)	40 세대
	공동생활지원	1	독립적인 가정생활이 어렵고 일정기간 공동으로 가정을 이루어 생활하면서 자립을 준비하고자 하는 부자가족	2년(1년)	5 세대
	자립생활지원	-	기본생활지원형에서 퇴소한 부자세대로서 자립준비가 미흡한 부자가족	-	-
미혼모가족복지시설(64)	기본생활지원	23	이혼 · 사별 또는 미혼의 임신여성 및 출산 후(6월 미만) 지원을 요하는 여성	1년(2월)	556 명
	공동생활지원	39	3세 미만의 영유아를 양육하는 미혼모	2년(1년)	320 세대
		2	출산 후 해당아동을 양육하지 아니하는 미혼모	2년(6월)	15명
일시지원복지시설(9)		9	배우자의 학대로 인하여 아동의 건전 양육과 모의 건강에 지장을 초래할 우려가 있는 모와 아동	6월(6월)	228 명
한부모가족복지상담소(9)		9	한부모가족에 대한 위기 · 자립상담 및 문제해결 지원	이용시설	

14) 한부모가족복지시설 입소 대상자는 소득인정액이 기준 중위소득 100% 이하인 무주택 가족이다.
15) 한부모가족법 제12조 및 여성가족부고시 제2020-56호.

한부모가족에게는 주거에 대한 지원도 마련되어 있다. 첫째로는 한부모가족복지시설의 이용을 들 수 있다. 2021년 12말 기준으로 총 131개소(생활시설 122개소, 이용시설 9개소)가 있었다. 그 시설 유형, 입소대상, 기간, 그리고 정원은 아래와 같다. 이 중 한부모가족과 미혼모한부모가족의 주거와 특히 관련성이 높은 시설은 모자가족복지시설, 부자가족목지시설, 그리고 미혼모자가족복지시설이다.

두 번째로 공동생활가정형 주거지원을 들 수 있다. 이는 국토교통부가 매입한 임대주택 중 일부를 저소득 무주택 한부모가족에게 임대해주는 형식으로 이루어진다. 임대기간은 최장 6년이다. 그리고 매2년마다 입주자격심사를 거치고 심사를 통과하여야 연장이 가능하다. 임대보증금은 정부가 지원해주나 임대료, 관리비, 나아가 공과금 등은 모두 본인 부담이다.[16] 마지막으로 한국토지주택공사 또는 지방공사 등이 국민주택(공공임대주택)을 공급할 때 무주택세대구성원인 저소득 한부모가족에게 우선적으로 임대할 수 있도록 특별공급을 할 수 있다.[17] 이로써 한부모가족은 우선적으로 임대계약을 체결할 기회를 얻게 된다.

6. 민간차원의 보충지원의 필요성

우선, 임신 및 출산 지원에 관하여 살펴본다. 국가에서 위와 같은 지원이 이루어진다 하더라도 2년 동안 100~140만원(월 4~6만원)을 상한으로 하는 임신 내지 출산 지원은 매우 부족하다고 하지 않을 수 없다. 만일 수술치료를 요할 경우 경제적으로 더욱 어려움을 겪을 수밖에 없다. 나아가 예장접종의 경우에도 적용되지 않는 백신(예컨대 로타바이러스)이 포함되지 않는 등 한계가 있다.

둘째, 양육에 대한 지원에 대해 살펴본다. 현재 양육에 대한 국가적 지원은 정책 및 예산 등 다양한 요소를 고려하여 국가의 입장에서 최선의 결정을 한 것일 수도 있다. 그러나 우리의 교육현실에서 요구하는 양육비 내지 교육비는 (영유아, 초등학생, 중고등학생에 따라 다르겠지만) 이보다 훨씬 웃도는 수준임은 주지의 사실이다. 특히 요즈음 교육환경에서 컴퓨터, 노트북 등의 기기 사용이 필수인 점을 감안하면 이들 고가의 교육장비를 마련할 재원을 국가에만 의존할 수는 없는 것이다.

셋째, 순수 경제적 지원에 대하여 살펴본다. 저소득층이라 하더라도 소득이 있는 것이기 때문에 최저 수준의 순수경제적 지원이 이루어지면 충분할 것이라는 사고에 대해서는 이해할 수 없는 것은 아니다. 그러나 가파르게 인상되어가는 임대료, 물품구입비, 현대 생

16) 여성가족부, 2022년 한부모가족사업안내 지침, 314 참조.
17) 주택공급에 관한 규칙 제35조 제1항 제27호 참조.

활필수품인 통신장비(예컨대, 컴퓨터 및 핸드폰) 내지 그 통신서비스이용료 등을 감안할 때 최저 소득계층에 대한 순수 경제적 지원은 상당히 부족하다고 하지 않을 수 없다.

넷째, 주거에 대한 지원에 대해서 살펴본다. 주거에 대한 국가의 지원 중 첫 번째 주거지원 유형의 경우 시설에 입소할 수 있는 입주기간의 제한이 있고 나아가 입소가능정원이 매우 적다. 두 번째와 세 번째의 주거지원 유형에서는 가장 중요한 임대료의 지원이 빠져있다. 따라서 사실상 저소득 미혼모가족이 입주하기란 거의 불가능에 가깝다고 할 수 있다.

이처럼 국가적 차원에서 이루어지는 지원에는 나름 한계가 있다. 물론 국가의 재정정책 그리고 효율적 자원분배를 위해서 저소득 한부모가족에게 충분한 지원을 한다는 것이 현실적으로 어렵다는 점은 이해될 수 있는 부분이다. 따라서 국가에 대하여 추가적인 지원을 지속적으로 요청 내지 기대하는 한편, 민간차원에서 해당 지원에 대한 보충이 이루어질 수 있다면 금상첨화일 것이다. 특히 국가의 복지행정이 아닌 일반 민사법적 제도장치를 통해서 일정한 보충적 지원이 이루어져야 한다는 인식은 앞으로 서민복지향상을 위해서 그 중요성이 더해간다고 볼 수 있다. 여기서 본고가 다루는 민사법 제도인 공익신탁의 중요성이 부각되는 이유이기도 하다.

Ⅲ. 미혼모지원 공익신탁

1. 공익신탁 및 미혼모지원 목적

공익신탁은 신탁의 한 종류이다. 따라서 우선 신탁이 무엇인지, 즉 그 개념을 살펴볼 필요가 있다. 신탁법상 신탁이란 “신탁을 설정하는 자(이하 “위탁자”라 한다)와 신탁을 인수하는 자(이하 “수탁자”라 한다) 간의 신임관계에 기하여 위탁자가 수탁자에게 특정의 재산(영업이나 저작재산권의 일부를 포함한다)을 이전하거나 담보권의 설정 또는 그 밖의 처분을 하고 수탁자로 하여금 일정한 자(이하 “수익자”라 한다)의 이익 또는 특정의 목적을 위하여 그 재산의 관리, 처분, 운용, 개발, 그밖에 신탁 목적의 달성을 위하여 필요한 행위를 하게 하는 법률관계를 말한다.”[18] 여기서 말하는 일정한 목적의 범위에는 공익적 사업목적이 포함된다. 그렇다면 공익적 사업목적이란 어떤 사업을 말하는가?

공익적 사업목적의 범위는 신탁법의 특별법인 공익신탁법[19] 제2조 제1호 각목에서

18) 신탁법 제2조.
19) 공익신탁법은 2014년 3월 18일 법률 제12420호로 제정되고 2015년 3월 19일에 시행되었다.

규정하고 있다.[20] 여기서 나열하고 있는 사업목적 중 미혼모지원 공익신탁과 관련성이 가장 많은 것이 바로 동조 제1호의 나목과 다목에 규정되어 있는 사업목적이다. 공익신탁법 제2조 제1호 나목에서는 공익사업의 하나로서 "장애인, 노인, 재정이나 건강 문제로 생활이 어려운 사람의 지원 또는 복지 증진을 목적으로 하는 사업"을 규정하고 있고, 동법 제2조 제1호 다목에서는 "아동, 청소년의 건전한 육성을 목적으로 하는 사업"을 규정하고 있다. 미혼모의 지원사업은 한편으로는 재정문제로 생활이 어려운 사람을 지원하거나 그들의 복지의 증진을 목적으로 하고 다른 한편으로는 피부양자인 아동의 건전한 육성과도 관련이 있다. 따라서 공익신탁법 제2조 제1호 나목과 다목 모두에 포섭될 수 있는 공익사업이라고 해석할 수 있다.[21] 한편 이러한 사업을 공익신탁사업으로 수행함으로써 미혼모 내지 청소년미혼모 및 그 자녀를 보살필 사회적 책무를 이행하는 측면도 있다고 하겠다.

2. 미혼모지원 공익신탁의 설정

가. 공익신탁의 설정

공익신탁법은 신탁의 설정방법에 관하여 규정하고 있지 않다. 따라서 신탁법의 그것에 따른다. 신탁법에 의하면 신탁은 계약, 유언, 그리고 자기선언에 의해서 창설할 수 있다.[22] 여기서 계약신탁이란 신탁을 설정하려는 위탁자와 수탁자 사이에서 이루어지는 합

---

20) 제2조(정의) 이 법에서 사용하는 용어의 뜻은 다음과 같다.
1. "공익사업"이란 다음 각 목의 사업을 말한다.
가. 학문 · 과학기술 · 문화 · 예술의 증진을 목적으로 하는 사업
나. 장애인 · 노인, 재정이나 건강 문제로 생활이 어려운 사람의 지원 또는 복지 증진을 목적으로 하는 사업
다. 아동 · 청소년의 건전한 육성을 목적으로 하는 사업
라. 근로자의 고용 촉진 및 생활 향상을 목적으로 하는 사업
마. 사고 · 재해 또는 범죄 예방을 목적으로 하거나 이로 인한 피해자 지원을 목적으로 하는 사업
바. 수용자 교육과 교화(敎化)를 목적으로 하는 사업
사. 교육 · 스포츠 등을 통한 심신의 건전한 발달 및 풍부한 인성 함양을 목적으로 하는 사업
아. 인종 · 성별, 그 밖의 사유로 인한 부당한 차별 및 편견 예방과 평등사회의 증진을 목적으로 하는 사업
자. 사상 · 양심 · 종교 · 표현의 자유 증진 및 옹호를 목적으로 하는 사업
차. 남북통일, 평화구축, 국제 상호이해 증진 또는 개발도상국에 대한 경제협력을 목적으로 하는 사업
카. 환경 보호와 정비를 목적으로 하거나 공중 위생 또는 안전의 증진을 목적으로 하는 사업
타. 지역사회의 건전한 발전을 목적으로 하는 사업
파. 공정하고 자유로운 경제활동이나 소비자의 이익 증진을 목적으로 하는 사업
하. 그 밖에 공익 증진을 목적으로 하는 사업으로서 대통령령으로 정하는 사업

21) 한편, 우리 신탁법은 공익신탁이 아닌 비공익의 목적신탁(이를 단순히 "목적신탁"이라고 한다)도 인정한다(신탁법 제2조 및 제3조 제1항). 즉, 비록 공익적 성질이 있더라도 공익신탁법에 따른 인가절차를 받지 않을 경우에는 목적신탁으로서 존재할 수 있다. 그러나 공익신탁이 아닌 인상 세제혜택 등에서 불리하다. 따라서 굳이 목적신탁으로 설정할 실익이 없다.

22) 제3조(신탁의 설정) ① 신탁은 다음 각 호의 어느 하나에 해당하는 방법으로 설정할 수 있다. 다만, 수익자가 없는 특정의 목적을 위한 신탁(이하 "목적신탁"이라 한다)은 「공익신탁법」에 따른 공익신탁을 제외하고는 제3호의 방법으로 설정할 수 없다. <개정 2014. 3. 18.>

의를 말한다. 유언신탁이란 위탁자가 유언[23]을 통해서 신탁을 설정하는 경우를 말한다. 그리고 마지막으로 자기선언에 의한 신탁은 신탁의 목적, 신탁재산 그리고 수익자(공익신탁일 경우에는 신탁관리인)를 특정하고 위탁자 자신이 수탁자로서 활동하겠다고 선언하는 경우를 말한다. 특히 신탁선언에 의한 신탁설정에 대해서는 공증이 요구되나 공익신탁을 설정하는 경우에는 그렇지 않다. 왜냐하면 후술하듯이 공익신탁법에서 공증을 대체하는 다른 요건을 정하고 있기 때문이다.

공익신탁을 설정하고 싶은 위탁자가 신탁법에서 정하는 방법, 즉 계약, 유언, 또는 자기선언에 의하여 공익신탁을 설정하였다고 하여 바로 효력이 발생하는 것은 아니다. 왜냐하면 공익신탁법에서는 한 가지 요건을 더 추가하고 있기 때문이다. 공익사업을 목적으로 하는 신탁을 인수하려는 수탁자는 법무부장관의 인가를 받아야 한다.[24] 여기서 특기할 것은 공익신탁의 설립은 인가사항이지 허가사항이 아니라는 것이다. 다시 말해서, 법무부장관은 공익신탁설립을 허용할지 여부에 대하여 아무런 재량권도 없다는 것이다. 법무부장관은 관련요건을 갖추었을 때 공익신탁을 '인가하여야' 한다.[25] 공익신탁에 대한 인가주의의

---

1. 위탁자와 수탁자 간의 계약
2. 위탁자의 유언
3. 신탁의 목적, 신탁재산, 수익자(「공익신탁법」에 따른 공익신탁의 경우에는 제67조제1항의 신탁관리인을 말한다) 등을 특정하고 자신을 수탁자로 정한 위탁자의 선언

23) 따라서 민법상 규정된 유언방식을 따라야 한다. 민법 제제1065조(유언의 보통방식)에 따를 경우 유언의 방식은 자필증서, 녹음, 공정증서, 비밀증서와 구수증서의 5종으로 한다.

24) 공익신탁법 제3조 제1항.

25) 제4조(인가 요건) 법무부장관은 … 다음 각 호의 요건을 모두 갖춘 경우에는 공익신탁의 인가를 하여야 한다.
1. 해당 신탁이 「신탁법」에 따른 신탁으로서 공익사업 수행을 주된 목적으로 할 것
2. 신탁의 명칭에 "공익신탁"의 글자를 사용할 것
3. 수탁자가 다음 각 목의 어느 하나에 해당하지 아니할 것
가. 「신탁법」 제11조에 따른 수탁자 결격사유에 해당하는 자
나. 제22조에 따라 인가가 취소된 공익신탁의 수탁자 또는 신탁관리인(信託管理人) 중에서 그 취소사유의 발생에 직접 또는 이에 상응하는 책임이 있는 자로서 그 취소처분이 있었던 날부터 5년이 지나지 아니한 자
다. 「신탁법」, 「상법」 제622조부터 제624조까지, 제624조의2, 제625조, 제630조, 제631조, 「자본시장과 금융투자업에 관한 법률」 제444조제8호(제108조를 위반한 경우만 해당한다), 제445조제16호, 「형법」 제38장부터 제40장(가중처벌하는 경우를 포함한다)까지 또는 「조세범 처벌법」에 따라 벌금 이상의 형을 선고받고 그 집행이 끝나거나(집행이 끝난 것으로 보는 경우를 포함한다) 면제된 날부터 5년이 지나지 아니한 자
라. 금고 이상의 형을 선고받고 그 집행이 끝나거나(집행이 끝난 것으로 보는 경우를 포함한다) 면제된 날부터 3년이 지나지 아니한 자
4. 수탁자 상호간에 대통령령으로 정하는 특수한 관계에 있는 자가 수탁자 총수의 5분의 1을 초과하지 아니할 것
5. 신탁관리인 상호 간에 대통령령으로 정하는 특수한 관계에 있는 자가 신탁관리인 총수의 5분의 1을 초과하지 아니할 것
6. 신탁관리인과 수탁자가 대통령령으로 정하는 특수한 관계에 있지 아니할 것
7. 공익사업을 원활하게 수행할 수 있는 신탁재산을 보유할 것
8. 사업계획서 및 신탁행위로 정한 사항이 다음 각 목에 위반되지 아니할 것
가. 위탁자(委託者), 수탁자, 신탁관리인, 사용인, 그 밖에 대통령령으로 정하는 신탁 관계자 및 그의 특수관계인에게 이익을 제공하지 아니할 것
나. 특정 개인이나 단체에 기부하거나 그 밖의 이익을 제공하는 것을 사업내용으로 하지 아니할 것. 다만, 다른 공익신탁이나 「공익법인의 설립 · 운영에 관한 법률」에 따른 공익법인(이하 "공익신탁등"이라 한다)에 이익을 제공하는 경우로서 해당 공익신탁의 공익사업을 수행하기 위하여 필요한 경우에는 그러하지 아니하다.

채택은 공익실현을 위한다는 측면에서 매우 긍정적으로 평가된다.

이처럼 공익신탁의 설립은 상대적으로 용이하다. 1인 또는 다수의 위탁자가 자금을 모아, 신탁계약이나 유언을 통해서 수탁자에게 이전하거나 스스로 수탁자가 되는 자기선언을 한 후 인가를 위한 요건을 갖추고 법무부장관으로부터 인가를 받으면 공익신탁은 효력을 발생한다. 미혼모지원 공익신탁 또한 이러한 과정을 거쳐 설립할 수 있을 것이다. 한편, 우리 실무의 현황을 살펴보면 거의 대부분의 공익신탁은 신탁계약을 통해서 이루어지고 있다.[26] 나아가 공익신탁설립을 위해서 반드시 일정액 이상의 자금을 수탁자에게 출연해야 한다는 제한도 없다. 단지 정해진 공익목적의 원활한 수행을 위해서 필요한 정도만 있으며 충분하다.[27] 이는 결국 신탁에서 정해진 목적을 반영해서 개별적 구체적으로 정해질 부분이다. 요컨대, 공익신탁의 설립은 그 절차가 편리할 뿐만 아니라 탄력적이기까지 하다.

나. 수혜대상의 탄력적 설정

미혼모지원 공익신탁이 설정되었다면 이제 수탁자는 당해 신탁에서 정해진 바에 따라서 공익사업을 수행할 의무를 부담한다. 가장 먼저 고려할 사항은 미혼모지원 공익신탁에서 정한 수혜집단을 파악하는 것이다. 이는 위탁자가 신탁을 설정할 때 정하는 사항이다. 우선 특정인에게 이익이 돌아가도록 정할 경우 이는 수익자가 있는 신탁이므로 공익적 성격을 결하게 된다. 따라서 반드시 일정범위를 정한 상태에서 구체적으로 수혜를 받을 대상은 불특정 다수의 주체일 것이 요구된다.

그럼 미혼모지원 공익신탁에서의 수혜대상은 누구로 할 것인가? 미혼모 및 그 자녀에 한정할 것인가? 앞에서 우리는 한부모가족법상의 한부모에 해당하는 경우를 살펴보았다. 일정 소득 수준 이하의 (i) 부/모 및 그 자녀, (ii) 청소년한부모가족, 또는 (iii) 아직 임신

다. 투기적 거래, 고리(高利) 대부 등 선량한 풍속, 그 밖에 사회질서를 해칠 우려가 없을 것
라. 수익사업으로 인하여 공익사업을 수행하는 데 지장을 초래하지 아니할 것
마. 신탁재산의 운용에 관한 사항이 제11조를 위반하지 아니할 것
바. 운용소득의 사용에 관한 사항이 제12조를 위반하지 아니할 것
사. 그 밖에 이 법과 다른 법령을 위반하는 사항이 없을 것

9. 신탁행위로 다음 각 목의 사항을 정할 것
가. 제22조제1항에 따라 공익신탁 인가가 취소되거나 「신탁법」에 따른 사유로 공익신탁이 종료한 경우 남은 재산을 유사 공익사업을 목적으로 하는 다른 공익신탁등이나 국가 또는 지방자치단체에 증여한다는 취지
나. 공익사업을 수행하기 위한 필수적인 재산이 있는 경우에는 그 사실 및 처분 제한에 관한 사항
다. 수탁자 및 신탁관리인에게 보수등을 지급하는 경우 그 지급기준에 관한 사항
10. 사업을 시행하기 위하여 법령상 필요한 인가 · 허가 등을 받았을 것
11. 해당 신탁재산 및 수탁자에 대하여 「국세징수법」에 따른 체납처분이 있었던 경우에는 체납처분이 종결된 날부터 3년이 지났을 것

26) 법무부 공익신탁공시시스템 홈페이지 참조: https://www.trust.go.kr/main.do;jsessionid=CE26FA9F6DF682D3EC1FE92824288528

27) 공익신탁법 제4조 제7호.

중인 모등. 이러한 기준이 미혼모지원 공익신탁을 설정하고자 하는 위탁자에게도 유익한 참고가 될 것이다. 위탁자로서는 이 중 한 그룹에 해당하는 대상 또는 전부에 대하여 지원을 할 수 있다. 나아가 미혼모의 임신기, 아이의 아동기, 청소년기 등으로 구간을 구별하여 지원 여부를 획정할 수도 있다. 아울러 지원대상 미혼모의 연령을 일정 범위 내로 한정하거나 늘리는 것도 얼마든지 가능하다. 이처럼 수혜대상을 결정함에 있어서 위탁자는 매우 폭넓은 선택을 할 수 있다.

다. 수혜항목의 탄력적 설정

미혼모지원 공익신탁에서 위탁자는 수혜대상의 범위뿐만 아니라 수혜항목까지 자유롭게 선택할 수 있다. 앞에서 검토된 (i) 임신과 출산에 관한 진료비에 대한 지원, (ii) 양육에 대한 지원, (iii) 순수 경제적 지원, 그리고 (iv) 주거에 대한 지원 등의 카테고리는 매우 유용한 참고가 된다. 공익신탁의 역할은 국가의 지원이 부족하거나 편성되지 않은 항목에 대한 지원에 있다고 할 수 있다. 물론 신탁의 차원에서는 기존 국가지원항목 여부와 상관없이 중복적으로 지원하는 것도 얼마든지 가능하다.

임신과 출산의 진료비에 대한 지원과 관련하여서는 산모 내지 아이의 예기치 못한 중대한 질병으로 인한 수술비 지원, 기존 행정지원이 이루어지는 2년의 기간을 넘기 기간에 대한 지원, 기저귀나 분유에 대한 추가지원, 나아가 기존법령에서 포괄하고 있지 않은 예방접종에 대한 지원 등을 생각해볼 수 있다.

양육에 대한 지원과 관련하여서는 더욱 많은 지원이 요청된다. 예컨대, 미혼모가 직장생활을 할 경우, 보육원을 마친 자녀를 돌봐줄 수 있는 도우미비용의 지원, 학업을 마치지 못한 청소년미혼모에게 컴퓨터, 노트북, 태블릿PC 등 고가의 교육장비에 관한 지원, 미혼모 자녀의 교육에 필요한 학용품 내지 서적 구입에 대한 추가지원 등을 생각해볼 수 있다.

순수 경제적 지원과 관련하여서는 생활물품구입비, 무엇보다 현대의 생활필수품인 통신장비(예컨대, 핸드폰 내지 그 통신서비스이용료), 의류구입비, 그리고 겨울철 가스 내지 전기 등 난방을 위한 비용 등에 대한 지원을 들 수 있다.

5) 마지막으로 주거에 대한 지원에 대해서는 임대료지원이 가장 중요하다. 특히 현재 제공되는 복지시설 내지 공공임대주택의 경우 거주기한이 있고, 나아가 이와 같은 복지시설 내지 공공임대주택에 거주할 경우에 발생할 수 있는 (안타까운) 사회적 편견 및 차별적 시선이 야기하는 불편함을 고려할 때 일반적인 임대차의 기회를 확충해주는 것이 좋다. 이를 위한 가장 좋은 방법이 바로 임대료 지원이라고 할 수 있다. 한편 공익신탁자체에서 부동산을 신탁 받아서 이를 미혼모가족에게 제공하는 시설로서 이용하는 방법도 있음은 물론

이다.

5) 미혼모가족에게 위와 같은 지원을 어떤 범위에서 어떻게 제공할지에 대해서도 위탁자가 투입되는 신탁재산의 규모를 고려하여 탄력적으로 정할 수 있다. 한편 기존의 미혼모지원단체, 예컨대, 한국미혼모지원네트워크, 한국미혼모가족협회, 미혼모보호시설, 또는 기타 한부모가족복지단체 등에 자금을 지원하는 형태로도 사용할 수도 있음은 물론이다.

3. 미혼모지원 공익신탁의 운용 및 책임

가. 신탁재산운용 시의 의무

(1) 공익신탁법상의 특칙

아래에서 살펴보겠지만 수탁자는 신탁사무를 처리하는 과정에서 다양한 의무를 부담한다. 이들 의무는 신탁사무가 신탁의 취지에 좇아 제대로 이행될 수 있도록 하기 위함이다. 따라서 신탁법에서는 수탁자에게 신탁사무 처리상 준수해야 할 일련의 의무를 부과하고 있다. 한편 공익신탁은 자산의 관리나 투자 목적과는 달리 일정한 공익적 사업의 수행을 위해서 설정된 것이다. 따라서 공익신탁의 수탁자에게는 보다 엄격한 기준이 적용될 필요가 있다. 이를 반영하듯 공익신탁법에서는 신탁법에 대해서 일정한 특칙을 두고 있다. 분설하면 다음과 같다.

(2) 금전의 운용방법

공익신탁의 신탁재산 중 금전은 신탁법 제41조 각 호의 방법으로만 운용하여야 한다.[28] 신탁법 제41조는 금전의 관리방법에 대하여 규율하고 있다. 이에 의하면 신탁재산에 속하는 금전의 관리는 신탁행위로 달리 정한 바가 없으면 다음 방법으로 하여야 한다. 즉 (i) 국채, 지방채 및 특별법에 따라 설립된 법인의 사채의 응모 · 인수 또는 매입, (ii) 국채나 그밖에 제1호의 유가증권을 담보로 하는 대부, (iii) 은행예금 또는 우체국예금 등. 공익신탁법 제11조가 신탁법 제41조의 특칙인 이유는, 신탁법은 신탁행위로 금전의 관리방법을 달리 정할 수 있지만, 공익신탁법에서는 그러한 예외를 인정하지 않고 오로지 앞의 세 가지 방법에 의해서만 관리할 수 있다는 데에 있다.[29]

28) 공익신탁법 제11조 제1항.

29) 이로 인하여 신탁설정 시에 수탁받은 부동산이 아닌 이상 수탁자는 추후 신탁재산인 금전으로 부동산을 취득할 수 없다. 이에 대해서는 향후 개정의 필요성이 있어 보인다. 왜냐하면 공익사업의 수행을 위해서 수탁받은 금전으로 부동산을 매입해야 할 필요성이 있기 때문이다. 특히 미혼모지원 공익신탁과 관련하여 거처가 없는 미혼임신부 또는 청소년미혼모 등의 임시주거공간마련을 위해서 부동산을 취득하는 것은 매우 유익한 공익사업이라고 할 수 있다.

(3) 이익충돌행위 금지의무

수탁자는 누구의 명의로도 신탁법 제34조 제1항 각 호의 행위를 할 수 없다. 신탁법 제34조에 따르면 수탁자는 (i) 신탁재산을 고유재산으로 하거나 신탁재산에 관한 권리를 고유재산에 귀속시키는 행위, (ii) 고유재산을 신탁재산으로 하거나 고유재산에 관한 권리를 신탁재산에 귀속시키는 행위, 그리고 (iii) 여러 개의 신탁을 인수한 경우 하나의 신탁재산 또는 그에 관한 권리를 다른 신탁의 신탁재산에 귀속시키는 행위, (iv) 제3자의 신탁재산에 대한 행위에서 제3자를 대리하는 행위, (v) 그밖에 수익자의 이익에 반하는 행위를 할 수 없다. 이익충돌행위 금지의무는 충실의무의 내용을 이루는 것으로서 수탁자가 부담하는 의무 중에서 가장 중요한 의무의 하나라고 할 수 있다.

이익충돌행위 금지의무에 관한 위의 (i)과 (ii)는 자기거래금지원칙에 해당한다. 수탁자는 원칙적으로 신탁재산을 개인적 지위에서 취득하거나 자신의 고유재산을 수탁자로서 취득할 수 없다. (iii)은 같은 수탁자가 운용하는 복수의 신탁간의 거래를 금지하고 있다. 이는 한쪽 신탁에만 유리하고 다른 쪽 신탁에는 불리한 거래를 할 수 있다는 우려 하에 금지하는 것이다. (iv)의 경우에는 수탁자가 타인의 대리인이 되어 수탁자인 자신과 거래하는 경우인데 이 또한 타인의 이익을 위하여 거래가 이루어질 위험이 있기 때문에 금지하는 것이다. 마지막 (v)의 경우에는 기타 여러 유형의 행위들이 포함되는데, 주로 수탁자의 경업행위, 비밀유지위반행위, 그리고 신탁에게 귀속되어야 한 기회를 유용한 행위 등이 포함된다.[30]

공익신탁법 제11조 제3항이 신탁법 제34조 제1항에 대한 특칙인 이유는 이익충돌행위의 허용조건에 있다. 즉 신탁법 제34조 제2항에서는 수익자의 승인이나 법원의 허가가 있으면 이익충돌행위가 가능하다고 하는 반면에, 공익신탁의 경우에는 오로지 법무부장관의 승인이 있어야만 가능하다.

(4) 신탁재산의 사용제한

수탁자는 신탁재산을 공익사업 등을 제외한 다른 용도로 사용할 수 없으며[31] 운용소득의 100의70 이상을 공익사업 등에 사용하여야 한다.[32] 나아가 수탁자는 신탁재산을 수탁받은 날로부터 3년 이내에 공익사업 등에 사용하여야 한다.[33] 그리고 수탁자는 공익사업 수행을 위하여 필수적인 재산을 매도, 증여, 임대, 교환, 용도 변경, 또는 담보로 제공하거

30) 보다 자세한 내용은, 정순섭, 신탁법, 2021, 389; 최수정, 신탁법, 개정판, 2019, 321; 오영걸, 신탁법, 2021, 225 참조.
31) 공익신탁법 제11조 제4항.
32) 공익신탁법 제12조.
33) 공익신탁법 제11조 제5항. 다만 동조 단서에 따르면 공익사업등에 사용하는 데 장기간이 걸리는 등 부득이한 사유가 있는 경우에는 법무부장관의 승인을 받아 그 기간을 연장할 수 있다.

나 대통령령[34]으로 정하는 금액 이상을 장기 차입하려면 법무부장관의 승인을 받아야 한다.[35] 마지막으로 공익신탁의 수탁자는 수익증권 및 신탁사채를 발행할 수 없다.[36]

(5) 신탁사무의 위임

공익신탁법 제14조는 신탁사무의 위임에 관하여 정하고 있다. 동조 제1항에서는 수탁자는 다음 신탁사무에 대하여 수탁자 외의 자에게 원칙적으로 위임할 수 있다. 다만, 신탁행위로 달리 정한 경우에는 그렇지 않다. 즉 (i) 전문 지식이 필요한 신탁재산의 관리 · 운용과 관련된 사무,[37] (ii) 모금활동과 관련된 사무, (iv) 타인에게 위임하지 아니하면 목적을 달성하기 어려운 신탁사무 또는 이와 유사한 사무로서 대통령령[38]으로 정하는 사무가 그것들이다. 신탁사무에 관한 공익신탁법의 규정이 특칙인 이유는, 신탁법상의 위임에 대해서는 '원칙적 위임금지, 예외적 허용원칙'이 적용되는데[39] 공익신탁법에서는 '원칙적 위임허용, 예외적 금지원칙'이 적용되기 때문이다. 한편 동조 제2항에 따르면 수탁자는 제1항에 따라 신탁사무를 위임받은 자에게 보수 등을 지급할 수 있다. 이 경우 유사한 사무에 종사하는 자의 보수 등과 해당 공익신탁의 재정상황, 그 밖의 사정을 고려하여 적정한 금액으로 보수 등을 정하여야 한다. 그리고 마지막으로 동조 제3항에 따르면 수탁자는 수임인의 선임 · 감독에 관한 책임만을 부담한다.

(6) 기타 의무들

수탁자는 위와 같은 공익신탁법상의 의무를 부담할 뿐만 아니라 일반 신탁법상의 의무 또한 부담한다. 몇 가지 중요한 것들을 들면 다음과 같다. (i) 수탁자는 선량한 관리자의 주의로 신탁사무를 처리하여야 한다.[40] (ii) 수탁자는 누구의 명의로도 신탁의 이익을 누리지 못한다.[41] 이를 이익향수 금지원칙이라고 한다. 즉 수탁자는 신탁사무를 처리하는 과정

---

34) 신탁법 시행령 제8조 제2항에 따르면 공익신탁법 제11조제6항에서 "대통령령으로 정하는 금액"이란 차입하려는 금액을 포함한 장기차입금의 총액이 신탁재산 총액에서 차입 당시의 부채 총액을 공제한 금액의 100분의 5에 해당하는 금액을 말한다.

35) 공익신탁법 제11조 제6항.

36) 공익신탁법 제11조 제7항.

37) 이에 대한 가장 대표적인 경우가 바로 사회복지사에의 위임이다. 수탁자는 자산을 보관하고 관리하는 노하우를 보유하지 미혼모가정의 니즈를 꼼꼼히 챙길 수 있는 전문성을 가지고 있지 않다. 따라서 보다 효율적이고 원활한 신탁운용을 위해서는 사회복지사에 대한 일정 사무의 위임은 필수적이라고 할 수 있다.

38) 제10조(신탁사무의 위임) 법 제14조제1항제3호에서 "대통령령으로 정하는 사무"란 다음 각 호의 어느 하나에 해당하는 사무를 말한다.
1. 공익사업에 따라 기부 또는 이익을 제공받을 대상에게 기부금품을 지급하거나 이익을 제공하는 사무
2. 그 밖에 타인에게 위임하지 아니하면 목적을 달성하기 어려운 신탁사무로서 위임에 관하여 법무부장관의 승인을 받은 사무

39) 제42조(신탁사무의 위임) ① 수탁자는 정당한 사유가 있으면 수익자의 동의를 받아 타인으로 하여금 자기를 갈음하여 신탁사무를 처리하게 할 수 있다. 다만, 신탁행위로 달리 정한 경우에는 그에 따른다.

40) 신탁법 제32조.

에서 거래상대방으로부터 비밀커미션, 리베이트, 또는 기타 허락되지 않은 보수 등을 받을 수 없다.[42] (iii) 수탁자는 신탁재산을 수탁자의 고유재산과 분별하여 관리하고 신탁재산임을 표시하여야 한다. 한편 여러 개의 신탁을 인수한 수탁자는 각 신탁재산을 분별하여 관리하고 서로 다른 신탁재산임을 표시하여야 한다.[43] (iv) 수탁자는 신탁사무와 관련된 장부 및 그 밖의 서류를 갖추어 두고 각 신탁에 관하여 그 사무의 처리와 계산을 명백히 하여야 한다.[44]

나. 수탁자 의무위반 시의 책임

수탁자가 신탁사무를 수행하면서 앞에서 언급한 의무를 위반하였음을 발견한 신탁관리인은 지체없이 이를 법무부장관에게 보고하고 수탁자에 대한 손해배상청구 등 필요한 조치를 하여야 한다.[45] 여기서 필요한 조치란 수탁자자로 하여금 다음과 같은 책임을 부담하도록 하는 것을 말한다.[46] 첫째, 신탁재산에 손해가 생기거나 변경된 경우에 신탁관리인은[47] 그 수탁자에게 신탁재산의 원상회복을 청구할 수 있다. 둘째, 다만, 원상회복이 불가능하거나 현저하게 곤란한 경우, 원상회복에 과다한 비용이 드는 경우, 그밖에 원상회복이 적절하지 아니한 특별한 사정이 있는 경우에는 손해배상을 청구할 수 있다. 셋째, 수탁자는 신탁재산에 손해가 생기지 아니하였더라도 수탁자는 그로 인하여 수탁자나 제3자가 얻은 이득 전부를 신탁재산에 반환하여야 한다. 이처럼 수탁자가 의무를 위반할 경우에는 원상회복책임, 금전손해배상책임, 또는 이익반환책임을 부담한다. 이들 책임은 일종의 사후교정적 구제수단이라고 할 수 있다.

한편 신탁관리인은 수탁자등이 법령 또는 신탁행위로 정한 사항을 위반하거나 위반할 우려가 있고 해당 행위로 인하여 공익신탁에 회복할 수 없는 손해가 발생할 우려가 있는 경우에는 그 수탁자등에 대하여 그 행위를 유지할 것을 법원에 청구할 수 있다.[48] 이는 사전예방적 구제수단이라고 할 수 있다.

41) 신탁법 제36조.
42) 정순섭, 신탁법, 397; 최수정, 신탁법, 329; 오영걸, 신탁법, 232 참조.
43) 신탁법 제37조 제1-2항.
44) 신탁법 제39조 제1항.
45) 공익신탁법 제18조 제1항.
46) 신탁법 제43조 제1-3항.
47) 신탁법 제43조 제1항에서는 수탁자에게 책임을 물을 수 있는 주체를 수익자라고 정하고 있으나 공익신탁일 경우에는 신탁관리인이 그것을 행사할 권한이 있다(신탁법 제1-2항). 제43조에서는 그밖에 위탁자 및 수인의 수탁자가 있는 경우에 타 수탁자 또한 의무위반을 한 수탁자에게 책임을 물을 수 있도록 정하고 있다.
48) 공익신탁법 제18조 제2항.

3. 공익신탁의 감독

가. 신탁관리인

수익자가 있는 신탁에서는 보통 수익자가 수탁자의 신탁사무처리를 감독할 수 있는 지위에 있다. 그러나 공익신탁에서는 수익자가 없다. 따라서 일반 신탁에서 임의적 기관인 신탁관리인을 공익신탁에서는 필수적으로 선임하도록 하고 있다. 공익신탁법에서는 이를 간접적으로 규정하고 있다. 즉, 공익신탁법 제3조 제1항에 따라 공익신탁의 인가를 신청할 경우 공익신탁법 시행령 제3조 제1항 제5호에서는 필수적으로 신탁관리인의 성명 · 주민등록번호 · 주소(법인인 경우에는 명칭, 법인등록번호, 주된 사무소의 소재지, 대표자의 성명·주소)를 기재하도록 하고 있다. 공익신탁에서는 비록 수익자가 없지만 신탁관리인이 선임된 이상 그는 수익자가 가지는 권한과 동일한 권한을 가진다.[49]

나. 법무부장관

공익신탁의 감독에 대해서는 앞에서 살펴본 신탁관리인뿐만 아니라 국가 차원의 감독 또한 이루어진다. 즉 법무부장관은 공익신탁의 효율적 감독을 위하여 수탁자에게 업무보고서 제출을 명하거나 회계를 감사하여 그 적정을 유지하고 공익사업을 원활히 수행하도록 지도하여야 한다.[50] 나아가 법무부장관은 공익신탁의 인가 및 그 취소, 시정 요청 등 이 법에 따른 권한의 행사를 위하여 관계 행정기관, 지방자치단체 및 「공공기관의 운영에 관한 법률」에 따른 공공기관에 필요한 자료 제출 등을 요청할 수 있다.[51] 공익신탁의 효율적 감독을 위해서 법무부장관에게는 폭넓은 기타 여러 권한들이 주어져 있다.[52]

---

49) 제68조(신탁관리인의 권한) ① 신탁관리인은...목적 달성을 위하여 자기의 명의로 수익자의 권리에 관한 재판상 또는 재판 외의 모든 행위를 할 권한이 있다.
② 신탁관리인은 신탁에 관하여 수익자와 동일한 지위를 가지는 것으로 본다.

50) 공익신탁법 제25조 제1항.

51) 공익신탁법 제26조.

52) 제27조(「신탁법」상의 권한) ① 「신탁법」에 따른 법원의 권한은 다음 각 호의 권한을 제외하고는 법무부장관에게 속한다.
1. 「신탁법」 제3조제3항 또는 제100조에 따라 신탁을 종료할 권한
2. 「신탁법」 제18조제1항제1호 또는 제2호에 따라 신탁재산관리인을 선임할 권한
3. 「신탁법」 제18조제1항제1호 또는 제2호에 따라 선임한 신탁재산관리인에 대한 권한 중 다음 각 목의 어느 하나에 해당하는 권한
가. 「신탁법」 제19조제2항에 따라 신탁재산관리인의 사임을 허가할 권한
나. 「신탁법」 제19조제3항에 따라 신탁재산관리인을 해임할 권한
다. 「신탁법」 제19조제4항에 따라 새로운 신탁재산관리인을 선임할 권한
라. 「신탁법」 제20조제1항 및 제2항에 따라 신탁재산관리인의 선임 등에 대하여 공고하거나 등기 · 등록 또는 그 등기 · 등록의 말소를 촉탁할 권한
4. 「신탁법」 제28조 단서에 따라 가공으로 인하여 생긴 물건의 귀속을 결정할 권한
5. 「신탁법」 제135조제2항에 따라 변제를 허가할 권한

4. 공익신탁재산의 독립성

가. 신탁재산의 독립성 원칙

신탁재산은 비록 수탁자에게 귀속되어 있지만 그렇다고 그것이 수탁자의 고유재산이 되는 것은 아니다. 신탁재산은 수탁자에게 귀속하지만 수탁자는 사실상 관리자적 지위에서 그것을 관리 · 운용할 뿐이다. 따라서 수탁자에게는 자신의 고유재산이 있고 그와는 별개로 신탁재산을 보유하고 있는 것이다. 그리고 신탁법은 제도적으로 수탁자의 고유재산과 신탁재산 사이에 견고한 벽을 하나 세워주고 있다. 따라서 신탁재산은 수탁자의 고유재산에 혼입되지 않고 별개의 재산체로서 독립적인 취급을 받는다. 이렇게 함으로써 신탁재산은 온전히 보호된다. 이렇게 신탁재산이 수탁자에게 귀속되었음에도 불구하고 그이 고유재산과는 따로 독립적으로 취급하는 것을 신탁재산의 독립성원칙이라고 한다. 이 원칙은 모든 유형의 신탁에 적용되는 원칙이다. 따라서 공익신탁의 신탁재산에도 적용됨은 물론이다. 이 독립성원칙의 내용 중 중요한 것을 예를 들자면 아래와 같다.

나. 신탁재산의 독립성 내용

우선 (i) 신탁재산의 관리, 처분, 운용, 개발, 멸실, 훼손, 그 밖의 사유로 수탁자가 얻은 재산은 다시 신탁재산에 귀속된다.[53] 즉, 신탁재산 또는 신탁사무의 일환으로 취득한 재산은 재차 신탁재산의 범위 내로 들어온다는 뜻이다. (ii) 신탁재산에 대하여는 강제집행, 담보권 실행 등을 위한 경매, 보전처분 또는 국세 등 체납처분을 할 수 없다.[54] (iii) 신탁재산은 수탁자의 상속재산에 속하지 않고 수탁자의 이혼에 따른 재산분할의 대상이 되지 않는다.[55] (iv) 신탁재산은 수탁자의 파산재단, 회생절차의 관리인이 관리 및 처분 권한을 갖고 있는 채무자의 재산이나 개인회생재단을 구성하지 아니한다.[56] 나아가 (v) 신탁재산과 고유재산 간에 귀속관계를 구분할 수 없는 경우 그 재산은 신탁재산에 속한 것으로 추정한다.[57] 이처럼 신탁재산은 비록 수탁자에게 귀속되어 있지만 그에게 발생한 개인적 사

---

6. 「신탁법」 제136조제4항에 따라 감정인을 선임할 권한

② 법무부장관은 다음 각 호의 권한을 직권으로도 행사할 수 있다.

1. 수탁자가 그 임무에 위배되는 행위를 하거나 그 밖의 중요한 사유가 있는 경우 수탁자를 해임할 권한

2. 수탁자의 임무가 종료된 경우 신수탁자를 선임할 권한

53) 신탁법 제27조.

54) 신탁법 제22조. 한편, 동조 단서에서는 다만, 신탁 전의 원인으로 발생한 권리 또는 신탁사무의 처리상 발생한 권리에 기한 경우에는 예외를 두고 있다.

55) 신탁법 제23조.

56) 신탁법 제24조.

57) 신탁법 제29조 제1항.

정(파산, 이혼, 사망 등)에 의하여 영향을 받지 않는다. 나아가 어느 신탁재산이 수탁자의 고유재산과 신탁재산 어느 쪽에 속하는지 불분명할 경우에는 신탁재산에 속하는 것으로 추정함으로써 신탁재산의 보호에 만전을 기하고 있다.

5. 미혼모지원 공익신탁의 변경 및 종료

수탁자는 「신탁법」에 따른 신탁의 종료사유가[58] 발생한 경우 지체 없이 그 사실을 법무부장관에게 신고하고, 신탁사무에 관한 최종 계산을 한 후 법무부장관의 승인을 받아야 한다.[59] 그 다음 잔여신탁재산의 처리문제가 남는다. 항을 바꾸어 살펴본다.

공익신탁이 종료될 경우 잔여신탁재산은 우선 (i) 공익신탁법 제4조 제9호 가목에[60] 따라 정한 다른 공익신탁등이나 국가 또는 지방자치단체에게 귀속된다.[61] 여기서 특히 신탁재산을 귀속받은 국가 또는 지방자치단체는 신탁재산을 공익사업에 사용하거나 유사한 목적을 가진 공익신탁등에 증여 또는 무상 대부하여야 한다.[62] 그 다음 (ii) 이에 따라 귀속권리자를 정할 수 없거나 해당 귀속권리자가 없는 경우에는 법무부장관은 신탁재산을 유사한 목적의 공익신탁등에 증여하거나 무상 대부하여야 한다.[63] 이처럼 공익신탁에 제공된 재산은 비록 당해 공익신탁이 종료되더라도 공익신탁법에서는 이를 계속 유사한 공익사업에만 한정하여 사용될 수밖에 없도록 조치를 취하고 있다.[64]

58) 제98조(신탁의 종료사유) 신탁은 다음 각 호의 어느 하나에 해당하는 경우 종료한다.
1. 신탁의 목적을 달성하였거나 달성할 수 없게 된 경우
6. 신탁행위로 정한 종료사유가 발생한 경우
제100조(법원의 명령에 의한 신탁의 종료) 신탁행위 당시에 예측하지 못한 특별한 사정으로 신탁을 종료하는 것이 수익자의 이익에 적합함이 명백한 경우에는 위탁자, 수탁자 또는 수익자는 법원에 신탁의 종료를 청구할 수 있다.

59) 공익신탁법 제23조.

60) 제4조(인가 요건) 법무부장관은 ... 다음 각 호의 요건을 모두 갖춘 경우에는 공익신탁의 인가를 하여야 한다.
9. 신탁행위로 다음 각 목의 사항을 정할 것
가. ...공익신탁이 종료한 경우 남은 재산을 유사 공익사업을 목적으로 하는 다른 공익신탁등이나 국가 또는 지방자치단체에 증여한다는 취지.

61) 공익신탁법 제24조 제1항.

62) 공익신탁법 제24조 제4항.

63) 공익신탁법 제24조 제2항.

64) 한편, 잔여공익신탁재산을 반드시 다른 공익신탁이나 국가 또는 지방자치단체에게 증여 또는 대부하여야 한다는 현행법에 대한 비판에 대해서는, 이연갑, '공익신탁법에 관한 약간의 검토'(2015), 법조 제704호, 25면 이하 참조.

Ⅳ. 미혼모 지원에 있어서 공익신탁이 재단법인에 대해 갖는 장점

1. 공익재단법인

일정한 재산체를 공익에 사용할 수 있는 수단으로는 지금까지 논한 공익신탁 외에 공익재단법인65)이라는 것도 있다. 이는 공익에 사용되기를 바라는 재산체 자체를 법인화 하는 것이다. 따라서 신탁은 신탁재산이 수탁자에게 귀속되지만 그 독립성이 제도적으로 보장되는 제도임에 반하여 공익재단법인은 그 재산체 자체의 독립성을 법인화라는 수단을 통해서 이루는 경우를 말한다. 양자의 운용상의 구조적 차이는 단지 다음과 같을 뿐이다. 즉 신탁에서는 수탁자에게 귀속된 독립재산(즉 신탁재산)을 운용하는 구조를 갖는 반면에 공익법인에서는 이사가 자신의 고유재산과는 구별되는 재단법인(즉 타인의) 재산을 운용하는 형태를 취한다는 것이다. 요컨대 양자가 다른 명찰을 달고 있을 뿐 일정한 재산체가 독립성 갖고 공익에 이용된다는 점에서는 완전히 동일하다.66)

65) 공익재단과 공익사단을 규율하는 법으로는 민법과 공익법인의 설립 · 운영에 관한 법률 (이하 '공익법인법'이라 한다)이 있다. 공익법인법 제2조에 따르면 재단법인이란 사회 일반의 이익에 이바지하기 위하여 학자금, 장각금 도는 연구비의 보조나 지급, 학술, 자선에 관한 사업을 목적으로 하는 법인이다. 동조는 일견 공익신탁법 제2조 보다 공익의 범위를 좁게 설정한 것처럼 보인다. 그러나 마지막 '자선에 관한 사업' 개념은 매우 포괄적이어서 사실상 공익신탁법 제2조에서 정한 공익에 해당하면서 공익법인법 제2조상의 공익개념에 포괄되지 않는 경우는 매우 드물 것이다. 한편, 이러한 해석으로 인한 다툼을 피하기 위해서 공익법인의 설립 · 운용에 관한 법률 시행령 제2조(이하 '공익법인법시행령'이라 함)에서는 다음과 같이 규정하고 있다.

제2조(정의) ① 「공익법인의 설립 · 운영에 관한 법률」(이하 "법"이라 한다) 제2조에서 "사회일반의 이익에 공여하기 위하여 학자금 · 장학금 또는 연구비의 보조나 지급, 학술 · 자선에 관한 사업을 목적으로 하는 법인"이라 함은 다음의 사업을 목적으로 하는 법인을 말한다. <개정 2011. 8. 19.>

1. 학자금 · 장학금 기타 명칭에 관계없이 학생등의 장학을 목적으로 금전을 지급하거나 지원하는 사업 · 금전에 갈음한 물건 · 용역 또는 시설을 설치 · 운영 또는 제공하거나 지원하는 사업을 포함한다.
2. 연구비 · 연구조성비 · 장려금 기타 명칭에 관계없이 학문 · 과학기술의 연구 · 조사 · 개발 · 보급을 목적으로 금전을 지급하거나 지원하는 사업 · 금전에 갈음한 물건 · 용역 또는 시설을 제공하는 사업을 포함한다.
3. 학문 또는 과학기술의 연구 · 조사 · 개발 · 보급을 목적으로 하는 사업 및 이들 사업을 지원하는 도서관 · 박물관 · 과학관 기타 이와 유사한 시설을 설치 · 운영하는 사업
4. 불행 · 재해 기타 사정으로 자활할 수 없는 자를 돕기 위한 모든 자선사업
5. 제1호 내지 제4호에 해당하는 사업의 유공자에 대한 시상을 행하는 사업

②제1항의 법인에는 제1항 각호의 사업과 그 이외의 사업을 함께 수행하는 법인을 포함한다.

66) 이러한 이유로 이론적으로는 양자 중 하나만 있어도 전혀 무방하다. 예컨대 신탁의 전통이 강한 영미법계 국가에서는 공익신탁만이 인정되는 경우가 많고, 재단법인의 전통이 강한 대륙법계 국가에서는 재단법인만 인정되는 경우가 많다. 독일과 프랑스에서는 공익신탁제도가 없다. 반면에 영국이나 미국 많은 주에서는 공익재단법인제도가 없다. 반면, 우리, 일본, 중국, 그리고 대만 동아시아 계수법국가에서는 공익재단법인과 공익신탁의 양 제도가 모두 수입되어 공존하고 있다. 공익을 위한 장치가 많을 수로 국가복지행정의 부족을 보완하는 선기능을 이룰 수 있다는 점을 감안할 때 실무적으로 양 제도 모두 가지고 있는 법제도 긍정적으로 평가될 수 있다고 사료된다.

2. 공익신탁의 장점

앞에서 살펴본 것처럼 공익재단법인은 공익신탁과 그 공익기여 및 기능적 측면에서만 볼 때 하등의 차이가 없다. 그러나 공익신탁은 여러 측면에서 공익재단법인보다 많은 장점을 가지고 있다.[67] 예컨대 이 중 몇 가지만 예로 들자면, 첫째, 설정의 측면, 둘째, 출연재산액의 규모 측면, 셋째, 임원수의 측면, 그리고 넷째, 기본재산의 가용성 측면에서 공익신탁은 공익재단법인에 비해 많은 장점을 갖는다.

가. 설정의 측면

우선 공익신탁은 공익재단법인보다 그 설립이 쉬우며 효율적이다. 공익재단법인을 설립하기 위해서는 재산출연자의 재산출연이 있고 민법 제32조에 따라 공익법인의 설립허가 신청을 한 후 주무관청의 '허가'가 있어야 공익재단법인이 설립될 수 있다.[68] 주무관청이 허가할지 여부에 관하여는 주무관청이 정책적 판단에 따라 재량적으로 결정할 수 있는 사항이라는 것이 우리 대법원의 입장[69]이다. 나아가 주무관청은 허가를 한다 하더라도 재량껏 회비 징수, 수혜대상에 관한 사항 등 필요한 조건(즉 부관)을 붙일 수 있다.[70] 문제는 허가를 할지 여부 그리고 부관을 붙일지 여부 나아가 어떤 내용의 부관을 붙일 수 있는지에 관하여 아무런 기준도 법에서는 제시하고 있지 않다. 결국 공익재단법인이 설립될 수 있을지 여부는 오로지 주무관청 공무원의 힘에 달려 있다. 이는 공익재단법인을 설립하고자 하는 재산출연자에게 상당한 부담이라고 하지 않을 수 없다. 반면에 앞에서도 살펴보았듯이, 공익신탁은 관련 요건만 충족하면 법무부장관은 이를 인가하여야 한다. 즉 공익신탁설립은 국가의 재량결정사항이 아니다. 법에서 정해진 요건만 충족하면 무조건 설립이 허용되어야 하는 것이다. 이처럼 설립에 있어서 공익신탁은 공익재단법인에 비하여 매우 용이하며 효율적이다.

나. 출연재산액의 규모 측면

공익재단법인을 설립하고자 할 경우 요구되는 출연재산의 액수는 일반적으로 상당히

---

67) 공익재단법인의 전반적인 문제점에 대해서는, 송호영, 한국에서의 비영리법인 및 공익법인에 관한 법정책적 개선방안 숭실대학교 법학논총 43 (2019) 275-296; 고상현, 한국의 공익법인제도와 그 개선방향, 숭실대학교 법학논총 44 (2019) 1-25 참조; 나아가 법인과 신탁의 비교에 대해서는 이중기, 법인과 비교한 신탁의 특징, 서울대학교 법학 55/2 (2014) 511-553 참조.

68) 공익법인법 제4조 제1항.

69) 대법원 1996.9.10. 선고 95누18437 판결.

70) 공익법인법 제4조 제2항.

많다. 실무를 살펴보면 보통 기본 5억원이며 만일 그 공익목적이 복지나 종교사업을 지원하는 것이라면 최소 20억에서 30억을 요구하는 것이 일반적이다. 이에 관하여는 법령에서 정한 바는 없고 허가하는 주무관청에서 재량으로 정한다. 따라서 공익재단법인을 설립하고 싶어도 그 장벽이 매우 높아 좌절할 가능성이 많다. 반면에 현재 사업을 진행하고 있는 공익신탁을 살펴보면 100만원 단위에서부터 백억 단위에 이르기까지 다양하고 폭넓게 이루어지고 있다.[71] 즉 공익신탁의 경우에는 공익재단에 비하여 요구되는 자금규모가 크지 않아 그 설립이 보다 편리하다. 특히 상대적으로 소액의 자금출연을 통해서 1년에 3명의 미혼모자녀에게 장학금을 지급하는 사업을 3년 동안만 진행하고자 할 경우 굳이 번거롭게 법인설립절차를 밟지 않더라도 (물론 허가가 이루어질지도 의문이나) 공익신탁의 설립을 통해서 충분히 그 목적을 달성할 수 있게 된다. 소액의 금액이라도 공익에 사용될 수 있는 기회를 늘리는 것이 보다 더 유익하다는 것은 다언을 요하지 않는다.

다. 임원수의 측면

공익재단법인은 5명 이상 15명 이하의 이사와 2명의 감사를 두어야 한다.[72] 법인의 임원에게는 통상 보수가 주어진다는 점을 감안하면 이는 상당한 부담이라고 하지 않을 수 없다. 특히 공익을 위해 출연된 재산을 임원의 보수에 사용될 우려 또한 없지 않다. 나아가 출연자가 공익을 위해 출연한 재산 중 보수를 몇 명에게 지급해야 할 것인지에 관한 재산출연자의 결정권이 전적으로 박탈되어 있다. 이와 달리 신탁법에서는 기본적으로 수탁자와 신탁관리인만이 필수적 기관일 뿐 법에서 특정 인원수를 정하고 있지 않다. 이는 전적으로 위탁자가 공익신탁을 설정할 때 행당 공익신탁사업의 성질과 규모에 따라 자유롭게 정할 수 있는 부분이다.

라. 기본재산의 운용측면

공익재단법인의 경우에는 출연된 재산으로 이루어진 기본재산은 사용할 수 없다. 즉 공익법인의 재산은 기본재산과 보통재산으로 구분된다.[73] 기본재산이라 함은 (i) 설립시 기본재산으로 출연한 재산, (ii) 기부에 의하거나 기타 무상으로 취득한 재산, (iii) 보통재산 중 총회 또는 이사회에서 기본재산으로 편입할 것을 의결한 재산, (iv) 세계잉여금중 적립금 이 네 가지를 말한다.[74] 한편 보통재산이라 함은 기본재산 이외의 모든 재산을 말한

71) 법무부 공익신탁공시시스템 홈페이지 참조: https://www.trust.go.kr/main.do;jsessionid=CE26FA9F6DF682D3EC1FE92824288528
72) 공익법인법 제5조 제1항.
73) 공익법인법 제11조 제1항.

다.[75] 공익재단법인을 운용할 경우 원칙적으로 보통재산만을 사용하여야 한다. 하지만 애당초 출연된 자금을 사용할 수 없을 경우 경제불황 및 저금리 시대에 사실상 사용이 가능한 보통재산을 창출하기란 매우 어렵다. 따라서 기본재산을 사용가능한 보통재산으로 변경할 수 있어야 한다. 공익법인법은 이를 주무관청의 허가를 조건으로 허용하고 있다.[76] 그런데 여기서도 허가는 재량사항이고 허가에 관한 구체적 기준은 없다. 따라서 이는 전적으로 주무관청의 재량에 달려 있어 공익재단법의 가용재산에 대한 운용자의 판단은 상당한 제한을 받을 수밖에 없다. 이와 달리 공익신탁에서는 출연된 재산의 사용을 제한하는 규정이 없다. 따라서 공익사업 등을 위해서 출연된 신탁재산의 원본을 얼마든지 사용할 수 있다. 공익목적사업은 출연된 재산을 공익에 사용하는 것이 목적이므로 원본에 대한 사용을 지나치게 엄격하게 제한하는 것은 바람직하지 않다. 공익신탁은 이면에서 공익재단법인보다 훨씬 탄력적이다.

Ⅴ. 결 론

미혼모와 그 자녀에 대한 지원은 국가적 복지책무의 일부임은 부인할 수 없다. 그러나 국가재정의 효율적 이용을 위해서 일정한 한계가 있을 수밖에 없다. 그 한계지점에서 우리의 사회적 책무가 시작된다. 이 글에서는 그러한 책무의 실행수단 중 하나로서 미혼모자녀를 위한 공익신탁에 대하여 살펴보았다. 이는 우리나라 인구 중 소외된 계층을 위한 민간자본의 투입, 즉 민간금융을 핵심으로 한다. 물론 그 방법으로서 공익재단법인을 이용할 수도 있다. 그러나 공익재단법인은 공익신탁에 비하여, 설정의 용이성, 임원의 수, 출연재산의 규모, 그리고 기본재산의 운용 등의 측면에서 많은 단점을 가지고 있다. 따라서 신탁을 이용하는 편이 보다 효율적이며 유리하다. 공익신탁제도를 통하여 우리는 미혼모와 그 자녀들을 위하여 임신과 출신 진료비 측면, 자녀의 부양교육 측면, 순수 경세적 측면, 그리고 주거 측면 등에 대하여 다양하고 탄력적인 지원을 할 수 있게 된다.[77]

74) 공익법인법시행령 제16조 제1항.

75) 공익법인법시행령 제16조 제2항.

76) 공익법인법 제11조 제3항: 공익법인은 기본재산에 관하여 다음 각 호의 어느 하나에 해당하는 경우에는 주무 관청의 허가를 받아야 한다. <개정 2016. 5. 29.>

1. 매도 · 증여 · 임대 · 교환 또는 용도변경하거나 담보로 제공하려는 경우
2. 대통령령으로 정하는 일정 금액 이상을 장기차입(長期借入)하려는 경우
3. 기본재산의 운용수익이 감소하거나 기부금 또는 그 밖의 수입금이 감소하는 등 대통령령으로 정하는 사유로 정관에서 정한 목적사업의 수행이 현저히 곤란하여 기본재산을 보통재산으로 편입하려는 경우

77) 비록 공익신탁만의 장점은 아니지만 (공익법인의 경우에도 인정되므로), 공익신탁의 경우 그 존속기간의 제한도 없으

한편 공익신탁제도에 대한 이용이 아직 활성화 되지 못하고 있다는 점은 매우 아쉬운 부분이다. 이는 무엇보다 신탁제도가 영미법의 산물로서 그동안 우리 법학교육과정에 포함되지 않았던 현실에 기인하는 바가 크다. 기존의 법률가는 공익신탁제도의 이용을 제안할 생각조차 하지 못했던 것이다. 이용이 활성화되지 못한 관계로 그동안 공익신탁법리 내지 여러 기준이 명확히 정립되지 않은 것도 사실이다. 그러나 이제는 공익신탁법이 제정될 정도로 과거에 비하여 제도 정비가 많이 이루어졌다. 그럼에도 불구하고 아쉬운 부분이 있다면 공익신탁제도에 대한 연구가 아직 상당히 부족하다는 것이다. 인구구조의 변화 속에서 미혼모와 자녀의 사회적 보살핌의 필요성은 항시 소홀할 수 없는 과제이다. 본고의 논의가 향후 미혼모자녀 공익신탁 활성화에 도움이 되기를 바란다.

므로 출연자금이 충분할 경우 영구히 존속할 수 있다. 즉, 공익신탁에 대해서는 영구구속금지원칙의 적용이 없다. 이 원칙에 대해서는, 오영걸, 수익자연속신탁의 영속성 제한에 관하여 — 영국밥성 영구구속금지원칙의 역사, 개혁, 그리고 시사점 —, 비교사법 28/2 (2021) 211 이하 참조.

교회 분열의 법률적 검토*

윤 진 수
서울대학교 명예교수, 법학박사

Ⅰ. 서 론

교회의 분열이라는 현상은 매우 흥미있는 주제이다. 특히 한국의 기독교에서는 교회의 분열이 매우 잦다. 왜 이렇게 교회의 분열이 많은가, 왜 다른 단체에서는 분열이라는 현상이 별로 문제되지 않는가 하는 점도 연구하여 볼 만한 문제이다. 그러나 이 글에서는 주로 법률적 측면에서 검토하고자 한다.

Ⅱ. 교회 일반론과 교회의 분열

1. 보편교회와 지역교회

기독교에서는 보편교회(ecclesia universalis)와 지역교회(ecclesia particularis)를 구별한다. 개신교에서는 보편교회는 그리스도를 중심으로 보이는 모든 참 그리스도인만으로 구성되는 유일의 교회로서, 이 보편교회는 원칙적으로 무형적 내지 불가견(不可見)적이라고 한다. 즉 관념상으로만 존재한다는 것이다. 이에 반하여 로마 가톨릭교회는 교황과 주교들에 의하여 지도되는 로마 가톨릭교회 자체가 유일의 보편교회라고 한다.[1)]

현실적으로 분쟁이 일어나고 있는 개신교에서는 보편교회가 문제되지는 않으며, 분쟁은 지역교회에서 생긴다. 지역교회에는 교인들이 모여 예배를 드리는 지교회와 지교회의

---

* 이 글은 2022. 5. 26. "공동체와 법"이라는 연구모임에서 발표했던 자료를 바탕으로 한 것이다. 당시 토론에 참여해 주셨던 분들께 감사를 드린다.

1) 백현기, 교회분쟁관계법, 개정증보판, 2021, 14 이하. 이 책은 저자의 교회의 분쟁에 관한 민사법적 연구, 2010(한양대학교 법학박사 학위논문)을 바탕으로 한 것이다.

연합체인 교단(denomination)이 있다. 일반적으로 말하는 교회란 지교회를 말한다. 판례는, "교회가 법인격을 취득하지 않은 경우에도 기독교 교리를 신봉하는 다수인이 공동의 종교 활동을 목적으로 집합체를 형성하고 규약 기타 규범을 제정하여 의사결정기관과 대표자 등 집행기관을 구성하고 예배를 드리는 등 신앙단체로서 활동함과 함께 교회 재산의 관리 등 독립된 단체로서 사회경제적 기능을 수행함에 따라 법인 아닌 사단의 일반적인 요건을 갖추었다고 인정되는 경우에는, 그 교회는 법인 아닌 사단으로서 성립·존속하게 된다"고 하는데,[2] 이는 지교회를 의미한다.

교단은 "신앙원칙 내지 신앙고백의 내용인 '교리'와 신앙적 행위양식인 '예배'라는, 본질적이고도 핵심적인 요소를 공통으로 하고 있는 여러 교회들이, 대외적 선교와 대내적 교회행정을 공동으로 행할 목적으로 연합하여 조직한 상급 종교단체"라고 할 수 있다.[3]

2. 교회의 정체(政體)

한편 교회의 다스리는 권력 내지 치리권을 누가 행사하는가를 정치체제 내지 정체(polity)라고 하는데, 일반적으로 이를 감독정체(episcopal polity), 장로정체(presbyterial polity) 그리고 회중정체(congregational polity)로 분류한다.[4] 감독정체는 교회의 머리이신 그리스도께서 교회의 정치를 사도들(apostoli)에게 위임하셨으며, 그 권위는 사도들의 후계자인 감독들에게 감독직의 계대를 통하여 전승된다는 의미의 '사도적 계승'(apostolicasuccessio)을 기초적 원리로 하는 정체이다. 이 정체에서는 감독이 치리권을 행사하고, 평신도들은 교회정치에 참여할 수 없다. 가톨릭교회, 동방정교회, 성공회 등이 감독정체를 채택하고 있다.[5]

장로정체는 평신도들이 평신도들 중에서 그들의 대표자로 치리장로(ruling elder, presbyter)들을 선택하여 그들로 하여금 교역자(목사, pastor)와 함께 치리회(judicatory)를 구성하여 치리권을 행사하게 하는 정체이다. 지교회의 대의정치기관이며 치리회인 당회(堂會, church session)는 목사와 치리장로들로 구성된다. 당회 외에 여러 교회에 공통한 사건들과 하급 치리회에서 해결할 수 없는 사건들을 처리하는 광대회의(廣大會議)가 있는데, 장로교에서는 광대회의로는 당회 위에 노회(老會, presbytery)가 있고, 노회 위에 대회(大會, synod)가 있으며, 대회 위에 최고치리회로서 총회(總會, general assembly)가 있다. 다만 우리나라에서는 현실적

2) 대법원 2006.4.20. 선고 2004다37775 전원합의체 판결.
3) 대법원 2006.4.20. 선고 2004다37775 전원합의체 판결에서의 손지열, 박재윤, 김용담, 김지형 대법관의 별개의견.
4) 이하의 설명은 백현기, 교회분쟁관계법, 21 이하를 요약한 것이다. 또한 김진현, 교회재산분쟁에 관한 비교법적 고찰, 강원법학 1 (1985) 108 이하 등 참조.
5) 감리교회(Methodist Church)는 흔히 감독정체를 채택하는 교회로 분류되지만, 실제로는 감독정체와 후술하는 장로정체의 절충형이라는 편이 정확하다고 한다. 백현기, 교회분쟁관계법, 23.

으로 대회는 운영되고 있지 않다. 장로교 외에 성결교회, 기독교대한하나님의 성회, 루터교회중 일부 교단 등 여러 교단들이 이 정체를 선택하고 있다.

회중정체는 지교회의 완전독립을 인정하며, 광대회의 또는 하급치리회라는 것이 존재하지 아니한다. 그리고 지교회의 치리권도 회중일반(congregation)에게 분속된다. 목사를 포함하여 모든 직원(officer)들은 단순한 지교회의 사역자일 뿐 교회의 회원으로서 가지는 것 이상의 정치권을 가지지 못한다. 회중교회도 연합활동을 위하여 지역적 혹은 전국적인 광대회의를 구성하는 수가 있으나 그 회의는 치리회가 아니라 그 지역 혹은 전국 교회의 협의회에 불과하며, 설사 어떤 결의를 하더라도 그 효력은 구속적인 것이 아니라, 권고적 혹은 선언적인 것에 불과하다. 이 정체를 채택하고 있는 대표적 교파는 침례교회(Baptist Church)이고, 그 밖에 그리스도의 제자교회(Disciples of Christ), 퀘이커교도(Quakers), 그리스도의 교회(Churchs of Christ), 루터교회 중 일부 교단들이다.

이 중에서 감독정체와 장로정체는 교계정체(敎階政體, hierachical polity)라고 분류된다. 감독정체는 교회의 치리권이 감독 1인에게 전속되며 하위성직자 및 평신도들에게는 순종의 의무만이 있고, 장로정체는 치리회 사이에 위계가 있다는 점에서, 지교회자치(autonomy of local congregation)와 교역자 · 평신도 평등을 중심적 조직원리로 하는 회중정체와 대비된다.

3. 교회의 법률적 지위

개신교에서 지교회는 일반적으로 권리능력 없는 사단 내지 비법인사단으로 본다. 대법원 2006.4.20. 선고 2004다37775 전원합의체 판결은, “교회가 주무관청의 허가를 받아 설립등기를 마치면 민법상 비영리법인으로서 성립한다. 또한, 교회가 법인격을 취득하지 않은 경우에도 기독교 교리를 신봉하는 다수인이 공동의 종교활동을 목적으로 집합체를 형성하고 규약 기타 규범을 제정하여 의사결정기관과 대표자 등 집행기관을 구성하고 예배를 드리는 등 신앙단체로서 활동함과 함께 교회 재산의 관리 등 독립된 단체로서 사회경제적 기능을 수행함에 따라 법인 아닌 사단의 일반적인 요건을 갖추었다고 인정되는 경우에는, 그 교회는 법인 아닌 사단으로서 성립 · 존속하게 된다”고 하였다. 실제로 지교회가 주무관청의 허가를 받아 사단법인으로서 설립등기를 마치는 일은 거의 찾아보기 어려운 것 같다.6)

6) 다만 교회가 그 유지를 위하여 재단을 설립하는 일은 있다. 서울 영락교회는 1965. 4. 7. 재단법인 서울영락교회 유지재단을 만들었다. http://www.youngnak.net/departments/#toggle-id-27 기관 및 부서안내/법인 및 기관단체 참조.

교회가 비법인사단인 경우에는 교회의 재산은 교인들의 총유가 된다. 과거의 판례 가운데에는 이를 합유라고 한 것도 있었으나,[7] 현재의 판례는 총유로 보고 있다.[8]

4. 교회 분열의 의의

아래에서 살펴보는 것처럼 법률상 교회 분열이라는 것을 인정할 수 있는가에 대하여 견해가 나누어지고 있다. 그러나 법률상 교회의 분열을 인정할 수 없다고 하는 학설도 사회적 현상으로서의 교회의 분열이 존재한다는 것을 부정하지는 않는다. 사회적 현상으로서의 교회의 분열이란 교회 교인들의 의견 대립으로 인하여 한 교회가 두 개 이상의 교회로 나누어지는 것을 말한다. 좀 더 구체적으로는 하나의 종전 교회(지교회)에서 두 개(또는 세 개 이상)의 교회가 갈라지고, 이 두 개의 교회가 서로 자신이 종전 교회와 동일성을 가진다고 주장하는 것이다. 그러므로 가령 종전 교회 명의로 등기된 부동산은 어느 교회에게 귀속되는가, 종전 교회의 대표자는 누구인가 하는 점 등이 문제된다. 다만 이러한 교회의 분열 현상은 교회의 정체 가운데 장로정체와 회중정체를 따르는 교회에서만 문제되고, 감독정체를 따르는 교회에서는 문제되지 않는다고 한다.[9]

한편 개별 지교회의 분열 외에 지교회의 연합체인 교단이 분열되는 경우도 많다.[10] 그러나 이러한 교단의 분열은 문제되는 양상에서 지교회의 분열과는 차이가 있다. 이하에서는 지교회의 분열만을 다룬다.

이러한 교회 분열의 유형은 소속교단의 분열과 관련하여 지교회가 분열된 경우, 지교회가 원래 소속해 있던 소속교단과의 갈등으로 교단을 변경함으로써 교회가 분열된 경우, 지교회가 원래 소속해 있던 소속노회와의 갈등으로 노회를 변경함으로써 교회가 분열된 경우, 소속교단과 관련없이 교회 자체적으로 분열된 경우 등으로 나누어 볼 수 있다.[11] 가장

---

7) 대법원 1957.12.13. 선고 4289민상182 판결; 1958.8.14. 선고 4289민상569 판결; 1970.2.24, 선고 68다615 판결 등. 초기의 판례가 이처럼 교회의 재산이 교인들의 합유라고 한 것은 "교인들의 연보, 헌금 기타 교회의 수입으로 된 재산"이라는 표현에 비추어 볼 때 교회재산은 교인들의 출연에 의하여 형성되었다는 특수성으로 인하여 조합재산과 유사하게 파악한 것으로 추측된다는 설명이 있다. 민유숙, 교인들이 집단적으로 교회를 탈퇴한 경우 법률관계, 대법원판례해설 제60호, 2006, 42 참조. 또한 오영준, 판례변경의 실제, 민사판례연구 36 (2014) 967도 같은 취지이다.

8) 대법원 2006.4.20. 선고 2004다37775 전원합의체 판결 등.

9) 주석민법 총칙 (2), 제5판, 2019, 169-170(차영민) 참조. 대법원 1986.7.8. 선고 85다카2648 판결은, 구세군은 지역교회 중심인 일반교회와는 달리 강력한 중앙집권적인 조직을 갖추어 산하 영문의 재산에 관하여 일체의 사권행사를 부인하고 있고, 따라서 재대한구세군유지 재단법인이 구세군 광주문화영문의 회당으로 사용하기 위하여 이 사건 대지를 구입하고 건물을 신축함에 있어서 그 비용 가운데 구세군 교인들의 헌금이 일부 들어갔다 하더라도 위 법인의 이름으로 등기된 그 대지 및 건물이 교인들의 총유에 속하는 것이라거나 그 등기를 원인없는 무효의 것이라고 할 수도 없다고 하였다.

10) 한국 기독교 장로교 교단의 분열에 대하여는 예컨대 민경배, 해방 이후의 한국교회 분열 – 장로교회를 중심으로 한 역사적 고찰 –, 신학과 교회 4 (2015) 181 이하 참조.

11) 백현기, 교회분쟁관계법, 245-248 참조.

전형적인 경우는, 지교회 내의 분쟁과 관련하여 관할 노회 또는 총회가 개입하여 어느 한 쪽이 옳다고 하는 경우에, 다른 쪽이 이에 불복하면서 교단을 탈퇴하여 다른 교단에 가입하겠다고 하는 것이다.

Ⅲ. 교회의 분열

1. 판 례

종래의 판례는 대법원 2006.4.20. 선고 2004다37775 전원합의체 판결 전까지는 교회의 분열을 승인하고, 분열된 교회의 재산은 분열 당시 교인들의 총유에 속한다고 보고 있었다. 그러나 위 2006년 전원합의체 판결은 판례를 변경하여, 교회의 분열이라는 개념을 부정하면서, 교단에 소속되어 있던 지교회의 교인들의 일부가 소속 교단을 탈퇴하기로 결의한 다음 종전 교회를 나가 별도의 교회를 설립하여 별도의 대표자를 선정하고 나아가 다른 교단에 가입한 경우, 그 교회 소속 교인들은 더 이상 종전 교회의 재산에 대한 권리를 보유할 수 없게 되고, 다만 특정 교단에 가입한 지교회가 교단이 정한 헌법을 지교회 자신의 자치규범으로 받아들였다고 인정되는 경우에는 이는 사단법인 정관변경에 준하여 의결권을 가진 교인 2/3 이상의 찬성에 의한 결의를 필요로 한다고 하였다.

가. 종전 판례

이 문제에 관한 최초의 대법원 판례로 알려진 대법원 1957.12.13. 선고 4289민상182 판결[12]은 다음과 같이 판시하였다. 즉 교도들의 연보헌금 기타 교회의 수입으로 된 재산은 특별한 사유가 없는 한 당해 교회의 소속 교도들의 합유로서 각 교도들이 공동으로 권리를 가지고 의무를 부담하게 되는 것이나, 그 권리가 지분권이 아니므로 이를 단독적으로 처분할 수 없고, 그 재산처분에 있어서는 일반적으로 승인된 규정이 있으면 그에 따라 유효히 할 수 있되 그것이 없는 경우에는 민법의 원칙에 따라 교도총회의 의결에 의하여야 한다고 하였다. 그리고 교도들이 극히 개인적으로 그 교회를 탈퇴하는 것이 아니고 교도들의 분열로 인하여 소파로 분리되고 수 개의 교회로 분립되는 경우에 동 재산의 귀추 여하에 관하여서도 장정 등의 규정이 있으면 이에 따르고 그것이 없으면 종전교회의 교리를 준봉하는

12) 공간되지 않았다. https://www.ulex.co.kr/%ED%8C%90%EB%A1%80/4289%EB%AF%BC%EC%83%81182-115499#h_stat 참조.

교파의 단독소유로 귀속할 것이 아니고 종전 교회에 소속되었든 교도의 총의 즉 총회의 의결방법에 의하여 그 귀속을 정하여야 할 것이라고 하였다.

그 후에는 판례가 교회 재산을 합유가 아니라 총유인 것으로 보게 되었다. 그리고 판례는 분열된 각 교회는 별개의 독립된 교회로서 각각 상대방 교회의 사용수익을 방해하지 않는 범위내에서 총유권자로서 교회당 건물 등 종전의 교회재산을 사용 · 수익할 수 있다고 하였다.[13)][14)] 민법 제275조 제1항은 "법인이 아닌 사단의 사원이 집합체로서 물건을 소유할 때에는 총유로 한다"고 규정하고, 제276조 제2항은 "각 사원은 정관 기타의 규약에 좇아 총유물을 사용, 수익할 수 있다"고 규정한다.

그리하여 판례는 교회재산 총유권자의 일부인 잔류교인들로써 이루어진 교회가 다른 총유권자들로써 이루어진 교회에 대하여 교회 건물의 명도를 구할 수 없다고 하였다.[15)] 또 종전 교회 또는 교단 명의로 등기되어 있던 교회 재산에 대하여 신설 교회측에서 그 명의로 표시변경등기를 마치고 이에 대하여 종전 교회 또는 교단이 위 등기의 말소를 구하는 경우에는, 판례는 표시변경등기는 총유를 표상하는 것으로 유효하거나 총유재산임을 공시하는 한에 있어서는 실체관계에 부합하여 유효하다고 보아 청구를 배척하거나,[16)] 말소등기청구는 총유재산의 관리행위로서 분열 당시 교인들의 총회 결의가 필요한데 이러한 결의가 없었다는 이유로 청구를 배척하였다.[17)]

그리고 신설 교회가 종전 교회의 노회 또는 재단을 상대로 명의신탁해지를 원인으로 한 소유권이전등기를 청구하는 경우에, 신설 교회가 종전 교회와의 동일성을 인정받을 수 없으므로 소유권이전등기청구권을 가지고 있지 않다는 이유로 청구를 기각하였다.[18)]

한편 한쪽 교회가 다른 쪽 교회의 담임목사에 대하여 교회에서 퇴거를 청구하는 것은 인정될 수 없으나,[19)] 한쪽 교회가 다른 쪽 교회에 대하여 예배방해금지는 청구할 수 있다고 보았다.[20)]

---

13) 대법원 1988.3.22. 선고 86다카1197 판결 등.

14) 이 점에 대하여는, 초기 판례는 교회재산의 소유형태를 교인들의 합유로 보았기 때문에 교회가 분열되더라도 그 재산의 합유자인 교인들이 여전히 교회재산에 대하여 합유지분권을 갖는다고 본 결과 분열되어 나온 교인들에게까지 권리를 인정한 것으로 해석할 수 있는데, 제정민법 시행 후 대법원판례는 합유와 그로 인한 교회분열시 합유지분권의 귀속에 관하여 별도로 고려하지 않고 신설된 민법조문에 맞추어 교회는 법인 아닌 사단이고 따라서 그 재산은 교인들의 총유라고 판시한 것이 아닐까 추측되고, 그렇다면 교인들은 교회 구성원으로서의 지위를 상실하면 교회재산에 대한 사용수익권도 상실하여야 할 것이지만, 판례는 합유설에 입각하였던 구민법 시대의 판시를 유지하면서 합유를 총유로 바꾸기만 한 결과 현재와 같은 판례에 이르게 된 것으로 추측하는 견해가 있다. 민유숙, 대법원판례해설 제60호, 2006, 43-44.

15) 대법원 1993.1.19. 선고 91다1226 전원합의체 판결 등.

16) 대법원 1985.2.8. 선고 84다카730 판결 등.

17) 대법원 1985.2.8. 선고 84다카730 판결; 대법원 1990.12.7. 선고 90다카23561 판결 등.

18) 대법원 1998.2.24. 선고 97다45327 판결.

19) 대법원 1990.12.21. 선고 90다카22056 판결.

또한 교회의 구성원이 계속적으로 변경되어 가는 교회의 속성에 비추어 볼 때 분열된 각 교회는 새로운 교인들을 받아들일 수 있음은 물론, 예배행위를 주관할 목사를 청빙하여 총유재산인 교회당을 사용하여 예배행위를 할 수 있는 것이며 반드시 분열당시의 교인들에 한하여서만 그 사용수익의 권리가 있는 것은 아니라고 하였다.[21][22]

이러한 판례를 재확인한 것은 대법원 1993.1.19. 선고 91다1226 전원합의체 판결이었다. 이 사건에서는 대한예수교장로회 통합측 부산노회에 속했던 교회의 일부 교인들이 위 통합파 교단과 노회를 탈퇴하고 대한예수교장로회 합동정통파교단의 경남노회에 가입하기로 하여 교회가 분열되었다. 그리하여 위 통합측에 잔류하는 교인들로 구성된 원고 교회가 합동정통파교단에 가입하기로 한 교인들로 구성된 피고 교회를 상대로 교회당 건물 명도를 청구하였다. 원심 법원은 종전 판례에 따라 이를 받아들이지 않았고, 대법원도 종전 판례를 유지하여 상고를 기각하였다. 그러나 이 판결에는 두 개의 반대의견이 있었다.

이회창 대법관의 제1반대의견은, 하나의 총유단체인 교회가 두 개의 총유단체인 각 교회로 분열되면 종전 총유단체인 교회에 속한 재산은 분열 후의 두 개의 총유단체인 각 교회의 공유로 되고 각 교회의 공유지분은 총유의 형태로 각 교회 및 그 구성원에게 귀속된다고 보는 것이 타당하고, 이 경우에 각 교회의 공유지분비율은 분열 당시 총유재산에 대하여 개별적 사용수익권을 가진 교인의 각 교회별 비율, 즉 각 교회의 세례교인의 수에 의하여 결정하는 것이 가장 합리적이라고 주장하였다. 그리하여 이 사건에서는 분열 당시의 전체 세례교인수와 원 · 피고 쌍방의 각 교회에 속한 세례교인수를 조사하여 각 교회의 공유지분을 확정한 다음, 민법 제265조에 의하여 공유물인 이 사건 교회건물에 대한 관리행위를 정할 수 있는 과반수지분권자가 어느 쪽인지를 가려서 원고 청구의 당부를 판단하였어야 한다고 보았다.

그리고 윤관, 김상원 대법관의 제2반대의견은 법적 의미의 분열을 인정하는 대법원의 종전 판례는 더 이상 유지되기 어렵다고 하였다. 그리하여 이 사건에서 문제된 교회 분열 즉 교인 중 일부는 종전 소속교단에 남기를 원하는데 다른 일부가 교단을 변경하기로 결의하여 소속교단을 이탈하고 다른 교단에 가입함으로써 교회가 분열된 경우만을 상정한다면, 달리 특별한 사정이 없는 한 종전 교회가 2개의 교회로 나뉘어 각각 존속한다는 의미의 교회의 분열은 인정될 수 없는 것이며, 종전 소속교단에 속한 교회는 종전교회와의 동일성을 그대로 유지한 채 존속하는 것이고, 종전교단을 떠난 교회는 그 구성원들이 종전교회를 탈

20) 대법원 1988.3.22. 선고 86다카1197 판결.
21) 대법원 1988.3.22. 선고 86다카1197 판결.
22) 상세한 것은 민유숙, 대법원판례해설 제60호, 2006, 45 이하 참조.

퇴하여 새로운 교회를 조직한 것으로 보아야 할 것이라고 보았다. 다만 민법상 사단법인이 총회의 결의에 의하여 법인의 목적을 비롯하여 정관기재사항을 변경할 수 있고, 나아가 법인 자체를 해산할 수 있음을 유추한다면, 교회가 교인들의 총의를 결집하는 일정한 절차를 거쳐 소속교단에서 이탈하여 타교단에 가입하는 등의 교단변경행위는 허용되어야 할 것이라고 주장하였다. 그리하여 이 경우에 사단법인의 해산결의에 관한 민법 제78조를 유추적용하여 사단법인의 총회라 할 수 있는 지교회의 공동의회에서 재적회원의 4분의 3 이상의 찬성으로 교단변경을 결의할 수 있게 함이 타당하다고 하였다.

나. 대법원의 판례변경

그러나 이러한 대법원의 판례는 대법원 2006.4.20. 선고 2004다37775 전원합의체 판결에 의하여 변경되게 되었다. 이 사건의 사실관계는 다음과 같다.

종전 교회(기독교대한성결교회 신서교회)는 기독교대한성결교회 소속의 지교회인데, 종전 교회의 목사로 재직하던 정 목사는 장로들과 의견대립이 발생하게 되었고, 위 일로 소속 교단의 징계재판을 받을 지경에 이르자, 정 목사는 지지 교인들을 모아 소속 교단을 탈퇴하여 독립교회가 되기로 결의하고 그 독립교회의 명칭을 신서교회로 하기로 하였다(피고 교회). 소속 교단인 기독교대한성결교회의 강서지방회는 2001. 10. 11. 정 목사에 대하여 면직판결을 하고 2001. 10. 27. 후임 당회장 목사를 파송하였다. 피고 교회는 11. 21. 이 사건 부동산에 관하여 종전 교회로부터 같은 해 11. 5. 매매를 원인으로 한 소유권이전등기를 마쳤으나, 위 등기는 실제로 종전 교회로부터 이를 매수하지 아니하였음에도 종전 교회의 당회원들이 매도 결의를 한 것처럼 임의로 관련 서류를 작성하여 이를 첨부하여 한 것이다. 종전 교회는 원고로서 피고 교회 명의의 소유권이전등기는 원인무효라고 하여 이 사건 부동산에 대한 말소등기청구를 하였다.

원심은 종전 교회는 피고 교회와 잔류 교인들로 구성된 원고 교회로 분열되었다고 판단한 다음, 종래의 판례에 근거하여 교회가 분열되면 종전 교회의 재산은 그 분열 당시 교인들의 총유에 속하고 총유재산의 보존행위는 총회의 결의에 의하여야 하는 것이므로, 이 사건에서 종전 교회가 원고 교회와 피고 교회로 분열될 당시 교인들의 총회 결의가 존재하지 않으므로 원고 교회는 교회 재산의 보존행위로서 이건 소를 제기할 수 없다고 판단하여 원고의 청구를 기각한 1심의 결론을 유지하였다.

그러나 대법원은 원심판결을 파기환송하였다. 다수의견의 요지는 다음과 같다.

(1) 우리 민법이 사단법인에 있어서 구성원의 탈퇴나 해산은 인정하지만 사단법인의 구성원들이 2개의 법인으로 나뉘어 각각 독립한 법인으로 존속하면서 종전 사단법인에게

귀속되었던 재산을 소유하는 방식의 사단법인의 분열은 인정하지 아니한다. 따라서 그 법리는 법인 아닌 사단에 대하여도 동일하게 적용되며, 법인 아닌 사단의 구성원들의 집단적 탈퇴로써 사단이 2개로 분열되고 분열되기 전 사단의 재산이 분열된 각 사단들의 구성원들에게 각각 총유적으로 귀속되는 결과를 초래하는 형태의 법인 아닌 사단의 분열은 허용되지 않는다.

(2) 종전 교회가 분열되어 잔존 교회와 신설교회가 병존한다고 보면서도 종전 교회의 재산에 관하여는 분열 전 교회가 존속하는 것으로 보아 분열 전 교회 구성원의 총유라고 하여 그 자체로서 논리적으로 모순적인 구조를 갖고 있다. 종전 교회의 구성원들인 교인들 외에 분열 후 새로 가입하여 분열 당시 교회의 구성원이 아니었던 교인들까지도 종전 교회 재산에 대한 사용 · 수익권을 행사할 수 있다고 인정함으로써 총유재산에 대한 사용 · 수익권은 법인 아닌 사단 구성원의 지위에서만 인정된다는 민법의 대원칙도 부정하는 결과를 초래하였다.

(3) 종전 재산 관리 처분에 관한 소송은 분열 당시 교인들로 구성된 교인총회의 결의를 거쳐 종전 교회 자체가 당사자가 되어 제기하여야 한다고 하여 종전 교회와 그 구성원들이 소 제기시에도 여전히 존재하는 것처럼 의제하여 교인 총회의 소집과 결의가 필요하다는 것을 요구하고 있는바, 이는 비현실적이고 사실상 불가능한 것으로서 원고가 되어 소송을 제기하는 교회가 패소하는 결과를 초래하였다. 더욱이 분열되어 나간 교회가 종전 교회 명의의 교회재산에 관하여 관련 서류를 위조하여 허위의 이전등기를 마치더라도 분열 후의 잔존 교회는 말소등기절차의 이행을 구할 수 없어 실체관계에 부합하지 않는 등기의 존재를 용인할 수밖에 없고, 분열된 교회들이 하나의 교회 건물을 서로 독점적으로 점유하기 위하여 물리력을 행사하더라도 이를 방치할 수밖에 없어 종국에는 다수파에 의한 점거가 사실상 정당한 것처럼 유지되는 결과에 이르렀다. 또한, 분열된 각 교회가 상대방의 사용 · 수익을 방해하지 않는 범위 내에서 종전 교회의 건물을 사용 · 수익한다고 하더라도, 교회 건물 외에 목사의 사택, 채권 · 채무 등 구체적인 재산의 사용 · 수익이나 처분 · 변제를 어떠한 방법으로 할 것인가에 대한 해결책은 찾을 수 없는 상태로 남아 있다.

(4) 교회가 법인 아닌 사단으로서 존재하는 이상 그 법률관계를 둘러싼 분쟁을 소송적인 방법으로 해결함에 있어서는 법인 아닌 사단에 관한 민법의 일반 이론에 따라 교회의 실체를 파악하고 교회의 재산 귀속에 대하여 판단하여야 한다. 이에 따라 위에서 본 법인 아닌 사단의 재산관계와 그 재산에 대한 구성원의 권리 및 구성원 탈퇴, 특히 집단적인 탈퇴의 효과 등에 관한 법리는 교회에 대하여도 동일하게 적용되어야 한다. 따라서 일부 교인들이 교회를 탈퇴하여 그 교회 교인으로서의 지위를 상실하게 되면 탈퇴가 개별적인 것

이든 집단적인 것이든 이와 더불어 종전 교회의 총유 재산의 관리처분에 관한 의결에 참가할 수 있는 지위나 그 재산에 대한 사용 · 수익권을 상실하고, 종전 교회는 잔존 교인들을 구성원으로 하여 실체의 동일성을 유지하면서 존속하며 종전 교회의 재산은 그 교회에 소속된 잔존 교인들의 총유로 귀속됨이 원칙이다.

(5) 특정 교단에 가입한 지교회가 교단이 정한 헌법을 지교회 자신의 자치규범으로 받아들였다고 인정되는 경우에는 소속 교단의 변경은 실질적으로 지교회 자신의 규약에 해당하는 자치규범을 변경하는 결과를 초래하고, 만약 지교회 자신의 규약을 갖춘 경우에는 교단변경으로 인하여 지교회의 명칭이나 목적 등 지교회의 규약에 포함된 사항의 변경까지 수반하기 때문에, 소속 교단에서의 탈퇴 내지 소속 교단의 변경은 사단법인 정관변경에 준하여 의결권을 가진 교인 2/3 이상의 찬성에 의한 결의를 필요로 한다. 위의 교단변경 결의요건을 갖추어 소속 교단에서 탈퇴하거나 다른 교단으로 변경한 경우에 종전 교회의 실체는 이와 같이 교단을 탈퇴한 교회로서 존속하고 종전 교회 재산은 위 탈퇴한 교회 소속 교인들의 총유로 귀속된다.

(6) 다만, 교단변경 결의에는 지교회의 종교적 자유와 함께 지교회의 존립목적 유지라는 양 측면에서의 내재적 한계가 존재한다. 따라서 소속 교단의 헌법에서 교단 탈퇴의 허부 및 요건에 관하여 위와 달리 정한 경우에도(민법 제42조 제1항 단서 참조) 그 규정이 지교회의 독립성과 종교적 자유의 본질을 해하는 경우에는 지교회에 대한 구속력을 인정할 수 없다. 다른 한편, 실질적으로 지교회의 해산 등 교회의 유지와 모순되는 결과를 수반하는 교단변경 결의, 나아가 기독교가 아닌 전혀 다른 종교를 신봉하는 단체로 변경하는 등 교회의 존립목적에 본질적으로 위배되는 교단변경 결의는 정관이나 규약 변경의 한계를 넘어서는 것이므로 허용될 수 없다.

이러한 다수의견에 대하여는 두 개의 별개의견과 한 개의 반대의견 및 다수의견에 대한 보충의견이 있었다.

손지열, 박재윤, 김용담, 김지형의 별개의견(제1별개의견)은 기본적으로 교회의 분열을 인정하지 않는다는 점에서는 다수의견과 같지만, 교단에 소속된 교회의 교단 변경을 사단법인의 목적 변경과 유사하다고 보고 사단법인의 정관변경에 관한 민법 제42조 제1항을 유추적용하여 의결권을 가진 교인 2/3 이상의 동의가 있으면 된다고 한 견해에는 찬성할 수 없다고 하였다. 제1별개의견은, 교회의 소속 교단의 변경에 관하여는 사단법인의 정관변경에 관한 민법 제42조 제1항을 유추적용할 것이 아니라 사단법인의 해산결의에 관한 민법 제78조를 유추적용하여야 하고, 따라서 교회는 교회의 규약 등에 정하여진 적법한 소집절차를 거친 총회에서 의결권을 가진 교인 3/4 이상의 동의를 얻은 경우에 한하여 적법하게 소속 교단을 탈퇴하거나 변경할 수 있다고 주장하였다. 이는 대법원 1993년 전원합의체 판결에서의 윤관, 김상원 대법관의 제2반대의견과 같은 취지이다.

박시환 대법관의 별개의견(제2별개의견)은, 우리 민법이 사단법인의 분열을 특별히 금지하지도 아니하였고 또 사단법인의 분열을 금지하여야 할 특별한 이유도 보이지 않으므로 사단법인의 분열은 우리 민법하에서도 허용되는 것이라고 보아야 한다고 주장하였다. 다만 교회의 분열을 허용하는 경우에도, 종전 판례의 입장과 같이 종전 교회에 속한 권리의무가 분열 당시 교인들의 총유에 속하게 되는 것으로 볼 것이 아니라, 분열된 각 교회에 공유적 형태로 분리하여 포괄승계되는 것으로 볼 수밖에 없을 것이고, 각 교회의 공유지분 비율은 분열 당시 분열된 각 교회의 등록된 세례교인의 수에 의하여 결정되는 것이 합리적이라고 하였다. 이는 1993년 전원합의체 판결에서의 이회창 대법관의 제1반대의견과 같은 취지이다

반면 강신욱 대법관의 반대의견은, 종전의 확고한 판례를 변경하여야 할 아무런 필요성이 없다고 하면서, 다수의견에 따를 경우 소수자의 종교의 자유를 침해하는 문제점이 발생한다고 주장하였다.

그리고 김영란 대법관의 다수의견에 대한 보충의견은 주로 2개의 별개의견과 반대의견을 비판하고 있다.

다. 그 후의 판례

위 전원합의체 판결 이후에 특히 주목하여야 할 판례로는 대법원 2010.5.27. 선고 2009다67658 판결이 있다. 이 사건에서는 교회의 일부 교인들이 소속 교단을 탈퇴하고 다른 교단에 가입하기로 하는 내용의 교단변경을 결의하였으나 그 결의가 절차적 하자로 인하여 무효로 되자, 종전 교단에 남아 있었다는 교인들로 이루어진 원고 교회가 탈퇴 결의에 찬성한 교인들로 이루어진 피고 교회를 상대로 하여, 금융기관이 채권자불확지를 이유로 공탁한 종전 교회 명의의 예금채권에 관한 공탁금출급청구권의 확인을 청구하였다. 원심판결은 교단을 탈퇴하는 결의에 찬성한 교인들이 종전 교회를 탈퇴한 것이라고 보아 원고의 청구를 받아들였다.

그러나 대법원은 일부 교인들이 소속 교단을 탈퇴하고 다른 교단에 가입하기로 하는 내용의 교단변경을 결의하는 것은 종전 교회를 집단적으로 탈퇴하는 것과 구별되는 개념으로, 교단변경에 찬성한 교인들이 종전 교회에서 탈퇴하였다고 평가할 수 있을지 여부는 법률행위 일반의 해석 법리에 따라 여러 가지 사정을 고려하여 결정하여야 한다고 하였다. 특히 대법원이 강조한 점은, 교단변경 결의에 찬성한 교인들이 교단변경 결의가 유효하게

이루어지지 아니하는 경우 교회재산의 사용수익권을 잃는 것을 감수하고서라도 새로운 교회를 설립한 것인지, 아니면 사용수익권을 보유하면서 종전 교회에 남을 것인지 사이에서 교인들이 어떠한 선택을 하였다고 볼 것인지 여부와 같은 사정을 종합적으로 고려하여 판단하여야 한다는 것이다.

그리하여 여러 가지 사정을 열거하고 있는데, 특히 이 사건 교단변경 결의가 무효라는 법원의 판결이 확정된 후에는 새로운 교단에 가입한 목사를 따르는 교인들이 새로운 교단에서의 활동을 중단한 것으로 보인다는 점을 강조하면서, 이는 교단변경 결의가 무효라는 사실을 수용하고 종전 교회 교인으로서 지위를 그대로 유지하려는 의사를 적극적으로 나타낸 것으로 볼 수 있는 점 등을 강조하면서, 이러한 여러 사정들을 종합하여 보면 이 사건 교단변경 결의에 찬성한 교인들이 종전 교회에서의 탈퇴까지 의도하였다거나 자신들만을 교인으로 한정하여 종전 교회와 별개의 교회를 설립하였다고 단정하기는 곤란하다고 하였다.

이 사건에 대한 환송 후 원심 판결인 서울고등법원 2011.1.14. 선고 2001나50320 판결은 대법원의 취지에 따라, 피고 교회는 원고 교회와 별개의 실체를 갖춘 독립된 교회로서의 당사자능력을 갖추지 못하였다고 하여 원고의 소를 각하하였다.

2. 학설상의 논의

이 문제에 관하여는 이미 1950년대부터 많은 논의가 이루어졌다. 학설상으로는 종래 판례를 지지하는 견해는 찾기 어렵다. 종래 판례를 비판하는 학설은 크게 법률적으로 교회 분열을 긍정하는 견해와 교회 분열을 부정하는 견해로 나누어 볼 수 있다. 교회 분열을 긍정하는 견해는 대체로 분열된 각 교회가 교회 재산을 공유한다고 보고 있다. 이하에서는 앞의 견해를 공유설, 뒤의 견해를 분열 부정설이라고 부르기로 한다. 반면 교회 분열을 부정하는 견해는 기본적으로 위 대법원 2006년 전원합의체 판결의 다수의견과 같은 취지이다. 이외에도 제한적으로만 교회의 분열을 인정하는 제한적 긍정설, 분열 사유를 따져서 교회의 분열을 인정할 것인지를 결정하여야 한다는 이원설 등이 있으나,[23] 그 구분 기준이 모호하여 지지자가 많지 않다. 이하에서는 이에 대하여는 언급하지 않는다.

---

23) 백현기, 교회분쟁관계법, 271-274 참조.

가. 종래 판례의 문제점

종래 판례의 문제점은 많은 논자들이 지적하고 있다. 이론적인 면은 차치하더라도, 종래 판례에 따르면 교회의 분열로 인한 분쟁은 해결되지 못하게 된다. 종래 판례에 의하면 분열된 당시의 교회 교인들이 교인총회의 결의를 거쳐 분쟁을 해결하여야 한다고 하지만, 분열된 교인들이 교인총회(공동의회)를 거친다는 것은 현실적으로 불가능하다. 그리하여 위 2006년 전원합의체 판결이 지적하고 있는 것처럼, 교회의 분열로 분쟁이 발생한 경우에 이를 해결하기 위하여 원고가 되어 소송을 제기하는 교회는 어느 쪽도 종전 교회에 의한 결의 요건이나 대표권을 갖출 수 없어 패소하게 되어 법률적인 분쟁 해결이 불가능하고, 더욱이 분열되어 나간 교회가 종전 교회 명의의 교회재산에 관하여 관련 서류를 위조하여 허위의 이전등기를 마치더라도, 분열 후의 잔존 교회는 말소등기절차의 이행을 구할 수 없어 실체관계에 부합하지 않는 등기의 존재를 용인할 수밖에 없으며, 분열된 교회들이 하나의 교회 건물을 서로 독점적으로 점유하기 위하여 물리력을 행사하더라도 이를 방치할 수밖에 없어 종국에는 다수파에 의한 점거가 사실상 정당한 것처럼 유지되는 결과에 이르게 된다.

나. 공 유 설

공유설은 일찍이 김증한 교수가 1959년에 대법원 1958.8.14. 선고 4289민상569 판결의 평석에서 위 판결을 비판하면서 처음 제창한 것으로 보인다.24) 위 판결은 대법원 1957. 12.13. 선고 4289민상182 판결을 인용하면서, 동일 교회의 교도가 수파(數派)로 분리되어 수개의 교회로 분립하는 경우에는 그 분리 당시의 교회 소속 재산은 원칙적으로 그 분리 당시의 교회 소속 교도의 합유로서 그 총의(總意)에 의하여 그 귀속을 결정할 것이고 결코 자동적으로 그 분립된 교파 중 어느 것의 단독소유로 되는 것은 아니라고 하였다.

이에 대하여 김증한 교수는 우선 위 판결들이 교회 재산을 총유가 아니라 합유라고 한 것을 비판하였다. 그리고 위 판결들이 분리 당시의 교회 소속 재산은 원칙적으로 그 분리 당시의 교회 소속 교도의 총유라고 하는 것은 성립할 수 없는 관념이고, 지금에 와서 교도들 자신이 그 귀속을 결정할 수 있는 어떠한 방법도 없으므로 판지가 법률상의 불가능을 판시한 것은 실질적으로 재판거절을 의미한다고 한다. 그리하여 교회가 분열한 경우에 교회재산은 분열된 두 교회의 공유에 속하고, 그 공유지분이 각 교회의 교도 전체에 총유적

24) 김증한, 교회가 분열한 경우의 교회재산의 귀속, 서울대학교 법학 1/2 (1959) 209 이하. 위 글에는 사건번호만 나오고 선고일자는 나오지 않는다.

으로 귀속하며, 분열 후의 재산귀속관계를 정함에 있어서 어느 쪽의 교회가 본래의 교회와 동일성을 가진 것이냐의 판단은 결정적인 역할을 하거나 전제가 될 것은 아니라고 하였다.

위 1993년 전원합의체 판결에서 이회창 대법관의 반대의견은, 하나의 총유단체인 교회가 두 개의 총유단체인 각 교회로 분열되면 종전 총유단체인 교회에 속한 재산은 분열 후의 두 개의 총유단체인 각 교회의 공유로 되고 각 교회의 공유지분은 총유의 형태로 각 교회 및 그 구성원에게 귀속된다고 보는 것이 타당하다고 하여 김증한 교수의 주장을 받아들였다. 위 2006년 전원합의체 판결이 선고된 후에도 이러한 공유설을 지지하는 견해가 많다.[25] 그 논거는 다음과 같다.[26]

(1) 교인 사이에 교리 및 예배에 관한 분쟁이 생겨 양분됨으로써 그 공동성의 기초가 상실되어 각각 별개의 신앙단체를 형성하게 되었다면 종전의 신앙단체는 소멸되어 존재하지 않고 각각 별개의 신앙단체로 분열되었고, 기본적인 신앙단체가 분열된 이상 그 사단적 구성도 이에 따라 분열된 것으로 평가할 수밖에 없다. 법인 아닌 사단에 대하여 원칙적으로는 사단법인에 관한 규정이 유추적용되지만 법인 아닌 사단은 조직과 형태가 다양하여 사단법인에 관한 규정이 획일적으로 적용될 수 없는 경우도 있을 것이므로 사단의 기초가 신앙단체인 교회의 경우에는 신앙단체의 특성에 따라 분열을 인정하더라도 반드시 사단의 본질에 반하는 것이라고 단정할 수는 없다.

(2) 현실적으로 교인들이 나누어져 함께 신앙생활을 할 수 없는 파탄상태에 빠졌다면 분파된 교인들이 각각 별도의 교회를 이루어 신앙생활을 할 수밖에 없을 것인바 이러한 측면에서 현실적으로 발생한 사회현상으로서의 교회의 분열을 반가치적이라고 볼 수는 없으므로 법적으로 이를 직시하여 수용하는 것이 형평의 원칙에 부합한다.

(3) 교회 분열을 인정하지 않을 경우 소수파가 고의로 교회의 운영을 저해하여 다수파를 탈퇴케 함으로써 그 재산을 독점하는 현상을 막을 수 없다. 또한 사단에서 적용되는 다수결의 원리에도 한계가 있고, 교회분열에 있어서는 다수결 원리에 따르지 않는다 하더라도 이에 대한 비난 가능성은 없다.

(4) 교회 재산은 대부분 개별 교인들의 헌금으로 이루어지는바, 분열시 재산귀속의 문제에 있어서 신앙적인 문제로 부득이 나누어지게 된 개별 교인들이 자신들의 기여로 이

25) 비교적 초기에 공유설을 지지하는 문헌으로는 조용연, 교회의 분열과 재산의 귀속, 민사판례연구 8 (1986) 75-76이 있다. 또한 오시영, 교회의 분열과 재산 귀속 관계에 대한 고찰, 인권과 정의 361 (2006) 181 이하; 김민규, 교회의 분열과 재산귀속에 관한 판례법리의 변천, 재산법연구 23/3 (2007) 191 이하; 송호영, 교회의 교인들이 종전교단으로부터 집단적으로 탈퇴하여 별도의 교회를 설립한 경우의 법률관계, 민사법학 35 (2007) 191 이하; 김교창, 준사단법인인 교회의 분할, 저스티스 98 (2007) 248 이하; 양형우, 교회분열에 따른 재산귀속. 재산법연구 24/1 (2007) 59-94 이하 등. 그 밖에 자세한 문헌의 소개는 백현기, 교회분쟁관계법, 268 주 95) 참조.

26) 홍기태, 교인들의 탈퇴에 따른 교회재산의 귀속관계, 민사판례연구 29 (2007) 628 이하에 요약된 것을 참조하였다.

룩한 교회재산에 대하여 전혀 재산적 권리를 가지지 못한다는 것은 형평의 원칙에 어긋나 타당하지 못한 결과가 된다. 따라서 총유의 형태로나마 그 재산에 대한 권리를 가질 수 있게 해주어야 한다.

다. 분열 부정설

분열 부정설은 법적으로 교회의 분열을 인정하지 않으며, 일부 교인들의 탈퇴로 인하여 교회가 사실상 분열되더라도, 법률적으로는 종전 교회와 동일성을 유지하는 교회의 교인들에게 재산이 총유로 귀속된다고 본다. 따라서 사용수익권도 동일성을 유지하는 교회의 교인들이 가지게 되고 이탈한 측은 사용수익권도 상실하게 된다.[27]

분열 부정설의 논거는 다음과 같다.[28]

(1) 우리 민법은 사단법인 구성원의 탈퇴나 사단법인의 해산은 인정하지만 사단법인의 분열은 인정하지 않으며, 따라서 사단법인 분열되는 경우에 종전 법인의 재산의 귀속에 관하여도 규정하고 있지 않다.

(2) 사회현실에서 교회의 구성원들이 나뉘어 별개의 교회를 구성하는 사실상의 교회 분열현상은 흔히 일어나지만, 그 법적 해결책은 실정법규의 해석 또는 유추적용 등을 통하여 마련되어야 하는 것이지 실정법이 전혀 상정하지 않는 법률관계를 창출하여 해결할 수는 없다.

(3) 교회 이외에도 비법인 사단이 사실상 분열되는 경우도 있을 터이지만 이에 대하여 분열의 개념을 도입하여 해결하자는 의견이 없는 것을 보면 법적 의미에서 교회 등 법인 아닌 사단의 분열은 인정될 수 없다.

다만 분열 부정설도 교회의 분열이 있더라도 종전 교회의 교인총회(공동의회)에서의 적법한 절차에 의하여 기존 교단을 탈퇴하거나 다른 교단에 가입하는 경우에는 이 교회가 기존 교회와 동일성을 가진다고 보게 된다. 이때 교단 탈퇴 등을 위하여 요구되는 교인들의 동의가 어떤 것인가에 관하여는 의견이 갈린다.

---

27) 분열 부정설을 최초로 주장한 것은 최식, 교회가 분파된 경우의 재산귀속, 사법행정 1974. 3, 64 이하로 보인다. 또한 1993년 전원합의체 판결 전에 분열부정설을 주장한 것으로는 김상기, 교회분열과 분열된 교회재산에 관한 법리, 법조 35/3 (1986) 111 이하; 변동걸, 교회의 분열과 교회재산의 귀속, 사법행정 1992. 10, 52 이하, 1992. 11, 69 이하; 홍광식, 불교회의 분열과 재산귀속, 부산판례연구회 판례연구 1 (1991) 51 이하가 있다. 그 외에 분열 부정설을 지지하는 것으로는 민유숙, 대법원판례해설 제60호, 2006, 31 이하; 백현기, 교회분쟁관계법, 275 이하; 홍기태, 민사판례연구 29 (2007) 613 이하; 윤진수, 2006년도 주요 민법 관련 판례 회고, 민법논고 제3권, 2008, 692-693(처음 발표: 2007); 배성호, 교회분열과 재산귀속, 한국부패학회보 12/4 (2007) 47 이하 등. 더 상세한 문헌의 소개는 백현기, 교회분쟁관계법, 269 주 100) 참조. 다만 여기서는 양형우, 재산법연구 24/1 (2007)을 분열 부정설로 잘못 인용하고 있다.

28) 홍기태, 민사판례연구 29 (2007) 632 이하에 요약된 것을 참조하였다.

한 설은 교단의 변경은 사단의 목적 변경에 준하는 것으로 보아 교인 전원의 동의를 요한다고 본다.[29] 다른 설은 교단 변경은 사단법인의 해산결의에 관한 민법 제78조를 유추적용하여 교인 3/4 이상의 동의를 얻어야 한다고 주장한다.[30] 또 다른 설은 사단법인의 정관변경에 관한 민법 제42조 제1항을 유추적용하여 교인 2/3 이상의 동의를 얻으면 된다고 주장한다.[31]

Ⅳ. 미국에서의 논의

참고가 될 수 있는 외국에서의 논의로는 미국의 예를 들 수 있다. 이에 대하여는 국내에도 소개된 바 있다.[32]

1. 왓슨 판결

미국에서는 미국연방대법원이 1871년에 선고한 왓슨(Watson v. Jones) 판결[33] 전까지는 영국의 판례[34]에 따라 교회 내의 분쟁이 있는 경우에는 법원은 교회 조직에서 신앙의 진정한 기준(the true standard of faith)이 무엇이고, 다투는 당사자들 중 어느 쪽이 이러한 기준을 준수하는가를 탐구하여야 한다고 보고 있었다.[35]

그러나 왓슨 판결은 이러한 교리 탐구를 허용할 수 없다고 보았다. 이 사건에서는 켄터키 주의 월넛 스트리트 장로교회(Walnut Street Presbyterian Church)가 노예 문제를 둘러싸고 분열되었다. 장로교 총회(general assembly)는 노예 반대파가 옳다고 판단하였다. 그렇지만 켄터키 주 법원은 총회가 장로를 임명한 것이 교회 헌법을 위반하였다고 판단하였다. 그리하여 사건은 연방대법원에 이르게 되었다.

29) 제철웅, 단체와 법인, 민사법학 36 (2007) 113-116.

30) 남윤봉, 비법인교회재산의 귀속에 관하여, 한양대학교 법학논총 23/2 (2006) 379; 이완근, 교회분열의 법률관계, 한도정환담교수 화갑기념 민사법의 실천적과제, 2000, 428.

31) 변동걸, 사법행정 1992. 10, 63; 민유숙, 대법원판례해설 제60호, 2006, 70; 윤진수, 민법논고 제3권, 693.

32) 백현기, 교회분쟁관계법, 387 이하; 김진현, 강원법학 1 (1985) 110 이하; 황규학, 교회분열시 재산귀속에 대한 한·미 비교연구, 2014(강원대학교 법학박사학위논문) 등.

33) 80 U.S. 679, 20 L.Ed. 666, 13 Wall. 679.

34) Attorney-General v Pearson, (1817) 36 Eng. Rep. 135; 3 Merivale 353. 영국의 대법원(Supreme Court)은 2014년에도 이러한 판례를 재확인하였다. Khaira v Shergill, [2015] A.C. 359.

35) Michael W. McConnell & Luke W. Goodrich, On Resolving Church Property Disputes, 58 ARIZ. L. REV. 307, 311 (2016). "신앙의 진정한 기준(the true standard of faith)"이라는 표현은 Watson 판결이 사용한 것으로(80 U.S. 727), Attorney-General v Pearson 판결에서는 "원래 조직의 성격(the nature of the original institution)"이라고 하였다. (1817) 3 Merivale 353, 400.

법정의견을 집필한 밀러(Miller) 대법관은 이를 다음과 같은 세 가지로 나누었다.

첫째, 다툼이 되고 있는 재산이 날인증서(deed)나 증여자의 유언 또는 다른 문서에서 명시적인 조항에 의하여 특정한 종교적 교의나 신앙의 교육, 지지 또는 전도를 위하여 바쳐진 경우.

둘째, 재산 보유자인 종교적 회중이 다른 종교적 연합체로부터 엄격하게 독립되어 다른 상급의 권위에 충성하거나 복종하지 않는 경우(회중정체).

셋째, 재산을 보유하는 종교적인 회중이나 기구가 일반적인 교회 조직에 종속된 구성원이고, 그 교회 조직에는 일반 조직의 모든 회원에 대하여 포괄적이고 종국적인 통제권을 가지는 상급 교회 법정이 있는 경우.

밀러 대법관은 첫 번째 경우에는 그와 같이 바쳐진 재산이 그 사용을 위하여 부가된 신탁(trust)으로부터 벗어나지 않도록 하는 것이 법원의 의무이고, 당사자적격을 가지는 자는 그러한 재산의 이탈을 막을 수 있어야 한다고 보았다. 이때에는 교회의 다수파라 하여도 이러한 재산을 새로운 교리를 지지하기 위하여 사용할 수는 없다는 것이다.

두 번째 경우에는 기구의 분열이 있으면 재산 사용에 관한 기구의 권리는 자발적 단체(voluntary association)를 규율하는 통상적인 원리에 의하여 정해져야 한다고 보았다. 그 원리가 다수결이면 다수의 구성원이 재산 사용의 권리를 통제할 수 있고, 다른 조직으로 분리될 것을 선택하고 치리기구의 권위를 승인할 것을 거부하는 소수파는 그들이 교회나 회중의 구성원이었다는 사실에 의하여서는 재산에 대한 아무런 권리를 주장할 수 없다고 한다.

그리고 세 번째 경우에는 징계, 신앙, 교회 규칙, 관행이나 법의 문제가 최고위 교회 법정에서 결정되면 법원은 이러한 결정을 최종적이고 구속력 있는 것으로 받아들여야 한다고 하였다.36)

밀러 대법관은 영국의 판례를 따르지 않는 이유로서, 미국에서는 완전하고 자유로운 종교적 신앙의 권리가 모든 사람에게 인정되고 있고, 자발적인 종교 단체를 조직하고 단체 내의 신앙 문제에 관하여 법정을 창설할 권리에 대하여는 의문이 없으며, 그러한 기구에 의하여 연합을 맺는 사람들은 모두 그러한 정제에 묵시적으로 동의를 한 것인데, 그러한 법정에 의하여 불이익을 받은 사람이 세속 법정에 소를 제기하여 이를 번복할 수 있다면 그러한 동의는 공허한 동의가 될 것이라고 하였다. 그리고 이러한 결정을 통상적인 법원에서 심사하는 것이 정의를 촉진하지도 않는데, 일반 법원의 판사들이 이러한 종교적 법과 믿음에 관하여 이러한 조직의 능력 있는 사람들만큼 유능하다고 말할 수도 없다고 한다.37)

36) 80 U.S. 679, 722-727.
37) 80 U.S. 679, 728 ff.

이러한 왓슨 판결이 정립한 원칙은 원래 헌법상의 원칙은 아니었고, 보통법상의 원칙이었다. 그런데 1952년 연방대법원이 선고한 케드로프(Kedroff v. St. Nicholas Cathedral of Russian Orthodox Church in North America) 판결[38]은 이를 헌법적 원칙으로 승격시켰다.[39]

2. 중립적 원칙(neutral principles)

그런데 1969년에 이르러 이러한 왓슨 판결의 원칙은 수정을 받게 되었다. 즉 연방대법원의 블루 헐(Presbyterian v. Blue Hull) 판결[40]은 왓슨 판결의 제1원칙을 폐기하고 이른바 중립적 원칙(neutral principles)에 의하여 해결되어야 한다고 판시하였다.

이 사건은 교계정체를 취하는 장로교회의 지교회 둘이 전국교회가 교단의 확립된 교리를 이탈했다는 이유를 들어 교단탈퇴를 하여, 그 교회의 재산귀속을 놓고 지교회와 소속 교단인 미국 장로교회(Presbyterian Church in U.S.) 사이에 벌어진 분쟁이다. 1심 법원에서 배심원에게 지시된 것은 교단의 행위가 원래의 교의와 교리를 근본적으로 또는 상당하게 저버렸는가 하는 점이었고, 배심원단이 이를 긍정하여 1심 법원은 지교회에게 승소판결을 하였으며, 조지아 주 대법원도 이를 받아들였다. 그러나 연방대법원은 원심판결을 파기환송하였다.

다수의견을 집필한 브레넌(Brennan) 대법관은, 미국 헌법 수정 제1조[41]는 법원이 교회 재산 분쟁을 해결함에 있어서 할 수 있는 역할을 중대하게 제한하고 있고, 모든 재산 분쟁에 관하여 적용되기 위하여 발전된 법의 중립적 원칙(neutral principles of law)이 적용될 수 있지만, 교회 재산 소송이 종교적 교리와 관행에 관한 분쟁을 법원이 해결하는 것이 된다면 헌법 수정 제1조의 가치는 명백히 위협을 받게 되고, 위 조문은 법원이 교회 재산 분쟁을 바탕이 되고 있는 종교적 교의에 관한 분쟁을 해결하지 않고 재판할 것을 명한다고 하였다. 그런데 조지아 주 법원이 이 사건에서 적용한 묵시적 신탁 이론(implied trust theory)의 교리로부터의 이탈(departure-from-doctrine) 요소는 법원이 교단의 행위가 지교회가 가입하였을 당시의 신앙 교리와 관행으로부터 현저하게 이탈하여 교단을 위한 신탁이 종료되었다고 선언되어야 하는지를 따질 것을 요구하는데, 이 교리로부터의 이탈 요소는 법원이 종교의 핵심 문제를 결정하라는 것이고, 헌법 수정 제1조는 법원이 그러한 역할을 하는 것을

38) 344 U.S. 94 (1952).
39) 상세한 것은 김진현, 강원법학 1 (1985) 120 이하 참조.
40) Presbyterian Church in U.S. v. Mary Elizabeth Blue Hull, 393 U.S. 440 (1969).
41) "의회는 종교를 만들거나, 자유로운 종교 활동을 금지하거나, 발언의 자유를 저해하거나, 출판의 자유, 평화로운 집회의 권리, 그리고 정부에 탄원할 수 있는 권리를 제한하는 어떠한 법률도 만들 수 없다."

금지한다고 하였다. 그리하여 교리로부터의 이탈이라는 요소는 앞으로의 재판에서 아무런 역할을 할 수 없고, 법원은 교회 교의를 해석하거나 형량하지 않은 채로 가장 좁은 의미에서 교회의 결정을 심사하는 것 – 즉 그 결정이 사기(fraud), 통모(collusion) 또는 자의(恣意, arbitrariness)로 인한 것인가 – 에 의하여 재판을 하여야 한다고 하였다.[42][43]

이 판결은 "교리로부터의 이탈" 여부를 법원이 심사하는 것은 헌법 수정 제1조에 의하여 허용되지 않는다는 점을 명확히 하였고, 교회 재산 분쟁은 중립적 원칙에 의하여 해결될 수 있다고 하였으나, 그 중립적 원칙이 무엇인지는 명확히 하지 않았다. 이에 대하여는 그 후 몇 차례 연방대법원 판례가 있었는데,[44] 그 중 한 가지는 1970년의 샤프스버그(Maryland and Virginia Eldership v. Sharpsburg) 판결[45]이다. 이 판결은 법원의 의견을 누가 집필하였는가를 밝히지 않은 간이판결(per curiam decision)인데, 브레넌 대법관은 별개의견에서 다음과 같이 설시하였다.

즉 각 주는 교리적 문제에 관하여 고려하지 않는 한 교회 재산 분쟁을 해결하는 데 있어서 여러 가지 방법 중 어느 하나를 선택할 수 있다고 하면서, 그 방법으로 세 가지를 들었다. 첫째는 왓슨 원칙으로서, 이 원칙에 따르면 교회 정체에 따라 내려진 결정을 집행하는 것이라고 한다. 다만 이 원칙은 관계 교회의 치리권자가 교리 문제의 해결과 종교정책에 대한 광범위한 조사 없이 결정될 수 있을 때에만 가능하다고 하였다. 둘째는 중립적 원칙으로서, '형식적 권원' 이론에 따르면 법원은 양도증서(deeds), 복귀조항(reverter clause)[46]과 일반적인 주의 회사법에 따라 소유권을 결정할 수 있다고 하였다. 다만 예컨대 교리로부터 이탈하는 경우에는 재산이 지교회로부터 교단으로 복귀한다는 조건이 붙은 양도증서나 교단의 헌법의 조항과 같이 재산법의 일반 조항이 교리 문제를 해결할 것을 요구하는 때에는 적용될 수 없다고 하였다. 세째, 교회 재산에 관한 특별법을 만드는 것이다. 그러한 법은 교회 정책이나 교의를 교회의 치리회에 맡기도록 주의깊게 만들어져야 한다고 하였다.[47]

이 문제에 관한 가장 최근의 연방대법원 판례는 1979년의 존스(Jones v. Wolf) 판결이다.[48] 이 사건은 조지아 주에서 발생한 바인빌(Vineville) 장로교회의 분열을 둘러싼 분쟁이

---

42) 393 U.S. 440, 449 ff.

43) 이 사건을 환송받은 조지아 주 대법원은 묵시적 신탁 이론을 적용하지 않고, 재산에 대한 법적 권원(legal title)은 지교회에 있다고 하여 환송 전 원심과 마찬가지로 지교회 승소 판결을 내렸다. Presbyterian Church in U. S. v. Eastern Heights Presbyterian Church, 225 Ga. 259. 이 판결에 대한 이송명령(writ of certiorari) 신청은 기각되었다.

44) 김진현, 강원법학 1 (1985) 125 이하 참조.

45) 90 S.Ct. 499, 24 L.Ed.2d 582.

46) 증여된 물건이 증여된 용도대로 사용되지 않을 경우 증여자에게 소유권이 복귀된다는 조항.

47) 이 사건에서는 지역교회와 지교회 사이의 분쟁에서 메릴랜드 주 법원이 종교 단체에 관한 메릴랜드 주법을 적용하여 교회 재산이 지교회 것이라고 하였는데, 연방대법원은 중요한 연방 문제(substantial federal question)가 결여되었다고 하여 상고를 기각하였다.

48) 99 S.Ct. 3020, 61 L.Ed.2d 775.

다. 위 교회는 미국장로교회(Presbyterian Church in the United states)에 소속된 지교회였는데, 1973년 위 교회의 공동의회에서 동교단을 탈퇴하고 타교단에 가입할 것에 164명이 찬성하였고, 94명이 반대하였다. 위 다수파는 바로 아메리카 장로교(Presbyterian Church in America)라는 다른 교단에 가입하였다. 이에 미국장로교회의 지역노회에서 분쟁을 조사하고 해결할 특별위원회를 구성하였는데, 위 위원회는 원교단지지파가 참 지교회이고, 다수파는 아무런 권한이 없다고 판단하였다.

원교단지지파는 재산을 되찾기 위하여 조지아 주 법원에 제소하였다. 조지아 주 대법원은 블루 헐(Blue Hull) 판례를 근거로 중립적 원칙을 적용하여 다수파에게 권리가 있다고 판결하였다. 그에 따르면 조지아 주의 법률이나 바인빌 교회의 헌장 어디에도 고단이 교회재산에 관하여 이익을 가진다고 하는 말이 없고, 교단 헌법에도 교단을 위한 신탁을 표현하지 않고 있으므로, 바인빌 교회의 재산에 대한 법적 권원은 지교회에 있다고 하여 원교단지지파의 청구를 받아들이지 않았다.

그러나 연방대법원은 원심판결을 파기하였다. 블랙먼(Blackmun) 대법관이 집필한 다수의견은, "법의 중립적 원칙"은 헌법과 합치하고, 각 주는 헌법적으로 중립적 원칙을 채택할 권한이 있다고 하였다. 이 사건에서의 4인 대법관의 반대의견은, 중립적 원칙을 버리고 교회 재산에 관한 분쟁이 발생하면 법원은 교회 내의 분쟁에 대한 권한을 가진 결정을 존중하라고 하지만, 이는 법원이 교회의 정체(polity)와 행정을 조사하여야 하는 것이 되고, 교회 정체에 대한 허용될 수 없는 탐구를 요구한다고 하였다. 다만 연방대법원은 조지아 주 대법원이 이러한 중립적 원칙을 제대로 적용하였는지를 따져 보아야 한다고 하면서, 추정적 다수결 원칙을 채택하여, 지교회의 정체성이 다수결이 아닌 다른 방법에 의하여 결정될 수 있음이 증명된다면 이는 중립적 원칙과 헌법 수정 제1조와 합치된다고 하였다. 즉 교회 헌장이나 교단의 헌법이 지교회의 정체성을 결정하는 방법에 관하여 달리 규정하고 있거나 지교회의 재산이 교단과 교단에 충실한 사람들을 위하여 신탁되었음을 증명하는 경우에는 이러한 다수결의 추정이 번복된다고 하였다. 그런데 이 사건에서는 조지아 주 법원이 이러한 점을 따져보지 않았으므로 원심판결을 파기환송한다고 하였다.49)

이 판결 이후로 더 이상 연방대법원의 판결은 나오지 않고 있고, 각 주의 판례는 통일되어 있지 않다. 2008년에 나온 한 연구에 따르면, 9개 주에서는 왓슨 판결에 따라 교회의 위계질서 내에서 내려진 결정을 존중하고, 29개 주에서는 중립적 원칙을 적용하는데, 이 29개 주 중에서도 9개 주는 이른바 엄격한 접근(strict apporach)을 택하여, 양도증서나 신탁

49) 이 사건을 환송받은 조지아 주 대법원은, 다수결의 추정을 깨뜨릴 근거가 없다고 하여 환송 전 판결을 그대로 유지하였고(Jones v. Wolf, 244 Ga. 388 [1979]), 이 판결에 대한 이송명령 신청은 기각되었다.

등의 법리에 의하여 교회 재산의 귀속을 결정하며, 또 다른 9개 주는 혼성적 접근(hybrid approach)을 택하여, 중립적 원칙을 따른다고 하면서도 지교회가 교단을 위한 묵시적 신탁을 인정하였다고 하거나, 교단의 내부적 규칙에 동의하였다고 본다고 한다.[50] 가령 교단 헌법에 "모든 지교회에 주어진 재산은 교단의 유익을 위하여 교단에 신탁된다"는 조항이 있다면 지교회의 재산은 교단에게 귀속된다는 것이다.[51]

V. 검 토

1. 법이론적 측면에서

과연 법적인 개념으로서 교회의 분열을 인정할 수 있는가? 교회의 분열을 인정한다고 하는 경우에도 종래 판례가 취하고 있던, 교회의 재산이 분열 당시 교인들의 총유라고 하는 이론은 더 이상 유지될 수 없다. 문제는 그 대안으로서 학설상 주장되고 있는, 분열된 두 개의 교회가 교회 재산을 공유한다고 하는 주장이 성립할 수 있는가 하는 점이다.

이처럼 공유를 인정하여야 한다는 주장의 논거는 앞에서 살펴보았는데, 이를 다른 말로 바꾸어 말한다면 교회는 신앙단체라는 특수성이 있으므로 일반적인 권리능력 없는 사단의 법리로 규율될 수는 없고, 주식회사의 분할이 인정되는 점에 비추어 보면 교회의 분열도 인정될 수 있으며, 교회재산은 교회를 유지하기 위한 필요적 요소이므로 교회의 분열을 인정하여 종전의 교회 재산에 대한 분열된 교인들의 권리를 인정하여야 분열된 교인들의 계속적인 종교행위도 보장될 수 있다는 점 등이다.

그러나 이러한 견해는 수긍하기 어렵다.[52] 우선 주식회사의 분할(상법 제530조의2 이하)은 사원총회의 결의에 의하여 이루어지는 것으로서 상법이 인정하고 있는 것이고, 분할을 위하여도 가중된 요건(상법 제530조의 3, 제434조)을 필요로 하므로, 이러한 결의 없이 사실상 교회가 갈라지는 교회의 분열과는 전혀 다른 개념이다. 교회나 기타 일반 사단의 경우에도 그 구성원들이 별도의 결의 또는 합의를 통하여 종전 사단을 분할하는 행위가 사적자치의 원칙상 허용됨은 당연하다.[53] 그런데 교회의 분열에서는 이처럼 분할하는 결의가 있는 것

50) Jeffrey B. Hassler, "A Multitude of Sins - Constitutional Standards for Legal Resolution of Church Property Disputes in a Time of Escalating Intradenominational Strife", 35 PEPP. L. REV. 399, 415 et seq. (2008). 이 글의 457 이하는 자세한 주 법원의 판례를 분류하여 부록으로 실었다. 또한 McConnell & Goodrich, 58 ARIZ. L. REV. 320 (2016) 참조.

51) 판례의 소개는 황규학, 교회분열시 재산귀속에 대한 한 · 미 비교연구, 2014, 107 이하 참조.

52) 윤진수, 사법상의 단체와 헌법, 민법논고 제6권, 2015, 117 이하(처음 발표: 2008).

이 아니고, 사실상 분열된 것일 뿐이며, 서로가 자신들이 종전의 교회와 동일성이 있다고 주장하는 것이다.

나아가 분할의 경우에도 단순히 단체가 사단이 분할하기로 결의하였다는 것만으로 바로 그에 따른 권리의 변동이 생길 수는 없고, 등기와 같이 권리변동에 요구되는 별도의 요건을 갖추어야 할 것이다. 이러한 요건을 갖추지 않았음에도 불구하고 교회가 사실상 분열되었다는 이유만으로 종전의 총유 상태가 포괄적으로 공유의 상태로 바뀔 수 있는 아무런 근거가 없다.

그리고 종교의 자유를 그 근거로 들고 있으나, 종교의 자유가 그 권리자의 의사와는 관계없이 종교 단체의 재산을 이용할 자유를 포함하는 것은 아니다. 종교 단체라 하더라도 그 재산을 누가 이용할 수 있는가는 일차적으로는 그 재산 보유자의 의사에 따라야 할 것이고, 누가 그 재산을 보유하고 있는가 하는 점은 일반 재산법의 원리에 의하여 결정될 것이다. 위와 같은 주장은 결국 분열의 경우에 분열된 두 교회에 기존 교회의 재산에 대한 재산권을 인정하여야 하는 것에 귀착된다. 그러나 기존 교회의 재산에 대한 권리는 일반적인 단체의 의사결정에 관한 법리에 따를 수밖에 없는 것이다. 이를 부정하는 것은 단체의 존재이유를 부정하는 것과 마찬가지이다.[54] 미국의 판례가 중립적 원칙(neutral principles)을 강조하는 것도 같은 취지이다.

또한 교회 아닌 다른 단체에서는 이러한 분열이라는 것이 인정되고 있지 않다. 원래 일본에서는 노동조합의 분열이 인정될 수 있는가에 대하여 논의가 있었다. 하급심에서는 이를 인정한 예가 있었으나, 최고재판소에서 구체적인 사례에서 분열을 인정하지 않은 후,[55] 더 이상 노동조합의 분열을 인정한 예가 없다고 한다.[56]

다른 한편 분열 부정설도 교회 총원 가운데 일정한 비율을 넘는 교인들이 동의를 한 경우에는 기존 교단을 탈퇴하고 새로운 교단에 가입하는 것은 인정되며, 이때에는 기존 교단을 탈퇴한 교회가 종전 교회와 동일성이 있는 것으로 보고 있다. 이 점도 수긍할 수 있다.

위 대법원 2006년 전원합의체 판결은, 의결권을 가진 교인 2/3 이상의 찬성에 의한 결

53) 위 2006년 전원합의체 판결에서의 김영란 대법관의 보충의견 참조.

54) 위 2006년 전원합의체 판결에서의 김영란 대법관의 보충의견은, 다수결의 원리가 적용되는 결과 소수파로 되는 교인들이라 하더라도 자신들이 신봉하는 교리를 좇아 스스로 교회를 선택하거나 선택하였던 교회에서 탈퇴하여 원하는 교회를 찾아감으로써 종교의 자유를 향유할 수 있는 이상, 이를 넘어서서 개개 교인들의 종교의 자유를 내세워 이를 기준으로 교회 재산의 귀속을 결정하여야 한다는 것은 구성원의 개성이 매몰되는 단체법원리를 부인하는 것으로서 받아들일 수 없다고 지적한다.

55) 最高裁判所 1974(昭和 49).9.30. 판결(民集 28권 6호 1382면).

56) 조용연, 민사판례연구 8 (1986) 71-72; 민유숙, 대법원판례해설 제60호, 2006, 50-54 등 참조.

의가 있으면 종전 교회가 소속 교단을 탈퇴하고 다른 교단으로 변경할 수 있다고 하면서, 소속 교단의 헌법에서 교단 탈퇴의 허부 및 요건에 관하여 위와 달리 정한 경우에도, 그 규정이 지교회의 독립성과 종교적 자유의 본질을 해하는 경우에는 지교회에 대한 구속력을 인정할 수 없다고 하였다. 이 점은 미국의 일부 판례와 차이가 있다. 미국의 일부 판례는 교단 헌법에 모든 지교회에 주어진 재산은 교단의 유익을 위하여 교단에 신탁된다는 조항이 있다면 지교회의 재산은 교단에게 귀속된다고 보고 있기 때문이다.

이렇게 교단 헌법에서 그 소속 지교회의 재산은 교단에게 귀속된다고 하거나, 지교회의 탈퇴를 금지하는 조항이 있다면 이를 어떻게 볼 것인가는 중요한 문제이다. 그런데 현실적으로 교단 헌법에서 그 소속 지교회의 탈퇴를 금지하고 있다고 하여 지교회의 탈퇴가 허용되지 않는다고 말할 수는 없을 것이다. 지교회가 소속 교단과는 독립된 단체이므로, 그 소속 교단을 변경하는 것도 지교회 교인들의 총의에 의하여 결정할 수 있는 문제이다. 위 대법원 2006년 전원합의체 판결도, 원칙적으로 지교회는 소속 교단과 독립된 법인 아닌 사단이고 교단은 종교적 내부관계에 있어서 지교회의 상급단체에 지나지 않으며, 다만 지교회가 자체적으로 규약을 갖추지 아니한 경우나 규약을 갖춘 경우에도 교단이 정한 헌법을 교회 자신의 규약에 준하는 자치규범으로 받아들일 수 있지만, 지교회의 독립성이나 종교적 자유의 본질을 침해하지 않는 범위 내에서 교단 헌법에 구속된다고 하였다.

참고로 대법원 1991.5.28. 선고 90다8558 판결은, 기독교 한국침례회의 규약에는 가입과 징계에 관한 규정이 있을 뿐이고, 탈퇴에 관한 규정이 없지만, 일반적으로 교회는 교인전원의 총의에 의하는 경우 소속교단의 변경이 가능하다고 하였고,[57] 대법원 2012.8.30. 선고 2010다52072 판결은, 피고 교단 명의로 등기된 부동산이 원고인 지교회가 명의신탁한 것으로 보고, 피고는 원고에게 행정청에 대하여 기본재산 처분에 따른 재단법인 정관변경허가 신청절차를 이행하고, 행정청의 정관변경허가를 조건으로 이 사건 부동산에 관하여 명의신탁해지를 원인으로 한 소유권이전등기절차를 이행할 의무가 있다고 판단한 원심판결을 수긍하였다.

이 경우에 그러한 교단 변경을 위한 결의의 정족수를 어떻게 보아야 할 것인가? 이는 교회의 조직에 관한 중요한 사항이므로 단순과반수로는 부족할 것이나. 앞에서 본 것처럼 이에 관하여는 교단의 변경은 정관의 필요적 기재사항인 목적의 변경과 같이 보아 교인 2/3 이상의 찬성으로 가능하다고 하는 견해와, 교단탈퇴, 변경질의는 교회의 해산 · 소멸로 보아 교인 3/4 이상의 찬성이 필요하다고 하는 견해 및 교단의 변경을 목적변경으로 보고,

57) 그러나 여기서 교인 전원의 총의라는 것이 반드시 교인들 전원이 동의하여야 한다는 의미인지는 불명확하다.

사단법인의 목적변경에는 독일 민법 제33조와 같이 사원 전원의 동의를 요한다고 보는 견해 등이 있다.

그러나 교단의 변경을 목적의 변경이라고까지 볼 수 있는지도 의문이지만, 이를 목적의 변경으로 본다고 하더라도 우리 법상 사단법인의 목적 변경의 경우에 사원 전원의 동의를 요한다고 볼 근거가 없다. 그리고 교단의 변경을 사단법인의 해산과 같이 본다면 김영란 대법관의 보충의견이 지적하는 것처럼 법률적 효과에 관하여도 사단법인 해산에 관한 민법 제80조 이하를 유추적용하여 청산 절차에 들어가 교회 재산을 처분하고 종국적으로 종전 교회의 실체를 소멸시켜야 할 것이나, 위 별개의견도 이러한 결론까지 인정하는 취지는 아니라고 생각된다. 따라서 교단변경의 경우에는 사단법인의 정관 변경에 준하는 것으로 보아 교인[58] 2/3 이상의 찬성만 있으면 된다고 보아야 할 것이다.[59]

한편 위 대법원 2010.5.27. 선고 2009다67658 판결이, 교회의 일부 교인들이 소속 교단을 탈퇴하고 다른 교단에 가입하기로 하는 내용의 교단변경을 결의하였으나 그 결의가 절차적 하자로 인하여 무효로 된 경우에, 교단변경에 찬성한 교인들이 종전 교회에서 탈퇴하였다고 평가할 수 있을지 여부는 법률행위 일반의 해석 법리에 따라 판단하여야 한다고 하면서, 결론적으로 교단변경 결의에 찬성한 교회의 교인들이 종전 교회에서의 탈퇴까지 의도하였다거나 자신들만을 교인으로 한정하여 교회와 별개의 교회를 설립하였다고 단정하기는 곤란하다고 한 것은 어떻게 보아야 할 것인가?

위와 같은 대법원 판결이 나오게 된 것은 당해 사건에서는 교단 변경 결의에 찬성한 교인들이 전체 교인들 중 2/3 이상에 달하는데, 그 결의가 절차상 하자로 인하여 무효가 되었다는 점을 중시한 때문으로 추측된다.[60] 그러나 위 판결의 결과적인 타당성은 인정될 수 있다고 하여도, 그 근거로서 교단변경 결의에 찬성한 교인들이 결의가 무효인 경우에까지 교회를 탈퇴하려고 한 것으로 볼 수 없다고 한 점은 이론적으로 문제가 있다.[61] 위 판결은 이 사건 교단변경 결의가 무효라는 법원의 판결이 확정된 후에 당사자들이 새로운 교단에서의 활동을 중단하였다는 사정을 중요시하여, 이는 교단변경 결의가 무효라는 사실을 수용하고 종전 광성교회 교인으로서 지위를 그대로 유지하려는 의사를 적극적으로 나타낸

58) 여기서의 교인은 세례교인을 말한다.

59) 윤진수, 2006년도 주요 민법 관련 판례 회고, 민법논고 제3권, 2008, 693. 대법원 2006.6.9.자 2003마1321 결정은, 교단에 소속되지 않은 독립교회 특정 교단에 가입하기로 결의하는 경우에도 사단법인 정관변경에 준하여 의결권을 가진 교인 2/3 이상의 찬성 결의를 필요로 하므로, 찬성자가 의결권을 가진 교인의 2/3에 이르지 못한다면 종전 교회는 여전히 독립 교회로서 유지되므로, 교단 가입 결의에 찬성하고 나아가 종전 교회를 집단적으로 탈퇴한 교인들은 교인으로서의 지위와 더불어 종전 교회 재산에 대한 권리를 상실하였다고 볼 수밖에 없다고 하였다.

60) 이 판결에 대한 재판연구관의 해설인 김민기, 교단변경 결의에 찬성한 교인들이 종전 교회에서 탈퇴한 것인지 여부의 판단 기준, 대법원판례해설 제83호, 2010, 11 이하, 특히 40 이하 참조.

61) 윤진수, 이용훈 대법원의 민법판례, 민법논고 제7권, 2015, 496-497(처음 발표: 2011) 참조.

것으로 볼 수 있다고 하였다. 그렇다면 교단변경 결의가 무효라는 법원의 판결이 확정되기 전의 당사자들의 행동은 어떻게 평가할 것인가? 교단변경 결의가 유효할 것을 조건으로 하는 탈퇴라는 것은 이론적으로 인정하기 어려울 것이다.

또 이 판결은 피고 교회의 실체 자체를 부정한 취지로 보이는데, 실제로 종전 교단에서 탈퇴하고 다른 교단에 가입한 교회의 실체 자체를 부정한다는 것은 전혀 현실에 부합하지 않는다. 대법원 1991.11.26. 선고 91다30675 판결은, 교회가 다수의 교인들에 의하여 조직되고, 일정한 종교활동을 하고 있으며 그 대표자가 정하여져 있다면 민사소송법 제48조 소정의 비법인사단으로서 당사자능력이 있다고 보아야 할 것이고, 그 교회가 종전에 있던 같은 명칭의 교회와 같은 단체인 것인지, 종전에 있던 같은 명칭의 교회가 합병으로 소멸된 것인지, 그 교회의 구성원이 다른 교회에서 이탈한 것인지 여부나 그 동기는 그 당사자능력을 좌우할 사유가 된다고 할 수는 없다고 하였다.

이 판결에 대하여는 일단 교단변경결의가 무효라는 판결이 선고되었다면, 일시적, 임시적으로 별도의 예배를 보는 것은 몰라도 계속적, 상시적으로 종전 교회와 별도이 담임목사를 대표자로 하여 별도의 조직과 재정을 가지고 별도의 예배를 본다면 교회탈퇴로 보아야 할 것이라는 주장이 있다.62)

결국 위 판결의 기본 의도는 종전 교회와 동일성이 있는 것으로 평가될 수 없는 새로운 교회를 만든 사람도, 교단변경 결의가 무효라는 확정판결을 받아들이고 새로운 교회에서의 활동을 중단하였으면 종전 교회의 교인으로서의 지위를 인정하여야 한다는 점에 있다고 보인다. 그렇다면 이는 처음부터 탈퇴 의사가 없었다기보다는 일단 탈퇴하였다가 다시 복귀한 것으로 평가하는 것이 사건의 실체에 부합할 것이다. 위 판결의 설시도 오히려 탈퇴하였던 교인들이 종전 교회에 복귀하겠다는 의사를 표시한 것이라고 설명하는 것이 훨씬 자연스럽다.63)

다만 문제는 일단 탈퇴하였던 교인들이 복귀의 의사를 표시하는 것만으로 바로 종전 교인의 지위를 회복한다고 볼 수 있는가 하는 점이 문제될 것이다. 그러나 위와 같은 경우에 자신들이 만든 새로운 교회가 종전 교회와 동일성이 있다고 하는 주장을 포기하고 상대방 교회의 정통성을 인정한다면, 법률적인 분쟁의 원인이 소멸하였다는 점에서 반대측의 교인들도 탈퇴하였던 교인들이 종전 교인의 지위를 회복하는 것에 반대할 명분이 없을 것

62) 백현기, 교회분쟁관계법, 335.

63) 민유숙, 교회의 분열적 분쟁에 대한 새로운 해결, 정의로운 사법(이용훈대법원장 재임기념), 2011, 342은 교단변경결의와 교회탈퇴는 개념적으로 구별되지만, 현실적으로는 교단변경결의에는 교회탈퇴 의사가 포함되어 있는 경우가 대부분이고, 교회탈퇴를 수반하지 않는 교단변경결의는 실제적으로 인정하기 어렵다고 하여 이 판결에 대하여 비판적이다.

이다. 그렇지 않다면 이 사건과 같이 교단 변경 결의에 찬성한 교인들이 압도적 다수인 경우에도 그들의 종전 교회 재산에 대한 권리를 완전히 박탈하는 것이 되어 가혹한 결과가 된다. 이 판결이 나오게 된 궁극적인 배경도 여기에 있는 것으로 보인다. 그리고 새로운 교회는 권리능력이나 당사자능력 자체를 가지지 못하는 것은 아니고, 다만 교인들이 더 이상 존재하지 아니하여 해산된 것으로 보아야 할 것이며, 따라서 필요하다면 청산 절차에 들어가야 할 것이다.

2. 분쟁의 예방과 해결 측면에서

이러한 법적 측면을 떠나, 과연 법원이 어떻게 하는 것이 교회 분열로 인한 분쟁을 예방하거나 이를 종식시키는 데 도움이 될 것인가를 따져 본다.

가. 분쟁의 예방 측면에서

종전에 대법원이 교회가 분열된 경우에, 분열 당시 교인들의 총유라고 보는 것에 대하여는 이는 결과적으로 교회의 분열을 조장하는 것이 되어 부당하다는 비판이 있었다.[64] 이에 대하여 위 대법원 1993.1.19. 선고 91다1226 전원합의체 판결에서 공유설을 지지하는 이회창 대법관의 반대의견은, "당원판례가 교회의 분열을 인정하기 이전부터 교회의 분열은 존재해왔던 것이므로 법원이 교회의 분열을 인정함으로써 결과적으로 분열을 조장한다는 논리는 맞지 않을 뿐 아니라, 법원이 교회의 분열을 인정하지 않음으로써 신앙단체의 분열현상이 종식 내지 감소될 수 있다고 생각하는 것은 실증되지 않은 추론에 지나지 않는다"고 주장하였다.

그렇지만 위 대법원 2006.4.20. 선고 2004다37775 전원합의체 판결의 다수의견은 교회의 분열을 부정하는 것으로 판례를 변경하면서, 다음과 같이 설시하였다. "앞으로 교회 내부에서 교단 탈퇴 및 변경을 둘러싸고 분쟁이 발생하는 경우 교단 탈퇴를 의도하는 교인들로서는 최소한 결의권자의 2/3에 이르는 교인들로부터 지지를 얻고 적법한 소집절차에 따른 결의를 거칠 것이 요구되고, 반대로 교단 탈퇴에 반대하는 교인들로서도 만약 위의 요건을 갖추어 결의가 이루어진 경우에는 여기에 승복할 것이 요구됨으로써, 민주주의 원칙과 민법의 법인 아닌 사단에 관한 일반 법리에 따른 교회 운영이 가능해지고 교회 분쟁에 대한 예방적 기능을 수행할 수 있게 된다."

64) 예컨대 변동걸, 사법행정 1992. 10, 60.

또 학설 가운데에도, 점차 판례의 취지가 교회 운영에 적용됨으로써 이 판례로 인하여 앞으로는 교회 분열이 감소할 것으로 기대된다는 설명도 있다.[65)]

이 문제는 실제로 실증적인 조사를 해 보아야만 정확한 답변을 할 수 있을 것이다. 그러나 교회의 분열을 부정하는 것으로 판례가 변경되었다고 하여 교회의 분열이 과연 감소할 것인지는 확실하지 않다. 위 2006년 전원합의체 판결이 선고된 후에도 교회의 분열은 계속 일어나고 있다.

미국에서의 연구에 의하면, 교회 재산을 둘러싼 판례가 1948년에서 1957년까지는 166건, 1958년부터 1967년까지는 109건, 1978년에서 1987년까지는 123건, 1988년에서 1997년까지는 81건, 1998년부터 9년간은 91건이었다고 한다.[66)] 미국의 학자는 이 숫자가 교단 내의 분쟁으로 인하여 증가할 것이라고 예측하면서 다음과 같이 분석하였다. 즉 교단이나 지교회는 그들의 문서를 재산에 관하여 분쟁이 발생하는 경우에 그들의 의사를 명확하게 표현하도록 다시 작성함으로써 법원에 끌려들어가는 것을 피할 수 있음에도 불구하고 그렇게 하지 않고 있는데, 그 이유는 두 가지라고 한다. 첫째, 법원이 두 가지 기준과 더 많은 변형을 채택함으로써 교회가 법원에 가지 않으려면 어떻게 해야 하는지가 불확실하다고 한다. 둘째 이유는 종교적 신앙의 성격, 더 구체적으로는 세속의 회사와 다른 비종교적 조직과는 매우 대조적인 내재적인 요소와 관계가 있다고 한다. 즉 세속의 조직들은 행동을 결정할 때 실패의 가능성을 태연하게 고려하는 반면, 종교적 공동체의 신앙 체계의 속성의 본질적인 부분은 그들의 공유된 신앙이 일시적인 통합이 영속적이고 확고할 것이라는 희망이므로, 분열될 것이라는 비관적인 전망은 종교 공동체에게는 끔찍한 출발점이라고 한다.[67)]

그러므로 앞으로도 교회의 분열이라는 현상은 위 2006년 전원합의체 판결에도 불구하고 계속 일어날 것이다.

나. 분쟁의 해결 측면에서

그러면 분쟁의 해결이라는 측면에서는 어떠한가? 종래의 판례가 태하고 있던, 분열 당시 교인들의 총유라는 것은 사실상 법원이 분쟁의 해결을 포기한다는 점에서 많은 비판의 대상이 되었다. 이 점은 공유설에도 마찬가지로 적용될 수 있다. 공유설에서는 분열된 두 개의 교회가 교회 재산을 공유한다고 하는데, 교회 재산의 관리나 사용 · 수익에 관하여

65) 백현기, 교회분쟁관계법, 307.

66) Kent Greenawalt, "Hands Off- Civil Court Involvement in Conflicts over Religious Property", 98 COLUM. L. REV. 1843, 1844 fn. 1 (1998); Hassler, 35 PEPP. L. REV. 454 et seq. (2008).

67) Hassler, 35 PEPP. L. REV. 455 (2008).

원만한 합의가 이루어질 것으로 기대할 수는 없다. 뿐만 아니라 공유설에서는 각 교회의 공유지분비율은 분열 당시 각 교회의 세례교인의 수에 의하여 결정하여야 한다고 주장한다. 그러나 실제로 교회 분열이 있으면 교회를 이탈하는 교인들이 많아서, 정확한 교인들의 수를 파악하는 것이 쉽지 않다.

이 점에 대하여 2006년 전원합의체 판결에서 공유설을 지지하는 박시환 대법관의 별개의견은, 세례교인의 수를 파악하는 것이 현실적으로 매우 어렵다는 비판에 대하여, 사찰의 경우와 달리 교회에 등록된 세례교인의 수를 파악한다는 것이 불가능한 것은 아닌 점 등을 참작하면 위와 같은 비판은 수긍할 수 없다고 반박한다. 그러나 특히 교인들의 수가 많은 경우에는 이와 같은 문제점을 부인할 수는 없다.

그러면 분열 부정설은 어떠한가? 이 설에 의하면 교회 재산의 귀속은 어떠한 형태로든 정해지므로 적어도 1차적인 분쟁 해결은 가능하다. 그런데 이에 대하여는, 실제로 교회의 내분의 경우에 총교인의 3분의 2의 다수결의로 교회를 집단적으로 이탈하는 것은 현실적으로 불가능하고, 법원이 교회재산 귀속문제에 관하여 형식적으로는 소극주의에서 적극주의로 전환하였다고 하지만, 그 실질은 교회의 정통성과 계속성을 유지하는 분파에 교회재산 전부가 귀속토록 하고 있다고 평가된다는 주장이 있다.68) 그러나 실제로는 민법 제70조 제3항에 의하여 교인들이 법원의 허가를 받아 교인총회(공동의회)를 열어 교단 변경을 한 사례들이 있다고 한다.69)

그러므로 분열 부정설에 의하면 분쟁의 해결은 가능하다고 평가하여야 할 것이다. 그러나 현실적인 어려움으로 인하여 가령 교단 변경을 원하는 교인이 2/3가 넘는 경우에도 교단 변경이 불가능할 수도 있고, 또 교단 변경을 원하는 교인이 2/3는 넘지 못하지만 과반수에 이르는 경우에도 과반수에 미치지 못하는 종전 교단 잔류를 원하는 교인들이 교회재산을 차지하게 되는 경우도 있을 수 있다. 그러나 이는 민법이 소수자 보호를 위하여 중요한 사항에 대하여는 2/3나 3/4과 같은 가중된 정족수를 요구하고 있기 때문에 생기는 불가피한 현상이다.

다른 한편 일단 분열된 교회가 다시 화합하는 것은 법이나 법원이 할 수 있는 일은 아니다. 이는 혼인이 파탄에 이른 후에 법원이 이를 회복시킬 수 없는 것과 마찬가지이다.

---

68) 김상용, 교회재산의 관리에 대한 현행 법률과 판례의 검토, 법조 645 (2010) 70-71. 서헌제, 97면도 2006년 전합판결 이후 교단탈퇴가 문제된 사례에서 단 한건도 2/3 요건을 입증한 사례는 없고, 따라서 2006년 전합판결이 교회분열의 해결기준으로 제시한 교단변경요건이 과연 한국교회현실에 비추어 타당성이 있는가에 대하서는 큰 의문이 제기된다고 주장한다.

69) 이정용, 교인들의 교회탈퇴 여부 판단시 고려사항에 관한 소고, 중앙법학 16/2 (2014) 241. 또한 황규학, 목사를 어떻게 해임할 수 있나?, http://www.lawnchurch.com/sub_read.html?uid=3661.

Ⅵ. 결 론

서론에서 언급한 것처럼, 교회의 분열은 매우 흥미 있는 현상이다. 초기의 판례는 교회의 분열에 대하여 법원의 개입을 회피하였다. 이는 교회의 분열이 성문법에서 규율되어 있지 않은 상태에서 교회에 대하여 잘 모르는 법원이 개입을 회피한 것으로도 볼 수 있고, 다른 한편으로는 소수파 교인들이라 하여도 그들의 권리를 모두 박탈하는 것은 가혹하다는 판단에 따른 것일 수도 있다. 그러나 결국 2006년 전원합의체 판결은 교회의 분열을 부정하여야 한다는 결론에 이르렀다. 이는 교회의 분열을 법적으로 인정하는 것이 단체법의 일반적인 법리와는 모순되기 때문이다.[70)]

앞으로는 좀더 실증적인 연구가 필요할 것이다. 즉 교회 분열은 왜 잦은가 하는 법사회학적인 고찰과 함께, 변경된 판례가 교회의 분열을 해결하는 데 어떤 영향을 미치는가 하는 점에 관하여 실제 사례를 바탕으로 하는 연구가 요망된다.

70) 오영준, 민사판례연구 36 (2014) 974-975는, 위와 같이 판례가 변경되게 된 배경으로서, 소송에서 드러난 분쟁의 대부분은 신앙과 교리의 본질적 차이에 따른 분쟁이라기보다는 교회재산 자체를 둘러싼 분쟁으로서의 성격을 더 강하게 지니고 있고, 교회재산이 상당한 재산적 가치를 지니게 되었으며, 수많은 교단의 분립과 지교회의 비대화, 교회재산가치의 상승 및 다수인의 첨예한 이해관계 대립에도 불구하고, 대법원이 종전과 같이 분열되어 나온 양측의 교인들에게 모두 권리를 인정한다는 취지의 종래 판시를 고수한다면, 분쟁해결기능을 상실하게 될 뿐 아니라, 교단 상호간 및 교인 상호간의 분쟁을 더욱 조장하는 결과를 초래할 수 있는 상황에 이르게 되었다는 점을 들고 있다.

지하수이용권과 토지소유권의 관계

윤 태 영
아주대학교 법학전문대학원 교수

Ⅰ. 머 리 말

지하수(地下水)는 흔히 지표면 아래인 지하에 존재하는 물을 말하지만, 엄밀하게 말하면 지표면 하부 퇴적물의 공극이나 암반의 파쇄면 내 부존하는 물을 의미한다.[1] 지하수의 근원은 강수이고 강수의 대부분은 직 · 간접적으로 하천으로 유입되지만 일부는 토양에 침투하여 지하수가 된다.

물은 인간이 살아가는데 있어 필수불가결한 것으로, 그 중에서도 수질이 양호하고 수온이 안정된 지하수는 역사적으로도 중요한 자원으로 취급되어 왔다. 오늘날 물 공급은 대량취수가 가능한 하천수에 의존하고 있지만, 하천수의 이용에는 수리권의 취득이나 댐 건설 등의 인프라 정비가 요구되는 반면, 지하수는 자연 상태의 저수능력을 가지고 있기 때문에 비교적 개발이 쉽다. 이 때문에 지하수의 무분별한 개발이 우려되자 정부는 1993년 지하수법을 제정하였다. 그리고 물관리기본법 시행 이후 2021년 1월 물순환구조를 반영한 내용을 담은 지하수법의 대폭적인 개정이 있었다.

지하수는 물순환 구조에 있어 대단히 중요한 위치를 차지하고 있는데도 불구하고, 그 동안 그 법적 성격에 있어 지표수와 분리되어 별도로 취급되어 왔다. 그 이유로서 지하수는 용어 그대로 토지 아래에 있는 물이므로 토지와 밀접불가결하고, 우리 민법 제212조의 해석상 지하수는 원칙적으로 토지의 구성 부분으로서 토지소유자의 소유에 속한다고 해석되어 왔기 때문이다. 이것은 토지소유권이 그 토지에 용출하는 지하수에도 미치므로 우리 민법의 해석상 지하수가 개인 소유권에 속한다는 것에 이론적 바탕을 두고 있다(사수론(私水論)). 지하수법 제정 이후 지하수가 가진 공수성(公水性)에 주목한 '공수론(公水論)'이 주목되

1) 지질학백과 https://terms.naver.com/entry.naver?docId=5145575&cid=61234&categoryId=61234 (최종방문일: 2023. 1. 3.)

고 있지만, 여전히 토지소유권과의 관계를 극복하지 못하고 있다고 할 수 있다. 즉 토지소유권에 부수한 점은 극복하지 못한 채 허가제도와 신고제도를 함께 운영하면서 지하수의 계획적인 운영보다는 보전 및 관리에 초점을 맞추고 있다.

그런데 물관리기본법이 제정되고 지하수법이 개정된 상황에서 이러한 토지소유권을 근간으로 한 법해석이 옳은 것인지 의문이다. 지하수는 지표수와 마찬가지로 토지소유권에 부수한 것이 아니라 물순환과정의 일부이기 때문에 이에 맞는 법체계적 패러다임의 전환이 필요하기 때문이다. 토지소유권을 가진 자에게 지하수를 일정한 범위에서 자유롭게 사용할 수 있는 권리가 인정되는지 여부도 우리 민법의 해석상 재검토할 필요가 있다.

Ⅱ. 지하수의 법적 성질

1. 지하수 이용에 대한 규율 법제

지하수에 대해 규율하는 일반법은 「지하수법」이다. 지하수법은 지하수 개발 · 이용에 있어 미리 시장(특별자치시장을 포함한다. 이하 같다) · 군수 · 구청장의 허가를 받도록 하여 허가제를 원칙으로 하고 있다(제7조). 그런데 상당부분 허가를 받지 않아도 되는 예외사유를 두고 있는데, ① 자연히 흘러나오는 지하수 또는 다른 법률에 따른 허가 · 인가 등을 받거나 신고를 하고 시행하는 사업 등으로 인하여 부수적으로 발생하는 지하수를 이용하는 경우, ② 동력장치를 사용하지 아니하고 가정용 우물 또는 공동우물을 개발 · 이용하는 경우, ③ 지하수보전구역에서 지하수 개발 · 이용을 위해 시장 · 군수 · 구청장으로부터 허가를 받은 경우(제13조 제1항)가 그것이다.

한편 허가제를 원칙으로 함에도 불구하고 신고제를 통해 상당부분 시장 · 군수 · 구청장에게 신고하고 지하수를 개발 · 이용할 수 있도록 하고 있다(제8조). 그 사유로는 ① 「국방 · 군사시설 사업에 관한 법률」 제2조에 따른 국방 · 군사시설사업에 의하여 설치된 시설에서 지하수를 개발 · 이용하는 경우, ② 「농업 · 농촌 및 식품산업 기본법」 제3조 제1호에 따른 농업과 「수산업 · 어촌 발전 기본법」 제3조 제1호 가목에 따른 어업 및 같은 호 마목에 따른 양식업을 영위할 목적으로 대통령령으로 정하는 규모 이하로 지하수를 개발 · 이용하는 경우, ③ 재해나 그 밖의 천재지변으로 인하여 긴급히 지하수를 개발 · 이용할 필요가 있다고 시장 · 군수 · 구청장이 인정하는 경우, ④ 전쟁이나 그 밖의 비상사태 발생에 대비하여 국가 또는 지방자치단체가 비상급수용으로 지하수를 개발 · 이용하는 경우, ⑤ 제1

호부터 제4호까지의 규정 외의 경우로서 대통령령으로 정하는 규모 이하로 지하수를 개발 · 이용하는 경우가 그것이다.

여기서 다른 법률상 필요에 의해 신고제로 운영하는 경우를 제외하고 '대통령령으로 정하는 일정한 규모 이하의 경우' 허가를 받지 않고 신고만 하면 되는 경우가 ②와 ⑤이다. 즉, ② 농업이나 어업의 목적으로는 1일 양수능력이 150톤 이하인 경우(안쪽 지름이 50밀리미터 이하인 토출관을 사용하는 경우만 해당한다)에는 신고만 하면 되도록 대통령령 제13조에서 정하고 있다. 한편 ⑤에서 '대통령령으로 정하는 규모 이하'란 1일 양수능력이 100톤 이하인 경우(안쪽 지름이 40밀리미터 이하인 토출관을 사용하는 경우만 해당한다)를 말하는데, 이 경우에는 어떤 목적인지를 묻지 않고 신고만 하고 사용할 수 있도록 하고 있다. 다만, ②와 ⑤의 경우 모두 시 · 도지사는 지하수의 보전 또는 지역 여건상 특히 필요하다고 인정되는 경우 해당 시 · 도의 조례로 2분의 1의 범위에서 양수능력을 조정할 수 있다.

이와 같은 현행 신고제도를 두고 있는 법제도 때문에 전체 지하수 사용량 중 신고만 하고 사용하는 경우가 대부분을 차지하고 있다. 2020년 12월 31일 기준으로 지하수 개소수 가운데 신고시설은 1,529,819개소인 데 반해, 허가시설은 31,093개소로 겨우 2%에 불과하다. 실제 사용량을 보더라도 연간 이용량은 29.7억톤 가운데 허가시설에서의 사용량이 3.3억톤에 불과하고, 총사용량의 88%에 해당하는 22.6억톤은 신고시설에 의한 사용이다.[2] 아울러 연간이용량 중 생활용이 12억톤, 농어업용이 15.7억톤으로 총이용량 29.7억톤의 93%를 차지하고 있다. 이렇게 생활용과 농어업용의 사용이 지배적이고 대부분이 신고시설에 의한 사용인 것을 보면 지하수에 대한 공적관리가 충실히 이루어지고 있다고 평가하기는 어렵다고 할 수 있다. 농가 등에서는 실제로 신고도 하지 않고 지하수를 이용하고 있는 경우도 있음을 감안한다면 더욱 그러하다.[3] 이렇게 비교적 자유롭게 지하수를 이용할 수 있도록 관리가 이루어지는 주된 원인 중 하나는 원칙적으로 허가제가 적용됨에도 불구하고 상당부분의 영역에서 포괄적으로 신고제가 적용되도록 지하수법이 규정하고 있는 것이 주요 원인으로 보인다.

---

2) 국가지하수정보센터 연보통계 참조 http://www.gims.go.kr/statistics.do?s_value=statistics_001 (최종방문일: 2023. 1. 15.)

3) 많은 시군구에서 2020년~2021년 사이에 미등록 지하수 시설 자진 신고기간을 운영하였고, 이 기간에 신고한 경우 과태료, 이행보조금 등을 면제하여 줌으로써 자진 신고를 독려한 바 있다. 그런데 여전히 참여가 저조하자 다시 2022년부터 2023년까지 1년간 자진신고기간을 다시 운영하는 곳이 많다.

2. 토지소유권과 지하수의 관계에 대한 학설의 입장

현행 지하수법이 허가제를 원칙으로 하여 지하수가 공적관리의 대상이 되는 취지로 규정하고 있으면서도 왜 이렇게 포괄적으로 신고제가 적용되도록 하는 것인가? 현행 지하수법이 허가제도를 비롯하여 지하수가 공공의 수자원임을 전제로 하는 많은 규정을 두고 있지만 하천과 달리 지하수에 대한 공유화를 직접적으로 인정하는 명문규정을 두고 있지 않기 때문에 그런 것으로 보인다. 지하수가 토지소유권과 분리되어 관리됨을 선언하지 않다 보니 오히려 민법 제212조의 규정을 근거로 지하수를 토지의 구성부분으로 보는 경향이 전통적으로 강해 왔기 때문에 그 영향을 벗어나지 못하고 있는 것으로 판단된다. 이러한 지하수가 토지소유권의 범위에 포함되는지 여부와 관련하여 전통적으로 공수론(公水論)과 사수론(私水論)이 대립되어 왔다.

가. 토지의 구성부분으로 보는 견해

우리 민법은 제212조에서 토지소유권의 범위에 대하여, "토지의 소유권은 정당한 이익 있는 범위 내에서 토지의 상하에 미친다"고 규정하고 있다. 여기서 말하는 '토지'란 일정 범위의 지면에 정당한 이익이 있는 범위 내의 공중과 지하를 포함하는 부동산을 말한다.[4] 여기서 '이익'이란 재산권적인 이익에 국한되지 아니하고 모든 보호할 가치 있는 이익을 포함한다고 보고 있다.[5] 다만 토지소유권은 지상 및 지하에 무한정하게 미치는 것이 아니라 정당한 이익이 있는 범위에만 미치기 때문에 자신이 이용할 수 없는 또는 지배력을 행사할 수 없는 지상 또는 지하에는 미치지 않는다.[6]

지하수의 소유 및 이용권에 대하여 직접적인 명문규정을 두고 있지는 않지만, 이러한 민법 제212조와 공용수의 용수권을 규정하는 제235조, 용수장해에 대한 손해배상 및 원상복구를 규정한 제236조 등을 근거로 지하수에 대해 토지의 구성부분으로 보는 입장이 과거 민법학자들 사이에 지배적이었는데 이것이 소위 사수론(私水論)이다.[7] 그 결과 지하수를 이용하는 권리도 일단 토지소유권의 내용에 포함된다고 파악하고 있다. 그리고 그 이유 중의 하나로 구법시대의 판례는 지하수를 토지의 구성부분으로 보고, ① 자연히 용출하는 지하수와 ② 인공적으로 용출케 한 지하수를 나누어 규율방법을 달리하고 있는데 이 이론이 그대로 타당하다고 한다.[8] 현재도 지하수는 토지의 구성부부분을 이루므로 212조가 적용되

4) 곽윤직 대표편집, 민법주해(Ⅴ) 물권(2), 2007, 166(김상용 집필부분).
5) 이영준, 물권법, 전정신판, 2009, 441.
6) 김증한 · 김학동, 물권법, 제9판, 1997, 255.
7) 곽윤직, 물권법, 제7판, 2006, 173; 김증한 · 김학동, 물권법, 255 등.

어, 자연히 솟아나는 지하수는 토지소유자가 자유로이 사용할 수 있다고 한다.[9]

그런데 지하수는 다른 토지의 지하수와 맥을 이루고 서로 연결되어 있으므로 특정 토지소유자가 지하수를 과다하게 사용하게 되면 다른 토지의 지하수 이용에 장해를 초래할 수 있다. 과다한 지하수 이용의 결과 타인의 지하수 이용을 방해하게 되면 상린관계상 권리남용이 될 수도 있다고 보는데, 이것도 지하수이용권이 토지소유권에 부종하는 권리라는 전제에서 나오는 결과이다. 따라서 토지소유자가 주변의 지하수 개발공사로 인하여 이전부터 이용하고 있던 지하수 사용에 장해가 생기거나 생길 염려가 있는 때에는 그 방해의 제거나 예방을 청구할 수 있다. 또한 지하수 이용에 대한 장해에 대하여 손해배상청구 및 원상회복을 청구할 수 있다.

나. 토지의 구성부분으로 보지 않는 견해

이에 반해 공법학자들은 지하수의 공물성을 강조하면서 지하수이용권을 토지에 관한 권리와 구별해야 한다는 주장을 펴왔다.[10] 그 논거로서 법적 목적에서 볼 때 지하수이용권과 토지소유권이라는 양자의 결합은 결코 필연적인 것이 아니며 어디까지나 입법정책적으로 판단해야 한다는 것이다. 그런데 민법의 해석상으로도 지하수이용권을 토지에 관한 권리와 구별해야 된다는 주장이 유력하게 제기된 바 있다.[11] 지하수에 대해 토지소유권과 다른 독립한 물권의 객체로서의 성질을 인정하는 견해의 근거는 다음과 같다.

첫째, 공유하천용수권과 비교하여 지하수가 다를 바 없다고 판단하는 관점이다. 공유하천용수권을 토지소유권과 분리된 독립된 권리로서 파악한다면,[12] 지하수이용권 역시 토지소유권으로부터 분리하여 파악할 수 있다는 것이다. 이 견해는 지하수이용권이 공유하천용수권처럼 공공적 성격이 현저한 수원(水源)으로부터 물을 이용하는 권리라는 점을 근거로 한다. 즉, 공유하천용수권은 공유하천으로부터 지표수를 수평적으로 인수하는 권리인데 반하여, 지하수이용권은 대수층으로부터 지하수를 수직적으로 양수하는 권리인 점에서 차이가 있을 뿐, 양자 모두가 공공적 성격이 현저한 수원으로부터 물을 이용하는 권리라는 점에서 공통적인 성격을 지니고 있다고 한다.[13]

---

8) 곽윤직, 물권법, 2006, 173.
9) 송덕수, 물권법, 제4판, 2019, 278.
10) 김홍균, 지하수의 공유화, 인권과 정의 361 (2006) 173 이하; 박균성, 현행 지하수법의 몇 가지 법적 문제, 환경법연구 19 (1997) 119 등.
11) 구연창, 민법상의 지하수이용권 ― 그 개념정립을 위한 한 시도 ―, 노동법과 현대법의 제 문제(남관 심태식박사 화갑기념 논문집, 1983, 235 이하.
12) 윤태영, 민법상 공유하천용수권에 대한 재해석, 중앙법학 8/1 (2006) 450 이하
13) 구연창, 심태식박사 논문집, 235.

둘째, 현재 미채굴 광물에 대해서는 토지의 일부분이 아니라 독립된 국가소유의 물건으로 보는 데에 이견이 없다. 이렇게 지하에 있는 일정한 종류의 미채굴 광물은 지하수와 같이 물리적으로는 토지의 구성부분을 이루고 있음에도 불구하고 이를 토지소유권과 분리해서 취급하고 있는 것과 같이, 지하수이용권도 토지소유권과 별개의 권리로 볼 수 있다는 것이다. 광업법상 광물의 독립된 권리가 인정되는 것은 그것이 중요한 재산적 가치를 가지고 있기 때문인데, 지하수에도 중요한 재산적 가치를 인정할 수 있다면 이를 토지소유권으로부터 분리하여 취급할 수 있다고 한다.14)

셋째, 지하수는 수문지질학적 특징상 상호 연결되어 있어서 어느 한 곳에서의 지하수 사용이 인근의 다른 지하수이용권에 영향을 줄 수 있으므로 지하수의 효율적이고 합리적인 이용을 도모하기 위해 토지소유권과 관계없이 지하수이용권을 인정하여 지하수 이용을 규율해야 한다고 한다.15)

넷째, 용수장해에 대한 별도의 권리를 규정한 민법 제236조의 취지상 지하수이용권은 토지소유권과 별개라는 것이다. 민법 제236조는 제1항에서 "필요한 용도나 수익이 있는 원천이나 수도가 타인의 건축 기타 공사로 인하여 단수, 감수 기타 용도에 장해가 생긴 때에는 용수권자는 손해배상을 청구할 수 있다"고 하고, 제2항에서는 "전항의 공사로 인하여 음료수 기타 생활상 필요한 용수에 장해가 있을 때에는 원상회복을 청구할 수 있다"고 규정하고 있다. 지하수이용권을 토지소유권의 구성 부분으로 본다면, 토지소유권 및 이용권의 보호를 위한 방해배제청구에 관한 규정으로 족하고 별도의 규정을 둘 필요가 없다. 그럼에도 불구하고 지하수이용권자의 보호를 위한 민법 제236조를 토지소유권 및 그 이용권의 보호를 위한 제규정(민법 제214조, 제205조 등)과는 별도로 특별히 둔 것은 지하수이용권을 토지소유권과 별개로 취급 · 보호하려는 취지에서 나온 것이라고 한다.16)

다섯째, 토지소유권이나 토지이용권을 가지지 아니한 자에게도 지하수이용권의 취득을 인정하여야 하며, 토지소유권이나 그 이용권과 분리시켜 지하수이용권을 양도할 수 있게 할 필요가 있기 때문에 그 전제로서 지하수이용권을 토지소유권으로부터 분리할 필요가 있다고 한다.17) 지하수이용권이 토지소유자가 아닌 자에게 속하는 수가 있다는 점도 토지소유권과 토지이용권의 분리 필요성을 높인다는 것이다.

14) 구연창, 심태식박사 논문집, 235.
15) 구연창, 심태식박사 논문집, 236; 같은 취지로는 김홍균, 인권과 정의 361 (2006) 172 참조
16) 구연창, 심태식박사 논문집, 236.
17) 구연창, 심태식박사 논문집, 236.

3. 판례의 입장

가. 토지소유권과 지하수의 관계

대법원은 먼저 토지소유자가 먹는샘물 제조판매업자를 상대로 제기한 소송에서, 토지소유권에 기해 지하수를 개발하여 이용할 수 있음을 밝히면서 종전부터 지하수를 이용하고 있던 인근 토지소유자들의 생활용수 방해예방청구권을 인정한 바 있다.18)

> "토지의 소유권은 정당한 이익이 있는 범위 내에서 토지의 상하에 미치므로 토지 소유자는 법률의 제한 범위 내에서 그 소유 토지의 지표면 아래에 있는 지하수를 개발하여 이용할 수 있다 할 것이나, 소유권 방해제거 · 예방청구권에 관한 민법 제214조의 규정과 용수장해로 인한 용수권자의 손해배상청구권 및 원상회복청구권에 관한 민법 제236조의 규정을 종합하여 보면, 어느 토지 소유자가 새로이 지하수 개발공사를 시행하여 설치한 취수공 등을 통하여 지하수를 취수함으로 말미암아 그 이전부터 인근 토지 내의 원천에서 나오는 지하수를 이용하고 있는 인근 토지 소유자의 음료수 기타 생활상 필요한 용수에 장해가 생기거나 그 장해의 염려가 있는 때에는, 생활용수 방해를 정당화하는 사유가 없는 한 인근 토지 소유자는 그 생활용수 방해의 제거(원상회복)나 예방을 청구할 수 있다. … 토지 소유자의 새로운 원천의 개발 및 지하수 이용으로 인하여 기존의 원천에서 나오는 지하수를 이용하고 있던 인근 토지 소유자의 생활용수에 장해가 생긴다면, 그와 같은 생활방해가 사회통념상 일반적으로 수인할 정도를 넘어서지 않는다고 볼 만한 특별한 사정이 없는 한 그 생활방해는 위법하다고 할 것이고, 토지 소유자가 지하수 개발에 대하여 관할 행정청으로부터 먹는물관리법에 의한 허가를 받았다는 사유만으로는 생활방해가 정당화된다고 할 수 없다."

이 판례를 보면 사수론의 입장에서 토지소유권이 당연히 지하수이용권에도 미친다는 결론을 취하고 있는 것을 알 수 있다. 그런데 그 후 판례에서는 토지소유권이 미치는 범위와 관련하여 상하에 일정한 제한이 있으며, 이 소유권이 미치는 지하수와 이 범위를 넘어선 지하수를 구분하고 있다. 아울러 토지소유권이 미치는 범위를 넘어선 지하수에 대해서는 토지소유권에 부수하는 권리가 아니라 공적 수자원으로서의 성격을 가지고 있음을 분명히 하고 있다.19)

> "자연히 용출하는 지하수나 동력장치를 사용하지 아니한 가정용 우물 또는 공동우물 및 기타 경미한 개발 · 이용 등 공공의 이해에 직접 영향을 미치지 아니하는 범위에 속하는 지하수의 이용은 토지소유권에 기한 것으로서 토지소유권에 부수하여 인정되는 권리로 보아야 할 것이지만, 그 범위를 넘어선 지하수 개발 · 이용은 토지소유권에 부수되는 것이 아니라 지하수의 공적 수자원으로서의 성질과 기능 등을 고려하여 행정청의 허가 · 감시 · 감독 · 이용제한 · 공동이용 명령 · 허가취소 등 공적관리방법에 의한 규제를 받게 하고 있다고 할 것이고, 따라서 이러한 규제의 범위에 속하는 지하수 개발 · 이용권은 토지소유권의 범위에 속하지 않

18) 대법원 1998.4.28. 선고 97다48913 판결.
19) 대법원 2001.10.23. 선고 99두7470 판결.

는 것이므로 지하수의 개발 · 이용허가를 받은 후 그 토지소유권이 이전된다고 하여 허가에 의한 지하수 개발 · 이용권이 새로운 토지소유자에게 당연히 이전되는 것은 아니다. … 동일하거나 인접한 대수층을 가진 지하수의 개발 · 이용은 서로 영향을 미치게 되어 후에 개발 · 이용의 허가를 신청한 자에게 기존 이용권자의 이익을 침해하여 배타적 개발 · 이용을 허용할 수는 없고, 또한 그 지하수 부존량이 풍부하여 기존 이용권자의 이익을 침해할 염려가 없다고 하더라도 그 총취수량이 적정 개발취수량을 넘는 경우에는 그 범위 내에서 제한을 받을 수밖에 없으며, 설령 그러한 제한이 없는 경우라고 하더라도 같은 대수층을 가진 지하수를 이용하고자 하는 경우 여러 개의 지하수공을 굴착하여 개발 · 이용하게 하는 것보다는 하나의 지하수공으로 충분하다면 기존의 지하수공을 통하여 지하수를 개발 · 이용하게 함이 지하수의 적정량 개발 원칙, 지하수의 자원 보존과 관리, 오염방지, 지반 침하 방지, 생태계보전 등을 위하여도 바람직하다고 할 것이다."

토지소유권이 있다고 하더라도 무한정 확장되는 것이 아니라 '정당한 이익이 있는 범위' 내에서 토지의 상하에 미친다(제212조). 여기서 정당한 이익이 있는지 여부는 구체적인 경우에 사회관념에 따라 판단되어야 한다.[20] 위의 판례는 이와 같은 논리에서 나온 것으로 보인다.

나. 지하수 이용권에 관습상 물권이 인정되는지 여부

그렇다면 기존에 지하수를 이용해 왔던 권리가 관습상 물권이라고 할 수 있는가가 문제된다. 이에 대하여 우리 대법원은 수용재결이 이루어짐으로써 더 이상 대상 토지상에서 지하암반 대수층으로부터 지하수를 끌어올려 먹는샘물을 제조 · 판매할 수 없게 된 회사가 제기한 소송에서 그러한 권리를 부정하였다.[21]

"이 사건 토지상에 설치한 지하수 관정을 이용하여 지하암반 대수층에서 지하수를 끌어올려 먹는샘물(생수)을 제조 · 판매해 오던 중, 피고가 위 소외 1, 소외 2와의 협의에 의하여 이 사건 토지 및 그 지상의 공장건물을 취득하고, 원고 회사 소유의 이 사건 지하수 관정을 포함한 먹는샘물 제조공장시설 등에 관하여도 이 사건 수용재결이 이루어짐으로써 더 이상 이 사건 토지의 지표면 아래에 있는 지하수를 이용할 수 없게 되었는바, 위와 같이 먹는샘물의 제조에 사용되던 이 사건 지하수에 대한 이용권이 관계 법령상 물권에 준하는 권리로 인정되어 보호되고 있다거나 토지소유권 등으로부터 분리된 관습상의 물권이라고 할 수 없고, 구 먹는물관리법에 의한 수원개발허가를 받은 것만으로는 그 토지의 지변 하에 있는 지하수를 계속적, 배타적으로 이용할 수 있는 권리가 생긴다고 볼 수도 없으므로, 구 토지수용법에서 수용대상으로 규정한 '물의 사용에 관한 권리'에 해당한다고 볼 수 없다."

20) 지원림, 민법강의, 2017, 545 참조.
21) 대법원 2005.7.29. 선고 2003두2311 판결.

다. 수질개선부과금의 정당성

헌법재판소는 먹는샘물에 대해 판매가격의 20%의 한도에서 수질개선부담금을 부과하는 구 먹는물관리법 조항이 헌법에 위반되지 않는다고 판단하면서 그 근거 중 하나를 지하수의 공공성에서 찾고 있다.[22)]

> "주류 · 청량음료 제조업자 등 지하수를 사용하는 다른 경우와 달리 먹는샘물 제조업자에 대해서만 수질개선부담금을 부과하는 것은, 먹는샘물이 수돗물과 마찬가지로 음용수로 사용된다는 점에서 수돗물과 대체적 · 경쟁적 관계에 있어서 그 음용이 보편화되면 그만큼 국가가 추진하는 수돗물 수질개선정책이 위축되는 관계에 있는 점, 먹는샘물의 이용이 일반화될 경우 먹는샘물용 지하수 개발 및 취수(取水)가 기하급수적으로 증가되어 그만큼 지하수자원의 고갈 및 오염의 우려가 높아진다는 점, 국민의 대다수가 수돗물을 음용수로 이용하고 있는 상황에서 국가의 수돗물정책이 포기되거나 제대로 실현되지 못한다면 수돗물을 이용하는 대다수 국민의 먹는물 비용부담이 증가되고, 특히 먹는샘물을 선택할 경제적 능력이 부족한 저소득층 국민들로 하여금 질낮은 수돗물을 마시게 하는 결과를 초래하게 되는 점 등 여러 가지 사정을 종합적으로 고려할 때 합리적 이유가 있다고 할 것이어서 평등원칙에 위배되지 아니한다. … 헌법 제35조 제1항, 제120조 제1항 · 제2항에 근거하여 국가는 자연자원 보호와 환경보전을 위하여 강력한 규제 · 조정의 권한을 가지므로 지하수 보호라는 환경정책 실현을 위하여 수질개선부담금과 같은 환경부담금을 부과 · 징수하는 방법을 선택할 수 있다 할 것이고, 먹는샘물 제조업자를 지하수 보전 및 수돗물 우선정책에 대한 특별한 위험을 야기하는 집단으로 보아 이들에 대하여 수질개선부담금을 부과하고, 이들로부터 징수한 부담금을 환경개선특별회계의 세입으로 하여 수돗물 수질개선과 같은 국가환경개선사업, 지방자치단체의 환경개선사업지원 등의 용도로 사용하는 것은 지하수자원 보전 및 먹는물 수질개선이라는 입법목적 달성을 위한 적정한 방법이라고 인정되고, 한편 지하수는 자연자원으로서 유한한 공공재이고, 우리의 후손에까지 물려줘야 할 최후의 수자원인데, 이렇듯 소중한 지하수자원을 소모해 가면서 이윤을 획득하는 먹는샘물제조업에 대하여는 상당한 정도 고율의 부담금을 부과하더라도 헌법상 용인된다 할 것이므로 먹는샘물제조업 자체를 허용하면서 단지 판매가액의 최고 20%의 한도에서 부담금을 부과하도록 하였다 하여 헌법재판소가 관여할 정도로 현저히 자의적이거나 과도한 비율의 부담금을 책정한 것이라 볼 수 없다."

4. 문 제 점

그동안의 판례의 입장을 정리해보면, ① 자연히 용출하는 지하수나 동력장치를 사용하지 아니한 가정용 우물 또는 공동우물 및 기타 경미한 개발 · 이용 등 공공의 이해에 직접 영향을 미치지 아니하는 범위에 속하는 지하수의 이용은 토지소유권에 부수한 권리로 보는 반면, ② 토지상에 설치한 지하수 관정을 이용하여 끌어올려야 되는 지하암반 대수층의 지하수는 토지소유권에 부수하는 권리가 아니라 공공재로 보는 것을 알 수 있다. 또한

22) 헌법재판소 1998.12.24. 선고 98헌가1 전원재판부.

②의 경우 그동안 이용하여 온 것만 가지고 관습상 물권을 인정할 수 없다고 보는 반면, ①의 경우에까지 관습상 물권이 인정되는지에 대해서는 아직까지 확실하게 판단한 판례는 없다.

현행 지하수법 제7조에서 허가를 받지 않아도 되는 사유, 즉 자연히 흘러나오는 지하수(제1호), 동력장치를 사용하지 아니하고 가정용 우물 또는 공동우물을 개발 · 이용하는 경우(제2호)도 이러한 판례의 입장과 동일하다. 한편 지하수법 제8조 제1항 및 시행령 제13조에서 규정하는 신고만 하고 사용할 수 있는 경우, 즉 ① 농업이나 어업의 목적으로는 1일 양수능력이 150톤 이하인 경우(제2호), ② 1일 양수능력이 100톤 이하인 경우(제5호)는 판례에서 말하는 “기타 경미한 개발 · 이용 등 공공의 이해에 직접 영향을 미치지 아니하는 범위에 속하는 지하수의 이용”과 일맥상통한다고 할 수 있다.

그런데 자연히 용출되는 지하수나 기존에 설치되어 있던 가정용 우물 또는 공동우물은 물론 1일 양수능력이 100톤 이하인 경우의 지하수도 모두 대수층과 분리된 것은 아니다. 지하수는 다른 토지의 지하수와 맥을 이루어 흐르고 있으므로 특정 토지소유자의 지하수 이용은 결국 대수층의 지하 수량에 영향을 줄 수밖에 없기 때문에 지하수를 토지소유권의 일부로 보기에는 부당한 측면이 있다.

Ⅲ. 비교법적 분석

1. 지하수에 대한 우리 민법 입법자의 견해

지하수에 대한 법적 지위를 어떻게 구성하는가 하는 문제는 각국의 입장에 따라 다르다. 영미법계에서는 지하수와 용출되는 원천수를 구별하지만, 대륙법계에서는 구별하지 않는 경향이 있다.[23] 한편 영미법계에서는 토지소유권자가 지하수이용권을 갖는 것으로 하는 반면 대륙법계에서는 지하수를 별도로 취급하는 법제도로 구축한 나라가 많다고 한다.[24] 우리 민법의 해석상 지하수를 토지소유권의 일부로 보는 견해는 민법 제212조를 근거로 하는데, 그렇다면 민법 제212조의 제정 당시의 취지는 어떤 것인지 분석해 볼 필요가 있다.

우리 민법 제212조는 의용민법(현행 일본민법) 제207조를 기초로 하고 있는데, 의용민

---

23) 김세규, 지하수이용권에 관한 소고, 공법학연구 8/3 (2007) 498.

24) 이준서, 지속가능한 지하수의 이용을 위한 우리나라 지하수 관련 법제의 과제, 법과 정책연구 15/1 (2015) 12 이하 참조.

법 제207조는 「토지의 소유권은 법령의 제한 내에서 그 토지의 상하에 미친다」고 규정하고 있다. 여기서 '법령의 제한 내에서'라고 규정한 것을 '정당한 이익이 있는 범위 내에서'로 바꾼 것에 특징이 있는데 그 제안이유에 대해 다음과 같이 설명하고 있다.[25)]

"원안 제200조(현행민법 제212조)는 의용민법 제207조에 해당하는 것인데, 그 규정방법을 달리하고 있다. 원래 토지소유권은 무한히 '天空까지'(usque ad caelum) 또 '地核까지'(usque ad inferos)에 미친다는 해석을 한 주석학파에 유래하여 프랑스민법(제552조)에서 '상하에 미친다'고 규정했으나 그 후 법률사상의 진화에 따라 의용민법과 같이 '법령의 제한 내에서'라는 조건을 더하는 것으로부터 시작하여 독일민법(제905조)의 "토지소유자는 이것을 금지하는 데에 아무런 이익이 없는 고소(高所) 또는 심소(深所)에 있어서의 침해를 금하지 못한다"라는 규정으로 진화하였다. 스위스민법은 다시 관념을 전환해서, 즉 절대적인 것을 예정하고 제한하는 입장으로부터 일정한 제한된 범위에서만 인정한다는 입장으로 진전하여 제667조에서 "토지소유권은 그 행사에 있어 이익이 존재하는 한도에서 공중 및 지하에 미친다"고 규정한다. 원안은 가장 진보한 스위스민법과 입장을 같이하며 또 원안 제199조와도 보조가 맞는 것으로 타당한 수정이라 하겠다."

입법이유에서도 나와 있듯이 우리 민법 제212조는 프랑스민법[26)]과 독일민법[27)]으로부터도 영향을 받았지만 그보다 나중에 제정된 스위스민법 제667조로부터 직접적인 영향을 받은 것으로 보인다. 스위스민법 제667조 제1항은 "토지에 대한 소유권은 소유권의 행사가 이익이 있는 한도에서 상하로 공중과 토지에 미친다"고 규정하고, 제2항은 "그것은 법률적 제한의 유보 하에 모든 건축물, 식물과 원천(Quellen)을 포함한다"고 규정하고 있다. 이처럼 스위스민법 제2항에서 원천, 즉 지하수도 규정하고 있기 때문에 우리 민법 해석에도 영향을 미친 것으로 보인다. 그런데 우리민법 제212조의 입법취지를 보면 소유권의 높이나 깊이에 대한 규제에 초점이 맞추어져 있을 뿐 지하수까지 자유롭게 이용할 수 있다거나 혹은 규제를 받는다거나 하는 취지는 보이지 않는다. 나아가 스위스민법과 달리 지하수에 대해 언급하고 있는 제667조 제2항의 내용은 전혀 규정하고 있지 않고 오히려 별도로 지하수에 대해서는 이웃간의 이용을 전제로 하는 상린관계편에서 규정하고 있다.

그렇다면 지하수에 관한 규정인 제235조 및 제236조의 제정이유를 참조해봐야 되는데, 두 개의 규정은 의용민법에는 없는 신설조문이다. 제정목적에 대해서는 구체적으로 드

25) 民事法硏究會, 民法案意見書, 1957, 85.
26) 프랑스민법 제552조는 "토지소유권은 토지의 상하에 대한 소유권을 포함한다"고 규정하고 있다.
27) 독일민법 제905조는 "토지소유자의 권리는 지표의 상하공간에 미친다. 그러나 소유자는 그 독점에 아무런 이익도 없는 높이의 지상 또는 깊이의 지하에서 행하여지는 간섭을 금지할 수 없다"고 규정하고 있다.

러나 있지 않지만 당시 학설을 반영한 것이라고 한다. 즉 의용민법상으로는 지하수에 관한 규정이 없었으므로 의용민법 제207조에 의해 학설 및 판례는 대체로 토지소유자의 전용권을 인정하는 경우가 많았다. 그러나 이에 대해서는 특별한 입법 없이 이를 인정하는 것이 부당하다는 지적이 많았고, 전용권에 의해 기존이용자의 권리만을 보호하는 것을 삼가야 한다는 지적이 있었다.[28] 이러한 지적에 따라서 공용수의 용수권을 규정한 것으로 추측된다고 한다.[29] 즉 우리나라 민법의 제정 과정에서는 제212조는 토지소유권의 높이와 지하에 대해서만 주로 초점을 맞추고 있을 뿐 토지소유권에 지하수 이용권까지 포함된다는 해석은 보이지 않고, 오히려 지하수에 대해서는 제235조 및 제236조에 의해 공공재로서의 성격을 강조하였음이 파악된다.

2. 일본의 지하수관리 제도

가. 사수론이 나오게 된 배경

우리 민법의 기초가 되었던 의용민법인 일본민법 제207조는 "토지의 소유권은 법령의 제한 내에서 그 토지의 상하에 미친다"고 규정하고 있다. 이 일본 민법 규정도 우리나라와 마찬가지로 토지소유권의 범위에 관하여 프랑스, 독일 및 스위스 민법 등을 참조하였다고 하면서도, 통설은 특히 스위스민법과 동일하게 토지소유권은 이익이 존재하는 한도에서 토지의 상하에 미친다고 해석된다고 한다.[30] 그리고 어떤 형태의 소유권을 인정하는가 하는 것은 결국 입법정책의 문제로서 소유권의 본질이나 토지 그것의 성질에 의해 결정되는 것은 아니라고 한다. 따라서 사회경제적 필요성이 크게 되고 그것을 공시하는 등기제도가 갖춰져 있으면 공간이나 지하의 일부에 대해서도 소유권이 인정될 수 있는 반면, 광물과 같이 광업법으로 토지소유권이 미치는 범위 외로 할 수 있다고 한다. 그리고 지하수와 온천에 대해서도 광물과 동일하게 취급할 수 있다고 하면서도, 반드시 본질적으로 토지의 구성부분은 아니라고 한다.[31] 그리고 온천을 예로 들면서 온천권은 수리권과 동일하게 관습을 법원(法源)으로 하는 관습법상의 권리이나, 상품성이 높고 수질이 매우 중요한 의미를 가지므로 토지소유권과는 독립하여 거래되는 객체로 보아야 한다는 점에서 수리권과 다르다고 한다.

28) 我妻榮(안이준 역), 물권법, 1956, 127.
29) 명순구, 실록 대한민국 민법 2, 2010, 148.
30) 川島武宣 · 川井健 編集, 新版 注釋民法 (7) 物權(2), 2007, 319.
31) 川島武宣 · 川井健 編集, 新版 注釋民法 (7) 物權(2), 320.

이러한 일본 민법 입법취지를 보면 명확하지는 않지만 지하수는 토지소유권의 객체가 아닌 것으로 파악하고 있음이 엿보인다. 그런데 이와 달리 그 후 일본 학설은 사수론을 취하고 있다고 알려져 있는데 왜 그런 것인가? 그 이유는 다음과 같이 일본 민법 제정 전에 나온 2개의 대심원 판결에서 영향을 받은 것에서 기인한다.

지하수에 관해서는 메이지 시대에 해당하는 성문법이 존재하지 않고, 관습법, 조리 등을 판단의 지침으로 삼고 있었는데 지하수에 관해서 다음과 같은 메이지시대의 오래된 판례가 존재한다. 하나는 1896년 3월 27일의 大審院 판결[32]로, "지하에 침투하는 물 사용권은 토지의 소유권에 부종하고 지하수의 이용은 소유권의 행사에 포함된다"는 판결이다. 이 판결은 리딩케이스로 불리는데, 토지 소유자의 자유로운 지하수 사용을 인정하고 있고, 이후 지하수 사용권과 토지 소유권을 결부시키는 기초가 되었다. 토지 소유권과 지하수 사용권을 연결하는 개념은 지하수를 토지에 종속하는 물건으로 간주하는 것을 의미한다. 그러나 이 판례에 대해서는 지하수는 대수층을 통해서 유동하는 존재이며, 토지에 종속되어 있다고는 말하기 어렵다는 비판을 받고 있다.[33] 두 번째는 1905년에 나온 "지하수는 토지 소유자의 권리에 속하고, 만일 자신의 토지를 굴착하여 지하수를 퍼 올려 사용하고 그 결과 타인의 토지의 지하 수량에 영향을 미친다고 하더라도 타인의 권리를 침해한 것은 아니다"는 판결이다.[34] 지하수 이용에 양수 펌프가 사용되게 되는 것은 그보다 훨씬 이후이며, 메이지, 다이쇼 시대에는 우물에서 인력으로 퍼 올리는 소규모 수준으로 사용할 수밖에 없었다. 즉 사수론의 배경이 되었던 판례는 오늘날의 현실에 맞지 않는 것이다. 오늘날 고성능 시설을 사용하여 관정을 통해 지하수를 취수하는 것은 당시의 상황에서는 예상할 수 없던 것이었다.

나. 최근의 동향

일본의 경우 지하수의 법적지위에 관한 학설의 입장은 우리나라에서의 논의와 유사하다고 할 수 있다. 즉, 소유권에 대한 특별한 언급은 없으나 지하수 이용에 대해서는 민법 제207조의 "토지소유권은 법령의 규제 내에서 토지의 상하에 미친다"라는 규정에 의거하여 지하수는 토지의 구성부분에 해당한다는 사수론적 입장을 견지하고 있다. 이러한 입장은 메이지시대에 나온 대심원 판결을 기초로 하고 있음을 앞에서 살펴보았다. 그러나 오늘날은 오히려 사수론을 비판하면서 지하수의 공공성을 강조하는 견해가 주를 이루고 있

32) 이 판례에 대한 자세한 내용은 千葉知世, 地下水行政の歴史的変遷, 地下水学会誌 60/4 (2018) 393 참조.
33) 渡邉真大, 地下水保全のための制度整備に向けて, 香川大学経済政策研究 11 (2015) 57.
34) 일본민법 제207조와 관련된 판례의 소개는, 和田温之 · 宮島吉雄, 地下水入門 · 新知識(その12 · 最終講)-地下水利用と法制度について, 農業土木学会誌 56/2 (1988) 166 참조.

다.[35] 또한 뒤에서 살펴보는 바와 같이 최근 법제도나 판례가 오히려 사수론을 지지하지 않는 것으로 파악된다.

일본에서는 과도한 지하수 채취로 인한 지하수 장해가 발생하고 있는 것을 계기로 지하수를 표류수로 전환하는 등의 대체수원 개발, 지하수 채취 규제, 물 이용의 합리화 등을 추진해왔다. 별도의 지하수법은 존재하지 않지만 지하수의 채취 · 이용에 관한 법률로써 공업용수법(工業用水法), 건축물용 지하수의 채취의 규제에 관한 법률(약칭 '빌딩용수법') 등을 통해 지하수 이용을 규율해왔다. 먼저 공업용수법은 지반침하의 방지대책을 위해 1956년에 제정된 것인데, 지하수장해가 발생하고 있는 지역을 지정하여 공업용 우물 양수기의 깊이와 펌프의 토출구경을 규제할 수 있도록 하고 있다. 지정된 지역은 교토, 치바, 사이타마, 오사카 등 다수이며 규제의 깊이 등은 지역에 따라 다르다. 한편, 도시의 고도화 때문에 빌딩 냉방용의 지하수 이용도 증가했다. 특히 지하수 이용이 급증한 오사카시는 1959년에 오사카시 지반침하 방지조례를 제정하고 다른 지역에서도 공업용수법과 동일한 정도의 규제를 행하였다. 또한 오사카뿐만 아니라 빌딩 용수에 의한 지반 침하 등 지하수 장해의 우려가 전국 각지에서 문제가 되자 1961년 태풍에 의한 해일 재해를 계기로 1962년 빌딩용수법이 제정되었다. 이 법은 지하수의 채취에 의해 지반 침하나 해일 등에 의한 재해가 발생할 우려가 있는 지역을 지정하여 공업용수법과 마찬가지의 규제를 할 수 있도록 하였다.[36]

그런데 이러한 법률에 의하더라도 일본은 우리나라와 달리 지하수 전반에 적용되는 법령을 가지고 있지 않다. 따라서 지하수 보전에 미흡할 수 있기 때문에, 지방자치단체마다 자치권에 따라 지하수보전조례를 책정하고 지하수를 관리하고 있는 지역이 많다. 특히, 수도 수원을 지하수에 의존하는 지역 및 지반 침하, 지하수 오염, 염수화 등의 지하수 장해가 발생한 지역에서는 이러한 조례에 의해 지하수의 보전과 이용의 조화를 도모해 왔다. 이러한 경위는 지하수에 관한 일반법이 존재하지 않기 때문에, 지자체가 스스로 그 보전과 이용의 방법을 구축할 수밖에 없었기 때문이다.

그리고 이러한 조례의 정당성을 판례가 지지해왔다. 최근에도 지하수 규제를 위해 우물의 설치를 금지한 조례의 규정이 헌법에 위반하지 않는다는 최고재판소 결정이 있었다.[37] 최고재판소는 이 조례에 대하여 "도시의 지하수를 보전하고 계획적으로 사용한다는

35) 宮崎淳, 水資源の保全と利用に関する基礎理論, 創価大学法学会 40/3 (2010) 3 이하; 守田優, 「地下水は語る見えない水資源の危機, 2012, 37 이하; 渡邉真大, 地下水保全のための制度整備に向けて, 香川大学経済政策研究 11 (2015) 49 이하 등.

36) 和田温之 · 宮島吉雄, 農業土木学会誌 56/2 (1988) 70 참조.

37) 最決平成27(2015)年4月22日 LEX/DB25540463.

공익적 시책의 목적에 따른 합리적인 것"이라고 전제한 후, "대저 지하수는 유한한 것임은 물론, 넓은 지역에 걸쳐 유동하는 것이므로 우물 굴착에 의한 취수는 자신의 토지의 지하뿐만 아니라 폭넓은 범위의 지하수에 영향을 미치는 것"이라고 한 후 조례로 지하수 보전을 위해 필요한 조치로서 특히 필요한 경우를 제외하고 새로운 우물 굴착을 금지한 것은 필요하고 합리적인 것이라고 판단하였다. 이처럼 최근 판례는 사수론의 근거가 된 과거의 판례와 달리 지하수의 공공재로서의 성격에 입각하여 판단하고 있다.

3. 독일의 물관리법에 의한 지하수관리

일본민법과 우리 민법의 제정 당시 독일민법이 많은 영향을 주었음을 앞에서 살펴보았다. 독일민법 제905조는 우리 민법과 유사하게 소유권의 범위에 대해 규정하고 있는데, "토지소유자의 권리는 지표의 상하공간에 미친다. 그러나 소유자는 그 독점에 아무런 이익도 없는 높이의 지상 또는 깊이의 지하에서 행하여지는 간섭을 금지할 수 없다"고 규정하고 있다. 즉 독일민법은 토지소유권의 적극적 효력은 무제한으로 토지의 상하에 미치는 것을 원칙으로 하면서도 이익이 존재하는 범위로 한정하고 있다. 독일민법에서는 스위스와 같이 지하수에 대한 명문의 규정을 두고 있지 않지만, 광물이나 지하수에 대해서는 토지소유권과 분리되고 별도의 법률에 의해 당연히 제한을 받는 것으로 해석하고 있다.[38] 독일에서도 초기의 판례는 지하수도 토지소유권의 범위에 속한다고 보았으나 독일연방헌법재판소는 1981년 지하수가 독일민법 제905조의 토지에 포함되지 않는다고 판결하였다.[39]

독일 물관리법(Wasserhaushaltsgesetz: WHG)은 1957년에 제정된 물 전반에 관한 법률이다. 이 법은 수역의 보호 및 수질 보전은 물론, 공공 용수의 공급, 폐수 처리, 선박 항해, 수력 발전, 홍수 대책 등 인간에 의한 수역 이용을 조화시킨 수역 관리를 목적으로 한다. 이 법에 의해 독일에서는 물관리 일원화를 이루었는데, 지표수 · 지하수 · 연안수 등 모든 '물'을 '수역'이라는 개념으로써의 일체적인 것으로 파악하여 수역을 공적 관리 하에 두고, 이용을 하기 위해서는 허가 · 특허를 필요로 한다. 수역 관리는 기존의 행정 단위와는 다른 유역 단위로 이루어지고 있다.[40]

---

38) Herbert Roth, Karl-Heinz Gursky(Hrsg.), J. von Staudingers Kommentar zum Bürgerlichen Gesetzbuch mit Einführungsgesetz und Nebengesetzen Buch 3 Sachenrecht, 2016, §905, Rn. 6.

39) BVerfGE 58, 300, 332f., NJW 1982, 745ff. 이에 관한 자세한 내용은 김재형, 土地와 물: 地下水 利用權에 관한 妨害排除請求權, 서울대학교 법학 46/2 (2005) 383 참조.

40) 유역단위의 물관리는 EU의 지침(Directive 2008/56/EC of the European Parliament and of the Council of 17 June 2008 establishing a framework for community action in the field of marine environmental policy(Marine Strategy Framework Directive))에 기초한 것이다.

독일 물관리법은 2009년 전면 개정되었다. 새로운 물관리법의 특징을 보면, ① 종래의 원칙적인 규정으로 이루어졌던 것을 구체적인 내용으로 개정한 점, ② 법률의 체계를 보다 알기 쉽게 한 점, ③ 유럽연합(EU)의 여러 지침의 규정[41]을 독일 연방차원에서 통일적으로 실시하는 점, ④ 연방에서 통일할 필요성이 있는 각 주법의 입법들을 연방차원의 법률 내용으로 편입시킨 점이다. 연방수법 제2조 (1)항은 육수역(陸水域, oberirdische Gewässer), 연안수역(沿岸水域, Küstengewässer), 지하수(Grundwasser) 모두를 규율대상으로 하고 있음을 밝히면서, 제8조에서 별도의 정함이 없는 한 이 물의 이용은 허가 또는 특허를 요하는 것으로 하고 있다. 구체적인 내용에 있어서는 지역의 특색을 반영하여 주마다 다른 규정을 둘 수 있도록 하고 있지만 연방법과 실질적으로 다른 주법의 규정은 거의 없다고 한다.[42]

4. 민법과 물관리기본법의 취지에 따른 지하수의 법적 성격

현행 민법의 제정과정에서의 입법자의 의사를 분석해 본 결과, 사수론의 근거가 되는 민법 제212조의 해석상 지하수이용권이 토지에 부수하는 권리로 볼 근거는 찾아볼 수 없었다. 오히려 지하수 이용권을 토지소유권에 부수하는 권리로 보는 견해나 판례의 입장은 양수기조차 발달하지 않은 메이지 시대의 판례 및 과거의 학설에 원천적인 근거를 둔 해석으로 보이며, 오늘날의 시대에는 맞지 않은 해석임이 분명하다. 오히려 지하수법을 따로 두고 있지 않고 민법에서도 지하수에 관한 규정을 두지 않았기 때문에 사수론에 입각한 해석이 주류를 이루고 있는 일본에서조차도, 최근 판례는 지하수를 공공재로 보고 조례로 지하수 취수를 금지하는 것을 정당하다고 하고 있다.

지하수를 토지소유권과 별개의 공공재로 보아 전면적 관리를 해야 된다는 해석은 최근 제정·시행된 물관리기본법에 의해 더욱 공고해 졌다고 할 수 있다. 물관리기본법은 지속가능한 물순환 체계를 구축하고 국민의 삶의 질 향상에 이바지함을 목적으로 하는데(제1조), 여기서 물순환이란 강수(降水)가 지표수와 지하수로 되어 하천·호수·늪·바다 등으로 흐르거나 저장되었다가 증발하여 다시 강수로 되는 연속된 흐름을 말한다(제3조 제1호). 물관리 대상이 되는 물순환체계에 지표수뿐만 아니라 지하수를 포함시킨 것은 매우 중요하다. 또한 제12조에서는 "국가와 지방자치단체는 지표수와 지하수 등 물순환 과정에 있는

41) 유럽연합의 지침 중 지하수에 관해서는, '지하수를 오염 및 악화로부터 보호하는 지침(2006/118/EC)'이 중요하다.

42) Becker, Bernd: Das Recht der Länder zur Abweichungsgesetzgebung (Art.72 Abs.3 GG) und das neue WHG und BNatSchG, DVBl 2010, 754, 756.

모든 형상의 물이 상호 균형을 이루도록 관리하여야 한다"고 규정하여 지표수와 지하수를 동등하게 규정하고 있다. 아울러 제16조에서는 물을 사용하려는 자는 관련 법률에 따라 허가 등을 받아야 한다고 규정하고 있다. 이 규정에 의해 당연히 지하수행정도 영향을 받을 것으로 생각한다.

그렇다면 우리 민법, 물관리기본법, 지하수법상 지하수의 법적 성질을 어떻게 보는 것이 바람직한 해석일까? 지하수의 성질로부터 공수(公水)와 사수(私水)로 구분하는 것은 타당하지 않다. 지하수는 공공재, 즉 공수이다. 물순환 과정에 있는 수자원을 지하에 있을 때 어느 한 지점에서 취수하는 것이 지하수이며, 공수와 사수로 구분하여 자유롭게 지하수를 채취할 수 있는가의 논의는 물순환시스템에서는 적합하지 않다. 그렇다면 우리 민법의 해석상 소유자는 어떤 경우에만 이 공공재를 취수할 수 있는 것인가? 그것은 지하수의 대수층 부분에는 공공성이 있지만 토지소유권에 기한 사적 지배의 영역에 물이 도달한 때에는 그 공공성이 토지소유권의 사권으로 전환되어 지하수채취가 가능하다는 해석이 가능하다. 왜냐하면 토지소유권에 기한 사적 지배영역에 물이 도달한 때, 예컨대 자연적으로 용출하는 지하수와 같은 경우에는 물이 토지소유자에게 배타적 이용가능한 상태로 도달한 것이기 때문이다. 이 경우에는, 그리고 이 경우에만 신고제를 통해 신고를 하고 소유하도록 해야 한다.

결론적으로 대수층의 상태에서는 지하수는 공공재이다. 다만, 지하수가 그 토지소유권에 기초한 사적 지배영역에 도달함으로써 토지소유권의 영역에 들어온다면 공공성을 복멸하게 되고 그 배타적 이용이 가능하게 되나, 지하수가 하천과 같은 공적 관리영역으로 되돌아가게 되면 다시 사권성을 잃고 공공성이 부활하게 된다. 이러한 해석이 우리 법체계상 바람직한 해석에 해당한다고 판단된다.

Ⅳ. 맺 음 말

경미한 지하수 이용이라도 다수의 토지 소유자에 의해 광범위하게 이용되다 보면 건전한 물 순환 유지에 지장이 있게 되고, 지하수 장해가 발생할 개연성이 높기 때문에 공공복지의 관점에서 전면적으로 관리할 필요가 있다. 현행 신고제에 의하면 신고만 하면 일정한 범위 내에서는 마음대로 지하수를 사용할 수 있다는 것을 의미하며, 이는 지하수 부실관리의 주요 원인으로 작용할 수 있다.[43] 따라서 현재의 신고제를 전면적으로 허가제도로 변경하는 것을 입법적으로 고려할 필요가 있다. 독일에서는 허가제와 함께 일부 특허제도도 병행하고 있는데 특허는 공공자원인 지하수 이용권을 국가가 설정하여 준다는 형성적 행위의 의미를 부여한다.

지하수를 공공재로써 국가가 관리하는 경우 그 관리 체제 구축이 문제가 된다. 하천수는 하천법을 근거로 공물로 하고 있고, 우리나라 전역에 걸쳐 하천 정보를 얻을 수 있는 우량 · 수위 관측 시설, 상세한 하천 계획 등 하천 관리 인프라가 구축되어 있다. 이에 반해 지하수는 하천보다 지역적인 색채가 강하고 그 존재형태도 매우 다양하다. 지하수가 풍부한 선상지와 같은 지역과, 지하수위의 저하가 지반침해로 직결되는 충적 저지대와 같은 지역의 지리적 조건은 전혀 다르며, 지하수 사용량과 의존도 등 사회적 조건도 지역마다 상이하다. 이러한 상황 때문에 지하수를 공물로 하더라도 그 관리주체를 지방자치단체로 하는 것이 바람직하다는 고려가 나온다.[44]

그러나 이것 역시 토지와 지하수를 구분하지 않은 데에서 나온 고려방법이다. 지하수의 대수층은 행정 구역과 일치하지 않는다. 어느 시자제가 지하수 취수 제한 · 지하수 함양량의 증대라는 지하수 보전 정책을 실시한 경우, 그 이익은 당해 지자체에만 배타적으로 귀속되지 않는다. 이로 인해 주변 지자체는 다른 지자체의 지하수 보전 정책에 무임승차하는 현상이 발생하게 되고, 통일적으로 보전정책을 실시하지 않는 한 각 지자체는 지하수 보전정책에 소극적이게 된다. 따라서 같은 지하수층을 공유하는 지역 공동체에 의한 종합적인 관리가 필요하다 할 수 있다.

따라서 하천과 마찬가지로 지하수에 있어서도 유역 단위의 통합적 물관리가 필요하다. 통합물관리란 물순환의 관점에서 지표수와 · 지하수 · 상하수도 등을 통합적으로 파악하고 관리하는 분산된 물관리 권한의 통합을 도모하는 것이다. 물관리기본법에 의해 각 유역단위로 물관리가 이루어지므로, 지하수에 대해서도 각 유역단위 물관리위원회에서 계획적으로 관리하도록 할 필요가 있다.

유역단위로서 계획적으로 지하수를 관리 운영하다 보면 지금과 같이 신고만 하고 자유롭게 사용하던 지하수 이용에 제약이 따를 수 있다. 그동안 지하수 이용을 토지소유권과 결부시켜 이용해오던 경향이 강하기 때문에 지하수를 공공재로 하여 취급하는데 있어서는 사회적 합의가 필요하다.

한편 물순환구조에 근거하여 지하수를 공수로 자리매김하게 하고 허가제를 전면적으로 도입하여 무분별한 사적 이용에 대해 규제를 가한다는 것은, 역으로 국가 또는 지자체가 지하수를 공수로 잘 관리하고 또한 그 관리에 하자가 있는 경우에는 그 책임을 진다는

43) 김홍균, 인권과 정의 361 (2006) 179.
44) 渡邉真大, 香川大学経済政策研究 11 (2015) 65.

점도 함의한다.[45] 따라서 지하수의 물순환구조를 잘 파악하고 그것을 관리가능하게 하기 위한 필요조건을 정비한 후에 제대로 관리할 수 있을 때에야 지하수를 공수로 하여 허가제도를 전면적으로 도입할 수 있을 것이다. 또한 건전한 물순환이 유지될 수 있을 경우에만 개인적 지하수 이용을 허가하는 것과도 이론적으로 부합한다. 아마도 현재의 지하수법이 허가제를 원칙으로 하면서도 신고제를 병행하고 예외를 많이 인정하는 것도 이러한 맥락에 기인한다고 할 수 있다.

지하수를 공물로 하고 그 이용을 전면적으로 허가제로 한다고 하더라도 개인적 이용을 획일적으로 정한다거나 전적으로 규제한다는 의미는 아니다. 유역에서의 건전한 물순환을 손상하지 않는 범위에서 토지소유자에 의한 지하수 채취를 인정할지 여부, 지하수를 하천수의 관리와 동일한 수준에서 할지 여부 등 지하수에 관한 여러 정책과 관련하여, 지금처럼 토지소유권이 있기만 하면 토지소유권에 기초하여 일정 범위에서 자유롭게 이용하는 구조가 아니라 유역단위 물관리시스템의 프로세스와 계획을 통하여 결정한다는 의미이다. 그리고 여기서의 결정은 지하수가 가진 물순환구조라는 특성뿐만 아니라, 전통적으로 내려져 온 지역성이 강하게 반영된 자원이라는 점도 어느 정도 반영하여야 할 것이다.

45) 宮崎淳, 水循環基本法における地下水管理の法理論ー地下水の法的性質をめぐって, 地下水学会誌 57/1 (2015) 67.

매매계약의 내용과 다른 사후적 소유권유보

이 병 준

고려대학교 법학전문대학원 교수

Ⅰ. 들어가며

1. 매매계약과 소유권유보

매매계약을 체결하게 되면 매도인과 매수인은 매도된 목적물의 소유권이전의무와 매매대금지급의무를 부담한다(민법 제568조 제1항). 그리고 이러한 소유권이전의무와 매매대금지급의무는 특별한 사정이 없는 한 원칙적으로 동시이행의 관계에 있다(민법 제536조). 이때 동시이행의 항변권은 매도인 입장에서는 매매대금의 지급확보를 보장하기 때문에 소유권유보를 통하여 소유권이전을 유예할 필요가 없다.[1)]

소유권유보는 기본적으로 사업자의 대금지급 확보를 위하여 이루어지기는 하지만 많은 경우에 소비자의 이익을 위한 대금지급 유예와 결합하여 행하여진다.[2)] 대표적인 경우가 바로 할부매매이다. 할부매매의 경우 대금의 지급이 분할되어 이루어지므로 기본적으로 매매목적물의 인도가 먼저 이루어지고 대금의 지급은 유예되는 효과가 발생한다. 따라서 앞에서 설명한 매매계약의 통상적인 동시이행관계를 통하여 상대방의 이행을 확보할 수 있는 기능이 보장되지 않는다. 결국 먼저 매매목적물을 인도하는 매도인은 매수인에게 바로 소유권을 취득하게 하는 것이 아니라, 매매대금의 완납을 정지조건으로 하여 소유권의 이전이 이루어지도록 하게 하는 것이 바로 소유권의 유보다.[3)] 그리고 이러한 내용의 매매계약

1) 이를 동시이행 항변권이 갖는 담보적 기능이라고 한다. 즉 동시이행의 항변권은 유치권과 함께 해당 권리자에게 급부이행을 거절할 수 있는 권능을 부여하는 한편, 선이행을 통하여 상대방의 급부를 받지 못할 위험으로부터 보호하는 역할을 한다(담보적 기능). 더 나아가 상대방의 이행을 촉구하는 압박수단으로 기능하기도 한다(압력수단으로서의 기능)[이에 관하여 김형배, 채권각론 <계약법>, 2001, 146 참조]. 또한 두 기능을 모두 강조하면서도 채권이 양도된 경우에는 압박수단으로서의 기능이 더 중요하다고 하는 문헌으로 이동진, 채권양도, 부당이득, 동시이행, 비교사법 22/1 (2015) 315 참조.

2) 이와 같은 상황에 관하여 자세한 내용은 임건면, 소유권유보의 의의와 형태, 경남법학 9 (1994) 112 이하 참조.

3) 최종길, 소유권유보매매의 법률관계에 관한 고찰 — 그 매수인의 법적 지위를 중심으로 —, 서울대학교 법학 9/2

을 소유권유보부 매매라고 한다.

소유권의 유보는 기본적으로 물권법적 측면에서 물권적 합의에 매매대금의 완납이라는 정지조건을 붙이는 것이다.[4] 그리고 이와 결합하여 채권법적으로는 매매계약에 대금의 지급유예 합의가 부가된다. 또한 대부분의 경우에는 매매계약에 소유권유보를 통하여 소유권이 이전될 것이라는 내용의 합의도 함께 이루어지는 것이 보통이다. 결국 통상적인 소유권유보부 매매에서 소유권의 유보는 매매계약과 물권적 합의에 모두 있게 된다.[5]

2. 사후적 소유권유보

앞에서 설명한 바처럼 통상적인 경우에는 소유권유보 조건이 매매계약과 소유권이전을 목적으로 하는 물권적 합의에 모두 담긴다.[6] 그런데 매매계약상 대금지급유예는 이루어졌지만, 소유권유보가 이루어지지 않은 경우도 존재한다. 예컨대 매도인이 소유권유보조항을 매매계약을 체결할 때 두지 않은 것으로 정하였으나, 매도인이 매매대금의 지급유예를 해 주면서 소유권유보를 하는 것을 단지 잊을 수 있다. 또한 매도인이 매매계약을 체결하면서 소유권유보를 하지 않았으나, 매매목적물의 인도 전에 매수인의 재산상황이 좋지 않다는 사실을 알게 되어 소유권유보 하에서만 인도를 하려고 할 수 있다.

그러나 이러한 경우에도 매도인은 매매대금의 안전한 지급을 확보하기 위하여 소유권유보를 전제로 소유권의 이전을 사후적으로 원하는 경우가 있다. 이처럼 매매계약을 체결할 당시에 소유권을 유보하는 조항 없이 매매계약을 체결하더라도, 사후적으로 매도인이 매수인에 대하여 매매대금을 완납할 것을 정지조건으로 하는 소유권유보를 하는 것은 물론 사적 자치의 원칙상 가능하다. 그리고 이러한 합의를 사후적 소유권유보(nachträglicher Eigentumsvorbehalt)라고 한다. 다시 정리하면 사후적 소유권유보라고 함은 조건 없는 소유권이전을 합의하는 내용의 매매계약 또는 명확히 소유권유보 조건의 합의가 없는 내용의 매매계약을 체결한 후 매도인이 사후적으로 소유권유보의 조건을 붙여서 소유권을 이전하는 경우를 말한다.[7]

(1967) 62. 통상 '매수인은 매도인으로부터 점유이전된 물품에 대하여 물품대금의 완납 전에는 소유권을 취득하지 못한다'는 내용의 소유권유조항을 사용하나, 이를 다수설과 판례는 정지조건부로 소유권을 유보하는 것으로 해석하고 있다. 본 논문도 이러한 정지조건설에 의거하여 작성되었다. 이와 관련된 학설 논의에 관하여 자세한 것은 김용덕 편집대표, 주석민법 채권각칙 2, 2021, 690 이하(이병준) 참조.

4) 최종길, 서울대학교 법학 9/2 (1967) 64; 임건면, 경남법학 9 (1994) 113.

5) 최종길, 서울대학교 법학 9/2 (1967) 65.

6) 그리고 매매계약에 소유권유보의 합의가 이루어졌다면 물권적 합의에서 특별한 의사표시를 하지 않더라도 특별한 사정이 없는 한 소유권유보로 소유권이 이전된 것으로 해석할 수 있다(독일 민법 제449조 제1항 참조). 즉 독일 민법에서는 이러한 내용을 담고 있는 명문의 해석규정을 두고 있으나, 이러한 해석규정이 없더라도 동일한 내용의 해석을 충분히 인정할 수 있다고 보인다.

사후적 소유권유보가 일어나는 대표적인 유형은 매도인이 물품을 공급하면서 공급서 내지 영수증에 일방적으로 해당 물품의 소유권이 대금지급의 완납시까지 매도인에게 유보된다는 내용의 조항을 담는 경우이다. 그러나 이와 같은 매도인의 행위는 매수인이 예상할 필요가 없는, 앞서 체결한 매매계약에 반하는 행위로 볼 수 있다. 왜냐하면 매매계약상으로는 조건 없는 소유권의 이전이, 매도인이 부담하는 의무의 내용이기 때문이다. 원래 체결한 매매계약에 소유권유보의 내용이 없었기 때문에 이행단계에서 새롭게 추가된 조건부 소유권이전의 내용을 매수인이 받아들일 필요는 없다. 따라서 상대방의 동의가 없는 한 소유권유보는 일방적인 것에 불과하므로 효력이 없다.[8)]

매수인이 이러한 조건을 거절한 경우에 물권적 합의가 성립하지 않으므로 매수인은 일단 소유권을 취득할 수는 없다. 그러나 조건 없는 소유권이전이 매매계약상 채무의 내용이므로 매수인은 조건이 없는 소유권의 이전을 청구할 수 있다.[9)] 또한 이에 응하여 매도인이 이행하지 않으면 이행지체에 따른 손해배상을 청구하거나, 더 나아가 계약해제권을 행사할 수 있다.

그에 반하여 물권적 합의단계에서 소유권유보의 의사를 매수인이 받아들인다면 소유권유보의 조건부 물권적 합의가 성립한다.[10)] 더 나아가 특별한 사정이 없는 한 앞서 체결한 매매계약의 내용을 소유권유보로 이전하는 묵시적 의사가 있는 것으로 볼 수 있으므로 그에 따라 그 내용이 변경된 것으로 볼 수 있다.[11)] 이 경우에는 매매계약에 부합하는 소유권이전이 있기 때문에 의무이행이 제대로 이루어진 것으로 볼 수 있고 당사자 사이에 특별한 문제가 발생하지 않는다.[12)]

3. 문제의 제기와 본 논문의 연구범위

가. 문제 제기와 논의 순서

앞에서 살펴본 내용이 사후적 소유권유보로 인한 기본적 법률관계에 관한 내용이라

7) MüKoBGB/Westermann, 8. Aufl. 2019, BGB § 449 Rn. 17. 그에 반하여 '후발적 소유권유보'라고 함은 매매계약과 소유권이전시에도 소유권유보가 이루어지지 않아서 매매목적물의 소유권이 완전히 이전되었다가 매수인이 매매대금을 지급할 수 없게 되자 당사자 사이에 이미 소유권이 이전된 매매목적물에 대하여 후발적으로 소유권유보의 합의를 하는 경우를 말한다(양형우, 소유권유보에 관한 법적 고찰—법적 효력을 중심으로—, 비교사법 7/1 [2000] 8). 이 경우에는 매수인의 대금완납이 해제조건으로 이루어진 것으로 볼 수 있다(임건면, 경남법학 9 [1994] 114).

8) 임건면, 경남법학 9 (1994) 114.

9) 최종길, 서울대학교 법학 9/2 (1967) 66.

10) 최종길, 서울대학교 법학 9/2 (1967) 65.

11) Bonin, Probleme des vertragswidrigen Eigentumsvorbehalts, JuS 2002, 438.

12) Staudinger/Honsell, § 455 Rn. 14. 이와 다른 견해로 Larenz, SchuldR II/1, 13. Aufl., 1986, 109.

고 할 수 있다. 그러나 소유권유보가 매매계약의 내용으로 들어오게 되는 구체적 계약체결 양태에 따라 그로 인하여 발생하는 법률관계는 상당히 복잡하게 전개될 수 있다. 왜냐하면 소유권유보의 내용이 당사자 사이에 별도의 명시적 의사표시로 행하여지는 것이 아니라, 하나의 조항으로서 계약서, 공급서 등에 기재된 형태로 교부되는 경우가 대부분이기 때문이다. 이러한 경우 계약체결시에 당사자들이 소유권유보조항이 존재한다는 사실을 인식하지 못하고 계약을 체결할 수 있다. 그러나 소유권유보에 관한 계약조항이 첨부되었다고 당연히 계약의 내용이 되는 것은 아니므로, 과연 이와 같은 소유권유보조항이 유효하게 계약의 내용이 될 수 있는지라는 쟁점에서부터 문제가 될 수 있다. 즉 매매계약상 소유권유보조항이 일방적으로 제시되었으나, 매매계약에 소유권유보조항이 유효하게 내용이 되지 못한 경우에 사후적으로 물권적 합의 단계에서 소유권유보로 소유권을 이전하는 형태의 사후적 소유권유보라는 주제로 자연스럽게 연결된다. 더 나아가 소유권유보조항이 담긴 공급서 등을 수령한 자가 계약당사자가 아닌 대리인 내지 사자인 경우가 실무에서 많이 일어나는데, 이 경우에 이러한 의사표시가 효력을 어떠한 방법으로 발생하고, 그에 따라 소유권유보조항에 관한 합의가 존재하는지가 문제될 수 있다.

이러한 쟁점들이 담긴 사후적 소유권유보라는 주제는 계약성립 및 의사표시 더 나아가 약관법의 근본적인 어려운 이론적 문제와 연관되어 있다. 그리고 이와 관련한 직접적인 논의는 국내 문헌에서는 거의 발견할 수 없고[13] 주로 독일에서 이루어지고 있다.[14] 필자의 생각으로는 우리나라에서 기본적인 소유권유보에 관한 논의가 독일의 이론을 바탕으로 논의가 이루어지고 있으므로, 독일에서 논의되고 있는 위의 쟁점들이 부각된다면 충분히 국내에서도 논의될 수 있다고 생각되어, 이에 관한 논의를 본 논문을 통하여 소개하려고 한다. 이를 위하여 사후적 소유권유보가 행해졌을 때 채권법적 측면과 물권법적 측면으로 나누어서 당사자 사이의 법률관계가 어떻게 형성되는지를 사례유형별로 자세히 살펴보려고 한다(Ⅱ). 그 다음으로 제3자인 대리인이나 사자의 관여로 당사자 사이의 법률관계가 어떻게 바뀔 수 있는지에 관하여 논해보려고 한다(Ⅲ).

나. 연구범위의 제한

이 논의는 기본적으로 물권행위의 독자성을 바탕으로 하였다.[15] 또한 채권행위는 유

13) 이와 관련된 기본적 논의로 양형우, 비교사법 7/1 (2000) 230 이하 참조.

14) Bonin, JuS 2002, 438 ff.; Ulmer/Schmidt, Nachträglicher einseitiger Eigentumsvorbehalt, JuS 1984, 18 ff. ; Hoffmann, Die Vertragswidrigkeit einfacher Eigentumsvorbehalte zwischen Schuld-und Sachenrecht, JuS 2022, 697 ff.

15) 그러나 물권행위의 독자성을 인정하느냐 여부와 상관없이 매수인이 대금을 완납하는 행위에 새로운 물권적 합의 없이 소유권이 매수인에게 이전된다는 점에서는 동일하다(이러한 지적으로 임건면, 경남법학 9 [1994] 113 참조).

효하므로 독일에서는 무인성을 인정하고 있음에 반하여, 우리나라에서는 유인성을 인정하고 있는 측면은 특별히 추가로 고려할 필요가 없다고 생각되었다. 매매계약은 기본적으로 유효하므로 유인성의 문제는 발생하지 않기 때문이다. 따라서 독일의 논의가 우리나라에 직접적으로 반영될 수 있다고 보았다.

다만 사후적 소유권유보와 관련된 본격적인 논의는 기본적으로 '약관의 충돌'[16]이라는 쟁점과 주로 연관된다. 현재 우리 문헌에서 이 쟁점을 본격적으로 비교법적 차원에서 많이 소개하고 있으나,[17] 아직 판례가 없다 보니 우리법 상황과 연관하여 많은 논의가 이루어지지 않고 있다.[18] 이에 따라 본 논문에서 단순한 소유권유보조항이 사용된 경우를 중심으로[19] 대표적인 학설을 소개하고 이를 전제로 논의를 진행하였다는 점을 밝힌다. 또한 소유권유보조항과 관련된 약관은 주로 상인들이 사용하므로 상인인 매도인과 매수인이 매도약관과 구매약관을 사용하고 있는 상황을 전제로 하였다.

Ⅱ. 사후적 소유권유보로 인한 법률관계

사후적 소유권유보로 인한 법률관계를 올바르게 분석하기 위해서는 채권법적 측면과 물권법적 측면을 구분하여 살펴보아야 한다.[20]

1. 채권법적 측면

가. 소유권유보의 존재 확인

사후적 소유권유보와 관련하여 우선 확인되어야 할 점은 실제로 매매계약을 체결할 때 소유권유보조항 없이 계약이 체결되었는지 여부이다. 거래관행상 소유권유보가 많이 행해지지만, 그렇다고 하여 소유권유보가 관행적으로 전제되어 있거나 묵시적으로 계약의 내용이 되었다고 보기는 어렵기 때문이다.[21] 따라서 소유권유보의 합의가 존재해야 하며,[22]

16) 이를 '서식충돌' 혹은 '서식전쟁'이라고 부르기도 한다(정성헌, 서식충돌[Battle of the forms]의 해결에 관한 연구 — CISG, PICC, PECL, 미국UCC를 중심으로 —, 고려법학 60 [2011] 286).

17) 최흥섭, 유엔국제매매법(CISG)에서 약관에 관한 문제, 법조 55/1 (2006) 113 이하 참조.

18) 김성민, 서식의 충돌의 국제사법상 쟁점, 국제사법연구 23/1 (2017) 119 이하 참조.

19) 단순한 소유권유보조항이라고 함은 단순하게 소유권이전이 정지조건부로 일어나는 것을 말하며, 그 밖에 특수한 유형으로 연장된 소유권유보, 계속적 소유권유보, 콘체른 소유권유보 등이 존재한다(이에 관하여 자세한 것은 윤석찬, 소유권유보부매매의 유형과 법리, 재산법연구 37/1 (2020) 101 이하 참조).

20) 소유권유보와 관련하여 채권법적 측면과 물권법적 측면의 분석틀을 전제로 하거나, 긍정하는 입장으로 최종길, 서울대학교 법학 9/2 (1967) 67 이하; 김재국, 동산의 소유권유보, 민사법연구 11/1 (2003) 164.

이러한 합의가 있었다는 사실은 주장하는 자가 이를 증명해야 소유권유보의 존재를 인정할 수 있다.[23)]

(1) 거래관행을 통한 묵시적 합의 내지 소유권유보의 인정?

우리 학설 중에서는 명시적인 소유권유보의 특약이 없는 경우에도 거래관행을 고려하여 일방적으로 소유권유보가 있는 것으로 추정할 수 있다고 보는 견해가 있다.[24)] 그러나 거래관행으로 당사자의 합의를 대체하는 것은 민법이 전제로 하고 있는 사적자치의 원칙을 지나치게 침해할 뿐만 아니라, 담보의 확보가 소유권유보를 통해서만 이루어지는 것이 아니기 때문에 거래관행을 이유로 소유권의 유보를 인정하는 것에는 신중을 기할 필요가 있다. 그에 반하여 아주 예외적인 경우에는 묵시적으로 소유권유보가 이루어진 것으로 인정할 필요가 있다. 예컨대 매수인과 매도인이 계속적인 계약관계로 물품의 공급을 지속적으로 해온 경우 구체적인 계약에서 소유권유보조항을 사용하지 않았다고 하더라도 기존의 매매계약관계에서 소유권유보조항을 사용하였다면, 소유권유보의 묵시적인 합의를 인정할 수 있는 여지가 있다.[25)]

(2) 약관상 소유권유보조항을 통한 합의

통상적으로는 소유권유보조항이 약관에 담겨져 있고 약관이 유효하게 계약의 내용이 된다면 큰 문제없이 소유권유보조항은 계약의 내용이 된다.[26)] 기본적으로 문헌에서 일치하여 약관에 소유권유보조항을 두는 경우에 매도인의 대금지급의 확보라는 정당한 목적을 가지고 있으므로 이러한 소유권유보 조항은 불공정한 내용을 갖는 것이 아니라고 보고 있다.[27)] 소유권이전의무는 매도인이 부담하는 주된 의무이긴 하지만, 매매대금의 지급이 유예된 경우 매매대금 지급의 안전을 확보하기 위해 소유권유보를 하는 것이므로 소유권유보조항은 계약당사자 사이의 이해관계를 적절하게 조화시키고 있는 것이다.[28)]

---

21) Reinicke/Tiedtke, KaufR, 6. Aufl. (1997), Rn. 1107; Honsell, Aktuelle Probleme des Eigentumsvorbehalts, JuS 1981, 706.

22) BGH NJW 2006, 2489; MüKoBGB/Westermann, § 449 Rn. 13; Stoffel, AGB－Recht, 4. Aufl. (2021), Rn. 1009.

23) 이러한 측면에서 양형우, 비교사법 7/1 (2000) 230 참조.

24) 곽윤직, 채권각론, 1993, 259; 이은영, 채권각론, 1989, 245; 임건면, 경남법학 9 (1994) 114.

25) 최종길, 서울대학교 법학 9/2 (1967) 66.

26) 약관에 소유권유보조항이 있다면 약관의 편입요건만 충족하면 되고(약관규제법 제3조 참조) 별도로 소유권유보조항에 합의가 없더라도 계약의 내용으로 인정할 수 있다.

27) 학설은 이러한 내용의 약관조항의 유효성을 인정하고 있다(임건면, 경남법학 9 [1994] 114). 독일의 학설도 단순한 소유권유보조항을 유효한 것으로 보고 있다(Honsell, JuS 1981, 706; Ulmer/Schmidt, JuS 1984, 19; Wolf/Dammann, AGB－Recht, 5. Aufl.(2009), Klausel E 23; Ulmer/Schmidt, AGBG, 12. Aufl.(2016), Teil 2, (43) Sicherungsklausel Rn. 2; MüKoBGB/Westermann, BGB § 449 Rn. 13).

28) 통상 매수인은 매매대금을 모두 지급하지도 않은 상태에서 매매목적물을 인도받아 이용할 수 있는 이익을 누린다. 그런데 약관에 매매대금의 완납 전까지 매매목적물의 사용을 금지하는 규정을 둔다면, 위에서 말한 이익균형이 파괴

한편 소유권유보의 조항을 배척하는 매수인의 약관조항은 무효라고 보는 견해도 있다.[29] 이 견해는 당사자의 이해관계를 고려해 보았을 때 다른 담보를 제공함이 없이 소유권유보의 내용을 배척하는 것은 매도인에게 불리한 조항에 해당한다고 본다. 그에 반하여 독일의 판례[30]와 다수설[31]은 이러한 배척조항의 유효성을 인정하고 있다. 1980년대 독일 연방법원 판결에서 소비자상점 운영자가 사용하고 있는 "매수인은 상품의 인도를 통하여 직접적으로 소유권을 취득한다"라는 조항의 유효성을 인정하였지만, 소유권유보를 배제하여야 할 상점운영자의 이해관계를 특별히 강조하면서 소유권유보조항의 불공정성 평가는 거래영역과 유통형태에 따라 구체적으로 판단해야 한다고 보았다. 따라서 소유권유보를 배척하는 조항이 유효하기 위해서는 매수인이 이에 대한 특별한 이해관계를 증명할 수 있어야 한다. 왜냐하면 앞서 주장된 바처럼 적절한 담보의 제공 없이 대금지급을 유예하게 되면 매도인의 이익을 기본적으로 침해하고 계약관계의 균형이 파괴되기 때문이다.[32] 이하에서는 이러한 소유권유보를 배제하는 매수인의 구매약관이 유효하다는 것을 전제로 논의를 진행하려고 한다.

그런데 매도인과 매수인이, 그 내용이 서로 충돌하는 약관을 사용하는 경우에는 약관해석의 문제가 발생한다. 즉 매도인의 매도약관에는 소유권유보조항이 있으나, 매수인의 구매약관에는 소유권유보를 인정하지 않겠다는 내용이 있는 경우에 약관이 서로 일치하지 않은 약관충돌의 문제가 발생한다. 이처럼 내용이 다른 충돌하는 약관이 존재하는 경우 (1) 계약은 과연 성립하는지, 그리고 (2) 계약이 성립한다고 보면, 계약의 내용은 어떻게 결정해야 하는지에 관하여 "약관의 충돌"이라는 유명한 쟁점이 여기에 적용된다. 이하에서는 약관의 충돌 문제를 소유권유보 조항에 적용하여 유형별로 고찰해 보려고 한다.

나. 유형적 고찰

(1) 양 약관이 충돌하는 경우

[사례 1] 슈퍼마켓을 운영하는 상인 甲은 유통업자 乙로부터 상품을 구매하였다. 乙의 판매약관에는 소유권유보조항이 있다. 甲은 구매한 제품의 양도담보를 통하여 대출을 받고 싶은 목적으로 법률적 문제를 예방하는 차원에서 구매약관에 명시적으로 소유권유보를

되어 불공정한 소유권유보가 될 여지가 크다(OLG Oldenburg NJW-RR 1992, 1527; Stoffel, AGB-Recht, Rn. 1011). 그 밖에 약관을 통하여 소유권유보가 된 매매목적물에 대하여 계약당사자들에게 추가적인 권리와 의무가 규정될 수 있다. 매도인의 담보이익을 보장하고 이와 밀접하게 연관되어 매수인에게 부과되는 매매목적물을 안전하게 보전할 의무를 부과하는 내용의 조항은 문제가 없을 것으로 보인다(Wolf/Dammann, AGB-Recht, Klausel E 24 ff.).

29) 임건면, 경남법학 9 (1994) 115.
30) BGHZ 78, 305 (307 f.).
31) Honsell, JuS 1981, 706.
32) Wolf/Dammann, AGB-Recht, Klausel E 36; Stoffel, AGB-Recht, Rn. 1012.

배제하고 있다. 양 약관에는 모두 다음과 같은 배척조항(Abwehrklausel)이 있다. 즉 "본 약관과 다른 내용의 약관은 명시적인 거절의 의사표시가 없더라도 계약의 내용이 되지 않는다."

통상적인 의사표시의 경우에는 이처럼 상호충돌하는 조항이 존재하면 불합의를 인정하고 계약성립을 부정할 것이다.[33] 그러나 약관이 충돌하는 경우에는 기본적으로 계약은 유효하게 성립하는 것으로 본다.[34] 왜냐하면 충돌하는 약관내용이 자주 발생함에도 불구하고, 계약당사자들은 계약이 성립한 것으로 생각하고 계약을 이행하기 때문이다. 학설이 대립하는 것은 이 때 어떠한 내용으로 계약이 체결되었는지 여부이다. 만약 청약과 승낙으로 구성하여 마지막으로 한 약관의 내용을 변경을 가한 승낙으로 보고 새로운 청약을 한 것으로 이론구성하면, 묵시적으로 계약을 이행하는 것을 승낙으로 보아 마지막으로 제시된 약관의 내용이 계약의 내용을 결정하게 된다.[35] 하지만 현재 다수설은 충돌하는 약관의 내용을 배제한 채 합의가 이루어진 것으로 본다.[36] 특히 본 사안에서처럼 당사자들이 충돌하는 약관내용에 관한 배척조항을 둔 경우에는 더욱더 충돌하는 내용의 약관은 계약의 내용이 되지 않은 상태에서 계약이 성립한 것으로 본다. 이 이론에 따르면 충돌하는 약관의 내용을 대신하여 임의규정이 적용된다.[37] 결국 소유권유보의 조항이 무효가 되었을 때 이를 보충하는 임의규정이 없으므로, 소유권유보가 없는 매매계약이 성립한 것으로 보게 된다.[38]

(2) 매수인 약관이 소유권유보에 대하여 침묵하고 있는 경우

[사례 2] 매수인 甲은 매도인 乙로부터 컴퓨터를 구매하였다. 甲은 자신의 구매약관을 제시하였으나, 해당 약관에는 소유권유보에 관한 규정은 없었다. 그에 반하여 乙이 주문을 확인한 후 제시한 약관에는 업계에서 통상적으로 사용하고 있는 소유권유보조항이 있었다.

본 사안에서는 甲의 구매약관에는 소유권유보에 관하여는 아무런 규정이 없으므로 사례 1에서와 같이 명백한 약관의 충돌은 존재하지 않는다. 하지만 다른 쟁점으로 나아가기 전에 우선 약관이 소유권유보와 관련하여 충돌하고 있는지를 먼저 확인해 보아야 한다.

33) 즉 영미법상의 경상의 원칙(Mirror-image Rule)을 엄격히 유지한다면 계약의 성립을 부정해야 할 것이다. 그러나 문헌 중에서 승낙에 부가된 새로운 조건이 계약의 중요내용이 아니고 승낙자가 그 조건에 대한 청약자의 수락 여부와 관계없이 계약을 체결할 의사를 가지고 있다면, 그것을 승낙으로 보아 계약은 성립된다고 해석할 수 있다고 보아 이러한 경상의 원칙을 완화하려고 하는 견해가 주장되고 있다(김형배, 채권각론, 2001; 이은영, 채권각론, 제5판, 2005; 지원림, 계약의 성립에 관한 입법론적 연구 2, 아세아민상법학 2 [2009]).

34) 이에 관한 논의로 자세한 것은 Ulmer/Brandner/Hensen, AGBG, § 2 Rn. 92 ff.; Striewe, Kollidierende Allgemeine Geschäftsbedingungen: Vertragsschluß und Vertragsinhalt, JuS 1982, 728 참조.

35) 독일의 구판례의 입장이다(BGHZ 18, 212 (216); BGH, NJW 1963, 1248).

36) Ulmer/Brandner/Hensen, AGBG, § 2 Rn. 97 ff.; Honsell, JuS 1981, 706; Leible/Sosnitza, Grundfälle zum Recht des Eigentumsvorbehalts, JuS 2001, 246.

37) 최홍섭, 법조 55/1 2006, 118; Striewe, JuS 1982, 729 ff.; Bunte, Die Vereinbarung des Eigentumsvorbehaltes, JA 1982, 324.

38) Bonin, JuS 2002, 439.

약관의 충돌이 존재하는지를 확인하기 위해서는 먼저 甲의 의사표시를 어떻게 해석해야 하는지가 문제된다. 즉 甲이 소유권유보의 문제에 관하여 아무런 규정을 두고 있지 않은 것, 즉 소유권유보에 대하여 침묵하고 있는 약관의 내용을 어떻게 해석해야 한다는지가 문제된다.[39] 이러한 한도에서 보면 다른 특별한 사정이 없는 한 원칙적으로 甲은 임의규정이 적용되는 상황, 즉 소유권유보가 없는 상황을 원하였을 것으로 해석될 수도 있기 때문이다.

이와 관련하여 일방적으로 소유권유보조항을 두었다면 이에 대한 명시적 규정을 두지 않은 자에게 유리하게 해석해야 한다는 견해,[40] 반대로 일방적 소유권유보조항은 이러한 거래관계에서는 통상적이라는 견해,[41] 명시적 규정을 두지 않는 자는 일반적으로 규정된 소유권유보를 수용하겠다는 의사를 가지고 있다는 견해[42] 등이 독일에서 주장되고 있다. 통상적으로는 명시적 규정을 두지 않은 자는 상대방의 소유권유보 조항에 묵시적 동의를 하는 것으로 해석하는 것이 타당할 것이다. 이렇게 해석하게 되면 소유권유보조항은 매매계약의 내용이 된다. 따라서 이러한 경우에는 소유권유보조항과 관련하여 약관의 충돌은 존재하지 않는다.

(3) 배척조항이 모두 규정되어 있는 경우

[사례 3] 매수인 甲은 매도인 乙로부터 휴대폰을 구매하였다. 甲의 구매약관에는 소유권유보에 관한 조항이 없다. 乙은 주문을 확인하며 업계에 통상적인 소유권유보조항이 담겨 있는 약관을 명시를 하고 동의를 받았다. 양 약관에는 "명시적 거절이 없더라도 다른 내용의 상대방 약관조항은 계약의 내용이 되지 않는다"는 규정이 있다.

사례 3은 기본적으로 사례 2와 유사성을 갖지만, 양 당사자가 상대방의 상이한 약관 내용을 인정하지 않겠다는 배척조항을 각 약관에 담고 있기 때문에 이 배척조항의 의미를 어떻게 해석할지가 문제된다. 업계에서 통상적으로 소유권유보조항을 사용하고 있으므로 배척조항이 있음에도 불구하고 이에 대한 묵시적 동의의 의사를 가진 것으로 해석할 것인지,[43] 아니면 배척조항이 존재하기 때문에 거절의 의사를 가지고 있는 것으로 해석[44]할 것인지가 문제된다.

배척조항이 없는 상태라고 한다면 약관을 사용하는 자는 임의규정이 적용되는 상대

---

39) 통상 침묵은 원칙적으로 의사표시가 아니다. 그러나 여기서 해석의 대상이 되는 것은 침묵하고 있는 행위가 아니라, 소유권유보조항에 대하여 명시적 규정을 두지 않고 있는 甲의 약관을 통한 의사표시의 내용이라고 할 수 있다.

40) Medicus, Bürgerliches Recht, 18. Aufl.(1999), Rn. 75; Ulmer/Brandner/Hensen, AGBG, § 2 Rn. 104.

41) BGH, NJW-RR 1986, 984 (985); NJW 1985, 1838 (1840).

42) OLG Düsseldorf, NJW-RR 1997, 946 (947); Köster, JuS 2000, 22.

43) 이와 같은 해석으로 Ulmer/Brandner/Hensen, AGBG, § 2 Rn. 104, 106.

44) 독일의 다수설과 판례의 입장이다. BGH, NJW 1985, 1838 (1840); NJW-RR 1986, 984 (985); WM 1990, 1671 (1672); v. Westphalen, ZIP 1987, 1367.

를 원할 것이지만, 상대방이 다른 내용의 약관조항을 사용하고 있다면 이를 수용하려는 묵시적 의사가 있는 것으로 해석할 수 있다. 그에 반하여 배척조항을 두고 있다면, 이러한 묵시적 의사가 없는 것으로 해석하는 것이 타당하다고 생각된다. 즉 배척조항을 약관에 두고 있는 자의 의사를 존중하여 자신이 사용하고 있는 약관과 다른 내용의 약관조항이 있는 경우에는 이러한 내용의 약관조항에 대하여는 명시적 거절의 의사를 가지고 있는 것으로 해석하는 것이 당사자 의사에 부합하는 해석이다. 따라서 사례 3에서는 소유권유보와 관련하여서는 약관이 충돌하고 있는 상황을 인정할 수 있으므로 소유권유보의 내용은 채권법적으로 매매계약의 내용이 되지 못한다.

다. 소 결

이상에서 보는 바와 같이 한 당사자가 소유권유보조항을 담고 있는 약관을 사용하고 있다고 당연히 소유권유보조항이 계약의 내용이 되었다고 보면 안 된다. 구체적인 상황을 기초로 해서 사례군을 구분하여 당사자의 의사해석을 통하여 유형화하는 작업이 필요하다. 이에 따라 채권법적 매매계약을 체결할 때 소유권유보가 일어나지 않은 경우가 충분히 발생할 수 있다는 사실을 알 수 있다. 이처럼 소유권유보가 채권법적 매매계약에서 이루어지지 않아야 본 논문에서 쟁점으로 잡은 사후적 소유권유보, 즉 물권적 합의를 하는 물권행위를 할 때 사후적으로 이루어지는 소유권유보조항의 문제가 발생할 수 있다.

2. 물권법적 측면

소유권유보조항이 없다면 매도인은 물권적인 합의를 할 때 소유권유보의 내용을 반영하려고 할 것이다. 앞서 체결한 매매계약에 소유권유보의 내용이 없었으므로 별도로 매도인과 매수인 사이에 매매대금의 완납을 정지조건으로 하는 합의가 있어야 한다. 이 단계에서 다양한 문제들이 제기될 수 있다. 이에 관하여 이하에서 구체적으로 살펴보기로 한다.

가. 기본사례 유형

이 문제를 정확히 파악하기 위하여 기본적인 사례 유형을 먼저 설정해 보기로 한다.

[사례 4] 매수인 甲은 매도인 乙으로부터 믹서기를 할부로 구매하기로 하는 매매계약을 체결하였지만, 소유권유보에 관한 합의는 매매계약상으로는 없었다. 1주 후 乙이 믹서기를 인도하면서 소유권유보를 하려는 의사를 가지고 있지만, 이에 대하여 특별한 언급을 하지 않았다. 甲은 믹서기를 수령하였다.

이 사례의 경우에는 소유권유보의 의사를 乙이 표명하지 않은 이상 甲은 의문의 여지 없이 조건 없는 소유권을 취득한다. 매매계약상의 소유권유보가 없었던 이상 별도의 의사표시 없이 믹서기를 인도하게 되면, 甲은 조건 없는 소유권취득을 신뢰할 수 있을 것이다. 즉 甲은 乙이 매매계약의 내용대로 이행하리라고 신뢰할 수 있다. 따라서 아무리 乙이 소유권유보의 의사를 가지고 있었다고 하더라도 이를 표명하지 않은 이상, 믹서기의 인도는 조건없는 소유권이전의사를 표명한 것으로 보아야 하고, 甲이 믹서기를 수령함으로써 묵시적인 조건 없는 물권적 합의가 이루어진 것으로 해석된다.

그에 반하여 乙이 소유권을 유보하려고 하는 명확한 의사를 가졌고 이를 명시적으로 표현하였다면 매매계약의 내용에 반하는 내용의 새로운 청약이 있게 된다. 이 때 甲에게는 3가지 대응방법을 생각할 수 있다.

첫째, 甲이 반대의견의 표명 없이 소유권유보의 청약에 응하면 소유권유보의 내용을 갖는 물권적 합의가 성립하게 된다. 이에 따라 甲은 매매대금의 완납이라는 정지조건부로 소유권을 취득하게 된다. 그렇게 되면 소유권의 유보가 없었던 매매계약도 그에 상응하게 변경되는 것으로 해석할 수 있다.45)

둘째, 甲이 소유권 유보의 청약을 거절하게 되면 물권적 합의가 당연히 성립하지 않는다. 따라서 甲은 소유권을 취득하지 못하게 된다. 하지만 매매계약은 유효하게 존재하므로 소유권유보 없는 인도를 매매계약에 기하여 청구할 수 있고 이를 乙이 지체하게 된다면 지연배상 등을 청구하거나 계약해제까지 요구할 수 있다.46)

셋째, 甲은 소유권 유보의 청약을 받아들이지만, 매매계약을 제대로 이행한 것이 아니므로 매매계약상의 권리는 계속 행사하겠다는 단서를 달 수 있다. 이렇게 된다면 조건부로 소유권을 취득한 상태에서 매매계약의 변경은 이루어진 것이 아니기 때문에 두 번째 경우에서 열거한 권리들을 계속 행사할 수 있다.

나. 물권적 합의의 청약 해석 문제

기본적 사례군은 앞에서 살펴본 바와 같이 유형화할 수 있다. 그러나 많은 경우에 매도인이 한 물권적 합의의 청약의 내용을 확정하기 어려운 경우가 존재한다.

> **[사례 5]** 매수인 甲은 매도인 乙로부터 기계를 구입하였다. 매매계약에는 소유권유보조항이 없었다. 1주 후 기계를 인도하면서 乙은 소유권유보를 하려고 한다. 이에 乙은 물품공급서에 작은 글씨로 인쇄된 상태로 소유권 유보조항을 삽입하였다. 甲은 이와 같은 내용

45) 앞 I. 2. 참조.
46) 앞 I. 2. 참조.

의 약관조항의 존재를 모른 채 기계를 수령하였다.

본 사안에서 甲은 乙이 매매계약에서 정한 바대로 소유권을 유보하지 않고 인도를 하였다고 전제할 수 있는가? 통상적으로 매매계약상 합의하지 않은 소유권유보를 매수인은 고려하지 않아도 된다. 따라서 매도인이 소유권의 유보를 물권적 합의 단계에서 별도로 하려고 한다면 소유권유보의 의사를 상대방에게 명확하게 표현하여 인식할 수 있도록 해야 한다. 본 사안에서 매도인 乙은 甲에게 소유권유보의 의사를 인식가능하게 표시하지 않고 작은 글씨로 물품공급서에 표기하였으므로 상대방인 甲의 입장에서는 乙의 의사표시를 소유권유보가 되지 않은 것으로 해석할 수 있고, 甲은 이러한 약관의 내용의 존재를 모른 채 물건을 수령함으로써 묵시적으로 소유권유보가 되지 않은 상태로 승낙을 한 것으로 볼 수 있다.

[사례 6] 매수인 甲은 매도인 乙로부터 자전거를 매수하는 매매계약을 체결하였다. 이 때 甲은 소유권 유보가 없는 구매약관을 제시하였고 乙은 소유권유보조항이 담긴 약관을 제시하면서 승낙을 하였다. 양 약관 모두 배척조항을 담고 있다. 1주 후 甲은 乙로부터 자전거를 인도받았다.

본 사안에서 사례 3에서 본 바와 같이 채권법적으로 매매계약상 소유권유보가 이루어지지 않았다. 그럼에도 불구하고 독일의 다수설에 의하면 물권법적 측면에서 자전거의 인도를 소유권유보 없는 물권적 합의를 목적으로 한 청약으로 볼 수 없다고 한다.47) 다수설의 입장에서는 약관의 충돌로 인하여 계약의 내용이 되지 않은 조항이 물권적 합의를 목적으로 한 청약의 해석에서 의미를 다시 갖는다. 매도인의 의사는 자신의 약관이 계약내용으로 편입되지 않은 사정으로 끝난 것이 아니라, 계속하여 존재하는 것으로 보아야 하기 때문에 매수인은 이러한 매도인의 소유권유보 의사를 고려해야 한다는 것이다. 그리고 반대의사를 표명하지 않은 매매목적물의 수령은 소유권유보를 담은 청약에 대한 승낙으로 해석할 수 있다고 본다. 그러므로 매수인은 매도인이 소유권유보하에서는 소유권을 이전할 의사가 있다는 것을 전제로 해야 한다는 것이다. 즉 매수인은 소유권유보의 청약에 대하여 묵시적으로 승낙을 하였기 때문에 매수인은 정지조건부로 소유권을 취득하였다는 것이다.

이러한 입장에 기본적으로 찬성하기 어렵다고 생각된다.48) 매매계약은 약관의 충돌로 인하여 소유권유보 없는 계약의 성립을 인정하면서도 다시 물권적 합의에서는 묵시적인 조건부 합의를 도출하는 해석은 이미 앞에서 약관의 충돌문제와 관련하여 서술한 내용을 전면적으로 부정하므로 찬성하기 어렵다. 더 나아가 위 전제는 왜 물권적 합의를 도출하는

47) BGHZ 64, 395 (397); BGH, NJW 1982, 1751; Ulmer/Schmidt, JuS 1984, 25; Reinicke/Tiedtke, KaufR, Rn. 1115; Lieb, Eigentumsvorbehalt und Abwehrklausel - Versuch einer Neubesinnung, FS Baumgärtel, 1991, 322 f.

48) 이러한 입장으로 Bunte, JA 1982, 326; ders., Interessenkollision und Interessenabwägung im Vertragshändlervertrag - Anmerkungen zum Urteil des LG Frankfurt vom 3. 8. 82- 2/13O 40/82 -, ZIP 1982, 451; Kemper, Die neue Rechtsprechung des Bundesgerichtshofs zu Übereignungstatbestand und Eigentumsvorbehalt, BB 1983, 95.

의사표시의 해석에서 매도인이 사용하는 약관만 의미가 있고 매수인의 약관은 의미를 부여하지 않은지를 설명하지 못한다. 즉 소유권유보의 의사를 가지고 있는 매도인의 의사를 고려하였다면, 소유권의 유보를 원하지 않은 매수인의 의사도 약관을 통하여 고려해야 한다. 만약 약관에 있는 내용을 고려하여 매수인에게 매도인의 소유권유보 의사를 알아야 한다고 전제한다면, 반대로 매도인도 매수인이 사용하고 있는 배척조항을 통하여 소유권유보 없이 소유권을 취득하려고 하는 의사를 가지고 있다는 사실을 알아야 할 것이다. 만약 이렇다고 한다면 당사자의 의사표시는 일치하지 않으므로 물권적 합의는 성립할 수 없는 것이다. 따라서 매수인은 의사의 불일치가 존재하기 때문에 소유권을 취득할 수 없다. 즉 조건부든 무조건부든 소유권을 취득하지 못하게 된다. 그러나 이러한 결과는 결코 당사자의 이해관계에 부합하지 않는다. 왜냐하면 당사들은 계약의 이행을 원하기 때문이다. 채권법적으로 자신이 원하는 소유권유보의 내용을 관철시킬 수 없는 매도인은 계약내용에 부합하게 이행하려고 하지 계약내용에 반하여 이행할 의사를 갖지 않을 수도 있을 것이다. 다수설에 의하면 계약에 부합하게 이행하려고 하는 매도인에게 약관과 다르게 소유권유보 없이 이행하려고 한다는 의사를 별도로 표시하여야 한다.

결국 본 사안에서도 양 당사자들이 모두 소유권유보와 관련한 규정내용의 충돌은 계약성립에 있어서 중요하지 않다고 생각하는 의사를 가지고 있는 것으로 해석하는 것이 타당하다. 즉 매수인은 이러한 충돌에도 불구하고 매매계약이 체결된 상태로 매도인이 계약을 이행하려고 할 의사를 가지고 있음을 전제로 할 수 있다. 만약 매도인이 매매계약의 내용과 달리 소유권을 유보하려고 하는 반대의사를 가지고 있다면, 명시적으로 이를 표시하여 매수인이 이를 인식할 수 있도록 해야 한다. 만약 이러한 명시적 의사표시 없이 단순하게 매매목적물을 매도인이 인도하였다면, 이는 소유권유보 없이 인도하겠다는 의사로 해석되는 것이 맞다. 따라서 매수인은 매매목적물의 수령으로 소유권유보 없는 청약에 대한 승낙을 하였으므로 소유권은 조건 없이 이전되었다.

Ⅲ. 제3자 관여로 인한 추가적인 문제

만약 대리인 또는 사자와 같은 제3자가 관여하게 되면 앞에서 서술한 문제에 다른 쟁점이 추가된다. 이하에서는 이에 관하여 사자 또는 대리인이 개입하는 경우로 나누어서 살펴보려고 한다.

1. 사자에 대한 사후적 소유권유보

[사례 7] 매수인 甲은 매도인 乙로부터 건축자재를 구매하는 매매계약을 체결하였고 대금 지급은 유예하였으나, 소유권유보조항은 없었다. 약정된 바에 따라 乙이 건축자재를 甲의 창고에 인도를 하였고 창고직원 丙이 이를 수령하였다. 乙의 공급서에는 분명하게 "매매대금이 완납될 때까지 소유권은 이전하지 않는다"라고 기재되어 있었다.

매매계약이 체결된 이후에 매매목적물이 인도되는 경우에 일반적으로 소유권이전을 목적으로 하는 물권적 합의는 이때 이루어지는 것으로 보는 것이 당사자의 의사에 부합한다.49) 만약 乙이 일반적인 사안에서처럼 소유권유보가 없는 물권적 합의의 청약을 하였다면 丙이 수령사자로서의 역할을 하기 때문에 乙에게 청약의 의사표시가 도달한 것으로 볼 수 있다(민법 제111조 제1항).50) 甲이 丙을 사용함으로써 수령사자의 기능을 하고 있음을 충분히 표시하였다고 볼 수 있다. 또한 丙은 甲의 표시사자로서의 역할을 하여 승낙의 의사표시를 다시 전달할 수 있다. 이를 통하여 甲과 乙 사이에 소유권유보가 없는 물권적 합의가 성립할 수 있다. 또한 丙은 甲의 점유보조자로서 매매목적물인 건축자재를 인도받았으므로 甲의 직접 점유가 인정될 수 있다. 이를 통하여 甲은 건축자재의 소유권을 취득한 것으로 볼 수 있다. 즉 제3자가 관여가 되더라도 통상적인 경우에는 이론적으로 큰 문제가 없다.

그러나 본 사안에서처럼 乙이 소유권을 유보한 물권적 합의의 청약을 한 경우에는 이론적으로 어려운 쟁점이 발생하게 된다. 매매계약과 다른 의사표시를 매도인 乙이 할 것에 대하여 甲이 예상할 수 없을 것이기 때문이다. 이 경우에는 丙은 甲의 수령사자로서의 역할을 하고 있다고 볼 수가 없고, 오히려 乙의 표시사자로서의 역할을 갖는다고 보아야 한다. 왜냐하면 매매계약과 동일한 내용이 아닌 의사표시를 수령할 권한을 원칙적으로 甲이 丙에게 부여한 적이 없기 때문이다. 따라서 이 경우에는 乙이 丙을 자신의 표시사자로 사용하고 있는 것으로 보아야 하며, 丙을 통하여 의사표시가 甲에게 전달된 경우에 乙이 새롭게 한 소유권유보의 내용이 담긴 물권적 합의의 청약이 甲에게 도달한 것으로 볼 수 있다.51) 따라서 통상적으로는 丙이 甲에게 이러한 의사표시를 전달하지 않을 것이기 때문에 해당 의사표시는 甲에게 도달하지 않은 것이 되고, 따라서 효력을 발생하지 않을 것이다.

일반적으로는 건축자재의 인도행위를 객관적 수령자의 시각에서 해석하여 매매계약

---

49) Baur/Stürner, § 51 Rn. 7. 물론 매매계약을 체결할 때 묵시적인 물권적 합의가 이루어진 것으로 볼 수도 있다. 이와 관련하여 독일의 다수설은 물권적 합의의 철회가능성을 인정하고 있다(이에 관하여 자세한 것은 Medicus, Bürgerliches Recht, Rn. 32ff. 참조). 철회의 의사표시는 당연히 상대방에게 도달하여야 하며, 도달이 없다면 본래 물권적 합의의 내용이 유효하게 존속하게 된다.

50) 이영준, 민법총칙, 개정증보판, 2007, 478.

51) 이영준, 민법총칙, 478.

의 내용대로 소유권의 유보가 없는 청약으로 해석할 수 있을 것이다.52) 일반적인 사안처럼 소유권유보 없는 청약이 도달하고 이에 대한 승낙이 이루어진 것으로 보게 된다. 따라서 甲은 소유권유보 없이 유효하게 소유권을 취득한 것으로 보게 된다.

2. 대리인에 대한 사후적 소유권유보

[사례 8] 사례 7에서와 달리 丙은 소유권유보의 문구를 발견하고 창고소장 丁에게 이를 보여주었다. 丁은 乙의 소유권유보 요청은 받아들일 수 없지만, 급한 일을 처리하기 위해서 일단 건축자재의 인도를 수령하겠다고 하였다.

매매계약과 다른 내용의 청약이 이루어졌으므로 사례 7에서와 같이 丙은 일단 乙의 표시사자가 된다. 乙의 의사표시가 丁에게 전달되었는데, 丁은 甲의 대리인으로서 대리권을 갖는 것으로 볼 수 있다. 따라서 수령대리인 丁에게 의사표시가 도달함으로써 甲에게 도달한 것으로 볼 수 있다.53) 이를 통하여 소유권유보의 청약은 효력을 갖는다. 또한 甲의 대리인 丁은 乙이 제안한 법적 지위, 즉 소유권유보 하에 이루어진 소유권이전을 받아들였다. 즉 丁은 甲의 대리인으로서 乙의 청약에 대한 승낙을 하였으므로 소유권유보의 내용이 담긴 甲과 乙 사이의 물권적 합의는 성립하였다. 또한 甲은 점유보조자 丙을 통하여 직접점유를 취득하였으므로 매매대금의 완납을 정지조건으로 하는 소유권을 취득하였다.

결국 물권법적 측면에서 매도인 乙의 의사는 관철되었다. 하지만 이를 통하여 매매계약의 내용이 변경된 것은 아니다. 물론 乙이 한 소유권유보의 청약을 무조건적으로 승낙함으로써 매매계약의 내용까지 변경할 수 있었을 것이다. 하지만 丁은 분명하게 계약내용의 변경을 거절하였다. 따라서 조건 없는 매매계약상의 소유권이전의무가 이행되지 않았으므로, 甲은 다시 소유권유보 없는 인도를 청구할 수 있고 그 밖에 채권자로서 권리구제 수단을 행사할 수 있을 것이다.

Ⅳ. 나가며

본 논문에서 살펴본 바와 같이 매매계약의 내용과 달리 사후적으로 이루어진 소유권유보와 관련하여 다양한 쟁점들이 등장할 수 있다. 특히 소유권유보가 약관을 통하여 이루

52) BGH, NJW 1979, 2199 (2200); Bülow, Rn. 641; Reinicke/Tiedtke, KaufR, Rn. 661; Singer/Große－Klußmann, Der praktische Fall – Bürgerliches Recht: Ein bösgläubiger Bauherr, JuS 2000, 563.

53) 이영준, 민법총칙, 478.

어지는 것이 일반적이어서 소유권유보조항을 사용하고 있는 매도인의 매도약관과 이러한 소유권유보조항에 대하여 매수인이 소유권유보를 배제하려고 하는 배척조항을 구매약관에 사용하고 있는 경우에 법률적으로 해당 약관의 유효성에서부터 계약의 성립 여부 및 계약의 내용결정과 연관된 흥미로운 이론적 논의가 전개되고 있음을 살펴보았다. 특히 이와 연관하여 약관의 충돌에 관한 이론적 논쟁이 여기서 전개되고 있음을 또한 알 수 있었다.

본 논문에서 제시한 바와 같이 다양한 사례군을 나눌 수 있고 사례군 별로 사안의 특성에 부합하는 정확한 분석이 이루어져야 한다. 우리 실무에서도 이러한 분석이 이루어지고 이와 관련된 법리가 구체적인 분쟁에서 제기되어 판례사례에서 이 쟁점이 구체적으로 논의되기를 기대하여 본다.

인공지능과 법

이 상 용
건국대학교 법학전문대학원 교수

Ⅰ. 인공지능의 시대

인간이 마치 신과 같이 지성을 갖춘 생명을 창조하고, 그렇게 만들어진 피조물이 인간과 마주 서는 이야기는 오래전부터 사람들의 마음을 사로잡아 왔다. 멀리 고대 그리스의 오토마타(Automata)나 유대의 골렘(Golem)에까지 이어지는 낭만적인 상상은 20세기 초 보헤미아의 차펙(K. Capek)이 그려낸 최초의 '로봇(Robot)'으로 이어졌다. 이야기 속의 로봇은 사람의 손에서 탄생했으면서도 자신의 의지로 살아갔고, 사람과 닮아있으면서도 사람과는 달랐다. 이 때문인지 우리는 이들에게 연민과 동시에 두려움을 느꼈다.

20세기 초 튜링(A. Turing)의 아이디어와 폰 노이만(J. von Neumann)의 설계에 기반한 디지털 컴퓨터가 실용화되고 2차 세계대전을 거치며 그 위력을 입증함에 따라 바야흐로 컴퓨터의 시대가 도래했다. 컴퓨터의 잠재력에 열광한 연구자들은 1956년 유명한 다트머스 회의(Dartmouth Conference)에서 '인공지능(Artificial Intelligence)'이라는 단어는 탄생시켰고, 이는 로봇에 기적 존재로서의 이미지를 각인시켰다. 명실상부한 인공지능을 만들어내려는 시도는 두 가지 방향에서 이루어졌는데, 기호주의(symbolicism)와 연결주의(connectionism)가 바로 그것이다.[1] 기호주의자들은 알고리즘을 고도화함으로써 지적 작업을 수행할 수 있다고 보았던 반면 연결주의자들은 인간의 뇌를 본뜸으로써 지능에 도달할 수 있다고 믿었다. 20세기 후반 컴퓨터 기술의 눈부신 발전을 거치며 이 대결은 기호주의의 승리로 끝난 것처럼 보였다. 특수한 영역의 전문적 지식을 구조화해 놓은 전문가 시스템과 같이 기호주의에 기반한 방식들이 인공지능의 대세를 이루었던 것이다.

이러한 상황은 21세기에 들어와 달라지기 시작하였다. 인터넷의 확산에 힘입어 데이

1) 인공지능 연구의 역사에 관하여는 한국인공지능법학회, 인공지능과 법, 2019, 제1장(임영익 집필 부분) 참조.

터가 늘어나고, 기술의 발달로 컴퓨팅 능력이 증가하며, 몇몇 천재적 과학자들에 의해 알고리즘의 혁신이 일어남에 따라 그동안 소외되었던 연결주의 방식의 인공지능이 각광을 받기 시작했다. 1957년에 로젠블라트(F. Rosenblatt)에 의하여 고안되었던 퍼셉트론(perceptron)이 CNN(convolutional neural network)이나 RNN(recurrent neural networks)와 같은 강력한 인공신경망 학습 알고리즘으로 발전하여 실용성을 인정받게 된 것이다.

그리고 마침내 지난 2016년 3월, 바둑 영웅 이세돌이 인공지능 알파고와의 대전에서 패하는 사건이 벌어졌다. 지금껏 사람들의 기억 속에 남아 있는 이 사건은 새로운 인공지능 시대의 도래를 알리는 신호탄이 되었다. 이후 인공지능 기술은 빠른 속도로 우리들의 일상에 파고들었다. 갖가지 종류의 추천 서비스, 지능형 네비게이션, 자율 주행, AI 스피커, 자동 번역 등과 같이 우리의 생활 속에서 만날 수 있는 것부터, 제조 공정 효율화, 단백질 구조 분석, 법률문서 분석, 암 진단 등과 같이 산업적으로 이용되는 것은 물론 창작을 위한 도구로 이용되는 것[2])까지 인공지능이 활용되는 사례는 수도 없이 많으며 지금도 늘어나는 중이다. 인공지능 기술은 현재도 끊임 없이 발전하고 있으며, 최근에는 범용 인공지능 기술(general AI; GAI)을 만들어내려는 시도까지 이루어지고 있다.

인공지능 기술의 확산은 생산성을 증가시키고 새로운 서비스를 가능하게 하였지만, 이와 함께 사람들이 달라진 세상과 고용 환경에 적응할 수 있도록 교육 제도와 산업 조직을 재편할 필요가 생겨나기도 했다. 양극화의 심화나 실업의 증가에 대한 우려도 나타났다. 물론 이러한 우려는 증기기관의 등장이나 컨베이어 벨트의 도입과 같이 혁신적 기술이 새로이 나타날 때마다 있어왔던 것이다. 그러나 인공지능 기술은 법제도적 측면에서 다른 신기술이 촉발했던 것과는 다른 종류의 문제를 야기하는 것처럼 보였다. 이는 주로 인공지능 기술이 판단과 의사결정의 자동화를 핵심으로 한다는 점에 기인한다. 어떤 사람들에게 이는 인간의 자유의지와 이성을 토대로 삼았던 근대 법제도의 토대를 흔드는 것으로 받아들여졌으며, 사람이 만든 피조물이 인간과 마주 서는 오래된 이야기와 잇닿아 있는 것으로 여겨졌다. 정말 그러할까. 우리는 어떤 시선으로 이 문제를 바라보아야 할까.

2) 2022년 8월에는 미국의 한 순수미술 경연대회에서 1위를 수상한 작품이 알고 보니 AI가 생성한 그림을 아무런 수정을 거치지 않은 채 출품한 것으로 밝혀져 파문이 일기도 했다(https://www.zmescience.com/science/this-stunning-ai-generated-picture-won-a-fine-arts-competition-and-human-artists-were-not-happy-at-all/).

Ⅱ. 인공지능의 특성과 법제도

1. 인공지능의 세 가지 특성

인공지능 기술의 확산이 법제도에 미치는 영향을 가늠하기 위해서는 먼저 인공지능 기술이 어떠한 특성을 가지고 있는지 살펴볼 필요가 있다. 법제도적 측면에서 문제되는 특성은 자율성, 합리성, 그리고 인간과의 유사성이라고 할 수 있다. 여기에서 자율성이란 인간의 지시나 간섭 없이도 작동할 수 있음을 의미하고 합리성이란 특정한 작업을 인간만큼이나 혹은 인간보다 더 잘 수행할 수 있음을 의미한다. 이러한 특성들은 인공지능 기술이 기존 산업의 생산성을 끌어올리는 동시에 새로운 서비스를 가능하게 하였지만, 동시에 몇 가지 문제를 일으키기도 했다.

먼저 인공지능의 자율성은 책임 소재를 불분명하게 할지 모른다는 우려를 불러일으켰다. 예컨대 인공지능 기술을 이용하여 계약을 체결하거나 기계를 작동시키는 경우에 체결된 계약이 이용자의 의사에 반하거나 기계의 작동 과정에서 누군가에게 피해를 입히는 등 원치 않는 결과가 발생하더라도 아무도 그 결과에 책임지려 하지 않을 수 있다. 연결주의적 기계학습 기술이 많이 활용되는 오늘날의 인공지능의 경우 기술적 특성상 판단의 근거를 알기 어렵기 때문이다.

주어진 작업을 잘 수행한다는 것이 무슨 문제를 일으킬까 싶겠지만 인공지능의 합리성 역시 몇 가지 문제를 일으킬 수 있다. 예컨대 정확성(calibration)에만 초점을 맞추어 학습을 진행한다면 인공지능이 사회에 존재하는 편견을 그대로 반영하거나 이용 상황에 따라서는 이를 강화할 수도 있다. 인공지능이 담합과 같은 위법행위에 이용될 것이라는 우려도 있다. 이론적으로는 인공지능 이용자와 비이용자 사이의 합리성 격차가 문제될 수도 있다.

인간과의 유사성에 초점을 맞춘 인공지능은 수많은 새로운 서비스를 가능하게 하지만 다른 한편으로는 인공지능의 윤리적, 법적 지위와 관련하여 혼란을 초래할 수 있다. 수년 전 마이크로소프트 사의 챗봇 '테이(Tey)'가 사회적으로 적절하지 표현을 하여 문제되었던 일은 이에 관한 수많은 사례 중 하나이다.

2. 인공지능의 특성이 법제도에 미치는 영향

인공지능이 지닌 특성이 위와 같은 문제들을 야기할 수 있다는 점은 이를 다루기 위한 여러 가지 정책적 대응이 필요할 수 있음을 시사한다. 한정된 자원을 효율적으로 활용하기 위해서는 문제의 중대성과 긴급성을 기준으로 우선순위를 매겨 장기적 과제와 단기적 과제로 나누어 접근하는 것이 바람직하다.

이른바 약인공지능(weak AI), 강인공지능(strong AI), 그리고 초지능(superintelligence)의 개념은 이러한 구별 작업에 도움이 될 수 있다. 강인공지능과 약인공지능의 구별은 설(J. Searle)의 '중국어 방(Chinese room)'의 비유에서 비롯되었는데,[3] 간단히 말하자면 강인공지능이란 사람과 구별할 수 없는 수준의 인공지능을 말하는 반면 약인공지능은 이에 미치지 못하는 것을 의미한다. 한편 닉 보스트롬(N. Bostrom)에 의하여 다루어진 초지능(superintelligence)이란 인간의 수준을 현저하게 뛰어넘는 인공지능을 의미한다.

약인공지능, 강인공지능, 그리고 초지능은 각각 다른 특성을 지니며 이로 인해 서로 다른 문제들을 야기한다. 약인공지능은 단지 낮은 수준의 자율성, 합리성, 유사성만을 지닐 뿐이다. 이로 인해 야기되는 문제들은 책임성 내지 투명성, 공정성 또는 합리성 격차 등과 같이 대체로 기존의 법체계 내에서 다루어질 수 있는 것들이라고 할 수 있다. 이에 비해 강인공지능은 고도의 자율성과 합리성, 그리고 인간과의 유사성을 지니는 것으로서, 만약 강인공지능이 도래한다면 자유의지와 이성을 지닌 인간의 존엄성에 기반한 근대법의 체계는 흔들릴 수밖에 없으며 인공지능에 대한 법적 지위 부여 여부는 피할 수 없는 문제가 될 것이다. 한편 초지능은 고도의 자율성과 함께 초합리성을 지니는 것으로서, 마음만 먹는다면 인류를 존재론적 위험에 빠뜨릴 수 있는 존재로서 상정된 것이다. 만약 초지능이 정말 나타난다면 그것을 어떻게 통제할 것인가가 핵심적 문제가 될 것이다.

오늘날의 인공지능은 약인공지능에 불과하다. 장차 강인공지능이나 초지능이 만들어질 것인지는 알 수 없지만, 적어도 현재 기술의 연장선에서 그것이 가능하지는 않아 보인다. 그렇다면 당장은 약인공지능을 전제로 한 단기적 과제에 집중하는 것이 효율적일 것이다. 강인공지능으로 인한 문제는 실제로 그것이 현실화된 뒤에 고민해도 그렇게 늦지 않을 것이다. 다만 초지능의 경우에는 가용 자원의 일부를 배정하여 통제 전략을 미리 생각해둘 필요가 있다. 많은 연구자들은 인공지능의 능력이 기하급수적으로 증가하고, 일단 인간의 수준에 이르게 되면 이를 넘어서는 것은 순식간의 일이라고 예상한다(intelligence explosion).[4] 영국 정부가 초지능의 통제 전략에 관한 보스트롬의 연구를 지원한 것은 바로 이 때문이다.

이 글은 원칙적으로 약인공지능을 전제로 논의를 전개한다. 그런데 필자의 입장과 달

3) 어떤 방에 중국어를 전혀 모르는 사람이 앉아 있다고 하자. 그는 방 한 쪽의 슬롯을 통해 받은 중국어 문자들을 방 안에 비치된 기호 처리 규정집에 따라 다른 언어의 문자로 바꾸어 반대 쪽 슬롯으로 내놓는다. 비록 중국어를 번역한 결과가 출력되기는 하지만 그가 중국어를 이해한다고 할 수는 없으며, 같은 맥락에서 인공지능이 아무리 인간의 의식을 잘 흉내내더라도 그것이 인간의 의식과 같지는 않다는 것이 설의 주장이다. Searle, John, "Minds, brains, and programs", Behavioral and Brain Sciences 3.03, 1980, 417-424 참조.

4) Bostrom, Superintelligence: Paths, Dangers, Strategies, Oxford University Press (2014), Chapter 8, 9, 15.

리 약인공지능 단계에서도 근대 법질서의 토대에 대한 재검토가 필요하다고 보는 견해들이 제기되어 왔으며, 그동안 진행되었던 많은 논의들이 직간접적으로 이와 관련되어 있다. 그 핵심에는 바로 인공지능의 법적 지위에 관한 문제가 있다.

Ⅲ. 인공지능과 법인격[5)]

1. 법인격의 의의

인공지능도 인격체로 대우해야 할까. 평범한 일반인들의 입장에서 인공지능과 관련된 법적 문제란 무엇보다도 인공지능에게 윤리적, 법적 지위를 인정할 것인지 여부의 문제이다. 일반인들은 생각보다 이 문제에 대하여 진향적인 것으로 보인다. 지난 2003년 미국에서 열린 모의재판에서 엑사비트(Exabit)라는 가상의 인공지능 컴퓨터가 자신의 스위치를 끄지 말도록 해 달라는 가처분 신청을 한 것에 대하여 배심원들이 5:1의 비율로 이를 인용하는 결정을 했던 것이 단적인 예이다.[6)] 위 사례에서 엑사비트는 사람과 구별하기 어려울 정도의 자율성과 유사성을 지닌 강인공지능으로 상정되었지만, 약인공지능의 경우에도 인공지능에 대한 법인격 인정 여부에 관한 논의가 이루어져 왔다.

근대적 법인격의 관념은 인간의 존엄성의 근거를 신이 아니라 이성과 자율성을 지닌 인간에게서 찾으려는 시도가 이루어지면서(homo sacra res homoni) 탄생하였다. 특히 인격(Person) 개념에 바탕을 둔 권리 개념을 제시한 칸트(I. Kant)의 철학은 근대법 체계의 토대가 되었다. 이처럼 칸트의 철학적 관점에 따른 법인격 개념이 공고하게 자리잡고 각국의 실정법에 반영되게 되자, 사비니(F. K. von Savigny)와 같은 학자들에 의하여 법인격을 실정법에 의하여 설명하려는 시도가 이루어지기도 했다. 그러나 인공지능의 법적 지위와 같은 한계적 사안에서 자연법적 설명은 여전히 큰 의미를 지닌다.

오늘날 법인격은 인간과는 다른 의미를 갖는다. 인간은 자연적 · 생물학적 존재를 가리키지만 법인격은 법이 법적 주체로서 인정하는 자격 또는 존재를 말한다. 자연적 인간은 당연히 인격을 취득한다(민법 §3). 그러나 우리 법은 자연적 인간이 아님에도 법인격을 부여하기도 하는데, 그 대표적인 예가 바로 법인이다(민법 §34). 인공지능과 같이 인간 이외의 존재를 권리주체로 인정하기 위한 요소로는 ① 도덕적 자격(moral authority) / 자아의식

5) 이 부분은 이상용, 인공지능과 법인격, 민사법학 89 (2019)을 글의 취지에 맞게 요약, 보완한 것이다.

6) Rothblatt, Martine / A. D. Angelica. Biocyberethics: Should we stop a company from unplugging an intelligent computer, International Bar Association Conference 16 (2003).

(entitlement) ② 사회적 능력(social capacity) / 현실(reality) ③ 법적 편의(legal convenience) / 법적 유용성(expediency) 등의 세 가지가 제시되고 있다.7) ①은 인공지능이 지닌 속성을 중시하는 접근법인 반면, ②는 이와 관계를 맺는 상대방의 입장을 중시하는 접근법이라고 할 수 있다. 그리고 ③은 법인격 인정의 실질적 근거에 주목하는 앞의 둘과 달리 법기술적 측면에 주목하는 것이다.

2. 속성 기반 접근법

가. 의 의

속성 기반 접근법은 주체/대상 이분법을 바탕에 깔고 있다. 근대 법체계에서 인간의 자율성과 합리적 이성은 인간의 존엄과 법적 주체성의 근거인 동시에 비인간의 대상성에 대한 근거이다. 그런데 이러한 속성이 인간만의 것일까? 아니, 그 전에 과연 이러한 속성이 인간에게 존재하기는 하는 것일까?

나. 자율성과 합리성

먼저 자율성에 관하여 살펴보자. 인간의 행위는 정말로 자유롭다고 할 수 있는가. 자유의지와 결정론의 관계는 고대 그리스 시대부터 오늘날에 이르기까지 많은 학자들을 괴롭혀 온 주제이다. 일반상대성 이론과 양자역학과 같은 현대 물리학 역시 자유의지의 문제를 해결하지 못하는 것처럼 보인다. 그러나 양립주의자(compatibilitst)들은 이러한 어려움이 문제를 잘못 설정한 것에서 비롯되었음을 밝혀냈다. 중요한 것은 '자유 의지(free will)'가 아니라 '자유(freedom)'이고, 이는 결정론과 양립 가능하며, 기존의 결정론은 인과관계(causality)와 강압(coercion)을 혼동하는 오류를 범하였다는 것이다.8) 이렇게 본다면 인간의 자율성은 여전히 법인격의 기초로서 유효하다고 말할 수 있다.

그럼 인공지능은 이러한 자율성을 지니는가? 오늘날의 인공지능 기술은 예측 가능한 알고리즘 방식으로 작동하던 과거와 달리 학습을 통한 자기개선 능력을 갖추고 있기 때문에 인간의 예측과 통제로부터 상당 부분 벗어나 있다. 여기에 착안하여 '현상적 측면의 자율성',9) '위임된 자율성',10) 또는 '유사 자율적(quasi–autonomous)' 존재로서의 인공지능 로

7) 김진우, 인공지능에 대한 전자인 제도 도입의 필요성과 실현방안에 관한 고찰, 저스티스 171 (2019) 21.

8) Grim, Patrick. "Free will in context: A contemporary philosophical perspective." Behavioral sciences & the law vol.25. no.2, 2007, 189-190.

9) 이중기, 인공지능을 가진 로봇의 법적 취급: 자율주행자동차 사고의 법적 인식과 책임을 중심으로, 홍익법학 17/(2016) 4.

봇의 지위[11]가 주장되기도 한다. 학자에 따라서는 이러한 논의를 계기로 근대적 인간관을 넘어서 인간다움에 관한 현대적 재구성의 계기로 삼으려 하기도 한다.[12] 그러나 약인공지능 단계에서 나타나는 현상적 자율성은 책임 기초로서의 인간의 자유의지와는 무관한 것이다.

다음으로 합리성에 관하여 본다. 비록 현대 심리학과 행동경제학이 인간이 판단과 의사결정에 있어서 제한된 합리성만을 보인다는 것을 밝혀냈지만, 인간의 합리적 이성은 여전히 근대법의 인간관을 지탱하고 있다. 제한능력자 및 소비자 보호의 제도화는 법체계가 그 틀 안에서 인간의 합리성의 한계를 충분히 수용할 수 있음을 보여주는 것이다.

그렇다면 인공지능에게도 이러한 합리성이 인정될 수 있을까? 만약 통계적 확실성과 수학적 정확성에 바탕을 둔 논리적 판단에만 초점을 맞춘다면 오히려 인공지능이 인간보다 합리적이라고 볼 수도 있을 것이다.[13] 이 경우 근대적 인간관이 오히려 인공지능의 법적 주체성을 인정하는 길을 열어주게 되는 아이러니한 상황에 부딪히게 된다. 그러나 법인격의 근거로 제시되는 합리성이란 무엇이 자신에게 좋은 것인지를 스스로 판단하고 선택할 수 있다는 의미로서 자율성과 밀접하게 결부된 개념으로 보아야 할 것이다. 따라서 적어도 현재의 기술 수준에서 인공지능의 합리성이란 주어진 과제를 효과적으로 처리하는 성능의 의미를 지닐 뿐이다.

다. 정신과 의식

자율성과 합리성이 인간에게만 존재하는 법인격 주체성의 근거로서 호소력을 조금씩 잃어감에 따라 영혼, 의식, 그리고 감정과 같은 속성들이 주목받고 있다. 그러나 이러한 접근방법 역시 상당한 난관에 봉착하게 된다.

우선 영혼(soul)의 경우 가장 오래되고 가장 보편적인 호소력을 지닌 인간의 속성으로 여겨질 수도 있다. 다만 여기서는 '영혼'이라는 말에 담긴 종교적 색채를 걷어내고 대신에 '육체(body)'과 구별되는 '정신(mind)'의 실체라는 문제를 다루기로 한다. 육체와 정신의 관계에 관한 논의는 데카르트(R. Descartes)의 심신이원론(Cartesian Dualism)에서 비롯되어, 관념론과 유물론과 같은 일원론(monism)을 거쳐 현재에는 기능주의(functionalism)가 다수의 지지를 받고 있는 상황이다. 이에 따르면 정신적 상태란 기능적 상태를 가리키는 것이지 질료(matter)의 문제가 아니다. 쥐덫이란 쥐를 잡는 장치를 가리키는 것이지 그것이 나무로 만들

10) 고인석, 로봇이 책임과 권한의 주체일 수 있는가, 철학논총 67 (2012) 18.
11) 변순용 · 송선영, 로봇윤리의 이론적 기초를 위한 근본 과제 연구, 윤리연구 88 (2013) 19.
12) 인공지능과 법, 49-50(정채연 집필부분).
13) 인공지능과 법, 48(정채연 집필부분).

어졌는가 쇠로 만들어졌는가는 중요하지 않다는 것이다. 그러나 기능주의의 설명에 의할 경우 더 이상 정신이 인간만의 속성이라고 말하기 어렵게 된다. 기능주의 자체가 컴퓨터 하드웨어와 소프트웨어를 유추하여 설명되기도 하고, 심지어 정신이란 '튜링 머신(Turing machine)'과 같은 상태를 말한다고 설명되기도 하는 것이다.14) 참고로 기능주의적 관점은 설이 중국어 방의 비유를 통해 제기한 강인공지능의 '원리적 불가능성'15)에 대한 강력한 반론이 된다.

한편 정신철학에서 의식(consciousness)의 문제는 정신(mind)의 문제와는 다소 다른 내용을 갖는다. A와 B가 함께 붉은 색깔(color)의 물체를 바라본다고 하자. 그것을 바라볼 때 A가 겪는 주관적 경험(subjective experience)이 B가 겪는 그것과 같다는 것을 어떻게 알 수 있을까? 뉴튼(I. Newton)은 색깔이 단지 서로 다른 파장의 빛일 뿐이라고 설파했지만, 괴테(J. von Göethe)는 색깔이란 오로지 마음속에 있을 뿐이라고 반박했다.16) 괴테가 지적한 주관적인 질적 경험을 일컬어 의식의 현상학적 특징(phenomenal consciousness), 즉 감각질(感覺質, qualia)이라고 한다.17) 주관적인 질적 경험의 실체성 여부는 그야말로 '의식의 난제(hard problem of consciousness)'라고 불릴 만하며,18) 안타깝게도 이에 대한 정답은 아직 없다.

현재의 기술 수준에서는 인공지능에게 정신이나 의식이 존재한다고 할 수 없다. 만약 사람과 구별할 수 없는 강인공지능이 도래한다면 어떻게 보아야 할까. 정신의 경우에는 기능주의적 관점에서 이를 인정할 수 있을 것이다. 의식의 경우 주관적 경험의 속성상 객관적으로 그 존재를 증명하기는 어렵겠지만, 인간의 경우에도 인정되기 어려운 속성을 인공지능에게 요구하는 것은 부적절하다. 무엇보다 근대 법질서는 정신이나 의식을 법인격 인정의 근거로 요구하지 않으므로 정신과 의식에 주목하는 관점은 명백한 한계가 있다. 인공지능에게는 인간과 같은 감정이 없다는 점에 기반하여 인공지능의 법적 주체성을 부정하려는 주장19)에도 같은 반론이 가능하다.

---

14) Putnam, Hilary, "The nature of mental states", Readings in philosophy of psychology 1, 1980, 223-231.

15) 처칠랜드 부부는 비록 방에 있는 사람이 중국어를 이해하지는 못하지만 시스템으로서의 중국어 방은 중국어를 이해하는 것이라고 지적한다.(Churchland, Paul M./Patricia Smith Churchland, "Could a machine think?", Scientific American 262.1, 1990, 32-39)

16) Duck, Michael J., "Newton and Goethe on colour: Physical and physiological considerations", Annals of Science 45.5, 1988, 507-519.

17) Dennett, Daniel C., "Quining qualia", in Readings in Philosophy and ognitive Science, ed., Alvin Goldman, MIT Press, 1993.

18) Chalmers, David J., "Facing up to the problem of consciousness", Journal of consciousness studies 2.3, 1995, 201-202.

19) 김영두, 인공지능과 자유의지, 연세법학회 제60회 학술대회 '인공지능시대의 법적 과제' 자료집(2017).

3. 관계 기반 접근법

가. 의 의

법인격은 인격체가 권리를 향유할 수 있도록 함으로써 인격체를 보호하고, 인격체에게 책임을 귀속시킴으로써 상대방을 보호하며, 법적 관계를 명확하게 함으로써 법적 안정성을 높이는 기능을 한다.[20] 상대방 보호나 법적 안정성의 측면에서 보면 법인격 부여 여부가 문제되는 주체 자체가 어떤 속성을 가지고 있는지는 그렇게 중요하지 않다. 오히려 그와 직간접적으로 관계를 맺게 되는 상대방이나 제3자의 인식이나 입장이 중요한 문제이다. 이러한 관점을 속성 기반 접근법과 대비하여 관계 기반 접근법이라고 부를 수 있을 것이다.

관계 기반 접근법은 칸트 류의 의무론적 도덕론과 달리 공리주의에서 정당성 근거를 발견할 수 있으며, 나아가 이들 자유주의적 도덕론을 넘어서 공동체주의 역시 기반으로 삼고 있다고 할 수 있다.[21] 결국 인간은 사회적 존재인 것이다.

나. 법인격 없는 인간과 법인격 있는 비인간

오늘날 자연인은 당연히 법인격이 인정된다. 그러나 항상 그러했던 것은 아니다. 역사적으로 자연인임에도 불구하고 법인격이 부정되었던 사례는 많이 존재한다. 예를 들어 로마법에서 노예는 자연인이면서도 의무만을 부담하고 권리는 누리지 못하였다.

반대로 자연인이 아님에도 법인격이 인정된 경우도 많았다. 역사적으로 자연인이라는 점은 법인격의 충분조건도 아니었지만 필요조건 역시 아니었다. 근대 이전에는 신이나 성인, 또는 망자나 유령과 같은 초자연적 존재에 법인격이 인정되기도 했고, 동물이나 무생물에 법인격이 인정되는 경우도 많았다.[22] 이러한 사례는 오늘날에도 찾아볼 수 있는데, 선박에 법인격을 인정하는 영국 해상법이나, 동물에 대한 권리 부여를 놓고 벌어지는 논쟁[23]이 그 예이다. 특히 뉴질랜드는 2017년 왕가누이(Whanganui) 강 유역의 집합적 자연물에 법인격을 부여하는 특별법을 제정하여 주목을 받고 있다.

그러나 법인격이 부여된 비인간의 대표적인 예는 역시 법인이다. 자연인이 아닌 법인

---

20) 양천수, 현대 지능정보사회와 인격성의 확장, 동북아법연구 12/1 (2018) 18.

21) 속성과 관계의 대비에서 보이는 균열은 개인과 공동체 또는 자율과 후견의 대비에서 나타나는 균열과 상당 부분 겹친다. 권영준, 계약법의 사상적 기초와 그 시사점, 저스티스 124 (2011) 180-181 참조.

22) 이경규, 인(人) 이외의 존재에 대한 법인격 인정과 인공지능의 법적 지위에 관한 소고, 인하대학교 법학연구 21/1 (2018) 331-332.

23) 유선봉, 동물권 논쟁, 중앙법학 10/2 (2008) 443-445.

에 권리능력을 인정하는 근거에 관하여는 19세기 이래 여러 설명이 시도되었다. 학자마다 강조하는 요소가 다르기는 하지만, 이들 설명은 대체로 법적 편의성과 법인의 실체성에 주목하였고, 법인의 실체성을 이루는 요소로서 법인 자신의 속성만이 아니라 사회적 현실도 중시하였다.

다. 인공지능의 경우

그렇다면 인공지능에 법인격을 인정할 만한 사회적 현실이 존재할까? 사람들은 인간이 아닌 대상에게도 쉽게 감정이입한다. 미국의 보스턴 다이내믹스 사가 자신들이 개발한 4족 보행 로봇의 안정성을 보여주기 위해 그것을 막대기로 찌르고 발로 차는 동영상을 유튜브에 올리자 사람들이 '학대'를 그만두라고 항의하는 댓글을 달았던 것이 좋은 사례이다. 그러나 인공지능 로봇에 감정이입하는 것과 그것에 법인격을 부여하여 권리 · 의무의 주체로 인정하는 것은 별개의 문제이다. 현재로서는 인공지능에 법인격을 인정할 만한 사회적 현실은 존재하지 않는 것으로 보인다.

4. 법적 편의성과 법인격

가. 의 의

지금까지의 설명을 통해 현 단계에서 인공지능에 법인격을 인정할 만한 속성이나 사회적 현실이 존재하지 않음을 알 수 있었다. 그렇다면 법적 편의성을 근거로 인공지능에 법인격을 인정할 수는 있을까? 이 문제는 두 가지 하위 문제로 나누어 볼 수 있다. 먼저 법적 편의성이 인정된다는 근거만으로 법인격을 인정할 수 있는가? 만약 그렇다면 인공지능에게 법인격을 인정하는 것을 정당화할 정도의 법적 편의성이 존재하는가?

나. 법적 편의성은 법인격 인정의 유일한 근거가 될 수 있는가

법적 편의성만으로 인공지능의 법인격을 인정할 수 있다는 견해가 있다.[24] 그러나 무언가가 인간과 같은 속성도 없고 사회적 현실상 법적 주체로 여겨지지도 않음에도 불구하고 단지 법적 편의성이 있다는 이유만으로 법인격이 부여되기는 어려울 것이다. 이것은 법실증주의적인 관점으로 지나치게 기울어진 것이다. 법인의제설을 주창했던 사비니조차 법인의 실체성을 허구라고 여기지는 않았다. 뿐만 아니라 법인을 이루고 있는 것은 어디까지

24) 김진우, 저스티스 171 (2019) 35-36.

나 자연인이다. 고대나 중세에서 사원이나 성유물에 법인격이 인정된 것도 어디까지나 당대의 사람들이 이를 법적 주체로 여기는 사회적 현실이 뒷받침된 것이다.

다. 인공지능에 대한 법인격 인정은 얼마나 유용한가

오늘날의 인공지능 기술은 단지 자동적으로 작동하는 것(automated)을 넘어 자율적으로 작동하는 것(autonomous)을 가능하게 하며, 이는 인공지능 이용자가 책임에서 벗어나려고 하는 동인으로 작용한다. 일부 견해는 인공지능에게 제한된 범위에서 법인격을 부여함으로써 대리의 법리에 의하여 이용자, 즉 본인에게 책임을 귀속시킬 수 있고, 이를 통해 법적 명확성을 확보할 수 있다고 주장한다.[25] 그러나 법적 명확성의 확보는 인공지능을 단지 배후의 자연인이나 법인에 의하여 이용된 도구로 봄으로써 보다 쉽게 달성될 수 있다.

오히려 인공지능에 법인격을 인정하는 것은 많은 비용과 위험을 야기한다. 우선, 제도적 기반을 마련하기 위한 비용이 필요하다. 법인격 인정을 위한 요건이나 절차 등을 규율할 법제가 만들어져야 하고, 등록부 등의 공시방법이 마련되어야 한다. 인공지능에 법률효과를 귀속시킬 경우 책임재산이 확보될 필요도 있는데, 이는 사실상 유한책임 제도로 기능하여 배후의 자연인이나 법인이 면책되는 결과로 이어질 수 있다. 두 번째로 인공지능에 대한 법인격 부여가 혁신을 위축시키고 불필요한 규제를 부과하는 측면을 간과할 수 없다. EU 의회의 전자인(electronic person) 도입 검토 권고안[26] 작성 과정에서 전자인에 대한 법인격 부여 및 책임재산 확보는 로봇세 부과의 아이디어와 밀접하게 연결되어 있었던 점을 상기할 필요가 있다. 마지막으로 가장 큰 비용과 위험은 기존 법질서에 예상치 못한 충격을 가져올 수 있다는 점에 있다. 자연인의 이익과 활동을 전제로 한 법인 제도조차 장기간의 수용 및 기존 제도와의 조율 과정이 필요했는데, 하물며 인공지능의 경우에는 더할 것이다.

법적 편의성이나 사회적 현실을 바탕으로 인공지능에 법인격을 인정하자는 주장은 그래도 비교적 온건한 편에 속한다. 최근에는 이를 넘어서 인간의 자유의지와 합리적 이성에 기반을 둔 기존 근대 법질서를 해체하고, 상호성과 대화성에 기반하여 권리 담론을 재구성한 하버마스(J. Habermas)의 논의를 확장함으로써 인공지능의 권리 주체성을 인정하려는 주장도 제기되고 있다.[27] 이러한 관점에서는 인공지능의 법인격 인정이라는 주제는 인간이 현존할 수 있는 방식이나 인간 행위의 주체성이 다양화되는 '다-모드적 주체성

25) 김진우, 저스티스 171 (2019) 10-13, 24-25.

26) European Parliament resolution of 16 February 2017 with recommendations to the Commission on Civil Law Rules on Robotics (2015/2103(INL)).

27) 정채연, 법패러다임 변화의 관점에서 인공지능과 법담론: 법에서 탈근대성의 수용과 발전, 법과 사회 53 (2016) 116-119.

(multi-modal subjectivities)'을 승인하는 이른바 '포스트휴먼 담론'의 일부인 동시에 비인간의 주체성을 다루는 '이차적 권리(second-order right)' 담론과도 연결되어 있다. 현재는 물론 미래에까지 투사하는 포스트휴먼 논의의 범위에 맞추어 강인공지능(strong AI)이나 초지능(superintelligence)의 경우를 상정해 보면 인공지능에 대한 법인격 인정의 위험은 더욱 두드러진다. 합리성과 재생산에 별다른 한계가 없는 인공지능에 대하여 사법적 권리를 인정할 경우 인공지능 또는 그 배후의 세력에게 부와 경제적 권력이 집중될 우려가 있고, 공법적 권리를 인정할 경우 인간이 소수자로 전락하여 민주주의 체제를 뒤흔들 위험이 있기 때문이다. 인공지능에 대한 법인격 부여의 거부는 초지능을 통제하고 인간의 삶의 방식을 지킬 수 있는 효과적인 수단일 수도 있다. 포스트휴먼 담론은 아직 실제 법제도에 반영되기에는 때이른 감이 있다.

Ⅳ. 인공지능의 행위와 책임

1. 인공지능의 행위

인공지능의 법인격 유무, 즉 인공지능이 권리 · 의무의 주체가 될 수 있는지 여부에 관한 앞서의 논의는 인공지능이 법적 행위주체가 될 수 있는지의 문제와도 밀접히 연결되어 있다. 사실 지난 여러 해 동안 각각의 법 영역마다 이러한 종류의 문제 제기가 이루어져 왔다. 계약법 영역에서는 인공 에이전트에 의한 계약 체결[28]이, 불법행위법 영역에서는 자율주행 자동차나 로봇에 의한 불법행위[29]가 문제되었다. 그 밖에도 인공지능이 후견인[30]이나 이사[31]의 역할을 할 수 있는지도 논의되었다. 공법 분야에서도 유사한 논의들이 이루어졌다. 예컨대 인공지능의 형사책임의 주체가 될 수 있는지,[32] 자동화된 행정행위를 어떻게 다룰 것인지[33]에 관하여 심도깊은 논의가 이루어졌으며, 나아가 인공지능이 기본권 주체가 될 수 있는지[34] 여부도 논의되었다.

28) 이상용, 인공지능과 계약법 — 인공에이전트에 의한 계약 체결과 사적자치의 원칙, 비교사법 23/4 (2016); 김진우, 자율시스템에 의한 의사표시의 귀속, 전남대학교 법학논총 38/4 (2018).

29) 권영준 · 이소은, 자율주행자동차 사고와 민사책임", 민사법학 75 (2016); 이중기, 인공지능을 가진 로봇의 법적 취급: 자율주행자동차 사고의 법적 인식과 책임을 중심으로, 홍익법학 17/3 (2016).

30) 최경준, 인공지능의 사법적 쟁점, 저스티스 182/2 (2021).

31) 송옥렬, 인공지능과 이사회, 기업법연구 35/2 (2021).

32) 이인영, 인공지능 로봇에 관한 형사책임과 책임주의 — 유기천교수의 법인의 행위주체이론과 관련하여 —, 홍익법학 18/2 (2017).

33) 김중권, 인공지능 시대에 완전자동적 행정행위에 관한 소고, 법조 66/3 (2017).

이들은 공통적으로 앞에서 보았던 인공지능의 주체성에 관한 논의를 포함하고 있지만 그와 동시에 개별 법영역 고유의 관점과 문제의식을 담고 있다. 아래에서는 특히 계약법 분야를 예로 하여 논의를 전개해보고자 한다.

2. 인공지능과 계약법[35)]

가. 무엇이 문제인가

인공 에이전트[36)]에 의하여 계약이 체결되는 경우 계약법의 기본원리인 사적자치의 원칙이 여전히 유효하게 작동하는지 여부가 문제될 수 있다. 인공 에이전트 이용자가 의도하지 않았거나 그의 의도에 반하는 결과에 대하여 책임을 부담하는 것이 이용자의 자기결정을 무의미하게 만드는 것은 아닌지, 그리고 이용자와 거래하는 상대방의 자기결정은 합리성 격차로 인하여 사실상 형해화되는 것은 아닌지 하는 의문들이 바로 그것이다.

나. 자율성에 대한 대응

인공 에이전트의 법적 지위에 관하여는 세 가지 접근방법이 있으며, 각각의 접근방법은 나름의 장단점이 있다.[37)]

첫째는 인공 에이전트를 단순한 도구로 보는 것이다. 이는 가장 단순한 방식으로 배후의 자연인이나 법인에 계약의 효과를 귀속시키지만, 이용자가 계약의 상대방이나 내용의 결정에 전혀 관여하지 않는 경우에는 법적 허구에 지나지 않는다는 비판이 제기된다. 둘째는 인공 에이전트를 법인격 없는 대리인으로 보는 것이다. 이는 배후의 이용자에게 책임을 귀속시키는 근거가 되는 한편, 경우에 따라서는 상대방 측의 사정을 고려하여 이용자를 면책할 수도 있도록 함으로써 이해관계를 적절하게 조정할 수 있다는 점에서 많은 장점이 있다. 하지만 인공 에이전트를 법인격 주체로 보지 않는 이상 이러한 구성은 법적 근거가 부족하며, 로마법상 노예가 권리 주체가 아님에도 대리능력이 있었다는 식의 설명은 시대착오적이라는 비판이 있다. 셋째는 인공 에이전트를 제한된 범위에서 법인격 주체로 인정하는 것이다. 이 경우 대리의 법리를 적용함에 무리가 없을 뿐 아니라 무권대리인의 책임에 관한 제도를 활용하여 상대방을 좀 더 보호할 수 있다는 장점이 있다. 그러나 앞서 본 것처

34) 조재현 · 김용의, 인공지능의 기본권 주체성에 관한 연구, 유럽헌법연구 35 (2021).
35) 이 부분은 이상용, 비교사법 23/4 (2016)을 글의 취지에 맞게 요약 · 보완한 것이다.
36) 본고에서는 계약 체결을 위해 이용되는 인공지능을 인공 에이전트라고 부르기로 한다.
37) Chopra/White, Artificial Agents and the Contracting Problem: A Solution via an Agency Analysis, University of Illinois Journal of Law, Technology & Policy (2009) 371-372.

럼 현 단계에서 인공 에이전트에게는 법인격을 인정할 만한 실체가 없을 뿐 아니라 이를 통해 얻을 편익보다 비용과 위험이 더욱 크다는 비판이 가능하다.

생각컨대 인공 에이전트는 이용자의 이용 내지 설정에 기초한 추정적 의사에 부합하는 특정한 의사를 형성하여 표시하는 것에 불과하므로 이용자의 도구 내지 기관으로서 이용자의 의사표시를 보조하는 것에 불과하다. 이처럼 인공 에이전트를 단순한 도구로 보더라도 표현대리의 법리를 유추적용함으로써 이용자와 상대방 사이의 이해관계를 조정할 수 있다. 판례는 표의자의 도구에 불과한 사자(使者)에 대하여 표현대리의 법리를 적용하는 것을 긍정하고 있는데,[38] 이러한 법리는 이익상황이 유사한 인공 에이전트에 의한 계약 체결의 경우에도 마찬가지로 적용될 수 있기 때문이다. 다만 인공 에이전트에 대하여 무권대리인의 책임을 지울 수는 없는데, 이는 인공지능의 법인격을 부정하는 이상 어쩔 수 없는 일일 뿐 아니라, 당초 인공지능 이용자의 책임 회피를 제어하는 것이 당면 과제였던 점을 생각해보면 그리 문제될 일도 아니다.

한편 실정법인 「전자문서 및 전자거래 기본법」에 의하여 인공 에이전트에 의한 계약의 효과를 배후의 이용자에게 귀속시킬 수 있지 않은가 하는 의문도 있을 수 있다. 위 법 제7조 제1항은 전자적 수단에 의하여 송신된 전자문서에 포함된 의사표시는 작성자가 송신한 것으로 보고 있으며, 동조 제2항은 '작성자 또는 그 대리인의 의사에 기한 것이라고 믿을 만한 정당한 이유가 있는 자에 의하여 송신된 경우' 등 일정한 경우에는 수신자가 전자문서에 포함된 의사표시를 작성자의 것으로 보아 행위할 수 있다고 규정하기 때문이다.[39] 그러나 위 법의 모태가 된 「UNCITRAL 전자상거래 모델법」은 주석에서 데이터메시지의 귀속에 관한 규정이 실체법상의 규율에 영향을 미쳐서는 안 된다고 설명하고 있다.[40] 이를 고려하면, 위와 같은 법률 해석이 명백하다고는 할 수 없을 뿐 아니라, 그러한 해석이 가능하다고 하더라도 위 규정이 이론적 근거에 관한 설명을 불필요하게 하는 것은 아니다.

---

38) 대법원 1962.2.8. 선고 4294민상192 판결(集 10-1, 87-88).

39) 인공 에이전트에 의한 계약 체결시 외관 법리의 적용을 보다 명확히 하기 위하여 위 법 제7조 제2항과 제3항을 다음과 같이 개정하는 것을 검토해볼 수 있다.

「전자문서 및 전자거래 기본법」 제7조(작성자가 송신한 것으로 보는 경우)

② 전자문서의 수신자는 다음 각 호의 어느 하나에 해당하는 경우에는 전자문서에 포함된 의사표시를 작성자의 것으로 보아 행위할 수 있다.

3. 수신된 전자문서에 포함된 의사표시가 작성자 또는 그 대리인과의 관계에 의하여 수신자가 그것이 작성자 또는 그 대리인의 의사에 기한 것이라고 믿을 만한 정당한 이유가 있는 경우

③ 다음 각 호의 어느 하나에 해당하는 경우에는 제2항을 적용하지 아니한다.

3. 제2항제3호의 경우에 전자문서에 포함된 의사표시가 작성자의 의사와 다름을 수신자가 알았던 경우 또는 상당한 주의를 하였거나 작성자와 합의된 절차를 따랐으면 알 수 있었을 경우

40) UN, "UNCITRAL Model Law on Electronic Commerce with Guide to Enactment 1996 with additional article 5 bis as adopted in 1998", 50.

다. 비대칭성에 대한 대응

인공지능은 그것이 이용되는 특정 영역에서의 판단 및 의사결정에 있어서 인간을 능가하는 합리성을 보이고 있고, 이러한 경향은 급속히 강화되고 있다. 반면에 인간은 제한된 합리성만을 지닌다는 점이 점차 밝혀지고 있다. 따라서 인공 에이전트를 이용하여 계약을 체결하는 당사자와 그렇지 않은 당사자 사이에는 합리성 격차로 인한 구조적 비대칭성이 존재하게 된다.

거래 당사자 사이의 비대칭성은 사적자치 원칙의 정당성 근거를 잠식한다. 사적자치의 원칙은 두 가지 측면에서 정당화된다. 자율은 그것이 가져오는 결과보다는 자율 그 자체에 가치가 있기 때문에 보호되어야 한다는 의무론적 입장과 자율이 가져다주는 효용에 주목하여 자율을 보호하는 공리주의적 입장이 그것이다. 만약 사적자치의 원칙을 형식적으로만 이해하려 한다면 적이도 그 정당성 근거 중 하나, 즉 공리주의적 근거가 위협을 받게 된다.

비대칭성의 문제는 현대사회 및 소비사회의 발전 과정에서도 나타났었고, 법제도는 소비자보호의 법리나 실질적 사적자치론 등에 의하여 이에 대응하여 왔다. 최근에는 계약의 전 과정을 자유주의에 입각한 자율 패러다임과 공동체주의에 바탕을 둔 후견 패러다임의 상호관계라는 틀로 바라보면서, 한편으로 정보제공을 통하여 자율 토대를 강화하고, 다른 한편으로 소비자 계약과 같이 필요한 경우에는 신의성실의 원칙을 바탕으로 후견적 접근이 이루어져야 한다는 견해가 제시되기도 했다.41)

위와 같은 대응 방법은 인공 에이전트에 의한 계약체결의 경우에 나타나는 합리성 격차의 문제를 해소하는 데에도 활용될 수 있을 것이다. 그 접근방법으로 우선 격차의 해소가 검토될 수 있겠지만, 정보의 제공에 의하여 해결될 수 있는 정보 비대칭의 문제와 달리 합리성 격차는 능력 비대칭의 문제인 까닭에 그 해결이 쉽지 않다. 한편 철회권과 같은 제도는 정형적 상황에 의존할 뿐 아니라 거래의 안전을 심각하게 저해할 수 있어서 신중을 기해야 한다. 상대방의 정당한 이익을 배려할 의무에 호소할 수도 있겠지만, 이는 인공 에이전트에게 신의성실의 원칙을 내재하하는 문제로 이어질 수 있다.

사적자치를 모토로 하는 계약법에 있어서 후견적 접근은 되도록 사제되어야 한다. 즉 국가로서는 거래 자체에 직접 개입하기보다는 재분배의 관점에서 가능한 한 많은 사람들이 적은 비용으로 인공지능을 활용할 수 있도록 하는 것이 바람직하다. 그런 점에서 인공지능 대중화(AI democracy)야말로 정책적 지향점이 될 필요가 있다.

41) 권영준, 계약법의 사상적 기초와 그 시사점, 저스티스 124 (2011) 173-174.

라. 사적자치의 원칙의 견지

인공 에이전트에 의한 계약의 확산은 인공 에이전트가 지닌 자율성과 합리성 격차라는 특성으로 인해 계약법에 커다란 과제를 안겨준다. 그러나 이러한 과제는 개인의 자유에 기반한 사적자치의 원칙을 견지하면서 해결될 수 있다. 자율적인 인공 에이전트에 의하여 체결된 계약이 이용자의 의도에 반하는 일이 생기더라도, 그것은 이용자의 자기결정권을 무의미하게 만드는 것이 아니라 사적자치의 확장 내지 실천 그 자체라고 할 수 있고, 당사자들의 이해관계는 적정하게 규율될 수 있다. 합리성 격차에도 불구하고 인공 에이전트 이용자와 거래하는 상대방의 자기결정은 실질적 사적자치의 원칙이나 소비자법 원리의 응용을 통해 보호될 수 있다.

Ⅴ. 인공지능과 규제[42)]

1. 무엇이 문제인가

지금까지 우리는 인공지능을 권리주체 내지 행위주체로 볼 수 있는지 여부와 관련된 문제들을 살펴보았다. 이를 인정할 경우 근대 법질서는 토대부터 흔들릴 터였지만, 다행히 현재의 기술수준에서는 인공지능을 단순한 도구로 보아도 무방하다는 결론을 얻을 수 있었다. 이제 우리는 좀 더 익숙하고 실용적인 방식으로 인공지능의 문제를 바라볼 수 있다. 그것은 인공지능의 개발과 이용 과정에서 발생하는 위험을 법제도가 어떻게 다룰 것인가에 관한 문제이다.

인공지능 기술의 활용은 많은 혜택을 가져다주기도 하지만 예기치 않은 위험을 초래할 수도 있다. 비교적 새로운 기술인 탓에 위험의 구체적 내용은 아직 충분히 드러나지 않았지만, 인공지능 기술로 인한 변화의 속도와 규모는 이를 그대로 방관할 수 없게 한다. 흔히 '블랙박스'라고 불리는 딥러닝 알고리즘의 복잡성은 이러한 위험을 다루는 것을 더욱 어렵게 만든다. 지난 몇 년간 수많은 개인, 조직, 국가들이 인공지능 기술이 야기할지도 모를 위험들을 어떻게 다뤄야 할 것인가라는 문제와 씨름해 왔다. 2021년에 발표된 EU 인공지능 법안[43)]은 그 결정체 중 하나이다. 이 글은 인공지능의 규제에 관한 다양한 논의를 규제

42) 이 부분은 이상용, 알고리즘 규제를 위한 지도(地圖) — 원리, 구조, 내용, 경제규제와 법 13/2 (2020)을 글의 취지에 맞게 요약, 보완한 것이다.

43) Proposal for a REGULATION OF THE EUROPEAN PARLIAMENT AND OF THE COUNCIL LAYING DOWN HARMONISED RULES ON ARTIFICIAL INTELLIGENCE (ARTIFICIAL INTELLIGENCE ACT) AND AMENDING

의 원리, 구조, 그리고 내용에 관한 측면으로 나누어 검토해보고자 한다.

2. 규제의 원리

가. 규제는 어떻게 정당화되는가

규제의 본질은 자유의 제한이다. 자유의 제한은 법적으로 어떻게 정당화될 수 있을까. 단순히 '법률'에 근거 조항이 있다고 말하는 것은 우리가 원하는 답이 아니다. 최상위 법규범인 헌법을 근거로 삼을 수도 있겠지만 법 이전의 무언가를 찾아가는 것이 보다 설득력이 있을 것이다. 이 글에서는 윤리를 매개로 삼아 법적 정당화의 원리에 접근하고자 한다.

윤리적 정당성에 관하여는 오랜 기간 수많은 학자들이 다양한 견해를 밝혀 왔다. 비록 세부적인 차이는 있겠지만 이들은 자유주의(의무론), 공리주의, 그리고 공동체주의라는 세 가지 입장으로 나누어볼 수 있다. 자유주의는 개인의 자유를 공동체의 미덕보다 우선한다. 인간을 수단이 아닌 목적으로 대하라는 칸트의 정언명령은 인간의 존엄성을 표현하는 동시에 의무론적 자유주의의 핵심을 보여준다.44) 공리주의는 공리를 극대화하는 것이 정의라고 본다. 특히 양적 공리주의는 인간을 이익형량의 대상으로 삼는 것을 허용함으로써 의무론적 자유주의와는 긴장 관계에 있게 된다. 한편 공동체주의의 윤리는 공동체 구성원이 준수해야 하는 미덕(virtue) 내지 인륜(Sittlichkeit)를 중시한다. 이러한 관점에서는 옳음(the right) 역시 좋음(the good)의 하나에 불과하므로 결국 좋음을 대변하는 미덕이 우선적 지위를 갖게 된다.45)

윤리적 정당성에 관한 세 가지 관점은 각기 다른 방식으로 자유 제한의 정당성 근거를 제시한다. 먼저 자유주의적 관점에서 자유 제한의 정당화 사유는 바로 타인의 자유와 권리이다. 이러한 '타인의 불가침성'은 인간을 수단이 아닌 목적으로 대하라는 칸트의 정언명령으로부터 자연스럽게 도출된다. 밀은 이른바 '해악의 원리(principle of harm)'를 통해 이를 명확히 하였다. 이에 비하여 공리주의적 관점에서는 사회적 편익과 비용의 비교형량에 의하여 자유 제한의 정당성 여부를 판단한다. 오늘날 압도적인 영향력을 누리고 있는 이익형량의 논리가 바로 이에 해당한다. 공리주의적 관점은 '보이지 않는 손(invisible hand)'이라는 시장의 원리를 통해 목적론적 자유주의와 연결되기도 한다. 한편 공동체주의적 관점에서는 해악의 원리나 이익형량의 논리에 의존하지 않고도 공동체적 가치를 근거로 자유를

CERTAIN UNION LEGISLATIVE ACTS (COM/2021/206 final)

44) Stephen Mulhall(김해성 · 조영달 옮김), 자유주의와 공동체주의, 2007, 76-79.

45) 양천수, 인공지능과 윤리 — 법철학의 관점에서, 조선대학교 법학논총 27/1 (2020) 89-90.

제한하는 것이 허용된다. 법적 도덕주의에 따라 매춘을 금지하거나 후견주의적 관점에서 사행행위를 금지하는 것이 그 사례이다.

이들 세 가지 관점은 모두 나름의 장점과 한계를 지니고 있기 때문에 자유 제한을 위한 타당한 근거를 발견하는 것은 쉬운 일이 아니다. 각 관점들은 논증하기에 따라 논리적으로 양립 불가능한 것일 수도 있고, 사안에 따라 적절한 관점을 취한다는 식의 접근법은 문제 해결을 위한 아무런 지침도 제공하지 못한다. 하지만 자유와 미덕이 나란히 공존하기 어렵다면 이들 사이에 우선순위를 정하는 것은 가능하지 않을까? 밀의 질적 공리주의에서 단초를 발견할 수 있는 이러한 아이디어는 롤즈(J. Rawls)에 의하여 '정의의 원칙'으로 공식화되었다.46)

롤즈의 정의 원칙은 기본적 자유(basic liberty)에 관한 제1원칙, 그리고 최소 수혜자의 배려(차등의 원칙, difference principle)와 공정한 기회 균등에 관한 제2원칙으로 이루어진다. 정의의 원칙들은 축차적 서열을 갖는다. 먼저 제1원칙은 제2원칙에 우선한다(제1우선성 원칙). 그리고 제2원칙은 효율성과 복지에 우선하며, 특히 공정한 기회는 차등의 원칙에 우선한다(제2우선성 원칙). 자유의 우선성과 정의의 우선성, 그리고 좋음에 대한 옳음의 우선성은 실질적인 문제 해결을 위한 유용한 지침을 제공한다. 무엇보다 롤즈의 정의론은 인간의 존엄성과 보편성을 기초로 강력한 정당성 근거를 제공하는 자유주의적 관점에 기반하면서도, 최소 수혜자를 배려하는 차등의 원칙을 통해 배분적 정의를 포용하고, 결여된 자율성을 보충하는 '약한 후견주의(weak paternalism)'를 수용한다는 점에서 고전적 자유주의의 약점을 극복하고 있다. 이 글은 기본적으로 롤즈의 관점에서 인공지능 규제의 문제에 접근하고자 한다.

나. 인공지능 규제에는 원리적 차이가 존재하는가

인공지능의 자율성은 규제의 국면과 관련하여 몇 가지 문제를 일으킨다. 규제 여부에 관한 결정이 인공지능에 의하여 이루어지고, 규제 대상인 행위가 인공지능에 의하여 이루어지는 경우에는 국가와 국민을 각각 규제자와 피규제자로 하는 구조가 깨어지는 것은 아닌가 하는 의문이 생길 수 있기 때문이다. 아래에서는 '인공지능에 의한 규제'와 '인공지능에 대한 규제'로 나누어 위와 같은 의문에 답해보고자 한다.

(1) 인공지능에 의한 규제

먼저 '인공지능에 의한 규제'의 문제는 인공지능이 사실상 규제자로서 작용하는지 여

46) John Rawls(황경식 옮김), 정의론, 2003, 400-401.

부의 문제와 규제자의 인공지능 이용에 관한 문제로 나누어볼 수 있다. 일부 견해는 인공지능 알고리즘 자체가 법적 규제와 유사하게 실질적으로 인간의 행위를 규제하는 상황이 나타나고 있다고 주장한다.47) 그러나 이 문제는 규제 주체의 문제라기보다는 규제 대상의 문제로 접근하는 것이 보다 합리적일 것이다. 현실적으로는 규제자인 국가의 인공지능 이용 문제가 보다 시급하다. 최근 들어 여러 국가들이 사법, 행정, 치안 및 안보, 국방 등 수많은 영역에서 인공지능 기술 이용을 확대하고 있다. 오늘날 국가의 작용은 민주주의와 법치주의 등 헌법적 원리에 의하여 통제받는 것이 원칙이다. 그런데 국가 작용이 인공지능에 의하여 자동화될 경우 이러한 법원리들이 실질적으로 무력화될 수 있다. 다만 재량이 개입될 여지가 없는 기속행위의 경우에는 인공지능 기술을 이용한 자동적 처분이 허용될 수 있다(개정 행정기본법 제20조).48) 국가의 인공지능 이용의 문제는 결국 민주주의와 법치주의와 같은 공법적 원리들이 판단과 의사결정이 자동화되는 상황에서도 원리적 힘을 잃지 않고 본래의 역할을 다할 수 있도록 해석론과 입법을 발전시켜 나감으로써 해결되어야 할 것이다. 그 핵심적 수단은 투명성과 설명가능성이다.

(2) 인공지능에 대한 규제

한편 '인공지능에 대한 규제'는 인공지능을 개발하고 이용하는 과정에서 발생하는 권리나 이익 또는 가치에 대한 침해나 위험을 근거로 자유를 제한하는 것으로서 일반적인 규제와 원리적으로 다를 것은 없다. 단지 규제 목적의 달성을 위하여 투명성과 설명가능성이 요구될 뿐이다. 다만 이론적으로는 인공지능이 지닌 고도의 자율성과 합리성에 착안하여 그 자체를 피규제자로 볼 수 있는지가 문제될 수 있겠지만, 통제 대상으로서의 인공지능은 단순한 도구일 뿐 주체성을 요하지 않으며, 인공지능에 대한 통제의 목적은 그 배후에 있는 인간에 대한 규제로 충분히 달성할 수 있다.

3. 규제의 구조

가. 규제 구조의 유형

행위의 규제는 여러 관점에서 유형화될 수 있다. 규제의 주체에 따라 공적규제와 자

47) 심우민, 인공지능의 발전과 알고리즘의 규제적 속성, 법과 사회 53 (2016) 54-58; 이원태, 알고리즘 규제의 두 가지 차원과 정책적 함의, 사회과학연구 32/2 (2020) 201-202.

48) 위 조항은 행정청이 법률로 정하는 바에 따라 완전히 자동화된 시스템으로 처분을 할 수 있다고 하면서도 처분에 재량이 있는 경우에는 그렇지 않다는 단서를 두고 있다. 다만 단서의 '재량'이 '판단여지'까지도 포함하는 것인지에 관하여는 해석상 논란의 여지가 있다.

율규제로 나눌 수 있고, 시간적 관점에 따라 사전규제와 사후규제로 나눌 수 있으며, 규제의 방식에 따라 포지티브 규제와 네거티브 규제로 나누거나 원칙 중심 규제와 규정 중심 규제로 나눌 수도 있다. 최근에는 잠정적 · 적응적 규제와 절차적 규제의 중요성이 강조되고 있기도 하다.

각각의 규제 유형은 나름의 관점을 지니고 구분된 것이지만 여기서는 규제의 강도(强度)와 경도(硬度)를 기준으로 이들을 다시 묶어보고자 한다. 먼저 자유 제한의 정도, 즉 규제 강도에 따라서 강한 규제와 약한 규제로 분류해볼 수 있다. 공적규제, 사전규제, 포지티브 규제를 강한 규제라고 한다면, 이에 비해 자유 제한의 정도가 미약한 자율규제, 사후규제, 네거티브 규제는 약한 규제라고 부를 수 있을 것이다. 자유 제한의 경직성, 즉 규제 경도에 따라서 경직적 규제와 유연한 규제로 분류할 수도 있다. 예컨대 규정 중심 규제, 내용적 규제, 이분법적 규제, 공적 규제가 경직적 규제라면, 이에 비하여 자유 제한의 경직성 정도가 덜한 원칙 중심 규제, 절차적 규제, 잠정적 · 적응적 규제, 자율규제는 유연한 규제라고 부를 수 있다.

나. 신산업 규제의 구조

과거 역사를 통해 무수히 증명되어 온 것처럼 새로운 기술은 신산업을 태동시키며 기존의 사회와 경제에 파괴적 혁신을 초래한다. 이러한 변화의 결과 많은 사람들이 이익을 얻게 되는 반면 일부 사람들은 불이익을 입거나 삶의 변화를 받아들일 수밖에 없게 된다. 이러한 상황은 신산업에 있어서 혁신과 규제가 갈등관계에 있다는 인식을 낳았다. 이처럼 규제와 혁신의 갈등이라는 틀로 문제를 바라보는 관점은 혁신이 가져다줄 수 있는 편익을 그로 인해 초래될 위험 및 갈등과 비교형량하여 규제의 정당성 또는 필요성 여부를 판단하려고 한다. 그러나 신산업이라고 하여 비용보다 큰 편익이 보장되어 있는 것은 아니고 일반적인 규제와 다른 특별한 정당화 근거가 인정되는 것은 더욱 아니므로 이익형량적 관점에서 신산업 규제에 특수한 구조적 특성을 찾는 것은 부적절하다. 즉, 신산업이라는 이유만으로 '약한 규제'가 요구되는 것은 아니다.

신산업 규제의 구조적 특성은 신산업의 일반적 특성, 다시 말해 변화의 속도와 예측곤란성이라는 점에서 찾아야 한다. 변화의 속도가 빠르고 광범위하기 때문에 신산업에는 규제지체가 발생하기 쉽다.[49] 규제공백을 이유로 아무런 제한 없이 모든 행위가 허용되는

49) 신산업에 적용될 명시적인 규제가 존재하지 않거나(규제공백), 기존 규제가 신산업에 적용하기에 부적합하거나(규제적용의 부적합), 기존 규제가 신산업에 적용되는지 여부가 불명확하거나(규제적용의 불명확), 또는 기존 규제를 적용하는 것이 불합리한 경우(규제의 불합리)가 생길 수 있다.(김태오, 제4차 산업혁명의 견인을 위한 규제패러다임 모색: 한국의 규제패러다임을 중심으로, 경제규제와 법 10/2 [2017] 143).

상황이 반드시 정당한 것은 아니며, 적절한 규제가 마련될 필요가 있을 수 있다. 문제는 신산업이 자유와 권리, 이익, 또는 공동체적 가치에 어떤 영향을 미칠 것인지 예측하기 곤란하기 때문에 규제의 구체적 내용을 마련하기 어렵다는 점이다. 불충분한 정보만으로 섣불리 규제에 나설 경우 정당한 근거 없이 자유를 제약하고 혁신의 불씨를 꺼트리는 결과만을 낳을 수도 있다. 이런 상황을 해결할 수 있는 방법이 바로 잠정적 규제, 절차적 규제, 자율규제, 원칙 중심 규제와 같은 '유연한 규제'이다.

인공지능 기술은 2010년대 이후 폭발적인 발전을 통하여 사회에 광범위한 영향을 미치고 있는 전형적인 신기술이다. 따라서 앞서 보았던 신산업 규제의 구조적 특성을 그대로 갖는다. 즉 인공지능 기술을 활용한 산업에는 유연한 규제가 바람직하지만, 신기술이라는 이유만으로 약한 규제가 요구되거나 반대로 강한 규제가 요구되는 것은 아니다.

4. 규제의 내용

가. 인공지능 규제의 내용은 어떻게 결정되는가

(1) 위험의 정도에 따른 규제

신산업으로 인한 위험과 갈등을 예측하기 어렵다는 점은 그에 대한 규제 여부 및 규제 수단의 결정을 어렵게 만든다. 그러나 위험과 갈등을 적절하게 유형화한다면 이를 결정하는 기준과 방법을 정식화할 수 있다.

첫 번째 대안은 위험의 중대성과 개연성에 비례하여 규제 여부와 정도를 결정하는 것이다.[50] 예컨대 EU 인공지능 법안은 위험 기반 접근법(risk-based appraoch)에 기반하여 인공지능 기술의 개발과 활용을 규제하고자 한다. 즉, 위 법안은 인공지능으로 인한 위험을 허용될 수 없는 위험, 고위험, 제한된 위험, 최소 위험 등으로 구분하고 규제 여부와 정도를 달리하고 있다.

두 번째 대안은 갈등의 원인이 되는 이해관계의 구조와 성격에 따라 갈등관계를 유형화한다.[51] 이러한 방식의 유형화는 규제의 내용적 특성도 암시해줄 수 있다. 예컨대 위 견해는 갈등이 경쟁관계로부터 비롯되는 경우에는 경쟁사업자 상호 간의 이익조정이라는 관점에서 접근해서는 안 되며 경쟁의 촉진과 이를 통한 소비자 효용 극대화가 핵심적 정책 목표가 되어야 한다고 주장한다.

---

50) 윤혜선, 리스크 규제에 관한 공법적 연구, 2009(서울대학교 박사학위논문), 68 이하, 160-189.

51) 이원우, 혁신과 규제: 상호 갈등관계의 법적 구조와 갈등해소를 위한 법리와 법적 수단, 경제규제와 법 9/2 (2016) 13-16.

(2) 위험의 속성에 따른 규제

규제 문제가 제기되는 사안을 위험의 중대성과 개연성에 따라 유형화하는 관점은 유용한 사고의 틀을 제공해주기는 하지만 실제 사례에 적용하기에는 여전히 너무 추상적이다. 규제 여부와 규제 수단을 결정하기 위해서는 문제되는 위험이 규제의 정당성 근거 중 무엇과 관련되어 있는지를 파악해야 한다. 즉 규제의 정당성 근거와 관련지어 위험의 속성을 분류하고, 그 속성이 이익형량을 허용하는 경우 위험과의 비례성을 고려하여 규제 여부 및 규제 수단을 선택해야 한다. EU 인공지능 법안은 '허용될 수 없는 위험'을 초래하는 행위를 이익형량 과정 없이 일률적으로 금지하고 있는데, 이는 위험의 속성을 중시한 것으로 이해할 수 있다. 이러한 논의를 구체화하기 위해 롤즈의 정의론을 차용할 수 있는데, 다음 항에서 좀 더 상세히 살펴보기로 한다.

나. 위험의 유형과 규제의 내용

(1) 기본적 자유의 침해

첫 번째 유형은 문제되는 행위로 인해 타인의 기본적 자유(basic liberty)가 침해되는 경우이다. 이러한 경우에는 해당 행위는 금지되며 이익형량의 과정은 필요 없다. 롤즈는 기본적 자유를 다른 자유나 권리와 구별하여 오직 자유만을 이유로 제한될 수 있다고 보았다. 그에 따르면 정치적 자유, 양심과 사상의 자유, 인신의 자유, 사유재산권 등은 기본적 자유에 해당하지만, 예컨대 자유방임적 계약의 자유는 이에 해당하지 않는다.[52] 우리 헌법 역시 제37조 제2항 단서에서 자유와 권리의 본질적인 내용을 침해할 수 없다고 규정함으로써 이익형량의 대상이 되지 않는 자유의 영역이 있음을 간접적으로 시인한다.

인공지능의 활용이 인간의 존엄성이나 기본적 자유를 침해하는 경우 인공지능 규제는 정당화될 뿐 아니라 국가가 개인의 사적 보복을 금지하고 이를 떠맡은 이상 반드시 요구되는 것이기도 하다. 생명 · 신체에 대한 안전이나 감시와 검열의 방지를 이유로 한 규제가 그 사례이다.[53] 특히 치명적 자율무기의 경우 규제의 필요성이 가장 큼에도 불구하고 가장 방치되어 있는 문제라고 할 수 있다.

(2) 기회 균등의 침해

두 번째 유형은 문제되는 행위로 인해 기회 균등이 침해되는 경우이다. 이 경우에도

52) John Rawls(황경식 옮김), 정의론, 106-107.

53) 참고로 2021년 EU 인공지능 법안은 허용할 수 없는 위험을 초래하여 금지되는 사례로서, 신체적 · 정신적 위해를 가하여 사람의 자유의지를 벗어난 행동을 하도록 강요하는 인공지능 시스템이나 공공기관이 사람의 행동 · 인성을 점수화하여 평가 · 분류하는 인공지능 시스템 등을 들고 있다.

해당 행위는 규제될 수 있으며, 역시 이익형량의 논리는 동원되지 않는다. 공정한 기회 균등은 온정주의를 배제하지 않지만, 어려운 처지에 있는 사람을 돕는다는 이유로 기회 균등의 원칙을 침해하는 행위는 정의에 반하며, 역시 규제의 대상이 될 수 있다. 다만 보다 적은 기회를 갖는 사람들의 기회를 증대시키는 기회 불균등은 허용되므로 그러한 행위는 규제 대상이 되지 않는다. 우리 헌법상 평등의 원칙 역시 합리적인 근거가 없는 자의적 차별을 배제하는 상대적 평등을 의미하는 것으로 이해되고 있다.[54)]

인공지능을 판단과 의사결정을 위한 수단으로 활용하는 것은 편견과 차별의 위험이 크다는 지적이 많다.[55)] 그러나 이러한 위험은 과장되거나 오도되기 쉬워 보인다. 인간의 개입으로 인한 위험은 알고리즘으로 인한 것이라고 보기 어렵고, 알고리즘의 학습 과정에서 발생하는 위험은 기존의 편견을 그대로 반영하는 것으로서 새롭게 창출되거나 추가되는 위험이 아닐 수도 있기 때문이다. 공정성을 어떠한 기준에 의하여 판난할 것인지도 중요한 문제이다. 롤즈의 관점에서는 공직과 관련된 기회의 균등이 공정성의 핵심을 이루며, 이를 반영하는 최적의 통계적 지표는 집단간의 동등한 재현율이라고 할 수 있다.[56)] 반면에 사기업의 채용 과정에 이용되는 인공지능 시스템의 경우 공직과 관련된 기회의 균등 문제가 발생하지 않으므로 합목적적 정확성(calibration)이 추구될 수 있을 것이다.

(3) 경쟁의 침해

세 번째 유형은 문제되는 행위로 인해 경쟁이 침해되는 경우이다. 이러한 경우에도 역시 규제가 정당화된다. 독점이나 부정경쟁행위가 이에 해당하며, 그 밖에 외부효과나 정보의 불완전성 등으로 인해 시장실패가 초래되는 경우에도 규제 대상이 될 수 있다. 경쟁 침해의 문제는 효율성의 문제이므로 본래 이익형량의 대상이 되지만, 완전한 경쟁이야말로 효율성에 있어서 완전한 절차가 되므로[57)] 규제 당국은 경쟁 침해 외에 다른 근거를 제시할 필요가 없다. 다만 피규제자는 경쟁 침해에도 불구하고 사회적 편익이 증대됨을 입증하여 규제에서 벗어날 수 있을 것이다. 경쟁이 침해되는 경우 경쟁 사업자의 이익은 이익형량에서 고려되어서는 안 된다. 이를 고려하는 것 자체가 경쟁 침해이기 때문이다. 따라서 신산업에 있어서 기존 사업자들과의 갈등은 규제의 문제, 즉 자유 제한의 정당성에 관한 문제가 아니라 정치적 문제일 뿐이다. 한편 소비사법 원리에 따른 규제의 상당 부분은 정보의

54) 헌법재판소 2001. 6. 28.자 99헌마516 결정.

55) Nicholas Diakopoulos, Accountability in algorithmic decision making, Communications of ACM 59/2 (2016) 58-62.

56) Monetary Authority of Singapore, 『Veritas Document 1 FEAT Fairness Principles Assessment Methodology』, 2021. 한편 재분배나 복지의 관점에서는 기회의 균등이 아니라 결과의 균등, 즉 인구통계적 동등성이 기준이 되어야 하므로 집단간의 동등한 승인율이 유용한 통계지표가 될 것이다.

57) John Rawls(황경식 옮김), 정의론, 365.

불완전성 내지 정보비대칭에 근거한 것으로서 규제의 정당성이 인정될 수 있다.

인공지능의 활용이 경쟁 침해를 가져온다면 그 자체로서 규제의 정당성이 인정된다. 이와 관련하여 최근에 데이터 독점이나 알고리즘에 의한 담합에 관한 논의가 많이 이루어지고 있다. 특히 데이터 독점의 경우 각국의 경쟁당국이 필수자산 이론 등을 확장하여 선제적 규제에 나서려는 모습을 보이고 있으며, 우리 정부 역시 2019년 기업결합심사기준에 반영한 바 있다. 경쟁침해는 규제의 정당성을 추정하는 기능을 하므로 경쟁침해 사실 자체는 증거에 의하여 증명되어야 한다. 단지 침해의 우려가 있다는 점만으로 규제를 하는 것은 정당화되지 않을 뿐 아니라 오히려 효율성을 해할 수 있으므로 바람직하지 않다. 그런 점에서 데이터 독점에 관한 정부의 규제는 너무 이른 것 아닌가 우려가 된다. 인공지능의 활용에 따라 의사의 합치 없는 실질적 담합(meeting of algorithms) 가능성이 생길 수 있다는 우려도 있으나,[58] 역시 아직은 증거에 의하여 확인되지 않았으므로 섣부른 규제는 피해야 할 것이다. 한편 기존의 자격 규제를 빌미로 인공지능의 활용을 저지하려는 것이 경쟁침해로 될 수도 있다. 최근에 변호사들의 온라인 법률 광고 플랫폼 가입을 금지한 대한변호사협회의 광고 규정에 대하여 헌법재판소가 일부위헌 결정[59]을 한 것은 이러한 차원에서 이해할 수도 있을 것이다.

(4) 권익의 침해

네 번째 유형은 위 세 가지 경우 외에 다른 사람의 권리나 이익을 침해하는 경우이다. 공익이라 불리는 것들 가운데 뒤에서 보는 공동체적 가치를 제외한 대부분의 것들이 이 범주에 속한다. 이러한 권리나 이익에는 기본적 자유나 기회의 균등과는 달리 우선성이 인정되지 않으므로 이익형량을 통해 규제의 정당성이 판단될 것이다. 많은 경우 이러한 권리나 이익은 헌법상 기본권으로 반영되어 있지만 기본적 자유와는 달리 불가침성이 인정되지는 않는다. 예컨대 자신의 개인정보에 관한 정보주체의 권리는 다른 사람의 정당한 이익을 위하여 제한될 수 있다.[60]

개인정보보호에 관한 권리는 최근 들어 규제의 근거로 과잉 대표되고 있는 것으로 우려된다. 이러한 예는 적어도 세 가지 측면에서 찾아볼 수 있다. 우선 개인정보자기결정권이라는 기본권이 기본적 자유의 하나로 오해되어 과도한 규제의 압력으로 작용하고 있다. 두 번째로 개인정보보호에 관한 권리가 경쟁법상의 규제를 위한 수단으로 남용되고 있는 것을

58) OECD, 『Algorithms and Collusion: Competition policy in the digital age』, 2017; 이선희. 알고리즘을 이용한 담합의 규제, 경쟁법연구 40 (2019) 235-259.

59) 헌법재판소 2022. 5. 26.자 2021헌마619 결정(로톡 사건).

60) 개인정보보호법 제15조 제1항 제6호, 제3항, 제17조 제4항, 제28조의2 제1항 참조.

지적할 수 있다.[61] 마지막으로 최근 알고리즘 투명성에 대한 법적 규제의 근거로서 개인정보보호법을 활용하려는 시도가 이루어지고 있는데, 이 역시 합리적인 접근방법이 되기 어렵다. 이에 관하여는 뒤에서 투명성 문제를 다루면서 좀 더 상술하기로 한다.

(5) 재 분 배

다섯 번째 유형은 재분배를 이유로 하는 자유의 제한이다. 롤즈에게 있어 재분배의 문제는 분배적 정의의 문제와는 다른 것이다. 분배적 정의는 기회의 균등이라는 원칙과 그보다는 열위에 있는 차등의 원칙으로 구성되며, 복지와 같은 재분배에 우선하는 것이다. 따라서 재분배를 이유로 하는 자유의 제한이 기본적 자유를 침해하거나 기회의 균등을 해치는 것이라면 허용될 수 없다. 그렇지 않은 경우 재분배는 그 비용을 부담하는 자에게도 종국적으로 이득이 된다는 조건 하에서 허용된다. 재분배는 자유나 기회의 균등과는 달리 우선성이 인정되는 것이 아니기 때문에 공리주의의 관점에 따라 효율성이 중시된다. 즉 재분배를 이유로 한 규제는 시장에 미치는 영향을 최소화해야 한다. 예컨대 재분배를 목적으로 가격 규제를 하는 것은 정당화되지 않는다. 사실 일부 자유지상주의자들을 제외하면 자유주의, 공리주의, 공동체주의는 모두 일정한 범위에서 재분배를 옹호한다. 예컨대 프리드먼(M. Friedman)은 시장 외부에서 구성되는 효율적인 재분배 시스템으로서 음의 소득세제, 즉 기본소득을 옹호한다.[62] 자유주의적 야경국가조차 자신을 보호할 비용을 부담할 수 없는 시민에게도 보호를 제공하며, 이 점에서 무정부상태나 극소국가(極小國家)와 구별된다.[63]

인공지능의 확산과 관련하여 사람들이 가장 우려하는 것은 일자리 감소와 빈부 격차의 확대이다. 이러한 우려는 인공지능을 활용하여 이익을 누리는 자가 사회적 위험을 부담해야 한다는 로봇세(robot tax)의 아이디어로 이어진다. 그러나 위와 같은 우려는 현실로 증명되지 않았으며, 오히려 인공지능 기술의 선도자인 미국은 2008년 금융위기를 초래한 당사자이면서도 가장 먼저 위기를 극복하고 호황을 누렸다. 보다 근본적으로 보자면 재분배를 이유로 한 규제는 시장에 미치는 영향을 최소화해야 하므로 조세는 소득이나 소비와 같이 넓은 범위의 대상에 부과되어야 한다. 로봇세와 같은 좁은 범위의 세금은 물품세와 마찬가지로 시장의 효율성에 해를 끼칠 뿐이며,[64] 혁신에 대한 징벌에 다름없다.

---

61) 예컨대 독일 연방카르텔청은 지난 2019년 페이스북(Facebook)이 다른 출처에서 나온 사용자 데이터를 결합한 행위를 시장지배적 지위의 남용으로 보면서 개인정보보호법상의 권리 침해를 근거로 제시한 바 있다(https://www.bundeskartellamt.de/SharedDocs/Meldung/EN/Pressemitteilungen/2019/07_02_2019_Facebook.html).

62) Friedman, Milton(심준보 · 변동열 옮김), 자본주의와 자유, 2007, 298-303.

63) Robert Nozick(남경희 옮김), 아나키에서 유토피아로, 1997, 49-50.

64) Robert Cooter/Thomas Ulen(한순구 옮김), 법경제학, 2009, 13 참조.

(6) 공동체적 가치의 침해

마지막 유형은 문제되는 행위로 인해 공동체의 가치가 침해되는 경우이다. 롤즈의 원칙은 자유주의에 입각한 공정으로서의 정의에 관한 원칙이며, 공동체의 가치가 침해되었음을 이유로 개인의 자유를 제한하는 것을 정당화하지 못한다. 공리주의적 관점에 의한 이익형량 역시 도움이 되지 않는다. 간통이나 낙태의 금지 여부를 둘러싸고 펼쳐지는 논쟁은 이 문제가 얼마나 해결하기 곤란한 것인지를 보여준다. 결국 이를 정당화하려면 공동체주의적 관점, 구체적으로는 민주적 정당성에 의존할 수밖에 없으며, 자유주의의 관점에 선 필자의 입장에서는 이러한 유형의 규제에 찬성하기 어렵다. 그럼에도 불구하고 규제가 이루어져야 한다면, 소수자의 적극적인 참여 및 이들에 대한 설득과 보호가 전제되어야 최소한의 정당성을 갖출 수 있을 것이다. 권리 없는 민주주의[65]는 다수의 소수에 대한 전제(專制)일 뿐이다.

따라서 인공지능 알고리즘이 공동체의 가치를 침해한다는 이유만으로 이를 규제하는 것은 바람직하지 않다. 굳이 규제를 하더라도 소수자의 참여와 보호를 전제로 절차적 정당성을 최대한 확보하면서 민주주의 원칙에 따라 규제 여부를 결정하여야 할 것이다. 이와 관련하여 사회적 로봇의 취급에 관한 윤리적 문제가 발생할 수 있는데,[66] 앞으로 섹스 로봇이나 연애 챗봇[67]과 같은 것이 출시될 경우 그 규제 여부를 놓고 치열한 논쟁이 펼쳐질 것으로 예상된다.

(7) 요 약

이들 여섯 가지 유형은 자유 제한의 정당성 근거의 성격에 따라 다시 세 가지 범주로 묶어볼 수 있다. 첫 번째와 두 번째 유형은 이익형량이 아닌 자유와 정의의 우선성에 의하여 정당화되는 것으로서 자유주의적 관점에 의하여 설명될 수 있다. 세 번째부터 다섯 번째까지의 유형은 이익형량에 의하여 정당화되는 것으로서 공리주의적 관점에 의하여 설명될 수 있다. 다만 세 번째 유형은 경쟁 보호를 위한 규제의 정당성이 추정된다. 마지막으로 여섯 번째 유형은 민주주의에 의하여 정당화되는 것으로서 공동체주의적 관점에 의하여 설명될 수 있다.

---

65) 뭉크는 오랫동안 하나라고 여겨져 온 자유주의와 민주주의가 서서히 분리되면서 세계의 정치적 위기를 불러오고 있다고 경고한다.(야스차 뭉크[함규진 역], 위험한 민주주의: 새로운 위기, 무엇이 민주주의를 파괴하는가, [2018]).

66) 한국과학기술기획평가원, 2019년 기술영향평가보고서: 소셜로봇 기술, 2019.

67) 마이크로소프트 사의 챗봇 '테이(Tey)'는 혐오적 표현이 문제된 대표적 사례이다. 국내에서도 지난 2020년 말 '이루다'라는 챗봇이 등장하여 문제가 되었다. 결과적으로는 인공지능의 학습과정에서 개인정보 침해가 있었음을 이유로 제재가 가해졌지만, 문제의 발단은 혐오적 표현이나 성노예로 취급하는 것이 공동체적 가치를 침해하는지 여부에 관한 논란이었다.

자유주의적 관점에서 규제의 정당성 근거는 규제의 최대 한계로서의 의미를 갖는다. 다만 기본적 자유 침해를 이유로 한 규제의 경우에는 최소 한계로서 작용한다. 사회계약에 따라 국가는 개인의 사적 복수를 금지하고 그것을 스스로 떠안았기 때문이다.68) 국가는 위와 같은 한계 내에서 규제 여부 및 규제 수단을 결정할 입법형성권을 갖는다. 자유주의적 관점은 이러한 입법형성권이 적극적으로 행사되는 것에 회의적이다. 과잉규제의 해악은 과소규제의 해악보다 클 뿐만 아니라 더 부당한 것이다.

다. 의사결정의 자동화에 수반하는 규제의 특성은 무엇인가

(1) 책 임 성

높은 수준의 자율성은 인공지능의 배후에 있는 이용자에게 인공지능의 작동에 따른 결과를 윤리적으로나 법리적으로 귀속시키기 어렵게 만든다. 의무론적 자유주의는 자유로운 인간만이 도덕적 책임을 부담한다고 본다. 형사법의 책임원칙이나 민사법의 사적자치의 원칙과 같은 근대법의 근본 원리들은 바로 이러한 도덕적 기초 위에 서 있다. 스스로 사태를 통제할 수 없었던 인공지능 이용자들은 자신에게 책임이 부과되는 것을 부당하다고 여길 공산이 크다. 이러한 상황을 그대로 방치한다면 인공지능의 활용에 따른 위험을 제대로 다룰 수 없다.

이를 해결하기 위한 문제의 출발점은 인공지능 활용에 따른 위험의 귀속점을 확정하는 것이다. 즉 누군가는 응답하고 책임을 져야만 한다. 책임성(responsibility) 또는 책무성(accountability)은 인공지능으로 인해 야기되는 위험을 야기한 자는 윤리적으로 또는 법적으로 책임을 부담한다는 의미를 갖는다. 여기서 위험이란 사후적 침해는 물론 사전적 리스크(Risiko)까지 포괄하는 의미를 담고 있으므로 경우에 따라서는 사전규제와 연결될 수도 있지만, 책임성은 주로 민형사상의 책임(liability)과 같은 사후적 구제수단과 관련되어 있다. 인공 에이전트에 의하여 체결된 계약의 효과를 배후의 이용자에게 귀속시키기 위한 법리는 책임성을 담보하기 위한 것이기도 하다.

(2) 투 명 성

책임성이 확보되려면 책임의 근거를 밝힐 수 있도록 의사결정의 과정이 투명해야 하고 이유가 설명될 수 있어야 한다. 투명성(transparency)이란 알고리즘에 의한 판단과 의사결정이 절차적으로 정당화될 수 있어야 한다는 것을 뜻하고, 설명가능성(explainability)은 알고리즘에 의한 판단과 의사결정의 근거와 과정이 설명 가능해야 한다는 의미를 지닌다.69) 설

68) Robert Nozick(남경희 옮김), 아나키에서 유토피아로, 118 이하.

명가능성은 투명성을 확보하여 다른 사람을 설득하는 수단이 되므로 투명성의 범주 아래에 놓일 수 있으며, 그 밖에 책임성 구현의 수단인 동시에 자율규제의 기초가 되기도 한다.70) 이처럼 투명성과 설명가능성은 알고리즘의 복잡성에도 불구하고 위험의 관리를 가능하게 한다는 점에서 매우 중요한 역할을 한다.

투명성 규제는 그 자체로 정당성이 인정되는 것이라기보다는 앞서 보았던 정당성 근거들에 봉사하는 수단적 규제이다. 따라서 규제의 강도는 배후의 정당성 근거들에 의존하게 되며, 투명성 확보만을 근거로 하여 강한 규제가 이루어질 수는 없다. 알고리즘이 지닌 복잡성을 고려하면 일반적으로 자율규제기관의 전문성을 활용할 수 있는 자율규제가 공적 규제보다 더욱 효율적이라고 할 수 있다. 그런데 최근 들어 투명성과 설명가능성을 공적 규제에 의하여 확보하려는 움직임이 나타나고 있다. 특히 개인정보 주체에 대한 권리 부여를 규제 수단으로 삼는 접근법이 두드러진다. 대표적인 것은 EU GDPR 규정의 해석을 통하여 정보주체의 설명요구권을 인정하려는 견해이다.71) 그러나 이러한 규제 방식에 대하여는 의문이 있다. 본래 정보주체에게 자신의 개인정보를 통제할 권리를 부여한 것은 사생활의 비밀과 자유를 지키거나, 자신을 드러내지 않은 채 정치적 견해 등을 표현하고 집회와 시위를 통해 이를 표출할 자유를 실질적으로 확보할 수 있도록 함으로써 자유주의와 민주주의에 봉사하기 위한 것이다.72) 투명성과 설명가능성 확보를 위하여 개인정보자기결정권을 확장하는 것은 수단의 적합성이 인정되기 어렵다. 또한 규제의 목적을 권리, 특히 자유권적 기본권의 형식으로 달성하려는 것에는 매우 신중할 필요가 있다. 불가침성의 원리가 적용되는 것으로 오해되기 쉽기 때문이다.

기계학습을 활용한 알고리즘의 경우 설명가능성을 제도적으로 확보하는 것에는 뚜렷한 한계가 있다. 현재의 기계학습 기술은 대체로 인공신경망이나 분류기(classifier)에 기반한 것으로서 논리적 방식으로 결과를 도출하지 않기 때문이다. 이러한 문제를 근본적으로 해결하는 길은 설명능력을 지닌 기계학습 기술을 개발하는 것이다. 미국 고등연구계획국(DARPA)의 '설명 가능한 인공지능(XAI) 프로그램'은 바로 이러한 목적을 위한 것이다.73) 기술적 수단은 보다 근원적인 해법일 뿐 아니라 자율적 해법이기도 하다. 그러나 이것 역시 한계가 있음을 지적할 필요가 있다. 우선 알고리즘에 의한 의사결정이 문제된 맥락에서 요

69) 양천수, 조선대학교 법학논총 27/1 (2020) 98-99 참조.

70) 양천수, 조선대학교 법학논총 27/1 (2020) 99 참조.

71) Goodman/Flaxman, European Union regulations on algorithmic decision-making and a 'right to explanation', AI magazine 38/3 (2017).

72) 1 BvR 209, 269, 362, 420, 440, 484/83; Trute, Hans-Heinrich(김태호 옮김), [국문 번역문] 빅데이터와 알고리즘, 경제규제와 법 8/1 (2015) 88-108.

73) David Gunning/D. Aha, DARPA's explainable artificial intelligence program, AI Magazine 40/2 (2019).

구되는 적법성과 타당성을 갖추었는지 여부를 판단할 수 있을 정도의 설명이 과연 기술적으로 가능한지 의문이 있다. 또한 알고리즘의 성능과 설명가능성 사이에는 뚜렷한 상충관계(trade-off)가 있다는 점도 고려되어야 한다. 다만 설명가능성을 알고리즘 성능의 한 지표로 본다면 위와 같은 상충관계는 다르게 해석될 여지가 있다.

Ⅵ. 마무리하며

인공지능의 발전은 전례 없는 생산성의 향상과 혁신의 촉발을 통해 인간에게 많은 과실을 안겨다 주지만, 바로 그 때문에 인간의 자유와 평등에 대한 위협이 되는 측면도 있다. 이러한 위기의식에서 제시되는 대책들 역시 자유를 위협하는 것이기 쉽다. 예컨대 인공지능 연구의 통제라든가 로봇세와 같은 아이디어들이 그러하다.

그러나 인공지능의 발전이 제기하는 도전에 대한 대응은 그것이 가져다주는 결실을 포기하는 것이어서는 안 된다. 많은 사람들이 여전히 기아와 빈곤, 질병과 폭력으로 고통받고 있는 현실에서 인공지능의 발전이 이를 해결해 줄 수도 있기 때문이다. 또한 그 대응은 시민혁명을 통하여 힘겹게 얻은 자유와 평등이라는 근대적 가치를 저버리는 것이어서도 안 된다. 특히 자유주의적 가치는 인공지능의 발전이 일시적으로 초래할 수 있는 혼돈과 두려움, 그리고 증오 앞에서 쉽게 무너질 수 있기 때문에 더욱 치열하게 붙들고 있어야 한다. 지난 수천 년간 그래 왔던 것처럼, 법은 다시 한 번 새로운 기술이 초래하는 사회 변화를 뒷받침하고 포용해 낼 것이다.

프랑스법상 주택임대차의 갱신거절

이 은 희
충북대학교 법학전문대학원 교수

Ⅰ. 서

2020년 7월에 신설된 주택임대차보호법 제6조의3 제1항 본문은 "제6조에도 불구하고 임대인은 임차인이 제6조 제1항 전단의 기간 이내에 계약갱신을 요구할 경우 정당한 사유 없이 거절하지 못한다"고 규정하고 있다. 주택임대차보호법이 주택임차인의 계약갱신요구권을 도입하면서 참고한 입법례에는 프랑스의 주택임대차법도 포함되어 있다. 필자는 프랑스법상 주택임대차의 갱신거절 법리를 소개함으로써 우리나라 주택임차인의 계약갱신요구권을 비교법적으로 조망하여 보고자 한다.

프랑스의 주택임대차법인 1989년법[1]은 임차인의 주거안정을 위해 임대차기간 만료 시에는 원칙적으로 묵시적 갱신이 이루어지도록 하고(Ⅱ), 이를 막기 위한 임대인의 해지통고권을 제한한다(Ⅲ). 임대인의 이익이 임차인의 이익과 동일한 성질의 것이 된 때에는 임대인에게 점유회복권(droit de reprise)을 인정하는데, 거주 목적의 점유회복을 위한 해지통고권이 바로 그것이다(Ⅳ). 그런데 임차인이 고령이고 빈곤한 경우에는 임대인이 주거를 위한 점유회복 등을 목적으로 하는 해지통고를 할 수 없도록 하고 있다(Ⅴ).

1) L. n° 89-462 du 6 juillet 1989 tendat à améliorer les rapports locatifs et portant modification de la loi n° 86-1290 du 23 décembre 1986 (임대차관계의 개선 및 1986년법 수정을 위한 법률).

Ⅱ. 프랑스법상 주택임대차의 기간과 갱신

1. 주택임대차의 기간

가. 최단기간(durée minimale)

프랑스의 주택임대차법인 1989년법은 주택임대차계약의 기간에 관한 규정을 두고 있다. 최단기간은 임차인이 목적물에 입주할 당시 임대인이 자연인인지 법인인지에 따라 결정된다. 원칙적으로 임대인이 자연인이면 최단기간이 3년이고 법인이면 6년이다(1989년법 제10조 제1항). 임대차기간중에 목적물이 양도되어 새로운 임대인의 성격이 자연인에서 법인으로 변하더라도 최단기간이 변경되지 않는다.[2] 그리고 임대인이 1989년법 제13조에 규정된 요건을 충족하는 경우에도 최단기간이 3년인데(제10조 1항 선단), 제13조에 규정된 경우는 다음 두 가지이다. 하나는 4촌 이내의 혈족 및 인척만으로 설립된 부동산 가족회사가 임대인인 경우(제13조 a호)이고, 다른 하나는 임대주택이 공유재산인 경우(제13조 b호)이다. 이 두 경우에는 최단기간이 3년이다. 사실혼 배우자들끼리 설립한 민사회사가 임대인인 경우는 제13조 a호의 요건을 충족하지 못하므로[3] 임대차의 최단기간이 6년이다. 임대인이 민사회사인 경우 그 회사가 가족회사라는 증명책임은 임대인이 부담한다.[4]

그런데 일정한 사건에 처한 임대인은 3년 미만인 임대차계약을 체결하는 것이 허용된다. 즉 어떤 명확한 사건으로 인하여 자연인인 임대인이 직업적 또는 가정적인 이유로 목적물의 점유를 회복하여야 하는 때에는 당사자들은 3년 미만의 기간으로 계약을 체결할 수 있다. 하지만 1년 미만으로 할 수는 없다(1989년법 제11조 제1항 제1문). 이 단기임대차(contrat à durée réduite)는 임대인이 자연인인 경우에만 가능하고, 계약서에 그 이유와 주장하는 사건을 명시하여야 한다(제11조 제1항 제2문). 계약시에 명시하는 사유는 임대인 자신이 그 주택에 살고자 한다든가 가까운 가족 구성원을 그 주택에 살게 하겠다든가 하는 식으로 명료하여야 한다. 단순히 '가정상 이유'라고 기재한 것은 충분히 명료하지 않다고 판시된 바 있으며, '직업상 가정상 이유로 인하여 2년 내에 파리에서 살 필요'라고 기재한 것 역시 법정기간보다 단기의 임대차를 허용하기에 충분하지 않다고 판단되었다.[5]

가구가 구비된 주택(logements meublés)의 임대차에는 1989년법 제1의 乙편, 즉 제25-3

2) 이은희, 프랑스법상 주택임대차에 관한 연구, 충북대학교 법학연구 26/1 (2015) 59.
3) Civ. 3e, 8 nov. 1995, n° 93/11196, *Bull. civ.* III, n° 223.
4) Paris, 15 nov. 1993, RG n° 92/017437, *Loyers et copr.* 1994, n° 43.
5) Civ. 3e, 14 déc. 1994, n° 92/19219, *Bull. civ.* III, n° 211; *Admisterer* août-sept. 1995, p. 28, note Canu.

조 이하가 적용된다(1989년법 제2조 제3항 제2호). 가구가 구비된 주택의 임대차에 대한 규율이 일반 주택의 임대차에 대한 규율과 동일한 면도 많기는 하지만, 보증금,[6] 임대차기간, 차임규제, 해지 통고[7] 등에서 차이가 있다. 최초의 임대차기간은 적어도 1년이어야 한다(제25-7조 제2항). 임대차가 묵시적으로 갱신되는 경우 갱신된 임대차기간은 1년이다(같은 조 제3항). 임차인이 학생인 경우에는 임대차기간을 9개월로 정할 수 있고 묵시적 갱신이 적용되지 않는다(같은 조 제4항).

나. 임대차기간에 관한 약정

임대차의 최단기간에 관한 규정은 강행규정이다. 따라서 그보다 짧은 기간이 약정되어 있는 경우 법관은 이를 기재되지 않은 것으로 보아야 한다.[8]

당사자들이 최단기간보다 장기의 기간을 약정하는 것은 자유이다.[9] 임차인이 생존하는 동안 목적물에서 계속 거주한다고 약정하는 "종신적" 임대차도 가능하다. 그 경우 기한이 불확정기한이기는 하지만 임대인은 원칙적으로 기한이 도래하기 전에 해지통고를 할 수 없다.[10] 그러한 임대차는 영구적 임대차로서 무효인지(프랑스민법전 제1709조) 하는 문제가 있는데, 임차인은 해지통고를 함으로써 계약적 구속에서 벗어날 수 있기 때문에 영구적 임대차가 아니라고 본다.[11]

다. 주택임차인의 해지통고권

1989년법이 정하는 최단기간은 임대인만을 구속한다. 임차인은 임대차기간중에도 임대차를 종료시키기 위해 해지통고(congé)를 할 수 있다(1989년법 제12조).[12] 다만 3개월(제15

---

6) 가구가 구비된 주택의 임대차에서 보증금은 원칙적으로 차임 2개월분으로 제한된다(제25-6조). 이 규정은 2014년에 신설되었는데 이 규정이 신설되기 전에는 보증금액을 자유롭게 약정할 수 있었다.

7) 이에 관하여는 Ⅲ. 3. 가.에서 설명한다.

8) 3년보다 짧은 기간이 약정되어 있던 사안에서 Versailles 항소법원은 1심법원이 임대차기간을 3년으로 본 것에 대해 타당하다고 하면서 다른 계약조항들은 그대로 적용되어야 한다고 판시하였다: Versailles, 6 mai 2000, RG n° 98/05483, *D.* 2002. Somm. 1722, obs. CRDP Nancy 2. 동일한 취지: Paris, 23 oct. 2014, RG n° 12/02153, *Loyers et copr.* 2015, n° 4, obs. Vial-Pedroletti.

9) Civ. 3e, 28 nov. 2006, n° 05/17726, NP, *AJDI* 2007. 205, note de la Vaissière (9년의 임대차) - 31 mai 2012, n° 11/18041, NP, *Loyers et copr.* 2012, n° 228, obs. Vial-Pedroletti - Paris, 16 janv. 1997, RG n° 95/002241, *Loyers et copr.* 1997, n° 103 (7년의 임대차) - 28 mars 2013, RG n° 11/16613, *AJDI* 2013. 529 - TI Melun, 28 nov. 1995, *Rev. loyers* 1996. 75 (12년의 임대차).

10) Civ. 3e, 10 mars 2010, n° 09/12135, *Bull. civ.* III, n° 56; *D.* 2010. AJ 766, obs. Rouquet; *ibid.* 2010. 1846, note Juillet; *AJDI* 2010. 889, note Damas.

11) 프랑스민법 제1210조(영구적인 의무부담의 금지)에 관한 한불민사법학회, 개정 프랑스채권법 해제, 2021, 284 이하 참조.

12) 하지만 임대차기간 중에 임대인이 임대차를 종료시키는 방법은 임차인의 채무불이행을 이유로 하는 해지(résiliation)를 하는 것이다.

조 I 제8항) 또는 1개월(같은 조 제9항)의 예고기간을 준수하여야 한다. 임차인이 예고기간을 준수하지 않은 때에는 그 기간의 차임을 지급하여야 한다. 임차인은 예고기간 중에도 퇴거하고 열쇠를 반환할 수 있는데 이는 그로 인하여 임대인에게 아무런 손해가 없는 때에 한한다.[13)]

가구가 구비된 주택(logements meublés)의 임차인도 언제든지 해지통고를 할 수 있는데 1개월의 예고기간을 준수하여야 한다(제25-8조 I 제1항). 이는 임대차 최단기간이 9개월인 경우에도 마찬가지이다. 최단기간이 짧다고 하여 예고기간까지 감축되지는 않는다.

임차인이 언제라도 해지통고를 할 수 있는 권한은 임대차계약상 반대 약정이 있더라도 인정된다.[14)] 임대차계약을 서면으로 작성하지 않은 경우에도 임차인은 예고기간을 준수하여야 한다.[15)]

라. 임대차기간만료시의 세 가지 상황

원래의 임대차기간(3년 또는 6년)이 만료하면 당사자들은 다음 세 가지 상황 중 하나에 처하게 된다. 첫째, 임대차기간이 만료하기 적어도 6개월 전에 임대인이 1989년법 제15조에 기하여 자신의 임차인에게 법정 사유(주거 목적의 점유회복, 매매를 위한 해지통고, 정당하고 심각한 사유에 기한 해지통고) 중 하나를 이유로 해지통고(congé)를 하였다. 둘째, 위 기간 내에 임대인이 제17-2조에 따라 임차인에게 조건변경에 의한 갱신을 제안하였다. 셋째, 법정기간내에 임대인이 임차인에게 해지통고를 하지도 않고 갱신을 제안하지도 않았다. 그 경우에 임대차는 묵시적으로 갱신된다.

이 세 가지 경우(해지통고, 합의에 의한 갱신, 묵시적 갱신)는 1989년법 제10조에 규정되어 있다. 즉 제10조 제2항에 따르면 "임대인이 제15조에서 정한 방식과 기간을 지켜서 해지통고를 하지 않은 때에는 임대차계약은 기간만료시에 조건을 변경하여 갱신되거나 묵시적으로 갱신된다." 이하에서는 합의에 의한 갱신과 묵시적 갱신에 관하여 차례로 설명한다.

2. 합의에 의한 갱신(renouvellement)

임대차기간 만료에 즈음하여 임대차관계의 종료를 원하지 않는 임대인은 임차인에게 갱신청약을 할 수 있다. 이 갱신청약은 해지통고에 관하여 규정된 방식과 기한을 지켜서

13) 기존 임차인의 퇴거와 동시에 새로운 임차인이 입주하는 경우에 그러하다.
14) Civ. 3e, 6 avr. 2005, n° 04/11374, *Bull. civ.* III, n° 85; *D.* 2005. 1109, obs. Rouquet; *ibid.* 2006. Pan. 962, obs. Damas; *AJDI* 2005. 651, obs. Rouquet.
15) Civ. 3e, 15 oct. 2008, n° 07/13294, *Bull. civ.* III, n° 153; *D.* 2008, AJ 2722, obs. Rouquet.

하여야 한다(1989년법 제10조 제4항 제2문). 즉 임대차기간 종료 6개월 전에 하여야 한다. 결국 임대인의 청약과 임차인의 승낙에 기한 합의에 의해 임대차계약의 갱신이 이루어질 수 있다. 갱신된 임대차의 기간은 법정기간인 3년 또는 6년으로 되며(제10조 제4항 제1문) 차임만은 새로이 정할 수 있다(같은 조 같은 항 제3문). 따라서 갱신청약의 주된 유용성은 임대인이 차임 증액에 착수할 수 있도록 허용한다는 점이다. 기존의 보증은 갱신된 임대차에는 적용되지 않으며 새로이 보증을 제공받아야 한다.

가구가 구비된 주택(logements meublés)의 경우 임대차기간의 만료시 계약조건을 수정하고자 하는 임대인은 이를 3개월 전에 임차인에게 통지하여야 한다(1989년법 제25-8조 I 제2항). 임차인이 수정 조건을 승낙하면 계약이 갱신되며 갱신된 임대차기간은 1년이다. 당사자의 약정으로 이러한 절차를 회피할 수 없다.16)

3. 묵시적 갱신(tacite reconduction)

임대차 당사자들 중 누구도 적법한 방식으로 해지통고를 하지 않은 경우 또는 임대차가 조건변경을 통해 갱신되지 않은 경우에는 임대차가 묵시적으로 갱신된다(제10조 제2항). 묵시적 갱신은 기간의 연장(prorogation)이 아니다. 연장은 새로운 계약을 성립시키지 않고 원래의 계약의 효력을 시간상 연장하는 것일 뿐이다.17) 그런데 묵시적 갱신의 경우에는 원래의 임대차는 기간의 만료로써 소멸하고, 종래의 계약과는 구별되는 새로운 계약이 성립한다.18)

묵시적으로 갱신되는 임대차의 기간은, 임대인이 자연인이거나 제13조에 규정된 임대인인 경우 3년이고, 임대인이 법인인 경우 6년이다(제10조 제3항). 그러므로 갱신되는 임대차의 기간은 원 임대차의 최단기간과 동일하다. 이 때 임대인의 자격(즉 자연인인지 법인인지 여부)은 임대차가 묵시적으로 갱신되는 일자를 기준으로 판단한다. 그런데 묵시적으로 갱신되는 임대차의 기간을 최단기간과는 다르게 정하는 수가 있다. 자연인인 임대인이 체결한 임대차계약에서 묵시적으로 갱신되는 경우 그 기간은 6년으로 한다는 점을 명시적으로 정

16) Civ. 3e, 17 déc. 2015, n° 14/25.523, P, *D.* 2016. 71, obs. Rouqet; *ibid.* 1102, obs. Damas.: "임차인이 새로운 조건을 승낙하지 않으면 계약은 종래의 조건으로 갱신(reconduction)된다. 임대차의 조건은 임대차갱신시에만 당사자의 합의에 의해 변경될 수 있고, 종래의 계약을 대체하는 새로운 계약에 서명한다고 해서 건축 및 주거법전 제L.632-1조의 규정을 회피할 수 없다." 이 판결에서 건축 및 주거법전(Code de la construction et de l'habitation)의 규정이 언급되는 것은 종래 가구가 구비된 주택임대차는 1989년법이 아닌 건축 및 주거법전에 의해 규율되었기 때문이다.

17) 프랑스민법 제1213조(연장)에 관한 한불민사법학회, 개정 프랑스채권법 해제, 290 참조.

18) 예: Civ. 3^{e}, 10 juin 1998, *Bull civ.* III, n° 119; *D. aff.* 1998. 1208; *RTD civ.* 1999. 93, obs. J. Mestre: "묵시적으로 갱신된 임대차는 새로운 계약이다…"(그러므로 신법이 적용된다).

하고 있었던 사안에서, 갱신 임대차의 기간은 그 약정을 적용하여 6년이라고 판시되었다.[19] 이러한 해결은 1989년법의 강행규정성은 임차인의 보호를 위한 것인데 문제된 약정은 임차인에게 유리한 것이었다는 점에 의해서 설명된다.[20]

원래의 임대차계약에서 정한 조건들은 동일하게 유지된다. 하지만 이 원칙이 절대적인 것은 아닌데, 특히 보증 및 단체협약의 적용에 관하여 그러하다.

단기임대차(contrat à durée réduite)의 경우에는 임대인이 임대차기간 만료 2개월전까지는 임차인에게 계약서상 합의한 사건이 발생하였음을 통지하여야 한다(1989년법 제11조 제2항). 통지받은 사건발생이 진실임이 확인된 때에는 임차인은 계약기간 만료시에 목적물에 대한 점유권을 당연히 상실한다(제11조 제4항). 통지받은 사건발생이 진실임이 확인되지 않거나 사건발생을 뒤늦게 통지한 때에는 임대차계약은 3년으로 간주된다(제11조 제5항). 사건발생이 지체되는 경우 임대인은 계약기간 만료 2개월전까지 계약기간의 연장(report du terme)을 제안할 수 있다(제11조 제3항). 임대인은 이 권한을 1회에 한하여 행사할 수 있다.

Ⅲ. 프랑스법상 주택임대차의 갱신거절

1. 갱신거절사유

가. 주택임대인의 해지통고사유의 한정

프랑스법상 주택임대인이 기간 만료로써 임대차를 종료시키고자 하는 경우 해지통고(congé)를 할 수 있는데, 1989년법 제15조는 임대인이 해지통고를 할 수 있는 사유를 한정적으로 열거함으로써 임대인에게 사실상 갱신의 의무를 지우고 있다. 임대인이 할 수 있는 해지통고는 다음 세 가지이다. 첫째, 거주 목적의 점유회복을 위한 해지통고. 둘째, 목적물의 매도를 위한 해지통고. 셋째, 정당하고 중대한 사유에 기한 해지통고.

이 가운데 '정당하고 중대한 사유에 기한 해지통고'란 임차인에게 차임 미지급, 보험 미가입, 주거 목적 이외의 사용,[21] 임대인의 동의 없는 전대차, 이웃에게 큰 피해를 주는 식의 평온을 해치는 거주[22] 등 귀책사유가 있는 경우 이를 이유로 해지통고를 하는 것을 말한다. 따라서 임차인에게 귀책사유가 없지만 임대인이 해지통고를 통해 임대차를 종료시

19) Civ. 3e, 17 oct. 2007, n° 06-11104, NP, *AJDI* 2008. 210, note Zalewski; *Administrer* févr. 2008. 27, obs. Canu.
20) Paris, 18 juill. 2008, RG n° 07/04895, *Loyers et copr.* 2008, n° 242, obs. Vial-Pedroletti.
21) 이은희, 프랑스법상 임차인의 용법준수의무, 재산법연구 38/2 (2021) 137.
22) 이은희, 재산법연구 38/2 (2021) 139 참조.

킬 수 있는 것은 앞의 두 가지 사유이다. 이는 두 개의 기본권, 즉 임대인의 소유권과 임차인의 주거권(droit au logement)23) 사이에서 균형을 잡고자 하는 프랑스 입법자들의 논쟁 대상이었다.

나. 거주 목적의 해지통고권

프랑스에서 임대인에게 거주 목적의 해지통고권이 처음으로 인정된 것은 1948년 9월 1일 법률24)에서이다. 이는 1948년법 제4조에 기한 임차인의 점유유지권(droit au maintien dans lese lieux)에 대항하는 권리로서 임대인에게 인정되었다. 1948년법은 주택임대차의 기간에 대해서 아무런 규정을 두지 않았다. 그래서 일견 보기에 기간에 관하여는 일반법인 프랑스민법이 적용된다. 즉 기간의 정함이 있는 임대차는 기간 만료시에 종료하고 기간의 정함이 없는 임대차는 일방 당사자의 해지통고의 효과로서 종료한다. 하지만 1948년법 제4조에 따르면 최초의 임대차 기간이 만료할 때 임차인에게 점유유지권이 인정되므로, 기간의 정함이 있는 임대차라고 하더라도 기간의 만료로써 임대차가 종료하지 않았다. 그런데 다른 한편으로 임차인의 점유유지권이 효력을 발휘할 수 없는 몇 가지 경우를 인정하였는데, 특히 주택소유자 또는 그 근친을 위한 거주 목적의 점유회복권과 건설 목적의 점유회복권을 인정하였다. 이렇게 임차인의 점유유지권을 완화한 근거로는 경제적 근거와 법적 근거가 있었다. 경제적 근거는, 만일 임차인의 점유유지권에 대해 아무런 제한을 두지 않는다면 부동산 투자를 크게 위축시킬 것이라는 점이다. 법적 근거는, 소유자는 자기의 물건을 지배하는 것이므로 해당 주택에 거주할 소유자나 그 근친을 우대하는 것이 당연하다는 것이다.

앞서 보았듯이 1989년법은 주택임대차의 최단기간에 관한 규정을 두고 그 기간이 만료한 때에는 임대차가 묵시적으로 갱신되는 것으로 본다. 임대인이 그 묵시적 갱신을 차단하기 위해서는 임차인에게 해지통고(congé)를 하여야 하는데, 그 해지통고사유로서 임대인과 그 근친이 거주하기 위한 점유회복이 인정된다. 주택임대인은 최초의 임대차나 갱신된 임대차의 기간이 만료할 즈음에, 즉 3년마다 거주를 위한 해지통고를 할 수 있다(제15조 I).

---

23) 1989년법 제1조 제1항은 주거권(droit au logement)은 기본권임을 규정하고 있다.

24) L. n° 48-1360 du 1er septembre 1948 portant modification de la législation relative aux rapports des bailleurs et locataires occupants du locaux d'habitation ou à usage professionnel et instituant des allocations de logement(거주용 및 업무용 건물의 임대인과 임차인 또는 점용자의 관계에 관한 입법을 수정하고 주택수당제도를 창설하는 법률). 이 법률은 1948년 이전에 건축된 파리 근교 주택에만 적용되는 주택임대차법이었다. 프랑스에서는 세계 1차대전으로 인하여 주택 개량이 멈추고 임차인들은 빈곤하게 되면서 차임통제가 시행되었다. 하지만 세계 2차대전 후에는 모든 것을 다시 지어야 했고 임대주택도 마찬가지였다. 1948년법은 주택임차인을 보호하면서도 또한 차임 수준의 회복을 허용하고자 마련된 법률이다.

다. 매매 목적의 해지통고권

임대차기간에 관하여 여러 규율을 한다고 하여도 다른 사유로 인하여 임대차가 종료될 수 있다고 한다면 임차인의 사용수익권이 위협을 받게 된다. 프랑스민법은 임차권의 안정성을 보장하기 위해 "임대인이 임차물을 매도하는 경우 매수인은 공증, 또는 확정일자가 있는 임대차계약을 맺은 … 건물임차인을 퇴거시킬 수 없다"고 규정하고 있다(제1743조 제1항). 이는 임대차계약의 양도가 법적으로 강제된다는 것을 의미한다.25) 그런데 1989년법은 주택임대인이 최초의 임대차나 갱신된 임대차의 기간이 만료할 즈음에, 즉 3년 또는 6년마다 매매를 위한 해지통고를 할 수 있음을 규정한다(제15조 II). 이 해지통고는 임대인이 임차인이 없는 상태로 주택을 매도할 수 있게 해주는 장치로서 자연인뿐 아니라 법인인 임대인에게도 인정된다.26) 이는 차임의 규제만큼이나 논쟁을 유발하는 주제였다. 임차인의 주거권을 보상하기 위해서는 임대인이 매매 목적의 해지통고를 할 수 없도록 하여야 한다는 사람들과 임대인이 자신의 재산을 처분할 권리를 감축시키는 규제를 하여서는 안된다는 사람들이 서로 대립하였다. 그 결과는 다음과 같다. 임대주택을 임대인이 매도하는 것은 원칙적으로 자유이지만, 이 경우 주거용 또는 주거 및 업무용 건물의 임차인 또는 선의의 점유자에게 우선매수권(droit de préemption)을 인정한다.

주택임차인의 우선매수권이 처음 인정된 것은 주택점유자의 보호에 관한 1975년 12월 31일 법률27) 제10조에서이다. 1975년법이 인정하는 우선매수권은 주택임대차의 존속중에 행사되는 것이며 임차인이 목적물을 매수하지 않는다고 해서 그의 임차권이 소멸되지는 않는다. 그런데 1989년법 제15조가 규정하는 우선매수권은 이와는 다른 것으로서, 임대인이 매매를 위한 해지통고를 하는 경우에 행사되는 것이다. 만일 주택임차인이 우선매수권을 행사하지 않으면 임대차기간의 만료와 더불어 임차인은 목적 주택에서 퇴거하여야 한다(제15조 II 제2항). 1989년법상 주택임대인으로부터 매매 목적의 해지통고를 받은 임차인에게는 두 가지의 우선매수권이 인정된다. 하나는 최초의 우선매수권이고, 다른 하나는 임대인이 임차인에게 제안하였던 조건보다 더 유리한 조건으로 제3자에게 매도한 경우에 갖게 되는 제2차 우선매수권이다. 이에 대해 사례로 설명한다.

매각을 위한 해지통고는 곧 임차인에게의 매매청약에 해당하며 그 청약은 1개월간 유

25) Philippe Malaurie/Laurent Aynès/Pierre-Yves Gautier, *Droit des contrats spéciaux*, 10e éd., LGDJ, n° 671. 이은희, 프랑스법상 주택임차권의 양도, 인하대학교 법학연구 23/4 (2020) 230 참조.

26) 임대인이 목적 주택을 매도하기로 결정하여 해지통고를 하는 때에는 해지통고서에 매도하고자 하는 가격과 조건을 기재하여야 하며, 그렇지 않으면 그 해지통고는 무효이다. 그리고 해지통고서에는 반드시 1989년법 제15조 II. 제1항부터 제5항까지의 문언을 그대로 기재하여야 한다.

27) L. n° 75-1351 du 31 décembre 1975 relative à la protection des occupants de locaux à usage d'habitation.

효하다. 임차인이 승낙할 수 있는 이 1개월은 해지통고를 수령한 날로부터 기산한다. 가령 12월 31일에 만료되는 임대차를 종료시키기 위해 임대인이 5월 6일에 해지통고를 하였다고 하자. 그 경우 임차인은 그로부터 1개월 내에 임대인에게 자신의 매수결정을 알려야 한다(제15조 II 제4항). 임차인은 제시된 가격을 승낙하거나 거절할 수 있을 뿐이다. 임차인이 목적 주택을 매수하겠다는 의사를 임대인에게 표시하면서도 자기에게 통지된 가격보다 싼 가격으로 매수하겠다고 하는 경우에는 승낙이 없는 것이다. 임차인이 승낙을 하면 그때부터 매매를 실현하기 위한 기간, 즉 매매증서에 서명하고 매매대금과 비용을 지급하기 위한 2개월의 기간이 주어진다(제15조 II 제5항). 다만 임차인이 승낙시에 대출을 받고자 한다는 점을 표시한 때에는 4개월이 주어진다. 이 기간이 만료된 시점까지 매매가 실현되지 아니하면 매매청약에 대한 승낙은 당연히 무효이다. 매매의 청약을 승낙하지 아니한 임차인은 예고기간이 종료된 때 목적물에 대한 점유권을 당연히 상실한다(제15조 II 제2항).

임대인이 임차인에게 제안하였던 조건보다 더 유리한 조건으로 제3자에게 임대주택을 매도하기로 결정한 경우 공증인은, 임대인이 미리 통지하지 않았다면, 임차인에게 그 조건과 가격을 통지하여야 하며 그렇지 않으면 임대인과 그 제3자 사이의 매매는 당연 무효이다(제15조 II 제4항). 위 통지는 임차인을 위한 매매청약으로서의 효력을 갖는다. 그 청약은 수령일로부터 1개월간 유효하다. 이 통지를 받고 청약을 승낙한 임차인은 2개월 내에 매매를 실현하여야 한다(제15조 II 제5항). 그 기간이 만료한 시점까지 매매가 실현되지 않은 때에는 매매청약의 승낙은 당연 무효이다.

2. 임대주택의 매매

앞서 말하였듯이 임대주택이 매매되는 경우 임대차는 매수인에게 이전되고 종래의 요건에 따라서 존속한다(프랑스민법 제1743조 제1항). 그런데 1989년법에는 두 가지 특별한 규정이 마련되어 있다. 하나는 임대주택의 매수인이 해지통고를 할 수 있는 시점이 미루어진다(가.)는 것이고, 다른 하나는 매매로 인하여 구분소유가 성립하는 건물에 존재하는 주택임대차의 기간이 연장된다는 것(나.)이다.

가. 주택매수인의 해지통고권

주택임대인은 임대차기간 만료로 임대차를 종료시키기 위해서만 해지통고를 할 수 있다. 그런데 임대인이 최근에 임대주택을 매수한 사람이라면 해지통고를 할 수 있는 시기가 연기될 수 있다. 1989년법은 임대주택의 매수인이 거주 목적의 점유회복을 위한 해지통고나 매도를 위한 해지통고를 할 권리를 정지시키는 장치를 두고 있기 때문이다. 이에 관하여 차례로 설명한다.

주거 목적의 점유회복을 해지통고는, 매수인의 취득 후 기존 임대차의 기간이 2년 이상 남았는가 그렇지 않은가에 따라 달라진다. 2년 이상 남아있다면 매수인은 통상적인 규칙에 따라 해지통고를 할 수 있다. 그러나 기존 임대차의 기간이 매수인의 취득 후 2년 미만으로 남아있는 경우에는, 임대인이 그 임대차의 종료를 위해 거주 목적의 해지통고를 하더라도 그 임대차는 매수인이 주택을 취득한 날짜로부터 2년의 기간이 만료한 때에야 종료한다(1989년법 제15조 I 제2항 3호). 달리 말하면 해지통고는 원래의 계약기간이 만료하기 6개월 전에 해야 하지만 그 해지통고의 효력발생은 장래의 날짜로 보류된다. 이는 사실상 예고기간을 연장하는 것이다.

이미 임차인이 존재하는 주택을 매수한 사람이 그 주택을 다시 매도하기 위해 임차인에게 해지통고를 할 수 있는지는, 기존 임대차의 기간이 매수인의 취득 후 3년 이상 남았는가 그렇지 않은가에 달려있다. 임대차 기간이 3년 이상 남아 있다면 매수인은 통상적인 규칙에 따라 해지통고를 할 수 있다(제15조 I 제2항 제1호). 그러나 기존 임대차의 기간이 매수인의 취득 후 3년 미만으로 남아 있는 경우에는, 그 임대차가 (임대인이 자연인인가 법인인가에 따라) 3년 또는 6년의 기간으로 묵시적 갱신 또는 합의에 의한 갱신이 이루어진 후 그 기간이 만료하는 때에야 매매를 위한 해지통고를 할 수 있다(1989년법 제15조 I 제2항 제2호).

나. 구분소유권의 성립시 임대차의 연장

다수의 주거공간이 포함되어 있는 건물의 소유자가 어느 전유부분을 처음으로 매도한다든가, 공유건물이나 부부공동재산인 건물을 분할한다든가 하여 그 건물이 집합건물로 전환되는 경우에는 임대인이 집합건물 내의 주택임차인에게 매매 또는 거주를 목적으로 하는 해지통고를 할 우려가 있다. 이에 1989년법 제11-2조는 과밀지역28)의 주택임차인을 보호하기 위해 임대차기간의 연장을 규정하고 있다.

그 적용대상은 5개가 넘는 거주공간이 있는 집합건물이다. 한 건물에 5개 이상의 거주공간이 포함되어야 하고 건물의 용도는 주거용이거나 주거와 업무 겸용이어야 한다. 주거와 상업 겸용 건물은 적용대상이 아니다. 그렇기 때문에 5개의 주거공간과 하나의 상업공간을 포함하는 건물은 제11-2조의 적용을 받지 않는다. 또한 가구가 구비된 주택의 임대차에는 이 조문이 적용되지 않는다. 왜냐하면 1989년법 제25-3조에 열거된 조문들 속에 제

28) 이 조문의 지리적 적용범위는 제17조 I에서 말하는 임대차 긴장지역에 한정된다. 이는 임차인이 없는 주택에 관한 연간 과세의 적용범위에 관한 2013년 5월 10일자 n° 2013-392 데크레의 별표에 나오는 꼬뮨들을 말한다.

11-2조는 포함되어 있지 않기 때문이다.

여러 주거공간이 포함되어 있는 건물의 소유자가 다른 사람에게 어느 전유부분을 처음으로 매도함으로써 구분소유가 성립하는 경우에는 그 매매의 효력발생일[29]이 곧 모든 임차인에게 부여되는 기간연장의 기산점이 된다. 주의할 점은 구분소유가 성립한 건물에 소재하는 주거공간의 임대차 전부에 대해 기간연장이 일어난다는 것이다. 따라서 어느 전유부분이 매도된 경우 그 전유부분의 임차인뿐만 아니라 1989년법의 적용을 받는 모든 임차인들에게도 기간연장이 일어난다.[30]

구분소유성립시로부터 얼마만큼 연장되는가는, 구분소유성립시로부터 남아있는 임대차의 기간이 충분히 장기인가 아닌가에 따라 다르다. 본래의 임대차 기간의 만료가 구분소유가 성립한 때로부터 3년이 못 되어 도래하는 경우 그 임대차의 기간은 당연히 3년간 연장된다(제11−1조 제1호). 가령 기간을 6년으로 정한 임대차가 2012년 1월 1일에 개시되어 2017년 12월 31일에 만료한다고 하자. 임대목적물이 속한 건물에 대해 2017년 11월 1일에 구분소유가 성립되었다면 그 임대차의 기간은 당연히 3년 연장되어 2020년 12월 31일에 만료한다. 기간만료가 3년 이상 남은 임대차는 임차인이 구분소유성립시점부터 6년간 목적물을 점유할 수 있도록 연장된다.[31] 그 결과 본래의 임대차에 비해 얼마나 연장되는지는 임차인마다 다르다. 예를 들어 설명하겠다. 가령 기간을 6년으로 정한 임대차가 2015년 1월 1일에 개시되어 2020년 12월 31일에 만료한다고 하자. 임대목적물이 속한 건물에 대해 2017년 11월 1일에 구분소유가 성립되었다면 그 임대차의 기간은 2017년 11월 1일부터 6년이 되게끔 연장되어야 한다. 따라서 2023년 10월 31일에 만료한다. 그 결과 2년 10개월이 연장된다.

3. 갱신거절의 절차

가. 예고기간(délai de préavis)

임대인의 해지통고가 유효하기 위해서는 6개월의 예고기간을 준수하여야 한다(1989년법 제15조 I 제1항 제4문). 다시 말하면 기간이 만료하기 적어도 6개월 전에 해지통고를 하여야 묵시적 갱신을 배제할 수 있다. 가령 12월 1일이 임대차만료일인 경우 해지통고를 6월

29) 공정증서의 서명일자를 말한다. 그 날짜에 주택의 소유권이 이전하기 때문이다.

30) 다른 임차인들이 점유하는 전유부분에 대해 차후에 일어나는 매매는 아무런 고려사항이 아니다. 기간연장의 혜택을 받는 임차인이 점유하고 있는 전유부분은 매도의 대상이 될 수조차 없다.

31) 제1호에서와 달리 '당연히'라는 문구는 없지만 조문의 문장이 직설법 현재로 되어 있으므로 이 연장도 강행적이고 자동적인 성격을 갖는 것으로 보인다.

1일에 하면 늦다. 왜냐하면 모든 기간은 마지막 날의 24시에 만료하기 때문이다(프랑스민사소송법 제642조).[32] 가구가 구비된 주택(logements meublés)의 임대인은 3개월의 예고기간을 준수하여야 한다(제25－8조 I 제3항).

예고기간과 관련된 분쟁은 주로 예고기간의 기산점에 관한 것이고 예고기간의 종료일에 관하여 다투는 경우도 있다. 배달증명우편에 의해 해고통지를 하는 경우에 예고기간은 임차인이 배달증명우편을 수령한 날부터 진행한다(1989년법 제15조 I 제11항).[33] 임대차기간이 만료하는 일자가 6개월이 넘게 남은 시점에 해지통고를 하였다면 그 통지는 유효하다. 그러므로 임대인이 배달증명우편에 의해 해지통고를 하는 경우에는 충분한 시간적 여유를 두고 통지하는 것이 좋다. 임차인이 수령하지 않는 경우에는 집행증서에 의한 통고를 하거나 본인에게 직접 통지서를 주기 위해서이다. 집행증서에 의해 해지통고를 하는 경우에는 예고기간의 기산점이 통지일이며 실제 수령한 날이 아니다(프랑스민사소송법 제658조, 1989년법 제15조 I 제11항).

예고기간 만료일의 결정은 프랑스민사소송법에 규정된 원칙에 따른다. 프랑스민사소송법 제641조 제2항에 따르면 "기간이 월로 표시된 때에는 기간의 개시일인 통지일과 동일한 마지막 달의 날짜에 기간이 종료한다. 동일한 날짜가 없는 때에는 그 달의 마지막 날에 기간이 종료한다." 이 원칙에 대해서는 아무런 예외가 없다. 가령 임대인이 한 해지통고를 임차인이 1월 8일에 수령하였다면 예고기간은 7월 8일에 만료한다. 하지만 3월 31일에 수령하였다면 예고기간은 9월 30일에 만료한다. 12월 31일에 수령한 해지통고는 6월 30일에 예고기간이 만료한다. 해지통고를 8월 31일에 수령하였다면 예고기간은 2월 28일 또는 29일에 종료한다. 해지통고를 1월 14일에 수령하였다면 7월 14일(국경일)이 아닌 7월 15일 또는 16일(프랑스혁명기념일이 토요일인 경우)또는 17일(프랑스혁명기념일이 금요일인 경우)에 예고기간이 종료한다.

예고기간 동안 임대인은 제3자가 주중에 2시간 이내에서 임대차 목적물을 방문하게 할 수 있다(1989년법 제4조 a호).

---

32) 프랑스민사소송법 제642조에 따르면 "모든 기간은 마지막 날의 24시에 종료한다. 토요일이나 일요일 또는 공휴일에 기간이 만료하는 경우에는 평일인 익일까지 연장된다." 그런데 제642조는 기간만료 전에 일정한 절차가 이행되어야 하는 경우에만 적용된다. 따라서 임대차기간에는 적용되지 않는다. 즉 어느 달의 31일에 만료하는 임대차는 그 31일이 일요일이라고 해서 다음 달 1일까지로 연장되지 않는다.

33) 그 결과 우편이 상대방에게 도달하지 않으면, 특히 임차인이 우편물을 찾으러 우체국에 가지 않거나 수령증에 서명한 자가 제3자인 때에는 예고기간이 전혀 진행되지 않는다. 우편물이 우체국에 도착한 일자는 아무런 상관이 없다. 우편물 배달을 시도한 날짜도 고려될 수 없다. Versailles 항소법원의 판결은 임차인에게 두 번 배달을 시도하였으나 임차인이 주소지에 부재중이었는데 그 임차인이 우체국 직원이라고 해서 그것만으로 임차인의 악의를 추정할 수는 없다고 판시하였다. Versailles, 12 juin 1998, RG n 4996/96, Loyers et copr. 1999, n 116, obs. Vial－Pedroletti.

나. 해지통고서의 기재사항

임대인이 임대 목적물에 거주하기 위해서 또는 임대목적물을 매도하기 위해서 해지통고를 하는 경우에는 임대인의 이름((1))을 적시하는 것 외에 다음 두 가지를 의무적으로 기재하여야 한다. 하나는 점유회복의 이유((2))이고, 다른 하나는 점유회복의 수익자의 연락처((3))이다. 임대인 등이 목적 주택에 거주하기 위해 해지통고를 하는 때에는 임대인의 점유회복결정이 실제적이며 진지하다는 점도 기재하여야 한다((4)). 차례로 설명한다.

(1) 임대인의 이름

해지통고는 임대인이 하여야 한다. 임대인의 신원확인이나 능력, 권한이 문제되는 일은 거의 없지만, 목적 주택이 공유재산인 경우와 목적 주택에 점용권(usufruit)이 설정되어 있는 경우에 관하여 특기할 만한 점이 있다.

임대주택이 공유물인 경우 해지통고는 어느 공유자라도 할 수 있다(1989년법 제13조 b호). 하지만 공유자 전원의 동의가 있거나 적어도 공유지분 2/3에 해당하는 권리자의 동의가 있어야 한다(프랑스민법 제815-3조). 그러한 동의가 없으면 해지통고는 무효이다.[34] 그러나 해지통고를 공유자 1인이 필요한 동의를 얻지 않은 채 하였더라도, 임대차기간이 만료하기 전에 공유물의 분할에 따라 해지통고자가 임대주택 전부의 소유자가 되었다면 그 해지통고는 유효하다.[35] "소유자 가족" 명의로 행한 해지통고는 무효이다. 왜냐하면 거기에는 아무런 법인격이 없기 때문이다.[36] "공유재산" 명의로 행한 해지통고도 마찬가지이다. 부부 쌍방에 속하는 재산에 관하여 일방이 (거주 목적의 점유회복을 위한) 해지통고를 쌍방의 이름으로 행한 것은 임차인에게 대항할 수 있다는 판시가 있었다.[37]

점용권은 타인 소유의 재산을 그 실체를 보존할 의무를 부담하며 마치 소유자처럼 사용하고 수익할 수 있는 권리(프랑스민법 제578조)로서 물권이다.[38] 점용권자가 목적물을 임대한 경우에는 점용권자가 유효하게 해지통고를 할 수 있다. 점용권자만 해지통고를 할 수 있는 권한을 가지며, 소유자가 행한 해지통고는 무효이다.[39] 그러나 목적 주택의 매매를 위한 해지통고의 경우에는 그렇지 않다.

---

34) Com. 5 oct. 1966, *Bull. civ.* III, n° 379 - Civ. 3ᵉ, 8 avr. 1999, n° 97/15706, *Bull. civ.* III, n° 88; *RDI* 1999. 466, obs. Collart-Dutilleul.

35) Civ. 3ᵉ, 22 janv. 1977, *Ann. loyers* 1977. 976 - Paris, 2 juin 1998, RG n° 96/81024, *Loyers et copr.* 1999, n° 58, obs. Vial-Pedroletti - Civ. 3ᵉ, 4 mai 2000, n° 98/18108, *Bull. civ.* III, n° 96; *D.* 2000. IR 167.

36) Civ. 3ᵉ, 10 juin 1998, n° 96/17975, NP, *Rev. loyers* 1998. 494, obs. Rémy.

37) Paris, 2 sept. 2003, RG n° 2001/17090, *Loyers et copr.* 2003, n° 237, obs. Vial-Pedroletti.

38) 남궁술, 프랑스민법상 Usufruit, 민사법학 63-2 (2013) 285.

39) Poitiers, 25 mars 1997, RG n° 056121, *Loyers et copr.* 1999, n° 31, obs. Vial-Pedroletti.

(2) 점유회복의 이유

임차인은 해지통고시에 아무런 사유를 제시하지 않아도 되지만, 임대인은 그렇지 않다. 임대인은 갱신을 거절하는 사유가 거주를 위한 것인지 목적물을 매도하기로 한 때문인지 아니면 임차인이 의무를 불이행하는 등 정당하고 심각한 사유 때문인지를 제시하여야 한다. 사유의 기재가 없는 해지통고는 무효이다(1989년법 제15조 I 제1항 제2문). 이 의무는 임대인이 보내는 모든 해지통고에 적용된다. 특히 거주를 위해 점유를 회복하고자 하는 임대인은 주택의 점유를 회복하여 자기 자신이 거주하고자 하는 것인지 아니면 1989년법 제15조에서 정하는 수익자들 중 1인을 거주하게 하고자 하는 것인지를 명시적으로 밝혀야 한다.

(3) 점유회복 수익자와 그 연락처, 임대인과의 관계

해지통고서에는 점유회복의 수익자의 이름과 주소 및 임대인과의 혈족 또는 인척관계를 기재하여야 하며 그렇지 않으면 무효이다(제15조 I 제1항 제2문). 차례로 설명한다.

임대인이 제공하여야 하는 첫 번째 사항은 수익자의 신원이다. 그런데 임대인이 수익자를 교체할 수 있는가 하는 문제가 있다. 1989년법 제15조에는 점유회복의 "실제" 수익자가 해지통고서에 기재된 수익자와 다르다는 것을 변호해줄 만한 문언이 전혀 없다. 하지만 새로운 수익자가 가족의 거주를 위한 해지통고에 관한 요건을 충족하고 임대인이 수익자를 교체한 이유라고 주장하는 사유가 정당한 경우에는 수익자를 교체하였더라도 기망이 아니라고 인정되었다. 이때 임대인은 임차인에게 교체사실을 알릴 의무가 있다.40) 또한 점유회복의 수익자를 양자택일적(즉 이 사람 아니면 저 사람을 위해)으로 지정하는 것이 적법한지 여부가 다투어졌다. 모호하지 않은 양자택일은 유효하다. 가령 자신의 딸 또는 어머니가 거주하도록 하기 위해 주택의 점유를 회복한다고 하는 해지통고는 유효하다.41) 하지만 모호한 용어로 표현된 해지통고는 수익자가 과연 법적 요건을 충족하는지를 알 수 없게 하므로 무효이다.

수익자의 주소는 법적으로 요구되는 기재사항이며 이를 누락하는 것은 해지통고의 무효를 야기한다. 임대인의 주소와 점유회복 수익자의 주소가 동일한 경우에도 수익자의 주소를 따로이 기재하여야 한다.42) 해당 주택의 점유를 취득할 사람의 연락처가 기재되어 있어야 임차인은 그 사람이 과연 제15조가 의미하는 점유회복권의 "수익자"인지를 확인할 수 있을 것이다. 문제는 수익자의 주소를 누락한 경우 그 해지통고가 자동적으로 무효인지 아니면 누락으로 인하여 임차인에게 고통을 야기하는 경우에만 해지통고가 무효인지 하는

40) Versailles, 2 févr. 1996, RG n° 4998/94, *D.* 1997. Somm. 266, obs. CRDP Nancy 2.
41) Civ. 3e, 4 nov. 1987, n° 86/13968, NP, *Loyers et copr.* 1988, p. 7, [1982년법].
42) Civ. 3e, 6 nov. 1991, n° 90/14286, NP, *JCP* 1992. IV, n° 69, [1982년법].

것이다. 파기원 판결은 주소의 누락에 대해 방식의 무효 법리(프랑스민사소송법 제114조)를 적용함으로써, 임차인에게 고통을 야기한 경우에만 해지통고가 무효라고 하였다.[43] 반면 하급심 판결들은 주소의 누락은 그 자체로써 임차인에게 고통을 야기하였다고 판단하고 해지통고의 자동적 무효를 선언하였다.[44]

임대인은 또한 해지통고서에 "점유회복의 수익자와 자신 사이에 존재하는 관계(lien)의 성격"을 명시하여야 한다(제15조 I 제1항 제2문).

(4) 임대인의 점유회복결정이 실제적이고 진지함

임대인은 자신의 거주 목적의 점유회복결정이 실제적이고 진지하다는 점을 증명하여야 한다. 종래 파기원은 1989년법이 요구하는 것은 세 가지 법정사유에 기하여 해지통고를 하여야 한다는 점일 뿐이라고 판시하였는데,[45] 임차인단체는 이 판결에 반대하며 임대인은 사유를 제시하여야 할 뿐 아니라 자신의 점유회복결정이 실제적이고 진지하다는 증명해야 한다고 주장하였다. 2018년 개정시 이들의 주장이 1989년법 제15조 I 제1항 말미에 명시되었다.

여기에서 임대인이 증명해야 하는 정도를 가리는 것은 쉬운 일이 아니다. 1948년 9월 1일 법률 제18조는 점유회복 목적물이 수익자의 개인적 필요 또는 가족의 필요 또는 직업상 필요에 상응하는 경우 그 소유자, 그 배우자, 그 직계존속, 그 직계비속 또는 배우자의 직계비속이 거주를 위한 점유회복의 수익자가 될 수 있다고 규정하는바,[46] 그 조문이 임대인이 하여야 할 증명의 의미와 범위를 판단하는 데 도움이 될 수 있다. 1948년법이 적용되는 사안에서 파기원은 사실심법관으로서는 점유회복 목적물이 수익자의 필요에 부합하는지 검증하여야 한다고 판시하였다.[47] 점유회복 수익자의 통상적 필요에 부합하는 주택이 무엇인지에 관하여 판시한 판결은 무수히 많은데, 가령 독립생활을 할 나이에 있는 대학생이 부모의 주택에서 방 하나를 점유하고 있다면 그 학생은 자신의 통상적 필요에 상응하는 주택을 갖고 있지 않다고 판시되었다.

학자들은 1989년법이 요구하는 증명은 매우 까다로운 증명은 아니라고 본다. 따라서 '내가 현재 점유하는 주택이 너무 커서/좁아서', '점유회복의 수익자가 현재 …의 주택에서

43) Civ. 3e, 6 nov. 1986, n° 85/14476, *Bull. civ.* III, n° 146; JCP 19878. IV. 16, [1982년법] - Civ. 3e, 13 mars 1991, n° 89/18477, *Bull. civ.* III, n° 92; *Administrer* févr. 1992, p. 31, note Gélinet, [1982년법] - Paris, 26 mars 1986, RG n° L/06954, *Rev. loyers* 1986. 274, [1982년법].

44) Paris, 22 mai 1966, TG n° 93/019283, *Loyers et copr.* 1996, n° 374–Versailles, 14 nov. 1997, RG n° 4268/95, Loyers et copr. 1998, n° 208, obs. Vial–Pedtoletti.

45) Civ. 3e, 4 mai 2010, n° 09/15371.

46) Civ. 3e, 28 juin 2000, n° 97/20887, *Bull. civ.* III, n° 130; *AJDI* 2000. 844; *Administrer* oct. 2001. p. 57.

47) Civ. 3e, 4 juill. 2001, n° 99/21820, *Bull. civ.* III, n° 89; *AJDI* 2001. 987, obs. Laporte-Leconte.

방 하나만 쓰고 있어서', '점유회복의 수익자가 … 살았는데 직업상 또는 가정내의 이유로 (점유회복 목적물이 소재하는 도시에서) 살게 되어서', '우리가 현업에서 은퇴하므로 그동안 임차하여 거주하던 주택을 떠나, 우리가 소유자이고 당신이 점유하고 있는 주택의 점유를 회복하여야 해서' 등을 밝히는 것으로 충분하다고 본다.

다. 정보의 고지

임대인이 직접 거주 또는 매매를 목적으로 해지통고를 하는 때에는 임대인의 의무와 임차인의 구제수단과 손해배상청구권에 관한 정보를 고지하여야 한다(제15조 I 제7항). 고지할 정보의 내용은 임대차관계 전국위원회(Commission nationale de concertation)[48]의 의견을 청취한 후 주택 담당 부처의 arreté에 의해 정한다.

그러나 거주 목적의 해지통고서에 1989년법 제15조의 내용을 그대로 기재하지 않는다고 해도 해지통고가 무효화되지는 않는다. 즉 그것은 의무적 기재사항이 아니다.[49]

라. 통지의 방법

해지통고는 배달증명우편이나 집행증서로써 하여야 한다(1989년법 제15조 I. 제2항). 따라서 보통우편으로 하는 해지통고는 무효이다.[50] 임차인 본인에게 직접 통지서를 주고 수령증을 받거나 난외서명을 받는 것도 가능하다(제15조 I 제11항).

4. 예고기간 만료의 효과

예고기간이 만료하면 임차인은 목적물을 점유할 권원을 모두 잃는다(1989년법 제15조 I). 해지통고를 임대인이 한 경우에 그 예고기간동안 임차인은 자신이 실제로 목적물을 점유한 기간에 대하여만 차임과 관리비의 지급의무를 부담한다(1989년법 제15조 I 제3항). 임차인이 해지통고자가 아닌 경우에는 임차인이 실제로 목적물에 거주한 기간 동안만 임대차의 금전적 비용을 부담하도록 한 것이다.[51]

---

48) 임대차관계 전국 위원회는 임대인, 임차인, 관리인의 전국조직의 대표에 의하여 구성되며 주택부분별 협약을 체결할 수 있다

49) Paris, 22 févr. 1994, RG n° 92/018481, *Loyers et copr.* 1994, n° 320.

50) Lyon, 25 juin 2002, RG n° 00/06330, *Loyers et copr.* 2003, n° 5, obs. Vial-Pedroletti - Amiens, 28 févr. 2009, RG n° 02/01530, *Loyers et copr.* 2003, n° 234, obs. Vial-Pedroletti.

51) 임차인이 해지통고를 한 경우에도 임대인의 동의를 얻어 다른 임차인이 주택을 점유하게 되면 예고기간이 종료하기 전에도 차임지급의무가 종료한다. Civ. 3e, 28 oct. 2009, n° 08/17209, *Bull. civ.* III, n° 236; *D.* 2009. AJ 2686, obs. Forest; *AJDI* 2010. 318, obs. Zalewski.

Ⅳ. 거주 목적의 점유회복을 위한 해지통고

임대인 자신이 목적물을 점유하고자 하는 경우에 동일한 가치를 가진 두 이익 사이에 충돌이 발생한다. 이때에는 임차인을 우대해야 할 이유가 더 이상 존재하지 않는다. 임대차 기간 만료시에 임대인 자신이나 그 배우자, 직계존속이나 직계비속, 동거계약상 파트너가 거주할 목적으로 점유를 회복할 권리가 임대인에게 인정되며 이는 원칙적으로 임차인의 갱신권을 가로막는다. 거주 목적의 점유회복을 위한 해지통고권은 자연인인 임대인에게만 인정되고, 1인의 임대인이 여러 주택을 소유하는 경우에 그 중 어느 주택의 점유를 회복할 것인지는 임대인의 자유이다.52) 그러나 일정한 경우(특히 임차인이 65세가 넘는 고령자일 때)에는 그러하지 아니하다. 임대인은 "점유회복결정이 실제적하고 진지하다는 점을 증명하여야 하고 법원은 다툼이 있는 경우 직권으로라도 이를 검증하며 필요한 경우 무효를 선언한다." 기망적인 해지통고는 형사벌금에 의하여 처벌된다.

1. 점유회복의 수익자

"임대인, 임대인의 배우자, 임대인과 동거계약(Pacs)을 체결하고 해지통지일자에 이미 등록되어 있는 파트너, 해지통고일자로부터 적어도 1년 전부터 널리 알려져 있는 사실혼배우자, 임대인의 직계존속, 임대인의 직계비속, 또는 배우자나 파트너나 사실혼배우자의 직계비속만이" 점유회복의 수익자가 될 수 있다. 이와 같은 점유회복의 권리자가 점유회복을 위한 해지통고의 유효함을 확인하여 달라는 소송을 제기하고 사망한 경우 그 소송은 상속인이 수계할 수 있다.53) 여기서 수익자에게 요구되는 임대인과의 친족관계, 법인도 거주 목적의 점유회복을 할 수 있는지 여부, 점용권자나 허유권자도 할 수 있는지 여부를 살펴본다.

가. 친족관계

임대인 외에는 다음과 같은 사람들만 점유회복권의 수익자가 될 수 있다.

첫째, 임대인의 배우자. 여기서 배우자란 법률혼 배우자를 말한다.

---

52) Civ. 3e, 15 mai 1996, n° 94/14879, NP, *Rev. loyers* 1996. 362, obs. J.-C. B. - Paris, 17 juin 1997, RG nos 96/82029 et 96/82215, *Loyers et copr.* 1997, n° 260.

53) Civ. 3e, 28 sept. 2005, n° 04/16183, *Bull. civ.* III, n° 177; *AJDI* 2006, 200, obs. de La Vaissière; *Rev. loyers* 2005. 564, obs. Canu.

둘째, 임대인과 동거계약(Pacs)을 체결하고 해지통고일자에 이미 등록되어 있는 파트너 또는 해지통고일자로부터 적어도 1년 전부터 널리 알려져 있는 사실혼배우자.

셋째, 임대인의 직계존속. 1989년법 제15조 I의 문언에 따르면 거주 목적의 점유회복은 임대인의 직계존속을 위해서만 할 수 있고 배우자나 파트너나 사실혼배우자의 직계존속을 위해서는 할 수 없다. Metz 항소법원은 이를 근거로 하여 임대인이 자신의 장모를 거주시키기 위해서 한 해지통고를 무효화하였다.54) 이러한 해석에 대해서는 일부 학설의 반대가 있다.55)

넷째, 임대인의 직계비속 또는 배우자나 파트너나 사실혼배우자의 직계비속. 이 때 성년인 직계비속을 위한 점유회복만이 유효하다는 점에 유의하여야 한다. 왜냐하면 미성년인 직계비속의 법정 주소는 프랑스민법전 제108-2조 제1항에 의거하여 그 부모의 주소이기 때문이다.56) 그 결과 미성년자 1인과 성년자 1인을 거주시키기 위해 점유회복을 하는 경우 그 해지통고는 그 성년자의 거주목적으로서만 유효하다.57)

("… 만이 점유회복의 수익자가 될 수 있다"는) 법조문의 문언과 그 강행규정성에 비추어볼 때 제15조에 열거된 사항은 한정적인 것으로 보아야 한다. 따라서 조카,58) 임대인의 전 배우자 또는 전 사실혼배우자,59) 형제, 자매 또는 재택도우미60)는 거주를 목적으로 하는 점유회복권의 수익자가 될 수 없다.

나. 법인인 임대인

법인은 본질적으로 이 점유회복권을 가질 수 없다. 왜냐하면 이 권리는 거주를 위한 것이기 때문이다. 하지만 당사자들 각자의 권리는 해지통고일을 기준으로 평가되어야 하므로, 법인인 임대인이 체결한 임대차계약을 자연인이 승계한 경우 자연인인 임대인은 임대차 만료시부터 목적물에 거주할 목적으로 해지통고를 할 수 있다.61)

하지만 이 원칙에는 예외가 있는데, 1989년법 제13조 a호에 의하면 임대인이 4촌 이내의 혈족과 인척들만으로 구성된 민사회사인 경우 사원 중 1인의 거주를 위한 점유회복을

54) Metz, 20 mai 1997, RG n° 2374/96, *Loyers et copr.* 1998, n° 294, obs crit. Vial-Pedroletti.

55) Lafond, B, Vial-Pedroletti, *Les baux d'habitation*, 8e éd., LexisNexis, 2017, n° 1795.

56) Paris, 2 juill. 1998, RG n° 97/07119, *Rev. Loyers* 1999, 154, obs Rémy Toulouse, 1er juill. 2003, RG n° 2002/01313, *Loyers et copr.* 2004, n° 24, obs. Vial-Pedroletti.

57) Toulouse, 24 avr. 2007, RG n° 05/06698, *Loyers et copr.* 2007, n° 171.

58) Paris, 11 mars 1997, RG n° 95/23360, *D.* 1997, Jur. 355, note Bihr.

59) Toulouse, 1er juill. 2003, RG n° 2002/01313, *Loyers et copr.* 2004, n° 24, obs. Vial-Pedrolettei.

60) Paris, 8 févr. 2011, RG n° 10/05674, *AJDI* 2011.454.

61) Versailles, 24 mars 2000, RG n° 98/03677, *Loyers et copr.* 2001, n° 33, obs. Vial-Pedrolettei; Versailles, 22 sept. 2009, RG n° 08/06693, *Loyers et copr.* 2010, n° 5, obs. Vial-Pedroletti.

할 수 있기 때문이다. 그 결과 가족회사는 사원 중 1인의 거주를 목적으로 하는 점유회복을 주장할 권리가 있다. 이 경우 해지통고서에는 점유회복으로 인한 수익자인 사원의 이름을 적시하여야 한다.62) 사원 1인이 가족관계가 없는 다른 사원들의 사원권을 모두 매수함으로써 이제 사원이 한 명뿐인 부동산민사회사는 제13조 a호에서 말하는 가족회사가 아니다.63) "가족회사"라는 개념은 제13조 a호에 엄격하게 정의되어 있으므로 사실혼 배우자들이 설립한 민사회사64) 또는 자연인과 법인이 함께 설립한 민사회사는 가족회사에 해당하지 않는다. 그러한 회사가 임대인으로서 거주 목적의 해지통고를 한 경우 그 해지통고는 무효화되어야 한다.

그리고 파기원은 원칙적 판결을 통해, 거주 목적의 점유회복의 수익자 자격은 해당 사원에게만 있으며 제15조 I에 열거되어 있는 사람들 전부(그 사원의 배우자, 사실혼배우자, 직계비속 등)에게 있는 것이 아니라는 점을 분명히 한 바 있다.65) 이는 제13조 a호의 문리해석에 부합할 뿐 아니라 특수는 일반을 깨뜨린다(specialia generalibus derogant)는 라틴 격언에도 부합한다.

임대인이 가족회사인 경우에 관하여 1989년법은 해지통고서에 1989년법 제13조 a호의 내용을 기재할 것을 요구하지 않고 가족회사라는 특수성을 증명할 것도 요구하지 않는다.66) 그러나 임차인은 가족회사인 임대인이 한 해지통고의 합법성과 실제성과 진정성을 검증할 수 있어야 한다. 따라서 해지통고서에는 반드시 1989년법의 제13조 a호를 언급하여야 하고 해지통고 당시 임대인이 가족회사임을 증명하여야 한다. 그렇게 하지 않은 해지통고는 합법적이지 않으며 이러한 비합법성은 필연적으로 임차인에게 고통을 발생시키므로 무효화되어야 한다.67)

그러나 일부 판결들은 법인이 자신의 피용인들의 숙소로 사용하기 위해 중대하고 정당한 사유에 기하여 한 해지통고를 유효하다고 판시함으로써, 법인이 거주 목적의 해지통고를 할 수 없다는 금지를 피해가고 있다. 어쨌든 어느 회사가 가족회사인지를 판단하기 위해서 그 피용인이 고용되어 있어야 하는 시점은 해지통고일자이다.68)

---

62) Versailles, 3 avr. 2012, RG n° 11/01183, *AJDI* 2013. 355.

63) Civ. 3e, 31 mai 2007, n° 06/13.524, *Bull. civ.* III, n° 93; *D.* 2007. AJ 1726, obs. Forest; *ibid.* 2008. Pan. 1310, obs. Damas; *AJDI* 2008. 126, note Zalewski.

64) Civ. 3e, 8 nov. 1995, n° 93/11.196, *Bull. civ.* III, n° 223.

65) Civ. 3e, 19 janv. 2005, n° 03/15.922, *Bull. civ.* III, n° 9; *D.* 2005, Pan. 753, obs. Damas; *AJDI* 2005. 216, obs. Rouquet - Paris, 1er févr. 2005, RG n° 2004/04821, *AJDI* 2005. 392.

66) Civ. 3e, 28 juin 2011, n° 09/71.459, NP, *D.* 2012. Pan. 1086, spéc. 1095, obs. Damas; *AJDI* 2012. 40, obs. Dreveau.

67) Paris, 8 sept. 2009, RG n° 07/02259, *AJDI* 2010.41.

68) Civ. 3e, 31 mai 2007, n° 06/13524, *Bull. civ.* III, no 93; *D.* 2007. AJ 1726, obs. Forest; ibid. 2008. Pan. 1310, obs. Damas; *AJDI* 2008. 126, note Zalewski - Civ. 3e, 28 sept. 2011, n° 10/28559, NP, *AJDI* 2012. 269, note Zalewski.

다. 점용권이 설정된 주택

점용권자는 1989년법 제15조가 부여하는 점유회복권을 갖는다. 따라서 점용권자는 자신의 직계비속 중 1인을 위해 거주 목적의 해지통고권을 행사할 수 있다.69) 그러나 점용권이 설정된 주택의 소유자에게는 거주 목적의 해지통고권이 없다.70)

라. 공유주택

임대주택이 공유물인 경우 제15조의 규정은 어느 공유자라도 주장할 수 있는데(1989년법 제13조 b.호), 나머지 공유자들의 동의가 있어야 한다.

2. 점유회복의 실제에 대한 통제

가. 해지통고의 유효성을 다투는 청구가 있어야 하는지 여부

2014년 개정71) 전에는 임대인의 해지통고의 유효성에 대해서 사전적인 통제가 행해지지 않았다.72) 하지만 그에 대한 청구가 있는 때에는 법관은 기망이 존재하는지를 조사할 권한이 있었다.73) 종래의 판례에 따르면 임대인은 자신이나 수익자에게 목적 주택이 필요하다는 점을 증명할 필요는 없다. 그리고 임대인이 자신의 필요에 더 부합하는 것으로 보이는 주택을 근처에 가지고 있다고 해서 임대인의 해지통고가 기망이라고 단정할 수는 없다.74) 기망은 추정되지 않는다.75) 거주 목적의 점유회복은 그 자체로서 해지통고 결정을 정당화하기에 충분한 사유이다. 그런데 수익자는 주택의 점유를 회복하여 자신의 주된 거주지로 사용하여야 한다. 만일 제2의 주거로 사용하거나 한 계절만 사용할 목적으로 점유회복을 한다면 그것은 무효이다. 이는 수익자가 임대인 자신이든76) 제15조 I에 열거된 나

69) Versailles, 30 janv. 1985, RG n° 4844/83, *Gaz. Pal.* 1986. 2. Somm. 354, [1982년법].

70) Pau, 10 juill. 1986, *JurisData* n° 04459, *Cahiers jurispr. Aquitaine* 1987, n° 1, p. 73.

71) 1989년법은 2014년 3월 24일 법률(이른바 Alur법)에 의해 개정된 이후에 지금까지 여섯 차례 더 개정되었다. 즉 2015년 8월 6일 법률(Macron법), 2018년 11월 23일 법률(Elan법), 2019년 11월 8일 법률, 2020년 1월 9일 오르도낭스, 2020년 7월 30일 법률, 2021년 8월 22일 법률에 의해 개정되었다.

72) Civ. 3e, 30 oct. 1990, n° 89/15747, NP, *Loyers et copr.* 1991, n° 2, [1982년법].

73) Civ. 3e, 18 févr. 2003, n° 01/16664, NP, *Administrer* août–sept. 2003, p. 44, obs. Canu - Civ. 3e, 22 oct. 2003, n° 02/14702, NP, *Loyers et copr.* 2004, n° 25, obs. Vial-Pedroletti - Civ. 3e, 26 oct. 2004, n° 03/15.507, NP, *Administrer* mai 2005, p. 58, obs. Canu.

74) Civ. 3e, 19 mai 2004, n° 03/10576, NP, *AJDI* 2004. 816, obs. Zalewski - Versailles, 6 nov. 1998, RG n° 7264/96, *Loyers et copr.* 2000, n° 63, obs. Vial-Pedroletti.

75) Civ. 3e, 11 juin 1997, n° 95/20020, NP, *RJDA* 1997, n° 1019.

76) Civ. 3e, 31 janv. 2001, n° 99/11956, *Bull. civ.* III, n° 11; *AJDI* 2001. 341, obs. Rouquet; *D.* 2002. Somm. 1725, obs. CRDP Nancy 2 - Civ. 3e, 4 nov. 2003, n° 02/16391, NP, *Loyers et copr.* 2004, n° 25, obs. Vial-Pedroletti - Paris, 6 nov. 1991, RG n° 90/021186, *JCP* 1992. IV, n° 670, [1982년법].

른 사람들 중 하나이든[77] 마찬가지이다.

2014년 3월 24일 법률(소위 Alur법)으로써 개정된 1989년법은 "다툼이 있는 경우에 법관은 직권으로라도 해지통고 사유의 실제성 및 본조에 규정된 의무의 준수 여부를 검증할 수 있다. 법관은 특히 임대차가 갱신되지 않음이 진지하고 정당한 요소들에 의해 정당화되지 않는 것으로 보이는 경우에 해지통고의 무효를 선언할 수 있다.고 규정한다(제15조 I 제2항).

임대인이 행한 해지통고와 관련하여 파기원은 그 해지통고가 Alur법이 시행된 후에 송달되었다면 Alur법에서 신설된 법규정을 적용하였고, 설령 그 임대차계약이 Alur법의 시행 전에 체결되었다 해도 해지통고에는 신설규정을 적용하였다.[78] 하지만 해지통고가 Alur법 시행 전에 송달되었다면 신설규정을 적용하지 않았다.[79] 그 사건에서 주거 목적의 점유회복을 위한 해지통고가 2013년 12월 19일에 송달되었으며 임대차는 2014년 6월 24일에 종료되는 것이었다. 그런데 임차인이 그 해지통고의 유효성을 다투었는데, 임차인의 청구는, 법원이 "임대차의 묵시적 갱신이 일어나지 않는 것이 진지하고 정당한 요소들에 의해 정당화되지 않는 것으로 보이는 때에는 법원은 해지통고의 무효를 선언"할 수 있도록 한 신설규정에 근거하고 있었다.[80] 항소법원은 Alur법의 적용을 배척하였는데, 그 이유는 2015년 8월 6일 법률(소위 Macron법) 제82조 II에 비추어볼 때 신설규정은 2015년 8월 7일 현재 존속중인 계약에만 적용된다는 것이었다. 파기원 역시 Alur법이 적용되지 않는다고 하였는데, 그 이유는 달랐다. 파기원은, 법률은 소급적 효력을 갖지 않는다는 점을 상기시킨 후 2014년 3월 24일 법률로써 개정된 1989년법 제15조 I 은 그 법률이 시행되기 전에 송달된 해지통고에는 적용될 수 없다고 판시하였다. 파기원은 종래에도 이 문제에 관하여 판단하여야만 했으므로 이러한 해결은 새로운 것은 아니다.[81] 이 문제에 관하여 상고가 계속 이어졌기 때문에 파기원은 판단기준을 명확히 밝히지 않을 수 없었다. 즉 판단기준은 문제된 해지통고의 송달일자이며 임대차 종료일이 아니다.

나. 점유회복의 실제에 대한 사후적 통제

(1) 제재의 대상이 되는 기망행위

임차인이 주택에서 퇴거하고 나면 임대인의 여러 가지 기망행위, 즉 목적물을 점유하

---

77) Civ. 3e, 13 nov. 2008, n° 05/19722, *Bull. civ.* III, n° 169; *D.* 2008. AJ 3011, obs. Rouquet.
78) Civ. 3e, 23 nov. 2017, n° 16/20475, *D.* 2017. 2426, et 2018. 1117, obs. N. Damas; *AJDI* 2018. 281, obs. N. Damas
79) Civ. 3e, 19 déc. 2019, n° 18-20.854, *D.* 2020. 11; *RTD civ.* 2020. 91, obs. H. Barbier.
80) N. Damas, La loi ALUR et les baux d'habitation, AJDI 2014. 334, spéc. 346 참조.
81) Civ. 3e, 1 déc. 2016, n° 15/19915, *AJDI* 2017. 119; 29 nov. 2018, n° 17/28001, *AJDI* 2019. 62.

지 않는 행위, 재임대하는 행위, 매도하는 행위에 대해 제재가 가해진다.

임대인의 기망적 의사는 해지통고시를 기준으로 평가된다. 판례에 따르면 1989년법은, 점유회복을 위한 해지통고의 정당한 사유가 어떤 외적인 원인으로 인하여 소멸하였는지에 대해 임차인에게 알려야 할 의무를 임대인에게 부과하지는 않는다.[82)]

1) 목적물을 점유하지 않는 행위(Inoccupation)

1989년법에 임차인이 목적물에서 퇴거한 후 최대 어느 기간까지는 실질적인 점유회복이 행해져야 한다는 규정은 없지만 점유회복의 수익자는 합리적인 기간 안에 주택을 점유하여야 한다.[83)] "합리적 기간"은 각 사안의 여러 요소들을 고려하여 평가되어야 할 것이다. 가령 2년 이상 주택을 점유하지 않은 것은 기망적이라고 판단되었는데,[84)] 다만 비점유가 공사의 수행 및 임대인의 건강상태에 기인하는 때에는 그러하지 아니하였다. 나아가 10개월간 목적물을 비워둔 것이 권리남용이라고 판단되지 않았으며, 임차인이 퇴거한 후 3년이 지나서야 임대인이 점유한 사안도 수행해야 하는 공사 및 임대인의 건강문제를 고려하여 기망적이 아니라고 판단되었다.[85)] 하지만 그 밖의 경우에는 9개월간(또는 5개월간)[86)]의 비점유도 제재를 받았다.

수익자가 점유를 회복한 후에는 목적물을 최소한 어느 기간 동안 점유하여야 하는지에 관하여도 법률은 아무런 규정을 두지 않았다. 판례는 단기간의 점유로도 충분하다고 보는 듯하다.[87)] 왜냐하면 5개월 동안 점유한 것으로 충분하다고 보았기 때문이다.[88)] 심지어 (주택이 10개월간 비점유상태로 있었고 3개월간 점유한 후에는 재임대된 사안에서) 3개월의 점유도 충분하다고 보았다.[89)]

목적물의 일부에 대해서만 점유를 회복한 사안에서 파리항소법원은 임대인의 사기를 구성하지 않는다고 판단하였다.[90)] 파리항소법원은 임대인이 주택을 비연속적 방식으로 점유한 사안에서도 역시 관대한 태도를 보였다. 해당 사건에서 임대인은 그의 직업상 활동으

---

82) 해지통고 후 1개월 뒤에 임대인의 건강상태가 악화된 사안: Civ. 3e, 13 juill. 2005, n° 04/12577, *Bull. civ.* III, n° 156; *D.* 2006, Pan. 964, obs. Damas; *AJDI* 2005. 740, obs. Rouquet.

83) Paris, 7 janv. 1998, RG n° 95/25889, *Loyers et copr.* 1998, n° 98, obs. Vial-Pedroletti - Paris, 2 févr. 2006, RG n° 04/15970, *AJDI* 2006. 469.

84) Paris, 7 janv. 1998, RG n° 95/25889, *Loyers et copr.* 1998, n° 98, obs. Vial-Pedroletti - 23개월간 비워둔 사안: Paris, 9 déc. 2004, RG n° 04/02760, *AJDI* 2005.217.

85) Rouen, 18 juill. 2002, RG n° 01/01121, *JCP* 2003.IV.1657.

86) Civ. 3e, 21 févr. 2001, n° 99/12261, NP, *AJDI* 2001. 433, obs. Beaugendre.

87) Civ. 3e, 6 mars 1996, n° 94/15513, NP, *RJDA* 1996, n° 760.

88) Toulouse, 23 juin 1998, RG n° 97/03122, *Loyers et copr.* 1999, n° 33, obs. Vial-Pedroletti.

89) Civ. 3e, 18 nov. 1998, n° 96/21.706, NP, *RDI* 1999. 157, obs. Collart-Dutilleul; *Administrer* août-sept. 1999, p. 59, note Beddeleem.

90) Paris, 18 oct. 1990, RG n° 89/20710, *Gaz. Pal.* 1992. 2. Somm. 397, obs. de Belot, [1986년법].

로 인하여 목적물을 비연속적으로 점유할 수밖에 없었다.[91)]

일정한 사건들만이 임대인에 의한 주택의 비점유를 정당화하여 준다. 할아버지가 손자가 결혼 후에 자리잡는 것을 도와주기 위해 목적물의 점유를 회복하였으나 결국은 손자가 목적물을 점유하지 않았더라도 그것은 정당화된다. 나아가 임차인이 임대차기간을 초과하여 목적물을 점유하고 있었고 그가 퇴거한 후에 중요한 보수공사를 해야 해서 목적물을 점유하지 않은 경우에는 그 비점유사실이 해지통고의 효력에 아무런 영향을 미치지 않는다고 판단되었다.[92)]

하지만 수익자의 배우자가 다른 도시에 취직하였다는 사실[93)]이나 임차인이 퇴거한 건물에서 중요한 공사를 행할 의무[94)]는 비점유를 정당화하는 사유로 인정되지 않았다. 앞서 말한 공사의 비용을 임대인이 금전적으로 부담할 수 없다는 증명을 제출하지 않는 한, 그러한 공사의 비용도 비점유를 정당화하는 사유로 인정되지 않았다.[95)] 임대인의 부인의 건강상태는 그로 인하여 이사할 수 없는 경우가 아닌 한 정당화사유로 인정되지 않았다.[96)] 수익자가 당해 주택이 소재하는 도시가 아닌 다른 도시에서 자신의 학업을 계속하기로 결정하였다는 것도 정당화사유로 인정되지 않았다.[97)] 나아가 임대인의 전근으로 말미암아 임차인의 퇴거를 기다리지 않고 이사를 해(서 임대차계약을 체결해)야 했던 경우에도 비점유를 정당화하는 사유로 인정되지 않았다.[98)]

2) 목적물을 재임대하는 행위(Remise en location)

임대인이 주택을 다시 임대하는 행동은 그것이 임대인의 악의를 보여주는 경우 과책에 해당한다. 임차인이 퇴거한 후 얼마 되지 않아서 재임대하는 행동이 바로 그러한 경우에 해당할 것이다. 즉 임차인이 퇴거한 후 3주만에 재임대하는 것은 기망에 해당한다.[99)] 하지만 임차인이 퇴거한 후 1년이 넘은 시점에 재임대한 사안은 기망에 해당하지 않는 것으로 판단되었다(해당 사건에서 목적물을 임대인이 3개월간 점유하였다).[100)] 나아가 임대인은 해지

91) Paris, 8 nov. 1995, RG n° 94/018851, *Loyers et copr.* 1996, n° 100.

92) Versailles, 16 févr. 2001, RG n° 99/04519, *JCP* 2001. IV. 2812; Lyon, 16 juin 2009, RG n° 08/02508, *Loyers et copr.* 2009, n° 257, obs. Vial-Pedroletti; Toulouse, 23 sept. 2008, RG n° 07/02954, *BICC* 2009, n° 946.

93) Versailles, 14 janv. 1994, RG n° 3756/92, *Rev. huiss.* 1995, p. 226.

94) Versailles, 14 janv. 1994, RG n° 3756/92, *Rev. huiss.* 1995, p. 226.

95) Paris, 14 oct. 1997, RG n° 96/82124, *Loyers et copr.* 1998, n° 6, obs. Vial-Pedroletti.

96) Paris, 22 nov. 1995, RG n° 94/019774, *Loyers et copr.* 1996, n° 101.

97) Rouen, 5 déc. 2000, RG n° 98/05448, *Loyers et copr.* 2001, n° 145, obs. Vial-Pedroletti.

98) Civ. 3e, 19 avr. 2000, n° 98/21124, *Bull. civ.* IIi, n° 80; *Loyers et copr.* 2000, n° 164, obs. Vial-Pedroletti.

99) Pau, 9 juin 1997, RG n° 96/001431, *Loyers et copr.* 1998, n° 66, obs. Vial-Pedroletti - Douai, 2 mars 2000, RG n° 1997/06846, *Loyers et copr.* 2001, n° 200, obs. Vial-Pedroletti.

100) Civ. 3e, 18 nov. 1998, n° 96-17.935, NP, *RDI* 1999. 157, obs. Collart-Dutilleul; *Administrer* aout-sept. 1999, p. 59, note Beddeleem.

통고서 상의 수익자에게 주택을 재임대할 권리가 있다고 한다. 그 이유는 "1989년법은 가족 구성원이 직접 거주하는 것을 우대하고자 하였을 뿐이지 특정한 점유형태를 부과한 것은 아니기" 때문이라고 한다.[101)]

3) 목적물을 매도하는 행위(Mise en vente)

임대인이 주거를 목적으로 점유회복을 한 주택을 매도하는 경우, 그것이 임차인이 퇴거한 주택에 거주하고자 하는 실제적인 의사가 임대인에게 없었다는 점을 보여주는 경우에는 제재를 받게 된다.[102)] 임대인이 주택을 매도하기 위한 교섭을 행한 경우에도 마찬가지이다.[103)] 하지만 주택을 매도한 이유가 임대인의 건강상태 악화에 있는 경우, 그 건강악화가 해지통고 후에 발생하였고 또한 목적물의 점유와 양립할 수 없는 성질의 것이라면 아무런 기망에 해당하지 않는다.[104)]

(2) 기망적 해지에 대한 제재

임차인이 입은 손해의 회복은 손해배상금을 부여하는 방식을 취한다. 임차인이 재입주하도록 하는 판결은 선고된 적이 없다. 판례에 따르면 임차인이 재입주하도록 하는 제재는 적법하지 않은데, 그 이유는 법조문이 이를 규정하지 않기 때문이다. 그 결과 민사책임(손해배상금의 지급)이라는 일반법적 제재만이 적용될 수 있게 된다.[105)] 하지만 일부 학자들은 이와 같은 분석에 동조하지 않는다.[106)]

1989년법 제15조 IV에 따르면 임대인이 기망적으로 주택의 점유회복 결정을 이유로 하여 해지통고를 한 경우에는 형사벌금으로써 벌한다. 그 금액은 자연인의 경우에는 6,000유로 이하이고, 법인의 경우에는 30,000 유로 이하이다. 형사벌금의 액은 확정된 사실의 중대성에 비례하고 임차인은 민사당사자(partie civile)로서 형사절차에 참여하여 손해배상을 청구할 수 있다.

---

101) Paris, 11 févr. 2010, RG n° 08/12893, *Loyers et copr.* 2010, n° 185, obs. Vial-Pedroletti.

102) Civ. 3e, 12 oct. 2004, n° 03/14794, NP, *AJDI* 2004. 891; *Administrer* juin 2005, p. 740, obs. Rouquet - Dijon, 11 janv. 1989, *JurisData* n° 143269, *Rev. loyers* 1989. 371, note Aubert, [1982년법].

103) 매매예약까지 체결된 사건: Besançon, 18 juin 1993, *JurisData* n° 043620, *Loyers et copr.* 1994, n° 6.

104) Civ. 3e, 13 juill. 2005, n° 04/12577, *Bull. civ.* III, n° 156; *D.* 2006, Pan 964, obs. Damas; *AJDI* 2005. 740, obs. Rouquet.

105) Paris, 3 juill. 1991, RG n° 022436, *Loyers et copr.* 1991, n° 410 - Rouen, 1er mars 2005, RG n° 03/03762, *Loyers et copr.* 2005, n° 128, obs. Vial-Pedroletti - TI Boulogne-Billancourt, 24 juill. 1986, *Rev. loyers* 1986. 390, note Rémy et Pialoux.

106) Bihr et Aubert, *Droit de la Gestion de l'immeuble*, Dalloz Action, 2000, n° 3866 - J. Lafond, B. Vial- Pedroletti, *Les baux d'habitation*, n° 1835.

Ⅴ. 저소득 고령 임차인의 보호

1. 고령이고 빈곤한 임차인 보호의 원칙

프랑스 주택임대차법은 고령이고 빈곤한 임차인에 대한 특별한 보호를 정하고 있다(제15조 III). 즉 고령이고 빈곤한 임차인에게는 임대인이 주거를 위한 점유회복[107] 또는 매매를 목적으로 하는 해지통고를 할 수 없다. 하지만 임차인의 의무불이행으로 인한 해지통고에는 이 보호가 적용되지 않는다. 그리고 임대차기간중에 임차인이 사망하면 이 보호는 소멸한다. 즉 1989년법이 요구하는 요건을 충족하지 못하는 생존배우자가 그 혜택을 누릴 수 없다.

가. 중첩적 요건

2014년 3월 27일 전에 체결된 임대차의 경우에는 임대인은 임차인이 다음 두 요건을 모두 충족하는 경우에 해지통고를 할 수 없다. 첫째, 연령이 70세가 넘을 것. 둘째, 연간소득이 최저임금 연간 금액의 1.5배 미만일 것. 2015년 8월 8일에 존속중인 임대차의 경우에는 다음 요건을 모두 갖춘 임차인이 보호를 받는다. 첫째, 연령이 65세를 넘을 것. 둘째, 연간소득이 주택 담당 부처 arreté로써 정한 협약임대주택 입주자격에 해당하는 소득상한 미만일 것.

임대주택에 상시 거주하고 소득요건을 충족하는 고령자(65세가 넘은 사람)를 임차인이 부양하고 있고 세대 구성원 전원의 연간소득 합산액이 위 아레떼에서 정한 소득상한 미만인 경우에도 보호의 대상이 된다(제15조 III 제1항).

나. 연령요건

임차인 및 임차인의 피부양자의 연령을 평가하는 기준이 되는 일자는 계약종료일이다(제15조 III 제3항).[108] 반면 임차인 등의 소득을 평가하는 기준이 되는 일자는 해지통고일이다(제15조 III 제3항).[109]

---

107) 1948년법도 임대인이 임대차종료시에 임차인(이나 점유자)를 퇴거시킬 권리를 인정하고 있는데, 거주를 목적으로 한 점유회복권은 제18조부터 제25조까지에 규정되어 있다. 그런데 임대인이 점유를 회복하기 위해 임차인에게 대체주택을 제공해야 하는 경우(제18조)가 있고 제공할 필요가 없는 경우(제19조와 제20조)가 있다.

108) Paris, 19 sep. 2007, RG n° 06/19920, *AJDI* 2008. 128.

109) Civ. 3e, 10 déc. 1997, n° 96/11243, *Bull. civ.* III, n° 220; *RJDA* 1998, n° 156.

다. 소득요건

임차인의 소득요건을 둘러싸고 분쟁이 많이 발생한다. 하급심 법관들은 국세청에 신고된 임차인의 공제 전 연간소득으로써 임차인의 소득요건을 판단하였고, 소득을 계산하기 위한 기간은 마지막으로 경과된 역년(曆年)으로 이해하였다.

규칙적인 소득만이 고려되어야 한다.[110] 따라서 가끔씩 가족들로부터 받는 도움,[111] 원금의 수령,[112] 생명보험금,[113] 유가증권의 자본소득, 분리과세되는 소득, 부동산 매각대금[114]은 고려되지 않는다.

임대주택에 거주하는 자가 수인인 경우에는 소득요건을 어떻게 판단하여야 하는가? 2000년 7월 19일 판결에서 파기원 제3부는 70세가 넘은 임차인의 소득을 평가하는 데 있어서 공동임차인인 부부 각자의 소득이 별도로 평가되어야 한다고 판시하였다.[115] 파기원 3부는 이미 1994년에도 공동임차권자가 문제된 사안에서 같은 취지의 판시를 한 바 있다.[116] 또한 파리항소법원은 임차권을 공유하는 자들 중 1인만이 소득요건을 충족하였는데 1989년법 제15조 III을 적용하였다.[117]

2. 원칙의 완화: 대체주거의 제공

가. 임대인의 의무

주거 목적의 점유회복 또는 매매를 위한 해지통고를 하고자 하는 임대인이 고령이고 빈곤한 임차인에게 "근방에 위치하고 그의 필요와 자력에 상응하는 주택"을 제안한 때에는 해지통고를 할 수 있다. 하지만 임대차시장에 등장한 여러 가지 임대매물을 임차인에게 알려주는 것만으로는 충분하지 않다. 임대인은 그러한 매물들의 실효성 및 소유자가 해당 임차인에게 자신의 주택을 임대하는 것에 동의하는 것을 보장하여야 한다.

대체주택을 제안하지 않으면 해지통고는 무효이고 임대차는 묵시적으로 갱신된다. 그러나 대체주택의 제안이 반드시 해지통고서 자체에 기재되어 있어야 하는 것은 아니다. 이

110) Civ. 3ᵉ, 28 mai 1997, n° 95/18116, *Bull. civ.* III n° 117 - Versailles, 4 oct. 1996, RG n° 044615, *D.* 1996. Somm. 370, obs. CRDP Nancy 2.

111) Paris, 22 mai 1991, *JurisData* n° 600480, *Rev. loyers* 1991. 324 [1982년법].

112) Pau, 8 mars 1995, RG n° 94/000757, *Cah. juripr. Aquitaine* 1995, p. 70.

113) Paris, 7 nov. 1996, RG n° 95/025126, *Loyers et copr.* 1997, n° 8.

114) Civ. 3ᵉ, 16 sept. 2009, n° 08/13.701, *Bull. civ.* III, n° 190, *D.* 2009, AJ 2282, obs. Rouquet; *ibid.* 2010. Pan. 1168, spéc. 1179, obs. Damas; *AJDI* 2010.222, note de la Vaissière.

115) Civ. 3ᵉ, 19 juill. 2000, n° 98/20.636, *Bull. civ.* III, n° 146, *D.* 2001. Somm. 172, obs. CRDP) Nancy 2.

116) Civ. 3ᵉ, 15 juin 1994, n° 91/17.440, NP, *AJDI* 1994. 929, note Blatter.

117) Paris, 31 janv. 2002, RG n° 2001/08387, *AJDI* 2002. 300.

제안은 예고기간중에 행해지면 된다. 그러나 해지통고를 하기 전에 이미 제안하였더라도 해지통고시에 반복하여 제안을 하여야 한다. 법정요건[118]을 충족하는 대체주택을 임차인이 거절하는 때에는 제안이 성립할 수 없을 것이다. 그러한 경우 임대인은 자신의 의무를 다한 것으로 간주된다.

나. 임차인의 필요와 자력에 부합하는 주택

대체주택이 임차인의 필요와 자력에 부합하는지 여부에 대한 판단은 사실심법원의 재량에 속한다. 너무 협소한 주택, 임차인의 자력에 비해 차임이 너무 비싼 주택은 적합성을 갖추지 못한 것이다. 그리고 임차인이 현재 거주하는 공간과 동일한 건물에 위치하고 차임과 관리비가 약간 비싼 공간인데 임대인이 기간 만료후에 해당 공간을 매각할 의사를 가지고 임대차기간을 최장 3년으로 하여 제안한 경우에는 그 대체공간은 법정 요건을 충족하지 못한다.[119] 임차인의 현 점유공간이 8층에 있는데 그보다 면적이 적고 1층에 위치하여 일광이 부족한 공간을 제안한 경우에도 그 대체공간은 임차인의 필요에 부합하지 않는다.[120]

반대로 임차인의 현 주거공간이 98 제곱미터인데 거기에서 50미터 안에 위치하고 면적이 72제곱미터인 아파트를 제안한 경우에는 그 아파트가 새단장이 되었고 차임이 그 동네(quartier)의 시가에 비해 저렴한 때에는 적합성을 갖춘 것이다.[121]

다. 근거리의 주택

대체주택은 1948년법 제13의 乙조에 규정된 지리적 한계 내에 위치하여야 한다(1989년법 제15조 III 제1항). 1948년법 제13의 乙조에 따르면 대체주택이 다음과 같은 곳에 위치하는 경우에 근접성의 요건을 충족한다. 첫째, 점유회복 목적물이 소재하는 꼬뮨이 여러 구로 나뉘어 있는 경우에는 목적물이 소재하는 구와 동일하거나 인접한 구, 또는 인접한 꼬뮨에 위치함. 둘째, 점유회복 목적물이 소재하는 꼬뮨이 여러 칸톤으로 나뉘어 있는 경우에는 목적물이 소재하는 칸톤과 동일한 칸톤에 위치함 또는 그 칸톤에 인접하면서 동일한 꼬뮨에 속한 칸톤에 위치함 또는 그 칸톤에 인접한 꼬뮨에 위치함. 셋째, 그 밖의 경우에는 동일한 또는 인접한 꼬뮨에 위치하고 5킬로미터 이상 멀어지지 않음.

---

118) 대체주택의 근접성(proximité)과 적합성(adaptation).

119) Civ. 3e, 16 sept. 2009, n° 08/15.589, *Bull. civ.* III, n° 190; *D.* 2009. AJ 2282, obs. Rouquet; *ibid.* 2010. Pan. 1168, spec. 1179, obs. Damas; *AJDI* 2010. 222, note de La Vaissiere.

120) Paris, 24 févr. 2011, *Loyers et copr.* 2011, n° 136, obs. Vial-Pedroletti.

121) Paris, 10 déc. 2009, RG n° 08/18695, *Loyers et copr.* 2010, n° 129, obs Vial-Pedroletti.

3. 원칙에 대한 예외: 저소득이거나 고령인 임대인

가. 양자택일적 요건

2014년법이 시행되기 전에 체결된 계약, 즉 2014년 3월 27일 전에 체결된 임대차의 경우 임대인은 자기 자신이 다음 두 요건 중 적어도 하나를 충족하는 때에는 고령이고 빈곤한 임차인에게 해지통고를 할 수 있다. 첫째, 임대인이 60세가 넘은 자연인일 것. 점유회복의 수익자인 직계비속이 60세에 미달하는지는 아무런 상관이 없다.[122] 둘째, 임대인의 연간 소득이 최저임금 연간금액의 1.5배보다 적을 것. 연간수입을 계산함에 있어서는 해지통고일로부터 역산하여 1년이 아니라 마지막으로 경과한 역년 1년을 기준으로 한다.

2014년 3월 27일 이후에 체결된 임대차에 관하여는 그 기준이 다르다(1989년법 제15조). 고령이고 빈곤한 임차인에게 대체주거를 제공할 의무를 면하기 위해서는 임대인은 다음 요건 중 하나를 갖추어야 한다. 첫째, 연령이 65세를 넘어야 한다. 둘째, 임대인의 연간 소득이 주택담당 부처의 아레떼로써 정한 협약임대주택 입주를 위한 소득 상한보다 적어야 한다.

이들 요건은 (임차인의 경우에는 모두 갖추어야 하는 것이지만) 임대인의 경우에는 둘 중 하나만 갖추면 된다. 임대인의 연령은 임대차기간만료일을 기준으로 평가되는 반면, 임대인의 소득은 해지통고일을 기준으로 평가된다.

임대인이 법정요건을 갖추었는지 여부가 특별히 문제되는 것은, 주택이 공유재산이거나 1989년법 제13조에서 말하는 부동산 가족회사의 소유인 경우 또는 임대주택에 점용권이 설정되어 있는 경우이다.

나. 임대주택이 공유재산인 경우

주택이 공유재산인 경우 (연령과 자산이라는) 법정요건은 모든 공유자가 충족하여야 하는가 아니면 공유자 1인만 충족하여도 되는가 하는 점이 문제되었다.[123] 거주 또는 매매 목적의 점유회복에 관한 하급심법원들 사이의 견해 대립에 종지부를 찍는 파기원판결이 2009년에 나왔는데, 그에 따르면 연령 요건은 부부 임대인 중 1명만 60세를 넘으면 고령이

122) Civ. 3e, 4 nov. 1992, n° 90/11215, *Bull. civ.* III, n° 287, *Administrer* mai 1993, p. 42, note Aubert, [1982년법] - Paris, 11 mars 1999, RG n° 1998/08124, *Loyers et copr.* 1999, n° 208, obs. Vial-Pedrolett.

123) 공유자중 1인이 요건을 충족하였다면 해지통고가 유효하다고 판단한 예: Paris, 4 déc. 1996, RG n° 95/18746, *D.* 1997, Somm. 265, obs. CRDP Nancy 2 - Lyon, 9 nov. 1999, RG n° 98/06648, *Loyers et copr.* 2000, n° 58, obs. Vial-Pedroletti; 반대의 취지로 판단한 예: Orléans, 16 oct. 1996, RT n° 94/001610, *Loyers et copr.* 1997, n° 193, obs. crit. Vial-Pedroletti - Nimes, 10 sept. 1998, RG n° 96/4372, *Loyers et copr.* 1999, n° 90, obs. crit. Vial-Pedroletti.

고 빈곤한 임차인에게 대체주택을 제공하지 않고도 해지통고를 할 수 있다.124) 학자들은 파기원이 자산요건에 관하여도 같은 입장을 취할 것이라고 내다본다.

다. 부동산 가족회사 소유의 주택

2016년에 파기원은 4촌 이내의 혈족과 인척만으로 구성된 부동산민사회사가 임대인으로서 거주 목적의 해지통고를 하는 경우, 점유회복의 수익자인 사원이 고령자라 할지라도, 고령이고 빈곤한 임차인에게 대체주택을 제공해야 할 의무가 있다고 판시하였다.125) 학자들은 1989년법 제13조 a호가 부동산 가족회사인 임대인이 그 사원들 중 1인의 거주를 위하여 해지통고를 하는 경우 자연인인 임대인과 마찬가지로 취급하고 있지만 제15조 III은 명시적으로 고령이고 빈곤한 임차인에게 대체주택을 제공할 의무를 자연인인 임대인 자신이 고령이거나 자산이 거의 없는 경우에 한하여 면제한다는 점을 들어서 위와 같은 판례를 지지한다.126)

라. 점용권자가 있는 주택

점용권자만 해지통고를 할 수 있는 경우 연령과 소득이라는 요건은 점용권자를 기준으로 평가되어야 한다.127)

Ⅵ. 결

프랑스법상 주택임대차의 갱신거절 법리는 우리 주택임대차보호법과 비슷하면서도 차이점을 가지고 있다. 중요한 차이는 프랑스에서는 묵시적 갱신(tacite reconduction) 원칙으로 하는 데 반하여 우리 주택임대차보호법은 갱신요구에 따른 갱신을 원칙으로 한다는 것이다. 프랑스에서 주택임대차는 원칙적으로 기만만료시에 묵시적 갱신이 이루어지는데, 그것을 저지하는 방법으로는 임대인의 해지통고권만이 있고, 그 해지통고(congé)는 임대차기

124) Civ. 3ᵉ, 29 avr. 2009, n° 08/11513, *Bull. civ.* III n° 91; *D.* 2009. AJ 1417, obs. Rouquet; *ibid.* 2010. Pan 1168, spéc. 1180, obs Damas *AJDI* 2009. 793, note Dreveau - 19인이 공유하는 주택에 관하여 그 중 8인만 60세에 달한 사안에서도 같은 취지로 판단하였다: Civ. 3ᵉ, 16 sep. 2009, n° 08/13701, *Bull. civ.* III n° 189; *D.* 2009. AJ 2281, obs. Rouquet; *ibid.* 2010. Pan. 1168, spéc. 1180, obs. Damas.

125) Civ. 3ᵉ, 7 juill. 2016, n° 14/29148 P: *Dalloz actu.*, 21 juill. 2016, obs. Rouquet.

126) 같은 취지에서 임대인의 대체주택제공의무를 면하게 해주는 연령이나 자산의 요건은 자연인인 임대인 자신을 기준으로 평가되며 점유회복의 수익자를 기준으로 평가되지 않는다고 판단한 예: Paris, 12 janv 2016, n° 14/23305, *AJDI* 2016. 432; *Loyers et copr.* 2016, n° 87, obs. Vial-Pedroletti.

127) Rennes, 29 oct. 1998, RG n° 97/08286, *Loyers et copr.* 1999, n° 260, obs Vial-Pedroletti.

간 만료전 6개월전까지 하여야 한다(1989년법 제15조 I). 그 결과 프랑스에서는 임대차기간만료 전 6개월에 묵시적 갱신 여부가 확정된다. 임대차의 조건변경을 위한 갱신청약 역시 임대차기간 만료전 6개월까지 하도록 하고(1989년법 제10조 제4항), 임차인과의 갱신합의가 이루어지지 않은 채 기간이 만료하게 되면 역시 묵시적 갱신이 일어난다. 프랑스에서는 주택임대차의 묵시적 갱신이 반복하여 일어나도록 되어 있으므로 임대인의 해지통고권도 매 3년마다 문제된다. 우리 주택임대차보호법은 임차인이 갱신요구권을 1회만 행사할 수 있도록 하므로(제6조의3 제2항) 최초의 임대차가 시작된 때로부터 4년 뒤에는 임대차가 종료한다. 그렇다면 우리 주택임대차보호법이 임차인에게 제공하는 4년간의 주거의 안정은 임대인의 소유권을 과도하게 제한하는 수준이 전혀 아니라는 생각이 든다.[128]

128) 이은희, 주택임차인의 계약갱신요구권, 민주법학 81 (2023), 228.

민법개정 실현의 길
- 상부조직물/기계실 이론의 EU소비자법 발전에의 적용을 겸하여 -

이 준 형

한양대학교 법학전문대학원 교수, 법학박사

Ⅰ. 서 론

1. 전지구적 민사입법의 시대

20세기에서 21세기로 넘어오는 최근 30년은 아마도 민법의 대개정(재법전화) 시대로 훗날 기억될 만하다. 유럽에서는 1992년 네덜란드의 신민법을 필두로 독일에서는 2001년 채권법 대개정에서 2022년 소위 디지털매매법의 발효까지, 프랑스에서는 2006년 담보법, 2008년 시효법에 이어 2016년/2018년 채권법 대개정, 그리고 현재는 계약각론의 개정안 제출까지 연이어 있었다. 아시아에서는 대만이 1999년 채권법 개정을, 그리고 일본이 2004년 현대어화 개정, 2006년 민법에서 법인법을 독립시키는 개정에 이어 2017년 채권법 대개정에 이르렀고 그 후로도 2018년 상속법 개정, 2019년 친족법 개정, 2021년 물권법 및 부동산등기법 등 일부개정을 거쳐 현재 담보법 개정논의까지 숨 가쁘게 나아갔다.[1]

이 가운데 일본에서 이번 개정에 시작부터 끝까지 참가했던 학자 중 한 사람인 나카다 히로야스(中田裕康)에 따르면[2] 일본민법이 1세기 넘게 유지되었던 것은 민법이 존중되고

1) 일본은 상법전에서 2005년 회사법을, 2008년 보험법을 각각 분리하기도 하였다. 한편 벨기에는 2020년 민법개정을 비교적 신속하게(마치 '전격전'을 치르듯이) 이루어냈다. 그밖에도 북미대륙에서는 퀘벡 신민법이 1991년에, 그리고 남미대륙에서는 브라질 신민법전이 2002년에, 아르헨티나 신민상법전이 2014년에 각각 성립하였다. 또 비록 형식적으로는 再법전화는 아니지만 중국이 2020년 기존의 민사단행법들을 통합한 단일법전을 제정하였다. 이들 개정에 관한 최근의 문헌으로는 M. Graziadei/L. Zhang, The Making of the Civil Codes: A Twenty-First Century Perspective, 2023 참조.

2) 中田裕康, 私法の現代化, 2022, 第4章, 특히 67-69. 中田은 民法(債権法)改正検討委員会委員에서 第4準備会主査 겸 幹事会委員이었고, 이어서 法務省 法制審議会民法(債権関係)部会에서는 위원을 역임하였다. NBL 903 (2009) 11-26

있기 때문이 아니라 민법이 현실에서 제대로 역할을 하지 않았기 때문일지도 모른다고 하면서 그 이유를 다음과 같이 둘로 나누어 설명한다. 첫 번째 이유는 민법의 난해함이다. 여기에는 다음과 같은 네 가지 사정이 있는데, 첫째, 제정 당시의 사정인데, 19세기 말 일본은 강제개국에 따른 치외법권의 굴욕적 상황을 하루빨리 벗어나기 위해 서구열상이 신뢰할 만한 민법전을 급하게 만들면서 독일이나 프랑스보다 조문수가 적은 압축적 만드는 법전을 만들었다. 둘째, 민법 시행 후에는 조문과 다른 학설(주로 독일의 그것)이 수입되면서 조문의 통상적 의미에서 도출되지 않는 해석이 널리 퍼졌다. 셋째, 시간이 흐르면서 판례가 축적되고 조문만으로는 실정법의 내용을 알기 어렵게 되었다. 넷째, 시간의 흐름과 함께 사회경제 상황이 변하고 과학기술이 발전하면서 규범의 기초가 변화하였다. 이 네 가지 중 앞의 두 가지는 일본 특유의 것이고 뒤의 두 가지는 성문법계 아니 모든 법체계에 공통된 것이라 할 수 있다. 이상의 사정에 의한 난해함 외에 민법 부작용의 또 다른 이유로는 민법의 공동화를 들 수 있는데, 여기에는 다시 두 사정이 있다. 첫째 특별법이 많이 제성되었고, 둘째 사회의 새로운 법현상(가령 약관의 광범위한 사용)에 제대로 대응하지 못한 것이다(일본의 경우 2017년 비로소 민법에 약관에 관한 규정이 마련되었다).

2. 일본의 논의 3가지 소개

최근 일본에서는 2017년 민법(채권법)개정은 1990년 이후 회사법 개정과 함께 앞으로 민사기본법 개정의 변화된 모습을 보여주는 사례로 분석의 대상이 되고 있다. 이 주제와 관련하여 필자가 참고로 할 수 있는 자료는 모두 세 가지였다. 먼저 첫 번째는 민사법 가운데 개정빈도가 가장 높은 회사법 관련 법개정의 경험을 분석한 (자료까지 포함하여) 1200여면에 훨씬 넘는 대규모 공동연구의 성과의 단행본인데,[3] 이것은 비록 직접 민법개정을 다룬 것은 아니지만 '無色透明의 회사법'이라는 기존의 신화가 1989년 이른바 헤이세이(平成) 연호기에 접어들면서 정치권력의 변화와 규제완화 등 경제정책의 집행과정에서 어떻게 무

에 실린 内田貴(당시 法務省民事局参与)와 鎌田薫(당시 民法(債権法)改正検討委員会委員長, 나중에 法務省 法制審議会民法(債権関係)部会 部会長)의 대담 「民法(債権法)改正検討委員会の審議を終えて」을 보면 일본민법시행 100주년(1998년)을 맞이하기 위해 연구회가 1993년 발족하여 그 성과가 別冊 NBL 51 (2009)로 나왔다고 하는데(内田, 14), 이 책을 보면 中田이 세속석 계약에 관한 글을 실었고, 또 같은 대담에서 鎌田은 "저 자신은 민법시행 100년을 기념하는 사법학회의 심포지엄을 마치고 이를 개정논의의 출발점으로 삼아야 한다고 생각은 했지만 구체적인 활동은 하지 않았습니다. 그러던 중에 内田 선생은 中田 선생 등과 민법개정을 의식한 연구회를 만들어"라고 증언하고 있다. 또한 中田은 중간시안이 작성되는 기간(2011-2013년) 동안에 日本私法学会理事長을 맡기도 하였다.

3) 中東正文 · 松井秀征(編), 会社法の選択: 新しい社会の会社法を求めて, 2010. 그 서론 부분의 요약은 中東正文, 会社法改正の力学: 井田良 · 松原芳博(編), 井田良 · 松原芳博(編), 立法学のフロンティア 3: 立法実践の変革, 2014, 225-245(특히 226 각주 1) 이 점을 명확히 하고 있다).

너졌는지, 그 과정에서 중소기업과 기관투자가 등이 자기 목소리를 내며 경제산업성뿐 아니라 금융청이 대두하고 학자의 역할은 법무성 사무당국의 입장을 보조하는 것으로 변질되었는지를 잘 보여준다.[4)] 특히 1997년 스톡옵션 제도가 의원입법이라는 새로운 방식으로 입법화되자 당시 회사법학자 225명의 연명으로 반대성명을 내고 정치권에서는 이에 대한 반감으로 그때까지 상설기관이었던 법제심의회를 비상설화하고 위원구성도 대폭 변경하면서 이제는 회사법 개정에서 법학자의 역할이 줄어들었다고 평가할 수 있다.

다른 하나는 신생학문인 입법학의 관점에서 좋은 입법의 조건이란 무엇이고 이를 기준으로 개별 법률의 입법경험을 분석한 단행본인데,[5)] 여기에 실린 (해제를 제외하고) 모두 11편의 논문 중 민법(채권법)과 가족법, 회사법, 노동법, 형사법에 관한 8편의 글들도 흥미로운 분석을 시도하고 있지만, 특히 총론에 실린 3편의 글에서 입법과정에서 법과 정책, 정치가 교차하면서 입법의 '質'이 결정되는바 이때 확보되어야할 법적인 '質'이란 무엇이고 이를 위해 어떠한 틀을 갖춰야 하고 누가(일본에서 심의회가) 그 역할을 맡을 것인가에 관한 시사점을 받을 수 있었다.[6)] 민법(채권법)개정에 관한 글도 물론 2013. 2. 중간시안 공표 전후로 쓰였다는 시기적인 한계는 있지만 통상의 회고적 글들과 달리 입법학에 기한 분석으로 시사적인 부분이 있는바, 가령 법의 정당성과 정통성을 구별한다거나 입법자의 개입이 정통성을 갖추기 위한 요건으로 일정한 역치(閾値)를 요구하거나 또 입법자 나아가 그를 보좌하는 전문가에게 자료공개 및 설명 의무를 적극적으로 부과하여야 한다는 주장은 우리도 충분히 음미할 만하다.[7)]

마지막 자료는 어느 법률잡지의 특집에 실린 9편의 논문들이다.[8)] 특집의도를 설명한 첫 번째 글에는 회사법 전공자인 필자는 법학연구자가 입법에 대한 영향력을 잃게 된 이유로 이익단체의 로비(lobby)와 이른바 '여론'에 대한 대중추수주의(populism), 그리고 이 둘로부터 독립적인 권력독점자(일본식 표현으로는 '官邸', 우리식 표현으로는 'VIP' 혹은 '용산')의 '아이디어' 이렇게 셋을 꼽았다.[9)] 이어지는 3편의 글은 아이디어, 로비, 이데올로기가 정치과정에

4) 三田泰弘, ステイク・ホルダーと会社法: 無色透明の会社法』理論とその神話化: 中東正文・松井秀征(編), 会社法の選択, 103 이하. 특히 2005년 회사법 제정 당시 법제심의회의 회사법 관계부회의 장이었던 에가시라 교수는 나중에 "법제심의회의 회사법관계 부회의 심의는 표면적으로는 경제계와 학자 사이의 주장 대립으로 일관하는 듯 보이지만, 경제계와 대치한 진정한 주요 플레이어는 학자가 아니라 법무성 사무당국이다."고 회고한다(江頭憲治郎, 会社法改正によって日本の会社は変わらない, 法律時報 86/11 [2014] 59-65, 특히 59).

5) 井田良・松原芳博(編), 立法学のフロンティア 3: 立法実践の変革, 2014.

6) 특히 川﨑政司, 立法における法・政策・政治の交錯とその質をめぐる対応のあり方: 井田良・松原芳博(編), 立法学のフロンティア 3, 42-72.

7) 山田八千子, 民法 (債権法) 改正過程と立法過程の在り方: 立法の哲学の視点から: 井田良・松原芳博(編), 立法学のフロンティア 3, 173-198, 특히 179-181, 191-195.

8) 法律時報 94/8 (2022)의 特輯(民事基本立法の法学と政治学).

9) 得津晶, 民事法学が政治学を必要とする理由, 法律時報 法律時報 94/8 (2022) 4-5.

서 각각 어떠한 역할을 하는지를 살피고 있는데, 그 가운데 특히 필자의 관심을 끈 글은 아이디어에 관한 것이었다.[10] 이 글에 따르면 전통적 정책과정론(합리적 선택론)에서 각 집단은 각자의 이익을 극대화하는 방향으로 움직인다고 본 데에 대하여 제도론(institutionalism)이 각 집단은 제도의 제약을 받는다는 이의를 제기하였고, 나아가 아이디어 학파(ideas school)는 아이디어라는 이념적 요소가 이익과 제도보다도 결정적이라고 주장한다.[11] 여기서 아이디어란 정책과제의 존재를 제기하고 그 해결책을 제시하는 2가지 역할을 수행한다("아이디어 없는 정책은 존재하지 않는다").[12]

이 논문의 저자는 아이디어 학파를 대표하는 정치학자 카스텐센과 슈미트의 논문을 기초로 일본의 기업지배구조 개혁의 정책과정을 분석하였다.[13] 필자가 카스텐센과 슈미트의 논문을 찾아 읽어보니 두 정치학자는 기존의 학설들이 별다른 이론화 작업 없이 아이디어의 정치력을 언급하고 있는 것에 불만을 느끼고 아이디어를 통한 권력(power through ideas), 아이디어를 통제하는 권력(power over ideas), 아이디어 속의 권력(power in ideas)이라는 세 개념으로 아이디어 권력(ideational power)을 구상하였다.[14] 이들의 설명에 따르면 아이디어를 통한 권력이란 어느 행위자가 다른 행위자로 하여금 아이디어 요소를 사용하여 무엇을 생각하고 무엇을 할 것인지에 관한 자신의 견해를 받아들이도록 설득하는 능력을 말한다.[15] 이에 반하여 아이디어를 통제하는 권력은 아이디어의 의미를 통제하고 지배하는 행위자의 능력을 가리킨다.[16] 마지막으로 아이디어 속의 권력이란 사고를 구조화하는 데 있어서 어떤 아이디어가 다른 아이디어보다 그럴듯해 보이고 합리적으로 보이는 규범적 속성 내지 권위라고 한다.[17] 그리고 이들로 구성된 아이디어 권력은 (개인 혹은 집단) 행위자가 아이디어 요소를 사용하여 다른 행위자의 규범적, 인지적 믿음에 영향을 주는 능력으로 정의된다.[18]

10) 西岡晋, アイディア学派の政治学: コーポレート・ガバナンス改革とアイディア, 法律時報 94/8 (2022) 7-11.
11) 西岡晋, 法律時報 94/8 (2022) 7.
12) 西岡晋, 法律時報 94/8 (2022) 7-8.
13) 西岡晋, 法律時報 94/8 (2022) 8-11.
14) M. B. Carstensen/V. A. Schmidt, Power through, over and in ideas: conceptualizing ideational power in discursive institutionalism, Journal of European Public Policy 23/3 (2016) 318-337.
15) Carstensen/Schmidt, Journal of European Public Policy 23/3 (2016) 323.
16) Carstensen/Schmidt, Journal of European Public Policy 23/3 (2016) 326.
17) Carstensen/Schmidt, Journal of European Public Policy 23/3 (2016) 329.
18) Carstensen/Schmidt, Journal of European Public Policy 23/3 (2016) 321.

Ⅱ. 본 론

1. EU소비자법 선택의 이유 등

지금부터 카스텐센과 슈미트의 이론을 이용하여 EU소비자법의 정책과정을 분석해 보고자 한다. 먼저 일본법의 경우는 이미 그들끼리 논의가 진행중이고, 유럽의 개별국가의 경우는 법분야 외에 정책분야와 정치분야의 분석까지 진행해야 하는데, 그러기에는 지면의 제약과 필자의 능력으로 버거운 작업이다. EU법, 특히 EU소비자법은 민법과 가까운 영역을 다루고 있고 정책과 정치 분야의 복잡함이 상대적으로 덜하다. 물론 EU소비자법의 전개양상에 대하여는 줄곧 찬반의 목소리가 나누어있었고, 양쪽의 입장을 여기에서 균형 있게 소개하기란 역시 필자에겐 버거운 일이므로 여기에서는 EU소비자법의 신뢰할만한 전문가 중에서 보다 비판적인 입장에서, 보다 정확하게는 EU가 소비자보호입법에서 역내시장 목표를 지나치게 강조하는 것이 아닌가 하는 의구심의 눈길을 가지고 EU소비자법의 전개과정을 평가하고 전망하는 입장[19]에서 소개와 위 아이디어 권력에 기초한 분석을 이하에서 간단하게나마 해보고자 한다.

최근 몇 년간 EU는 자신의 소비자보호정책을 뒷받침하는 새로운 정책철학의 개발을 둘러싸고 서로 대립하는 두 개의 방향을 두고 고심하였다. 즉, 한편으로는 지금껏 그래왔듯이 시장투명성에 대한 중시는 그대로 유지되어야 한다는 것인데 그래야 소비자가 신뢰를 가지고 주체로서 시장에 참여할 수 있고, 또 그렇게 경쟁적 환경 형성에 일조함으로써 제반수준을 향상하는 데 기여할 수 있다. 다른 한편으로 EU는 자신의 소비자정책이 가지는 사회복지 지향에 대하여 보다 더 깊은 이해와 공감을 할 필요가 있다는 요구를 받았는데, 이것은 취약자(the vulnerable)에 대한 보호와 관련이 있다. 현행 아키 코미노테(acquis communautaire)에도 일부 반영되기는 했지만,[20] 여전히 '취약성'이란 개념 자체에 대한 비판적인 분석이나 그로 인한 문제점을 어떻게 다루어야 하는지에 관해서는 규정이 거의 없다시피 하다. 그런데 소비자정책이라면 적어도 소비자가 시장에 참가할 때에는 예외 없이 어느 정도는 제약을 받는다는 사실은 인정할 필요가 있다. 이와 관련하여 행동경제학이 소비자법에 중요한 시사를 한다는 인식이 특히 불공정상행위지침(2005/29/EU)의 적용과 관련하여 점차 널리 퍼졌다.[21] 위험을 적절히 분배함으로써 모든 소비자가 자신의 구매를 통하여 일정한 합법적

---

19) G. Howells/C. Twigg-Flesner/T. Wilhelmsson, Rethinking EU Consumer Law, 2018, 1 이하.

20) L. Waddington, Vulnerable and confused: the protection of "vulnerable" consumer under EU Law, European Law Review 38/6 (2013) 757-782, 특히 757. 참고로 아키 코미노테란 유럽공동체(EC) 이래 생성되고 축적되어온 法源(판례 포함) 전체를 포괄하는 명칭으로 *現存*EU(*私*)法{the Existing EU [Private] Law}이라 할 수 있다.

기대를 실현하도록 하는 것이 소비자법의 기능 중 하나이고 나아가 효과적인 소비자법은 소비자뿐만 아니라 선량한 사업자의 이익과도 합치하고 지역브랜드의 국제경쟁력까지 강화한다는 점을 고려한다면 사회복지 지향의 요구 또한 결코 무시할 수 없다.

2. 역내시장과 소비자보호 사이의 불균형을 야기하는 완전평준화 정책

기술적, 행정적, 사법상 규율을 마련함에 있어서 소비자 아키(acquis) 작성 당시 EU가 내걸었던 소비자보호의 명분과 수평적인 경쟁의 장을 만들어서 역내시장을 강화한다는 보다 실용적인 목표 사이에는 줄곧 긴장관계가 있었다.[22] 특히 EU에서 소비자보호정책을 그 법적 근거 등에 있어서 역내시장정책의 부속물 정도로만 인식하고, 그리하여 월경거래라는 제한된 상황에 국한하여 소비자보호를 다루려는 최근의 경향에서 이러한 긴장관계는 불가피하다. 하지만 처음부터 사정이 이러했던 것은 아니다. 가령 EU의 소비자입법권한이 보다 제한적이었던 때에 만들어졌던 방문판매지침(85/577/EEC)은 역내시장 강화와는 직접적인 관련이 없었다. 필자가 앞서 다른 곳에서 정리하였듯이,[23] 기본조약의 해석에서도 초기부터 생활조건에 관한 일반적인 선언에 묵시적으로 소비자보호가 포함된 것으로 적극적으로 해석이 되었고, 또한 1986년 단일유럽의정서에 '높은 수준의 소비자보호'가 규정됨으로써 역내시장 목표로 인하여 소비자보호가 침해될 수 없음을 명확히 하였다.

그럼에도 80년대 중반과 오늘날 사이에 강조점과 정책내용에 미묘한 차이가 있음을 부정할 수 없는바, 특히 최근에 늘어나고 있는 완전평준화지침의 경우에 그 차이는 보다 분명하게 드러난다. 돌아보면 '최저평준화'에서 '완전평준화'로 기조의 변화가 일어난 시점은 2002년 소비자정책전략(2002－2006)에서라고 할 수 있다.[24] 초기에는 EU의 역내시장(그 당시는 '공동시장') 기준의 대부분을 최저평준화에 입각한 법규로써 마련하였고, 그 목표는 소비자가 EU 안이라면 어디에서도 구매할 만하다는 신뢰를 갖도록 하자는 것이었다.[25] 그렇

21) A. L. Sibony, Can EU Consumer Law Benefit from Behavioural Insights? An Analysis of the Unfair Practices Directive, European Review of Private Law, 22/6 (2014) 901-941.

22) Howells/Twigg-Flesner/Wilhelmsson, Rethinking EU Consumer Law, 3 주 9에서 인용한 문헌 참조.

23) 이준형, EU소비자보호지침의 역사적 전개, 민사판례연구 41 (2019) 997 이하, 특히 발전과정의 시기구분과 시기별 특징을 다룬 Ⅱ(1015 이하) 참조.

24) Communication from the Commission to the European Parliament, the Council, the Economic and Social Committee and the Committee of the Regions: Consumer Policy Strategy 2002-2006, COM(2002) final 208, [2002] OJ C 137/2. 그보다 앞서 나온 Communication from the Commission to the Council and the European Parliament on European Contract Law, COM(2001) final 398, [2001] OJ C 255/1도 참조.

25) 물론 당시에도 EU의 소비자신뢰에 대한 인식에 비판이 없었던 것은 아니었다. 이에 관하여 C. Twigg-Flesner, The importance of law and harmonisation for the EU's confident consumer, in: D. Leczykiewicz/S. Weatherill(eds.), The Images of the Consumer in EU Law, 2015, 183-202, 특히 197-199 참조.

지만 이제는, 특히 기업 입장에서는, 이것만으로 더 이상 만족스럽지 않고, 자국 밖에서 사업을 하면서 기습적인 법적용에 직면하지 않을 것이란 신뢰까지 원하고 있다.[26] 완전평준화가 시대의 대세가 된 이유도 바로 이것이다. 이러한 법정책 변화의 배경에는 EU 내의 조직개편도 한몫했는데, 기존의 소비자법 및 소비자정책의 관할부서가 건강-소비자보호 총국[27]에서 사법-소비자 총국[28]으로 조직의 명칭 등이 바뀌었다.

수평적 경쟁의 장만 마련되면 시장통합이 강화될 것이란 믿음은 EU법이 완전하게 작동한다는 전제에 서있다. 그러나 EU의 규정에는 여러 흠결이 있고, 이러한 흠결은 국내법 규정이 메워야 한다. 또한 EU의 법 규정(특히 불공정성을 요건으로 하는) 중에는 나라마다 법적, 문화적 해석을 얼마든지 달리할 수 있는 불확정개념도 많이 사용된다. 나라마다 법집행의 전통과 법해석의 특징이 있다는 사실 하나만 떠올리더라도 국경간 사업자에게 개별국의 법전 내용과 상관없이 모든 나라에서 실체법을 동일하도록 만든다는 것은 불가능하다는 사실을 이해하기란 그리 어렵지가 않다. 그럼에도 불구하고 마치 EU 안에서는 법의 내용과 적용이 동일하다는(동일할 수 있다는) 믿음을 사업자와 소비자에게 갖도록 한다면 그것은 허풍일 뿐이다. 또한 국경간 거래를 선택할 것인지 결정하는 데 직접 영향을 미치는 요소는 실체법 하나만 있는 것이 아니라 언어나 편리함, 배달비용, 권리구제의 간편함 등 다른 요소도 많이 있다는 점도 고려할 필요가 있다.

일부 회원국이 오랜 시간을 들여서 애써 마련한 보다 높은 수준의 소비자보호를 EU 차원에서 완전평준화란 이름으로 무시하는 것은 제3자의 관점에서 부당하다고 생각된다. 가령 만약에 2008년 소비자권리지침의안에 담겨 있었던 완전평준화의 내용대로 입법이 이루어졌다면 매도인의 하자담보책임을 둘러싼 독일의 판례변경과 민법개정은 불필요했을지도 모른다.[29] 그리고 그런 일이 실제로 일어났다면 “소비자보호에서만큼은 1등”이라는 EU의 이미지는 악영향을 받았을 것이다.

그럼에도 불구하고 완전평준화 정책 아이디어가 실제로 채택된 것은 소비자 보호보다 역내시장 통합을 내세운 기업 이익을 대변하는 행위자 쪽의 의도가 정책과정에서 성취되었음을 보여준다. 그들의 권력은 물질적 이익의 공여를 통해서가 아니라 아이디어라는 이념적 자원을 통해서 발휘되었다. 즉, 아이디어를 통한 권력의 행사에 성공한 것이다.

---

26) 집행위원회의 Green Paper on policy options for progress towards a European Contract Law for consumers and businesses COM(2010) 348 final, 5 참조.

27) Directorate-General on Health and Consumer Protection(줄여서 DG SANCO).

28) Directorate-General on Justice and Consumers(줄여서 DG JUST).

29) Proposal for a Directive of the European Parliament and of the Council on consumer rights {SEC(2008) 2544} {SEC(2008) 2545} {SEC(2008) 2547}, COM(2008) 614 final. 이준형(주 5), 특히 1012-1014면(독일의 판례변경과 민법개정에 관한).

3. EU의 경쟁력 강화에 기여할 소비자보호 강화 정책

많은 이들은 최저기준을 높여서 점진적인 접근을 도모하는 것이 EU가 앞으로 나아가야할 최선의 방도라고 믿는다.[30] EU의 강점은 소비자문제를 주로 다루는 법률가들이 모두 공통된 법률용어를 사용하고 있고 또한 법률들도 그동안 상당한 수준까지 접근하였다는 사실이다.[31] 완전평준화는 이러한 성과를 보다 극대화하려는 시도라고도 볼 수 있지만, 그 실제 성과는 상대적으로 적고 오히려 현실 소비자운동과 유리될 위험이 노출되어 있다. 소비자보호를 역내시장의 부산물 정도로 보면 현재의 상태에 만족할 수 있지만, 보다 높은 소비자보호가 제대로 집행되기만 한다면 저질의 상품을 만들거나 불공정한 거래를 할 유인이 모두 제거되기 때문에 오히려 강력한 소비자보호는 사업자를 부당경쟁에서 방어하는 수단이 될 수 있다.[32]

또한 EU의 소비자수준은 국제적으로 높은 수요의 고품질의 재화로 알려진 유럽이라는 지역의 브랜드 파워를 구성하는 요소이기도 하다.[33] 높은 소비자 보호수준은 EU의 재화와 용역의 품질을 소비자가 보다 신뢰할 수 있도록 하여 그 국제경쟁력을 더욱더 강화시킬 수 있다. EU회원국 중 이미 높은 고품질의 재화를 생산하는 것으로 명성이 높은 선진국부터 소비자의 기대에 부합하는 보호를 약속하고 상품의 품질을 유지하기만 해도 그 이익은 EU 전체가 누릴 수 있다. 하지만 반대로 EU가 보다 낮은 수준의 보호를 회원국에게 강요한다면 최고라는 명성은 더 이상 누릴 수 없다. 글로벌경제에서 이미 고소득을 누리는 EU회원국이 번영을 유지할 수 있는 방법은 소비자의 신뢰에 기초한 프리미엄을 붙일 수 있는 고부가 재화를 만드는 방법뿐이다.

EU브랜드의 성공은 바로 유럽 법률 모델의 수출로 이어진다. EU입법이 시장원리에 부합하는 높은 수준의 소비자보호를 추진한다고 호평 받으면 다른 지역의 국가도 이를 받아들일 것이다. 이미 몇몇 EU법 분야는 수출이 이루어졌는바, 특히 제조물책임과 제품안전성 확보, 그리고 불공정계약 및 불공정상행위 규제 등의 분야가 대표적이다. 이것이 가능했

30) Howells/Twigg-Flesner/Wilhelmsson, Rethinking EU Consumer Law, 5

31) 공통법률용어의 사용에 관하여는 H. Schulte-Nölke/L. Tichý(eds.), Perspectives for European Consumer Law, 2010 중 제1부 '소비자권리지침안에 관한 입장'에 실린 아키그룹 편집위원회 소속 연구자들이 집필한 6편의 논문을 참조.

32) 폭스바겐 사의 1965년산 레몬 색 비틀(Beetle) 차량에서만 고장이 빈발하여 이때부터 '레몬'은 결함 있는 중고차를 가리키는 말로 사용되었다. 중고차처럼 실제로 구입하여 써 보기 전에는 품질을 알 수 없는 재화가 거래되는 시장을 '레몬 시장'이라고 하는데, 이 개념은 George Akerlof, The market for "lemons": Quality uncertainty and the market mechanism, Quarterly Journal of Economics 84 (1970) 488에서 처음 제시되었다. 사법재판소도 종국적으로 소비자의 역내시장 참가는 '그 지역의 생활수준과 삶의 질을 끌어올리는 데에' 불가결하다고 보았다. ECJ Case C-168/05 Elisa María Mostaza Claro v Centro Móvil Milenium SL. [2006] ECR I-10421 특히 para. 37 참조.

33) Directorate General for Internal Policies, Contribution of the Internal Market and Consumer Protection to Growth, EU, 2014, 31, 122-124 참조.

던 가장 중요한 이유는 아이디어의 의미를 통제, 지배하는 행위자의 높은 능력, 다시 말해서 EU법학이 전통적으로 발전시켜온 아이디어를 통제하는 권력 덕분이었다.

4. 신뢰할만한 소비자와 정보제공 모델의 문제점

EU의 소비자법 및 소비자정책의 특징 중에 전통적인 소비자보호의 요소를 약화시키고 나아가 EU브랜드파워에 해가 될 수 있다는 비판을 자주 받는 것이, 바로 사업자 쪽의 행위가 미치는 영향을 측정하는 기준으로서 보호필요성이 가장 적게 인정되는 '신뢰할만한' 내지 '평균적' 소비자를 전제한다는 점이다. EU는 공식적으로는 소비자행동경제학의 가치를 인정하면서도[34] 실제 법적용에서는 모델로서 경험상 근거가 보다 희박한 '신뢰할만한/평균적', 즉 '합리적으로 제대로 정보를 제공받고 합리적으로 관찰하면서 신중하게 앞뒤를 재는' 소비자를 상정하고 있다.[35] 이러한 모델은 전형적인 소비자라면 어떠한 추가적 보호도 불필요하고, 단지 예외적으로 일부 '취약한' 소비자만이 추가적 보호가 필요할 뿐이라는 논리로써 일반적 소비자보호의 필요성을 축소시킨다.

EU 규제모델의 또 다른 주된 기조는 실질적 규제보다 정보제공의 중요성을 강조하는 것이었다. 과거 EU소비자정책전략(2007－2013) 등에서 소비자에 자율권을 부여하려는 움직임은 환영받았지만,[36] 그것이 자칫 꼭 필요한 실체적 권리를 대체하는 식이 되는 것은 아닌가 하는 우려의 목소리가 있었다. 정보제공 모델과 관련한 또 다른 문제는 행동경제학의 논의에 귀 기울이지 않음으로써 이 모델이 소비자보호를 위한 수단으로서 가지는 한계를 제대로 인식하지 못한 점이다. 학설 가운데에는 현실에서 보이는 정책입안자의 모습에서 과연 이들이 소비자보호를 시장에서 스스로를 지키기가 구조적으로 어려운 사회집단으로서 모든 소비자에게 필요한 것으로 보는 것이 아니라 단지 주변부로 밀려난 취약한 소비자에게만 필요한 것으로 좁게 보고 있는 것이 아닌가 하는 인상마저 받는다는 비

---

34) 대표적으로 N. Chater/S. Huck/R. Inderst, Consumer Decision-making in Retail Investment Services: A Behavioural Economics Perspective: A Behavioural Economics Perspective (Final Report to the European Commission/SANCO), 2010.

35) 유럽사법재판소의 많은 판례 중 대표적 예를 몇 가지만 들면 C-216/96, *Gut Springenheide GmbH v. Oberkreisdirektor des Kreises Steinfurt* [1998] ECR I-4657; C-303/97 *Verbraucherschutzverein e.V. v. Sektkellerei G.C. Kessler GmbH und Co.* [1999] ECR I-513; C-220/98, *Estée Lauder Cosmetics GmbH. & Co. OHG v. Lancaster Group GmbH* [2000] ECR I-117; C-465/98 *Verein gegen Unwesen in Handel und Gewerbe Köln e.V. v. Adolf Darbo AG.* [2000] ECR I-2297; C-3/99 *Cidrerie Ruwet SA v. Cidre Stassen SA and HP Bulmer Ltd.* [2000] ECR I-8749.

36) Decision No. 1926/2006/EC of the European Parliament and of the Council of 18 December 2006 establishing a programme of Community action in the field of consumer policy(2007-2013), [2006] OJ L 404/39; EU Consumer Policy strategy 2007-2013 - Empowering consumers, enhancing their welfare, effectively protecting them {SEC(2007) 321} {SEC(2007) 322} {SEC(2007) 323}, COM(2007), 99 final, [2007] OJ C 181/19.

판까지 있다.37)

상당수 EU 회원국에서 소비자 보호의 논리는 여전히 예외적, 절차적인 것으로 이해되는 현실은 일반적, 실체적 소비자 보호의 논리가 아직까지 아이디어 속의 권력에 이르지 못하였음을 보여준다. 달리 말하면 정책과정의 '배경(background)'으로서 기저에서 작동하는 수준에 이르지 못한 것이다.

5. 리스크 재분배라는 사회복지적 기능

그동안 EU의 소비자정책을 둘러싼 여러 논쟁이 있어왔지만 소비자법을 리스크의 사회화로 정면으로 인정하는 입장을 찾아보기 어려웠다. 이와 같은 사실은 많은 회원국의 국내 소비자정책을 보더라도 마찬가지였다. 취약계층에 적합한 대책의 마련이 물론 사회복지의 기능 중 하나이지만, 그것이 전부는 아니다. 소비자정책은 시장거래에 만연해있는 부당한 리스크에 소비자가 노출되지 않도록 보호책을 마련하는 것이기도 하다. 시장에서는 무능, 기망, 불운 등으로 소비자가 거래에 실패할 리스크는 상존한다. 그 중 어떤 리스크는 소비자가 그냥 운이 없다거나 교훈을 얻는 셈치고 받아들여야 할 것이 있는가 하면, 어떤 것은 그로 인한 손해로 인하여 혹은 시장 질서를 바로잡기 위하여 재분배해야할 것이 있다. 이러한 리스크의 사회화는 수많은 소비자규정의 근거가 된다. 즉, 법은 단순히 시장에서의 힘만으로 리스크 부담자가 결정되는 것을 막기 위하여 개입한다. 사실 제조물책임지침(85/374/EEC)이나 지연된 항공여객의 권리규정38) 등과 같이 명시적으로 리스크의 분담을 입법의 근거로서 사용한 예가 분명 있었지만, 후견주의라는 비난이 두려워서였는지 이 사실을 정면으로 인정하는 예는 많지 않았다.

만약 어떤 상품(재화, 용역)으로 인하여 책임을 질 잠재성 가능성을 그 상품의 가격요소 중 하나라고 본다면 소비자의 모든 불가양의 권리는 일종의 강제보험이라고 할 수 있다. 실체법상 소비자의 많은 권리는 강행적으로 규정되어 있지만, 정보제공과 관련한 法文의 현란한 레토릭(rhetoric)은 자칫 그 의미를 퇴색시킬 위험이 있는바, 기업에게 정보제공이란 수단을 이용하여 자신의 의무를 조작할 수 있는 재량의 여지를 지나치게 많이 허용할 경우에 소비자의 권리가 과연 강행적인가 하는 의문이 들 것이기 때문이다. 결국 소비자보

37) 이에 관해서는 G. Howells et al.(eds.), Yearbook of Consumer Law 2007, 2007에 실린 J. Stuyck의 논문과 T. Wilhelmsson의 논문을 참조.

38) Regulation (EC) No 261/2004 of the European Parliament and of the Council of 11 February 2004 establishing common rules on compensation and assistance to passengers in the event of denied boarding and of cancellation or long delay of flights, and repealing Regulation (EEC) No 295/91, [2004] OJ L 46/1.

호는 '모든' 소비자가 취약하다는 사실에서 출발하여야 하고, 리스크의 사회화를 전면적 혹은 부분적이라도 소비자보호의 실행목록에 포함시켜야 한다. 이것이 바로 사회복지적 소비자보호 모델이고, 단지 의사결정만을 중시하면서 공개시장에서의 소비자선호 극대화만을 추구하는 신자유주의 모델과는 근본적으로 구별된다.[39)]

한편 현재와 같은 EU지침 시스템에서 개인의 자유와 국가 주도의 최저시장요건 사이의 조화를 이루려면 세심한 균형 잡기가 필요한데, 이 균형 잡기에서 다시 한 번 그 나라의 전체적인 법문화가 종종 중요하게 작용한다.[40)] 아이디어 학파의 관점에서 보면 이는 아이디어의 토착화(localization)으로 설명한다.[41)] 즉, 새로 만들어진 아이디어나 규범이 보급될 때 아무리 아이디어 자체가 우수하더라도 이미 사회에 정착된 규범과 근본적으로 다를 경우는 수용 가능성이 낮고 합치한다면 수용 가능성이 높아진다.

6. 입법 방식 선택의 문제

사실 입법학에서 입법 방식이 문제되는 일반적인 상황은 EU의 경우와 비교하기 곤란하다. 그럼에도 불구하고 EU소비자법을 소재로 검토하는 마당에 EU에 고유한 이 문제를 전혀 언급하지 않을 수 없어 여기서 간단하게 다루기로 한다. EU의 입법형식 중 과거에는 지침이 선호되었지만, 2011년 집행위원회의 CESL안 제안을 계기로 변화의 모습이 눈에 띈다.

원래 소비자권리지침원안(COM(2008) 614 final)에 포함되어 있었던 물품매매와 불공정조항에 관한 규정은 2011년 지침 제정 과정에서 결국 대부분 삭제 내지 축소되었고,[42)] 이

39) 사회복지적 모델의 입장에 관해서는 일단 M. Hesselink의 소책자, CFR and Social Justice: a short study for the European Parliament on the values underlying the draft Common Frame of Reference for European private law, 2008, 특히 29 이하(5. The protection of weaker parties), 43 이하(6. General private law: neoliberal or socialist?)를 참조, 그밖에도 소비자보호에 대한 다양한 접근방식에 대한 분류로는 N. Reich, Diverse approaches to consumer protection philosophy, Journal of Consumer Policy 14/3 (1991-1992) 257-292(시대별로 1950년대와 60년대를 前개입주의, 70년대를 개입주의, 80년대를 後개입주의로 3분류); T. Wilhelmsson, Varieties of welfarism in European contract law, European Law Journal 10/6 (2004) 712-733(시장합리적, 시장교정적 등 6분류) 참조.

40) D. Kennedy, A transnational genealogy of proportionality in private law, in: R. Brownsword/H.-W. Micklitz/L. Niglia/S. Weatherill(eds.), *The Foundations of European Private Law*, 2011, 185-220(제2차 세계대전을 전후한 유럽과 미국의 법학계에서 私法의 '(이익)형량'을 둘러싼 논의를 검토한 후, 공법의 비례원칙과도 비교); H.Collins, European private law and the cultural identity of states, European Review of Private Law 3/2 (1995) 353-365, 특히 357-359를 참조.

41) 西岡晋, 法律時報 94/8 (2022) 10.

42) Directive 2011/83/EU of the European Parliament and of the Council of 25 October 2011 on consumer rights, amending Council Directive 93/13/EEC and Directive 1999/44/EC of the European Parliament and of the Council and repealing Council Directive 85/577/EEC and Directive 97/7/EC of the European Parliament and of the Council, [2011] OJ L 304/64. 특히 제4조(평준화의 수준)는 "회원국은 국내에서 본 지침이 정한 바와 다른 규정(다른 소비자보호수준을 보장하는 보다 엄격하거나 덜 엄격한 규정 모두를 포함한다)을 유지하거나 신설하여서는 안 된

어서 2011년 제안된 집행위원회의 CESL안은 지나치게 역내시장에 경도되어서 아예 명시적으로 월경매매에 초점을 맞춘 체계를 지향하였다. 역사적으로 EU에서 오로지 월경문제에 초점을 맞춘 첫 번째 규율 사례는 사법접근권에 대한 규율이었는데, 그것은 회원국들이 국내의 절차법적 자율성에 대한 EU의 개입을 우려했기 때문이었다. CESL안이 그 적용범위를 월경매매로만 제한한 것은 이와 비슷한 맥락에서 국내 실체법에 대한 간섭우려를 불식하고 월경매매를 촉진하고자 하였기 때문이다. 기존의 국내시장에서 역내시장으로 시장의 범위가 확대됨으로써 국내법을 손질해야 할 계기가 추가적으로 발생할 수 있지만,43) 사실 보다 문제는 근본적으로 이러한 접근방식에 대해서는 자국과 인터넷, 다른 회원국 중 어디에서 샀느냐에 따라서 적용되는 실체법규정을 달리 보아야할 객관적인 이유를 찾기 어렵다는 비판이었다.44)

결국 CESL안을 대신하여 온라인계약지침안이 제안되었지만,45) CESL안의 제안은 EU에서 지침보다 규정에 대한 선호도가 증가하고 있음을 보여준다.46) 그동안 사용되어온 지침에 의한 평준화에는 몇 가지 성과가 있었다. 무엇보다도 지침이 없었더라면 국내입법화가 되지 않았을 소비자보호입법을 현실화하였고, 일반적으로 시간이 오래 걸리는 국회의 입법과정에서 채택 여부를 거부하거나 내용을 근본적으로 변경하려는 시도를 방지하는 역할도 하였다.47) 그러나 지침에 의한 평준화는 역내시장에서 소비자거래를 뒷받침할 일관적 법체계를 구축하는 데에 실패하였고, 바로 여기에서부터 규정에 의한 일괄적 법적용으로의 전환이 필요하다는 주장이 출발한다.48) 규정은 지침과 달리 국내법화(평준화) 절차를 밟을 필요 없이 바로 국내 입법과 같이 회원국 내에 직접 적용되기 때문에(EU운영조약 제288

다. 그러나 본 지침에 다른 규정이 있는 때에는 그러하지 아니하다."고 규정한다. 이준형, 민사판례연구 41 (2019) 특히 1036-1037의 경과를 서술한 부분과 김재영, EU 소비자법제 연구, 2015, 특히 68-79의 지침의 전반적 내용 소개를 참조.

43) 특히 가맹업자나 제조업자의 책임의 경우가 좋은 예이다. 後者와 관련하여서는 M. Ebers/A. Janssen/O. Meyer(eds.), European Perspectives on Producer's Liability: Direct Producers' Liability for Non-conformity and the Sellers' Right of Redress, 2009, 특히 7-29, 32-36의 회원국별 법개정 동향 개괄을 참조.

44) 반면에 C. Twigg-Flesner, CESL, Cross-Border Transactions and Domestic Law: Why a Dual Approach Could Work(Although CESL Might Not), *European Review of Private Law* 23/2 (2015) 231-249는 국경간 거래는 국내거래와 다른 법률문제를 야기하기 때문에 양자는 별도의 체계 아래에서 병존적으로 규율되는 것이 낫다고 하면서 CESL의 국경간 거래에 대한 정의, 선택적 적용가능성 등은 이 점에서 보완 내지 수정되어야 한다고 주장한다.

45) Green Paper on the Review of the Consumer Acquis, COM(2006) 744 final, [2007] OJ C 61/2를 보면 집행위원회는 7가지 법적 성격이 상이한 규범 제안 가운데 네 번째 안(규정이 형태로 선택적 수단을 제도화하는)을 가장 선호하였다.

46) 지침에서 규정으로의 선회에 관하여는 C. Twigg-Flesner, A Cross-Border-Only Regulation for Consumer Transactions in the EU: A Fresh Approach to EU Consumer Law, 2012, 특히 19-25 참조(법적 근거와 정치적 가능성을 순차적으로 검토).

47) C. Twigg-Flesner(주 46), p. 19. 지침을 통한 평준화의 특징에 관하여는 이준형(주 23), 1006-1008면 참조.

48) C. Twigg-Flesner A Cross-Border-Only Regulation for Consumer Transactions in the EU, 19; 이준형, 민사판례연구 41 (2019) 1007.

조) 법적 통일성이 보다 확실하게 보장된다. 또한 집행위원회와 사법재판소가 회원국의 집행 여부를 보다 엄격하게 감시할 수 있다면 나라마다 다른 법문화와 법률용어의 영향을 거의 차단할 수 있다는 사실도 EU가 더욱 직접적이고 강력한 입법수단을 선호하는 이유라고 할 수 있다.[49] 특히 기존의 국내법규와 저촉하지 않고도 실행 가능한 내용을 EU에서 정하고자 하는 경우라면 규정에 의한 입법이 더욱 타당하다 할 것인데, 이처럼 규정입법을 사용한 예로 가령 온라인 분쟁해결(Online Dispute Resolution, 약칭 ODR) 플랫폼처럼 새로운 EU 조직을 창설하거나[50] 또 소액심판과 같이 EU차원에서 추가적인 권리구제절차를 마련한 경우[51]를 들 수 있다. 완전평준화를 지향하는 입장에서 보면 회원국의 재량을 인정하지 아니하는 규정입법의 사용이 당연히 보다 매력적일 것이다. 하지만 앞서도 언급하였듯이, 지침입법에도 장점은 있고 특히 각 회원국의 법문화와 법률용어에 맞춘 입법이 가능하다는 점에서도 당장 혹은 가까운 장래에 지침입법을 완전히 포기하는 일은 일어나지 않을 것이다. 무엇보다도 EU입법이 각 회원국 국내의 입법과 상호작용하거나 병존해야 하는 경우라면 지침을 통한 입법만이 가능하기 때문이다.

7. 효율적 법집행 수단의 문제

어떠한 소비자보호시스템이 효율적이기 위해서는 먼저 실체법의 내용이 타당하고, 그 내용대로 집행되어야 하며, 집행으로 인한 제재가 효과가 있어야만 한다. 소비자법의 집행 모델은 나라마다 차이가 있지만, (준)국가기관을 통한 공법적 수단과 개인 혹은 소비자단체를 통한 사법적 수단을 모두 사용하는 것이 보통이고, 다만 양쪽 수단의 배합이 다를 뿐이다. EU차원의 집행시스템의 효율성 못지않게 중요한 것이 각 회원국 내에서 이러한 시스템을 이용할 수 있는 수단이 적절히 제공되는가 하는 점이다. 이 또한 회원국마다 차이가 나는 것이 현실이다. 중요한 소송을 직접 수행할 수 있는 소비자단체가 있는 회원국이 있는가 하면 아예 기본적인 전문성조차 갖춘 소비자단체가 거의 없는 회원국도 있다. 또한 제때에 효과적으로 사법적 구제를 해주는 사법시스템을 갖춘 회원국이 있는가 하면 판결에

49) 사법재판소에 의한 지침의 국내집행감시가 이루어졌던 대표적인 사례를 몇 가지만 들자면 먼저 제조물책임지침에 대한 Case C-50/00 Commission v. France [2002] ECR I -3827; Case C-154/00 Commission v. Greece [2002] ECR I -3879, 그리고 불공정계약조항지침에 대한 Case C-478/99 Commission v. Sweden [2002] ECR I -4147 등 참조.

50) Regulation (EU) No 524/2013 of the European Parliament and of the Council of 21 May 2013 on online dispute resolution for consumer disputes and amending Regulation (EC) No 2006/2004 and Directive 2009/22/EC(Regulation on consumer ODR), [2013] OJ L 165/1

51) Regulation (EC) No 861/2007 of the European Parliament and of the Council of 11 July 2007 establishing a European Small Claims Procedure, [2007] OJ L 199/1.

오랜 시간과 수고를 요하는 회원국도 있다. 이런 이유로 EU차원에서 이미 소비자단체에 소송권을 부여하는 지침과 각 회원국 소비자보호 집행기관간의 협력(네트워크)을 위한 규정이 각각 존재함에도 불구하고[52] 성과가 미비하였다. EU가 2014년 채택한 '소비자프로그램 2014-2020'에서[53] 소비자단체에 대한 지원과 효율적 법집행을 가장 중요한 목표 중 하나로 꼽은 것은 이러한 상황을 인식하고 타개하기 위함이라 보아야할 것이다.

다른 한편, EU는 사법접근권 문제에도 적극적으로 나서고 있는데,[54] 온라인분쟁해결 규정과 대체적 분쟁해결(ADR)지침을 각각 마련하고,[55] 집행위원회가 집단적 권리구제에 관한 입장을 발표한 것이 그 예이다.[56] 나아가 EU는 월경매매의 증가로 인한 새로운 문제에 대처할 필요성을 인식하고, 악덕사업자가 법적 책임을 피하기 위하여 국경을 이용할 수 없도록 하는 방안을 모색하고 있다. 또한 EU차원에서 사법개혁에 대한 아이디어를 교환하고 경험을 공유하는 작업도 진행 중인데, 이것은 특히 집행시스템이 불완전하거나 비효율적인 회원국의 입장에서 상당한 도움이 될 수 있다.

때때로 분쟁처리비용은 실체법을 개정할 때 선택지를 배제하는 기능(적어도 명목상 기능)을 한다. A안과 B안이 다투어지는 상황에서 B안이 논리적으로 설득력이 있음에 불구하고 분쟁처리비용이 많이 든다는 이유로 선택되지 못한 사례가 실제로 확인된다.[57] 이처럼 아이디어 권력(여기에서는 아이디어를 통한 권력)은 법집행 단계에서도 문제된다.

52) Directive 2009/22/EC of the European Parliament and of the Council of 23 April 2009 on injunctions for the protection of consumers' interests, [2009]. OJ L 110/30(이보다 앞서 시행되었던 Directive 98/27/EC of the European Parliament and of the Council of 19 May 1998 on injunctions for the protection of consumers' interests, [1998] OJ L 166/51을 대체); Regulation (EC) No 2006/2004 of the European Parliament and of the Council of 27 October 2004 on cooperation between national authorities responsible for the enforcement of consumer protection laws (the Regulation on consumer protection cooperation), [2004] 364/1.

53) Regulation (EU) No 254/2014 of the European Parliament and of the Council of 26 February 2014 on a multiannual consumer programme for the years 2014-20 and repealing Decision No 1926/2006/EC, [2014] OJ L 84/42.

54) 비교적 초기의 지침으로는 Council Directive 2002/8/EC of 27 January 2003 to improve access to justice in cross-border disputes by establishing minimum common rules relating to legal aid for such disputes, [2002] OJ L 26/41.

55) Regulation (EU) No 524/2013(주 50); Directive 2013/11/EU of the European Parliament and of the Council of 21 May 2013 on alternative dispute resolution for consumer disputes and amending Regulation (EC) No 2006/2004 and Directive 2009/22/EC(Directive on consumer ADR), [2013] OJ L 165/63.

56) Towards a European Horizontal Framework for Collective Redress, COM(2013) 401 final.

57) 가령 青竹美佳, 2018年相続法改正: 多様化への対応と法律婚の保護, 法律時報 94/8 (2022)의 特輯(民事基本立法の法学と政治学) 30-36, 특히 33은 "다양화된 가족에 상속법 제도를 대응시킨다는 관점을 제시한 민법학설이 분쟁비용이라는 실제적 이유로 좌절될 수밖에 없다는 평를 하는 것이 타당할까? [배우자상속분에 관한] 당초제안이 수정된 배경에는 분쟁처리비용 문제뿐 아니라 앞서 언급하였듯이 민법의 여러 제도와 관계를 신중히 검토할 필요성이 지적된 것이다"고 하고 있다.

8. 소결: 법학자의 관점 vs. 정책입안자의 관점

EU소비자법에서 월경매매를 늘리기 위하여 실체법을 평준화하려는 시도는 소비자보호의 핵심요소에 대한 개념정의를 계속해서 불분명한 채로 남겨두고, 그 대신에 정보제공을 보호의 중심수단이 삼은 것은 그것이 소비자보호의 핵심요소를 건드리지 않아서 역내시장 담론에 보다 적합했기 때문이다. 실체적 기준을 논하게 되면 리스크 분담에 대한 관념이 역사적, 사회적, 경제적으로 다른 회원국 사이에 자칫 균열이 발생할 위험이 있기 때문이다. 이 점은 리스크 분담이야말로 사회복지적 소비자보호 모델의 핵심문제에 해당한다는 신조를 가진 법학자의 관점에서는 얼마든지 비판할 수 있지만, 정책입안자의 입장에서는 당연한 선택일 수 있다.

사실 법학자와 정책입안자는 다음과 같은 서술에 대해서는 서로 동의할 수도 있다. 즉, 리스크를 소비자와 사업자 사이에서 어떻게 분배하느냐는 회원국마다 입장이 다를 수 있고, EU에게는 바로 이러한 차이를 수용 가능한 한도 안에서 관리하여야할 역할이 있으며, 소비자가 기대하는 보호수준에 부합하는 방향으로 EU차원의 통합을 강화하려면 역내시장이란 목표는 소비자보호의 요청과 균형을 이루어야 한다는 점. 그리고 물론 규제영역에 따라서는 가령 기술적 평준화와 같은 완전평준화가 요구되는 영역이 있는 것은 사실이지만, 그렇다고 회원국 고유의 사회적, 문화적 가치가 엄연히 따로 있는데도 이와 상충하는 획일적 가치를 강요하는 EU소비자정책은 바람직하지도, 지속가능하지도 아니하다는 점. 그렇다면 법학자는 정책입안자와 어떻게 협력할 것인가?

Ⅲ. 결 어

1. EU소비자법을 이끌어온 상부구조물과 기계실

법률은 다종다양하기에 그 '質'을 평가하려면 먼저 법률의 유형을 파악하여야 하는데, 어느 입법학자는 입법과정에서 법률전문가와 정책입안자, 정치가의 역할비중에 따라 ①법률전문가가 입안준비기관으로서 시간을 들여 민의를 반영하고 이해조정을 하는 기본규범설정형 입법, ②소관정책입안자(각 부처)가 입안을 준비하고 입법 과정에서 해당 분야 전문가가 관여하는 제도형성형 입법, ③정치가가 민의를 모아서 기본방향을 정하는 정책구상·선택형 입법, ④소관정책입안자(각 부처)가 주도적으로 발안하고 정치가의 동의를 얻는 정책수행형 입법, ⑤일정한 사회적 필요가 있을 때 정치가가 주도적 역할을 하고 그 후 집행을 정책입안자나 법률전문가(법원)가 맡는 문제대처형 입법이라는 5가지 유형으로 나누었다.58) 민법이나 상법, 형법, 민 · 형사소송법과 같은 기본법들은 모두 법의 이념이나 가치, 기술적 전문성이 중시되고 조문 하나하나가 요건과 효과가 분명해야 하며 법률 전체가 체계성 및 정합성을 가져야 하기 때문에 ①에 속하여 입법사실(입법의 필요성과 합리성을 근거지우는 일정한 사회적·경제적·정치적·과학적 사실)이 목적 설정과 수단 선택 양쪽 모두에서 제시, 해명되어야 할 때에 법률전문가의 역할(사안에 따라서 다른 분야 전문가의 상충하는 의견들을 형량)이 중요하다.

필자가 아이디어 학파에 관한 일본잡지의 짧은 글을 통해서 알게 된 또 다른 유용한 문헌으로 학생용 공공정책학 교과서가 하나 있는데, 거기에서는 정책과정을 설명하기 위하여 '정책수립의 이중구조'란 표제 아래 선박구조물에 빗대어 정책과정의 주된 장(key arenas)은 상부구조물(superstructure)과 기계실(engine room)의 이중구조라는 비유가 나온다.59) 여기서 상부구조물이란 배의 진로를 결정하는 조정실을 의미하고 정책과정에서는 대통령이나 수상, 장관, 국회의원 등이 참가하는 기본적 정책방침이 논의되는 장을 말한다. 반면에 기계실이란 정부관료나 전문가가 정책의 구체적인 안이나 실현수단을 논하는 장을 가리킨다. 이 두 개의 장 사이에는 서로를 연결하는 채널들이 있고, 이것이 확대되면 정책네트워크로 발전한다. 그래서 정치적 상부구조물이 정책적 기계실의 지원을 받는 것 못지않게 후자가 전자로부터 받는 영향도 중요하고, '이원적(dual)'이란 이를 표현한다.60)

EU소비자법 내지 정책의 발전과정에도 상부구조물과 기계실이 각각 존재한다. 위 Ⅱ. 에서 인용한 공식문건들은 대개 EU 공식조직(개별의원을 포함하여)에서 발간된 것이지만, 그 배후에는 많은 학술적 프로젝트들의 기여가 있었음은 이들 공식문건을 몇 페이지만 넘겨보면 혹은 참고문헌 목록을 보면 쉽게 알 수 있다. CISG 체택 직후인 1982년부터 활동했었던 란도위원회를 비롯하여 간돌피 그룹, 유럽민법전연구그룹, 아키 그룹, 트렌토 그룹 등이 1990년대 중반부터 내략 2010년까지 통일민법전 혹은 적어도 재산법의 주요부분의 통합의 이상이 드높았던 시기에 성과물을 내놓았고,61) 2009년 DCFR은 그 정점을 찍었다. 이 시기에 나온 정책제안은 광범위하고 포괄적이어서 당시 주도적 역할을 했던 법학자는 훗날 "일반계약법이 오늘날 과연 유럽에서 새롭게(또는 다시금) 숙고기간이 필요한 중차대한 영역이

58) 川﨑政司, 立法における法 · 政策 · 政治の交錯とその質をめぐる対応のあり方: 井田良 · 松原芳博(編), 立法学のフロンティア 3, 55-59.

59) A. Hassel/K. Wegrich, How to Do Public Policy, 2022. 33-61(Chapter 2), 특히 35.

60) Hassel/Wegrich, How to Do Public Policy, 39.

61) 이들 학술조직에 관한 서술로는 일단 M. Stürner, Europäisches Vertragsrecht: Institutionelle und methodische Grundlagen, materielles Recht, Kollisionsrecht, 2021, 특히 4 ff.(§ 4).

라고 한번도 생각해본 적이 없다. 논쟁은 종결되었다"고 적을 정도였다.[62] EU소비자법 영역에서 상부구조물의 원활한 과제수행은 이러한 기계실의 전폭적인 지원 덕분이었음을 결코 간과해서는 안 된다.

물론 유럽법원칙 내지 유럽법전을 향한 약 20년간의 학술적 노력과정을 들여다보면 다양한 학술조직 사이에 협력만 있었던 것은 아니고 경쟁도 있었다. 이들의 성과 중 PECL이나 PICC, PETL, DCFR 등은 1923년 설립된 미국법학원(ALI)의 리스테이트먼트에 영감을 받은 것인 만큼, 미국법학원과 같은 조직이 유럽에도 있어야 한다는 목소리가 자연스럽게 나왔다. 그럼에도 불구하고 구체적인 상에 대해서는 이들 학술조직 사이에 다양한 견해가 있었는바, 2008년 10월 본격적인 논의가 시작된 이래로 특히 하향식 방식(상부구조물, 즉 EU의 지도를 강조하는 입장)과 상향식 방식(기계실, 즉 학술단체의 독립성을 강조하는 입장) 중 선호하는 것과 안정적 재정지원방안의 확보가 선행되어야 하는지와 관련하여 그러하였다.[63] 그러다가 2010년 6월 독일 막스-플랑크 연구소 소장이었던 찜머만(Reinhard Zimmermann)의 주도로 열린 함부르크 회의에서 유럽법학원(ELI) 설립주비위원회가 구성되었고, 같은 해 11월 EU대법원장 네트워크의 회장이었던 그리스(Irmgard Griss)가 찜머만과 함께 비엔나에서 주최한 주비위원회 회의에서 주요한 쟁점에 관한 합의가 추가로 도출되었다. 해를 넘겨 2011년 4월 유럽공법협회 소장 프로가이티스(Spyridon Flogaitis)의 협조로 아테네에서 열린 설립준비위원회 회의에서 정관을 확정하고 벨기에 국왕으로부터 비영리 국제조직의 인가를 받고서 드디어 2011년 6월 1일 프랑스 파리2대학에서 ELI는 활력 있는 유럽법공동체를 위한 새로운 플랫폼의 창설을 기치로 내걸고 의욕적으로 출발하였다.[64]

하지만 2011년 발족 당시는 거대한 유럽법전의 희망이 신기루처럼 갑자기 사라졌고 CESL안의 좌절, 글로벌 금융위기, 시리아 난민 문제, 극우파의 대두, 브렉시트 등 각종 난관이 겹치면서 발족 직후 한동안 정체를 면치 못하였다.[65] 이때 ELI를 극적으로 구원한 것이 2014년 6월 EU의 새 집행부(장 클로드 융커 집행위원장 취임)가 구성되면서 기존의 디지털정책을 확대 강화하여 2015년 발표한 디지털단일시장(DSM)전략이었다. ELI는 기존의 CESL안을 EU의 디지털정책에 맞게 업데이트한 300면이 넘는 보고서를 2012년 신속하게 발표하고 이를 EU의 여러 기관에 도구상자(toolbox)로 제공하였다. 비록 2014년 EU의회에서 정치적인 이유로 입법화의 좌절을 겪기도 했지만, ELI는 굴하지 않고 디지털매매지침의 이론

62) Chr. v. Bar, Rezension, AcP 219 (2019), 593-596, 594.

63) C. Wendehorst, Zehn Jahre Aufbau des European Law Institute: ein Resüme, ZEuP 1/2022, 1-6, 2. 저자는 오스트리아 비엔나 대학의 민법교수로서 2017년부터 2021년까지 4년간 ELI의 제3대 소장을 역임하였다. ZEuP 1/2022, 6). 현재 ELI의 소장직은 스위스 프리부르흐 대학의 민법 · 로마법교수인 P. Pichonnaz가 맡고 있다.

64) http://www.europeanlawinstitute.eu/about-eli/history/

65) Wendehorst(주 63), 3.

적 기초를 다지는 행보를 계속하였다. 특히 2017년 비엔나에서 열렸던 ELI연례회의에서 발표한 이른바 5대 요소 모델은 EU지침에 들어간 '디지털 요소가 있는 상품' 개념의 정당화 근거를 제공하였고, 2020년 전세계 팬데믹 와중에서 신속히 나온 코비드-19 위기 원칙[66]과 2021년 10월 미국법학원과 공동으로 발표한 데이터 경제 원칙[67]은 ELI의 명성을 유럽 차원에서 국제적 차원으로 격상시켰으며, 2021년 1월 EU에서 제출한 디지털시대의 제조물책임지침 업데이트를 위한 입안보고서[68]는 2022년 9월 EU집행위원회가 채택한 순환경제 및 디지털 제품에 대한 제조물책임지침 개정안의 이론적 기초가 되었다. 그리고 이러한 일련의 성과는 모두 2020년 ELI 스스로 설정한 3대 중점 사업 목표, 즉 ① 21세기의 법의 지배, ② 디지털 시대의 법과 거버넌스, ③ 지속 가능한 삶과 사회라는 프레임 속에서 준비된 것들이다.

사업측면 외에 조직측면에서도 ELI는 불과 10년이 조금 넘는 시간 안에 60개국 이상에서 1,500명이 넘는 전문가들을 모이고 EU기관(의회, 집행위원회, 재판소), 국제조직(UNCITRAL, UNIDROIT), 직능단체(유럽변호사협회, 유럽공증인협회) 등과 긴밀한 협력관계를 구축하는 놀라운 성과를 이루었다. 초창기 EU의 권력구조가 제대로 갖추어지기 전에는 이러한 권력은 법률전문가의 손에 있었다. 시간이 지나면서 EU 차원의 정치관료 조직이 비대해지면서 (마치 일본에서 정계개편 이후 이른바 관저권력의 비대화로 가령 회사법 분야에서 그러했듯이) 아이디어를 통제하는 권력도 법률가에서 정치가로 넘어갈 지도 모른다. 그러나 ELI가 현재 보여주는 모습을 보면 EU 정치가들이 그러한 선택을 가까운 미래에 할 필요가 있다고 생각할 것 같지 않다.

2. 우리에의 시사

그렇다면 우리나라의 민사입법 과정을 보면 민사법 전문가들이 이러한 역할을 어떻게 수행하였을까? 필자의 생각에 해방 이후 우리나라의 민사입법은 크게 세 가지 계기로 구분할 수 있는데, 하나는 당연히 현행민법이 1958년 제정되어 1960년부터 시행된 것이고,[69] 다른 하나는 그로부터 20여년이 지난 다음 1980년대 들어 일련의 민사특별법이 제

66) https://www.europeanlawinstitute.eu/fileadmin/user_upload/p_eli/Publications/ELI_Principles_for_the_COVID-19_Crisis.pdf.

67) 당시 학술대회는 온라인에서 녹화영상으로 다시 볼 수 있다. http://principlesforadataeconomy.org/news-and-events/principles-for-a-data-economy-conference-2021/conference-recordings/

68) http://europeanlawinstitute.eu/fileadmin/user_upload/p_eli/Publications/ELI_Guiding_Principles_for_Updating_the_PLD_for_the_Digital_Age.pdf.

69) 양창수, 민법전의 제정과정에 관한 연구: 민법안에 대한 국회본회의의 심의, 서울대학교 법학 33/2, (1992) 143-179

정된 것이다(1981년 주택임대차보호법, 1983년 가등기담보등에 관한 법률, 1984년 집합건물의 소유 및 관리에 관한 법률, 1986년 약관의 규제에 관한 법률 등).[70] 그리고 마지막으로 여기에 1999년 2월 법무자문위원회 민법(재산법)개정특별분과위원회의 출범과 2004년 법무부 개정안의 확정,[71] 2009년 2월 법무부 민법개정위원회의 출범과 2014년 법무부 개정안의 확정,[72] 2014년 10월 법무부 알기 쉬운 민법 개정위원회의 출범과 2015년 9월 일부개정안의 확정(10월 국무회의 통과했지만 국회에서 좌절하였고, 2018년 2월 다시 입법예고하고 6월 공청회까지 마쳤으나 제20대 국회의 임기 만료로 결국 폐기)[73]이라는 세 차례의 민법 개정 시도를 추가할 수 있다.

이들 과정에서 민법학자들의 참여는 점차 그 폭이 확대되고 역할도 늘어났다고 할 수 있다. 제정 당시는 인적 자원의 절대적 부족이라는 한계가 있었지만 의견서를 작성하는 수준이었다면 그 후로는 개정위원회에서 주도권을 가지고 논의를 이끌었다. 물론 그 과정에서 문제가 없었던 것은 아니다. 이에 관해서는 필자가 모두 경험한 것도 아니고 자신의 경험에 비추어 문제점을 지적한 글들이 여럿 있기에 여기에서 이를 반복하지는 않겠다.[74]

앞서 언급했듯이 정책형성은 상부구조물과 기계실의 이중구조에서 이루어진다. 기계실의 구조를 보면 지식생산자(전문연구자)와 지식매개자(행정관료)가 각각 자신의 역할을 하는데, 민법 제정 당시는 양자(심지어 상부구조물까지도)의 역할이 오늘날처럼 명확하게 분리되지 않았다.[75] 그 뒤 개정의 경우는 기계실의 역할이 전면에 나섰고, 특히 지식생산자였던 민법연구자의 아이디어가 지식중개자인 행정관료(법무부 검사들)의 협력을 얻어 법안으로 작성되면 상부구조물에 있는 정치가의 관심과 의지 여하에 따라 채택 혹은 불채택되는 식이었다. 그런데 최근 들어 두 가지 변화의 조짐이 보인다. 하나는 상부구조물에서의 변화인데, 여론정치의 진전으로 포퓰리즘의 영향이 늘어나고 의원입법이 증가함으로써 민법의 규정도 그 예외가 아니기 때문에 기계실의 충분한 도움 없이 상부구조물에서의 진행만으로

(또한 양창수, 민법안에 대한 국회의 심의(Ⅰ), 민법안에 대한 국회의 심의(Ⅱ): 민법연구 제3권, 1995, 1 이하) 참조.

70) 1981년 12월 민법 · 상법개정특별심의위원회의 설치 및 운영에 이르는 경과에 대해서는 양창수, 「가등기담보 등에 관한 법률」의 현황과 문제점, 민사판례연구 12 (1990) 383 이하를 참조.

71) 법무부, 2004년도 민법(재산법) 개정 자료집(법무자료집 제260집), 법무부, 2004(또한 법무부 민법개정자료발간팀, 2004년 법무부 민법 개정안: 총칙 · 물권편(민법개정총서 제3권), 2012; 법무부 민법개정자료발간팀, 2004년 법무부 민법 개정안: 채권편 · 부록(민법개정총서 제4권), 2012) 참조. 한편 동 위원회의 활동에 관한 상세한 보고와 감상으로는 양창수, 민법전 개정 필요성과 개정 시도에 대한 회고: 2004년 민법 개정안을 중심으로, 민사법학 100 (2022) 3-25가 있다.

72) 법무부 법무심의관실, 법무부 민법개정위원회 회의속기록 제1권부터 제10권, 2012. 또한 동 위원회의 활동에 관한 상세한 보고로 윤진수, 2014년 민법 개정안의 평가와 회고, 민사법학 99 (2002) 3-47이 있다.

73) 윤철홍, 알기 쉬운 민법 개정안(재산법 편)에 대한 비판론의 검토, 비교사법 25/4 (2018) 1495-1532 참조.

74) 가령 지원림, 민법개정: 이상과 현실, 민사법학 85 (2018) 111-144, 특히 본인이 참가한 2009년 개정위원회의 절차적 측면의 문제점을 지적하고 자기반성을 술회한 136-139 참조.

75) 당시 김병로 법전편찬위원회 위원장, 장경근 민의원 법제사법위원회 민법안심의소위원회 위원장, 수정안을 제출한 현석호 의원의 예를 생각해보면 이를 알 수 있다.

민법개정이 일어날 위험이 높아졌다는 점이다.[76] 다른 하나는 기계실에서의 변화인데, 이른바 법무부의 민간화(탈검찰화)는 적어도 민법개정과 관련하여서는 민법연구자와의 협력을 약화하고 입법과정의 비공개를 부추길 우려가 있다는 점이다.[77]

사실 우리의 경우 2000년대 전후로 이미 2차례에 걸쳐 민법개정위원회가 설치, 운영되었지만 그 활동이 끝나면 성과 또한 흩어져버렸다. 그 주된 이유는 물론 담당조직이 연구조직이 아니라 행정조직이었기 때문에 담당자가 교체되면 기존 논의가 단절될 수밖에 없고[78] 따라서 장기적인 계획을 세우고 집행하는 것이 애초에 불가능했기 때문이다. 현재 민법개정을 논의할 학술조직은 (학회를 제외하면) 없는 것은 아니지만 다음과 같이 매우 제한적이다. ① 먼저 법제처 산하의 법제연구원이 있지만 이는 기본적으로 행정법 중심의 기관으로 사법 영역은 부수적으로만 다루어지고 있다. 연구원의 구성을 보더라도 현재 약 100명의 연구인력(선임연구위원, 연구위원, 부연구위원, 선임연구원, 연구원)이 있지만, 그 가운데 단 1명이 상법/경제법/재정법, 2명이 지적재산법을 다른 법과 함께 담당하고 있고 민법 전공자는 전무하다. ② 국회사무처 산하의 국회입법조사처 또한 "입법 및 정책과 관련된 사항을 조사 · 연구하여 국회의 위원회와 국회의원에게 제공함으로써 의원들의 의정활동을 지원하기 위해"(「국회법」 제22조의3 및 「국회입법조사처법」 제1조 참조) 만들어진 기관인 만큼 사법에 특화한 연구는 처음부터 기대하기가 어렵다. 현재 약 130명의 소속인력 가운데 상당수는 박사학위가 없는, 단순 국회공무원이 보직순환하는 경우가 태반이다. 법무부 관할 법률을 담당하는 법제사법팀의 경우는 현재 9명이 소속되어 있는데, 법률조사수요가 많은 형법 3명, 헌법과 행정법이 각각 2명씩이고 민상법은 서기관급 1명(현재는 로스쿨 출신 변호사가 행정사무직에 있다가 보직변경을 하여 이를 전담)이 있고, 공정거래법을 담당하는 1인이 유일한 박사학위자(미국변호사)이다. 그밖에도 행정안전부 관할 법률을 담당하는 재난안전팀 등에서 재산법 관련 연구를 부수적으로 하는 경우 정도가 있을 뿐이다. ③ 한국법학원 산하 학술연구부는 현재로서는 유일하게 민 · 상법 연구에 특화된 조직이기는 하지만, 예산과 시설이 다른 연

76) 민법의 예는 아니지만 가령 최근 2020. 12. 8. 공동주택관리법 제37조 제3항에 하자보수와 손해배상을 위한 하자의 기준을 국토부 고시(공동주택 하자의 조사, 보수비용 산정 및 하자판정기준)로 정하도록 하고 있고 현장에서는 이를 근거로 콘크리트 균열의 경우는 0.3밀리미터 이하면 원칙적으로 하자 자체가 아니므로 일체의 사법상 권리구제가 부정된다는 주장이 나오고 있고 법원 내부에서도 이에 동조하는 입장이 있다. 이 조항은 2020. 7. 17. 의원입법으로 제안되었었고(2116, 김정재의원 대표발의), 2020. 11. 국회에서 수정가결되었는데, 이에 대해 법무부나 법원에서 아무런 의견도 제시하지 않았다.

77) 가령 최근 2021. 1. 26. 친권자의 징계권 규정(민법 제915조)이 삭제되었는데, 그 과정에서 제대로 된 입법자료(회의록 등)가 전무하고, 국회입법조사처가 그것도 사후에 발주한 연구보고서가 1건 있을 뿐이다(장영인, 친권자 징계권 규정 삭제에 따른 미성년자 보호 · 교양 권한 관련 입법 방안, 2021. 9.). 또한 동 연구보고서도 "부모의 징계권의 삭제가 아동의 성장을 위한 보호자의 대안적인 훈육 즉 '지도와 지원'을 어떤 방식으로 해야 할 것인지에 대한 원칙과 방법을 숙고한 결과물이라고 보기는 어렵다"는 점을 정면에서 인정하고 있다(4면).

78) 법무부가 1983년 3월 과천청사로, 그리고 2019년 9월 과천청사 안에서 각각 이사하면서 귀중한 입법자료의 상당수가 폐기되거나 분실되었음은 공공연한 사실이다.

구조직과 비교도 되지 않을 정도로 영세하다. 특히 외국의 유사한 연구기관이 수행하는 중요한 역할 중 하나인 민상법 분야 국가중심도서관(national central library)을 전혀 구축하고 있지 않다. 또한 최근에 만들어진 조직이라서 실제로 민상법개정작업을 지원한 경험은 아직까지 전무하다. 현재 민법 3인, 상법 3인, 이렇게 모두 6명의 박사학위자들이 소속되어 있는데 작년(2022년) 수행한 연구 과제 목록을 보면 민상법 관련 주제는 별로 눈에 띄지 않는다. ④ 최근 법무부 산하 한국형사정책연구원이 한국형사법무정책연구원으로 조직을 확대하긴 했지만 아직까지 여전히 형사법 중심이다. 그 과정에서 기존의 연구직(선임연구원, 연구위원, 부연구위원)이 원래 49인에 겨우 3인의 연구인력(민법, 상법, 민소법 각 1인)과 이를 위한 6억 원의 예산이 추가되는 데에 그쳤다. 얼마 전 8인을 공채했는데, 이 중 2인만이 사법 분야(국제사법·국제거래법, 가족법)이고 나머지 6인은 형법 내지 사회학 전공자였다. 기존 형사정책연구원의 시설과 행정인력을 사용할 수 있다는 장점은 있으나, 크게 보면 법제연구원에서 사법 분야가 차지하는 비중과 크게 다를 것으로 보이지 않는다. 원장 이하 정책연구협의회, 정책연구자문위원회, 연구운영위원회 등 조직에도 민상법 교수들의 참여가 미미하거나 전무한 실정이다.

결국 해결방안은 민법(혹은 민·상법) 독자적인 국가연구소의 설립이 필요하고, 이를 통해 다음과 같은 효과를 기대할 수 있다고 생각한다. ① 먼저 민법 개정 작업은 장기적 계획을 세우고 꾸준히 준비할 수 있다. 그동안의 경험에서 보듯이 민법은 기본법으로 체계성과 전문성이 높아서 의원입법은 물론이고 정부입법에 많은 시간과 노력이 소요된다. 현대사회의 급격한 발전과 글로벌화, 인구구성의 변화는 보다 전문적 · 학제적 연구와 장기간의 대규모 사회조사처럼 연구자 개인의 노력만으로 해결하기 어려운 과제의 수행을 요구한다. 결국 전문적 연구기관의 설립을 통해서만 이 중대차한 입법적 과제를 해결할 수 있다. ② 민상법 연구 분야의 국제교류를 활성화하고 우리나라의 국제경쟁력을 제고할 수 있다. 현재 송도에 유치한 UNIDROIT와 실질적인 협력관계를 수립하고 법무부의 바람대로 아시아 중재hub 역할과 외국의 법률시스템 구축 지원을 하려면 국내법과 비교법 연구를 국제적인 수준으로 끌어올리고 국외의 연구기관들과 체계적으로 교류할 중심기관이 필요한데, 앞서 본 현재의 어떤 조직도 이를 수행할 능력과 의지가 없다. ③ 오늘날 법률정보는 과거 어느 때보다 많이 쏟아져 나오고 있다. 우리나라의 경우 사법 분야의 국가중심도서관이 따로 존재하지 않고 각 대학 차원의 도서관과 대법원도서관, 국회도서관이 각각 법학 분야 일반에 대하여 도서를 구입하고 있지만, 체계적이지 않아 중복구입과 중요도서의 미비 등이 동시에 일어나고 있다.

끝으로 필자가 이 주제를 정년기념논문집의 주제로 삼은 이유를 사족으로 덧붙이면서 글을 마무리하고자 한다. 지원림 교수님과는 2009년 2월 법무부 민법개정위원회가 발족할 때부터 2년간 제1분과에서 함께 활동했으며, 정태윤 교수님과는 2008년 프랑스 민법 연구회와 메이지 민법 연구회에서 프랑스 개정민법논의와 메이지 민법 수정이유서를 함께 공부하면서 많은 것을 배웠다. 또 두 분과는 학회에서도 회장과 임원으로 만나면서 많은 것을 이야기하고 경험하기도 하였다. 두 분의 정년을 기념하는 논문집에 다소 외람될지 모르지만 이러한 주제를 선택한 것은 바로 두 분과의 이와 같은 인연에서 기인한다.[79)]

79) 특히 지원림, 민사법학 85 (2018) 127-128은 자신의 경험에 비추어 바람직하다고 생각하는 민법개정의 과정을 제시하기도 하였다.

불법파업과 민사손해배상: 쌍용자동차 사건
- 대판 2022.11.30., 2016다16662, 26679, 26686의 평석 -

이 진 기

성균관대학교 법학전문대학원 교수, 법학박사

Ⅰ. 사실관계와 소송의 경과

1. 사실관계

2008년 유가급등과 금융위기에 따른 판매감소 등으로 심각한 재정난에 빠진 쌍용자동차는 2009. 1. 9. 서울중앙지방법원에 회생절차개시신청을 하여 2009. 2. 6. 회생절차 개시결정을 받았다(2009회합6호). 쌍용자동차는 강도 높은 구조조정의 실시를 내용으로 하는 회생법원의 지침에 따라 2009. 4. 8. 쌍용자동차의 근로자 7,177명의 37%에 해당하는 2,646명을 희망퇴직, 분사 등으로 구조조정하고 신차개발투자자금 등으로 2,500억원을 대출받는 것을 내용으로 경영정상화방안을 발표하였으며, 2009. 4. 8.부터 2009. 4. 24.까지 6회에 걸쳐 전국금속노동조합 쌍용차지부(이하 피고)에 정리해고의 규모와 기준 등에 관한 노사협의를 요청하였다.

쌍용차지부[1]는 이 요청을 거부하고 재적 조합원 5,151명 중 투표 5,025명, 찬성 4,328명(84.02%)으로 파업을 결의하고 2009. 4. 24.부터 부분파업을 개시하였다. 피고는 2009. 5. 22. 정리해고 철폐를 주장하면서 쌍용자동차 평택공장 정문에 컨테이너 박스를 쌓아 출입구를 봉쇄하고 공장을 점거하는 파업을 시작하였고, 2009. 5. 26. 쌍용자동차 관리직원들을 강제로 공장밖으로 내몰았다. 쌍용차지부 간부 피고들이 속한 중앙쟁대위는 의결기관 및 집행기관으로서 집회의 선두에 서서 집회를 주도하는 선봉대를 조직하였고, 조합원들을 소

1) 대상사건은 전국금속노동조합 쌍용차지부, 민주노총 전국금속노동조합 쌍용자동차지부, 그리고 쌍용차지부 간부들과 전국금속노동조합 집행부구성원 등 거의 100명에 이르는 피고들이 관계된 사건이다. 여기에서는 −각 피고에 관하여 공동불법행위의 성립을 별도로 검토함이 없이−사안을 단순화 · 재구성하여 대상판결을 검토한다.

속팀이나 지회별로 나누어 평택공장의 출입문과 옥상 등 각 거점에 배치하는 한편, 복면, 마스크, 쇠파이프, 새총, 볼트, 화염병 등 쟁의행위에 필요한 물품을 제조하거나 구입하여 조합원들에게 나누어 주거나 거점별로 배치한 다음 조합원들을 상대로 전술훈련, 거점별 전술토론, 화염병 투척시범 등을 수시로 진행하여 쌍용자동차의 임직원이나 경찰의 진입에 대비하도록 하였다. 그리고 피고는 금속노조의 도움을 얻어 점거파업의 투쟁전술을 확정하고 세부투쟁계획을 수립 · 시행하여 군사조직을 모방한 지휘체계를 구축하고 공권력투입을 대비한 가상 시나리오와 대응전략 등을 준비하고 선무방송을 실시하였다.

2009. 8. 4. 피고는 점거파업을 진압하는 대한민국 경찰(이하 원고)에 벽돌과 화염병을 투척하고 새총으로 볼트와 너트를 발사하는 등 극렬히 반항하였고 진입하는 경찰관과 쌍용자동차 측을 폭행하여 상해를 입혔다. 이들은 또한 진압에 투입된 헬기와 경찰이 민간업체 乙로부터 임차한 기중기를 손상하였다.

원고는 공권력에 대한 폭력대응을 주도 · 동참한 피고의 점거파업 때문에 치료비지출과 진압장비, 헬기와 기중기 등 재물손상에 따른 손해를 입었고, 일부 경찰관은 공무집행 중 입은 상해로 정신적 고통을 받았다. 이들은 피고를 상대로 공동하여 손해배상과 위자료와 함께 최종 불법행위일 다음날인 2009. 8. 6.부터의 지연손해금을 청구하였다.[2)]

2. 원심(서울고판 2016.5.13., 2014나1487, 1494, 1500)의 판단

피고는 공동불법행위로 원고들이 입은 재산적 · 정신적 손해를 배상할 책임이 있다. 공동불법행위책임은 가해자들이 공동으로 가한 불법행위에 대한 책임을 추궁하는 것이므로, 그로 인한 손해배상책임의 범위는 피해자에 대한 관계에서 가해자들 전원의 행위를 전체적으로 함께 평가하여 정하여야 한다(대판 2000.9.29., 2000다13900; 대판 2007.12.27., 2006다16550 등 참조).

원고가 「경찰항공운영규칙」 제18조 단서[3)]의 규칙을 위반하여 안전고도를 유지하지 않고 저공비행한 과실이 있으므로 피고의 책임이 제한되어야 한다는 주장에 관하여 그 규칙을 위반한 운용사실을 인정하기에 부족하다.

불법행위로 인한 손해는 물건이 멸실된 때에는 그 당시의 시가를, 물건이 훼손된 때

2) 또한 쌍용자동차가 조업중단을 이유로 피고를 상대로 제기한 손해배상소송은 서고판 2019.11.15., 2014나1517(평석으로 윤진호/김제완, 파업으로 인한 손해의 민사상 쟁점: 쌍용자동차 사건, 안암법학 75 [2021] 153-202 참조).

3) 원심판결은 2013. 12. 11. 개정된 경찰청 훈령 제722호 「경찰항공운영규칙」 제36조를 인용하였으나, 이는 2005. 08. 17. 경찰청 훈령 제459호 「경찰항공운영규칙」 제18조 단서(「다만, 경찰기본임무 수행에 필요한 경우와 지상의 사람이나 물건을 위태롭게 하지 않을 것으로 판단될 때는 그 이하의 고도로도 비행할 수 있다.」)가 되어야 한다.

에는 수리 또는 원상회복이 가능하면 수리비 또는 원상회복에 드는 비용을, 수리 또는 원상회복이 불가능하거나 그 비용이 과다하면 훼손으로 교환가치가 감소된 부분이 통상손해이다(대판 2006.4.28., 2005다44633 참조). 그리고 영업용 차량이 사고로 파손되어 유상교체 또는 수리를 위하여 필요한 기간 동안 그 차량으로 영업할 수 없었던 때는 영업을 계속하였더라면 얻을 수 있었던 수익상실은 통상손해이다(대판 1997.4.25., 97다8526 참조). 기중기 3대의 제원, 기중기의 임차목적, 손상경위와 중앙크레인과의 소송 경과 등에 비추어 이들이 영업용이라는 점은 예측할 수 있었다 할 것이므로 휴업손해와 이를 정상적으로 수리하는 데 필요한 부품비용 등은 통상손해에 해당한다. 따라서 원고는 －직접 과다조작지시로 인한 부분을 제외하고－ 乙과 약정한 금액 상당의 손해배상을 피고에게 청구할 수 있다. 다만 손상된 중고의 기계 · 기구를 원상회복하기 위하여 신규부품을 구입 · 수리하여 복원된 기계 · 기구의 가액이 손상 이전의 가액을 넘을 때에는 손해액을 산정할 때 감가액을 고려하여야 하고, 신규부품으로 교환하더라도 손상 이전의 가치를 넘지 않을 때에는 감가공제를 하지 않아도 무방하며(대판 2003.4.25., 2002다64520 참조), 그 다음에 손익상계를 하여야 한다.

원심판결에 대하여 피고는 상고하였다.

3. 상고심[대상판결]의 판단

경찰관은 그 직무수행에 필요한 최소한도 안에서 직권을 행사하여야 하고 이를 남용하지 않아야 한다(「경찰관 직무집행법」[4] 제1조 제2항). 경찰관은 구체적 상황과 예측되는 피해발생의 구체적 위험의 내용 등에 비추어 재량으로 경찰장비의 사용 여부와 사용할 장비를 결정할 수 있다. 그리고 위해성 경찰장비는 본래의 사용방법에 따라 지정된 용도로 필요한 최소한도에서 사용하여야 하고(같은 법 제10조 제3항), 다른 용법으로 사용할 때에는 반드시 법령에 근거가 있어야 한다(헌재결 2018.5.31., 2015헌마476). 경찰이 특정장비를 직무수행에 필요한 최소한의 범위를 넘어 관계 법령이 정한 통상의 용법과 달리 사용함으로써 타인의 생명 · 신체에 위해를 가하였다면, 불법농성의 진압을 위하여 그러한 방법으로라도 해당 장비를 사용할 필요가 있고 그로 인하여 발생할 우려가 있는 타인의 생명 · 신체에 대한 위해의 정도가 통상 예견되는 범위 내에 있다는 등의 특별한 사정이 없으면, 그 직무수행은 위법하다고 보아야 한다. 나아가 경찰관이 농성을 진압하는 과정에서 경찰장비를 위법하게 사용하여 직무수행의 범위를 벗어난 것으로 볼 수밖에 없을 때에는, 상대방이 그로 인한 생

4) 대상판결은 2014. 5. 20. 법률 제12600호로 개정되기 전의 「경찰관 직무집행법」을 인용하지만, 조문번호가 다르지 않으면 현행법률을 그대로 사용한다. 「경찰장비의 사용기준 등에 관한 규정」도 같다.

명 · 신체에 대한 위해를 면하기 위하여 직접 대항하는 과정에서 그 장비를 손상시켰더라도 이는 위법한 공무집행으로 인한 신체에 대한 현재의 부당한 침해에서 벗어나기 위한 행위로서 정당방위에 해당한다.

경찰이 의도적으로 헬기를 저고도에서 제자리 비행하여 옥외에서 농성중인 사람을 상대로 직접 하강풍에 노출시키는 것은 장비를 통상용법과 달리 사용하여 타인의 생명 · 신체에 위해를 주는 행위이고 최루제는 관련 법령이 정한 발사장치로 살포하여야 함에도 공중살포한 것은 적법한 직무수행의 범위를 벗어난다.

원고는 乙로부터 기중기가 손상될 경우 이를 수리하고 운휴보상한다는 내용의 약정으로 임차한 기중기를 파업진압 현장에 투입하였다. 경찰은 기중기를 경찰병력을 옥상으로 이동시키는 것만이 아니라 장애물제거, 조합원들에 대한 위협과 화력소모를 목적으로 사용하였다. 그 과정에서 조합원들의 볼트발사와 화염병투척 등으로 경찰헬기와 기중기가 손상되었다. 그러나 1. (1) 국가가 진압과정에서 기중기에 대한 공격을 적극적으로 유도하였다고 볼 여지가 있고, (2) 그러한 공격행위로 인하여 기중기가 손상될 수 있음을 충분히 예상할 수 있으므로, 기중기가 손상되는 것은 국가가 스스로 감수한 위험이라고 할 것이고, 2. 기중기의 용법을 벗어난 사용한 경우 그 손상에 관한 국가의 책임도 적지 않다. 그리고 시위에 참여하는 사람들은 진압장비가 외관상 영업용물건이 아닌 이상 국가소유의 장비가 사용될 것을 예견할 수 있다. 그러나 피고가 국가가 진압에 대응하여 민간업체로부터 임차한 기중기를 손상한 경우 그 기중기가 영업용물건으로 乙에게 이를 영업에 이용하여 얻을 수 있었던 수익을 상실하는 [휴업]손해가 발생하고 그 손해를 자신들이 부담하게 될 것을 예견하기 어렵다.

이와 함께 대상판결은 원심을 실질상 파기하였다.

4. 대상판결의 쟁점

1. 대상판결은 정확하게 밝히지 않지만, 대상사건은 피고, 즉 노동조합의 불법파업에서 출발한다.[5] 이는 동시에 「집회 및 시위에 관한 법률」 제5조 제1항 2호가 금지하는 집단

5) 불법파업은 타인[사용자]에 대한 불법행위로서 고유한 의미에서 파업이 될 수 없지만, 여기에서는 -무권대리, 일부변제 등과 같이- 편의상 불법파업을 개념으로 사용한다. 또한 전후 사정과 경위 등에 비추어 사용자가 예측할 수 없는 시기에 쟁의행위가 전격적으로 이루어져 사용자의 사업운영에 심대한 혼란 내지 막대한 손해를 초래하는 등 사용자의 사업계속에 관한 자유의사를 제압 · 혼란할 수 있다고 평가될 경우, 집단적 노무제공의 거부는 위력이므로 업무방해죄가 성립한다(대판[전] 2011.3.17., 2007도482). 한편 윤진호/김제완, 안암법학 75 (2021) 162 이하, 172 이하는 1. 파업의 정당성을 쉽게 부정하여서는 안 되고, 2. 이 사건 파업이 행정법적 · 노동법적으로 위법하지만 정당사유없는 불법파업이 아니므로 3. (1) 파업과 조업중단 손해와의 민사적 인과관계가 부정되어야 하고, (2) 인과관계가 인정될 때에도 조업기간 동안의 생산시설에 대한 임료 상당액을 손해로 산정함이 타당하고, 부진정연대채무자 중

폭행, 협박, 손괴, 방화 등으로 공공의 안녕질서에 직접적인 위협을 끼칠 것이 명백한 집회에 해당한다. 여기에서 피고가 불법의 파업사태를 부른 장본인이며, 불법파업을 대응 · 진압하는 국가공권력의 행사는 적법한 국가작용이다. 개별 경찰관의 신체와 생명에 대한 위험을 무릅쓰고 불법의 쟁의행위를 진압하여야 하는 것이 경찰의 직무이다. 그리고 불법파업의 진압은 각자를 정당화하기 위한 전쟁상황이 아니다: 노동조합은 습격에 대비하는 타격대가 아니며, 파업이 다가올 진압의 옳고 그름을 판가름하는 기준도 아니다. 그렇다고 하여 불법파업과 그의 진압이 동네 패싸움도 아니다.

불법은 원칙적으로 과잉대응(Übermaß)을 알지 못한다.[6] 불법파업은 —비록 대상판결은 노조의 '저항'과 '정당방위'라는 도저히 납득하기 어려운 단어를 채용하지만— 사후에 과잉진압으로 판명될 경우까지 포함하여 진압에 대한 피고의 현실적 · 즉자적 불법행위를 면책하는 사유가 될 수 없다. 게다가 공권력을 행사하는 경찰에 대한 노조의 공격은 다시 경찰관의 생명 · 신체에 대한 부당한 침해행위이다. 이밖에 대상판결의 논리를 그대로 관철할 때에는, 적법한 행정작용을 가로막는 노조의 불법공격을 저지하기 위한 대항하는 국가공권력의 행사를 다시 정당화하여야 할 것이지만, 이에 관하여 대상판결은 말을 아낀다. 이처럼 유독 공권력의 행사 앞에서만 순환고리를 차단하는 대상판결의 주장은 적절한 논리가 되기에 모자란다.

대상판결은 사건의 원인 또는 출발이 된 불법파업과 그에 대한 대응 · 진압을 목적으로 하는 적법한 국가작용에는 관심이 없고 경찰의 과잉진압을 지나치게 강조한 인상이 뚜렷하다: "위법한 공무집행으로 인한 신체에 대한 현재의 부당한 침해에서 벗어나기 위한 행위로서 정당방위에 해당한다." 그러나 과잉진압한 사실이 불법[파업]을 면제할 수는 없다. 과잉진압이 인정되면 이를 민사상 과실상계로 대처하고, 범죄의 구성요건을 충족할 때에는 형사처벌하면 된다.

2. 대상판결은 사실관계를 왜곡하여 「민법」 제393조와 특히 '예견가능성'을 적용을 그르치고 원고의 손해배상청구를 차단한 노조친화적 태도로 일관한다. 그러나 건전한 상식을 가진 사람이면 누구나 알 수 있는 것은 노조도 알 수 있고 알아야 한다. 노조가 일반인과 다른 시각을 가진다는 판단은 의도된 편견이다.

노조는 사용자와 대등한 당사자이고 그를 구성하는 조합원은 일반인과 동일한 판단능력을 가진 존재이다. 그럼에도 노조만을 떼어내어 독립취급한 대상판결은 선판단

1인에 대한 면제에 절대적 효력을 인정하여야 한다는 등 뚜렷하게 법이론과 모순되는 궤변의 노조친화적 주장으로 일관한다.

6) Pseudo-Seneca, De moribus, 114: "*Bonis nocet, qui malis parcit.*"(악을 용인하는 사람은 선을 해친다). 민사판결로

(Vorverständnis)을 버리고 정당한 판단근거를 제시하여야 했으나, 그렇지 않다. 노조는 이제 더 이상 절대적 약자가 아니며 그렇게 취급하여서도 곤란하다.

Ⅱ. 대상사건에서 단체행동권[파업]의 행사

1. 파업의 법적 위치

파업은 헌법이 정하는 근로자의 권리이며, 파업권의 행사는 적법한 행위이다: 「근로자는 근로조건의 향상을 위하여 민주적인 단결권, 단체교섭권 및 단체행동권을 가진다.」(「헌법」 제33조 제1항). 勤勞3權은 궁극적으로 단체협약의 체결을 공통의 목적으로 한다.[7] 단체협약은 근로조건과 근로자의 대우의 기준에 관한 부분(규범적 부분), 협약을 체결한 노사의 권리 · 의무를 규율하는 부분(채무적 부분), 그리고 경영 내의 제도에 관한 부분(조직적 부분)으로 구성된다.

쟁의행위를 할 수 있는 권리, 즉 파업권은 노동조합의 고유한 권리이고 법률이 정하는 성립요건을 충족하는 파업은 적법한 권리행사이다: 「쟁의행위는 그 목적 · 방법 및 절차에 있어서 법령 기타 사회질서에 위반되어서는 아니된다.」(「노동조합법」 제37조 제1항).

실무이론에 따르면, 1. 노동조합이 단체교섭의 주체가 될 수 있어야 하고, 2. 쟁의행위의 목적이 노동조합과 사용자가 노사대등의 입장에서 근로조건의 향상 등 근로자의 경제적 지위를 향상하기 위하여 자치적 교섭과정을 조성하는 것이어야 하며, 3. 근로자의 근로조건개선에 관한 구체적 요구에 대하여 사용자가 단체교섭을 분명히 거부하여야 하고,[8] 4. 특별한 사정이 없으면 조합원의 찬성결정과 노동쟁의 발생신고 등 법령이 규정하는 절차를 밟을 것을 적법한 파업의 개시요건으로 하여 노조는 정당행위로 쟁의행위를 개시할 수 있다.[9] 이밖에 실무는 쟁의행위의 수단과 방법이 사용자의 재산권과 조화를 이루어야 함은 물론 폭력의 행사에 의한 다른 기본권을 침해하지 않는 등 기본권을 존중하여야 하는 헌법상의 요청과 조화되어야 함을 강조한다.[10] 이처럼 쟁의행위는 근로조건의 결정을 목적으

7) 김형배, 노동법, 제26판, 2018, [26].
8) 이는 「노동조합법」 제81조 제1항 3호의 의미에서 부당노동행위이다.
9) 대판 2000.5.12., 98도3299; 대판 2003.12.26., 2003두8906 등. 반면에 사용자의 직장폐쇄에 관하여는 대판 2017.7.11., 2013도7896 참조.
10) 대판 2022.10.27., 2019도10516; 이미 대판 2000.5.12., 98도3299 등 참조. 대판 2003.12.26., 2003두8906은 '폭력행사' 대신 "다른 기본적 인권을 침해하지 아니하는 등 그밖의 헌법상의 요건과 조화되어야 하고"라고 일반화하여 표현한다.

로 하는 집단적 이익분쟁(Regelungsstreit)을 전제하며, 그 목적 · 방법과 절차에서 법령과 사회질서를 위반하지 못한다(「노동조합법」 제37조 제1항). 쟁의행위는 근로를 제공하려는 사람의 출입 · 조업 기타 정상적인 업무를 방해하는 방법으로 하여서는 안 되고 폭행 · 협박을 사용할 수 없다. 그런데 대판 2011.1.27., 2009다19864가 정당하게 판시한 내용[11]과 같이, 이는 특별히 파업에만 전유한 성질이 아니라 모든 권리행사에 공통된 사항이다.

다만 이러한 경우에도 당해 쟁의행위 자체의 정당성과 이를 구성하거나 부수되는 개개의 행위의 정당성은 구별되어야 하므로 일부 소수의 근로자가 폭력행위 등의 위법행위를 한 사실은 전체로서 쟁의행위를 위법하게 만들지 않는다. 적법한 쟁의행위 여부를 판단하는 기준은 쟁의행위의 목적을 알리는 등 적법한 쟁의행위에 통상 수반되는 부수적 행위가 형법상 정당행위에 해당하는지 여부를 판단할 때에도 동일하게 적용된다.

2. 權利로서 노동쟁의[파업]권

헌재결(전) 1998.2.27., 94헌바13, 26, 95헌바44에 따르면, 근로3권은 국가공권력에 대한 근로자의 단결권방어, 즉 국가로부터의 자유를 1차적인 목적으로 하는 방어권으로 정의된다.[12] 하지만 이는 이제 기억조차 아득한 지난 세기에 타당할 수 있는 시대착오적 · 계층적 설명을 연상하게 하고 전통적 노동사건을 규율대상으로 하는 개념이다. 그러나 이미 개발도상국의 단계를 벗어나 경제를 선도하는 국가의 반열에 오르고 노사자치의 이념이 굳건하게 정착한 지금, 시대의 사회 · 경제적 발전상을 반영하여 개념이 변화 · 승격되어야 한다.

근로3권은 더 이상 국가에 대한 순수한 방어권이 아니다. 근로관계는 국가가 아니라 노사를 대등한 당사자로 하는 협약자치(Tarifautonomie)를 최고이념으로 하고[13] 심지어 단체행동권의 행사조차 사용자를 상대로 근로조건의 향상을 달성하기 위한 수단으로 보장되는 權利로 자리잡은지 오래이다.[14] 국가가 헌법과 법률로 이를 보장한다는 사실이 '사회적 보

11) "헌법상의 기본권은 제1차적으로 개인의 자유로운 영역을 공권력의 침해로부터 보호하기 위한 방어적 권리이지만 다른 한편으로 헌법의 기본적인 결단인 객관적인 가치질서를 구체화한 것으로서, 사법을 포함한 모든 법 영역에 그 영향을 미치는 것이므로 사인간의 사적인 법률관계도 헌법상의 기본권규정에 적합하게 규율되어야 한다."

12) 헌재결(전) 1998.2.27., 94헌바13, 26, 95헌바44; 헌재결 2009.10.29., 2007헌마1359 등.

13) 비슷하게 이미 헌재결 1991.7.22., 89헌가106: "근로자로 하여금 사용자와 대등한 지위를 갖추도록 하기 위하여 … 근로3권을 부여하고 … 사용자에 맞서서 그들의 생존권을 보장하고 근로조건을 개선하도록 하는 보장하므로써 사적자치의 원칙을 보완하고자 하는 것이다."

14) 김형배, 노동법, [26]. 이와 달리 「헌법」 제32조를 근거로 임종률, 노동법, 제17판, 2019, 30 이하는 정부를 상대로 하는 경제적 정치파업도 쟁의권보장의 범위에 든다고 한다. 하지만 이는 자칫 법치주의를 위반하는 목적은 수단을 정당화한다는 편향된 결론에 이를 위험에서 자유롭지 않다.

호기능을 담당하는 자유권' 또는 '사회권적 성격을 띤 自由權'으로 정의되는 근로3권의 현대적 성질을 뒤집을 수 없다. 여기에서 자유권은 -소유권, 상속권 등을 비롯한 자유권에서와 같이 '자유'가 역사적 · 선언적 의미를 상징하는 권리에서와 마찬가지로- 별론할 이익이 없어 보인다. 헌재결 1992.4.28., 90헌바27도 같은 선상에서 근로자의 근로 3권을 "우리 헌법이 추구하는 가치지표로서의 실질적인 평등이념, 재산권보장 및 계약의 자유 등을 내용적으로 조화시키기 위한 헌법적 표현"으로 정의한 결정례로 추측된다.[15]

그럼에도 「노동조합법」 제4조는 '權利의 行使'가 아니라 正當行爲를 조문제목으로 하여 「형법 제20조의 규정은 노동조합이 단체교섭 · 쟁의행위 기타의 행위로서 제1조의 목적을 달성하기 위하여 한 정당한 행위에 대하여 적용된다. 다만, 어떠한 경우에도 폭력이나 파괴행위는 정당한 행위로 해석되어서는 아니 된다」고 규정한다.[16] 이는 연혁적으로 노동관계법의 초기단계를 벗어나지 못한 1963년 4월 17일 「구 노동조합법」의 개정으로 신설된 제2조를 조금의 변화도 없이 그대로 반복한 규정이다. 반면에 1948년 7월 17일의 제헌헌법 제18조는 「근로자의 단결, 단체교섭과 단체행동의 자유는 법률의 범위내에서 보장된다」고 하였으나, 「구 노동조합법」이 개정된 날부터 얼마 지나지 않은 1963년 12월 17일의 헌법개정으로 근로3권이 제29조 제1항에 현재의 형태로 자리잡았다. 이로써 「노동조합법」 제4조 본문은 적어도 私法의 시각에서는 더 이상 「헌법」 규정과 어울릴 수 없는 자기비하규정으로 전락하였다: 처음부터 근로3권을 권리로 승인하는 「헌법」 제33조 제1항과 범죄의 구성요건을 충족하지만 위법을 없애는 정당화사유로부터 「노동조합법」은 접근방식은 물론 해석과 적용의 차원을 전혀 달리할 수밖에 없다. 앞서가는 「헌법」과 뒤처진 「노동조합법」의 엇박자가 지금도 그대로 존속한다.

정당행위는 사회의 지배적 확신 또는 사회윤리에 비추어 일반적으로 승인된 가치있는 행위이다.[17] 「형법」 제20조는 1. 법령에 의한 행위, 2. 업무로 인한 행위와 3. 사회상규에 위배되지 않은 행위를 정당행위로 한다.[18] 구성요건에 해당하는 행위는 위법하지만, 특별한 사유가 있으면 위법성이 배제되어 구성요건해당성의 가벌성이 없어진다.[19] 그러한

15) 헌재결 2005.10.27., 2003헌바50 등.

16) 사실 여기에서 「법령에 의한 행위」에서 「의한」이 본시 애매모호한 법문이다. 순수하게 문리해석하면 이를 '법령이 수여한 權限에 근거한 행위'로 읽을 수 있다. 그리고 權利의 行事는 사회상규에 위반하지 않으면 당연히 처음부터 적법한 행위이며, 이때에는 정당행위를 별도로 논할 가치가 없을 것이다. 반면에 「의한」을 넓게 새길 때에는, 모든 적법한 행위가 정당행위[위법성조각사유]로 취급되어야 하고 이로써 「형법」 제20조가 萬能條項化하는 길이 열리게 될 것이다. 나름 이유가 있겠으나 아직까지 「의한」의 의미 · 내용을 주시한 형법교과서와 논문은 눈에 띄지 않는다.

17) 김성돈, 형법총론, 제7판, 2021, 346.

18) 「형법」 제20조 (정당행위) 법령에 의한 행위 또는 업무로 인한 행위 기타 사회상규에 위배되지 않는 행위는 벌하지 아니한다.

19) 배종대, 형법총론, 제14판, 2020, [57] II; F.Haft, Strafrecht AT, 9.Aufl., 2004, 65f. 비교. 이와 달리 구성요건과 위법의 단계를 독립하여 판단하는 김성돈, 형법총론, 278. 하지만 이론의 차이에도 결론은 동일하다(김성돈, 279 이하:

사유가 위법성조각사유 또는 정당화[불법배제]사유이다. 형법교과서는 이를 정당방위(「형법」 제21조 제1항), 긴급피난(「형법」 제22조 제1항), 자구행위(「형법」 제23조), 피해자의 승낙(「형법」 제24조)과 함께 위법성조각사유의 이름 아래 묶어서 설명한다. 그러나 법령에 근거한 행위는, 그 법령이 정하는 적극 · 소극요건을 충족할 때에는, 위법할 수 없는 처음부터 적법한 행위이고 위법성조각 여부를 운운할 성질의 것이 아니다. 더욱이 「형법」 제20조부터 제24조는 예외를 내용으로 하는 법률규정이다. 권리행사의 옳고 그름은 그 자체로 판단되어야 한다: 권리의 행사와 의무의 이행이 신의성실의 요구를 벗어나지 않으면 그 자체로서 유효한 적법행위이다(「민법」 제2조 제1항). 이러한 까닭으로 최소한 *私法領域*에서는 심지어 위법성을 논하는 것조차 지나치다고 할 것이다.[20]

그럼에도 「노동조합법」 제4조[21]와 「형법」 제20조에 무게를 실은 실무는 파업을 정당행위에서 접근하는 경향이 현저하다. 이는 본말을 전도하여 사용자의 시각에서 바라본 결과이다. 그러나 적법한 파업권의 행사는 그 성립요건이 충족하면 적법하고, 그 행사의 정당화를 독립하여 논의할 정당한 이유가 없다.[22] 파업권의 행사로 인한 신의칙의 위반과 권리남용은 이와 분리된 별개의 문제이다. 더욱이 대상판결은 범죄에 관한 형사판결이 아니라 민사판결이다. 아무리 민사와 형사가 별개라고 하여도[23] 적법한 민사행위를 범죄로 새기고 다시 위법성을 조각하는 정당화사유로 재구성하는 구조의 실익은 의문이다. 적어도 입법정책의 측면에서 「노동조합법」 제4조는 근로3권을 권리가 아니라 정당행위의 차원으로 격하하는 그릇된 규정일 수 있다. 여기에서 조문제목(정당행위)을 삭제하고 본문을 '노동조합은 제1조의 목적을 달성하기 위하여 단체교섭 · 쟁의행위와 그 밖의 행위를 할 수 있다. 그러나 폭력이나 파괴행위를 하여서는 안 된다'로 수정함으로써 *勤勞3權*을 정당행위에서 해방하여 '*權利*'에서 출발하는 개념으로 전환하여야 한다. 다만 다음에서는 쉬운 논의의 전개를 위하여 현행 「노동조합법」 제4조를 전제하여 설명한다.

"위법성조각사유는 구성요건에 해당하는 행위를 정당화[위법성을 조각]하는 실질적인 근거를 법적으로 정형화시켜 놓은 것" 참조).

20) 이와 비교하여 독일형법전(StGB)은 정당방위(32[정당화사유])와 긴급피난(34[정당화사유], 35[책임배제사유])만을 규정한 법률이다. G.Jakobs, Strafrecht AT, 2.Aufl., 1993, 11.Abschn., Rn.1은 정당하게 Rechtsfertigungsgründe를 '법적으로 본래 금지된 행위를 할 수 있는 사유'(rechtlich gute Gründe, ein an sich verbotenes Verhalten doch zu vollziehen)로 정의한다.

21) 같은 취지를 가진 법문의 표현으로 또한 「노동조합법」 제37조 제1항 참조.

22) 헌재결(전) 2005.3.31., 2003헌바91, 2009헌바168; 단순파업을 그 본질에서 근로계약상 채무불이행의 문제로 판단한 헌재결 2022.5.26., 2012헌바66 등. 비슷하게 헌재결 2010.4.29., 2009헌바168: "… 근로자가 그 주장을 관철할 목적으로 행하는 업무의 정상적인 운영을 저해하는 쟁의행위(노동법 제2조 제6호)는 원칙적으로 이 사건 법률조항[「형법」 제314조 제1항]의 위력에 의한 업무방해를 구성하지 않는다 …" 등; 「노동조합법」 제89조부터 제91조의 벌칙조항 참조.

23) 다만 실무에서는 민사재판에 대한 형사판결의 효력에 관한 대판 1990.12.7., 90다카21886: "원래 민사재판에 있어서는 형사재판의 사실인정에 구속을 받는 것이 아니라고 하더라도, 동일한 사실관계에 관하여 이미 확정된 형사판결이 유죄로 인정한 사실은 유력한 증거자료가 된다…"; 대판 2021.10.14., 2021다243430 등만이 존재한다.

3. 대상사건에서 단체협약 제48조 제1항의 검토와 평가

단체교섭은 근로조건, 근로자의 대우와 단체적 노사관계의 운영에 관하여 사용자가 처분할 수 있는 사항을 교섭사항으로 한다.[24] 한편 이를 확장하여 사용자의 경영권과 인사권에 속하더라도 근로조건 또는 고용과 관계되거나 영향을 주는 것은 단체교섭사항이라는 해석[25]이 우월하다. 그러나 이를 그대로 받아들이게 되면 사실상 단체교섭사항이 아닌 것이 없을 정도로 확장될 수 있으므로, 교섭사항을 일도양단하여 구분할 것이 아니다.

사용자는 긴박한 경영상 필요를 이유로 그의 재량에 의한 판단으로 해고할 수 있다. 이러한 정리해고 또는 사업조직의 통폐합 등 기업의 구조조정의 실시는, 그것이 근로자의 지위와 근로조건의 변경을 수반하더라도, 경영주체에 의한 고도의 경영상 결단에 속하는 사항으로서 어느 경우에도 단체교섭의 대상이 될 수 없다.[26] 여기에서 긴박한 경영상 필요는 반드시 기업의 도산을 회피하기 위한 경우로 한정되지 않고 장래에 올 수도 있는 위기에 미리 대처하기 위하여 인원감축이 필요한 경우를 포함하며, 그러한 인원감축이 객관적으로 볼 때 합리성이 있다고 인정되어야 한다.[27] 경영상 필요의 판단은 정리해고할 때의 사정을 기준으로 한다. 이를 반대해석하면, 구조조정의 실시 자체를 반대하기 위한 쟁의행위는 목적의 정당성을 가질 수 없다.[28] 그 결과 구조조정의 실시를 반대하거나 실질적으로 구조조정의 실시를 반대할 목적으로 쟁의행위로 나아간 경우 그 행위는 정당한 쟁의행위가 될 수 없다.[29] 이밖에 직장 또는 사업장시설을 전면적 · 배타적으로 점거하여 조합원이 아닌 자의 출입을 저지하거나 사용자의 관리지배를 배제하여 업무의 중단 또는 혼란을 야기하는 행위도 정당한 쟁의행위가 아니다.[30]

이와 같이 경영권은 원칙적으로 교섭사항이 될 수 없다.[31] 다만 노사는, 그 내용이 강행법규 또는 사회질서에 위반하지 않으면, 심지어 그 사항이 사용자의 경영권의 속하더

24) 대판 2003.12.26., 2003두8906. 다만 「노동조합법」 제2조 제5호와 제6호 비교.

25) 「근로기준법」 제1조와 제3조, 그리고 제23조부터 제27조와 「노동조합법」 제2조 제5호를 들어 심지어 급박한 경영의 필요에 따른 정리해고마저 근로조건에 포함하는 제한적 긍정설을 주장하면서 쟁의행위의 정당성 여부는 별개의 문제로 유보하는 임종률, 노동법, 제17판, 2019, 143 이하, 특히 146 참조.

26) 나아가 경영권이 「헌법」 제119조 제1항, 제23조와 제15조가 보장하는 실체법상 권리로 이해하는 김형배, 노동법, 1057.

27) 대판 2002.7.9., 2001다29452; 대판 2013.6.13., 2011다60193; 대판 2022.6.9., 2017두71604 등.

28) 대판 2002.2.26., 99도5380; 대판 2011.1.27., 2010도11030.

29) 「노동조합법」 제38조 제1항; 대판 2002.2.26., 99도5380; 대판 2007.3.29., 2006도9307; 대판 2007.5.11., 2006도9478; 대판 2014.3.27., 2011두20406 등. 그럼에도 근로자의 근로조건과 지위에 영향을 미치는 경영상 결정의 교섭 · 쟁의행위 대상성을 둘러싼 노사분쟁이 계속되는 상황임을 지적하고 이를 인용하여야 한다는 주장으로 조용만, 결사의 자유, 기본협약 관련 단체교섭 및 쟁의행위 쟁점 검토, 노동법연구 47 (2019) 39-82, 43 이하, 특히 49.

30) 대판 2007.12.28., 2007도5204.

31) 대판 1995.8.11., 95다10778; 대판 1998.12.22., 97누5435; 김형배, 노동법, [27].

라도 임의로 단체교섭을 진행하여 유효한 단체협약을 체결할 수 있다고 할 것이다.32) 그러한 사항은 통상 경영권의 본질적 내용을 구성하지 않을 것이기 때문이다.

4. 단체협약 제48조 제1항의 효력

대상사건에서 유가급등과 금융위기에 따른 판매감소 등으로 심각한 재정난에 빠진 사용자가 회생절차의 개시를 신청하였고, 법원은 강도 높은 구조조정을 전반적으로 실시하라는 지침과 함께 이를 결정하였다.33) 이러한 사정을 참작하면 대상사건에서 사용자의 정리해고는 적법한 경영권의 행사로서 단체협약 제48조 제1항이 개입할 여지가 전혀 없다: 이를 트집잡는 단체행동은 불법의 파업이다. 또한 단체협약의 준수 · 해석과 적용에 관한 분쟁은 이른바 권리분쟁(Rechtsstreit)으로서 정당한 쟁의행위의 목적이 될 수 없다. 이는 사법적 해결의 대상으로서 노동위원회 또는 법원에서 다툴 일이다.34)

이와 관련하여 '회사와 조합의 합의'를 급박한 경영상 필요로 인원정리의 요건으로 규정한 이 사건 단체협약 제48조 제1항의 효력이 문제된다.

> "단체협약 제48조 제1항 회사가 긴박한 경영상의 이유로 인원을 정리하고자 할 때에는 최소한 60일 전에 인원 정리 규모 및 방법에 관하여 조합에 통보하고 조합과 합의하여야 한다."

단체협약 제48조 제1항의 내용은 의무적 교섭사항에 해당하지 않는다. 그런데 여기에서 '긴박한 경영상의 이유'와 '합의'가 외관상 · 실질상 동일한 차원에 병존할 수 없는, 강하게 충돌하여 서로 배척하는 개념으로 보인다. 이를 문언 그대로 해석할 때에는, 설령 긴박한 경영상의 이유가 있더라도 합의가 없으면 경영목적의 달성이 불가능하게 될 것이기 때문이다. 이 때문에 다음에서는 이와 관련한 민법학과 실무의 이론을 살피고 이를 조정하기 위한 해석론을 전개한다.

가. 실무와 다수의 해석

단체협약 제48조 제1항의 이른바 고용안정협약을 둘러싼 갈등을 풀기 위하여 실무는 최근 1. 노사협상으로 체결한 정리해고를 제한하는 내용의 단체협약은, 특별한 사정이 없으면, 강행법규 또는 사회질서를 위반한다고 볼 수 없다고 하고, 다만 2. 단체협약을 체결할 때의 사정이 현저하게 변경되어 그러한 단체협약의 이행을 강요하는 것이 객관적으로

32) 대판 2002.2.26., 99도5380; 대판 2014.3.27., 2011두20406.
33) 서고판 2016.5.13., 2014나1487, 1494, 1500.
34) 김형배, 노동법, 1056 이하.

명백하게 부당한 결과에 이를 때에는 사용자는 단체협약의 제한에서 벗어나 정리해고할 수 있다고 판시한다.35) 이를 받아들일 때에는, 근로조건 등 근로자의 대우에 관한 단체협약조항에 반하는 정리해고는 정당한 해고라고 할 수 없다. 다수의 해석도 실무와 걸음을 같이 하여 노사합의에 의한 단체협약에 사실상 절대효를 부여하며, 이를 반대하는 주장도 거의 보기 어렵다.36)

한편 대판 2002.2.26., 99도5380은 "사용자가 경영권의 본질에 속하여 단체교섭의 대상이 될 수 없는 사항에 관하여 노동조합과 '합의'하여 결정 혹은 시행하기로 하는 단체협약의 일부 조항이 있는 경우, 그 조항 하나만을 주목하여 쉽게 사용자의 경영권의 일부 포기나 중대한 제한을 인정하여서는 아니 되고, 그와 같은 단체협약을 체결하게 된 경위와 당시의 상황, 단체협약의 다른 조항과의 관계, 권한에는 책임이 따른다는 원칙에 입각하여 노동조합이 경영에 대한 책임까지도 분담하고 있는지 여부 등을 종합적으로 검토하여 그 조항에 기재된 '합의'의 의미를 해석하여야 할 것"이라고 하여 '합의'를 제한해석한다.37)

경영권의 본질을 존중하여야 하는 것은 제103조의 의미에서 사회질서(gute Sitte)이고 이를 침해하는 약정은 무효이다. 제103조가 정하는 불법은 일부무효는 물론 사후의 치유와도 친하지 않는 절대효를 가진다.38) 그렇지 않으면 법률이 지향하는 사회의 기본가치를 무너뜨리고 불법을 저지른 자가 적법하게 반대급부를 취득하게 될 위험이 상당하기 때문이다. 이밖에도 해석의 방법으로 제103조의 제한을 넘어서려는 온갖 시도는 마땅히 저지되어야 한다. 반면에 사용자의 경영조치가 비례성과 형평성에 반하여 내려진 경우 이 또한 효력이 없다고 할 것이다.

이러한 측면에서 –정당한 판시사항에도 불구하고– 단체협약 제48조 제1항을 무효화하지 않고 '합의'를 구조조정의 합리성과 공정성을 담보하기 위한 '[사전]협의'의 취지로 판단한 대판 99도5280은 법리를 그르친 잘못이다. 나아가 합의를 여하한 구속력도 인정되지 않는 협의로 제한해석할 때에는, 대상사건의 단체협약 제48조 제1항이 있으나 마나 한 프로그램적 규정으로 전락하게 된다. 이처럼 가치없는 규정을 단체협약에 두는 것은 낭비

35) 대판 2014.3.27., 2011두20406.

36) 대판 2011두20406을 중심으로 박은정, 정리해고를 제한하기로 하는 내용의 단체협약의 효력, 노동리뷰 111 (2014) 80-83, 80. 한편 이제 신중하게 검토할 때가 되었다는 중립적 평가로 박종희, 근로자대표제 논의의 필요성과 법적 기초에 관한 소고, 노동리뷰 120 (2015) 42-55, 43 이하 참조.

37) 비슷하게 윤진호/김제완, 안암법학 75 (2021) 167.

38) 제607조의 해석; B.Windscheid/Th.Kipp, Lehrbuch des Pandektenrechts I, 9.Aufl., 1906, §82; D.Medicus, AT des BGB, 8.Aufl., 2002, Rn.505 참조. 이와 비교하여 일부무효의 법리(제137조 단서)가 적용된다는 곽윤직, 민법총칙, 2002, [130] IV; 이영준, 민법총칙, 2007, 707.

이고 설령 두더라도 이는 사용자를 구속하지 않는 空砲에 지나지 않음이 명약관화하다.

법원은 사실이 아니라 법률문제를 판단하고 법률을 해석 · 적용하는 사법기관이다. 더군다나 대판 99도5280과 같이 이를 '협의'로 새길 때에는 −마치 법적 구속의사가 결여된 호의관계[39]와 같이− 이에 구속력을 인정하여 그 위반을 정당한 파업사유로 받아들일 이유가 없다. 신의칙에 반하거나[40] 권리남용[41]이 성립하지 않으면 협의가 없다는 사실 자체는 협의의 흠결이 해고의 효력발생에 아무런 장애사유가 되지 않음을 말한다.[42] 나아가 구속력 없는 약정의 위반을 논의할 정당한 사유가 없고 실익도 없다. 이처럼 합의를 협의로 평가절하하여 새기는 실무에 따르면, 이를 담은 단체협약의 조항은 없어도 그만인 조항이라고 하여야 한다. 법률에 근거가 없고 법리와도 맞지 않는 주장을 허투루 할 일이 아니다.

나. 무효의 단체협약 제48조 제1항

실무는 정리해고에 관한 단체협약을 유효로 보면서 다만 사정변경이 있으면 이를 적용하지 않을 수 있다는 노조친화적 태도를 보인다. 이와 반대로 정리해고에 관한 단체협약 조항, 즉 이른바 고용안정협약을 무효로 하고, 사정변경이 있으므로 협의할 수 있다는 사용자친화적 해석도 얼마든지 가능하다. 해석들의 차이는 대상사건의 단체협약 제48조 제1항에 대한 법적 평가의 차이로 정리될 수 있다.

급박한 경영상 필요에 의한 [정리]해고는 경영권의 본질적 내용이다. 이는 어떠한 경우에도 제한될 수 없으며, 이를 '노사합의'의 이름으로 제한하는 단체협약 조항은 제103조의 위반으로 무효이다. 단체협약도 그 자체로서 제103조의 적용을 받는 법률행위이기 때문이다.[43] 단체협약을 적용한 결과로서 사회질서의 결과가 실제로 발생하였는지 여부는 제103조의 적용에 장애사유가 되지 않는다.[44]

대등한 힘과 고유영역을 무너뜨리는 단체협약조항은 무효가 되어야 하고, 대상사건의 단체협약 제48조 제1항도 마찬가지이다. 이에 대하여 계약법의 이론에 반하지 않으면 그

---

39) 곽윤직, 민법총칙,

40) 대판 2000.4.11., 99두2963.

41) 대판 1995.8.11., 95다10778(사전협의를 거치지 않고 노조간부를 인사한 사건); 대판 2009.4.23., 2007두20157 등.

42) 대판 1993.4.23., 92다34940: "사전협의를 거치도록 한 취지는 … 사용자로 하여금 … 노동조합을 납득시키려는 노력을 하게 하고, 노동조합에 의견을 제시할 기회를 주게 하며, 아울러 노동조합으로부터 제시된 의견을 참고자료로 고려하게 하려는 것에 지나지 않는 것."

43) MünchKomm/Armbrüster, §138 Rn.9.

44) 이미 이진기, 민법전 [채권편]에 과한 2020년도 대법원판결례의 소개와 약간의 첨언, 안암법학 62 (2021) 217-270, 특히 256; MünchKomm/Armbrüster, §138 Rn.9: "Ob ein Rechtsgeschäft abstrakt oder kausal ist, spielt für die Möglichkeit seier Sittenwidrigkeit grundsätzlich keine Rolle,"

이론이 단체협약에 그대로 적용되고 사용자는 절차적 측면에서 합의를 거치지 않은 정리해고에 의하여 단체협약을 위반한 것이라는 주장이 제기된다.[45] 이는 단체협약의 위반과 정리해고의 무효를 분리 · 판단하여 정리해고는 유효하지만 이는 단체협약의 위반이므로 사용자는 손해를 배상하여야 하고 쟁의행위의 사유가 구비되므로 파업이 적법하다는 어색한 결론을 끌어낸다. 그러나 이 사건 단체협약 제48조 제1항은 －심지어 그 효력을 긍정할 경우에는－ 당사자 사이에서 강행규정의 성질을 가진 조항으로 읽어야 할 것이므로, 그 주장을 받아들일 수 없다. 강행규정의 외관을 가진 단체협약규정을 그대로 두고 이를 적용하지 않거나 단체협약규정의 문언을 완화하여 해석 · 적용하려는 시도는 좌절되어야 한다.

스스로 약자를 칭하는 자는 그에 대한 보호로 만족하여야 하고 권리를 주장하여서는 안 된다: 줄 것이 없으면 요구할 것도 없다. 이제 노사는 노와 사의 구분획정의 틀(Paradigm)을 딛고 일어나 자기의 고유한 위험을 인수하는 평등한 당사자로 거듭 태어나야 하며, 법원도 이를 터잡아 판단하여야 한다. 단체협약에 관하여도 마찬가지이다.

다. 단체협약 제48조 제1항과 사정변경의 원칙의 조화

다음으로 대판 2011두20406은 이른바 사정변경의 원칙과 관련하여 정형화된 문구를 판결문에 수용한 것으로 판단된다.[46] 사정변경은 계약당사자들이 계약을 체결할 때에 그 기초가 된 객관적 사정의 현저한 변경을 예견할 수 없었고 그의 구속력을 인정하여 그를 유지하는 것이 신의칙에 반하여 당사자들의 이해에 중대한 불균형을 초래하거나 계약목적을 달성할 수 없을 경우 계약준수원칙의 예외로 인정된다.[47]

사정변경이 신의칙의 하부원칙임은 부인할 수 없다. 그런데 앞에서 살핀 것과 같이, 단체협약 제48조 제1항은 무효이다. 유효하게 성립한 법률행위[채권계약]를 전제로 하여 사후에 미처 예견하지 못한 사건이 일어난 때에 현존하는 법률상태의 현상유지가 적합한지, 그리고 변화된 환경에 적응하는 문제를 검토하는 사정변경(clausula rebus sic stantibus)[48]의 틀안으로 무효조항을 옮겨 논의하여서는 안 된다: 이때에는 사용자의 경영권행사에 관하여 오직 반신의행위 또는 권리남용만이 다투어질 수 있을 것이다.

---

45) 윤진호/김제완, 안암법학 75 (2021) 166-174.

46) 같은 해석으로 박은정, 노동리뷰 111 (2014) 83.

47) 대판 2007.3.29., 2004다31302; 대판 2020.5.14., 2016다12175; 대판 2021.10.28., 2021다257743; 2022.4.28., 2021다305208 등.

48) Medicus, AT, Rn.857; Jauernig/Stadler BGB, §313 Rn.6.

라. 대상판결의 파업

대상사건에서 파업은 사용자와 노동조합가 合意하지 않은 상태에서 이루어진 정리해고를 사유로 한다. 대상판결의 쟁의행위는 명백하게 「노동조합법」 제37조 제3항, 제38조 제1항과 제3항, 그리고 제42조를 위반하여 폭력으로 사용자의 점유를 배제하여 조업을 방해한 불법파업이다. 그리고 쟁의행위는 조합원 과반수의 찬성으로 결정하여야 하고(「노동조합법」 제41조 제1항) 調整前置主義를 위반하여 쟁의행위를 할 수 없지만(「노동조합법」 제45조 제2항), 대상사건에서 그를 위한 노력이 조금도 확인되지 않는다. 또한 위법행위가 발생하지 않도록 할 주의의무를 지는 노동조합도 폭력행위 등의 발생을 방지하기 위한 적절히 조치하기는커녕 오히려 이를 주도한 주체이다. 이밖에 불법파업을 진압하는 경찰의 직무집행이 그의 추상적 권한에 속하고 경찰비례의 원칙 안에서 이루어질 때에는 이를 따르지 않고 공무원을 폭행 또는 협박하는 행위는 「형법」 제136조가 규정하는 공무집행방해죄를 구성한다.[49] 여기에서 폭행은 직접 사람의 신체에 대한 것이 아니더라도 그에 대한 유형력의 행사로 충분하고, 직접 직무집행의 방해라는 결과발생은 그 요건이 되지 않는다.[50]

대상판결에서 대법원은 경찰의 진압이 아니라 '불법적인 점거 · 농성[파업]'을 법적 판단을 위한 출발점으로 삼아야 했다. 그럼에도 대상판결은 정작 불법농성을 진압하기 위한 적법한 조치를 생략하고 "특정한 경찰장비를 필요한 최소한의 범위를 넘어 관계 법령에서 정한 통상의 용법과 달리 사용함으로써 타인의 생명 · 신체에 위해를 가한 경우 그 직무수행은 위법하다"고 하면서 "상대방[노조]이 그로 인한 생명 · 신체에 대한 위해를 면하기 위하여 직접적으로 대항하는 과정에서 경찰장비를 손상시킨 경우 정당방위에 해당한다"고 하여 엉뚱하게 경찰에 책임을 전가한다. 이는 최소한 대법원의 태만 또는 불법의 무의식적 승인이 아닐 수 없다.

Ⅲ. 경찰의 법적 지위와 직무

1. 경찰작용

경찰은 범죄의 예방과 진압, 수사와 함께 국민의 생명 · 신체와 재산을 보호하고 그밖에 공공의 안녕과 질서유지를 직무로 한다.[51] 다시 말하면, 경찰은 공공의 안녕과 질서에

---

49) 대판 2017.3.15., 2013도2168; 대판 2022.3.17., 2021도13883.
50) 대판 2018.3.29., 2017도21537.

대한 일반적 · 추상적 위험의 방지와 구체적 위험의 격퇴를 임무로 하는 집행직무기관이다.[52) 「경찰관 직무집행법」 제1조와 제2조는 이를 반영하여 일반규정의 형식으로 제정된 법률규정이다.[53)

「국가경찰과 자치경찰의 조직 및 운영에 관한 법률」(이하 「경찰법」) 제3조가 규정하는 경찰의 임무도 또한 국민의 생명 · 신체와 재산을 보호하고 공공의 안녕과 질서유지를 위하여 추상적 위험방지를 목적으로 하는 국가활동으로 축약된다.[54)

경찰의 직무집행은 사실상 지배하거나 소유하는 물건 또는 동물에서 위험이 유래하는 사람을 상대방으로 한다.[55) 직무집행은 상대방이 수동적으로 인용하여야 하는 개입 또는 명령이나 금지의 방법으로 그에게 적극적 행위를 요구하는 개입으로 성립한다. 중요한 법익에 관한 현저한 위험이 있을 때에만 경찰이 단호히 조치할 의무가 있다는 견해도 있지만,[56) 여하한 법익에 대하여도 위험이 존재하고 그 밖의 구제수단이 없으면 마땅히 경찰의 직무집행이 이루어져야 한다.[57) 대상판결에서 상대방은 노동조합이다.

2. 경찰작용의 한계

가. 경찰작용

경찰은 적시에 사법상 보호를 받을 수 없고 경찰의 협력이 없을 경우 私權의 실현이 좌절되거나 매우 곤란하게 될 경우 적법절차에 따라 최소한의 범위에서 권리를 보호할 의무를 진다.[58) 이처럼 경찰은 危險이 있을 때에만 행위할 수 있으므로 위험이 경찰질서법의 핵심개념을 이룬다.[59) 그리고 개인은 그의 신체 · 생명의 보호를 위하여 경찰에게 직무수행을 요청할 수 있는 請求權을 가진다.[60)

51) 대판 2017.11.9., 2017다228083.

52) B.Pieroth/B.Schlink/M.Kliesel, Polizei- und Ordnungsrecht, 3.Aufl., 2005, 85; G.Berner/G.M.Köhler, Polizeiaufgabengesetz, Handkommentar, 18.Aufl., 2006, Art.1, 2. 한편 개별사안의 구체적 위험으로 제한해석하는 주장(W.-R. Schenke, Polizei- und Ordnungsrecht, 4.Aufl., 2005, Rn.70ff.; 비슷하게 손재영, 경찰법, 2018, 189 이하)도 있으나, 이도 또한 개념만을 달리하면서(예컨대 Gefahrenvorsorge, die sich noch im Vorfeld zukünftiger Gefahren bewegt …) 구체적 위험을 넓게 새기는 한편 구체적 위험과 추상적 위험이 대부분 겹친다고 하므로 결과에서 차이는 그다지 없어 보인다. 대판 2019.1.17., 2015다236196은 “”

53) Pieroth/Schlink/Kliesel, Polizei- und Ordnungsrecht, 115ff.

54) 손재영, 경찰법, 제4판, 2018, 16; 이동환, 경찰법, 2022, 17 이하.

55) Pieroth/Schlink/Kliesel, Polizei- und Ordnungsrecht, 154.

56) BVerwGE 11, 95/97.

57) Pieroth/Schlink/Kliesel, Polizei- und Ordnungsrecht, 192f.

58) Berner/Köhler, Polizeiaufgabengesetz, Art. 2; Schenke, Polizei- und Ordnungsrecht, Rn.93.

59) Pieroth/Schlink/Kliesel, Polizei- und Ordnungsrecht, 63.

60) 견해의 소개와 함께 Pieroth/Schlink/Kliesel, Polizei- und Ordnungsrecht, 103ff., 193f.

경찰작용은 민법상 점유보호와 비교된다. 신속하고 유효한 강제처분과 단기행사기간이 적용되는 금지명령(interdictum)으로 실현되는 점유보호는 본래 사후적 구제를 위한 司法節次와 결합된 경찰행정절차에 기원한 제도이다.61) 경찰작용도 마찬가지로 위험에 대한 신속하고 효율적인 공권력의 개입으로 특징지워진다. 비록 법률에 규정은 없지만, 국민은 적법한 경찰명령을 따라야 한다. 그리고 불법의 경찰작용으로부터의 구제는 사법절차의 방법으로 실현될 수 있다.

나. 경찰비례의 원칙

경찰작용은 상대방의 행위에 개입하는 방법으로 실행된다. 경찰의 권한은 일반적으로 구체적인 직무를 수행하는 경찰의 전문적 판단에 따른 합리적인 재량에 위임된다.62) 그러므로 직무를 수행하는 경찰은 개입 여부와 시기, 그리고 개입방법을 자유재량으로 결정할 수 있다. 이는 추상적 · 구체적 위험을 대처하고 제거하여야 하는 경찰작용의 속성에 미루어 당연한 결과이다. 그렇지만 이러한 경찰개입은 그 성질상 타인의 권리영역에 대한 침해를 수반할 가능성에서 완전히 자유롭기 어렵다. 이러한 까닭으로 경찰은 경찰개입의 필요 여부를 검토할 의무를 부담한다.63) 그러므로 공권력을 행사하는 경찰작용의 착수에 관한 판단은 경찰의 재량이며 동시에 의무이다.

「경찰관 직무집행법」 제1조 제2항은 경찰비례의 원칙과 함께 과잉금지원칙을 선언하는 일반조항이다: 「이 법에 규정된 경찰관의 직권은 그 직무 수행에 필요한 최소한도에서 행사되어야 하며 남용되어서는 아니 된다.」 여기에서 직무집행은 직접 집행행위는 물론 그와 밀접한 행위를 포함한다.64) 이 조항은 법치주의적 기본권보호를 원칙으로 선언한 헌법의 요청이며,65) 동시에 경찰의 재량행위를 통제하는 규범적 요소이다. 그러므로 공공의 안녕과 질서유지의 공공목적과 이를 실현하기 위한 개인의 권리와 재산을 침해하는 수단은 합리적 비례관계를 형성하여야 한다. 무엇보다 경찰의 조치는 경찰작용이 아니면 다른 기회가 없을 때에만(Ermessensreduktion auf Null) 허용되어야 한다.

그리고 경찰관은 직무수행 중 필요한 최소한 범위에서 사람의 생명 또는 신체에 위해를 줄 수 있는 위해성 장비66)를 포함한 경찰장비를 사용할 수 있다(「경찰관 직무집행법」 제10

61) M.Kaser, Das römische Privatrecht, 1.Abschn., 2.Aufl., 1971, §36 II; 현승종/조규창, 로마법, 1996, 265 이하.
62) 대판 2022.7.14., 2017다290538.
63) Pieroth/Schlink/Kliesel, Polizei- und Ordnungsrecht, 190.
64) 대판 2005.01.14., 2004다26805.
65) 적합성, 필요성과 적절성을 비례원칙의 요소로 제시하는 Pieroth/Schlink/Kliesel, Polizei- und Ordnungsrecht, 178, 183ff. 참조.
66) 자세한 내용은 「위해성 경찰장비의 사용기준 등에 관한 규정」 참조.

조). 여기에서 경찰장비는 수갑, 포승, 경찰봉, 방패 등의 警察裝具, 무기, 최루제와 그 발사장치, 살수차, 감식기구, 해안감시기구, 통신기기, 차량 · 선박 · 항공기 등 경찰이 직무를 수행할 때 필요한 장치와 기구이다. 그리고 경찰 또는 다른 사람의 생명 · 신체의 방어와 보호, 공무집행에 대한 항거를 제지하기 위하여 필요하다고 인정되는 등 상당한 이유가 있을 때에는 경찰장구를 사용할 수 있고(같은 법 제10조의2), 현장책임자의 판단으로 불법집회 · 시위로 자신 또는 다른 사람의 생명 · 신체와 재산, 그리고 공공시설의 안전에 대한 현저한 위해의 발생을 억제하기 위하여 분사기 또는 최루탄을 사용할 수 있다(같은 법 제10조의3). 나아가 체포 · 구속영장과 압수 · 수색영장을 집행하는 과정에서 행위자가 경찰관의 직무집행에 항거하거나 도주하려고 하고 그 행위를 방지하거나 그를 체포하기 위하여 무기의 사용 외에 다른 수단이 없다고 인정할 수 있는 상당한 이유가 있으면, 심지어 필요한 한도에서 무기까지 사용할 수 있다(같은 법 10조의4 제1항 제2호 나목). 이때 경찰비례의 원칙이 또한 경찰장비의 사용을 결정하는 잠금장치이다.

경찰비례의 원칙에 따라 합리적인 재량의 범위에서 확정된 경찰의 직무집행은 적법한 국가작용이다. 그리고 상대방은 당면한 危險을 제거하기 위하여 적법하게 공권력을 행사하는 경찰의 강제명령을 따라야 하고, 이에 응하지 않는 행위는 그 자체로서 법질서를 파괴하는 '더 큰 불법'으로 이어진다. 이를 두고 관용을 바랄 수 없고 바라서도 안 된다.67)

경찰비례의 원칙에 따른 적법한 경찰작용에 대한 소극적 방어는 금지된다.68) 대상사건에서 경찰은 적법한 공권력을 행사하여 불법파업을 진압하는 주체이다. 그러한 공권력의 행사를 상대로 새총으로 볼트를 쏘고 벽돌을 던지는 등의 행위가 소극적 방어의 한도를 넘는 것은 명확하다. 나아가 불법을 저지른 자가 공공질서를 확립하기 위하여 이의 제거를

67) 경찰의 직무집행이 적법절차를 준수하여야 함은 물론이다. 이에 관하여 대판 2019.1.17., 2015다236196: "위해성 경찰장비인 살수차와 물포는 집회나 시위참가자들을 해산하기 위한 목적의 경찰장비이고 경찰관이 직사살수의 방법으로 집회나 시위참가자들을 해산시키는 것은 집회의 자유나 신체의 자유를 침해할 우려가 있으므로 적법절차의 원칙을 준수하여야 한다."(그 평석은 김중권, 직사살수와 관련한 최근 판례의 문제점 — 대법원 2019.1.17. 선고 2015다236196 판결; 헌법재판소 2020.4.23. 선고 2015헌마1149 결정 —, 법률신문 2002.08.18., https://www.lawtimes.co.kr/Legal-News/Legal-News-View?serial=163548&q=%EA%B9%80%EC%A4%91%EA%B6%8C 참조). 그러나 제1심 판결이 인정사실에서 서울중앙지판 2014.10.23., 2011가단449749가 밝히듯이(이 또한 "집시법상의 구체적인 사유의 고지 없이 '불법집회이므로 해산하라'는 방송만 하였을 뿐, 적법한 해산명령을 하였음을 인정할 증거가 없다"고 하여 「물포운용지침」의 위반을 인정하였다) 3차에 걸친 경찰의 해산명령에 불응하고 교통을 방해하면서 계속한 불법시위에 경찰장비를 사용한 경우마저 엄격한 적법절차의 준수를 추가요구한 항소심(서울중앙지판 2015.8.27., 2014나60148)과 상고심(대판 2015다236196; 이미 대판 2012.2.9., 2011도7193)은 지나치다. 심지어 이들은 판시이유에서 '3회의 해산명령'을 언급조차 하지 않는다. 그런데 「집시법」은 집회와 시위를 신고사항으로 하고(제6조) 그렇지 않은 집회와 시위를 금지하며 집회와 시위를 제한 · 금지할 수 있으므로(제8조) 신고서를 제출한 주체가 누구보다 신고한 사항의 위반을 자세히 알 수 있는 가까운 지위에 있고, 이밖에 집회와 시위의 태양, 경찰의 배치와 차단벽 등도 위반을 판단하는 객관적 지표이다. 「집시법」 제20조와 「동 시행령」 제17조의 해석 · 적용도 이 사실을 반영하여야 할 것이다. 결국 법령이 재판기준이 되어야 한다.

68) 대판 1983.2.8., 82도2098; 대판 1999.10.12., 99도3377; 헌재결 2007.8.30., 2007헌마34 등.

목적으로 하는 경찰명령을 무시하고 그 조치의 적절 또는 과잉 여부를 따지는 것은 적반하장이다.

이밖에 過剩鎭壓과 관련하여 경찰작용의 성질과 경찰비례의 원칙을 넘어 벌써 경찰이 직무집행을 시작하기 전부터 과잉을 논하는 것은 飛躍이다. 과잉진압은 많은 경우 적법한 국가공권력에 대한 불법의 불복종으로부터 비롯하며, 대상사건이 그러한 경우이다. 더군다나 명백한 현장의 위험을 마주하는 경찰행정의 영역에서, '과잉'은 원칙적으로 司法救濟의 방법으로 실현되어야 하는 事後判斷의 대상이 되어야만 한다.69) 이들이 무엇보다 과잉을 좁고 엄격하게 새겨야 하는 이유이다. 그렇지 않으면 과잉이 오히려 적법한 직무집행을 가로막고 불법을 정당화하는 변명거리가 되기 일쑤일 것이다.

Ⅳ. 대판 2016다26662에 사용된 언어와 표현의 문제

1. 피고에 편향된 언어사용

국가가 불법적 점거파업을 진압하는 행위는 적법행위이다. 대상판결도 "시위진압을 위한 공권력의 행사는 국가작용"이라고 설명한다. 이러한 국가의 진압행위에 대항하는 행위는 더 큰 불법이다. 그럼에도 실무70)는 이를 '대항행위'라는 이름으로 포장하여, 마치 불법의 정체를 흐리는 듯이 표현한다. 특징적인 부분을 예시하면:

> 1. "산업별 노조인 갑 노동조합의 지부가 조합원들을 각 거점에 배치하고 새총, 볼트, 화염병 등을 소지한 채 공장 점거파업을 계속하자 국가가 을 주식회사로부터 기중기를 임차하여 점거파업 진압 현장에 투입하였고, 진압작전 수행 중 기중기가 손상될 경우 이를 수리하고 운휴보상을 하기로 한다는 내용의 약정을 하였는데, 위 기중기는 경찰병력을 옥상으로 이동시키는 것뿐만 아니라 장애물 제거, 조합원들에 대한 위협 및 화력소모를 위한 목적으로 사용되었고, 그 과정에서 조합원들이 이에 대항하여 새총으로 볼트를 발사하거나 화염병을 투척하는 등으로 인하여 기중기가 손상된 사안에서, 국가가 진압작전 과정에서 조합원들의 기중기에 대한 공격을 적극적으로 유도하였다고 볼 여지가 있고 그러한 대항행위로 인하여 기중기가 손상될 수 있

---

69) 판시이유의 옳고 그름은 별론으로 하고 대판 2019.1.17., 2015다236196: "경찰장비인 살수차와 물포는 필요한 최소한의 범위에서만 사용되어야 하고, 특히 인명 또는 신체에 위해를 가할 가능성이 더욱 커지는 직사살수는 타인의 법익이나 공공의 안녕질서에 직접적이고 명백한 위험이 현존하는 경우에 한해서만 사용이 가능하다고 보아야 한다." 이에 관하여 김중권, 직사살수와 관련한 최근 판례의 문제점, 법률신문 2002. 8. 18.

70) 헌재결(전) 1998.2.27., 94헌바13, 26, 95헌바44; 대판 2016다26662: "산업별 노조인 갑 노동조합의 지부가 조합원들을 각 거점에 배치하고 새총, 볼트, 화염병 등을 소지한 채 공장 점거파업을 계속하자 국가가 을 주식회사로부터 기중기를 임차하여 점거파업 진압 현장에 투입하였고, … 위 기중기는 경찰병력을 옥상으로 이동시키는 것뿐만 아니라 장애물 제거, 조합원들에 대한 위협 및 화력소모를 위한 목적으로 사용되었고, 그 과정에서 조합원들이 이에 대항하여 새총으로 볼트를 발사하거나 화염병을 투척하는 등으로 인하여 기중기가 손상된 사안."

음을 충분히 예상할 수 있었다고 볼 수 있으므로, 진압작전 중 기중기가 손상되는 것은 국가 스스로가 감수한 위험이라고 할 수 있고, 또한 기중기를 위와 같이 용법을 벗어난 방법으로 사용하였다면 그 손상에 관한 국가의 책임도 적지 않다고 볼 수 있는데"

2. "[기중기에 1개씩 매단 빈] 컨테이너를 이용하여 조합원들이 자동차조립공장 옥상에 설치해 놓은 장애물들을 부수어 제거하고, 조합원들에게 겁을 주고 조합원들의 화력을 소모시키기 위하여 컨테이너들을 옥상에 내릴 것 같은 동작을 취하는 등으로 이 사건 기중기를 급조작하였다."

2.는 1.의 '장애물제거, 조합원들에 대한 위협 및 화력소모를 위한 목적'을 상술한 내용이다. 2.만 읽을 때에는 마치 경찰이 惡의 化神이 된 듯한 인상마저 받게 된다. 이밖에 대상판결은 '국가가 진압작전 과정에서 조합원들의 기중기에 대한 공격을 적극적으로 유도하였다고 볼 여지가 있고 피고가 위법한 경찰장비의 사용으로 직무수행이 적법한 범위를 벗어난 것으로 볼 수밖에 없을 때에는 상대방이 그의 생명 · 신체에 대한 현재의 부당한 침해에서 벗어나기 위한 정당방위에 해당한다'는 궤변으로 일관한다. 이는 正當防衛의 개념을 엉뚱하게 적용한 자기모순이다. 원심의 판시와 동일하게 대법원도 피고가 위법행위가 발생하지 않도록 하여야 할 주의의무가 있고 폭력행위 등의 방지를 위하여 적절한 조치를 하여야 한다고 인정한다. 불법을 저지른 자는 말이 없어야 한다. 같은 선상에서 이미 적법한 국가공권력의 행사는 불법파업을 주도하는 노조의 복종을 요구하며 상대방의 공격 또는 대항(?)을 결코 용납하지 않는다. 설령 국가공권력을 과잉행사할 경우에도 노조를 일단 이를 따라야 한다. 그리고 이미 지적한 내용과 같이, 과잉의 판단은 사후적인 것이다.

법률은 경찰만이 아니라 불법파업의 주체, 즉 노조에게도 평등하게 적용되어야 한다. 과잉을 빌미로 하는 노조의 공격은 다시 경찰관의 신체 · 생명에 대한 부당한 침해에 해당한다. 그렇다면 다시 이를 상대로 신체 · 생명을 지키기 위한 경찰의 대응을 정당방위가 아니라고 부정할 합리적인 이유도 없다. 만일 노조의 공격으로 경찰관이 신체 · 생명가 침해될 때에는 이는 과잉방위이므로 다시 그에 대한 방위도 허용하여야 할 것이다. 이러한 경우 적법한 국가작용과 불법파업이 뒤범벅되어 진흙탕싸움으로 번지는 쌍방폭력으로 다루어야 할 것인가? 그렇지 않다. 적법한 경찰작용을 우선하여야 한다. 이처럼 무익한 논의는 대상판결이 대상사건의 발단이 된 불법파업 −적법한 공권력의 행사− 경찰명령에 대한 노조의 복종의무를 전제사실에서 생략하고, 경찰의 파업진압과 그 과정에서 발생한 '과잉' 행위를 지나치게 노골화한 결과가 아닐 수 없다.

기중기는 폭력행위의 진압을 위하여 경찰이 임차한 장비이다. 그럼에도 대상판결은 대판 2016다26662는 "진압작전 중 기중기가 손상되는 것(A)은 국가 스스로가 감수한 위험(B)"이고 "고가의 장비손상은 불법집회 · 시위에 통상 수반"된다고 판시한다. 이는 법원이

할 말이 아니고 하여서도 안 된다. 또한 모든 형태의 진압은 위험을 동반하며, 「경찰관 직무집행법」 제10조의2 제1항 2호는 그러한 취지를 담은 조항이다. 대법원이 설정한 가정을 기계적으로 그대로 옮기면, 1. 국가의 명령에 불응하는 것이 통례이고, 2. 폭력행위에 의한 추상적 위험을 넘어 구체적 위험의 제거를 위하여 국가작용을 행사하는 과정에서 발생할 수 있는 생명, 신체, 자유와 명예 등에 가하여지는 법적 불이익(C=A)을 모두 국가가 감수하는 위험(B)으로 몰아야만 할 것이다. 그러나 삼척동자도 이러한 구조가 옳지 않음을 안다: 이는 국가권력과 국가작용의 부정이며 막말에 가까운 모욕적인 험담이다.

경찰은 비난받아야 할 행정관청이 아니다. 경찰력이 수반되는 국가작용은 생명과 신체에 대한 위험을 수반하는 경우가 허다하므로 엄격한 경찰비례의 원칙을 준수하여야 한다. 그러나 이를 자초행위(actiio libera in causa)라고 부를 사람은 없다. 나아가 불법파업을 진압하는 국가행위에 대한 폭력의 행사는 '더 큰 불법'이다. 마지막으로 기중기의 소유관계는 -손해배상의 범위를 제외하면- 대상사건의 판단에 영향을 미치는 요인이 되지 않는다. 공공안녕과 질서유지를 위한 폭력의 제거라는 국가행정의 목적에서 전혀 변함이 없기 때문이다.

이어서 고가의 장비는 단순한 소모품은 아니며, 고의 또는 과실로 그를 손상한 가해자는 응당 손해를 배상하여야 한다. 대상판결은 "기중기를 위와 같은 用法을 벗어난 방법으로 사용하였다면 그 손상에 관한 국가의 책임도 적지 않다"고 한다. 기중기의 본래 용법을 모를 사람은 없을 것이다. 또한 대상판결도, 비록 '위와 같은 용법'을 직접 적시하지 않지만 '경찰병력을 옥상으로 이동시키는 것'으로 좁게 새긴 듯하다.[71] 흔히 물건의 자연적 성질에 따라 결정되는 용도는 고정불변의 개념이 아니다. 삽으로 밭을 갈더라도 나무랄 사람은 없다. 물건의 용법은 그 위에 권리를 가진 당사자의 의사에 의하여 결정될 수 있으며, 전세물의 용도에 관한 제303조 제1항, 사용대차 목적물의 용법을 내용으로 하는 제610조 제1항과 이를 임대차목적물에 준용하는 제617조가 그 증거이다. 그리고 사용대차와 임대차의 당사자가 약정으로 용법을 달리 정한 경우에는 원상회복의무[72]가 특히 중요한 법적 쟁점으로 등장할 뿐이다. 대상사건에 관하여 기중기임대차계약은 정작 무거운 물건의 운송이라는 기중기의 고유한 용법을 넘어 불법파업을 진압하는 경찰병력의 투입이 기중기의 임차목적임을 분명히 확인한다. 마지막으로 대상사건에서와 같이 흉기를 사용하여 덤벼드는 노조를 상대하는 급박한 상황 아래에서 '운송'만을 고집하면서 경찰병력의 투입을 고분고분

71) 만일 운송만을 위한 목적이라면, 100t, 200t과 220t 규모의 기중기 3대의 임차는 국가예산을 낭비한 행위가 되어야 한다.

72) 대판 2008.10.9., 2008다34903.

지켜보아 달라는 대상판결은 지나치게 낙관적이고 낭만적이다. 경찰은 총알받이가 아니다.

대상판결에서 대법원은 막연히 '기중기의 본래(?)의 용법'을 지적할 것이 아니라 구체적 위험을 수반하는 현재의 폭력행위를 제거하기 위한 유효한 대체수단을 예시하여야 했다. 그렇지 않은 지금의 상태에서 대법원의 판단은 진압을 위한 수단이 적절하지 않으면 적절한 수단을 마련할 때까지 진압을 중지하고 폭력을 참고 견디라는 수상쩍은 억지와 다름아니다. 국가권력의 존재이유는 불법의 폭력을 제거하고 공공의 질서와 안녕을 보전하는 것이다.

이어서 대상판결에서 "… 손해분담의 공평이라는 손해배상의 이념에 비추어 볼 때 이러한 고가의 장비 손상은 불법 집회 · 시위에 통상 수반되는 것으로서 일반적으로 예견할 수 있는 범위를 넘어선다는 사정도 참작하여 그 책임을 제한함이 타당하다"는 부분이 이를 읽는 사람을 어리둥절하게 한다. 고가의 장비손상이 불법의 집회와 시위가 통상수반된다는 사정이 책임을 제한하거나 면제하는 사유는 될 수 없다. 그리고 불법을 저지른 주체를 중심으로 손해분담의 공평을 언급하는 것은 형평에 맞지 않다.

마지막으로 판결문의 문장들이 다듬어지지 않아 거칠고 추상적이어서 그 의미와 내용을 도무지 파악하기 어렵다. 음률이 곁들여진 품위있고 격조높은 법률문장까지 바랄 수는 없다고 하더라도 이해하기 쉬운 문장으로 판결문을 작성하여야 한다.

2. 가정적 검토 - 경찰의 부작위

경찰공무원은 공무원의 지위에서 「국가공무원법」 제55조부터 제67조의 복무규정에 규정된 의무를, 그리고 직접 공공의 안녕과 질서유지를 목적으로 국가공권력을 행사하는 경찰공무원으로서 「경찰관 직무집행법」이 정하는 의무를 부담한다.[73] 이처럼 경찰의 의무를 둘러싸고 「국가공무원법」과 「경찰관 직무집행법」은 불가분의 일체를 이룬다. 이로써 경찰이 그가 부담하는 의무를 위반한 경우 그에게 「국가배상법」의 배상책임이 지워질 수 있다.

대상사건에서 경찰이 노소의 불법파업을 진압하는 행위는 적합성, 필요성과 적절성으로 표현되는 비례원칙과 최우수단(ultima ratio)으로서의 성격을 아울러 충족한다. 국가는 국민의 안전과 이익을 안전을 배려하여 권한을 행사하여야 하며, 법령이 정한 직무의무를 현저히 위반하여 손해를 가한 경우 상당인과관계의 범위에서 배상책임을 져야 한다.[74] 그리

73) 박영하, 경찰행정법, 2016, 200.
74) 대판 2006.4.14., 2003다41746.

고 만일 직무집행의 요건이 충족됨에도 경찰이 진압행위에 착수하지 않았더라면, 이는 고의 또는 과실에 의한 부작위로 作爲義務를 위반한 위법이 인정될 수 있으므로 국가는 국가배상책임으로부터 결코 자유로울 수 없다.[75] 구체적인 사정에서 경찰이 권한을 행사하여 필요한 조치를 하지 않는 것이 현저하게 불합리하다고 인정되는 경우 권한의 불행사는 직무의무의 위반으로 위법하다.[76] 이를 구체화하면, 경찰은 공공안녕과 질서에 대한 현재의 구체적 위험이 일어나면 반드시 그를 제거하기 위한 행동에 착수하여야 한다. 그렇지 않으면 경찰은 부작위에 의한 주의의무의 위반으로 불법행위를 행함과 동시에 위험원을 지배하는 사람의 불법행위를 幇助하는 셈이며, 이 때문에 제760조 제3항의 공동불법행위책임을 면할 수 없다. 다만 경찰의 직무와 같이 그 행사 여부와 시기, 그리고 행사방법의 선택이 직무를 집행하는 주체의 裁量에 맡겨진 권한의 불행사가 법적 쟁점화하는 경우[77]에는 「국가배상법」 제2조 제1항의 의미에서 '법령위반'과 '고의 또는 과실'의 증명이 걸림돌로 작동한다.[78] 앞으로 그의 해결이 법학과 실무에 숙제로 남겨진다.

공동불법행위의 방조는 타인의 불법행위를 용이하게 하는 모든 직 · 간접의 행위로서 작위만이 아니라 법적 작위의무 있는 사람이 불법행위를 방지하여야 할 제반조치를 취하지 않는 부작위를 포함한다.[79] 실무이론은 방조의 고의 또는 과실을 가리지 않는다.[80] 이는 형법과 달리 過失의 법률효과를 원칙적으로 고의와 동일시하는 민법의 해석으로 과실에 의한 방조도 가능함을 근거로 한다.[81] 여기에서 과실의 내용은 불법행위에 도움을 주지 않아야 할 주의의무를 전제로 하고 과실은 주의의무를 위반하는 심리상태를 말한다.

그런데 국가의 방조가 인정될 경우, 불법파업의 주체인 노동조합과 국가공권력을 행사하는 경찰이 공동불법행위자로서 사용자에 대하여 부진정연대채무를 지는 어색한 모습

75) 「국가배상법」 제2조 (배상책임) ① 국가나 지방자치단체는 공무원…이 직무를 집행하면서 고의 또는 과실로 법령을 위반하여 타인에게 손해를 입히거나, … 이 법에 따라 그 손해를 배상하여야 한다. 이때 국가배상책임의 성립요건이 되는 '공권력의 위법한 행사'는 국가기관의 직무집행을 전체적으로 판단하여야 한다(대판 2023.3.9., 2021다202903).

76) 대판 2017.11.9., 2017다228083; 대판 2022.7.14., 2017다290538.

77) 이와 관련하여 오로지 하나의 결정만이 의무적합적 재량행사의 요건을 충족하는 경우 그러한 결정만이 적법하다는 '재량권의 영으로의 수축'이론이 경찰편의주의를 제동하는 수단이 될 수 있다는 서정범/김연태/이기춘, 경찰법연구, 2009, 364 이하 참조.

78) 대판 2012.7.26., 2010다95666: "공무원의 부작위로 인한 국가배상책임을 인정하기 위하여는 … 국가배상법 제2조 제1항의 요건이 충족되어야 할 것이다. 여기서 '법령에 위반하여'라고 함은 엄격하게 형식적 의미의 법령에 명시적으로 공무원의 작위의무가 정하여져 있음에도 이를 위반하는 경우만을 의미하는 것은 아니고, 인권존중 · 권력남용금지 · 신의성실과 같이 공무원으로서 마땅히 지켜야 할 준칙이나 규범을 지키지 아니하고 위반한 경우를 포함하여 널리 그 행위가 객관적인 정당성을 결여하고 있는 경우도 포함한다"; 대판 2003.11.27., 2001다33789 · 33796 · 33802 · 33819.

79) 이와 함께 부작위에 의한 방조를 인정한 대판 2010.3.11., 2009다4343; 대판 2012.4.26., 2010다8709 등 참조.

80) 대판 2014.3.27., 2013다91597: "방조자에게 공동불법행위자로서 책임을 지우기 위하여는 방조행위와 피해자의 손해 발생 사이에 상당인과관계가 있어야 한다."

81) 대판 2009.4.23., 2009다1313; 대판 2007.6.14., 2005다32999; 대판 2014.3.27., 2013다91597; 대판 2016.5.12., 2015다234985 등.

이 불가피하게 된다. 공동불법행위는 가해자의 개인행위에 대하여 개별적으로 손해배상을 구하는 것이 아니라 피해의 발생에 공동으로 관련된 가해자들이 공동으로 가한 불법행위에 대하여 그 책임을 추궁하는 것이기 때문이다.[82] 나아가 비록 가정적 상황이지만 노동조합이 손해배상을 하지 않고 버틸 때에는 국가가 꼼짝없이 손해를 배상하여야 한다: "국가는 도망갈 수 없다." 하지만 이처럼 −구상권의 실행 여부를 별론으로 하고− 국민이 납부한 혈세를 악의의 불법행위자에게 안겨주는 모양새는 어떻게 하여도 바람직하지 않다.[83] 과장하여 표현하면, 이러한 상황을 앞에 둔 국가[경찰]는 이러지도 저러지도 못하는 役割의 衝突을 비켜날 수 없다.

V. 손해배상의 범위에 관한 부분

1. 통상손해와 특별[휴업]에 관한 판단의 오류

불법파업[시위]의 진압을 위한 공권력, 즉 경찰력의 사용은 적법한 국가작용이다. 대판 2016다26662의 판시내용을 '기중기를 용법을 벗어난 방법으로 사용한 경우 그 손상에 관한 국가의 책임도 적지 않음에도 기중기손상으로 인한 노조의 책임을 80%로 제한한 원심판결은 형평의 원칙에 비추어 현저히 불합리하고 기중기가 영업용 물건이 아니므로 휴업손해는 통상손해에 해당하지 않는다'로 요약할 수 있다.

대상사건에서 국가[경찰]는 민간업체 乙와 체결한 임대차계약을 근거로 불법파업의 진압을 위하여 기중기에 관한 사용 · 수익권을 가진다. 여기에서 임대차계약이 약정한 용도에 따른 기중기의 사용 여부를 판단하는 기준이다. 그리고 다른 사정이 없으면, 국가는 제374조의 규정에 따라 선관주의의무의 위반에 대하여 책임을 져야 한다. 乙에 대한 국가의 책임은 기중기임대차계약의 해석으로 확정되어야 한다.[84]

이와 비교하여 노조의 기중기훼손은 제3자, 즉 乙의 소유권을 침해하는 불법행위이다. 진압작전의 수행과정에서 기중기가 손상될 경우 국가가 이를 수리하고 유휴보상을 한다는 내용의 국가와 乙 사이의 임대차계약은 노조의 불법행위로 인한 손해의 성립과 손해

82) 대판 1998.10.20., 98다31691; 대판 2022.7.28., 2017다16747 · 16754.

83) 이와 관련하여 공동불법행위를 저지른 민간인에게 국가에 대한 구상권을 부인하면서 내부관계에서 그의 부담부분만에 대한 손해배상만을 긍정한 대판(전합) 2001.2.15., 96다42420 참조.

84) 대상사건에서 국가는 진압작전 수행 중 기중기가 손상될 경우 이를 수리하고 운휴보상을 하기로 한다는 내용의 약정이 이루어졌다.

배상의 범위에 하등의 영향도 미치지 않는다. 실무는 일관하여 불법행위로 영업용 물건이 일부 손괴되고 수리가 가능한 때에는 수리에 필요한 기간 동안의, 또는 수리가 불가능하거나 멸실된 때에는 새로운 물건을 조달하기 위하여 필요한 합리적 기간 동안의 휴업손해를 그에 대한 증명이 가능한 통상손해로 판시한다.[85)]

그럼에도 대판 2016다26662은 진압에 사용되는 장비가 외관상 영업용 물건임이 명확하지 않으면 시위참여자는 통상 국가가 보유하는 장비가 시위진압에 사용될 것으로 예견(?)한다고 볼 수 있다고 예단한다. 대상판결은 이를 정당화근거로 삼아 기중기가 영업용물건에 해당하여 이를 소유하는 乙에게 영업에 이용하여 얻을 수 있었던 소극적 손해가 발생하였고 이를 노동조합이 부담하게 될 것을 예견하였으리라고 인정하기 어렵다는 억지주장을 펼친다.

경찰장비는 「경찰제복 및 경찰장비의 규제에 관한 법률 시행규칙」 [별표] 1 경찰장비(제2조 관련)에 규정된 기준을 충족하여 식별할 수 있는 물건이어야 한다. 그러나 대상사건에서 그러한 사실이 조금도 확인되지 않는다. 그리고 최적의 관찰자[86)]까지 언급할 필요없이 일반시민이라면 누구나 경험칙상 국토교통부도 아닌 경찰이 통상적으로 온전히 경찰병력의 운송을 목적으로 궤도로 움직이거나 24개의 바퀴가 장착된 100t, 200t과 220t 규모의 기중기를 보유하지는 않으며, 그러한 특수장비를 보유하여야 할 합당한 이유도 없음을 쉽게 안다.[87)] 그 판단을 위하여 예견까지 요구되지 않으며 직관으로 충분하다. 더욱이 산업현장에서 기중기, 불도저, 로더 등의 중장비대여는 보편화 · 일상화된 계약유형이며, 산업현장이 피고의 일자리이다. 이와 같은 사실들을 종합하면, "이 사건 기중기의 외관상 민간업체의 영업용 물건인지 여부도 분명해 보이지 않는다"는 대판 2016다26662의 판단은 건전한 一般常識을 완전히 무시한 잘못된 인식을 바탕으로 "통상손해 및 상당인과관계에 관한 법리를 오해한 잘못이 있다"는 그만의 억지주장 또는 스스로 짜맞춘 결론을 이끌어내기 위한 도구에 지나지 않는다.

원심과 대상판결에서 제393조의 법리를 오해한 사실은 확인되지 않는다. 다만 대법원

85) 대판(전합) 2004.3.18., 2001다80507; 이미 대판 2000.11.24., 2000다38718(화재로 건물이 손괴된 사건): 대판 2005.10.13., 2003다24147(불법행위로 영업용 택시가 손상되어 수리가 불가능하게 된 사건) 등. 또한 채무불이행에 관하여 대판 1995.9.29., 94다13008: "채무불이행으로 소유물이 훼손되었을 때 그 손해는 수리가 가능하다면 그 수리비, 그 수리가 불가능하다면 그 훼손 당시의 교환가치(시가)가 통상의 손해이다"; 대판 2000.11.24., 2000다38718: "손괴에 대하여 사회통념상 곧바로 수선에 착수할 수 없는 특별한 사정이 있는 경우에는 수선의 착수가 가능한 시점까지 이를 사용을 하지 못함으로 인한 손해 역시 통상의 손해라 할 것이다" 참조.

86) BGHZ 3, 261: "dem optimalen Beobachter erkennbar oder dem Täter bekannt"; 불법행위의 경우 BGHZ 190, 158. 이를 비판하여 경험있는 관찰자(erfahrener Beobachter)를 제창한 Larenz, SchR AT, Bd.I, 14.Aufl., 1987, §27 III 비교.

87) 또한 「경찰관 직무집행법」 제10조부터 제10조의4. 그러나 굳이 이 시행규칙까지 들지 않더라도 국가관청이 소유하는 장비를 '관청의 이름' 또는 '공무수행' 등의 표제어와 고유색을 사용하여 표시하는 것이 일반적이다.

은 특정목적을 위한 편향된 시선으로 사실관계, 즉 '영업용 물건'을 비틀어 왜곡함으로써 공평한 법리의 적용을 거부하고 적용하여야 할 법리와 법률조항을 돌파(?)한 것이다.

2. 여론: 관련 법률문제

대상판결과 직접 연관되지는 않지만, 쌍용자동차가 피고(민주노총 전국금속노동조합)와 쌍용자동차 지부(이하 지부)를 상대로 손해배상을 청구한 사건이 현재 상고심에 계류중이다. 원심법원은 서울고판 2014나1517에서 피고와 쌍용자동차 지부가 부진정연대채무의 관계에 있다고 인정하였다. 이후 쌍용자동차는 지부와의 합의로 소를 취하하였다. 이를 근거하여 피고는 소의 취하로 쌍용자동차가 지부의 채무를 면제하였으며 이는 절대적 효력이 있다고 항변하였고, 이를 지지하는 견해도 확인된다.[88] 그러나 이는 민법이 규정하지 않은 부진정연대채무를 도입한 기본취지와 모순된다.

부진정연대채무는 채무자 사이에 주관적 공동관계가 없음에도 하나의 급부에 관하여 수인의 채무자가 경제적 목적을 위하여 각자 독립하여 급부 전부를 이행할 의무를 부담하는 채무이다.[89] 부진정연대채무는 처음부터 채권자의 만족에 집중하는 제도이다.[90] 이것이 외부관계에서 부진정연대채무에 불가분채무와 동일한 효력을 부여하고 변제, 대물변제와 공탁과 같이 현실적으로 채권의 전부만족을 가져오는 사유로 절대효를 제한인정하면서 이행청구(제416조), 경개(제417조), 부담부분의 상계(제418조 제2항),[91] 면제, 혼동, 소멸시효와 채권자지체(제419조부터 제422조)와 같은 그밖의 사유에 상대효만을 주는 이유이다.[92] 절대효의 범위를 넓이는 것은 부진정연대채무의 본질에 반한다. 부진정연대채무의 기본이론틀을 깨뜨릴 수 있는 새로운 이론을 세우지 않는다면, 이를 일탈하는 피고의 항변과 이를 지지하는 견해를 받아들일 수 없다.

Ⅵ. 결 론

대상사건의 경과는 1. 쌍용자동차의 정리해고 → 2. 피고의 불법파업 → 3. 적법한 경

88) 윤진호/김제완, 안암법학 75 (2021) 181-192.
89) 대판 2009.3.26., 2006다47677; 대판 2018.3.27., 2015다70822; 대판 2022.7.28., 2017다16747 · 16754 등.
90) 곽윤직, 채권총론, 1999, [68]; 김형배, 채권총론, 1998, 484 이하.
91) 전부상계에 절대효를 긍정한 대판(전합) 2010.9.16., 2008다97218.
92) 김형배, 채권총론, 484.

찰의 진압행위(대상판결에서 '과잉진압') → 4. 피고의 대항(대상판결에서 '정당방위')의 순서로 정리될 수 있다. 대상판결은 이들 중 3. 경찰의 진압행위를 과장함으로써 적법한 국가공권력을 행사한 경찰의 진압행위를 과잉진압의 이름으로 낙인찍은 후, 4. 경찰의 강제명령에 불응하고 대드는 노조의 '더 큰 불법'을 슬며시 정당방위의 이름으로 포장한다. 이처럼 대상판결은 의도적으로 단축한 사건의 전개과정을 디딤돌로 하고 1.과 2.의 의미를 상대적으로 축소하는 방법으로 인위적으로 노조친화적(?) 결론을 도출한 것이다.

적법한 공권력의 행사는 신성한 것이다. 모든 국민은 법률을 수호하고 적법한 공권력의 행사를 따라야 하며, 그를 위반하는 행동은 제재 · 진압되어야 하는 불법이다. 그리고 불법은 적법 앞에 입을 닫아야 한다. 같은 선상에서 대상판결에서와 같이, 경찰작용을 존중하여야 하는 불법의 주체가 정당방위를 주장하는 것은 적반하장이다. 경찰비례의 원칙을 준수하면서 적법하게 공권력을 행사하는 경찰에 대한 불복종은 응당 저지되어야 한다. 그리고 과잉진압은 事後的인 司法救濟節次의 영역으로 넘겨야 한다.

법원은 법률로 말하여야 한다. 노조는 더 이상 약자가 아니며 약자로 취급되어서도 안 된다. 특정인을 약자로 이름짓는 순간 이는 그를 차별하는 것이기 때문이다. 법이성의 힘을 가지고 법질서의 틀 안에서 노사평등과 협약자치의 이념으로 무장한 진정한 노사자치를 이루어야 하며, 법원은 그 수호자가 되어야 할 것이다.

끝으로 법관은 확정판결의 무게를 정확히 인식하여야 한다. 행정처분은 취소 또는 철회의 방법으로,93) 그리고 입법은 법률의 개정 또는 폐지의 방법으로 바로잡을 기회가 주어진다. 그러나 법원의 확정판결은, 「민사소송법」 제451조와 「형사소송법」 제420조와 제421조가 특별히 법정한 재심사유가 없으면, 애당초 뒤집을 방법이 없다. 합법적인 판결의 모습으로 포장되어 더 이상 바로잡을 수 없는 보이는 잘못은 곧 반정의이며 불공정이다. 이를 막을 수 있는 최후의 보루는 私人으로서 법관 개인의 양심과 가치관이 아니라 용기있는 公人으로서 법관의 양심, 즉 법률과 법학이다.

93) 「행정기본법」 제18조, 제19조.

프랑스민법상 계약의 해석
- 2016년 개정의 소고 -

장 준 혁
성균관대학교 법학전문대학원 교수

Ⅰ. 도 입

프랑스민법전 200주년을 맞아 채권법총론, 계약법, 시효법, 담보법을 중심으로 재산법 부분의 개정이 있었다. 계약의 해석에 관한 조문은 1804년 제정 후 2016년에 처음 개정되었다. 계약법의 개정준비작업은 일찍 시작되었으나 종결은 가장 늦었다.

개정준비작업은 비정부적 학술단체인 앙리까삐땅협회에서 시작되었다. 동 협회는 2005년에 '프랑스민법전 채권법 및 시효법 개정시안'1)(이하 '2005년 개정시안')을 공표했다. 까딸라 시안(Avant-projet Catala)으로도 약칭된다. 국제입법례에 비교하여 손색이 없는 조문안을 내놓으려 했고, 학설을 폭넓게 반영하여 혁신적이다. 계약해석 관련 규정들도 비교적 과감하게 개정하려 했다. 계약이 형평, 관습 또는 법률에 의해서도 규율된다는 조문은 "합의의 효력"에 관한 "총칙"으로 위치를 옮기려 했다. 그리고 "합의 또는 계약의 해석 및 성질결정"의 절을 만들어2) '제1관 해석'(§1 De l'interpretation)에서는 의사탐구에 관한 기존 조문들을 수정보완하고, '제2관 성질결정'(§2 De la qualification)에서는 '계약의 변성(변질)이 법률

1) Avant-projet de réforme du droit des obligations et du droit de la prescription du Code civil. 2005년에 조문 및 해설 형태로 공개되었다. <http://www.justice.gouv.fr/art_pix/RAPPORTCATALASEPTEMBRE2005.pdf> 수록. 그 개관은 남효순, 프랑스민법전의 채권(제3권 제3편) 및 시효(제3권 제20편)의 개정시안, 민사법학 40 (2008) 3-18. 영역본은 John Cartwright & Simon Whittaker, Proposals for Reform of the Law of Obligations and the Law of Prescription. <http://www.justice.gouv.fr/art_pix/rapportcatatla0905-anglais.pdf> 수록. 계약해석에 관한 조문, 기초자 註와 이유는 박수곤, 프랑스채권법개정시안에서의 합의의 효력, 민사법학 45-2 (2009) 80-94에 완역되어 있다. 조문번역은 이를 따랐다. 박수곤의 입법론적 평가는 같은 논문, 137-138.

2) 2005년 개정시안은 프랑스민법전 '제3권 소유권을 취득하는 다양한 방법(Livre III Des différentes manières dont on acquiert la propriété)'의 '제3편 계약 즉 약정채권 일반(Titre III Des contrats ou des obligations conventionnelles en général)'을 '제3편 채권(Titre III Des obligations)'으로 개칭한다. 계약해석에 관한 조문은 '제3장 합의의 효력'(Chapitre III De l'effet des conventions) '제1절 총칙'(Section 1 Dispositions générales)과 '제2절 해석 및 성질결정'(Section 2 De l'interprétation et de la qualification)에 있다.

문제'임을 명문화하려 했다.

법무부는 다음 단계로 프랑스의 도덕 · 정치과학 학술원(Académie des Sciences morales et politiques)에 계약법 개정시안의 작성을 위촉했다(2006. 3. 13.). 동 학술원은 2008. 11. 17.에 '계약법 개정시안'[3](이하 '2008년 개정시안')을 법무부에 제출했다. 동 학술원 회장 프랑스와 떼레(François Terré)의 이름을 따서 '떼레 시안'(L'avant-projet Terré)이라고도 한다. 기존 조문을 가급적 유지하고, 새로운 불확정개념의 도입을 줄여 판사의 자의(恣意)를 최소화하려 했다.

이 기초작업 위에서 행정부는 의회에 수권법률(授權法律, loi d'habilitation) 제정을 요청했다.[4] 의회는 '사법(司法)과 내무의 영역에서 법률과 절차의 현대화와 단순화에 관한 2015년 2월 16일 법률 제2015-177호'[5]를 제정하여, 법무부가 규정(ordonnance)[6]으로 입법할 요강과 입법시한을 정했다. 제8조는 계약법, 채권법(총론) 및 증거법 분야를 다루었는데, 제5호는 "계약의 해석에 관한 규정들을 분명히 하고 부합계약에 고유한 규정들을 명시"하도록 했다. 법무부는 2015년에 "계약법, 채권총칙 및 채무의 증명에 관한 규율의 개정을 위한 규정안"[7]을 제시했고, 이를 약간 수정하여 "계약법, 채권총론 및 채무의 증명을 개정하는 2016년 2월 10일 규정 제2016-131호"를 제정하고 익일에 공포했다. 개정 조문들은 2005년 개정시안처럼 새롭지 않다. 2008년 개정시안도 그랬듯이, 전통을 중시하여 기존 조문을 다소 축약하고 최소한도로 보완했을 뿐이다.

계약의 해석에 관한 규정은 민법전 제3권(재산 취득의 다양한 방법) 제3제(Titre III)(채무의

---

3) L"avant-projet de réforme du droit des contrats. 그 개관은 Fr. Terré (ed.), Pour une réforme des contrats, 2009.

4) 프랑스 헌법은 의회 입법권을 제한하고, 행정부의 폭넓은 입법권을 정하는 경향이 있다. 프랑스 의회의 무능에 대하여 나름의 방식으로 대처한 것이다. 제5공화국 헌법 제38조는 수권법률과 규정(ordonnance)의 결합으로 입법하는 방식을 정한다. 의회는 행정부의 요청을 받아 수권법률(권한부여법률)을 제정한다. 의회는 입법의 골격과 기한을 정하여, 행정기관이 법률사항에 대하여 규정으로 입법할 권한을 가지도록 위임한다. 이에 따라 행정기관이 규정을 공포하면 입법이 완성된다. 전학선, 프랑스의 법령체계 및 법치주의에 관한 연구, 공법학연구 12/1 (2011.) 212; 정영조, 프랑스 법제의 특징, 법제 2005.05, 97의 주 4, 107-108 참조. 제4공화국에서 의회의 위임으로 행정부가 décret-loi 형태로 입법하던 관행을 다듬은 것이다. 입법에 관한 의회의 통제권을 유지하되, 의회의 무능력을 극복하는, 행정부 주도의 입법방식이다. 의회에서의 불필요한 논의나 수정으로 입법안이 훼손되는 일도 피할 수 있다. 민법도 고도의 전문분야에 해당하므로, 이 입법방식이 활용되었다. 그런데 전학선, 프랑스 입법절차의 특징, 유럽헌법연구 40 (2022) 46은 ordonnance를 한국의 긴급명령과 유사하다고 설명한다. 한국에서도 긴급재정경제명령(헌법 제76조 제1항) 제도를 ― 금기시하기만 할 것이 아니라 ― 적절히 활성화하여 국회의 무능을 극복할 수 있다는 취지라면 흥미로운 지적이라 할 수 있다. 그러나 한국 헌법상 긴급재정경제명령과 긴급명령을 발령할 수 있는 상황(긴급성, 위기상황 등)과 사항은 헌법 제76조 제1항, 제2항에 의하여 좁게 제한된다. 프랑스 헌법이 행정부에 대한 입법권 위임의 범위와 절차를 독특하게 정하는 것이지, 긴급명령이나 긴급재정경제명령과 비교할 것이 아니다.

5) Loi no 2015-177 du 16 février 2015 relative à la modernisation et à la simplification du droit et des procédures dans les domaines de la justice et des affaires intérieures.

6) 전학선, 유럽헌법연구 40 (2022) 46은 ordonnance를 "법률명령"으로 번역한다. 그러나 décret-loi와 똑같이 법률명령으로 번역하게 되는 점은 장점이자 단점이다. 번역을 포기하고 "오르도낭스"로 적는 문헌이 많으나, 이렇게 하면 프랑스어를 구사하지 못하는 연구자는 미궁에 빠지게 된다. '규정'으로 번역하면 어떨까 한다.

7) 그 비공식 영역본으로는 J. Cartwright, B. Fauvarque-Cosson, S. Whittaker가 공동번역한 것이 있다.

연원(발생원인)) 제1소제(Sous-titre Ier)(계약) 내에 제3장 '계약의 해석'(제1188조-제1192조)로 편제되어 있다. 2016년 개정 전에는 제3권(재산 취득의 다양한 방법) 제3제(계약 또는 약정채무 일반) 제3장(채무의 효력) 내에 제5절 '합의의 해석'(제1156조-제1164조)을 두었는데, 목차 면에서는 대폭의 개편이 있었다.8) 그러나 조문내용은 최소한으로만 개정되었다.

Ⅱ. 당사자의사의 탐구

1. 개 관

계약의 내용을 확인하려면 먼저 의사해석을 해야 한다. "고유한 의미의 해석(l'interprétation propre dit)",9) "의사탐구(la recherche de la volonté)",10) "설명적(해명적) 해석(l'interprétation explicative)"11) 등으로 불리운다. 의사해석의 방법은 "주관적 방법(méthode subjective)"12) "객관적 방법(méthode objective)"13)으로 나뉜다.

민법전 제3권 제3제 제1소제 제3장에는 의사탐구의 준칙들이 담겨 있다. 프랑스민법전 제정의 주역인 뽀띠에(Pothier)와 도마(Domat)의 민법 교과서에서 계약해석에 관한 로마법의 원칙을 정리한 데 기원을 둔다.14) 이 조문들은 의사탐구에 관한 하나의 "소지침서(petit guide-âne)"15)라고 할 만한 것이다.16) 이런 자상한 지침은 사법통일국제협회(UNIDROIT) 국제상사계약원칙(제4.1조-제4.8조)와 유럽계약법원칙(제5:101조-5:109조)17)와 비

8) 계약해석에 관한 한, 편제의 대폭 개편이 필요했는지는 의문스럽다.
9) B. Fages, *Droit des obligations*, 4e éd., 2013, n° 255 이하.
10) Ph. Malaurie, L. Aynès et Ph. Stoffel-Munck, *Les obligations*, 6e éd., 2013, nos 772-780. 한편 A. Bénabent, *Droit des obligations*, 13e éd., 2012, nos 270-286은 계약의 해석을 "당사자의사의 탐구"와 "당사자의사의 보충"으로 나누고, 후자를 다시 "보족적 보충(Compléments supplétifs)"(관습 등에 따른 보충적 해석을 가리킴)과 "강행저 보충(Compléments impératifs)"으로 나누어 서술한다. 따라서 베나방이 말하는 "당사자의사의 탐구"는 말로리 등이 말하는 "의사탐구"보다 좁은 의미이다. 이처럼 베나방의 분류법이 독특한 점은, 관습에 의한 계약해석도 엄밀히 말하면 의사해석의 범주를 벗어난다고 보는 데 있다. 즉, 관습에 의한 보충적 해석도 계약에 외재하는 규범을 계약관계에 대해 부과하는 것에 해당되는 것이므로 '의사탐구'의 일부라고 하기는 어렵다는 태도이다. 다만 관습에 의한 보충적 해석은 당사자의 현실적 의사를 넘어서는 것이 아니라 보족적(보충적, 보조적)인 것에 불과하다. 이 점에서, 형평에 근거한 약정상 흠결보충(내지 그 명목을 빌어 행해지는 계약의 矯正)에 해당하는 '계약의 측정제비'의 일부로 묶기도 곤란하다. 베나방이 관습에 의한 계약해석을 "보족적 보충"이라는 카테고리로 파악하는 것은 이 점을 고려한 결과인 듯하다.
11) Fr. Terré, Ph. Simler et Y. Lequette, *Droit civil, Les obligations*, 11e éd., 2013, n° 443 이하.
12) Fr. Terré, Ph. Simler et Y. Lequette, *op. cit.*, n° 448 이하.
13) *Ibid.*
14) J. Carbonnier, *Droit civil, vol. II*, 2004, n° 1062.
15) 가이드북, 소책자, 매뉴얼, 핸드북을 말한다.
16) J. Carbonnier, *op. cit.*, n° 1062.
17) 유럽계약법원칙은 2002년에 완성되었고, 2008년에 개정본이 나왔다. 2008년 개정작업에 특히 참조된 입법례는 사법

견되나, 국가 민법전의 입법례로는 독특하다.

2. 프랑스민법전 기초자의 학설

프랑스민법전 기초자들 중 뽀띠에와 도마는 각기 계약의 해석원칙의 목록을 제시했다. 뽀띠에는 12개 항목으로, 도마는 좀 더 상세하게 29개 항목으로 나누어 서술했다.[18] 뽀띠에가 간략하게 제시한 계약해석원칙 목록이 프랑스민법전의 규정들과 더 유사한데, 다음과 같다.[19]

(1) "합의에서는 용어의 문법적 의미보다 계약당사자들의 공통된 의사가 무엇이었는지를 탐구하여야 한다."[20]

(2) "어떤 조항이 두 개의 의미를 가질 수 있는 경우에는 아무런 효력이 없는 의미보다는 어떤 효력이라도 있는 의미로 이해되어야 한다."[21]

(3) "계약에서 어떤 용어가 두 개의 의미를 가질 수 있는 경우에는 그 계약의 성질(nature)에 가장 적합한 의미로 이해되어야 한다."[22]

(4) "계약에서 애매하게 보일 수 있는 것은 그 지역에서 관용(관습)적(d'usage)인 바에 따라 해석되어야 한다……."[23]

(5) "관용(관습)(usage)은 계약에 표현되어 있지 않더라도, 관용(관습)적인 조항이 그 속에 함축된 것으로 이해되어야 할 정도로, 합의의 해석에 대하여 큰 권위를 가진다……."[24]

(6) "하나의 약정조항은 증서에 포함된 다른 약정조항들이 그에 선행하는 것이든 후

통일국제협회 국제상사계약원칙(UNIDROIT Principles of International Commercial Contracts), 국제물품매매계약에 관한 비엔나조약(Convention on Contracts for the International Sale of Goods), 유럽계약법전안(European Contract Code Proposal)(PAVIA Project), 그리고 2005년의 프랑스 채권법 · 시효법 개정시안이며, 공통참조틀안(Draft Common Frame of Reference)도 때때로 참조되었다고 한다. G. Wicker & J.-B. Racine, Introduction to the Guiding Principles and Revised Principles of European Contract Law, in: B. Fauvarque-Cosson & Denis Mazeaud, European Contract Law, 2008, xxxii.

18) J. Domat, *Les loix civiles dans leur ordre naturel*, 2d éd., tome 1, livre préliminaire (Des règles du droit en général), sect. II (De l'usage, et de l'interprétation des règles) n° 8 이하.

19) 뽀띠에는 아래 12개 원칙 하나하나에 대하여 예시 등의 보충설명도 한다.

20) «On doit, dans les conventions, rechercher quelle a été la commune intention des parties contractantes, plus que le sens grammatical des termes.» R. Pothier, *Traité des obligations*, tome 1 (M. Siffrein, Oeuvres de Pothier, Nouvelle édition, 1821), n° 91.

21) «Lorsqu'une clause est susceptible de deux sens, on doit plutôt l'entendre dans celui dans lequel elle peut avoir quelque effet, que dans celui dans lequel elle n'en pourroit avoir aucun.» R. Pothier, *op. cit.*, n° 92.

22) «Lorsque dans un contrat des termes sont susceptibles de deux sens, on doit les entendre dans le sens qui convient le plus à la nature du contrat.» R. Pothier, *op. cit.*, n° 93.

23) «Ce qui peu paroître ambigu dans un contrat s'interprète par ce qui est d'usage dans le pays.» R. Pothier, *op. cit.*, n° 94.

24) «L'usage est d'une si grande autorité pour l'interprétation des convention, qu'on sous-entend dans une contrat les clauses qui y sont d'usage, quoiqu'elle ne soient pas exprimées ....» R. Pothier, *op. cit.*, n° 95.

행하는 것이든 묻지 않고, 그 다른 약정조항들에 따라 해석되어야 한다."25)

(7) "의심 있는 경우, 조문은 어떤 것을 정한 자(celui qui a stipulé quelque chose)에 불리하게, 그리고 의무를 약정으로 부담한 자(celui qui a contracté l'obligation)에게 덜 부담되게 해석되어야 한다."26)

(8) "합의가 담겨 있는 조항들이 아무리 일반적이라도 그 합의는 계약당사자들이 서로에게 계약하기로 제안한 사항들(choses)만을 포함하며, 그들이 생각하지 않았던 사항들은 포함하지 않는다……."27)

(9) "합의의 대상이 사항(choses)의 보편적 전체인 경우에 그 합의는 이 보편적 전체를 구성하는 모든 개별적 사항들을 포함하며, 심지어 당사자들이 알지 못했던 사항들도 포함한다."28)

(10) "있을 수 있는 의심에 대비하여 일정한 경우를 계약이 언급하는 경우에, 계약에서 나오는 약속(약정의무)이 이 경우에 미치더라도, 그렇게 함으로써, 언급되지 않은 모든 경우에 대하여 이 약속(약정의무)의 법적 효력이 미치지 않도록 제한하려고 의욕한 것으로는 보아지지 않는다."29)

(11) "계약에서도, 유언에서와 마찬가지로, 복수로 쓴 조항은 종종 여러 개의 단수 조항으로 나뉜다."30)

(12) "한 문장의 말미에 있는 것은 바로 앞의 것에만 관련되는 것이 아니라 그 문장 전체에 관련되는 것이 보통이다; 다만 이 말미의 것이 종류와 숫자에서 문장 전체에 적합해야 한다."31)

---

25) «On doit interpréter une clause par les autres clauses contenues dans l'acte, soit qu'elles précédent ou qu'elles suivent.» R. Pothier, *op. cit.*, n° 96.

26) «Dans le doute, une clause doit s'interpréter contre celui qui a stipulé quelque chose, et à la décharge de celui qui a contracté l'obligation.» R. Pothier, *op. cit.*, n° 97.

27) «Quelque génréaux que soient les termes dans lesquels une convention est conçue, elle ne comprend que les choses sur lesquelles il paroît que les parties contractantes se sont proposé de contracter, et non pas celles auxquelles elles n'ont pas pensé ....» R. Pothier, *op. cit.*, n° 98.

28) «Lorsque l'objet de la convention est universalité de choses, elle comprend toutes les choses particulières qui composent cette universalité, même celles dont les parties n'avoient pas de connaissance.» R. Pothier, *op. cit.*, n° 99.

29) «Lorsque dans un contrat on a exprimé un cas, pour le doute qu'il auroit pu y avoir, si l'engagement qui résulte du contrat s'étendoit à ce cas, on n'est pas censé par là avoir voulu restreindre l'étendue que cet engagement a de droit, à tous ceux qui ne sont pas exprimés.» R. Pothier, *op. cit.*, n° 100.

30) «Dans les contrats, de même que dans les testaments, une clause conçue au pluriel se distribue souvent en plusieurs clauses singulières.» R. Pothier, *op. cit.*, n° 101. "예컨대, 내가 나의 하인 삐에르와 뽈에게 한, 일정한 유산에 대한 증여계약에서, '그들이 자식 없이 사망하면 그들은 증여자나 그의 가족에게 그것을 반환한다는 부담 하에' 라고 말했으면, 이 조항은 복수로 쓰여져 있지만, 단수로 된 두 조항, 즉 '삐에르가 자녀 없이 사망하면 그가 받은 부분에 대하여 그 재산을 증여자 등에게 반환한다는 부담 하에'라는 조항과, 마찬가지로 '뽈이 자녀 없이 사망하면 여차(如此)하게 반환한다'는 조항으로 나뉜다……" *Ibid.*

31) «Ce qui est à la fin d'une phrase se rapporte ordinairement à toute la phrase, et non pas seulement à ce qui

3. 주관적 해석에 관한 프랑스민법전의 규정

가. 주관적 해석의 원칙

제1188조 제1항은 "계약은 그에 사용된 용어의 문자적 의미에 따르기보다 당사자들의 공통된 의사에 따라 해석되어야 한다."고 규정한다. 개정전 제1156조[32]의 표현만 수정했다. 문자(lettre)에 대한 의사(intention)의 우위를 규정한다.

계약의 주관적 해석원칙은 로마법에서 유래했다. 까르보니에가 연원으로 드는[33] Digesta 50.16.219는 거기에서는 "합의에서는 약정상의 용어보다 계약당사자들의 의사가 고려되어야 한다는 점이 확립되어 있다"고 서술했다.[34]

객관적 해석방법을 규정한 제1188조 제2항이 제1항의 뒤에 나오듯이, 주관적 해석이 계약해석의 기본원칙임을 밝혀 준다. 프랑스 학설은 의사자치의 원칙(le principe de l'autonomie de la volonté)에서 주관적 해석의 원칙을 끌어낸다. "의사자치의 원칙은 오로지 사람이 실제로 의욕한 바의 한도에서만 구속된다는 점을 내포한다."[35] 즉, 의사자치의 원칙으로부터, 계약의 해석기준은 서로 합치되는 내용의 내면(내심)의 동의(l'accord profond)에서 찾아야 한다는 원칙이 도출된다. 즉, 의사(진의)가 문자에 우선하여 의사해석의 기준이 된다. "정신(마음)이 문자에 우선한다(l'esprit l'emporte sur la lettre)."[36]

계약의 해석기준으로서의 의사는 "계약당사자들의 공통의 의사"이다. 그래서 계약해석의 기준이 진의(眞意)에 있음을 분명히 하고 나면, "오표시는 害하지 않는다(falsa contrario non nocet)"는 원칙(誤表示無害의 원칙)도 당연한 논리적 귀결에 불과하여, 재차 언급할 필요

---

précède immédiatement; pourvu néanmoins que cette fin de phrase convienne en genre et en nombre à toute la phrase.» R. Pothier, *op. cit.*, n° 102.

32) "합의상의 용어의 문자적 의미에 구속되기보다는 계약당사자들의 공통의 의사가 무엇인지가 탐구(탐지)되어야 한다." 명순구 역, 프랑스민법전, 2004, 525의 번역: "합의를 해석함에 있어서는 용어의 字意보다는 계약당사자의 공통된 의사를 탐지하여야 한다." 이와 유사한 조문은 다른 입법례에서도 발견된다. 독일민법전도 제133조(의사표시의 해석)에서 "의사표시의 해석에 있어서는 실제의 의사가 탐구되어야 하며 표시의 문자적 의미에 얽매일 것이 아니다."고 규정한다. 유럽계약법원칙 제5:101조 제1항도 "계약은 당사자의 공통된 의사가 문언의 문자적 의미와 다르더라도 그 의사에 따라 해석된다."고 규정한다.

33) J. Carbonnier, *op. cit.*, n° 1062. 표시에 대한 의사의 우위는 프랑스에서는 "관습법적 효력을 가지는 법언상의 기본원칙"이라고 일컬어지기도 한다. 그러나 이는 이 원칙이 프랑스민법전 제정 당시부터 지금까지 프랑스에서 확립되어 있음을 강조하는 취지로 생각된다.

34) "합의에서는 약정상의 용어보다 계약당사자들의 의사가 고려되어야 한다는 점이 확립되어 있다. 따라서 도시의 행정관이 그의 도시에 속하는 토지를 '임차인의 상속인이 이를[그 임대차]를 향유한다'는 조건 하에 임차하는 경우 상속인의 권리는 그의 수유자(수유증자)에게도 이전될 수 있다.(In conventionibus contrahentium voluntatem potius quam verba spectari placuit. Cum igitur ea lege fundum vectigalem municipes locaverint, ut ad heredem eius qui suscepit pertineret, ius heredum ad legatarium quoque transferri potuit.)" 본문의 번역은 <http://www.constitution.org/sps/sps11.htm>에 수록되어 있는 S. P. Scott의 영역으로부터 중역한 것이다.

35) A. Bénabent, *op. cit.*, n° 270.

36) 2005년 개정시안 제1136조 제1항에 대한 기초자 註(그 번역은 박수곤, 민사법학 45-2 [2009] 87) 참조.

도 없다.

제1188조 제1항가 규정하듯이 문자에 대한 의사의 우위를 관철하려면 법관은 계약서 외의 문서, 계약체결 전의 교섭과정, 당사자의 외적 거동도 제한 없이 참조할 수 있어야 한다.[37] 이렇게 의사해석의 자료에는 제한이 없다는 원칙은 제1188조 제1항의 논리적 귀결이므로, 굳이 따로 명시할 필요가 없다. 의사해석의 자료(증거방법)을 제한하는 경우만 조문화하면 된다.

나. 계약해석의 자료 내지 기준으로서의 관습

관습은 입법의 흠결을 보충하거나 법률을 변경하기도 하지만, 계약법에서는 관습이 먼저 의사해석의 기준으로서 기능한다. 개정전 제1159조는 "애매한 것은 계약이 체결된 지역에서 관용적(慣用的)인(관행인) 바에 따라 해석된다."[38]고 규정하여 이 점을 명시했다. 시역적 기준을 명시한 부분도 의미가 있다. 일국 내에서 관습이 상이할 수도 있다. 또, 프랑스법이 국제계약의 준거법으로 지정된 경우에는 국제적으로 어디의 관습을 기준으로 삼을지 문제된다. 개정전 제1159조에 대해서는, 관습도 주관적 해석의 자료에 포함된다는 설명[39]과, 객관적 해석원칙의 반영이라는 설명[40]이 나뉘었는데, 설명방식의 차이일 뿐, 논의의 실익은 없는 것 같다.

2005년 개정시안은 이 조문을 살리면서, "의미가 불명확한 조항은 당해 계약이 체결된 곳의 관습(usage)과 당사자의 거래관행에 따라 해석되어야 한다."(제1139-3조)[41]고 하여 당사자간의 거래관행도 의사해석의 기준에 포함됨을 명시했다. 의사해석의 자료를 '공동체'의 관습으로 자리잡은 것에 한정할 필요가 없기 때문이다. 선행 입법례로는 국제물품매매협약을 들 수 있다. 동 협약 제9조 제1항은 "당사자들은 그들이 합의한 모든 관습과 그들간에 확립된 실무(실무관용)에 구속된다"고 규정한다.[42]

---

37) B. Fages, *op. cit.*, n° 257.

38) «Ce qui est ambigu s'interprète par ce qui est d'usage dans le pays où le contrat est passé.» 명순구 역, 프랑스민법전, 525의 번역: "의미가 애매한 사항은 당해 계약이 체결된 지역의 관습에 따라 해석하여야 한다."

39) B. Fages, *op. cit.*, n° 257.

40) Fr. Terré, Ph. Simler et Y. Lequette, *op. cit.*, n° 451.

41) «Ce qui est ambigu s'interprète par ce qui est d'usage dans le lieu où le contrat est passé et par la pratique des parties.»

42) 프랑스어본: «Les parties sont liées par les usages auxquels elles ont consenti et par les habitudes qui se sont établies entre elles.» 영어본: "The parties are bound by any usage to which they have agreed and by any practices which they have established between themselves." 기타 정본언어(중국어, 러시아어, 스페인어)본은 생략. 대한민국이 동협약을 비준하였음을 관보에 의해 공표하면서 동협약의 비공식 한국어번역본이 관보에 게재되었다. 이 번역본은 동협약의 공식언어본이 아니어서 대한민국에서도 법적 효력이 없지만, 유용한 참고자료는 될 수 있다. 그런데 관보게재 번역본이 "les habitude" 내지 "practice"를 "관습"으로 번역한 것은 유감이다. '관습'이라고 하면 특정 당사자 간에만 존재하는 것이 아니라 공동체의 불특정 다수인에게 확립된 것을 가리키게 되기 때문이다. 필자는 위에서

또, 2005년 개정시안은 개정전 제1159조에서 "지역(지방)(pays)"을 "장소(lieu)"로 수정했다. 일국 내에서 지역별로 거래관행이 다를 수 있음을 고려한 것이다.[43]

그런데 2008년 개정시안은 개정전 제1159조를 아예 삭제할 것을 제안했다. 이 제안이 받아들여져 2016년에 삭제되었다. 조문체계를 간략히 한 취지로 생각된다.

다. 일방적 행위와 집단적 결정의 해석

2005년 개정시안(제1136조 제2항과 제3항)에서는 일방적 행위(acte unilatéral)[44]와 집단적(집합적) 결정(décision collégiale)[45]의 해석방법을 따로 규정하는 방안을 제안했다. 제1항과 함께 옮긴다.

> **제1136조** ① 합의를 해석함에 있어서는 용어의 문언적 의미보다는 계약당사자의 공통된 의사를 탐지하여야 한다.[46]
> ② 마찬가지로 일방적 행위에 있어서는 행위자의 실질적 의사(진의)에 보다 합치하는 의미를 우선시켜야 한다.[47]
> ③ 집단적 결정의 해석에 있어서는 단체구성원의 공통이익에 보다 합치하는 의미를 우선시하여야 한다.[48]

제2항은 일방적 행위의 해석에 관해서도 주관적 해석을 원칙으로 삼는다. 2008년 개정 유럽계약법원칙도 "단독행위의 해석에 있어서는 행위자의 진의가 우선하여야 하고, 그것이 확정될 수 없는 경우에는 가장 합리적인 방식으로 해석되어야 한다"는 조문을 제5:103조로 신설했다. 이 조문은 보조적으로 객관적 해석방법을 규정하여 형평 내지 신의성실의 원칙이 개입될 통로를 넓게 열어둔다. 이와 달리 2005년 개정시안 제1136조 제2항은 형평 내지 신의성실원칙의 개입을 넓히는 데 비교적 조심스럽다.

제3항은 집단적 결정을 다루는데, 주관적 해석의 언급 없이 "단체구성원의 공통이익"에 착안하는 객관적 해석을 강조한다.[49] 집합행위의 특성을 고려한 취지로 생각된다. 집단

관보게재 비공식 번역본을 따르지 않았는데, 이 점 때문에 부득이했다.

43) 박수곤, 민사법학 45-2 (2009) 89의 주 16.

44) 한국민법의 "단독행위"와 비슷한 개념이다.

45) 한국 민법학이 말하는 "합동행위"와 비슷한 개념이다.

46) «On doit dans les conventions rechercher quelle a été la commune intention des parties contractantes, plutôt que de s'arrêter au sens littéral des termes.»

47) «On doit semblablement dans l'acte unilatéral, faire prévaloir le sens le plus conforme à l'intention réelle de son auteur.»

48) «Dans l'interprétation d'une décision collégiale, on doit faire prévaloir le sens le plus conforme à l'intéret commun des membres de la collectivité.»

49) 개정 유럽계약법원칙 제5:103조 제3항에서는 이와 달리 의사결정에 참여한 구성원들의 공통의사를 우선시하고, 그것이 확정될 수 없는 경우에만 구성원 전체의 공통이익에 준거하도록 한다. 즉, "집단적(집합적) 결정(collective decision)의 해석에 있어서는 그 결정을 행한 자들(authors)의 공통된 의사가 우선하여야 하고, 그것이 확정될 수 없

적 결정 즉 집합행위에서는 개개인의 참여 여부와 의사보다 집단적인 의사결정의 내용이 중요하다. 그러므로 단체구성원의 공통의 이익에 유념하는 객관적 해석이 중시되어야 한다. 타당성 있는 입법제안으로 생각된다.

그러나 2005년 개정시안 제1136조 제2항, 제3항은 2008년 개정시안, 법무부 개정안, 2016년 개정에서는 빠졌다. 해석에 맡긴 취지로 보인다.

라. 소재에 적합한 해석

개정전 제1158조는 "두 가지 의미일 수 있는 문언은 계약의 내용(당해 계약분야)에 가장 적합한 의미로 파악되어야 한다."[50]고 규정했다. 의사주의의 기본원칙에서 도출되는 자명한 조문이다. 2005년 개정시안(제1139－2조)은 이 조문을 존치했다. 그러나 2008년 개정시안은 조문체계의 "단순화"를 위하여 삭제했다.[51] 2015년 법무부 개정안과 2016년 개정법률도 그렇게 했다.

마. 상호관련적 해석

제1189조 제1항은 "모든 계약조항은 계약 전체의 일관성을 존중하는 의미를 부여하여 상관적으로 해석된다."[52]고 규정한다. 제2항은 "당사자들의 공통된 의사로 복수의 계약으로써 단일한 사업을 하는 경우에는, 그 계약들은 이 사업에 관련지워 해석된다."[53]고 규정한다.

개정전에도 이미 제1161조에서, "합의의 모든 조항은 그 각각에 대하여 행위 전체에서 나오는 의미를 부여하면서 상호관련적으로 해석된다."[54]고 하여, 상호관련적 해석(상관적 해석)의 원칙을 규정했다. 2005년 개정시안은 "일관성"을 강조하고(제1137조 제1항), 특히 "상호의존적 계약"의 경우에 상호관련적(상관적) 계약의 중요성을 강조하는 조문을 추가했

는 경우에는 그 집단의 구성원 전원의 공통이익에 가장 가까운 방식으로 해석되어야 한다"고 규정한다.

50) «Les termes susceptibles de deux sens doivent être pris dans le sens qui convient le plus à la matière du contrat.» 同條를 그대로 옮겨놓은 2005년 개정시안 제1139-2조에 관한 프랑스법연구회(박수곤 담당부분)의 번역은 다음과 같다. "두 가지 의미로 이해될 수 있는 용어는 당해 계약분야에 가장 부합하는 의미로 해석되어야 한다." 박수곤, 민사법학 45-2 (2009) 89. 한편, 명순구 역, 프랑스민법전, 525의 번역은 다음과 같다. "두 의미로 이해될 수 있는 용어는 계약내용에 가장 적합한 뜻으로 해석되어야 한다."

51) Fr. Terré, «L'interprétation», Pour une réforme du droit des contracts (Fr. Terré, ed.), 2009, 302.

52) «Toutes les clauses d'un contrat s'interprètent les unes par rapport aux autres, en donnant à chacune le sens qui respecte la cohérence de l'acte tout entier.»

53) «Lorsque, dans l'intention commune des parties, plusieurs contrats concourent à une même opération, ils s'interprètent en fonction de celle-ci.»

54) «Toutes les clauses des conventions s'interprètent les unes par les autres, en donnant à chacune le sens qui résulte de l'acte entier.» 명순구 역, 프랑스민법전, 525의 번역: "합의에 있어서의 모든 약관은 당해 법률행위 전반의 의미를 고려하면서 상호적으로 해석하여야 한다."

다(제1137조 제2항).[55] 2008년 개정시안과 개정 제1189조에서 표현만 조금 수정되었다.

바. 포괄적 용어나 예시적 규정의 해석

의사를 문자에 우선시키는 주관적 해석의 원칙상, 표현의 넓고 좁음에 구애받을 일이 아니다. 그래서 개정전 제1163조, 제1164조는 포괄적 용어나 예시적 규정을 해석할 때 이 점에 유의해야 함을 명시했다. 개정전 제1163조는 "합의에 포함된 용어가 일반적(포괄적)이라도 합의는 당사자들이 계약체결하고자 의도한 것으로 보이는 것만을 포함한다."[56]고 규정했다. 개정전 제1164조는 "채무내용의 설명을 위하여 계약에서 일정한 사례를 든 경우, 표시(규정)되지 않은 사례이지만 당연히 약속(의무부담행위)이 포함해야 하는 범위를 그 사례를 통하여 제한하고자 한 것으로 보지 않는다."[57]고 규정했다. 당연한 이치이므로, 2005년 개정시안에서는 이 두 규정을 유지시켰다(조문번호만 제1138-1조, 제1138-2조로 바뀜).

그런데 자상한 규정이고 역사적 의미도 있지만, 이런 해석원리는 개정 제1188조 제1항(개정전 제1156조)에 이미 내포되어 있어, 오늘날에는 조문을 남길 실익이 적다. 그래서 2008년 개정시안에서는 불필요하다고 보아 삭제했다.[58] 2015년 법무부 개정안과 2016년 개정법률도 그렇게 했다.

---

55) 제1137조 ① 계약의 모든 조항은 상관적으로 해석되어야 하며, 이 경우 행위전체의 논리적 일관성이 유지되도록 각 조항에 의미를 부여하여야 한다(Toues les clauses des contrats sinterprètent les unes par rapport aux autres, en donnant à chacune le sens qui respecte la cohérence de l'acte tout entier).
② 상호의존적 계약들(contrats interdépendants)은 전체계약관계에서 그 계약들이 추구하는 사업(opération)에 따라 해석되어야 한다(Dans l'ensemble contractuel qu'ils forment, les contrats interédependants s'interprètent en fonction de l'opération à laquelle ils sont ordonnés).

56) «Quelque généraux que soient les termes dans lesquels une convention est conçue, elle ne comprend que les choses sur lesquelles il paraît que les parties se sont proposé de contracter.» 프랑스법연구회에서는 이 규정을 그대로 옮겨 놓은 2005년 개정시안 제1138-1조를 "비록 합의에 사용되는 용어가 포괄적인 것이라 하더라도, 당해 합의는 당사자가 체약하고자 한 것으로 보이는 사항(chose)만을 그 내용으로 한다."고 번역한 바 있다. 명순구 역, 프랑스민법전, 525의 번역: "합의에 포함되어 있는 용어가 일반성을 띠고 있다 하더라도 당해 합의는 당사자가 계약을 체결하고자 한 의미만을 포함하는 것으로 해석한다."

57) «Lorsque dans un contrat on a exprimé un cas pour l'explication de l'obligation, on n'est pas censé avoir voulu par là restreindre l'étendue que l'engagement reçoit de droit aux cas non exprimés.» 프랑스법연구회에서는 이 규정을 그대로 옮겨 놓은 2005년 개정시안 제1138-2조를 "채무내용의 설명을 위하여 계약에서 일정한 예시를 둔 경우, 비록 표시되지는 않은 사항들에 대하여도 당연히 인정되는 의무부담의 범위를 당해 예시로써 제한하고자 한 것으로 보아서는 아니 된다"라고 번역한 바 있다. 박수곤, 민사법학 45-2 (2009) 88. 명순구 역, 프랑스민법번, 525-526의 번역: "계약에서 채무내용을 설명하기 위하여 하나의 예를 표시한 경우에, 당사자가 그러한 예가 없었다면 당연히 허용될 채무의 범위를 이것에 의하여 제한하고자 하는 의도로 보지 말아야 한다."

58) Fr. Terré, *op. cit.*, 302.

4. 객관적 해석

가. 원 칙

개정 제1188조는 '문언에 대한 의사의 우위'(제1항)에 바로 이어, '합리적 해석'의 원칙을 명시한다(제2항). "당사자들의 공통된 의사가 확인될 수 없는 경우에는 계약은 합리적인 사람이 동일한 상황에서 그에 부여할 의미로 해석된다."[59] 2008년 개정시안에서 처음 제시되었던 것이다(제136조 제2항).

나. 계약에 유리한 해석

제1191조는 "약정조항이 두 가지 의미를 가질 수 있는 경우에는, 효력 있게 하는 의미가, 아무 효력도 발생시키지 않는 의미에 우선한다."[60]고 규정한다. 개정전 제1157조[61]에서 자구만 축약되었다. '계약에 유리하게'(favor negotii), 즉 유리의 원칙(Günstigkeitsprinzip)의 명문화이다.

다. 일정한 당사자에 유리한 해석

(1) 의무부담자 우대적 해석 및 작성자에게 불이익한 해석의 원칙

개정전 제1162조는 "의심있는 경우에는 합의는 의무를 정한 자의 불이익으로, 그리고 의무를 부담한 계약당사자(의무부담자)의 이익으로 해석된다."[62]고 규정했다. 그런데 여기에 규정한 것이 의무부담자 우대적 해석의 원칙인지, 아니면 작성자에게 불이익한 해석의 원칙인지 불분명했다. 개정전 제1162조의 "의무를 정한 자"를 "의무를 부담시킨 자"로 읽으면 전자의 의미가 된다. "작성자"로 읽으면 후자의 의미가 된다. 문언상으로는 전자로 보인

---

59) «Lorsque cette intention ne peut être décelée, le contrat s'interprète selon le sens que lui donnerait une personne raisonnable placée dans la même situation.»

60) «Lorsqu'une clause est susceptible de deux sens, celui qui confère un effet l'emporte sur celui qui ne lui en fait produire aucun.»

61) "약정조항이 두 가지 의미를 가질 수 있는 경우에는, 아무런 효력도 가질 수 없는 의미보다는 어떤 효력을 가질 수 있는 의미로 이해되어야 한다(Lorsqu'une clause est susceptible de deux sens, on doit plutot l'entendre dans celui avec lequel elle peut avoir quelque effet, que dans le sens avec lequel elle n'en pourrait produire aucun)." 명순구 역, 프랑스민법전, 525의 번역: "합의에 있어서의 어떠한 내용이 두 의미로 이해될 수 있는 때에는 아무런 효력도 발생시키지 못하는 의미보다는 일정한 법적 효력을 가질 수 있는 의미로 해석하여야 한다."

62) «Dans le doute, la convention s'interprète contre celui qui a stipulé et en faveur de celui qui a contracté l'obligation.» 이 조문을 그대로 옮겨놓고 있는 2005년 개정시안 제1140조에 관한 프랑스법연구회(박수곤 담당부분)의 번역은 다음과 같다. "(계약의 해석과 관련하여) 의심스러운 경우, 계약은 작성자에게는 불리하게 그리고 의무부담을 지는 자에게는 유리하게 해석되어야 한다." 박수곤, 민사법학 45-2 (2009) 89. 한편, 명순구 역, 프랑스민법전, 525의 번역은 다음과 같다. "합의에 관하여 의심이 있는 때에는 당해 합의에 의하여 권리를 취득하는 자에게 불리하게 그리고 의무를 부담하는 자에게 유리하게 해석되어야 한다."

다. 즉, 조문의 전단과 후단이 동일한 내용의 반복으로 보인다.

고전적 학설도 개정전 제1162조가 의무부담자 이익의 원칙을 규정한다고 말하여, 그런 입장에 섰다.[63] 그러나 개정전 제1162조의 "의무를 정한 자"를 "작성자"의 의미로 풀이하는 예도 점차 늘고 있었다.[64] 이 입장에서는 교섭 내지 체결과정을 주도한 자, 즉 부합계약의 작성자에 불리한 해석원칙을 규정한 의미도 가지게 된다.[65]

두 가지 해석을 모두 수용하는 것도 가능하다. 개정전 제1162조가 의무부담자(채무자) 우대적 해석과 작성자의 상대방에게 유리한 해석이라는 두 가지의 우대적 해석원칙을 함께 규정한다고 이해하면 된다.

2005년 개정시안은 바로 이렇게 정리하고자 했다. 그래서 개정전 제1162조를 제1140조로 존치한 후, "전조의 규정에도 불구하고, 계약이 당사자 일방의 현저한 영향력 하에서 체결된 경우에는 당해 계약을 타방 당사자에게 유리하게 해석하여야 한다."[66](제1140-1조)는 예외를 둘 것을 제안했다. 2005년 개정시안 제1140-1조는 일종의 작성자불이익의 원칙을 명문화하는 것이지만, 누가 실질적으로 계약의 내용 형성을 지배하였는지가 기준이 되고 있다. 즉, 개정전 제1162조의 두 번째 해석을 별도의 규정으로 명문화하는 것이다. 이는 주목할 만하다. 계약체결을 적극적으로 제안한 당사자라도, 상대방의 현저한 영향력 하에서 지침을 받거나 상대방의 의중을 헤아려 약정내용의 안을 제시하는 경우가 있다.[67] 이런 경우에도 형식상의 작성자가 아니라 실질적인 영향력 있는 자에게 불리하게 해석하는 것이 일리가 있다.

2008년 개정시안은 작성자 불이익의 원칙의 적용대상을 "교섭되지 않은 계약"에 한정하고, 작성자 개념도 단순하게 바꾸었다. 즉, 제140조 제1항은 "의심 있는 경우에 계약은 채무자의 이익으로 해석된다"고 규정하고(의무부담자에게 유리한 해석), 제2항은 "애매한 경우에, 교섭되지 않은 계약의 조항들은 작성자에 불리하게 해석된다"고 규정했다.

2015년 법무부 개정안 제1193조는 "애매한 경우에는 표준화된 계약조건에 따른 계약[68]은 이를 작성한 당사자에게 불리하게 해석되어야 한다"고 규정했다. '부합계약'과 '교섭되지 않은 계약'을 구별하는 프랑스민법의 전통적 표현 대신, "표준화된 계약조건에 따른

63) Fr. Terré, Ph. Simler et Y. Lequette, *op. cit.*, n° 451. 제1162조의 의미로서 이 점만을 서술하는 교과서로는 예컨대 B. Fages, *op. cit.*, n° 257 등.

64) Fr. Terré, Ph. Simler et Y. Lequette, *op. cit.*, n° 451. 이 문헌에 의하면 이러한 취지의 판례는 Req. 16 déc. 1895, S. 99.1.387에로까지 거슬러 올라간다고 한다. 상세한 판례인용은 같은 문헌, 502 n. 2.

65) Fr. Terré, Ph. Simler et Y. Lequette, *op. cit.*, n° 451.

66) «Toutefois, lorsque la loi contractuelle a été établi sous l'influence dominante d'une partie, on doit l'interpréter en faveur de l'autre.»

67) 가령 우리나라에서 대기업에 납품하는 중소기업이 계약서 초안을 작성하여 타방(대기업)에게 제시하는 경우.

68) Cartwright 등은 영어로 "standard form contrat"라고 번역했다.

계약"이라는 현대적 개념을 썼다.

결국 2016년 개정 제1190조는 '교섭된 계약'과 '부합계약'이라는 전통적이고 친숙한 개념, 용어를 채용했다. "의심있는 경우에, 교섭된 계약은 채권자에게 불리하고 채무자에게 유리하게, 부합계약은 이를 제안한 자에게 불리하게 해석된다."[69] 전단은 '의무부담자에게 유리한 해석' 원칙을 규정한다. 후단은 부합계약의 '작성자에게 불리한 해석' 원칙을 규정한다. 2005년 개정시안이 채택한 "당사자 일방의 현저한 영향력" 기준이 이론적으로는 최선일 것이다. 그러나 구체적 사건에서 쉽게 정확히 적용될 수 있다는 보장이 없다. 입법자는 새로운 불확정개념이 가지는 불확실성과 이에 따르는 법관의 자의의 개입 가능성을 피했다.

(2) 예외 1: 매도인에게 불리한 해석의 원칙

매매계약에서 모호하거나 애매한 약정은 매도인에게 불리하게 해석된다. 즉, 제1602조는 제1항에서 "매도인은 그가 부담하게 되는 의무를 분명히 설명하여야 한다"[70]고 규정한 후, "모호하거나 애매한 모든 약정(pacte)은 매도인에게 불리하게 해석된다"[71]고 규정한다.

(3) 예외 2: 소비자에게 유리한 해석의 원칙

사업자와 소비자 간에 체결된 계약에 관해서는 유럽연합 지침[72]의 요구에 따라, 프랑스법도 다음의 3가지의 원칙을 규정한다. 첫째, 수기(手記)의 또는 개별적 약정은 일반조건과 사전작성조건에 우선한다. 둘째, 권리제한적 약정(les clauses restrictives)은 "분명하고 이해하기 쉬운(claire et compréhensible)" 문언으로 작성되어야 한다. 셋째, 애매한 약정은 소비자나 비전문가에게 유리하게 해석된다. 둘째와 셋째의 점은 소비법전(Code de consommation) 법률 제133-2조(Art. L. 133-2) 제1항과 제2항에 각기 규정되었다(1995년 2월 1일 법률로 신설).

소비법전 법률 제133-2조 ① 사업자가 소비자나 비사업자에게 제안한 계약조항은 분명하고 이해가능한 방식으로 제시되고 작성되어야 한다.[73]

---

69) «Dans le doute, le contrat de gre a gré s'interprète contre le créancier et en faveur du débiteur, et le contrat d'adhésion contre celui qui l'a proposé.»

70) «Le vendeur est tenu d'expliquer clairement ce à quoi il s'oblige.»

71) «Tout pacte obscur ou ambigu s'interprète contre le vendeur.»

72) 특히 소비자계약의 부당조항에 관한 1993년 지침(Directive 93/13/EEC on unfair terms in consumer contracts)의 이행입법이라고 할 수 있다. 그러나 그 후 나온 여러 소비자계약 분야의 지침들의 요구도 충족하고 있다. 영업소 외에서 교섭된 계약에 관한 소비자보호 지침(Directive 85/577/EEC to protect consumer in respect of contracts negotiated away from business premises)(2011/83/EC 지침으로 대체됨), 원격계약에 관한 소비자보호 지침(Directive 97/7/EC on the protection of consumers in respect of distance contracts)(2011/83/EC 지침으로 대체됨), 소비자물품매매계약 및 이와 결부된 보증의 몇 가지 측면에 관한 지침(Directive 1999/44/EC on certain aspects of the sale of consumer goods and associated guarantees), 소비자권 지침(Directive 2011/83/EC on Consumer Rights)이 나와 있다.

② 그러한 계약조항은 의심있는 경우에는 소비자나 비사업자에게 가장 유리한 의미로 해석된다. 다만 본항은 법률 제421-6조에 기하여 개시된 절차에는 적용되지 않는다.[74)]

5. 고유한 의미의 계약해석의 법적 한계: 계약의 변성에 대한 통제

가. 개 관

계약해석은 기본적으로 사실문제일 뿐, 법률심의 통제를 받지 않는다. 그러나 계약의 해석을 그르친 나머지 계약의 변성(變性, 변질, dénaturation)에 이른 것은 상고이유가 되어 법률심의 통제를 받는다. 분명한 계약을 잘못 해석하여 중대한 오해에 이르거나, 또는 분명한 계약을 형평의 이름을 빌어 고쳐쓰는 것을 계약의 변성이라 한다.[75)] 예컨대 프랑스법상 불예견(imprévision)이론이 일반적으로 인정되지 않으므로, 이 이론에 따라 계약을 고쳐 쓰면 계약의 변성에 해당한다.[76)]

계약변성의 법리는 의사해석의 명목 하에 형평 관념이 개입하는 데 대한 통제장치로서 중요한 기능을 한다. 계약의 변성은 단순한 '채증법칙 위반'의 문제가 아니다. 계약의 변성의 금지는 실체법적 규율이다.

계약의 변성의 법리는 판례로 발달되었는데, 2016년에 제1192조를 신설하여 성문화했다.

---

73) «Les clauses des contrats proposés par les professionnels aux consommateurs ou aux non-professionnels doivent être présentées et rédigées de façon claire et compréhensible.» 보험법전 법률 제112-4조 제3항(C. assur. art. L. 112-4, dern. al.)에도 소비법전 법률 제133-2조와 유사한 취지의 규정이 있다. "무효, 실권(déchéances) 또는 배제를 정하는 보험증권상의 조항은 매우 현저한(눈에 매우 잘 띄는) 글씨체(caractères très apparents)로 기재된 경우에만 유효하다(Les clauses des polices déictant des nullités, des déchéances ou des exclusions ne sont valables que si elles sont mentionnées en caractères très apparents)."

74) «Elles s'interprètent en cas de doute dans le sens le plus favorables au consommateur ou au non-professionnel. Le présent alinéa n'est toutefois pas applicable aux procédures engagées sur le fondement de l'article L. 421-6.»

75) Ph. Malaurie, L. Aynès et Ph. Stoffel-Munck, *op. cit.*, n° 773. 이 글에 대한 익명의 심사자는 "'명확한 조항은 해석의 대상이 되지 않는다'는 부분에 대해서는 여러 논란이 있을 것 같다. 가령 1을 1이라고 해석하는 것은 해석이 쉬운 것이지 해석이 없는 것이라는 반론이 가능하다."고 지적했다. 물론, '분명하여 보이는 것'이 실제로도 '분명한 것'이라고 파악하는 작업도 해석작업이라고 말할 수 있다. 철학에서는 그것도 해석이라고 부르는 듯하다. 그것은 이미 플라톤이나 칸트의 비판철학에서도 이야기되던 것이었다. 인간이 눈으로 보는 것은 시신경에 비추어진 것을 받아들이는 것이다. 시각기관은 시각기관의 틀에 따라 사물을 비추어 본다(혹은 시각기관에 다가온 사물의 모습을 받아들인다). 게다가 시각기관에서 파악된 것이 다시 의미부여(해석)된다. 아마도 철학에서 말하는 해석 문제는 이것들을 총칭하거나 이 중 특히 문제되는 부분을 이야기하는 듯하다. 그러나 철학에서 말하는 '세계'의 해석과 법학에서 말하는 해석은 다르다. 철학적 차원에서는, 완전히 분명한 것은 현실세계에는 존재하지 않거나 드물다고 보는 견해도 많이 있다. 그러나 법학에서는 불분명한 것의 의미를 밝히는 작업만을 해석이라고 부른다. 법은 분명한 것과 분명하지 않은 것을 구별하고 전자는 해석의 대상으로 삼지 않는다.

76) Ph. Malaurie, L. Aynès et Ph. Stoffel-Munck, *op. cit.*, n°s 758, 773 참조.

나. 판 례

(1) 원 칙

프랑스 판례에 따르면 고유한 의미의 계약해석은 사실문제로서 사실심의 전권사항이다. 즉, 프랑스민법전 제1156조부터 제1164조까지의 규정은 사실심법관과 중재인 등의 사실판단자에 대한 지침에 불과하며 일체의 강행성이 없다.[77] 이는 1808년 이래 일관된 판례의 태도로서 확립되어 있다.

그 효시가 된 1808년 2월 2일의 파기원 연합부 판결(Lubert 對 Wancareghem)[78]의 사실관계와 전심절차는 다음과 같다. 샤를 목끄와 반카렘은 Charles Mocke et Cie라는 상호의 회사를 설립했다. 이 회사가 파산하게 되자, 채권자인 뤼베르는 반카렘이 조합원(업무집행사원)(associé)이라고 주장하면서 그를 상대로 연대책임을 소구했다. 반카렘은 자신이 단순한 합자회사원(합자회사에의 출자자)에 불과하다고 다투었다. 브뤼셀법원(La cour de Bruxelles)은 단순한 합자회사만이 있을 뿐이라고 판시하였으나 파기원은 그 원심판결을 파기했다.[79] 그런데 환송심판결에서 두애법원(La cour de Douai)은 브뤼셀법원과 마찬가지로 단순한 합자회사일 뿐이었다고 판시했다. 재차 파기신청(상고)(pourvoi)가 제기되어 파기원 연합부의 판단을 받게 되었다.[80] 파기원의 관점에서는 사실심법관의 계약해석이 부당함이 명백하였지만, 사실심법관의 전권에 간섭하지 않기 위해 파기원은 구체적 계약의 해석이 잘못되었다는 취지의 상고를 배척했다. 다음과 같이 설시함으로써 파기원은 계약의 해석이 사실심의 전권임을 처음으로 인정했다.

> "피상고법원은 1800년 10월 24일에 목끄와 반카렘 간에 체결된 회사(société)가 단순히 합자회사일 뿐이라고 판결함에 있어, 회사설립계약(contrat social)의 약정조항들에 그리고 이 계약이 이행될 때 기재된 순환적인 문구(lettres circulaires)에 동 법원이 부여한 해석에 따라 판단한 점과, 이 법원이 자신의 권한 내(dans ses attributions) 이러한 해석에 의하여 아무런 법률도 위반하지 않았음을 고려할 때……"

(2) 예 외

파기원은 1868년 2월 24일 回付(Requête)部 판결[81]에서 기존 판례의 태도를 확인하면

---

77) J. Dupichot, *op. cit.*, p. 181.

78) *Jur. gén. v° Société*, n° 1093; S., 1808.I.183.

79) Civ. 28 mai 1806, S. chr.

80) 이상의 사안 개요는 H. Capitant, Fr. Terré et Y. Lequette, *Les grands arrêts de la jurisprudence civile, tome 2 : Obligations, Contrats spéciaux, Sûretés*, 12e éd., 2008, 152에 요약된 내용임.

81) *Req.* 24 févr. 1868, *DP*. 1868.I.308. 파기원의 회부부(회송부)(chambre de requêtes)는 민사부에서 심리될 상고사건을 걸러내는 재판부였다. 상고될 것이 명백한 사건은 스스로 기각하고, 상당한 근거가 있거나 심리에 회부할 만한 상고사건은 민사부에 회부했다. 그런데 회부부가 내리는 민사법적 판단이 세밀해져, 그 자체가 하나의 민사부로서 기능하게 되었다. 이러한 이유에서 회부부는 1947년 7월 22일 법률로 폐지되었다(그 구성원은 동 법률로 신설된 상사부

서 그 근거를 다음과 같이 설시했다. 이 판결은 계약의 변성이라는 개념을 명시적으로 언급하면서, 이것은 법률심의 통제대상으로 삼은 점에서 중요하다.

> "제1156조 이하의 위반에 관하여; 위 조항들의 규정은 강행적인 성격을 가지지 않는다; 그 조항들의 성질 자체에 의하여, 그 조항들은 입법자가 합의의 해석을 위하여 판사들에게 준 조언이며, 그 불준수가 재판(la décision)의 무효를 가져오는 절대적 법규가 아니다; 해석이 파기의 대상이 되는 것은 판결(le jugement)이 계약의 핵심사항을 불인정하였거나 계약의 실체를 變性시켰거나 公序의 원칙을 위반한 경우만이다."

파기원은 민사부 1872년 4월 15일 판결(Veuve Foucauld et Coulombe 對 Pringault)에서도 계약의 변성이 법적으로 금지되며 법률심의 심사(통제)대상임을 재확인했다. 파기신청인 회사는 그 공장 안에 공지문을 부착했다. 그 공지문은 근로자들에게 근로수당(prime de travail)을 지급할 수 있다고 하면서, 어떤 경우에도 그 수당은 임의적이라고 덧붙이고 있었다. 그 공지문의 요건에 맞도록 일한 근로자가 근로수당의 지급을 구했다. 노동심판관평의회(Le conseil des prud'hommes)는 수당의 지급을 명했다. 노동심판평의회는 그 근로자가 공지문에 기재된 요건을 충족하였고, 전에 그 수당을 지급받은 일이 있었음을 근거로 들었다. 파기원은 그 공지문을 이런 취지로 해석하는 것은 계약의 변성에 해당하여 제1134조 위반에 해당한다고 판단하고, 회사의 파기신청(상고)을 받아들였다.[82] 이렇게 판단함에 있어, 계약의 변성의 법리를 다음과 같이 분명히 설시했다.

> "……합의의 문언이 분명한 경우에 재판관이 그 합의에서 나오는 의무를 變性시키고 그 합의가 규정하는 조문을 수정하는 것은 허용되지 않는다……; 대상판결은……[파기신청인] 회사로 하여금 프랭고가 요구하는 수당을 지급하도록 명함으로써 민법전 제1134조의 조문을 위반하였[다]."

계약의 변성에 해당하기 위하여 사실심 법관이 반드시 합의의 문언을 문장 형태로 재현하였어야 하는 것은 아니다. 그렇게 하지 않았더라도 계약의 변성에 해당할 수 있다.[83] 즉, 변성은 머릿속에서만 일어날 수도 있다. 이 점에 관해서는 파기원 상사부 판례가 반대 취지로 판시했었는데, 이제는 파기원의 다른 부들과 마찬가지로 위의 점에 견해를 같이하고 있다.[84]

계약의 변성을 주장하는 상고이유는 매우 자주 개진되지만, 실제로 파기원에서 받아

로 재편성되었다). 다만 현재에도 민사상고사건을 예비적으로 심사하는 절차가 있다. 민사부에 상고되면, 3명의 법관의 연합체에서, 결론이 명백한지를 검토하여 걸러낸다. <https://fr.wikipedia.org/wiki/Chambre_des_requ%C3%AAtes_de_la_Cour_de_cassation_fran%C3%A7aise> (2015. 2. 2. 최후수정) 참조.

82) 이상의 사안 개요는 H. Capitant, Fr. Terré et Y. Lequette, *op. cit.*, 156에 요약된 내용임.

83) Ph. Malaurie, L. Aynès et Ph. Stoffel-Munck, *op. cit.*, n° 773 note 24.

84) Cass. com., 31 janv. 1995, *JCP* G, 1995.II.22385, n. A. Perdriau; n. p. B.

들여지는 일은 매우 드물다고 한다.85)

(3) 이론구성: 계약의 성질결정은 법률문제이다

파기원의 판례에 따르면, 계약의 성질결정은 법률문제이다.86) 따라서 사실심 법관을 포함한 판사는 당사자들이 부정확하게 부여한 성질결정을 수정할 수 있으며(민사소송법전 제12조), 사실심 법관에 의한 계약의 성질결정은 법률심의 심사(통제)를 받는다.87)

파기원 1969년 5월 30일 판결88)에서는 타인 소유 토지상의 채석장에서 자갈을 채취(채굴)하는 계약이 문제되었다. 원심은 이를 임대차계약으로 성질결정했다. 그러나 파기원은 자갈을 채취하여 소비하는 것을 내용으로 하는 계약은 임대차가 될 수 없고 매매계약으로 성질결정되어야 한다고 보았다. 사실심 법관이 계약의 성질결정을 그르쳐 본건 매매계약이 가져다주는 법률효과를 끌어내지 못했으므로 법률심의 교정대상이라고 판단했다.

다. 학 설

판례의 계약변성론은 대체로 학설의 지지를 받았다. 계약의 해석은 "고유한 의미의 해석", 형평에 의한 "계약의 보충", 계약의 "성질결정(qualification)"의 셋으로 나뉘며,89) 성질결정은 애초부터 법률문제이므로 법률심의 통제를 받는다고 설명된다.90)

반면에, 계약이 분명하여 해석대상이 아닌 경우와, 계약이 애매 또는 모호하여 그 해석이 사실심 법관에게 맡겨지는 경우의 구별은 까다롭고 부담스럽다는 이유로, 계약의 변성에 관한 법률심의 통제를 비판하는 견해도 있다.91)

쟈크 뒤삐쇼(Jacques Dupichot)는 의사해석을 사실문제로 취급하는 판례의 기본태도 자체를 비판한다. 1804년 민법전 기초자의 암묵적 의사가 이러했는지는 의심스럽다고 한다. 민법전 초안 심의과정 중 비고 뒤 쁘레아므뇌(Bigot du Preameneu)와 파바르(Favard) 위원의 발언(국사원(Conseil d'État) 심의록 수록)에 주목할 것을 촉구한다. 특히 파바르의 다음의 언명92)을 인용한다.93)

---

85) Ph. Malaurie, L. Aynès et Ph. Stoffel-Munck, *op. cit.*, n° 773.

86) Ph. Malaurie, L. Aynès et Ph. Stoffel-Munck, *op. cit.*, n° 773.

87) Ph. Malaurie, L. Aynès et Ph. Stoffel-Munck, *op. cit.*, n° 773.

88) Cass. civ. 3e, 30 mai 1969, *Reignoux et autres*, *Bull. civ.* III, n° 437; *D.*, 1969.561; *JCP* G, 1970.II.16173, n. G. Hubrecht; *RTD civ.*, 1970.188, obs. G. Cornu.(Ph. Malaurie, L. Aynès et Ph. Stoffel-Munck, *op. cit.*, n° 773 note 25에서 재인용).

89) B. Fages, *op. cit.*, n° 255.

90) B. Fages, *op. cit.*, n° 263.

91) Ph. Malaurie, L. Aynès et Ph. Stoffel-Munck, *op. cit.*, n° 773.

92) P. Fenet, *Recueil complet des travaux préparatoires du Code civil*, t. 13, Videcoq, 1856, 325.

93) J. Dupichot, *op. cit.*, 181-182의 n. 15는 "판사들은……일정한……규칙들에 따라야 한다"는 구절을 이탤릭체로 강조하여 인용하고 있다.

"판사들은 이러한 고된 탐구를 함에 있어 일정한 보편적 규칙들에 따라야 한다. 법률안은 수 세기 동안 승인되어 온 여러 개의 그러한 규칙들을 판사들에게 제시하고 있다."

계약해석에 관한 프랑스민법전의 조문들은 "판사들은……일정한……규칙들에 따라야 한다"는 취지에서 입법된 것이지, 해명적 해석을 사실심의 전권사항으로 삼는 입법의사는 없었다는 것이 쟈크 뒤삐쇼의 주장이다.

라. 2005년 개정시안

계약의 변성 법리의 명문화는 2005년 개정시안에서부터 구상되었다. 제1138조는 "명확하고 구체적인 조항은 해석의 대상이 되지 않는다. 따라서 이에 대한 위반은 행위의 변성을 구성한다"[94]고 규정했다. 그리고 제1141조는 "계약은 당해 계약의 구성요소 전체에 대한 분석에 기초하여 해석되어야 한다. 본질적인 요소를 고려하지 않은 해석은 변성을 구성한다"[95]고 규정했다. "명확하고 구체적인 조항"을 그 문언과 달리 해석하는 것(제1138조)과 "본질적인 요소를 고려하지 않은 해석"(제1141조)은 변성을 구성한다고 명시했다.

2005년 개정시안의 기초자의 설명은 다음과 같다. 계약의 해석은 원칙적으로 사실심의 재량에 속하지만 계약의 변성과 같은 법률판단의 잘못은 법률심의 심사대상에 속한다는 파기원의 확립된 판례자체를 조문화할 수는 없었다. 그러나 제1138조와 제1141조를 둠으로써 "왜 해석은 사실심의 평가대상이고 왜 변성은 법률의 착오인지와 관련하여, 권한배분에 대한 기본적인 설명을 제공하"게 되었다.[96]

2005년 개정시안은 더 나아가 계약의 성질결정 요령에 관해서도 조문을 두었다. 다음과 같다.

제3편 제2장 제2절
제2관 성질결정(§ 2 De la qualification)
제1142조 ① 당사자가 그들이 행한 합의(accord)에 대하여 명칭을 부여한 경우에는 그에 따라야 한다.[97]
② 당사자가 지정한 명칭이 부정확한 경우, 법원은 그러한 명칭의 사용에 구속되는 경우가 아니라면 당해 성질결정을 교정하여야 한다. 법원이 새로운 성질결정을 함에 있어서는 당사자가 실제로 합의의 근거로 삼은 요소에 기초하여야 한다.[98]

---

94) «Les clauses claires et précises ne sont pas sujettes à l'interprétation, à peine de dénaturation de l'acte.»
95) «L'interprétation du contrat se fonde sur l'analyse de l'ensemble de ses éléments. La méconnaissance de ses éléments essentiels constitue une dénaturation.»
96) 2005년 개정시안 제1141조에 대한 기초자 註(그 번역은 박수곤, 민사법학 45-2 [2009] 89-90 수록)(따옴표 내는 박수곤, 같은 곳, 90의 번역임).
97) «Lorsque les parties ont donné à leur accord une dénomination, il y a lieu de la suivre.»
98) «Lorsqu'elle est inexacte, le juge redresse cette qualification hors le cas où elle simpose à lui. Pour requalifier,

第1142-1조 계약의 본질적 요소들 중의 일정부분이 변경된 경우에는 그에 따른 새로운 성질결정을 하여야 한다.99)

第1143조 당사자가 선택한 성질결정에 부합하는 유효요건의 결여로 인하여 무효인 행위라 하더라도, 당사자의 의사에 부합하는 다른 행위의 유효요건을 충족하는 경우에는, 그 다른 행위로 전환되어 존재한다.100)

마. 개정법률

2008년 개정시안(제138조)은 2005년 개정시안 제1138조를 축약하고, 제1141조는 생략하기로 했다. 2016년에 신설된 제1192조는 2008년 개정시안 제138조를 이어받아, "명확한 약정조항은 해석의 대상이 되지 않으며, 그 위반은 변성에 해당한다"고 규정한다.

한편, 2008년 개정시안은 2005년 개정시안 제1142조, 제1142-1조, 제1143조와 같은 규정들은 두지 않았나. 간결성을 추구한 취지로 이해된다. 법무부는 이를 따랐다. 결국 2016년에 이런 조문들의 신설은 없었다.

6. 의사표시 존부 및 그 일반적 유효요건으로서의 확정가능성과의 구별

판례는 계약내용의 해석을 원칙적으로 사실문제로 취급하지만, 일정한 사항에 관해서는 분명한 의사표시를 요구하는 특칙이 있다. 그 한도에서는 '계약해석이 원칙적으로 사실심의 전권'이라는 판례는 후퇴한다.

의사표시의 분명성 요건은 입법이나101) 판례로 부과된다. 예컨대 앞서 본 파기원 2008년 1월 22일 판결102)도, 권리포기의 의사가 분명히 표시될 것을 요구한다.

7. 부합계약 등의 해석에 대한 법률심의 개입

분명하고 정밀한 약정조항이라도 수많은 계약서에 재등장되면서 널리 쓰이고 있어 그 의미를 통일하는 일이 적절하면, 파기원 스스로 일정한 해석을 부과한다. 보험증서, 의무구매공채, 부합계약, 정형계약(contrats-types), 매매일반조건의 경우에 종종 그렇게 한

il se fonde sur les éléments que les parties, dans la réalité, one donné pour base à leur accord.»

99) «S'il advient que le contrat soit modifié dans l'un de ses éléments essentiels, il y a lieu de lui donner la qualification nouvelle qui en découle.»

100) «L'acte nul faute de répondre aux conditions de la validité correspondant à la qualificaion choisie par les parties subsiste, réduit, s'il répond aux conditions de validité d'un autre acte dont le résultat est conforme à leur volonté.»

101) 소비자법전과 보험법전상의 특칙에 관해서는 전술하였음.

102) Cass. com., 22 janv. 2008, n° 06-21160, *RTD civ.* 2008.294(B. Fages의 評釋附).

다.[103] 이런 태도는 논란의 대상이지만, 단체협약의 경우에는 그렇지 않다. 성질과 효과 면에서 규율행위에 가깝기 때문이다.[104]

Ⅲ. 형평에 의한 계약상 흠결의 보충

1. 계약상 의무의 연원으로서의 형평

프랑스민법전도 계약에 대한 형평(équité) 내지 신의성실의 원칙의 개입을 알고 있다. 이미 1804년 민법전 제1134조 제3항은 "적법하게 성립한 합의는 신의에 맞게 이행되어야 한다"[105]고 규정했다. 2016년 개정 제1104조 제1항은 신의성실원칙의 개입대상을 넓혀, "계약은 신의에 맞게 교섭, 성립 및 이행되어야 한다"고 규정한다. 이렇게 계약당사자의 행동준칙으로서 신의성실의 원칙의 지위는 확고하다.[106] 게다가 프랑스민법전은 형평을 계약상 의무의 연원 중 하나로 규정한다. 1804년 민법전 제1135조는 "합의는 표시된 것을 의무지울 뿐만 아니라, 형평, 관습 또는 법률이 그 본질에 따라 부여하는 귀결들(일련의 것들)도 의무지운다"고 규정했다. 형평과 신의성실의 원칙이 계약관계상의 권리의무의 연원이 될 수 있는 것으로 규정하고 있다.[107]

그러나 형평원리나 신의성실원칙이라 하여 무제한적으로 계약에 개입할 수 있는 것은 아니다. 그렇게 하면 계약자유는 과도하게 후퇴할 것이다. 프랑스민법전(2016년 개정 제1103조)의 표현을 빌면, "적법하게 성립한 계약은 이를 성립시킨 자들에 대하여 법률을 대신한다."[108] 이렇게 "법률을 대신"하는 것을 형평이나 신의성실원칙으로 쉽사리 수정하려

103) Ph. Malaurie, L. Aynès et Ph. Stoffel-Munck, *op. cit.*, n° 773.

104) Ph. Malaurie, L. Aynès et Ph. Stoffel-Munck, *op. cit.*, n° 773.

105) 1804년 민법전 제1134조(2016년 개정 전)는 제1항에서 "적법하게 성립한 합의는 이를 성립시킨 자들에 대하여 법률을 대신한다(Les conventions légalement formés tiennent lieu de loi à ceux qui les ont faits)."고 규정한 뒤, 제3항에서 "그것은 신의에 맞게 이행되어야 한다(Elles doivent être exécutées de bonne foi.)."고 규정했다. 2005년 개정시안도 이 조문을 유지했다. "de bonne foi"는 "신의칙에 좇아"(박수곤, 민사법학 45-2 [2009] 81), 또는 "신의성실로"(上井長十, フランス債務法及び時效法改正草案構想 (avant-projet)-カタラ草案-試譯, 三重大學法經論叢 26/2 [2009] 1163)로도 번역되고 있다. 초고에서는 "성실히"로 번역했으나, "신의에 맞게"로 직역한다.

106) 프랑스민법상 신의칙의 역할에 관해서는 박현정, 프랑스 민법학상 신의칙(bonne foi)에 관한 연구, 2006(서울대학교 박사학위논문); 박현정, 신의칙에 관한 프랑스법상 최근 논의, 동아법학 59 (2013), 233-258; 남궁술, 2016년 개정 프랑스 민법에서의 신의칙의 지위, 한양대학교 법학논총 35/4 (2018), 309-343 참조.

107) 프랑스 古法(프랑스혁명이 가져온 변혁과 혼란으로 형해화 내지 약화되고 프랑스민법전 시행으로 포괄적으로 폐지)에서는 낙성계약과 달리 서식계약에서는 형평과 신의성실의 원칙을 알지 못했다. 그러나 同條는 이러한 구별론을 극복하고 있다. B. Fauvarque-Cosson & D. Mazeaud, eds., *op. cit.*, 167.

108) «Les contrats légalement formés tiennent lieu de loi à ceux qui les ont faits.»), 1804년 민법전 제1134조 제1항이 계약의 효력 쪽에서 규정했던 것을 계약법의 서두로 옮기고, "합의"를 "계약"으로 표현수정했다.

해서는 안 된다. 그래서 프랑스 판례는 형평이나 신의성실원칙이 합의내용에 직접 개입하여 무효화, 변형시키거나 새로운 의무를 추가시키는 것은 원칙적으로 불인정한다. 그것은 입법의 몫으로 남겨져 있다.[109] 즉, 입법자가 강행법규를 입법할 일이지, 판사가 형평이나 신의성실원칙을 개입시킬 일이 아니다.

2. 계약상 흠결 보충의 연원과 기준으로서의 형평

프랑스 판례는 형평의 직접적 개입을 삼가면서도, 계약해석의 명목 하에 제1135조가 말하는 형평이나 법률에 의한 규율의 부과에 해당하는 작업을 하고 있다. 판례는 '당사자가 합리적으로 당해 문제를 고려하였더라면 약정하였을 바'를 계약내용에 추가시킨다.[110] 이는 계약의 "보충적 해석", "창조적 해석"(interprétation creatrice)으로도 불리우지만, 정확히 말하면 법관에 의한 계약상 흠결의 보충이다. '약정하지 않았으나 법관이 정당하다고 판단하는 바를 부과'하는 것이다. 법관이 '가상적 합의내용을 상정하여 부과한다.[111] 법관이, 당사자가 교섭하여 합의한 약정내용을 넘어, 자신의 머리 속에서 당사자의 합의를 가상적으로 더 진척시켜 계약의 내용으로 삼는다. Ph. Malaurie 등은 '촉성재배(촉진재배, 촉진배양, forçage)'라는 농업용어를 빌어, "계약의 촉성재배"(forçage du contrat)"라고 위트 있게 표현한다.

형평에 의한 계약흠결 보충을 묵시적 의사의 해석으로 설명하는 데 대해서는 학설상 약 100년 전부터 다음과 같은 비판이 가해지고 있다. 법관에 의하여 '촉성재배'된 의무는 계약의 원인(cause)을 둘러싼 상황이 아니라 계약의 성질(본질)(la nature du contrat)에 근거한다. 강행적이어서 당사자의 의사로 피할 수 없고, 사업자(professionnels)에게 항상 부과된다. 그래서 자발적 의무라고 보기 어렵다.[112] 당사자들이 생각하지 않았고 아마도 묵시적으로 피했던 것을 판사가 계약에 덧붙인다.[113] 그러므로 해석이라기보다 흠결보충이라고 말하는 편이 낫다.[114]

109) 그래서 실제로 소비자보호 등의 여러 분야에서 강행법규의 입법작업이 행하여져 왔다.

110) 유럽계약법원칙 제5:101조 제3항에서는 이러한 해석방법을 다음과 같이 명문화하고 있다. "공통된 의사가 확정될 수 없는 경우에는 계약은 동일한 상황에서 당사자들과 동일한 종류의 합리적 당사자들이 그 계약에 부여하였을 의미에 따라 해석된다."

111) 영국의 판례에서도 계약당사자의 추정적 의사(presumed intent)를 탐구하는 작업이 종종 이루어지고 있으며, 이것이 계약해석이라는 이름으로 행해지기는 하지만 그 본질은 계약에 대한 법의 개입이라는 지적이 나오고 있다. Lord Denning, *The Discipline of Law*, Butterworths, 1979, p. 41; Stephen Smith, *Atihya's Introduction to the Law of Contract*, 6th ed., 2006, ch. 6.

112) 이상 Ph. Malaurie, L. Aynès et Ph. Stoffel-Munck, *op. cit.*, n° 774.

113) L. Leveneur, «Le forçage du contrat», *Dr. et patrimoine*, 1998.69 이하(Ph. Malaurie, L. Aynès et Ph. Stoffel-Munck, *op. cit.*, n° 774에서 재인용).

물론 형평에 의한 흠결보충도 계약변성을 가져올 정도여서는 안 된다. 보다 근본적으로는, 계약에 대한 형평의 개입 자체에 한계가 있다. 계약자유를 과도하게 제한해서는 안 된다. 즉, "계약이 당사자에게 법률을 대신"하는(민법전 제1103조) 것이 원칙이고, 형평에 의한 흠결보충은 예외에 머물러야 한다.

3. 형평에 기한 계약의 보충의 예

프랑스 판례상 형평에 기한 계약상 의무 부과는 안전보장의무와 타인을 위한 약정에서 시작되었으며, 정보제공 · 조언 · 보호의무로 확대되었다.115)

가. 안전보장의무와 타인을 위한 약정

(1) 여객운송

프랑스 판례는 여객운송계약을 해석할 때 사업자에게 안전보장의무(obligation de sécurité)와 타인을 위한 약정(stipulation pour autrui)을 부가하는 계약보충을 하고 있다.

판례가 여객운송업자에게 안전보장의무를 부과하여 온 지는 1세기가 넘었다. 여객운송인은 한 지점에서 다른 지점으로 여객을 운송하기로 약속할 뿐만 아니라, 여객이 상해를 입지 않고 건강히 도착하게 할 의무도 약정한 것으로 해석된다.116) 후자도 결과채무로 해석한다.117) 이러한 보충적 해석은 합리적이라고 평가되고 있다.118)

나아가 판례는 여객이 그의 근친(近親)(ses proches)의 이익으로 약정한다는 의사해석을 덧붙이고 있다.119) 즉, 여객운송인의 안전보장의무는 여객의 근친에까지 확장된다. 이러한 의사분석은 인위적이라고 평가되고 있다. 운송인은 자신의 의무가 여객의 근친에까지 미치게끔 가중되는 것을 환영하지 않음이 명백하고, 창구직원을 마주하고 있는 여객이 그 순간에 자신의 근친에 대해 생각하는 것은 예외적이기 때문이다.120)

---

114) Ph. Malaurie, L. Aynès et Ph. Stoffel-Munck, *op. cit.*, n° 774.

115) 상세는 남궁술, 법규범의 발전과 판례: 프랑스민법상 '안전배려의무'와 '정보제공의무'의 발전에 있어서의 판례의 역할을 중심으로, 민사법학 28 (2005) 305-338.

116) Ph. Malaurie, L. Aynès et Ph. Stoffel-Munck, *op. cit.*, n° 775. 이러한 원칙이 잘 정리되어 설시된 판결로는 Cass. civ., 21 nov. 1911, *Cie générale transatlantique*, *DP*, 1913.I.249, n. L. Sarrut ; S., 1912.I.73, n. Ch. Lyon-Caen을 들고 있다.

117) Ph. Malaurie, L. Aynès et Ph. Stoffel-Munck, *op. cit.*, n° 775.

118) *Ibid.*

119) *Ibid.*

120) *Ibid.*

(2) 위험물매매

위험물매매계약에 대해서도 매수인이 그의 근친의 이익으로 약정한다는 의사해석이 판례로 덧붙여지고 있다. 그래서 매도인의 안전보장의무는 매수인의 근친에까지 미치게 된다. 매도인의 이 의무는 제3자인 전득자도 원용할 수 있으며 그렇게 하여 불법행위책임, 즉 제조물책임의 기초가 된다.121)

나. 정보제공 · 조언 · 보호의무

과거에는 각 당사자가 자신의 약속에 관하여 스스로 정보를 구하여야 했다. 예컨대 매수인은 탐지의무를 진다. 말하자면 '매수인은 궁금해 해야 한다(emptor debet esse curiosus)'는 영미법의 법언(法諺)이 프랑스에서도 타당했다.122)

그러나 오늘날에는 매도인이 매수인에게 설명의무를 부담한다. 심지어 비사업자가 사업자에게 매도하는 경우에도, 그 사업자인 매수인이 매매목적물에 관하여 파악할 능력이 없으면 이 의무가 부과된다.123)

4. 개정작업의 경과

2005년 개정시안은 서두에서 의사주의에 따른 의사탐구의 기본원칙을 규정한 뒤, 제1139조에서 "계약은 조리(raison)와 형평의 원칙에 근거하여 해석하여야 한다."124)고 규정했다. 그러나 2008년 개정시안은 판사의 개입주의를 피하고자, 이런 조문을 두지 않기로 했다.125) 이 태도가 2016년 개정으로 이어졌다.

Ⅳ. 결 어

계약해석의 원칙에 관한 프랑스민법전의 규정과 학설, 판례는 몇 가지 점에서 주목을 끈다.

첫째, 프랑스민법전이 규정하는 계약해석준칙은 뽀띠에의 원칙을 1804년에 축약한

121) *Ibid.*
122) Ph. Malaurie, L. Aynès et Ph. Stoffel-Munck, *op. cit.*, n° 776.
123) *Ibid.*
124) «Le contrat s'interprète en raison et en équité.»
125) Fr. Terré, *op. cit.*, 302.

것이고, 2016년에 다시 축약되었다. 간결성의 미덕을 우선시켰다. 친절한 조문을 일일이 두는 것만이 능사가 아님을 보여준다. 국제입법례나 '원칙'(Principles)을 참고할 때에도 이 점을 염두에 두어야 한다.126)

둘째, 프랑스민법은 "의사탐구(recherche de la volonté)"(의사해석)과, 형평에 의한 흠결보충을 준별한다. 전자는 고유의 의미의 계약해석, 즉 해명적 해석에 해당한다. 의사해석은 사실심의 전권인 것이 원칙이고, 계약을 변성(변질)시킨 정도의 잘못만 상고이유가 된다. 계약의 변성은 사실문제와 법률문제의 구별기준으로서 비교적 분명한 개념이다. 상고인과 법률심은 사실심이 계약해석의 명목으로 어떤 계약을 어떻게 변성(변질)시켰는지를 주장 내지 설시하게 된다. 그래서 판례가 발전성 있게 쌓일 수 있다. 반면에 한국 판례는 채증법칙 위반이면 상고이유가 된다고 하여, 사실심의 전권사항과 법률문제 간의 구별기준이 모호하고, 대법원의 사건부담 폭주를 자초한다.

셋째, 계약 외부에 존재하는 법률, 관습 또는 형평 관념에 기댄 의무부과가 '계약의 보충'127)이다. 이것은 기존 약정내용의 규명이라기보다, 법관에 의한 당위의 부과이다. 한국 민법학설은 신의성실의 원칙에 의한 규범적 해석이라고 말하고, 그 긍정적 기능을 조명하는 데 치우친다. 그러나 프랑스의 민법학설은 명목상으로 계약해석일 뿐, 본질은 법규범의 부과임을 강조한다.128) 본질을 직시했으면 본질을 말한다. '법해석자가 하는 보충'이라는 의미에서 계약의 보충적 해석이라고 말할 수도 있지만, 본질은 바뀌지 않는다. 계약의

126) 얼마나 상세한 규정을 둘지도 필요에 맞게 운용할 일이다. 수규자의 수준에 기복이 있을수록, 상향평준화와 통일성을 위하여 일일이 잔소리할 실익이 있기 때문이다. 그래서 선진국과 개발도상국에 걸치는 국제조약이나 국제계약에서도 구구절절이 상세히 규정하는 경향이 있다. 토착민을 믿지 못하는 이민족(異民族)이나, 시장에 새로 등장한 신종사업자나, 위험(risk)의 최소화를 최우선과제로 삼는 금융업자도 마찬가지이다. 낯선 한국에서 낯선 거래상대방과 거래하려 하는 선진국의 당사자도, 한국과 한국측 당사자를 믿지 못하므로, 매우 상세한 규정을 두려 한다. 그런데 이런 계약서 작성실무를 보조한 데에서 한국의 "로펌"(law firm: 영미형 대형 법률사무소의 별칭) 실무가 기원했다. 그리고 이 시기는 한국이 후진국에서 선진국으로 발전하는 시기이기도 했다. 반면에, 서로 잘 아는 국내사업자 간 계약에서는 계약서를 개략적으로만 작성하는 경향이 있다. 선진국-개발도상국 간 거래에만 익숙한, 한국의 "로펌" 변호사가 보면 후진국형으로 여길지 모른다. 그러나 미국에서도, 뿌리깊은 굴지의 국내사업자간 계약서를 보면, 허술해 보일 정도로 간략하게 규정하거나, 다른 거래에서 썼던 계약서를 재활용하는 일이 드물지 않다. 결국, 계약체결과정에 변호사를 얼마나 개입시킬지, 얼마나 상세하고 정교한 계약서를 만들지는 필요의 산물인 경우가 많다. 상세하고 정교한 계약서가 범주적으로 우월하다고 단언할 수 없다. 필자도 법률가이지만, 법률가 편만 들 수 없다. 게다가, 마치 (대한민국이 지향해야 할, 발전적인) 국제거래법 내지 "로펌" 실무와 (대한민국이 배격해야 할, 구태의연한) 토속적 민사실무가 대립하는 것처럼 말한다든지, 국제거래실무와 국내적 민사실무를 편가르기하려 할 일도 아니다. 그런데 근래의 수십년을 회고하면, 초대형 "로펌" 변호사가 "일반" 변호사 위에 군림하며 호통을 친다든지, 법관을 향하여 설교(說敎)하듯이 장문(長文)의 준비서면, 상고이유서로 압박한 일이 많았다. 아마도 '먼저 깨우친' 엘리트로서 '잠자는 기성사회'에 자극을 주어 이끌려 한 취지였으리라. 그러나 수범(垂範)과 철인(哲人)통치를 강조하는 것은, "로펌"이 배격하는 유교(儒敎) 문화의 핵심이다. 역정을 내며 다그치는 것은, 성질이 급한 현대 한국인의 특징이지, 영미문화가 아니다. "로펌"실무가 연공서열(年功序列)과 전통문화에 대항하여 영미문화를 들여온다고 하면서, 유교문화에서 자신에게 유리한 부분만 자의(恣意)적으로 선택한 것은 아니었는지 되돌아볼 필요도 있다.

127) 후술하듯이 프랑스 학설은 이를 "계약의 촉성재배"라고도 부른다.

128) 대표적으로 Ph. Malaurie, L. Aynès et Ph. Stoffel-Munck, *op. cit.*, n°s 772-780은 '계약의 해석'이라는 제목 하에서 '의사의 탐구'와 '형평에 의한 흠결보충'("계약의 촉성재배")로 나누어 서술한다.

보충의 연원으로 형평 대신 신의성실의 원칙을 언급하는 개정방안도 불채택되었다. '계약의 교섭, 성립, 이행'에 걸쳐 신의성실의 원칙을 강조하는(제1104조) 점과 대조된다. 법관의 자의(恣意)의 과도한 개입을 피하려는 의식적 노력이다.[129] 미사여구가 주는 수사학(修辭學)적 효과에 도취되지 않은 점에서도 본받을 만하다.[130]

넷째, 2016년 개정시 작성자에게 불리한 해석의 원칙은 부합계약에 관해서만 명문화되었다. 부합계약이라는, 역사 속에서 거듭 사용되어 숙성된 전통적 개념에 기대기를 택했다. 부합계약은 약관(일반거래약관)이라는 새로운 개념보다 넓을 수 있다. 그래서 약관법이 약관만 규율하는 것과 달리, 부합계약에 관한 법리는 약관의 범주를 벗어나는 부합계약도 적절히 다룰 수 있다.

이처럼 프랑스 입법자는 2016년에 프랑스민법전의 계약해석 관련 규정을 개정하면서도, 인간의 이성(理性)의 긍정적 가능성에만 주목하는 이상향주의(utopianism)적 낙관론을 피했다. 인간은 자의(恣意)에 빠지기 쉽고 판사도 마찬가지라는 현실인식 하에, 조심스러운 비관론의 입장에 섰다. 그것은 조심스러운 낙관론과 통한다. 그래서 의사해석을 사실심에 일임하면서도 '계약해석 지침서'를 민법전에 담는 태도를 유지했다. 그리고 계약의 변성 법리

---

129) '내가 좋은 일을 하겠다고 마음먹었으니 내가 하는 일은 좋을 일이게 마련이다'라는, 근거 없는 낙관론에 기울지 않는다. 오히려 '내가 과도하게 개입하게 될지도 모른다'고 적절히 비관하며 조심하는 성숙한 모습이 보인다. 비관주의의 지혜로움에 관해서는 Roger Scruton, The Uses of Pessimism and the Fallacy of False Hope, 2013. 한국어 번역은 로저 스크루턴, 정명진 역, 긍정의 오류: 거짓 희망의 위험과 적절한 비관의 효용, 2014. 칸트철학자답게, 스크루턴은 인간의 과잉낙관경향과 낙관주의적 사회사상이 낳은 실패를 예리하게 지적한다. 인간의 객관적 인식능력을 비관한 칸트의 비관적 인식론이 인간자유의 가능성을 넓게 열어두듯이, 스크루턴의 비관론적 사회철학은 특정 정치프로그램에 억눌린 현대사회에 숨통을 틔워준다.

130) 한국을 포함하여 대륙법계 일각에서는, 미국의 통일상법전(Uniform Commercial Code, UCC) 제2장(물품매매)이나 국제연합 국제물품매매협약(Convention on Contracts for the International Sale of Goods, CISG)(1980)이 "합리"성(reasonableness) 기준을 자주 언급하는 것을 보고 해방감을 느끼는 것 같다. 그러나 섣부른 감동은 금물이다. 통일상법전 제2장은 보통법의 정교하지만 경직된 부분을 완곡하게 개혁하고 주법의 다양성을 덮기 위하여 "합리"성 기준으로 얼버무리는 경우가 자주 있다. "합리"성 기준을 자주 채용했기 때문에 멋지다고 여길 일이 아니다. 오히려 기존의 보통법 규칙을 대신하는 제정법 규칙을 정교하게 입법하지 못한 '미완의 개혁'이어서 아쉬움이 남는 것이다. CISG의 "합리"성 기준 채용도 세계상사법의 잠재력에 기대면서 세부기준의 입법화를 보류하는 입법방식에 해당한다. 게다가, 합리성 기준을 표방한다고 합리적 규율이 보장되는 것도 아니다. 그러므로 '영미법처럼 합리성이라는 불확정개념에 맡기기만 했으면 모든 일이 순조로왔을텐데 왜 수천 년 동안 경직된 대륙법식 규칙에 얽매였던가? 지금이라도 어서 영미법을 따라가자'라고 생각해서는 곤란하다. 첫째, 영미법이 불확정개념을 즐긴다는 생각은 영미법계의 복잡하고 경직적인 판례들의 방대한 체계를 알지 못한 채 영미법의 골자만 보고 얻은 첫 인상에 불과하다. 둘째, 동산매매법에서 상사관습법의 유연성을 버리고 경직된 법규들의 복잡한 체계에 얽매인 문제점은 영미법에서도 심각했다. 어쩌면 영미법이 더 그랬는지도 모른다. 셋째, 규칙(rules) 없이 접근방법(approaches)만으로 살 수 있고, 더 잘 살 수 있다는 생각은, 법 없이 사는 것이 최선이라는 생각처럼 허황된 것이다. 몽테스키외는 '법의 정신'의 제1권 제1장(법 일반)의 첫 문장에서 이렇게 말했다. "가장 넓은 의미의 법률은 사물의 본질에서 나오는 필연적 관련이다; 그리고 이런 의미에서 모든 존재는 자신의 법률을 가진다, 신성계(神聖界, la divinité)는 그것의 법률을, 세상은 그것의 법률을, 인간보다 우월한 지성은 그것의 법률을, 짐승들은 그들의 법률을, 인간은 그의 법률을 가진다." 몽테스키외가 말한 대로, 사람이 사는 곳에는 법이 있고, 법률가의 할 일은 '존재하는 법'을 인식하는 일이다. 접근방법만 가지고 산다고 표방하는 사람도 법을 가지고 있게 마련이다. 단지 그 법을 스스로 인식할 때, 흐릿하게 인식할 뿐이다. 낭만에 젖어 살려면 그런 흐릿한 인식에 머물러도 괜찮을지 모른다. 그러나 법률가로서의 책임을 다하려면 그 법을 구체적으로 인식해야 한다.

를 명문화하기는 했지만, 형평이나 신의칙을 강조하는 일은 피했다. 앞으로도 파기원은 계약의 변성을 지적하고 형평을 조심스럽게 개입시키는 판례를 축적하여 나갈 것이다. 기성(旣成)의 유산(acquis)을 축적시켜 예견가능성을 높이고 법과 법학을 풍부하게 할 것이 기대된다.

별산제와 재산분할의 긴장관계

전 경 근
아주대학교 법학전문대학원 교수

Ⅰ. 서 론

현행 민법은 부부가 혼인 중 재산관계에 관하여 협의할 수 있다고 규정하고 있지만(제829조), 부부재산약정을 체결하고 등기하는 경우가 매우 적다.[1] 그 결과 부부 사이의 재산관계는 법정재산제인 별산제에 따라 규율된다. 현행민법이 별산제를 부부재산제로 채택한 이유는 민법이 시행되기 전에 적용되었던 부부재산제인 관리공통제를 폐지하고 부부 각자에게 자신이 소유하는 물건에 대한 완전한 권리를 인정하기 위한 것이었다.[2] 그렇지만 결혼생활이 계속되는 동안 경제활동을 하는 일방 배우자와 가사노동을 전담하는 상대방 배우자가 그의 명의로 소유하는 재산에 차이가 발생하게 되는바, 이러한 결과는 별산제를 채택하면서 예상하지 못한 결과를 초래하였다. 왜냐하면 형식적으로는 별산제를 통하여 부부 각자는 그의 재산을 단독으로 소유하면서 관리 및 처분할 수 있게 되었지만, 경제활동을 하는 배우자의 경우와는 달리 가사노동에만 종사함으로써 자신의 명의로 재산을 취득할 가능성이 없는 배우자는 법리상 상대방 배우자가 혼인 중 취득한 재산에 대하여 아무런 권리도 행사할 수 없게 되었고, 그 결과 이혼에 의하여 혼인이 해소되면 경제적으로 매우 어려운 상황에 처하는 경우가 많아졌기 때문이다.[3]

1) 최초의 부부재산약정은 2001년에 체결되었으며, 2010년 이후의 부부재산약정건수는 308건으로 연도별 약정등기 현황은 아래의 표와 같다.

〈부부재산약정현황〉

2010	2011	2012	2013	2014	2015	2016	2017	2018	2019	2020	2021
21	13	17	29	27	39	33	27	45	27	13	17

2) 민의원 법제사법위원회 민법안심의소위원회, 민법안심의록 하권, 57; 부부재산제의 변천과정에 관하여는 김병대, 부부재산제의 사적 고찰, 민법학의 회고와 전망 (민법전시행30주년기념논문집), 862 이하(우리나라의 부부재산제에 관하여는 869 이하) 참고; 민유숙, 부부재산제도와 재산분할제도의 관계, 사법논집 제26집, 1995, 232 이하 참고.

3) 배우자가 사망하여 상속을 받는 경우에는 다른 공동상속인에 비하여 5할을 가산한 재산을 상속받거나 단독으로 상속하게 되는 것과 비교할 때 큰 차이가 있다고 할 수 있다. 그렇지만 재산분할청구권이 인정된 후에는 이혼 후 재산분

이러한 문제를 해결하기 위하여 1990년의 민법개정을 통하여 이혼시의 재산분할제도가 도입되었고, 이에 혼인 중 일방 배우자가 취득한 특유재산에 대한 상대방 배우자의 분할청구가 법적으로 가능하게 되었다. 그런데 이혼시의 재산분할제도는 일방이 자신의 명의로 취득한 재산에 대한 상대방의 분할청구를 허용하는 제도로서, 법정재산제인 별산제를 기초로 하는 혼인재산에 대한 소유관계를 이혼시에는 인정하지 않는 것이 되기 때문에, 혼인 중 자신의 명의로 취득한 재산에 대한 일방의 단독소유권을 인정하는 별산제와 이혼시에는 그 재산을 분할해 주어야 하는 재산분할청구는 조화롭지 않은 측면이 있다.4)

혼인 중 재산의 축적은 배우자 일방의 노력이 아닌 부부 공동의 노력에 의한 것이라는 점을 고려한다면,5) 혼인이 해소될 때에는 혼인 중에 형성한 재산을 청산할 수 있는 제도적 장치가 마련될 필요가 있고, 이에 대한 해결책으로 제시된 것이 민법 제839조의2에서 규정하고 있는 재산분할청구권이라 할 것이다.6) 그렇다면 재산분할청구권에 관한 민법 제839조의2는 민법 제830조에서 규정하고 있는 법정재산제인 별산제를 수정하는 지위에 있다고 보아야 한다.7)

현행법의 별산제와 재산분할청구권이 대립하고 있는 구도는 독일이나 프랑스와 같이 부부재산제에 관한 전반적인 규정을 두고 있는 국가의 입법례를 따르지 않고, 법정재산제로 별산제를 규정하면서 재산분할청구를 할 수 있다고만 규정하고 있는 일본 민법을 참고하여 입법하였기 때문인 것으로 생각된다.8) 그 결과 별산제와 재산분할청구권의 관계를 어떻게 이해해야 하는가에 관하여 견해가 나누어지고 있다. 일본의 경우에는 1950년대부터 이에 관한 논의가 진행되고 있지만,9) 우리나라에서는 재산분할제도가 도입된 직후에 이에

할을 받은 경우와 비교할 때 다른 상속인과 공동으로 상속하는 것이 더 불리한 경우도 있어 이 문제를 해결하기 위한 법률안의 준비작업이 진행되기도 하였다. 배우자상속분을 증액하기 위한 개정노력에 관한 자세한 내용은 정구태, 2014년 법무부 민법개정위원회의 상속법 개정시안에 대한 비판적 斷想, 강원법학 41 (2014) 참고.

4) 왜냐하면 현행 민법에는 이혼시의 재산분할이 혼인 중의 재산제인 별산제와 어떠한 관련이 있는지가 명확하게 규정되어 있지 않기 때문이다. 이에 비하여 독일이나 프랑스의 경우에는 혼인 중에 적용되는 법정재산제에 따라 이혼시의 재산분할이 결정된다.

5) 따라서 혼인 중 상대방 배우자의 기여 없이 취득하게 된 재산을 혼인 전부터 가진 재산과 마찬가지로 취급하는 것이 원칙이다(윤진수, 친족상속법강의, 제4판, 2022, 120; 송덕수, 친족상속법, 제6판, 108).

6) 윤진수 교수는 재산분할청구권의 인정근거를 다음과 같이 설명하고 있다(윤진수, 친족상속법강의, 115); 민법은 원칙적으로 별산제를 채택하고 있으나, 부부 어느 일방의 재산의 형성에 다른 일방이 기여하는 것이 일반적인데 그 명의가 부부 일방의 명의로만 되어 있다고 하여 혼인의 해소 시에 이러한 기여를 전혀 고려하지 않는 것은 부당하다.

7) 그렇지만 제839조의2만으로 별산제를 완전하게 수정했다고 할 수 없기 때문에 2006년에는 별산제를 수정하기 위한 다수의 민법 개정안이 국회에 제출되기도 하였다. 이에 관한 자세한 내용은 후술하기로 한다.

8) 민유숙, 재산분할제도에 관한 입법론 — 분할비율을 중심으로 —, 가족법연구 15/2 (2001) 98; 혼인의 효력에 관한 일본 민법 제762조는 우리 민법 제830조와 마찬가지로 부부간에 있어서의 재산의 귀속에 관하여 규정하고 있고, 이혼에 관한 제768조는 우리 민법 제839조의2와 같이 재산분할에 관하여 규정하고 있다.

9) 당시 일본의 최고재판소는 부부재산제에 관한 2건의 판결을 선고하였다고 한다. 그 중 한건은 세무서와의 사이에 발생한 분쟁이었고, 법원은 일본민법 제762조에서 정한 별산제에 기한 夫의 수입을 모두 부의 소득으로서 과세한 것은 헌법 24조에 반한 것이 아니라고 하였으며(소화 36년 9월 6일 대법연 판결), 다른 한건에서는 부부간의 분쟁이 있을 경우 夫가 구입한 토지는 妻의 명의로 등기했어도 처의 특유재산으로 인정할 수 없다고 하였다(소화 34년 7월 4일

관한 논의가 진행되었을 뿐,[10] 현재는 별산제와 재산분할청구의 관계에 관한 논의가 거의 이루어지지 않고 있는바,[11] 이는 두 제도의 관계를 설명하는 것이 쉽지 않거나 또는 논의의 실익이 없다고 생각했기 때문인 것으로 보인다.

그렇지만 부부재산제와 재산분할청구권의 관계는 재산분할을 어떤 방식으로 해야 하는가를 이해하는데 매우 중요한 요소가 되므로, 이 글에서는 별산제와 재산분할청구권의 관계에 관한 과거와 현재의 논의를 간단하게 정리한 후, 별산제를 기반으로 하여 재산분할청구를 어떠한 방법으로 하여야 할 것인가에 관한 구체적 방안을 살펴보고자 한다.

Ⅱ. 별산제와 재산분할제도의 도입

1. 별산제의 도입

1960년에 시행된 제정민법은 별산제를 법정재산제로 채택하였다. 제정민법 이전의 부부재산관계는 남편이 처의 재산을 관리하는 관리공통제였다.[12] 관리공통제는 처의 재산관리능력을 무시하거나 처의 재산도 가산의 범위에 포함시켜 남편이 관리한 것으로 정의할 수 있다.[13] 이러한 제도는 처의 법인격을 무시한 것으로 일제시대에 형성된 것이라고 할 수 있다.[14] 왜냐하면 고려시대와 조선시대에는 처도 상속 등을 통하여 자신의 재산을 가질 수 있었기 때문이다.[15]

판결). 그러나 하급심 판결에서는 최고재판소와 다른 해석을 하는 경우도 있다고 한다. 자세한 것은 犬伏由子, 일본의 부부재산제, 연세대학교 법학연구 17/3 (2007) 419 참고.

10) 별산제와 재산분할청구권의 관계에 관하여 연구한 논문으로 민유숙, 부부재산제도와 재산분할제도의 관계, 사법논집 제26집, 1995와 백승흠, 부부재산제도의 개정에 관한 일본법의 동향과 시사점, 동북아법연구 9/2 (2015)이 있다.

11) 윤진수 교수는 부부재산제와 재산분할제도의 관계를 "우리 민법은 단순한 부부별산제를 채택하면서 공유의 추정(제830조 제2항)을 가미하였을 뿐, 그 외에 재산분할청구권제도에 의하여 별산제를 완화하고 있는 정도"라고 평가하고 있다(윤진수, 친족상속법강의, 79). 송덕수 교수는 부부재산제와 재산분할과의 관계에 대해서는 명시적으로 평가를 하지 않고 있다.

12) 관리공통제는 관리공동제, 연합재산제, 재산결합제, 재산통합제 등으로 부르기도 한다(김병대, 민법전시행30주년기념논문집, 864).

13) 일본 최초의 민법전인 메이지민법에서도 夫에 의한 妻의 재산관리를 인정하는 관리공통제 이었는데, 그 내용은 호주(통상은 夫)에게로의 재산집중과 처의 행위능력제한제도를 배경으로 한 夫에 의한 재산의 통일적 관리였다. 이 경우 처의 특유재산은 인정되고 있지만 부부의 어느 쪽에 속하는지 명확하지 않은 재산은 호주에게 속하는 것으로 추정하고 있었기 때문에, 부부재산 중에 처의 특유재산은 예외에 지나지 않으며, 호주는 처의 특유재산에 대하여 사용 · 수익권을 가진다(犬伏由子, 연세대학교 법학연구 17/3 [2007] 416 및 417).

14) 김병대 교수의 논문에 따르면, 관리공통제는 원래 독일고대법에서 기원한 것으로 1900년의 독일민법규정을 보면 「부는 용익권자와 동일한 방법 및 범위에서 지참재산의 수익을 취하며」(§1383)라고 되어 있고 그 代償으로 「夫는 혼인상의 비용을 부담할 것」(§1389)이라고 규정되어 있다고 한다(김병대, 민법전시행30주년기념논문집, 864). 이 관리공통제를 취하였던 입법례는 이 제도의 전통성을 자랑하는 중국민법을 위시해서 우리나라 구민법(관습법), 일본구민법 등을 들 수 있다.

한편 민법 제정 당시 부부재산제와 재산분할의 관계를 어떻게 이해하였는가에 관하여는 민법안 심의록을 통하여 살펴볼 수 있는바, 관련된 부분을 인용한다.[16)]

① 현행관습법은 부부재산제도로 관리공통제를 취하고 있어 부부간의 재산적 지위에 관하여는 현저한 차이가 있었는바 초안은 부부별산제를 채택하였다. 부부의 재산법상의 지위를 평등하게 한 것은 헌법의 정신으로나 처의 지위에 관한 세계적 추세로 보나 지극히 타당한 것이다(심의요강 제14항,[17)] 제16항[18)] 참조). 그러나 초안은 부부재산제로서 부부재산계약(계약재산제)과 법정재산제와의 2종을 전제로 하고 있어 그렇다면 당연히 혼인성립 전에 부부재산계약을 체결하였을 때에는 그 계약에 의하고 그러한 계약이 없는 때에는 당사자간의 의사 여하에 관계없이 자동적으로 법정재산제에 따라야 한다는 취지가 명백히 규정되어 있어야 함에도 불구하고 초안은 규정방식에 있어서 그 명확성이 결여되고 있다(일민 제755조 이하, 중민 제1004조 이하 참조).

② 부부가 법정재산제와 다른 계약을 체결하였을 경우에 그 계약의 내용 여하는 부부의 승계인 또는 제3자의 이익관계에 중대한 영향을 미침에도 불구하고 초안에는 승계인 또는 제3자의 보호에 관한 배려(혼인신고시에 등기를 하여야 제3자에 대하여 대항할 수 있다는 점)가 결여되어 있음은 법의 미비라 하지 않을 수 없다. 이상 양 이유에 의하여 본조는 수정되어야 한다.

제822조(특유재산과 귀속불명재산) 부부일방의 혼인전 고유재산과 혼인 중 자기의 명의로 취득한 재산은 각 특유재산으로 한다. 부부의 누구에게 속한 것이 분명하지 아니하면 재산은 夫의 특유재산으로 추정한다.[19)]

[심의경과] ① 본조 제2항은 귀속이 분명하지 아니한 재산은 이를 夫의 재산으로 추정한다고 규정하고 있는바 이 점에 관하여서는 이를 부부공유재산으로 추정하는 것으로 하여야 한다

---

15) 고려시대나 조선시대에 처는 음식을 만드는 일 외에 농사활동, 길쌈 등의 가내수공업을 통하여 약간의 부를 축적할 수 있었다고는 하지만, 현재와 같은 경제활동을 통하여 부를 축적하는 것은 예외적인 현상이라고 볼 수 있을 것이다. 조선시대 여성의 경제활동에 대한 자세한 내용은 김경미, 조선후기 여성의 노동과 경제활동 — 18~19세기 양반여성을 중심으로 —, 한국여성학 28 (2012) 85 이하 참고.

16) 민의원 법제사법위원회 민법안심의소위원회, 민법안심의록, 57 이하 참고. 민법안심의록에서 참고한 것으로 인용된 외국입법례는 중국민법 제1013조와 일본민법 제762조 및 일본 구민법 제807조이다.

17) 부 또는 처가 혼인 전부터 가진 재산 및 혼인 중 자기의 명의로 얻은 재산은 그 특유재산으로 하고 부부의 어느 편에 속하는지 분명하지 않은 재산은 이를 부의 권리에 속하는 것으로 추정할 것
[이유] 부부간의 재산관계에 관하여는 처의 재산상의 독립을 인정하지 않고, 처의 재산도 또 혼인중의 재산의 수입도 이를 전부 夫에 속하게 하는 동체주의와 양자의 재산을 전연 분리하여 그 귀속은 물론 관리수익에 대하여서까지 하등 당연의 관계를 인정하지 않는 철저한 별산주의의 2주의가 서로 대립하고 있고, 그 중간에 공산제 또는 관리공통제 등이 존재하고 있다. 우리의 현행관습법은 처의 특유재산을 인정하나 부는 처의 재산을 관리하고, 그 사용수익을 할 수 있는 관리공통제를 취하고 있는 것이다. 본항은 부부간의 실질적 공평, 평등 특히 부부관계의 파탄이 발생하는 경우에 있어서의 공평의 이상을 관철하기 위하여 부부별산주의를 채택하고 다만 부부의 어느 편에 속하는 것인지 분명하지 않는 재산만은 이를 부의 권리에 속하는 것으로 추정하기로 한 것이다.
[국내입법의견] 한국여성단체연합-부 또는 처가 혼인 전부터 취득한 재산 및 혼인 중 자기명의로 얻은 재산은 그 특유재산으로 하고 부부 어느 편에 속하는지 분명하지 않은 재산은 부부의 공유에 속하는 것으로 추정할 것(혼인 중 취득한 재산은 공유로 할 것)

18) 처의 소유재산에 대한 부의 관리사용수익권을 인정하지 않은 것
[이유] 본항은 제14항과 관련된 것으로서 현행관습법상의 관리공통제를 폐지한 것이다. 부의 관리권은 왕왕히 남용되고 있어서, 처를 위하여 법적 보호가 요청되고 있는 것이 현실정이라 하겠다. 본항은 이러한 실태에 비추어 남녀평등의 이념에 입각하여 부의 관리권을 폐지한 것이다. 초안(제823조 제1항, 부칙 제21조 참조)도 본항과 동일한 취지를 규정하였다.

19) 귀속불명재산을 夫의 특유재산으로 추정한 제2문은 1977년 민법개정에 의하여 부부의 공유로 추정되는 것으로 변경되었다.

는 주장도 있으나 현행관습법의 부부재산의 관리공통제와 부부간의 실질적 공평을 기한 부부별산주의를 조화한 초안의 태도는 타당하다 하겠다(심의요강 제14항 참조).
② 본조 제1항 중 「부부일방의 혼인전 고유재산」을 「부부일방이 혼인전부터 가진 고유재산으로 「각」은 「그」로 자구수정한다.
③ 제2항 중 「누구에게 속한 것이」를 「누구에게 속한 것인지」로 자구수정한다.

이러한 민법안심의록의 기록에 비추어 보면, 별산제는 민법 제정 당시 시행되던 일본 민법의 영향을 받아 제정된 것으로 보인다.[20] 다만 일본은 1947년 민법을 개정하여 재산분여제도를 도입하였지만, 우리의 경우 민법을 제정하면서 재산분할제도를 도입하지 않았다는 차이가 있다.[21]

2. 재산분할제도의 도입

그 후 별산제로 인한 문제점을 개선하기 위하여 재산분할청구권을 도입하는 내용의 민법개정안이 발의되었다.[22] 발의 당시 개정안은 다음과 같다.

제839조의2(재산분할청구권) ① 협의상 이혼한 자의 일방은 다른 일방에 대하여 재산분할을 청구할 수 있다.
② 제1항의 재산분할에 관하여 협의가 되지 아니하거나 협의할 수 없는 때에는 가정법원은 당사자의 청구에 의하여 당사자 쌍방의 협력으로 이룩한 재산의 액수 기타 사정을 참작하여 분할의 액수와 방법을 정한다.
③ 제2항의 재산분할청구권은 이혼한 날부터 3년을 경과한 때에 소멸한다.[23]

그렇지만 재산분할청구권에 관한 규정을 신설하면서도 법정부부재산제인 별산제에

20) 민유숙 대법관은 별산제의 의미에 대해서 다음과 같이 설명하고 있다; 별산제란 역사적인 등장배경에서 볼 때, 가부장제 가족제도에서 부권에 의하여 뒷받침되는 부부재산제도에 대항하는 제도로서 출현한 것이고, 하나의 부부재산제도라고 하기 보다는 처의 무능력제도의 폐지와 부부의 재산귀속에 대한 투영으로서 처에 대하여 그의 특유재산에 대한 독립적인 관리, 처분권을 부여한다는 이데올로기를 표시한다는 점에 중점을 둔 것이라고 보아야 할 것이다. 결국 별산제에서 부부의 재산의 귀속은 별다른 가족법적인 규제에 복종하는 것이 아니고, 통상의 재산법적 원리의 전면적인 적용을 받게 되며, 그 한도에서 별산제는 부부재산제의 일범주로서 볼 필요가 없고, 이른바 특별한 부부재산제의 규제라는 것이 존재하지 않는다는 것을 의미한다(민유숙, 사법논집 제26집, 1995, 233).

21) 주해친족법에서는 재산분할청구권이 도입되지 않은 이유에 대해서 다음과 같이 설명하고 있다: 해방 후 미군정 당국의 영향하에 일본 민법이 개정되어 재산분여에 관한 규정이 추가되었고, 아마도 그 영향으로 민법친족상속법편찬요강(1947) 및 민의원에 제출된 정일형 의원 등의 수정안에도 재산분여청구권의 도입이 포함되었다. 그러나 위 요강은 어떠한 사정에서 인지 민법전 초안에 반영되지 못하였고, 위 수정안은 "재산상의 분여청구권이 있기 때문에 다른 남자와 간통을 하고 내연관계에 있어도 돈을 많이 나눠주어야 되겠어서 이혼을 못하는 미국사람의 본을 받아서 이런 것을 해야겠다는 것이면 절대 반대하겠다"는 의견에 부딪혀 부결되었다. 결국 제정민법은 재산분할에 관한 규정을 두지 않았다(윤진수, 주해친족법 제1권, 371[이동진 집필부분]).

22) 재산분할제도를 도입하고자 했던 민법 개정안에 대한 심사보고서에는 재산분할청구권의 도입에 관한 별다른 논의가 기재되어 있지 않아 구체적으로 어떠한 논의가 있었는지 알 수 없다.

23) 김장숙 의원안(의안번호 130173). 이 법안은 대안의 제안으로 폐기되었고, 대안에서는 제3항의 재산분할청구권 행사기간을 2년으로 단축하였다.

관한 개정이 이루어지지 않았고, 재산분할청구제도가 별산제와 어떠한 관계에 있는가에 대해서도 아무런 규정을 두지 않았다. 그 결과 부부 일방의 명의로 된 특유재산은 혼인 중에는 명의자의 소유에 속하지만, 이혼시에는 분할의 대상이 되었다. 이로 인하여 이혼시의 재산분할이 부부 일방과 제3자의 거래관계에서 발생하는 재산상 법률관계의 안정을 저해하는 경우가 발생하기도 하였다.24) 그 후 재산분할제도를 부부재산제와 연계하고자 하는 입법적 노력이 있었지만 결실을 맺지 못하고 있다.25)

3. 별산제와 재산분할제도와의 관계에 대한 논의

1947년의 민법개정으로 재산분할제도를 도입한 일본에서는 별산제와 재산분할청구권의 관계에 관한 논의가 있었는바, 이러한 논의를 가장 잘 정리하고 있는 민유숙 대법관과 백승흠 교수의 논문을 통하여 그 내용을 간략하게 소개한다.

가. 일본에서의 논의

부부재산제도와 재산분할제도의 관계에 대해서는 다수의 견해가 대립하고 있었는데, 부부재산제도와 재산분할제도가 밀접하게 연관되어 있으므로 이들을 통합하여 하나의 공동제로 파악하는 견해, 재산분할제도를 별산제의 결함을 보충하기 위한 별개의 제도로 파악하는 견해, 부부재산제에 공동제적인 요소가 가미된 것으로 보아 부부재산제도와 재산분할제도를 관련짓는 견해 등이 있다고 한다.26)

이 가운데 별산제설(무관계설)은 현행 부부재산제도는 순수한 별산제를 채택하고 있으며, 여기에 어떠한 공동제의 요소는 포함되어 있지 않다는 견해로서, 부부재산제도와 재산분할제도의 연관성에 관하여는 약간씩 뉘앙스를 달리하나, 대체적으로 부부재산제도 자체를 원인으로 하여 명의를 가지고 있지 않은 배우자의 일방이 타방 배우자에 대하여 어떠한 권리를 법률적으로 주장할 수는 없다는 점에는 견해가 일치되어 있다고 한다.27)

---

24) 대표적인 경우가 이혼시 재산분할에 대한 사해행위 취소 청구사건이다(대법원 2000.7.28. 선고 2000다14101 판결; 대법원 2001.5.8. 선고 2000다58804 판결; 대법원 2016.12.29. 선고 2016다249816 판결 등). 한편 일방의 처분행위로 인하여 재산분할이 위협받는 상황을 방지하기 위하여 재산분할청구권 보전을 위한 사해행위 취소권에 관한 규정이 신설되기도 하였다(민법 제839조의3).

25) 부부재산제를 개정하기 위한 민법개정안이 제17대 국회와 제20대 그리고 21대 국회에 제출된 바 있다(제17대 국회에 제출되었던 민법개정안에 대한 논의는 전경근, 부부재산제 개정안에 관한 연구, 가족법연구 20/3 (2006) 47 이하 참고.

26) 민유숙, 사법논집 제26집, 1995, 부부재산제도와 재산분할제도의 관계, 241. 백승흠 교수는 1960년대 일본의 학설을 유형별로 분류하기 보다는 시대적으로 배열하고 있어 학설의 변천과정을 볼 수 있다(백승흠, 동북아법연구 9/2 [2015]).

27) 민유숙, 사법논집 제26집, 1995, 241. 그 결과 혼인 중에는 별산제를 그대로 유지하고, 부부의 공유재산을 가급적 좁

별산제와는 정반대로, 현행 부부재산제도와 재산분할제도를 통합하여 하나의 공동제로서 파악하며, 재산분할이란 공동제를 취하는 논리적인 귀결로서, 공동재산의 청산절차에 다름 아닌 것으로 해석하는 견해도 있다.28) 이 설을 주장하는 견해는 부부재산제도에 관한 일본민법의 규정이 원칙적으로 부부공유재산제를 취하고 있고, 예외적으로 특유재산을 인정하고 있다고 해석한다.29) 공유제를 주장하는 견해는 해석상 무리가 있어 학설의 지지를 받지 못했지만, 이 견해를 계기로 다수설과 판례에 대한 비판이 일어 여러 가지 해석론과 입법론이 나오게 되었다고 한다.30)

한편 절충설은 혼인 중 부부의 협력에 의하여 형성된 재산의 소유권 귀속을 대외적 관계와 대내적 관계로 나누어 인정하는 견해로, 이는 다시 민법 제830조 제2항의 공유추정을 확상 해석하는 견해31)와 현행 부부재산제를 별산제와 소득공동제의 복합형태로 해석하는 견해32)로 나누어진다. 위 견해에 의하면, 결국 재산분할제도는 위와 같이 내부적으로

게 해석하며, 이혼시에는 재산분할규정에 따른 재산분할이 이루어질 뿐이라는 것이 이러한 견해들의 공통된 결론이다. 이에 관한 자세하는 것은 위의 논문 241면 이하 참고. 다만 부부재산제도와 재산분할을 연결하는 표현이나 의미는 견해마다 약간씩 차이를 보인다고 하며, 잠재적 지분으로 보지만 재산분할의 근거를 형평의 개념에서 찾음으로써 권리로 인식하지 않는 견해, 이혼시에 상대방의 재산에 대한 채권적 권리를 가진다고 보는 견해, 혼인 중에는 잠재적이나 혼인이 해소되는 경우에 비로소 현재화된다고 하는 견해 등이 있다고 한다(민유숙, 사법논집 제26집, 1995, 242~243).

28) 민유숙, 사법논집 제26집, 1995, 244.

29) 좌등의언, 전게논문 380면(민유숙, 사법논집 제26집, 1995, 244~245에서 재인용). 위 견해를 제창한 고근판사는 천엽지재 소화 31. 2. 21. 판결에서 "(일본)헌법 제24조의 양성의 본질적 평등이라고 하는 점에서 말하면 부가 사회적으로 활동하여 수입을 얻은 경우에 그 수입이 전부 부의 소득으로 귀속된다면 처의 협력이 재산의 귀속에 나타나지 않는 것으로 된다. 따라서 부의 명의로 취득한 재산을 부의 특유재산으로 고찰하는 것은 허락되지 아니하며, 부부의 협력에 의하여 취득한 재산으로서 그의 취득시부터 부부에게 1/2씩 분할되어야 하는 공유재산이다"라고 판시하였던 것이다(가사심판연구회 편집, [판례 가사심판법 제2권] (신일본법규출판주식회사, 1974), 619, 민유숙, 사법논집 제26집, 1995, 245 각주 22에서 재인용). 민유숙 대법관은 이러한 견해를 "구체적인 사안과는 관계없는 일반론으로서 설시된 것이 아닌가 보여진다"라고 평가하고 있다.

30) 백승흠, 동북아법연구 9/2 (2015) 38. 공유제를 주장하는 견해는 다수설에 가까운 견해와 실질적인 공유재산을 인정하는 절충설의 입장에 가까운 견해로 그 양상이 다양하게 나타나고 있는데(자세한 내용은 백승흠, 부부재산제도의 개정에 관한 일본법의 동향과 시사점, 38~43면 참고), 그 중 한 견해는, "양성의 실질적 평등을 토대로 하여 생각하며, 부가 사회적으로 활동하여 수입을 얻음에 관하여는 처의 처로서의 협력을 필요로 하고 있다. 수입이 모두 부의 소유에 귀속한다면 처의 협력이 재산의 귀속으로 나타나지 않는 것이 된다. 그래서 부의 수입은 부부에 의해 얻은 재산으로서 그 취득의 처음부터 부부의 공유이고, 부부에게 절반으로 분할되어야 하는 재산(단지, 민법 제762조 제2항의 공유로 추정되는 재산은 아니라)이라 생각해야 한다. 부의 활동에 의한 수입이 부부의 공유이고, 부부 사이의 절반으로 분할되어야 하는 재산인 것에 관해서는 민법은 이혼의 경우에 재산분여청구권을 인정하여 이것을 명확히 하고 있다."고 한다(犬伏由子, 연세대학교 법학연구 17/3 [2007] 108, 백승흠, 동북아법연구 9/2 [2015] 38에서 재인용]).

31) 加藤永一, "夫婦の財産關係について(一) — 夫婦財産の利用關係を契機として", 民商法雜誌 46/1 (1962) 10 이하, 민유숙, 사법논집 제26집, 1995, 246에서 재인용). 이 견해는 부부의 재산을 1종재산(특유재산), 2종재산(공유재산), 3종재산(실질적 공유재산)으로 분류하고, 이 가운데 3종재산은 부부 내부에서는 원칙적으로 공유이고 민법 제830조 제2항에 따라 공유로 추정되지만, 제3자(계약의 상대방 및 채권자)와의 관계에서는 위 추정을 받을 수 없고 명의에 따라 귀속된다고 해석한다. 그리고 재산분할이란 위 3종재산의 내부적인 공유 상태를 이혼에 즈음하여 해소함으로써 분할하는 절차라고 본다.

32) 신판 주석민법 (21), 464. 이 견해는, 현행 민법의 부부재산제도는 민법 제830조와 제839조의2의 두 조문으로 구성되어 있어서 전자에 의하여 부부의 재산의 귀속과 제3자와의 관계가 규정되고, 부부 내부에서 쌍방의 협력에 의하여 취득된 재산의 귀속은 후자에 의하여 규정되는 것으로 보아, 전자는 대외적 관계에 있어서 부부 재산의 개별적 귀속의 원칙을 나타낸 규정에 불과한 것으로 해석한다. 다만 그와 같이 대내적으로 부부의 공유로 되는 재산은 혼인중에

공유에 해당하는 재산을 이혼에 즈음하여 청산하는 제도가 된다.[33]

그렇지만 최근 문헌에서 밝히고 있는 일본의 통설은 일본 민법 제762조를 부부재산의 별산별 귀속을 정한 완전별산제의 규정이라고 해석한다. 따라서 혼인 중 부부간의 협력관계로 일방이 재산을 취득했다 하더라도 타방이 그 재산에 지분을 갖는 것이 아니고 이혼시에 재산분할에 의해 처음으로 평가하게 된다. 혼인 중의 협력관계를 재산귀속단계에서가 아니고 혼인해소시의 분배단계에서만 평가하는 입장이다. 그러나 이혼시 재산분할규정(일본 민법 제768조)은 부부간의 재산분배의 규칙으로서는 불완전한 것이어서 분배규칙을 보충하는 의미에서 혼인 중의 협력관계를 재산귀속단계에서 파악하기 위해서 다양한 해석론이 주장되었다고 한다. 다만 어떤 해석론도 제3자와의 관계에서는 재산법의 원칙을 따르지 않을 수 없다고 한다.[34]

한편 일본 최고재판소는「부부의 일방이 혼인 전부터 가진 재산 및 혼인 중 자기의 명의로 취득한 재산은 그 특유재산(부부의 일방이 단독으로 갖는 재산을 말한다)으로 한다.」는 일본 민법 제762조(부부간의 재산의 귀속) 제1항은「혼인은 양성의 합의만에 기하여 성립하고, 부부가 동등한 권리를 갖는 것을 기본으로 하여 상호 협력에 의해 유지되어야 한다(제1항)」,「배우자의 선택, 재산권, 상속, 주거의 선정, 이혼 및 혼인과 가족에 관한 기타의 사항에 관해서는, 법률은 개인의 존엄과 양성의 본질적 평등에 입각하여 제정되어야 한다.」는 일본국 헌법 제24조에 위반하지 않는다고 판시하였다고 한다.[35]

우리나라의 경우와는 달리 일본은 상속에 관한 배우자의 권리를 대폭 강화하는 방향으로 민법을 개정한 바 있지만,[36] 부부재산제를 개정하기 위한 작업은 우리와 마찬가지로 아직까지 입법으로 이어지지 않고 있다.[37]

타방의 협력에 의하여 취득한 재산에 그치고, 부부 일방의 혼인 전의 재산 및 혼인중에도 타방의 협력 없이 취득한 재산은 대외적으로도 대내적으로도 명의자의 특유재산이고, 어느 배우자에게 귀속하는가 여부가 불분명한 재산은 대외적으로도 대내적으로도 공유재산이 된다는 것이다.

33) 민유숙, 사법논집 제26집, 1995, 246.

34) 犬伏由子, 연세대학교 법학연구 17/3 (2007) 420.

35) 백승흠, 동북아법연구 9/2 (2015) 37에서 인용. 그리고 이에 보조를 맞추어 학설의 다수도 민법 제762조를 완전한 별산제를 채용한 것이라 해석하고, 따라서 부부의 재산관계에 대해 재산법상의 귀속원리는 수정하는 것은 아니라고 한다. 즉, 민법 제762조 제1항은 각 배우자가 혼인 전뿐만 아니라 혼인 기간 중에 자기의 명의로 취득한 재산도 그 사람의 단독소유가 되는 것을 규정하고 있는 것이고, 혼인 기간 중에 일반 배우자의 명의로 취득된 재산은 타방 배우자의 협력에 의해서 비로소 취득할 수가 있었던 것이기 때문에 실질적으로는 부부의 공유재산이며, 일방 배우자는 그 재산에 대해서 잠재적 지분을 가지고 있다고 한다. 게다가 혼인 기간 중에는 이 잠재적 지분을 표면화시킬 필요가 없지만, 혼인 해소시에는 재산분할 또는 배우자 상속권에 의해 타방 배우자의 잠재적 지분의 반환이 인정되는 되는 것이라고 한다(백승흠, 동북아법연구 9/2 [2015]) 37~38).

36) 상속법의 개정에 관한 자세한 내용은 곽민희, 2018년 일본 개정 상속법 개관, 안암법학 57 (2018) 참고. 우리는 2014년에 배우자의 상속분을 늘이기 위한 개정안을 마련한 바 있지만 입법예고도 하지 못한 채 사장되고 말았다.

37) 일본의 부부재산제에 관한 개정상황은 백승흠, 동북아법연구 9/2 (2015) 47 이하 참고. 우리는 17대 국회에 이어 현재도 2건의 부부재산제 개정안이 국회에 제출되어 있다.

나. 우리나라에서의 논의

(1) 별산제설(무관계설)

우리나라에서 별산제설을 주장하는 학자로는 김숙자 교수가 있다. 김숙자 교수는 제830조와 제839조의2의 관계에 관하여 다음과 같이 해석한다.[38)]

첫째, 처의 경우 구민법상 혼인하면 처의 재산을 부가 관리 · 사용 · 수익하였으나, 이제는 처의 경우도 별산을 갖는다.

둘째, 처의 가사노동의 경제적 가치가 규정되어 있지 않은 현실에서는 夫(많은 경우 夫가 되겠다)가 자기의 수입 내지 명의로 취득한 재산은 재산법적 귀속원리에 따라 夫의 것으로 한다.

셋째, 그러나 혼인은 공동생활을 대전제로 부부가 서로 부양 · 협조하는 것을 그 본질로 함을 감안할 때, 그 재산의 형성에 타방 배우자의 협력이 있었다고 인정되는 각자의 특유재산은 공동으로 관리 · 사용 · 수익되어 마땅하고 따라서 타방 배우자의 관리 · 사용 · 수익을 배척할 수 없다.

넷째, 세 번째 논리의 결과 이혼시 당해 특유재산의 형성에 관하여 협력이 있었음을 이유로 그에 대한 분할을 청구할 수 있어야 하는데, 바로 그 청구권을 보장한 것이 민법 제839조의2 재산분할청구권이라고 본다.

다섯째, 민법 제839조의2에 의하면 당사자의 협력으로 이룩했던 혼인중의 재산의 분할청구는 물론, 이혼 후 이혼당사자 일방의 부양을 위해 필요하다면 협력관계의 유무에 관계없이(예컨대, 정신병으로 이혼한 경우) 재산의 분할청구가 인정될 수도 있다.

위와 같이 해석하는 것이 공유라는 법률적 용어 내지 개념에 구애되지 않고, 따라서 복잡한 논리의 조작을 피하면서도 혼인재산의 공평한 분배 및 이혼당사자의 부양이라는 목적을 달성하는 결과가 되지 않을까 생각한다.

(2) 공동제설(공유설)

우리나라에서 공유설(또는 합유설)을 주장하는 학자로는 조미경 교수가 있다. 조미경 교수는 부부재산을 ① 부부 일방의 지참재산 및 혼인 중의 무상취득재산 등의 특유재산, ② 공동생활에 가재도구 등의 고유재산, ③ 혼인 중 자기의 명의로 취득한 재산으로 나누고,[39)] ③에 해당하는 재산의 경우에는 일방의 명의로 되어 있기는 하지만 실제로는 다른

38) 김숙자, 재산분할청구권, 민법학의 회고와 전망 (민법전시행30주년기념논문집) 918~919; 김숙자, 재산분할청구권, 한국가족법학회 및 한국여성개발원 공동학술대회 자료집, 113에도 동일한 내용이 실려 있다.

39) 혼인재산을 이와 같이 분류하는 것은 일본 학자들에 의하여 비롯된 것으로 보인다. 그렇지만 현재 국내의 학설과 판례는 특유재산과 고유재산의 분할에 대해서는 관심을 보이는 것으로 생각된다.

일방의 협력이 있었으므로 취득될 수 있었던 재산이며, “분업에 기한 협동”의 결과이므로 명의자 일방의 특유재산으로 보는 것은 부당하며, 적어도 제2항의 “부부의 누구에게 속한 것인지 분명하지 아니한 재산”에 해당하는 것으로 해석하여, 제2항에 따라 부부의 공유에 속하는 것으로 추정하는 것이 타당하다고 본다.[40] 더구나 개정가족법에서 재산분할청구권(제839조의2)를 신설하여, 이혼의 경우에 “당사자 쌍방의 협력으로 이룩한 재산의 액수”를 분할청구할 수 있도록 하였는데, 이 규정의 “당사자 쌍방의 협력”의 의미에는 “처의 가정관리”도 포함되는 것이므로, 처의 지분을 명문에 의하여 인정한 것으로 해석할 수 있다고 한다. 나아가 당사자쌍방의 협력으로 이룩한 재산에 대한 처의 권리를 물권적으로 구성함으로써 처의 권리를 보호하기 위하여 민법 제830조 제2항을 특별규정으로 보고, 민법 제187조의 법률의 규정에 의한 물권변동의 법리에 따라 등기 없이도 명의를 가지지 않은 배우자의 권리를 인정하고자 한다.[41]

(3) 절 충 설

국내에서 주장된 일본의 절충설에 해당하는 견해로는 황우여 변호사의 논문이 있다. 황우여 변호사는 「별산제의 간명성과 거래안전보호상의 이점으로 완전공유제로의 변경은 주저되는 점이 있으므로, 현행 재산분할제도를 이른바 별산제와 분할제를 혼합한 형태(예컨대 연기된 공유제)로 상정하여 단순한 균분제가 아닌 부부간의 이해를 공평하게 조정하기 위한 독자적인 제도로서 재산분할제도와 대등한 위치에 있는 것」으로 본다.[42] 한편 김주수 · 김상용 교수는 「부부의 일방이 혼인 전부터 가진 고유재산은 원칙적으로 특유재산이 되나, 혼인 중 자기의 명의로 취득한 재산은 단순히 명의뿐만 아니라 그것을 얻기 위한 대가 등이 자기의 것으로서, 실질적으로도 자기의 것이라는 점이 증명되지 않으면 특유재산이 되지 않는다. 따라서 대외적으로 추정을 받는 데 불과하게 되며, 다른 일방의 반증으로 이 추정이 깨진다.」고 주장한다.[43]

한편 민유숙 대법관은 「우리 민법상 이와 같이 부부 내부에서는 인도 또는 등기 없이도 소유권으로서의 공유지분이 귀속되며, 대외적으로는 소유권이 명의인에게 귀속되는 형태의 법률관계는 명의신탁의 법리에 의하여 설명할 수 있을 것이다. 즉 명의신탁 관계에서 신탁자와 수탁자의 내부에서는 신탁자가 소유권자이고 수탁자와 제3자의 관계에서는 소유

40) 조미경, 혼인 중 취득한 재산의 귀속, 894; 조미경, 재산분할청구권, 사법행정 90년 9월호, 1990, 54 이하에도 같은 내용이 실려 있다.
41) 조미경, 혼인 중 취득한 재산의 귀속, 896.
42) 황우여, 개정된 민법 중 이혼에 관한 문제점, 인권과 정의 186, 22(민유숙, 사법논집 제26집, 1995, 249에서 재인용).
43) 김주수 · 김상용, 친족 · 상속법, 제18판, 142. 이러한 주장은 해석을 통하여 부부의 공유재산을 확장한다는 점에서 공유설과 유사하다고 평가할 수 있을 것이다.

명의자인 수탁자가 소유자로서, 대내적 및 대외적으로 소유권이 분속되는 결과를 가져온다」고 설명하고 있어 절충설에 대하여 긍정적인 평가를 하고 있는 것으로 보인다.44)

(4) 판례의 태도

재산분할청구권에 관한 민법 제839조의2가 신설되기 전에 선고된 판결을 통하여 보여준 별산제에 관한 대법원의 태도는 재산분할청구제도가 도입된 후에도 변하지 않은 것으로 보인다. 이하에서는 재산분할청구권의 신설된 때를 기준으로 판결을 나누어 살펴본다.

1) 재산분할청구제도 도입 이전

재산분할청구제도 도입 이전의 판결 중 대법원 1986.9.9. 선고 85다카1337, 1338 판결은 「부부의 일방이 혼인 중 그의 명의로 취득한 부동산은 그의 특유재산으로 추정되는 것으로서 그 부동산을 취득함에 있어 상대방의 협력이 있었다거나 혼인생활에 있어 내조의 공이 있었다는 것만으로는 위 추정을 번복할 수 있는 사유가 되지 못하고 그 부동산을 부부 각자가 대금의 일부씩을 분담하여 매수하였다거나 부부가 연대채무를 부담하여 매수하였다는 등의 실질적 사유가 주장·입증되는 경우에 한하여 위 추정을 번복하고 그 부동산을 부부의 공유로 인정할 수 있다.」고 판시함으로써 원칙적으로는 별산이지만, 예외적으로 공유가 될 수 있다는 점을 밝혔다. 그리고 대법원 1990.10.23. 선고 90다카5624 판결에서는 부의 수입을 원천으로 한 처의 재산증식 노력을 부의 특유재산을 공유로 인정할 수 있는 실질적 사유로 파악하였다.45)

그렇지만 당시에도 부부의 재산관계를 순수한 별산제로 파악하지 않은 하급심 판결도 있었다. 예컨대 서울민사지방법원 1988.6.9. 선고 87가합3317 판결에서는 「별도의 특유재산을 갖지 않은 남녀가 혼인하여 그 일방(남편)은 직업을 가지고 가계를 위한 수입을 전담하고 타방(처)은 가사를 전담하여 공동생활을 영위하는 통상적인 가정에 있어서 가사에만 전념하는 처는 비록 스스로 적극적인 수입을 얻는 것은 아니지만 가계자금을 관리하고 가정을 꾸려나가기 위하여 정신적, 육체적인 근로를 하는 것이며 이러한 근로가 공동의 재

44) 민유숙, 사법논집 제26집, 1995, 249. 그렇지만 결론적으로는 별산제를 지지하고 있고, 상대방 배우자는 혼인 중 형성된 재산에 대하여 잠재적 권리를 갖는 것으로 보며, 이혼에 이르러서 비로소 위 잠재적 권리는 상대방배우자의 명의로 된 재산에 대하여 분할을 청구할 수 있는 권리로 화하게 된다고 본다(앞의 논문, 251). 다만 「이와 같이 해석한다면 결국 첫머리에서 밝힌 바와 같이 현행법이 별산제를 취하면서도 재산분할제도를 인정한 것을 논리적으로 무리없이 설명한다는 것이 거의 불가능해진다. 또한 위와 같은 해석론은 결국 아래에서 보는 바와 같이 부부간 소유권귀속에 관한 민사적인 분쟁과 재산분할심판사건을 둘러싼 가사재판실무상의 여러 가지 어려움에 대한 해결책을 제시하지는 못하는 것이다.」라고 한다(앞의 논문, 251).

45) 부동산매입자금의 원천이 남편의 수입에 있다고 하더라도 처가 남편과 18년간의 결혼생활을 하면서 여러 차례 부동산을 매입하였다가 이익을 남기고 처분하는 등의 방법으로 증식한 재산으로써 그 부동산을 매입하게 된 것이라면 위 부동산의 취득은 부부쌍방의 자금과 증식노력으로 이루어진 것으로서 부부의 공유재산이라고 볼 여지가 있다. 같은 취지의 판결로는 대법원 1995.10.12. 선고 95다25695 판결이 있는데, 두 건의 판결에서는 재산증식 노력을 한 사람의 명의로 등기가 되어 있었고 원심은 명의자의 특유재산으로 보았으나, 대법원은 다르게 보았다.

산형성에 크게 기여하는 것이라고 할 것이니 남편만의 적극적 수입이 있다 하여 혼인 후에 조성된 재산을 모두 남편의 소유라고 할 수는 없다 할 것이어서 수입이 있는 남편이 그 명의로 재산을 취득한 경우는 별론으로 하더라도 이 사건과 같이 처의 이름으로 재산을 취득한 경우에는 그 재산취득을 위한 자금이 주로 남편의 수입에 의존하여 형성되었다는 이유만으로 그 재산을 남편만의 특유재산이라고 단정할 수는 없다고 할 것이어서 결국 이 사건 부동산은 부부 중 누구의 소유인지 분명하지 않기 때문에 원 · 피고의 공동소유로 추정될 수밖에 없다」고 하였다.

2) 재산분할청구제도 도입 이후

재산분할청구권이 신설된 후 선고된 대법원 1992.8.14. 선고 92다16171 판결에서는 「부부의 일방이 혼인 중에 자기 명의로 취득한 재산은 그 명의자의 특유재산으로 추정되나, 실질적으로 다른 일방 또는 쌍방이 그 재산의 대가를 부담하여 취득한 것이 증명된 때에는 특유재산의 추정은 번복되어, 그 다른 일방의 소유이거나 쌍방의 공유라고 보아야 한다」고 판시함으로써 재산분할청구권이 신설된 것이 부부재산제인 별산제에 아무런 영향을 미치지 않는다는 입장을 취한 것으로 보인다. 그러면서 "실질적으로 다른 일방 또는 쌍방이 그 재산의 대가를 부담하여 취득한 것이 증명된 때에는 특유재산의 추정은 번복"되지만,[46] "내조의 공",[47] 또는 "가정주부로서 남편의 약국 경영을 도운 것"[48]만으로는 추정을 번복할 수 없다고 하였다.

한편 대법원 2007.4.26. 선고 2006다79704 판결에서는 처가 초등학생 과외지도를 하거나 언니와 동업으로 사업을 하는 등으로 가계를 담당하여 왔고, 부동산을 분양받아 당시까지 자신이 모아 두었던 돈과 언니로부터 빌린 돈 및 사업을 통하여 벌어들인 수익을 합하여 분양대금을 납입한 후 夫의 명의로 소유권이전등기를 경료한 경우에는 그 재산이 처의 특유재산에 해당한다고 보았다.[49]

한편 부부재산제로 인한 재산의 귀속관계는 이혼시 재산분할에서 뿐만 아니라 상속에서도 문제된다. 상속재산의 분할에 관한 대법원 2007.8.28. 자 2006스3, 4 결정에서는 망

---

46) 대법원 1994.12.22. 선고 93다52068, 52075 판결: 이 사건에서는 사실혼 관계에 있는 부부가 취득대금을 공동으로 부담하였다. 대법원 1995.2.3. 선고 94다42778 판결에서도 부부 각자가 대금의 절반 정도를 분담하였으므로 일방의 명의로 된 특유재산은 공유로 인정할 수 있다고 하였다. 한편 대법원 2013.10.31. 선고 2013다49572 판결에서는 특유재산을 취득하기 위한 자금의 출처가 분명하지 않다는 이유로, 처의 명의로 등기된 부동산에 대하여 부의 명의신탁을 인정한 원심을 파기환송하였다.

47) 대법원 1992.12.11. 선고 92다21982 판결: 이 사건에서는 피고가 경제활동을 하기는 하였지만 가계에 거의 도움을 주지 못한 것으로 보았다. "내조의 공"만으로는 명의자의 특유재산 추정이 번복되지 않는다는 판결로는 대법원 1998.12.22. 선고 98두15177 판결도 있다.

48) 대법원 1998.6.12. 선고 97누7707 판결.

49) 그 결과 그 재산의 명의를 실질적인 소유자인 처로 변경하는 것은 사해행위에 해당하지 않는다고 보았다.

인이 남긴 유체동산을 망인과 그 배우자의 공유재산이라고 볼 수 있는가가 문제되었고, 원심[50]은 이 사건 유체동산은 망인과 그 배우자 중 어느 쪽의 고유재산이나 특유재산이라고 인정하기 어려워 민법 제830조 제2항에 의하여 공유재산으로 추정되고 그 지분비율은 1/2 정도씩이라고 함이 상당하여, 이 사건 유체동산 중 망인의 1/2 지분만이 상속재산이 된다고 판단하였으나, 대법원은 「부부의 일방이 혼인 전부터 가진 고유재산과 혼인 중 자기의 명의로 취득한 재산은 그의 특유재산으로 추정되고, 혼인 중 그 재산을 취득함에 있어 상대방의 협력이 있었다거나 혼인생활에 있어 내조의 공이 있었다는 것만으로는 위 추정을 번복할 사유가 되지 못하나, 실질적으로 다른 일방 또는 쌍방이 그 재산의 대가를 부담하여 취득한 것이 증명된 때에는 특유재산의 추정은 번복되어 다른 일방의 소유이거나 쌍방의 공유라고 보아야 할 것」이라고 하면서 이 사건 유체동산이 망인의 특유재산이라고 보았다.

한편 서울지방법원 1997.9.3. 선고 96가합38730 판결에서는 「우리 민법은 부부간의 재산관계를 규율함에 있어 부부의 일방이 혼인 중에 자기 명의로 취득한 재산은 그 특유재산으로 하고 있는바, 이 때 자기 명의로 재산을 취득한다고 하는 것의 의미를 부동산 등기명의나 주식, 예금통장 따위의 명의와 같이 제3자가 뚜렷하게 인식할 수 있는 대외적 공시방법을 갖추어 재산을 취득하는 경우만을 뜻하는 것이라고는 볼 수 없고, 또한 금전의 경우에 있어서는 그것이 고도의 유통성을 가지고 있을 뿐만 아니라 그 특성상 일반 동산의 경우와는 달리 재화의 교환을 매개하고 그 가치를 측정하는 일반적 표준으로서 기능하고 있는 점을 고려하여 볼 때 부부의 일방이 혼인 중에 자신의 노력으로 취득한 금전을 소지하고 그에 관하여 사용 · 수익 · 처분할 수 있는 배타적 지배권을 보유하고 있었다면 특별한 사정이 없는 한 이는 그 일방의 특유재산으로 봄이 상당하다.」고 판시하면서, 남편이 혼인 중에 자신의 노력으로 취득한 금전에 대하여 배타적인 지배권을 보유하고 있는 경우, 특별한 사정이 없는 한 이는 남편의 특유재산으로 보아야 한다는 이유로, 그 의사에 반하여 위 금전을 가로챈 처에게 부당이득반환의무가 있다고 인정하였다.

그리고 서울행정법원 2014.7.11. 선고 2013구합64776 판결에서는 「민법이 부부별산제를 채택하고 있으면서도 이혼 시에 재산분할청구권을 인정하고 있고, 현행 부부재산제도와 재산분할제도의 취지상 혼인 중 당사자 쌍방의 협력으로 취득한 재산은 명의가 누구인가에 관계없이 부부의 공유재산으로 볼 수 있는 경우가 있으나, 이는 혼인이 해소에 따라 재산분할의 단계에 이르렀을 때에 재산분할의 대상으로 할 수 있을 뿐이고, 혼인 중에 대외적인 관계에서 공유적 권리가 인정되거나 인정받을 수 있는 방법은 없다」고 판시함으로

50) 서울고등법원 2005.12.7.자 2004브21, 22 결정.

써 부부재산제도와 재산분할제도의 관계에 대한 판례의 입장을 단호하게 보여주고 있다.

다. 소 결

지금까지 살펴본 바와 같이, 민법 제정 당시 도입되었던 별산제는 그 이전의 법정재산제인 관리공통제를 폐지하고, 부부의 각자에게 속하는 재산에 대한 권리를 독립적으로 행사할 수 있도록 하였다. 그렇지만 혼인을 하면 경제활동을 그만두어야 하는 사회적 분위기로 인하여 전업주부의 생활을 하는 처로서는 자신의 명의로 재산을 취득할 수 있는 기회를 상실하게 되고, 이로 인하여 배우자의 사망이 아닌 이혼에 의하여 혼인관계가 해소되는 경우에는 혼인 중 취득한 배우자 명의의 재산에 대하여 아무런 권리를 행사할 수 없게 되었다. 그러나 이러한 결과가 혼인생활을 유지하기 위한 배우자의 노력을 인정하지 않는다는 문제를 야기하였고, 이러한 문제를 해결하기 위하여 이혼시의 재산분할청구권을 신설하였다.

하지만 재산분할청구권이 신설된 후에도 학설과 판례는 재산분할청구권은 이혼시에만 행사할 수 있을 뿐이고, 이로 인하여 혼인 중의 재산관계에 아무런 영향을 끼치지 못한다는 결론을 맺었다. 그렇지만 재산분할청구제도가 신설됨으로 말미암아 혼인 중의 재산관계에 일정한 영향을 미친다고 보아야 할 것이다.[51] 또한 혼인 중에는 별산제를 적용하고 이혼시에는 재산분할을 허용한다면, 이혼시의 재산분할에 있어서는 별산제에 기반한 재산분할방법을 채택할 필요가 있다. 그러나 현재의 재산분할제도는 혼인 중에 형성한 특유재산뿐만 아니라 일방의 고유재산에 대해서도 일정한 기여를 인정함으로써 고유재산이나 특유재산 전체에 대한 분할을 인정하고 있다. 이러한 분할방법은 별산제와 제산분할제도를 별개의 제도로 보는 현재의 학설이나 판례의 태도와 맞지 않다고 생각된다. 따라서 이하에서는 별산제를 근거로 하는 재산분할에 관한 필자의 견해를 제시하고자 한다.

Ⅲ. 별산제에 기반한 재산분할

1. 재산분할의 대상

재산분할제도가 도입된 후 가장 많이 논의되었던 것은 분할의 대상이 되는 재산이 무엇인가이며, 두 번째는 재산분할비율이다. 부부의 재산은, 혼인 전부터 가지고 있거나 상속

51) 다만 이혼시의 재산분할청구권을 보전하기 위한 사해행위취소권(민법 제839조의3)을 신설함으로써 재산분할청구권이 형해화되는 것을 막고자 한 점은 상대방의 재산에 대한 잠정적인 권리를 인정하고자 하였다는 의미로 평가할 수 있을 것이다.

이나 증여에 의하여 취득한 재산과 같이 상대방 배우자의 기여 없이 취득한 재산인 고유재산과 혼인 중 일방의 명의로 취득한 특유재산, 그리고 부부의 누구에게 속한 것인지 분명하지 않은 재산인 공유로 추정되는 재산으로 나눌 수 있는데,52) 이 가운데 분할의 대상이 되는 것은 혼인 중 일방의 명의로 취득한 특유재산이다.

판례가 취하고 있는 별산제설에 따른다면 이 가운데 부부 일방의 고유재산에 대해서는 이론상 재산분할이 이루어질 수 없다. 그렇지만 학설과 판례는 이 경우에도 상대방 배우자가 일방의 고유재산을 유지하거나 증가시키는데 기여한 경우에는 분할의 대상에 포함될 수 있다는 견해를 취한다.53)

한편 공유로 추정되는 재산에 대해서는 분할이 필요하지만, 공유의 특성상 각자 동일한 지분을 가지는 것으로 보아 분할이 이루어져야 한다.54) 따라서 이 부분에 대해서는 분할방법에 관한 논의가 필요할지는 몰라도 분할 여부에 대한 논의는 필요하지 않다.55)

따라서 분할의 대상인지 여부가 문제되는 재산의 핵심은 부부 일방이 혼인 중 그의 명의로 취득한 재산이다. 이러한 재산은 일방이 자신의 수입을 통하여 취득한 것일 수도 있고, 부부가 함께 노력하여 저축을 한 끝에 취득한 재산일 수도 있으며, 혼인 전부터 가진 재산을 증식하는 과정에서 혼인 중에 취득하게 된 재산일 수도 있다. 이러한 재산은 각각의 취득경위에 따라 재산분할의 대상이 되는지 여부 또는 분할의 비율을 어떻게 정해야 하는지 등의 문제를 발생시킨다.

학설과 판례는 혼인 중 취득한 재산에 대해서는 대체로 분할의 대상이 된다고 보며, 다만 분할의 비율을 결정하는 것은 법원의 고유권한에 해당한다고 본다.56) 따라서 재산분할에 관한 자세한 내용은 결국 법원의 판결을 통하여 형성된다. 판례는 혼인 중 일방의 명의로 취득한 재산에 대한 분할범위를 점차 확대하고 있는바, 종래에는 이혼 당시 가액을 산정할 수 없어 분할할 수 없고, 기타 사정으로만 참작되었던 연금이 분할의 대상에 포함되었다.57)

52) 이동진 교수는 부부의 재산을 좁은 의미의 특유재산, 실질적 공동재산 및 공유재산으로 나누고 있다(윤진수, 주해친속법, 382).

53) 전경근, 고유재산에 대한 재산분할, 가사조정 제7호, 141 이하.

54) 이 경우 배우자의 지분에 대하여 그 배우자의 채권자가 강제집행을 할 수 있는가가 문제된 사건이 다수 있으며, 대법원은 부부 일방에 대한 집행권원에 기하여 부부 공유로 추정되는 가재도구에 대한 압류집행은 부당하다고 한다(대법원 1980.8.19. 선고 80다1282 판결; 대법원 1981.2.24. 선고 80다2023 판결). 이와 같이 부부의 공유로 추정되는 재산에 대해서는 부부 일방의 채권자가 강제집행을 할 수도 있는바, 이를 회피하기 위해서는 부부가 이혼하는 방법을 취하는 경우가 많다. 그 결과 경제사정이 어려워지면 이혼율이 증가하는 현상이 발생한다.

55) 이혼시 재산분할에 있어서도 공유물 분할에 관한 규정을 적용하므로, 분할방법에 관하여는 거의 논의가 이루어지지 않고 있다. 다만 일방의 특유재산을 부부의 공유로 분할할 수 있는가에 관하여는 대법원 1997.7.22. 선고 96므318, 325 판결에서 긍정하고 있다.

56) 재산분할비율을 절반으로 하여야 한다는 논의는 다수 있지만 대표적인 것으로는 민유숙, 가족법연구 15/2 (2001) 90 이하가 있다.

이하에서는 재산분할과 관련하여 민법 제839조의2에서 규정하는 분할의 대상에 관한 요건을 중심으로 분할의 대상을 어떻게 파악해야 하는가에 대하여 살펴본다.

가. 고유재산의 분할

민법 제830조 제1항에서는 "부부의 일방이 혼인 전부터 가진 고유재산"이라는 문구를 통하여 고유재산이 무엇인지를 정의하고 있다. 그렇지만 학설은 혼인 전부터 가진 재산뿐만 아니라 혼인 중 상대방의 협력 없이 취득한 재산, 즉 상속이나 증여에 의하여 취득한 재산도 고유재산의 범위에 포함시킨다.

재산분할의 대상이 되는 재산은 혼인 중 형성한 재산이다. 따라서 별산제를 기반으로 재산분할을 한다면 고유재산은 재산분할의 대상이 되지 않는다고 보아야 한다. 다만 뒤에서 보는 바와 같이 법원은 고유재산에 대해서도 상대방의 기여를 고려하여 분할을 인정하고 있다.

나. 혼인 중 형성한 재산

민법 제830조 제1항은 "부부의 일방이 혼인 전부터 가진 고유재산과 혼인 중 자기의 명의로 취득한 재산"을 특유재산으로 규정하고 있다. 이 문구를 문자 그대로 해석하면 고유재산의 경우에는 자기의 명의로 취득하지 않은 경우에도 혼인 전에 취득한 것이라면 이에 해당한다고 볼 여지가 있고, 혼인 중에 취득한 것이나 일방의 명의로 취득한 것이 아니면 특유재산은 아닌 것으로 보아야 한다.[58] 그렇다면 고유재산을 포함하는 특유재산은 명의가 있는 재산을 의미하는 것으로 보아야 할 것이다. 따라서 가장 대표적인 특유재산은 부동산이 될 것이고, 금융자산과 같이 실명으로 거래해야 하는 재산의 경우에도 특유재산에 포함된다.

혼인 중에 형성한 재산 중 재산분할의 대상이 되는지 여부에 관하여 특히 살펴보아야 할 점은, 혼인 전에 취득한 재산을 처분하여 혼인 중에 취득한 재산을 혼인 중에 취득한 것으로 보아야 할 것인지와 혼인 중의 재산을 처분하여 혼인관계가 파탄된 후에 재산을 취득

57) 대법원 2014.7.16. 선고 2012므2888 전원합의체 판결과 대법원 2014.7.16. 선고 2013므2250 전원합의체 판결에서 분할의 대상이 된다고 판시한 후 각각의 근거법률이 개정됨으로써 연금에 대한 분할이 본격적으로 문제되고 있다. 연금의 분할에 관한 자세한 내용은 전경근, 분할연금에 관한 연구, 인하대학교 법학연구 23/4 (2020) 295 이하 참고. 아직까지 분할의 대상에 포함되지 않고 있는 것은 혼인 중 취득하게 된 학위나 자격증 등을 통하여 취득하게 될 장래의 재산이다. 전문자격증도 분할이 되는지를 연구한 논문으로는 한봉희, 전문자격증과 재산분할청구권, 가족법연구 8 (1994)가 있다.

58) 이러한 재산은 대부분 부부의 공유로 추정되는 재산이거나 그 재산의 용도 등에 비추어 일방에게 속하는 재산으로 보아야 할 것이다. 전자의 예로는 가재도구를 들 수 있을 것이고, 후자의 예로는 의류나 장신구 등을 들 수 있을 것이다.

한 후에 그 재산도 혼인 중 재산으로 볼 수 있는가이다. 전자에 대하여는 고유재산에 대해서는 원칙적으로 재산분할의 대상이 되지 않지만 상대방이 그 재산의 유지에 기여하였다면 재산분할의 대상이 된다는 판결이 있고,[59] 후자의 경우에는 명목상으로는 혼인 중이지만 실질적으로는 혼인관계가 해소된 것과 마찬가지여서 재산의 형성에 대한 기여가 인정될 수 없다는 전제에서, 혼인파탄 후에 취득한 재산은 원칙적으로는 재산분할의 대상이 되지 않지만, 혼인관계 파탄 이후에 취득한 재산이라도 그것이 혼인관계 파탄 이전에 쌍방의 협력에 의하여 형성된 유형 · 무형의 자원에 기한 것이라면 재산분할의 대상이 된다고 한다.[60]

한편 혼인 중에 취득하였으나 부부 일방의 명의로 되어 있지 않고, 제3자의 명의로 된 재산인 경우에도 재산분할의 대상이 된다.[61] 그리고 부부 일방의 명의로 등기되어 있으나 실제로는 타방의 소유에 속한다고 보아야 하는 재산도 재산분할의 대상이 되지만, 이러한 경우에는 명의신탁 해지에 의한 반환을 청구하는 방법으로 소유권을 회복한 후 재산분할을 하여야 할 것이다.[62]

그리고 주식의 경우, 판례는 명의에 관계없이 그 취득자금을 누가 부담하였는지 등에 따라 귀속을 정하고 있다고 한다.[63] 그 예로 대법원 1987.2.24. 선고 86누747 판결에서는 "원고 1은 1973. 12.경 소외 1로부터 소외 회사의 주식 5,000주를 양도받고 이중 750주를 그의 처인 원고 2 모르게 위 소외 회사의 주주명부에 원고 2 명의로 등재하였고, 그 후 위 소외 회사의 증자에 의하여 위 원고명의의 주식이 2,500주로 증가되었으나 위 원고는 이 사건 국세납세의무 성립일까지도 이와 같은 사실을 모르고 있었다는 사실을 인정하고 있는바, … 사실관계가 이와 같다면 원고 2는 형식상 소외 회사의 주주명부에 등재된 자로서 국세기본법 제39조 제2호 소정의 과점주주에 해당하지 아니하므로 피고의 위 원고에 대한 이 사건 과세처분은 위법한 것"이라고 판시함으로써 원고가 주식의 소유자라는 점을 인정

59) 대법원 1993.6.11. 선고 92므1054, 1061(반소) 판결; 대법원 1996.2.9. 선고 94므635, 642 판결 등

60) 대법원 2019.10.31. 선고 2019므12549, 12556 판결. 이 판결에서는 혼인생활을 시작한 후에 아파트에 관한 공급계약을 체결하였고, 이후 혼인관계가 파탄에 이르기 전까지 아파트의 분양대금 중 70% 가량을 납입하였으며, 혼인관계가 파탄된 후에 잔금을 지급하고 소유권이전등기를 하였다. 그리고 대법원 2013.11.28. 선고 2013므1455, 1462 판결에서는 "혼인관계가 파탄된 이후 변론종결일 사이에 생긴 재산관계의 변동이 부부 중 일방에 의한 후발적 사정에 의한 것으로서 혼인 중 공동으로 형성한 재산관계와 무관하다는 등 특별한 사정이 있는 경우에는 그 변동된 재산은 재산분할 대상에서 제외하여야 할 것"이라고 한다.

61) 제3자 명의의 재산이더라도 그것이 부부 중 일방에 의하여 명의신탁된 재산 또는 부부의 일방이 실질적으로 지배하고 있는 재산으로서 부부 쌍방의 협력에 의하여 형성된 것이거나 부부 쌍방의 협력에 의하여 형성된 유형, 무형의 자원에 기한 것이라면 그와 같은 사정도 참작하여야 한다는 의미에서 재산분할의 대상이 된다(대법원 1998.4.10. 선고 96므1434 판결). 같은 취지의 판결로는 대법원 1993.6.11. 선고 92므1054, 1061(반소) 판결도 있다.

62) 혼인 중에 쌍방의 협력에 의하여 이룩한 부부의 실질적인 공동재산은 그 명의가 누구에게 있는지를 불문하고 재산분할의 대상이 되는 것이므로 남편이 아내를 상대로 명의신탁해지에 의한 소유권이전등기소송을 제기하여 제1심에서 승소하였더라도 그 부동산이 혼인 중에 형성한 부부의 실질적인 공동재산인 경우에는 여전히 이혼에 따른 재산분할의 대상이 된다고 한 사례(서울가정법원 1999.11.11. 선고 99드합2775(본소), 2782(반소) 판결).

63) 윤진수, 주해친족법, 270(이동진 집필부분).

하고 있다.64)

한편 민법 제830조에서 규정하는 ‘혼인 중’이라는 요건을 재산분할에 있어서 해석해야 하는가도 가끔 문제되는바, 사실혼의 경우에도 재산분할을 인정하는 학설과 판례에 비추어보면, 분할의 대상이 되는 재산은 문자 그대로 ‘혼인 중’에 형성한 것뿐만 아니라 혼인관계가 원만하게 유지되고 있는 동안 형성한 재산에 대한 분할이 이루어져야 한다는 의미로 이해해야 할 것이다. “혼인 중 형성”의 의미에 관한 헌법재판소 결정에서는 국민연금에 대한 분할에 있어서 처가 가출함으로써 연금의 형성에 기여하지 않은 경우에도 그 기간 동안 납입한 보험료에 대한 연금까지 분할하도록 하는 것은 헌법에 합치하지 않는다고 하였다.65) 따라서 재산분할에 있어서는 민법 제830조에서 규정하고 있는 특유재산 중 원만한 혼인관계가 유지되고 있는 동안 형성한 재산에 대해서만 분할을 허용하는 것으로 판단하여야 할 것이다.66)

2. 재산분할의 기준

현재의 학설과 판례는 당사자 쌍방의 협력으로 이룩한 재산에 대하여 분할을 인정하고 있다. 그런데 재산분할을 위한 협력에는 부부재산제에 있어서의 기여와는 달리 ‘내조의 공’도 재산분할의 원인으로 인정된다.67) 그 결과 부부 일방의 고유재산에 대해서도 그 재산의 유지에 대한 상대방 배우자의 기여가 인정되는 한 재산분할의 대상이 된다고 하고, 이러한 논리는 특유재산에 대해서도 마찬가지이다. 다만 고유재산의 경우와 특유재산의 경우를 비교하였을 때, 고유재산에 대한 분할비율보다 특유재산에 대한 분할비율이 더 높다는 차이가 있을 뿐이다.

---

64) 그렇지만 금융실명제가 실시되고 있는 현재의 상황에서는 명의자에게 소유권이 있다고 보아야 할 것으로 생각된다. 판례는 명의자를 권리자로 보고 있다(대법원 2009.3.19. 선고 2008다45828 전원합의체 판결 등).

65) 헌법재판소 2016.12.29. 선고 2015헌바182 결정: 법률혼 관계를 유지하고 있었다고 하더라도 실질적인 혼인관계가 해소되어 노령연금 수급권의 형성에 아무런 기여가 없었다면 그 기간에 대하여는 노령연금의 분할을 청구할 전제를 갖추었다고 볼 수 없다. 그럼에도 불구하고 심판대상조항은 법률혼 관계에 있었지만 별거 · 가출 등으로 실질적인 혼인관계가 존재하지 않았던 기간을 일률적으로 혼인 기간에 포함시켜 분할연금을 산정하도록 하고 있는바, 이는 분할연금제도의 재산권적 성격을 몰각시키는 것으로서 그 입법형성권의 재량을 벗어났다고 보아야 한다. 헌법재판소 결정이 있은 후에 국민연금법 제64조 제1항의 혼인기간에 “배우자의 가입기간 중의 혼인 기간으로서 별거, 가출 등의 사유로 인하여 실질적인 혼인관계가 존재하지 아니하였던 기간을 제외한 기간을 말한다”라는 문구를 추가하였고, 공무원연금법 제45조에도 같은 문구를 추가하였다.

66) 혼인관계가 파탄된 후 재산분할을 허용할 것인가에 관하여 연구한 논문으로는 이미주, 이혼으로 인한 재산분할에서 혼인관계 파탄 후 부동산의 취득 또는 가액상승과 관련된 실무상 쟁점에 대한 고찰, 사법논집 제73집, 2021이 있다.

67) 대법원 1994.10.25. 선고 94므734 판결. 그 이후의 판결은 ‘내조’라는 단어 대신에 ‘기여’라는 단어를 더 많이 쓰고 있는 것으로 보인다.

가. 별산제에 기초한 고유재산의 분할

고유재산의 경우에는 원칙적으로 분할의 대상이 되지 않는다. 그렇지만 고유재산의 경우에도 상대방이 그 재산의 유지에 기여할 수 있는 상황이 발생할 여지는 있다. 예를 들어 고유재산을 담보로 대출을 받았는데, 그 대출금을 상대방 배우자가 갚은 경우에는 고유재산에 대한 재산분할을 허용하는 것이 마땅하다고 할 것이다. 이러한 관점에서 본다면, 현재 고유재산에 대한 분할을 인정하고 있는 판결의 대부분은 상대방 배우자의 가사노동에 의한 기여를 인정하여 재산분할을 인정하고 있다는 점에서 엄격한 별산제와는 거리가 있다. 다만 배우자의 재산유지에 대한 기여를 재산취득에 대한 기여와 같다고 평가한다면 위와 같은 고유재산의 분할을 긍정할 수 있다.

나. 별산제에 기초한 특유재산의 분할

고유재산 이외에 혼인 중 일방의 명의로 취득한 특유재산의 경우에는 고유재산의 경우와 달리 볼 필요가 있다. 왜냐하면 이 경우에는 일방 배우자의 경제활동에 대하여 상대방 배우자가 가사노동을 통하여 조력하였다고 보아야 하기 때문이다.[68] 그리고 혼인생활 비용을 절약하여 재산을 형성한 경우에는 재산취득에 더 많은 기여를 하였다고 볼 수 있으며, 이러한 경우에는 재산분할의 금액을 정함에 있어서 고려해야 할 것이나, 재산의 형성으로 인하여 분할의 대상인 재산이 증가하였기 때문에 가사노동만 있었던 경우와 비교할 때 재산분할을 받는 액수가 증가할 것이므로 재산형성 노력에 대하여 반드시 더 많은 비율의 재산분할이 반드시 이루어질 필요가 없을 것으로 생각된다.[69]

한편 전업주부의 경우와 맞벌이 부부를 비교하는 경우, 맞벌이 부부의 경우에 재산분할의 비율을 달리해야 하는가에 관한 의문이 생긴다. 왜냐하면 전업주부에게 혼인 중 형성한 특유재산에 대하여 50%의 재산분할을 인정한다면 가사노동과 경제활동을 병행하는 맞벌이 부부의 경우에는 달리 볼 필요가 있기 때문이다.[70] 이러한 문제로 인하여 전업주부에 대한 이혼시의 재산분할비율을 50%로 규정하는 2006년의 민법 개정안에 대하여 반대하는 의견이 있기도 하였다. 다만 전업주부의 경우에는 자신의 명의로 재산을 형성할 기회가 없

68) 조미경 교수는 이러한 점을 더욱 강조하기 위하여 '가정관리'라는 용어를 사용하고 있다(조미경, 혼인 중 취득한 재산의 귀속, 896).

69) 다만 앞서 살펴본 바와 같이 일방 배우자의 소득 중 일부를 이용하여 적극적으로 재산을 증식함으로써 통상적인 경우와 비교할 때 그 재산의 증가가 현저하다면, 이러한 재산증식 노력은 경제활동에 해당한다고 볼 여지가 있으므로 따로 고려할 필요가 있을 것이다.

70) 통계청의 혼인상태별 및 맞벌이상태별 가사노동시간에 따르면, 2014년의 경우 맞벌이 가정에서 남편의 가사노동 시간은 하루 41분, 여자는 3시간 13분(193분)으로 집계되었지만, 2019년에는 남편 54분, 아내 3시간 7분(187분)으로 변경되었다고 한다. 참고로 2014년의 경우 혼인한 가정에서 남편의 가사노동 시간은 하루 50분, 여자는 4시간 19분(259분)이었지만, 2019년에는 남편 60분, 아내 244(4시간 4분)이 되었다고 한다(e-나라지표).

지만, 맞벌이 부부의 경우에는 각자 자신의 명의로 재산을 취득한 가능성이 있다는 점에서 별산제를 엄격하게 적용하더라도 부작용이 줄어들 여지가 있다. 현재 이루어지고 있는 재산분할 판결에서는 각자의 명의로 된 재산은 명의자에게 귀속시키는 경우가 대부분이며, 분할비율을 비교할 때 전업주부인 경우에 비하여 맞벌이 부부의 재산분할비율이 조금 더 높은 것으로 보인다.[71]

다. 혼인 중 증가한 재산의 분할

고유재산이나 특유재산에 대한 재산분할에 있어서 고려하여야 할 중요한 문제는 혼인 중 증가한 부분에 대한 재산분할이라고 생각된다. 예를 들어 서울가법 2006.11.16. 선고 2005드합6952, 2006드합7891 판결에서는 부부가 장기간 별거한 후에 재산분할을 하였는데, 이 경우 별거를 시작할 당시의 아파트 가액을 기준으로 재산분할을 하여야 하는지, 아니면 이혼 소송의 사실심 변론종결시를 기준으로 재산분할을 하여야 하는지 문제되었다. 이 판결에서 법원은 「재판상 이혼시의 재산분할에 있어 분할의 대상이 되는 재산과 그 액수는 이혼소송의 사실심 변론종결일을 기준으로 하여 정하여야 할 것이나(대법원 2000.9.22. 선고 99므906 판결 등 참조), 이 사건에서와 같이 장기간 별거한 경우라면 별거 후에 취득한 재산은 그것이 별거 전에 쌍방의 협력에 의하여 형성된 유형 · 무형의 자원에 기한 것이 아닌 한 재산분할의 대상이 될 수 없고(대법원 1999.6.11. 선고 96므1397 판결 등 참조), 부부로서의 공동생활이 사실상 종료한 시점 이후에 일방이 부담한 채무는 달리 특별한 사정이 없는 한 부부로서의 공동생활상 일상가사에 관한 것이라거나 공동재산의 형성, 유지에 수반하여 부담한 채무라고 볼 수는 없으므로(대법원 1996.12.23. 선고 95므1192, 1208 판결 등 참조), 앞에서 본 바와 같이 이 사건 재산분할의 대상은 별지 분할재산명세표 기재와 같이 원고와 피고가 별거하기 시작할 무렵인 1998. 3. 19.을 기준으로 정하여야 할 것인데, 원 · 피고의 별거 당시 이 사건 아파트에 대하여 재산분할이 이루어지지 않은 이상 이 사건 아파트의 가액 산정을 원 · 피고의 별거 당시를 기준으로 하여 재산분할을 하게 되면, 별거 후 이 사건 변론종결일까지 사이에 이 사건 아파트의 가액이 증가하였음에도 불구하고, 그로 인한 이득은 일방에게만 귀속되게 되어 타당하지 않으므로, 이 사건 아파트의 재산가액은 이 사건 변론종결일 무렵의 가액인 4억 9천만 원으로 봄이 상당하다고 할 것」이라고 판시함으로써 형식적인 혼인관계가 지속되는 동안 경제사정의 변동으로 인하여 쌍방의 기여 없이 증가한 재

71) 이혼시 재산분할비율에 관하여는 박복순 외 3인, 여성 · 가족 관련 판례에 대한 성인지적 분석 및 입법과제(Ⅱ): 가족관련판례(한국여성정책연구원 2013 연구보고서-4), 141~208; 전주혜, 재산분할제도의 실증적 고찰, 2005(건국대학교 석사학위논문) 참고.

산에 대해서도 분할을 인정하고 있다.

현재 대법원 종합법률정보를 통하여 검색할 수 있는 하급심 판결에는 혼인 전에 취득하거나 혼인 중에 증여나 상속에 의하여 취득한 고유재산에 대하여 분할을 인정하고 있는 판결도 있고, 혼인 중에 취득한 특유재산에 대하여 분할을 명하는 판결도 있다. 그런데 대부분의 판결은 이혼소송의 사실심 종결시를 기준으로 분할의 대상이 되는 재산의 가액을 평가한 후 일정한 비율에 따른 재산분할을 하고 있을 뿐, 고유재산에 대한 재산분할을 명하면서도 그 고유재산의 취득 당시의 가액을 고려하지 않고, 다만 상대방에 대한 재산분할의 비율을 낮춤으로써 분할할 금액을 조절하고 있다. 그렇지만 별산제와 재산분할의 관계를 고려한다면 재산분할의 대상이 되는 고유재산의 경우에는 고유재산의 취득 당시 가액을 제외하고 혼인 중 증가한 부분에 대해서만 재산분할을 명해야 할 것이다. 나아가 상대방의 기여에 따라 고유재산을 분할하는 경우나 특유재산의 경우 중에서, 분할의 대상이 되는 재산이 당사자의 기여 없이 주변환경이나 경제사정의 변화에 따라 가액이 증가한 경우에는 증가한 부분에 대한 재산분할이 당연히 이루어져야 할 것으로 생각된다.[72] 그리고 이 경우 분할비율은 혼인 중 당사자 쌍방의 협력으로 이룩한 재산에 대한 분할비율과 동일하여야 할 것이다.

Ⅳ. 재산분할제도의 과제

재산분할제도가 원만하게 운용되려면 부부재산제와 서로 호응하여야 한다. 그렇지만 현재는 법정부부재산제인 별산제와 재산분할제도가 별개로 운용되고 있다. 따라서 이러한 상황을 해소함으로써 보다 바람직한 재산분할제도로 나아갈 수 있도록 할 필요가 있으며, 이를 위하여 아래와 같은 제안을 하고자 한다.

1. 부부재산제와 재산분할제도의 결합

2006년에 국회에 제출되었던 부부재산제는 당사자 쌍방의 협력으로 이룩한 재산에 대하여 이혼시 각자 50%의 비율로 분할하는 것으로 하였다. 다만 법무부에서 제출한 민법 개정안과 서울가정법원에 설치되었던 가사소년제도 개혁위원회에서 마련하고 한명숙의원

72) 이러한 주장을 하고 있는 논문으로는 이미주, 사법논집 제73집, 2021과 전경근, 혼인 중 증가한 재산의 분할 -고유재산의 증가분을 중심으로, 가족법연구 36/2 (2022)가 있다.

이 대표발의한 민법개정안, 그리고 한국가정법률상담소에서 마련하고 이계경의원이 대표발의한 민법개정안의 경우에는 현행과 같은 별산제를 유지하면서 이혼시 재산분할의 대상이 될 중요재산에 대한 처분을 제한하였고, 한국여성의전화연합에서 마련한 최순영의원안은 부부재산제를 공유제로 변경함으로써 혼인 중에 취득한 재산에 대한 부부의 공유를 인정함으로써 부부재산제와 재산분할을 일치시키고자 하였다. 그리고 20대 국회에 제출되어 있는 김삼화 의원의 개정안은 과거의 정부안과 유사하고 정춘숙 의원의 부부재산제 개정안은 최순영의원안과 같은 내용을 담고 있으며,[73] 21대 국회에도 정춘숙 의원의 종전과 같은 내용을 담은 개정안이 발의된 상태이다.

이러한 법률안이 제출된 이유는 부부재산제와 재산분할제도를 연계하고자 하였기 때문이다. 따라서 부부재산제와 재산분할제도를 연계할 수 있는 제도를 마련하는 것이 이혼시의 재산분할에 관한 문제를 해결하는 가장 근본적인 방법이라고 할 수 있을 것이다.[74]

2. 재산분할에 관한 명확한 기준설정

현재 재산분할은 당사자 쌍방이 사실심 변론종결시에 소유한 재산을 대상으로 적정한 비율을 적용하여 이루어진다. 이 경우 고유재산의 경우에는 배우자의 기여가 있었는지 여부를 고려하여 분할을 결정한다는 점이 중요하다. 그렇지만 고유재산을 포함한 특유재산의 분할에 있어서 혼인 중에 형성된 것이 얼마나 되는지에 관한 명확한 판단 없이 당사자 쌍방의 기여만을 고려하여 분할을 하는 것으로 보이며, 이 경우 기여의 비중을 판단함에 있어서 혼인기간이 중요한 지표가 되고 있다.[75]

그렇지만 이러한 기준만으로는 명확한 재산분할이 이루어지고 있다고 보기 어렵다. 따라서 재산분할을 함에 있어서는 고유재산과 혼인 중 형성한 특유재산에 대한 분할을 명확하게 하여야 한다. 나아가 고유재산을 재산분할의 대상으로 삼는 경우에는 혼인 중에 증가한 가액을 산정하여 이 부분만 재산분할의 대상으로 삼는 노력이 필요하다고 생각된다. 따라서 이러한 방법으로 고유재산에 대한 재산분할이 이루어진다면 재산분할비율을 산정함에 있어서는 특유재산과 동일한 비율이 적용될 수 있을 것이다.

이러한 노력을 위한 이론적 기초로 삼기에 가장 적합한 것은 독일민법에서 채용하고

73) 국회에 제출되지 않았지만 한국가정법률상담소 심포지엄을 통하여 제안된 김상용 교수의 민법개정안에는 재산분할에 관한 민법 제839조의2를 부부재산제에 관한 규정의 일부로 이동하는 것으로 되어 있었다.

74) 2006년의 제출된 민법개정안과 20대 국회에 제출된 민법개정안 그리고 부부재산제의 개정방향에 관한 자세한 내용은 「부부재산제의 현황과 전망」, 법무부 용역보고서(2018) 참고.

75) 재산분할비율에 관한 실증적인 고찰로는 박복순 외 3인, 여성 · 가족 관련 판례에 대한 성인지적 분석 및 입법과제(Ⅱ): 가족관련판례(한국여성정책연구원 2013 연구보고서-4), 141~208이 있다.

있는 잉여공동제라고 생각된다. 독일의 경우에는 혼인 전부터 가진 재산인 '당초재산'을 혼인 해소시에 가진 '종국재산'에서 공제하는 방법으로 재산의 증가액을 산정한 후에 증가한 재산에 대하여 50%의 비율로 분할을 한다.[76] 독일의 경우에는 재산분할비율이 법률에 정해져 있으므로 이러한 결론이 쉽게 도출되지만 우리의 경우에는 재산분할비율이 법정되어 있지 않으므로 법원에 의하여 적정하다고 인정되는 비율이 적용될 가능성이 크다.[77] 그럼에도 불구하고 "당사자 쌍방의 협력으로 이룩한 재산에 대한 분할"이 이루어져야 한다는 점을 고려할 때, 법원이 분할의 대상이 되는 재산의 액수를 산정함에 있어서는 명확한 기준을 제시할 필요가 있다고 생각된다.[78]

V. 결 론

제정민법에서는 관리공통제를 폐지하고 부부별산제를 도입함으로써 부부가 서로 독립적으로 재산을 형성할 수 있는 법적 기반을 마련하였으나, 우리의 사회경제적 사정에 의하여 경제활동을 하는 일방 배우자의 명의로 재산이 축적되는 현상이 발생하였다. 그러한 요인 중의 하나는 가부장적 가족제도 내지 세대주가 주택을 소유하는 현상이라고 할 수 있을 것이고, 또 하나는 부동산을 취득하기 위해서는 그에 대한 소득을 증명할 필요가 있었기 때문이다. 따라서 직장생활이나 사업활동 등의 경제활동을 하는 배우자의 명의로 부동산을 취득하는 것이 사회제도에 합당하며, 세금과 관련된 문제도 피해갈 수 있는 방법이었다.[79] 그렇지만 명의가 있는 재산의 경우에는 재산법적으로 명의자에게 소유권 등의 권리가 있는 것을 처리하고 있기 때문에 결과적으로 명의자가 그 재산을 자유로이 처분할 수 있었고, 나아가 이혼시에는 위자료 등의 명목으로 배우자에게 재산을 지급하지 않는 한 재산을 나누어 줄 법적 근거가 존재하지 않았다. 그리하여 이혼시의 재산관계 정리를 위한 노력으로 유책배우자에게 고액의 위자료 지급을 명하는 경우가 있었지만, 협의이혼의 경우에는 위자료 지급의무가 없으므로 배우자에 대한 재산의 분할이 이루어지지 않아 이혼이

---

76) 독일의 부부재산제에 관하여는 조은희/전경근, 부부재산제 개정방안에 관한 연구(한국여성개발원 보고서(2004), 63 이하 참고.

77) 법문상으로는 '기타 사정'은 분할의 액수를 정함에 있어서 고려되어야 할 것으로 생각되지만, 분할의 대상이 되는 재산의 액수를 명확하게 산정하게 된다면 '기타 사정'은 분할비율을 결정함에 있어서 고려되어야 할 것으로 생각된다.

78) 동지: 이선미, 이혼 재산분할 제도의 개선방안 — 분할대상과 분할비율에 관한 개정의견을 중심으로 —, 가족법연구 36/2 (2022) 72 이하.

79) 현행 상속세 및 증여세법은 배우자에 대하여 6억원을 비과세로 증여할 수 있도록 하고 있는데, 종합부동산세가 신설되었던 2000년대 초반에는 6억 이상의 과세표준에 해당하는 주택을 가진 사람들이 부부공동명의로 등기함으로써 6억을 초과하는 부분에 대한 종합부동산세를 절약하는 방법을 모색하기도 하였다.

자유가 제한된다는 비판이 있었다. 그러므로 재산분할제도는 혼인 중 취득한 재산에 대한 공평한 분배를 도모하는 제도로서의 역할뿐만 아니라 가사노동에만 종사했던 배우자에게 이혼의 자유를 인정하는 결과를 가져왔다.[80)]

그러나 재산분할청구권을 도입했던 1990년의 맞벌이 가구비율을 알 수 없지만, 2011년 이후의 통계를 보면 맞벌이가구가 전체 혼인가구의 40% 중반에 해당하는 것을 알 수 있고, 특히 40세부터 49세에 해당하는 동안 맞벌이를 하는 가구가 가장 많음을 알 수 있다. 이러한 경향은 혼인 중 재산형성에도 영향을 미친다고 볼 수 있으므로 별산제 및 재산분할에 관한 새로운 해석이 필요한 시점이라고 볼 수 있다.

한편 별산제에 관한 민법 제830조는 제4편 제3장 제4절 혼인의 효력에 포함되어 있고, 재산분할청구권에 관한 민법 제839조의2는 제5절 이혼에 포함되어 있으므로 별개의 규정으로 보아야 한다고 주장할 여지는 있다. 그렇지만 별산제의 문제점을 해소하기 위하여 재산분할제도를 도입하였다면 이 제도가 실효성을 가질 수 있도록 운용할 필요가 있다고 생각된다. 그리고 재산분할에 관한 명확한 기준을 제시하는 것은 적정한 재산분할이 이루어질 수 있도록 하는데 기여할 수 있을 것이며, 나아가 재산분할로 인한 분쟁을 예방하는 데 도움이 될 것이다.

80) 이러한 결과는 이혼율을 증가시키는 데 기여하였으며, 재산분할제도의 도입을 반대했던 주장들은 이러한 결과가 예상된다는 이유로 재산분할제의 도입을 제한하고자 하였다.

대물소송(action in rem) 및 대물재판권 (in rem jurisdiction)에 관한 小考

전 원 열
서울대학교 법학전문대학원 교수

Ⅰ. 들어가며

1. jurisdiction과 절차법상의 "in rem"

영미법계의 판결례나 문헌을 읽다 보면 對物訴訟(action in rem), 對物判決(judgment in rem), 또는 對物裁判權(in rem jurisdiction) 등 "in rem"이라는 단어에 자주 접하게 된다. 하지만 한국 등 대륙법계 법체계 하에서 법학교육을 받은 사람들에게는, 영미법상의 위 개념이 머릿속에 정확히 들어오지 않는다. 재판권 및 관할의 의미, 그리고 소송물을 파악하는 방법이 영미법 쪽은 대륙법계와 좀 다르기 때문이다.

우선 영어의 'jurisdiction'이라는 용어부터 보면, 대륙법계의 법률용어 중 이에 정확히 대응하는 것이 없다. 넓은 의미의 jurisdiction은 —사법부의 裁判權에 한정되는 것이 아니라— 主權 내지 高權(sovereignty)과 유사한 개념이다.[1] 법률문헌에서 jurisdiction이 사용될 때에는 대체로 'jurisdiction to adjudicate'를 의미하므로, 이는 주로 (국가주권의 일부인) '裁判權'의 의미로 사용되며, 미국의 민사소송법 문헌에서 이 단어가 더 좁게 사용될 때에는 관할 내지 관할권의 의미로 사용되기도 한다.

주지하듯이 한국에서는, 裁判權의 존재를 전제로 하여 여러 법원들 중에서 어느 법원이 당해 재판을 담당할지를 정하는 것을 管轄이라고 부르고, 그 담당 법원이 管轄權을 가진다고 표현한다. 한국어의 재판권[2]은 독일어의 'Gerichtsbarkeit'를 번역한 말이고, 관할[3]

---

1) Black's Law Dictionary, 6th ed., 1990은 "jurisdiction"을 "a term of comprehensive import embracing every kind of judicial action. … It is the power of the court to decide a matter…"라고 상대적으로 좁게(하지만 한국의 '관할'보다는 훨씬 넓게) 해설하지만, 같은 사전 8th ed., 2004는 "A government's general power to exercise authority over all power and things within its territory."라고 광의로(즉 主權 · 高權의 의미로) 해설한다.

내지 관할권은 'Zuständigkeit'를 번역한 말이다.[4] 반면에 영어의 'jurisdiction'은 —민사법 영역에서의 용법에 따르더라도— 위 두 개념을 합한 말이기는 하지만, 관할권의 의미보다는 재판권의 의미가 더 강하게 느껴지는 용어이다. 가령 미국에서는 주(州)와 주(州) 간에 서로 재판권이 완전히 독립되어 있기 때문에,[5] 이 용어는 (관할의 의미보다는) 재판권의 의미로 사용되는 경우가 오히려 더 많다. 따라서 미국 민사판결례나 민사소송법 관련 문헌을 읽다가 'jurisdiction'에 맞닥뜨리면 이것이 문맥상 재판권을 뜻하는지 관할권을 뜻하는지를 구별해 가면서 읽어야 한다.

좀 더 정확히 개념을 구분하자면, 어느 법원이 어떤 사건에 대하여 유효한 판결을 내릴 수 있으려면 ① 그 법원의 속한 국가가 당해 사건에 대한 裁判權을 가져야 하고, ② 다른 재판권 영역[6]과의 國際裁判管轄(權) 분배에 있어서 관할이 있다고 인정되어야 하며, ③ 위 재판권 영역 내의 여러 법원들 중에서 다시 당해 사건에 대한 적법한 관할을 가져야 한다. 비록 위 ③에 관하여 venue라는 용어를 사용할 때도 있지만, 기본적으로 영미법상으로는 위 ①②③ 모두에 대하여 jurisdiction이라는 용어를 사용하고 있는 데에서 이해의 어려움이 생기는 것이다.[7]

이 글에서는, —jurisdiction에 관한 이상의 이해를 전제로 하여— 영미 법률문헌에서 자주 등장하는 'action in rem', 'judgment in rem', 'in rem jurisdiction' 등의 용어가 과연 무엇을 의미하는지를 한국 법률가의 시각에서 비교법적으로 평가하고 정리해 보려고 한다. 영어로 된 법률용어라도 어떤 것은 영미법계 국가마다 용법상 차이가 심하게 나는 경우도 있지만,[8] 위 용어들은 국가별로 큰 차이 없이 사용되고 있는 듯하며, 한국 법률가들이 가

---

2) 민사소송법 제4조.

3) 민사소송법 제2조.

4) 독일은 위와 같은 의미로 'Gerichtsbarkeit'와 'Zuständigkeit'를 사용한다. 그러나 같은 대륙법계라도 오스트리아는 위 두 개념을 구별하지 않고 Gerichtsbarkeit만 사용한다.

5) 미국에는 연방재판권 1개+각 주의 재판권 50개=51개의 재판권이 존재한다. 한 州 내에서 어느 법원이 사건을 관할하는지를 논할 때에는 주로 venue라는 용어를 사용한다.

6) '재판권 영역'이라고 함은 주로 국가 단위이지만, 미국에서는 주별로 재판권이 별도로 존재한다고 보므로 이것이 미국에서는 州를 가리킨다.

7) 영미에서는 —모두 jurisdiction이라는 용어를 사용하기는 하지만— 위 ①의 문제는 주로 'state (or sovereignty) immunity'의 문제로서 논하고, 위 ②의 문제를 주로 본고에서 다룰 대인재판권 (in personam jurisdiction), 대물재판권 (in rem jurisdiction), 준대물재판권 (quasi-in-rem jurisdiction)의 문제로 다룬다.

8) 예컨대 리엔(lien)의 개념은 나라마다 달라서, 리엔이 영국법에서는 (equitable lien을 제외하면) 주로 動產에 대한 占有 擔保權을 가리키지만, 미국에서는 훨씬 넓은 범위에서 '리엔'이라는 용어를 사용하고 주로 非占有 담보권을 의미한다. 미국에서는 수십 가지의 리엔이 인정되고 있는데, 그 중 주요한 몇 개만 예로 들면 accountant's lien/ architect's lien/ attachment lien/ attorney's lien/ banker's lien/ garnishment lien/ judgment lien/ landlord's lien/ manufacturer's lien/ maritime lien/ mechanic's lien/ statutory lien 등이 있다.
이 Lien은 영국법과 미국법 사이에서만 다르게 사용되는 것이 아니라, 다른 영연방 소속 각 국가마다 상당히 다르게 사용되기도 한다. 영국 · 미국 외의 다른 영미법계 국가에서는 리엔이란, —영국과 좀 더 유사하게 사용되기는 하지만— 담보권 중 일부 특수한 유형을 가리키는 것으로 이해되고 있다.

장 자주 접하는 영어 법률문헌은 미국의 것이므로, 위 용어들의 미국법상의 의미에 초점을 두고 서술해 나가려고 한다(다만 필요한 때에는 영국 쪽을 설명한다).

2. 논의의 순서와 범위 등

앞에서 언급했듯이, 어떤 분쟁사건에 관하여 재판권 및 관할권을 가지는 법원이라야 그 소송을 진행할 수 있고, 그에 대한 판결을 선고할 수 있으므로, 對物재판권은 對物소송 및 對物판결의 논리적 전제이다. 그리고 아래에서 보겠지만 대인재판권 개념은 대물재판권 개념의 대전제이다. 따라서 II.에서는 먼저 대인재판권(in personam jurisdiction)에 대하여 설명하고, 다음으로 III.에서 대물재판권(in rem jurisdiction)에 관하여, 그리고 IV.에서 준대물재판권(quasi–in–rem jurisdiction)에 관하여 검토 · 정리한다. 그리고 V.에서 대물소송 및 대물판결에 관하여 간략한 설명을 추가하기로 한다.

한 가지 유념할 점을 말하자면, 앞에서 언급했듯이 영어의 jurisdiction은 재판권과 관할권을 모두 포함하는 개념인데, 본고에서 jurisdiction이 논의되는 상황은 주로 재판권의 문제가 다루어지는 경우이므로, 이하에서는 'jurisdiction' 및 'in rem jurisdiction'의 번역어로서 각각, —기존의 한국 · 일본의 번역례를 보면 '관할' 및 '대물관할'이 많지만,— 본고에서는 '재판권' 및 '대물재판권'을 주로 사용하기로 한다.[9]

Ⅱ. 대인재판권(in personam jurisdiction)

1. 재판권 · 관할권은 '사람'에 대한 문제

한국 민사소송법 교과서에서 재판권 · 관할권 부분을 찾아보면, 대체로 먼저 재판권에 관하여 외교관 · 외국국가 등의 재판권 면제자 이슈를 간단히 설명한 다음에 관할권에 관하여 민사소송법 제2조~제25조의 관할 조항들을 길고 상세하게 해설하고 있다.[10]

어느 국가의 법원이 행사하는 재판권은 국가주권의 한 分岐이며 그 국가 내에 존재하는 모든 '사람'을 대상으로 한다. 따라서 면제 여부가 따로 논해지는 외교관을 제외하면 그 주권영역인 영토 내에 현존하는 모든 사람에게 국가의 재판권이 미친다. 한국도 마찬가지

9) 다만 몇 군데에서 '재판관할'로 옮긴 경우가 있다.

10) 가령 전원열, 민사소송법 강의, 제3판, 2022 99~141; 이시윤, 신민사소송법, 제11판, 2017, 58~122; 호문혁, 민사소송법, 제14판, 2020, 172~201 등.

이다. 그리고 거래당사자의 소속국이 서로 다른 국제거래에서는 "당사자 또는 분쟁이 된 사안이 대한민국과 실질적 관련이 있는 경우"[11]에 한국이 국제재판관할권을 가지는데, 이 경우에도 당해 거래의 당사자인 외국인이 그 분쟁사안을 통해 한국에 연결점을 가지는 경우에 권리의무의 주체인 그 외국인에 대한 재판권이 행사되는 것이다.

재판권 및 국제재판관할권의 존재를 전제로 하는 국내의 관할권도 역시 '사람'에 대한 것임은 당연하다. 민사소송의 관할 중 핵심은 토지관할이며,[12] 한국 민사소송법은 토지관할에 관하여 먼저 제2조에서 보통재판적을 설명하고 제3조에서 사람의 보통재판적이 주소에 따라 정해짐을 선언함으로써, 피고 주소지를 관할하는 법원에 '일반적 관할권'이 있음을 선언하고 있다.[13] 동법은 그 다음에 제7조부터 제24조까지 각 조문별로 여러 종류의 특별재판적을 설명하고 있는데, 그러한 특별재판적 역시 기본적으로는 사람이 어떤 행위나 사물을 근거로 어느 지역에 연결점을 가지는가에 관한 설명일 뿐이다. 재산소재지 등 事物에 기하여 관할이 인정되는 경우라도, 이는 —권리의무의 주체 및 소송의 주체가 될 수 있는 것이 사람(자연인·법인)에 한정되는 이상— 그 事物을 매개체로 하여 '사람'에 대한 관할권이 인정되는 것일 뿐이다.

요컨대 —형사재판권이 사람(피고인)을 대상으로 하는 것임이 너무 당연하듯이— 민사재판권의 개념도 사람을 대상으로 하는 것이다.

2. 영미법에서도 對人裁判權 판단이 기본

이는 영미법에서도 마찬가지로서, 재판은 원래 사람에 대하여 하는 것이므로, 재판권(jurisdiction)의 인정은 원칙적으로 人的 요소에 근거한다. 미국의 각 주는 그 주 내에 현존하는 사람에 대하여 재판권을 가진다. 즉 영미법상의 재판권 논의의 출발점 역시 대인재판권(in personam jurisdiction)이며, 대물재판권(in rem[14] jurisdiction)은 부가적 · 예외적으로 논해지는 것이다.

다만 영미법에서는 아래 III.에서 설명할 대물소송 · 대물재판권 중에서, 사람을 특정

---

11) 국제사법 제2조 제1항.

12) 사물관할은 영미법에서는 문제되지 않는다. 한국의 사물관할은, 訴價를 가지고서 제1심 법원의 합의부와 단독 재판부 사이에 담당을 나누는 개념인데, 영미 재판의 제1심 법원은 모두 단독심이므로, 영미 민사소송법에서는 따로 사물관할을 논하지 않는다. 그 외에 합의관할 · 변론관할에 관하여 보면, 이들 개념이 물론 영미법에서도 있지만, 이들은 주로 토지관할(임의관할) 위반의 사건에서 당사자의 의사 · 행동에 의하여 창설되는 관할을 의미하므로, 이는 토지관할에 대한 보조적 개념일 뿐이다.

13) 전원열, 민사소송법 강의, 119; 이시윤, 신민사소송법, 104; 호문혁, 민사소송법, 175 등.

14) rem은 "것; 物;事(thing; matter)"를 의미하는 라틴어 명사 'res'의 對格(accusative)이다.

하지 않은 채로 진행하는 소송을 허용하는 경우가 있으므로, 마치 物件 자체가 소송당사자인 것처럼 여겨지기도 한다. 가령 대물소송의 주요 유형 중의 하나인 선박소송에서는 —어떤 항구에 해당 선박이 억류(arrest)되면— 그 선박의 운항 등에서 비롯한 채권을 가진 자가 원고가 되어서 (피고를 특정하지 않은 채로) 선박의 換價 절차를 진행하는 소송을 수행하고, 또 원소유자를 알 수 없는 토지에 대하여 장기점유를 근거로 한 (일종의 취득시효에 기한) 소유권을 확보하려는 소송을 (역시 피고를 특정하지 않은 채로) 수행하며, 이러한 경우에는 사건명 자체를 —통상의 영미 사건명 표기방식인 "원고 vs. 피고"로 적는 대신에— "원고 vs. 물건"으로 기재하므로, 마치 물건이 당사자라고 여겨지기도 한다. 그러나 본래 민사재판이 사람 사이의 권리의무를 정하는 절차인 이상, 위와 같은 대물소송에서도 —특정이 번거롭거나 특정이 잘 안 되는 피고를 굳이 기재하는 대신에— 편의상 물건명을 기재하는 것일 뿐이며, 이 역시 사람들 간의 권리의무를 정하는 절차일 뿐이다.

그렇다면 영미법계에서도 재판관할의 문제에서는 대인재판권을 먼저 이해하고 나야 대물재판권을 이해할 수 있다. 따라서 여기에서는 먼저 미국법상의 대인재판권(in personam jurisdiction; personal jurisdiction)을 살펴본다.

3. 연 혁

원래 어느 법원에 jurisdiction(재판권·관할권)이 있다는 말은 특정 피고 혹은 그 피고의 재산에 대해서 그 법원이 최종결정을 할 수 있음을 의미한다. 오래 전 영국에서는, 특정 피고에 대해 법원이 재판권을 행사할 수 있으려면, 그 피고가 그 법원의 영역 내에 現存해야만 했다. 커먼로의 여러 對人訴訟의 본질적 성격은 準刑事(quasi-criminal) 재판이었으며, 그 피고에 대한 물리적 통제를 하지 못한다면 법원은 판결을 집행할 방법이 없었다. 따라서 피고에 대한 실제 물리력은 그에게 판결을 선고하기 위한 전제조건이었다.[15]

어느 법원이 특정 피고에 대하여 물리력을 가진다는 것은, 그 피고가 당해 관할구역 내에서 常居所(domicile)[16][17]를 가지거나 그 관할구역 내에서 당해 사건 소장부본의 송달을

15) J. Friedenthal/M. Kane/A. Miller, Civil Procedure, 5. ed., 2015, 97. 그래서 중세 영국에서는 —민사소송에서도— 대부분의 경우 피고는 체포영장(writ of arrest)을 통해서 법원출석을 강제당하였고, 원고의 청구금액 및 소송비용을 커버할 금액을 보석보증금으로 납부해야만 석방될 수 있었다.

16) 영미법상의 주소 개념인 'domicile'은 개인의 영구적인 근거지(permanent home)로서 그 사람이 현재 다른 곳으로 이주할 생각을 하지 않고 거주하는 장소(일시적으로 그 장소를 이탈하였다고 하더라도 다시 돌아갈 생각을 가지고 있는 장소)를 의미하는 것이며, 현실적으로 그 지역에 거주한다는 객관적인 요소와 현 단계에서 그 지역을 떠날 의도가 없다는 주관적 요소의 2가지 요건을 구비하여야 한다. 그리고 영미법상, 모든 사람은 출생으로 인하여 domicile of origin을 취득하며 (성인이 된 후에는 자기 의사에 따라 domicile of choice를 가지게 됨), 출생 이후에도 항상 1개의 domicile만을 보유함이 원칙이다. (이처럼 영국과 미국에서는 domicile을 하나만 허용하지만, 다만 영미법계 국가 중

받았음을 의미한다.

4. Pennoyer v. Neff 판결

미국에서 대인재판권, 대물재판권 간의 경계 및 그 요건을 분명하게 만든 1877년의 연방대법원 판결이 Pennoyer v. Neff 판결[18]이다. 이 사건 원고인 네프(Neff)는 캘리포니아 주민이었다. 네프와 거래가 있었던 미첼(Mitchell) 변호사가 그 전의 미지급수임료를 지급해 달라는 소를 1866년에 오레곤 州法院에 네프 상대로 제기하였고, 이 법원은 공시송달(service process by publication)만으로 소제기 사실을 고지한 다음, 궐석판결로 미첼 변호사에게 승소판결을 선고하였다.

그런데 원래 네프는 오레곤의 토지불하법(Oregon Donation Laws)에 따라서 오레곤 주 내에 토지를 소유하고 있었고, 미첼은 위 승소판결에 기하여 위 토지를 압류하고 강제집행절차를 진행하였으며, 그 경매절차에서 미첼 스스로 이를 낙찰받은 후에 이를 페노이어(Pennoyer)에게 매도하였다. 9년이 흐른 후 이를 알게 된 네프가 자신의 소유권을 주장하면서 토지인도의 소를 제기하였으며, 이 소송에서 페노이어가 법원경매를 통한 자신의 소유권을 주장하자, 네프는 오레곤 주법원은 애초부터 자신에 대한 裁判權(jurisdiction)이 없었으므로 그 경매의 기초가 된 판결이 무효라고 주장하였다.

연방대법원은 네프의 손을 들어주고, 오레곤법원의 토지매각이 무효라고 판결하였다. 이 판결에서 필드(Field) 대법관이 주법원의 재판권에 대하여 한 판시가, 이른바 "Field 이론"으로서 그 후 100여 년간 지속되는, 주법원 재판권에 관한 대표 판례가 되었다. 그 요지는 "각 주는 그 영역 내에 있는 사람들과 물건들에 대하여 배타적인 재판권을 가진다(every state has exclusive jurisdiction and sovereignty over persons and property within its territory). 반면에, 각 주는 그 영역 밖에 있는 사람들과 물건들에 대해서는 직접적인 재판권을 행사할 수

에서 복수의 domicile을 허용하는 곳도 있다.)

한편 屬人法에 관하여 대륙법계에서 —영미법계의 주소지법주의가 아니라— 나폴레옹 민법전 이후 本國法主義가 자리잡으면서 대륙법계에서는 '주소'의 개념이 약화되었고, 이에 따라 대륙법계 국가들은 대체로 永住意思가 강조되지 않고 복수의 장소를 허용하는 주소(residence)의 개념을 채택하고 있다 [그래서 (예외도 있지만) 대륙법계에서 주소(residence)는 —한국 민법 제18조 제2항에서처럼— 대개 두 곳 이상 허용된다].

참고로, 한국에서 domicile의 번역어는 오래 전부터 '常居所'로 자리잡았다. 그런데 법률 제18670호로 전부개정되어 2022. 7. 5.부터 시행된 국제사법 제3조는 —구 국제사법의 常居所라는 용어를 버리고— '日常居所(habitual residence)'라는 개념을 사용하고 있다. 법률문언 안에 개념어로서 영어를 병기한 드문 사례이다.

17) 미국법에서도 —domicile 외에도— residence라는 용어를 자주 사용한다. 영미법에서 사용되는 residence는, domicile만큼의 요건을 요구하지 않는 (영주의사라는 주관적 요소를 제거한) 막연한 거주지라는 의미로 사용될 때도 있고, domicile을 가리킬 때도 있다. 요컨대 미국법상 '주소' 개념은 여전히 혼란스럽다.

18) 95 U.S. 714; 24 L.Ed. 565 (1877).

없다(no state can exercise direct jurisdiction and authority over persons and property without its territory)"라는 것이다. 즉 주법원은 (각각 국가나 마찬가지의 고권 내지 재판권을 가지므로) 자기 州의 주민에 대해서만 배타적 재판권을 가진다.19) 다만 他州 주민과의 거래에 관련하여 자기 주 주민을 보호할 의무가 있으므로, 타주 주민인 피고에 대하여 일정한 경우에만 재판권을 가지게 되는데, 그 일정한 경우의 첫째를 보자면, 주법원은 "그 주 내에서 타주 주민에게 소장송달이 이루어졌다면(또는 그가 소제기에 동의했다면)" 그에게는 재판권을 가진다는 것이며, 둘째로, 타주 주민이 당해 州 내에 토지를 소유하고 있고, 원고가 '소제기 시점에' 그 토지를 압류한 경우라야 한다20)는 것이다. 하지만 이 사건에서 오레곤 법원은, 네프에게 적법한 송달을 하지 않았고, 소제기시에 미첼에게 네프 토지를 미리 압류할 것도 요구하지 않았으며, 나중에 압류된 재산이 원고의 청구권과 무슨 관련이 있을 것을 요구하지도 않았다. 판결선고 후에 비로소 미첼이 네프의 부동산을 압류했으므로, 오레곤 주법원은 재판권이 없는 것이었다.21)

이런 판시로써 페노이어 판결은, 두 종류의 주법원의 재판관할을 확립하였다. 하나는 당해 주 내의 '사람'의 현존에 기한 재판권이고, 다른 하나는 당해 주 내에 있는 '재산'에 기한 재판권이다. 주법원은 그 주 내에 현존하는 피고에게 소장을 송달함으로써 對人裁判權을 가지는 것이 되고, 당해 주 내의 재산에 대하여 압류·가압류를 함으로써 對物裁判權 또는 準對物裁判權을 가지는 것이 되었다. 위 두 단계에서 요구되는 송달의 수준이 각각 달랐는데, 대물재판권·준대물재판권이 인정되려면 공고(publication)로써 족했지만, 주법원이 (자발적으로 응소하지 않는) 비거주자인 피고에 대하여 인적관할을 주장하려면 주 내에서의 개별화된 송달이 요구되었다.22)

이와 같이, 소송당사자의 물리적 현존이라는 엄격한 규칙을 만듦으로써, 페노이어 v. 네프 판결은, 모든 주법원 재판권 주장에 대하여 합헌성을 부여하는 틀을 만들어 내었다. 주법원이 비거주자가 분쟁당사자가 된 분쟁에 대한 재판권을 가지려면, 당해 피고에게 직접 송달을 하든지, 아니면 피고의 州內 재산이 먼저 (가)압류되어야만 했다. 페노이어 판결 자체가, 위의 엄격한 요건을 완화해 준 부분은, 가사소송 및 비거주자 법인이 피고로 된 소송 등 예외적인 일부이었다.23) 그러나 위 기본원칙이 적용될 부분에서 —아래에서 보듯이

19) Friedenthal/Kane/Miller, Civil Procedure, 99.
20) 소제기시에 이런 압류를 함으로써 주법원은 자신의 재판권을 주장하는 것이며, 그 압류로써 피고에게 통지를 하는 셈이라고 설명된다. 법률은 재산이 항상 그 소유자의 점유 하에 있다고 가정하므로, 재산의 압류 자체가 일종의 통지라는 것이다. 이 둘째의 경우에 해당하면, 공시송달(공고에 의한 대체송달)도 충분히 적법한 송달이 된다.
21) Friedenthal/Kane/Miller, Civil Procedure, 100.
22) Friedenthal/Kane/Miller, Civil Procedure, 100.
23) 95 U.S. 714, 735 (1877).

— 곧 문제점이 드러났다.

한편, 법인은 원래 관념적 존재이어서 어디에도 현존하는 것이 아니므로, 페노이어 기준에 잘 맞지 않았다. 19세기에는 법인은 설립지의 주의 재판권에만 복속하고 타주에서는 존재하지 않으므로 타주 법원에서는 그에 대한 재판권을 가지지 않는다고 여겨졌다. 하지만 타주에서의 법인 활동이 증가하면서, 법원들은 불가피하게 새로운 법률이론들을 만들어 내거나 발달시켰다. 첫째는 '同意' 이론(consent theory)이었다. 둘째는 '기업체의 現存'(corporate presence) 이론이었다. 이 둘째는 동의이론이 커버하지 못하는 공백을 메웠다. 위 둘로부터 셋째의 재판권 이론인 "영업활동"(doing business)이 나왔다.

위 둘째의 현존 이론은, 타주의 법인이 당해 주 내에서 "현존한다고 추론될 만큼 충분한 영업을 하고" 있다면, 不在同意로 보아서 그 법인에 대한 재판권이 있는 것으로 처리할 수 있어야 한다는 것이다.

5. 현존 기준의 완화 및 최소접촉 기준 — International Shoe 판결

Pennoyer 기준은 1945년의 International Shoe Company v. State of Washington 판결[24]에서 유연하게 변경되었다. International Shoe 회사는 델라웨어에서 설립되고 주사무소가 미주리 주에 있었다. 이 회사는 워싱턴 주에 거주하면서 영업활동을 하는 직원들을 10여 명 채용했다. 워싱턴 주는, 당해 직원이 받은 연간 성과보수에 기초하여 실업급여세를 산정하여 회사에게 부과하였다. 회사가 위 세금의 납부를 거부하자, 워싱턴 주법에 따라서 州稅廳長이 명령 및 산정통지를 하고 워싱턴 주 내에 있는 영업직원에게 직접 송달을 함과 동시에 소제기 통지를 회사의 미주리 사무소로 우편발송함으로써 송달절차를 마쳤다.

이 소송에서 International Shoe 회사는, 회사에 대한 소장 송달의 적법성을 다투었다. 즉 워싱턴 주 소재 영업사원은 회사의 대리인이 아니고, 우편송달이 유효하다고 본 주법은 연방헌법상의 적법절차 조항을 위반한 것이라고 다투었다. 반면에 州법원은 송달이 헌법적으로 유효하고 피고 회사는 주법원의 재판권에 복속해야 한다고 보았다. 연방대법원은 주법원의 결론을 肯認하였는데, 대법원장 Stone이 작성한 다수의견에서, 적법절차에 의할 때 주법원이 대인재판권을 비거주자인 어떤 사람에게 행사하기 위해서는 그 사람이 당해 州와 일정한 "최소한의 접촉(minimum contacts)"을 가지고 있어서, 당해 소송을 유지하더라도 "페어플레이 및 실질적 정의에 대한 전통적 관념"을 침해하지 않을 정도이면 된다고

24) 326 U.S. 310 (1945).

판시하였다. 이로써 수십년 간 주법원 재판권의 기준이 되는 —그리고 현재까지도 아직 폐기되지 않고 작동한다고 여겨지는— 이른바 "최소접촉" 기준이 마련되었다. 이 기준에 의하면, 피고가 그 州의 영역 내에 물리적으로 현존하는 것만으로 —아무리 짧은 시간 현존하더라도— 주법원은 그 피고에 대한 인적 재판권을 취득할 수 있다.[25] 이는 19세기에 비하여 사회의 移動性이 커진 20세기의 상황에 적응하기 위한 것으로 해석된다.

현재 미국 법률가들은 International Shoe 판결이, 대인재판권 중에서 일반재판권(general jurisdiction)과 특별재판권(specific jurisdiction)을 구별했고 그 후로도 이 관념이 적용되고 있다고 이해하고 있다.[26] 타주거주자가 당해 州와 광범위한 접촉을 하는 경우에는 일반재판권이 인정되어서 재판이 성립할 수 있지만, 만약 그런 수준의 접촉이 없다면 당해 사건의 피고에 대한 청구가 피고의 주내 활동과 연결되어야만 특별재판권을 인정할 수 있다는 것이다. 즉 재판권 인정에 필요한 최소접촉의 기준이 일반재판권과 특별재판권에서 서로 다르다.

한편 연방대법원은, 각 州가 제정법으로 이른바 "long-arm statute"를 시행하는 경우, 즉 타주거주자(타주기업)가 잠재적 위해발생 가능성이 있는 활동을 당해 주 내에서 하는 경우에 주법원 재판권을 넓게 인정하는 제정법(statute)을 시행하는 것을 합헌이라고 인정함으로써, 많은 주들이 이런 long-arm statute를 제정 · 시행하게 되었고,[27] 이에 따라 주법원의 대인재판권의 범위는 더욱 넓어졌다.

6. 높은 접촉수준의 요구 — Goodyear Dunlop Tires 판결 등

그러나 20세기 중반의 위와 같은 대인재판권 확대가 계속되지는 않았다. 오히려 1980년대 이후에는 연방대법원이 위의 최소접촉(minimum contacts) 기준에서 요구되는 접촉의 수준을 약간 높이는 판시를 하고 있다.

처음 그런 경향을 보인 판결이 Helicopteros Nacionales de Colombia, S.A. v. Hall 판결[28]이다. 이 사건은, 콜롬비아에서 설립된 피고 회사의 헬리콥터가 페루에서 추락한 사

25) 결국 이 원칙을 극단적으로 밀고 나가면, 비거주자인 피고에 대하여, 그가 당해 州를 자동차로 지나가거나 비행기를 타고 그 상공을 날아가는 동안에도 송달을 할 수 있다. 그러나 이런 판시는 나온 적이 없고, 오히려 아래에서 본 Helicopteros Nacionales de Colombia, S.A. v. Hall (466 U.S. 408 (1984))이나 Goodyear Dunlop Tires Operations, S.A. v. Brown (564 U.S. 915 (2011)) Daimler AG v. Bauman (134 S. Ct. 746 (2014)) 등의 판결에서, 연방대법원은 최소접촉 원칙의 적용범위를 통제하고 있다.

26) 하지만 엄밀히 말하면, 그런 구별의 관념을 International Shoe 판결에서 읽을 수는 있지만, 이런 용어를 써서 정확히 구별한 것은 아래에서 설명하는 Helicopteros Nacionales de Colombia, S.A. v. Hall 판결에서이다.

27) 이런 long-arm statute의 효시는 대체로 일리노이 주의 1956년 입법이라고 여겨진다.

28) 466 U.S. 408 (1984).

고에 기하여, 피고 회사에 대하여 텍사스 주법원에서 배상이 청구된 소송이었다. 피고는 텍사스 주에서 헬리콥터의 부품과 장비를 구입하고, 텍사스에서 계약 협상을 하거나 조종사들로 하여금 텍사스 주에서 훈련받도록 한 적이 있었는데, 원고는 이를 근거로 텍사스 주법원이 피고에 대한 관할을 가진다고 주장하였고, 텍사스 주법원은 이를 받아들였다. 그러나 연방대법원은 위와 같은 접촉은 페루에서의 사고와 직접 관련이 없으므로 특별재판권은 없다고 보았고, 다른 한편으로 일반재판권을 인정할 만큼 피고 회사의 텍사스 주내 활동이 지속적 · 체계적(continuous and systematic)이지는 않다고 보았다.

21세기에 넘어와서 이런 재판관할 범위의 통제 경향은 계속되었다. Goodyear Dunlop Tires Operations, S.A. v. Brown[29] 사건은, 프랑스에서 발생한 버스사고로 사망한 두 소년의 부모가 버스 타이어 하자를 주장하면서 노스캐롤라이나 주에 설립된 모회사 및 터키 · 프랑스 · 룩셈부르크에서 각각 설립되어 타이어를 제조하는 세 개의 자회사를 상대로 노스캐롤라이나 주법원에 소를 제기한 사건이다. 주법원은 재판권을 인정했으나, 연방대법원은 부정했다. 연방대법원은 비록 모회사에 대한 주법원의 (인적) 일반재판권이 인정된다 하더라도, 외국에 설립된 자회사들에 대하여 일반재판권을 행사하기 위해서는 그 회사들과 州 사이의 관계가 마치 그 회사들이 본국에 있는 것과 마찬가지로(essentially at home) 지속적 · 체계적이어야 한다고 판시하면서, 단순히 주에서 정기적인 타이어 판매행위가 있었다는 사실만으로는 주법원의 자회사들에 대한 일반재판권을 인정할 수 없다고 보았다.

2014년의 Daimler AG v. Bauman 판결[30]에서는 연방대법원이 요구하는 최소접촉의 수준이 더 높아진 느낌을 준다. 이 사건에서 아르헨티나 국적의 원고들은, 독일 자동차 제조회사인 Daimler AG사의 아르헨티나 자회사 Mercedes-Benz Argentina가 1976년부터 1983년까지 발생한 소위 '더러운 전쟁'(Dirty War)의 와중에 아르헨티나 군사정권의 정보기관과 공모하여 원고들 또는 그 가족들이 납치, 고문당하도록 하는 등 기본적 인권을 침해하였다고 주장하면서, 연방법(federal law)에 근거하여 캘리포니아 주에 위치한 캘리포니아 연방지방법원(California Federal District Court)에 Daimler AG를 상대로 소를 제기하였다. 원고들은 피고가 100% 지분을 보유한 미국 델라웨어 주 설립 자회사인 Mercedes-Benz USA의 캘리포니아 주에서의 활동을 근거로, 캘리포니아 연방지방법원의 피고에 대한 (인적) 일반재판권의 존재를 주장하였다. 연방지방법원은 재판권을 부정하고 항소심인 제9연방항소법원은 재판권을 인정하였는데, 연방대법원은, 피고 Daimler AG에 대한 캘리포니아 주의 (당

29) 564 U.S. 915 (2011).
30) 134 S. Ct. 746 (2014).

해 청구와 관련된) 특별재판권은 존재하지 않으며, 또한 피고 Daimler AG의 캘리포니아 주와의 접촉은 일반재판권을 인정하기에는 지나치게 斷續的 · 간헐적이고, 피고의 자회사인 Mercedes-Benz USA는 피고의 分身(an alter ego)이라고 할 수 없다고 판단하면서, 재판권을 부정하고 파기환송하였다.

요컨대 현재의 미국 연방대법원의 입장은, International Shoe 판결에서 선언했던 "최소한의 접촉(minimum contacts)" 원칙을 유지하되, 일반재판권을 인정하기 위한 최소접촉의 기준은 높여두었고, 또한 특별재판권을 인정하기 위해서는 당해 청구권이 그 주내 접촉활동으로부터 비롯한 것이어야 한다고 함으로써, 재판권 범위의 막연한 확장을 통제하고 있는 셈이다.

Ⅲ. 대물재판권(in rem jurisdiction)

1. 개념 및 연혁

대인재판권과 달리, 대물재판권이란 事物(res)에 기하여 인정되는 재판권이다. 한국에는 없는 개념이다.

영미의 연혁을 보면, 역사적으로 처음에는 법원의 관할구역 내의 특정 '토지'에 관하여 이 관념이 형성되었다. 법원의 관할구역 내의 토지를 둘러싸고 다투는 양 당사자 중 일방이 그 관할구역 내에 현존하지 않더라도, 그 법원이 판결을 내리면, 이는 집행가능한 판결이 되기 때문에, 대물재판권(in rem jurisdiction)이라는 관념이 만들어졌다. 바꾸어 말해서, 관할구역 내의 사람에 대한 재판권이라는 전통적인 관념이 관할구역 내의 재산에로 확대되면서 — 재산에 대한 이해관계인의 소재가 어디이든 간에 — 그 경계 내에 위치한 재산의 지위나 소유권에 대해 재판할 법원의 권한이 인정되게 된 것이었다. 어느 재산에 대해 판결이 내려지면 그 재산에 대해 권리를 주장하는 사람의 권리의무에 영향을 미침은 당연하지만, 대물재판권은 당해 재산 자체에 대하여 직접 작용하는 것이고 그 권리주장자에 대해서는 간접적으로만 작용한다고 설명되었다. 따라서 대물소송에서 선고된 판결은 —대인소송의 판결과는 달리— 그 피고를 "人的으로(personally) 구속하지 않는다"고 설명되었다.[31]

이와 같이 형성되어 간 대물재판권 개념을 명백하게 정리해 준 연방대법원 판결이 앞에서 본 Pennoyer v. Neff 판결이다. 이 판결에서 연방대법원은, 주내 소재 재산의 소유

31) Friedenthal/Kane/Miller, Civil Procedure, 98.

권에 대한 재판을 할 권한을 각 주가 가진다고 선언했지만, 이와 동시에, 주경계 밖에 소재한 재산에 대해서는 대물재판권(jurisdiction in rem)을 행사할 수 없다고 선언했다. 어느 법원이 대물재판권을 가진다는 것은, 그 재산 자체에 대한 지위 · 권리를 결정할 수 있음을 의미한다.

2. 대물재판권에서 당사자의 불특정

이처럼 원래 대물소송이라는 것이 법원이 그 州內 재산(local property)에 대한 상충하는 청구 · 권리주장들에 대해서 진행하는 재판을 가리키고, 그 재산은 이미 위 법원의 물리적 지배하에 있기 때문에 —대인소송에서 소송당사자가 일일이 특정되고 소환되어야 하는 것과 달리— 대물소송에서는 법원이 그 재판으로써 권리상 영향을 받을 모든 사람을 특정하거나 소환할 필요가 없다고 인정되었다. 즉 대물소송에서는 당사자 일방의 이름이 특정되지 않아도 무방하다.

3. 대물재판권의 종류

(1) 앞의 연혁에서 보았듯이, 주법원이 대물재판권을 행사하는 가장 대표적인 사안유형은, 그 주 내에 소재하는 토지에 관한 것이다. 특히 州內 부동산에 대한 법률상 소유권 · 점유권이 누구에게 귀속하는지를 결정하는 사건이 대표적이다.[32] 이런 사건에서는 그 기존 소유자가 누구인지를 아예 모르더라도 적법한 대물소송이 성립한다.

州 내의 특정 부동산에 관하여 그 소유자를 알 수 없는 상황에서 소를 제기할 경우에,[33] 그 사건명을 붙일 때에 실제 당사자명을 쓸 수가 없으니, 가명을 적어서 “John Doe, Unknown owner of (Property)”라고 적을 수도 있겠지만, 미국 법원은 이렇게 처리하지 않고 “Ex Parte (property)”라고 기재하거나 혹은 “State v. (property)”라는 식으로 기재하였다.[34] 이렇게만 하여도, 즉 소송당사자를 정확히 확정하지 않고도 소를 제기하고 수행할 수 있게 되는 것이다. 이렇게 하고는 그 물건에 대한 소유자를 찾는다는 공고를 하고 사건을 진행하였다. 이것이 가장 대표적인 대물소송이다.

32) 예컨대 Tyler v. Judges of the Court of Registration, 175 Mass. 71, 55 N.E. 812 (1900).

33) 한국법을 생각해 보면, 미등기부동산에 관하여 대한민국을 피고로 삼아서 소유권확인청구의 소 제기를 허용하는 예외를 제외하고는, 소유자 불상의 토지의 소유권에 관한 소를 제기하는 방법은 없어 보인다.

34) 하지만 원래 소송법상으로 당사자가 될 수 있는 것은 자연인 내지 법인뿐이기 때문에, 물건 · 재산이 당사자가 되려면 적어도 그 관리자(guardian)가 임명되어야 한다.

(2) 둘째로 흔한 주법원의 대물소송은 가족생활상 지위에 관한 소송인데, 가령 他州 거주 배우자를 상대로 이혼의 소를 제기하는 경우가 이에 속한다. “혼인상 지위”를 일종의 事物(res)로 취급하여 대물재판의 한 종류로 보는 것이다. 그러나 혼인에 관한 실체법이 수십 년 간 크게 변화한 점, 계쟁 지위의 소재지를 과연 어디라고 볼지가 어려운 문제라는 점 등 때문에, 가족관계 소송은 순수한 대물소송으로 볼 수 없다는 견해도 많다.[35)]

(3) 한편 —주법원 아닌— 연방법원이 대물재판권을 행사하는 가장 대표적인 사건은 해상법(admiralty law)상 특정 선박의 운용에서 발생한 채무의 만족을 위하여 그 선박에 대하여 소가 제기되는 경우[36)]이다.

(4) 그 외에 미국에서 종종 등장하는 대물재판권 사건을 예로 들면, 유언검인(probate) 사건,[37)] 토지수용(eminent domain) 사건,[38)] 공유재산분할 사건,[39)] 파산(bankruptcy) 사건,[40)] 회사주식의 소유권 귀속 사건,[41)] 재산몰수(condemn or confiscate) 사건[42)] 등이 있다.

Ⅳ. 준대물재판권(quasi-in-rem jurisdiction)

1. 연혁 및 의의

준대물재판권(準對物裁判權; quasi－in－rem jurisdiction)이라는 제3유형의 재판권도 영국의 커먼로법원에서 시작되었다. 준대물재판권의 대표적인 것이 “압류재판권(attachment jurisdiction)”이다. 과거 커먼로법원에서는, 재판받을 피고의 법정출석을 확보하기 위하여 법원이 압류영장을 발령하고 집행관이 이에 따라 피고의 동산·부동산을 압류하곤 했다. 애초에는 그 압류가 단지 피고로 하여금 출석을 강제하는 역할만을 했고 피고가 불출석하면 공판이 진행될 수 없었다. 그런데 나중에는, 피고가 불출석을 거듭하면 커먼로법원이, 그 압류재산을 원고의 청구권을 만족시키기 위하여 원고에게 넘겼다. 이 제3유형의 재판권이 발전하여,

35) 더 상세한 설명은 Friedenthal/Kane/Miller, Civil Procedure, 113 이하 참조. 또한 이혼에 관한 미국의 對物訴訟 개념이 문제된 한국 대법원의 2006. 5. 26. 선고 2005므884 판결과 관련한 상세한 분석으로는 김시철, 駐韓 美國人 夫婦의 離婚 및 未成年子女에 관한 養育處分 등에 대하여, 저스티스 96 (2007) 237 이하 참조.

36) 예컨대 The Hine v. Trevor, 71 U.S. 555 (1866); New v. Yacht Relaxin, 212 F.Supp. 703 (S.D.Cal. 1962).

37) 예컨대 In re Estate of Nilson, 126 Neb. 541, 253 N.W. 675 (1934).

38) 예컨대 Housing Authority of City of Butte v. Bjork, 109 Mont. 552, 98 P.2d 324 (1940).

39) 예컨대 Freeman v. Alderson, 119 U.S. 185 (1866).

40) 예컨대 Bank of Marin v. England, 385 U.S. 99 (1966).

41) 예컨대 First Trust Co. v. Matheson, 187 Minn. 468 (1932).

42) 예컨대 Huling v. Kaw Valley Ry. & Improvement Co., 130 U.S. 559 (1889).

—II.4.의 Pennoyer 판결에서 인정된 것처럼,— 미국에서 준대물재판권(quasi–in–rem jurisdiction)이 되었다.[43)]

미국 법원에서 (위 압류재판권과 같은 성격에서) 인정된 준대물재판권은, 어느 사람의 분쟁에 대한 재판을 하기 위하여 그 법원 관할구역 내에 소재한 —그리고 그 분쟁이 재산 자체와는 무관한— 재산에 대하여 행사하는 재판권이었다. 즉 준대물재판권은, 대물재판권과 대인재판권의 요소들을 결합한 하이브리드 재판권이었다.[44)] 한편으로 준대물재판권은, 대물재판권과 마찬가지로, 피고의 人身(person)이 아니라 피고의 재산(property)에 대한 법원의 권한으로부터 도출되었다. 다른 한편으로 준대물재판권은 —마치 대인재판권처럼— 피고에 대한 인적 청구권을 판단할 권한을 법원에게 부여한 것이었다. 준대물재판권에 기한 원고승소 판결의 효력은 그 (압류된) 피고 재산의 가치 범위 내로 엄격하게 한정되었는데, 이에 관해서는 아래 3.에서 다시 본다.

그런데 다른 각도에서 보자면, 대물소송과는 달리, 준대물소송은 특정인을 상대로 하는 것이지, 물건을 상대로 하는 것이 아니다. 준대물판결의 효력은, 당해 재산에 관하여 對世的으로 미치지 않으며, 준대물판결은 당해 재산에 관한 소송당사자들의 권리에만 영향을 미친다. 이와 같이 준대물재판의 결과가 대세적이지 않다는 점에 관해서는 아래 V.3.에서 다시 본다.

준대물소송을 제기하는 원고의 관점에서 다시 정리해 본다. 원고가 소제기하려는 법원이 피고에 대한 대인재판권을 가지지 않는 경우이더라도, 원고는 피고가 그 관할 내에 소유하고 있는 아무 재산에 대해서나 가압류를 하고[45)] 피고에게 그 가압류사실을 통지함으로써 원고는 소송을 개시할 수 있다(=당해 법원은 재판권 있는 법원이 된다). 일단 위와 같은 절차에 기하여 그 재산이 당해 법원의 지배 하에 놓이게 되면, 법원은 당해 소송의 모든 면에 대한 재판을 할 수 있다. 피고는 출석을 하여 원고가 주장하는 본안에 대해 다투든지, 혹은 불출석하고 그 재산을 희생시키든지 해야 한다. 피고가 불출석이든 출석이든 간에, 원고가 승소판결을 얻으면, 당해 재산은 매각될 수 있고 그 매각대금은 원고에게 지급된다.

2. 준대물재판권의 종류

법원은 두 가지 유형에서 준대물재판권을 행사한다. 첫째 방식은 앞에서 본 압류재판

43) Friedenthal/Kane/Miller, Civil Procedure, 98.

44) Friedenthal/Kane/Miller, Civil Procedure, 98.

45) 그 가압류는 attachment일 수도 있고, garnishment일 수도 있으며, 혹은 형평법상의 sequestration일 수도 있다.

권(attachment jurisdiction) 유형이다. 이 유형의 재판권 행사는 인적재판권 행사와 유사하다. 즉 원고가, 피고의 人身에 관한 대인재판권의 대체물(substitute)로서, 당해 법원관할 내에 소재하는 피고 재산에 관한 재판권을 주장하는 경우가 이 첫 번째 유형이다. 대개 이 유형은, 비거주자인 피고가 법정에 불출석하려 할 것이 예상될 때 이용된다.

준대물재판권이 행사되는 둘째 유형을 보자면, 어떤 재산에 관해 원고가, 기존 청구권을 주장하면서 동시에 (경합 가능성 있는) 다른 유사 청구권의 부존재를 확정하고 싶어하는 경우이다.[46] 이런 유형의 준대물재판의 예를 들면, 토지 소유권에 대한 제한 · 부담을 제거하려는 소송,[47] 채무자가 채무변제 회피를 위하여 특정 부동산을 양도한 경우의 사해행위 취소소송,[48] 부동산양도계약에 기하여 특정이행(specific performance)을 구하는 소송[49] 등이 그것이다. 이들 소송은 특정 재산을 대상으로 삼고 있으므로 대물소송 비슷하지만, 당사자들이 기저에 놓인 권리관계 내지 의무위반을 다투고 있다는 추가적 요소가 있다. 그 재산은 —그 재판의 대상 자체라기보다는— 그 재판의 결론에 관련되어 운명이 정해지는 것이다.

3. 준대물소송상 원고의 이익과 불이익

위 압류재판권(attachment jurisdiction)에 기한 소송에서는 원고가 2가지 이득을 얻는다. 첫째, 州內의 피고 재산을 압류해 달라고 신청함으로써 원고는 피고로 하여금, 출석 및 본안항쟁을 하든지 아니면 불출석하여 재산상실의 위험을 떠안으라고 강제할 수 있다. 여기서 만약 피고가 출석하고 본안에 관하여 다투어서 소송이 진행되었는데 원고가 승소하였다면, 원고의 승소액은 피압류재산의 가치에 국한되지 않는다. 둘째, 그 재산압류로써 원고는 집행대상재산을 확보하게 된다.

다른 한편으로, 원고에게는 일정한 불이익도 생긴다. 즉 준대물재판권을 행사하는 법원의 권한이 제한되어 있다는 점 때문에 —피고가 출석 및 본안항쟁을 선택하여 당해 법원의 대인재판권에 들어오지 않는 이상— 준대물판결이 내려질 수 있는 범위는 당해 법원이 재판권 근거로 삼는 그 재산의 가치에 엄격하게 한정된다. 물론 재산가치가 판결인용액을 초과하면, 법원이 그 재산의 매각 및 원고의 만족 후에 남는 매득금 차액을 피고에게 돌려준다.

46) Friedenthal/Kane/Miller, Civil Procedure, 114.
47) 가령 Arndt v. Griggs, 134 U.S. 316 (1890).
48) 가령 State ex rel. Hill v. District Court, 79 N.M. 33 (1968).
49) 가령 Garfein v. McInnis, 248 N.Y. 261 (1928).

4. 준대물재판권의 효용

Pennoyer 판결이 지배하던 시절에는, 이런 attachment 유형의 준대물소송이 엄격한 지역간(주간) 배타적 독립성 개념의 효과를 개선하기 위하여 —어느 정도만큼은— 신축적인 역할을 하였다. 이런 준대물소송은, 州間 移動이 어려운 원고로 하여금 종적을 감춘 피고를 상대로 소제기를 할 수 있게 함으로써 절차적 보호장치 역할을 하였고, 하나의 주법원으로 하여금 (다른 주의 주민에 대하여 직접적 대인재판권 주장을 할 경우에 발생하는) 他州의 지역적 독립성 침해를 하지 않으면서도 비거주 불법행위자를 상대로 州內 거주자인 원고가 소송을 할 수 있게 함으로써 그 원고를 구제할 수 있도록 하였다. 또한 법인에 대해서는 그 설립지인 州 바깥에서는 대인재판권에 기한 소제기를 할 수 없었으므로, 준대물재판권은, 州內 거주 채권자가 州外의 법인을 상대로 미변제채무나 인신사고에 기초하여 자신의 州의 법원에 소제기를 할 수 있는 유일한 수단이었다. 주경계를 넘는 이동에 비용이 많이 들고 어려웠던 시절에, 준대물재판은 (준대물재판이 인정되지 않았더라면) 타주 소재 피고의 그 타주에 찾아갈 수밖에 없었던 원고에게 절차적 공정성을 부여해 줄 수 있는 수단이었다.

그러나 Pennoyer 판결의 내용 자체가 준대물재판권과 공정성 관념을 연결시킨 것은 아니었으며, 그 판시논리를 사용할 수 있는지 여부는 오로지 피고의 재산이 당해 법원 관내에 있느냐 없느냐에 달려 있었다.50) 즉 피고가 당해 법원 관할지역과 지속적인 접촉을 하느냐라는 평가에 달려 있지는 않았다. 그런데 그 후에 헌법상의 적법절차(due process) 등 공정성 기준이 재판권(jurisdiction)에 관한 법에 침투해 들어오면서, 많은 법률가들은 대인재판권 · 대물재판권 · 준대물재판권 간의 구별이 —피고의 인신과 재산에 관한 주법원의 재판권행사의 타당성을 판단함에 있어서— 인공적인(artificial) 기준일 뿐이지 않느냐는 의문을 가지게 되었다.51)

Ⅴ. 대물소송 및 대물판결의 효력

1. 대물소송 및 대물판결의 의의

대물소송(action in rem)이란 대물재판권에 기하여 수행되는 소송을 가리키고, 대물판

50) Friedenthal/Kane/Miller, Civil Procedure, 116.

51) 특히 압류재판권 방식의 준대물재판권에 대한 헌법적 정당성에 대하여, 실체법과 절차적 적법절차 원칙의 양쪽으로부터 의문이 제기되었다.

결(judgment in rem)이란 그 대물소송의 결과로 선고되는 판결이다. 따라서 —앞에서 대물재판권 개념을 검토한 이상— 소송사건 중에서 어떤 유형이 대물소송이냐 또는 법원의 판결들 중에서 어떤 것이 대물판결이냐를 별도로 검토할 필요는 없다. 대물재판권(jurisdiction in rem)의 개념 및 그 범위가 정해지면, 대물소송 및 대물판결의 범위는 그에 따라 정해지는 것이다.

2. 대물판결의 효력 — 대세효

위 III.3.에서 대물재판권이 행사되는 사건유형 중 대표적인 것으로서, 기존 소유자 불명의 부동산 소유권 사건,[52] 해상(admiralty) 사건을 예로 들었고, 그 외에도 미국에서 종종 등장하는 대물재판권 사건으로서 유언검인(probate) 사건, 토지수용(eminent domain) 사건, 공유재산분할 사건, 파산(bankruptcy) 사건, 회사주식의 소유권 귀속 사건, 재산몰수(condemn or confiscate) 사건을 예로 들었다. 미국에서는, 이들 대물소송에서 선고되는 대물판결(a judgment in rem)은 "對世的 效力"을 가진다고 ("effective against all the world") 설명된다.[53]

한국에서는 —대물소송 · 대물판결이라는 개념이 없으므로— "대물판결에는 대세효가 있다"라는 식의 설명은 행해지지 않는다. 한국에서는 —원 · 피고의 양 당사자 간에만 판결의 효력이 발생하는 것이 원칙이지만— 일부 사건에서는 판결효의 주관적 범위가 확장된다고 설명한다.[54]

앞에서 든 미국의 여러 대물판결의 예를 찬찬히 살펴보면, 한국에서 기판력 확장을 인정하는 사건유형과 상당한 수준의 공통점을 가진다. 즉 파산 · 회생절차상 가령 파산 · 회생채권 확정소송의 판결은 그 절차에 관여하는 자 전원에 대하여 효력이 확장된다고 설명하며, 또한 가사소송 · 회사관계소송 · 행정소송의 판결은 일반 제3자에게까지 미치시 대세적 효력을 가진다고 설명된다. 그리고 미국에서 대물소송인 유언검인 사건은 가사소송의 일종이다. 또한 미국에서 대물소송인 토지수용 사건은 한국에서는 행정사건으로서 판결에 대세효가 발생한다. 한편 미국의 회사주식의 소유권 귀속 사건이, 한국에서라면 구체적 사건 내용에 따라서 대세효 있는 회사관계소송이 될 수도 있고, 일반 민사사건이 될 수도 있어 보인다.[55]

52) 한국의 부동산 취득시효 사건이 미국에서는 이 유형에 속한다.
53) Friedenthal/Kane/Miller, Civil Procedure, 112.
54) 전원열, 민사소송법 강의, 552 이하.
55) 그러나 한국에서는 형사사건인 재산몰수 사건이 미국에서 대물재판권 사건으로 처리된다든지, 일반 민사사건인 공유재산분할사건이 미국에서는 대물재판권 사건으로 처리되는 것을 보면 한국과 미국 간의 차이를 볼 수 있다.

3. 준대물판결에서 판결효력의 제한

준대물판결의 효력은 대세적이지 않다.[56] 이 점에서 대물판결과 준대물판결은 뚜렷이 구별된다. 그뿐만 아니라, 준대물소송의 판결은 후속소송에 대하여 구속력을 가지지 않는다는 큰 특징이 있다. 좀 더 구체적으로 보자.

준대물소송의 판결은 —특히 attachment jurisdiction의 경우에— 동일한 인적청구권이 행사되는 후속소송에서 기판력(binding or res-judicata effect)을 가지지 않는다. 이론적으로는 준대물판결에서 결론지워지는 점은, 재판권이 근거한 '특정 재산에서의' 당사자들의 권리뿐이다.[57] 기판력이라는 것은, 승소원고가 동일한 인적 청구권(personal claim)을 후속소송에서 행사하는 것을 방지하려는 것이다. IV.3.에서 보았듯이, 준대물소송에서는 판결이 내려질 수 있는 범위가— 비거주자인 피고가 출석 및 항쟁을 선택하지 않는 이상 —그 州內 재산의 가치에 엄격하게 한정되므로, 원고로서는 승소판결을 얻은 후에도 피고의 추가적 재산을 발견한다면 다시 소제기를 할 수 있어야 한다. 바꾸어 말해서 원고는 —원래 법원에서든 다른 법원에서든— 원고가 피고의 추가적 재산이 있으면 이를 압류함으로써 동일한 인적 청구권을 행사하여, 청구권의 원래 총액과 제1차 소송에서 얻어낸 액수 간의 차액을 구하는 제2차 준대물소송을 원고가 제기할 수 있다. 제2차 소송에서 또 원고가 승소하면, 제1차 판결에서 회복된 액수만큼은 제2차 소송의 판결에서 감액된다. 만약 피고가 제2차 소송에서 승소하는 경우에, 원고가 선행소송에서 수령한 액수를 내놓아야 하는 것은 아니다. 또한 원고로서는, 피고에 대한 대인재판권을 획득할 수 있는 다른 곳에서 또 다른 소를 제기할 수도 있다.

Ⅵ. 마 무 리

이상에서 對人裁判權 · 對物裁判權 · 準對物裁判權의 개념을 검토하고, 그에 기하여 對物訴訟(action in rem) 및 對物判決(judgment in rem)의 의미와 효력도 훑어보았다. 재판권 및 관할, 그리고 소송물의 기본 개념이 한국과 차이나는 영미법 하에서의 위 개념들을 명확히 파악하는 일은 쉽지 않다. 그러나 본고에서 하는 바와 같은 비교작업이 여러 영미법 개념에 관하여 누적되면, 한국법률가가 영미법을 이해하는 수준도 더 높아지리라고 기대한다.

---

56) Friedenthal/Kane/Miller, Civil Procedure, 114.
57) Friedenthal/Kane/Miller, Civil Procedure, 115.

이혼 시 재산분할청구권의 행사상 일신전속성
- 대법원 2022.7.28.자 2022스613 결정 -

정 구 태

조선대학교 법사회대학 교수, 법학박사

[사안의 개요 및 소송의 경과]

1. 사안의 개요

채무자 A와 상대방 Y는 2002. 8. 21. 혼인신고를 하고 슬하에 미성년 자녀로 B, C를 두었으나, 2016. 12. 6. 협의이혼하였다. A는 협의이혼 당시 Y에 대하여 재산분할청구는 하지 않았다. A는 2018. 3. 5. 서울회생법원 2018하단100412호로 파산신청을 하였고, 위 법원은 2018. 4. 16. A에 대하여 파산선고를 하면서 X를 A의 파산관재인으로 선임하였다. X는 A의 Y에 대한 이혼 시 재산분할청구권이 파산재단에 속하는 재산이라고 주장하면서, 2018. 11. 27. Y를 상대로 재산분할 심판청구를 하였다. 이에 Y는 재산분할청구권은 행사상 일신전속권으로서 X가 이를 대위행사할 수는 없으므로, 이 사건 심판청구는 부적법하다고 주장하였다.

2. 소송의 경과

제1심[1]은 다음과 같이 X의 심판청구가 부적법함을 이유로 각하하였다: “이혼으로 인한 재산분할청구권은 부부라는 신분관계에 기초하여 발생하는 권리로서, 당사자가 혼인기간 중에 공동의 노력으로 형성한 재산을 분할하는 재산적인 성격뿐만 아니라 이혼 이후 상

1) 인천가정법원 2021.1.12.자 2019느합1072 심판.

대방 당사자의 생활에 대한 부양적 성격도 있으며, 그 행사 여부도 신분적 인격관계를 고려하여 결정되는 특성을 가진다. 따라서 반드시 그 당사자에 의하여 청구되어야 하고 타인이 일방을 대신하여 또는 대위하여 청구할 수 없는 것이라는 의미에서 행사상의 일신전속권이라고 할 것이다. 그렇다면 X가 A의 파산관재인이라고 하더라도, A가 Y를 상대로 재산분할청구를 하지 않은 이상 X가 Y를 상대로 재산분할을 청구할 수는 없다.

채무자가 파산선고 당시에 가진 모든 재산 및 파산선고 전에 생긴 원인으로 장래에 행사할 청구권은 파산재단에 속하고(채무자 회생 및 파산에 관한 법률 제382조 제1항), 압류할 수 없는 재산은 파산재단에 속하지 아니한다(동법 제383조 제1항). 그런데 이혼으로 인한 재산분할청구권은 이혼을 한 당사자의 일방이 다른 일방에 대하여 재산분할을 청구할 수 있는 권리로서 이혼이 성립한 때에 그 법적 효과로서 비로소 발생하는 것일 뿐만 아니라(대법원 1998.11.13. 선고 98므1193 판결 참조), 협의 또는 심판에 의하여 그 구체적 내용이 형성되기까지는 그 범위 및 내용이 불명확 · 불확정하기 때문에 구체적으로 권리가 발생하였다고 할 수 없으며(대법원 1999.4.9. 선고 98다58016 판결 참조), 협의 또는 심판에 의하여 구체화되지 않은 재산분할청구권은 채무자의 책임재산에 해당하지 아니한다(대법원 2013.10.11. 선고 2013다7936 판결 참조). 따라서 협의 또는 심판에 의하여 구체화되지 않은 재산분할 청구권은 압류할 수 없는 재산이라고 할 것이므로(채권이 채무자의 책임재산의 일부이어야 압류의 대상이 될 수 있다), 파산재단에 속하지 아니한다."

이에 X가 항고하였으나, 제2심[2]은 제1심의 태도를 그대로 유지하였다. 이에 X가 재항고하였으나, 대상결정[3]도 다음과 같이 X의 재항고를 기각하였다.

3. 대상결정의 태도

【판시사항】

이혼으로 인한 재산분할청구권이 채권자대위권의 목적이 될 수 있는지 여부(소극) 및 파산재단에 속하는지 여부(소극)

【결정요지】

이혼으로 인한 재산분할청구권은 이혼을 한 당사자의 일방이 다른 일방에 대하여 재산분할을 청구할 수 있는 권리로서 청구인의 재산에 영향을 미치지만, 순전한 재산법적 행

2) 서울고등법원(인천) 2022.3.18.자 2021브10001 결정.
3) 대법원 2022.7.28.자 2022스613 결정.

위와 같이 볼 수는 없다. 오히려 이혼을 한 경우 당사자는 배우자, 자녀 등과의 관계 등을 종합적으로 고려하여 재산분할청구권 행사 여부를 결정하게 되고, 법원은 청산적 요소뿐만 아니라 이혼 후의 부양적 요소, 정신적 손해(위자료)를 배상하기 위한 급부로서의 성질 등도 고려하여 재산을 분할하게 된다. 또한 재산분할청구권은 협의 또는 심판에 의하여 구체적 내용이 형성되기까지는 그 범위 및 내용이 불명확 · 불확정하기 때문에 구체적으로 권리가 발생하였다고 할 수 없어 채무자의 책임재산에 해당한다고 보기 어렵고, 채권자의 입장에서는 채무자의 재산분할청구권 불행사가 그의 기대를 저버리는 측면이 있다고 하더라도 채무자의 재산을 현재의 상태보다 악화시키지 아니한다. 이러한 사정을 종합하면, 이혼으로 인한 재산분할청구권은 그 행사 여부가 청구인의 인격적 이익을 위하여 그의 자유로운 의사결정에 전적으로 맡겨진 권리로서 행사상의 일신전속성을 가지므로, 채권자대위권의 목적이 될 수 없고 파산재단에도 속하지 않는다고 보아야 한다.

[연 구]

Ⅰ. 序 言

행사상 일신전속권이란 권리를 행사할지 말지가 그 시점에서 권리자의 의사에만 맡겨져 있는 권리로서 권리자의 의사에 반해 그 행사를 강제할 수 없는 권리를 말한다. 행사상 일신전속권은 그 행사가 채무자 개인의 자유의사에 맡겨져 있으므로 설령 권리자를 위한 재산권리가 목적이라고 하더라도 권리자의 의사에 반하여 권리자 이외의 자가 이를 대신 행사하는 것은 허용되지 않는다.[4] 따라서 권리자 자신이 권리를 행사할지를 결정하여야 비로소 그 행사가 의미를 가지게 되는 권리는, 비록 그 행사에 의하여 채무자의 재산이 유지되고 채권의 보전에 이바지하더라도 대위의 목적이 되지 못한다.[5] 민법[6] 제404조 [채권자대위권] 제1항은 "채권자는 자기의 채권을 보전하기 위하여 채무자의 권리를 행사할 수 있다. 그러나 일신에 전속한 권리는 그러하지 아니하다"고 규정하는바, 여기서 말하는 일신전속권이란 바로 행사상 일신전속권을 지칭한다.

이에 반해 귀속상 일신전속권이란 어느 특정인에게만 귀속되어야 하고 타인에게 移

4) 潮見佳男, 債權總論[2]: 債權保全 · 回收 · 保證 · 歸屬變更(第3版), 2005, 29.
5) 지원림, 민법강의, 제20판, 2023, 18.
6) 이하에서 민법 규정을 인용할 때에는 법률 명칭을 생략한다.

轉되는 경우에는 아무런 의미가 없게 되는 권리로서, 그 성질상 타인에게 귀속될 수 없는 것, 즉 양도 또는 상속할 수 없는 권리를 가리킨다.[7] 제1005조 [상속과 포괄적 권리의무의 승계]는 "상속인은 상속개시된 때로부터 피상속인의 재산에 관한 포괄적 권리의무를 승계한다. 그러나 피상속인의 일신에 전속한 것은 그러하지 아니하다"고 규정하는바, 여기서 말하는 일신전속권이란 바로 귀속상 일신전속권을 지칭한다.

행사상 일신전속성(非債權者代位性 · 非法定代位性)이란 "어느 권리가 권리자의 의사에 그 행사를 절대적으로 맡기고 있는 것인가?"라는 문제로서, "어느 권리가 다른 누구에게도 귀속할 수 있는 것인가? 즉, 양도 · 상속에 의한 승계를 인정할 것인가?"라는 귀속상 일신전속성(非讓渡性 · 非相續性)의 문제와는 차원을 달리한다. 말하자면 행사상 일신전속성은 재산관리권의 문제이고, 귀속상 일신전속성은 재화귀속질서의 문제이다.[8] 행사상 일신전속성과 귀속상 일신전속성이 별개의 개념인 이상, 어떠한 권리에 대해 행사상 일신전속성과 귀속상 일신전속성을 모두 인정할 수 있음은 물론, 행사상 일신전속성을 부정하면서도 귀속상 일신전속성을 긍정할 수도 있고,[9] 반대로 행사상 일신전속성을 긍정하면서도 귀속상 일신전속성을 부정하는 것[10]도 가능하다.

대상결정은 이혼 시 재산분할청구권의 행사상 일신전속성을 명시적으로 긍정한 최초의 대법원 결정이라는 점에서 의의가 있다. 이혼 시 재산분할청구권의 귀속상 일신전속성으로서 상속성과 양도성에 대해서는 선행연구에서 고찰한 바 있으므로,[11] 이하에서는 대상결정의 쟁점인 이혼 시 재산분할청구권의 행사상 일신전속성에 대하여 대상결정의 논거와 결론의 타당성에 대하여 고찰하고자 한다.

---

7) 곽윤직 · 김재형, 민법총칙, 제8판, 2012, 67.

8) 潮見佳男, 遺留分減殺請求權の行使 ― 物權的效果および一身專屬性の原則の檢證 ―, 法律時報 75/12 (2003), 92.

9) 백경일, 채권총론, 제2판, 2021, 225~226은 종신정기금채권, 채무자의 사망을 종기 또는 해제조건으로 하는 채권, 당사자 사이의 특별한 신뢰관계를 기초로 하는 채권(예를 들면 임대차계약상의 임차권)은 비록 상속이나 양도가 제한되지만 채권자대위권의 대상이 된다고 한다.

10) 대법원 2013.4.25. 선고 2012다80200 판결은 "유류분반환청구권은 행사상의 일신전속성을 가진다고 보아야 하지만, 그렇다고 하여 양도나 상속 등의 승계까지 부정해야 할 아무런 이유가 없으므로 귀속상의 일신전속성까지 가지는 것은 아니"라고 판시하였다. 이에 찬동하는 취지의 평석으로 정구태, 유류분반환청구권의 일신전속성 ― 대법원 2013. 4. 25. 선고 2012다80200 판결 ―, 홍익법학 14/2 (2013) 681~685.

11) 김상훈 · 정구태, 이혼으로 인한 재산분할청구권의 상속성과 양도성, 조선대학교 법학논총 25/1 (2018) 89~118.

Ⅱ. 대상결정에 대한 검토

1. 문제의 제기

대상결정은 이혼 시 재산분할청구권의 행사상 일신전속성을 긍정하는 근거로서 ① 이혼을 한 경우 당사자는 배우자, 자녀 등과의 관계 등을 종합적으로 고려하여 재산분할청구권 행사 여부를 결정하게 된다는 점, ② 법원은 청산적 요소뿐만 아니라 이혼 후의 부양적 요소, 정신적 손해(위자료)를 배상하기 위한 급부로서의 성질 등도 고려하여 재산을 분할하게 된다는 점, ③ 재산분할청구권은 협의 또는 심판에 의하여 구체적 내용이 형성되기까지는 그 범위 및 내용이 불명확·불확정하기 때문에 구체적으로 권리가 발생하였다고 할 수 없어 채무자의 책임재산에 해당한다고 보기 어렵다는 점, ④ 채권자의 입장에서는 채무자의 재산분할청구권 불행사가 그의 기대를 저버리는 측면이 있다고 하더라도 채무자의 재산을 현재의 상태보다 악화시키지 아니한다는 점을 제시하고 있다. 이하에서 각각의 논거와 결론의 타당성에 대하여 검토한다.

2. 재산분할청구권의 강한 '인적 특성'

이혼 시 재산분할청구권이 청구인의 재산에 영향을 미친다는 점은 부인할 수 없다. 그러나 청구권자가 재산분할청구권을 행사할지 여부는 단지 재산적 이익만을 좇아서가 아니라 청구의 상대방인 前 배우자와의 全人格的 관계는 물론 자녀와의 관계까지 종합적으로 고려하여 결정되기 때문에, 재산분할청구권의 행사여부에 대한 결정은 강한 '인적 특성'을 가지고, 청구권자의 이러한 결단은 그의 채권자에 의하여 영향을 받아서는 안 된다. 말하자면 이혼 시 재산분할청구권은 그 행사 여부가 전적으로 그의 마음먹기에 달려 있어야 비로소 의미를 가지게 되는 권리이다. 청구권자가 혼인기간의 長短, 혼인파탄의 경위, 공동재산의 축적 경위 등을 종합적으로 고려하여 어떠한 이유에서든 前 배우자를 상대로 재산분할청구권을 행사하지 않기로 결정하였다면, 그 결단은 존중되어야 마땅하고 설령 청구권자가 무자력이라고 하더라도 그의 채권자가 채권자대위권에 의해 청구권자의 이러한 '인적 결단'에 개입하는 것은, 청구권자의 人格과도 밀접한 선택의 자유를 침해하는 것으로서 부당하다. 따라서 이혼 시 재산분할청구권은 행사상 일신전속권으로 보아야 한다.[12]

12) 정구태, 홍익법학 14/2 (2013) 692. 같은 취지로 나재영, 재산분할청구권의 양도성, 민사판례연구 42 (2020) 706.

대상결정도 "이혼을 한 경우 당사자는 배우자, 자녀 등과의 관계 등을 종합적으로 고려하여 재산분할청구권 행사 여부를 결정하게 된다"고 하면서(① 논거), 결론적으로 "이혼으로 인한 재산분할청구권은 그 행사 여부가 청구인의 인격적 이익을 위하여 그의 자유로운 의사결정에 전적으로 맡겨진 권리로서 행사상의 일신전속성을 가지므로, 채권자대위권의 목적이 될 수 없고 파산재단에도 속하지 않는다"고 판시하였는바, 그 논거와 결론 모두 타당하다.

이와 달리, 一說[13]은 "재산분할청구권은 주로 부부관계를 이혼 시에 청산한다는 이유에서 인정되는 것이고, 일단 협의나 심판에 의하여 구체적인 내용이 형성된 후에는 다른 재산권과 달리 볼 이유가 없다고 생각되므로 이에 대한 대위권의 행사를 인정할 수 있다"고 하고 있으나, 위와 같이 "다른 재산권과 달리 볼 이유가 충분하므로", 이러한 결론에는 찬동할 수 없다. 오히려 이 견해가 위의 서술 바로 앞[14]에서 명언하는 바와 같이, 재산분할청구권은 "채권의 공동담보의 보전에 기여하지 않는다고 말할 수는 없겠으나, 친족관계라는 감정적 · 개인적인 유대관계의 전개의 일환을 이루는 것으로서 그 행사의 여부는 권리자의 자유의사에 맡겨져야 할 것이기 때문에 대위행사할 수 없다"고 보아야 한다.[15]

다른 一說[16]은, 대위행사의 범위는 청구권 보전의 목적을 달성하는 데 필요한 범위로 한정되어야 하는데, 재산분할청구권은 재량적 요소가 강한 비송사건으로서 보전의 범위를 확정할 수 없기 때문에 채권자대위권의 대상이 될 수 없는 것일 뿐이라고 하면서, 이혼으로 인해 법적으로 보호받아야 할 신분관계가 없으므로 재산분할청구권은 행사상 일신전속권이 아니라고 한다. 그리하여 이 견해는 협의 또는 심판에 의하여 구체화되지 않은 재산분할청구권이 파산재단에 속하지 않는다면 파산절차의 목적에 반할 뿐만 아니라 파산채권자의 희생으로 이혼한 배우자를 보호하는 결과가 되므로, 파산관재인은 채무자의 포괄승계인 또는 이에 준하는 지위에서 채무자의 이혼한 배우자를 상대로 재산분할을 청구할 수 있다고 한다. 즉, 협의 또는 심판에 의하여 구체화되지 않은 재산분할청구권은 채권자대위권의 목적이 될 수 없지만, 파산재단에는 속한다는 것이다. 그러나 재산분할청구권이 파산재단에 속한다고 볼 경우 파산채권자가 채무자의 의사에 반하여 채무자의 이혼한 배우자를 상대로 재산분할청구권을 행사할 수 있게 되는데, 이는 내밀한 친족관계에 기초한 채무자의 인격적 이익을 침해하는 결과가 된다는 점에서 타당하지 않다. 다시 말해 재산분할청구

13) 양창수 · 김형석, 민법Ⅲ: 권리의 보전과 담보, 제4판, 2021, 179.

14) 양창수 · 김형석, 민법 III, 178~179.

15) 결과적으로 양창수 · 김형석, 민법 III, 178~179은 "이혼에 있어서의 재산분할청구권(제839조의2, 제843조)은 (중략) 대위행사할 수 없다고 할 것이다. 다만 재산분할청구권(제839조의2, 제843조)은 (중략) 이에 대한 대위권의 행사를 인정할 수 있다"고 서술하는바, 그 자체로 명백히 모순된다.

16) 양형우, 이혼으로 인한 재산분할청구권의 파산절차상 처리방안, 민사법학 75 (2016) 507~513.

권 행사에 관한 채무자의 인격적 이익을 보호하기 위해서 재산분할청구권에 대한 대위행사가 허용되어서는 안 되는 것과 마찬가지로, 파산채권자에 의한 재산분할청구권 행사도 허용되어서는 안 된다.

재산분할청구권의 행사상 일신전속성을 긍정한 대상결정의 결론적 타당성은 유류분반환청구권의 행사상 일신전속성과 비교하더라도 정당화될 수 있다. 우리 민법이 유류분을 침해하는 피상속인의 생전처분이나 유증도 일단 유효하게 효력을 발생하도록 함으로써 피상속인의 처분의 자유를 존중함과 동시에, 피상속인과 일정한 신분적 인격관계에 있는 유류분권리자로 하여금 비교적 짧은 기간 내에 반환청구권을 행사하여 이를 회복할 수 있도록 하고 있는 것은, 신분관계와 이를 배경으로 하고 있는 재산관계와의 조정은 그러한 신분관계를 가지고 있는 유류분권리자의 자유로운 결정에 맡기는 것이 적합하다는 고려에 기한 것이다. 여기서 유류분반환청구권을 행사할지 말지의 판단은 단지 유류분권자의 재산적 이익만을 좇아서가 아니라, 피상속인과의 全人格的 관계는 물론, 많은 경우 반환청구의 상대방이 되는 다른 공동상속인과의 관계도 모두 포괄하여 결정되는 것으로서 강한 '인적 특성'을 가지기 때문에, 이러한 유류분권자의 결단이 그의 채권자에 의하여 영향을 받아서는 안 된다. 따라서 유류분권리자가 어떠한 이유에서든 반환청구권을 행사하지 않기로 결정하였음에도 그의 채권자가 채권자대위권에 의해 유류분권리자의 이러한 '인적 결단'에 개입하는 것은, 설령 유류분권리자가 무자력이라고 하더라도 유류분권리자의 人格과도 밀접한 선택의 자유를 침해하는 것으로서 부당하다.[17] 대법원 2010.5.27. 선고 2009다93992 판결이 이러한 취지에서 "유류분반환청구권은 그 행사 여부가 유류분권리자의 인격적 이익을 위하여 그의 자유로운 의사결정에 전적으로 맡겨진 권리로서 행사상의 일신전속성을 가진다고 보아야 하므로, 유류분권리자에게 그 권리행사의 확정적 의사가 있다고 인정되는 경우가 아니라면 채권자대위권의 목적이 될 수 없다"고 판시한 것은 매우 타당하다.

한편, 一說[18]은 부부 사이의 관계에 채권자가 지나치게 간섭하는 것이 되므로 채권자가 부부 일방을 대위하여 재산분할청구권을 대위행사할 수는 없다고 하면서도, 위 2009다93992 판결의 판시내용("그 권리행사의 확정적 의사가 있다고 인정되는 경우가 아니라면")에 착안하여, 부부 일방이 재산분할청구권을 행사하겠다는 확정적인 의사가 있는 경우에는 대위를 인정할 필요가 있다고 한다. 살피건대, 재산분할청구권의 행사상 일신전속성이 인정되는 근거를 청구권자의 자율적 의사의 존중에서 구한다면, 청구권자가 재산분할청구권을 행사

17) 보다 상세한 논의는 정구태, 遺留分返還請求權이 債權者代位權의 目的이 되는지 與否 — 日本에서의 論議를 바탕으로 한 從來 國內의 通說에 대한 批判的 檢討 —, 가족법연구 22/1 (2008) 205~256 참조.

18) 윤진수, 친족상속법강의, 제4판, 2022, 118.

할 의사를 확정하여 그 뜻을 외부에 표명한 경우에는 재산분할청구권에 대한 대위행사를 인정해도 청구권자의 자율적 의사결정에 개입하는 결과는 발생하지 않는다. 따라서 이러한 특단의 사정이 있는 경우에는 재산분할청구권을 채권자대위권의 목적으로 할 수 있다.[19]

문제는 어떠한 경우에 과연 대위행사가 예외적으로 인정되는 특단의 사정이 있다고 볼 것인지 여부이다. 위 2009다93992 판결은 구체적으로 어떠한 경우에 권리행사의 확정적 의사가 있다고 인정될 수 있는지에 관하여 별다른 언급을 하고 있지 않지만, 위 2009다93992 판결이 참조하였을 것으로 짐작되는 일본 최고재판소 2001.11.22. 선고 平10(オ)989 판결은 유류분권리자가 반환청구권을 제3자에게 양도하는 경우를 그러한 특단의 사정으로 예시하고 있다.[20] 대법원 2017.9.21. 선고 2015다61286 판결은 "당사자가 이혼이 성립하기 전에 이혼소송과 병합하여 재산분할의 청구를 한 경우에, 아직 발생하지 아니하였고 구체적 내용이 형성되지 아니한 재산분할청구권을 미리 양도하는 것은 성질상 허용되지 아니하며, 법원이 이혼과 동시에 재산분할로서 금전의 지급을 명하는 판결이 확정된 이후부터 채권 양도의 대상이 될 수 있다"고 판시하였는바,[21] 이에 따르면 협의나 심판에 의하여 구체적인 재산분할금액이 최종적으로 확정된 후 청구권자가 재산분할청구권을 양도함으로써 권리행사의 확정적 의사가 있음을 대외적으로 표명한 경우에는, 예외적으로 대위행사가 인정될 수 있다.

이와 관련하여, 一說[22]은 재산분할청구권은 이를 행사하는 당사자의 의사가 절대적으로 중요한 행사상 일신전속권으로서 권리행사 여부를 당사자의 의사에 맡기는 것이 타당하므로, 분할협의나 청구 등 권리행사의 의사가 외부적으로 표현된 경우에 한하여 상속된다고 한다. 그러나 이는 행사상 일신전속성(非債權者代位性)과 귀속상 일신전속성(非相續性)을 혼동한 것으로서 타당하지 않다. 권리행사의 의사가 외부적으로 표현된 경우에는 더 이상 권리행사 여부를 당사자의 의사에 맡길 필요가 없으므로 상속이 아니라 대위행사가 인정되어야 하며, 상속은 권리행사의 의사가 외부적으로 표현되었는지와 상관없이 재산분할청구권이 이혼에 의해 성립된 이상 협의나 심판에 의해 구체화되지 않았더라도 인정되어야 한

19) 유류분반환청구권에 관하여 같은 논리 전개로 정구태, 가족법연구 22/1 (2008) 244.

20) 정구태, 가족법연구 22/1 (2008) 214.

21) 필자는 이 판결의 논거에는 반대하지만, 구체적인 재산분할금액이 확정된 후에 비로소 양도가 가능하다는 결론 자체에는 찬동한다. 상세한 논의는 김상훈 · 정구태, 조선대학교 법학논총 25/1 (2018) 109~113 참조. 이와 달리, 윤진수, 친족상속법강의, 118은 장래의 채권도 양도 당시 기본적 채권관계가 어느 정도 확정되어 있어 그 권리의 특정이 가능하고 가까운 장래에 발생할 것임이 상당 정도 기대되는 경우에는 이를 양도할 수 있다고 보고 있는바, 이러한 기준에 비추어 보더라도 재산분할청구권의 구체적 내용이 형성되지 않았다는 이유만으로 그 양도가 허용되지 않는다고 볼 이유는 없다고 하면서, 위 2015다61286 판결은 재산분할을 명하는 판결이 선고는 되었으나 아직 확정은 되기 전에 양도한 경우였는데, 적어도 이처럼 판결이 선고된 후에는 확정 전이라도 양도가 허용되어야 할 것이라고 한다.

22) 나재영, 민사판례연구 42 (2020) 712.

다.[23] 이 견해는 아마도 제806조 [약혼해제와 손해배상청구권] 제3항[24]에 착안한 것으로 추측되는데, 이 규정은 행사상 일신전속성과 귀속상 일신전속성을 혼동한 부당한 입법으로서 입법론적으로 삭제되어야 한다.[25]

또한 이 견해는 권리행사의 의사가 외부적으로 표현된 경우로 분할협의와 '청구'를 들고 있는데, 분할협의는 타당한 예시이지만 '청구'만으로는 구체적인 재산분할금액이 확정되지 않으므로 '청구'는 타당한 예시로 볼 수 없다. 협의나 '심판'에 의하여 구체적인 재산분할금액이 최종적으로 확정된 후 청구권자가 재산분할청구권을 '양도'까지 한 경우에 비로소 권리행사의 확정적 의사가 있음을 대외적으로 표명하였다고 볼 수 있다. 그리고 재산분할금액이 최종 확정된 후 재산분할청구권이 양도된다면 이 권리는 더 이상 청구권자에게 귀속되지 않기 때문에, 청구권자의 채권자가 반환청구권을 대위행사할 여지는 없고 오히려 양수인의 채권자만 대위행사할 수 있다고 볼 것이다.[26]

3. 재산분할청구권에 위자료적 요소가 포함되는지 여부

대상결정은 재산분할청구권의 행사상 일신전속성을 긍정하는 근거로서 "법원은 (중략) 정신적 손해(위자료)를 배상하기 위한 급부로서의 성질 등도 고려하여 재산을 분할하게 된다"는 점을 들고 있다(② 논거). 대상결정이 이러한 논거를 제시한 것은 아마도 이혼 시 위자료청구권이 행사상 일신전속권이므로, 재산분할청구권도 이와 다르지 않다는 결론을 도출하기 위함이 아니었을까 추측된다. 물론 이혼 시 위자료청구권은 인격적 법익의 침해를 내용으로 하여 그 행사 여부는 전적으로 청구권자의 의사결정에 맡겨져야 한다는 점에서, 행사상 일신전속권이다.[27]

그러나 위자료청구권과 재산분할청구권은 요건과 성격을 달리하는 별개의 청구권으로서, 위자료청구권이 행사상 일신전속권이라고 하여 곧바로 재산분할청구권도 그와 같다는 결론은 도출될 수 없으므로, 대상결정이 재산분할청구권의 행사상 일신전속성을 긍정하는 근거로서 ② 논거를 들고 있는 것은 타당하지 않다. 가사소송법상 위자료청구는 다류 가사소송사건인 반면, 재산분할청구는 마류 가사비송사건으로서 양자는 절차를 전혀 달리할 뿐만 아니라, 위자료청구는 불법행위에 대한 손해배상채임으로서의 성질을 갖는 반면,

23) 이에 관한 상세는 김상훈 · 정구태, 조선대학교 법학논총 25/1 (2018) 103~106 참조.
24) "정신상 고통에 대한 배상청구권은 양도 또는 승계하지 못한다. 그러나 당사자 간에 이미 그 배상에 관한 계약이 성립되거나 소를 제기한 후에는 그러하지 아니하다."
25) 이에 관한 상세는 정구태, 홍익법학 14/2 (2013) 686 참조.
26) 유류분반환청구권에 관하여 같은 논리 전개로 정구태, 가족법연구 22/1 (2008) 246.
27) 정구태, 홍익법학 14/2 (2013) 686.

재산분할청구는 혼인 중에 형성된 실질적인 공동재산을 청산 · 분배하는 것을 본질로 한다는 점[28]에서 양자는 제도목적도 전혀 달리 한다.[29]

다만, 협의이혼 시에 당사자 간에 위자료 명목으로 증여가 이루어진 경우, 당사자는 재산분할의 합의 시에 위자료까지 포함하여 약정하는 것이 보통이므로, 법률행위의 해석상 그 증여를 이혼 시 재산분할의 성격을 포함하는 이혼급부로 볼 수 있음은 물론이다. 대법원 2001.5.8. 선고 2000다58804 판결이 "분할자의 유책행위에 의하여 이혼함으로 인하여 입게 되는 정신적 손해(위자료)를 배상하기 위한 급부로서의 성질까지 포함하여 분할할 수도 있다"고 판시한 것은, 이처럼 협의이혼 시에 당사자 간에 위자료 명목으로 증여가 이루어진 데 대하여 일방(증여자)의 채권자가 수증자를 상대로 채권자취소권을 행사한 사안(민사소송사건)에서, 재산분할과 위자료 양자를 다 같이 고려하여 사해행위 여부를 판단하여야 한다는 의미로 제한적으로 받아들여야 한다.[30]

이와 달리, 이혼 시 재산분할에 관한 사안(가사비송사건)에서 대법원 2013.6.20. 선고 2010므4071, 4088 전원합의체 판결의 다수의견에 대한 보충의견과 김용덕 대법관의 반대의견이 "재산분할을 함에 있어 정신적 손해(위자료)를 배상하기 위한 급부로서의 성질까지 포함하여 분할할 수 있다"고 판시하면서, 대상결정에 이르기까지 이러한 법리가 이혼 시 재산분할에 관한 일반론으로 굳어졌다. 그러나 이는 이러한 법리가 최초로 설시된 위와 같은 맥락을 간과한 소치로서 명백히 부당하다.[31]

4. 추상적 재산분할청구권과 구체적 재산분할청구권 구분론의 부당성

대상결정은 재산분할청구권의 행사상 일신전속성을 긍정하는 근거로서 "재산분할청구권은 협의 또는 심판에 의하여 구체적 내용이 형성되기까지는 그 범위 및 내용이 불명확 · 불확정하기 때문에 구체적으로 권리가 발생하였다고 할 수 없어 채무자의 책임재산에 해당한다고 보기 어렵다"는 점을 들고 있다(③ 논거). 그러나 재산분할청구권을 이혼 시 성립하는 추상적 권리와, 협의 또는 심판에 의하여 구체적 내용이 형성되는 구체적 권리로

28) 현행법상 이혼 후에는 부부 사이에 부양의무가 인정될 수 없으므로, 판례(대법원 2000.9.29. 선고 2000다25569 판결 등)가 보충적이나마 이혼 시 재산분할에 부양적 요소가 있다고 보는 것(청산 및 부양설)은 타당하지 않다. 재산분할청구권의 법적 성질은 오직 잠재적 지분의 현실화를 목적으로 한다고 보는 청산설이 타당하다. 지원림, 민법강의, 1486－1487.

29) 지원림, 민법강의, 1497.

30) 윤진수, 친족상속법강의, 136; 지원림, 민법강의, 1497.

31) 민유숙, 2013년 친족 · 상속법 중요 판례, 인권과 정의 440 (2014) 53~54; 윤진수, 실질적 특유재산에 대한 재산분할, 가족법연구 36/2 (2022) 4 주4).

구분하는 것을 전제로 한 이러한 입론은 타당하지 않다.[32] 어떠한 권리가 발생했음에도 아직 범위와 내용이 불명확함을 이유로 추상적 권리에 불과하여 대위행사도 안 된다고 한다면, 이혼이 성립한 후라도 재산분할청구권을 피보전채권으로 하는 가압류나 가처분도 그것이 구체적 권리로 형성되기까지는 허용될 수 없다고 해야 일관되지만, 실무상으로는 재판이전부터 확정시까지 재산분할청구권에 기초한 가압류나 가처분이 얼마든지 인정되고 있다.[33] 또한 대법원 2013.10.11. 선고 2013다7936 판결은 협의나 심판에 의하여 구체화되지 않은 재산분할청구권은 채무자의 책임재산에 해당하지 않고, 이혼한 후에 이를 포기하는 행위도 채권자취소권의 대상이 될 수 없다고 하는바, 추상적 권리에 불과한 상태라면 포기의 대상조차 구체적으로 특정될 수 없을진대, 그러한 권리를 어떻게 포기할 수 있다는 것인지 의문이다.

재산분할청구권은 법률의 규정에 의한 채권(법정채권)으로서 이미 법률에 의해 인정되고 발생한 권리가 아직 그 내용과 범위가 확정되지 않았다고 해서 이를 추상적 권리에 불과하다고 볼 아무런 이유가 없다. 이러한 권리는 그 실현을 위해 별도의 입법을 필요로 하지 않고 권리자의 의사에 따라 즉시 행사할 수 있다. 기실 합의나 판결 전까지 권리의 내용과 범위가 확정되지 않는다는 점은 다른 허다한 권리의 경우에도 동일하다. 가령 교통사고로 손해배상청구권이 발생했을 때 구체적인 손해액은 합의나 판결이 나기 전까지 구체적으로 확정되지 않지만, 그렇다고 그 손해배상청구권이 추상적 권리에 불과하기 때문에 대위행사도 안 된다고 할 수는 없는 것과 마찬가지이다.

결국 재산분할청구권을 대위행사할 수 없거나 재산분할청구권을 포기하는 행위가 채권자취소권의 대상이 될 수 없는 이유는, 그것이 단지 협의나 심판에 의해 구체적 내용이 형성되기 전에는 추상적 권리에 불과하기 때문이 아니라, 다름 아닌 재산분할청구권의 행사상 일신전속성 때문이라고 보아야 한다.[34]

5. 채무자의 재산분할청구권 불행사의 자유

대상결정은 재산분할청구권의 행사상 일신전속성을 긍정하는 근거로서 “채권자의 입

32) 이하의 서술은 김상훈 · 정구태, 조선대학교 법학논총 25/1 (2018) 93~95를 수정 · 보완하여 요약한 것이다.

33) 임채웅, 이혼을 원인으로 한 재산분할청구채권의 확정 전 양도가능성에 관한 연구, 가족법연구 31/3 (2017) 492 주10).

34) 윤진수, 친족상속법강의, 119도 재산분할청구권의 포기를 사해행위로서 취소하더라도 채권자가 다시 재산분할청구권을 대위행사할 수는 없으므로, 재산분할청구권의 포기는 채권자취소권의 대상이 될 수 없다고 설명하는 것이 옳다고 한다. 재산분할청구권의 행사상 일신전속성을 부정하면서도 재산분할사건의 비송사건성을 이유로 대위행사를 부정하는 양형우, 민사법학 75 (2016) 509도 결과적으로 같은 취지이다.

장에서는 채무자의 재산분할청구권 불행사가 그의 기대를 저버리는 측면이 있다고 하더라도 채무자의 재산을 현재의 상태보다 악화시키지 않는다"는 점을 들고 있다(④ 논거). 이러한 논거는 채권자의 이익보다 채무자의 재산분할청구권 불행사의 자유가 보다 더 존중되어야 한다는 점을 상기한다면 충분히 수긍할 수 있다. 또한 이러한 결론은 수증자의 채권자가 증여의 청약에 대한 승낙의 의사표시를 채권자대위권에 기하여 행사하는 것이 원칙적으로 허용되지 않는 것과 비교하더라도 정당화될 수 있다.[35)]

대법원 2012.3.29. 선고 2011다100527 판결은 "계약의 청약이나 승낙과 같이 비록 행사상의 일신전속권은 아니지만 이를 행사하면 그로써 새로운 권리의무관계가 발생하는 등으로 권리자 본인이 그로 인한 법률관계 형성의 결정 권한을 가지도록 할 필요가 있는 경우에는, 채무자에게 이미 그 권리행사의 확정적 의사가 있다고 인정되는 등 특별한 사정이 없는 한, 그 권리는 채권자대위권의 목적이 될 수 없다고 봄이 상당하다"고 판시하였다. 수증자의 채권자로서는 수증자가 증여계약에 대한 승낙의 의사표시를 하지 않는 것이 그의 기대를 저버리는 측면이 있다고 하더라도 수증자의 재산이 현재의 상태보다 악화되는 것은 아니므로, 이러한 경우에는 수증자의 승낙의 자유가 채권자의 이익보다 더 존중되는 것이 타당하다. 채무자의 재산분할청구권 불행사의 자유가 채권자의 이익보다 더 존중되어야 함도 이와 다르지 않다.

Ⅲ. 結 語

이상의 논의를 요약하면 다음과 같다.

첫째, 대상결정은 재산분할청구권의 행사상 일신전속성을 최초로 긍정하면서 그 근거로서 "이혼을 한 경우 당사자는 배우자, 자녀 등과의 관계 등을 종합적으로 고려하여 재산분할청구권 행사 여부를 결정하게 된다"는 점을 들고 있는바(① 논거), 청구권자가 재산분할청구권을 행사할지 여부는 재산적 이익만을 좇아서가 아니라 청구의 상대방인 前 배우자와의 全人格的 관계는 물론 자녀와의 관계까지 종합적으로 고려하여 결정되는 강한 '인적 특성'을 가지므로, ① 논거는 타당하다.

둘째, 대상결정은 그 근거로서 "법원은 (중략) 정신적 손해(위자료)를 배상하기 위한 급부로서의 성질 등도 고려하여 재산을 분할하게 된다"는 점을 들고 있으나(② 논거), 이러한

35) 정구태, 2019년 친족상속법 관련 주요 판례 회고, 안암법학 60 (2020) 307 주87).

법리는 협의이혼 시에 당사자 간에 위자료 명목으로 증여가 이루어진 데 대하여 일방(증여자)의 채권자가 수증자를 상대로 채권자취소권을 행사한 사안(민사소송사건)에서, 재산분할과 위자료 양자를 다 같이 고려하여 사해행위 여부를 판단하여야 한다는 의미로 제한적으로 받아들여야 하므로, ② 논거는 타당하지 않다.

셋째, 대상결정은 그 근거로서 "재산분할청구권은 협의 또는 심판에 의하여 구체적 내용이 형성되기까지는 그 범위 및 내용이 불명확 · 불확정하기 때문에 구체적으로 권리가 발생하였다고 할 수 없어 채무자의 책임재산에 해당한다고 보기 어렵다"는 점을 들고 있으나(③ 논거), 재산분할청구권을 이혼 시 성립하는 추상적 권리와, 협의 또는 심판에 의하여 구체적 내용이 형성되는 구체적 권리로 구분하는 것을 전제로 한 ③ 논거는 타당하지 않다.

넷째, 대상결정은 그 근거로서 "채권자의 입장에서는 채무자의 재산분할청구권 불행사가 그의 기대를 저버리는 측면이 있다고 하더라도 채무자의 재산을 현재의 상태보다 악화시키지 않는다"는 점을 들고 있는바(④ 논거), 채권자의 이익보다 채무자의 재산분할청구권 불행사의 자유가 보다 더 존중되어야 한다는 점에서 ④ 논거는 타당하다.

결론적으로 대상결정이 "이혼으로 인한 재산분할청구권은 그 행사 여부가 청구인의 인격적 이익을 위하여 그의 자유로운 의사결정에 전적으로 맡겨진 권리로서 행사상의 일신전속성을 가지므로, 채권자대위권의 목적이 될 수 없고 파산재단에도 속하지 않는다"고 판시한 것은 타당하다.

전자거래 관련 민법개정 방향

정 진 명

단국대학교 법과대학 교수

Ⅰ. 머 리 말

우리 민법은 1960년 1월 1일 시행된 이후 여러 차례 개정이 있었지만, 재산법은 최근까지 약간 개정된 데 불과하다. 2009년 법무부가 민법 중 재산법을 전면적 · 단계적으로 개정하려고 하였지만, 이러한 개정작업은 법률개정으로 이어지지 못하였다. 그동안 우리나라의 사회 · 경제 상황은 민법 제정 당시와 달리 많은 변화가 있었다. 특히 디지털 경제의 가속화에 따라 비대면거래가 급성장하고, 거래구조도 점차 당사자 거래에서 플랫폼 거래로 재편되고 있다. 그러나 우리 민법은 전통적인 거래방식을 전제로 제정된 규율체계를 고수하고 있어 사회 · 경제의 변화에 적절하게 대응하지 못하고 있으며, 그 결과 민법과 사회현실과의 괴리가 더욱 크게 벌어지고 있다.1)

우리나라는 정보통신기술의 발달로 인하여 전자적 수단에 의한 행위나 거래가 활성화되면서 이를 규율하기 위한 법제도 준비에 노력을 기울여 왔다. 1998년 전자적 수단에 의한 행위나 거래의 법적 유효성을 법적으로 뒷받침하기 위하여 전자거래기본법을 제정하였다. 그러나 전자거래기본법을 제정할 당시에는 전자거래에 대한 인식 부족으로 전자문서의 유효성 및 관련 규정을 마련하는 데 집중하였다. 즉 전자거래의 사법적 규율에 관하여는 원칙적으로 민법에 따르고, 전자거래기본법은 전자문서의 기술적 특성을 반영한 규정들만 두는 것으로 정하였다. 하지만 전자거래기본법은 전자거래에 관한 실체적 효과를 명확히 규정하지 않고, 민법도 전자거래에 관한 규정을 두지 않아 그 효과는 해석에 의존할 수밖에 없다. 그 결과 전자거래에 대한 사법적 규율에 불명확성이 증가하고, 개별 규범 사이에도 괴리가 발생하고 있어 이를 제거하기 위한 입법적 논의가 필요하게 되었다.2)

---

1) 이러한 문제 제기로는 지원림, 가상공간에서의 거래의 계약법적 규율에 대한 연구, 디지털경제법제③, 2001, 7 이하.

2) 오병철, 전자거래 규정의 민법에의 편입, 민사법학 46 (2009) 117 이하; 정진명, 전자거래 규정의 민법편입, 민사법학

한편, 국제기구 및 해외 주요국은 전자적 수단을 통해 이루어지는 행위나 거래의 변화에 대응하기 위하여 지속적인 노력을 하여 왔다. 유엔 국제거래법위원회는 1980년에 제정된 유엔 「통일매매법」이 가지는 규율의 한계를 극복하고, 전자적 환경에 알맞은 새로운 법적 환경을 구축하기 위하여 2005년 11월 유엔 「전자계약협약」을 제정하였다. 이 협약은 유엔 통일매매법이 전자거래에 적용되는 과정에서 발생할 수 있는 법적 장애를 제거하고, 국제거래를 이용하는 당사자들이 전자거래에 대한 신뢰를 가질 수 있도록 하기 위한 것이다. 유럽연합도 유엔 「전자상거래모델법」의 영향을 받아 2000년 6월 「전자거래지침」을 제정하였으며, 이 지침은 전자거래와 관련하여 법적 안전성을 보장하고 소비자의 신뢰를 얻기 위해서 역내시장을 위한 명확하고 일반적인 법적 기반을 정하도록 하고 있다. 나아가 유럽연합은 전자거래에 대한 보안수단을 종합적이고 일관되게 규제하기 위해서 2014년 7월 "역내시장에서 전자거래를 위한 전자신원확인 및 신뢰서비스에 관한 유럽의회 및 이사회의 910/2014호 규정"을 채택하였다.

다른 한편, 최근 공공 및 민간 분야에서 전자문서를 이용한 전자거래가 일반화되고 있으며, 전자문서는 생성 및 보관이라는 측면에서 벗어나 유통 및 활용이라는 측면으로 발전하고 있다. 이에 따라 전자문서법이 규정하고 있는 전자문서에 관한 규정은 사인 간의 법률행위에 관한 일반법으로 머무르지 않고 전자문서를 둘러싼 각종 법률문제의 실질적인 근거 규범으로서 역할을 하고 있다. 이러한 문제를 해결하기 위하여 전자문서법은 전자문서에 관한 일반법으로 개정하고, 전자문서법에 규정된 전자거래 관련 규범은 민법에 편입함으로써 전자거래에 관한 법률체계를 재정비하고, 법규범의 통일을 확보할 필요가 있다.

이하에서는 전자거래 관련 주요 법제 및 그 내용을 살펴보고, 이를 토대로 전자거래 관련 민법개정 이유 및 그 방안에 대하여 살펴보기로 한다.

Ⅱ. 전자거래 관련 주요 법제 및 내용

1. 서

전자거래에 관한 최초의 법적 규율은 유엔 전자상거래모델법이다. 이를 토대로 유엔 국제거래법위원회는 유엔 전자계약협약을 채택하여 국제규범의 통일에 대한 요구를 반영하였다. 이에 대하여 유럽연합은 유럽 역내시장에서 전자거래로 인하여 발생할 수 있는 법

48 (2010) 59 이하.

적 문제점에 초점을 맞추어 전자거래지침을 마련하였고, 이 지침을 독일과 프랑스는 국내법으로 수용하였다.

2. 유엔의 전자거래 법제

가. UNCITRAL 전자상거래모델법[3)]

(1) 개 요

전자문서 방식에 의한 국제거래가 증가함에 따라 유엔 국제거래법위원회 사무국은 1984년 "자동 데이터 처리의 법적 측면(Legal Aspects of Automatic Data Processing)"이라는 보고서를 작성하여 이를 1985년에 개최된 제18차 유엔 국제거래법위원회에 제출하였고, 여기서 "컴퓨터 기록의 법적 가치에 대한 검토 권고안"이 채택되었다. 이 권고안의 주요 내용은 유엔 국제거래법위원회 내에 "EDI 및 관련 통신수단의 법적 측면에 관한 모델법 초안(Draft Model Law on Legal Aspects of Electronic Data Interchange and Related Means of Communication, 이하 "모델법 초안"이라 한다)"의 작성을 위한 실무작업부(Working Group)를 구성한다는 것이었다. 실무작업부는 모델법 초안을 1995년에 개최된 제28차 유엔 국제거래법위원회에 제출하였고, 이 모델법 초안은 1996년에 개최된 제29차 유엔 국제거래법위원회에서 심의된 끝에 "UNCITRAL 전자상거래모델법(UNCITRAL Model Law on Electronic Commerce, 이하 "전자상거래모델법"이라 한다)"으로 명칭이 변경되어,[4)] 최종 채택되었다.[5)]

전자상거래모델법은 세계 각국의 전자상거래 관련 법률 제정에 참고가 되었으며, 1999년 제정된 우리나라 전자거래기본법도 유엔 전자상거래모델법을 참고하였다. 그러나 전자상거래모델법은 그 자체가 모델법에 불과하므로 법적 구속력을 가지지 못하는 태생적 한계를 가지고 있다.[6)]

---

3) 전자상거래모델법의 소개에 대하여는 정완용, 유엔국제상거래법위원회(UNCITRAL)의 "전자상거래모델법"에 관한 고찰, 고황법학 2 (1997) 6 이하.

4) 전자상거래모델법의 채택과정에서 명칭의 적절성 여부에 대한 논의가 있었다. 전자상거래모델법 명칭의 변경에 대한 반대의 논거는 전자상거래모델법은 EDI, 전자우편, 텔렉스 등 각종 전자적 수단을 이용하여 통신을 할 경우에 발생하는 법률문제에 대한 것인데, 전자상거래에 관한 모델법이라고 명칭을 변경하면 상행위와 관계없이 전자적 수단을 이용하여 전자문서교환을 할 때에는 동 모델법을 적용할 수 없는 것으로 오해할 여지가 있다고 주장하였다. 동 모델법은 명칭을 바꿈에 따라 전자상거래에 관한 포괄적 입법으로 오해할 여지가 있지만, 동 모델법은 전자상거래의 구성요소 중 EDI 및 그와 관련된 법률문제를 규율함을 목적으로 한다(남광, UNCITRAL과 전자상거래, 통상법률 16 (1997) 80 이하).

5) 전자상거래모델법의 채택 경위에 대하여는 Report of the United Nations Commission on International Trade Law on the Work of its Twenty-Ninth Session, 28 May-14 June 1996 참조.

6) 정진명, UNCITRAL 전자계약협약의 국내법에의 수용, 비교사법 16/2 (2009) 42.

(2) 목 적[7)]

첫째, 전자상거래모델법은 종이 없는 데이터 메시지 형식의 정보를 사용하는 데 따르는 법적 장애를 어떻게 제거할 수 있는지 그리고 전자상거래를 위하여 보다 안전한 법적 환경이 형성될 수 있는지에 대하여 각국의 입법자들에게 국제적으로 승인될 수 있는 일련의 법원칙을 제시하려는 데 그 목적이 있다. 또한 전자상거래모델법이 규정한 법원칙들은 전자상거래의 개별이용자들에게 전자상거래의 이용에 따라 제기될 수 있는 법적 장애를 극복하는 데 도움을 주며, 이와 더불어 그러한 법적 문제에 대한 계약적인 해결방법을 마련하는 데 있다.[8)]

둘째, 전자상거래모델법은 현대적인 통신수단의 이용과 관련하여 국제거래에 부적절한 국내법이 법적 장애가 되는 경우 그러한 장애를 제거하고 그로 인한 불이익을 시정하려는 데 그 목적이 있다. 그 이유는 각국의 국내법에 들어 있는 법규범의 불명확성과 불평등은 기업이 국제시장에 접근하는 데 장애가 되기 때문이다.

셋째, 전자상거래모델법은 국제적인 차원에서 특정 문서 또는 계약조항이 서면 형태일 것을 규정하고 있는 현행 국제협약 및 기타 국제기구의 해석을 위한 수단으로 유용한 기준이 될 수 있다. 즉 현행 국제기구의 체약국이 전자상거래모델법을 국제협약의 해석원칙으로 채택하면 전자상거래모델법은 전자상거래의 이용을 인정하는 수단이 될 수 있으며, 또한 체약국이 관련 국제기구의 프로토콜(의정서)을 별도로 협상할 필요성이 제거될 수 있다.

넷째, 전자상거래모델법은 전자상거래의 이용을 가능하게 하고 용이하게 하며, 데이터 메시지 형식의 정보를 이용하는 자들을 종이문서를 이용하는 자들과 동등하게 취급함으로써 국제거래의 경제성과 효율성을 촉진하는 데 그 목적이 있다.

(3) 주요 내용[9)]

전자상거래모델법은 2편 17개조로 구성되며, 제1편은 ‘전자거래 일반’을, 제2편은 ‘특정 분야의 전자거래’를 규정하고 있다. 전자상거래모델법의 주요 내용은 다음과 같다.

첫째, 전자상거래모델법은 “상업적 활동과 관련하여 사용되는 데이터 메시지 형식의 모든 정보”에 대하여 적용된다(제1조). 여기서 “상업적(commercial)”이라는 용어는 계약인지의 여부를 불문하고 상업적 성질을 가진 모든 관계로부터 생기는 법적 문제를 의미하는 것

7) United Nations, UNCITRAL Model Law on Electronic Commerce with Guide to Enactment 1996 참조.

8) United Nations, UNCITRAL Model Law on Electronic Commerce with Guide to Enactment 1996 with additional article 5 bis as adopted in 1998, 1999, 15.

9) 전자상거래모델법의 내용에 대하여는 Report of the United Nations Commission on International Trade Law on the Work of its Twenty-Ninth Session, A/51/17 Annex 1, 70-77 참조.

으로 본다. 또한 전자상거래모델법은 데이터 메시지를 정의한 제2조 (a)와 관련되어 있는데, 이는 정보가 실린 매체와 상관없이 정보가 생성 · 송신 · 수신 또는 저장되는 모든 실제 상황을 포괄한다는 원칙하에 규정된 것이다. 즉 "데이터 메시지(Data Message)"[10]는 전자적, 광학적 또는 이와 유사한 수단에 의하여 생성 · 송신 · 수신 또는 저장되는 정보를 말하며, 그러한 수단은 전자문서교환, 전자우편, 텔레그램, 텔렉스 또는 텔레카피를 포함하나 이에 한정되지 않는다(제2조 (a)). 그러므로 전자상거래모델법에서 명백히 규정하고 있는 경우를 제외하고는 전통적인 종이문서에 기초한 거래에 적용되는 원칙 등을 변경하는 것은 아니다.

둘째, 데이터 메시지의 법률요건 적용(제2장)과 관련하여 데이터 메시지의 법적 승인(제5조), 문서성(제6조), 서명(제7조), 원본성(제8조), 데이터 메시지의 허용성과 증거력(제9조), 그리고 데이터 메시지의 보관(제10조)을 규정하고 있다.

셋째, 데이터 메시지의 송 · 수신(제3장)과 관련하여 계약의 성립과 효력(제11조), 당사자에 의한 데이터 메시지의 승인(제12조), 데이터 메시지의 귀속(제13조),[11] 수신확인(제14조), 데이터 메시지의 송 · 수신 시간과 장소(제15조)를 규정하고 있다.

나. 유엔 전자계약협약[12]

(1) 개 요

유엔 국제거래법위원회는 1980년 「국제물품매매계약에 관한 유엔 협약(United Nations Convention on Contracts for the International Sale of Goods, 이하 "유엔 통일매매법"이라 한다)」을 제정하였다. 유엔 통일매매법은 법적 구속력이 인정되는 국제협약으로서 오프라인 거래에서 국제동산매매에 관한 가장 중요한 규범이다.[13] 그런데 유엔 통일매매법의 적용대상이 전자거래의 상당 부분을 차지하고 있다. 그 결과 서면계약을 전제로 하여 규정된 유엔 통일매매법이 전자거래에 적용되는 과정에서 발생할 수 있는 법적 장애를 제거하고, 국제거래를 이용하는 당사자들이 전자거래를 신뢰할 수 있도록 할 필요성이 대두되었다. 그리하여 유엔 국제거래법위원회는 국제거래에서 전자적 수단을 통해 계약이 체결되는 경우에 유엔 통일매매법이 가지는 한계를 극복하고 국제적으로 통일된 기준을 제시하기 위하여 2005년

10) "데이터 메시지"라는 용어는 "전자문서"라고 해석할 수 있는데, 이 경우 종래 EDI 환경에서의 전자문서를 가리키는 것으로 좁게 해석될 우려가 있다.

11) 제13조는 「UNCITRAL 국제자금이체에 관한 모델법」 제5조(지급청구서 송신자의 의무를 정의한 규정)를 그 기원으로 한다.

12) 이에 대하여 자세하게는 법무부, 전자계약의 현안과 과제 – UN 전자계약협약을 중심으로 –, 2008, 1 이하.

13) 우리나라는 2004년 2월 17일 동 협약에 가입하여 2005년 3월 1일부터 발효되었다.

11월 23일 「국제계약에 있어 전자적 의사표시의 이용에 관한 유엔 협약(United Nations Convention on the Use of Electronic Communications International Contracts, 이하 "유엔 전자계약협약" 이라 한다)」을 채택하였다.[14)]

(2) 성 격

유엔 전자계약협약은 유엔 전자상거래모델법이 지닌 한계를 극복하고, 국제 전자상거래에 통용되는 법적 구속력 있는 통일된 국제규범의 제정을 통해 명확성과 예측성을 보장함으로써 국제거래의 법적 장애를 제거하는 데 그 목적이 있다.[15)] 유엔 전자계약협약이 제정됨으로써 국경을 초월하여 법적 구속력 있는 통일된 국제규범의 틀이 마련되었으며, 유엔 통일매매법이 국제동산매매에 한정적으로 적용되는 것과 달리 이에 한정하지 않고 국제계약의 체결과 이행과정에서 전자적 수단이 이용되는 모든 거래유형을 포괄하여 규율할 수 있게 되었다.[16)]

(3) 주요 내용

유엔 전자계약협약은 전문과 4개의 장, 그리고 25개조로 구성되어 있다. 전문은 전자계약협약의 제정 동기와 제정 목적을 담고 있으며, 제1장은 협약의 적용 범위에 관한 것으로 협약의 적용 범위와 예외사항, 그리고 당사자 자치에 대한 구체적인 내용을 담고 있다. 제2장은 협약의 총칙적 규정으로 전자계약 관련 용어의 정의, 해석원칙, 당사자의 위치, 정보요건에 관한 사항을 담고 있다. 제3장은 국제거래에서 이용되는 전자계약에 구체적으로 적용되는 실질적 내용으로 전자계약의 법적 효력, 방식요건, 전자적 의사표시의 송·수신 시기 및 장소, 청약의 유인, 계약체결시 자동화시스템의 이용, 전자적 의사표시의 오류에 관하여 규정하고 있다. 제4장은 전자계약의 절차적 효력에 관한 것으로 전자계약협약의 비준과 가입, 지역경제통합기구의 참여, 국내영역 단위에서의 효력, 적용 범위의 선언, 다른 국제협약상의 의사표시 교환, 선언의 절차와 효력, 적용범위 그리고 전자계약협약의 유보·발효·폐기에 관하여 규정하고 있다.

---

14) 유엔 전자계약협약은 2005년 11월 23일 채택되어 2013년 3월 1일부터 발효되었다. 우리나라는 2008년 1월 15일 동 협약에 서명하였으나 아직 비준은 하지 않은 상태에 있다.

15) United Nations, United Nations Convention on the Use of Electronic Communications in International Contracts, 2007, 1.

16) 법무부, 앞의 책(주 12), 205-206면; 정진명, 비교사법 16/2 (2009) 43; 오병철, UNCITRAL 전자계약협약에 관한 비교법적 고찰과 전자거래기본법에의 영향, 비교사법 13/4 (2006) 86; 최경진, UN전자계약협약에 관한 비교법적 고찰, 국제거래법연구 19/1 (2010) 80.

3. 유럽연합의 전자거래 법제

가. 유럽연합 전자거래지침

(1) 개 요

유럽연합이 전자상거래에 관한 본격적인 논의를 시작한 것은 1995년의 "글로벌 정보사회 회의(Global Information Society Conference)"이고, 이 회의에서 G7의 정부 수반들은 "중소기업을 위한 전자상거래"를 포함한 11개의 국제적인 계획안을 발의하였다. 이에 자극을 받은 유럽연합 집행위원회는 1997년 4월 유럽연합 의회, 이사회, 경제사회이사회 및 지역위원회에 "전자상거래에 있어 유럽의 제안(A European Initiative in Electronic Commerce)"이라는 의견을 제출하였다.17) 이 제안의 목적은 전자상거래가 유럽의 글로벌시장 경쟁력에 상당한 영향을 미칠 것이므로 유럽에서 전자상거래의 활발한 성장을 장려하기 위한 것이다.18) 이 제안은 유럽연합 전자상거래지침을 채택하기 위한 4대 주요 원칙을 담고 있다. 즉 전자상거래의 법적 체제는, 첫째 규칙은 목적만을 위한 규칙이어서는 안 되며, 둘째 모든 규칙은 단일시장의 자유에 의거하여야 하고, 셋째 모든 규칙은 기업의 현실을 고려하여야 하며, 넷째 모든 규칙은 일반적이고 객관적인 이익에 부합하여야 한다는 원칙을 준수하여야 한다고 한다. 하지만 이 제안은 너무 추상적이고 일반적인 사항만을 제시하고 있어 전자상거래로 인하여 유럽 단일시장에서 야기될 수 있는 법적 문제에 대해서는 별다른 해결책을 제시해 주지 못하였다.19) 그리하여 유럽연합 집행위원회는 1999년 2월 유럽의회에 전자거래지침 초안20)을 제출하였으며, 이 초안은 수정을 거쳐 2000년 6월 8일 유럽의회에서 지침으로 채택되었다.21)

(2) 주요 내용

유럽연합 전자거래지침22)은 4장 24개조로 구성되며, 내용은 일반 규정(제1장), 원칙(제

17) 김정기 · 채형복, EU에 있어서 전자상거래와 단일전자시장의 건설, 통상법률 33 (2000) 102.

18) COM(97) 157, 16/04/97, 4 참조.

19) 김정기 · 채형복, 통상법률 33 (2000) 111.

20) 이 초안의 공식 명칭은 "역내시장에 있어 전자상거래의 특정 법적 측면에 관한 유럽의회와 이사회 지침을 위한 제안(Proposal for a European Parliament and Council Directive on certain legal aspects of electronic commerce in the internal market)"이다.

21) 유럽연합 전자상거래지침 초안에 대해서는 이병준, 전자상거래에 관한 유럽연합의 입법지침 초안, 통상법률 32 (1999) 61 이하.

22) 이 지침의 공식 명칭은 "역내시장에 있어 정보사회서비스, 특히 전자거래의 특정 법적 측면에 관한 유럽의회 및 위원회 지침(Richtlinie 2000/31/EG des Europäischen Parlaments und des Rates vom 8. Juni 2000 über bestimmte rechtliche Aspekte der Dienste der Informationsgesellschaft, insbesondere des elektronischen Geschäftsverkehrs, im Binnenmarkt(Richtlinie über den elektronischen Geschäftsverkehr)"(ABl. Nr. L 178 S. 1)이지만 "전자거래지침"이라고 부른다.

2장), 시행(제3장), 최종 규정(제4장)으로 되어 있다.

첫째, 전자거래지침의 목적은 회원국 간 정보사회서비스의 이동 자유를 보장함으로써 역내시장이 원활히 기능하는 데 기여하기 위한 것이다(제1조 제1문). 여기서 '정보사회서비스'는 전자적 수단을 통해 격지자 사이에서 또는 서비스이용자의 개인적 요구에 따라 보수를 위하여 통상적으로 제공되는 모든 형태의 서비스를 말한다(제2조 a호). 전자거래지침은 이러한 목적을 달성하기 위하여 설립과 정보 요구, 상업적 통신, 전자적 수단에 의한 계약체결, 중개인의 책임성 등 주요 원칙과 이를 이행하기 위한 제반 조치를 규정하고 있다.

둘째, 각 회원국은 서비스제공자가 제공하는 정보사회서비스가 전자거래지침과 동일한 분야의 범위에서 해당 회원국에서 적용되는 국내 규정과 양립하도록 보장할 의무를 부과하고 있다. 이에 따라 서비스 제공에 대한 사전 허가는 금지되며(제4조), 서비스제공자가 제공하여야 할 일반정보(제5조), 광고의 경우 제공되어야 할 정보(제6조), 일방적 광고(제7조), 규제 직업(제8조)을 규정하고 있다.

셋째, 전자적 수단에 의한 계약체결의 경우에 계약의 취급(제9조), 이 경우 제공되어야 할 정보(제10조), 주문의 교부(제11조)를 규정하고 있다.

넷째, 중개서비스제공자의 책임이 면책되는 사항을 규정하고 있다. 즉 서비스제공자의 단순 통과(mere conduit, 제12조), 임시 저장(Caching, 제13조), 서버 임대(Hosting, 제14조), 그리고 일반적 감시의무(obligation to monitor) 금지(제15조)를 규정하고 있다.

나. 유럽연합 전자신원확인 및 신뢰서비스 규정

유럽연합은 2000년 전자거래지침을 채택한 이후 10년간 큰 변화 없이 지침을 유지하였다. 그러나 다양한 온라인 서비스의 탄생, 대규모 온라인 플랫폼의 대두, 불법콘텐츠의 등장 등 디지털환경 측면에서 큰 변화가 일어났고, 이에 대한 현대적 법제제의 필요성이 제기되었다. 그리하여 유럽연합 집행위원회는 전자거래에 대한 보안수단을 종합적이고 일관되게 규제하기 위해서 2014년 7월 23일 "역내시장에서 전자거래를 위한 전자신원확인 및 신뢰서비스에 관한 유럽의회 및 이사회의 910/2014호 규정(이하 "eIDAS 규정"이라 한다)"[23]을 채택하였다.[24] eIDAS 규정은 2년의 경과기간을 거쳐 2016년 7월 1일부터 유럽연

23) 이 규정의 공식 명칭은 "역내시장에 있어 전자거래를 위한 전자신원확인 및 신뢰서비스에 관한 유럽연합 의회 규정(Die Verordnung (EU) Nr. 910/2014 des Europäischen Parlaments und des Rates über elektronische Identifizierung und Vertrauensdienste für elektronische Transaktionen im Binnenmarkt)"이지만 "전자신원확인 및 신뢰서비스 규정(eIDAS)"이라고 부른다.

24) 이에 대하여 자세하게는 정완용 외 7인, EU 신뢰서비스법, 2022, 3 이하; 김현수, 유럽연합(EU)의 전자서명 및 전자인증 법제도 동향, 2016, 3 이하; 정완용, 유럽연합 전자인증규정(eIDAS 2014)에 관한 고찰, 동북아법연구 10/3 (2017) 683 이하; 정진명, 온라인 환경에서 신원확인 및 신뢰서비스에 대한 법제 연구－유럽연합의 eIDAS 규정과 국

합 회원국에서 시행되고 있다.[25] eIDAS 규정은 전자서명 및 타임스탬프에 대한 법적 기본요건을 변경하고, 전자인장, 전자등기배달서비스, 공인전자서명 문서의 유효성 검사 및 저장을 위한 공인전자서명서비스, 웹사이트 인증에 관한 규정을 도입하였다. eIDAS 규정은 이러한 전자적 보안수단을 제공하는 서비스를 "신뢰서비스"라고 한다.

한편, 유럽연합 집행위원회는 2020년 12월 15일 온라인상의 불법콘텐츠 삭제, 이용자의 기본권 보호, 사업자의 책임 조정을 내용으로 하는 「디지털서비스법안(Digital Services Act)」을 회원국에 직접적인 구속력을 가지는 규정(regulation) 형식으로 제안하였다. 이 법안은 전자거래지침의 개정 차원을 넘어 온라인 플랫폼의 운영방식 전반에 걸친 종합적 · 체계적 규제체계를 갖추고 있다.[26]

4. 각국의 전자거래 법제

가. 독일의 전자거래 법제

(1) 법제의 발전

독일은 1997년 8월 1일부터 인터넷을 규제할 수 있는 "정보 및 통신서비스법"[27]을 제정하여 시행하였다. 이 법률의 제정으로 독일은 유럽연합 국가 중에서 가장 먼저 멀티미디어서비스에 관한 법률을 가지게 되었으며, 새로운 정보 및 통신서비스의 이용을 위한 법적 근거를 확보하게 되었다. 독일의 정보 및 통신서비스법은 항목법률(Artikelgesetz)로서 인터넷상의 서비스와 관련된 원격서비스법(제1장), 원격서비스데이터보호법(제2장), 전자서명법(제3장) 등을 내포하고 있다. 그러나 독일 연방정부는 이 법률에 대한 그동안의 경험 및 발전에 관한 연방정부의 평가와 함께 2000년 6월 8일 유럽의회가 공포한 전자거래지침에 따라 2001년 2월 14일 "전자거래의 법적 기본조건에 관한 법률안"[28]을 연방의회에 제출하였다. 이 법률안은 2001년 12월 14일 연방의회에서 의결되어 당일부터 시행되었다. 이는 독일이 유럽연합의 회원국이므로 유럽의회의 전자거래지침이 독일의 국내법인 원격서비스법의 포

제연합의 신원관리규정(안)을 중심으로 –, 비교사법 29/1 (2022) 269 이하.

25) eIDAS 제52조 제2항: "이 규정은 다음 경우를 제외하고는 2016년 7월 1일부터 적용한다."

26) 이에 대하여 자세하게는 김현수 · 전성호, 유럽연합 디지털서비스법안(Digital Services Act)의 주요 내용 및 시사점, 2020, 1 이하.

27) 이 법률의 공식 명칭은 "정보 및 통신서비스의 기본조건의 규율에 관한 법률(Gesetz zur Regelung der Rahmenbedingungen für Informations-und Kommunikationsdienste-Gesetz vom 22. Juli 1997)"이지만, "정보 및 통신서비스법"(Das Informations- und Kommunikationsdienste Gesetz: IuKG)"((BGBl. 1997 I S. 1870)이라고 부른다.

28) 이 법률의 공식 명칭은 "전자거래를 위한 법적 기본조건에 관한 법률(Gesetz über rechtliche Rahmenbedingungen für den elektronischen Geschäftsverkehr vom 14. Dezember 2001)"이지만, "전자거래법(Elektronischer Geschäftsverkehr-Gesetz, EGG)"(BGBl. 2001 I S. 3721)이라고 부른다.

괄적 개정을 포함한 정보 및 통신서비스법 전반에 대하여도 효력을 가짐을 의미한다. 또한 유럽의회의 전자거래지침은 이미 제정되어 2001년 8월 1일부터 시행 중인 방식규정적응법(Textformgesetz), 2002년 1월 1일부터 시행되는 채권법현대화법(Schuldrechtsmodernisierungsgesetz) 그리고 개정 민사소송법에 대하여도 영향을 미쳤다. 그리고 "정보 및 통신서비스법" 제1절에 규정되어 있던 원격서비스법은 2000년 6월 8일의 유럽의회 전자거래지침을 수용한 2000년 6월 27일의 전자거래법에 의하여 개정되었다.29) 여기서 개정의 주된 원인인 유럽연합의 전자거래지침은 정보사회서비스에 대하여 일정한 효력을 가지는 국내법적 규정과 그 효력을 같게 하며(제1조 제2항), 이를 통하여 회원국 간 정보사회서비스의 자유로운 유통을 보장하는 데 있다(제1조 제1항). 이는 서비스제공자에 대한 법적 안정성, 소비자에 대한 효과적인 보호 및 새로운 경제영역에 있어서 기능적인 역내시장을 형성하는 데 있다.30) 따라서 원격서비스법은 전자거래에 있어서 본질적인 경제법적, 사법적 기본조건을 설정하는 방향으로 개정되었다. 즉 전자거래와 관련된 수많은 규정 중에서 특히 주소지국가주의 원칙, 전자적으로 체결된 계약에 대한 방식의 유효성, 서비스제공자의 정보제공의무 및 책임상의 특권을 규정하였다.31)

(2) 법제의 내용

1) 전자거래법

독일의 전자거래법(Elektronischer Geschäftsverkehr-Gesetz)은 유럽연합의 전자거래지침 체계에 따라 제1절 "일반규정"을 신설하였다. 즉 현행 원격서비스법 제1조(입법목적) 앞에 제1관 "일반규정"을 두며, 제2관 "진입 자유와 정보제공의무", 제3관 "책임", 제4관 "과태료 규정"을 두어 명백한 법률체계를 세우고자 하였다.32) 특히 법률은 제8조 내지 제11조의 본질적 규정을 통하여 현행 원격서비스법 제5조의 책임 규범을 보충하였다. 전자거래법은 원격서비스법에서 그 적용이 배제되었던 배포형 서비스(Verteildienste)와 주문형 서비스(Abrufdienste) 개념을 신설하였으며(제3조 제3호, 제4호), 상업적 통신 규정도 신설하였다(제3조 제5호). 그리고 전자거래법의 중심규정인 주소지국가주의(Herkunftslandsprinzip)(상호승인 원칙)를 규정하였는데(제4조), 이는 주소지국가주의를 규정한 전자거래지침 제3조를 국내법으로 전환한 것이

29) 이에 대하여는 Bröhl, EGG-Gesetz über rechtliche Rahmenbedingungen des elektronischen Geschäftsverkehrs-Erläuterungen zum Referentenentwurf, MMR 2001, 67; Härting, Gesetzentwurf zur Umsetzung der E-Commerce-Richtlini", CR 2001, 271; Hoffman, EGG und neue gTLDs: Arbeitsbeschaffungsmaßnahmen für Anwälte und Gerichte?, MMR 2001, 129; Hübner, Herausforderungen an einen europäischen Rechtsrahmen für E-Commerce, EuZW 2001, 225; Spindler, Der Entwurf zur Umsetzung der E-Commerce-Richtlinie, ZRP 2001, 203.

30) BT-Drs. 14/6098, 11.

31) 이에 대하여 자세하게는 정진명, 독일의 전자거래법제 동향, 인터넷법률 10 (2002) 132 이하.

32) BT-Drs. 14/6098, 15.

다. 그 이외에도 진입 자유(제5조), 정보제공의무(제6조), 서비스제공자의 책임에 관한 규정을 두었다(제8조 내지 제11조).

2) 방식규정적응법

전자적 의사표시는 원칙적으로 법질서에 있어 입증이 가능하고, 방식에 적합한 것으로 승인되어야 한다는 유럽연합의 전자거래지침에 따라 독일 연방정부는 사법상 인터넷에 의한 계약체결과 관련된 규정을 두기 위한 방식규정적응법 초안[33]을 입안하였다.[34] 이 법률안은 2000년 9월 6일 연방 각료회의에서 의결되어 연방의회에 제출되었으나[35] 전자적 방식은 전자서명법 및 전자서명법시행령과 밀접한 관련이 있어 계속 논쟁되었다.[36] 이 법률안은 2001년 3월 11일 연방의회에서 "현대 법률거래에서 사법의 방식규정적응에 대한 법률"[37]로 수정되어 의결되었고, 2001년 8월 1일부터 시행되고 있다. 독일은 이 법률을 통하여 전자적으로 체결된 계약의 유효성에 대한 요건을 해결하였다.

방식규정적응법은 소위 "전자적 방식(elektronischer Form)"이라는 새로운 개념을 도입하였다. 전자적 방식은 법률행위의 당사자가 특정 방식으로 전자계약에 합의하는 경우에 법적으로 준비된 행위의 선택에 기여한다.[38] 여기서 전자적 방식은 유체성의 표지를 포기하는 대신 문서에 대한 디지털서명을 요구한다. 그러므로 법적으로 규정된 서면방식을 전자서명으로 대체하는 경우에 표의자는 문서에 자신의 이름을 추가하여야 하고, 전자문서를 전자서명법에 따른 디지털서명으로 처리하여야 한다(제126조의a). 따라서 디지털서명은 법률에 회피 규정이 없는 한 자필서명의 대체물이며,[39] 이러한 규정에 반하면 방식이 요구되는 규정은 독일민법 제125조에 따라 무효이다. 그리고 이를 회피하는 규정으로는 독일민법 제623조, 제630조, 제766조 제1항, 제780조, 제781조 제1항이 있다.

3) 채권법현대화법

독일은 2000년 6월 8일 유럽연합의 전자거래지침 제10조, 제11조 및 제18조에 따라 채권법현대화법으로 새로이 제정되는 독일민법에 새로운 의무들을 규정하였다. 즉 전자거

33) 이 법안의 공식 명칭은 Entwurf eines Gesetzes zur Anpassung der Formvorschriften des Privatrechts und anderer Vorschriften an den modernen Rechtsgeschäftsverkehr vom 6. September 2000"이다.
34) 정진명, 인터넷법률 10 (2002) 148-149.
35) BT-Drs. 14/4987.
36) 이에 대하여는 Roßnagel, MMR 2000, 458; ders., NJW 2001, 1818; Scheffler/Dressel, Vorschläge zur Änderung zivilrechtlicher Formvorschriften und ihre Bedeutung für den Wirtschaftszweig E-Commerce, CR 2000, 382; Vehslage, Das geplante Gesetz zur Anpassung der Formvorschriften des Privatrechts und anderer Vorschriften an den modernen Rechtsverkehr, DB 2000, 1803.
37) 이 법률의 공식 명칭은 "Das Gesetz zur Anpassung der Formvorschriften des Privatrechts an den modernen Rechtsgeschäftsverkehr"(BGBl. 2001 I S. 1542)이다.
38) Entwurf-Begründung, 3.
39) Entwurf-Begründung, 8.

래지침은 전자적으로 체결되는 계약에서 서비스제공자의 정보제공의무(제10조), 이용자에 의한 전자적 수단에 의한 주문에 대한 원칙(제11조), 소비자의 이익 보호를 위한 부작위소송 가능성(제18조)을 내용으로 한다. 그리하여 채권법현대화법[40]은 2001년 10월 11일 연방의회에서 의결되어 2002년 1월 1일부터 시행되고 있다. 채권법현대화법은 통신판매계약을 신설하고(제312조의b), 이 경우 소비자에 대한 정보제공(제312조의c), 소비자의 철회권 및 반환권(제312조의d), 그리고 전자거래에서의 의무(제312조의e, 제312조의j) 등을 신설하였다. 그 이외에도 제147조(승낙기간) 제1항[41]을 개정하여 전자거래는 원칙적으로 대화자 간의 거래임을 분명히 하였다.

나. 프랑스의 전자거래 법제[42]

(1) 법제의 발전

프랑스는 유럽연합 전자거래지침을 수용하여 2005년 전자계약을 민법전에 입법화하였고,[43] 2016년 민법전 개정에서 '계약의 성립' 부분에 이를 종합적으로 재편성하였다. 2016년 개정 프랑스민법은 유럽연합의 전자거래지침을 반영한 것이지만, 계약 법리의 체계에 맞추어 내용을 각색하고 민법전에 적절히 배치했다는 점에서 그 의의가 있다.

(2) 법제의 내용

1) 디지털경제와 통신법에서 신뢰를 위한 법률[44]

프랑스는 정보사회의 발전을 촉진하기 위하여 정부가 디지털경제의 신뢰 조건을 조성하고, 인터넷서비스제공자에 대한 명확한 규칙 설정 및 이용자에 대한 효과적인 보호를 위하여 「디지털경제와 통신법에서 신뢰를 위한 법률」[45]을 제정하였다.[46] 이 법률은 2004년 6월 10일 헌법위원회 결정[47]을 거쳐 6월 22일 공표되었으며, 이 법률을 통하여 전자적

---

40) 이 법률의 공식 명칭은 "Das Gesetzes zur Modernisierung des Schuldrechts vom 11. Oktober 2001"(BGBl. 2001 I, 3138)이다.

41) 독일민법 제147조 제1항 "대화자에게 행하여진 청약은 즉시 승낙될 수 있다. 전화 또는 다른 기술적 설비를 통하여 직접 행하여진 청약도 또한 같다."

42) 2016년 개정 프랑스민법에서의 전자계약에 대해서는 남궁술, 프랑스 개정 민법에서의 전자계약에 관한 고찰, 한양대학교 법학논총 34/2 (2017) 229 이하.

43) 프랑스에서 전자서명지침 및 전자거래지침은 비교적 순탄하게 수용되었다(Witz/Kull, Der französische Code Civil, NJW 2004, 3761).

44) 이에 대해서는 정진명, 민사법학 48 (2010) 67 이하.

45) 이 법률의 공식 명칭은 "La loi n° 2004-575 du 21 juin 2004 pour la confiance dans l'économie numérique et le droit de la communication(이하 "2004년 법률"이라 한다)"이다.

46) 이에 대하여는 Olivier Cachard, Le contrat electronique dans la loi sur la confiance dans l'economie numerique, Revue Lamy de Droit Civil 5, 2004; Olivier Cachard, Electronic Commerce Law, 5 Int'l Bus. L.J. (2004) 678.

47) Décision du Conseil constitutionnel n° 2004-496 du 10 juin 2004 (partiellement conforme).

방식의 계약이 민법전에 편입되게 되었다.

프랑스는 2004년 법률 제3장(전자적 방식으로 작성된 채권관계) 제25조에 따라 전자거래의 법적 장애를 제거하기 위하여 제1108조의1 및 제1108조의2를 신설하였다. 2004년 법률 제1108조의1 제1문은 "법률거래의 유효성을 위하여 서면이 요구되는 경우 제1316조의1과 제1316조의4에 규정된 요건인 전자적 수단으로 작성되고 보존될 수 있으며, 공정증서가 요구되는 경우 제1317조 제2항에 의한다"고 규정하고, 제2문은 "의무를 부담하는 자의 자필서명 된 진술이 요구되는 경우 그것이 대체되는 요건이 단지 의무를 부담하는 자에 의해서만 대체될 수 있다고 인정되는 때에는 전자적 방식으로 갈음할 수 있다"고 규정하여 전자문서의 효력을 인정하고 있다. 여기서 전자적 방식의 문서는 그것을 작성한 사람의 동일성이 엄격하게 지켜질 수 있고, 문서의 무결성을 담보하기 위한 조건으로 작성되고 보존된다면 종이매체에 의한 문서와 동일하게 증거로 인정되며, 법률행위의 완성을 위하여 필요한 서명이 전자적으로 행하여진 경우 서명을 한 사람의 확보된 신원과 보장된 증서의 무결성에 대하여는 국사원의 데크레에 의하여 정하는 조건에 따른다고 규정하였다(제1316조의4). 이처럼 프랑스민법은 전자문서에 대하여 적극적으로 규정하는 한편, 전자문서의 이용이 가능하지 않은 경우를 위하여 효력 배제 규정도 함께 두고 있다. 즉 2004년 법률 제1108조의2는 "가족법과 상속법에 관련된 사적 서명행위, 자신의 직업상의 요구를 위한 사람에 의한 것을 제외하고 상업적 또는 비상업적 성격의 보증인의 지위 또는 재산적 부담과 관련된 사적 서명행위"는 제1108조의1에 대한 예외로 규정하고 있다. 이처럼 프랑스민법은 전자문서, 전자서명의 효력 및 그 배제에 관한 규정을 신설하여 전자거래의 법적 장애를 제거하였다.

2) 전자적 수단에 의한 특정 계약방식의 현실화에 관한 법률

프랑스는 2004년의「디지털경제와 통신법에서 신뢰를 위한 법률」제25조에서 전자적 방식에 의한 계약을 신설하였다. 이 법률은 2004년 7월 9일 개정되었고, 개정된 법률 제26조에 의거하여 2005년 6월 16일「전자적 수단에 의한 특정 계약방식의 현실화에 관한 법률」48)이 제정되었다. 이에 따라 프랑스민법은 전자적 방식의 계약에 대하여 제3권 제3편 제7장에 전자적 방식의 계약에 관한 11개의 조문을 신설하는 추가적인 개정이 이루어졌다.

48) 이 법률의 공식 명칭은 "Ordonnance n° 2005-674 du 16 juin 2005 relative à l'accomplissement de certaines formalités contractuelles par voie électronique(이하 "2005년 법률"이라 한다)"이다.

3) 계약법, 채무의 일반제도와 증명에 관한 법률

프랑스는 2004년 법률과 2005년 법률의 문맥과 용어상의 불분명한 부분을 수정하여 2016년 2월 10일 「계약법, 채무의 일반제도와 증명에 관한 법률」[49]을 제정하였다. 이에 따라 2016년 법률은 제3편(채무의 발생원인) 제2장(계약의 성립) 제1절(계약의 체결) 제4부절(전자적 수단에 의해 체결된 계약에 관한 규정) 제1125조 내지 제1127조의4에서 전자계약에 관한 사항을 재편성하였다. 2016년 법률은 계약체결을 위한 협상 단계에서 당사자가 준수하여야 하는 신의칙 의무나 관련 정보제공의무를 규정하고, 이를 기초로 하여 협상 전후 단계에서 전자적 수단에 의한 정보교환을 규정하고 있다. 즉 협상 전 단계에서 전자적 수단에 의한 정보 제시(제1125조)와 협상 후 단계에서 전자우편에 의한 정보제공 요청(제1126조, 제1127조)을 규정하고 있다. 그리고 제1113조 내지 제1117조를 신설하여 계약의 성립에 관한 청약과 승낙의 법원칙을 명문화하고, 제1127조의1 내지 제1127조의4에서는 전자계약 체결의 각 단계에서 사업자가 부담하여야 할 특별의무를 규정하고 있다.[50]

한편, 제3절(계약의 방식) 제2부절(전자적 수단에 의해 체결된 계약에 관한 규정) 제1174조 내지 제1177조에서는 전자계약의 경우에 필요한 서식의 효력요건을 규정하고 있다. 의사주의를 토대로 하는 프랑스민법은 계약의 형식에 대하여 특별한 제한을 두고 있지 않지만, 전자적 서식의 공정성 확보를 위하여 필요한 사항을 규정하였다.

다른 한편, 전자문서의 증거력과 전자서명에 관한 내용을 제4편(채무의 증명) 제3장(증명의 다양한 방식) 제1절(문서에 의한 증명) 제1부절(일반 규정) 제1366조 내지 제1368조로 재편성하였다.

5. 소 결

전자거래 관련 규정의 민법 편입에 대한 각국의 입법 태도는 다양하다.

첫째, 전자거래 관련 규정의 입법방식에 차이가 있다. 독일과 프랑스는 유럽연합 회원국으로서 유럽연합 전자거래지침을 이행하기 위하여 민법개정을 통하여 전자거래 관련 규정을 상대적으로 폭넓게 수용하였다. 이에 반하여 비회원국인 일본은 전자거래 규정을 민법에 최소한으로 반영하고, 특별법에 규정하는 방식으로 대응하였다.[51]

둘째, 전자거래 관련 규정의 입법체계에 차이가 있다. 독일은 전자거래 관련 세부내

---

49) 이 법률의 공식 명칭은 “Ordonnance n° 2016-131 du 10 février 2016 portant réforme du droit des contrats, du régime général et de la preuve des obligations(이하 “2016년 법률”이라 한다)”이다.

50) 이는 2000년의 유럽연합 전자거래지침을 수용한 것이다.

51) 內田 貴, 電子商去來と法(2), NBL 601 (1996), 20.

용을 기본적으로 "전자거래법"에서 수용하고, 민법전에는 민법의 다른 조문과 충돌되는 일반적 내용만을 개정하였다. 즉 전자거래에 대해서는 제2편(채권관계와 법), 제3장(계약상의 채권관계), 제1절(성립, 내용 및 종료), 제2관(소비자계약에서의 원칙과 특수한 거래형태) 제3항(전자거래상의 계약)에서 제312조의i(전자거래에서의 일반적 의무), 제312조의j(소비자에 대한 전자거래에서의 특별한 의무) 2개조만을 규정하고 있다. 그 이외에 제147조(승낙기간) 제1항을 개정하여 전자거래는 원칙적으로 대화자 간의 거래임을 분명히 하고, 제126조의a(전자방식)에서 전자적 방식을 규정하였다. 이에 대하여 프랑스민법은 유럽연합 전자거래지침의 내용을 민법전에 상당 부분 충실하게 수용하였다. 이에 반하여 일본민법은 전자거래 관련 내용을 최소한 규정하고, 개별 사항은 별도의 법률에서 규정하고 있다.

셋째, 전자거래 관련 규정의 입법내용에 차이가 있다. 민법전에 방식에 관한 규정을 두고 있는 독일과 프랑스는 먼저 전자적 방식을 수용하는 개정을 하였고, 다음으로 전자거래 내지 전자적 방식의 계약에 관한 규정을 수용하였다. 그리고 양국 민법전은 전자적 방식이 가능하지 않은 경우를 위하여 민법 전반에 전자적 방식의 적용을 배제하는 규정을 두었다. 이에 대하여 일본민법은 방식에 관한 규정을 두고 있지 않으므로 전자거래의 실제적인 문제 해결에 주력하였다. 즉 일본의 전자소비자계약법은 소비자에게만 적용되며, 사업자와 소비자 간 계약에 있어서는 사업자가 소비자의 조작 실수에 대하여 확인조치를 하도록 규정함으로써 전자상거래상의 문제를 입법적으로 해결하였다. 또한 전자상거래에서 논란이 많았던 계약의 성립시점도 전자소비자계약에 대해서는 특례를 인정함으로써 입법적으로 해결하였다.

생각건대 전자거래 관련 규정의 민법 편입에 소극적인 태도를 취하고 있는 일본의 입법 태도는 민법 편입 부정론에 대한 유용한 논거가 될 수 있다. 특히 일본과 달리 전자거래기본법 등 전자거래 관련 특별법을 두고 있는 우리나라의 사정을 고려하면 전자거래 관련 규정을 민법에 편입시키지 않고서도 대부분의 법률문제를 해결할 수 있을 것이다. 그러나 민법개정의 취지, 법적 통일성 확보, 법률해석의 명확성 고양, 사회발전의 대응력 강화 등을 고려하면[52] 전자거래 관련 규정의 민법 편입을 긍정적으로 고려할 필요가 있다고 할 것이다.[53] 특히 이러한 논의에 있어서 대륙법계 민법전을 대표하는 독일민법과 프랑스민법이 유럽연합 전자거래지침을 이행하기 위한 것이었다고 하더라도 전자거래에 대하여 포괄적인 범위에서 매우 상세한 내용을 민법에 편입하고 있음은 우리 민법의 개정에도 시사하는 바가 크다고 할 것이다.

52) 오병철, 민사법학 46 (2009) 131 이하.
53) 정진명, 민사법학 48 (2010) 77-78.

Ⅲ. 법률개정 이유 및 내용

1. 법률개정 이유

가. 민법상 이유

전자거래는 기존의 거래와 비교하여 거래의 체결방식 및 체결유형이 다르며, 전자거래에 관한 규율은 민법전에 편입되지 못하고 특별법에서 규율되고 있다. 그 이유는 전자거래가 2000년대 들어오면서 활성화되기 시작하여 입법적 개선에 대한 요구가 크지 않았고, 또한 전자거래는 기술적 요소가 많아 일반법인 민법에 편입하기 어려운 점도 있었다. 그러나 기존의 거래방식은 전자거래에 적합하지 않은 요소가 있을 뿐만 아니라 오히려 전자거래의 발전에 장애가 되는 요소도 있다. 이에 따라 전자거래 관련 규율을 민법전에 편입하여 거래의 안정성과 신뢰성을 확보할 필요성이 커지고 있다.

나. 전자거래법상 이유

우리나라는 1996년 유엔 국제거래법위원회가 채택한 전자상거래모델법을 토대로 하여 1999년 2월 전자거래기본법[54]을 제정하였다. 전자거래기본법은 제정 이래 전자거래에 관한 기본법으로서 전자거래의 법률관계를 규율하고 전자거래의 안전성을 확보하기 위한 법적 기틀을 마련함으로써 전자거래의 활성화와 기반조성에 기여하였다.[55] 그러나 전자거래기본법은 전자거래의 확산과 전자적 환경의 급속한 변화에 제대로 대응하지 못하는 측면이 있어 전자문서 유통의 안전성을 확보하고 전자문서의 이용을 활성화하기 위하여 2012년 「전자문서 및 전자거래 기본법」(이하 "전자문서법"이라 한다)으로 법률 명칭을 변경하였다. 2012년 개정 전자문서법은 전자문서의 이용을 촉진하기 위하여 법률의 적용 범위를 공공기관과 민간기관간, 개인과 민간기관간 또는 이들 상호간 전자문서 유통에 관한 일반적인 사항으로 확대하고, 전자문서의 활성화를 위한 제도들을 추가하였다. 2012년 개정 전자문서법은 원래 2010년 12월 27일 채택된 유엔 전자계약협약의 내용을 수용한 규정의 신설 및 전자문서 이용 활성화를 위한 규정의 정비 등을 주요 골자로 전부개정이 추진되었다. 그러나 법무부가 유엔 전자계약협약을 반영한 일부 조항과 관련하여 보다 심도 있는 논의가 필요하다는 반대의견을 개진함에 따라 정부(지식경제부)는 해당 부분을 제외하고[56] 우선

54) 법률 제5834호, 1999. 2. 8. 제정.
55) 전자거래기본법 개정이유
56) 개정이 무산된 개정안의 주요 내용으로는 '전자적 의사표시'의 용어 정의 규정(제2조 제1호), 전자적 의사표시의 효력

전자문서 이용 활성화를 위한 규정을 대상으로 한 수정개정을 추진하였다. 그 결과 전자문서법은 전자거래에 대한 규율보다 전자문서의 유통에 관한 기능이 강화되어 전자거래에 관한 규율과 괴리가 발생하게 되었다.

현행 전자문서법은 전자문서의 법적 유효성에 대해서 강행규정의 성격을 인정하여 그 효력을 당사자가 임의로 배제할 수 없도록 하고 있다. 특히 전자문서법은 전자문서의 유효성과 송 · 수신 시기를 전자문서 중심으로 규정하고 있어 전자문서에 대해서 실체적인 법적 효과를 발생하는 의사표시의 효력이나 의사표시의 발신 및 도달 등과 관련하여 괴리가 발생하고 있다. 예컨대, 종래의 법적 규율은 "종이문서(또는 구두) → 의사표시 → 계약 → 법률효과의 발생"을 중심으로 이루어져 왔다. 그러나 전자문서법은 "전자문서 → 법률효과의 발생"이라는 형태로 규율하고 있어 전자적 의사표시나 전자계약에 대한 규율을 한편으로는 민법의 해석론에, 다른 한편으로는 전자문서법의 기술적 규정에 맡기고 있다.[57)]

다. 국제적 동향 반영

전자거래는 국내거래에 국한하지 않고 국제거래가 이루어지는 경우가 많다. 그 결과 국제거래에 적용되는 법규범이 국내거래에 적용되는 법규범과 다른 경우가 발생하게 된다. 이에 따라 국제기구 및 세계 각국은 계약법의 보편성과 국제성을 토대로 전자거래에 대한 통일적인 법규범 논의를 활발하게 진행하고 있으며, 각국은 전자거래의 촉진을 위하여 전자거래 관련 법규범을 민법에 편입하고 있다. 전자거래에 관한 국제규범의 수용은 무분별한 수용은 지양되어야 하지만, 국내 법규범과 충돌이 적고 국제적 경쟁력 확보에 기여할 수 있으면 민법에 편입하는 것이 바람직하다고 할 수 있다.

2. 법률개정 방식

전자거래에 대한 사법적 규율을 강화하고 규율체계의 일관성을 확보하기 위해서는 법률개정이 이루어져야 한다. 이 경우 법률개정의 방향으로는 세 가지 방식이 고려될 수 있다.[58)]

제1안은 일반법인 민법에 전자적 의사표시나 전자문서에 관한 규정을 두는 방식이다.

에 관한 규정(제4조 제1항, 제2항) 신설, 전자문서의 형식요건과 유사한 내용으로 서면 요건, 서명 요건, 원본 요건에 대해 각각 구분하여 규정(제21조), '작성자'와 '수신자'의 용어 정의 수정(제2조 제2호, 제4호), 전자적 의사표시의 송 · 수신 시기 수정(제5조) 등이 있다.

57) 최경진, 전자거래기본법 개정방안 연구, 정보법학 15/1 (2011) 43.

58) 최경진, 정보법학 15/1 (2011) 44-45 참조.

이 방식은 전자거래에 대한 규율을 민법에 편입함으로써 전자거래에 대한 사법적 규율을 강화하고 규율체계의 일관성을 확보할 수 있는 장점이 있다. 반면에 이 방식은 전자거래의 특수성으로 인하여 일반법인 민법의 성격과 부합하지 않는 규율이 존재할 수 있고, 또한 전자적 수단은 다양한 방식으로 발전될 것이 예상되는 데 민법은 이러한 변화에 대응하기 어렵다.

제2안은 일반법인 민법은 그대로 두고, 특별법인 전자문서법에 전자거래에 관한 규정을 자세하게 두는 방식이다. 이 방식은 전자거래에 대한 규율을 구체적이고 포괄적으로 둘 수 있으며, 또한 전자거래 관련 기술발전에 유연하게 대응할 수 있는 장점이 있다. 반면에 이 방식은 전자문서법에 전자거래에 대한 포괄적 규정을 둠으로써 규범의 이중성(duality of regimes) 문제가 발생할 우려가 있으며, 민법에는 아무런 규정을 두지 않음으로써 일반법인 민법의 규범을 형해화 할 우려가 있다. 즉 특별법인 전자문서법은 일반법인 민법에 우선하므로 민법은 전자거래에 대하여 실질적인 법적 효력을 가질 수 없게 된다.

제3안은 일반법인 민법에는 전자거래에 관한 최소한의 실체법적 근거 규정을 두고, 특별법인 전자문서법에는 전자거래의 기술적 요소에 대하여 구체적이고 포괄적인 규정을 두는 방식이다. 이 방식은 전자거래에 대한 사법적 규율체계의 일관성을 확보할 수 있을 뿐만 아니라 전자거래 관련 기술발전에 유연하게 대응할 수 있는 장점이 있다. 반면에 이 방식은 민법과 전자문서법을 함께 개정하여야 하는 어려움이 있고, 또한 민법에 규정되어야 할 내용과 전자문서법에 규정되어야 할 내용에 대한 합의가 이루어지기 어렵다.

생각건대 전자거래는 인간의 일상생활에 많은 영향을 미치고 있으며, 기존의 법질서가 경험하지 못한 새로운 법적 환경을 만들어 내고 있다. 이러한 사정에도 불구하고 우리 민법은 거래 환경 변화에 적극적으로 대응하지 않은 결과 특별법과의 괴리가 점차 확대되고 있다. 특히 현행 민법은 해석론을 통하여 전자거래에 대한 실체적인 법적 효력을 확인하고 있으나 규율의 불명확성으로 인하여 법규의 적용에 한계가 있고, 또한 전자거래에 대한 사법적 규율을 특별법에 위임한 결과 민법의 형해화에 대한 우려가 커지고 있다. 특히 전자거래 관련 개별 법률을 개정하는 경우 일반법인 민법과의 충돌 문제가 제기되므로 전자거래에 관한 일반 법리는 민법전에서 규정하고, 기술적인 법리는 개별 법률에서 정비하는 제3안이 타당하다고 생각된다.[59)]

59) 이러한 취지로는 장병주, 전자적 법률행위 방식의 민법전 편입 검토, 재산법연구 31/3 (2014) 77; 최경진, 정보법학 15/1 (2011) 45.

3. 법률개정 내용

가. 전자적 의사표시

현행 전자문서법은 '전자거래'를 재화나 용역을 거래할 때 그 전부 또는 일부가 전자문서 등 전자적 방식으로 처리되는 거래라고 한다(제2조 제5호). 즉 전자거래는 전자계약과 같은 법률행위뿐만 아니라 의사의 통지나 관념의 통지와 같은 준법률행위도 포함한다.[60] 이러한 전자거래의 법적 유효성을 인정하는 방법으로는 직접 전자거래의 법적 효력을 인정하는 방법과 전자거래의 수단인 전자문서의 법적 효력을 인정하는 간접적인 방법이 있다. 현행 전자문서법은 후자의 방법을 채택하고 있으며, 이는 다음과 같은 문제가 있다. 첫째, 전자거래는 전자문서 등 전자적 방법으로 처리되는 거래를 말하므로 전자문서뿐만 아니라 마우스 클릭에 의하여 체결될 수도 있다. 이 경우 전자문서는 전자적 형태로 되어 있다는 이유만으로 법적 효력이 부인되지 않지만(전자문서법 제4조 제1항), 문서의 형태를 띠지 않는 마우스 클릭의 경우에는 어떤 법률효과가 부여되는지가 문제된다. 그리고 전자거래의 경우 전자적 의사표시는 전자문서뿐만 아니라 기술의 발전에 따라 다양한 방식으로 이루어질 수 있으므로 전자문서의 유효성을 인정하는 것만으로 충분하지 않다.[61] 나아가 전자문서법은 '전자문서'를 "정보처리시스템에 의하여 전자적 형태로 작성 · 변환되거나 송신 · 수신 또는 저장된 정보"로 정의하고 있어 전자문서가 무엇인지에 대한 논란도 제기되고 있다. 둘째, 전자문서법 제6조 내지 제9조는 전자문서의 송수신과 철회를 규정하고 있으나, 여기서 '전자문서'는 전자적 의사표시의 수단의 하나에 불과하다. 그러므로 전자문서법 제6조 내지 제9조의 '전자문서'는 '전자적 의사표시'로 수정할 필요가 있으며, 이 경우 전자적 의사표시는 전자문서법보다 일반법인 민법에 규정하는 것이 타당하다. 그 이유는 전자적 의사표시는 법률행위의 구성요소로서 거래 현실에서 널리 사용되고 있을 뿐만 아니라 전자적 의사표시로 이루어지는 전자계약에 관한 법체계 확립과 해석상의 문제를 보다 명확하게 규율할 수 있기 때문이다.[62] 셋째, 유엔 전자계약협약은 전자상거래모델법상의 '데이터 메시지'라는 개념 대신에 '전자적 의사표시'라는 개념을 도입하여 양자를 명확하게 구분하고 있다. 그 이유는 유엔 전자계약협약이 종이기반 문서와 전자문서를 차별하지 않는 비차별 원칙과 등가성 원칙을 목적으로 하기 때문이다. 그 결과 유엔 전자계약협약은 '전자적 의사표시'(electronic communication)[63]를 당사자가 '데이터 메시지'의 형태로 행한 모든 의사표시라

60) 오병철, 전자계약법, 2000, 252.

61) 최경진, 정보법학 15/1 (2011) 49.

62) 오병철, 민사법학 46 (2009) 146; 정진명, 민사법학 48 (2010) 80; 장병주, 재산법연구 31/3 (2014) 283.

63) 이 용어에 대해서는 '전자적 의사표시', '전자적 통지', '전자적 의사표현'이라는 용어가 사용되고 있으나. 다수의 견해

고 규정하여 법교의적 측면에서 우리 민법상의 '의사표시'와 큰 차이가 없다. 이에 대하여 우리나라의 전자문서법은 전자적 의사표시를 전달하는 수단인 '전자문서'에 대해서만 규정을 하고 있다. 이에 따라 우리나라도 유엔 전자계약협약을 고려하여 입법적으로 '전자적 의사표시'에 대한 정의 규정을 두자는 견해[64]와 이를 신중하게 검토할 필요가 있다는 견해[65]가 대립되어 있다.

생각건대 전자거래에 대한 사법적 규율체계의 일관성과 명확성을 확립하기 위해서는 민법에 의사표시라는 기본개념에 대응하는 전자적 의사표시라는 개념을 도입하고, 이를 바탕으로 다양한 전자적 법률행위가 규율될 수 있도록 법적 근거를 마련하는 것이 필요하다.[66] 이 경우 전자적 의사표시는 현행 민법 제111조(의사표시의 효력발생시기)에 앞서 제110조의2로 규정하는 것이 바람직할 것이다.

제안: 제110조의2(전자적 의사표시) 의사표시는 전자적 방식으로 이루어진 경우에도 효력이 있다.

나. 전자계약의 원격성 여부

(1) 문제점

승낙은 청약과 결합하여 계약을 성립시킬 목적으로 행하여지는 청약자에 대한 의사표시이다. 청약은 반드시 의사표시가 있을 것을 전제로 하는 반면, 승낙은 일정한 경우 승낙의 의사표시로 인정되는 사실이 있는 때도 인정된다(민법 제532조). 따라서 전자계약에서도 승낙은 전자문서와 같은 전자적 형태를 띠는 서면에 의해서 이루어지거나, 마우스 클릭과 같은 서면이 아닌 전자적 표시로 이루어지거나, 직접적인 이행행위의 실행(예컨대, 주문한 물품이 도달한 경우) 등 상대방의 계약조건을 수용하는 전자적 형태의 의사표시로 이루어질 수 있다. 그런데 현행 전자문서법은 청약과 승낙에 대하여 아무런 규정을 두고 있지 않으므로 전자계약을 대화자간의 계약으로 볼 것인지 아니면 격지자간의 계약으로 볼 것인가의 여부와 각자의 경우에 효력발생시기에 대한 검토가 필요하다.

첫째, 전자계약을 격지자간의 계약으로 보는 견해는 선사계약은 의시표시의 발신자와 수신자의 컴퓨터가 물리적으로 분리되어 있으며, 실세로 발신과 도달이 동시에 일어나지 않으며, 도달의 의사표시가 상대방의 전자사서함에 저장되는 경우가 많기 때문에 원칙적으

는 '전자적 의사표시'라는 용어를 사용하고 있다. 한편, 전자적 의사표시론에 대한 비판으로는 지원림, 자동화된 의사표시, 저스티스 31/3 (2001) 50-52.

64) 법무부, 전자계약의 현안과 과제, 232, 정진명, 비교사법 16/2 (2009) 124.

65) 오병철, 비교사법 13/4 (2006) 54; 장병주, 전자적 의사표시의 입법적 검토, 동아법학 53 (2011) 283.

66) 같은 취지: 최경진, 정보법학 15/1 (2011) 50.

로 격지자간의 계약으로 보아야 한다고 한다.67) 이 견해에 따르면 전자계약은 격지자간의 계약이므로 민법 제531조에 따라 승낙자가 청약에 대하여 승낙의 의사표시를 발신한 시점에 소급하여 계약이 성립하게 된다. 이 경우 전자계약상 승낙 부도달의 위험을 상대방이 부담하는 불합리한 결과가 발생한다.

둘째, 전자계약을 대화자간의 계약으로 보는 견해는 전자계약은 격지자라 하더라도 의사표시의 발신과 도달이 거의 동시에 또는 실시간으로 이루어지고, 전자적 의사표시의 전달과정의 다단계성과 복잡성으로 말미암아 그 도달 여부가 더욱 중요하게 고려되어야 하며, 발신자는 의사표시의 부도달을 쉽게 알 수 있기 때문에 대화자간의 계약으로 보아야 한다고 한다.68) 이 견해에 따르면 전자계약은 대화자간의 계약이므로 승낙기간을 정한 경우에 민법 제528조에 따라 그 정한 기간 내에 승낙의 통지가 도달되어야 하므로 기존의 거래방법과 차이가 없다. 이에 대하여 승낙기간을 정하지 않은 경우에는 즉시 승낙이 없는 한 청약은 그 효력을 잃게 되므로 민법 제529조가 적용되지 않는다. 그러므로 일정한 시간이 경과한 후에 이루어진 승낙은 민법 제530조가 적용되어 새로운 청약으로 보게 된다.

셋째, 격지자 내지 대화자간의 계약으로 보는 견해는 전자계약의 체결 방법은 매우 다양하므로 일률적으로 대화자간의 계약이나 격지자간의 계약이라고 단정할 수 없고, 인터넷폰이나 화상회의의 경우에는 대화자간의 계약이라고 할 수 있을 정도로 대면거래와 차이가 없으며, 채팅의 경우도 형식적으로는 극도로 빠른 서신교환이지만 대화자간의 계약이라고 한다.69) 이에 반하여 컴퓨터의 팩스방식에 의한 전송이나 전자우편, 전자적 의사표시를 이용한 경우에는 전자계약의 발신과 도달 사이의 의사표시의 소멸, 왜곡, 도달장애의 가능성을 고려하여 격지자간의 계약이라고 보아야 한다고 한다.

생각건대 전자계약이 격지자간의 계약인지 아니면 대화자간의 계약인지의 구별은 거리적 · 장소적 · 시간적 관념이 아니라 계약당사자 사이에 직접적인 의사소통이 가능한지를 기준으로 판단하여야 할 것이다.70) 전자계약에서는 발신과 도달 사이의 의사표시의 소멸, 왜곡, 도달장애의 가능성이 기존의 계약보다 크다고 할 수 있다. 그러나 전자계약은 기존의 다양한 계약체결 방법을 컴퓨터 등 정보처리시스템을 이용하여 대체하는 것이므로 전자우

67) 최경진, 전자상거래와 법, 1998, 121, 122; 김상용, 자동화된 의사표시와 시스템계약, 사법연구 2 (1992) 51; 노태악, 전자거래에 있어 계약의 성립을 둘러싼 몇 가지 문제, 법조 48/9 (1999) 451; 지원림, 저스티스 31/3 (2001) 53; 한삼인 · 정창보, 전자적 의사표시에 대한 민법상 적용문제에 관한 연구, 제주대학교 법학연구 45 (2012) 355.

68) 최성준 · 김영갑, 정보사회에 대비한 상사법 연구 서론, 1997, 155.

69) 오병철, 전자거래법, 202; 고형석, 전자적 의사표시의 효력발생시기에 관한 연구, 재산법연구 28/3 (2011) 103; 남효순, 전자거래 입법상의 전자(상)거래 법리의 현황, 인터넷과 法律Ⅱ, 2005, 228.

70) 이와 달리 격지자와 대화자의 구별은 거리적 · 장소적 관념이 아니라 시간적 관념이라는 견해가 있다(곽윤직 · 김재형, 민법총칙, 제9판, 2013, 330; 곽윤직 편집대표, 민법주해(Ⅱ) 제111조, 613[박영식 집필]).

편과 같이 기존의 격지자 방식을 유지하는 계약체결 방법은 격지자간의 계약으로 보고, 화상회의나 채팅과 같은 계약체결 방법은 대화자간의 계약으로 보는 구분설이 타당할 것이다. 하지만 거래 현실에서 문제가 되는 전자계약은 격지자간의 계약이며, 이 경우 민법 제531조의 취지는 그 의미를 상실하게 된다.

(2) 비교법적 검토

종래 프랑스민법은 격지자간의 계약의 경우에 그 효력발생시기에 대하여 일반규정을 두고 있지 않았다. 그 결과 학설상 많은 논란이 있었으며, 판례도 이에 대하여 명확한 태도를 취하지 못하였다.[71] 그러나 2016년 개정 프랑스민법은 제1121조에서 "계약은 승낙이 청약자에게 도달한 때부터 체결된다. 계약은 승낙이 도달된 곳에서 체결된 것으로 본다"고 전자적 의사표시의 효력발생시기를 규정하였다.

한편, 일본민법은 우리 민법과 같이 "격지자간의 계약은 승낙의 통지를 발송한 때에 성립한다"고 규정하여(제526조 제1항) 격지자간의 계약에 대하여 우리나라와 똑같은 문제가 있었다. 그리하여 일본은 2001년 「전자소비자계약및전자승낙통지에관한민법의특례에관한법률」을 제정하여 격지자간의 계약에 있어서는 승낙의 의사표시의 효력발생시기, 즉 계약이 성립하는 시점에 대하여 일반 민법상의 발신주의가 아니라 도달주의를 채택하였다(제4조). 그러나 2017년 개정 일본민법은 정보통신수단이 발달한 현대사회에서 승낙의 의사표시에 대해서 발신주의를 채택할 합리성은 없어졌다고 보고, 격지자간의 계약성립시기에 관한 종래 제526조 제1항을 삭제하였다.[72]

다른 한편, 독일민법은 대화자간의 청약과 격지자간의 청약으로 구분하고, 대화자간의 청약의 경우에 "대화자에게 행하여진 청약에 대한 승낙은 즉시 행하여져야 한다. 전화 또는 다른 기술적 설비를 통하여 직접 행하여진 청약에 대해서도 또한 같다"고 규정하여 전자적 수단에 의한 청약의 효력을 인정하고 있다(제147조 제1항).

(3) 규율의 필요성

우리 민법 제531조는 "격지자간의 계약은 승낙의 통지를 발송한 때 성립한다"고 발신주의를 채택하고 있다. 그 이유는 계약의 성립을 원하는 당사자 사이에 계약을 조속히 성립시키는 것이 거래 현실에 부합하고, 또한 계약당사자에게 계약의 불성립으로 인한 불이익을 주지 않기 때문이다. 그러나 전자계약은 송신과 수신이 거의 동시에 일어나며, 또한 계약을 체결하는 당사자의 합의나 이용목적 등에 따라 다양한 형태로 체결되므로 계약체결

71) 남궁술, 한양대학교 법학논총 34/2 (2017) 242.
72) 我妻 · 有泉, コンメンタール民法 -總則 · 物權 · 債權-, 第5版, 2018. 1050.

의 기술적 위험성과 승낙자의 이익을 고려하여 도달주의 원칙의 채용을 검토할 필요가 있다.[73] 그 이유는 전자계약은 일반 계약에 비하여 의사표시의 실체성을 확인하기 어렵고, 또한 현재의 발달된 기술로도 전자문서가 컴퓨터 네트워크를 통과하는 과정에서 발생할 수 있는 데이터 유실의 위험성을 방지할 수 없기 때문이다.[74]

따라서 전자계약이 격지자간의 계약인 경우에 민법의 발신주의에 대한 예외를 규정하는 방안을 고려할 필요가 있다.[75] 이 경우 전자계약의 격지성은 현행 민법 제531조(격지자간의 계약성립시기)의 다음에 제531조의2로 규정하는 것이 타당할 것이다. 그 결과 의사표시에 관한 효력발생시기는 도달주의가 원칙이며(민법 제111조 제1항), 격지자간의 계약성립시기는 예외적으로 발신주의를 취하고(제531조), 전자적 방식으로 체결된 격지자간의 계약성립시기는 다시 도달주의라는 체계를 이루게 된다.

제안: 제531조의2(전자계약의 계약성립시기) 전자적 방식으로 체결된 격지자간의 계약은 승낙이 청약자에게 도달한 때에 성립한다.

다. 수신확인 규정 도입

(1) 문 제 점

전자거래에서 수신확인은 광범위하게 사용되고 있으므로 전자문서법은 수신확인 방법 및 수신확인 과정에서 발생하기 쉬운 불확실성을 해결할 수 있는 규정을 두고 있다. 그러나 전자문서법상의 송신철회에 관한 규정을 민법에 그대로 수용하는 것은 적절하지 않다. 그 이유는 전자문서법 제9조는 작성자가 전자문서를 송신하면서 명시적으로 수신확인을 요구하였으나 상당한 기간(작성자가 지정한 기간 또는 작성자와 수신자 간에 약정한 기간이 있는 경우에는 그 기간을 말한다) 내에 수신확인 통지를 받지 못하였을 때에는 작성자는 그 전자문서의 송신을 철회할 수 있다고 규정하고 있지만, 전자문서가 이미 도달하였음에도 불구하고 전자문서의 송신을 '철회'한다는 것은 전통적인 민법 이론으로 설명하기 어렵기 때문이다.[76] 이 경우 "전자문서의 송신을 철회할 수 있다"는 문구가 실체법상 어떤 의미인지 불분명하고, 또한 철회 대상은 청약의 의사표시이어야 하지만 전자문서의 송신으로 규정하고 있어 해석에 혼란이 생길 우려가 있다.

---

73) 1996년 유엔 전자상거래모델법은 도달주의를 전제로 하여 별도로 규정을 두지 않았다.

74) 2008년 법무부의 민법개정안은 격지자간의 계약 성립시기를 현재와 같은 도달주의의 예외가 아니라 의사표시의 효력발생 시기에 관한 민법 제111조 제1항의 일반원칙에 따라 도달주의를 채택하기로 결정하였다. 그 이유는 정보통신기술의 발달로 인하여 청약자와 그 상대방이 멀리 떨어져 있더라도 도달주의와 발신주의의 실제적 차이가 없을 뿐 아니라 전자계약은 기술적인 특성으로 인하여 청약의 철회가능성이 제한되기 때문이다.

75) 같은 취지: 장병주, 동아법학 53 (2011) 285.

76) 고형석, 재산법연구 28/3 (2011) 115, 116; 오병철, 민사법학 46 (2009) 151; 정진명, 민사법학 48 (2010) 93, 94.

(2) 비교법적 검토

독일민법은 전자거래의 경우에 사업자는 고객에게 "고객의 주문이 도달하였음을 지체없이 전자적 방법으로 확인하여야 하고", "주문 및 도달 확인은 그 상대방이 된 당사자가 이를 통상적인 사정 아래서 불러낼 수 있는 경우에는 도달한 것으로 본다"고 규정하고 있다(제312조i 제1항 참조). 이는 형식적인 공정한 계약의 시작 및 계약의 체결에 대한 최소한의 요건을 확보하기 위한 것으로 사업자의 기술적인 준비 의무를 규정한 것이다.77)

프랑스민법은 "청약자는 정당한 사유가 없는 한 지체없이, 전자적 수단으로, 자신에게 전달된 주문(commande)의 수신확인을 통지하여야 한다"고 규정하고(제1127-2조 제2항), "주문, 청약의 승낙 확정, 수신확인통지는 전달받을 당사자가 이에 접근할 수 있을 때 수신된 것으로 본다"고 규정하고 있다(동조 제3항). 이는 전자계약 체결시 주문자의 입장에서는 자신의 주문이 상대방에게 도달되었는지를 확인할 수 없으므로 청약사에게 수신확인통지 의무를 부과한 것이다. 따라서 전자계약의 성립 시기는 상대방(승낙자)의 수신확인통지의 수취시, 즉 도달시로 본다.78)

(3) 규율의 필요성

전자거래는 전자적 의사표시의 상호 교환으로 이루어지므로 작성자가 수신자에게 전자적 의사표시를 송신하면서 수신자에게 자신이 송신한 전자적 의사표시에 대한 수신확인통지를 요구할 수 있다. 이는 전자적 의사표시가 전송 오류로 인하여 지체되거나, 수신자가 전자적 의사표시를 받지 못하거나, 수신자 컴퓨터의 자동 필터링 등으로 인하여 이를 받았는지 알 수 없는 경우가 있기 때문에 이로 인한 법적 분쟁을 방지하기 위한 것이다. 여기서 '수신확인'은 단순히 전자적 의사표시가 수신되었다는 것만을 증명하는 것이며, 수신확인의 법적 효과를 규정하는 것은 아니다. 예컨대, 전자계약의 당사자 일방이 전자문서로 청약을 하면서 수신확인을 요구한 경우에 그 수신확인은 단순히 계약의 청약이 수신되었다는 것을 증명하는 것이고, 수신자가 그 수신확인을 청약으로 받아들이는 것인지는 별개의 문제이다. 그러므로 작성자가 수신자에게 요구한 수신확인 통지의 법적 성질이 무엇이며, 작성자가 수신자에게 송신한 전자적 의사표시는 언제 성립하는지가 문제된다.

전자문서법은 2020년 6월 일부개정에서 조문의 제목을 '수신확인'에서 '송신철회'로 변경하고, 종래 민법 제534조와의 해석상 논란을 해결하기 위하여 제1항을 삭제하였다. 그리고 제2항은 약간의 문구를 수정하였으나 여전히 실체법상 어떤 의미인지가 불명확하다.

77) Münchener Kommentar zum BGB/Wendehorst, 8. Aufl., 2019, §312j RdNr. 3-4.
78) 남궁술, 한양대학교 법학논총 34/2 (2017) 249.

그러므로 전자거래의 특성을 고려하여 수신확인 규정을 일반법인 민법에 편입하는 방안을 고려할 필요가 있다.

> **제안: 제529조의2(수신확인을 요구한 전자계약의 청약)** ① 수신확인을 요구하는 전자적 수단에 의한 계약의 청약은 청약자가 상당한 기간내에 수신확인의 통지를 받지 못한 때에는 그 효력을 잃는다.
> ② 수신확인 통지는 청약자가 이에 접근할 수 있는 때에 수신된 것으로 본다.

라. 전자적 방식 도입

(1) 문 제 점

현행 민법은 법률행위의 방식에 대해서 별도의 규정을 두고 있지 않으며, 개별 규정에서 그 형식을 규정하고 있을 뿐이다. 예컨대, 현행 민법은 보증은 그 의사가 서면으로 표시될 것을 요구하고, 그 의사가 전자적 형태로 표시된 경우에는 효력이 없다고 규정하고 있다(제428조의2 제1항). 그러나 현행 민법의 태도에 따르면 증여의 의사가 서면이 아니라 전자적 방식으로 표시된 경우에는 증여자가 이를 해제할 수 없는지(제555조),[79] 사원이 서면이 아니라 전자적 방식으로 결의권을 행사할 수 없는지(제73조 제2항)[80] 등이 문제가 될 수 있다. 또한 대법원은 사용자가 근로자를 해고하려면 해고사유 등을 서면으로 통지하도록 정한 근로기준법 제27조 제1항이 규정하는 '서면'에 의한 해고통지에 있어 전자문서가 서면에 해당하는지의 여부를 판단한 사안에서, <u>이메일에 의한 해고통지도 해고사유 등을 서면 통지하도록 규정한 근로기준법 제27조의 입법 취지를 해치지 아니하는 범위 내에서 구체적 사안에 따라 서면에 의한 해고통지로서 유효하다</u>[필자 밑줄]고 보아야 할 경우가 있다"고 판시한 바 있다.[81] 이처럼 전자적 방식은 우리의 일상생활에서 널리 사용되고 있음에도 불구하고 민법전에서 이를 규율하고 있지 않아 '서면'을 둘러싼 혼란이 계속되고 있다.

(2) 비교법적 검토

1) 독일민법

독일민법은 원칙적으로 법률행위 방식의 자유를 채택하고 있으나, 예외적으로 법률행위의 목적에 따라 서면방식(제126조), 공정증서(제127조의a), 사서증서의 인증(제129조)을 규정

79) 서울남부지방법원 2016.9.2. 선고 2016나53560 판결은 "전자문서 및 전자거래 기본법상의 전자문서에 해당하는 전자우편은 수상자 선정 사실을 알리고 상금지급 의사를 표시한 이상, 서면에 의하지 않았다는 이유를 들어 이 사건 상금지급계약을 해제할 수 없다"고 판시하고 있다.

80) 이에 대해서는 정진명, 전자문서의 서면성－부산고등법원 2021.10.26.자 2021라5130 결정을 중심으로－, 재산법연구 39/4 (2023) 187 이하.

81) 대법원 2015.9.10. 선고 2015두41401 판결.

하고 있었다. 그러나 전자거래가 발전함에 따라 가장 많이 이용되고 있던 서면방식은 전자적 방식으로 이루어지는 전자거래의 현실을 반영하지 못하는 문제가 발생하였다. 그리하여 독일민법은 전자적 방식을 민법전에 편입하고, 서면방식은 다른 법률에 규정이 없으면 전자적 방식으로 갈음할 수 있도록 하였다(제126조 제3항). 즉 독일은 전자거래를 규율하기 위하여 방식규정적응법을 통하여 전자적 방식을 민법전에 편입하였고, 채권법현대화법을 통하여 전자계약에 관한 규정이 민법전에 편입되었다. 그리고 법률행위 방식에 관하여는 독일민법 제1편(총칙) 제3장(법률행위) 제2절(의사표시) 제125조 이하에서 방식흠결의 효과 및 방식의 종류를 규정하고 있으며, 방식을 요건으로 하는 법률행위는 개별적으로 규정하고 있다.[82]

한편, 독일민법은 "법률에서 서면방식을 정하고 있는 때에는 그 서면은 작성자가 자필로 성명을 기재하거나 또는 공증인에 의하여 인증된 서명기호로 서명하여야 한다"고 서면방식(Schriftform)을 규정하고 있다(제126조 제1항). 이처럼 독일민법상 법정 서면방식은 문서(Urkunde)와 수기서명을 요건으로 한다. 그러나 전자거래의 경우에 의사표시는 종이문서가 아닌 전자문서로 이루어지며, 문서의 작성자는 자필로 서명을 기재할 수 없으므로 수기서명의 요건을 충족시킬 수 없게 되었다. 그리하여 2002년 개정 독일민법은 "법률에 규정된 서면방식이 전자적 방식으로 갈음되는 경우에 의사표시를 하는 자는 그것에 자신의 이름을 부기하고 전자문서에 전자서명법에 따른 적격 전자서명을 하여야 한다"고 전자적 방식을 규정하고 있다(제126조의a 제1항). 즉 의사표시의 작성자는 그 표시에 자신의 이름을 부기하고, 수기서명 대신에 전자서명법에 의한 전자서명을 함으로써 서면방식을 갈음할 수 있도록 하였다.

다른 한편, 독일민법은 계약의 경우 각 당사자의 서명은 동일한 서면에 하여야 한다고 규정하고 있다(제126조 제2항 제1문). 그러나 전자거래는 청약이나 승낙이 대부분 이메일이나 마우스 클릭으로 이루어지는 현실에 비추어 동일한 문서로 이루어지는 것이 곤란하였다. 그리하여 2002년 개정 독일민법은 "계약의 경우에 각 당사자는 동일한 내용의 문서(ein gleichlautendes Dokument)에 제1항에서 정하는 방법으로 전자적으로 서명하여야 한다"고 규정하여 전자거래의 현실에 적합하게 개정하였다(제126조의a 제2항).

나아가 독일민법은 서면방식은 법률에서 달리 정함이 없으면 전자적 방식으로 갈음할 수 있다고 규정하고 있다(제126조 제3항). 이처럼 독일민법상 서면방식은 원칙적으로 전자적 방식으로 대체할 수 있으나, 법률에서 달리 규정하는 경우에는 전자적 방식은 제외된

82) 장병주, 재산법연구 31/3 (2014) 77.

다. 독일민법상 전자적 방식이 배제되는 경우로는 고용계약의 해지(제623조), 고용증명서 발급(제766조 제2문), 종신정기금 약정(제761조 제2문), 보증의 의사표시(제766조 제2문), 채무약속(제780조 제2문), 채무승인(제781조 제2문) 등이 있다. 특히 독일민법은 고용계약의 해지 방식과 관련하여 전자적 방식은 근로자의 법적 안정성과 직장의 경솔한 포기에 대한 보호에 기여할 수 없으므로 서면방식을 고수하고 있다.[83]

2) 프랑스민법

프랑스민법은 의사주의를 채택하고 있으므로 원칙적으로 계약의 방식에 특별한 제한을 두고 있지 않다. 그러나 계약의 특성에 따라 일정한 서식이 필요한 계약이 있는데, 예컨대 부동산 매매계약이나 증여와 같은 비중 있는 재산의 권리변동에 관한 계약은 공증(acte authentique)을 요한다. 이러한 계약의 경우에 서식의 효력요건을 어떻게 전자적 수단으로 충족할 것인지가 문제된다.[84] 이를 위하여 2016년 법률은 제1174조 내지 제1177조에서 전자적 방식에 관한 규정을 신설하였다.

2016년 법률은 계약의 유효성과 증명력을 위해 문서가 요구되는 경우에 이를 전자적 방식으로 실현할 수 있는 조건을 규정하고 있다. 즉 문서가 요구되는 경우에 전자문서는 제1366조(생성자의 신원확인 및 무결성)와 제1367조(전자서명)에 규정된 요건을 충족하면 종이문서와 동일한 효력을 가지며, 공증을 요하는 경우에는 제1369조 제2항(국사원 데크레(Décret du Conséil d'Etat)가 정한 요건)에 제시된 조건에 따라 작성되고 보존되면 종이로 된 공정증서와 동일한 효력을 갖는다(제1174조 제1항). 그리고 작성자의 수기가 요구되는 경우에 작성자는 전자적 방식으로 이를 봉인(appose)할 수 있으며, 이 봉인은 본질적으로 작성자에 의해서만 실행될 수 있음을 보장하는 요건을 갖추어야 한다(제2항). 나아가 복본(plusieurs exemplaires)의 발송이 요구되는 경우에 문서가 수신인에 의하여 출력될 수 있을 때 전자적 수단에 의하여 충족된 것으로 본다(제1177조).

그러나 가족 및 상속법에 관련된 사서증서나 직무상 필요에 따라 작성된 경우를 제외하고, 민사나 상사의 인적 또는 물적 담보에 관한 사서증서의 경우에는 전자문서에 의한 작성을 인정하지 않는다(제1175조).[85] 이는 해당 법률행위가 가족관계나 개인 및 기업의 경제관계에 미치는 영향이 크기 때문에 신중하게 판단하도록 하기 위한 것이다.[86] 그러나 해당 증서가 '사서증서(les actes sous signature privée)'가 아니라 '공정증서(les actes authentiques)'인 경우에는 전자문서로 작성하는 것이 가능하다.

83) BT-Drs. 14/4987, 22.
84) 남궁술, 한양대학교 법학논총 34/2 (2017) 249.
85) 이는 2000년 유럽연합 전자거래지침 제9조 제2항을 수용한 것이다.
86) 남궁술, 한양대학교 법학논총 34/2 (2017) 251.

(3) 규율의 필요성

우리 민법은 사적 자치의 원칙에 따라 법률행위 방식의 자유를 인정하고 있지만 법률행위 방식에 대한 규정은 두고 있지 않다. 그 결과 표의자는 자유롭게 의사표시 수단을 선택할 수 있다. 그러나 개별적인 경우에 직접적 또는 간접적으로 법률에 의하여 문서나 서면에 서명이나 날인을 요구하고 있다. 예컨대, 보증인은 보증의사를 기명날인 또는 서명이 있는 서면으로 하여야 하고(제428조의2 제1항), 배서인은 증서 또는 그 보충지에 그 뜻을 기재하고 서명 또는 기명날인하여야 하며(제510조 제1항), 피성년후견인이 의사능력을 회복하여 유언을 한 경우에 의사는 심신 회복의 상태를 유언서에 부기(附記)하고 서명날인하여야 한다(제1063조 제1항). 이처럼 우리 민법은 방식 흠결의 효과에 대하여 규정하고 있지 않으나, 판례는 방식을 준수하지 않은 법률행위를 무효라고 하고 있다.87) 판례는 "노동조합 및 노동관계조정법 제31조 제1항이 단체협약은 서면으로 작성하여 당사자 쌍방이 서명날인하여야 한다고 규정하고 있는 취지는 단체협약의 내용을 명확히 함으로써 장래 그 내용을 둘러싼 분쟁을 방지하고 아울러 체결당사자 및 그의 최종적 의사를 확인함으로써 단체협약의 진정성을 확보하기 위한 것이므로, 그 방식을 갖추지 아니하는 경우 단체협약은 효력을 가질 수 없다"고 판시하고 있다.

전자거래는 전자적 방식으로 이루어지며, 이 경우 가장 중요한 것은 당사자 간의 거래 안전이다. 우리 민법은 방식에 관한 일반적인 규정을 두고 있지 않지만, 중요한 법률행위의 경우에는 거래의 내용을 명확하게 하여 분쟁의 해결을 용이하게 하고 당사자 간에는 법률행위를 신중하게 하도록 전자적 방식을 도입할 필요가 있다. 그 방법으로는 전자적 방식에 관한 일반적 규정을 두는 방안과 전자문서법상 문서성에 대한 규정 및 전자서명법상의 전자서명에 관한 규정을 민법전에 편입하는 방안이 있다. 전자의 경우 민법의 위상과 법체계 측면에서 장점이 있지만, 개별적인 법률행위의 목적에 따라 특정한 방식을 요건으로 규정할 경우 많은 시간과 비용이 필요하다는 단점이 있다.88) 후자의 경우 일반법인 민법과 특별법인 전자문서법의 법체계적 통일성을 확보할 수 있는 장점이 있지만, 전자문서법에서 규정하고 있는 다양한 전자문서를 민법에 편입하는 데 한계가 있다. 따라서 민법전에는 전자적 법률행위의 형식에 관한 일반적 내용만을 규정하는 전자의 방식이 타당하다고 할 것이다.89)

제안: 제526조의2(계약의 성립과 방식) ① 계약은 청약에 대하여 상대방이 승낙을 한 때 성립

87) 대법원 2001.5.29. 선고 2001다15422, 15439 판결.
88) 장병주, 격지자간의 계약성립 시기에 관한 검토, 재산법연구 25/3 (2009) 101.
89) 정진명, 민사법학 48 (2010) 96.

한다.[90])
② 계약의 성립에는 법률에서 달리 정한 경우를 제외하고는 서면의 작성 기타 방식을 요하지 않는다.

제526조의3(전자적 방식) 법률에서 규정하고 있는 서면은 전자문서로 갈음할 수 있다. 그러나 법률에서 달리 정한 때에는 그러하지 아니하다.

Ⅳ. 맺 음 말

전자계약은 물리적 공간인 현실공간을 상정하고 있는 기존의 계약법 원칙이 비물리적 공간인 사이버공간에도 그대로 적용될 수 있는지가 관건이 되고 있다. 그 이유는 전자계약은 기존의 거래형태인 대면성과 문서성보다 전자적 방법에 의한 비대면성과 전자문서의 비정형성에 터 잡아 행하여지고 있기 때문이다. 특히 전자계약은 개별 계약보다 플랫폼거래로 이루어지고 있고, 또한 청약과 승낙에 의한 계약체결보다 공동의 동의에 의한 계약체결 방식이 일반화 되어 있으므로 계약체결 방식의 틀에 대한 재구성이 필요하다.

첫째, 공동의 동의에 의한 계약체결 방식은 계약당사자가 이익조정을 목표로 하는 협업구조를 가지게 되므로 전자거래사업자는 이용자에게 사이버몰의 구매화면을 통하여 광범위한 정보를 제공하여야 한다.[91]) 하지만 우리 민법은 서로 대등한 계약당사자를 전제로 하고 있으므로 당사자 사이에 계약체결과 관련하여 발생할 수 있는 위험을 상대방에게 알려야 할 의무를 부과하고 있지 않다. 그러나 전자계약에서는 이용자가 단순한 동의에 의하여 체결이 완료된 규율에 효력을 부여하기 위하여 규율의 성립에 대한 계약당사자 자유, 즉 이용자가 계약을 체결할 것인지의 여부 및 계약에 내재된 규율의 내용을 정확하게 알고 있어야 한다. 따라서 전자계약에서 전자거래사업자는 이용자에게 계약체결 이전 및 이후에도 규율프로그램에 대한 다양한 정보를 제공하여야 한다.

둘째, 공동의 동의에 의한 계약체결 방식은 체결행위의 대상이 되는 이용요건에 대한 명시의무, 교부의무 및 설명의무가 충분하게 이루어져야 한다. 이러한 의무는 이용요건이 계약편입의 효력을 갖기 위한 것이며, 또한 당사자가 규율프로그램에 효력을 부여하기 위한 것이다. 특히 이용요건의 설명의무는 전자계약의 비대면성 및 기술적 특성으로 인하여

90) 2016년 개정 프랑스민법 제1121조는 "계약은 승낙이 청약자에게 도달한 때부터 체결된다"고 규정하고, 2017년 개정 일본민법 제522조 제1항은 "계약은 계약의 내용을 제시하여 그 체결을 청하는 의사표시(이하 「청약」이라 한다)에 대해서 상대방이 승낙을 한 때 성립한다"고 규정하고 있다.

91) 전자계약에서의 정보제공의무는 사업자와 소비자뿐만 아니라 사업자 사이에서도 인정되는 반면, 방문판매나 통신판매에서는 사업자와 소비자 사이에서만 인정되는 점에서 차이가 있다.

제공하기 곤란한 점이 있지만, 전자거래사업자는 이용자가 이용약관을 쉽게 이해하고 또한 숙지할 수 있도록 기술적 조치를 강구할 필요가 있다.

전자계약은 기술발전에 따라 새로운 계약체결 형태가 예상되므로 입법론적 해결방안이 고려된다. 그 하나는 전자문서법 또는 민법을 개정하여 전자계약의 주요 개념을 규정하는 것이고, 다른 하나는 새로운 입법을 마련하는 것이다. 전자의 경우 전자계약에 관한 내용을 전자문서법에 수용하여 통합 규정하는 방안도 생각할 수 있다. 그 이유는 전자문서법은 전자계약을 규율하는 기본법으로서 충분하지 못하며, 또한 전자계약의 성립뿐만 아니라 효력 및 이행도 함께 규율하여야 하기 때문이다. 이와 달리 전자계약에 관한 내용을 민법에서 수용하게 된다면 독일의 민법개정 방식을 고려할 수 있다. 후자의 경우 전자계약은 민법의 구두계약이나 서면계약과 대등한 차원에서 취급되어야 하므로 전자문서에 의한 의사표시와 그 효력, 송 · 수신시기 등 전자계약에 관한 사항을 고려하여 민법의 특별법으로써 가칭 '전자소비자계약법'의 입법을 고려할 수 있다. 다만, 이 경우 전자계약의 특성을 충분히 고려하되 기존의 법리와 모순되지 않도록 신중하게 접근하여야 하며, 또한 그 바탕이 되는 정보통신기술과의 밀접한 연관성을 갖고 논의하는 것이 바람직하다고 생각한다.

보증금과 선급금 그리고 공제

조 경 임

충남대학교 법학전문대학원 교수, 법학박사

Ⅰ. 들어가며

본 논문에서는 임대차에서의 보증금 및 공제에 관한 논의와 선급금이 수수된 법률관계에서의 당연충당에 관한 논의를 통합할 수 있을지에 관해 고민한다. 그리고 그 결과를 민법 개정안에 담아낼 수 있을지에 대해서도 검토해 보려 한다.

법무부 민법개정위원회는 2004년, 2013년 두 차례에 걸쳐 임대차보증금에 관해 다음과 같은 개정 시안을 마련한 바 있다.

> **제647조의2(임대차보증금)** 임차인이 임대인에게 보증금을 지급한 경우에 임대인은 임대차 종료 후 보증금으로써 지체된 차임 기타 임대차와 관련하여 생긴 채권의 변제에 충당하고 잉여가 있으면 이를 반환하여야 한다. (2004년 개정시안)
>
> **제647조의2(임차보증금의 반환)** 임차인이 임대인에게 보증금을 지급한 경우 임대인은 임대차 종료 후 보증금으로써 지체된 차임 기타 임대차와 관련하여 생긴 채권의 변제에 충당하고 잔액이 있으면 이를 반환하여야 한다. (2013년 개정시안)

2013년 개정시안은 2004년 개정시안을 토대로 문구의 일부를 수정한 것으로서 그동안 판례를 통해 확립해 온 법리를 규정화한 것이다. 개정 논의를 담은 자료[1])에서 다음과 같은 내용들이 발견된다.

(1) "임차인의 보증금반환청구권에 대해 권리질권 등이 설정된 경우에 임대인의 우선특권과 권리질권 상호 간에 문제가 생길 수 있다",[2]) "질권의 목적이 된 채권에 조

1) 법무부 민법개정자료발간팀 편, 민법개정총서 4, 2004년 법무부 민법 개정안 채권편 부록, 2012, 387-389; 법무부 민법개정자료발간팀 編, 민법개정총서 10, 2013년 법무부 민법개정시안 채권편(下), 2013, 107, 112.

2) 2004년 법무부 민법 개정안 채권편 부록 중 김상용 교수 발언 부분.

건이 붙어있는 것과 다르지 않으므로 당연히 임대인이 먼저 가져가고 남는 것이 있으면 거기에 질권이 붙게 되는 것이다".[3)]

(2) "보증금에 대단히 다양한 유형이 있는데 일부만을 규정하는 것이 적절한지 검토할 필요가 있다", "이번 개정에서 하나의 조문을 상징적으로 두고 다음 개정에서 상세히 규정하는 것도 하나의 방법이다".[4)]

(3) 충당 대신 공제를 사용하여, '채권액을 보증금에서 공제하고'로 표현을 변경하자는 의견이 있었다.[5)]

이상의 문제의식은 여전히 시의성을 갖는다.

(1) 임대인의 차임 등 채권이 보증금에 의해 담보된다는 점, 그리고 임대인이 보증금채권의 질권자 등 임차인의 다른 채권자에 우선하여 차임 등 채권의 만족을 얻는다는 점에 대해서는 이견을 찾기 힘들다. 이러한 효과는 주로 보증금반환채권을 조건부권리로 이해하는 방식으로 설명되어 왔으나 최근에는 그 외에도 다양한 입론이 시도되고 있다.[6)]

(2) 임대차 관계 외에도 다양한 계속적 — 시간적 지속성을 특징으로 하는 — 법률관계에서 보증금, 예치금 등의 명목으로 금원이 수수되며, 이들 금원은 그 수령한 측의 특정한 채권의 변제에 충당된다. 이처럼 채무의 지급을 담보하기 위해서, 혹은 장래 발생할 채무의 지급을 위해 수수된 금원을 둘러싼 법률관계를 통합하여 하나의 법리로 규율하는 것이 가능할지에 관해 고민할 필요가 있다.

(3) 대법원은 임대차보증금이 연체차임 등 각종 채권을 담보하는 상황에 관하여 다양한 법리를 형성해 오면서 '공제'라는 용어를 함께 사용해 왔다. 최근에는 '공제'를 중심으로 하는 고유한 이론 혹은 법리의 존재가 승인되는 것처럼 보이기도 한다.[7)]

본 논문에서는 이상의 문제의식 아래 (2)를 중심으로 검토하되, (1)과 (3)에 대해서도 간단히 짚어보려 한다.

---

3) 2004년 법무부 민법 개정안 채권편 부록 중 양창수 교수 발언 부분.

4) 2004년 법무부 민법 개정안 채권편 부록 중 서민 교수 발언 부분.

5) 2013년 법무부 민법개정시안 채권편(下), 112면.

6) II. 2,3항에서 살펴본다.

7) 남관모, 공제의 법률관계에 관한 연구, 2018 (서울대학교 석사학위논문); 박근웅, 대법원 판례에서의 공제법리 — 대법원 2016.11.25. 선고 2016다211309 판결을 중심으로 —, 이화여자대학교 법학논집 23/3 (2019); 김민선 · 김제완, 독립적 은행보증에서 원인계약상 주채무자에 의한 보증채무금 가압류의 당부, 비교사법 29/2 (2022) 173-198 등; 김용덕 편집대표, 주석민법, 채권총칙, 제5판, 2020, 469-470(강경구 집필부분) 등

Ⅱ. 실질적 우선변제효 개관(槪觀)

1. 임대인이 누리는 실질적인 우선변제효

임대차보증금이 임대차관계에서 발생할 수 있는 임차인의 모든 채무를 담보함에 따라,[8)] 임대인의 채권이 보증금에서의 공제를 통해 다른 담보물권자의 채권보다 우선하여 만족에 이르는 효과(이하에서는 이를 '실질적 우선변제효'라고 부른다)[9)]에 대해서는 그동안 다양한 논의가 전개되어 왔다. 우리 판례는 오랫동안 임대차보증금 반환채권을 조건부 권리[10)]로 이해함으로써 이러한 실질적 우선변제효를 뒷받침해 왔지만,[11)] 임대인의 채권자가 등장하는 경우, 즉 임대인의 차임 등 채권이 양도되거나 집행의 대상이 된 때에도 여전히 보증금에서 공제되는지 여부는 조건부 권리설만으로는 판단하기 어렵다거나,[12)] 조건부권리설은 보증금반환채권의 법적 성격을 규명하는 이론으로서 임대인 측의 차임 등 채권이 어떠한 원인으로 만족에 이르러 소멸하는지에 대해서는 침묵하고 있다는 등의 지적도 이루어지고 있다.[13)]

다양한 입론이 다투고 있기는 하지만, 실질적 우선변제효의 존재를 부정하거나 이를 폐하여야 한다는 주장은 찾기 어렵다.[14)]

---

8) "임대차계약에 있어서 임대보증금은 임대차 존속 중의 임료채권 뿐만 아니라, 임대차 종료 후 건물명도일까지 생기는 임료 상당의 부당이득금 채권, 그 밖에 임대차계약에 의하여 임대인이 임차인에 대하여 취득한 일체의 채권을 담보하는 것으로…" 대법원 1999.7.27. 선고 99다24881 판결; 대법원 2004.12.23. 선고 2004다56554 판결; 대법원 2016.11.25. 선고 2016다211309판결 등

9) 임차인의 채권자가 보증금반환채권에 채권질권을 설정받은 경우, 임대인은 입질채권의 채무자로서 채권질권설정사실을 통지 받는다. 입질채권의 채무자는 민법 제352조에 따라 채무자에 대한 변제 등으로 질권자에게 대항할 수 없다. 하지만 임대인은 채권질권 설정사실을 통지받은 이후에 발생한 차임 등 채권에 대해서도 그만큼 보증금 채무를 면하는 방식으로써 임차인의 다른 채권자에 우선하여 만족을 얻는다.

10) "… 임대보증금을 교부한 자가 가지는 임대보증금반환채권은 임대차 종료 후에 건물명도가 이루어진 때에 그 때까지 생긴 위 일체의 피담보채권을 공제하고 남은 금액이 있을 것을 조건으로 그 잔액에 대하여 발생한다고 보아야 할 것이고…", 대법원 1999.7.27. 선고 99다24881 판결; 대법원 2004.12.23. 선고 2004다56554 판결; 대법원 2016.11.25. 선고 2016다211309판결 등

11) 임차인의 보증금반환채권을 조건부권리로 이해할 때에는 임차인의 다른 채권자가 등장하는 경우, 즉 보증금반환채권이 양도되거나 이에 대해 집행이 이루어지더라도 임대인의 연체 차임 등 채권이 공제된 나머지에 한해 채권양도 또는 채권집행의 효력이 발생한다고 하므로 임대인이 우선적으로 차임 등 채권의 만족을 누리는 결과를 쉽게 설명할 수 있다.

12) 조경임, 임대차보증금의 담보적 성격과 이론적 근거, 법조 711 (2015) 143-188, 156-159 참조.

13) 조경임, 법조 711 (2015) 158-164; 남관모, 공제의 법률관계에 관한 연구, 2 역시 이러한 문제의식을 드러내고 있다.

14) 필자는 우리 민법 및 민사집행법이 예정하고 있지 않은 우선변제효를 인정하는 것이 적절치 않다는 인식 아래, 임대인이 누리는 실질적인 우선변제효를 담보물권의 효력으로 이해하는 것이 타당하다는 주장을 개진한 바 있는데(조경임, 법조 711 [2015] 143-188), 지금은 견해를 달리 한다. 우리 민법이 일본 민법을 계수할 당시 선취특권(우선특권)을 받아들이지 않음으로써, 법전에 담아내지 못하는 우선권들이 적지 않고, 이미 거래계에서 이러한 실질적 우선변제효가 널리 승인되고 있으며, 일본과 프랑스 등 여러 국가에서도 담보물권 외의 다양한 형태의 우선특권이 널리 인정되고 있음을 고려하면, 민법이 정한 담보물권이 아님에도 실질적인 우선변제효를 누리는 권리 혹은 지위가 존재함을 인정하지 않을 수 없다는 생각에 이르렀다. 아래 Ⅲ.항에서 후술하는 바와 같이, 계속적 거래에서 보증금이나 선급금

2. 공제에 관한 최근의 논의

공제를 민법상 상계와 구별되는 독자적인 비전형 채권소멸원인으로 인정하자는 논의가 있다.[15] 서로 견련관계[16]에 있는 양 채권을 대등액에서 소멸시키는 일방적 의사표시로서의 공제를 인정할 수 있으며, 대법원 2018.1.24. 선고 2015다69990 판결이 이러한 의미로서의 공제를 인정하고 있다고 해석한다.[17] 최근에는 임대차계약과 조합계약에서뿐만 아니라 건설도급계약에서 도급인의 손해배상청구권과 수급인의 공사대금채권 간에도 공제의 법리가 적용되어야 한다는 연구도 발견된다.[18] 위 2015다69990 판결은 건설공동수급체 구성원이 가지는 이익분배청구권과 출자의무에 관하여, "공동수급체는 구성원에게 지급할 이익분배금에서 출자금과 그 연체이자를 공제할 수 있으며, 이때 공제는 원칙적으로 상계적상이나 별도의 의사표시를 요하지 않는다는 점에서 상계와 구별된다"고 판시하였다. 이를 통해 채무자회생법이 회생채권에 의한 상계를 금지하고 있는 것과 무관하게 공제의 효과가 발생한다는 결론을 도출하였다. 상계에 가해지는 각종 제한을 극복하기 위한 입론으로서 공제 법리를 활용한 것으로 이해된다.

법학에서 공제(Anrechnung)[19]가 이루어지는 광경을 흔히 목격된다. 공제는 청구액을 계산하여 정함에 있어 비독립적인 계산항목을 정산하는 것을 가리키는 것으로서, 세금 산정에서의 세액공제나 소득공제, 불법행위에서의 손익공제,[20] 선순위 우선변제권으로 담보되는 피담보채권액의 공제(취소채권자의 가액배상청구액 산정시) 등이 그러한 예에 해당한다. 공제는 로마시대부터 존재하였으며,[21] 상계의 원시적 형태라고도 말할 수 있다. 정산의 항목이 절약한 비용, 기대되는 이익 등인 때에는 여전히 공제가 유용하다. 반면 정산의 항목이 채권인 때에는, 채무자와의 이해관계, 그 채권을 채무자의 책임재산으로 파악하거나 양수

등 특정 채권의 담보 혹은 지급을 위하여 금원이 수수된 경우가 그 대표적인 예가 될 수 있을 것이다.

15) 각주 10) 참조.

16) 어떠한 관계를 견련관계로 보아야 할 것인지에 관해, 선급관계, 대가관계, 원상회복관계를 제시하는 견해[남관모, 공제의 법률관계에 관한 연구, 47-54 참조], 담보관계와 선급관계로 한정하여야 한다는 견해[박근웅, 이화여자대학교 법학논집 23/3 (2019) 187-189 참조] 등이 있다

17) 박근웅, 이화여자대학교 법학논집 23/3 (2019); 남관모, 공제와 상계의 구별 및 공동수급체가 구성원에게 지급할 이익분배금에서 출자금을 공제하기 위한 요건 – 대상판결: 대법원 2018.1.24. 선고 2015다69990 판결(공2018상, 481), 저스티스 167 (2018) 306-342.

18) 김민선 · 김제완, 비교사법 29/2 (2022) 180-185 참조.

19) Anrechnung은 충당으로도 번역된다. 독일 민법에서 공제 혹은 충당(Anrechnung)이 사용되고 있는 예로는, BGB § 326 Abs. 2 S. 2, § 337, §§ 366 f., § 537 Abs. 1 S. 2, § 615 S. 2, § 616 Abs. 1 S. 2, § 648 S. 2, § 1380 Abs. 1 S. 2. § 1476 Abs. 2, § 1500, § 1501, § 1511 Abs. 3, § 1577, § 1612b, § 2050, § 2315, § 2316, § 2327 등이 있다.

20) 손해배상청구권자가 손해를 본 것과 같은 원인에 의하여 이익도 보았을 때에는 손해에서 그 이익을 공제한 잔액을 배상해야 할 손해로 하는 것이다. 예컨대 생명침해에 의한 손해배상을 사망자가 얻을 수 있었던 수입액(손해)에서 지출해야 하는 생활비(이익)를 공제하는 것이 곧 손익공제이다.(圖說 法律用語辭典, 2017).

21) 현승종 · 조규창, 로마법, 1996, 912; 최병조, 로마법상의 상계, 서울대학교 법학 43/1 (2002) 219.

한 채권자 등의 이해관계를 고려하지 않을 수 없었을 것인바, 그 과정에서 단순하였던 공제가 점차 고도화된 상계로서 그 모습을 갖추게 되었던 것으로 추측된다. 상계를 둘러싼 논의가 지나치게 복잡한 것에 비해, 독자적인 채권소멸사유로서의 공제를 인정하면 간결하고 효율적일 수 있다. 하지만 상계 제한을 극복하기 위한 방안으로 상계의 원시 형태인 공제로 회귀하는 것이 과연 최선일지에 대해서는 다소 의문이 든다. 이에 본 논문에서는 보증금이나 선급금 등 목적이 한정된 금원이 수수된 법률관계에 한정하여, 이를 규율하는 보증금(선급금)에 관한 법리를 명확히 하려는 시도를 해 보고자 한다.[22)]

한편 독자적인 채권소멸사유로서 공제를 인정하자는 견해는 공제가 가능한 견련관계를 해명하는 데에 집중하는 모습을 보인다.[23)] 그리고 이를 통해 공제가 가능한 채권관계를 획정함으로써, 상계에 가해지는 각종 법령상 제한을 넘어 실질적인 우선변제효를 실현하고자 한다. 이처럼 상계의 제한을 극복하려는 시도는 다양한 형태로 진행되어 왔는바, 항을 바꾸어 살펴본다.

3. 상계의 담보적 기능, 그 이상의 우선변제효

상계는 민법 내에서 수동채권의 소멸 사유로서 위치 지워져 있다. 하지만 상계는 수동채권을 간이하게 — 수동채권에 대한 채권집행절차를 거치지 않고 — 집행하여 자동채권의 만족을 얻는 수단이기도 하다. 민사집행법은 채무자의 책임재산이 금전채권인 경우의 집행방법에 관해 정하고 있는데,[24)] 상계가 허용되는 때에는 이러한 번거로운 채권 집행 절차 없이도 그 이상의 효과를 실현할 수 있다. 우리 민사집행법은 일반채권자들 사이에서는 압류의 시간적 선후를 묻지 않고 평등하게 취급한다. 그런데 상계권자는 수동채무와 대등액의 범위에서 자동채권의 만족을 얻는다. 일반채권자임에도 수동채권자(자동채무자)의 다른 채권자들과 각 그 채권액에 안분한 한도에서 자동채권의 만족에 이르거나 수동채무를 면하는 것이 아니다. 이처럼 상계를 통한 채권의 사적 집행은 — 상계의 담보적 기능이라는 표현에서 드러나듯 — 상계권자로 하여금 같은 지위의 일반채권자를 배제하고 수동채권을 독식하는 것과 같은 효과를 누리도록 한다.

한편 민법과 도산 관련 법률들은 상계를 제한하는 각종 규정을 두고 있다.[25)] 이들 규

---

22) Ⅲ.에서 자세히 검토한다.; 한편 우리 판례는 임대차계약이 존속하는 경우의 공제와 종료한 경우의 공제를 서로 전혀 다른 성격을 가진 개념처럼 사용하는 것처럼 보인다(Ⅲ. 1. 다 참조). 공제를 독자적인 채권소멸사유로 인정하자는 견해는 특히 임대차가 존속 중인 경우의 공제에 관하여 시사하는 바가 크다고 생각된다.

23) 각주 (16) 참조.

24) 민사집행법 제2편 제2장 제4절 제3-4관 참조.

25) 민법 제498조, 채무자회생법 제145조 제4호 등

정은 상계의 담보적 기능, 즉 상계를 통한 사적 집행을 제한하는 역할 또한 수행한다. 그리고 거래계에서는 이처럼 상계에 가해지는 법령상 제한을 회피 혹은 극복하여 상계의 담보적 기능을 누리도록 하려는 다양한 시도가 이루어져 왔다. 앞서 살펴본 바와 같이 대법원 2018.1.24. 선고 2015다69990 판결은 건설공동수급체 구성원이 가지는 이익분배청구권과 출자의무가 — 상계가 아닌 — 공제가 이루어지는 관계라고 보아 양 채권을 대등액에서 소멸하도록 하였다. 수동채권에 다른 채권자에 의한 (가)압류 등이 이루어지면 그 변제기가 자동으로 도래하도록 하는 기한이익상실 특약[26]에 대해서는 그 유효성이 승인되어 거래계에서 적극적으로 활용되고 있다.[27] 거래 당사자 사이에서 대립되는 채권의 발생이 예상되는 경우에 장래 발생할 채권을 서로 상계하는 내용의 계약을 미리 체결하는 사전상계합의(antizipierter Aufrechnungsvertrag)[28]의 요건이나 유효성 등에 관해서 다양한 관점에서의 논의가 이루어지고 있다.[29] 견련관계 있는 채권 사이의 상계나,[30] 동시이행관계에 있는 채권들 사이의 상계[31]에 관한 논의 또한 상계의 요건을 완화하거나 상계에 가해지는 제한을 회피하는 기준을 제시한다.

4. 실질적 우선변제효의 한계

이상의 다양한 입론들은 공통적으로 상계의 제한을 극복하는 데에 관심을 두고 있으며, 금전채권의 사적 실행 수단으로 기능한다. 보증금이 수수된 임대차관계에서의 공제, 선

---

26) 은행 등 금융기관은 통상 대출금 등 채권과 관련하여 채무자의 변제자력에 의심이 가는 상황이 발생한 때에는 채무자의 그 대출금 등 채권에 관한 기한의 이익이 상실되도록 함으로써 예금 등 채권에 대한 압류가 있어도 그 대출금 등 채권으로 피압류채권인 예금 등의 채권과 상계를 할 수 있도록 특약을 하고 있다(대법원 2015.4.23. 2012다79750 판결 등).

27) 대법원은 이러한 기한의 이익 상실 등 특약의 유효성을 인정하면서 그러한 특약에 따라 대출금 등 채권과 피압류채권인 예금채권이 곧바로 상계적상에 이르기 때문에 제3채무자인 은행 등은 제한 없이 상계권을 행사할 수 있다고 보고 있다(대법원 2003.6.27. 선고 2003다7623 판결 등).

28) 사전상계합의(최준규, 상계계약의 대외적 효력에 관한 고찰 — 2자간 상계계약을 중심으로 —, 법조 690 [2014] 77 이하)외에도, 선행 상계예약(김기환, 상계에 관한 연구, 2014(서울대학교 박사학위논문), 206-209, 선행적 상계계약(서순택, 합의상계의 유형화를 통한 담보적 기능의 제한, 성균관법학 22/1, (2010) 82-83)으로 불리기도 한다.

29) 서순택, 성균관법학 22/1, (2010), 오대헌, 상계계약, 2007(서울대학교 석사학위논문).; 김기환, 상계에 관한 연구, 최준규, 법조 690 (2014), 김창희, 사전상계합의의 효력에 관한 연구, 법조 712 (2016) 등; 사전상계합의의 예로는, 상품매도인(A)이 상품매수인(B)으로부터 금원을 차용한 후 앞으로 공급받는 상품 대금을 대여금 채권에서 상쇄하기로 하는 내용으로 합의한 경우를 들 수 있다. 상품매수인(대여금채권자) B의 다른 채권자가 B의 대여금채권을 압류하거나, 대여금채권에 대해 채권질권을 취득한 경우, 상품매도인(A)가 그 이후에 발생한 상품대금채권을 자동채권으로 하여 대여금채권과 상계할 수 있을지의 문제가 생긴다. 매도인 A의 다른 채권자가 등장하는 경우도 마찬가지이다. A와 B 사이의 합의가 서로에게 다른 채권자가 등장하는 때에도 그 효과가 발생하는지의 문제인 것이다.

30) 김기환, 채무의 견련관계가 상계에 미치는 영향, 민사법학 67 (2014) 등.

31) "… 제3채무자의 압류채무자에 대한 자동채권이 수동채권인 피압류채권과 동시이행의 관계에 있는 경우에는, 그 가압류명령이 제3채무자에게 송달되어 가압류의 효력이 생긴 후에 자동채권이 발생하였다고 하더라도 제3채무자는 동시이행의 항변권을 주장할 수 있고, 따라서 그 상계로써 압류채권자에게 대항할 수 있다…" (대법원 2001.3.27. 선고 2000다43819 판결; 대법원 2010.3.25. 선고 2007다35152 판결; 대법원 2021.2.25. 선고 2018다265911판결 등).

급금이 수수된 법률관계에서의 당연충당 등도 마찬가지이다.

그리고 이를 통해 당사자로 하여금 실질적인 우선변제효를 누리도록 한다. 이러한 효과는 때때로 물권과 채권 사이의 우열에 관한 원칙이나 채권자평등의 원칙과 충돌한다. 질권자는 자신에 대한 채권에 관해 권리질권을 취득할 수 있다.[32] 즉 서로 대립하는 채권관계에 있는 자는 상대방의 자신에 대한 채권에 대해 질권을 설정받을 수도 있었다. 그런데 보증금과 공제, 선급금의 당연 충당, 견련관계 있는 채권 사이의 상계 등이 인정되는 경우. 그 채권자는 채권질권자에 우선하여 채권의 만족을 얻게 된다. 상대방의 채권자들이 예상치 못한 손해를 입을 수 있다. 상계의 요건을 완화하거나 자동실현되도록 하는 합의의 효력을 인정할지, 혹은 앞서 소개한 공제의 법리를 다른 채권관계에까지 확장해서 적용할 것인지 등을 고민할 때에 신중한 접근이 필요한 이유이다.

즉 상계에 가해지는 제한을 극복하여 사적 집행을 실현하려는 각종 입론이 우리 법체계에서 승인되기 위해서는 이를 정당화할 수 있는 기초가 필요하다. 그리고 이와 관련해서는, 대립하는 채권 사이의 견련관계를 어느 범위까지 인정할 것인지를 중심으로 다양한 연구가 진행되고 있고 그 인정 범위에 대해서 조금씩 견해가 다른 듯 보이기도 한다.[33] 하지만 적어도 특정채권의 변제를 위해, 혹은 지급을 담보하기 위해 금원이 현실적으로 수수된 경우에는, 해당 금원이 그 지급의 목적인 채권의 변제에 우선적으로 충당되어야 한다는 것에 대해 이의를 제기하는 견해는 찾기 어렵다. 당사자의 의사가 명확할 뿐 아니라, 금전의 현실적인 이동으로써 공시가 이루어졌다고 볼 여지도 있기 때문일 것이다. 따라서 본 논문에서는 보증금이나 선급금, 예치금 등 목적이 한정된 금원이 실제로 수수된 법률관계를 중심으로 논의를 이어간다.[34]

Ⅲ. 보증금 법리와 선급금 법리의 통합

이하에서는 보증금이나 선급금, 예치금 등 목적이 한정된 금원이 수수된 법률관계를 아우를 수 있는 입론을 고민한다. 이를 위해 먼저 보증금 및 선급금에 관한 판례의 태도를

32) 김용덕 편집대표, 주석민법, 제5판, 654(이태종 집필부분); 질권설정자가 피담보채무를 담보하기 위하여 자신의 질권자에 대한 채권을 질권의 목적으로 제공하는 경우에도 질권은 유효하게 성립한다. 질권자는 입질채권 자체를 취득하는 것이 아니라 그 교환가치를 파악하는 데 그칠 뿐이므로, 채권과 채무가 동일한 주체에 귀속할 때 발생하는 혼동은 문제되지 않는다.

33) 각주 (16) 참조; 김기환, 상계에 관한 연구, 최준규, 법조 690 (2014) 등.

34) 따라서 목적이 한정된 금원이 수수되었다고 보기 곤란한 경우, 예를 들어 보험해약환급금의 범위 내에서 금원 대출이 이루어진 경우는 아래의 논의에서 다루는 예에 포함되지 않는다.

일람한 다음(III. 1-2.), 양자의 공통점과 차이점을 짚어 본다(III. 3.). 그리고 양 법리의 통합 가능성 및 그 효용에 대해 살핀다(III. 4.). 마지막으로 검토 결과를 간략히 정리하고 이를 민법 개정안에 반영하는 방안을 모색한다(III. 5.).

1. 보증금에 관한 판례의 개괄

우리 판례는 보증금이 수수된 임대차관계에 관하여 독특한 법리를 형성해 왔다. 이하에서는 임대차 관계에 특유한 법리들을 살펴본다.

가. 임대차 종료에 따른 정산과정에서 발생하는 공제와 충당

> 임대차계약에 있어 임대차보증금은 임대차계약 종료 후 목적물을 임대인에게 명도할 때까지 발생하는, 임대차에 따른 임차인의 모든 채무를 담보하는 것으로서, 그 피담보채무 상당액은 임대차관계의 종료 후 목적물이 반환될 때에, 특별한 사정이 없는 한, 별도의 의사표시 없이 보증금에서 당연히 공제되는 것이므로, 임대인은 임대차보증금에서 그 피담보채무를 공제한 나머지만을 임차인에게 반환할 의무가 있다.35)

임대차보증금과 공제에 관해서는, 임차인의 보증금반환채권의 법적 성격을 조건부 권리로 이해하는 견해가 통설이었다. 이러한 이해는, 임차인의 다른 채권자들이 임대인의 각종 채권이 공제된 나머지 보증금의 반환채권에 대해서만 권리를 행사할 수 있는 현상을 잘 설명해 낼 수 있다. 임대차보증금 반환채권을 양도하면서 임대인이 아무런 이의를 보류하지 아니한 채 채권양도를 승낙하였더라도, 임차인이 부담할 원상복구비용 상당의 손해배상액은 반환할 임대차보증금에서 당연히 공제되며,36) 임대인은 임차인의 다른 채권자들에 항상 우선하여 차임 등 채권의 만족을 얻게 된다.

하지만 보증금반환채권의 법적 성격이 조건부 권리라고 이해하는 것만으로는 임대인의 채권자들이 등장하는 국면에서, 차임채권이 양도된 경우, 차임채권이 집행의 목적이 된 경우, 대항력 있는 임대차에서 임대차 목적물이 양도된 경우처럼, 보증금반환채무자와 차임 등 채권을 행사하는 자가 분리되는 때에도 이들 채권이 보증금에서 공제되는지에 대해 명쾌하게 대답하기 어렵다. 항을 바꾸어 살펴본다.

나. 차임 등의 지급을 청구하는 자와 보증금반환채무자가 분리된 경우

대법원은 임대차보증금반환채무자와 차임을 청구하는 자가 분리된 다양한 경우에 관

35) 대법원 2005.9.28. 선고 2005다8323, 8330 판결 등.
36) 대법원 2002.12.10. 선고 2002다52657 판결.

하여 나름의 법리를 구축해 왔다. 차임채권의 귀속이 변경되거나, 차임채권에 대한 압류 및 추심명령이 있는 때, 임차건물이 양도되고 차임채권은 양도되지 않은 때에도 차임채권은 보증금에서 공제된다는 판결들[37])이 반복되어 선고되었다.

> 부동산 임대차에 있어서 수수된 보증금은 차임채무, 목적물의 멸실 · 훼손 등으로 인한 손해배상채무 등 임대차에 따른 임차인의 모든 채무를 담보하는 것으로서 그 피담보채무 상당액은 임대차관계의 종료 후 목적물이 반환될 때에 특별한 사정이 없는 한 별도의 의사표시 없이 보증금에서 당연히 공제되는 것이므로, 임대보증금이 수수된 임대차계약에서 차임채권에 관하여 압류 및 추심명령이 있었다 하더라도, 당해 임대차계약이 종료되어 목적물이 반환될 때에는 그 때까지 추심되지 아니한 채 잔존하는 차임채권 상당액도 임대보증금에서 당연히 공제된다.[38])
>
> 임대차계약에서 임대차보증금은 임대차계약 종료 후 목적물을 임대인에게 명도할 때까지 발생하는, 임대차에 따른 임차인의 모든 채무를 담보한다. 따라서 이러한 채무는 임대차관계 종료 후 목적물이 반환될 때에 특별한 사정이 없는 한 별도의 의사표시 없이 보증금에서 당연히 공제된다. 임차건물의 양수인이 건물 소유권을 취득한 후 임대차관계가 종료되어 임차인에게 임대차보증금을 반환해야 하는 경우에 임대인의 지위를 승계하기 전까지 발생한 연체차임이나 관리비 등이 있으면 이는 특별한 사정이 없는 한 임대차보증금에서 당연히 공제된다. 일반적으로 임차건물의 양도 시에 연체차임이나 관리비 등이 남아있더라도 나중에 임대차관계가 종료되는 경우 임대차보증금에서 이를 공제하겠다는 것이 당사자들의 의사나 거래관념에 부합하기 때문이다.[39])

판결들은 임대차보증금이 임대차 관계에서 발생하는 '임차인'의 모든 채무를 담보한다고 판시한다. '임대인'의 모든 채권을 담보한다고 표현하지 않는다. 차임채권의 귀속이 변경되거나, 차임채권에 대한 압류 및 추심명령이 있는 때에도 차임채권이 보증금에서 공제되는 이유는 그것이 당사자들의 의사나 거래관념에 부합하기 때문이라고 설명한다. 하지만 당사자들의 의사나 거래관념이 꼭 그러한지에 관해서는 의문이 있다.

공제를 통한 차임 등 채권의 만족은, 보증금반환채무를 면하는 결과로써 실현되는 것이 일반적이다. 임차인의 채권자가 보증금반환채권에 관한 추심명령이나 전부명령을 받아 제3채무자인 임대인에게 보증금의 반환을 청구할 때에, 임대인이 연체 차임 등 채권액만큼 보증금반환채무를 면하는 효과를 가리켜, 공제로써 임대인이 임차인의 다른 채권자에 우선하여 채권의 만족을 얻는다고 설명되곤 한다. 그러나 차임채권이 양도되거나 차임채권에 대해 압류 및 추심명령, 전부명령 등이 있거나, 임대차목적물이 승계되는 과정에서 연체 차임등 채권은 양도되지 않음으로써, 보증금반환채무자와 차임 등 청구권자가 분리된 때에는, 보증금반환채무자는 공제로써 차임 등 채권액만큼 보증금반환채무를 면하지만, 차임

37) 대법원 2004.12.23. 선고 2004다56554 판결; 대법원 2015.3.26. 선고 2013 다 77225 판결; 대법원 2017.10.12. 선고 2016다277880 판결 등.

38) 대법원 2017.10.12.선고2016다277880판결.

39) 대법원 2017.3.22. 선고 2016다218874판결

등 채권자는 아무런 이득도 없이 그 채권을 상실할 뿐이다. 임대인이 차임 등 채권을 양도된 경우, 차임 등 채권에 관한 전부명령이 확정됨으로서 임대인이 변제를 통한 소극재산 감소의 이익을 얻은 바 있다면, 공제를 통해 보증금반환채무를 면함으로써 이중의 이득을 누리는 결과가 된다. 이는 새로운 부당이득반환의 문제를 발생시키는바, 당사자의 의사나 거래관념에 부합하는지에 대해서는 의문이 없지 않다.[40)]

다. 임대차 종료[41)] 전후의 구별

임대차와 관련된 판결들은, 다음과 같이 판시한다.

> 임대인에게 임대차보증금이 교부되어 있더라도 임대인은 임대차관계가 계속되고 있는 동안에는 임대차보증금에서 연체차임을 충당할 것인지를 자유로이 선택할 수 있다.[42)]
> 임대차 종료 전에는 임대인이 연체된 차임 등을 보증금에서 공제한다는 의사표시를 함으로써 이를 공제할 수 있다.[43)]
> 임대차보증금이 임대인에게 교부되어 있더라도 임대인은 임대차관계가 계속되고 있는 동안에는 임대차보증금에서 연체차임을 충당할 것인지를 자유로이 선택할 수 있으므로, 임대차계약 종료 전에는 연체차임이 공제 등 별도의 의사표시 없이 임대차보증금에서 당연히 공제되는 것은 아니다. 그리고 임대인이 차임채권을 양도하는 등의 사정으로 인하여 차임채권을 가지고 있지 아니한 경우에는 특별한 사정이 없는 한 임대차계약 종료 전에 임대차보증금에서 공제한다는 의사표시를 할 수 있는 권한이 있다고 할 수도 없다.[44)]

임대차가 종료된 때에 잔존하고 있는 차임 등 채무가 별도의 의사표시 없이 보증금에서 당연 공제되는 것과 달리, 임대차계약이 존속 중인 때에는 임대인이 의사표시로써 공제할 수 있다고 한다. 그리고 임대인이 차임채권을 가지고 있지 않은 때에는 임대차 종료 전 의사표시로써 공제할 수 없다고 한다. 전항에서 살펴보았듯, 임대차 종료 후에는 차임채권이 양도된 때라도 보증금에서 당연공제되는 것과 다른 점이다.

이상의 판결들을 살펴보면, 마치 (1) 임대차 종료 전에는 (2) 임대인이 (3) 차임 등 채권을 보유하는 때에 한하여 (4) 의사표시로써 보증금에서의 공제(혹은 차임 등 채권에의 충당)를 할 수 있는 것처럼 보인다. 보증금반환채무자인 동시에 차임 등 채권자인 때에 한

---

40) 이러한 효과를 정당화하기 위한 논리가 필요하다고 생각된다. 다만 이러한 결론은 아래 3.라.에서 언급할 보증금을 수수한 채권관계에서의 '상호성'을 실현하는 데에 결정적으로 기여한다.

41) 정확히는, 임대차가 종료한 경우뿐 아니라 임대차 종료에 따른 법률관계까지 소멸한 시점을 가리킨다. 임차인이 임대차 종료 후에도 목적물을 인도하지 않은 때에는 목적물을 임대인에게 인도한 시점이 될 것이며. 임대차 종료 전에 이미 목적물이 인도된 상태라면 임대차 종료 시점이 될 것이다. 이하에서 이러한 여러 상황을 포괄하여 '임대차 종료'라고 표현하였다.

42) 대법원 2016.11.25. 선고 2016다211309 판결 등.

43) 대법원 2019.4.3. 선고 2015다247745, 247752 판결.

44) 대법원 2013.2.28. 선고 2011다49608,49615 판결

하여 공제할 수 있다는 것인지, 임대차계약 당사자의 지위에서 할 수 있다는 것인지, 공제의 의사표시는 상계와는 같은 것인지 다른 것인지, 우선변제충당권능을 행사하는 것과는 같은 것인지 다른 것인지 등, 여러 가지 면에서 명확하지 않다.

다만 한 가지 확실한 점은, 우리 판례가 임대차 종료 시점에 발생하는 공제와 임대차계약 존속 중의 공제를 다르게 취급한다는 것이다.

2. 선급금에 관한 판례의 개괄

선급금은 건축공사나 기계의 제작 공급을 목적으로 하는 도급계약에서 주로 지급된다. 통상은 전체보수 중 일정 비율로 정하고 그 용도를 자재구입, 노임지급처럼 계약 목적으로 제한한다.[45] 선급금은 '장래의 채무'를 위한 변제로서 선급금은 그 채무가 현실적으로 발생하면 뒤에서 보는 방식에 따라 그 변제에 '당연히' 충당되는 반면, 채무의 불발생이 확정되면 이미 발생한 채무의 변제에 충당되고 남은 부분은 부당이득의 법리에 따라 반환되어야 한다.[46] 일반적으로 선급금에 관해서는, 도급계약관계에서 도급인이 수급인에게 공사대금 중 일부를 미리 지급한 것으로, 임대차보증금과 비슷해 보이지만, 선급금은 도급인이 공사대금지급의무(공사대금 지급시기는 당사자의 약정에 따라 자유롭게 정할 수 있음)를 이행한 것에 불과하고 보증금으로 보관시켜 놓은 것이 아니라고 설명된다.[47]

선급금은 그 명칭에서 드러나듯, 특정한 채무를 미리 변제하기 위해 지급된 금원이인바, 그 지급의 목적인 채권이 소멸하는 원인은 채무자가 미리 지급한 금원이 그 채권의 변제에 충당되기 때문이다. 선급금은 해제나 해지 등으로 인한 계약 종료 시, 혹은 약정에 따른 정산 시점에 이르면 별도의 의사표시 없이 당연히 그 채무의 변제에 충당되며, 채무의 변제에 충당되고 남은 부분이 있으면 이는 더 이상 채권자가 보유할 법률상 원인이 없으므로, 선급금을 지급한 채무자에게 부당이득으로 반환되어야 한다. 선급금을 지급한 목적이던 채권과, 충당 후 남은 선급금의 부당이득반환채권이 서로 대립하는 것과 같은 모습을 보이기 때문인지, 앞서 언급한 바와 같이, 상계의 제한을 극복하고 일방 채권자의 실질적인 우선변제권을 보장하기 위한 입론으로 활용되기도 한다. 아래에서는 선급금을 언급하고 있는 판결들을 살펴보기로 한다.

---

45) 김용덕 편집대표, 주석민법, 제5판, 2021, 785(이준형 집필부분).

46) 지원림, 보증보험 및 선급금의 법률관계, 비교사법 12/4 (2005) 159-160.

47) 홍승면, 선급금 보증계약의 해석—'기성부분 대가 상당액'의 의미, 판례공보스터디 민사판례해설. 2: 2020. 7. 1.자 공보~2021. 6. 15.자 공보, 서울고등법원 판례공보스터디. 2021.

가. 도급계약관계와 선급금

선급금이 수수되는 전형적인 법률관계이다. 도급인은 수급인의 장래 발생할 공사대금 채권에 대한 선급으로서 미리 일정한 금원을 지급하곤 한다. 이때 지급된 금원은 약정에 따라 일정 시점에 기성고에 따라 산정한 공사대금 채무의 변제에 충당되도록 예정되어 있다. 실제로는 주로 수급인의 자재 구입 기타 공사에 필요한 초기 비용의 지급을 위해 사용되는 것이 일반적이다.[48]

> 공사도급계약에 따라 주고받는 선급금은 일반적으로 구체적인 기성고와 관련하여 지급되는 것이 아니라 전체 공사와 관련하여 지급되는 공사대금의 일부이다. 도급인이 선급금을 지급한 후 도급계약이 해제되거나 해지된 경우에는 특별한 사정이 없는 한 별도의 상계 의사표시 없이 그때까지 기성고에 해당하는 공사대금 중 미지급액은 당연히 선급금으로 충당되고 공사대금이 남아 있으면 도급인은 그 금액에 한하여 지급의무가 있다. 거꾸로 선급금이 미지급 공사대금에 충당되고 남는다면 수급인이 남은 선급금을 반환할 의무가 있다.[49]

수급인의 다른 채권자가 수급인의 도급인에 대한 공사대금채권에 대해 (가)압류 등 집행보전조치를 취한 이후 도급계약이 해제된 상황을 떠올려보자. 도급인은 미리 지급한 선급금이 수급인에 대한 공사대금채무에 당연 충당됨으로써 자신의 공사대금채권무가 소멸하였음을 이유로, 수급인의 다른 채권자가 추심명령, 전부명령 등을 받아 도급인에 대하여 하는 추심금, 전부금 등으로써 공사대금을 청구하는 것에 대항할 수 있다. 수급인의 공사대금채권이 도급인(발주자)의 선급금반환채권에 우선적으로 충당된다고 표현할 수 있다.

공사도급계약에서 선급금 법리가 문제되는 상황을 보면, 주로 수급인의 자력이 악화되어 수급인의 다른 채권자가 수급인의 공사대금채권을 수급인의 책임재산으로 파악하는 경우이다. "별도의 상계의 의사표시 없이 선급금이 그때까지의 기성고에 해당하는 공사대금 중 미지급액에 충당된다"고 하므로, 도급인은 선급금반환채권을 자동채권으로 하는 상계의 경우 수반되는 각종 제한에서 자유롭다. 경합하는 다른 채권자가 있더라도, 도급인은 선급금의 공사대금채무에의 충당으로써, 그 공사대금채무를 온전히 — 채권액에 비례하여 안분하는 것이 아니라 — 면한다. 이는 도급인이 수급인의 다른 채권자들에 우선하여 보호받는 결과를 실현한다.

---

48) 하도급거래 공정화에 관한 법률 제6조는 원사업자가 발주자로부터 선급금을 받은 때에는 수급사업자가 제조 · 수리 · 시공 또는 용역수행을 시작할 수 있도록 그가 받은 선급금의 내용과 비율에 따라선급금을 받은 날부터 15일 이내에 선급금을 수급사업자에게 지급하여야 하며(제1항), 기한이 지나서 지급하는 때에는 법정이자를 가산하여 지급하여야 한다(제2항)고 정하고 있다.

49) 대법원 2021.7.8. 선고 2016다267067 판결; 대법원 2020.8.27. 선고 2019다215593 판결; 대법원 2020.5.14. 선고 2016다218379 판결; 대법원 2017.1.12. 선고 2014다11574판결; 대법원 2014.1.23. 선고 2013다214437판결, 대법원 2010.5.13. 선고 2007다31211판결 등; 지원림(주 39, 161면) 교수는 선급금은 장래의 보수채무를 위한 변제에 해당하므로, 이러한 선급금의 충당과 관련하여 판례가 상계 운운하는 것은 적절치 않다고 지적한다.

나. 보험약관대출계약과 대출금

대법원 2007.9.28. 선고 2005다15598 전원합의체 판결의 다수의견은, 생명보험계약을 체결한 보험계약자가 보험계약의 약관[50]에 따라 보험계약의 해약환급금의 범위 내에서 보험회사와 대출계약[51]을 체결한 경우에 관하여, 보험회사가 보험계약자에게 지급한 대출금의 경제적 실질을 생명보험계약 해지 시 발생하는 해지환급금을 미리 지급한 선급금으로 규정한다.[52] 보험계약자와 보험회사 사이의 대출계약은 대출이라는 용어를 사용하고 있더라도 이는 일반적인 대출과는 달리 소비대차로서의 법적 성격을 가지는 것은 아니며, 보험회사는 보험계약자에 대해 보험금이나 해약환급금에서 대출 원리금을 공제한 나머지 금액에 한하여 해약환급금 반환채무를 부담한다고 한다.[53]

별개의견은 보험계약자의 해약환급금 반환채권과 생명보험회사의 대출원리금 채권 사이의 상계에 관하여 구 회사정리법 제162조 제1항의 상계시한 규정이 적용되지 아니한다는 다수의견의 결론에는 찬성하면서도, 다수의견이 선급금이라는 의제적인 개념을 설정하여 그 결론을 이끌어낸 것은 소비대차에 관한 민법 및 보험법 관계 법령의 각 규정, 의사표시의 해석에 관한 대법원의 확립된 판례 및 보험법의 일반원칙에 모두 위반된 의사해석의 결과라며 비판하였다. 대출계약 당시 별도로 차용증서를 작성하고 이자 약정 및 연체이자에 대해서 약정하였고, 보험법 관계 법령 역시 보험약관대출을 신용 공여의 한 형태로 인정하고 있다는 점 등에 비추어볼 때 대출금을 선급금으로 보는 것은 적절치 않다고 비판하였다.[54]

---

50) 보험계약자는 보험계약의 해약환급금의 범위 내에서 대출을 받을 수 있는데, 대출금을 상환하지 않고 있는 동안에 보험금이나 해약환급금을 지급할 사유가 발생한 때에는 위 대출원리금을 상계한 나머지 금액만을 지급한다는 취지로 규정되어 있었다.

51) 약관대출차용증서에는 보험약관에 정한 지급사유가 발생하였을 때에는 보험회사가 지급할 금액에서 위 대출 원리금을 공제한다는 내용의 조항, "대출원리금의 합계액이 보험약관에 정한 해약환급금에 도달할 때" 또는 "대출 원리금을 상환일로부터 6개월 이상 연체하여 납입하지 아니한 때"에는 보험회사가 보험계약을 임의로 해지하여 대출 원리금에 충당한다는 취지의 조항이 있었다.

52) 위 대법원 2007.9.28. 선고 2005다15598 전원합의체 판결은 해약환급금 반환채권과 보험약관대출금 채권이 보험회사의 상계의 의사표시에 의하여 그 상계적상의 시기에 상계되는 것이라는 취지로 판단하여 온 기존의 대법원 1997.4.8. 선고 96다51127 판결 등을 변경하였다.

53) 대법원 2005다15598판결 중, "생명보험계약의 약관에 보험계약자는 보험계약의 해약환급금의 범위 내에서 보험회사가 정한 방법에 따라 대출을 받을 수 있고, 이에 따라 대출이 된 경우에 보험계약자는 언제든 그 대출원리금을 상환할 수 있으며, 만약 상환하지 아니한 동안에 보험금이나 해약환급금의 지급사유가 발생한 때에는 위 대출 원리금을 공제하고 나머지 금액만을 지급한다는 취지로 규정되어 있다면, 그와 같은 약관에 따른 대출계약은 약관상의 의무의 이행으로 행하여지는 것으로서 보험계약과 별개의 독립된 계약이 아니라 보험계약과 일체를 이루는 하나의 계약이라고 보아야 하고, 보험약관대출금의 경제적 실질은 보험회사가 장차 지급하여야 할 보험금이나 해약환급금을 미리 지급하는 선급금과 같은 성격이라고 보아야 할 것이다. 따라서 약관에서 비록 "대출"이라는 용어를 사용하고 있더라도 이는 일반적인 대출과는 달리 소비대차로서의 법적 성격을 가지는 것은 아니며, 보험금이나 해약환급금에서 대출 원리금을 공제하고 지급한다는 것은 보험금이나 해약환급금의 선급금의 성격을 가지는 위 대출원리금을 제외한 나머지 금액만을 지급한다는 의미이므로 민법상의 상계와는 성격이 다르다."

54) 별개의견은 다수의견의 결론에는 찬성하면서 상계 제한 규정이 적용되지 않는 이유는 양 채권 사이에 강력한 견련관

위 판결 사안은 구 회사정리법(2005. 3. 31. 법률 제7428호 채무자 회생 및 파산에 관한 법률 부칙 제2조로 폐지) 제162조 제1항[55]이 정하고 있는 시기적 한계로 인해 보험계약자(정리회사)의 해지환급금채권과 보험회사(정리채권자)의 대출금 채권 사이의 상계가 허용되지 않는 경우였다. 위 판결의 다수의견처럼 보험회사가 지급한 대출금을 (해지환급금의) 선급금으로 이해할 때에는, 대출금채권이나 해지환급금채권의 변제기 등을 살펴 상계할 수 있었던 시점이 언제인지 고민할 필요가 없다. 보험회사는 대출금 지급으로써 장래 보험계약 해지 시에 발생할 보험계약자에 대한 해지환급금 채무를 미리 이행한 것이고, 이처럼 미리 지급한 금원은 보험계약 해지 시에 별도로 상계의 의사표시 없이도 그 해지 환급금채무에 당연히 충당되므로, 보험회사는 동액 상당의 해지환급금채무를 면하는 방식으로 대출금채권 전액의 만족을 얻게 된다.

이처럼 다수의견이 다소 무리하게 선급금 개념을 끌어들인 이유가 위 판결의 별개 의견이 지적하듯,[56] 앞서 언급한 바와 같이 상계에 가해지는 제한을 회피하기 위함임을 짐작할 수 있다. 위 판결이 보험회사의 대출금채권이 해약환급금에서 보험계약자(수익자)의 다른 채권자들에 우선하여 만족을 얻을 수 있도록 하기 위한 입론으로서 선급금 법리를 동원하고 있다고도 말할 수 있다.

다. 물품공급계약과 보증금

대법원 2021.1.14. 선고 2018다255143 판결은, 갑 주식회사가 을 주식회사와 물품공급계약을 체결하면서 을 회사에 물품대금 정산을 위한 보증금[57]을 지급하였고, 그 후 을 회사에 대하여 회생절차가 개시되어 관리인이 갑 회사와 물품을 계속 공급하기로 협의하였

계가 있기 때문이라고 보았다

55) 구 회사정리법(2005. 3. 31. 법률 제7428호로 폐지되기 전의 것) 제162조(상계권) ① 정리채권자 또는 정리담보권자가 정리절차개시 당시 회사에 대하여 채무를 부담하는 경우에 채권과 채무의 쌍방이 정리채권과 정리담보권의 신고기간만료 전에 상계할 수 있게 되었을 때에는 정리채권자 또는 정리담보권자는 그 기간 내에 한하여 정리절차에 의하지 아니하고 상계할 수 있다. 채무가 기한부인 때에도 같다.; 위 규정 등에 의해 상계를 제한하는 취지는 정리채권자들의 무분별한 상계권 행사가 회사정리를 위한 노력을 곤란하게 하고 정리계획의 작성 등 절차 진행에 지장을 초래하는 것을 방지함으로써 기업의 재건이라는 구 회사정리법의 목적을 실현하려는 데 있다(대법원 2009.1.30. 선고 2008다49707 판결).

56) "다수의견이 이 사건 보험약관대출금을 대여금이 아니라 굳이 선급금이라고 해석한 배경에는 한일생명보험이 구 회사정리법 제162조 제1항의 상계시한에 저촉됨이 없이 고려티엔에스에게 반환할 해약환급금에서 대출 원리금을 공제한 후 그 나머지 금액만을 지급할 수 있도록 하여야 하고, 이와 달리 본다면 형평에 어긋난 부당한 결과를 가져온다는 판단에서 비롯된 것으로 보인다."(대법원 2005다15598판결의 대법관 박시환, 대법관 김지형, 대법관 안대희의 별개의견 중)

57) 수수된 금원에 관해 보증금이라는 용어가 사용되고 있는데, 대법원은 이에 관하여 물품대금의 지급을 위하여 지급된 금원으로서 그 실질이 선급금이라고 판시하고 있다. 통상 보증금이라고 하면 채무의 이행을 담보할 목적으로 수수된 금원을 가리키겠으나, 수수된 금원의 실질이 지급을 담보하기 위한 금원인지, 아니면 채무를 미리 지급할 목적으로 지급된 것인지가 명확히 구분될 수 있는 것은 아님을 보여준다.

는데, 계약기간이 만료한 후 갑 회사가 을 회사를 상대로 보증금 반환을 구한 사안에서, 계약서의 문언에 비추어 갑 회사가 을 회사에 지급한 보증금은 계약에서 정한 요건이 충족되는 경우 별도 의사표시 없이 물품대금 지급에 충당되므로, 위 보증금은 물품대금에 대한 선급금의 성격을 가진다고 판단하였다.

그리고 이에 더하여, 갑 회사의 을 회사에 대한 보증금반환채권은 을 회사의 갑 회사에 대한 물품대금채권과 이행 · 존속상 견련성을 갖고 있어서 서로 담보로서 기능한다고 볼 수 있으므로, 채무자 회생 및 파산에 관한 법률 제179조 제1항 제7호[58]에서 정한 공익채권[59]에 해당한다고 판단한 것이다.

위 판결은 수수된 금원의 명칭이 선급금이 아닌 때에도 그 실질을 기초로 선급금으로 판단하고 있다. 그리고 선급금반환채권과 물품대금채권 사이의 견련성을 인정함으로써 선급금반환채권을 공익채권으로 의율하고, 이를 통해 보증금을 지급한 갑의 우선변제권을 실현하고 있다.

라. 물품구매기본계약에서 지원자금 명목으로 지급된 선급금

“갑이 을과의 물품구매기본계약을 체결함에 있어 지원자금 명목으로 선급금을 지급하면서 장차 이를 물품대금과 분할 상계처리하기로 약정한 경우, 그 선급금은 향후 을이 납품하게 될 물품의 대금조로 미리 지급한 것이고, 또한 선급금상환채무와 물품대금채무는 동일한 물품구매기본계약에서 발생한 것으로서 상호 그 이행에 있어서 고도의 견련성이 있으므로 위 선급금은 원칙적으로 을이 납품한 물품대금에 당연히 충당되는 성질의 것이라 할 것인데, 다만 을이 갑에게 처음 납품하는 물품대금 중 선급금에 해당하는 금액 전부가 선급금으로 일시에 충당되는 경우 대기업협력업체의 자금운용을 도와준다는 애초의 목적을 달성할 수 없게 된다는 점에서 을의 이익을 위하여 위 선급금을 을이 갑에게 납품한 물품대금과 10개월간 순차적으로 분할 상계처리하기로 약정한 것이므로, 갑과 을 간의 거래

58) 채무자 회생 및 파산에 관한 법률 제179조(공익채권이 되는 청구권) ① 다음 각호의 어느 하나에 해당하는 청구권은 공익채권으로 한다.
7. 제119조제1항의 규정에 의하여 관리인이 채무의 이행을 하는 때에 상대방이 갖는 청구권
제119조(쌍방미이행 쌍무계약에 관한 선택) ① 쌍무계약에 관하여 채무자와 그 상대방이 모두 회생절차개시 당시에 아직 그 이행을 완료하지 아니한 때에는 관리인은 계약을 해제 또는 해지하거나 채무자의 채무를 이행하고 상대방의 채무이행을 청구 할 수 있다. 다만, 관리인은 회생계획안 심리를 위한 관계인집회가 끝난 후 또는 제240조의 규정에 의한 서면결의에 부치는 결정이 있은 후에는 계약을 해제 또는 해지할 수 없다.

59) 공익채권이란 파산절차의 재단채권에 대응하는 개념으로 채무자에 대한 청구권 가운데, 원칙적으로 회생절차를 수행하고 그 목적을 실현하기 위해 회생채권자가 공동으로 부담하지 않으면 안되는 비용으로서의 성질을 가지는 것을 가리킨다(양형우, 수익자에 대하여 회생절차가 개시된 경우 사해행위취소에 따른 가액배상청구권이 공익채권에 해당하는지 여부, 홍익법학 21/2 [2020] 599-600 참조] 공익채권은 회생채권과 회생담보권에 우선하여 변제된다(채무자 회생 및 파산에 관한 법률 제180조 제2항).

관계가 을 측의 부도로 인하여 계약 체결일로부터 1개월도 지나기 전에 종료되게 된 경우, 을로서는 분할상계의 이익을 상실하였다고 할 것이고, 따라서 갑이 을에게 지급한 선급금으로서 거래종료 당시 정산되지 않은 선급금은 물품대금조로 미리 지급되는 선급금의 성격과 그 물품대금과의 견련성 등에 비추어 볼 때 특별한 사정이 없는 한 별도의 상계의 의사표시 없이도 을이 갑으로부터 지급받지 못한 나머지 물품대금채권에 당연히 충당된다고 봄이 상당하다."

역시나 선급금이 지급된 목적인 채권 — 물품대금채권 — 과 그 변제에 충당되고 남은 선급금반환채권을 서로 대립하는 채권채무관계에 위치시키는 한편 양 채권 사이의 성립 및 이행상의 견련성을 기초로 당연 충당의 효과를 설명하고 있다.

마. 분양대행계약해지를 대비한 예치금

대법원 2022.3.31. 선고 2019다226395 판결은, 건물을 건축하여 분양하는 사업을 시행하는 갑과 그 건물의 분양을 대행하는 을 사이에서 분양대행계약을 체결하면서, 장차 발생할 수 있는 을의 손해배상채무를 담보할 목적으로 을이 갑에게 예치금이 지급한 경우에 관하여 다루고 있다. 을은 분양을 대행하고 그 보수로 세대 별로 600만원의 분양대행용역비를 지급받기로 하였는데, 을이 '계약기간 동안 분양업무를 수행하는 중에 을의 귀책사유로 인하여 발생하는 금융사고, 분양신청자와의 분쟁 등 기타 제반 사고에 대하여 민 · 형사상 책임을 지고, 이로 인해 갑이 손실을 입을 경우 갑이 을에 대해 가지는 구상채권을 담보하기 위해 갑 앞으로 1억 원을 예치'하기로 합의하였다. 그리고 '갑은 분양실적이 분양목표에 미달한 경우 분양대행계약을 해제 또는 해지할 수 있는데, 분양대행계약의 해제 또는 해지로 인해 갑에게 손해가 발생하는 경우 갑은 계약이 종료하면 을에게 반환하여야 할 예치금에서 손해액을 공제할 수 있다.'는 내용이 계약에 포함되었다

이후 갑은 분양실적이 저조하다는 이유로 위 계약을 해지하였고, 을이 갑에게 예치금의 반환을 구하자, 갑은 예치금이 을의 채무불이행에 따른 손해에 모두 충당되어 존재하지 않는다고 항변하였다. 원심에서는 을의 채무불이행으로 인한 손해액이 1억원이 넘는다고 보아 갑이 반환할 예치금이 남아있지 않다고 보았고, 대법원은 예치금이 충당으로 소멸하였다는 갑의 항변을 배척하였다. 을에게 손해배상책임을 인정할 수 없다는 취지였다. 위 판결에서의 쟁점은 공제의 대상인 채권의 발생 여부였으며, 공제나 충당의 요건에나 그 효과에 대해서는 다투어지지 않았다. 공제나 충당 등은 양 당사자 외에 일방 당사자의 채권자가 등장하는 경우나 파산이나 채무자 회생처럼 다수의 이해관계인들이 존재할 때에 비로소 쟁점으로 떠오른다. 위 사안은 그러한 경우가 아니었다. 다만 공제와 충당이라는 표현이 사

전적 의미 그대로 사용되고 있다는 점에서 주목할 만하다고 생각된다.

3. 보증금 법리와 선급금 법리의 비교

이상에서는 대법원이 임대차관계에서 보증금과 공제에 관하여, 선급금이 수수된 관계에 관하여 어떠한 태도를 취하고 있는지 살펴보았다. 임대차관계에서 보증금과 공제와 관련하여 판례의 태도를 일괄하여 보증금 법리라고 부를 수 있을 것이다. 한편 선급금, 예치금 등이 수수된 법률관계에서는 정산의 시점에 별도의 의사표시 없이도 선급금 등이 특정채권에 당연 충당된다고 하는데, 이를 선급금 법리라고 표현할 수 있을 것이다.

보증금의 법리와 선급금에 관한 법리 사이에는 다음과 같은 공통점과 차이점이 있다. 이하에서 검토한다.

가. 계속적 거래관계, 목적이 한정된 금원의 지급 - 공통점

보증금 법리와 선급금 법리가 문제되는 상황은 공통적으로 계속적 채권관계[60]이거나 시간적 지속성이나 의무의 지속성을 특징으로 하는 장기계약과 같은 계속적 거래관계를 전제로 한다. 임대차, 일의 완성에 이르기까지 상당한 시간이 소요되는 건설공사도급계약, 계속적 공급매매계약,[61] 상가관리계약 등이 이러한 예에 해당한다.

그리고 급부의 이행을 위하여 혹은 급부의 이행을 담보하기 위하여 보증금, 선급금, 예치금 등의 명목으로 금전이 수수된다. 보험회사가 해약환급금의 범위에서 대출금을 지급한 대법원 2007.9.28. 선고 2005다15598 전원합의체 판결 사안과 관련하여서는 이를 선급금으로 보는 다수의견의 태도와는 다른 입장을 취한다.

나. 금전이 지급된 목적 - 차이점

명칭에서 드러나듯 보증금과 선급금은 그 지급 목적이 다르다. 보증금은 장차 발생할 채무의 지급을 보증하기 위하여, 선급금은 장차 발생할 채무의 변제를 위하여 지급된다. 다

---

60) 계속적 채권관계(Dauerschuldverhältnisse)는 계속적 급부를 목적으로 하는 채권관계를 가리키는 용어이다. 계속적 급부란 임대차, 전기 · 가스 등을 지속적으로 공급하는 계속적 공급관계(Sukzessivlieferungsverhältnisse)처럼, 거래의 시간적 지속성과 더불어 그에 따라 전체 급부의 범위(총량)가 증가하는 급부를 가리키며, 이러한 계속적 급부를 목적으로 하는 채권관계가 계속적 채권관계이다. 반면 장기계약은 급부의 전체 내지 총량은 일정하지만 그 이행상 시간적으로 지속되는 개념이다(김용덕 편집대표, 주석민법, 채권총칙, 제5판, 2020, 83-84[배용준 집필부분]).

61) 일시적 매매계약과는 달리, 단일한 매매계약에 따라 종류로 정한 물건을 일정 기간 분할 공급하고 분할공급된 만큼 매매대금을 지급하기로 하는 계약을 계속적 공급 매매계약이라고 한다(김용덕 편집대표, 주석민법, 채권각칙, 제5판, 2021, 179[오종근 집필부분]).

만 거래에서 부여된 이름으로 그 실질을 단언하기는 어렵다. 대법원 2021.1.14. 선고 2018다255143 판결 사안에서 당사자는 물품공급계약을 체결하면서 보증금을 수수하였으나, 위 판결은 위 금원의 실질을 선급금으로 보았다. 당사자들이 부여한 명칭과 그 실질 사이에 괴리가 있을 수 있음을 보여준다.

보증금이 지급된 때에는 일반적으로 그 채무의 변제를 위해 별도의 금원 출연이 예정되어 있다. 보증금이 수수된 임대차계약에서는 차임을 현실로 지급하는 모습이 일반적이다. 반면 공사도급계약에서 선급금이 수수된 때에 선급금에 상응하는 기성고에 대해 별도로 공사대금을 출연하여 지급하는 경우는 드물다. 결국 선급금은 돌려받지 못할 것으로서 충당이 예정된 돈이고, 보증금은 돌려받을 것, 즉 반환이 예정된 돈이다.

다만 보증금이 수수된 법률관계가 해지나 해제 등으로 종료하여 그때까지 잔존하는 채무를 보증금에서 정산해야 하는 시점에 이르면, 보증금과 선급금을 둘러싼 법률관계는 매우 유사한 모습을 띠게 된다. 항을 바꾸어 살펴본다.

다. 정산(계약의 종료) - 공통점

보증금 법리나 선급금 법리는 계속적 계약관계가 그 해지나 해제 등으로 종료하여 정산이 필요한 때에 비로소 문제된다. 보증금이 수수된 임대차계약이 종료하면 그때까지 잔존한 연체차임 등 채무가 보증금에서 공제되며[62] 그 나머지 임대차보증금은 임차인에게 반환되어야 한다. 선급금이 수수된 도급계약이 해제되거나 해지된 경우,[63] 미리 지급된 선급금은 그때까지의 기성고에 대한 공사대금채무에 충당되며[64] 그 나머지 선급금은 도급인

62) 보증금이 연체차임 등의 채무에 충당된다고 표현할 수도 있다.

63) 공사도급계약이 체결되는 때에는 기획재정부 회계예규인 정부 입찰 · 계약 집행기준을 준용하도록 하는 내용의 공사계약특수조건이 포함되는 경우가 적지 않다. 그리고 정부 입찰 · 계약 집행기준 제37조는 선급금은 기성부분 또는 기납부분의 대가지급 시마다 '선급금정산액=선급금액×(기성부분의 대가상당액/계약금액)'의 방식에 의하여 산출한 선급금정산액 이상을 정산하여야 한다고 정하고 있다. 위 산식 가운데 '기성부분의 대가상당액'을 어떻게 해석할지, 정산의 시점이 언제인지에 대해서는 논란이 있다(대법원 2020.5.14. 선고 2016다218379 판결 사안에서 원심은 "선금의 정산은 계약이행이 완료되는 시점에 모두 정산되도록 공식[선금정산액=선금액×(기성부분의 대가상당액/계약금액)]에 따라 정산하는 것이 원칙"[서울고등법원 2016.4.1. 선고 2015나2033166 판결]이라고 판단하였으나, 대법원은 "'기성부분의 대가상당액' 및 '계약금액'은 모두 당해 기성부분 대가 지급 시를 기준으로 한 금액만을 의미하고, 이전 기성부분의 대가상당액을 누적하여 합산할 수 없다"고 해석하였다. 계약이행이 완료되는 시점에 일괄하여 정산하는 것으로 해석할 수는 없다는 취지이다.) 도급계약에서 선급금의 정산방식이 문제되는 경우는, 주로 수급인의 선급금반환채무를 보증한 건설공제조합이 도급인에게 선급금의 보증금을 지급하여야 하는 때이다. 선급금 반환에 따른 보증금 지급이 문제될 때에는 이미 수급인이 공사를 제대로 이행하지 못하여 공사계약이 해제 또는 해지된 경우가 대부분이다. 수급인은 자력이 없고, 도급인 외에도 수급인의 여러 채권자들이 경합하며, 공제조합은 도급인에게 보증채무를 이행하더라도 수급인으로부터 구상금을 지급받기를 기대하기 어렵다. 수급인의 무자력 위험을 누가 부담하도록 할지의 문제가 대두된다. 본고에서는 선급금반환채무의 보증인, 수급사업자 등 다수의 이해관계가 복잡하게 얽힌 상황에 대해서는 다루지 않는다. 수급인이 공사를 완공하지 못한 채 공사도급계약이 해제되어 기성고에 따른 공사대금을 정산하여야 하되, 그 공사대금 또는 기성고 비율 산정에 관하여 특약이 있는 등의 특별한 사정이 없는 일반적인 상황을 전제로 논의를 이어간다.

64) 기성고에 관한 공사대금채무가 선급금에서 공제된다고 표현하여도 동일하다.

에게 반환되어야 한다. 보증금이 지급된 경우나 선급금이 지급된 경우 모두 계약이 종료되어 정산이 문제되는 시점에 이르면 그 구별이 별다른 의미를 갖지 않게 된다.

앞서 살핀 바와 같이, 우리 판례는 임대차 종료 후 목적물 인도 시점에 보증금에서 공제가 이루어지는 경우와 임대차계약 존속 중의 공제를 달리 취급한다.65) 임대차 존속 중에는 임대인의 채권자가 임대인의 차임채권에 대하여 압류 및 추심, 전부명령 등을 받아 이를 추심할 수 있다. 차임 등 채권을 양수한 이도 마찬가지이다. 임대차계약의 종료를 기준으로 공제라는 표현이 갖는 의미도 동일하지 않은 듯 보인다. 임대차 종료 및 목적물 인도 시까지 현실적으로 그 지급이 이루어지지 않은 차임 등 채권은 그 귀속이 변경되었더라도 임대차 종료 이후 목적물 인도시점에 보증금으로 당연 충당되어 만족에 이른다.

즉 보증금 법리는 임대차계약이 종료되어 정산이 문제되는 때에 한하여 유효성을 갖는 법리라고 이해하는 것이 적절하다고 생각된다.

라. 실질적 우선변제효를 누리는 채권 - 차이점?

선급금이 수수된 법률관계에서는 주로 선급금을 지급한 측이 갖는 채권이 실질적 우선변제효를 누리는 점이 조명된다. 공사도급계약의 예를 살펴보면, 수급인의 자력이 악화되어 수급인의 다른 채권자들과 발주자 사이에서 수급인의 공사대금채권을 둘러싸고 경합이 이루어지는 상황에서, 다른 채권자가 공사대금채권에 (가)압류 등의 조치를 취한 때에 선급금의 충당으로 인해 공사대금채권 소멸됨에 따라66) 도급인이 공사대금채무를 그 선급금만큼 온전히 면하는 방식으로 실질적인 우선변제효를 누리는 모습을 볼 수 있다.

보험약관대출 사안을 떠올려보자. 앞서 살펴본 대법원 2007.9.28. 선고 2005다15598 전원합의체 판결의 다수의견은 보험회사가 보험계약자에게 지급한 대출금을 선급금으로 보았는바, 이로써 우선변제권을 누리게 된 측은 선급금을 지급한 보험회사였다. 구 회사정리법이 정한 상계의 시기적 한계에 관한 규율을 회피하게 된 보험회사는, 해지환급금채무를 면하는 방식으로 대출금채권 전액의 만족을 얻게 된 것이다.

반면 임대차계약에서 수수된 보증금은 그 지급의 목적인 채권, 즉 임대인의 연체차임 등 채권의 실질적인 우선변제효를 실현함이 주목되어 왔다. 임차인의 다른 채권자가 임차인의 보증금반환채권에 대해 집행(보전)조치를 취하더라도, 임대인은 차임 등 채권액이 공제된 만큼 보증금반환채무를 면하는 방식으로써 임차인의 다른 채권자들에 앞서 차임 등

65) III. 1. 다. 참조.
66) 하수급인이나 근로자 등과 발주자 사이에 경합하는 때에는 하수급인 등의 직접청구권과 선급금에서의 충당 사이의 우열 문제가 발생하기도 한다.

채권의 만족을 얻는데, 이러한 점이 공제를 통해 달성하는 우선변제효로서 주목되는 것이다. 애초에 보증금이 지급된 목적 자체가 임대인의 차임 등 채권을 담보하기 위함이므로, 임대차에서의 보증금과 공제에 관한 논의는 보증금의 목적에 따른 법 효과라고 할 수 있다. 선급금 법리와 관련하여, 애초에 선급금이 지급된 목적과는 달리, 선급금을 지급한 측이 그 충당으로 인해 누리는 우선변제효가 그 수령자가 누리는 우선변제권보다 주목된다는 점은 특이하다.

선급금의 전형적이고 본래적인 모습을 보이는 공사도급관계에 있어서는, 선급금을 지급받은 수급인으로 하여금 발주자에 대한 공사대금채권을 발주자의 다른 채권자들에 우선하여 만족에 이르게 하려는 취지[67]보다는, 선급금을 지급한 발주자의 선급금반환채권에 수급사업자의 공사대금채권이 우선적으로 충당되도록 함으로써 발주자가 다른 채권자들에 우선하여 선급금반환채권의 만족, 즉 공사대금채무를 면할 수 있도록 하는 데에 활용되고 있는 상황인 것이다.

4. 양자의 통합가능성

가. 보증금에서 공제되는 채권에 관한 판례의 태도

이상에서 살펴본 것처럼 보증금 법리과 선급급 법리 사이에는 공통점과 차이점이 존재한다. 보증금이 수수된 법률관계가 해지 등으로 종료되어 정산의 시점에 이르면, 양자가 상당히 유사해 보인다. 반면 각 법리를 통해 실현되는 실질적 우선변제효를 누리는 측이 서로 달라 보이는 면은 양자의 통합이 가능한지 의구심을 갖게 하기도 한다.

하지만 임대차보증금에 관한 판례가 발전되어 가는 모습을 보면, 양자의 통합을 논할 수 있는 상황이 무르익었다는 생각에 이른다. 앞서 차임채권이 양도된 경우, 대항력있는 임대차의 목적물이 양도되면서 임대인의 지위가 승계되었으되 차임채권은 양도인에게 남아있는 경우, 차임채권에 대하여 추심명령을 받은 집행채권자가 임차인에게 차임의 지급을 구하는 경우처럼 차임 등을 청구하는 자와 보증금반환채무자가 분리된 때에도 차임 등 채권이 보증금에서 당연 공제된다는 내용의 판결들을 살펴보았다. 다음의 사례를 통해 이러한 판례의 태도가 갖는 의미를 살펴보기로 한다.

---

67) 선급금은 수급인의 공사대급채권에의 변제를 위해 미리 지급된 금원이니만큼, 발주자의 자력상태가 악화되어 발주자의 다른 채권자와 수급인이 발주자의 선급금반환채권을 둘러싸고 경합하는 상황 아래에서는, 선급금의 그 본래적 의미에 따라, 수급인의 공사대금채권에 우선적으로 충당되어야 하며 따라서 수급인은 그에 상응하는 부분에 대해서는 발주자에 대한 선급금반환채무를 면하게 될 것이다.

사례 임대차보증금이 2억, 월 차임 200만원으로 주택 임대차계약이 체결된 사안을 상정해 본다. 기간만료로 임대차계약이 종료한 현재 임차인이 연체한 차임이 1억 정도에 이른 상태이다. 주택이 포항에 위치하는데, 임대차계약 존속 중 포항에서 발생한 지진으로 인해 임대차계약 체결 당시 3억 5천만원 상당이던 주택의 시가가 현재는 3천만 원에도 미치지 못하는 상황이다. 임대인에게 현재 시가 3천만 원의 주택, 차임채권 1억원 외에는 다른 적극재산이 없고, 은행에 대한 대출금 채무를 부담하고 있는 상황에서, 은행이 임대인의 임차인에 대한 차임채권을 집행하여 대출금 채권의 만족을 얻고자 한다.

은행이 임대인의 차임채권에 대해 채권압류 및 추심명령이나 전부명령을 받아 임차인을 상대로 그 지급을 구하는 경우, 임차인으로서는 자신의 연체차임채무가 보증금에서 모두 공제되어 더 이상 임대인에 대해 차임채무를 부담하지 않는다는 주장을 할 수 있을까. 혹은 임대인으로부터 1억원의 차임채권을 양수받은 자가 임차인에게 차임의 지급을 청구하는 경우, 임대차 목적물로부터 보증금채권의 우선적인 만족을 얻기 어려운 임차인은, 차임채권의 양수인에 대하여 보증금에서의 공제를 통해 더 이상 차임채무가 존재하지 않는다고 항변할 수 있을까.

앞서 살펴본 판례의 태도에 따르면, 이 경우 임차인은 임대인의 다른 채권자에 대하여 보증금에서 연체차임 채무가 공제되었음을 항변할 수 있다. 임대인의 다른 채권자들에 앞서 임대인의 차임 등 채권을 통해, 자신이 갖는 보증금반환채권의 실질적인 우선변제효를 누리는 것이다.

나. 보증금이 수수된 법률관계에서의 상호성

보증금 제도가 태동한 원인 혹은 보증금을 수수한 당사자의 의사는, 임대차 관계에서 발생한 차임 등 채권을 보증금으로 담보하겠다는 것이다. 그리고 이와 같이 임대인이 누리는 실질적 우선변제효에 대해서는 그 정당성에 이의를 제기하는 목소리를 찾기 어렵다. 즉 임차인에게 다른 채권자가 존재할 때, 임차인의 다른 채권자가 임차인의 2억원 보증금반환채권에 대하여 압류나 추심명령 등을 받는다고 하더라도 임대인의 1억원 채권에 충당된 나머지 나머지에 한해 집행의 효력이 발생할 뿐이다.

한편 전항에서 살펴본 바와 같이, 우리 판례가 임대차계약이 종료된 시점에 차임 등 채권의 귀속자 혹은 그 추심권능을 행사할 수 있는 자가 누구이든 묻지 않고 보증금에서 공제된다는 태도를 취함에 따라, 임차인 역시 임대인의 다른 채권자에 우선하여 보증금반환채권의 만족을 얻을 수 있는 결과가 되었다. 이러한 결과를 정당화하는 기초가 무엇인지에 대해서는 고민이 더 필요할 것이다. 다만 판례를 통해 구현된 이러한 현상에 관해서 본 논문에서는 일단 상호성이라고 이름 붙이고자 하는바, 이러한 상호성으로 인해, 보증금이 수수된 법률관계는 선급금이 수수된 법률관계와 더욱 유사한 모습을 보이게 되었다.

다. 선급금이 수수된 법률관계에서의 상호성

선급금이 수수된 목적은 수령인 측이 장래 취득할 채권의 변제를 위함이다. 수급인의 공사대금채권은 선급금으로써 만족에 이른다. 공사대금채권액만큼 선급금반환채무가 덜 발생한다고도 말할 수 있다. 도급인의 다른 채권자가 도급인의 선급금반환채권에 대하여 채권집행을 하려 해도, 제3채무자인 수급인가 갖는 공사대금채권에 충당된 나머지에 한해 권리를 행사할 수 있을 뿐이다. 선급금에 관해서는 수급인이 실질적인 우선변제권을 누린다. 이는 선급금이 지급된 본래 목적에 따른 당연한 효과라고 말할 수 있다.

한편 대법원이 보험회사가 보험계약자에게 지급한 대출금의 법적 성격을 선급금으로 의율하였던 것에서 드러나듯, 선급금 관계에서는 주로 그 선급금을 지급한 측이 그 선급금만큼 채무를 면하는 것에 초점이 맞추어져 왔다. 공사도급계약의 예를 살펴보면, 수급인의 채권자가 수급인의 공사대금채권에 대해 추심명령이나 전부명령을 받아 제3채무자인 도급인에게 그 지급을 구하더라도, 도급인은 선급금이 공사대금채무에 당연충당되었음을 이유로 동액 상당의 지급을 거절할 수 있다. 도급인은 수급인의 다른 채권자들과 경합하여 그들의 채권액과 선급액을 그 금액비율로 안분하여 공사대금채무를 면하는 것이 아니다. 도급인이 선급금 액수만큼 온전히 공사대금채무를 면하는 결과는 그가 수급인의 다른 채권자들에 우선하여 선급금반환채권의 만족을 얻는다고 해석할 수 있다. 선급금을 지급한 측이 누리는 실질적인 우선변제효라고 말할 수 있을 것이다.

그렇다면 이처럼 선급금을 지급한 측이 누리는 실질적 우선변제효는 선급금을 수수할 당시 당사자가 의도하였거나, 선급금의 속성상 당연히 예정되어 있던 효과라고 볼 수 있을까. 선급금을 지급받은 자가 그 선급금에 관해 선급금을 지급한 측의 다른 채권자들과의 관계에서 실질적인 우선변제권을 누리는 것은 선급금을 지급한 목적에 비추어 정당하다고 말할 수 있을 것이다. 하지만 그 역(逆)의 관계, 즉 선급금 지급인이 선급금 수령인의 다른 채권자들과의 관계에서 실질적으로 우선변제권을 누리는 것이 논리필연적인지에 대해서는 의문이 있다. 오히려 그렇게 보기는 어렵다고 생각된다. 이를 정당화하기 위해서는 별도의 근거가 필요할 것이다. 본 논문에서는 앞서 보증금과 관련하여 언급하였듯, 상호성이 발현된 결과라고 표현하고자 한다.

라. 양자의 통합이 갖는 효용

임대차관계에서는 상대적으로 임차인이, 공사도급계약에서는 수급인이 상대적으로 경제적 약자인 경우가 많다. 더구나 임차인은 임대차목적물을 통해 보증금반환채권의 만족을 얻을 수 있으므로, 임차인이 임대인에 대한 차임 등 채무를 면하는 방식으로써 보증금채권의 만족에 이르는 상황은 접하기 어렵다. 이러한 점들 때문에 보증금을 지급받은 임대인의 차임채권 등의 우선적 만족이 부각되는 반면, 선급금이 문제되는 상황에서는 선급금을 지급한 측이 우선적으로 채무를 면하는 측면이 주로 문제되어 왔으리라 짐작한다.

보증금 혹은 선급금을 둘러싸고 발생하는 다양한 법률관계 가운데 주목되는 분쟁의 양상이 다름으로 인해서 보증금 법리와 선급금 법리가 서로 전혀 다른 별개의 법리인 것처럼 보이기도 하지만, 앞서 살펴본 바와 같이 양자 사이에는 공통점이 적지 않다. 더욱이 임대차에 관한 판결들이 차임 등 채권이 더 이상 임대인에게 남아있지 않은 때에도 당연 공제를 인정함으로써 임차인으로 하여금 실질적인 우선변제권을 누리도록 하는 방향으로 나아가고 있으므로, 이제는 보증금 법리와 선급금 법리의 통합을 논할 수 있는 여건이 갖추어졌으며 이를 고민할 필요가 있다고 생각된다.

만일 양자를 함께 규율할 수 있다고 한다면, 임대차관계에서 보증금 및 공제에 관한 판례 법리를 선급금이 수수된 법률관계에서 그대로 활용할 수 있을 것이다. 예를 들어 수급사업자가 공사대금채권을 양도한 경우 이때에도 선급금이 공사대금채무에 당연 충당되는지, 수급사업자의 채권자가 공사대금채권에 대하여 압류 및 전부명령을 받은 경우에도 선급금이 공사대금채무에 당연 충당되는지, 어떤 이가 수급인의 도급인에 대한 선급금반환채무를 면책적으로 인수하였고 반면 공사대금채권은 여전히 수급인에게 남아있는 때에도 선급금이 공사대금채무에 당연 충당되는지 등의 문제를 해결함에 있어서 임대차에 관한 판례의 태도를 참조할 수 있다.

임대차계약이나 공사도급계약이 아니더라도 목적을 한정하여 금원이 수수된 경우라면, 수수한 금원의 명칭이 선급금이든, 보증금이든, 예치금이든 구분할 필요없이 보증금의 법리가 활용될 수 있다고 생각한다. 예를 들어, 집합건물인 상가의 입주자들과 관리회사 사이에 상가관리계약이 체결되었고, 상가관리회사가 입주자들의 관리비 체납 등을 우려하여 개별적으로 예치금을 받아놓은 경우를 떠올려 보증금에 관한 판례법리를 활용하여 살펴보면, 다음과 같다. 이 예치금은 입주자가 연체한 관리비의 정산에 사용될 목적으로 지급된 것이므로, 입주자의 다른 채권자가 그 예치금반환채권에 대하여 집행하고자 하여도, 미납관리비에 우선적으로 충당된 나머지에 한하여 채권집행을 할 수 있을 것이다. 한편 관리회사의 채권자가 관리회사의 입주자들에 대한 체납 관리비 채권에 대해 집행하는 경우, 혹은 관리회사로부터 체납관리비 채권을 양수한 자가 그 입주자들을 상대로 양수금을 청구하는 경우에도, 입주자들이 미리 지급한 예치금반환채권에 충당되고 남은 나머지가 있는 때에 그 부분에 한해서 채권의 집행 및 양수금 청구가 가능할 것이다.

5. 보증금, 선급금, 예치금의 법리

이상에서 살펴본 임대차보증금과 공제에 관한 판례 법리를 간략하게 정리하면 다음과 같다.

(1) 계속적 계약관계에서, (2) 그 관계에서 발생한 일정 채권의 변제 또는 담보의 목적으로 금원(보증금, 선급금, 예치금 등)이 지급되고, (3) 계약관계의 종료 혹은 약정에서 정한 정산의 시기가 도래하면,

(당사자 사이에서는) 별도의 의사표시 없이 보증금(선급금, 예치금)에서 정산 시 잔존하고 있는 일정 채권이 당연 공제되고,

(양 당사자의 채권자와의 관계에서는) 일방 당사자의 채권자(채권양수인, 집행채권자, 담보물권자 등)는 그 충당 혹은 공제된 나머지 부분에 한해 권리를 취득하고 행사할 수 있다.

Ⅳ. 결 론

이상에서는 보증금과 선급금 법리의 통합 가능성에 대해 살펴보았다. 기존에는 보증금이나 선급금이 수수된 법률관계에 관하여, 양 측이 서로 대립하는 채권관계라는 점에 주목하여, 상계와의 차이점, 견련관계 등을 이유로 상계에 가해지는 각종 제한을 극복하는 방향으로 논의가 이루어졌다. 반면 본 논문에서는 목적이 한정된 채 금원이 수수되었다는 점에 주목하여 살펴 보았다. 민법 개정안과 관련해서는, 임대인의 실질적 우선변제권 뿐 아니라 그 상호성 또한 담아내는 방향이면 더 좋겠다고 생각하고 있다.

> **제647조의2(임차보증금의 반환)** 임차인이 임대인에게 보증금을 지급한 경우 임대인은 임대차 종료 후 보증금으로써 지체된 차임 기타 임대차와 관련하여 생긴 채권의 변제에 충당하고 잔액이 있으면 이를 반환하여야 한다. (2013년 개정시안)

임대인이 보증금으로써 차임 등 채권의 변제에 충당하는 주체로 표현되어 있는 것은 판례의 태도와는 약간의 괴리가 있는 듯 보인다. 우리 판례가 임대차 종료 전에는 차임 등

채권을 가지고 있는 임대인이 충당을 할 수 있는 것처럼 판시하고 있는 반면, 임대차 종료 시점에는 별도의 의사표시 없이 당연 공제된다고 하고 있기 때문이다. 아울러 지체된 차임 등 채권이 누구에게 귀속되는지와 무관하게 보증금에서 공제되는 상호성에 따른 효과가 드러나야 한다. 주어를 임대인이 아닌 보증금으로 함으로써 임대차관계에서 발생한 채권과 보증금 간의 物 대 物의 관계로 규정하는 것도 하나의 방법이 될 수 있다고 생각한다.

이를 반영하여 다음과 같은 안을 생각해 볼 수 있다.

제647조의2(임차보증금) 임차인이 임대인에게 보증금을 지급한 경우 보증금은 임대차 종료 후 지체된 차임 기타 임대차와 관련하여 생긴 채권의 변제에 충당된다.

UNIDROIT 협약상의 국제금융리스계약에 관한 소고

최 광 준

경희대학교 법학전문대학원 교수

Ⅰ. 들어가는 말

UNIDROIT(International Institute of the Unification of the Private Law)는 사법(私法) 분야에 있어 국제적인 통일 규범을 만드는 국제기구다. 로마에 위치하고 있으며 현재 63개의 회원국을 두고 있다. 우리나라는 1981년에 회원국으로 가입했다. UNIDROIT는 1974년부터 국제금융리스계약을 규율하는 통일사법안을 모색하게 되었고, 많은 논의와 수정을 거쳐 1988년에는 국제금융리스협약[1](UNIDROIT－Convention on International Financial Leasing)을 완성하기에 이르렀다. 1977년 UNIDROIT 이사회는 리스거래에 적용되는 여러 국가의 규정을 연구하고 리스에 적용되는 통일된 국제규칙을 마련하기 위해 다방면의 경제 및 법률전문가들로 이루어진 UNIDROIT 연구팀을 구성하였다. 이 연구팀은 1977년 11월에서 1984년 3월 사이에 네 번의 회의를 개최하여 리스거래의 단일규칙에 대한 초안을 마련했다. UNIDROIT 이사회는 이 규칙을 1984년 5월에 승인했고, 최종문안의 작성을 위해 각국 정부 대표로 이루어진 위원회를 구성했는데, 1987년 4월 말까지 이 위원회는 매년 회동하여 국제금융리스에 대한 초안을 완성하기에 이르렀다. 이후 1988년 Ottawa에서 열린 외교회담에는 55개국이 출석하였으며 이 자리에서 협약이 채택되었다.[2]

이미 오래 전에 제정된 국제협약이지만 첫째, 이 협약이 여러 국가의 금융리스에 관한 법률을 비교연구하여 집약된 결과물이라는 점과 둘째, 많은 국가가 자국의 금융리스에 관한 법률규정을 마련하는데 있어 이 협약을 참조하였던 점을 고려해 볼 때, 학술적 연구의 가치

1) 이하 '협약'이라 한다.

2) 이에 관해 더 상세한 것은 Kronke, Financial Leasing and its Unification by UNIDROIT — General Report, Rev. dr. unif. 2011, 23 이하 참조.

가 크다. 그럼에도 불구하고 국내에서는 이 협약에 관한 법적 연구가 미흡한 것 같다.

여기서는 이 협약의 내용을 소개하고 협약에서는 규율하고 있지 않는 국제금융리스의 국제사법상의 문제에 관해 논하고자 한다.

Ⅱ. 협약의 내용

협약은 동산에 관한 금융리스계약에 대한 민사법적 규정들을 그 내용으로 하고 있다. 협약은 하지만 －이에 대한 논의과정에서 애초에 의도하였던 바와는 달리[3]- 국내적 거래에 대해서도 그 적용이 있는 완전한 통일안을 그 본체로 하지 않는다. 따라서 협약은 국내적 리스입법의 결여에 대한 보완적 역할을 수행할 수 없다.[4]

협약내에서는 국제사법적 규정을 찾아볼 수 없다. 오히려 여러 군데에서 국제사법에 관한 국내 규정에 따라 판단할 것을 전제하고 있는데, 국제적 금융리스거래에서 발생할 수 있는 여러 가지의 특수한 국제사법적 문제의 해결을 회피하고 있다는 점에서 비난의 대상이 되고 있다.[5]

협약은 금융리스계약을 무명계약으로 파악하고 있다. 이는 금융리스를 입법적으로 규율하고 있거나 특수한 임대차로 파악하고 있는 국가들에 대해 견제적인 의미를 갖는다. 협약이 의미하는 무명계약으로서의 금융리스의 내용은 대략 다음과 같다. 리스회사는 그의 금융제공자적 역할에 따라 물건과 관련된 문제에 대해 －그 문제가 그의 행위에 기인하지 않는 한－ 일체의 담보책임을 지지 아니한다(협약 제8조 1항 a)). 이에 대해 리스이용자는 직접 공급자에 대해 담보책임을 물을 수 있다. 여기서 이용자의 지위는 리스회사의 공급자에 대한 계약당사자적 지위와 동일한 것이다.

협약은 전문에서 법적 취급을 국가마다 달리하여 발생할 수 있는 국제리스거래에 있어서의 법적 장애의 해소를 위해 민사 · 상사법적 규정을 마련하여 계약당사자들의 권리 · 의무관계를 확정짓는 것을 목표로 하고 있다. 하지만 국제리스거래에 있어서의 실제적인 장애는 오히려 각국의 독자적인 세법적 규정이 유발하고 있는데, 이에 대해서는 아무런 언

3) 체약국의 국내리스에도 통일적으로 적용하자는 초기의 목적은 실현가능성이 떨어진다는 이유에서 이미 1975년 제1차 전문가회의에서 포기되었다. Feinen, Internationale Leasingregeln der UNIDROIT, RIW Beilage 5/1988, 1 참조.

4) 하지만 국내리스에 있어서도 좋은 참조가 될 수는 있을 것이다.

5) Basedow, Leistungsstörungen in internationalen Leasingverträgen. Der UNIDROIT-Entwurf aus der Sicht des deutschen Rechts, RIW 1988, 8면; Poczobut, Internationales Finanzierungsleasing, Das UNIDROIT-Projekt vom Entwurf (Rom 1987) zum Übereinkommen (Ottawa 1988), RabelsZ 51 (1987) 712 이하: 여기서 Poczobut는 협약안상의 이러한 입법적 결여를 "커다란 실망"으로 표현하고 있다.

급이 없는 점이 미비점으로 지적되고 있다.6)

협약을 적용하더라도 입법의 결여로 협약이 규율하고 있지 않는 부분에 대해서는 어떠한 해결책이 제시되어야 하겠는가하는 문제가 남아 있다. 협약은 국제금융리스거래에서 발생할 수 있는 모든 법률적 문제가 아니라, 몇몇 중요한 부분에 대해서만 규율하고 있기 때문이다.7) 이러한 경우에 대해 협약이 주는 답변은 협약 제6조 2항에 따라 협약상의 '일반원칙'을 적용하거나 보충적으로 국제사법상 연결되는 준거법에 따라 구체적인 문제의 해결을 도모하라는 것이다. 이는 국제물품매매계약에 관한 유엔협약(Convention on the International Sale of Goods) 제7조와 동일한 내용의 규정으로 이와 유사한 문제점을 가지고 있다.8) 특히 국제금융리스협약에 있어서의 일반원칙을 찾아내기란 비교적 상세한 부분까지 규율하고 있는 국제물품매매계약에 관한 유엔협약의 경우보다 더 어려울 것으로 짐작된다.

먼저 협약의 적용범위를 살펴본 후, 계약당사자들의 권리와 의무를 중심으로 협약의 내용을 소개하기로 한다.

1. 적용범위

협약은 그 적용대상을 금융리스에 한정하고 있다. 또한 공급자나 리스이용자와는 '다른' 리스회사가 물건의 구입을 금융제공을 통해 가능케 해야 한다는 점을 요건으로 하여 공급자와 리스이용자, 리스회사간의 삼당사자관계가 존재해야 함을 전제하고 있다.9)

우리와 같은 대륙법적 입장에서는 다소 생소한 것이지만, 협약은 금융리스의 사법적 정의에 대해서는 명확한 언급을 피하고 있으면서, 제1조 2항에서 금융리스계약이 갖추어야 할 몇 가지의 주요한 요건들을 열거하고 있다.10) 협약 제1조 2항 (a)는 리스회사의 개입이 전혀 배제된 상태에서 리스이용자가 직접 공급자 및 물건을 선택할 것을 요구하고 있다.

6) 서헌제, 국제금융리스거래의 법률관계 – UNIDROIT 협약을 중심으로 –, 리스산업정보, 1992.6., 29. 국제리스실무상의 세제적 문제점에 대해서는 Georgen, BB 별권 14/1987, 17 이하; Roser, RIW 별권 5/1980, 393 이하 참조.

7) Poczobut, 앞의 글, 712 참조.

8) 유엔매매법 제7조의 문제점에 대해서는 최흥섭, 유엔국제매매법, 1997, 26 이하 참조.

9) 협약 제 1조 1항 및 동조 2항 (a)(b) 참조.

10) "The financial leasing transaction … is a transaction which includes the following characteristics:
(a) the lessee specifies the equipment and selects the supplier without relying primarily on the skill and judgement of the lessor;
(b) the equipment is acquired by the lessor in connection with a leasing agreement which, to the knowledge of the supplier, either has been made or is to be made between the lessor and the lessee; and
(c) the rentals payable under the leasing agreement are calculated so as to take into account in particular the amortisation of the whole or a substantial part of the cost of the equipment."

이는 리스회사측에 물건과 관련된 책임을 축소시켜 주기 위한 전제로서, 국제리스에서 뿐만이 아니라 금융리스 일반에 있어서도 리스회사의 금융제공적 성격을 인정해 주기 위한 필수적인 요건이라 할 수 있다.[11)]

협약 제1조 2항 (b)에서는 공급자가 이용자와 리스회사간의 리스거래가 있음을 인지하고 있을 것과 리스회사의 공급자를 통한 물건구입이 리스합의와 연계되어 이루어질 것을 전제하고 있다. 이 요건을 통해 공급자는 자기의 계약당사자인 리스회사가 아닌 리스이용자가 물건의 전면적인 사용자임을 잘 알고 있다는 것이 전제되기 때문에 물건에 관련된 일련의 담보책임을 직접 리스이용자에 대해 부담해야 한다는 논리를 정당화하기에 용이하다. 만일에 공급계약이 리스합의와 무관하게 체결되어서 공급자가 공급계약의 체결시 특정의 리스이용자를 물건의 전면적인 사용자로서 염두에 둘 수 없었다면, 계약당사자인 리스회사가 아닌 리스이용자에 대해 물건에 관련된 담보책임을 부담해야 한다는 점은 공급자의 입장에서 볼 때 크게 부당하다는 주장이 가능할 것이기 때문이다.

협약 제1조 2항 (c)에서는 리스기간동안 지급하는 리스료가 리스물건구입비총액 또는 그의 감가상각을 고려하여 산정되어야 함을 명시하고 있다. 이는 리스료지급을 통해 자기의 투하자본의 회수를 의도해야 하는 리스회사의 경제적 지위를 생각해 볼때 너무도 당연한 요건에 지나지 않는다. 오히려 불필요한 것이 아닌가하는 의문이 든다. 하지만 이렇듯 불필요한 듯이 보이는 규정이 의도하는 바는 그 요건을 통해 금융리스를 운용리스로부터 분리하여 협약의 적용대상을 제한하자는데 있다. 운용리스계약은 금융적 특성이 결여되어 있기 때문에 법적 성질상 임대차에 지나지 않는다.[12)] 운용리스를 협약의 적용대상에서 제외시켜야 한다는 점에 있어서는 반론의 여지가 없으나, 협약 제1조 2항(c)의 요건이 과연 이러한 목적을 위해 제대로 그 기능을 다할 수 있을지는 의문이다. 왜냐하면 운용리스상의 리스회사/임대인도 역시 금융리스상의 리스회사와 마찬가지로 리스료/임대료의 지급을 통한 투하자본회수를 당연히 의도할 것이기 때문이다.[13)] 따라서 운용리스에 있어서도 리스회사/임대인은 리스료/임대료를 가능한 한 물건구입비의 총액 및 그의 감가상각을 고려하여 산정하려 할 것이다. 그렇다면 어떠한 요건을 통해 협약의 적용대상에서 운용리스를 제외시킬 수 있겠는가? 이에 대한 답변은 금융리스와 운용리스상의 당사자들의 경제적 · 법률적 이해관계에 대한 면밀한 비교검토를 통해 얻을 수 있을 것이다. 운용리스는 불특정다수

11) 최광준, 금융리스계약의 사법적 정의와 법적 성질, 법학연구(부산대) 35/1 (1994) 270 이하 참조.

12) 운용리스와 금융리스의 구분에 대해 상세한 것은 최광준, 위의 글, 267 이하 참조.

13) Sonnenberger, Leasing-Generalbericht, in: von Marschall (Hrsg.), Leasingverträge im Handelsverkehr, 13 이하; L. Reczei, Leasing and its Unification, in: Unification FS Sauveplanne, 209, 212-215; Dageförde, Internationales Finanzierungsleasing, 1992, 113 이하; May, Columbia Journal of Transnational Law 22 (1984) 333, 334 참조.

인을 상대로 실행되고, 단 한명의 이용자에서 거래가 그치는 것이 아니라, 여러 명의[14] 다른 이용자가 참여하게 된다는 점을 고려하면, (운용리스상의) 이용자는 물건의 일시적인 사용에만 관심을 두고 있음을 알 수 있다. 이러한 이유에서 운용리스의 이용자는 자신이 직접 공급자를 찾아가 물건을 선택하지 아니하고, 리스회사로부터 제공되는 물건을 임대받는 것이다. 이에 따라 리스회사의 입장을 살펴보면, 리스회사가 불특정다수인을 대상으로 물건을 구입하는데에 따르는 투하자본회수의 위험을 직접 부담하고 있음을 알 수 있다.[15] 반대로, 금융리스의 경우에 리스회사는 단지 이미 리스이용자가 자신의 필요에 따라 선택한 물건을 구입하여, 리스이용자가 사용 · 수익할 수 있도록 대여하여 주는 대신에, 자신이 투자한 자금에 대한 회수가 보장되도록 (리스)계약조건을 결정하기 때문에, 이러한 투하자본회수의 위험은 사실상 리스이용자가 안고 있는 것이다. 계약해지의 금지, 장기의 계약기간, 하자담보책임등의 전가등 일련의 금융리스계약의 특징은 투하자본회수의 위험을 리스회사가 아닌, 리스이용자가 부담한다는 점에서 표출되고 있는 반사적 현상이라 할 것이다. 결론적으로, 법률실무에서도 적용될 수 있는 금융리스와 운용리스의 구별기준은 투하자본회수의 위험을 리스이용자와 리스회사 중 어느 쪽이 부담하고 있는가에 따르는 것이다. 협약 제1조 2항(c)에 대해 "단 한번의 대여"를 통해 투하자본의 회수를 의도하는 금융리스와 다수의 이용자/임대인을 통해 같은 목적을 추구하는 운용리스의 경제적 차이점을 기준으로 양자를 구분하는 방향으로 개정되어야 한다는 주장[16]과 협약의 내용을 목적론적 축소해석에 의해 '리스기간내'에 물건구입비의 총액 또는 그의 상당한 부분을 회수할 수 있도록 하는 금융리스에 한정하는 것으로 해석하여야 한다는 주장[17]이 있다. 하지만 후자의 견해는 금융리스의 유형으로서 미완급리스가 존재할 수 있음을 간과하고 있다. 해지가능한 미완급리스에 있어서는 '리스기간내'에 리스회사가 지급받는 리스료의 총액이 리스물건구입비의 일부에 미치지 못하는 경우가 얼마든지 있을 수 있다. 투하자본의 회수는 결국 리스기간 종료후에 리스회사의 선택권[18]의 행사를 통해 비로소 이루어지는 것이다. 전자의 견해에 대해서 살펴보면 단 한 번의 리스를 통해 투하자본 전부의 회수를 의도한다는 말은 투하자본회수의 위험을 결국 리스이용자가 부담한다는 말과 일치하는 것이다. 반대로 다수의 이

14) Basedow, RIW 1988, 3: 여기서 Basedow는 1회에 한하여 대여되는가 또는 수차례에 걸쳐 대여되는가를 기준으로 금융리스와 운용리스를 구별할 것을 제안하고 있다.

15) v. Westphalen, Der Leasingvertrag, 4.Aufl., 1992, Rn. 6.

16) Basedow, RIW 1988, 1, 2: "The contract between lessor and lessee is presumed to be a financial leasing transaction, if a) … and b) if, at the time of the lease, the equipment, according to the reasonable expectations of the parties and the purpose of the contract, is not likely to be successivly leased to different lessees during its period of amortisation"

17) Dageförde, Internationales Finanzierungsleasing, C.H.Beck 1992, 115 이하.

18) 아직 국내에 잘 알려져 있지 않은 이들 선택권의 종류에 대해서는 최광준, 앞의 글, 273 이하 참조.

용자들을 통해 투하자본의 회수를 의도한다면, 이를 위해 여러 명의 이용자들을 물색해야 하는 리스회사가 투하자본회수의 위험을 부담하게 된다. 전자의 견해는 투하자본회수의 위험부담을 리스이용자와 리스회사 중 어느 당사자가 부담하는가를 기준으로 하는 경우와 마찬가지로 운용리스와 금융리스를 구분하는 기준으로서의 기능을 다할 수 있을 것으로 생각된다. 따라서 이들 기준을 중심으로 협약 제2조 1항(c)는 수정되어야 할 것이다.

협약 제1조 3항은 협약의 적용이 리스이용자에게 구매선택권 내지 계약연장선택권이 주어져 있는가의 여부에 영향을 받지 않는다고 명시하고 있는데, 이는 우리의 입장에서 보면 당연한 규정이다. 이러한 요건이 협약에 포섭되어야 했던 이유는 구매선택권이 이용자에게 주어지는 경우만을 crédit-bail로 인정하는 프랑스[19]와 이와는 반대로 구매선택권의 합의가 있음을 이유로 금융리스를 인정하지 않는 영국[20]을 견제하려는 데에 있다.

협약 제1조 4항에 따라 협약은 소비자리스에 있어서는 그 적용이 없다. 따라서 소비자보호를 위한 규정이 존재하지 않는다.[21] 국제거래실무상 소비자리스는 거의 찾아보기 힘들기 때문에 협약에서 소비자리스를 적용대상에서 제외시키고 있는 점이 입법상의 결함이라 생각되지는 않는다.

협약 제3조에 따르면 협약은 리스회사, 리스이용자 및 공급자가 모두 체약국에 그 영업소를 두고 있는 경우에만 적용된다. 리스계약의 兩당사자들 외에 공급자까지도 체약국에 영업소를 가지고 있어야 한다는 요건은 1987년의 협약초안 제2조 1항에 처음으로 삽입되어, 1988년의 협약 제3조에 그대로 편입되었다. 협약 제3조에 따라 리스이용자와 리스회사는 '서로 다른' 체약국에 영업소를 가지고 있어야 하기 때문에, 적용범위는 협의의 국제금융리스에 한정된다.[22] 협약 제3조 1항 b)에서는 (리스이용자, 리스회사와 공급자가 모두 체약국에 영업소를 가지고 있지 않더라도) 리스계약이나 공급계약에 공히 국제사법상의 준거법으로서 체약국의 법이 적용될 시엔 협약 적용의 길을 열어 주고 있다. 이러한 규정들은 우선적으로 공급자의 보호에 목적을 두고 있는 듯하다. 공급자는 리스이용자와의 관계에서 아무런 계약도 체결한 바가 없음에도 불구하고 리스이용자에 대해 물건에 관한 일체의 담보책임을 직접 부담한다. 여기서 리스이용자는 공급자에 대해 계약당사자와 마찬가지로 취급된다.

19) de Leyssac, Le "leasing" mobilier en droit francais, in: v. Marschall (Hrsg.), Leasingverträge im Handelsverkehr, 92; Koblitz, Axel, Mobilien-Finanzierungsleasing und Créditbail, 1988, 49 이하 참조.

20) Goode, Roy, Equipment Leasing in England, in: v. Marschall (Hrsg.), Leasingverträge im Handelsverkehr, 68; The Proposed New Factoring and Leasing Convention, J. Bus. L. 1987, 219-221 (I), 318-320(II), 309-402(III), 319; Clark, Tom M., Leasing, 1978, 60.

21) 예를 들어 미국의 Consumer Leasing Act, 15 USCA §§ 1667-1667e와 같은 소비자보호규정이 없다.

22) 이 점이 또한 문제점으로 지적되고 있다. 왜냐하면 국제거래실무에 있어 실제로는 리스클럽이나 자회사를 통한 거래형태가 협의의 리스거래 보다 더 많이 실행되고 있으며, 그의 경제적 규모확대 또한 기대되는 바가 크기 때문이다. Basedow, RIW 1988, 4면 참조.

협약 제3조에는 협약이 적용될 경우 리스이용자에 대해 (계약당사자와 마찬가지로) 무거운 책임을 부담해야 하는 공급자가 그 협약의 적용을 미리 예상할 수 있도록 배려하려는 의도가 있다. 하지만 이러한 의도가 협약 제3조를 통해 그 목적을 다할 수 있을 지는 의문이다. 체약국의 공급자가 비체약국의 리스회사와 공급계약을 체결하였다면, 공급자는 －공급계약에는 일반적으로 매도인 또는 도급업자인 공급자측의 법, 즉 체약국의 법이 적용되더라도 － 리스계약에는 리스회사의 법인 비체약국의 법이 적용되어 협약의 적용이 없을 것으로 예상할 수 있다.[23] 하지만 리스이용자와 리스회사가 차후에 소송 중 합의에 따라 리스이용자의 법(체약국의 법)을 리스계약의 준거법으로 한다면, 공급자는 애초에 자기가 예상했던 바와는 달리 협약이 적용되는 결과를 피할 수 없다. 또한 협약 제3조의 규정에 의하면은 비체약국의 리스이용자에게도 협약이 적용되는 결과가 있을 수 있다. 비체약국의 리스이용자라 하더라도 리스회사와 공급자가 모두 체약국에 영업소를 두고 있다면, 리스계약 및 공급계약에 일반적으로 공히 체약국의 법[24]이 준거법으로 지정되어, 협약 제3조 1항 b)의 요건이 충족됨으로서 협약의 적용이 있을 것이기 때문이다. 이러한 관점은 비체약국인 한국의 리스이용자들에게도 시사하는 바가 크다 할 것이다.

2. 리스회사의 주요의무

리스회사측의 채무불이행의 문제를 논하기 위해서는 우선 협약상의 리스회사의 채무의 내용을 살펴보아야 한다. 협약 제1조 1항(b)에 의하면 리스회사는 이용자에게 물건에 대한 사용 · 수익을 보장해 주어야 한다. 이에 따라 협약 제12조에서는 물건의 인도불능 및 지체에 관련하여 이용자의 리스회사에 대한 권리를 명시하고 있다. 이러한 점들을 고려할 때 협약은 물건의 인도를 리스회사의 주요의무로 규정하고 있음을 알 수 있다.[25]

참고로, 미국 통일상법전상으로도 물건의 인도의무는 리스회사가 진다. 리스회사는 물건의 인도와 관련된 모든 문제에 있어 이용자에 대해 직접 책임을 부담하여야 한다.[26] 여기에는 금융리스계약을 매매계약에 가깝게, 또는 심지어는 통일상법전 제2조의 적용이

23) 당사자들의 명시적 합의가 없을 경우, 묵시적 의사에 따라 계약상의 준거법이 정해진다. 묵시적 의사는 최소침해의 원칙에 따라 추정되기 때문에, 일반적으로 계약상 더 많은 채무를 부담하는 매도인이나 리스회사측의 법이 매수인이나 리스이용자의 법 보다 우월하게 적용된다.

24) 소위 최소장해의 원칙에 따라 리스계약에는 리스회사의 법이, 그리고 공급계약에는 공급자의 법이 준거법으로 되는 경우.

25) Poczobut, RabelsZ 51 (1987) 702 이하; Hövel, DB 1991, 1033.

26) §2A-509 (1) UCC: "If the goods or the tender or the delivery fail in any respect to conform to the lease contract …"

있는 매매계약으로 파악하였던 미국판례법[27]의 영향도 있었던 것으로 생각된다. 매매계약의 범위내에서 금융리스계약을 고찰하면, 계약의 목적은 우선적으로 물건의 사용과 수익, 그리고 이에 따르는 소유권의 이전으로 귀결될 수 있다. 이러한 목적은 물건의 인도가 없이 달성될 수 없다. 따라서 리스회사는 매도인과 같이 이용자가 물건을 사용하고 수익할 수 있도록 인도해 주어야 하는 의무를 부담하고 있다고 할 것이다.

리스회사에게 물건의 인도 의무가 있다면 이 채무의 이행을 돕는 공급자는 리스회사의 이행보조자라는 논리가 가능해 진다.[28] 채무자와 이행보조자와의 관계에서는 계약적 관계나 긴밀한 사회적 접촉 등이 요구되지 않는다. 중요한 것은 단지 이행보조자가 타인의 채무이행을 보조한다는 사실이다.[29] 매매계약이나 임대차계약에 비추어 리스회사의 물건 인도의무를 인정한 이상, 공급자를 리스회사의 이행보조자로 파악하려는 데에 대한 반대의견을 제시하기가 쉽지 않다.[30] 이렇게 볼 때, 이행보조자(공급자)의 고의나 과실로 물건의 인도가 지체되더라도 리스이용자에 대한 책임을 피하기 어렵다할 것이다.

3. 리스회사의 채무불이행

리스회사는 물건과 관련된 일련의 담보책임을 배제할 수 있다. 협약은 이를 위해 협약 제1조 1항에서 물건을 리스이용자가 단독으로 직접 선택할 것과, 리스회사는 이에 전혀 관여하지 않을 것을 전제하고 있는 것이다. 리스회사의 담보책임의 배제는 협약 제8조 및 12조에서 명시하고 있으며, 이에 대해 협약 제10조에서는 리스이용자의 공급자에 대한 직접적인 권리행사를 인정하고 있다.

이렇듯 리스회사에게 물건의 하자등과 관련된 책임을 인정하지 않는 것은 경제적으로 리스회사의 역할이 금융의 제공에 한정되어 있으며, 형식적인 물건의 소유주일 뿐 그 물건의 선정 등에 전혀 관여한 바 없다는 점에 기인한다. 따라서 리스회사가 금융제공자적 역할을 벗어나 물건의 선정 등에 개입하게 되면, 예외적으로 리스이용자에 대해 이에 관한 책임을 부담하게 된다.[31]

---

27) Kronke, Finanzierungsleasing in rechtsvergleichender Sicht, AcP 190 (1990) 405 참조.

28) 국내에는 공급자를 리스회사의 이행보조자로 보는 견해를 거의 찾아 볼 수 없으나, 금융리스계약의 법적성질을 특수임대차계약으로 파악하고 있는 독일의 경우에는 다수설이다. BGH NJW 1988, 204, 206; BGHZ 95, 170, 179; Kronke, Finanzeriungsleasing im rechtsvergleichender Sicht, AcP 190 (1990) 395.

29) v. Westphalen, Der Leasingvertrag, 1992, Rn. 258: "단 한 번의 전화통화를 통해서도 공급자는 리스회사의 이행보조자가 될 수 있다."

30) 이에 반대할 수 있는 거의 유일하게 유력한 주장은, 이행보조자란 "타인"의 채무이행을 보조하여야 하는데, 공급자는 물건의 인도에 있어, 자기자신의 리스회사에 대한 채무를 이행하는 것이라고 해석하는 것이다.

31) 협약 제8조 1항(a): "Except as otherwise provided by this Convention or stated in the leasing agreement, the

하자담보책임의 경우와는 달리 리스회사는 이용자에 대해 물건의 권리의 하자에 대한 책임을 진다.32) 물건의 하자에 대해서는 책임이 없다 하면서, 권리의 하자에 대해서만 그 책임을 인정하는 것은 모순이라는 견해도 있으나,33) 이는 앞서 살펴 본 바와 같이 물건에 대한 사용 · 수익을 보장해 주어야 하는 협약상의 리스회사의 주요채무를 고려할 때, 당연한 결론이라 할 수 있다.34) 물건의 점유가 법적으로 자유로와야 물건의 사용 · 수익이 가능하기 때문이다. 경제적 측면에만 치중하여 리스회사의 역할을 일반적 금융제공자의 그것과 동일시한다면, 리스회사에게 물건의 인도의무를 주요의무로 인정한다는 것이 무의미해질 것이다. 리스이용자가 직접 물건을 선정하기 때문에 물건에 하자가 존재하는가의 여부 또는 물건이 자기의 사용목적에 부합하는가의 여부에 대한 판단은 이용자측의 지배영역에 포함되는 문제이기에, 물건자체의 하자에 관한한 리스회사측에 그 책임을 묻지 못하도록 하고 있는 것이나, 권리의 하자에 있어서는 이용자가 물건을 선택했다는 점만을 이유로 같은 주장을 하기 어렵다. 리스이용자가 리스회사보다는 권리의 하자여부를 판단하기에 용이하다거나 보다 전문적 지위에 있다고 볼 수 없기 때문이다. 오히려 리스회사가 물건에 대한 소유권을 직접 취득하는 자로써, 권리의 하자여부의 판단에 더욱 가깝다할 것이다.

리스회사는 권리의 하자가 리스이용자의 작위 또는 부작위에 의한 것일 때에는 협약 제8조 2항에 따라 담보책임을 지지 않는다.35)

리스물건의 인도가 없거나 물건이 약정된 기일내에 인도되지 않을 경우 또는 물건의 인도가 공급계약의 내용에 일치하지 않을 경우 리스이용자는 리스회사에 대해 직접 그 책임을 물을 수 있다. 협약 제12조 1항(a)에 따라 이용자는 물건의 수령을 거절(reject)하거나 해약(terminate)할 수 있다.36) 동조 1항(b)에 따르면 수령거절의 경우 리스회사는 계약의 내

---

lessor shall not incur any liability to the lessee in respect of the equipment save to the extent that the lessee has suffered loss as the result of its reliance on the lessor's skill and judgement and of the lessor's intervention in the selection of the supplier or the specification of the equipment."

32) 협약 제8조 2항: "The lessor warrants that the lessee's quiet possession will not be disturbed by a person who has a superior title or right, or who claims a superior title or right and acts under the authority of a court, where such title, right or claim is not derived from an act or omission of the lessee."

33) Gewirtz/Pote, Int'l Fin. L. Rev. 1988, 24, 25; Feinen, RIW 별권 5/1988, 1, 4; Dageförde, Internationales Finanzierungsleasing, 139 이하. 이와 관련하여 Poczobut, RabelsZ 51 (1987) 716 참조. 이러한 견해는 그 근거를 -물건의 하자의 경우와 마찬가지로- 법적 하자 여부에 대한 판단은 금융적 역할만을 담당하는 리스회사의 경제적 기능을 고려할 때 리스회사의 책임범위에 편입시키기 어렵다는 점에 두고 있다.

34) Poczobut, RabelsZ 51 (1987) 716 이하 참조.

35) 이러한 예로는 리스회사측이 어느 특정물건을 구입하여 이용자에게 대여하여 주는 행위가 제3자의 지적재산권을 침해하는 경우를 생각할 수 있다.

36) 협약 제12조 1항 (a): "Where the equipment is not delivered or late or fails to conform to the supply agreement: (a) the lessee has the right as against the lessor to reject the equipment or to terminate the leasing agreement; and (b) the lessor has the right to remedy its failure to tender equipment in conformity with the supply agreement, as if the lessee had agreed to buy the equipment from the lessor under the same terms as those of the supply agreement."

용에 일치하는 물건의 인도를 다시 한 번 제공할 권리가 있으나, 이러한 권리의 존속기간에 대해서 협약은 아무런 언급을 않고 있다. 협약 제12조 2항에서는 동조 1항의 권리를 행사함에 있어, 리스이용자를 리스회사로부터 물건을 매입한 매수인과 똑 같이 취급할 것을 명시하고 있다.[37] 물건의 인도가 없거나 지체될 경우 이용자는 리스회사가 공급계약의 내용과 일치하는 채무의 제공을 하거나 물건의 수령을 최종적으로 거절하는 시점까지 리스료의 지급을 중단할 수 있다.[38] 그러나 협약은 리스이용자의 리스회사에 대한 '손해배상'의 청구를 물건의 인도불능이나 지체가 리스회사측의 작위 또는 부작위에 기인하는 경우에 한정하고 있다.[39] 하지만 금융제공적 성격이 매우 강한 리스회사의 역할을 고려할 때, 물건의 인도에 있어서의 결함이 리스회사측의 작위 또는 부작위에 기인하는 경우는 거의 찾아보기 어려울 것이다. 예를 들어 리스회사가 공급자와의 공급계약상의 채무인 매매대금의 지급을 게을리하여 공급자가 동시이행의 항변권을 주장함으로서 물건의 인도가 이루어지지 못하는 경우를 생각해 볼 수는 있겠으나, 실무상으로는 극히 발생하기 어려울 것으로 보인다. 만일에 리스회사의 영업소소재지국의 외국환억제정책에 따라 공급자에 대한 매매대금의 지급이 불가능하게 되어, 물건의 인도에 문제가 발생한다 하더라도 이를 리스회사측의 부작위에 기인한 것이라고는 할 수 없을 것이다. 한편으로는 리스회사의 물건인도채무를 주요채무로 인정하면서도, 다른 한편으로는 물건의 인도에 있어서의 문제가 리스회사의 작위 또는 부작위에 기인할 경우로 그 손해배상책임의 범위를 한정하여, 결국 실제적으로는 손해배상책임을 질 경우가 거의 없다는 결과는 서로 모순이다. 후자의 예도 전자의 예와 마찬가지로 리스회사측의 책임의 범위내에 포함되는 것으로 보인다. 따라서 리스회사측의 작위 · 부작위에 기인하는가의 여부를 요건으로 할 것이 아니라, 국제물품매매계약에 관한 유엔협약 제 79조에서와 같이 리스에 있어서도 계약당시 兩계약당사자중 누가 부담하기로 한 위험인지 또는 해석상 누가 부담하였을 것인지를 기준으로 면책사유를 정하는 것이 합리적이라 생각된다.[40]

4. 리스이용자의 공급자에 대한 권리

물건과 관련된 담보책임을 리스회사가 배제하도록 허용하는 대신에 협약은 제10조 1

37) 협약 제12조 2항: "A right conferred by the previous paragraph shall be exercisable in the same manner and shall be lost in the same circumstances as if the lessee had agreed to buy the equipment from the lessor under the same terms as those of the supply agreement."

38) 협약 제12조 3항.

39) 협약 제12조 5항.

40) 이 점에 대해서는 Basedow, RIW 1988, 8면 참조.

항에 의해 리스이용자를 공급자의 공급계약상의 계약당사자와 동일하게 취급하도록 하고 있다.41)

이 규정에 따라 이용자는 공급계약상의 채무불이행이 발생할 경우 직접 공급자에 대해 그 책임을 물을 수 있다.

협약 제10조 1항의 적용을 위해서는 이론상 두 가지 측면이 고려되어야 한다. 그 하나는 리스물건과 관련된 담보책임을 리스회사측이 배제할 수 있는 근거가 마련되어야 한다는 것이고, 다른 하나는 공급자가 자기의 계약당사자가 아닌 리스이용자에 대해 담보책임을 진다는 점에 대해서도 충분한 이론적 뒷받침이 있어야 한다는 점이다. 바로 이러한 이론적 전제조건을 충족시키기 위해 협약 제1조 2항(a)에서는 리스이용자가 직접 물건을 선정할 것이며, 이에 리스회사는 어떠한 방법으로든 개입하지 않을 것을 명시하고 있었던 것이다. 리스회사는 물건의 선정에 관여한 바가 없기 때문에 그의 금융적 성격을 인정받아 물건지체와 관련된 담보책임을 효과적으로 배제할 수 있다. 반면에 이용자는 공급자에 대해 공급자의 계약당사자인 리스회사의 지위에서 직접 담보책임을 물을 수 있다. 공급자는 계약당사자도 아닌 리스이용자에 대해 담보책임을 지는 결과가 된다. 이는 공급자의 입장에서는 부당하게 보일 수 있다. 그러나 면밀히 살펴보면 그러한 부당함은 곧 해소된다. 왜냐하면 협약 제1조 2항(b)에서 이미 공급자가 자기와 공급계약상의 교섭을 한 바 있는 리스이용자와 자기로부터 물건을 구입하는 리스회사 간에 리스합의가 있음을 잘 알고 있을 것을 전제하고 있기 때문이다. 공급자는 따라서 리스물건이 이미 자신이 알고 있는 리스이용자를 통해 전면적으로 사용 · 수익된다는 점을 잘 알고 있기에, 물건의 하자 등으로 인하여 손해가 발생한다 하더라도 그것은 리스이용자의 손해가 될 것이라는 사실에 대해서도 충분한 인식을 하고 있다는 해석이 가능하다. 따라서 협약 제10조 1항에 의해 리스이용자에게 공급자에 대해 계약당사자적 지위가 보장된다 하더라도, 실제로 공급자와 계약을 체결한 바가 없다는 점만을 이유로 공급자에게 과도하게 불리한 것이라 주장할 수 없다할 것이다.

리스이용자는 법형식적으로 협약 제10조 1항에 따라 공급자의 계약당사자로 취급되나, 실제로는 공급자와의 사이에 아무런 계약체결도 한 바가 없다. 이러한 이유에서 협약 제10조 2항에서는 계약당사자적 지위를 취득함에도 불구하고 리스이용자에게 공급계약에 대한 해제권은 부여하지 않는다.42) 하지만 이 규정의 의미는 면밀히 살펴볼 필요가 있다.

41) 협약 제10조 1항: "the duties of the supplier under the supply agreement shall also be owed to the lessee as if it were a party to that agreement and as if the equipment were to be supplied directly to the lessee. However, the supplier shall not be liable to both the lessor and the lessee in respect of the same damage."

42) 협약 제10조 2항: "Nothing in this article shall entitle the lessee to terminate or rescind the supply agreement

협약 제10조 2항의 규정을 직역해 볼 때, "본 규정(협약 제10조 1항)의 그 아무 것도(nothing in this article) 리스이용자에게 해제권을 부여하지 않는다."는 표현을 내용으로 하고 있기 때문에, 협약외에도 보충적으로 그 적용이 가능한[43] 국내법상으로 해제권이 리스이용자에게 주어지는 경우라면 협약 제10조의 규정과는 충돌이 되지 않는다는 점이다.[44] 이 보다 더 나아가 리스회사의 동의가 있을 경우에는 결국 이용자를 통한 공급계약의 해제도 가능한 것임을 시사하고 있다.[45]

Ⅲ. 국제사법적 고찰

1. 리스계약의 준거법

국제사법 제45조에 따르면 국제리스의 계약당사자들은 리스회사의 영업소소재지국이나 리스이용자의 영업소소재지국 또는 제3국의 법을 리스계약에 대한 준거법으로 약정할 수 있다.

국제사법은 다른 문제에 관해서는 어느 국가의 법을 적용하는 것이 당사자 이익에 가장 적합한가를 직접 결정하지만, 리스계약과 같은 채권계약에 있어서는 당사자들에게 준거법의 선택을 가능케 하고 있다. 따라서 당사자들은 채권계약에 관한 한 준거법을 약정할 수 있는 것이다.

미국법상으로는 당사자들이 선택한 법과 채권계약과의 사이에서 합리적 연계성(reasonable relationship)이 존재할 것이 요구되는데,[46] 우리 국제사법은 이러한 제한을 두지 않는다. 다만, 객관적 연결방법에 의해 지정된 준거법이 해당 법률관계와 근소한 관련이 있을 뿐이고, 그 법률관계와 가장 밀접한 관련이 있는 다른 국가의 법이 명백히 존재하는 경우에는 그 다른 국가의 법에 의한다(국제사법 제21조 제1항).'고 하면서, 이는 당사자자치의 원칙을 침해할 수 없다고 함으로써(국제사법 제21조 제2항), 당사자자치가 우선한다는 점을 명백히 하고 있다.

당사자들 간의 명시적 합의가 없을 경우, 리스계약의 준거법은 그 계약과 가장 밀접

without the consent of the lessor."

43) 협약 제6조 2항 참조.

44) Basedow, RIW 1988, 8면.

45) Explanatory Report 1987, Study LIXDoc. 48, 각주 121 (65면) 참조.

46) Kegel, Gerhard/Schurig, Klaus, *Internationales Privatrecht*, München 2004, 421.

한 관련이 있는 국가의 법이 된다(국제사법 제46조 제1항). 가장 밀접한 관련을 갖는 국가의 법은 다시 국제사법 제46조 제2항에 따라 추정되는데, 단지 리스료의 지급만을 하는 리스이용자가 리스계약상 특징적 이행을 하는 당사자라고는 할 수 없을 것이다. 리스회사의 주요채무를 협약[47]에서와 같이 물건의 인도에서 찾든지, 금융적 성격을 강조하여 물건의 인도의무를 아예 부정하고 리스회사의 금융제공적 채무만을 인정하든지, 어떤 견해에 따르더라도 리스회사가 특징적 이행을 하는 당사자라 할 수 있다. 결국 리스회사의 영업소소재지국이 준거법이 될 것이다.

2. 공급계약의 준거법과 종속적 준거법지정(akzessorische Anknüpfung)[48]

일반적으로 매매계약이나 도급계약인 공급계약에 있어서도 당사자자치의 원칙에 따라 계약당사자들은 공급계약에 적용될 준거법을 선택할 수 있다(국제사법 제45조).

당사자의 명시적 의사가 결여되어 있는 경우에는, 특징적이행(charateristic performance)을 하는 당사자인 공급자의 영업소소재지법이 준거법이 될 것이다(국제사법 제46조).

이렇듯 리스계약과 공급계약에 대한 준거법이 서로 다르다는 점에 반기를 들며, 공급계약의 준거법을 리스계약상의 그것과 일치시키도록 해야 한다는 견해가 프랑스를 중심으로 주장되고 있다.[49] 공급계약에 리스계약상의 준거법이 지정되어야 한다는 위의 주장의 근거를 살펴보면 대략 다음과 같이 요약된다. 첫째, 리스계약은 포괄적인 의미에서 공급계약과 함께 일체적인 계약을 이루며, 다만 법적 구조상 두 개의 독립된 계약이 존재한다는 점을 고려하면, 양자에 동일한 준거법을 연결시키는 것이 타당하다는 것이다. 둘째, 공급계약의 준거법을 리스계약의 그것에 종속적으로 연결하는 것은 리스이용자의 보호를 위해서도 필요하다는 것이다. 리스회사는 자기의 담보책임을 모두 배제하고 이용자가 직접 공급자에 대해 담보책임을 묻도록 하고 있는데, 리스계약과 공급계약을 지배하는 준거법이 서로 다를 경우 리스이용자의 공급사에 대한 권리의 실현이 충분히 보장되지 못할 위험이 있다는 것이다.

리스계약과 공급계약은 경제적으로 매우 긴밀하게 결합되어 있다. 하지만 리스계약과

---

47) UNIDROIT Convention on International Financial Leasing, 1988. http://www.unidroit.org/english/conventions/1988leasing/main.htm.

48) 국제리스계약에 관한 것은 아니지만, 국제사법 제52조 제3항과 관련된 '종속적 연결'에 관한 국내의 논의에 관해 상세한 것은 석광현, 2001년 개정 국제사법 해설, 제2판, 2003, 287 이하 참조.

49) 이러한 주장에 관해 상세한 것은 Bey, El Motkar /Gavalda, Christian, Problematique juridique du leasing international, in: *Gazette du Palais*, 1979, premier semestre., 143 이하와 Dageförde, Internationales Finanzierungsleasing, 60 참조.

공급계약이 경제적으로는 서로 떨어질 수 없는 결합체를 구성하고 있다고 하더라도, 그것만을 이유로 공급계약의 준거법을 리스계약의 준거법에 종속시킨다는 것은 부당해 보인다. 리스계약과 공급계약은 법적으로는 엄연히 독립된 각각의 계약으로 취급되어야 할 것이기 때문이다. 또한 종속적 연결의 결과는 공급자에 대한 보호의 측면에서 보더라도 수용하기가 어렵다 할 것이다.50)

리스이용자의 보호의 측면에 대해서는 리스계약과 공급계약상의 준거법이 일치하지 않을 경우 리스이용자의 공급자에 대한 권리의 실현이 과연 가능한가에 대한 면밀한 검토를 필요로 한다. 이에 대해서는 아래의 이용자의 공급자에 대한 권리의 준거법과 연계하여 설명하기로 한다.

종속적 준거법 지정은 일반적인 원칙에 대한 예외를 뜻하고, 따라서 종속적 준거법 지정이 인정되기 위해서는 입법적으로 이러한 예외가 적용될 만한 근거규정을 필요로 한다. 종속적 준거법 지정이론에 따라 공급계약에 리스계약상의 그것과 동일한 준거법이 연결되는 것이 타당하다고 하더라도, 법적으로 독립된 2개의 계약이 존재하는 한 국제사법은 각각의 경우를 나누어서 독립적으로 준거법을 지정한다. 과거 섭외사법은 공급계약상의 준거법 지정에 있어서도 당사자들의 명시적 · 묵시적 의사를 밝혀낼 수 없는 경우, 최후의 수단으로 행위지법에 연결한다는 원칙을 고수했었고, 이러한 원칙에 대한 예외를 인정할 만한 융통성을 전혀 보이고 않고 있었다. 오히려 그러한 예외를 배제하고 있었다고 할 수 있다. 그러나 현행 국제사법 제46조 제1항에 따라 당사자가 준거법을 선택하지 아니할 경우에 계약은 그 계약과 가장 밀접한 관련이 있는 국가의 법에 의하도록 하고 있기 때문에, 종송적 준거법지정에 대한 입법적 토대가 마련되어 있다고 할 수 있다. 독일을 포함한 EU국가들의 경우에도 채권계약준거법에 관한 통일저촉법규정인 Rome I 제4조 제3항에 따라 해당 법률관계와 가장 밀접한 관련이 있는 다른 국가의 법이 명백히 존재하는 경우에는 예외적으로 그 다른 국가의 법에 의하도록 하고 있기 때문에, 종속적 준거법 지정이 타당할 경우, 일반적으로 최소장해의 원칙에 따라 연결되는 공급자의 영업소소재지법 대신 리스계약상의 준거법을 연결할 수 있는 탄력적 적용의 가능성이 열려있다.

3. 리스이용자의 공급자에 대한 권리의 준거법

이용자의 공급자에 대한 권리는 그것이 계약당사자가 아닌 이용자에게 어떠한 경로

50) 최광준, 앞의 글, 286 참조.

를 통해서 주어진 것인가에 따라 달라진다.

먼저 권리의 양도에 의해 리스회사의 공급자에 대한 권리를 리스이용자가 채권양도의 방식으로 양도받는 경우를 살펴본다. 채권양도행위의 성립 및 효력 자체에 대해 과거 섭외사법은 명시적 규정을 두고 있지 않았었다. 다만 동법 제14조에서 채무자의 보호를 위해 채권양도의 제3자에 대한 효력은 채무자의 주소지법에 의한다고 하고 있을 뿐이었다. 하지만 권리의 양도, 즉 권리의 변경은 권리의 소멸과 마찬가지로 그 권리를 지배하는 법질서에 따라 준거법이 정해진다는 것이 일반적인 원칙이다.51) 이 원칙에 따라 개정 국제사법은 채권의 양도가능성, 채무자 및 제3자에 대한 채권양도의 효력은 양도되는 채권의 준거법에 의한다고 하고 있다(국제사법 제54조 제1항 단서). 리스이용자가 양도받는 채권은 리스회사의 공급자에 대한 공급계약상의 손해배상채권이다. 따라서 이 손해배상채권의 양도가능성, 공급자 및 제3자에 대한 채권양도의 효력은 공급계약상의 준거법의 지배를 받는다. 독일법상으로도 채권양도에 따라 리스회사의 공급자에 대한 권리를 이용자가 직접 공급자에 대해 행사할 수 있도록 하고 있다.52) 한편 우리 상법은 리스이용자에게 공급자에 대한 직접적인 손해배상청구권53)을 인정하고 있어, 리스이용자를 더욱 두텁게 보호하고 있는 것 같이 보이나, 면밀히 살펴보면 독일의 이용자보다 덜 보호되고 있다는 점을 알 수 있다. 왜냐하면 채권양도에 의한 독일법상의 이용자는 우리의 이용자와는 달리 손해배상채권 뿐만이 아니라, 리스회사의 공급자에 대한 계약해제권 및 대금감액채권 등 일체의 권리를 양도받기 때문이다. 이에 따라 리스계약에는 독일법이 준거법으로 되고, 공급계약에는 한국법이 적용될 경우, 계약해제권이나 (대금)감액채권의 이전을 인정하지 않는 한국법이 적용되기 때문에 이러한 권리의 이전을 신뢰한 리스이용자는 불이익을 당하게 된다. 프랑스에서 주장되는 종속적 준거법 지정이론을 EU의 통일저촉법규정인 Rome I 제4조 제3항에 따라 공급계약에 적용할 경우, 리스계약의 준거법인 독일법이 공급계약에까지도 적용되어, 위와 같은 모순을 극복할 수 있을 것이다.54) 이런 경우에도 독일내에 거주하는 리스이용자

51) 이호정, 국제사법, 1984, 322.

52) 독일민법개정에 따른 소비자리스의 취급에 관해 상세한 것은 Wolf, Jens. Die Rexhtsnatur des Finanzierungsleasing, JuS 2002, 335 ff.; Omlor, Sebastian. Finanzierungsleasing unter den neuen Verbraucherkreditrichtlinie, NJW 2010, 2694 ff.; Skusa, Nico R. Anwendbarkeit der Verbraucherschutzvorschriften auf Leasing-und Mietkaufverträge, NJW 2011, 2993 ff.; Bülow, Peter. Neues Verbraucherkreditrecht in Etappen. NJW 2011, 1713 ff. 참조.

53) 우리의 개정상법은 동법 제168조의4 제2항에서 "금융리스물건이 공급계약에서 정한 시기와 내용에 따라 공급되지 아니한 경우 금융리스이용자는 공급자에게 직접 손해배상을 청구하거나 공급계약의 내용에 적합한 금융리스물건의 인도를 청구할 수 있다"고 있는데, 결국은 리스이용자에게 직접 청구권을 인정하고 있다는 점에서는 긍정할 만하지만, 그 청구의 내용이 손해배상의 청구에만 한정되고 있어, 협약에 비해 리스이용자의 보호에 미흡하다는 지적을 피할 수 없을 것이다.

54) 실제로 리스계약에 있어 종속적 준거법지정의 가능성을 시사하는 견해로 Münchener Kommentar/Martiny, 민법시행법(EGBGB) 제28조 Rn.96. 하지만 여기서 Martiny는 그 가능성만을 시사할 뿐 그 적용여부에 대해서는 명확히 하지 않고 있다.

는 독일민법 제307조에 의한 보호를 받을 수 있다.[55] 담보책임 등을 배제하는 리스회사의 약관이 그 유효성을 인정받기 위해서는 리스이용자는 '실제로' 공급자에 대한 권리를 이전받아야만 한다. 위의 경우와 같이 공급계약의 준거법인 한국법이 리스회사의 공급자에 대한 '일체의' 권리이전을 인정하지 않는 경우, 담보책임배제를 내용으로 하는 리스약관은 (리스계약의 준거법인) 독일법상 무효로 된다.[56] 따라서 결국 리스회사가 이용자에 대해 직접 책임을 진다. 결론적으로는 리스이용자의 보호에 미흡한 한국법이 공급계약의 준거법으로 적용될 경우, 법적보호가 더욱 두터운 국가의 리스이용자가 그의 공급자에 대한 권리를 실현하기 어렵다는 문제점이 실제로 발생하며, 따라서 종속적 준거법 지정의 필요성이 대두될 수 있다.

참고로 미국통일상법전 §2A-209나 협약 제10조는 공급자에 대한 직접적인 권리를 리스이용자에게 입법적으로 인정하고 있으며 이는 －우리의 상법 제168조의4 제2항의 내용과는 달리－ 손해배상의 청구에만 제한되지 않는다.[57] 미국통일상법전이나 협약이 리스계약의 준거법으로 되는 경우에도, 위의 채권양도에서와 마찬가지의 문제가 리스이용자에게 발생하는지에 대해서 살펴본다. 미국통일상법전이나 협약상의 리스이용자는 제3자 약관에 의해서건 공급자에 대한 직접적 권리의 취득에 의해서건 리스회사의 당사자적 지위를 승계하고 있다. 이는 내용적으로 계약인수에 가깝다할 것이다. 계약인수는 인수된 계약에 적용되는 법에 따르나, 계약인수의 기초를 이루는 원인행위는 그 원인행위 자체의 준거법에 따른다.[58] 리스계약에 있어서는 리스이용자가 공급자에 대한 직접적 권리를 가지고 있는가의 여부는 리스계약을 지배하는 법에 따라 판단되며, 그 내용의 결정에 있어서는 공급계약을 지배하는 법이 적용된다. 따라서 리스계약의 준거법이 미국통일상법전이나 협약일 경우, 이 법에 따라 리스이용자는 리스회사의 공급자에 대한 지위를 승계한다. 다만 그의 권리는 리스회사의 공급자에 대한 권리에 한정된다. 다시 말해 리스이용자는 리스회사가 공급자에 대해 행사할 수 있는 권리의 범위를 벗어날 수 없다. 이를 준거법 지정의 문제와 결부시켜 보면, 리스이용자는 리스회사가 공급자에 대해 공급계약의 준거법상 청구할 수 있는 것만을 그의 지위를 승계하여 행사할 수 있다는 말이 된다. 결론적으로 리스이용자가

55) 이는 물론 리스회사가 담보책임을 배제하며, 공급자에 대해 직접 그 책임을 묻도록 하는 내용이 당사자들간의 합의에 의해서가 아니라, 약관에 의해 체결될 경우에만 그 적용이 있을 것이다. 따라서 위와 같은 내용에 리스회사와 리스이용자가 합의를 했을 경우에 이용자는 독일민법 제307조에 따른 보호를 받을 수 없다.

56) 이는 일반적인 원칙으로 인정되고 있다. 여기에 대해서는 Lando, Contracts in: *International Encyclopedia of comparative Law*, Vol.III Private International Law, Ch.24, 1976, 140 참조.

57) Tsche, Kwang－Jun, *Finanzierungsleasing im deutschen, koreanischen und japanischen Recht:* Eine rechtsvergleichende Untersuchung unter Berücksichtigung des US－amerikanischen und des internationalen Privat－und Einheitsrecht, VVF 1994, 332 이하 참조.

58) 이호정, 국제사법, 324.

공급자에 대해 직접적 청구권을 취득하는가의 여부(즉, 리스회사의 공급자에 대한 지위를 승계하는가의 여부)는 리스계약의 준거법에 따라 결정될 사항이며, 이 권리의 내용(즉 리스이용자가 승계한 리스회사의 공급자에 대한 권리)에 대해서는 공급계약상의 준거법이 결정할 사항이라 할 것이다. 리스계약의 준거법이 이용자의 공급자에 대한 포괄적인 직접 청구권을 인정하는 경우라고 하더라도, 공급계약상의 준거법이 리스이용자의 공급자에 대한 손해배상청구권만을 인정하는 한국법일 경우에는 리스이용자의 공급자에 대한 권리행사가 결국 손해배상의 청구에만 한정될 수밖에 없을 것이다.

Ⅳ. 맺는말

리스회사의 금융적 성격이 얼마나 큰 범위로 인정되고 있는가에 관해서는 우리 법과 협약 사이에 큰 차이가 없는 듯하다. 협약상으로는 리스회사의 개입이 전혀 배제된 상태에서 리스이용자가 직접 공급자 및 물건을 선택할 것을 요건으로 하고 있는데(협약 제1조 2항 a)), 이러한 요건이 충족되면 리스회사의 의무는 금융제공자적인 것에 한정되어, 리스이용자에 대해 물건과 관련된 일체의 담보책임을 지지 않는다.

협약은 물건의 인도의무를 리스회사의 주요 의무중의 하나로 파악하고 있다 물건의 인도가 없거나 지체되는 경우 이용자는 물건의 수령을 거절(reject)하거나 해약(terminate)할 수 있다(협약 제12조 1항(a)). 이용자는 리스회사가 공급계약의 내용과 일치하는 채무의 제공을 하거나 물건의 수령을 최종적으로 거절하는 시점까지 리스료의 지급을 중단할 수 있다. 그러나 리스이용자의 리스회사에 대한 '손해배상'의 청구는 위와 같은 채무불이행이 리스회사측의 작위 또는 부작위에 기인하는 경우에 한정된다(협약 제12조 5항). 하지만 금융제공적 성격이 매우 강한 리스회사의 역할을 고려할 때, 물건의 인도에 있어서의 결함이 리스회사측의 작위 또는 부작위에 기인하는 경우는 거의 찾아보기 어려울 것으로 보인다.

결론적으로는 리스이용자의 리스회사에 대한 손해배상의 청구만을 제외한다면, 리스회사는 자기의 주요채무중의 하나인 물건인도의무와 관련된 책임을 리스이용자에 대해 직접 부담하고 있음을 알 수 있다.

협약 제10조에 따르면 리스이용자는 공급계약상의 당사자가 아님에도 불구하고, 공급자에 대해 계약당사자적 지위를 누린다. 따라서 이용자는 공급자에 대한 리스회사의 모든 권리를 공급자에 대해 자기의 것으로 하여 직접 주장할 수 있다. 손해배상의 청구에 있어 그 손해의 범위 또한 리스이용자를 중심으로 산정됨은 물론이다. 이러한 결과는 하지만 공급자의 입장에서는 부당한 것으로 생각될 수도 있겠으나, 이러한 부당함을 해소하기 위해 협약은 공급자가 리스이용자의 존재와 자기로부터 물건을 구입하는 리스회사와 리스이용자와의 사이에 리스합의가 있음으로 해서 물건이 리스이용자의 전면적인 사용 · 수익을 위한 것임을 잘 알고 있을 것을 요건으로 하고 있는 것이다(협약 제1조 2항 b)).

리스이용자의 공급자에 대한 권리를 실현함에 있어, 협약이나 우리 법과 같이 공급자에 대한 리스이용자의 직접적 권리를 인정하는 국가의 법이 리스계약의 준거법으로 지정되는 경우에는 그 권리의 취득 여부가 리스계약의 준거법의 지배를 받는 한 리스이용자의 권리실현이 가능할 것이다. 하지만 양도성이론에 의존하여 리스이용자의 권리를 인정하는 국가의 법이 리스계약의 준거법으로 되는 경우, 채권양도에 대해서는 공급계약상의 준거법이 연결되기 때문에, 리스이용자의 보호에 미흡한 국가의 법이 공급계약의 준거법으로 되면, 리스이용자의 리스계약상의 권리실현이 불가능하게 될 수 있다는 점에 주의해야 한다. 따라서 리스이용자의 보호에 보다 충실하기 위해서라도 종속적 준거법 지정이론을 적용하여 리스계약의 준거법에 공급계약의 준거법을 종속시키는 방법을 생각해 볼 수 있겠다. 그러나 리스이용자의 보호의 필요성은 −그 권리실현에 있어서의 장애정도를 고려해 볼 때− 법적으로 서로 독립된 계약들에 종속적 연결의 형식을 빌어 동일한 준거법을 연결하는 데 대한 충분한 근거가 되지는 못한다는 생각이다. 공급계약상의 준거법은 당사자들 간의 명시적 합의가 없을 경우, '특징적 이행'을 하는 당사자인 공급자의 영업소소재지법이 준거법으로 된다. 바로 이러한 측면에서 특징적 이행의무를 부담하여, 법선택에 대해 일반적으로 더 많은 이해관계를 갖는 공급자에 대한 보호의 필요성도 함께 고려되어야 한다. 공급계약에 종속적 준거법 지정이론을 적용하여, 공급자의 예상을 뒤엎고 리스계약상의 준거법에 연결시킨다면, 그만큼 법선택에 민감한 공급자는 불리한 상황에 처하게 된다. 리스이용자의 공급자에 대한 입법적 직접청구권의 존부가 리스계약상의 준거법에 따라 결정된다는 점은 이미 공급자를 한 단계 불리한 위치에 처하게 한다. 리스이용자의 보호에만 치우쳐 공급계약에 대해서도 리스계약상의 준거법을 연결할 경우, 이용자의 공급자에 대한 직접적 청구권의 내용까지도 −상대적으로 공급자에게 무거운 책임을 부담시키는− 리스계약상의 준거법에 따라 판단됨으로 해서 공급자에게 부당한 결과가 있을 수 있다. 당사자들의 형평을 고려하면 리스계약과 공급계약에 있어 종속적 준거법 지정이론을 인정하기는 어렵다는 생각이다.

상속재산과 상속인의 고유재산의 관계
- 한정승인과 상속재산분리 제도의 비교를 통하여 -

최 수 정

서강대학교 법학전문대학원 교수, 법학박사

Ⅰ. 서

민법 제1005조[1]는 상속이 개시된 때로부터 상속인이 피상속인의 재산에 관한 포괄적 권리의무를 승계한다고 정함으로써 당연·포괄승계의 원칙을 명시하고 있다. 따라서 피상속인 사망시 상속인의 의사와 무관하게 피상속인의 재산상의 지위는 포괄적으로 상속인에게 이전되고, 상속재산은 상속인의 고유재산과 혼합된다. 그러나 피상속인의 유산 중 상속의 대상이 되는 재산의 귀속 문제는 민법 제정 이래 상속법의 여러 변화에도 불구하고 지금까지 그리 명확하지 않다. 먼저 상속재산이라고 하는 개념이 때로는 피상속인의 유산을 가리키거나 그중 상속인에게 승계되는 일정 범위만을 의미하기도 하며, 적극재산과 소극재산 전부를 포함하거나 때로는 적극재산만을 가리키기도 한다. 그리고 공동상속인이 상속재산을 소유하는 형식에 대하여도 상이한 견해들이 대립해왔다. 특히 민법은 당연·포괄승계의 원칙에 따라서 상속재산이 상속인의 고유재산에 혼합되는 것을 원칙적인 모습으로 하면서도 한정승인이나 상속재산의 분리와 같이 양자를 구분하는 절차를 예정하고 있다. 학설은 이 경우 상속재산과 상속인의 고유재산이 '분리'된다거나 양자가 '독립성'을 가진다고 하는데, 그 분리 또는 독립의 의미나 범위에 대하여는 의문이 없지 않다. 우리법의 해석상 과연 한정승인으로 양자가 온전히 분리되는지, 상속재산의 분리에 있어서 양자는 어느 범위에서 분리되는지, 나아가 상속재산의 파산과 비교하여 각 제도를 어떻게 자리매김할 것인지에 대한 엄밀한 검토가 필요하다. 특히 한정승인에 있어서 상속재산과 상속인의 고유재

---

1) 이하에서 별도의 법명 표기가 없는 경우 민법의 규정이다.

산의 관계에 대하여는 견해가 대립하며, 한정승인과 상속재산분리제도의 개선을 위한 입법적인 방안들도 제시되고 있다.[2] 하지만 이러한 입법론과 별개로 해석론의 차원에서 현행 민법의 제도설계와 그 구체적인 효과에 대한 검토도 필수적이다. 그러므로 본고는 종래 견해들에 대한 의문을 토대로 민법상 상속재산의 귀속에 관한 규정으로부터 상속재산과 상속인의 고유재산과의 관계를 규명하고 이를 둘러싼 당사자들의 법률관계를 정당하게 규율하는 방안을 모색하고자 한다. 특히 한정승인과 상속재산분리에 관한 규율방식과 그 해석을 통하여 각 제도의 경계를 확인하고 그 고유한 작동영역을 명확히 한다.

Ⅱ. 당연 · 포괄승계에 따른 재산상태

1. 상속재산의 범위

피상속인에 속한 재산은 그 종류에 따른 구별 없이 상속인에게 당연히 포괄적으로 승계된다(제1005조 본문). 그러나 일반승계, 당연승계, 포괄승계원칙의 예외로 피상속인의 일신에 전속한 권리의무는 제외되며(제1005조 단서), 분묘 등 일정한 제사용 재산은 특별상속의 대상으로서 역시 제외된다(제1008조의3).[3] 그리고 특별수익자는 수증재산이 상속분에 달하지 못한 때 그 부족 부분의 한도에서 상속분이 있기 때문에(제1008조), 이러한 특별수익자가 존재하는 경우 각 상속인의 구체적 상속분을 계산함에 있어서 상속재산에 수증재산인 특별수익이 가산된다.[4] 하지만 이미 특별수익자에 속한 이익이 상속재산이 되는 것은 아니다. 공동상속인 간의 공평을 위하여 만약 증여가 없었더라면 그 수증재산이 상속재산으로 남아 있었을 것이라는 가정하에 그 수증재산을 상속분의 선급으로 다루어 구체적인 상속분을 조정하기 위한 방법으로 상속재산에 합산할 뿐이다.[5]

반면 공동상속인 중 피상속인의 재산의 유지, 형성에 기여하거나 피상속인을 특별히 부양한 자가 있는 경우 공동상속인 간의 실질적인 공평을 기하기 위하여 상속개시 당시 피상속인의 재산가액에서 그 기여분을 공제한 것을 상속재산으로 보아 각 상속인의 상속분을

2) 가령 최준규, 한정승인, 재산분리, 상속재산의 파산에 관한 입법론 — 비교법의 관점에서 —, 서울대학교 법학 60/2 (2019) 121 이하; 이은정, 상속채무의 청산 — 한정승인, 재산분리, 상속재산 파산을 중심으로 —, 조선대학교 법학논총 25/3 (2018) 114 이하.

3) 특별재산인 제사용 재산은 일반상속과는 별개로 승계되며 일반상속에 영향을 미치지 않는다.

4) 특별수익자의 상속분 계산에 관한 논의는 윤진수, 상속재산 분할에 있어서 초과특별수익의 취급, 가족법연구 12 (1998) 594 이하 참조.

5) 대법원 2014.11.25.자 2012스156, 157 결정.

산정하고, 기여분권리자에게는 이렇게 산정된 상속분에 기여분을 가한다(제1008조의2 제1항). 그러므로 기여분은 상속재산에는 속하지만 공동상속인의 상속분 계산시에는 고려되지 않는다.

한편 상속의 근거에 대하여는 종래부터 다양한 견해들이 제시되어왔다. 일부 견해는 상속제도의 근거를 공동생활의 측면에서 파악하면서 상속재산의 성격을 피상속인과 공동상속인 간의 잠재적 공동소유의 성격을 가진다고 보고 이를 청산하기 위한 것이 상속제도라고 한다.[6] 특히 기여분의 근거를 공유로 보면서, 이는 공동생활에 수반되는 정도의 협력에 대한 청산보다 더욱 개별적이고 적극적인 청산의 의미를 가진다고 한다. 그러나 상속제도를 피상속인의 유산에 대한 청산절차로 규정할 것인지 여부는 입법적 선택의 문제로, 우리법은 상속을 피상속인의 재산에 대한 일종의 청산으로 보지 않는다. 무엇보다 당연 · 포괄승계의 원칙은 공유관계 또는 공유물의 분할과는 거리가 멀고, 법정상속인의 범위나 순위는 상속재산에 대한 지분을 전제로 하지 않는다.[7] 그리고 피상속인 생전에 공유물분할의 형태로 생전상속이 인정되지도 않는다. 기여분의 경우 공동상속인에게만 인정되고 또한 피상속인의 재산가액에서 공동상속인들의 협의로 기여분을 정하는 것도 기여자가 공유자로서 자신의 지분을 주장하는 것과는 상이하다. 그러므로 상속재산은 피상속인과 상속인의 공유물이 아니며, 상속인 또는 제3자의 노력이나 기여 등을 포함한 피상속인 명의의 재산 자체가 상속의 대상이 된다. 그래서 피상속인의 재산이 상속인의 협력으로 형성된 경우에는 실질적으로 상속인은 상속에 의하여 자신의 몫을 취득하거나 그보다 적은 부분을 취득하는 결과가 될 수도 있다.[8] 하지만 공동상속인 사이에서 기여분제도를 통하여 공평을 도모하는 외에 별도로 피상속인과 상속인 사이의 청산절차는 없다. 그러므로 당연 · 포괄승계 원칙 하에서는 유산 중 피상속인의 사망으로 소멸하는 권리 · 의무 및 특별재산을 제외한 피상속인 명의의 모든 재산이 상속재산이 되며, 그에 대한 상속인 또는 제3자의 협력이나 기여는 문제되지 않는다고 하겠다.

6) 최현숙/박규용, 상속에 있어서 청산법리의 확대에 관한 소고, 법학연구 54 (2014) 243 이하.
7) 피상속인과 상속인 간의 공유물에 대하여는 상속이 아닌 공유물분할절차에 의할 것이며, 부동산의 경우 공유재산을 피상속인의 단독명의로 등기하였다면 이는 명의신탁에 해당할 것이고, 상속인의 협력이 첨부에 해당한다면 첨부로 인한 보상청구권이 발생할 뿐이다.
8) 배우자상속이 대표적이다. 부부가 이혼시 재산분할을 한 경우와 상속을 받은 경우 서로 다른 재산상태가 될 수 있어서 학설은 이러한 '불합리한 결과'를 비판한다. 그런데 각 제도는 서로 다른 목적을 가진 것이기 때문에 각각의 절차에 따른 재산상태가 달라지는 것만을 가지고 부당하다고 할 수는 없을 것이나 이러한 상위가 바람직하지 않음은 의문의 여지가 없다. 그래서 여러 입법론과 해석론이 제시되는데, 가령 지원림, 배우자상속에 관한 연구, 민사법학 100 (2022) 679 이하.

2. 당연 · 포괄승계에 따른 재산의 혼합

당연승계원칙 하에서 상속인이 그 효과를 그대로 수인하는 단순승인은 한정승인이나 상속포기를 하지 않는다는 소극적인 의미를 가질 뿐이다. 그리고 상속인이 한정승인이나 포기를 하지 않으면 단순승인으로 의제하는 규정방식(제1026조 제2호)은 단순승인이 상속의 원칙적인 모습임을 분명히 보여준다.9) 상속인이 단순승인을 하거나 법정단순승인 사유가 발생함으로써 포괄승계가 확정되지만, 이미 상속개시시에 상속재산은 상속인의 고유재산에 혼합된다. 이제 상속인은 상속채무에 대하여 무한책임을 지게 되고, 상속재산이 채무를 완제하기에 충분하지 못한 때에도 그 이행을 거절할 수 없다. 상속채권자는 상속재산과 상속인의 고유재산 전부를 책임재산으로 확보하게 되며, 이는 상속인의 채권자의 경우에도 다르지 않다.

그런데 상속인이 1인인 때와 달리 수인인 때 이들 공동상속인은 종국적으로 각자의 상속분에 상응하여 그리고 분할을 통해 개별 재산을 승계하지만, 그 사이에 경과적, 잠정적으로 상속재산을 공동소유하게 된다. 공동상속인이 상속재산을 공동소유하는 형식에 대하여 제1006조는 공유를 정하고 있다. 그 법적 성질에 대하여 판례10)는 위 규정의 문언에 충실하게 공유로 새긴다. 하지만 주지하는 바와 같이 종래부터 학설은 대립하며, 판례와 같이 공유로 보는 견해가 다수이다.11) 이와 달리 상속재산의 공유는 물권법상의 공유와 제도적 목적이 본질적으로 다르기 때문에 공동상속인 간의 독특한 권리 · 의무의 성질상 합유로 해석하는 것이 타당하다거나,12) 독일 민법의 규정과 그 해석을 들여와 우리법에서도 상속재산을 특별재산으로 구성하고 공동상속인이 이를 합유하는 것으로 해석하기도 한다.13) 그리고 이러한 학설대립에 대하여 사실상 실익이 없다는 지적도 있다.14)

민법이 공동상속인의 공유를 명시하고 있음에도 불구하고 이에 반하여 합유로 해석하기는 어렵다. 더욱이 우리법과 다른 규정체계를 가진 외국법의 규정 및 그 해석론을 그대로 가져올 수는 없다. 독일 민법은 공동소유의 한 형태로 합유를 인정하지만, 우리법처럼 물권편에서 이에 관한 통일적인 규정을 두고 있지는 않다. 독일 민법상 조합계약(독일

9) 박광천, 상속의 한정승인, 상속법의 제문제, 재판자료 제78집, 1998, 574.

10) 대법원 1993.2.12. 선고 92다29801 판결; 대법원 1996.2.9. 선고 94다61649 판결; 대법원 2008.6.26. 선고 2007다7898 판결 등.

11) 곽윤직, 상속법, 개정판, 2004, 129 이하; 김주수/김상용, 친족 · 상속법, 제10판, 2013, 570 이하; 윤진수, 친족상속법 강의, 2016, 359.

12) 박병호, 가족법, 1999, 348 이하.

13) 김세준, 상속재산의 특별재산성과 단체로서의 공동상속인 — 독일법상 합유이론과의 비교법적 검토 —, 가족법연구 29/3 (2015) 369 이하.

14) 한봉희/백승흠, 가족법, 2013, 512.

민법 제719조), 부부재산공동체(Gütergemeinschaft: 독일 민법 제1415조 이하) 및 상속인공동체(Erbengemeinschaft: 독일 민법 제2032조 이하)에서 합유가 인정되는데, 이들 유형에서도 그 법률관계는 동일하지 않으며 각각의 인적 결합관계에 따라서 달리 규율되고 있다. 조합과 부부재산관계는 상대적으로 강한 인적 결합을 전제로 하고 구성원은 이로 인한 합수적 구속을 받는 반면, 공동상속인 사이의 관계는 상속재산분할을 위한 임시적, 경과적 관계에 불과하기 때문에 합수성 원칙에 기한 구속은 약하고 오히려 공유관계에 접근한다. 그러므로 명시적, 구체적 기준 없이 그리고 입법론이 아닌 제1006조의 해석론으로서 전형적인 합유와도 차이가 있는 법률관계를 합유라고 부를 수는 없다.[15]

사실 합유설의 관점서도 그 구체적인 법률관계는 전형적인 합유와 차이가 있으며, 이는 공유설에서도 다르지 않다. 그러므로 공동상속재산의 공유를 본래의 공유 또는 합유의 관점에서 일관되게 해명할 수 없는 것이 당연한 일일지 모른다.[16] 오히려 공유 또는 합유의 선택에 집착하기보다 제1006조 이하의 해석을 통하여 공동상속의 법률관계를 합리적으로 규명하는 것이 우선되어야 한다. 가령 독일 민법에서 합유의 구체적인 내용이 유형별로 차이가 있는 것처럼, 우리법에서 공동상속재산의 공유가 통상의 공유와 다른 효과를 가진다고 해서 특별히 문제삼을 것은 아니다. 우리법이 기본적으로는 개인주의를 토대로 공동상속인들의 임시적인 공동소유관계를 공유로 정하고 있지만, 구체적인 법률관계는 공동상속의 특수성에 비추어 규율할 필요가 있다. 그리고 그 특칙에 해당하는 것이 제1011조, 제1012조, 제1015조 등이라고 이해하면 충분하다.

이상의 관점에 의할 때 공동상속인에게 승계되는 상속재산은 공유지분의 형태로 각 공동상속인의 고유재산에 혼합되며 별개의 독립재산을 이루지 않는다. 상속재산 중 가분채권 및 가분채무는 상속개시와 동시에 당연히 법정상속분에 따라 공동상속인에게 승계되고,[17] 상속채무가 불가분채무라면 공동상속인 각자가 그 채무 전부에 대하여 이행책임을 진다. 그러므로 가분채무의 경우 상속채권자는 각 상속인이 부담하는 채무에 대하여 그리고 불가분채무의 경우 채무 전부에 대하여 상속재산 및 고유재산을 책임재산으로 확보하게 된다.[18]

15) 이와 더불어 우리법이 공동상속에 있어서 로마법, 프랑스 민법, 일본 민법의 입법례를 따른 것이라는 점에서도 그러하다. 공동상속의 연혁에 관한 소개는 윤철홍, 공동상속재산의 법적 성질에 관한 소고, 사회과학논총 6 (2003) 217 이하 참조.

16) 박병호, 가족법, 349도 공동상속인의 공유가 전형적인 합유도 공유도 아니기 때문에 택일적으로 이론구성하려고 시도하는 것은 유익하지 못함을 시인하고 있다.

17) 대법원 1997.6.24. 선고 97다8809 판결; 대법원 2013.3.14. 선고 2010다42624, 42631 판결.

18) 만약 공동상속재산의 귀속형태가 합유라고 한다면, 상속재산은 공동상속인의 고유재산과 구분되는 독립성을 가지고 상속재산에 속한 채권은 공동상속인이 공동으로 행사하며, 상속채무는 상속재산이 책임을 지지만 이는 각 공동상속인의 채무이기도 하므로 각자의 상속분에 따라서 고유재산으로도 책임을 진다. 따라서 상속채권자는 채권 전액에 관

Ⅲ. 상속재산과 상속인의 고유재산의 구분

1. 구분을 위한 제도

당연 · 포괄승계원칙은 상속으로 인한 법률관계를 신속하게 확정함으로써 법적 안정성을 도모하기 위한 것이지만, 상속포기 또는 한정승인을 통하여 상속인이 그의 의사에 따라 상속의 효과를 거절하거나 조건부로 상속받을 수 있는 자유가 인정된다.[19] 먼저 상속포기제도는 개인책임의 원칙과 개인의사의 존중이라는 근대법의 정신에 기초한다.[20] 그리고 상속포기의 경우에는 상속개시시로 그 효과가 소급하므로(제1042조), 상속을 포기한 자는 애초에 상속인의 지위를 가지지 않기 때문에 특별히 포기자의 재산과 상속재산의 관계는 문제되지 않는다.

이와 달리 한정승인의 경우에는 상속인의 보호를 위하여 그의 책임이 상속재산에 한정되는데, 한정승인도 승인에 해당하므로 한정승인자는 피상속인의 채무를 승계하지만 상속재산만으로 책임을 진다. 이에 대하여 학설은 한정승인의 경우 채무와 책임이 '분리'된다고 설명하기도 한다.[21] 그러나 이때 분리는 채무와 책임이 각각 다른 재산에 속한다는 의미가 아니라 유한책임을 지는 상속인의 채무와 그 책임의 범위가 일치하지 않는다는 의미에 지나지 않는다. 상속채권자는 여전히 한정승인자에 대하여 채무 전부의 이행을 청구할 수 있으며, 이에 대하여 한정승인자는 고유재산으로 책임을 지지 않지만 전부를 변제한다면 이는 유효한 변제가 된다.

상속인의 책임제한은 상속재산에 대한 파산선고가 있는 때에도 발생한다. 상속재산으로 상속채권자 및 수유자에 대한 채무를 완제할 수 없는 때 법원은 신청에 의한 결정으로 파산을 선고한다(채무자회생법 제307조).[22] 상속재산에 속한 모든 재산은 파산재단을 구성하며(채무자회생법 제389조 제1항), 이는 상속인의 고유재산과 분리되어 오직 파산관재인에 의해서만 관리되고 총 채권자의 채권의 만족을 위하여 제공된다.[23] 그러므로 상속인의 채권자

하여 전 공동상속인을 상대로 상속재산을 집행할 수 있고 각 상속인이 분담하는 부분에 관하여 각 상속인의 고유재산을 집행할 수도 있으며, 어느 쪽을 먼저 행사할 것인지는 채권자의 선택에 달려있다.

19) 대법원 2005.7.22. 선고 2003다43681 판결. 헌법재판소 2004.10.28. 선고 2003헌가13 결정도 상속인이 상속을 받는 것이 일반적이고 상속의 효과를 거부하는 것이 예외이므로 상속으로 인한 법률관계의 부동상태를 신속하게 확정함으로써 궁극적으로 법적 안정성이라는 공익을 도모하는 것에 입법목적이 있다고 한다.

20) 박병호, 가족법, 404.

21) 곽윤직, 상속법, 183.

22) 파산절차개시결정은 한정승이나 재산분리에 장애가 되지 않지만 파산절차개시결정의 취소, 파산절차폐지결정의 확정, 파산절차종료결정이 있을 때까지는 그 절차가 중지된다(채무자회생법 제346조).

23) 김경욱, 파산재단의 범위에 관한 연구, 비교사법 8/1 (2001), 488.

는 파산재단에 대하여 파산채권자로서 그 권리를 행사할 수 없으며(채무자회생법 제438조),[24] 상속인은 원칙적으로 한정승인을 한 것으로 의제된다(채무자회생법 제389조 제3항 본문).

무엇보다 민법상 상속재산과 상속인의 고유재산의 분리를 위한 제도는 상속재산분리이다(제1045조 이하). 상속재산의 분리는 상속재산과 상속인의 고유재산을 분리하여 상속재산을 청산할 목적으로 하는 재판상의 처분이다.[25] 한정승인이 상속채권자를 희생해서라도 상속인을 보호하기 위한 제도인 반면, 상속재산의 분리는 채권자 등의 보호를 목적으로 한다.[26] 그런데 상속재산분리는 상속재산과 상속인의 고유재산을 일단 분리하여 변제에 우선순위를 정하는 데 불과하며,[27] 완전히 변제받지 못한 상속채권자는 상속인의 고유재산으로부터 후순위로 변제를 받을 수 있다. 한정승인자가 유한책임을 지는 것과 달리 상속재산분리에서 상속인은 무한책임을 지는 것이다.[28] 그리고 상속인이 단순승인을 한 경우 재산분리에는 책임을 한정하는 효과가 없기 때문에 신고기간 내에 신고를 하지 않은 상속채권자 및 수유자도 상속인의 고유재산에 대하여 상속인의 채권자보다 후순위로 그 채권의 집행이 가능하다.[29]

이상에서와 같이 한정승인, 상속재산의 분리, 파산에 있어 각 제도가 상속재산을 상속인의 고유재산과 구분 내지 분리하는 취지나 정도는 차이가 있다. 그런데 민법상 한정승인은 당연 · 포괄승계원칙하에서 상속인을 보호하기 위한 제도로서 그 책임을 제한할 뿐이지만, 한정승인으로 상속재산과 한정승인자의 고유재산이 분리된다고 설명되면서 이로부터 분리된 각 재산은 서로 독립한 것인지, 그로 인하여 한정승인자의 채권자들이 상속재산을 책임재산으로 할 수 없는 것인지, 한정승인자의 처분행위는 효력이 없는 것인지 또 공시에 관한 규정이 없는 상태에서 그로 인한 거래안전은 어떻게 되는 것인지와 같은 일련의 문제들이 제기된다. 물론 상속채권자에게 상속재산을 한도로 배당변제를 하기 위해서는 이를 고유재산과 구분할 필요가 있다. 사실 구분이라고 부르는지 아니면 분리라고 부르는지는 결정적인 의미를 가지지 않지만, 분리라고 하는 개념이 주는 선험적인 절연성은 상속재산을 한정승인자의 채권자가 접근할 수 없는 대상으로 인식하게 만들고, 그 결과 위와 같은 의문들이 연속적으로 발생하는 것은 아닌가 하는 의구심이 든다. 그러면 이하에서는 한정승인에 관한 논의를 통하여 상속재산과 상속인의 고유재산의 관계를 분석하고 각 제도의

24) 반면 상속인이 파산선고를 받은 때에는 재산분리가 있는 때에도 상속채권자 및 수유자는 그 채권 전액에 대하여 파산채권자로서 파산재단에 그 권리를 행사할 수 있다(채무자회생법 제434조).
25) 박병호, 가족법, 408면.
26) 이성보, 상속재산의 분리, 재판자료 제78집, 1998, 136.
27) 이성보, 재판자료 제78집, 1998, 137.
28) 곽윤직, 상속법, 198.
29) 이경희, 가족법, 8정판, 2013, 516.

고유한 영역을 확인함으로써 장차 상속재산의 귀속질서가 나아가야 할 방향을 가늠해본다.

2. 한정승인에 있어서 상속재산과 상속인의 고유재산

한정승인의 경우 한정승인자가 임의로 고유재산으로 상속채무를 변제하는 것은 별론으로 하더라도,[30] 상속채무에 대한 책임은 상속재산으로 한정된다. 상속채권자는 상속재산으로부터 채권의 만족을 얻을 수 있을 뿐 상속인의 고유재산을 강제집행하는 등의 방법으로 상속채무의 이행을 강제할 수는 없다.[31] 그런데 포괄승계와의 관계에 있어서 한정승인의 범위를 어디까지 인정할 것인지, 상속재산이 상속인에게 귀속된 만큼 상속재산이 상속인의 채권자에 대하여 책임재산이 될 수 있는지가 문제된다.

가. 판 결 례

대법원 2010.3.18. 선고 2007다77781 전원합의체 판결은 한정승인에 있어서 상속재산을 둘러싼 상속채권자와 상속인의 채권자 사이의 관계를 처음으로 정면에서 판단하였다. 피상속인 사망후 그의 채권자인 원고가 상속인을 상대로 대여금청구소를 제기하였고, 이후 상속인은 한정승인을 하고 이 사건 부동산에 관하여 상속을 원인으로 한 소유권이전등기를 마친 뒤 자신의 채권자인 피고에게 위 부동산에 대한 근저당권을 설정해주었다. 원고는 한정승인자에 대한 확정판결을 받아 위 부동산에 대한 강제경매를 신청하였고, 경매법원이 피고에게 채권최고액을 우선 배당하는 배당표를 작성한 데 대하여 원고가 배당이의를 하였다.

원심[32]은 상속재산이 채무초과인 때 한정승인을 하는 것이 일반적인 점, 한정승인에 의하여 상속채권자는 한정승인자의 고유재산에 대하여 집행할 수 없는데도 한정승인자의 채권자는 상속재산에 대하여 집행할 수 있다고 한다면 상속채권자에게 일방적으로 불리한 것이어서 형평에 반하는 점, 이러한 불이익을 피하기 위하여 파산신청을 하지 않을 수 없도록 한다면 상속채권자에게만 복잡한 절차를 강요하여 불공평한 점, 한정승인에 의하여 상속재산이 한정승인자의 고유재산으로부터 독립되고 일종의 파산적 청산절차를 밟게 되는 점, 재산분리의 경우 상속채권자가 상속인의 채권자에 우선하여 상속재산으로부터 변제받는 점 등의 사정에 비추어, 한정승인에서도 재산분리의 경우와 마찬가지로 상속재산과

30) 상속인이 한정승인을 하는 것은 고유재산으로 상속채무에 대한 책임을 지지 않기 위함이므로 실제 이러한 경우는 상정하기 어려울 것이다.

31) 집행권원인 판결에 한정승인의 취지가 반영된 경우에는 한정승인자는 제3자이의의 소를 제기할 수 있고, 책임재산의 유보 없는 단순한 이행판결이 선고된 경우에는 청구이의의 소를 제기할 수 있다. 나진이, 상속재산에 관한 강제집행절차에 있어 한정승인자의 고유채권자와 상속채권자 사이의 우열관계, 민사판례연구 34 (2012) 665 이하.

32) 대전고법 2007.10.11. 선고 2007나505 판결.

한정승인자의 고유재산은 법률적으로 별개의 재산을 구성하게 된다고 보아 특별한 사정이 없는 한 한정승인자의 채권자는 상속재산에 대하여 집행을 할 수 없고, 상속채권자로서는 한정승인자의 채권자들의 상속재산에 대한 집행이나 상속재산 환가절차에서의 배당요구에 대하여 제3자이의의 소 또는 배당이의의 소로써 이를 저지할 수 있다고 하였다.

그러나 위 전원합의체 판결의 다수의견은 원심을 파기하면서, "법원이 한정승인신고를 수리하게 되면 피상속인의 채무에 대한 상속인의 책임은 상속재산으로 한정되고, 그 결과 상속채권자는 특별한 사정이 없는 한 상속인의 고유재산에 대하여 강제집행을 할 수 없다. 그런데 민법은 한정승인을 한 상속인에 관하여 그가 상속재산을 은닉하거나 부정소비한 경우 단순승인을 한 것으로 간주하는 것(제1026조 제3호) 외에는 상속재산의 처분행위 자체를 직접적으로 제한하는 규정을 두고 있지 않기 때문에, 한정승인으로 발생하는 위와 같은 책임제한 효과로 인하여 한정승인자의 상속재산 처분행위가 당연히 제한된다고 할 수는 없다. 또한 민법은 한정승인자가 상속재산으로 상속채권자 등에게 변제하는 절차는 규정하고 있으나(제1032조 이하), 한정승인만으로 상속채권자에게 상속재산에 관하여 한정승인자로부터 물권을 취득한 제3자에 대하여 우선적 지위를 부여하는 규정은 두고 있지 않으며, 민법 제1045조 이하의 재산분리 제도와 달리 한정승인이 이루어진 상속재산임을 등기하여 제3자에 대항할 수 있게 하는 규정도 마련하고 있지 않다. 따라서 한정승인자로부터 상속재산에 관하여 저당권 등의 담보권을 취득한 사람과 상속채권자 사이의 우열관계는 민법상의 일반원칙에 따라야 하고, 상속채권자가 한정승인의 사유만으로 우선적 지위를 주장할 수는 없다"고 하였다.

반면 반대의견은 원심과 동일한 취지에서 상속재산은 상속채권자의 채권에 대한 책임재산으로서 상속채권자에게 우선적으로 변제, 청산되어야 하는 것이고, 상속채권자가 한정승인자의 고유재산에 대하여 강제집행을 할 수 없는 것에 대응하여 한정승인자의 고유채권자는 상속채권자에 우선하여 상속재산에 대하여 강제집행할 수 없다는 의미에서 상속채권자는 상속재산에 대하여 우선적 권리를 가진다고 하였다. 그리고 한정승인자의 상속재산 처분은 유효하고 상속채권자가 그 재산에 추급하여 강제집행을 할 수 없다고 하면서도, 한정승인자가 상속재산에 담보물권을 설정한 때에는 상속채권자가 그 재산에 대하여 강제집행을 할 수 있는 한 공시와 무관하게 상속재산에 대한 상속채권자의 우선적인 권리는 그대로 유지되는 것으로 보았다.

나. 학 설

종래에는 상속재산과 한정승인자의 고유재산의 관계, 따라서 상속재산에 대한 한정승인자의 채권자와 상속채권자의 관계 내지는 우열에 관하여 일본의 학설이 소개되는 정도였다.[33] 그러다 위 전원합의체 판결을 전후하여 다수의 문헌에서 이 문제를 다루었다. 일부 견해는[34] 당사자들의 이익상황을 고려할 때 한정승인이 있는 경우 상속재산과 고유재산을 분리하여 전자는 상속채권자의 책임재산으로 하고 후자는 상속인의 채권자의 책임재산으로 하는 것이 타당하다고 한다. 한정승인에 의하여 발생하는 재산분리는 채무자의 책임을 한정하는 동시에 상속재산을 상속채권자를 위한 배타적인 책임재산으로 만드는 의미를 가진다는 것이다.[35] 그 결과 상속재산에 대하여 담보권 등의 이해관계를 가지게 된 채권자가 발생하는 경우에도 이는 특별한 거래보호를 정당화할만한 것이라고 할 수 없고, 한정승인에 의한 재산분리가 상속채권자에게 우선변제권을 수반하는 지위를 수여한다는 의미가 달라지지는 않는다고 한다.[36]

다른 일부 견해는[37] 한정승인제도의 취지에 비추어 그리고 위 전원합의체 판결의 다수의견 및 그 보충의견[38]과 동일한 맥락에서 한정승인이 있으면 상속채권자는 상속인의 고유재산에 대하여는 강제집행을 할 수 없게 되고 상속재산으로부터만 채권의 만족을 받아야 하므로, 그와의 균형상 상속인의 고유채권자는 상속재산으로부터는 만족을 얻을 수 없다고 한다. 하지만 상속인의 채권자가 상속인으로부터 담보물권을 취득한 경우에는 한정승인 사실이 공시되지 않은 한 위 전원합의체 판결과 같은 결론은 불가피한 것이라고 본다. 나아가 현행법의 해석상 상속인의 처분행위 자체의 효력은 부정할 수 없더라도 이는 상속채권자를 희생시키거나 한정승인제도를 형해화할 수 있으므로 입법적인 대안이 필요하다고 한다.[39]

3. 한정승인의 취지와 재산분리의 의미 재고

학설은 대체로 한정승인의 효과로 상속재산과 한정승인자의 고유재산은 분리된다고

33) 가령 박광천, 재판자료 제78집, 1998, 590.
34) 김형석, 한정승인의 효과로서 발생하는 재산분리의 의미, 가족법연구 22/3 (2008) 519 이하.
35) 박동섭, 친족상속법, 제4판, 2013, 636은 한정승인에 의하여 상속재산은 고유재산과 분리된 특별재산이 된다고 한다.
36) 김형석, 가족법연구 22/3 (2008) 526.
37) 윤진수, 이용훈 대법원의 민법판례, 정의로운 사법: 이용훈대법원장재임기념, 2011, 74 이하; 박종훈, 한정승인과 상속채권자의 우선변제권, 부산판례연구회 판례연구 22 (2011) 754 이하; 이원범, 한정승인이 이루어진 경우 상속채권자가 상속재산에 관하여 한정승인자로부터 담보권을 취득한 고유채권자에 대하여 우선적 지위를 주장할 수 있는지 여부 — 대법원 2010.3.18. 선고 2007다77781 전원합의체 판결 —, 정의로운 사법: 이용훈대법원장재임기념, 2011, 591 이하; 나진이, 민사판례연구 34 (2012) 675 이하.
38) 다수의견에 대한 보충의견은 "한정승인으로 상속채권자가 상속재산에 대하여 한정승인자의 고유채권자보다 우선하는 것은, 한정승인자의 고유채권자와 상속채권자가 모두 일반채권자인 한, 상속채권자는 한정승인자의 고유재산에 대하여, 한정승인자의 고유채권자는 상속재산에 대하여, 각 강제집행을 할 수 없다고 하는 것이 형평의 관점에서 정당하다는 데서 파생하는 결과에 지나지 않"는다고 하여, 상속인의 일반채권자는 상속재산을 책임재산으로 할 수 없다고 본다.
39) 김주수/김상용, 친족 · 상속법, 718.

하며, 위 전원합의체 판결에서 다수의견이나 반대의견도 그 점에서는 기본적으로 동일한 입장이다. 그러나 한정승인에 의한 상속재산과 한정승인자의 고유재산의 분리 정도에 대한 이해는 차이가 있다. 일부 학설이나 전원합의체 판결의 반대의견은 한정승인제도의 취지 및 형평을 근거로 상속재산은 상속채권자의 채권에 대한 책임재산으로서 상속채권자에게 우선적으로 변제되고 그 채권이 청산되어야 하며, 한정승인자의 채권자는 비록 상속재산에 대하여 담보물권을 취득한 때에도 상속채권자에 우선하여 그 상속재산을 강제집행할 수 없다고 한다. 한정승인은 상속인의 유한책임을 넘어서 상속재산과 한정승인자의 고유재산을 분리, 독립시키고 각 채권자의 배타적인 책임재산을 만들어내는 효과를 가진다는 것이다. 반면 다른 일부 학설이나 전원합의체 판결의 다수의견은 마찬가지로 제도의 취지와 형평을 근거로 한정승인에 의하여 상속재산과 한정승인자의 고유재산이 일응 분리되지만 상속재산에 관하여 한정승인자의 처분을 제한하는 규정이 없고, 상속채권자의 우선권에 관한 규정이 없으며 또한 이에 대한 공시규정이 없다는 점에서 상속재산이 상속채권자의 배타적 책임재산이 되는 것은 아니라고 본다.

이러한 견해대립에 대하여는 민법상 한정승인이 과연 상속재산과 한정승인자의 고유재산을 분리하기 위한 제도인지 그리고 유한책임을 넘어서 상속재산을 상속채권자의 우선변제권을 보장하는 배타적 책임재산을 만들어내는 제도인지를 살펴보지 않을 수 없다. 전자의 경우에는 상속재산분리제도와의 구별이 그리고 후자의 경우에는 상속재산의 파산과의 구별이 문제된다. 사실 민법상 한정승인제도가 상속재산분리제도를 포섭하는 상위제도로 설계되었다고 단언할 수 있는지는 의문이며, 학설은 한정승인의 효과에 관한 입법적 불비를 지적하지만 오히려 그렇기 때문에 한정승인은 그 본래적인 의미만을 갖는 제도로서 운용되어야 하는 것은 아닌지를 고민해볼 필요가 있다. 이하에서는 각 제도와의 구분을 통하여 한정승인제도의 법체계상의 위치와 역할을 확인해본다.

가. 제도의 취지

학설들이 일치하여 근거로 들고 있는 한정승인제도의 취지는 상속인의 보호이며, 상속재산과 상속인의 고유재산이 분리를 위한 제도는 상속재산의 분리이다. 한정승인은 당연승계원칙의 예외로서 상속포기와 함께 책임재산을 상속재산으로 제한할 수 있는 선택지를 줌으로써 상속인을 보호하고자 하는 것이다.[40] 대법원이 2006.10.13. 선고 2006다23138 판

40) 한편 김주수/김상용, 친족 · 상속법, 733은 한정승인이 상속채권자를 희생시켜가면서 상속인을 보호하는 제도라고 설명한다. 그러나 한정승인에 의하여 양 재산이 분리되고 상속재산이 상속채권자를 위한 배타적인 책임재산이 된다면 상속채권자의 입장에서는 피상속인의 책임재산으로 파악한 바가 그대로 존속하기 때문에 불이익이나 희생은 없을 것이다. 물론 상속채권자로서는 상속인의 고유재산으로부터의 만족을 기대할 수 있을지라도, 이는 법적으로 보호되지

결이 상속채권자의 상속인에 대한 이행청구에서 상속인이 한정승인의 항변을 하지 않아 전부인용판결이 확정되었음에도 불구하고 이후 상속인에게 청구이의의 소를 허용한 것도 한정승인제도의 목적이 기본적으로는 상속인의 보호에 있기 때문이다.[41] 특히 특별한정승인 제도를 통하여 단순승인이 있는 때에도 일정 요건하에 다시금 한정승인을 할 수 있게 한 것도 어디까지나 상속인을 보호하기 위함이다. 특별한정승인 이전에 상속인이 상속재산을 처분한 경우에는 상속채권자가 변제를 받을 수 있는 책임재산이 감소하고,[42] 일부 상속채권자에게 변제를 한 경우에는 상속채권자 사이에 차별이 발생한다.[43] 그럼에도 불구하고 한정승인을 통한 상속인의 유한책임을 허여한 데서 상속인의 보호라고 하는 취지는 더욱 분명히 드러난다.

나. 다른 제도와의 구분

재산분리를 위한 별개의 제도가 존재함에도 불구하고 한정승인에 의하여 상속재산과 한정승인자의 고유재산이 각 채권자들을 위한 책임재산으로 분리된다고 해석할 법률상의 근거를 찾기는 어렵다. 한정승인도 승인의 하나이므로 한정승인자는 피상속인의 재산적 지위를 포괄승계하며, 다만 그 책임이 제한될 뿐이다. 그러므로 상속채권자는 한정승인자에 대하여 채권 전액을 청구할 수 있고, 법원으로서도 상속채무 전액에 대한 이행판결을 선고하여야 하며, 다만 집행력을 제한하기 위하여 이행판결의 주문에 상속재산의 한도에서만 집행할 수 있다는 취지를 명시하는 것이다.[44] 만약 한정승인에 의하여 당연히 양 재산이 분리된다면, 재산분리제도의 존재의의는 무엇인지 묻지 않을 수 없다. 한정승인의 효과에 대한 더 이상의 규정이 없는 상태에서 형평이라고 하는 근거로부터 재산분리의 효과를 해석상 도출할 수 있을지도 모른다. 그러나 이미 민법은 재산분리 및 청산을 위한 보다 상세

않는 사실상의 기대 내지 희망에 지나지 않는다.

41) 위 판결은 소송에서 채무자가 한정승인 사실을 주장하지 않으면 책임의 범위는 현실적인 심판대상으로 등장하지 아니하여 주문에서는 물론 이유에서도 판단되지 않는 것이므로 그에 관하여는 기판력이 미치지 않는다고 설시하였다. 그리고 대법원 2009.5.28. 선고 2008다79876 판결은 위와 같은 기판력에 의한 실권효 제한의 법리는 채무의 상속에 따른 책임의 제한 여부만이 문제되는 한정승인과 달리 상속에 의한 채무의 존재 자체가 문제되어 그에 관한 확정판결의 주문에 당연히 기판력이 미치게 되는 상속포기의 경우에는 적용될 수 없다고 보아 청구이의의 소를 인정하지 않았다.

42) 대법원 2006.1.26. 선고 2003다29562 판결은 상속채무 초과사실을 중대한 과실 없이 민법 제1019조 제1항의 기간 내에 알지 못하고 단순승인을 한 경우뿐만 아니라 민법 제1026조 제1호 및 제2호의 규정에 의하여 단순승인을 한 것으로 간주되는 경우에도 상속채무 초과사실을 안 날로부터 3월 내에 한정승인을 할 수 있기 때문에, 피고들이 상속재산 협의분할을 통해 이미 상속재산을 처분한 바 있다고 하더라도 피고들은 여전히 민법 제1019조 제3항의 규정에 의하여 한정승인을 할 수 있다고 하였다.

43) 이경희, 가족법, 475 이하는 이러한 문제점을 지적하면서 입법적으로는 특별한정승인의 대상을 지나치게 넓게 인정하고 있는 민법의 태도에 재고의 여지가 있다고 한다.

44) 대법원 2003.11.14. 선고 2003다30968 판결.

한 제도를 마련하고 있으며 상속재산의 파산절차도 별도로 존재한다. 상속인이 한정승인을 신고할 때에는 어디까지나 유한책임을 위한 것인데, 이에 대하여 마치 상속채권자나 상속인의 채권자가 재산분리를 청구한 것과 동일한 효과를 수여할 근거는 무엇인가?

일부 견해는[45] 프랑스 민법상의 한정승인에 대한 해석에 비추어 우리법이 한정승인을 파산적 청산으로 정하고 있다고 한다. 그러나 비록 그 연원이 닿아 있다고 하더라도 현재 프랑스 민법이 한정승인과 상속재산분리를 규율하는 체계와 그 내용은 우리법과 차이가 있다. 그러므로 우리법의 해석을 전적으로 프랑스법에 의지할 수는 없으며, 더욱이 우리법상 파산적 청산에 접근하는 것은 오히려 상속재산분리제도라고 할 수 있다. 프랑스 민법 제791조 이하는 한정승인에 따른 효과를 자세히 정하고 있는데, 상속재산과 한정승인자의 고유재산은 혼합되지 않으며(프랑스 민법 제791조 제1호), 상속재산에 대한 개별적인 강제집행이나 처분은 제한되고, 상속채권자는 법이 정한 절차에 따라 상속재산의 환가대금으로부터만 변제를 받게 된다. 한편 상속재산의 분리에 대한 규정은 상속재산의 분할(partage)에 관한 장(chapitre)에서 채무변제에 관한 절(section)에 위치하고 있다. 그리고 상속채권자와 수유자는 상속재산에 대하여 모든 상속인의 채권자에 우선할 것을 청구할 수 있으며(프랑스 민법 제878조 제1항) 이에 상응하여 상속인의 채권자는 상속인의 고유재산에 대하여 모든 상속채권자에 우선할 것을 청구할 수 있음을 명시할 뿐이다(프랑스 민법 제878조 제2항). 그리고 이러한 우선권(droit de préférence)은 부동산에 관한 특별선취특권(privilège spécial)으로서 상속개시후 4개월 내에 등기를 하여야 한다(프랑스 민법 제878조 제3항, 제2373조 제6항, 제2383조). 상속인의 채권자와 피상속인의 채권자는 위 청구를 통하여 각 책임재산으로부터 우선변제를 받을 수 있는 선취특권을 취득하지만, 우리법상의 재산분리에서와 같은 청산절차는 없다. 따라서 프랑스 민법에서 상속재산을 모든 상속채권자를 위한 배타적 책임재산으로 파악하고 집단적 청산을 위한 제도는 한정승인밖에 없으며, 상속재산의 분리는 이와 다른 기능을 하는 제도로서 차별화된다.

반면 우리 민법은 상속의 효력에 관한 절 다음에 상속인이 이러한 효력을 승인 또는 포기할 수 있는 제도를 정하고, 이어 상속재산의 분리를 별도로 규정하고 있다. 한정승인은 상속인만 할 수 있는 것과 달리 상속재산의 분리는 각 책임재산의 분리, 확보를 통하여 이익을 얻고자 하는 상속채권자나 수유자 또는 상속인의 채권자가 청구할 수 있으며(제1045조 제1항), 이러한 재산분리의 공시방법(제1049조)과 배당변제(제1051조), 상속인의 고유재산으로부터의 변제가 상세히 규정되어 있다. 나아가 채무자회생법은 상속재산이 채무초과상태인

45) 김형석, 가족법연구 22/3 (2008) 520 이하.

때 채권자의 집단적 만족의 최대화를 위한 청산절차로서 상속재산에 대한 파산을 신청할 수 있도록 한다. 재산의 분리라고 하는 점에서는 상속재산분리제도와 유사하지만, 상속재산의 파산에서는 파산관재인에 의한 보다 엄격한 청산이 이루어지며, 원칙적으로 상속인은 유한책임을 진다는 점에서(채무자회생법 제3조) 차이가 있다.[46] 실제 비용 등의 이유로 채무초과상태인 상속재산에 대하여 파산신청이 별로 이루어지지 않고 상속포기나 한정승인에 의하여 처리된다고 하더라도, 이러한 사실이 상속재산파산제도의 존재의의에 장애가 되지는 않는다.[47] 만약 한정승인만으로 한정승인자와 피상속인의 각 채권자의 독립적인 책임재산이 작출된다면, 이는 상속재산분리제도를 무력화하고 이를 한정승인으로 흡수하여 사실상 민법에서 상속재산파산제도를 실현하는 결과가 될 것이다. 그 때문에 이러한 해석이 과연 법률상 각각의 고유한 제도를 운용하는 방법으로서 정당한지, 나아가 법해석을 통한 입법의 가능성과 타당성에 대하여 의문과 우려를 가지지 않을 수 없는 것이다.

다. 민법의 규정방식

민법은 상속채권자에 대한 한정승인자의 책임이 제한되는 만큼 상속채권자들에게 배당변제를 하도록 하고,[48] 따라서 한정승인자가 피상속인에 대하여 가진 권리의무는 소멸하지 않는 것으로 정하고 있다(제1031조). 만약 한정승인자의 피상속인에 대한 권리의무가 상속으로 소멸한다면, 실제로 한정승인자가 상속재산으로부터 자신의 채권 전부를 변제받음으로써 배당변제에 반하거나 상속재산에 속한 채권이 소멸함으로써 상속재산의 감소를 가져오는 결과가 되어 한정승인의 취지에 반하기 때문이다.[49] 하지만 이 과정에서도 한정승인에 의하여 상속재산 자체에 법인격이 부여되거나 마치 신탁재산이나 파산재단과 같은 독립성이 인정되는 것은 아니다. 민법상 상속재산과 한정승인자의 고유재산을 분리하여 각 채권자의 배타적인 책임재산으로 만드는 데 대한 정함도 없다. 만약 양자를 이렇게 분리, 독립시키고자 하였다면, 상속채권자의 배타적인 책임재산이 되는 상속재산의 처분을 금지

46) 채무자회생법 제389조 제3항 본문은 "상속재산에 대하여 파산선고가 있는 때에는 상속인은 한정승인한 것으로 본다"고 규정하는데, 이는 한정승인자와 마찬가지로 상속인이 유한책임을 지고 별도의 면책절차가 요구되지 않는다는 의미로 해석하여야 한다. 이로부터 역으로 한정승인이 상속재산의 파산과 같이 상속재산과 한정승인자의 고유재산을 분리, 독립시킨다는 의미를 도출할 수는 없다.

47) 일본의 경우에도 파산법 제10장에서 상속재산파산에 관하여 규정하고 있지만 실제 파산신청은 이루어지지 않고 있으며, 상속재산파산은 파산을 신청한 후 사망한 경우에 한정된다고 한다. 山本和彦/中西正/笠井正俊/沖野眞已/水元宏典, 倒産法概說, 第2版, 弘文堂, 2010, 342.

48) 한정승인자는 변제를 위하여 상속채권자와 수유자에게 공고 또는 최고를 하고(제1032조), 상속재산을 환가하기 위하여 필요한 때에는 민사집행법에 의한 경매를 하여야 한다(제1037조). 공고기간 만료후에는 우선권 있는 채권자가 변제를 받은 나머지에 대하여 각 채권자들이 채권액의 비율로 변제를 받으며(제1034조), 기간내 신고하지 않았고 한정승인자도 알지 못한 채권자는 상속재산의 잔여가 있는 경우에 변제를 받을 수 있다(제1039조).

49) 곽윤직, 상속법, 189.

하고 이를 공시하는 방안도 마련하였을 것이며, 나아가 상속채권자가 그러한 처분행위를 부인하거나 목적물을 회수할 수 있는 조치도 함께 정하였을 것이기 때문이다.[50]

이와 달리 상속재산분리의 경우 제1049조는 부동산에 대한 등기를 대항요건으로 정하고 있다.[51] 재산분리명령이 있은 후 상속인은 상속재산의 관리의무를 부담하며 처분행위를 할 수 없다. 그럼에도 불구하고 행해진 상속인의 처분은 무효이지만 제3자의 보호가 문제된다. 그래서 재산분리의 경우 부동산에 대하여는 등기를 대항요건으로 명시하고 있는 것이다. 반면 한정승인의 경우에는 그 공시방법에 관한 정함이 없다. 일정한 경우 단순승인으로 간주되거나(제1026조 제3호) 부당변제에 따른 손해배상책임이 발생하는(제1038조) 외에, 한정승인자의 처분행위는 유효하다. 한정승인은 책임이 제한되는 것일 뿐 피상속인을 포괄승계한 상속인의 처분권을 제한하거나 상속재산의 귀속주체로서 행한 처분행위의 효력을 부정하는 제도는 아니기 때문이다. 그렇다면 채무자인 상속인이 처분할 수 있는 재산에 대하여 그 채권자가 강제집행을 하는 경우 이를 배제할 근거는 무엇인가? 가령 한정승인자가 자신의 채권자에게 상속재산으로 대물변제를 하는 것은 유효하고 그 채권자가 상속재산에 대하여 강제집행하는 것은 허용되지 않는다고 하여 양자의 효력을 달리 판단할 결정적인 차이점이 과연 있는지 의문이다. 상속채권자가 보전처분을 하거나 상속재산분리청구를 할 수 있음에도 불구하고 그렇게 하지 않은 상태에서 그리고 각 재산별로 공시된 바가 없음에도 불구하고, 상속인이 한정승인을 한 것만을 근거로 상속인의 채권자가 이로부터 만족을 얻을 수 없다거나 혹은 채권자의 선의 · 악의에 따라서 그 효력을 달리 판단할 수는 없다.

라. 당사자의 이해관계

한정승인에 대하여 상속재산과 한정승인자의 고유재산이 분리되고 각 채권자의 배타적 책임재산이 된다는 견해는, 피상속인의 사망에 의하여 어느 누구도 이전보다 불리한 상태에 있게 할 이유가 없으며 특히 한정승인에서 상속인의 채권자가 상속재산에 집행을 할 수 있게 되면 상속채권자의 이익은 고려되지 않는다고 한다.[52] 그러나 사망이라고 하는 것이 피할 수 없는 사건인 것처럼, 사망에 따른 법률관계의 변동은 필연적이다. 상속인이 피상속인의 재산적 지위를 당연 · 포괄승계함에 따라 때로는 상속인이나 상속인의 채권자가

50) 이미 전원합의체 판결에서 다수의견에 대한 보충의견 또한 지적한 바이다.

51) 등기방법으로 일부 견해는 실제 등기할 수 있는 방법이 없다고 하고(곽윤직, 상속법, 202), 다른 견해는 부동산등기법 제3조에서 정한 처분의 제한에 대한 등기를 통하여 공시할 수 있다고 한다(김주수/김상용, 친족 · 상속법, 737). 이에 대해 상속재산분리는 상속인의 처분권을 제한하는 것은 아니기 때문에 역시 현실적으로 등기가 행해지고 효력을 가지는 경우를 상정하기 어렵다고 하지만(김형석, 가족법연구 22/3 [2008] 524), 실무상 처분의 제한의 등기로서 등기가 되고 있다(이성보, 재판자료 제78집, 1998, 164 이하).

52) 김형석, 가족법연구 22/3 (2008) 519 이하.

그리고 때로 상속채권자가 사실상 또는 법률상 유리하거나 불리해질 수 있지만 이러한 현상 자체를 부당하다고 할 수는 없다. 이에 대한 조치로서 상속인은 포기 또는 한정승인을 할 수 있고, 이러한 권능은 상속인에게만 인정된다.[53] 이와 별도로 상속채권자나 상속인의 채권자에게는 상속재산의 분리청구권이 인정된다. 그리고 상속인, 상속채권자, 수유자, 상속재산관리인, 유언집행자는 상속재산의 파산을 신청할 수 있으며(채무자회생법 제299조 제1항), 파산선고 전이라도 가압류, 가처분 등 필요한 보전처분을 할 수 있다(채무자회생법 제323조). 이처럼 각 당사자에게 주어진 법적 수단을 통하여 자신의 권리를 확보할 수 있음에도 불구하고 해당 조취를 취하지 않은 채 만연히 다른 당사자의 신고나 청구에 기대어 자신의 지위도 확보되었으면 하는 기대를 법적으로 보호할 필요는 없으며, 제도상 특정 당사자의 이익에 대한 배려가 결여되었다고 비판할 수도 없는 것이다.

상속인은 상속개시 있음을 안 날부터 3개월 이내에 한정승인을 할 수 있으며 그 기간은 연장이 가능하다(제1019조 제1항). 위 기간내에 상속채무가 상속재산을 초과한 사실을 중대한 과실 없이 알지 못하고 단순승인을 한 경우에도 그 사실을 안 날부터 3개월 이내에 한정승인을 할 수 있다(제1019조 제3항). 반면 재산분리청구는 상속이 개시된 날부터 3개월 이내에 청구할 수 있으며, 다만 상속인이 승인이나 포기를 하지 않은 동안에는 위 기간이 경과한 후에도 분리청구가 가능하다(제1045조 제1항 및 제2항).[54] 이처럼 한정승인과 상속재산분리의 기간은 그 기산점이 다르고 예외적으로 가능한 경우들도 있어서 일률적으로 어느 것이 먼저 행사되어야 하는지에 대한 순서를 이야기할 수는 없다. 그리고 상속재산이나 상속인의 고유재산의 상태에 대하여 각 상속인의 채권자나 상속채권자가 충분히 파악하기도 쉽지 않을 것이다. 그러므로 각 당사자는 상속이 개시된 때 자신의 권리확보를 위하여 필요한 조치를 취하지 않으면 안 된다. 상속채권자나 상속인의 채권자는 상속인의 고유재산이나 상속재산이 충분하지 않거나 혹은 충분한지 여부가 불명확한 때에는 일단 재산분리신청을 할 필요가 있으며, 이 경우에도 유한책임만을 지고자 하는 상속인은 한정승인신고를 하여야 하는 것이다. 그러므로 한정승인이 있는 경우에도 상속채권자가 재산분리나 파산신청을 하여야 한다고 해서 이것이 상속채권자에게만 복잡한 절차를 강요하는 것이라고 해서는 안 된다.

마. 소 결

한정승인에 따른 상속재산과 한정승인자의 고유재산의 관계와 관련하여 한정승인의

53) 이러한 권리는 일신전속적이며 인격적 성질 내지 인적 결단으로서의 성질을 가지기 때문에 채권자대위권과 채권자취소권의 대상이 되지 않는다(대법원 2011.6.9. 선고 2011다29307 판결).

54) 상속재산에 대한 파산신청도 위 재산분리 청구기간내에 할 수 있지만, 그사이에 한정승인 또는 재산분리가 있은 때에는 상속채권자 및 수유자에 대한 변제가 종료하지 않은 동안에는 파산신청을 할 수 있다(채무자회생법 제300조).

제도적 취지와 형평이라고 하는 동일한 근거하에서도 학설과 판결은 일치하지 않는다. 입법적으로 완벽하지 않은 부분에 대하여는 해석을 통해 기준을 제시할 필요가 있으나, 이 경우에도 이미 존재하는 다른 제도와 관계에 대한 세심한 배려도 필요하다. 법제도는 사회적 경제적 문화적 배경에 따라서 그 활용도가 달라질 수 있지만, 각 제도의 운용범위를 명확히 함으로써 구체적인 수요에 따라 각 제도를 이용할 수 있는 토대를 제공할 필요가 있다. 이때 현재 있는 법과 있어야 할 법을 구별하여 검토할 필요가 있는바, 이상의 근거에 비추어 현재 한정승인제도의 취지 및 규율내용은 다음과 같이 정리할 수 있다.

상속이 개시되면 상속인은 상속재산을 당연 · 포괄승계하고, 상속재산과 상속인의 고유재산은 혼합된다. 이 경우 상속인은 자신의 선택에 따라 상속을 포기하거나 한정승인을 할 수 있다. 상속포기를 하는 때에는 위 혼합상태가 소급적으로 해소되지만, 한정승인을 한 때에는 위와 같은 재산상태에는 변동이 없다. 상속채권자와 수유자에 대한 한정승인자의 책임이 상속재산에 제한될 뿐이다. 즉, 한정승인자는 상속재산으로부터 배당변제를 통하여 각 상속채권자 및 수유자에게 변제하고, 변제받지 못한 상속채권자 등이 있는 때에도 책임을 면한다.

한정승인자가 상속재산의 귀속주체로서 이를 처분하는 것이 제한되지는 않는다. 그러한 처분행위가 한정승인자의 채권자에 대한 변제이거나 담보물권의 설정인 때에도 다르지 않으며, 물권관계는 일반법리에 의한다. 그리고 이에 상응하여 한정승인자의 채권자가 집행권원을 얻어 상속재산에 대한 강제집행을 하는 것만 그 효력을 부정할 것은 아니다. 한정승인은 어디까지나 상속인을 위한 제도로서 상속채권자 등에 대한 변제를 위하여 상속재산과 한정승인자의 고유재산이 구분되기는 하지만, 민법상 양자를 분리하여 각 채권자의 배타적인 책임재산으로 삼는 제도로 설계되지는 않았다. 이러한 재산의 분리에 직접적인 이해관계를 가지는 것은 각 채권자들이며,[55] 이들은 상속재산의 분리제도를 통하여 그와 같은 효과를 얻을 수 있다. 다만, 상속재산분리도 상속재산과 상속인의 고유재산을 온전히 분리, 독립시키는 것이 아니라 일단 분리하여 변제의 우선순위를 정한다는 점에서 불완전한 분리이다. 상속채권자는 상속재산분리에 의하여 상속재산을 배타적인 책임재산으로 확보하고 이로부터 채권의 만족을 얻을 수 있으며 변제받지 못한 부분은 상속인의 고유재산으로부터 변제받을 수 있는데, 이때 고유재산의 채권자가 우선권을 가진다(제1052조 제2항). 상속인이 한정승인을 하는 경우에도 그 채권자 등이 재산분리를 통하여 우선적인 변제권을 확보할 필요가 있을 때에는 재산분리를 청구할 것이며,[56] 채권자 등이 재산분리를 청구한

55) 그래서 상속인은 상속재산분리 청구권자에 포함되지 않는다.

56) 가령 곽윤직, 상속법, 198은 상속인이 한정승인을 한 때에도 후에 무효가 될 수 있기 때문에 채권자 등은 재산분리를

때에도 상속인이 유한책임만을 지고자 하는 때에는 한정승인을 하여야 한다. 이와 별도로 상속재산이 채무초과상태라면 상속재산의 파산을 통하여 한정승인과 상속재산분리 양자 효과를 얻을 수 있다.

Ⅳ. 상속재산의 귀속질서에 대한 새로운 접근의 필요성 – 결론에 갈음하여

재산의 승계는 모든 사람의 이해관계에 영향을 미치는 중요한 문제이다. 그럼에도 불구하고 실제 어떠한 방식으로 재산의 승계가 이루어지고 있으며 또한 이루어져야 할 것인지에 대한 전반적, 실증적 연구를 찾기는 쉽지 않다.57) 만약 현행 제도에 의한 개별적인 권리의 확보와 실현이 견딜 수 없는 정도라면, 이는 입법에 의하여 해결할 문제이다. 사망이라고 하는 불가피한 사정으로 법률관계의 불확실성이 커지는 만큼 더욱 법률에 명확한 규정이 있어야 하며, 단순히 해석에 의하여 일련의 기준들을 도출할 수는 없다. 상속재산의 귀속에 관한 현재의 질서, 즉 단순승인을 원칙적인 모습으로 하는 민법의 태도에 대하여는 이미 단순승인이 아닌 한정승인을 원칙적으로 해야 한다는 주장이 제기되었으며,58) 입법적 보완을 통하여 한정승인에 대한 법률관계를 명확히 하여 제도의 적극적 활용을 도모할 필요가 있다거나,59) 반대로 한정승인제도를 폐지할 필요가 있다는 지적도 있다.60) 일견 상반된 것처럼 보이는 견해들은 민법상 재산승계의 일반원칙 내지 그 주변 제도들이 더 이상 개별적인 수요를 충족하지 못하거나 서로 조화되지 않는다는 사실을 공통적으로 보여준다.

사실 과거와 같이 선대의 빚을 상속받는 것이 효도라고 하는 인식은 희박해져 가고, 개인주의사회에서 거래관계는 상대방의 책임재산을 전제로 하는 것이 일반적이다. 그렇다면 피상속인의 사망으로 당연승계가 이루어지더라도 상속재산은 상속인의 고유재산과 독립한 재산이 되고, 그중 적극재산으로 소극재산을 변제한 후 남는 적극재산만 상속인에게 승계되고 상속인은 상속재산에 속한 채무에 대하여 책임을 지지 않는 것을 원칙적인 모습으로 삼을 필요가 있다. 그리고 상속재산의 독립성을 대항하기 위해서는 이를 공시하도록

청구할 수 있다고 한다. 하지만 제도의 효용을 비단 이 경우에만 제한할 이유는 없을 것이다.

57) 가령 미국에서도 근래 이러한 문제의식에 기초하여 실증적 자료를 토대로 현재의 재산승계방식을 확인하고 앞으로의 방향을 모색한 연구결과가 나와 주목을 끈다. Naomi Cahn/Amy Ziettlow, “Making things fair: an empirical study of how people approach the wealth transmission system”, 22 Elder Law Journal 325 (2015).

58) 한봉희/백승흠, 가족법, 549; 박동섭, 친족상속법, 606 이하; 김주수/김상용, 친족 · 상속법, 696.

59) 나진이, 민사판례연구 34 (2012) 684.

60) 윤진수, 이용훈 대법원의 민법판례, 정의로운 사법: 이용훈대법원장재임기념, 75.

하여야 하며,[61] 이 경우에도 상속인은 상속을 포기하거나 단순승인을 할 선택권을 가진다고 하면 충분하다.[62] 현재의 한정승인과 상속재산분리를 결합하여 제도를 설계할 수 있으며, 이러한 제도하에서는 각 당사자들이 자신의 권리를 확보하기 위한 조치를 별도로 취하여야 하는 부담을 덜 수 있고, 하나의 절차에서 효율적으로 당사자들의 이해를 조정할 수 있어 합리적이다. 또한 공시의 결여로 인한 거래안전의 위협도 최소화할 수 있다.

나아가 이제는 상속재산의 귀속을 포함한 우리 상속법 전반에 대한 재검토가 필요한 시점이다. 상속법은 그 사회적 의미와 성질이 가변적이다. 상속법의 역사는 거시적으로는 가족의 유지와 개인의 자유라는 모순된 두 개의 요청을 기초로 하여 후자가 전자를 구축하는 형태로 발전해왔으며,[63] 이러한 경향은 더욱 가속화되고 있다. 현대에 있어서 핵가족화, 이혼 및 재혼의 증가와 그 과정에서 다른 배우자 사이에서 태어난 자녀의 증가나 보조생식술을 통해 태어난 자녀의 존재와 같은 가족형태 및 구성의 변화, 사실혼 또는 동성혼과 같은 비전통적 · 비법률적 혼인관계의 발생, 부에 대한 사회인식의 변화는 상속법에 영향을 미치는 중요한 요소들이다.[64] 특히 수명의 연장에 따라 피상속인 사망시에 상속인도 이미 고령이거나 은퇴한 경우들이 증가하였다. 자기 자신이나 가족 또는 재산을 돌볼 능력 이상으로 오래 살게 됨에 따라 생존 중 신상에 대한 보호 및 재산의 관리에 대한 고려와 함께 피상속인의 의사에 따른 재산승계를 위한 조치(estate planning)가 필요하게 되었다. 물론 유증은 이를 위한 하나의 유용한 수단이 된다. 유언은 누가 무엇을 가지는지에 대한 결정적인 기준이지만, 유언에는 엄격한 방식이 요구되고 유언자 사망시에 유언 자체를 둘러싼 분쟁이 발생할 수 있다. 또한 다양한 방식으로 재산의 승계를 설계하는 데에도 한계가 있다.[65] 그러므로 유언의 대체수단(will substitutes)에 대하여도 관심을 기울일 필요가 있다. 이와 더불어 국내 자산의 상당부분을 고령자 내지 은퇴자가 소유함으로써 실제 경제활동에 투입되지 않아 재화의 순환이 활발하게 이루어지지 않는 데 대한 고려도 빠트릴 수 없다.[66] 그리고 상속재산과 상속인의 고유재산의 관계에 대한 논의가 이러한 변화와 수요에 상응하는 상속제도에 다가가기 위한 하나의 계기가 될 수 있을 것이다.

---

61) 이는 신탁재산이 수탁자에게 귀속하지만 수탁자의 고유재산과 구분되는 독립성을 가지며, 신탁재산의 독립성을 대항하기 위하여 공시를 요구하는 신탁법의 구조와 동일하다.

62) 이제 별도의 한정승인이나 상속재산분리제도를 존치시킬 필요는 없으며, 위와 같은 효과를 위하여 본고장에서도 비판이 많은 유언검인절차(probate process)를 새삼 도입할 필요도 없다.

63) 박병호, 가족법, 294.

64) Lawrence M. Friedman, Dead Hands, Stanford Law Books, 2009, 11.

65) 최수정, 신탁제도를 통한 고령자의 보호와 지원, 2010, 139 이하 참조.

66) 예컨대 프랑스는 2006년 상속법 개정시에 이러한 점을 고려하여 세대를 넘은 증여분할(donation-partage transgénérationnelle: 프랑스 민법 제1078조의4 내지 제1078조의10)과 같이 종래 금지되었던 승계형식을 허용하였다.

건물철거청구권의 법적 근거와 성질

최 우 진

고려대학교 법학전문대학원 교수

Ⅰ. 문제의 제기

우리 법제는 토지와 건물을 각각 독립한 별개의 부동산으로 취급한다. 누군가가 타인 토지 위에 건물을 신축하더라도, 그 건물을 해당 토지의 본질적 구성부분으로 다루거나, 곧바로 그 토지소유자의 소유에 속한다고 보지 않는다. 건물 소유권의 귀속관계는 그 부지의 소유 여하와 무관하게 정해질 수 있고,[1] 토지소유자와 그 지상 건물의 소유자가 다를 수 있다. 그러한 경우, 토지소유자는 자기 소유 토지 위에 있는 타인 소유 건물로 인해 소유권 행사가 제약된다고 여길 수 있다. 그는 이러한 상황을 타개하기 위한 권리구제수단으로 건물철거청구권을 우선 떠올릴 것이다.

이러한 건물철거청구권은 종래부터 민법 제214조에 기한 소유물방해배제청구권으로 이해되어왔다.[2] 즉, 토지소유자가 그 토지 위에 타인 소유 건물이 있어서 토지소유권을 방해받는다고 보고, 그 방해배제 일환으로 해당 건물의 철거를 구할 수 있다고 보는 것이다. 물론, 여기에서의 방해는 위법한 것이어야 한다.[3] 건물소유자는 타인 소유 토지 위에서 해당 건물을 소유할 수 있는 지상권, 임차권 등의 권원을 주장 · 증명함으로써 토지소유자의 건물철거청구에 대항할 수 있다.[4] 하지만 건물소유자가 그 부지의 적법한 사용권원을 내세

1) 신축건물의 소유권 귀속관계의 결정기준에 관해서는 대법원 1992.3.27. 선고 91다34790 판결 등 참조. 독립한 부동산으로서의 건물이라기 위해서는 최소한의 기둥과 지붕 그리고 주벽이 이루어지면 된다. 이에 관해서는 대법원 2001.1.16. 선고 2000다51872 판결 등 참조.

2) 우선 곽윤직/김재형, 물권법, 제8판, 2015, 233; 이영준, 물권법, 전정신판, 2009, 571; 지원림, 민법강의, 제17판, 2021, 637; 곽윤직 편집대표, 민법주해(Ⅴ) 물권(2), 1992, 25(양창수); 김용덕 편집대표, 주석민법 [물권 1], 제5판, 2019, 669(이계정) 등과 대법원 1985.3.26. 선고 84다카2001 판결; 대법원 2007.5.10. 선고 2006다82700 판결; 대법원 2022.3.31. 선고 2017다9121 판결 등 참조.

3) 이영준, 물권법, 571; 지원림, 민법강의, 638; 민법주해(Ⅴ), 246(양창수); 주석민법 [물권 1], 655(이계정) 등 참조.

4) 민법 제214조에 기한 방해배제청구권의 성립요건 중 '방해의 위법성'의 증명책임의 소재에 관해서는 민법주해(Ⅴ), 246-247(양창수); 주석민법 [물권 1], 655-656(이계정) 등 참조.

우지 못한다면, 그 건물을 무너뜨려 없애야 한다는 결론에 이르게 된다. 해당 건물철거청구권 행사가 권리남용 등에 해당하지 않는 한,[5] 소유물방해배제청구권으로서 행사·관철하는 건물철거청구권 자체나 그 행사 범위를 건물의 규모나 종류, 이용현황 등에 따라 제한할 수 있다는 설명은 찾기 어렵다.

이러한 규율 상황은, 토지소유자의 재산권 보장 측면에서 보자면 당연하다고 여길 수 있겠지만, 다른 측면에서 언뜻 드는 의구심을 숨기기 어렵다. 건물을 토지와 독립한 별개의 부동산, 즉 소유 객체로 삼는다는 것은, 법질서가 건물에 대한 재산권을 토지와 별도로 보장해준다는 의미로도 풀이할 수 있을 터이다. 그런데 그렇게 보장된 재산권 대상을 소유하면서 타인 토지의 소유권 행사를 방해한다면, 그것만으로 해당 대상물을 파멸로 이르게 하는 청구원인이 설정될 수 있는 것인가? 가령, 타인 토지 위에 무단으로 차량을 주차한 경우, 그 토지소유자는 민법 제214조에 기한 소유물방해배제청구의 일환으로서 해당 차량소유자를 상대로 주차된 차량의 취거청구권을 행사할 수 있겠지만, 그 차량의 분해나 파괴까지 청구할 수는 없을 것이다. 물론, 건물은 차량과 달리 그 형상 그대로의 이전이 현저히 곤란하기는 하다. 하지만 그러한 성상은 건물이라는 재화 자체가 가진 고유의 것이다. 원래 그렇다고 하여, 이미 완공되어 다수의 이해관계인이 거주하거나 이용 중인 건물에서 그들을 퇴거시키고, 멀쩡한, 다시 말해 여전히 재산적 가치를 갖고 사회경제적 기능을 수행하는 건물을 부숴서 제거하도록 하는, 그러한 강력한 권리가 토지소유자에게 부여된다는 규범적 결과는 아무래도 과도하지 않은가? 아무리 타인의 토지소유권 행사를 방해한다고 하더라도, 기존 형상대로의 이동 곤란이라는 건물의 고유 성상이 그에 대한 파괴적 박탈과 재산권 상실이라는 일방적 희생을 강제할 근거가 될 수 있을까? 이와 달리 할 중도의 길은 없는가? 우리 법제가 "지상물은 토지에 따른다(*superficies solo cedit*)"는 서구의 것을 따르지 않고, 토지에 견고하게 정착된 건물에 대해서도 별도의 재산권을 보장하였지만, 결국 그렇게 보장된 건물에 대한 재산권이라는 것이 그 부지인 토지소유권 앞에서는 그저 붕괴를 예정한 모래성 같은 가치를 지니는 데 불과하다는 것인가? 이러한 법제를 운용하는 것은 우리 사회에 어떠한 도움이 되는가? 여러 의문이 뒤따른다.

이 글은 위와 같은 의구심에서 출발한다. 건물 소유로 토지소유권을 방해한다는 이유로 위와 같은 파괴적·박탈적 배제·제거권이 행사되는 법적 근거가 무엇인지, 그러한 권리의 성질이 과연 다른 방해원에 대한 소유물방해배제청구권과 같은지를 살펴보고자 한다. 이를 위해, 먼저 현재의 법 실무에서도 건물소유자의 토지 사용권원 보유나 권리남용금지

5) 건물철거청구권 행사의 권리남용금지 규율의 적용에 관해서는 뒤의 II. 2. 부분에서 살피기로 한다.

등을 이유로 건물철거청구권 행사가 제한되는 경우가 있는데, 그러한 사유를 분석해보고, 서구의 법제에서 타인 토지 위에 건물이 건축될 때의 법률관계가 어떠한지를 살펴본 다음, 거기서의 시사점을 바탕으로, 위와 같은 파괴적 · 박탈적 효과를 지닌 건물철거청구권의 법적 근거와 성질을 어떻게 파악하여야 할지에 관해 검토해보고자 한다.

Ⅱ. 건물철거청구의 제한 사유

1. 건물 소유 목적의 토지 사용권원을 보유한 경우

가. 법률행위에 의한 권원 보유

민법 제214조에 기한 소유물방해배제청구권이 성립하기 위해서는, 문제시되는 '방해'가 위법해야 한다. 그러나 그러한 방해를 정당화하는 권리가 있다면, 해당 권리 내용에 따라 소유자가 자기 소유물에 관한 사용, 수익 등의 권능을 제약받더라도, 이를 위법하다고 볼 수 없다. 이때 방해배제청구권은 행사할 수 없게 된다.[6] 자기 토지 위에 타인 소유 건물이 있는 때도 마찬가지이다. 건물소유자가 토지소유자로부터 직접 그 건물 부지의 사용을 허락받은 적법한 임차인(또는 사용차주)에 해당한다거나, 그렇지 않더라도 건물소유자가 토지소유자에게 대항할 수 있는 건물 소유 목적의 임대차계약 등에 따른 권리[7]를 가지고 있거나 지상권과 같은 제한물권을 보유한다면, 건물소유자의 토지이용은 적법하고, 토지소유자는 철거청구권을 관철할 수 없다. 즉, 위법하지 않은, 적법한 소유권 행사의 제약에 대해서는 토지소유자가 그 지상 건물의 소유자를 상대로 자기 소유권보호를 위한 철거청구권 자체를 행사할 수 없다.

다만, 대항력 구비를 위한 일정한 요건을 갖추지 못했다거나[8] 그 밖의 토지 사용권원을 갖추지 못한 경우 또는 그 대항력이나 사용권원이 소멸한 경우[9]에, 위와 같은 건물철거

6) 곽윤직/김재형, 물권법, 234; 이영준, 물권법, 571; 지원림, 민법강의, 638; 민법주해(Ⅴ), 247(양창수); 주석민법 [물권 1], 655-656(이계정) 등 참조.

7) 특히 건물의 소유를 목적으로 한 토지임대차의 대항력에 관한 민법 제622조 참조. 또한, 토지의 매수인이 아직 소유권이전등기를 경료받지 아니하였다고 하여도 매매계약 이행으로 그 토지를 인도받은 때에는 매매계약 효력으로서 이를 점유 사용할 권리가 생기게 된 것으로 보아야 하고, 또 매수인이 그 토지 위에 건축한 건물을 취득한 자는 그 토지에 대한 매수인의 위와 같은 점유사용권까지 아울러 취득한 것으로 봄이 타당하므로 매도인은 매매계약 이행으로서 인도한 토지 위에 매수인이 건축한 건물을 취득한 자에 대하여 토지소유권에 기한 물권적 청구권을 행사할 수 없는 것이라고 할 것이라고 판시한 대법원 1988.4.25. 선고 87다카1682 판결도 참조.

8) 가령, 건물의 소유를 목적으로 한 차지권(임대차)에서 건물에 관한 등기를 하지 않은 경우가 여기에 해당한다.

9) 가령, 건물등기 있는 차지권의 대항력은, 임대차기간만료 전에 건물이 멸실 또는 후폐한 때에 그 효력을 잃는다(민법 제622조 제2항).

청구의 제한은 가해지지 않는다. 후자의 경우, 건물철거의무가 토지 사용권원을 설정하는 법률행위, 즉 임대차나 지상권설정 등에 내재한 토지사용자(임차인, 지상권자 등)의 원상회복의무[10] 내용으로 정해질 수도 있다.

나. 법률행위에 의하지 않은 권원 보유: 특히, 법정지상권을 중심으로

토지와 건물의 소유자가 다를 때 건물소유자가 토지소유자의 소유물방해배제청구권(철거청구권)에 대항할 수 있는 권원은 법률행위에 의하지 않고 상속 등 법률 규정에 따라서도 보유할 수 있다(제187조). 또, 당초부터 토지와 그 지상 건물의 소유자가 다른 상태에서 건물을 양수한 경우, 새로운 건물소유자가 종물이론의 준용[11]에 따라 토지 사용권원을 주장하여 토지소유자의 건물철거청구권 행사를 저지할 수도 있다.

그런데 토지와 건물을 별개의 독립한 부동산으로 취급하는 법제에서는, 당초 토지와 건물이 동일인 소유이었다가 토지 또는 건물에 관하여 경매 등 법정 매각절차가 실행되어 두 부동산의 소유자가 달라질 수 있다. 이러한 절차에 따라 토지소유자와 건물소유자가 달라지면, 기존 건물소유자나 그 절차에서 건물을 매수하려는 자는 해당 매각절차를 통한 그 대상물의 소유권변동 전까지 건물 소유 목적의 토지 사용권원에 관한 법률행위나 이를 위한 교섭과 협상을 하는 것이 사실상 곤란하다.[12] 이러한 때에 건물소유자가 토지소유자의 건물철거청구에 대항할 수 없다면, 건물소유자의 이익뿐 아니라 건물의 담보가치와 그 이용에 관한 제3자 이익 및 경매절차의 안정성과 신뢰성 이익을 크게 저해한다.[13] 따라서 입법자는 그러한 경우에 건물에 관한 소유자와 제3자 이익 등을 보호하기 위해 일정한 요건 구비를 전제로 '법정지상권'이라는 법률에 기한 건물 소유 목적의 토지 사용권원 취득가능성을 민법 제366조에 마련해두었다.[14] 그리고 그 밖에 유사한 상황에 관해서도 건물철거

10) 가령, 지상권자의 수거의무(민법 제285조 제1항), 사용차주의 원상회복의무(민법 제615조), 임차인의 원상회복의무(민법 제654조, 제615조) 등 참조.

11) 곽윤직/김재형, 민법총칙, 제9판, 2018, 238-239; 이영준, 민법총칙, 개정증보판, 2007, 1000; 지원림, 민법강의, 170 등 참조.

12) 곽윤직/김재형, 물권법, 464; 지원림, 민법강의, 687 등 참조. 이러한 경우, 토지소유자와 건물소유자는 첨예한 이해대립을 보이곤 한다는 설명으로는 中川善之助/兼子一 監修, 擔保, 不動産法大系 II, 1971, 271(畑郁夫) 참조.

13) 곽윤직/김재형, 물권법, 464; 이영준, 물권법, 699; 지원림, 민법강의, 687 등 참조.

14) 민법 제366조의 규율 내용은 의용민법 제388조에서 비롯한다(현행 일본 민법 제388조도 같은 취지를 유지하고 있다). 민의원 법제사법위원회 민법안심의소위원회, 민법안심의록(상권), 1957, 219-220; 민사법연구회 편, 민법안의견서, 1957, 125(김증한) 참조. 의용민법 제388조는 일본 민법 제정 당시 "지상물은 토지에 따른다"라는 서구의 법제를 이식하려던 일본 민법 기초자 梅謙次郎와 富井政章의 원안이 일본 법전조사회(法典調査會)의 심의과정 중 다수위원들의 반대로 관철되지 못하자, 10일 후에 기초자에 의해 제안된 규율이라 한다. 이러한 제정과정에 관해서는, 岡孝, 明治民法起草過程における外国法の影響, 国際哲学研究 別冊 4: ＜法＞の移転と変容(東洋大学国際哲学研究センター編集委員会 編), 東洋大学国際哲学研究センター, 2014, 28(법정지상권 제도가 일본 민법 기초자들의 숙의 과정을 통해 입안된 것은 아니었으므로, 이후 100년간 제388조를 둘러싸고 매우 중요한 쟁점에 관한 판례가 쌓여왔다는 취지를 비평) 참조. 그 밖에 中川善之助/兼子一 監修, 擔保, 不動産法大系 II, 271(畑郁夫); 柚木馨/高木多喜男 編集,

청구의 관철을 막기 위해 법정지상권 설정근거에 관한 법 조항을 입법하였다.[15] 그러나 저당권 등 제3자가 해당 토지에 관한 법적 이해관계를 맺을 당시부터 건물이 존재하지 않거나[16] 신축 중이더라도 아직 건물의 규모 · 종류를 외형상 예측할만한 정도에 이르지 않은 경우,[17] 문제시된 건물이 일시 사용을 위해 건축된 가설건축물에 불과한 경우,[18] 법정지상권 성립으로 공동저당권자의 담보가치에 대한 손해를 가하게 되는 경우[19] 등과 같이, 건물 소유자 또는 저당권자 등 그 건물에 이해관계를 맺은 제3자 이익의 가치가 크지 않거나 법정지상권 설정으로 오히려 제3자 이익을 훼손하는 때는 법정지상권의 요건을 갖추지 못한다고 본다.

나아가 대법원은 동일인 소유이던 토지와 지상 건물이 매매, 강제경매, 공매 등으로 각각 소유자를 달리하게 되었을 때도, 건물철거 특약이 없는 한, 건물소유자가 관습법상 법정지상권을 취득한다고 본다.[20] 다만, 원소유자로부터 대지와 그 지상건물을 모두 매수하고 대지에 관해서만 소유권이전등기를 마침으로써 건물 소유명의가 매도인에게 남아 있게 된 경우,[21] 환지로 인하여 새로운 분할지적선이 그어져 그 이전에는 동일인에 속했던 토지와 그 지상건물 소유자가 달라진 경우,[22] 토지공유자 중 1인이 공유토지 위에 건물을 소유하다가 토지지분만 전매한 경우,[23] 동일인이 토지와 그 지상건물을 양수하여 소유권을 취

新版 注釋民法(9), 物權(4), 1998, 482-484 등도 참조.

15) 대지와 건물이 동일한 소유자에 속한 경우에 건물에 전세권을 설정한 때에는 그 대지소유권의 특별승계인은 전세권 설정자에 대하여 지상권을 설정한 것으로 본다는 민법 제305조, 토지와 그 지상 건물이 동일한 소유자에게 속하는 경우 그 토지나 건물에 대하여 가등기담보 등에 관한 법률 제4조 제2항에 따른 소유권 취득이나 담보가등기에 따른 본등기로 토지와 건물의 소유자가 달라진 경우에 지상권이 설정된 것으로 본다는 가등기담보 등에 관한 법률 제10조가 건물철거청구권을 제한하기 위한 실정법상 법정지상권에 해당한다.

16) 대법원 1995.12.11.자 95마1262 결정; 대법원 2003.9.5. 선고 2003다26051 판결 참조.

17) 대법원 2004.6.11. 선고 2004다13533 판결 참조.

18) 대법원 2021.10.28. 선고 2020다224821 판결 참조.

19) 대법원 2003.12.18. 선고 98다43601 전원합의체 판결(동일인의 소유에 속하는 토지 및 그 지상 건물에 관하여 공동저당권이 설정된 후 그 지상 건물이 철거되고 새로 건물이 신축된 경우에는 그 신축건물의 소유자가 토지의 소유자와 동일하고 토지의 저당권자에게 신축건물에 관하여 토지의 저당권과 동일한 순위의 공동저당권을 설정해 주는 등 특별한 사정이 없는 한 저당물의 경매로 인하여 토지와 그 신축건물이 다른 소유자에 속하게 되더라도 그 신축건물을 위한 법정지상권은 성립하지 않는다) 참조.

20) 관습법상 법정지상권은 1916년 조선고등법원 판결(1916. 9. 20.)에서 인정된 바 있고, 이후 1960년 대법원판결(대법원 1960.9.29. 선고 4292민상944 판결)이 이를 승계한 이래 오늘에 이르고 있다고 한다. 이에 관해서는 우선 권재문, 관습법상 법정지상권의 인정근거와 필요성에 관한 비판적 고찰, 법사학연구 37 (2008) 102 이하; 배병일, 관습법상의 법정지상권에 관한 재검토, 판례실무연구(XI)(상, 비교법실무연구회 편), 2014, 369-375; 이진기, 관습법상 법정지상권의 문제, 판례실무연구(XI)(상, 비교법실무연구회 편), 2014, 411 이하; 권영준, 법률행위로 인한 관습법상 법정지상권 폐지와 법정임대차 도입 — 민법 개정안을 중심으로 —, 민사법학 68 (2014) 5-6 등 참조. 이러한 관습법은 현재에도 그 법적 규범으로서의 효력을 여전히 유지한다는 판시로는 대법원 2022.7.21. 선고 2017다236749 전원합의체 판결 참조.

21) 대법원 1983.7.26. 선고 83다카419, 420 판결; 대법원 1987.7.7. 선고 87다카634 판결(무허가 미등기건물을 그 대지와 함께 양수하였으나 대지에 관해서는 소유권이전등기를 마친 경우); 대법원 1998.4.24. 선고 98다4798 판결; 대법원 2002.6.20. 선고 2002다9660 전원합의체 판결(미등기건물을 그 대지와 함께 매도하였으나 대지에 관해서만 소유권이전등기가 마쳐진 경우) 등 참조.

22) 대법원 2001.5.8. 선고 2001다4101 판결 참조.

득하였으나, 이후 법의 보호를 받을 수 없는 원인무효 사유가 밝혀져 등기가 말소됨으로써 해당 건물과 토지의 소유권귀속이 달라진 경우,[24] 토지와 건물이 함께 양도되었으나 채권자취소권 행사에 따라 그중 건물에 관해서만 양도가 취소되고 수익자와 전득자 명의의 소유권이전등기가 말소되어 해당 토지와 건물의 소유자가 다르게 된 경우[25] 등에서는 건물소유자가 관습법상 법정지상권을 토지소유자의 철거청구권에 대항할 수 있는 사용권원으로 주장할 수 없다. 마찬가지로, 건물소유자의 이익 가치가 크지 않거나 법정지상권 설정으로 해당 건물에 이해관계를 맺은 제3자 이익이나 공공 이익을 훼손하는 때에 법정지상권 성립을 부정하는 것이다.

이러한 관습법상 법정지상권에 대해서는, 위와 같은 관습이 관습법으로서의 성립요건을 갖추었는지, 매매 등 법률행위로 토지와 건물의 소유자가 달라진 때에도 법률행위 해석에 따른 해결 외에 법정지상권 성립을 의제할 필요가 있는지 등의 관점에서 비판이 제기되기도 한다.[26] 다만, 관습법상 법정지상권에 관한 판례의 폐기를 주장하는 측에서도, 법률행위 해석을 통한 토지소유자와 건물소유자 사이의 묵시적 사용권원에 관한 합의 내용 도출이나 민법 제366조 유추적용 등의 방법으로 토지소유자의 건물소유자에 대한 철거청구권 제한 가능성[27]을 제시한다.[28] 즉, 관습법상 법정지상권의 규범력을 의심하거나 부정하는 입장에 서더라도, 당초 동일인 소유이던 토지 및 그 지상건물 중 어느 하나가 매매 등의 법률행위나 강제경매, 공매 등으로 처분되어 각각의 소유자가 달라진 때에 건물소유자와 건물에 관련된 제3자의 이익 가치가 더 크다고 볼만한 일정 사정이 있으면, 토지소유자의

---

23) 대법원 1988.9.27. 선고 87다카140 판결; 대법원 1993.4.13. 선고 92다55756 판결 등 참조. 같은 취지에서 토지 및 그 지상 건물 모두가 각 공유에 속하였지만 토지 및 건물공유자 중 1인이 그중 건물 지분만을 타인에게 양도하여 건물의 소유자가 달라진 경우에도 토지공유자 1인으로 하여금 다른 공유자의 의사에 기하지 아니한 채 자신의 지분을 제외한 다른 공유자의 지분에 대해서까지 지상권설정의 처분행위를 허용하는 셈이 되는 것은 부당하다는 취지로 관습법상 법정지상권 성립을 부정한 대법원 2014.9.4. 선고 2011다73038, 73045 판결; 대법원 2022.8.31. 선고 2018다218601 판결 등 참조. 이와 달리, 대지소유자가 그 지상건물을 타인과 함께 공유하면서 그 단독소유의 대지만을 철거 조건 없이 타인에게 매도한 때는 관습법상 법정지상권 성립을 긍정한 대법원 1977.7.26. 선고 76다388 판결 참조.

24) 대법원 1999.3.26. 선고 98다64189 판결 참조.

25) 대법원 2004.12.24. 선고 2012다73158 판결 참조.

26) 곽윤직/김재형, 물권법, 329-330; 이영준, 물권, 701; 지원림, 민법강의, 702 및 권재문, 법사학연구 37 (2008) 117 이하; 이진기, 판례실무연구(XI)(상), 428-433; 지원림, 지상건물의 건축과 법정지상권, 전남대학교 법학논총 36/1 (2016) 497-498 및 각 문헌에서 인용하는 문헌과 위 주 20)의 2017다236749 전원합의체 판결 중 대법관 김재형의 반대의견 참조.

27) 곽윤직/김재형, 물권법, 330; 이영준, 물권법, 701-702; 김용덕 편집대표, 주석민법 [물권 3], 제5판, 2019, 143-144 (김수일) 등 참조. 그 밖에 권재문, 법사학연구 37 (2008) 117 이하, 123면; 이진기, 판례실무연구(XI)(상), 439-441 (민법의 임대차규정, 특히 제622조를 유추적용하거나 건물역권으로 이론구성하자는 제안) 등 참조.

28) 한편, 법무부 민법개정위원회는 2013년 현행 민법 제366조를 삭제하고, 동일인 소유의 토지와 그 지상 건물이 경매, 공매, 그 밖의 법률행위 이외의 사유로 서로 다른 소유자에게 속하게 되는 경우에 법정지상권을 인정하는 취지의 규정(개정안 제289조의3)과 법률행위로 인하여 서로 다른 소유자에게 속하게 된 경우에는 건물 소유를 위한 법정임대차를 인정하는 취지의 규정(개정안 제622조의2)을 두기로 하였다. 이에 관해서는 우선 권영준, 민사법학 68 (2014) 17-29, 30-32 참조.

건물철거청구권 행사를 제한하여야 한다는 점에 대해서까지 부인하지는 않는다.

2. 권리남용에 해당하거나 신의성실 원칙에 위배되는 경우

건물소유자에게 건물 소유 목적의 토지 사용권원이 존재하지 않더라도, 토지소유자의 건물소유자에 대한 건물철거청구권 행사가 권리남용에 해당한다거나 신의성실 원칙에 위배된다는 이유로 제한되기도 한다.

특히, 철거청구권의 행사로 토지소유자가 얻는 이익보다 상대방이 입을 손해가 현저히 크다는 사정은 철거청구권을 권리남용으로 보게 하는 주요 고려요소 중 하나로 거론된다.[29] 이러한 이익 차이는, 이웃의 경계를 침범하여 건립된 건물 중 침범된 토지 위의 부분에 대한 철거청구 사안에서 종종 문제시되곤 한다.[30] 실제로 침범을 이유로 철거를 구하는 부분이 1㎡에 불과한 건물 모서리의 벽면을 이루는 부분이어서 원고에게 철거에 관한 별다른 이득이 없는 반면 피고에게는 막대한 손해가 발생한다는 점을 고려사항으로 제시하거나[31] 침범된 부분이 0.3㎡에 불과한 데 비해 철거에 상당한 비용이 들고 철거 후에도 잔존 2층 건물의 효용이 크게 감소되리라는 점[32] 또는 10층 아파트 건물 중 12.9㎡ 및 그 필수적 부대시설의 철거로 원고가 해당 부분 토지를 다른 용도로 사용하기 어렵지만 그 부분 철거로 인한 피고들이 받는 손실이 대단히 크다는 점[33] 등을 고려사유로 내세워 원고의 철거청구권 행사를 권리남용으로 본 대법원판결례가 있다.[34] 굳이 경계침범 사안이 아니더라도, 마찬가지로 현저한 이익 차이가 발생하면 권리남용을 이유로 철거청구권 행사가 제한될 수 있고,[35] 이때, 청구상대방 이익뿐 아니라 공공 이익도 고려 대상이 된다.[36] 그뿐 아니다. 건물소유자의 건물 소유 목적 토지사용에 고의 또는 중대한 과실이 있었는지, 토지소유자가 있음을 안 후에 적정가격으로 매수하거나 임차하는 등의 대응책을 시도한 바 있었는지도 고려사항으로 본다.[37]

---

29) 가령, 곽윤직 편집대표, 민법주해(I), 총칙(1), 1992, 205(양창수); 김용덕 편집대표, 주석민법 [총칙 1], 제5판, 2019, 199(권영준) 등 참조.

30) 민법주해(I), 총칙(1), 204(양창수); 주석민법[총칙 1], 199(권영준) 및 이은영, 토지의 경계침범과 권리남용에 관한 법적 고찰, 외법논집 36/3 (2012) 54-59 등 참조.

31) 대법원 1991.6.11. 선고 91다8593, 8609(반소) 판결 참조.

32) 대법원 1993.5.14. 선고 93다4366 판결 참조.

33) 대법원 1993.5.11. 선고 93다3264 판결 참조.

34) 그 밖에 대법원 2005.3.24. 선고 2004다71522, 71539 판결도 참조.

35) 가령, 건물이 있는 토지를 매수하여 그 시가의 7배가 넘는 건물의 철거를 요구한 사안에 관한 대법원 1964.11.11. 선고 64다720 판결 참조.

36) 가령, 대법원 1978.2.14. 선고 77다2324, 2325 판결(학교 건물 철거청구에서 학교의 공공복리를 위한 사회적 기능 고려) 참조.

37) 대법원 1975.10.7. 선고 75다1571 판결 및 곽윤직 편집대표, 민법주해(I), 총칙(1), 205-206(윤용섭)과 거기에 인용된

나아가 대법원은, 토지소유자의 권리행사가 권리남용에 해당한다고 할 수 있으려면, 위와 같은 현저한 이익 차이라는 객관적 요건 외에도, 해당 권리행사 목적이 오직 상대방에게 고통을 주고 손해를 입히려는 데에 있을 뿐 행사하는 사람에게 아무런 이익이 없을 경우이어야 한다는 주관적 요건까지 요구한다.[38] 그러나 다수의 문헌에서 권리자의 의사나 목적은 권리남용의 필요요건이 아니라는 설명을 찾을 수 있다.[39] 다만 대법원은, 권리자의 가해 의사나 목적이라는 내심의 주관적 요건을 권리자의 정당한 이익을 결여한 권리행사로 보여지는 객관적 사정에 의해 추인할 수 있음을 인정한다.[40]

그 밖에 대법원은 신의성실 원칙[41]이나 그 구체화 유형 중 하나인 모순행위금지 원칙을 적용하여 건물철거청구를 배척하기도 한다.[42]

이처럼 권리남용금지 규율이나 신의성실 원칙 위배를 이유로 건물철거청구권 행사가 제한되는 사안에서는, 건물철거에 따른 토지소유자의 이익과 상대방의 손해 또는 철거로 인해 제약되는 제3자나 공공 이익 사이의 차이, 토지소유자의 의도와 목적, 철거청구 외에 다른 권리구제 수단이나 대응책의 존부 또는 시도 유무 등을 주된 고려 사유로 다룬다.

판결례 참조. 나아가 토지인도청구의 권리남용 여부가 다루어진 사안이기는 하지만, 대법원 2021.11.11. 선고 2020다254280 판결은 "토지 인도 청구가 권리남용에 해당하는지는 토지 취득 경위와 이용현황 등에 비추어 토지 인도에 따른 소유자의 이익과 상대방의 손해 사이에 얼마나 큰 차이가 있는지, 토지 소유자가 인도 청구를 하는 실제 의도와 목적이 무엇인지, 소유자가 적절한 가격으로 토지를 매도해 달라는 상대방의 요구에 정당한 이유 없이 불응하며 상대방에게 부당한 가격으로 토지를 매수할 것을 요구하고 있는지, 토지에 대한 법적 규제나 토지 이용현황 등에 비추어 다른 용도로 사용할 수 있는지, 토지 인도로 말미암아 사회 일반에 중대한 불이익이 발생하는지, 인도 청구 이외에 다른 권리구제수단이 있는지 등 여러 사정을 종합적으로 고려해서 판단해야 한다"라고 판시하였다.

38) 대법원 1986.7.22. 선고 85다카2307 판결; 대법원 2002.9.4. 선고 2002다22083, 22090 판결; 대법원 2010.2.25. 선고 2009나58173 판결 등 참조. 다만, 객관적 요건만으로도 권리남용에 해당할 수 있다는 취지의 판시(가령, 대법원 1991.10.25. 선고 91다27273 판결)나 (상계권 남용에 관한 것이기는 하나) 주관적 요건을 필요로 하지 않는다는 판시(대법원 2003.4.11. 선고 2002다59481 판결)도 있다.

39) 곽윤직/김재형, 민법총칙, 85-86; 이영준, 민법총칙, 87; 민법주해(I), 192-194(윤용섭); 주석민법 [총칙 1], 198(권영준) 등 참조. 그러나 주관적 요건이 요구된다는 견해로는 지원림, 민법강의, 81; 김천수, 권리남용과 권리행사상 신의칙, 민사판례연구 32 (2010) 40-43 등 참조.

40) 대법원 1993.5.14. 선고 93다4366 판결; 대법원 2005.3.24. 선고 2004다71522, 71539 판결 등 참조.

41) 대법원 1992.11.10. 선고 92다20170 판결(계쟁토지가 학교의 교사부지 등으로 사용되는 사정을 알면서 양수한 후 20년 가까이 인도청구를 하지 않았다면 부당이득반환청구는 몰라도 토지 자체의 인도청구는 신의성실 원칙상 허용할 수 없다고 한 사례) 참조. 다만 이 판결에 대해, 실효의 원칙이 적용된 판결이라기보다는 본래적 의미의 권리남용금지 원칙이 적용된 판결이라는 평가로는 주석민법 [총칙 1], 175(권영준) 참조. 그 밖에 지상권 설정등기 의무자의 철거청구를 신의성실 원칙상 허용될 수 없다고 본 대법원 1985.4.9. 선고 84다카1131, 1132 전원합의체 판결; 대법원 1985.9.10. 선고 85다카607 판결; 대법원 1988.9.27. 선고 87다카279 판결; 대법원 1988.10.24. 선고 87다카1604 판결; 대법원 1992.6.12. 선고 92다7221 판결 등 참조.

42) 가령, 대법원 1991.6.11. 선고 91다9299 판결(자신의 친딸로 하여금 그 소유의 대지상에 건물을 신축하도록 승낙한 자가 위 건물이 친딸의 채권자에 의한 강제경매신청에 따라 경락되자 경락인에 대하여 그 철거를 구한 사안); 대법원 2019.10.31. 선고 2017다48003 판결(대지소유자가 건물 신축의 원인을 제공하였고, 제3자가 이를 신뢰하여 견고하게 신축한 건물 중 일부를 분양받은 사안에서, 대지소유자가 그 대지에 관한 매매계약 해제를 이유로 제3자에 대해 철거를 청구한 사안) 등 참조.

3. 정리와 검토

이상에서 살핀 바와 같이, 토지소유자가 그 지상에 있는 타인 소유 건물을 소유권에 기한 방해배제 일환으로 철거청구 하더라도, 그 건물소유자가 해당 토지를 사용할 권원을 갖고 토지소유자에 대항할 수 있다면, 그러한 토지사용은 적법하므로 철거청구 대상이 되지 않는다. 그리고 현행 법 체계와 실무는 민법 제366조 등에 법정지상권 제도를 마련하고, 나아가 관습법상 법정지상권까지 인정함으로써, 토지와 그 지상건물이 동일인 소유이었다가 제3자의 이해관계 설정 및 그에 기한 법정 매각절차 실행 등으로 법률행위에 의한 건물 소유 목적의 토지 사용권원 설정 기회를 얻기 어려운 때에도, 일정한 요건을 갖춘다면 사회경제적 가치 있는 자산으로서 그 건물을 계속 보존 · 이용할 수 있도록 그 토지(건설부지) 사용권원을 부여한다. 이로써 건물철거청구권 행사를 통해 얻게 되는 토지소유자의 이익보다 그로 인한 건물소유자 및 해당 건물에 이해관계를 맺은 제3자 등의 이익이 더 크다고 볼 수 있는 일정 사안에 관한 법정 사용권원이 법적으로 의제되고, 철거청구권 행사는 제한된다. 한편 관습법상 법정지상권의 규범적 효력에 대한 비판론이 제기되기도 하지만, 이러한 견지에서도 그 규율대상 상황에 대해 다른 원인에 기한 토지 사용권원을 부여하고자 하지, 건물철거청구의 제한을 풀자는 주장을 하지는 않는다.

한편, 타인 토지 위에 있는 건물소유자가 위와 같이 법률행위 또는 법률(또는 관습법) 규정에 따라 토지소유자에게 대항할 수 있는 건물 소유 목적의 토지 사용권원을 갖지 못하더라도, 다시 권리남용금지나 신의성실 원칙에 근거한 건물철거청구권 행사의 제한이 이루어질 수 있다. 그런데 이를 위해 고려하는 다양한 사항들은, 토지소유자가 소유권에 기한 권리를 행사하는 목적(권리자의 의도나 목적)의 정당성과 그 목적과 수단, 즉 건물의 철거청구 사이의 적합성과 필요성(다른 권리구제수단이나 건물소유자의 적절한 대응책 시도 유무), 그리고 토지소유자의 이익과 건물소유자 및 제3자 또는 공공 이익 사이의 균형성 등으로 정리 · 분류해볼 수 있다. 여기에 건물소유자의 고의나 중대한 과실과 같은 비난가능성 관련 사유가 더해지기도 한다. 요컨대, 민법 제2조에서 정한 권리남용금지 규율 또는 신의성실 원칙 위배 여부 문제를 다룰 때, 비례성 원리와 과책(유책성, Verschulden) 유무를 고려하고 있음을 확인할 수 있다.[43]

다만, 법 현실에서 건물철거청구권이 권리남용금지나 신의성실 원칙으로 제한되는 사안은 많지 않다고 한다.[44] 대법원판결을 일별해보면, 토지소유자의 이익보다 건물소유

43) 비례성 원리 위반을 권리남용의 한 유형으로 제시하는 문헌으로는 이영준, 민법총칙, 89 참조.
44) 이영준, 민법총칙, 86; 주석민법 [총칙 1], 430면(권영준) 등 참조.

자나 제3자 등의 이익 가치가 더 크다고 볼 수 있음에도 건물철거청구를 인용한 사안을 어렵지 않게 찾을 수 있다.[45] 서두에서 제기한 의구심은 현재의 실무에 대한 검토만으로 해소되지 않는다.

Ⅲ. 서구의 규율상황과 시사점

1. 비교 · 연혁적 조망

지상 건물을 그 부지를 이루는 토지에 속하는 것으로 보는 서구의 법제에서도, 타인 토지 위에 건립된 건물의 철거 문제는, 우리와 마찬가지로 쟁송사항으로 다루어졌다. 이에 관한 나름의 규율 내용도 과거부터 갖추고 있거나 현행 법률로 마련해두고 있다.

가. 로 마 법

일찍이 로마법에서도, 모든 지상물을 토지의 구성부분으로 보았지만, 토지에 관한 소유자나 역권(servitut)을 가진 권리자가 타인의 건축행위로 자기 권리를 침해당하면, 그 건축자를 상대로 신축공사중지통고(operis novi nuntiatio)로써 추가 건축을 금지할 수 있었다.[46] 이러한 사적(私的; privat) 금지로 건축자는 건축을 중지하여야 하고, 그러한 통고가 있었음에도 건축이 계속되면, 금지 후에 시설된 건축물 파괴의 특시명령(interdicum demolitorium)이 법무관(praetor)에게 소구될 수 있었다고 한다.[47] 이러한 절차에서, 소유자 등의 건축금지에 관한 권리 유무는 다루어지지 않았고,[48] 오로지 공사금지(중지)의 통고 위반 여부만 심사한

45) 가령, 대법원 2010.2.25. 선고 2009다58173 판결(건물의 철거로 인한 권리행사자 이익보다 건물소유자 손해가 현저히 크고 사회경제적으로도 큰 손실이 될 것으로 보이기는 하나, 건물소유자가 위 건물에 대한 권리를 인수할 당시 그 철거가능성을 알았다고 보이는 점, 토지에 대한 투자가치가 있어 건물철거 등의 청구가 권리행사자에게 아무런 이익이 없다거나 오직 상대방에게 손해를 입히려는 것이라고 보기 어려운 점 등에 비추어, 권리남용에 해당하지 않는다고 한 사례); 대법원 2003.2.14. 선고 2002다62319, 62326 판결(권리행사로 권리행사자가 얻는 이익보다 상대방이 잃을 손해가 현저히 크다고 하여도 그러한 사정만으로는 이를 권리남용이라 할 수 없고, 어느 권리행사가 권리남용이 되는지는 각 개별적이고 구체적인 사안에 따라 판단되어야 한다고 하면서, 신축중인 건물 부지를 경락받은 자가 완공된 건물의 철거를 구하는 것이 권리남용에 해당하지 않는다고 한 사례) 등 참조.

46) Max Kaser, Das Römische Privatrecht, Erster Abschnitt, 2. Aufl., 1971, 408, 429f. 및 현승종/조규창, 로마법, 1996, 488-489, 590 이하 참조.

47) 현승종/조규창, 로마법, 590-591. 다만, Kaser, RP 1, 408은 "*interdicum demolitorium*"은 "unrömisch"라고 수식하면서, 독일어로 "restitutorische Interdikte"(회복의 특시명령)라는 표현을 쓰고 있다.

48) 건축중지통고 후, 건축행위가 허용되지 않는 것으로 밝혀지면 건축자가 통고자에게 건축물 제거에 관한 담보를 제공함으로써 계속 건축을 할 수 있었고, 통고자는 해당 건축을 금지할 권리(*ius prohibendi*)를 소유권에 기한 부인소권(*actio negatoria*)이나 역권확인소권(*actio confessoria*)에서 승소함으로써 확인받아, 건축자에 의해 제공된 담보에 관한 권리를 행사할 수 있었다고 한다. 그리고 건축자는 담보를 제공하는 대신에 법무관에게 건축금지의 취소를 청구할 수 있는데, 이러한 취소가 이루어지면, 통고자가 다시 대물소권(*actio in rem*)을 제기하여 그의 금지권을 주장, 행사

것으로 알려져 있다.49) 또한 로마법에서는, 토지의 소유자나 담보권자, 용익권자, 임차인 등 이해관계인이 공사중지통고를 하였음에도 강포(强暴)하거나 은비(隱祕)하여 해당 토지 위에 무단건축물(opus in solo actum)을 짓거나 그 밖에 토지에 변경을 가한 자에 대해 그 제거를 위한 회복적 특시명령, 즉 강포 · 은비로 인한 특시명령(interdictum quod vi aut clam)을 구할 수 있었다고 한다.50) 이러한 명령은 모든 건축행위자에 대한 완전한 회복과 그 상태지배자에 대한 제거의 수인을 지향하였고, 때때로 제재적(pönal) 효력을 가졌다고 설명된다.51)

나. 프랑스법

프랑스 민법전(이하 '프랑스 민법')도 "지상물은 토지에 따른다"라고 하는 첨부의 법체제(Le mécanisme de l'accession)를 적용한다. 토지를 소유하지 않는 자가 자기 자재로 또는 그 밖의 다른 사람 자재로 타인 토지 위에 축조한 건축물을 소유한다는 것이 일반적인 일은 아니다.52) 그러나 토지소유자 아닌 자가 타인 소유 토지 위에 건물을 축조하는 경우가 없지 않고, 특히 건축자가 선의(bonne foi)인 경우, 토지소유자에게는 오히려 별 이해관계가 없음에도, 그것을 제거하는 것이 건축자에게는 매우 해로울 수 있다는 점이 프랑스 민법 제555조의 적용을 중심으로 논의되었다고 한다.53) 프랑스 민법 제555조의 규율 내용은 다음과 같다.54) 우선, 타인(tiers)이 그의 자재로 건축물55)을 지은 경우, 토지소유자는 그 타인이 선의임을 이유로 과실에 대한 반환책임을 지지 않는 때를 제외하고는, 그 건축물의 소유권을 갖거나, 또는 그 타인에게 이를 제거하도록 강제할 수 있다(제1항, 제4항). 토지소유자가 건축물 철거를 청구하면, 그 철거는 해당 타인 비용으로, 그리고 그에 대한 아무런 보상 없이 이루어지고, 이때 그 타인은 토지소유자가 입은 손해를 배상하여야 한다(제2항).56) 만일, 타인이 선의로 건축물을 축조하여 그 과실(果實, fruit)의 반환의무를 지지 않는 때는,

---

할 수 있었다고 한다. Kaser, RP 1, 408-409 참조.

49) Kaser, RP 1, 408 참조.

50) Kaser, RP 1, 409 및 현승종/조규창, 로마법, 591 참조.

51) Kaser, RP 1, 409(피소된 자는 이러한 특시명령에 대해 자기의 건축행위에 관한 권리를 원용하지 못하였다고 한다) 참조.

52) François Terré/Philippe Simler, *Droit civil; les biens*, 10e édition, 2018, 218 참조.

53) Terré/Simler, *Droit civil; les biens*, 219-220 참조.

54) 프랑스민법 제555조를 비롯한 프랑스민법의 첨부에 관한 규율 내용에 관해서는 우선, 김성수, 프랑스민법의 첨부(*accession*), 민사법학 63-2 (2013) 121 이하 참조.

55) 프랑스 민법 제555조는 건축물(*construction*)외에 공작물(*ouvrage*), 수목(*plantation*)도 같은 취지의 규율 대상으로 삼고 있으나, 본문에서는 이 글에서 관심을 두는 건축물에 관해서만 서술하기로 한다.

56) 만일, 토지소유자가 건축물에 대한 소유권을 갖고자 하는 경우, 그는 해당 건축물의 상태를 고려하여, 그의 선택에 따라 토지의 가치증가분에 상응하는 금액이나, 상환일 기준으로 선정된 자재의 비용 및 노무에 대한 보수를 해당 타인에게 상환하여야 한다(제555조 제3항).

토지소유자가 그 건축물 제거를 주장하지 못하고, 토지소유자는 그 타인에 대하여 건축물 상태를 고려하여 토지의 가치증가분에 상응하는 금액 또는 상환일 기준으로 산정된 자재 비용 및 노무에 대한 보수 중 하나를 선택하여 상환할 수 있다(제4항). 여기서 '선의'란 자신이 건축물을 축조한 대지를 보유한다(posséder)고 오신하였고 그러한 믿음이 그가 효력이 있다고 본 권원에서 비롯한 경우이며, 이러한 선의는 추정(근거규정: 제2274조)된다는 설명도 있다.[57]

다만 프랑스에서, 타인이 그의 토지 위에서 건축하다가 이웃토지 경계를 침범하여 건축한 때에는 위 제555조 문제가 아니라, 프랑스 민법 제545조 문제로 다루어진다고 한다.[58] 따라서 경계침범 건축이 있을 때, 침범된 토지의 소유자는, 설령 침해 정도가 경미하다거나 건축자가 선의라 할지라도, 엄격하게 철거청구를 허용하고,[59] 이러한 토지소유자의 철거청구에 권리남용이론을 적용하는 것도 배제함이 프랑스 파기원(Cour de cassation) 실무라고 한다.[60] 이에 대해서는, 적어도 건축자가 선의라면 철거를 피할 수 있도록 건축자가 건물의 대지를 취득하도록 해석하는 방법이 권장될 수 있다는 점과 특히 2016. 2. 10. 개정된 프랑스 민법 제1221조[61]에 따라 선의인 채무자의 이행비용과 채권자의 이익 사이에 명백한 불균형이 있다면 현실이행을 청구할 수 없도록 하여야 한다는 점을 지적하면서, 그런데도 프랑스 파기원이 이러한 제재의 비례성 원리에 대해 무감각한 태도를 보인다는 비판이 있다.[62]

다. 오스트리아법

오스트리아 일반민법전(이하 '오스트리아 민법'이라 한다)은, 제417조에서, 토지소유자가 타인 자재로 자기 토지 위에 건물을 건축하면 그 건물은 토지소유자에게 속하고,[63] 다만,

---

57) Terré/Simler, *Droit civil; les biens*, 225-226 참조.

58) Terré/Simler, *Droit civil; les biens*, 220 및 김성수, 민사법학 63-2 (2013) 141-145; 정병호, 민법 개정안 제242조의2(경계를 침범한 건축)에 관한 연구, 재산법연구 22/1 (2005) 40-41 참조. 프랑스 민법 제545조는 "누구도 공익을 원인으로 하여 정당한 사전 보상을 받지 않는 한 자신의 소유권을 양도하도록 강제되지 않는다"라는 내용으로 규율하고 있다.

59) Terré/Simler, *Droit civil; les biens*, 220 및 같은 면 각주 2.의 판결례와 김성수, 민사법학 63-2 (2013) 141-142; 정병호, 재산법연구 22/1 (2005) 41 참조.

60) Terré/Simler, *Droit civil; les biens*, 220 및 같은 면 각주 3.의 판결례와 김성수, 민사법학 63-2 (2013) 143; 정병호, 재산법연구 22/1 (2005) 41 참조.

61) 프랑스 민법 제1221조는, "채권자는, 최고를 한 후, 그 이행이 불가능하거나 또는 선의인 채무자의 이행비용과 채권자의 이익 사이에 명백한 불균형이 있는 경우를 제외하고, 현실이행을 청구할 수 있다"라고 정한다. 이 규정의 취지에 관해서는 우선, 한불민사법학회 편, 개정 프랑스채권법 해제, 2021, 316-317 참조.

62) Terré/Simler, *Droit civil; les biens*, 220-221 참조.

63) 건축자재가 도로 토지와 분리되어 독립하게 되더라도 소유권귀속 관계는 그대로 유지된다고 한다. Rudolf Welser/Andreas Kletečka, Grundriss des bürgerlichen Rechts, Bd. I, 15.Aufl., 2018, Rz.1000 참조.

그 자재에 관해서는 부당이득 성격[64]의 보상청구권을 부여하도록 정한다. 이 보상청구권의 범위는 건축자인 토지소유자의 선의 또는 악의에 따라 달라진다.[65] 그리고 오스트리아 민법 제418조는, 자재소유자가 타인 소유 토지 위에서 건물을 건축할 때, 그 토지소유자가 그러한 건축에 관해 아무것도 인식하거나 의도하지 않았다면, 그 건물은 토지소유자에게 속한다고 정한다(제1문). 이때 개연성 있는 사유에 의해 해당 토지를 소유한다든가 그 토지 위에 건축할 권리를 가지고 있다고 여길 만했던[66] 선의의 건축자는 필요비와 유익비를 청구할 수 있고, 악의의 건축자는 사무관리자[67]와 같게 취급한다(제2문). 악의의 건축자가 한 건축이 토지소유자에게 방해가 된다면, 토지소유자는 건축자에 대하여 제거청구권을 가진다고 본다.[68] 이때 건축자는 건축 전에 존재한 상태로 회복하여야 한다고 설명된다.[69] 다만, 이러한 제거청구권은 내용상 제523조(역권에 관한 소권)에 기한 토지소유자의 이전상태 회복에 관한 청구권으로서, 방해자의 과책을 요하지 않고, 따라서 선의의 건축자에 대해서도 행사할 수 있다는 설명도 있다.[70] 후자의 제거청구권에 관해서는, 방해로 야기된 불이익 전보가 아니라, 방해상태를 없애고("Rückgängigmachung"), 이로써 방해원을 배제한다는 점에서 손해배상과 차이가 있다는 설명이 뒤따른다.[71] 그리고 제거청구권에 관해서는 일반적으로 권리남용금지 규율을 적용하여, 제거에 관한 토지소유자 이익과 제거의무자 불이익 사이의 형량으로 권리남용(Schikane)에 해당한다고 볼 수 있다면, 제거는 청구할 수 없다

64) Bernhard Eccher, in: Kurzkommentar zum ABGB(Hrsg. Helmut Koziol/Peter Bydlinski/Raimund Bollenberger), SpringerWienNewYork(2010)(이하 'KurzKomm/Eccher'), § 417 Rz. 1 참조.

65) 선의라면 통상가치, 악의라면 최고가치에 따르되 모든 다른 추가 손해까지 배상하여야 한다(제417조).

66) 오스트리아 민법 제326조 제1문 및 Welser/Kletečka, Rz. 1001 참조. 나아가 오스트리아 민법 제326조 제2문은, "제반사정으로부터 자기가 점유하는 물건이 타인에 속한다는 점을 알거나 이를 추정하여야 하는 사람"을 악의의 점유자로 보고, 같은 조 제3문은 "사실에 관한 착오나 법률 조항의 부지에 기한 경우, 부적법하지만 선의의 점유자일 수 있다"라고 정한다. 점유자에게 경과실만 있어도 선의가 배제되는지, 중과실이 있어야 배제되는지에 관해서는 견해가 대립한다고 한다. 이에 관해서는 KurzKomm/Eccher, § 326 Rz. 1 참조.

67) 오스트리아 민법 제1036조는 사무관리자의 비용상환청구권의 범위가 필요비 및 합목적적 지출비용에 한정된다는 취지를 정하고, 제1037조는 타인에게 명백하고 우월한 이익을 낸 경우에 타인(본인)으로부터 그에 관하여 소비된 비용의 상환청구권을 정한다. 이러한 사무관리자의 비용상환 규율 및 같은 법 제1038조, 제1040조에 따른 비용상환의 제한에 관해서는 졸고, 타인 재화의 무단관리로 인한 수익책임, 저스티스 180 (2020) 64-65[특히, 그곳 각주 67), 68) 부분] 참조.

68) 토지소유자가 건축자의 건물 건축을 인식하지 못한 경우에 한한다. 인식한 경우는 아래에서 설명하는 제3문이 적용된다. 이에 관해서는 Thomas Klicka, in: Michael Schwimann(Hrsg.), Praxiskommentar zum ABGB, Bd. 2, 2. Aufl., 1998(이하 'Schwimann/Klicka'), § 418 Rz. 13 참조.

69) Schwimann/Klicka, § 418 Rz. 13 및 OGH 19. 10. 1978 7 Ob 642/78(Veröff.: SZ 51/143)(차고를 경계침범하여 건축한 사안)과 정병호, 재산법연구 22/1 (2005) 42 참조. 이 오스트리아 최고법원은, 악의의 건축자에 대해서만 건축물철거청구가 가능하다고 판시하였다. 그러나 아래 주 70)의 판결은 다른 취지이다. 한편, 건축자가 악의라면, 사무관리에 관한 제1038조에 기하여 "사무관리자가 자기 비용으로 이전상태를 회복할 것을 청구"할 수 있다고 본다. KurzKomm/Eccher, § 418 Rz. 1 참조.

70) Welser/Kletečka, Rz. 1001 및 OGH 27. 2. 1996 1 Ob 519/96(Veröff.: SZ 69/50) 참조.

71) Welser/Kletečka, Rz. 1002 및 Helmut Koziol/Rudolf Welser/Brigitta Zöchling-Jud, Grundriss des bürgerlichen Rechts, Bd. II, 14. Aufl., 2015, Rz. 1340 및 참조.

고 본다.[72] 하지만, 토지소유자가 건축자의 건물 건축을 인식하였음에도 곧바로 선의의 건축자에게 건축을 금지하지 않았다면, 예외적으로 건축자가 해당 건물 그 자체의 부지 부분과 그 사용수익을 위하여 필요한 토지 부분(가령, 도로 진출입로 부분)의 소유권을 취득하고,[73] 이때 토지소유자는 해당 토지에 관한 통상가치만 청구할 수 있게 된다(제418조 제3문). 이처럼 토지소유자의 즉시 금지가 없는 때에 선의의 건축자에게 소유권을 귀속시키는 것은 묵시에 의한 소유권취득 유형 중 하나에 해당한다는 설명도 있다.[74] 나아가, 건축자가 타인 토지 위에 타인 자재로 건물을 축조한 때에 관하여, 건축자와 토지소유자 사이에서는 위 제418조에 따라, 건축자와 자재소유자 사이에서는 위 제417조에 따라 규율된다고 본다.[75] 다만, 위와 같은 각 규율은 당사자들 사이에 별다른 계약관계가 없는 때에 적용한다.[76]

한편, 자기 토지 위에 건물을 축조하다가 이웃토지로 경계를 침범하여 건축한 경우, 우선 그 건물이 가판대나 임시시설물 등 타인 토지 위에 계속 존치한다는 의도(Belassungsabsicht) 없이 축조된 것[이를 "Superädifikat"(타인 토지 위의 가설건축물)로 부른다]이라면 이는 여전히 건축자 소유로 남게 되지만(제435조),[77] 그렇지 않은 건물은 토지의 비독립적 구성부분으로서 첨부에 관한 일반규율을 정한 제415조,[78] 제416조[79]에 따라 그 소유권귀속을 정한다고 본다.[80] 다만 침범 부분이 경미하다면,[81] 선의의 건축자는 제416조를 유추하여 건축물과 이웃토지 중 그 부지에 해당하는 부분(침범 부분)의 소유권을 단독으로 취득한다고 보고, 이때 이웃토지 소유자가 경계침범을 인식하고도 곧바로 금지를 청구하지 않았다면 제

72) Schwimann/Klicka, § 418 Rz. 13; Karl Spielbücher, in: Peter Rummel(Hrsg.), Kommentar zum Allgemeinen bürgerlichen Gesetzbuch, Bd. 1, 3. Aufl., 2000(이하 'Rummel/Spielbücher'), § 418 Rz. 9 참조.

73) Welser/Kletečka, Rz. 1003; KurzKomm/Eccher, § 418 Rz. 2 및 정병호, 재산법연구 22/1 (2005) 42 참조.

74) Welser/Kletečka, Rz. 1003 참조.

75) Welser/Kletečka, Rz. 1005 참조.

76) Welser/Kletečka, Rz. 997; KurzKomm/Eccher, § 418 Rz. 3; Schwimann/Klicka, § 418 Rz. 9; Rummel/Spielbücher, § 417 Rz. 7, § 418 Rz. 7 참조.

77) Welser/Kletečka, Rz. 796 f.; KurzKomm/Eccher, § 418 Rz. 3 참조.

78) 오스트리아 민법 제415조는 "이와 같이 가공된 물건을 이전의 상태로 되돌릴 수 있다면, 즉 부합, 혼화된(vermengt oder vermischt) 것을 다시 분리, 분류할 수 있다면, 개개 소유자에게 자신의 것이 되돌아오며, 이를 받아야 하는 사람에게 손해회복이 이행된다. 이전상태로의 복귀 또는 분류가 불가능하다면, 그 물건은 관계인들의 공유에 속한다. 다만, 자기 물건이 타인의 과책으로 부합된 사람은, 개량된 부분에 대한 배상을 대가로 전체 목적물을 보유할지, 그 타인에게 보상을 받고 이를 넘여줄 것인지를 자유롭게 선택할 수 있다. 책임을 지는 당사자는 자신의 선의적 의도 또는 악의적 의도의 성상에 따라 처리된다. 그러나 어느 부분도 과책을 지울 수 없다면, 보다 가치가 있는 부분을 선택할 수 있는 권한을 보유한다"라고 규정한다.

79) 오스트리아 민법 제416조는, "타인 자재가 오로지 물건의 개량을 위해서만 사용된 경우, 타인 자재는 주된 물건의 소유자에게 속하고, 그 소유자는 그의 선의에 의한 과정 또는 악의에 의한 과정의 성상에 따라, 이용된 자재의 이전 소유자에게 동일한 가치를 지급할 의무를 진다"라고 정한다.

80) Welser/Kletečka, Rz. 1004 참조.

81) 침범 부분이 경미한 경우에 권리남용 법리가 적용될 여지가 있다는 지적으로는 Rummel/Spielbücher, § 418 Rz. 9 참조.

415조, 제416조가 아니라 제418조 제3문의 적용 문제로 보아, 건축물과 침범된 이웃토지 부분의 소유권이 건축자에게 단독으로 속하게 된다고 한다.82)

라. 독 일 법

독일 민법전(이하 '독일 민법'이라 한다) 제94조 제1항 제1문은, 토지에 견고하게 부합된(verbunden) 물건, 특히 건물 등이 토지의 본질적 구성부분에 속한다고 규율한다. 그 규범 목적은, 위와 같은 부합으로 마련된 경제적 가치와 거래안전을 보존하는 데 있다고 한다.83) 이 조항 앞에 있는 제93조가 '물건의 본질적 구성부분'이 되기 위한 요건으로서, "물건의 구성부분들 중 어느 하나를 훼멸하거나 본질적으로 변경하지 않고 서로 분리될 수 없을 것"을 제시하기는 한다. 그러나 위와 같은 규범목적에 기해 그것의 분리 가능성이나 용이성에 관한 고려 없이 건물을 토지의 본질적 구성부분으로 정함으로써, 이를 별도 권리목적으로 삼을 수 없도록 규율하였다고 설명한다.84) 따라서 위 조항에 따른 효력은, 그와 다른 당사자 의사나 합의 유무와 무관하게 발생한다고 본다.85) 만일 건물의 건축 자재가 타인 소유더라도 건물이 축조되면 그 자재는 해당 토지에 부합한다(제946조).86) 이로써 권리를 상실한 자재소유자는 부당이득 반환 규정에 따른 금전보상 청구를 할 수 있을 뿐이다(제951조 제1항).

그런데, 일시적 목적만을 위하거나 타인 토지에 대한 권리행사 일환으로 토지에 건립된 건물은 토지의 구성부분으로 보지 않는다(제95조 제1항). 여기서 "타인 토지에 대한 권리"는 물권적 권리를 가리킨다고 본다.87) 물권적 권리가 있다고 착오한 때에는 그렇게 보지 않는다.88) 임대차나 그 밖의 채권적 권리의 경우, 해당 토지 위의 건물이 그 임차인 등 채권적 권리자 자신의 이익만을 위한 것이고 계약관계 종료 후에 토지소유자에게 속하도록 할 것이라는 의도가 아니라고, 다시 말해 일시적으로 축조된 것이라고 사실상 추정한다고 한다.89) 이때 그 계약기간이 장기라든가 견고하게 건축된 건물이라든가 하는 사정으로 그

---

82) Welser/Kletečka, Rz. 1004; KurzKomm/Eccher, § 418 Rz. 4 및 정병호, 재산법연구 22/1 (2005) 42 참조.

83) Christina Stresemann in: Münchener Kommentar zum BGB, Bd. 1, 9. Aufl. 2021(이하 'MüKoBGB/Stresemann'), § 94 Rn. 1, § 93 Rn. 1; Malte Stieper in: J. von Staudingers Kommentar zum Bürgerlichen Gesetzbuch mit Einführungsgesetz und Nebengesetzen, Buch 1 · Allgemeiner Teil §§ 90-124; 130-133, Neubearb.. v. Otto Schmidt(이하 'Staudinger/Stieper'), § 94 Rn. 3 참조.

84) MüKoBGB/Stresemann, § 94 Rn. 1(그렇게 하지 않으면, 등기체계와 등기의 공신력에 관한 조항을 통해 달성하려는 토지거래에 관한 법률관계의 명확성과 안전성이 저해될 것이라 한다); Staudinger/Stieper, § 94 Rn. 4 참조.

85) MüKoBGB/Stresemann, § 94 Rn. 2; Staudinger/Stieper, § 94 Rn. 4 참조.

86) Jens Thomas Füller in: Münchener Kommentar zum BGB, Bd. 8, 8.Aufl., 2020, § 946 Rn. 4 참조.

87) MüKoBGB/Stresemann, § 95 Rn. 23; Staudinger/Stieper, § 95 Rn. 18 참조. 한편, 가스관, 수도관 등과 같은 생활기반시설도 공법에 근거하여 독일 민법 제95조 제1항 제2문이 적용될 수 있다고 한다. 이에 관해서는 MüKoBGB/Stresemann, § 95 Rn. 25 ff.; Staudinger/Stieper, § 95 Rn. 19 ff. 참조.

88) MüKoBGB/Stresemann, § 95 Rn. 35 참조.

러한 추정은 깨지지 않는다고 본다.90) 이렇게 토지의 본질적 구성부분으로 취급되지 않는 건물은 법적으로 독립한 동산으로 다룬다.91) 동산으로 보는 건물이, 설령 건립 당시 행사하던 물권적 권리가 소멸한다고 하여 해당 토지의 본질적 구성부분이 되는 것은 아니라고 설명한다.92)

만일, 타인 토지 위에 위와 같은 권리 없이 건물을 건축하여 그 토지 형상을 변경시킨다면, 이는 그 토지소유권에 대한 침해(방해)로서, 독일 민법 제1004조 제1항에서 정한 제거청구권 행사 대상이 된다.93) 하지만 독일 민법은, 경계침범 건축에 관해서는 제912조에 별도 규율을 정하고 있다. 즉, 토지의 소유자가 고의 또는 중대한 과실 없이 건물을 건축하면서 경계를 넘으면, 이웃이, 경계침범 이전 또는 그 후에 즉시 이의를 제기하지 않는 한, 경계를 넘은 건물을 수인하여야 하고(제1항), 이때 이웃에 대해서는 경계침범 시를 기준으로 정한 정기금으로 보상하여야 한다는 것이다(제2항). 건물이 이웃토지 경계를 얼마나 침범하였는지, 침범한 부분이 건물의 주된 부분인지는 문제시되지 않는다고 한다.94) 이웃토지 경계를 넘어 건물을 축조할 때도 해당 토지의 소유자가 그 자체를 수인할 의무가 없고 제1004조 제1항에 따른 제거청구도 할 수 있지만, 그러할 경우, 건물철거가 경계를 침범한 부분에 한정되지 않을 수 있는데다가, 잔여 부분에 대한 침해와 가치감소도 초래되어 경제적으로 불합리하고,95) 공익적으로도 가치가 상실되며, 가혹하게 될 수 있는데, 이를 피하기 위하여 위와 같은 규정을 둔 것이라고 설명한다.96) 건축자의 과책사유를 요건으로 삼은 취지는, 그렇지 않을 경우 예외적 혜택이 어느 일방 당사자에게 과분한(unverdient) 이익을 주고, 타방 당사자에게는 부당한 부담을 가하게 되기 때문이라고 한다.97) 즉, 건축자에게

---

89) MüKoBGB/Stresemann, § 95 Rn. 8 참조. 물론, 해당 채권적 권리가 종료한 후 그 권리자의 의사에 따라 토지소유자에게 그 건물이 귀속되어야 한다는 확실한 추론이 이루어진다면, 위와 같은 추정은 복멸한다고 본다. MüKoBGB/Stresemann, § 95 Rn. 9 참조.

90) MüKoBGB/Stresemann, § 95 Rn. 8 및 거기에 인용된 BGHZ 92, 70, 73; BGHZ 104, 298, 301과 Staudinger/Stieper, § 95 Rn. 16 참조

91) MüKoBGB/Stresemann, § 95 Rn. 37 f.; Staudinger/Stieper, § 95 Rn. 28 ff. 참조.

92) MüKoBGB/Stresemann, § 95 Rn. 36; Staudinger/Stieper, § 95 Rn. 23 참조. 다만 지상권에 관해서는, 독일 지상권법(Erbbaurechtsgesetz) 제12조 제3항에 따라, 지상권이 소멸하면 지상권의 구성부분이 토지의 구성부분으로 된다.

93) Thomas Raff in: Münchener Kommentar zum BGB, Bd. 8, 8.Aufl., 2020, § 1004 Rn. 69; Christoph Thole in: J. von Staudingers Kommentar zum Bürgerlichen Gesetzbuch mit Einführungsgesetz und Nebengesetzen, Buch 3 · Sachenrecht §§ 985-1011, Neubearb. v. Otto Schmidt, 2019, § 1004 Rn. 51 참조.

94) Bettina Brückner in: Münchener Kommentar zum BGB, Bd. 8, 8.Aufl., 2020(이하 'MüKoBGB/Brückner'), § 912 Rn. 11 참조.

95) MüKoBGB/Brückner, § 912 Rn. 1f. 참조.

96) Benno Mugdan(Hrsg. u. Bearb.), Die gesamten Materialien zum bürgerlichen Gesetzbuch für das Deutsche Reich, Bd. 3, Sachenrecht, Neudruck der Ausgabe Berlin 1899, (Neudr. 1979), 156f.(다만, 이러한 목적을 위해 건축자를 특별히 취급하고 지상물은 토지에 따른다는 법언을 역으로 취급하는 것은 부동산법의 기본 원리에 반한다는 이유에서 배척되었음이 기재되어 있다); Herbert Roth in: J. von Staudingers Kommentar zum Bürgerlichen Gesetzbuch mit Einführungsgesetz und Nebengesetzen, Buch 3 · Sachenrecht §§ 903-924, Neubearb. v. Otto Schmidt, 2016(이하 'Staudinger/Roth'), § 912 Rn. 1 참조. 그 밖에 정병호, 재산법연구 22/1 (2005) 48 참조.

주관적 비난 요소가 없어야 그러한 사례에 관한 건축자의 구제가 국민경제적 이익을 충족한다는 것이다.98) 이에 따라, 건축자에게 고의 또는 중대한 과실이 없고, 침범된 이웃토지 소유자의 즉시 이의가 없다면, 경계침범 건축 부분은 부적법하지만 면책되는 것(entschuldigter unrechtmäßiger Überbau)이라 설명하기도 한다.99) 그러나 위 요건을 갖추지 못해 면책되지 않는 부적법한 경계침범 건축이 있다면, 이웃토지 소유자는 제1004조 제1항을 근거로 삼아 건축자 비용으로 침범된 토지 위의 건물 부분을 제거하도록 청구하고, 제985조를 근거로 삼아 침범 부분을 반환하도록 청구할 수 있다고 본다.100) 다만, 쌍방 이익을 고려할 때, 제거청구권이 경계침범 건축자에게 과도하게 큰 비용부담을 가져오면 급부이익에 관한 현저한 불균형(grobes Missverhältnis)을 이유로 한 급부거절권의 근거조항인 제275조 제2항에 따라, 그 제거청구권 배제를 검토하기도 한다.101) 물론, 고의 또는 중대한 과실에 의한 경계침범 건축 사안에서는 위와 같은 배제는 통상 고려되지 않는다고 설명한다.102) 나아가 이는 불법행위를 구성하므로 제823조 제1항, 제249조 제1항에 따른 원상회복 청구도 가능하다고 본다.103)

마. 스위스법

스위스 민법전(이하 '스위스 민법'이라 한다) 제671조 제1항은, 당사자들 사이에 합의가 없는 경우,104) 제667조 제2항에서 정한 첨부원리(Akzessionsprinzip)105)에 따라 누군가가 자기 토지 위에서 건축하면서 타인 자재를 사용하거나, 타인 토지 위에서 건축하면서 자기 자재를 사용할 때, 그러한 건축물이 토지의 구성부분이 된다고 정한다.106) 당초의 자재소

---

97) Mugdan 3, 157 참조.

98) Horst Heinrich Jakobs/Werner Schubert(Hrsg.), Die Beratung des Bürgerlichen Gesetzbuchs, Sachenrecht I, 1983, 479 참조. 다만, 제1초안에서는 "고의 또는 과실"을 요건으로 제시하였으나, 제2차위원회(2. Kommission)에서 과실 앞에 "중대한(grobe)"이라는 문구를 넣자는 제안이 채택되었다고 한다. 그 경과에 관해서는 위 책과 Mugdan 3, 588f. 참조.

99) Staudinger/Roth, § 912 Rn. 5 참조.

100) MüKoBGB/Brückner, § 912 Rn. 35; Staudinger/Roth, § 912 Rn. 74 참조.

101) MüKoBGB/Brückner, § 912 Rn. 35; Staudinger/Roth, § 912 Rn. 75 참조.

102) Staudinger/Roth, § 912 Rn. 75 참조.

103) Staudinger/Roth, § 912 Rn. 74 참조.

104) Arthur Meiner-Hayoz, Berner Kommentar zum schweizerischen Privatrecht, Bd. IV, Das Sachenrecht. 1.Abteilung, 2 Telibd. das Eigentum: Grundeigentum I, Artikel 655-679 ZGB, 1974, Art. 671 N. 15; Heinz Rey/Lorenz Strebel in: Basler Kommentar: Zivilgesetzbuch I(Hrsg. v. Heinrich Honsell/Nedim Peter Vogt/Thomas Gaiser) Art. 1-456 ZGB, 4.Aufl., 2011(이하 'BSK/Rey/Strebel'), Art. 671 N. 1; Thomas Sutter-Somm, Sachenrecht, Eigentum und Besitz, Bd. V/1(Schweizerisches Privatrecht), 2.Aufl., 2014, 317f. 참조.

105) 스위스 민법 제667조 제1항은 토지에 대한 소유가, 소유 행사에 관하여 이익을 가지는 한, 지상과 지하에 미친다고 정하고, 제2항은, 법률상 한계가 있는 경우를 제외하고, 모든 건축물과 수목 및 하천을 포괄한다고 정한다.

106) BK/Meier-Hayoz, Art. 671 N. 1, 16; BSK/Rey/Strebel, Art. 671 N. 1; Heinz Rey, Die Grundlagen des Sachenrechts und das Eigentum, Bd. I, 3. Aufl., 2007, 558; Sutter-Somm, 317 f. 참조.

유자가 누구인지, 당사자가 선의인지, 악의인지는 중요하지 않다고 본다.107) 토지 위에 건축된 건물이 토지소유자에게 속하게 됨으로써 자재소유자는 종국적으로 그 소유권을 상실하고, 이후 건물 또는 그 자재가 토지에서 분리되어도 자재소유자의 소유가 부활하는 것으로 보지 않는다.108) 다만, 자재소유자는, 그 이용이 자기 의사와 무관하게 이루어진 경우라면, 토지소유자 비용으로 그 자재의 분리와 반환을 청구할 수 있는데, 이때 과도한 가해행위 없이 가능하지 않다면 그러하지 아니하다(제671조 제2항). 그리고 같은 요건 아래에서, 토지소유자는, 그 이용이 자기 의사와 무관하게 이루어진 경우라면, 건축자 비용으로 그 자재의 취거(Wegschaffen)를 청구할 수 있다(제671조 제3항). 이 청구권은 채권적 성질을 가지는 것으로 봄이 주류로 파악된다.109) 만일, 자재를 토지로부터 분리하지 않으면, 토지소유자가 자재에 관한 적절한 배상을 하여야 하는데(제672조 제1항), 토지소유자가 악의라면, 법원이 완전한 손해배상(voller Schadensersatz)을 인정될 수 있고(제672조 제2항), 자재소유자가 악의라면, 토지소유자에게 건물이 갖는 최소한의 가치만 인정할 수 있다(제672조 제3항). 건물 가치가 명백하게 토지 가치를 초과한다면, 선의로 밝혀진 자110)가, 토지 및 건물의 소유자로 하여금 적절한 배상금을 지급하여 자재소유자에게 소유권을 귀속시키도록 청구할 수 있다(제673조).

그런데 경계침범 건축이 이루어진 때에도 위와 같은 첨부원리에 기한 소유권 귀속 규율을 적용하면, 문제가 되는 건물이 철거되거나 현저하게 피해를 볼 수 있고, 이를 회피하려면 건물소유자가 침범된 이웃토지 부분을 과다한 가격으로 취득할 수밖에 없게 될 것이다.111) 이러한 상황에 관하여 스위스 민법은 건물의 경제적 가치를 유지하기 위해 공평타당성(Billigkeit)을 이유로 제674조에 다음과 같은 규율을 마련해두고 있다.112) 즉, 어느 토지로부터 다른 토지 부분으로 경계를 침범한 건물은, 그 소유자가 그 존립에 관한 물권을 가지면 그것이 유래한 토지의 구성부분으로 남게 되고(제1항), 이때 경계를 침범한 건축에 관한 권리는 등기부에 역권으로 기입할 수 있으나(제2항), 경계침범 건축이 권원 없이 이루어지면, 피해자(침범된 토지의 소유자113))는, 그러한 건축이 피해자에게 인식될 수 있었음에도

107) BK/Meier-Hayoz, Art. 671 N. 17; BSK/Rey/Strebel, Art. 671 N. 7; Sutter-Somm, 319 참조.

108) BK/Meier-Hayoz, Art. 671 N. 16; Sutter-Somm, 319 참조.

109) BK/Meier-Hayoz, Art. 671 N. 19; BSK/Rey/Strebel, Art. 671 N. 11. 13; Sutter-Somm, 320 참조. 위 주 108)의 본문에서 살핀 바와 같이, 분리로 인해 자재소유자의 소유권 귀속이 부활하지 않기 때문이나. 다만, 스위스 민법 제641조에 기한 소유권에 기한 소로 보는 견해도 있다고 한다].

110) 자재소유자뿐 아니라 토지소유자도 그가 선의이면 그와 같은 청구를 할 수 있다. BK/Meier-Hayoz, Art. 673 N. 4f.; BSK/Rey/Strebel, Art. 673 N. 6; Sutter-Somm, 324 참조

111) Sutter-Somm, 324 참조.

112) BK/Meier-Hayoz, Art. 674 N. 3; Sutter-Somm, 324 참조.

113) BSK/Rey/Strebel, Art. 671 N. 9; Sutter-Somm, 328 참조.

그가 적시에 이의를 제기하지 않으면, 선의로 밝혀진 건축자에게, 제반사정상 정당할 경우 적절한 배상을 하여 경계침범 건물 부분에 관한 물권(지역권[114])이나 토지에 대한 소유권이 귀속될 수 있도록 한다(제3항). 여기서 건축자의 '선의'란 그가 중대한 과실 없이 건축에 관한 권리를 가졌다고 생각한 경우를 가리킨다고 한다.[115] '선의'는 추정된다(제3조 제1항).[116]

위 규정의 요건을 갖추지 못한 경우, 가령 건축자가 악의라거나 또는 그렇지 않더라도 침범된 토지의 소유자가 적시에 이의를 제기하였다면, 그 토지소유자는 침범된 토지 위에 축조된 건물 부분의 제거를 청구할 수 있다.[117] 이러한 제거청구권은 스위스 민법 제641조 제2항에서 정한 소유권에 기한 소(Eigentumsfreiheitsklage) 내지 부인소권(actio negatoria)으로 불리는데,[118] 이는 소유권 침해에 따른 손해배상청구권(스위스 채무법 제41조)과는 구별되고,[119] 권리남용금지(제2조)의 틀 내에서 행사하여야 한다는 설명이 있다.[120]

2. 정리 및 시사점

위에서 살펴본 바와 같이, 건물을 그 부지(토지)의 본질적 · 비독립적 구성부분으로 보아 그 소유권귀속을 일치시키는 규율을 가져온 서구의 법제에서도, 별다른 토지 사용권원 없이 타인 토지에 자기 또는 제3자 자재로 건물을 축조한다든가, 이웃토지 경계를 침범하여 건물을 짓는 경우처럼, 토지소유권 행사를 위법하게 방해(침해)하는 건물 축조 사안이 원천적으로 봉쇄되어 있지는 않다. 다만, 근대 이후 편찬된 성문법전을 가진 법제에서는, 위와 같은 첨부원리에 따라 원칙적으로는 축조된 건물의 소유권을 토지소유자에게 귀속시

114) 스위스 민법 제674조 제3항에서 정한 물권(dingliches Recht)는 지역권(Grunddienstbarkeit) 설정에 관한 법률상 역권(Legalservitut)으로 설명된다. BSK/Rey/Strebel, Art. 671 N. 9; Rey, 300; Sutter-Somm, 328 참조. 또한, 정병호, 재산법연구 22/1 (2005) 44 참조

115) BK/Meier-Hayoz, Art. 674 N. 66; Sutter-Somm, 328 참조. 다만, 정확한 경계를 착오하였다든지, 경계침범 건축을 인식하였지만 그 침범된 이웃토지의 소유자가 건축에 동의할 것으로 생각하였고, 거기에 중대한 과실이 없었는지 등의 사정은 '선의' 여부를 판단하는 데 중요하지 않다고 한다. BK/Meier-Hayoz, Art. 674 N. 66; Sutter-Somm, 328 참조.

116) BK/Meier-Hayoz, Art. 674 N. 67 참조. 한편, 자재소유자도, 토지소유자도 아닌 사람이 건축을 감행한 경우에는 제671조 내지 제673조의 규정이 적용되지 않고, 일반원칙에 따라 토지소유자가 자재의 소유자가 된다는 설명으로는 BK/Meier-Hayoz, Art. 671 N. 32; BSK/Rey/Strebel, Art. 671 N. 3 참조.

117) BK/Meier-Hayoz, Art. 674 N. 38, 68; Sutter-Somm, 325 참조.

118) Arthur Meiner-Hayoz, Berner Kommentar zum schweizerischen Privatrecht, Bd. IV, Das Sachenrecht. 1.Abteilung, 1 Telibd. das Eigentum: Systematischer Teil und Allgemeine Bestimmungen, Artikel 641-654 ZGB, 1966, Art. 641 N. 89; Rey, 523; Sutter-Somm, 40 등 참조.

119) Rey, 526(다만, 원상회복을 위한 '위장된(verkappte)' 손해배상소송의 존부가 문제되고, 이러한 점에서 소유권에 기한 소는 구체적으로 영향을 미치는 행위가 지속되는 동안에만 제기되어야 한다는 점을 지적한다); Sutter-Somm, 43 참조.

120) BK/Meier-Hayoz, Art. 674 N. 38; Wolfgang Wiegand in: Basler Kommentar: Zivilgesetzbuch I(Hrsg. v. Heinrich Honsell/Nedim Peter Vogt/Thomas Gaiser) Art. 1-456 ZGB, 4.Aufl., 2011, Art. 641 N. 67; Rey, S. 524; Sutter-Somm, 41 Fn. 161 등 참조.

키되,[121] 건축자나 자재소유자에게 일정한 금전보상을 하도록 함으로써,[122] 토지소유자가 그 소유의 토지 위에 있는 타인 재산인 건물을 철거하는 상황의 발생을 최소화하고, 그로 인한 건축자 등의 재산상 희생에 대해 일정한 전보 조처를 마련하고 있음을 확인할 수 있다. 독일 민법 제95조가 정한 바와 같이, 일시적 목적만을 위하거나 타인 토지에 대한 권리 행사로 축조된 건물 부분에 대해서는 첨부원리에 대한 예외를 인정하기도 하지만, 이러한 유형의 건물은 당초부터 해당 토지에서 제거될 것이 그 목적 자체 또는 당사자 약정 등에 따라 정해진 것이므로, 건물철거로 인한 재산상 희생의 과도함이 문제시되기 어려운 경우라 할 수 있다.

한편, 권원 없이 이웃토지 경계를 침범하여 건물을 건축한 사안에 관해서는, 그 침범 부분의 건물철거청구권을 무관용적으로 인용하는 실무를 운용하거나(프랑스), 첨부에 관한 규율에 따라 침범된 건물 부분의 소유권 귀속을 정하되 침범 부분이 경미한 때에 토지소유자로부터 즉시 건축금지를 통고받지 않은 선의의 건축자가 침범된 토지 부분의 소유권을 취득하도록 하는 법제(오스트리아), 또는 경계를 침범당한 토지의 소유자가 선의 또는 고의 · 중과실 없는 건축자에게 적시에 이의를 제기하지 않을 때 토지소유자의 건축자에 대한 수인의무를 부과하거나 건축자에게 역권을 부여하는 법제(독일, 스위스) 등으로 규율 내용이 나뉘어 있다. 하지만, 어느 법질서든 권원 없이 경계를 침범한 건축자가 악의거나 그에게 고의 또는 중과실이 있는 때, 또는 침범된 토지소유자로부터 적시에 건축의 금지를 요구받은 때에는, 침범된 토지소유자의 철거청구에 대해 자신의 건물에 대한 재산적 권리나 그 밖의 이익으로써 대항할 수 없다는 점을 공통점으로 추려낼 수 있다. 그리고 이러한 규율은, 로마법에서 제재적 성격을 갖는 것으로 인정되던, 금지 후에 시설된 건축물 파괴의 특시명령 및 강포 · 은비로 인한 특시명령과 궤를 같이한다고 볼 수 있다.[123] 어느 경우든, 자기의 건축행위가 타인의 토지소유권 침해 또는 그 염려를 인식하거나 인식할 수 있었는데도 이를 감행한 과책 있는 건축자에 대하여, 그에 대한 제재수단으로서, 그의 재산상 희생(건물의 파괴)을 수반하는 파괴적 청구권을 토지소유자에게 부여하고 있기 때문이다.

이와 달리, 건축자가 선의이거나 그에게 고의 또는 중대한 과실이 없고, 침범된 토지

121) 다만 첨부원리를 적용하더라도, 예외적으로 토지소유자가 아닌 건축자에게 건물과 토지의 소유권이 귀속하도록 규율하는 때도 있다. 가령 오스트리아법은, 토지소유자가 건축 사실 인식 후 곧바로 선의의 건축자에게 건축을 금지하지 않으면, 건축자가 해당 건물 및 그 부지 소유권을 취득하도록 규율한다(앞의 1. 다. 부분 참조).

122) 이러한 금전보상의 범위는 각국의 입법례마다 차이가 있지만, 공통적으로 건축자 또는 자재소유자가 선의라면 건축을 위한 필요비와 유익비(토지의 가치증가액)의 보상이 보장되는 반면, 악의라면 그로 인한 보상이 제한된다는 점을 알 수 있다. 앞의 1. 부분 참조.

123) 위 두 특시명령의 원상회복적 성격과 강포 · 은비로 인한 특시명령의 제재적 성격에 대해서는 앞의 1.의 가. 부분 참조.

소유자가 적시에 건축금지를 요구한 바도 없다면, 경계침범 사안에 관한 프랑스의 규율 정도를 제외하고는, 해당 토지소유자의 철거청구에 대항할 수 있는 권원이 건물소유자에게 법률 규정을 통해 허여되어 있음도 뚜렷이 드러난다. 나아가 프랑스에서도 위와 같은 경우에 철거청구권 제한의 법적 근거로 거론될 수 있는 개정 규정(프랑스 민법 제1221조)이 최근에 마련되었고, 이를 적용한 선의의 경계침범 건축자에 대한 건물철거청구 제한이 논의되기도 한다. 이는 프랑스 민법 제555조 제4항에서 정한 바, 즉 선의의 제3자가 건물을 축조하여 그 과실의 반환의무를 지지 않는 때 토지소유자가 건물철거를 주장할 수 없도록 하고, 토지소유자가 그 가치증가분이나 건축비 및 보수 중 하나를 상환하도록 한 규율과 상통한다고 볼 수 있다. 이러한 검토 결과는, 우리의 기존 실무가 건물철거청구 사안에 관하여 권리남용금지 규율이나 신의성실 원칙을 적용하면서 객관적 이익형량 외에 당사자의 주관적 용태, 즉 과책 유무를 아울러 고려하는 것과도 연결하여 볼 수 있다.

이러한 시사점을 바탕으로 이하에서는, 우리 민사법 체계에서 건물철거청구권의 법적 근거와 성질을 어떻게 보아야 할지를, 건물소유자의 과책 유무에 따라 구분하여 검토해보기로 한다.

Ⅳ. 건물소유자의 과책 유무에 따른 근거 및 성질 검토

1. 건물소유자에게 과책 사유가 없는 경우

민법 제214조는, 소유권 법적 권능(제211조에서 정한 사용, 수익, 처분 권능) 행사에 방해가 있다면, 그 자체로 청구원인을 구성하여, 청구상대방이 소유자의 수인의무 내지 인용의무나 그 밖의 정당화사유를 주장, 증명하여 위법하지 않음을 밝히지 못하는 한, 소유자가 방해자를 상대로 방해원 제거를 청구할 수 있도록 정한다.[124)]

여기에 방해자의 고의 또는 과실과 같은 과책사유는 요구하지 않는다.[125)] 따라서 건물소유자가 그 부지에 해당하는 토지의 소유권이나 그 건물소유 목적의 (토지소유자에게 대항할 수 있는) 사용권원을 보유하였다고 오신하였고, 그러한 오신에 정당한 근거가 있더라도,[126)] 그 건물소유자에 대해 토지소유자는 위 규정에서 정한 방해배제청구권을 행사할

124) 이러한 규범구조에 관해서는 곽윤직/김재형, 물권법, 230-235; 이영준, 물권법, 571; 민법주해(Ⅴ), 215, 222-223, 241 이하, 266(양창수); 주석민법 [물권 1], 655(이계정) 등 참조.

125) 곽윤직/김재형, 물권법, 233; 이영준, 물권법, 562; 지원림, 민법강의, 638; 민법주해(Ⅴ), 249(양창수); 주석민법 [물권 1], 659(이계정) 등 참조.

수 있다.

그런데 건물소유자에게 위와 같은 주관적 책임귀속 사유가 없다는 점은, 민법 제214조에 기한 청구권의 효과내용을 정하는 데 중요하게 고려할 사항이다. 청구상대방의 고의 또는 과실과 같은 과책 표지는, 불법행위법에서 가해자 행태에 대한 비난가능성 내지는 행위의 불법성을 근거 지우고, 그 가해자(상대방)의 재산상 희생으로 피해자(청구인)에게 가해진 손해의 전보 부담을 전가하는 손해배상책임의 주요 귀책사유로 기능하기 때문이다.[127] 그런데도 상대방의 과책 표지를 요건으로 삼지 않는 민법 제214조의 소유물 방해배제청구권 효과내용에, 마치 불법행위로 발생하는 손해배상청구권처럼, 청구상대방의 재산상 이익 훼손을 강제하는 명령을 포함한다면, 토지소유자는, 굳이 상대방(건물소유자)의 고의나 과실을 근거 지우는 내부적 용태를 어렵사리 증명해내기보다는, 이를 요하지 않는 소유물방해배제청구로써 손쉽게 손해배상 이상의 법적 효과를 달성하고자 할 것임이 자명하다. 이로써 손해배상책임의 과책원리는 사실상 무의미하게 될 테지만,[128] 이러한 귀결을 규범적으로 정당화할 근거는 제시하기 어렵다.

물론 제거청구권은 그 청구상대방이 이행하여야 할 행위청구권으로 보아야 하고,[129] 따라서 그 상대방이 해당 제거의무를 이행하면서 드는 비용을 스스로 부담함이 타당하다. 그러나 이러한 비용부담은 민법 제214조에 따라 명해지는 "제거" 의무 이행에 부수한다. 이러한 부담의 근거는 민법 제473조의 준용을 통해 제시할 수 있다.[130] 그러나 이를 넘어서서, 청구상대방이 토지소유자의 방해제거를 위해 자기 소유의 자산, 즉 건물을 스스로 파괴하여야 하는 불이익까지 소유물방해배제청구권 이행에 부수하는 비용으로 치부하는 것은 동의하기 어렵다. 토지소유자의 소유물방해배제청구권은 해당 토지의 사용, 수익, 처분

126) 민법 제201조 제1항은 "선의의 점유자는 점유물의 과실을 취득한다"라고 규정하고 있는바, 여기서 선의의 점유자라 함은 과실수취권을 포함하는 권원이 있다고 오신한 점유자를 말하고, 다만 그와 같은 오신을 함에는 오신할 만한 정당한 근거가 있어야 한다는 취지의 대법원 2000.3.10. 선고 99다63350 판결 참조. 여기서 권원 보유를 오신할 "정당한 근거"는, 같은 구조의 민법 제748조 제2항의 "악의"의 의미에서와 마찬가지로, 점유자 개인이 처한 구체적 상황을 토대로 법적 인식에 필요한 주의를 다하여 그러한 착오를 회피할 수 있었는가에 따라 보호가치성을 판단함이 타당하다고 본다. 이에 관해서는 졸고, 민법 제748조 제2항에서 정한 "악의"의 의미, 민사법학 93 (2020) 351 참조.

127) 이에 관해서는 우선, 졸고, 불법행위에 대한 예방청구권 — 민법전으로의 체계소화적 편입을 위한 소견 —, 고려법학 107 (2022) 36 및 같은 면 각주 105), 106)에서 인용한 문헌 참조.

128) 김형석, 소유물방해배제청구권에서 방해의 개념, 서울대학교 법학 45/4 (2004) 396; 민법주해(Ⅴ), 242-243(양창수) 및 졸고, 고려법학 107 (2022) 58 등 참조.

129) 곽윤직/김재형, 물권법, 30-32; 이영준, 물권법, 48; 지원림, 민법강의, 452; 이계정, 소유물방해제거청구권 행사를 위한 방해의 현존, 민사판례연구 43 (2021) 245; 민법주해(Ⅴ), 192(양창수) 이하; 주석민법 [물권 1], 611(이계정) 등 참조.

130) 민법 제460조 이하의 변제에 관한 규정을 물권적 청구권에 준용할 수 있다는 견해로는 이영준, 물권법, 48, 63; 지원림, 민법강의, 450; 민법주해(Ⅴ), 192(양창수) 등 참조. 한편, 법공동체의 구성원들이 그 공동체의 근간을 이루는 재화귀속질서의 유지를 위하여 스스로 적극적으로 협력하여야 한다는 전제에서, 그러한 공적 이익과 관련된 비용은 당연히 청구권 상대방이 부담하여야 한다는 취지의 민법주해(Ⅴ), 193(양창수)도 참조.

권능에 제약이 없는 상태로 만드는 것일 뿐이다. 만에 하나 이러한 제거의무 이행을 위해 의무자인 건물소유자가 고가치인 그 소유 건물을 부수어 없애는 희생을 부수적 비용 차원에서 감수하여야 한다고 본다면, 그 의무내용에 비추어 의무자에게 드는 의무이행 비용[131]이 권리자의 의무이행으로 인한 이익에 비해 과도하다고 보지 않을 수 없다. 이처럼 과도한 비용이 드는 이행청구권에는 불능과 같은 한계 사유가 존재한다는 평가도 가능하다.[132]

더구나 민법 제201조 제1항은 선의의 점유자에게 점유물 과실수취권을 보장한다. 건물소유자가 여기에 해당한다면,[133] 그는 건물 소유를 위한 해당 토지의 사용수익을 보유할 정당한 권원을 갖게 된다. 물론, 토지소유자가 적시[134]에 본권에 관한 소를 제기하고 건물소유자가 이에 패소한다면, 그는 소제기 시[135]부터 그러한 보유 권원을 잃겠지만(제197조 제2항), 그러한 소제기 전에, 주관적 귀책사유 없이 건물을 소유한 자가 방해배제 일환으로 건물을 철거할 실체법상 의무를 부담한다고 본다면, 그러한 법적 평가는 위 과실수취권 보장 조항의 평가와 모순적이라 보지 않을 수 없다.[136]

한편, 민법 제214조 전단이 “소유자는 소유권을 방해하는 자에 대하여 방해의 제거를 청구할 수 있고”라고 규정할 뿐, 그 제거청구가 일정한 범위에서만 가능하다는 취지를 정하고 있지 않기는 하다.[137] 그러나 이러한 소유물방해배제청구권은 소유권에 대한 (위법한) 방해원을 배제하기 위해 그 상대방에게 일정한 조처를 구하는 권리이다. 그 행사를 통해 필연적으로 해당 청구상대방의 권리나 법익에 대한 의무부담 등의 제약이 가해지기 마련이다. 아무리 소유권이 절대적 권리라 할지라도, 그 보호를 빌미로 상대방의 권리(이 또한 건물

131) 과거, 방해배제 등 물권적 청구권이 행위청구권인지, 인용청구권인지의 문제가 그 비용부담 문제와 연결지어 논의되곤 하였지만, 여기서는, 행위(작위)청구권에 해당한다는 입장에서 서서 서술한다. 기본적으로, 부작위 의무를 지는 인용청구권으로 물권적 청구권을 구성하는 것은 우리 민법 규정 문언에 반한다고 생각한다. 이에 관해서는 곽윤직/김재형, 물권법, 30-31; 이영준, 물권법, 49; 민법주해(Ⅴ), 192(양창수) 이하; 지원림, 민법강의, 452; 주석민법 [물권 1], 611(이계정) 등 참조.

132) 위 주 130)과 마찬가지로. 물권적 청구권의 성질에 반하지 않는 한 물권적 청구권에 채권에 관한 규율이 준용될 수 있다. 지원림, 민법강의, 450; 민법주해(V), 188(양창수); 주석민법 [물권 1], 44(손철우) 등 참조. 이러한 전제에서, 채권관계에서 채권자의 급부이익과 채무자의 이행을 위한 비용지출 사이의 현저한 불균형이 있을 때, 이행청구를 제한하거나 급부거절권을 부여하는 취지의 외국 입법례(가령, 독일 민법 제275조 제2항, 제3항, 프랑스 민법 제1221조, 일본 민법 제412조의2 제1항 등)와 이에 관한 국내 연구성과는, 본문 기재와 같이, 방해배제청구 효과내용 결정에 관해서도 기능할 수 있다고 본다. 위 입법례에 관한 국내 문헌으로는 우선, 박영복/박희호, 이행청구권 — 독일민법개정의 논의에 나타난 시각변화를 중심으로 —, 외법논집 21 (2006) 222-225; 박영복, 이행청구권의 한계사유로서의 「이행불능」 — 일본 개정 민법을 주요 소재로 한 비교법적 검토 —, 외법논집 44/1 2020, 138 이하, 151-153; 정진명, 이행청구권의 한계와 계약규범 — 불능 법리의 재편을 중심으로 —, 재산법연구 33/4 (2017) 23-26; 개정 프랑스채권법 해제, 316-317 등 참조.

133) ‘선의’의 의미에 관해서는 위 주 126) 참조.

134) 토지소유자가 자기 토지 위의 타인 건물 건축 사실을 인지하고도 적시에 이의 하지 않거나 소를 제기하지 않는다면, 그의 행태와 그 밖의 제반사정이 묵시적 사용권원 설정의사를 추단하는 자료가 될 수도 있을 것이다.

135) 소송계속 시를 의미한다고 보아야 한다. 대법원 2016.7.29. 선고 2016다220044 판결 등 참조.

136) 프랑스 민법 제555조 제4항이, 과실수취권을 보유한 선의의 건축자에 대한 제거청구를 금하는 취지로 규율한 것도 이러한 모순적 평가를 피하기 위한 것으로 이해할 수 있다. 앞의 II. 2. 부분 참조.

137) 민법 제217조 제1항이 “적당한 조처를 할 의무”를 정하고 있는 것과 차이가 있다.

소유권이라는 절대적 권리 내지 법익이다!)나 제3자 등 법익의 본질적 내용을 제약하거나 과도한 희생을 강요한다면, 그것은 또 다른 위법한 권리침해 행위를 허용하는 결과에 이를 수 있다. 법을 그렇게 해석 · 적용할 수 없다. 따라서 민법 제214조에 기한 소유물방해배제청구권 효과내용은, 그 보호목적이 정당해야 할 뿐 아니라, 그 목적에 적합하면서도, 청구상대방 등 타인 권리 · 법익에 대한 최소한의 제약만 가하는 조처로 형성하여야 하고, 그로 인한 당사자 이익과 상대방 등 타인이 입게 되는 불이익 사이에 균형성을 갖추도록 하여야 한다. 즉, 비례성 원리가 위와 같은 소유물방해배제청구권 효과내용을 정하는 데 주요하게 작동하여야 법을 빙자한 위법의 관철을 저지할 수 있다. 대법원도 건물철거청구 사건이 아닌, 다른 방지조처를 구하는 방해배제청구 사건[138]에서 이러한 비례성 원리 적용을 위한 이익형량 필요성을 지적한 바 있다. 이를 염두에 두어야 한다. 민법 제214조에서 정한 "제거"가 토지소유자의 소유권 행사를 방해하는 방해원, 즉 건물을 해당 토지에서 치워 없앤다는 의미뿐 아니라, 더 나아가, 그 건물 자체의 성질(가령, 가설건축물)이니 당초 권원에서는 예정하지 않았던, 그러한 파괴까지 수반한다는 의미로 이해한다면, 그것은 토지소유자의 보호이익보다 더 큰, 상대방 또는 제3자 이익에 대한 제약을 가할 수 있다는 뜻이 된다. 그러나 비례성 원리와 충돌한다. 특히 건물을 토지와 별개의 독립한 부동산, 즉 재산권 행사의 대상으로 삼는 우리 법제에서는, 토지소유자의 건물소유자에 대한 건물철거청구가 건물소유자의 고가치 자산인 건물을 부수어 없애도록 할 수 있다는 점에서 비례성 원리에 반하는 상황이 더 분명하게 감지될 수 있다. 기본적으로 건물의 소유를 토지의 소유에 따르게 하는 서구의 법제와 차이가 날 수밖에 없는 지점임을 유의하여야 한다.

물론 기존 실무도 건물철거청구 사건을 다루면서, 이러한 비례성 원리를 전혀 무시하지는 않았다. 다만 앞서 본 바와 같이,[139] 소유물방해배제청구권 효과내용 결정 단계에서 고려하지 않고, 청구권 행사를 저지하기 위한 권리남용금지 규율(민법 제2조 제2항) 검토 단계에서 고려하였다. 이처럼 건물철거청구권에 관해 권리남용금지 규율을 적용함으로써 청구상대방의 과도한 이익 제약을 저지하는 구조는 비교법적으로 오스트리아와 스위스의 법 운용에서도 발견되는 바이기도 하다. 결과적으로 보면, 건물소유자나 제3자 이익에 대한 과도한 제약을 가하는 건물철거청구권 행사를 제한할 수 있으므로, 방해배제청구권 효과내용 결정 단계에서 비례성 원리를 적용하는 때와 동일한 규율 효과를 얻을 수 있다고 말할 수도 있겠다. 그러나 '권리남용금지'를 규율한 민법 제2조는 그곳으로의 도피를 경계하여야

138) 대법원은 위법한 빛반사 침해의 방지청구 사안에서, 그 효과내용 결정에 관하여 "해당 청구가 허용될 경우에 방지청구를 구하는 당사자가 받게 될 이익과 상대방 및 제3자가 받게 될 불이익 등을 비교 · 교량하여야 한다"라고 판시한 바 있다. 대법원 2021.6.3. 선고 2016다33202, 33219 판결 참조.

139) 앞의 II. 3., 4. 부분 참조.

하는 추상적 · 일반적 조항의 성격을 가진다.140) 나아가 권리남용금지 규율을 다루는 단계에서 검토할 사항은 비례성 원리에 한정되지 않는다. 사회질서 위반, 사회적 한계 초과, 모순행위금지 등141)과 같이 다양하다. 그런데도 비례성 원리의 적용을 전적으로 권리남용금지 규율 적용단계로 미루어서 검토하면, 민법 제214조에 기한 방해배제청구권의 의미와 그 효과내용 결정에 관한 비례성 원리의 적용 법리를 점차 망각하게 되고, 이로써 건물철거청구를 비롯한 소유물방해배제청구의 효과내용 결정에 관한 규율의 정당성 확보와 이에 관한 법적 안정성을 저해할 수 있다. 법 현실에서 건물철거청구권이 권리남용금지로 제한되는 사안이 많지 않은 까닭도 같은 맥락에서 이해해볼 수 있다.142) 비례성 원리의 적용은 체계적으로 방해배제청구권의 효과내용 결정 단계에 적용하여야 할 법리로 명확히 자리 잡도록 해야 한다.

건물소유자에게 과책이 없을 때도, 가령, 그가 소유한 건물이 일시적 목적으로 건립되었다든지, 건물소유자가 정당한 근거를 갖고 오신하였던 토지 사용권원 자체에서 해당 권원의 소멸 이후 토지의 원상회복 및 지상건물 철거가 예정되어 있다든지, 아직 추가의 공정이 꽤 많이 남아 있어서 철거로 회수할 수 있는 건축자재 가치가 현 상태의 건축물 가치에 버금한다든지, 건물이 후폐(朽廢)하게 되었다든지, 또는 건축법 등 관계법령을 위반한 불법건축물에 해당한다든지 하는 경우라면, 토지소유자가 그 건물소유자를 상대로 민법 제214조에 기한 건물철거청구를 하여도 과도하다거나 비례성 원리에 반한다고는 보지 않을 것이다. 그러나 그렇지 않은, 특히 일시적 목적 없이 견고하게 토지에 정착되어 완공되었고, 다수의 이해관계인이 사용 중인 (대규모 · 고층) 건물의 과책 없는 소유자에 대해 그 건물의 파훼를 내용으로 하는 철거청구를 위 조항에 기초로 삼아 명하는 것은 과도하고, 비례성 원리에 반한다. 규범적으로도 정당하다고 평가할 수 없다.

2. 건물소유자에게 과책 사유가 있는 경우

가. 대부분의 건물철거청구 사안 유형

부동산등기법은 토지와 건물에 대한 각각의 등기부를 두면서 건물등기기록의 표제부에 소재, 지번을 기록하도록 하고, 토지 등기기록의 표제부에도 그 토지의 소재와 지번을 기록하도록 정하여 각 소유관계를 공시하게끔 규율한다(부동산등기법 제14조, 제34조 제3호, 제

140) 이영준, 민법총칙, 69-70; 지원림, 민법강의, 47 등 참조.
141) 곽윤직/김재형, 민법총칙, 82-83; 이영준, 민법총칙, 86; 지원림, 민법강의, 55 이하 등 참조.
142) 앞의 II.의 3. 부분 참조.

40조 제1항 제3호). 건축법상 건축허가를 받기 위해서는 해당 대지의 소유권을 확보하여야 한다(건축법 제11조 제11항). 이러한 공시제도 운영과 건축법령 내용에 비추어 보면, 타인 토지 위에 건물을 지으면서 해당 토지에 관한 자신의 소유관계에 관하여 아무런 고의 또는 과실 없이 착오한다는 것은, 측량오류나 타인의 등기기록 위 · 변작 등 이례적 사건이 동반되지 않는 한, 일어나기 어려운 일이라 할 것이다. 현재의 건물소유자가 이를 신축한 것이 아니라 타인으로부터 매수하여 그 소유권을 취득할 수도 있겠으나, 마찬가지로 위와 같은 공시제도가 운영되는 이상, 타인으로부터 건물을 승계취득하면서 토지소유권이나 건물소유 목적의 토지 사용권원 보유 여부에 대해 과책 없이 오신한다는 것도 상정하기 쉽지 않다. 다만, 당초부터 토지와 건물이 동일인 소유이었는데, 그 중 어느 하나 또는 양자를 경매 등의 절차를 통해 매수하는 과정에서 소유권귀속이 달라졌고, 그 과정에서 경매 등의 절차 구조상 각 소유자끼리 토지 사용권원에 관한 교섭과 협상을 할 기회를 얻지 못한 때에는 건물소유자에게 고의 또는 과실을 인정하기 쉽지 않을 수 있겠다. 그러나 우리 법제는 그러한 사안에 관해 민법 제366조 등의 실정법이나 관습법에 따라 건물소유자를 위한 법정지상권을 부여한다. 그러므로 경계 등을 착오하여 이를 침범한 건물 건축이 이루어졌고 적시에 그 침범 관련 이의를 받지 않은 경우[143] 정도를 제외하면, 건물소유자에게 과책이 없음에도 토지소유자가 건물철거를 구하고, 이에 대해 건물소유자가 대항할 수 없는 사안을 찾기란 쉬운 일이 아니라고 여겨진다. 즉, 대부분의 건물철거청구 사안에서, 건물소유자는 그 건물 소유를 위한 토지 사용권원 결여에 대해 고의 또는 과실이라는 주관적 귀책사유를 가지고 있다고 볼 수 있다.

나. 불법행위로 인한 손해배상책임 성립요건 구비 여부

위와 같이 건물소유자에게 주관적 귀책사유, 즉 과책이 존재한다면, 토지소유자가 자기에게 발생한 손해를 그 상대방인 건물소유자의 재산상 희생으로 전보하도록 책임부담을 전가하는 것이 정당화된다.[144] 그러나 앞서 본 바와 같이,[145] 민법 제214조는 위와 같은 귀책사유를 요건으로 삼지 않으므로, 그 효과내용에 위와 같은 책임전가를 포함하기 어렵다. 다른 법적 근거를 찾아야 한다.

건물소유자가 고의 또는 과실로 토지소유자의 소유권을 침해하는 위법행위를 하여

143) 경계침범 건축이 이루어진 사안에 관해서도, 건물소유자에게 과책 사유가 있을 때에만 철거청구가 가능하도록 하는 입법론적 검토가 많은 지지를 받고 있고, 이에 따라 개정안이 성안된 바 있다. 전경운, 경계를 침범한 건축, 비교사법 19/3 (2012) 901-906; 정병호, 재산법연구 22/1 (2005) 38-40; 최봉경, 상린관계에 관한 연구, 연세대학교 법학연구 27/4 (2017) 32-43 등 참조.

144) 전거는 졸고, 고려법학 107 (2022)에서 인용한 문헌 참조.

145) 위 1. 부분 참조.

그에게 손해를 가하였다면, 민법 제750조에서 정한 불법행위가 성립할 수 있다. 불법행위로 손해배상책임이 성립한다면, 토지소유자의 통상손해뿐 아니라, 건물소유자가 그 사정을 알았거나 알 수 있었던 후속손해도 책임전가의 대상이 된다(제763조, 제393조).[146]

그런데 종래부터, 토지 위에 타인 소유 건물이 있는 상태는 토지소유자의 소유권 행사 '방해' 상태(제214조)로 이해되었다.[147] 대법원도 '손해'와 '방해' 상태를 구별한 바 있다. 즉, 소유권에 기한 방해배제청구권에서의 '방해'는 현재에도 지속되고 있는 침해를 가리키고, 법익 침해가 과거에 일어나서 이미 종결된 경우에 해당하는 '손해'와는 다른 개념이라고 본 것이다.[148] 그러나 타인 토지 위에 건물이 건립되어 양자의 소유가 달리 귀속된 때, 토지소유자의 소유권 침해가 건물의 완공으로 이미 종결된 것인지, 아니면 그 건물의 존재상태로 침해가 현재에도 지속하는지는 단언하기 어렵다.[149] 침해의 종결이라는 기준 대신에 반대행위(actus contrarius)설이 주장되기도 하지만,[150] 마찬가지로 명확한 기준으로 활용하기 곤란하다.[151] 실무에서는, 위와 같은 상황을 다룬 사안에서 건물소유자의 철거의무와 손해배상의무가 모두 발생한다고 보기도 한다.[152] 무엇보다 위와 같은 개념 구분의 실질적 의미는, 과책 요건 아래에서만 허용되는 손해전보 목적의 원상회복을 위한 손해배상청구를 과책과 무관하게 허용되는 소유권에 기한 방해배제청구로 위장함으로써 과책원리를 유명무실하게 만들지 못하고자 하는 데에 있다.[153] 고의 또는 과실로 위법하게 토지소유권을 침해함으로써 생긴 소유자의 이익상태 차이, 즉 손해[154]에 대한 민법 제750조의 배상책임을 부정하려거나, 그 중 일부를 오로지 방해배제청구의 대상으로만 삼고자 하는 데 취지나 목적이 있는 것도 아니다. 그저 소유권에 기한 방해배제청구권으로 제거할 수 있는 방해원

146) 졸고, 고려법학 107 (2022) 58 및 같은 면 주 176)에서 인용한 문헌 참조.

147) 곽윤직/김재형, 물권법, 233; 지원림, 민법강의, 637; 민법주해(Ⅴ), 24-24(양창수); 주석민법 [물권 1], 652-653(이계정) 등 참조.

148) 대법원 2003.3.28. 선고 2003다5917 판결 참조.

149) 이러한 개념 구분의 모호성에 관해서는 우선, 김형석, 서울대학교 법학 45/4 (2004) 395-396, 418-419 참조.

150) 김형석, 서울대학교 법학 45/4 (2004) 420, 429; 민법주해(Ⅴ), 244면(양창수); 주석민법 [물권 1], 666(이계정) 등 참조.

151) 졸고, 고려법학 107 (2022) 60 및 같은 면 각주 182) 참조.

152) 가령, 대법원 1996.3.21. 선고 93다42634 전원합의체 판결 중 "타인의 토지 위에 존재하는 건물 부분에 대해서는 건물의 소유를 위한 토지 사용의 정당한 권원이 없게 되어 토지 소유자에 대하여 이를 철거해야 할 의무를 부담하게 될 뿐 아니라 손해배상 의무까지 발생하는 결과"가 된다는 판시 부분 참조.

153) 졸고, 고려법학 107 (2022) 60-62 및 그곳 각주의 문헌 참조. 한편, 스위스에서도 소유권에 기한 소에서 의미하는 방해와 손해배상소송에서의 손해 개념을 구분하는 것이, 시효에 걸리는지의 문제와 관련지어 의미가 있어, 법적 안정성을 이유로 침해의 종결 여부에 따라 이를 구분한다는 설명이 있다. 이에 관해서는 Rey, 526; Sutter-Somm, 321 참조.

154) 손해배상의 대상이 되는 '손해'는 이러한 이익상태의 차이를 의미한다. 대법원도, 불법행위로 인한 재산상 손해는 위법한 가해행위로 인하여 발생한 재산상 불이익, 즉 그 위법행위가 없었더라면 존재하였을 재산상태와 그 위법행위가 가해진 현재의 재산상태의 차이를 말하는 것이라는 것이라 판시한 바 있다. 대법원 1992.6.23. 선고 91다33070 전원합의체 판결 등 참조.

의 범위를 가능한 한 제한155)함으로써, 청구상대방의 고의 또는 과실 요건에 관한 주장 · 증명 없이도 그 상대방의 재산상 희생이 따르는 후손손해 등에 대한 원상회복을 청구할 수 있는 길을 차단하고자 할 뿐이다.156)

따라서 건물 소유로 타인의 토지소유권 행사를 위법하게 침해한 건물소유자에게 주관적 귀책사유가 존재한다면, 민법 제750조에 따른 손해배상책임을 인정할 수 있다. 소유권에 기한 방해배제청구 요건을 갖추었다고 하여 그에 관한 손해배상책임을 배제할 것은 아니다. 사안에 따라 두 청구권을 경합하여 행사할 수 있다고 볼 것이다. 물론 토지소유권에 기한 방해배제청구권은, 앞에서 살핀 바와 같이,157) 건물소유자에게 비례성 원리에 반하는 과도한 불이익을 주는 내용으로 형성할 수 없다. 그러한 내용의 의무 부과는 손해배상책임 영역에서 다루어져야 한다.

다. 불법행위로 인한 손해배상의 방법: 원상회복청구 가부

하지만, 현행 민법은 불법행위로 인한 손해배상 방법으로 금전배상 원칙을 정하면서, 당사자의 의사표시 없이 명해지는 일방적 원상회복청구는 손해배상 방법으로 정해두지 않고 있다(제763조, 제394조). 이는 서구의 법제와 다른 부분이다.158) 입법론으로, 일방적 원상회복청구를 손해배상의 한 방법으로 정해둘 필요가 있다고 본다.159) 그렇지 못한 현행 법

155) 가령, 반대행위설은 과책과 무관하게 허용되는 제거청구권의 발동 대상을 되도록 협의로 파악하기 위해 최초의 방해원에 그 제거의 대상을 한정한다. 또, 독일에서 주장되는 권한참칭설(Usurpationstheorie)도 과책과 무관한 제거청구권의 확장을 막기 위해 소유물 방해제거청구권과 손해배상청구권의 연혁적 의미에 따른 기본적 차이를 강조한다. 이에 관해서는 졸고, 고려법학 107 (2022) 61-62 및 그곳에서 인용한 문헌 참조.

156) 이러한 개념구분의 목적은 폐기물 매립 사안에 관한 대법원의 판결례에서 잘 드러난다. 가령, 대법원 2019.7.10. 선고 2016다205540 판결은, 어느 지방자치단체가 30여 년 전 쓰레기 매립지에 쓰레기를 매립하는 과정에서 매립지와 경계를 같이하는 인접 토지에 상당한 양의 쓰레기를 매립하였고, 그 후 인접 토지의 소유권을 취득한 자가 토지를 굴착한 결과 지하 1.5~4m 지점 사이에 비닐, 목재, 폐의류, 오니류, 건축폐기물 등 각종 생활쓰레기가 뒤섞여 혼합된 상태로 매립되어 있었으며 주변 토양은 검게 오염되어 있었던 사안을 다루었다. 여기서 대법원은 '침해의 종결' 기준을 적용하여 원고의 방해제거청구를 배척하였다. 청구상대방이 혼재된 폐기물을 분리 · 제거하는 데 큰 재산상 부담을 지게 되는데, 이는 과책을 요하는 손해배상책임 영역에서 해결할 사안으로 본 것이다. 반면, 대법원 2002. 10.22. 선고 2002다46331 판결은, 피고가 염료 및 안료를 생산하는 과정에서 배출한 사업장폐기물인 폐수처리 오니(汚泥) 1,500t이 폐기물관리법에 따라 처리되지 아니한 채 500kg 단위의 점보백에 포장된 상태로 적치되어 있던 사안을 다루었는데, 폐기물취거 내용의 방해배제청구를 인용하였다. 앞의 2016다205540 판결과 달리, 청구상대방의 과책을 요건으로 부과하여야 할 정도의 재산상 희생(특히, 제거에 부수하는 비용지출)이 피고에게 전가되지는 않는 사안이라고 본 것이다.

157) 위 1. 부분 참조.

158) 독일 민법 제249조 제1항은 손해배상 방법으로 원상회복 원칙을 정한다. 오스트리아 민법 제1323조 제1문도 손해배상 방법으로 원상회복을 우선시한다. 스위스 채무법 제43조 제1항은 법관이 배상의 종류를 정할 수 있도록 정하여 원상회복을 명할 가능성을 배제하지 않는다. 좀 더 상세한 내용은 졸고, 고려법학 107 (2022) 63 및 그곳 각주 197)부터 199)까지 부분 참조. 그 밖에 프랑스에서도 손해배상 방법에 관한 명시적 규정은 없지만, 손해배상의 구체적 방법으로 원상회복(*réparation en nature*)과 배상금 지급이 가능하다는 취지의 설명으로는 윤진수, 손해배상의 방법으로서의 원상회복, 비교사법 10/1 (2003) 85-87; 박수곤/김진우/가정준/권철, 손해배상의 방법에 관한 비교법적 고찰, 비교사법 19/1 (2012) 55 이하 참조.

159) 입법론에 관해서는 우선 윤진수, 비교사법 10/1 (2003) 79 이하 참조. 2004년 법무부 민법 개정안은 이러한 취지의

질서 내에서는, 어쨌든, 토지소유자가 건물소유자를 상대로 불법행위에 기한 손해배상청구의 일환으로 건물철거 방법의 원상회복을 구할 명문 근거를 제시할 수 없다. 타인 소유의 재산을 함부로 파괴할 수 없으므로, 토지소유자가 임의로 그 침해원에 해당하는 건물을 철거한 다음 그 비용 정도의 금액을 손해배상으로 청구할 수도 없다.160)

그래서인지, 기존 실무는 위와 같이 과책 있는 건물소유자에 대한 건물철거청구 사안에서 그 철거청구권의 법적 근거와 성질을 어김없이 민법 제214조에 기한 소유물방해배제청구권으로 보아왔다. 즉 과책 요건을 요하지 않지만, 그에 상응하여 청구상대방의 재산상 희생을 수반하는 책임까지는 물을 수 없는 민법 제214조의 청구권을 그 근거와 성질로 내세운다. 그러면서도 실질적으로는, 대체로 상대방의 과책 요건을 구비한 사안에 관하여, 위 조항을 근거로 물을 수 있는 책임 범위를 넘어서는, 청구상대방의 재산상 희생, 즉 건물의 가치를 희생시키는 철거청구를 관철하여 온 것이다.

이러한 법 운용이 타당한가? 경계침범 건축물 사안 외에 건물소유자에게 과책이 없는 경우를 상정하기 어렵고, 설령 경계침범 사안이나 그 밖에 건물소유자에게 과책이 없는 사안이 있더라도, 앞서 본 바와 같이,161) 권리남용금지의 규율이 과도한 건물철거청구권 행사를 저지하는 최종방어선 구실을 하므로, 결과적으로는 그리 부당하지 않다는 낙관적 관점이 제시될 수 있겠다. 그러나 민법의 권리보호수단은 그러한 법적 수단을 마련한 목적과 그 적용원리를 바탕으로 다른 보호수단과 차별한 요건 및 효과내용을 규율하고 있음을 잊어서는 안 된다.162) 소유권 침해로 인한 권리보호수단으로서 불법행위에 기한 손해배상청구권(제750조)과 부당이득반환청구권(제741조), 소유물방해배제청구권(제214조) 등이 법률에 마련되어 있지만, 피해자의 손해전보 목적이 아니라 재화의 부당한 이전을 바로잡으려는 부당이득반환청구권 성립을 위해서는 수익자의 고의나 과실을 요하지 않고, 특히 그 반환범위에 관하여 수익자가 선의이면 "받은 이익이 현존하는 한도"에서만 반환책임을 지워(제748조 제1항) 수익자의 기존 재산에 희생이 따르지 않도록 정한 것도 이러한 맥락에서 비롯한다고 말할 수 있다.163) 소유권에 기한 방해배제청구권도 앞서 본 바와 같이164) 그 요건

규정을 포함하였지만, 2013년 법무부 민법 개정안에는 위와 같은 개정안은 담기지 않았다. 이러한 입법시도에 관해서는 졸고, 고려법학 107 (2022) 64-65 및 그곳에 인용된 문헌 참조. 다만, 박수곤/김진우/가정준/권철, 비교사법 19/1 (2012) 76은 위와 같은 입법시도의 의미에 대해 다소 회의적이다.

160) 대법원 2011.3.24. 선고 2010다85133 판결 중, 철거대상 주차장의 처분권한이 없는 피고를 상대로 철거청구를 할 수 없다는 원심의 판시를 옳다고 판시한 부분 참조.

161) 앞의 II. 부분 참조.

162) 이에 관해서는 개별 권리보호수단의 요건 및 효과의 차별성에 관해서는 Helmut Koziol, Grundfragen des Schadenersatzrechts, 2010, Rz. 2/3 ff. 참조.

163) 졸고, 민사법학 93 (2020) 331-332 참조. 수익자가 악의라면 "받은 이익에 이자를 붙여 반환하고 손해가 있으면 이를 배상"하도록 하는데, 이는 수익자의 악의가 과책, 즉 주관적 귀책사유로 작동하기 때문이라 설명할 수 있다.

164) 앞의 1. 부분 참조.

(특히, 위법해야 하지만 과책은 요하지 않는 점)에 부합하도록 그 효과내용 결정 시에 비례성 원리를 적용하여야 한다. 반면, 불법행위로 인한 손해배상청구권이 성립하기 위해서는 객관적 위법행위뿐 아니라 가해자의 재산상 희생을 정당화하기 위한 주관적 귀책사유, 즉 고의 또는 과실 요건도 갖추어야 한다. 민법의 책임체계가 이러함에도, 과책 있는 건물소유자에게 그의 재산상 희생이 따르는 건물철거를 명하면서, 그 청구권의 법적 근거와 성질이 민법 제214조에 기한 소유물방해배제청구권이라고 설명하는 것은 위와 같은 체계에 어긋난다. 이러한 반체계적 법 운용은 민사책임법 핵심원리인 과책원리를 훼손한다. 마치 소유물방해배제청구권이 손해배상청구권보다 더 강력한 권리로서 청구상대방에게 더 큰 희생을 감수하게 하는 것이라는 인식도 갖게끔 한다.[165] 토지소유자가 민법 제214조를 내세워 그 지상의 방해물에 대해 제거를 구하면서, 그 대상이 다른 사람의 이익 향유의 객체임에도 그에 대한 어떠한 파괴행위도 거리낌 없이 함께 구할 수 있고, 이를 법적으로 관철할 수 있다는 규범적 기대마저 자라나게 한다. 정당하지 않다. 권리남용금시 규율로 어느 정도 제어할 여지가 있으나, 이러한 일반적 · 추상적 규율의 적용은 너무 불안정하다. 불안정한 제어장치로 책임법의 기본원리가 계속 손상되게끔 방치할 수 없다.

위와 같은 이유에서, 이 글에서는 토지소유자가 과책 있는 건물소유자에 대해 행사하는 건물철거청구권의 법적 근거와 성질을 민법 제214조에 기한 소유물방해배제청구권이 아닌, 민법 제750조에 기한 손해배상청구권으로서 그 손해배상 방법 중 (아직 명문의 규정을 갖추지 못한) 원상회복으로 보는 관점에 서고자 한다. 이러한 이해가, 토지소유자의 과책 있는 건물소유자에 대한 건물철거청구권의 법적 근거와 성질을 민법 제214조에 기한 소유물방해배제청구권이라고 봄으로써 과책원리를 무너뜨리고, 책임체계를 교란하는 것보다는, 장점이 크다고 본다. 민법이 손해배상 방법으로 당사자의 일방적 원상회복청구권을 마련해 두지 않고 있음이 이 글의 논지에 대한 반론 사유가 될 것이지만, 명문 규정이 없더라도 이러한 원상회복청구권을 인정할 수 있다는 견해가 종전부터 주장된 바 있다.[166] 특히 우리 법질서에서도, 일정한 침해법익에 대해서는 손해배상 방법으로 원상회복이 가능하도록 정한 법률규정(민법 제764조, 광업법 제77조 등)이 있으므로 이를 전체유추의 방법으로 적용할 수 있다는 선행연구[167]의 논지에 동의한다.

과책 있는 건물소유자에 대한 건물철거청구권의 법적 근거와 성질을 위와 같이 파악한다면, 민법 제763조, 제396조에 의한 과실상계 법리도 건물철거청구권 사안에 적용할 여

165) 가령, 이계정, 민사판례연구 43 (2021) 244 참조.
166) 우선, 윤진수, 비교사법 10/1 (2003) 98 이하 및 그곳에서 인용하는 문헌 참조.
167) 윤진수, 비교사법 10/1 (2003) 102 참조.

지가 생긴다. 즉, 토지소유자의 소유권 침해와 그로 인한 손해 발생 및 확대에 건물소유자의 고의 또는 과실뿐 아니라 피해자인 토지소유자에게도 고의나 과실이 있다면, 원상회복 방법으로 건물철거청구를 허용하면서도, 토지소유자가 손해제거, 즉 철거에 소요되는 비용(기존 이해관계인에 대한 이주비나 보상비 등도 포함) 중 일부를 분담하게 하는 통로로의 문을 열어줄 수 있다.[168] 당사자 일방에 과도한 희생을 강요하는 일도양단식 해결을 피할 수 있다. 어차피 철거에 드는 비용을 분담하여야 한다면, 건물을 유지 · 보존하면서 토지 사용권원을 새로 설정할 유인이 커질 것이다. 물론, 토지소유자가 경계침범 건축을 인식하고서도 비난가능할 정도로 그 건축금지나 철거청구권 행사를 방치한 경우라면 위 제396조를 근거로 철거청구권 행사 자체를 배제할 수도 있을 것이다.[169]

Ⅴ. 결 어

그동안 토지소유자는 자기 소유 토지의 온전한 소유권 행사를 위하여 토지 사용권원 없는 건물소유자에 대해 건물철거청구권을 행사해왔다. 이러한 건물철거청구권의 법적 근거와 성질은 민법 제214조에서 정한 소유물방해배제청구권으로 이해되어왔다.

그러나 소유물방해배제청구권의 성립에는 청구상대방의 고의나 과실과 같은 주관적 귀책사유를 요하지 않는다. 그 효과내용을 정할 때는 비례성 원리를 적용하여야 한다. 건물을 토지와 다른 별개의 독립한 물건으로 취급하여 별도 재산권 행사 객체로 삼으면서도 그 부지인 토지 소유자의 소유물방해배제청구에 대해서는 그 건물에 관한 재산상 이익이나 사회경제적 이익을 내세울 수 없게끔 규율하는 것은 이율배반이다. 그러한 이익도 보호가치를 부여해야 한다. 그 가치가 토지소유자의 이익보다 작다면 건물철거청구를 인용하여야 하겠지만, 더 크다면 소유물방해배제청구인 건물철거청구는 배척함이 타당하다.

이처럼 건물 소유 · 보존의 이익이 더 크다면, 그러한 이익 희생을 통해 토지소유권을 회복할 수 있는 규범적 기초를 민법 제750조(불법행위 손해배상책임)에서 찾아야 한다. 이 조

168) 독일에서 손해배상방법으로 원상회복청구가 있을 때, 그곳 민법 제254조에 기한 공동과책 법리의 적용으로 손해제거비용에 필요한 비용의 일부를 공동과책 있는 피해자에게 부담시켜야 한다는 취지의 설명으로는 Hartmut Oetker in: Münchener Kommentar zum BGB, Bd. 2, 9.Aufl., 2022, § 254 Rn. 107 참조. 한편, 소유권에 기한 방해배제청구권에 관해서도 민법 제396조에서 정한 과실상계 법리가 적용될 수 있는지 논의될 수 있으나, 허용되어서는 안 된다고 본다. 그러나 이와 다른 독일연방최고법원의 판결례 및 그에 대한 반론 등에 관해서는 졸고, 고려법학 107 (2022) 66-68 참조.

169) 불법행위로 인한 손해배상책임을 피해자의 과실이 더 크다고 인정하여 전액을 면책한 사례로는, 대법원 1970.12.29. 선고 70다2342 판결 참조. 그 밖에 독일에서 경계침범 건축 사안에서 그곳 민법 제254조에 따른 공동과책 법리 적용에 관해서는 Staudinger/Roth, § 912 Rn. 75 참조.

항에 새겨진 과책원리는 청구상대방의 재산상 희생을 정당화한다. 종래 건물철거청구가 제기되어 인용되는 대부분의 사안에서는, 건물소유자의 고의 또는 과실도 인정될 수 있었다고 여겨진다. 그런데도 기존 이해처럼 과책 있는 건물소유자에게도 위와 같은 소유물방해배제청구권을 건물철거청구의 근거와 성질로 내세운다면, 민사책임법 핵심원리인 과책원리가 허물어진다. 물론, 민법은 손해배상 방법으로 일방적 원상회복청구권을 정하고 있지 않다. 그러나 명문 규정이 없어도 그러한 청구권을 도출하는 법 적용이 가능하다고 본다. 이러한 방법으로 과책 있는 건물소유자에 대한 건물철거청구권의 법적 근거와 성질을 불법행위에 기한 원상회복 방법의 손해배상청구권으로 이해해야 한다는 것이 이 글의 주장 요지이다. 과실상계 조항의 적용을 통해 파괴적 · 박탈적 · 일도양단적 분쟁해결이 아닌 중도적 · 분담적 · 보존적 분쟁해결을 도모할 수 있다.

소멸시효 이익의 사전포기
- 2020년 개정된 스위스채무법의 소개 -

최 준 규

서울대학교 법학전문대학원 부교수

Ⅰ. 들어가며

민법 제184조 제1항에 따르면 소멸시효의 이익은 미리 포기하지 못한다. 이는 법률행위에 의해 소멸시효를 단축·경감할 수는 있지만, 배제·연장·가중할 수는 없다고 규정한 민법 제184조 제2항과 맥을 같이 한다. 소멸시효 제도를 채무자에게 불리한 방향으로 당사자들이 임의변경하는 것을 불허한다는 취지이다. 민법 제184조 제1항의 표준적 해석론은 다음과 같다.

> "소멸시효의 이익은 **시효기간이 완성하기 전에(강조는 필자, 이하 같음)** 미리 포기하지 못한다(다만 **시효중단사유로서 승인에 해당할 수 있음은 별개의 문제**이다). 채권자가 채무자의 궁박을 이용하여 미리 소멸시효의 이익을 포기하게 할 염려가 있다는 점에서 이를 금지하는 것이다. 여기서 **"미리"란 시효가 완성되기 전을 의미**하며, 시효기산점 이전의 포기를 포함한다. … (중략) … 제184조 제1항의 반대해석상 소멸시효가 완성한 후에 시효이익을 포기하는 것은 유효하다."[1)]

스위스채무법은 우리민법과 사뭇 다른 규정을 두고 있다. 소멸시효법 개정에 따라 2020. 1. 1.부터 시행되고 있는 스위스채무법 제141조 제1항은 "채무자는 소멸시효의 기산이 시작된 때부터 시효완성 항변권 행사를 최대 10년 동안 포기할 수 있다"고 규정한다. 즉 소멸시효 이익을 미리 포기할 수 있는 것이다! 위 조문 자체도 외부자인 필자의 눈길을 끌지만, 더욱 흥미를 끄는 부분은 스위스의 법상황이 원래 우리나라와 비슷하였는데[2)] **스위스연방대법원의 판례변경을 계기로 분기**(分岐; divergence)**가 발생**하였다는 점이다. 구 스위

1) 지원림, 민법강의, 제19판, 2022, 432-433.

2) 다만 똑같지는 않다. 본문 Ⅱ. 1. 참조.

스채무법 제141조 제1항은 우리민법 제184조 제1항과 마찬가지로 소멸시효 이익의 사전포기를 불허하고 있었다. 이에 따라 판례는 시효완성 전 시효이익 포기를 허용하지 않고 있었다. 그런데 스위스연방대법원이 종전 입장을 변경하였다. 스위스연방대법원은 법해석(또는 법형성)을 통해 위 조문에 '파열구'를 내었고, 그 후 법개정을 통해 이러한 판례의 입장이 (약간의 내용변경을 거쳐) 성문법으로 굳어지게 된다. 사법부의 적극적 법해석을 입법부가 사후 추인한 것이다. 소멸시효 이익의 사전포기를 둘러싼 스위스의 논의는, 우리의 법적 상상력을 자극할 수 있는 소재, 비교법 연구에 알맞은 소재라고 사료된다. 이 글을 작성하게 된 까닭이다.

아래에서는 스위스법상 소멸시효 제도의 기본내용(Ⅱ. 1), 구 스위스채무법 제141조 제1항을 둘러싼 학설 및 판례의 논의(Ⅱ. 2), 스위스가 소멸시효법 개정에 이르게 된 경위(Ⅱ. 3)를 살펴본 뒤, 현 스위스채무법 제141조의 해석론을 소개한다(Ⅱ. 4). 그리고 이러한 스위스의 논의가 우리법 해석론 또는 입법론에 어떠한 시사점을 줄 수 있는지 생각해 본다(Ⅲ).

Ⅱ. 스위스채무법 제141조의 소개 : 과거와 현재

1. 스위스 소멸시효법의 기본내용

스위스채무법 제127조 내지 제142조는 소멸시효에 관하여 규율하고 있다. 위 조문들은 스위스채무법 제1편(총칙) 제3장(채무의 소멸)에 배치되어 있다. 제3장의 하위항목으로는 "A. 종된 권리의 소멸, B. 합의에 의한 소멸, C. 경개, D. 혼동, E. 급부의 이행불능,[3] F. 상계, G. 소멸시효"가 있다. 스위스채무법에 따르면 소멸시효가 완성되더라도 채무가 소멸하는 것은 아니고, 채무자는 시효완성의 항변권을 취득할 뿐이다. 따라서 소멸시효 규정이 "채무의 소멸"에 관한 장의 하위항목으로 배치된 것은 적절하지 않다.[4]

연방민사법이 별도로 규율하지 않는 한 모든 채권의 소멸시효기산은 원칙적으로 10년이다(스위스채무법 제127조). 그러나 5년의 단기소멸시효에 걸리는 채권도 있고(스위스채무법 제128조), 채무자가 계약을 위반하여 타인의 생명이나 신체를 침해함으로써 발생하는 손해배상채권의 경우 피해자가 손해를 안 날로부터 3년, 손해가 있은 날로부터 20년의 소멸시

3) 채무자가 책임질 수 없는 사정으로 인해 이행이 불가능하게 된 것을 뜻한다. 스위스채무법 제119조 제1항 참조.
4) Alfred Koller, Schweizerisches Obligationenrecht, Allgemeiner Teil, 4.Auflage, 2017, 7. Kapitel, Rn.1 참조.

효기간에 걸린다(스위스채무법 제128a조). 스위스채무법 제1편 제3장에서 시효기간이 규정된 채권의 경우(위 127조, 128조가 대표적이다[5])), 당사자들의 처분에 의해 시효기간을 변경할 수 없다(스위스채무법 제129조; "본 장에 규정된 시효기간은 이해관계인들의 처분을 통해 변경될 수 없다"). 즉 시효기간의 단축도 연장도 불가능하다. 이는 법률행위에 의한 소멸시효의 단축은 가능하고, 연장은 불가능한 우리민법과 다른 점이다.

그러나 스위스채무법 제129조가 적용되지 않는 다른 소멸시효기간의 경우{가령, 불법행위 손해배상채권(스위스채무법 제60조 제1항), 부당이득반환채권(스위스채무법 제67조 제1항), 하자담보책임에 따른 채권(스위스채무법 제210조, 제371조), 보험계약상 채권(스위스보험계약법 제46조)}, 당사자들이 합의를 통해 자유롭게 시효기간을 연장, 단축할 수 있는 것이 원칙이다.[6]) 이 또한 '모든' 소멸시효기간에 대하여 일률적으로 단축은 허용하고, 연장은 불허하는 우리민법과 다른 점이다. 다만 시효기간을 규정한 조항이 강행규정의 성격을 갖고 있는 경우에는 합의에 의한 연장 · 단축이 불가능하다.[7]) 또한 매매에서 하자담보책임의 경우 최단기간의 제한이 있고(스위스채무법 제210조 제4항), 도급에서 하자담보책임의 경우 매매 관련 규정이 준용된다(스위스채무법 제371조 제3항). 보험회사에 대한 채권의 소멸시효기간은 단축할 수 없다(스위스보험계약법 제46조 제2항 제1문). 나아가 통설은 합의에 의한 시효기간 연장 시 일반시효기간인 10년을 초과할 수 없다고 한다.[8]) 즉 원래 시효기간이 10년 이상인 채권은 합의에 의한 기간연장이 불가능하다.[9]) 또한 면책 약정이 무효라고 법에 규정된 경우 해당 채무의 소멸시효기간을 단축시키는 합의도 무효라고 보아야 한다는 것이 대체적 학설이다.[10])

소멸시효 이익의 사전포기를 둘러싼 스위스 논의를 비교법의 관점에서 검토할 때에

---

5) 128a조가 스위스채무법 제129조의 적용대상인지에 대해서는 논란의 여지가 있다. 128a조는 스위스채무법 제1편 제3장의 적용대상이 아닌 불법행위로 인한 손해배상청구권(스위스채무법 제60조 제1항)의 성격을 갖고 있기 때문이다. BK-WILDHABER/DEDE, Art.129 OR N 21.

6) Koller, OR, Rn.71.31-71.35. 시효기간 변경 합의는 시효기간 만료 전이라면 언제든지, 즉 약정채권의 경우 계약체결 시에 할 수 있고, 법정채권이라면 채권발생 전에도 할 수 있는 것이 원칙이다(異說도 존재). 그러나 시효기간 '연장'합의에 관해서는 스위스채무법 제141조 제1항과의 균형을 고려해 시효기간이 시작한 뒤에만 가능하다는 견해도 있다. BK-WILDHABER/DEDE, Art.129 OR N 56, 83 참조.

7) BGE 99 Ⅱ 185, 188.

8) BK-WILDHABER/DEDE, Art.129 OR N 84. 판례(BGE 99 Ⅱ 185, 189)도 일견 그러한 취지로 보이지만, 판례의 입장이 반드시 분명한 것은 아니라고 한다. BK-WILDHABER/DEDE, Art.129 OR N 86.

9) 그러나 이러한 판례와 통설에 대해서는 비판하는 견해도 유력하다. 입법론은 별론으로 하고 해석론으로 그와 같은 제한을 부과할 법적 근거는 없다는 것이다. 비판론에 의하면 오직 일반조항에 따른 제한{**스위스민법 제27조 제2항("누구도 자신의 자유를 포기하거나 권리나 공서를 침해하는 정도로 자유의 활용을 제한할 수 없다")에 근거하여 과도한 법적 구속으로부터 채무자 인격을 보호하는 것**}만 가능하다. BK-WILDHABER/DEDE, Art.129 OR N 85, 86.

10) 가령 스위스채무법 제100조 제1항은 고의 또는 중과실에 의한 불법행위책임을 면제하는 사전 약정은 무효라고 규정하고 있는데, 위 조항의 취지를 고려할 때 위와 같은 불법행위 손해배상채권의 소멸시효기간을 단축하는 사전 약정도 무효로 보아야 한다. BK-WILDHABER/DEDE, Art.129 OR N 68-70.

는 이와 같은 스위스 소멸시효법의 독특한(?) 태도, 즉 스위스채무법 제1편 제3장에 따른 소멸시효와 그 밖의 소멸시효를 달리 취급하는 태도에 유의할 필요가 있다.11)

2. 구 스위스채무법 제141조 제1항의 해석론

구 스위스채무법 제141조 제1항은 "소멸시효(이익)(Verjährung)는 미리(zum voraus) 포기하지 못한다"고 규정하고 있었다. 여기서 "미리"가 무슨 뜻인지에 대하여 학설대립이 심하였다.12) 시효완성 전 시효이익 포기가 불가능하다고 해석하는 견해도 있었지만, 시효완성 전에 채무자가 현재까지 진행된 시효기간을 포기하는 것(=시효기간 진행이 없었다고 취급하는 것)은 가능하다고 보는 견해도 있었다. 시효완성 전에 시효기간을 연장하려는 취지에서 채무자가 "**향후 특정일까지 또는 일정기간**(3주, 1달 등) **동안** 시효이익을(또는 시효완성 항변권 행사를) 포기한다"고 의사표시를 하는 경우가 스위스 실무상 빈번하였기 때문에,13) 위 조문의 해석론은 중요한 문제로 다루어졌다. 채무자는 ㉠ 채무와 관련된 협상을 할 시간을 벌기 위해 위와 같은 의사표시를 할 수 있다. 또한 ㉡ 채무를 인정하지 않기 때문에 **채무'승인'을 할 생각은 없지만**14) 채권자가 시효중단 조치를 취하는 것도 원치 않는 채무자 입장에서 **채권자의 시효중단 조치를 예방**하기 위해, 위와 같은 의사표시를 할 수도 있다. ㉢ 채무자는 윤리적 · 도덕적 동기에서 또는 평판 상실을 우려하여 시효이익을 포기할 수도 있다. 채무가 변제되지 않았음에도 불구하고 시효가 완성되었음을 주장하며 채무변제를 하지 않는 것은 채무자의 평판에 악영향을 미칠 수 있기 때문이다.15) 채권자도 ㉠ 채권을 행사할 수 있는 기간이 늘어나고, ㉡ 굳이 번거롭게 비용을 들여가며 시효중단 조치를 할 필요가 없

---

11) 입법론의 관점에서 스위스채무법 제1편 제3장에서 규정된 시효기간과 그 밖의 시효기간을 차별취급할 합리적 이유는 전혀 없다. 스위스 학설도 이 점을 인정한다. BK-WILDHABER/DEDE, Art.129 OR N 16. 이러한 기묘한 현상이 발생하는 이유는 스위스채무법 제129조 때문이다. 스위스 내에서도 스위스채무법 제129조의 입법론상 타당성에 대해 의문이 제기되고 있다. BK-WILDHABER/DEDE, Art.129 OR N 8 참조.

12) 기존 학설상황의 간략한 소개로는 BK-WILDHABER/DEDE, Art.141 OR N 19.

13) Koller, OR, Rn.71.17. 이는 **우리 법현실과 차이가 나는 부분**이다. 스위스 실무상으로는 시효이익을 포기하는 '기간'(2주, 1달 등)을 정하는 경우보다 '특정일'을 종기(終期)로 지정하는 경우가 많다고 한다. Peter Gauch, Verjährungsverzicht; Ein Entscheid des Bundesgerichts(BGE 132 Ⅲ 226) und was davon zu halten ist, SJZ 102 (2006) 537의 각주 17.

14) 시효중단 사유인 채무승인은 관념의 통지로서 승인을 하는 자에게 시효가 중단된다는 점에 대한 인식 내지 효과의사가 있을 필요가 없고, 승인을 하는 자에게 처분의 능력이나 권한이 있을 필요도 없다. 이에 반해 시효이익의 포기는 의사표시(단독행위)로서 포기자에게 효과의사가 있어야 하고, 처분의 능력이나 권한도 있어야 한다. 이러한 차이점 때문에 시효이익의 포기는 시효중단 사유인 채무승인보다 **'강한' 의지의 표현**이라고 불린다. 양창수 편집대표, 민법주해 총칙(4), 제2판, 2022, §184, 685(오영준 집필부분). 틀린 설명은 아니지만 한 가지 유의할 점이 있다. 채무승인의 경우 승인을 하는 채무자가 채무의 존재를 인정해야 한다. 그러나 시효이익 포기의 경우 채무의 인정이 반드시 수반될 필요는 없다. 즉 채무자는 채무의 존재를 일단 부정하면서 시효이익 포기를 할 수도 있다. 이러한 측면에서는 채무승인이 시효이익 포기보다 강한 의지의 표현일 수 있다.

15) 이상의 내용은 BK-WILDHABER/DEDE, Art.141 OR N 5.

게 된다는 점에서 위와 같은 채무자의 의사표시에 굳이 반대할 이유가 없다.[16)]

기존 판례[17)]는 스위스채무법 제1편 제3장에 규정된 시효기간이 적용되는 채무에 대해서는 시효완성 전 포기가 불가능하고, 그 밖의 채무에 대해서는 시효완성 전 포기가 가능하다고 보았다. 비록 구 스위스채무법 제141조 제1항 문언은 그와 같은 구별을 하지 않고 있지만, 판례는 스위스채무법 제129조와 마찬가지로 구 스위스채무법 제141조 제1항의 적용범위를 제한하였다. 기존 판례의 입장을 상술하면 다음과 같다. ① 구 스위스채무법 제141조 제1항의 "미리"는 시효완성 전 시효이익 포기를 뜻한다. ② 구 스위스채무법 제141조 제1항이 속한 스위스채무법 제1편 제3장의 시효기간이 적용되는 채무에 대해서만 구 스위스채무법 제141조 제1항에 따른 제한이 적용된다.[18)] ③ 시효완성 전 시효이익 포기가 가능한 경우 그 법적 효과는, **시효기간의 (사실상) 연장**이다. 또한 판례는 시효완성 후 시효이익 포기[19)]의 법적 효과도 −시효완성 전 포기와 마찬가지로− 시효기간의 연장이라고 보았다.[20)]

그런데 스위스연방대법원은 2006년 판결[21)]을 통해 기존 판례 중 위 ①, ② 법리를 변경하였다.[22)] 스위스연방대법원은, 역사적 입법자는 **계약체결시점에 미리** 계약상 채무의 소멸시효 이익을 포기하지 못하게 하려는 취지였을 뿐, 계약체결 후 소멸시효 완성 전 시효이익 포기를 불허하려는 취지에서 구 스위스민법 제141조 제1항을 입법한 것은 아니라고 보았다(판결이유 3.3.7). 이에 따라 판례는 **계약체결 후**(**=계약상 채권의 성립 후**)에는 소멸시효 완성 전이더라도 채무자가 계약상 채무의 소멸시효 이익을 포기할 수 있다고 판시하였다. 구 스위스채무법 제141조 제1항의 "미리"는 계약상 채권이 성립한 시점 또는 그 이전

16) BK-WILDHABER/DEDE, Art.141 OR N 6.

17) BGE 99 Ⅱ 185.

18) 스위스채무법 제129조가 적용되지 않는 채무의 경우 어차피 당사자의 합의로 시효기간의 연장과 단축이 모두 가능하므로(본문 Ⅱ. 1), 굳이 시효완성 전 시효이익 포기를 불허할 필요가 없어 보인다.

19) 스위스채무법 제1편 제3장의 시효기간이 적용되는 채무이든 그렇지 않은 채무이든 시효완성 후 시효이익 포기는 가능하다.

20) '시효완성 전 포기'는 시효기간의 (사실상) 연장으로 보아도 무리가 없다. 시효가 완성되기 전이므로 시효기간의 연장이 가능하기 때문이다. 그러나 '시효완성 후 포기'까지 시효기간의 연장으로 볼 수 있는지에 대해서는 논란의 여지가 있다. 시효가 완성된 후에는 **개념논리상** 시효기간의 연장이 불가능하다는 견해로는 BK-WILDHABER/DEDE, Art.129 OR N 56. 그러나 '독일'에서는 **시효완성 후 시효기간 연장합의도 가능하다**고 봄이 통설이고, 독일민법 제202조도 그러한 전제 하에 입법되었다. MüKoBGB/Grothe, 9. Aufl. 2021, BGB §202, Rn.5.
또한 시효완성 후 채무자의 시효이익 포기는 앞으로 소멸시효 항변을 하지 않겠다는 취지이지, 이미 완성된 시효기간이 새롭게 다시 진행하는 것을 수인하겠다는 취지는 아니라고 해석할 여지가 있다. 이 점에서 판례를 비판하는 견해로는 BK-WILDHABER/DEDE, Art.141 OR N 45. 판례처럼 시효기간의 연장으로 보면 소멸시효 완성 후 채무자가 시효이익을 포기한 경우에도, −시효완성 전 포기와 마찬가지로− 채권자는 그 연장된 기간 동안 별도로 시효중단 조치를 취할 수 있다. 이에 반해 비판론처럼 보면, 채무자가 시효이익을 포기한 기간 동안 채권자가 권리를 행사할 수 있을 뿐이고 이미 도과된 시효기간이 다시 처음부터 진행(reset)하는 것이 아니므로, 채권자는 해당 기간 동안 별도로 시효중단 조치를 취할 수 없다.

21) BGE 132 Ⅲ 226.

22) 기존 판례 중 ③법리는 변경되지 않았다.

시점을 뜻한다고 본 것이다(위 ①법리의 변경). 또한 스위스연방대법원은 구 스위스채무법 제141조 제1항은 −스위스채무법 제129조와 달리− 모든 소멸시효기간에 적용된다고 보았다(위 ②법리의 변경).

스위스연방대법원은 "미리"의 의미를 위와 같이 새긴다고 해서 스위스채무법 제129조와 배치되지 않는다고 한다. 왜냐하면 스위스채무법 제129조가 있더라도 스위스채무법 제134조, 제135조에 따라 소멸시효가 정지 또는 중단될 수 있는데, 시효완성 전 시효이익 포기로 인해 소멸시효가 완성되지 않고 사실상 연장되는 것은 이러한 정지 또는 중단과 다르지 않기 때문이다.23) 또한 소멸시효 이익 포기의 효과와 관련하여 판례는, 포기시부터 포기자가 정한 시점까지 소멸시효가 완성되지 않는데, 그에 따라 소멸시효가 연장되는 기간은 일반소멸시효기간인 10년24)을 넘을 수 없다고 보았다(판결이유 3.3.8).

다수의 스위스학설은 위 2006년 판결의 결론을 지지하였다.25) 다만 판례가 역사적 해석을 근거로 위와 같은 결론을 도출한 점에 대해서는 비판(결론을 먼저 정해 놓고 근거를 인위적으로 만들었다!)이 많다. 역사적 입법자의 의사는 시효기간 완성 후의 포기만 허용하는 취지임이 분명하다는 것이다.26) 하지만 역사적 입법자의 의사에도 불구하고, 법이 적용되는 현재시점을 기준으로 한 목적론적 해석을 근거로 판례의 결론이 정당화된다는 것이다.27)

3. 2020년 민법 개정에 이르기까지

스위스 소멸시효법을 개정하는 과정에서 스위스 소멸시효 제도 전반의 문제점이 종

23) 그러나 외부인인 필자의 시각에서 볼 때 이러한 설명은 그야말로 **눈 가리고 아웅**이라고 사료된다. 판례처럼 보면 스위스채무법 제129조는 사실상 무력화되기 때문이다. 스위스채무법 제129조가 잘못된 법률이라고 해서, 해석론을 통해 위 조항을 사실상 무력화하는 것이 타당한지 의문이다. 다만 판례가 시효완성 전 시효이익 포기를 허용하는 근거로 '시효중단/정지와의 유사성'을 언급하는 부분은 우리법 해석론에서도 참조할만한 지점이다. 본문 Ⅲ. 2. 참조.

24) 판례는 위 10년의 기산점을 '포기시점'으로 잡아야 하는지 '원래 시효완성시점'으로 잡아야 하는지에 대해 명확히 언급하지 않았다. '원래 시효완성시점'으로 보는 견해로는 Gauch, SJZ 102 (2006) 536. '포기시점'으로 보는 견해로는 Eugen Bucher, Verjährung: gute Schritte in guter Richtung -Bemerkungen aus Anlass von BGE 132 III 226-241 (4C.296/2005), recht 2006, 186, 195. 또한 각주 63, 64, 65, 66에 해당하는 본문도 참조.

25) 이러한 시효연장을 허용하지 않으면 채권자로서는 시효중단 조치를 취할 수밖에 없는데 이는 채권자 입장에서 번거로운 일이며, 채무자 입장에서도 유쾌한 일이 아니다(소제기나 강제집행을 당하는 채무자를 생각해 보라!). 이 점을 강조하며 2006년 판결에 찬동하는 견해로는 Koller, OR, Rn. 71.30.

26) 이 점은 BGE 132 Ⅲ 226의 결론에 비판적인 Gauch 교수의 판례평석에 잘 정리되어 있다. Gauch, SJZ 102 (2006) 534-536.

27) 2006년 판결 이후 학설상황의 간략한 소개로는 BK-WILDHABER/DEDE, Art.141 OR N 21. 에른스트 A. 크라머/최준규 역, 법학방법론, 2022, 137의 각주 389도 참조. 크라머 교수는 법이 제정된 시점의 입법자의 의사에 무게를 두는 역사적 해석(또는 주관적 해석)보다, 법이 적용되는 시점을 기준으로 그 법에 합리적으로 귀속될 수 있는 의미를 탐구하는 객관적-목적론적 해석이 우선한다는 입장이다. 크라머 교수는 이러한 입장에 따라 BGE 132 Ⅲ 226의 결론을 지지한다.

합적으로 검토되었다.28) 이 과정에서 소멸시효 이익의 사전포기 문제도 검토되었다. 법무부가 2011년 마련한 시효법개정안 초안(Vorentwurf)은 －위 2006년 연방대법원 판례와 달리－ 시효완성 후 시효이익 포기만 허용하되(개정안 제134조 제1항; 서면포기만 가능하다고 규정하고 있다),29) 시효완성 전 시효이익 포기는 시효기간 연장의 효력이 있다고 별도로 규정하였다(개정안 제134조 제3항). 초안의 이러한 입장은, 초안이 스위스채무법 제129조를 폐지하고 채권자와 채무자가 합의로 법정(法定)소멸시효기간을 자유롭게 연장 또는 단축할 수 있도록 하되, 최장기간과 최단기간의 제한을 두는 것(개정안 제133조)과 관련이 있다.30) 채권자와 채무자가 합의를 통해 자유롭게 소멸시효기간을 변경할 수 있다면, －이는 스위스채무법 제129조와 정반대 입장이지만, 국제적 흐름(소멸시효 제도에 관한 당사자 자치의 존중, 즉 **소멸시효 제도의 자유화와 유연화**)31)과 부합하는 측면이 있다－ 굳이 시효완성 전 시효이익 포기라는 개념을 도입할 실익이 희박하기 때문이다.

그러나 심의과정에서 위 개정안 제133조는 반대에 부딪혀 채택되지 않았고, 스위스채무법 제129조는 유지되었다. 합의에 의한 시효기간의 자유로운 연장 또는 단축으로 법률관계가 불안정해질 수 있다는 점이 지적되었고, 특히 약자보호의 관점에서 우려가 제기되었다. 계약의 일방당사자가 협상력이 약한 경우 자유로운 합의라는 미명 하에 그에게 불리한 시효기간이 사실상 강제될 수 있다는 것이다(가령 개정안에 따르면 주관적 시효기간으로서 최단기간은 1년인데, 약자인 채권자 입장에서 위 기간은 지나치게 짧을 수 있다). **시효기간의 '전폭적·원칙적' 자유화를 선택하는 대신** 입법자는 ㉠ 시효기산 후 시효완성 전 시효이익 포기를 허용하고(개정 스위스채무법 제141조 제1항), ㉡ 법원 밖 화해절차 등이 진행되는 경우 당사자들의 서면합의를 근거로 한 시효정지를 허용하는(개정 스위스채무법 제134조 제1항 제8호) **'절충적'** 자유

---

28) 2006년 이후 이루어진 스위스 소멸시효법 개정 관련 논의(관련 자료 일체)는 스위스 법무부 홈페이지에서 확인할 수 있다(https://www.bj.admin.ch/bj/de/home/wirtschaft/gesetzgebung/archiv/verjaehrungsfristen.html 최종검색일 2022. 12. 26). 2013년 연방평의회(Bundesrat)가 의회에 제출한 채무법(소멸시효법) 개정에 관한 법률안 제안설명서(Botschaft)도 법개정 관련 논의의 경과를 간략히 설명하고 있다. https://www.fedlex.admin.ch/eli/fga/2014/65/de에서 검색가능. 최종검색일 2022. 11. 12.

29) 개정안 제134조 제2항은 시효완성 후부터 최대 10년간 시효이익을 포기할 수 있고, 포기기간이 표시되지 않은 경우 1년간 효력이 있다고 규정하고 있다.

30) BK-WILDHABER/DEDE, Art.129 OR N 3, 4 및 BK-WILDHABER/DEDE, Art.141 OR N 18. 상대적(주관적) 시효기간은 1년까지 단축할 수 있고, 10년까지 연장할 수 있다(개정안 제133조 제1항). 절대적(객관적) 시효기간은 3년까지 단축할 수 있고, 30년까지 연장할 수 있다(개정안 제133조 제1항). 위 최단기간이나 최장기간을 준수하는 한 시효기산점을 변경하는 것도 가능하다(개정안 제133조 제4항). 인신손해에 있어 시효기간을 단축하는 약관조항은 무효이다(개정안 제133조 제3항).

31) 유럽계약법원칙(PECL) 제14:601조; 국제상사계약에 관한 일반원칙(PICC) 제10.3조; 공통참조기준초안(DCFR) Ⅲ권 제7:601조. 다만 유럽 각 나라들의 '현행법' 규정을 보면, 2022년 현재 시점을 기준으로 PECL, PICC, DCFR과 같은 규율방식(합의에 의한 소멸시효기간 연장 · 단축의 원칙적 허용 + 최장기간과 최단기간의 제한 설정)이 **유럽 다수 국가들의 태도**라고 말하긴 어려워 보인다. 소멸시효기간 연장 · 단축 합의의 효력에 관한 유럽 각 나라들의 입장의 개관으로는 BeckOGK/Piekenbrock, 1.11.2022, BGB §202 Rn.4.2-4.5 참조.

화를 선택하였다.[32] 하지만 이러한 입법자의 결단에 대해서는 학계에서 강한 비판이 제기되고 있다.[33]

4. 개정된 스위스채무법 제141조의 해석론

2020년 개정 후 스위스채무법 제141조의 내용은 다음과 같다. 이 중 1항, 1bis항, 4항이 새롭게 도입된 조문이고, 2항과 3항은 종전과 동일하다. 아래에서는 새로 도입된 위 3개의 항 중 1항과 1bis항의 해석론을 살펴본다.

1. 채무자는 소멸시효의 기산이 시작된 때부터 시효완성 항변권 행사(die Erhebung der Verjährungseinrede)[34]를 최대 10년 동안 포기할 수 있다.

1bis. 위 포기는 서면으로 해야 한다. 보통거래약관을 통해서는 약관사용자만 시효완성 항변권 행사를 포기할 수 있다.

2. 연대채무자 1인의 시효완성 항변권 행사의 포기는 다른 연대채무자에게 효력이 없다.
3. 불가분채무자 1인의 시효완성 항변권 행사의 포기는 다른 불가분채무자에게 효력이 없고, 주채무자의 시효완성 항변권 행사의 포기는 보증인에게 효력이 없다.
4. (책임)보험자에 대한 직접청구권이 존재하는 경우, 채무자(피보험자)에 의한 시효완성 항변권 행사의 포기는 보험자에게 효력이 있고 보험자에 의한 시효완성 항변권 행사의 포기는 채무자(피보험자)에게 효력이 있다.

가. 적용범위[35]

제141조는 제129조와 달리 모든 소멸시효기간에 적용된다. 즉 스위스채무법 제1편 제3장에 따른 소멸시효기간에만 적용되는 것이 아니다. 제129조가 "본 장에 규정된 시효기간"이라는 제한을 두고 있는 반면 제141조는 이러한 제한을 두고 있지 않으므로, 위 결론은 법문언상으로도 자명하다. 또한 역사적 입법자의 의사도 모든 소멸시효기간에 적용하는 취지임이 분명하다.

---

32) BK-WILDHABER/DEDE, Art.129 OR N 6-7.

33) BK-WILDHABER/DEDE, Art.129 OR N 8-10.

34) 구 스위스채무법 제141조 제1항은 사전포기의 대상을 "소멸시효(이익)(Verjährung)"라고 규정하여 그 취지가 다소 불분명하였는데, 개정법에서는 포기의 대상을 "시효완성 항변권 행사"라고 명확히 규정하였다. '항변권 자체'가 아니라 항변권 '행사'를 포기하는 것임에 유의할 필요가 있다. **'소송절차에서 채무자가 단순히 소멸시효 항변을 하지 않는 것**'은 시효완성 항변권 행사를 포기하는 것과 구별해야 한다. 전자는 스위스채무법 제141조와 무관하고, 언제나 가능하다(따라서 서면요건을 갖출 필요가 없고, 10년이라는 지속기간도 문제되지 않는다). 법원은 시효가 완성되었다는 점을 직권으로 고려할 수 없기 때문이다(스위스채무법 제142조). BK-WILDHABER/DEDE, Art.141 OR N 13.

35) BK-WILDHABER/DEDE, Art.141 OR N 7-10.

나. 시효이익 사전포기가 가능한 시점

제141조 제1항에 따르면 "**소멸시효의 기산이 시작된 때**"부터 시효이익 포기가 가능하다. 가령 계약상 채무가 확정기한 부 채무라면 변제기부터 시효이익의 포기가 가능하다. 이는 2006년 연방대법원 판례(BGE 132 Ⅲ 226)의 입장("계약체결 시점, 즉 계약상 채권의 성립 시점부터 사전포기가 가능하다")보다 사전포기가 가능한 시점을 늦춘 것이다. 현재 스위스채무법에 따르면 채무자는 계약상 채권이 성립하였지만 아직 변제기가 도래하지 않은 시점에서 시효이익의 사전포기를 할 수 없다. 입법자는 채권의 성립시점을 기준시점으로 잡는 것이 부적절하다고 생각하였다.[36] 입법자는 시효기산점을 기준시점으로 잡으면, 채무자가 사전포기를 할 때 언제부터 시효가 진행하였는지 알고 사전포기를 할 수 있으므로, 충분한 정보를 갖춘 상태에서 결정(informed decision)을 할 수 있는 장점이 있다고 보았다.[37] 그러나 이러한 입법이유에 대해서는 －필자가 볼 때 설득력이 있는－ 비판이 제기되고 있다.[38] 불확정기한부 채무의 경우 또는 주관적 소멸시효 기산점[39]이 문제되는 경우 법률전문가가 아닌 채무자가 시효기산점을 아는 것은 쉽지 않을 수 있다. 이처럼 불명확할 여지가 많은 시점을 기준으로 사전포기의 가부(可否)를 결정하는 것은 법적 안정성 차원에서 바람직하지 않다. 이에 반해 채권성립 시점은 대부분 일의적으로 명확하게 정할 수 있다. 채권성립시가 아니라 시효기산시를 기준시점으로 잡는다고 해서 채무자가 (채권자의 강압에 의한 사전포기 압력으로부터) 더 두텁게 보호되는 것도 아니다.

학설상으로는 －문언으로부터 그리고 입법자료로부터 확인할 수 있는 역사적 입법자의 명확한 의사에도 불구하고－ **목적론적 축소**를 통해, 채무자는 계약상 채권 성립 후 시효기산점 도래 전에도 시효이익의 사전포기를 할 수 있다는 주장이 있다.[40] 법문언대로 시효기산점을 기준으로 채무자의 사전포기 가능여부가 달라진다면, 채권자로서는 채무자의 사전포기가 무효가 될 경우를 대비하여 추가로 ① 시효중단 조치를 취하거나, ② 채무자와의 서면합의 하에 채무자와의 법원 밖 협상 등을 이유로 협상기간 동안 시효개시를 저지시키는 것(스위스민법 제134조 제1항 제8호)[41]이 안전하다.[42] 이러한 서면합의는 시효기산점이

36) 2013년 연방평의회의 법률안제안설명서 262면 참조. 그러나 이러한 기본전제가 타당한지 의문이다.
37) 2013년 연방평의회의 법률안제안설명서 262면 참조.
38) BK-WILDHABER/DEDE, Art.141 OR N 24, 25.
39) 권리자가 권리행사 가능성을 안 시점 또는 알 수 있었던 시점부터 시효가 시작되는 경우.
40) BK-WILDHABER/DEDE, Art.141 OR N 26.
41) 스위스민법 제134조 제1항에서 정한 사유가 발생한 경우, ㉠ 시효가 아예 개시되지 않거나 ㉡ 이미 개시되었다면 그 사유가 유지되는 동안 시효가 정지된다(스위스민법 제134조 제1, 2항). 제8호의 사유가 충족되려면 ① 실제로 협상이 진행되어야 하고, ② 협상기간 동안 시효가 정지된다는 점에 대한 채권자 · 채무자 사이의 서면합의가 있어야 한다. 서면합의는 시효가 완성되기 전에 이루어지면 된다. 시효가 기산되기 전에도, 채권발생 전에도 장래의 협상을 염두에 둔 서면합의가 가능하다. 그러나 ① 요건 이외에 ②와 같은 서면합의 요건을 추가로 요구하는 것이 타당한지 입법론

개시되기 전이더라도 가령 계약체결시에도 가능하고, 그에 따라 협상기간 동안 시효개시가 저지되거나 시효진행이 정지된다.43) 이 경우 시효개시가 저지되거나 시효진행이 정지될 수 있는 최장기간의 제한은 법상 존재하지 않는다.44)

다. 시효이익 포기의 효과

입법자는 시효이익 포기의 효과는 당사자들의 의사표시 해석에 따라 결정할 문제라고 보았다.45) 따라서 스위스채무법은 시효이익 포기의 효과에 관해 별도로 규정하고 있지 않다. 시효이익을 포기하는 채무자가, 또는 채권자와 채무자가 합의하여, 시효이익 포기의 효과에 관해 명확히 밝히는 경우는 드물 것이다. 따라서 이는 학계와 실무의 해석론으로 풀어야 할 문제이다.46)

(1) 시효완성 전 포기

학설상으로는 소멸시효 '중단'과 동일한 효력이 있다는 견해(1안)도 있지만, 시효이익 포기에 합의한 채권자와 채무자의 통상의 의사에 반한다는 점에서 큰 지지를 받지 못하고 있다.47) 시효완성 전 시효이익 포기를 "**법정시효기간은 그대로 진행되고** 그 대신 시효기간이 만료된 후 일정 기간 동안 채무자는 소송과정에서 시효이익 항변권 행사를 하지 않겠다"는 취지(즉 시효완성 후 항변권 행사를 일정 기간 포기하겠다는 뜻을 시효완성 전에 미리 밝히는 것)로 해석하는 것(2안)도, ―당사자들이 이런 내용의 합의를 하는 것은 당연히 가능하지만― 사전포기가 이루어지는 거래현실과 부합하지 않는다.48) 통상의 당사자 의사는 **시효기간을 연장**하는 취지(3안)였다고 해석함이 합리적이고(통설),49) 소멸시효법 개정 이전 판례의 입장50)도 그와 같았다. 이러한 판례의 입장은 법개정 후에도 유효하다.51)

이 관점에서 비판이 있다. BK WILDHABER/DEDE, Art.134 OR N 93-98.

42) BK-WILDHABER/DEDE, Art.141 OR N 27.

43) BK-WILDHABER/DEDE, Art.134 OR N 84.

44) 이에 반해 채무자의 시효완성 항변권 행사 포기의 경우, 스위스채무법 제141조 제1항에 따라 포기의 효력이 지속하는 최장기간이 10년으로 정해져 있다.

45) 2013년 연방평의회의 법률안제안설명서 261-262면 참조.

46) 법에서 시효이익의 포기의 '원칙적' 효과를 명확히 규정하지 않은 점이 문제라는 지적도 있다. 시효완성 전 시효이익 포기의 경우 당사자의 정확한 의사가 무엇인지 해석상 논란이 있을 수 있기 때문이다{본문 Ⅱ. 4. 다. (1)의 2안과 3안 참조}. BK-WILDHABER/DEDE, Art.141 OR N 14.

47) BK-WILDHABER/DEDE, Art.141 OR N 38. 본문 Ⅱ. 2.에서 언급한, 채무자가 소멸시효이익의 사전포기를 하는 실무상 이유도 참조.

48) BK-WILDHABER/DEDE, Art.141 OR N 39-40.

49) 그러나 스위스 학설 중에는 포기기간을 '특정'하여 시효이익을 사전포기하였고 시효기간 연장의 취지가 분명한 경우에만, 시효기간 연장으로 해석하는 견해도 있다. BK-WILDHABER/DEDE, Art.141 OR N 40의 문헌지시 참조.

50) 본문 Ⅱ. 2.에서 소개한 BGE 99 Ⅱ 185 참조.

51) BK-WILDHABER/DEDE, Art.141 OR N 40에 따르면, 3안은 의사표시가 불명확한 경우 표의자에게 불리하게 해석해야 한다는 해석원칙과도 부합한다. 3안은 ― 연장된 기간 동안 채권자의 별도 시효중단 조치가 가능하다는 점에서 ―

참고로 스위스채무법 제129조는 당사자들의 처분으로 시효기간을 변경하는 것을 불허하고 있지만, 시효완성 전 시효이익 포기를 통해 시효기간이 연장되는 것은 위 조항에 반하지 않는다고 봄이 스위스학설의 대체적 견해이다. 시효이익의 사전포기로 인해 시효기간이 사실상 연장되는 것일 뿐 법정시효기간 자체가 변경되는 것은 아니고, 양자는 법도그마틱적으로 구별된다는 것이다.52) 그러나 외부인인 필자가 볼 때, 이러한 논리구성은 지나치게 기교적이다. 시효완성 후 시효이익 포기와 시효완성 전 시효기간 연장합의는 명백히 구별된다. 그러나 시효완성 전 시효이익 포기와 시효완성 전 시효기간 연장합의는 구별이 어렵고, 구별할 실익도 없다. 스위스채무법 제129조를 삭제하고 당사자 간 합의를 근거로 한 소멸시효기간 변경을 정면으로 허용하였다면, 굳이 이러한 문제를 고민할 필요가 없었을 것이다. 당사자 간 합의를 통한 소멸시효기간 변경이 가능하다면, 시효완성 전 시효이익 포기라는 '**번거로운 우회로**'를 굳이 설정할 필요가 없다. 시효완성 전 시효이익 포기라는 개념은 생각의 혼란만 가져올 뿐이고 독자적 존재실익이 미약하다. 시효이익 포기는 시효완성 후에만 가능하다고 보되, 당사자 간 합의에 의한 시효기간 변경을 －최장(최단) 기간의 제한을 두면서－ 허용하는 방안이 간명하고 바람직하다.53) 이에 대해서는 Ⅲ. 2.에서 다시 언급한다.

(2) 시효완성 후 포기

원칙적으로 소멸시효 완성의 항변권 행사54)를 채무자가 포기하는 것으로 보아야 한다(2안). 이러한 항변권 포기로 이미 소멸시효가 완성되었다는 실체법적 효력이 복멸되지 않는다. 이미 소멸시효가 완성되었다는 점은 변하지 않으므로, 채무자가 시효이익을 포기하였다고 해서 채권자가 추가로 소멸시효 중단조치를 취할 수 없다. 소멸시효 중단은 소멸시효기간이 진행 중인 경우에만 가능하기 때문이다. 시효완성 후 채무자의 시효이익 포기는 해당 채무가 자연채무에서 채권자의 소제기가 가능한 채무로 바뀌는 효과만을 가져온다.55)

2안보다 채무자에게 불리하다. 2안에 따르면 일단 법정시효기간 만료로 시효가 완성되고, 그 후에는 설령 채무자가 시효완성 항변권 행사를 포기하였더라도 채권자가 추가 시효중단 조치를 취할 수 없기 때문이다. 채무자의 시효이익 사전포기 의사표시가 정확히 어떠한 법률적 의미를 갖는지 불명확한 경우, 채무자에게 보다 불리한 3안을 선택해야 한다.

52) BK-WILDHABER/DEDE, Art.129 OR N 51.

53) 참고로 스위스채무법 2020 총칙초안(OR 2020) 제159조, 제160조와 스위스 법무부가 2011년 마련한 시효법개정안 초안(Vorentwurf) 제133조, 제134조(각주 29, 30 및 그에 해당하는 본문 참조)가 이러한 내용을 담고 있다. 그런데 스위스채무법 2020 총칙초안에는 2011년 시효법개정안 초안(제133조 제4항)과 달리 '시효기산점'을 합의로 변경할 수 있다는 조항이 없다.

54) 스위스법에서는 소멸시효기간 경과만으로 채무가 실체법상 소멸하지 않는다. 해당 채무는 자연채무가 될 뿐이다(BGE 99 Ⅱ 185의 판결이유 중 2b 참조). 채무자가 소멸시효완성 항변권을 행사하지 않으면 법관이 직권으로 소멸시효 완성을 고려할 수 없다(스위스채무법 제142조).

하지만 판례는 시효완성 전/후 포기 모두 '시효기간의 연장'으로 취급한다(3안).[56] 이러한 판례의 입장에 대해서는, 시효완성 후 포기의 경우 채무자의 (통상의) 의사는 항변권만 포기하는 것이지 시효기간이 다시 진행되는 것까지 수인하는 것은 아니라는 점에서(**이미 완료된 시효기간이 연장되는 것은 불가능하다!**), 비판적 견해가 유력하다.[57] 판례에 따르면 시효완성 후 포기의 경우 채권자가 별도로 소멸시효 중단 조치를 취하는 것도 가능하게 되는데, 이는 채무자에게 가혹하다는 것이다.

시효기간 경과 후 채권자와 채무자가 시효이익을 포기하기로 '합의'한 경우에도, 새로운 채무발생에 관하여 합의한 것이라기보다, 기존 채무에 대하여 채권자가 소를 제기하는 것이 가능하도록 합의하였다고 해석함이 합리적이다. 이 경우 시효완성 전 소멸시효 중단사유인 채무자의 승인과 마찬가지로 기존 채무에 대하여 합의시점부터 새로 10년의 소멸시효가 진행하는지, 아니면 소멸시효가 완성되었다는 점은 변함이 없고 오로지 자연채무를 소제기가 가능한 채무로 전환시키는 섬에 대해서만 합의가 이루어진 것으로 볼 것인지 문제된다. 전자는 비록 실체법상으로 새로운 채무가 발생한 것은 아니지만 소멸시효법의 관점에서는 마치 새로운 채무가 발생한 것처럼 취급함이 타당하다는 입장이다.[58] 후자의 입장은 ① 소멸시효 항변권 행사를 포기하였을 뿐인 채무자에게 채무승인과 동일한 효력을 부과하는 것은 지나치고, ② 거래실무상 "이 시효이익 포기는 채무승인을 의미하지 않는다"는 유보 하에 시효이익 포기가 이루어지는 경우가 많은 점을 고려할 때 합의에 의한 시효이익 포기에 채무승인과 동일한 효력을 부과하는 것은 합의를 한 당사자들의 통상의 의사와 배치된다고 주장한다.[59] 합의의 해석문제로서 하나의 정답이 있는 문제는 아니지만, 후자의 견해가 설득력이 있다고 사료된다. 이렇게 보는 것이 채무자의 일방적 시효이익 포기의 경우 2안처럼 해석하는 것과도 균형이 맞다.

라. 시효이익포기의 지속 기간

시효이익포기의 효력이 지속되는 기간은 원칙적으로 당사자가 결정할 문제이다(사적자치의 원칙). 일방적 시효이익 포기라면 포기자가 그 기간을 정할 수 있고, 채권자와 채무자 사이의 합의가 있다면 합의된 기간에 따를 것이다. 당사자의 의사표시가 없는 경우 의사표시의 '보충적 해석'을 통해 그 기간을 정해야 한다.[60] 스위스학설은 채무자가 포기한

55) BK-WILDHABER/DEDE, Art.141 OR N 46.
56) 각주 20 및 그에 해당하는 본문 참조.
57) BK-WILDHABER/DEDE, Art.141 OR N 45.
58) BK-WILDHABER/DEDE, Art.141 OR N 43.
59) BK-WILDHABER/DEDE, Art.141 OR N 44.

시효기간만큼 시효이익포기의 효력이 지속되는 것이 당사자의 가정적 의사에 부합한다고 본다.[61]

원칙적으로 당사자의 의사를 존중해야 하지만 10년을 초과하여 시효이익포기의 효력이 지속될 수 없다(사적 자치의 제한; 스위스채무법 제141조 제1항). 원래 소멸시효기간이 5년인 채권의 경우에도 최대 10년까지 시효이익포기의 효력이 지속되는 것은 마찬가지이다.[62] 시효완성 후 포기의 경우에도 최대 10년간 그 효력이 지속된다.

10년이라는 최장기간의 기산점을 언제부터로 잡을 것인지는 법문언상 명확하지 않다. 제141조 제1항에서 말하는 "소멸시효 기산이 시작된 시점"은 시효이익 사전포기를 할 수 있는 시점이지, 위 10년이라는 최장기간의 기산점은 아니기 때문이다. 학설상으로는 '소멸시효 완성시점'을 기준으로 보는 견해, '시효이익 포기시점'을 기준으로 보는 견해가 대립하고 있다.[63] 입법자는 이러한 기산점 문제를 당사자의 의사표시에 따라 결정할 문제로 보았다.[64] 통상적인 경우라면 포기의 의사표시를 한 시점부터 기산하는 것이 당사자의 의사에 부합할 것이다.[65] 포기의 의사표시를 한 시점부터 시효기간 연장의 효력이 발생하는 것으로 봄이 합리적이기 때문이다(시효완성 후 포기의 경우에도 채무자는 그 시점부터 시효완성을 문제삼지 않으려는 의사인 경우가 많을 것이다). 그렇다면 10년이라는 최장기간의 기산점도 사전포기의 의사표시가 효력을 발생하는 시점으로 봄이 합리적이다.[66] 가령 2018. 1. 10.이 변제기이고, 소멸시효 완성시점은 2028. 1. 10.인 대여금채권(소멸시효기간 10년)에 대하여 채무자가 2027. 3. 3. "**향후 2년간 시효완성항변권을 포기한다**"는 의사표시를 하였다면, 그 의사표시 시점부터 2년 후인 2029. 3. 3.에 소멸시효가 완성되는 것으로 해석함이 합리적이다. 채무자는 사전포기 의사표시 시점인 2027. 3. 3.부터 시작하여 최대 10년까지 -즉 2037. 3. 3.까지- 소멸시효 완성시점을 늦출 수 있다. 위 사안에서 시효완성시점이 2028. 1. 10.에서 2029. 3. 3.로 변경된 것이고 그만큼 소멸시효기간이 사실상 연장된 것이다. **시효기간이 연**

---

60) BK-WILDHABER/DEDE, Art.141 OR N 48.

61) BK-WILDHABER/DEDE, Art.141 OR N 48. 참고로 시효완성 전 포기의 경우 독일학설의 입장은 다음과 같다. ① "당분간(bis auf Weiteres)" 포기한다고 한 경우, 반대 의사표시가 있을 때까지 시효가 정지된다. ② 아무런 기간 제한 없이 포기한다고 한 경우, 독일법에 따라 당사자 간 합의로 연장할 수 있는 최장기간인 30년(원래 시효기산점으로부터 30년)으로 시효기간이 연장된다. BeckOGK/Piekenbrock, 1.11.2022, BGB §202 Rn.13.

62) BK-WILDHABER/DEDE, Art.141 OR N 51.

63) BK-WILDHABER/DEDE, Art.141 OR N 53.

64) 2013년 연방평의회의 법률안제안설명서 262면 참조.

65) BK-WILDHABER/DEDE, Art.141 OR N 54.

66) 이렇게 보면 해당 시점에 채무자가 채무승인을 하였을 경우 시효기간이 사실상 연장되는 것과 균형이 맞게 된다. 그러나 시효기간 연장합의를 정면으로 허용한다면, 최장의 시효기간의 기산점은 애초 시효기산점(또는 기존 시효완성시점)을 기준으로 삼는 것이 합리적이다. 기산점을 획일적으로 설정하고 그 기산점을 기준으로 계산할 때 최장기간을 넘었는지 넘지 않았는지 판단하는 것이 공평하기 때문이다(규제의 공평성 및 중립성). 또한 시효완성 후 포기의 경우에는 원칙적으로 이러한 최장기간 제한을 두지 않음이 합리적이다. 각주 92, 97 참조.

장된 것이지 2028. 1. 10.부터 2029. 3. 3.까지 사이에 **단지 채무자가 시효완성 항변권을 행사하지 않겠다는 의사표시를 한 것이 아니므로,**[67] 2028. 1. 10.부터 2029. 3. 3.까지 사이에 채권자는 별도로 시효중단 조치를 취할 수 있다. 아직 시효기간이 끝나지 않았기 때문이다.[68]

시효이익포기의 지속기간이 지난 후 다시 시효이익을 포기하는 것도 가능하다. 위 10년의 기간제한은 개별 시효이익포기 마다 따지는 것이지, 복수의 시효이익포기에서 그 지속기간을 합산하여 위반여부를 따지는 것이 아니다.[69]

마. 서면에 의한 포기

채무자의 포기 의사표시는 서면으로 이루어져야 한다(스위스채무법 제141조 제1bis.항 전문). 서면 요건이 충족되기 위해서는 원칙적으로 채무자 또는 그의 대리인의 자서(自書)가 필요하다(스위스채무법 제14조 제1항). 채무자로 하여금 사전포기 여부를 신중하게 결정하도록 유도한다는 점에서, 사전포기 사실을 손쉽게 증명할 수 있다는 점에서 서면요건은 순기능이 있다.[70] 그러나 시효중단 사유인 채무자의 승인은 서면을 요하지 않는데, 시효이익 포기는 서면을 요구하는 것은 균형이 맞지 않는다는 비판도 유력하다. 법이 요구하는 서면요건을 갖추지 못하였더라도 포기사실이 명확히 증명되면 시효이익 포기를 유효로 보아야 한다는 해석론도 주장된다.[71]

서면에 의한 시효이익 포기라 하더라도 약관을 통해 약관사용자의 상대방이 자신의 시효이익을 포기하는 것은 허용되지 않는다. 약관을 통한 시효이익 포기는 약관사용자만 가능하다(스위스채무법 제141조 제1bis.항 후문). 이는 약관사용자가 협상력의 우위를 이용해 상대방에게 약관을 통해 시효이익 포기를 사실상 강제하는 것을 막기 위함이다. 그러나 위 조항은 실무적으로 거의 의미가 없다고 한다. ① 약관사용자가 약관을 통해 자신의 시효이익을 포기하는 경우는 거의 없고, ② 약관사용자의 상대방이 약관에 서명을 함으로써 약관이 계약내용에 편입되는 시점에는 아직 계약상 채권의 변제기가 도래하지 않은 경우가 대부분이므로 약관사용자의 상대방이 자신의 시효이익을 미리 포기한다는 약관조항이 있더라도 이러한 포기는 스위스채무법 제141조 제1항에 따라 이미 무효이기 때문이다.[72]

67) 본문 Ⅱ. 4. 다. (1)의 2안 참조.
68) 결론적으로 같은 취지로는 BeckOGK/Piekenbrock, 1.11.2022, BGB §202 Rn.13.3.
69) BK-WILDHABER/DEDE, Art.141 OR N 49.
70) BK-WILDHABER/DEDE, Art.141 OR N 57.
71) BK-WILDHABER/DEDE, Art.141 OR N 59. 참고로 스위스채무법 2020 총칙초안(OR 2020)은 서면요건을 포기하였다.
72) BK-WILDHABER/DEDE, Art.141 OR N 65.

Ⅲ. 우리법에의 시사점

1. 우리법의 현상황

민법 제184조 제1항은 "소멸시효의 이익은 미리 포기하지 못한다"고 규정하고 있다. 이는 만주국민법 제175조, 스위스민법 제141조 제1항, 대만민법 제147조 후단을 참조한 것이다.[73] 민법 제184조 제2항은 "소멸시효는 법률행위에 의하여 이를 배제, 연장 또는 가중할 수 없으나 이를 단축 또는 경감할 수 있다"고 규정하고 있다. 이는 구 독일민법 제225조("소멸시효는 법률행위에 의해 배제 또는 가중할 수 없다. 그러나 시효기간의 단축과 같이 소멸시효를 감경하는 것은 가능하다")를 참조한 것이다. 입법자는 대만민법 제147조 전단처럼 법률행위로 시효를 연장할 수도 없고 단축할 수도 없도록 규정하는 방안[74]을 검토하였으나 이러한 방안을 채택하지 않고, 구 독일민법의 태도를 따랐다.[75]

시효완성 전 채무자의 시효이익 포기는 허용되지 않고, 시효중단 사유로서 승인이 가능할 뿐이다.[76] 또한 채무자가 소멸시효 완성 후 채무를 승인하여 시효이익을 포기한 경우, 그 때부터 새로이 소멸시효가 진행한다는 것이 판례의 태도이다.[77] 채무자가 소멸시효 완성 후에 채권자에 대하여 채무 일부를 변제함으로써 시효의 이익을 포기한 경우에도 그 때부터 새로이 소멸시효가 진행한다.[78] 시효기간을 연장하는 특약뿐만 아니라 시효의 기산점을 뒤로 늦추는 특약도 민법 제184조 제2항의 취지에 반하는 것은 마찬가지이므로, 무효이다.[79]

2. 스위스 논의의 우리법상 시사점: 우리법 해석론과 입법론

이처럼 확립된 판례 · 통설의 법리에 대하여 다음과 같은 의문을 제기해볼 수 있다. 첫째, 시효이익의 사전포기가 허용되지 않더라도 채무자의 사전포기는 시효중단 사유인

73) 민법안심의록, 제26회 국회정기회속기록 제62호(부록), 1957, 123.
74) 이는 스위스채무법 제129조의 입장이기도 하다.
75) 민법안심의록, 제26회 국회정기회속기록 제62호(부록), 1957, 123.
76) 김용덕 대표편집, 주석민법 총칙, 제5판, 2019, §184, 1037(전원열 집필부분).
77) 대법원 2009.7.9. 선고 2009다14340 판결.
78) 대법원 2013.5.23. 선고 2013다12464 판결.
79) 김용덕 대표편집, 주석민법 총칙, 제5판, 2019, §184, 1053(전원열 집필부분). 그러나 서종희, 소멸시효 기간연장합의의 효력에 관한 비교법적 고찰, 법조 750 (2021) 27은 **'채무자에게 불리하지 않은'** 시효기간 연장합의의 효력은 해석론으로도 긍정할 여지가 있다는 입장이다. 여기서 '채무자에게 불리하지 않다'는 말은 채무자가 강자(强者)이고 채권자가 약자(弱者)이기 때문에 시효기간 연장합의를 하더라도 채무자에게 특별히 불리하지 않다는 뜻으로 읽힌다.

'승인'에 해당하는 경우가 많을 것이다. 그렇다면 '채무자 보호'를 위해 사전포기를 불허한다는 말이 무슨 실질적 의미가 있는가? **채권성립 전(법정채권의 경우) 또는 계약체결 시점(약정채권의 경우)**의 사전포기만 불허하면 그것으로 채무자 보호는 충분히 달성되는 것 아닌가? 둘째, 시효기간 진행 중 채무자가 채무승인을 하면 소멸시효는 '법률의 규정'에 따라 중단되고(민법 제168조 제3호), 그 후 시효기간이 새로 진행한다(통상의 채무라면 10년의 소멸시효가 다시 진행한다). 가령 소멸시효기간이 3년이 지난 상태에서 채무자가 채무승인을 하면 해당 채무의 소멸시효기간이 10년에서 13년으로 연장된 것과 실질적으로 동일하다. 그렇다면 소멸시효기간이 3년이 지난 상태에서 **채무자의 의사표시("앞으로 8년 동안 소멸시효 완성을 주장하지 않겠다")를 직접적 근거로 하여** 소멸시효기간이 10년에서 11년으로 늘어나는 결과를 굳이 법으로 금지할 이유가 있는가? 전자보다 후자가 채무자에게 유리한데, 왜 전자의 결과는 법적으로 허용하고 후자의 결과는 법적으로 허용하지 않는가? 채무승인을 원하지 않는 채무자에게는 위와 같은 선택지가 추가되는 것이 더 유리하다.[80] 소멸시효 이익의 사전포기를 불허하고 소멸시효기간 연장합의의 효력을 부정하는 우리민법은 채무자 보호라는 자신이 내세운 목표조차 제대로 달성하지 못하는 것 아닌가? 현행민법의 태도를 정당화할 수 있는 근거로 남는 것은, **소멸시효 제도의 공익성 및 객관적·획일적 운용 필요성, 법적 안정성** 정도이다. 하지만 이러한 가치가 채무자의 선호를 반영한 다양한 선택지(채권자도 그에 대해 아무런 이견이 없는 선택지)를 '원천 봉쇄'할 만큼 중요한 가치인지 의문이다. 셋째, 당사자 간 합의로 소멸시효기간을 연장할 수 없으므로, 통설은 시효의 기산점을 늦추는 특약을 무효로 본다. 그렇다면 당사자들이 변제기를 유예하기로 합의하여 결과적으로 시효기산점이 늦춰지는 것도 허용될 수 없는 것인가? 후자까지 법으로 금지하는 것은 사적 자치를 지나치게 침해하는 것 아닌가? 만약 후자를 허용한다면[81] 변제기 유예합의는 유효로 보고 시효기간을 연장하는 합의는 무효로 보는 것이 과연 타당한가? 시효이익의 사전 포기/시효기간 연장 합의를 일률적으로 무효로 보는 현행법의 태도에 근본적 문제 또는 평가모순이 있는 것은 아닐까?[82] 넷째, 시효완성 후 채무자가 시효이익을 포기한 경우, 그로 인해 "새로운 시효기간이 다시 진행한다"고 보는 것이 타당할까? 판례 · 통설처럼 보면 채권자는 시효'중단'을 위해 소치를 취할 기회를 다시 부여받게 된다. ㉠ 채무의 변제기가 시효이익 포기 시점으로 재조정되거나, ㉡ 시효이익 포기시점에 채무자가 새로운 채무부담 의사를 밝힌 것과

80) 스위스 실무에서 채무자가 시효이익 사전포기를 하는 이유 또는 동기에 관해서는 본문 Ⅱ. 2. 참조.

81) 보험금지급기한 유예의 합의는 보험금지급청구권에 관한 소멸시효의 이익을 미리 포기하는 것에 해당하지 않는다는 판례로는 대법원 1981.10.6. 선고 80다2699 판결.

82) 서종희, 법조 750 (2021) 30-31도 합의에 의한 기한유예를 통해 시효기간 연장을 간접적으로 허용하면서, 시효기간의 직접적 연장은 허용하지 않는 것은 평가모순이라고 지적한다.

실질적으로 별 차이가 없게 되는 것이다. 그러나 시효이익을 포기한 채무자의 의사를 위와 같이 해석하는 것은 채무자의 통상의 의사와 부합하지 않고, 채무자에게 지나치게 가혹한 것이 아닐까? 이미 소멸시효기간은 경과한 것이고 채무자는 단지 소멸시효 항변권을 일정 기간 포기하겠다는 의사를 밝혔거나(상대적 소멸설), 이미 소멸한 채무이지만 채권자의 채권행사에 대해 일정 기간 이의를 제기하지 않겠다는 뜻을 밝힌 것(절대적 소멸설) 아닐까? 이미 소멸시효기간이 경과하였다는 사정을 무(無)로 취급하겠다는 채무자의 의사가 분명히 표시된 경우에 한하여 판례 · 통설처럼 봄이 의사표시의 엄격해석 원칙[83]에 부합하는 것 아닐까?

Ⅱ.에서 살펴본 스위스법 상 논의는, 이러한 의문들에 대한 답을 모색하는데 여러 시사점을 제공해 준다. 우선 해석론의 관점에서는 ① 적어도[84] **시효기간 진행 후 시효완성 전**[85] 시효이익의 사전포기 또는 시효기간 연장합의를 허용하는 방안(다만 그에 따라 연장되는 시효기간은 해당 시점에 채무승인이 있었을 경우 시효가 사실상 연장되는 기간을 초과할 수 없다)을 생각해 볼 수 있다. 이러한 해석은 일종의 법형성(목적론적 축소)으로서 법문언과 배치되지만, 법체계에는 부합한다. 채무승인으로 'x년'의 시효기간 연장이 가능하다면, 'x년' 이내의 범위에서 채무자의 일방적 의사표시 또는 채권자 · 채무자의 합의로 시효기간을 '사실상' 늘리는 것을 굳이 불허할 이유가 없기 때문이다.[86] 채무자 보호라는 입법목적이 훼손되지 않는다면 소멸시효 제도에서도 사적자치는 최대한 존중되어야 한다.[87] ② 시효완성 후 시효이익 포기 시 소멸시효기간이 새롭게 진행한다는 판례 · 통설의 입장에 대해서는 재고(再考)가 필요하다.[88] 채무자가 별도의 기간을 밝히지 않았다면 향후 10년간, 별도의 기간을 밝혔다면 그 기간 동안,[89] 해당 채무에 대해 소멸시효항변을 하지 않겠다거나(상대적 소멸설), 채권

83) "당사자 일방이 주장하는 계약의 내용이 상대방에게 중대한 책임을 부과하거나 그가 보유하는 소유권 등 권리의 중요한 부분을 침해 내지 제한하게 되는 경우에는 그 문언의 내용을 더욱 엄격하게 해석하여야 한다." 대법원 2014.6.26. 선고 2014다14115 판결 등.

84) 채권발생 후를 기산점으로 잡는 방법도 생각해 볼 수 있다. 본문 Ⅱ. 4. 나. 참조.

85) 시효완성 후 시효기간 연장합의도 굳이 부정할 이유는 없다. 그러나 이러한 합의의 취지가 분명히 드러나지 않는 한, 시효완성 후 시효이익 포기의 문제로 접근함이 간명하고 바람직할 것이다.

86) 본문 Ⅱ. 2.에서 소개한 스위스연방대법원 2006년 판결과 각주 23도 참조.

87) 민법 제979조가 "부양을 받을 권리는 이를 처분하지 못한다"고 규정하고 있지만, 우리 판례는 "가정법원의 심판에 의하여 구체적인 청구권의 내용과 범위가 확정된 후의 양육비채권 중 이미 이행기에 도달한 후의 양육비채권은 완전한 재산권(손해배상청구권)으로서 친족법상의 신분으로부터 독립하여 처분이 가능하고, 권리자의 의사에 따라 포기, 양도 또는 상계의 자동채권으로 하는 것도 가능하다"고 본다. (대법원 2006.7.4. 선고 2006므751 판결) 본문의 쟁점과 직접 관련은 없지만, 이 또한 **민법 제979조의 규범목적을 훼손하지 않는 범위에서 당사자의 사적 자치를 최대한 존중하기 위해** 민법규정의 목적론적 축소가 이루어진 사례이다. 양육비채권자의 양육비채권 임의처분은 그의 경솔한 처분 등으로 인해 양육을 받을 자에게 실질적 도움이 되지 않을 수 있으므로 후견적 관점에서 임의처분을 제한함이 타당하지만, 변제기가 도래한 양육비채권에 대해서까지 굳이 후견적 관점을 강조하여 임의처분을 제한할 필요는 없다는 것이, 위 판례의 실질적 의미라고 필자는 이해하고 있다.

88) 본문 Ⅱ. 4. 다. (2) 참조. 같은 취지의 독일 학설로는 MüKoBGB/Grothe, 9. Aufl. 2021, BGB §202, Rn.14.

89) 이 경우에도 최대 10년이라는 기간제한을 설정해야 하는지 논란이 있을 수 있다. 필자는 시효완성 후 시효이익의 포기

자의 권리행사에 대하여 이의를 제기하지 않겠다는(절대적 소멸설) 취지로 채무자의 의사를 해석해야 한다. 판례 · 통설의 입장은 채무자가 기존 채무와 동일한 내용의 새로운 채무를 부담할 의사를 명시적으로 밝혔다든지, 소멸시효기간이 새롭게 진행하는데 이의가 없다고 명시적 의사를 표시한 경우에 한해, 유지되어야 한다.

입법론의 관점에서 스위스 소멸시효법은 문제점이 적지 않아 보인다.90) 따라서 우리 법의 관점에서 모범이 될 만한 외국 입법례라고 평가하긴 어렵다. 그러나 시효기간의 (사실상) 연장에 관한 합의의 효력을 전면적으로 인정하지 않고 채권발생 후(2006년 스위스연방대법원 판결) 또는 소멸시효기산점 도래 후(개정된 스위스채무법)의 합의만 인정하는 점, 약관을 통한 합의에 대하여 별도로 규율하는 점은, **자율과 후견의 조화를 꾀하는 제3의 길**로서 우리도 참고할 가치가 있다. 법정소멸시효기간의 연장과 관련하여 사적 자치를 강조하는 방법론으로는 ① 기간연장 합의는 여전히 허용하지 않되 소멸시효 정지 사유를 보충하는 방법(1안),91) ② 기간연장 합의를 합의가 이루어지는 시점을 불문하고 원칙적으로 허용하되 최장기간 제한을 두는 방법(2안)92)을 생각해 볼 수 있다. 1안이 소멸시효 제도의 공익성을 가급적 유지하는 방안이라면, 2안은 자율을 최대한 강조하는 방안이라고 평가할 수 있다.93) 스위스법의 태도는 1안과 2안의 중간쯤에 있다. 그런데 1안은 평가모순이라는 비판94)에서 자유롭지 않다. 2안은 평가모순이라는 비판에서 자유롭지만, 자발적 합의라는 미명 하에 계약의 일방당사자의 이익이 지나치게 침해될 위험이 있다. 협상력이 약하거나 경솔한 채무자의 경우 최장기간 제한만으로는 충분히 보호받지 못할 위험이 있다. 스위스법처럼 **채권발생 후 또는 시효기간 도래 후** 시효기간 연장합의만 허용하면 이러한 문제를 완화할 수 있다. 이렇게 입법을 하면 2안과 비교해 법정(法定) 소멸시효기간이 준수되는 경우가 더 많아질 것이다. 약자인 일방당사자가 경솔하게 자신에게 불리한 내용의 합의를 할 여지도 줄어들 것이다. 물론 대등한 두 계약당사자로서 시효기간 변경을 원하는 당사자들 입장에서는 합의를 두 번 해야 하는 번거로움이 있다(본계약과 시효기간 변경 계약). 그러나 **신중에 신중을 기하여** 소멸시효 제도 자유화 문제에 접근한다는 측면(**점신주의**; incrementalism)

의 경우에는 최장기간 제한을 굳이 설정할 필요가 없다고 생각한다. 각주 97 참조.

90) 각주 11 및 본문 Ⅱ. 4. 다. (1) 참조.

91) 가령 개정된 일본민법 제151조는 권리에 관하여 협의를 하는 취지의 합의가 서면으로 이루어진 경우를 소멸시효 정지(완성유예) 사유로 보고, 이에 관하여 상세한 규정을 두고 있다.

92) 가령 독일민법 제202조 제2항은 시효기간 연장합의의 효력을 원칙적으로 긍정하되 원래 시효기산점을 기준으로 30년을 초과하는 연장은 불허하고 있다. 또한 고의로 인한 책임이 문제되는 경우 해당 채권의 소멸시효를 법률행위를 통해 미리, 즉 채권발생 전에 감경할 수 없다(독일민법 제202조 제1항).

93) 서종희, 법조 750 (2021) 27은 시효법에 대한 전체적인 개정(시효기간의 획일화, 일반소멸시효기간의 단축, 소멸시효기산점의 주관화)을 전제로 2안을 지지한다.

94) 변제기 유예합의는 유효로 보고 시효기간을 연장하는 합의는 무효로 보는 것이 과연 타당한가?

에서 위와 같은 절충적 방안도 고려해 볼 수 있지 않을까?[95)]

사견으로는 ① '채권발생 후' 시효완성 전 시효기간의 연장/단축합의를 허용하고, ② 약정으로 뛰어넘을 수 없는 최장/최단기간[96)]을 설정하며, ③ 소비자 보호를 위해, 약관을 통해 약관사용자의 상대방에게 불리한 방향으로 소멸시효기간을 연장 또는 단축하는 것은 금지하는 내용의 입법을 고려해 볼 수 있지 않을까 싶다. 또한 ④ 합의에 기초한 시효중단, 정지사유의 경우에도 최장기간 제한을 설정함으로써 위 ②번에 따른 최장기간과 균형을 맞추는 것이 바람직할 것이다.[97)]

Ⅳ. 결론에 갈음하여

소멸시효 제도에 관해서도 '사적 자치'는 예외가 아니라 원칙으로 자리매김해야 한다.[98)] 사적 자치를 획일적으로 과도하게 제한하면, 그러한 규제가 애초에 의도한 목적이 달성되지 않거나, 오히려 목적과 반대되는 결과가 발생할 수 있다. 후견적 관점에서 규제가 필요하더라도, 이러한 규제의 역설을 고려하여 섬세하게 제도를 설계해야 한다.

---

95) 서종희(주 79) 30은 2안을 지지하면서, 시효연장합의에 최장기간을 설정하는 것만으로도 시효제도의 공익적 성격을 유지하는데 별 문제가 없다는 입장이다. 필자도 '장기적으로는', 그리고 '궁극적으로는' 이러한 관점이 타당하다고 생각한다. 사적 자치의 원칙과 자기 책임의 원칙이 사법질서에 있어 기본원칙이자 초기값 규칙(default rule)이라는 점에 대하여 사회구성원들 사이에 확고한 공감대가 형성된다면, 2안은 실질적 정당성을 확보하게 될 것이다.

96) 다만 '최단기간' 제한을 일률적으로 설정하는 것이 바람직한 입법인지에 대해서는 논란의 여지가 있다. 소멸시효에 걸리는 채권을 당사자 간 합의로 소멸시효에 걸리지 않는 채권으로 만드는 것은 허용될 수 없으므로, 비슷한 맥락에서 최장기간 제한을 두는 것은 합리적이다. 그러나 채권자는 언제든 자유롭게 자기 채권을 포기할 수 있으므로, 당사자 간 합의로 소멸시효기간이 0일인 채권을 만드는 것을 굳이 불허할 이유가 없다. 우리 민법이 소멸시효기간 단축합의를 최단기간 제한 없이 허용하는 것도 위와 같은 이유 때문이다. 참고로 독일민법 제202조는 최장기간 제한만 두고, 최단기간 제한은 두고 있지 않다. 독일 입법자는 **적절한 '절대적 최단기간'을 확정하는 것이 '불가능하다'**고 보았기 때문이다. BeckOGK/Piekenbrock, 1.11.2022, BGB §202 Rn.2.2 참조. 그러나 유럽계약법원칙(PECL), 국제상사계약에 관한 일반원칙(PICC), 공통참조기준초안(DCFR)은 모두 최단기간/최장기간 제한을 두고 있고, 프랑스, 모나코, 루마니아, 체코, 헝가리 민법도 최단기간/최장기간 제한을 두고 있다. BeckOGK/Piekenbrock, 1.11.2022, BGB §202 Rn.4.3.

97) 시효완성 후 시효이익 포기의 경우에도 최장기간을 설정할 것인가? 앞서 본 것처럼 스위스채무법 제141조는 시효완성 전/후를 불문하고 시효이익 포기의 경우 10년이라는 최장기간 제한을 두고 있다. 또한 스위스채무법 2020 총칙초안(OR 2020) 제160조 제2항은 시효완성 후 시효이익 포기는 최대 10년까지 가능하다는 제한을 둔다. 그러나 이는 과도한 규제라고 생각한다. 시효완성 전 시효기간 연장합의의 경우 최장기간을 두는 것이 합리적이다. 그러나 시효완성 후 시효이익 포기의 경우까지 최장기간을 둘 필요는 없다. 이미 시효가 완성되었음에도 불구하고 시효이익을 포기하겠다는 의사표시를 한 채무자를 굳이 보호할 필요가 없기 때문이다. 같은 취지 MüKoBGB/Grothe, 9. Aufl. 2021, BGB §202, Rn.11, 13. 다만 공서양속(민법 제103조)을 근거로 한 제한은 가능할 것이다.

98) 물론 이에 대해서는 "당사자의 의사 등에 기한 진정한 권리관계와 상관없이 사실상태에 일정한 법률효과를 부여하는 제도이므로 사적 자치가 원칙으로 자리 잡을 수 없다"는 반론도 가능하다. 일리 있는 반론이다. 정답이 있는 문제는 아니라고 사료된다. 각자의 철학과 가치관에 따라 다른 결론을 도출할 수도 있을 것이다. 그러나 제도의 존재 자체를 사적 자치를 근거로 흔들 수는 없더라도, 제도의 세부적 내용은 －그것을 사적 자치에 맡김으로써 유해하다는 것이 증명되지 않는 한－ 사적 자치에 맡기는 것이 타당하지 않을까?

민법 제184조는 채무자는 약자(弱子)이고 채권자는 강자(强者)라는 전제 하에 마련된 규정이다. 그러나 이는 지나친 단순화이다. 구체적 상황에 따라서는 채무자가 약자일 수 있지만, 일반규정인 민법을 이처럼 '모노톤'으로 꾸미는 것은 바람직하지 않다. 설령 민법 제184조의 규범목적이 타당하더라도 현행법 하에서 그 목적은 실현될 수 없다. 채무승인에 따른 소멸시효 중단이 가능하기 때문이다. 존재의의 자체가 의심스럽고 존재의의를 제대로 달성하지도 못하는 민법 제184조에 대해서는 전면 재검토가 필요하다. 궁극적 문제해결은 입법을 통해 가능하겠지만, 법원의 법해석(법형성)을 통해서도 상당 부분 문제해결이 가능하다. 소멸시효 이익의 사전포기를 둘러싼 스위스의 논의는 이에 관하여 풍부한 시사점을 제공해 준다. 물론 스위스의 입법론과 해석론 중 우리에게 큰 도움이 되지 않거나 결과적으로 타당성이 의심스러운 부분도 있다. 그러나 ① 소멸시효 제도의 자유화와 유연화, ② 법관의 적극적 법형성을 동한 불만족스러운 법상황의 개선이라는 두 명제는 우리에게 시사하는 바가 적지 않다. 현재 우리 실무에서 소멸시효기간 연장합의에 대한 수요가 크지 않기 때문에,[99] 당장 법원의 적극적 법형성이 절실히 요구되지는 않을 것이다. 그러나 현 제도의 문제점에 대한 예리한 인식은 아무리 강조해도 지나치지 않다. 문제가 발생하기 전에 준비를 튼튼히 해두는 사람이 현명한 사람이다. 문제는 우리가 예상하지 못한 시점에 언제든 발생할 수 있기 때문이다.

---

99) 각주 13 참조.

Keeping Up with Legal Recognition of Ever-evolving Family Structures in the U.S.

Jung Won Jun
Associate professor in the College of Law at Kookmin University

Ⅰ. Introduction

As the societal norms and expectations change over time, the concept of family continue to evolve accordingly. Consequently, the legal definitions of family and marriage continue to expand in line with the constantly developing concept of family. For instance, having acknowledged the increasing prevalence of same-sex couples and recognizing the need for marriage equality under the law for some period of time, the U.S. Supreme Court held in the *Obergefell* decision that same-sex couples also have a fundamental right to marriage as opposite-sex couples do, in 2015. Furthermore, even prior to this monumental decision by the Supreme Court, states have begun to recognize domestic partnerships between nontraditional family members, such as, same-sex couples, disregarding certain rigid restrictions of what constitutes a single household and/or family. As a result, more people, in diverse forms of domestic partnerships, have been receiving equal protection under the law, especially with respect to issues of housing and the like in order to maintain and promote stability in day-to-day lives.

Moreover, currently, according to some estimates, about four to five percent of the U.S. population is in consensually non-monogamous, also known as polyamorous, relationships.[1] For instance, a heterosexual married couple would invite a (third) another man to join their union, celebrating their love in a commitment ceremony to make it "official" before their loved ones because marriage between multi-partners is not recognized under the law. As polyamorous people have become more visible, more efforts to fight against discrimination they face in everyday issues, such as, housing, insurance, employment, among others, have also been getting more attention.

At last, a few cities in Massachusetts have become the first in the U.S. to have passed and/or amended "breakthrough" ordinances recently in 2020 and 2021, purported to provide legal recognition of polyamorous relationships, as well as, to guarantee certain rights and to eliminate discrimination based on relationship status. As this article examines the recent developments of legal recognition of diverse family structures in the U.S., such legislations recognizing multi-partner domestic partnerships, as well as, California family law recognizing a multi-partner (more than two) parent relationships will be discussed in section II.

Also importantly, in September of this year, a New York court has granted an opportunity for a cohabiting same-sex partner in a multi-partner relationship to make his case that he, too, may qualify for noneviction rights to a rent-controlled apartment upon death of his partner, tenant of record. While the decision has not outright granted noneviction rights to the surviving cohabiting same-sex partner in a polyamorous relationship, such decision has been highly praised by the polyamorous community in the U.S. As such, the relevant parts and the scope of the decision will be discussed in section III.

In order to further examine the continuously evolving, diverse family dynamics recognized through legislative efforts in the U.S., the Respect for Marriage Act protecting same-sex and interracial marriages, which just became federal law on

1) Elizabeth A. Sheriff, *Updated Estimate of Number of Non−monogamous People in U.S.*, Psych. Today (May 27, 2019), (last accessed Dec. 7, 2022). Furthermore, it was found that bisexual individuals have higher levels of polyamorous relationships than gay and lesbian individuals. Richard A. Sprott & Heath Schechinger, *Consensual Non−monogamy: A Brief Summary of Key Findings and Recent Advancements*, Am. Psych. Ass'n: Fam. Psych. (Apr. 2019), *See also* M. L. Haupert et al., *Prevalence of Experiences with Consensual Nonmonogamous Relationships: Findings from Two National Samples of Single Americans*, 43 J. Sex & Marital Therapy 424 (2017) for U.S. Census based quota samples of single adults in the U.S. showing that more than one in five participants have reported engaging in a consensual non-monogamous relationship at some point in their lifetime, and such figure remaining constant across age, education level, income, religion, region, political affiliation, and race; however, men and people who have identified themselves as gay, lesbian, or bisexual were more likely to report engagement in consensual non-monogamous relationships in the past.

December 13, 2022, will be discussed in section IV. The Congressional efforts to push for federal protections of same-sex and interracial marriages have gained an enormous momentum ever since Justice Thomas indicated in his concurring opinion to the *Dobbs* decision this summer that certain fundamental rights guaranteed by some of the most historical U.S. Supreme Court precedents may be subject to reconsideration. It should be noted that this article only intends to introduce the status and/or progress of legal recognition of diverse family structures in the U.S. without discussing the ethics or moral arguments on any form of relationship dynamics, including same-sex marriages and polyamorous relationships.

Ⅱ. Recent legislations at the local level protecting polyamorous relationships

1. Legal recognition of polyamorous relationships at the local level-newly adopted and/or amended ordinances and/or by-laws in Massachusetts

In late June 2020 and March 2021, respectively, Somerville and Cambridge of Massachusetts became the first cities in the U.S. to pass particular ordinances in order to more effectively provide for those in multi-partner relationships and families. Proponents of such ordinances were overjoyed as they felt that the law is "finally catching up" with certain aspects of reality since multi-partner relationships - consensually non-monogamous (CNM) communities - have become increasingly more common over time.[2] The enormous legislative efforts came about particularly in response to the residents' inability to access their partners in hospitals during the

2) "Non-nuclear and multi-partner families are on the rise, and the law is finally catching up. An estimated 11% of people in the United States have engaged in a polyamorous relationship at some point during their life, but due to severe stigma and fear of discrimination, they often do not share their relationship status with family, friends, or co-workers." Alan M., "Cambridge, Mass., becomes 2nd U.S. City to Legalize Polyamorous Domestic Partnerships," Mar. 9, 2021. The proponents have argued that legal recognition of these families would reduce social stigma and consequent, related loss of employment, custody of children in court battles, among other serious issues, and thereby provide them with stability that everyone deserves. (last accessed on Dec. 24, 2022).

COVID-19 pandemic, as well as, their lack of ability to access health insurance because their relationship was not legally recognized.[3)]

1) Somerville[4)] was the first municipality in the U.S. to recognize domestic partnerships formed by "people" rather than "two persons"

On June 25, 2020, the City Council of Somerville amended Somerville's ordinance regarding domestic partnerships to recognize its commitment to nondiscrimination and fair treatment of its citizens and employees, becoming the very first city in the U.S. to recognize multi-partner domestic partnerships.[5)] Therefore, Somerville became the first city to allow domestic partnerships of three or more partners, by legally defining a relationship as "entity formed by people" rather than "two persons."

While historical, an administrative inconvenience, such as, the requirement that all of partners must register their domestic partnership together, has been noted, among few other provisions that have received criticism as "difficult to be utilized in practice."[6)] The rights of a domestic partnership guaranteed under the Somerville ordinance is that when the term "spouse" or "marriage" is used in other city ordinances, it shall be interpreted to include a domestic partner or partnership, as well as, when the term "family" is used in other city ordinances, it shall be interpreted to include domestic partnerships, affording persons in domestic partnerships all the same rights and

3) Citing to the Regular Meeting Minutes on Apr. 7, 2020 of the City Council of Somerville, Mass. *Three's Company, Too: The Emergence of Polyamorous Partnership Ordinances*, 135 Harv. L. Rev. 1441, 1441 (2022).

4) Somerville is the 13th largest city in Massachusetts with a population of 82,103 in 2022. (last accessed Dec. 11, 2022).

5) According to City of Somerville Ordinance, a "domestic partnership" means the *entity formed by people* who meet the following criteria and jointly file a registration statement proclaiming that they are in a relationship of mutual support, caring and commitment and intend to remain in such a relationship; and (1) they are not related by blood closer than would bar marriage in the Commonwealth of Massachusetts; and (2) they are competent to contract; and (3) they consider themselves to be a family. Mutual support means that the domestic partners each contribute in some fashion to the maintenance and support of the domestic partnership. (emphasis added). Somerville, Mass., Ordinances ch. 2, art. IX, § 2-502(c)(1)-(3), (d) (Ord. No. 2020-16, 6-25-2020; Ord. No. 2021-29, 10-28-2021).

6) According to § 2-503, persons who meet the criteria of a "domestic partnership" set forth in section 2-502 may make an official record of their domestic partnership by filing a domestic partnership registration form with the city clerk. Such registration shall declare under the pains and penalties of perjury that the persons meet the criteria required of a "domestic partnership" and shall include the name and date of birth of each of the domestic partners, the address of their common household, and shall be signed by all domestic partners, who shall appear together in person at the office of the city clerk, or before a notary public licensed in Massachusetts.

privileges afforded to those who are married.[7] The fact that the ordinance allows equal treatment of all people engaged in domestic partnerships formed by people, more than two persons, as that given to a spouse, was a huge breakthrough for the Somerville residents who are in multi-partner domestic partnerships.

2) Cambridge becomes the second city to recognize domestic partnerships between "two or more persons"

On March 8, 2021, the Cambridge[8] City Council adopted an amendment to the Ordinance #2020-14 entitled "Cambridge Municipal Code," aimed at recognizing and protecting polyamorous and other multi-partner families and relationships, becoming the second city in the U.S. to legalize polyamorous domestic partnerships. In the section defining a domestic partnership, the Cambridge City Council has explicitly included the language, "the entity formed by two or more persons" who meet the criteria and jointly file a registration, notably having eliminated the requirements that partners reside together and not be married to anyone outside the partnership, deleting such language from the section.[9] In particular, no longer requiring that one be unmarried before entering into a domestic partnership is said to be significantly meaningful because a married person, who wants to protect the status of the person's other partners, may be able to do so under the amended ordinance.[10] Furthermore, it has been noted that not only what has changed matters but what still remains intact

---

7) City of Somerville Ordinance No. 2020-16, art. IX § 2-505(a)-(b).

8) Cambridge is the 4th largest city in Massachusetts, with a 2022 population of 121,051. (last accessed Dec. 11, 2022).

9) Other criteria are as follow: they are in a relationship of mutual support, caring and commitment and intend to remain in such a relationship; and they are not related by blood closer than would bar marriage in the Commonwealth of Massachusetts; and they are competent to contract; and they consider themselves to be a family. Municipal Code of the City of Cambridge § 2.119.020 (D)(1)-(4). Mutual support means that the domestic partners each contributed in some fashion, not necessarily equally or financially, to the maintenance and support of the domestic partnership. § 2.119.020 (E).

10) Led by Harvard Law School Lecturer Alex Chen, who is an active advocate of protection and expansion of civil rights of the LGBTQ people through PLAC, Polyamory Legal Advocacy Coalition established in 2020, Harvard Law School has launched the LGBTQ+ Advocacy Clinic in 2021 in order to more effectively provide protections for LGBTQ people (from issues of wrongful termination of employment, discrimination in health insurance and living arrangements, and others). PLAC worked on both the Cambridge and Arlington legislative efforts, and is known to be working with advocates in the state of California on non-discriminatory legislations and domestic partnerships. For instance, it was with PLAC's advisement that the City Council of Cambridge eliminated the provision which required detailed evidence of applicants' relationships that were not required of monogamous couples. *Three's Company, Too, supra* note 4, 135 Harv. L. Rev. at 1442.

is important as well - the rights of such domestic partners remain the same as those belonging to a spouse or a parent of a patient at a hospital, or someone at a correctional facility, as well as, being granted access to school records and personnel, requiring schools to afford such person access as directed by the child's parent.[11]

3) Town of Arlington was next in line to recognize domestic partnerships of "two or more persons"

Similarly, there has been massive efforts to adopt and amend the relevant bylaws in the town of Arlington,[12] in order to secure the right to visit one's partner in the hospital. In particular, the death of one partner in a polyamorous relationship automatically dissolved such relationship before the amendment; however, dissolving a polyamorous relationship even temporarily, even during what may be considered a short period of time between the death of one partner and by the time the surviving partners re-register their domestic partnership, such time may be so critical in that surviving partners may lose their hospital visitation rights in the meantime. Another compelling ground for changes in the bylaws was to expand employment benefits to include sufficient amount of days to care for sick partner(s), grieve their death(s), without having to take personal, vacation, or unpaid leave.

Essentially, the amended bylaw defines a domestic partnership in the town of Arlington as *two or more persons* (1) who have made a commitment of mutual support and caring for their domestic partners; (2) are at least eighteen years of age; (3) are competent to enter into a contract; and (4) they are not related by blood closer than would bar marriage in Massachusetts, having eliminated the requirements that they reside together and intend to do so indefinitely and that they share basic living expenses. (emphasis added).[13] Finally, the state attorney general's office concluded in late 2021 that Arlington's bylaw was not in conflict with state law, as such review and approval were necessary since Arlington is not a city but a town.[14]

11) Section 2.119.030. Additionally, with respect to medical insurance coverage to an employee's domestic partner should apply in the same way as it would to an employee's spouse, and to the dependent(s) of an employee's domestic partnership as it would to an employee's child(ren). § 2.119.070 (A)-(B).

12) Arlington is the 28th largest city in Massachusetts with a population of 47,000 in 2022. (last accessed Dec. 11, 2022).

13) Arlington, Mass., Town Bylaws, tit. I, art. 23 (2021).

4) Remaining unresolved issues

These ordinances are certainly significant in terms of guaranteeing hospital and jail visitation rights, access to schools as spouses would be allowed, and other employment benefits, such as, health insurance coverage and inclusive bereavement leave. Nevertheless, these breakthrough legislations still fall short of providing comprehensive protections in all aspects of polyamorous persons' lives, for instance, housing, termination from employment, taxes, immigration status, or federal employment benefits. Also importantly, under these legislations, private companies can still opt to narrowly define "family" or "spouse(s)" exclusive of domestic partners, which would preclude provision of health insurance coverage and other benefits to polyamorous partners.

While such legislations purport to provide protections and rights to polyamorous people, because these are ordinances at the local level, their reach is inevitably limited by the boundaries of locality. Thus, it will depend on doctrine of comity whether such rights would still be protected and to what extent they would be affected in other states. Finally, in order to properly secure any protections and rights of polyamorous domestic partners, advocates must ensure that these domestic partnership ordinances do not run contrary in any way to public policy and/or anti-bigamy statutes of relevant state(s), as well as, at the federal level.[15]

2. Legal recognition of a polyamorous family of three fathers and two children in the state of California

While polyamorous parenting may not be a novel concept, states have not always legally recognized more than two-parent relationships with children. Currently, California is one of only a handful U.S. jurisdictions with statutes that explicitly

14) The Attorney General's office concluded in Dec. 23, 2021 letter decision that the town's bylaw withstood statutory review because it did not refer to, or result in, a redefinition of state laws against multiple concurrent marriages. (Letter from Maura Healey, Mass. Att'y Gen., on file with the Harvard Law School Library).

15) For instance, Colorado statute provides that bigamy includes "[a]ny married person who, while still married, marries, enters into a civil union, or *cohabits* in this state with another person," Colo. Rev. Stat. Ann. § 18-6-201 (West 2021).

recognize three or more parents.[16)]

In 2017, the three men, Ian Jenkins, Alan Mayfield, and Jeremy Hodges in a polyamorous relationship made history by becoming the first family to have three same-sex polyamorous partners all become fathers to the same child, and now, they have two children[17)] in the family.[18)] California's so-called "three parent law" or "third parent law,"[19)] which became effective in 2013 provides protection for children and families by recognizing legal rights and responsibilities of two or more adults in a child's life. However, according to the law, a third parent may be recognized upon showing that legal recognition of only two parents would be detrimental to the chil d.[20)] Therefore, Jenkins noted that prior to the birth of their first child, the judge had initially been hesitant about setting a precedent by ruling to place all three men's names on the birth certificate. Eventually, and fortunately for the family, the three men had successfully made their case about the importance of all three of them being parents on the legal document by alluding to automatic inheritance, ability to make

16) California (Cal. Fam. Code § 7612(c) (West 2017)), Louisiana (La. Civ. Code. Ann. Arts. 196-198 (2017)), Maine (Me. Rev. Stat. Ann. tit. 19-A § 1853(2) (2017)), Vermont (Vt. Stat. Ann. tit. 15C § 206 (West 2019)), and Washington (Wash. Rev. Code Ann. § 26.26A.100 (West 2017)). Additionally, at least in two other jurisdictions, as long as a child's parent(s) gives permission to another adult to become a *de facto* parent of their child, a child may have more than two parents. See Del. Code Ann. tit. 13 § 8-201(c)(1) (West 2017) and Washington, D.C. (D.C. Code Ann. § 16-831.01(1)(A)(iii) (West 2017)).

17) Their first child, Piper, was born as Mayfield's childhood friend offered to be an egg donor, and another friend agreed to be a surrogate. Jenkins stated that the family spent nearly $121,000 on contracts, legal fees, and medical procedures and tests for their first born. Their second child, Parker, was born in 2019, from a different surrogate but the same egg donor, a woman whom the children consider an aunt. Instead of paying her as an egg donor, there was an agreement to have the three fathers pay her for travel expenses to visit them at least once a year. Faith Karimi, *Three Dads, A Baby and the Legal Battle to Get Their Names Added to a Birth Certificate*, CNN, Mar. 6, 2021 (last accessed on Dec. 15, 2022).

18) While CNN was not able to confirm it, Jenkins believes that they are the first polyamorous family in California and perhaps in the country. Faith Karimi, *Three Dads, A Baby and the Legal Battle to Get Their Names Added to a Birth Certificate*, CNN, Mar. 6, 2021 (last accessed on Dec. 15, 2022).

19) Cal. Fam. Code § 7612(c) provides the following: In an appropriate action, a court may find that more than two persons with a claim to parentage under this division are parents if the court finds that recognizing only two parents would be detrimental to the child. In determining detriment to the child, the court shall consider all relevant factors, including, but not limited to, the harm of removing the child from a stable placement with a parent who has fulfilled the child's physical needs and the child's psychological needs for care and affection, and who has assumed that role for a substantial period of time. A finding of detriment to the child does not require a finding of unfitness of any of the parents or persons with a claim to parentage. Additionally, it should be noted that while it is referred to as the "three parent law," the relevant statute allows the court to find more than two parents without limiting the number of parents a child may have; thus, essentially, the title is a misnomer.

20) For critical analysis of the "third parent law" and its current application by the courts, *see* Catherine Reagan, *One Parent, Two Parents, Three Parents, More? California's Third Parent Law Should Go Back to the Floor*, 52 U.C. Davis L. Rev. 2165 (2019).

decisions on medical consents, visitation rights, in case they split up, among others, and consequently, the judge ruled in their favor. With such case law, when their second child was born in 2019, while another set of legal contracts between the people involved was necessary, there was no legal battle for all of the three dads' names being written on the birth certificate. As such, in determination of what is in the best interest of children in matters of child custody and non-biological parent(s), proponents urge courts to consider the family structure and/or type of family relationship as mere one of many factors, in light of rising number of nontraditional family dynamics.[21)][22)]

It may be worthy to note that as fairly recent as back in 2008, the state of California and its courts had not considered the right to marry for gay individuals to be on same footing as polygamous relationships, or even that recognizing a constitutional right to marry for gay people would create a slippery slope to polygamous relationships. Rather, there was a strong opposition toward polygamous relationships, as there was such toward incestuous relationships.[23)] Nonetheless, in less

21) Linden K. Nash, *Family Law—Child Custody for the Non—Biological Parent When a Same—Sex Relationship Deteriorates—Hunter v. Rose*, 19 Suffolk J. Trial & App. Advoc. 445 (2014). *See also In re* Adoption of W.A.T., 808 P.2d 1083 (Utah 1991). Among many proponents of plural marriages, one of the common arguments is that having a multiple-parent arrangement would be beneficial for taking care of children in several respects, such as, economically, time-wise, and also in providing emotional support. The theory goes that there is more of these resources to go around, if there are more caregivers of the children. With respect to plural marriages, some have argued that based on reasons of respecting one's marital choice and promoting equal treatment, which were some of the arguments that had been put forth in fighting for same-sex marriages, still apply in favor of one's ability and freedom to love and marry more than one person simultaneously. Ronald C. Den Otter, *Three May Not be a Crowd: The Case for a Constitutional Right to Plural Marriage*, 64 Emory L. J. 1977, 1981-82 (2015). On the other hand, opponents of polyamory argue that having more parents to care for children does not necessarily increase the stability needed for a thriving life for those children, but instead, risks exposing children to abuse and neglect. *Id.* at 1997. While the existence of blended family is becoming more common over time, there is also some research done suggesting that there has not been a sufficient sample size of families in "poly-parent" arrangement to produce reliable results. *Id.*

22) For further discussion on constitutional issues with establishing parentage, especially with nonbiological parents, *see* Douglas NeJaime, *The Constitution of Parenthood*, 72 Stan. L. Rev. 261 (Feb. 2020).

23) "We emphasize that our conclusion that the constitutional right to marry properly must be interpreted to apply to gay individuals and gay couples does not mean that this constitutional right similarly must be understood to extend to polygamous or incestuous relationships. Past judicial decisions explain why our nation's culture has considered the latter types of relationships inimical to the mutually supportive and healthy family relationships promoted by the constitutional right to marry. … [T]he state continues to have a strong and adequate justification for refusing to officially sanction polygamous or incestuous relationships because of their potentially detrimental effect on a sound family environment." (citations omitted; emphasis added). *In re* Marriage Cases, 183 P.3d 384, 434 n.52 (2008). This case was overturned by a popular referendum, known as Proposition 8, that amended the California Constitution to allow marriages only to opposite-sex couples. However, Proposition 8 was later ruled unconstitutional. *See Hollingsworth v. Perry*, 570 U.S. 693, 133 S. Ct. 2652, 186 L. Ed. 2d 768

than ten years, polyamorous families have become entitled to important legal protections related to parent-child relationships in the same state of California. Some more protections, namely, potential noneviction rights from a rented premises for polyamorous people may follow, due to legislative efforts and/or case law by the judiciary, as a New York court has perhaps made possible very recently, which will be discussed in the following section.

Ⅲ. The New York court decision in West 49th St., LLC v. O' Neill (No. 30-1352, 2022 WL 4392993 (N.Y. Civ. Ct. 2022) leaving open the question of whether a cohabiting same-sex partner should be entitled to noneviction protections upon death of tenant of record when the tenant of record has had another non-cohabiting life partner

On September 23, 2022, in the case of *West 49th St., LLC v. O'Neill*, the Civil Court of the City of New York has left the door open for an opportunity for a cohabiting same-sex partner in a polyamorous relationship to prove whether he qualifies to have a right to renew the lease to the rent-controlled apartment - the premises in which he had cohabited with the decedent - in his own name, when the deceased tenant of record has had another non-cohabiting same-sex partner of 25 years.

In this case, the respondent Markyus O'Neill was a cohabiting same-sex partner of the tenant of record, Scott Anderson, whom apparently had another "life partner of 25 years," Robert Romano, but Romano had maintained his own apartment separate from the premises at issue. It became apparent to the court that both Romano and O'Neill had been aware of each other's relationship with the deceased, albeit they may not have been fond of one another.[24] Upon death of the deceased tenant, the

(2013).

24) Mr. Romano knew about respondent, but they were not friends. NYSCEF Doc No. 23, petitioner's exhibit K, ¶13. Respondent attested that he knew about Romano and his relationship with the decedent, and he also knew that Romano did not like him. NYSCEF Doc No. 40, O'Neill Affidavit ¶2.

petitioner had served O'Neill with notice to quit pursuant to Real Property Actions and Proceedings Law. Because Judge Karen May Bacdayan has denied either party's motion for summary judgment, this decision has been widely welcomed by polyamorous people and communities all over the U.S., perceived as foretelling the legalization of *polygamy*, which is *marriage* between multiple people, easily distinguishable from polyamory, which is *intimate relationships* between multiple people, in the U.S. Therefore, in order to better understand the significance and extent of this decision, the relevant facts and analysis of the case will be discussed in this section.

1. Discussion of relevant facts of the O'Neill case

It is undisputed that the tenant of record, Scott Anderson, died on October 27, 2021, and that the lease at issue expired about two months after his death on December 31, 2021. O'Neill, the cohabiting same-sex partner of the tenant on record, was served with notice to quit pursuant to Real Property Actions and Proceedings Law § 713 (7).[25] O'Neill responded by claiming the right to a renewal lease in his own name as a nontraditional family member, among other affirmative defenses and counterclaims.[26]

However, and of particular importance to this case, the nature and extent of the relationship between the deceased and the respondent were under scrutiny: On one hand, the petitioner argued that the respondent and the decedent "never comingled their finances or jointly owned real or personal property, held themselves out as a family unit, executed documents formalizing legal obligations, jointly celebrated most major holidays, or attended important events with each other's families."[27] On the

25) New York Consolidated Laws, Real Property Actions and Proceedings Law §713. Grounds where no landlord-tenant relationship exists. Section (7) provides the following: "He is a licensee of the person entitled to possession of the property at the time of the license, and (a) his license has expired, or (b) his license has been revoked by the licensor, or (c) the licensor is no longer entitled to possession of the property; provided, however, that a mortgagee or vendee in possession shall not be deemed to be a licensee within the meaning of this subdivision."

26) Respondent raised the following defenses: failure to properly serve the predicate notice and the notice of petition; failure to state a cause of action; failure to name the estate as a necessary party; a defense and counterclaim that petitioner has breached the warranty of habitability; a and the right to a renewal lease in his own name as a nontraditional family member. *West 49th St., LLC v. O'Neill*, No. 30-1352, slip op. at *1 (N.Y. Civ. Ct. Sept. 23, 2022).

other hand, the respondent opposed that he and Anderson had become more than friends despite Anderson having already been in another relationship with Romano for a long time. Furthermore, O'Neill attested in his affidavit that, when O'Neill had been looking for a new apartment, Anderson "immediately offered [him] a room in the subject premises, a one-bedroom apartment, provided that [he] agreed to keep [their] relationship quiet and discreet."[28] O'Neill further asserted that Anderson spent "substantially more time" with him than with Romano.[29] Nonetheless, O'Neill stated in his affidavit that he was never invited to visit Anderson's family in Maine, where the deceased traveled several times a year, and during those times when Anderson had been absent, O'Neill had missed him dearly.[30] O'Neill had been there to lend the deceased a shoulder to cry on whenever he had problems with Romano, for which the deceased had been grateful, and therefore, had hoped that "someday [they would] be able to make [their] relationship official."[31] O'Neill urged further that he contributed to household expenses, as well as, rent for the subject premises by making cash deposits into what he later discovered to have been a joint bank account held by Anderson and Romano.[32]

In sum, essentially, the petitioner argued that the deceased and O'Neill had been no more than roommates, while O'Neill countered that he was far more than a mere roommate, who not only contributed to paying rent for the apartment at issue and household expenses, but also loved and supported the decedent, whom greatly appreciated such in return. Although O'Neill had sought discovery in order show that he actually made said cash deposits for rent and household expenses, his request was denied by the court.[33] The petitioner argued further that, the respondent's affidavit was a mere fairytale without any supporting documents that he is a nontraditional

27) *West 49th St., LLC v. O'Neill*, No. 30 1352, slip op. at *2 quoting NYSCEF Doc No. 10, petitioner's attorney's affirmation ¶ 36.
28) *West 49th St., LLC v. O'Neill*, No. 30-1352, slip op. *3 quoting NYSCEF Doc No. 48, O'Neill affidavit ¶ 8.
29) *Id.* ¶ 10.
30) *Id.* ¶ 12.
31) *Id.* ¶ 14.
32) *Id.* ¶ 19.
33) "The bank records from Mr. Romano's joint account with Mr. Anderson will simply not be illuminating, and ample need for them is not demonstrated on this record." *West 49th St., LLC v. O'Neill*, No. 30-1352, slip op. at *9.

family member entitled to succession rights.[34)]

2. Relevant issue(s) and analysis focusing on the significance of limiting the relationship to between two persons only

The primary issue in the case was whether the respondent should be entitled to noneviction protections guaranteed for nontraditional family members in the state of New York. The facts of this particular case presented an issue of multi-person relationship, which while may not be a novel trend, certainly presented a distinguishable fact pattern than what the court had been used to making decisions on, under the umbrella of "nontraditional family member" analysis - whether had they been between individuals of same-sex or different sex, the analysis had been limited to relationships between only two people thus far.

Even prior to the case at issue, New York courts have been establishing appropriate and timely precedents, in acknowledgement of changing reality and societal expectations. More than 25 years before the U.S. Supreme Court's recognition of same-sex marriage as a constitutional right in *Obergefell v. Hodges* in 2015, the New York State Court of Appeals had been the first American appellate court to recognize that a nontraditional, two-person, same-sex, committed relationship is entitled to legal recognition, and moreover, noneviction protections, as early as in 1989.[35)36)] In *Braschi*, the court had affirmed the lower courts' analysis of the following factors in order to determine whether an individual is entitled to noneviction protections, based on an "objective examination of the relationship of the parties": Exclusivity and longevity of the relationship, the level of emotional and financial commitment, the

34) NYSCEF Doc No. 51, petitioner's attorney's affidavit ¶ 3.

35) *Braschi v. Stahl Assocs. Co.*, 543 N.E.2d 49 (1989). "Section 2204.6 of the New York City Rent and Eviction Regulations (9 NYCRR 2204.6), which authorizes the issuance of a certificate for the eviction of persons occupying a rent-controlled apartment after the death of the named tenant, provides in subdivision (d), noneviction protection to those occupants who are either the 'surviving spouse of the deceased tenant or some other member of the deceased tenant's family who has been living with the tenant [of record]'. The manifest intent of this section is to restrict the landowners' ability to evict a narrow class of occupants other than the tenant of record." *Braschi*, 543 N.E.2d at 52.

36) Other states have followed suit in this front, and by the end of 2014, same-sex marriage was legal in 35 states through state legislation or case law. *West 49th St., LLC v. O'Neill*, No. 30-1352, slip op. at *4.

manner in which the parties have conducted their everyday lives and held themselves out to society, and the reliance placed upon one another for daily family services …" (citation omitted).[37] The court had noted that the totality of the relationship as evidenced by the "dedication, caring and self-sacrifice of the parties which should, in the final analysis," should control and that any single one of the aforementioned factors is not dispositive. Having concluded that the term "family" should not be rigidly restricted to those people who have formalized their relationship through marriage or adoption, the *Braschi* court had held that sudden eviction should not rest on "fictitious legal distinctions or genetic history," but should instead find its foundation in the *reality of family life* (emphasis added).[38] As a result, the *Braschi* court had made it possible for those family members, whether or not related by blood or law, who have always treated the apartment as their family home, to be protected against the hardship of eviction following the death of the tenant of record, furthering the legislature's goals of "preventing dislocation and preserving family units" that are subject to be broken apart upon eviction.[39] As such, notwithstanding the dissent, the

37) *Braschi v. Stahl Assocs. Co.*, 543 N.E.2d 49, 55 (1989). Applying such factors to the facts in *Braschi*, the two men at issue had lived together for more than ten years, regarded one another as spouses, and they were regarded as such by friends and family. The families of both men had been aware of the nature of the relationship, as they regularly visited each other's families and attended family functions together as a couple, among others. Additionally, the appellant had considered the apartment his home as he had listed the address of the apartment on his driver's license and passport, received all his mail at said address, with his tenancy known to the building's superintendent and doormen, who also viewed the two men as a couple. Furthermore, in financial aspects, the two men had shared all obligations including a household budget, had been authorized signatories of the three safe-deposit boxes, had maintained joint checking and savings accounts with joint credit cards. Moreover, the deceased tenant executed a power of attorney in appellant's favor so that the appellant could make necessary financial, medical, and personal decisions for him during his illness. Also importantly, the appellant was the named beneficiary of the deceased's life insurance policy as well as the primary legatee and coexecutor of his estate. The court therefore had been comfortable in concluding that the two men had been much more than roommates. *Id.*

38) *Braschi*, 543 N.E.2d at 53-54. "In the context of eviction, a more realistic, and certainly equally valid, view of a family includes two adult lifetime partners whose relationship is long term and characterized by an emotional and financial commitment and interdependence. This view comports both with our society's traditional concept of 'family' and with the expectations of individuals who live in such nuclear units." *Id.*

39) *Braschi*, 543 N.E.2d at 54. However, it should be noted that the concurring Judge Bellacosa had been critical of the plurality opinion in that courts should be mindful of function of the judiciary, in that while harsh circumstances such as the particular facts which presented eviction from one's home, generous construction is favored, courts should continue to do what courts are in the business of doing: "deciding cases as best they fallibly can." 543 N.E.2d at 56 (Bellacosa, J., concurring). The dissenting opinion also had noted disagreement with the plurality's interpretation of the language of the regulation, characterizing it as having overly expanded the "class indefinitely to include anyone who can satisfy an administrator that he or she had an emotional and financial 'commitment' to the statutory tenant", and that such interpretation is inconsistent with the legislative intent underlying rent regulation. 543 N.E.2d at 57 (Simons, J., dissenting). The dissenting judge also reiterated

Braschi court had extended noneviction protections to an unmarried same-sex couple, providing an opportunity of housing stability upon death of a partner.

Shortly after the case, the New York State legislature amended its Rent Stabilization Code reflecting the *Braschi* holding and codified the eight factors to apply in determination of whether a subject person has sufficient emotional and financial commitment to the former tenant of record to qualify for noneviction protections.40) Since then, courts have analyzed these factors in totality, rather than determining evidence of each factor or lack thereof.41) As such, the state of New York has been among the forerunners in adopting changes, as reflected by reality and needs of its residents.

---

that the word "family" should be given its ordinary and commonly accepted meaning, used in its traditional meaning, keeping in mind the purpose underlying regulatory language and how states have treated objectively verifiable relationships, those based on blood, marriage, and adoption, have historically worked in terms of estate succession laws and family courts. 543 N.E.2d at 58 (Simons, J., dissenting). The dissenting judge had made it abundantly clear that the definition and scope of the word "family" should be referenced by the use and intended nature by the legislature and the Division of Housing and Community Renewal, the agency charged with implementing rent control in related matters, reiterating problems with the plurality's interpretation because then, decision making authorities would be charged with determining the level of emotional and financial commitment and manner in which the parties have conducted with their everyday lives and held themselves out to society, with every non immediate family member who may potentially be eligible to succeed to the tenant's premises. 543 N.E.2d at 59-60 (Simons, J., dissenting). The dissenting judge also had clarified that courts should not reach and "devise" an expansive definition based on their limited knowledge and experience with such problems. 543 N.E.2d at 61 (Simons, J., dissenting).

40) Rent Stabilization Code 9 NYCRR § 2204.6 (d)(3)(i)(a)-(h). The added factors are the following: "(a) longevity of the relationship; (b) sharing of or relying upon each other for payment of household or family expenses, and/or other common necessities of life; (c) intermingling of finances as evidenced by, among other things, joint ownership of bank accounts, personal and real property, credit cards, loan obligations, sharing a household budget for purposes of receiving government benefits, etc.; (d) engaging in family-type activities by jointly attending family functions, holidays and celebrations, social and recreational activities, etc.; (e) formalizing of legal obligations, intentions, and responsibilities to each other by such means as executing wills naming each other as executor and/or beneficiary, conferring upon each other a power of attorney and/or authority to make health care decisions each for the other, entering into a personal relationship contract, making a domestic partnership declaration, or serving as a representative payee for purposes of public benefits, etc.; (f) holding themselves out as family members to other family members, friends, members of the community or religious institutions, or society in general, through their words or actions; (g) regularly performing family functions, such as caring for each other or each other's extended family members, and/or relying upon each other for daily family services; (h) engaging in any other pattern of behavior, agreement, or other actions which evidences the intention of creating a long-term, emotionally committed relationship." None of these is solely dispositive. Also importantly, the section provides that evidence of a sexual relationship between such persons is not to be required or considered.

41) *West 49th St., LLC v. O'Neill*, No. 30-1352, citing *530 Second Ave. Co., LLC v. Zenker*, 160 A.D.3d 160 (2018). For instance, in *Arnie Realty Corp. v. Torres*, the nontraditional family member roommate had lived in the apartment with the tenant for eight years prior to the tenant's death and during such time, had provided domestic support while the deceased tenant had financially supported household. In such a case, the nontraditional family member roommate had not demonstrated all of the factors but had sufficiently provided a sum of circumstances. 294 A.D.2d 193 (2002).

Moreover, in this case, Judge Bacdayan raised the issue of whether there is, or should be, any particular reason for limiting the relationship to two persons when defining a family-like relationship for the purposes of providing noneviction protections. In particular, the judge questioned that if limiting the relationship to between two people only and that it would be assumed that such relationship would always be monogamous, meaning commitment to one other person only - exclusivity - then, why a factor, such as holding out to each other's family or community as a couple, should have any weight. The judge further raised an issue as to perhaps their "real" family member(s) were not open to "alternative kinds of relationships," so that being out in the open in nontraditional relationships may not have been an option for the "triad"[42] in the particular case. Judge Bacdayan referred to the *Braschi* decision in that while it was a "radical leap" at the time, it had still been decided in "a relatively narrow and safe context," based on the court's intent to limit the application of noneviction protections to "normal familial activities" except for their sexual orientation.[43]

However, what had been "normal" or "nontraditional" at the time of *Braschi* have changed over time, and now, Judge Bacdayan pointed out that the definition of "family" has evolved significantly.[44] Judge Bacdayan reiterated that while historical opinions, both *Braschi* and *Obergefell* decisions only recognized two-person relationships; nevertheless, as Chief Justice Roberts foretold in his dissent in *Obergefell*,

> "[a]lthough the majority randomly inserts the adjective 'two' in various places, it offers no reason at all why the two-person element of the core definition of marriage may be preserved while the man-woman element may not. Indeed, from the standpoint of history and tradition, a leap from opposite-sex marriage to same-sex marriage is much greater than one from a two-person union to plural unions, which have deep roots in some cultures around the world. … It is striking how much of the majority's reasoning would apply with equal force to the claim of a fundamental right to plural marriage. … If not having the

42) Judge Bacdayan has referred to the three men at issue as a "triad" in the opinion, and that has raised some eyebrows; the term "triad" is defined as a group of three, especially three closely related persons or things, according to dictionary.com (last accessed Nov. 30, 2022).

43) *West 49th St., LLC v. O'Neill*, No. 30-1352, slip op. at *6-7.

44) In the decision itself, the judge referred to the Utah legislature passing a so-called Bigamy Bill, decriminalizing the offense by downgrading it from a felony to a misdemeanor in February of 2020, Somerville and Cambridge in Massachusetts having passed legislations allowing groups of three or more people who consider themselves to be a family to be recognized as domestic partners, as well as, legal recognition of a child having more than two parents, as aforementioned. *West 49th St., LLC v. O'Neill*, No. 30-1352, slip op. at *7.

opportunity to marry 'serves to disrespect and subordinate' gay and lesbian couples, why wouldn't the same 'imposition of this disability' … serve to disrespect and subordinate people who find fulfillment in polyamorous relationships? (citations omitted)."[45)]

Then, Judge Bacdayan continued to point out that it was just as unimportant to consider whether these three people - the deceased, his non-cohabiting long-time partner Romano, and O'Neill - had a good or bad relationship, just like a "bad" marriage would not strip the married couple's rights to their real property. Therefore, based on the submitted affidavits and the facts presented in this case, it was found that the respondent and Romano both loved and cared for the decedent, albeit perhaps in different ways.[46)] Thus, the court determined that the existence of the decedent's relationship with Romano and Romano's potential eligibility to qualify for noneviction protections should not automatically dismiss O'Neill's claim to such since O'Neill had been the nontraditional family member living at the subject premises with the decedent, so O'Neill may qualify in his own right to such premises.

The court also noted the fact that just as the states at issue did not have an institution of marriage for same-sex couples in *Obergefell*, the state of New York did not have an institution of marriage for same-sex partners at the time when the *Braschi* court had provided noneviction protections for same-sex relationships between two people. Moreover, after acknowledging the existence of plethora of issues having arisen from "new relational constructs," with respect to child custody and estate

---

45) *Obergefell v. Hodges*, 576 U.S. 644, 704, 135 S. Ct. 2584, 192 L. Ed. 2d 609 (2015) (Roberts, C.J., dissenting). The dissent explicitly made clear that it is not of the opinion to equate marriage between same-sex couples with plural marriage in all respects. *Id.* at 705. Chief Justice Roberts had been critical of the majority's decision in that it "rest[ed] on nothing more than the majority's own conviction that same-sex couples should be allowed to marry because they want to …" (emphasis added). 576 U.S. 644 at 703 (Roberts, C.J., dissenting). The dissent emphasized that the court's role is not to legislate, as "judges have power to say what the law is, not what it should be" under the Constitution. *Id.* at 686 (Roberts, C.J., dissenting). Furthermore, the dissent noted that it is for the people of states to freely expand marriage to include same-sex couples or decline to do so. *Id.* at 686-87 (Roberts, C.J., dissenting). Moreover, the dissent criticized the majority throughout the opinion in that the Court neglected concept of the judicial role and thereby repeatedly emphasizing the critical need for self-restraint by the judiciary. *Id.* at 697 (Roberts, C.J., dissenting). "Federal courts … have constitutional power only to resolve concrete cases or controversies; they do not have the flexibility of legislatures to address concerns of parties not before the court or to anticipate problems that may arise from the exercise of a new right." *Id.* at 711 (Roberts, C.J., dissenting).

46) The court found that the relationship between O'Neill and the decedent could not be dismissed simply based on allegations that he had not always contributed to household expenses or his share of the rent. The court elaborated further that such may actually indicate the decedent's desire to provide for O'Neill. *West 49th St., LLC v. O'Neill*, No. 30-1352, slip op. at *8.

planning, among others, Judge Bacdayan declined to follow the *Braschi* court's interpretation of the word "family" and two-person relationships. Therefore, the *O'Neill* court denied either party's motion for summary judgment after having examined the testimonial evidence in totality,[47] and consequently, the court has effectively provided O'Neill an opportunity to show that he was more than a mere roommate to the deceased tenant of record, as well as, a member of a three-member relationship, who may potentially be eligible for eviction protections in the subject rent-controlled apartment. Accordingly, such decision by Judge Bacdayan has been perceived as an enormous blessing to the polyamorous community in the U.S.

3. Implication(s) of the O'Neill decision and polyamory

It should be clear that what Judge Bacdayan has allowed in the *O'Neill* decision is an opportunity for O'Neill, a same-sex partner in a polyamorous relationship, to make his case that he may be entitled to noneviction protections in the subject premises. The court's decision, indeed, is a huge breakthrough in that the court acknowledged diverse family structures in the society and recognized that the issues related to such have evolved over time, and therefore has left the door open for the nontraditional family member in a polyamorous relationship, such as O'Neill, to make his case. While the decision is significant as it has not outright precluded someone in O'Neill's circumstances from his potential eligibility for noneviction protections by having declined to adhere to the pre-existing - yet expanded from the very traditional - definition of "family," the decision should not be interpreted as somewhat of a judicial approval of the legalization of polygamy, way beyond its text.

Polygamy is easily, yet significantly, distinguishable from polyamory or polyamorous relationships, as aforementioned.[48] Polyamory is defined as "the state or

47) The motion for summary judgment was denied after having examined the testimonial evidence in totality, as the issue of providing noneviction protections to O'Neill was fairly debatable since no single factor is dispositive, and there remain questions of fact that need to be determined on credibility.

48) It should be noted that polygamy is having multiple spouses at one time. Twenty-three percent of Americans have stated that polygamy is "morally acceptable," while seven percent had indicated so back in 2003 (at the same time, it should be noted that about nine in ten Americans have stated that married men and women having an affair is morally unacceptable, which has not changed much over the time period.) Frank Newport,

practice of having more than one open romantic relationship at a time."[49] "Polyamory, or consensual nonmonogamy, is the practice of having multiple intimate relationships, whether sexual or just romantic, with the full knowledge and consent of all parties involved."[50] The key words of polyamory are multi-partners, consensual, and non-monogamous. It has been asserted that polyamorous relationships vary in form and have become increasingly common, and at the core is the idea that people should be able to freely choose how they shape their families, including how many consenting adults they wish to include in such families.[51] As aforementioned, Chief Justice Roberts had criticized the majority's conclusion in *Obergefell* that the U.S. Constitution guaranteed a fundamental right to marry for same-sex couples, forewarning that such holding would put us on a slippery slope to apply the same to the claim of a fundamental right to plural marriage.[52] This grave concern was also manifested by Justice Alito, who had asked the lawyer arguing on behalf of the same-sex couples seeking marriage equality, "Suppose that we rule in your favor … and then … a group consisting of two men and two women apply for a marriage license. Would there be any ground for denying them a license?"[53] While such concern may manifest as a real pressing issue some time down the road, the bounds of the *O'Neill* decision should nevertheless be understood clearly.

Untangling Americans' Complex Views of Morality, Gallup, Jun. 17, 2022 (last accessed Dec. 2, 2022). The percentage of young people, who have found polygamy morally acceptable has risen from 9 percent to 34 percent from 2003-2006 to 2018-2020. Also, it was noted that unmarried Americans increased their acceptance of polygamy more than married Americans, and also have Democrats compared to Republicans and those who are less religious than who consider themselves very religious. Frank Newport, *Understanding the Increase in Moral Acceptability of Polygamy*, Gallup, Jun. 26, 2020 (last accessed Dec. 2, 2022).

49) Merriam-Webster's Collegiate Dictionary (11th ed. 2020), (online version).

50) *Polyamory*, Psychology Today, (last accessed Dec. 26, 2022).

51) Elaine McArdle, *Polyamory and the Law*, Harvard Law Today, Aug. 3, 2021 (last accessed Nov. 13, 2022).

52) "Although the majority randomly inserts the adjective 'two' in various places, it offers no reason at all why the two-person element of the core definition of marriage may be preserved while the man-woman element may not. Indeed, from the standpoint of history and tradition, a leap from opposite-sex marriage to same-sex marriage is much greater than one from a two-person union to plural unions, which have deep roots in some cultures around the world. If the majority is willing to take the big leap, it is hard to see how it can say no to the shorter one." *Obergefell v. Hodges*, 574 U.S. 644, 704 (Roberts, C.J., dissenting).

53) Transcript of Oral Argument at 17, *Obergefell v. Hodges*, 574 U.S. 644.

Ⅳ. President Biden signs the Respect for Marriage Act codifying protections for same-sex and interracial marriages on December 13, 2022

As the U.S. Supreme Court's *Dobbs* decision overturned the landmark abortion case of *Roe v. Wade* earlier this summer, Justice Thomas had foreshadowed in his concurring opinion that other privacy-based rights, including the right to same-sex marriage affirmed in *Obergefell*, could be subject to reconsideration, as well.[54)] Consequently, because the right to same-sex marriage has been thought to be under threat since June this year, and as was heavily criticized by the dissenting justices in *Obergefell* in that "[a]ny change on a question so fundamental should be made by the people through their elected officials,"[55)] the United States Senate has passed the Respect for Marriage Act (RFMA; H.R. 8404, S. 4556) protecting same-sex and interracial marriages on November 29, 2022, followed by the House passing the bill on December 8,[56)] presenting it to President Biden on December 9, and President Biden[57)] signing the bill on December 13, 2022, swiftly making it federal law (Public Law No: 117-228).[58)]

While the Respect for Marriage Act does not codify *Obergefell*, it provides statutory authority for same-sex marriages, requiring states to recognize all marriages

54) "[I]n future cases, we should reconsider all of this Court's substantive due process precedents, including *Griswold, Lawrence*, and *Obergefell.*" *Dobbs v. Jackson Women's Health Org.*, 597 U.S. ___ (2022) (Thomas, J., concurring).

55) *Obergefell v. Hodges*, 574 U.S. 644, 741 (Alito, J., dissenting).

56) The vote was 61-36 in the Senate, as 12 Republican senators (Senators Roy Blunt of Missouri, Richard M. Burr and Thom Tillis of North Carolina, Shelley Moore Capito of West Virginia, Susan Collins of Maine, Joni Ernst of Iowa, Cynthia Lummis of Wyoming, Lisa Murkowski and Dan Sullivan of Alaska, Rob Portman of Ohio, Mitt Romney of Utah, and Todd Young of Indiana) crossed party lines to support it, with a 258-169-1 vote in the House, as 39 Republicans joined all Democrats in supporting it. Christina Wilkie, *House Passes Landmark Bill to Protect Same-sex Marriages, Sending it to Biden's Desk*, Dec. 8, 2022 (last accessed Dec. 9, 2022).

57) President Biden, in 2012, as then-vice-president, had been forthcoming and vocal with his support for same-sex marriage, in order to safeguard the rights to which LGBTQ+ and interracial couples and their children are entitled. However, Biden had not always been the forerunner in such movement publically, as he had said in his vice presidential debate back in 2008 that neither he nor former President Barack Obama (then-presidential candidate) supported changing the civil definition of marriage.

58) "It's one thing for the Supreme Court to rule on a case … It's another thing entirely if the elected representatives of the people take a vote on the floor of the United States congress and say clearly 'love is love, right is right, justice is justice.'" President Biden said at the signing ceremony with thousands of attendees on the White House South Lawn on December 13, 2022. Emma Kinery, *Biden Signs Bill to Protect Same-sex and Interracial Marriages*, CNBC, Dec. 13, 2022 (last accessed Dec. 14, 2022).

that were legal when performed, including in other states. Also, interracial marriages would be protected, as states are required to recognize legal marriage regardless of "sex, race, ethnicity, or national origin."[59] The significance of the legislation is that in the event that the Supreme Court overturns the *Obergefell* decision, and a state were to pass a law banning same-sex marriage, that state would still be required to recognize a same-sex marriage from another state.[60] In other words, while the Act itself does not require all of the states to allow same-sex marriage or issue marriage licenses to same-sex couples, it requires states and the federal government to respect marriages that were conducted legally. The RFMA also formally repeals the 1996 Defense of Marriage Act (DOMA),[61] which denied same-sex couples federal benefits and permitted states to refuse to recognize same-sex marriages performed in other states. However, it should be clearly noted that the RFMA defines marriage to be "between 2 individuals," in that "[n]othing in this Act, or any amendment by this Act, shall be construed to require or authorize Federal recognition of marriages between more than 2 individuals."[62] Hence, assertions that the RFMA allows multi-partner marriages are clearly erroneous and groundless.[63]

---

59) "No person acting under color of State law may deny (1) full faith and credit to any public act, record, or judicial proceeding of any other State pertaining to a marriage between 2 individuals, on the basis of the sex, race, ethnicity, or national origin of those individuals; or (2) a right or claim arising from such a marriage on the basis that such marriage would not be recognized under the law of that State on the basis of the sex, race, ethnicity, or national origin of those individuals." H.R. 8404 § 1738C (a).

60) If *Obergefell* is revered, performing same-sex marriages would be or likely to be prohibited in the following 32 states: Alaska, Montana, North Dakota, Wisconsin, Michigan, Idaho, Wyoming, South Dakota, Indiana, Ohio, Pennsylvania, Colorado, Montana, Kentucky, West Virginia, Utah, Kansas, Arkansas, Tennessee, North Carolina, South Carolina, Arizona, Oklahoma, Louisiana, Mississippi, Alabama, Georgia, Texas, Florida, Oregon, Nebraska, and Virginia. On the other hand, even if *Obergefell* were to be overturned, in the rest of states, same-sex marriages would still be allowed or are likely to be allowed. Kaitlyn Radde, *What Does the Respect for Marriage Act Do? The Answer Will Vary by State*, NPR, Dec. 8, 2022 (last accessed Dec. 27, 2022).

61) 28 U.S.C. § 1738C.

62) Sec. 7 (b) No Federal Recognition of Polygamous Marriages. Respect for Marriage Act. The Act does not affect religious liberties or conscience protections that are available under the Constitution or federal law, does not require religious organizations to provide goods or services to formally recognize or celebrate a marriage, does not affect any benefits or rights that do not arise from a marriage, and does not recognize under federal law any marriage between more than two individuals. H.R. 8404-Respect for Marriage Act (last accessed on Dec. 26, 2022).

63) "The bill would also make clear that a marriage is between two people, an effort to ward off some far-right criticism that the legislation would endorse polygamy." Mary Clare Jalonick, *Landmark Same–sex Marriage Bill Wins Senate Passage*, Time, Nov. 29, 2022 (last accessed Dec. 5, 2022). As a result, Section 7 of title 1, United States Code, which defines what a marriage is to be amended as the following: "(a) For the purposes of any Federal law, rule, or regulation in which marital status is a factor, an individual shall be considered married if that individual's marriage is between 2 individuals and is valid in the State where the marriage was entered into

Some have voiced their concern that even with the Respect for Marriage Act in effect, if *Obergefell* were to be overturned, there would be two classes of marriage in the U.S. - one that is available in every state versus another that may be entered into only in some states - because the Act does not provide a right or access to same-sex marriage.[64] Also, because the Act provides exceptions for nonprofit religious organizations from having to provide support for same-sex or interracial marriages, essentially, religious institutions may still refuse to host or officiate wedding ceremonies based on religious liberty under the RFMA.[65][66] Nevertheless, for those who genuinely thought that their marriage was at risk of being invalidated, they can rest assured now that their love is and will be respected with the RFMA in place, in the event that the *Obergefell* precedent gets overturned.

V. Conclusory remarks

More of nontraditional family dynamics have become commonplace due to a

---

or, in the case of a marriage entered into outside any State, if the marriage is between 2 individuals and is valid in the place where entered into and the marriage could have been entered into in a State."

64) Jeannie Suk Gersen, *The Respect for Marriage Act is also a Victory for Same-sex Marriage Opponents*, The New Yorker, Dec. 8, 2022 (last accessed Dec. 27, 2022).

65) Section 6 under the subtitle "No Impact on Religious Liberty and Conscience" of the Act provides the following: "(a) In General-Nothing in this Act, or any amendment made by this Act, shall be construed to diminish or abrogate a religious liberty or conscience protection otherwise available to an individual or organization under the Constitution of the United States or Federal law. (b) Goods or Services-Consistent with the First Amendment to the Constitution, nonprofit religious organizations, including churches, mosques, synagogues, temples, nondenominational ministries, interdenominational and ecumenical organizations, mission organizations, faith-based social agencies, religious educational institutions, and nonprofit entities whose principal purpose is the study, practice, or advancement of religion, and any employee of such an organization, shall not be required to provide services, accommodations, advantages, facilities, goods, or privileges for the solemnization or celebration of a marriage. *Any refusal under this subsection to provide* such services, accommodations, advantages, facilities, goods, or privileges *shall not create any civil claim or cause of action.*" (emphasis added). Respect for Marriage Act, Pub. L. 117-228 (2022). Senator Dan Sullivan, Republican of Alaska, stated that the Act "has the strongest religious liberty protections for religious organizations that believe in traditional marriage since the passage of the Religious Freedom Restoration Act," and explained that the Act "is much more about promoting and expanding religious liberty protections than same-sex marriage." Jeannie Suk Gersen, *supra* note 65.

66) In this way, some are of the opinion that the RFMA is a "minimalist legislation" in that it contains extensive religious exemptions and in order to more effectively prevent discrimination, politicians must put up a stronger fight. Chrissy Stroop, *America's 'Respect for Marriage Act' Doesn't Go Nearly Far Enough*, Open Democracy, Dec. 14, 2022 (last accessed Dec. 29, 2022).

variety of choices that people make, such as, being committed in a polyamorous relationship and/or family, as discussed in this paper, as well as, through other choices, like forming families through assisted reproduction, in which case, nonbiological parents are often treated as legal strangers to the children that are born, if without proper legal documents and arrangements. As a result, some legislatures and judiciaries have been more responsive than others, whether at local, state, or federal level, in light of the changing family dynamics in contemporary society. While establishing precedents in order to better resolve the issues presented, courts must also remain mindful of the roles of the judiciary. Additionally, while certain legislations may have been long-time coming in need and indeed are symbolic, the exact bounds of the statutes must be clearly and precisely understood, as well as, consequent ramifications of exemptions of such written laws should be carefully considered. Such consideration should remain true for other lawmakers, who may also be interested in making legal definition of 'family' more inclusive, as we no longer live in a world of expectations of conventional families.

간행위원 :

이진기
안경희
이준형
이상용
신주희

새봄을 여는 民法學

2023년 5월 10일 제1판 인쇄
2023년 5월 20일 제1판 발행

편집인 정태윤 · 지원림교수논문집 간행위원회
발행인 인 권 규
발행처 弘 文 社

05855 서울시 송파구 송파대로 167 테라타워 B동 802호
등록 1993. 6. 24. 제1-1543호
TEL. 712-5311(代) FAX. 716-5311

값 60,000원

ISBN 978-89-7770-744-3 93360